BLITZ & ANKER

Geschichte – INFORMATIONSTECHNOLOGIE – Hintergründe

2. überarbeitete Ausgabe

für Margot, Maddalena, Michael und Mario

Meinen Dank für die Inspirationen, Unterstützungen und Bestätigungen zu dieser Arbeit an Professor Peter Tamm sen., Internationales Maritimes Museum in Hamburg, Professor Dr. Jürgen Rohwer, Conrad H. von Sengbusch, Harry von Krogge, Rudolf F. Staritz, Günter Fietsch, Franz Fick, Harald Joormann, Nikolaus Sifferlinger, Sepp Edlinger, Josef Langer, Alfons Heinrich, Peter Heise, David Kahn, Wolfgang Dallek, Walter Hunsicker, der Marinefunker-Runde e.V. (MF-Runde), dem Marine Funker Club Austria (MFCA), der Marine-Offiziers-Vereinigung (MOV), dem Deutschen Marinebund (DMB), der International Intelligence History Association, der Marine-Fernschreiber von 1958 e.V. sowie anderen Experten.

Ausschlaggebend zu BLITZ & ANKER waren der Beruf als Offizier des Militärfachlichen Dienstes (OffzMilFD 1985-2019), speziell die Tätigkeit als Leiter der „Lehrsammlung für die verwendungsbezogene Ausbildung" an der Marinefernmeldeschule (MFmS). Kenntnisse über die mehr als 700 Exponate und historische Dokumente wurden zwischen 1997 - 2002 ergänzt durch historische Ereignisse, Fachliteratur, dem Wissen der oben genannten Experten und der Recherche im Internet. Entstanden ist ein Kompendium durch die Geschichte der Informations- und Nachrichtentechnologie.

BLITZ & ANKER

Informationstechnologie - Geschichte, Hintergründe

2. überarbeitete Ausgabe

Entwicklungen der Nachrichten- und Informationstechnologie anhand von Beispielen aus militärischen, kommerziellen und staatlichen Anwendungen. Aufschlussreiche Details über Erfolge und Misserfolge von Erfindern für einen tieferen Einblick in Zusammenhänge und Auswirkungen ziviler und wehrgeschichtlicher Fortschritte auf Entscheidungen in Politik, Wirtschaft und Militär.

IMPRESSUM

    Autor: Joachim Beckh
    Erstveröffentlichung 2005 unter ISBN 3-8334-2996-8

Covergestaltung, Text & Layout
    © Joachim Beckh

Bibliografische Information der Deutschen Bibliothek:
    Die Deutsche Bibliothek verzeichnet diese Publikation in der Deutschen Nationalbibliografie; detaillierte bibliografische Daten sind im Internet über http://dnb.ddb.de abrufbar.

ISBN: 9781723737053
    Independently published

Inhaltsverzeichnis

NACHRICHTENDIENSTE 674

DIGITALER KONFLIKT, CYBER WARFARE, DER WANDEL ZUM IT-EXPERTEN 793

PARERGON 816

Vorwort

Eine Nachricht ist die Mitteilung eines Sachverhalts zu dessen Erfassung, Übermittlung, Verarbeitung und Speicherung. Seit seinen frühesten Zeiten hat "Homus Informaticus" das Bedürfnis für eine möglichst effiziente Kommunikation.

Die Nachrichten- und Fernmeldetechnik wurde z.B. mit der elektronischen Datenverarbeitung (EDV), den elektronischen Datenvermittlungssystemen (EDS), den militärischen Communication and Information Systems (CIS) und Combat Data Systems (CDS) im 20. Jahrhundert in der Informationstechnik (IT) zusammengeführt. Mit der Informationstechnik (IT) und ihren Verfahren änderte sich im militärischen Bereich auch die Fernmelde- bzw. die Nachrichtentruppe hin zur IT-Truppe und den „Informationssoldaten", der "Funkenpuster" wandelte sich zum heutigen IP-basierten "Cyber Warrior".

Der Austausch von Daten jeglicher Art nimmt in der heutigen Weltgesellschaft eine immer größere Bedeutung ein. Doch schon in frühesten Zeiten bestand bei allen Völkern das Bedürfnis für einen möglichst schnellen Nachrichtenaustausch, besonders aus Anlass oder im Verlauf von kriegerischen Auseinandersetzungen. Dies hat auch die Entwicklung der Nachrichtenmittel vorangetrieben. Die Aussage "der Krieg ist der Vater aller Dinge" von Heraklit ca. 500 v. Chr. Hat auch in der Entwicklung der Informationstechnologie ihre Bedeutung, deren Anfänge sich bis weit in die Anfänge der Menschheit zurückverfolgen lassen.

Die Erkenntnis, dass die schnelle Nachrichtenübermittlung und Informations- und Nachrichtengewinnung durch Aufklärung eine bedeutende Überlegenheit darstellen, führte schon früh zu neuen Verfahren und der Beschleunigung des Nachrichtenverkehrs. Gleichzeitig begann man die eigenen Nachrichten durch Geheimschriften zu schützen und die chiffrierten oder verschlüsselten gegnerischen Meldungen zu entziffern.

Eines der ältesten und bekanntesten Beispiele einer Fernmeldeverbindung ist der Läufer Domedon von Marathon, der in einem Dauerlauf über 42 km die Meldung vom Sieg der Athener über die Perser überbrachte. 2300 v. Chr. wurde dem Pharao Teti durch eine Kette von Meldern der Wasserstand des Nils übermittelt, die Assyrer verwendeten die königliche Post als Nachrichtensystem. Der Perserkönig Kyros II. ließ sich 500 v. Chr. von seinen Postkurieren auch die Stimmung der Bevölkerung im Land melden, eine frühe Form heutiger Informationsoperationen (InfoOps) und speziell der Psychologischen Operationen (PsyOps). Der Meldeläufer blieb lange Zeit ein wichtiger Bestandteil der zivilen und militärischen Kommunikation.

Die griechische Kultur sicherte ihre Grenzen und Land durch Nachrichten- und Spähtrupps, die sich mit an ihren Schildern reflektierten Sonnenstrahlen verständigten – heute übermitteln wir Signale über Lichtwellenleiter. Die Ursprünge der ersten Verfahren liegen also im optischen und akustischen Fernmeldedienst, den Semaphoren, Flaggensignalen, Trommeln, Brieftauben, Meldehunden und Meldeläufern bzw. berittenen Kurieren.

Eine Vielzahl von Vorschlägen und Erfindungen erfolgten dann im letzten Drittel des 18. Jahrhunderts. In der einschlägigen Literatur finden sich hier Namen wie Edgeworth (1763), Bozolus (1767), Le Sage (1774), Dupuis (1778), Linquet (1782), Bernoulli (1782), Dom Gauthey (1782), Bergsträßer (1785-88), Lomond (1787), Chudy (1787), Boeckman (1794), Achard (1794), Cavallo (1795), Murray (1796), Salva y Campillo (1796) u. v. a.

Segelschiffe und Frachter gingen oftmals noch im 20. Jahrhundert verloren, ohne dass je die Ursache oder Untergangsort bekannt wurden. Neben neuen stabilen Werkstoffen und Schiffskonstruktionen kam mit dem Einzug der neuen Fernmeldemittel zur jeweiligen Epoche zusätzliche Sicherheit an Bord. Eine Benachrichtigung anderer in See befindlicher Schiffe oder von Landstationen im Seenotfall war bald von

Bord aus möglich. Zunächst ergänzte der Tastfunk, später der Sprechfunk, heute GMDSS den optischen und akustischen Signaldienst. Ersetzt wurden die ursprünglichen Verfahren aber nur teilweise, ganz verschwanden sie nie, denn die einfachsten Prinzipien funktionieren auch heute noch im Notfall.

Viele Konflikte und Verluste von Menschenleben hätten in der Geschichte der Menschheit vermieden werden können, wenn die Empfänger die für sie bestimmten Informationen rechtzeitig und korrekt erhalten hätten. So am 24. Dezember 1814 beispielweise eine Schlacht bei New Orleans statt, weil die Truppen aus Großbritannien und Amerika nicht wussten, dass bereits seit zwei Wochen der in Ghent geschlossene Friede galt, im selben Jahr wurde die Eroberung von Paris neun Tage später in Berlin bekannt. Der amerikanische Bürgerkrieg war seit 11 Wochen beendet, als die CSS SHENANDOAH der Revolutionsarmee der Südstaaten am 28. Juni 1865 unter James I. Waddell zwanzig Walfangschiffe versenkte und weitere vier mit ihren Besatzungen aus den Nordstaaten als Prise nahm.

Die Entwicklungen der drahtgebundenen Übertragungswege für Telegrafie und Sprache, mit den Folgenden in der Funktechnik am Ende des 19. Jahrhunderts, veränderten unsere Welt in kürzester Zeit. Die Informationstechnik lässt die verschiedenen Verfahren durch die Computertechnik wieder verschmelzen. In allen Bereichen des heutigen Lebens sind und werden die Einflüsse der IT sichtbar und eine Kommunikation ist für jedermann an jedem Ort und zu jeder Zeit möglich.

"Wer die Vergangenheit ignoriert, ist dazu verdammt, sie nochmals zu erleben ..."

(George de Santayana)

Diese Erkenntnis lässt sich außer bei den Erfahrungen der Weltgeschichte auch auf die technische Entwicklung der Nachrichtengeräte übertragen. Entdeckungen und Erkenntnisse müssen manchmal neu erarbeitet werden, weil die Erfolge und Fehler in Vergessenheit gerieten oder Geleistetes ignoriert wurden. Oft entwickelt auch heute ein in der jeweiligen Technik führendes Land die frühen Forschungsarbeiten anderer Staaten weiter, wenn die Ideen nicht weiterverfolgt wurden oder werden. Nicht nur die Ideen, auch ihre ursprünglichen Erfinder und ihr Ursprungsland geraten dann in Vergessenheit.

"Die Geschichte bietet uns Erfahrung aus Flaschen gezogen, gefüllt mit den besten Lagen, die nur darauf warten, entkorkt zu werden."

(Liddell Hart)

In der Informationstechnik sind die berühmten Namen der Wegbereiter wie z.B. Marconi, Morse und Bell nicht immer die eigentlichen Erfinder meist ist dies nur den wenigsten bekannt. In deutschen Landen erhielten die Pioniere wie z.B. Reis, von Siemens, Ohm, Graf von Arco, Slaby, Braun, Zenneck, Barkhausen, Esau, Meißner, Wehnelt, Pungs, Schloemilch, Wien, Bredow, Weichart, Hülsmeyer, Bruch, Kühnhold, Willisen, von Ardenne oft nicht die verdiente Würdigung. Dies gilt auch für andere Technologiebereiche und die Liste ließe sich beliebig fortsetzen.

Konflikte zwischen Völkern, vor allem aber zwei Weltkriege, haben die Voraussetzungen auf vielen technischen Gebieten gelegt und den Fortschritt immer wieder wesentlich forciert. Oft ist erst dem militärischen der zivile Nutzen gefolgt. In Deutschland waren, wie allen monarchistischen und totalitären Staaten dieser Zeit, bis 1945 Gelder für die Entwicklung fast ausschließlich von militärischen Stellen zu erhalten. Aus diesem Grund sind viele Beispiele und Entwicklungen anhand der Einsätze in den jeweiligen Streitkräften der Epochen beschrieben. Der Wettlauf in der Rüstung führte hier in doppelter Hinsicht in der Seekriegsführung zu einem "Kampf auf allen Wellen".

Erst mit der Entstehung der Demokratien und der damit verbundenen Rechenschaft der gewählten Vertreter gegenüber ihrem Volk verlagerte sich das Forschungspotenzial in den zivilen Bereich von Behörden und privaten Firmen. Außerdem zwingen die Kosten und die nationale Finanzlage der meisten Nationen alle Streitkräfte der Welt zur Standardisierung und zum Einkauf von Geräten aus dem zivilen Markt, den sogenannten Commercial-Of-The-Shelf- bzw. den Non-Governmental Commercial-Of-The-Shelf Produkten. Internationale Forschung und Technologie im zivilen und militärischen Bereich werden heute im Wesentlichen durch drei Antriebskräfte bestimmt:

- Allgemeine Grundlagenforschung
- Staatliche Forschungs- und Technologieprogramme
- Forschung der Industrie

Qualifiziertes, gut geschultes Personal und moderne technische Ausrüstung der Streitkräfte erfordern entsprechende finanzielle Haushaltsmittel, sie sind aber ein wichtiger Faktor in der Sicherheit der Soldaten im Einsatz und dürfen daher nicht nur aus Sicht der Kosteneinsparung betrachtet werden.

Bis weit in die 60er Jahre hinein gab es eine technikfreundliche Atmosphäre, deren Ursachen vor allem in den Verdiensten der Technik um Wohlstand und wirtschaftlichen Aufschwung nach Ende des 2. Weltkrieges zu suchen waren und eine klare Vorreiterrolle der Wehrtechnik. Während des Kalten Krieges kam eine kritischere Einstellung zu allen militärischen Aspekten. Die Abhängigkeit von der Technik hat heute ein nie da gewesenes Ausmaß erreicht und wird weiterwachsen. Von besonderer Bedeutung sind dabei die Informations- und Kommunikationstechniken.

Am Ende des 19. Jahrhunderts wurden mit der Funken-Telegrafie in England, Deutschland und den Vereinigten Staaten von Amerika die Grundlagen unserer heutigen Funkkommunikation gelegt. Der Siegeszug des Mobilfunks hat bis heute noch kein Ende gefunden und das zivile Leben, den Beruf, die Wirtschaft und das Militär verändert.

Zur Zeit der Kaiserlichen Marine entstanden in Deutschland die ersten Ausbildungseinrichtungen für die neuen Nachrichtenmittel der Draht- und Funken-Telegrafie. Auch wenn Kaiser Wilhelm II. in der deutschen Geschichte nicht immer positive Eindrücke hinterließ, so verdanken wir ihm doch wichtige Weichenstellungen in wissenschaftlichen und wirtschaftlichen Gebieten, wie z.B. in der Funktechnik.

Die Ausbildung der Marine in dieser Funktechnik hat im hohen Norden ihre ersten Schritte gemacht. Die Marinefernmeldeschule in Flensburg-Mürwik (MFmS) schrieb im Jahre 2002 vor ihrer Schließung 100 Jahre deutsche Marine-Funkgeschichte, seit 1902 wurde in verschiedenen Einrichtungen die Nachrichtentechnik der deutschen Marinen am Standort Flensburg-Mürwik ausgebildet. Mit der Schließung der MFmS und Umzug der Aufgaben in die Marineoperationsschule (MOS) in Bremerhaven kehrte die Fernmeldeausbildung zu einem ihrer Ursprungsorte zurück, an dem auch die erste Deutsche Bundesflotte ihre Geschichte im Elbsand hinterließ.

Im Bereich der deutschen funktechnischen Anlagen bis 1945 hat z.B. Fritz Trenkle glänzende Vorarbeit geleistet, die folgend von Conrad H. von Sengbusch, Harry von Krogge, Rudolf F. Staritz oder Günter Fietsch sowie vielen anderen Autoren ergänzt und erweitert wurden. Wie der Sand zwischen Ebbe und Flut ständig der Bewegung ausgesetzt ist, so sind auch die Erinnerungen an die historischen Begebenheiten verwaschen und manches Mal nur noch wenigen Personen bekannt. Lebendige Geschichte in Erlasse und Gesetze zu regeln, ist ein Widerspruch in sich selbst, der Mensch tut sich schwer aus der Geschichte zu lernen.

Das autodidaktische BLITZ & ANKER erhebt deshalb auch keinen Anspruch auf eine vollständige oder gar wissenschaftliche Erfassung aller technischen Themengebiete oder eine immer diskussionsneutrale Betrachtungsweise. Über einige im Inhalt gelistete Thematiken gibt es Bücher die mehr detaillierte Informationen bieten, für andere Gebiete gibt es kaum Referenzen und Literatur.

Entwicklungen in der Informations- und Nachrichtentechnik werden mit Beispielen der Anwendung geschildert, bieten historische Details für weitere Recherchen, spiegeln die Zusammenhänge ziviler und wehrgeschichtlicher Technologien sowie Auswirkungen in Politik, Wirtschaft und dem Militär.

Ziel der Lektüre soll ein tieferer Einblick für den Leser in die technische Entwicklung der Informationstechnik im Zusammenhang mit den geschichtlichen Hintergründen sein. Oftmals ist der Schwerpunkt in der maritimen Umgebung, aber auch aus dem Heer, der Luftwaffe, aus kommerziellen und staatlichen Bereichen werden Beispiele genannt.

Die unterschiedlichen Einflüsse der Informationstechnik werden in ihrer ganzen Bedeutung erst ersichtlich, wenn ihre Auswirkungen durch die neu entstandenen Möglichkeiten und den daraus resultierenden Verlauf der weltpolitischen und wirtschaftlichen Geschehnisse erkennbar werden. Die Schicksale der involvierten Menschen haben einen wichtigen Anteil, Geschichte und Erkenntnisse von Generationen dürfen nicht vernachlässigt werden, zugleich darf aus Ereignissen und Leistungen kein elitäres Bewusstsein abgeleitet werden.

Deutsche Seestreitkräfte

Deutsche Seestreitkräfte bis 1945

Beginnend mit den ägyptischen Papyrusbooten sind seit über 5.000 Jahren die Seefahrt, der Seehandel und die Macht zur See für die Menschheit von großer Bedeutung. In Europa waren es die nordischen Völker, die Wikinger, die mit ihren Booten bis nach Nordamerika vordrangen. Verbunden mit den Jahrtausenden der Entwicklung der Völker ist die Kommunikation und Navigation.

Europäische Nationen wie England, Russland, Portugal, Spanien und Frankreich bauten seit Jahrhunderten ihre Seemacht- und damit Weltmachtpositionen aus, gründeten Kolonien, trieben Seehandel. Die Rohstoffabhängigkeit der europäischen Staaten hat sich bis zum heutigen Tag erhöht und die Seestraßen sind ihre Lebensadern.

Bedingt durch die vielen deutschen Kleinstaaten existierte hingegen lange Zeit keine einheitliche Flotte. Die deutschen Flotten waren in ihrem Umfang vor 1871 auf den Ost- und Nordseeraum bezogen und im Vergleich mit den Nachbarstaaten relativ unbedeutend. In den nachfolgenden Epochen begann jedoch ein umfangreicher Aufbau der Seestreitkräfte für die Verwirklichung der wirtschaftlichen und politischen Zielsetzungen.

Im Heiligen Römischen Reich Deutscher Nation gab es bis 1806 nur einen kleinen Schiffsbestand, der zudem meist einem Küstenland gehörte. Nach den Schiffen aus der Städtevereinigung der Hanse (1250-1669) entstand 1675 aus Leihschiffen von Benjamin Raule eine Brandenburgische Marine für den Kurfürsten, die am 1. Oktober 1780 angekauft wurde. Die Schleswig-Holsteinische Marine bestand in der Zeit von 1848-1852 neben der Preußischen Marine von 1848-1867.

Die kaiserlich und königliche (k.u.k.) Kriegsmarine von Österreich-Ungarn bestand seit dem 18. Jahrhundert. Nach dem Aufbau einer zweiten Flotte 1786 erfolgte mit der Außerdienststellung aller Einheiten nach dem 1. Weltkrieg das Ende der österreichischen Seestreitkräfte (1. November 1918, letzter Flottenchef war Admiral Nikolaus Horthy de Nagybánya). Heute besteht noch die Donauflottille, der z.B. auch der österreichische Marineautor Nikolaus Sifferlinger angehörte.

„Im Jahre 1848 musste die Sicherheit der ersten deutschen Nationalversammlung durch die preußischen Soldaten geschützt werden, denn es gab keine gesamtdeutschen Streitkräfte zu Lande und auf dem Wasser. In den deutschen Geschichtsbüchern wird die Gründung der ersten deutschen Flotte kaum erwähnt, obwohl die Bundesflotte der einzige Beschluss war den die deutsche Nationalversammlung fasste und dann auch in die Tat umsetzte."

(Vizeadmiral a.D. Hans-Rudolf Boehmer in der Zeitschrift MARINEFORUM).

Bis 1843 waren die einzigen Offiziere der preußischen Marine der schwedische Oberleutnant zur See Longe (eigentlich finnischer Herkunft) und der schwedische Leutnant zur See Murk. So verwundert es nicht, dass auch die erste Bundesflotte ein bunter Schmelztiegel der Nationen und Völker war, bevor auch nur jemand den Begriff multikulturell kannte.

Bis zum Ausbruch dieses Krieges mit Dänemark waren eigene Seestreitkräfte im Deutschen Bund weder vorhanden noch notwendig gewesen. Die Vertreter ausländischer Seemächte hatten in Personalunion als Bundesfürsten ihren Sitz in der deutschen Nationalversammlung in Frankfurt: Der König von England bis 1837 als König von Hannover, der König der Niederlande als Großherzog von Luxemburg und nicht zuletzt der Urheber der folgenden Streitigkeiten, der gegen den Vertrag von Ribe verstoßende König von Dänemark, durch erbliche Folge auch Herzog von Schleswig, Holstein und Lauenburg.

Entgegen dem von ihm unterzeichneten Vertrag von Ripe annektiere der König von Dänemark die Herzogtümer Schleswig und Holstein in den dänischen Gesamtstaat. Da seitens der Herzogtümer Schleswig und Holstein nur weibliche Erben vorhanden waren, wollte er dadurch den Anspruch der dänischen Krone auf Dauer sichern. Am 24. März wurde daraufhin in Kiel eine provisorische Regierung ausgerufen, die vom Deutschen Bund anerkannt wurde, worauf der dänische König den Deutschen Bund verließ und am 19. April 1848 den Land- und Seekrieg eröffnete. Durch die Seeblockade der Häfen konnten die ersten deutschen Handelsschiffe am 14. April 1848 von dänischen Kriegsschiffen im Sund aufgebracht und nach Kopenhagen gebracht wurden, während die deutschen Bundestruppen am 21. April in Holstein einmarschierten.

U-Boote sollten erst im 1. und 2. Weltkrieg eine wichtige Rolle übernehmen, aber gerade in dieser Zeit wurde durch die Pläne von Gustav Winkler für ein Einmann-U-Boot (1847) auch ihr deutscher Ursprung gelegt. Die erste Konstruktion erfolgte 1851 mit dem BRANDTAUCHER von Wilhelm Bauer, das zwar in der Kieler Förde sank, aber ein Grundstein für den Bau der U-Boote der Kaiserlichen Flotte war. Zu Lande erfolgreich offenbarte sich gegen die Seeblockade der Dänen trotzdem die Ohnmacht des Deutschen Bundes auf maritimer Seite.

Ein politischer oder militärischer Druck gegen die Maßnahmen des dänischen Königs war an der empfindlichsten Stelle, der Existenz der Wirtschaft durch den internationalen Handel über die Seewege nicht möglich gewesen, da der dänischen Flotte nichts entgegenzusetzen war. Diese Handlungsunfähigkeit des neuen deutschen Staates führte dazu, dass der Aufbau einer gesamtdeutschen Marine geprägt wurde von der Ohnmacht gegen die dänische Blockade der deutschen Häfen und einem erst daraus erwachenden Nationalgefühl für den jungen Gesamtstaat Deutschland.

Ähnlich wächst auch Europa oftmals nur unter äußeren Druck zusammen. Die deutsche Nation verdankt im Grunde genommen ihre erste Bundesflotte dem dänischen Königreich und seinen Expansionsbestrebungen mittels familiärer Erbbindungen, denn erst dadurch war das nationale Bewusstsein in Deutschland erwachsen.

Die ersten frei gewählten Volksvertreter Deutschlands trafen sich am 18. Mai 1848 in der Paulskirche in Frankfurt am Main, um über die Verfassung eines neuen geeinten Vaterlandes zu beraten. Bedingt durch die außenpolitischen Verhältnisse beschlossen die Abgeordneten in einer der ersten großen Debatten am 14. Juni 1848 nahezu einstimmig die Gründung einer Deutschen Bundesflotte und bewilligten Haushaltsmittel in Höhe von sechs Millionen Thalern für den Bau von Kriegsschiffen. Damit begann die deutsche Marinegeschichte und Konteradmiral Karl-Rudolf Bromme (genannt "Brommy") begann die Flotte in Bremerhaven aufzustellen. Doch durch die politischen Wirren innerhalb der deutschen Staaten erfolgte bereits am 2. April 1852 der Auflösungsbefehl, der mit der Versteigerung der letzten Einheiten nach dem 31. März 1853 umgesetzt war. Nach der Vereinigung beider deutscher Staaten wurde in der Deutschen Marine in Erinnerung der 14. Juni als "Tag der Marine" eingeführt (durch Admiral Hans-Rudolf Boehmer, 1995). Der 14. Juni 1775 ist nebenbei der Gründungstag der US-Armee und der auch Tag der Einführung der US-Flagge 1777.

Die Bewahrung der Berufsgeheimnisse der Maurer, Waldarbeiter, Holzfäller, Köhler u.a. führte in Europa zu den Geheimbünden und Innungen. In Italien trugen die Carbonari Guiseppe Mazzini zum Sieg, was bis heute in den italienischen Nationalfarben Grün-Weiß-Rot sichtbar verdeutlicht wird, welches auch die Farben der Freimaurer sind. Die Gründung des italienischen Königreiches 1859 förderte auch den Gedanken der deutschen Einigung weiter.

Doch zunächst sollte es im Norden wiederholt zu Konflikten kommen. 1864 waren die Dänen auf den Düppeler Schanzen von den Preußen ein zweites Mal geschlagen worden und wieder konnte die dänische Handelsblockade zur See nur mit der Hilfe österreichischer Schiffe unter Admiral Wilhelm von Tegetthoff gebrochen werden, da Preußen keine maritimen Kräfte zur Verfügung hatte.

Wilhelm von Tegetthoff wurde am 3. November 1861 Linienschiffskapitän und erhielt dann das Kommando über die Fregatte NOVARA. Durch die Revolution in Griechenland, musste der griechische König Otto I. auf den Thron verzichten. Die Berichte des Admirals von Tegetthoff, der mit der Flotte nach Griechenland geschickt wurde, hielten Erzherzog Ferdinand Max davon ab, die angebotene griechische Krone anzunehmen und König der Hellenen zu werden. 1863 übernahm Georg I. Prinz Wilhelm von Dänemark in Athen die Regierung, worauf sich die österreichische Flotte wieder zurückzog.

Im Norden Europas führte das schleswig-holsteinische Problem zu einem Schulterschluss zwischen Preußen und Österreich. Tegetthoff befand sich mit den Fregatten RADETZKY und SCHWARZENBERG bei Rhodos. Er erhielt den Befehl, nach Lissabon abzugehen, um sich mit dem österreichischen Schiffen unter Bernhard Freiherr von Wüllerstorf zu treffen. Doch Wüllerstorf konnte den Zeitplan nicht einhalten und von Tegetthoff erhielt in Lissabon die Weisung, nicht weiter zu warten. Auf dem Weg nach Cuxhaven vereinigte sich das österreichische Geschwader vor der Insel Texel mit den preußischen Kanonenbooten BLITZ, BASILISK und dem Aviso PREUSSISCHER ADLER.

Am 9. Mai 1864 kam es vor der Insel Helgoland zum Gefecht der mit einem Sieg gegen das eigentlich überlegene dänische Geschwader endete, das aus den Fregatten NILS JUEL, JYLLAND und der Korvette HEIMDAL bestand. Einen Tag später, am 10. Mai 1864, wurde Tegetthoff zum Konteradmiral befördert. Der im Oktober 1864 geschlossene Friedensvertrag sah für die Herzogtümer Schleswig, Holstein und Lauenburg eine vorläufig österreichisch-preußische Regierung mit dem Sitz in der Stadt Schleswig vor. Aufgrund der nun zwischen Preußen und Österreich geschlossenen Vereinbarung übernahm Österreich die Verwaltung von Holstein, Preußen die von Schleswig.

Die politische Lage spitzte sich nun aber zwischen den beiden Vertragspartnern zu. Preußen begann mit Kriegsvorbereitungen gegen Österreich und um gegen die Donaumonarchie einen Zweifrontenkrieg zu erreichen, schloss Preußen einen Bund mit dem Königreich Italien. Italien musste sich verpflichten, sobald Preußen im Norden mit dem Vormarsch begann, Österreich den Krieg zu erklären. Als Gegenleistung verpflichtete sich Preußen, Italiens Ansprüche auf Venetien zu unterstützen. Italien erklärte Österreich am 20. Juni 1866 den Krieg.

Vier Tage später wurden die Italiener bei Custozza von der österreichischen Südarmee unter dem Oberbefehl von Erzherzog Albrecht vernichtend geschlagen. Die moderne österreichische Flotte war auch zahlenmäßig der italienischen Marine unter dem Oberbefehl des Admirals Conte Carlo Pellion di Persano überlegen. Persano versuchte deshalb ein Gefecht mit den Österreichern zu vermeiden, doch der zunehmende Druck der öffentlichen Meinung aufgrund der Untätigkeit der neuen Flotte zwang ihn zum Handeln. So fasste er den Entschluss, die im österreichischen Besitz stehende Insel Lissa (heute Vis) zu erobern. Am 16. Juli 1866 lief Admiral Persano mit der Flotte in Richtung Lissa aus.

Nachdem Konteradmiral Tegetthoff von der Absicht der Italiener Kenntnis erlangt hatte, verließ er mit den zur Verfügung stehenden Schiffen am 19. Juli 1866 Fasana und nahm Kurs auf die belagerte Insel. Am Morgen des 20. Juli 1866 gegen 10 Uhr sichteten die Österreicher die Italiener. Im Verlauf der Seeschlacht gelang es, der Panzerfregatte ERZHERZOG FERDINAND MAX, die italienische Panzerfregatte RE d'TALIA durch Rammen zu versenken, später explodierte die in Brand geschossene italienische Panzerfregatte PALESTRO und zwei weitere Schiffe erreichten nur schwer beschädigt den Hafen von Ancona. Nach diesen Verlusten musste Admiral Persano das Schlachtfeld räumen.

Der österreichische Verband verlor hingegen kein einziges Schiff. Einen Tag nach der Schlacht wurde Tegetthoff zum Vizeadmiral befördert und erhielt das Kommandeurskreuz des Maria-Theresien-Ordens. Die Seeschlacht bei Lissa hatte Tegetthoff Weltruhm eingetragen. Die geringen Möglichkeiten einer kleinen deutschen Flotte gegenüber modernen und zahlenmäßig überlegenen Flotten einer Seemacht waren eindrucksvoll verdeutlicht worden. Nur gemeinsam mit Verbündeten konnten die eigenen Küsten und die Handelswege geschützt werden.

Der Schiffsbestand des norddeutschen Staates rekrutierte sich in der Folge deshalb aus den Einheiten der Preußischen Marine. Ab dem 1. Oktober 1867 wurde daraus die Marine des Norddeutschen Bundes. Wieder führte der äußere Druck die unterschiedlichen Interessen der Küsten- und Binnenstaaten am Punkt einer gemeinsamen Flotte zusammen um die Existenzgrundlage des Handels und somit der Staaten zu sichern.

In der Verfassung vom 25. Juni 1867 definierte der Artikel 53 die Zusammensetzung der Flotte als einheitliche Marine des Bundes, aber unter preußischem Oberbefehl (in Kraft 1. Juli 1867). Nach dem Sieg über Frankreich wurden symbolisch historische Daten für einen neuen Schritt in der deutschen Geschichte verwendet, denn 170 Jahre nach der Gründung des "Ordens vom Schwarzen Adler" in Königsberg wurde die deutsche Kaiserwürde wieder eingeführt. Am 18. Januar 1871 übernahm Bismarck nach der Reichsgründung diesen Artikel in die Reichsverfassung und der Schiffsbestand der Marine des Norddeutschen Bundes wurde somit am 16. April 1871 zur Kaiserlichen Marine.

In Europa gab es nach dem Heiligen Römischen Reich deutscher Nation erstmals 1871 wieder einen einheitlichen und zugleich politisch stabileren Staat, wodurch sich nach dem Börsenkrach von 1873/74 auch der wirtschaftliche Aufstieg Deutschlands im Industriezeitalter begründete. 1890 wurden die Vereinigten Staaten von Amerika und Frankreich in der Roheisenproduktion überholt, drei Jahre später England, das 1903 auch in der Stahlproduktion ins Hintertreffen geriet. 1914 erfolgte in Deutschland ein Viertel der weltweiten Stahlproduktion, womit England um den Faktor 2,5 überholt wurde. Das Deutsche Reich war als Handelsmacht zum maßgeblichen Konkurrenten Englands geworden, zumal da Frankreich als Kontinentalkraft 1871 entmachtet worden war und die USA mit ihren Ressourcen an Rohstoffen erst zu erschließen begann.

Nach dem Sieg bei Trafalgar wuchs die Handelstonnage Englands bis 1815 auf 125% im Vergleich zur gesamten Tonnage aller anderen Nationen in der Welt zusammengerechnet. Zu Anfang des 20. Jahrhunderts waren es immer noch 63% der Welttonnage, die nun im Wettkampf und Konflikt mit den europäischen Nachbarn, hier speziell dem Deutschen Reich, stand. Seit 1893 führte Russland einen zusätzlich einen Handelsstreit mit Deutschland, 1897 kündigte England seinen Handelsvertrag und Frankreich verbündete sich mit seinen wirtschaftlichen Konkurrenten.

Ohne Bindungen und wirtschaftliche Verträge mit den politischen Konkurrenten war Deutschland isoliert, ein militärischer Konflikt vorgezeichnet. Die wirtschaftlich angeschlagene Weltmacht England sah in der maritimen Stärke des deutschen Kaiserreiches einen zweiten konkurrierenden Faktor den es zu neutralisieren galt. Durch die geografische Lage zusätzlich benachteiligt, hätte jedoch auch eine wesentlich größere deutsche Flotte in einem längeren Krieg auf Dauer gegen die drei angrenzenden Seemächte schlechte Voraussetzungen gehabt, was von den wirtschaftlichen und militärischen Konkurrenten sicherlich erkannt wurde. Trotz seiner Affinität zur Marine sah der deutsche Kaiser Wilhelm II. und viele seiner Befehlshaber weiterhin den Landkrieg als entscheidend.

Eine starke Aufrüstung war und ist außenpolitisches Kräftemessen und die damit verbundene wirtschaftliche Belebung auf Kredit oft innenpolitische Krisenbewältigung. Langfristig führt dies jedoch zu hoher Verschuldung und dem Staatsbankrott. Der erste "Kalte Krieg" zwischen den Königshäusern Europas endete im 1. Weltkrieg, der Versailler Vertrag führte in den 2. Weltkrieg, dieser in den Kalten Krieg, der den Staatsbankrott der DDR und letztendlich auch den Zerfall der UdSSR begründete. Auch seit 2016 steuern Weltmächte wieder in vergleichbare Richtungen.

Nach dem Zweimächte-Standard orientierte sich England in der Größe seiner Kriegsflotte nach den zwei nächstgrößten Flotten der Welt, was mit der deutschen Rüstung zur See, aber auch jener der Vereinigten Staaten von Amerika, Frankreichs und Japans in eine Rüstungsspirale führte, welche die Wirtschaft der Länder intern begünstigte, sie außenpolitisch aber auf Konfrontationskurs bringen musste.

Der Aufbau und Geschichte aller Marinen nahm immer Einfluss auf die Entwicklung der auf See verwendeten Nachrichtenmittel, die bis zum Ende des 19. Jahrhunderts rein optisch und akustisch waren.

Die industrielle Revolution und die zahlreichen Erfindungen auf allen technischen Gebieten veränderten ab Anfang des 20. Jahrhunderts die Führung und den Einsatz der Seestreitkräfte. Die neuen technischen Möglichkeiten brachten umwälzende Veränderungen im Aufbau und Einsatz des Militärs und hier nun speziell in der Kaiserlichen Marine, welche durch den deutschen Kaiser persönlich gefördert.

Die Flottengesetze aus der Hand des Admirals Tirpitz unter Kaiser Wilhelm II. schufen am 10. April 1898 und 14. Juni 1900 (erweitert 1906/08) eine moderne und größere Flotte. 1913 war der Personalstand der Kaiserlichen Marine auf 72.900 Mann angewachsen. Die Krügerdepesche 1896, die Beschlagnahme des Reichspostdampfer BUNDESRATH, des Dampfers HERZOG oder des Seglers MARIE 1899/1900 durch englische Kräfte waren deutliche Hinweise auf die angespannte Situation zwischen England und Deutschland, bei der eine Vergrößerung der Flotte das sprichwörtliche Öl auf die politischen Brandherde war.

Das Programm der Vereinigten Staaten von Amerika von 1916 zum Flottenbau entsprach damals einer Gleichstellung in der Tonnage zu England, das subjektiv eine Bedrohung allein durch eine starke deutsche Flotte sah. Die sinngemäßen Instruktionen der britischen Regierung an ihren Botschafter in Berlin 1938 waren bezeichnend für die Richtung der Entwicklungen in Europa:

"... wie alle deutschen Politiker seit vielen Jahren, so übersieht auch Hitler, dass England nicht nur gegen jede maritime Herausforderung, sondern ebenso gegen jede Macht reagieren wird, die den Kontinent zu dominieren droht ..."

(B.-J. Wendt, Der blockierte Dialog, S. 201)

Abschreckung durch eine starke militärische Macht erfordert gleichzeitig den Balanceakt durch die politische Verständigung, um Konfrontationen durch Missverständnisse auszuschließen. Doch die Verständigung in der Politik stellte sich wie so oft in der Geschichte der Völker nun in England, Frankreich, Deutschland, den Vereinigten Staaten von Amerika und Japan hinter die wirtschaftlichen Zwänge und Seemachtinteressen.

Die Weichen waren gestellt, es bedurfte nur eines Auslösers. Österreich-Ungarn hatte viele Probleme in seinem Vielvölkerstaat und wurde damit zum Auslöser. Am 10. September 1898 wurde Kaiserin Elisabeth, bekannt als Sissi, in Genf von dem Anarchisten Luigi Lucheni erstochen. Den Thronfolger Prinz Eugen hatte Kaiser Franz Josef durch Selbstmord verloren, sein Bruder wurde in Mexiko erschossen. Mit Wissen des serbischen Generalstabs wurde nun mit Russlands Wissen ein 4. Attentat geplant, dessen Gelingen den gewünschten Krieg in Europa zur Folge haben würde.

Oberst Dragutin Dimitrijevic (Dragutin Dimitrijewitsch), Chef des Nachrichtendienstes des serbischen Generalstabes, plante das Attentat durch die 1911 in Belgrad gegründete Organisation der Schwarzen Hand. Der Anschlagstag am 28. Juni war zugleich der Jahrestag der Schlacht auf dem Amselfeld/Kosovo im Jahre 1389.

Die Ermordung des amtierenden österreichisch-ungarischen Prinzen und Thronfolgers Ferdinand und seiner Frau in Sarajewo am 28. Juni 1914 brachte Deutschland durch Bündnis in den Krieg an der Seite Österreichs gegen England und zwischen die Fronten mit Russland. Österreich erklärte Serbien am 28. Juli 1914 einen Krieg, der den Niedergang der größten Dynastien in Europa und das Ende der Weltmachtstellung Großbritanniens einläutete.

Mit Königin Victoria hatte zwar die Herrschaft des deutschen Hauses Hannover in England geendet, mit der Thronübernahme ihres ältesten Sohnes Eduard VII., ging sie jedoch auf das deutsche Haus Sachsen-Coburg und Gotha über, welches sich aufgrund des Krieges mit dem deutschen Kaiserreich ab 1917 in Haus Windsor umbenannte. Wilhelm II., mit vollem Namen Friedrich Wilhelm Viktor Albert von Preußen aus dem Haus Hohenzollern, Deutscher Kaiser und König von Preußen war ein Enkel der britischen Königin Victoria, sein

Onkel war demzufolge wiederum der englische König. Ein weiterer Enkel Victorias war Zar Nikolaus aus dem Hause der Romanov in Russland ... usw. Letztendlich erscheint der 1. Weltkrieg durch die verwandtschaftlichen Bande mehr wie ein Familienstreit der Millionen von Menschleben kostete.

Erfolg und die hauptsächliche Last des Seekrieges lagen auf deutscher Seite in beiden Weltkriegen bei den U-Booten, welche ihrem Ziel, dem wirtschaftlichen Erliegen Englands durch das Abschneiden der Versorgung über See, in beiden Kriegen sehr nahekamen. Im 1. Weltkrieg gingen 110 Torpedoboote, im 2. Weltkrieg 27 Zerstörer und 76 Torpedoboote verloren (England und die USA verloren auf allen Kriegsschauplätzen 150 bzw. 82 Zerstörer), größere Seeschlachten wurden durch die Überwasserstreitkräfte geführt, doch seit dem 1. Weltkrieg bis in die Zeit der nuklearen Flugzeugträger blieb das U-Boot ein sehr effektives Seekriegsmittel.

Die Geburtsstunde deutscher U-Boote der Kaiserlichen Marine war mit dem Stapellauf von U-1 am 4. August 1906 (in Dienst 14. Dezember). Die militärisch voll verwendungsfähigen Boote U-5 bis U-12 ab 1910/11 verfügten bereits alle über Funkentelegrafie-Anlagen zur Kommunikation. Am 2. Juli 1900 hob in Friedrichshafen das erste Luftschiff Graf Zeppelins (LZ-1) ab und Heer und Luftwaffe wurden mit den Zeppelinen ausgerüstet. Luftschiffe sollten aber im Gegensatz zu den Flugzeugen keine Rolle im 1. und 2. Weltkrieg spielen, waren jedoch Grundstein für die deutschen Marineflieger, die mit der Auflösung der Flottille der Marineflieger am 16. März 2005 und der direkten Unterstellung des MFG 3 und MFG 5 im Flottenkommando als eigenständige Verbände ihr Ende fanden, welches 2012 ebenfalls aufgelöst wurde.

Einer der größten Erfolge im 1. Weltkrieg gelang am 22. September 1914 unter Kapitänleutnant Weddigen dem Unterseeboot U-9. Die Versenkung der Kreuzer ABOUKIR, HOGUE und CRESSY vor der belgischen Küste. Im Krieg wurden 178 von 374 U-Booten mit 5.132 Mann von den Alliierten versenkt, 11 gingen anderweitig verloren. Die U-Boote brachten England an den Rand des Zusammenbruchs und die Skagerrak Schlacht kündigte den Niedergang der langjährigen alleinigen britischen Dominanz zur See an.

Im 1. Weltkrieg ermöglichte die Funken-Telegrafie erstmals in der deutschen Marinegeschichte während einer Seeschlacht die Verbindung der Flottenführung an Land mit den in See stehenden Einheiten. Während der Funk sich in anderen zivilen Anwendungen erst langsam etablierte, hatten die seefahrenden Nationen England, Japan oder z.B. Russland ihre Erfahrung im operativen Gebrauch machen können.

Durch die geringen Reichweiten blieb der Einsatz zunächst noch auf den Küstenbereich sowie Nord- und Ostsee beschränkt. Die Nachrichten wurden mit Fernschreiber von den Empfangsstationen an Land an die militärische Führung in den Hauptquartieren weitergeleitet.

Die Funken-Telegrafie, von Kaiser Wilhelm II. forciert und von dem Monopol durch Marconi in England befreit, ermöglichte in der Folge den weltweit ersten verbundenen Waffeneinsatz. Die deutschen See- Luft- und Landstreitkräfte operierten bei den Landungsunternehmen vor der Insel Ösel zum ersten Mal gemeinsam gegen die russischen Kräfte. War diese Operation ein Erfolg, so lieferte die nachlässige Handhabung des deutschen Marine-Funkdienstes dem englischen Gegner andererseits oftmals Informationen über Operationen vorzeitig, die Standortverteilung der Seestreitkräfte der Kaiserlichen Flotte, während der englische Nachrichtendienst die kaiserlichen Weisungen für die Seekriegsführung nach London brachte.

Deutschland, Frankreich, Russland und England hatten im 1. Weltkrieg Meutereien und Aufstände in ihren Truppen teilweise nur blutig niederschlagen können. Ursachen waren weniger politische Motive, vielmehr meist die schlechten Zustände, verdorbene Lebensmittel, ungerechte Bestrafungen, und Willkür. Deutschland hatte Lenin aus der Haft entlassen, nach Russland geschmuggelt und durch dessen Revolution den Widerstand im Osten gebrochen, was für den Kriegsverlauf allerdings zu spät kam.

Am 5. September 1917 waren der Heizer Albin Köbis und der Matrose Max Reichpietsch in Köln/Wahn aufgrund von Meuterei erschossen worden, doch ab dem 27. Oktober 1918 vermehrten sich die

Meutereien auf den Großkampfschiffen trotzdem weiter. Die Kriege der Monarchen hatten in Europa ihr eigenes Ende eingeläutet.

Ende Oktober 1918 weigerten sich auch die Matrosen der im Kieler Hafen liegenden Schlachtflotte erneut mit den Schiffen auszulaufen. In den ersten Novembertagen griff die Meuterei auch auf die Garnison und die Arbeiterschaft von Kiel über und breitete sich dann in Form eines allgemeinen Aufstandes schnell auf die übrigen deutschen Großstädte aus. Vorkommnisse in der Marine nahmen durch die Novemberrevolution erstmals Einfluss auf die politischen Entwicklungen in Deutschland. Die tieferen Ursachen waren die allgemeine Kriegsmüdigkeit, die Unzulänglichkeiten der zu spät gebildeten parlamentarischen Regierung sowie die offenen Missstände in Verwaltung, Wirtschaft und im sozialen Bereich.

Da der Kaiser nicht zurücktreten wollte, verkündete Reichskanzler Prinz Max von Baden am 9. November 1918 eigenmächtig dessen Abdankung und Phillip Scheidemann rief die deutsche Republik aus. Kaiser Wilhelm II. floh an diesem Tag in sein lebenslanges Exil nach Holland. Am 11. November 1918 erfolgten in Compiègne in Frankreich die Waffenstillstandsverhandlungen. Revolutionäre Arbeiter- und Soldatenräte übernahmen die Staatsgewalt und wählten einen Rat der Volksbeauftragten. Die Soldatenräte der Funkertruppen hatten sich zur Zentralfunkleitung zusammengeschlossen und besetzten am 9. November umgehend die Zentrale des deutschen Pressedienstes. Die Revolutionäre hatten die Schlüsselrolle der Nachrichtenverbindungen für eine Machtübernahme erkannt.

Als Vorsitzender des Rats der Volksbeauftragten ging Friedrich Ebert ein Bündnis mit der Obersten Heeresleitung ein, behauptete sich mit Waffengewalt gegen versuchte Aufstände der Linksradikalen und der Spartakisten in den Weihnachts- und Neujahrstagen 1918/19. Die Wahlen wurden am 19. Januar 1919 abgehalten, die Versammlung wurde nach Weimar einberufen. Sie erließ sofort bei ihrem Zusammentritt am 6. Februar eine Notverfassung und wählte Ebert zum provisorischen Reichspräsidenten. Mit der Weimarer Verfassung wurde die Grundlage einer neuen politischen Ordnung in Deutschland geschaffen. Der politische Umsturz hatte das deutsche Kaiserreich in eine Republik verwandelt.

Am Jahrestag der Reichsgründung von 1871 sollte symbolisch die Schmach Frankreichs ausgelöscht und die Kriegsschuld einseitig vertraglich beschlossen werden. Am 18. Januar 1919 wurden in Frankreich 21 Nationen zur Konferenz in Versailles begrüßt, Deutschland selbst nicht eingeladen. Die Regierung Scheidemann wollte diesen erzwungenen Vertrag nicht unterschreiben, trat zurück, das nachfolgende Kabinett unter Bauer unterzeichnete schließlich. In dieser Form war der Vertrag die Fortsetzung des Krieges gegen Deutschland mit politischen Mitteln, der die Saat für den nächsten Krieg enthielt.

Die Hauptstreitmacht der Kaiserlichen Marine versenkte sich am 21. Juni 1919 in der englischen Internierung in Scapa Flow vor dem Vertragsabschluss in Versailles (28. Juni) um die Übergabe zu verhindern. Admiral Ludwig von Reuter handelte nach der letzten kaiserlichen Weisung, kein Schiff in feindliche Hände fallen zu lassen. Die Novemberrevolution und die Selbstversenkung der Flotte hinterließen psychologisch Wirkungen bei den Soldaten, die sich beim Wiederaufbau der Streitkräfte niederschlagen sollten.

Nach einer vorläufigen Liste mit 895 Namen sollten neben dem deutschen Kaiser selbst Führungspersonen aus Politik und Militär an die Alliierten ausgeliefert werden, weshalb Wilhelm II. im Exil verblieb. Die wirtschaftlichen Bestimmungen des Vertrages brachten die Enteignung des staatlichen sowie privaten Auslandsvermögens einschließlich aller Bankguthaben. Der wirtschaftliche Konkurrent Deutschland wurde am Boden gefesselt und der 1929 eingesetzte Young-Plan sicherte hohe Zahlungen für die Reparation bis ins Jahr 1995, welche die Bundesregierung auch überwies.

Der Versailler Vertrag war am 28. Juni 1919 unterschrieben worden. Er sollte zugleich den Anfang einer allgemeinen Rüstungsbeschränkung aller unterzeichnenden Staaten darstellen, wobei Deutschland 100.000 Mann in den Streitkräften zugestanden wurden. Die Unterzeichnung am Jahrestag des Attentates von Sarajewo und der Schlacht der Serben gegen die Türken deutete jedoch bereits auf die revanchistischen Gedanken der Sieger und diente keiner Versöhnung.

Viereinhalb Jahre lang hatten die Völker und ihre Soldaten für das gekämpft, was die Politiker als ihre Pflicht definierten. Schließlich waren Staaten wehrlos am Boden und den anderen Politikern die Welt zur Neugestaltung vor Füßen gelegt. Die geistige Attitüde der Politiker tötete jedoch den gerechten Frieden und schuf den Samen neuer Konflikte. Die Soldaten der Völker aller Nationen vergeblich und ohne Hoffnung auf eine neue, bessere Ordnung gefallen, der Blutzoll der Völker wurde mit Buchstaben auf Papier ignoriert.

Bereits am 28. März 1919 begann in Deutschland der Aufbau einer neuen Marine in der Weimarer Republik, die ab dem 16. April 1919 als "Vorläufige Reichsmarine" bezeichnet wurde. Die traditionelle monarchische Bindung war in den Streitkräften weggefallen, wodurch ein psychologisches Problem der kaisertreuen Offiziere in Bezug auf die Loyalität zur neuen Republik entstand. Ausgerechnet die Marine, der das spezielle Augenmerk des Kaisers gegolten hatte, hatte dann auch noch zu seinem Sturz beitragen.

Die deutsche Flotte erhielt mit dem 31. März 1921 offiziell die seit dem 1. Januar geführte Bezeichnung Reichsmarine (RM). Die Personalstärke war auf 15.000 Mann mit 6 Panzerschiffen, 6 kleinen Kreuzern und 24 Torpedobooten begrenzt worden, der Bau von U-Booten war verboten. Es wurde im Offizierskorps und in der Ausbildung auf Disziplin und Befehlsgehorsam größten Wert gelegt, um eine Wiederholung der Vorkommnisse von 1918/19 durch die Truppe zu verhindern.

Am 16. Oktober 1925 wurde der Locarno-Pakt vom deutschen Außenminister Gustav Stresemann unterzeichnet, worin Frankreich, Belgien und das Deutsche Reich auf eine gewaltsame Veränderung der bestehenden Grenzen verzichteten. Für Deutschland bedeutete dies ein Verzicht auf Elsass-Lothringen, aber auch ein Ende der internationalen Isolation. Im folgenden Jahr wurde das Deutsche Reich am 8. September 1926 in den Völkerbund aufgenommen und die politische Verständigung begann endlich zu keimen. Nicht akzeptiert wurde jedoch der Status der polnischen Grenze, Danzigs und Ostpreußens, wofür international sogar Verständnis herrschte, so sah z.B. ein erster Plan Churchills nach dem 2. Weltkrieg einen Nord- Süd- und Westdeutschem (Elsass-Lothringen) Staat in den Grenzen des Deutschen Reiches von 1914 vor.

Doch hatte Polen nach 123 Jahren Fremdherrschaft wieder die nationale Unabhängigkeit erlangt, wollte diese weder nach 1918 noch nach 1945 aufgeben. Die willkürlichen aufgeteilten Gebiete zur Bildung Polens schlossen jedoch große deutsche, russische, tschechische, slowenische und baltische Minderheiten ein. Es mussten Lösungen für Probleme gefunden werden, an denen die Politiker auch heute noch immer oft scheitern.

Nach den Erfahrungen im 1. Weltkrieg bezüglich der Funktechnik begannen mit dem Jahre 1932 die ersten Funkübungen der Marineleitung mit den Handelsschiffen zur Überprüfung der Vorwarnzeiten in Kriegsfällen. Von einer Flotte konnte noch kaum gesprochen werden, aber die Funktechnik war in der Führung zu einer entscheidenden Fähigkeit neben der Waffentechnik herangewachsen, wenn auch nicht von allen anerkannt.

Um seine Kandidatur im Reichstag zu ermöglichen, nahm Hitler im Februar 1932 die deutsche Staatsbürgerschaft an. Die Machtergreifung der Nationalsozialisten 1933 brachten eine forcierte Aufrüstung und Vorbereitung auf den Krieg in der Waffen- und Kommunikationstechnik. Am 1. Juni 1935 erfolgte die Änderung der Bezeichnung der Reichsmarine zur Kriegsmarine (KM). Das "Gesetz zum Aufbau der Wehrmacht" mit Einführung der allgemeinen Wehrpflicht wurde am 16. März 1935 in Kraft gesetzt.

Um die internationalen Wogen dieser Entscheidung zu glätten, wurde der deutsch-englische Flottenvertrag am 18. Juni 1935 unterzeichnet, der die deutsche Rüstung zur See auf freiwillige 35% der britischen Tonnage beschränken sollte. Andere Nationen wollten aus dem deutschen Wissen für ihre Streitkräfte Nutzen ziehen und so gelang der Wissenserhalt im Bau von U-Booten im Ausland unter deutscher Leitung. Das erste deutsche U-Boot der Kriegsmarine (U-1) wurde am 29. Juni 1935 vorgestellt.

Am 4. Februar 1938 gab Adolf Hitler umfangreiche Umbesetzung in der Führung des Reiches und der Wehrmacht bekannt. Reichskriegsminister General Werner von Blomberg und der Oberbefehlshaber des Heeres, Generaloberst Werner von Fritsch, traten nach Intrigen erzwungenen Maßen von ihren Ämtern zurück. Leiter des Oberkommandos der Wehrmacht (OKW) wurde General Wilhelm Keitel. Insgesamt wurden 16 führende Generäle und Admiräle abgesetzt.

Die Führung der Kriegsmarine unter Admiral Erich Raeder blieb zunächst davon unberührt. Die Forderung von eigenen Marineflieger-Abteilungen wurde jedoch abgelehnt, da Hermann Göring beim Wechsel der Oberbefehlshaber die Verfügungsgewalt über sämtliche Flugzeuge der Wehrmacht unter das Kommando der Luftwaffe brachte. Dazu gehörten auch die 16 Seefliegerstaffeln mit 154 Flugzeugen und drei Trägerstaffeln, welche für den Flugzeugträger GRAF ZEPPELIN vorgesehen waren.

Während der Operation WESERÜBUNG konnte der Zugriff auf diese Einheiten noch gewahrt werden. Doch die Unterstellung der Seefliegerstaffeln unter die Luftwaffe beeinflusste die gemeinsamen Operationen im Krieg schwerwiegend. Die mangelhafte Unterstützung der Marine, speziell durch die Luftwaffe, führte zu versäumten Chancen, großen Verlusten und teilweise sogar zu Versenkungen durch Angriffe der eigenen Luftwaffe auf Einheiten der Marine.

Die See-Luft-Kooperation, der verbundene Einsatz der Waffen, ist heute eine fundamentale Voraussetzung militärischer Planungen. Die Aussage Görings, dass alles was fliegt zur Luftwaffe zu rechnen sei, wurde von der Marine hingegen nicht umgekehrt, denn es gab zur Luftwaffe gehörige Seefahrzeuge, wie z.B. später auch bei den Flusspionieren des Heeres.

Im Vorfeld des Krieges hatte Hitler dem Oberbefehlshaber der Marine bis 1939 versichert, dass England als zukünftiger Gegner ausgeschlossen sei und er die Flotte für die Durchsetzung seiner politischen Ziele bis 1946 nicht benötigen werde. Der dafür von Raeder initiierte Z-Plan (Herbst 1938, 27. Januar 1939) sah den Aufbau einer kleinen, effektiven Flotte bis 1947 vor. Die Kriegsmarine war bis zu diesem Zeitpunkt bereits auf 130.000 Mann angewachsen.

Hitler setzte die Besetzung der gesamten Tschechoslowakei mit nachfolgender Billigung Englands, Frankreichs und der Vereinigten Staaten von Amerika um. Das deutsch-englische Flottenabkommen wurde am 28. April 1939 gekündigt. Nach der einseitigen französischen und britischen Garantieerklärung zum militärischen Beistand Polens für den Fall eines deutschen Angriffes und dem gleichzeitigem Deutsch-Russischen Molotow-Rippentrop-Pakt eskalierte die politische Lage weiter.

Im In- und Ausland galt es inzwischen als nationales Selbstverständnis den Vertrag von Versailles zu einer allgemeinen Rüstungsbegrenzung zu umgehen, er bewirkte im Gegenteil eine Rüstungsspirale. Die alliierten Unterzeichnerstaaten ignorierten Vertrag durch ihr Wettrüsten, der deutsch-englische Flottenvertrag degradierte ihn zur Farce, und die Vereinigten Staaten von Amerika hatten ihn nie ratifiziert.

Die Welt gab keine nachhaltigen Reaktionen auf die Verkündung der Wehrhoheit Deutschlands und Hitler wurde in seiner Politik bestätigt. Diese außenpolitischen Erfolge machten neben der zunehmenden staatlichen Kontrolle auch die innenpolitische Opposition bis 1939 quasi unmöglich.

Die im totalitären Staat mit umfangreichen Befugnissen ausgestatteten Geheimdienste lieferten im Inland und auch aus den ausländischen Botschaften und Regierungssitzen umfangreiche Informationen die über abgefangene Draht- und Funknachrichten ergänzt wurden. Dadurch wurden die politischen Gegner und Staaten berechenbar und begünstigten einige waghalsige Entschlüsse vor 1939 Hitlers.

Die Nachrichtentechnik und das dafür ausgebildete Personal sollten sich in den Kriegsjahren als das Rückgrat und im Verlauf des Krieges als Achilles-Ferse der militärischen Führung erweisen. Brennpunkt waren in diesem Zusammenhang die Kriegsschauplätze im Atlantik. 1939 wurden jedoch die vorliegenden Informationen der deutschen Nachrichtendienste über die englischen Absichten der Bündnisse anderer Staaten ignoriert, Hitler fühlte sich bestätigt die Vorgänge in der Tschechoslowakei wiederholen zu können und militärisch stark genug um einen Krieg an einem der größten Spannungspunkte zu eröffnen.

Der Panzerkreuzer SCHLESWIG-HOLSTEIN eröffnete am 1. September 1939 um 4:45 Uhr mit dem Feuer auf die Landzunge der Westerplatte den Angriff auf Polen, der Deutschland in den 2. Weltkrieg stürzte. Der Kriegsmarine standen zu diesem Zeitpunkt nur 2 Schlachtschiffe, 2 Schwere und 6 Leichte Kreuzer, 24 Zerstörer und Torpedoboote zur Verfügung, war also noch weit von dem Rüstungsziel von 1947 entfernt.

Die maritimen Operationen begannen mit dem Einsatz der 57 zur Verfügung stehenden U-Boote. Von diesen waren 27 für Hochsee-Einsätze gebaut, 30 waren kleine Küsten-U-Boote. Dem englischen Angriffsplan (Dezember 1939) zur Besetzung Norwegens war die Wehrmacht am 9. April 1940 um 12 Stunden zuvor gekommen, doch nach dem Wechsel von Erfolgen und Misserfolgen in einzelnen maritimen Operationen, musste die Flotte in den Fjorden ihre ersten schweren Verluste hinnehmen, die nicht mehr ersetzt werden konnten.

Allein beim Heer wurden beim Angriff auf Polen über 80.000 Funkmittel, von der Großfunkstation bis zum Handfunkgerät, eingesetzt. Die 1934/35 erarbeitete "Funkregelung im Kriege" und der Einsatz von Funksachbearbeitern funktionierte reibungslos. Ähnlich den U-Boot-Fahrern im Seekrieg wurden die Fernmelder der Wehrmacht nun ein Schlüsselinstrument für die Führung in den weiträumigen Operationsgebieten. Im Land- wie im Luft- und Seekrieg bewahrheitete sich der alte Spruch:

"Fernmelderei ist nicht alles, aber ohne Fernmelderei ist alles nichts!"

Der 30. Januar 1943 brachte mit der Ernennung von Karl Dönitz zum Großadmiral und Oberbefehlshaber der Kriegsmarine einen personellen Richtungswechsel in der Marine. Er hatte zunächst den sofortigen Bau von 300 U-Booten für eine Auseinandersetzung mit England gefordert, später sogar 2.400. Nun versuchte er seine Vorstellungen vom Einsatz der U-Boote verspätet doch noch durchzusetzen. Bis Ende 1945 wurden 1.154 U-Boote in Dienst gestellt, 14 erbeutet und in die Kriegsmarine eingegliedert, sodass eine Zahl von 1.171 Einheiten erreicht wurde. Von den 863 Front-Booten gingen 842 tatsächlich auf Feindfahrt, wobei alle auch nachrichtentechnisch mit den modernsten Geräten ausgestattet waren.

Der Schwerpunkt der Seekriegsführung lag nun wieder bei den U-Booten. Von 1.162 U-Booten kamen 842 zum Fronteinsatz, wobei 784 (93%) in Kampfhandlungen, 81 durch Bombentreffer im Hafen oder durch Minen sowie 42 durch Unfälle verloren gingen. Im Mai 1945 waren etwa 378 Boote in unterschiedlichem Bereitschaftszustand übrig.

Von 40.900 U-Booten-Fahrern verloren ca. 25.800 ihr Leben auf See (eine Verlustrate von 76%), 5.000 wurden gefangen genommen. Viele der verbliebenen U-Boote versenkten sich nach Verkündigung der bedingungslosen Kapitulation selbst. Sie hatten zuvor 2.452 alliierte Schiffe (~2,8 Millionen Tonnen Schiffsraum) im Nordatlantik versenkt. Die gesamte Tonnage der etwa 5.150 Handelsschiffe weltweit belief sich in diesem Zeitraum auf ca. 21,5 Millionen Tonnen.

Die Operationen der Kriegsmarine müssen im Zusammenhang mit Luftwaffe, dem Heer und der Kriegslage insgesamt betrachtet werden. Eine Kontrolle der relevanten Weltmeere, Luftüberlegenheit oder sämtliche Gebietsgewinne im Osten und Westen hätten eine Niederlage nur vielleicht verhindern können, und dies hätte äußert schnell erreicht werden müssen, denn je länger die Auseinandersetzungen dauerten, desto weniger Ressourcen standen zur Verfügung. Zum Ende des Jahres 1943 stand das Deutsche Reich mit 43 Staaten im Krieg, deren militärische Kräfte innerhalb der vier Jahren gezielt aufgebaut und organisiert worden waren.

Die Fehler in der Nachrichtenübertragung, die Kryptologie, der Abwehr und in der Aufklärung hatten hierzu noch schwerwiegendere Folgen für die deutsche Kriegsführung, als dies im 1. Weltkrieg der Fall war. Die Ergebnisse aus der Auswertung der aufgefangenen, entschlüsselten und der durch Agenten übermittelten deutschen Nachrichten konnten in Operationen der Alliierten effektiv zu Vorteilen und in militärische Erfolge umgesetzt werden.

Die blitzartigen Siege an einzelnen Fronten in Polen, Frankreich und Russland hatten Gebietsgewinne erzielt und kosteten militärische Verluste die nicht mehr kompensiert werden konnten. Für den Ressourcen zehrenden Krieg an allen Fronten hatten die Achsenmächte nicht weder das wirtschaftliche Potenzial noch die notwendigen Rohstoffe. Die Alliierten hingegen konnten aus weltweiten Quellen schöpfen. Allein die Produktion von Flugbenzin lag in Deutschland im August 1944 bei 8 % des noch durchschnittlichen Monates April, die Einfuhr bei 17 %, die Infrastruktur der Rüstungsindustrie war zusammengebrochen.

Die deutschen militärischen Verluste im Zweiten Weltkrieg verdeutlichen durch ihre Zahlen die Unmöglichkeit diesen Krieg zu gewinnen. In die Wehrmacht wurden im Heer 13.601.665, in der Luftwaffe 2.499868, in der Marine 1.193.621 und zusätzlich ca. 900.000 Mann bei der Waffen-SS eingezogen. Obwohl die Waffen-SS zahlenmäßig geringer als die drei Wehrmachtsteile war, stellte sie aufgrund ihrer teilweise selbstmörderischen Einsätze 5,9% der Gesamtverluste und damit über ein Drittel ihres gesamten Personalbestandes (314.000, wobei 70 % davon in den letzten 16 Monaten des Krieges fielen). Die restlichen Zahlen entfallen auf die Polizei mit 63.462 (1,2%), den Volkssturm mit 77.726 (1,5%) und andere Unterstützungsorganisationen wie Feuerwehr, Katastrophenschutz etc. mit 53.231 gemeldeten Verlusten.

Nahezu 18 Millionen Soldaten aus vier Generationen durchliefen den Dienst in der Wehrmacht. Die Verluste von rund 5,318 Millionen Soldaten verteilen sich auf das Herr mit 4.202.030 (79%), die Luftwaffe mit 432.706 (8,1%) und die Kriegsmarine mit 138.429 (2,6%) Mann, wobei hiervon fast 30.000 allein auf die U-Bootwaffe entfallen. Die Verluste der 5,318 Millionen Soldaten verteilen sich auf 0,4% im Jahre 1939, 1,5% im Jahre 1940, 6,7% im Jahre 1941, 10,8% im Jahre 1942, 15,3% im Jahre 1943 und 33,9% im Jahre 1944. Von Januar bis Mai 1945 wurden durch die Abwehrschlachten im Osten und Westen 29% der Soldaten der Wehrmacht getötet. Ein Drittel der militärischen Verbände waren vernichtet, Millionen von Soldaten in Kriegsgefangenschaft oder verkrüppelt. Von den ca. 2,8 Millionen deutschen Kriegsgefangenen (1941-1956) kam rund ein Fünftel nicht mehr zurück.

Im Oktober 1943 trug der Oberquartiermeister Finckh dem Generalfeldmarschall von Manstein in einem Lagevortrag die damaligen Zahlen zur Kriegsführung vor. Allein die täglichen (!) Verluste an der Ostfront waren mit rund 3.000 Mann angegeben. Von den insgesamt 2.743.000 Soldaten an der Ostfront gefallen Soldaten, starben 45% im Jahre 1944. Hinzu kamen die Selbstmorde von Führungsspitzen wie Feldmarschall Rommel, der am 15. Juli 1944 in einem Brief an den Führer forderte, aus den militärischen Niederlagen nach der Landung der Alliierten in Frankreich die Konsequenzen zu ziehen und einen Frieden anzustreben, der Generalluftzeugmeister Ernst Udet (17. November 1941) oder Generalstabschef Hans Jeschonnek (18. August 1943), während andere wie Admiral Canaris im KZ ermordet wurden.

Die Millionen von zivilen Opfern sind dabei noch nicht betrachtet, doch die Niederlage musste unter diesen Umständen auch der deutschen Führung klar vor Augen stehen, wenn nicht Friedensschlüsse mit den Alliierten an einigen Fronten erreicht werden konnten. Kurz nach der Invasion am 6. Juni 1944 in Frankreich erreichte die deutsche Rüstungsproduktion ihren Höhepunkt, aber die für die Alliierten militärische wichtige zweite Front war geschaffen und konnte gehalten werden.

Mit der versuchten Machtübernahme und folgender Amtsenthebung des Reichsmarschalls Göring sowie die eigenmächtigen Fühlungsversuche von Himmler mit dem neutralen Schweden zeigte das Dritte Reich seine Auflösungserscheinungen. Die ersten vergeblichen Attentatsversuche gegen Hitler am 13. März und 21. März 1944 durch den Oberst Hennig von Tresckow bzw. Rudolf-Christoph Freiherr von Gersdorff blieben ohne Erfolg. Nach zwei vergeblichen Versuchen (11./14. Juli) verletzte die Bombe von Claus Graf Schenk von Stauffenberg am 20. Juli 1944 in der WOLFSSCHANZE Hitler lediglich. Die militärischen Befehlshaber verloren durch das verursachte Misstrauen den letzten Einfluss auf Hitler in Bezug auf die Kriegsführung. Die folgenden Säuberungsaktionen kosteten Hunderten von beteiligten und unbeteiligten Personen das Leben.

Hitler entzog sich am 30. April 1945 durch Selbstmord seiner der Verantwortung. Am 1. Mai 1945 übernahm Großadmiral Dönitz, als von Hitler bestimmter Nachfolger, die Amtsgeschäfte als Staatsoberhaupt des Deutschen Reiches und Oberbefehlshabers der Wehrmacht. Im 1. Weltkrieg kam die Revolution mit dem Sturz der Monarchie aus den Reihen der einfachen Dienstgrade der Kaiserlichen Marine, am Ende des 2. Weltkrieges wurde nun dem ranghöchsten Marineoffizier das höchste politische Amt und die gesamte militärische Gewalt in der Verantwortung übertragen. Durch die Verlegung des Hauptquartieres und der Reichsführung nach Flensburg rückte der Norden in den Mittelpunkt des letzten Zeitgeschehens des Deutschen Reiches. Dönitz wollte politisch im Westen einen Waffenstillstand suchen, gleichzeitig aber weiter im Osten der Roten Armee militärisch Widerstand leisten.

Am 2. Mai 1945 kapitulierte die deutsche Armee in Italien bereits eigenständig gegenüber Feldmarschall Alexander. Der Generaladmiral Hans-Georg von Friedeburg erhielt von Dönitz an der Levensauer Hochbrücke, während der Verlegung des OKW und der provisorischen Regierung nach Flensburg, den Auftrag, mit dem Feldmarschall Bernhard L. Montgomery eine Teilkapitulation der deutschen Streitkräfte im Nordraum (Norddeutschland, Niederlande, Dänemark und Norwegen) zu vereinbaren. Die mündliche Vereinbarung sollte jedoch nur kurzen Bestand haben, da die Alliierten kurze Zeit später auf der Kapitulation aller deutscher Truppen am 8. Mai 1945 bestanden.

Da weder militärisch noch politisch eine Wende herbeizuführen war, wurde im OKW und der Reichsführung nunmehr versucht, die "... Rettung möglichst vieler deutscher Menschen vor dem Zugriff der Sowjets und Aufnahme von Verhandlungen mit den westlichen Alliierten ..." durchzuführen und gleichzeitig die Zahl weiterer Opfer gering zu halten.

Die Teilkapitulation im Norden gab einen Zeitaufschub und sicherte die Evakuierungsmaßnahmen in den Ostgebieten. Die Kurland-Armee sicherte dabei die Basis für die U-Boot-Ausbildung, bei der die WILHELM GUSTLOFF als Wohnschiff genutzt wurde. Nachdem die Kurland-Armee eingeschlossen war und der russische Vorstoß große Flüchtlingsmengen vor sich herschob, waren die Schiffe frei für die Rettung mit der Unterstützung der Marine und der Handelsschifffahrt. So konnte die Aufnahme einer großen Zahl von Flüchtlingen gewährleistet werden. So waren bei der Versenkung der WILHELM GUSTLOFF am 30. Januar durch ein russisches U-Boot nur wenige Soldaten sowie rund zwanzig Marinehelferinnen an Bord, die Mehrzahl der über 9.000 Toten waren Zivilisten.

Ob aber alle militärischen Befehlshaber bis zum Selbstmord Hitlers immer allein das Wohl der anvertrauten Soldaten oder die ehrenwerte Rettung Deutschlands vor dem Bolschewismus in den verlustreichen Abwehrschlachten im Auge hatten, darf ebenfalls bezweifelt werden. Riesige materielle und finanzielle Donationen waren von Adolf Hitler der Generalität bei Siegen versprochen worden, deren Leistungen bis zum Schluss nicht vergessen wurde. Die bedingungslose Kapitulation machte sämtliche Versprechungen zunichte, die nur ein Waffenstillstand hätte sicherstellen können.

Deutschland war wirtschaftlich und militärisch ein zweites Mal am Boden und konnte in der Folge nur mit der Hilfe der Vereinigten Staaten von Amerika die Schwierigkeiten des Wiederaufbaus bewältigen. Wieder wurde deutsche Technik, speziell im Krieg entwickelte Nachrichtentechnik, und Schlüsselpersonal ins Ausland gebracht. Deutsche Wissenschaftler erhielten lukrative Angebote aus aller Welt ohne Skrupel um ihre vorherige Position, um ihr Wissen in den Dienst anderer Nationen oder Firmen zu stellen.

Am 27. Juli 1946 schlossen 27 alliierte Staaten ein Abkommen, welches allen bis zum 1. August 1946 angemeldeten deutschen Patenten die Rechtsgrundlage entzog und diese damit für neue Patentanträge der Alliierten verfügbar machte. Tonnen von Dokumenten und ~346.000 Patente wurden nach Kriegsende aus Deutschland abtransportiert. Die Alliierten selbst haben den damaligen Wert dieser geistigen Güter auf vergleichbar umgerechnet rund 700 Milliarden Euro geschätzt (Rudolf Lusar, "Die deutschen Waffen und Geheimwaffen des 2. Weltkrieges und ihre Weiterentwicklung"). Dazu gehörte neben den

Raketenantrieben und den chemischen und biologischen Kampfstoffen auch die bis heute unterschätzte deutsche Atomforschung bis 1945.

Die durch Kriegsindustrie und Politik massiv unterstützte Forschung erbrachte in einem der dunkelsten Kapitel der deutschen Geschichte Leistungen und Erfindungen hervor, die bis heute negativ und positiv nachwirken. Es ist aber eben auch eine fragwürdige Geschichte der Alliierten, die ohne moralische Bedenken deutsche, japanische u.a. ausländische Wissenschaftler nach dem 2. Weltkrieg bei der Herstellung von Massenvernichtungswaffen im atomaren, biologischen und chemischen Bereich wieder beschäftigten und ihnen Schutz gewährten. Im Kriegsverbrecherprozess in Tokio stand kein Wissenschaftler und Soldat aus der chemischen Forschung vor der Anklagebank. Als Gegenleistung für die Ergebnisse aus 10jähriger japanischer Forschung, bei der Tausende von Chinesen in menschlichen Versuchen ihr Leben lassen mussten, wurden die Taten der berüchtigten Einheit 731 nicht weiter untersucht.

Der Frieden nach dem 2. Weltkrieg dauerte 15 Tage, am 29. August 1945 eröffneten sowjetische Jäger auf eine amerikanische B-29 beim Abwurf von Versorgungsgütern für Kriegsgefangene über Korea das Feuer und zwangen sie dadurch zur Notlandung. Was heute Politik ist, wird morgen Geschichte sein, friedlicher ist die Welt nach Kriegen noch nie geworden.

„Frieden ist nicht die Abwesenheit von Krieg"

wie schon der holländische Philosoph Baruch de Spinoza vor mehr als 300 Jahren schrieb. Immanuel Kant definiert denn auch genauer:

"Es soll kein Friedensschluss für einen solchen gelten, der mit dem geheimen Vorbehalt des Stoffs zu einem künftigen Kriege gemacht worden."

Deutsche maritime Organisationen bis 1956

Landminen und ihrer Gefahren sind durch Persönlichkeiten der Öffentlichkeit mehr und mehr ins Bewusstsein gebracht worden. Zur See wurden Minen schon sehr früh verwendet, so hatte z.B. die von Werner v. Siemens im Krieg zwischen Dänemark und den deutschen Ländern ausgelegte Minensperre zwar eine Fehlzündung, aber es hielt die dänischen Schiffe trotzdem durch die Abschreckung von weiteren Eindringversuchen fern. Die unabhängige Mine von Moritz-Herman von Jacobi brachte den Engländern vor Kronstadt 1855 so große Verluste bei, dass die Russen als Sieger aus der Auseinandersetzung hervorgehen konnten. Die von Christian Hülsmeyer erfundene Fernzündung für Minen durch codierte Funksignale war bereits um 1900 einsatzbereit.

Im 1. und 2. Weltkrieg sicherten die Minensperren die Schifffahrtswege der am Krieg beteiligten Nationen bzw. gefährdeten die offensiven Operationen der gegnerischen Seestreitkräfte. Die Gefahren dieser Minensperren begründeten den Fortbestand deutscher Einheiten nach zwei Weltkriegen.

Nach dem ersten Weltkrieg hatten deutsche Minensucheinheiten mit über 300 Fahrzeugen unter britischer Kontrolle die Minensperren in den Seestraßen geräumt. Auch nach dem zweiten Weltkrieg blieben die Einheiten bestehen, und die Soldaten waren in Uniformen ohne Abzeichen unter alliiertem Befehl. In administrativer Tätigkeit so ein kleiner Teil des Oberkommandos der Kriegsmarine unter Generaladmiral Warzecha noch bis zum Juni, teilweise bis Dezember 1945, bestehen.

Von Großbritannien wurde am 21. Juli 1945 die German Mine Sweeping Administration (GM/SA) aus den Verbänden der deutschen Minensucher unter Leitung des Konteradmirals a.D. Fritz Krauß aufgestellt. Deren Aufgabe war die Wiederherstellung der Sicherheit der Schifffahrtsweg und zugleich eine Reduzierung der Gefahr für die Besatzungsmächte bzw. deren Minenräumeinheiten. Dadurch blieben die entwaffneten

Minensuchverbände im Wesentlichen intakt und zählten ca. 27.000 Mann auf rund 840 Fahrzeugen in 5 Divisionen, die bis zum Frühjahr 1946 auf 16.000 Mann und etwa 300 Boote reduziert wurden.

Im Dezember zog die im deutschen Sprachgebrauch als Deutsche Minenräumleitung (D.M.R.L.) bezeichnete Organisation von Glückstadt nach Hamburg (Navy-Haus) und wurde dort auf Betreiben der Sowjetunion aufgrund Sicherheitsbedenken wegen des Verdachts eines verdeckten Aufbaus einer neuen deutschen Marine, am 31. Dezember 1947 aufgelöst.

Zum 1. Januar 1948 erfolgte aus Fahrzeugen und Personal der GM/SA die Aufstellung des Minenräumverbandes Zollgrenzschutz Cuxhaven, der dem britischen Zollgrenzdienst unterstellt wurde. Leiter der Einheiten mit insgesamt 54 Offizieren, 550 Unteroffizieren und Mannschaften war der Fregattenkapitän a.D. Adalbert von Blanc. Der Verband umfasste 12 Räumboote, 3 Kriegsfischkutter (KFK), Sperrbrecher, Begleitschiff und Tanker und wurde erst am 30. Juni 1951 aufgelöst.

Der Commander US-Naval Forces stellte Angehörige der Minenräumkommandos teilweise in Labor Service Units (LSU) unter amerikanisches Kommando mit zivilem Arbeitsvertrag ein. Den LSU unterstanden neben Minensuch-, Minenräum- und Schnellbooten auch die restlichen Einheiten der Kriegsmarine mit Spezialfahrzeugen, Zerstörern, zwei Segelschulschiffen und auch der Schwere Kreuzer PRINZ EUGEN mit Restbesatzung zur Überführung an die Siegermächte.

Die LSU B in Bremerhaven (Weser River Patrol) war dem Kapitän zur See a.D. Hans John unterstellt und bestand aus 12 Räumbooten (6 Hochseeminensuchboote mit Kohlebefeuerung) und 220 Mann, die 1957 aufgelöst wurde und deren Einheiten z.T. in die bundesdeutsche Marine überführt, die ersten drei Minensuchgeschwader begründeten.

Zusätzlich existierte noch die LSU C als Rhine River Patrol, die gleichfalls aus Minensuchern und Torpedofangbooten bestand. Am 15. April 1948 bestanden ferner noch Minenräumdivisionen in Kiel, Cuxhaven, Fredrikshavn, Oslo, Ymuiden und Bremerhaven, die wohl zum Teil in die oben genannten Organisationen eingeflossen sind. Auch die 4. Minensuchgruppe in Lorient verfügte noch über 13 Hochseeminensuchboote der Typen M-35 und M-40 sowie zwei Bojen-Boote.

Als "Fischereischutz" gab es ab 1947 die Frontier Control mit drei deutschen Schnellbooten ohne Bewaffnung unter Korvettenkapitän Hans-Helmut Klose. Die Engländer kauften in den 50er Jahren drei für den Seegrenzschutz gebaute Schnellboote als Ersatz für die alten Boote der Frontier Control auf, die ab Mitte 1956 das 1. Schnellbootgeschwader der Bundesmarine begründeten.

Die meisten Besatzungsangehörigen kamen aus den Kriegsgefangenenlagern und kehrten nach dem Abschluss der Räumarbeiten am 8. Oktober 1947 in die Heimat zurück. Insgesamt befanden sich 276 Minensuchfahrzeuge im Einsatz, die in Nord- und Ostsee mehr als 600 Quadratkilometer geräumt haben. Sieben Räumfahrzeuge und drei Sperrbrecher liefen auf Minen, 62 Mann fanden dabei im Einsatz zur Sicherung der Seewege den Tod. Wie gefährlich die Minenwaffe ist, zeigt der Umstand, dass bis heute in der Ost- und Nordsee weiterhin Minenräumungen mit modernstem Gerät stattfinden.

Nach Auflösung des Minenräumverbandes des Zollgrenzschutzes Cuxhaven am 30. Juni 1951 wurden 18 Offiziere, 22 Portepee-Unteroffiziere und 56 Unteroffiziere der Kriegsmarine zum 1. Juli 1951 in den damit entstandenen Seegrenzschutz übernommen, der rund 500 Stellen hatte, die bis 1955 auf 1.017 Vollzugsbeamte erhöht wurden.

Aus zivilen Beständen wurden acht Kriegsfischkutter (KFK) aufgekauft, wobei die auf Besegelung umgerüstete NORDWIND am 21. September 1951 als erstes Schiff in Dienst gestellt wurde. Das Schiff war privat auf der Burmeisterwerft bis 1946 fertig gestellt worden und war noch lange als Segelschulschiff an der Marineschule Mürwik im Dienst. Die Schiffe waren z.T. mit Geräten der Kriegsschiffe oder alliierten Entwicklungen wie z.B. mit dem Navigationsradar DECCA 159-B ausgestattet, für die Kommunikationsgeräte in Kiel eine Fernmeldehundertschaft aufgestellt.

Die ersten Schiffe unter deutschem Kommando nach 1945 wurden zwischen Januar 1952 und Mai 1953 durch die KFKs W-1 bis W-3 und W-13 bis W-19 verstärkt. Bis 1955 setzten sich die 29 Seefahrzeuge zusammen aus:

- 9 kleine Wachboote W-1 bis W-3 und W-13 bis W-18
- 6 große Wachboote W-7 bis W-12
- 4 Patrouillenboote P-1 bis P-4
- 3 Sicherungsboote S-1 bis S-3
- 2 Begleitschiffe (EIDER und TRAVE)
- 3 Schulboote (NORDWIND, W-19, Falke)
- 2 Betriebsfahrzeuge (Tanker EUTIN, Schlepper PLÖN)

Der Kommandeur i. BGS Kurt Andersen war zuständig für das Grenzschutzkommando Küste, während Kapitän i. BGS Adalbert von Blanc Chef des Stabes wurde. Auch in dieser polizeilichen Behörde wurden aufgrund des Geldmangels am Anfang die alten Uniformen der Kriegsmarine ohne Abzeichen zunächst weitergetragen.

Am 1. Juli 1956 ging der Seegrenzschutz in der Bundesmarine auf, die auch die Aufgaben des Seegrenzschutzes übernahm. Die Fülle der Anforderungen und Trennung der Hoheitlichen Aufgaben führte 1963 zur Übernahme der Aufgabe des Seegrenzschutzes durch den neu gegründeten Grenzschutz-See bzw. am 10. August 1964 durch den neu aufgestellt Bundesgrenzschutz-See (BGS, See). Mit einem Bundesgesetz wurde der Bundesgrenzschutz am 1. Juli 1976 dann zu einer Polizei des Bundes.

Deutsche Seestreitkräfte in der BRD nach 1945

Die Konferenz der Alliierten in Jalta legte der Grundstein zur Expansion der Sowjetunion nach 1945, die in den 50er und 60er Jahren zur zweitgrößten Seemacht hinter den Vereinigten Staaten von Amerika aufstieg. Die westlichen alliierten Streitkräfte in Europa wurden reduziert, die USA z.B. nach 1945 von 12 auf 1,5 Millionen, während die Sowjetunion ihre Streitkräfte auf nahezu Kriegsstärke behielt.

Der kalte Krieg begann und die Nachrichtentechnik stand im Rüstungswettlauf nun gleichrangig neben der Waffentechnik. Die Gründung der NATO am 4. April 1949 war der Schlusspunkt des Bemühens, eine westliche Reaktion auf das Vordringen der Sowjetunion in Mitteleuropa zu demonstrieren. Aus diesem Jahr datieren auch erste strenggeheime Papiere zu westdeutschen Streitkräften im westlichen Bündnis.

Aus den drei westlichen Besatzungszonen entstand die Bundesrepublik Deutschland, deren Plenum des Parlamentarischen Rates am Jahrestag der Kapitulation, am 8. Mai 1949, das Grundgesetz annahm, welches am 24. Mai 1949 in Kraft trat. Durch die weltpolitische Lage wurde die Bildung von deutschen Streitkräften in Deutschland und der westlichen Welt diskutiert und umsetzbar. Der General der Panzertruppen a.D. Graf von Schwerin erhielt den Auftrag eine "Mobile Bundesgendarmerie" mit 50.000 Mann, als Gegengewicht zu KVP der DDR aufzubauen. Für die Aufstellung deutscher Streitkräfte wurden Vorstellungen von einer zeitgemäßen Menschenführung in der neuen Armee entwickelt, mit denen ohne Anlehnung an die Formen der alten Wehrmacht grundlegend Neues geschaffen werden sollte.

Diese Überlegungen, die im Wesentlichen auf den Erfahrungen der Offiziere der Wehrmacht (Graf v. Baudissin, Graf v. Kielmannsegg) aufbauten, fanden ihren Niederschlag im Konzept der "Inneren Führung" und dem Begriff des "Bürgers in Uniform" in fester Einbindung in das Grundgesetz. Die Auftragstaktik und Menschenführung wurde zu einem Vorbild dem bis heute viele Staaten gefolgt sind.

Theodor Blank wurde am 26. Oktober 1950 zum "Bevollmächtigten des Bundeskanzlers für die mit alliierten Truppen zusammenhängenden Fragen" ernannt. Am Tage nach Blanks Ernennung trat Graf von Schwerin von seinem Amt als militärischer Berater des Bundeskanzlers zurück und es erfolgte die Einrichtung des "Amt Blank" als Vorläufer des Bundesministeriums der Verteidigung, BMVg.

Die Voraussetzungen für die Schaffung deutscher Streitkräfte wurden durch die Grundgesetzänderungen vom 26. März 1954 und 19. März 1956 gegeben. Zehn Jahre nach dem Zusammenbruch des Deutschen Reiches und der Kapitulation der Wehrmacht erfolgte am 9. Mai 1955 der NATO-Beitritt der Bundesrepublik Deutschland. Am 26. Juli 1955 traten die ersten Wehrgesetze in Kraft und im April 1956 entstanden mit der Bundeswehr die Bundesmarine, die Bundesluftwaffe und das deutsche Heer.

Verteidigungsminister Theodor Blank überreichte am 12. November 1955, dem 200. Geburtstag des Generals Scharnhorst, den ersten 101 Freiwilligen die Ernennungsurkunden. Zu Anfang des Jahres 1956 rücken die ersten 1.000 Freiwilligen der Bundeswehr nach Andernach (Heer), Nörvenich (Luftwaffe) und Wilhelmshaven (Marine) ein, zusätzlich kamen 872 BGS-Beamte mit 24 Bootseinheiten vom Seegrenzschutz (1. Juli 1956), zu dem da-mals auch eine Küstenjäger-Hundertschaft, zwei Aufklärungszüge und ein Luftlandejägerzug gehörten sowie weiteres Personal aus der LSU Bremerhaven und der Gruppe Klose.

Der Grundwehrdienst war zu diesem Zeitpunkt ein Kern für das Personalgerüst der Streitkräfte. Am 1. April 1957 trafen die ersten Wehrpflichtigen (9.773 Rekruten des Jahrgangs 1937) in den Kasernen des Heeres ein, denen die ersten Wehrpflichtigen der Marine und Luftwaffe am 16. Januar 1958 folgten. Von den rund 100.000 erfassten Wehrpflichtigen äußerten nur 328 Männer den Wunsch als Kriegsdienstverweigerer anerkannt zu werden. Nach der Musterung beriefen sich ganze 0,3 Prozent auf das Recht zur Verweigerung. Die Länge der Wehrdienstzeit war am 12. September 1956 auf 12 Monate von der Bundesregierung festgesetzt worden.

Das Gesetz zur Verlängerung der Wehrpflicht von 12 auf 18 Monate wurde am 22. Februar 1962 mit Wirkung zum 1. April 1962 vom Bundestag beschlossen. Hintergrund war der Bau der Berliner Mauer. Am 10. September 1971 beschloss die Bundesregierung die Verkürzung des Wehrdienstes von 18 auf 15 Monate zum 1. Oktober 1972, um die Wehrgerechtigkeit zu erhöhen, während zum 1. Juni 1989 der Wehrdienst wieder von 15 auf 18 Monate verlängert werden sollte, um die Präsenzstärke von 495.000 Soldaten in den 90er Jahren zu sichern. Der geschichtliche Verlauf mit der Vereinigung 1990 veränderte dies und am 1. Oktober 1990 wurde die Wehrdienstzeit auf 12 Monate verkürzt, bis die politische Entwicklungen sie schließlich ganz abschaffte.

Die Bundesrepublik Deutschland gehört zu den führenden Industrie- und Handelsnationen der Welt. 60 Prozent des Imports und 35 Prozent des Exports werden über See abgewickelt. Über zehn Prozent aller Arbeitsplätze hängen direkt von der freien Nutzung der Seewege ab, doch die gesamtwirtschaftliche Lage ist weitaus mehr vom freien Handel abhängig, als diese Zahlen es belegen.

Die Freiheit der Meere eine der wichtigsten Voraussetzungen für Deutschlands und Europas prosperierende Wirtschaft und seine Sicherheit. Neben den primären Aufgaben der Deutschen Marine in der Landes- und Bündnisverteidigung werden die See- und Seeluftstreitkräfte heute aber speziell im Zusammenhang mit Operationen zur Krisen- und Konfliktbewältigung gefordert.

Im Bundesministerium der Verteidigung war die Marine durch den Führungsstab der Marine (FüM) vertreten, an dessen Spitze der Inspekteur der Marine stand.

Das Flottenkommando war die höhere Kommandobehörde für die schwimmenden und fliegenden Kampfverbände, die schwimmenden Unterstützungsverbände sowie die Verbände und Einrichtungen der Marineführungsdienste. Einheiten des gleichen Typs der Flotte waren bis 2005 in Flottillen zusammengefasst. Die einzelnen Flottillen setzten sich aus jeweils mehreren Geschwadern mit überwiegend identischen Einheiten zusammen. Das Marineamt war u.a. verantwortlich für die Ausbildung aller Marinesoldaten und den landgebundenen Sanitätsdienst. Dem Amtschef des Marineamtes unterstanden die Schulen der Marine, die beiden Marinemusikkorps und das Segelschulschiff sowie eine

Dienststelle für die Personalverwaltung. 2012 wurde das Flottenkommando in Glücksburg aufgelöst und in das Marinekommando mit Sitz in Rostock überführt.

Die Flotte gliederte sich in die Zerstörer-, die Schnellboot- und die U-Bootflottille sowie die Flottille der Marineflieger (bis 16. März 2005), der Minenstreitkräfte (bis 17. März 2005) und der Marineführungsdienste (bis 27. März 2002). Die Marine umfasste an Nord- und Ostseeküste bis 1998:

- 2., 4. und 6. Fregattengeschwader Trossgeschwader / Wilhelmshaven
- Marinetransportbataillon 2 / Wilhelmshaven
- Marineoperationsschule / Bremerhaven
- Marinefliegergeschwader 3 / Nordholz
- Marinesicherungsregiment, Marinesicherungsbataillon 1 und Marineausbildungsbataillon / Glückstadt
- Marinesicherungsbataillon 3 / Seeth
- Marineversorgungsschule / List
- Marineschule Mürwik
- Marinefernmeldeschule / Flensburg-Mürwik
- Marinefernmeldestab 70 / Flensburg
- Marinefliegergeschwader 2 / Tarp/Eggebek
- Marinewaffenschule/Lehrgruppe B / Kappeln (2005 in Parow)
- 1., 3. und 5. Minensuchgeschwader, 5. Schnellbootgeschwader / Olpenitz
- Marinewaffenschule (ab 2005 in Parow) / Eckernförde
- 1. und 3. U-Bootgeschwader und Waffentauchergruppe / Eckernförde
- Zerstörer-Geschwader, Marinefliegergeschwader 5 / Kiel
- Technische Marineschule (ab 2004 in Parow) und Marinetransportbataillon 1 / Kiel
- Marineunteroffiziersschule / Plön
- Technische Marineschule/Lehrgruppe Schiffssicherung / Neustadt
- 7. Schnellbootgeschwader / Warnemünde
- Marinetransportbataillon 3 / Bad Sülze (2005 Seeth)
- Marinetechnikschule / Parow

Das Marineunterstützungskommando unterstützte das Flottenkommando bei der Herstellung und Erhaltung der Einsatzbereitschaft der Flotte bis zum Jahr 2001. Außerdem war es für die Rüstung der Marine verantwortlich. Nachgeordnet waren ihm die Marineabschnittskommandos West, Nord und Ost. Den Marineabschnittskommandos waren wiederum Stützpunktkommandos, Material- und Munitionsdepots, Marinesicherungsbataillone und Transportbataillone unterstellt. Das heutige Marineunterstützungs-kommando ist dem Marinekommando unterstellt. In Glücksburg verblieb bislang das Maritime Operation Center (MOC) des Marinekommandos.

Durchschnittlich 14.000 Alarme erreichen den militärischen Such- und Rettungsdienst der Bundeswehr (SAR) jährlich, um in dringenden Notfällen Hilfe zu leisten und Menschenleben zu retten. Seit seinem Bestehen hat der SAR-Dienst über 200.000 Einsätze geflogen. Mit steigender Tendenz bewältigt er eine Aufgabe, die ursprünglich nur Hilfe für in Not befindliche militärische Luftfahrzeuge vorsah. Längst aber ist SAR eine nationale Einrichtung geworden, die in großem Maße der Zivilbevölkerung zugutekommt, denn durchschnittlich haben 90% aller Einsätze zivilen Charakter und nur 7% sind militärischer Art. Von der Funktion und Einsatzfähigkeit der Fernmeldemittel hängen hier tagtäglich Menschenleben ab. Die SAR-

Flugzeuge sowie alle anderen Luftfahrzeuge der Marineflieger bilden einen wichtigen Bestandteil der Flotte. Die Nachrichtengeräte sind größtenteils identisch mit denen der Luftwaffe.

Für die Marine eines vereinten Deutschlands gab es strukturelle und organisatorische Auswirkungen, die vor der Vereinigung in die Wege geleitet worden waren. Ein kurzer Blick zurück in das Jahr 1998 gab die Möglichkeit zum Vergleich zur heutigen und zukünftigen Struktur der Marine, die zunächst nur durch die finanziellen Probleme und durch die Vereinigung 1990 beider deutschen Staaten, dann jedoch auch durch die internationalen Erfordernisse, die Bündnisse, Einsätze und nicht zuletzt neue Doktrinen geprägt wurde und wird.

Die Deutsche Marine (Marine 2005) bestand unterhalb der ministeriellen Ebene nur noch aus zwei Säulen, dem Flottenkommando und dem Marineamt. Das Flottenkommando stellte dabei die Forderungen zur Optimierung der vorhandenen Seekriegsmittel und verbesserte die Einsatzverfahren, stellte die organischen Unterstützungskräfte, Führungsmittel und die Einsatzkräfte für die verbundene Seekriegsführung zur Verfügung. Das Marineamt sicherte die Regeneration der Ressourcen Personal und Material. Der Führungsstab der Marine führte Flottenkommando und Marineamt und bildete das Verbindungsglied der Marine im BMVg zu den Teilstreitkräften Heer und Luftwaffe sowie dem Sanitätsdienst und der Streitkräftebasis (SKB).

Aufgaben des Flottenkommandos waren Planung und Steuerung der Einsatzausbildung und die Bereitstellung einsatzfähiger Marinestreitkräfte. In der Wahrnehmung nationaler Aufgaben führte das Flottenkommando Kräfte der Marine im Rahmen der hoheitlichen Überwachung des deutschen Seeraumes sowie bei Hilfeleistungen in Katastrophen im Such- und Rettungsdienst (SAR) über See, leistete einen Beitrag zum Umweltschutz auf See, während in internationalen Einsätzen das Einsatzführungskommando die Leitung der Teilstreitkräfte übernahm.

Die See- und Seeluftstreitkräfte gliederten sich in eine Flottille der Marineflieger mit U-Jagdflugzeugen, bord- und landgestützten Hubschraubern, Marinejagdbombern und anderen Luftfahrzeugen. Ferner je eine Zerstörerflottille mit Fregatten und Versorgungs-/ Trossschiffen, eine Schnellbootflottille mit Korvetten, Schnellbooten und Unterstützungsfahrzeugen, eine Flottille der Minenstreitkräfte mit Minenjagd-/ Hohlstablenkbooten und Unterstützungsfahrzeugen sowie einem Bataillon spezialisierte Kräfte der Marine (BSKM), in dem Waffentauchergruppe sowie spezialisierte Kräfte für Sicherungsaufgaben, Boarding, Strandmeisteraufgaben und Explosive Ordnance Disposal (EOD) in Eckernförde zusammengefasst wurden. Es folgten die U-Bootflottille mit U-Booten, den Unterstützungsfahrzeugen, dem Ausbildungszentrum für U-Boote sowie den Flottendienstbooten und marinespezifische Elemente zur Fernmeldeelektronischen Aufklärung, die FD-Booten.

Das Marineamt unterschied sich trotz gleichen Namens deutlich vom vorherigen Amt und führt die Bereiche Marinelogistik und Marineausbildung. Neben der Steuerung zur Anpassung der Ausrüstung der Marine an künftige Anforderungen wurde die Marinelogistik die Material- und Versorgungsverantwortung des Inspekteurs der Marine im Dialog mit der Streitkräftebasis und den anderen bedarfsdeckenden Organisationen wahrgenommen sowie das Management der Waffensysteme durchgeführt. Der Bereich Marineausbildung plante und steuerte die individuelle Ausbildung in der Marine einschließlich der zivil beruflichen Aus- und Weiterbildung und schaffte die notwendige Voraussetzung für eine bedarfsorientierte personelle Regeneration.

Als neue Aufgabe wurden im Stab Marineamt die Kräfte zum Entwickeln, Betreiben und Pflegen eines IT-gestützten Entwicklungszentrums Marine zusammengeführt und in einer Spezialstabsabteilung angesiedelt. Dem Marineamt direkt unterstellt waren das Kommando Marineführungssysteme, das Kommando Truppenversuche Marine, die Stützpunktorganisation, die Stammdienststelle der Marine und die Schulen der Marine. Das Kommando Marineführungssysteme stellte in der Marine die erforderliche

Planung, Realisierung, Integration, Nutzung und Änderung aller in der Marine eingesetzten marinespezifischen Systeme für den Waffeneinsatz und die Führungsunterstützung bereit.

Das Kommando für Truppenversuche Marine überprüfte Wehrmaterial, welches in die Marine eingeführt werden soll, auf die Verwendbarkeit in der Truppe. Es wirkte darüber hinaus an der Weiterentwicklung von Verfahren, Doktrinen, Vorschriften und Waffensystemen mit. Aufgaben im Rahmen der Einsatzlogistik der Marine werden künftig durch die Stützpunktorganisationen sowie durch die Einheiten der organischen Versorgung wahrgenommen.

Die Stammdienststelle der Marine koordinierte in enger Abstimmung mit dem Zentrum für Nachwuchsgewinnung die aktuelle Bedarfsdeckung für Unteroffizere und Mannschaften. Die Individualausbildung des Marinepersonals wird im Verantwortungsbereich des Marineamtes an den Schulen der Marine durchgeführt. Die Ausbildung zum militärischen Vorgesetzten findet bis heute an der Marineschule Mürwik und an der Marineunteroffizierschule in Plön statt. Die militärfachliche Ausbildung an den Schulen der Marine ist gegliedert in:

- Operation – Marineoperationsschule
- Technik – Marinetechnikschule
- Logistik – Marineversorgungsschule (nach 2012 aufgelöst)

Eine Ausnahme bildete die Flottille der Marineführungsdienste. Die Dienststellen der Fernmelde- und Elektronischen Aufklärung (Fm/EloAufkl) mit dem MFmStab 70 und dem MFmSkt 71 wurden ebenso wie das Taktische Richtfunknetz sowie das Fernsprechnetz der Marine an die Streitkräftebasis abgegeben. Das Fernschreibnetz ist nach Ersatz des Fernschreibdienstes in der gesamten Bundeswehr durch das Nachfolgesystem NUKOMBW ebenfalls an die Streitkräftebasis abgegeben.

Noch während ihrer Umsetzung wandelten sich die Planungen zur Reform der MARINE 2005 und alle anderen Änderungen zur Struktur der Bundeswehr. In Bezug auf die neuen Herausforderungen musste ein anderer Ansatz gewählt werden, die Transformation der Bundeswehr, in der die nachhaltige Verbesserung der Fähigkeiten im Einsatzspektrum in den verteidigungspolitischen Richtlinien vorgegeben wurde. Dieses sind vor allem multinationale Einsätze zur Konfliktverhütung und Krisenbewältigung. Bereits im Jahre 2004 gab es deshalb für die zwei Säulen der Marine mit 26.345 Soldatinnen und Soldaten weitere Veränderungen:

Flottenkommando
- Auflösung des MFG 2 zum 31. Dezember 2005
- Auflösung aller Flottillenstäbe zum 30. Juni 2006
- Aufstellung der Stäbe der Einsatzflottillen 1 und 2 zum 1. Juli 2006
- Unterstellung des MFG 3 und 5 dem Flottenkommando am 1. Juli 2006
- Aufstellung 1. UGeschw und Unterstellung Stab EinsFltl zum 1. Juli 2006
- Aufstellung Stab Marineschutzkräfte am 1. April 2005 und dessen Unterstellung EinsFltl 1 zum 1. Juli 2006

Marineamt
- Unterstellung SDM zum 1. April 2005 an die SKB
- Auflösung der MVS zum 1. April 2007, Ausbildung dann bei der MUS/Plön
- Auflösung Inspektion MFlgAusb am 31. Dezember 2005, Ausbildung geht Nordholz/Kiel/Parow
- Neuorganisation Marineamt zum 1. Juli 2006

Eine eigenständige Flottille der Marineführungsdienste konnte nicht länger aufrechterhalten werden. Die in der Marine verbleibenden landgebundenen Fernmeldeeinrichtungen des Marineführungsdienstes wurden funktional in eine operative und eine betriebliche Komponente aufgeteilt und direkt dem Flottenkommando bzw. Marineamt zugeordnet. Die drei Flottendienstboote der Marine wurden zusammen mit der Hydroakustischen Aufklärung (HAM) in der Marine und der Marine-Unterwasserortungsstelle der U-Bootflottille unterstellt.

Am 2. November 2004 wurde durch den Verteidigungsminister Peter Struck die Schließung von weiteren 105 Standorten der Bundeswehr mit einer Reduzierung auf insgesamt etwa 390 bekannt gegeben, wobei noch zusätzliche 76 Standortschließungen aus vorherigen Beschlüssen offen waren. Neben den 35.000 Eingreif- und 70.000 Stabilisierungskräften waren 145.000 Soldaten als Unterstützungskräfte eingeteilt. 2005 hatte die Bundeswehr noch 114.178 Soldaten und Soldatinnen im Heer, 46.745 in der Luftwaffe, 47.289 in der Streitkräftebasis (mit dem Personal aus den Teilstreitkräften aufgebaut), 18.909 in der Marine, 17.531 im Sanitätsdienst und 8.984 in anderen Bereichen der Bundeswehr.

In der Marine wurden in den weiteren Reduzierungen die Typflottillen aufgelöst und ihre Aufgaben der neuen Einsatzflottille I (Kiel), Einsatzflottille II (Wilhelmshaven) und dem Flottenkommando zugeordnet. Während die Marinefliegerkräfte in Nordholz eine Heimat behalten konnten, wurden die Marinehubschrauber mit Einführung des MH-90 endgültig von Kiel-Holtenau nach Nordholz verlegt, die Marinefliegertechnikausbildung verblieb an der Marinetechnikschule in Parow.

Die Aufgaben der Stammdienststelle der Marine in Wilhelmshaven wurden von der Stammdienststelle der Bundeswehr bzw. dem späteren Personalamt der Bundeswehr wahrgenommen. Auch die Standorte Kappeln und Olpenitz wurden aufgegeben und die Flottille der Minenstreitkräfte außer Dienst gestellt, die noch verbliebenen Mehrzwecklandungsboote in den Kiel in den Tirpitzhafen verlegt. Die Sicherungsboote der Heeresflugabwehrschule und die Flottendienstboote verlegten nach Eckernförde.

Deutsche Seestreitkräfte in der DDR von 1945 - 1990

Bis 1990 bestanden in Europa Streitkräfte in zwei deutschen Staaten. In der DDR waren 1948 die ersten bewaffneten Landkräfte aufgestellt worden, denen in der kasernierten Volkspolizei (KVP) am Jahresende bereits 8.000 Mann angehörten, und die am ersten Jahrestag der DDR (7. Oktober 1950) auf insgesamt 70.000 angewachsen waren.

Die NVA-Gründung 1956 war das Ergebnis einer Entwicklung, die am 10. Juli 1952 mit der Proklamation der „Nationalen Streitkräfte" durch die Volkskammer der DDR begonnen hatte. In ihrem Verlauf wurden die Kasernierte Volkspolizei (KVP) sowie die Grundstrukturen einer Militärorganisation aufgebaut. Der Aufbau vollzog sich ab 1955 unter Anleitung der Sowjetunion. Die Gründung der NVA erfolgte am 18. Januar 1956 per Gesetz (zeitlich nach der Bundeswehr). Die Aufstellung erfolgte in mehreren Etappen, wobei bis zum 1. März 1956 die Stäbe und Verwaltungen einsatzfähig sein sollten. Bis kurz nach dem Mauerbau 1961 war die NVA im betonten Gegensatz zur Bundeswehr eine Freiwilligenarmee.

Wie bei der Bundeswehr wurde auf ehemalige Angehörige der Wehrmacht zurückgegriffen. Sie kamen meist aus sowjetischer Kriegsgefangenschaft und waren dort bei antifaschistischen Frontschulen ideologisch vorgebildet und ausgewählt worden. Der bekannteste ehemalige Wehrmachtsgeneral, der auch in der NVA diente, war Vincenz Müller, der sich nach seiner Entlassung 1961 das Leben nahm.

Im September 1948 wurde nach Zustimmung der Sowjetischen Militär-Administration (SMAD) der Auftrag für den Bau von 6 Küstenschutzbooten erteilt, die dann wechselnd der Abteilung Wasserschutzpolizei der Deutschen Verwaltung des Inneren und der Grenzpolizei unterstellt waren.

Am 28. Februar 1950 wurde die Hauptabteilung See im Bereich der Hauptverwaltung für Ausbildung (HVA) gebildet, um mit dem Aufbau eines Stabes zu beginnen. Im April 1950 gehörten 13 Offiziere und 19 Unteroffiziere bzw. Mannschaften zu dieser Abteilung.

Am 15. Juni 1950 beschloss der Ministerrat die Bildung einer dem Ministerium des Inneren unterstellten Hauptverwaltung der Seepolizei (HVS), welche die Aufgaben des Küstenschutzes wahrnahm. Am 27. Juli 1950 wurde der HVS der neu gegründete Seehydrographische Dienst der DDR eingegliedert, wodurch Ende 1950 eine Personalstärke von 2.071 Mann erreicht wurde. Die immer noch inoffiziellen Streitkräfte hatten im Heer insgesamt 31.000, in der Marine 5.000 und Luftwaffe 4.000 Mann unter Waffen.

Am 1. Juli 1952 wurden diese Kräfte offiziell zur Volkspolizei-See und am 1. Oktober deren Polizeidienstgrade durch militärische Ränge ersetzt. Im Mai 1953 enthielt das Dokument "Zeuthen" (Ort) das Marine-Bauprogramm, in dem die vorhandenen 69 Schiffe der Volkspolizei bis 1956 auf 314 Fahrzeuge aufgestockt werden sollten. Die ohnehin sehr hoch gesteckten Ziele ließen sich angesichts der begrenzten materiellen, personellen und finanziellen Möglichkeiten der DDR nur mit Hilfe und auf Drängen der Sowjetunion verwirklichen. Die Vorbereitungen für die Schaffung von Unterwasserstreitkräften wurden nach den Unruhen vom 17. Juni 1953 völlig eingestellt.

Der Schiffsbestand der Volkspolizei-See gliederte sich 1955 in 12 Minenleg- /Räum-Boote, 20 Küstenschutzboote und 24 Räumboote. Im gleichen Jahr kamen etwa 300 Marineoffiziere in die DDR zurück, die an der 1. Baltischen Marinehochschule in Leningrad bzw. an der 2. Baltischen Marinehochschule in Königsberg ausgebildet worden waren. Damit war ein entscheidender personeller Grundstock für den Aufbau einer Marine gelegt.

Am 18. Januar 1956 beschloss die Volkskammer die Schaffung der Nationalen Volksarmee (NVA) und dem Ministerium für Nationale Verteidigung (MfNV). Am 21. Februar 1956 erfolgte der Aufstellungsbefehl 4/56 für die Seestreitkräfte (SSK, Aufstellung am 1. März 1956), denen der am 10. Februar 1960 eingeführte Nationale Verteidigungsrat (NVR) am 19. Oktober 1960 die Bezeichnung Volksmarine (VM) verleiht. Die offizielle Namensverleihung fand im Rahmen einer Flottenparade vor Rostock-Warnemünde am 3. November 1960, dem 42. Jahrestags des Kieler Matrosenaufstands von 1918 statt, wobei gleichzeitig die neue Dienstflagge eingeführt wurde.

Nach 15 Jahren wurde die Zielsetzung des Marine-Bauprogramms von 1953 erreicht. Mit Stichtag 1. Januar 1958 waren im 20.399 Mann starken Bestand der NVA etwa 2.600 ehemalige Mannschafts- und etwa 1.600 Unteroffiziersdienstgrade sowie 400 Offiziere – insgesamt an die 23 Prozent – ehemalige Wehrmachtsangehörige. Die ehemaligen Offiziere wurden vorwiegend im Ministerium, an Schulen und in Kommandostellen der Teilstreitkräfte und Militärbezirke eingesetzt. Von den 82 höheren Kommandoposten in der Armee waren 61 von ehemaligen Wehrmachtsangehörigen besetzt. Auf Beschluss des Politbüros der SED vom 15. Februar 1957 wurden jedoch fast alle ehemaligen Wehrmachtsoffiziere bis Ende der 1950er-Jahre schrittweise aus der NVA entlassen und pensioniert. Darunter fielen auch die vier noch in die NVA übernommenen Wehrmachtsgenerale von Lenski, Müller, Walther und Wulz. Trotzdem hatten noch am 1. Januar 1960 von insgesamt 653 Offizieren der NVA im Nomenklatur-Kaderbestand 338 Armeeangehörige früher der Wehrmacht angehört, nunmehr fast ausschließlich als Mannschafts- oder Unteroffiziersdienstgrad.

Mit der Einführung der Wehrpflicht wurde es der NVA möglich, die angestrebte Personalstärke von ca. 170.000 Soldaten zu erreichen. Zum 1. Mai 1968 verfügten die Volksmarine und der Seehydrographische Dienst über eine Gesamtpersonalstärke von etwa 20.000 Mann und über 320 Schiffseinheiten, wobei ca. 120 Hafenschutz-, Wach- und Reeden-Boote eingerechnet wurden.

Ende 1989 hatte die Volksmarine allein eine Gesamtstärke von etwa 14.200 Soldaten. Sie gliederte sich haupt-sächlich in drei Flottillen, denen gemeinsam acht Hochseeversorger und umfangreiche landgestützte Einrichtungen zugeordnet waren. Weitere Kampf-, Kampfunterstützungs- und logistische Einheiten und

Einrichtungen waren dem Kommando der Volksmarine direkt unterstellt, die stets mit der Einheitsnummer 18 bzw. 28 versehen waren.

Während der krisenhaften 80er-Jahre wurden NVA-Soldaten immer öfter in der Wirtschaft geschlossen als Arbeitskräfte eingesetzt. Im Mai 1987 übernahm die NVA die neue defensive Militärdoktrin des Warschauer Pakts. Die DDR-Führung plante die Streitkräfte 1989 um rund 6 % zu reduzieren. Während der politischen Wende des Jahres 1989 wurden Hundertschaften aus NVA-Soldaten in rund vierzig Fällen zum Einsatz in Sperrketten und im Objektschutz abgestellt. Ein gewalttätiger Einsatz von NVA-Soldaten gegen Demonstranten fand nicht statt. Am 20. Januar 1990 gründete sich mit dem Verband der Berufssoldaten der Nationalen Volksarmee eine eigenständige Interessenvertretung der NVA-Soldaten.

Am 18. April 1990 wurde Rainer Eppelmann Minister für Abrüstung und Verteidigung der DDR und am 27. April traf sich Eppelmann mit Bundesverteidigungsminister Gerhard Stoltenberg in Köln. Beide verständigten sich darauf, dass ein vereintes Deutschland Mitglied der NATO sein soll. Am 2. Mai 1990 fand die Kommandeurstagung der NVA statt. Minister Eppelmann erklärte, dass nach seiner Auffassung die NVA soweit bestehen bleibe, solange in Europa zwei Militärbündnisse existieren. Bundesverteidigungsminister Stoltenberg gab jedoch die Formel „Ein Staat – eine Armee!" heraus und am 20. Juli 1990 legten die Berufssoldaten der NVA einen neuen Fahneneid ab.

Am 30. August 1990 wurde Generalleutnant Jörg Schönbohm Befehlshaber des neuen Bundeswehrkommandos Ost in Straußberg, der zentralen Führungseinrichtung aller Truppenteile, Stäbe und Einrichtungen der Bundeswehr auf dem Gebiet der ehemaligen DDR. Die Auflösung der NVA erfolgte am 2. Oktober 1990, um 24:00 Uhr. Fernmeldekräfte der Bundeswehr unterstützten in großem Umfang die Deutsche Bundespost beim Aufbau, Unterhaltung und Betreiben der Fernmeldeverbindungen in den fünf neuen Bundesländern.

Die politische Durchsetzung der westdeutschen Streitkräfte sicherte 34 Jahre den Frieden entlang der innerdeutschen Grenze. Die Schaffung eines Kräftegleichgewichts auf westlicher Seite, zur Verhinderung von militärischer Druckausübung für die Durchsetzung politischer Ziele auf östlicher Seite, war Grundlage für die Entwicklungen an den Verhandlungstischen der Politiker und somit auch für die deutsche Vereinigung 1990.

Am 23. August 1990 beschloss die Volkskammer den Beitritt zur Bundesrepublik Deutschland nach Artikel 23 des Grundgesetzes zum 3. Oktober. Am 23. August 1990 erfolgte die Herausgabe eines Befehls des Ministeriums für Abrüstung und Verteidigung bis zum 28. September die Gefechtsfahrzeuge, Schiffe und Flugzeuge zu entwaffnen. 1993 übernahm die Treuhand Liegenschaftsgesellschaft die Verwertung und Veräußerung der vom Bund übernommenen Liegenschaften der ehemaligen NVA.

Nachdem die Nationale Volksarmee mit der Vereinigung 1990 am 3. Oktober 1990 aufgelöst war und Personal sowie Material teilweise im Bundeswehrkommando-Ost aufgingen, entstand nach 1848 im Juli 1995 wieder eine, die Deutsche Marine.

Vor 1990 standen sich NVA und Bundeswehr als Feinde gegenüber, doch ausgerechnet die Fusion der beiden Armeen gehört zu den Erfolgsgeschichten der Wiedervereinigung. Nach wenigen Jahren waren die alten NVA-Verbände in die Bundeswehr integriert. Der Abzug der russischen Armee aus Ostdeutschland – vollzogen bis 1994 – dauerte länger als der Vereinigungsprozess des deutschen Militärs.

Was folgte war ein Wechselbad durch die letzten drei Verteidigungsminister mit dem Personalstrukturmodells 340 000 von Verteidigungsminister Volker Rühe, des von seinem Nachfolger Rudolf Scharping 2000 beschlossenen Personalstrukturmodells 2000 und der von Verteidigungsminister Peter Struck 2004 eingeleiteten Transformation zur Anpassung der Bundeswehr an die veränderten Anforderungen des sicherheitspolitischen Umfeldes. Neue Strukturen sollten der Bundeswehr die nötigen Fähigkeiten geben, um sich am breiteren Aufgabenspektrum im Verbund mit den europäisch-atlantischen Partnern angemessen beteiligen zu können.

Reformen und Transformation der Streitkräfte/Marine

Die Deutsche Marine hatte 2018 noch zirka 16.000 Soldaten und ist damit die kleinste der drei Teilstreitkräfte der Bundeswehr. Ihre offizielle Bezeichnung lautet Marine (bis 1995 Bundesmarine), jedoch benutzten die Marine selbst und auch die Presse seit 1995 den Begriff „Deutsche Marine".

Die zuvor beschrieben Organisationen, Strukturen und Systeme hatten ihre Gültigkeit bis ca. 2013. 1989/1990 markierte der friedliche Umbruch in der DDR, ermöglicht durch die sowjetische Perestroika die das Ende der Blockkonfrontation eingeläutet hatte, einen grundlegenden Wandel der Ausrichtung der deutschen Streitkräfte die sich fortan in der Transformation befanden.

„Die Bundesrepublik Deutschland ist von den Feinden im Stich gelassen und von Freunden umstellt worden."

Heute sind die Aufgaben der Bundeswehr und damit auch der Marine neu definiert, die Landes- und Bündnisverteidigung (LV/BV) stehen zwar weiter an erster Stelle sind aber bislang am unwahrscheinlichsten, auch wenn sich die politische Lage seit 2016 stetig verschlechtert hat. Die Deutsche Marine gewährleistet durch die Teilnahme an NATO-Manövern und Kooperationsübungen in diesem Zusammenhang weiterhin eine "Verteidigungsbereitschaft im Bündnis".

Krisenbewältigung und Konfliktverhinderung sind zwei der neu in den Mittelpunkt gerückten Aufgaben der Marine, die hierzu 40% ihrer Gesamtkräfte verwendet. Das bedeutet maritime Präsenz vor der Küste eines Krisenverursachers bis hin zum Eingreifen mit Waffengewalt. Seestreitkräfte und eventuell hierauf eingeschiffte Heereskontingente sind wegen ihrer hohen Flexibilität und Mobilität hierzu besonders geeignet und können Krisengebiete innerhalb kürzester Zeit erreichen und dort wirkungsvoll eingesetzt werden.

Die Bedingungen für einen derartigen Einsatz sind rechtlich geregelt und bedürfen immer der Zustimmung des Deutschen Bundestages. Die vierte Aufgabe, Humanitäre Hilfen, ist wohl die publikumswirksamste der Bundeswehr. Hierzu gehören Rettungseinsätze zu Lande und zu Wasser sowie sonstige Hilfsleistungen, welche die Streitkräfte erfüllen.

Transformation in der Militärwissenschaft beschreibt einen grundlegenden Wandel der Strategie. Unter Transformation der Bundeswehr wird der Transformationsprozess der Bundeswehr nach 2002 bis etwa 2009 verstanden.

Der Fokus bei der Transformation liegt dabei auf dem fortlaufenden, vorausschauenden Anpassungsprozess, um die Einsatzfähigkeit der Bundeswehr zu erhöhen und auf Dauer zu erhalten. Die Transformation der Bundeswehr löst damit die in unregelmäßigen Abständen durchgeführten Reformen ab, die stets einen definierten statischen Endzustand erreichten bzw. zum Ziel hatten.

Die Transformation ist eine Anpassung der ursprünglichen Aufgaben der Bundeswehr an veränderte politische Konstellationen. Dazu zählen vor allem die Auslandseinsätze mit dem Ziel der Krisenintervention oder Krisenstabilisierung, an denen die Bundeswehr seit Ende des Kalten Krieges vermehrt beteiligt ist. Dabei sind Aufgaben wie Nation Building und der Kampf gegen den Terror seit dem 11. September 2001 auch gegen asymmetrisch organisierte Gegner in den Vordergrund gerückt. Die Transformation führte u. a. zur Einteilung der Bundeswehr in die drei Kräftekategorien Eingreifkräfte, Stabilisierungskräfte und Unterstützungskräfte. Weiterhin sollen die Fähigkeiten zur Durchführung multinationaler, vernetzter, und streitkräfteübergreifender Operation ausgebaut werden.

2002 beschloss die NATO, dass für die Transformation der Streitkräfte das ACT in Norfolk (Virginia) zuständig ist. Federführend ist in der Bundeswehr das bei der Streitkräftebasis angesiedelte Zentrum für Transformation der Bundeswehr.

Die Transformation wurde 2005 vom damaligen Verteidigungsminister Peter Struck durch den Berliner Erlass begonnen und endete etwa 2009. Ab 2010 beginnt die Neuausrichtung der Bundeswehr mit den Verteidigungspolitischen Richtlinien 2011.

Eine zeitliche Chronologie der insgesamt neun Marinen mündete in der Transformation in der neuen Struktur der Deutschen Marine in die Aufstellung des Marinekommando (MarKdo) in Rostock am 1. Oktober 2012. Das Marinekommando stellt die oberste Führungsinstanz der Marine dar. Seine Aufstellung steht für die konsequente Umsetzung der Neuausrichtung in der Teilstreitkraft. Die bisher im Führungsstab der Marine in Bonn, im Flottenkommando in Glücksburg und im Marineamt in Rostock abgebildeten Aufgaben sind nunmehr im Marinekommando zusammengeführt, Fach- und Sachkompetenz somit auf einer Ebene gebündelt und die Führung der Marine zusammengefasst.

2018 wurde das Richtfest für das neue Maritime Operations Center (MOC) der Marine gefeiert. In dem Gebäude sollen ab 2023 die weltweiten Aktivitäten der Marine gesteuert werden. Das bisherige Maritime Operations Center (MOC) befindet sich in Glücksburg (Schleswig-Holstein). Das neue MOC wird weit mehr als ein Führungs- und Lagezentrum der Marine sein. Die Deutsche Marine stellte hierfür den nationalen Stab der Deutschen Marine (DEU MARFOR) auf, der zusätzlich ab dem Jahr 2019 zum multinational besetzten Baltic Maritime Component Command (BMCC) weiterentwickeln werde. Dieses Führungszentrum werde der NATO als taktisches Hauptquartier zur Verfügung gestellt werden, um die „nasse Nordflanke" der NATO zu stabilisieren.

Das Baltic Maritime Component Command (BMCC) soll ab 2025 den Betrieb als ein mögliches maritimes Operationszentrum für die NATO aufnehmen können. Innerhalb der NATO gibt es bereits maritime Hauptquartiere mit der Befähigung zur Führung großer Verbände. Dem BMCC kommt aber durch die räumliche Nähe zur Ostsee eine einzigartige Rolle zu und bietet die Möglichkeit einer engen Einbindung der Ostseepartner. Das BMCC ist nicht Teil der NATO-Kommando Struktur, sondern wird der NATO im Bedarfsfalle als maritimes Operationszentrum auf taktischer Ebene zur Verfügung gestellt. Hinzu kommt, dass die Seestreitkräfte Polens und Deutschlands die Marine-Basis in Rostock als gemeinsames Kommandozentrum nutzen sollen, wie dies bereits seit 2016 im MOC in Glücksburg mit zwei polnischen Marineoffizieren umgesetzt wurde.

Während die Deutsche Marine über sechs U-Boote der Klasse 212A verfügt, verfügt die polnische Marine derzeit über fünf U-Boote: ein ehemaliges sowjetisches U-Boot der Kilo-Klasse und vier U-Boote, die ursprünglich von den Nordseewerken in Emden für die norwegische Marine als KOBBEN-Klasse gebaut wurden. Diese wurden 2002 und 2003 an Polen übergeben.

Bereits im Mai 2013 hatten die polnische Marineakademie und das deutsche Verteidigungsministerium eine Kooperationsvereinbarung unterzeichnet. Der Vereinbarung zufolge soll im Bereich der Marinetechnologie zusammengearbeitet werden. Eine gemeinsame Arbeitsgruppe soll jährlich zusammenkommen, um einstimmige Entscheidungen im Bereich der technologischen Kooperation zu treffen. Die Informationen im Rahmen dieser Kooperation sollen mit der Geheimhaltungsstufe „Verschlusssache – Nur für den Dienstgebrauch"/„Zastrzezone" behandelt werden.

Die Inspekteure der deutschen und polnischen Seestreitkräfte hatten im Jahr 2016 eine gemeinsame U-Boot-Einrichtung, die Deutsch-Polnische Submarine Authority (GE-POL SubOpAuth), gegründet. Organisatorisch ist diese GE-POL SubOpAuth ebenfalls Teil des neuen Maritime Operations Center" (MOC), das sich dann in Rostock befindet und den Einsatz aller deutschen See- und Seeluftstreitkräfte koordinieren soll.

Während das seit den 1960er Jahren in Glücksburg eingerichtete MOC sich in einem 4-stöckigen Bunkerkomplex bzw. Schutzbau befindet, wurde das MOC in der Hanse-Kaserne Rostock vollständig oberirdisch aufgebaut. In der Kaserne befand sich bereits das Marinekommando Ost (3. Oktober 1990 – 20. Dezember 1994), in dem die Einheiten und Verbände der vormaligen Volksmarine der DDR zusammengefasst wurden. Mit der Vereinigung beider deutscher Staaten wurden von 175.000 lediglich 20.000 Soldaten der NVA und wenig Material in die Bundeswehr übernommen, die bis 1994 auf 370.000 Soldaten reduziert werden sollte (2018: 170.000).

Der Inspekteur bekleidet den Dienstgrad eines Vizeadmirals und hat einen Vertreter im gleichen Dienstgrad. Er ist Mitglied des Militärischen Führungsrats unter dem Vorsitz des Generalinspekteurs. Außerdem repräsentiert er die Marine nach außen unter anderem im Rahmen der Chiefs of European Navies (CHENS).

Inspekteure der Marine (InspM)

- Friedrich Ruge   1956 – 1961
- Karl Adolf Zenker   1961 – 1967
- Gert Jeschonnek   1967 – 1971
- Heinz Kühnle   1971 – 1975
- Günter Luther   1975 – 1980
- Ansgar Bethge   1980 – 1985
- Dieter Wellershoff   1985 – 1986
- Hans-Joachim Mann   1986 – 1991
- Hein-Peter Weyher   1991 – 1995
- Hans-Rudolf Boehmer   1995 – 1998
- Hans Lüssow   1998 – 2003
- Lutz Feldt   2003 – 2006
- Wolfgang E. Nolting   2006 – 2010
- Axel Schimpf   2010 – 2014
- Andreas Krause   2014 – ...2019

Von 1956 bis 2012 war der Inspekteur der Marine zugleich Abteilungsleiter im Bundesministerium der Verteidigung; die ihm unterstellte Abteilung war der Führungsstab der Marine. In seiner Verantwortung für die personelle und materielle Einsatzbereitschaft der Marine war er dem Bundesminister der Verteidigung unmittelbar unterstellt.

In der Marine waren dem Inspekteur die höheren Kommandobehörden unterstellt, deren Anzahl und Bezeichnungen sich im Lauf der Zeit veränderten. Von 1974 bis 2001 gab es mit dem Flottenkommando, dem Marineamt und dem Marineunterstützungskommando drei höhere Kommandobehörden, nach der Außerdienststellung des Marineunterstützungskommandos 2001 nur noch zwei. Beide wurden im Zuge der Neuausrichtungen der Marine aufgelöst und ab 2012 gab es nur noch das Marinekommando (MarKdo) in Rostock mit dem unterstelltem Marineunterstützungskommando (MUKdo).

Nach Ende des Zweiten Weltkrieges 1945 waren durch das Potsdamer Abkommen eigenständige deutsche Streitkräfte und ein Generalstab verboten. Bei der Wiederbewaffnung am 5. Mai 1955 wurde der Begriff Generalstab in der neugeschaffenen Bundeswehr nicht mehr verwendet. Gleichwohl existieren die Aufgaben eines Generalstabs auch in der Bundeswehr. Die oberste Führungsbehörde wurde der Führungsstab der Streitkräfte.

Die Veränderungen in den Teilstreitkräften durch die Transformation waren einschneidend, im BMVg entfiel dadurch der Führungsstab der Streitkräfte (Fü S) als Arbeitsstab des Generalinspekteurs der Bundeswehr im Bundesministerium der Verteidigung und die vier weiteren Führungsstäbe im militärischen Leitungsbereich der Bundeswehr. Dadurch wurde eine komplette Umstrukturierung der Bundeswehr bis in die Truppe umgesetzt.

Heer

- Auflösung der 14. Panzergrenadierdivision
- Umgliederung des Heerestruppenkommando von einem Divisions- zu einem Brigadeäquivalent
  - Umgliederung der Artilleriebrigade 100 zum ArtRgt 100; Unterstellungswechsel zur 1. Panzerdivision
  - Auflösung der Flugabwehrbrigade 100
  - Umgliederung der Pionierbrigade 100 zum PiRgt 100; Unterstellungswechsel zur 1. Panzerdivision
  - Auflösung der ABC-Abwehrbrigade 100
  - Abgabe der Logistikbrigade 100 an die Streitkräftebasis
  - Auflösung der Logistikbrigade 200
- Auflösung der Luftmechanisierte Brigade
  - Aufstellung einer luftbeweglichen Brigade

Luftwaffe

- Auflösung der 4. Luftwaffendivision
- Auflösung des Lufttransportkommando
  - verbleibende Lufttransportverbände werden den drei Luftwaffendivisionen unterstellt
- Auflösung des Luftwaffenausbildungsregiments 1
  - Umgliederung Luftwaffenausbildungsregiment 3
- Auflösung des Objektschutzbataillons
  - Aufstellung eines Objektschutzregiments mit drei aktiven und einem nichtaktiven Bataillon

Marine

- Auflösung der bestehenden Typflottillen
  - Aufstellung von zwei Einsatzflottillen
- Auflösung des 6. Fregattengeschwaders
- Auflösung des 2. Schnellbootgeschwaders
  - Aufstellung des 1. Korvettengeschwaders
- Auflösung des 1. Minensuchgeschwaders
- Auflösung der Waffentauchergruppe
  - Aufstellung der Spezialisierte Einsatzkräfte Marine
- Auflösung des Marinesicherungsbataillon 1
  - Aufstellung der Marineschutzkräfte in Eckernförde

Streitkräftebasis

- Aufstellung von Landeskommandos

Zentraler Sanitätsdienst

- Umgliederung des Kommando Schnelle Einsatzkräfte Sanitätsdienst

Mit der Neuausrichtung der Bundeswehr wurden der Fü S, der Führungsstab des Heeres (Fü H), der Führungsstab der Luftwaffe (Fü L), der Führungsstab der Marine (Fü M) und der Führungsstab des Sanitätsdienstes (Fü San) aufgelöst und in die neuen Organisationsbereiche Kommando Heer, Kommando

Luftwaffe und Marinekommando umstrukturiert. Aus den im BMVg verbliebenen Anteilen wurden die folgenden Abteilungen gebildet:

- Abteilung Planung
- Abteilung Führung Streitkräfte
- Abteilung Strategie und Einsatz

Die deutschen See- und Seeluftstreitkräfte, die Einheiten und Dienststellen, der Deutschen Marine wurden in den Jahren nach der Vereinigung stetig verringert und teilweise durch moderne Systeme abgelöst. 2018 waren die Standorte der Einheiten und Dienststellen:

Rostock
- Marinekommando

Flensburg
- Marineschule Mürwik

Eckernförde
- Stützpunktkommando
- U-Boot-Geschwader
- Seebataillon
- Kommando Spezialkräfte Marine

Kiel
- Stützpunktkommando
- Einsatzflottille 1
- 3. Minensuchgeschwader
- Unterstützungsgeschwader
- Schifffahrtmedizinisches Institut der Marine
- Centre of Excellence for Operations in Confined and Shallow Waters

Plön
- Marineunteroffizierschule

Neustadt in Holstein
- Einsatzausbildungszentrum Schadensabwehr der Marine

Warnemünde
- Stützpunktkommando
- Korvettengeschwader

Parow
- Marinetechnikschule

Nordholz

- Marinefliegerkommando
- Marinefliegergeschwader 3 „GRAF ZEPPELIN"
- Marinefliegergeschwader 5

Bremerhaven

- Marineoperationsschule

Wilhelmshaven

- Marineunterstützungskommando
- Stützpunktkommando
- Einsatzflottille 2
- 2. Fregattengeschwader
- 4. Fregattengeschwader
- Trossgeschwader

Vier Einheiten der Fregatte BADEN-WÜRTTEMBERG-Klasse (125) sind geplant und befinden sich mit der Typklasse in Zulauf zur Flotte. Insgesamt drei Fregatten der SACHSEN-Klasse (124) und vier Fregatten der BRANDENBURG-Klasse (123) stehen der Marine zur Verfügung. Zwei Fregatten der BREMEN-Klasse (122) werden durch Erhaltungsmaßnahmen in der Flotte gehalten bis die Nachfolgeeinheiten zulaufen. Die BREMEN selbst wurde nach 32 Dienstjahren und rund 1,5 Millionen Kilometern zur See im Marinearsenal in Wilhelmshaven am 28. März 2014 außer Dienst gestellt. Es folgen fünf Korvetten der BRAUNSCHWEIG"-Klasse (K 130), sechs Einheiten der U-Bootklasse U212A, zwei Hohlstablenkboote der ENSDORF-Klasse (352) und zehn Minenjagd- und Tauchereinsatzboote der FRANKENTHAL-Klasse (MJ 332).

Zu den Luftfahrzeugen gehören das Aufklärungs-/ Transportflugzeug Dornier DO 228, der Bordhubschrauber SEA LYNX Mk 88 A, der SEA KING Mk 41, und der Seefernaufklärer P-3C ORION. Als Hilfsschiffe werden drei Einsatzgruppenversorger BERLIN-Klasse (702), sechs Tender der ELBE-Klasse (404), drei Flottendienstboote der OSTE-Klasse (423), zwei Betriebsstofftransporter der RHEIN-Klasse (704), zeitweise das Forschungsschiff ALLIANCE (753) für die NATO, das Forschungsschiff PLANET (751), zwei Einheiten der Ölauffangschiffe der BOTTSAND-Klasse (738), zwei Seeschlepper der WANGEROOGE-Klasse (722 B) sowie das Segelschulschiff GORCH FOCK gelistet.

In der gesamten Führungs- und Waffentechnik wurde die Digitalisierung umgesetzt und IP-basierte Netzwerke bieten die grundsätzliche Möglichkeit zur Verknüpfung aller Führungs- und Führungsinformationssysteme, der Fachinformationssysteme sowie der Waffensystem- und Waffeneinsatztechnik. Ein medialer Bruch erfolgt maßgeblich durch die, in IT-Sicherheit erforderliche, Trennung der unterschiedlichen Einstufungen von sensiblen Daten.

Digitalisierte Seekriegsführung erfordert heute einen umfangreichen Datenaustausch der Einheiten in See und den Marine Operation Centern (MOC). In Übungen und im Einsatz werden ständig Informationen über die Betriebszustände, Proviant und die Logistik, Munition, Defizite, usw. ausgetauscht, zusätzlich gibt es die Netzwerke zur Betreuung der Besatzungen für die private Kommunikation. Maritime Big Data in einer streitkraftgemeinsamen "tactical Cloud" erreicht heute eine neue Größenordnung, aber auch unbekannten neue Angriffsflächen.

Erste Nachrichtenmittel und Nachrichtenübertragungen

So alt wie die Menschheit ist ihr Wunsch sich mitzuteilen und Informationen auch über größere Entfernungen auszutauschen. Seit seinen frühesten Zeiten hat "Homus Informaticus" das Bedürfnis für eine möglichst effiziente Kommunikation, doch bis zum Siegeszug der Elektrizität standen nur relativ langsame Nachrichtenmittel zur Verfügung. Dazu gehörten die Brieftauben, Meldeläufer, Meldehunde, Kuriere zu Pferd sowie die akustischen und die optischen Signale.

Feuersignale übermittelten 1184 v. Chr. über die Inseln Lemnos und Athos mit insgesamt neun Stationen (518 km) in etwas über drei Stunden den Fall von Troja ach Mykene. 480 v.Chr. berichtete der griechische Geschichtsschreiber und Reisende Herodot über den Einsatz eines Fackeltelegrafen bei den Perserkriegen. Der Perserkönig Xerxes stellte 475 v. Chr. seine Sklaven in Rufweite als Nachrichtenverbindung bis nach Griechenland auf. Seit der Seeschlacht von Themistokles bei Salamis (28. September 480 v. Chr.) spielte über Aktium, Lepanto, Trafalgar, Skagerrak, Atlantik, Midway u.v.m. die Seeherrschaft bis heute eine bedeutende Rolle in der Politik und Handel.

Bei Salamis wurde die persische Vorherrschaft zu See gebrochen. Allein der erste weibliche "Admiral" der Geschichte, die Perserin Arthemisia, hatte den ungünstigen geografischen Ausgangspunkt im Sund erkannt und davon offiziell abgeraten. Doch ähnliche Fehler sollten auch hier mehrmals wiederholt werden.

Äneas der Taktiker entwickelte zur Zeit Philipps von Mazedonien einen Apparat nach dem Prinzip der Wasseruhr. In einem Gefäß mit Spundloch schwamm auf dem Wasser eine Korkscheibe mit einem Stab. Nach der Dauer eines durch Feuer- oder Blinksignal gegebenen Lichtzeichens wurde das Wasser abgelassen und die Nachricht, die der Stab auf dem Glas anzeigte (Stichworte wie "Schiffe in Sicht" oder "Feind greift an"), abgelesen. Für die nächste Nachricht wurde das Wasser dann wieder aufgefüllt.

Da keine Variationsmöglichkeiten im Nachrichteninhalt möglich waren, musste ein weiteres System gefunden werden. Der Grieche Polybios nennt Demokleitos und Kleoxenos als Erfinder einer alphabetischen Feuersprache. Die Nachrichten wurden über Feuerstellen auf Türmen mit wahrscheinlich 40 Buchstaben pro Stunde übermittelt. Ein 5-x-5-Buchstabenquadrat nach Polybios, bei dem ein "i" dem "j" entsprach, wurde zur Verschlüsselung genutzt. Zwischen Mauerzinnen wurden 5 Feuerstellen errichtet, zur Unterscheidung in einem Abstand 5 weitere. Die Anzahl der Feuer stellte die jeweilige Reihe von oben und von links dar. Eine andere Möglichkeit für kürzere Distanzen waren 1-5 Kerzen, die in der linken bzw. rechten Hand gehalten wurden. 57 v. Chr. finden sich auch bei den Römern Nachrichtenübermittlungen mittels Feuer von Schanze zu Schanze und zur Blütezeit der Kultur überzogen über 3.000 Türme die großen Distanzen des Reiches.

Entlang der 2.450 km langen Mauer an der Grenzlinie ihres Reiches steigerten die Chinesen bei der Bedrohung durch die Tatarenvölker die Leuchtkraft ihrer Nachrichtenfeuer mit künstlichen Mitteln, um auch Nebel und Regen durchdringen zu können. Sie schufen die Grundlagen für die Sylvester-Feuerwerke.

Auch bei den Babyloniern und Persern finden wir die Anwendung von Leuchtfeuern sowie bei den amerikanischen Ureinwohnern, deren effektive Feuerdepeschen wir in vielen Wildwestfilmen zu sehen bekommen. Das Sichten der spanischen Armada vor Plymouth/Portsmouth 1588 wurde in weniger als 20 Minuten, über eine Entfernung von 300 km nach London, durch nacheinander gezündete Feuer, im Abstand von etwa 12 km signalisiert.

In Europa haben sich die Leuchtfeuer vermutlich aus heidnischen Feuern (vielfach "Biken" genannt) entwickelt, die einem kulturellen, religiösen oder praktischen Zweck dienten. Die praktische Nutzung der Feuer zum Signalisieren und zur Orientierung in der Seefahrt war eine logische Entwicklung, aus der sich die Bezeichnung der "Feuer-Bake" und der "Funk-Feuer" ableitet.

Als ältester Leuchtturm der Welt gilt der von Sostraros aus Knidos 260 v. Chr. erbaute Leuchtturm von Pharos der erst um 1200 nach einem Erdbeben einstürzte. Zu dieser Zeit gab es 1260 in Travemünde ein

Leuchtfeuer, 1306 wurden auf der Südspitze von Hiddensee, in Stralsund und 1348/49 in Warnemünde ein Feuersignalstellen errichtet. 1482 folgte ein Leuchtfeuer in Danzig und 1300-1310 wurde der Leuchtturm auf der Insel Neuwerk erbaut. In Hamburg wurde 1644 ein 23-m-Holzturm für Feuer in dunklen Winternächten aufgestellt, welche ab 1761 über das gesamte Jahr betrieben wurden. Die Firma Helios AG baute mitten im Kölner Stadtteil Ehrenfeld zur Erprobung ihrer Navigationsgeräte einen Leuchtturm.

Hier wurden Linsen nach dem Prinzip des Franzosen Augustin Jean Fresnel produziert. Die Fresnel-Linse setzt die sphärische Wölbung einer flachen Sammellinse in vielen feinen konzentrierten Stufen herab. Die flache Bauform und Aufhellung des Bildes der Reflexionsspiegel bis in die Ecken hinein sind ihre Vorteile, weshalb sie außer in Leuchttürmen bis heute u.a. auch in Spiegelreflexkameras und Overheadprojektoren verwendet wird. Fresnel wies u.a. durch Beugung- und Interferenzversuche die Wellennatur dieses Lichtes nach und stellte die mathematische Wellentheorie des Lichtes auf. Er leistete zu den Lichtwellenleitern lange vor deren Entwicklung seinen Beitrag. In der Nachrichtentechnik beschreibt die "Fresnel-Zone" die Ausbreitungszone von Richtfunkverbindungen.

Die International Association of Marine Aids to Navigation and Lighthouse Authorities (IALA) ist eine Organisation zur internationalen Kooperation der Seezeichenverwaltungen. Sie wurde als loser Zusammenschluss der für die Seezeichen zuständigen Behörden der Mitgliederländer 1957 als International Association of Lighthouse Authorities gegründet und wurde später umbenannt. Die IALA ist insbesondere durch die internationale Standardisierung der Seezeichen bekannt, zu der die Leuchttürme gehören.

Auch wenn die Feuerzeichen und Leuchttürme heute ihre Bedeutung für die Nachrichtenübermittlung eingebüßt haben, so bilden die Leuchttürme zusammen mit den anderen Seezeichen weiterhin einen wichtigen Anteil der optischen Navigation und der Eigenstandortermittlung – sie gaben dem "Funk-Feuer" seinen Namen.

Flaggen

Die Bibel erwähnt die Standarten der Kinder Israels bei ihrer Wanderung durch die Wüste mit der Anweisung bei den Bannern des Hauses ihrer Väter zu lagern. Als sich alle Stämme um die Stiftshütte herum lagerten (ca. 1400 v. Chr.), versammelten sie sich unter vier Hauptstammessymbolen. Juda im Osten, Ruben im Süden, Ephraim im Westen und Dan im Norden. Im Römischen Reich wurden Standarten und Symbole zu einem wichtigen politischen Instrument und der oströmische Kaiser Leo VI. (886-911) beschrieb einzelne Signale mit unterschiedlichen Flaggen in dem Buch "Tactica".

Teils wurden die Zeichen aus Stoff gefertigt, gerade im Römischen Reich bevorzugte man aber Schilder aus Metall, zumal diese auch bei Wind gut erkennbar blieben. Die älteste noch existierende Flagge (aus Metall) wurde allerdings im Iran entdeckt und auf ca. 5.000 Jahre geschätzt. Auch alte Amphoren aus derselben Zeit in Ägypten zeigen Boote mit Flaggen oder man nutzte farbige Segel als Signal.

Die vielleicht berühmteste Signalgebung erfolgte von Theseus, der den üblichen Tribut der Opferung von sieben Jünglinge und sieben Jungfrauen aus Athen durch die Tötung des Minotauros gebrochen hatte. Aigeus gab seinem Sohn Theseus ein weißes Segel mit und vereinbarte mit ihm, dass dieses bei einer erfolgreichen Rückkehr statt des schwarzen Segels gehisst werden sollte. In seiner Trauer um seine zurückgelassene Gattin Ariadne vergaß Theseus das weiße Segel zu hissen und sein Vater Aigeus stürzte sich aus Verzweiflung von einem Felsen ins Meer, das seit dieser Zeit das Aegaeische Meer genannt wurde. Während in der Antike weiße Segel den glücklichen Verlauf einer Reise verkündigten und schwarze Segel zum Zeichen der Trauer aufgezogen wurden, blieben die teuren farbenprächtigen Takelagen die optischen Erkennungsmerkmale der Schiffe der Herrscher und Kommandeure.

Dschingis Khan (1155-1227) führte sein Reiterheer durch Flaggensignale und in der "Strategementa" (Schriften des Polyänos) wurde die rote Flagge als Zeichen zur Schlacht überliefert, die auch bei der Schlacht der Normannen mit der englischen Flotte den "Kampf auf Leben und Tod" signalisierte. Schon am 19. Juli 1790 gewann der russische Admiral Fjodor Uschakow das Seegefecht gegen den türkischen Kupudan Pascha, da seine Flotte die schnelle Flaggen-Signalgebung beherrschte, während der türkische Befehlshabe jeden seinen Befehle mittels Megaphon von Schiff zu Schiff übermitteln musste und dadurch in seinen langsamen Bewegungen aufgerieben werden konnte.

Der rote Doppelstander wurde 1874 von Admiral Stosch auf deutschen Kriegsschiffen als Signal "Ran an den Feind" eingeführt. Noch heute signalisieren rote Flaggen Gefahr, Warnung oder Angriff, während weiße Signale oder Flaggen für Frieden, Kapitulation oder eine gefahrenfreie Zone stehen.

Die Flaggen am Stock oder in den Masten sind aber nicht die einzigen Übertragungsmittel aus Stoff. In freiwilligen Gruppen wurde in der Deutschen Marine lange ein weiteres Fernmeldemittel vor der Vergessenheit bewahrt, das in seiner Entstehung ins 19. Jahrhundert zurückreicht.

In dem Buch "Marinekunde" von Foss werden die Winkflaggen als Ersatz für die an Bord fest installierten Semaphoren erwähnt. Die Masten übermittelten die Signale mithilfe der unterschiedlichen Stellungen der Schwenkarme und da die Winkflaggen das gleiche Prinzip haben, ist hier vermutlich auch der Ursprung zu sehen. Zumindest sind die Signalflaggen vor 1870/82 nur an Flaggleinen zu sehen und auch nur so erwähnt.

Durch verschiedene Stellungen der Arme mit jeweils einer Flagge können so die Buchstaben des Alphabets oder Zahlen übermittelt werden. Das internationale Winkeralphabet (NATO-Alphabet) bietet neben den Flaggensignalen, die im Mast gehisst werden, und dem Lichtmorsen eine weitere Möglichkeit zur Übermittlung und war zweifellos eines der schnellsten, manuellen, optischen Fernmeldemittel.

Ein Wort mit fünf Buchstaben oder eine entsprechende Zahlenkombination kann ein geübter Tastfunker mit einer Übertragungsgeschwindigkeit von 80 Zeichen pro Minute, also etwa 16 Wörter pro Minute (WPM) übermitteln. Jede weitere Erhöhung der Gebegeschwindigkeit setzt viel Übung und Praxis voraus. Bei den Funkgasten waren in den 1990er Jahren 8 WPM Standard, während die Winker ihre 16 WPM immer noch leicht erreichen können. Der Winker übermittelt dabei in einer einzigen Stellung mit zwei Winkflaggen einen Buchstaben, für den der Morsefunker mehrere Punkt-Strich-Zeichen geben muss.

Die Farben der Winkflaggen sind heute in der Deutschen Marine nach dem Internationalen Flaggenalphabet Rot und Gelb (Flagge "Oskar"). Sie finden sich im Wappen der ehemaligen Marinefernmeldeschule Flensburg-Mürwik und werden nach der ACP-130 (früher ACP-129) von den Mannschaften und Unteroffizieren der US-Marine benutzt. Nur die Bootsleute dürfen dort die Flagge "Papa" benutzen, die zu den ältesten Versionen der Winkflaggen zählt.

1869 wurde der Verein für Heraldik, Genealogie und verwandte Wissenschaften, (Herold) gegründet. Als die älteste Fachgesellschaft in Europa auf diesem Gebiet ist sie mit der Führung der Deutschen Wappenrolle betraut und zuständig für die auf Orden, Ehrenzeichen und Flaggen bezogenen Fragen.

Die Flaggen- und Fahnenkunde entwickelte sich zu einer eigenen Wissenschaft. Das lateinische "Vexillum" für Flagge bildet den Wortstamm für die "Vexillologie". Das römische Vexillum war eine der Urformen der militärischen Flaggen, Fahnen und Stander. In Winchester/Massachusetts wurde 1962 das Flag Research Center gegründet, das heute ca. 12.000 Büchern, 10.000 Flaggen, 150.000 Dokumenten und 4.500 Mikrofilmen besitzt.

Unterschieden werden die Zeichen und Nachrichtenmittel des optischen Fernmeldedienstes nach der Form und Verwendung. Der Wimpel ist eine dreieckige, lange und schmale Signal- oder Kommandoflagge, während der Stander ausgezackt oder dreieckig ist. Die Flagge war ursprünglich das Zeichen der Heimatstadt der Schiffe und wurde auch unter der Bezeichnung als Fahne zum staatlichen/militärischen Abzeichen. Eine am Stab geführte Fahne mit Querstange wird hingegen als Banner bezeichnet, während die Standarte ursprünglich die Fahne der Reiterei war, die sich schließlich zum Hoheitsabzeichen der Staatsoberhäupter entwickelte.

Im 12. und 13. Jahrhundert entwickelten sich aus den Bannern und den kaiserlichen, königlichen und päpstlichen Insignien mit den Kreuzzügen z.T. auch die entsprechenden Landesflaggen. Seit dem 16. Jahrhundert fand die Fahne als National-, ab dem 18. Jahrhundert auch als Kriegsflagge, mehr und mehr Verbreitung und ist auch heute noch fester Bestandteil des militärischen Brauchtums.

Die Flagge ist in ihrer Symbolik und Verwendung als Hoheitszeichen am aussagekräftigsten. Dies zeigt sich auch an der Bezeichnung des Schiffes des Befehlshabers als Flaggschiff oder des Flaggoffiziers. Noch heute benutzen wir im alltäglichen Sprachgebrauch Sätze wie "... die Flagge hochhalten ..." oder "... die Flagge streichen ..." in den entsprechend übernommenen Bedeutungen.

Die Landesflaggen wurden bald auch mit den entsprechenden Ehrenbezeugungen gegrüßt und durch Gesetze geschützt. Für die unerlaubte Entfernung von der Truppe wurde der Ausdruck der Fahnenflucht geprägt. Die auf Halbmast gesetzte Nationalflagge dient weltweit als Zeichen der Staatstrauer und wird allerorts respektiert.

Die kriegsführenden Parteien und das damit verbundene Zusammentreffen zahlreicher Schiffe und Nationalitäten machten eine Unterscheidung über größere Distanzen notwendig. Ab dem 15. Jahrhundert begann die große Zeit der Entdeckungen mit Segelschiffen, die über fünf Jahrhunderte als wirtschaftliches und militärisches Gewicht unersetzlich waren. Die Kolonialmächte waren auf starke Flotten angewiesen. Wer das Meer beherrscht, beherrscht auch die Wirtschaft und den Handel, weshalb die Flotten die Entwicklungen der optischen Signalmittel - speziell die der Flaggen - forcierten.

Im 16. Jahrhundert, dem Zeitalter der Hanse sowie der Regentschaft Heinrich des VIII. entwickelte sich mit dem Anwachsen der maritimen Aktivitäten auch die Flaggen-Signalgebung weiter. Aus dieser Zeit stammt der Brauch, die Landesflagge am Flaggstock im Heck zu setzen. Aus der niederländischen Prinzenflagge, die am Bug gesetzt und "Prinzen-Geus" genannt wurde, entwickelte sich das Wort Gösch.

Seit der Verwendung der Flaggen als Zeichen der Herkunft wurden sie an Land wie auf See auch missbraucht. Von den Piraten bis zu den Hilfskreuzern und Transportern der Weltkriege wurden von den teilnehmenden Nationen falsche Flaggen zur Täuschung verwendet, was speziell den neutralen Hoheitszeichen ihre Bedeutung nahm.

Das Setzen der britischen Kriegsflagge wurde am Abend des 8. April 1940, etwa 12 Stunden vor dem geplanten Landungsunternehmen der deutschen Kräfte in Norwegen widerrufen. Dies geschah allerdings mehr aus Sorge vor Verwechslungen der eigenen U-Boote, von denen 28 in Stellung auf feindliche Schiffe lagen, die sie meist auch an der Kriegsflagge identifizierten. Die Engländer setzen bei dem Kommandounternehmen gegen St. Nazaire auf der CAMPELTOWN sowie auf zwei weitere Zerstörer ebenfalls die deutsche Kriegsflagge zur Täuschung.

Die Bedeutung der nationalen Symbole, der Fahnen und Farben, sind seit Jahrhunderten sehr gewichtig. Wurde ein Fahnenträger im Feld verwundet, griff ein anderer das Tuch, welches bis zuletzt verteidigt wurde. Das Bild vom "Letzten Mann", der auf dem sinkenden Schiff die deutsche Seekriegsflagge hochhielt, zeigt diesen Mythos deutlich.

Es entstand der Gruß des Dippens der Flagge auf See, bei dem England eine doch extreme Auffassung in der Umsetzung vertrat. Wurde ein englisches Kriegsschiff innerhalb der britischen Hoheitsgewässer nicht zuerst von Fahrzeugen anderer Nationen gegrüßt, wurde dies mit Waffengewalt durchgesetzt. 1632 zwang ein englisches Schiff die französischen Einheiten gar in den eigenen Hoheitsgewässern, im Hafen von Calais, die französische Trikolore zuerst zu dippen. Im 17. Jahrhundert verfeinerten sich die offiziellen Protokolle zur See und im 18. Jahrhundert wurde es Tradition, dass Kriegsschiffe ohne Admiralsflagge einen langen Wimpel im Großtopp führten; den Kommandowimpel bzw. Kommandantenwimpel.

Die Bezeichnung Admiral kommt hingegen aus dem türkischen Titel "Emir ar-Rahl" (Befehlshaber der Flotte), den der normannische Herrscher Roger II. seinem arabischen Flottenchef gegeben hatte. Die Türken hatten eine große Flotte im Mittelmeer und waren bis zur Schlacht von Lepanto von einem Sieg zum nächsten geeilt. Ab dieser Zeit wurden straff organisierte Flotten gebildet, mit denen die Vorherrschaft der Muslime im Mittelmeer gebrochen werden konnte. Eine effektive Verbandsführung durch Flaggensignale fehlte aber bis ins 19. Jahrhundert. Zunächst erlangten nur die Landesflaggen der Fürstentümer und Königreiche Bedeutung.

Die früheste Form der englischen Flagge, rotes Georgskreuz auf weißem Grund geht bis zu den Kreuzzügen zurück. 1606 wurde dieses Kreuz mit dem weißen Andreaskreuz auf blauem Grund sowie mit dem roten Pattrickskreuz auf weißem Grund vereint. Die Flagge der Seefahrernation England entwickelte sich mit deutschen Elementen aus den familiären Verbindungen. Mit der Thronbesteigung des Kurfürsten Georg Ludwig von Hannover (Abstammung von Jacob VI. aus dem Hause Stuart) als Georg I. von England wurde 1714 das Herrscherhaus Hannover (Windsor) begründet. 1727 (Georg II.) entstand aus der Kombination der englischen Anordnung der Farben mit denen Hannovers eine neue englische Nationalflagge (in der Mitte mit dem hannoverischen Pferd).

Die Schiffe Hannovers zeigten diese Flagge im oberen, linken Viertel auf rotem Grund ab dem 16. Januar 1801 bis 1866 als Bestandteil der Flagge an Bord, was die deutschen Handelsschiffe aus Hannover und Preußen, welche die aufständischen amerikanischen Kolonien belieferten, vor Übergriffen der englischen Marine schützte. 123 Jahre regierte das deutsche Haus Hannover die britischen Inseln, von George I. bis zur berühmten Queen Victoria, doch auch danach blieben die verwandtschaftlichen deutschen Bande im angelsächsischen Haus fest verbunden.

Nach der Lösung der Personalunion des hannoverischen Königs als König bzw. Königin von England und der Heirat Königin Viktorias (1837 1901) mit ihrem Vetter Albert von Sachsen verschwand das Hannoveraner Pferd aus dem Union Jack. König Georg V. wurde 1819 in Berlin geboren und war der letzte König von Hannover, das dann in Preußen einverleibt wurde. Das englische Haus änderte nach dem 1. Weltkrieg seine Familiennamen Sachsen-Coburg und Gotha in Windsor, von Battenberg in Mountbatten.

Zur Hochzeit von Kaiser Wilhelms Tochter Victoria Luise 1913 mit dem Urenkel des Königs Georg V. von England, Prinz Ernst August von Hannover, erschienen der König Georg, der Zar von Russland und die europäischen Monarchien zum letzten Mal vor dem Krieg im großen Stil. Nach dem 1. Weltkrieg hatten viele Länder ihre Monarchie abgeschafft, doch bis heute bestehen die familiären Beziehungen der europäischen Adelshäuser.

Im Hamburger Schiffsrecht von 1270 steht die älteste deutsche Verordnung über Flaggenführung. Eine einheitliche Nationalflagge konnte es für die unterschiedlichen deutschen Einzelstaaten noch nicht geben, allerdings führten die Schiffe des Heiligen Römischen Reiches Deutscher Nation bis 1806 den Schwarzen Adler auf gelbem Grund als Kriegsflagge auf See. In ähnlicher Form findet er sich in der deutschen Bundesdienstflagge.

Entsprechend dem kaiserlichen Wappen, das bereits bei Karl dem Großen (768-814 n. Chr.) den schwarzen Doppeladler auf gelbem Grund zeigte, galten diese als die Staatsfarben. Die Vielzahl der Flaggen zeugt von den Bestrebungen zur Unabhängigkeit der einzelnen Städte und Länder des Reiches und fand auch später in den deutschen Farben wieder ihre Bedeutung.

Das Rot-Weiß-Rot Österreichs mit seinen Insignien erschien erstmals am 4. Oktober 1786 auf See. Die Flagge des Kurfürstentums Brandenburg mit rotem Adler auf weißem Grund wurde am 1. Mai 1657 auf hoher See gesetzt (bis 1701). An der Form des brandenburgischen Adlers angelehnt, folgte in Variationen der graue bzw. schwarze Adler auf weißem Grund von 1701-1867, als Kriegs- und Handelsflagge des Königreiches Preußen. Hier fand sich zum ersten Mal das Eiserne Kreuz im Liek.

1713 führte Friedrich Wilhelm I. in Preußen den schwarzen zur Sonne aufliegenden Adler als gemeinsames Merkmal aller späterer Truppenfahnen ein. Die Flagge Oldenburgs wurde 1841 auf 102 Schiffen gezählt und die ostfriesischen Schiffe führten ein gelbrotblaues Tuch als Zeichen. Daneben entstanden die Flaggen der Postschiffe und die Fischereiflaggen. Doch all die Flaggen der deutschen Städte und Länder konnten keinen großen Schutz gewähren, da eine große Flotte finanziell nicht möglich war. Erst ein Zusammenschluss der deutschen Länder nach 1848 konnte eine entsprechende Seestreitmacht hervorbringen.

Bei der Gründung der Allgemeinen Deutschen Burschenschaft 1818 wählte man, aufgrund eines Missverständnisses, die auf die Lützowschen Jäger zurückgehenden Farben Schwarz-Rot-Gold als die Farben des alten Deutschen Reiches.

Die Farbenanordnung Schwarz-Rot-Gold in ihrer heutigen Grundform als deutsche Nationalflagge und Bundesdienstflagge trat erstmals auf dem Hambacher Fest (1832) in Erscheinung. Die Studenten auf dem Hambacher Fest forderten die Abschaffung der innerdeutschen Grenzen und demokratische Verhältnisse. Die Anhänger eines vereinten Großdeutschlands unter Einschluss des Kernlandes von Österreich wurden als Großdeutsche bezeichnet, später auch die Anhänger in Österreich selbst. Die Kleindeutschen strebten hingegen ein von Preußen geführtes Deutschland ohne Österreich an.

Die Farben Schwarz-Rot-Gold wurden zum Symbol eines gesamtdeutschen Gedankens, einer freiheitlichen Gesinnung, den Farben der Demokratie. Das Zeigen oder Tragen dieser Farben wurde vom obersten Organ des Deutschen Bundes (von 1815-1866) deshalb allerdings zunächst verboten. Dem Verbot einer Flagge sollten in der deutschen Geschichte allerdings noch weitere folgen.

Das erste frei gewählte gesamtdeutsche Parlament verhalf den Farben nach der Märzrevolution (18. März 1848) zum Durchbruch und schuf damit die ersten demokratischen Nationalfarben Deutschlands. Es beschloss am 28. Juni 1848 ein Gesetz über die provisorische Zentralgewalt des Deutschen Reiches. Die Handelsschiffe sollten, nach dem "Gesetz, die deutsche Kriegs- und Handelsflagge betreffend" (12. November 1848), die neuen Farben führen, doch eine entsprechende Verordnung wurde nie in Kraft gesetzt. Allein die Kriegsflagge des Bundes erschien vom 3. Dezember 1848 bis 11. April 1852 auf See und erhielt zusätzlich zu den neuen Reichsfarben Schwarz-Rot-Gold, den doppelten Schwarzen Adler des Kaisers auf gelbem Grund im oberen Liek. Zum zweiten und letzten Mal in der deutschen Geschichte erschienen auf See die kaiserlichen Insignien, zum ersten Mal die Farben Schwarz-Rot-Gold.

Früher wurde auf offener See die Flagge eingeholt, um das Tuch zu schonen. Wurde ein anderes Schiff gesichtet, wurde die Flagge zur Erkennung wieder gehisst und erst als die Stoffe nicht mehr so teuer waren, ließ man die Flagge auch auf hoher See ständig gesetzt. Doch zum Gruß eines anderen Schiffes wurde der Brauch beibehalten, die Flagge wurde dabei halb eingeholt und dann wieder durchgesetzt – das "dippen".

Nun mussten die englischen Kriegsschiffe des Königreiches aber die deutsche Kriegsflagge aufgrund der kaiserlichen Insignien auf offener See nach offizieller Rangfolge eigentlich zuerst grüßen! Für die englische Seemacht war dies wohl "not amusing", für den britischen Stolz einer globalen Seemacht nur schwer zu akzeptieren. Vielleicht wurde diese deutsche Kriegsflagge mit kaiserlichen Insignien deshalb nur von den Königreichen Neapel und Belgien sowie den USA, nicht jedoch von den großen Seemächten Europas anerkannt und vor Helgoland gar unter Beschuss genommen. Allein die kaiserliche Flagge konnte unter Umständen zu internationalen Kontroversen führen.

Die Schiffe der Bundesflotte waren in der Nordsee bereits mit einer dänischen Korvette in Konflikt geraten. Vor der damals englischen Insel Helgoland wurden deutschen Schiffe, in dem bis heute einzigem Seegefecht unter den Farben Schwarz-Rot-Gold, am 4. Juni 1849 von der Insel unter Beschuss genommen. Der englische Außenminister Lord Palmerston erklärte, er werde in Zukunft alle Schiffe unter der völkerrechtlich nicht anerkannten Flagge Deutschlands wie Seeräuber behandeln.

Ein zweites Seegefecht im 2. Deutsch-Dänischen Krieg wurde von deutscher Seite bereits wieder unter preußischen Farben geführt. Da selbst in Deutschland keine Einigung bezüglich der Führung der offiziellen Nationalflaggen erzielt wurde, setzen die deutschen Einzelstaaten wieder ihre Flaggen und so trug allein die Marine die erste einheitliche Seeflagge der ersten Demokratie Deutschlands in die Welt.

Am 31. Mai 1848 verließ die in Deutschland bestellte Rad-Dampf-Fregatte UNITED STATES mit amerikanischer und deutscher Besatzung unter dieser deutschen Seeflagge den Hafen von New York für Testfahrten. Die Auslieferung wurde aufgrund des Krieges mit Dänemark verzögert und im Juli 1849 wurde das Schiff von Admiral Brommy unter dem Kapitän Donner als Hansa in der deutschen Flotte in Dienst gestellt. Die aus England stammende BRITANNIA wurde unter dem Namen BARBAROSSA zum Flaggschiff.

Mit dem Norddeutschen Bund (1. August 1867) gab es die erste einheitliche deutsche Flagge für die angeschlossenen Länder, die auch international anerkannt wurde. Diese Flagge zeigte ab dem 4. Juli 1867 auf See bei den Handelsschiffen die Farben Schwarz-Weiß-Rot. Vom 8. November 1892 bis 1. Januar 1922 wurde sie dann auch zur Nationalflagge des Deutschen Reiches. Bismarck führte dies bewusst als Gegensatz zur Flagge der provisorischen Zentralgewalt ein. In dieser Flagge war das Schwarz-Weiß Preußens mit dem Rot-Weiß Brandenburgs und der Hansestädte vereinigt.

Da die Marine des Bundes aber ausschließlich aus den preußischen Schiffen bestand, erhielt ihre Flagge möglichst viele preußische Elemente. Die Kriegsflagge des Norddeutschen Bundes führte dadurch von 1867-1871, im Gegensatz zur Nationalflagge, den preußischen Adler im schwarzen Kreuz auf weißem Grund. Die Reichsfarben Schwarz-Weiß-Rot und das Eiserne Kreuz wurden im oberen, linken Liek eingeordnet. Die preußischen Schiffe setzten die Flagge erst am 1. Oktober 1867. Nach der Gründung des zweiten Deutschen Reiches am 18. Januar 1871 blieb diese Anordnung als Kriegsflagge bestehen und bildete die 1. Version mit der Bezeichnung "Reichskriegsflagge".

Auch die Kriegsflaggen des Kaiserreiches trugen später immer den preußischen Adler als Wappentier, dessen Gefieder nach der kaiserlichen Ordre 264 (25. Oktober 1892) gesenkt wurde, wodurch die 2. Version der Reichskriegsflagge zum 19. Dezember 1892 gehisst wurde (Reichsgesetz 22. Juni 1899).

Diese konnte jedoch immer noch leicht mit der englischen Kriegsflagge von 1864 verwechselt werden. Nachdem ein russisches Schiff versehentlich die englische Flagge zum Gruß eines deutschen Geschwaders gehisst hatte, erfolgte am 26. September 1903 die zweite und letzte Änderung dieser Flagge. Bei der 3. Version der Reichskriegsflagge wurden das schwarze Balkenkreuz erheblich breiter und der Kreis um den Adler geschlossen. Es war und ist die markanteste und berühmteste unter den deutschen Seekriegsflaggen die bis 1922 geführt wurden. Auch die Marine-Landeinheiten in Deutschland und den Kolonien führten diese Flagge.

Die Nationalversammlung der Weimarer Republik entschloss sich 1919 zu dem Kompromiss, die Handelsflagge mit den Grundfarben Schwarz-Weiß-Rot zu belassen und die wieder aufgegriffenen Reichsfarben Schwarz-Rot-Gold im oberen Liek anzuordnen. Die Handelsmarine konnte in den Grundzügen ihre Flagge von 1867 behalten. Bei der Kriegsflagge sollten ursprünglich die Farben Schwarz-Rot-Gold ins Liek gesetzt werden und das Weiß sowie das Balkenkreuz durch die sozialdemokratischen Farben ersetzt werden. Eine offizielle Einführung gab es jedoch nie und so wurde nach Weisung die alte Kriegsflagge zunächst weiter in der Marine geführt. Nach dem Erlass von Friedrich Ebert (11. April 1921) wurden zehn, zum Teil völlig verschiedene, Flaggen vorgeschrieben, fünf davon für die Verwendung auf See. Zum 1. Januar 1922 trat diese Regelung in Kraft.

Die neue Kriegsflagge der Marine war identisch mit der Handelsflagge von 1919 und trug zusätzlich das Eiserne Kreuz in der Mitte. Die 4. Version einer als Reichskriegsflagge bezeichneten Seekriegsflagge hatte, wie die darauffolgenden, den preußischen Adler verloren. Zusätzlich erließ Reichspräsident Paul von Beneckendorf und Hindenburg am 5. Mai 1926 eine verfassungsrechtlich nicht einwandfreie Verordnung, wonach die deutschen Auslandsvertretungen neben der Reichsflagge auch die Handelsflagge zu zeigen hatten.

Die Nationalsozialisten führten am 12. März 1933 Schwarz-Weiß-Rot als Reichsfarben wieder ein. Außerdem durfte ab dem 13. März 1933 die Reichsflagge nur noch zusammen mit der parteisymbolischen Flagge mit Hakenkreuz gehisst werden. Das Schwarz-Rot-Gold entfiel dann am 15. März 1933 aus dem Liek, das Eiserne Kreuz wurde vergrößert und bekam einen zusätzlichen Rand, wodurch die 6. Version einer Reichskriegsflagge entstand.

Eine Swastika (auch Svastika, Suastika; von Sanskrit „Glücksbringer") ist ein Kreuz mit vier etwa gleich langen, einheitlich abgewinkelten Armen. Solche Zeichen, das älteste von etwa 10.000 v. Chr., wurden in Asien und Europa, seltener auch in Afrika und Amerika gefunden. Sie haben keine einheitliche Funktion und Bedeutung. Im Hinduismus, Jainismus und Buddhismus wird die Swastika bis heute als religiöses Glückssymbol verwendet.

In den Anfängen der finnischen Luftstreitkräfte im Jahr 1918 wurde als Hoheitszeichen für die finnischen Flugzeuge von General Mannerheim eine blaue Swastika auf weißem Grund bestimmt. Das Zeichen wurde insgesamt sechs Mal, auf beiden Seiten beider Tragflächen sowie auf beiden Rumpfhälften, an den Flugzeugen angebracht. Insbesondere in der Endphase des Zweiten Weltkrieges existierte eine Variante mit blaugrauem Hintergrund.

Im Deutschen Sprachgebrauch wurde ein heraldisches Zeichen, das der Swastika ähnelt, seit dem 18. Jahrhundert als „Hakenkreuz" bezeichnet. Im 19. Jahrhundert entdeckten Ethnologen die Swastika in verschiedenen Kulturen des Altertums. Einige stilisierten sie zum Merkmal einer angeblichen Rasse von „Ariern". Die völkische Bewegung deutete das Hakenkreuz in antisemitischem und rassistischem Gedankengut um, und die Nationalsozialisten stilisierten das nach rechts im 45 Grad Winkel geneigte Hakenkreuz 1920 zum Symbol der NSDAP.

Durch das Reichsflaggengesetz vom 15. September 1935 wurde dieses Hakenkreuz zum zentralen Bestandteil der Flagge des Deutschen Reiches und zur alleinigen deutschen Nationalflagge erklärt. Die 7. Version einer Reichskriegsflagge wurde als See- und Landkriegsflagge verwendet und trug auf rotem Grund das Hakenkreuz, ein schwarz-weißes Balkenkreuz und das Eiserne Kreuz. Diese Flagge wurde am 7. November 1935 eingeführt und trug als einzige Nationalflagge die offizielle Bezeichnung und Beschriftung als Reichskriegsflagge.

Die Nationalsozialisten waren sich allerdings um die Bedeutung von Symbolen und Zeichen für eine Massenbewegung bewusst und nutzten dies entsprechend. Aufgrund des Missbrauches durch Rechtsradikale wurden die Versionen 1-6 der Reichskriegsflaggen, welche 1935 von den Nationalsozialisten sogar abgeschafft wurden, weiter in Verruf gebracht. Dabei war die Flagge der Kriegsmarine in den Versionen von 1867-1921 von der NS-Partei selbst nicht gerne gesehen. In Büchern über die Geschichte der Marine aus dieser Zeit wird sie teilweise überhaupt nicht erwähnt. Der Gebrauch durch rechtsradikale Kreise zeigt deren geschichtliche Ignoranz, während die Kritik und wohl auch Furcht vor der eigenen Courage im Umgang mit Reichskriegsflaggen vor 1933 historisch überhaupt keinen Sinn macht.

Die GM/SA und der Minenräumverband des Zollgrenzschutzes führten keine nationale Flagge, sondern als Erkennungszeichen den Wimpel "Acht", später das "C" des internationalen Flaggenalphabets. Die ab dem 17. November 1946 geführte Seeflagge der Schiffe unter der Allied Control Commission hatte horizontale Streifen in Blau, Weiß, Rot, Weiß, Blau. Der nachfolgende Minenräumverband des Zollgrenzschutzes hatte als Wappen ein blaues Kreuz auf rotem Grund mit den gelben Buchstaben "CCG" für Control Commission Germany. Ab 1. Januar 1948 enthielt deren geführte Flagge dieses Wappen auf blauem Grund.

Die Bundesrepublik Deutschland und die DDR führten bei ihrer Gründung 1949 die von der ersten gewählten Nationalversammlung Deutschlands vor 100 Jahren beschlossenen Farben Schwarz-Rot-Gold wieder ein. Mit dem 1. Oktober 1959 trug die DDR-Flagge das Staatssymbol Hammer und Zirkel im Ährenkranz, die Bundesdienstflagge den schwarzen Bundesadler auf gelbem Grund.

Staat und Gesellschaft waren aufgrund des Missbrauchs der äußeren Symbole und ihrer Nachrichtenwirkung in beiden Staaten zunächst misstrauisch gegenüber der für die Streitkräfte bedeutsamen "Truppenfahne" und es wurde wie in der Weimarer Republik zunächst auf Truppenfahnen verzichtet.

Mit der Einbindung in Bündnissen und dem Wandel in der Gesellschaft kam die Entscheidung zur Verleihung neuer Truppenfahnen an die Streitkräfte (18. September 1964), die am 7. Januar 1965 symbolisch von Bundespräsident Heinrich Lübke stellvertretend für die gesamte Bundeswehr an das Wachbataillon übergeben wurde. Die Inspekteure der Teilstreitkräfte übergaben alle übrigen Truppenfahnen am 23./24. 04.1965.

Seit 1949 sind die Farben des Hambacher Festes wieder in der Flagge einer deutschen Nation, die auch die Trennung in zwei Staaten mit unterschiedlichen Hoheitssymbolen überstand. Die Bundesdienstflagge wird von allen Dienststellen und den Streitkräften einheitlich geführt.

Licht- und mechanische Telegrafen

Das Wort "Helios" bezeichnet ein optisches Fernmeldemittel der Antike. Um 1800 gab es in mehreren europäischen Armeen den "Heliografen" (Sonnenschreiber). Ein kleiner drehbarer Spiegel, mit dem Sonnenstrahlen, ähnlich dem Morseprinzip, in kürzeren oder längeren Intervallen reflektiert wurden und der eine Reichweite von ca. 150 m bei ungefähr 200 übermittelten Wörtern pro Stunde hatte.

Noch im 1. Weltkrieg zählte der Heliograf neben den Flaggen und Telegrafen zur Ausrüstung der militärischen Verbände. Britische Truppen benutzten ihn auf dem Marsch nach Jerusalem im Dezember 1917 sogar mit dem Mondlicht. Die Amerikaner führten 1891 das französische Lichtsignalsystem "Ardois" ein und ersetzten es dann 1897 durch den "Telephotos". Ein deutsches Marine-Telegrafen-Detachment sowie eine Korps-Telegrafenabteilung aus Freiwilligen der Telegrafentruppe benutzten Blinkspiegel während des Boxer-Aufstandes (Yi He Tuan, Gesellschaft der harmonischen Fäuste) im Jahre 1900 in China auf einer 50 km langen Linie von Peking bis ans Gebirge. In Verbindung mit Ferngläsern wurden die Reichweiten von Blinklampen und Heliografen erhöht, bis in den 1. Weltkrieg waren sie neben den Flaggensignalen die hauptsächlichen Kommunikationsmittel.

Prinz Eitel Friedrich zu Preußen forderte 1914/15 eigens von der Marine geschultes Personal für die Ausbildung der Infanterieblinktrupps an. In der Reichs- und Kriegsmarine existierten ebenfalls noch Blinkspiegel, die Nutzung nahm durch die neuen Fernmeldemittel sehr schnell ab, brennende Feuer dienten schon damals nur noch der Navigation und Warnung. Im 1. Weltkrieg waren die österreichungarischen Forts in den Alpen nur einzelnen Fällen über Telefon mit Stellungen auf anderen Bergen verbunden, alle hatten aber optische Telegrafen, welche auch mit den Beobachtungsständen (z.B. auf dem Monte Rust, u.a.) verbunden waren.

Der optische Signaldienst nach dem Prinzip der mechanischen Flügelbalken der Römer, die ihre Nachrichten bis nach Britannien sandten, musste, wie vieles andere in der menschlichen Forschungsgeschichte neu entdeckt werden. Vorschläge gab es viele, aber die praktische Anwendung als feste Nachrichtenverbindung fehlte noch.

1633 schlug der Marquis von Worchester vor, durch das Zeigen von schwarzen und weißen Flächen eine Nachricht zu übertragen. 1659 gab es von Vegelin von Clätberg in Nassau einen optischen Telegrafen mit fünf hohen Stangen, an denen Heubündel oder Flaggen und bei Nacht Laternen, befestigt wurden. Robert Hooke trug 1684 seine Idee entsprechende Signale durch ein Fernrohr beobachten zu lassen der Royal Society in London vor. Übertragungen mittels Schaubilder in hölzernen Rahmen wurden aber anscheinend nur in einem Experiment durchgeführt und nie als Nachrichtenverbindung eingesetzt.

Der 1767 entworfene "Telograph" von Richard Lovell Edgeworth repräsentierte mit 8 im Kreis angeordneten Schwenkarmen (45°) Ziffern, wurde aber vom irischen Parlament gleichfalls abgelehnt.

Für die optischen Telegrafen wie für die Flaggensignale war die Entwicklung starker Ferngläser die technische Bedingung zur Erhöhung der Reichweite. Der Erfinder des optischen Hilfsmittels war der holländische Brillenmacher Hans Lipperbhey im Jahre 1608.

Um 1630/40 war einer der deutschen Pioniere der Kapuziner Anton Mario Schyrleus de Rheita aus Reutte/Tirol, der auch die Begriffe "Objektiv" und "Okular" einführte. Er verfasste ein Standardwerk zur Korrespondenz mittels Optik/Teleskop und kontrastreicher Schriftzeichen. Das von ihm entwickelte Fernrohr war in Helligkeit und Größe dem von Lippersberg überlegen und ermöglichte durch das Umkehrprinzip auch erstmals das korrekte Abbild. Zuvor standen die Bilder durch die Drehung der Linse auf dem Kopf. Der Engländer John Dollond kombinierte 1757 dann das gesamte damalige Wissen zu einem neuen Fernrohrtyp, der zum Standardtyp bei den optischen Telegrafenlinien und in der Seefahrt wurde.

1695 baute Guillaume Amontous eine optische Telegrafenlinie von Meudon nach Paris, eine weitere Linie entstand von Pelletier St. Fargeau über Ecouai nach St. Martin du Thertre (70 km). In der Revolutionsversammlung schlug Gilbert Romme am 1. April 1793 zur Sicherung Frankreichs nach außen Nachrichtenverbindungen nach einem System von Chappé vor.

Der erste Versuch von Claude Chappé war mittels akustischer Übertragung am 2. März 1791 über 14 km zwischen Brulon und Parce erfolgreich gewesen, doch seine am 22. März 1792 errichtete Anlage über drei Posten zur Vorstellung bei der gesetzgebenden Versammlung war vom Volk, in der Annahme sie signalisiere den Feinden, zerstört worden. Die zum 1. April 1793 erbaute Linie Belleville - Saint-Martin-du-Tertre überzeugte am 12. Juli über die 25 km Distanz und brachte Chappé die Anstellung als Telegrafeningenieur mit den Bezügen eines Pionier-Leutnants für den Bau der am 4. August 1793 beschlossenen Linie Paris-Lille über 225 km.

Auf dem Prinzip von Hooke basierend errichtete Chappé eine optische Telegrafenlinie mit schwenkbaren hölzernen Armen auf Türmen, ähnlich den Eisenbahn-Signalmasten, den Semaphoren. Das Wort Semaphor bedeutet allgemein "Signal" und wurde hauptsächlich für die optischen Linien bzw. im optischen Signaldienst verwendet.

Der technische Aufbau bestand aus einem Mast mit einem Querträger (Regulator, 4,62 m) und zwei Indikatoren (35 cm) am Ende. Alle drei beweglichen Teile nahmen Stellungen von 45° oder einem Vielfachen davon ein, womit 196 Zeichen dargestellt werden konnten, die jedoch nicht alle ausgenutzt wurden. Die 22 Stationen dieser Linie waren etwa 10 km voneinander entfernt, sodass die Signale nur mit einem guten Fernrohr erkannt werden konnten.

Die "Fernschreibmaschine von Paris" sicherte Frankreich mehrere Jahrzehnte lang den Vorsprung in der Nachrichtentechnik und war eine Stütze der Revolutionsbewegung. Sie diente nicht nur den militärischen Informationen, sondern auch der politischen Kontrolle des Militärs selbst. Von Paris aus wurde mit dieser Linie in der ersten militärischen Anwendung das französische Revolutionsheer an der belgischen Grenze von Paris aus innerhalb kurzer Zeit in Alarmbereitschaft versetzt und die Eroberung von Le Quesnoy durch die französische Nordarmee am 15. August 1794 gemeldet. Chappé und seine Brüder gaben der Nachrichtenübermittlung in Europa mit ihren Linien einen großen innovativen Schub. Sie übernahmen auch die Codierung und Chiffrierung der Informationen.

Die optischen Telegrafen durchzogen bald ganz Frankreich. Die Strecke Paris - Straßburg mit 44 Stationen wurde zum 31. Mai 1798 in Betrieb genommen, die Strecke Paris - Brest für die Marine danach mit 54 Stationen. Die Endstation auf dem Vierungsturm des Münsters in Straßburg diente vom 1. Juni 1798 bis zum 26. August 1852 zur Übermittlung der ab 1809 errichteten Linie nach Wien, eine zweite Station wurde 1799 auf der Jung-Sankt-Peter Kirche errichtet.

Napoleon hatte nach dem Staatsstreich 1799 aufgrund der Staatsverschuldung das Budget für den weiteren Ausbau zunächst begrenzt und die Brüder Chappé suchten den finanziellen Ausweg über die kommerzielle Nutzung für Presseagenturen. Obwohl er dies zunächst ablehnte, erlaubte Bonaparte später den weiteren Ausbau durch private Mittel. Die Linien wurden zum 28. Januar 1803 wiedereröffnet und Napoleon führte die ursprüngliche Linie weiter nach Brüssel, Antwerpen und Amsterdam.

Nach dem Kriegsbeginn gegen Russland (1812) wurden auf Befehl Napoleons die Stadt Mainz über 22 Stationen mit der Stadt Metz (1813, 225 km) verbunden. Nachdem der Krieg 1814 verloren ging, nutzte er bei seiner Rückkehr die vom Zentrum in Paris sternförmig ausgebauten Strecken nochmals im letzten Feldzug 1815. Das privat finanzierte Nachrichtenmittel wurde ein wichtiger Bestandteil seiner Feldzüge. Der Vorschlag zu einer Absprache mit Murat in Italien, über die optische Linie Paris, Lyon, über den Mont Cenis nach Mailand und Venedig, zur notwendigen Allianz im letzten Feldzug fand nicht mehr statt. Hätte sich Napoleon mit Murat schnell verständigt, wären Wellington, Gneisenau und Blücher an zwei Fronten angegriffen worden, was sie in eine weit weniger Erfolg versprechende Lage gebracht hätte.

Nachweislich benötigte eine Depesche mit 20 Worten von Paris nach Straßburg 1811 beispielsweise 22 Minuten; vorausgesetzt die Sichtverhältnisse waren gut. Doch spätestens der weite Frontverlauf in Russland überforderte auch Napoleons Nachrichtenverbindungen mit optischen Telegrafen und berittenen Kurieren. In nachrichtentechnischer sowie militärischer Hinsicht erlitt Napoleon Bonaparte ein ähnliches Schicksal wie die deutschen Truppen in der Sowjetunion im 2. Weltkrieg.

Bis 1844 erreichten die optischen Telegrafenlinien insgesamt in Frankreich eine Länge von mehr als 5.000 km über 534 Posten mit 29 Kopfstationen in den Städten, von denen die letzten 1854 verschwanden. Chappé hatte nach schweren Depressionen seinem Leben am 23. Januar 1805 ein Ende gesetzt. Doch auch Napoleon erlebte mit seinem Tod 1821 den Höhepunkt der von ihm forcierten Entwicklung nicht mehr.

Jacob Chateau baute mit geringen technischen Abweichungen optische Linien von Sankt Petersburg nach Kronstadt, Carskoe Selo und Hatsina, bis schließlich 1839 auch Warschau angeschlossen war. Mit den Erfolgen der schnelleren Nachrichtenverbindung fand zugleich ihr erster Missbrauch zum unlauteren Wettbewerb statt. Die Brüder Francois und Louis Blanc benutzen die offizielle Linie Paris/Bordeaux für ihre Börsenspekulationen. So ist es nicht verwunderlich, dass man sich auch im Land der Dichter und Denker bald in der Literatur des Themas der Telegrafen annahm und bis heute finden sich viele Vermerke in den Werken wieder.

"Siehst du ihn, den Willen Gottes? Er zieht durch die Luft, wie das stumme Geheimnis eines Telegrafen, der hoch über unseren Häuptern seine Verkündigungen den Wissenden mittheilt, während die Uneingeweihten unten im lauten Marktgetümmel leben und nichts davon merken, daß ihre wichtigsten Interessen, Krieg und Frieden, unsichtbar über sie hin in den Lüften verhandelt werden."

Heinrich Heine, "Französische Zustände", 1831/32

Vermutlich benutzte der Hanauer Professor Johann Andreas Benignus Bergsträßer 1784/85 in seinem fünfbändigen Werk über die Synthematographie den Ausdruck "Telegrafie" erstmals. Synthematographie erklärte er mit:

"Synthema bezeichnet, in weiterer Bedeutung genommen, eine jede Verabredung und in der engeren nach der Sprache des Krieges bald die Parole, bald die Order, die in der Armee ausgetheilt und gegeben werden. Denkt man sich also das Wort Synthemathographik im Verhältniße auf die erste, so bedeutet es eine Wissenschaft, durch Buchstaben, oder eine jede anderer Zeichenschrift und nach vorher gegangener Verabredung einem anderen sich verständlich zu machen, ohne, daß ein Dritter in den Sinn der Zeichen eindringen kann."

Ab 1793 gehörten die Worte "Telegraf" und "Telegrafieren" dann fest zum Sprachgebrauch. Frei übersetzt aus dem griechischen "telos" für "fern" und "graphein" für "schreiben" bedeutet das Wort Telegraf "Apparat zum in die Ferne schreiben", entsprechend der deutschen Bezeichnung Fernschreiber bzw. der späteren Bezeichnung Fernsprecher für das Telefon.

In Schweden führte Abraham Niklas Edelcrantz in den Küstengebieten von Stockholm, Karlskrona und Göteborg optische Telegrafen ein, die eine Weiterentwicklung des Systems von Murray waren. Die erste Linie wurde am 1. November 1794 von Stockholm zum Landsitz des Königs Adolf Gustav IV. in Drottning erprobt. 1809 bestand das schwedische Netz aus etwa 50 Stationen, die über rund 200 km Stockholm mit Gävle, Landsort und Ekerö verbanden. Das System des Schweden wurde in Abwandlungen in ganz Skandinavien und anderen europäischen Staaten verwendet.

Unter der Bedrohung durch einen Angriff der englischen Flotte wurde 1801 eine optische Verbindung mit 24 Stationen entlang der Ostküste von Själland errichtet. Lorenz Fisker modifizierte das System von Edelcrantz mit fünf Rahen und insgesamt 18 Klappen. Es ermöglichte 262.144 Kombinationen, benötigte gegenüber vormals 6 Sekunden Sende- und Lesezeit nun allerdings 22 Sekunden für ein Zeichen. Schon 1806 wurden die ersten Masten wieder abgetakelt und erst 1808 eine neue Linie mit 26 Stationen von Kiel über Fünen nach Själland gebaut. Eine im System von Ole Olsen etwas veränderte Linie verband 1810-1814 Halden entlang der Küste mit Oslo und Trondheim in Norwegen.

Während des Krimkrieges entstanden ungefähr 80 Stationen nach dem System von Edelcrantz entlang der Südküste Finnlands, das Helsinki mit Turku und Sankt Petersburg verband. Nach Ende des Krieges wurde die Nachrichtenverbindung wieder aufgegeben. Nach der Unabhängigkeitserklärung Belgiens wurde zur Information bei einer möglichen Invasion in Holland eine leicht veränderte Linie mit Klappenprinzip zwischen Den Haag und Breda errichtet, an die auch die Marinebasis in Vlissingen angebunden wurde. Eine Botschaft benötigte von Den Haag über die 19 Stationen nach Vlissingen etwa eine Minute. Die Linie war von 1831-1839 in Betrieb.

1796 folgte eine weitere Entwicklung aus England mit optischen Telegrafen nach Lord George Murray ("Lettering"-Telegraph/"Shutter-Machine"). Es war eine weitere Variante des Bauplanes (1794) von Edelcrantz, mit zwei Reihen und jeweils drei achteckigen Klappen. Insgesamt 65 Telegrafen dieses Typs dienten der britischen Admiralität 1808 zur Sicherung der Küste. Die Flottenbasen an der Küste zu Frankreich waren nun über optische Telegrafen mit London verbunden, um bei einer Invasion rechtzeitig reagieren zu können. Die britische Armee führte 1797 den "Radiated"-Telegraph des Chaplain General, Reverend John Gamble, ein.

Über 100 neue Vorschläge zur optischen Verständigung gingen zwischen 1796-1816 bei der Admiralität ein. 1816 wurden Anlagen von Murray durch einen Entwurf des Admirals Popham mit beweglichen Armen für 7 verschiedene Stellungen ersetzt (49 Signale). Eine Verbesserung des Generals Pasley mit wiederum 8 Stellungen (64 Signale) wurde von 1822-1847 genutzt und fand sich auch an Bord der Schiffe wieder. Eine von dem Leutnant Bernhard L. Watson entworfene Linie ermöglichte 1.000 verschiedene Signale und war für Schiffs- und Seewettermeldungen zwischen Holyhead im St.-George-Kanal und Liverpool von 1827-1860 in Verwendung.

Die optischen Telegrafen von Popham wurden ab 1827 auch in Australien eingesetzt und erhielten 1832 einen zusätzlichen Arm (343 Signale), bis schließlich 1833 zu der einfacheren Bauweise von Watson übergegangen wurde, die von 1838-1850 auch Staten Island mit Sandy Hook und der Börse in Manhattan in den USA verband. Die britische Marine sollte die optischen Telegrafen bis 1943 auf den seegehenden Einheiten behalten.

Die Systeme von Chappé und Edelcrantz waren nicht nur Beispiel gebend für die anderen Nationen, sie hatten auch als erste ein einzelnes Signal zu Fehlerkontrolle, welches zur Aufhebung des vorangegangenen Signals diente. In Deutschland reagierten Staat und Militär ohne Verzug auf die spektakulären Nachrichten der optischen Telegrafen und ihrer Geschwindigkeit. Im Oktober des Jahres 1794 erschien von Abel Burja das Buch "Beschreibung und Abbildung des Telegrafen oder der neu erfundenen Fernschreibmaschine in Paris".

Johann Lorenz Böckmann übertrug mit einer vereinfachten Form des Telegrafen von Chappé vom Turmberg bei Durlach zum Schloss nach Karlsruhe ein Gedicht zu Ehren des Markgrafen Karl Friedrich von Baden am 22. November 1794. Es war mit über 250 Buchstaben in 10 Minuten die wohl bislang längste Depesche. Der Artikel des Karlsruher Physikprofessors über die unzureichende Geschwindigkeit der Übertragung regte Bergsträßer allerdings auch zu erster Kritik an.

Am 1. März 1795 führte Franz Karl Achard im Beisein des preußischen Königs den "transportablen Feldtelegraphen" vor, mit dem er Nachrichten vom Juliusturm in der Spandauer Zitadelle zum Schloss Bellevue im Berliner Tiergarten übertrug. Mit seinem System aus drei Grundfiguren, dem Lineal, dem Zirkel (Kreis) und dem Dreieck, bildete er fünf Zeichen für 23.750 Signale, die er in einem Codebuch festhielt. 1796 berichtet Joseph Chudy über seinen fünfstelligen Binärcode, als neuen Schlüssel für die optischen Telegrafen. Achard hatte ein Manko der optischen Telegrafen erkannt und beseitigt. Acht Zimmerleute konnten seine Station in 20 Minuten zerlegen und auf einen Wagen verladen, der mobile optische Feldtelegraf war erfunden.

1830 erfolgte die Aufstellung einer Sektion für die optisch-mechanische Telegrafie (ein Unteroffizier und 12 Mann) beim preußischen Grade-Pionierbataillon. Dafür erließ Prinz Friedrich Eitel eine Anforderung von Marinepersonal für die Bedienung der komplizierten Mechanik. Die positiven Versuche nach Vorbild der optischen Telegrafenlinie von L. Watson Holyhead zwischen Berlin und Potsdam dieses Jahres führten zum Bau der ersten staatlichen deutschen Linie zwischen Berlin und Koblenz.

Die Gesamtleitung der von dem Geheimen Postrat Karl Philipp Heinrich Pistor über Magdeburg, Höxter, Paderborn und Köln konstruierten Linie der Preußischen Staatstelegrafie (gegr. 1832) lag bei dem General Franz August Oetzel (später O'Etzel), der auch die Codebücher entwarf. Im Juli 1833 wurden die ersten 13 von letztendlich 61 Stationen in Betrieb genommen.

Die staatliche Linie übermittelte über die 587 km 500-700 Depeschen pro Jahr, war in der Bedienung schwerfälliger als die Linien von Chappé oder Watson und hatte eine mittlere Übertragungsgeschwindigkeit von eineinhalb Zeichen pro Minute. Bei gutem Wetter benötigte ein Signal (theoretisch 4.096 Möglichkeiten) von Berlin nach Koblenz zwischen den Stationen durchschnittlich etwa siebeneinhalb Minuten bzw. siebeneinhalb Stunden für die gesamte Distanz, was auch die Zeit für die Nachricht der Ablehnung der Kaiserwürde des preußischen Königs Friedrich Wilhelm IV. war.

Die Anträge zur Nutzung der Linie für Börsenspekulationen wurden zunächst abgelehnt, sie diente ausschließlich der schnellen Nachrichtenübermittlung von der gefährdeten Westflanke Preußens. Erst nach der Verbindung Berlin über Köln mittels des elektromagnetischen Telegrafen wurde die Linie 1849 für private optische Depeschen freigegeben, doch das verbliebene Teilstück Koblenz - Köln zum 12. Oktober 1852 stillgelegt. Die Station-1 befand sich auf der Berliner Sternwarte und Station-61 auf dem Südpavillon des Koblenzer Schlosses. Eine 62. Station wurde 1842 zwischen Nr. 24. und 25. bei Gandersheim eingefügt, da dort der Abstand zu groß bemessen war, der normalerweise 10-15 km betrug. Ein markanter Zeuge der Linie (Station Nr. 50) steht, weit gehend im Originalzustand, im Kölner Stadtteil Flittard.

Der Vorschlag des Senators Johann Arnold Günther vom 30. Oktober 1794, die Expressboten des Schiffsmeldedienstes von Cuxhaven nach Hamburg durch eine optische Linie zu ersetzen, war aus wirtschaftlichen Gründen und Bedenken über die Tauglichkeit (bei Nebel/schlechtem Wetter) abgelehnt worden, so auch eine Eingabe von Edward Roß 1818. Erst 1836 wurde der Vorschlag Günthers durch Aktenverkauf von dem Kaufmann Johann Ludwig Schmidt finanziert und ab 1837 verrichtete die Linie 14 Jahre lang ihren Dienst. Die Hebelarme ermöglichten 512 verschiedene Zeichen.

Der Inspekteur Friedrich Clemens Gehrke verbesserte die Linie und die schnellere Übertragung brachte mehr Gewinn. 1846 entstanden von Hechthausen die Verbindungen über Lamstedt, Bederkesa und Elmlohe nach Bremerhaven und somit Anschluss an die gleichzeitig errichtete Linie über Dedesdorf, Brake, Elsfleth, Rekum und Vegesack nach Bremen. Da Schmidt sein ganzes Vermögen in den weiteren Ausbau gesteckt hatte, brachte ihn 1852 die Einstellung der letzten Teilstrecke nach Bremen aufgrund der hohen Personalkosten allerdings in den Ruin.

Der elektromagnetische Telegraf war kostengünstiger und hatte am 19. August 1849 zur Aufgabe der anderen Linien geführt. Für schnelle Alarmierung für Hilfe aus der Umgebung von Hamburg und die Benachrichtigung von Familien während der Brandkatastrophe standen 1842 aber nur die hölzernen Telegrafen zur Verfügung. In einem Rest eines Signalturmes dieser Linie befindet sich in Brake heute ein Museum.

Die optische Verbindung zwischen dem Augustiner-Chorherrenstift in Dießen zum Benediktinerkloster in Andechs und nach Seefeld bestand vermutlich nur im Zeitraum von 1801-1803. Die Zersplitterung Deutschlands in kleine und kleinste souveräne Staaten und das formale Ende des Heiligen Römischen Reiches Deutscher Nation im Jahre 1806 ließen keinen Bedarf an weit reichenden Nachrichtenmitteln mehr entstehen.

Im Jahre 1849 standen optische Küsten-Telegrafen zwischen Eckernförde, Gettdorf, Rendsburg, Kiel, Friedrichs-ort, Bülk, Laboe und Schönberg. Während an Land die Festungstelegrafenzüge der Marine schon bald die optischen Telegrafen ersetzten, fanden sich die Masten der Semaphore neben den Flaggensignalen zur Signalübertragung bei der Kaiserlichen Marine ein, die lediglich an der Küste noch Interesse zeigte, ihre Stützpunkte in dieser Weise zu verbinden.

Die unterschiedlichen maximalen Reichweiten der einzelnen Signale/Signalmittel unter Verwendung eines Doppelfernglases lagen am Tage mit Winkflaggen unter günstigen Bedingungen nur bis 2 sm, bei Flaggen bis 3 sm und Fernsignalkörper bis 8 sm. Bei Nacht liegen die Werte der Morselampe bei 4 sm, der Topplaterne bei 8 sm, der Signalraketen und Sterne zwischen 15-24 sm und der Signalscheinwerfer bei 25 sm. Am Tage verringern sich die Werte der letzten zwei Möglichkeiten auf 6-8 sm bzw. 15 sm.

Maritime optische und akustische Nachrichtenmittel
- Handmorselampen
- Richtblinker
- Topplaternen
- Wendelaternen
- Handsignalscheinwerfer
- Signalsterne
- Signalraketen
- Flaggensignale
- Winkflaggen
- Signalflaggen am Stock
- Morseflaggen
- Fernsignalkörper

Der optische Signaldienst war meist erst aus dem militärischen Bedarf entstanden und Schriften befassten sich neben dem technischen Aufbau mit dem militärischen Einsatz der Stationen, die als sensible Punkte in der Kriegsführung eingestuft wurden. Die einzelnen Stationen waren bei Feldzügen nicht beweglich, konnten deshalb leicht zerstört werden, weshalb die Linien nur eine Sonderrolle in den Nachrichtensystemen der Heere führten. Sie blieben aber bis zur Einführung der Drahttelegrafie die einzige technische Innovation auf diesem Gebiet. Das zentralistische System Frankreichs bot ideale Bedingungen für das sternförmig aufgebaute Signalsystem, die Zersplitterung der deutschen Kleinstaaten hemmte hingegen die technische Entwicklung.

Allgemein werden die akustischen Signale von Raketen, Knallkörpern, Pfeifen und Sirenen heute hauptsächlich im Schiffsverkehr und in Notlagen verwendet. Die Signale zur Fahrtanzeige, Backbord-, Steuerbord, Bug- und Hecklicht sind wie die Topplaternen als Nachtsignale international im Einsatz. Wendelaternen waren ehemals Morselampen mit rotem und grünem Filter, die im Topp zur Anzeige einer Kursänderung verwendet wurden.

Bogenlampen fanden nun Verwendung auf Schiffen für die Außenbordbeleuchtung und bei Kriegsschiffen zum Betrieb der Scheinwerfer. Neben Handlampen waren meist Lampen mit selbsttätiger Regulierung nach den Systemen von Serrin, Siemens und Sellner, die auch einen Nachtsignalapparat mit normaler und vereinfachter Kontraktion produzierte und deren rote und weiße Topplaternen ab 1895 in der k.u.k. Kriegsmarine verwendet wurden.

Im 2. Weltkrieg war der optische Signaldienst mit dem Richtblinker noch ein fester Bestandteil der Kommunikation. Der Richtblinker ermöglichte mit dem gebündelten Stahl zum einen eine größere Reichweite und zum anderen eine bessere Abschirmung gegen die feindliche Einsichtnahme. Die Einführung der Pintsch-Handlampen in den 30er Jahren brachte im Vergleich mit den vorherigen Modellen die richtige Optik in Verbindung mit Blau, Grün und Rotfiltern. Zusätzlich gab es verschiedene Spezialsysteme der Küstenverteidigung, die jedoch für die taktische Führung der Flotte ohne Bedeutung waren. Neu war zu diesem Zeitpunkt auch die Verwendung des optischen Signalverkehrs zwischen Flugzeugen und Schiffen.

AEG baute den "Igel" zur Infraroterfassung von Flugzeugen während in der Flotte die Ultrasignalblinker (Infrarot) mit den Empfangsgeräten "Seehund I-III" eingeführt wurden. Die 20-cm-Fadenlampe von AEG erreichte im "Seehund-II" eine Verbindung von 10-20 km nach Wetterlage, während "Seehund-III" kleiner war und auch zur Erfassung alliierter Infrarotstrahlung genutzt wurde.

Das Rundum-Empfangsgerät "Flamingo" war, wie das Lichtsprechgerät "Puma", in Entwicklung, kam bis 1945 aber nicht mehr zum Einsatz. "Puma 2000" war vom Nachrichtenversuchskommando und J. Pintsch mit einer 2000-W-Gleichspannungslampe entwickelt worden, welche mit einem 400-W-Verstärker moduliert wurde. Die Linse im Sender hatte eine Spreizung von 8°, der Empfänger einen 30-cm-Parabolspiegel mit Bleisulfid-Zelle. Hier wurden Reichweiten von 10 km erreicht. "Puma 200" mit 200 Watt erzielte lediglich eine Reichweite von 4 km. Hauptsächliche Anwendung waren aber Infrarot-Luftbildkameras zur Aufklärung, deren Bilder englische Konvois zwischen 40 und 70 km Entfernung orten konnten.

Das den taktischen Forderungen und Überlegungen der Zeit von 1933 entsprechende Signalbuch der KM wurde im Jahre 1940 durch eine neue Ausgabe ersetzt, die 1944 wiederum neu überarbeitet werden musste. Notwendig waren vereinfachte Morsenamen und ihre gleichzeitige Verwendung als Flaggensignal. Das Funksignalverfahren wurde gestrichen, das optische Signalverfahren in die Nachrichtenverordnung III (NV III) übernommen.

Die Ausrüstung der Truppe bot neben den Signalscheinwerfern und Blinkspiegel der Marine die Geräte für das Heer, welches beispielsweise das Blinkgerät M-Blink mit Kurbeldynamo und Blinktornister für die Fußtruppe und eine Ausführung für den berittenen Trupp hatte. Für die vorderste Front gab es das K-Blink-Gerät, welches z.B. auch an Bäumen befestigt werden konnte. Zur optischen Verständigung mit Flugzeugen gab es Fliegertücher, die am Boden ausgebreitet werden. Ein Prinzip, das auch heute in Notfällen Verwendung finden kann.

Nach 1945 hatten in der Deutschen Marine z.B. auch die Zerstörer Z-1 bis Z-6 sowie die Zerstörer der LÜTJENS-Klasse neben den Signalscheinwerfern noch die Infrarot-Signalmittel. Heute wird weiter versucht die Wärme- und auch die Radarsignaturen zu verringern, weshalb auch die Infrarot-Signalmittel an Bedeutung verlieren, während Laser-Signalmittel ihre Position einnahmen.

Der optische Signaldienst wird in den technisch hoch entwickelten Armeen und auf der Brücke der modernsten Kriegsschiffe der Marinen weiterverwendet. Die auf Sichtweite beschränkten Licht-Morsezeichen und Flaggen-signale bieten eine sichere Möglichkeit im Krisen- oder Konfliktfall Informationen im Schiffsverband ohne funktechnische Einsicht zu übermitteln.

Das günstigste Tempo beim Lichtmorsen (internationaler Morsecode) ist etwa 40 Buchstaben pro Minute und entspricht dem NATO-Standard. In der deutschen Marine wird weiterhin WPM (Wörter pro Minute) als Einheit der Übertragungsgeschwindigkeit verwendet, wobei das Wort "Paris" als Grundlage dient. Hierbei galten 8 WPM für den Signalgast und 10 WPM für die Unteroffiziere und Portepee-Unteroffiziere als Standard.

Die relativ geringe Reichweite sowie die Beeinflussung durch Wetter, Qualm oder Segel, sind die Schwächen des optischen Signaldienstes. Die Seekriegsgeschichte gibt so manches lehrreiche Beispiel, in dem eine versäumte Erkennung oder eine falsche Interpretation eines Flaggensignals Einfluss auf den Verlauf der Schlacht und der Geschichte nahm.

Die falsche Interpretation eines Flaggensignals von Admiral David Beatty auf dem beschädigten Schiff LION an den II. Admiral in der Schlacht bei der Doggerbank, hatte die unbeabsichtigte Wirkung, dass die englischen Schlachtkreuzer alle auf die BLÜCHER schossen. Beatty wollte durch sein Signal hingegen eigentlich erreichen, dass die Schiffe die Verfolgung des Schlachtkreuzers HIPPER ohne die LION durchführen. Der Schlachtkreuzer HIPPER konnte sich dadurch dem Feuer entziehen, während die BLÜCHER als Zielscheibe diente.

Auch das wichtigste Flaggensignal von Beatty kurz vor Beginn der Schlacht im Skagerrak an die 5 sm an Backbord vorausstehenden Schiffe der V. Battle-Squadron, ihm mit höchster Fahrt nach Süden (in Richtung auf die gemeldeten deutschen Kleinen Kreuzer) zu folgen, ist weder beim Empfänger abgelesen worden, noch hat Beatty sich den Empfang bestätigen lassen. Die Konsequenz war, dass im entscheidenden Moment, als Beatty den Kampf eröffnete, die englischen Linienschiffe noch 10 sm vom Kampfgeschehen entfernt standen und er nicht die volle Feuerkraft seines Verbandes nutzen konnte.

Frankreich verwendete die optischen Signale noch im Indochina Krieg. In einer Liste der Zeitschrift Revue des Transmission (Nr. 55, 1954) wurden Frontabschnitte mit bis zu 150 optischen Übermittlungsstationen erwähnt, die über die Blinker 10 B.A., den Signalapparat 10 (Modell 1928) sowie die US-Geräte S.E.-11 und E.E.-84 verfügten. In zwei Fällen konnte durch optische Signale nach Ausfall oder in Ermangelung eines Funkgerätes die Artillerieunterstützung und Verstärkung angefordert werden.

Ein sehr altes Signal blieb bisher unerwähnt. Die genaue Kenntnis der Uhrzeit war im 19. Jahrhundert unabdingbar, um den Längengrad der Position eines Schiffes auf See exakt zu bestimmen. Es war deshalb wichtig, die Chronometer im Hafen auf die Sekunde genau stellen zu können. Dazu war ein optisches Signal aufgrund der kürzeren Laufzeit besser geeignet als ein akustisches, wie z. B. ein Warnton. Dafür wurde ein Zeitball an erhöhter Stelle weithin sichtbar angebracht, zu einem festgelegten Zeitpunkt fallen gelassen und dies erlaubte die Schiffschronometer zu überprüfen. Zeitbälle standen in Verbindung mit Sternwarten und wurden meist elektrisch ausgelöst. Der Auslösezeitpunkt war überwiegend 13 Uhr Greenwich-Zeit. Der Ball wurde normalerweise fünf Minuten vorher auf halbe Höhe gehoben und zwei oder drei Minuten vor dem Fall ganz heraufgezogen.

Die Chronometer waren Anfang des 19. Jahrhunderts noch zu ungenau und deshalb schlug Kapitän Robert Wauchope 1824 der britischen Admiralität einen Zeitball vor. Ab 1829 wurde der erste Zeitball in Portsmouth getestet. 1833 folgten weitere in Greenwich und auf St. Helena, 1836 in Kapstadt (siehe Signal Hill). Als erster deutscher Hafen erhielt Cuxhaven 1874 einen Zeitball. Es folgten Wilhelmshaven, Bremerhaven, Bremen, Hamburg, Kiel, Swinemünde und Neufahrwasser bei Danzig. 1877 wurde der erste Zeitball auf dem Western Union Building in New York durch ein telegrafisches Signal ausgelöst.

Telegrafen brachten aber auch das Ende für die ca. 162 weltweit installierten Zeitbälle oder ähnliche Signale. Weltweit gab es etwa 160 Zeitbälle, von denen noch ca. 60 Stück existieren. Die meisten wurden in den 1920er Jahren abgerissen, nachdem ihre Aufgabe ab 1907 durch Zeitzeichensender (Deutschland 1910, Großbritannien 1924) übernommen worden war.

Signalbücher

Die Signalgebung/Signalübermittlung auf See und an Land blieb lange Zeit eine Domäne der Seemächte und deren landesinterne Regelungen für rein militärische Belange. Eine der ältesten Regularien stammt aus England, wobei das britische "Black Book of the Admiralty" aus dem 14. Jahrhundert das Signalisieren mit Landes- und Signalflaggen als Kommandos bestimmte (die "Fighting Instructions" von 1653 des Admirals Robert Blake). Wurde z.B. das "Banner of Council" an der Steuerbordseite des Flaggschiffes gehisst, hatten alle Kapitäne sofort beim kommandierenden Admiral zu erscheinen.

Der Admiral der Herzöge von Burgund, von Borselem (1460-1472), legte Bestimmungen über die Signalgebung mit Wimpeln, Laternen, Trompeten und Kanonen in Bezug auf Fahrordnung, Erkennung etc. fest. Josephum Furttenbach beschrieb aus der "Architectura Navalis" 1629 verschiedene Flaggen in ihrer Bedeutung. 1703 gab es neue Instruktionen für die Flaggensignale zur Flottenführung in England und der Herzog von York ergänzte diese 1763 in seiner Eigenschaft als Admiral der Flotte.

Jonathan Greenwood verfasste 1714 ein ganzes Buch mit Zeichnungen von Schiffen, welche die Signale nach den "Fighting Instructions" gesetzt hatten, worunter jeweils deren Bedeutung geschrieben war. Es enthielt 106 Signale mit zwölf verschiedenen Flaggen und Wimpeln. 1746 erschien ein weiteres Signalbuch ohne Schiffszeichnungen, jedoch mit vier weiteren Flaggen für 144 Signale von John Millan. 1750 fügte der Admiral Hawke den "Fighting Instructions" sieben neue Signale hinzu, Admiral Rodney erweiterte das Buch 1782 nochmals um achtzehn Flaggen. Es gab inzwischen 50 Flaggen für 330 Signale, wobei jede Flagge an sieben verschiedenen Stellen gesetzt werden konnte.

Weitere Änderungen und Zusätze kamen u.a. von Howe, Charles Henry Knowles und Richard Kempenfeldt, der während der amerikanischen Revolution das erste wissenschaftliche Signalbuch der königlichen Marine Großbritanniens veröffentlichte. Mit den 10 Flaggen von Howe als Basis konnten 240 Signale übermittelt werden und nach einer Revision 1799 dann 340 Signale. 1804 wurde eine veränderte Anordnung der Befehle erforderlich, weil die Franzosen ein Signalbuch erbeutet hatten.

Nach einem Vorschlag von Home Popham, bei dem er sich das alphabetische System der optischen Telegrafen an Land zunutze machte, wurden 25 Flaggen den Buchstaben zugeordnet. Das sehr zeitaufwendige Buchstabieren der Befehle wurde durch das Wörterbuch umgangen, indem den Buchstaben gleichzeitig einzelne Wörter zugeordnet wurden. Dieses Signalbuch wurde gerade noch rechtzeitig in dieser Form für das wohl berühmteste Flaggensignal der britischen Flotte eingeführt. Der Flaggleutnant Pasco 1805 hisste vor der erfolgreichen Schlacht von Admiral Nelson damit das Signal:

"England confides that every man will do his duty"

Das Signal wir auf einigen zeitgenössischen Bilder gezeigt, meist jedoch mit allen erforderlichen Signalflaggen auf einmal an allen Masten gesetzt, während die Abfolge der zu setzen und einzuholenden Flaggen genau vorgegeben war. Hier setzte sich die künstlerische Freiheit über die fachliche korrekte Darstellung durch.

Nach der Seeschlacht bei Abukir besiegelte dieser weitere Sieg des Admirals Horatio Nelson die Vernichtung der französischen Flotte. Er verwendete in dieser Schlacht lediglich drei generelle taktische Flaggensignale, um die britische Flotte zu manövrieren und den Sieg in der Schlacht zu erringen. In der französischen Marine wurde in dieser Zeit mit 3 Admiralsflaggen, 33 anderen Flaggen und neun Wimpeln signalisiert.

1773 war das "Handbuch für Seeoffiziere der russischen Flotte" mit 266 Signalen erschienen. Zusätzlich wurden in England die "Tabular Flags", als System der Zahlensignale, eingeführt. Die anfängliche Tafelmethode wurde 1790 von einem neuen Buch abgelöst. Jetzt bildeten 10 Flaggen, an verschieden Positionen gesetzt, 200 Zahlen-signale, wobei jede Flagge auch eine einzelne Bedeutung hatte. Zusätzlich gab es noch 12 Spezialflaggen. Die Schiffe waren damals also im doppelten Sinne "über alle Toppen geflaggt".

Diese Methoden der Beflaggung für die Signalübermittlung hatten einen jedoch einen gravierenden Nachteil. Gingen im Sturm oder Gefecht Masten und Rahen verloren, war das Schiff neben seiner Manövrierfähigkeit bzw. des Antriebes gleichzeitig der seiner Signalgebung beraubt. Es war ein zusätzlicher Grund die Masten des Gegners unter Beschuss zu nehmen.

1802 erschien in Frankreich ein Buch über Seetaktik, das auch Signalflaggen beinhaltete. Hier war die Bedeutung nun völlig unabhängig von der Stelle, an der die Flaggen gesetzt wurden. Der Verlust von Masten und Rahen war zumindest für die Signale nicht mehr von Bedeutung. Ein Flaggensatz bestand dabei aus zwanzig Flaggen, vier Stander und sechs Wimpeln, womit sich Signale mit den Nummern 1-400 erstellen ließen.

In der Geschichte mussten aber Wege zur internationalen Verständigung auf See gefunden werden und dazu wurden verschiedene Flaggenausführungen und deren Festlegung in Signalbücher benötigt. 1816 wurde in England das "Universal Signal Book" von Nathaniel Squire herausgegeben, welches u.a. in Dänemark und Deutschland (1820/38) übersetzt wurde. Von 1817-1870 wurde in England das Signalbuch "Code of Signals" des Kapitäns Frederik Marryat verwendet, welches von vielen maritimen Nationen in diesem Zeitraum ebenfalls genutzt wurde. Das Buch stellt ein erstes zwischenstaatliches Verfahren dar und enthält unter den 16 Flaggen eine mit weißem Quadrat und blauem Rand (No. 9, heute "Papa").

Dieses Signalbuch wurde auch in einer Inventarliste der deutschen Segelkorvette MERKUR 1849 aufgelistet, welches als Schul- und Transportschiff der deutschen Bundesflotte fuhr. In Deutschland erschien auf dieser Basis ein "Einfacher nautischer Telegraph für die freie hanseatische Seeschiffahrt".

Da kein Signal aus mehr als vier Flaggen bestand, waren theoretisch 9.000 Signale möglich. Dies wurde aber als zu wenig erachtet und 1835 erschien in Dänemark das "Signalsystem zum Gebrauch für die Schiffe aller Nationen" von Kapitän Levin J. Rohde. Dieses System, das 1836 in sechs Sprachen übersetzt wurde, basierte auf einer Kombination von Zahlen und Buchstaben.

1848 verfasste Dr. Eduard Bobrik in Leipzig das "Handbuch der praktischen Seefahrtskunde", indem er die Verfahren der Signalisierung erläuterte. 1855 erscheint von ihm eine deutsche Ausgabe des britischen "Code-Reynhold", der gleichfalls ein Zahlensystem benutzt und in Frankreich sehr verbreitet gewesen zu sein scheint. Hier wurde die Flagge Nr. 9 zum weißen Quadrat mit rotem Rahmen, während "Negativ" das weiße Quadrat mit blauem Rahmen zugeordnet wurde.

In der nachfolgenden Zeit wurden die Methoden der Signalisierung und ihrer Regelungen zunächst überarbeitet. Das 1855 gegründete Board of Trade, das englische Außenhandelsministerium, brachte 1857 ein zweiteiliges Buch mit 70.000 Signalen heraus, dessen erster Band zwischenstaatlich, der zweite Band rein für die britischen Schiffe ausgelegt war.

1870 erschien für die Kriegs- und Handelsmarine des Norddeutschen Bundes das "Signalbuch der Kauffahrteischiffe aller Nationen", das an den britischen Vorläufer angelehnt war (2. Ausgabe 1884). Hier finden sich auch Beispiele zur Signalgebung mit der Winkflagge "Oskar" (Gelb/rote Dreiecke), während zuvor die Signale meist nur in den Masten und Rahen gehisst wurden.

Das britische Board of Trade begann 1887 mit der Neubearbeitung der englischen Ausgabe und erweiterte diese auf 26 Flaggen. Es gab nun für jeden Buchstaben des Alphabets ein entsprechendes Flaggensignal sowie den Signalbuch- oder Antwortwimpel. Zehn Jahre später (1897) war die Überarbeitung abgeschlossen und wurde allen anderen Seemächten zur Verfügung gestellt, die wiederum Ausgaben in Landessprache fertigten. Das Internationale Signalbuch (ISB) war geschaffen und setzte sich ohne weitere Vereinbarungen als Standard durch.

In der Brandenburgischen Marine gab es wohl eine einheitliche Signalordnung, auch wenn keine Dokumente erhalten sind. Die Preußische Marine verwendete von 1848-1860, wie z.B. auch die k.u.k. Kriegsmarine 1851/52 den Code-Reynolds. Von einer einheitlichen oder gar nationalen Signalgebung war man aber noch weit entfernt.

Die erste deutsche Flotte war von Admiral Bromme eng an die englischen Gebräuche und Verfahren angelehnt aufgebaut. Auf einer Inventarliste des Schiffes MERKUR findet sich ein Flaggensatz nach Marryat und die Signalordnung dürfte mit der englischen Flotte identisch gewesen sein. 1863 erschien nach einem Entwurf von 1861 ein spezielles Signalbuch der Preußischen Marine, das 1873 und 1882 als Signalbuch der Kaiserlichen Marine weitergeführt wurde. Es folgen Ausgaben von 1901, 1906 und 1913.

1895 wurde in Deutschland die Laufbahnen Nautik und Signal schließlich getrennt und auch die Ausbildung in den Abteilungen strukturiert. Die Zeichen der Signallaufbahn waren zwei gekreuzte Winkflaggen "C" (mit weißem Quadrat und rotem Rand, siehe auch Wappen M.N.S.), während das Oskar aus dem ISB erst 1906 wieder als "Ö" erschien. Die Flagge "C" ist meist die verwendete Winkflagge, auch wenn die Vorschriften alle anderen quadratischen Signalflaggen zur Übermittlung erlauben. Mit Gründung des Deutschen Reiches 1919 erfolgte eine Vereinheitlichung in der militärischen Signalordnung der beteiligten deutschen Länder. Die Abzeichen der Signallaufbahn von 1895 wurden bis 1945 getragen und später auch in den Signaldienst der Volksmarine in der DDR übernommen.

Nachdem die Signalbücher international verbreitet wurden, führten die Staaten ihre militärischen Codes getrennt in geheimen Flaggensignalbüchern ein. Mit dem "Triplecodex, Exercierreglement und Signalbuch für die verbündeten Dreibundmarinen" war zwischen Deutschland, Österreich-Ungarn und Italien sogar ein Signalbuch für drei Kriegsmarinen erarbeitet worden, welches 1914 für die deutsche und österreichische Flotte aus der Reichsdruckerei in Berlin vorlag. Da sich Italien zu Beginn des Krieges neutral erklärte, konnte das Signalbuch aber nie verwendet werden.

Im 1. Weltkrieg wurden in Österreich-Ungarn die "Seetaktik und Signale für die k.u.k. Kriegs-Marine" von 1852 und das "Telegraphische Wörterbuch für die k.u.k. Kriegsmarine zur Verwendung mit Flaggen und Cornetten" (Triest 1853) verwendet. Die Codebücher waren das "Manövrier- und Signalbuch der k.u.k. Kriegsmarine" (1908), das "Manövrier- und Signalbuch für die Monitorflottille" (1914), der "Telegraphenkodex für die k.u.k. Kriegsmarine, Reserviertes Dienstbuch Nr. 54 (T)" (1916), der "Vedettenkodex für den Aufklärungsdienst, Res. D.B. 54 (VK)" (1916), "Wortchiffrenkodex, Res. D.B. Nr.54 (Wm)" (1916, mit Manquart, Manquint ...).

Das 1858 gebräuchliche amerikanische Signalbuch wurde 1861 aufgrund des Bürgerkrieges für die Nordstaaten neu aufgelegt und erfuhr 1869 eine weitere Änderung, bis 1872 die amerikanische Version des Internationalen Signalbuches eingeführt wurde. Für die chiffrierte Übermittlung gab es ab 1898 das "General Signalbook" (veränderte Neuauflage 1908). Am 12. Mai 1913 erschien das "Battle Signal Book of the United States Navy" (geändert am 22. November 1913) und am 10. Februar 1914 "The Service Radio Code of the United States Navy".

Für die britische Flotte erschien am 10. Oktober 1917 das "Code and Signal Memorandum", CSM-No. 1, als CSP-103. Auch die US-Schiffe im 1. Weltkrieg nutzten diesen englischen Schlüssel, um mit den britischen Schiffen operieren zu können. Die Kürzel CSM und CSP ist den Kryptologen und Kryptoverwaltern der NATO-Chiffriermittel ein Begriff. Am 21. Januar 1918 erschien dann ein "Allied Signal Manual".

Wird die hauptsächliche Anwendungszeit des optischen Signaldienstes betrachtet, werden schnell die damaligen Schwierigkeiten offenbar. Das Seemachtstreben der Großmächte erforderte große

Schiffsverbände, die sichere und schnelle Verständigungsmöglichkeit brauchten. Doch auch in der Blütezeit der schnellen und leicht gebauten Klipper von 1850-1875 und der, ab Ende des 19. Jahrhunderts gebauten, stählernen Segelschiffe sowie der großen Viermastbarken war die Kommunikation mit dem Festland und anderen Schiffen noch auf die akustischen Zeichen oder optischen Flaggen- und Lichtsignale beschränkt. Zu dieser Zeit fuhren jedoch nicht nur kleine Frachtsegler, sondern auch die Giganten unter Segel auf den Meeren.

Es gab auf der Welt insgesamt nur sieben Fünfmast-Rahsegler, die PREUSSEN (1902, 11.150 BRT, 5.560 qm Segelfläche) kam, wie die POTOSI (1895) von einer deutschen Werft und war das einzige Fünfmastvollschiff der Welt. 24 km an Stahldraht und 17 km an Tauwerk gehörten zu dem laufenden und stehenden Gut. Die weiteren Schiffe waren die Bark MARIA RICKMERS, die R.C. RICKMERS, die FRANCE I und die KOPENHAGEN. Das größte Segelschiff war die FRANCE II (1911, 13.700 BRT, 6.350 qm Segelfläche), die auch als einzige dieser sieben Großsegler mit Hilfsmotor und einer Funken-Telegrafieanlage ausgerüstet war.

Diese Daten ergeben Einblicke über die Leistungen der Besatzungen unter den schwierigen Bedingungen dieser Zeit. Das Manövrieren in den Hafen mit den Schleppern, die Verständigung im engen Fahrwasser mit anderen Schiffen und dem Land bis zur Anlegestelle, geschah nach den akustischen und optischen Signalen.

Die Schiffe hatten nicht nur enorme Distanzen zu überwinden, sondern mussten sich eben auch den Windverhältnissen unterwerfen und waren gerade unter Land großen Gefahren ausgesetzt. Das britische Vollschiff GARTHWRAY hält den Rekord von 559 benötigten Tagen in See vom Heimathafen bis zum Bestimmungsort. Für die längste Umsegelung des berüchtigten Kap Hoorn in Ost-West-Richtung benötigte das deutsche Vollschiff SUSANNA 99 Tage, die schnellste erfolgte 1938 durch die deutsche Viermastbark PRIWALL in 5 Tagen und 18 Stunden.

Die PRIWALL war nur eines der sehr schnellen Segelschiffe der Reederei Carl Laeisz. Das "P" stammte vom Spitznamen der Tochter des Reeders, die nach ihrer Haartracht "Pudel" genannt wurde und 1856 einem der Schiffe seinen Namen gab. Von da an fingen alle Schiffsnamen der Reederei mit "P" an und die Segler wurden bald die "Flying P-Liner" genannt, doch die Seeleute dieser Schiffe waren Wochen und Monate lang von der Außenwelt abgeschnitten und auf sich allein gestellt. Knochenharte Arbeit, tagelange Stürme, Krankheiten und das Leben auf engstem Raum erforderten größte Disziplin, die über Jahrhunderte mit Peitschen, dem Kiel-Holen oder anderen Strafen durchgesetzt wurde. Der Reeder Carl Laeisz hatte aber auch die psychologischen Umstände an Bord richtig erkannt und empfahl seinen Kapitänen:

"Die Disziplin an Bord muss unter allen Umständen aufrechterhalten werden, aber mit Takt und Ruhe geht das besser als mit roher Gewalt."

Aus diesen Erziehungsgründen und der Tradition verfügen die Seestreitkräfte vieler Nationen auch heute noch über große und kleine Segler für die Schulung der Offiziersanwärter, auf denen die Flaggen-Signalgebung weiter Bestand der Ausbildung ist. Auch in Deutschland kann hier auf eine 150-jährige Geschichte zurückgeblickt werden. Der Unterschied ist aber, dass heute jedes Schiff rund um die Uhr über Funk erreichbar ist, während die Segelschiffe der vorigen Epochen über Monate keinen Kontakt mit der Heimat aufnehmen konnten.

Die SAVANNAH hatte 1819 als erstes Dampfschiff den Atlantik überquert und mit dem Einzug der Dampftechnik in der Schifffahrt konnte neben dem Antrieb auch der Strom für die FT-Anlagen bereitgestellt werden, was auf den Segelschiffen ohne mechanischen Antrieb ein zusätzliches Problem darstellte. Die Öffnung des Suezkanals 1869 und des Nord-Ostsee-Kanals 1895 führten mit gleichzeitiger Entwicklung der Dampftechnik sowie des Benzinmotors ab 1900 dann zum Ende der Ära der Segelschiffe und es war gleichzeitig der Beginn der Funkentelegrafie.

Waren anfangs die normalen Chiffren des Schriftverkehrs auch bei der Draht- und Funkentelegrafie in Verwendung, so gab es bald spezielle Regelungen in den Signalbüchern für die Anwendung des Funks. Im Jahre 1898 hatte z.B. der "Marine-Chiffrenschlüssel", ab 1901 zusätzlich der "Militär-Chiffrenschlüssel", für die k.u.k. Kriegsmarine Gültigkeit. 1906 änderte die k.u.k. Kriegsmarine die Bezeichnung von Funk auf Radio und somit zur "Radiotelegraphie" (Gesetzesnovelle 7. Juli 1907), was sich auch in den Namen der folgenden Signalbücher niederschlug. Die Schlüsselwechsel erfolgten vor und mit Kriegsbeginn dann zwar kontinuierlicher, aber auch mit Fehlern in vielen beteiligten Ländern.

Die ersten Seeschlachten, bei denen diese Funktechnik eine bedeutende Rolle spielte, fanden im 1. Weltkrieg statt. Hier zeigten sich bei der Flaggen-Signalgebung im Flottengebrauch wie auch in der Funkentelegrafie bei allen Staaten schwerwiegende Probleme und Fehler. Bei den folgenden Minenräumarbeiten mit Schiffen verschiedener Nationen gelangten die bisherigen Signalsysteme an ihre Grenzen. Es gab zwar neue Ausgaben des Internationalen Signalbuches (1901/1911/1921), sie brachten jedoch keine großen Änderungen oder Lösungen.

Nach britischem Vorschlag wurde das Internationale Signalbuch auf der internationalen Funkkonferenz in Washington 1927 neu bearbeitet und drei Jahrzehnte nach der ersten Ausgabe folgte ein neu bearbeitetes siebensprachiges Signalbuch. England, Frankreich, USA, Deutschland, Italien und Japan einigten sich auf eine einheitliche Signalordnung.

Im Reichsverkehrsministerium wurden von 1927-1932 die deutschen Ausgaben erstellt. Der Band I beinhaltete das Signalbuch, der Band II das Funkverkehrsbuch. Die neuen Ausgaben dieses ISB erschienen 1938, 1941 und 1942. Die Ausgabe von 1942 bildete die Grundlage für die Signalbuchausgaben der Volksmarine von 1951, 1965 und 1969. Nach dem 2. Weltkrieg ordnete die Allied Control Commission 1946 eine neue deutsche Ausgabe an, dem die Bundesrepublik Deutschland 1952 und 1957 weitere Ausgaben folgen ließ. Die Ausgabe im März 1946 enthielt die "Deutsche Minenräumdienstvorschrift Nr. 21" als "Deutschen Minenräum-Anhang". Nach einer Neubearbeitung des I.S.B. 1965 durch die IMCO (Inter-Governmental Maritime Consultative Organisation), kam, es nochmals als neunsprachige Veröffentlichung unter dem Titel "Internationales Signalbuch 1965" heraus.

Die Überarbeitung sollte in erster Linie Fälle erfassen, die der Sicherheit der Schifffahrt und dem Schutze menschlichen Lebens auf See dienen, besonders wenn Sprachschwierigkeiten auftraten. Es machte einen besonderen Sprechfunkcode (Band II) überflüssig. Das Prinzip war das jedes Signal eine vollständige Bedeutung hatte und von der Wörterbuchmethode abhing. Mit der letzten, noch heute gültigen Ausgabe von 1969, endet quasi die offizielle Flaggen-Signalgebung in ihrer Entwicklung.

Sie bleibt für den Notfall, wenn alle technischen Signalmittel ausfallen, jedoch immer noch eine letzte Option. Der internationale Flaggensatz beinhaltet heute 26 Buchstabenflaggen, 10 Zahlenwimpel, 3 Hilfsstander und den Antwortwimpel (ANS/CODE). Für die Übermittlung mit Winkflaggen kann "OSKAR" (gelb/rote Dreiecke) und "PAPA" (weißes Quadrat im blauen Rahmen) verwendet werden.

Ausbildung des Signalpersonals der Marine

Die Anfänge der Ausbildung des Signalpersonals der Marine lagen in der Zuständigkeit der einzelnen Kommandos und der Schiffe und fand im praktischen Dienst an Bord sowie in den Kasernen statt. Eine Marine-Signalschule existierte in diesem Sinne nicht. Die Signal- und Obersignalgasten, Signal- und Obersignalmaaten sowie deren Signalmeister rekrutierten sich aus Personal der Matrosendivisionen und wurden an den Standorten in Kiel und Wilhelmshaven ausgebildet.

Vor 1894 finden sich im Leitfaden für den Dienstunterricht der I. Matrosen und der I. Werftdivision keine Angaben über eine Signalausbildung oder gar Signallaufbahn. 1895 und 1908 ergab sind dann eine

Neuordnung der Steuermannslaufbahn, nach der nun zwischen Steuermann- und Signalpersonal unterschieden wurde.

Nach einer Kabinettsorder (Marine-Verordnungsblatt Nr. 2 vom 27. Januar 1895) wurde eine "Neuorganisation des Signal- und Steuermannspersonal der Matrosendivisionen" verfügt. Für das gesamte Signal- und Steuer-mannspersonal der sechsten Kompanie bei den beiden Matrosendivisionen wurde je eine Zweigkompanie gebildet. Gleichzeitig entstanden die Vorschriften zur Ausbildung und der Organisation des Signal-/Steuermannspersonal.

Die Signalkompanie ("Signalzweigkompanie") bei der 1. Matrosendivision in der Festung Friedrichsort bei Kiel wurde zum 26. April 1895 eingerichtet. Die Signalstelle Friedrichsort war für den wichtigen Kriegshafen am 4. November 1865 eingerichtet worden und später ging aus ihr die Küstenfunkstelle Bülk hervor.

Der Bedarf an Signalpersonal betrug im Jahre 1895 für die Flotte 14 Unteroffiziere und 88 Mannschaften, die in 8-12 Wochen bzw. 4-6 Wochen aus- und weitergebildet wurden. Für die Lehrgänge war die Signalkompanie in Kiel zuständig. Ab diesem Zeitpunkt wurden herkömmlichen Seeleuten in ihrer Funktion vom Steuermannspersonal streng unterschieden und der Signaldienst begann sich als eigenständiger Berufszweig in der Seeschifffahrt durchzusetzen. Es war ein ähnlicher Umbruch wie vom Fernmeldewesen zur IT.

Signalpersonal der I. und II. Matrosendivision
- Signalmeister
- Obersignalmaaten
- Signalmaate
- Obersignalgasten
- 97 Signalgasten

Das für Ost- und Nordseestationen waren an Bord des Mannschaftsdepotschiffes SMS KÖNIG WILHELM beispielsweise je 4 Signalmaaten, 30 Obersignalgasten und 12 Signalgasten eingeschifft. In einem Buch für Deckoffiziere der Deutschen Marine 1848-1933 findet sich ein Hinweis auf eine Signalmeisterschule in Friedrichsort. Doch erst mit Einführung der Funken-Telegrafie entstanden eigenständige Schuleinrichtungen in Deutschland, die neben den Draht- und Funknachrichtenmittel später auch die Unterrichtung des optischen Signaldienstes mit übernahmen. In der Zeit der Marine-Nachrichtenschule wurde 1924 eine Signallaufbahn eingeführt, die weder der optischen noch der draht- oder funktechnischen Nachrichtenübermittlung der Marine zuzuordnen ist, aber einen der ältesten Nachrichtenträger der Menschheit beinhaltet, die Brieftaube.

Marine-Brieftaubenanstalten und Ausbildung der Schlagleiter

Der Ursprung der Nachrichtenübertragung mittels Tauben liegt im Orient, denn von China bis nach Ägypten wurde der Ortungssinn der Tauben verwendet. In Griechenland wurden sie 530 v. Chr. in Texten erwähnt, bei der Belagerung von Mutina durch Markus Antonius erklärt Plinius die Übermittlung von Nachrichten durch Tauben zu den Konsuln.

Die breiteste Verwendung fand sich aber damals bei den arabischen Völkern, welche im 12. Jahrhundert schon eine vollständig eingerichtete Postabwicklung mit Brieftauben organisierten. Durch die Kreuzzüge wurde dieses Nachrichtenmittel in Europa bekannt, die Nutzung scheint dort jedoch zunächst schnell wieder nachgelassen zu haben.

Erst in der Zeit Napoleon I. gab es einen erneuten Aufschwung. Die Familie von Nathan Rothschild soll durch ihre Agenten, die den Heeren Napoleons folgten, mithilfe der Brieftauben drei Tage vor der englischen

Regierung die Nachricht von Waterloo erhalten haben und so Millionengeschäfte erwirtschaftet haben. Außer Börsenspekulanten nutzten Handelshäuser und Zeitungen die Tauben als Nachrichtenmittel.

Die Brieftauben spielten in militärischen Auseinandersetzungen durch die Jahrhunderte hinweg eine wichtige Rolle und in Frankreich blühte der Brieftaubendienst durch die Belagerung von Paris 1870 wieder auf, da die Telegrafenleitungen zerschnitten worden waren.

Durch fotografische Verkleinerung wurden auf einem Seidenpapier von 4,3-x-3,2 cm 3.500 Depeschen zu 20 Wörtern mit einer Brieftaube übermittelt. Das erste derartige Blatt, welches an die Schwanzfeder einer Brieftaube befestigt war, kam am 14. November 1870 in Paris an und enthielt 226 Privatdepeschen sowie die gesamte Regierungskorrespondenz. Das Gewicht der Botschaft betrug nicht mehr als ein Gramm. Auch für heutige Verhältnisse ein sehr gutes Kosten-Leistungsverhältnis.

In der fast 200-jährigen Geschichte bemannter deutscher Feuerschiffe gab es zu Beginn keine Funkanlagen und es wurden Zeichen mit in bestimmten Fällen mit der Schiffsglocke, einem Drucklufthorn oder einer Signalkanone gegeben. Wichtige Nachrichten von Bord der Feuerschiffe an ihre Behörde an Land wurden jedoch ab 1877 mit Brieftauben übermittelt. Zu dem Zweck hatten die Schiffe einen Taubenschlag an Bord, der bei jeder Routineablösung neu aufgefüllt wurde. Im Bedarfsfall wurde eine Brieftaube entnommen und an ihr eine Hülse mit der Nachricht befestigt. Dann lies man das Tier fliegen. Für die 70 Kilometer vom Feuerschiff AUSSENEIDER bis zum Amt in Tönning brauchte eine Taube z.B. unter einer Stunde. Diese Nachrichtenübermittlung klappte auch bei Notrufen. Als am 15. Oktober 1881 bei Sturm die Ankerkette der AUSSENEIDER brach, forderte die Besatzung per Taube einen Schlepper an, der eintraf bevor das Schiff strandete. Auf die Tauben und auf einige Versuche mit Kabelverbindungen zum Land, durch die man Morsesignale sendete, verzichtete man erst 1900 als sich die drahtlose Telegraphie von Marconi auf den Feuerschiffen durchzusetzen begann.

Die Einflüsse der Seefahrt schienen die Brieftauben nicht zu beeinflussen und in Frankreich legte eine vom Schiff gestartete Taube 413 Meilen zurück. Die k.u.k. Kriegsmarine machte Versuche mit den Tauben unter Einfluss des Geschützdonners und hatte 1895 insgesamt 367 Brieftauben im zuständigen Marinetechnischen "Comité".

Die Hamburg-Amerika-Linie unterhielt für Notfälle eine Station der Schiffs-Brieftauben in Cuxhaven und New York. Der deutsche Fotograf Julius Neubronner nutzte Anfang des 20. Jahrhunderts Tauben mit einer Kamera auf ihre Reise, die alle 30 Sekunden eine Aufnahme machte.

Die normale Nutzreichweite der Tiere lag bei etwa 100 km, 1.000-1.200 km die maximale Distanz pro Tag. Doch bei größeren Distanzen war es ratsam 3-5 Tiere abzuschicken, da die Ausfallquote mit der Entfernung zunahm. Die k.u.k. Kriegsmarine hatte maximale Reichweiten von 220 km in Versuchen erreicht, dabei aber auch 12% Ausfälle ermittelt. Die Übermittlungsgeschwindigkeit lag etwa bei 60-100 km/h, allerdings waren eventuelle Erholungspausen zu berücksichtigen. 1895 fand sogar ein Wettflug über 1.680 km Landweg statt, doch dem Militär mussten teilweise engagierte zivile Stellen etwas auf die Sprünge helfen:

"Die wankende Bereitwilligkeit der Kieler Vereine ihre Tauben dem Kaiserlichen Marine-Dienst vollständig zu unterstellen,"

führte dazu, dass der 1894 in Hannover gegründete Verein "Cimbria" sich

"die patriotische Aufgabe gestellt hat, seine Tauben nicht nur der Marineverwaltung zur Verfügung zu stellen, sondern auch ausschließlich nach dem Wunsche derselben auszubilden beabsichtigt."

In Cuxhaven, Wilhelmshaven und Emden waren je eine Marinebrieftaubenanstalt (M.B.A.) eingerichtet worden. Um 1900 wurden erstmals Brieftauben für Luftbildaufnahmen über unzugänglichen oder feindlichen Gebieten verwendet und so wurde z.B. die Eroberung der Festungsanlagen von Lüttich am 7. August 1914 durch Aufklärung mittels einer Brieftaube vorbereitet.

Mit der Weiterentwicklung der Funktechnik und in Anbetracht des von See aus nur einseitig einsetzbarem Kommunikationsmittel (quasi ein "Tauben-Broadcast") hatten die M.B.A. kaum Perspektiven für die Zukunft, obwohl es auch unbestreitbare Vorteile gab. Das Unterseeboot PULLINO schickte am 31. Juli 1916 Brieftauben mit einer Meldung in den heimatlichen Schlag in die Militärbrieftaubenanstalt nach Mestre bei Venedig. Wäre die Meldung der Havarie geheim geblieben, wäre der an Bord befindliche Österreicher Nazario Sauro später nicht wegen Hochverrats hingerichtet worden. Doch die Italiener selbst hatten bereits durch das Abhören der österreichischen Funksprüche von der misslichen Lage des U-Boots erfahren. Bei einer Übermittlung mittels Taube wäre dies nicht möglich gewesen.

Das deutsche Heer nutzte im 1. Weltkrieg insgesamt 30.000 Hunde, die meisten in 8 Meldehundsstaffeln disloziert, ferner 1.000 Brieftaubenschläge und 66 Blinkerzüge. Die Meldehunde wurden dann auch zum Verlegen von leichtem Feldkabel zwischen den Stellungen benutzt oder auch für die Suche nach Verletzten. Meldehunde und Brieftauben wurden vom Feind beschossen und erhielten in treuen Diensten ebenso schwere Verluste wie das Militär.

Nach dem Krieg wurde die Zahl von 120.000 ehemals an den deutschen Fronten stationierten Brieftauben reduziert und die Anstalten gingen mit ca. 1.400 Tieren in die Kommandobehörde unter der Verwaltung der Reichsmarine über.

Ab September 1924 begannen die Lehrgänge an der Heeresbrieftaubenanstalt in Spandau für die zukünftigen Schlagleiter, die aus den Unteroffizieren der Signallaufbahn gestellt wurden. Die Abschlussprüfung dauerte vier Tage. Ein Aufstieg zum späteren Brieftaubenmeister war vorgesehen.

Für den notwendigen Ersatz bei Stellenwechsel oder Entlassungen sorgte die Marine-Nachrichtenschule in Flensburg. Voraussetzung waren Lust und Liebe zum Brieftaubendienst, fünf bis acht Jahre Dienstzeit, tadellose Führung und gute Schulbildung, Fertigkeiten im Radfahren sowie gesunde Lungen. Noch 1932 findet sich ein Artikel über die Marinebrieftaubenanstalten der Reichsmarine und auch die Seekriegsanleitung für den Nachrichtendienst (Entwurf 1926) enthielt dieses Nachrichtenmittel für Schiffe und Flugzeuge.

Auch die anderen Nationen hielten an den Tieren fest. 600 Brieftauben waren im 1. Weltkrieg für das US-Signal Corps beschafft worden und wurden bis Ende 1942 als Nachrichtenträger eingesetzt, die US-Army verwendete sie von den Indianerkriegen von 1870 bis 1957, während die militärischen Brieftauben der Schweiz erst im Jahre 1995/96 ausgemustert wurden. 1950 verfolgte die israelische Aufklärung ihre Tauben auf dem Flug durch die Wüste entlang vermuteter arabischer Militärbasen. Wie angenommen konnten sie an diesen Orten Futter und Wasser vorfinden und landeten dort.

Die Brieftaube "Cher Ami" überbrachte trotz schwerer Verwundung über 25 Meilen in 25 Minuten ihre Nachricht. Sie rettete damit das amerikanischen "Lost Bataillon" mit 194 US-Soldaten und erhielt das französische Kriegskreuz mit Schwertern (Smithsonian Institution). Wie wichtig die Brieftauben für die Truppen waren, zeigt auch die Verleihung des britischen Victoria-Cross an die Taube "William of Orange" 1944, die im Royal Corps of Signal Museum in Blandford Camp ausgestellt ist. "GI Joe" überbrachte eine Nachricht englischer Truppen, die gerade eine Stadt erobert hatten, auf die ein Luftangriff erfolgen sollte. Die Taube "Mercury" brachte ihre Nachricht über 480 Meilen von England zu den dänischen Widerstandkämpfern und machte ihrem Namensgeber alle Ehre.

Frankreich verwendete die Brieftauben noch erfolgreich im Indochina Krieg, wobei die Übermittlungen nur 3% des Funkverkehrs ausmachten, es aber als nicht ratsam angesehen wurde, in einem derartigen Gelände und schwierigen Gefechtsführung auf die Tauben zu verzichten. Es waren etwa 1.500 Tauben in 18 Schläge untergebracht, welche G2-Informationen und Feuerleitdaten übermittelten.

Die Agenten des 2e Bureau trugen auf Missionen die Tauben in Körben über der Brust und Schulter, Flussschiffe, Sanitätsflugzeuge und Transportbegleitungen mussten mindestens vier Tauben mit sich führen. In einem Fall wurde eine Verbindung lediglich mit Tauben von Januar bis März 1952 aufrechterhalten, wobei die Taubenschläge an Fallschirmen mit den Tieren abgeworfen wurden.

Für Briefe und andere Schriftstücke blieben lange Zeit die berittenen Kuriere und die Meldehundsstaffeln als Nachrichtenträger bestehen. Verständlicher Weise war der Einsatz auf das Land bzw. das Heer beschränkt. Auf offener See nutzten keine Taubenschläge und die Post stellte auch keine seefeste Ausführung ihrer Briefkästen her.

Die oft als Seemannsgarn abgetane Post-Boje hat zumindest den "Bananenjägern" der Union-Kühlschifffahrtsgesellschaft jahrelang ihre Dienste geleistet, vielleicht auch anderen Reedereien. Eine große alte Kaffeedose mit Leuchtanstrich wurde auf einem großen Holzkreuz angebracht und bei der Inselgruppe der Azoren mit der Privat- und Reedereipost sowie Zigaretten, US-Dollar und einer Flasche Whisky ausgesetzt.

Die dortigen Fischer lieferten sich so manches Wettrennen um diese "reiche Beute" und es ist kein Fall bekannt, in dem die Briefe nicht von den Fischern an Land bei der Post aufgegeben worden sind. Ein ähnliches Verfahren wird in den Marinen mit der "Postbeutelübergabe" durchgeführt, wobei Schriftstücken an ein Schiff abgegeben werden, das als nächstes einen Hafen anläuft.

Der einzige schwimmende Postbriefkasten Deutschlands ist nur saisonal im Einsatz, denn der Segelklub Garbsen am Steinhuder Meer bei Hannover nutzt sein Ansegeln im Frühjahr zum inzwischen traditionellen Aussetzen der Post-Boje. Die gelbe Boje auf Position 52 Grad 28,71 Nord und 009 Grad 21,00 Ost ist mittlerweile bei Wassersportlern eine beliebte Einrichtung zum Versenden von Briefen und Postkarten. Die jedes Jahr dort eingehenden rund 1.000 Sendungen werden alle mit einem Sonderstempel versehen und versendet.

Verschiedene Völker verständigten sich bis ins 21. Jahrhundert noch mit Trommeln oder durch andere Signale, wie auch Alexander der Große (336-323 v. Chr.) ein zum Trichter erweitertes Rohr als Schallverstärker, ähnlich dem Megaphon, nutzte. Doch die optischen und akustischen Signalverfahren beschränkten sich auf Sicht- bzw. Hörweite und weder Mensch noch Tier erreichte die gewünschten Geschwindigkeiten. Es wurden bessere und schnellere Übertragungsmethoden gesucht, die auch größte Entfernungen überbrücken konnten. Das Zeitalter der Industrialisierung brachte mit der Elektrifizierung und der im 20. Jahrhundert folgenden Elektronik die erhoffte Verbesserung in der Kommunikation.

Nachrichtentechnik und Informationstechnik

Die Nachrichtentechnik ist ein Teilgebiet der Elektrotechnik, das sich mit den Möglichkeiten zur Übermittlung und Verbreitung von Nachrichten durch die Technik (z. B. Telefon, Rundfunk) befasst und die sich als eine Ingenieurwissenschaft mit der Gewinnung, Umwandlung, Übertragung, Vermittlung, Speicherung und Ausgabe von informationstragenden Signalen beschäftigt. Hauptaufgabe der Nachrichtentechnik ist es, Informationen möglichst unverfälscht von einer oder mehreren Informationsquellen zu einer oder mehreren -senken zu übermitteln. Zur Nachrichtentechnik zählt neben zahlreichen anderen Disziplinen auch die Telekommunikation. Telekommunikation ist Informationsaustausch zwischen räumlich entfernten Informationsquellen und -senken unter Benutzung nachrichtentechnischer Systeme.

Gelegentlich wird die Nachrichtentechnik/Kommunikationstechnik mit der Kommunikationswissenschaft verwechselt. Die Nachrichtentechnik befasst sich mit den technischen Systemen zur Kommunikation, die Kommunikationswissenschaft befasst sich hingegen mit der Kommunikation zwischen Entitäten. (Übertragung und Verarbeitung) Im Allgemeinen zwischen Menschen, aber auch zwischen Maschinen wie z. B. Computern. Ein Teilgebiet sind Massenmedien-Inhalte (zum Beispiel Werbung), die über nachrichtentechnische Systeme (zum Beispiel Rundfunk), aber auch über klassische Medien (zum Beispiel Zeitungen, Vorträge) verteilt werden und wie diese auf die Menschen wirken.

Bedingt durch neue wissenschaftliche Erkenntnisse erweiterten sich die Möglichkeiten der Nachrichtentechnik kontinuierlich. Diese Entwicklung fand auch im Wandel des Namens dieser Ingenieurdisziplin ihren Ausdruck. Sprach man anfänglich von Schwachstromtechnik, so wurde etwa 1909 durch Rudolf Franke der Name Fernmeldetechnik geprägt. Heute spricht man auch von Informations- und Kommunikationstechnik.

Die größte von Menschenhand geschaffene Maschine ist ein nachrichtentechnisches System: das weltweite Telefonnetz. Ein weiteres nachrichtentechnisches System, das Internet, ist auf dem Weg, dem Telefonnetz diesen Rang abzulaufen, nicht zuletzt dadurch, dass das Internet Aufgaben des Telefonnetzes übernimmt. Physikalisch sind diese Systeme so verzahnt, dass keine Abgrenzung mehr möglich ist.

Das Internet ist ein Beispiel für die fließenden Übergänge von der Nachrichtentechnik zur Informatik. Einerseits sind nachrichtentechnische Systeme häufig wichtige Komponenten in den Rechnersystemen der technischen und angewandten Informatik, andererseits basieren moderne nachrichtentechnische Systeme häufig auf Theorien und Verfahren der Informatik und sind im Kern Rechnersysteme.

Die Nachrichtentechnik umfasst ein sehr großes Spektrum, so dass sich eine ganze Reihe von Teilgebieten herausgebildet hat. Entsprechend den verwendeten Frequenzen unterscheidet man in der Nachrichtentechnik grundsätzlich zwischen Niederfrequenztechnik (Tontechnik), Hochfrequenztechnik (Rundfunk- und Fernsehtechnik, Richtfunk, Mobilfunk, Satellitenkommunikation), Mikrowellentechnik (Radar) und der Optischen Nachrichtentechnik (Laser, Glasfaserkabel).

Theoretische Grundlagen der Nachrichtentechnik
- Signaltheorie
- Informationstheorie
- Codierungstheorie
- Systemtheorie
- Nachrichtenverkehrstheorie
- Datenkompression
- Schaltungstheorie

Technische Teilgebiete der Nachrichtentechnik

- Antennentechnik
- Elektronische Datenverarbeitung
- Filtertechnik
- Funktechnik
- Kanalkodierung
- Modulation
- Verstärker
- Schaltungstechnik
- Signalverarbeitung
- Telekommunikation
- Übertragungstechnik
- Laser
- Schall
- Vermittlungstechnik
- Rechnernetze
- Dienste
- Mobilkommunikation
- Hochfrequenztechnik
- Sensorik
- Radartechnik
- Ortung
- Korrelation
- Endgerätetechnik

Informationstechnik ist ein Oberbegriff für die Informations- und Datenverarbeitung auf Basis dafür bereitgestellter technischer Services und Funktionen. Diese werden auf einer dahinterliegenden technischen IT-Infrastruktur bereitgestellt. Es spielt dabei keine Rolle, ob die Services- und Funktionen als auch die technische IT-Infrastruktur physisch vor Ort oder virtuell oder über Netzwerke bereitgestellt werden. (Informationstechnisches System).

Eigentlich versteht man unter dem Begriff speziell elektronische Informationstechnik (EIT), zur Informationstechnik gehören auch nicht-elektronische Systeme (wie die anfangs rein elektrische Telefonie und Telegraphie). Der eigentliche Fachbegriff ist aber (elektronische) Informations- und Datenverarbeitung (EID), der die anfangs getrennten Technologien der Kommunikationsmedien ('Information' im ursprünglichen Sinne der Mitteilung) und der Datenverarbeitung im engeren Sinne (von Akten, Zahlenreihen und ähnlichem, EDV) zusammenfasst. Da die beiden Begriffe Information und Daten heute in der Praxis inhaltlich weitgehend verschmolzen sind, wie auch Technik und Verarbeitung nicht zu trennen sind, wird der Ausdruck „IT" für den gesamten technologischen Sektor verwendet.

Die Ausdrücke Informationstechnik und Informationstechnologie können – im nichtwissenschaftlichen Bereich – als synonym angesehen werden: Unter „Technik" versteht man üblicherweise allenfalls speziell die konkrete praktische Umsetzung (Anwendung), unter „Technologie" die Forschung und Entwicklung und die theoretischen Grundlagen. In dem hochinnovativen Sektor wie auch bei Software ist das kaum trennbar.

Die Informationstechnik stellt ein Bindeglied zwischen der klassischen Elektrotechnik und der Informatik dar. Das wird z. B. dadurch ersichtlich, dass sich viele elektrotechnische Fakultäten von Hochschulen und

Abteilungen höherer Schulen (z. B. Höhere Technische Lehranstalten, HTLs) in „Informationstechnik" oder zumindest in „Elektrotechnik und Informationstechnik" bzw. „Informationstechnologie" umbenennen.

Der Informationstechnik nahe ist die Technische Informatik, die sich unter anderem mit Schaltnetzen und - werken sowie dem Aufbau und der Organisation von Computern beschäftigt. Aber auch die (Hardware-)Aspekte der Ausgabe- und Eingabegeräte, also klassische und zukünftige Mensch-Maschine-Schnittstellen (Human-Computer Interfaces), gehören in diesen Bereich.

Digitale Signalverarbeitung und Kommunikationstechnik sind wiederum Grundlage für Rechnernetze. Das Zusammenwachsen von Informationstechnik, Telekommunikation und Unterhaltungselektronik wird daher auch oft als Informations- und Kommunikationstechnik (IuK) oder Informations- und Telekommunikationstechnik (ITK) bezeichnet.

Entwicklungen der IT haben in den letzten Jahrzehnten viele Lebensbereiche verändert, so neben der Wirtschaft auch die Wissenschaft. Hierbei sind auch die Erforschung und Entwicklung der Mensch-Computer-Interaktion zunehmend relevant geworden.

Das Wachstum der globalen Kapazität der Digitaltechnik in drei unterscheidbaren Gruppen quantifiziert
- die wachsende Kapazität, Information durch den Raum zu übertragen (Kommunikation);
- die Kapazität, Information durch die Zeit zu übermitteln (Speicherung); und
- die Kapazität, mit Information zu rechnen (Informatik).

Die effektive Kapazität der Weltinformationen durch das (bidirektionale) Telekommunikationsnetz betrug 280 (optimal komprimierte) Petabyte 1986, und 20 % davon wurde in digitalen Netzwerken übertragen. Im Jahr 2007 wuchs diese weltweite Kapazität auf 65 (optimal komprimierte) Exabyte, wobei 99,9 % der übermittelten Information in digitalen Bits übertragen wurde. Dies ist eine jährliche Wachstumsrate von 30 % und fünfmal so schnell wie das weltweite Wirtschaftswachstum.

Die globale technologische Kapazität, Informationen zu speichern, ist von 2,6 (optimal komprimierten) Exabyte im Jahr 1986 auf 300 (optimal komprimierten) Exabyte im Jahr 2007 gewachsen, wobei 1986 weniger als 1 % der globalen Speicherkapazität digital war, und 2007 fast 95 %. Dies ist das informationelle Äquivalent von 404 Milliarden CD-ROMs für 2007. Es wird angenommen, dass es der Menschheit 2002 erstmals möglich war, mehr Information digital als im Analogformat zu speichern; quasi der Beginn des „digitalen Zeitalters".

3.Die technologische Kapazität der Welt, Informationen mit digitalen Mehrzweck-Computern zu berechnen, ist von $3,0 \times 108$ MIPS im Jahr 1986, bis zu $6,4 \times 1012$ MIPS im Jahr 2007 gewachsen, was einer jährlichen Wachstumsrate von 60 % entspricht, also zehnmal schneller als das globale Wirtschaftswachstum.

Grundlagen der Nachrichtentechnik

Elektrizität und Elektronik

Verständnis der Grundlagen der elektrischen Nachrichtentechnik sind Schlüssel zu ihren vielseitigen Verwendungsmöglichkeiten. Vielleicht begann die Entdeckung der Elektrizität mit dem Griechen Thales von Milet (640 v. Chr.), auch wenn er mit seiner Erklärung, die Erde sei eine Scheibe, falsch lag und von Pythagoras aus Samos rund zwei Jahrhunderte später widerlegt wurde. Als Thales einen goldgelben, durchsichtigen Stein in seinen Händen hielt und ihn sorgfältig mit einem Wolltuch polierte, stellte er mit Entsetzen fest, wie sich seine Barthaare knisternd zu sträuben begannen und sich nach dem glänzenden Körper zwischen seinen Händen ausrichteten.

Der Stein und seine Naturerscheinung blieben zunächst über 2.000 Jahre ohne Bedeutung. Der englische Arzt William Gilbert beschrieb 1600 in seinem Buch "De Magnete" diese Eigenschaft des Bernsteines ("Brennstein") und gab ihr nach dem griechischen Namen Elektron ("elektrische Kraft"), wodurch auch das Elektron der Physik seinen Namen erhielt.

Doch erst als der Bürgermeister von Magdeburg, Otto von Guericke (Gericke), 1650 den Versuch des Griechen mit der "Reibungs-Elektrisiermaschine" mechanisierte, konnte die Kraft durch Maschinen erzeugt, konstant nutzbar und weitere Forschungen betreiben werden. Guericke erforschte daneben die abstoßenden Kräfte zwischen gleichnamigen elektrischen Ladungen. Sein ausführlicher Bericht über viele Versuche erschien unter dem Titel "Experimenta nova Magdeburgica de vacuo spatio".

Alle elektrischen Vorgänge beruhen auf diesen Bewegungen der elektrisch geladenen Elementarteilchen, die Bestandteil jedes Atomverbandes sind. Werden einem Körper Elektronen zu oder abgeführt, so lädt er sich negativ bzw. positiv auf, wobei gegensätzliche Aufladungen (Pole) sich anziehen und gleichnamige sich abstoßen. Die Wanderung von Elektronen in einem leitenden Material ist der Stromfluss, und dessen Schwingungen ergeben elektrische Wellen, den Wechselstrom bzw. die Wechselspannung, welche die elektromagnetischen Wechselfelder erzeugt.

Der italienische Arzt und Naturforscher Luigi Galvani entdeckte 1789 bei Versuchen mit Froschschenkeln die nach ihm benannte galvanische Elektrizität, die er später durch chemische Wirkungen erklärte. Ebenfalls aus Italien kam, Alessandro Graf von Volta, ein Physiker und Professor der Naturphilosophie in Padua. Er entwickelte die Theorie vom elektrischen Strom, entdeckte die Elektrolyse von Wasser und das Volta-Element (1794) in Europa. Aus diesem entwickelte er ein galvanisches Element, bestehend aus einer Zink- und einer Kupferelektrode in einer Salzlösung, seine "Voltasche Säule", als Vorläuferin unserer heutigen Batterie, weshalb als Einheit der Spannung das Volt festgelegt wurde.

Um 1800 beobachtete auch der Chirurg Anthony Carlisle die Elektrolyse als Wirkung des Stromes. Doch wie wir heute wissen, existierte vieles schon lange vorher. Durch die Ausgrabungen (1937) des Archäologen Wilhelm König erkannte die Wissenschaft, dass die Partherer (Nordpersien), Sumerer und Babylonier schon vor 2.000 Jahren ihren Eisenschmuck mithilfe des "Galvanischen Elements" mit Kupfer, Silber oder Gold überzogen. Die dort gefundenen elektrischen Zellen haben ihre Funktion in Versuchen mit Nachbauten nachgewiesen.

Das 19. Jahrhundert war weltweit geprägt von der Schaffung der theoretischen und praktischen Grundlagen für die Entwicklung der Nachrichtentechnik anhand der bisher gewonnenen Erkenntnisse. Diesmal wurde Europa wieder zum Zentrum der Forschungen und Erfolge, weil diese technischen Anwendungen nicht überliefert und neu entdeckt werden mussten. Wäre die europäische Forschung in den Anfängen anstelle von Griechenland mehr an Persien angelehnt gewesen, hätte die Elektronik ihren Namen vielleicht nach dem persisch-arabischen "Kahroba" (rohes Gummi) für den Bernstein erhalten. Die nordische Bezeichnung des Bernsteins aus der Poesie als „Tränen der Freja" gehört dabei sicherlich zu einer der schönsten Formulierungen.

Der dänische Physiker Hans Christian Oersted entdeckte 1819/20, dass jeder elektrische Strom von einem Magnetfeld begleitet wird und daher imstande ist, eine Magnetnadel im rechten Winkel zum Stromfluss abzulenken.

Der französische Mathematiker und Physiker André Marie Ampère veröffentlichte 1826 seine "Theorie über das Phänomen der elektrodynamischen Wirkung". Sie beschreibt die magnetischen Wirkungen in der Umgebung stromdurchflossener Drähte. Auch erklärte er den Magnetismus durch Molekularströme und unterschied zwischen Elektrostatik und Elektrodynamik. Sein Name wurde für die Einheit des Stromes verwendet, das Ampere.

Der deutsche Physiker Georg Simon Ohm brachte die Zusammenhänge in Forschungen in Einklang und stellte 1826 das Ohmsche Gesetz auf dem grundlegenden Zusammenhang zwischen Strom, Spannung und

Widerstand. Die Stärke des Stromes I (in Ampere) richtet sich nach der Spannung U (in Volt) und dem Widerstand R (in Ohm).

Diesen fundamentalen Prinzipien müssen sich alle elektrischen Bauteile und die damit verbundene Nachrichtentechnik unterordnen. Georg Simon Ohm war Lehrer am Gymnasium in Köln und wurde später an die Kriegsschule nach Berlin berufen. Sein Name wurde zur Einheit des elektrischen Widerstandes, während der Kehrwert von Ohm, die Einheit der elektrischen Leitfähigkeit in Siemens, nach Werner von Siemens benannt wurde.

Der englische Naturforscher Humphrey Davis Michael Faraday entdeckte 1836 die Wirkung eines Metallkäfigs bei elektrischen Entladungen (Faraday`scher Käfig) und die elektromagnetische Induktion (29. August 1831), bei der durch Stromfluss ein Magnetfeld erzeugt werden kann oder umgekehrt durch magnetische Feldänderungen ein Stromfluss. Er bewies damit die Umkehrbarkeit von Oerstedt's Versuch.

Jean Baptiste Biot stellte mit Félix Savart hierzu das Biot-Savartsche Gesetz zur Bestimmung des durch einen elektrischen Strom hervorgerufenen Magnetfelds auf. Mit dem Begriff des elektrischen Feldes gab Faraday der Physik eine neue Denkmöglichkeit (Nahwirkungstheorie). Neben vielen anderen Entdeckungen verdanken wir ihm die Grundlagen des Diamagnetismus, die Drehung der Polarisationsebene eines Lichtstrahls durch ein Magnetfeld (Faraday-Effekt) und die nach ihm benannten Grundgesetze der Elektrolyse. Farad ist heute die Einheit für elektrische Kapazitäten (z.B. Kondensator). Der deutsche Bezold entdeckte bei der Arbeit mit den Forschungen von Faraday, dass die Schwingungen beim Entladen eines Kondensators verschiedene Frequenzen erzeugen, die Grundlage der Schwingungserzeugung.

Nach dem US-amerikanischen Physiker Joseph Henry ist die Einheit der Induktivität (Spule, Henry) benannt. Er forschte besonders über die elektromagnetische Induktion von Faraday und organisierte nebenbei den amerikanischen Wetterdienst. Sein Kollege Nicola Tesla befasste sich mit dem Magnetismus und erfand u.a. den Tesla-Transformator. Seinen Namen trägt die Einheit der magnetischen Flussdichte (Tesla).

1853 stellte Thomson William den Schwingungscharakter bei der Entladung von Kondensatoren dar. Besser bekannt ist dieser Herr als Baron Kelvin of Largs, der auf vielen Gebieten der Physik arbeitete und der die absolute Temperaturskala (Kelvin-Skala, 0 °C = -273,15 °K = Kelvin) definierte. Der Schotte James Clerk Maxwell war einer der wichtigsten theoretischen Physiker des 19. Jahrhunderts. Er stellte 1873 die Maxwellschen Gleichungen (Maxwellsche Theorie) auf und gab damit die theoretischen Grundlagen für die von Faraday und Oersted gefundenen Zusammenhänge zwischen Strom und Magnetfeld.

Gustav Robert Kirchhoff entdeckte in dieser Zeit in Deutschland mit Robert Wilhelm Bunsen (Bunsen-Brenner) die Spektralanalyse, arbeitete auf dem Gebiet der Thermodynamik (Kirchhoffsche Gesetz), Wärmeleitung, Lichtemission und Absorption (Strahlungsgesetz). In der Elektrizitätslehre stellte er die Kirchhoffschen Regeln auf, welche die Grundlage zur Berechnung von Strom- und Spannungsverhältnissen bilden.

Die deutschen Forscher und Erfinder hatten großen Anteil an der Fortentwicklung der neuen Techniken.

Die Eröffnung des "DRAHTLOSEN JAHRHUNDERTS" verdankt die Welt den grundlegenden Versuchen für die Radio-, Funk-, Radar-, Fernseh-, Navigation- und Raumfahrttechnik im Jahre 1888 von Heinrich Hertz. Im Jahr 1886, als Carl Benz den ersten entwicklungsfähigen Kraftwagen baute, wies er die langwelligen elektromagnetischen Wellen nach und bestätigte damit ihre von Maxwell vermutete Wesensgleichheit mit den Lichtwellen. Der Funke seiner Versuche sollte weltweit überspringen und ihm zu Ehren wurde die Einheit der Frequenz mit Hertz festgelegt.

Mit den nun vorhandenen Erkenntnissen konnten die für die Nachrichtentechnik entscheidenden Bauteile entwickelt und produziert werden. Die Geschichte brachte uns nach Knarr- und Löschfunken- sowie Maschinen-Sendern, die Röhren und Quarze für die Sende- und Empfangstechnik.

Die notwendigen Berechnungen für verschlüsselte Funksprüche zwangen zur Entwicklung der Röhren- und Relais-Rechner, die ultimativ die Halbleiter- und Computertechnologie folgen ließen. Die Röhre ermöglichte erst den Bau von Geräten mit entsprechender Leistung und Frequenz mit denen eine Nachrichtenübertragung auch über große Entfernungen durchgeführt werden konnte.

Waren Röhrengeräte im 1. Weltkrieg noch die Ausnahme, so waren sie der Standard im 2. Weltkrieg und erfüllten die ihnen gestellten Aufgaben bis in die Nachkriegszeit. In den meisten Bereichen ist die Röhre als Bauteil durch die Halbleitertechnik verdrängt, doch findet sie noch Anwendung in der HiFi-Technik und bei sehr großen Leistungen in der Rundfunktechnik und bei sehr hohen Frequenzen, wie z.B. in der Satellitenfunktechnik.

Elektronenröhre

Eine Elektronenröhre besteht im einfachsten Fall, der Diode, aus einem luftleeren Glas- oder Metallkolben mit zwei Elektroden im Inneren. Das ist die Kathode, ein dünner, elektrisch geheizter Draht, und die Anode, ein Blech oder Netz, das die Kathode umgibt. Die glühende Kathode sendet Elektronen aus (Glüh-Kathode). Wenn die Anode durch eine Spannung positiv gegenüber der Kathode gepolt ist, werden ständig alle emittierten (ausgestrahlten) Elektronen zur Anode gesaugt, und es entsteht ein Anodenstrom durch das Vakuum. Eine umgekehrte Aufladung hält die Elektronen an der Kathode fest, sodass kein Strom fließen kann.

Darauf beruht die Gleichrichterwirkung der Röhren, d.h. aus einer Wechselspannung kann eine Gleichspannung geformt werden. Die zweite wesentliche Leistung der Röhre besteht in ihrer Verstärkerwirkung. Ein zwischen Kathode und Anode installiertes Steuergitter beschleunigt oder hemmt die Elektronen, je nach der Größe der Gitterspannung. Schon kleine Spannungsschwankungen zwischen Gitter und Kathode bewirken große Veränderungen des Stromes und an der Anode kann dann eine größere Wechselspannung abgegriffen werden.

Solange das Gitter negativ zur Kathode ist, geschieht die Steuerung sehr geringer Leistungsaufnahme aufgrund des hohen Innenwiderstandes. Steuer-, Schirm- oder Bremsgitter können ebenfalls eingefügt werden. Je nach der Zahl der Elektroden wird die Röhre auch als Diode oder Triode, Tetrode, Pentode, Hexode, Heptode, Oktode usw. bezeichnet. Neben den beschriebenen Röhren werden auch solche mit "kalter" Kathode und Gasfüllung verwendet, bei der der Stromfluss durch Ionisation des Gases möglich gemacht wird.

Zu den weiteren wichtigen Röhren zählt z.B. das Klystron, ein Kunstwort für eine Elektronenröhre zum Erzeugen, Verstärken und Frequenzvervielfachen von Mikrowellen. Unter der Sammelbezeichnung "Laufzeit-Röhren" gehört es zu den Mikrowellenröhren, in denen der Laufzeiteffekt der Elektronen zur linearen Verstärkung benutzt wird. Dieser Effekt kommt dadurch zustande, dass die Steuerspannung am Gitter nicht nur den Anodenstrom beeinflusst, sondern auch die Geschwindigkeit (Laufzeit) der Elektronen. Dies hat wiederum zur Folge, dass die schnellen Elektronen langsamere Elektronen einholen und sich dadurch Elektronenpakete (Unstetigkeit im Anodenstrom) bilden.

Das Magnetron ist eine Elektronenröhre zur Erzeugung sehr hochfrequenter elektrischer Schwingungen im Zentimeterwellenbereich größerer Leistung. Die von der Kathode ausgehenden Elektronen werden durch ein Magnetfeld auf schleifenförmige Bahnen zwischen Kathode und Anode gelenkt. Die Frequenz dieses mechanischen Bahnumlaufs der Elektronen bestimmt die Frequenz der erzeugten elektromagnetischen Wellen. Das Magnetron findet hauptsächlich Anwendung in der Radartechnik oder z.B. im Haushalt bei der Mikrowelle.

Ein großer Nachteil im praktischen Einsatz der Knarr- und Löschfunken-Sender war das Fehlen von betriebssicheren Verstärkern in Sendern und Empfängern. In den Empfängern musste die von der Empfangsantenne aufgenommene sehr geringe HF-Energie unmittelbar den Fritter zum Ansprechen bringen bzw. nach Gleichrichtung den Kopfhörer betreiben. Bis 1908 versuchten verschiedene Firmen, eine Verstärkung für den Hörempfang mit Mikrofonen zu erreichen, die direkt mit der Membran eines Hörers gekoppelt waren (in Fernsprechverstärkern z.B. Brown in England und Siemens in Deutschland).

Telefunken lieferte für sein System "Tonfunken" (auch "Tönende Funken") einen dreistufigen Resonanzverstärker, bei dem die vor den Hörermagneten schwingenden Metallplättchen auf etwa 1.000 Hz abgestimmt waren. Die Plättchen wirkten auf Kohlekörnchen vor den Kohleelektroden und bildeten empfindliche Mikrofone. Der Ausgang des 3. Verstärkers ließ sich entweder auf einen Lautsprecher (Telefonhörer mit auf 1.000 Hz abgestimmtem Trichter) schalten oder auf einen Morseschreiberzusatz, einen "Zellenschreiber" mit Detektor zur Gleichrichtung der 1.000 Hz-Schwingung. Die Verstärkung war beachtlich, dass ca. 105- bis 106-fache des vorherigen Wertes, doch der Betrieb blieb trotz kardanischer Befestigung problematisch.

Die Längstwelle (bzw. heute die Langwelle) konnte ihre Bedeutung in der maritimen Kommunikation bis heute erhalten, die Kurzwellen-Sender (HF) übernahmen teilweise den Funkverkehr auf großen Entfernungen nach der technischen Erschließung des Wellenbereichs. Dies war allerdings einem Bauelement der Empfänger und der Sender zu verdanken, welches wie kein anderes, außer vielleicht dem Quarz, die Entwicklung der gesamten Nachrichtentechnik beeinflusst hat, die Verstärker-Röhre.

1857 wurde die erste Gasentladungsröhre hergestellt, zwei Jahre danach entdeckte Julius Plücker die Kathodenstrahlen in verdünnten Gasen, während deren Ablenkung durch magnetische Felder von Johannes Wilhelm Hittorf 1869 beobachtet wurden.

1874 stellte Karl Ferdinand Braun den Gleichrichtereffekt an Mineralien fest, während Werner von Siemens diesen Effekt 1876 mit dem Selen erprobte. 1897 stellte Braun seine Kathodenstrahlröhre vor, bekannt unter der Bezeichnung "Braunsche Röhre".

Hilfen für die Probleme der Funktechnik kamen nach vielen mühseligen Schritten und parallelen Entwicklungen in Europa und USA letztendlich durch die Röhren mit Heizfaden und Anoden in einem annähernd luftleer gepumpten Glühlampenkolben (Vakuum-Röhre). Ein wichtiges Nebenprodukt war dabei im Jahre 1895 die Entdeckung der Röntgenstrahlen, welche in Röntgengeräten, dem Radar für den menschlichen Körper, genutzt werden, wobei allerdings lange Zeit die Gefahren der Strahlendosis unterschätzt wurden.

Unabhängig voneinander setzte ab 1904 Arthur Rudolf Berthold Wehnelt (Deutschland), John Ambrose Fleming (England) sowie Lee De Forest (USA) die Glühkathoden-Gleichrichterröhre ein, welche sich als Detektor in einer Empfangsanlage für drahtlose Telegrafie bewährte.

Wehnelt nutzte die Elektronemission von Glühkathoden, die mit Erdalkalien-Metalloxid bestrichen wurden, in einer gasgefüllten "Ventilröhre" zur Gleichrichtung von Wechselstrom. Allerdings waren diese ersten Gleichrichterröhren auch unempfindlicher als Schloemilch-Zellen und Kristalldetektoren.

Man benutzte die Wehnelt-Röhre z.T. noch als Helligkeitsregler der Fernsehbildröhre. Erst der Einbau eines Steuergitters zwischen Faden und Anode (Triode, 1906) durch De Forest brachte 1907 in der Audion-Schaltung infolge der etwa 10-fachen Verstärkung eine höhere Empfindlichkeit als bei den Detektoren (29. Januar 1907 Patentanmeldung). Auch die Röhre des Paters Landell (US-Patent 1904) besaß eine dritte Elektrode in Form von Metallfäden und entsprach dem Entladungsrohr von Crooke.

Nachteilig bei den damals einzelnen handgefertigten Röhren war das nur geringe und oft verschieden hohe Vakuum mit Restgasen (sog. "weiche Röhren"), die dadurch unterschiedliche Arbeitspunkteinstellungen der Heiz- und Anodenspannung hatten sowie die ungenügende Lebensdauer der Tantal-Heizfäden (35-100 Stunden). Die Röhrenbauer stellten z.B. von 1909-1913 für Lee De Forest nur 1-3 Röhren mit technischen Verbesserungen her, doch der Einsatz des Audion als NF-Fernsprechverstärker scheiterte zunächst infolge falsch bemessener Bauelemente durch die noch fehlenden theoretischen Grundlagen.

In Deutschland wurde später z.B. die Produktion bei Telefunken unter H. Rukop zum Ende des 1. Weltkrieges auf mehrere 1.000 Empfängerröhren und 100 Senderöhren pro Tag gesteigert, eine 1,5-kW-Senderöhre gefertigt und eine 5-kW-Röhre mit Wasserkühlung erprobt.

Die Nutzung der Elektronenstrahlröhre zur Verstärkung durch magnetische Steuerung der Anzahl der Elektronen gelang erst dem Österreicher Robert von Lieben, der am 9. März 1906 sein Patent für das "Kathodenstrahl-Relais" mit einer Quecksilberdampf-Röhre angemeldet hatte. Zusammen mit S. Strauß und E. Reiß und patentierte er die gemeinsam entwickelte Lieben-Röhre (07./09. Dezember 1910) mit Gittersteuerung, Vorspannung und einer Quecksilberdampffüllung, die Alexander Meissner zur Schwingungserzeugung nutzte (1913).

Der praktische Betrieb der Liebenröhre mit ihren Quecksilberdampf-Restgasen war wegen des temperaturabhängigen Vakuums noch problematisch. Erst der Übergang auf harte Röhren mit wesentlich besserem Vakuum (Hochvakuum) und Ausbau der theoretischen Grundlagen, ab etwa 1911 in verschiedenen Ländern, verbesserte die Röhreneigenschaften soweit, dass sie mehr und mehr praktische Bedeutung in Fernsprechverstärkern und Funkempfängern bekamen.

Als erste Röhrengeräte der k.u.k. Kriegsmarine wurden Lieben-Verstärker auf Viribus Unitis erprobt und es folgte am 23. März 1915 der Antrag zur Ausstattung der Rapidkreuzer Saida, Admiral Spaun und Novara.

Zwischen 1911 und 1913 folgte eine Flut von Patenten durch Strauß, Goddard, Gaede, Reiss, Franklin, Meißner, Armstrong und Langmuir, welches die Röhrenentwicklung stark forcierte. 1912 kommt von De Forest die Hochvakuum-Röhre, die H. D. Arnold in New York unabhängig von Lieben 1913 in der Fernsprechtechnik erfolgreich als Verstärker verwendete. O. v. Bronk machte 1911 wichtige Entdeckungen zur Hochfrequenzverstärkung mit Röhren und Meißner baute die erste Rückkopplung 1913. Letzteres ermöglichte mit Röhren ungedämpfte Wellen zu erzeugen, indem ein Teil der im Ausgangskreis verstärkten/erzeugten HF-Schwingung auf den Eingangskreis der Röhre rückgekoppelt wurde.

Verschiedene Forschergruppen, besonders in den USA, arbeiteten daran, die Unzulänglichkeiten der "weichen" bzw. der gasgefüllten Röhren zu beheben. 1913 erreichte Irvine Langmuir ein ausreichend hohes Vakuum durch bessere Pumpen und Entgasung der Elektroden durch Aufheizen beim Pumpvorgang. Seine amerikanischen Patentanmeldungen regten in Deutschland die Laboratorien von Siemens und Telefunken zu eigenen Entwicklungen an.

Im Juli 1914 stellte H. Rukop erste Hochvakuum-Röhren für Verstärker und Empfänger zur Verfügung. 1916 folgten die ersten Senderöhren mit 15-20 Watt Leistung, die dann systematisch zu immer größeren Ausführungen für hohe Anodenspannungen und Leistungen von 200 Watt bis ca. 2 Kilowatt weiterentwickelt wurden.

Das Kriegsende stoppte zunächst die Fertigung von Funkeinrichtungen bei allen deutschen Firmen. Deutschland war seiner Überseetelegrafiekabel beraubt und schon von daher gezwungen die Funktechnik voranzutreiben, was später mehr ein Vorteil als Nachteil war. Es entstanden für Landstationen luftgekühlte 10-kW-Hartglas-Röhren (60 cm hoch) und erste wassergekühlte Röhren mit Kupfer-Außenanode. Für noch höhere Leistungen (teilweise bis 300 kW) wurden wasser- und ölgekühlte Röhren weiterentwickelt, die im Kurzwellenbereich (ab etwa 1928) von 10 kW auf 20 kW (Telegrafie) und 7 kW (Telefonie) Ausgangsleistung gesteigert wurden.

Mit dem weltweit immer umfangreicheren Einsatz von Röhren-Sendern für ungedämpfte Wellen für Telegrafie und Telefonie wurden die breitbandigeren und weniger konstanten Sender mit gedämpften Wellen (B-Wellen, Sendeart-B) nach und nach außer Betrieb genommen. Bei den Küstenfunkstellen der Deutschen Reichspost geschah dies bis 1932. Die Umstellung bei den Schiffen mit vorhandener Löschfunkenstation fand langsamer statt.

International wurden die einzelnen Schritte für das Auslaufen des B-Wellenbetriebes in den Vollzugsordnungen der Weltfunkverträge von 1912 (London), 1927 (Washington), 1938 (Kairo) und 1959 (Genf) festgelegt. In den Aufbaujahren nach dem 2. Weltkrieg durften vorhandene Löschfunkenstationen von Schiffen zur Peilung von Land und zur Verkehrsabwicklung noch bis 1961 benutzt werden, auf Seenotwelle auf 500 kHz (600 m) bis 1965. Dies entspricht einer Einsatzzeit bei der Telegrafie mit ungedämpften Wellen von mehr als 60 Jahren bis in ein Jahrzehnt, in dem die Halbleitertechnik als Ersatz für die Elektronenröhre kam.

Vor dem 2. Weltkrieg wurden die Röhren wesentlich kleiner, da das Verhältnis der Nutz- zur Verlustleistung verbessert wurde. Die indirekt geheizten Röhren wurden in der deutschen Industrie ab 1927/28 entwickelt. Allein bei den Röhren der deutschen Wehrmacht stieg die Typenvielfalt bis Kriegsende auf über 200, die unter gegen-seitiger Abschottung der Entwicklungsstellen der Teilstreitkräfte gefertigt wurden. Die speziellen Verwendungen in den Wehrmachtsteilen führten bald zur Unterscheidung in Heeres- und Luftwaffenröhren. Allein die Marine griff größtenteils auf Entwicklungen der anderen Teilstreitkräfte zurück und hatte nur vereinzelte Spezialröhren.

Noch 1944 konnte die Röhrenproduktion auf 17,8 Millionen (Vorjahr 16,9) gesteigert werden. Die Geräte erhielten Stecksockel, die, über Klappen von außen zugänglich, einen schnellen Austausch bei Defekten ermöglichten. Durch die unterschiedliche Röhrenfertigung in den Teilstreitkräften unterschieden sich daher nicht nur die Leistungsdaten, sondern auch die Bauformen. Wieder einmal brachten die Anforderungen des Krieges neue Entwicklungen in die zivile Nutzung.

Stellvertretend sei einer der Meilensteine der Entwicklung hervorgehoben, die wohl bekannteste Vertreterin ihrer Zeit, die Universalpentode RV-12-P-2000. Sie entstand aus der Entwicklung der ab 1933 entwickelten der "Behördenröhren" und mit ihr begann auch die erste Nachkriegsproduktion im Telefunken Röhrenwerk Ulm im März 1946 wieder.

Verschiedene Firmen wie OPTA, Philips (CV 2000), RWN, RFT sowie tschechische und russische Hersteller deckten ebenfalls die große Nachfrage nach 1945. Für tragbare Geräte gab es ab 1935 die direkt geheizte 2-V-Röhre RV2P800, für fahrbare und stationäre Geräte die indirekt geheizte 12,6-V-Röhre RV12P4000. Entscheidende Vorteile durch wesentlich kleinere Bauform bei besseren Betriebseigenschaften brachten die Typen RV12P2000 und die RV24P700 (1939).

Röhren begünstigten neben Radio und Fernsehen in den 20er Jahren auch die Entwicklung in der Kurzwellentechnik sowie Lang- und Längstwellen. Die großen Reichweiten der Kurzwellen wurden von Funkamateuren (CB-Funk - Citizen Band) entdeckt, die ihr Handwerk im Krieg bei der Truppe gelernt hatten und später auch in zivilen Bereichen verwendeten. Sie eröffneten die Ära der Funkübertragungen unabhängig von der Entfernung. Der erste Vorteil, den das deutsche Militär daraus erzielen konnte, war die Aufklärung der russischen Manöver bis in über 2.000 km Entfernung, was leider auch umgekehrt funktionierte.

Ende 1923 gelangen den Funkamateuren nachts mit bei Sendeleistungen von nur einigen hundert Watt KW-Verbindungen USA-Europa im 100-m-Band, 1924 sogar die Verbindung England-Neuseeland, die selbst mit 500-kW-Längstwellen-Sendern wegen der starken atmosphärischen Störungen nur nachts gelegentlich überbrückt wurde.

Im selben Jahr wurden auch die ersten kommerziellen KW-Linien eingerichtet, z.B. von Nauen mit einem 800-W-Sender auf 70-m-Welle über 12.000 km nach Buenos Aires, dem 1933 ein 50-kW-KW-Sender folgte. Der Durchbruch der KW-Technik mit 14- bis 30-m-Wellen für Tagesverbindungen kam, durch die Technik der wassergekühlten Senderöhren für 20-kW-Sender, gebündelten Antennen (Dipol-Wänden) sowie der Richtfunktechnik (RV, ab etwa 1935). 1928 waren etwa 300 KW-Funkstationen in Betrieb, über die dann auch erstmals Fernsprechteilnehmer weltweit miteinander verbunden werden konnten.

Im Seefunkdienst wurden in Deutschland kurze Wellen ab 1926 bei Versuchen auf der 68-m-Welle mit dem in Norddeich aufgebauten 1-kW-KW-Sender und auf der CAP POLONIO (später Hilfskreuzer VINETA) eingesetzt, die bei den Langwellen-Weitverkehrs-Versuchen mit Telefonie zwischen 1922 und 1924 mit Wellen um 150 kHz als Gegenstelle diente. Von Januar 1925 an wurden Fernsprechteilnehmer zugelassen. Zuerst auf Langwelle, dann nach dem Ausbau von Norddeich Radio ab 1929 auch auf Kurzwelle. Die nun vergleichsweise einfach zu erzeugende Leistung gab die Röhre den Längstwellen enorme Bedeutung für die getauchten U-Boote im 2. Weltkrieg, die sie bis ans Ende des 20. Jahrhunderts halten konnte.

Von Lorenz und Telefunken gab es starke Land-Sendestationen für die Kriegsmarine. Darunter war ein 20-kW-Versuchs-Sender von Telefunken im Bereich 15-50 kHz, der über eine ganz besondere Antennenanlage verfügte. Die Focke-Wulf-Flugzeugbau AG hatte 1936 den ersten verwendbaren Hubschrauber konstruiert und mit einem unbemannten Elektro-Hubschrauber wurde nun eine über 750-m-Drahtantenne in die Luft gebracht. Drei Leitungen hielten den Hubschrauber auf Position und lieferten auch die Stromversorgung. Ein Rotor mit drei Blättern betrieb auch den ungesteuerten Drachen Fa-330 von Focke-Wulf, der die Aufklärungsreichweite der U-Boote erhöhen sollte. Die Gasten wurden mit Telefonverbindung auf 90-180 m Höhe gezogen und sollten dann Feindsichtungen melden.

Eine Pionierleistung erfolgte in Deutschland mit dem Bau des 1-MW-Senders "Goliath" und auch in der Zeit der Halbleitertechnik spielen die Röhren weiterhin eine wichtige Rolle. So sind sie bei hohen Frequenzbereichen und großen Leistungen dem elektronischen Transistorverstärker teilweise noch heute überlegen und auch in der HiFi-Verstärkertechnik werden ihre besonderen Leistungsmerkmale genutzt. In der Übertragungstechnik sind ihre Dienste weiterhin gefragt und auch viele Fernsehzuschauer blicken immer noch "in die Röhre".

Da Röhren einer Baureihe durch die Produktion Schwankungen in ihren Leistungsdaten haben, ist es sehr wichtig feststellen zu können, welche Röhren möglichst identische Werte aufweisen, um Verzerrungen in den Sendern, vor allem aber in den mit mehreren Röhrenkreisen aufgebauten Empfängern, zu vermeiden. Deshalb gibt es zu der unüberschaubaren Anzahl von verschiedenen Röhren die entsprechenden Röhrentest- und Prüfgeräte. Die Messergebnisse werden entweder sofort angezeigt (direkt geheizte Röhre) oder nach entsprechender Erwärmung bei Betrieb (indirekt geheizte Röhre).

Ein weiterer Anwendungsbereich ist die Darstellung von Spannungsverläufen über eine gewisse Zeitspanne, Periode, bei dem ein Elektronenstrahl abgelenkt und auf dem Schirm einer Braunschen Röhre sichtbar gemacht wird. Hier entsteht durch Synchronisation der beiden Ablenkspannungen über die elektrostatischen Ablenkplatten auf dem Bildschirm ein Abbild der gemessenen Spannung. Die Horizontalablenkung des Elektronenstrahls (die Zeitachse) erfolgt meist durch eine konstante Sägezahnschwingung, und in der Vertikalen wird der Strahl durch die zu untersuchende Wechselspannung abgelenkt. Dabei entsteht ein stehendes Abbild (Oszillogramm) der gemessenen Spannung, weshalb hier der Ausdruck Oszilloskop oder Oszillograf als Bezeichnung benutzt wird. Die Frequenz von etwa 100 Hz nimmt das Auge noch als klar erkennbare Kurvenform auf der fluoreszierenden Bildschirmoberfläche war unter 100 Hz ist nur ein wandernder Punkt sichtbar. Das Elektronenstrahl-Oszilloskop ist bis heute eines der wichtigsten elektronischen Messgeräte und Fernsehbildröhren mit 100-Hz-Technik bildeten die einzige kostengünstige Alternative zu den TFT-Displays, die heute längst durch OELD u.a. ersetzt sind.

Halbleitertechnik

Der Transistor (aus "Transfer" und "Resistor") ist ein Halbleiterbauelement, bestehend aus drei Schichten verschieden dotierten Germaniums bzw. Siliziums. Die Bezeichnung Halbleiter (engl. semi-conductor) rührt von dem Verhalten der Bauteile her, die je nach angelegter Spannung leitend sind bzw. ihren Widerstand entsprechend verkleinern können.

Negativ dotiertes Germanium ist mit einigen Fremdatomen Arsen oder Antimon versetztes Germanium, das durch einen Überschuss an Elektronen elektrisch leitfähig wird, während positiv dotiertes Germanium Zusätze an Indium oder Gallium enthält und durch Elektronenmangel leitfähig wird. Der gebräuchliche npn-Transistor (negativ/positiv/negativ) besteht aus einem Plättchen p-Halbleiter (Basis), welches auf beiden Seiten mit einer n-leitenden Schicht legiert ist (Kollektor und Emitter).

Aufgrund der einzigartigen elektronischen Eigenschaften des Materialsystems Silizium-Siliziumdioxid ist der Halbleiter Silizium seit langem das dominierende Basismaterial der Mikroelektronik. Darüber hinaus ermöglicht die in diesem Material realisierbare Planartechnik eine parallele schichtartige Fertigung aller Bauelemente an der Kristalloberfläche. Neben Silizium hat sich bis heute fast ausschließlich die III-V-Verbindung Galliumarsenid (GaAs) durchgesetzt. Es hat eine bis zu sechsmal höhere Elektronenbeweglichkeit ist aber wesentlich teurer.

Insbesondere hinsichtlich Wärme- und Strahlungsbelastbarkeit wird verstärkt die Verwendbarkeit von Halbleitermaterialien mit größerem Bandabstand (Large-Bandgap-Materialien), wie z.B. Siliziumkarbid (SiC) und Diamant oder III-V-Nitride, wie Bor- (BN), Aluminium- (AlN) oder Galliumnitrid (GaN) bei elektronischen Bau-ele-menten untersucht.

Durch die immer weiter fortschreitende Miniaturisierung passen immer mehr Transistoren und somit integrierte Schaltkreise (engl. Integrated Circuit = IC) in einen Baustein (Chip), wodurch diese Mikrochips immer leistungsfähiger wurden. Durch diese Miniaturisierung der Halbleitertechnik entstand die Mikroprozessortechnik. Die heutigen Sender und Empfänger sind fast ausschließlich mit diesen Prozessoren ausgerüstet, was die Wartung und Bedienung vereinfachten.

Die Software übernimmt die Auswahl der besten Frequenz zu einer bestimmten Tageszeit, die günstigste Antenne unter Berücksichtigung der angewählten Funkstation mit der ein Verkehr aufgebaut werden soll, entscheidet, welcher Empfänger das beste Empfangssignal liefert oder wickelt sogar den gesamten Fernschreibverkehr einer Station ab. Die Computer-Unterstützte-Ausbildung (CUA) ergänzt heute die Unterrichtung.

Doch bis die Halbleiter uns diesen Nutzen bringen konnten, mussten ihre Grundlagen erforscht werden. 1823 entdeckte Jöns Jakob Berzelins das Element Silizium, bei dem Faraday wie auch bei anderen Elementen die Halbleitereigenschaften nachweisen konnte. 1874 entdeckte Karl Ferdinand von Braun bei Untersuchungen in Metallsulfid den Gleichrichtereffekt bei Halbleitern, 1886 Clemens Winkler das Germanium.

Als viel versprechend erwies sich Kupferoxydul, das aber nur bei niederen Frequenzen brauchbar war und zu ersten Messgleichrichtern führte. Ähnliches galt für Selen, mit dem schon ab 1925 erste Trockengleichrichter für die Netzfrequenz gebaut werden konnten (Ernst Presser, Firma SAF). Eine geeignete Theorie des Gleichrichtereffekts von Halbleiterschichten fehlte denn auch zunächst und in den Labors wurde gerne von den "gesteuerten 'Dreck-Effekten' der Halbleiter-Physik" gesprochen, was später auch lange Zeit für die Transistorentwicklung galt, die eine gezielte Einbringung von "Fremd-Atomen" in reine Schichten erforderlich machte.

Walter Schottky von Siemens und sein Team lieferten 1938/39 mit ihrer "elektronischen Theorie" die überzeugendste Erklärung für die Gleichrichterwirkung in Halbleitern ab und ihre Theorien sind noch heute gültig. Der erste Durchbruch gelang 1940, als Germanium- und Silizium-Plättchen schon mit hohem Reinheitsgrad produziert werden konnten, so auch in Deutschland.

Heinrich Welker baute bei Siemens seinen ersten "Richtleiter" aus Germanium und die Labors von AEG/Telefunken fertigten Silizium-Dioden. Sie standen seit 1941 für Warn- und Messempfänger zur Verfügung. Wohl fast zur gleichen Zeit wurde in England die erste "Red-Dot-Diode" aus Silizium gefertigt und hatten ähnliche Fertigungsschwierigkeiten. Wirklich "reine" Silizium-Einkristalle für Transistoren standen denn auch erst in den sechziger Jahren zur Verfügung und kamen aus deutschen Industrielabors.

Als "Verfahren und Vorrichtung zur Steuerung elektrischer Ströme" bekam Julius Lilienfeld am 8. Oktober 1926 das US-Patent Nr. 1.745.175 für einen Feldeffekttransistor (FET) zum Schutz seiner Entdeckung erteilt. Am 2. März 1934 folgte für Oskar Heil das britische Patent Nr. 439.457 für einen Halbleiterverstärker im Aufbau Metal-Oxide-Semiconductor-FET (MOS-FET). Sein Heilscher Generator (1935) wurde dann z.B. im Richtfunkgerät "Stuttgart-II" eingesetzt. Wenige Tage vor Ende des 2. Weltkrieges bekam H. Welkers das Reichspatent Nr. 980.034 für den Sperrschicht-FET. Es war nur eines von vielen Patenten, welches nach Kriegsende von den Alliierten beschlagnahmt und enteignet wurde.

Eine weitere internationale Entwicklung kam mit dem Vertical-MOS-Aufbau (VMOS), der durch die vertikale Anordnung der Halbleiterschichten stromlose, schnelle Schaltvorgänge, wie z.B. in verzerrungsfreien NF-Verstärkern, ermöglichte. Die Grundlagen der Halbleiter, Transistoren und somit Prozessoren finden sich demnach nicht allein in den USA, sondern auch in Deutschland. Das Ende des 2. Weltkrieges beschließt jedoch auch die deutsche Halbleiterforschung bis zur Gründung der Bundesrepublik, die jedoch dann lange nicht mehr an die USA anschließen konnte.

1948 wurde der Transistoreffekt von den Amerikanern John Bardeen und Walter Houser Brattain entdeckt und von William B. Shockley physikalisch gedeutet. Die drei Forscher erhielten das US-Patent 25.244.035 für den ersten Germanium Spitzentransistor (pnp). 1951 folgte der Legierungs- und Flächentransistor, 1953 der Drift- und 1954 der Siliziumtransistor. Silizium ist das am meisten verwendete Material mit einer Reinheit von über 99,9999999%. 1960 entstand die Siliziumplanartechnologie für die Produktion der Feldeffekttransistoren und integrierten Schaltkreise. 1962 folgten die Bauteile in der Transistor-Transistor-Logik (TTL-Schaltkreisfamilie) mit bipolaren Transistoren und 1964 die der MOS-FET-Technik, welche 1967 zur C-MOS-FET-Technik (Complimentary) verbessert wurde.

1969 gründete Jerry Sanders die Firma ADVANCED MICRO DEVICES (AMD), welche ab 1976 zunächst die Prozessoren von INTEL unter Lizenz baute. 1982 folgte ein Vertrag zum Bau von Prozessoren, die zu INTEL-Produkten kompatibel waren. 1996 kam mit dem K5 der erste eigene Prozessor von AMD, der K6 folgte 1997 und hatte erstmals mehr Rechenleistung als der INTEL-Rivale Pentium-Pro. Mit dem Athlon-Prozessor von AMD erwuchs in INTEL erstmals ein wirklicher Konkurrent.

1968 gründeten Gordon Moore und Robert Noyce die Firma INTEGRATED ELECTRONICS (INTEL), die im Jahr darauf ihren ersten Chip auf den Markt brachte (1970 der erste DRAM). 1971 entwickelt INTEL den ersten Kleincomputer auf einem Chip, der Prozessor 4004. Zunächst fanden diese Prozessoren Verwendungen in Ampeln und Zapfsäulen, bis IBM 1988 den 8086 in seine Personal-Computer (PC) einbaut. 1982 folgt der 80286, der mit integriertem RAM-Controller die Operationen parallel abwickeln konnte und mit dem der Siegeszug des PC begann.

1985 bringt INTEL mit dem 80386 den ersten 32-Bit-Prozessor, dem der Urahn 486DX 1989 folgte. Dieser hatte erstmals integrierten Cache und Coprozessor für die Fließkoma-Berechnungen. Im Jahr 1993 kam der Pentium, 1997 der Pentium-II mit zusätzlichem Zwischenspeicher (L2-Cache). 1999 schließlich kam der Pentium-III, der erstmals einen direkten Konkurrenten im Athlon von AMD fand. Seit diesem Zeitpunkt gibt es einen Wettkampf um den leistungsfähigsten Prozessor.

Mit der ersten Generation von Mikroprozessoren konnten 1971 die Transistoren auf kleinstem Raum zu einer Rechenmaschine, dem Prozessor, verbunden werden, was die Entwicklung der heutigen Computer einleitete. 1976 listete der Diebold-Report 105.300 Computer in Deutschland, die ersten PC (Personal Computer) für die Haushalte erschienen mit dem ALTAIR 1975, der Apple-II kam 1977.

Auf einem Siliziumplättchen mit einer Kantenlänge von 0,000.007 mm haben Forscher ein einzelnes Elektron speichern können, heute schon wieder Geschichte. Aber im fünften Teil des menschlichen "Prozessors", dem Vorderhirn, ist die Rinde beispielsweise etwa 5 mm dick und besteht aus ~70 Milliarden in 6 Schichten gelagerten Nervenzellen. Die künstlichen Bausteine sind somit trotzdem kleiner und leistungsfähiger als das menschliche Gehirn. Die Schaltungslogik des Gehirns, welche die Intelligenz begründet, ist bis heute noch nicht technisch verwirklicht.

Die Fuzzy-Logik bietet einen mathematischen Ansatz zur Beschreibung und rechnerischen Behandlung unscharfer Größen und Daten. Als Neuronale Netze werden elektronische Informationsverarbeitungssysteme bezeichnet, deren Strukturen und Funktionen sich an den Nervensystemen lebender Organismen wie z.B. dem menschlichen Gehirn orientieren. Eine wachsende Zahl von Anwendungen basiert auf der Neurofuzzy-Technologie, einer Kombination von Fuzzy-Logik und Neuronalen Netzen, die auch die Prozessoren revolutionieren könnte.

Auch bei den Übertragungsarten und deren Geschwindigkeiten kann die Technik verfolgt werden. Dennis C. Hayes hatte 1977 das erste Modem (Modulator-Demodulator) erfunden, dessen Standardübertragungsrate für lange Zeit unverändert blieb, während die Technik auf anderen Gebieten wesentlich schneller fortschritt. Der heutige Standard von 56 kbps wurde von einem Modem aufgrund der Netzlast und der Bedingungen der Telefonleitungen tatsächlich aber nur selten erreicht, weshalb die neuen Techniken wie ISDN, DSL und letztendlich die Lichtwellenleiter sich schnell etablieren konnten. Das herkömmliche Modem nach Hayes ist heute Geschichte.

Die Übertragungsmenge wird in Bits pro Sekunde (Bit/s oder bps) angegeben. Für eine mit 10-MB-Datei wurden mit einem Standard-Modem (14,4 kbps) 1:37,05 Stunden für eine Übertragung benötigt. Heute nutzt die Mehrzahl für den Internetzugang bereits DSL o.ä., also verkürzt sich die Zeit entsprechend. Doch ab dem 15. September 1998 galt z.B. der Modem-Standard V.90 mit 56 kbps.

Mit den Lichtwellenleitern haben die Übertragungsraten neue Dimensionen erreicht, aber auch bei den herkömmlichen Bauteilen und Nachrichtenmedien ist der Fortschritt enorm. Die Taktfrequenz hat sich in 25 Jahren ca. um den Faktor 5.000 erhöht, die Busbreite um den Faktor 16 und die Anzahl der Schaltelemente im Prozessor um den Faktor 500. Wohl kaum ein anderes Bauteil hat in so kurzer Zeit eine so große Leistungssteigerung erfahren wie der Prozessor in den Computern.

Die Prozessorleistungen verdoppelten sich ca. alle 18-24 Monate in den letzten drei Jahrzehnten und diese Tendenz wird sich vielleicht bis ca. 2010 fortsetzen können. Der Mitbegründer der Firma Intel, Gordon E. Moore, sagte diese Entwicklung 1965 eigentlich für die Speicherbausteine voraus, heute gilt das "Mooresche Gesetz" jedoch auch für die Prozessoren. Die herkömmliche Technologie stößt heute an ihre Grenzen, supraleitende Mikroprozessoren sollen thermische Probleme lösen, holografische Speicher die Speicherengpässe und Quantum- und auch DNS-Computer das Wachstum in der Rechenleistung aufrechterhalten.

Schaltelemente werden auf Atomstruktur hergestellt und/oder biologisch mit Zellen und Nervenenden. In der Molekularstruktur liegt eine Zukunft der Computer. Der digitale Code wird durch die positive bzw. negative Ladung des Atomkernes als "Eins" oder "Null" gelesen. In ferner Zukunft werden vielleicht Quanten-Computer die neue Technik sein, deren Quantum-Bit (Qubit) anstatt zwei (0/1), mehrere Zustände einnehmen kann, was eine bessere parallele und damit schnellere Befehlsverarbeitung ermöglicht. Vieles noch in der Grundlagenforschung, aber einiges schon Realität.

Im Unterschied zum Digitalrechner arbeitet der Quantencomputer nicht auf der Basis der Gesetze der klassischen Physik bzw. Informatik, sondern auf der Basis quantenmechanischer Zustände. Die Verarbeitung dieser Zustände erfolgt nach quantenmechanischen Prinzipien. Der NSA wurden von der Regierung für das Institute for Quantum Information and Computing (QUIC) Millionen von Dollar bereitgestellt, wohl auch für die Zukunft der Quanten-Kryptologie.

Noch weiter in die Zukunft reichen Überlegungen zu molekularen oder DNS-Computern. Die technische Umsetzung von "biologischen Computern", die Informationen durch Zustände einzelner Moleküle oder DNA-Sequenzen speichern und Nervenzellen zur Schaltung verwenden. Als DNA-, RNA- oder allgemeiner auch Biocomputer werden Computer bezeichnet, die auf der Verwendung der Erbsubstanz Desoxyribonukleinsäure (DNA) oder Ribonukleinsäure (RNA) als Speicher- und Verarbeitungsmedium beruhen. Sie stellen einen Bereich der Bioelektronik dar.

Die Entwicklung von Biocomputern befindet sich noch in der Anfangsphase. Die ersten theoretischen Anstöße, dass Datenverarbeitung auf der Basis biologischer Moleküle möglich sein muss, lieferte der Nobelpreisträger Richard Feynman, Begründer der Nanotechnologie, in einem Vortrag zum Ende der 1950er Jahre.

Quarztechnik

Quarzkristalle spielten in der Funk- und Messtechnik als Resonatoren in den Eingangskreisen und als Steuerung der Röhren-Sender die Hauptrolle, bis auch die meisten dieser Einsatzgebiete der Quarze von den Halbleitern abgedeckt wurden. In den Sonaranlagen bilden die Quarze als Resonatoren die "Schwinger" zu Erzeugung der Schallimpulse oder deren Empfang. Die Schwingung, ihre Frequenz (der Takt) und deren Verstärkung wurde lange Zeit nur durch die Quarze ermöglicht. Quarzuhren mit hoher Genauigkeit benötigen wie Sender und Empfänger steuerbare Schwingkreise.

Von der Entdeckung der Piezoelektrizität bis zu ihrer ersten praktischen Anwendung verging ein Zeitraum von fast vierzig Jahren. 1936/38 fertigte Rohde & Schwarz die erste tragbare Quarzuhr (CFQ) der Welt. Damals bedeutete "tragbar" einen Einschub in Röhrentechnik mit einem Gewicht von 36 kg, der eine maximale Abweichung von 0,004 Sekunden pro Tag hatte. Von 1972-1999 in Sapporo/Japan ausgestellt, kam, die Uhr zurück ins Museum von Rohde & Schwarz. Das Nachfolgemodell tragen wir heute, mit Taschenrechner und Datenbank kombiniert, am Handgelenk.

Der Quarz hat seinen Namen aus dem mittelhochdeutschen Wort für Zwerg ("querch") und ist ein in zahlreichen Gesteinsarten vorkommendes Mineral aus kristallisiertem, wasserfreiem Siliziumdioxid. Er besteht bei freiem Wachstum aus sechsseitigen regelmäßigen Prismen mit aufgesetzten, gleichmäßigen Pyramiden, die meist stab- oder plattenförmig geschnitten werden, wobei die Schnittrichtung zu den kristallografischen Linien und die Präzision die späteren Eigenschaften bestimmen.

Der Quarzoszillator ist ein Frequenzgenerator, der mithilfe eines Quarzes stabilisiert ist. Dieser Schwingquarz ist eine aus einem Quarzkristall passend geschnittene Platte, die bei Anlegen einer geeigneten Wechselspannung an zwei gegenüberliegenden Flächen zu verhältnismäßig starken Schwingungen angeregt wird. Die Frequenzkonstanz des Schwingquarzes wird zur Stabilisierung (Steuerung) von Sendern benutzt, in der Empfangstechnik erzeugen die Quarzoszillatoren die exakten Zwischenfrequenzen zur Verstärkung der empfangenen Signale und stabilisieren diese Kreise.

Für die Funktechnik bedeutete dies bis in die 30er Jahre, dass für jede genutzte Frequenz ein Quarz geschliffen werden musste. Erst der in Deutschland entwickelte Drehkondensator ermöglichte die Verwendung eines einzigen Quarzes für die Abstimmung aller Frequenzen eines Funkgerätes im Schwingkreis – eine revolutionäre Entwicklung.

In den Jahren vor 1939 wurde versucht, die deutsche Industrie möglichst autark aufzubauen, da die meisten Quarzlieferungen aus Brasilien kamen. Mit den in Deutschland entwickelten variablen Quarzoszillatoren wurde ein immenser Vorteil erzielt, so wurde z.B. in dem U-Boot-Sender S-406 für die Erzeugung der 1.125 Frequenzen, anstatt der 1.125 einzeln geschliffener Quarze, lediglich noch ein einziger Quarz benötigte. Zusammen mit den Kondensator- und Spulenentwicklungen war dies also ein wichtiger Faktor für die Unabhängigkeit von Importen. Wie wichtig die richtigen Quarze waren, zeigten die Funkprobleme während der Gefechte bei den Brücken von Arnheim und Nimwegen. Die hier beschrieben Auswirkungen stammen teilweise aus Schilderungen des Historikers Cornelius Ryan.

Der Feldmarschall Montgomery erhielt am Tag vor der Schlacht die ULTRA-Informationen aus den ENIGMA-Entzifferungen. Trotzdem unterschätzte er die Kampfkraft der deutschen Verbände und es wurden technische Fehler begangen, was seine beste Division aufrieb und im letzten britischen Desaster des Krieges endete. Wie bei dem Admiral Louis Mountbatten während seinem verlustreichen Unternehmen bei Dieppe 1942 wurden auch hier Informationen aus der Kryptoanalyse ignoriert.

Die Aufklärer übersahen die betriebsbereite Fähre am Fluss und den nicht mehr durch Nachtjagd-Einheiten belegten Flugplatz nördlich von Arnheim, der nicht gegen Luftlandungen gesichert war. Statt ortskundige holländische Soldaten als Pfandfinder mitzunehmen, flogen eigene Kriegsberichterstatter mit. Das Urteil des Generals Urquhart in seinem Operationsbericht klingt denn auch sehr bitter.

In Militäreinheiten tritt meist nur dann völlige Funkstille ein, wenn sie kurz vor Beginn einer Operation stehen oder auf dem Weg zu ihrem Operationsziel. Spätestens als die komplette deutsche Funkstille im Nordabschnitt einsetzte, hätte bei den Kommandeuren und der Entzifferung dieser Umstand beachtet werden müssen, was aber offensichtlich nicht geschah.

Die größte Luftlandeoperation des Krieges startete am 17. September 1944. Mehr als 5.000 alliierte Flugzeuge waren an diesem Tage über Holland unterwegs, um drei Luftlande-Divisionen zwischen Eindhoven und Arnheim abzusetzen und sie zu schützen. Alle Brücken über die Rheinarmee und Kanäle sollten dadurch unversehrt erobert werden und einen schnellen Vormarsch sichern. Die Amerikaner konnten im Süden zwar einen Teil ihres Vorhabens erfüllen, rannten sich aber auf den wenigen Straßen im sumpfigen Gelände fest. Es gelang auch der von Süden angreifenden britischen Panzerbrigade nicht, mit ihren Panzern bis zur Brücke von Arnheim vorzustoßen. Die westlich von Arnheim gelandete erste britische Fallschirmjäger-Division blieb fast ohne Nachschub und Unterstützung und wurde restlos aufgerieben.

Zwar war der Operationsplan teilweise improvisiert und die vorbereitende Aufklärung unzureichend, aber nach Cornelius Ryan scheiterte die Operation Market Garden auch an ihren schlechten Funkverbindungen. Zahlreiche britische UKW-Sprechfunkgeräte waren zwar in der Ausrüstung (WS-22), konnten aber mit ihrer schwachen Sendeleistung im Wald- und Häuserkampf keine sicheren Sprechfunkverbindungen gewährleisten, selbst über wenige Kilometer war keine Verbindung möglich und somit die Geräte nutzlos.

Die Briten hatten Fliegerleittrupps mit guten Funkgeräten, aber die falschen Kanalquarze in der Ausrüstung. So konnten die Versorgungsflugzeuge nicht vom Boden aus geleitet werden und die abgeworfenen Behälter landeten oft bei den deutschen Einheiten. Auch die Kommando-Funkstellen hatten große Probleme, ihre A1-Funkverbindungen aufzubauen, was aber eigene Probleme sein mussten, denn für bewusste Funkstörungen durch die deutschen Einheiten gibt es keine Hinweise.

Als am dritten Tag die anfliegenden polnischen Fallschirmspringer zurückgerufen werden sollten, funktionierte auch hier der Flugfunk nur teilweise und ein Teil der polnischen Brigade landete trotzdem vor der Brücke, ohne Entlastung bringen zu können. Sie brachten keine besseren Funkgeräte mit und nach 10 Tagen hatten die britischen und polnischen Einheiten ihre Munition verschossen und nur wenige der Soldaten konnten sich nach Süden zu den eigenen Linien durchschlagen und überlebten.

Die Briten verfügten über Pfadfinderbaken vom Typ "Heureka", die mit der zugehörigen Radaranlage "Rebekka" (220 MHz), ein punktgenaues Abwerfen von Versorgungsbehältern ermöglichen sollte. Sie wurden aber bei der Operation Market Garden gar nicht eingesetzt, obwohl sie vielleicht vielen alliierten Soldaten durch rechtzeitigen Nachschub das Leben gerettet hätte.

Die deutschen Abwehrverbände bestanden aus den Resten zweier kampferfahrener Panzer-Divisionen, aber auch aus unerfahrenen Einheiten. Auch sie hatten zu wenig Sprech- und Telegrafiefunk, um den Kampf optimal führen zu können und mussten mit Meldern arbeiten, lediglich der Panzerfunk war gut eingespielt. Doch nutzten die Deutschen zusätzlich das vorzüglich funktionierende holländische Telefonnetz zur Verbindung.

Man schätzt allein die Quarz-Produktion der Vereinigten Staaten von Amerika zwischen 1941-1945 auf 30 Millionen Stück. Die in Deutschland in diesem Zeitraum gefertigten 900.000 Quarze waren hingegen ausreichend, um neben den Empfangs- und Sendekreisen auch noch Quarzfilter zu bestücken. Bedingt durch die Importabhängigkeit, wurde auch der erste künstliche Quarz der Welt von Prof. Nacken aus Schramberg bei der Junghans-Uhrenfabrik 1944 gezüchtet.

Heute finden sich in praktisch allen elektronischen Geräten Schwingquarze als Taktgeber. Daneben ist Quarz auch geeignet für Druckmessungen, in der Hochfrequenztechnik sowie als akustisch-optischer Güteschalter in Lasern.

Computer

Die Entwicklung der Rechenmaschine - des Computers - ist im Prinzip die Geschichte der Idee, geistige Tätigkeiten des Menschen mechanisch ausführen zu lassen. Auch wenn wir davon noch weit entfernt sind, so hat uns das Streben danach jedoch viele Nebenprodukte entwickeln lassen, von denen der Computer nur eines ist. Die Hinweise über Rechenanwendungen reichen dabei bis 5.000 v. Chr., wobei anfangs lediglich mit Händen und Füßen gezählt wurde. 3.000 v. Chr. entstanden die ersten vollständigen Zahlensysteme bei den Sumerern, Babyloniern und Ägyptern. Erst um 1.500 n. Chr. wurde das in Indien entstandene und von den Arabern nach Europa gebrachte System mit dezimalem Stellenwert bei uns gebräuchlich.

Ein erstes technisches Hilfsmittel war der chinesische Abakus (1.100 v. Chr.), doch erst nachdem die technischen Fähigkeiten weit genug entwickelt waren, konnten kompliziertere mechanische Rechenmaschinen gebaut werden. Der katalanische Philosoph und Theologe Raimundus Lullus versuchte im Jahre 1275 eine Maschine zu entwerfen, die seine theologische Beweisführung unterstützen sollte. Adam Riese stellte 1518 das Rechnen auf Linien vor und eröffnete 1525 in Annaberg eine Schule für die Mathematik.

Im nächsten Jahrhundert begannen die ersten Rechenmaschinen in Europa aufzutauchen. Die wichtigsten Konstrukteure waren Wilhelm Schickard (1623), Blaise Pascal (1642), Gottfried Wilhelm Freiherr von Leibniz (1673) und Grillet (1678). Wilhelm Schickard konstruierte eine Rechenmaschine, um seinem Freund, dem Astronomen Kepler, die Arbeit mit seinem neuen mathematischen Weltbild zu erleichtern. Der Nachbau kann im Kepler-Museum/Weil der Stadt besichtigt werden, während im Barockschloss August des Starken/Dresden die Maschine von Pascal steht.

Doch die Rechenmaschinen auf Zahnradbasis waren nur in der Lage die vier Grundrechenarten auszuführen und nach dem Tode ihrer Erfinder konnte niemand diese komplizierten Geräte weiterentwickeln. Mit den in China seit langem bekannten "dyadischen" Zahlen des Dualsystems machte Leibniz von 1671-1694 Versuche zur ersten wirklichen Vierspezies-Rechenmaschine mit Schlitten und Staffelwalzen. Serienfertigung von derartigen mechanischen Rechenmaschinen setzte erst Mitte des 19. Jahrhunderts ein und auf dem Dualsystem arbeiten alle heute gebräuchlichen Computer.

Thomas de Colmar ließ 800 seiner "Arithmomètre" herstellen und seine Staffelwalzenmaschine wurde von vielen europäischen Firmen kopiert. Aus den USA kamen zunächst ausschließlich Addiermaschinen, so z.B. von William S. Burroughs oder das "Comptometer" von Dorr E. Felt 1887. Eine erste elektrische Rechenmaschine kam 1793 von Gütle aus Nürnberg.

Charles Babbage entwarf als erster ein Konzept mit Lochkarten zur automatischen Steuerung, das manchem noch von den letzten amerikanischen Präsidentschaftswahlen noch in Erinnerung ist. Nachdem er 1822 die "Differenzmaschine" entwickelt hatte, welche mathematische Tabellen berechnen konnte, konzipierte er die "Analytische Maschine", die eine primitive Programmsteuerung verfügte. 1862 konnte er das Prinzip der Maschine vorführen, doch aus finanziellen Gründen wurde nie ein Prototyp gebaut und seine Idee geriet für fast hundert Jahre in Vergessenheit. Die späteren Nachbauten bewiesen jedoch ihre Funktionsfähigkeit und einige stehen im Science Museum in London.

Zwischen Ende des 19. und Anfang des 20. Jahrhunderts entwickelten sich in erster Linie Grundlagen für Geräte der Peripherie, wie durch die Erfindung der Schreibmaschine (1866) und die gelochten Kartonbänder, welche seit 1808 von J. M. Jacquard zur automatischen Steuerung von Webstühlen für die Herstellung gemusterter Stoffe verwendet wurden. Eine der ersten Schreibmaschinen kam kurioser Weise von dem Italiener Pellegrino Turri für eine blinde Gräfin. Auch die Ironie des Schicksals spielte in der Geschichte oft eine Rolle, so z.B. als die Unabhängigkeitserklärung Indonesiens gerade auf einer Schreibmaschine der deutschen Kriegsmarine am 17. August 1945 verfasst wurde, welche für diesen Zweck von den deutschen internierten Truppen ausgeliehen wurde, da die japanischen Besatzer nur

Schreibmaschinen mit ihren Schriftzeichen zurückgelassen hatten. Die Schreibmaschinen waren die wichtigsten zivilen und militärischen Büroarbeitsgeräte bis die Computer sie ersetzten konnten.

Lochkarten sind die ältesten Datenträger in Verbindung mit elektrischen Steuerungen und heute, bis auf die Auszählung der amerikanischen Präsidentschaftswahl wie gesagt, fast ausnahmslos durch andere elektronische Speichermedien abgelöst. Der gebräuchlichste Kartentyp hatte um 1900 eine Kapazität von insgesamt 80 verschlüsselten Ziffern, Buchstaben oder Zeichen. Der Lochstreifen wurde im Gebrauch mit Telegrafiegeräten in den USA weiterentwickelt und bildet in Verbindung mit der elektrischen Schreibmaschine die Vorstufe der Fernschreibmaschine.

Ein Loch in einer Lochkarte kann im Binärsystem als Null, ein nicht vorhandenes Loch als Eins gelesen werden. Die Lochkartenlesern tasteten durch das Schließen eines elektrischen Kontaktes durch das Loch, oder photo-elektrisch, indem durch das Loch Licht auf eine Fotozelle fällt, diese Information ab. Die entstandenen Impulse wurden an Datenverarbeitungsanlagen weitergegeben. Die ersten Lochstreifenleser und Hollerithmaschinen konnten praktisch nur sortieren und zählen, sind aber durch die elektrischen Kontakte oft mit Fehler behaftet.

Die Hollerith-Lochkarten wurden nach dem deutschamerikanischen Ingenieur und Begründer der modernen Lochkartentechnik, Herman Hollerith, benannt. Er erfand 1890 ein Verfahren, um auf einer Lochkarte in bestimmten vorgedruckten Feldern zahlenmäßige Angaben darzustellen. Seine Hollerith-Maschinen wurden 1891 erstmals zur 11. Volkszählung in den USA eingesetzt und ähnliche Modelle noch dreißig Wahlen später. 10 Jahre vorher hatte diese Arbeit noch 500 Helfer beschäftigt, sieben Jahre später konnte mit dem gleichen Personalumfang und mit 43 Zählmaschinen die Auszählung in vier Wochen bewerkstelligt werden. Bei den umstrittenen Präsidentschaftswahlen zwischen George W. Bush und Al Gore bzw. John Kerry wurden noch Lochkartenleser eingesetzt, zeigten hier aber auch deutlich ihre Unzulänglichkeiten auf, was durch neue Systeme in den USA nicht unbedingt verbessert wurde.

Die erste komplette Abteilung mit Hollerithmaschinen entstand 1911 bei den Bayer Farbwerken in Leverkusen. Aus dem von Hollerith 1886 gegründeten Unternehmen Tabulating Machine Company wurde 1924 nach Fusion mit weiteren Firmen die International Business Machine Corporation (IBM), welche bis zum Aufstieg von Microsoft auch ein Monopol bei Hard- und Software der Computerherstellung besaß.

Die programmierbaren Glockenspiele des 16. und 17. Jahrhunderts verwendeten hingegen Stiftwalzen. 1885 erfand Paul Lochmann, gleichzeitig mit dem Engländer Ellis Parr, die gelochte Metallscheibe als Grundlage der Spieluhrenindustrie in Leipzig, was dem Prinzip der Endloslochkarte entspricht. Jules Carpentier kombinierte Lochkartenstreifen mit einer pneumatischen Steuerung, was für automatische Klaviere, Orgeln und Orchestern verwendet wurde. Die mechanischen Werke sowie die Addier- und Tabelliermaschinen wurden immer leistungsfähiger, doch die von Babbage vor 100 Jahren erfundene Programmsteuerung war wieder in Vergessenheit geraten.

Die Ideen in Deutschland, England und den USA führten gemeinsam zur Erfindung des heutigen Computers. Der deutsche Ingenieur Konrad Zuse entwickelte seinen Z1 von 1936 bis 1938, den er 1940 in Relaistechnik nachbaute. Konrad Zuse benutzte dabei keine Elektronenröhren, sondern mehr als 1.500 Drehhebwähler und Telegrafenrelais aus ausgemusterten Beständen der Reichspost. Seine Maschine Z1 und die Nachfolger Z2 bis Z4 erfüllten sofort alle Erwartungen, die man damals an programmierbare Rechner stellen konnte und seine Relais-Rechner waren weniger störanfällig als spätere Röhrencomputer.

Die Entwicklung von programmgesteuerten Rechenanlagen begannen im Auftrage der Deutschen Versuchsanstalt für Luftfahrt (DVL) im Mai 1941 mit dem ZUSE-Z3. Diese erste Datenverarbeitungsanlage mit Programmsteuerung war schneller als die erste große Rechenanlage in den USA. 600 Relais im Rechenwerk und 2.000 im Speicherwerk konnten 15-20 arithmetische Operationen in der Sekunde durchführen, eine Multiplikation in 4-5 Sekunden. Die Maschinen wurden für komplexe ballistische und aerodynamische Berechnungen benutzt und bewährten sich dort hervorragend. Eine Anwendung im

Dechiffrierbereich gab es in Deutschland damit jedoch noch nicht. Die ZUSE-Computer waren bereits Universalrechner, während der britische COLOSSUS hauptsächlich auf Vergleichsoperationen abgestimmt war. Es stellte sich später heraus, dass für COLOSSUS und ZUSE-Computer fast der gleiche Steuerablauf benutzt wurde, das Sägebock-Prinzip. Ein Nachbau von Z3 befindet sich heute im Deutschen Museum in München, während der Nachbau des Z1 im Museum für Verkehr und Technik in Berlin steht.

Alle Originalgeräte und viele Unterlagen in den Henschel-Flugzeugwerken gingen 1944 verloren. Beim Transport in ein sicheres Gewahrsam ereilte auch den ersten Röhrenrechner von H. Schreyer durch Kriegseinwirkung im Jahre 1945 ein ähnliches Schicksal. Der ZUSE Z4 wurde Anfang 1945 noch fertig und im Allgäu in Sicherheit gebracht. Der Z4 mit 32 Bit (Stellenzahl), Ringkernspeicher und einer Geschwindigkeit von 25-35 Operationen/Minute ging 1950 zur TH Zürich.

Die englischen Entwicklungen kamen zunächst durch die von Alan Mathison Turing 1936 entwickelte "Universal-Turing-Machine", einem Vorläufer des elektromechanischen Computers. Hierdurch wurden theoretische und praktische Untersuchungen über Rechenautomaten und deren Einsatz zur Berechnung von mathematischen Funktionen ermöglicht. Das so manchem Genie anhaftende Chaos wurde ihm aber zum Verhängnis.

Zu Beginn des 2. Weltkrieges vergrub er eine Kiste Silberbarren mit dem gesamten Familienvermögen, konnte diese später jedoch nicht wiederfinden. Nachdem Berichte über seine Belästigungen von Schuljungen in der Nähe von Bletchley Park erfolgten, wurde er 1944 in ein Labor des MI6 (Sprachverschlüsselung) im Hanslope Park in Buckinghamshire versetzt, später jedoch in Manchester für praktizierte Homosexualität verurteilt. In einem Selbstversuch wollte er nach Berichten die psychologischen Folgen der völligen Isolation ausprobieren und schloss sich in sein Haus ein. Als er auf mehrere Kontaktversuche nicht reagierte, wurde das Haus aufgebrochen und Turing tot aufgefunden. Er hatte sich in der Einsamkeit mit Zyanin am 7. Juni 1954 das Leben genommen. Manch anderer schreibt es eher der barbarischen einjährigen Hormonkur mit Östrogen zu, die ihm aufgrund seiner Homosexualität verschrieben worden war. Die Hintergründe seines Todes konnten nie ganz aufgeklärt werden.

Großbritannien war zur Entwicklung der Rechenmaschinen als Vorläufer unserer heutigen Computer quasi durch die deutsche Kryptologie, speziell durch ihre ENIGMA, gezwungen worden. Die Entzifferung der deutschen Schlüsselmaschinen waren nur noch elektromechanisch zu bewältigen. Für die Entzifferung der ENIGMA wurde zunächst die von den weit fortschrittlicheren Polen entwickelten "Bomben" als Rechen- bzw. Simulationsmaschinen übernommen, doch immer längere Schlüsselperioden und kürze Zeiten beim Schlüsselwechsel erforderten immer mehr Rechenleistung.

Es wird in der Literatur meist nie erwähnt, dass Professor Alan Turing die polnischen Maschinen lediglich verbessert hat. Erst Gordon Welchman korrigierte kurz vor seinem Tode die Sachlage. Zwar konzipierte Alan Turing für die Entzifferung tatsächlich eine vollkommen neue Maschine (Agnes), aber die Grundlage von Turings Arbeiten waren hier die von den Polen zur Verfügung gestellten mathematischen Berechnungen für die deutsche ENIGMA. Dazu zählen z.B. die berechneten Walzen I-V von Rejewski und die polnischen Erfahrungen mit der entwickelten "Bomba", weshalb auch für die englische Maschine verwirrender Weise der Name als "Bomb" übernommen wurde.

Britische Postingenieure realisierten Turings Konzept mit handelsüblichen Büromaschinenteilen und die Maschine sollte zunächst inoffiziell den Namen Victory erhalten. Turing ersetzte die normale Rotoranordnung der Polen durch einen Vertauscher mit sechs Rotoren und je 26 Verbindungsleitungen (double-ended-scrambler), die aber im Übrigen die klassische Zeichensubstitution der ENIGMA durch die Walzen und Stecker nachbildeten. Wegen des involutorischen (wiederholenden) Charakters der Ersetzungen durch die ENIGMA (so nannten die Kryptologen die Umkehrfunktion) wurden die Vertauscher symmetrisch aufgebaut. Die drei isolierten zweigliedrigen Zyklen der polnischen Bomba wurden durch ein ganzes System von rückgekoppelten Maschen ersetzt, gebildet aus zunächst 10, dann 12 Vertauschern mit 36 Rollen (Drums).

Da alle möglichen Walzen- und Steckverbindungen der ENIGMA durch erbeutete Maschinen bekannt und somit nachvollziehbar und programmierbar wurden, konnte die Schlüsseleinstellungen der ENIGMA mittels Vergleiches des Klartext- zum Geheimtext ermittelt werden. Damit wurde methodisch der Ansatz weitergeführt, den schon Kryptologe Rejewski in Polen benutzt hatte. Wie über das "Trial-and-Error"-Prinzip eine Entzifferung über Klartext-Geheimtext-Vergleich zu erreichen ist, steht ausführlich bei F.L. Bauer. Alan Turing befürchtete hingegen zusätzlich eine Veränderung des Steckerfeldes, die sogar mit einfachen Mitteln im Einsatz bei den deutschen Truppen möglich gewesen wäre. Doch diese Möglichkeit zu einer Änderung wurde von deutscher Seite aus nie durchgeführt.

Grundlage eines Maschinendurchlaufs der Entzifferung war immer ein eingestelltes "Menü", das einige (meist vier) vermutete Klarbuchstaben enthielt. Wurde dieses vermutete Menü gefunden, stoppte die Maschine und die Werte konnten festgehalten werden. Dann ging es zum nächsten Menü, das sich am vorhergegangenen Menü orientierte oder ein neuer Menüversuch wurde gestartet. Oft genug stoppte die Maschine an Zufallsstellen und musste zum nächsten Versuch neu gestartet werden. Wenn aber die Suche mittels wahrscheinlicher Klartextwörter vergeblich blieb, gab es immer noch die Möglichkeit einer phasengleichen Überlagerung, durch die Bildung von Parallelstellen mittels eines einfachen Vergleichers. Solche einfachen Maschinen benutzten auch die deutschen Entzifferungsdienste mit Erfolg.

Die Findung des gültigen Schlüssels blieb trotz der Ideen und Entwicklungen von Turing und Welchman eine langwierige Sache, zumal eine elektromechanische Maschine wie die britische "Agnes" nicht beliebig schnell laufen und stoppen konnte. Nur der Parallelbetrieb mehrerer Maschinen mit unterschiedlichen Menüs konnte die Zeit bis zu einem Ergebnis verkürzen. Jeder Textvermutung stand aber entgegen, dass an der überprüften Chi-Textstelle kein Originalbuchstabe der Textvermutung erscheinen konnte. Dieser Vorteil wurde musste durch bewusst eingesetzte orthografische Fehler und sinnlose Füllwörter wieder eingeengt werden.

Es waren also zahlreiche Zeit raubende " Trial-and-Error"-Durchläufe erforderlich und die Textvermutung blieb ein Ratespiel für intuitive Bearbeiter. Mit einem einzigen Funkspruchtext zum Erfolg zu kommen, war denn auch einer der seltenen Glücksfälle, die Welchman schildert. Dank der regelmäßigen Fortschaltung der zweiten und dritten Walzen war es im Allgemeinen unnötig, alle Walzenstellungen durchzuprobieren, es genügte in der Regel, nur die 26 Stellungen der ersten Walze zu betrachten, die zwischen zwei Schritten der mittleren Walze lagen. Die mittlere Walze und die dritte Walze blieben meist sehr lange in der gleichen Stellung und bildeten quasi eine Pseudo-Umkehrwalze. Der Umkehreffekt erlaubte aber auch eine einfache Rückkontrolle, aber auch die unregelmäßigen Fortschaltungen wären nur eine begrenzte Erschwernis in der Entzifferung gewesen, denn die leichte kryptologische Bewältigung der Hagelin-Maschine, welche unregelmäßig schaltete und auch keine Umkehrfunktion hatte, deutete bereits auf diesen Umstand darauf hin.

Bei einer Ausnutzung des voll bestückten Zusatzkastens der ENIGMA-M4 und ihrer Optionen verschlechterten sich jedoch alle bisher gültigen Parameter der Agnes-Maschinen und machte eine Entzifferung wieder quasi unmöglich. Agnes erzielte nun noch in Ausnahmefällen gute Ergebnisse und immer nur dann, wenn die ENIGMA-M4 von deutscher Seite in Simulation wie eine M3 benutzt wurde (mit einer bestimmten festen Position (A) der vierten Walze). Nach amerikanischen Angaben wird erkennbar, dass die Agnes bis zu 60 Stunden benötigte, um einen solchen M3/M4-Text zu dechiffrieren. Zwar gab es dann auch bald eine weiterentwickelte Agnes-Version, die mit Vierer-Vertauschern arbeiteten, aber erst die viel aufwendigeren und etwa 20-mal schnelleren US-Maschinen konnten einen M4-Funkspruch in einem Zeitraum von etwa 18 Stunden abarbeiten.

Allerdings ebenfalls nur, wenn alles optimale Bedingungen hatte. Wurden die richtigen Einstellungen ermittelt, konnte die Decodierung des kompletten Textes durchgeführt werden und es musste nur noch der Text durch versierte Übersetzer erstellt werden. Dazu genügte es aber nicht die deutsche Sprache gut zu beherrschen. Der deutsche Militärjargon war der Angriffspunkt, da manche Textstellen noch mit dem Signalbuch und Decknamen ein zweites Mal verschlüsselt ("überschlüsselt") waren. Der militärisch geschulte Leser kann dadurch auch so manche Interpretation in den entzifferten Sprüchen des britischen Staatsarchivs (Public Record Office, PRO in Kew) entdecken, die etwas merkwürdig anmutet.

Welchman war dabei nicht nur Theoretiker, er betätigte sich auch als Kryptanalytiker und leitete einige Zeit die Entzifferung der Hut 6. Von den Insidern ist er denn auch der Einzige, der es wagte, in seinem Buch von 1982 etwas freizügiger zu berichten. Aber selbst Welchman seine Angaben sind noch dürftig und schildern nicht alle notwendigen Details. Vom "Trial-and-Error-Procedere" berichtet er z.B., dass ein Maschinendurchlauf etwa 12 bis 15 Minuten dauerte. Um jedoch alle 60 möglichen Stellungen von den fünf Walzen einer Drei-Walzen-ENIGMA abzuarbeiten, benötigte selbst Welchman sein verbessertes Konzept 12 bis 15 Stunden! Spätere Maschinen wurden so konzipiert, dass sie gleichzeitig drei Grundmenüs abarbeiten konnten. Kryptologen geben eben niemals ihre ganzen Geheimnisse preis – auch nicht nach 60 oder 100 Jahren!

Welchman machte allerdings deutlich, dass manchmal dutzende von Funksprüchen des gleichen Netzes durchlaufen mussten, um an den gültigen Code zu kommen. Dies ist denn auch einer der Gründe, warum Hinsley bei einigen Netzen von einem zu geringen Verkehrsaufkommen spricht. Dort standen nie die erforderlichen Datenmengen zur Verfügung und ihre Texte waren nicht eindeutig genug, um schnell in den Code eindringen zu können (z.B. bei den deutschen schweren Einheiten zur See).

Im Sommer 1943 wurde der COLOSSUS Mk-I für die mathematischen Berechnungen in der Entschlüsselung der Funkfernschreibübertragungen des Siemens-Geheimschreibers fertig gestellt. Die eingebauten T-36 lieferten lediglich den Klartext, der durch die Schlüsselzusätze SZ-40 und SZ-42 lief, bevor die Zeichen versendet wurden, da die verschlüsselten Fernschreibzeichen der T-Typ-52 in den Empfängern nicht mehr aufbereitet werden konnten und sich deshalb nicht für Funkübertragungen eigneten. Mit seinen insgesamt 1.500 Röhren hatte der COLOSSUS allerdings wahrlich kolossale Ausmaße. Ein Nachfolgemodell kam wenige Tage vor der Invasion in der Normandie zum Einsatz und insgesamt sollen zehn oder elf Einheiten dieser Rechner produziert worden sein. Der "COLOSSUS"-Mk-II (1944) hatte 2.500 Röhren, eine Speicherkapazität von ca. 2 KB und konnte 25.000 Zeichen pro Sekunde lesen. Zwei der Rechenmaschinen kamen 1946 nach Eastcote, in eine Nachfolgeeinrichtung von Bletchley Park.

Zerstörte Fragmente von T-typ-52-Maschinen wurden Ende 1942 in Tunesien erbeutet, ihre Signale wurden in England in Knoxhold bearbeitet. In der britischen Horchstelle Knoxhold stellte man sich schnell auf die Signale der deutschen "Sägefisch"-Anlagen ein und begann die Baudot-Signale aufzuzeichnen. Ob das so problemlos und ständig gelang, ist zu bezweifeln und auch in der Literatur sind Erwähnungen von Entzifferungserfolgen spärlich. Als die T-typ-52-Maschinen in den Versionen d bis f entwickelt wurden, waren die deutschen Kryptologen wieder einen Schritt voraus und die Verbindungen relativ sicher.

Die Rekonstruktion von verstümmelten Baudotzeichen ist im Hörfunk sehr viel schwieriger als bei den Morsezeichen. Grundlage aller Dekodierversuche war die Erstellung von Lochstreifen, die in Vergleicherschaltungen (Heath-Robinson) miteinander verglichen wurden. Da solche Verfahren langwierig und ineffizient waren, wurden programmierbare Röhren-Computer (Mullard-Pentoden vom Typ EF-36) gebaut.

Diese Varianten des COLOSSUS von Mk-I bis -II bestanden vor allem aus schnellen Vergleichern und Ringzählern, die im 1-aus-n-Code die 10/12 Schlüsselwalzen der deutschen Anwendung der Vernam-Systeme nachzubilden versuchten. Das Ergebnis wurde im elektronischen Speicher abgelegt. Eingespeist wurden die Baudotzeichen über eine schnell durchlaufende Lochstreifenschleife. Mit Fotozellen abgetastet, konnten bei Mk-I 5.000 Impulse (Bits) in der Sekunde gelesen werden.

Während die Entwicklung in Europa nach dem 2. Weltkrieg durch die wirtschaftlichen Folgen stark behindert wurde, entstanden in den USA in relativ schneller Folge neue Technologien, welche die erste Rechnergeneration (bis 1955) darstellten. Maschinen und Techniken kamen von Louis Couffignal in Frankreich, Howard H. Aiken, George R. Stibitz und Williams in den USA. Stibitz und Williams konstruierten 1937 einen Relaisrechner für die erste Datenfernübertragung. Dem Modell von 1940 folgten drei weitere, bis 1944-1946 die ersten echten programmgesteuerten Relaisrechner gebaut wurden.

Der Röhren-Großrechner "Mark-I" oder der ASCC (Automatic Sequence Controlled Calculator) von Aiken hatte eine 15-x-2,5-m-Grundfläche mit 700.000 Einzelteilen, wie z.B. 3.000 Kugellagern und 80 km an Leitungsdrähten. Eine Addition benötigte 0,3 Sekunden, Multiplikation ca. 6 und Division 11 Sekunden. Aiken hatte 1944 damit den ersten programmgesteuerten Röhrenrechner (35 Tonnen) entwickelt, der AIKEN-Code trägt heute deshalb seinen Namen. Die Bell-Laboratorien fertigten nach Anregungen von Stibitz die Relaisrechner Model-I bis VI.

Ferner bauten John Presper Eckert, Goldstine und John W. Mauchly von 1943-1946 an der Pennsylvania University den ENIAC (Electrical Numerical Integrator and COMPUTER), eine mit 17.468 Röhren, 1.500 Relais, 70.000 Widerständen und 10.000 Kondensatoren ausgestattete Rekonstruktion eines reinen Relaisrechners auf 140 Quadratmeter Grundfläche, der 5.000 Additionen pro Sekunde durchführen konnte. Eine Multiplikation war in 2,8 Millisekunden möglich. Das Programmieren erfolgte aber immer noch mit vielen Stecktafeln und elektronischen Schrittschaltwerken für die verdrahteten Operationsabläufe. Der Rechner war tausendmal schneller als die Relaisrechner, benötigte dafür rund 174 kW und wog rund 30 Tonnen.

Grundlegende Änderungen im Aufbau eines Computers erfolgten im durch die Überlegungen des Mathematikers John von Neumann, welche durch Sprungbefehle und Modifizierungen die Möglichkeit zur Steuerung des Programms durch Dateneingaben schufen. Er war neben Einstein und Oppenheimer einer der aus Nazi-Deutschland ausgewanderten Wissenschaftler, die den Erfolg des Manhattan-Projekts, den Bau der ersten Atombombe, ermöglichten. Die von Neumann gebaute "universelle" Rechenmaschine ermöglichte dazu die notwendigen komplexen Berechnungen.

Der Transistor begann nach 1948 die Größe der bisherigen Computer stark zu verringern. In diesem Jahr kam der IBM-604 noch mit Röhrentechnik und Programmiertafeln. ZUSE baute in Deutschland nach 1951 noch Z-5 bis Z-11 in Relaistechnik. Der Röhrenrechner Z-22 leitete dann die Entwicklung über zum ZUSE Z-23 und Z-31 in Halbleitertechnik. Von Neumanns Buch "First Draft of a Report on the EDVAC" wurde zur Computerbibel der 40er und 50er Jahre. Der Electronic Delay Storage Automatic Calculator (EDVAC) wurde von Maurice Wilkes an der Universität Cambridge gebaut und berechnete am 6. Mai 1949 als erstes Programm eine Tabelle der Quadratwurzeln, der speicherprogrammierbare Universalrechner war verwirklicht.

Der Beitrag von ZUSE in der Entwicklung der programmierbaren Rechner ist unbestritten, aber der Entwicklungsstopp 1945 bewirkte, dass die Rechner der zweiten Generation (1955-1962) vornehmlich aus den USA oder Japan kamen und Deutschland zum zweiten Mal nach 1918 ins Hintertreffen geriet. Durch die Forschung der privaten Firmen stieg die Entwicklungsgeschwindigkeit rasant, da große Summen und benötigte Technologien unabhängig von den Haushaltsmitteln der Militärs auf den kommerziellen Markt zugeschnitten zur Verfügung gestellt wurden. Die Geschichte von Silicon Valley hatte begonnen und nur die USA hatten das finanzielle und geistige Potenzial zur Verfügung es auch umzusetzen.

Die erste serienmäßig gefertigte Großcomputeranlage UNIVAC-1 (19 Tonnen) wurde 1951 ausgeliefert und war auch im ersten europäischen Rechenzentrum in Frankfurt am Main eingesetzt. Die Programmiersprache FORTRAN wurde 1954 entwickelt. 1955 gab es den ersten Transistorrechner "Tradic",

1957 begann die Entwicklung der Magnetspeicherplatten, Magnettrommeln, Magnetbändern und die ersten Betriebssysteme für Großrechenanlagen wurden eingeführt. Der Computer hielt zunächst Einzug in unsere Wirtschaft.

Die Kryptologie des 2. Weltkrieges war die Wiege der Computergrundlagen und ihrer Technologien. Die IBM-Tabelliermaschinen und Simulationsmaschinen für die Entzifferungen der ENIGMA und PURPLE wichen den ersten universellen Rechenmaschinen wie dem ENIAC. Geld und Forschungsmittel waren für die amerikanischen Nachrichtendienste ab 1950 kein Problem und deshalb wurden in der NSA die in ihrer Zeit wohl leistungsfähigsten Computer aufgestellt, was ihren Leistungsstandard bis heute sichert, da kaum ein anderes Land konkurrieren kann. An der Umstellung auf Computertechnologie in der NSA hatte Dr. Louis W. Tordella wesentlichen Anteil. Der Leiter der Abteilung Forschung, Technik, Mathematik und Physik der NSA war kein geringerer als Howard Campaigne, der auch in der Geschichte der deutschen Kryptologie mit Beutegut hier im Text wiederauftauchen wird.

Mit Trommelspeicher erhielt die NSA im Dezember 1950 den ATLAS, der im März 1953 einen Zwillingsbruder erhielt. Beide Anlagen benötigten eine 30 Tonnen schwere Klimaanlage. Die ASA schuf ihren eigenen Computer, den sie nach der Comicfigur Li'l Abner Yokum nannte. In der NSA folgte der HARVEST, der unter dem System Rye erstmals den Analytikern einen Fernzugriff auf Daten ermöglichte und der ein ganzes Gebäude einnahm, was ihm seinen Namen gab. Als die Behörde 1976 auf ein moderneres System umstellte, hatte HARVEST bereits 14 Jahre lang seinen Dienst verrichtet.

Der Übergang zur dritten Rechnergeneration (etwa 1961-1972) war gekennzeichnet durch die mit dem Einsatz von integrierten Schaltkreisen einhergehende weitere Miniaturisierung. Die Transistoren hatten die Größe eines Salzkornes erreicht. Der erste Taschenrechner kam 1968 auf den Markt, als die Schaltgeschwindigkeit bei 54 Nanosekunden lag.

1970 fanden die ersten Beratungen über ein Datenschutzgesetz auch bezüglich der neuen Speicher und Datenverarbeitung (DV) statt. Der sowjetische M-20 Rechner war noch etwa so schnell wie der IBM-709, doch die Vereinigten Staaten hatten die russischen Informatiker in der Entwicklung des Transistorrechners abgehängt und bauten durch die finanziellen Möglichkeiten diesen Vorsprung auch weiter aus.

Ab etwa 1972 spricht man von der vierten Generation, in der praktisch nur noch hochintegrierte Schaltkreise verwendet wurden. In diesem Zeitraum fiel u.a. die Entwicklung leistungsfähiger Mikrocomputer (der Personal-Computer), die Integration der Telekommunikationstechnik in die Computertechnik und die zunehmende Verbreitung von Rechnernetzen.

1978 konnten mit Feldeffekttransistoren 64.000 Speicherzellen auf 30qmm hergestellt werden, wobei die Schaltgeschwindigkeit auf 30 Nanosekunden gesenkt werden konnte. Magnetblasenspeicher und Tintenstrahldrucker kamen zum Einsatz. 1980 verließen die von Computern gesteuerten Roboter die Forschungslabore und werden seitdem auch kommerziell eingesetzt, um den Menschen die ihre Arbeit zu erleichtern. Der Ersatz der NSA für HARVEST war in dieser Zeit zweigeteilt, den der IBM-360 bzw. IBM-3033 CARILION war nur eine Hälfte des neuen Rechners, die andere war LODESTONE.

IBM bekam Konkurrenz aus Japan, welche zwar durch die US-Wirtschaft abgeblockt wurde, doch auch im eigenen Land wuchsen Konkurrenten heran. Seymour Cray baute 1976 mit seiner Firma Cray Research in Chippewa Falls/Wisconsin den CRAY-1. 15 Millionen Dollar lieferten 200.000 Schaltkreise, 3.400 gedruckte Schaltungen und 100 Kilometer an Drahtleitungen, insgesamt fünf Tonnen auf sechs Quadratmetern. Im Juni 1983 ersetzte ihn die NSA durch den Cray-X-MP, der eine 50 Tonnen schwere Kühleinheit benötigte. In diesem Jahr vernetzte die NSA ihre Horchposten und die des britischen Gouvernement Communications Headquarters (GCHQ) erstmals mit dem System PLATFORM, wodurch der CRAY-2 im Jahre 1985 dringend benötigt wurde. 1988 kam der Cray-X-MP, während im Scandia National Laboratory in Albuquerque der NCUBE bzw. HYPERCUBE mit 1.024 parallelen Prozessoren neue Leistungsgrenzen sprengte und aus der

Control Data Corporation der ETA-10 kam. Zusätzlich brachten die Los Alamos National Laboratories eigene Entwicklungen.

Wann immer ein Großrechner als der schnellste oder größte der Welt in der Presse erscheint, muss er zuerst mit der aktuellen Anlage der NSA verglichen werden. Trotz allen Anstrengungen der amerikanischen Firmen, blieben die japanischen Konzerne eine ernsthafte Konkurrenz, weshalb die NSA mithilfe von National Semiconductor für 85 Millionen Dollar eine eigene Produktions- und Forschungswerkstätte für Mikroelektronik, das Special Processing Laboratory, schufen. Die 5.500 qm große Anlage nahm 1991 in der Crypto-City bei der NSA den Betrieb auf und unterstützt seitdem die NSA.

Doch in der Parallelverarbeitung der Prozessoren war ein Wettstreit entbrannt, von Fujitsu kamen zwei Parallelprozessoren, ETA produzierte acht, aber Cray setzte auf sechzehn und überstieg damit seine finanziellen Ressourcen. Im Mai 1989 trennte sich Seymour Cray von seiner ersten Firma, verkaufte sie und zog mit 200 Mitarbeitern und den 100 Millionen Dollar Erlös nach Colorado Springs, um die Cray Computer Inc. zu gründen. Bis 1994 wurde am Cray-4 gearbeitet, doch am 24. März 1995 kam das erneute finanzielle Debakel für die Firma.

Von der Thinking Machines Corporation hatte die NSA den 25 Millionen Dollar teuren CM-5 im Jahre 1991 gekauft und 1997 konnte mit 256 weiteren Prozessoren seine Leistung verdoppelt werden. Seymour Cray gründete mit Fremdkapital nochmals die SRC (Seymour Roger Cray) Computers, aber im Frühjahr 1996 ging der nächste amerikanische Auftrag für 35 Millionen Dollar an die japanische NEC für den SX-4 mit 128 Prozessoren.

Der ASCI WHITE im kalifornischen Lawrence Livermore National Laboratory von IBM ist (12,3 Teraflops, 1 Teraflops = 104 floating point operations per second, also 12,3 Billionen Rechenoperationen/Sekunde) seit August 2001 in Betrieb, wurde aber als schnellster Rechner der Welt bereits im Jahre 2002 durch eine Rechenanlage auf 3.250 qm im Yokohama Institute für Erdwissenschaften abgelöst (40 Teraflops). IBM plant jedoch mit dem BLUE GENE/L und 500 Teraflops die Krone wieder zu erobern ... usw.

Interessanter Weise hatte ähnlich wie Alan Mathison Turing auch Seymour Cray seine eigene Art der Stressbewältigung. In der Zeit der schöpferischen Pausen grub er bis zu seinem tödlichen Autounfall unter seinem Haus an einem 2,50 x 1,20 Meter weiten Tunnel. Nach seinem Tod am 5. Oktober 1996 wurde sein Unternehmen von Silicon Graphics Incorporated (SGI, erstellte die Graphiken für Jurassic Park) in Mountain View/Kalifornien aufgekauft. Mit einer Computerfirma von Burton Smith wurde SGI im Jahre 2000 zusammengelegt zur Cray Inc.. Die Firma hatte damit ihren Urheber überlebt und begann mit der Konstruktion des CRAY-T3E-1200, der mit 1.088 Prozessoren die 1,8 Teraflops erreichen sollte. Untergebracht werden die Großrechner (z.B. CRAY Y-MP EL, IBM RS/6000SP) im Tordella Supercomputer Building der NSA, welches eine 8.000 Tonnen Kühlwasseranlage besaß.

Die Zeit genialer Einzelgänger in der Computerherstellung oder ihrer Programmierung war jedoch vorbei, da die Arbeit nur noch durch Teams geleistet werden konnte. In den Vordergrund kamen die Erfinder der System- und Anwendungsprogramme unter denen sich "Bill" bzw. William Henry Gates III. mit der Firma Microsoft und dem Programm Windows mit seinen Nachfolgern ein ganzes Imperium geschaffen hat. Sein Chef-Programmierer war seit den Anfangstagen Charles Simonyi. Gates hatte das Disc Operating System (DOS) von einer kleinen Firma 1980 gekauft und für IBM als Betriebsprogramm für Kleinrechner in seiner 1975 gegründeten Firma Microsoft weiterentwickelt. IBM bezahlte für die Nutzung 50.000 Dollar, war an den Rechten aber nicht interessiert, welche Bill dann für den Aufbau seines Imperiums verwendete.

Vergleichbar zu der Erfolgsgeschichte von Gates ist vielleicht nur die des Außenseiters Linus Torvalis. 1969 wurde in den Bell-Laboratorien an einem neuen Betreibsystem Multics gearbeitet, auf das Ken Thompson sein eigenes System implementierte, welches er in Anlehnung an das Vorbild Unics nannte. 1979 schrieben Thompson und Denis Ritchie das Programm in der Programmiersprache C neu, das UNIX war geschaffen und seither entstanden viele Derivate, welche auf dem Buchstaben "X" endeten (z.B. Irix, Sinix, Ultrix und

Minix). Richard Stallmann entwickelte das zu UNIX abwärts kompatible GNU und 1990 begann die Arbeit am Kernel "Hurd".

Andrew S. Tanenbaum entwickelte sein Minix, die spätere Ausgangsbasis für den Linux-Kernel von Linus Torvalis, der 1994 im LINUX 1.0 mündete. In dieser Zeit erfolgte auch die Verschmelzung mit Stallmanns GNU. Am 27. September 1999 bekam Torvalis (Firma Transmeta Inc.) die Ehrendoktorwürde der Universität von Stockholm. Heute ist LINUX in seinen verschiedenen Distributionen (SUSE LINUX ist der deutsche Ableger) und mit den grafischen Oberflächen GNOME und KDE eine ernst zu nehmende Konkurrenz zu Microsoft und seinen MS-OFFICE-Produkten.

Die Computer der fünften Generation (etwa ab 1990) beruhen auf Erkenntnisse und Methoden der Forschung über die künstliche Intelligenz (Expertensysteme), Bildverarbeitung und Bedienoberflächen mit Sprachsteuerung. Bei der künstlichen Intelligenz versucht man, ähnlich dem Menschen, Computer lernfähig zu machen. Die ersten Schritte sind durch biologische Schalter (einzelne Zellen) schon verwirklicht. Höhere Speicherkapazitäten, technische Zuverlässigkeit, größere Rechengeschwindigkeit und geringerer Platzbedarf führen die Entwicklung zu 3D-Graphiken, zur Spracherkennung und Programmen, welche sich selbstständig nach der Benutzerführung den Bedürfnissen anpassen.

Lange Zeit galten Strukturen um 1 µm als die technische Grenze für die Fotolithografie. Durch neue Entwicklungen wie Excimerlaser (ca. 190 nm) und phasenverschobene Masken sind Strukturen unter 100 nm durch optische Verfahren möglich (Nanoelektronik). Die Verarbeitungsgeschwindigkeit der Mikroprozessoren könnte von derzeit 1000 MIPS (Million Instructions per Second) bis zum Jahre 2008 auf etwa 16 000 MIPS steigen.

Der Bereich der Hochfrequenzprozessoren war lange Zeit dominiert von Schaltungen auf der Basis von Galliumarsenid, wie mit dem MESFET (Metal Semiconductor FET) der Frequenzen bis 50 GHz erreichte. Für den MODFET (Modulation Doped FET), der auch als HEMT (High Electron Mobility Transistor) bezeichnet wird, werden Frequenzen bis 400 GHz möglich.

In Bipolar-Technologie werden mit der SiGe-Hetero-Bipolartransistor-Technologie derzeit Frequenzen bis 160 GHz erreicht. In Entwicklung sind das Konzept des ballistischen Transistors sowie die Nutzung des quantenmechanischen Josephson-Effektes. Die Leistungselektronik nutzt IGBT (Insulated Gate Bipolar Transistor), eine Mischung aus MOS- und Bipolarstruktur. Als Schaltelement für Antriebe sehr hoher Leistungen werden IGBT-Hochleistungsmodulen als Ersatz der GTO-Thyristoren (Gate Turn Off) verwendet.

Supercomputer der US-amerikanischen Accelerated Strategic Computing Initiative (ASCI) versuchen z.B. Kernwaffentests und Wetterdaten möglichst genau zu simulieren, wodurch z.B. eine praktische Nuklearzündung vermieden werden kann. Einer der schnellsten Supercomputer (ASCI Red, 55 Mill. Dollar, Intel) erreichte im Jahre 2000 mit ca. 9.500 Prozessoren eine Rechengeschwindigkeit über 3 Teraflops. Die nächsten Ziele der ASCI mit einem Supercomputer waren 30 Teraflops im Jahre 2001 und 100 Teraflops im Jahre 2004. Die Forscher gaben ihm den Namen des doppelgesichtigen römischen Gottes Janus, da er neben den zivilen Wetterberechnungen die militärischen Modelle für die Nuklearversuche berechnet.

Der T3E von Cray birgt ca. 2.000 PentiumPro-200 Prozessoren in sich. 90 Millionen DM kostete der Rechner (Compaq) im Super Computing Center in Pittsburgh, der mit 2728 Alpha-Prozessoren 6 Billionen Rechenoperationen in der Sekunde verarbeitet. Zu den Winzlingen zählte 1998 der Armbandcomputer Ruputer MP-220 der Firma Seiko mit 2 MB Speicher.

Alle bisherigen Rechenleistungen finden sich heute nahezu im Hausgebrauch wieder, die Leistungsfähigkeit der Smartphones und kommerziellen Rechner ist weiter gestiegen und die Hersteller versuchen die Grenzen weiter hinauszuschieben. Die Rechenleistung des betagten Apple iPhone 4 bewegt sich auf dem Niveau des Cray-2 Supercomputers. Zum Glück ist das iPhone mit 137 Gramm ein wenig leichter als die 2,5-Tonnen-Cray, die 1985 der weltweit schnellste Rechner war.

Die schnellsten Superrechner nach Leistung werden heutzutage halbjährlich in der TOP500-Liste aufgeführt. Als Bewertungsgrundlage dient der Linpack-Benchmark. Die schnellsten Superrechner nach Energieeffizienz bzw. MFLOPS/W werden seit November 2007 in der Green500-Liste geführt. Den größten Anteil der Top 500 leistungsstärksten Rechner weltweit konnte 2018 Lenovo installieren. Diese Green500-Liste vom November 2014 weist länderweise gemittelten Effizienzen von 1895 MFLOPS/W (Italien) bis hinunter zu 168 MFLOPS/W (Malaysia) auf.

Die Leistung eines heutigen iPad ist vergleichbar mit Supercomputer in den 80ern und das Wettrennen geht weiter wie die Aufrüstung. Mit einer Executive Order hat US-Präsident Barack Obama die US-Bundesbehörden angewiesen, die Entwicklung eines ExaFlops-Supercomputers voranzutreiben. Im Jahr 2018 soll Intels Aurora-Supercomputer eine Rechenleistung von 180 PetaFlops erreichen. Im Jahr 2021 will das DOE einen ersten Exascale-Supercomputer aufstellen und 9 Monate später in Betrieb nehmen.

China will bis 2020 einen Supercomputer mit einer Geschwindigkeit im Exaflops Bereich entwickeln. Der Prototyp von „Tianhe-3" soll bis Anfang 2018 fertig sein, berichtete „China Daily" am 20. Februar 2017 und stellte ihn im Mai 2018 vor.

2011 starteten in der EU zahlreiche Projekte mit dem Ziel Software für Exascale Supercomputer zu entwickeln. Das CRESTA Projekt (Collaborative Research into Exascale Systemware, Tools and Applications), das DEEP Projekt (Dynamical ExaScale Entry Platform), und das Projekt Mont-Blanc. Das MaX (Materials at the Exascale) ist als weiteres wichtiges Projekt zu nennen. Im März 2015 startete das SERT Projekt unter Beteiligung der Universität von Manchester und der STFC in Cheshire.

In Japan begann 2013 das RIKEN die Planung eines Exascale Systems für 2020, mit einem Stromverbrauch von weniger als 30 MW. 2014 wurde Fujitsu beauftragt die nächste Generation des K computer zu entwickeln. 2015 verkündete Fujitsu auf der International Supercomputing Conference, dass dieser Supercomputer Prozessoren der ARMv8 Architektur verwenden wird.

Arbeitsspeicher, Speichermedien, Anomalien

Für die dauerhafte Speicherung der Daten wurden schon früh elektromagnetische Aufzeichnungsverfahren verwendet. Das Prinzip der Magnetisierung und Entmagnetisierung durch HF findet sich bei Tonbandgeräten, Kassetten- und Videorekordern. Valdemar Poulsen hatte 1897/98 das Aufnahmeverfahren mit einem Stahldraht (Magnetton) erfunden und 1900 kam dafür ein Magnettongerät von Mix & Genest. Auf einem Modell von Poulsen basierend entdeckte Fritz Pfleumer 1927, das Papier mit Metallpulver die Schallwellen reproduzieren kann, was zur Entwicklung der Tonbandgeräte und Kassettenrekordern führte, die in der Schifffahrt z.B. lange Zeit zur Aufzeichnung von See-notrufen benutzt wurden, bis die Computer dies übernahmen. Davor gab es hauptsächlich die Wachsschallplatten nach Edison, Berliner und Pathe.

Die C. Lorenz AG lieferte ab 1932 das "Textophon" und ab 1935 gab es "Magnetophone" (Tonbandgeräte) von AEG und IG-Farben, die ab 1939 auch in den Horchdiensten der Streitkräfte eingesetzt wurden. Zur Überwachung der Partisanen wurden die Geräte mit Fernsteuersätzen ausgerüstet, die das Tonband beim Anwählen einer bestimmten Nummer einschalteten und beim Auflegen des Hörers wieder abschalteten. Nach dem Krieg wurden 1948 ähnliche Tonbandgeräte im Naval Missile Test Center in Piont Mugu zur Speicherung von Messdaten verwendet. Bald darauf setzte der Siegeszug der Tonbandgeräte in den Haushalten in aller Welt ein, bis die Kassettenrekorder ihre Vorfahren verdrängten. Die ersten Bandmaschinen zur Fernsehaufnahme kamen 1965-1972 in Kühlschrankgröße mit maximal 45 Minuten Spielzeit auf den kommerziellen Markt, denen 1979 der erste tragbare Kassettenspieler folgte.

Bei den Computern spielt neben der Geschwindigkeit des Prozessors die Größe der Arbeitsspeicher eine wichtige Rolle. Bandgeräte werden allerdings im IT-Bereich aufgrund ihrer relativ großen Speichermenge (GB-Bereich) gerne als Sicherungsbandlaufwerke für Server verwendet, was jedoch durch die DVD mit höherer Speicherdichte wieder egalisiert wurde.

Die Speichermatrix war der erste eigentliche elektronische Arbeitsspeicher der elektronischen Rechner und wurde anfangs auch manuell gefertigt. Dünne Drähte bilden ein Gitter, an dessen Kreuzungspunkte sich kleine Eisenringe befinden. Wird durch zwei Drähte ein Strom geschickt, wird der entsprechende Eisenring magnetisiert und speichert diesen Zustand. Deshalb wird diese Speichermatrix auch Ringkernspeicher genannt. Die ersten Ausführungen konnten nur wenige Zeichen speichern, z.B. ermöglichten 6-x-10-Ringkern-Matrix entsprechend 60 Bit (7,5 Byte). Die Magnetisierungen und ihre elektronischen Zustandsabfragen durften auch nicht zu schnell geschehen, da sonst anliegende Ringkerne beeinflusst wurden und damit die Ergebnisse verfälscht waren. Sind Gitter und Ringe auf ersten Ausführungen mit dem Auge noch gut erkennbar, verwandelte die Miniaturisierung die nächsten Ausführungen in eine Art "Draht-Teppich", bei dem ein Erkennen der Einzelheiten unmöglich wurde. Auf einer 30-x-50-cm-Platine war eine Speicherung von 32 KB, dann 64 KB möglich. Genutzt wurden solche Platinen z.B. für den Waffensystemrechner der Zerstörer Klasse 103B der deutschen Marine sowie der gesamten US-Navy.

Nach den SIMM-Modulen kamen von der Industrie die PS/2-Module. Heute gibt es für die Systemleistung die unterschiedlichsten Speichermodule und Geschwindigkeiten. Die Standardgröße der Arbeitsspeicher stieg von 256 auf 512 MB, bei den Großrechnern sogar in den Giga- und Terabytebereich. Diese Speicher sind prinzipiell wie die Prozessoren lediglich eine Sammlung von Transistoren, die als Schalter und Kondensatoren verwirklicht wurden. Kriechströme lassen die Kondensatoren schnell ihre Ladung verlieren, weshalb die Aufladung nach wenigen Millisekunden erneut erfolgen muss. Das ursprüngliche konventionelle dynamische RAM (DRAM, 80-150 ns Zugriffszeit) spielt heute fast keine Rolle mehr. Auch die etwas schnelleren Fast-Page-Mode-RAM (60-80 ns) auf SIMM-Sockeln sind heute fast nicht mehr anzutreffen. Auch die Extended-Data-Output-RAM (EDO-RAM, 25-35 ns) verlieren immer mehr an Bedeutung, während 1998 die SD-RAM (12, 10 und 8 ns) auf DIMM-Steckplätzen sich durchsetzen konnten. Die Verbesserung des EDO- zum BEDORAM mit Pipeline-Technologie konnte sich gegen das SD-RAM (256-MB-Modul, IBM, 1999) nicht durchsetzen.

Die Zukunft der herkömmlichen Speicher liegt bei dem 1999 aufgelegten RDRAM (Rambus-D-RAM) auf RIMM-Sockeln oder dem SDRAM-II (auch DDRRAM, Double Data Rate) sowie SLDRAM (SyncLink), die Datentransferraten von 3,2 GB/s erlauben. Allein die unterschiedlichen Speichertechnologien erfordern nach einigen Jahren schon fast den Ankauf eines neuen Systems. Neue Entwicklungen für spezielle Verwendungen sind die Memory Sticks und Flash Cards, die ihren Markt auch als MP3-Player u.a. erobert haben.

Die Technische Universität Darmstadt hatte 1998 einen Kristallspeicher in der Größe eines Zuckerwürfels entwickelt, der bis zu 1 TB Daten aufnehmen kann. Laser ermöglichen im dreidimensionalen Raum die schnellere optische Datenverarbeitung (1 GB/s). Holografische Speicher nutzen zur Datenspeicherung die speziellen Eigenschaften von Hologrammen (3D), welche mit Laserlicht in geeigneten (fotorefraktiven) Kristallen oder Polymerfilmen erzeugt werden. Neben der zu erwartenden hohen Speicherkapazität (z.B. 10 Gbit in einem Würfel mit Kantenlänge 1 cm) bieten sie durch die inhärente Parallelität des Ausleseprozesses auch hohe Datenraten bis in den Bereich von Gbit/s.

In der Giant-Magnetoresistance-Technologie (GMR) wurde eine Speicherdichte von ca. 800 Mbit/cm2 realisiert. Damit sind Kleinst-Festplattenlaufwerke mit Speicherkapazität möglich, die für den Einbau in eine Vielzahl mobiler Geräte von tragbaren Computern über digitale Kameras bis hin zu GPS-Navigationsinstrumenten geeignet sind. Im Labor konnte mit extrem glatten Oberflächen eine noch höhere Speicherdichte von 2,5 Gbit/cm2 erreicht werden.

IBM brachte in den 70er Jahren die 3,5"-Floppy-Disc mit 1,44 MB auf den Markt, was den Platz der alten 5,25"-Floppy-Disc für die CD-ROM (CD ab 1982) frei machte und 1992 kam die Minidisk (MD). Ein ZIP-Drive erreichte 1999 mit fast gleicher physikalischer Größe 100-250 MB, es ist aber durch CD-Write (650-700 MB),

JAZ-Drives 1-4 GB oder das Onstream-DP30-Laufwerk (30 GB) sowie die DVD als Speichermedien schon wieder überholt.

Den für viele Anwendungen wichtigen Vorteil der Nichtflüchtigkeit und Strahlungsfestigkeit besitzen aber nur integrierte Schaltungen auf Basis der Vakuum-Mikroelektronik (Funktionsprinzip der Elektronenröhre miniaturisiert). Ferromagnetische Dünnschichtspeicher (FRAM = Ferromagnetic Random Access Memory), bei denen die Information in einer dünnen Schicht ferromagnetischen Materials nichtelektrisch gespeichert wird, sind wegen ihrer Nichtflüchtigkeit und Strahlungsresistenz speziell in der Datensicherung und im militärischen Bereich interessant.

Bei den Festplatten waren die 10-20 MB Speicherkapazität den Anfängen genüge, während 1998 ungefähr 30 GB auf einer 3,5"-Festplatte (IBM) gespeichert werden konnten, was etwa 3 GB/in2 entspricht. 1999 erreichte die größte Festplatte im Standardformat 50 GB Gesamtkapazität, 2002 mehr als das Doppelte, 2004 benötigten die Kids für Video und Spiele Festplatten mit mindestens 200GB.

Die CD und DVD erreichten ihr Limit im Licht des Lasers und der Beschichtung. Die magnetischen Speichertechnologien unterliegen hinsichtlich der maximalen Speicherdichte einer anderen physikalischen Grenze, dem superparamagnetischen Limit. Es ist der Punkt, an dem die einzelnen, unterschiedlich polarisierten magnetischen Bitspeicherbereiche so klein werden, dass sie sich gegenseitig beeinflussen und schwächen, wodurch ein korrektes Speichern oder Lesen unmöglich wird. Diese natürliche Kapazitätsgrenze wird zwischen 6-20 GB/in2 vermutet.

Eine Speicherdichte von bis zu 40 GB/in2 verspricht die "Optically Assisted Winchester" (OAW), bei der das alte magnetoptische Speicherverfahren mit neuer Lasertechnologie verwendet wird. Ein Standardverfahren zur Speicherung über Laser ist inzwischen die CD-ROM mit 650/700 MB. Ihr Nachfolger ist seit 1997 die Digital Video Disk (DVD) mit 8 und 12 cm Durchmesser und zwei Laserschichten. 2,1 GB werden für 133 Minuten Video im MPEG-2-Format benötigt, was bei max. 17 GB eine Spielfilmlänge von 8-9 Stunden oder 200 Stunden Audio entspricht.

Die alten Ägypter wussten es besser, für eine dauerhafte Speicherung über Jahrzehnte oder Jahrhunderte geht man heute wieder zurück zum Prinzip der Steinplatten, nur dass heute ein Laser die Schrift permanent in einen Stahl schneidet, die dann mit OCR-Programmen wieder ausgelesen werden kann (Rosetta-Project).

Im privaten und militärischen Bereich entstand durch die Computer und deren Programme ein neuer Kriminalitätsbereich bei Hard- und Software. Neben dem Diebstahl von Daten über Netzwerke sind die Anomalien (auch "malicious" (böswillige) Software oder kurz "Malware" genannt) inzwischen als elektronische Waffe anzusehen, die im Falle einer militärischen Auseinandersetzung mit nachhaltiger Wirkung eingesetzt werden können.

Anomalien werden im Sprachgebrauch oft lediglich als Viren bezeichnet. Es sind Codefragmente, die in andere Dateien eindringen und sich bei deren Ausführung oder Verarbeitung vermehren. Es unterschieden sich Bootsektoren, Makro- und Datei-Anomalien. In Analogie zu den biologischen Viren ist ein Computervirus für sich alleine meist nicht reproduktionsfähig. Dagegen handelt es sich bei den Würmern um komplette Programme, die sich im gesamten System selbstständig vermehren können und die ein weiteres Spezialgebiet der Anomalien darstellen.

Die Trojanischen Pferde verhalten sich äußerlich wie die herkömmlichen Anwendungsprogramme, enthalten intern aber Scripte, welche das Betriebssystem schädigen können. Sie können sich nicht selbst duplizieren, sondern werden durch Kopieren verbreitet. Viren, Trojanische Pferde und gegebenenfalls Logische Bomben können über Netzwerke in einzelne Computer eindringen. Das Ausspähen von Datenbanken sowie Manipulationen von Datenbeständen kann ebenfalls über Netzwerke erfolgen und erweitert sich mit den Millionen von Mobilfunktelefonen, Handheld-PCs und PDAs (Private Digital Assistant, allein 31 Millionen im Jahre 2004) und einem Potenzial von über 10 Milliarden E-Mails (allein 2002) täglich weltweit. Als Logische Bomben werden Programmfragmente bezeichnet, die von Entwicklern in

Betriebssystemen oder Anwendungsprogrammen versteckt werden und bei Eintreten von bestimmten Bedingungen (z.B. Datum oder Systemeingaben) aktiviert werden. Logische Bomben Schäden verursachen aber sich nicht selbst duplizieren.

Stealth-Viren (Stealth = versteckt, Tarnkappe) verstecken sich sehr gut im System, können in Verbindung mit "Schläfern" sehr lange unentdeckt bleiben und sich dadurch auch sehr weit verbreiten, polymorphe Viren ändern ständig ihre Zeichenfolge, um von den Virenscannern nicht analysiert zu werden, eine weitere Versteckmöglichkeit wird mit der "Companion"-Eigenschaft ausgenutzt.

Viele Viren sind auch nicht völlig neu programmiert, sondern nur durch kleine Veränderungen des ursprünglichen Codes entstanden, was ihre Abwehr durch Virenscanner erschwert. Durch die Veröffentlichung der Quellcodes in Computerfachzeitschriften sind viele Nachahmungstäter entstanden, die einfach nur das Programm abschrieben und verändern. Die Java- bzw. ActiveX-Viren sind die neuen Hintertüren für Hacker, im Jahre 2004 gab es erstmals Bilder im Internet, die bei der Betrachtung ihren Code einschleusen konnten.

Neben den Softwareviren besteht auch die Möglichkeit, dass bei der Herstellung eines Computerchips Fehler eingebaut werden, die von außen gesteuert zu Fehlfunktionen des Computers oder Prozessors führen. Diese als "Chipping" bezeichnete Voreinstellung kann z.B. die Funktionsfähigkeit von Waffen- und Führungssystemen beeinträchtigen. Insbesondere bei ausländischer Produktion bestehen hier Gefährdungspunkte.

Die ersten Anomalien, die Boot- und File-Viren entstanden vermutlich 1982 in Pakistan, heute kommen täglich neue Programme dazu, die größtenteils aus vorprogrammierten Virenbausätzen stammen, die es auch jedem Laien ermöglichen sich als Internet-Terrorist zu versuchen. Jene Staaten, welche sich die Technologien zur Herstellung von atomaren, biologischen und chemischen Waffen verschaffen können, scheinen auch im virtuellen Kriegsszenario sehr aktiv zu sein.

Anfang der 70er haben Mitarbeiter einer US-Forschungseinrichtung ein Spiel erfunden, welches den gegnerischen Verteidigungssystemen maximale Rechenzeit für andere Abläufe abverlangte, z.B. um ein Luftverteidigungssystem lahmzulegen. 1980 verfasste Jürgen Kraus am Fachbereich Informatik der Universität Dortmund eine Diplomarbeit mit dem Titel "Selbstreproduktion bei Programmen". In dieser Arbeit wurde weltweit zum ersten Mal auf die Möglichkeit hingewiesen, dass sich bestimmte Programme ähnlich wie biologische Viren verhalten könnten. Der Verfasser schilderte die Konstruktion möglichst einfacher reproduzierender Programme, ging aber nicht auf das Problem der Sicherheit explizit ein. Die Arbeit wurde nicht veröffentlicht und verschwand im Archiv der Universität.

1984 veröffentlichte der Amerikaner Fred Cohen seine Arbeit mit dem Titel "Computer Viruses - Theory and Experiments". Da er insbesondere auf die Gefahren einging, die Computeranomalien für Rechner darstellen können, erregte seine Untersuchung nun auch internationales Aufsehen. Cohen ist auch die Definition des Begriffs Computervirus, der Anomalie, zu verdanken. Der erste bekannte Virus war unter dem Betriebssystem Unix programmiert, holte sich bei jeder Ausführung die Berechtigungen auf der Datenbank und konnte diese Berechtigungen jedem Benutzer schnell weitergeben.

1986 erschienen Viren zum ersten Mal aber auf IBM-kompatiblen Computern. Diese Viren waren recht einfach gebaut und konnten anhand fester Zeichenfolgen im Programm-Code entdeckt werden. Doch schon 1988 gab es den ersten Baukasten für den "Virus-Heimwerker", der bis dahin ein versierter Programmierer sein musste. 1990 wurde erstmals ein Virus gefunden, der sich selbst verändern konnte und es tauchte ein Virus auf, der Dateien zwar veränderte, aber nicht preisgab, wie er dies durchführte. Nahe liegend, dass er den Namen "Tarnkappen-Virus" bekam.

Seit 1993 gibt es mit stets steigender Tendenz fast täglich zwei bis drei neue Viren, wobei sie meist Varianten der Vorgänger sind. Der Computerwurm "NIMDA" verursachte im September 2001 z.B. innerhalb weniger Stunden allein Schäden in Höhe von ca. 2,6 Milliarden Euro. Im Jahr 2002 gab es rund 60.000

unterschiedliche Computeranomalien mit ca. 17 Milliarden Euro Kosten. Die Hacker wetteifern immer wieder um Anerkennung, die Programme attackieren oder verstecken sich heute sowohl in Dateien, als auch in Boot-Sektoren und Boot-Hierarchien, Downloads von Microsoft, Free- und Shareware, Bildern bis hin zur Hardware selbst. Ein Sprichwort der Systemadministratoren wurde deshalb: „Ein sicherer PC hat keinen Internetzugang, keinen Bildschirm, keine Maus, keine Tastatur und keinen Nutzer."

Während sich die erste Generation von Viren jedoch nur durch Aktionen der Anwender verbreiten konnten, nutzte die zweite Generation bereits bekannte Schwachstellen aus und konnte sich automatisch ohne Aktion des Nutzers verbreiten. In der dritten Generation gibt es eine extrem schnelle Verbreitung der Programme, da zusätzlich auch unbekannte Schwachstellen vorab gescannt werden, der Angriff dann entsprechend gut vorbereitet über erkannte und unerkannte Zugänge erfolgt, wobei die Viren sich den Situationen sogar selbst anpassen können. Hiervon sind speziell das Instant Messaging, die Funknetz-Infrastruktur oder z.B. auch Voice-Over-IP bedroht.

In der Vergangenheit betrug der Lebenszyklus eines Virus von der Entdeckung einer Schwachstelle bis zur großflächigen Ausnutzung ca. zwei Jahre, doch schlug z.B. der "SQL-Slammer" bereits sechs Monate nach der Entdeckung des Fehlers zu, "NIMDA" nach vier Monaten und "SLAPPER" sechs Wochen nach Bekanntwerden der Sicherheitslücke.

Kein Virus ist hingegen die bewusst falsche Virenmeldung, der Hoax, die jedoch durch Panikreaktionen der Nutzer trotzdem sehr gefährlich werden kann. Der erste dokumentierte Hoax war der "Good Time"-Hoax im Dezember 1994, der wie viele seiner Nachfolger davor warnte, dass beim Öffnen einer Datei die Festplatte formatiert oder gar zerstört würde. Diese Meldungen sollen Panik verursachen, speziell unter den nicht versierten Nutzern des Internets, sie richten durch die ausgelösten Reaktionen (Abschalten der Workstation, des Serverbetriebes, Löschen aller vorhandenen E-Mail oder Verzeichnisse...) teilweise aber ebenfalls beträchtliche Schäden aus und können den Betrieb nachhaltig beeinträchtigen.

Einer der ersten dokumentierten Hackerangriffe erfolgte vermutlich mit einem Besuch einer Abordnung der UN bei der New York Times im Jahre 1974. Wenig später verschaffte sich die Frau eines KGB-Agenten mit der UN-Datenbank Zugang zur Datenbank der Zeitung und somit zu einer ergiebigen öffentlichen Quelle. Dies mag zunächst nicht wichtig erscheinen, doch der Informationsvorsprung ist nicht zu unterschätzen und auch heutige Nachrichtendienste analysieren standardmäßig öffentliche Quellen.

Allein in Deutschland verursachen Anomalien jährlich Schäden in mindestens dreistelliger Millionenhöhe. Da für militärische Software aus Kostengründen meist auf die kommerziellen Hard- und Softwareprodukte (COTS, Commercial Off The Shelf) zurückgegriffen wird, ergeben sich auch gewisse Gefahren, die jedoch kalkulierbar sind, während spezielle Entwicklungen für militärische Anwendungen sehr hohe Kosten verursachen. COTS steht für ausführbare Programme und auch Hardware. Softwareanteile können jedoch das Eindringen über eine Firewall erleichtern oder gar in einem Waffensystem Fehler erzeugen, die im Ernstfall die Funktionsfähigkeit der Waffen beeinträchtigen, weshalb hier heute nach CGMN-OTS (Commercial-, Government, Military, NATO Off-The-Shelf) differenziert wird.

Das amerikanische Justizministerium betreibt eine Website mit dem Titel "Cost of Crimes", welche die entsprechenden Statistiken der Verbrechen und ihrer Kosten aufzeigen. Welche Kosten aber Cyberangriffe verursachen können, ist schwer zu beurteilen. Im Prinzip gilt aber, das der Gesamtwert eines Unternehmens auch die finanziellen Verluste durch Virenattacken oder Cracker darstellen.

Der "MELISSA"-Virus des Programmierers David L. Smith von AT&T erreichte in Schätzungen eine Schadenshöhe von 80 Millionen Dollar. Der Liebesbrief aus den Philippinen ("I-Love-You"-Wurm) infizierte 80% der US-Regierungsbehörden, 30% der englischen E-Mail-Systeme, 70% der deutschen Systeme, 80% aller schwedischen Systeme sowie weltweit weitere. Insgesamt wurde der Schaden hier bereits auf ca. 10 Milliarden Dollar geschätzt.

"Die Sicherheit in der Informationstechnik ist eine Schlüsselfrage für jede moderne Volkswirtschaft"

Bundesinnenminister Otto Schily am 14. Februar 2000.

Schily hatte nach den Hackerangriffen auf das Internet Mitte Februar 2000 eine Task Force Sicheres Internet eingesetzt (TAFOSI). In der Task Force arbeiten Mitarbeiter des Bundesministeriums des Inneren (BMI), des Bundesministeriums für Wirtschaft und Technologie (BMWi), des Bundesministeriums der Justiz (BMJ), des Bundesamtes für die Sicherheit in der Informationstechnik (BSI) und des Bundeskriminalamtes (BKA) zusammen. Insofern sind auch seine Bestrebungen zur Zentralisierung der Nachrichtendienste für den Antiterrorkampf verständlich, auch wenn es eine große persönliche Kehrwende für sein früheres Aufgabengebiet darstellt. Je nach Anlass werden weitere Experten zu den Beratungen der Task Force hinzugezogen. Das BSI unterhält zusätzlich das Computer Emergency Response Team (CERT) im Bundesamt für Sicherheit in der Informationstechnik (E-Mail: cert@bsi.de).

Mit dem Zusammenwachsen der Datenverarbeitungs-, Kommunikations- und Bürotechnik zur Informationstechnik (IT) ergab sich auch für die Bundeswehr die Notwendigkeit, die Aufgaben der Sicherheit in der Informationstechnik (IT-Sicherheit) zentral zu organisieren. Am 1. August 2000 nahm der erste IT-Direktor, Ministerialdirigent Klaus Hahnenfeld, mit einem Stab von 52 Mitarbeitern die Arbeit auf, um damals bereits 360 Einzelvorhaben unter eine Leitung zu integrieren.

Das Bundesamt für Informationsmanagement und Informationstechnik der Bundeswehr (IT-AmtBw) wurde am 13. Mai 2002 in Dienst gestellt und war eine Bundesbehörde (Bundeswehrverwaltung) im Organisationsbereich Rüstung mit Hauptsitz in Koblenz. Aufgabe des Amtes war es, Streitkräfte und Wehrverwaltung mit aufgabengerechten, modernen und wirtschaftlichen IT-Verfahren und IT-Systemen auszustatten. Das Amt war eine Ausgründung aus dem Bundesamt für Wehrtechnik und Beschaffung sowie einigen militärischen Ämtern (z. B. Amt für Fernmelde- und Informationssysteme der Bundeswehr). Sein Hauptsitz befand sich in Koblenz-Rauental. Das Amt unterstand in fachlicher, organisatorischer und personeller Hinsicht der Abteilung Modernisierung des BMVg. Zum 30. September 2012 wurde das Amt aufgelöst, die Aufgaben gingen auf das neue Bundesamt für Ausrüstung, Informationstechnik und Nutzung der Bundeswehr (BAAINBw) sowie auf das ebenfalls neu aufgestellte Betriebszentrum IT-System der Bundeswehr über.

Ein geschütztes System ist auch nur so sicher, wie das schwächste Glied in der Kette - die größte Sicherheitslücke. Die größten Schwachstellen bzw. Bedrohungen der Sicherheit liegen hinter den Firewalls und den Virenscannern - der Nutzer und der Innentäter. Wenn das FBI in einer aktuellen Studie 70% der Angriffe auf sicherheitsempfindliche Bereiche der USA als aus dem Internet stammend bestätigt, wird dabei im Nachhinein erklärt, dass 75% der erfolgreichen Angriffe, die einen direkten finanziellen oder sicherheitsempfindlichen Schaden verursachten, von interner Stelle aus ausgeführt wurden. Auch Studien des BSI belegen die Tatsache, dass der Mitarbeiter die wichtigste Säule eines Sicherheitskonzepts ist.

Eine Firewall ist im Grunde lediglich ein Regelwerk, welches zwischen der Innenwelt eines lokalen Netzwerkes oder eines einzelnen Computersystems und einem Host bzw. dem Internet/Interneteinwahlserver installiert wird, um den Datenverkehr zu überwachen, speziell den Verkehr und Zugriff aus dem externen Umfeld auf den Bereich hinter der Firewall. Die Firewall ist also im weitesten Sinne ein Daten- und Zugriffsfilter, der durch Intrusion Detection System und Virenscanner ergänzt sein muss.

Virenscanner arbeiten meist nach der Bitmustererkennung oder mit Prüfsummen, während heuristische Scanner nach bestimmten Verhaltensmustern suchen, um polymorphe Viren aufzuspüren. Es ist ein ständiger Wettlauf zwischen Virenprogrammen und Schutzprogrammen, der sich in allen Computerbereichen vollzieht. Da alle komplexen Waffensysteme, Kommunikationseinrichtungen etc.

heute auf Computerunterstützung basieren, stellt dies ein ernsthaftes Problem der zivilen und militärischen Anwender dar.

Allein im zivilen Bereich stieg die Zahl der angezeigten Straftaten beim Ausspähen von Computerdaten um 750% im Jahre 1996. Die Betreiber nutzen zum Schutz Techniken wie Gateways, Proxys und Firewalls. Je komplexer die Sicherheitsvorkehrungen werden, desto sicherer wird die Arbeitsumgebung, aber umso komplexer sie auch für die Nutzer. Dies wirkt sich dann wieder negativ auf die Produktivität aus. Hier muss also bezogen auf die notwendige Sicherheitseinstufung eine entsprechende Abwägung zwischen der Nutzung der Daten und ihrer Absicherung getroffen werden.

IBM entwickelt an einem Programm, welches einen Virus automatisch erkennen und auch sofort ein Gegenprogramm entwickeln kann. Nach dem Prinzip des menschlichen Immunsystems wird ein Virus isoliert und dann bekämpft. In Netzwerken wird der Impfstoff, das Anti-Virenprogramm, automatisch an die vernetzten Arbeitsstationen übermittelt, im Internet entsprechen als Download-Programm bereitgestellt. Doch über derartige Downloads entstehen wieder neue Gefahren.

Neben Viren und fremd initiierten Systemabstürzen gibt es weitere Gefahren im Internet. Gefälschte E-Mails und den Absender verbergen geht am einfachsten mit entsprechenden Tools, zum Beispiel, Ghost Mail, Private Idaho oder Potato. Die Software wird aus dem Internet heruntergeladen und installiert sich auf dem PC. Dann wird die Mail erstellt schon geht die Nachricht anonymisiert auf die Reise. Bei Potato und Ghost Mail kann festgelegt werden, welcher Absender beim Empfänger erscheint und an welche Reply-Adresse er automatisch antworten soll. Eine andere Alternative bietet die Fake-E-Mail-Anbieter bei denen per Web-Interface eine anonyme Mail versendet werden.

Fake-Mailer wie Ghost verwenden offene Relays (Mail-Server, welche die Identität des Absenders nicht prüfen). Über diese können Nachrichten mit beliebigen Absender-Adressen verschickt werden. Da offene Relays auch für Spam-Versand beliebte Angriffsziele sind, gibt es heute glücklicherweise kaum noch Mail-Server, die nicht entsprechend gut abgesichert sind. Deshalb werden nun Tools eingesetzt, um die Passwörter der Nutzer gleich mit zu entziffern.

Fake Mails laufen über offene Relays und Domains in meist exotischen Ländern, was eine rechtliche Verfolgung erschwert. Im Internet spielt es keine Rolle, ob man die Fake-Mail über Costa Rica oder Kolumbien oder über die Schweiz absetzt. Relay-Adressen die Fake-Mail akzeptieren, werden in Newsgroups angeboten, wenn nach den Begriffen "Spam" oder "Fake-Mail" gesucht wird.

Soll eine Telnet-Verbindung auf den Port 25 des verwendeten Mail-Servers geöffnet werden, kann dessen IP-Adresse über einen "Ping"-Befehl ermittelt werden. Mit dieser IP-Adresse startet man dann eine Telnet-Sitzung, beispielsweise über das DOS-Fenster und die Kommandozeile Telnet IP-Adresse 25. Dieser Port 25 ist standardmäßig für das SMTP-Protokoll (Simple Mail Transfer Protocol) reserviert, über das auch Outlook und andere Clients Nachrichten verschicken. Mit der Telnet-Sitzung kann nun manuell eine SMTP-Sitzung eröffnet werden.

Mit dem "Hello"-SMTP-Befehl wird eine Mail-Sitzung gestartet, wobei als Parameter der Server übergeben wird, von dem aus der die E-Mail angeblich verschickt wurde. Die Gegenstelle antwortet und nach Bestätigung des Kommandos wird mit dem Befehl (mail from:) der gewünschte Absender eingegeben, wobei eine beliebige andere Adresse gewählt werden kann, als mit dem "Hello"-Kommando festgelegt wurde. Wichtig ist nur ein gültiges Adressenformat. Anschließend wird über (rcpt to:) die Empfängeradresse festgelegt und mit dem "Data" wird die Eingabe des eigentlichen Nachrichtentextes eingeleitet, der mittels "Enter" beendet wird. Mit "Quit" wird das SMTP-Protokoll beendet und die Fake-Mail ist auf dem Weg. Auch wenn es hier etwas abstrakt erklärt ist, kann auch ein normaler Nutzer die Anwendung nachvollziehen, es gibt natürlich auch Softwaretools, welche dies automatisieren können.

Fake-Mail kann jedoch teilweise zurückverfolgt werden. Beim Verwenden von Telnet muss der Absender nur darauf achten, die Telnet-Einstellungen so zu konfigurieren, dass ein lokales Echo erfolgt. Hierzu dient das Menü Terminal-Einstellungen. Wer Fake-Mail empfängt, kann den Weg zumindest bis zum betreffenden Relay, an dem die Nachricht ursprünglich akzeptiert wurde, zurückverfolgen. Die entsprechenden Infos stehen im Mail-Header, den Outlook und Netscape in der Regel nicht anzeigen. Allerdings verrät die Mail mehr über sich und ihre Herkunft, als es auf den ersten Blick den Anschein hat. Um an die versteckten Daten der Mail heranzukommen, kann der Nutzer in den E-Mailprogrammen in den Eigenschaften nachforschen.

Der Mail-Header enthält jede Menge Informationen, die Outlook o.a. zur Auswertung und korrekten Darstellung der Mail nutzen. Dies ist unter anderem MIME-Type, die verschiedenen Mail-Felder wie „From oder Subject", die Angaben zum X-Mailer, mit dem die Nachricht erstellt wurde und der die der Nachricht zugewiesene ID enthält.

Interessant für die Rückverfolgung einer Mail sind allerdings vor allem die Einträge am Anfang des Headers. Jeder E-Mail-Server, der die Nachricht entgegennimmt und weiterleitet, fügt am Anfang des Kopfes eine eigene Zeile hinzu, die seine Adresse und eine Received Form-Angabe enthält. Über diese - Received From - kann verfolgt werden, welchen Weg die Mail durch das Netz genommen hat, indem man alle Einträge bis zum letzten - Received From - zurückgeht, identifiziert man das Relay, welches die Fake-Mail entgegengenommen hat. In der Regel findet man im Header sowohl die IP-Adresse wie auch den Servernamen. Nun ist der Provider in der Pflicht, weiter Angaben zu machen, was in der Karibik etc. schon wieder das Ende der Linie darstellt.

Eine Fake-Mail kann in der Regel auch nicht zurückverfolgt werden, denn wieder kann nur der Betreiber des Servers mittel Log-Files ermitteln, wer sich auf dem Server eingeloggt hat und für die Mail letztendlich verantwortlich zeichnet. Dies wird er aber nur nach Aufforderung durch staatliche Ermittlungsbehörden tun. Auf jeden Fall aber kann der Betreiber darauf hingewiesen werden, dass über seinen Server Fake-Mail und Spam versendet werden. In der Regel sollte das genügen, um das offene Relay zu schließen.

Mailadresse oder Telefonnummer des Providers können über eine "Who-is"-Anfrage erhalten. Hierzu kann ein spezieller Who-is-Client oder eine MTML-"Who-is"-Abfrage etwa unter www.ripe.net genutzt werden in der mittels IP-Adresse oder Servernamen der Eintrag auf der RIPE-Datenbank abgefragt wird, der den Besitzer der Domain ausweist. Über die IP-Adresse werden die gewünschten Auskünfte, bis hin zur Anschrift und der Mail-Adresse des Verantwortlichen beziehungsweise des für die Technik Verantwortlichen zugestellt.

Für den Standard-Internetnutzer sind diese Dinge kaum nachzuvollziehen, für versierte Hacker sind es Aufwärmübungen. Hier trennen sich die Welten der normalen Nutzer von der dunklen Seite der Cyberdomäne.

Der bedienerfreundliche Datenklau bzw. die Fernsteuerung fremder Rechner kann ebenfalls über verschiedene Wege geschehen. Die bekanntesten Trojaner sind die ferngesteuerten Trojaner, auch RAT (für Remote Administration Trojan) genannt. Seit die Hacker-Gruppe Cult of the Dead Cow (CDC) 1998 mit dem Trojaner Back Orifice ein leicht zu bedienendes Remote-Control-Programm veröffentlichte, gibt es einen regelrechten Boom. Das Programm kann man als download erhalten und schon kann man seine Arbeit beginnen. Der Name Back Orifice stand zunächst als Verhöhnung der Microsoft Server-Software Back Office und bedeutet übersetzt eben "Hintertür". Es ermöglicht die Fernsteuerung eines Rechners ohne Kenntnis des Benutzers. Mit den RATs Netbus und Sub 7 wurde die Funktionalität noch erweitert, sodass die Software dem Remote-Administrator einen weitergehenden Zugriff ermöglicht, als ihn der sogar lokale Benutzer des Rechners selbst hat. Zunächst muss auf dem Rechner, der ferngesteuert oder ausspioniert werden soll die Server-Komponente gestartet werden. Das läuft in der Regel darauf hinaus, dass der Benutzer sich den Trojaner unwissentlich selbst installieren muss, da der physikalische Zugriff auf den Rechner für den Nutznießer des Trojaners meist nicht vorhanden ist.

Man bietet die Datei als angeblich nützlichen Patch oder als unterhaltsames Scherzprogramm an. Deshalb dürfen Nutzer niemals Software-Updates o.ä. ausführen dürfen. Die Verbreitung des Trojaners kann per Mail-Attachment, ICO oder Download von der Webseite gestartet werden. Hat der Surfer die Datei erst einmal gestartet, klinkt sie sich nahezu unsichtbar ins System ein und wartet darauf, über eine Verbindung per UDP-Protokoll angesprochen zu werden. Dabei ist zunächst ein Standard-Port voreingestellt, über den die Kommunikation läuft, bei Back Orifice zum Beispiel den UDP-Port 31337 oder 31338. Dieser Port kann aber über Server-Konfiguration-Tools geändert werden, sodass der Trojaner auch durch gute Desktop-Firewalls kaum noch erkennbar ist.

Bei Back Orifice ist es allerdings nach der Infektion schwierig, die IP-Adresse des infizierten Rechners, also des Hosts, herauszufinden. Diese ändert sich nämlich auf fast allen PCs bei jeder Einwahl. Dieses Manko haben die Nachahmer von Back Orifice behoben, indem sie automatische Features zur Benachrichtigung integrieren. Sobald der befallene Rechner Online geht, kann beispielsweise bei Netbus eine Mail mit der PI-Adresse an eine zuvor festgelegte E-Mail-Adresse geschickt werden. Sub 7 ermöglicht darüber hinaus auch eine Benachrichtigung via ICQ oder IRC-Chat.

Ist der Trojaner erst einmal erfolgreich installiert, hat der Client die volle Kontrolle über den Host. So können zum Beispiel gespeicherte Passwörter (z.B. Internet-Logins mit Einwahlnummern, sowie beliebige Dateiinhalte) übertragen werden. Ein lokales Ausführen von Passwort-Sniffern wie PWL-View zum Auslesen der im Cache gespeicherten Passwörter ist deshalb nicht mehr notwendig.

Sämtliche Eingabegeräte wie Maus oder Tastatur können von der Trojaner-Client-Anwendung beim Hacker kontrolliert werden. Es ist möglich die aktuellen Tastaturanschläge auf dem Host mitzuverfolgen und in einer Textdatei zu protokollieren, wodurch ebenfalls kein Passwort verborgen bleibt. Alle Eingaben stehen bei der nächsten Verbindung dem Hacker zur Verfügung. Außerdem können Screenshots vom Host-Bildschirm übertragen oder beliebige Kommandos der Tastatur an den Host geschickt werden. Die Umleitung von Ein- und Ausgaben aus Konsolenanwendungen wie cmd.exe auf den Trojaner-Clients bietet zudem die Möglichkeit, den fremden Rechner weiter zu manipulieren, ohne auf dessen grafische Oberfläche zuzugreifen.

Das Opfer wird Komplize wider Willen, da sein Rechner von dem Straftäter missbraucht wird. Eine Funktion ist dabei der Port-Redirect, den Sub 7 und Netbus beherrschen. Der infizierte Rechner funktioniert dabei wie ein simpler Proxy. Der Hacker kann sämtliche Aktionen vom Surfen über das Versenden von Mails bis hin zu IRC-Chats über den Rechner und damit auf die Rechnung des gehackten PC umleiten. Als logische Folge wird der Host bei sämtlichen illegalen Aktionen von diesem PC aus in den Protokolldateien angegriffener Server eingetragen. Er fungiert für den Hacker also als "Anonymizer", der die tatsächliche Herkunft der Angriffe verschleiert, bis bei dem erstaunten Internetsurfer die Polizei vor der Tür steht.

Die Ähnlichkeit der Trojaner mit regulären Remote-Administrationsprogrammen ist bewusst. Tatsächlich nehmen die meisten der Trojaner für sich in Anspruch ein reines Fernwartungs-Tool zu sein. Vergleicht man Trojaner wie Back Orifice mit Remote-Admin-Tools, so weisen die Trojaner meist einen größeren Funktionsumfang auf und sind zudem als Freeware weit verbreitet. Von Back Orifice 2000 ist auch der Quellcode frei verfügbar, sodass versierte Programmierer den Code für eigene Zwecke anpassen und verändern können.

Neben den RATs gibt es einige weniger bekannte, aber nicht weniger gefährliche Trojaner. Passwort-Trojaner werden genau wie RATs meist via E-Mail-Anhang verbreitet und spähen lokal gespeicherte Passwörter auf infizierten Rechnern aus, um sie per Mail an die Adresse des Hackers zu verschicken. "AP Strojan" wurde z.B. als Mail-Attachment an AOL-Accounts verschickt und versendete bei seiner Ausführung die AOL-Kontodetails an seinen Autor. Da er zudem als Wurm konzipiert ist, versendet er sich, falls der infizierte Rechner bei AOL angemeldet ist, an alle Adressen in der Buddylist, sofern diese Rechner gerade online sind.

Vertrauliche Daten aus der Firmendatenbank sind beliebte Angriffsziele. Eine erfolgsversprechende Variante ist hierbei das Ausnutzen des standardmäßig leeren Passworts im Microsoft-SQL-Server. Ist zusätzlich in der Firewall Port 1433 für die Kommunikation mit dem SQL-Server nicht gesperrt, können nicht nur Datenbankanfragen gestartet, sondern mittels der eingebauten TSQL-Prozedur XP CMDSHELL auch Konsolenanweisungen an den Server geschickt werden.

Ab diesem Punkt kann der Hacker dem Server die Anweisung geben, sich selbst mit einem im Internet bereitgestellten Trojaner zu infizieren. Ein besonderes Sicherheitsrisiko ist das mit Windows-NT und 2000 gelieferte und per Default installierte FTP-Programm (TFTP).

Der Server erhält die Anweisung, sich mit einem TFTP-Daemon zu verbinden und einen Trojaner zu laden. Mit einer einfachen Anweisung wurde das Programm „tronjaner.exe", geladen und anschließend durch einmaliges Ausführen installiert. Der Angreifer stellt nun die Kommunikation mit dem Trojaner auf HTTP-Port 80 oder FTP-Port 21 um, da diese fast immer freigeschaltet sind und hat damit die komplette Kontrolle über den Server. Hier sollte ein Nutzer immer mittels Firewall o. Ä. seine Ports kontrollieren.

Anstatt fremde Passwörter oder Kreditkartennummern mithilfe von Trojanern zu stehlen, können diese auch gefälscht werden. Kreditkartennummern werden am häufigsten der LUHN-Algorithmus für die Verifizierung der Nummern verwendet. Dabei handelt es sich um eine simple Modulo-10-Operation, deren Source Code im Netz frei verfügbar ist.

Auf Internetseiten finden sich Javascript-Implementierungen, deren Informationen zur Anwendung von "Phreaking", "Phishing" (personenbezogene Mail) u.a. Methoden wichtig sind. Beim "Phreaking" registriert sich zum Beispiel eine Person mit falschen Informationen bei einer kostenpflichtigen Site als neues Mitglied. Auf Webseiten gibt es eine Vielzahl kleiner Tools, mit denen sich nicht nur reale Kreditkartennummern verifizieren, sondern auch neue Nummern generieren lassen. Nachteil ist, dass die meisten Generatoren nicht das dazugehörige Gültigkeitsdatum liefern. Daher bieten Tools, Funktionen an, aus einer bestehenden gültigen Nummer eine weitere Nummer zu extrapolieren. Da die so generierten Nummern sich häufig nur in den letzten Stellen von den Originalnummern unterscheiden, sind die Chancen groß, eine aktuell gültige Nummer generiert zu haben.

Werden gängige Sicherheitsregeln im Umgang mit Mailanhängen und Software zweifelhafter Herkunft beachtet, kann sich der private Nutzer durch Verwendung aktueller Virenschutz-Software und einer gut konfigurierten, aktuellen Firewall auch in Zukunft vor der Datenspionage aus dem Internet "relativ" sicher fühlen.

Allerdings muss ein Hacker auch nicht in den Computer eindringen, um Informationen zu erhalten. Das IP- und DNS-Spoofing gehört hier zu den Handwerkszeugen der Hacker im Internet. Um im Internet mit einem anderen Rechner kommunizieren zu können, wird dessen IP-Adresse benötigt. Diese Adresse ist in Klassen unterteilt und setzt sich aus vier Zahlenreihen zwischen 0 und 255 zusammen, also zum Beispiel 195.95.186.226. Da solche Nummern nicht sehr einprägsam sind, wird einer solchen IP-Adresse fast immer ein Name zugeordnet. Das Verfahren hierzu nennt sich DNS (Domain Name System). So kann der WWW-Server unter http://www.bund.de als auch unter http://195.95.186.226 angesprochen werden, denn der Name wird bei der Abfrage in die IP-Adresse umgewandelt. Die Datenbanken, in denen Rechnernamen die zugehörigen IP-Adressen zugeordnet werden bzw. den IP-Adressen entsprechende Rechnernamen befinden sich auf den Domain-Name-Servern.

Für die Zuordnung zwischen Namen und IP-Adressen gibt es 2 Datenbanken, in denen die IP-Adresse und der zugehörige Name zugewiesen werden. Diese Datenbanken müssen miteinander nicht konsistent sein! Von DNS-Spoofing ist die Rede, wenn es einem Angreifer gelingt, die Zuordnung zwischen einem Rechnernamen und der zugehörigen IP-Adresse zu fälschen, d.h., dass ein Name in eine falsche IP-Adresse und umgekehrt umgewandelt wird. Dadurch sind unter anderem r-Dienste (rsh, rlogin) für einen Angriff nutzbar, die es erlauben, eine Authentifizierung anhand des Namens des Clients durchzuführen. Der Server weiß die IP-Adresse des Clients und fragt über DNS nach dessen Namen.

Wie leicht es ist ein DNS-Spoofing durchzuführen, hängt davon ab, wie DNS-Spoofing durchgeführt wird und wie das Netzwerk des Angegriffenen konfiguriert ist. Da kein Rechner alle DNS-Informationen der Welt besitzen kann, ist er immer auf Informationen anderer Rechner angewiesen. Um die Häufigkeit von DNS-Abfragen zu verringern, speichern die meisten Namensserver die Informationen, die sie von anderen Namensservern erhalten haben, für eine gewisse Zeit. Ist ein Angreifer in einen Namensserver eingebrochen, kann er auch die zur Verfügung gestellten Informationen abändern. Also einfach ist es nicht und es gehören gute Kenntnisse dazu, um in Netzwerke und Computer eindringen zu können. Das schließt aus, dass es aus Versehen geschehen kann.

Ein weiter Schritt als Gegenmaßnahme in der IT-Sicherheit sind biometrische Erkennungsverfahren. Pharaos im alten Ägypten unterzeichneten bestimmte Dekrete mit einer biometrischen Identifizierung, dem Daumenabdruck. Im Jahre 1893 demonstrierte Sir Francis Galton, dass es keine identischen Fingerabdrücke von zwei Menschen gibt und Sir Edward Henry entwickelte darauf basierend sein Henry-System des Abdrucknachweises. 2002 verfügte das FBI über eine Datenbank mit ca. 200 Millionen Fingerabdrücken (29 Millionen davon sind einmalig) im Finger Print Compression Standard. Nach Einführung des biometrischen Erkennungsmerkmales bei der Einreise in die USA dürfte die Datenbank bald über eine Milliarde Menschen aus aller Welt enthalten.

Neben dem Fingerabdruck gibt es den Netzhaut-Scan. Er kann neben der eindeutigen Identifizierung sogar Informationen über die gesundheitliche Verfassung der Person wie z.B. Drogenmissbrauch, Erbkrankheiten oder sogar AIDS-Erkrankungen geben. Weitere biometrische Zugriffskontrollen, neben Fingerabdrücken und Netzhaut- oder Iris-Muster, authentifizieren einen Benutzer z.B. anhand seines Körpergeruchs, seiner Gesichtsstruktur, seinem Venen-Muster oder seiner Stimme.

Die Identifizierung des Nutzers für das Login sichert den Zugriff auf die eine Weise, die Firewall und Virenscanner versuchen unberechtigte Zugriffe aus dem Netzwerk zu verhindern. Dies ist ein elektronisches Wettrüsten, in dem es wie immer keinen Gewinner, sondern nur Transformation und stetigen Wettkampf geben kann.

Intrusion Detection (ID) ist ein neueres Teilgebiet im IT-Sicherheitsbereich, welches das Ziel hat, Methoden zur Erkennung von Angriffen auf Rechnersystemen zu entwickeln. Ein ID-System (IDS) wird in Analogie zu einer Alarmanlage gesehen. Gelingt es beispielsweise einem Angreifer trotz des Schutzmechanismus der Firewall, ein Virenprogramm zu installieren und auch zu aktivieren, so soll das IDS einen Alarm auslösen und den zuständigen Sicherheitsbeauftragten (System Security Officer, SSO) mittels E-Mail, Pager etc. informieren. Der SSO kann dann das IDS nach genauen Informationen zu dem Angriff befragen, um so geeignete Gegenmaßnahmen zu treffen. Im schlimmsten Fall kann er sich dazu entscheiden das System herunterzufahren.

Sobald ein Angreifer Zugriff auf ein Rechnersystem oder auf einen Teil von ihm erlangt hat, kann er im Rahmen der erlangten Rechte hohen Schaden anrichten. Falls ein Angreifer ein System bis zum Erreichen eines Denial-of-Service penetriert, so möchte der betroffene Systembetreiber den Angreifer ermitteln können. Dies erfordert, dass genügend Information vorhanden sein muss, um den Angreifer ausfindig zu machen. Aus diesem Grunde kann es hilfreich sein, nicht sofort alle Verbindungen zum Angreifer zu schließen, sondern ihn kontrolliert weitere Angriffe durchführen zu lassen. Weiterhin kann es Angriffe geben, deren Risikopotenzial so groß ist, dass das angegriffene System sofort heruntergefahren werden muss.

So haben sich neue Ansätze in der Systemsicherung entwickelt, die in den letzten Jahren zu unverzichtbaren Komponenten einer Netzanbindung geworden sind. Die Intrusion Detection Systeme (IDS) prüfen die

Aktivitäten auf einzelnen Rechnern und dem gesamten Netz und in einem weiteren Schritt trifft die Intrusion Detection Response (IDR) Gegenmaßnahmen.

Die Analyse von über einer halben Million Sicherheitswarnungen eines ID-Systemes (NetRanger/NetSolve Pro-Watch Secure Monitoring) zwischen Mai und September 1997 gibt einen Eindruck über die Trends der Angriffe. Jeder Kunde hat auf seinem System mindestens einen schwereren Angriff sowie ein monatliches Scanning nach Diensten und andere Ausspähversuche feststellen können. Am oberen Ende der Analyse fanden sich Benutzer mit Anwendungen aus dem Bereich Electronic Commerce, deren Systeme sich monatlich durchschnittlich fünf schweren Angriffen ausgesetzt sahen, die von Benutzern durchgeführt wurden.

Die meisten Angriffe kamen jedoch nicht von Universitäten oder Unternehmen mit festem eigenem Adressenteil, sondern verliefen über ISP (Internet Service Provider), die ihren Benutzern eine dynamische IP-Adresse zuteilen. Des Weiteren war eine Korrelation zwischen der Anzahl der Angriffe in einem Zeitraum und der Diskussion über Angriffe mit anschließender Bereitstellung von Angriff-Skripten erkennbar.

Zur Überprüfung der Integrität stellen Systeme dem Administrator Informationen in Form von Audit-Daten zur Verfügung. Diese Daten werden während des Betriebs vom Betriebssystem, den einzelnen Applikationen oder definierten Systemschnittstellen aufgezeichnet. Die dabei anfallende Menge von Audit-Daten ist unter Umständen so groß, dass sie nicht manuell vom Systemadministrator nach allen Aspekten möglicher Angriffe durchsucht werden kann (wie so viele andere Protokolle). Darüber hinaus sind die Administratoren nicht zu jeder Zeit verfügbar. Werkzeuge, die sowohl die vom System bereitgestellten Audit-Daten untersuchen als auch eigenständig in der Lage sind, Systemkomponenten zu überwachen und unterstützen die Administratoren bei ihrer Arbeit.

Diese IRS (Intrusion Response System) sind also reaktive Systeme, welche auf der Grundlage von Nachrichten aus dem IDS geeignete "Intrusion Response"-Maßnahmen auswählen und durchführen. Entdeckt das IDS beispielsweise einen IP-Spoofing-Angriff und meldet diesen an das IRS, so kann das IRS u.a. entscheiden, den betroffenen Port zu deaktivieren, indem es den externen Router oder die Firewall neu konfiguriert.

Alles bisher Geschriebene ist lediglich eine historische Aufarbeitung. Die Computerkriminalität, d.h. Cyberangriffe die im Allgemeinen, Straftaten unter Ausnutzung elektronischer Infrastruktur erfolgen und ein Teil der Internetkriminalität sind, deren Straftaten basierend auf dem Internet oder mit den Techniken des Internets geschehen, war mit 82.600 Fälle und 55 Milliarden Euro Schäden pro Jahr, allein der Industrienation Deutschland im Jahre 2016 um 80% gestiegen. Unternehmen verloren durch IT-Downtime fast 23 Arbeitstage pro Jahr, wobei hier nicht nur Ausfälle durch Cyber-Attacken mitgezählt wurden, und die weltweiten Schäden durch Cyber-Kriminalität betrugen im Jahr 2016 rund 432 Milliarden Euro.

Übertragungswege mittels Kabel

Bei der elektrischen Frequenzübertragung über Kabel gibt es je nach Medium große Unterschiede, immer wieder haben Mensch und Technik viele neue Möglichkeiten zur Verfügung gestellt. Übertragungsleitungen waren anfangs lediglich einfache Metalldrähte, die lediglich mit Stoff ummantelt wurden. Die ersten Telegrafenleitungen bestanden aus Kupferdraht, der durch eine Guttapercha-Hülle und einen Bleimantel geschützt war. Guttapercha (Malaysia) ist der eingetrocknete braune Milchsaft von südostasiatischen Gummibäumen, der als elektrischer Isolator auch für Unterwasserkabel, Verbandmaterial u.a. verwendet wurde und der mit dem Kautschuk verwandt ist.

Neben dem Krarup-Kabel brachte das Pupin-Kabel 1899 weitere Verbesserungen. Eine in bestimmten Abständen in die Leitung eingebaute Spule des Pupin-Kabels wirkte der kapazitiven Kabeldämpfung entgegen. Die Telekom erprobte in diesem Prinzip mit Kupferkabel Datenübertragungen von 2-26 Mbps. Die neue Technologie DSL (Digital Subscriber Line) ermöglicht schon bei 2 Mbps eine Reichweite von 1,5 km ohne zusätzliche Verstärkung, bei 26 Mbps allerdings nur 300 m. Das asymmetrische DSL (ADSL) ist eine Variante die bis 9 Mbps überträgt.

Die Koaxial-Leitung bezeichnet die Bauart eines Hochfrequenz- und Nachrichtenkabels, bei einem oder mehreren Leitern von einem rohrförmigen, geerdeten Außenleiter umgeben ist. Beide Leiter haben also eine gemeinsame Achse und sind gegeneinander durch Isolierstoff abgestützt. Am 27. März 1884 bekam Werner von Siemens das Deutsche Reichspatent Nr. 28.978 bestätigt, doch erst bei den Olympischen Spielen von 1936 kam es zum ersten Einsatz in Verbindung mit der Nachrichtentechnik.

Ab den 30er Jahren war das Koaxialkabel nun verfügbar und verbesserte die Übertragungsbedingungen im Leitungsbereich und den Antennenleitungen. Lange Zeit blieb das Koaxialkabel das beste Übertragungsmittel mit bis zu 565 Mbps, bis es vom Glasfaserkabel abgelöst wurde. Bei Übertragung großer elektrischer Leistungen (z.B. Sendeantennen) gibt es allerdings zu den Koaxialkabeln oder den Hohlleitern weiterhin keine Alternativen.

Bei Übermittlungen über Draht gibt es eine Unterscheidung nach Verfahren. Das Zweidraht-Gleichlageverfahren beschreibt ein in beide Übertragungsrichtungen mit gleicher Frequenz arbeitendes System, meist auf der Originalfrequenz der Nachrichtenquelle, was als Basisband bezeichnet wird. Im Zweidraht-Getrenntlageverfahren verwendet man für den Duplexbetrieb hingegen unterschiedliche Frequenzen, wodurch die zwei Übertragungsrichtungen durch Frequenzweichen aus Hoch-Tiefpass-Kombination getrennt werden können. Vorwiegend bei Trägerfrequenzsystemen, bei denen das Basisband auf ein anderes Frequenzband transformiert wurde, findet sich dieses Verfahren.

Das Vierdrahtverfahren bietet in jeder Übertragungsrichtung ein komplettes Übertragungssystem aus Sender, Übertragungsweg und Empfänger für den Duplexbetrieb an. Eine Entkopplung ist nicht mehr notwendig. Das überregionale Telefonnetz über Koaxialkabel besteht fast ausschließlich aus Vierdrahtsystemen in Gleichlagebetrieb. Getrenntlage ist zwar theoretisch bei Vierdrahtverfahren möglich, findet aber kaum praktische Anwendung.

Zur mehrfachen Ausnutzung der Nachrichtenwege gibt es die Raum-, Frequenz- und Zeitmultiplexverfahren. Raummultiplex ist einmal der Versuch in einem Kabel möglichst viele Drähte unterzubringen, dem natürlich physische Grenzen gesetzt sind. Daneben gibt es Phantom-Schaltkreise durch bewusste induktive Kopplung. Das Frequenzmultiplex-Verfahren überträgt in einem Frequenzband (Trägerfrequenz) mehrere Basisbänder nebeneinander.

Bekannteste Anwendung ist das Fernsehen, bei dem die Farbbildinformationen mit den Toninformationen in einem Frequenzband übertragen werden. Mehrere Nachrichten können durch Zeitmultiplex-Verfahren in bestimmten kurzen Zeitrahmen nacheinander übertragen werden. Dafür müssen die verschiedenen Basisbänder (Nachrichten) in sehr kurzen Intervallen nacheinander abgetastet und das Signal festgelegt werden. Das Zeitmultiplex-Verfahren konnte erst mit der Pulscodemodulation zur breiten Anwendung kommen.

Die moderne Computertechnik und die leistungsfähigen zivilen und militärischen Kommunikationsnetze benötigen mit ihren hohen Datenmengen für ihre Verbindung aber ein wesentlich leistungsfähigeres Medium wie den Draht, entweder Lichtwellenleiter oder breitbandige Satellitenverbindungen.

Die Glasfaser bzw. der technische Begriff Lichtwellenleiter (LWL) dieses leistungsfähige optische System zur Übertragung von Informationen. Ein Lichtwellenleiter ist ein biegsamer Glasfaden von nur wenigen hundertstel Millimeter Durchmesser. Das innere Glas hat einen hohen, das Äußere einen niedrigen Brechungsindex, was den lichtbrechenden Mantel darstellt. Das Grundprinzip der optischen Nachrichtenübertragung mit Licht ist hier die Totalreflexion. Dies bedeutet, dass die eintreffenden Lichtsignale in einem bestimmten Winkel, der Numerischen Apertur (NA), eingespeist werden müssen, damit der Lichtwellenleiter die Energie mit geringstem Verlust weiterleitet.

Der Mantel trennt die einzelnen Fasern optisch dadurch voneinander, dass das Licht innerhalb eines Lichtwellenleiters immer total reflektiert wird. Da kein Licht von einer Faser zur Benachbarten dringen kann, ist es möglich ein Lichtleitkabel mit mehreren Fasern zu fertigen. Da der Brechungsindex des Kerns konstant ist und sich erst an der Grenze Mantel/Kern stufenartig verändert, nennt man dies eine Stufenindex-Faser.

Die größte Bedeutung haben Lichtwellenleiter für die digitale Nachrichtentechnik, in der sie das weltweit immer knapper werdende Kupfer ersetzen und gleichzeitig höhere Übertragungsraten ermöglichen. Erste Glasfaserkabel waren in der Stärke eines Haustelefonkabels und konnten dabei z.B. vier Kabel mit jeweils zwölf Fasern beinhalten, pro Faser theoretisch 9.040 Gespräche, also insgesamt 433.920 Verbindungen. Eine Übertragungsart ist die Intensität des Lichts im Rhythmus der Nachricht zu verändern, allerdings werden meist in digitalen Verfahren die Nachrichten als Lichtimpulse einer kohärenten Lichtquelle übertragen. Voraussetzung für diese Anwendung war eine drastische Verringerung der zeitlichen Verbreiterung der Lichtimpulse.

Das gelingt mit der Gradienten-Faser, bei welcher der Brechungsindex kontinuierlich über den Querschnitt von der Grenze Mantel/Kern zur Achse verläuft. Dieser nicht konstante Verlauf hat den entscheidenden Vorteil, dass die unterschiedlichen Laufzeiten durch eine einheitliche optische Weglänge für alle Lichtstrahlen trotz unterschiedlicher Neigung zur Faserachse auf ein Minimum reduziert werden.

Die hohe Übertragungskapazität und die völlige Unempfindlichkeit gegenüber äußeren elektromagnetischen Einflüssen (Störungen) machen optische Nachrichtenkabel zum idealen Übertragungsmedium der modernen Telekommunikation. Eine einzelne Glasfaser hat die 2- bis 3-fache Übertragungskapazität eines 1 cm dicken Koaxialkabels, dadurch können gleichzeitig Fernsprech-, Fernseh-, Hörfunk-, Bild-, Teletex-, Datex- und Faksimileübertragungen übermittelt werden.

Wird der Durchmesser des Kerns verringert, kann sich nur ein einziger Wellentyp (Mode) mit definierter Ausbreitungsgeschwindigkeit fortpflanzen. Eine wegabhängige Laufzeitdifferenz kann nicht mehr auftreten und es entsteht eine Faser mit sehr hoher Übertragungskapazität, die Monomode-Faser.

Mit Wave-Division-Multiplexing (WDM, bis 20 GBit/s) kann ein Faserkabel heute 8 Millionen Sprachkanäle übertragen, mit Dens Wave-Division-Multiplexing (DWDM, 1,28 TBit/s bei 1550 nm) steht die Technik am nächsten Sprung im Übertragungsbereich. Zumindest theoretisch lässt die enorme Bandbreite der neuesten Glasfasergeneration Datenübertragungsraten in der Größenordnung von 50 Tbit/s zu, max. 400 GB wurden in einer Faser bei der Firma Lucent mit 3,2 Tbit/s bereits erreicht.

International wurde am 31. August 1999 das letzte Stück eines 38.000 km langen Unterwasser-Lichtwellenleiter in triple-ring-architecture mit self-healing synchronous digital hierarchy (SDH) in WDM-Technologie eröffnet, welches 33 Staaten über 39 Knotenpunkte verbindet. Unterseekabel in Koaxial- oder LWL-Technik bieten keine Sicherheit vor Lauschangriffen, selbst wenn keine Möglichkeit besteht an die Landanschlüsse zu gelangen. In 140 m Tiefe waren von Kamtschatka die Seekabel vor Okhotsk für die sowjetischen Verbindungen nach Wladiwostok verlegt, die durch das amerikanische U-Boot HALIBUT und PARCHE mit Abhöreinrichtungen angezapft wurden. Von 1976 bis zur Entdeckung 1981 lieferte dadurch die Operation IVY BELLS sensitive sowjetische Informationen, die Abhöreinrichtung selbst ist heute im KGB-Museum zu besichtigen.

Die HALIBUTT verließ im Juni 1975 den Hafen von Mare Island/Kalifornien, um einen der Relaisverstärker induktiv anzuzapfen, die alle 32 bzw. 48 km in das Kabel eingelassen waren. Nach 14 Tagen unter Wasser waren die Vorrichtungen mit Magnetbändern installiert, die ein automatisches Aufzeichnen ermöglichten und die nur noch in längeren Zeitabständen ausgetauscht werden mussten. Nachfolger dieser speziellen Aufklärungs-U-Boote wird vermutlich die USS JIMMY CARTER, die in 2004 der US-Navy mit Spezialausrüstung in Dienst gestellt wurde.

Für Übertragungsmedium LWL wurde in Deutschland im zivilen Bereich das BIGFON (Abkürzung für Breitbandiges Integriertes Glasfaser-Fernmeldeortsnetz) in Angriff genommen, während das Militär erst dessen Erprobung und Erfahrungen abwartete. Das Glasfaserkabelnetz ermöglichte in Deutschland schon früh Fernsprechübertragungen, Bildschirmtext, Telefax, Teletex, Telex, Datenübertragungen, Bildtelefon und Stereoprogramme über ein Glasfasersystem. Ende 1983 startete das Projekt in sieben Städten mit insgesamt zehn einzeln verkabelten Orten. Die ersten Versuche wurden 1977 in Berlin und 1979 auf der Strecke zwischen Frankfurt und Oberursel mit Erfolg durchgeführt und die ersten praktischen Analysen von privaten Nutzern folgten im Raum Worpswede.

Ein spezieller Leiter für hohe Leistungen und Datenmengen kommt aus dem Radar- und Richtfunkbereich. Der Hohlleiter ist ein Metallrohr (oder metallisierter Innenleiter) zur Übertragung der elektromagnetischen Wellen. Grundsätzlich ist jede Querschnittsform geeignet, jedoch wird in der Praxis fast ausschließlich die Rechteckform genutzt. Die Luft in Hohlleitern muss sehr trocken gehalten werden um Funkenüberschläge zu verhindern. Die Frequenzen (über 300 MHz) bestimmen die Länge und Breite bzw. den Durchmesser, weshalb der Leiter nur gewisse Frequenztoleranzen zulässt. Die Ausbreitungsbedingungen entsprechen der des freien Raumes, wobei die Energie durch Reflexionen an den Hohlleiterwänden fortgeleitet wird. Der Vorteil der Hohlleiter gegenüber Koaxialkabeln liegt in den niedrigen Verlusten, die nur durch sehr exakte Einhaltung der mechanischen Abmessungen erreicht werden kann und wodurch die Fertigung einen entsprechenden Kostenfaktor darstellt. Mit Hohlleitern lassen sich sehr hohe Datenströme für z.B. mehrere 100 Fernsehkanäle oder mehrere 100.000 Ferngespräche gleichzeitig übertragen.

Elektromagnetische Wellen

Trotz modernster Technik stößt die leitergebundene Nachrichtenübertragung schnell an ihre Grenzen, wenn sehr große Distanzen überbrückt werden müssen oder der Standortort des Empfängers bzw. des Senders beliebig sein soll. Die Möglichkeiten von Funkverbindungen beruhen auf den Eigenschaften der elektromagnetischen Wellen, sich mit relativ geringen Energieverlusten gegenüber Drahtverbindungen über weite Strecken durch den Raum fortzupflanzen.

Ferner können auf den elektromagnetischen Wellen mittels Niederfrequenz im Sender die zu übertragenden Informationen moduliert werden. Im Empfänger wird die Frequenz mit der Information von der Hochfrequenz (Trägerfrequenz) wieder getrennt (demoduliert) und verstärkt. Nachteilig sind in der Funktechnik die unterschiedlichen Ausbreitungsbedingungen der Frequenzen auf den Funkstrecken. Klimatisch bedingte Veränderungen oder räumliche Gegebenheiten lassen es zu einer Reihe von Störungen kommen, welche die Reichweite und Qualität des Signals beeinflussen. Abhängig von der Wellenlänge beeinflussen die Energie der Sonneneinstrahlung sowie die chemisch physikalische Zusammensetzung der Moleküle in der Luft und ihre örtliche Dichte die Ausbreitung.

Die Frequenzbereiche sind die Aufteilungen der nutzbaren Frequenzen in Gruppen. Der Name Frequenz stammt aus dem Lateinischen und bedeutet allgemein "Häufigkeit". In Naturwissenschaft und Technik beschreibt die Frequenz die Anzahl der Schwingungen pro Zeiteinheit in Sekunden, deren Einheit mit Hertz (Hz, nach Heinrich Hertz) festgelegt wurde. Für die Frequenz (f) bzw. die Wellenlänge in Lambda (l) bezogen auf die Lichtgeschwindigkeit (c mit ~300.000 km/s) gilt die Beziehung $f = c/l$. Der Däne Olav Roemer hatte 1676 die endliche Geschwindigkeit des Lichtes entdeckt.

Die Niederfrequenz (NF) der Schallwellen von Sprache und Musik, die der Mensch wahrnehmen kann, reicht von etwa 16 Hz bis etwas über 20.000 Hz. Ein sehr limitierter Bereich im Vergleich zum gesamten nutzbaren Frequenzspektrum der Natur. Die elektromagnetisch genutzten Bänder der Hochfrequenz (HF) überschneiden diesen Bereich und umfassen das Gebiet von rund 104 Hz bis 1013 Hz, das Licht den Bereich von rund 1013 Hz bis 1017 Hz, daran anschließend kommen mit 1018 bis 1020 Hz die Röntgenstrahlen, ab 1020 Hz beginnt der Bereich der Gamma- und der kosmischen Strahlung. Sie alle sind Energieträger und artverwandt. Bevor die elektromagnetischen Wellen sich aber im Raum ausbreiten können, müssen sie durch Quellen erzeugt, verstärkt und über Antennen ausgestrahlt werden.

Ehemalige Bezeichnungen der Funkbetriebsarten

- A0 ungedämpfte Welle, ständiger Träger (z.B. Messsignal)
- A1 Normal-Telegrafie, (mit getastetem Träger)
- A2 tönende Telegrafie (mit moduliert getastetem Träger)
- A3 Telefonie, (AM) Träger (mit zwei modulierten Seitenbändern)
- A3e Funkfernschreiben im Zweiseitenbandbetrieb (RTTY)
- A3j Einseitenbandtelefonie mit unterdrücktem Träger und unterdrückten Seitenband (SSB)
- A4 Funkfernschreiben mit Hellschreiber
- B1 gedämpfte Welle eines Funkenstreckensenders (getastet)
- F3 Telefonie mit Frequenzmodulation (FM)

Die Kenntnis dieser physikalischen Vorgänge ist bei militärischen Einsätzen eine Grundvoraussetzung, sie zu ignorieren kann zu großen Verlusten an Menschenleben führen, wie die Erfahrungen aus der Geschichte belegen. Der deutsche Physiker Hermann Theodor Simon regte um 1909 die Gründung der Radioelektrischen Versuchsanstalt für Marine und Heer in Göttingen an, die dann von Max Reich aufgebaut wurde und nach dem Tod von Simon übernommen wurde. Die Radioelektrische Versuchsanstalt für Marine und Heer in Göttingen begann zu Anfang des 20. Jahrhunderts mit der Grundlagenforschung. Die Frequenzbänder wurden in der Vergangenheit auch als Wellenbereiche bezeichnet, wobei die Längstwellen heute zum Bereich der Langwellen gehören:

Bezeichnung	Englische Bezeichnung	Wellenlänge	Frequenzbereich
Längstwellen (alt)	VLF (Very Low Frequency)	100 - 10 km	3 - 30 KHz
Langwellen	LF (Low Frequency)	10 - 1 km	30 - 300 KHz
Mittelwellen	MF (Medium Frequency)	1.000 - 100 m	300 - 3000 KHz
Kurzwellen	HF (High Frequency)	100 - 10 m	3 - 30 MHz
Ultrakurzwellen	VHF (Very High Frequency)	10 - 1m	30 - 300 MHz
Dezimeterwellen	UHF (Ultra High Frequency)	10 - 1 dm	300 - 3000 MHz
Zentimeterwellen	SHF (Super High Frequency)	10 - 1 cm	3 - 30 GHz
Millimeterwellen	EHF (Extreme High Frequency)	10 - 1 mm	30 - 300 GHz

Die Erzeugung von elektromagnetischen Wellen wird von Schwingkreisen bestimmt. Durch die Zusammenschaltung eines Kondensators (Kapazität C) und einer Spule (Induktivität L) in Reihe oder parallel, kann dieser Kreis zu elektrischen Schwingungen angeregt werden. Durch eine angelegte Spannung wird der Kondensator aufgeladen. Er entlädt sich über die Spule, in der infolge des Stromflusses eine Spannung in umgekehrter Richtung erzeugt wird, die wiederum den Kondensator auflädt.

Wenn keine neue Energie zugeführt wird, klingen die Schwingungen rasch ab (gedämpfte Schwingungen). Aus diesem Grund wird die erzeugte Schwingung zum Teil rückgekoppelt, um durch die Wechselspannung den Schwingkreis durch diese eine Frequenz zu kräftigen Resonanzschwingungen (ungedämpfte Schwingungen) anzuregen und Energie zuzuführen. So wird aus verschiedenen Frequenzen oder einem Frequenzband eine bestimmte gefiltert bzw. bestimmte Frequenzen erzeugt, verstärkt und, nachdem der Nachrichteninhalt eingebracht wurde (moduliert), der Sendeantenne zugeführt.

Modulation ist das Verfahren, um einen Informationsinhalt auf eine Trägerwelle (Sendefrequenz) zu bringen. Bevor der fremderregte Sender, mit dem Oszillator die hochfrequenten Schwingungen über die eigentliche Sendefrequenz über Verstärkerstufen an die Antenne gibt, erfolgt die Modulation der

Hochfrequenz mit der Nachricht. In der verwendeten Modulation der Ausstrahlung muss dann das Signal im Empfänger wieder herausgefiltert werden.

Bei den Modulationsverfahren kann nach Sinus- und Pulsträger unterschieden werden. Der Sinusträger kann einmal amplitudenmoduliert, wie bei der Amplituden-, Einseitenband-, Restseitenband-, Frequenz- und Phasenmodulation sein oder digital moduliert, wie bei der Amplituden- (ASK), Frequenz- (FSK) und Phasenumtastung (PSK).

Bei den digitalen Modulationsarten wird die Nachricht in ein Bitmuster zerlegt. Diese Analog-Digital-Wandlung muss im Empfänger entsprechend wieder umgekehrt werden. Ein analoges Signal kann z.B. zuerst nach seiner Amplitude abgetastet werden, wodurch eine Pulsamplituden-Modulation (PAM) erzeugt wird, von der weitere Modulationsarten abgeleitet werden können. Ferner genutzt werden Pulsdauer- (PDM) und Pulsphasen-Modulation (PPM). Die Grundlagen für die Pulscodemodulation (PCM) wurden schon 1937 von A. H. Reeves erforscht und heute wird sie in Verbindung/Kombination mit den vorher genannten Arten verwendet.

Nicht codierte Pulsträger sind Pulsamplituden- (PAM), Pulsdauer- (PDM), Pulsfrequenz- (PFM) und Pulsphasenmodulation (PPM). Quantisiert und codiert ist dagegen die Pulscodemodulation (PCM), während diverse Deltamodulation-Verfahren in Bezug zum Signalverlauf den Pulsträger beeinflussen. Ferner werden hauptsächlich bei großen Sendeanlagen mit Röhrenbestückung spezielle Verfahren wie die Anodenspannungs-, Ampliphasen- und Doherty-Modulation unterschieden, während für moderne Funk-Kommunikationssysteme die Zukunft bei der Quadratur-Amplituden-Modulation (QAM) liegt.

In den Anfängen der Funktechnik wurde lediglich die einfache Amplituden-Modulation (AM) verwendet, bei der die Spannungen des NF-Signals (die Amplitude) und des Trägers durch Mischung zusammengefügt werden. Der gesamte Nachrichteninhalt wird durch die Form der Amplitude ausgedrückt, wodurch keine Frequenzen neben der Trägerfrequenz belegt werden. Sie wird z.B. auch zum Modulieren des Fernsehbildträgers verwendet, das digitale Fernsehen brachte aber auch hier neue Verfahren.

Mit fortschreitender Technik wurde die Frequenz-Modulation (FM) eingesetzt, bei der die Frequenz der Trägerwelle im Takt der Tonfrequenz bzw. der Nachricht variiert wird. Sie ist komplizierter, erfordert ein breiteres Frequenzband, bietet aber hinsichtlich der Übertragungsgüte wesentliche Vorteile gegenüber der Amplitudenmodulation. Durch die benötigte größere Bandbreite unter und oberhalb der Trägerfrequenz wird FM deshalb hauptsächlich im Ultrakurzwellen-Bereich (UKW) verwendet.

Bei der Einseitenbandmodulation (ESB) wird lediglich einen Frequenzbereich (Bandbreite) unter oder oberhalb der Trägerfrequenz für die Übermittlung der Nachrichteninhalte genutzt. Der Funkverkehr mittels ESB gewann immer mehr an Bedeutung, da die erforderliche Sendeleistung und der Bedarf an Bandbreite geringer waren. Außerdem wurde die Auswirkung der oft ausgeprägten selektiven Schwunderscheinungen vermindert.

Die unterschiedlichen Modulationsarten und verschiedenen Arten des übermittelten Inhaltes, wie bei Telegrafie, Telefonie, Daten- und Bildsendungen, erfordern eine entsprechende Einstellung der Sender und Empfänger, wofür unterschiedliche Kürzel der Betriebsarten verwendet werden. Den Anfang in der breiten Nutzung machten die Rundfunksendungen, bei denen ein Sender vielen Empfängern eine Nachricht zukommen lässt. Diese Einbahnstraße der Kommunikation wird auch als Broadcast bezeichnet, bei dem mehrere Sender auf gleicher oder unterschiedlicher Frequenz den gleichen Nachrichteninhalt ausstrahlen. Sind alle Sender auf der gleichen Frequenz aktiv, wird dies als Gleichfrequenzbetrieb bezeichnet.

Wird auf einer Frequenz ausschließlich empfangen und für eine Rückantwort der eigenen Station ein Sender mit unterschiedlicher Frequenz benutzt, so arbeitet jede Station im Simplex-Betrieb. Der Empfänger einer Nachricht kann dem Sender, dem nun ein Empfänger zugeordnet ist, eine Rückantwort ohne Unterbrechung des eigenen Empfangs- bzw. Sendebetriebes zukommen lassen.

Beinhaltet jede Station einen Sender und Empfänger, die aber abwechselnd aktiviert werden, wird dadurch ein wechselseitiges Sprechen (z.B. bei Handfunkgeräten) möglich. Diese Abwandlung der Simplex-Betriebsart kann z.B. für Datenaustausch etc. genutzt werden und wird auch als Halbduplex-Betrieb bezeichnet.

Ist ein Verkehr in beiden Richtungen (z.B. ein gleichzeitiges Hören und Sprechen) möglich, wird dies als Duplex-Betrieb bezeichnet. Auch hier werden zwei Frequenzen verwendet, die Sender, und Empfänger bleiben im Gegensatz zum Halbduplex-Betrieb jedoch konstant geschaltet.

Die Antenne ist eine besondere Ausführung eines elektromagnetischen Schwingkreises, der zur Ausstrahlung hochfrequenter Leistung oder zum Empfang der hochfrequenten elektromagnetischen Signale mit geringerer Leistung dient. Die elektrische Leistung wird in Form magnetischer Felder (Wellen) an die Atmosphäre abgegeben, kann jedoch bei Längstwellen auch über das Grundwasser im Erdreich weitergeleitet werden und so in die oberen Schichten der Ozeane eindringen. Diese Wellen breiten sich im Vakuum mit Lichtgeschwindigkeit aus, in elektrischen Leitern und der Luft sowie Wasser geringfügig langsamer.

Die auf die Empfangsantenne auftreffenden magnetischen Felder erzeugen ihrerseits nun wieder die elektrischen Schwingungen im Empfangsschwingkreis, die dann verstärkt werden, weshalb auch von den elektromagnetischen Schwingungen oder auch von Wellen gesprochen wird. Diese sich räumlich ausbreitenden Wellen stellen eine stetige, periodische Veränderung der elektromagnetischen Felder dar. Die Wellen sind transversale Wellen, d. h. die elektrischen und magnetischen Feldstärken stehen senkrecht zur Ausbreitungsrichtung.

Grundsätzlich besteht zunächst kein Unterschied zwischen einer Sende- bzw. Empfangsantenne. Der beste Wirkungsgrad ergibt sich im Falle der Resonanz. Deshalb muss eine Antenne in ihrer Länge im Verhältnis zur Wellenlänge (Frequenz) stehen, also an sie angepasst sein. Die modulierten Frequenzen mit den Nachrichten werden am Verstärkerausgang auf die Sendeantennen geleitet.

Generell kann zwischen Dipolen, Rhombus-, Reusen-, Langdraht-, Stab- (bzw. Vertikalantennen mit dem Gegenpol der Erde), Schlitz-, Spulen-, Parabol- (Spiegel-), Logarithmisch-periodischen-, Drehkreuz- und Peilantennen, dann noch zwischen Horn- bzw. Trichterstrahler, Antennen mit getrenntem Reflektor und Direktor sowie gespeisten Antennengruppen (Phased Array) unterschieden werden, je nach spezieller Verwendung gibt es aber auch noch Sonder- oder Mischformen.

Für den Mittel- und Langwellenbereich werden meist isoliert aufgestellte Stahlmasten bestimmter Länge als Antennen benutzt (Einmast-Antenne). Ferner werden auch horizontal verspannte Drähte (Rahmen- oder auch Ferritantennen) verwendet, denen die Sende- oder Empfangsenergie in der Mitte oder an der Seite durch Speiseleitungen zugeführt wird.

Als Antennen für kurze und ultrakurze Wellen sind größtenteils Dipole oder Dipolgruppen mit Zusatzelementen (Direktor, Reflektor). Durch geeignete Anordnung lässt sich eine ausgeprägte Richtwirkung (Parabol- und Horn-strahler) oder Rundstrahlcharakteristik (Stab) erreichen. UKW- und Fernseh-Antennen sollten für große Reichweiten möglichst erhöht stehen, da sie eine quasioptische Ausbreitung haben.

Die logarithmisch-periodischen Antennen für den breitbandigen gerichteten Empfang und ihrem geringen Gewicht im UKW-Bereich werden im GHz-Bereich z.B. durch kugelförmige Luneberg-Linsen ergänzt, die eine verzögerungsfreie Rundumpeilung ermöglichen. Hier werden durch eine Kugel mit unterschiedlichen Dielektrizitätskonstanten die Signale nach Frequenz und Richtung getrennt. Ansonsten dienen für die Richtfunkverbindungen die Parabolantennen oder im Mobiltelefonbereich z.B. die einfachen Stabantennen.

Fast alle grundlegenden Antennenpatente wurden bereits vor dem 2. Weltkrieg zuerkannt, aber auch schon für einfachere sowie kompliziertere Antennen mit einem Strahlungsgewinn und Richtwirkung gab es

Patenteinreichungen. Heute werden alle Antennengebilde mit einem Isotropstrahler (eine fiktive punktförmige Strahlungsquelle) verglichen und mit einfachen Programmen werden die Gewinne und Verluste eines Strahlers daraus abgeleitet werden (Antennendiagramm).

Reine Empfangsantennen sind sehr einfach aufzubauen, da sie nicht unbedingt in Resonanz sein müssen, wenn die Strahlungsleistungen der Sender hoch genug sind. In der Nachkriegszeit setzten sich dann aber Aktivantennen mit Transistorverstärkern durch, die bei kleinen Sendesignalen noch gute Empfangsresultate ermöglichen. Sendeantennen müssen dagegen immer Schwingkreisgebilde in Resonanz sein, da der Sendeverstärker durch die zurückgeworfene Leistung auch Schaden nehmen kann. Der klassische Strahler ist der symmetrische Halbwellendipol, der über eine Speiseleitung betrieben werden muss. Ein Dipol arbeitet zwar fast verlustfrei, ist aber ohne eine spezielle Abstimmung der Speiseleitung nur in schmalen Frequenzbändern einsetzbar. Deshalb wurde der Dipol beim Wehrmachtsfunk z.B. meist durch asymmetrische Antennen ersetzt.

Als optimale Antennenlänge gilt auch hier die Viertelwellenlänge der Sendefrequenz. Im Gegensatz zum Dipol benötigt eine solche Antenne immer ein ausgelegtes Gegengewicht, als so genannte "spiegelnde Fläche". Schlechte Abstrahlung wurde vielfach durch das Fehlen des spiegelnden Gegengewichts verursacht, was bei der Planung und Ausführung von Großsendeanlagen in einer weiten Ausdehnung der Erdleiter als Gegengewicht zum Sendemast Berücksichtigung finden musste.

Die Viertelwellen-Antenne ist bei KW gut realisierbar, bei der längsten GW-Frequenz (1,6 MHz) ist die Antenne schon etwa 50 m und bei LW (600 kHz) 125 m lang. Das war im Feldbetrieb bei der Wehrmacht sowie auch heute nur schwierig zu realisieren und es wurden meist verkürzte Antennen verwendet, auch wenn es nicht immer notwendig war. Wird eine Lambda-Viertel-Antenne verlängert und in der Empfangsrichtung ausgerichtet, erfolgt ein Antennengewinn allein durch die Richtwirkung. Typische Richtantennen der Wehrmacht waren rhombusförmig aufgebaut und benötigten sehr viel Raum. Bei UKW sind Richtantennen sehr viel einfacher mit Dipolgruppen realisierbar und führen bei Hochfrequenz zu Hornstrahlern und Reflektorspiegeln (Radar).

Das Abstrahlungsverhalten von Antennengebilden schien bei den Nachrichten-Schulen im 2. Weltkrieg noch kein wichtiges Thema gewesen zu sein. Überall dort, wo mit festen Antennengebilden gearbeitet wurde (z.B. bei Schiffen, Flugzeugen), waren Kenntnisse der Antennentechnik für die Betriebsfunker dann ja tatsächlich auch unwichtig. Bei Groß- und Sonderfunkstellen kümmerten sich hingegen Fachleute um die Antennenanlagen.

Sende- und Empfangsanlagen für höhere Stäbe der Wehrmacht ließen sich im Einsatz für ihren Antennenaufbau Telegrafenmasten mit Steigeisen setzen. Bei der Fronttruppe wurde dagegen kaum mit Antennen experimentiert. Fast alle deutschen Sender waren nur darauf eingerichtet, eingespeiste Antennen und Gegengewichte zu verwenden. Als Hauptgrund galt der häufige Frequenzwechsel, bei dem es auch kaum praktikabel gewesen wäre, dafür mehrere Antennenanlagen aufzubauen. Panzerspähwagen und Befehlsschützenpanzer trugen hingegen teilweise unförmige Metallgebilde (Matratzen, Bügel), um auch während der Fahrt im GW-Bereich senden zu können. Als Gegengewicht diente hier das Fahrgestell. Die Konstrukteure wussten natürlich, dass der Abstrahlwirkungsgrad solcher Matratzen höchstens noch 10% betrug und nur für den Nahfeldbereich ausreichte.

Anfänglich hatten auch Funkwagen solche Matratzen, die dann aber durch einen angebauten Teleskopmast ersetzt wurden, der etwa fünf Meter hochgekurbelt werden konnte und mit dem Antennenstern als Endkapazität eine Antennenhöhe von sieben Metern erlaubte. Zusätzliche Steckmasten ermöglichten die Erweiterung als L- oder T-Form. Das war vor allem für den LW/GW-Betrieb erforderlich. Da auch diese Antennen als Vertikalstrahler wirken, wurden mit drei sternförmig ausgelegten Gegengewichten die gewünschte flache Rundstrahlung der Bodenwelle und somit ideale Funkverbindungen sichergestellt. Meist wurde jedoch nur ein Gegengewicht ausgelegt und das beeinflusste wieder sofort das Rundstrahldiagramm.

Diese Antennen waren fast immer für den genutzten Frequenzbereich zu kurz und mussten mit der Antennenanpassung des Senders in Resonanz gebracht werden. Problematisch wird der Antennenwirkungsgrad, wenn die Antennenlänge unter ein Achtel der Wellenlänge sinkt. Die Senderanpassung der Geräte schaffte es im täglichen Einsatz immer, einen Strom in die Antenne zu schicken, aber es ging entsprechend viel Leistung in der Verlängerungsspule verloren. Fast alle beweglichen Sender, die im LW-, MW- und GW-Bereich betrieben wurden, sendeten also mit stark vermindertem Antennenwirkungsgrad.

Die reduzierte abgestrahlte Leistung wurde aber hingenommen, denn die überdimensionierten Endstufen hielten eine Fehlanpassung gut aus, selbst wenn an Erdungen und Gegengewichten gespart worden war. Allerdings konnte sich so mancher Funker oft das Kribbeln an den Fingern nicht erklären, wenn er beim Senden das Gehäuse berührte, welches durch die Rückstrahlung aufgeladen wurde. Nur wenige Funker hatten das notwendige technische Verständnis, um zu erkennen, dass das ausgelegte Gegengewicht eine "elektrisch spiegelnde Fläche" und somit strahlender Teil der Antennenanlage war.

Es lag daher nahe für viele Funkschwierigkeiten die unzureichenden Antennenanlagen oder die Funker verantwortlich zu machen. Erst gegen Mitte des Krieges untersuchte die Zentralstelle für Funkberatung die Gründe für Funkprobleme in Gebirge und Tälern. Die Antennendrähte der Vorkriegszeit bestanden aus vorzüglicher Phosphorbronze, aber dieses Material war bald Mangelware. Aber auch das leichte Fernsprech-Feldkabel, bestehend aus einer dünnen Kupferseele und drei Stahldrähten, war als Antennendraht geeignet und leichter zu erhalten.

Resultierend wurde von der Zentralstelle für Funkberatung eine Aufhängung von Halbwellendipolen empfohlen, deren Steilstrahlung die Verbindungen sofort wesentlich verbesserten. Listen mit günstigen Antennenlängen wurden nun für die wichtigsten Sender zusammengestellt und auch die Antennenspeisung über eine Speiseleitung wurde angeraten. Da es Koaxialkabel bei der Truppe kaum gab, wurde das verdrillte Feldkabel verwendet und die Funker konnten im ganzen Frequenzbereich von 3 bis 7,5 MHz mit drei Breitbanddipolen auskommen. Die Reichweite von UKW-Geräten sollten durch vertikale und auf Holzlatten genagelte Drahtdipole verbessert werden, die zudem auch hoch angebracht werden konnten, wenn sie über eine einfache verdrillte Speiseleitung betrieben wurden.

Warum viele Vorschläge die Truppe aber offensichtlich kaum erreichten bzw. deren Rückmeldungen ignoriert wurden, bleibt ein Geheimnis der Führung der Nachrichtentruppe der Wehrmacht. Fritz Trenkle kommentierte den nicht erfolgten Informationsaustausch deshalb auch mit einer Anspielung auf die Geheimhaltungsvorschriften:

"Geheim, vor dem Lesen verbrennen!"

Es gab aber immer wieder clevere Funker, die sich mit ihren Antennen etwas mehr Mühe gaben, wenn sie mit Ihren Funkverbindungen Probleme bekamen. Weniger versierte und erfahrene Funker blieben dagegen hilflos den Bestimmungen und Vorschriften ausgeliefert.

Heute sind elektronisch gesteuerte Antennen (z.B. beim PhasedArray-Radar) im Einsatz, bei denen die Abtastung durch die angesteuerten Module erfolgt und keine drehenden mechanischen Teile mehr vorhanden sind. Die technischen Grundprinzipien der Antennen haben sich aber bis heute nicht verändert.

Die von der Sendeantenne ausgestrahlten Wellen treffen auf die Empfangsantenne, an der dadurch wieder eine Wechselspannung erzeugt wird, die der Empfänger weiterverarbeiten kann. Da ein elektrischer Schwingkreis im Wesentlichen nur in der von Spule und Kondensator bestimmten Frequenz schwingt, wird durch diese Abstimmung der Kreise eine Frequenz, ein Sender, ausgewählt.

In den Anfängen der Funktechnik wurde allein die Trägerfrequenz als Signal genutzt. Der Antenne folgte der Detektor (lateinisch für "Entdecker") mit einem Tiefpass und dann der Lautsprecher. Bei Empfang einer hochfrequenten Welle über einen Draht/Spule schloss sich ein Stromkreis, ein Signal war übermittelt. Die empfangene Frequenz wurde also lediglich über einen Schwingkreis gefiltert und das Nachrichtensignal vom Detektor abgegriffen. Der danach verwendete Geradeaus-Empfänger verstärkte lediglich die empfangene Frequenz (Röhren) bevor sie zum Detektor kam, womit die Geräte empfindlicher wurden.

Die Weiterentwicklung war der Rückkopplungs-Geradeaus-Empfänger, ein wesentlicher Fortschritt wurde in der Empfangstechnik erst mit dem Überlagerungsempfänger erzielt. Dieser Superheterodyn oder auch Superhet-Empfänger hat seinen Namen u.a. von R. A. Fessenden erhalten, der 1902-05 Röhren zum Überlagerungsempfang nutzte und das Verfahren "Heterodyn-Empfang" benannte. Die Bezeichnung "Heterodyne" wurde auch für die Überlagerung der Hochfrequenz (HF) mit Sprach- oder Niederfrequenz (NF) mittels einer Zwischenfrequenz (ZF) verwendet.

Graf von Arco erfand dann 1913/14 das Superheterodyn-Prinzip durch die Einfügung einer Zwischenfrequenz im Überlagerungskreis. Eine einstellbare Rückkopplung über größere Empfangsbereiche gelang aber erst nach dem 1. Weltkrieg. Beim Superheterodyn wird die empfangene Hochfrequenz (nach Verstärkung) mit einer im Gerät selbst hergestellten Hilfsfrequenz gemischt (Mischstufe). Diese Hilfsfrequenz wird mit abgestimmt, sodass sich bei jeder empfangenen Hochfrequenz eine konstante Mischfrequenz oder Zwischenfrequenzen mit meist 460 kHz und 10,7 MHz ergeben.

Beim Doppel-Superheterodyn-Empfänger (es z.B. noch Tropadyne- und Neutrodyne-Empfang) werden zwei Oszillatoren im Gleichlauf zu den Eingangskreisen abgestimmt. Die Empfangsfrequenz wird also auf zwei verschiedene Zwischenfrequenzen umgesetzt und daraus wieder die NF durch Demodulation abgeleitet. Die Demodulation der Zwischenfrequenz erfolgt in einer Diodenschaltung, die eine verzerrungsarme Wiedergabe gewährleistet. Danach folgen ein Tonfrequenzverstärker und eine Leistungsstufe zum Betrieb des Lautsprechers.

Die Selektivität oder Trennschärfe beschreibt die Eigenschaft eines Empfängers, aus dem von der Antenne kommenden Frequenzgemisch eine eingestellte Frequenz auszusieben und zu verstärken, während alle anderen unterdrückt werden. Die Zahl der Kreise (Schwingkreise) bzw. der aus ihnen zusammengesetzten Bandfilter und Siebketten ist für die Güte eines Geräts entscheidend. Je genauer die Sendefrequenzen und die Selektivität der Empfänger, desto mehr Frequenzkanäle können in einem Frequenzband nebeneinander liegen. Durch die Halbleitertechnik konnte die Leistungsfähigkeit der Empfänger extrem gesteigert werden.

Maßgebend für die Wellenausbreitung ist vor allem die Sonnenaktivität, Temperatur und Feuchtigkeit der Luft, die Zusammensetzung der Gase in der Atmosphäre sowie der Abstrahlwinkel der elektromagnetischen Wellen. Auch die Dichte der Luft spielt bei einzelnen Frequenzen eine Rolle. Unter Berücksichtigung all dieser Punkte kann eine ideale Frequenz für einen bestimmten Tag, zu einer bestimmten Uhrzeit und für ein bestimmtes Gebiet ermittelt werden. Die Funkprognose.

Die Atmosphäre besteht überwiegend aus Stickstoff und rund 20% Sauerstoff, Kohlendioxid und geringen Mengen an Edelgasen, wie z.B. Helium. Da die Gase unterschiedlich schwer sind, bilden sie im Ruhezustand verschiedene Schichten. Durch die Einstrahlung der Sonne steigen die erwärmten Gase nach oben, kühlen ab und sinken wieder zur Erde. So entsteht in der Gashülle der Erde bis in eine Höhe von 2.000 bis 3.000 km ein steter Kreislauf.

Man unterscheidet die Höhen nach Troposphäre (bis 11 km), Stratosphäre (11-50 km) Mesosphäre- ("mittlere" Sphäre, 50-80 km) und Ionosphäre (80-800 km). Die Ionosphäre besteht aus den oberen Schichten der Atmosphäre, in denen durch Ultraviolett- und andere kosmische Strahlen die Gase zum Teil ionisiert sind. Die Konzentration freier Elektronen nimmt mit der Höhe der Schichten zu. Ein weiterer Begriff ist die Homosphäre (bis 120 km), an die sich die Heterosphäre anschließt. Ab hier setzen sich die Gase der Luft entsprechend ihrem Atomgewicht ab.

Oberhalb von 100 km beschreibt der Begriff der Thermosphäre einen Bereich mit Temperaturen über 1.000º Kelvin (726,85º Celsius). In über 500 km Höhe dominieren die Kerne des leichten Gases Wasserstoff

(Protonen), was als Hohe Atmosphäre bezeichnet wird. Erst mit der Exosphäre beginnt das eigentliche Weltall. Mit der Magnetosphäre wird noch der Bereich der Schwerkraft der Erde beschrieben, der das irdische Gas als Hülle zusammenhält. Die Weltraumlabors und Satelliten befinden sich demzufolge noch in der Ionosphäre zwischen 200-500 km, da sie ja nur die Schwerkraft zu künstlichen Erdtrabanten werden lässt.

Oliver Heaviside, ein britischer Physiker und Elektroingenieur, arbeitete an der Weiterentwicklung der Telegrafie und entdeckte 1902 eine reflektierende Schicht der Ionosphäre. Dr. Eccles führte 1912 Heavisides Namen als Bezeichnung für diese Schicht ein. Später untersuchten Edward Appelton und Barnett in England sowie Breit und Tuve in den USA mit den damals neueren Sendetechniken die Schichten der Atmosphäre.

Neben der Heavisideschicht (heute Heaviside-Kennelly-Schicht, in 96-144 km Höhe) wurden weitere Reflexionsschichten der Radiowellen gefunden, weshalb die zuerst entdeckte, als E-Schicht bezeichnet wurde. Sie reflektiert hauptsächlich Frequenzen ab 1,5 MHz und besitzt ein fast konstantes Verhalten. Daneben gibt es noch sporadische E-Schichten in 120 km Höhe, deren Dicke zwischen 300 m und wenigen Kilometern schwankt. Diese Es-Schichten haben eine wolkenartige Struktur mit Durchmessern von 80-170 km. Ihre Entstehung ist noch nicht eindeutig geklärt. In der Region von 60-90 km Höhe liegt die D-Schicht, die nur Längstwellen unter 15 kHz reflektiert, sich in dem 11-jährigen Sonnenzyklus ändert und deren Höhenwechsel von den Jahreszeiten beeinflusst wird.

Die F1- und F2-Schichten (in 160-250 und 250-450 km Höhe) werden auch unter der älteren Bezeichnung Appleton-Schicht zusammengefasst. Sir Edward Victor Appleton arbeitete auf dem Gebiet der Radiotelegrafie und erhielt 1947 den Nobelpreis für Physik für die Erforschung der Ionosphäre und ihrer Einflüsse auf die Wellenausbreitung. Die F1-Schicht besteht allerdings nur tagsüber und verhält sich vergleichbar zur E-Schicht, während die F2-Schicht die nächtliche Raumwellenausbreitung der Kurzwelle garantiert.

Die Intensität der Ionisation schwankt in beiden Schichten jedoch erheblich nach Jahres- und Tageszeit, Sonnen-einstrahlung und geografischer Breite. Die Grenzfrequenz ist relativ nieder, jedoch hängt das Durchdringen auch vom Abstrahlwinkel der Antenne ab. Bei direktem Anstrahlen ist ein Durchdringen leichter möglich, während dies mit einer schräg auftreffenden Welle schwieriger wird. Das Verhalten ist ähnlich wie bei einem Maschendraht, den man in der Draufsicht kaum erkennt, der bei seitlicher Ansicht jedoch zu einer optischen Wand wird.

Der Satellitenfunk mit 3-300 GHz hat eine weitere kritische Zone, die Van-Allen-Schicht (James Alfred van Allen). Hier sind Teilchenstrahlungen mit sehr hoher Intensität vorhanden. Der Gürtel erstreckt sich etwa bis in 45.000 km Höhe über der Erdoberfläche. Die größte Strahlungsintensität herrscht in zwei Zonen (also eigentlich zwei Strahlungsgürtel), etwa von 1.000-6.000 km sowie von 15.000-25.000 km über der Erdoberfläche. Satelliten in diesen Gürteln würden durch die Strahlung eine sehr kurze Lebensdauer haben, deshalb liegen die meisten ihrer Umlaufbahnen zwischen 26.000 und 36.000 km. Die Lebensdauer von Satelliten ist zwar von maximal etwa fünf Jahren auf bis zu zehn Jahre gestiegen und eine weitere Steigerung auf bis zu 15 Jahre möglich, in diesen Gürteln sind diese Leistungssteigerungen aber nicht umsetzbar.

Der innere Gürtel Teil des Van-Allen-Gürtels besteht im Wesentlichen aus Protonen und Elektronen, der äußere hauptsächlich aus Elektronen. Die Teilchen stammen aus dem Sonnenwind und der kosmischen Strahlung oder deren Wechselwirkung mit Atomen der höheren Atmosphäre. Diese elektrisch geladenen Partikel pendeln auf spiralförmigen Bahnen entlang der Magnetfeldlinien zwischen den Polen hin und her. Auch von Jupiter, Saturn und Uranus sind stärkere Strahlungen bekannt, deutlich Schwächere von den inneren Planeten Venus und Mars.

In Nebel und Wolken, wo die Radien der Partikel kleiner als 0,1 mm sind, resultiert die Dämpfung bei Frequenzen im GHz-Bereich primär aus der Absorption. Vor allem im Nebel ist diese stark von der

Temperatur abhängig und bei 20° etwa nur halb so groß wie bei 0° Celsius. Im Regen (Partikelradien von etwa 0,5 bis 7 mm) wirkt der Absorptionsmechanismus noch bis in den Mikrowellenbereich, wobei sich die Dämpfungsrate mit Frequenz und Niederschlagsrate erhöht. Funktechnische Systeme ab dem Bereich von etwa 5 GHz bis zu noch höheren Frequenzen können so bei starkem Regen ernsthafte Störungen erfahren. Im Schnee hingegen ergibt sich der Signalverlust aus Absorption und Streuung. Unterhalb von etwa 10 GHz ist die Absorption selbst bei starkem Schneefall minimal.

Die Infrarotstrahlung hat ebenfalls mehrere durchlässige Bereiche in der Atmosphäre. Das erste dieser Fenster reicht von 0,4-1,3 µm Wellenlänge. Die selektive Absorption ist abhängig vom Wasserdampfgehalt und vorhandenen Gasen, wie z.B. CO_2. Weitere Fenster liegen zwischen 3-5 µm und 8-13 µm Wellenlänge. Letzterer Bereich wird von Dunst- und Staubpartikeln sehr viel weniger beeinflusst, als Wellen des Spektralbereiches des sichtbaren Lichts. Dieser Vorteil des langwelligen Infrarots ist von militärischer Bedeutung in der der Entwicklung von satellitengestützten Kommunikationssystemen und Aufklärung.

Die Luftdichte nimmt relativ linear ab, während sich der Luftdruck exponential verringert. Je dichter die Luft, desto besser ist die Fortpflanzung der elektromagnetischen Wellen. Die normale Lufttemperaturabnahme beträgt ca. 6-8° C pro 1.000 m. Wird dieser lineare Verlauf jedoch gestört, so ist die Ausbildung einer weiteren Inversionsschicht durch die Veränderung in der Luftfeuchte möglich. Neue Reflexionszonen zwischen den verschiedenen Schichten und dem Boden oder zwischen zwei Schichten (Ducting) bilden eine Möglichkeit für die Überreichweiten von Frequenzen, die unter anderen Bedingungen teilweise nur quasioptische Reichweiten erzielen.

Die Temperaturskala der Schichten verläuft allerdings an sich schon uneinheitlich. In der Troposphäre spielt sich unser Wetter ab und es kann eine fast kontinuierliche Temperaturabnahme bis -50° C beobachtet werden. In der Stratosphäre liegt zwischen 15-30 km die Ozonschicht und die Temperatur nimmt bis in 50 km Höhe auf ca. +50° C zu. In der Ionosphäre haben wir von 50-80 km einen stetigen Temperaturabfall, der in 90 km Höhe ca. -120° C erreicht. Ab hier steigt die Temperatur nun in Abhängigkeit von der Entfernung zur Sonne auf etwa 1.000-2.500° C bis zur äußersten atmosphärischen Hülle. Alle Temperaturen und somit der Kreislauf der Gase und deren Gemische sind stark von der Sonnenaktivität abhängig.

Die Sonnenaktivität (Sonnenflecken) wurde Anfang des 17. Jahrhunderts von Galilei und Harriot (1610), Scheiner und Fabricius (1611) unabhängig voneinander entdeckt und hat großen Einfluss auf die Erde und die Funkwellen. Die Flecken sind außergewöhnlich starke Sonneneruptionen elektrisch geladener Gase, die ca. 8,3 Minuten nach Ausbruch mit einem optischen Teleskop oder Radioteleskop auf der Erde beobachten werden können. Die Strahlung reicht vom UV- und Röntgenbereich über das sichtbare Licht bis hin zu den Radiowellen (Mögel-Dellinger-Effekt). Die Lebensdauer der Flecken reicht von wenigen Tagen bis zu mehreren Monaten und ihre Aktivität erreicht nach jeweils 11 Jahren ein Maximum.

Die zur sichtbaren Sonneneruption gehörige Materie benötigt im Gegensatz zum Licht 18-36 Stunden für die Distanz Sonne - Erde. Sie besteht aus solarem Plasma (Protonen und Elektronen) die starke Magnet- und Iono-sphärenstürme sowie eine verstärkte Polarlichtaktivität verursachen. Hierdurch entstehen, schwerwiegende Funkstörungen auf der Erde. Die Reflexionsfähigkeit der E-, F1- und der F2-Schicht wird gestärkt und gleichzeitig die Fähigkeit zur Absorption der D-Schicht erhöht. Hinzu kommt noch die solare Ultrastrahlung (Protonen und a-Teilchen) nach einer halben bis zu mehreren Stunden, die jedoch ohne Einfluss auf das Funkwetter bleibt.

Die MUF (Maximum Usable Frequency) erhöht sich mit steigender Sonnenfleckenzahl. Dies bewirkte z.B. während eines Sonnenfleckenmaximums 1990 eine Überreichweite der chinesischen TV-Ausstrahlungen auf 50 MHz, die normaler Weise auf die quasioptische Ausbreitung beschränkt sind. In diesem Jahr konnten die Sendungen jedoch selbst in Europa empfangen werden. Das nächste Maximum war während der Jahrtausendwende. Es gibt aber auch außerhalb des Maximums ähnliche Erscheinungen, wie z.B. 1943/44, als der angloamerikanische Geleitzug-Funkverkehr vor Labrador (unter 50 MHz) mit deutschen Funkanlagen am Ärmelkanal empfangen wurde.

Die Frequenzen haben verschieden Ausbreitungsbedingungen und unterschiedliche Reichweiten. Die elektromagnetischen Wellen werden daher in Raum- oder Ionosphärenwelle, Troposphärenwelle und eigentliche Bodenwelle unterschieden, wobei eine einzelne Frequenz eine oder auch mehrere Arten der Ausbreitung beinhalten kann. Über größere Distanzen spielt die Reflexion der Wellen eine wichtige Rolle. Das Verhalten ähnelt hier einem Lichtstrahl, der auf einen Spiegel trifft, und abgelenkt wird. Nach diesem Prinzip werden artverwandte Wellen an den Inversionsschichten je nach Frequenz und Einstrahlwinkel abgelenkt bzw. reflektiert.

Die Bodenwellen sind der Strahlungsanteil, der durch das Vorhandensein der Erdoberfläche beeinflusst wird. Sehr entscheidend ist hierbei die Beschaffenheit des Geländes. Das Meer bietet für die Bodenwelle optimale Ausbreitungsbedingungen, was den Küsten-Funkstationen mit der Bodenwelle als auch bei den Langwellen zugutekommt.

Prinzipiell werden die Bodenwellen in drei Typen unterteilt. Die Oberflächenwelle nutzt die Erdoberfläche selbst als Leiter, während die Direkt- oder Sichtwelle die kürzeste Verbindung (quasioptisch) zwischen Empfänger und Sender, darstellt. Die Erdreflexionswelle trifft nach dem Auftreffen auf die Erdoberfläche durch Reflexion beim Empfänger ein. Um eine möglichst optimale Übertragung zu erreichen, müssen die Bodenwellen vertikal polarisiert sein, weshalb Lang- und Mittelwellen-Sender, fast ausschließlich senkrecht stehende Antennen nutzen.

Die Reichweiten der Bodenwelle liegen im MW-Bereich bei ca. 200 km, was sich in Winternächten auf 2.000 km erhöhen kann. Im KW-Bereich reicht die Bodenwelle nur 50-100 km, auf größeren Strecken ist die Raumwelle deshalb kaum relevant. Im UKW-Bereich tritt die Bodenwelle nur ausnahmsweise mit geometrischer Sichtweite unterhalb 60 MHz auf. Bei Lang- und Längstwellen werden dagegen sehr große Reichweiten sowie ein Eindringen in das Grundwasser bzw. die Ozeane erreicht.

Hier finden wir auch die Funkfrequenzen der U-Boote. Je besser die Erdoberfläche und das Wasser leiten, desto größer ist auch die Reichweite der Bodenwellen. Diese ist von Tages- und Jahreszeit nahezu unbeeinflusst und beträgt bei 2 MHz max. 160 km, bei 4 MHz 90 km, bei 7 MHz 60 km, bei 15 MHz 40 km, bei 21 MHz 30 km und bei 25 MHz max. 20 km.

Die Bezeichnung der Raum- oder Ionosphärenwelle sowie der Troposphärenwelle bezieht sich auf den Teil der gesamten Strahlung, welcher aufgrund von Luftmassen mit unterschiedlicher Luftfeuchtigkeit und/oder Temperatur zur Erde reflektiert wird. Für die weltumspannende Kurzwellenausbreitung ist die Raumwelle unerlässlich.

Meteorologische Eigenschaften in Höhen bis zu 3.000 m können die Ursache für eine Krümmung einer Funkwelle oberhalb von 50 MHz in Richtung Erdboden sein, womit der geometrische Horizont überschritten wird. An den Grenzflächen der dichteren zu den dünneren Luftschichten sind infolge der verschiedenen Temperaturinversionen Totalreflexionen der HF-Wellen möglich. Die Duct- oder Schlauchübertragung zwischen zwei Schichten ist vergleichbar mit der Übertragung in Hohlleitern und verläuft fast völlig verlustfrei. In der Regel findet dies jedoch nur bei Frequenzen ab 50 MHz statt.

Die Tote Zone beschreibt ein Gebiet zwischen dem Ende der Bodenwellenausbreitung und dem ersten Wiedereintritt der Raumwellen (Sprungentfernung) in dem kein Empfang möglich ist. Die Raumwellen erreichen erst nach (mehrfacher) Reflexion in den hoch gelegenen Ionosphärenschichten (Heaviside-Schicht) wieder den Erdboden, während die Bodenwelle ihre maximale Entfernung zuvor erreicht. Dadurch kann ein Raum entstehen, in dem keine Wellen den Erdboden erreichen. Der weltweite Kurzwellenfunk wird aber nur über Raumwellen abgewickelt.

Tritt der Fall ein, dass Raumwellen und Bodenwellen in einem Gebiet gemeinsam empfangen werden können, gibt es eine gegenseitige Beeinflussung (Interferenz). Dies wird auf See sogar zur Regel. Da die

Raumwelle den längeren Weg zurückgelegt hat, verschieben sich die Signale zeitlich zueinander (Phasendifferenz) und führen zu Schwankungen der Amplitude, die Schwund (engl. Fading) genannt werden. Schwunderscheinungen können von der Auslöschung des kompletten Signals über Verzerrungen bis hin zur Verdopplung der Feldstärke reichen. Sie treten während der Dämmerungsphasen morgens und abends in erhöhtem Maße auf.

Die Ultrakurzwellen oberhalb 30 MHz haben nur die direkte Ausbreitung und können die Ionosphäre durchdringen. Deshalb werden diese Funkwellen als quasioptische Wellen bezeichnet. Je höher die Frequenz, desto größer wird jedoch auch die Dämpfung (Widerstand) in der Atmosphäre, während die Reflexionsfähigkeit aller Schichten abnimmt. Bei der Verwendung von Millimeterwellen werden in der Aufklärung hauptsächlich die atmosphärischen Fenster bei 35, 94, 140 und 220 GHz mit den entsprechend verfügbaren Bandbreiten von 16, 23, 26 und 70 GHz genutzt.

Erste internationale Vereinbarungen

Mitte des 19. Jahrhunderts ermögliche die Drahttelegrafie erstmals die schnelle Nachrichtenübermittlung über große Distanzen an Land und dem folgend der Tastfunk, die Morsetelegrafie, bald darauf auch für die Ozeandampfer und Kriegsschiffe in See sowie für die Luftfahrzeuge. Bald wurde die Notwendigkeit von internationalen Übereinkünften bezüglich der Frequenznutzung (Frequency-Management) offensichtlich. Die erste internationale Telegrafenkonferenz für die Drahtverbindungen war 1851 in Berlin. Der danach erarbeitete "Internationale Telegraphenvertrag" wurde 1865 unterzeichnet, aber erst Katastrophen in der Seeschifffahrt führten zu effektiveren und übergreifenden internationalen Vereinbarungen.

Auch die erste Radiokonferenz für den Funkverkehr fand vom 4. bis 13. August 1903 mit 90 Vertretern aus 32 Staaten in Berlin statt. Es kam jedoch lediglich zwischen Deutschland, England, Frankreich, Russland, Österreich-Ungarn, Italien, Spanien und den Vereinigten Staaten von Amerika zu gültigen Vereinbarungen. Der erste "Weltfunkvertrag" konnte auf der zweiten Tagung in Berlin (3. Oktober - 1. November 1906), an der 27 Nationen teilnahmen, unterzeichnet werden und nur Italien schloss sich diesmal aus. Geleitet wurde die Tagung vom Unterstaatssekretär im Reichspostamt Reinhold Sydow.

Am 1. Juli 1908 trat die erste internationale Regelung zwischen 31 seefahrenden Nationen, die Convention Radio Telegraphique - Internationale (CRTI), in Kraft. Im Seefunk wurde das seit 30. März 1904 in teilweisem Gebrauch befindliche Morsezeichen "S-O-S" (· · · – – – · · ·) als internationales Seenotsignal vereinbart. Zuvor wurden die Buchstaben "C-Q-D" ("Come Quick - Danger") genutzt. Das neue Seenotsignal "S-O-S" war hingegen eine einprägsamere Folge von Morsezeichen und inoffiziell kam die Eselsbrücke "Save-Our-Souls" für diese Buchstabenfolge auf, die sich bis heute gehalten hat.

SOS ist bis heute ein Notsignal, das als Morsezeichen · · · – – – · · · oder als ausgeschriebene Buchstabenfolge verwendet wird, um in einer Notlage Hilfe anzufordern. Im letzteren Fall werden die Buchstaben großformatig z.B. in den Sand oder Schnee geschrieben, in der Hoffnung, dass Besatzungen von Flugzeugen oder Hubschraubern diese sehen und Hilfe schicken. Im April 1904 wurden bei der deutschen Kaiserlichen Marine die Morsezeichen SOS als Notzeichen eingeführt; mit Wirkung vom 1. April 1905 wurde sie auch für den öffentlichen Schiffsfunk in Deutschland vorgeschrieben.

Der Vertrag der CRTI garantierte als Novum dabei die Seenothilfe "ohne Ansehen der Nationalität der Schiffe und des verwendeten Funksystems", da zuvor den Funkern der Funkverkehr mit Schiffen mit Funkanlagen unterschiedlicher Hersteller untersagt war. Gleichzeitig wurde durchgesetzt, dass die Küstenfunkstellen als öffentliche Einrichtungen alle Anrufe weiterzuleiten haben. Allein England, Italien, Japan, Mexiko, Persien und Portugal stimmten dieser Verpflichtung zunächst noch nicht zu, was sich für England beim Untergang der TITANIC als Nachteil herausstellen sollte und den Verlust vieler Menschenleben zur Folge hatte.

Funkstationen um 1908/1910

- England   1544
- Vereinigte Staaten   962
- Deutschland   639
- Frankreich   364
- Italien   193
- Russland   152
- Kanada   137
- Holland   124
- Japan   119

In der Nacht vom 14./15. April 1912 kam es zur Katastrophe der Titanic, die in Verbindung mit verschieden anderen Schiffsunglücken ein Umdenken der Nationen bewirken und zu vereinheitlichenden Maßnahmen auf den 1912 und 1913 stattfindenden internationalen Weltnachrichten- und Sicherheitskonferenzen führten. Die 3. Internationale Funkkonferenz in London erhielt deshalb den Beinamen "TITANIC-Konferenz" (12. November 1913). Sie legte die Frequenz von 500 kHz (600-m-Welle) als Telegrafie-Notfrequenz fest, die alle 15 Minuten zwei Minuten lang abgehört werden musste. Deshalb wurden die Funkraumuhren der Schiffe mit farbigen Sektoren für die zweiminütigen Funkpausen gekennzeichnet. Ferner wurde beschlossen, alle Schiffe über 1.600 BRT mit Bordfunkanlagen auszurüsten, die nun auch ständig besetzt sein mussten.

Die 4. Konferenz war für 1917 geplant, musste jedoch durch den 1. Weltkrieg verschoben werden. Die Tagung fand am 4. Oktober 1927 statt, nachdem 1925 der erste Rundfunkwellenplan und 1926 in Genf der Wellenplan für die internationale Verteilung der Wellen für die verschiedenen Funkdienste aufgestellt worden war. In Washington trafen sich fast 300 Delegierte aus 97 Nationen und vereinbarten 24 Artikel zur Regelung. Einer davon führte neben dem "S-O-S" der Telegrafie das "May-Day" für die Telefonie als Notruf ein.

Alle Landsender mit ungedämpften Sendeanlagen sollten bis zum 1. Januar 1935 abgeschafft werden, während die Schiffe diese auf 500 kHz weiter für Seenotfunk nutzen durften. Die Bestimmungen traten am 1. Januar 1929 in Kraft. Der Grenzwellen-Bereich war dem Seefunk als "Flussmündungsverkehrswelle" zugeteilt worden. Die Grenzwelle (GW, 180-100-m-Welle) reichte von 1,5-3,0 MHz, war jedoch eine rein deutsche Bezeichnung, die zwar noch lange benutzt wurde, aber vom MW-Bereich eingeschlossen wird.

Auf der internationalen Sicherheitskonferenz 1928 in London wurden einheitliche Zeiten für den Wachdienst in den Funkräumen an Bord eingeführt. Außerdem erfolgte der Beschluss über die Einführung von "Auto-Alarm-Empfängern" für Seenotfälle. 1929 gab es für den Rundfunk ein weiteres Abkommen in Prag. Ab 1931 erschienen die Funkbücher getrennt von den Signalbüchern in eigenen Ausgaben.

In Madrid fand 1932 die 5. Internationale Funkkonferenz statt, die aber keine wesentlichen neuen Regelungen brachte. Für Europa wurden lediglich weitere Frequenzkanäle zwischen 23-30 MHz vereinbart. Im selben Jahr beschlossen die Signatarstaaten des "Internationalen Telegraphenvertrages" den Zusammenschluss zur Union Internationale des Télécommunications (UIT oder ITU), heute ~ 190 Mitgliedsländer). Die ITU ist die Spitzenorganisation für das weltweite Fernmeldewesen und regelt die internationale Zusammenarbeit auf dem Gebiet des Fernsprech-, Telegrafen- und Funkwesens. Sie ist die übergeordnete Organisation des Comité Consultatif International Télégraphique et Téléphonique (CCITT), dem Internationalen beratenden Ausschuss für Telegrafie und Telefonie, der aus dem Internationalen Telegraphenverein von 1865 entwuchs.

Erst durch die Einführung des CCITT-Codes 2 (1924) wurde z.B. ein weltweiter Telex-Verkehr erst möglich. In der Bundesrepublik Deutschland gab es auf nationaler Ebene ab 1948 die "Beratenden Technischen

Ausschüsse für das Fernmeldewesen" (BTAF), welche die Grundsätze für den technischen Aus- und Aufbau der Fernschreiblinien festlegten.

Am 1. Februar 1938 kam es zur 6. Internationale Funkkonferenz in Kairo. Der weltweite Funkverkehr hatte enorm zugenommen und erforderte neue Regelungen und die Festlegung der neuen Kanäle auf den Frequenzen von 30-300 MHz. Die 7. Konferenz sollte 1942 in Rom stattfinden, doch wieder verhinderte der Krieg dieses Vorhaben. Nach dem 2. Weltkrieg erfolgte die Neuverteilung der Frequenzen 1948 in Kopenhagen mit 47 Haupt- und 74 Gemeinschaftswellen.

Da dem besetzten Deutschland nur ein Minimum an Frequenzen im Mittelwellenbereich zugestanden wurde, ging die einstige gute Versorgung mit Rundfunkprogrammen zunächst verloren. Doch die deutschen Erfinder machten aus der Not eine Tugend und erschlossen technisch den UKW-Bereich mit der Frequenzmodulation, was eine wesentliche bessere Qualität für den Hörfunk brachte. Der technologische Vorsprung in Deutschland konnte trotz alliierter Auflagen durch die Forschung im Land wiederhergestellt werden.

Eine Verteilung der Kurzwellen wurde 1949 in Mexiko vorgenommen. Am 23. November 1978 trat der Genfer Wellenplan in Kraft. 1952 wurden auf der Wellenkonferenz in Stockholm die Bereiche für Ultrakurzwelle und die Frequenzen für die TV-Übertragungen festgelegt. Die weltweite Frequenzverteilung ist im Kommunikationszeitalter unerlässlich geworden und das nationale Frequenzmanagement bzw. Frequenzvergabe ist eine profitable Geldquelle für die Staaten.

Ab 1972 wurden im 21-MHz-Bereich weltweit Impulsstörungen empfangen, deren Sendeort nördlich der Halbinsel Krim gepeilt wurde. Vermutlich aufgrund der durch den Sonnenfleckenzyklus in diesem Band auftretenden verschlechterten Ausbreitungsbedingungen wurde die Sendung in das 14-MHz-Band verlegt und ab dem 9. August 1976 mit damals für unmöglich gehaltener Bandbreite (30-300 KHz mit 10-Hz-Impulsfolge) und Feldstärke aufgenommen. Berechnungen deuteten auf einen 1-MW-Sender als Ursache.

Vier Impulskanäle mit fünf Rechteckimpulsen übertrugen sich in den gesamten Kurzwellenbereich auf die weltweiten Funkverbindungen. Internationale Interventionen bei dem International Frequency Registration Board (IFRB) brachten das "russische Maschinengewehr" (benannt nach dem Klang seiner Impulsfolgen) schließlich zum Verstimmen. Nur die internationalen Regelungen und Standards können weltweit die verschiedenen Kommunikationsmittel und ihre Verbindungen sicherstellen.

Vor der Jahrtausendwende erfolgten auf dem Funksektor noch gravierende Änderungen. Als internationale Seenotfrequenzen galten 500 kHz und 2.182 kHz als Anruf- und Notfrequenz, 8.364 kHz als Seenotfrequenz für Rettungsboote, Inseln und Flöße. Ferner für die zivilen Luftfahrzeuge 121,5 MHz und als weitere Anruf- und Notfrequenz auf UKW 156,8 MHz. Als militärische Notfrequenz stehen 243 MHz (NATO und andere) zur Verfügung. Die Seenotpausen lagen von 00-03 und 30-33 Minuten bei Sprechfunk sowie 15-18 und 45-48 Minuten bei Tastfunk, gerechnet von der vollen Stunde. Zu dieser Zeit wurden die Frequenzen auf eventuelle Notrufe abgehört. Zur Sicherheit wurden auf allen Funkraumuhren diese Seenotzeiten farblich Rot und Grün gekennzeichnet.

Mit dem Global Maritime Distress and Safety System (GMDSS) erfolgte eine weit gehende Änderung dieser Vereinbarungen. Am 1. Februar 1992 wurde das GMDSS zugelassen und seit dem 1. Februar 1999 müssen alle Fracht- und Fahrgastschiffe über 300 BRT sowie alle Fahrgastschiffe in internationalen Gewässern damit ausgerüstet sein. Das bisherige Funksicherheitssystem der Seeschifffahrt wurde hierdurch ersetzt bzw. ergänzt. Der Kanal 16 mit 156,8 MHz, die 2.182 kHz sowie die KW-Frequenzen im 4-, 6-, 8-, 12- und 16-MHZ Bereich bleiben für den Sprechfunkverkehr bzw. Notrufe bestehen. Für Not- und sicherheitsrelevante Rufe sind bei GMDSS die Frequenzen 2187,5 kHz, 4207,5 kHz, 6312 kHz, 8414,5 kHz, 12.577 kHz, 16.804,5 kHz und 156,525 MHz (Kanal 70) festgelegt. Das seit 1904 eingeführte S-O-S ist mit dieser Regelung endgültig verstummt.

Vom Morsegeber- und Morseschreiber zu den Fernschreibmaschinen

Geschichtliche/technische Entwicklung des Morsegebers

In den Entwicklungen können Morseschreiber, Zeiger-, Nadel- und Typendrucktelegraf sowie dem Streifen- und dem Blattschreiber unterschieden werden. Diese Geräte führten letztendlich zum eigentlichen Fernschreiber, der dann in der Entwicklung den krönenden Abschluss darstellt. Schon im 18. Jahrhundert gab es Ideen und Entwicklungsmodelle zu elektrostatischen Telegrafen von Lesage, Campillo (1796) und Ronalds. In einer anonymen Veröffentlichung mit den Initialen "C. M." im Scots Magazine am 1. Februar 1753 wurden für die 26 Buchstaben des Alphabetes jeweils eine eigene Leitung zur Ansteuerung der Anzeige skizziert. Angeblich stand das Kürzel "C. M." für Charles Marshall.

Ein Vorschlag des Italieners Joseph Bozolus hatte 1767 nur zwei Drähte, welche zwei Kleistsche Flaschen verbanden. Die kurzen und langen Pausen zwischen den initiierten Funken waren die entsprechenden Zeichen. Louis Lesage beschrieb 1774 einen Telegrafen, bei dem eine Art Elektroskop zum Einsatz kommen sollte. Er plante für die 24 Buchstaben entsprechend 24 Leitungen. In dem Buch "Travels in France 1787" wurde von einem Modell des Pariser Mechanikers Lomond berichtet, welches "... auf einem einzigen Drahte mittels der Electrisirmaschine und des Elektroskopes mit Holundermarkkügelchen zwischen zwei Zimmern telegraphierte.".

Aus den Versuchen von Francis Ronalds mit statischer Elektrizität einen Telegrafen zu konstruieren, entwickelte sich später der Zeigertelegraf. Der Admiralität im Jahre 1816 vorgeführt, erhielt er kurz darauf die zukunftsweisende Nachricht, "... daß Telegrafen jeder Art jetzt ganz unnötig seien und daß kein anderer als der bis jetzt gebräuchliche (der optische Telegraf!) eingeführt werde...".

In Deutschland wurde 1794 ein Leserbrief eines Herrn Reußer veröffentlicht, der ein Telegrafiegerät mit Reibungselektrizität beschrieb und 1808/09 auch entwickelte. Samuel Thomas von Sömmering baute den ersten elektrochemischen Telegrafen, um "durch Gasentbindung Buchstaben an entfernten Orten" (Sömmering) anzuzeigen. Anstoß zur Verwirklichung des Gerätes gab ein Wunsch des bayrischen Ministers Graf von Montgelas.

Nach Unterzeichnung des Rheinbundaktes im Jahre 1806 war Bayern wiederholt Angriffen Österreichs ausgesetzt. Durch die schnelle Übermittlung mit dem optischen Telegrafen von Chappé konnte Napoleon 6 Tage nach der Besetzung Münchens die Stadt zurückerobern und der bayrische König durfte zurückkehren. Die Bürokratie hatte aus diesen Ereignissen gelernt und wollte eigene schnelle Nachrichtenmittel.

Der nun von Sömmering entwickelte Elektrolyt-Telegraf bestand aus einem Empfänger mit einem flachen Glasgefäß mit angesäuertem Wasser und darin befestigten Elektroden aus vergoldetem Metalldraht. Der Zahl der insgesamt 27 Elektroden entsprachen auf der Senderseite nebeneinander angeordnete Metallstäbchen, die je einen Buchstaben repräsentierten und über getrennte Leitungen mit dem Empfänger verbunden waren. Als Stromquelle diente eine Volta Säule (Batterie). Wurde nun zwischen zwei Stäbchen des Senders eine Spannung angelegt, stiegen auf der Empfängerseite an den entsprechenden Elektroden Gasbläschen auf. Sömmering soll hiermit eine Entfernung von drei Kilometern überbrückt haben. Eine Produktion des Gerätes scheiterte jedoch an den Kosten der 28 Leitungsdrähte, die für den Verbindungsaufbau notwendig waren und der langsamen Übermittlung.

Weitere elektrochemische Versuche kamen mit einem 1838 patentierten Telegrafen von Edward Davy, der Papier- oder Kattunband verwendete, das er in einer Jod-Kalium-Lösung getränkt hatte. Der Betrieb mit Elektromagneten und Magnetnadel benötigte nur vier Verbindungsleitungen. Die Erkenntnisse von Oerstedt und Vorschläge von Ampere führten hin zum Nadeltelegrafen. Die Erfindung des Multiplikators (Luftspule) durch Johann Salomon Christoph Schweigger 1821 unterstützte diese Entwicklung. Er hatte bemerkt, dass ein stärkerer Strom die Nadel auch stärker ablenkte.

Carl Friedrich Gauß und Wilhelm Eduard Weber konstruierten mit der Luftspule von Schweigger im Jahre 1833 eine durch die Stadt Göttingen verlaufende "Galvanische Kette", den ersten elektromagnetischen Nadeltelegrafen zur Nachrichtenübermittlung. Die Linie ging von der Sternwarte über 900 m zum physikalischen Institut und zurück. An beiden Enden waren die Multiplikatoren mit 170 bzw. 50 Windungen, die nach einer bis eineinhalb Minuten über die galvanische Kette eine starke Reaktion der Magnetnadel auslösten, die wiederum über eine Glocke Signal gaben.

Zwei Jahre später erbauten Weber und Gauß die erste größere Telegrafenanlage mit Magnetzeigertelegrafen längs der 1. deutschen Eisenbahnlinie Nürnberg - Fürth. Als Empfänger diente ein schwerer Magnet, der in einer Spule frei schwingend gelagert war. Anzahl und Richtung der Ablenkungen des Stabmagneten, die unter Zuhilfenahme feinmechanischer optischer Geräte abgelesen und ermittelt wurden, bildeten die Grundlage für den Zeichencode. Auf der Senderseite genügte hierfür eine Kombination von Stromimpulsen.

Pawel Lowitsch Schilling von Cannstadt, ein mit Sömmering bekannter russischer Baron, experimentierte durch diesen Erfolg angeregt ebenfalls mit dem Prinzip der Ablenkung der Magnetnadel. 1830 stellte er seinen 5-Nadel-Telegrafen mit fünf Übertragungsleitungen vor. Der Stromfluss der Telegrafiezeichen durch die Multiplikatoren/Luftspulen beeinflusste die Magnetnadeln in ihren Stellungen, denen die Buchstaben des Alphabets zugeordnet wurden.

War die erste Generation der Nadeltelegrafen noch insofern schwer zu bedienen, als es eines geschulten Auges bedurfte, um die Reaktionen der Magnetnadel richtig zu interpretieren, so sorgte der Münchner Physiker Karl August von Steinheil mit seinem schreibenden Telegrafen (1836/37) für Abhilfe. Er ersetzte den schweren Stabmagnet durch zwei kleinere Magnetstäbe, an deren einander zugewandten Enden er ein Schreibgerät mit Messingfeder und Farbbehälter befestigte. Der über ein Uhrwerk angetriebene Papierstreifen wurde in gleichmäßiger Geschwindigkeit an den Nadeln vorbeigeführt. Er hatte das Gerät von Gauß und Weber dadurch wesentlich verbessert und erprobte seinen Telegrafen 1838 entlang des Schienenwegs der Nürnberg-Fürther Eisenbahn. Bei der Ausnutzung einer Schiene als Rückleitung bemerkte er, dass auch die Erde als Rückleiter dienen konnte und somit war das theoretische Prinzip des Erdrückleiters von Johann Heinrich Winkler in einer praktischen Anwendung bestätigt.

William Föthergill Cooke brachte 1836 einen Telegrafenapparat von Deutschland nach England, dessen Grundprinzip er in Heidelberg in einer Vorlesung von Muncke über den Telegrafen von Schilling kennen gelernt hatte. Er verbesserte die Konstruktion zu einem Nadeltelegrafen mit drei Nadeln und versah die Apparatur zusätzlich mit einem Wecker. Der nun mit Charles Wheatstone weiterentwickelte Magnetnadeltelegraf erweckte 1837 in einer praktischen Anwendung einer Nachrichtenübermittlung das Interesse der Öffentlichkeit, als damit zur Überführung eines Mörders beigetragen werden konnte. 1840 patentierte Wheatstone eine verbesserte Version dieses elektrischen Nadeltelegrafen, der den eigentlichen Ursprung des Zeigertelegrafen begründete.

Bei dem Fünfnadel-Telegrafen von Cooke und Wheatstone bestand der Sender, aus einem Tastenfeld mit 2-x-6 Druckköpfen für insgesamt 20 Zeichen. Auf der Empfängerseite war die Nadelreihe auf einem rautenförmigen Buchstabenfeld so angeordnet, das die abgelenkten Nadeln direkt auf den telegrafierten Buchstaben wiesen. Mehrere erfolgreiche Versuche konnten mithilfe der angelsächsischen Eisenbahngesellschaft durchgeführt werden, die allerdings eine Verringerung der Kosten forderte, worauf Wheatstone und Cooke das System auf zwei Nadeln reduzierten, womit vier, damals sehr teure, Kupferleitungen eingespart werden konnten. Der Erfolg stimulierte auch andere Erfinder in England, wie Bain, Highton, Sturgeon und Fardely, sodass bald viele verschieden Ausführungen der Telegrafen erschienen.

Der amerikanische Maler und Erfinder Samuel Finley Breese Morse konstruierte 1837 seinen ersten praktisch brauchbaren Maschinentelegrafen und nach Art des Künstlers baute er seinen ersten

Empfangsapparat aus einer Staffelei, wobei er nicht nur bei den mechanischen Details auf Hilfe angewiesen war. Bei der Konstruktion seines Telegrafen wurde er von Leonard D. Gale und später Alfred Vail unterstützt, was meist in der Literatur nicht erwähnt wird.

Dem Aufruf des amerikanischen Finanzministers zur Vorstellung eines brauchbaren Apparates am 10. März 1837 konnte Morse durch diese Unterstützungen am 4. September sein Gerät erfolgreich vorstellen. Dieses zog über einen mit Batterie versorgten Empfänger in Ruhestellung einen geraden Strich auf einem durchlaufenden Papierstreifen. Die empfangenen Impulse wurden als Zacken aufgezeichnet. Eine Zacke bedeutete die Zahl "1", zwei Zacken die Zahl "2", drei Zacken "3 ...", was nach Gales Meinung als Schrift jedoch schlecht lesbar, weshalb er zusammen mit Joseph Henry und Alfred Vail das Gerät weiterentwickelte.

E. D. Smith aus Rochster schlug erst 1852 in einer lokalen Zeitung öffentlich das Wort "Telegramm" als neuen Begriff anstelle der zwei Worte "Telegraphische Depesche" vor. Seitdem bezeichnet das Wort Telegramm eine schriftliche Nachricht, die mittels optischen oder elektrischen Telegrafengeräten zwischen Telegrafenstellen übermittelt wird. Von den Seefunkstellen, Küstenfunkstellen bzw. Bestimmungstelegrafenstellen (Postämter) geht das Telegramm als schriftliche Nachricht an den Empfänger in Übersee oder an Bord. Beim Seefunktelegramm wird dabei zwischen Inlandsdienst und Auslandsdienst unterschieden.

Die Übermittlung des Textes "What hath God wrought?" (Was hat Gott geschaffen?) am 24. Mai 1844, auf der 1843/44 installierten ersten großen Telegrafenlinie von Baltimore nach Washington (etwa 40 Meilen), gilt als erstes "Draht-Telegramm" in der Geschichte. Ein Jahr später bestanden bereits 1.500 km Telegrafenleitungen in den USA, die bis 1850 auf 12.000 Meilen anwuchsen. Gerade in den neu zu erschließenden Kontinenten gaben die Nachrichtenknoten so manchem Ort seinen Namen, wir finden beispielsweise den Telegraph Creek in Kanada/USA, in San Francisco den bekannten Telegraph Hill, in Australien die Stadt Telegraph Point.

Vom ersten Aufzeichnungsprinzip des von Morse 1845 patentierten Empfangsapparates kamen Henry, Vail sowie Morse in ihren Entwicklungen jedoch bald ab. Dieser registrierte die eintreffenden Stromimpulse mit dem senkrecht zum Papierstreifen angebrachten Stift nach Dauer des Stromflusses als Punkte oder Striche und beim Sender genügte zur Erzeugung der beiden Zeichen eine einfache Taste mit Federwiderstand, die entweder kurz oder lang angetippt wurde. Auf Vail geht sowohl die Morsetaste (sie müsste korrekter Weise also eigentlich "Vailtaste" heißen) zurück, als auch der Vorschlag den Code mit langen und kurzen Impulsen aufzubauen, wie es auch Alexander Bain umsetzte.

Das Zeichensystem von kürzeren und längeren Strichen wurde allerdings nach dem Vater des Gedankens - zumindest was die erste praktisch verwendbare Apparatur betrifft, als Morse-Alphabet bezeichnet. Es war eine radikale Vereinfachung des zuvor von Morse ausgedachten Zeichencodes, bei dem lediglich die Anzahl der übermittelten Punkte entsprechende Zahlen darstellen sollten. Das Strich-Punkt-Alphabet wurde 1844 zum American Morse Code.

1844 und 1846 folgten von Morse zwei Versionen des Reliefschreibers. Konkurrenten und Prozesse um Patentrechte machten ihm zuerst das Leben schwer, bis ihm 1854 der oberste Gerichtshof der USA das Recht des Patentes zusprach. Zu diesem Zeitpunkt wurde allerdings in den USA noch den berittenen Kurieren der Vorzug vor Brieftauben gegeben und auch die Telegrafenleitungen erreichten nicht alle Orte so flexibel.

Die erste transkontinentale Telegrafenstrecke der USA war von der Western Union am 24. Oktober 1861 in Salt Lake City/Utah fertig gestellt worden. Die amerikanische Ostküste war nun mit der Westküste endlich nachrichtentechnisch verbunden und 1862 wurde der gerade ein Jahr alte Pony Express aufgrund dieser Telegrafenverbindung eingestellt. Die "singenden Drähte", wie die Telegrafenleitungen den Indianern genannt wurden, begannen mehr und mehr die riesigen Entfernungen zu überbrücken, vereinsamte militärische Posten zu verbinden und wurden im Bürgerkrieg sogleich auch für die militärische Führung verwendet.

Der Schotte Alexander Bain erhielt 1843 ein Patent auf das erste Faxgerät mit elektrochemischer Aufzeichnung. Der aus dem Latein stammende Begriff Faksimile (das Fax) bedeutet "mach es ähnlich". Der "Faximilierer" lieferte zwar gute Ergebnisse, war jedoch zu langsam für einen kommerziellen Erfolg. Wesentliche Beiträge kamen nun u.a. von dem Engländer Bakewell 1850, dem Italiener Giovanni Caselli 1862 und dem Deutschen Arthur Korn, der 1902 erstmals ein Faksimileverfahren vorführen konnte, bei dem das später übliche fotoelektrische Abtastverfahren verwendet wurde.

Das erste durch ein Faxgerät übertragene Foto zeigte 1906 den deutschen Kronprinzen Wilhelm Viktor Albert (Wilhelm II.). Mitte der 20er Jahre gehörte das Fax nach dem deutschen Hell- bzw. Siemens-Hell-Verfahren zur Grundausstattung der Zeitungsverlage, war allerdings für den Privatgebrauch noch viel zu teuer. Der Durchbruch im privaten Bereich kam erst nach dem 2. Weltkrieg mit der Entwicklung der Mikroelektronik. Das Gewicht der Fax-Schreiber und -Sender lag in den 60er Jahren immer noch bei rund 70 kg und reduzierte sich erst in den 80er Jahren durch Mikroelektronik auf wenige Kilogramm.

Die Entwicklung der Draht-Telegrafen ging zügig voran. Neben Erfindern wie Carl Gotthilf Ferdinand Leonhard in Deutschland lief die Forschung auch im Ausland weiter. Brequet brachte in Frankreich 1845 einen Zeigertelegraf mit 75 Zeichen pro Minute in Umlauf, dem er 1849 eine Weiterentwicklung folgen ließ. Eine wesentliche Verbesserung zu diesem Prinzip kam nun aus Deutschland. Die Firma Siemens & Halske patentierte nach dem Vorbild des Fünfnadel-Telegrafen 1847 im Gegensatz den Prototyp ihres Zeigertelegrafen mit elektromagnetischer Selbstunterbrechung. Diesem Unterbrecher kam die wichtige Funktion zu, die einzelnen Stromimpulse von Signal zu Signal präzise zu trennen. Sender und Empfänger ließen sich dadurch synchron schalten. Die Bedienung erfolgte über ein kreisförmig angeordnetes Tastenfeld mit Buchstaben und Ziffern. Wurde eine Taste gedrückt, rückte der Zeiger des Empfängers auf seinem analogen Ziffernblatt an die entsprechende Stelle. Der fast ausschließlich bei der Eisenbahn verwendete Telegraf wurde 1850 patentiert.

Einen wichtigen ersten Anlass zur Nutzung eines elektromagnetischen Telegrafen in Deutschland gab 1843 der Bau der Eisenbahnstrecke von Aachen nach Antwerpen, bei der auf einer Steilstrecke zwischen Aachen und Ronheide die Züge mithilfe eines Seiles bergauf gezogen werden mussten. Um die Verständigung zwischen dem Maschinisten der Dampfmaschine und dem Personal im Tal sicherzustellen, wurde ein Telegraf bei Wheatstone in London bestellt. Importeur und Installateur war der Hamburger Mechaniker Hannibal Moltbrecht, der während seiner Wanderjahre bei Steilheit in München gelernt hatte. Dies gab ihm die Qualifikation zur Errichtung der ersten Anlage dieser Art in Deutschland.

Von Bremen nach Bremerhaven wurde von Johann Wilhelm Wendt und dem Mechaniker Brüggemann 1844, eine unterirdische Linie mit Zweinadel-Telegrafen aufgebaut, die jedoch erst 1846 fertig gestellt wurde und am 1. Januar 1847, in Verbindung mit der optischen Linie von Schmidt in Hamburg, den Betrieb aufnahm. Die Originale der Geräte sind im Focke-Museum in Bremen aufbewahrt.

Der Zeigertelegraf des Mechanikers Karl Geiger aus Stuttgart kam 1847 auf der Linie nach Bad Cannstatt zum Einsatz, die 1848 nach Esslingen erweitert wurde. Der Unterschied zur Anordnung von Wheatstone war die Tatsache, dass der Sender, durch einen Gewichtsantrieb in Bewegung gesetzt wurde. Der für einen Umlauf etwa zwei Sekunden benötigende Zeiger hielt an dem durch die niedergedrückte Taste markierten Zeichen oder Symbol an. 1851 wurde das Gerät durch den Morse-Telegrafen verdrängt und auch die ab 1846 von Berlin nach Sanssouci bestehende erste Telegrafenverbindung erlag diesem Schicksal.

Am 30. Juni 1847 erschien in Hamburg eine Anzeige des Amerikaners William Robinson, der die Morse-Telegrafen, ohne Ermächtigung des Erfinders, in Europa anbot. Sein erster Erfolg der Werbeaktion war die Errichtung einer Linie von Cuxhaven nach Hamburg mit der neu gegründeten "Elektromagnetischen Telegraphenkompanie", die der Anfang vom Ende der optischen Linien von Schmidt war. Die schnelle

Inbetriebnahme dieser Linie lag nicht zuletzt daran, dass es der Firma gelungen war, Friedrich Clemens Gehrke von Schmidt und der Konkurrenzfirma auf dem optischen Sektor abzuwerben.

Nachdem 1845 die Patentierung des Telegrafen von Morse in Preußen noch als zu unbedeutende Erfindung abgelehnt wurde, erfolgte ganz im Gegensatz dazu 1847 die Einführung des Morse-Systems in Europa auf den Linien der Hannoveraner Staatsbahn. Neue Technik hatte sich wieder einmal gegen konservative Kreise durchgesetzt. Preußen erhielt 1848 die ersten Geräte für die Sicherstellung einer schnellen und sicheren Nachrichtenübermittlung über die in der Paulskirche in Frankfurt am Main tagende, erste deutsche Nationalsammlung (18. Mai 1848).

Der Leiter der königlichen Telegrafenkommission, General von Etzel, protegierte den 1847 neu entwickelten Zeigertelegrafen eines Artillerieleutnants Werner von Siemens. In diesem Jahr hatte sich Werner von Siemens mit Johann Georg Halske eine erste Werkstatt in Berlin eingerichtet und so erhielt die neu entstandene Telegrafen Bau-Anstalt Siemens & Halske den Auftrag zur ersten offiziellen Ferntelegrafenlinie Europas auf Basis ihrer entwickelten Sender und Empfänger. Ein Nachrichtenmittel stand nun zur Verfügung, welches jederzeit, witterungsunabhängig und mit enormer Geschwindigkeit Informationen übermitteln konnte.

Am 28. März 1849 wurde die Ablehnung des preußischen Königs Friedrich Wilhelm IV. bei seiner Wahl zum Deutschen Kaiser durch die Frankfurter Nationalversammlung mit dieser Linie nach Berlin telegrafiert. Die Ablehnung der Krone von "Dreck und Letten" brachte auch die gesamte Verfassung, mit den darin enthaltenen Grundrechten des deutschen Volkes, zum Scheitern. Man hätte sich erfreulichere und freundlichere Mitteilungen für diese Premiere gewünscht.

Im Jahr 1849 wurde eine zweite Linie von Berlin nach Köln fertig gestellt. Bei der Erweiterung der Linie von Köln nach Brüssel hatte Siemens zuvor Israel Beer Josaphat aus Kassel kennen gelernt. Sein Geschäft mit der Brieftaubenpost wurde durch den Bau der Telegrafenlinien quasi ruiniert, worauf ihm Siemens den Rat gab, sich die neue Technik zunutze zu machen. Josaphat handelte schnell und gründete 1848 ein Depeschen-Vermittlungsbüro in Aachen, das 1851 nach London umzog und dort zu einem Nachrichtenimperium werden sollte.

1866 schloss der Papierfabrikant Cyrus Field nach drei Fehlschlägen in neun Jahren die Lücke der transatlantischen Verbindung über den Ozean von Amerika nach Europa ganz. Sein Schiff Great Eastern hatte hierfür ein viertausend Kilometer langes Kupferkabel verlegt, das als Spule aufgerollt (7.000 Tonnen) im Laderaum transportiert wurde. Für die Verschlüsselung der Geschäftskorrespondenzen auf diesem Verkehrsweg brachte William Claussen Thue seinen kommerziellen ABC-Code auf den Markt.

Der Morseapparat war für eine Verwendung über kurze und mittlere Entfernungen hervorragend geeignet, stieß aber bei dem Einsatz auf längeren Seekabeln schnell an seine Grenze, denn eine lange Leitung verhält sich wie ein riesiger Kondensator. Beim Betätigen der Morsetaste baut sich die elektrische Ladung im Kabel relativ langsam auf und nach dem Aktivieren der Taste auch genauso langsam wieder ab. Mehrere Morsezeichen, die nacheinander mit gleicher Polarität ausgesendet werden, führen deshalb zu einer vollständigen Aufladung der Leitung, da die Ladespannung im Kabel sich erst nach größeren Pausen abbauen kann. Das hat zur Folge, dass die Morsezeichen auf der Empfängerseite nicht mehr eindeutig getrennt auftreten.

Einadrige Telegrafenkabel hatten eine Kapazität von rund 0,21 mF/km, was z.B. beim im 1. Weltkrieg zerstörten und 1929 wieder hergestellten Kabel von Emden nach Vigo/Spanien mit einer Kabellänge von 2.081 km insgesamt eine Leistungskapazität von 444 mF ergab. In den Anfängen der Telegrafie über Seekabel wurde deshalb bei größeren Entfernungen mit einer Doppel- oder Recordtaste gearbeitet. Sie verfügte über zwei Tasthebel, einen Hebel, mit der eine positive Spannung auf das Seekabel gegeben werden konnte und einen anderen für die Aussendung einer negativen Spannung. Punkte eines Morsezeichens wurden mit einer positiven Spannung gesendet, Striche mit einer Negativen. Durch die erzwungene regelmäßige Umladung wurde eine vollständige Aufladung des Kabels mit dem daraus resultierenden Überlagern der Zeichen vermieden.

Am 26. Juli 1850 gründeten die Länder Preußen, Sachsen, Bayern und Österreich den Deutsch-Österreichischen Telegraphenverein (DÖTV) dem später weitere Länder beitraten. In diesem Jahr folgte der verbesserte Doppelstift-Schreiber mit Federantrieb von E. Stöhrer und die DÖTV führte den Apparat von C. Lewert aus Berlin 1851 als Standardgerät ein. Auch W. Gurlt beteiligte sich an der Produktion dieses Schreibers, doch seine Firma sollte später in der C. Lorenz AG aufgehen. 1856 wurde der 1.000 Apparat, 1870 der 2.000. und 1874 der 3.000. ausgeliefert. Nach einem Vorschlag von Thomas John erschien 1861 eine Variante mit schwarzem Farbband.

Der zunächst verwendete American-Morse-Kode war, eine Quelle ständiger Fehler. Zum einen gab es Buchstaben die Pausen enthielten (wie z.B. das "O" mit Punkt-Pause-Punkt), zum anderen wurden drei unterschiedliche Strichlängen verwendet. Deshalb modifizierte der Telegrafen-Inspektor Friedrich Clemens Gehrke das Morsealphabet nach ökonomischen Gesichtspunkten für die Versuche auf der Strecke Berlin - Köln. Als Erstes verwendete er Punkte und Striche von gleichbleibend definierter Länge (ein Punkt ~1/24. Sekunde, ein Strich = 3 Punktlängen ~1/72. Sekunde, bei Handtastung). Dann waren den am häufigsten auftretenden Buchstaben in einem Code aus Punkten und Strichen auch einfache Zeichen beziehungsweise einfache Zeichenkombination, zugewiesen. Die Pause zwischen den Buchstaben entsprach einem Strich, zwischen Wörtern sieben Punkten (~1,5 Sekunden). Buchstaben wurden mit vier, Zahlen mit fünf und Satzzeichen mit sechs Elementen kodiert. Die Pausen verloren ihre vorherige Bedeutung, bei einem zu lang gegebenen Abstand wurde allenfalls ein Wort auseinandergerissen.

Das Gehrke-System wurde am 14. Oktober 1851 als offizielle Normierung verabschiedet und fortan als "Kontinentale"-Kodierung (Continental-Code) bezeichnet. Doch die Vorteile waren so überzeugend, dass der Code durch den 1865 in Paris abgeschlossenen internationalen Telegrafenvertrag zum Internationalen Morse-Code wurde, der bis heute seine Gültigkeit hat.

Eine weitere interessante Form eines Telegrafencodes wurde von den Japanern für ihre Schriftzeichen entwickelt, auf die sich das herkömmliche Morsealphabet nicht anwenden ließ. Die Kata-Kana (Hira-Kana) besteht aus Schriftzeichen und einem Silbenalphabet. Diese schwierige Schrift mit dem dazugehörigen Telegrafencode musste das Personal der Dechiffrierstellen der Königlichen Marine Großbritanniens und der Marine der Vereinigten Staaten von Amerika im 2. Weltkrieg erlernen, um die aufgefangenen Funksprüche auszuwerten zu können. Die nordkoreanischen Soldaten beschäftigten hingegen viele amerikanische Abhörspezialisten mit ihrem Stimmen-Morsen. Anstatt sich im Sprechfunkverkehr zu unterhalten, sangen sie die kurzen und langen Zeichen der Morsesignale.

1854 entwickelte Siemens ein polarisierendes Relais, aufgrund der Form auch Dosenrelais bezeichnet. Er verbesserte 1861 den von Thomas John 1856 entwickelten Schreiber und 1870 den von W. Gurlt seit 1866 produzierten Farbschreiber, bei dem das Federwerk bei Brüchen nun problemlos gewechselt werden konnte. Mit einem Elektromotor versehen, hatte sich das Prinzip für Übungszwecke bis in die 90er Jahre des 20. Jahrhunderts gehalten. Auch bei den elektromagnetischen Zeigertelegrafen war er mit Halske weiter erfolgreich. Die beiden deutschen Erfinder Siemens und Halske konstruierten 1875 noch den Magnetinduktionszeigertelegrafen, mit dem die fast zwanzigjährige Entwicklungsgeschichte aufgrund der parallelen Fortentwicklung der elektromagnetischen Schreib- und Typendruckmaschine (der Fernschreiber) mit wesentlich besseren Leistungsmerkmalen jedoch abgeschlossen wurde.

Die Namen C. Lewert, W. Gurlt, Siemens & Halske sind nur einige der deutschen Namen, die bedeutende Entwicklungen für die Morseschreiber beisteuerten. In vielen alten Filmen spielten das "Tickern" der Morsetasten und die Telegrafenlinien eine wichtige Rolle. Die Zeichengebung wurde auch für die Funken-Telegrafie und den optischen Signaldienst mit Blinklampen übernommen.

Die elektromechanischen Typendrucktelegrafen hatten wie die Morseschreiber eine relativ geringe Zeichenübertragung, da das Typenrad vor jedem einzelnen Druckvorgang zum Stillstand gebracht werden musste. Erst der britische Erfinder David Edward Hughes fand mit seinem Hughes-Schreiber ein Gerät mit der Möglichkeit zur Erhöhung der Übertragungsgeschwindigkeiten.

Am 5. August 1858 war das erste transatlantische Seekabel verlegt, auf dem am 7. August 1858 das erste offizielle Telegramm verschickt wurde. Für die Morsetelegrafie über Seekabel mussten aber neue und empfindlichere Empfangsgeräte entwickelt werden, die bei einem ersten Ansteigen der Spannung bereits die Signale umsetzen konnten. Das Warten auf das Signalmaximum hätte infolge der Kapazität der Kabel ein wesentlich langsameres Geben vorausgesetzt, welches die Zeit für eine Übermittlung extrem verlängert hätte.

Das erste deutsche Unterwasserkabel in Nord- und Ostsee wurde 1854 vom Brückendamm zur Insel Dänholm für das Marinedepot verlegt. Über größere Distanzen mussten aber Verstärkerstationen integriert werden, was neben der besseren Abdichtung die eigentliche neue Technik der Seekabel war. Das erste deutsche Überseekabel wurde 1896 von Emden über Vigo und Teneriffa und die Azoren verlegt, wo es Anschluss an eine transatlantische Verbindung hatte. Nach zwei Jahren Bauzeit wurde 1870 die 11.000 km lange Telegrafenleitung von London, durch das Mittelmeer und das Rote Meer, nach Kalkutta von Siemens & Halske unter englischem Auftrag fertig gestellt. Die Firma hatte in internationalen Aufträgen bis 1874 acht Seekabel zwischen Europa und Amerika mit insgesamt 36.000 km verlegt. 1902 lagen schon 380.000 km an Kabeln kreuz und quer auf dem Meeresgrund.

Die Telegrafenkabel umspannten nun den ganzen Globus. Die schnelle Verbreitung öffentlich wichtiger Nachrichten wurde zum großen Geschäft, das die Grundlage für unsere heutigen Presse- und Nachrichtenagenturen legte. 14 Millionen Telegramme waren z.B. allein in Deutschland im Jahre 1875 über das öffentliche Telegrafennetz versandt worden, dass eine Leitungslänge von 170.000 km erreicht hatte. Das Büro des Israel Beer Josaphat in London war, jetzt an einem der Knotenpunkte der transatlantischen Kabel am richtigen Platz. Mit der Übermittlung der Ermordung Lincolns durch John Wilkes Booth am 15. April 1865 über das transatlantische Kabel, zwei Tage vor allen Konkurrenten, hatte Josaphat endgültig seinen Triumph.

1871 wurde Josaphat geadelt und konnte sich fortan Paul Julius Freiherr von Reuter nennen. Die daraus entstandene Nachrichtenagentur Reuters Ltd. ist ein Markstein in der Geschichte der Presse. Sie war 1962 die erste Nachrichtenagentur, die ihre Informationen über Satelliten verbreitete. Das weltweit erste Telegrafenbüro wurde hingegen 1864 von Bernhard Wolff (Chefredakteur der Berliner National-Zeitung) in Berlin eingerichtet, der damit 1898 als einziger Journalist die gesamte Orientreise des deutschen Kaisers begleitete.

Der Nachrichtenverkehr erforderte bald eine Mehrfachausnutzung der einzelnen Dräthe der Telegrafenlinien. Hierfür mussten die Geräte auf eigene Zuleitungen über Vermittlungen geschaltet werden. Die Zentral-Anrufschränke für Telegrafenleitungen waren Handvermittlungsschränke wie z.B. der M-07 und M-11. Apparate auf den Leitungen mit mittlerem oder schwachem Verkehrsaufkommen konnten eingespart und die Beamten gleichmäßiger und effektiver eingesetzt werden.

Der M-07 nahm 4 Telegrafenleitungen auf und hatte zur Betriebsüberwachung Galvanoskope aufgeschaltet. Die Hauptapparate ließen sich jedoch nicht zur Aushilfe an benachbarten Schränken verwenden, da diese Hebelschalter anstatt der Steckerschnüre hatten. Die neue Entwicklung des M-11 ersetzte die beiden Schrankmodelle und verwendete beide Vermittlungstechniken. Für mittlere und große Telegrafenämter wurden diese Schränke in 20, 30, 50 und mehr Leitungsverbindungen aufgebaut. Die Zentral-Anrufschränke T-13 wurden ebenfalls für 20, 30, 50 und mehr Leitungspaare gebaut, die 60er-Version war, jedoch nur für Verbindungen mit reinen Empfangsapparaten eingerichtet. Im äußeren Aufbau ähnlich und mit 30, 40, und 60 Leitungsverbindungen gab es den T-22. Hierzu kamen noch Endamt-

Schaltsätze, welche alle für Differenzialschaltungen benötigten Geräte und Teile in sich vereinten. Es war nun eine kombinierte Gesamtanlage mit Sendegeräten, Empfangsgeräten sowie Um- und Weiterschaltungen in den Modellen T-20 und T-22, für den damals speziellen Siemens-Betrieb gab es zusätzlich noch den Endamt-Schaltsatz S-D-20.

Erste militärische Nutzungen

Nach der technischen Entwicklung der Telegrafen erfolgte auch sofort ihre militärische Verwendung, wie z.B. im amerikanischen Bürgerkrieg. Der Professor Thaddeus S. C. Lowe übermittelte am 18. Juni 1861 die vermutlich erste Nachricht aus einem Ballon über Draht zur Bodenstation in Washington. Der Ballon von Lowe stieg vom Gaines Hill mit dem Telegrafisten Parker Spring auf, der mit seiner Morsetaste über Draht den Morsegeber am Boden bediente. Von dort wurde die Nachricht zu Thomas T. Eckert beim Union Military Telegraph weitergeleitet, der die Information sogleich entsprechenden Kommandeuren vorlegen konnte.

Im November wurde nach dem erfolgreichen Einsatz zu Aufklärungszwecken dann das Ballon Corps der Potomac-Armee mit 4 Heißluftballonen gegründet. Am 1. Juni 1862 wurde in der Schlacht bei Fair Oaks durch dieses Ballon Corps über Drahttelegrafie das Artilleriefeuer der Unionsarmee geleitet – dies war neben der ersten Verwendung der Telegrafie im Kriege auch der Beginn der elektronischen Luftaufklärung und Feuerleitung, wie sie Benjamin Franklin vorhergesehen hatte. Die amerikanischen Heißluftballone stiegen auf rund 100 m Höhe, die französischen Aufklärungsballone des 1. Weltkrieges erreichten dann 2.000 m Höhe, was sie aus der Schussreichweite der feindlichen Infanterie brachte, gleichzeitig aber noch eine optische Aufklärung gewährleistete. Im Kalten Krieg erlebten die Ballone in der Aufklärung eine Renaissance, bis Satelliten die Aufgaben übernahmen.

Die Vereinigten Staaten von Amerika hatten in ihrer Geschichte, von dem Krieg gegen Mexiko einmal abgesehen, sehr häufig Vorfälle auf See als Auslöser eines Krieges, selbst die Unabhängigkeit begann mit der "Boston-Teaparty" in einem Hafen. Spanien hingegen konnte kein großes Interesse daran haben, wegen der Kolonien über lange Seewege direkt vor der Haustür der USA einen Krieg zu führen. Erst die Explosion der USS MAINE am 15. Februar 1898 im Hafen von Kuba, die auf eine von den Spaniern gelegte Mine zurückgeführt wurde, sollte die diplomatischen Vermittlungen beenden. Vom Generalkonsul Fitzhugh Lee wurde am 28. Februar 1898 die weitere Entsendung eines Schlachtschiffes zum Schutz der amerikanischen Bevölkerung auf Kuba telegrafisch in diesen durch spanische Minen anscheinend abgeriegelten Hafen gefordert.

Für die Kriegsführung hatte Präsident McKinley 25 Telegrafenlinien und 15 Telefone im Lagerraum des Weißen Hauses einrichten lassen. Am 25. April 1898 erfolgte die Kriegserklärung an Spanien, am 7. Juni 1898 wurde eine Abteilung Ledernacken der US Marines in der Guantanamo-Bucht in Kuba abgesetzt, um das Betriebswerk der Überseestation bei Playa del Este zu zerstören. Präsident McKinley hatte durch die schnelle positive Entwicklung schlaflose Nächte und erklärte vor dem Kongress seine Entscheidung mit den Worten:

"Als mir klar wurde, dass uns die Philippinen in den Schoß gefallen waren, wusste ich nicht – ich bekenne das offen – was wir mit ihnen anfangen sollten ..., dass ich in mehr als einer Nacht niedergekniet bin und zu dem allmächtigen Gott um Erleuchtung gebetet habe." - "Und eines Nachts kam, mir die Erkenntnis ..., dass uns nichts anderes übrig blieb, als das ganze Inselreich zu nehmen und die Filipinos zu erziehen und sie aus ihrem niedrigen Stand zu erheben ..." - "Dann ging ich zu Bett, schlief ein und schlief prächtig. Am nächsten Morgen ließ ich den zuständigen Referenten des Kriegsministeriums holen und wies ihn an, die Philippinen auf der Landkarte der Vereinigten Staaten einzutragen."

Beim Friedensschluss am 12. August 1898 hatten die Vereinigten Staaten von Amerika die Inseln Puerto Rico, Guam, die Philippinen und Hawaii annektiert und den ersten Schritt zur Seemacht vollzogen, sich damit gleichzeitig aber zum wirtschaftlichen und militärischen Hauptkonkurrenten im Interessenbereich Japans gemacht. Nach der Hebung der MAINE im Jahre 1911 wurde die vermeintliche Minenexplosion an einem anderen Punkt lokalisiert. Die Hansen-Price-Untersuchung widerlegte 1975 die Theorie über die Zerstörung des Schiffes durch eine Mine oder andere äußere Kräfte und schloss eindeutig auf eine interne, eventuell durch Kohle oder Munition verursachte, Detonation. Auch bei anderen Schiffen dieses Typs gab es immer wieder Probleme aufgrund von Bränden im Kohlebunker, was nach über siebzig Jahren aber keine Schlagzeilen mehr machte.

Auch in deutschen Landen bedient man sich der neuen Technik. 1854 entsteht die "Kriegstelegrafie" in Preußen, zwei Jahre später wurde am 21. August 1856 die Einführung der Feldtelegrafie bei der preußischen Armee beschlossen und die elektromagnetischen Telegrafen für die Dienststellen des deutschen Militärs aufgebaut.

Bei der Belagerung der Düppeler Schanzen im 2. Deutsch-Dänischen Krieg 1864 wurden feste Telegrafennetze von den preußischen Feldtelegrafenabteilungen errichtet. Generalstabschef Helmut von Moltke dirigierte 1866 den komplizierten Aufmarsch der preußischen Armee in Böhmen über den Telegrafen. 1870 kommt es zur Mobilmachung aller sieben Heeres-Telegrafenabteilungen, der Neuaufstellung von drei Feld- und zwei Etappen-Telegrafenabteilungen sowie einer bayrischen und einer württembergischen Etappen-Telegrafenabteilung. Im deutsch-französischen Krieg 1870/71 kam, die erste große militärische Bewährungsprobe in Europa. 800 km Festleitungen und etwa 2.000 km feldmäßige Leitungen wurden verwendet, wobei die insgesamt 407 Stationen bis zum Ende des Krieges über 10.830 km Leitungen verbunden waren.

Im Vergleich zu anderen europäischen Nationen begann das Deutsche Reich seine Kolonialpolitik in Afrika und China vergleichsweise spät. Die ab 1884 erworbenen Besitzungen in Deutsch-Ostafrika (Tanganjika, Ruanda, Burundi), Deutsch-Südwestafrika (Namibia) ferner Kamerun, Togo, Deutsch-Neuguinea (Kaiser-Wilhelmsland, Bismarck-Archipel, Karolinen, Marianen, Palau-Marshall-Inseln, Nauru), Samoa sowie das chinesische Pachtgebiet Kiautschou benötigten Nachrichtenverbindungen nach Deutschland. Der leitungsgebundene Fernmeldeverkehr entwickelte sich im zivilen wie militärischen Bereich deshalb rasant weiter. Ein "Marine-Telegrafen-Detachment" sowie eine "Korps-Telegrafenabteilung" aus Freiwilligen der Telegrafentruppe wurden bei der Niederwerfung des Boxeraufstandes in China eingesetzt. Dabei wurden rund 400 km Kabel und 1.200 km permanente Leitungen verlegt.

Während in Deutschland der Bau der Drahttelegrafenlinien rasch vorangetrieben wurde, kam der Aufbau in Afrika nur langsam voran. Gerade zu den Inseln blieb die einzige Verbindung der Schiffsverkehr, die Postschiffe. Während die Ureinwohner ihre traditionelle Verständigung mit Trommeln über die Distanzen fortführten, trieben die europäischen Kolonialmächte die Drahtleitungen durch den Dschungel und die Wüsten. Die erste Telegrafielinie wurde mit Seekabel von Sansibar (Zansibar) über Bagamoyo nach Dar Es Salaam am 10. September 1890 von der Reichspost vollendet.

In diesem Jahr schlug der Reichskommissar Hermann von Eismann die einheimischen Aufstände nieder. Seine Miliz wurde am 22. März 1891 zur regulären Kaiserlichen Schutztruppe erklärt, die dem Reichsmarineamt unterstand. Ähnliche Probleme in der Erziehung hatten die USA mit den auf der Landkarte der USA eingetragenen Philippinen, die eine andere Vorstellung ihrer Repräsentation und nationalen Zugehörigkeit hatten, was ca. 200.000 Einheimischen in den Aufständen das Leben kostete.

Die Deutsche Reichspost vollendete am 5. Mai 1892 die Verbindung Bagamoyo-Sadani und am 3. Oktober 1892 die Linie über Pagani nach Tanga, die als erste oberirdische Leitung mit einem 4 mm starken, verzinktem Gussstahldraht ausgeführt wurde. 1893 kam die Verbindung Dar Es Salaam-Kilwa (248 km) und 1897 nach fünfmonatiger Bauzeit der Anschluss Kilwa, Lindi, Mikindani sowie die Verknüpfung der 70 km zwischen Dar Es Salaam und Bagamoyo. Insgesamt spannten sich nun 730 km Telegrafieleitungen der Reichspost durch den afrikanischen Kontinent. 1904 wurde nach dreijähriger Bauzeit das 900 km entfernte Tabora an Dar Es Salaam angebunden.

Da das Deutsche Reich wie die anderen Kolonialstaaten nicht nur ein Schulsystem und den Fortschritt, sondern auch harte Steuern und Ausbeutung in die afrikanischen Länder brachte, kam es 1905-1909 zu erneuten Aufständen, bei denen viele Strecken beschädigt wurden. Diese wurden unter Sicherung durch die Schutztruppen sowie den Matrosenabteilungen des Reichsmarineamtes wieder ausgebessert und der weitere Ausbau der Linien vorangetrieben. Der Blutzoll der einheimischen Völker in den Aufständen und während des Krieges überschritt mit den darauffolgenden Epidemien und Hungersnöten die Millionengrenze.

Die Draht- und Funkverbindungen erschlossen in Verbindung mit der Eisenbahn und den Schiffsverbindungen die neuen Gebiete. So führten die Telegrafenleitungen und transatlantischen Seekabel immer entlang der Eisenbahn- oder Schifffahrtslinien. Der Ausbruch des 1. Weltkrieges beschleunigte den Bau der Verbindungen und bis 1916 wurden ca. 3.000 km Telegrafenlinien zusätzlich errichtet, was in etwa der Gesamtlänge aller Leitungen der 23 Jahre zuvor entsprach.

Die Nachrichtenknoten waren dann auch Hauptziel der britischen Angriffe auf dem afrikanischen Kontinent. Die zahlenmäßig unterlegenen und in der Versorgung über See zusätzlich benachteiligten deutschen Schutztruppen unter General Paul von Lettow-Vorbeck mussten sich ins Hinterland zurückziehen. Bis Kriegsende wurden nochmals fast 3.000 km Leitungen verlegt, die allesamt mit den Kolonien nach dem Kriege an die Siegermächte fielen. Die strategisch wichtige Insel Helgoland konnte später mit England für die Insel Sansibar eingetauscht werden.

Im Jahr 1909 hatte sich die Anfälligkeit der Freileitungen im Deutschen Reich aufgezeigt. Nach starken Stürmen brach aufgrund der Last durch Schnee und Eis fast das gesamte Fernsprech- und Telegrafennetz in Norddeutschland zusammen. Vermehrt wurden Erdkabel im zivilen Bereich verlegt, während das Militär sein zweites Standbein im Funkverkehr suchte. Die Drahtverbindungen blieben trotzdem bis heute immer als fester Bestandteil der Fernmeldeeinrichtungen im zivilen und militärischen Bereich bestehen.

Die Stärke der Telegrafentruppe des Heeres war während der Mobilmachung von 550 Offizieren mit 5.800 Mann auf 800 Offiziere und 25.000 Mann angewachsen. Von 1914-1918 lieferte die deutsche Industrie insgesamt 8,7 Millionen Kilometer Leitungsmaterial für den Bedarf an der Front. Das deutsche Feldtelegrafennetz hatte eine Länge von 920.000 km und das Armeeoberkommando besaß Ämter mit bis zu 600 Endteilnehmern, die an Kampftagen über 11.000 Gespräche vermittelten.

Der Hughes-Schreiber diente als erster Fernschreiber auch im Aufbau der Fernschreibnetze der Marine. Das Reichspostamt beschaffte 1915 insgesamt 8 Hughes-Schreiber für die Verbindung der Nachrichtenabteilung 3 in Wilhelmshaven (2) sowie den Luftschiffstützpunkten M.L.T. Hage und M.L.T. Tondern und M.L.A. Nordholz (3) mit dem Marineamt in Berlin, nachdem sie sich auf den Strecken des Heeres bewährt hatten. Im Februar des folgenden Jahres waren N.A. Kiel und F.S. Neumünster eingebunden.

Der Vorschlag des Chefs des Admiralstabes zum weiteren Ausbau des Netzes wurde von der Marinestation der Nordsee denn auch mit Nachdruck unterstützt. Im April waren das U-Boot-Wohnschiff RUGIA in Emden, das Kommando Hochseestreitkräfte auf der S.M.S. KAISER WILHELM II. und die F.S. Brügge angeschlossen. Seit 1. März 1916 wurden innerhalb von 6 Monaten rund 19.000 Telegramme, teilweise mit mehreren Adressaten, verschickt, was einer Gesamtzahl von ca. 40.000 Übermittlungen entspricht. Auf das Hochseekommando und Marinekorps entfielen dabei 10.000. Die Nachrichtenstellen Kiel, Kiel-Schloss und Wilhelmshaven verarbeiteten täglich rund 1.000 Telegramme. Das Personal wurde derzeit aber noch von den Telegrafenämtern in Wilhelmshaven, Kiel und Flensburg ausgebildet.

Marinefernschreibnetz der Ostsee 1917 (Reichsmarineamt Berlin)

- Kriegsministerium
  (Oberste Heeresleitung mit Verbindung zu Marinedienststellen in Österreich auf dem Balkan und in der Türkei)
- Admiralstab
- Haupttelegrafenamt Berlin
  (mit Anschluss an das Heeres- und Kriegsamt)
- O.d.K. Hamburg
- Telegrafenamt Hamburg
- N.A. Wilhelmshaven
- N.S. Brunsbüttel
- F.S. Tondern
- F.S. Neumünster
- O.D.O. Kiel-Schloss
- N.A. Kiel
- N.K. und F.S. Swinemünde
- N.S. Warnemünde
- N.K. und F.S. Danzig
- Luftschiffhafen Seddin-Jeseritz
- Luftschiffhafen Seerappen
- B.D.A.d.O. (später angeschlossen)
- N.K. und F.S. Libau
- E-Stelle Ost
- N.S. und F.S. Windau
- N.S. und F.R.A. Rauden

Die Auflistung zeigt die militärischen Fernschreibverbindungen im Jahre 1917, wobei das Marinefernschreibnetz der Ostsee und das Marinefernschreibnetz der Nordsee jeweils dem Reichsmarineamt am Leipziger Platz 13 in Berlin unterstellt waren, welches quasi als Ministerium der Kaiserlichen Marine allerdings keinen fachlichen Einfluss in den Betrieb nahm. Die neue Nachrichtentechnik der Telegrafie hatte den Durchbruch geschafft und wurde zum wichtigsten Bestandteil des Nachrichtenaustausches im zivilen und militärischen Bereich.

Im Februar 1918 war für das Marine-Fernschreib- und Nachrichtennetz an der Funken-Telegrafieschule in Flensburg eine Nachrichtenzentrale mit FS-Verbindung nach N.A. Kiel sowie Morseleitung nach N.S. Transsand, N.S. Kekenis N.S. Temrup-Hügel und Flugplatz Apenrade vorhanden. Das komplette Marinenetz wurde für die weitere Verwendung nach dem Krieg vorgesehen. Selbst ein erbeuteter russischer Fernschreiber wurde für die Erweiterung des Marinenetzes wiederhergerichtet, was den Engpass in der Ausstattung verdeutlicht.

Der Fernschreiber hatte die Ära des Morsegerätes an Land zwar eingeschränkt aber noch nicht ganz beendet. Hauptsächlich im Funk spielte die Morsetaste noch im 2. Weltkrieg noch die Hauptrolle, blieb bei den Amateurfunkern noch bis zum Millennium beliebt. Durch die höhere Übertragung an Informationen hatte der Fernschreiber hingegen die führende Funktion eingenommen, bis auch er durch die elektronischen Medien völlig verdrängt wurde.

Marinefernschreibnetz der Nordsee 1917 (Reichsmarineamt Berlin)

- Kriegsministerium
  (Oberste Heeresleitung mit Verbindung zu Marinedienststellen in Österreich auf dem Balkan und in der Türkei)
- Admiralstab und Haupttelegrafenamt Berlin
  (mit Anschluss an das Heeres- und Kriegsamt)
- Meldesammelstelle Nord Wesel (Post- und Fernschreibstelle Düsseldorf)
- Nachrichtenstelle des Admiralstabes Antwerpen
  (Post- und Fernschreibstelle Brüssel)
- F.S. Brügge
- O.d.K. und Telegrafenamt Hamburg
- N.A. Wilhelmshaven als Knotenpunkt
- Marine Luftfahrt-Wetterdienst Wilhelmshaven
- N.S. und F.S. Wilhelmshaven III. Einfahrt
- Kommando der Hochseestreitkräfte
- Befehlshaber der Aufklärungsschiffe
- N.S. und F.S. Cuxhaven mit Kommandantur
- N.S. Brunsbüttelkoog
- N.A. Kiel
- N.S. und F.S. Schilling
- N.S. und F.S. Helgoland
- N.S. und F.S. List
- N.S. und F.S. Norderney
- N.S. und F.S. Borkum
- F.d.L. und M.L.A. Nordholz
- F.S. und M.L.T. Tondern
- M.L.T. Ahlhorn
- M.L.T. Wittmundhafen
- Fernschreibstelle Rugia Emden

Ausbildung der Marine-Telegrafisten (ab 1873)

Die ersten Militär-Telegrafisten waren zunächst noch in den zivilen Behörden und erst später auch in militärischen Einrichtungen ausgebildet worden, wobei die optischen Signal- und die Telegrafie- bzw. Funkschulungseinrichtungen des Militärs in Europa den Anfang machten. Im amerikanischen Bürgerkrieg waren 1864/65 Soldaten ausgebildet und in Signal Corps zusammengefasst worden, deren "Camp of Instruction" in Georgetown lag. Parallel zu den Erfahrungen der Amerikaner erfolgte in England der Aufbau der ersten Nachrichtenabteilung als Signal Wing zur Ausbildung des Signalpersonals und Telegrafisten in Chatham im Jahre 1869. 1870 folgten Russland, später Schweden, Belgien und Italien, während Deutschland und Frankreich die Militär-Telegrafie lange Zeit in der Pioniertruppe einordneten. Österreich-Ungarn beschloss am 7. Dezember 1888 die Einrichtung einer k.u.k.-Telegrafenschule, die zum 1. Januar 1889 mit einem Hauptmann, zwei Feldwebeln und einem Offiziersdiener ihren Betrieb aufnahm.

Die Inspektion der Telegrafentruppen wurde im deutschen Heer mit drei Bataillonen zu je drei Kompanien in Berlin, Frankfurt/Oder und Koblenz am 1. Oktober 1899 gebildet. Die Inspektion war mit ihren Bataillonen zusammen mit der Kavallerie-Telegrafenschule der Verkehrsinspektion unterstellt. Die Inspektion der Telegrafentruppen wurde erst am 18. Juli 1917 zur eigenständigen Waffengattung und in

Nachrichtengruppe umbenannt, an deren Spitze der Chef Nachrichtenwesen stand. Der Vater der Telegrafentruppe war Generalleutnant Delius, von 1908 bis 1911 Inspekteur der Feldtelegrafie.

Die ersten Erfahrungen in Manövern hatten gezeigt, dass für den Einsatz und die Bedienung der Geräte Fachpersonal benötigt wurde. Im Bereich der neuen Nachrichtenübertragung über Draht wurde die Kaiserliche Marine deshalb wesentlich früher aktiv. Der Chef der "Kaiserlichen Marine-Station der Ostsee" bat am 30. Januar 1873 die "Kaiserliche Telegrafen-Station" um Ausbildungsunterstützung. Am 5. Februar 1873 meldete die "Kaiserliche Telegrafie Direction" in Hamburg, dass "... einer solchen Ausbildung Bedenken nicht entgegen stehen.".

Bezüglich einer Auswahl der vorgesehenen Unteroffiziere wurde empfohlen, dass diese "genügende Vorkenntnisse besitzen" und "gut und gewandt" schreiben können sollten. Weiterhin wurde darauf hingewiesen, dass Ausbildungsfortschritte weniger von der "mechanischen Gewandtheit" als von dem "richtigen Verständnis der wirkenden Kräfte des Mechanismus und des Zwecks der Apparate" abhängen. Außerdem wurde für eine gänzliche oder zumindest teilweise Freistellung von sonstigen Diensten plädiert, da diese "auf den Gang der Ausbildung von günstigen Folgen" sind.

Die Torpedo-Abteilung war unter Leitung des Grafen Alexander von Monts am 21. September 1871 in Wilhelmshaven geschaffen worden, welches zwei Jahre zuvor seinem Kriegshafen fertig gestellt hatte. Gleichzeitig war damit auch die Trennung in die Station der Ostsee in Kiel (I. Matrosen- und Werftdivision) und die Station der Nordsee in Wilhelmshaven (II. Matrosen- und Werftdivision) klar vollzogen. Die Torpedo-Abteilung sollte zum Ursprung des ersten Personals in der Informationstechnik der deutschen Marinen werden.

Nach den einleitenden Kontakten auf höchster Ebene war zwischen der Admiralität und der General-Telegrafen-Direction, der diesbezüglich höchsten Zivilbehörde, die Weiche für den Beginn einer Ausbildung an elektromagnetischen Telegrafen-Apparaten für die Marine gestellt. Eine am 7. Mai 1872 erlassene Ordre enthält die Bestimmungen über die Organisation des Marine-Ingenieur-Korps, die einen Einblick in die damalige Stellung des technischen Personals ermöglichen, denen die Telegrafisten unterstellt waren:

"Die Marine-Ingenieure des aktiven Dienststandes und des Beurlaubtenstandes der Marine bilden das Marine-Ingenieur-Korps, welches neben dem Offizierskorps der Marine steht. Die Marine-Ingenieure sind Personen des Soldatenstandes."

Allein der Marine-Oberingenieur erhielt dabei den Dienstgrad eines Kapitänleutnants, man degradierte die technischen Offiziere quasi Offizier 2. Klasse. Auch heute werden Offizier des Fachdienstes in der Bundeswehr teilweise als "Neckermann-Offizier" bezeichnet und sind in der Karriere generell auf Dienstgrade bis Hauptmann- bzw. Kapitänleutnant beschränkt, werden nur in Ausnahmen zum Stabsoffizierslehrgang ausgewählt. Dies ist allerdings in nahezu allen Streitkräften ähnlich.

Die "Kaiserliche Telegrafen-Station" in Kiel bildete seit 1872 die zivilen Telegrafisten aus und am 14. Februar 1873 begann dort der 15-wöchige Lehrgang für den Stabswachtmeister Kannenberg und Stabssergeanten Schaacke. Nach erfolgreichem Ausbildungsabschluss wurden diese an das "Commando des See-Bataillons" in Kiel überstellt und übernahmen zum 26. Mai 1873 als "Instructeure" eine Art Fachausbildung "anderer Militärs", bis diese zur "eventuellen Prüfung und weiteren Ausbildung an die Kaiserliche Telegrafen-Schule überwiesen" wurden. Am 1. Juli 1873 meldete das "Commando des See-Bataillons" dem "Kaiserlichen Commando der Marine-Station der Ostsee", "... gehorsamst ..., dass augenblicklich 6 Unteroffiziere neben den ihnen obliegenden Dienstverrichtungen, an leihweise erhaltenen Apparaten, in der Kaserne für die Telegrafie vorgebildet werden". Heute ist dies eine Fachvorausbildung.

Zwischen dem 11. August 1873 und 15. November 1875 folgten weitere Ausbildungsgänge mit insgesamt 12 Unteroffizieren der Marine, sodass 1876 insgesamt 14 ausgebildete Marine-Telegrafisten verfügbar waren. Alle vorliegenden Zeugnisse belegen eine einwandfreie Motivation der "Commandisten", denn die Urteile über "Allgemeines Verhalten während der Ausbildungsperiode" schwanken lediglich zwischen "sehr gut" und "sehr lobenswert". Die Prädikate der Lehrfachabschnitte I bis III lauten überwiegend "gut", und es wurde auch jeder gemäß Anforderung Abschnitt IV "zur selbstständigen Bedienung des Apparates zugelassen". Beim Lehrfachabschnitt V dominierte jedoch die Note "ungenügend", woraus vielleicht mancher aus eigener Erfahrung ableiten kann, dass das Grobziel "Praktischer Dienst", also die Bedienung, Wartung und Truppeninstandsetzung, damals wie heute für die Operateure nicht ganz unkritisch waren.

1853 wurde die Marineleitung aus dem Kriegsministerium herausgelöst und erhielt in der Admiralität eine eigene Spitze neben dem Generalstab. Die obersten Ämter wurden dabei noch durch Generale und nicht Admirale besetzt, die in Ermangelung einer verwendbaren Flotte dann meist auch mehr im Feld als auf dem Wasser aktiv waren. Am 1. Februar 1872 das Marineministerium und das Marine-Oberkommando zusammengefasst zur kaiserlichen Admiralität unter Admiral Albrecht von Stosch. General Georg Leo Graf von Caprivi übernahm am 20. März 1883 die Marineleitung von Stosch und behielt diesen Posten bis 1888. Am 5. Juli 1888 übergab von Caprivi den Posten des Chefs der Admiralität an Graf von Monts, der diesen bis 19. Januar 1889 innehatte.

Die am 16. März 1883 zur Torpedoinspektion aufgewertete Torpedoabteilung wurde seit 1878 von dem Korvettenkapitän von Tirpitz geleitet. Am 15. August 1884 verfügte General von Caprivi die alleinige Ausbildung weiterer Marine-Telegrafisten beim "Commando des See-Batallions". Hier tauchte auch zum ersten Mal der Begriff "Telegrafen-Schüler" auf. Das Honorar der beiden als Lehrer fungierenden Marine-Telegrafisten für das Jahr 1884/85 betrug 100 Mark.

Nachdem Kaiser Wilhelm I. am 9. März 1888 gestorben war, folgte ihm am 15. Juni 1888 Friedrich III. als junger Kaiser Wilhelm II. in das Amt des deutschen Staatsoberhaupts. Er war der Marine sehr verbunden und brachte seine Pläne und Änderungen zur Umsetzung. Nach dem Tod des Admirals Graf von Monts am 30. März 1889 wurde die Teilung der Admiralität in ein Oberkommando der Marine und ein Reichs-Marine-Amt befohlen sowie ein Marinekabinett gegründet.

Dieser Eingriff sollte später zu Kompetenzstreitigkeiten führen, welche die Machtposition des Kaisers stärkten, die sich aber negativ auf die Führung der Flotte selbst auswirken sollten. Das Reichsmarineamt wurde von den Staatssekretären Heusner und von Hollmann geleitet. Am 18. Juni 1897 wurde von Tirpitz Staatssekretär des Reichsmarineamtes, 1916 folgte Capelle dann Ritter von Mann-Tiechler.

Vom „Commando Seebattaillon" zur Marine-Telegrafen-Schule Kiel (1885 - 1889)

Für den Bau von Schiffen waren in den deutschen Ländern lange Zeit keine Fachkräfte vorhanden. 1679 wurden von Raule niederländische Baumeister nach Pillau gebracht. 1841 wurden ebenfalls ausländische Schiffszimmerleute in Preußen beschäftigt, für die sogar die Werkzeuge importiert werden mussten, während dänische Marine-Unteroffiziere für den Aufbau der Takelagen angestellt wurden. Es gab auch keinerlei Erfahrungen im Kriegsschiffbau und der Bewaffnung der Schiffe auf den deutschen Werften und der Industrie. Die Handwerkersektionen innerhalb der Matrosenstammdivisionen formten das Werkskorps, aus dem schließlich die Marinewerftdivisionen hervorgingen.

Die Drahttelegrafisten, Festungstelegrafisten und die Funker der Kaiserlichen Marine gingen aus diesen Marineeinrichtungen hervor und haben ihren Ursprung bei der 1. Marinewerftdivision, der sie zunächst unterstellt waren. Unter dem "Commando Seebataillon" in Kiel wurde vom 1. April 1885 bis zum 1. April 1889 die erste Ausbildungseinrichtung zur Schulung der Marine-Telegrafisten von der 2. Marinewerftdivision betrieben. Als Lehrer fungierte der Ober-Telegrafen-Assistent Wecherle sowie der Unteroffizier Pieper. Die erste schriftliche Erwähnung des Begriffes "Marine-Telegrafen-Schule" erfolgte am 15. Mai 1886 bei der Aufstellung eines Lehrplans.

Insgesamt wurden im ersten Schuljahr 38 Unteroffiziere und Mannschaften, im darauffolgenden insgesamt 46 Soldaten ausgebildet. Für das Ausbildungsjahr 1886/87 wurde auch die Ausbildung "am Telephon" aufgelistet. Der stetig steigende Bedarf an Marine-Telegrafisten machte nun eine organisatorische Änderung nötig, die zur Gründung der Marine-Telegrafen-Schule Lehe bei Bremerhaven führten.

Marine-Telegrafen-Schule Lehe (1889 - 1919)

Bremerhaven, damals Wesermünde, lag ebenfalls im Augenmerk der kaiserlichen Marine. 1887 war das Marine Artillerie- und Minendepot errichtet worden. Später umbenannt in Artillerie-Zweigstelle Wesermünde, hatte es mit 40 Mann die drei Weserforts, die Haubitzenbatterie in Wremen und das Friedenspulvermagazin in Speckenbüttel zu verwalten.

Die Matrosen-Artillerie-Kaserne in Lehe war am 1. Juni 1886 durch drei Kompanien bezogen. Am 13. März 1889 wurde durch den Chef der Admiralität, Freiherrn von der Goltz, empfohlen, die Marine-Telegrafen-Schule in der Matrosen-Artillerie-Kaserne in Lehe aufzustellen. Der entsprechende Befehl wurde am 1. April 1889 vollzogen und mit diesem Datum lief zugleich der Lehrbetrieb an, der im ersten Jahr drei Kurse mit jeweils 40 Schülern umfasste.

In einem Gutachten der "Inspektion der Küstenartillerie und des Minenwesens" wurde am 25. Januar 1905 die Beschaffung eines Typendruckapparates (Hughes-Schreiber) gefordert, um sämtliche vorhandenen und die jetzt neu zu bauenden Haubitzenbatterien (Cuxhaven, Lehe, Kiel) mit solchen Apparaten für die Feuerleitung auszurüsten. Die Telegrafenschule müsse unter allen Umständen mit der Ausrüstung ihrer Apparate auf der Höhe bleiben, damit das Personal in der Ausbildung den Anforderungen der Front gerecht werden könne.

Kommandobehörden der Marine im Jahre 1899

- Marine-Stationskommandos
- Marine-Inspektionen
- Inspektion des Marine-Artilleriewesens
- Inspektion des Torpedowesens
- Inspektion des Marine-Infanteriewesens
- Inspektion des Bildungswesens der Marine

1912 gewährleisteten die Festungstelegrafenzüge der Matrosenartillerie die Verbindungen zwischen Kiel, Wilhelmshaven, Wesermünde (Geestemünde, heute Bremerhaven), Cuxhaven und Helgoland. Die Vorhaben hatten Resultate gezeigt und das Personal war gut ausgebildet. Man bemühte sich, die Anzahl der Geräte den stetig steigenden Schülerzahlen anzupassen und gleichzeitig mit dem technischen Rüststand der schnell fortschreitenden Entwicklung zu folgen. Mit der Personalzahl stieg aber auch der Platzbedarf der Schule und ein erster Engpass entstand.

Schon 1905 hatte es Überlegungen zu einer Verlegung der Schule nach Cuxhaven gegeben. Die der Marine-Telegrafenschule in Lehe dann unterstellte Marine-Telegrafenschule Cuxhaven führte aber schließlich nur die Ausbildung von Gasten bis zum Beginn des 1. Weltkrieges durch und ergänzte damit die Ausbildung in Lehe lediglich.

Die Festungstelegrafenzüge dienten zunächst der Verbindungserstellung zu den obersten Stellen und der Artillerie. Aus diesem Grund lag die Zuständigkeit in der Ausbildung hier bei der Inspektion des Marineartilleriewesens. Diese Drahttelegrafisten entstammten also der Waffengattung Marineartillerie. Die Direktoren der Marine-Telegrafen-Schule Lehe waren deshalb der III. Matrosenartillerie-Abteilung unterstellt.

Wie lange die Schule in Lehe bestand, lässt sich anhand der existierenden Dokumente nicht mehr genau feststellen. Es ist jedoch anzunehmen, dass kurz nach dem 1. Weltkrieg auch diese Schule aufgelöst wurde. Sämtliche Unterrichtsunterlagen und Ausbildungsmaterialien wurden 1920 zur Marine-Nachrichtenschule nach Flensburg überführt. Von da ab übernahmen die dortigen Schuleinrichtungen die Ausbildung der Morsetelegrafie.

<u>Direktoren der Marine-Telegrafen-Schule Lehe</u>
- KptLt Mittler   1889 - 1893
- KKpt Mittler   1893 - 1895
- (nicht besetzt)   1895 - 1896
- KKpt von Arend   1897 - 1898
- FKpt von Arend   1898 - 1902
- KptzS von Arend   1902 - 1903
- KKpt von Zawadzky   1903 - 1904
- KKpt Albinius   1904 - 1908
- KKpt Goebel   1909 - 1914

Fernschreibdienst, die Telegrafie

Technische Fernschreibbegriffe

Die Telegrafie mittels Morseschreiber legte den Grundstein für die Entwicklung der Fernschreiber, der Übermittlung schriftlicher Nachrichten in Form von Zeichen oder Schriftbildern auf elektrischem Weg über Leitungen oder Funk, und erhielt in Deutschland die Bezeichnung Fernschreibwesen.

Buchstaben, Ziffern und Satzzeichen werden im Sender in elektrische Impulsgruppen mit fünf Schritten von jeweils 20 Millisekunden Dauer umgesetzt werden. Jeder Schritt mit Stromfluss oder keinem Stromfluss entspricht dem Start-Stopp-Prinzip (1870, d'Arlincourt). Beim Anschlagen einer Taste werden die elektrischen Impulse ausgesendet, die im Empfänger der Gegenstelle den Abdruck des entsprechenden Zeichens, auslösen. Vielfach wurden Fernschreiber mit Lochstreifen-Sendern ausgerüstet, um eine höhere Geschwindigkeit der Maschine ausnutzen zu können, wobei Lochstreifen-Empfänger die ankommende Fernschreiben direkt auf einen Lochstreifen schreiben.

Das Baud (Bd) ist nach Jean Maurice Émile Baudot die Einheit der Telegrafiergeschwindigkeit. 1 Bd entspricht einem Signalzustand (1 Bit) bzw. einem Fernschreibschritt pro Sekunde. Baudot hatte 1875 ein Mehrfachtelegrafensystem vorgeschlagen und über 530 km erprobt, welches die französische Telegrafenverwaltung einführte. Das teilweise auch in Deutschland verwendete System arbeitete nach seinem Baudot-Code, der aber auch als Murray-Code (Donald Murray) bezeichnet wurde. Baudot reduzierte hierbei die Schrittfolge des Typendrucktelegrafen auf ein vereinfachtes Fünfersystem. Die Zahl der darstellbaren Zeichen (32) wurde durch Umschalten erhöht und verband dadurch die Vorteile des Hughes-Schreibers mit der besseren Leitungsausnutzung von Meyer.

Bei herkömmlichen Fernschreibern liegen die Übertragungsgeschwindigkeiten zwischen 50-75 Bd, während ein Fax standardmäßig mit 9.600 Bd arbeitet. Im Internet werden hingegen sehr viel höhere Übertragungsgeschwindigkeiten erreicht, die in Bit pro Sekunde (bits per second, bps) angegeben werden. Bei den mechanischen Fernschreibern waren 7,5 Schritte für ein Fernschreibzeichen notwendig. Zur Umrechnung von Baud auf die übertragenen Fernschreibzeichen (bzw. Bit) pro Minute muss die Baudzahl zuerst mit 60 Sekunden (s) multipliziert werden und dann durch 7,5 (entspricht einem FS-Zeichen) geteilt werden.

Mit dem international genormten System des Fünfer-Alphabets können in der Fernschreibtechnik 25-32 verschiedene Zeichen ausgedruckt werden. Weil das nicht für alle Buchstaben, Ziffern und Satzzeichen ausreichte, wurden dem Prinzip von Baudot folgend zwei Umschaltzeichen (Ziffern/Buchstaben) eingeführt. Hierdurch können insgesamt 60 Zeichen verwendet werden, es gibt aber auch noch zusätzlich das nach demselben Prinzip aufgebaute Siebener-Alphabet.

Einfachstrom bedeutet ein abwechselndes "Aus/Ein" des Stromes für Zeichen bzw. Trennschritte. Beim Doppelstromverfahren wird abgewechselt zwischen "kein Ton/Ton", während beim Wechselstrom-Zweitonverfahren zwischen "Ton 1/Ton 2" gewechselt wird. Die ersten praktischen Versuche hierzu stellte der Franzose Mercadier im Jahre 1890 an. Durch Unterlagerungstelegrafie wurde ein gleichzeitiges Sprechen und Telegrafieren auf Fernkabel möglich.

Die Fernschreiber der Bundeswehr und NATO erreichten vom jahrelangen Standard von 75 Baud ihre technische Grenze bei 300 Baud. In Verbindung mit gleichzeitiger Verschlüsselung ermöglichte die Automatisierung im Vergleich zum Tastfunk eine wesentlich schnellere Betriebsabwicklung. Die NATO forderte aber wesentlich höhere Übertragungsgeschwindigkeiten und so wurden die Fernschreiber mehr und mehr durch Computerterminals zur Abwicklung des Verkehrs ersetzt.

Man unterscheidet im Funkverkehr noch die Bezeichnung der "tönenden" und "tonlosen" Telegrafie. Bei der "tönenden" Telegrafie wird das elektromagnetische Signal nur über Empfangskreise in ein akustisches Signal derselben Frequenz umgewandelt, bei der Aussendung in umgekehrter Folge. Die Frequenz liegt bei bis zu 20.000 Hz im hörbaren, dem so genannten "tönenden" Bereich. Bei der "tonlosen" Telegrafie wird das akustische Signal auf eine weit höhere Frequenz im nichthörbaren Bereich aufgemischt oder gefiltert.

Geschichtliche und technische Entwicklung bis 1945

Die Fernschreibmaschinen im heutigen Wortsinn tauchten erst am Ende des 19. Jahrhunderts auf. 1926 wurden die ersten Fernschreibversuchsdienste der Reichspost eingerichtet, denen im Jahre 1928 ein Fernschreibnetz für die deutsche Polizei folgte und später entsprechend für die Reichswehr und Reichsmarine. 1927 erfolgte die Eröffnung des Bildtelegrafendienstes, dem Vorläufer des heutigen Fax. Am 14. Juli 1935 wurde planmäßig der Telex-Dienst der Reichspost aufgenommen, die seit 1933 über ein Netz, hauptsächlich für Telegrammverkehr, mit 64 festen Knotenpunkten über 20.000 km Leitungen verfügte. Um große Distanzen auch mittels Funktelegrafie zu überbrücken, fanden ab 1935 Versuche mit Richtfunk statt.

In der Marine begann das große Zeitalter der Fernschreibmaschinen mit dem Hughes-Schreiber. Er gab dem Bedienungspersonal aufgrund seiner unverkennbaren, klavierähnlichen Tastatur, die Froment schon 1852 verwendete, den Spitznamen "Klaviermatrosen". Ab 1854 machte Hughes Versuche mittels synchron laufender Apparate, welche die Zeichen gleich in Druckschrift senden und empfangen sollten.

Der Hughes-Schreiber löste schon bald die Morseschreiber und Zeigertelegrafen mit dem bisher verwendeten Verfahren der Zeichendarstellung ab und er-setzte es durch die Darstellung der richtigen Buchstaben, Ziffern und Interpunktionszeichen, welche wie die Morsezeichen auf einen durchlaufenden Papierstreifen gedruckt wurden. Durch die Umsetzung der empfangenen elektrischen Zeichen in sofort lesbaren Text wurde das Gerät zum Urvater des Fernschreibers.

1855 patentierte Hughes seine Erfindung in Amerika und wollte sie folgend 1857 in England einführen. Die kommerziellen Erfolge erzielte er aber zunächst unter der Mitwirkung von Froment im Jahre 1860 in Frankreich, dann folgten 1862 Italien, 1863 England, 1865 Russland, 1867 Preußen und Österreich 1868 Holland, 1869 Bayern, Württemberg und die Schweiz sowie 1870 Belgien. Die Versionen von 1865, '78 und '90 brachten weitere Verbesserungen und der Exportschlager wurde eine international verwendete Fernschreibmaschine. Im Jahre 1900 waren in der ganzen Welt über 3.500 Geräte im Einsatz, von denen heute leider nur noch wenige erhalten sind, ein Hughes-Schreiber kann z.B. im Deutschen Museum in München besichtigt werden.

Ein geschulter Telegrafist vermochte mit dem Hughes-Schreiber bis zu vierzig Wörter (120 Zeichen) pro Minute zu senden. Die ist auch im Vergleich mit heutigen Möglichkeiten eine beachtliche Leistung, denn die Weltmeisterin im SMS-Schreiben von 2004 benötigte 43 Sekunden für die Eingabe von 160 Zeichen. Die 17-Jährige Mok-min Ha wurde 2010 mit über sechs Zeichen pro Sekunde offiziell SMS-Weltmeisterin, eine durchschnittliche Sekretärin kommt auf etwa 5 Anschläge pro Sekunde - mit einer PC-Tastatur.

Anfangs hatte Hughes zur Regulierung der Geschwindigkeit einen schwingenden Glasstab mit verstellbaren Laufgewichten verwendet. Da dieser häufig zersprang, wurde er durch ein konisches Pendel mit Zentrifugalbremse ersetzt. Der Gleichlauf für Typenrad mit Kontaktschlitten und Druckvorrichtung wurde nach dem Zentrifugalprinzip mittels der zwei rotierenden Pendelgewichte erzeugt. Durch Verkupplung der Schwungachse konnte der Antrieb auf ein Pendelrad reduziert, das jedoch laufend durch Tretbewegungen, ähnlich den alten Nähmaschinen, aufgezogen werden musste. Schließlich übernahm ein Elektromotor diese Aufgabe. In dieser Form wurde der Schreiber in Deutschland eingeführt und erfuhr durch Siemens & Halske weitere Verbesserungen.

Mit dem Einschalten des Schreibers wurde ein Stromkreis geschlossen, der beim direkt in der Leitung angeschlossenen zweiten Schreiber ein Relais anziehen ließ. Dort gab der Bediener nun das Signal "NZ kk", das zur Übermittlung aufforderte. Der vorher starre Buchstabenkranz wurde nach empfangenem Zeichen in die jeweilige Druckposition bewegt. Eine komplizierte mechanische Vorrichtung bewirkte, dass das betreffende Zeichen (insgesamt 28) der synchron rotierenden Typenräder zum richtigen Zeitpunkt über einem Druckhebel mit dazwischenliegendem Papierstreifen aktiviert wurde. Der Sender druckte zur Kontrolle die Zeichen ebenfalls aus.

Die Bediener der Fernschreiber mussten einen Prüfstreifen von 900 Wörtern in maximal 30 Minuten übermitteln können. Das Schreiben auf der klavierähnlichen Tastatur erforderte dabei eine gute Ausbildung und sehr viel Übung. Besonders die Kombination "Blank"-"G", die zum Erkennungszeichen der Bediener wurde, musste nicht selten durch das Spreizen der Finger mithilfe der Tischecken geübt werden, um die Gelenke für die anspruchsvolle Kombination flexibler zu machen.

Ab 1905 wurde der Hughes-Schreiber in der deutschen Marine eingeführt und bis 1930 auch an der Torpedo- und Nachrichtenschule in Flensburg-Mürwik ausgebildet. Weltweit wurde die erstaunliche Nutzungsphase von rund acht Jahrzehnten bei diesem Nachrichtengerät erreicht, bis der Siemens-Streifenschreiber ihn endgültig ablöste.

In den Marinefernschreibstellen liefen die Hughes-Schreiber fast ausnahmslos über die Vermittlungsschränke mit Sende- und Empfangsrelais. Das kaiserliche Telegrafennetz verband die wichtigsten Signalstellen, Flugstationen, Festungsstellen und Kommandanturen an der Küste mit den übergeordneten Stationskommandos in Wilhelmshaven und Kiel sowie der Marineleitung in Berlin. In Österreich-Ungarn war zur schnelleren Information z.B. auch die Chiffrengruppe des Evidenzbureaus mit den Horchstellen und dem k.u.k. Kriegsministerium über Hughes-Fernschreibnetze verbunden.

Diese Fernschreibnetze dienten der Friedensstärke der Heeres-Telegrafentruppe in Deutschland mit 550 Offizieren und 5.800 Mann, welche bei Kriegsbeginn 1914 auf insgesamt 25.800 aufgestockt wurden. Ein Armeekorps hatte durchschnittlich im Krieg dann 5.000 Ferngespräche und zwischen 1.200-1.400, an Großkampftagen sogar bis zu 10.000 Telegrammen, zu verarbeiten. Die Personalstärken in den Streitkräften bei Kriegsende 1918 lässt die Wertung dieses Kommunikationsmittels erkennen.

Nachrichtenpersonal in den Kaiserlichen Streitkräften

- Heer   190.000
- Luftwaffe und Marine   150.000

         Gesamt 340.000

Die Weiterentwicklung der Fernschreib- und Übertragungsgeräte wurde nach dem 1. Weltkrieg besonders in Amerika und Deutschland forciert. Mitte der 30er Jahre konnte der Fernschreiber als technisch ausgereift betrachtet werden. Die Reichs- bzw. die Kriegsmarine übernahm das gut ausgebaute Fernschreibnetz aus kaiserlicher Zeit und erweiterten es.

Als Nächstes wurde in Deutschland der Morkum-Schreiber erprobt, der mit Schreibmaschinentastatur, Typenhebel und Fünfer-Stromsystem das Vorbild zum späteren Lorenzfernschreiber war. Das neue Gerät benötigte eine komplizierte Abgleichanlage, die es für eine sofortige Übernahme ungeeignet erscheinen ließ. Die Firma Lorenz erhielt die Baulizenz für die Apparate (Spring-Schreiber) in Deutschland und nahm eine erste Linie zwischen Kiel und Stralsund 1930 in Betrieb. 1939 wurde ein Siemens-Hell-Schreiber mit 245 Baud im Funkfernschreibbetrieb eingesetzt. Im Laufe der nächsten Jahre folgten in Deutschland hauptsächlich weitere verbesserte Fernschreibgeräte der Firmen Lorenz (später Standard Elektrik Lorenz, SEL) und Siemens & Halske (Siemens).

Daneben etablierte sich nun die Technik der Bildschreiber, zunächst in den öffentlichen Pressediensten, später im Militär, aber erst nach dem 2. Weltkrieg im privaten Bereich. Das 1928 in Deutschland ebenfalls eingeführte Hell-Fernschreibsystem wurde nie international eingeführt und verlor dadurch völlig an Bedeutung.

Mit achtundzwanzig Jahren patentiert Dr. Rudolf Hell seinen ersten Hell-Schreibers am 3. April 1929, dem später das von ihm entwickelte Hell-Fax als Abtastverfahren für Wetterkarten folgte. Für die ersten Faximile-Versuchsgeräte von Dr. Rudolf Hell wurde 1929 eine elektrochemische Registrierung erprobt, bei der 14 nebeneinander liegende Fühlstifte den Registrierstreifen abtasteten. Ein Verteiler schaltete die einzelnen Stifte nacheinander an die Tastleitung. Wegen der notwendigen ständigen Anfeuchtung des Registrierpapiers konnte diese Methode aber keine praktische Bedeutung erlangen.

Dr. Hell eröffnete nach dem Krieg die Firma Dr. Rudolf Hell Nachrichtengeräte in Kiel, da alle Unterlagen und Werkstätten in Berlin-Babelsberg verloren gingen (später der Heidelberger Druckmaschinen AG zugehörig). Diese Geräte wurden nun allerdings zum Exportschlager der Nachkriegszeit, denn die Fernkopierer von Dr. Hell wurden in den 1970er Jahren in 74 Länder (!) verkauft. Nachrichten gingen nicht nur in Sekunden um die Welt, sie wurden auch in viel kürzerer Zeit vervielfältigt und gedruckt. Die Pressewelt hatte sich durch den deutschen Erfinder zum Ohr und Sprachrohr der Bevölkerung entwickelt.

Für den Hell-Schreiber aus dem Entwicklungsjahr 1931 wurde ein elektromechanisches Schreibsystem mit Schreibspindel mit gezahntem Spiralgang verwendet. Der durchlaufende Papierstreifen war in ständigem Kontakt mit der darüber liegenden Spindel, sodass die einzelnen Zähne eng übereinander liegende Zeilen auf das Papier zeichneten. Die Einfärbung wurde durch ein Kohlepapier zwischen Spindel und Registrierpapier bewirkt. Beim Eintreffen von Schrittzeichenimpulsen erhielt das Papier durch die Vibrationen eines Lautsprechersystemes eine Bewegung senkrecht zur Fortbewegungsrichtung. Die registrierten Zeilen wurden dadurch seitlich auseinandergezogen, es entstanden an diesen Stellen kräftige tiefschwarze Verbreiterungen der Zeilen, die als Markierung der Bildpunkte dienten, welche die Schriftzeichen oder das Bild formten.

Diese Methode wurde später durch eine Hubregistrierung ersetzt und eine weitere Verbesserung wurde 1933 durch ein Wechselstromsystem von Siemens & Halske erzielt, dass zwei getrennte magnetische Stromkreise besaß. Einer war in Resonanz mit der Empfangsfrequenz von 900 Hz geschaltet, wodurch die magnetischen Flüsse phasenverschoben wurden. Dies ermöglichte die Niederschrift auf vollkommen weißem Papier mit 300 Zeichen in der Minute und 144 Bildpunkten im Siemens-Hell-Verfahren.

Nach den erfolgreichen Versuchen kam 1934 der erste Einsatz für die Pressemitteilungen. Die Entwicklung schritt schnell weiter voran. Die Einfärbung der Farbrolle erlaubte nun eine Verminderung des Anpressdruckes. Gleichzeitig wurde die Sieben-Linienschrift mit 49 Bildpunkten, im Gegensatz zur bisherigen Schrift mit 12 Linien mal 12 Bildpunkte, eingeführt. Das Wechselstromsystem wurde durch ein Gleichstromsystem ersetzt, welches durch die gleichgerichteten Wechselstromimpulse des Verstärkers betrieben wurde und Verbesserungen im Empfang brachte.

Die ersten Geräte von Hell kamen in der Reichsmarine etwa 1927/28 zur Erprobung. Die Störanfälligkeit und die geringe Übertragungsgeschwindigkeit von 150 Zeichen in der Minute führten zunächst zu einer negativen Beurteilung. Hell-Schreiber waren deshalb während des 2. Weltkrieges nur in Weiterentwicklungen im Schwarzmeergebiet und Balkan bei der Truppe. Im Prinzip waren die Geräte Zwitter zwischen Fernschreiber und Bildtelegraf, hatten aber den Vorteil, dass bei Störungen nur einzelne Bildpunkte fehlten, was die Leserlichkeit weniger beeinträchtigte und nicht zwangsläufig zur Unleserlichkeit eines einzelnen Zeichens wie beim Fernschreiber führte.

Bei den Heeres- und Luftwaffenverbänden wurde das Hell-System aber als zweites Fernschreibsystem eingesetzt. Zunächst nur im Klartext-Betrieb und für einfache Leitungen gedacht, wurde es später selbst auf stark gedämpften Feldleitungen verwendet und funktionierte einwandfrei. Die Apparatur fand mitsamt einer Schreibmaschinen-Tastatur in einem Tornister Platz.

Durch die Trägheit der Einführung der militärischen Behörden wurden Hell-Schreiber nicht im Funkverkehr der mittleren Stäbe eingesetzt, obwohl ihre Störfestigkeit und Betriebssicherheit in der Folgezeit gut gelöst worden waren. Die Übertragungskapazität war, im Online-Betrieb jedem Telegrafie-Betrieb eindeutig überlegen und der Hell-Schreiber funktionierte noch, wenn Telegrafiezeichen schon nicht mehr lesbar waren.

Die Reichsbahn betrieb Hellschreiber auf Kurzwelle und diese Zeichen wurden von einer BBC-Abhörstation in England mitgeschrieben. Der Umfang der von der Wehrmacht benutzten Hell-Funkverbindungen ist kaum bekannt. Größere Anzahlen von einfachen Funkfernschreibanlagen mit geringen Leistungen (A3c-Betrieb) dienten dem Schriftfunkverkehr mit den zahlreichen griechischen Inseln. Die Zeichen wurden dabei mit Handschlüsseln oder der ENIGMA kodiert.

1925 war eine typische Fernschreibstelle, wie z.B. die der Nachrichtenabteilung des Stationskommandos der Nordsee in Wilhelmshaven, mit einem Klappenschrank mit mehreren Steckerschnurpaaren, 5 Hughes-Schreiber, einem Morse-Schreiber und einem Klopfer ausgerüstet. Das Marinenetz umfasste die Ämter Reichsmarinedienststelle Hamburg und Bremen, die Marinekommandanturen Cuxhaven und Borkum, den Marine-Standortältesten Emden und Marinesignalstelle Wilhelmshaven 3. Einfahrt. Der Morseschreiber hatte hier Verbindungen zur Marinesignalstelle auf Helgoland und zum Leuchtturm Hohe Weg. Er wurde dann ersetzt durch die Fernschreibanschlüsse Marinewerft Wilhelmshaven, Marinesignalstelle Helgoland und Flottenkommando (Linienschiff SCHLESWIG-HOLSTEIN bzw. Tender HELA).

Die Nachrichtenabteilung des Stationskommandos der Ostsee war angeschlossen an die Reichsmarinedienststelle Königsberg, Marinefestungsstelle Pillau und Swinemünde, Standortältester Stralsund, Marinefunkstelle Holtenau, Marinesignalstelle Düsterbrook, Friedrichsort/Bülk und Arkona, Marinefernschreibstelle Kiel-Wik, Telegrafenamt Kiel und später noch ans Marinearsenal Kiel und das Flottenkommando. Die Fernschreibstellen der Signalstellen und der verschiedenen Kommandos machten die Verbindung der dort eingerichteten Peilstationen in der Folgezeit möglich.

Die Fernschreibzentrale der Marineleitung in Berlin hatte z.B. auch Querverbindungen zur Heeresleitung, dem Reichswehrministerium, zur Reichsmarinedienststelle Bremen sowie zu weiteren wichtigen Ämtern. Eine Durchschaltung zur direkten Verbindung einzelner Ämter war möglich, jedoch wurde ein Umschreiben der Meldungen meist in Kauf genommen, um die Leitungswege besser ausnutzen und dringende Fernschreiben dazwischen noch einschieben zu können. Die Fernschreibnetze wurden von der Kriegsmarine vor und während des Krieges großräumig ausgebaut. Die Marinefernschreibstellen verbanden im 2. Weltkrieg ferner die Küstenstationen und das Binnenland von Österreich Memelgebiet, Dänemark, Norwegen, Holland, Belgien, Frankreich, Italien, Jugoslawien, Rumänien, Bulgarien, Griechenland, Litauen, Lettland, Estland und Südrussland (Schwarzmeergebiet).

Entscheiden war im Kriegsverlauf dann auch die rasche und intakte Besetzung ausländischer Nachrichtenstellen, um diese in das deutsche Netz verzugslos integrieren zu können. Die Radfahrschwadron der Aufklärungsabteilung 169 besetzte z.B. bei der Landung in Norwegen sofort auch die Kabelstation in Egersund. Bei den Einsätzen in diesen Gebieten spielten die motorisierten Marinenachrichtenabteilungen eine große Rolle, die das Netz trotz der Kriegseinwirkungen größtenteils aufrechterhalten konnten. An den Arbeitsplätzen verrichteten die Marine-Fernsprecher und Fernschreiber zusammen mit Marinenachrichtenhelferinnen ihren Dienst.

Fernschreibzentralen wurden mehr und mehr in allen wichtigen Meldediensten integriert. Eine Fernschreibvermittlung von 1943 in der damaligen Lehrsammlung der Marinefernmeldeschule stammte z.B. aus dem Haus von August Joseph Schön, welches später zum Park-Hotel Teufelsbrücke umfunktioniert wurde und in dem sich 1938 der Hamburger Schiffsmeldedienst einquartierte.

Am 27. Juli 1988 wurde auf das Grundstück Peter Wilhelm Ernst Tamm als Eigentümer eingetragen, der dort das Wissenschaftliche Institut für Schifffahrt- und Marinegeschichte einrichtete und dadurch den Bau vor dem Verfall bewahrte. Diese größte deutsche maritime Sammlung wuchs immer mehr an, bis schließlich ihre Verlegung in die Speicherstadt vollzogen werden konnte. Die beeindruckenden Exponate und Dokumente aus allen Epochen werden mittlerweile auf rund 80 Millionen Euro geschätzt und sind von internationalem Rang, haben ihren Platz im Internationalen Maritimen Museum in Hamburg bei der Peter-Tamm-Sen.-Stiftung gefunden.

Fernschreiber bis 1945 von Siemens & Halske und C. Lorenz A.G.

Der Creed-Telegraph schließt die Entwicklung des Schnelltelegrafen von Wheatstone durch Tastenlocher, Sender, Empfänger und Übersetzer. Im Gegensatz zum Siemens-Tastenlocher waren die Zeichen jedoch unterschiedlich lang und die Morsebuchstaben wurden nun auf einen Papierstreifen durch 5 Löcher nebeneinander dargestellt. Zum Senden wurde nur der Streifen eingelegt und mechanisch ausgelesen. Bei Empfang wurden die Löcher wieder gestanzt und der Text konnte durch Lochstreifenleser wiederhergestellt werden. Der Siemens-Schreiber gab hingegen Loch- und Morseschritt bereits gleichzeitig aus. Die Technik der Maschinentelegrafie vereinfachte und beschleunigte den Datenaustausch im Nachrichtenverkehr deshalb nachhaltig. Es zeichnete sich seit längerem ein Generationswechsel ab.

Mit dem im Jahre 1912 erstmals zwischen Berlin und Düsseldorf eingesetzten Schnelltelegrafen von Siemens & Halske konnten bis zu tausend Buchstaben pro Minute übermittelt werden. Die Leistung von 140 Worten (7er Lochstreifen) konnte praktisch jedoch kaum genutzt werden, da die Leitungen eine derart hohe Übertragungsgeschwindigkeit nicht zuließen. Durch eine Leistung von 400-750 Zeichen/60-110 Wörter verdrängte er allerdings den Telegrafen von Donald Murray nach dem 1. Weltkrieg trotzdem. Ein Gerät war auf dem Vormarsch, welches zunächst die Bezeichnung Spring-Schreiber führte.

Das Neue an diesen Springschreibern war die Integration von Sende- und Empfangsteil in einem Gerät. Für die einzelnen Buchstaben, Ziffern und Zeichen in Fünferschrittkombination wurden die Empfangsteile durch die Start- und Stopp-Impulse in Betrieb gesetzt. Der Wegfall des Synchronbetriebes machte diesen als Streifenschreiber bezeichneten Typ zu einer Fernschreibmaschine im heutigen Sinne des Wortes. Der Prototyp des Springschreibers wurde zum ersten elektrischen Fernschreiber im Modell Siemens T-typ-25, den die deutsche Reichspost 1929 als Fernschreiber, in den Variationen T-28 und T-29 einführte. Hauptsächlich an der Entwicklung (T-typ-25 und 26) beteiligt waren Friedrich Geißler und Herbert Wüsteney, der eigentliche Vater der Siemens-Fernschreiber.

Die Nummern in der Bezeichnung standen anfangs für das Konstruktions- bzw. das Einführungsjahr, was durch die schnelle Folge von neuen Modellen jedoch bald nicht mehr anwendbar war. Der T-typ-26a wurde das Vorgängermodell zur T-typ-37a von 1933. Für das Bedienungspersonal ging wieder eine Ära zu Ende, denn die neuen Geräte erforderten keine Kunstgriffe mit den Fingern mehr und der Spitzname "Klaviermatrose" verklang.

Der T-29 bewährte sich als Nachfolger des Schnelltelegrafen im wachsenden Telegrammverkehr des Telegrafennetzes. Der Streifenschreiber T-typ-34 arbeitete nach dem Start-Stopp-Prinzip des

Springschreibers und war als mechanischer Fernschreiber die Weiterentwicklung des T-typ-24. Der Name Streifenschreiber kam von den durchgeführten Lochstreifen, die bei Empfang gestanzt wurden. Produziert wurde das Gerät etwa ab 1931/32 mit integrierter vierreihiger Schreibmaschinentastatur, Empfangslocher, Namensgeber und automatischem Fernschalter, zum Ein-/Ausschalten des Motors beim Einsatz in Standverbindungen.

Die Fortentwicklung des Fernschreibers T-29 war der Streifenschreiber T-typ-36 (1931/32), eine weitere Variante des Gerätes mit Typenraddruck, Doppelstromtastung und 5er-Code. Nach eingehender Erprobung entschied sich die Reichsmarine für die Einführung dieses Streifenschreibers unter der Postbezeichnung T-36 ab 1936. Die Fernschreibnetze bildeten nun ein dichtes Netz für die Nachrichtenübermittlung im gesamten Deutschen Reich.

Der technische Fortschritt in Deutschland war auch im Ausland verfolgt worden und der erste Kunde für die T-36 war die Postverwaltung in Kopenhagen. Die Telegrafenverwaltung in Oslo bestellte 1932-1938 weit über 300 Maschinen, von denen im Jahr 1956 noch 316 täglich im Betrieb waren. Auch im Telegrafenamt in Den Haag arbeiteten nach 1945 noch rund 40 der T-36. Nach New Delhi wurde eine an die dortigen Schnittstellen angepasste Version ab 1930 geliefert, die dadurch den Beinamen "Calcutta-Version" erhielt.

Die Fertigung der T-36 wurde 1945 eingestellt, nie wieder aufgenommen und aufgrund des unscheinbaren Aussehens sind deshalb fast alle Maschinen nach dem Kriege verschrottet worden. Nach bisherigen Nachforschungen existieren, neben der von einem privaten Sammler für die ehemalige Lehrsammlung der Marinefernmeldeschule gespendeten Maschine, nur noch vier weitere Versionen in Oslo, Freiburg, London und eine in einer Sammlung in ehemals Berlin-Ost.

Die Lochstreifensender und -Empfänger waren für eine schnelle Betriebsabwicklung unerlässlich. Der Lochstreifen-Sender T-send-2 von 1930/31 diente z.B. zur Aussendung der in Lochstreifen gestanzten Nachrichten mit 50 Baud. Der Lochstreifenleser 77 konnte diese mit 50 und 75 Baud mit normalen oder von Siemens entwickelten Lochstreifen umsetzen. Der Handlocher T-loch-1m wurde in den Versionen k, l und m etwa 1930/31 eingeführt. Er besitzt eine vierreihige Schreibmaschinentastatur. Der Streifentransport findet mittels Stiftenrad statt, für die Zusammenschaltung mit Blattschreibern existiert eine Zeichenzählrichtung. 720 Zeichen pro Minute waren im Telegrafenalphabet möglich.

Um die einzelnen Fernschreibmaschinen in den Netzen zu verbinden, benötigte man wie bei den Morseschreibern und dem Telefon gleichfalls Vermittlungseinrichtungen. Über diese kann die jeweilige Anschlussstelle angewählt und die Verbindung aufgebaut werden.

Ein Beispiel ist die Fernschreibsteckvermittlung T-41 von 1939/40. Sie war für den beweglichen Einsatz bestimmt, wobei "beweglich" für eine Größe von 2-x-1,5-x-0.5 m entsprechendem Gewicht im Zeitalter des Laptops sicherlich aus einem anderen Blickwinkel zu betrachten ist. Die Grundeinheit umfasst alle Anlagenteile für den Betrieb mit 30 Leitungen, wobei zweimal mit 2-x-15 erweitert werden kann, sodass ein max. Endausbau bei 90 Leitungen erreicht wurde. 10 Verbindungsschnurpaare und Abfragemaschinen waren pro Schrank enthalten. Die Teilnehmeranschlüsse waren mechanische bzw. elektrische Fernschreibanlagen und Handvermittlungsgeräte. Siemens & Halske wurde zusammen mit der C. Lorenz AG zum Wegbereiter der Fernschreibentwicklung in Deutschland.

Von der Firma C. Lorenz AG wurde 1927 der Streifenschreiber zwar eingeführt, die Entwicklung der Fernschreiber, wurde aber vor allem durch den Lo-15 Blattschreiber bestimmt, der 1932 vorgestellt und 1936/37 eingeführt wurde. Das der Schreibmaschine weit gehend angepasste Tastenfeld klassifiziert ihn schon als Fernschreiber im eigentlichen Sinne. Die wichtigste Neuerung im Gegensatz zu allen bisher bekannten Fernschreibgeräten ist der "wandernde Typenkorb" des Blattschreibers, der sich beim Schreibvorgang an der stillstehenden Walze vorbeibewegt. 400 Anschläge bzw. 50 Baud waren die Leistungsdaten dieses Gerätes, dessen Herstellung mit dem Kriegsende ebenfalls eingestellt wurde.

Der HL-38 war, ein Handlocher der 40er Jahre, der nach dem Fünferalphabet Nr. 2 des zwischenstaatlichen Ausschusses für Telegrafie (CCITT) zur Herstellung von Lochstreifen benutzt wurde. Die Lochstreifen-Sender ermöglichten damit ein Maximum an Übertragungsgeschwindigkeit, sodass die Inanspruchnahme der Leitungen und Einrichtungen auf eine möglichst geringe Zeit begrenzt wurde. Viele Ausführungen wurden in einer Behörden- oder in Volltastatur geliefert. Im Hauptsockel waren die elektrischen Schaltelemente untergebracht. An der Oberseite sind Tastenwerk, Stanzsockel, Antriebsmotor, Zählwerk, Lesepult und Papierabfallkasten. Auf einer Platte hinter dem Lesepult war die Streifenkassette montiert. Ausführungen gab es in Modellen der 40er und 50er Jahre, da die Produktion nach dem Krieg weitergeführt wurde.

Edward Ernst Kleinschmidt war seit 1914 an der Entwicklung des Springschreibersystems beteiligt. Der Handlocher HL-36 gehört ebenfalls zu den Streifenschreibern, deren Erstausführungen in Lizenz der amerikanischen Morkrum-Kleinschmidt-Gesellschaft in Deutschland gebaut wurden. Die Patente des Deutsch-Amerikaners Krum wurden von Morton finanziert und so war, die Firma Morkrum entstanden, die 1924 wiederum mit Kleinschmidt zur Morkrum-Kleinschmidt-Gesellschaft verschmolz, aus der später die Teletype Corporation der USA hervorging. Von dieser Firma kam 1928 ebenfalls einer der ersten Fernschreiber im heutigen Sinne. Auch die C. Lorenz AG trug zur technischen Weiterentwicklung dieser Geräte in Deutschland bei, so dass sich die internationalen Entwicklungen ergänzten.

Nachkriegsentwicklung und Fernschreibdienst

Den Wiederbeginn der Fertigung von Blattschreibern der Firma Siemens nach dem 2. Weltkrieg (etwa um 1946) stellt der T-typ-37e dar. Die neu errichtete Werkstatt in Berlin brachte eine Rationalisierung durch neue Fertigungsmethoden und die ständige Fortentwicklung der T-typ-37e (1945) bis zum T-typ-37i (1961/62). Der Ausstoß betrug 150 Stück pro Monat.

Die Fernschreiber, T-typ-37i/h (Blattschreiber) wurden im Standgehäuse mit dem Fernschaltgerät Tbk-126-b für die ersten Schreibfunkversuche zwischen dem Forschungsschiff PLANET und der FWG-Kiel (Forschungsamt für Wasser und Geophysik) eingesetzt. Bei der FWG selbst war das Gerät dann von 1954 bis 1989 in Betrieb. In seinem äußeren Aufbau und seiner Bedienung ist es einer normalen Büromaschine ähnlich und arbeitete mit 50 und 75 Baud. Die folgende Fernschreibmaschine T-typ-68d war ein Streifenschreiber mit Wählscheibe und Lochstreifengerät. Durch Einbau von Lochstreifen-Sender und Empfangslocher ließ er sich auch als einfacher Handlocher benutzen. Betriebsoptionen waren 45,5, 50, 56, 75 Bd. Der Generationswechsel kündigte sich aber auch hier an.

Die letzte mechanische Fernschreibmaschine war die Siemens T-100 (50 Bd) bei Heer und Marine, während die Luftwaffe die LORENZ Lo-15 favorisierte. 1957 wurden die T-100 zum ersten Mal auf Kurzwellenverbindungen eingesetzt und 1961 kam eine Ausführung mit 100 Baud. An der Marinefernmeldeschule wurde 15 Jahre lang (1971-1986) an den T-100 ausgebildet, welche wie der T-typ-37i noch einer Büromaschine ähnelte. Das Heer nutzte die T-100 noch in den 90er Jahren und für Konrad Zuse wurde von Siemens sogar eine Spezialanfertigung mit großen Buchstaben als Drucker für einen seiner Computer nach Bad Hersfeld geliefert.

1980 erfolgte die Einführung der Siemens Fernschreibmaschine T-1000 (Produktionsbeginn 1976, mit 50, 75 und 100 Baud) für ortsfesten und mobilen Einsatz bei allen Streitkräften. Auch hier fand die Mikroelektronik ihre Anwendung. Ein wesentliches Merkmal ist der konsequente Aufbau mit Baugruppen, die alle zentral mit der Steuereinheit verbunden sind. So kann ein Bauteilaustausch schnell und einfach ohne Abgleich durchgeführt werden.

Der Aufbau der Baugruppen der T-1000 findet sich auch bei der FS-220 und FS-210, welche ein Exportmodell mit 150 Bd war. Die Einführung der neuen Generation elektronischer Fernschreibmaschinen in der Marine erfolgte 1984 (Bundeswehr) mit der FS-220 mit 200 Bd von der Firma TE KA DE.

Die Firma TEKADE (Süddeutsche Telefon-Apparate, Kabel und Drahtwerke AG) entstand 1912 aus einer Zweigniederlassung der Nürnberger Fabrik elektrischer Apparate für Telefonie und Signalwesen von

Friedrich Heller. Was der Generalpostmeister Heinrich von Stephan für das Deutsche Reich vollbrachte, leistete Heller in der damaligen Zeit als Vorreiter in Bayern.

Durch die Verwendung von Mikroprozessoren und integrierten Schaltkreisen wurde der Anteil von mechanischen Teilen bei der FS-220 und FS-210 minimiert. Die Geräte waren sowohl stationär als auch für den mobilen Einsatz im militärischen und öffentlichen Betrieb verwendbar. Die FS-220 wurden ab 1997 durch Computer mit FORMASSK an Bord der Einheiten der Marine ersetzt, während sie in den Landfernschreibstellen noch eine Gnadenfrist erhielten.

Der Siemens-Hell-Schreiber 80 wurde für das Siemens-Hell-Verfahren entwickelt und in der Bundeswehr von den 60er bis in die 70er Jahre genutzt. Das Verfahren der Bildtelegrafie von 1933 für Buchstaben und Ziffern war umgesetzt in einem Bildfeld aus 9 waagerechten Zeilen und 7 senkrechten Spalten (63 Rasterpunkte). 2 Zeilen und 2 Spalten bilden den Rahmen, sodass für das eigentliche Schriftbild 7-x-5 = 35 Rasterpunkte in Schwarz/Weiß verbleiben.

Bei der Firma Lorenz kam aus der Produktion nach 1945 eine Modellvariante des Lo-15 Fernschreibers mit 45,5 und 50 Baud. Dieser war von 1956 in der Marine der Bundesrepublik (in Fernschreibstellen/Land) und im öffentlichen Fernschreibnetz für Handvermittlung und Standverbindungen im Einsatz. Mitte der 60er Jahre kam die Ablösung durch die Lo-15-B mit 45,5 sowie 50 und 75 Baud. Die Entwicklung dieser Maschinen hatte sich in drei Jahrzehnten in öffentlichen Fernschreib- und Sondernetzen so gut bewährt, dass der grundsätzliche Aufbau immer beibehalten wurde.

Die Lo-15-B (58 kg) wurden 1965 durch die Lo-133 (30 kg) ergänzt und 1971 ganz abgelöst. Die Lo-133 war der letzte mechanische Fernschreiber, der die Lo-15-B auch aufgrund der einfacheren Wartung, geringerem Gewicht, kleinerer Bauform und höherer Baudzahl (zusätzlich 100 Baud) ersetzte. Die Fertigung wurde 1976 bei SEL eingestellt. Der Lo-133 folgte im Zeitraum von 1976-1984 die Lo-2000 für den Einsatz für die Kommunikation im internationalen Telex-Netz mit 50, 75 und 100 Baud. Durch die Verwendung der Mikroelektronik betrug das Gewicht nur noch 26 kg.

Die folgenden Zusatzgeräte gehörten u.a. zur Modellpalette der Firma Lorenz. Der Lochstreifen-Sender LS-36 besteht aus einem Abfühlwerk und einem Verteiler, die von einem Motor angetrieben werden. Die Aufgabe des Abfühlwerkes ist die Strombilder des Stanzstreifens abzufühlen und die entsprechenden Kontakteinstellungen vorzunehmen. Der Verteiler sendet dann durch die Kontakteinstellungen angegebenen 5er Zeichen in der richtigen Reihenfolge und Geschwindigkeit zum empfangenden Amt. Mit dem Lochstreifen-Sender LS-534 (ab 1955) wurde der Lochstreifentext mit 400 Zeichen pro Minute ausgesendet. Eine Umschaltung von 50 und 45,5 Baud war möglich. Bei Bedarf konnte bei dem Streifenschreiber STS-624 ein gummierter Streifen auf das Blatt geklebt werden. Ab 1959 wurde das Gerät parallel zum Lo-15-B bis 1971 mit 50 und 45,5 Baud in der Marine der Bundesrepublik eingesetzt.

Auch kamen von Lorenz viele weitere Zusatzgeräte für den Fernschreibbetrieb, wie der Linienstromgleichrichter FSLGL-01, eine Telegrafiestromquelle für Fernschreibanlagen oder Telegrafieschleifen, die 2-x-60-V-Gleichspannung und bis zu 350 mA lieferte. Mit dem Telegrafieumsetzer TUS-01 konnten Fernschreibanlagen mit unterschiedlichen Betriebsbedingungen für Simplex- oder Duplex-Betrieb verbunden werden. Die Anpassung erfolgte von Einfachstrom- auf Doppelstromanlagen und umgekehrt. Das Fernschaltgerät FZGT-564 stellte über die Wählscheibe die Verbindung zwischen einem Teilnehmer oder Handvermittlung her im Simplex- oder Duplex-Betrieb. Die technische Dokumentation beschreibt das Anschlussgerät PLAG-01 als ein "Party-Line"-Anschlussgerät für "Fernschreib-Omnibusverbindungen", was heute gleichbedeutend mit einer Sternschaltung bzw. einer Konferenzschaltung ist.

Ferner waren z.B. der separate Lochstreifen-Sender LS-TLX (1969), Hell-ZETFAX-Schreiber HAT-206-A und -207-A, der Hell-Schnellmorsegeber MG-12g/i mit 15-240 WPM, je nach Güte des Nachrichtenweges, der Hell-Morsegeber Mo-22, Übungsmorsegeber-23, Hell-Morseschreiber RC-28 in dieser Zeit in der Nutzung.

Der Hell-Übungsrekorder UR-39C war den betriebsmäßigen Ausführungen in Schriftbild, Einfärbung und Registrierung gleich und diente der Tastfunkausbildung an der Marinefernmeldeschule Anfang 60er bis Ende 80er Jahre. Auch die Hell-Tastenlocher TL-1a und TL-1b (650 Anschläge/Minute) wurden im selben Zeitraum für diesen Zweck dort verwendet.

Die Teletron-Tastgeräte der Bundeswehr/Marine stammen von der Firma H. Pfitzner in Bergen-Enkheim. Das Fernschreibtastgerät Teletron Lw-F-4/A (Baujahr 1958) mit quarzgesteuertem Festfrequenzempfang setzt die von den Empfängern gelieferten Signale um und macht diese für die nachgeschalteten Wetterkartenschreiber oder FS-Geräte nutzbar. Das Teletron CO-44B von 1962 hat im Vergleich zum Lw-F-4/a anstatt der 21 nur noch 19 Röhren, davon u.a. EF85, ECH81, ECC82, ECC81, EF80 und EAA91. Das Tastgerät Teletron 440-B diente zur Demodulation von Funkfernschreib- und Faksimilesendungen sowie Datenübertragungen nach dem Frequenzumtastverfahren. Es wurde an der Zwischenfrequenz von 30-1.600 kHz angeschlossen, hat Zweifach-Diversity und wurde von Mitte der 70er bis Mitte der 80er Jahre genutzt.

In den 50er Jahren begann der eigentliche Aufschwung der Faksimiletechnik, die in Sonderdiensten wie z.B. dem Wetterdienst und im Pressewesen sowie bei der Polizei zum Einsatz kam. Dadurch entstand ein relativ kleines öffentliches Bildtelegrafienetz für die rasche Übermittlung von Bildmaterial.

Ab 1954 wurden auch großformatige Faksimilegeräte für die Übermittlung von Wetterkarten eingeführt. Der Fax-Blattschreiber WF-103Y (Hell) war, von den 50er bis in die 70er Jahre in Gebrauch. Er bringt denn auch 62 kg auf die Waage und ist der Vorgänger des BS-109Y. Dieser hatte eine Schreibgeschwindigkeit von 60, 90 oder 120 Zeichen pro Minute bei Amplitudenmodulation und Trägerfrequenz 1.800-5.000 kHz. Es konnten Wetterkarten und Strichzeichnungen übertragen werden. Die Marine der Bundesrepublik hatte das Gerät von den 60er bis Ende der 70er Jahre in Gebrauch. Beachtenswert ist das Gewicht von 68 kg im Vergleich zu heutigen Faxgeräten. Das dazu gehörige Sendegerät war, der Geber WF-204Y. Das über eine Trommel aufgespannte Bildmaterial warf das Licht auf eine Fotodiode zurück, die im Wandler entstandenen elektrischen Signale wurden per Funk oder Draht übermittelt. Auf der synchron- und phasengleichlaufenden Empfängertrommel wurde das Bild elektrolytisch, elektrosensitiv oder elektrografisch wieder aufgetragen.

Von 1953 bis 1958 wurden auch DIN-A5-Geräte des Typs KF-108d (Siemens-Hellfax-Schreiber) in größerer Zahl gefertigt und u.a. im Telegrammdienst der Deutschen Bundespost eingesetzt. Ein weiterer Versuch mit DIN-A4-Geräte wurde ab Mitte der 60er Jahre im Telegrammdienst in München durchgeführt.

Als Beispiel, für die Vermittlungstechnik in den Anfängen nach 1945 kann die Fernschreibhandvermittlung A-10/30 von Siemens aufgeführt werden. Sie besteht aus Vermittlungsgerät, Leitungsanschlussgerät und Stromversorgung. Sie ist für den Schnelleinsatz (beweglich) bestimmt und wurde ab den 60er bis Mitte der 80er Jahre eingesetzt. Im Vergleich zur Fernschreibsteckvermittlung T-41 von 1939/40 hat dieses Gerät nur eine Größe von 1-x-0.5-x-0.4 m und ein entsprechend geringeres Gewicht. Die drei Baugruppen können 10 Teilnehmer bzw. Amtsleitungen verbinden und sind 3-x-erweiterbar, um mit einer Abfragemaschine den Betrieb für 30 Teilnehmer zu ermöglichen. Eine Fernschreib-Steckervermittlung A-10/30 von Siemens war, ein gleich benanntes Nachfolgemodell von 1962. Ferner gab es für fest eingerichtete Landfernschreibstellen die größere Variante A-20/200. Handvermittlungen wurden fast nur noch im mobilen Bereich verwendet, die Digitaltechnik hat diese Vermittlungen ersetzt.

Der telegrafische Nachrichtenverkehr lief in erster Linie weiter über Telex, dem öffentlichen Fernschreibnetz mit Wählvermittlung. Daneben gibt es das allgemeine amtliche Telegrafennetz (Gentex) für die Telegrammübermittlung und private Sondernetze, z.B. das Multiplex-Funkfernschreibsystem. Die von der Deutschen Telekom und der Bundeswehr benutzten Fernschreiber wurden nur für die Übermittlung von Telegrammen verwendet werden (Gentex, Telex).

Telex ist ein Kurzwort aus dem englischen Teleprinter and Exchange, was "Fernschreib-Austausch" bedeutet. Es ist das öffentliche Teilnehmer-Fernschreibnetz mit Wählbetrieb, welches in Deutschland 1933 in Berlin und Hamburg eingerichtet wurde und dann innerhalb der Bundesrepublik Deutschland an 1949 im Selbstwählverkehr betrieben wurde. Eine Übertragungsgeschwindigkeit von 50 bps lies die Übertragung einer DIN-A4-Seite in ca. 3 Minuten zu, woraus schon ersichtlich ist, dass die E-Mail den zukünftigen Ersatz stellen würde. Am 31. Januar 1973 erfolgte die offizielle Inbetriebnahme der ersten rechnergesteuerten Telex-Auskunft der Welt beim Fernmeldetechnischen Zentralamt (FTZ) der Deutschen Bundespost in Darmstadt (AEG-Telefunken).

Gentex war die Abkürzung für das englische General Telegraph Exchange, das allgemeine Telegrafennetz der Postverwaltungen für die Übermittlung von Telegrammen. Telegramme sind rechtskräftige Dokumente und können deshalb nur in einem besonderen, vom Telexverkehr nicht beeinflussbaren Netz übermittelt werden. Die Gentext-Anschlüsse (Fernschreiber) waren bei den Endtelegrafenstellen in größeren Postämtern eingerichtet, die kleineren Poststellen gaben Telegramme dorthin über Fernsprecher durch.

1964 waren 104 Telex-Netze in Betrieb und drei Jahre später erfolgte die Einführung der Datendienste, der Datenübertragung über das öffentliche Telex-Netz in Deutschland. In den 60er Jahren wurde über den Ersatz des elektromechanischen Vermittlungssystems TW-39 nachgedacht, dass Telex- und Gentex-Netze sowie andere Datenverbindungen in einem Netz zusammenfassen sollte. Die erste elektronische Datenvermittlungsanlage (EDS, Zeitmultiplex) wurde 1975 in Mannheim in Betrieb genommen und war quasi der Vorläufer zum 1987 eingeführten ISDN.

Ab 1966 erlaubte die Deutsche Bundespost (monatliche Zusatzgebühr: 3, DM) den Anschluss von Faksimilegeräten an das öffentliche Fernsprechwählnetz und 1979 erfolgte die freie Einführung des Telefax-Dienstes (Fernkopieren, Fax) über das öffentliche Fernsprechnetz in Deutschland. Für eine voll beschriebene DIN-A4-Seite wurden ungefähr 700 kbit im Netz benötigt, die mit 9.600 Bd in ca. 30 Sekunden übermittelt wurden.

Mitte der 80er Jahre war das handvermittelte Bundeswehrfernschreibnetz (BwFschrN) aufgrund der veralteten Technik (geringe Übertragungsraten, begrenzte Kapazität) für die Führung und Alarmierung der Bundeswehr in Krisen, Spannungs- und Kriegszeiten nicht mehr geeignet. So wurde der Aufbau eines neuen Netzes beschlossen, welches nach der vorläufigen Übernahme des Fernschreibnetzes der NVA als Bundeswehr-Fernschreibnetz-Ost schrittweise auch in den neuen Bundesländern eingerichtet wurde. Das Netz wurde auf drei Ebenen aufgebaut: den Vermittlungsknoten als obere Netzebene, den Konzentratoren als mittlere Netzebene und den Endeinrichtungen und Rechenzentren als untere Netzebene.

Die Fernschreibversorgung lief für alle Marinefernschreibstellen seit 1994 über das Automatisierte Fernschreib- und Datennetz der Bundeswehr (AFDNBw, Einführung 1986), dessen Nachfolger die NuKomBw2000 ist (Nutzerorientierte Kommunikation). Bis zu diesem Zeitpunkt waren die Fernschreibstellen und ihre Geräte lediglich der Entwicklung der neuen Fernschreibgeräte gefolgt, aber es blieb das Prinzip des Hughes-Schreibers. Nun verschwanden aber die Fernschreibstellen ganz und wurden durch E-Mail-Terminals ersetzt.

Zur Straffung und Zentralisierung der landgebundenen Fernmeldeorganisation wurde die Masse der Marine-Fernmeldebetriebsstellen an die Organisation Amt für Fernmeldesysteme der Bundeswehr (FmSysBw) übergeben worden. Dieses Amt war, am 1. Oktober 1982 als Fernmeldeamt der Bundeswehr (FmABw) in Rheinbach aufgestellt worden.

Das erklärte Ziel war, alle streitkräftegemeinsamen Aufgaben des Fernmeldeverbindungsdienstes und der Fernmeldesicherheit, die bis dahin in den verschiedensten Dienststellen bearbeitet wurden, an einem Ort zusammenzufassen. Wann immer möglich sollten gemeinsame Funktionen der Streitkräfte zentral wahrgenommen werden, was auch der Leitgedanke bei allen Umstrukturierungs- und Reorganisationsmaßnahmen der folgenden Jahre war.

Am 1. Oktober 1990 erhielt das Amt auch die Zuständigkeiten auf dem Gebiet der Informationssysteme und damit den neuen Namen Amt für Fernmelde- und Informationssysteme der Bundeswehr (AFmISBw). Am 1. Januar 1996 wurde neue STAN in Kraft gesetzt und dem AFmISBw in Rheinbach 223 militärische und 79 zivile Dienstposten übertragen. Mit neuen Aufgaben aus dem Bereich der Informationstechnik erhöhte sich das Personal auf nahezu 350 Mitarbeiter.

Am 3. Oktober 1990 musste die Führungsfähigkeit der Bundeswehr während der Vereinigung auch in den neuen Bundesländern sichergestellt werden. In kürzester Zeit, teilweise noch am Vorabend der Vereinigung, wurde ein Großteil der im postalischen Netz fehlenden Fernmeldeverbindungen mit Personal und Gerät des damaligen Fernmeldekommandos 900 über Richtfunkstrecken hergestellt.

Ein halbes Jahr später wurde am 1. April 1991 eine Außenstelle des Amtes in Strausberg bei Berlin aufgestellt. Ihr oblag der Betrieb des analogen Fernmeldesystemanteils Ost bis zur Ablösung durch das digitale ISDNBw. Im Jahr 1998 war, die Modernisierung des ehemaligen NVA-Netzes weit gehend abgeschlossen und der Auftrag der Außenstelle Strausberg erfüllt. Sie wurde deshalb zum 30. September 2000 aufgelöst.

Allein die Anlagen des Marinehauptquartiers in Glücksburg, der Marinestützpunktkommandos und der Marinefliegergeschwader in den Wehrbereichen von Schleswig-Holstein, Hamburg, Niedersachsen und Mecklenburg-Vorpommern verbleiben langfristig bei der Marine. Die Marineführungsdienstflottille (MFüDstFltl) betrieb bis zu ihrer Auflösung 2002 zusätzlich ein eigenes Netz. Die Fernschreibkomponente wurde mit Aufbau des ISDNBw immer mehr mit den Fernsprech- und anderen Kommunikationsbereichen verbunden, die letztendlich alle über Glasfaser verbunden wurden. Heute stützen sich die Marineführungsdienste und Marineführung hauptsächlich auf die digitalen Netzwerke und Systeme, auch wenn so mancher nachrichtentechnische Dinosaurier noch im Keller am Leben erhalten wird.

Als Übertragungsmittel dienen heute die verschiedensten Geräte. Der Fernkopierer ANTFAX-10 kann z.B. über eine V.24/V.28 Schnittstelle an alle gebräuchlichen Datenschlüsselgeräte angeschlossen werden, wobei Übertragungsraten bis zum DIN-A4-Format von 2.400, 4.800, 7.200 und 9.600 bps zur Verfügung stehen (STANAG-5000-Betrieb 2.400, 16.000 und 32.000 Bits/s). Zunächst wurden 635 der Geräte ausgeliefert und im Bildschreibfunktrupp und Bildfunktrupp verwendet.

Wie bei vielen anderen Geräten ist Hersteller des Fernkopierers ANTFAX-10 die Bosch-Telecom (ANT) in Backnang, deren Begründer Robert Bosch war. Er gründete 1886 eine Werkstätte für Feinmechanik und Elektrotechnik, welche 1937 zur Robert Bosch GmbH mit Sitz in Stuttgart wurde und die bis heute ihre Weltmarktposition bewahrt hat.

Der Fernkopierer Easy-Fax-9100-E hat dieselben Anschlussmöglichkeiten, erreicht aber nur 2.400 und 16.000 bit/s. Die Bundeswehr nutzte zunächst 850 dieser Fernkopierer, die auch in Belgien, Dänemark und in den Niederlanden verwendet werden. Das Datensicherungsmodul DSM-Fax ist für marktübliche Faxgeräte konzipiert. Die Luftwaffe verwendet einige hundert der Geräte, weitere werden im Auswärtigen Amt sowie in Behörden weltweit genutzt. Die Autorisierung erfolgt mittels personalisierter Chipkarten. Beide Geräte kommen von Siemens.

Ab den siebziger Jahren wurde der KW-Sprechfunk ergänzt durch automatisch korrigierende Funkfernschreib-Verfahren (SITOR). Im zivilen und privaten Fernschreibbereich sind heute automatisch korrigierende Verfahren wie Amtor, Sitor, Pactor, Clover und Packet-Radio im Einsatz, wobei die letzten drei den CCITT-Code 5 mit sieben Schritten (ASCII-Code, 128 Zeichen) nutzen.

Bei einem Versuch am 25. Juli 1960 wurde von Carlsbad/New Mexiko über 7,2 km ein Fernschreiben auch durch einen Salzstock mit 200 Watt gesendet und empfangen. Diese Nutzung des Erdleiters fand aber außer als Rückleitung beim Feldtelefon und bei Energieanlagen oder z.B. zur Registrierung von Erdbeben, Naturkatastrophen und Atomdetonationen keine weitere Anwendung.

Die Weitbereichskommunikation wird durch Troposcatter-, Ionosscatter- und Meteorscatter-Verfahren aufgebaut. Beim Troposcatter-Verfahren wird die Streuung von Mikrowellen in der Troposphäre, beim Ionosscatter entsprechend die der Ionosphäre, mittels des "Forward Scattering" zur Informationsübertragung über mittlere Entfernungen verwendet.

Eines der Übermittlungsverfahren des Fernschreibverkehrs ist der Funkverkehr unter Ausnutzung der Meteoritenschweife (Meteorscatter). Jede Minute durchdringen kleinere Meteoriten die Erdatmosphäre, beginnen zu verglühen und hinterlassen Schweife von 15-25 km Länge. Diese bestehend aus Gasen und kleinsten Teilchen (etwa 1010 täglich) in etwa 80-120 km Höhe, wirken wie Inversionsschichten und können dadurch zur Reflexion von Funkwellen benutzt werden (BCT = Burst Communications Technology). Durch die verschiedenen Funkwege der Wellen entsteht so ein natürliches Zeitmultiplex-Verfahren. Über einen Richtstrahl im Bereich von 30-100 MHz wird der Schweif angestrahlt und von dort in einem berechneten Winkel reflektiert. Mit der Kenntnis des genauen Standortes des Empfängers ist der Empfang in einem kleinen begrenzten Gebiet möglich, weshalb das Verfahren jedoch für Seestreitkräfte nicht anwendbar ist.

Die von Meteoriten reflektierte Energie verteilt sich auf einen Erdstreifen von rund 8 km Breite und etwa 30 km Länge. Da die Schweife nur ungefähr 1/10 Sekunde lang nutzbar sind, können nur sehr kurze Signale (Signalburst) übertragen werden, die rund 100 Wörter enthalten können. Es dauert dann ungefähr 10-20 Sekunden, bis eine weitere Spur ausgenutzt werden kann.

Längere Nachrichten sind durch das Janet-Verfahren im Scatterfunk möglich (Janet, griechischer Gott mit zwei Gesichtern). Hierbei wird ein Fernschreiben gespeichert und mit über 50-facher Telegrafiegeschwindigkeit im günstigen Augenblick übermittelt. Zusätzlich werden der um die Erde kreisende Mond oder Aurora-Erscheinungen als Reflektor benutzt. Abhör- und störfeste Verbindungen können zwischen 0-1.500 km aufgebaut werden, die maximale Reichweite liegt bei ungefähr 2.000 km. Eine optimale Verbindung kann aber nur bis 40 km erzielt werden, da hier die gesamte Abdeckung eines Schweifes genutzt werden kann.

In den 60er Jahren war, eine erste Verbindung in dieser Form von Halifax, Ottawa, Port Arthur, Toronto aufgebaut worden. Die Sender (0,5 kW, 32-50 MHz) überbrückten Strecken von 900-1.500 km. Weitere Anlagen folgten in Bozemann, Montana, Palo Alto, Cedar Rapids, Sterling, Havanna, Illinois und Riverhead. Die Meteoriten ab einer Größe von 1 mm werden heute auch bei StarCom und Meteor Communications of Kent kommerziell genutzt. Durch digitale Kompressionsmethoden sind auch andere Nachrichtenformen übertragbar geworden. Scatterfunk wird in den Aufklärungskräften des Heeres für mobile Peiler u.ä. verwendet, für Luftwaffe und Marine ist das Verfahren ebenfalls nur bei Landdienststellen verwendbar.

In allen Bereichen unseres Lebens hinterlässt die rasante Entwicklung der Technik auch ihre Spuren. Die Schriftstücke werden teils auf Tintenstrahl-, Thermo- oder Laserdruckern ausgegeben, was heute als Hardcopy bezeichnet wird. Die komplette Abwicklung von Nachrichten, Bildinformationen, etc. wird sich in den Bereich der Computer und deren Programme verschieben.

Das Fernschreibwesen hat insgesamt über 160 Jahre Geschichte geschrieben, vom Morsetelegrafen bis hin zur elektronischen Fernschreibmaschine. Es ist die Entwicklung eines Fernmeldemittels, welches sich schnell verbreitet hat, dass aber im Zeitalter des World Wide Web, der "Internationalen Datenautobahn", keine Zukunftschancen mehr hatte.

Nach der Nutzung des Fernschreibwesens durch die kaiserlichen Telegrafenstationen und den Fernmeldestellen der Reichs- und der Kriegsmarine, wird die Marine der Bundesrepublik Deutschland sowie alle anderen Teilstreitkräfte in Zukunft den Fernschreibbetrieb auf Computer umstellen.

In der Handelsschifffahrt gehört der Funkoffizier zur Geschichte und auch die Marinefernmelder werden durch Computerterminals entlastet. Hier änderte sich ein weiteres Berufsbild in der Marine, der Funkoffizier – der alte "Funkenpuster", wurde wie alle Fernmelder heute zum reinen PC-Anwender, oder auch digitalen Blasebalg. Die neuen Medien sind Keyboards und Bildschirme zur Textverarbeitung.

Das Militär nutzt weltweit das Internet sowie eigene abgesicherte verschlüsselte Netzwerke. In internationalen Einsätzen stehen neben den militärischen Verbindungen, Telefon und Fax, die Internetverbindungen heute ebenbürtig als Nachrichtensystem zur Verfügung und ersetzt teilweise das kommerzielle Faximile bzw. den Fernschreibverkehr.

Während des Kalten Krieges begannen die USA ab 1957 eine gewaltige Aufholjagd im technischen Bereich. Die Sowjets hatten mit SPUTNIK in Amerika einen Schock ausgelöst und nun sollten alle Ressourcen für den Wettlauf zum Mond gebündelt werden. Dies war nur möglich, wenn alle wissenschaftlichen und militärischen Forschungseinrichtungen ihre Daten möglichst schnell austauschen konnten. Die Ausgangsbedingungen für ein elektronisches Netzwerk für den Datenaustausch waren gelegt.

Das Internet entstand aus der 1957/58 zunächst nicht rein militärisch orientieten Advanced Research Projects Agency (ARPA) zur Vernetzung der militärischen Computer des Pentagons im Jahre 1969 (ARPAnet). Die heutige Defence Advanced Research Projects Agency (DARPA) ist eine zentrale Forschungseinrichtung des US-Militärs. Das ARPAnet sollte ein Kommunikationsnetzwerk auf Basis der Telefonleitungen sein, welches bei einem atomaren Angriff durch seine vielen Redundanzen einen Ausfall unwahrscheinlich macht. Auf Basis des Betriebssystems UNIX wurden auch die Universitäten und wissenschaftlichen Institutionen der Vereinigten Staaten von Amerika später in das ARPAnet eingebunden.

1971/72 verband Ray Tomlinson ein auf Hosts basierendes Mailsystem mit einem File Transfer, die E-Mail war, geboren. Als Trennzeichen der Mailadressen wählte er auf der Tastatur des Teletype Model-33 das @-Zeichen. 1973 überbrückte dieses elektronische Netzwerk den Atlantik zum University College of London sowie zum Royal Radar Establishment (Norwegen). Über dieses Netz verschickte Queen Elizabeth II. 1976 ihre erste E-Mail.

Das ARPAnet profitierte auch von der kanadischen Firma RAND, die für das US-Verteidigungsministerium arbeitete. Als das ARPAnet 1977 mit einem Satellitennetz sowie einem Funknetz und diverser Technik der Firma XEROX-PARC verbunden wurde, war das INTERNET als öffentliches Netzwerk geboren. Im selben Jahr gründeten Steve Jobs und Steve Wozniak die Firma APPLET und Bill Gates mit Paul Allen den Konzern MICROSOFT. Das US-Verteidigungsministerium hat sich dann aus diesem Interconnected Set of Networks zurückgezogen und das militärinterne MILNET (.mil) eingerichtet.

Nachdem sich viele Universitäten im Netz angeschlossen hatten, rückte der zivile und wissenschaftliche Aspekt wieder mehr in den Vordergrund. Mit der elektronischen Post (E-Mail), FTP und Telnet wurde der Datenaus-tausch vereinfacht und der Zug in die privaten Haushalte war, nur noch eine Frage der Zeit. Im Oktober 1980 umfasste das Netz 400 Hosts mit etwa 10.000 Nutzern. Von einer Million Computern in den USA befanden sich damals nur rund 12% in privaten Händen. 1981 wurden eine Million Comodore-Rechner verkauft. 1983 erhielt die Universität Karlsruhe einen ARPANET-Anschluss und IBM wählte DOS als Betriebssystem. 1985 führt MICROSOFT das System Windows 1.0 ein, 1991 Windows 3.0 und bis heute haben sich immer modernere und buntere „Fenster" geöffnet und zwischenzeitlich zieht es.

1990 ermöglichten Wissenschaftler des europäischen Kernforschungszentrums CERN den Abruf von nichtmilitärischen Dokumenten und Grafiken weltweit und ersetzten damit das ARPANET, welches aufgelöst wurde. Als sie schließlich auch noch mit einem Hyper Text Transfer Protocol (http) aus jedem Dokument im Netz zu einer anderen Quelle im Netz verweisen konnten, waren die grundlegenden Entwicklungen abgeschlossen. Das Projekt nannten die Wissenschaftler World Wide Web (WWW) und Tim Berners-Lee stellte es mit einer an der Universität von Illinois entwickelten grafischen Oberfläche vor. Am 30. April 1993 wurde es mit 500 Web-Seiten erstmals der Öffentlichkeit zur Verfügung gestellt und heute sind über 16 Milliarden Web-Seiten eingestellt. Verschiedene US-Firmen brachten auf dieser Grundlage ab 1993 auch benutzerfreundliche Browser auf den Markt, das Weiße Haus ging Online, der Vatikan 1995 und bald war das Internet auch ein Bestandteil der privaten Haushalte.

Der Euphorie folgte Ernüchterung. Am 27. Oktober 1980 setzten nicht russische SS20-Flugkörper, sondern ein seltsamer Hardware-Fehler das Netzwerk erstmals außer Betrieb. In der Nacht vom 2. auf den 3. November 1988 wurde das Netzwerk durch den ersten Wurmangriff zum Erliegen gebracht. Urheber des Wurms war Robert T. Morris vom MIT in den USA, der Sohn von Bob Morris, einem der führenden Köpfe des National Computer Security Center (NCSC), einer Abteilung der NSA. Das Pentagon war wie auch die zivile Welt nicht auf derartige Angriffe vorbereitet und es markiert den Beginn des Cyber-War-Zeitalters, das von Hollywood dann auch gleich vermarkte wurde.

Das Pentagon kontaktierte die Carnegie Mellon University in Pittsburgh/Pennsylvania und kurz darauf wurden die Kapazitäten unter der United States Army Intelligence and Security Command (INSCOM) gebündelt, welches nach Fort Belvoir/Virginia 1989 umzog. 1994 wurde die Land Information Warfare Activity (LIMA) Section begründet, welche die elektronische, psychologische Kriegsführung sowie der notwendigen Kommandoinfrastrukturen erstmalig verband. Seitdem hat sich der Bereich weiterentwickelt zu Network Centric Warfare.

Um 1982 wurde das Netzwerk der ehemals militärischen Verbindungen als INTERNET (Inter Network) weltweit nutzbar gemacht und zwischen 1984 bis 1988 stieg die Zahl der Host-Computer von 1.000 auf 60.000. Bald war eine Million angeschlossener Rechner im Netz. Der Verkehr im Netz vervielfachte sich allein 1994 um den Faktor 25. 1989 wurde das ARPAnet abgeschaltet, die militärischen Server aus der Militärforschung gelöst und der National Science Foundation unterstellt. Die Defence Advanced Research Projects Agency ist aber weiterhin für die militärische Netzwerkentwicklung zuständig und betreibt z.B. das Advanced Technology Demonstration Network, welches sie auch mit der NSA, NASA, DIA und dem Naval Research Laboratory sowie einigen anderen Dienststellen verbindet.

Das Telefon benötigte 40 Jahre, um 10 Millionen Nutzer zu erreichen, das Faximile rund 20 Jahre, das Mobiltelefon benötigte nur noch 10 Jahre und das Internet hat innerhalb von 4 Jahren diese Anzahl erreicht. Auf der Basis der Internetstruktur ist im Laufe der Zeit eine Reihe von Diensten entstanden, die für bestimmte Anforderungen konzipiert sind. Am bekanntesten ist der E-Mail-Dienst für den Versand oder Empfang verschiedener Daten und das World Wide Web (WWW) selbst, welches die Abfrage, die Aufbereitung und den Transfer von Informationen unter Verwendung einheitlicher Sprachen (XHTML, HTML) und spezieller Protokolle (HTTP, Hypertext Transfer Protocol, FTP, File Transfer Protocol) anbietet.

Die Vorteile des Internets konnten mit der Einführung der privaten PCs im alltäglichen/zivilen Bereich genutzt werden. 1994 gründeten Jim Clark und Marc Andreesen die Firma NETSCAPE, womit erstmals eine ernste Konkurrenz im Browser-Bereich zum dominierenden Internet Explorer von Microsoft aufwuchs. Ähnlich dem Monopol Marconis entwickelte auch Microsoft seine Unternehmensstrategie und wurde zu einem weltumspannenden Konzern, der durch seine Produkte die Nutzer in seinen Bann zwang und dem erst durch Linux wieder ein ernst zu nehmender Gegner erwachsen sollte.

In den ersten sieben Jahren nach Eröffnung des Internets stieg die Anzahl der Nutzer von 1 Million auf ~57 und bis 1999 sogar auf ~196 Millionen. Das 1989 von dem europäischen Zentrum für Teilchenphysik (CERN) entwickelte World Wide Web ermöglichte die multimediale Übertragung von Daten ohne DV-Spezialkenntnisse, was dankbar von den Nutzern angenommen wurde. 2018 nutzten mehr als 4 Milliarden Menschen das Internet, weit über die Hälfte der Weltbevölkerung ist inzwischen online. Mit jährlich mehr als 20 Prozent Wachstum an Internetnutzern über den gesamten Kontinent verteilt, zeigt Afrika die stärksten Wachstumsraten.

Das Militär nutzt das Internet weiterhin als Verbindung mit zivilen Organisationen und in der Aufklärung. Die NATO hat entsprechend gesicherte militärische Netzwerke eingeführt, wobei das erste NATO-weite Area Router Netzwerk oder WAN der Nato das Initial Data Transfer Service (NIDTS) war, welches auf 12 Core Router Nodes (Netzwerkknoten) basierte. Nach der Indienstnahme 1998 hat sich die Nutzung vervielfacht und NIDTS bestand danach als ein Bindeglied zum Crises Response Operations In NATO Open Systems (CRONOS) WAN der NATO über Gateways.

CRONOS verband NATO-Hauptquartiere wie SHAPE über ein Web Missionen in Krisengebieten und bot verschlüsselte E-Mail, Chat, professionelle Büroapplikationen (Windows). Ein weiteres System, welches aufgrund der Balkaneinsätze IFOR/SFOR in kürzester Zeit in der NATO eingeführt wurde, war das Integrated Digital Network Exchange (IDNX). Als intelligentes Multiplex- und Vermittlungssystem erlaubte es die Vernetzung von digitalen Übertragungssystemen. Das PROMINA war ein Multiplexsystem des IDNX, dessen Struktur gänzlich aus kommerziellen Produkten (COTS) zusammengesetzt wurde. Neue Anforderungen und Einsätze führen zu stetiger Weiterentwicklung der Systeme, welche in schneller Folge die digitalen Vorväter ersetzen oder verdrängen.

Entwicklung des Fernschreibdienstes in der Nationalen Volksarmee (NVA)

Die Nachrichtengeräte wurden auch im Ostblock modernisiert, entsprachen aber meist nicht dem technischen Stand des Westens. In den Anfängen konnte unter den DDR-Produkten auf die mechanischen Fernschreiber T-51a und auf das Material der Wehrmacht zurückgegriffen werden, womit diese Geräte und Anlagen wie in anderen Bereichen die Grundlagen der Streitkräfte der DDR bildeten.

Die Geräte für Lochstreifensendungen, wie der Lochstreifen-Sender T-53, Empfangslocher T-52 und der Handlocher T-56 sowie das Fernschaltgerät T-54a waren die Hauptrepräsentanten der Fernschreibtechnik. Ende der 50er Jahre kamen die Fernschreibvermittlungen für 10 und 40 Teilnehmer und der Sonderumsetzer für Fernschreibbetriebsarten dazu. Ab den 60er Jahren wurde der Fernschreiber, T-63-SU-13 eingeführt und eine stärkere sowjetische Orientierung setzte ein. Es waren aber auch Geräte aus anderen Ostblockstaaten vorhanden, wie z.B. die ab 1980 in der NVA eingeführte polnische Handvermittlung T-80.

Die ersten kombinierten Nachrichtensätze waren z.B. der bewegliche Nachrichtenknoten P-299, der einheitliche Standardnachrichtenkanäle in kürzester Zeit aufbauen konnte. Spezielle Fernsprech- und Fernschreibschaltstellen für die Nachrichtenzentralen der Armeen, wie die P-245, P-246 und P-247 ermöglichten einen effizienten technischen Betriebsdienst, der mit der Einführung des Dispatchergerätesatzes P-249 im Jahre 1964 optimiert wurde.

Drahtnachrichtenverbindungen wurden für die operative Ebene in allen Gefechtsarten vorgesehen, während es sich auf taktischer Ebene auf den Bereich der vorgeschobenen Gefechtsstände beschränkte. Das leichte Feldkabel sollte mit dem vorhandenen territorialen Nachrichtennetz als Drahtverbindungsoption nur im Verteidigungsfall der Operativen Führung (OpFü) dienen.

Ab 1980 kamen mit den neuen Techniken die WT-Geräte P-255, P-257 und P-258 aus der Sowjetunion, die mit den Trägerfrequenzsystemen P-301, P-302 und P-303 eingeführt wurden. In dieser Zeit wurde der Versuch unternommen, digitale Übertragungsverfahren im stationären und im Feldeinsatz anzuwenden. Es blieb jedoch bei zwei Puls-Code-Modulationsgeräten, dem PCM-30 und PCM-32 im Zeitraum 1975 bis 1980, wobei die PCM-30 im MfS für die Richtfunkverbindungen mit dem Bündelchiffriergerät T-311 ausgestattet wurde.

Auf Basis des Postnetzes bildete das ab 1975/76 eingerichtete Fernsprech- und Fernschreib-Stabsnetz (Sondernetz-1, S-1) eine landesweite Verbindung der Nachrichtenzentralen der NVA, der Führungszentralen der SED und des Ministerrates. Weitere Bedarfsträger waren alle bewaffneten Organe der DDR, wie das Ministerium für Staatssicherheit, das Ministerium des Inneren, die Zivilverteidigung und der Zoll. Das Vermittlungssystem arbeitete dabei mit automatischen Telefonzentralen (ATZ-65) auf Koordinatenschaltertechnik. Der Probebetrieb der Hauptvermittlungsstellen (HVst) und der Schalt- und Betriebszentralen (SBZ) in Neubrandenburg und Schwerin mit den Nachrichtenzentralen NZ-4 bzw. NZ-8 war Mitte 1977 erfolgreich verlaufen. Es folgten die Einbindung der Knotenvermittlungsstelle (KVst) sowie Schalt und Betriebszentrale Berlin, die NZ-24, die HVst der SBZ Magdeburg, NZ-0, HVst der SBZ Potsdam und die NZ-5 als erste Ausbaustufe 1979. Mit Inbetriebnahme der ersten Einrichtungen wurde das bisherige Fernsprech- und Fernschreibnetz, das Armeefernmeldenetz (AFN), 1983 abgeschaltet.

Der Anschluss der Endvermittlungsstellen (EWS) und Fernschreib-Endstelleneinrichtungen (Fee) der Nachrichtenzentralen an die HVst oder KVst und später dann über Zwischenvermittlungsstellen (ZVst) wurde bis 1990 durchgeführt. Ab 1988 gab es aus DDR-Produktion die elektronische Nebenstelle ENA. Die HVst waren ausnahmslos mit dem Vermittlungssystem ATZ-65-B ausgerüstet, die Nebenstellen mit ATZ-65-N, Trägerfrequenzsysteme waren V-60/120, Pulscodemodulationssysteme PCM-30 und PCM-120. Das Fernschreibwählvermittlungssystem TW-55 war, mit den Fernschreibmaschinen T-52 und T-63-Su-13 ausgestattet. In Verbindung mit diesen Anlagen wurde das Wechselstrom-Telegraphie System VWT-72 genutzt und ab 1980 erstmals eine beachtliche Zahl von Bürocomputern des Typs 5120/30 als Universelle Steuer- und Analyse-Rechner (USAR) eingesetzt. Der Feldverstärker diente zunächst nur als transportabler Zweidrahtverstärker, bis die Transistorverstärker TAV-70K und -70S eingeführt wurden.

Die elektromechanische Fernschreibmaschine T-51 war als Streifen- oder Blattschreiber ausgeführt. Der Streifenschreiber T-51a wurde im VEB Kombinat Messgerätewerk Zwönitz und VEB Gerätewerk Karl-Marx-Stadt hergestellt und ab 1955 eingesetzt. Der Blattschreiber T-51 konnte 400 Zeichen pro Minute übermitteln und hatte eine Zweifachausnutzung des Telegrafenalphabets. Durch Schreibwalzenumschaltung können also 2-x-26=52 Schriftzeichen dargestellt werden. Die VM/NVA nutzte das Gerät bis Ende der 80er Jahre ein.

Der Lochstreifen-Sender T-53 wandelt die eingelegten Lochstreifen automatisch in Fernschreibzeichen um. Die maximale Übermittlungsgeschwindigkeit war, ebenfalls 400 Zeichen pro Minute. Die NVA und VM (Land) nutzten den T-53 bis 1990 und danach wurde er in Fernschreibstellen der Bundeswehr (Ost) genutzt. Das VEB-Messgerätewerk Zwönitz produzierte das Gerät ab 1956 für die NVA.

Der mechanische Handlocher T-56 erzeugte die Lochstreifen für die Lochstreifen-Sender. Die Tastatur stimmte im Wesentlichen mit den Fernschreibern überein. Er war, z.B. bis 1990 auch an der Marineschule Stralsund in der Ausbildung eingesetzt.

Das Fernschaltgerät T 57-4 bildete das Verbindungsglied zwischen Fernschreibmaschinen und Amtsleitungen. Die Auswertung der Leitungskriterien und Einschaltung des internen Betriebszustandes (Lokalbetrieb) mit entsprechenden Varianten war, möglich. Der Anschluss erfolgte an eine Wählanlage oder Handvermittlung über Fernschreiber oder Lochstreifen-Sender. Die VM (Land) benutzte das Gerät bis 1990, danach die Bundeswehr (Ost) auf allen Fernschreibstellen.

Der Blattschreiber T-63 ermöglichte die Darstellung von 3-x-26=78 Zeichen. Neben Ziffern und Zeichen gab es die Wahl zwischen zwei Schriftarten (Lateinisch und Kyrillisch). Die Ausführung im Holzstandgehäuse bot den Vorteil der Zusammenfassung aller Geräte einer Teilnehmerendstelle (Lochstreifenleser, Fernschaltgerät u.a.). Bei Ausrüstung mit Metallabdeckung wurde der Platzbedarf wesentlich verringert und ermöglichte gleichzeitig die Erledigung aller im Betrieb vorkommenden Arbeiten ohne Abnahme des Gehäuses.

Der Fernschreiber wurde weiterentwickelt zum System T-63-SU-13, der auch im VEB Gerätewerk Karl-Marx-Stadt ab 1965 hergestellt, und bis 1990 in der NVA verwendet wurde. Das SU steht hierbei für Sonderumsetzer. Die Baugruppen zeigen eine verblüffende Übereinstimmung mit entsprechenden Gruppen von Fernschreibern der Firma Siemens.

Die F-1200 war ein Blattschreiber der als Empfangsschreiber eingesetzt wurde, z.B. zum Fernschreibempfang an Funkanlagen, den SAS- Fernschreibeinrichtung, als Drucker an unterschiedlichsten Geräten, wie dem Morseschnellgeber, Computer und wurde z.B. zum Empfang von Wetternachrichten genutzt. Auch die Diensthabenden der Nachrichtenzentralen (DNZ) hatten diesen Fernschreiber, um schnell Informationen aus den Fernschreibstellen an den Diensthabenden weiterzuleiten. In der NVA die F-1x00 mit lateinischen und kyrillischen Zeichensätzen eingesetzt. Das Fernschreibgerät F-1300 ist die militärische

Variante der F-1100, durfte aber nur die mechanischen Fernschreiber ersetzen, die in entsprechenden abstrahlungssicheren Gebäuden und Einrichtungen (Schutzbauwerke, SPW etc.) installiert waren. Jedem F-1x00 wurde eine Fernwahlkarte beigelegt, die es ermöglichte, bei Einsatz dieser im Selbstwähldienst der NVA (S1) oder auch der DP, über die Tastatur die Fernschreibnummer einzugeben und über die die Wahl erfolgte. Das System war von 1980 bis 1990 in der Nutzung und löste den T-63-SU-13 auf Draht-, Funk- und Richtfunkverbindungen ab.

Zur Fernaktivierung von Fernschreibmaschinen und deren Nummernwahl in Fernschreibnetzen dient das Fernschaltgerät 54b, dass ab 1956 für die NVA im VEB Fernmeldewerk Leipzig hergestellt wurde. Von den VEB Nachrichten- und Messtechnik kam, die Ablösung in Form des Fernschaltgerätes T-57. 1976 kamen die in dem mobilen Fernschreibübertragungssystem MTW enthaltenen Telegrafieanschlussgeräte MAS-2 und MAS-6 als Kopplungsgeräte zwischen den unterschiedlichen Gleichstrombetriebsarten hinzu. Ab 1959 wurde zur Ablösung der bisherigen Fernschreibanschlussgeräte in den Streitkräften ein Sonderumsetzer als Kopplungsglied zwischen den verschiedenen Fernschreibbetriebsarten eingeführt. Dieser wurde ab 1964 durch den Sonderumsetzer SU-63 aus dem VEB Funkwerk Kölleda ersetzt.

Für den feldmäßigen Einsatz über Feldkabel und Postnetz in den verschiedensten Betriebsarten kam, ab 1957 ein transportables Fernschreibanschlussgerät, das in der NVA bis 1990 genutzt wurde. Die Übermittlung per Funk gestattete das Funkfernschreibanschlussgerät FFA-01 in Zusammenarbeit mit einem Fernschreiber und einer Funkanlage. Ein Fernschreiber, oder Lochstreifenleser codiert jeden Buchstaben in eine bestimmte Folge von Gleichstromimpulsen. Diese wurden vom FFA-01 in eine Folge von hohen und tiefen Tonfrequenzen umgewandelt und über die angeschlossene Funkstation ausgesendet. Bei der Funkempfangsstelle erfolgt die Rückgewinnung der Fernschreibsignale nach dem Empfänger wieder über ein FFA-01 zu einer Fernschreibmaschine.

Die Codeumsetzer mit Lochstreifenlesern setzten Fernschreibzeichen in Morsezeichen um und wurden speziell für den Einsatz in Funkübungsanlagen konzipiert. Als Dateneingabegerät diente ein Lochstreifenleser des Typs 301-01.

Für automatisierte Morsesendungen entwickelte die DDR das Morsegebersystem MGS-80 (VEB Messgerätewerk Zwönitz). Die Anlage bestand aus dem Morsegeber MG-80, dem Stromversorgungsgerät SV-81 sowie einem Fernschreiber F-1200 und diente der elektronischen Erzeugung von Morsezeichen. Sendeseitig ersetzte der Morsegeber die Handtaste, empfangsseitig entfiel auf einer Tastfunkverbindung das Niederschreiben des Funkspruches mit der Hand. Der Fernschreiber, F-1200 übernahm diese Aufgabe. Die Geräte ermöglichten das Aussenden von Funksprüchen mit einer Geschwindigkeit von weit über 30 WPM und waren bis zur Auflösung der Volksmarine im Einsatz. Durch die Einführung das MGS-80 erhöhte zwar die Übertragungsgeschwindigkeit und die typische Handschrift der Tastfunker entfiel. Gleichzeitig ging durch die Automatisierung die aber praktische Übung der Funker verloren.

Auch das MGS-165 war eine kombinierte Morse-Fernschreibmaschine mit einem elektrischen Teil, der jedes geschriebene Zeichen in ein Morsezeichen umwandelte. Der Ersatz der Handtaste brachte bei Automatisierung gleichzeitig eine Erhöhung der Übermittlungsgeschwindigkeit. Bis Ende der 80er Jahre wurde das MGS-165 in stationären Funkstellen, motorisierten Funktrupps oder auf Schiffen und Booten eingesetzt.

In der Vermittlungstechnik kamen nach den Anforderungen der Truppe verschieden Anlagen zum Einsatz. Die Fernschreibhandvermittlung FS-HV-T10 war eine Druckknopfvermittlung für den feldmäßigen Einsatz. Sie gestattete den Anschluss von 10 Fernschreibkanälen im Zweidraht-Einfachstrom bzw. Vierdraht-Doppelstromverfahren sowie der Zweidraht-Impulstelegrafie. Alle zehn Teilnehmer konnten gleichzeitig in einer Sammelverbindung geschaltet werden, jeweils zwei Teilnehmer zu einer Standverbindung. Die Vermittlung fand ab 1959 als stationäres und mobiles Gerätesystem (LKW) in der NVA ihre Anwendung.

1957 gab es die Fernschreibhandvermittlung FS-HV-T40, eine Schnurvermittlung für 40 Teilnehmer im mobilen und stationären Einsatz. Betriebsverfahren wie bei der T-10 ermöglichten hier die Verbindung von 20 Teilnehmern gleichzeitig, wobei 5 weitere Schnurpaare zum Herstellen von Sammelverbindungen zur Verfügung standen. Auch hier wurde gleichzeitig eine LKW-Version als mobiler Fernschreib-Handvermittlungsgerätesatz Fs-Hv/T-40 eingeführt.

Das Fernschreibwählvermittlungssystem TW-55 des VEB Fernmeldewerk Arnstadt kam ab 1955 als Direktwahlsystem für den Aufbau des automatischen Fernschreibnetzes für Telexverkehr zum Einsatz und wurde ab 1976 auch im Stabsnetz betrieben.

Fernsprechdienst, die Telefonie bis 1945

Die wichtigsten Teile eines Fernsprechers sind das Mikrofon, welches Schallwellen in elektrische Schwingungen umsetzt und der Hörer für die umgekehrte Funktion für den Sprachfrequenzbereich zwischen 300-3.400 Hz. Allgemein wurde früher ein Kohlemikrofon als elektroakustischer Wandler verwendet, da diese aber keinen Verstärkungseffekt besitzt, ist es in neueren Apparaten durch elektronische Mikrofone ersetzt worden, die gleichzeitig eine bessere Übertragungsqualität haben.

Im Jahr 1667 erfand der englische Naturforscher Robert Hooke ein erstes primitives Telefon. Die Schallwellen trafen auf eine Membrane aus gespannter Haut oder Pergament, die mit einer straffen Schnur oder einem Draht verbunden waren. Am anderen Ende des Drahtes verwandelte die gleiche Einrichtung die übertragenen Schwingungen wieder in hörbare Schallwellen. Ein Versuch, der auch heute noch einfach nachvollzogen werden kann und den mancher noch aus seiner Kindheit kennt.

1809 forscht der Physiker Johann Wilhelm Ritter über die Möglichkeiten, Worte über Drähte zu verschicken. Der Amerikaner Charles Grafton Page stößt 1834 bei elektromagnetischen Experimenten auf das Phänomen der "galvanischen Musik". Zwischen zwei Polen eines Hufeisenmagneten hatte Page eine Drahtspule aufgestellt, die an eine galvanische Batterie angeschlossen war. Wurde der Stromkreis unterbrochen, entstand in dem Magneten ein hörbarer Ton. In ähnlicher Weise übertrug etwa um 1860 der Franzose Laborde sechs Töne der Tonleiter, indem er durch Stromfluss Eisenstäbe zum Schwingen brachte.

Charles Bourseul veröffentliche 1854 unter dem Titel "Téléphonie électrique" die Idee des Telefons nach Plänen eines gewissen Philipp Reis. Es müsste möglich sein, die Sprache auf elektrischem Wege über eine schwingende Membrane, die den Stromkreis abwechselnd unterbricht und schließt, an anderer Stelle des Stromkreises zu wieder zu empfangen. Ohne praktische Beweisführung wurde diese Behauptung jedoch kaum zur Kenntnis genommen.

Der deutsche Lehrer Johann Philipp Reis führte am 26. Oktober 1861 zum ersten Mal die elektrische Sprachübertragung dem Wissenschaftlichen Verein im Senckenberg-Museum in Frankfurt am Main vor, aus dem das heutige Telefon hervorgehen sollte. Die deutsche Verwendung des Begriffes des Telephon bzw. Telefon stammt aus dieser Zeit von Johann Sigismund Gottfried Huth, in Deutschland setzte sich jedoch der Begriff Fernsprecher durch.

Die wenig werbewirksamen Worte von Reis: "Das Pferd frisst keinen Gurkensalat" wurden nur wenig von den Wissenschaftlern beachtet, die auch keinen praktischen Nutzen erkennen konnten.

1862 wurde Reis die wissenschaftliche Anerkennung abermals versagt. Nach Vorbild des menschlichen Ohrs konstruierte er einen Geber, der an eine galvanische Batterie angeschlossen war. Eine dünne Membrane aus Schweinedarm, später die Haut der Schwimmblase des großen Störs, setzte mit einem Platinkontakt die akustischen Schwingungen in elektrische Wellen um. Dieses Gerät nannte sich "Würfel-Sender". Auf der Empfängerseite wurden die Töne nach dem Prinzip von Page über eine Spule mit Eisenkern, dem "Stricknadel-Empfänger", reproduziert.

Trotz des geringen Interesses an seinen Geräten entwickelte Reis 10 weitere Geber und schließlich 1863/64 auch einen Apparat mit elektromagnetischer Anrufeinrichtung, das eigentliche "Reis-Telefon", welches heute in vielen großen Museen der Welt ausgestellt ist. Mit ihm konnte er vor der Versammlung deutscher Naturforscher und Ärzte 1864 schließlich Interesse erwecken. Doch es gab weiterhin keine finanziellen Förderungen und bis zu seinem Tod 1874 schienen seine Erfindungen in Deutschland für niemanden nutzbringend. Ein Jahr vor seinem Tode sagte er sinngemäß:

"Ich habe der Welt den Weg zu einer großen Erfindung gezeigt. Ihre Entwicklung muss jedoch anderen überlassen bleiben.".

Einer der von diesen Grundlagenforschungen von Reis profitieren sollte, war Alexander Graham Bell. In Schott-land geboren, studierte er in Würzburg, wobei er auch den Apparat von Reis kennen lernte, bevor er nach Kanada auswanderte. Sein Vater hatte in Edinburgh die Gelegenheit das Gerät von Reis in Vorführungen zu studieren. Der praktische Nutzen war für ihn offensichtlich sofort erkennbar und er versprach seinen Söhnen einen Preis für die Weiterentwicklung der "Sprechmaschine".

Als Lehrer von Tauben und Stummen war Alexander Bell immer bemüht seinen Schülern zu helfen. So studierte er das Werk des deutschen Physikers Helmholtz und wiederholte dessen Experiment, bei dem eine Stimmgabel mittels eines Elektromagneten zum Schwingen gebracht wurde. Diese Schwingungen konnten auch gefühlt werden. Ferner experimentierte er 1875 mit dem Apparat von Reis, der seit 1868 auch in den USA näher studiert wurde, an der Smithsonian Institution in Washington weiter.

Es gelang ihm die Eigenfrequenz einer Stimmgabel über einen Stromkreis zu führen und schließlich ersetzte er die Stimmgabel durch verschieden frequentierte Stahllamellen. Es zeigte sich, dass sich die Schwingen solcher Lamellen auf elektromagnetischem Wege übertragen ließen. Der Induktionsstrom wies dieselbe Frequenz auf wie die Lamelle, wodurch es möglich wurde Tonschwingungen zu übertragen.

Es folgten weitere Interimslösungen, bis in einem späteren Experiment anstatt der Stimmgabel die Zungen von Orgelpfeifen verwendete wurden, deren kleine elastische Lamellen er magnetisierte. Dadurch mussten diese beim Schwingen im Elektromagneten Induktionsstrom hervorrufen. Eine der Lamellen im Labor wurde in Schwingung versetzt und die entsprechende Lamelle im Arbeitszimmer von Bell schwang mit.

Nach diesem Prinzip verwirklichte Bell die Apparatur. Bei seinem "Liquid Telephone Transmitter" setzte er nun das im Widerstand variable Element Wasser (mit Schwefelsäure) zur Aufnahme der Tonschwingungen ein. Als er am 10. März 1876 einen Säurebehälter umkippte, ertönte sein Ausruf:

"Mr. Watson, come here, I want to see you!"

durch den Apparat und sein Assistent im Nebenraum bekam insofern den weltweit ersten „Telefon-Anruf". 1876 wurde auf der Weltausstellung in Philadelphia das erste funktionsfähige und auch praktisch anwendbare Magnet-Telefon von Bell vorgestellt. Hier wurde die Membranzunge nach dem Vorschlag von Joseph Henry in Stahl ausgeführt. Das Gerät wurde jedoch erst international beachtet, als der brasilianische Kaiser Dom Pedro erschrocken ausrief:

"Mein Gott, es spricht!"

Er hätte dies vielleicht auch schon im eigenen Lande rufen können, doch weder Pater Landell noch einem anderen von Bells Vorgängern war der kommerzielle Erfolg vergönnt. Ende August waren in New York 778 seiner Geräte installiert und ein Jahr später beginnt der Apparat in seiner bekannten Stempelform den

Siegeszug um die Welt. Bell hatte sein weltbekanntes und umstrittenes Patent am 14. Februar 1877 zwei Stunden vor dem Telegrafenpionier Elisha Gray eingereicht und wurde dadurch zum Erbauer des ersten betriebsfähigen Telefons. Gray und Reis wurden kaum mehr beachtet.

Die Ausführung von Bell hatte im Sende- und Empfangsteil zwei identische Stiele mit Membranen. Noch im Jahr seines Patentanspruches gründet er die Bell Telephone Company, aus der 1895 die American Telephone and Telegraph Company (AT&T) hervorgehen sollte. Es blieben aber noch technische Probleme zu lösen, denn erst mit dem von Thomas Alva Edison im Jahre 1878 entwickelten Kohlekörnermikrofon und in Verbindung mit dem von David Edward Hughes entwickelten und dem Mikrofon zugeschalteten Verstärker wurde der Fernsprechapparat auch zum brauchbaren Übertragungsmedium über große Distanzen (ca. 80 km im Netz).

Edison hatte als Zeitungsjunge begonnen und richtete 1876 im Menlopark bei New York sein erstes Laboratorium ein ("Zauberer von Menlopark"). Er baute 1877 eine erste Sprechmaschine (Phonograph), verbesserte den Akkumulator (Batterie) und konstruierte 1882 das erste Elektrizitätswerk in New York. Für sein 1889 gefertigtes Aufnahmegerät für Filme folgte 1895 ein dazugehöriges Projektionsgerät. Die ihm zugeschriebene Erfindung der ersten elektrischen Glühlampe von 1879 war allerdings 1854 schon von Heinrich Goebel in Deutschland gemacht worden, der damit bereits eine Brenndauer von 4.000 Stunden erreichte.

Nachdem das Prinzip des Telefons von Philipp Reis durch Bell, Edison und Hughes in seinen weiteren Entwicklungen in der neuen Welt seine Anerkennung gefunden hatte, musste es seinen Weg zurück nach Deutschland finden. Der Mann, welcher 1872 die "Plan- und Modellkammer" einrichtete, aus dem 1882 das Reichspostmuseum in Berlin entstehen sollte, brachte das Gerät in sein Ursprungsland zurück.

Der deutsche Generalpostmeister Heinrich von Stephan gelangte durch gute Beziehungen zum Londoner Telegrafenamt am 24. Oktober 1877 in den Besitz zweier Apparate, die er für den deutschen Sprachgebrauch mit dem Begriff "Fernsprecher" bezeichnete. Nach erfolgreichen Erprobungen am 26. Oktober 1877 von seinem Amtszimmer zum 2 km entfernten Generaltelegrafenamt und danach ins 61 km entfernte Brandenburg, erfolgte die Einführung des Telefons in Deutschland.

1881 kostete der einfache Anschluss bis 2 km 200 Reichsmark, jeder weitere Kilometer kostete 50 Mark zusätzlich, was damals immense Kosten waren. Bis in die 20er Jahre sollte das Telefon deshalb ein Statussymbol der Wohlhabenden bleiben. Erst mit dem Wirtschaftswunder nach dem 2. Weltkrieg und den neuen Techniken wurde es in Deutschland für jedermann erschwinglich.

1878 wurde von der Bell Telephone Company das erste Fernsprechamt der Welt in New Haven/Connecticut für 21 Teilnehmer eröffnet, dem 1879 eines in London folgte. In den USA wurden 1879 in New York ca. 4.000, in San Franzisko ca. 2.000, in Chicago ca. 1.200 und in Cincinnati ca. 800 Sprechstellen gelistet, in Deutschland waren Berlin, Stuttgart und München die ersten Städte mit dem neuen Medium. Das erste Telefonnetz Hamburgs umfasste dabei ganze 14 Teilnehmer, da aber keine Vermittlungsstelle dazwischen geschaltet war, konnten sich alle gleichzeitig unterhalten, was heute Konferenzschaltung genannt wird.

Die Technik gab geografischen Punkten ihren Namen, wie z.B. an einem Kreuzungspunkt dreier Haupttelegrafen- und Telefonlinien, an dem z.B. 1893 die Ortschaft Phoneton gegründet wurde. Von 1888 wurde vornehmlich Bronzedraht anstatt des bisherigen Eisendrahtes verwendet und es dauerte lange, bis die vielen Freileitungen durch Erdkabel ersetzt wurden. In New York erreichten die hölzernen Telefonmasten 1903 eine Höhe von 16-18 m und trugen dabei bis zu 280 Leitungen. 1899 wurde der Doppelbetrieb eingeführt, bei dem auf einem Kabel die Morsesignale und die Fernsprechverbindungen mittels Transformatoren übertragen wurden. 1911 endete auch der Widerstand der Militärs für die Systeme. Nach Auswertung der großen Telegrafenübung von 1910 wurde zugunsten des Fernsprechers als Befehlsmittel über Feldkabel im Eindrahtbetrieb entschieden. Ende des Jahres 1899 wurden die Fernsprechapparate und Leitungsnetze auch für den Doppelleitungsbetrieb ausgelegt. Der bisherige

Eindrahtbetrieb wurde durch den Einsatz von elektrischen Straßenbahnen u.a. Starkstromverbraucher zu sehr gestört. Gleichzeitig zur Störungsunterdrückung konnten damit größere Reichweiten erzielt werden.

Das durch die oberirdischen Anschlüsse verursachte Durcheinander der Drahtleitungen war sehr unbeliebt und einige Gemeinden erließen Verbote, wie sie heute bei den privaten Satellitenantennen wieder auftreten. Viele glaubten nun bald ohne metallische Leitungen auszukommen zu können, als A. G. Bell erstmals Schallwellen mithilfe eines Lichtstrahles 200 m weit übertragen hatte. Bell schlug 1860 die Strahlungsenergie von Licht oder Wärme als Trägermedium vor, die auch Pater Landell schon nutzte. Simon überbrückte 1880 mit dem Prinzip von Bells "Photophon" 3 km. Zur damaligen Zeit wurde die Lichtstärke des Lichtbogens variiert, während heute Laserstrahlen moduliert werden, das Medium ist jedoch identisch, so dass hier durchaus die Ursprünge der Lasertechnologie gesehen werden dürfen. Am 11. November 1880 erschien dazu dann auch folgende Notiz der Telefongesellschaft in der Neuen Zürcher Zeitung:

"Wollen Sie gütigst zur Beruhigung der zahlreichen Abonnenten ... mitteilen, daß wir selben in kürzester Zeit dennoch Gelegenheit geben werden, sich unserem Telephonnetz anzuschließen, und zwar mittelst Photophon. Der Lichtstrahl kann polizeilich nicht entfernt werden ..."

Leider waren die Eidgenossen der Lichtwellentechnik hier einmal fast 100 Jahre voraus, denn ein erstes UV-Nachrichtensystem für 100 Sprachkanäle kam erst in den 60er Jahren des 20. Jahrhunderts von ITT.

Neben der Missgunst der Anwohner hatten die Telefon- und Telegrafengesellschaften ein weiteres Problem aus der Ornithologie. Die verschiedensten Arten von Spechten und Holzwürmern waren von dem bereitgestellten Baumaterial und Grundnahrungsmittel "Telegrafenmast" begeistert, sie nahmen die neuen Wohnungsbaumaßnahmen umgehend an und trieben große Löcher in das Holz, wodurch die Masten regelmäßig ausgetauscht werden mussten.

Nach dem Kohlekörnermikrofon war es die Verstärkerspule des Amerikaners Michael Pupin, die ab 1899 weitere Verbesserung brachte. Die Pupin-Spule wurde in bestimmten Abständen in die Leitung eingebaut, um die kapazitive Kabeldämpfung zu vermindern. Mit Einführung der Pupinspule und der Liebenröhre als Verstärker wurde das Telefonieren über größere Distanzen zu Lande und mit transatlantischen Kabeln auch zwischen den Kontinenten ermöglicht. Die Theorie der Pupin-Leitung wurden von Breisig, Campbell und Pleyel weiterentwickelt und verbessert.

Selbst die ersten 14 Telefonbesitzer in Hamburg dürften ihre Privatsphäre geschätzt und Gespräche unter Ausschluss der anderen zwölf Privilegierten vorgezogen haben. Wie bei den Morse- und den Fernschreibern mussten deshalb die Vermittlungsstellen zwischengeschaltet werden, was in den Anfängen die Bezeichnung des "Fräuleins vom Amt" schuf, da hier vornehmlich Frauen eingestellt wurden.

Die erste Fernsprechvermittlungsstelle in Deutschland wurde am 12. Januar 1881 in Berlin mit 48 Teilnehmern erprobt und am 1. April 1881 in Betrieb genommen. Da die International Bell Telephone Company versuchte ihr Monopol auch auf Deutschland auszudehnen, wurde politisches Handeln erforderlich. Am 12. Februar 1881 ordnete Reichskanzler von Bismarck das Telefon dem staatlichen Monopol der Reichspost- und Telegrafenverwaltung unter. Wenig später erscheint das erste Telefonbuch mit 99 Einträgen, das im Juli 1881 schon 187 Eintragungen aufwies. Jetzt zogen Hamburg, Frankfurt am Main, Breslau, Köln und Mannheim nach und Ende 1883 gab es dann insgesamt 35 Vermittlungsstellen. Am 27. März 1889 wurde die 10.000. Sprechstelle in Berlin eingerichtet. In der Hauptstadt waren 1895 einer Gewerbezählung zufolge 33% aller in der Elektrotechnik tätigen Unternehmen ansässig.

Die erste österreichische Fernsprechvermittlungsstelle für 158 Teilnehmer nahm am 1. Dezember 1881 ihren Betrieb auf. Auch hier wurden Fernsprecher von Siemens & Halske verwendet, mit denen in den Versuchen Reichweiten von 2.100 bis 3.000 m erzielt wurden. Graham Bell hatte 1877 begonnen, die

Vermittlungen in Serienproduktion herzustellen, doch nun folgten im Ursprungsland des Telefons wieder eigene neue Entwicklungen.

Der amerikanische Beerdigungsunternehmer Almon B. Strowger patentierte 1889 seinen Schrittschaltwähler (Strowger-Wähler), der 1892 in La Porte/Indiana sein Debüt feierte. Die Landsleute A. C. Keith und die Gebrüder John und Charly Erikson fabrizierten dazu ihren Nummernschalter, der die Grundlage für den Selbstwählbetrieb legte. Ein Mechanismus setzte Ziffern in Hebe- und Drehbewegungen um, führte einen Kontakt an das ausgewählte Kontaktfeld, welches wiederum mit einer Anschlussleitung belegt war. Diese Entwicklungen hatten aber einen rein kommerziellen Hintergrund, denn Strowger hatte die Befürchtung, dass die Telefonistinnen die Todesnachrichten eventuell an die Konkurrenz weiterleiteten. Dies wollte er durch eine Automatisierung umgehen.

Am 21. Mai 1900 wurde die erste Versuchsanlage im Selbstwählbetrieb in Berlin in Betrieb genommen. Jeder Teilnehmer hatte seinen eigenen Wähler, der von der Zentrale versorgt werden musste, was jedoch einen hohen Strombedarf zur Folge hatte. Die Versuchsanlage wurde umgebaut und nahm am 15. November 1903 den Betrieb wieder auf. 1900 wurde und auch der erste Münzfernsprecher eingeführt. Spätere Modelle waren die Kassiervorrichtung M-08 und M-10 und die Münzfernsprecher M-22 und M-26. Doch Basis der Telefonvermittlung blieb lange Zeit der Klappenschrank. Sein Name kam von den elektrisch betätigten Teilen der ersten Handvermittlungen. Sobald ein Teilnehmer die Kurbel seines Fernsprechers drehte, floss ein Induktionsstrom zum Amt, der am dortigen Klappenschrank mithilfe eines Elektromagneten die der Leitung zugeordnete Klappe öffnete. Das "Fräulein vom Amt" klinkte sich nun in die Leitung ein, fragte nach der gewünschten Verbindung und stöpselte diese Leitungen zusammen.

1900 wurde der schnurlose Pyramiden-Klappenschrank OB-00 für 5 oder 10 Teilnehmer in Deutschland eingeführt. Der Betrieb einer Ortsbatterie (OB) bedeutete, dass das Mikrofon vor Ort von einer Batterie im primären Stromkreis einer Induktionsspule betrieben wurde, deren sekundäre Wicklungen mit dem Hörer und der Leitung verbunden wurden.

1903 begann die Umstellung zum Betrieb über eine Zentralbatterie (ZB) mit zentralem Stromversorgungssystem. Um die Bedienung und Unterhaltung zu vereinfachen und Kosten zu sparen, wurden die einzelnen Batterien abgeschafft und alle Telefone zentral über die Vermittlung von einer Batterie gespeist, die das Mikrofon versorgte und den Strom für das Anruf- und Schlusszeichen lieferte. Die erste Generation der Telefone verfügte nur über eine begrenzte Reichweite, die ein verbesserter Fernsprecher von Siemens auf rund 75 km erhöhte. Bevor die Ortsnetze zu einem Fernverbund zusammengeschlossen werden konnten, bedurfte es weiterer Erfindungen und Entwicklungen.

Die erste Fernsprechwählanlage im Selbstwählbetrieb weltweit nahm 1892 im US-Staat Indiana den Betrieb auf, während in Europa die erste öffentliche Fernsprechortsvermittlung am 10. Juli 1908 in Hildesheim am Domhof in Betrieb genommen wurde. 900 Teilnehmer (max. 1.200) konnten zunächst davon profitieren, die planmäßige Automatisierung aller Ortsämter begann aber erst 1922, denn der 1. Weltkrieg hatte den weiteren Aufbau der zivilen Telefonverbindungen stark behindert.

Mit dem Selbst-Anschlussbetrieb (SA) war eine Entwicklungsphase in der Fernsprechtechnik abgeschlossen. 1910 wurden in allen Ländern insgesamt 10 Millionen Fernsprechanschlüsse gezählt, die bis 1922 auf, 22 Millionen ansteigen. München war 1923 die erste Stadt mit vollständig automatisiertem Ortsverkehr. 1923 ging in Weilheim/Oberbayern das weltweit erste automatische Fernsprechamt (Inlandsverkehr) in Betrieb. In der Verfassung des Deutschen Reiches wurde am 11. August 1919 festgelegt, dass das Post- und Telegrafenwesen samt dem Fernsprechwesen ausschließlich Sache des Reiches ist. Da durch Reparationszahlungen das Geld fehlte, wurde aus der Not wieder eine Tugend gemacht. 1917 gab es erste Versuche für die Mehrfachausnutzung von Leitungen mit der Trägerfrequenz-Telefonie (TF-Telefonie). Zum einen konnte Kupfer eingespart werden und außerdem waren diese Gespräche damals relativ abhörsicher.

Zur selben Zeit begann man, die Hochspannungsleitungen der Energieversorgung auch für die Sprachübertragungen zu nutzen.

Der Zeichner Albert Robida hatte das Bildtelefon schon im Jahre 1883 visionär vorausgesehen, das 1929 auf der deutschen Funkausstellung als Fernseh-Fernsprech-Telefon erstmalig vorgestellt wurde. 1931 konstruierte William Schergens die erste Maschine zur automatischen Aufnahme von telefonischen Nachrichten, ein Vorläufer des heutigen Anrufbeantworters. Während der Olympischen Spiele 1936 in Berlin wurden von der Reichspost 133 öffentliche Fernsprechstellen und 502 Münzfernsprecher mit Anweisungen in englischer, französischer und spanischer Sprache aufgebaut.

Für die Olympischen Spiele war rechtzeitig zum 1. März 1936 die erste kombinierte Fernseh- und Fernsprechstrecke zwischen Berlin und Leipzig eröffnet worden. Über Breitbandkabel in Trägerfrequenztechnik (Koaxialkabel B200, Siemens) wurden 30 Sprachkanälen in Betrieb genommen. Im unteren Bereich von 90-690 kHz waren technisch 200 Sprachkanäle vorgesehen und zwischen 1-4 MHz lag der Fernsehkanal. Das Kabel wurde in diesem Jahr weiter nach München verlängert und bis Ende des Krieges noch mit Hamburg und Frankfurt am Main verbunden. Grundlage war die 1935 zwischen Stettin und Stolp erstmals für die kombinierte Fernsprech-Fernsehtechnik erprobte Trägerfrequenztechnik (TF).

Die Entwicklung der Sprechapparate brachte viele unterschiedliche Typen für verschiedene Verwendungen hervor. Die Feldfernsprecher wurden z.B. auch zwischen Erdstationen und den mit ihnen operierenden Zeppelinen genutzt, so lang es die Länge des Feldkabels dies am Boden erlaubte. Beim Abflug wurde es eingeholt und für die Landung wieder bereitgelegt. Die Telefonie ist die am häufigsten genutzte Kommunikationsart in unserer heutigen Welt. Auch das Internet mit E-Mail erreichte die hier auftretenden Verbindungszahlen lange nicht.

Die Geräte in Deutschland wurden meist nach dem Jahr der Entwicklung bezeichnet. So gab es bald die Fernhörer M-86 und M-93, den M-00, M-03 und den Z-B-06. Die Firma Mix & Genest und Stock & Co. fertigten die Kohlekörnermikrofone der Wandgehäuse M-99, M-1900 und M-1903. Das Ausgangsmodell war der M-93, dem die leichtere Ausführung M-00 folgte. Letztere hatte wie das Modell M-99 fest eingebaute Mikrofone, während der M-03 einen beweglichen Mikrofonhalter hatte. Kopfhörer und Brustmikrofone gehörten schon zur Grundausstattung des Vermittlungspersonals. Für das Militär gab es spezielle Anfertigungen. Ein Telefon von Mix & Genest, welches bis Ende des 2. Weltkrieges in der M.N.S. Aurich in Betrieb war, hatte z.B. an der rechten Seite ist eine Anschlussmöglichkeit für die Gasmaske angebracht, damit auch im Gefecht eine einwandfreie Gesprächsabwicklung gewährleistet war.

Weit verbreitet war in den Streitkräften in den 30er Jahren z.B. der Feldfernsprecher 33, der Tischfernsprecher OB-05 und der Tischfernsprecher 38, die mit Vermittlungen wie dem kleinen Klappenschrank zu 10 Leitungen, der Feldklappenschrank zu 20 Leitungen oder dem großen Feldklappenschrank mit 60 bzw. 150-300 Leitungen verbunden wurden. Im Selbstwählbetrieb gab es z.B. den Amtsanschließer 33 und auch für die Klappenvermittlungsschränke gab es zur Nutzung des Wähldienstes entsprechende Amtszusätze. Die kleinen und großen Fernsprechtrupps des Heeres sowie die Marine-Fernsprechtrupps waren zu diesem Zeitpunkt noch auf Pferden unterwegs. Die Übertragungsweiten der Einzelleitung (Erdrückleiter) wurden mit schwerem Feldkabel mit 15-20 km (Tiefbau) und 60 km (Hochbau) angegeben. Bei der doppeladrigen Verlegung des schweren Feldkabels lag die Reichweite zwischen 30-40 km.

Die verschiedenen Apparate sind in ihrer Technik bis zur Einführung der digitalen Technik im Prinzip kaum verändert worden. Der Tisch- und Wandfernsprecher W-28 (früher SA-28) wurde von der Deutschen Reichspost nach dem Muster von Siemens & Halske eingeführt, mit den Weiterentwicklungen W-38, W-48 und W-49. Die Gabelapparate bestimmten lange das Bild in den Wohnstuben.

Die Bezeichnung des SA-28 bezog sich auf die Selbstanschluss-Technik. Er wich vom bisherigen Muster äußerlich und in der Technik stark ab. Der Handapparat wurde aus einem Pressteil hergestellt und nahm ein neu entwickeltes Mikrofon und Hörerkapsel auf. Im Gegensatz zu den zuvor eingebauten Hörerspulen musste die Kapsel nun nicht mehr justiert werden. Die Grundfarbe war, schwarz, wobei gegen Aufpreis eine elfenbeinfarbene Ausführung erhältlich war. Für den Stromstoß-Kontakt während des Wählens wurden in der Schaltung eine Funkenlöscheinrichtung sowie eine Dämpfung gegen Nebengeräusche eingebaut. Der Kurbelinduktor des OB-Tischfernsprechers (1949) diente zur Erzeugung des verhältnismäßig starken Rufwechselstromes, der zur Betätigung von Weckern und anderen Ruf- und Anzeigeeinrichtungen benötigt wurde. Die Schwingungszahl des Wechselstromes lag je nach Kurbelgeschwindigkeit bei ca. 20 Schwingungen pro Sekunde. Die Wechselstromwecker waren bei aufgelegtem Handapparat durch einen Umschalter mit der Leitung verbunden, eine Gabelschaltung trennte die Rufstromkreise von Mikrofon und Hörer.

Der Feldfernsprecher 33 wurde im Jahre 1933 von Siemens entwickelt. Von diesem OB-33 wurde zwischen 1934 und 1945 in 24 belegbaren Nachbaufirmen etwa 1,6 Millionen Stück hergestellt. Der 1939 eingeführte Tisch- und Wandapparat W-38 unterscheidet sich durch eine trichterförmige Sprachvorrichtung für das Mikrofon von den Nachfolgemodellen W-48 und W-49. Er geht auf eine Konstruktion von Siemens & Halske von 1936 zurück. Das Gehäuse und die Wählscheibe waren aus Kunststoff gepresst. Der neu entwickelte Nummernschalter (Nusch-38) war mit kleinen Veränderungen jahrzehntelang in Betrieb.

Die Telefonanschlussapparate benötigten die entsprechenden Einrichtungen zur Vermittlung, wie dem Hauptverteiler M-09, dem kleinen Hauptverteiler M-18 und dem Wandverteiler M-24. Die OB-Vermittlung mit Amtsnetz- und Telefonüberwachungseinrichtung der Firma Konski & Krüger aus dem Jahre 1941 ermöglichte das unbemerkte Abhören der Gespräche. Es entwickelten sich also die verschiedensten OB-, ZB- und SA-Anlagen.

Der "Kleine Klappenschrank" wurde von 1942, der Amtszusatz ab den 30er Jahren bis zum Ende des Krieges eingesetzt und stellte mit 10 Leitungen in gewisser Weise die Zusammenfassung von 10 Vermittlungskästen dar. Er war für OB-Betrieb ausgelegt und bestand aus Kasten mit Trageriemen, Schrankeinsatz und Schutzkappe. Der Schrankeinsatz enthielt die eigentliche Vermittlungseinrichtung. Einen Tastenstreifen für die für Abfrage und Rufen notwendigen Schaltvorgänge, einen Klappenstreifen, dessen Fallklappen Anruf- und Abschluss-Klappen sind sowie eine Haltevorrichtung. Die Vorrichtung hält in der unteren Stellung die Klappen für den Transport fest, während die obere Stellung sie frei schaltet. Hierauf ist der Bezeichnungsstreifen für den Klinkenstreifen der Vermittlungsschnüre angebracht. Der Amtszusatz zum "Kleinen Klappenschrank" enthielt alle Elemente, um den Anschluss an verschiedenartige Betriebssysteme der Postnetze zu ermöglichen.

Ein Handvermittlungs-/Klappenschrank wurde z.B. auch im letzten Hauptquartier des Großadmirals Dönitz in der Marineschule Mürwik (MSM) verwendet. Die Anlage war dort für mehrere hundert Teilnehmer in der Vorbereitung zur Aufnahme der Reichsregierung und des Oberkommandos ausgebaut worden. Ein Teil der Organisation für die Evakuierung der Flüchtlinge im Ostseebereich wurde über die Anlage an der damaligen Kriegsschule organisiert, nachdem keine Funkverbindungen mehr vorhanden waren. Es ist heute wohl nur noch schwer vorstellbar, welche Leistungen das "Fräulein vom Amt", hier auch Marinenachrichtenhelferinnen, zu erbringen hatten, um die wichtigen Verbindungen herzustellen und aufrechtzuerhalten. Die letzten Kabelstränge dieser Anlage wurden erst im Jahre 2002 aus der MSM entfernt.

Die bei Handvermittlungs-/Klappenschränken verwendeten Kellog-Schalter finden sich auch bei den Vermittlungen der Bundeswehr wieder und erst nach 1997 wurde mit der Aussonderung der Schalter begonnen. In der Telefontechnik wurden sie durch moderne elektronische Schaltungen ersetzt, viele Funkamateure nutzten sie gerne auch für die Steuerung ihrer Dachantennen, doch ihre Nutzungsphase von über 90 Jahren wird wohl bald abgeschlossen sein.

Der Feldklappenschrank zu 20 Leitungen war ein Zweischnurschrank für reinen OB-Betrieb. Im Schrank wurden die Anrufklappen und Teilnehmerklinken für die 20 Verbindungen sowie die gesamte Abfrageeinrichtung und ein Weckersatz nebst dazugehörigen Batterien sind im Panzerholz-Tornister fest eingebaut. Dazu gehörten der Deckeleinsatz, Parallelklinkensatz, zwei Teilnehmersätze, Schnurrollensatz mit je 10 Schnurpaaren, die Abfrageschalter und die Schlussklappen. Der Panzerholz-Tornister diente auch zur Aufnahme der einzelnen Einsätze für den Klappenschrank. Im Vorderdeckel befindlichen Einsatz sind zusätzlich Abfragegeräte (Brustfernsprecher, Einfach-Kopfhörer, Doppel-Kopfhörer) und verschiedene Ersatzteile untergebracht. Diese Klappenschränke eigneten sich für die mobilen Komponenten aller Teilstreitkräfte, und wurden z.B. 1940 bei der Landung in Kreta ebenso eingesetzt wie bei den Marine-Flak-Stellungen oder in den Heeresverbänden.

Fernsprechdienst nach 1945

Die Technik aus den Vorkriegsjahren wurde beim Aufbau der zerstörten Kommunikationsnetze in Deutschland weiterentwickelt. Die Vermittlungstechnik der Fernsprechanschlüsse ist heute digital und automatisiert. Was früher eine Halle füllte, ist heute in Koffergröße untergebracht. Die Ausrüstung der Streitkräfte und Behörden orientiert sich größtenteils nach den Planungen und Ausrüstungen, die bei der Bundespost/Telekom standardmäßig verwendet werden (COTS, Commercial Of The Shelf).

In der Technik folgte dem Viereck-Wähler von 1924/25 der Motordrehwähler von Siemens (1930), welcher die Nachteile des Hebdrehwählers vermied. Auf dem System aufbauend stellte die Firma Siemens 1954 den EMD-Wähler (Edelmetall-Motor-Drehwähler) der Öffentlichkeit vor, der schneller, sicherer und wartungsfreier war. Er wurde 1955 als Einheitssystem der Deutschen Bundespost eingeführt. Ab Mitte 1970 wurde ein neuer Nummernschalter (NS-61a) eingeführt. Durch moderne Werkstoffe und Fertigungsverfahren war es gelungen, einen wartungsfreien und trotzdem sehr sicheren Schalter herzustellen.

In den früheren Anlagen wurde beim Abheben des Hörers über einen Kontakt und die Anschlussleitung ein Stromkreis geschlossen, der in der Ortsvermittlungsstelle ein Relais ansprechen ließ. Dadurch wurde der Anschluss als "besetzt" gekennzeichnet und die Vermittlung auf die Wählimpulse vorbereitet. Beim Impulswählverfahren unterbrechen die Impulse der Wählscheibe den Stromkreis der Anschlussleitung entsprechend der gewählten Ziffer. Die Impulse gelangten auf die Gruppenwähler (EMD-Wähler, Hebdrehwähler), welche in dekadischer Folge die einzelnen Verbindungsabschnitte aneinander reihen. Jeder Gruppenwähler verarbeitete eine Ziffer und suchte dann selbsttätig einen freien Gruppenwähler der nächsten Dekadenstufe. Es waren jeweils mehrere Wähler vorhanden, damit mehrere Verbindungen gleichzeitig hergestellt werden konnten. Der Leitungswähler bildet den Abschluss der Wählerkette. Er verarbeitete die letzten beiden Ziffern und sandte den Rufwechselstrom zum gewünschten Anschluss.

Die erste automatisierte Auslandstelefonverbindung in Deutschland wurde 1955 zwischen Lörrach und Basel geschaltet, der 1958 Düsseldorf-Brüssel folgte. Nicht weit von der ersten öffentlichen Vermittlung in Hildesheim entfernt, wurde am 29. April 1966 in Uetze auch die letzte handbediente Ortsvermittlung Deutschlands außer Dienst gestellt. In den 70er Jahren traten an die Stelle der automatischen Wähl- und Vermittlungssysteme erstmals rechnergesteuerte elektronische Anlagen. Seit dem 1. April 1970 war Amerika im Selbstwähldienst erreichbar.

Im Mai 1976 wurde ein Koaxialkabel über 300 km zwischen dem Ruhrgebiet und Frankfurt am Main (60.000 Sprachkanäle) verlegt. Nach dem Prinzip der ersten Überbrückung der Irischen See wurden alle 1,5 km ein Verstärker eingebaut, wie auch 1956 beim ersten transozeanischen Telefonkabel mit 36 Gesprächsleitungen, dem bis 1976 fünf weitere folgen sollten, die insgesamt eine Kapazität von 7.000 Verbindungen hatten. Hierbei wurden 7.500 km überbrückt, wovon 4.000 km Tiefseekabel sind. Die notwendigen Verstärker sind in das Kabel mit eingespleißt und werden von Europa und Amerika aus eingespeist. Die auftretenden Engpässe bei den Gesprächen konnten jedoch erst mit Einführung der Satellitenfunktechnik und der Lichtwellenleiter gelöst werden.

1977 erfolgte die erste praktische Erprobung von Nachrichtenübertragungen mit 480 Sprachkanälen über 5 km Lichtwellenleiter in Berlin. In diesem Jahr führte die Bundespost eine Serie neu konstruierter Fernsprechapparate ein. Der Wunsch der Teilnehmer nach modernem Design, erhöhtem Bedienungskomfort und neuen Leistungsmerkmalen war hier ebenso berücksichtigt, wie die wirtschaftliche Forderung nach geringem Aufwand.

Das Fernmeldetechnische Zentralamt teilte am 26. Oktober 1979 der Fernmeldeindustrie mit, dass ab 1982 nur noch digitale Übertragungssysteme für die regionalen Netze beschafft würden. Im neuen Mehrfrequenzverfahren (MFV) wurde die Wählscheibe durch einen Mehrfrequenz-Tastblock ersetzt, beim dem jeder Ziffer und Bedienmöglichkeit eine Frequenz zugeordnet ist. Dies war auch Grundlage für eine Sprachübertragung mit 64 kbps, bei der ein analoges Sprachsignal 8.000 Mal in der Sekunde abgetastet und mit einem 8 Bit Wert belegt wurde.

1998 wurde der erste transatlantische Lichtwellenleiter über Sylt zum amerikanischen Kontinent verlegt, der bei direkter Verbindung der Sprechstellen teilweise in einem Sechstel der Zeit von Satellitenübertragungen arbeitet, die über Relaisstationen an die Verbraucher angeschlossen werden müssen, wodurch ein Zeitverlust entsteht.

Neue elektronische Wählsysteme (EWS1) kamen 1974. Die Verbindung zwischen den EWS1 und herkömmlichen Ämtern mit Impulstechnik erfolgte durch einen Umsetzer. Zur Gebührenermittlung diente ein Zeittaktgeber in der Knotenvermittlung, der während des Gesprächs unhörbare elektrische Impulse zum Gebührenzähler des anrufenden Teilnehmers schickte. Der zeitliche Abstand der Impulse richtete sich nach der Entfernung zum Gesprächspartner.

Integrated Services Digital Network (ISDN, digitales Fernmeldenetz für integrierte Dienste) wurde als das System der digitalen Übertragungstechnik der Deutschen Bundespost/Deutschen Telekom entwickelt. Das ISDN-Netz steht auf der Basis des Fernsprechnetzes durch die zusätzliche Digitalisierung der Anschlussleitung des Teilnehmers. In der ersten Stufe wurde IDN (nur Telefon) mit Telex zu ISDN zusammengefasst. In der zweiten Stufe stand der Ausbau zu Breitband-ISDN, das auch die Übertragung von Bildfernsprechern übernahm. Endausbaustufe ist das IBFN (Integriertes Breitbandiges Fernmelde-Netz), das auch noch Hörfunk und Fernsehen überträgt. Basis ist dabei das ATM-Verfahren (Asynchronous Transfer Mode) mit einer Zellgröße von 53 Byte.

Grundlage einer hohen Übertragungsrate auf den Netzen ist heute deren Aufbau durch Glasfasertechnologie. Während bei einer Faxübertragung noch 9,6 kbps ausreichen, werden für Computervernetzungen in den 1990er Jahren bei den Local Area Networks (LAN) und Videokonferenzen 130 Mbps und für digitales Fernsehen (High Definition TV, HDTV) sogar bis 600 Mbps benötigt.

2014 war Zugangstechnologie Nummer 1 mit 72 % immer noch das DSL. Fast 50 % der Firmen verfügen über ein Download-Potential von lediglich 6 Mbit/s, 77 % nutzen im Upload nur bis zu 6 Mbit/s (und 58 % nur bis zu 2 Mbit/s). Ca. 20 % der Unternehmen verfügen im Download über eine potentielle Übertragungsrate von über 25 Mbit/s, 7 % können im Upload-Bereich mindestens 25 Mbit/s nutzen. Im europäischen Vergleich ist die Industrienation Deutschland eines der digitalen Schlusslichter.

Während Firmen und einige private Haushalte für Streaming-Dienste, die digitale Hausvernetzung, dem Internet of Things (IoT), usw. bereits Bandbreiten über 1 GBit/s erfordern, arbeiten die deutschen Telekommunikationsanbieter auch Dank technischer Verbesserungen wie z.B. dem sogenannte Supervectoring daran die bestehenden Anschlüsse auf maximal 100 MBit/s nochmals beschleunigen.

Der bundesweite Ausbau der Glasfaser wurde 2017 mit rund 80 Milliarden Euro in einer Studie des Bonner Wissenschaftlichen Instituts für Infrastruktur und Kommunikationsdienste (WIK) ermittelt, eine Studie des Bundeswirtschaftsministeriums hatte dies vor einigen Jahren sogar 93 Milliarden Euro beziffert.

Fernsprechverbindungen der Dienststellen der Marine

Bei den Fernsprechgeräten und -Vermittlungen hatte sich die Bundeswehr ab 1956 auch aus Kostengründen meist an den Standardgeräten und Richtlinien der Post orientiert. Unter den Anlagen fanden sich neben den fortgeführten Konzepten des Feldfernsprechers und der Telefone z.B. Handvermittlungen für 5 und 10 Teilnehmer SE-80/1 von DeTeWe oder die Schiffsfernsprecher (batterielos).

Die OB-Fernsprechvermittlung mit Amtszusatz für 30-150 Anschlüsse war die zu ihrer Zeit kleinste Einheit der transportablen Feldvermittlungen, Baujahr 1963 bei Siemens & Halske, mit Möglichkeiten von 30 OB- und 4 ZB/W-Leitungen. Durch Zuschalten von bis zu 10 zusätzlichen Einheiten und unter Verwendung von 150-teiligen Vielfachklinkeneinheiten (Vielfachkästen) konnten die Vermittlung auf bis zu 300 OB- und 40 ZB/W-Leitungen (Zentralbatterie/Wählbetrieb) erweitert werden.

Die tragbare Rufmaschine von SEL aus dem Jahre 1965 diente der Erzeugung der 60V Rufspannung aus einer 24V Batterie und ersetzte an Fernsprechvermittlungen den Kurbelinduktor. Auch in den Streitkräften blieben die alten aber bewährten Prinzipien erhalten.

Doch der rasante Fortschritt im zivilen Bereich führte zu neuen Geräten und zu neuen Organisationsstrukturen in der Bundeswehr und bei der Marine. Die Fernsprechverbindungen aller Dienststellen der Marine einschließlich Wartung und Instandhaltung der Liegenschaftsnetze und der Vermittlungseinrichtungen wurde dabei lange Zeit durch das AFmISBw sichergestellt. Die dazugehörigen Fernsprechvermittlungen werden mit Personal der Marinefernmeldegruppen 12, 22 und 30 betrieben. Die analogen Systeme sind an die digitalen Komponenten (Rubin, ISDNBw) angeschlossen. Das Fernsprechnetz der Bundeswehr (FspNBw) besteht eigentlich noch aus zwei Netzen.

Dem analogen Allgemeinen Fernsprechwählnetz der Bundeswehr (AllgFsprWNBw) und dem Digitalen Fernsprechnetz (DigFspNBw) bzw. Digitalen Übertragungsnetz der Bundeswehr (DigÜNBw). Das DigÜNBw stellt die Schaltverbindungen für das Digitale Vermittlungsnetz der Bundeswehr (DigVmiNBw) für Netze der Teilstreitkräfte und für den Datenaustausch zwischen lokalen Datennetzen und EDV-Zentren zur Verfügung.

Die Verbindungen im AllgFsprWNBw können von berechtigten Telefonen (A1, A2 und B1) aus direkt hergestellt werden. Über Knoten-, Haupt- und Zentralvermittlungsstellen des Öffentlichen Fernsprechnetzes (ÖFspN) der Telekom findet die weitere Anbindung statt. Das DigFspNBw ist im Gegensatz dazu nicht hierarchisch aufgebaut und besteht aus Digitalvermittlungen, Digitalkonzentratoren, Teilnehmermultiplexern und den digitalen Übertragungswegen. Dieses Netz wird das AllgFsprWNBw letztendlich ersetzen. Nach Fertigstellung des Digitalen Übertragungsnetzes Bw (DigÜNBw) und dem DigFspNBw bilden beide zusammen das Digitalnetz ISDNBw, welches bis zum Jahr 2009 vollständig integriert sein soll.

Das ISDNBw wird in Euro-ISDN-Protokollnorm (bis 155 Mbps) aufgebaut und ermöglicht den Informationsaustausch über die unformatierte, elektronische Post (Lotus Notes Mail, X.400), Fernschreiben, Telefax, Telex oder z.B. T-ONLINE. In vielen anderen Staaten werden die zivilen Breitbandnetze installiert oder zumindest vorbereitet, um die Übertragungsgeschwindigkeit vorerst auf 64 kbps zu steigern, während gleichzeitig auch die militärischen Netze anderer Staaten in diesem Verfahren aufgebaut werden oder bestehen, wie z.B. das Netherland Armed Forces Integrated Network (NAFIN). Die Digitalisierung der analogen Fernsprechtechnik birgt neben den vielen Vorteilen den Nachteil der einfacheren Beeinflussung und Steuerung durch Dritte. Die Manipulation der Telekommunikationsanlagen ist heute ohne das direkte physikalische "Anzapfen" einer Leitung möglich, z.B. über die Modemports, direkte Einwahl in die Anlage über DISA (Direct Inward System Access), über die Steuerkanäle (D-Kanal) oder den Missbrauch von Administratorrechten über den IPC (Intelligent Port Controller).

Die heutige Fernsprechtechnik der Bundeswehr wird wie die „Schwarze IT", den Systemen bis VS-NfD, durch die am 1. August 2017 zu einer Gesellschaft verschmolzenen BWI Informationstechnik GmbH und der BWI

Systeme GmbH, der BWI GmbH, bereitgestellt und betreut. Der Zusammenschluss der Gesellschaften war Teil der Strategie des Gesellschafters, die BWI vom IT-Dienstleister der Bundeswehr zum IT-Systemhaus für Bundeswehr und Bund weiterzuentwickeln. Die Verschmelzung der beiden BWI Gesellschaften, die zehn Jahr lang als eigenständige Gesellschaften den BWI Leistungsverbund zur Modernisierung der Bundeswehr-IT bildeten, ist die logische Konsequenz nach der vollständigen Übernahme der Gesellschafteranteile von Siemens und IBM durch den Bund Ende letzten Jahres.

Fernsprechdienst in der NVA

Die Vermittlungen und Feldfernsprecher der DDR und die sowjetischen Geräte wurden parallel zur Fernschreibtechnik im Laufe der Jahre modernisiert und wie die Fernsprechgeräte aus der Wehrmachtszeit, die teilweise noch im Einsatz waren, weiterentwickelt. Wie bei allen technischen Systemen blieb man auch hier in der breiten Anwendung hinter dem Stand der westlichen Technik und lediglich für spezielle Anforderungen gab es eigene Produkte, die dann aber auch das Interesse der westlichen Nachrichtendienste weckten.

Der Feldfernsprecher FF-53 und das Ortsbatterie-Vermittlungssystem 52, in den Gerätekonfigurationen zu 10, 30, 60 und 120 Teilnehmern, waren zunächst die wichtigsten Geräte für den feldmäßigen Einsatz. In den 60er Jahren kamen die Eigenentwicklungen der DDR-Industrie, wie z.B. der FF-63 oder das OB-Vermittlungssystem-62, dazu. Der Amtszusatz OB-52 diente dem Anschluss an ZB- und ZB/W-Vermittlungen, welches bis 1964 in der NVA genutzt wurde.

Der tragbare Feldfernsprecher 53 (FF-53) wurde vom Fernmeldewerk Leipzig (früher Opta Radio AG) entwickelt und von 1953-1959 gefertigt. Er ist unverkennbar die Weiterentwicklung des für die Wehrmacht von der Firma Siemens im Jahre 1933 konzipierten OB-Feldfernsprechers 33. Der Feldfernsprecher 53 fand Verwendung bei allen organisierten Kräften der DDR, vor allem in der Kasernierten Volkspolizei und der Nationalen Volksarmee. Zur Fernbedienung von Funkstellen wurde der FF-53a entwickelt. Die robusten Geräte 53 und 53a wurden ab 1963 durch die wesentlich leichteren sowie moderneren Feldfernsprecher 57 und 63 ersetzt.

Der Feldfernsprecher FF-63M war die modernisierte (M) Version des FF-63, die auch als ZB-Apparat mit dem Amtsanschließer AS-60 und in Verbindung mit der OB-62/10 einsetzbar war. Beispielsweise diente er als Fernbedienung von Funkgeräten kleiner Leistung, wobei er grundsätzlich über das zweiadrige Feldkabel angeschlossen wurde. Unter erschwerten Bedingungen konnte der Betrieb mit einer Ader und Erde als Rückleiter durchgeführt werden. Die NVA nutzte diesen Feldfernsprecher bis 1990. Leicht verwechselt werden kann der FF-63 mit einem Feldmessgerät 58 (FMG-58), das zur Grundausrüstung der Leitungs- und Stabsbautrupps sowie der Nachrichtenbetriebstrupps gehörte.

Der tragbare Feldfernsprecher TA-57 (1957) war ein OB/ZB-Fernsprechendstellengerät, welches auch als Abfrageapparat einer Vermittlung, im Funk sowie leitungsgebundenen Verkehr eingesetzt werden konnte und ersetzte den Feldfernsprecher FF-53.

Die Kommandeurssprechstelle KSS-10 war ein transportables Drahtnachrichtengerät, das als Sammelfernsprecher zum Betrieb von 10 Fernsprechleitungen diente. Es konnten sowohl OB- als auch ZB- und ZB/W-Teilnehmer angeschlossen werden, die zur Konferenz zusammengeschaltet werden konnten. Auch eine Fernbedienung von Funkstellen (Fernmodulation) oder eine Gesprächsführung mittels der eingebauten Wechselsprecheinrichtung war, möglich. Zur Aufzeichnung der Gespräche wurde ein Tonbandgerät an die KSS-10 angeschlossen. Eingesetzt wurde die KSS-10 hauptsächlich während Truppenübungen in Befehlsständen, fand aber über das Jahr 1990 hinaus noch Verwendung.

Das Wechselsprechgerät WL-5-M diente als Hauptstelle für die Verbindung mit bis zu 5 anderen Sprechstellen. Es wurde zum Aufbau von Wechselsprechnetzen großen Umfangs benutzt, bei dem Linien- und Sternverkehr kombiniert werden konnten. Der Anschluss einer zweiten Sprechtaste, eines Zweithörersatzes und eines Telefonieadapters war möglich. Die NVA hatte diese Anlage bis 1990 in

Gebrauch. Die Fernsprechvermittlung R-194M ist eine Zweischnur-Vermittlung und gestattet die Verbindung von 40 Teilnehmern (3 Teilnehmer im ZB- oder ZB/W-Betrieb). Bei Verwendung von 12 Schnurpaaren konnten 24 Teilnehmer miteinander verbunden werden, wobei die Gespräche im OB-, ZB- und ZB/W-Betrieb geführt werden konnten. Bis Ende der 80er Jahre wurde diese Anlage z.B. auch beim Nachrichtenregiment 18 in Bad Sülze verwendet.

Auch in der Fernsprechvermittlungstechnik kamen verschiedene Ausführungen für die Streitkräfte. Die Fernsprechvermittlung OB-52/10 (auch OB-Feldvermittlung V-10 genannt) ist ein Einschnur-System für 10 Teilnehmer. Bei Verwendung eines Amtszusatzes OB-52 können ZB- oder ZBW-Teilnehmer vermittelt werden. Da keine Abfrageeinrichtung vorhanden ist, muss hierfür ein zusätzlicher Fernsprecher verwendet werden. Das Gehäuse aus Eichenholz besteht aus zwei aufklappbaren Teilen und wiegt insgesamt 7,9 kg. Die Anlage gehörte von 1956-1964 zum Bestand der NVA.

Mit der Fernsprechvermittlung OB-52/30 ist oben Beschriebenes für 30 Teilnehmer möglich und die bis 1962 in der NVA verwendete Anlage kam gleichfalls aus dem VEB Fernmeldewerk Leipzig. Sie war mobil und stationär einsetzbar. Bei einer Erweiterung auf, 40 Teilnehmer wurde eine OB-52/10 einfach aufgesetzt. Die OB-52/30 diente von 1954-1963 als mobile Fernsprech- und Fernschreibvermittlung in der NVA.

Das Fernsprechvermittlungssystem OB-62/10 arbeitet nach dem Zweischnurprinzip und diente der Vermittlung zwischen Teilnehmern, die von OB-Endapparaten, von anderen OB-, ZB- oder Wählvermittlungen, über Trägerfrequenzgeräte oder über Funk- und Richtfunkverbindungen zugeführt wurden. Die 10 Teilnehmerleitungen konnten direkt an die Schraubklemmen oder über eine Anschlussleiste mit Verbindungskabel angeschlossen werden. Das im VEB RFT Fernmeldewerk Arnstadt hergestellte Gerät wurde 1963 in die NVA eingeführt und war stationär und mobil im Einsatz.

Ab 1967 kam die Modernisierung des OB-62 zur OB-62M. Zum System gehörten neben der eigentlichen Vermittlung (Arbeitsplätze), Prüf- und Messgeräte, Verteilereinrichtungen und Verbindungskabel. Aus den einzelnen Geräten konnten unter Zuhilfenahme des Amtsanschließers AS-60 Kombinationen zu 20, 40 und 60 Teilnehmern als OB/20, OB 62/40 bzw. OB 62/60 hergestellt werden. Der Betrieb von ZB/W-Leitungen oder als Funkvermittlung ist ebenso möglich. Die Anlage wurde 1962/63 an die Truppe übergeben und bis 1990 bei der VM genutzt.

Die Fernsprechvermittlung P-193M war, eine OB-Vermittlung für 10 Teilnehmer im Einschnur-Prinzip und wurde 1964 aus der Sowjetunion eingeführt. Die fünf Verbindungswege für 10 Teilnehmer können zu einem Sammelgespräch mit allen Teilnehmern (Konferenzschaltung) verbunden werden. Die Anlage konnte auch als Funkvermittlung eingesetzt werden.

Bei der P-194M konnten dagegen 40 Zweidraht-Fernsprechteilnehmer aufgeschaltet und 24 Teilnehmer dabei gleichzeitig vermittelt werden. Weiterhin war, das Aufschalten und vermitteln von zehn Fernbedienungsleitungen für Funkgeräte sowie das Umschalten von drei Teilnehmerschaltungen von OB-Betrieb auf, ZB- oder ZBW-Betrieb möglich. Ein Sammelgespräch hatte maximal 4 Teilnehmer. Über eine Zusatzstromversorgungsplatte war die Fernbedienung der R-118BM möglich. Die 1964 aus der Sowjetunion eingeführte Anlage war u.a. ein Bestandteil des "Beweglichen Nachrichten Knoten P-299". Die modifizierte Version P-194M1 gehörte auch zum Fernsprechgerätesatz P-240T.

Das Betriebsvermittlungssystem ATZ-65-B aus dem RFT Kombinat VEB Fernmeldewerk Arnstadt arbeitete halb- oder vollautomatisch. Hauptbauelemente sind die Koordinatenschalter und Flachrelais 48, wobei ein beliebiger Ausbau der Anschlüsse möglich war. Die Einführung der Anlage war 1976 und von da ab war sie auch Bestandteil des Sondernetzes. Die Nebenstellenanlage ATZ-65-N kam zur gleichen Zeit zum Einsatz und hatte 100 Anschlussmöglichkeiten als Basis zum beliebigen Ausbau. Die Teilnehmer erreichten den Gesprächspartner entweder im Durchwahlbetrieb oder über den Bedienplatz.

Militärische Nutzungen der Telefonie

Als die Morsetelegrafen und Fernschreiber über Draht und Funkverbindungen die Nachrichtenübermittlung revolutionierten, fanden auch die ersten Versuche zur Sprachübertragung mit den beiden Medien statt. Der Fernsprechdienst nahm im 19. Jahrhundert eine ebenso rasante Entwicklung wie die Telegrafie. Die anfänglichen Schwierigkeiten über größere Entfernungen die Verbindungen aufzubauen wurden bald gelöst. Das Telefon entwickelte sich rasch zu einem bevorzugten Nachrichtenmittel im zivilen und militärischen Bereich. Die Telefonie war und ist immer wieder eine der wichtigsten Informationsquellen für die eigene als auch die gegnerische Aufklärung.

Bei der Einnahme von Ovillers-la-Boiselle an der Somme 1916 fielen tausende britischer Soldaten. Ganze Bataillone wurden bei den Versuchen den Hügel zu stürmen dezimiert. Nachdem die Österreicher schließlich aus den Stellungen geworfen wurden, konnten in einem feindlichen Unterstand die genauen Aufzeichnungen der britischen Einsatzbefehle sichergestellt werden. Ein Major im Brigadestab hatte sie über ein Feldtelefon weitergegeben, obwohl einer seiner Untergebenen ihn sogar auf die Gefahr des Abhörens hingewiesen hatte.

Der Aufdrucke "Vorsicht - Der Feind hört mit" auf deutschen Feldtelefonen des 1. Weltkrieges zeigen die negativen Erfahrungen des Militärs, blieben bis heute im Sprachgebrauch erhalten und haben weiter ihre Gültigkeit. Obwohl in vielen Offensiven die deutschen Soldaten in gut vorbereitete Stellungen liefen und niedergemäht wurden, sprach das deutsche Hauptquartier erst am 26. Januar 1918 für Verdun bezüglich der Fernsprechverbindungen die bezeichnende Warnung aus. Die Amerikaner kopierten die deutsche Warnung und brachten im Vietnamkrieg z.B. die Aufschrift "Charly is listening" an den ihren Telefonen an.

Während der Evakuierung der britischen Expeditionstruppen vom 20. Mai - 4. Juni 1940, gab es über das Telefon mittels Seekabel nur eine einzige Verbindung nach London aus dem Kessel in Frankreich. Die Franzosen befürchteten, dass die Deutschen die Funkgespräche abhören würden und stützten ihre Kommunikation auf Feldkabel und Melder. Die Alliierten kamen durch den raschen Rückzug nicht mit der Verlegung der Feldkabel nach und hatten größte Probleme in der Organisation der Truppen aus drei Ländern. Der erste große Misserfolg einer Joint-Combined-Operation im 2. Weltkrieg, der die Alliierten später für die Invasion in der Normandie vielleicht entscheidend geschwächt haben könnte, wären nicht auf deutscher Seite ebenfalls große Fehler gemacht worden.

Hitler wollte die Panzer für den Vorstoß über die Somme in das französische Kernland nicht verschleißen und gab noch an seinem Geburtstag am 20. April den Befehl den Vorstoß zu stoppen. Gleichzeitig hatte Göring bei Hitler interveniert und versprach die eingekesselten Truppen allein durch die Luftwaffe zu vernichten, während die Panzer in dem ungünstigen Gelände auf das Aufschließen der Infanterie zum Flankenschutz warten sollten. Als der Befehl zum Halt am 26. Mai endlich aufgehoben wurde, waren die Schlüsselpositionen zur Verteidigung des Brückenkopfes der Alliierten ausgebaut. Die Evakuierung kostete England über 200 Schiffe/Boote, 117 Flugzeuge mit 40% der einsatzfähigen Bomber, erhielt aber den dringend benötigten Bestand an ausgebildeten Truppen für die spätere Invasion in der Normandie.

Das Telefon war im Expeditionskorps das primäre Fernmeldemittel, denn nur wenige Funkgeräte mit geringer Leistung waren gerettet worden. Boulogne, Calais und Dünkirchen waren bis zuletzt über das Seekabel, das bei La Panne ins Meer ging, mit England verbunden. So war in und um Dünkirchen während der am 27. Mai beginnenden Evakuierung (Unternehmen Dynamo) der "heiße Draht" das existenzielle Kommunikationsmittel der Alliierten. Doch es kann bis in die heutige Zeit der Nutzen gezogen werden. Bei der britischen Landung auf den Falkland-Inseln hatte eine britische Einheit keine Informationen darüber, ob die Argentinier in der vor ihnen liegenden Stadt Verteidigungsstellungen hatten. Die Soldaten riefen einfach einen Bewohner an und befragten diesen nach dem Aufenthalt der argentinischen Streitkräfte. Nachdem die Stadt feindfrei gemeldet war, konnte der Vormarsch beschleunigt weitergehen.

Die negativen Erfahrungen aus den Kriegen oder Abhöraffären sollten uns eine Warnung sein. Auch die digitale Technik der Mobiltelefone garantiert keine Privatsphäre oder Sicherheit. Heute bilden die Funktelefone aufgrund ihrer Mobilität oft ein eigenes inoffizielles Netzwerk der Truppen im internationalen Einsatz, als Ergänzung der umfangreichen nationalen/internationalen Telefonsysteme. Lehren aus der Geschichte sollten gerade im militärischen Bereich beachtet werden. Das kombinierte SFOR-Telefonsystem aus kommerziellen und militärischen Komponenten kann als Beispiel für die umfangreichen Kommunikationsmittel genommen werden, die für die internationalen Einsätze der NATO heutzutage benötigt werden. Es setzt sich zusammen aus dem Integrated Peace Support Network (IPN), dem Defence Switching Network (DSN), dem EUROMUX, dem Initial Voice Switched Network (IVSN), dem Mobile Subscriber Equipment (MSE), dem Public Telephone and Telegraph (PTT), dem Integrated Automatic Transmission Network (RITA), dem Integrated Transmission Subsystem (SOTRIN), SPRINT und Very Small Aperture Telecommunication (VSAT).

IPN ist das primäre Telefonsystem der NATO/SFOR mit Verbindungsknoten zu den anderen Netzen. DSN Europe und DSN CONUS (Continental United States) bildet das zentrale Telefonsystem der US-Streitkräfte, EUROMUX ist der britische Counterpart. ISVN ist ähnlich dem DSN für militärische Organisationen in Westeuropa gedacht. MSE ist ein taktisches amerikanisches Telefonsystem mit Verbindungsoptionen zu den meisten anderen Systemen. PTT steht für das jeweilige kommerzielle Telefonnetz eines Landes. RITA ist ein taktisches französisches Telefonnetz mit Verbindungen zu MSE, ISVN, IPN und SOTRIN. SOTRIN ist das Telefonsystem des italienischen Militärs, welches auch von Spanien und Portugal verwendet wird. SPRINT ist ein internationaler Telefonanbieter mit Verbindungsmöglichkeit zu MSE, IPN und DSN. VSAT ist das UN-Telefonsystem und verbindet mit IPN und IVSN.

IVSN (Initial Voice Switched Network) ist das breiteste Nutzungsangebot der NATO Integrated Communication System (NICS), welches in Zukunft mit seinen PABX (analoge Multiplexer) durch modernere digitale Vermittlungen und einem Data Transfer Service (NICTS) mit weiteren digitalen Übertragungssystemen, Gateways und Interfaces zur Interoperabilität zwischen den Communication Information Systems (CIS) und dem Netzwerk Service Management ersetzt werden soll. Die gesicherte Sprachübertragung wird hingegen durch das NATO Narrow Band Secure Voice System (NBSV) bereitgestellt. Das NBSV-I nutzte drei verschiedene Typen von Terminals, das US Secure Telephone Unit II (STU-IIB), das niederländische SPENDEX-40 sowie das deutsche ELCRO-VOX-1. Hier plante man alle drei Systeme durch interoperable US-Geräte zu ersetzen, eine größere Anzahl von US Secure Telephone Unit 2B (STU-IIB) waren bei SFOR im Einsatz eingeführt, wobei die USA zwischenzeitlich das STU-3 verwenden.

Ein weiteres Sprachübertragungssystem ist in der NATO seit den Balkaneinsätzen in der Nutzung. Als das ACE Rapid Reaction Corps (ARRC) 1996 seinen Einsatz in Bosnien-Herzegovina beendete, ging mit dem britischen PTARMIGAN (das Gegenstück zum AUTOKO-90 und RITA) ein SFOR-weites Tactical Secure Voice System mit einer Konferenzmöglichkeit in die Nutzung. In dieser Zeit war das Video-Tele-Conference (VTC) die einzige Möglichkeit des HQ SFOR abhörsichere Konferenzen mit den Multinationalen Divisionen (MND) durchzuführen. Hierdurch können die einzelnen Divisionskommandeure bei ihren Truppen bleiben und es entsteht kein Zeitverlust.

Die Diversionswirkungen der verschiedenen technischen, nationalen und Systeme im Bündnis sind immens. Hier spielen nicht allein die besseren technischen Standards, sondern leider auch die Politik und militärisches Ränkespiel eine große Rolle. Von einheitlichen Systemen ist man immer noch weit entfernt und die europäischen Staaten reagieren vielmehr auf die Entwicklungen in den USA und den US-Streitkräften, als eigene Vorstöße gemeinsam vorzubringen. Immerhin erleichtert die Digitaltechnik bei den Fernsprechverbindungen IP-basiert heute die Verknüpfung von unterschiedlichen Systemen.

Mobile Telekommunikation

In Deutschland erprobte Ernst Ruhmer im Jahre 1902 in Verbindungen über dem Wannsee bei Berlin das erste drahtlose Telefon (über 4 und 7,2 km). Die erste Vorführung einer Fernsprechübertragung von Nauen nach Berlin (40 km) fand am 15. Dezember 1906 statt. Die Lichtbogen-Sender in Nauen und Wien (Lorenz) erreichten mit Funktelefonie ab 1913 Reichweiten bis 600 km, die Grammofon-Sendungen und der gesprochene Text aus Nauen wurden im Mai 1914 auch von Radiopola auf dem Balkan empfangen. Poulsen überbrückte mit seinem neuen Lichtbogen-Sender 270 km bei einer Antennenleistung von 900 Watt auf 1.200-m-Welle im Jahre 1907. Vergleichsweise spät begann Marconi im Jahre 1914 mit Sprechfunk-Versuchen von La Spezia zum Dampfer REGINA ELENA (71 km) seine Versuche. Am 23. Oktober 1915 gelang die erste Sprachübertragung von Arlington/Virginia zum Eiffelturm/Paris über 3.600 Meilen. Die erste Überbrückung des Atlantiks im Fernsprechverkehr wurde 1927 mit einer LW-Verbindung erreicht, ein Jahr später folgte eine KW-Verbindung und Nauen nahm z.B. am 10. Dezember 1928 über KW den Fernsprechverkehr mit Buenos Aires auf.

Dies sind die Ursprünge der Funktelefonie und des heutigen Mobilfunks, wobei die Reichsbahn 1918 erstmals Funksprecheinrichtungen in Zügen erprobte und im Jahre 1926 wurde auf der Eisenbahnstrecke Berlin - Hamburg quasi das Zeitalter des Mobilfunks eröffnet. Aus dem fahrenden Zug heraus konnte mit Teilnehmern im öffentlichen Fernsprechnetz telefoniert werden. Diese ersten Ansätze des zivilen Mobilfunks wurden durch den 2. Weltkrieg unterbrochen und fälschlicher Weise wird deshalb oft das Patent des Amerikaners Donald H. Mitchell vom 20. Februar 1942 mit dem "Portable Radio Transmitting and Receiving Set" als Geburtsstunde des Mobilfunks genannt. Da es als militärisch eingestuft wurde, konnte es erst 1948 veröffentlicht werden. Von dem Gerät der Galvin Manufacturing Co. (heute Motorola Inc.) wurden mehr als 100.000 Stück produziert. Die deutsche Reichsbahn hatte den Mobilfunk allerdings fast 30 Jahre zuvor bereits kommerziell im Einsatz!

Grundlage der terrestrischen Mobilkommunikation ist das Konzept der zellularen Netze. Hier haben sich die zwei Standards, das Digital European Cordless Telecommunication (DECT) im Bereich von 200 - 300 m Zellenradius und das Global System for Mobile Communication (GSM) für Zellradien von 2 - 35 km durchgesetzt. Aufgrund dessen findet DECT hauptsächlich im Innenbereich (schnurloses Telefon) und GSM im Außenbereich bei der Mobiltelefone Anwendung. Während bei der heutigen Mobilkommunikation der Schwerpunkt noch auf, der Sprachübertragung liegt, wurden zukünftige Systeme wie das UMTS zunehmend auf die Anforderungen multimedialer Übertragung ausgelegt.

1958 war die Geburtsstunde der beiden handvermittelten mobilen A-Netze (A1, A2, A3). Der Frequenzbereich lag bei 156-174 MHz (10 Watt) und der Kanalabstand betrug 50 kHz. Im Endausbau bedeckte das A-Netz 80% des damaligen Bundesgebietes und verfügte 1970 über 10.000 Teilnehmer. Die Kontaktaufnahme und Vermittlung mit den in Röhrentechnik ausgeführten Geräten war sehr zeitaufwendig (ca. 4 Minuten) und durch den Anschaffungspreis von etwa 12.000-30.000 DM war das den Kofferraum ausfüllende Funktelefon das Statussymbol der Reichen und Mächtigen.

Die B-Netze wurden 1972 mit vollautomatisiertem Verbindungsaufbau und dem ersten Roaming-Verfahren eingeführt. Der Frequenzbereich lag zwischen 148-163 MHz mit 20 Watt für die Feststation und 10 Watt für den Mobilfunkteil. Die Bundesrepublik lag damals im Vergleich zu anderen europäischen Ländern bei der Anzahl der Mobilfunkgeräte im letzten Drittel. Der Anrufer musste in diesem System wissen, in welchem Funkverkehrsbereich (30-km-Radius) sich der Teilnehmer befand. Die am Anfang 37 Duplexkanäle wurden 1979 mit 13.000 Teilnehmern völlig ausgelastet und 1980 um weitere 37 Kanäle zum B2-Netz erweitert. Etwa 6 Jahre nach der Netzeröffnung war mit 150 Funkstationen nahezu eine volle Flächendeckung erreicht. Mit 158 Feststationen und etwa 840 Kanälen war der Endausbau und Ende 1984 eine Teilnehmerzahl von 25.000, erreicht.

Das C-Netz wurde am 1. Mai 1986 in Dienst gestellt und im Juli 1987 wurden 172 Funkfeststationen mit 1.040 Sprachkanälen im Frequenzbereich von 450-470 MHz (Kanalabstand 20 kHz) betrieben. Die Feststationen hatten 25 Watt (Radius ca. 25 km), die bewegliche Funkstelle 12,5 Watt. Die Vorteile waren die Sprachzersplitterung, die ein Mithören von Unberechtigten verhindern sollten und der automatische Verbindungsaufbau ohne Kenntnis des Aufenthaltsortes der Mobilstation. Der Nachteil war die Beschränkung auf Deutschland. Das C-Netz wurde zum weltweit modernsten und leistungsfähigsten analogen Funktelefonsystem der Welt, das über 720.000 Teilnehmer hatte. Das analoge 800-MHz-Netz in den USA zählte 1997 im Vergleich dazu 55 Millionen Teilnehmer. Es war in den einzelnen Gebieten auf jeweils zwei Anbieter begrenzt worden und wurde von den digitalen Systemen verdrängt. Nicht ganz so leistungsfähig wie das deutsche C-Netz, deckte es jedoch den weitaus größten Teil der USA ab. Die bisherige digitale US-Mobilfunktelefonie erreicht die Flächendeckung wie in Europa aber weiterhin nicht.

Die digitalen Funknetze D1 und D2 (872-960 MHz) arbeiten nach dem GSM-Standard, der sich bei den Mobilfunktelefonen in Europa und Asien in über 100 Ländern durchgesetzt hat. GSM nutzt dabei einen 64-Bit-Algorithmus, den zwei Studenten aus Berkeley 1998 entzifferten. Die letzten zehn Stellen waren Nullen, wodurch ein Einbruch in den Code der US-Telefone wesentlich erleichtert wurde. Ob es Absicht der NSA oder ein Fehler der unbekannten Programmierer war, mag dahingestellt sein. Vorsicht ist bei privaten Gesprächen und SMS-Messages geboten, wie die eingespielten Nachrichten des jugoslawischen Geheimdienstes während der Luftangriffe im Kosovo 1999 beweisen. Lediglich die Zahl der SMS-Nachrichten erschwert die Überwachung, in Deutschland alleine waren es im Jahre 2003 rund 36 Milliarden SMS!

Da D1 und D2 fast gleichzeitig 1992 eröffnet wurden, haben beide auch eine vergleichbare Teilnehmerzahl, die in beiden Systemen über eine Flächendeckung von nahezu 100% erreichbar sind. Über die ausländischen Telefongesellschaften sind die Mobiltelefone technisch überall dort nutzbar, wo die Frequenzen und die Verbindungtechniken identisch sind.

Der Standard für E-Plus ist DCS-1800 (PCN). Der Aufbau und das Arbeitsprinzip sind jedoch identisch zu den anderen Systemen. Die Vorzüge von E-Plus sind z.B. günstigere Tarife und kleinere Mobilfunktelefone (0,8 Watt). 1997 ermöglichte E-Plus Verbindung in über 50 Staaten der Erde. Die Bezeichnung GSM-1800 und GSM-900 wurden durch die verwendeten Frequenzen von 1.800 bzw. 900 MHz gewählt. E-Plus ermöglichte erstmals einen mobilen High-Speed-Internetzugang über HSCSD.

Ab 1999 gab es auf internationaler Ebene den gemeinsamen Standard des Universal Mobile Telecommunications Systems (UMTS), der dritten Netz-Generation nach den A-, B-, C-Netzen und GSM-D- bzw. E-Netzen mit 128 Kbit/s bis 2 Mbit/s. Die Versteigerungen der 5-MHz-Kanalpaare im Jahre 2000 füllten die Finanzlöcher der europäischen Regierungen mit Milliardenbeträgen und zeigten den wirtschaftlichen Stellenwert der mobilen Kommunikation. Eine wesentliche Leistungssteigerung ist zukünftig durch den Einsatz intelligenter Terminals (IMT, Intelligent Multimode Terminal) möglich. Die Systeme nehmen eine Anpassung der Übertragungsparameter an die jeweiligen Randbedingungen vor und ermöglichen dadurch eine ökonomische Nutzung des Frequenzbereiches.

Auf der World Radiocommunication Conference (WRC), der Weltfunkkonferenz, wurden 1992 die Frequenzen für UMTS/IMT-2000 mit 1.885-2.025 MHz (Uplink) und 2.110-2.200 MHz (Downlink) festgelegt. Kernfrequenzbereich für Frequency Division Duplexing (FDD) mit W-CDMA-Modulation ist 1920-1980 MHz und entsprechend 2.110-2.170 MHz und die UMTS-Satellitenverbindungen (Mobile Satellite Service, MSS). Die zwei 60 MHz UMTS-Frequenzbereiche sind in 12 Kanäle zu je 5 MHz aufgeteilt. Die Weltfunkkonferenz 2000 gab die Frequenzbereiche 806-960 MHz zum Ende der GSM- und 1.710-1.885 MHz zum Ende der DCS-1800-Nutzung frei, allerdings liegt auch ein Teil der DECT-Frequenzen (schnurlose Telefone) in diesem Bereich.

Der Radius der Funkzellen der Netze schwankt je nach Topografie im Gelände oder in der Bebauung zwischen 500 m und 35 km. Um sich im Netz anzumelden, wird die SIM-Karte (Subscriber Identity Modul) in das Mobiltelefon eingeschoben, die das Telefon mit der IMSI (International Mobile Subscriber Identity) und IMEI (International Mobile Equipment Identity) identifiziert. Die auf dem Prozessorchip der Mobilfunkkarte enthaltenen Informationen werden beim Einschalten des Gerätes an die nächste Basisstation übermittelt, welche die Zugangsberechtigung überprüft und den Aufenthaltsort im Computer zur Vermittlung festhält.

Das Mobilfunktelefon verschmilzt mit dem Computerbereich, die Fax-Nachrichten, das Internet und das Bildtelefon begleiteten uns ins neue Jahrtausend. Da die Tastatur am Platzbedarf der menschlichen Finger orientiert sein muss, brachte AEG zur CeBit '97 das Teleport 9080 mit automatischer Anwahl der nach Namen gespeicherten Rufnummern. Von Garmin kam 1998 ein Mobilfunktelefon mit GPS-Implementation, das bei Verwendung von zwei NAVTALK-Mobilfunktelefonen nicht nur den eigenen Standort, sondern auch den des Gesprächspartners auf einer GPS-Karte im Display anzeigt. Die Flächenabdeckung in den USA ist durch die Größe des Landes nicht in dem Maße wie in Europa gewährleistet und neben dem GSM-Standard bestehen noch von den verschiedenen Anbietern genutzte Verfahren wie CDMA (Code Division Multiple Access) und TDMA (Time Division Multiple Access).

Die neuen Personal Communication Services (PCS) kamen aber zuerst im europäischen/asiatischen GSM-Verfahren auf den Markt, allerdings auf 1,9 GHz, wodurch wiederum ein neuer Standard entstand. CDMA ermöglicht die Nutzung vieler Mobiltelefone auf einem Kanal und ist deshalb für ein großes Verkehrsaufkommen am besten geeignet, während TDMA zwar dieselbe Sprachqualität hat, jedoch einzelne Zeiträume für jeden Mobilfunkteilnehmer bereitstellt, wodurch die Kapazität des CDMA nicht erreicht wird.

1993 wurden weltweit 574,86 Millionen Telefonanschlüsse gezählt. Die Zahl Mobiltelefone stieg beständig und war 1997 weltweit bei ca. 121 Millionen angelangt. In Deutschland gab es im Jahre 2002 rund 23 Millionen Mobilfunknutzer in nationalen und lokalen Netzen, bis 2005 sollen über 180 Millionen Nutzer im Netz sein. Weltweit sollen über 700 Millionen Teilnehmern am Mobilfunk in den nächsten Jahren erreicht werden.

Wie wichtig die Mobiltelefone auch im militärischen Bereich geworden sind, zeigen internationale Einsätze. Für die rund 600 Dienstposten im SFOR-Hauptquartier in Sarajevo/Bosnien gab es 1999/2000 über 120 dienstliche GSM-Telefone. Die freien internationalen Aufschaltungen der Festnetztelefone mussten in diesem HQ durch eine Personal Identification Number (PIN) ersetzt werden, anhand der jedes Telefonat einer Person zugeordnet werden kann. Dies wurde notwendig, nachdem allein im Januar 2000 Kosten von über 200.000 DM entstanden waren. Die GSM-Telefone hatten dabei in der SFOR eine ähnliche Kostenentwicklung. In der Bundeswehr existieren ca. 10.000 dienstliche Mobiltelefone, deren Gefahr für vertrauliche Daten jedem bewusst sein sollte.

Wirklich "drahtlos" ist das 21. Jahrhundert mit Tripleband-GSM-Mobiltelefonen, die mit 900, 1.800 und 1.900 MHz fast überall einsetzbar sind. Auf der Internationalen Funkausstellung wurde 1997 das erste Triband-Telefon vorgestellt, das mit europäischem und amerikanischem GSM-Standard arbeiten kann. Der weltweit erste Zusatz für mobile Sprachverschlüsselung kam 1998 mit dem HC-2403 von der Crypto AG für GSM-Mobiltelefone. Das 2000er-System beinhaltet auch das HC-2203 für Tischtelefone.

Die weltweite Nutzung der Mobiltelefone über Satelliten mit PCN (Personal Communication Network) konnte sich erst langsam durchsetzen. Grund dafür sind die hohen Betriebskosten, welche diese Systeme hauptsächlich auf militärische oder geschäftliche Verwendungen limitieren.

Das Satellitensystem Iridium arbeitet mit der Siemens-Vermittlungstechnik GSM-D900. Auf sechs Umlaufbahnen (780 km, Umlaufzeit 100:28 Minuten) wurden bis zum 17. Mai 1998 insgesamt 66 Satelliten stationiert, wovon jeder 48 Funkkreise abdeckt. Telefon und Paging werden über die Frequenzen 1.616-

1.626,5 MHz abgewickelt. Die Boden-Satellitenverbindung läuft über 29,1-29,3 GHz, zurück über 19,4-19,6 GHz, während die Satellitenquerverbindung über 23,18-23,38 GHz abgewickelt wird. Die Übertragungsrate beträgt für Sprache, Fax und Daten 2,4 kbps. Der offizielle Eröffnungstermin am 23. September 1998 war der Beginn einer neuen Epoche.

Die Loral Space & Communication bietet seit 1999 zusätzlich das Globalstar-Mobilfunksystem mit 48 Satelliten (8 Reserve) an. Seit Oktober 2000 deckt der Satellit THURAJA zusätzlich 99 Länder in Europa, Asien und Afrika ab. Neben der Option das Mobilfunktelefon auch als normales GSM-Telefon zu benutzen, kann auch der über GPS bestimmte Standpunkt per E-Mail verschickt werden.

Der neue Weltstandard von Systemen wie z.B. Iridium oder mittels Bluetooth ist IMT-2000. Neben den ca. 5.000 Mobilfunktelefonen (terrestrische Netze) der Bundeswehr im Jahre 2000 wurden zunächst allein 50 Iridium-Telefone für das Heeresführungskommando beschafft und die Tendenz zur Nutzung dieser kommerziellen Funktelefone ist in allen Streitkräften der Welt steigend. Die neuen Entwicklungen verwirklichen die Geräte der Agentenfilme aus Hollywood. Swatch und Siemens brachten eine Uhr auf den Markt, die als Funkgerät/Telefon dienen konnte. Das Mikrofon wurde als Kapsel drahtlos am Hemdkragen befestigt, der Lautsprecher in Form eines Hörgerätes drahtlos in der Ohrmuschel versenkt – heute eine übliche Form der Headsets.

Kommunikation an jedem Ort zu jeder Zeit war in Korea mit der Mobilfunktelefon-Uhr von Samsung 1999 möglich. Die erste Mobilfunktelefon-Version ist seit 1998 mit Kamera und Bildschirm von der Kyocera Co. in Japan erhältlich. Bill Gates plante mit dem Projekt Teledesic bis zum Jahre 2002 mit Boeing und McCaw 288 Kommunikationssatelliten auf 1.400 km Höhe zu befördern, um ein internationales Internet sicherzustellen.

Die neuen Techniken bergen aber immer noch die alten Gefahren des Abhörens und nach heutiger Lageeinschätzung, die sich auf Erkenntnissen der deutschen Sicherheitsbehörden stützt, ist auch in Zukunft davon auszugehen, dass Mobilfunksysteme vorrangige Angriffspunkte für Abhörmaßnahmen sind. Da der technische Aufwand hierfür immer größer wird, werden solche Angriffe in zunehmenden Maß nur durch organisierte Kriminalität und Nachrichtendienste geleistet werden können. Die Flottendienstboote der Deutschen Marine hatten beispielsweise die Kommandostruktur der UCK-Milizen im Balkan durch mitgehörte Mobilfunkgespräche nachvollzogen, was leider wiederum in Presseveröffentlichungen kompromittiert wurde.

Bei der Mobil-Kommunikation können die übertragenen Signale auf der Funkstrecke nicht physikalisch gegen unbefugtes Mithören und Aufzeichnen abgeschirmt werden, lediglich verschlüsselt. Ein zweites, generelles Problem der Funkdienste resultiert daraus, dass die mobilen Kommunikationspartner aus technischen Gründen geortet werden müssen, um erreichbar zu sein. Diese Standortinformationen könnten durch den Netzbetreiber oder Dienstbetreiber - aber auch von Dritten - zur Bildung so genannter "Bewegungsprofile" verwendet werden. Die Netzbetreiber sind der Hotspot für Manipulationen von GSM-Telefonen zum Zweck des Lauschangriffes auf Raumgespräche.

Eine Attacke aus dem internen Bereich der Netzbetreiber ist technisch möglich, wobei dies aufgrund der Komplexität des Angriffes nur von Profis durchgeführt werden kann (z.B. unbemerktes Aktivieren eines Mailbox-Anrufes und Mithören der Raumgespräche im Festnetz oder generelle Manipulationen innerhalb der Technik der Netzbetreiber). Hier ist demnach auch die größte Absicherung nötig, wie das nachweisliche Abhören der Mobiltelefone der SFOR-Soldaten durch serbische Stellen und deren Datenmissbrauch während des Luftkrieges 1999 oder die Strukturanalyse der UCK im Kosovo über den Mobilfunkverkehr unterstreichen.

Bei satellitengestützten Kommunikationsdiensten ist eine genaue Ortung zum Teil nicht unbedingt erforderlich, aber gleichwohl möglich und teilweise noch genauer (GPS). Die Kommunikationsinhalte im gesamten Abstrahlbereich des Satelliten können empfangen und ausgewertet werden (siehe auch

ECHELON). Ein Verlust der SIM-Karte bedeutet die Offenlegung der gespeicherten Informationen und hat durchaus einen sensitiven Charakter. Sicherheitsmechanismen bestimmter SIM-Karten können auch umgangen werden, womit es möglich ist, die SIM-Karte und ihre Daten zu kopieren.

Bei jedem Einbuchen eines Mobiltelefons werden aus technischen Gründen Informationen über die genutzte Basisstation, die Identität des Nutzers und die Seriennummer des Mobiltelefons an den Netzbetreiber übermittelt. Damit ist ein Netzbetreiber in der Lage, festzustellen, wann, wo und von wem ein bestimmtes Mobiltelefon eingeschaltet bzw. benutzt wurde. Durch das Auswerten der Übertragungsprotokolle wäre der Netzbetreiber auch in der Lage, die Entfernung des Teilnehmers zur Basisstation zu bestimmen. Diese Entfernungsauswertung wird zum Vorteil der Kunden für die Realisierung der so genannten "Homezone" für standortnahe Verbindungstarife genutzt.

Mittels spezieller Angriffstechnik ist es möglich, von allen Mobiltelefonen innerhalb des Erfassungsbereiches sowohl die Kartendaten als auch die Identität des Gerätes zu ermitteln, ohne dass der Zugang zu den beim Netzbetreiber gespeicherten Verbindungsdaten erforderlich wäre. Damit können ebenfalls Bewegungsprofile von bestimmten Personen oder Mobilfunkgeräten erstellt werden. Durch die zusätzliche Anwendung von Peilempfängern ist es darüber hinaus technisch möglich, den genauen Standort eines bestimmten Mobiltelefons zu lokalisieren.

Bei der Ermittlung von Filtermerkmalen können die abgehörten Telefonate im ersten Schritt automatisch identifiziert werden. Auf den Richtfunkstrecken im Mobilfunknetz können die Gespräche anhand der Mobilfunkgerätenummer (IMEI) aus dem Datenstrom gezielt herausgefiltert werden. Die Gespräche können auch im öffentlichen Telefonfestnetz identifiziert werden. Hierfür ist die Kenntnis der Teilnehmerrufnummer (MSISDN) notwendig. Kundennummer (IMSI) und IMEI können mit entsprechenden Angriffssystemen direkt auf der Funkstrecke zwischen Mobiltelefon und Basisstation (BTS) ermittelt werden.

Werden die Verbindungen über leitungsgebundene Wege von der Basisstation zu der Mobilfunkvermittlung (MSC) geführt, ist ein physikalischer Angriff auf den Leitungswegen erforderlich. Wird eine Basisstation über eine unverschlüsselte Richtfunkverbindung an die Mobilfunkvermittlung (MSC) angebunden, wie es in der Regel geschieht, können diese Funksignale mit Antennen und Spezialempfängern unbemerkt abgehört werden. Auch im Festnetz werden Telefongespräche gebündelt über Richtfunkstrecken übertragen. Da diese Übertragung in der Regel unverschlüsselt erfolgt, sind die übertragenen Gespräche mit auch einfacher abhörbar.

Die Funkübertragung zwischen dem Mobiltelefon und der Basisstation wird in Deutschland in allen Mobilfunknetzen verschlüsselt. Es gibt spezielle Angriffssysteme, welche die Schwäche der einseitigen Authentifizierung im GSM-Netz (nur Mobiltelefon gegenüber Basisstation) ausnutzen, indem sie den Mobiltelefonen eine Basisstation vortäuschen, die Verschlüsselung abschalten und Klarbetrieb vorgeben.

Der IMSI-Catcher ist ein von Rohde&Schwarz entwickeltes Gerät, das in einem GSM-Netz eine Funkzelle im Umkreis von ca. 300m vortäuscht und so zum Einbuchen veranlasst. Von dieser vorgetäuschten "Zelle" können die auf dem Prozessorchip enthaltenen Informationen übermittelt, der Aufenthaltsort festgehalten und das "Software-Update" der neuen Mobilfunktelefone ermöglicht. Durch eine Beeinflussung des Updates der Software an einem IMSI-Catcher ist auch eine Manipulation der Telefone selbst möglich. Ein Lauschangriff über derart manipulierte Geräte wäre jederzeit ohne Feststellung durch den Geräteinhaber möglich, da keinerlei Signale abgegeben oder Daten auf dem Display eingeblendet werden. Im Juni 2002 wurde die Überwachung im Mobilfunkverkehr mittels IMSI-Catcher in Deutschland genehmigt.

Andere denkbare Möglichkeiten zur Abschaltung dieser Verschlüsselung sind technische Manipulationen am Mobiltelefon oder an technischen Einrichtungen des Netzbetreibers. Unter Verwendung von speziell manipulierten Mobiltelefonen ist es möglich, auch die Raumgespräche abzuhören. Das Mobiltelefon dient dabei als Abhöranlage, die über das Telefonnetz von jedem Ort der Welt aktiviert werden kann, ohne dass dies am Mobiltelefon erkennbar wäre. Es sind Geräte bekannt, bei denen diese Sonderfunktion mittels zusätzlicher Schaltungseinbauten realisiert ist. Diese Manipulation ist durch eine Sichtprüfung nach Zerlegen des Gerätes oder durch spezielle Untersuchungsmethoden relativ leicht nachzuweisen.

Neben den zusätzlichen Einbauten sind uns Manipulationen der Freisprecheinrichtung mit dem Ziel der Ruftonabschaltung sowie manipulierte Akkus mit eingebautem Lauschsender bekannt. Hierdurch kann unbemerkt zu dem derart manipulierten Mobiltelefon eine Gesprächsverbindung zwecks Abhörens der Raumgespräche geschaltet werden.

Im einfachsten Falle können Mobiltelefone mittels regulärer Menüfunktionen wie der Auswahl bestimmter Tastenkombination aktiviert werden, wobei das Handy als Lauschsender geschaltet wird. So ist z.B. ein Gerätetyp bekannt, bei dem auf diese Weise das Display des Mobiltelefons abgeschaltet wird, obwohl zu dem Gerät eine Gesprächsverbindung existiert. Eine andere Möglichkeit, Mobiltelefone für Abhörzwecke nutzbar zu machen, besteht in der Manipulation der internen Steuersoftware (Firmware). Derartige Manipulationen sind weitaus schwerer zu entdecken als Hardware-Manipulationen.

Fehlbedienungen der Mobiltelefone könnten Sicherheitslücken aktivieren, ein überhörter Anruf im Fahrzeug ermöglicht dann z.B. das Mithören der Gespräche während der Fahrt über die Freisprecheinrichtung. Einige Netzbetreiber haben in ihren Produktionsstätten Abteilung für die Nachrichtendienste aus Finnland, Norwegen, Schweden und Dänemark (und andere?), in denen spezielle Dienstleistungen erfüllt werden - welche dies auch immer sein mögen.

Eine versteckte, nicht dokumentierte Abhörfunktion könnte also schon bei der Entwicklung des Gerätes (bewusst oder unbewusst) in die Steuersoftware einprogrammiert sein. Zuvor war diese Funktion nur durch direkte Manipulation an den entsprechenden Telefonen möglich.

Diese Telefone werden in Deutschland von Spezialfirmen angeboten. Anscheinend ausgeschaltet (kein Tonsignal/keine Anzeige) können über einen Anruf unbemerkt durch den aktivierten Sendemodus Raumgespräche mitgehört und weitergeleitet werden. In Verbindung mit dem IMSI-Catcher können diese Telefone auch gepeilt werden (innerhalb 2-3 km, je nach Standort der Funkzellen). Für polizeiliche Einsätze wurde 1998 ein Vorführgerät entwickelt (ca. 650.000,- DM). Je technologisch höher entwickelt, desto mehr Information beinhaltet ein System. Mit dem neuen Iridium-System ist z.B. eine Peilung überall in der Welt ohne Kenntnis durch den Besitzer auf ca. 1.000 m genau möglich.

Durch die Erweiterung der Menüfunktionen der Mobiltelefone mittels "SIM-Toolkit" und einer neuen Generation von SIM-Toolkit-fähigen SIM-Karten werden Mobiltelefone noch flexibler. Ein so ausgestattetes Mobiltelefon lässt sich per Mobilfunk vom Service-Provider mit neuen Funktionen programmieren. So kann der Kartenanbieter zum Beispiel, die Menüstruktur individuell an die Bedürfnisse eines Kunden anpassen.

Hier können Funktionen serienmäßig in der Firmware enthalten sein, die auch für den Umbau als Lauschsender notwendig sind. Die Wahrscheinlichkeit steigt, dass Funktionen von "außen" aufgerufen werden können, die das Mobiltelefon zu einem Lauschsender umfunktionieren. Für die Servicetechniker wurden z.B. Testmöglichkeiten in den Handys eingerichtet, die sich Nachrichtendienste zunutze machen können. Nach einer bestimmten Tasten-kombination scannt sich ein Mobiltelefon auf, einen benutzten Telefonkanal ein und das Gespräch ist mitzuhören.

Mobiltelefone ermöglichen auch den Datentransport von einem PC oder Notebook zum anderen, ohne dass eine drahtgebundene Verbindung hergestellt werden muss. Die Informationen des Computers können dann unauffällig abgefragt und übermittelt werden. Auf diese Weise lassen sich große Datenbestände unbemerkt übermitteln.

Alle paar Jahre neue Mobilfunktechnik, neue Geräte. LTE war gestern, der 5G-Netzstandard ist morgen. An der 5G-Spezifikation wird noch gearbeitet, doch auf Messen präsentieren Hersteller schon ihre 5G-Entwicklungen. Die Koordination der 5G-Telekommunikationsarbeiten übernimmt die Agentur der Vereinten Nationen ITU. Bis 2020 soll die 5. Generation des Mobilfunks marktreif sein, wobei mancher das für zu optimistisch hält. Die Übertragungsgeschwindigkeit soll dann etwa das 10-fache der LTE-Geschwindigkeit betragen und unter anderem die Konnektivität von Maschinen und Geräten verbessern.

Auf den ersten Blick ist 5G eine eierlegende Wollmilchsau, die ein Vielfaches an Datenübertragungsrate bietet und mehr Nutzer in einer Zelle versorgen kann, da 5G eine bis 100-fach höhere Datenrate als heutige LTE-Netze (also bis zu 10.000 MBit/s), eine rund 1000fach höhere Kapazität, extrem niedrige Latenzzeiten (Ping von unter 1 Millisekunde) und 1/1000 Energieverbrauch pro übertragenem Bit, bieten soll. Dabei weltweit 100 Mrd. Mobilfunkgeräte gleichzeitig ansprechbar sein. 5G soll mit den kaum merklichen Latenzzeiten eine schnelle Reaktion im Netz ermöglichen und dabei weniger Strom benötigen. 10 GBit/s entsprechen einer Downloadrate von 10.000 MBit/s. Das ist 100 Mal mehr, als LTE-CAT3 mit 100 MBit/s. Ein 5G-Smartphone oder Laptop mit 5G-Stick, könnte dann mobil 625 Mal schneller einen Film laden, als der beste DSL-Anschluss. Der Inhalt einer prall gefüllten DVD wäre in nur 3,6 Sekunden fertig geladen! Man würde kaum merken, dass der Download überhaupt gestartet wurde bevor er endet.

Sowohl die Mobilfunkgeschichte, als auch die Erfahrung zeigt, dass mit zunehmender Kapazität der Netze stets neue Anwendungsformen erwachsen, welche mit langsameren Datenraten noch nicht möglich waren. Wie etwa hochauflösende Videotelefonie oder mobiles Fernsehen am Smartphone/Tablet. Vor diesem Hintergrund scheint es durchaus konsequent und logisch, dass sich in den nächsten Jahren die Mobilfunknetzleistung weiter vervielfacht. 2010 gab es weltweit rund 300 Millionen Smartphones, allein diese Zahl soll weltweit bis 2021 auf ca. 3,1 Milliarden anwachsen.

Entwicklung der Funktechnik bis 1918

Die Anfänge der Funktechnik

Nachdem der Morseschreiber seine Entwicklung zum Fernschreiber vollendete und sich diese Nachrichtenmittel über Draht durchgesetzt hatten, erreichten sie gleichzeitig auch früh ihre technischen Grenzen. War auf dem Land bereits eine relativ gute Abdeckung erreicht worden, blieben Flugzeuge oder Schiffe auf See immer noch unerreichbar. Heinrich Hertz hatte sich wie viele andere Forscher rein mit den wissenschaftlichen Aspekten der elektromagnetischen Wellen beschäftigt. Der Gedanke damit Nachrichten zu übertragen lag ihm noch fern, seine Grundlagenforschung bereitete jedoch den Weg zum Erfolg der Funktechnik.

Eigenartiger Weise waren es gerade die Naturwissenschaftler, die einem Einsatz der elektromagnetischen Wellen kritisch gegenüber standen und so war es teilweise Experten aus anderen Gebieten überlassen, das neue Medium für die Kommunikation nutzbar zu machen. Der Funk begann seine Entstehungsgeschichte noch vor der Jahrhundertwende, nachdem die Erfinder die ihnen entgegenstehenden Hindernisse überwunden und die Geräte serienreif gemacht hatten. Mit dem Schritt ins 20. Jahrhundert und den technischen Entwicklungen begannen die rasante Verbreitung und Nutzung, die bis heute viele neue Möglichkeiten eröffneten.

In den USA erhielt der Zahnarzt Mahlon Loomis am 30. Juli 1872 ein Patent für eine Verbesserung des Telegrafensystems. Die Unterbrechung eines Stromflusses wurde ohne drahtelektrische Verbindung an einem zweiten Gerät durch die Induktion von Spulen zur Anzeige gebracht. Nach diesem Prinzip folgten 1882 Amos E. Dolbear und 1885 Phelps sowie Edison mit eigenen Ideen. 1886 erhielt Dolbear ein US-Patent für drahtlose Telegrafie. Ohne einen Oszillator konnte jedoch immer nur ein einziger Impuls übertragen werden. Die Frequenz oder Funkwelle, welche als tragendes Medium dienen konnte (Trägerfrequenz), konnte erst später erzeugt und verwendet werden. Auch David E. Hughes soll 1879/80 ein funktionierendes Sende- und Empfangssystem nach dem fehlenden Interesse der britischen Fachwissenschaftler nicht weiterverfolgt haben.

In Deutschland wurde die zukunftsweisende Grundlagenforschung durch Heinrich Hertz betrieben. Im Jahre 1888 veröffentlichte er seinen Versuch mit dem Ruhmkorffschen Funkeninduktor (Schlagweite 4,5 cm) und Funkenstrecke an der Technischen Hochschule in Karlsruhe. Heinrich Daniel Ruhmkorff hatte 1865 einen Induktor entwickelt und gebaut, womit er quasi den ersten Gleichspannungstransformator erfunden hatte. Bei dem Versuch von Hertz diente dieser Induktor nun der Erhöhung einer Gleichspannung auf eine zur Funktion der Funkenstrecke benötigte Größe. Die Funkenstrecke selbst war von 3 mm Länge in der Mitte eines 3 cm dicken und 26 cm langen Messingstabes. Aus diesen Abmessungen ergab sich die Wellenlänge von etwa 60 cm, entsprechend der Frequenz von 500 MHz. Als Empfänger diente ein Wellenanzeiger (Frequenzmesser), in Form einer einstellbaren Mikrofunkenstrecke im Bereich von hundertstel Millimeter, die innerhalb einer kreisförmig gebogenen Drahtantenne von 7,5 cm Durchmesser lag. Die beim Empfang der vom Sendedipol abgestrahlten hochfrequenten Schwingungen entstehenden winzigen Funken konnten nun mit einem Mikroskop beobachtet werden. Bei Anordnung des Sendedipols in der Brennlinie eines gebündelten Parabolspiegels aus Zink betrug die Reichweite 16-20 m. Der grundlegende Beweis der Übertragung von elektromagnetischen Wellen war hiermit erbracht und die Entwicklung der Funken-Telegrafie konnte ihren Lauf nehmen.

In Russland konstruierte Alexander Stepanowitsch Popow im Jahr 1894 einen Empfänger für elektromagnetische Wellen zur Gewittervorhersage. In seiner Tätigkeit als Lehrer für Physik an der Torpedoschule in Kronstadt bei St. Petersburg baute er einen Fritter-Empfänger, den er an einem Blitzableiter am Gebäude bzw. an einem mit Ballon hochgezogenen Draht als Antenne anschloss. Hiermit konnte er Blitzentladungen in bis zu 30 km Entfernung nachweisen, indem er die elektromagnetischen Wellen der Blitze auf eine Klingel übertrug. In seinem Artikel im Journal der russischen Gesellschaft für Physik und Chemie erwähnt er 1896 die Hoffnung, "... daß nach gewissen Verbesserungen mein Gerät mithilfe schnellerer Schwingungen für die Übermittlung von Signalen über beträchtliche Entfernungen gebraucht werden kann ..."

Für die Behauptung, er habe am 24. März 1896 die Worte "Heinrich Hertz", als erstes Radio-Telegramm der Welt an der Universität von St. Petersburg übermittelt, gibt es aber keinen Beweis und es hätte auch keinen großen Sinn gehabt gerade diese Worte zu wählen. Da er aber als erster Erfinder einen "Luftdraht" nutzte, steht er zumindest als Erfinder des elektrischen Bauteiles "Antenne" fest, da Benjamin Franklin eine andere Verwendung für den Drahtempfang fand.

Auch Oliver Lodge demonstrierte im Jahre 1894 vor der britischen Association for the Advancement of Science eine drahtlose Übertragung. Allerdings verliefen nicht alle Versuche mit der Frequenzerzeugung und dem Empfang immer gleich erfolgreich. Sylvannus Thompson schrieb, dass die 1889 durchgeführten Experimente des US-Leutnants Bradley A. Fiske die USS Atlanta mit 3.000 BRT in den größten schwimmenden Elektromagneten der Welt verwandelten. Fiske hätte damit vielleicht einen Eintrag ins Guiness Book of Records bekommen, aber als er sein Patent anmelden wollte, musste er feststellen, dass das Phänomen "Elektromagnetismus" bereits in ähnlichen Patenten von Nicola Tesla gesichert worden war.

Doch wir können am 24. März 1895 wieder in die deutschen Lande nach Fulda schauen, in die Stadt des eigentlichen Ursprungs der Funktechnik. An diesem Datum hielt Ferdinand Schneider vor dem Werkmeister-Bezirksverein Fulda einen Experimental-Vortrag mit selbst entwickelten Sende- und Empfangsgeräten im Saal der dortigen "Harmonie" unter dem Titel:

"Die neuesten Errungenschaften auf, dem Gebiet der Elektrotechnik im Allgemeinen und über die Telegrafie ohne Draht im Besonderen."

Ferdinand Schneider nutzte Sendeanlagen mit Schwingkreisspule, Kondensatoren (Leidener-Flaschen) und Funkeninduktor, also jene Bauteile die in den Anfangsjahren der Funktechnik überall verwendet werden sollten. Die gesendeten HF-Impulse (Morsezeichen) wurden in einer Mikrofunkenstrecke, die mit den Antennendrähten verbunden war, empfangen und durch einen Kopfhörer akustisch wahrnehmbar gemacht. Später verwendete Schneider einen von ihm patentierten Ionisations-Fritter. Zwecks Erhöhung der Antennenkapazität brachte Schneider außen an den Dipolhälften runde Kuchenbleche an, welche sich als ideale Bauteile erwiesen. Für Demonstrationszwecke in Schulen und Unterrichtstätten wurden über 1.000 dieser Bausätze gefertigt und zum damaligen Preis von 11 Mark auch außerhalb Deutschlands verkauft.

Doch Schneider blieb wie auch Reis der kommerzielle Erfolg seiner Erfindung versagt. Zum einen griffen deutsche Firmen seine Patente bald mit hart und mit der größeren Finanzkraft an, andererseits wurden später viele seiner Erfindungen vom Kriegsministerium als geheime Reichssache eingestuft, wodurch sie dem Zugriff der öffentlichen Stellen entzogen waren. Die militärischen Patente von Schneider bezogen sich z.B. auf Anwendungen der Funktechnik für Entfernungsmessungen, Fernanzeigen (Tochterkompass), Torpedosteuerung, magnetisch gezündete Seeminen, Abwurfbojen für Seenotrettungszwecke und Not-Sender für Verschüttete. 1924 erhielt er ein Patent für den "Empfang von Zeichen aus den Gestirnen", wofür er eine 360-m-Drahtantenne an einem 33-m-Mast für den Empfang von Radiosignalen mit 7-8 km Wellenlänge benutzte. Ein Ursprung der heutigen Radioastronomie.

Seine über 400 Patente sicherten Ferdinand Schneider kein Andenken in der Nachwelt und er ist vielen als Pionier der Funkgeschichte vor Zeiten eines Marconi bis heute unbekannt. Seine Sammlung von Geräten und Vorrichtungen für drahtlose Telegrafie sowie viele andere Erfindungen hielt Schneider lange Zeit betriebsbereit im Fuldaer Vonderau-Museum. Der größte Bestand seines häuslichen Laboratoriums wurde bei einem Fliegerangriff im September 1944 auf Fulda vernichtet. Seine Autobiografie befindet sich heute im Stadtarchiv in Fulda.

Doch auch in Brasilien gab es einen Erfinder der Anfangszeit, den auch der brasilianische Kaiser Dom Pedro nie kennen lernte. Roberto Landell de Moura wurde im brasilianischen Porto Alegre als viertes Kind von Inacio Jose Ferreira de Moura und seiner Frau Sara Mariana Landell de Moura geboren. Nachdem er zunächst von seinem Vater unterrichtet wurde, kam Landell später auf die Volksschule von Professor Hilario Ribeiro und wechselte dann auf das Kolleg von Professor Fernando Gomez.

Bereits im Alter von elf Jahren kam er auf das Priesterseminar „Nossa Senhora da Conceição" in São Leopoldo. Später studierte Landell gemeinsam mit seinem Bruder in Rom kanonisches Recht und immatrikulierte sich am 22. März 1878 am Colegio Pio-Americano. Außerdem belegte er an der Päpstlichen Universität Gregoriana Chemie und Physik. Bereits hier erwachte sein Interesse für die Phänomene der „Electricität" und er veröffentlichte seine Theorie zur „Einheit der physischen Kräfte und der Harmonie des Universums".

1886 wurde Landell schließlich als Priester ordiniert und kehrte nach Brasilien zurück, wo er kurze Zeit später die Vertretung des mit ihm befreundeten Schlosskaplans übernahm. Durch diese Aufgabe lernte er Kaiser Dom Pedro kennen. Vor allem wegen des gemeinsamen Interesses an den Wissenschaften entwickelte sich zwischen beiden ein freundschaftliches Verhältnis. Dom Pedro II. hatte den Ruf, der „Oberlehrer der Nation" zu sein, da er im Land unter anderem den wissenschaftlichen Fortschritt förderte; er galt als einer der fähigsten Monarchen seiner Zeit.

Pater Roberto Landell de Moura hatte mit 16 Jahren ein Jahr nach Bell unabhängig von ihm ein Telefon konstruiert. Zwischen 1893 und 1894 führte er viele Versuche zur drahtlosen Telegrafie und Telefonie in bis zu 1 km Entfernung durch. Als seine Kirchgänger die ihnen bekannte Stimme des Paters bei einem Versuch aber aus einem hölzernen Apparat erklingen hörten, zerstörten sie in der Angst vor Geistern und dem Teufel sein ganzes Labor und die Erfindungen.

1896 formulierte Landell Gesetzmäßigkeiten, welche heute auch in der Glasfasertechnik und Elektronik angewendet werden. 1900 fasste er seine Erkenntnisse in der "Telúrico Etéra" (Erdätherik) zusammen.

Nach der Entbindung von seinem Priesteramt ging er 1901 für drei Jahre in die USA, um die Ergebnisse seiner technischen Experimente dort vorzustellen und patentieren zu lassen.

Am 9. März 1901 reichte Landell sein Patent für „einen Apparat für Sprachübertragung mit und ohne Draht, durch Raum, über die Erde und das Wasser, bei Sonne oder Regen, starkem Nebel und auch bei Winden" in Brasilien ein. Nach langjährigem Kampf bekam er am 9. März 1901 das brasilianische Patent Nr. 3.279. Da seine Erfindungen in seinem Heimatland offenbar nicht verstanden wurden und er hier keine Aussicht auf die erhoffte materielle Hilfe hatte, ließ sich Landell zunächst von seinem Priesteramt entbinden und ging für drei Jahre in die USA nach Manhattan (New York City), um seine Erfindungen hier patentieren zu lassen.

Dafür richtete er dort zunächst ein kleines Labor ein und am 4. Oktober registrierte das Patentamt in Washington, D.C. unter der Nummer 77.576 die erste Erfindung Landell. Für das brasilianische Patent Nr. 3.279 für drahtgebundene oder drahtlose sprachliche Sendungen durch den Raum sowie Erde und Wasser, empfahl er dabei bereits die Verwendung von kürzeren Wellen (HF), um über größere Entfernungen einen Empfang zu ermöglichen. Erst nach fast drei Jahren erhielt er am 11. Oktober 1904 die erste US-Patentschrift Nr. 771.917 für einen Wellen-Sender, am 22. November 1904 das Patent Nr. 775.337 für ein drahtloses Telefon und für einen drahtlosen Telegrafenapparat. Es folgten die Patente Nummer 89.976 am 16. Januar 1902 und Nummer 142.440 am 13. Februar 1903. In einer am 12. Oktober 1902 im New Yorker Herald erscheinenden Reportage über drahtlose Telegrafie wurde unter anderem auch über die Arbeit Landells berichtet. Außerdem gab es hier ein Interview mit dem südamerikanischen Erfinder.

Wenn auch die Jahreszahlen 1893/94 und Daten nicht in allen Details zweifelsfrei belegt werden können, so muss Pater Landell trotzdem als ein Pionier der neuen Übertragungssysteme gelten. Landell soll einer Zeugenaussage von 1933 zufolge im in Porto Alegre publizierten „Journal da Manha" zwischen 1890 und 1894 drahtlose Übertragungen in Telegrafie und Telefonie über Entfernungen von bis zu acht Kilometern durchgeführt haben. Auch wenn bereits fünf Jahre zuvor eine weitere Zeugin in der Tageszeitung „A União" ebenfalls von einer 1893 vollzogenen Begegnung mit dem experimentierenden Priester berichtete, fehlen dafür die Nachweise. Mit seinen Versuchen wäre Landell dem italienischen Physiker und Pionier der drahtlosen Telekommunikation Guglielmo Marconi zuvorgekommen, dessen Experimente für das Jahr 1895 belegt sind.

Landell ist der Erfinder eines drahtlosen Telefons "Gouradfone", des "Teleauxiofon" (Telefonieverstärker), des "Teletition" für Unterwassertele-grafie, des "Caleofon", "Anematofon", des "Geofons" und des Entzerrers/Filters "Edifon", die alle in seinem Buch "Brasil Moderno" in einer Auflistung erwähnt werden. Es sind ca. 40 handschriftliche Hefte des Paters Landell erhalten geblieben. Prinzipiell bestanden die Patente des Paters Landell aus fünf Übertragungssystemen:

- Akustische Sprachübertragung auf kurze Entfernung mithilfe der Luftströmung als Trägermedium (Megaphon-Prinzip)
- Lichtübertragung durch Bündelung (Prinzip der Fresnel-Linse)

Die elektrische Übertragung der Sprache mithilfe eines Lichtbogens oder von einer anderen Strahlungsquelle erzeugten Lichtbündels (Empfangsdetektor ist hierbei eine Selenkapsel, 1873 entdeckte Joseph May diese fotoelektrische Eigenschaft des Selens in Europa. Dies ist eine elektromagnetische Übertragung der Sprache oder eines Lichtsignals durch Überlagerung von elektrischen und optischen Schwingungen, wobei Landell eine Röhre mit drei Elektroden benutzte. Ferner gab es eine elektrische Übertragung welche ein akustisches Signal über das Aufleuchten einer von ihm erfundenen Lampe ("Cintilante"), die als Wellen-Sender arbeitete, aktivierte.

Fünf der von Landell entwickelten Geräte führte er am 3. Juni 1900 in Gegenwart des britischen Konsuls und weiterer Persönlichkeiten vor. Wie das „Journal da Manha" am 16. Juni 1900 berichtete, bot Landell außerdem in einem Brief an den britischen Konsul Mr. Lupton die „Teleauxiophon", „Caleophon",

„Amenatophon", „Teletion" und „Ediphon" genannten Erfindungen der britischen Regierung zum Kauf oder als Geschenk an. Im letzteren Falle hegte er die Hoffnung, dass ein eventueller Gewinn einem Waisenhaus oder einer Erziehungsanstalt zugutekommen würde. Es ist allerdings nicht bekannt, ob dieser Brief Landells jemals beantwortet wurde. Das von Marconi angestrebte Monopol und die eigenen Interessen der USA auf dem Funksektor ließen aber die weiteren Versuche und Erfindungen von Landell schnell in der Versenkung verschwinden.

Nachdem Landell schließlich Ende 1904 verarmt und zermürbt nach Brasilien zurückgekehrt war, übte er erneut das Priesteramt aus, wobei er immer wieder mit der Amtskirche in Konflikt geriet und deshalb mehrmals versetzt wurde. Landell wurde 1927 Erzdiakon der Kapelle Beneficiencia. Er starb am 30. Juni 1928 in Porto Alegre n den Folgen einer Lungenentzündung. Beigesetzt wurde er auf dem Priesterfriedhof „Gloria in der Grotte der Heiligen Muttergottes von Lourdes".

Die sterblichen Überreste Landells wurden am 13. Juli 2002 in die Kirche „Unserer Lieben Frau vom Rosenkranz" in Porto Alegre überführt. Hier war er am 19. Februar 1863 getauft worden und von 1915 bis 1928 selbst als Pfarrer tätig. Eine Gedenktafel mit der Widmung „Dem Priester und Vorläufer der Telekommunikation" befindet sich an der Grabstelle, die sich unter einem Altar befindet.

Ein Großteil der Verdienste um die Nutzung der Funken-Telegrafie steht allerdings dem Italiener Guglielmo Marconi zu, der durch seine Patente und Produkte weltweit zum Begründer des drahtlosen Nachrichtenverkehrs wurde. Insofern kann er durchaus mit einem Bill Gates verglichen werden. Wenn auch Anzeichen dafür vorhanden sind, dass Landell und Schneider dem italienischen Wissenschaftler zuvorgekommen sind, so gelang Marconi 1895 unter Verwendung einer geerdeten Sendeantenne die erste drahtlose Telegrafieverbindung in Bologna über etwa 2,5 km herzustellen und dies nachfolgend auch zum kommerziellen Erfolg zu führen.

Zusammen mit seinem Lehrer, dem Physikprofessor Righi, benutzte er einen Ruhmkorff-Funkeninduktor mit einer Dreifach-Funkenstrecke, einen Fritter-Empfänger und eine senkrechte Drahtantenne, wie sie Popow nur auf der Empfängerseite eingesetzt hatte. Ein Jahr zuvor hatte er auf dem Dachboden seiner Eltern eine Klingel über Funk aus 4 m Entfernung aktiviert, doch sein finanzkräftiger Vater meinte, dies wäre wohl auch einfacher möglich gewesen. Auch der italienische Staat war an der Erfindung seines Bürgers nicht interessiert, womit sich wieder einmal der frei übersetzte Spruch "Der Prophet gilt nichts im eigenen Land" (Matthäus, Kap. 13, Verse 53 bis 57) bewahrheitete. Marconi reiste daraufhin am 2. Februar 1896 nach England, meldete dort am 2. Juni 1896 seine Erfindung zum Patent an (Patent 12.039, erteilt am 2. Juli bzw. US-Patent 586.193).

Am 13./14. Mai 1897 überbrückte Marconi mit der Unterstützung der englischen Behörden beim Seebadeort Penarth/Cardiff von Lavernock Point zur Insel Flatholm im Bristol-Kanal eine Distanz von 5,3 Kilometer mit dem Morsezeichen "V". Bei diesem Versuch bildeten zwei parallel verlaufende Leitungen in 30 m Höhe die Antennen, zwischen diese und der Erde des Empfängers (eine am Ufer eingegrabene Metallplatte) war der Fritter geschaltet. Dieser bestand aus einem Glasröhrchen von 60 mm Länge und 4 mm Durchmesser, in dem sich zwei mit Silberamalgam bedeckte Elektroden gegenüberstanden. Der Spalt (0,5 mm) war mit einem Feilspäne-Gemisch aus 96% Hartnickel und 4% Silber gefüllt. Im Stromkreis aus polarisiertem Relais, Fritter und 1,5-V-Trockenbatterie verhinderten Drosselspulen (damals "Induktanz-Rollen") das Abfließen von HF-Energie über Relais und Batterie. Ein elektrischer Klopfer arbeitete zur Lockerung der Fritterfüllung. Parallel zum Klopfer geschaltete Widerstände unterdrückten die am Klopfer-Kontakt normalerweise entstehenden Funken und weitere Funkenschutzwiderstände waren parallel zu Relais und Morseschreiber geschaltet.

Marconi wurde auch von dem Chefingenieur des englischen Postwesens William H. Preece unterstützt, dem bis dahin allerdings lediglich eine Unterwassertelegrafie vorgeschwebt hatte, die zu dieser Zeit auch Gegenstand allgemeiner wissenschaftlicher Untersuchungen in England war. Doch die Seemacht benötigte neben den weltweiten Telegrafieleitungen zu den Kolonien auch ein Verbindungsmittel zu den eigenen Seestreitkräften auf den Weltmeeren - und Marconi versprach dies zu verwirklichen.

Am 18. Mai 1897 wurden bereits fünfzehn Kilometer bis auf die andere Seite der Bucht bei Brean Down überbrückt. Professor Slaby und Graf von Arco waren nun aus Deutschland zu den ersten Versuchen angereist, die weltweit Aufsehen erregten. Über Draht einen Strom zu leiten war ein bereits bekanntes Verfahren, doch ohne jegliche Verbindung ebenfalls Signale zu übermitteln, eröffnete absolutes Neuland, wenn man die eigenen Entwicklungen im Lande nicht beachtet hatte.

Jetzt war allerdings auch das Interesse der italienischen Regierung wiedererweckt und Marconi wurde zu Versuchen eingeladen. Am 14. Juni 1897 wurde im Golf von La Spezia der erste maritime Versuch mit einem Schlepper aus San Bartolomeo al Mare/Imperia durchgeführt. Ein 16-m-Draht wurde in 16 m Höhe über Deck verspannt, was insgesamt etwa 32 m wirksame Antennenlänge ergab. Die Landstation erhielt einen 26-m-Antennendraht, wobei allerdings nur bis maximal 4 km ein guter Empfang erzielt wurde. Beim zweiten Versuch am nächsten Tag wurden beide Antennen auf 30 m verlängert und die Reichweite stieg auf 5,5 km. Gleichzeitig wurden herannahende Gewitterentladungen empfangen und festgestellt, dass die Funkverbindung zu der Hulk CASTAGNA abbrach, wenn sie zwischen Landstation und Schlepper lag. Bei den Versuchen am darauffolgenden Tag unter gleichen Bedingungen wurden klare Verbindungen bis etwa 7,5 km und eine maximale Reichweite von 12,5 km ermittelt. Das Panzerschiff SAN MARTINO wurde daraufhin mit einer 17-m-Leitung und 22 m Höhe (39-m-Antenne) ausgerüstet, während der landseitige Geber einen 34-m-Antennendraht erhielt. Vor Anker und in Fahrt fanden Versuche statt, wobei die Reichweite von 13,5 km auf, 16,3 km erhöht wurde, während der Kontakt bei 18 km ganz abbrach.

Die 1897 benutzten Schaltungen wurden aus 8-zelligen Batterien betrieben und hatten damit eine Schlagweite von 50 cm (bei späteren Marconi-Sendern 25 cm). Die aufwendige Righi-Funkenstrecke hatte Kugeln von 5 und 10 cm Durchmesser. Die kleinen Kugeln hatten einen Abstand von etwa 10 mm, während die großen Kugeln in einem mit Vaselinöl gefülltes Pergamentrohr etwa 2 mm Abstand hatten. Damit dürfte die Funkenspannung zwischen max. 60-80 kV gelegen haben. Bei einem Strom von 7 A lag die aufgenommene Leistung aufgrund des ungünstigen Wirkungsgrades vermutlich nur bei etwa 100 W, die Sendeleistung zwischen 10-20 Watt.

Im Herbst 1897 gründete Marconi in London die Marconi Wireless Telegraph and Signal Company, die über zwölf Jahre Marktführer bleiben sollte und England viele Patente sicherte. Gleichzeitig errichtet er eine Küstenfunkstation auf Needles bei Southampton, deren Inbetriebnahme er mit einem "Marconigramm" mitteilte, womit er wohl seinen Anspruch auf das "Funktelegramm" zum Ausdruck bringen wollte.

Der Dampfer FLYING HUNTERS erhielt 1898 erstmals eine Funkstation sowie auch einige Leuchttürme und Feuerschiffe. Die Sender nutzten die Entladung von Funkenstrecken zur Schwingungserzeugung, was von lauten Knallgeräuschen begleitet wurde, die sich leider auch auf die Aussendung übertrugen, woraus sich die Bezeichnung Knallfunken-Sender ableitet.

Im Jahre 1898 wurden die 30 km von Wimereux in Frankreich zur englischen Küste überbrückt. Zwischen Landstationen über den Ärmelkanal hinweg waren es am 27. März 1899 bereits 136 km und bei den englischen Flottenmanövern im Herbst 1899 konnte Marconi mit den verbesserten Anlagen (Jigger, HF-Transformator) von den Schiffen bereits 106 km Reichweite erzielen. Im Juli 1900 bestellte die britische Admiralität bei der Marconi Co. 28 Schiffs- und 4 Landstationen und weitere Aufträge für 22 feste Funkstellen und 30 Handelsschiffstationen folgten.

Die Erfolge wurden weltweit publiziert und verschiedene Wissenschaftler beschäftigten sich mit den Problemen und Erkenntnissen des italienischen Briten. Für die ersten Versuche von Popow, Marconi und Slaby/Braun ergab sich allerdings auch aus den nicht an die Frequenzen angepassten Antennenlängen oft ein sehr ungünstiger Wirkungsgrad. Der Zusammenhang zwischen Wellenlänge und Antennenlänge war teilweise noch nicht erkannt und Wellenmesser (Frequenzmessgeräte) gab es erst ab 1903. Ein zusätzliches Handicap waren die gedämpften Wellen des offenen Schwingkreises.

Der erste Antennenträger Deutschlands wurde 1897 von Professor Adolf Slaby und Graf Georg Wilhelm von Arco in Sacrow bei Potsdam errichtet. Kaiser Wilhelm II. war sehr interessiert an der neuen Technik und stellte die königlichen Gärten und das Schlossgebäude auf der Pfaueninsel für Reichweitenversuche und Experimente der deutschen Entwicklungen zur Verfügung. Am Sacrower Glockenturm wurde die Sendeantenne als herabhängender Draht installiert, während die Empfangsstation etwa 1.300 m entfernt, in der heute nicht mehr existierenden Matrosenstation, an der Gleinicker Brücke errichtet wurde. 1928 wurde an der Heilandskirche eine Gedenktafel angebracht, welche an die Geburtsstunde der drahtlosen Telegrafie in Deutschland erinnern sollte. Neben dem Deutschen Museum in München (1903) oder dem Deutschen Postmuseum in Frankfurt a.M. können deutsche funktechnische Geräte aus der Anfangszeit z.B. auch im Zentralmuseum für das Post- und Fernmeldewesen in St. Petersburg besichtigt werden, in das sie nach 1945 verbracht wurden.

Das deutsche Heer war im 19. und Anfang des 20. Jahrhundert Geldgeber und Vorreiter auf vielen technischen Gebieten. Doch die zuständigen deutschen Heeresabteilungen verhielten sich neuen Techniken gegenüber sehr konservativ und so befahl Kaiser Wilhelm II. dem Oberleutnant d. R. Bartsch von Sigsfeld während des Kaiser-Manövers persönlich die Forschung für die Truppe weiter zu führen.

Nachdem Graf von Arco und der Elektrotechniker Georg Klingenberg zur Unterstützung einbezogen waren, wurde mit einer Antenne am Fesselballon einer Heeres-Luftschifferabteilung am 7. Oktober 1897 eine Reichweite von 21 km, im Frühjahr 1898 schon 60 km, erzielt. Bei dem Versuch zwischen Rangsdorf und Schöneberg am 7. Oktober wurde mit etwa 6-7 m langen Ballonen eine 100-m-Drahtantenne an einem 200-m-Hanfseil in die Höhe gezogen. In Rangsdorf stand der sechsspännige Funkerwagen der Luftschifferabteilung mit dem Vierkugeloszillator, dessen beide mittleren Kugeln von Vaselinöl umgeben waren, um das Erdungspotenzial zu erhöhen. Seine Außenkugeln lagen an der Sekundärwicklung eines kleinen Induktors, der über einen Unterbrecher von acht Akkumulatoren gespeist wurde. Nachdem zunächst kein Empfang möglich war, stieß einer der Offiziere kurzerhand seinen Säbel in die Erde und spannte zwischen der Waffe und einer der äußeren Kugeln des Oszillators einen dünnen Draht, um den Potenzialausgleich herzustellen. In heutigen hochmodernen Armeen lässt sich die hier angewandte Erdungsmaßnahme in Ermangelung der Säbel nur noch mit dem Klappspaten durchführen.

Als der Kaiser zu einer Vorführung kam zwang der Regen zur Verlegung des Senders in ein Gebäude. Da nun die Antennenleitung verkürzt werden musste, wickelte das Personal kurzerhand das Kabel auf. Jetzt musste aber wieder der äußere Antennendraht verkürzt werden, um die alten Stromstärken zu erhalten. Die Antennenabstimmung (Länge) auf die Frequenz (Wellenlänge) mittels veränderbarer Spulen war damit zwangsläufig durch äußere Umstände erfunden. Graf Arco verwendete bei der Antennenabstimmung ein Funken-Mikrometer.

Slaby nutzte ab dem Jahre 1900 die Resonanz eines als Spule gewickelten Drahtes aus. Dieser "Multiplikator" wurde an das Ende der Antenne geschaltet und verbesserte den Empfang der gedämpften Wellen. Durch den Einsatz von zwei Resonanzspulen an einer Antenne war sogar der erste Mehrfachempfang (Empfänger-Diversity) auf 240-m- und 640-m-Welle möglich. Die Resonanzspulen wurden bei Slaby/Arco und Marconi sehr schnell durch leichter abstimmbare Parallel-Schwingkreise abgelöst. In den Sendern wurden nach der neuen Erkenntnis ab 1900 abstimmbare Spulen (Abgriffe) und je nach Antennenlänge (20 m, 40 m und über 40 m) im Funkenkreis Leydener Flaschen mit 3,7 oder 14 nF Kapazität verwendet. Die senkrechte Funkenstrecke der Sender wurde mit Papp- oder Mikanitzylindern aus Messingstäben zusätzlich schallgedämpft. Um 1900 lagen die Frequenzen der kaiserlichen Stationen zwischen 50-120 kHz.

Die Leydener Flasche (Leidener Flasche) oder auch Kleistsche Flasche wurde als Speicher für elektrische Ladungen von Ewald Georg von Kleist und Musschenbroek in Leiden 1745/46 als Kondensator entwickelt. Der Glasbecher diente als Isolator (Dielektrikum) und wurde innen und außen mit Stanniol belegt. Benjamin Franklin stellte nach diesem Prinzip einen Kondensator in Plattenbauweise her, der als Franklinsche Tafel bezeichnet wird. Der spätere US-Präsident gilt auch als Erfinder des Blitzableiters, allerdings hatte schon der Prämonstratenser-Mönch Prokop Divisch im Jahre 1755 einen solchen auf seinem Pfarrhaus installiert. Als an der Funken-Telegrafieschule in Flensburg-Mürwik die regelmäßige Ausbildung für die Marine begann, befahl der deutsche Kaiser die Bildung einer "Funken-Telegrafie-Abteilung" beim Luftschifferbataillon (1. Oktober 1902). Als wichtigste Maßnahme für die deutsche Wirtschaft regte er die Gründung einer Gesellschaft für die drahtlose Funken-Telegrafie an. Am 27. Mai 1903 vereinigten sich die konkurrierenden Funksysteme AEG-Slaby/Arco, Braun und Siemens & Halske als Gesellschaft für drahtlose Telegrafie (Warenzeichen Telefunken, 1. Geschäftsführer von 1903-1932 war Graf von Arco).

Eine zweite Firma auf, dem Funksektor war 1882 aus der Deutschen Elektricitäts-Gesellschaft (DEG) unter Emil Rathenau entstanden, der 1884 mit Oskar von Miller die Allgemeine Elektricitäts-Gesellschaft (AEG) gründete, die von Rathenaus Sohn Walter, dem späteren Reichsaußenminister, weitergeführt wurde. Von Miller gründete 1903 das Deutsche Museum in München. Mit Wirkung vom 1. Januar 1967 wurde Telefunken in die AEG eingegliedert und die Firma in AEG-Telefunken umbenannt. Auch die DEBEG ging nach dem Verkauf der 50-%-Anteile von Siemens im Oktober 1981 vollständig an AEG-Telefunken über, die aufgrund der Aktienmehrheit 1994 zur AEG Daimler-Benz Industrie wurde.

Landell, Schneider und Popow wurden in den Anfängen nicht in derselben Weise unterstützt, wie Marconi in England. Dieser legte durch seine ersten Patentschriften international den Grundstein seiner Vormacht für den Bau und Vertrieb von Funkanlagen. Die im Jahre 1900 gegründete International Marine Communication Co. Ltd. sicherte sein Monopol und der kommerzielle Erfolg Marconis ließ die anderen Erfinder nahezu in Vergessenheit geraten. Andere Staaten waren unter dem Monopol nun gezwungen durch neue Entwicklungen nachzuziehen, um auf, dem Stand der Technik zu bleiben. Die Marconi Marine Communication Co. Ltd. vermietete ihre Bordstationen der Schifffahrt auch nur mit der Auflage, dass diese nur mit Marconistationen den Funkverkehr aufnahmen.

Die ersten Tests der Anlagen von Marconi in Amerika auf den Schiffen NEW YORK und MASSACHUSETTS im Jahre 1899 ergaben eine Reichweite bis 46,3 Meilen. Die Vereinigten Staaten von Amerika wollten sich aber ebenfalls nicht dem englischen Monopol beugen und suchten eigene Wege auf dem neuen Fernmeldegebiet. Entwicklungen kamen von Prof. Harry Shoemaker und John Greenleaf Pickard, denen aber keine kommerziellen Nutzungen folgten. Edward Smythe baute einen Empfänger, Prof. Clarence Freeman einen Sender und zusammen mit De Forest gründeten sie die Wireless Telegraph Co. of America, die mehr Erfolg hatte. Gleichzeitig wurden die Anlagen von Ducretet und Rochefort von der Companie General Telegrafie et Telephonie in Sans Fil sowie von Slaby-Arco und Braun-Siemens-Halske getestet und mit Marconis Anlagen in den USA verglichen. Das Marineministerium der US-Marine gab hierbei die Anweisung, die auf den deutschen Schiffen verwendeten Anlagen zu kopieren. Deutsche Küsten- und Schiffsanlagen wurden zwar zusätzlich gekauft bzw. angemietet, gleichzeitig aber eigene Nachbauten produziert.

Die kaiserlichen Marinen waren in Deutschland und Österreich-Ungarn von Anfang an im Funkbereich vertreten. Das k.u.k. Reichskriegsministerium beschloss am 17. November 1897 die Beschaffung zweier Funken-Telegrafie-Stationen von Marconi für die Schiffe Pelikan und Monarch.

Der Universitätsdozent Dr. Tuma führte die erste belegbare Funkübertragung in Wien am 5. Januar 1898 durch und erhielt für weitere Vorversuche der Marine entsprechend Einladungen, die von der Marine-Sektion (Sender) zur Votivkirche, im Hotel Kahlenberg und der Stephaniewarte (3 Empfänger) am 7. und

16. Februar, 9. März sowie 21. April 1898 stattfanden. Nun sollte die auch Eignung für die Schifffahrt getestet werden.

Nachdem Verhandlungen mit Marconi bezüglich des Preises und der Patente für zusätzliche Geräte nicht zum gewünschten Erfolg führten, wurden zwei weitere Apparate bei Max Kohl in Chemnitz bestellt. Unter Linien-schiffkapitän Gustav Ritter von Brosch, dem stellvertretenden Leiter des technischen Marine Comités, und dem Elektrooberingenieur Moses Burstyn erfolgten die Versuche bei Pola vom 8. bis 20. Dezember 1898. Vom Fort Musil zum Fort Maria Luise erwies sich kaum eine Anordnung als brauchbar, was allerdings vielleicht mehr auf die fehlende Antennenabstimmung mit 25- und 12-m-Draht zurückzuführen war.

Die SMS ALPHA erhielt einen Sender mit 22-m-Antennendraht, ein Tender den Empfänger mit 10-m-Draht, was zu ersten Erfolgen bis zu 2,2 km Entfernung führte. Weiter Versuche folgten von Fort Musil und Fort Punta mit 17-m-Antenne sowie am 16. Dezember zwischen Fort Musil und Fort Tegetthoff bei recht ungünstigen Witterungsbedingungen. Am 19. Dezember empfing die SMS Budapest (60-m-Antenne) in Fahrt bis auf 8 km von Fort Musil. SMS Budapest erhielt einen Sender und SMS Lussin einen Empfänger und am 21. Dezember wurden bei starkem Seegang Schiff-Schiff-Reichweiten von 10-11 km erzielt. Die Funken-Telegrafie hatte sich auch in Österreich als neue Technologie bewiesen.

Mit dem System von Johann Christian Schäfer wurden im Juli 1899 mit dem Dampfer ARCIDUCA FERDINANDO MASSIMILIANO zwischen Triest und Venedig Reichweiten von 65 und 85 km erprobt. Nachdem neue Verhandlungsversuche am 1. Oktober 1899 mit Marconi nicht zum Erfolg führten und weitere Versuche mit dem System Schäfer zwischen dem Kreuzer Karl VI., Hafenwachschiff Tegetthoff, Torpedoboot Condor und Fort Musil vor Pola keine zufrieden stellenden Resultate erbrachten, wurde am 4. November die Firma AEG (System Slaby-Arco) kontaktiert. Marconi hatte 32 Stationen für jährliche Patentgebühren von 100 Pfund in englischem Auftrag und die fortschrittlichste Technik angeboten. Aufgrund der Kosten wurden aber weitere Versuche nun mit deutschen und französischen Anlagen (System Rochefort) durchgeführt. Eine erste private Funklinie wurde dabei zwischen den Schlössern Kreuzenstein und Seebarn von Johann Graf Wilczek mit dem System Rochefort errichtet.

Erste Küsten-Funkstationen und Erfahrungen

Auf See brachte die Funktechnik von Beginn an großen Nutzen im zivilen wie militärischen Bereich, vor allem bei der Rettung von Menschenleben. Nun war es bei Notfällen möglich anderen Schiffen und Rettungskräften umgehend die Position und die Art des Notfalles mitzuteilen.

Das Feuerschiff EAST GOODWIN SANDS konnte seine Marconi-Funkanlage gleich zweimal in der Seenotrettung einsetzen. Im Januar 1899 konnte das Schiff nach schweren Schäden im Orkan Hilfe anfordern und am 3. März 1899 wurde nach einer Kollision mit dem Dampfer R. F. MATHEWS dessen Besatzung gerettet. Am 24. Januar 1900 morste der russische Erfinder Popow über 45 km nach Hogland und benachrichtigte so den Eisbrecher JERMAK, der 50 Eisfischer von einer losgerissenen Eisscholle retten konnte. Am 12. Dezember 1900 trug eine Verbindung von Popow über 3.500 m zur Rettung in Seenot geratener finnischer Fischer bei.

Am 18. April 1906 gab es nach dem großen Erdbeben in San Fransico keine Telefon- oder Telegrafenverbindungen mehr, lediglich mit dem Schiffssender der USS CHICAGO konnte eine Verbindung aus der Stadt hergestellt werden. Midshipman Stanley C. Hooper (späterer Fleet Radio Officer) war allein verantwortlich für über 1.000 Meldungen, welche er in 2 Wochen über die Relaisstation auf Mare Island abwickelte. Nach der Kollision der Dampfer REPUBLIC und FLORIDA, am 23. Januar 1909 vor Nantucket/USA, konnten 461 Personen gerettet werden. Der Funker Jack Bins hatte während des Sinkens der REPUBLIC weiter die Notrufe gesendet, bis die 30 sm entfernte BALTIC am Unglücksort eintraf und auch er von Bord musste. Doch immer noch gab es keine internationalen Regelungen des Funkverkehrs in Seenotfällen.

Die Titanic und ihr Schwesternschiff OLYMPIC waren mit einer der damals leistungsstärksten Schiffssendeanlagen der Welt, einer 5-kW-Marconi-Station, ausgerüstet worden, wie sie auch auf den Schlachtschiffen installiert worden war. Die Reichweite auf 120-3.000 kHz (100-2.500 m) lag damit in Abhängigkeit von der Tageszeit und Gebiet zwischen 250-400 Meilen. Auf der Jungfernfahrt der Titanic im Jahre 1912 liefen seit dem Morgen Warnungen über Eisberge und Packeis im Funkraum ein. Der Funkspruch mit der Meldung, dass sich einer der Eisberge direkt auf der Route des Schiffes lag, wurde vom Funker der TITANIC brüsk abgebrochen, da das andere Schiff mit einem anderen Funksystem arbeitete und Marconi die Verbindung mit diesen Anlagen vertraglich verboten hatte. Zu diesem Zeitpunkt gab es weltweit bereits 15 größere Gesellschaften, die den Funkverkehr abwickelten und die damit mit Marconi im Konkurrenzkampf lagen. Da nach den internationalen Vereinbarungen der Funkraum der Schiffe noch nicht 24 Stunden besetzt sein musste, legte sich der so brüsk abgewiesene Funker nun auf die Koje.

Nach der Kollision der TITANIC erreichte der Notruf durch diesen Umstand die Funker der dem Unglücksort am nächsten stehenden britischen Schiffe CARPATHIA (in 58 sm) und Mount Temple (in 50 sm) nicht, da diese den Funkraum nicht besetzt hatten. Die Funker John George Phillips und Harold Bride erreichten aus dem Funkraum der TITANIC deshalb zuerst den deutschen Dampfer FRANKFURT in 153 sm Entfernung. Im eiskalten Wasser blieben nur wenige Minuten zur Bewusstlosigkeit und folgendem Ertrinken, die hohe Zahle an Opfern war auch der Zeit geschuldet, welche die Rettungskräfte für das Erreichen des Unglücksortes benötigten.

Man erkannte aber nun auch die Notwendigkeit die Küstenfunkstationen an exponierten Punkten für die Abwicklung des Funkverkehrs. Da die Schiffsstationen nicht die Sendeleistungen und Reichweiten der Landstationen hatten, mussten die Küstenstationen zwischen den in See stehenden Schiffen und den Marinebefehlsstellen in den Hauptstädten als Relaisstation fungieren.

Die Marconi-Gesellschaft unterhielt ab 15. Mai 1900 unter der Reichspost- und Telegrafieverwaltung die erste Küstenfunkstelle der Welt zwischen Borkum Leuchtturm und dem Feuerschiff BORKUM RIFF. Hier konnten sich die in die Ems einlaufenden Schiffe aus ca. 45-50 km, bei günstigen Bedingungen teilweise sogar aus 75 km Entfernung vor Erreichen des Feuerschiffes anmelden. Von Borkum wurden die Schiffsmeldungen über eine Kabelverbindung mit Morseschreiber nach Emden weitergemeldet. Allerdings war eine solche Anmeldung 1900 nur einem einzigen deutschen Schiff möglich, denn lediglich der Passagierdampfer KAISER WILHELM DER GROSSE war in dieser Zeit mit einer Funkanlage ausgerüstet.

Das erste Seefunktelegramm der Welt wurde am 28. Februar 1900 übermittelt, als das telegrafische Bureau Boesmann über die Eröffnung der Station für drahtlose Telegrafie auf der Insel Borkum Folgendes berichtete:

"Als der Schnelldampfer Kaiser Wilhelm der Grosse heute Nachmittag auf seiner Ausreise nach New York die Insel Borkum passierte, sandte derselbe folgendes Telegramm durch die Station für drahtlose Telegrafie auf Borkum an den Norddeutschen Lloyd 2 Uhr 7 Minuten nachmittags:"

„ ... Passieren Borkum Leuchtschiff in Entfernung von 1/2 Meile. Marconi-Apparate arbeiten tadellos. Die erste Verbindung wurde 35 Seemeilen vor Borkum hergestellt. An Bord alles wohlauf. Engelhart, Kapitaen ...''

Zwar war die Notwendigkeit von internationalen Verbindungen und deren vertraglichen Festlegung erkannt, jedoch sträubten sich die nationalen Unternehmen mit Monopolstellung (wie Marconi) weiterhin, ihre Verfahrensweise zu ändern. Erst die internationalen Verträge zwischen den Nationen konnten hier eine Veränderung bewirken.

In einem Schreiben des Staatssekretärs des Reichsmarineamtes, Admiral von Tirpitz, vom 21. Mai 1901 wurde die Ausrüstung der Schiffe KAISER BARBAROSSA, VICTORIA LOUISE, GAZELLE und NIOBE mit Geräten für Funkentelegrafie angewiesen. Als erstes Schiff erhielt die SMS FRIEDRICH CARL eine Funkentelegrafieanlage, doch eine einheitliche Ausrüstung der Flotte war erforderlich.

Hier legte Admiral von Tirpitz die Weiche für eine moderne Funk-Ausrüstung in der Kaiserlichen Marine, was durch zwei Telegramme im Archiv des Internationalen Museums in Hamburg dokumentiert ist. Ein Kabeltelegramm gesendet von Admiral von Tirpitz an den deutschen Kaiser Wilhelm II. erwähnt die Ergebnisse der Versuche der Anlagen des Grafen von Arco und Ferdinand Braun. Kaiser Wilhelm war zu diesem Zeitpunkt mit seiner Yacht S.M.S. HOHENZOLLERN auf den Azoren und gab in seiner Antwort am 22. Februar 1902 den Befehl zur Ausrüstung der ersten Schiffe der Kaiserlichen Flotte mit dem System des Grafen von Arco, dessen Firma später als Allgemeine Elektrische Geräte (AEG) bekannt wurde. Admiral von Tirpitz vermerkte handschriftlich auf dem Telegramm eine Hoffnung die wir noch heute hegen:

"Das Fernversuch dazu geführt hat einheitliches Funksystem für uns zu schaffen bedeutet erfreulichen Fortschritt für Marine."

Um das Monopol von Marconi zu umgehen, wurden auch in anderen europäischen Ländern Anfang 1903 Schiffe mit deutschen und französischen Funkentelegrafieanlagen ausgerüstet. In der österreichischen k.u.k. Eskadre bekam das Schlachtschiff HABSBURG eine der neuen Funkanlagen von Siemens-Braun (Rochefort-System als Ersatzanlage) und ein Radioskop von Hozier-Brown, die Küstenverteidiger Budapest und Wien jeweils eine komplette Siemens-Braun-Station (von den Küstenstationen Sansego bzw. Fort Musil), wobei auch die BUDAPEST ein Ersatzsystem von Rochefort erhielt. Die Antennen hatten auf allen Schiffen eine Länge von 37,5 m, die der Landstationen von 55 m.

Auf der Auslandsreise ab 31. März 1903 über Valona, Korfu, Piräus, Rhodos, Makry, Kos, Vathi, Samos und Chios wurden Abstimmversuche mit den Antennenlängen durchgeführt und die Anlagen im praktischen Bordbetrieb verbessert. In anschließenden Einsatzfahrten der Schiffe nach Saloniki und Smyrna trennten sich die Schiffe und konnten in der Folge Distanzen von 74 und 104 km überbrücken, das Schlachtschiff Habsburg am 5. Juni rund 70 km nach Sansego, später noch über 83 km. Dies waren die ersten Nutzungen der Funktechnik in der k.u.k. Kriegsmarine. Das k.u.k. Landheer begann im Juni 1903 mit zwei fahrbaren Funkstationen von Siemens & Halske.

Am 12. Dezember 1901 gelang Marconi von Poldhu/Cornwall die erste Funkverbindung über den Atlantik. Marconi selbst reiste zur Verbindungsaufnahme nach Kanada. Nach ständigem Wiederholen des Buchstabens "S" wurde dieser in St. John/Neufundland (3.540 km) mit einer behelfsmäßigen Station und über eine 130-m-Drachenantenne auf dem Signal Hill empfangen. Am 17. Dezember 1902 schickte er das erste Funktelegramm mit zusammenhängendem Text ebenfalls von Cornwall aus über den Ozean. Hier war die neu errichtete Empfangsstation Glace Bay in Neuschottland/Kanada mit 3.800 km Entfernung und im Januar 1903 die Station Cape Cod/USA mit 4.800 km Entfernung.

Marconi wurde durch sein Monopol reich und konnte die Yacht ROVENSKA, welche 1904 in England für Erzherzog Karl Steffan von Österreich gebaut worden war, kaufen und als ELETTRA zu seinem Funk- und Testlabor ausbauen lassen. Immer wieder waren die ersten Schritte der neuen drahtlosen Telegrafie mit der See verbunden, da hier auch richtiger Weise die größten kommerziellen Erfolge vermutet wurden. Zu Marconis patentierten Entwicklungen gab es noch keine konkurrenzfähigen Alternativen und seine Patente sicherten langjährige internationale Einnahmen. Viele Wissenschaftler hatten eine Überbrückung des Atlantiks aufgrund der Erdkrümmung für unmöglich gehalten, doch der technische Aufwand war für damalige Verhältnisse auch gigantisch. Wechselstromgeneratoren von 50 kW, haushohe Kondensatoren mit 1-1,5 Mikrofarad für die Funkenspannungen zwischen 20-100 kV waren nötig und die Trichterantennen von Marconi hingen zwischen den Drahtseilen von vier 71-m-Holztürmen in einem 70-x-70-m-Quadrat.

Aber die Konkurrenz schläft nicht. 1902 wird in den Vereinigten Staaten von Amerika die De Forest Wireless Telegraph Co. in Maine gegründet, in der die zuvor gegründete Wireless Telegraph Co. of America aufging (ohne Beteiligung von Freemont und Smythe). Wenig später wurde die Firma zur American De Forest Co. und begann mit dem Aufkauf von weiteren Konkurrenzfirmen um ein amerikanisches Monopol zu bilden. Allerdings geschah dies in der amerikanischen Wirtschaft ohne die Einmischung der Politik wie im deutschen Kaiserreich.,

Die National Electric Signaling Co. unterstützte hingegen Prof. Reginald Fessenden, während Shoemaker die Consolidated Wireless Co. hervorbrachte, die als spätere International Co. wieder von De Forest übernommen werden konnte. Ferner waren die Stone Telephone & Telegraph Co. in Boston und Massie Wireless Telegraph Co. in Providence/Rhode Island für die US-Marine von Bedeutung.

Nach neuen vergleichenden Tests im Jahre 1903 zwischen den Systemen von Ducretet, Rochefort, De Forest, Braun-Siemens-Halske, Lodge-Muirhead und Slaby-Arco wurden insgesamt 47 Anlagen vom deutschen Hersteller Slaby-Arco für die US-Marine geordert, 10 weitere von den anderen. Zu dieser Zeit bestanden in den USA 75 kommerzielle Stationen der Marconi Wireless Telegraph Co. of Amerika, der De Forest Wireless Telegraph Co., der International Telegraph Co. und der National Electric Co.. Das deutsche System Slaby-Arco hatte sich aber gegen alle anderen Hersteller durchgesetzt.

In allen beteiligten Ländern wurden weitere Firmen gegründet und verschwanden dann oft wieder oder wurden von den Konkurrenten aufgekauft, die dann wieder durch die hohen Investitionssummen finanziell ruiniert waren. Im Jahre 1906 entstand zusätzlich die De Forest Radio Telephone Co. und die amerikanische Funkindustrie begann ihren Aufstieg. Mit dem Ankauf der Aktienmehrheit an der American Marconi Co. sowie General Electric Co. hatte die US-Regierung ihr Monopol für die US-Funkindustrie schließlich gesichert. Personal der American Marconi Co. wurde in die am 17. Oktober 1919 gegründete Radio Corporation of America (RCA) eingegliedert, die sich wiederum die Patentrechte mit der General Electric Co. teilte und dadurch zu einem weltweit operierenden Konzern entwuchs.

Die k.u.k. Kriegsmarine gab am 3. Dezember 1901 einen Auftrag zur Beschaffung von jeweils zwei Stationen der Systeme von Slaby-Arco, Siemens-Braun und Rochefort für weitere Versuche. Ausschlaggebend war der Preisunterschied, denn für eine Marconi-Station (40.-52.000 Kronen) konnten alleine fünf von Siemens-Braun (8.040 Kronen) beschafft werden. Auch hier wurde versucht, die Patente der Marconi-Gesellschaft zu umgehen.

Die Versuchsserien zwischen Fort Musil und den Schiffen TEGETHOFF, SPALATO und TIGER ergaben mit dem System Rochefort im Mai 1902 Reichweiten bis 40 km (Schiff - Land) und 53 km (Schiff - Schiff). Vor Anker bei Gronghera wurde im Mai das System Slaby-Arco installiert und bis vor Premuda Verbindungen zwischen 80-100 km erreicht. Mit den Anlagen von Siemens-Braun konnten mit den gleichen Versuchsträgern Verbindungen bis vor Caorle/Italien (100 km) gehalten werden. Das System Siemens-Braun zeigte sich hier in Reichweite, Verständigung und Störsicherheit zunächst als überlegen, doch in weiteren Versuchen erwiesen sich der Geber von Slaby und der Empfänger von Braun als optimale Kombination.

Im selben Zeitraum besuchte der italienische Panzerkreuzer Carlo Alberto mit der neuesten Marconi-Anlage den russischen Hafen Kronstadt. Er hatte einen synoptischen (magnetischen) Empfänger und eine 4-Drahtantenne. In der Nacht wurden mit Poldhu Reichweiten von 2.574 km, tagsüber noch 800 km und mit La Spezia über 1.300 km erzielt. Da Marconi weder von seinem Preis noch den jährlichen Gebühren abging und auch jegliche Veränderung seiner Stationen ohne Genehmigung untersagte, verlor er trotz anerkannter großer technischer Leistungsfähigkeit den Auftrag für die Ausstattung der k.u.k. Kriegsmarine.

Im Jahre 1904 nahmen die Marconi-Landstationen auf Cap Santa Maria di Lucca, Testa di Gargano, in Ancona (Monte Capuccini) und Venedig (Malamocco) ihren Betrieb auf, weltweit begann ein industrieller Kampf um die technische Vorherrschaft. Die Marconi-Gesellschaften versuchten ihre Monopolstellung gegen andere Hersteller durchzusetzen, doch auch die deutschen Stationen, wie z.B. von Braun auf Helgoland, wollten und durften anfangs nicht mit der Station von Slaby in Duhnen/Cuxhaven kommunizieren. Die spätere Zusammenarbeit deutscher Firmen und die Vormachtstellung der amerikanischen Firma von De Forest führten zwar zum Einbrechen des Marconi-Monopols, der internationale Streit über Patentrechte zwischen den Firmen setzte sich aber noch fort.

Die ersten Funken-Telegrafie-Landstationen in Deutschland unter Marconi-Monopol entstanden in Arkona/Rügen, Bülk, Rixhöft, Marienleuchte/Fehmarn (öffentliche Zulassung alle am 5. September 1902), Cuxhaven, Helgoland, Eider-Feuerschiff (öffentliche Zulassung alle am 4. Februar 1903), Hörnum (30. März 1903) und Elbe-I-Feuerschiff (1904). In Küstennähe wurden die immer leistungsstärkeren Landstationen bald zu Problemen, da es noch keine Frequenzfestlegungen gab und die Stationen sehr breitbandig strahlten.

Durch die Auflagen der Marconi Gesellschaft als auch der Mitbewerber waren Probleme im internationalen Funkverkehr vorprogrammiert. Im Herbst 1902 wollte Prinz Heinrich, jüngerer Bruder des deutschen Kaisers Wilhelm II., auf der Rückreise aus den Staaten dem US-Präsidenten eine Botschaft aus Höflichkeit zurück per Funk übermitteln. Der Funker der Marconi-Küstenfunkstelle in Nantucket verweigerte jedoch die Annahme des Telegramms, von der SMS DEUTSCHLAND mit der Begründung, die Funkeinrichtung des Schiffes sei von anderer Herkunft (Slaby-Arco) als seine Station. 1905 verweigerte angeblich der Funker der Marconi-Station auf Borkum die Annahme einer Depesche des deutschen Kaisers an Bord der Jacht HOHENZOLLERN zur Weiterleitung nach Berlin.

Hier mischten sich allerdings vielleicht die Tatsachen und Gerüchte eines Funkverkehrs vom 22. März 1905 zwischen dem Kreuzer HAMBURG mit dem deutschen Kaiser auf Mittelmeerfahrt und der Marconi-Station auf dem Feuerschiff BORKUM RIFF. Resultierend wurde der Vertrag mit den Marconi-Stationen Leuchtturm Borkum und Feuerschiff BORKUM RIFF aufgrund einer ministeriellen Anweisung nun kurzfristig aufgehoben und abgestimmte Knallfunken-Sender auf 365-m-Wellenlänge von der Firma Telefunken mit bzw. 100/175 km Reichweite eingebaut.

Am 4. September 1910 verweigerte allerdings die italienische Küstenfunkstelle S. Maria di Leuce mit Marconi-Station um 9:00 Uhr die Aufnahme der Depeschen des österreichungarischen Kreuzers Kaiser Franz Joseph I., der mit einer Telefunken-Station ausgerüstet war. Als der Dampfer ALICE der Austro Americana Linie daraufhin anbot, die Depeschen per Funk aufzunehmen und in Sebenico abzuliefern, wurde ihm von der Küstenfunkstelle S. Maria di Leuce für diesen Fall über Funk eine Anzeige bei der Marconi-Gesellschaft angedroht, da der Dampfer ebenfalls mit einer Station dieses Typs arbeitete.

1905/06 wurden die ersten 10- und 35-kW-Stationen der US-Marine von der De Forest Co. entlang den Küsten bei Key West, Guantanamo Bay, San Juan, Puerto Rico, der Panamakanalzone und Pensacola eingerichtet. Eine 1906 veröffentlichte Liste der amerikanischen Marinefunkstationen enthält 51 Stationen von Slaby-Arco und Telefunken, 21 von Shoemaker, 9 von De Forest, 3 von Fessenden, 8 von Stone und 13 von Massie. Bei der Gesamtzahl von 105 Stationen kamen demzufolge 48,5% der Anlagen der US-Marine aus deutscher Produktion.

Die vom deutschen Kaiser forcierte Vereinigung der deutschen Funksysteme und ihrer Erfinder unter der Gesellschaft für drahtlose Telegrafie mit dem erfolgreichen Markenzeichen Telefunken im Jahre 1903 brachte die Erfahrungen Brauns mit fahrbaren Heeres-Stationen, die gesammelten Erkenntnisse der Marinefunkstationen von Slaby/Arco zusammen. Nachdem die internen deutschen Patentstreitigkeiten bereinigt waren, konnte Telefunken das Monopol der Marconi Gesellschaft 1908 mit neuen Patenten brechen. Nach den negativen Erfahrungen auf Borkum und der Übernahme des Betriebes der Sendestellen von Marconis Gesellschaft durch die Marine wurden Norddeich, später Borkum und die anderen Marinefunkstellen mit Anlagen von Telefunken aufgebaut. Man hatte das Heft wieder in die Hand genommen und war international mit eigenen Anlagen erfolgreich.

Es ist anzunehmen, dass die meisten anderen Marine-Küstenstationen zunächst mit 3-kW-Slaby/Arco-Knallfunken-Sendern (300-1.700-m-Welle) ausgerüstet wurden. Für den Einsatz mit Handelsschiffen arbeiteten sie auf der 365-m-Welle, ab 26. September 1906 auf 350 m +/- 30 m (um die Einstell- und Betriebstoleranzen der Sender abzudecken). Die Reichweite für Fritter-Schreib-Empfang betrug bei Schiffen mit 30-m-Masten ca. 120 km bei normaler Witterung nach Cuxhaven, das mit Reusen- und T-Antennen an 28- bis 36-m-Masten ausgestattet war.

Im November 1905 wurden die Sender von Telefunken als technische Einheit (Torpedo-Versuchs-Kommando-Gestell) für die 360-m-Welle geliefert (ab Juli 1908 für 600-m-Welle), die eine Reichweite von 450 km hatten. Der große LW-Knallfunken-Sender mit 10 kW wurde im neu errichteten zweistöckigen Stationshaus in Norddeich aufgestellt. 360 große und 18 kleinere Leydener Flaschen, eine Tellerfunkenstrecke von etwa 50 cm Durchmesser und 3,5 cm Funkenlänge, vier Hochspannungstransformatoren (220 V/60 kV) sowie Primärkreis- und Antennenabstimmspulen aus Kupferrohr bildeten das Herz dieser Anlage. Wie in der Versuchsanlage in Nauen waren hier im Primärkreis der Hochspannungstransformatoren Strom sparende Resonanzschaltungen. Als Antenne diente ab April 1906 eine Trichterantenne aus vier Fächern aus Bronzelitzen, die vom Stationshaus zu den Dachseilen zwischen den vier im Quadrat von 65-m-Seitenlänge aufgestellten 65-m-Stahlgittermasten hochgeführt wurden.

Die Marinefunkstellen in Neumünster, Tondern, Libau und Brügge hatten einen FT-Obermaat, zwei FT-Maate, 3-4 FT-Oberfunkgasten, 4-5 FT-Gasten sowie das zur Weiterleitung der Nachrichten an andere Dienststellen benötigte Fernschreibpersonal. Neben den Landstationen wurde aber auch die Ausrüstung der Schiffe vorangetrieben.

Im Mobilisierungsplan 1905/06 vom 11. Dezember war in Österreich die vorläufige Ausrüstung der SMS Erzherzog Karl, Habsburg, Árpád, Babenberg, Monarch, Wien, Budapest, Sankt Georg, Kaiser Karl VI., Kaiserin und Königin Maria Theresia, Zenta, Aspern, Szigetvár und Pelikan vorgesehen. SMS Erzherzog Karl und Kaiser Karl VI. erhielten 1906 Telefunken-Stationen und danach wurden auch andere Schiffe vermehrt mit diesen Anlagen ausgerüstet.

Im deutschen Kommissionsbericht wurden mit Poulsen-Stationen mit Schreiber 300 km, mit Hörer 500 km und am Tage Telefonieverbindungen bis 28 km erprobt, wobei die vertraglich geforderten Bestimmungen erfüllt wurden. Doch am 14. Februar 1908 fiel der Entschluss gegen die dänischen Anlagen. Am 1. Juli 1908 wurde der Firma Leopolder & Sohn (Vertrieb von Poulsen) die Absage erteilt und auch untersucht, wie weit man sich schon vertraglich gebunden hatte. Es wurden schlechtere Bedienbarkeit und Betriebssicherheit im Vergleich zu anderen Anlagen beklagt, zusätzlich hatte Telefunken gerade sein neues System "tönender Löschfunken" auf den Markt gebracht.

Seit 1907 bestand ab dem westirischen Ort Derrygimla bei Clifden ein drahtloser transatlantischer Telegrafendienst für die Öffentlichkeit. Die Sendestation wurde während des Irischen Bürgerkrieges 1922 zerstört. Die durch die Patente von Marconi systembedingten Einschränkungen fielen jedoch ab dem 1. Juni 1908 durch das neue System "tönender Löschfunken" zumindest für den Funkverkehr Schiff zu Küstenstation weg.

Die Marconi-Affäre trug als innenpolitischer Skandal in Großbritannien in den Jahren 1912 bis 1913 weiterhin zum Verlust von Aufträgen bei. Er ergab sich aus Vorwürfen des Amtsmissbrauchs gegen hochrangige Angehörige der liberalen Regierung Asquith, darunter einige Minister im Kabinettsrang, und erschütterte grundlegend das Vertrauen der britischen Bevölkerung in die Integrität der Regierung wie der politischen Klasse überhaupt. Dennoch lehnten englische und italienische Schiffe mit Marconi-Stationen weiterhin den Telegrammaustausch mit technisch anders ausgestatteten Funkstationen ab.

Deutsche Marinefunkstellen um 1906	FT-Personal
• Memel	8
• Danzig	10
• Stolpmünde	8
• Swinemünde	13
• Warnemünde	8
• Bülk	10
• Neumünster	17
• List	13
• Cuxhaven	12
• Helgoland	10
• Wilhelmshaven (3. Einfahrt)	10
• Norderney	3
• Norddeich	13
• Borkum	13

Unter den bis zum 1. April 1907 gelieferten 664 Telefunken-Stationen für die "Gesellschaft für drahtlose Telegrafie" in Berlin befanden sich allein für Deutschland 32 staatliche Land- und Küstenstationen sowie 140 Stationen für Kriegsschiffe und 14 fahrbare Militärstationen. Anfang 1908 waren von den verschiedenen Firmen weltweit ausgeliefert.

Hersteller	Stationen	Küstenstationen	Bordstationen
Marconi	273	165	108
Telefunken	642	225	417
De Forest	202	93	109
Andere	387	238	149
Gesamt:	1.504	721	783

In Deutschland wurden 1909 insgesamt 17 Küstenfunkstationen, 159 Bordstationen und eine Station im Binnenland gelistet. Der Funkbetrieb in der Flotte wurde mit dreistelligen Signalbuch-Gruppen (offen oder verschlüsselt) abgewickelt. Die Funknamen der Schiffe bestanden aus 2 Buchstaben und waren meist mit dem Signalnamen identisch. 1912 bestanden auf Kriegs- und Handelsschiffen 252 Funkstellen, ferner 66 Landstationen und 72 bewegliche Stationen. Weltweit gab es im öffentlichen Verkehr 174 Stationen, davon 67 in Europa, 92 in Amerika (USA 38, Kanada 31), 3 in Afrika, 5 in Asien und 7 in Australien.
Am 30. April 1907 nahm Norddeich-Radio in Utlandshörn offiziell seinen Betrieb auf. Am 1. Juni 1907 wurde der LW-Sender in Betrieb genommen und erzielte auf 2.000-m-Welle mit Schreibempfang Tagesreichweiten von 1.200 km, im Hörempfang 1.600 km. Zu dieser Zeit war Norddeich-Radio eine der größten Küstenfunkstellen der Welt. Sein Rufzeichen KND ertönte fast auf den Tag genau zehn Jahre nach Lavernock Point und regelmäßig wurde ein Funkpressedienst ausgestrahlt. Die US-Funkstation im Boston Navy Yard hatte am 9. August 1904 begonnen ihr offizielles Zeitsignal zu senden und ab 1910 kam dieses Zeitzeichen auch von Radio-Norddeich. Die Reichspost richtete ab 1912 in Zusammenarbeit mit der Marine

einen rasch an Beliebtheit gewinnenden Zeitsignal-, Sturmwarnungs- und Wetternachrichtendienst ein. 1929 erfolgte die Einführung des täglichen Nachrichten- und Seewetterdienstes auf Kurzwelle für die deutschen Schiffe und auch persönliche Mitteilungen.

So mancher Seemann erhielt von hier Nachricht von seiner Liebsten zu Hause, wie z.B. " BIN GESUND UND MUNTER ", welches allerdings auch einmal als " BIN GESUND UND MUTTER " ankam - der große Unterschied eines kleinen Punktes im Morsealphabet.

In Deutschland fungierte die Station in Norddeich Jahrzehnte lang als Funkverbindung der zivilen und militärischen Besatzungen in See mit ihren Familien. Noch Ende der 50er Jahre empfing und sendete die Station rund 290.000 Telegramme im Jahr. Da die zivil und kommerziell erfolgreich eingeführte Funktechnologie aber in allen Nationen noch sehr neu und unbekannt war, fehlte oftmals auch das grundsätzliche Verständnis im militärischen Bereich für die Umsetzung und Anwendung im Einsatz.

Bei Manövern der Marine der Vereinigten Staaten von Amerika im Jahre 1903 wurden die Funker auf den Schiffen angewiesen, beim Erkennen eines Funkspruches der Gegenpartei die Morsetaste lange gedrückt zu halten, um eine Übermittlung durch den Dauerton zu stören. Doch ein entscheidender Funkspruch wurde nicht gestört und die gesamte fiktive Angriffsflotte aufgerieben. Bei der Klärung wer den entscheidenden Fehler beging, stellte sich heraus, dass der Funker den von ihm erkannten feindlichen Funkspruch nach den ersten Buchstaben stören wollte, sein Offizier ihn jedoch davon abhielt.

<u>Den weiteren Verlauf der Konversation gab der Funker in der Arrestzelle zu Protokoll:</u>
- "I was on watch and everything was working fine. I heard a message begin, and the first three letters were "G", "O", and "L", so I knew it was going to be "g-o-l-d" and that it was from the other side. I reached for the key, but the Flag-Lieutenant, who was with me said: "No, don't do that, I want to get the entire message."
- When the message was ended, the Lieutenant said: "Make Interference."
- I then said: Sir, it's no use now. The message has gone out with a speed of 186.000 miles a second and we can't catch up with it. So here I am on bread and water."

Die neuen Technologien und Veränderungen durch den Seefunkdienst begannen ihre Spuren zu hinterlassen und gingen auch an Radio Norddeich nicht spurlos vorbei. 1994 war der Peiler für den MW-, GW- und KW-Bereich abgeschaltet worden, am 31. Dezember 1995 folgte die Seenotfrequenz 500 kHz. 1996 übernahm die Station Radio Norddeich alle Techniken der UKW-Küstenfunkstellen von Nord- und Ostsee. Die bis dahin besetzten Küstenfunkstellen Elbe-Weser-Radio in Cuxhaven und Rügen-Radio in Glowe/Lohme (vormals DDR) wurden geschlossen.

Nach fast 90-jähriger Geschichte wurde bei Norddeich-Radio am 30. September 1996 das letzte Morsezeichen ausgestrahlt. Am 30. November 1996 wurde die KW-Telefonie eingestellt und im September 1997 Funktelex (Sitor). Damit waren die letzten Frequenzen des Seefunkdienstes abgeschaltet. Bis zum 31. Dezember 1997 folgte der Presse-Rundfunk und mit gleichem Datum schloss die Sendefunkstelle Osterloog. Bis zum 31. Dezember 1998 wurde noch der abgesetzte Betrieb die UKW-Küstenfunkstellen in Ost- und Nordsee von Utlandshörn durchgeführt, dann erfolgte nach 91 Jahren der letzte Funkspruch. Nur für das Digital-Audio-Broadcasting bleibt die Station für die Telekom weiter in Verwendung.

Telefunken baute 1906 die Funkstelle Nauen bei Berlin mit den neuen Löschfunken-Sendern (10 kW) (nach Max Wien) und erzielte neue Rekorde bei den Reichweiten und den technischen Dimensionen. Die Funkstelle sollte deutsche Geschichte im internationalen Rahmen schreiben. Der 100-m-Mast trug eine Schirmantenne mit einer Spannweite von 400 m, die mit 120-m-Masten auf eine Spannweite von 600 m erhöht wurde. Ein auf 200 m aufgestockter 120-m-Mast war dabei noch nicht völlig abgespannt worden und stürzte am 30. März 1912 bei einem Sturm ein. Der Ersatz war eine nach Togo gerichtete und von drei

120-m-Stahlgitter- sowie zwei Rendahl-Masten getragene L-Antenne mit V-förmigem Grundriss aus 20 Drähten mit 750 m Länge. Ihr folgte am 10. Februar 1914 eine ähnliche 1.037 m lange Dachseilantenne mit einem 260-m-Mittelmast (360 Tonnen).

Als festgestellt wurde, dass die deutschen U-Boote die Längstwellen des Senders in Tauchtiefen bis zu 30 m empfangen konnten, wurde die Sendeleistung der Station weiter stetig erhöht. Selbst vor New London/Connecticut hatte ein deutsches U-Boot auf 24 kHz die Nachrichten von Nauen empfangen. Für die Längstwellen wurden die 260-m-Antennen installiert, das Areal der Funkstelle dehnte sich auf 2 km2 aus. Weltweite Funktelegrafie und Telefonie für zivile Empfänger und die Wehrmacht wurde über den Sender Nauen bis zur Besetzung durch russische Truppen am 23. April 1945 durchgeführt. Die Station wurde dann völlig demontiert, alle Antennenmasten abtransportiert, die zwei 260-m-Masten gesprengt, lediglich die Gebäude blieben erhalten.

Im Wiederaufbau erhielt die Sendestelle wieder eine wichtige Rolle zugedacht. Das "Kurzwellen-Zentrum" Nauen erhielt 10 KW-Sender für 20, 100 und 500 kW Leistung mit Rombus- und Quadratantennen. 1964 erhielt die Funkstelle die erste mechanisch dreh- und schwenkbare Richtantenne mit zwei Reusendipolen. Das Zeitalter der Satellitenkommunikation schloss aber auch hier ein Kapitel der Funkgeschichte.

Doch die Funkstelle Nauen hatte auch Auswirkungen auf Sende- und Empfangsstationen im Ausland. 1913 wurden in Kamina (Togo) und Windhuk (Namibia) die Telefunken-Großstationen (100 kW) zur Verbindungsaufnahme mit Nauen gebaut (Entfernung Windhuk-Nauen ~8.000 km). 1914 installierte Telefunken einen Hochfrequenz-Maschinen-Sender mit 200 kW, dem 1915 der nächste mit 500 kW und 1920 ein weiterer mit 400 kW folgte. Durch die neuen Anlagen konnte in Hawaii eine vereinzelte Depesche aus Nauen am 29. November 1915 über 14.490 km empfangen werden. 1918 wurde die Sendestelle Nauen im 18.000 km entfernten Avanui/Neuseeland empfangen und damit hatte eine Funkwelle einer Sendung erstmalig über den halben Erdball Informationen übertragen.

1925 werden die Funkstellen Nauen, Königswusterhausen und Radio-Norddeich mit neuen 60-kW-Röhren-Sendern ausgerüstet und 1930 von Nauen eine Bildfunkübertragung nach Nanking durchgeführt. Funkstationen wurden zu wichtigen strategischen Punkten. Österreich-Ungarn installierte mehrere kleine FT-Stationen, wie z.B. die Station auf Sansego, die jedoch nur schwer zu schützen war und im August 1905 durch die Station Lussin ersetzt wurde. Doch die kleinen Funkanlagen konnten nicht den Funkverkehr der Flotte abdecken. Es mussten folglich Großstationen errichtet werden.

Die Landradiostationen der k.u.k. Kriegsmarine wurden in Pola (Pula, ab 21. Mai 1909), Sebenico (Sibenik, ab 4. September 1910) und Castelnuovo/Cattaro (Radio Bocche bei Kotor, ab 20./22. April 1910) im deutschen System "tönende Funken" von Telefunken aufgebaut. Leiter der Radiostation Pola war von 1914 bis 1917 der Linienschiffsleutnant Eugen Randich. Die Küstenfunkstationen wurden mit Beginn des 1. Weltkrieges auch zur Nachrichtenübermittlung entlang der Küste genutzt, da die bestehenden Telegrafenlinien nicht ausreichten. Die Sammelstellen Pola, Sebenico und Castelnuovo bei Klinci wurden untereinander daraufhin 1916 mit Hughes-Fernschreibern verbunden, was den Funkbetrieb erheblich entlasteten konnte.

Radiopola erhielt einen 85-m-Stahlgittermast mit fünf 30-m-Holzmasten für das Schirm- und Erdnetz. Siemens & Halske lieferte die komplette Landstation im System Tonfunken mit TK-Sendern (tönende Löschfunken, Telefunken). Die 35-kW-Landradiostation erhielt eine 5-TVZ als Zusatzstation und einen 50-MK-Maschinensender. Die Entladungen des Kollektors über die 5-7 cm Funkenstrecke konnten noch in 40 Metern Entfernung außerhalb der Großstation gehört werden. Pola nahm allerdings erst am 5. Mai 1916 den Dienst auf am 17. Juni begann der Probebetrieb der 5-TVZ- und 35-TK-Sender, deren Übernahme am 9. Juli abgeschlossen wurde.

Der 50-MK-Sender in Pola konnte ca. 32-35 kW bei kurzen und 45 kW bei langen Wellen liefern, der Sendebetrieb fand auf 4.000-, 5.300- und 8.000-m-Welle statt, die endgültige Übernahme dieses Senders erfolgte aber erst im Februar 1917. Der Tonsender hingegen konnte aufgrund der Beschädigung des Umformers nie in Betrieb gehen. Um trotzdem die Anlage zum Tonsenden zu nutzen, wurde die Antenne derart verstimmt, dass im Ausgangskreis die Tonschwingungen entstanden, was allerdings eine geringere Sendeleistung zur Folge hatte. Die neue Station Großradiopola nahm am 5. September 1916 den vollen Betrieb mit 35-TK- und 5-TVZ-Sendeanlage auf. Im Mai 1917 erhielt Großradiopola die Bezeichnung "Küstenstation Pola" (Radiopola), während die ältere Anlage als "Küstenradiostation Tivoli" (Radiotivoli) weitergeführt wurde.

Verkehrsaufkommens zwischen Pola und Spanien

Zeitraum:	Depeschen:	Worte:
01.01.1915 - 17.06.1916	5.151	261.657
17.06.1916 - 01.12.1916	2.603	101.874
01.05.1917 - 31.05.1918	4.772	363.436
01.06.1918 - 30.06.1918	321	44.038
01.07.1918 - 31.07.1918	546	60.533
01.08.1918 - 31.08.1918	410	47.401
01.09.1918 - 30.09.1918	349	37.988

Die k.u.k.-Landstationen konnten mit Schiffen über Nacht im gesamten Mittelmeer Kontakt halten, während des Tages aber nur unter günstigen atmosphärischen Bedingungen. Nauen konnte bei den Abnahmeversuchen am 21. Mai 1909 jederzeit die Zeichen aus Pola (862 km) empfangen und selbst die Station in Norddeich (1.086 km) wurde erreicht. Die deutsche kaiserliche Yacht Hohenzollern konnte dadurch während ihrer Fahrt von Pola (14. Mai 1910) bis Kiel (23. Mai 1910) den Kontakt Radiopola halten. In Österreich wie in Deutschland ließ sich ein Mangel an Personal aufgrund der infolge der Kriegsbedingungen nicht vermeiden. Die k.u.k. Marine musste im Sommer 1918 ihre Funkstationen Radiotivoli, Radiomusil und die Peilstation 5 sogar schließen. Aufgrund des Personalengpasses wurden einzelne Bereiche in Zentralstellen zusammengefasst und nach Beschluss vom 27. August 1918 war die Leitung des Unterseebootswesens, Seeflugwesens, Torpedowesen, Signal- und Telegrafiewesen sowie das Marinemunitionsetablissement in jeweils einem Kommando gebündelt.

Auch hier zeigt eine Geschichte der Station Nauen, wie während des Krieges der Ablauf des Funkbetriebs teilweise recht individuell geregelt wurde. Zum erwarteten Zeitpunkt einer Übertragung der Funksprüche der Station Radiopola begann eines Tages wie üblich ebenfalls der Eiffelturm mit seiner Störsendung. Nun wurde Pola angewiesen mit mehr Energie zu senden, doch die französischen Störungen überlagerten weiterhin. Pola meldete daraufhin: "Eiffel stört. Nehmen jetzt den Roller. Servus."

Man wollte also aufgrund der erkannten Störungen etwas ändern, aber was ein "Roller" war und was dabei zu tun war stand in keiner der bekannten österreichischen FT-Vorschriften. Die Erklärung folgte kurz darauf im Empfang des typischen "rrr", "rrr", "rrr" des älteren Knarrfunkensenders aus Radiopola. Das Knarren hieß im österreichischen Sprachgebrauch also "Rollen". Nach kurzer Sendepause hatte nun auch die Funkstelle des Eiffelturms umgestellt und strahlte wieder Störfunksendungen aus. So schnell wollte man bei Radiopola aber nicht aufgegeben und der Funkoffizier fragte seinen Funker, ob er Humanist sei. Kurz und militärisch kam, um keinen Ärger zu provozieren, die Antwort des Funkers mit "Jawohl".

Der Funkoffizier fragte weiter: "Können Sie Griechisch?" und ein zweites knappes "Jawohl" folgte. "Schön, was heißt höher? Hoch?" Glücklicherweise war noch etwas Griechisch aus der Schule am Funker hängen geblieben, und das Wort "bathy" bzw. "bathyteron" für „höher" kam als Antwort des Funkers, der nun verstanden hatte und wieder zur Taste griff. Er funkte 4 - 5 Mal hintereinander: "Pola von Nauen, Lambda bathyteron 450, Lamda bathytheron 450".

Tatsächlich meldete sich Radiopola nach ein paar Minuten später auf gewünschter Wellenlänge. Nach weiteren 10 Minuten kamen allerdings wieder Störungen auf der Frequenz vom Eiffelturm, diesmal aber als Funkspruch im Klartest, der verkündete: "Vous parlez donc le grec? Bravo, Bravo, Bravo!" worauf die französischen Störungen für diese Nacht wohl aus Anerkennung der Sprachkundigkeit in Radiopola eingestellt wurden.

In der Folge wurden die Funkverbindungen zwischen den Stationen in Wien, Radiopola und Graz aufgebaut. Da sich die Lage mit Italien aber verschärft hatte, wurde am 10. Mai 1915 die Verlegung der Küstenfunkstation Triest nach Laibach angeordnet, die in der Folgezeit nach Graz verlegt wurde. Sie war als Radiostation in Feldhof (Irrenanstalt) vom 1. Juli bis 31. Dezember 1915 dann als Marinestation Graz in Betrieb, bis diese im März 1916 endgültig abgebaut wurde.

Am 22. September und am 1. Oktober 1915 wurden in Sebenico und Castelnuovo Hafensender für kurze Distanzen für die einlaufenden Schiffe installiert. Der Betrieb störte aber den Fernbetrieb der dortigen Küstenstationen. Der Hafenverkehr musste deshalb eingeschränkt werden, was sich aber negativ auf den Ausbildungsstand der Telegrafisten auswirkte. Deshalb wurden im Mai 1916 zwei Poulsen-Sender mit 200 Watt beschafft. Am 28. Januar 1917 erlitt Radio Sebenico ein ähnliches Schicksal wie Nauen, als der 86-m-Mast ca. 22 m unterhalb der Spitze im Sturm abbrach und gesichert werden musste. Die neue Großradiostation des österreichungarischen Handelsministeriums wurde im Juni 1916 in Deutsch-Altenburg fertig gestellt. Die Hochfrequenzmaschine von Telefunken hatte 25 kW auf der 10.000-m-Welle, zusätzlich lieferte die k.u.k. Kriegsmarine eine 5-TVZ-Station.

An den adriatischen Küsten wurden Tragradiostationen in Durazzo (10. März 1916) und auf dem Berg Mali Durzir (23. April 1916, später mit 0,5-TV) in Betrieb genommen. Am 20. Dezember 1917 meldete das Telegraphenbureau neue Stationen im Bereich Triest mit jeweils einer 200-W-Poulsen-Anlage in Grado gegenüber dem Haus Fonzari (Tragradio 7P) und in Triest in der Kasematte des Leuchtturmes am Molo Teresa (Tragradio 8P). Eine Telefunken-Anlage (Tragradio 2) stand in Caorle, eine weitere Poulsen-Anlage wurde auf einem speziellen dalmatischen Zweimaster, dem Trabakel, installiert und diente als mobile Einheit im Lagunengebiet. Eine weitere Telefunken-Anlage (Tragradio 9, ebenfalls auf einem Trabakel) fungierte als Station des Seebezirkskommandos Triest.

Beim Leuchtturm am Molo Teresa wurde eine Poulsen-Anlage gewählt, da die Verbindung des Seebezirkskommandos Triest den besetzten Gebieten in Norditalien dienen sollte und die ungedämpften Wellen für die Schiffsempfänger nicht geeignet und sie folglich nicht stören konnten. Der Radiodienst mit den in See stehenden Einheiten wurde über den Kreuzer SZIGETVÁR abgewickelt, der seine Depeschen telefonisch übermittelt bekam. Da beim Auslaufen des Schiffes diese Verbindung entfiel, wurde eine neue 1,5-TV-Telefunken-Station am Molo Teresa installiert, die Sammelstelle Triest eingerichtet und die Funkstationen erhielten die Bezeichnung "Küstenradiostation Triest" (Radiotriest).

Am 20. September 1918 wurde nach der Versenkung des französischen U-Boots CIRCE durch das k.u.k. U-Boot U-47 der Fregattenkapitän Eugène Lapereyre gerettet. Er bat um einen offenen Funkspruch über die Versenkung der CIRCE und seine Rettung zur Nachricht an seine hochschwangere Frau, die ihn in Brindisi erwartete. Der Funkspruch wurde durch die Küstenstation Castelnuovo abgegeben und kam nach britischen Quellen in Brindisi an. Es gab also einen Ehrenkodex im maritimen Konflikt.

Erste Militärische Nutzungen der Funkentelegraphie

Die Bedeutung der drahtlosen Nachrichtenübermittlung war im militärischen Bereich schnell erkannt, auch wenn konservative Einstellungen den Einsatz zunächst noch verzögerten. Ab 1903 rüsteten alle bedeutenden Seemächte ihre Großkampfschiffe mit Funkgeräten aus, die jedoch nur Reichweiten zwischen

10-50 Seemeilen hatten. Die Funkstellen wurden hinter Panzerschutz gelegt und das Errichten von Notantennen trainiert. Mit den technischen Verbesserungen stiegen die Reichweiten dann schnell auf 100 sm und beim Empfang an Bord waren sogar schon weit über 1.000 sm.

Die Vorreiterrolle der Marinen in aller Welt hatte ihre Auswirkungen auch an Land und in der zivilen Anwendung, wenn denn auch die neue Technik im Sprachgebrauch erst noch ihren Platz finden musste. So konnte man im Jahr 1903 in der Landeszeitung von Braunschweig nachlesen:

"Wortsuche"
"Funkspruch" ist die seit kurzem eingeführte, amtliche Bezeichnung für die durch drahtlose Telegrafie beförderte Mitteilung. Gegen die abgängige Kritik, die dieses Wort in der Presse gefunden hat, schreibt uns die "Deutsche Verkehrszeitung" unwirsch:

"Die Postverwaltung ist nicht die Erfinderin dieser neuen Wortbildung, sondern man hat sie von der Marine übernommen. Das Wort ist kurz und deutsch. Wenn es auch ungewohnt anmutet, so sollte man es doch gelten lassen, bis dafür etwas Besseres in der deutschen Sprache gefunden ist. Das ist bisher noch nicht geglückt. Wer einen besser klingenden deutschen Ausdruck, der ebenso so kurz wie zutreffend ist, vorzuschlagen weiß, der tue es, des Erfolges kann er gewiss sein."

In den Seestreitkräften gab es auch schon bald den Gedanken, wie die Funktechnik und ihr Betrieb im Kriegsfall zu sicherzustellen sind. Der Generalstabchef Österreich-Ungarns, Franz Freiherr Conrad von Hötzendorf, forderte Überlegungen und Gegenmaßnahmen seitens der k.u.k Kriegsmarine am 10. Juli 1908. Es war bekannt geworden, dass die österreichischen Dampferlinien nach und nach ihre Schiffe mit Funkstationen ausrüsteten und es wurde dadurch das Kompromittieren eventueller Seekriegspläne im Spannungsfall befürchtet.

Die ab 1912 in der k.u.k Monarchie daraufhin forciert betriebene Verstaatlichung der gewerblichen Schiffsfunkstationen bzw. des zivilen Schiffraumes für die Marine im Kriegsfall ist bis heute in allen Ländern zum festen Bestandteil der Mobilisierungspläne geworden. Allerdings birgt die Ausflaggung der Handelsschifffahrt in Billiglohnländer eine große Gefahr, denn wenn keine eigenen nationalen Reedereien ihre Schiffe im Land registriert haben, stehen diese in einem Fall der Mobilisierung dem Staat auch nicht mehr zur Verfügung.

Der erste militärische Einsatz der drahtlosen Telegrafie in einer Marine erfolgte schon frühzeitig während im russischjapanischen Krieg 1904/05. Die Japaner hatten am 9. März 1904 das Seekabel nach Tschifu zerschnitten, worauf der russische Konsul auf dem Dach seines Hauses eine Funken-Telegrafiestation errichtete, um die Verbindung mit dem belagerten Port Arthur wieder aufzunehmen. Die russischen Schiffe waren mit deutschen Telefunken-Anlagen ausgerüstet, da die Anlagen von Popow den Anforderungen nicht genügten. Die Japaner hatten, die Lage aller russischen Schiffe jedoch aufgeklärt und konnten dadurch auch einen überraschenden Torpedoangriff starten.

Bei den Ausfällen der russischen Schiffe aus Port Arthur im April und Juni 1904 war für die Russen die Störung der feindlichen Funkentelegrafie allerdings wichtiger als der Gebrauch für eigene Zwecke. Auch zeigte sich, dass Funkpersonal nicht so schnell wie eigentlich erforderlich geschult werden konnte. Nach Sichtung der feindlichen Aufklärungsschiffe hätte auch bei der Schlacht vor Tsushima (27. Mai 1905) eine Störung des japanischen Funkverkehrs zwischen den Kreuzern und dem Flaggschiff des Admirals Heihachiro Togo eventuell die notwendige Zeit zum Durchbruch der russischen Schiffe nach Wladiwostok verschaffen können.

Die Russen unterließen aber auch hier die Ausnutzung der Möglichkeiten der neuen Technik und wurden vernichtend geschlagen. Russlands Aufstieg zur Seemacht war damit für ein weiteres halbes Jahrhundert verhindert, den von eingesetzten 38 Schiffe wurden 34 versenkt, wurden geentert oder in neutralen Häfen interniert, wären die Japaner lediglich drei Torpedoboote verloren. In diesem Krieg kam es auch aber auch zum ersten Konflikt zwischen Militär und Presse aufgrund der verwendeten Funktechnik. Der auf dem neutralen chinesischen Boot HAIMUN eingeschiffte Kriegskorrespondent der London Times meldete vom Gefechtsfeld die laufende Entwicklung über Weihawei nach London. Die Japaner hörten natürlich mit und erfuhren so vorzeitig von den jeweiligen russischen Vorstößen. Der russische Stadthalter Alexejew erließ eine Erklärung, wonach neutrale Schiffe mit Funkenstationen in der Kriegszone als Prise zu nehmen und eventuelle Zeitungskorrespondenten als Spione zu betrachten seien. Dies blieb ohne praktische Konsequenzen, da die Schiffe den Hafen nicht mehr verließen und der Krieg verloren ging. Trotzdem zeigt sich hier der, bis heute auftretende, Interessenkonflikt zwischen Informationspflicht der Presse und der notwendigen Geheimhaltung für den Eigenschutz des Militärs.

Die Franzosen führen 1905 ihre Kriegsschiffe während der "Marokkokrise" von der Großfunkstelle auf dem Pariser Eiffelturm über eine Entfernung von 1.800 km hinweg. Hier hatte Eugène Ducretet die erste französische Funkübertragung zum Pantheon 1898 durchgeführt. Als die Konzession 1909 ablief, sollte der Turm wieder abgerissen werden, seine Funktion als Antennenträger rettete das kühne Bauwerk jedoch für die Nachwelt.

Die europäischen Mächte benötigten für ihre Kolonien in der Welt schnelle Nachrichtenverbindungen. Neben den Postdampfer wurden an Land die Telegrafenleitungen und Funkverbindungen aufgebaut. Die Eisenbahn- und Drahtverbindungen sowie die Funkstellen waren dann auch die bevorzugten ersten Angriffsziele. Im Deutschen Reich folgten 1907-1913 in Metz, Straßburg, Köln und Graudenz Festungsfunkstellen des Heeres, das Funkstationen in Deutsch-Süd-West-Afrika im Herero-Aufstand zwischen 1900 und 1905 einsetzte. Während des Herero-Aufstandes wurden insgesamt zwei Feldtelegraphen- zwei Funktelegrafen- und eine Feldsignalabteilung zum Einsatz gebracht, deren Leitungsnetz am Ende der Auseinandersetzungen ca. 4.000 km betrug.

Zur Unterstützung wurde der kleine Kreuzer HABICHT unter Kapitänleutnant Gudewill aus Swakopmund entsandt, der am 18. Januar 1904 in Karribi eintraf. Ein Landungskorps von 55 Soldaten unter Kapitänleutnant Gygas wurde zum Schutz und der Reparatur der unterbrochenen Eisenbahn- und Telegrafenlinien ausgesandt. Ab dem 11. Februar folgte die I. und II. Kompanie des Seebataillons unter Major Glasenapp, der Major von Estorff ging mit seiner Kompanie nach Omaruru, während Gygas und 150 Soldaten ihren Marsch nach Otjimbimque antraten. Der Oberst Leutwein zog die Kompanie Schering und 500 Marinesoldaten später in Okahandja zusammen.

Die Kämpfe mit den Eingeborenen hielten bis Ende März an. Aus Daressalam traf am 2. August 1905 der Kreuzer BUSSARD in Kilwa ein. Kleine Abteilungen wurden von dem Schiff nach Liwale, Mihindani und Mtschimga entsandt. 175 Marine-Infanteristen trafen im September auf dem österreichischen Dampfer KÖRBER ein und Ende des Monats kam weitere Verstärkung durch die Kreuzer THETIS und SEEADLER nach Daressalam. Die Aufstände wurden niedergeschlagen, die Nachrichten- und Verkehrswege waren wieder intakt und die Marine-Infanterie konnte am 9. Februar 1906 zurückverlegt werden.

Um einen einheitlichen Rüststand der kaiserlichen Flotte zu erreichen, wurde von Admiral Tirpitz die Ausrüstung mit den Anlagen 1-TV (4 kW), 2,5-TV und 5-TV (150-500 kHz, 8 kW) von Telefunken sowie den Anlagen US-1,5 und US-4 mit 1,5-kW- bzw. 4-kW-Lichtbogen-Sendern (37,5-375 kHz) von Lorenz angestrebt. Durch die ersten Erfahrungen wurde die notwendige Trennung der FT-Bereiche von den Maschinen an Bord offensichtlich, um Störungen zu vermeiden und den reibungslosen Betrieb zu gewährleisten. Admirals von Tirpitz hatte dem deutschen Kaiser bereits die ersten erfolgreichen Versuche melden können und erlies die Anweisungen zu einer möglichst einheitlichen Ausrüstung an Bord der Flaggschiffe, großen Kreuzer, Linienschiffe, kleinen Kreuzer bis hin zu den Zerstörer und Torpedoboote.

Anweisung zur Ausstattung des Admirals von Tirpitz (5. September 1909)

Eine große Station für Flaggschiffe und große Kreuzer
- 1 x 4-kW-Poulsen-Lorenz-Sender
- 1 x 4-kW-Löschfunken-Sender von Telefunken
- 3 x Antennenvorrichtungen
- 3 x Vibrationsschreib-Empfänger mit Hörempfang und Lautverstärker

Eine mittlere Station für Linienschiffe und kleine Kreuzer
- 1 x 1,5-kW-Poulsen-Sender
- 1 x 1,5-kW-Löschfunken-Sender
- 3 x Antennenvorrichtungen
- 4 x Vibrationsschreib-Empfänger mit Hörempfang und Lautverstärker

Eine kleine Station für Zerstörer und Torpedoboote
- 1 x 0,5-kW-Löschfunken-Sender
- 1 x Antenne
- 1 x Vibrationsschreib-Empfänger mit Hörempfang und Lautverstärker

Auch um eine schnelle Übermittlung der Befehle, Meldungen, Kurskommandos etc. zu gewährleisten, wurde ferner die Einrichtung von FT-Stationen auf den Brücken erwogen. Die Anfangsbuchstaben der Schiffe und Landstationen wurden meist zum offenen Funkrufzeichen gewählt, was bis 1945 in den Funksignal- und Schlüssellisten beibehalten wurde. 1912 erhielten Flaggschiffe, Linienschiffe und große Kreuzer zusätzlich eine kombinierte 500-W-Sende- und Empfangsstation mit 670-1.760 kHz im Kommandoturm, die zwei vertikale Reusen-Antennen hatte, wobei drei ausfahrbare Teleskopmasten als Notantenne dienten.

Die k.u.k. Kriegsmarine genehmigte am 27. April 1912 auf ihren neuen Schlachtschiffe TEGETTHOFF und VIRIBUS UNITIS die Ausstattung mit 5-TV Stationen von Telefunken, die 800-t-Torpedoboote erhielten die 1-TV. Die Ausstattung war damit also äquivalent zu einigen deutschen Schiffen und im Berichten von 1913 wurden auch durchweg gute Verbindungen genannt. Es wurde auch erkannt, dass die veralteten Anlagen der Schlachtschiffe RADETZKY und ZRINYI umgerüstet werden mussten, da sie nicht mehr dem Standard genügten.

1912 entschied sich das k.u.k. Heer hingegen für Poulsen-Vielton-Stationen und in der Kriegsmarine wurde für Radiopola kostenlos eine Versuchsstation bereitgestellt. Doch am 30. November 1912 stellte der Abschlussbericht des Marinetechnischen Komitees keine gravierenden Vorteile des Poulsen- gegenüber dem Tonfunken-System von Telefunken fest und schloss deshalb mit der Empfehlung, das dänische System nicht einzuführen, nannte es aber aufgrund seiner leichten Variationen auf, den langen Wellen eine gute Ergänzung zu den existierenden Anlagen.

Verkehrswelle war in Deutschland zunächst die 450-m-Welle, später 180-1.400-m-Welle im Abstand von 80 m. Der Hafenfunkverkehr war dabei auf 180-m-Welle, der Z-Stationsverkehr nutzte die 200- und 230-m-Welle, die U-Boote erhielten die 400-m-Welle, während die 600-m-Welle als Dampferwelle für die zivile Schifffahrt reserviert blieb. Die Verkehrswelle der Flotte wurde ab 1911/12 im 2-Stunden-Rhythmus gewechselt.

Die k.u.k. Kriegsmarine verwendete die 600-m-Verkehrswelle, in dem es dann auch zu Störungen mit italienischen und französischen Schiffen kam. Der Wechsel erfolgte auf die 900-m-Welle, was aber nun die eigenen Abhörstationen beeinflusste. Das Problem löste sich dann von selbst, als die Italiener im Oktober 1915 auf den 550- bis 750-Wellenbereich auswichen. Die italienischen Feldstationen gingen im November wieder auf 900-m-Welle, worauf hin die k.u.k. Kriegsmarine ab 5. Dezember 1915 wieder auf 600-m-Verkehrswelle schaltete.

Die Trennung der zivilen und militärischen Wellenbereiche war dringend notwendig. Zudem erforderten bald unterschiedliche Aufgabengebiete verschiedene Funkkreise. Die Anforderungen an die Technik und das Funkpersonal wurden erhöht. Im 1. Weltkrieg erhielten die österreichungarischen U-Boote im Mittelmeer dann auch Sammelnachrichten über Funk.

Stationen mit Sammelanrufen an österreich-ungarische U-Boote

- Radiopola   3.700 m
- Radiocastelnuovo   900 m
- Osmanjeh   2.800 m
- Damaskus   3.900 m
- Aidin   1.650 m
- Beirut   1.100 m

Es wurde nun vermehrt versucht längere Wellenlängen bzw. niedere Frequenzen zu verwenden. Die 400- und 600-m-Welle blieb eine wichtige Verbindung, gerade für die U-Boote. Im 2. Weltkrieg waren die Längstwellen (Langwelle) technisch voll nutzbar und der Empfang war in akzeptablen Reichweiten und Tauchtiefen möglich.

Ab 1913 richteten sich die deutschen Funker nach einer Uhr mit Summer, die den Frequenzwechsel mit der einzustellenden Wellenlänge ankündigte. Die Abstimmung erfolgte über Wellenmesser nach Tabelle, also mit extrem geringer Leistung, um den Gegner nicht auf den Frequenzwechsel aufmerksam zu machen. Für die Aufgaben im FT-Raum der größeren Schiffe gab es 4 Funkmaate und 12 Gasten die im 3er-Wachsystem die Überwachung/Bedienung der Geschwader-Verkehrswelle, der Störwelle und der Suchschaltung aufrechterhielten. In den großen Schiffen konnte gleichzeitig die räumliche Trennung der Sende- von den Empfangsräumen vollzogen werden.

In Deutschland gab es 1914 den Militärfunk, den Welt- und Schiffsfunkverkehr als öffentliche Dienste sowie den Kolonialfunk als amtlichen Dienst. Die FT-Technik setzte sich in der militärischen Verwendung durch. Speziell im militärischen Bereich war das ausländische Monopol von Marconi auf den deutschen und auch auf den Kriegsschiffen anderer Nationen ein inakzeptabler Umstand gewesen.

1910 hatte Telefunken 62 Stationen auf deutschen Schiffen installiert und bei den Löschfunken-Sendern das Marconi-Monopol damit unterlaufen. Kurz vor Beginn des ersten Weltkrieges verfügte Deutschland dank der Patente von Slaby, Arco, Braun, Siemens u.a. über 15 Küstenfunkstationen, 680 Bordstationen und 3 Stationen im Binnenland, die auch unter deutscher Lizenz arbeiteten, wenn auch nicht alle aus deutscher Produktion kamen. Je eine leistungsfähige Station war in jedem der deutschen Schutzgebiete in Betrieb oder im Bau befindlich.

Der Knallfunken-Sender von Braun wurde durch die bessere Löschfunkentechnik von Telefunken abgelöst. Am 14. Januar 1911 erfolgte die Gründung der Deutschen Betriebsgesellschaft für drahtlose Telegrafie (DEBEG). Zunächst noch mit englischer Beteiligung schnellte der Telegrammaustausch bei der Tochtergesellschaft von Telefunken zwischen den Stationen bald in die Höhe. Das teilweise englische Personal der ca. 80 Küsten- und Funkstellen sowie das Personal der 506 Stationen auf zivilen deutschen Schiffen wurde von der DEBEG übernommen, eigene Funker nun in Deutschland ausgebildet.

Nach Inkrafttreten des internationalen Funkvertrages am 1. Juni 1913 fielen sämtliche systembedingten Einschränkungen des Marconi-Monopols weg. Die DEBEG wickelte 1912 über 100.000 Telegramme auf den deutschen Seefunkstationen ab, die entweder mit Telegrafisten der Reichspost oder der Kaiserlichen Marine besetzt waren. 1913 hatte die DEBEG dann 98 Landstationen (22 in Deutschland/Kolonien) und 318 Bordstationen (206 Handels- und 112 Kriegsschiffe) unter ihrer Verwaltung. Von einer Gesamtzahl von 2.450 Bordstationen weltweit, kamen 798 von Telefunken. Neben Telefunken, Lorenz, (Siemens, Slaby, Arco und Braun) als den deutschen Hauptkonkurrenten von Marconi waren weitere Firmen zur Herstellung der Funkgeräte außerdem die MIX & GENEST, die Deutschen Telefonwerke (DeTeWe) und die Signalgesellschaft Kiel.

Weltweit gab es 1913 im zivilen und militärischen Seefunk in 62 Ländern insgesamt 494 Küstenfunkstellen, davon 112 von Telefunken, 141 nach Marconi sowie 241 verschiedene bzw. nicht bezeichnete Systeme. Auf Schiffen waren bald darauf 3.039 Funkstationen vorhanden, davon 525 nach Telefunken, 1.129 mit Marconi-Systemen und 1.385 verschiedene oder nicht bekannte Systeme. Von den Schiffsfunkstellen befand sich etwa die Hälfte auf den Kriegsschiffen. Unter den nicht bezeichneten Systemen waren schätzungsweise 180 Telefunken-Stationen und 120 Lorenz-Lichtbogenstationen. An diesen Zahlen ist schon erkennbar wie teilweise kurzlebig die Anlagen an Bord waren, denn sobald ein verbessertes Produkt einer Firma auf dem Markt war, wurde es zumeist auf den zivilen Schiffen auch sofort ausgetauscht, lediglich die militärischen Anlagen blieben situationsbedingt länger in Gebrauch.

Der zivile Seefunk in Deutschland wurde beim Beginn des 1. Weltkrieges praktisch stillgelegt, die Küstenfunkstellen an Nord- und Ostsee wurden durch die Marine übernommen. Nach Kriegsende mussten sämtliche Handelsschiffe über 1.600 BRT und die Hälfte der Schiffe von 1.000-1.600 BRT abgegeben werden, sodass die DEBEG im Jahre 1918 nur noch 182 Stationen kleinerer Handelsschiffe betreute. Die Post übernahm die während des Krieges von der Marine besetzten Küstenfunkstellen wieder für den öffentlichen Verkehr.

Während des 1. Weltkrieges wurden Röhren-Sender für ungedämpfte Wellen größerer Leistung (z.B. 1 kW) nur bei der Marine eingesetzt. Im Laufe des Krieges stieg der Bedarf an Funkanlagen immer stärker an. Telefunken fertigte vor allem Löschfunken-Sender und Detektor-Empfänger für tragbare, fahrbare und feste Heeresstationen, Luftschiffe, Flugzeuge und Kriegsschiffe. Lorenz lieferte Lichtbogen-Sender für die Marine und den Hauptanteil von Löschfunkenstationen für U-Boote (0,4 und 1,4 kW, z.B. ARS-78). Die Sender ARS-78 wurden nach dem Krieg für den Aufbau eines provisorischen Reichsfunknetzes zur schnellen Nachrichtenübermittlung umgebaut wurden. Der in Kiel eingerichteten Unterseebootsabteilung waren für die Bedienung der Anlagen unterstellt:

- 1 FT-Meister
- 16 FT-Obergasten
- und die FT-Gasten

Im Seekrieg wurden bei den U-Booten später teilweise die FT-Masten wieder ausgebaut (z.B. in Flandern), da die Boote dadurch zu topplastig wurden. Als Ersatz waren Drahtantennen mit Drachen vorgesehen, die aber nicht mehr zum Einsatz kamen. Dagegen hatten sich die Netzabweiser-Antennen vorzüglich bewährt. Die in Flandern stationierten Schnellboote waren hingegen für Operationen mit Funkentelegrafie ausgerüstet, wurden aber nicht damit von der Marineleitung im Einsatz geführt. Ein Fehler, denn für schnelle Vorstöße gegen Konvois und Verbände im englischen Kanal wären gerade diese Boote sehr geeignet gewesen, wie es die englischen Torpedoboote in ihren Angriffen bewiesen. Die Leistungen der Z-Stationen erwiesen sich anfangs als zu niedrig und waren erst zur zweiten Hälfte des Krieges durch technische Änderungen besser von den Landstationen zu empfangen. Der Begriff der Z-Station kam von ihrem Einsatz auf den Torpedoboot-Zerstörern der kaiserlichen Marine.

Um Verwechselungen vorzubeugen, erhielten die im Mittelmeer operierenden deutschen U-Boote österreichische Rufzeichen und führten auch die österreich-ungarische Kriegsflagge bis zum 28. August 1916, als Italien dem Deutschen Reich den Krieg erklärte. Die erfolgreichen Einsätze der deutschen U-Boote und die FT-Anlagen rückten auch ins Blickfeld der k.u.k. Kriegsmarine.

Die k.u.k. Kriegsmarine begann erst im November 1914 mit Versuchen zwischen U-3 und Cattaro (Reichweiten bis 100 sm), worauf U-4 und U-5 (6./8. Dezember die ersten festen Stationen erhielten. Für die Einsätze in Süddalmatien sollte zumindest der Radioempfang ermöglicht werden. Am 1. Januar 1915 wurde der Einbau von Funkempfängern auf allen U-Booten genehmigt und bis März durchgeführt, die Torpedoboote 50-E bis 64-F erhielten komplette Sende-/Empfangsanlagen. Auf dem deutschen U-Boot UB-7 wurden die neuen Lorenz-Funkstationen vorgeführt, doch die k.u.k. Kriegsmarine entschloss sich aus Gründen der Standardisierung bei den Systemen von Siemens & Halske zu bleiben, deren neue Station von U-4 1915 erprobt wurde. Mit den ersten Funkstationen (Flugzeugtyp mit 0.5-TV Umformer) empfingen die k.u.k. im ganzen Mittelmeer, ihre gesendeten Nachrichten konnten an Land aber nur bis in die Otranto-Straße empfangen werden.

Das Unterseeboot U-14 erhielt im Februar eine FT-Station von Lorenz, welche sich im Test so gut bewährte, dass am 24. August 1917 die Anlage für die neuen 500-t-U-Boote vorgesehen wurde. Während der Mittelmeerfahrt von U-32 (14. August bis 4. September 1917) lieferte der Lorenz-Empfänger sehr gute Ergebnisse. Radiopola wurde während der gesamten Fahrt empfangen, wobei eine Notantenne am Mast ausreichte. Auch U-14 bestätigte die Resultate und im November 1917 wurden 13 der 0,5-kW-Lorenz-Stationen bestellt und am 14. Januar 1918 angekauft. Gleichzeitig wurden mit den Finanzdampfern ZADAR, BILINSKI und PELAGOSA eine U-Boot-Versorgungsgruppe gebildet, die mit den entsprechenden Signal- und Chiffrierbefehlen dieser U-Boote versehen wurden.

Pola und Cattaro waren die Hauptstützpunkte der deutschen U-Boote im Mittelmeer. Sie erhielten von Nauen meist im Anschluss an den Heeresbericht ihre Befehle und waren so ständig in Verbindung mit der Heimat, auch wenn der gegenseitige Funkverkehr eher die Ausnahme war und meist nur eine Verständigung seitens der U-Boote bis zu den kanarischen Inseln durchgeführt werden konnte. Mit Cattaro hingegen wurde der wechselseitige Funkverkehr ständig durchgeführt. Im Hafen lag der österreichische Lloyd-Dampfer CLEOPATRA, welcher der II. Flottille als Wohnschiff diente und der eine 2-kW-Station an Bord hatte. Ein- und auslaufende U-Boote hatten diese Station täglich anzurufen.

Das deutsche Heer rüstete die in immer größerer Zahl benötigten Funktrupps praktisch ausschließlich mit Löschfunkenstationen aus (Detektorempfang, ab 1917 z.T. mit zusätzlichen Röhrenverstärkern, vereinzelt Audion-Empfänger). Erst gegen Ende des Krieges wurden noch tragbare Röhrengeräte ausgeliefert, dabei 8- und 15-W-Geräte mit 2-Kreis-Rückkoppelung-Audion-Empfänger von Telefunken (ca. 400 Stück) sowie 10-W-Geräte von Lorenz (Stückzahl unbekannt). 1917 wurden über die Station der obersten Heeresleitung in Bad Kreuznach sowie die Truppen auf dem Balkan und im Orient über 6.500 km Entfernung geführt.

Anfang des Krieges gab es 8 Heeres-Funkabteilungen, die bis 1918 letztendlich auf 247 erweitert wurden. In den Jahren 1912/13 waren die Feldtelegrafenbataillone unter der Gefahr des möglichen europäischen Krieges fast verdoppelt worden und bei der Mobilmachung stellten sie 20 schwere und 15 leichte Feldfunkstationen mit Reichweiten zwischen 100 und 250 km. Eine Schwere Station bestand z.B. aus 3 Protz-Fahrzeugen mit mindestens 16 Pferden für Mannschaft und Material, einschließlich der auf 18-30 m ausfahrbaren Antennenmasten, von denen auch die FT-Schule der Marine in Flensburg-Mürwik eine Station erhielt.

Unverständnis gegenüber neuen Technologien schien in der kaiserlichen Marine eine Geschichte zu haben. Am 27. Juli 1887 hatte Kaiser Wilhelm II., unter dem Kommandanten der S.M.S. IRENE, dem Kronprinzen Heinrich von Preußen, und weiteren Zeugen, mit dem Admiral Hollmann eine Wette abgeschlossen. Der Admiral wettete gegen den Kaiser, dass „binnen zwanzig Jahren die Kaiserliche Marine auf allen Schiffen wieder die Takelage eingeführt haben wird". Am 1. August 1909 schickte der deutsche Kaiser dem Admiral das Wettprotokoll zur Kenntnis. Als die nunmehr die ersten Funkgeräte in Flugzeuge eingebaut werden sollten, äußerten kaiserliche Militärs gegenüber den Ingenieuren die Ansicht, dass „zu den Gefahren des Fluges nicht auch noch die des elektrischen Stuhles hinzugefügt werden sollten". Der „fliegende elektrische Stuhl" setzte sich durch und im Jahre 1916 erfolgte in Deutschland die Aufstellung einer eigenen Fliegerfunktruppe.

In Österreich-Ungarn begannen Versuche in Fischamend mit einer 15-kg-Station von Siemens & Halske. In der Wiener Vorstadt wurden diese Versuche in dem Flugzeug Eterich-Taube nur am Boden durchgeführt. In dem Eindecker Allons waren die Motorengeräusche im Flug allerdings für einen Hörempfang einfach noch zu laut. Am 24. Juni erfolgte deshalb die Beschaffung einer Station für Flugversuche mit einem Flugzeug von der Firma Ericsson für die Ungarische-Electrizitäts-Actiengesellschaft in Budapest nach dem System Huth.

Es folgten Versuche mit einem Seeflugzeug L-40 Mitte 1915, welches im Flug auf der Strecke Pola - Cherso - Lussinpiccolo und zurück nach Pola Verbindungen mit den dortigen Land- und Schiffsstationen hatte. Durch die Kriegslage wurden die Versuche mit dem Huth-System jedoch nicht abgewartet und weitere Stationen von Siemens & Halske bestellt. Die Seeflugstation Caterina wurde mit einem Torpedobootsempfänger ME ausgerüstet. Ende 1916 wurden moderne Löschfunkensender von Siemens & Halske (400- bis 600-m-Wellenlänge, ca. 27 kg, 300 W) in die Seeflugzeuge installiert, mit denen 80 bis 150 sm überbrückt wurden. Dabei wurden 80-m-Schleppantennen verwendet. Bis Juni waren insgesamt 66 Stationen beschafft, eine letzte Bestellung im September 1918 von weiteren 48 Geräten der Firma Siemens & Halske kam dabei nicht mehr zur Auslieferung.

Der erste Einsatz der Seeflieger mit Funk in der k.u.k. Kriegsmarine erfolgte bei der Beschießung der montenegrinischen Stellungen auf der Prcija Glava südlich des Golfes von Cattaro. Die Feuerleitung des Kreuzers ASPERN erfolgte durch eine österreichische Landbeobachtungstruppe und die deutschen Heeresflieger B 933-15 (Leutnant Schatz) und B 1201-155 (Leutnant Hesse), die ihre Beobachtungen der Treffer über Flugfunkstationen zur Feuerleitung meldeten. Im Gefecht in der Otranto-Straße am 15. Mai 1917 lieferten erstmals eigene k.u.k. Seeflugzeuge telegrafische Funkaufklärung und Feuerleitung.

Hierbei wurde zugleich festgestellt, dass die Telegrafiestationen von Siemens & Halske in den Flugzeugen gut hörbar waren, es aber in der Ausbildung der Flieger im Funkverkehr mangelte, wodurch die Mitteilungen teilweise unverständlich blieben. Die Auswertung ergab ferner, dass die Leydener-Flaschen an Bord der Schiffe starke Sprünge beim Feuern der Kanonen machten und diese Anlagen mit einer elastischen Unterlage gedämpft werden müssten. Ein Standard der elektronischen Anlagen auf allen heutigen Kriegsschiffen.

In den Vereinigten Staaten von Amerika überzeugte die erste erfolgreiche Funkübertragung von einem Flugzeug zur USS STRINGHAM am 26. Juli 1912 die Militärs ebenso wenig von den Möglichkeiten der Technik wie in Europa. Eine operative Verwendung wurde erst ab 1915 funktechnisch ermöglicht. Am 8. Mai 1919 startete die US-Marine den ersten Atlantiküberflug mit Funkkontakt. Mit vier Flugzeugen (NC-1 bis NC-4) wurde in mehreren Tagen mit Zwischenlandungen die Strecke bewältigt und das Experiment damit erfolgreich beendet.

In Deutschland wurde 1909 wurden von Telefunken Versuchsstationen mit 75/120 W in ein Parseval-Luftschiff und das Militär-Luftschiff M-II eingebaut. Nachdem Tirpitz am 26. Oktober 1910 die ersten Flugversuche in der Kaiserlichen Marine angeordnet hatte, wurde in Putzig bei Danzig zum 3. Mai 1913 die erste Marinefliegerabteilung aufgestellt, die durch eine Marineluftschiffabteilung ergänzt wurde.

Am 2. November 1915 begann das Luftschiff LZ-81 seine Reise von Dresden über Wien Richtung Balkan und erhielt unterwegs von den österreichischen FT-Stationen Nachrichten und Wettermeldungen. Während des Überführungsfluges des deutschen Luftschiffes SL-10 von Mannheim-Sandhoven über Tremesvár nach

Jambol kam es am 21. Juni 1916 zur Funkverbindung mit der Station Radiowien, die eine Station im Kriegsministerium und am Laaerberg unterhielt. Die Station Wien-Laaerberg wurde nach dem 1. Weltkrieg von der Austria AG übernommen und die Antennenanlagen existierten noch im Jahre 2000.

Die Zeppeline wurden fester Bestandteil der Streitkräfte und erhielten die modernen FT-Anlagen installiert. Kaiser Wilhelm II. erließ durch Kabinettsorder vom 3. Mai 1913 die Aufstellung der Marineluftschiff- und Marine-Fliegerabteilung zum 1. Juni 1913. Mit Ausbruch des 1. Weltkrieges standen lediglich 20 Flugzeuge und ein Luftschiff zur Verfügung, doch durch die vorausschauende Planung verfügte das kaiserliche Heer und Marine 1913 mit 11 Luftschiffen bald nicht nur über die stärkste Luftflotte der Welt, sie war auch technisch am weitesten fortgeschritten. Von den 119 gebauten Zeppelinen waren 101 militärische Luftschiffe. Bis 1918 wurden 2.500 Seeflugzeuge und 78 Luftschiffe an die Marine ausgeliefert, von denen 1.478 bzw. 16 den Krieg überstanden.

Die Anfänge der deutschen Seeflieger gehen hingegen zurück auf den Fritsche-Rumpler-Eindecker (E1) von Oberleutnant zur See Fritsche im Jahre 1907. 1909 beschäftigte sich das Reichsmarineamt erstmals mit den Möglichkeiten der Seefliegerei und 1910 erteilte der Staatssekretär des Reichsmarineamtes, Admiral Alfred von Tirpitz, den Auftrag an eine Danziger Werft zum Bau eines für die Marine geeigneten Flugzeuges. Mit der E1 flog der Marineoberingenieur Carl Loew den ersten deutschen Überseeflug von Sonderburg nach Kiel.

Die 1. Seefliegerabteilung wurde in Kiel-Holtenau am 29. August 1914 offiziell in Dienst gestellt. 28 Offiziere, zwei Marineingenieure sowie 181 Unteroffiziere und Mannschaften waren für die 35 Maschinen zuständig. Zwischen 1935 und 1945 folgten eine weitere Seefliegerstaffel, Küstenjagdstaffel und Aufklärungsstaffel und die Bordfliegergruppen 1/196 und 3/196 (Heinkel He 60/Arado 196, Tragschrauber Fa 330 und FL 282), später die Trägergruppe 186 für den in Bau befindlichen Flugzeugträger GRAF ZEPPELIN. Nach dem 2. Weltkrieg begann mit dem Befehl vom 26. Juni 1956 der Aufbau des Kommandos der Marineflieger, 1959 kam die Marine-Dienst und Seenotgruppe und 1963 das Marinefliegergeschwader 5 (MFG5), mit dem MFG1 in Jagel und MFG3 in Eggebek.

Waren es im 1. Weltkrieg im April 1917 noch 5.965 Mann, so betrug das Personal der Fliegerabteilungen am 11. November 1918 schließlich 16.122 Soldaten, davon 2.116 fliegendes Personal auf 32 Seeflugstationen und 17 Landflugstationen, die insgesamt ca. 1.200 Aufklärungsflüge durchgeführt hatten. Nach der Kapitulation sollten die Bestände an die Alliierten übergeben werden, doch viele Flugzeuge und Geräte wurden durch ihre Besatzungen, dem Beispiel der Marineschiffe in Scapa Flow folgend, vernichtet.

Eine der bekanntesten Leistungen im Funkwesen in Verbindung mit der Luftfahrt vollbrachte die Funkstelle Nauen mit dem Telefunken-Sender nach Braun (25 kW, 17-25,5 kHz) im Jahre 1917. Das Luftschiff L-59 sollte den Truppen des Generals von Lettow-Vorbeck in Ostafrika (Namibia) Medikamente und Versorgungsgüter bringen. Über 4.500 km Entfernung wurde der Zeppelin mittels Funks über Khartum im Nildelta zurückbeordert, da der Zielflughafen inzwischen vom Gegner besetzt und der Aufenthalt der eigenen Truppen nicht mehr bekannt war. L-59 legte dabei in 97 Stunden 6.757 km zurück.

Im 1. Weltkrieg wurde das neue technische Flugmittel auch bereits zur Bombardierung englischer Städte eingesetzt, aber auch in den Einsätzen der neuen Kampfmittel Flugzeug und Panzer gab es das neue Kommunikations- und Führungsmittel "Funk". Die ersten Panzer waren am 31. Juli 1917 bei Ypern/Flandern und am 23. Oktober 1917 bei Malmaison bereits mit Funk im Einsatz, die französischen Panzer erhielten hingegen erst kurz vor Kriegsende die Funkgeräte.

Bei den deutschen Zeppelinen wurde auf allen Flügen von Beginn an die Flottenfunkwelle der Marine verwendet. Zur Positionsbestimmung über der offenen See wurden Morsezeichen gesendet, die von den Peilstellen in List, Nordholz, Borkum, Brügge gepeilt wurden. Nach einer Anfrage des Zeppelins zur aktiven Funkpeilung sendete dieser nach der Aufforderung der Leitstation drei Minuten lang ein bestimmtes Morsezeichen, dazwischen immer wieder das Rufzeichen des eigenen Luftschiffes. Die Peilstellen sendeten ihre Peilergebnisse an die Leitstelle, wo die Position errechnet wurde, die dann wieder dem Luftschiff zurück übermittelt wurde.

Abgesehen von den Beeinträchtigungen aller anderen Funkübertragungen für die Schiffe auf der Flottenfunkwelle, konnten diese Signale natürlich auch von feindlichen Stationen gepeilt werden. Infolge von zeitlichen Verzögerungen der Peilungsmeldungen durch den lebhaften Funkverkehr wurden oft starke Windversetzungen der Luftschiffe zu spät erkannt und allein im Oktober 1917 gingen dadurch fünf Zeppeline auf Feindflügen verloren. Erst jetzt erhielten die Luftschiffe eine eigene Frequenz und ab 1918 kamen aus Cleve und Tondern halbstündlich Funkpeilsendungen bzw. Peilzeichen, anhand derer sich ein Luftschiff selbst die Position errechnen konnte.

Nach Beendigung der Aufstände in den afrikanischen Kolonien waren 1911 auch die ersten festen Funken-Telegrafiestationen der Reichspost in Bukoba und Mwanza errichtet worden. Die Funkstation in Dar Es Salaam nahm am 20. März 1913 ihren Betrieb mit den anderen Verbindungen und den vor der Küste anlaufenden deutschen Versorgungsschiffen auf. Auf einigen Strecken konnte nun zwar prinzipiell auf eine Drahtverbindung verzichtet werden, der Nachrichtenverkehr mit Telegrammen und Telefon hatte sich jedoch so erhöht, dass neue und doppelt verdrahtete Leitungen verlegt werden mussten, um den Nachrichtenverkehr zu bewältigen. Ein großer Nachteil war dabei, dass die Stationen in Kamina und Duala wohl die Nachrichten von Nauen/Deutschland direkt empfangen konnten, dann aber über die einzelnen Funkstellen in Relaisfunktion weiterleiten mussten.

Die wichtigsten Funktürme in den deutschen Kolonien

- Togo, Kamina
- Kamerun, Duala
- Deutsch-Südwestafrika, Swakopmund-Lüderitzbucht-Windhuk
- Deutsch-Ostafrika, Dar es Salam-Tabora-Muanza-Bukoba
- Kiautschou, Tsingtau
- Deutsch-Neuguinea, Rabaul
- Deutsch-Polynesien, Yap-Nauru
- Samoa, Apia

zerstörte Stationen

Dar es Salam	13.08.1914
Kamina	27.08.1914
Swakopmund	14.09.1914
Lüderitzbucht	18.09.1914
Duala	27.09.1914
Kiautschous (östlichste Station)	07.11. 1914
Windhuk	Ende April 1915
Bukoba	21.06.1915
Muanza	Mitte Juli 1916

In Deutschland waren in den Streitkräften im Jahre 1916 Funkenstationen mit 100-300 Watt Leistung und auf 100-500-m-Welle in Betrieb. Es wurden Sender und Empfänger verschiedenster Art und Leistung mit Röhren für das Heer und die Marine produziert, sie kamen aber bis zum Kriegsende 1918 nicht mehr in nennenswertem Umfang zum Einsatz. Bei den Gegnern wurden indes in größerem Maße als in den deutschen Verbänden die Röhren-Sender genutzt. Vor allem die unterbrochene Rohstoffversorgung verhinderte die Produktion von großen Stückzahlen, da hier meist Edelmetalle und Stoffe benötigt wurden, die nicht in Deutschland gewonnen werden konnten.

Bei Störungen des Empfangs der Funkstationen aus dem Deutschen Reich oder in den Kolonien mussten weiterhin die Seekabel genutzt werden, die aber den britischen Firmen gehörten und somit eine schlechte Alternative boten, da selbst wenn eine Verbindung möglich gewesen wäre, die Informationen abgehört worden wären. Beim Kriegsausbruch wurden zu Anfang von den englischen Streitkräften zuerst die Seekabelverbindungen für die deutschen Linien zerstört. Die Sendestationen in den Kolonien waren eines der nächsten Hauptziele der Angriffe seitens der Marine Großbritanniens. Damit ein guter Empfang der Schiffe gewährleistet war, mussten die Sende- und Empfangsanlagen notwendiger Weise nahe an der Küste gebaut werden, womit sie leicht durch Artilleriebeschuss von See zerstört oder durch Landungstruppen eingenommen werden konnten. Durch diese Umstände verlor das deutsche Kaiserreich sehr schnell die Funk- und die Telegrafie-Verbindungen zu den Kolonien.

Als erste deutsche Reederei rüstete der Norddeutsche Lloyd im Februar 1900 den Schnelldampfer Kaiser Wilhelm der Große mit einer Station der Marconi Wireless Telegraph Company aus und stellte entsprechende Gegenstellen auf Borkum und dem Feuerschiff Borkumriff auf; anfangs nur zur Übermittlung der voraussichtlichen Ankunftszeit des Schiffes in Bremerhaven. Bereits diese Stationen wurden mit hauptberuflichen Funkern besetzt, d.h. der Beruf des Funkoffiziers war entstanden.

In den Vereinigten Staaten von Amerika brachte der Lieutenant Stanley C. Hooper technisches Grundverständnis der Funktechnik in die Flotte ein, als er am 12. August 1912 zum ersten Fleet Radio Officer aufstieg. Eine seiner ersten Maßnahmen war hier die Festlegung des Funkoffiziers an Bord jeden Schiffes, was ihm wohl auch die persönlichen Erfahrungen aus der Katastrophe in San Franzisko gelehrt hatten.

In der Kaiserlichen Marine wurden Funkoffiziere mit Grundkenntnissen der FT erst mit Kriegsbeginn 1914 an Bord versetzt und in den Stäben entsprechend versierte Funksachbearbeiter rekrutiert. Vielfach übernahm der Funkoffizier auch die Verwaltungsarbeit, führte in fremden Häfen die Einklarierung durch etc., was die Wertschätzung der technisch erfahrenen Experten aufzeigte.

Aus der Funken-Telegrafie und ihrem Fachgebiet der Funktechnik leitete sich die spätere Abkürzung des Funktechnischen Offiziers (FTO) in der Marine ab. Die nächsten Umwälzungen in Deutschland ergaben sich aus den politischen Entwicklungen, den am 2. August 1914 um 17:30 Uhr ging folgender Funkspruch an die k.u.k. Flotte:

"Mit Ausbringen der Barrikaden in Pola beginnen. Mit Krieg gegen Russland, Frankreich, England rechnen; Italien neutral."

Die deutschen und österreichungarischen Schiffe hatten zunächst den Vorteil der schnelleren Information auf ihrer Seite. Am 4. August 1914 wurden die deutschen Schiffe in mexikanischen Hoheitsgewässern über den Kriegsbeginn mit Großbritannien und Frankreich informiert, während die französischen und englischen Einheiten dies erst am Abend übermittelt bekamen. So konnten die deutschen Schiffe unbehelligt entkommen und sich mit der pazifischen Schwadron vereinigen. Die Panzerkreuzer GOOD HOPE und MONTMOUTH wurden am 1. November 1914 bei Coronel versenkt, nur der Kreuzer GLASGOW und der Hilfskreuzer OTRANTO entkamen.

Der erste Kriegseinsatz der k.u.k. Kriegsmarine richtete sich am 8. August 1914 gegen die die Radiostation von Antivari, da Montenegro hier seine Verbündeten über die Vorgänge im Golf von Cattaro unterrichten konnte. Am Morgen liefen die Kreuzer Szigetvár und zenta, das Torpedofahrzeug Uskoke und Torpedoboot 72F aus Gjenovic aus und warnten das Personal der Radiostation, dass in 20 Minuten das Feuer eröffnet würde. Kurz danach zerstörte der Kreuzer Szigetvár die Radiostation bis auf den Antennenmast.

Der Küstenverteidiger Monarch vernichtete am 18. September 1914 die erst am 1. September vom französischen Dampfer Liamone neu errichtete Küstenfunkstation bei der Spitze Volovica (Antivari), während am Tag darauf französische Schiffe die Signalstation XVIIII bei Stocica beschossen und stürmten. Chiffren konnten aber nicht erbeutet werden, da sie zuvor vernichtet worden waren. Der Dampfer Liamone brachte am 4. Oktober eine neue Küstenfunkstation für Podgorica nach Antivari. Kriegsbedingt war man in der Folge nicht immer wählerisch mit den Standorten, so wurde z.B. am 12. November 1915 die Radiostation Radiofiume in der Waschküche der Torpedofabrik (1,5-TV-Station) fertig gestellt.

Da mehr und mehr Land- und Seekabelverbindungen Österreich-Ungarns mit dem Ausland gekappt wurden, begannen ab 20. Dezember 1914 die Versuche zur Korrespondenz zwischen Radiopola (1.600-m-Welle) und Aranjuez/Spanien (2.400- bis 2.600-m-Welle), um neue Verbindungen zu schaffen. Später wurde auch die 3.700-m-Welle für die Verbindung mit Spanien und die U-Boote verwendet. Dabei konnten aber keine ungedämpften Wellen gesendet werden, da die U-Boote nicht zum Empfang dieser Wellen ausgerüstet waren.

Da Radiopola anscheinend die beste Verbindung mit Aranjuez hatte, wurde auch fast der gesamte diplomatische Depeschen-Verkehr über die Station abgewickelt, was speziell die k.u.k. Kriegsmarine als störend empfand, es aber aufgrund der Priorität nicht ändern konnte. Ab 11. April 1918 wurde der Verkehr auf 4.600-m-Welle verlegt, wobei die tägliche Sendezeit etwa 15 bis 45 Minuten betrug. Die Meldung der Station Aranjuez, dass ein Verkehr mit Großradiopola mit gedämpften Wellen nicht möglich sein, wurde als politische Ausrede gesehen, da mit Nauen gerade in dieser Übertragungsart seitens der Station Aranjuez kommuniziert wurde.

Nachdem sich der Kommandant der Donauflottille, Fregattenkapitän Grund am 22. September 1914 über den Mangel an Funkentelegrafiestationen auf den Monitoren beschwerte, wurde die einheitliche Ausrüstung aller Schiffe der Donauflottille in der k.uk. Kriegsmarine eingeleitet.

Monitor	Funkstation Typ
• M-9	1,5-TV (Telefunken)
• M-10	1,5-TV
• ENNS	1,5-TV
• INN	1,5-TV
• TEMES	gesunken/entfiel
• BODROG	1,5-TV
• KÖRÖS	0,5-TV
• SZAMOS	0,5-TV
• LEITHA	TS
• MAROS	TS

Patrouillenboote:	Funkstation Typ:
• c	0,5-TV
• i	TS
• k	TS
• l	TS
• m	TS
• n	TS
• TS	

Zusätzlich waren mit Installation der Radiostationen auf den Torpedobooten 71F (3. Januar 1916) und 65F (am 17. Februar 1916) auch sämtliche Torpedofahrzeuge der Klasse-50E und der HUZÁR-Klasse ausgerüstet worden, womit die Funktechnik breitflächig verfügbar war. War man vor Kriegsausbruch in Österreich-Ungarn ähnlich wie in Deutschland noch zögerlich aufgrund der Kosten und der unterschiedlichen Systeme aus den verschiedenen Ländern, so wurde nun mit Nachdruck die möglichst einheitliche Ausstattung der Flotte angestrebt und auch umgesetzt.

Präsident Wilson Verbot die Nutzung der Funkanlagen von Kriegsschiffen anderer Staaten innerhalb des Territoriums und in den Hoheitsgewässern der Vereinigten Staaten von Amerika. Die kommerziellen ausländischen Stationen erhielten amerikanische Zensurbeauftragte zugeteilt. Trotzdem übermittelte die Marconi-Station in Siascousett unter bewusster Verletzung der Neutralität dem englischen Kreuzer SUFFOLK eine Nachricht, worauf die Station bis zum 16. Januar 1915 geschlossen wurde.

Als US-Präsident Wilson 1917 den Krieg gegen Deutschland erklärte, nannte er ihn den "War to end wars" und verfolgte sein Ziel "To make the world safe for democracy", wobei er in ein Bündnis mit dem nicht sehr der Demokratie zugeneigten Zarenreich und der größten Kolonialmacht der Geschichte, dem britischen Empire, trat. Parallelen zur Politik späterer US-Präsidenten sind allerdings wohl eher zufällig, allerdings leitete der US-Präsident George W. Bush 2001 den Krieg gegen den Terror in der Welt mit den Worten "Wir werden einen Kreuzzug führen" ein, während er 2003 im Irakkrieg nach einem Verweis von Reportern auf das Völkerrecht meinte: „Völkerrecht? Ich rufe besser meinen Rechtsanwalt an, das hat er mir noch nicht erklärt.". Zusammenfassend läßt sich wohl festhalten, das noch kein Krieg für die Demokratie oder Freiheit geführt wurde, sondern dass meist andere wirtschaftliche Interessen in allen Ländern ausschlaggebend waren.

Mit Kriegseintritt wurde das Landfunknetz der Marine der Vereinigten Staaten von Amerika auf die Stationen in Arlington, Darien, Lents, South San Franzisko, Heeia Point, Bolinas, Kahuku, New Brunswik, Sayville und Tuckerton limitiert, während Funkamateure ihre Tätigkeit einstellen und die Sender zerlegen mussten. Neben dem technischen Fortschritt der Funktechnik brachte die militärischen Auseinandersetzungen die staatliche Zensur des neuen Mediums.

Diese Zensur sollte den Gegner treffen, doch uneinheitliche System verursachten in den verbündeten Streitkräften weitaus größeren Problemen. Als die 6. US-Schwadron ab Juni 1917 auf dem europäischen Kriegsschauplatz erschien, konnten die Schiffe nicht mit den britischen Einheiten kommunizieren und mussten deshalb zusätzlich britische Geräte installieren. Die englischen Anlagen waren für die Verbandsführung sehr selektiv und wenig empfindlich auf 2.380 kHz ausgelegt, während die US-Geräte für die Führung über große Distanzen weniger selektiv, dafür aber sehr empfindlich gebaut waren und auf 1.500 kHz arbeiteten.

Die allgemeine Kenntnis über die Technik war bei dem Bedienungspersonal aller Länder trotz der Ausbildung generell immer noch begrenzt. Teilweise wurde z.B. versucht, die Entfernung einer gegnerischen Einheit nach der Stärke des Empfangssignals zu ermitteln. So geschehen zwischen dem 07-09. November 1914 auf der SMS EMDEN bei den Cocos-Inseln oder am 15/16. Dezember 1915 auf dem Kreuzer SMS STRALSUND im Kattegat. Für die SMS EMDEN bedeutete diese Fehleinschätzung von 200 sm Entfernung zur gegnerischen SYDNEY, die in Wirklichkeit nur 50 sm entfernt war, den Untergang.

Standard der US-Marine von 1906-1912 war bei den Empfängern der IP-76 von Pickard (Wireless Specialty Apparatus Co.), später ergänzt durch den "Tikker" (Federal Telegraph Co.) und dem neuen Heterodyne-Empfänger von Fessenden. Ab 1917 kam dann für Funktelefonie und Telegrafie in den USA die CW-936 mit 500-1.500 kHz. Über 2.000 der Standardgeräte, die bis in die späten 30er Jahre dienten, wurden in dieser Zeit gebaut und auch an die Königliche Marine Großbritanniens ausgeliefert. Die meistgenutzten Frequenzen deckten auch die SE-143 und CN-208 ab, während die SE-95 und CN-239 Empfänger von 30-300 kHz arbeiteten (SE = Standard Radio Equipment). Der SE-1420 entstand 1918 aus dem SE-1220 mit 45-

1.000 kHz und wurde als SE-1440 in den Peilanlagen eingesetzt (alle von der General Electric Co.oder der Western Electric Co.). Auch der SE-1000 von De Forest war lange Jahre danach noch in Gebrauch und erfuhr dabei sechs Modifikationen.

Die deutschen Funkanlagen waren im 1. Weltkrieg den englischen und französischen Anlagen im Prinzip zunächst Überlegen, denn allein die Vereinigten Staaten von Amerika hatten technisch vergleichbare Geräte zur Verfügung. Während des 1. Weltkrieges zeigte sich wie in dem darauffolgenden 2. Weltkrieg der Rohstoffmangel und die geografische Lage für Deutschland als die größten Nachteile. Während sich die Truppen in Material- und Menschenschlachten an den Fronten völlig aufrieben, gingen in Deutschland im wahrsten Sinne des Wortes die Lichter aus. Das Volk hatte weder Nahrung noch Energie zur Verfügung und die Rüstungskonzerne konnten bald nicht mehr die notwendige Munition herstellen oder hatten das dafür benötigte Material zur Verfügung. Es ist daher umso erstaunlicher wie lange die Truppen unter widrigen Umständen ausgehalten haben und wie die Organisation und Versorgung mit dem Nötigsten mittels der Nachrichtenmittel aufrechterhalten werden konnte. Generalmajor Hesse, Chef des Nachrichtenwesens 1917-1918, brachte die Bedeutung der neuen Technik folgendermaßen zum Ausdruck:

"Die Nachrichtentruppen ermöglichten das Zusammenwirken der nebeneinander fechtenden Verbände und gaben der Führung die Sicherheit, die Schlacht in die gewollten Bahnen zu lenken"

Die Funktechnik wurde zum wichtigsten Kommunikationsmittel auf See und lieferte die Überseeverbindungen zu den Kolonien, während sich die Heeresabteilungen durch den Stellungskrieg größtenteils auf die Drahtverbindungen des Feldtelefons beschränken konnten. Aufgrund der notwendigen großen Leistung und Antennen war eine weltweite Verbindung zu Schiffen in See in dieser Zeit noch nicht immer gewährleistet. Die 6.200 Mann der Fernmeldetruppen von Anfang 1914 wurden in Deutschland bis Kriegsbeginn auf 25.800 aufgestockt. Die Masse zeigt auch hier, dass logischer Weise die Qualität der Ausbildung entsprechend geringer angesetzt werden musste, um schnellstmöglich das Versäumnis der Ausbildung vor Kriegsbeginn auszugleichen und die Truppe mit qualifizierten Experten auszustatten.

Der Umfang der Nachrichtenorganisation der Jahre 1917/18 bis zur Demobilisierung lässt das Gewicht der neuen Techniken erkennen, wobei das weitere Personal aus 8 Staffeln mit Meldehunden, 1.000 Brieftaubenschläge und 66 Blinkerzüge nicht berücksichtigt sind:

- 4.381 Offiziere
- 185.000 Soldaten in 2.800 Verbänden
- 371 Fernsprechabteilungen
- 247 Funkabteilungen
- 250 Fliegerhafenstationen
- 278 Abhörstationen
- 25 Nachrichtenersatzabteilungen
- 28 Nachrichtenschulen

Entwicklung der Sendertechnik bis 1918

In der Funkentelegrafie gab es neben den Monopolstreitigkeiten der internationalen Firmen noch genügend technische Probleme zu lösen. Entscheidend für den Erfolg der Nachrichtenverbindungen waren die Entwicklungen der Sende- und Empfangsanlagen, wobei die Empfängertechnik der den Sendern folgen musste.

Die von seinem Lehrer Righi verbesserte Dreifachfunkenstrecke verband Marconi in Bologna 1895 für Nachrichtenübermittlungen mit einer Antenne. 1897 erfanden K. F. Braun und Slaby verschiedene Knallfunken-Sender (auch Knarrfunken-Sender). Diese Sendertechnik war bis 1908 bestimmend, hatte aber einen störenden Einfluss beim Empfang der Funkwellen.

Bei allen drei Systemen lag die vom Funkeninduktor gespeiste Funkenstrecke noch direkt im Antennenkreis, sie hatten, einen sehr geringen Wirkungsgrad (10%, gedämpfte Wellen) und als Funkenstrecke dienten hauptsächlich pilz- und ringförmige Elektroden (z.B. aus Zink), zwischen denen sich die oft zentimeterlangen Funken im Rhythmus der Morsezeichen laut knallend überschlugen, was den Sendern auch ihren Namen ab.

Die Anordnung der Funkenstrecke direkt an der Antenne bedeutete, dass die Antenne in Verbindung mit der Erde die bestimmende Kapazität bildete. So betrug die Wellenlänge bei den ersten Versuchen von Slaby mit etwa 4-x-300-m-Antennenhöhe rund 1.200 m (Langwelle), entsprechend 250 kHz. Die Amplituden der HF-Schwingungen der einzelnen Wellenzüge klangen nach etwa 8 Schwingungen auf null ab. Bei 50 Funken je Sekunde und etwa 1/30.000 Sekunde Dauer der einzelnen Schwingungszüge sind die Pausen dazwischen rund 600-mal länger, auch daher die sehr schlechte Energiebilanz. Trotz der riesigen Generatoren lag die HF-Leistung der ersten Anlagen von Marconi und Slaby dann auch nur bei 10-20 Watt.

Braun entwickelte den doppelten Schwingkreis mit einem zusätzlichen Resonanzkreis (1901) zwischen Funkenstrecke und Antenne. Funkenstrecke und Spule bestanden hier aus Kupferband bzw. -Rohr. Die Antenne wurde also galvanisch oder induktiv angekoppelt (deutsches Patent im Oktober 1898). Slaby hatte seinerseits zur Leistungserhöhung im einfachen Schwingkreis bereits Kondensatoren eingebaut. Bei gleichem Aufbau wie den Sendern von Marconi oder Slaby ergab sich hier infolge der noch höheren Kapazität im Primärkreis auch eine entsprechend größere HF-Energie, was wiederum eine größere Reichweite zur Folge hatte. Wegen des Fehlens der dämpfenden Funkenstrecke im Antennenkreis wirkten die gedämpften Wellenzüge bei Braun nun zusätzlich fast die doppelte Zeit beim Empfänger, der bei Braun einen abgestimmten Antennenkreis erhielt. Vorteilhaft war außerdem, dass die Antenne frei von der hohen Spannung der Funkenstrecke war, was die Isolation erheblich vereinfachte.

Die Bedeutung dieser Entwicklungen spiegelt sich auch in der Nobelpreisvergabe am 16. November 1909 an Braun und Marconi zu gleichen Teilen wieder. Im Dezember 1898 entstand die Funkentelegrafie G.m.b.H. in Köln, der im Juli 1899 die Tele-Braun in Hamburg folgte. 1900 wurde dann die Prof. Brauns Telegrafie m.b.H. gegründet, an der sich auch Siemens & Halske beteiligte, bis schließlich 1901 die Braun-Siemens-Gesellschaft entstand. Siemens spezialisierte sich mehr auf die Geräte des Heeres, doch wurden Stationen für die Schiffe nach dem System von Braun ebenfalls hier gefertigt.

Mit einer Siemens/Braun-Anlage überbrückte der Assistent von Braun die 52 km nach Helgoland (30-m-Antennen), was 1900 ein neuer Rekord war und Jonathan Zenneck zu einem Pionier des deutschen Seefunks machte. Zenneck gelang auf Anhieb auch eine Funkverbindung von Cuxhaven zum Feuerschiff ELBE I über 62 km am 24. September 1900. Der Sender war im Bäderdampfer SILVANA ("Alte Liebe") und die Empfangsanlage in der Kugelbake. Dann wurden zwischen Cuxhaven und dem Dampfer DEUTSCHLAND 150 km Reichweite erzielt. 1902 wurden 165 km zwischen Rügen und Köslin mit 75-m-Mehrdrahtantennen überbrückt. Gleichzeitig entdeckte er hierbei die Möglichkeit des Richtempfanges.

Österreich stützte sich zunächst auf die ausländischen Produkte Marconis unter englischem Patent. Die k.u.k. Kriegsmarine führte ihre ersten Versuche mit zwei Marconi-Anlagen im Raum Pola (Hauptkriegshafen Istrien) vom 8. Dezember - 22. Dezember 1998 durch. Zwischen Fort Musil und der SMS BUDAPEST wurden 8 km, zwischen SMS BUDAPEST und der SMS LUSSIN 10-11 km in Fahrt überbrückt. 1901/02 erprobte die k.u.k. Kriegsmarine dann die Stationen von AEG.

Die Sende- und Empfangsanlagen verbesserte Marconi, indem er die Funkenstrecke in einen Primärkreis mit Spulen sowie Kondensatoren mit großer Kapazität legte. Das Patent für diese Anordnung war in

Deutschland im Jahre 1898 bereits von Braun eingereicht worden und es wurde ihm 1899 auch in England erteilt. Aber unter dem berühmten Patent Nr. 7777 ("The four seven") vom 26. April 1900 wurde es an Marconi trotzdem nochmals vergeben, was einen Rückschlag für die deutschen Pioniere bedeutete.

Die Marconi-Gesellschaften versuchten nun weiter ihre Monopolstellung auszubauen, doch ihre Klagen gegen Telefunken auf Verletzung des Patentrechtes Nr. 7777 scheiterten an dem Umstand, dass Braun seine Erfindung auch in England bereits 1899 geschützt bekam. 1912 kam es zu einer internationalen Patentregelung der beiden Firmen auf Grundlage der Gleichberechtigung, womit die Marconi-Gesellschaften zumindest einen unberechtigten Teilerfolg erzielen konnten. Der Europäische Gerichtshof würde hier auf der rechtlichen Grundlage wohl zu rein deutschen Gunsten entschieden haben.

Im Herbst 1899 erreicht die Marine in Kiel in Funkversuchen (AEG, Slaby/Braun) eine Reichweite von 48 km. Das Kaisermanöver des Heers in Danzig 1901 mit drei fahrbaren und zwei stationären Anlagen (Slaby/Braun/Siemens) und bei der Marine mit einer Anlage von Slaby/Arco/AEG durchgeführt, die bei Schreibempfang bis 30 km, bei Hörempfang bis 50 km eine Verbindung hatte. Die von der AEG gelieferten Marine-Sender bestanden aus Gleichstrommaschinen mit Quecksilberturbinen-Unterbrechern, Erregerkreis mit Leydener Flaschen und einem an die Antenne angeschlossenen Transformator mit Spule.

Von 1901-1906 lief die Entwicklung der Funken-Sender in Deutschland hauptsächlich über Ferdinand Braun und die Firma Siemens & Halske, deren Hochspannungstransformatoren teilweise schon in Ölbädern gekühlt wurden. Die Antennen (200-300 m) wurden je nach Wind an einem Ballon oder Drachen befestigt, womit Reichweiten bis 108 km erzielt wurden.

In Österreich wurden 1904 auf den Schlachtschiffen Habsburg und Zenta ebenfalls 200-m-Drachenantennen erprobt. 1912 erfolgten Versuche mit Drachen für Stark- und Schwachwind für 200-m-Antennen auf Kaiser Karl VI. sowie den Torpedobooten Dinara und Streiter, wie sie auch in der deutschen kaiserlichen Marine verwendet wurden.

Am 19. Februar 1902 gelang von der SMS FRIEDRICH CARL aus der Marstallbucht mit den verschiedenen Systemen über 45-50 km eine Verbindung nach Bülk, die am nächsten Tag in Fahrt auf 87-90 km erhöht werden konnte. Erst weiter in Richtung Korsör brach die Verständigung mit der Kieler Funkstelle bei etwa 130 km dann ganz ab. Diese Versuche liefen unter dem Dr. A. Koepsel von Siemens & Halske mit Beteiligung des Herrn Makowsky, Physiker Ament und Oberleutnant Habenicht.

In einem geheimen Bericht (Nr. 66) des Torpedo-Versuchs-Kommandos in Kiel über diese Versuche wurde die AEG-Anlage gegenüber der Slaby/Braun-Version aufgrund der Reichweitenvorteile bevorzugt. Die Verwendung von Elfenbein-Fritter mit Silberelektroden und Nickel-Silber-Füllung wurde hierbei als die normalerweise übliche Ausführung für kürzere Distanzen bei den Schiffsstationen erwähnt, während Dr. Koepsel einen Stahl-Fritter verwendete, der mehr für die Landstationen geeignet schien.

Die erste mobile Station der Armee (System Braun-Siemens) ermöglichte den Hörempfang mit dem Marinesystem von Slaby-Arco-AEG. Ab 1899 wurden u.a. 18 der Slaby-Funkstationen für die Marine gebaut, bei denen der Fritter-Empfänger zwischen Antenne und Erde geschaltet wurde. 1900 wurden mit diesen Anlagen auf, den Kriegsschiffen mit 30-m-Antennendrähten Reichweiten bis zu 48 km mit einer mobilen Heeresstation erzielt. 1901 gelang dem Schnelldampfer DEUTSCHLAND (32-m-Mast) damit über 150 km eine Verbindung nach Duhnen/Cuxhaven. 1902 waren dann etwa 30 Kriegsschiffe der Kaiserlichen Marine mit dem Slaby/Arco-System ausgerüstet, während die restlichen Schiffe zumindest Funkstellen mit Löschfunken-Sendern (2.500-6.000 m) erhielten und die großen Einheiten zusätzlich 4-kW-Poulsen-Lichtbogen-Sender. Die ersten Anlagen von Telefunken kamen in fünf verschiedenen Typen von 100-1.000 W für Land- und Schiff-Stationen mit 500-1.000 kHz.

Dr. A. Koepsel konstruierte einen Drehkondensator, der erstmals eine veränderliche Abstimmung von Schwingkreisen ermöglichte, wodurch auch die Fertigung von Wellenmessern wie von Zenneck, Franke und Dönitz aufgenommen werden konnte. Erstmals war es möglich die Dämpfungsverhältnisse von

Schwingkreisen zu ermitteln, Sender, Empfänger und Antennen abzustimmen. Das vorher mühselige Ausprobieren entfiel und die Sender und Empfänger benötigten nur noch einen Quarz für alle Frequenzen. Auf Basis dieser technischen Möglichkeiten kam 1907 von W. Hahnemann ein Universalwellenmesser.

Telefunken konnte durch die kaiserliche erzwungene Konzentration der Kräfte technisch und konstruktiv verbesserte Funkanlagen bauen, was die Firma zu einer Spitzenposition im Weltmarkt führte. Sichtbarer Erfolg der deutschen Technologie im Ausland war auch die im November 1910 in Betrieb genommene Funktelegrafielinie der russischen Post- und Telegrafenverwaltung zwischen Petropawlowsk auf der Halbinsel Kamtschatka und Nikolajewsk am Amur (über 1.200 km) mit deutschen Anlagen.

Eine weitere Verbesserung der Sendertechnik erfolgte durch Max Wien. Er beschrieb 1906 die Stoßerregung des Senders nach Braun, welche die Zweiwelligkeit verhinderte. Dafür konstruierte er eine Funkenstrecke von etwa 0,1 mm. Diese kleinen Funken löschten (entionisierten) die gesamte Strecke. Erst bei der nächsten vom Induktor gesteuerten Aufladung des Kondensators im Primärkreis wurde die Strecke wieder gezündet. Nach der ersten Kondensatorladung und dem Funkenüberschlag schwingt der Primärkreis ("Stoßkreis") in einer gedämpften Schwingung aus und induziert über den angekoppelten Antennenkreis die HF-Energie, die wiederum ihren Höchstwert nach dem Abklingen der Schwingungen im Erregerkreis erreicht. Diese Löschfunkenstrecke erlischt nach der letzten Primärschwingung und kann durch die schnelle Entionisierung nicht mehr von der rückwirkenden HF-Energie des Antennenkreises gezündet werden.

Gleichzeitig waren die Wellen durch das freie Ausschwingen des Antennenkreises erheblich länger als beim Knallfunken-Sender, wirkten demzufolge auch länger am Empfänger ein. Die Knallfunkenstrecke konnte in Verbindung mit dem Prinzip von Braun durch diese Konstruktion der Löschfunkenstrecke ersetzt theoretisch werden.

Die gedämpften Sender (Knallfunken) der Entwicklungszeit von 1897-1909 waren auf Seenotwelle 500 kHz bis 1965 für den Betrieb auf See in Notfällen zugelassen. Sie eigneten sich mit ihrer geringen Funkenzahl pro Sekunden nicht für Musik oder Sprachübertragung. Ein weiterer Nachteil der, aus Einzelnen und in den Amplituden abklingenden, Wellen war ihre schlechte Leistungsbilanz. Das Prinzip der Löschfunkenstrecke war theoretisch erfunden, aber eine praktische Ausführung lag wegen der relativ geringen Funkenspannung von 1.000 Volt bei zunächst nur einigen Watt, was für eine brauchbare HF-Leistung eines Senders noch viel zu wenig war.

Der dänischen Physiker Valdemar Poulsen hatte 1902/03 den ersten ungedämpften Lichtbogen-Sender (Poulsen-Generator) entwickelt, in dem er in der Mehrzahl bekannte Hilfsmittel kombinierte. Der Lichtbogen zündete in einer Wasserstoffatmosphäre mit transversalem Magnetfeld, die Kupferanode wurde künstlich gekühlt und zum gleichmäßigen Abbrand rotierte die Kohle-Kathode. Die fallende Kennlinie (den "negativen" Widerstand) des Lichtbogens zwischen einer Kupfer- und einer Kohleelektrode diente der Schwingungserzeugung. Die Bedingungen für die einwandfreie Funktion dieses Senders waren daher auch die gute Kühlung und Entionisierung des Raumes zwischen den Elektroden.

Diese Voraussetzungen, wie z.B. das Einbetten des Bogens in eine Wasserstoffatmosphäre, der Einsatz starker Magnetfelder, die Wasserkühlung der Elektroden und der Flammenkammer u.ä. führten bei den zwischen 1906-1925 vorwiegend in England (Elwell), USA (Federal Co.), Deutschland (Lorenz) sowie natürlich in Dänemark von Poulsen selbst gebauten Lichtbogen-Sendern (bis zu einigen hundert Kilowatt) zu mechanisch sehr aufwendigen und schweren Konstruktionen. Um eine ausreichende Frequenzkonstanz zu erreichen, waren ferner Antennen mit möglichst großer Kapazität erforderlich. Diese Gründe beschränkten den Einsatz auf Lang- und Längstwellensender. Verwendungsgebiete waren bei HF-Leistungen von 30 Watt bis etwa 5 Kilowatt auf größeren Schiffen und Küstenfunkstationen, bei noch höheren Leistungen fast ausschließlich bei Landfunkstellen im Stationsverkehr.

Die Telegrafietastung wurde oftmals durch das Verstimmen des Schwingkreises (0,5 - 5% der Sendefrequenz) und durch Belastung des Lichtbogens mit einem Widerstand erzielt. Bei Telefoniebetrieb wurden Mikrofone in die Antennen- oder Erdleitung geschaltet, die einen HF-Antennenstrom von 0,8 - 10 Ampere verkraften mussten (Parallelschaltung, Flüssigkeitsmikrofone). Wegen der Schwierigkeit für noch höhere Ströme die geeigneten Starkstrommikrofone zu bauen, konnte Telefonieverkehr praktisch nur bei Senderleistungen bis zu etwa 5 kW durchgeführt werden. Ein Besprechen über eine Fernbedienung war konstruktiv dadurch ebenfalls ausgeschlossen.

Erst die Telefonie-Steuer-Drossel (Tastdrossel) von L. Pungs ermöglichte ab etwa 1920 auch die Steuerung größerer Hochfrequenzströme. Sie bestand aus einem fein unterteilten Eisenkern mit drei Schenkeln. Der Mittlere trug die eigentliche Steuerwicklung, die Äußeren die Hochfrequenzspulen, deren magnetisierende Wirkung auf den mittleren Schenkel durch Gegenschaltung kompensiert wurde. Nun wurde durch die Zuschaltung eines Mikrofons mit einer Gleichspannungsquelle (oder Tastkontakt) in die mittleren Windungen die Magnetisierung der äußeren Schenkel beeinflusst und somit wiederum die Sprach- und Tonschwingungen auf den Hochfrequenzstrom moduliert. Der Lichtbogen-Sender war dadurch zwar für Sprach- oder Musikübertragung geeignet, doch musste Poulsen für die neue Technik auch gleich einen entsprechenden Empfänger konstruieren.

Dieser neu konstruierte "Tikker"-Empfänger war ein elektromechanischer Unterbrecher. Ein Schleifer (z.B. Golddraht) lag auf einer umlaufenden Metallscheibe auf, die zwischen Empfangsschwingkreis und Hörer geschaltet war. Die im Rhythmus der Morsezeichen eintreffenden ungedämpften Wellen lieferten dann ein Geräusch, nach Einschalten des Detektors einen Ton – oder besser gesagt ein „Tickern".

Die De Forest Company erwarb für Amerika die Patentrechte von Poulsen und gründete für den Vertrieb auch die Amalgamated Radio Telegraph Company in London. Da Telefunken das preisgünstige Patentangebot für Deutschland nicht von De Forest annahm, übernahm die C. Lorenz AG in Berlin die Produktion unter Lizenz für Deutschland und Österreich. Nach den Testerfahrungen des Heeres mit dem Lichtbogensender der Firma Lorenz veranlasste Graf v. Arco bei Telefunken die weitere Entwicklung der Löschfunkenstrecke nach Prof. M. Wien. Nach zweijährigen Versuchen gelang es bei Telefunken eine regelmäßige Funkenfolge und die Serienschaltung mehrerer Strecken für den Umsatz der höheren Energie zu entwickeln.

Hier wurden die wassergekühlten Kohle-Elektroden nach Dr. C. Schapira verwendet. Die Funken schlugen zwischen runden Kupferscheiben mit ebenen, parallelen und versilberten Elektrodenflächen von etwa 20 mm Durchmesser über. Der Elektrodenabstand von etwa 0,2-0,3 mm war durch einen Glimmerring gegeben. Das eigene Magnetfeld der Funken trieb sie an den Elektrodenrand, wobei sie erloschen. Das starke Feld zwischen den Elektroden beschleunigte die entstandenen Luft- und Metalldampf-Ionen erheblich, sodass diese ihre Ladungen rasch an die Elektroden abgaben, wodurch die Funkenfolge erhöht werden konnte. Letzteres brachte bei Verwendung gleicher Bauteile (z.B. 500-Hz-Wechselstromgenerator mit Hochspannungstransformator) vielfach auch eine höhere Sendeleistung und somit größere Reichweite. Kupferscheiben von größerem Durchmesser sorgten zusätzlich für die Kühlung bei längerem Betrieb. Die Funkenspannung der einzelnen Strecken lag zwischen 1.000-1.400 Volt und je nach Kreiskapazität und erforderlicher Gesamtfunkenspannung wurde eine Anzahl von Strecken hintereinandergeschaltet (z.B. 60 bei einem späteren 35-kW-Sender).

Durch die nun höhere Frequenz konnten die Morsesignale als gut hörbarer Ton übertragen werden und waren kein knatterndes Geräusch mehr, was auch bei Störungen das Hörverstehen der Töne erleichterte. Gleichzeitig hob dieser Löschfunkensender die Energieverluste auf, welche vorher zwischen den Schwingkreisen (Knallfunken-Sender 80%, Löschfunken-Sender 30-50%) entstanden waren und sorgte für eine präzisere Möglichkeit der Abstimmung, wodurch auch der gleichzeitige Betrieb mehrerer Sender in einem Frequenzbereich ermöglicht wurde.

Das Patent für diesen Typ des Löschfunkensenders, der dem Sender von Marconi weit überlegen war, wurde 1907 eingereicht und ab 1908 unter der Bezeichnung "Tonfunken" in Deutschland vertrieben.

Allerdings musste bei der Löschfunkentechnik nun erst der Hörempfang den Schreibempfang in der Nutzung verdrängen, bevor ein Erfolg bescheiden sein sollte. Dann aber lagen die Reichweiten beim üblichen Detektor-Hörempfang je nach Sendeleistung und Antennenhöhe zwischen 50 km bei 50 W und über 10.000 km bei 80 kW.

Zur Verbindung mit den Küstenstationen wurden von Telefunken ab etwa 1908 für Handelsschiffe ferner Stationen von 200 Watt bis 5 kW (0,2-LK, 1,5-TK, 2,5-TK, 5-TK) angeboten, die von 250 bis 1.000 kHz eine Reichweite von 300-1.800 km hatten. Dazu gehörten zwei Einkreis-Detektor-Empfänger E-5 (G.A.H., 100-1.500 kHz) die zu Zweikreis-Empfängern des Typs E-5c erweiterbar waren. Die Empfängertypen E-4 und E-5 fanden auch in der k.u.k. Kriegsmarine Verwendung.

Von der C. Lorenz AG kamen nach dem Erfolg bei Telefunken mit Löschfunkenstrecken gleichfalls Anlagen dieses Typs für kleinere Leistungen. Ein Prinzip waren Kalotten-förmige Strecken die vorwiegend aus Gleichstrom oder niederfrequentem Wechselstrom mit 500-1.000 Volt gespeist wurden und die für größere Leistungen ebenfalls hintereinandergeschaltet werden konnten. Um ein schnelles Abreißen der Funken zu erreichen, tropfte Spiritus in den verstellbaren Entladungsraum, dessen Verdampfung die Funken unterbrach. Parallel zu den Löschfunkenstrecken waren tonfrequente Schwingkreise (470 - 3.000 Hz) zuschaltbar, die unabhängig von der Periode der Wechselstromhochspannung die Anzahl der Funkenübergänge steuerten. Über ein vorgeschaltetes Tastwerk ließen sich acht verschieden hohe Töne einstellen, sodass neben Morsezeichen auch Signale nach Tonhöhe mit verabredeter Bedeutung ausgestrahlt werden konnten, quasi ein frühes LINK-Verfahren. Für den Empfang waren allerdings Detektor-Empfänger mit auf die jeweilige Tonfrequenz abgestimmten Hörern notwendig.

Diese Vielton-Sender waren anscheinend kaufmännisch kein sehr großer Erfolg, da die C. Lorenz AG für ungedämpfte Schwingungen weiterhin auch Löschfunken-Sender ohne Vielton-Ausrüstung anbot. Diese Löschfunken-Sender von Lorenz konnten aufgrund der kleineren Ausführung auf kleinen Schiffen und Booten der Marine verwendet werden (z.B. 600-W-Kompaktversion für Torpedoboote). Die deutschen U-Boote wurden in dieser Zeit zu 90% mit Lorenz, ansonsten mit Stationen von Telefunken (ab 1915) ausgerüstet. Um die Empfänger in der hohen Feuchtigkeit vor dem Ansetzen des Schimmels zu bewahren, wurden sogar dienstlich beschaffte Haartrockner an Bord geliefert!

R. A. Fessenden (USA), Aysenstein (Russland) und Marconi nutzten bei ihren Löschfunkensystemen alle ein ähnliches Verfahren. Marconi hatte z.B. die Vorteile der Wienschen Stoßerregung genutzt und erreichte ab 1908 bei Eingangsleistungen von 1 bis über 30 kW der Sender HF-Ausgangsleistungen von etwa 0,3-20 kW. Bei seinem Entladekreis verwendete er eine Metallscheibe mit radialen, stabförmigen Zinkelektroden, die an zwei scheibenförmigen Zinkelektroden vorbei rotierten. Bei größeren Stationen (z.B. den Überseestationen) wurde eine Entladescheibe von 1,3 m Durchmesser mit 24 seitlichen Nockenpaaren benutzt, die mit 2.000 bis 3.000 U/min rotierte. Hierdurch konnten die Marconi-Stationen (trompetenartiger Ton) von den Telefunken-Stationen (flötenartiger Ton) unterschieden werden, was im 1. Weltkrieg durch das Funkpersonal an Bord auch praktisch erkannt und durchgeführt wurde, leider schenkten die Schiffsführungen den Erkenntnissen und Aussagen der Funker meist keinen Glauben und eine Verwendung in der gegnerischen Aufklärung wurde versäumt.

Es gab weltweit noch eine ganze Reihe verschiedener Systeme, die mit gekoppelten Sendern und der Stoßerregung nach Prof. Wien arbeiteten, z.T. jedoch mit sehr unterschiedlichen Funkenstrecken zwischen den Metallelektroden, wie z.B. radial mit Luft angeblasene (BASF, Koch) oder drehbare Walzenreihen (französische Systeme), Plattenfunkenstrecken mit wenigen hundertstel Millimeter Abstand (Boas) oder mit wassergekühlten und am Rand abbrennender Papierisolation (v. Lepel). Manche dieser komplizierten Verfahren existierten deshalb auch nur kurze Zeit.

1914 werden neben den Systemen von Telefunken, Lorenz, sowie 3 weiteren deutschen Firmen, den englischen Marconi Gesellschaften, 7 französische, 11 angloamerikanische und je ein System in Australien,

Japan und Russland erwähnt. Die Entwicklungen nach den verschiedenen Anwendungen und Anforderungen bei Heer und Marine sowie später der Luftwaffe begannen sich bei allen Nationen immer mehr zu verzweigen. Für die Stationen der Kriegsschiffe wurden generell eine Trennung der Senderäume von den Empfangsräumen, kompakterer Aufbau und Fernbedienung angestrebt, während bei den Handelsschiffen meist alles in einem Funkraum untergebracht wurde.

In der weiteren Entwicklung wurden Hilfszündeinrichtungen in den Löschfunkenstrecken eingesetzt, die einen schnellen Wechsel der Leistung erlaubten, ohne dabei die Tonreinheit zu beeinflussen. Die Höhe der Funkenspannung lag nach Größe der Stationen zwischen 8 kV und 100 kV, die der in Reihe geschalteten Löschfunkenstrecken zwischen 1.000-1.400 V, wobei der Glimmerisolierring später durch Acetylzellulose (alle von 0,1 - 0,3 mm) ersetzt wurde.

Auf mittleren Handels- und Passagierdampfern wurden meist 1,5-kW-Löschfunken-Sender eingebaut (auch bei kleineren Küstenfunkstellen), mit meist mehrdrahtigen T- oder L-Antennen auf Masthöhen zwischen 18-35 m. 3-5 Festfrequenzen zwischen 300 und 1.000 Hz konnten über Stöpselkontakt gewählt werden. Die Tagesreichweiten lagen bei 200 bis 600 km, in der Nacht etwa doppelt so hoch. Betrieben wurden die Anlagen meist aus einem 110-V-Bordnetz das einen 2-kW-Generator (220 V / 500 Hz) sowie einen Hochspannungstransformator im Ölbad versorgte. Bei Ausfall des Bordnetzes oder des Generators konnte ein Notsender genutzt werden. Über Akkumulatoren (z.B. 24 Zellen Nickel-Eisen-Sammler, 32 V) oder das noch bestehende Bordnetz wurde ein Funkeninduktor mit Hammer-Unterbrecher (nach Wagner) versorgt. Seine Ausgangsspannung betrug etwa 2.000 V für zwei Löschfunkenstrecken bei einigen hundert Hertz. Getastet wurde der Notsender mit einer speziellen Morsetaste im Niederspannungskreis, in dem sich auch ein Regelwiderstand für das Einstellen einer tonreinen Ausgangsspannung befand.

1908 erfolgten auf der SMS VINETA und der MÜNCHEN die ersten Erprobungen der Lichtbogen-Sender, die das Heer und die Marine trotz der konstruktiven Probleme und der schwierigen Bedienung derart überzeugten, dass 1-, 1,5- und 4-kW-Stationen noch im selben Jahr eingeführt wurden. 1909 wurden Anlagen für 90 Kriegsschiffe und 8 bespannte 4-kW-Heeresstationen für Telegrafiebetrieb geliefert. 1911 rüstete die Marine die Telefoniezusätze nach. Auch 28 Schiffe der US-Marine waren 1907 ausgerüstet worden (60 km Reichweite) und 1908 folgte die französische Marine (Reichweiten 120-160 km). Auf den deutschen Küstenfunkstellen wurde nur in Norddeich 1911 ein 4-kW-LW-Lichtbogen-Sender für Telegrafie (ab 1912 auch Telefonie) aufgebaut, auf deutschen Handels- und Passagierschiffen wurden sie hingegen nicht eingesetzt.

Außer mit der Lichtbogentechnik lassen sich Wechselspannungen im HF-Bereich auch mit rotierenden Generatoren erzeugen, bei denen die Rotoren und Statoren sehr fein unterteilt und die Umfangsgeschwindigkeiten der Rotoren sehr hoch sind. Ab 1904 begannen die Versuche der Maschinen-Sender für ungedämpfte Wellen, um eine ausreichende HF-Leistung zu erzeugen. E. F. W. Alexanderson (General Electric Co.) und R. A. Fessenden bauten ihre ersten Hochfrequenzmaschinen mit 81 kHz und 1 kW Leistung und Reichweiten bis 310 km. 1908 erhöhten sie die Umdrehungszahl, verringerten die Unterteilung und bauten Sender mit 50 kW für 50 kHz, 75 kW für 25 kHz und 200 kW für 12 kHz. Generell musste aber erkannt werden, dass die Sender sich nur für ortsfeste Stationen im Längstwellenbereich mit festen Frequenzen eigneten.

Nach dem Erfolg des effektiveren Alexanderson-Senders war im Juni 1918 ein 200-kW-Sender von General Electric Co. einsatzbereit. Es war der erste Hochleistungssender aus amerikanischer Produktion, der zuverlässig die Verbindung nach Europa aufrechterhalten konnte. Nach der Umrüstung für Telefonieverkehr diente er zur Kommunikation des US-Präsidenten Wilson auf der Fahrt mit der USS WASHINGTON nach Europa zu den Friedensverhandlungen in Versailles.

Durch Frequenzvervielfachung mit Serienschwingkreisen konnte in Deutschland R. Goldschmidt im Jahre 1908 bei einer Drehzahl von nur 3.000 U/min rund 100 kW bei 20 kHz erreichen. 1911 hatte Lorenz die

Großstation Eilvese bei Hannover mit 100 kW mit den Goldschmidt-Maschinen-Sendern gebaut, die 1913 eine Musikübertragung ausstrahlte, die bis nach Tuckerton (nahe New York) empfangen wurde. Der 250m-Hauptmast der Anlage (27. Januar 1914) hatte im 460m-Umkreis sechs weitere Redahl-Masten. Die Patente von Goldschmidt wurden bald darauf von Lorenz und Marconi aufgekauft. Die deutsche Firma gründete für die Produktion, die Hoch-frequenz-Maschinen AG für drahtlose Telegrafie (HOMAG), welche die Anlage in Tuckerton, als die größte ihrer Art mit 440 kW mit 20,4-30,9 kHz, lieferte.

Das elektrostatische Sendesystem von Petersen wurde daraufhin aufgegeben, doch noch günstiger erwies sich die Frequenzvervielfachung außerhalb der Maschinen mit vormagnetisierten Transformatoren (Vallauri, von Arco). 1912 wurden 2 kW erzeugt und nach schrittweiser Steigerung 1915 bereits 375 kW im Bereich von 17-50 kHz (Nauen).

Am 21. Juni 1913 konnte einwandfreier Überlagerungsempfang einer Telegrafiesendung mit der Telefunken-Station in Sayville erzielt werden. Die Anlage in Sayville/Long Island stammte von einer Tochtergesellschaft von Telefunken in den Vereinigten Staaten von Amerika, der Atlantic Communication Corporation. Als Sender wurden ein 100-kW-Löschfunken-Sender und ein 11-kW-Hochfrequenz-Maschinen-Sender verwendet. Der letzte große Maschinen-Sender dieser Art wurde von Telefunken 1928 in Nagoya (Japan) errichtet.

Um Längstwellen mit brauchbarem Antennenwirkungsgrad abzustrahlen, sind außerordentlich große Mehrdrahtantennen und sehr gute, mehrfach eingespeiste Erdnetze erforderlich, die Flächen in der Größenordnung von einem Quadratkilometer und über 200-m-Masten benötigen. Ein technischer wie auch finanzieller Aufwand, der den Längstwellen-Telegrafieverkehr auf den Überseeverkehr beschränkte. Die Lichtbogen- und Maschinen-Sender verloren rasch ihre Bedeutung, als Mitte der 20er Jahre Kurzwellen-Röhren-Sender mit erheblich geringerem Aufwand und besserem Leistungsverhältnis ihre Aufgaben übernahmen. Längstwellen wurden bald nur noch für Zeitzeichen-Sender, Navigationssysteme (Loran, DECCA), Funkfeuer (Peilung), Wetterfunk, Presseagenturen und Botschaftsfunk eingesetzt. Die rückläufige Tendenz der heutigen Langwellennutzung stoppte aber bei der Schiffs- und U-Bootsführung.

In der Elektrotechnik wurde die Idee des geschlossenen Schwingkreises 1861/62 von B. W. Feddersen aufgegriffen. Braun nutzte erstmals 1898 dafür einen zusätzlichen Resonanzkreis im Sender und Duddel erzeugte 1900 ungedämpfte Schwingungen mit einem über Widerstände bzw. Drosselspulen gespeisten Lichtbogen, nachdem er einen Resonanzkreis zugeschaltet hatte. Die Abstimmung über einen derartig geschlossenen Schwingkreis wurde zu dieser Zeit noch "Syntonik" genannt. Lag der Verlust bei den Knallfunken-Sendern noch bei 80%, so erreichte Slaby durch die Rückkopplung einen weit besseren Wirkungsgrad. Prof. Max Wien konnte mit einer Braunschen Löschfunkenstrecke 1907 die Werte auf 50-70% verringern, erreichbar war im Prinzip sogar eine Verlustleistung von nur 30%.

Mit der Einführung und Verbesserung der Sender durch die Röhrentechnik entstand das Problem des Wärmeverlustes bzw. der Kühlung der Röhren. Die Röhrengeräte kamen in der deutschen und der k.u.k. Kriegsmarine deshalb auch erst in der zweiten Hälfte des 1. Weltkrieges zur Truppe und hatten dadurch ihre Kinderkrankheiten, aber sie verbesserten das Leistungsverhältnis und den Empfang wesentlich.

Entwicklung der Empfängertechnik bis 1918

Die unterschiedlichen Sendertechniken bedingten verschiedenartige Signale, welche nur mit neu entwickelten Empfängern wiederaufbereitet werden konnten, die den entsprechenden Senderentwicklungen angepasst waren. In den bisher genannten geschichtlichen Entwicklungen ist der "Tikker"-Empfänger ein sehr gutes Beispiel, denn er verdankte seine Existenz lediglich der Einführung des Lichtbogensenders. Beim Empfang einer Trägerfrequenz eines Senders muss die Nachricht erst wiederentdeckt werden, weshalb die ersten Empfänger "Detektoren" genannt wurden.

Calzecchi Onesti beobachtete 1885, dass Eisenspäne zwischen zwei Elektroden einen beachtlichen Widerstand darstellten, welcher stark abfiel, nachdem er über die Elektroden eine Induktionsspule entladen hatte. Die Induktion hatte die Eisenspäne durch Stromfluss und Magnetisierung zusammengepresst. Dieses Prinzip liegt dem von Onesti und Edouard Branly entwickelten Fritter.

Das erste Empfängerbauteil wurde 1884 auch von Popow genutzt. Sein Fritter-Empfänger hatte 8 mm breite Platin-Elektroden in 2 mm Abstand, die mit Eisenpulver bedeckt waren. Die von den Blitzen ausgesendeten Spannungsimpulse machten den Fritter niederohmig. Ein in den Fritter-Stromkreis (4-5 V aus Trockenelementen) geschaltetes Relais sprach an, dessen Kontakt dann eine elektrische Klingel schaltete. Bemerkenswert ist, dass Popow den Klingelknöppel der Meldeeinrichtung gleichzeitig auch zum Klopfen und Lösen des Pulvers im Fritter benutzte. Dadurch wurden die Eisenspäne automatisch wieder gelockert und das nächste Signal konnte empfangen werden.

Alle Fritter arbeiteten also im Grunde genommen nach ein- und demselben Prinzip. Sie bestanden aus einem Glasröhrchen mit zwei Elektroden, zwischen denen sich ein Metallpulver (Metall-Feilpulver, das "Feillicht") befand. Beim Eintreffen der elektromagnetischen Wellen wurden die Metallkörnchen zusammengepresst und der Widerstand wurde geringer. Eine Magnetnadel in der Nähe eines den Strom führenden Leiters wurde je nach Stärke des Stromflusses abgelenkt. Diese Konstruktion des Galvanometers wurde in vielen der ersten Funkempfänger eingesetzt. Das Galvanoskop ergab also keinen Hör- oder Schreib- sondern lediglich einen quasi optischen Empfang.

Im Fernzünder des Ferdinand Schneider aus Fulda war das Fritter-Material mit seinem speziellen Sprengpulver "Fuldit" und "Scheidit" gemischt, eine Zündung durch andere Funksignale verhinderte er mit einer Kodierung der Signale. Der Ausschlag der Magnetnadel war aber bald nicht mehr eindeutig genug und für den Hörempfang völlig ungeeignet. Neben dem Galvanoskop blieb so der Schreibempfang weiterhin die einzig mögliche Wiederherstellung eines Sendesignals.

Wie Marconi bei der ersten Atlantiküberquerung 1901 experimentierten auch Solari und Tommasina bei Versuchen mit der italienischen Marine mit Quecksilberkügelchen zwischen Kohle- und Eisenelektroden. 1901 konstruierte Koepsel (Braun-Siemens) einen elektrisch sehr empfindlichen Mikrofon-Fritter, bei dem eine harte Grafitspitze gegen ein federnd befestigtes, poliertes Stahlplättchen drückte. Eingesetzt wurde dieser Empfänger z.B. bei den Schreibversuchen von Zenneck nach Helgoland und auf Rügen 1902/03 (Eichhorn). In den USA benutzte Prof. Fessenden die Widerstandsänderungen eines nur 0,0015 mm starken und 0,4 mm langen Platinplättchens zum Empfang. Durch die Erwärmung mittels der empfangenen HF-Strahlung wurden dadurch die Töne hörbar. Marconi setzt beim Hörempfang ab 1902 magnetische Detektoren ein, deren Vorarbeit von Rutherford 1896 stammte. Dieser in der Bedienung einfache Detektor wurde bis 1912 weiter verbessert und verwendet.

Nachteil dieser Empfangssysteme war, dass nach dem Empfang und Stromfluss sich das Metallpulver nicht selbst lockerte, sondern nur durch mechanisches Klopfen wieder aufgelockert werden konnte. Diese mechanische Anordnung bedingte wiederum einen sehr langsamen Empfang der Morsezeichen. Die in vielfältigen Formen und meist unberechenbar arbeitenden Körner-Fritter machten eine Einstellung der von ihnen gesteuerten polarisierten Relais erforderlich.

Von Oliver Lodge gab es 1890 einen Vorläufer des Kohärers und im selben Jahr verbesserte der Franzose Edouard Branly den Empfänger von Hertz. Sein "Radioconducteur" (Kohärer, bei Slaby immer noch Fritter genannt) war der erste Detektor (lat. Entdecker), der hochfrequenten Empfangsfrequenz in ein Gleichspannungssignal umwandelte, sie also wieder „entdeckte".

Nach Vorarbeiten von M. Pupin wurde von W. Schloemilch bei Telefunken 1903 eine "elektrische Zelle" entwickelt. Dieser elektrolytische Empfangsdetektor verdrängte nun wiederum den Kohärer. 1904 erzielte der erste Zweikreis-Empfänger im Manöver zwischen Heer und Marine Reichweiten von über 100 km. In diesem Jahr nutzte J. A. Fleming und auch Marconi schon die Wehnelt-Röhre als Empfangsgleichrichter anstelle des Kohärers. Hiermit waren die Grundlagen für den Hörempfang geschaffen. Die Reichweite wurde im Gegensatz zum herkömmlichen Schreibempfang fast verdoppelt, da das menschliche Ohr zu dieser Zeit wesentlich empfindlicher war, als jede elektrotechnische Apparatur.

Beim Detektor tauchten in einem Glasgefäß zwei Platindrähte als Elektroden in verdünnte Schwefelsäure. Der sehr dünne Draht (0,002-0,003 mm Durchmesser) ragte nur ein kurzes Stückchen aus seiner Glashülle. HF-Spannungen verringerten den Ruhewiderstand (einige tausend Ohm) zwischen den Elektroden. Mit in Reihe geschalteten einstellbaren Gleichspannungsquellen entstanden aus den Stromänderungen die Rauschfolgen im Rhythmus der Wellenzüge. Telefunken brachte nach diesem Prinzip 1912 eine umschaltbare Mehrfachzellenanordnung heraus, den Dreispitzen-Detektor. B. W. Feddersen (1905) und G. Ferrié (1904) führten nach den Erfolgen eigene Versuche mit flüssigen Elektrolyten durch.

Aufgrund der Vorteile nutzten z.B. die Vereinigten Staaten von Amerika schon ab 1900 den Hörempfang, die k.u.k. Kriegsmarine aber erst ab 1905. In Deutschland sollte es eine noch langwierigere Angelegenheit werden, denn die Post (Küstenfunkstellen), die Kaiserliche Marine und das Heer bestanden wie bei der Drahttelegrafie auf den vom Morseschreiber gelieferten Papierstreifen als Nachweis der Sendung – vielleicht wegen der vermeintlichen Kreativität der Funker.

Erst nach Einführung des Löschfunken-Senders mit dem im Kopfhörer gut hörbaren tonfrequenten Morsezeichen ging 1908/09 auch die deutsche kaiserliche Marine zum Hörempfang über – immer noch vier Jahre nach der deutschen Handelsmarine. Beim Heer hielt der Generalstab sogar bis 1912 am Morseschreiber im Funk- und Drahtbetrieb fest, obgleich es größte technische und betriebliche Schwierigkeiten machte, die vom Empfänger gelieferte 1.000 Hz Schwingung in Gleichstrom für den Betrieb des Schreibers umzuwandeln. Obwohl von Tirpitz auch in der Ausrüstung der Nachrichtenmittel in der kaiserlichen Marine den höchsten Standard anstrebte, standen einem größeren Erfolg in der Umsetzung die Gewohnheiten und der Bürokratismus im Wege.

Der Einsatz von Kristalldetektoren von Braun (1874 Gleichrichtereffekt) revolutionierte ab 1906 den Hörempfang. Der Kristalldetektor besteht aus zwei Elektroden, dem Mineral und einer Metall- oder Grafitspitze, die sich punktförmig berühren. Die Berührungsstelle wirkt als Gleichrichter (Demodulator), der das Tonsignal aus der Hochfrequenz filtert.

Der Karbonrund-Detektor von Braun verdrängte als Kristalldetektor nun die elektrische Zelle und andere Detektoren, die zu dieser Zeit aus Pyrit, Silizium oder Molybdän hergestellt wurden. Manchmal wurden auch zwei Mineralien verwendet (z.B. Rotzinkerz-Kupferkies). Die Punkte mit Gleichrichtwirkung müssen auf dem Kristall gesucht werden, wobei diese auch vom Kontaktdruck abhängig sind. Es gab sehr einfache bis hin zu sehr komplexen Aufbauten, die alle versuchten eine hohe Empfindlichkeit, leichte Bedienung, hohe Standfestigkeit der Kontaktstelle und Unempfindlichkeit gegen elektrische Überlastung (z.B. Gewitter) zu vereinen. Die demodulierten Wellenzüge ließen die Funkenfolgen der Knallfunken-Sender (20 - 50 - 100 Hz) als Knarren hörbar werden.

Da nun alle Wellenzüge zur Gleichrichtung beitrugen, stiegen die Empfangsempfindlichkeit und somit auch die Reichweiten, wobei ein charakteristisches Empfangsgeräusch entstand. Damit konnten die unterschiedlichen Funkstationen nach dem typischen Ton der Herstellerkonstruktion eindeutig unterschieden werden. Außer an den Erkennungssignalen identifizierten Bordfunker in der Kaiserlichen und in der k.u.k. Kriegsmarine wie auch in anderen Ländern üblich die großen Landstationen an ihren Tönen.

Toncharakter großer Funkstationen um 1900

- Eiffelturm   dumpfe Töne
- Cypern   flötenartige Töne
- Nauen   schnarrende Töne
- Malta   trompetenartige Töne

Ab 1908 bestimmen die Kristalldetektoren im Zusammenhang mit den Eigenschaften der Löschfunken-Sender, der rotierenden Funkenstrecken sowie der Lichtbogen- und Maschinen-Sender den Empfängerbau. Im Jahre 1909 wurden auf Schiffen des Ostasiengeschwaders bei nächtlichen Funkübungen Reichweiten von bis zu 500 sm (925 km) erreicht.

Der Hörempfang brachte auch aber neue Befehle in die Marine. An Bord musste aufgrund der hohen Geräuschpegel und der kleinen Empfangssignale noch öfters der Befehl "Ruhe an Oberdeck für FT-Versuche" gegeben werden, um den Funkgasten, Funkenpustern, ihre Arbeit zu erleichtern. Ein weiteres Problem war, dass starke Sender in der Nähe des Empfängers die Detektoren zerstören konnten. Im Mai 1914 konnten die Schlachtschiffe Viribus Unitis und Tegetthoff mit neuen Anlagen Radio Norddeich und Pola bis in die Levante gut empfangen, doch das ältere Schlachtschiff Zrinyi mit einer veralteten Anlage konnte kaum Signale empfangen. Als in Smyrna durch fremden Funkverkehr mit großer Energie die einzige Schloemilch-Zelle zerstört wurde, wurden minderwertige Pyrit- und Silikontrockenzellen mit geringerer Empfindlichkeit eingebaut. Der weitere Empfang musste dann mit an Bord hergestellten Bleiglanz-Zellen bewältigt werden.

Die britischen Schiffe hatten allem Anschein nach technisch ausgereiftere Empfänger als die deutschen und österreich-ungarischen Schiffe, denn als der Kreuzer GLOUCESTER zu Besuch in Triest lag, konnte er auch tagsüber die Meldungen aus Malta empfangen, während die direkt daneben liegende TEGETTHOFF die Zeichen nicht empfing. Beim Besuch einer deutschen Delegation auf dem britischen Kreuzer Inflexible wurde deutlich, dass die 10-kW-Station zwar zu 50% überlastet werden konnte, aber die Funkstationen an Bord der englischen Schiffe entweder an Deck oder in der Batterie, also außerhalb des Schiffspanzers befanden und damit, im Gegensatz zu den deutschen Schiffen, bei Artilleriebeschuss sehr schnell außer Funktion gesetzt werden konnten.

Die k.u.k. Kriegsmarine erwähnte in einem Bericht am 22. September 1905, dass die Schiffsstationen mit Quecksilberunterbrechern beim derzeitigen Stand der Technik ihre maximale Leistungsgrenze unter günstigen Empfangsbedingungen bei 200 km erreicht haben. Am 29. Januar 1907 erprobte Lee De Forest eine Röhre als "Audion"-Empfangsdetektor, die er zum Hochvakuum-Audion-Detektor weiterentwickelte. Doch erst nach dem 1. Weltkrieg löste der Audion-Empfänger mit wesentlich höherer Empfindlichkeit und Trennschärfe die Detektor-Empfänger in den Funkstationen völlig ab.

Der Österreicher Alexander Meißner nutzte als erster die Rückkopplung zur Erzeugung ungedämpfter, elektrischer Schwingungen. Es ist heute Grundlage fast aller Methoden zur Schwingungserzeugung in den Bereichen der Ton- und Hochfrequenzen. Gleichzeitig stellte Meißner die Vermischung zweier Frequenzen fest und legte hier die Grundlagen für den ersten Rückkopplungs-Empfänger. Am 9. April 1913 erhielt er das Patent Nr. 291.604 für die "Rückkopplung zur Schwingungserzeugung". Der Einsatz der Rückkopplung in der Dämpfung des Audion-Schwingkreises bei Empfängern (z.T. über hundertfache Steigerung der Empfindlichkeit) kam aufgrund der technischen Probleme aber erst nach 1918 im Militär zum praktischen Einsatz.

Die ersten speziell für die Marine gelieferten Empfänger waren ab 1907 die MUZ-Empfänger (Marine-Universal-Zellen) von Telefunken. Der erste MUZE-C-07 war identisch mit dem E-87a, "tönend" (von 20-750 kHz), der etwa gleichzeitig mit dem E-82 (66-2.000 kHz) entstand. Hinzu kam der MAZ-Empfänger (Marine-Adaptierte-Zellen) oder auch MUTZ-Empfänger (Marine-Adaptierte-Ticker-Zellen, mit 30-1.000 kHz). Hieraus entstanden die verschieden Varianten MATZ-I/C-09, C-10, C-12, bis 1913 der verbesserte MATZ-II zur Verfügung stand. Die etwa einen Kubikmeter großen Kästen waren einfache Detektor-Empfänger, die den Bereich der verschiedenen deutschen Sender abdeckten.

Die Funktechnik bewährte sich. In den Kaisermanövern konnte der Panzerkreuzer VON DER TANN ständigen Kontakt mit dem Luftschiff LZ-3 halten. Die Funktechnik war zum Bestandteil der Kommunikationsmittel der Flottenführung geworden, die Anlagen waren aber immer noch sehr anfällig. Speziell beim Einsatz auf

See machten die Betriebsumstände sehr gut ausgebildetes Personal nötig, damit die FT-Verbindungen aufgebaut werden konnten.

Die k.u.k. Kriegsmarine war die treibende Kraft in der Ausrüstung der Streitkräfte mit FT-Anlagen und nutzte dabei fast die gleichen Anlagen wie das deutsche Kaiserreich bei den U-Booten. Die deutschen und österreich-ungarischen U-Boote hatten durch die Betriebseinflüsse die größten Schwierigkeiten. Feuchtigkeit und Salz machten den Hochspannungsanlagen und den Antennenführungen Probleme und die anfänglich mit einem Zwei-Röhrenverstärker ausgerüsteten Boote erhielten bald einen Drei-Röhrenverstärker zusätzlich, da die Apparate sehr schnell ausfielen.

Die Techniker und Bediener an Bord mussten große technische Kenntnisse und Leistungsbereitschaft mitbringen, sollte der Dienstbetrieb aufrechterhalten bleiben. Die Apparate mussten meist vollkommen zerlegt, gereinigt und alle Teile in Paraffin getaucht werden. Nach dem Zusammenbau war der Empfang oftmals besser als nach dem ersten Einbau an Bord und hielten für mehrere Einsätze - so lange nicht die Transformatoren kaputt gingen. Die dienstlich für die FT-Anlagen gelieferten Haartrockner und elektrische Öfen gehörten zum Standardwerkzeug der Techniker, sie erhöhten aber die Temperatur im Bootinnenraum zusätzlich bis auf 60° Celsius. Das Paraffinieren der Anschlüsse und Leitungen halfen auch das pfeifende Nebengeräusch der Empfänger ("Mittönen") zu beseitigen.

Die Antennenführungen in wasser- und druckdichten Kanälen verloren schnell ihre Funktion, wenn kleinere Teile oder geringe Mengen Feuchtigkeit im Innenraum enthalten waren. Die Sprühschutzteller der Isolatoren aus Zink waren in wenigen Monaten zerfressen. Die Netzabweiser-Antennen hatten eine Länge von bis zu 6 m bei einer Höhe von 3,5 bis 5 m über dem Wasserspiegel. Die steckbaren Mastantennen wurden meist zum Senden aufgebaut, da ihr Abbau und Einholen bei einem Angriff im folgenden Tauchmanöver zu viel Zeit benötigte.

Zu all den genannten Schwierigkeiten kamen noch der große Geräuschpegel und Störungen durch andere elektrische Anlagen an Bord aller Fahrzeuge. Funkenbildung an Steuermechanismen oder Kollektorgeräusche wurden durch die elektrischen Leitungen auf Empfänger und Verstärker in den Funkräumen übertragen und beeinflussten den Betrieb sehr negativ. Die Funkentstörung war zunächst noch unbekannt, doch die Wirkung der Funken durch parallele geschaltete Kondensatoren war neutralisiert und die Kollektorgeräusche durch drehbare Anordnung des Empfängers abgestellt.

Funken-Telegrafieschule (FT-Schule) in Flensburg-Mürwik (1900 – 1918)

Die Funken-Telegrafie hielt als drahtlose Nachrichtenübermittlungstechnik mit der Jahrhundertwende ihren Einzug in den Streitkräften. Es wurde dafür wie bei der Drahttelegrafie speziell ausgebildetes Personal benötigt. Ab dem Jahre 1867 fanden deshalb viele Schulgründungen in den Streitkräften statt und die Funker der Kaiserlichen Marine wurden 1899, da sie technische Geräte bedienten, der 1. Marinewerftdivision zugeteilt sowie das gesamte Funkwesen der Torpedoinspektion in Kiel unterstellt.

Die ersten Funker trugen also die Mützenbänder der 1. Marinewerftdivision und mit rotem Schriftzug erhielten die Schiffsjungen ihre Mützenbänder. Die Zuständigkeit der Ausbildung lag bei den Inspekteuren des Torpedowesens, bis 1914 entsprechend bei von Tirpitz, Barandon, von Bendemann, von Arnim, von Bodenhausen, Fritze, Zeye, von Lans und Koch. Der Schulbetrieb wurde durch die jeweiligen Dienststellenleiter geführt.

Der Standort Flensburg begann seine militärische Geschichtsschreibung im Jahre 1661 mit der Stationierung von Truppen der Herzogtümer aus Schleswig und Holstein, dann der dänischen Marine und ab 1867 den Einheiten des preußischen Heeres. Als Marinestandort trat die Stadt mit der in Dokumenten zunächst lediglich als Funkschule bezeichneten Ausbildungseinrichtung in die Marinegeschichte ein. In einem Schreiben des Staatssekretärs des Reichs-Marineamtes vom 21. Mai 1901 wurde erstmals Flensburg-Mürwik als "... für die Durchführung von Funken-Telegrafie-Kursen in Aussicht genommene Ausbildungsstätte ..." erwähnt.

Gleichzeitig wurde mit diesem Schreiben die Ausrüstung der Schiffe KAISER BARBAROSSA, VICTORIA LOUISE, GAZELLE und NIOBE mit Geräten für Funken-Telegrafie befohlen. Die Ausbildung des F.T.-Personals zur Bedienung der neuen Gerätschaften fand ab dem 1. Oktober 1901 auf dem Torpedoschulschiff SMS FRIEDRICH CARL und SMS BLÜCHER statt.

Admiral von Tirpitz hatte vor 1900 die Verlegung der Torpedo-Schießausbildung in die ruhige Flensburger Förde veranlasst, da infolge der zunehmend länger werdenden Laufstrecken der sich schnell entwickelnden Torpedos das bisherige Übungsgebiet der Kieler Bucht zu eng geworden war. Seit den 80er Jahren des 19. Jahrhunderts kam nun die SMS BLÜCHER (1876 in Kiel gebaut) regelmäßig zu Torpedoschießübungen in die Flensburger Förde und machte in Mürwik fest. Ab 1. Oktober 1901 führte das Torpedoschulschiff BLÜCHER, welches vorerst noch in Kiel an der Blücherbrücke beheimatet war, als erste Ausbildungseinrichtung der zukünftigen Schule auch die Funkübungen in der Flensburger Förde durch. Am 31. Oktober 1902 wurde das Schiff dauerhaft nach Flensburg verlegt. Die ersten regelmäßigen Ausbildungsgänge für F.T. konnten auf dem Schiff nun ab dem 1. Dezember 1902 in Flensburg-Mürwik durchgeführt werden. Die BLÜCHER (2.728 BRT) war zu diesem Zeitpunkt bereits veraltet und außer Dienst gestellt. Die hölzerne Fregatte, nun mit lediglich einer Hilfsmaschine anstelle der früheren Segel, diente außerdem auch als Wohnschiff der Lehrgangsteilnehmer bis zu ihrer Zerstörung durch eine Kesselexplosion am 6. November 1907, bei der 15 Soldaten ihr Leben verloren.

Gedenkstein der SMS BLÜCHER

• Obermasch.	Max Bäcker
• Obermasch. MT.	W. Hildt
• Obermasch. MT.	Johs. Saul
• Oberbtsm. MT.	Karl Heyn
• Obermatr.	Paul Nickau
• OB. BOTTL. GST.	H. Schrader
• Oberheizer	AD. Weber
• Oberheizer	I. Rugachi
• Heizer	Wilhelm Kellner
• Heizer	Edmund Schmitz
• Heizer	Reimund Klein
• Heizer	Johann Keller
• Heizer	Heinrich Peters
• Torp.	Heizer O. Teller
• Matr.	Wilhelm Leu
• Matr.	Ant. Tünsing

Als Wohnschiff diente in der Nacht nach der Explosion die Segelfregatte Niobe, die aufgrund einer Rattenplage aber am nächsten Tag wieder aufgegeben werden musste.

Das Torpedoschulschiff BLÜCHER lief für Funkübungen oft in die Flensburger Förde aus, aber zur Enttäuschung der Funker gab es nach einer gewissen Zeit keine Verbindung mehr mit den Landstationen. Erst später konnte nachgewiesen werden, dass durch die hohen Steilufer bei Holnis eine Abdeckung ("Wellenschatten") entstand und das Schiff in diesem Bereich nichts empfangen konnte. Nun wurde die Sendeantenne an Drachen steigen gelassen und die Verbindung konnte wiederhergestellt werden.

In den ersten Jahren waren auf, dem Schiff eine und an Land zwei Funkstationen eingerichtet. Eine Landstation war nach dem nahegelegenen Hotel und Restaurant als Funkstelle Parkhotel (PK/PH) benannt, dessen Gebäude sich noch heute in der Swinemünderstrasse 12 befindet. Die zweite Funkstation lag am Hang in der Kaserne Mürwik (MK), hinter dem Gebäude "Tirpitz". Die Funkstationen waren damals mit einem von AEG gebauten System nach Slaby-Arco, mit einem Senderschwingkreis mit veränderlicher Kopplung, Induktor, Quecksilber-Turbinenunterbrecher, Knallfunkenstrecke und einem Fritter-Schreib-Empfänger ausgestattet.

Zusätzlich gab es das Schul- und Vermessungsschiff GAUSS, während drei kleine Torpedoboote und mehrere Fangboote der allgemeinen Ausbildung dienten. Ein kleines Boot, der "Graue Esel", wurde für alle möglichen Zwecke gebraucht und diente, vom Fußweg abgesehen, neben dem Dampfer WIKING als einzige Verbindung zur Stadt.

Die ersten Mannschaften kamen aus der 1. und 2. Werftdivision aus Kiel bzw. Wilhelmshaven für die Lehrgänge zur Schule, bis die Unterstellung des Funkwesens wechselte und Ende 1901/02 die 1. und 2. Torpedodivision (ebenfalls Kiel und Wilhelmshaven) das gesamte Personal stellen musste. Die Ausbildungseinrichtung war nun dem Torpedo-Versuchskommando (T.V.K.) unterstellt. Die Werftdivisionen führten seit 1903 die Vorausbildung in Wik/Kiel auf der Hulk KRONPRINZ und in Wilhelmshaven auf der Hulk LEIPZIG durch, wovon sich die in vielen Quellen benutzte Bezeichnung "Hulk-Ausbildung" ableitet.

Die Soldaten aus der Vorausbildung wurden je nach Kapazitäten nach Mürwik abkommandiert. So gab es auf den Torpedoschulschiffen vier Kategorien von Lehrgangsteilnehmern. Die erstmalig kommandierten Unteroffiziere und Gemeine, Wiederholungsschüler (hauptsächlich UO), Funkmeisterschüler und ROAs (Fähnriche). Die Offizierskurse dauerten 14 Tage, die Kurse für Unteroffiziere und Gasten 4 Wochen (1903) und ein Wiederholungslehrgang für Unteroffiziere ca. 7 Wochen (1909).

Personal jeder der beiden Werftdivisionen

- FT-Obermeister   1
- FT-Meister   1
- FT-Obermaaten   keine Angaben
- FT-Maaten   keine Angaben
- FT-Obergasten   keine Angaben
- FT-Gasten   34

Lehrgangspersonal der I. und II. Torpedodivision in Kiel/Wilhelmshaven

- Seeoffizier als Ausbildungsleiter
- FT-Meister
- FT-Obermaate
- FT-Maate

65 Maschinenmaate und 165 Heizer wurden 1902 in der kaiserlichen Marine ausgebildet. An Land waren in Deutschland derzeit 23 F.T.-Stationen in Betrieb, im Kreuzergeschwader etwa 5-6. Bei den rund 30 bestehenden FT-Stationen in der Flotte wurden weitere 35 Stationen im Jahr 1902 erwartet, wofür ein Bedarf von 65 Maschinenmaaten und 195 Heizern als Bedienungspersonal prognostiziert wurde. Die monatliche Kapazität des Schulschiffes ließ jedoch nur 12 Mann zu. Die erweitere Funkstelle verbesserte mit ihrer Ausbildungsstation zum 1. Oktober 1902 die Situation, sodass dann in 14 Kursen 224 Unteroffiziere im Jahr ausgebildet werden konnten.

Neben den Unterrichtsräumen an Bord entstanden in Flensburg für die Funken-Telegrafisten Holzbaracken an Land, ein großes Wohngebäude für Schüler der Offiziers- und Fähnrichslehrgänge sowie ein weiteres für

Deckoffiziersschüler. Die Torpedo- und Funkschüler sowie die Stammbesatzung waren aber weiter an Bord untergebracht. Diese FT-Schulgebäude waren ca. 1903/04 fertig gestellt (ab 1956 Marine-Standortsanitätszentrum, ab 2002 Standort-Sanitätsversorgungszentrum).

Ab 1. Oktober 1906 wurde das Torpedoschulschiff SMS WÜRTTEMBERG mit seiner Funkanlage zur Ausbildung genutzt. Die BLÜCHER- und die WÜRTTEMBERG-Brücke erinnerten bis zum Abriss nach der Schließung des Marinestützpunktes Flensburg mit ihren Namen an diese zwei Schiffe. Das alte eiserne Kriegsschiff URANUS wurde zum Wohnschiff. Sie war das frühere Panzerschiff KAISER, das ehemalige Flaggschiff des Ostasiengeschwaders von 1897 und es diente Kaiser Wilhelm II. nach dem Tausch der Insel Sansibar gegen Helgoland zur Übernahmefahrt.

Als Unterkunft der Schiffsjungen lagen als Wohnschiff neben der URANUS zusätzlich auch die KÖNIG WILHELM, die SOPHIE und die CHARLOTTE in Mürwik. Mit der Schiffsjungendivision waren außer dem Stammpersonal nun 850 Schiffsjungen in Mürwik eingezogen, für deren Ausbildung auf dem Gelände der König-Wilhelm-Brücke ein großer Exerzierplatz, eine Exerzierhalle (spätere Morse-/bzw. Sporthalle), ein Wachhaus und ein Unterrichtsgebäude zur Verfügung standen.

Am 1. April 1907 wurde die kaiserliche Schiffsartillerieschule in Sonderburg eröffnet, die das Wohn- und Exerzierschiff MARS sowie ab 1910 das Schul- und Versuchsschiff DANZIG erhielt. Nach dem 1. Weltkrieg wurde die Schule nach Kiel-Wik verlegt. Wie Wilhelmshaven, Kiel, Sonderburg oder viele andere Städte an der Küste, hatten auch in Flensburg die Marineeinrichtungen viel Anteil an der Wirtschaftskraft. Der Stadtteil Mürwik wurde beispielsweise durch die Funken-Telegrafieschule, die Torpedoschule und die Marineschule erst begründet. Neben dem Parkhotel mit seinem schönen Park, einem unweit entfernten Bauernhauses und einer am Strand befindlichen Gaststätte, war das umliegende Gelände weiterhin nur Ackerland.

Nachdem die Torpedo-, die Funken-Telegrafie-, und die Artillerieschule ihren Betrieb aufgenommen hatten, wurde auch die Marineschule zur Ausbildung der Seeoffiziere von Kaiser Wilhelm II. 1910 feierlich eröffnet (heutige Marineschule Mürwik, Baubeginn 1906). 1910 wurden per Gesetz am 1. Oktober 1910 die Gemeinden Engelsby, Fruerlund, Twedt und Twedter Holz nach Flensburg eingemeindet und dabei der Ausbau einer Straße von Flensburg nach Mürwik und die Verlegung einer Straßenbahn bei Twedter Holz verfügt. Die Schulen hatten mit der Kaiser-Wilhelmstraße (heutige Mürwiker Straße) nun auch eine feste Anbindung zur Stadt.

1905/06 wurde der erste Hörempfänger mit der Zelle von Schloemilch als Empfangsdetektor für die Ausbildung beschafft. Die Morsezeichen mussten manuell gegeben und mitgeschrieben werden. Die Ausbildung zur Funkspruchabwicklung dauerte für Offiziere/Ingenieure zwei Wochen (10/Jahr), für Mannschaften, 8 Wochen (5/Jahr) und auch Stabsoffiziere kamen nun zu einwöchigen Lehrgängen (2/Jahr). Der Unterricht gliederte sich in die Allgemeine Elektrotechnik, Schwingungstheorie, F.T.-Apparatekunde, Kenntnisse der Marinesignalverfahren und Abwicklung des F.T.-Signalverkehrs.

Mit Kabinettsorder wurde zwar festgelegt, aus welchem Bereich das Funkpersonal gestellt werden sollte, nicht jedoch eine klare F.T.-Ausbildung definiert, denn der Schwerpunkt der Torpedo- und Werftdivisionen war immer noch die Ausbildung der Heizer. In den Anfängen wurde das Funkpersonal der Kaiserlichen Marine deshalb noch oft im Maschinenraum oder zu sonstigen Tätigkeiten herangezogen, da dies zunächst auch ihre hauptsächliche Verwendung war und nur in Zweitverwendung die Funkentelegrafie betrieben wurde. Darunter litten allerdings die Leistungen des Funkpersonals. Hellhörig wurden vorgesetzte Dienststellen erst bei den Meldungen über die Leistungen und Fortschritte in den ausländischen Marinen wie in England oder den USA auf diesem Gebiet. Nun wurden auch in Deutschland getrennte Ausbildungsgänge eingeführt.

In der Zeit 1907/09 standen als Funken-Telegrafie-Empfänger die Geräte "MUZE" und "MAZE" zur Verfügung, mit welchen die gedämpften Schwingungen der Sender langsam leiser werdenden Zeichen abgehört wurden. Mit dem neuen "Tikker"-Empfänger wurden eines Tages plötzlich tadellose und klare Signale in dänischer Sprache hörbar und wie sich später herausstellten sollte, waren es die Versuchssendungen der Station Lyngby, die den ungedämpften Lichtbogen-Sender von Poulsen ausprobierte.

Der damalige Leiter der Nachrichtenschule wurde 1907 auf den Großen Kreuzer SMS YORCK der Kaiserlichen Marine kommandiert und nahm auf diesem an der Hudson-Fulton-Feier (erste Fahrt eines Fulton-Dampfschiffes) teil. Bei seiner Rückkehr berichtete auch er von den ungewöhnlich hohen Geschwindigkeiten im Funkverkehr der Amerikaner im Vergleich zu den deutschen Funkübertragungen. Die Umstellung auf die neue Technik und eine verbesserte Ausbildung wurde basierend auf diesen Erkenntnissen forciert betrieben.

Auch in Österreich begann in diesem Zeitraum die forcierte Ausbildung in der neuen Technik. Am 14. Oktober 1901 meldete die k.u.k. Seeminen- und Telegrafieschule, dass die baldige Aktivierung eines ersten Kurses für etwa 30 Telegrafisten personell und organisatorisch möglich sei. Zuständig war dort der Korvettenkapitän Alois Baumann. Im Vergleich dazu waren in den Vereinigten Staaten von Amerika zu diesem Zeitpunkt die Schulungseinrichtungen in New Port und San Franzisko noch im Aufbau und 1903 durchliefen im Brooklyn Navy Yard nur ganze 13 Mann eine Ausbildung für die neue Technik.

Die k.u.k. Kriegsmarine hatte im Jahre 1904 durch Bordausbildung 22 Funkentelegrafisten zur Verfügung und plädierte für die praktische Ausbildung an den Anlagen. Für Österreichs Flotte war ab Ende Mai 1908 folgendes Personal vorgesehen:

Telegrafenmeister

- 2 Oberstabstelegrafenmeister
- 1 Stabstelegrafenmeister
- 1 Telegrafenmeister
- 32 Bootsmannsmaate

Telegrafisten

- 2 Bootsmannsmaate
- 32 Quartiermeister
- 55 Marsgasten
- 48 Matrosen 1. und 2. Klasse

1909 wurden alle neu gebauten Linienschiffe, große und kleine Kreuzer, mit Poulsen-Lichtbogen-Sendern ausgerüstet, wofür die Ausbildungsgänge angepasst werden mussten. Durch die vergrößerte Flotte und der breiten Einführung der Funken-Telegrafie stiegen auch die Lehrgangszahlen. Es gab 1909 schon 20 Kurse in acht Lehrgängen und hierbei durchliefen ca. 500 Lehrgangsteilnehmer vom Gefreiten bis zum Stabsoffizier die Ausbildung. Im Oktober 1909 hatte die Schule eine Spitzenbelegung von 139 Schülern. Fähnriche und Deckoffiziere wurden in 1- bzw. 2-Monatslehrgängen ausgebildet, bei der Ausbildung von Maaten und Heizern wurde zwischen solchen aus Werftdivisionen (4- bzw. 3-Monatskurs) und solchen aus Torpedodivisionen (3- bzw. 2-Monatskurs) unterschieden.

Schon länger war die Einführung einer Speziallaufbahn geplant gewesen, sie konnte aber aus Geldmangel zunächst nicht verwirklicht werden. 1910 wurde das Personal dann schließlich aus der Maschinenlaufbahn ganz herausgelöst und 1911 in die neue Funken-Telegrafie-Laufbahn übernommen, die den Mannschaftsdienstgrad Funker, den Funktelegrafisten-Maat und den Funkmeister beinhaltete.

Auf dem Torpedoschulschiff WÜRTTEMBERG wurde am 18. Juni 1910, durch Order von Kronprinz Wilhelm und Musterung des Kommandanten an Bord, das offizielle Abzeichen eines Ankers mit rotem Blitz überkreuzt für das F.T.-Personal befohlen. Der Anker mit einem einzelnen Blitz wird heute noch als Abzeichen in der Deutschen Marine verwendet, die österreich-ungarische Marine verwendete hingegen dreifachüberkreuzte Blitze über dem Anker. Bis heute wird ein Anker in Kombination mit einem Blitzsymbol in nahezu allen Marinen der Welt als Zeichen für funktechnisches Personal verwendet.

Zu allgemeinen Beförderungsbedingungen gehörten 100 Buchstaben Hören und 110 im Geben. 1914 wurden bei den Marinefunkern 125 Buchstaben im Morsealphabet im Geben und 130 Buchstaben im Hören verlangt. Hierbei muss auch die damals vergleichsweise geringe Empfangsqualität beachtet werden. F.T.-Obermaate benötigten eine mindestens 24-monatige F.T.-Verwendung, F.T.-Meister eine 42-monatige und F.T.-Obermeister sogar eine 60-monatige Fachverwendung, davon 10 Monate als F.T.-Meister.

In Österreich-Ungarn war in der Verordnung vom 25. Oktober 1907 (P.K./M.S. Nr. 3148) die Erhöhung des Personalstandes des Telegrafendienstes der k.u.k. Kriegsmarine auf 184 Mann in den nächsten drei Jahren und bis Mai 1908 die Einführung einer eigenen Telegrafenlaufbahn beschlossen worden. Das österreichische Abzeichen hatte ein Blitzbündel von einem Anker verdeckt auf blauem Grund mit der Kaiserkrone darüber. Die Bedingungen für eine Beförderung wurden in der k.u.k. Kriegsmarine am 11. Januar 1911 für den Absolventen auf 60 Morsezeichen pro Minute im Gehörlesen, für den Quartiermeister auf 65-75 und den Bootsmannsmaat auf 75-85 angepasst.

Am 15. Oktober 1912 wird die Sektion für Torpedowesen in eine Abteilung für Torpedowesen und Funkentelegrafie umgewandelt. Die F.T.-Ausbildung gewann stetig an Bedeutung. Neben der Beschaffung von neuen Geräten werden auch Anlagen von außer Dienst gestellten Schiffen zur F.T.-Schule gebracht. Mit der Kriegserklärung an Frankreich und Russland kam die regelmäßige Ausbildung 1914 kurzzeitig zum Erliegen, da die Stationen zur Mobilmachung größtenteils in die Flotte abgegeben wurden.

Trotz der hochwertigen Ausbildung war es versäumt worden, einen entsprechenden quantitativen Nachwuchs vorzubereiten und Freiwillige für einen längeren Dienst anzuwerben. Deshalb begannen im Winterhalbjahr 1915 wieder Ausbildungs- und Wiederholungslehrgänge für das F.T-Personal. Hierfür wurden befehlsgemäß die F.T.-Anlagen der Schiffe URANUS, HERTA und PRINZ ADALBERT abgegeben. Trotzdem sank der Ausbildungsstand des FT-Personals im Laufe des Krieges teilweise bis auf ein durchschnittliches Tempo von 90 Buchstaben. Die Leistung der englischen Funker blieb hingegen größtenteils konstant. Die Station in Ramsgate verkehrte mit den englischen Wachfahrzeugen z.B. mit bis zu 130-140 Buchstaben!

Ab dem 10. Juni 1915 mussten in Deutschland neben dem Personal der Zeppeline auch die Beobachter von Marine-Flugzeugen über F.T.-Kenntnisse verfügen und auch für die Luftschiffe wurde das F.T.-Personal jetzt in Flensburg ausgebildet. In der Flotte wurde derzeit noch im Hören und Geben mit etwa 120/125 Buchstaben pro Minute arbeitet, also den englischen Funkern vergleichbar.

Im Krieg wurde im Rahmen der Personalerweiterung der Dienstgrad Funktelegrafen-Meister im Range eines Deckoffiziers eingeführt. Im Admiralstab gab es vor 1914 nur einen Seeoffizier, der für sämtliche Fragen des Nachrichtendienstes zuständig war. Bei den Stationskommandos (Nordsee und Ostsee) wurde der Nachrichtendienst (Fernschreib-, Fernsprechdienst, optische Marinesignalstellen, Funk) durch einen Seeoffizier mit Funkausbildung (Admiralstabsoffizier) geleitet. Das Reichsmarineamt war 1914 die Zentralstelle für Rüstung, Werften und Verwaltung. Es verfügte innerhalb des Werftdepartments über eine Abteilung Funkentelegrafie (1918 umbenannt in "Dezernat für technische Versuche und Funkentelegraphie").

Am 13. März 1916 wurde eine fahrbare FT-Station nach Rauden ausgeliefert und kurz darauf eine zweite Station nach Mürwik, die aus drei Wagen mit Protzen und Sitzplätzen für 12 Mann bestand. Der Aufbau dieser Station nahm etwa 20 Minuten in Anspruch und einer Übung zufolge wurde mit einer Wellenlänge von 1.400 m gearbeitet. Erstmalig werden im Dezember 1916 auch Heeresoffiziere in H.F.T. (Heeres-Funken-Telegrafie) ausgebildet. Im Jahre 1917 standen insgesamt 1.700 Funker im gesamten Marinebereich zur Verfügung.

Im Vergleich dazu hatte die US-Marine Funkschulungen mit Vorausbildung für jeden Marineabschnitt an den Küsten eingerichtet. 1917 wurde auch die Harvard-Universität als Schuleinrichtung für die amerikanische Marine genutzt, während an der Westküste die Marinestation in Mare Island/Kalifornien die Ausbildung durchführte. Am Ende des Jahres hatten fast 5.000 Soldaten den 4-monatigen Kursus belegt. Der Flotte konnten so theoretisch über 100 im Grundwissen der Funk-Telegrafie geschulte Soldaten pro Woche zugeführt werden. Trotzdem wurde versucht, auch möglichst viele Funkamateure zu gewinnen und Anfang 1918 hatte sich die Schülerzahl vervierfacht. Dieses Personal war der Weiterentwicklung der Funktechnik in den USA von großem Nutzen, da aus diesem Personalstamm so manches Patent und Verbesserung hervorgehen sollte.

In Deutschland machten sich im Gegensatz dazu der erhebliche Mangel an Funkpersonal und die vernachlässigte Ausbildung aufgrund der benötigten Personalmenge in der Flotte bemerkbar. Die F.T.-Schule musste auch das Personal der größtenteils von der Marine besetzten Landfunkstellen ausbilden. Ab 1915 erhöhte sich zusätzlich der Bedarf an Personal durch die Einrichtung von Funkpeilstellen (Richtempfangsanlagen, RA) auf Sylt und Borkum sowie bei Nordholz und Brügge.

Ein großes Problem bei den Funkverbindungen waren auch die gegenseitigen Störungen der breitbandigen FT-Stationen. In der k.u.k. Kriegsmarine wurden deshalb z.B. im Mai 1916 die zu Ausbildung mit genutzten Hafensender in Sebenico und Castelnuovo durch Poulsen-Stationen ersetzt, da die Marinelandfunkstellen in an diesen Orten gestört wurden, der Ausbildungsbetrieb jedoch unbedingt weiter durchgeführt werden musste.

Ähnlich erging es auch der ersten deutschen Funken-Telegrafie-Schule der Marine. Neben den Problemen der Unterbringung der gewachsenen Anzahl der Lehrgangteilnehmer wurden Klagen über Störungen des Funkbetriebes im Operationsgebiet der Flotte durch die Funkübungen der Schule laut. Admiral Franz Ritter von Hipper schlug vor, die Schiffskommandos im noch größeren Maße als bisher zur Ausbildung mit heranzuziehen. 1917 wurden erste Überlegungen zur Verlegung der Schule angestellt. Noch während des 1. Weltkrieges wurde am 6. Mai 1918 die gesamte Funken-Telegrafie-Schule an Bord SMS KAISER FRIEDRICH III von Mürwik nach Swinemünde verlegt.

Entwicklung der Funktechnik von 1918 bis 1945

Neuaufbau der Streitkräfte mit Röhrentechnik

Die Vorbedingungen für neue Entwicklungen im Funkbereich wurden für Deutschland nach dem 1. Weltkrieg durch den Vertrag von Versailles diktiert. Die Marine wurde auf 15.000 Mann begrenzt, die kaiserliche Flotte hatte sich in Scapa Flow hingegen selbst versenkt, um eine Übergabe zu verhindern. Zusätzlich mussten alle Schiffe über 1.600 BRT abgegeben und insgesamt 8.982 Funkstationen zerstört werden.

Weltwirtschaftskrise, Reparationszahlungen und Inflation lasteten zunächst auf allen Bereichen der Weiterentwicklung. Zum Teil fehlen heute die Unterlagen über viele Anlagen dieser Zeit, da sie entweder von den Alliierten beschlagnahmt oder vernichtet wurden. In der schweren Zeit danach gingen viele weitere technische Zeitzeugen und Dokumente durch den 2. Weltkrieg verloren. Von den 198.000 Mann der Heeres-Nachrichtentruppe waren z.B. auch nur noch sieben kleine Abteilungen in der Reichswehr übriggeblieben, von denen jede zwei Nachrichtenkompanien mit je drei Zügen Fernsprech- und Funk sowie Brieftauben- oder einen Horchzug hatte. 1920 betrug die Stärke der Nachrichtentruppe der Reichswehr damit zunächst 2.300 Soldaten.

Der Schwerpunkt der Industrie lag im Wiederaufbau der deutschen Handelsschifffahrt ab 1921 und deren Ausrüstung mit Röhren-Sendern für ungedämpfte Wellen (1 kW bei Telegrafie, 400 W bei Telefonie) und Audion-Röhren-Empfängern, während auch die noch vorhandenen Löschfunken-Sender weiter genutzt wurden. Auch die Reichswehr setzte aus finanziellen Gründen bis etwa 1924 bei den bespannten und motorisierten Einheiten noch Löschfunken-Sender ein, desgleichen die Marine bei den noch verbliebenen Kriegsschiffen.

Die Forschung für die zivile See- und Luftfahrt war auch der Nährboden für die Funktechnik nach dem 1. Weltkrieg. Die DEBEG nutzte an Bord ab 1921 hauptsächlich den E-266 (15-1.000 kHz) von Telefunken, gleichzeitig kam von der Firma aber auch der 1-kW-Röhren-Sender CP-I ("Cap-Polonio"-Sender) mit einem Frequenzbereich von 120-177 kHz zum Einsatz. Im Jahr darauf folgte der CP-II mit gleicher Leistung auf 100-177 und 375-500 kHz. An Land wurden mit dem E-266 meist der 1919 entwickelte 75-W-LW-Röhren-Sender ARTS-87-c (150-750 kHz?) verwendet. Die Löschfunken-Sender wurden auch hier meist als Notstationen weiter beibehalten.

Ab 1927 kamen neue Senderentwicklungen zum Einsatz. Auf den Feuerschiffen der LW-Peil-Sender S-251-N (272-500 kHz) von Telefunken. Auf den Fahrgastschiffen kam, der 800-W-LW-Sender S-289-S (Sender "Orinoco", 100-600 kHz), der vermutlich nach den Versuchen auf, dem Schiff ORINOCO so bezeichnet wurde. Ein 200-W-KW-Sender S-249-S wurde nach seinem Vorgängermodell gleichfalls "Cap Polonio"-Sender bezeichnet. Von der Firma Lorenz wurden in diesen Jahren der 400-W-LW-Sender SR-04-V-27 (125-600 kHz) und der 800-W-KW-Sender SRK-08-V-27 (3,33-20 MHz) entwickelt. Dazu kamen die 5-Röhren-Universal-Empfänger ERU-527, ERU-529 und ERU-530, die mit Steckspulen die Frequenzbereiche 15 bzw. 120-3.000 kHz abdeckten.

Die Reichswehr bestand im Großteil aus Heeresnachrichtentruppen, deren Übergang zur Röhrentechnik etwa 1917 erfolgte und bei denen dann auch handliche Geräte zur Verfügung standen. Fast jede Felddivision erhielt nun eine eigene motorisierte Funkabteilung. Standard war neben einer Divisions-Leitfunkstelle etwa sechs bis zehn mittlere und kleinere Funktrupps (M-Funk und K-Funk) und zwei tragbare Geräte für den "G-Funk" (G = Graben).

Die Reichswehr legte großen Wert auf ein eigenes festes Telefonnetz, das alle Wehrbereiche und ihre Divisionen verband. Die Reichspost baute dieses Netz auf und später kamen auch noch Fernschreibverbindungen hinzu. Jede der 7 Divisionen erhielt eine eigene Nachrichten-Abteilung, die aus zwei Kompanien bestand. Neben den Fernsprech-Einrichtungen hatte jede Nachrichten-Abteilung drei fahrbare und vier tragbare Funkgeräte, dazu immer noch Brieftauben- und Blinkerzüge. Lediglich der Kavallerie wurden keine eigenen Funkanlagen zugestanden. Da die Reichswehr keine eigene Nachrichtenschule einrichten durfte, wurde eine Nachrichten-Ausbildungsabteilung an der Artillerieschule Jüterbog eingerichtet, die jedoch gerade für eine bescheidene Schulung von Stabsoffizieren ausreichend war.

In den Heeres- und den Luftwaffen-Nachrichtentruppen erhielten alle neuen Divisionen eine eigene Nachrichtenabteilung, die an ihrer gelben Waffenfarbe erkennbar war und die auch heute im Militär verwendet wird. Alle Abteilungen hatten eine Funk- und eine Fernsprechkompanie (120 Mann). Daneben hatten die Einheiten noch leichte Nachrichten-Kolonnen, die für den Aufbau von einfachen Feldleitungen und die Bedienung der Funksprechgeräte und Hell-Schreibern gedacht waren. Auf Brieftauben und Meldehunde als wurde nun größtenteils verzichtet und die Winkflaggen und Morseblinker gab es hauptsächlich noch bei den Gebirgsdivisionen und der Marine.

Für den übergeordneten Draht- und Funkverkehr wurden zusätzliche Korps- und Armee-Nachrichtenabteilungen und spezielle Führungsregimenter aufgestellt. Noch 1935 brachte eine Nachrichtenübung allerdings katastrophale Ergebnisse (General Praun). Die Manöver von Panzerdivisionen und schnellen motorisierten Verbänden zeigten 1937/38, dass die komplette Funkführung dieser Verbände zwar möglich war und sie dadurch sehr schlagkräftig und schnell wurden, gleichzeitig wurden ganz neue und hohe Anforderungen an das Nachrichtenpersonal gestellt, die erst in der Ausbildung abgedeckt werden musste. Der Neuaufbau durch die Repressalien von Versailles war hier andererseits ein Vorteil, da eine neue technologisch überlegene Streitkraft entstand, während die anderen Länder ihre bestehenden Waffen und Technologien nur stückweise erneuern konnten.

Die deutsche Luftnachrichtentruppe benötigte ebenfalls eine Spezialtruppe für die Besonderheiten des Flugnavigations- und Flugmeldedienstes und eine an die Funk- und Ortungstechnik an Land angepasste Organisation (Waffenfarbe mittelbraun). Manche der Luftwaffen-Kompanien trugen den Zusatz z.b.V. (zur besonderen Verwendung), waren motorisiert und konnten sehr flexibel eingesetzt werden. Darüber hinaus entstanden noch eigene Luftwaffen- Bau- und Ausbildungsregimenter und ein sehr effizientes Versuchsregiment, das sich der neuesten Elektronik (Navigations- und Funkmessverfahren) widmete.

Der Flugmelde- und Flugführungsdienst wurde mit der Ausweitung der Ortungstechnik immer umfangreicher. Als die Flak eigene Ortungsgeräte erhielt, wurde das Personal dafür ebenfalls in eigenen Schulungseinrichtungen ausgebildet. Für ihren aufwachsenden Flugmeldedienst begann die Luftwaffe relativ früh mit der Ausbildung von Frauen als Nachrichten-Helferinnen, sodass der Personalbestand der Nachrichtentruppe hier schneller anwuchs als jener der Heeresnachrichtentruppen. Mitte 1944 waren es etwa 220.000 Mann plus 60.000 Nachrichtenhelferinnen beim Heer und 243.000 Mann plus 80.000 Nachrichtenhelferinnen bei der Luftwaffe!

Die SS-Elitedivisionen erhielten immer weitaus modernere Ausrüstungen im Vergleich zu den regulären Heereseinheiten und für die Funkerausbildung wurde extra eine SS-Nachrichtenschule in Leitmeritz eingerichtet. Die Ausbildung selbst scheint jedoch große Mängel gehabt zu haben, denn bald mussten ganze Heeres-Nachrichtenabteilungen zur SS versetzt werden, um deren Nachrichtenverbindungen sicherzustellen. Die SS-Einheiten waren zwar meist in das Feldheer eingebunden, führten aber bald ein beachtliches Eigenleben. In Korpsstärke wurden ihre Führung und ihre Fernmeldeverbindungen völlig autark ausgerichtet, was für gemeinsame Operationen später sehr von Nachteil war.

Hitler ließ zahlreiche Führerhauptquartiere (FHQ) im Deutschen Reich errichten, die alle ihre eigenen Nachrichtenverbindungen erhielten. Schon vor Kriegsbeginn wurden in der Nähe der vorgesehenen Führerhauptquartiere die entsprechenden Nachrichtenstellen und Ämter für Draht und Funk eingerichtet. Zusätzlich gab es Eisenbahn-Sonderzüge wie z.B. EUROPA, AMERIKA, ATLAS oder AFRIKA für den Oberbefehlshaber des Heeres oder auch der Luftwaffe, welche mit alle notwendigen Nachrichtengeräten für die Führung der Wehrmachtsstäbe ausgestattet waren und die einen mobilen Generalstab in der Nähe der Front in Ost und West ermöglichten. Das Prinzip wurde von der Sowjetunion nach dem 2. Weltkrieg aufgenommen und sehr effizient umgesetzt. Die deutsche Kommandantur auf dem Truppenübungsplatz Zossen-Wünsdorf (südlich von Berlin) hatte 1931 allerdings gerade mal einen Klappenschrank für 10 Telefonstandleitungen, was als Vergleich dienen kann, wenn die spätere Ausstattung beschrieben wird.

Für ein Führerhauptquartier wurde die Draht-Nachrichtenzentrale des OKW außerhalb Berlins in Zossen verbunkert eingerichtet. Der Nachrichtenbunker hatte die Bezeichnung Amt 500 bzw. ZEPPELIN und war im April 1939 fertig gestellt worden, während die Leitungsverbindungen schon ab 1937 zur Verfügung standen. Über das Fernamt der Reichspost bestanden über die 20 Klappenschränke, 25 Springschreiber mit Fernschreibvermittlung für 60 Teilnehmer (T-34) Verbindungen zu allen Stäben und Verbänden im Deutschen Reich. Zusätzlich lag die Fernschreibzentrale des Heerestransportwesens in der Heeres-Sportschule in Wünsdorf. Am 24. September 1938 gingen die Fernmeldeanlagen im Gebäude der vormaligen Mannschaftsunterkunft (M5) des FHQ Zossen in Betrieb. Das mobile OKH bezog dann am 25. August 1939 den fertigen MAYBACH-Bunker mit seinen Fernmeldeanlagen.

Als vermutlich weiteres Führerhauptquartier wurde OLGA in Ohrdruf (Thüringen) mit einer eigenen Nachrichtenzentrale (Amt 10) gebaut. Zossen erhielt in den verschiedenen Plänen für die Mobilmachung den Decknamen MAX und Ohrdruft MORITZ. Die Luftwaffe hatte hingegen ihre eigene Nachrichtenzentrale KURFÜRST in Potsdam/Wildpark eingerichtet. Auch alle Marine-Landverbände hatten nun ihr eigenes Drahtnetz, welches von der Reichspost betreut wurde, die auch für die Drahtnetze von Heer und Luftwaffe fachkundiges Leitungs- und Betriebspersonal stellten.

In der obersten Wehrmachtsführung gab es ausgesprochene Befürworter wie auch Gegner für die Nutzung der modernen Nachrichtentechnik. Die Niederlage Deutschlands im Ersten Weltkrieg wurde im Offizierschor schließlich teilweise auch auf mangelhafte Nachrichtenverbindungen zurückgeführt, wie beispielsweise die unterbrochene Verbindung mit den auf Paris vorrückenden Truppen zur Niederlage bei der Schlacht an der Marne beitrug. Auch wenn die Niederlage im 1. Weltkrieg maßgeblich andere Gründe hatte, so wollten Hitler höchstpersönlich und die Wehrmachtsführung ihre unmittelbare Kontrolle über die Führung der Truppenteile und ihre Offiziere sowie die militärischen Entscheidungen auf Entwicklungen an der Front durch die Nachrichtenmittel erhalten. Dies wurde durch die technologisch fortschrittlichen Technologien auch während des gesamten 2. Weltkrieges umgesetzt, durch die Distanz zum aktuellen Kriegsgeschehen allerdings nicht immer zum Vorteil der militärischen Führung.

Die deutsche Wehrmachtsführung hatte seit Mitte der dreißiger Jahre die Nachrichtentechnik in den Rang einer kriegsentscheidenden Waffe erhoben. Nach dem Krieg hat es dann nicht an spöttischen Bemerkungen zu der modernen Nachrichtentechnik gefehlt. So ganz im Unrecht waren wohl die Soldaten der deutschen Nachrichteneinheiten wohl nicht, wenn sie sarkastisch feststellten, dass der 1. Weltkrieg vielleicht aufgrund schlechter Nachrichtenverbindungen verloren ging, die Niederlage im 2. Weltkrieg hingegen den perfekten Verbindungen nach Berlin zu verdanken sei. Ein Körnchen Wahrheit findet sich auch hier.

Zu den mächtigsten Betonfestungen des Dritten Reiches mit ausgedehnten unterirdischen Anlagen gehörten unter anderem die WOLFSSCHANZE bei Rastenburg in Ostpreußen, RIESE bei Bad Charlottenbrunn sowie RÜDIGER bei Waldenburg (beide in Schlesien), FÜRSTENSTEIN bei Ksiaz (nordöstlich von Krakau) im Generalgouvernement, BRUNHILDE bei Diedenhofen (Lothringen). Bekannt sind auch SIEGFRIED bei Pullach (Bayern) mit dem AMT 600, der Nachrichtenzentrale des Führerhauptquartiers im ADLERHORST in und unter Schloss Ziegenberg und GISELA, der Zentrale des geplanten OKH in der Verdunkaserne bei Gießen/Bad Nauheim (Deckname HANSA). In Gießen kreuzten sich dabei fünf Fernkabel und das moderne Breitbandkabel der Olympischen Spiele von Frankfurt nach Berlin, jedoch führte das Kriegsgeschehen zu einer sehr wechselhaften Nutzung der gesamten Anlage in der Wehrmacht.

In den neuen Planungen wurde für eine flexible Kriegsführung weitere Änderungen vorgenommen und ein neues Führungsnetz für die Wehrmacht unter dem Decknamen OTTOKAR bzw. HERMANN in Angriff genommen, welches eine alternative Führung aus den FHQ in Zossen oder Ohrdruft ermöglichte. Der Unterschied bestand bei beiden u.a. darin, dass Verbindungen außer zum Gruppenkommando 2 nur zu 4 mobilen Armeekommandos geplant wurden. Im Sommer 1934 begannen die Planungen zum Bau eines Fernkabels um Berlin, das über Zossen, Treuenbrietzen, Michendorf, Wildpark nach Biesenthal verlegt wurde. Im Sommer 1936 war das 400 km lange Ringkabel in Betrieb, welches bei der großflächigen Zerstörung der Infrastruktur in Berlin bis 1945 die funktionierenden Fernsprech- und Fernschreibverbindungen sicherstellen konnte.

Die Leitungen und Netze wurden ständig erweitert, dann auch mit den Fernämtern der DRP und zentral mit dem OKW im Bendlerblock und dem Fernamt am Sonderplatz in Berlin verbunden. Die neu errichteten Führerhauptquartiere (FHQ) waren später über mit ihre verbunkerten Fernmeldeämtern, wie beispielsweise Führungsbunker Münstereifel/Felsennest, Ziegenberg/Adlerhorst und Wiesenthal/Amt Wiesenthal, die Fernmeldebunker der Heereshauptquartiere in Chimay/Amt Otto und Fontainebleau/Amt Erna, der Luftwaffenhauptquartiere in Cransberg und Bad Wildungen angeschlossen.

Mitte der 20er Jahre waren die Verbindungen des militärischen Heeres-Transportwesens in einem HKT-Netz zusammengefasst worden. Hauptknoten war im OKW/Berlin, während die Endknoten meist bei den

Reichsbahndirektionen, bzw. regionalen Transportoffizieren lagen. Dies stellte eine schnelle und flexible Transportplanung für den Verteidigungs- und Angriffsfall sicher. Von der Reichspost wurden für den Kriegsfall derartige Sonderleitungsnetze weiter eingerichtet, die meist auf den kommerziellen Nachrichtenkabeln basieren konnten.

Vom Sommer 1941 bis Mitte 1944 befand sich das FHQ WOLFSCHANZE in einer Waldanlage bei der ostpreußischen Stadt Rastenburg. Ihm wurde das OKW-Nachrichtenamt ANNA im Mauerwald bei Angerburg zugeordnet. Nur für eine kurze Zeit wurde es 1941 nach Winniza (Ukraine) verlegt. Daneben gab es noch weitere Ausweichquartiere, die bis heute noch nicht alle erforscht sind, für die aber alle die entsprechenden Nachrichtenverbindungen geplant wurden. Den weiteren Ausbau dieser Infrastruktur der Fernmeldenetze kann ein Blick auf die Situation im Jahre 1935 verdeutlichen:

<u>Stand der Sonderleitungsnetze am 1. Juni 1935</u>

- Netz des Reichskriegsministerums und der General- bzw. Wehrkreiskommandos mit Hauptknoten Berlin (Fspr.), Deckname WANDA
- Führungs- und Befehlsnetz des Oberbefehlshabers des Heeres mit Hauptknoten in Zossen (Fspr./Fschr.), Deckname OTTO
- Führungs- und Befehlsnetz des Oberbefehlshabers des Heeres für den Ausweichfall mit Hauptknoten in Berlin (Fspr./Fschr.), Deckname GRUNEWALD/BERLIN
- Netz des Stabes Heerestransportwesen und der territorialen militärischen Transportdienststellen bei den Reichsbahndirektionen mit Hauptknoten in Wünsdorf (Fschr.), Deckname HEKTOR
- Netz des Stabes des Heeres-Nachrichtenwesens und den Anlagen und Einheiten der Funkaufklärung des Heeres Ost und West mit Hauptknoten in Zossen (Fspr./Fschr.) , Deckname HEINRICH
- Netz des Stabes Ausland/Abwehr und den territorialen Abwehrstellen mit Hauptknoten in Berlin und Zossen (Fspr.), Deckname ADOLF
- Netz der Grenzschutztruppen mit mobilen Netzknoten der Generalkommandos/Divisionen (Fspr.), Deckname GEORG
- Netz des Grenzaufsichtsdienstes der Reichsfinanzverwaltung mit mobilen Netzknoten in den Generalkommandos/Divisionen (Fspr.), Deckname VIKTOR
- Führungs- und Befehlsnetz des Oberbefehlshabers der Luftwaffe mit Hauptknoten in Wildbach bei Potsdam (Fspr./Fschr.), Deckname LUDWIG
- Netz des Flugmelde- und Luftschutzwarndienstes der Luftwaffe mit Hauptknoten in Wildbach bei Potsdam (Fspr.), Deckname FLORIAN
- Führungs- und Befehlsnetz des Oberbefehlshabers der Kriegsmarine mit Hauptknoten in Berlin (Fspr./Fschr.), Deckname MARTHA
- Führungs- und Befehlsnetz der Geheimen Staatspolizei mit Hauptknoten in Berlin (Fspr./Fschr.), Deckname GUSTAV
- Netz des Reichsministers für Volksaufklärung und Propaganda mit Hauptknoten in Berlin (Fspr.), Deckname PAULA

Hinzu kamen die mobilen Komponenten. Für die schnelle Verlegung gab es das 14-paarige Feldfernkabel (FFK), welches aus 200-m-Stücken bestand, an deren Ende jeweils eine Pupin-Spule zur Entkopplung eingebaut war, womit gleich der nächste Abschnitt verzugslos angeschlossen werden konnte. Dieses Kabel konnte frei aufgehängt oder auch unterirdisch verlegt werden. Auf ihm konnten allerdings nur Frequenzen bis etwa 15 kHz ohne große Dämpfung übertragen werden, was die Verwendung von

Trägerfrequenzgeräten zur Mehrfachnutzung von Leitungspaaren einschränkte, sie andererseits aber sehr gut für die Mehrfachnutzung von Fernschreibleitungen eignete.

Ab 1941 wurden die ein- oder zweigliedrigen "Drehkreuzachsen" auf Holzstangen eingeführt. Wie der Name beschreibt, drehte sich die Leitungsachse in vier Stangenfelder und hatte so eine gute Eigensymmetrie zur Entkopplung. Zur Kennzeichnung liefen die Leitungen der Drehkreuze des Heeres rechtsherum und die der Luftwaffe entsprechend linksherum. Die Drehkreuze folgten der kämpfenden Truppe und führten bis in das unmittelbare Vorfeld der Kämpfe um Moskau. Mit Trägerfrequenzgeräten konnten auf einer Grundleitung acht (MEK-8) oder fünf-zehn (MG15) Kanäle betrieben werden. Mit WTK-Gerät (Wechselstrom-Telegrafie-Zweiton-Verfahren) wurden gleichzeitig sechs Fernschreibanlagen mit einem einzigen Leitungspaar betrieben. Die Drahtverbindungen reichten selbst zu Friedenszeiten nicht mehr aus und für einen Kriegsbeginn war zusätzlich die Verwendung von etwa 4.000 Funkkanälen in den Bereichen LW, MW, GW und KW bis 7 MHz vorgesehen. Die Luftwaffe hatte auch KW-Geräte bis 6 MHz in ihren Nachrichtenverbindungen.

Unabhängig von den benutzten Frequenzen gab es drei grobe Leistungsbereiche für alle Telegrafie-Funkstellen (klein, mittel und groß). Der kleine Funktrupp (kl.Fu.Tr. a bis f) hatte z.B. Sender mit 5/15/30 W (1-3/7,5 MHz). Der mittlere Trupp (m.Fu.Tr. a bis d) benutzte hingegen meist 70/80/200 W Sender und war als Leitfunkstelle für die kleinen Trupps gedacht. Der mittlere Trupp b war noch ein reiner LW/MW-Trupp (200-1.200 kHz). Die kleinen und mittleren Trupps deckten den Funkverkehr bis zur Korpsebene ab. Als Funkfahrzeuge für solche Trupps war speziell das KFZ-17 vorgesehen. Nachdem sich die wenig geländegängigen Spähwagen nicht bewährten, wurden offene Schützenpanzer (SPW) als Leitfunkstellen der Panzer-Divisionen ausgerüstet, später auch die Panzer IV, V und VI. Der Platz für Funkgeräte und den 2. Funker ging aber auf Kosten des Munitionsstauraumes und der Platz für den Einsatz einer ENIGMA in Führungspanzern war denkbar eng.

große bzw. schwere Funktruppen waren meist den oberen Armeeoberkommandos (AOK) vorbehalten, bei der Luftwaffe wurden sie allerdings auch in der Navigation und der taktischen Führung der Geschwader verwendet. Die großen Funktrupps (gr.Fu.Tr. a bis e) waren mit stärkeren Sendern ausgerüstet, die 0,8 bis 1,5 kW Leistung arbeiteten. Auch hier war der gr.Fu.Tr. a als ein reiner LW-Trupp (200-600 kHz, 1,5 kW) vorhanden. Der gr.Fu.Tr. b hatte dagegen einen KW-Sender (1,1-6,7 MHz) und der spätere gr.Fu.Tr. c einen KW/UKW-Sender (Lo800FK36, 3-23 MHz). Der gr.Fu.Tr. e (Emil) war für die KW-Funkfernschreib-Trupps vorgesehen (3-23 MHz). Die schweren Sender benötigten einen Dreiachs-Funkwagen und wurden meist von einem abgesetzten Funkbetriebsfahrzeug ferngetastet.

Für den Truppenbereich gab es im Bereich von 1,5 bis 6,7 (25) MHz zehn Typen von Sende-/Empfangsgeräten der Leistungsklasse 0,1 bis 3 Watt. In ihrer Verwendung bei den Funktrupps wurden sie ab 1937 einheitlich als Tornister-Funktrupp bezeichnet und boten sowohl Telegrafie als auch AM-Sprechfunk. Grundlage des Telegrafieverkehrs war meistens der Gleichwellenverkehr (Schwebungslücke bei der Kriegsmarine). Ausnahmen gab es bei quarzgesteuerten Sendern (z.B. Agentenfunk), die ihre Funksprüche ohne vorherige Kontaktaufnahme absetzten.

Der Sternfunkverkehr war die übliche Betriebsform, bei der sich Verbände, von einer Leitstelle geführt, ständig ein- bzw. abmelden konnten. Auch ein damals als Kreisverkehr bezeichneter Betrieb mit gleichberechtigten Funkstellen war möglich, erforderte aber eine hohe Flexibilität und Disziplin der Funker. Er wurde deshalb hauptsächlich als Nahtstelle benachbarter Armeen benutzt, wobei auch Marine- und Luftwaffenfunkstellen bei Bedarf eintreten konnten, wenn sie die entsprechenden Funkunterlagen erhalten hatten.

Die Funker der Marine fielen jedoch sofort auf, weil sie Vierer-Gruppen sendeten und Heeres- und Luftwaffenfunker darauf meist mit Fünfer-Gruppen antworteten. Von Sonderdienststellen und höheren Stäben wurden auch einfache Funklinien betrieben und der Fernschreibbetrieb über Funk wurde durchweg als Linienverkehr durchgeführt, bei der jede Linie auch eigene Codes benutzte. Ein Luftwaffen-Funktrupp der in einen Sternbetrieb einer Nachrichtenabteilung des Heeres eintrat, war dabei eher die Ausnahme. Durch die strikte Trennung der Befehlsstrukturen der Teilstreitkräfte gab es Querverbindungen der verschiedenen Stäbe meist nur über das Telefon. Dies galt auch für die verbündeten Truppen an der Ostfront.

Die fehlende Kooperation und Verbindung sowie die mangelhaften Funkkontakte zu den Truppen erzeugten große Probleme und resultierten letztendlich im Verlust vieler Soldaten und auch Material. In einer britischen Liste sind etwa 150 deutsche Netze und Linien aufgeführt worden, die ständig überwacht wurden. Sie betrafen durchweg die höheren Befehlsebenen, die vor allem Verkehr über größere Entfernungen durchführten und in England durch ihre starken Signale auch gut empfangen wurden. Erstaunlich exakt haben die Engländer auch die Funkfernschreib-Lorenz-Linien des Heeres erfasst. Die Abwehr, Polizei (Gestapo), die Bauorganisation Todt, die Reichsbahn und alle Werften der Marine betrieben eigene Funknetze und benutzten sowohl ENIGMA- als auch Handschlüssel, die oftmals nicht in den alliierten Akten auftauchen.

Der bekannteste LW/MW-Sender im Heer und Luftwaffe war der LS-100/108 (200-1200 kHz, 100 Watt) und er war auch Teil des m.Fu.Tr. b. Als Leitstelle fungierte der 1,5-kW-LW-Sender Sa1500/111 (100-600 kHz). Als Empfänger gehörten zu diesen mittleren und schweren Funktrupps der LW.E.a (0,072-1,525 MHz) und der MW.E.c (0,83-3 MHz). Für die kleinen und mittleren Trupps bei Heer und Luftwaffe war der Tornister-Empfänger E.b und der Universal-Empfänger. Er war ein Drei-Kreis-Geradeausempfänger mit vier Batterieröhren, der in acht Bereichen das Spektrum von 0,1 bis 6,970 MHz erfasste. Seine Empfangseigenschaften waren zwar ausreichend, aber nicht überragend und seine Eichtabellen ungenau. Die Nahselektion war vergleichsweise schlecht und die Vorstufe nicht regelbar und übersteuerte leicht.

Im Jahre 1936 kam im Heer und Luftwaffe auch ein Einschubkonzept von Lorenz für Funksendeanlage zur Einführung, welches bei der Marine den nach seiner Form den Spitznamen "Ehrenmal" erhielt. Diese Sender fanden Eingang bei den schweren KW-Trupps von Heer und Luftwaffe. Äußerlich war dem Gestell kaum anzusehen, ob es für LW (100-600 kHz), für KW (1,5-7,5 MHz) oder (3-23 MHz) konzipiert war. Der Sender konnte durch einen einzigen Regler eingestellt werden, nur die Antenne musste gesondert angepasst werden und seine Frequenzkonstanz war dabei sehr gut. Teile der Endstufe befanden sich außerdem in einem Ölbad, was Überschläge der Hochspannung verhinderte.

Zur Ausstattung des kleinen Funktrupps ("a") gehörte neben dem T.E.b. ein 5 (7) Watt-Sender (AS40) im gleich großen Tornistergehäuse. Der Bereich des zweistufigen Senders war 1 bis 3,15 MHz. Der Sender konnte von einem Tretsatz-Generator betrieben werden, in einem Funkwagen wurde er jedoch über ein Netzteil oder aber vom Maschinensatz "c" mit 220-V-Wechselspannung versorgt.

Als Ersatz für den 5-Watt-Sender sollte ab 1942 der 15-W-Sendeempfänger a/b dienen, (Gerätesatz Fu19/SE15 in einem Tornister), der mit seinem Bereich von 3-7,5 MHz ein reines KW-Gerät war. Der SE 15 a/b hatte zwar einen Superhet mit ZF-Audion, seine Empfängerselektion war aber im Vergleich zum alten T.E.b.-Empfänger nur unwesentlich besser. Auch dieser Sender konnte mit einem Tretsatz-Kurbelgenerator durch Muskelkraft betrieben werden. Seine Einknopf-Bedienung war für den Gleichwellenbetrieb dabei günstig. Der alte 5-W-Trupp hielt sich aber recht hartnäckig bis zum Kriegsende. Er zeichnete sich durch hohe Zuverlässigkeit aus und für den typischen Nahverkehr war diese leistungsschwache Ausrüstung ausreichend, wenn der Störpegel nicht zu hoch lag. Für die leichten Funktrupps d/e wurde der stärkere 30-W-Sender S30/120 eingesetzt, der von 1,12-3,08 MHz ging und mit einem 12-V-Generator betrieben wurde und der auch während der Fahrt eingesetzt werden konnte.

Ein Standard mittlerer Trupps war der 80-W-Sender (Gerätesatz Fu12, SE80, 1,12-3 MHz), zu dem ein KW.E. als Anton gehörte (1-10 MHz) Später benutzte das Heer auch noch Marinesender LoK39 mit den Leistungen

40/70 Watt und Frequenzen zwischen 3 und 16 MHz und dem KW-Empfänger Schwabenland (Lorenz, EO 8268).

Der taktische Funkverkehr aller Flugzeuge mit Bordfunker war im Bereich von 3-6 MHz. Bis 1938 wurde das zivile FuG-IIIa benutzt, danach die Bausteine des universellen FuG-10-Systems (Röhren RV12P2000 und RV12P35). Beide Geräte hatten bei LW etwa 70 W in A1 und etwa 40 W A1 bei KW, wobei der KW-Sender auch in AM moduliert werden konnte. Die älteren FuG-III wurden wie die FuG-10-Bausteine in Funkstellen am Boden weiterverwendet. Erst verhältnismäßig spät stellte das Reichsluftfahrtministerium fest, dass für Fernaufklärer und ähnliche Aufgaben auch Kurzwellengeräte gebraucht wurden und es wurden zusätzliche FuG-10-Bausteine in den Typen K1 (5,3-10), K2 (6-12), K3 (6-18) und K4 (12-24 MHz) entwickelt.

Bei den Funkstellen an Land gab es zwischen 10 und 30 MHz einen deutlichen Bedarf an Geräten, der erst ab etwa 1942 gedeckt werden konnte. Als UKW-Empfänger entstand der E52 "Köln" (1,5-25 MHz). Besonderes Merkmal dieser Empfänger war ihre gute Signalstabilität, die hohe Frequenzkonstanz und Quarzfilter mit schaltbarer Frequenz oder variabler Bandbreite.

Für den Horchdienst, Funkaufklärung wurden spezielle Empfänger entwickelt, die in vier Typen (Fu.HE. a bis d) den Bereich von 75 kHz bis 60 MHz abdeckten. Große Skalenringe wurden in MHz geeicht und erleichterten das Ablesen der Frequenzen. Selbst Hochfrequenzspektrometer mit Braunschen Röhren gab es ab 1937 für Überwachungszwecke in der Funkaufklärung.

Aus dem Rahmen fiel die militärische Einführung von Nachbauten eines alliierten Funkempfängers mit dem Allwellenempfänger "KST". Aufgrund der beschränkten Eigenschaften mancher Empfänger wurde schon vor dem Krieg der US-Amateurfunk-Empfänger "HRO" (Firma National) mit originalen amerikanischen Bauteilen (Drehkondensator mit Schneckenantrieb und Spulenkasten) und mit deutschen Stahlröhren nachgebaut. Die Originalteile mussten deshalb während des gesamten Krieges über Portugal importiert werden. Mit dem KST von der Radio Firma Körting kam ein sehr guter Allwellen-Empfänger, der mit sechs Spulenkästen den ganzen Bereich von 100 kHz bis 40 MHz erfassen konnte. Im normalen Truppendienst tauchte der wertvolle KST allerdings nicht auf, denn er war aber vor allem bei den Horchfunkern sehr beliebt, wie auch die Horchfunker der britischen Gegenseite mit Vorliebe die HRO-Empfänger aus den USA benutzten. Weder der originale Empfänger noch der Nachbau verfügte über direkt geeichte Skalen, was aber anscheinend der Beleibtheit keinen Abbruch tat.

Ab 1931 versuchte man der Truppe Tornister-Funksprechgeräte zur Verfügung zu stellen, vor allem für vorgeschobene Artilleriebeobachter. So baute Lorenz eine Baureihe der Tornistergeräte Fu.b/c/f, welche Sendeleistungen von 1-2 Watt hatten und mit unterschiedlichen Bereichen zwischen 1,5 und 6,66 MHz arbeiteten. Als Tornistergeräte waren sie mit 25 kg noch recht schwer und meist in Kübelwagen eingebaut, sie bewährten sich jedoch gut und wurden dann auch anderweitig verwendet.

Mit den Typen des Tornister Fu.g/i entstanden dann Geräte mit 1,5/3 Watt, die wesentlich leichter waren und einen Sprechbetrieb bis etwa 12 km sowie A2-Telegrafie bis 25 km ermöglichten. Nach den Angaben von Herrn Trenkle hat es neun verschiedene Tornisterfunktrupp-Ausrüstungen im GW/KW-Bereich gegeben. Obwohl frühzeitig UKW-Tornistergeräte erprobt wurden und z.B. der Tornister Fu.d2 (0,4 W und 33,3-38 MHz) 1937 für Artilleriebeobachter in Serienfertigung ging, dauerte es doch lange bis die UKW-Geräte den GW/KW-Funk der Truppenverbände ergänzten.

Ab 1940 wurden als Ergänzung für den Nahbereich noch kleinere und leichtere UKW-Geräte gebaut, die sich Feldfunksprecher (Modelle a bis h) nannten. Sie hatten eine Leistung um 0,15 Watt, arbeiteten mit einem empfindlichen Pendelaudion und konnten etwa 2 km sicher überbrücken. Solche Geräte wogen dann weniger als 10kg und konnten von einem Funker gut getragen und bedient werden. Das Bedienteil befand sich immer an der schmalen Seite des Kastens.

Die späteren Feldfunksprecher a/b/c, benutzten den Bereich zwischen 90-160 MHz, wurden aber mit recht großem Kanalabstand betrieben, weil die Frequenzkonstanz der Geräte nicht ausreichend war, ein Vorteil war jedoch, dass die Funkgeräte Stabantennen verwenden konnten. Die höher aufgebauten Drahtdipole erzielten zwar größere Reichweiten wurden aber von den Truppenfunkern nur selten genutzt, weil ihnen das notwendige Grundwissen für die Antennentechnik fehlte. Allerdings wurde die Verwendung der Drahtantennen von der neu eingesetzten Funkberatungsstelle mehrfach vorgeschlagen.

Das damals kleinste Funksprechgerät war die 1944 eingeführte Dorette (32-38 MHz und 0,1 W), dass mit einer unverwüstlichen flexiblen Stahlbandantenne an der Koppel getragen werden konnte. Zusammen mit dem Batteriekasten (2,4 V-NC-Sammler und Wechselrichter) wog die Dorette nur 3,5 kg. Verwendet wurde fast immer die A3-Gittermodulation, die aber einen schlechten Wirkungsgrad hatte. Verwendung fand aber auch den Strom sparende Hapug-Modulation mit etwas besserem Wirkungsgrad. Die Frequenzkonstanz der frei schwingenden Oszillatoren war dabei für beide Schaltungen ausreichend.

Die meisten Funksprechgeräte hatten nur Kanalzahlen auf ihren Skalen und die Funker wussten deshalb manchmal nicht, auf welcher Frequenz sie sich damit eigentlich befanden. Etwa 400 Kanäle im Bereich zwischen 20 und 160 MHz waren der genutzte Bereich, wobei die Kanalabstände zwischen 40 kHz und 1 MHz lagen und mit dem Frequenzbereich schwankten. Die gebauten Stückzahlen der Feldfunksprecher blieben immer hinter den erforderlichen Sollzahlen zurück. Ihr Mangel gegen Kriegsende war eklatant und Melder, Meldehunde und andere ursprünglich Nachrichtenmittel mussten alternativ wiedereingesetzt werden.

Die strategische Führung der Luftwaffenverbände erfolgte bei Kriegsbeginn noch per Draht und erst später über Funkfernschreib-Linien. Der Funk der Fliegerkorps sollte eigentlich nur der Ergänzung und nicht dem Ersatz von Drahtverbindungen dienen. Es gehört zu den großen Fehlern der Luftwaffenverbände, dass sie nicht nur Positionen von Knickebein-Leitstrahlen durch Funk übermittelten, sondern auch banale Logistikmeldungen der Geschwader und andere Standardmeldungen für die ganz normale Fernschreibwege zur Verfügung gestanden hätten darüber abwickelten.

Die Funker in den Abhörstellen in England waren darüber hocherfreut, weil dort die Übertragungen auf Kurzwelle aus Deutschland gut zu hören und die Luftwaffen-Funksprüche durch die Wiederholungen und Standardinhalte am leichtesten zu lösen waren. Im Fliegerkorps XI wurde z.B. ein und dieselbe Nachricht in fünf verschiedenen Schlüsseleinstellungen der ENIGMA gesendet. Die Zahl der im britischen Staatsarchiv (PRO) einsehbaren entzifferten Funksprüche offenbart die Geschwätzigkeit der Geschwader der Luftwaffe.

Aufklärer und Bomber betrieben ihren taktischen Funk im Bereich von 3 bis 6 MHz. Dafür stand ab 1939 das universelle Bausteinsystem FuG-10 (70/40 Watt) zur Verfügung. Für Stukas und Jäger wurde das kleinere Sprechfunkgerät FuG-VII entwickelt, mit einem Bereich von 2,5 bis 3,75 MHz und 7 Watt Sendeleistung. Die Begleitjäger konnten damit also mit ihren zu schützenden Stukas und Bomberverbänden kommunizieren. Ein Problem war aber der Mangel an verschiedenen Kanälen. Trotzdem hielt sich das Gerät bis Ende 1941, dann wurde es durch die UKW-Gerätesätze FuG-16 für Jäger (38,5-42,3 MHz) und FuG-17 (42,2-47,8 MHz) für Aufklärer ersetzt. Das FuG-16ZS kam mit einem Frequenzbereich von 40,3-44,7 MHz.

Alle diese Funkgeräte hatten A3-Sprechfunk mit 10 W und es war damit ein vorzüglicher Landeanflug mittels kombinierter optischer und akustischer Anzeige möglich. Die Kanäle wurden nun mechanisch gerastet und konnten vom Piloten fernbedient werden. Auch die Bomber erhielten zusätzlich ein FuG-16Z für den Landeanflug und zur UKW-Navigation, die ab 1943 die LW-Navigation mehr und mehr ablöste. Mit dem FuG-24 wurde noch ein einfacheres Gerät mit 1,5 Watt gebaut, das nur zwei feste UKW-Kanäle hatte. Zur Funkausrüstung der Maschinen im Westen gehörten noch Feind/Freund-Kennungsgeräte (FuG-25a und FuG-226). Die elektronischen Grob- und Feinhöhenmesser (FuG 101a/102) waren auf, Grund ihrer Präzision bei den Piloten sehr beliebt.

Die taktische Fliegerunterstützung des Heeres wurde anfangs von den obersten Kommandobehörden koordiniert, obwohl es schon in Polen erste Versuche gab, Stukas direkt von der Front aus zu führen, während die Nahaufklärer ihre Aufklärungsergebnisse direkt an Heeresstäbe weitergaben.

Das Heer hatte sich tragbare UKW-Empfänger (UKW E.f) bauen lassen, um die Frequenzen (um 42 MHz) der Flieger abhören zu können und mit dem Funkgerätesatz Fu-7 (20W.S.g/UKW.E.g1) direkt mit den Flugzeugen in Kontakt zu treten. Die Luftwaffe führte jedoch ein Fliegerleitsystem ein und stellte Luftnachrichtenverbindungskompanien auf, welche die Führungsaufgaben sachgerechter und koordinierter durchführten konnten. Aufgeteilt in Funktrupps zu je vier Mann und geführt von einem Fliegerverbindungs- und Leitoffizier (FliVO) wurden diese Trupps vor allem im Rahmen von Panzer- und schnellen Divisionen eingesetzt. Ihr Kfz-17-Funkwagen war beim zugeordneten Divisionsstab und forderte bei Bedarf direkte Luftunterstützung beim Fliegerkorps an. Von einem speziell ausgerüsteten Schützenpanzer (SPW und Sd.Kfz.251/3) wurden die angreifenden Luftwaffenverbände direkt an die Ziele herangeführt, was die Einbrüche der Panzer schneller abwehren konnte. Neben dem Panzersprechfunk gab es als Boden-Luftgerät das KW-Gerät FuG-VII, später den vom Heer übernommenen UKW-Gerätesatz Fu-7, der mit den FuG-16 der Flieger kommunizieren konnte. Zur Verbindung zum Fliegerkorps diente meist der 15-Watt-KW-Sender-Empfänger a mit einer Sternantenne.

Nach der Machtergreifung konnte die deutsche Forschung zwar ohne Auflagen wieder mit maximalen Finanzmitteln arbeiten, tat dies nun allerdings fixiert auf hauptsächlich militärische Entwicklungen. Die Technik kämpfte neben bürokratischen aber auch mit den physikalischen Problemen. Ein 100-kW-Sender in Berlin benötigte 1933 trotz der Verringerung der Verluste z.B. immer noch einen 19-m-Kühlturm für den Rohwasserkreis zur Kühlung der Röhren. Telefunken beanspruchte durch die langjährige Grundlagenforschung und Brechung des Monopols von Marconi faktisch alle Schutzrechte auf dem Gebiet der Funk- und Rundfunktechnik von Mitte der 20er bis Anfang der 30er Jahre in Deutschland. Ein deutscher Monopolist im nationalen und internationalen Wettbewerb war mit allen Vor- und Nachteilen entstanden.

Bei der Marine verfügten die Küstendienststellen über ein vorzügliches Telefon- und Fernschreibnetz, welches auf im Hafen liegende Schiffe durchgeschaltet werden konnte. Ihren Funkverkehr betrieb die Marine jedoch professioneller als Luftwaffe und Heer. Die Funkdisziplin wurde stärker beachtet, besonders die durch Luftangriffe gefährdeten großen Schiffe vermieden die Peilung durch den Gegner, indem sie häufig Funkstille einhielten und schon frühzeitig auch Kurzsignale verwendeten.

Die Prognosen der Funkberatung wurden von der Marine genau beachtet und stellten sich als sehr zuverlässig heraus. Das war sehr wichtig, denn die Jahre 1940 bis 1945 hatten allgemein kein gutes Funkwetter, da es in diesem Zeitraum ein Sonnenfleckenminimum und damit verbundene Störungen gab (Sonnenflecken-Relativzahlen zwischen 8 und max. 70).

Wegen der Probleme mit Mischprodukten in der Frequenzüberlagerung übten die Experten in der Marine zunächst auch Widerstand gegen die Einführung der Überlagerungstechnik. Erst mit der Einführung moderner Ausführungen der Superhet-Empfänger (ab 1937) wuchs auch das Vertrauen in die Technik. Vorzügliche Empfangsgeräte waren dann in der Truppe die Typen Lo6K39, T9K39 ("Main") und für die U-Boote wurde der Telefunken-Empfänger E52 ("Köln") übernommen.

Typisch für kleinere Marineanlagen war der KW-Sender Lo40K39 (40 W und 3 bis 16 MHz, auch "Marine-Gustav"). Der KW-Sender (S406) und der moderne, direkt geeichte Lo200FK36 ("Ehrenmal") hatten 200 Watt. Selbst kleine Schiffe erhielten ab 1942 Funkausrüstungen. Zusätzlich wurden zahlreiche zivile und militärische Beuteanlagen eingebaut. Im Schiffsverband benutzte die Kriegsmarine ab 1939 den UKW-Sprechfunk mit dem "Marine-Fritz". Verwendet wurde ferner die Anlage Lo10UK39 (10 Watt und 37,55-45,75 MHz) und auch ein tragbares 1-Watt-UKW-Gerät (Lo1UK35) stand zur Verfügung. Spezielle Geräte und Verfahren kamen zusätzlich für den U-Boot-Funkverkehr.

Von an den Flottenmanövern teilnehmenden Stationen konnte vor 1930 nur ein geringer Prozentsatz auf die Sammelanrufe antworten. Das größte Problem bestand in der Abstimmung der Anlagen an Bord auf die Schwebungslücke des Leitstellensenders. Dieser schwerwiegende Mangel wurde innerhalb weniger Wochen vom Funkpersonal nach sorgfältiger Anweisung im Jahre 1929 abgestellt, zum Teil auch durch

Herstellung geeigneter Zusatzgeräte mit Bordmitteln. Ferner wurde die Funkentstörung der an Bord befindlichen Lüftungsmotoren und Geschützmotoren bis hin zum Rasierapparat meist bordintern durchgeführt. Auf den Langwellenverkehrskreisen konnten die 50-80 teilnehmenden Stationen im Raum Pillau/Borkum/Skagen danach alle die Sammelanrufe empfangen und ohne Verzug Rückmeldung erstatten. Der damalige Flottenchef, Admiral Gladisch, fasste in der Schlussbesprechung die gewonnenen Erfahrungen in scherzhafter Übertreibung dann auch folgendermaßen zusammen:

"Unser wichtigstes Instrument der Befehlserteilung und Meldung, der Funkdienst, war, erneut gekennzeichnet durch die außergewöhnliche Hingabe der Funker an ihren Dienst, insbesondere bei den kleineren Einheiten, auch bei schwerstem Wetter. Der Wirkungsgrad aber, meine Herren Befehlshaber, Kommandanten und Flottillenchefs, läßt mich den Satz prägen: Greifen wir zur Flaschenpost und wir sind schneller und sicherer bedient."

Den mit der Funktechnik betrauten jüngeren Seeoffizieren war das neue Medium ebenfalls noch nicht sehr vertraut. Aus Unkenntnis und Unsicherheit überließen sie die Leitung der Funkmannschaft und den Funkverkehr an Bord völlig ihren erfahrenen Oberfunkmeistern und Mannschaften. Dadurch fehlte aber die wichtige Verbindung zwischen der technischen Nutzung der Anlagen und ihrer vorteilhaften Anwendung in der operativen und taktischen Führung im Gefecht. Hinzu kam die Auswahl des Personals.

Von 75.000 Bewerbern eines Jahres für den Dienst in der Reichsmarine wurden nur 2.000 ausgewählt und davon 150 der Funklaufbahn zugeteilt. Die Anzahl der unterrichteten Funkanlagen schwankte zwischen 15-20, allein bei den Empfängern gab es aber 25 verschiedene Typen mit weiteren 18 Sonderausfertigungen. Die Ausbildung erforderte umfassende Kenntnisse im technischen und praktischen Bereich, sodass von den ausgewählten Lehrgangsteilnehmern mit einer hohen Qualifikation trotzdem 30% die Lehrgänge nicht bestanden. Es entstand mit dem selektierten Nachrichtenpersonal in der Marine auch ein eigener intellektueller Kreis mit entsprechendem Bewusstsein. In gewissem Sinne ähnliche Umstände zu Kaiser's Zeiten in der Funktechnik, wie bei der Verbreitung der Computer in der Informationstechnik heute.

Die Qualität der Anlagen war aber den hohen Anschaffungskosten angemessen. Vor allem die ab 1932 produzierten Geräte waren durch die militärtechnischen Forderungen der Reichsmarine in jeder Hinsicht hervorragende, aber eben auch extrem teure Ausführungen. Im Vergleich mit konventionellen Anlagen kosteten die Produkte von Telefunken etwa das 7- bis 10-fache. Dies gilt auch für die heute nach den militärischen Forderungen (Military Specification, MilSpec) produzierten Geräte. Durch die immensen Gelder für die Rüstung gab es in der Röhrenentwicklung für die Sende- und Empfangsanlagen auch entsprechend große Fortschritte.

Bis 1935 wurden viele Geräte der Reichsmarine aufgrund ihrer fortgeschrittenen Entwicklung im Heer und der Luftwaffe übernommen. Sehr bald gab es nun aber Eigenentwicklungen der jeweiligen Streitkräfte, was die gleiche abträgliche Wirkung hatte, wie bereits in der Röhrenentwicklung. Die weiteren Merkmale der Wehrmachtsanlagen lagen in einer geringeren Verlustleistung, einer einheitlichen Konstruktion in Baugruppen mit Einbau in Rahmengestellen, einem geringeren Gewicht und der möglichen Fernbedienung über Einheitsbediengeräte (EBG). Die Röhrentechnik ermöglichte den Bau von weit reichenden und in der Frequenz sehr genaueren Funkanlagen.

Die Seeluftstreitkräfte existierten nach 1918 in der Weimarer Republik nicht mehr. Ab dem 1. Dezember 1933 gab es zwei Staffeln und eine Seefliegerschule, aber durch Görings machtvolle Position bei Hitler gab es bis zum Kriegsausbruch nur einen Gesamtbestand von 154 Seeflugzeugen, die im Befehlsbereich der Kriegsmarine verblieben. Bis Kriegsende kamen lediglich 1.180 Neubauten (916 Verluste) für die Marineführung hinzu (im 1. Weltkrieg waren es im Vergleich dazu 2.500 Neubauten!). Die Marineflieger sollten erst 1956 wieder in der Flotte ihre maritimen Aufgaben finden, im Deutschen Reich waren sie bis auf ein paar exotische Ausnahmen nicht existent, was viele Verluste durch mangelnde Kooperation verursachte. Im Jahre 2005 (ff) machte die Deutsche Marine aus finanziellen Gründen hier einen Rückschritt, indem sie gezwungener Massen Aufgaben, Material und Personal an die Luftwaffe abgeben musste. Lernen wir aus der Geschichte?

Die Reichsmarine erhielt 1927 eine moderne Küstenfunkstelle in der alten Festung in Friedrichsort bei Kiel und eine dazugehörige Empfangsstation in Holtenau. In der Kriegsmarine wurde ab 1936 die Trennung der Sende- und Empfangsräume bei allen größeren Einheiten (Panzerschiffen, Linienschiffen und Kreuzern) durchgeführt, um gegenseitige Störungen zu verhindern. Jeder dieser Schiffstypen hatte mehrere Lang- und Kurzwellensender mit 800 Watt Leistung und die Anzahl der Funkanlagen richtete sich dabei nach der Verwendung der Schiffe.

Die Schlachtschiffe oder Kreuzer wurden mit drei Funkräumen (A, B, C) mit insgesamt über 20 Empfängern und etwa 15 Sendern gebaut. Diese waren untereinander wie auch zur Brücke durch Rohrpost, Fernsprecheinrichtungen und Hellschreiber verbunden. Hinzu kamen natürlich die Befehlsübermittlungsanlagen (BÜ). Neben der Hauptfunkanlage war eine zweite KW-Anlage mit 100 Watt, auf Panzer- und Linienschiffen zusätzlich noch eine Reservefunkstelle eingerichtet, die auch die Empfangsgeräte für die eingeschifften B-Dienst-Gruppen (Beobachtungsdienst) aufnehmen sollte. Für Landungstruppen oder Prisenkommando dienten zwei KW-Geräte mit 2 Watt Leistung in Tornisterbauform. Ein neues Gerät mit 20 Watt war in Entwicklung.

Bei den Torpedobooten gab es 400-Watt-LW-Sender (alte Boote 200 Watt) und 200-Watt-KW-Sender, die infolge des begrenzten Raumes in einem Funkraum untergebracht wurden. Die Minenleger hatten gleichfalls 200-Watt-LW-Sender, die Führerboote zusätzlich einen älteren 70-Watt-KW-Sender.

Kleinboote (Schnellboote und Räumboote) waren mit 40/70-Watt-KW/LW-Anlagen für Senden und Empfang ausgerüstet. Die Ausrüstung der übrigen Fahrzeuge war ähnlich wie bei den Torpedo- oder Minenlegern. Funkpeiler befanden sich auf jedem größeren Schiff, moderneren Torpedobooten und den Führerbooten der älteren Flottillen sowie an Land bei jeder Marinefunkstelle.

Durch die Röhrentechnik waren Nachrichtenverbindung und Reichweiten möglich, die im 2. Weltkrieg für das Heer, die Luftwaffe, speziell aber für die Schiffe der Marine von enormer Bedeutung waren. Die zivilen Entwicklungen des Rundfunks brachten die Nachrichtenübermittlung zu den Schiffen und U-Booten des 2. Weltkrieges. Der Richtfunk ermöglichte nach dem schnellen mobilen Verbindungsaufbau die Nachrichtenübermittlung vom Nordkap bis zur afrikanischen Küste, von der französischen Atlantikküste bis vor Moskau.

Luftschiffe und Flugzeuge profitierten von der neuen Röhrentechnik. 1913 war von Lorenz eine Sende- und Empfangsanlage für die Militärfliegerabteilung in Döberitz entwickelt und gefertigt worden, die 90 km Reichweite erzielte. Jetzt wurden die Geräte immer kleiner und zuverlässiger. Im Jahre 1919 wurde der eine 20-W-Röhrenstation (evtl. die ARS-30a) mit Telefoniezusatz an Bord von LZ-120 am Bodensee erfolgreich erprobt. Das Luftschiff LZ-126 (ZR-III) ging im Sommer 1924 mit dem Empfänger E-266 (94-334 kHz) als Reparationsleistung in die USA.

Das Luftschiff GRAF ZEPPELIN wurde im Jahre 1928 mit der Peilanlage Spez.-146-N, dem 140-W-LW-Sender Spez.-88 (100-520 kHz), dem 70-W-LW-Sender S-284-F (Flugzeugstation Spez.-205-F), zwei LW-Empfänger E-365-S (13-100 kHz), dem E-364-S (75-750 kHz) und dem KW-Empfänger Spez.-98-Gr. (3,75-27,5 MHz) ausgerüstet. Die Geräte kamen alle von Telefunken, bis auf einen nicht näher beschriebenen und mit der DVL gemeinsam entwickelten 2-W-KW-Sender mit 5-25 MHz. Eine verbesserte Funkausrüstung kam 1929/30 auf LZ-126 zum Einsatz, von den Geräten ist jedoch nur der E-362-S identifiziert geworden. Das LZ-129 bzw. die HINDENBURG erhielt 1936 einen 200-W-LW-Sender S-354-F (111-525 kHz), einen 200-W-KW-Sender S-355-F (4,3-17 MHz) und zwei Allwellen-Empfänger E-381-H sowie eine Spezialpeilanlage.

1922 reichten die großen Firmen Telefunken und Lorenz sowie die Firma von Dr. Erich F. Huth Entwicklungen von 200-Watt-Röhren-Sendern bei Reichswehr und Polizei ein, die auch schnell zur Anwendung kamen. Der erste 70-W-Grenzwellen-Sender für Telefonie kam mit dem Spez.-215-S im Jahre 1928 von Telefunken und der KW-Empfänger E-362-S (Spez. 98-Gr, 2-30 MHz). Neben dem Frequenzbereich 1,5-3,15 MHz konnte auch die Seenotwelle 500 kHz betrieben werden. Von der DEBEG kam eine neue 150-W-Seenot-Sende/Empfangsstation Rb-St-1999, die alten 20-W-LW-Lotsen-Sender wurden hingegen durch moderne Tf-15-A.E (188-1.000 kHz) von Lorenz ersetzt, wie sie auch das Heer und die Polizei einsetzte. 1929 folgte bei der DEBEG mit dem S-290-S von Telefunken ein verstärkter "Orinoco"-Sender mit 3 kW Leistung und die MW-Sender MRS-I bis MRS-IV mit 375-500 kHz. Die Versionen III und IV hatten zusätzlich 1,72 MHz, Version I und III hatten 100 Watt, II und IV jeweils 200 Watt Leistung. Ferner wurde der kombinierte 200-W-MW/GW-Sender SR-02-729 von Lorenz mit ursprünglich 470-510 und 1.420-2.000, später 333-2.000 kHz eingebaut. Ein entsprechender 200-W-KW-Sender war der SRKQ-529 mit 2,86-7,5 MHz oder in Ausführung mit 5-20 MHz. In diesem Jahr kamen von Telefunken die Bord-Empfänger E-363-S (Spez. 283-S, 220-2.500 kHz), E-364 (Spez. 284-S, 75-750 kHz) und E-365 (Spez. 285-S, 12-100 kHz). Im Jahr darauf folgte der ES-366, ES-367 und ES-368.

Ab 1930 lieferte die Firma Lorenz eine Reihe einfacher Empfänger wie den EK-Sch-130 oder 630 mit Frequenz-bereichen von etwa 2,9-6,6 MHz (0,94-30 MHz) bzw. E-05855 (Batterie-Lore) mit 140-3.523 kHz. Trotz der schlechten wirtschaftlichen Lage brachten die folgenden Jahre weitere Fortschritte im Schiffsfunk mit Empfängern wie z.B. dem Spez.-923-S (1,5-7,5 MHz), dem Spez.-924-S (150-750 kHz), dem E-399-Rö und E-437-S oder den Sendern S-318-H (Spez.-691, 1,5-3,33 MHz) und dem S-317-H (377-3.000 kHz).

Von Telefunken kam der 200-W-LW-Sender S-356-S (326-513 kHz) oder auch Empfänger wie der E-437-S (Spez.-847-S, 1,5-25 MHz), E-390-Gr (1,5-24 MHz) sowie von Lorenz die entsprechenden Geräte wie z.B. S-417-H (Lo-200KL-37, 316-517 kHz und 1,5-4,3 MHz) oder S-51994/I (Lo-1200-FK-39, 3,0-16,7 MHz), die sich meist auch im Militär wiederfanden.

Im Jahre 1940 wurden dann die Gerätelager der DEBEG von der Kriegsmarine beschlagnahmt und das Material in der Truppe verteilt. Die Firmen in der Nachrichtentechnik produzierten nun ausschließlich für den Kriegsbedarf. Die unterschiedlichen Geräte und ihre Verwendungen verzweigten sich ab den 30er Jahren durch die forcierte Weiterentwicklung und Forschung und es entstanden die nachrichtentechnischen Kennblätter der Luftwaffen-, Heeres- und Marinegeräte, von denen viele im und nach dem Krieg verloren gingen. Oft können diese heute als einzige noch Hinweise auf Produktion und Einführung von Funkanlagen geben.

Für Erforschung und Beurteilung der deutschen Technologien gab es in England und den USA eigene Dienststellen und Agenturen. In Dayton/Ohio war auf dem Wright Field zur Analyse und Auswertung die Abteilung T-2, in Red Bank/New York, lag das Camp Coles und das Watson Laboratorium mit weiteren Laboratorien in Fort Monmouth und Camp Evans. In Baltimore/Maryland lag das Camp Holabird und in Aberdeen/Maryland der Aberdeen Proving Ground, in Anacostia waren eine Nachrichtendivision und eine Einheit der US-Marine. Fort Belvoir in Virginia beherbergte ferner ein Ingenieurkorps. Auch bei den US-Streitkräften gab es aber Schwierigkeiten mit dem teilstreitkraftgemeinsamen Funkverkehr, was sich auch in Europa an den ersten Invasionstagen zeigte. Die US Luftwaffe nahm dabei auch eigene Truppenverbände unter Beschuss und dezimierte so eine polnische Division trotz deren Leuchtsignalen und dem Versuch zum Aufbau eines Sprechfunkverkehrs. Der US-Sprechfunk war sehr undiszipliniert und gab der deutschen Funkaufklärung sehr nützliche Informationen. Doch ließ die absolute alliierte Luftüberlegenheit nur selten Möglichkeit, um einen operativen Nutzen daraus erzielen zu können.

Den deutschen Gussteilen und Einschüben wurde in der Qualität eine hohe Präzision bescheinigt und das modulare System erwies sich trotz verschiedenster Hersteller als völlig austauschbar. Einmal eingeführte Gehäuseformen konnten allerdings nur schwer an die Fortentwicklungen der Geräte angepasst werden. Bei

Tropenfesten Anlagen gab es nur sehr gute oder sehr schlechte Produkte. Die deutschen Kondensatoren waren in Abmessung, Qualität und dem Dielektrikum den alliierten Produkten überlegen, wie auch die Quarze oder Drehkondensatoren. Der deutsche Vorsprung wurde aber durch die späteren Entwicklungsanstrengungen der alliierten Produkte egalisiert.

Im Zuge des Aufbaus der Wehrmacht wurden die Organisationen der Fernmeldetruppen in den Streitkräften den Inspekteuren unterstellt. Der General Karl Fellgiebel wurde am 1. Oktober 1934 Inspekteur der Nachrichtentruppe des Heeres und 1937 Inspekteur der Nachrichtenverbindungen der Wehrmacht. Nach dem 20 Juli 1944 wurde er als Widerstandskämpfer in Verbindung mit dem Attentat gegen Hitler hingerichtet.

Mit Einrichtung einer eigenen Heeresnachrichtenschule verfügte das Heer ab 1935 über eine moderne Ausbildungseinrichtung für die Offiziere und das technische Personal. Mit der allgemeinen Aufrüstung verzehnfachte sich die Nachrichtentruppe zwischen 1934 und 1939, es bestanden dann 69 Nachrichtenabteilungen und 33 Sonderkompanien.

Unter General Wolfgang Martini wurde die Fernmeldetruppe der Luftwaffe von rund 300 aktiven Offizieren auf einen Personalbestand von insgesamt 350.000 aufgestockt, von denen 10.000 Offiziere und 100.000 Frauen waren. Im Herbst 1940 ordnete Hermann Göring die Verdopplung der Luftnachrichtentruppe an. Inspekteur des Nachrichtenwesens in der Marine war von November 1938 bis April 1941 der Admiral Guse. Die Zahlen der Lehrgangsteilnehmer stiegen allein bei den Offizieren In der Marine zwischen 1932 bis 1937 um den Faktor 13 mit allen Konsequenzen für den militärischen Unterbau. Erschwerend für eine einheitliche Ausbildung waren schon damals die sehr unterschiedlichen Typen von Funkanlagen der Teilstreitkräfte. Alle tragbaren Geräte hatten zwar Röhren mit direkter Heizung, aber es gab unterschiedliche Heizspannungen und unterschiedliche Stromversorgungen.

Für die Oberspannung sorgten Anodenbatterien mit vielen Zink-Kohle-Elementen. Der den Sauerstoff speichernde Braunstein war ein Rohstoff mit Lieferengpässen und die im Kriege gefertigten deutschen Primärelemente mussten mit einem Ersatz unter Ausnutzung des Sauerstoffes in der Luft konstruiert werden. Sie waren dadurch von geringerer Standfestigkeit, als die herkömmlichen Konstruktionen mit Braunstein-Technik. Sie waren schnell verbraucht und Mangelware. Als Ersatz wurden mechanische Wechselrichter (Zerhacker) gebaut. Mit ihnen konnte die benötigte Anodenspannung aus der Heizbatterie bereitgestellt werden. Leider hatten die Zerhackerpatronen nur eine begrenzte Lebensdauer, weil sich die stark belasteten Kontakte schnell abnutzten und dann Störimpulse produzierten. Solche Spannungswandler waren zwar nur für kleine Leistungen verwendbar, sie gewährleisteten aber trotzdem den Betrieb vieler Kleinfunkgeräte, die vom Nachschub der geladenen Sammler abhängig waren, zumal die kleinen Sender (5/15 Watt-Trupp) durch einen Tretsatz-Generator mit den erforderlichen Heiz- und Anodenspannungen versorgt werden konnten.

Bei allen Fahrzeug- und Flugzeugstationen wurden die Heizleistungen aus der Bordbatterie entnommen und die Oberspannungen mit kleinen Einanker-Umformern erzeugt. Die Fahrzeuganlagen konnten zur Pufferung bei Standzeiten und zum Schnellaufladen der Fahrzeugbatterie den Kleinmaschinensatz GG400 benutzen. Bei sehr großen und leistungsstarken Sendern war nur Netzbetrieb möglich, der auch bei allen anderen Geräten so weit möglich vorgezogen wurde. Gab es keinen Strom aus dem Netz, wurde der tragbare Maschinensatz "c" verwendet, der kleinere bis mittlere Sendeanlagen versorgten konnte, der allerdings nur selten auf einem Einachsanhänger mitgeführt wurde. Starke Sender benutzten deshalb das Motoraggregat "a", welches immer auf einachsigen Fahrzeuganhängern montiert war.

Zwar hatten Funkwagen der mittleren Größe auch ein Stromaggregat vom Typ "c", aber kaum eines davon war auf einem Anhänger montiert. Weil vor allem die ältere Bauart nur unzureichend funkentstört war, musste der Anhänger außerdem immer 20 bis 30 m entfernt gestellt werden. Nur bei Kleintrupps konnte ein Fahrzeugsender auch von der verstärkten Fahrzeugbatterie während der Fahrt betrieben werden.

Ausbildung der Telegrafisten in Heer und Luftwaffe

Die möglichst perfekte Beherrschung der Morsezeichen stand bis lange nach dem 2. Weltkrieg noch im Mittelpunkt der Funkerausbildung. Da die Fähigkeiten der Funker immer recht unterschiedlich waren, endete die Grundausbildung der Wehrmacht mit der sicheren Beherrschung von Tempo 60 (60 Zeichen pro Minute). Die noch schnellere und sichere Beherrschung wurde dann auf den Nachrichtenschulen vermittelt und voll ausgebildete Funker waren deshalb sehr gesucht. Ein ziviles Reservoir an erfahrenen Telegrafisten gab es kaum. Nur auf einen Funksektor konnte die Wehrmacht voll aufbauen und das waren die existierenden Navigationsnetze für die zivile See- und Luftfahrt, die bis zum Kriegsbeginn von Kriegsmarine und Luftwaffe mitbenutzt wurden.

Seit den zwanziger Jahren gab es auch in Deutschland Funkamateure, die sich den Tastfunk selbst beigebracht hatten und die auch große technische Fähigkeiten entwickelten. In einem Land mit überdurchschnittlich guter Schulausbildung und hohem Technikstandard hätte dies eine gute Basis sein können, wäre sie gefördert und nicht unterdrückt worden. Die Zahl der Amateure mit eigenem Sende- und Empfangsgerät blieb von 1920 bis Kriegsende gering, was Militär und Reichspost mit der restriktiven Behinderung des Amateurfunks zu verantworten hatten. Die Reichspost behauptete immer wieder, dass sie einen ausufernden Sendebetrieb der Amateurfunker nicht ausreichend überwachen könne.

Resultierend daraus gab es kurioser Weise 1939 im landwirtschaftlich geprägten Ungarn mehr Sendelizenzen, als im industriellen Deutschen Reich. Die Versuche von einsichtigen Militärfachleuten den Amateurfunk zu fördern und diesen durch die Wehrfunkgruppen in der Wehrmacht zu etablieren, wurden 1937 endgültig eingestellt, lediglich die Organisationen des Wehrfunks existierten weiter.

Der "Deutsche Amateur-Sende- und Empfangsdienst e.V." (DASD), die Organisation der deutschen Amateurfunker, schien fast unerwünscht zu sein und hat bis Ende 1945 keine wesentliche Rolle bei der vormilitärischen Funkausbildung gespielt. Nur der militärische Geheimdienst (OKW-Abwehr) rekrutierte seine besten Funker aus den Reihen dieser Funkamateure. Aber nicht nur als Funker waren die Fachleute bewandert, in der Beherrschung der angewandten Elektronik waren sie teilweise den ausgebildeten Technikern gleichrangig, manchmal gar überlegen. Erst ab 1943 erkannten die Verantwortlichen in Forschung und Industrie, was versäumt wurde. Mit einer systematischen Funkausbildung begann die HJ erst ab 1941. Aber auch hier mussten ältere Postbeamte oder die Soldaten der Garnisonen die Ausbildung leiten. Tempo 60 wurde angestrebt, Prüfungen abgehalten und ein Funkzeugnis ausgegeben. Immerhin war ab etwa 1942 sichergestellt, dass die Inhaber der Funkzeugnisse (Freiwillige oder Gezogene) tatsächlich bei einer der Nachrichtentruppen landeten und nicht direkt im Grabenkampf aufgerieben wurden.

Die Grundausbildung der Heeres- und Luftwaffenfunker fand in den Nachrichten-Ersatz-Abteilungen der Wehrmachtsteile statt. Sie waren auch für den Nachschub an Fernmeldepersonal und Geräten für die Truppe zuständig. Für die Ausbildung von einfachen Truppenfunkern und Fernsprechern wurde der Ausbildungsstandard der Ersatzabteilungen als ausreichend angesehen.

Erst mit dem Aufbau der Wehrmacht konnten Nachrichtenschulen für die drei Wehrmachtsteile eingerichtet sowie Lehr- und Versuchseinheiten aufgestellt werden. Heer und Luftwaffe bauten sich 1935 eine gemeinsame Nachrichtenschule (NS) in Halle/Saale auf. Da in der Bundeswehr der Trend gerade mit der Streitkräftebasis in dieselbe Richtung geht, sollten uns die Lehren aus der Geschichte hier mit gründlicher Überlegung an eine konservative Zusammenfassung der Ausbildungseinrichtungen heranführen. Die einzelnen Spezialgebiete im Heer, der Luftwaffe und der Marine erfordern ein gutes Augenmaß und Verständnis der Materie, damit die Rechnung nicht durch den Soldaten an einer Front eingelöst werden muss. Gerade auf Grund der doch sehr unterschiedlichen Aufgabenstellung wurde die gemeinsame Ausbildung in Deutschland 1936 im Aufbau einer operativ offensiv eingestellten nationalen Streitkraft nämlich wieder den einzelnen Teilstreitkräften untergeordnet.

Eigne Ausbildungseinrichtungen waren dem Funkpersonal vorbehalten, die Heeres-Nachrichten-Schule (HNS) war dabei gleichzeitig Nachrichten-Lehr- und Versuchsabteilung. In der Luftnachrichtenschule Halle/Saale war hingegen auch die Luftkriegsschule 13 integriert worden, welche die Nachrichten-Offiziere der Luftwaffe ausbildete. Die Schulen waren jedoch bald alle völlig überlastet und die Qualität der Ausbildung sank. Die Heeres-Nachrichten-Schule richtete deshalb eine zweite Heeres-Nachrichten-Schule in Glatz (Neisse) ein, später eine zusätzliche für Heeres-Nachrichten-Schule für die Heeres-Nachrichten-Helferinnen. Dem Heer reichten diese zwei Nachrichten-Schulen zunächst, da nur ausgewählte Heeresfunker die HNS durchliefen. Viele andere Funker erhielten ihre Ausbildung in der Grundausbildung und folgend in ihren Abteilungen. Dies war einer der Gründe, weshalb die Ausbildung der Marinefunker im Vergleich besser und sogar ausgezeichnet war.

Die Luftnachrichtentruppe hatte ein sehr breit gefächertes Aufgabengebiet und war wie die Marine auf sehr qualifiziertes Personal angewiesen. Auch für dieses Personal fand die Grundausbildung in den Luftnachrichten-Ersatz-Abteilungen der Luftgaue statt. In Halle wurden zwar erste Bordfunker ausgebildet, aber aufgrund des großen Bedarfs war es bald nicht mehr möglich. Die Luftnachrichtenabteilungen richteten nach und nach gleich acht weitere Luftnachrichten-Schulen (LNS) ein, was einem einheitlichen Ausbildungsstand jedoch ebenfalls abträglich war.

Die LNS-1 in Nordhausen sorgte für die Funkmessausbildung und auf dem Fliegerhorst wurde eine Bordfunker-Ausbildungsabteilung eingerichtet. Weitere Bordfunker wurden bei der LNS-2 in Königgrätz, der LNS-3 in Pocking und der LNS-6 in Divenow (Seeflieger) ausgebildet. Die weiteren waren die LNS-4 in Lyon (Frankreich), die LNS-5 in Erfurt, die LNS-7 in Dresden-Klotsche und die LNS-8 in Detmold. Für die Ausbildung der Luftnachrichten-Helferinnen kam noch eine LNS in Bernau hinzu. Ab Herbst 1942 verlagerte sich ein Teil der Luftnachrichten-Grundausbildung nach Frankreich. Dort entstand eine Luftnachrichten-Ausbildungsdivision (bei Lyon) mit vier Luftnachrichten-Ausbildungsregimentern, die gleichzeitig als Besatzungstruppe fungierte. Die Ausbildungsgänge jetzt noch mit den neun anderen LNS zu koordinieren war nahezu unmöglich. Für die Ausbildung von Funkern hatte sich in der Wehrmacht glücklicherweise ein gewisser Standard herausgebildet, der anfangs auch noch eine Weiterbildung enthielt, für die es in der Kriegszeit dann aber kaum noch Gelegenheiten gab. Die ersten acht Wochen der Funker unterschieden sich kaum von der Ausbildung anderer Rekruten und waren ausgefüllt mit Formaldienst und dem Umgang mit den Handwaffen.

Diese folgende Beschreibung bezieht sich auf eine Luftnachrichten-Funk-Ausbildungsabteilung (I/305) im besetzten Frankreich. Diese Ausbildung war jedoch typisch, denn alle Rekruten der Einheit waren freiwillige Bordfunker-Anwärter und ein Zug von Luftnachrichten-Reserve-Offiziersbewerbern, die alle bereits bei der HJ auf etwa Tempo 60 geschult worden waren. Es war 1942 der erste Versuch dieser Art und es mussten dabei kaum noch ungeeignete Leute ausgesondert werden. Das Ausbildungsziel war neben der Grund- und Gefechtsausbildung ein sicher beherrschtes Tempo 80. Ein Nachteil war, dass kaum einer dieser Rekruten jemals ein Morsezeichen mit einem KW-Empfänger zu hören bekam, weshalb sie auch "Schönwetter-Funker" genannt wurden.

Die Grundlage der Morseausbildung war wohl bei allen WM-Teilen einheitlich und wurde nach den ähnlichen H/L/M-Dienstvorschriften abgewickelt. Es war das didaktisch gut aufgebaute Konzept des Postingenieurs Groetsch, dass sich schon jahrzehntelang bei der Post- und Polizeiausbildung bewährt hatte. Die Niederschrift der Zeichen wurde vereinheitlicht, damit die Zeichen unverwechselbar waren. Die Fähigkeit, die Morsezeichen mit dem Gehör zu lesen, ist eine intuitive Sache. Musikalität kann eine gute Voraussetzung sein, ist es aber nicht generell eine Vorbedingung. Personen mit einem rhythmischen Gefühl lassen sich viel weniger durch Störungen irritieren, als sensible Musiker. Gute Konzentrationsfähigkeit ist zwar eine gute Voraussetzung, aber selbst Funkamateure, die Telegrafie für die KW-Lizenz beherrschen müssen, scheitern teilweise am Tempo 60, denn nur bis etwa Tempo 80 können noch alle Zeichen deutlich mitgeschrieben werden, dann kommt die kritische Grenze im realen Funkbetrieb. Werden Zeichen noch schneller gegeben, dann ist eine flüssige, zusammenhängende handschriftliche Mitschrift erforderlich, damit auch andere Funker die Niederschrift problemlos lesen können. Bei Tempo 140 beginnt dann das reine Gehörlesen, die Fähigkeit eine ganze Reihe von Morsezeichen ohne sofortige Niederschrift im Kopf zu speichern. Besonders gut wurde das im Navigationsfunkverkehr von Bord- und Peilfunkern beherrscht. Oft wurden dabei Zahlen verkürzt gesendet (die 1 wird zum a). So konnten mehrere Flugzeuge im Anflug schnell hintereinander abgefertigt werden. Mitgeschrieben wurde nur noch was als Meldungsinhalt weitergegeben werden musste.

Viele Funker erreichten das Stadium des reinen Gehörlesens ohne Niederschrift nie, was aber auch am Zeitmangel bei der Ausbildung lag. Begabte Funker haben es sich später selbst erarbeitet. Für das Erlernen von Funkkürzeln und Q-Gruppen hatte sich eine Reihe von Eselsbrücken herausgebildet, die natürlich in keiner Vorschrift zu finden waren. Mit ihnen wurde die Gefahr einer Verwechselung herabgesetzt, so entsprach z.B. "qualvoller Sau-Drücker" dem "QSD" (steht für: "ihre Zeichen sind schlecht").

Die theoretische Funkerausbildung war ebenfalls von unterschiedlicher Qualität, obwohl alle Ausbilder über didaktisch gute Handbücher verfügten. Ein grobes Ausbildungsschema prägte sich ein und es wurde kaum davon abgewichen, vor allem weil die Ausbilder in theoretischen Dingen nicht sicher waren und auch grobe Fehler machten. So behauptete ein Ausbilder: "Die Reichweite des Empfängers "Berta" beträgt etwa 50 km.". Der schüchterne Widerspruch, dass die Empfangsqualität von der einfallenden Signalstärke abhinge, war denn auch nicht diskussionswürdig. Er war aber auch nicht in der Lage, die richtige Nutzung des Tonfilters des Tornister E.b. zu erklären. Sein Kommentar: "Lasst das Ding ruhig ausgeschaltet, es bringt nichts".

Die praktische Ausbildung an Empfängern und Sendern kam meist zu kurz. Zur Simulation von Funkverkehr im Hörsaal hätte eigentlich auch die Zumischung von Störsignalen mittels KW-Empfänger gehört sowie die Übung des Unterbrechens des Funkverkehrs (BK, Break). Doch das waren mehr theoretische Vorgaben. Als es dann endlich mit Tornister E.b und 5-Watt-Sender ins freie Feld ging, war nur der erste Tag echter Verkehr im Nahfeld. Danach musste der Funkverkehr mit der Nachbarabteilung in einer Entfernung von 40 km abgewickelt werden. So mancher Funker erlebte eine böse Überraschung, als er sein Signal aus dem Störnebel erkennen musste. Die Nerven begannen zu flattern und er war dann froh, optional an der Schlüsselmaschine ENIGMA sitzen zu dürfen. Im Endeffekt hat bei dieser Ausbildung jeder Funker nur ein paar Stunden aktiv am Gerät gearbeitet.

Diese Grundausbildung war in etwa 16 Wochen abgeschlossen und für rund 90% der Funker des Lehrgangs erfolgte eine Weiterbildung an einer Luftnachrichtenschule. Dort wurden aus den Rekruten dann noch viele gute Betriebsfunker und auch Bordfunker. Die Rekruten der Luftnachrichten-Abteilungen mussten zwar in Frankreich keine direkten Sicherungsaufgaben übernehmen, aber so mancher Rekrut erhielt dort im Kampf mit der französischen Résistance und mit den britischen SOE-Sabotagetrupps seine erste Feuertaufe. Die an den LNS in Deutschland ausgebildeten Funker bekamen sie bei den Luftangriffen.

Die Funker des Heeres wurden ähnlich ausgebildet und auch hier gab es ab 1942 schon vorgebildete Rekruten. Beim Ausbildungsende wurde ein unsicheres Tempo 60 noch akzeptiert und es reichte dann auch für den einfachen Truppendienst. Nur sehr begabte Funker wurden beim Heer auf einer Heeres-Nachrichten-Schule weitergebildet, hauptsächlich um die Ansprüche der höheren Stäbe zu erfüllen, nur eine bescheidene Zahl der besten Hörer verstärkten die Funkhorchkompanien.

Durch die knappe Dienstzeit von nur 12 Monaten wurde selbst ab 1935 die Ausbildung mit einer gewissen Hektik betrieben, obwohl dort zunächst noch mehr Zeit für die Grundausbildung zur Verfügung stand. Bei den Stammtruppenteilen fand dann eine Weiterbildung durch die Praxis statt. In der Luftnachrichtenschule Halle gab es hingegen richtige Hörsäle und zivile Dozenten. Der Theorieunterricht war dort besser und selbst die Wellenausbreitung wurde gelehrt.

Die auf den Nachrichtenschulen ausgebildeten Funker hatten einen gewissen Nimbus und sie wurden deshalb später bevorzugt auch als Funkstellenleiter eingesetzt. Manche spätere Mängel die sich erst in der Truppenpraxis herausstellten, hatten ihre Ursachen in einer nicht praxisgerechten Ausbildung. Vorbildlich war dagegen die technische Ausbildung der Luftnachrichten-Richtfunk-Trupps, die meist unter schwierigen Bedingungen ihre Richtverbindungen herstellen mussten.

Die Zahl der Funker bei einer Funkstelle war im Einsatz recht unterschiedlich und hing auch vom Verkehrsaufkommen ab. So gelang es denn auch meistens, eine gute Mischung zwischen erfahrenen Funkern und Anfängern bereitzustellen. Problematischer wurde dies allerdings in der zweiten Kriegshälfte bei den neu aufgestellten Einheiten und dies blieb natürlich nicht nur auf die Funker beschränkt blieb.

Um bei natürlichen sowie künstlich erzeugten Störungen die gewünschten Zeichen aus dem Störnebel zu selektieren, ermüdete selbst der erfahrenste Funker rasch, wenn er nicht durch gute technische Selektionsmittel unterstützt wurde. Solch gute Selektion hatten jedoch nur Spitzenempfänger, die dem größten Teil der deutschen Funker leider jedoch nicht zur Verfügung standen. Als es endlich Entstörschaltungen gab, war der Krieg schon fast zu Ende und die Fernmeldetechnik (IT) konnte keinen Einfluss mehr nehmen. Wenn die Bitte um eine Frequenzkorrektur ("QSY") nichts fruchtete, wurden die Zeichengruppen von anderen Funkern wiederholt. Manchmal hatte gab es auch den glücklichen Fall, dass andere Funker noch größere Schwierigkeiten hatten und sich den ganzen Spruch wiederholen ließen. Dann konnte in aller Ruhe die Mitschrift geprüft werden. Die entfernten Abhörstationen der Alliierten haben sich darüber sicherlich ebenso gefreut.

Nachts kamen Raumwellen durch, die starke Signale aus dem Fernfeld und auch Nahfeldsignale unterdrücken konnten. Die ersten einsamen Nachtdienste als Funker wurden dann manchmal zum Albtraum, bis gelernt wurde bei "QRM" dem einfachen 800Hz-Siebfilter des TEb einen ordentlichen Gebrauchswert abzuringen.

Das Ohr selektiert recht unterschiedlich und ein niederfrequenteres Nutzsignal war besser von einem höherfrequentem Störsignal zu unterscheiden. Ein Trick, den alte Funkhasen intuitiv erkannten und nutzten, leider aber nicht immer an unerfahrene Funker weitergaben, weil sie das oft für eine persönliche Eigenheit hielten. In der Ausbildung wurde diese Erkenntnis durch die wenigen praktischen Übungen ebenso versäumt.

Die Geräteausstattung der Land-Funkstellen war sehr unterschiedlich, aber den Bereich von 1,5 bis 3 MHz hatten alle KW-Geräte. So waren Freund und Feind im Äther der Funkwellen immer eng beieinander und störten sich auch teilweise unbewusst. Aber auch zwischen 3-6 MHz gab es Engpässe und nur wenige Funklinien wichen auf weniger genutzte höhere Frequenzen aus. Eine bewusste Störung des Gegners war eher die Ausnahme, weil es auch eigene Einheiten stören konnte. Funkstörung wurde meist gezielt auf beiden Seiten eingesetzt, um abgeschnittenen Kampfgruppen des Gegners die Luftversorgung zu erschweren. Gelegentlich wurde das absichtliche Stören sogar verboten, vermutlich weil die eigene Aufklärung durch Horchfunker behindert wurde.

Die Trennschärfe des Standard-Empfängers "Berta" war eigentlich nicht mehr auf dem Stand der Technik. Das Ohr des Funkers musste die Selektierung übernehmen, was schnell zu Ermüdungserscheinungen führte. Immerhin hatte er einen guten Tonfilter, mit dem das Nutzsignal gegenüber Störsignalen herausgehoben werden konnte. Aber nicht jeder Funker kam damit zurecht, weil es nicht genug geübt worden war. Die Eichung des "Berta" war grob und ungenau, aber die Gegenstelle konnte nach einem Frequenzwechsel doch meist schnell genug wiedergefunden werden.

Durch unterschiedliche Qualifikation und Ausbildungsvoraussetzungen, war die Qualität der Funker aller Wehrmachtsteile sehr unterschiedlich. Den höchsten Standard hatten eindeutig die Bord- und Peilfunker der Luftwaffe und Marine. Dort wurde ein sehr schneller QSK-Funk für die Navigation abgewickelt und die taktischen Sprüche und Wettermeldungen wurden mit einer Signaltafel (Auka-Tafeln) verschlüsselt.

Die Kriegsmarine legte großen Wert auf ein Einheitstempo von etwa 70 WpM, aber auch dort hielten sich die Funker nicht immer daran und funkten langsamer oder schneller. Manche Kriegsschiffe operierten auf allen Weltmeeren und ihre Funker hatten oft große Schwierigkeiten im Verkehr mit der Heimat, weil die Ausbreitungsbedingungen in den Kriegsjahren durch die Sonnenfleckenzahl nicht sonderlich optimal waren.

Schon an der erbeuteten Technik und dem Funkverkehr war es für Freund und Feind erkennbar, ob es die Ausrüstung der höheren Stäbe oder einfacher Truppen war. Ein besonderes Merkmal war dafür der BK-Verkehr ("QSK" = "Ich höre sie zwischen meinen Zeichen"). Das bedeutete dann, dass der sendende Funker per "BK" unterbrochen und schnell eine Gruppen-Wiederholung angefordert wurde. Ohne diese Möglichkeit musste bis zum Ende des Spruchs gewartet und dann die gewünschte Wiederholung genau bezeichnet werden. Bei den räumlich abgesetzten Sendern war die Unterbrechung des Funkverkehrs kein Problem, ebenso wenig bei den Tastrelais der Schiffe und Flugzeuge. Musste die Antenne aber noch manuell umgeschaltet werden, wurde es schwieriger. Die erfahrenen Funker bauten sich deshalb gerne eine getrennte Empfangsantenne auf. Bei Funkwagen am Straßenrand war dies jedoch nur im Nahfeldbereich möglich. Mancher Funker der Festfunkstellen geriet deshalb in Verlegenheit, wenn einfach ein "QSK" nachgefragt wurde.

Ausfälle von Funkgeräten durch defekte Bauelemente waren weniger der Fall, weil die Anlagen meist überdimensioniert waren. Aber die Glaskolben der Röhren waren natürlich empfindlich gegen Stöße und Erschütterungen. Für den Röhrenwechsel war es gestattet, alle rot umränderten Schrauben zu lösen, also auch Gehäuse und Bausteine zu öffnen. Als technische Instanz hatte jede Funkkompanie einen Funkmeister, doch kaum einer von ihnen hatte im Heer eine ordentliche technische Ausbildung erhalten oder war gar beruflich auf diesem Gebiet vorgebildet. Doch durch die tägliche Praxis wurde je nach persönlicher Begabung das Können der Funker besser, das militärische Soll wurde weit gehend erfüllt. Der deutsche Funk-Standard war demnach im Schnitt weder besser noch schlechter, als auf der Gegenseite. Obwohl der Anteil der Funkamateure bei den Royal- und US-Signal-Korps größer und die Ausbildungszeiten länger waren, war der Telegrafie-Verkehr dort deshalb generell nicht besser.

Die zuverlässigsten Funker waren die erfahrenen Gefreiten und Obergefreiten, denn die hatten meist schon einige Zeit Erfahrung am Gerät hinter sich. Bei großen Funkstellen konnten Funker schneller zum Schichtführer, zum Unteroffizier und zum Feldwebel aufsteigen. Bei den Bordfunkern gab es kaum Funker im Mannschaftsstand, was deutlich macht, dass deren Ausbildung lang und sorgfältiger war.

Eine Sonderstellung nahmen die Funker bei den Horchstellen der Wehrmacht ein. In den Nachrichtenschulen sorgfältig ausgebildet, waren sie die Spezialisten, den für die Funkaufklärung an der Ostfront mussten auch die russischen Morsezeichen und die Sprache gut beherrscht werden. Die Horchstellenleiter waren professionelle Fachleute, deren Urteil auch in der Führung mehr Gewicht hatte.

Grundlage der Qualität und Schnelligkeit des Funkverkehrs in der Wehrmacht und allen anderen Streitkräften war aber die Technik der Morsetaste. Die unförmigen Messing-Klopfertasten der Telegrafendienste waren zwar recht exakt, aber für schnellen Funkverkehr kaum geeignet. Für den zivilen Einsatz in Flugzeugen und Schiffen wurde die bekannte Junker-Taste mit geschlossenem Deckel entwickelt. Nach seiner Laufbahn als Funken-Telegrafist in der Kaiserlichen Marine eröffnete Joseph Junker in Berlin 1926 seine Funktechnischen Werkstätten, in der er u.a. Bananenstecker, Röhrensender und Empfänger und Prüfgeräte für die Funkanlagen in den U-Booten herstellte. Auf seine Junker-Taste erhielt er am 11. November 1931 das deutsche Reichspatent Nr. 613.176. Die Präzision und Bequemlichkeit machte sie in Bundeswehr und NATO noch zur am meisten verwendeten Morsetaste. Aus dieser Junker-Taste entstand dann auch die Standard-Morsetaste der Wehrmacht mit Kunststoffdeckel, Metallgrundplatte und rutschfester Kautschukunterseite. Mit beiden Tasten ließ sich auch ein höheres Tempo einfacher geben. Für den Fronteinsatz gab es noch eine kleine Taste, die mit einem Federbügel auf dem Oberschenkel befestigt werden konnte, aber nur für geringes Tempo zu verwenden war. Ein Bakelit-Deckel wurde erforderlich, wenn hohe Gleichspannungen getastet wurden.

Halbautomatische Tasten (Bug, Wanze) stammten aus der zivilen Praxis des Amateurfunks. Das US-Signalkorps ließ ihren Gebrauch zu, während die Wehrmacht ihre Benutzung streng verboten hatte. Natürlich brachten besonders Peilfunker die Tasten dann mit oder bauten sie selber. Bei dieser Bauart steht der Tasthebel senkrecht und gegeben wird mit der waagrechten Bewegung von Daumen und Zeigefinger. Nach rechts gedrückt, erzeugt ein Federstreifen eine exakte Reihe mit Punkten mit einstellbarem Tempo. Mit Linksdruck müssen die Striche manuell gegeben werden. Dies war sehr viel schneller und weniger anstrengend, weil deutlich weniger Handbewegungen erforderlich waren.

Auch erste selbst konstruierte elektronische Wabbler (mit einer Röhre und einem Telegrafenrelais) gab es in der Wehrmacht bei denen auch die Striche automatisch erzeugt wurden. Damit war ein stundenlanges, ermüdungsfreies Geben mit hohem Tempo möglich, während der Empfänger wiederum durch das hohe Tempo sehr gefordert wurde. Die schnelle Kommunikation mit Morsezeichen wurde dann auch "Das Sprechen mit den Fingern" genannt.

Einen Weltrekord im Geben mit der einer herkömmlichen Taste stellte 1942 der Funker der US-Armee, Harry Turner, mit Tempo 175 auf. Den Rekord im Hör-Lesen hielt Jahrzehntelang, der Amerikaner McElroy mit 365 WpM. Er speicherte den Text in seinem Gedächtnis ab und schrieb ihn dann mit der Schreibmaschine nieder. Bei internationalen Funker-Wettbewerben konnten die einzelnen Funker sogar noch schneller aufnehmen, indem sie die Zeichen in einer Art von persönlicher Kurzschrift aufschrieben und dadurch teilweise mehr als 7 Zeichen pro Sekunde (400 WpM!) Erkennen konnten. Da der Morsefunk fast nur noch durch die älteren Funkamateure gepflegt wird und im Militär langsam ganz verschwunden ist, ist diese Leistung auch nicht mehr durch neue Rekordversuche gefährdet. In den verschiedensten Notfällen bieten Morsezeichen jedoch bis heute eine nicht zu vernachlässigende Nachrichtenübermittlung.

Ferner nutzt man angelehnt an die spezielle Identifikation der damaligen Nachrichtenstellen bis heute optische Zeichen. Die F-Flagge, ein wichtiges Requisit der Heeres- und Luftnachrichtentruppen, war ein rotes Tuch von rechteckigem Zuschnitt von 50-x-50 cm, in dessen Mitte befand sich ein markantes weißes "F". Ein solches Tuch markierte immer eine Nachrichtenstelle, unabhängig davon, ob sie mit Draht oder drahtlos arbeitete. Zur Unterscheidung konnte sich noch ein zusätzliches F für Fernsprecher oder ein Blitz für eine Funkstelle darauf befinden. Daneben konnte auch noch die Zugehörigkeit zu einer Einheit durch deren taktisches Zeichen (Division, Korps) dargestellt sein. Heute ist "F-Flagge" auch die Bezeichnung für das Nachrichtenmagazin des Deutschen Heeres, Zeichen am Grund einer Unglücksstelle dienen noch heute zum Auffinden der Verunglückten.

Das Medium Rundfunk - Der Broadcast

Von der Reichweite der optischen Sicht war die Menschheit über die Technik zu einem weltumspannenden Medium gelangt, welches zu Lande, zu Wasser und in der Luft und zu jeder Tageszeit eine Nachricht übermitteln konnte. Die Entwicklungen in der Funktechnik wurden durch die Verbreitung des öffentlichen Nachrichtenmediums, dem zivilen Rundfunk bzw. dem „Broadcasting", stark gefördert.

Erste Rundfunksendungen gab es schon vor 1918, doch erst durch die im 1. Weltkrieg forcierte Forschung und den danach folgenden Röhrenentwicklungen wurde dieses Nachrichtenmedium auch zum Massenmedium. Radio und Fernsehen erreichen heute Milliarden von Menschen, ergänzt durch Sendungen von elektronischer Post in Form von E-Mails, SMS oder MMS, welche gleichfalls täglich in die Milliarden gehen.

Die vermutlich weltweit erste Rundfunkübertragung moderierte am Heiligabend 1906 R. A. Fessenden von Brant Rock in Massachusetts beim Sender CFCF. Sie wurde von Funkamateuren auf Schiffen in mehreren hundert Kilometer Entfernung gehört. Es folgte ein von Lee De Forest im Jahre 1910 übertragenes Konzert von Enrico Caruso aus der Metropolitan Opera in New York. Die Navy Broadcasting Station NSF begann

1920 mit Ausstrahlung von Programmen. Der Kongressabgeordnete John L. Cable sprach am 10. Februar 1922 zum ersten Mal aus einem Funk-Laboratorium zu den Repräsentanten des Hauses. In Deutschland hat die erste technische Rundfunk-Liveübertragung ihre Wurzeln bei der Lorenz AG. Carl Lorenz hatte 1880 eine Telegrafenbauanstalt in Berlin gegründet, die Robert Held 1890 übernahm und 1906 in die C. Lorenz AG umwandelte. Die Firma in Berlin-Tempelhof ging 1930 in den Besitz der amerikanischen ITT über und wurde nach dem Kriege zur Standard Elektrik Lorenz AG (SEL) in Stuttgart (später Alcatel).

In der Nacht vom 6. auf den 7. März 1911 wurde von der österreich-ungarischen Landstation die Störung der Sendungen von Radio Norddeich gemeldet. Der Eiffelturm sendete sich erstmals mit dem "Tonfunken"-System. Da Norddeich und Nauen ihre Sendezeit wechselten und der Eiffelturm sich diesen Änderungen immer anschloss, war die Absicht der französischen Störungen klar erkennbar und auch kein Einzelfall. Zwischen dem 8. Januar und 1. Februar 1913 erfolgten Funkversuche der Westfestungen Köln und Straßburg mit Radiopola, die bis Juni auf die Station Metz ausgedehnt wurden. Die Versuche am 23. Oktober, 6. November und 4. Dezember 1913 lieferten trotz der Störungen durch den Eiffelturm befriedigende Ergebnisse. In Radiopola waren am 1. Februar 1913 der Nachrichtendienst und das Telegrafenwesen in einem Telegrafenbureau der k.u.k. Kriegsmarine zusammengefügt worden. Im Februar 1913 begannen auch die Arbeiten an der Küstenstation in Triest am Malo San Teresa, doch auch das k.u.k. Landheer blieb nicht untätig.

Österreich-ungarische k.u.k. Heeresstationen (Stand 11. April 1913)

- Wien   (Kriegsministerium, aktiv)
- Wien Laaerberg   (war in Bau befindlich)
- Sarajevo   (Probebetrieb)
- Przemysl   (war in Bau befindlich)
- Trebinje   (war in Bau befindlich)
- Riva   (war in Bau befindlich)
- Trient   (war in Bau befindlich)
- Krakau   (nicht aktiviert)
- Tarnopol
- Sarajevo
- Sarajevo
- Przemysl
- Lemberg
- Korneuburg   (nicht aktiviert)
- Temesvár   (nicht aktiviert)
- Brod an der Save   (aktiviert)
- Petervárad   (nicht aktiviert)
- Korneuburg   (nicht aktiviert)

Um die ersten gemachten Erfahrungen in Sacrow für eigene Forschungsprojekte zu nutzen, richtete Held eine Abteilung für drahtlose Telegrafie ein, die 1909 nach Eberswalde bei Berlin verlegt wurde. Für die Versuche wurde ihr die 1.500-m-Welle zugeteilt. Eine Ringerdung und ein 70-m-Antennenmast wurden aufgebaut, der zunächst von 4-kW-Poulsen-Sender, später mit Goldschmidt-Maschinen-Sendern gespeist wurde. Die ersten technischen Versuche im Oktober 1920 bewiesen die Nutzbarkeit des Funks für Musik-Sendungen.

Neben der C. Lorenz AG in Eberswalde hatte Telefunken 1916 in Königs-Wursterhausen eine Großfunkstelle für Telegrafie (8,6-1.000 kHz) im Auftrag der Militärbehörden errichtet. Ab 1919 folgte die Deutsche Reichspost mit eigenem Sender in Königs-Wursterhausen für Testsendungen. Er wurde bald zur Hauptfunkstelle und übertrug am 22. Dezember 1920 das erste Versuchsprogramm der Reichspost mit einem Instrumentalkonzert auf 2.700- und 3.500-m-Welle (später 3.700-m-Welle) mit dem Poulsen-Sender (5-kW-Lichtbogen-Sender). In fast ganz Europa, von Sarajewo bis Moskau, wurde der Empfang bestätigt. Am 23. März 1921 folgte eine zweite Konzertübertragung und am 1. April 1922 wurde ein erster Wirtschaftsrundfunkdienst aufgenommen.

Kaum hatte die freie Presse ein erstes Medium erhalten mit dem die Bevölkerung auf breiter Basis erreicht werden konnte, da gab es schon die ersten Probleme mit einer Zensur. Obwohl in der Bevölkerung Radios oder Rundfunkempfänger eher ein Prestigeobjekt der Reichen waren, wurden seitens der Obrigkeit und des Militärs die Möglichkeiten in zivilen und militärischen Bereichen erkannt und deren Kontrolle angestrebt. Aufgrund der technischen Neuheit und hohen Kosten konnten Rundfunkgeräte aber bis in die 1930er Jahre kein Massenmedium werden. Kurioser Weise sollten erst die einheitlichen Volksempfänger für die Propaganda der Nationalsozialisten dies nachhaltig und langfristig ändern.

Die Technik der ersten zivilen Sendeanlagen war zum Aufbau eines staatlichen Rundfunksystems noch nicht geeignet und neben den technischen Schwierigkeiten gab es in Deutschland auch Gegner eines öffentlichen Rundfunks. Da die zur Verfügung stehenden Empfänger noch recht primitiv waren und keine sehr gute Trennschärfe aufwiesen, fürchteten die Post um das Telegrafengeheimnis, die Polizei um die Sicherheit ihrer Funkfahndungen und ebenso das Militär um einen Zugriff auf seine Sendungen.

Doch die Entwicklungsarbeiten in den Jahren 1916-1918 hatten, die Voraussetzungen für drahtlose Telefonie auf größere Entfernungen geschaffen, den Grundstein für den Lang- und Mittelwellenrundfunk gelegt. Die Vereinigten Staaten von Amerika, Belgien, Dänemark, Frankreich und England hatten ihren Rundfunkbetrieb zwischen 1920 bis 1922 organisiert und nun war höchste Zeit, dass auch Deutschland aktiv wurde.

Wieder einmal kam der Anstoß aus einer privaten Initiative, weil die Behörden zu restriktiv und der Technik abgeneigt waren. Dr. Hans Bredow, Staatssekretär im Reichspostministerium, wollte ein längeres Zögern zu einer öffentlichen Anwendung des Funks als Nachrichtenmedium für die Massen nicht länger hinnehmen. Der "Vater des deutschen Rundfunks" gab am 19. September 1923 eigenständig den Auftrag,

"... sofort mit dem Bau eines Rundfunk-Senders für Berlin zu beginnen. Herstellung mit bei der Post greifbaren Bauteilen. Kosten dürfen nicht entstehen."

Als Funkoffizier an der Westfront hatte Bredow 1917 über einen Sender nahe Reims in den Ardennen Akkordeonmusik für die Kameraden übertragen, die noch in 60 km Entfernung gut empfangen wurde. Nach einer Beschwerde seines Kommandeurs (von Lepel) musste er dies allerdings einstellen. Unter seinem Begriff "Rundfunk" wollte er das neue Medium des Radios, das bisher nur Presse- und Wirtschaftsdiensten sowie wenigen Privilegierten zur Verfügung stand, auch der Bevölkerung im Allgemeinen zugutekommen lassen.

Friedrich Weichart hatte seine Gittergleichstromtastung für den Umbau der U-Boot-Sender ARS-78, die 1922 auch zur Nachrichtenübermittlung in der Reichspost genutzt wurden, patentieren lassen und wurde aufgrund seiner technischen Fähigkeiten mit dem Bau dieses "kostenlosen" Senders im telegrafentechnischen Reichsamt (TRA) beauftragt. Hier konnte er seine Erfahrungen als Funker des kaiserlichen Heeres einfließen lassen. Das Material waren zwei Röhren RS15 (Leistungsstufe und Heising-Modulator), die mit jeweils 300-Watt-Heizung (Gleichstrom-Gleichstrom-Umformer) eine Leistung von 0,25 kW für die 30-m-Reusenantenne lieferten. Die Anodenspannung kam von einem Gleichstrom-

Wechselstrom-Umformer (1.000 Hz), die durch einen Transformator auf, 2-x-4.000 Volt transformiert und durch eine gasgefüllte Neon-Gleichrichterröhre wieder in Gleichspannung umgewandelt wurde (Trägerleistung etwa 1 kW). Eine Drosselspule und zwei Kondensatoren zu je zwei Mikrofarad bildeten die Siebkette. Der Niederfrequenzteil des Senders wurde mit einem Leistungsverstärker (BE-Röhre) von Siemens & Halske und einem Verstärker (RS5-Röhre) von Telefunken in größter Eile von Dr. Trautwein gefertigt. Am 23. Oktober konnte dadurch eine erste Testsendung erfolgen und Dr. Trautwein stellte später noch einen Vorläufer der elektrischen Musikinstrumente her, was ihn zu einem der Urväter der elektrischen Gitarre machte.

Sendungen der Rundfunk-Stationen aus Königs-Wursterhausen und Eberswalde brachten 1923 auch Berichterstattungen zum Ruhrkonflikt und über die Besetzung des Ruhrgebietes durch französische und belgische Truppen, als Reaktion auf die Nichteinhaltung der Reparationsleistungen Deutschlands. Auf diese unerwünschten Berichte reagierte Frankreich und störte die Nachrichtenübertragungen gezielt von der Senderstelle des Pariser Eiffelturms aus.

Am 29. Oktober 1923 eröffnete die Radio-Stunde AG im Vox-Haus in Berlin den öffentlichen Rundfunkprogrammdienst in Deutschland auf 400-m-Welle (750 kHz). Ein weiterer Sender aus einem Labor wurde aktiviert, schloss sich den Abendsendungen an und wurde dann zu Weihnachten 1923 im Vox-Haus als Hauptsender eingebaut. Im März 1924 nahm die deutsche Reichspost die ersten Sender in Leipzig, München und Frankfurt in Betrieb, im Mai folgten Hamburg, Stuttgart und Breslau. In Österreich nahm am 14. Januar 1924 die Radio-Austria AG den Betrieb auf.

Die Radio-Stunde AG wurde am 18. März 1924 in Funk-Stunde AG umbenannt. An den Sendern musste jedoch noch täglich aus- und nachgebessert werden, da die Technik aus Prototypen mit ihren "Kinderkrankheiten" bestand. So erhielt Weichart in der Folgezeit das damalige Privileg eines Telefonanschlusses, damit er Tag und Nacht zu Hilfe gerufen werden konnte. Über Telefonleitungen wurde am 18. Januar 1924 die Uraufführung der Operette "Frasquita" von Lehár zur Live-Aussendung ins Sendehaus übermittelt und auf diese Weise am 11. August 1924 auch die Feier zur Verfassung aus dem Reichstag.

Weitere Organisationen nach der Eröffnung der Funk-Stunde

- Mitteldeutsche Rundfunk AG, Leipzig   1. März 1924
- Deutsche Stunde in Bayern GmbH, München   30. März 1924
- Südwestdeutsche Rundfunk AG, Frankfurt a.M.   30. März 1924
- Nordische Rundfunk AG, Hamburg   2. Mai 1924
- Schlesische Funkstunde AG, Breslau   26. Mai 1924
- Ostmarken Rundfunk AG, Königsberg   14. Juni 1924
- Westdeutsche Rundfunk AG, Münster   10. Oktober 1924

Am 1. März 1926 wurden die regionalen Rundfunkgesellschaften in einer Dachgesellschaft zusammengeführt. Es war die am 15. Mai 1925 gegründete Reichs-Rundfunk-Gesellschaft mbH (RRG). Als 1926 die ersten magnetischen Lautsprecher (freischwingend) und 1928 die dynamischen Lautsprecher eine wesentliche Verbesserung der Wiedergabequalität boten, war die Entwicklung des Radios als Volksmedium nicht mehr aufzuhalten. Im Früh-jahr 1928 verfügte Deutschland über 23 Rundfunksender zwischen 500 und 1.500 kHz.

Wer den Rundfunk empfangen wollte, konnte gegen eine Gebühr einen plombierten Empfänger von der Post mieten. Dadurch sollte die Sicherheit der Polizei- und Militärfunkverbindungen sichergestellt werden. Der Rundfunk sollte der Funktechnik dann auch einen mächtigen Entwicklungsschub geben, denn auf der Funkausstellung im Dezember 1924 stellten bereits ca. 250 Firmen aus der neuen Funkindustrie aus, der

240

Vorläufer des New Market der IT-Branche. Die Mehrzahl kämpfte in Deutschland aber wie heute im Neuen Markt bereits kurze Zeit später wieder um ihre Existenz, hier jedoch zunächst aufgrund der bürokratischen Hürden. Nachdem auch noch das Verbot des Eigenbaus von Empfängern aufgehoben wurde, blieben von über 250 Firmen im Jahre 1926 nur noch 40 Firmen übrig. Der neue Markt des Mediums Rundfunk hatte sich gesundgeschrumpft.

Rundfunk 1923 bis 1939	Beitrag zahlende Hörer
• 1. Dezember 1923	467
• 1. Januar 1926	1.022.000
• 1. Oktober 1931	3.732.948
• 1. Mai 1932	4.177.000
• 1. Mai 1939	12,5 Millionen

Die Zahlen der Teilnehmer sind in Verbindung mit den Gebühren zur Finanzierung seit Beginn an für den Rundfunk wichtig. Die Genehmigung zum Empfang kostete 25 Mark, die aber multipliziert wurden, um den Preis der Inflation anzugleichen. Bei der offiziellen Eröffnung des Rundfunks am 29. Oktober 1923 betrug die Gebühr bereits 350 Millionen Reichsmark, am 2. November dann 725 Millionen und am 8. November schließlich 3,5 Billionen. Die wirtschaftliche Lage bedingte deshalb auch eine große Anzahl von zusätzlichen illegalen Hörern. Eine neue Festlegung auf 60 Reichsmark kam am 1. April 1924, rückwirkend zum 1. April 1925 wurde die Gebühr auf 2 Mark festgelegt und zum 1. Januar 1926 auf 24 Reichsmark angehoben – eine Gebühr, die vier Jahrzehnte bis zum Ende des 2. Weltkriegs gültig bleiben sollte!

Mit anfangs 700 Watt wurden die Sender Berlin, Breslau, Frankfurt am Main, Hamburg, Königsberg, Leipzig, München, Stuttgart, Nürnberg und Köln bald auf 4 kW erhöht. Der Rheinland-Sender in Langenberg hatte anfangs 15 kW, dann 50 kW und Telefunken errichtete 1925 in Königs-Wusterhausen den 80-kW-Deutschland-Sender. Ab dem 20. Dezember 1927 verbreitete dieser die Programme der 1926 gegründeten Deutschen Welle G.m.b.H. sowie Abendprogramme anderer Rundfunkanstalten auf 240 kHz. Zu dieser Zeit war es der leistungsstärkste Sender in Europa. Zwischen 1924-1929 wurden zusätzlich 17 Nebensender mit Leistungen zwischen 0,25 kW und 0,5 kW errichtet. Lediglich die Nebensender in Nürnberg, Köln und Gleiwitz erreichten mit 1,5 kW und 5 kW höhere Leistungen. Der in der Bevölkerung dann bekannte Sender Gleiwitz wurde von den Nazis für einen inszenierten Überfall durch die SS am 31. August 1939 benutzt, um einen zusätzlichen Grund für den Einmarsch in Polen vorzutäuschen. Um die Versorgung durch eine ungehinderte Abstrahlung zu gewährleisten, wurde 1926 bei Berlin der 138-m-Sendeturm in Witzleben eingeweiht. Die Doppel-T-Antenne des 1,5-kW-Senders war zwischen dem Funkturm und einem 80-m-Mast aufgespannt. Am 3. September nahm der Sender mit Funkturm den Betrieb auf, in dessen Nähe sich heute das Deutsche Rundfunkmuseum befindet.

Vier Kilometer südwestlich von Königs-Wusterhausen wurde in Zeesen am 20. Dezember 1927 der Deutschland-Sender-II in Betrieb genommen, da der erste Langwellen-Sender durch die anderen Antennen beeinflusst wurde. Der 35-kW-Sender mit 325-m-Stahlgittermast wurde 1931 für 60 kW umgebaut. Der Deutschland-Sender-III folgte am 19. Mai 1939 mit drei Endstufen (jeweils 165 kW), die einzeln oder zusammen auf, eine Antenne geschaltet werden konnten, die für 500 kW ausgelegt war. Am 28. August 1929 wurde der deutsche Weltrundfunk-Sender in Zeesen (Telefunken 8-kW-Kurzwellen-Sender) offiziell eröffnet, der in Zusammenarbeit mit dem Deutschland-Sender die Hörer in Übersee versorgte. Schon nach den ersten Sendungen gingen z.B. Empfangsberichte aus den Philippinen ein.

Am 20. Dezember 1930 wurde der erste Groß-Sender in Mühlacker in Betrieb genommen und der Stadt-Sender in Stuttgart stillgelegt. Die Stuttgarter wollten zwar den Sendernamen bestehen lassen, doch nach den Regeln der Reichspost, wonach die nächste Stadt im 20-km-Umkreis bestimmend für den Sendernamen war, erhielt der Sender den Namen Mühlackers. Es wurden 2-x-9 Röhren in der Gegentaktendstufe eingesetzt und die erste Antenne wurde auf zwei 100-m-Holztürmen mit einem 200-m-Hanftragseil gespannt, das in der Mitte die senkrechten Reusen-Antennen trug (Wirkungsgrad ~14%).

Berechnungen und Strahlungsversuche mit einer am Fesselballon hängenden Antenne ergaben, dass längere Antennen bis zur ihrer halben Wellenlänge die Wellen in einem flacheren Winkel abstrahlen, was eine höhere Reichweite zur Folge hatte. Da die hierfür benötigten höheren Türme technisch nicht gebaut werden konnten, wurden die Antennen mit einer Dachkapazität elektrisch verlängert. Die erste dieser den Schwund mindernden Halbwellen-Antennen wurde 1934 in Mühlacker installiert. Die als Kupfer-Hochseil ausgeführte Antenne hing innerhalb des Turmes herab, der mit 190m der höchste, jemals in Deutschland für Rundfunkantennen errichtete, Holzturm war. Durch das Hinausschieben der Schwundzone wurde das Versorgungsgebiet des Senders um 75% vergrößert. Der Antennenmast selbst sollte den Krieg nicht überstehen, denn am 6. April 1945 zerstörte ein SS-Kommando den hölzernen Turm des Senders Mühlacker. Das neue Wahrzeichen der Region wurde nach dem Kriege der erste mit Beton und Stahl konstruierte Fernsehturm Deutschlands, dem nun die Stuttgarter wieder ihren Namen geben durften. Südafrikanische Experten zeigten sich beeindruckt und errichteten eine 27 m höhere exakte Kopie (254 m), den Albert-Hertzog-Tower in Brixton Ridge/Johannesburg.

Die Reichsrundfunkgesellschaft mbH wurde 1932 praktisch verstaatlicht und nach der nationalsozialistischen Machtübernahme 1933 dem von Goebbels kontrollierten Reichsministerium für Volksaufklärung und Propaganda unterstellt, was auch die Bedeutung dieses Instruments der Nachrichtenverbreitung unterstreicht. Das neu entstandene Medium Fernsehen wurde, wie die Kinos und das Radio der staatlichen Zensur unterzogen. Die Nazis wussten den Rundfunk als Massenmedium mit seinen Möglichkeiten zur Beeinflussung und Desinformation des Volkes zu nutzen. Alle Großrundfunksender wurden am 1. April 1934 zu Reichssendern und die Oberpostdirektionen (OPD) wurden in Reichspostdirektionen (RPD) umbenannt, was im Jahre 1947 wieder rückgängig gemacht wurde. 1933 stand die 300-kW-Röhre RS300 zur Verfügung, was eine Leistungssteigerung um den Faktor 400 im Vergleich zum ersten Vox-Haus-Sender bedeutete und Mitte 1933 erschien zur Nutzung des Rundfunks in der Masse der erste Volks-Empfänger, der VE-301, auf dem Markt (die Zahl 301 war vom Tag der Machtübernahme der Nationalsozialisten abgeleitet). Otto Griesing aus der Fabrik Dr. Georg Siebt entwarf diesen Volks-Empfänger, welcher später von 28 verschiedenen Radiofabriken produziert wurde. Der Deutsche Klein-Empfänger DKE-1938 erhielt den Spitznamen "Goebbel-Schnauze", da größtenteils auch nur dieser Herr zu hören war. Die Volks- oder auch Einheitsempfänger waren alle nur für die deutschen Wellenbereiche gebaut. Hier wurde vom nationalsozialistischen Regime bereits vorausgeplant, da die Sender anderer Staaten, die "Feindsender", außer von militärischen Empfängern nur von den sehr seltenen und teuren Superhet-Empfängern abgehört werden konnten, die sich die Masse der Bevölkerung nicht leisten konnte.

Der normale Radiohörer wusste auch früh die Nebenprodukte der streuenden Großantennen zu nutzen. Den "Elektro-Smog" des Nahfeldes der elektromagnetischen Ausstrahlungen nutzten die Kleingärtner in Moorfleet beispielsweise für die kostenlose Beleuchtung ihrer Lauben. In Hamburg wurde 1934 zwischen den Kleingärten ein weiterer Sender (Leitung: Weichart) gebaut. An auf, die entsprechende Wellenlänge zugeschnittenen Kabeln wurden Glühlampen gegen Erde geschaltet und durch die Sendeleistung über die Induktion zum Leuchten gebracht.

Im Deutschen Reich waren 1942 insgesamt 56 Großsender mit 100 kW und mehr für den Zweck der Kriegspropaganda in Betrieb. Mit Kriegsbeginn am 1. September 1939 war es den Rundfunkhörern jedoch bei hoher Strafe verboten, ausländische Sender zu empfangen, was in den letzten Kriegsjahren geradezu lebensgefährlich war. Vom 9. Juli 1940 verbreiteten alle Sender das Einheitsprogramm des Reichsrundfunks. Die Funkamateure, sofern nicht bereits in der Wehrmacht eingezogen, unterlagen noch strengeren Bestimmungen, doch in allen am Krieg beteiligten Ländern gab es nach dem 1. Weltkrieg nun zum zweiten Mal eine Funk- und Nachrichtenzensur des neuen Mediums.

Nachdem die Funkamateure den neuen Bereich der Kurzwellen erschlossen hatten, war 1935 die erste Großsendeanlage für Kurzwelle in Zeesen in Betrieb genommen worden, um die Versorgung mit Nachrichten für die Deutschen auch im Ausland über KW sicherzustellen. Diese Anlagen wurden auch zur Ausstrahlung der Propaganda missbraucht. Die Kurzwellensender in München, Elmshorn, Zeesen und Oebisfelde überstanden den Krieg überraschenderweise nahezu unbeschädigt, die beiden letztgenannten wurden jedoch deshalb von der sowjetischen Besatzungsmacht vollständig demontiert und in die UdSSR gebracht.

Nach dem Radio gab es ab 1935 die ersten Fernsehübertragungen in Deutschland. Das NS-Regime ließ die Produktionen der Propaganda-Filme für Kino und Fernsehen anlaufen. In den USA baute der bekannte Hollywoodregisseur John Ford 1939 eine 200 Mann starke Film-Crew für den Geheimdienst OSS auf, die z.B. Szenen aus Pearl Harbour glorifiziert nachstellte und auch den D-Day verfilmte. Seit dieser Zeit gehört das Fernsehen mit zur Kriegsberichterstattung und zur Informationsgewinnung, was in der Medienwelt in Ost, West sowie in der Arabischen Welt, speziell aber in den USA einen militärisch Feldzug unabhängig vom Ausgang für die politische Führung im Nachhinein noch in das für die Wahlen positive Licht rücken kann oder aber auch für die Opposition. Der Einfluss auf die Medien ist also heute ein Teil der internationalen Einsätze für die Politik.

Doch bis die Bilder richtig laufen lernten, mussten verschiedene Erfindungen gemacht werden. 1884 war, ein "elektrisches Teleskop" von dem Deutschen Paul Gottlieb Nipkow patentiert worden, bei dem eine rotierende Metallscheibe mit spiralförmig angeordneten Löchern die Bilder abtastete. Eine Selen-Fotozelle wandelte die Helligkeitswerte in elektrische Impulse um. Im Empfänger wurde über eine zweite, synchron laufende Lochscheibe und Flächenglimmlampe das Bild wiederhergestellt. Thomas Alfa Edison brachte 1889 die ersten bewegten Bilder mit seinem Kinematoskop.

Die erste Fernübertragung von Bildern fand 1906 durch Max Dieckmann in Deutschland mit 20 Zeilen und 10 Bildwechsel pro Sekunde, auf eine 3-x-3-cm-Bildfläche einer Braunschen Röhre als "Schattenbild", statt. Das Prinzip von Nipkow wurde 1922 von Philo T. Farnsworth verbessert und darauf basierend baute 1925/26 der Ungar Dénes von Mihály den "Volks-Bild-Empfänger". Das verbesserte "Telehor" hatte 30 Bildzeilen und zwölfeinhalb Bildwechsel pro Sekunde. Vladimir K. Zworykin erfand 1923 eine Bildaufnahmeröhre (Ikonoskop) und eine Röhre für die Wiedergabe des Bildes (Kineskop). Das Trio Massolle, Dr. Engel und Vogt führte am 17. August 1922 den ersten "sprechenden" Film vor und 1926 machte John Logie Blair eine öffentliche Vorführung, des seit 1919 entwickelten Tonfilms. Alle Versuche konnten jedoch erst mit späteren technischen Entwicklungen zur kommerziellen Anwendung gebracht werden. Vorerst blieb der Film stumm.

1925 wurde die "lichtelektrische Bildzerlegeröhre" für Dieckmann patentiert, J. L. Baird übertrug bewegte Bilder. Telefunken experimentierte zu dieser Zeit mit Bildfunkübertragungen von Berlin nach Leipzig (150 km), Wien (520 km) und Rom (1.180 km). Die Fernseh-Schattenbilder auf der Verkehrsausstellung in München beschäftigen 1925 zunächst nur die Witzblätter. Doch am 31. August 1928 wurde auf der 5. Großen Deutschen Funkausstellung in Berlin erstmals Fernsehen nach dem Karolus-System vorgestellt. Das mechanische "Spiegelrad" von August Karolus war ein Abtastverfahren von Filmbildern mit 96 Zeilen durch einen Mechnau-Projektor mit Nipkow-Scheibe (8-x-10-cm-Bildfläche). Auf dem Stand daneben zeigte Dénes von Mihály ein 4-x-4-cm-Fernsehbild mit 900 Bildpunkten. Es wurden die ersten technisch durchführbaren Verfahren zur Aufnahme und Wiedergabe von Tonfilmen ausgestellt.

1930 erfolgte die erste Bilderzeugung mit der "Braunschen Röhre" durch das Zeilensprungverfahren von Schröter. Das Zeilensprungverfahren beseitigte das für das Auge sichtbare Flimmern der Bilder. Der Funkpionier Manfred von Ardenne demonstrierte am 18. April 1931 die erste drahtlose Übertragung eines

Kinofilms in Berlin-Lichterfelde. Nach ersten Versuchen mit 30 Zeilen, 12,5 Bildwechseln/Sek. (7,5 kHz Bandbreite, 1929) kam das erste UKW-Versuchsprogramm von 1931 (641 kHz, 1,7 kW) mit 48 Zeilen mit 25 Bildwechseln/Sek., das ein Jahr später 90 Zeilen hatte. Der Ton wurde dabei mit 42,5 MHz und das Bild mit 44,3 MHz gesendet. Im April 1934 wurde die Norm auf 180 Zeilen und 1938 auf 441 Zeilen mit nunmehr 50 Bildwechseln/Sek. erhöht. Die Aussendung erfolgte über zwei neue Sender im Amerika-Haus mit Bild auf 47,8 MHz und Ton auf 45 MHz.

Der öffentliche Fernseh-Rundfunk begann mit dem Fernseh-Sender in Witzleben, der ab 22. März 1935 regelmäßige TV-Sendungen mit einem 14-kW-UKW-Sender (Telefunken) ausstrahlte. Die erste elektronische Kamera übertrug 1936 die Ereignisse der Olympiade und auf, der Funkausstellung in Berlin wurde 1937 zum ersten Mal Farbfernsehen vorgeführt. Die in der Rundfunktechnik gemachten Erfahrungen kamen im Kriege dann auch den Geräten der Truppe zugute. Zwei weitere Sender auf dem Brocken im Harz und auf dem Großen Feldberg/Taunus sollten die Bevölkerung versorgen, wurden kriegsbedingt aber nicht mehr fertig gestellt. Mit dem am 8. Juli 1939 auf der Berliner Funkausstellung vorgestellten Einheitsempfänger "E-1" war das Medium weltweit erstmalig in Deutschland für die Bevölkerung zugänglich gemacht, während das Fernsehen in anderen Staaten meist erst nach dem 2. Weltkrieg aufgebaut wurde.

Für eventuelle Ausfälle der Radio- und Fernseh-Rundfunk-Sender gab es ab 1934 zusätzlich LKW-Senderzüge, die in dem entsprechenden Gebiet die Rundfunkübertragungen für die Bevölkerung sicherstellten. Diese stellten im Krieg als Soldaten-Sender den Empfang der propagandistischen Bekanntmachungen des Oberkommandos der Wehrmacht für die deutschen Soldaten in ganz Europa sicher.

In der ersten Bauserie bildeten 15 LKW einen kompletten Zug. Die Wagen mit bis zu 15 Tonnen Gewicht konnten nicht mit der Bahn transportiert werden und selbst bei Verlegungen über die Straßen musste eine bestimmte Streckenführung unter Beachtung der Traglast von Brücken und Straßen beachtet werden. Es wurde deshalb eine kleinere und leichtere LKW-Serie benötigt, die sich auch zum Bahntransport eignete und bei der nun 22-26 Wagen einen Zug bildeten. Die Mittelwellen-Züge erhielten die Bezeichnung A-K und die Langwellen-Züge L-Q. Ihre Inbetriebnahme erfolgte zwischen 1940 und 1942 und insgesamt wurden 13 MW- und 7 LW-Züge an der Front als Soldaten-Sender eingesetzt, bei denen die Rufnamen wie URSULA, SIEGFRIED, GUSTAV, MARTHA, OTTO oder PAUL in der Bekanntheit stetig stiegen.

Der Sender-M war einer von 16 Zügen mit jeweils 26 LKWs gleicher Bauart, die allesamt bei der Wehrmacht zum Einsatz kamen. Der 20/40-kW-Langwellen-Sender von Lorenz war von November 1941 bis Juli 1943 in Belgien und Frankreich als Funkfeuer und fremdsprachlicher Sender in Dienst. Nach der Instandsetzung ging er im September als Soldaten-Sender Martha und Ablösung des schwer beschädigten Senders Otto in den Kaukasus. Über Polen und Rumänien ging sein Weg mit der Truppe zurück nach Pommern und Berlin, wonach er in Grevesmühlen/Lübeck an die britischen Truppen übergeben wurde. Der Sender-V war, zuletzt 1942 in Tönning bei Husum stationiert und wurde ab September 1945 nach Radio-Norddeich gebracht, wo er bis 1958 im Seefunk eingesetzt war.

Ab Herbst 1942 setzte auch die Kriegsmarine Funkwagen in den Marinenachrichtenabteilungen ein, die einer Werft in Kiel ausgerüstet wurden. Zur Besatzung gehörten jeweils ein Oberfunkmeister, vier Funkmaate, 15-18 Funkgefreite und Fahrer mit Beifahrer. Erste Einsätze gab es ab 1942 im Raum Krim-Nikolajew, wobei der Führer des Funkzuges der Marine-Nachrichtenoffizier der LtzS Demian war. Im April 1945 wurden ein schwerer und ein leichter Marinefunkwagen in den Alpenraum verlegt und vermutlich gehörten dazu auch die zuletzt von den Alliierten in Berchtesgaden sichergestellten Funkwagen dazu. Der Senderzug-II wurde 1937 nach La Corua/Spanien gebracht und war noch rund 40 Jahre später als Stadtsender in Betrieb.

Der Deutsche Soldaten-Sender (DSS) nahm am 1. Oktober 1960 seinen Sendebetrieb auf und stellte diesen am 30. Juni 1972 ohne große Vorankündigung wieder ein. Obwohl das Programm speziell auf die Soldaten der Bundeswehr ausgerichtet war, gewann der Rundfunksender besonders unter den Jugendlichen im Osten schnell viele Anhänger. Hier wurde der Sender zum Kultsender für eine ganze Generation. Denn dieser brachte, neben politischen und wehrpolitischen Informationen, die wohl kaum jemanden ernsthaft interessierten, viel aktuelle Popmusik. Das alles wurde in einer für die damalige Zeit ungewöhnlichen lockeren Moderation in den Äther gestrahlt. Der Sender der Bundeswehr sollte seine volle Stärke ebenfalls am 1. Oktober 1960 erreichen, also an dem Tag, als das östliche Pendent sich erstmals meldete.

Dänische Funkanlagen in der Kriegsmarine

Neben den deutschen Produkten stellen die Fernmeldeanlagen dänischer Bauart in der Kriegsmarine sicherlich eine Besonderheit, aber keine Seltenheit dar. Nach Beginn des zweiten Weltkrieges kamen verschiedene ausländische Funkanlagen zum Einsatz, da die deutsche Industrie die benötigten Stückzahlen nicht rechtzeitig produzieren konnte. Mangel gab es auf vielen Gebieten und auch ein Bedarf an kleinen seegehenden Booten, die während des Krieges als Kriegsfischkutter (KFK) und danach als Hochseekutter eingesetzt werden sollten. Auf vielen dieser Boote, teilweise auch bei Landstationen, fanden sich Anlagen, die überwiegend von den Firmen Johnsen, Petersen und Elektromekano stammten.

Im Jahre 1941 wurde mit dem Bau der Kriegsfischkutter begonnen, die u.a. als Vorpostenboote und U-Boot-Jäger eingesetzt mit 15-18 Mann Besatzung zur See fuhren. Von der geplanten Serie von 1.072 Booten wurden 608 ausgeliefert und nach dem Kriege verblieben noch 368 KFK-Einheiten in den Diensten der Alliierten. 275 KFK-Einheiten wurden ab 1947 entmilitarisiert, von deutschen Fischern als Hochseefischkutter gechartert und dann später von der Bundesvermögensverwaltung angekauft, um den Grundstock der deutschen Fischereiflotte wiederaufzubauen. Heute sind etwa noch etwa 10 KFK in Fahrt.

1953 mussten die noch verbliebenen funktechnischen Anlagen dieser dänischen Firmen aus den Kriegsfischkuttern und anderen Schiffen ausgebaut werden, da sie nicht mehr die geforderten Frequenzgenauigkeiten aufwiesen (nach der internationalen Seerechtskonferenz). Auch das Zinkdruckgussgehäuse der Anlagen von Johnsen und Pedersen ist wohl ein Grund warum viele Geräte heute nicht mehr existieren, sie zerlegen sich im wahrsten Sinne des Wortes von selbst.

Die FT-Anlage der KFK wurden im Kriege nach ihrem Aufgabenbereich aus Geräten der Firmen Johnsen (Jo-20-K-41/42), Pedersen (A-115-W-4) oder Elektromekano (EM-15-K-41) zusammengestellt. Als Notstation wurde teilweise die Anlage Ha-5-K-39 (3,0-6,0 MHz) von Hagenuk (Neumann&Kuhnke) mitgeführt. Zur FT-Anlage gehörte auch eine 3-Walzen-ENIGMA, während eine Radione R-2 oder R-3 für den Rundfunkempfang vorhanden war.

Die 20-Watt-Sende-/Empfangsanlage MP-20-K-41-A von Pedersen wurde ab 1943 auf, Einheiten der Kriegsmarine für tonlose und tönende Telegrafie, als auch für Telefonie benutzt. Der Wellenbereich reichte von 40-150 m (Sender) bzw. 13,6-3.000 m (Empfänger). Die Geräte A-45-W und B-142-x bildeten in einem Gehäuse das Gerät A-115-W-4, von dem nach der Besetzung Dänemarks 200 Stück speziell für die Kriegsmarine 1941 vom Funk-zeugamt Rendsburg geordert wurden. Sicherlich gab es noch weit mehr Anlagen, da z.B. auch die Heeresartillerie in Norwegen damit ausgerüstet wurde.

Die 30-Watt-Sende/Empfangsanlage der Firma Johnsen wurde teilweise auch auf den KFK-Einheiten eingesetzt. Die Senderfrequenz war von 1.500-4.000 kHz, die Empfangsfrequenz von 150-16.000 kHz. Bei dem Sender wirkte die Rückkopplung induktiv vom Schirmgitter auf das Steuergitter. Der Empfänger war ein 7-Röhren-8-Kreis-Superhet mit einer Zwischenfrequenz von 420 kHz. Als Röhren wurden EF8, ECH3, EF9, EBF2, EL2 und EM4 verwendet.

Das Sende- und Empfangsgerät Jo-20-K gab es in verschiedenen Versionen (Jo-20-K-41, Jo-20-K-42). Die Sendefrequenz war in 4 Bereichen von 2-7,5 MHz und Empfang von 15-24.000 kHz in 10 Bereichen eingeteilt. Eine Anlage stammte z.B. von dem Fischkutter JAN VAN GENT (ehemals KFK-142), der im Oktober 1942 in Swinemünde in Dienst gestellt wurde. Zwischen 1946 und '47 wurde er zum Fischkutter umgerüstet und war noch 1997 als Angelkutter in Kappeln registriert. Weitere Anlagen dieser Firma waren der Sender

"Meteor" und der "Neptun-Vibrator"-Super-Empfänger. Anlagen von Johnsen bildeten auch teilweise die Ausrüstung der Leuchttürme und Boote der DGzRS.

Kurzwellensender EM-15-K-41 der Firma Elektromekano wurden auf, Kleinfahrzeugen der Marine eingesetzt und entsprachen etwa dem Standard kommerzieller deutscher Nachrichtenanlagen. Der Aufbau stellt ein Meisterwerk solider Feinmechanik und Verdrahtung dar. Mit einer Ausgangsleistung von 15 Watt wurden die Sender von 1941 bis zum Ende des 2. Weltkrieges eingesetzt. Der dazugehörige Empfänger KLM-7 ist ein sehr seltenes Gerät. Von der Firma kommen auch Peilempfänger wie der P-76 mit der Rahmenantenne ER-20 und der Sender KMW die, soweit bekannt, jedoch nicht auf den KFK eingebaut wurden.

Es gab in der Wehrmacht Beutegeräte und Kopien aus England, den Vereinigten Staaten, Frankreich und sicherlich vielen anderen Staaten, mit denen sich Deutschland im Krieg befand. Als Funkanlagen der KFK sind die dänischen Funkanlagen eine interessante Ausnahmeerscheinung in der Geschichte der Nachrichtentechnik der deutschen Marine.

Deutscher Marinewetterdienst 1939 - 1945

Zur Planung und Durchführung aller wichtigen Operationen zu Lande, zu Wasser und in der Luft, ist die genaue Kenntnis der Wetterlage zum Einsatzzeitpunkt - die Wettervorhersage - unverzichtbar. Der Kriegsbeginn 1939 führte zu einer teilweisen Stilllegung des internationalen Austausches von synoptischen Wetterbeobachtungen. Um jede Nutzung der Wetterinformationen von den Polarstationen anderer Nationen für das deutsche Militär und seine operative Planung auszuschließen, wurden im britischen Unternehmen Gauntlet (25. August 1941) die norwegischen und russischen Wetterstationen in Westspitzbergen und den Bäreninseln zerstört und ihre Besatzungen abtransportiert.

Es blieb dem deutschen Wetterdienst zunächst nur die Möglichkeit erneut bemannte Wetterstationen in diesen unwirtlichen Gegenden zu installieren. Automatische Wetterfunkstationen wurden später von U-Booten aufgestellt, waren aber zu dieser Zeit noch nicht einsatzbereit. Dies stellte nun für Mensch und Material extrem hohe Forderungen. Doch auch hier bewährten sich die Sender und Empfänger der unterschiedlichsten Typen. Die bemannten Stationen der Arktis waren der Wettertrupp "Zugvogel" vom Schiff WUPPERTAL, das Schiff SACHSEN sowie die festen Stationen "Schatzgräber" (Franz-Josef-Land), "Haudegen", "Knospe" und "Nussbaum" (Spitzbergen) sowie "Edelweiß" (I und II), "Bassgeiger" und "Holzauge" (Grönland).

Neben Wetterschiffen waren 1941 in Zusammenarbeit mit der Kriegsmarine die erste feste Landstation in Westspitzbergen und 1942 eine Zweite an der Ostküste Grönlands aufgebaut worden. Der Betrieb dieser Wetterstationen war während des zweiten Weltkrieges die Aufgabe kleiner Kommandotruppen, die im Eis von den einsamen Fjorden über Grönland, Spitzbergens und Franz-Josef-Land bis wenige hundert Kilometer an den Nordpol aktiv waren.

Von Prof. Dr. Wilhelm Dege wurden die Aufgaben der Trupps klar umrissen: Ausschließliche Wetterbeobachtung, jegliche Kampfhandlung vermeiden und alle Möglichkeiten nutzen, um über kriegsbedingte Aufgaben hinaus die einmalige Chance zu nutzen, die genauen wissenschaftlichen Untersuchungen in die friedliche Forschung der Nachkriegsjahre überzuleiten. So kam es, dass einige dieser kleinen verstreuten Trupps nach der Kapitulation auf dem Eis festsaßen.

Am 17. Januar 1945 war noch U-992 von Harstadt zur Versorgung der Trupps auf den Bäreninseln ausgelaufen, während U-739 zur Sicherung des Dampfers WUPPERTAL lief, der die Versorgung des Wettertrupps "Zugvogel" aufgrund eines Maschinenschadens abbrechen musste. U-739 kam am 25. Februar nach Harstadt zurück, nachdem es am 23. Januar die Suche nach der vermissten WUPPERTAL ergebnislos abgebrochen hatte. In diesem Funkspruch wurde auch die Sonderaufgabe von U-242, die Absetzung von Funkern und FT-Geräten im Finnischen Meerbusen als abgeschlossen gemeldet worden, während eine weitere Meldung vom 8. April 1945 noch das Auflaufen von U-278 und U-711 ankündigte, welche Frontaufklärungskommandos im Raum Kirkenes und nordostwärts Hammerfest absetzen sollte. Die U-Boote waren also noch sehr aktiv und oftmals die letzte Rettung für kleine Kommandotrupps in abgelegenen Gebieten.

Am 4. September 1945 unterzeichnete Prof. Dege die vermutlich letzte Kapitulationsurkunde einer deutschen Einheit gegenüber einem norwegischen Robbenfänger, der seinen Trupp "Haudegen" zurück in die Heimat bringen sollte. Prof. Dege wurden später alle seine Aufzeichnungen zur weiteren Forschung wieder ausgehändigt.

U-668 erhielt am 14. April 1945 schließlich den Befehl, auf, seinem Rückmarsch den Trupp der Wetterstation von den Bäreninseln abzuholen, doch auch dieser Auftrag konnte nicht mehr ausgeführt werden. Hier war der Trupp des Leutnants Schaller abgesetzt worden, während die 2. Gruppe "Kulik" mit ihrer Funkanlage nach König-Wilhelm-Land, 50 km westlich von Lombvik, übersetzte. Amerikanische Einheiten nahmen im Sommer 1947 die deutschen Soldaten in Lombvik gefangen. Wohl in der Annahme, dass alle Soldaten in Gewahrsam waren, wurde die 1. Gruppe gegenüber den Amerikanern anscheinend weder von den Einheimischen noch den deutschen Kameraden erwähnt und verblieb daher weiter auf, ihrer Insel.

Nachdem die Alliierten die Kontrolle über den Funkverkehr ausübten, konnten ab Mai 1945 eigentlich keine Rufzeichen an die deutschen Oberkommandos mehr im Äther auftauchen. In den weit entfernten Gebieten wie der Arktis hatten, die kleinen Kommandotruppen mit den Geräten mit geringer Sendeleistung jedoch nur unter außergewöhnlich günstigen Wetterbedingungen die Gelegenheit zum Funkverkehr mit Überreichweiten. Sie hatten, weder Informationen über das Kriegsende erhalten, noch waren sie zunächst in der Lage wieder Kontakt aufzunehmen.

Durch diese Umstände bedingt, konnte der Funker Harry Gebert erst 1949 wieder einen Kontakt zu einer Amateurfunkstation im Ruhrgebiet aufbauen. Nach den Erkenntnissen der Lage im geteilten Deutschland wurde die Nähe zu den Eskimos einer eventuellen Gefangennahme durch russische Einheiten jedoch vorgezogen. Der Funkspruch aus dem hohen Norden wurde von drei Amateurfunkstationen im Raum Essen und in Grönland, jedoch auch von einer russischen Torpedobootsflottille im Raum Spitzbergen aufgenommen. Vier Jahre nach Kriegsende dürften die aus dem Eis kommenden Rufzeichen an die deutschen Oberkommandos dort sicherlich für Aufregung gesorgt haben. Doch erst nach dem Winter nahmen 150 Rotarmisten die kleine Gruppe 1950 schließlich gefangen – auf, die Ausstellung einer Kapitulationsurkunde hat man von russischer Seite zu diesem Zeitpunkt dann vermutlich verzichtet.

Bei den Operationen in diesen entlegenen Gebieten fielen den Anlagen "Wetterfunkgerät-Land" (W.F.L.) und "Wetterfunkgerät-See" (W.F.S.) die Aufgabe der Übermittlung von Daten der bemannten und unbemannten Wetterstationen nach Deutschland zu. Heute ist in Forschung und Technik die automatische Funküberwachungseinrichtung zum Standard geworden, deren Ursprung bei den deutschen Funkstationen liegt. Innerhalb weniger Monate war nach dem W.F.S. auch das W.F.L. einsatzbereit.

Von Herbst 1942 bis zum Kriegsende wurden u.a. von Labrador, Jan Mayen, Spitzbergen, den Bäreninseln, Novaja Semlja, der Inostranzewa Bucht und der Arktis (Franz-Josef-Land) die Wetterdaten mit derartigen Funkstationen übermittelt. Der größte Abstand einer Wettermess- und Sendestation zu einer Empfangsstation war, ca. 1.000 km. Die Einsatzdauer betrug 3-4 Monate und konnte durch Zusatzbatterien auf, max. 8-10 Monate verlängert werden. Die insgesamt bis zu 2 Tonnen schweren Stationen wurden meist von U-Booten aufgebaut, so z.B. am 9. Juli 1943 Wetterfunkstation "Robert" (W.F.L.-24) auf der Bäreninsel durch die Besatzung von U-629 (Kommandant OLtzS Bugs). Eine im Juli 1944 bei der Auflösung der bemannten Station in Nordspitzbergen abgesetzte Station setzte sogar noch im Mai 1945 ihre Meldungen regelmäßig ab.

Der Lo-150-FK-41sa wurde hauptsächlich als Fern-Kurzwellen-Sender durch automatische Wetterstationen in der Arktis bekannt, von denen insgesamt ca. 25 in dieser Ausführung zum Einsatz kamen. Der Sender Lo-

150-FK-41a (3-12 MHz) war für 150 Watt Antennenleistung ausgelegt. Es erfolgte eine periodische Übermittlung über eine Schaltuhr (4 pro Tag, Zeitbedarf 60-80, maximal 120 Sekunden) von Luftdruck, Lufttemperatur, Bodentemperatur, Windrichtung und Windgeschwindigkeit. Die Wahrscheinlichkeit des Empfanges aller 4 Meldungen von den in gemäßigten Breiten gelegenen Sendern lag bei 80-90%, bei den nördlichsten Stationen noch bei 50-60% (bei Übertragungsfehlern unter 1%).

Für damalige Verhältnisse wurden technisch völlig neue Wege beschritten, deren Erfolg den Einsatz rechtfertigte. Es gab weitere Planungen zu Ausführungen mit automatisch ausfahrender Teleskopantenne zum Unterwasserausstoß aus einem Torpedorohr. In der Marine kam das seltene "Wetterfunkgerät-See" (1,5 Tonnen) mit dem Lo-150-FK-41a zur Übermittlung der Messdaten zum Einsatz. Es konnte bis 4.400 m Wassertiefe verankert werden. Alle 12 Stunden löste die Anlage selbsttätig ihr Auftauchen aus, sendete die Daten und tauchte selbstständig wieder ab. Sie war der begehrteste Fang der englischen Fischer, da die Regierung 1.000 Pfund für jede überbrachte deutsche Station zahlte, deutlich mehr als die Seeleute mit Fischfang verdienen konnten.

Weiterhin gab noch spezielle Entwicklungen im Bereich der Luft- und Seefahrt, wie z.B. die Marine-Radiosonde für Wetterbeobachtungen durch in See stehende Einheiten. Der Ballon hatte einen Durchmesser von ca. 1,5-2 m und trug die Sonde, zwei Antennen und einen Fallschirm. Die Sonde hing mit einer Antenne am Ballon, während die zweite Antenne mit dem nach unten hängendem Fallschirm für Stabilität sorgte. Zwei KW-Sender, jeweils für Temperatur- und Druck-/Feuchtigkeitsmessung, sendeten über die zwei Antennen (insgesamt 35 m). Bei Zimmertemperatur war die Basisfrequenz 8.000 kHz und mit jedem Grad veränderte sich die Frequenz um jeweils 2,7 kHz. Der zweite Sender arbeitete nach gleichem Prinzip auf 10.400 kHz.

Ein weiteres interessantes Funkgerät benutzte die Luftwaffe. Das Wettersendegerät W-S-2 ("Mücke", 1941), lieferte von Ballons aus ebenfalls die Druck-, Temperatur- und Luftfeuchtigkeitswerte über automatisierte Morsezeichen. Die Bodenstelle (LKW) empfing die Daten mit dem FuG-502 ("Maus") auf 27 MHz, während der Ballon mit seiner 300-MHz-Frequenz in der Höhe gepeilt wurde. Das Heer benutzte diese Anlage später auch zur Ermittlung der notwendigen Wetterdaten an den V-2-Raketen, die vor dem Start eingestellt werden mussten. Um der feindlichen Flak zu entgehen, wurden die vom Flugzeug aus abgeworfenen Messsender bis auf die Größe von Ziegelsteinen miniaturisiert.

Anlagen der deutschen Wehrmacht/Kriegsmarine

Die Kriegsjahre und die technischen Entwicklungen nach 1918 sind in allen Fachgebieten wiederholt aufgrund neuer Erkenntnisse durch Autoren aufgegriffen worden. Die Entwicklungen der Funktechnik in Deutschland bis 1945 waren Wegbereiter für die heutige mobile Informationstechnologie, um die Leistungen der Forscher und des Nachrichtenpersonals sowie die Qualität der Nachrichtengerätetechnik einschätzen zu können, muss die Problematik auf die damalige Zeit bezogen betrachtet und erkannt werden können.

Heer, Luftwaffe und Marine hatten recht unterschiedliche strategische und taktische Rahmenbedingungen, Bedürfnisse und Ziele, allen gemeinsam waren aber die sehr großen Entfernungen, die mit Nachrichtenverbindungen überbrückt werden mussten, wobei es selten nur einen einzelnen Adressaten gab sondern immer alle Truppenteile erreicht werden sollten. Gleichzeitig war ein hoher Schutz durch möglichst komplizierte Chiffrierverfahren erforderlich, was die Arbeit der Funker zusätzlich erschwerte.

Nachrichtenstellen sind im wirtschaftlichen wie militärischen Bereich immer sehr neuralgische Punkte. Der deutsche militärische Funkverkehr wurde nicht nur für die Ergänzung der Drahtverbindungen und den taktischen Betrieb eingesetzt, sondern oft allein in leichtfertiger und unnötiger Weise – allerdings gab es diese Fehler auch bei den Alliierten. Funkwellen verbreiten sich eben frei im Raum und ein Chiffrierschlüssel ist nur so sicher, wie das schwächste Glied der Kette, dem Mensch und den durch seine Situation bestimmten Handlungen. Die Sicherheit von Funkwellen ist heute im Wireless LAN (WLAN) wieder zu einem Thema geworden.

Da nahezu alle Fernverbindungen über Draht durch die Mehrfachnutzung von Leitungen und guter Verstärkertechnik eine sehr gute Übertragungsqualität erreichten, war der Funkverkehr primär als Verbindung zu den schnell operierenden Einheiten an der Front jedoch das ideale Führungsmittel. Die in den Friedensjahren entstandenen deutschen Postnetze waren jedoch für die Kriegszeit teilweise nicht vorbereitet und geschützt worden. Planungsgrundlage der Wehrmacht war der Vormarsch, zerbombte Infrastruktur im eigenen Land war in der aufgetretenen Form nie erwartet worden und so zwangen die zerstörten Fernsprech- und Fernschreibleitungen später zur verstärkten Nutzung des kompromittierenden Funkverkehrs.

Sehr gefährdet waren natürlich auch die Draht- und Kabelverbindungen in den besetzten Gebieten, die nicht ausreichend gegen Partisanen gesichert werden konnten. Das Fernsprechnetz wurde durch unabhängige Online-Fernschreibverbindungen ergänzt, was den Vorteil hatte, dass Befehle meist immer in schriftlicher Form nochmals vorlagen. Auch diese Fernschreibleitungen wurden bis weit in den Frontbereich verlängert. Die Telegrafie-Verbindungen aller wichtigen Befehlsebenen waren dadurch sichergestellt.

In den offiziellen Berichten werden Fehler in der Kommunikation nur selten erwähnt und wenn, dann meist ohne Erklärung der Hintergründe und Umstände. Das Desaster der US-Marine in Pearl Harbor wird offiziell sowohl dem Radar, der dortigen Marine-Funkleitung und der Funkaufklärung bzw. der Entzifferung zugeschrieben. Die schlechten Ausbreitungsbedingungen der Funkwellen von 1941/42 betrafen aber alle Nationen. Dann gibt es natürlich auch oft eigene Interessen in der Politik den Adressaten gar nicht erreichen zu wollen bzw. sich falsch verstanden zu wissen, um entsprechende Provokationen zu erzielen.

Die Wehrmacht hatte eines der besten Nachrichtennetze der Welt, doch es stand nicht sofort bei Kriegsbeginn zur Verfügung, sondern musste auf den bestehenden Verbindungen aufgebaut werden. Die Nachrichtenabteilung einer neu aufgestellten ostpreußischen Infanterie-Division zog z.B. mit kaum mehr als einem Dutzend Telegrafie-Funktrupps und etwa zwei Dutzend Funksprech-Tornistern in den Polenkrieg. Die Geräte sollten auf die einzelnen Einheiten verteilt werden, doch die ostpreußische Kavallerie war noch schlechter ausgerüstet und musste ebenfalls mit Nachrichtengeräten aus diesem Pool versorgt werden.

Die Funkausrüstung der polnischen Armee stammte aus polnischer Fertigung und war technisch ausgereift, aber auch hier war die Anzahl der Geräte in den Truppen sehr gering. Die Drahtverbindungen des polnischen Heeres brachen beim Angriff der deutschen Wehrmacht schnell zusammen und der Funkverkehr konnte die Lücken mangels Funkanlagen nicht schließen. Die polnischen Handschlüssel hatte die deutsche Funkaufklärung schnell entziffert, nicht aber die Chiffren der Schlüsselmaschine Lacida, die einen ähnlichen Aufbau wie die der ENIGMA hatten. Zu geringer Funkverkehr und ein zu kurzer Feldzug ließen die deutsche Entzifferung in dieser Maschine ungeprüft.

Der polnische Funk brach schon am siebentem Tag nach dem Einmarsch der deutschen Truppen zusammen. Das Fehlen eines Führungssystems hat sicherlich den raschen Zusammenbruch der polnischen Streitkräfte begünstigt, da kaum noch eine koordinierte Kampfführung möglich war. Gleichzeitig konnte jedoch auch der waffentechnischen und zahlenmäßigen Überlegenheit der deutschen Truppen nichts entgegengesetzt werden.

Bei den polnischen Streitkräften und der Roten Armee gab es viele gute Telegrafisten, aber die Funkdisziplin wurde vernachlässig. Die deutsche Funkaufklärung durchschaute schnell die einfachen Handschlüssel und hatte auch bald entsprechende Unterlagen erbeutet. Der Sprechfunk war, undiszipliniert und für die deutschen Horchfunker dadurch sehr aufschlussreich.

Der Melder war, auf, den unteren Ebenen der Streitkräfte noch unentbehrlich und seine Motorisierung keineswegs selbstverständlich und auch die Fernsprechbetriebsstellen der deutschen Infanterie und Artillerie waren teilweise noch mit Pferdegespannen ausgerüstet. Erst ab dem Frankreichfeldzug wurden massiv motorisierte Nachrichtenzentralen verwendet und es standen mehr Feldfunksprechgeräte zur Verfügung. Die Anzahl sollte aber immer unzureichend bleiben, da die Fertigung nie die erforderlichen Stückzahlen erreichte, um alle Einheiten gleichmäßig auszurüsten.

Viele Kommandeure waren sich nicht bewusst, dass der Funk bei Störmaßnahmen und Ausfällen nicht immer so problemlos funktionieren würde, wie z.B. Telefon- und Fernschreibleitungen. Der Telegrafie-Nahverkehr an der Front bereitete zunächst nur wenige Probleme, obwohl dort nur selten sehr gut ausgebildete Funker zur Verfügung standen. Die Funksprüche kamen mit geringem Tempo und konnten fast immer übermittelt werden oder es wurde die Nachrichten wurden wiederholt. Funkausfälle an der Front gab es hauptsächlich durch Nachschubprobleme (zu wenig Anodenbatterien und Akkus).

Die Problematik der Weitverkehrsverbindungen wurde bei der Ausdehnung der Fronten erst voll erkannt. Dies waren allerdings nicht unbedingt Planungsfehler, denn welcher Kommandeur hatte die Manöver und Planspiele seiner Einheiten bezogen auf, einen Einsatz in Afrika, den griechischen Inseln, Moskau oder bis vor New York oder La Plata durchgeführt. Die Bedingungen und Anforderungen des Funkverkehrs unter diesen Bedingungen waren nicht von Anfang an ersichtlich und dadurch Probleme im Funksektor vorprogrammiert.

Wäre es Polen gelungen, die vier Seekabel nach Ostpreußen zu Beginn des Feldzuges zu zerstören, hätte die Wehrmacht mit Ostpreußen nur noch per Funk verkehren können. Dank der konsequenten Sperre der Küste durch die Marine wurde die verhindert und es konnten nur die Landleitungen durch polnisches Gebiet getrennt werden. Zur Sicherheit wurde zusätzlich eine UKW-Richtfunkverbindung zwischen Rügen und dem Samland in Betrieb genommen, die eine gute Verbindung zum OKW nach Berlin-Zossen herstellte. Auch der Luftnachrichtentruppe gelang es, an der schmalsten Stelle des polnischen Korridors (125 km) eine betriebssichere Richtfunkverbindung aufzubauen, obwohl nur niedrige Hügel für die Aufstellung zur Verfügung standen. Mit einer größeren Bündelung wurde die Reichweite der Anlagen erhöht, wodurch der polnische Korridor überbrückt werden konnte.

Der Funk der schnellen Panzertruppen und Luftwaffeneinheiten war die Voraussetzung des Blitzkrieges und ermöglichte auch ein schnelles Nachrücken der rückwärtigen Einheiten und der Logistik in den Durchbrüchen. Die sichernden Infanterieeinheiten konnten manchmal aber nicht zügiger vorrücken, weil das Feuer der eigenen überschießenden Artillerie nur über Umwege koordiniert und vorverlegt werden konnte. Als die deutschen Armeen schnell ins Landesinnere Polens vorgestoßen waren, gab es erste Probleme mit den Reichweiten der Funkkommunikation mehrerer Armeen mit dem OKW in Berlin-Zossen. Die Funkverbindung zwischen der 4. und 8. Armee konnte zwar hergestellt werden, aber es wurde vergessen die Schlüsselunterlagen auszutauschen, womit keine sicherheitsempfindlichen Nachrichten übermittelt werden konnten.

In Manövern mit Funkübungen konnten nicht alle eventuellen Fälle wie z.B. der Einstieg von fremden Einheiten des Heeres in den Funkverkehr einer geschlossenen Heeresgruppe oder gar zu Luftwaffe- oder/und Marineverbänden geübt werden. Das heutige Prinzip des Combined-Joint-Gedankens hätte hier vielleicht vielen Soldaten das Leben retten können. Gleichzeitig mussten teilstreitkraftspezifische Ersatzteile wie z.B. Batterien, Röhren, Munition den Einheiten an der Front durch Kuriere und Flugzeuge zugeführt werden. Eine als KW-Funkzentrale ausgebaute Ju-52 ersetzte erstmals eine komplette Bodenzentrale für eine Armeeführung, sozusagen eine frühe AWACS-Maschine bzw. AIR FORCE ONE. Allerdings blieb diese JU-52 bei der ersten Führung einer Armee über Funk am Boden stationiert, da die Energieversorgung und die Antennen noch nicht integriert waren. Bei den ersten Bomberangriffen der Briten zeigten sich die Mängel des Flugmeldedienstes, weil Vorpostenboote und Inselbeobachter der Marine nicht direkt in das Luftwaffenfunknetz eingebunden und die Meldewege über die Marinedienststellen zu lange und umständlich waren.

Die nächsten Fernmeldeprobleme in der deutschen Wehrmacht ergaben sich durch eine zu geringe Anzahl von Funktrupps bei der Besetzung Norwegens. Schon der kriegsbedingte Ausfall einiger schwerer Sendertrupps führte fast zu einer erzwungenen Funkstille, da kein Ersatz eingeplant war bzw. nicht zur Verfügung stand. Auch hier half die Luftwaffe mit speziell ausgerüsteten Flugzeugen, die auf den norwegischen Flugplätzen landeten und danach als Funkleitstelle am Boden operierten. In den engen Fjorden gestalteten sich die Funkverbindungen wesentlich schwieriger, selbst die Funker der Gebirgsjäger kaum damit kaum zu Recht, obwohl sie in den Alpentälern bei ähnlichen Funkbedingungen ausgebildet worden waren. Auch hier wurde eine Ju-52 mit KW-Ausrüstung auf einem zugefrorenen See oberhalb von Narvik eingeflogen und für die Funkverbindungen zum OKH verwendet, bis andere Fernmeldeverbindungen wieder zur Verfügung standen.

Die Fernsprechleitungen der norwegischen Post wurden durch Richtfunk-Trupps ergänzt, von denen aber ebenfalls nicht genügend vorhanden waren. Die Koordination zwischen Heer, Luftwaffe und Marine war auch beim Frequenzmanagement und den verwendeten Schlüsselunterlagen mangelhaft. Als die Telefon- und Fernschreibverbindungen von Norwegen nach Deutschland wieder intakt waren, waren sie deshalb sofort verwendet. Diese Kabel liefen aber über Schweden und wurden dort abgehört. Erst ein 1942 neu verlegtes Seekabel stellte eine sichere Kommunikation her.

Als die Panzerdivisionen in Frankreich operierten, gab es übergreifende Funkverbindungen zu den Luftwaffenverbänden, welche die Bombardierung durch eigene Verbände in den meisten Fällen verhindern konnten. Ein Kampfgeschwader, welches den Hafen von Rotterdam bombardieren sollte, konnte durch den raschen militärischen Zusammenbruch Belgiens allerdings nicht mehr zurückgerufen werden. In der Luftschlacht um England gab es Funkprobleme durch schlechte Koordination zwischen Bombern und Begleitjägern. Besonders bei den langsamen und schwach bewaffneten Stukas gab es unnötig hohe Verluste und auch versehentliche Angriffe auf Einheiten der Kriegsmarine.

Probleme durch zu geringen Reichweiten gab es im Verkehr mit dem Afrikakorps, was aber nicht zu lösen war, weil englische Kommandotruppen alle italienischen Seekabel auf afrikanischer Seite zerstört hatten. Nach problematischem Funk im GW-Bereich besorgte sich das Heer einige KW-Geräte von der Marine und eine sehr zuverlässige Kommunikation gab es danach zusätzlich noch über Richtfunkverbindungen. Die längste Richtfunkverbindung überbrückte zwischen Kreta und El Djabi etwa 600 km. Dies war nur möglich bei einer Frequenz von 45 MHz und unter Ausnutzung von Inversionsschichten, die sich in der Hitze des Tages über dem Mittelmeer bildeten. Nachts brach diese Verbindung deshalb regelmäßig ab, da auch die Inversionsschichten sich auflösten.

In Westeuropa gab es ein gut nutzbares dichtes ziviles Telefonnetz, welches aber mit der Kriegsdauer immer stärker durch Bomben und die Résistance gefährdet war. Gezwungener Massen musste immer mehr auf den Funk ausgewichen werden. Es gab ganz gezielte Aktionen des britischen Geheimdienstes, um das Heer zur vermehrten Nutzung des Funks zu bewegen und dadurch den Abhörstellen in England die Aufnahme des Nachrichtenverkehrs zu ermöglichen.

Auf dem östlichen Kriegsschauplatz waren oberirdisch verlegte Fernfeldkabel und Drehkreuz-Achsen und die unzureichend verbunkerten Ämter mit ihrer Verstärkertechnik vorrangiges Ziel nächtlicher Partisanenangriffe, die besonders ab 1943 sehr systematisch betrieben wurden. So konnte im November 1943 ein Fernfeldkabel gleichzeitig an mehr als 300 Stellen unterbrochen werden. Dies überforderte dann auch die Fähigkeiten der sonst sehr effizienten Drahtnachrichtenkompanien die Verbindungen wieder zu reparieren, als auch alle Möglichkeiten der Richtfunksysteme eine Überbrückung solcher Strecken herzustellen. Die höchsten Befehlsebenen, die zunächst nur einen Online-Betrieb mit Geheimfernschreibern per Draht und Richtfunk durchführten, mussten nun ihren Fernschreibbetrieb ebenfalls vermehrt auf den Funk im KW-Bereich verlagern.

Im Jahre 1936 traf General Fellgiebel eine Feststellung, die unter den Bedingungen des Gefechtes zur bitteren Wahrheit wurde:

"Nachrichtentruppen sind kostbare, schwer zu ersetzende Mittel der Führung. Die Ausbildung des Personals kostet viel Zeit, die Beschaffung ihres Geräts viel Geld. Sie sind daher sparsam und vorsichtig einzusetzen."

Die Nachrichtentruppe unter General Fellgiebel konkurrierte mit der Luftnachrichtentruppe General Martinis, da hier ein sehr gutes Drahtnetz und Personal zur Verfügung stand. Rücksicht war nicht die Stärke beider Nachrichtengruppen, aber eine bessere Kooperation wäre doch möglich gewesen, weil sowohl Fellgiebel und als auch Martini technisch orientierte Generäle und keine Bürokraten waren. Den Vorteil von Richtfunklinien erkannte der General Fellgiebel im Vergleich zur Luftwaffe allerdings erst spät. Diese wären in Russland wesentlich besser zu schützen gewesen, als die Feldkabel.

Für die Überbrückung einer Entfernung von 400 km waren bis zu sechs Richtfunk-Trupps erforderlich, die inklusive Anfahrt und Aufbau nur etwa 50 Stunden benötigten. Im Leitungsbau schaffte eine Baukompanie hingegen etwa 8 km pro Tag. Es war also fast ein ganzes Nachrichtenregiment erforderlich, um eine solche Achse in etwa einer Woche bauen zu können und dieser Aufwand wurde in Russland auch tatsächlich betrieben.

Noch wichtiger war es, dass viel kostbares Kupfer benötigt wurde, was immer ein Rohstoff mit Engpässen war. Die RV-Geräte benötigten wenig Strom und konnten mit einem kleinen Aggregat betriebsbereit gehalten. Als nach der Kapitulation der italienischen Streitkräfte die Drahtverbindungen in Italien zusammenbrachen, konnten die Richtfunk-Verbindungen der Luftnachrichten den Nachrichtenverkehr aufrechterhalten.

Eine große Leistung gelang durch die Kombination der Feldkabel mit den Richtfunkverbindungen, mit der 1944 über etwa 5.000 km eine Verbindung vom FHQ in Ostpreußen zur abgeschnittenen Armee in Kurland hergestellt werden konnte. Die Streckenführung ging durch das Deutsche Reich und Dänemark, über Seekabel nach Norwegen, über Richtfunk durch Norwegen und Finnland, zuletzt mittels Seekabel nach Helsinki und Riga. Die Sprechverbindungen waren zwar weiter von geringerer Qualität, aber die Schlüsselfernschreiber funktionierten einwandfrei und ermöglichten eine gute Nachrichtenversorgung.

Ausfälle und Pannen der Nachrichtenmittel waren natürlich unvermeidlich. Stellungnahmen von General Fellgiebel gibt es hierzu leider keine, weil er den Krieg nicht überlebte. Sein Nachfolger als Chef WNV wurde General Albert Praun, der zwar Nachrichtenoffizier war, zwischenzeitlich aber eine Infanteriedivision befehligt hatte. Einer seiner ersten Maßnahmen war die Einrichtung von Funkberatungsstellen bei den verschiedenen Heeresstäben. Im Herbst 1944 ließ General Praun im Deutschen Reich die Drehkreuzachsen errichten, welche die bombengefährdeten Städte und Ballungsgebiete umgingen. 1943/44 wurden die fast fertig ausgebildeten Bordfunker als Luftwaffen-Feldgrenadiere und Fallschirmjäger eingesetzt, da es keine Flugzeuge für ihren Einsatz gab. Ähnlich wie bei der Marine waren hier die Verluste dann durch den ungeübten Bodenkampf unverhältnismäßig groß.

Die Jahre 1930/31 brachten z.B. die Einführung der neuen 700-W-KW-Sender S-300-S, dem S-307-S mit 400 Watt und dem S-309 mit 200 Watt Leistung von Telefunken und der Allwellen-Empfänger E-381 ("Brotkiste", aus Entwicklungen von 1918-1925). Der E-381 (Netzanschlussgerät EN-410-N) wurde neben der Grundausstattung der Truppe auch in der Funkaufklärung der Reichsmarine eingesetzt und zusammen mit dem Lo-6-K-39 und anderen Geräte z.B. auch in der Empfangsstelle der geheimen Funkstelle "Koralle" des BdU. Heutige Funker würden sich mit dem Gerät wohl kaum zurechtfinden, da der Empfänger weder eine geeichte Skala noch einen Betriebsarten-Wahlschalter für AM oder CW hatte. Auch die Funktion der

Knöpfe auf der Frontplatte war nicht sofort ersichtlich. Die Bedienung erforderte eine eingehende Schulung.

Das erste Modell E-381 wurde ab 1932 durch den E-381-H und später Mitte der 30er Jahre durch den E-381-S (Spez. 860-Bs) mit zusätzlichem Anzeigegerät für Heiz- und Anodenspannung ergänzt. Der 4-Röhren-2-Kreis-Empfänger mit Rückkopplungsaudion, Schirmgitterröhre in der HF-Stufe, hatte einen Frequenzbereich von 15 kHz bis 20 MHz, sowie eine besondere Grob- und Feinabstimmung für Schiffs- und Landstationen, bei denen er seine Hauptverwendung als Spezial- und Suchempfänger fand. Die mit 1-x-RES094 und 3-x-RE084 Röhren bestückten Geräte hatten, zwei 10-Teilbereichsspulen auf einem "Spulenrevolver", was das charakteristische Aussehen einer Brotkiste bedingte. Selbst bei Batterieausfall konnte mittels eines Detektors mit Eingangs- und Sperrkreis noch ein Notbetrieb durchgeführt werden. Auch auf den Zeppelinen, wie z.B. der HINDENBURG (LZ-129), war das Gerät eingesetzt, während auf Fischdampfern später die Version E-521-S mit eingeschränktem Frequenzbereich von 125-20.000 kHz eingebaut wurde.

Für telegrafische und telefonische Verbindungen wurde von Telefunken ab 1931 die KW-/LW-40/70-Watt-Sende- und Empfangsanlage für kleinere Schiffe als FuG-10 entwickelt, welche dann aber zunächst bei den Seeflugzeugen und Schnellbooten (S1-S6) der Kriegsmarine eingeführt wurde. Die Frequenzen lagen bei 300-600 und 3.000-6.000 kHz mit 40 Watt Sendeleistung für Kurzwelle und 70 Watt für Langwelle.

Die Luftwaffe änderte die Anlage FuG-V mit Windschraubengenerator zur Stromerzeugung zum FuG-III. Bei den Seeflugzeugen konnte der Windschraubengenerator zusätzlich als Ladegerät für die Bordbatterie genutzt werden. Später gab es Umformer für die Bordspannung der Flugzeuge, so dass die Geräte auch am Boden betrieben werden konnten. Die FUG-III wurden dann auch an Bord verwendet und ein solches Gerät wurde dann auch für die Erstausstattung der Marinefernmeldeschule 1956 genutzt.

Nach Erscheinen der ersten Wehrmachtsröhren wurden auch die Sender und Empfänger der kleinen Heeres-Funktrupps modernisiert. Hier kam von Telefunken der tragbare Tornister-Empfänger b (Tornister E.b./24b-305 = Spez. 976-Bs, 23,3 kg) im Frequenzbereich 100-6.670 kHz. Er war eines der bekanntesten deutschen Geräte und wurde für Heer, Luftwaffe und den Export in großen Stückzahlen hergestellt. Von 1938-1945 war das Gerät in der Ausstattung der Prisenkommandos der Kriegsmarine. Der 4-Röhren-3-Kreis-Empfänger (RV2P800) hatte acht Teilbereiche mit einem dem E-381 ähnlichen Spulenrevolver. Zur Ausblendung von Störern gab es einen zuschaltbaren NF-Filter. Im Zubehörteil des Panzerholz-Tornisters waren die Batterien, Kopfhörer und Verbindungskabel untergebracht.

Kleinfunkgeräte wurden in der gesamten Wehrmacht eingesetzt, der Allwellen-Empfänger H-2-L/7 der Firma Philips war aber ursprünglich ein Funkempfänger der Handelsmarine und kam erst 1940 als Marine-Reserve-Empfänger-40 zur Flotte. 1939 wurde dieser 4-Röhren-2-Kreis-Empfänger von der Firma DEBEG übernommen. Der Frequenzbereich ist zehnfach unterteilt und geht von 15-21.000 kHz. Als Röhren fanden B442 (HF-Strip), B424 (Audion und NF-Stufe) und B443 (Endstufe) Verwendung. 10 auf einer Trommel montierte Spulensätze dienten der Abstimmung. So mancher Funkamateur hat mit diesem Empfänger nach dem Krieg seine erste Station aufgebaut.

Das deutsche Militär nutzte zum Empfang der Telegrafie und Telefonie u.a. den Kurzwellen-Empfänger E-454-Bs (KW-E.a./24b-328, 42-kg, Telefunken), mit einem Frequenzbereich von 980-10.200 kHz in 5 Bereichen. Er kam, 1938 als Ergänzung des ein Jahr vorher erschienenen Langwellenempfängers LW-E.a. (beide Geräte mit 11 Röhren RV2P800). Frontplatte und Gestell der Überlagerungsempfänger sind aus einer Aluminiumgusslegierung, Kasten und Deckel aus Panzerholz. Die Regelung der Bandbreite erfolgte zwischen 1,8-12 kHz mit Dreikreisbandfilter. Das NAG ist das Netzgerät für die Empfänger LW-E.a. und KW-E.a. an Bord von Schiffen. Die Ausnutzung aller Möglichkeiten des Gerätes erforderten allerdings ein gewisses Geschick und Übung. Dies führte zu einigen Problemen, da die erfahrenen Funkamateure meist bei der Abwehr eingezogen waren.

Empfänger zur Betreuung des Militärs (Truppenbetreuungsempfänger) gab es in vielen Versionen. Sie standen in Unterkünften des Heeres, der Luftwaffe und Kriegsmarine, in den Soldatenheimen der Etappe, in der RAD-Baracke sowie im U-Boot. Meistens waren die Geräte aus zivilen Produktionen und bekamen nur ein stabiles Holzgehäuse sowie einen militärischen Anstrich. Spezielle Konstruktionen mit universeller Netzanschlussmöglichkeit, wie die Radione R-2, den "Rudi" und andere. Die Verzeichnisse der damaligen Marine-Nachrichten-Arsenale, wie z.B. in Thale/Harz geben dann aufgrund der vielen beteiligten Produktionsstätten auch den Eindruck eines Who-is-Who der Radiofirmen.

In der Regel führte im 2. Weltkrieg führte die Teilstreitkraft die ein Gebiet zuerst besetzte dann auch die erforderliche Verwaltungsarbeit durch. Bei den Marinenachrichtenabteilungen an den Küsten gab es deshalb viele verschiedene Truppenbetreuungsempfänger für z.B. Nachrichten, Wettermeldungen oder auch der Unterhaltung. Herr Conrad H. von Sengbusch versuchte zwölf Jahre lang, eine Sammlung von Rundfunkgeräten der Marke VEF aus seiner Heimatstadt Riga aufzubauen. Ein letztes Inserat diesbezüglich wurde gelesen und er erhielt ein Gerät zu treuen Händen geschenkt. Seit 1984 wurde dieser Empfänger gepflegt und bewahrt, von dem heute in ganz Deutschland nur noch drei Geräte bekannt sind, aber nur eines ist im originalen Zustand erhalten geblieben.

Der Transport einiger Waggons mit Fertiggeräten dieses Typs blieb an der Bahnstrecke Berlin-München bei Kronach liegen und wurde von den Amerikanern dem Tschechen Padora zugesprochen, der auf der Grundlage dieses Materials seine Radiofirma Padora gründete (bestand bis etwa 1952). Der komplette Lagerbestand der Batterie-Empfänger des Typs VEF-B-417 wurde von Padora auf P-2000-Röhren und Netzbetrieb umgebaut und verkauft. Die Spuren dieser Technik verlieren sich im Raum Coburg, wo ab und an noch Einzelteile dieser Geräte gefunden werden. Der Truppenbetreuungsempfänger von Herrn C. von Sengbusch war etwa 1943 für die deutsche Wehrmacht in Riga/Lettland bei der Firma VEF (Staatliche Elektrotechnische Werke) gebaut worden und hat eine bewegte Geschichte.

Oberfeldwebel Koepf war der Marinenachrichtenabteilung unterstellt, welche die Stadt Riga verwaltete. Im August/September 1944 war abzusehen, dass die Stadt vor der Roten Armee geräumt werden musste. Aus Mangel an Transportfahrzeugen konnte aber nur ein Teil der Ausrüstung der Schreibstube des Oberfeldwebels mitgenommen werden. Bis zum letzten Augenblick funktionierte jedoch noch die Feldpost und so wurde der VEF-B-417 kurzerhand in die zugehörige Transportkiste gepackt. Zuvor wurde noch die Typenbezeichnung VEF-B-417 entfernt, welche das Gerät militärisches Material identifiziert hätte. Dann wurde die dadurch freiliegende Fläche mit der Heimatanschrift überklebt. Komplett mit Heizakku nebst Anodenbatterie kam der Empfänger nach Langenberg/Kreis Crailsheim, wohin die Familie aus Stuttgart evakuiert worden war. Als "militärisches Gut" hielt es die Familie für ratsam, das Gerät erst einmal bis zum Kriegsende im Keller einzulagern. Die Antwort des Oberfeldwebels auf die Bestätigung der Sendung waren seine letzten Zeilen, der Familienvater verstarb in russischer Kriegsgefangenschaft.

Als die Amerikaner den Ort Langenberg besetzten, mussten von der Bevölkerung alle Radiogeräte und Fotoapparate zunächst abgeliefert werden. Das Wohnhaus der Familie Koepf wurde von den Besatzungstruppen beschlagnahmt. Vorher aber verstaute man einige Dinge kunstvoll in einen Brennholzstapel im Keller ein, darunter auch den VEF-B-417. Es war ein großes Glück, dass die Amerikaner nur einen Sommer lang im Hause blieben und kein Brennmaterial brauchten. Als sie wieder abzogen, waren alle Sachen noch vorhanden und die Familie hatte unmittelbar nach dem Krieg wieder ein funktionsfähiges Radio. Als die Familie des Oberfeldwebels Anfang der 50er Jahre wieder in einen Stadtteil nach Stuttgart mit einem 110-V-Gleichstromnetz zurück umzog, war, dies für den Betrieb des Gerätes ideal. Anodenbatterien gab es auch noch und der Heizakku wurde für das Aufladen in Reihe mit dem Bügeleisen geschaltet. Als dann der Stadtteil auf das 220-V-Wechselstromnetz umgestellt wurde, musste die Versorgung des Empfängers neu geregelt werden. Der Sohn der Familie machte im Jahre 1952 eine Lehre als Elektromechaniker bei MIX & GENEST und baute ein Netzteil für den VEF-B-417, der damit im

Originalzustand erhalten blieb. Bis 1962 wurde der Empfänger täglich betrieben und dann eingelagert. Eine Funkgeschichte in unmittelbarer Verbindung mit dem Schicksal der Menschen.

Viele Geräte bergen derartige Vergangenheit und eines davon kam von der Firma RADIONE (Radio Nikolaus Eltz, Wien), die von etwa 1941 bis 1945 viele tausend Geräte ihrer R-Typen ("Reise-Empfänger") für die deutsche Wehrmacht lieferte. Die Empfangsgeräte Radione R-2 und R-3 waren Sechs-Röhren-Überlagerungs-Empfänger mit Hochfrequenz-Vorstufe für den Kurz-, Mittel- und Langwellenempfang (20 Watt Leistungsaufnahme).

Die teilweise farblich gekennzeichneten Wellenbereiche der R-2 sind auf KW von 13-50,5 m (grün), auf MW von 192-500 m (weiß) und auf LW 700-2000 m (rot), während die R-3 für drei KW-Bereiche ausgerüstet war. Beide Geräte hatten wahlweise einen 6V/12V/24V-Zerhacker oder ein Wechselstromnetzteil. Gute Trennschärfe, Empfindlichkeit und Abstimmgenauigkeit, bei kleinen Abmessungen und geringem Gewicht (10 kg), machten diese Geräte in der gesamten Marine sehr beliebt. Zweckentfremdet wurde hiermit so manches Mal "Lilly Marlen" gehört, anstatt den "aufmunternden" Propagandasendern. Die Radione-Empfänger funktionieren auch heute noch mit in den 40er Jahren eingesetzten Röhren und bieten guten Rundfunkempfang.

Der Telefunken T-659-WK ("Ocean") war ein Schiffs- und U-Boot-Empfänger der, wie die zwei Versionen der Radione-Empfänger, zum Empfang von Nachrichten, Wettermeldungen, etc. eingesetzt wurde. Auf U-Booten waren dann auch meist beide Geräte vertreten.

Das seltene Radione Sendegerät RS-20M bildete mit dem Radione R-3 das Fernmeldemittel der Prisenkommandos und auch des Agenten- und Botschaftsfunkverkehrs. In vielen Situationen, in denen eine kleine Leistung ausreichte und eine kleine Bauform erforderlich war (z.B. beim Kontakt zu besetzten Inseln im Küstenvorfeld) wurde diese Kombination eingesetzt. Für die tonlose/tönende Telegrafie und Telefonie konnte der Frequenzbereich von 3-14,2 MHz verwendet werden. Das quarzgesteuerte RS-20M war von 1941-45 in Gebrauch und nach vorliegenden Erkenntnissen sind 92 dieser Anlagen in die Truppe gelangt.

Weniger bekannt ist der Telefunken Super-Ela-1012/a, ein 9-Röhren-7-Kreis-Vorstufen-Superhet mit 2K/M, Bandbreitenregler und Leistungsverstärker EL-12. Er scheint aus der zivilen 800er-Reihe des Jahres 1939 abgeleitet zu sein und war Bestandteil der Lautsprecherkommandoanlage PF-1 der Kriegsmarine, die z.B. an Bord von U-Jägern, Vorpostenbooten und U-Booten installiert war. Ein Super-Ela-1012/a kam auch in U-995 bei Laboe in Kiel nach Restaurierung des Funkraumes wieder zu Ehren. Zur PF-1-Anlage gehörte ein Verstärker (WA-22m von TE KA DE), ein Schaltgerät, ein Plattenspieler und mehrere Lautsprecher. Alle Geräte wurden im FT-Raum in einem Ela-Gestell zusammengefasst, das außerdem noch einen Spind für ca. 100 Schallplatten hatte.

Der Betrieb dieser Anlage musste genau geregelt werden, damit es keine Überschneidungen der Kommandodurchsagen mit dem Musikbetrieb gab. Das Brückenmikrofon zum Besprechen des Kommandoverstärkers hatte deshalb Vorrang. Vom Steuerstand konnten über einen Wahlschalter im Mikrofon alle Stationen über und unter Deck angesprochen werden. Im Ela-Gestell im Funkraum war, das Kommandogerät installiert, die zentrale Schalt- und Verteilerstelle. Hier liefen die Ein- und Ausgänge des Verstärkers auf, die Ausgänge des Rundfunkgerätes, das zweite Mikrofon im FT-Raum, das Brückenmikrofon, u.s.w.. Der Funker konnte über Kippschalter das Rundfunkprogramm zum Kommandanten, in die O-Messe, zu den PUOs, Unteroffizieren und Mannschaften, durchschalten, wobei mittels L- oder T-Regler die Darbietung vor Ort in der Lautstärke geregelt werden konnten. Doch selbst bei ausgeregelter Lautstärke ermöglichte eine Schaltung die Kommandos an Bord in voller Lautstärke zu übertragen. Die heutigen Schifflautsprecheranlagen (SLA) arbeiten nach denselben Prinzipen.

Der Rundfunkverstärker Ela-11 (Siemens, 20-Watt-Endstufe) wurde als Marine-Verstärker vornehmlich in den Kasernenunterkünften der Kriegsmarine eingesetzt und eventuell auch an Bord größerer Einheiten. Das wenig bekannte Gerät war ab den 30er Jahren bis zum Ende des 2. Weltkrieges in Gebrauch.

Botschaftern, Presseattachés oder "bevorzugten Offizieren" konnte man aber für repräsentative Zwecke keine ordinäre "Holzkiste" anbieten. Dort waren die kleinformatigen Philips-Super des Typs BD-203-U sehr beliebt, die aufgrund ihrer Form auch als "Kommissbrot" bezeichnet wurden und in dieser Art von verschiedenen Herstellern (Braun, Stassfurt u.a.) nachgebaut wurden. Auch der ABC-Super von Philips mit seiner universellen Netzanschlussmöglichkeit wurde zu einem "Soldatenradio".

1937/38 hatte die Marine immer noch Vorbehalte gegen die Überlagerungsempfänger, obwohl 5-6 verschiedene Typen mit Abstimmungen über Regler im Betrieb an Bord ihre Qualitäten bereits nachgewiesen hatten. Aber die durch den Raummangel auf den Schiffen bedingte Nähe der Empfangs- zu den Sendeantennen führte zur Bildung von unerwünschten Mischprodukten in den Empfangsfrequenzen. Außerdem gab es die Befürchtung, dass die Oszillatorfrequenz ungewollt abgestrahlt und vom Gegner empfangen werden könnte sowie das Problem der Mehrdeutigkeit einer Empfangsfrequenz (Spiegelfrequenz) durch die damals verwendeten Zwischenfrequenzen.

In der Novemberausgabe der Marinerundschau 1921 wurde als Kommentar zum Thema Überlagerungsempfang in der Marine vermerkt: "Es wird deshalb noch mancher Widerstand, besonders auch bei den Telegraphisten, zu überwinden sein, bis das Neue sich in weiten Kreisen einbürgert.".

Aber innovative Techniken setzten sich trotzdem durch und fanden in der Zeit ab 1933 auch die nötige finanzielle Unterstützung für weitere Verbesserungen. Ein Pflichtenheft führte 1937 zur Entwicklung von zwei 6-Kreis-8-Röhren-Geräten bei der Firma Lorenz, dem Kurzwellen-Empfänger Lo-6-K-39 (1,5-25 MHz) und dem Langwellen-Empfänger Lo-6-L-39 (75-1.500 kHz). Beide wurden in "Panzerholzkästen" untergebracht und hatten eine Stufenfolge mit Eingangsbandfilter, drei HF-Verstärkerstufen mit Einzelkreisen am Eingang, rückgekoppeltes Audion (alle Kreise im Gleichlauf), NF-Verstärker und abschaltbaren quarzgesteuerten Prüfoszillator. Röhrenbestückung war die RV12P2000 mit acht Stück und mit eingebautem Wechselstromnetzteil lag das Gewicht bei 65 kg, doch trotzdem waren die Geräte sehr beliebt und erreichten hohe Stückzahlen.

Die überzeugenden Erfolge der Überlagerungsempfänger bewirkten einen Sinneswandel in der Kriegsmarine, denn von nun an folgten alle Geräte in der neuen Superhet-Generation. Der nächste Empfänger war der 8- und 9-Kreis-10-Röhren-KW-Superhet T-9-K-39 ("Main", 1,5-25 MHz), dem der Langwellen-ÜberlagerungsEmpfänger T-8-L-39 ("Wupper") folgte (45 kg). Dieser war ein 7- und 9-Kreis-, 9-Röhren-LW-Superhet mit einem Frequenzspektrum von 75-1.520 kHz in 4 Bereichen mit 3-x-RV12P2001 und 6-x-RV12P2000 Röhren. Der Aufbau beider Geräte war fast identisch, mit einem Vierkreis-Bandfilter, 1. HF-Stufe mit Einzelkreis, 2. HF-Stufe mit Einzelkreis, Mischstufe und Oszillator, 2 ZF-Stufen (1.875 kHz) mit Zweikreis-Quarzbandfilter und regelbarer Bandbreite, Zweikreisfilter mit Demodulator, Zweikreis-Telegrafie-Überlagerung und NF-Endstufe. In einer speziellen Version war das Gerät in der Funkpeilung eingesetzt. Der Allwellen-Empfänger T-7-KL-39 ("Ruhr") sollte der Nachfolger werden, von dem jedoch nur Vormuster gebaut wurden. Als 8- und 11-Kreis-, 11-Röhren-Superhet hatte er einen Frequenzbereich von 166-1.428 kHz und 3,3-20 MHz.

Der E-52 ("Köln") war eine besondere technische Leistung im UKW-Bereich, dessen Entwicklungsstand erst lange nach 1945 von der deutschen Industrie wieder erreicht bzw. übertroffen werden konnte. Unter der Bezeichnung T-8-K-44 wurde der E-52-b1 von Telefunken in der Marine z.B. auf U-Booten, bei den B-Diensten, in Bunkern an der Atlantikküste oder in Peilstellen eingesetzt. Allerdings konnte bis heute kein Sammler ein Gerät mit dem Typenschild T-8-K-44 finden, denn lediglich die an die Kriegsmarine gelieferten Kartons hatten diese Aufschrift, enthielten jedoch ebenfalls Geräte mit dem Typenschild des E-52-b1. Mit seinem Frequenzbereich von 1,5-25 MHz (200-12 m) wurde der E-52-b1 für Telefonie und Telegrafie genutzt. Der ab 1942/43 entwickelte Empfänger erhielt 10-x-RV12P2000 und 2-x-RG12D60 Röhren. Die Quarzbandfilter waren in der Bandbreite zwischen 200-10.000 Hz regelbar. Der Aufbau war in Folge eine HF-Stufe 1, abstimmbarer Zweikreisbandfilter, HF-Stufe 2, abstimmbarer HF-Kreis, Mischstufe mit abstimmbarem Oszillator, 6-Kreis-ZF-Bandfilter 1,0 MHz, ZF-Stufe 1, regelbarer Quarzbandfilter, ZF-Stufe 2, regelbarer Quarzbandfilter, ZF-Stufe 3, ZF-Einzelkreis, abschaltbarer Telefonie-/Eich-Überlagerer, Demodulator mit NF-Stufe 1, Lautstärkeregler, NF-Endstufe. Der hier betriebene technische Aufwand gewährleistete aber auch einen erstklassigen Empfang.

Auch bei der Bedienung wurde auf Qualität geachtet. Der Empfänger besaß eine Projektionsskala, bei der die Skalenteilung fotografisch auf eine kreisförmige Diapositivplatte aufgebracht war, die wiederum mit der Drehkondensatorachse verbunden wurde. Die Projektionseinrichtung warf den Skalenausschnitt auf die Mattglasscheibe des Skalenfensters. Bei dem E-52a erfolgte der Skalenantrieb manuell oder über einen Elektromotor mit zusätzlich vier rastbaren Frequenzen, während der E-52b Handabstimmung ohne mechanische Raststellungen besaß.

Die Geräte waren auch im Ausland (z.B. in der spanischen Armee) in Betrieb und die verschlüsselten Werknummern ließen zunächst eine Fertigung von über 11.000 Geräten vermuten. Doch wie bei den Baunummern der U-Boote wurden auch hier zur Tarnung ganze Nummerreihen ausgelassen. Die Herren Widdel und von Sengbusch untersuchten und decodierten die belegbaren Fertigungszahlen des E-52 und erhielten eine Gesamtzahl von etwa 3.500 Stück, wobei etwa 10 wichtige Varianten unterschieden werden können. Eine davon war z.B. für Einseitenbandbetrieb und als Mehrfach-Empfangsfunkanlage (MEFA) ausgelegt.

Die MEFA steuerte die stärkste Regelspannung alle angeschlossenen Empfänger in ihrer Verstärkung, womit ein Hochlaufen der Rauschspannung des im Schwund arbeitenden Empfängers verhindert wurde (Raum-Diversity). Mit den Geräten E-53 ("Ulm A", 23,7-70 MHz) und E-54 ("Ulm B", 21,5-120 MHz) sowie dem EO-8268 "Schwabenland" von Lorenz stieß die technische Entwicklung jedoch damals an ihre Grenzen. Es wurden noch Peilvorsätze für den "Köln" und "Main" für U-Boot-Einsätze entwickelt, die durch zu kurze Erprobungsphasen aber nur bedingt einsatzfähig waren. Nachdem die Alliierten ihrerseits zu Kurzsignalen in der Funkübermittlung übergingen, konnten diese Peilvorsätze auch keinen Nutzen mehr bringen.

Aus Beständen der Luftwaffe und Kriegsmarine wurden nach dem Krieg viele Küstenfunk- und Peilstellen, Wetterdienst- und Nachrichtendienststellen, die Deutsche Presseagentur (dpa), Mess- und Empfangsstellen der Post sowie die Funküberwachung mit dem E-52 ausgestattet. Die Oberpostdirektion Hamburg allein hatte über 100 der E-52-Geräte, die bis 1964 genutzt wurden. Viele E-52-Geräte fanden sich deshalb in den Ausbildungsräumen des Seegrenzschutzes, des Bundesgrenzschutzes und anderer Behörden, bis Gelder für modernere Anlagen vorhanden waren.

Heute sind die E-52-Exemplare Raritäten, von denen ungefähr noch 500 Stück existieren. Es gab Sammler, die das seltene Gerät unbedingt in ihre Kollektion einreihen wollten, wobei einer es vielleicht etwas übertrieben ist, indem nach der Typbezeichnung E-52 ganze 52 der Raritäten beschafft wurden. Das Gerät E-52 wurde als Reparationsleistung auch nach Russland verbracht, wo es aus Beutebeständen bekannt war. Die E-52 regten dann vermutlich auch zu Nachbauten an, denn der sowjetische Empfänger R-310 hat gleich mehrere Bauteile, welche passgenau mit dem E-52 ausgetauscht werden konnten, ohne dass die Funktion beeinträchtigt wurde. Anfang der 60er Jahre wurden die letzten Geräte E-52 und E-53 bei Telefunken in der Technik überholt. Erst die Empfänger EK-07 von Rohde & Schwarz und der E-311 von Siemens brachten im Bereich der Behörden gleichwertigen Ersatz.

Beim Heer fanden UKW-Funkanlagen ebenfalls ihren Weg in die Truppe. Als erste Panzer und Schützenpanzer mit UKW-Geräten ausgerüstet wurden, gab es zahlreiche Ausfälle bei der Erprobung und die Probleme mit der Motorenentstörung gaben den Skeptikern scheinbar Recht. Aber mit besseren Konstruktionen und Gummi-Metall-Elementen zur Aufhängung erreichten die Ingenieure einen hohen Zuverlässigkeitsgrad dieser Geräte. Die anfänglich benutzte Sendeleistung von 20 Watt konnte auf 10 Watt reduziert werden, nur Befehlsfahrzeugen der Kommandeure sendeten weiterhin mit 20 Watt. Auch die später eingeführten Sturmgeschütze und Panzerhaubitzen der Panzer-Artillerieabteilungen wurden mit UKW-Geräten zur Führung und Feuerleitung ausgerüstet.

Standard wurde vor allem die Kombination Fu5-SEU-10, (Sender UKW-Cäsar und Empfänger UKW-Emil), die im Frequenzbereich von 27,2 bis 33,4 MHz arbeitete. Die damals üblichen Entfernungen im Gefecht konnten damit meist sicher überbrückt werden und zusätzlich dienten die Geräte im lärmerfüllten Inneren der Panzer auch als Bordsprechanlagen für die Besatzung. Die Antennen wurden durchweg als flexible senkrechte Stäbe mit etwa 2,5 m Länge gebaut, die eine gute Abstrahlcharakteristik hatten. Im Zusammenwirken mit den gepanzerten Befehlsfahrzeugen der Kommandeure, die im GW-Bereich Kontakte zum Armeestab und Nachbareinheiten herstellen konnten, verschaffte die gute Funkausstattung den deutschen Panzerdivisionen auf dem Schlachtfeld anfangs beachtliche taktische Vorteile.

Auch die Anwendung der UKW-Funkverbindung der Panzer setzte sich erst nach Widerstand von vielen Seiten schließlich doch durch und zu den ersten Panzerfunkgeräten (Lorenz & Telefunken) gehörten z.B. der UKW-Empfänger "a" (UKW-E.a.) von 1935, mit seinen Weiterentwicklungen bis zum Empfänger UKW-E.h., (bzw. m. und u.) von 1941/42 bis 1945. Der UKW-E.e. (Telefunken) war ab 1937 die ausgereifte Serienversion, welche mit dem Sender S-518-Bs (TS-10/132 = 10-W.S.c./24-b-132) zu einer Anlage (27,2-33,3 MHz) verbunden werden konnte und damit ab 1938 den Standardgerätesatz Fu-5-SEU-10 der deutschen Panzer bildete. Der UKW-E.h. war ein 7-Röhren-Superhet, der in allen Stufen mit RV12P4000-Röhren bestückt wurde und der anstatt einer Frequenzskala eine Kanalanzeige hatte. In der DDR-Volkspolizei waren diese Geräte sogar bis in die 50er Jahre noch in Betrieb. Im Rahmen der militärischen Unterstützungsmaßnahmen wurden die UKW-E.h. mit vielen anderen Geräten nach Italien geliefert und dort unter Lizenz nachgebaut. Einzige Unterscheidungsmöglichkeit ist heute die gedruckte Schaltung auf der Innenseite des Deckels bei der italienischen Produktion.

Vermutlich nach dem Leiter der Entwicklungsabteilung (Herr Georg Borkel) wurde die Fu-5-SEU-10 auch als "Boge"-Anlage bezeichnet. 1941 durchgeführte Tests zeigten die Überlegenheit der deutschen Sendeanlagen im Funkverkehr der Panzer. Der alliierte "Sky-Champion" erreichte z.B. lediglich die Hälfte der Reichweite des 10-W.S.c., war in der Frequenz instabiler und hatte auch ein sehr hohes Grundrauschen. In Fahrt und ungünstigem Gelände betrug die Reichweite dieser robusten deutschen UKW-Geräte 2-3 km, im Stand und offenem Gelände 4-6 km. Die letzten Versionen waren im Frequenzband verändert worden, um einen verbundenen Einsatz mit den Flugzeugen zu ermöglichen. Insgesamt wurden ca. 180.000 der "Boge"-Anlagen bis 1945 hergestellt, von denen einige ab 1946 nach Forderung der britischen Besatzungsbehörde zu Polizeifunkgeräten (80 MHz) für die Hamburger Polizei umgebaut wurden, die auch bis 1949 verwendet wurden. Nach dem erfolgreichen Beispiel ließen auch die Amerikaner ab 1948 etwa 70 Geräte für die Berliner Polizei umbauen.

Im Jahre 1936 kamen die bekannten "Ehrenmal-Sender" zur Einführung, zunächst allerdings nur von der Firma Lorenz. Sie verdanken ihren Namen den Gestellen aus Leichtmetall, welche an die Form des Ehrenmals in Laboe erinnern. Die Funkanlagen hatten ausreichende Leistung für einen weltweiten Verkehr, weshalb sie in Heer, Luftwaffe und Marine verwendet wurden. Handelsschiffe erreichten mit diesen Stationen gute Verbindungen über größte Distanzen mit teilweise lediglich 150-Watt-Sendeleistung. Das Problem bei den Kriegsschiffen waren die durch die Aufbauten und Geschütze bedingten ungünstigen Antennenanordnungen sowie die im Inneren befindlichen Funkräumen. Während des Krieges konnten Funkversuche auch nur noch begrenzt durchgeführt werden, was letztendlich darin resultierte, dass die Kriegsschiffe im Vergleich zu Handels- oder Passagierschiffen, aufgrund ihrer schlechterer Antennencharakteristik generell mit wesentlich größeren Sendeleistungen arbeiten mussten.

Der Lo-200-K-36 Kurzwellen-Sender (S-13875/I) funktionierte nach dem Prinzip der 800-Watt-Ausführung, war aber vierstufig mit 3-x-RS289 und 2-x-RS337 aufgebaut und im Frequenzbereich 1.500-7.500 kHz dreigeteilt. Diese Neuentwicklung für die Marine (1937) bildete in Verbindung mit dem Lo-6-L-39, Lo-6-K-

39, (Lo-1-UK oder Lo-10-UK) die Funkanlage der "neuen Minensuchboote". Aber auch auf den Zerstörern und Hilfsschiffen sowie an Land kam diese Ausführung zum Einsatz.

Der 800-Watt-KW-Sender Lo-88-K-36 (S-23405, Lorenz) wurde in der Kriegsmarine auf größeren Einheiten verwendet, was allerdings durch das Gewicht von über 700 kg bedingt war. Für Landstationen aller drei Waffengattungen kamen 800- und 200-W-Versionen mit Umformer- und Netzbetrieb zum Einsatz. Der 800-Watt-Sender war fünfstufig und arbeitete nach dem Prinzip der Frequenzvervielfachung der Sendergrundfrequenz. Die Röhren 2-x-RS289, 2-x-RS337 und 1-x-RS329 erzeugten die Ausgangsleistung für die Frequenzbereiche 1.480-1.915, 1.850-3.830 und 3.700-7.600 kHz.

1939 folgte die nächste Generation der "Ehrenmal-Sender" von Telefunken, wobei der T-800-FK-39 ("Weser", 714 kg) gleichfalls für größere Einheiten wie auch für die Schlachtschiffe BISMARCK und TIRPITZ vorgesehen war, zugleich aber auch an Land bei allen drei Waffengattungen als Feststationen eingesetzt wurde. Der hervorragende technische Aufbau beinhaltete z.B. eine Antennenstufe mit einem Ölbad zum Schutz gegen Überschläge der Hochspannung. Der Frequenzbereich reichte von 3,0-23 MHz für Telegrafie und Telefonie. Die Ausgangsleistung lag mit Röhrenbestückung 4-x-REN904, 2-x-RL12P50 und 1-x-RS384 bei 800 Watt.

Der Marine-Sender Lo-40-K-39 (b, d, f) mit 3,0-16,7 MHz (Einführung 1939) hatte als Funkstation in Kombination mit der Radione R-3 (2,5-27,5 MHz) Reichweitenvorteile gegenüber Heeresgeräten. Das Funkgerät Lo-40-K-39 f bestand aus einem 40-Watt-Fernverkehr-Kurzwellen-Sender 23725/I und dem Einphasen-Netzanschlussgerät S-GLE 0,2/2. Es war ein einfach zu bedienender zweistufiger Röhren-Sender, der sich besonders für mobile Funkanlagen eignete. Steuer- und Endstufe hatten insgesamt 3 Röhren RL12P35 und durch Austausch von zwei Röhren in der Endstufe gegen RS391 entstand später der Lo-150-FK-41a. Nach erfolgreicher Erprobung im Jahre 1937 im Luftschiff GRAF ZEPPELIN wurde das Gerät vermutlich auch von der DEBEG in kleinere Handelsschiffe eingebaut. Die Versionen gingen bis zur Ausführung "g" und wurden in Kombination mit Radione R-3 nach Afrika auch an das Afrika Korps ausgeliefert.

Zu Beginn des 2. Weltkrieges wurden die meisten einmotorigen Flugzeuge mit dem FuG-7 oder FuG-7a ausgestattet (7 Watt Leistung). Mehrmotorige Maschinen erhielten hingegen das FuG-10 als Standard-Funkgerät. 1937 bei Lorenz entwickelt, wurde es ab 1938 in Serie gefertigt und erreichte eine Stückzahl von rund 50.000. Bemerkenswert war dabei die Verwendung von lediglich zwei unterschiedlichen Röhren (sechs RL12P35 und 25 RV12P2000), was die Ersatzteilbeschaffung erheblich vereinfachte.

Da sich bei der Luftwaffe die neue 40/70-W-KW/LW-Station (FuG-10) als wesentliche Verbesserung gegenüber dem Vorgängermodell von 1927/30 durchsetzte, erhielt die Firma Lorenz den Auftrag zur Entwicklung (1940) einer entsprechenden Marineversion, dem Marine-Kleinfunkgerät Lo-70-KL-40 ("Marine-Gustav"). Es diente dem Schiff/Schiff- und Schiff/Land-Funkverkehr auf, Kurz- und Langwelle mit Frequenzen von 300-600 kHz und 1,5-7,5 MHz mit 70 Watt Antennenleistung.

Im Gegensatz zum FuG-10 war beim "Marine-Gustav" für KW und LW jeweils nur ein Sender und Empfänger mit Abstimmelementen für beide Bereiche (Doppel-Empfänger) vorgesehen. Die Steuerstufe des Senders hatte 1-x-LS50 und die Endstufe 2-x-LS50. Der Empfänger hatte zwei HF-Stufen, Mischer und Oszillator, die auf drei Teilbereiche umschaltbar waren. Dazu ein dreistufiger ZF-Teil mit Telegrafieüberlagerung, gemeinsame Verwendung des ZF-Demodulators, Regelspannungsvorstufe, NF-Vor- und Endstufe und eine Frequenzprüferstufe. Der Empfänger enthielt 16 Röhren RV12P2000. Im Bediengerät waren der Tongenerator und der dreistufige Modulationsverstärker (3-x-RV12P2000) und der Betriebsarten-Wahlschalter mit den Stellungen "Strahlungsfrei abstimmen / Telegrafie tonlos A1 / Telegrafie tönend A2 / Telefonie A3 / Typenbildsendung / Typenbildempfang / Frequenzkontrolle" untergebracht.

Der U-Boot-Sender S-406S (S2/36, Telefunken, 3,75-15.000 kHz, 10 Bereiche) wurde 1935/36 in den Flottillen eingeführt. Der Sender war dreistufig aufgebaut, mit der Steuerstufe (2-x-REN904) und Trenn-

und Vervielfacherstufe/Endstufe (2-x-RS291 Gegentakt/Gleichtakt). Alle frequenzbestimmenden Komponenten waren in einem Keramikgehäuse untergebracht, wodurch die 1.125 Kanäle sehr frequenzkonstant waren, was die Grundvoraussetzung für die Verwendung von Kurzsignalen bei den U-Booten war. Die Bereichsumschaltung wurde mit Wärme kompensierenden keramischen Kondensatoren vorgenommen. Zur Abstimmung wurde ein stark versilbertes Kugelvariometer verwendet, dessen Aufbau als variabler Frequenzoszillator eine international anerkannte technische Meisterleistung war. Das Skalenrad hatte einen Durchmesser von 30 cm mit einer Teilung von 1.000 Teilstrichen. Mit einem angebrachten Nonius und einer Ableselupe konnten 10.000 Teilstriche in einem Frequenzbereich abgelesen werden, deren exakter Antrieb über verspannte Zahnräder erfolgte. Die theoretische Ablesegenauigkeit im 80-m-Band betrug um die 25 kHz. Die Genauigkeit der 7 Frequenzmarken soll nach vorgenommenen Messungen +/- 3-x-10-6 betragen haben. Deshalb dienten diese Sender nach dem Krieg von 1960-1971 bei den Funkamateuren für die "Eichwellensendungen", bis die Technik neuere und bessere Geräte bereitstellen konnte.

Die Kriegsmarine führte den U-Boot-Sender S-406S in Kombination mit einem LW-Sender (300-600 kHz, 150 W), LW-Antennenteil, Senderwahltafel und Umformer mit selbsttätigem Regler und Selbstanlasser als "Spezialbootstation" ein. Das Tastgerät ST-414S lieferte die Modulationsspannung. Die "Spezialbootstation" sollte nach Gerätebeschreibung auf Schiffen eingesetzt werden, die nur begrenzten Raum zur Verfügung hatten, aber hochwertige Geräte benötigten. Eingesetzt war dieser Sender u.a. auf den Booten der Klasse VII-C und IX-C. Das Gehäuse aus "Frequenta" ist innen stark mit Kupfer platiniert und wiegt 30 kg.

Als Sendeantennen waren aufgrund der Bedrohungslage abwickelbare Antennendrähte mit Kunststoffummantelung in Erprobung, die bei 60 m Tauchtiefe mit einem 250-m-Koaxialkabel gezogen wurden. Im Frequenzbereich 1,5-15 MHz wurden 50-100 km überbrückt. Für Längstwelle war die Antenne "Kellerotter" in Entwicklung, die 5 m unter der Oberfläche im U-Boot geschleppt wurde. Eine Schleifenerregung des Sehrohres mit induktiver Kopplung oder Mithilfe eines Koppelkondensators zur Ausnutzung als Antenne konnte nicht mehr abgeschlossen werden. Auch heute nimmt das Sehrohr wieder Aufgaben in der Kommunikation und der Sensortechnik wahr.

Diese anspruchsvollen Funkanlagen mussten, bevor sie bedient und gewartet werden konnten, erst dem Personal in Lehrgängen vermittelt werden. Doch nur selten gab es auf die Anlagen bezogene Lehrgänge, denn meist wurde nur das Grundwissen geschult. In der Marine-Nachrichtenschule in Flensburg wurde für die technische Ausbildung ein Grundlehrgerätesatz zur Elektrizitätslehre Fl.- Üb.-93-104 (1936-1945) verwendet. Er wurde in FTO-B-Lehrgängen eingesetzt und auch, um die Ausbildung des Wartungspersonals in Norwegen, Frankreich Vorort aufrechtzuerhalten. Der letzte Ausbilder, der Oberingenieur Lüdke, bekam bei Kriegsende den Befehl, diese Kisten in der Flensburger Förde zu versenken, zum Glück für die Nachwelt konnte (wollte) dieser Befehl nicht mehr ausgeführt werden und die Kisten befinden sich heute in der Stiftung des Deutschen Technischen Museums in Berlin.

Die Ausbildung für die Anlagen und damit deren Einsatz in den Schuleinrichtungen der Marine wurde durch das Kriegsgeschehen im 2. Weltkrieg maßgeblich beeinflusst. Vor dem Kriege war der Seeoffizier der planmäßige Führer im Marine-Nachrichtendienst, doch schon in den Aufbaujahren wurde zunehmend seine Unterstützung durch Offiziere notwendig, die aus dem Unteroffiziersstand mit fachbezogener Ausbildung hervorgegangen waren (heute die OffzMilFD).

Bei Kriegsbeginn traten aktive Seeoffiziere mit kurzer Reserveausbildung und eine sehr begrenzte Anzahl von im Nachrichtendienst herangebildeten Reserveoffizieren hinzu. Gleichzeitig begann aber die schwerwiegende Vernachlässigung der funktechnischen und betrieblichen Ausbildung der aktiven Seeoffiziere. Dieser Umstand multiplizierte sich zunehmend mit der Ausdehnung des Krieges und der damit verbundenen Überforderung der nachrichtentechnischen Verbindungen. Es resultierte ferner in einer fortlaufenden Abgabe von gut ausgebildeten Seeoffizieren mit Nachrichtenausbildung für andere militärische Aufgaben die ohne Ersatz blieben.

Bis ungefähr Anfang 1943 konnte allein im Bereich der Kampfstreitkräfte der Flotte die aus dem Frieden her gewohnte Anzahl der Bordnachrichtenoffiziere (BNO) bei den Seeoffizieren gewahrt werden. Im Gegensatz dazu wurde es auf Landdienststellen schon früh notwendig, wichtige Stabsstellungen (z.B. im Bereich des BdU) mit Flottenreferenten, Reserveoffizieren oder ehemaligen Offizieren aus dem 1. Weltkrieg zu besetzen.

Im Gegensatz zu den Funksachbearbeitern der Stäbe im 1. Weltkrieg gab es bis 1944 in Deutschland keinen Fachoffiziersposten in der SKL, der für die Bearbeitung der existenziellen technischen Fragen der Bereiche Funk und Ortung zuständig war. Der wissenschaftliche Führungsstab der Marine entstand viel zu spät erst 1944. Die Marine-Technikoffiziere waren mit den Marine-Nachrichtenoffiziere (MNO) in der Laufbahn vereint worden und folglich waren sie nach Qualifikation und Rang den Seeoffizieren auch gleichgesetzt, in deren Kreise wurden ihre Kenntnisse aber selten anerkannt und beachtet. Dieses zieht sich wie ein roter Faden durch die deutsche, aber auch durch die Geschichte ausländischer Streitkräfte. Der qualifizierte und erfahrene Mitarbeiter kann einmal im Aufsichtsrat und der Firmenführung sitzen, im Militär ist für den militärfachlichen Offizier im mittleren Management kein Weiterkommen, außer mit der Übernahme zum Offizier des Truppendienstes. Betrachtet man eine Aussage des Inspekteurs des Bildungswesens, Admirals v. Cörper, aus einem Erlass des Jahres 1915, wird die Grundeinstellung schon damals deutlich:

"Es entspricht nicht meinen Wünschen, daß sich die Marine-Ingenieure aus denselben Familien ergänzen wie die Seeoffiziere. Für das Seeoffizierskorps ist es günstiger, wenn sich die Ingenieuranwärter aus dem Mittelstand und Familien unter dem Mittelstand ergänzen. Wir werden damit erreichen, daß die Ingenieure von selbst in die untergeordnete Stellung zurückkehren, die ihnen zukommt, ..."

Es stellt sich die Frage nach der Lehre aus der Geschichte, denn Ignoranz gegenüber der Fachkompetenz aus dem Technik- und Betriebsbereich waren wohl ein Grund für die teilweise konservative Einstellung der deutschen Seekriegsleitung im 2. Weltkrieg gegenüber technischen Neuerungen, deren immensen Möglichkeiten ohne die entsprechenden fachkundlichen Erklärungen nicht verstanden und ihre großen Gefahren seitens der Seeoffiziere folgend unterschätzt wurden. Sicherlich erwähnenswert bei den maritimen Anwendungen der heutigen Informationstechnologie.

Ein Fehler lag bereits in der fehlenden Einweisung der Offiziere des Truppendienstes in die nachrichtentechnischen Komponenten und ihre Möglichkeiten in den Friedensjahren, aber auch während der gesamten Kriegszeit wurde dies weiter völlig vernachlässig. Bei der seetaktischen Ausbildung der Seeoffiziere wurden selbst den Lehrgangsteilnehmern der Kriegsschule (heute Marineschule Mürwik) des Jahres 1944 keine Grundkenntnisse der Funkmesstechnik und ihrer weit reichenden Wirkung im positiven als auch im negativen Sinne vermittelt. Erst im März 1945 wurde im "Taktischen Befehl Nr. 10" eine ausführliche "Anweisung für den Gebrauch der Funkmessanlagen an Bord der Überwasserstreitkräfte" erlassen. Zu diesem Zeitpunkt war die deutsche Flotte nur noch zu einem Bruchteil erhalten bzw. aktionsfähig. Ähnlich verhielt es sich auch mit allen anderen Möglichkeiten und Gefahren des Funkverkehrs. Hinzu kam die Vernachlässigung der Justierung und Prüfung der Anlagen, heute "Planmäßige Material Erhaltung (PME)" genannt, denn es waren keine Spezialtrupps dafür vorgesehen, durch die Verluste war kein zusätzliches Personal mehr dafür zur Verfügung und im Kriegseinsatz gab es an Bord und an Land kaum mehr die Möglichkeit dazu. Folglich drang die Notwendigkeit der Erhaltungsmaßnahmen für nachrichtentechnische Anlagen und die daraus resultierenden Folgen für den Einsatz auch nicht in das Offizierskorps durch. Die Politik versucht heute das Problem durch eine Abgabe von Zuständigkeiten in den zivilen Bereich zu lösen, was aber letztendlich in einer Abhängigkeit resultieren wird, die in militärischen Konflikten die Truppe ohne Systemunterstützung lässt.

Einsatz von Führungsmittel, Waffen und Geräten werden bestimmt durch taktische Vorschriften. Diese Dienstvorschriften liefen ebenfalls erst der Truppe zu, als die Nachrichtengeräte bereits im Frontbereich eingesetzt wurden. Allerdings ist diese Problematik heute und in Zukunft wohl ähnlich, da erst mit den Möglichkeiten, den Eigenschaften und der praktischen Erfahrung mit den Anlagen auch erst ihre Vorschriften erstellt bzw. genauer spezifiziert werden können.

Die Nachrichtenvorschrift der Kriegsmarine, Heft 2 (Ausgabe 1943) wurde z.B. am 15. Juli 1943 in Kraft gesetzt und enthielt eine Anzahl von Befehlen und Anordnungen der Marinegruppenkommandos, die sich in der Praxis auch bewährt hatten. Es bewährte sich also das Prinzip "Aus der Praxis – Für die Praxis". Die Wehrmachtsvorschrift für den Fernschreibdienst war im Herbst 1943 neu aufgesetzt worden und enthielt erstmals auch den Funkfernschreibdienst. Bis Dezember 1943 lag jedoch nur ein Merkblatt darüber bei den Frontstellen vor. Die ersten Vorschriften für den Seetaktischen Funkmessdienst und eine Anleitung für den Funkmessbeobachtungsdienst erschienen am Ende des Jahres 1942 im Entwurf, wobei beide dann unter Umgehung des üblichen Verwaltungsweges für Druckschriften herausgegeben werden mussten. Erst im März 1945 wurde die Anweisung für den Gebrauch der Funkmessanlagen an Bord der Überwasserstreitkräfte erlassen, doch zu diesem Zeitpunkt hatte die Kriegsmarine gar keine nennenswerten Überwassereinheiten mehr verfügbar und einsatzfähig.

Aus den Reihen der ausgebildeten Reserveoffiziere (Seeoffiziere) und der Anwärter (ROA) älterer Jahrgänge wurde es ersten Kriegsjahren versäumt genügende Reserven für den Nachrichtendienst zu gewinnen. Dieser Umstand und die praktischen Erfahrungen und Berichte resultierten in der Schaffung der Nachrichtenoffizierslaufbahn (MNO), um zukünftig den Bedarf an Nachrichtenoffizieren in der Truppe erfüllen zu können. In einer insgesamt 27-monatigen Ausbildung erfolgte die Beförderung zum Leutnant (MN) bzw. die Ausbildung der ROAs für den Nachrichtendienst. Eine größere Entlastung der Personallage konnte aber durch die zu spät ergriffene Maßnahme und die negative Kriegsentwicklung nicht mehr erreicht werden.

Im Dezember 1943 wurde bereits seitens der Kommandobehörden festgestellt, dass der Nachrichtenübermittlungsdienst der Marine zwar die Anforderungen der Führung erfüllte, aber die betriebliche Führung des Nachrichtendienstes in See unter einem Mangel an ausgebildeten und erfahrenen Seeoffizieren mit nachrichtentechnischer Ausbildung litt. Gleichzeitig bemängelte man, dass der Nachrichtenübermittlungsdienst nicht mit all seinen Möglichkeiten von der taktischen Verbandsführung eingesetzt wurde.

Das Unteroffizierskorps aller drei Laufbahnen des Nachrichtendienstes war sehr gut ausgebildet und hatte gut ausgebildete Mannschaften zur Verfügung. Die Kriegsentwicklung und die damit verbundene Bildung immer neuer Verbände machten es jedoch schon während des Frankreichfeldzuges notwendig, Funkmaaten ohne Fachlehrgang zu befördern und die Ausbildungszeiten generell zu kürzen. Teilweise wurden Funkgasten vor Beendigung der 3-monatigen Ausbildung zur Front abkommandiert. Die Schulen wurden bis an die äußerste Grenze ihrer Belegungskapazitäten durch verstärkte Lehrgänge und schnellere Abfolge genutzt.

Die während des Krieges entstandenen zusätzlichen Schulungseinrichtungen hätten schon vor Kriegsbeginn bestehen müssen, um der Ausweitung der Kriegsschauplätze mit ausgebildetem Personal gerecht zu werden. Die Annahme das Personal in den Winterhalbjahren zwischen den Feldzügen ausbilden zu können erwies sich als nicht durchführbar, da zu keiner Zeit auf das Nachrichtenpersonal an der Front verzichtet werden konnte.

Bei einem Vergleich der ein- und ausgehenden Funksprüche einschließlich Funk- und Kurzsignalen des Oberkommandos in Berlin lässt das Anwachsen des Bedarfes an Personal durch die Nachrichtenmasse erahnen:

Funkverkehr MNO Berlin

	1939:	1941:	1942:	1943:
werktags:	192	473	1.200	2.563
monatlich:	5.000	12.424	29.750	69.000
jährlich:	60.000	149.096	357.036	828.000

Während der Funkverkehr etwa um den Faktor 13 stieg, wurde das Nachrichtenpersonal lediglich um den Faktor 10 aufgestockt. Im Bereich des MNO Berlin (zuständig für das OKM) nahm der Fernschreibverkehr im selben Zeitraum um das Neunfache zu. Hierbei ist zu berücksichtigen, dass erhebliche Ausfälle und Störungen im Leitungsnetz durch Bombeneinwirkung zu verzeichnen waren.

Fernschreibverkehr MNO Berlin

	1939:	1940:	1941:	1942:	1943:
werktags:	313	860	1.142	1.600	2.692
monatlich:	7.825	21.493	28.544	40.037	~ 70.000
jährlich:	93.896	257.917	342.525	480.441	- / -

Der Fernsprechverkehr nahm eine ähnliche Entwicklung wie der Fernschreibverkehr. 1942 wurden allein im OKM im Vergleich zum Vorjahr fast doppelt so viele Fernsprechgespräche abgewickelt. Die Höchstzahl eines Tages lag 1942 bei 2.700 Ferngesprächen, wobei die mehr und mehr durch Selbstwählverfahren automatisierten Haus- und Ortsgespräche hier nicht erfasst sind.

Fernsprechverkehr MNO Berlin

	1940:	1941:	1942:
werktags:	867	1.542	2.494
Höchstzahl/Tag:	1.038	1.795	2.717
jährlich:	278.376	490.559	768.920

Bei den Bombentreffern auf das OKM am 23. Dezember 1943 ging auch die komplette automatische Fernsprechanlage verloren. In der Ausweichanlage BISMARCK konnten noch im selben Monat die Gesprächszahlen des Vormonates im Bereich des OKM/SKL wieder erreicht werden (annähernd 90.000) und im Jahre 1944 wurden hier allein 185.000 Vermittlungen von Gesprächen durchgeführt.

Die negativen Auswirkungen während der Verlegung in das Ausweichquartier BISMARCK lassen sich wie auch die Auswirkungen der Verlegungen der Nachrichtenstellen des Heeres und der Luftwaffe nur schwer erfassen, insgesamt aber hatte die Führungsfähigkeit durch vorbereitete Ausweichquartiere und gut geschultes Nachrichtenpersonal anscheinend nicht sehr gelitten. Durch den dadurch aber stark angestiegenen alternativen Funkverkehr, teilweise ohne vorhandenes oder nicht verwendetes Schlüsselmaterial, wurden allerdings der alliierten Aufklärung viele Informationen zugänglich, die zuvor auf sicheren Drahtnachrichtenverbindungen übermittelt wurden.

Der Wehrmachtsnachrichtendienst hat den Anforderungen der Kriegsführung genügt, aber die Anwendung der Kryptologie und ihre Sicherheit war die Achillesferse der Streitkräfte und ihrer Führung. Im Bereich des

Drahtnachrichtendienstes hat sich das Fehlen von Fernmeldebautrupps aber als schwerwiegender Nachteil erwiesen. Die Marinenachrichtenabteilungen konnten hier aufgrund der kleinen Personalstärke nur geringe Hilfe leisten. In der Funktechnik wurden große Fortschritte gemacht, doch zugleich in ihrer Nutzung auch die verhängnisvollsten Fehler.

Bis Mai 1945 waren für die Verlegung der Kommandostellen unter der Führung des Großadmirals Dönitz an der Marinekriegsschule in Flensburg die nachrichtentechnischen Voraussetzungen so gut wie noch möglich einge-richtet worden. Nach seiner Ernennung zum Reichsoberhaupt musste folgend der gesamte Fernsprech-, Fern-schreib- und Funkverkehr aller Oberkommandos und der Reichsregierung über Flensburg abgewickelt werden. Der Seekriegsleitung standen noch umfangreiche Anlagen zur Verfügung, obwohl die Einheiten der Kriegsmarine bereits stark dezimiert waren. Auch die Anlagen der benachbarten Marinenachrichtenschule Mürwik der Führung und des Dampfers PATRIA konnten genutzt werden. Die zusammenfassende Auflistung der verfügbaren Funkanlagen der Reichsregierung und der Seekriegsleitung in Flensburg 1945:

1. Empfangsstelle Flensburg
   - 6 x T 9-K-39
   - 13 x Lo 6-K-39
   - 3 x Lo 6-L-39
   - 4 x E-52
   - 1 x H2L/7

2. Ein Funkzug der Sendestelle Flensburg
   - 1 x Telefunken FKW-Sender 20.000 W mit Empfangseinrichtung/Zubehör
   - 1 x Lo 40-K-39 mit 40 W
   - 1 x Radione R-3
   - 2 x Notstromaggregate 1,25 kVA mit Anhänger 120 kVA

3. Zwei Funkzüge der Sendestelle Flensburg
   - 1 x Telefunken FKW-Sender 5.000 W mit Empfangseinrichtung/Zubehör
   - 1 x Lo 40-K-39 mit 40 W
   - 1 x Radione R-3
   - 2 x Notstromaggregate 1,25 kVA mit zusätzlichem Anhänger 28 kVA

4. Vier Funkzüge der Sendestelle Flensburg
   - 1 x Lorenz FKW-Sender 800 W mit Empfangseinrichtung/Zubehör
   - 1 x Lo 40-K-39 mit 40 W
   - 1 x Radione R-3
   - 2 x Notstromaggregate 1,25 kVA
   - 1 x Notstromaggregat 15 kVA (Reserve für Sendestelle Flensburg)

5. Fünf Funkzüge der Sendestelle Flensburg
   - 1 x Lorenz FKW-Sender 150 W mit Empfangseinrichtung/Zubehör
   - 1 x Notstromaggregat 6,25 kVA

Die Ausstattung der weiteren, betriebsfertigen im Umfeld befindlichen Funkzüge ist nicht bekannt.

6. Längstwellensender Krempler Moor
    - 1 x Längstwellensender (mit Versuchssender NVK, 40.000W)
    - 1 x Lo 40-K-39 mit 40 W

7. Funkfernschreibzüge (mot, vermutl. aus MNA mot)
a) Funkfernschreibzug (mot) 4:
    - 1 x Lorenz-KW-Sender b1 mit 1.000 W
    - 2 x E-52
    - 3 x Fernschreiber, T-type-52
    - 1 x Notstromaggregat 6,25 bzw. 15 kVA
b) Funkfernschreibzug (mot) 5:
    - 1 x Lorenz-KW-Sender b1 mit 1.000 W
    - 2 x E-52
    - 3 x Fernschreiber, T-type-52
    - 1 x Notstromaggregat 6,25 bzw. 15 kVA

8. MNO Süd, Gerling im Pinzgau
a) Funkfernschreibzug (mot) 1:
    - 1 x Telefunken FKW-Sender 5.000 W mit Empfangs-einrichtung/Zubehör
    - 2 x E-52
    - 3 x Fernschreiber, T-type-52
    - 2 x Notstromaggregate 28 kVA
b) Funkstelle:
    - 1 x Lo 800-FK-39   mit 800 W
    - 1 x Lo 40-K-39 mit 40 W
    - 3 x Lo 6-K-39

9. Großfunkstellen
    a) Funkempfangsstelle Bernau/Berlin
    b) Funksendestelle Herzsprung/Angermünde
    c) Längstwellensender Calbe/Milbe

Das OKM hatte seinen Sitz ab 1934 in Berlin-Tiergarten im Shell-Haus am Tirpitzufer (heute Reichpietschufer 60–62) unweit des Bendlerblocks. Wegen der Luftangriffe der Alliierten auf Berlin zog das OKM mehrfach um, zunächst nach Eberswalde, dann nach Bernau bei Berlin in das sogenannte Lager Koralle, der Deckname für eine militärischen Anlage nördlich von Bernau bei Berlin, in der sich zwischen 1943 und 1945 das Führungszentrum des Oberkommandos der Kriegsmarine (OKM) befand. Gegen Kriegsende verlegte das OKM nach Plön (Objekt Forelle), einem Barackenlager auf dem Gelände der ehemaligen Fünf-Seen-Kaserne, damals Kaserne Stadtheide, in Plön/Holstein. Es war die zweite alternative Schaltstelle der Marine-Nachrichtenverbindungen, die vormals in der Funkstation Koralle einquartiert waren. Die genaue Lage des Barackenlagers ist schwer zu identifizieren. Jedoch geht aus historischen Aufzeichnungen hervor, dass es direkt beim Suhrer See am Ortsausgang Richtung Eutin lag. Nachdem britische Truppen nach Schleswig-Holstein vorrückten, in den Sonderbereich Mürwik.

Die deutsche Kriegsmarine stellte am 1. Februar 1943 in den Bereichen Ostsee, Nordsee und Nordmeer die ersten Marineoberkommandos (MOK) auf. Das MOK Ost ging aus der Marinestation der Ostsee hervor, nachdem sich der ursprüngliche Befehlsbereich im Verlaufe des Zweiten Weltkrieges weit nach Osten bis in den Finnischen und Bottnischen Meerbusen sowie um das Kattegat erweitert hatte. Das MOK Nord ging aus der Marinestation der Nordsee hervor, nachdem der ursprüngliche Befehlsbereich sich im Verlaufe des Zweiten Weltkrieges um die Westküste Dänemarks, Holland und die Scheldemündung erweitert hatte.

Das MOK Norwegen ging aus der Dienststelle des Kommandierenden Admirals Norwegen hervor. Nachdem 1943 im Nordmeerraum keine umfassenden Operationen mehr erwartet wurden, wurde das Marinegruppenkommando Nord unter Führung des Flottenchefs, GenAdm Schniewind, mit dem Flottenkommando verschmolzen. Formal blieb das MGK Nord bis 31. Juli 1944 weiter bestehen, aber Küstenschutz und Geleitdienst lagen nun in Händen des MOK Norwegen und der ihm unterstellten Kommandierenden Admirale.

Das MOK West wurde am 20. Oktober 1944 nach der Invasion der Alliierten in Frankreich und Auflösung des Marinegruppenkommandos West geschaffen. Dem Oberbefehlshaber wurden die Atlantikbefestigungen unterstellt, er war gleichzeitig Wehrmachtsbefehlshaber aller in den Festungsgebieten eingeschlossenen Verbände des Heeres, der Marine und der Luftwaffe.

Das MOK Süd wurde am 1. Januar 1945 nach Auflösung des Deutschen Marinekommandos Italien und des Marinegruppenkommandos Süd aufgestellt. Es umfasste praktisch nur noch den Kommandobereich der Adria, nachdem die Kriegsmarine im Schwarzen Meer und der Ägäis ihre Niederlage erlebt hatte und dort nicht mehr präsent war. Dem MOK Süd wurde zugleich der Rang eines Armeeoberkommandos für Norditalien zugewiesen. Das Stabsquartier befand sich in Levico und ab 27. April 1945 an Karersee in einem massiven Gebäude aus Granit, welches heute als Hotel genutzt wird.

Marinenachrichtenorganisation (MNO) unter dem Marineoberkommandos Ost (MOK Ost) bis 1945

1. Empfangsstelle Tannenberg
   - 1 x Spez 846-S
   - 1 x E-436-S
   - 2 x Lo 6-L-39
   - 6 x Lo 6-K-39
   - 3 x E-437-S
   - 1 x E-381-S
   - 1 x H2L/7

2. Sendestelle Friedrichsort

1 x S-552-S, 1.500 W	1 x Ha 5-K-39, 5 W	1 x T-800-FK-39, 800 W
2 x 2003-S, 1.500 W	1 x 883-S, 20.000 W	1 x S-13875/IV, 200 W
1 x LS-100/108, 100 W	1 x SK-08925, 400 W	1 x Lo 40-K-39, 40 W
1 x 884-S, 1500 W	1 x 960-S, 800 W	1 x T-800-K-39, 800 W

3. Funkstelle Befehlsbunker MOK Ost (im Bau befindlich)
   - 1 x Lo 6-K-39
   - 1 x Lo 6-L-39, 800 W
   - 2 x Lo 800-L-36, 800 W
   - 4 x Lo 800-K-36

4. Marinenachrichtenschule Mürwik (MNS Mürwik)

• 1 x 846-S	5 x T 8-L-39	5 x S-321-F
• 2 x 924-S	5 x Lo 6-L-39	3 x S-406-S
• 1 x 847-S	2 x E-437-S	1 x 2142-S
• 6 x T 9-K-39	2 x 923-S	4 x T 200-FK-39
• 7 x Lo 6-K-39	2 x E-381-S	2 x 863-S
• 1 x S-402-S	2 x S-603-S	1 x S-13785/II
• 2 x S-14355	1 x KW-ECR-1101	1 x S-13875/IV
• 3 x T 200-L-39	1 x T 8-PL-39	1 x S599-S
• 1 x S-14365	5 x T 3-PLLÄ-38	1 x S-404-S
• 2 x S-959-S	2 x Lo 10-UK-39	1 x S-549-S
• 4 x 2113-S	1 x 958-S	1 x S-13875
• 1 x S-403-S	2 x S-13785	1 x S-601-S

5. Funkstellen Kommandierender Admiral U-Boote

    a) U-Stützpunkt Mürwik
- 1 x Lo 40-K-39
- 1 x E-437-S
- 1 x E-52
- 1 x E-381-S

    b) U-Stützpunkt Lübeck
- 1 x Lo 40-K-39
- 1 x E-437-S
- 1 x E-381-S

    c) U-Stützpunkt Neustadt

• 1 x Spez 2113, 150 W	3 x E-381-S
• 1 x T 200-L-39, 200 W	2 x E-437-S
• 1 x S-406-S, 200 W	1 x Lo-150-FK-38, 150 W
• 1 x T 200-K-39, 200 W	

    d) U-Stützpunkt Kiel - Blücherbunker

• 1 x S-13785, 800 W	1 x Lo 1-UK-39, 10 W
• 1 x T 200-FK-39, 200 W	2 x E-52
• 2 x Lo 6-K-39	

    e) U-Stützpunkt Kiel – Scharnhorst-Bunker

• 2 x 2142-S, 200 W	1 x Lo 10-UK-39, 10 W	5 x E-52
• 2 x 2113-S, 150 W	1 x 846-S	
• 1 x Lo 40-K-39, 40 W	1 x E-381	

6. Funkstellen abgesetzter mobiler Marineeinheiten

    a) Funkstelle Kappeln

• 1 x Lo 40-K-39, 10 W	1 x Radione R-3

    b) Funkstelle Eckernförde 1 und 2

• 1 x Lo 40-K-39, 10 W	1 x Radione R-3

c) Funkstelle Fehmarn
- 1 x Lo 40-K-39, 10 W   1 x Radione R-3

d) Funkstelle Hohenwested
- 1 x Lo 40-K-39, 10 W   1 x Radione R-3

e) Funkstelle Rendsburg
- 1 x Lo 40-K-39, 10 W   1 x Radione R-3

Marinenachrichtenorganisation (MNO) unter dem Marineoberkommandos Nord (MOK Nord) bis 1945:

1. **Marinenachrichtenorganisation (MNO) Admiral Deutsche Bucht**
   a) Funkempfangsstelle Cuxhaven (Kanonenbatterie)
   - 1 x S-321-F, 40/70 W   4 x Lo 6-K-39
   - 1 x Lo 40-K-39, 40 W   1 x Radione R-2
   - 2 x Jo 20-K-41, 20 W

   b) Sendestelle Nordholz
   - 2 x Lw-Sender, 400 W   1 x E-437-S
   - 1 x Lo 800-FK-39, 800 W   1 x Spez-924-S
   - 1 x VR-34, 40/70 W   1 x Lo 6-L-39

2. **Marinenachrichtenorganisation (MNO) Marinefunkstelle (MFS) Nord**
   a) Funkempfangsstelle Sengwarden
   - 22 x Lo 6-K-39   1 x KW-Sender, 400 W   2 x Main
   - 5 x Lo 6-L-39   1 x Lo 40-K-39, 40 W   2 x E-52
   - 2 x E-381-S   4 x Radione R-2   3 x T-8-L
   - 2 x SA-212   5 x Radione RS-20, 20 W   2 x LLÄ-38

   b) Funksendestelle Altona
   - 3 x Lo 6-K-39   1 x S-372-S, 200 W   1 x Lo 150-FK-38, 150 W
   - 1 x Lo 6-L-39   2 x Lo 800-K-39, 800 W   1 x KW-Sender, 400 W
   - 1 x Lo 5000-KW-41, 5.000 W   1 x Lo 800-FK-39, 800 W   1 x KW-Sender, 1.500 W
   - 2 x LW-Sender, 1.500 W

   c) Sendestelle Barkel
   - 3 x KW-Sender, 1.500 W   1 x Lo 6-K-39
   - 2 x LW-Sender, 1.500 W   1 x E-381-S
   - 1 x S-373-S, 200 W

   d) Sendestelle Wehgast
   - 1 x Lo 6-K-39   3 x KW-Sender, 1.500 W
   - 1 x Lo 5000-KW-41, 5.000 W   2 x KW-Sender, 1.200 W
   - 2 x LW-Sender, 1.500 W

3. **Marinenachrichtenorganisation (MNO) Borkum**
   a) Funkempfangsstelle:
   - 1 x S-321-F, 40/70 W   2 x Goniometerpeilanlagen

   b) Sendestelle:
   - 3 x LW-Sender, 1.500 W   1 x Lo 200-L-35, 200 W   1 x Meteor, 20 W

4. Marinenachrichtenorganisation (MNO) Norderney
   - 1 x S-321-F, 40/70 W   2 x Radione RS-20, 20 W
   - 1 x Ha 5-K-39, 5 W   2 x Radione R-3

5. Marinenachrichtenorganisation (MNO) Sylt
   - 31 x Radione RS-20, 20 W   11 x Phi DR-78, 5 W   38 x Radione R-3
   - 3 x Jo 20-K-41, 20 W   1 x S-321-F, 40/70 W
   - 2 x Ha 5-K-39, 5 W   5 x Lo 1-UK-35, 1 W

6. Marinenachrichtenorganisation (MNO) Wangerooge
   - 1 x S-321-F, 40/70 W   1 x Jo 20-K-41, 20 W, (Spiekeroog)
   - 1 x Philips VR-34, 40/70 W   1 x Johnsen, 30 W, (Spiekeroog)
   - 4 x Radione RS-20, 20 W   1 x Radione RS-20, 20 W, (Spiekeroog)
   - 1 x Ha 5-K-39, 5 W   1 x Johnsen, 30 W, (Langeoog)
   - 6 x Radione R-3   2 x Radione R-3, (Langeoog)
   - 2 x Radione R-2   2 x Radione RS-20, 20 W, (Langeoog)
   - 1 x Johnsen, 30 W, (Signalturm)

7. Marinenachrichtenorganisation (MNO) Helgoland
   - 2 x Lo 800-L-36, 800 W   2 x E-381-S   1 x Ha 15-K-42, 15 W
   - 2 x Lo200-K-39, 200 W   1 x H2L/7   8 x Lo 1-UK-35, 1 W
   - 2 x AS-200, 200 W   1 x Spez 924-S   1 x Ha 5-K-39, 5 W
   - 6 x Lo 40-K-39, 40 W   2 x E-437-S   2 x Feldfunkgeräte, 0,3 W
   - 1 x Lo 150-FK-38, 150 W   4 x Lo 6-L-39   5 x Philips GR-38-A, 5 W
   - 1 x Philips 200-L, 200 W   12 x Lo 6-K-39   3 x Radione RS-20, 20 W
   - 1 x Goniometer-Peilempfänger 1 x Bordpeilempfänger

Marinenachrichtenabteilung West / Nord

Im 1. und 2. Weltkrieg waren Marineeinheiten auf Pferden und motorisiert unterwegs, um Nachrichtenverbindungen aufzubauen und aufrecht zu erhalten. Ein organisierter Aufbau der motorisierten Abteilungen wurde aber im Vorfeld beider Kriege versäumt, während Heer und Luftwaffe ihre motorisierten Abteilungen schon in Friedenszeiten aufgestellt hatten, und ihren Einsatz erprobten. Die Vorstellung, dass Marinesoldaten zu Wasser und auf dem Lande sowie in der Luft ihren Dienst verrichten müssten, war anscheinend in keiner Weise in der Kaiserlichen oder in der Kriegsmarine aufgekommen und erhielt keine Berücksichtigung in Planungen. Die Landeinheiten der Reichs-/Kriegsmarine finden sich auch meist in Dokumentationen vernachlässig, obwohl gerade dort aufgrund der Vernachlässigung in der Ausbildung des Landkampfes sehr große Verluste auftraten.

In Deutschland hat es einen einheitlichen Marinenachrichtendienst (MND) nie gegeben, sondern stets verschiedene Abteilungen, die mehr oder weniger gut zusammenarbeiteten. m Januar 1940 wurde die Abteilung Marinenachrichtendienst geteilt. Die beiden Referate Fremde Marinen und Funkaufklärung bildeten nun die Abteilung Marine-Nachrichtenauswertung (3./SKL). Ihre Aufgabe bestand in der Sammlung und Auswertung von Informationen über ausländische Seestreitkräfte und Flottenstützpunkte, Aufstellung und Zusammensetzung von Kampfgruppen (Task Forces), Schiffserkennung, technischen Daten, etc.

Im September 1939 wurde die Marinenachrichtenabteilung (mot.) in Wilhelmshaven/Sengwarden aufgestellt. Sie bestand aus Funkern, Fernschreibern und Fernsprechern sowie dem erforderlichen

Hilfspersonal. Aufgabe war die Einrichtung und Unterhaltung der Nachrichtenverbindungen bei den Stäben. Mit Beginn der großen Bombenangriffe auf die deutschen Städte wurden die Marine-Nachrichtenabteilungen und die Marine-Nachrichten-Ersatzabteilungen ab 1943 auch im Katastropheneinsatz eingesetzt. Es wurden zivile Fernmeldeleitungen repariert und neu erstellt, da kaum noch ziviles Personal der Reichspost zur Verfügung stand. Im Materialbestand der Marinenachrichtenabteilungen gab es dadurch dann auch Telegrafenmasten.

Die Marinenachrichtenabteilung (MNA) wurde im Juli/August 1940 geteilt. Der nach Paris gehende Teil erhielt die Bezeichnung "West" und wurde im September 1944 aufgelöst. Der in Sengwarden verbleibende Teil der Marinenachrichtenabteilung wurde "Nord" (ab 10. August 1940). Die Nachrichtenabteilungen unterstanden disziplinar dem MOK Nordsee, taktisch der Gruppe "West" bzw. "Nord". Zusätzlich entstand nach der Besetzung Norwegens noch die Marinenachrichtenabteilung Norwegen.

Kommandeure der Marinenachrichtenabteilung (MNA) in Sengwarden

- KptLt   Stöve   September 1939 - Juli 1940
- KKpt   von Manthey   Juli 1940 - August 1940
- KKpt   Saltzwedel   August 1940 - Oktober 1940
- KKpt   Fechner   November 1940 - März 1941
- KKpt   Essberger   März 1941 - Januar 1944
- KKpt   Bassenge   Januar 1944 - Januar 1945

Eine MNA setzte sich aus mehreren Marinenachrichtenkompanien (MNK) zusammen, deren Personalstärke in einem Bericht von 1943 mit ca. 180 Mann angegeben wurde. Die MNK setze sich wiederum aus Funk-, Fern-schreib-, Fernsprech- und Signaltrupps sowie Kompanietrupp und Kraftfahrern zusammen. Je nach Aufgabe wurden Klar- bzw. Schlüssel-Fernschreibmaschinen sowie eine 15- oder 30-teilige FS-Vermittlung mitgeführt. Dazu kamen ca. 200 km leichtes und schweres Feldkabel, Ersatzteile und Werkzeug. Ferner wurden z.B. 5-W-Hagenuk-Empfänger und Radione, Sender von 0,2-1,5 kW für Lang- und Kurzwelle, Tornistergeräte sowie erbeutete ausländische Geräte verwendet.

Die Nachrichtentrupps konnten unabhängig von der Kompanie eingesetzt oder anderen MNK zugeteilt werden und erhielten dann eine Nummernbezeichnung. Der Chef einer MNK wurde zum Marine-Nachrichtenoffizier (MNO) des jeweiligen Einsatzgebietes, was gleichzeitig den Stationsnamen ergab. So gab es z.B. MNO Sofia, MNO Turku (Schären), MNO Libau, MNO Paris, MNO Gotlandgebiet und unzählige andere MNO-Funkstellen mit männlichem und weiblichem Marinenachrichtenpersonal an der Ost- und Westfront.

Kommandeure der Marinenachrichtenabteilung (MNA) in Paris

- KptLt   von Manthey   Juli 1940 - März 1941
- KKpt   Ruprecht   März 1941 - Mai 1941
- FKpt   Busse   Mai 1941- Juni 1942
- KKpt   Worms   Juli 1942 - Februar 1944
- KKpt   Schimmelpfennig März 1944 – September 1944

Eine Aufzählung einer 1943 in Frankreich operierenden MNK listet als Ausrüstung z.B. 3 schwere französische Funkzüge mit Spezialwagen, eingebauter Funkeinrichtung, eigener Stromversorgung und Empfängerwagen. Ferner 4 leichte Funkzüge für die Funktrupps mit eingebautem und mobilem Gerät. Dann 4 schwere LKW (6 t) zur Aufnahme von Fernschreib- und Fernsprechgerät und 2 weitere zur Beförderung des Kompanieinventars, einen LKW für Marschverpflegung sowie einen LKW oder Omnibus für das nicht mit dem Material aufgesessene Personal. Zwei LKW (1,5 t) waren für den Transport der Munition und des Signalgerätes, zwei LKW (3,5 t) dienten der Aufnahme des Reservematerials und der beweglichen Küche mit Zubehör.

Ferner gab es zugehörig zu den Marinenachrichtenkompanien jeweils einen Tankwagen, vier PKW für den Kompaniechef, zwei Zugoffiziere und den Kolonnenführer sowie 5 Krafträder als Kolonnensicherung und Melderäder. Im Verlauf des Krieges wurde diese Ausrüstung als nicht mehr ausreichend beschrieben und immer weiter mit den Geräten aus anderen Truppenteilen ergänzt und ersetzt, da es am Nachschub mangelte.

Über die motorisierten Abteilungen (mot.) der Marine sind nur wenige Daten erhalten geblieben. Nachweislich wurden die Einheiten aber an allen Fronten, über die Adria bis Afrika, von Frankreich über Skandinavien bis nach Russland eingesetzt und haben sich dort auch bewährt.

Die 1. Marinenachrichtenabteilung (mot.) wurde im Januar 1941 nach Ancenis bei Nantes, im Januar 1943 nach Arcachon in den Bereich des Kommandierenden Admirals in der Adria verlegt und dort im März 1944 aufgelöst. Zuständig war das MOK Ostsee/Ostland, dann der Bereich Frankreich bzw. Adria.

Kommandeure motorisierten 1. Marinenachrichtenabteilung (1. MNA mot.)

- KKpt   Neuendorff   Januar 1941 - Juni 1942
- KKpt   Stöve   Juni 1942 - Juli 1943
- KKpt   Petri   August 1943 - März 1944

Die 2. Marinenachrichtenabteilung (mot.) wurde im Dezember 1940 in Aurich aufgestellt und hatte wie alle MNA eine kurze und sehr bewegte Existenz. Oft wurden Formationen und Truppen gebildet, die entweder nicht zum Einsatz oder überhaupt nicht zur Indienststellung mehr kamen, da der Kriegsverlauf die Planungen schon wieder überholt hatte.

Ab März 1941 wurde sie dem geplanten Admiral "Z" unterstellt, aber im September 1941 bereits wieder aufgelöst. Das "Z" stand für die zukünftig zu besetzenden Gebiete, welches aber durch den Kriegsverlauf nicht mehr zu tragen kam. Stattdessen gab es im April 1942 den Admiral Südost, ab Juli 1941 das Marinegruppenkommando Süd für die Gebiete des Balkans, Schwarzes Meer, Ägäis, Adria.

Kommandeure motorisierten 2. Marinenachrichtenabteilung (2. MNA mot.)

- KKpt   Lucan   Dezember 1940 - August 1941
- FKpt   von Mühlendahl   August 1941 - September 1941

Die 3. Marinenachrichtenabteilung (mot.) wurde am 1. April 1941 in Borgwedel bei Schleswig aufgestellt. Im Mai 1941 wurden zwei Kompanien abgegeben und die Kommandeursstelle erst im März 1942 wiederbesetzt. Der Einsatz ging über die Ostseeküste unter KKpt Neudorff in den finnischen Raum, in dem mit einer weiteren MNK (Kullmann) die Häfen Libau, Pernau, Riga, Reval sowie auf, Ösel und Dagö zu besetzen waren. 1942 wurde die Abteilung dann auch dem Seekommandanten Kaukasus zugeteilt worden. Die Rückverlegung nach Borgwedel erfolgte mit Wechsel der Unterstellung beim Höheren Kommandeur der Marinenachrichtenschulen. Zusammen mit den Heeresnachrichtenabteilungen wurden die Nachrichtenverbindungen der WOLFSSCHANZE in Ostpreußen über die Kabelnetze der Fernsprech- und Fernschreibverbindungen in Dänemark, Norwegen über Narvik, Nordfinnland über Seekabel nach Reval, in Betrieb gehalten (insgesamt über 5.000 km). In den letzten Kriegsmonaten wurde die 3. MNA (mot.) schließlich hauptsächlich zum Katastropheneinsatz im Ruhrgebiet eingesetzt.

Kommandeure motorisierten 3. Marinenachrichtenabteilung (3. MNA mot.)

- KKpt   von Manthey   April 1941 - Mai 1941
- KptLt   Kortz   Dezember 1941 - März 1942
  (m.d.W.d.G.b. = mit der Wahrnehmung der Geschäfte beauftragt)
- KKpt   Dr. Greve   März 1942 - Juni 1943
- KKpt   Cousin   August 1943 - Ende

Die Einsätze von motorisierten MNA gingen zusammen mit den Heeresverbänden nach Südrussland/Kaukasus bis zum Schwarzen Meer (KptLt Kröker). In Norwegen existierte noch die im Juli 1944 aufgestellte Marinenachrichtenabteilung Oslo (bzw. Norwegen) unter dem Kommandeur KKpt Schnoeckel bis zum Abzug.

Die in Frankreich im Juni 1942 bei Paris (Malmaison) aufgestellte 11. Marinenachrichtenabteilung (mot.) verlegte im Frühjahr 1943 nach Südrussland, weiter über Eupatoria, Odessa, Nikolajew, Konstanza nach Simferopol. Chef der Abteilung war von Juni 1942 bis zur Auflösung im März 1944 der KKpt (MN) Scharf. In wie weit die Listung der 1. - 10. Nachrichtenabteilung konsequent erfolgte ist nicht immer erkennbar, da nicht alle motorisierten Abteilungen vollständig ausgerüstet waren, was teilweise auch zur Tarnung der Truppenaufstellungen genutzt wurde.

Unter dem KKpt Rudolf sollen mobile Funkeinheiten der MNA mit dem Funkfernschreiber SFM-43 in Berlin ab Februar 1942 eingesetzt gewesen sein, die im April 1945 dann beim Wehrmachtsstab im Südraum beim Kriegsende verblieben. Auch unter KKpt Cousin und Lucas Meyer sollen dann weitere Verbindungen mit den SFM-43 über die 3. MNA (mot.) aufgebaut worden sein. Hierfür fehlen aber aus den letzten Kriegstagen entsprechende Dokumente, welche die Angaben der Zeitzeugen untermauern könnten.

Die Marine-Nachrichtenhelferinnen-Ersatzabteilung in Flensburg wurde zusätzlich im Oktober 1944 aus der Zusammenlegung der 2. Marine-Nachrichtenhelferinnen-Ersatzabteilung (aufgestellt Januar 1943 in Leer, Kommandeur FKpt (V) Heinrich Meyer, Januar 1943 - Mai 1945) mit der 1. Marine-Nachrichtenhelferinnen-Ersatzabteilung (Kommandeur KKpt (M.A.) Gallbach, Januar 1943 - Oktober 1944, aufgestellt im Januar 1943 in Kiel-Eichhof) gebildet. Der Kommandeur der Marine-Nachrichtenhelferinnen-Ersatzabteilung war der KKpt (M.A.) Gallbach von Oktober 1944 - Mai 1945.

Die Marine-Nachrichtenhelferinnen-Ersatzabteilung verlegte im Laufe des Krieges nach Neustrelitz und zum Kriegsende zurück nach Schleswig. Die Führerinnenschule für die Marinehelferinnen war im März 1943 in Flensburg unter KKpt (M.A.) Otto Ludwig aufgestellt worden, der als Kommandeur von KptLt Franz Moldenhauer im November 1943 abgelöst wurde, welcher dann die Schule bis zum Kriegsende im Mai 1945 leitete.

Die Verluste auf den Kriegsschauplätzen konnten aber weder durch Vergrößerung noch durch Erhöhung der Anzahl der Schulen ausgeglichen werden, da es zu spät erfolgte und letztendlich weder ausreichend Lehrpersonal noch Lehrgangsteilnehmer mehr zur Verfügung standen. Nicht zu vergessen sind die weiblichen Marinenachrichtenhelferinnen, die in allen Ländern mit den männlichen Kameraden ihren Dienst verrichteten.

Mit dem Aufbau der Wehrmacht wurden in der Marine im Jahre 1934 zunächst die Ausbildungsgänge aller Marinefernmelder an ihrem traditionellen Standort wieder zusammengeführt und die Vorbereitungen zum personellen Aus- und Aufbau des maritimen Nachrichtendienstes getroffen. Hierbei spielten freiwillige Vereinigungen eine wichtige Rolle.

Freiwillige Wehrfunkgruppe Marine - Marine-Wehrfunk

Verschiedene Vorkriegsstudien der Marineleitung ermittelten immer wieder einen kritischen Punkt nach der Mobilmachung im Falle eines Konfliktes. Das ausgebildete Funkpersonal konnte aus einberufenen Spezialisten des Rundfunks und der Post zwar ergänzt werden, doch trotzdem würde weitaus mehr Personal in diesem Fall benötigt werden. Mit dem Gedanken möglichst früh eine große Personalbasis aufzubauen, erfolgte im Jahre 1932 in Kiel durch private Initiativen außerhalb der Marine die Einrichtung einer Marine-Funkreserve.

Die Reichsmarine war jedoch von derartigem Aktionismus außerhalb ihres Einflussbereiches wenig angetan und durch eine Verfügung der Marineleitung (12. Februar 1935) musste dieser Wildwuchs zum 30. September 1935 wieder aufgelöst werden. Da die Idee aber grundsätzlich richtig war, hatte die Marine bereits unter eigener Regie die Stärke des Nachrichtenpersonals durch Ausbildungen außerhalb der offiziellen Schuleinrichtungen zu fördern begonnen, woraus eine vormilitärische Schulungseinrichtung neben den Marine-Nachrichtenschulen entstand.

Otto Schmolinske war langjähriger Funkamateur und Angestellter im Reichswehrministerium. Sein Vorschlag etwa 20 Funkamateure im Funkverfahren der Reichsmarine auszubilden, wurde unter der Leitung der Marine-Ausbildungsgruppe (KptzS Hermann von Fischel) in einen Lehrgang bei der Hanseatischen Yachtschule in Neustadt (Holstein) umgesetzt. Im August 1932 begann für 18 Funkamateure ein Lehrgang auf Segelschulschiffen in Verbindung mit einer gleichzeitigen Funkausbildung. Die Schuleinrichtung war KKpt Heinrich von Nostiz und Jänkendorf unterstellt. Der OLtzS Erich von Dresky (später Kommandeur der Marine-Nachrichtenschule Aurich) war für die Funkausbildung der Lehrgangteilnehmer verantwortlich. Die seemännische Schulung erfolgte auf den beiden 2-Mast-Gaffelschonern JUTTA und EDITH. Der erste Lehrgang wurde im September 1932 beendet und die vormilitärische Ausbildung blieb unter der Kontrolle der Marineoffiziere und damit bei der Reichsmarine. Ein verdecktes Ausbildungszentrum für die Reserveoffiziere in der Nachrichtentechnik (NA) der Reichsmarine war damit aufgebaut.

Zur weiteren Festigung des Erlernten wurde zusätzlich das Unterrichtsfach Marine-Betriebsdienst eingerichtet. Die Leitung der wöchentlichen Übungen lag bei der Marinenachrichtenbetriebsstelle Berlin (MNB) am Tirpitzufer. Der Betriebsdienst wurde 80-m-Band über 12 Stationen mit z.T. selbst konstruierten Geräten abgewickelt. Nach einer im November/Dezember 1933 zwischen dem Reichswehrministerium und der Marineleitung getroffenen Vereinbarung mussten die Funkschüler den Nachrichtentrupps der Marine-SA beitreten, wodurch die eine parteiliche Kontrolle über die Organisation erzielt wurde.

In zwei Gruppen von jeweils neun Mann wurden im August 1933 die ersten 18 Funkamateure in Marineuniformen eingekleidet und auf dem Linienschiff SCHLESWIG-HOLSTEIN und dem leichten Kreuzer KÖNIGSBERG zu einem weiteren Lehrgang eingeschifft. Zu den in den Lehrgängen im Marine-Funkverfahren vorgebildeten Funkamateuren stießen im Laufe der Zeit andere am Funk interessierte junge Leute und in mehreren Städten entstanden dadurch Anlaufstellen für die Ausbildungsgruppen der Marine. Auf Betreiben des zum Kapitänleutnant (MN) ernannten und nun in der Abwehrabteilung des Reichswehrministeriums tätigen Otto Schmolinske wurde eine neue Struktur aufgebaut und diese losen Gruppen im Frühjahr 1934 unter dem Namen "Freiwillige Wehrfunkgruppe Marine" (F.W.G.M.) zusammengefasst. Damit konnten in über 150 Ausbildungsstätten in verschiedenen Städten die zukünftigen Funker rekrutiert und geschult werden.

Die Organisation der Marine wurde ausgebaut und das Personal (auf Antrag von KptLt (MN) Schmolinske) als Marine-Reservisten eingestuft. Damit wurde die Organisation dem Zugriff der anderen Wehrmachtsteile entzogen und dem Torpedo- und Nachrichten- bzw. der Nachrichtenschule in Flensburg im Falle der Mobilmachung unterstellt. Die Marine hatte in der Freiwilligen Wehrfunkgruppe die erste Organisation dieser Art geschaffen, doch die anderen Teilstreitkräfte übernahmen die Idee. Die Luftwaffe bezeichnete ihre Nachwuchsorganisation hingegen als Bordfunkergruppen der Flieger-Hitlerjugend und da auch das

Heer ähnliche Gruppen einrichtete, verwendete man die Bezeichnung Freiwilliger Wehrfunk als Oberbegriff für sämtliche Gruppen der Wehrmacht.

Die Organisation der Marine-Funkreserve war zwar aufgelöst worden, ihr Personalbestand konnte aber durch die Übernahme in die Freiwillige Wehrfunkgruppe Marine fest in den Aufbau der Kriegsmarine mit einbezogen werden. Die Marine-Funkreservisten wurden vor dem Kriege auch als Lehrer mit der Vorausbildung in den Gruppen betraut, beim Kriegsausbruch jedoch sofort eingezogen und auf die Funkstationen verteilt. Als Hilfsausbilder wurden dann teilweise Polizei-Funkmeister eingesetzt (z.B. in Mainz), die mit Aufstellung der Polizei-Funkregimenter jedoch der Marine wieder entzogen wurden, wodurch die Ausbildung in den Wehrfunkgruppen 1941 zum Erliegen kam.

Die SA versuchte ständig in der Kriegsmarine ihren Einfluss zu stärken und war auch an den ausgebildeten Reserveoffizieren und Funkern sehr interessiert. Auf Betreiben der SA-Führung und der Reichsjugendführung (RJF) musste zum 1. Januar 1936 eine Zusammenfassung der SA-Funktrupps bzw. des SA-Sturms mit den Funktrupp-Kameradschaften der Marine-Hitlerjugend (MHJ) zur gemeinsamen Ausbildung im F.W.G.M. durchgeführt werden. Im Jahre 1942 erschien eine Neufassung der Vereinbarung zwischen Marine und Reichsjugendführer über die Zusammenarbeit in der vormilitärischen Funkausbildung, wobei die Bezeichnung Freiwillige Wehrfunkgruppe Marine entfiel und durch Marine-Wehrfunk (MW) ersetzt wurde.

Der Marine-Wehrfunk war dem Höheren Kommandeur der Marine-Nachrichtenschulen unterstellt. Der Schwerpunkt der Ausbildung lag weiter in der Vermittlung vormilitärischer und fachlicher Kenntnisse, auf die eine militärfachliche Weiterbildung an der Marine-Nachrichtenschule in Flensburg-Mürwik folgen sollte. Letztere kam für die Marine-Funkreservisten vor dem Kriege aber nicht mehr zum Tragen und während des Krieges wurde sie ausgesetzt, da keine Ausbilder mehr zur Verfügung standen. Die Inhaber des Seesportfunkzeugnisses (SFZ) wurden ab dem 28. April 1942 offiziell als "Marine-HJ-Wehrfunker mit Seesportfunkzeugnis" bezeichnet und mit einer Verordnung vom 15. Juli 1943 wurde ferner bestimmt, dass das "Marine-HJ-Wehrfunkerabzeichen mit bestandener Zwischenprüfung" sowie das "Abzeichen für Inhaber des Seesportfunkzeugnisses" auf der linken Brustseite der Marineuniform getragen werden durfte. Schätzungsweise wurden etwa 5.000 SFZ ausgestellt worden sein, was die Effizienz der Vorausbildung unterstreicht.

Neben den selbst konstruierten Funkgeräten und dem bereitgestellten Material von der Marine-Nachrichteninspektion stand dem Marine-Wehrfunk ab 1938 meist ein Sende-/Empfänger SE-T der Firma Hagenuk mit 15 Watt zur Verfügung. Die Leitung der Funkübungen oblag zwischen 1935-1937 der Marine-Nachrichtenschule Flensburg mit der Funkstation "Köster" (ehemals "Parkhotel") unter der Leitung des Oberfunkmeisters Karl Wrackmeyer, dem späteren Leiter der Sendestelle "Goliath". Hier wurden die Kenntnisse des Seesportfunkzeugnisses mit den militärischen Vorschriften und Betriebsvorgängen erweitert.

Frequenzen (Wellenplan) der Funkübungen mit Mürwik

- 3.380 kHz, 88,76 m
- 3.460 kHz, 86,71 m
- 3.640 kHz, 82,42 m
- 3.705 kHz, 80,97 m
- 6.160 kHz, 48,70 m
- 6.230 kHz, 48,16 m

Von 1937-1941 übernahm dann die Kieler Marine-Nachrichteninspektion im Düsternbrooker Weg 94-100 mit dem Oberfunkmeister Max Ullrich die Betriebsleitung des Marine-Wehrfunks. Nach der Zerstörung der

Marine-Nachrichteninspektion durch Bomben übernahm wieder die Funkstelle "Blücher" (ehem. "Mürwik") in Flensburg die Leitung. Über Frequenzen zwischen 3.000-4.000 kHz übermittelte die Leitstelle Nachrichten im Blindfunkverfahren an die anderen F.W.G.M.-Dienststellen. Mit Kriegsbeginn durften die F.W.G.M.-Dienststellen aber nicht mehr aktiv senden und es gab nur noch Hörübungen. Dies machte eine praktische Ausbildung nicht weiter durchführbar und im Laufe des Jahres 1941 wurde der Nachrichtenbetrieb der Leitstelle ganz eingestellt.

Die Angehörigen der Marine-Wehrfunkgruppen trugen auf dem rechten Arm das Laufbahnabzeichen IV Fk der Kriegsmarine, den gelben Blitz auf blauer Scheibe, und nach Erwerb des SFZ kam darunter der gelbe Winkel (Gefreiter). Diese Abzeichen erhielten nach dem 1. März 1942 eine Änderung (Reichsbefehl 11/42 der RJF vom 28. April 1942). Die MHJ-Wehrfunker trugen dann als Abzeichen einen rot gestickten Anker mit Blitz, unter dem für das SFZ ein Winkel (Obermatrose) in gleicher Farbe vorgesehen war. Eine erneute Änderung trat am 3. August 1943 in Kraft, womit das Personal nach Feststellung der Eignung zum Funkdienst (6-8 Wochen Dienstzeit) den Winkel des Gefreiten tragen durfte. Nach der Zwischenprüfung wurden zwei Winkel (Obergefreiter) und nach Erteilung des SFZ entsprechend drei Winkel (Hauptgefreiter) verliehen. Den Angehörigen des F.W.G.M. war ferner gestattet, anstelle des MHJ-Mützenbandes die Aufschrift "Frw. Wehrfunk Gruppe Marine" zu tragen.

Bei einer gelisteten Anzahl von 157 Marine-Wehrfunkgruppen ergibt sich für das gesamte Reichsgebiet eine geschätzte Zahl von etwa 7.500 Funkschülern. Nach dem Anschluss Österreichs wurden dort gleichfalls Wehrfunkgruppen gebildet, wie auch in einzelnen anderen besetzten Gebieten. Mit den Ausbildern eingeschlossen dürfte die Organisation des Marine-Wehrfunkes in etwa eine Stärke von 8.000 Mann besessen haben. Unter den widrigen Verhältnissen der 30er Jahre begannen die Funkschulungen und mit diesen Zahlen wurde eine sehr erfolgreiche vormilitärische Ausbildung des nachrichtentechnischen Personals erreicht. Der Personalmangel konnte jedoch nur in den ersten Kriegsjahren kompensiert werden, massive Erweiterungen durch immer neue besetzte Gebiete und zahlenmäßig stetig steigende Verluste ließen auch den an den Tasten der Wehrfunkgruppen der Marine, Luftwaffe und Heer aufgewachsenen Personalstamm der Nachrichtenabteilungen ausbluten.

Funken-Telegrafieschule (FT-Schule) Swinemünde (1918 - 1920)

Nach dem Umzug der Nachrichtenausbildung nach Swinemünde blieb vieles in dieser unsicheren Zeit reine Improvisation. Die Gebäude am neuen Ausbildungsstandort in Swinemünde waren im und nach dem 1. Weltkrieg errichtete Holzbaracken, es gab aber auch sieben Häuser im Wald zwischen Osternothafen und Pritter sowie die FRIEDRICH CARL als Wohnschiff.

Neben den funktechnischen Gründen für die Verlegung der Schule verursachten die kriegsbedingt gestiegenen Schülerzahlen große Probleme in der Unterbringung, die in Flensburg und Swinemünde kaum mehr gelöst werden konnten. Man versuchte eine möglichst große Entwicklungsfreiheit der Schule im Hinblick auf die Ausbildungserfordernisse im Unterwassersignalwesen, als auch im Bereich der F.T.-Flugzeuge, zu gewährleisten.

Ab Juli 1918 wurde der Unterricht in Swinemünde bis Kriegsende durchgeführt sowie parallel eine vom Marineflugchef geforderte Flieger-F.T.-Schule am 30. Januar 1918 in Seddin gebildet, die jedoch im Hinblick auf die Ausbildungsinhalte und Lehrunterricht weiter der Funken-Telegrafieschule in Swinemünde unterstand. Zu einem reibungslosen Ausbildungsbetrieb scheint es aber bis zum Kriegsende nicht mehr gekommen zu sein.

Das Reichsministerium ordnet am 3. Juni 1920 die Bildung einer Marine-Nachrichtenschule an, welche die Ausbildung im gesamten Nachrichtendienst der Marine wieder übernehmen sollte. Nach zwei deutsch-dänischen Kriegen wurden nach dem Vertrag von Versailles erstmals in einer Volksabstimmung der deutschen und dänischen Minderheiten über die Zugehörigkeit von Süd- und Nordschleswig entschieden.

Am 4. April 1919 hatte sich von Trotha positiv zu einer Rückverlegung der F.T.-Schule nach Flensburg-Mürwik geäußert.

Nach der Niederlage Deutschlands im Ersten Weltkrieg, an dem Dänemark nicht teilgenommen hatte, wurde im Versailler Vertrag eine Volksabstimmung für die nördlichen Bereiche Schleswigs vorgesehen und dabei die Abstimmungszonen und -modalitäten nach den Wünschen Dänemarks definiert.

Es wurden zwei Abstimmungszonen bestimmt. In der nördlichen Zone I wurde en bloc abgestimmt, was bei der zu erwartenden dänischen Gesamtmehrheit bedeutete, dass lokale grenznahe Mehrheiten für Deutschland keine Berücksichtigung finden würden. In der südlichen Zone II mit zu erwartender deutscher Mehrheit wurde einen Monat später abgestimmt, und die Auswertung der Ergebnisse wurde gemeindeweise vorgenommen, so dass die Möglichkeit bestand, einzelne Gemeinden mit einer dänischen Mehrheit Dänemark zuzuschlagen. Nachdem die Abstimmung am 14. März 1920 eine Mehrheit für einen Verbleib von Südschleswig und Flensburg im deutschen Reichsgebiet erzielte, stand einer Rückverlegung nichts mehr im Wege. Die Beschränkungen aus den Friedensverträgen hinsichtlich des Umfanges der bewaffneten Streitkräfte brachten zunächst eine deutliche Verringerung der Marine und des anfänglichen Ausbildungsbedarfes der Flotte mit sich.

Marine-Nachrichtenschule (M.N.S.) Flensburg-Mürwik (1920 - 1925)

Zur Sicherung der Volksabstimmung in Schleswig mussten 1919 alle deutschen Truppen Flensburg verlassen und englische Truppen bezogen im Januar 1920 in Stärke von 650 Mann die Gebäude der ehemaligen Funken-Telegrafieschule, während französische Soldaten in die am Wasser liegende Torpedoschule einrückten.

Nach der Volksabstimmung erfolgte die Rückverlegung in die zwei Jahre vorher verlassenen Gebäude. Da die deutsche Flotte die internierten großen Einheiten in Scapa Flow versenkt hatte, musste dieses Mal das Personal und Material auf Frachtkähnen transportiert werden.

An der Marine-Nachrichtenschule (M.N.S.) begannen ab dem 5. August 1920 die ersten Lehrgänge. Die Schule bestand zunächst aus der Nachrichtenkompanie, der Signal- und der Fernschreibschule. Die Ausbildung der Schiffsjungen wurde hingegen nicht wieder aufgenommen. Im Oktober 1920 kamen die Funkschule als weitere Unterabteilung sowie die Ausbildungsabschnitte aus der Schule in Lehe hinzu. Die Unterstellung der Ausbildungseinrichtung blieb weiter beim Torpedowesen und auch die Funkmeister der Laufbahn IV trugen deshalb die silbernen Knöpfe und Mützenbänder. Winkflaggen, Fernsprecher, Telegraf, Funk- und Unterwassertelegrafie, Horchempfang, sämtliche nachrichtentechnischen Ausbildungsgänge waren nun an einer Einrichtung in der Marine vereint.

Im Sommer 1920 stellte die Admiralität "... zur Befriedigung nachstehender Bedürfnisse für Versuche zur Weiterentwicklung der Funken- und Unterwassertelegraphie ..." und "... für Küstennachrichtenwesen einschließlich Funkeinrichtungen ..." jeweils 50.000,- Mark zur Verfügung. Obwohl die finanzielle Lage des Deutschen Reiches äußerst angespannt und lediglich 100.000 Mann unter Waffen durch den Versailler Vertrag zugestanden waren, gab es keinen Verzicht auf die moderne Nachrichtentechnik und ihre Einführung im Militär, wodurch die deutschen Streitkräfte im weltweiten Vergleich auch auf diesem Gebiet in keinen Rückstand zu anderen Nationen gerieten.

Im 1. Weltkrieg hatte sich die Bezeichnung "Funkenpuster" für das Personal der Funken-Telegrafie (F.T.-Personal) eingebürgert und es war auf den Schiffen zu einer gleichwertigen Gruppe neben den Heizern und Matrosen geworden, im Zahlenvergleich zwar noch klein, aber schon fein mit Sonderrechten ausgestattet. Die Marine hatte andererseits angeordnet, dass das F.T.-Personal "zur Schonung des Tastgefühls" von der Kohlenübernahme freizustellen sei, was zwar dem Tastgefühl genüge tat, aber in der Gemeinschaft an Bord nicht gut ankam. Die bei der schweißtreibenden Arbeit dann auf Freiwache befindlichen Funker wurden sicherlich so manches Mal von ihren Kameraden verflucht. Die "Funkenpuster" waren deshalb teils unbeliebt, zugleich wurden sie aber auch wieder umworben. Wenn der reguläre Soldat von den an Bord über Funk eintreffenden Nachrichten etwas erfahren wollte, musste man sich mit den Funkern gut stellen, als Berufsstand hatte sich die Funkentelegrafie aber etabliert.

In der Marine gab es bald neue Strukturen, die sich auch äußerlich bemerkbar machten. Das Nachrichtenpersonal der Landfunkstellen trug ab 1. April 1921 das Mützenband "1. Marinenachrichtenkompanie 1." im Ostseebereich und entsprechend "2. Marinenachrichtenkompanie 2." im Nordseebereich. Dazu kam noch das Personal der übergeordneten Nachrichtenabteilung, welches das Mützenband "Marinenachrichtenabteilung" trug.

Da das Personal teilweise auch aus dem seemännischen Bereich kam und nicht die technischen Vorkenntnisse des Maschinenpersonals mit sich brachte, wurde über ein Sinken der Ausbildungsqualität geklagt. Infolgedessen wurde eine Vorausbildung in Gasten-Lehrgängen für das Funkpersonal geschaffen. Die Lehrgangsabschlüsse schrieben im Hören und Geben eine Leistung von mindestens 110 Buchstaben in der Minute vor. Für die praktische Ausbildung waren weitere F.T.-Stationen an der Nachrichtenschule installiert worden.

F.T.-Stationen der Marine-Nachrichten-Schule (M.N.S.) in Flensburg

- "König-Wilhelm-Brücke", T.L.F. & Röhren-Sender, Telefunken
- "Uhr-Raum", T.L.F. & Röhren-Sender, Telefunken/Lorenz
- "Torpedowerkstatt", T.L.F. von Telefunken
- "Parkhotel", T.L.F. von Telefunken
- "Marineschule", Röhren-Sender, Telefunken & T.L.F., Lorenz

1923 wurden die Marinenachrichtenabteilungen in einer Mitteilung des Staatssekretärs des Marineamtes der Marineleitung über die zur Verfügung stehenden Haushaltsmittel informiert. Vorgesetzte Dienststelle war hier die Marinestation der Ostsee (Kiel), die mit Ostsee-Stationsbefehl (Nr. 75, vom 28. März 1925) die Zusammenlegung mit der Torpedoschule befahl, was am 31. März 1925 vollzogen wurde. Die wirtschaftliche Lage in Deutschland und Europa machten weitere Einsparungen erforderlich.

Dienststellenleiter der Marine-Nachrichtenschule (M.N.S.) in Flensburg

- KptLt   Suadicani   5. August 1920 - 25. Sept. 1920
- KptLt   Duncklenberg   28. September 1920 - 27. März 1925

Torpedo- und Nachrichtenschule (T.N.S.) in Flensburg-Mürwik (1925 - 1934)

Im Zeitraum des Bestehend der Torpedo- und Nachrichtenschule (T.N.S.) fand die Zuwendung des Deutschen Reiches hin zur internationalen Verständigung und Akzeptanz statt, aufgrund verschiedener Faktoren aber in der Folge die Machtergreifung der Nationalsozialisten. Die Bestrebungen der Partei und des Führers Adolf Hitler im Aufbau einer Wehrmacht beenden die Existenz der gemeinsamen Schule für Torpedo- und Nachrichtentechnik und der zentralen Dienste. Die Streitkräfte wurden für ihre Aufgaben sehr eigenständig, in diesem Fall jedoch zu eigenständig, aufgebaut, um eine möglichst große Schlagkraft in jedem Bereich zu ermöglichen. Der Aspekt gemeinsamer Operationen wäre für die Wehrmacht schon früh von großer Bedeutung gewesen, wurde aber zu spät berücksichtigt.

In der Organisation des Nachrichtenwesens wurde aber sehr effektiv gearbeitet und z.B. die Marineküstenfunkstellen fest in Funkverbindungen bei den Flottenübungen der Marine und teilweise sogar im Verbund mit Land- und Luftstreitkräften eingebunden. Zumindest im Nachrichtenwesen erkannte man teilweise die Notwendigkeit der teilstreitkraftgemeinsamen Operationen, aber nicht in der Führung. Da es sich überall auch meist um verbliebene Einheiten mit Funkanlagen aus der Periode vor dem 1. Weltkrieg handelte, die zunächst lediglich um einige neue Torpedoboote und mehrere Flottillen von Minensuchbooten vermehrt wurden, ergab sich eine Zahl von höchstens 80 teilnehmenden Stationen an einer Funkübung, was zur damaligen Zeit jedoch organisatorisch und technisch jedoch schon einen sehr großen Aufwand bedeutete. Im Jahr 1931 erscheinen in Dokumenten die ersten Hinweise über Fernmeldewettkämpfe, die zur Steigerung der Fähigkeiten und Kenntnis des Nachrichtenpersonals der Flotte eingeführt worden waren.

Am 31. März 1925 waren die beiden Marinenachrichtenkompanien und die Marinenachrichtenabteilung aufgelöst worden. Die Aufgaben der Abteilung wurden von den Schiffsstammdivisionen übernommen. Ab dem 1. April 1925 lief der Schulbetrieb in der gemeinsamen Einrichtung der Torpedo- und Nachrichtenschule und mit diesem Datum konnte das Personal der Landfunkstellen das Mützenband "Marinestation der Ostsee" und "Marinestation der Nordsee" tragen.

Die Gebäude 10 und 11 der Funken-Telegrafieschule hatten die traditionsreichen Namen "Tirpitz" und "Maaß" aus dieser Zeit erhalten, sämtliche Offiziere des Stabes und die Offiziersschüler waren jedoch weiterhin in der Marinekriegsschule (Mürwik) untergebracht, während alle Unteroffiziere, Mannschaften und das Stammpersonal der Torpedoabteilung im Gebäude Tirpitz und Stamm- und Lehrgangspersonal der Nachrichtenabteilung im Gebäude Maaß wohnten. In Tirpitz waren außerdem Kantine und Küche untergebracht. Im Jahr 1931 kam es zu den ersten Engpässen an der Schule, denn der Personalbedarf des Marinenachrichten- als auch des Torpedowesens war weiter angestiegen und es mussten die ersten Kompanien ausgelagert werden.

Mit dem Ostsee-Stationsbefehl (Nr. 37, vom 4. März 1934) wurde die erneute Auftrennung der Torpedo- und Nachrichtenschule befohlen. Am 30. September 1934 endete der Schulbetrieb und die Torpedoschule in neue Gebäude am Hafen (der spätere Marinestützpunkt der Bundesmarine, der am 1. Januar 1999 aufgelöst wurde) ein, während der Kreuzer BERLIN als Wohnschiff diente. Die Marine-Nachrichtenschule war wieder eine eigenständige Schuleinrichtung geworden und erhielt ebenfalls neue Gebäude.

Kommandeure der Torpedo- und Nachrichtenschule

- KKpt   Leo Riedel   1. April 1925 - 21. September 1926
- KKpt   Wolf von Trotha   22. September 1926 - 1. Oktober 1928
- FKpt   Heinz Eduard Menche   3. November 1928 - 7. Janunar 1930
- FKpt   Ernst Wolf   8. Januar 1930 - 19. März 1932
- KptzS   Georg Reimer   24. März 1932 - 4. Juni 1933
- KKpt   Otto Stark (m.d.W.d.G.b.)   5. Juni 1933 - 30. September 1933
- FKpt   Otto Backenköhler   1. Oktober 1933 - 30. September 1934

Marine-Nachrichtenschule (M.N.S. von 1934 - 1938) und (M.N.S. Mürwik von 1938 - 1945)

Der Beginn der Marinenachrichtenschule (M.N.S.) und das Ende der dann als Marinenachrichtenschule Mürwik (M.N.S. Mürwik) bezeichneten Schulungseinrichtungen sind unmittelbar mit der Machtergreifung der Nationalsozialisten und dem Dritten Reich verbunden. Ab 1932 gab es Aufrüstungspläne für die Marine und deren personelle Aufstockung wie sie in allen Waffengattungen vollzogen wurde, wodurch Neubauten für Anlagen, Lehrräume und die Unterbringung der erwarteten hohen Zahl an Lehrgangsteilnehmer dringend notwendig wurden. Der Wandel in den Streitkräften vollzog sich rasch. Die Unterseebootsabwehrschule (UBS) in Kiel war z.B. am 1. Oktober 1933 aufgestellt worden und die laufenden Lehrgänge für das Personal der U-Boote sogleich in die Funkausbildung der TNS/MNS einbezogen worden. Es war also nur eine Frage der Zeit, bis die Nachrichtenausbildung in einer neuen Form und mit mehreren Schulen strukturiert werden musste.

In Stralsund war am 1. März 1922 die II. Abteilung der Schiffsstammdivision aufgestellt worden, die bis 1935 die Frankenkaserne und die Kasernen auf dem Dänholm nutzte. Hier begannen alle Marineoffiziere ihre Laufbahn und wurden jedes Jahr als Offiziersanwärter der Marine eingestellt. Anhand der Zahlen der Offiziersanwärter lässt sich die Aufstockung an Personal in der Marine nachvollziehen. In den Aufbaujahren der Reichsmarine kamen jährlich 50-80 Offiziersanwärter auf den Dänholm. Eine Crew von 1933 hatte noch zwischen 70-80 Offiziersanwärter, die Crew 1934 bereits 318 und die Crew von 1937 erreichte in 2 Einstellungstörns insgesamt dann 1.032 Offiziere. In vier Jahren wurde die Einstellungszahl also etwa um den Faktor 12 erhöht. Das PUO-, Unteroffiziers- bzw. das Mannschaftskorps musste im Verhältnis dazu anwachsen.

Die Technik entwickelte sich ebenfalls rasant weiter und erforderte eine komplexe Ausbildung mit hohem Stundenansatz. Durch Ablösung des Hughes-Schreibers durch den Springschreiber konnte die Ausbildung 1933 zwar verkürzt werden, doch trotzdem konnten die Personalstärken der Marineplanung von den bestehenden Ausbildungsstätten nicht mehr aufgefangen werden.

Am 20. Juni 1933 war der Baubeginn für die neuen Gebäude einer neu zu gründenden Torpedoschule und einer Nachrichtenschule. Trotz der seit 1929 vorherrschenden Weltwirtschaftskrise und der zusätzlich schwierigen wirtschaftlichen Lage Deutschlands erfolgte die Fertigstellung von 4 Bauvorhaben für die neue Marine-Nachrichtenschule am 30. September 1934.

Das Fähnrichsgebäude (Stabsgebäude der ehemaligen Marinefernmeldeschule), Nordkaserne, Südkaserne und Unterrichtsgebäude (Schulgebäude der ehemaligen Marinefernmeldeschule) wurden bezogen. Mit dem Fertigstellungstermin wurde im Ostsee-Stationsbefehl Nr. 145 die Trennung der Torpedo- und Nachrichtenschule verkündet. Am 1. Oktober 1934 waren Ausbildungsbeginn für die 1. bis 4. Kompanie mit der jeweiligen Unterteilung in Funk-, Signal-, Funk- und Ergänzungskompanie. Stammpersonal. Die Lehrgangsteilnehmer trugen ab diesem Zeitpunkt das Mützenband "Marinenachrichtenschule".

Am 1. Oktober 1935 wurde die Ostkaserne bezogen, im September 1936 der neue Sportplatz übernommen und im Mai 1937 erhielten die Kasernenbauten ihre offiziellen Namen durch den kommandieren Admiral der Marinestation der Ostsee ("Die genannten Kasernen übernehmen damit die Traditionspflege der betreffenden Seemachtperioden deutscher Seegeltung."). Die Nordkaserne wurde zur Kaserne BRANDENBURG, die Südkaserne zur Kaserne HANSA und die Ostkaserne zur Kaserne PREUSSEN. Anfang 1938 wurden diese Namen in großen Metallbuchstaben an den 3 Kasernen angebracht und am 13. April des Jahres fand das Richtfest der Kaserne DEUTSCHLAND statt, in die mit offizieller Übergabe am 1. Oktober die 2. Kompanie einzog. Hierbei findet sich die erstmalige Erwähnung des damaligen Schulwappens (die Namenschilder kennzeichnen auch noch die Gebäude in der Schule Strategische Aufklärung der Bundeswehr).

Nach dem Ausbau des Fernschreibnetzes im zivilen und militärischen Bereich trug auch die Marine dieser Entwicklung Rechnung. Das Reichswehrministerium erließ 1934 die Verordnung für die Laufbahn II (Signal- und Fernschreibmittel) und XIII b (drahtlose Telegrafie). Es gab nun die Gasten, Obergasten, Gefreite, Maate und Feldwebel/Bootsmann bzw. die Meister der Fernschreiber.

Etwa seit dem 18. Jahrhundert findet sich das Schiffszubehör des Ankers als Symbol. Der Anker ist ein beliebtes christliches Symbol der Treue, Zuversicht, Hoffnung und des Heils. Die eindrucksvolle Entladung der Elektrizität in der Atmosphäre ist eng mit der Vorstellung vom "blitzenden" Zorn der Wetter- oder Himmelsgötter verbunden, wurde in allen alten Kulturen als Ausdruck und Symbol übernatürlicher Macht, gelegentlich auch als Ausdruck überirdischer Erleuchtung, Symbol für Erkenntnis und Wahrheit (Hinduismus) verstanden. Die Germanen deuteten den Blitz als sichtbares Zeichen dafür, dass Thor (Donar) seinen Hammer zur Erde geschleudert hatte. Bei den baltischen Völkern war es der Gewittergott Perkūnas. In nahezu allen Marinen der Welt ist der Anker in Verbindung mit einem oder mehreren Blitzen das Symbol und Abzeichen des Nachrichten- bzw. des Funkdienstes.

Die Abzeichen der Fernschreiblaufbahn waren nun zwei gekreuzte Blitze mit Spitzen nach unten, für die Oberfunkmeisterlaufbahn ein klarer Anker mit Blitz und für die Obersignalmeisterlaufbahn zwei, mit den Stöcken sich kreuzende, Signalflaggen "C" auf klarem Anker. Diese Zeichen wurden dann auch für das Wappen der Marinenachrichtenschule gewählt.

Eine Abordnung ging als Flaggenkommando der Marine-Nachrichtenschule fuhr am 31. Januar 1936 zu den olympischen Winterspielen nach Garmisch-Partenkirchen. Das Jahr an der Schule wurde geprägt von den neuen politischen Verhältnissen, den Feiern zur Skagerrak-Schlacht und der Einweihung des Marine-Ehrenmals mit einer Flottenübung. Bei diesem Anlass besuchte der Generaladmiral Raeder und Adolf Hitler auch die Marineschulen in Flensburg.

Zwischen 1936 und 1939 fanden umfangreiche Veränderungen in der Unterstellung und der Organisation des Nachrichtenwesens statt, wie sie in allen anderen Waffengattungen ebenfalls durchgeführt wurden. Die Schulen waren anfangs dem Inspekteur des Torpedo- und Sperrwaffenwesen unterstellt. Nach Bildung einer eigenen Sperrwaffeninspektion entstand eine reine Torpedoinspektion, der die folgenden Einrichtungen (Ostseestationsbefehl Nr. 220 vom 13. Oktober 1936) unterstellt waren:

- Torpedoversuchsanstalt, Eckernförde
- Torpedoschule, Flensburg-Mürwik
- Marine-Nachrichtenschule, Flensburg-Mürwik
- Unterseebootsschule, Kiel-Wik
- Nachrichtenmittelversuchsanstalt, Kiel
- Nachrichtenmittel-Erprobungskommando, Kiel
- Torpedo-Erprobungskommando, Kiel
- Erprobungsausschuss für Unterseebootsneubauten, Kiel

Am 1. Oktober 1937 wurde die M.N.S. der neu gebildeten "Marinenachrichteninspektion" in Kiel unterstellt, die in der Torpedoinspektion in Kiel ihren Ursprung hatte. Der Inspekteur des Nachrichtenwesens der Marine war zu diesem Zeitpunkt der Admiral Götting bis November 1938, die Inspektion selbst aber am 29. April 1941 wieder aufgelöst. Der Chef Marinenachrichtendienst übernahm nun die Zuständigkeiten im Bereich der Ausbildung der Nachrichtentechnik in der Marine.

Es wurde angestrebt, die Wehrmachtsteile bezüglich der Abzeichen zu vereinheitlichen. Am 1. April 1938 wurde ein "Nachrichtenmittelressort" in Wilhelmshaven und Kiel gebildet, dessen Beamte in der Laufbahn der Marinetechnik zusammengefasst wurden. Gleichzeitig wurde die bisherige "Oberfunkmeisterlaufbahn" zur "Funklaufbahn", während die anderen Verwendungen in die "Signal-" und die "Fernschreiblaufbahn" getrennt wurden.

Am 1. Oktober 1938 erfolgte die Änderung der Bezeichnung in Marine-Nachrichtenschule Mürwik, da die Marine-Nachrichtenschule Aurich ihren Betrieb aufnahm und es eine Unterscheidung der Namen geben musste. Die Zeitschrift "Die Kriegsmarine" berichtete 1938 über eine Schiffsglocke der Marine-Nachrichtenschule, die nach kurzer Inbetriebnahme durch das Glasen einen Riss erhielt und erneuert werden musste. Die Glocke ging in den Kriegswirren später verloren.

Die Aufstellung der "5. Kompanie" der Marine-Nachrichtenschule Mürwik wurde am 29. Oktober 1938 befohlen. Nach Kriegsbeginn wurden am 5. September 1939 die Mützenbänder aller Marineteile durch die einheitliche Aufschrift "Kriegsmarine" ersetzt. Mit dem geheimen Ostseestationsbefehl Nr. 42 vom 5. Dezember 1939 mussten die vor dem 1. Oktober 1939 bei der M.N.S. angelegten, noch im Besitz des Fernschreibpersonals befindlichen, Mitschreibhefte eingezogen und als Verschlusssache zur Vernichtung an die D.V. Ost abgegeben werden.

Vizeadmiral Günther Guse trat 1938 an die Spitze der Marinenachrichteninspektion und hatte damit für die Marine etwa die gleichen Aufgaben wahrzunehmen wie die Generale Fellgiebel (später Praun) für das Heer, Martini für die Luftwaffe und Sachs für die Waffen-SS. Im Januar 1940 wurde er stellvertretender Kommandierender Admiral der Marinestation der Ostsee und im Februar 1940 offiziell mit der Vertretung des bisherigen Stelleninhabers betraut. Im September 1940 wurde er Kommandierender Admiral der Marinestation der Ostsee, woraus im Februar 1943 die Position eines Oberbefehlshabers des Marineoberkommandos Ost wurde. Am 29. April 1941 wurde schließlich der Höhere Kommandeur Marinenachrichtenschulen (HKN) in Flensburg-Mürwik eingerichtet dem sämtliche Marineschulen unterstellt wurden. Außerdem unterstand dem HKN die 1., 2., 3. und 4. Funkmesslehrabteilung in de Haan, Wimille bei Boulogne, Brest und Utrecht und truppendienstlich sämtliche Marinepeilabteilungen, Marinepeilhauptstellen sowie Marinepeilstellen, die lediglich fachlich dem OKM/Skl nachgeordnet waren. Die Peilstellen arbeiteten weiterhin sehr selbstständig und lieferten gute Ergebnisse nach Berlin. In der Kriegszeit wurden aber immer mehr nachrichtentechnische Bereiche unter dem HKN zusammengefasst.

Inspekteur des Nachrichtenwesens

- Admiral Günther Guse   November 1938 - April 1941

unterstellte Kommandos:
- Höherer Kommandeur Marinenachrichtenschulen (HKN)
- Marine-Nachrichtenschule, Flensburg-Mürwik
- Nachrichtenmittelversuchsanstalt, Kiel
- Nachrichtenmittelerprobungskommando, Kiel

Der Nachrichteninspektion der Kriegsmarine bzw. dem HKN wurden die Marinenachrichtenkompanien 102 (t-mot), 104 (t-mot), die beide ab Herbst 1943 im Fronteinsatz waren, die Marinenachrichtenkompanien 122 (mot), die 123 (mot, wurde später der 3. MNA unterstellt), 126 (mot) und 127 (mot), weiterhin die 4. Abteilung des Nachrichtenregiments zbV 618 in Frankreich sowie die 150 Ausbildungsstellen des Marinewehrfunks (FWGM) nachgeordnet. Ab April 1944 kamen noch die Wehrfunkschule, die Seesportschule und das Lager Heisternest dazu. Dem HKN unterstanden ferner die Marinenachrichtenausbildungsstellen (NT) in Furtwangen und Schneidemühl, die im Spätsommer 1944 dem Marinenachrichtenarsenal Thale unterstellt wurden. Am 14. April 1945 wurde dem HKN noch die Marinedrahtnachrichtenkompanie unterstellt.

Ähnlich sah es bei anderen Ausbildungsbereichen aus. Dem Höheren Kommandeur der Schiffsartillerie (HKS) waren mit der Schiffsartillerieschule I (SAS I) in Kiel-Wik die artillerietechnische Ausbildung, in der SAS II die Schießausbildung und in der SAS III die E-Mess- und Funkmessausbildung unterstellt. Hier deckte die Artilleriewaffe ihren Bedarf an Nachrichtenoffizieren, die zur Unterscheidung als Marine-Artillerie-Nachrichtenoffiziere (MANO) bezeichnet wurden.

Am 15. Oktober 1944 ging noch die Nachrichtentechnische Inspektion (NTI) der Kriegsmarine aus dem Marinenachrichtenarsenal Hamburg hervor, dessen Inspekteur KptzS Wiegner war. Aufgabe war die Betreuung und Reparatur aller nachrichtentechnischen Anlagen der Kriegsmarine an Land und an Bord, außer den Drahtnachrichtengeräten. Unterstellt wurden ferner das Nachrichtenmittelversuchskommando unter dem KptzS Bruno Fischer, das Nachrichtenmittelerprobungskommando in Kiel, die Marinenachrichtenarsenale in Hamburg (mit Marinenachrichtenmittelkommando Hamburg, Atlantik/Paris, Gotenhafen (mit Marinenachrichtenmittelkommando Gotenhafen bzw. Kiel), Rathenow, Thale/Harz und Elmshorn. In den letzten Kriegstagen verlegte der Stab der Nachrichtentechnische Inspektion dann noch von Hamburg nach Wyk/Föhr. In der Nachrichtentechnischen Inspektion wurde die technische und logistische Komponente zusammengefasst, während der Höhere Kommandeur Marinenachrichtenschulen sowie der Höhere Kommandeur der Schiffsartillerie Ausbildung- und Dienstbetrieb regelten.

Die Nachrichtenmittelversuchsanstalt war am 8. Juni 1939 mit ihren Außenstellen in Pelzerhaken, Boulogne, Kressbronn, Friedrichshafen, Litzelstetten, Seefelden, Sierhagen, Kellenhusen, Bokel, Apenrade, Baabe/Rügen, Sonderburg, Hörup Haff, Faaborg, Bodenhagen/Kohlberg, der technischen Funkversuchskompanie zum Nachrichtenmittelversuchskommando (NVK) umbenannt geworden. Zusätzlich gehörten die Versuchseinheiten STRAHL, WULLENWEBER, STÖRTEBECKER, FRHR. VOM STEIN, LABOE, KLAUS GROTH, ANDROS und kleinere Motorboote zum Nachrichtenmittelversuchskommando, welche am 1. Oktober 1943 nach Wolfenbüttel verlegte.

Kommandeure des Nachrichtenmittelversuchskommandos

- KptzS   Bahte   September 1934 - April 1939
- KptzS   Maertens   April 1939 - November 1939
- KptzS   Bahte   November 1939 - September 1943
- KptzS   Fischer   September 1943 - Mai 1945

Zuvor war außerdem im September 1936 in Kiel auch das Nachrichtenmittelerprobungskommando (NEK) in Kiel aufgestellt worden, dessen Zweigstellen im Laufe des Krieges in Stolpmünde, Gotenhafen und Brest eingerichtet wurden.

Kommandeure des Nachrichtenmittelerprobungskommandos

- FKpt   Wiegner   September 1936 - November 1939
- KptzS   Magnussen   November 1939 - Mai 1945

Die Nachrichtenmittelversuchskommando (NVK) der Kriegsmarine und das Nachrichtenmittelerprobungskommando (NEK) verließen am 15. Oktober 1944 die Unterstellung bei der Marinenachrichteninspektion. Es ist schon an den Namen erkennbar, dass es hier bei den Aufgabenfeldern wohl Überschneidungen gab. Die Geschichte dieser Einrichtungen wurde bis heute nicht genau wissenschaftlich untersucht und vernachlässigt, andererseits waren die Versuche streng geheim und viele der Dokumente wurden zum Kriegsende vermutlich vernichtet, so dass detaillierte Aussagen über die Forschungsgebiete sehr schwierig sind. Beide Einrichtungen gehörten ab dem 15. Oktober 1944 dann zu der Nachrichtentechnischen Inspektion (Amtsgruppe Marinenachrichtendienst) der Kriegsmarine.

Kommandeure der Amtsgruppe Marinenachrichtendienst

- VAdm   Maertens   Juni 1941 - Mai 1943
- KAdm   Stummel   Mai 1943 - August 1944
- KAdm   Krauss   August 1944 - Kriegsende

Höhere Kommandeure der Marinenachrichtenschulen

- KptzS   Magnussen   April 1941 - Juni 1943
- KAdm   Kienast   Juni 1943 - November 1944
- KAdm   Stummel   November 1944 - März 1945
- KAdm   Kienast   März 1945 - Kriegsende

Der Höhere Kommandeur der Marinenachrichtenschulen sollte 1941 zwar die Marinenachrichtenschule über Details des Funkverfahrens außerhalb der Schwebungslücke "... soweit nötig ..." in Kenntnis setzen, im Lehrplan fand das Thema aber weiterhin keine Beachtung. Der Kommandierende Admiral der Marinestation der Ostsee ordnete mit Wirkung vom 5. März 1942 die Verlegung der Dienststelle des HKN von Kiel nach Flensburg an. Die für fachspezifische Koordination zwischen Marinewaffenamt und Seekriegsleitung von Admiral Dönitz ins Leben gerufene Amtsgruppe Technisches Nachrichtenwesen kam 1943 viel zu spät, um noch Auswirkungen in der Organisation, Technik oder Ausbildung der Marine zu erwirken.

Die quartalsmäßigen Schülerzahlen an der M.N.S. Mürwik lagen von 1934 bis Mai 1945 bei etwa 300 Funkgasten und 500 Fernschreibnetz. Die Ausbildungsgänge wurden im weiteren Verlauf jedoch drastisch verkürzt und im Krieg die Beförderungen auch ohne Fachlehrgang ausgesprochen. Am 1. November 1942 wurde die Bildung einer Nachrichten-Fernsprechlaufbahn befohlen, deren Ausbildung beim Nachrichtenregiment z.b.V. 618 durchgeführt wurde. Als Abzeichen der Nachrichten-Fernsprechlaufbahn waren drei sich kreuzende Blitze eingeführt worden.

Am 1. Juli 1943 wurde für Bau und Wartung von Draht-Nachrichtenanlagen die Laufbahn des Draht-Nachrichtenmechanikers eingerichtet. Das Personal hatte als Abzeichen ein Zahnrad mit drei aufliegenden, sich kreuzenden Blitzen. Die Ausbildung der Fernsprech-, Fernschreib- und der Kabelmechaniker erfolgte in der Stammeinheit der Marine-Drahtnachrichtenkompanie.

Eine der letzten Maßnahmen, die aber lediglich organisatorische Auswirkungen in der Ausbildung hatte, war die Zusammenlegung der Laufbahngruppe der Offiziere der Marine-Nachrichtentechnik (NT) und der Marine-Nachrichtenoffiziere (MNO) am 1. Oktober 1944. Ab diesem Zeitpunkt gab es offiziell nur noch die Bezeichnung Marine-Nachrichtenoffizier (MNO) und deren Ausbildungsgang. Die Einstellung des Unterrichts der Funker (IV Fk), Fernschreiber, (IV Fs) und Signäler (IV Sig) an der Marine-Nachrichtenschule Mürwik erfolgte am 8. Mai 1945.

Kommandeure der Marine-Nachrichtenschule Mürwik

KptzS	Erhard Maertens	1. Oktober	1934 - 30.September 1936
KptzS	Konrad Weygold	1. Oktober	1936 - 30. April 1941
FKpt	Heinz Grunwald	1. Mai	1941 - 30. April 1942
KptzS	Adolph Ritter		1. Mai 1942 - 8. Mai 1945

Eine kleine Besonderheit der Schule aus dieser Zeit war das "Kantinengeld" des damaligen Kantinenwirtes Hermann Viebrock, der von 1934-1945 eigene 10-, 20-, 50- und 100-Pfennig-Münzen in Umlauf brachte. Bei den Lehrgangsteilnehmern war am Ende des Monats meist Ebbe im Portemonnaie. Da der Zahlmeister aber keinen baren Vorschuss auszahlen durfte, konnte das "Kantinengeld" gegen Quittung empfangen werden. Der Wirt nahm dieses in Zahlung und am Anfang des Monats tauschte er es wieder beim Zahlmeister ein, der die ausstehenden Beträge beim Sold der Soldaten wieder abzog. Nach Erwähnungen in Schriftstücken zu Folge muss auch an der MNS in Flensburg-Mürwik bereits eine Sammlung mit Funkgeräten für die Unterrichtung in der Geschichte der Technik bestanden haben, deren Bestand sich leider heute nicht mehr rekonstruieren lässt.

Die Marine-Funkaufklärung (SKL, MND III) beendete am 1. Mai 1945 ihre Odyssee der letzten Kriegstage an der Marinenachrichtenschule im Block Hansa. Erst am 22. April 1945 hatte die Funkaufklärung nach Flensburg-Mürwik verlegt, doch am 26. April wurden vorsorglich die seit Kriegsbeginn gesammelten B-Meldungen vernichtet. Am folgenden Tag wurde die Bearbeitung der britischen Schlüsselverfahren eingestellt und alle noch verfügbaren Kräfte auf die Schlüsselsystem der Sowjetunion konzentriert.

Durch die am 3. Mai 1945 befohlene Verlegung des Hauptquartiers OKM sowie dem verbliebenen Personal der Reichsregierung von Plön in die Sportschule der Marine-Kriegsschule (heutige Marineschule Mürwik, Räume 100-111), wurde der Marinestandort Flensburg zum Kriegsende zwangsläufig zum politischen und militärischen Entscheidungszentrum der noch unbesetzten Teile Deutschlands. Die Marine-Kriegsschule wurde zu diesem Zeitpunkt auch als Lazarett und Aufnahmestätte für Flüchtlinge genutzt.

Die Fernmeldeeinrichtungen der Marine-Nachrichtenschule wurden zur Führung der restlichen Truppen und Leitung der Evakuierungsmaßnahmen über die Ostsee genutzt. Die letzten Funkverbindungen bestanden von der M.N.S. und aus Glücksburg von den Passagierdampfer CARIBIA und PATRIA, die auch als Wohnschiffe genutzt wurden, nach Kiel und Kopenhagen und den besetzten Kanalinseln. Die Reichsregierung und das dazugehörige Personal umfassten insgesamt 350 Personen, dazu kam das "Wachbataillon Dönitz" mit 650 Soldaten. Ferner wurden die Fähnriche der Marine-Kriegsschule in Flensburg zur Verteidigung des Kaiser-Wilhelm-Kanals (Nord-Ostsee-Kanal) an die Front geschickt, andere Marinesoldaten (geplant waren bis zu 3.000!) wurden zur Verteidigung der Reichskanzlei nach Berlin geflogen, wo viele noch sinnlos ihr Leben verloren.

Nachdem die Teilkapitulation am 5. Mai 1945 um 8:00 Uhr in Kraft trat, kapitulierte auch die Heeresgruppe G am 6. Mai um 12:00 Uhr gegenüber der 6. US-Armee. Der Versuch einer ähnlichen Vereinbarung wie im norddeutschen Raum mit den gesamten Westalliierten zutreffen, um möglichst lange die Ostfront für die Evakuierungen sichern zu können, scheiterte aber. Der General Dwight D. Eisenhower verlangte, in Übereinstimmung mit der alliierten Vereinbarung vom Januar 1943 in Casablanca, die bedingungslose Kapitulation an allen Fronten für den 8./9. Mai. Ansonsten drohte er mit der Wiederaufnahme der Bombardierung deutscher Städte und der Schließung der angloamerikanischen Linien für alle Flüchtlinge aus den Ostgebieten.

Die Flagge des Deutschen Reiches wurde von der Regierung Dönitz in Mürwik erst am 10. Mai 1945 um 12:00 Uhr nach ausdrücklichem Befehl der Alliierten eingeholt. Später wurde eine alliierte Überwachungskommission von 25 britischen und amerikanischen Offizieren auf der PATRIA vor der Marinekriegsschule einquartiert. Der Passagierdampfer dann zum britischen Truppentransporter EMPIRE WELLAND umgebaut und 1946 als ROSSIA zum ersten klimatisierten Dampfer der Marine der UdSSR.

Am 13. Mai erreichte auch die britische Armee mit dem Herefordshire Arm. Regiment Flensburg. Die Gefangennahme von Admiral Dönitz, dessen Stab und Regierung, erfolgte aber erst am 23. Mai 1945. Bei seiner Verhaftung wurden Dönitz sämtliche Orden und Ehrenzeichen abgenommen, darunter auch das U-Boots-Kriegsabzeichen 1939 in Gold mit Brillanten des Befehlshabers der U-Boote. Es hatte im Gegensatz zu den anderen Brillantabzeichen, neben dem mit Brillanten besetzten Hakenkreuz, zusätzlich 12 Brillanten, die um den Lorbeerkranz herum gleichmäßig verteilten waren. Insgesamt war dieses Abzeichen auch etwas größer gehalten, das betraf sowohl den Kranz selbst, als auch das Hakenkreuz. Nach der Rückgabe fehlte anscheinend am U-Boot-Kriegsabzeichen das mit Brillanten besetzte Hakenkreuz, welches durch einen unbekannten US-Angehörigen mittels Feinsäge entfernt worden sein soll. Der tatsächliche Verbleib dieses Abzeichens war lange Zeit ungeklärt, man vermutete es im Nachlass und Privatbesitz der Familie Dönitz, verschiedene Replikationen tauchten allerdings im Verlauf der Jahre wieder auf. Das Original befindet sich heute wohl in einem maritimen Museum.

Am Ende des Zweiten Weltkriegs blieb das OKM auf alliierte Weisung zunächst bestehen, um die Verwaltung der internierten deutschen Marinekräfte und ihre Entwaffnung sicherzustellen. Nach dem Suizid des OBdM Generaladmiral von Friedeburg vor seiner Festnahme durch alliierte Soldaten am 23. Mai 1945 in Mürwik setzten die Besatzungsmächte noch kurzzeitig Generaladmiral Walter Warzecha als Oberbefehlshaber ein, um die Entwaffnung der Kriegsmarine in geordneten Bahnen vollziehen zu können. Außerdem blieb das OKM verantwortlich für den Einsatz der deutschen Minenräumkräfte, die in den Deutschen Minenräumdienst übernommen wurden. Auch das Personal der Marinenachrichtenschule verrichtete weiter in deutscher Uniform, jedoch ohne Dienstgrad- und Hoheitsabzeichen, unter der britischen Besatzung seinen Dienst für das OKM.

Chef der Marineleitung 1920-1935 bzw. Oberbefehlshaber der Kriegsmarine

Großadmiral Erich Raeder	12. September 1928 - 30. Januar 1943
Großadmiral Karl Dönitz	30. Januar 1943 - 1. Mai 1943
Generaladmiral H.-G. von Friedeburg	1. Mai 1943 - 23. Mai 1945
Generaladmiral Walter Warzecha	23. Mai 1945 - 22. Juli 1945

(Admiral Warzecha übernahm die Amtsgeschäfte nach dem Selbstmord von Admiral von Friedeburg und war später zuständig für die Übergabe der deutschen Schiffe mit ihren Besatzungen nach Weisung der Alliierten)

Schleswig-Holstein wurde als eines der letzten unbesetzten Gebiete auch zum Fluchtort von so manchem ehemaligen NS-Politiker. Himmler, Ribbentrop und Rosenberg wurden von Dönitz noch vor der Kapitulation aus den Regierungsgeschäften entlassen. Himmler und Walter Schellenberg waren im Hotel Flensburger Hof (Norderhofenden 1) untergebracht, setzten sich kurz nach der Unterbringung jedoch ab und bei Bremervörde wurde schließlich der "Feldwebel Hitzinger" (Himmler) am 23. Mai 1945 von britischen Einheiten gestellt. Albert Speer war hingegen weiter im Schloss Glücksburg untergebracht, doch vielleicht war der Fluchtversuch von Himmler der Grund für die vorsorgliche Festnahme des Großadmirals Dönitz. William Joyce war als der britische Goebbels bekannt und hatte über den Reichsrundfunk die Nazi-Propaganda nach England ausgebreitet. Er war im Bahnhofshotel (Zimmer 17) untergebracht und als am 11. Mai 1945 die Schiffe der Königlichen Marine Großbritanniens einliefen, flüchtete auch er nach Wassersleben, wo er am 28. Mai von britischen Soldaten gefangen genommen wurde. Die Anklage wegen Hochverrats endete mit der Todesstrafe und wurde in England vollstreckt.

Das "Military Gouvernement" wurde errichtet, wobei Mürwik und Glücksburg durch den Sitz der "Geschäftsführenden Reichsregierung" mit OKW, OKH, OKM und OKL deutscher Sonderbereich blieb. Der "Sonderbereich" war in einer Besprechung zwischen dem englischen Brigadegeneral Churcher und Generaloberst Jodl am 12. Mai in der Sportschule festgelegt worden. Er erstreckte sich zwischen der alten Bahnlinie nach Glücksburg und dem Ostufer der Flensburger Förde in einer Ausdehnung vom inneren Ende der Innenförde bis zur Marinekriegsschule. Im Verlauf der Besprechung wurde vereinbart, dass alliierte Fahrzeuge jederzeit passieren konnten, während der Admiral Bürkner für die Zeichnung der Sonderausweise zur Kontrolle des Verkehrs von deutschem Militär verantwortlich war. Das internationale militärische Zeremoniell, also auch die Grußpflicht, wurde zwischen den Alliierten und den deutschen Soldaten bei den Kontrollposten weiter beachtet und auch die Passierscheine trugen auch nach dem 8. Mai 1945 den Stempel mit NS-Hoheitszeichen und innerhalb des Sonderbereiches sicherten bewaffnete deutsche Wachsoldaten die Gebäude.

Die letzten Schüsse fielen hier auch nicht gegenüber den alliierten Soldaten, sondern in der eigenen Truppe. Der vormalige Kommandant von U-181 und letzter Kommandeur der Marine-Kriegsschule, Kapitän zur See Wolfgang Lüth, hatte angeordnet, dass zum Schutz gegen Plünderungen nach einmaligem Anrufen ohne Antwort von der unbekannten Person sofort von der Waffe Gebrauch zu machen sei. Als er selbst die Anfrage der Streife in einer stürmischen Nacht überhörte, wurde er von seinen Soldaten im Wachbereich erschossen. Die letzten Opfer der Marinejustiz waren der Marinefunker Alfred Gail mit seinen Kameraden Fritz Wehrmann und Martin Schilling. Nach der Kapitulation waren diese von Bord geflüchtet, um zu ihren Familien zurückzukehren. Am 10. Mai 1945 wurden sie nach ihrer Gefangennahme durch die Alliierten und Auslieferung an die deutschen Behörden auf dem Schnellbootbegleitschiff BUEA wegen Fahnenflucht hingerichtet.

Das Marineoberkommando-Ost meldete am 21. Mai 1945 an Großadmiral Dönitz die per Schiff transportierten Flüchtlingszahlen vom 23. Januar bis 8. Mai 1945 mit 2.022.602 Personen. Am Abend des 9. Mai 1945 hat dabei vermutlich das letzte Seegefecht stattgefunden, als drei sowjetische Torpedokutter den kleinen Seebäderdampfer RUGARD durch Beschuss an der Weiterfahrt hindern wollten. Als Führerschiff der 9. Sicherungsdivision (unter Fregattenkapitän von Blanc) war der Dampfer jedoch u.a. mit einer 8,8-cm-Kanone ausgestattet worden und erwiderte nun das Feuer, worauf sich die russischen S-Boote nach den ersten Treffern einnebelten und zurückzogen. Das letzte Flüchtlingsschiff, die HOFFNUNG, lief dann am 14. Mai 1945 mit 75 Verwundeten, 25 Frauen und Kinder sowie 35 Soldaten ein.

Der Rundfunksender Flensburg (5. November 1928 in Jürgensby, Am Sender 3) war seit der Einführung des Rundfunks 1923 die 26. Sendestation des Deutschen Reiches. Der Sender hatte mit der Übertragung des Wirtschaftsrundfunkdienstes begonnen, am 9. April 1935 wurden die alten 75-m-Masten durch einen neuen, ebenfalls hölzernen, 90-m-Funkturm ersetzt. Die Anlage arbeitete zunächst mit provisorischem 0,5-kW-Sender auf, 1.370 kHz (219-m-Welle), bis am 26. Juli 1933 der Betrieb auf, 227,4-m-Welle umgestellt wurde. Der spätere neue 3-kW-Sender arbeitete auf 1.330 kHz (225,6-m-Welle). Ausgestrahlt wurde das Programm der Nordischen Rundfunk AG/Norddeutschen Rundfunk GmbH und ab 1934 das des Reichssenders Hamburg, dem im norddeutschen Gleichwellennetz außer dem Nebensender Flensburg auch Nebensender in Bremen, Hannover, Magdeburg und Stettin angeschlossen waren. Die Rundfunkstation Flensburg war die letzte Sendeanlage über die auch der Hamburger Sender, Oslo, Kopenhagen und Prag angeschlossen waren.

Da die Fördestadt Flensburg über kein eigenes Studio verfügte und nicht für die Produktion, eigener Sendungen eingerichtet war, musste man auf einen Übertragungswagen der Marine im Hof der Reichspost (heute Alte Post) zurückgreifen. Während im Übertragungswagen die Nachrichten gesprochen und die Schallplatten aufgelegt wurden, war für die Ansprachen von Dönitz und den anderen Regierungsmitgliedern ein Aufenthaltsraum der Postmitarbeiter zum Studio umfunktioniert worden. Ernst Thode war Betriebsleiter, Sprecher waren Klaus Kahlenberg sowie ein Funker und ein Obergefreiter der Marine (aus Stuttgart), die sich mit ihm abwechselten. Nach den nicht verifizierbaren Erinnerungen von Heinrich Lienau hatte darüber hinaus auch Reichsführer-SS Heinrich Himmler auf dem Hof der Reichspost vorsorglich einen Nachrichtenwagen für sich reserviert, über dessen technische Ausstattung aber nichts bekannt ist.

Eine Rede Speers war die überarbeitete Fassung einer Ansprache, die er bereits am 16. April 1945 entworfen hatte und die als "Anweisung für die Schlußphase" des Krieges gesendet werden sollte, wozu es aber in Berlin selbst nicht mehr kam. Die Ansprache von Speer wurde daher am 21. April im Hamburger Funkhaus auf Schallplatte aufgenommen. Speer hielt nun eine modifizierte Fassung seiner Rede im improvisierten Aufnahmeraum bei der Reichspost, da im Hintergrund der Aufnahme deutlich Sirenengeheul zu hören ist, könnte die Rede während des Bombenalarms auf Flensburg zwischen 20:21 und 20:38 Uhr ausgestrahlt worden sein.

Kritik erfuhr Speer unmittelbar nach seiner Ansprache vom Reichsführer-SS, Heinrich Himmler, der im benachbarten Polizeipräsidium in den Norderhofenden Quartier bezogen hatte. Die Vorposten der britischen Streitkräfte waren zu diesem Zeitpunkt in Flensburg eingerückt und hatten den örtlichen Flugplatz besetzt. Am 6. Mai 1945 gab der Flensburger Sender gegen 00:00 Uhr die deutsche Teilkapitulation im Norden bekannt:

Nachrichtensprecher:

"Es ist genau 00:00 Uhr. Bevor wir mit dem Nachrichtendienst beginnen, eine Wiederholung der Verlautbarung des Großadmirals Dönitz an alle deutschen Schiffe. Die Verlautbarung hat folgenden Wortlaut: An alle deutschen Schiffe! Besatzungen aller Schiffe, die die deutsche Handelsflagge oder die

Reichsdienstflagge führen, haben in den durch die Waffenruhe betroffenen Häfen und Seegebieten jede militärische Handlung zu unterlassen. Sie dürfen die Schiffe weder selbst versenken, noch durch Zerstörungen von Schiffseinrichtungen oder Maschinenteilen unbrauchbar machen. Die Besatzungen bleiben an Bord! "

Nachdem am 3. Mai 1945 der Hamburger Sender kurz vor der Besetzung des Funkhauses durch die Briten zunächst um 17:15 Uhr seinen Sendebetrieb eingestellt hatte, wurde am kommenden Tag der Deutsche Dienst der BBC unter britischer Leitung ausgestrahlt. Der Sender Flensburg war damit die letzte große deutsche Sendestation. Die Alliierten hatten nach dem Überschreiten der Reichsgrenzen eine Verordnung in Kraft gesetzt, wonach den deutschen Dienststellen nun jegliche publizistische Tätigkeit und somit auch der Betrieb von Rundfunk- und Fernsehsendern untersagt wurden. Dies bedeutete aber, dass der Funkverkehr auch weiterhin von den Alliierten überwacht werden musste.

Am 7. Mai 1945 verkündete der geschäftsführende Minister, Johann Ludwig Lutz Graf Schwerin von Krosigk, die bedingungslose Kapitulation zum 8. Mai 1945 aus dem Übertragungswagen im Hof des Postgebäudes über den Flensburger Sender. Am 8. Mai selbst erfolgte die Ansprache zur Kapitulation. Am Abend des 9. Mai 1945 folgte um 20:03 Uhr noch ein Auszug aus dem letzten Wehrmachtsbericht des OKW von dem Sprecher Klaus Kahlenberg. Nachdem das Pausenzeichen des Reichssenders Berlin ertönt war, kam die letzte Ansprache von Großadmiral Dönitz aus den Rundfunkempfängern.

Am 10. Mai 1945 erfolgte die Beschlagnahme des Flensburger Senders durch die Besatzungsmacht für die britische "Information Control". Mit Genehmigung der britischen Besatzungsbehörden konnten aber noch bis zum 13. Mai Rundsprüche des OKW/OKM gesendet werden, erst dann erfolgte ein generelles Sendeverbot. Am 17. Mai wurden durch Captain Smith vom 159 Infanteriebrigade 7 Senderöhren RS-260 und der Steuerquarz sowie 6 Verstärkerröhren RV-271 ausgebaut und am 18. Mai zusätzlich der Starkstromanschluss plombiert. Nach Rückgabe der Teile wurde am 31. Mai der Sendebetrieb auf der alten 225,6-m-Welle (1.330 kHz) unter alliierter Kontrolle wieder aufgenommen.

Nachdem die Lage in Hamburg immer bedrohlicher geworden war, war noch der seit 1944 in Tönning stationierte Schein-Sender des Funktrupps Giesemann Mitte April 1945 nach Hörup bei Leck verlegt worden. Doch auch dieser wurde mit dem Flensburger Sender stillgelegt. Ein fahrbarer Sender V in Schafflund arbeitete auf 191 kHz (1.571 m), während ein weiterer Sender des Funkeinsatztrupps 29 (de Vrese) in Jarplundfeld stand. Er war aber nur vorübergehend unmittelbar vor der Kapitulation im Einsatz und wurde Mitte 1945 der britischen Besatzungsmacht übergeben.

Die Marineschulen und die Stadt Flensburg wurden im Kriege von den großen Luftangriffen verschont, da keine großen Industrieanlagen u.a. vorhanden waren. Erst nach Kriegsende gab es bei der Abgabe von Munition eine Kette von heftigen Explosionen mit größeren Schäden im Flensburger Hafen. Einzelne Teile wurden dabei bis in die Kasernenanlage der Marinenachrichtenschule am anderen Ufer der Förde geschleudert. Die einzigen wichtigen Ziele wären die Sendeanlagen gewesen, die aber nie angegriffen wurden.

Der Sendebetrieb der letzten Reichsregierung und des OKW wurde über den Flensburger Sender und über Anlagen an der Marinenachrichtenschule abgewickelt, weitere Fernmeldeanbindungen gab es über die Vermittlung der Kriegsschule, aber wohl auch z.B. über die Funkräume von Schiffen wie der CARIBIA und PATRIA. Die Details der Sendeanlagen und ihrer Orte sind für die letzten Kriegstage wichtig, da hierüber der gesamte Funkverkehr aus Flensburg durch OKW/OKM mit den verbliebenen deutschen U-Booten nach der Kapitulation über große Entfernungen fortgesetzt werden konnte. Dies wurde nachweislich noch bis 10 Tage nach der Kapitulation, eventuell sogar bis zur Gefangennahme der Reichsregierung unter Großadmiral Dönitz, auch durchgeführt.

Die Sendeanlagen der Passagierdampfer CARIBIA und PATRIA waren vermutlich die weit verbreiteten Ehrenmal-Sender (bis 800 Watt Sendeleistung), die von den Alliierten entweder übersehen oder nicht weiter beachtet worden sind, die aber für einen weltweiten Funkverkehr geeignet waren. Ein Funkspruch des OKW/OKM an die noch in See befindlichen U-Boote ist datiert mit dem 18. Mai 1945, empfangene Funksprüche sind nachweisbar bis am 23. Mai 1945 eingegangen und von einem Sender quittiert worden. Hier sind Ereignisse in Flensburg unmittelbar mit den weit reichenden Kommunikationsmitteln der Marinenachrichtenschule und der Kriegsschule sowie mobilen Stationen mit den letzten noch aktiven Marine-Funkwagen oder auch z.B. mit den noch in See stehenden deutschen U-Booten verbunden – und davon gab es noch einige.

365 U-Boote waren am 8. Mai 1945 verblieben, 201 nahe oder in befreundeten Ländern, 114 vor Anker in freundlichen Häfen, 30 in See und auf dem Weg in alliierte Häfen, 10 in See und nach Deutschland zurückkehrend und 2 in See auf der Fahrt nach Argentinien (wurden interniert). Im weiteren Verlauf wurden die Aufforderungen der Sendung vom 8. Mai nur teilweise, denn von den verbliebenen U-Booten versenkten sich trotzdem allein etwa 70 im Bereich der Flensburger Förde und der Geltinger Bucht.

Die vorbereitete Operation "Regenbogen" war der Befehl bei einer Kapitulation die Selbstversenkung aller schwimmenden Einheiten einzuleiten, damit sie nicht in als Kriegsbeute an die Alliierten fallen. Dönitz selbst wollte die fortschreitenden Verhandlungen mit den Engländern jedoch nun nicht mehr gefährden und erteilte deshalb die Anweisung, das vorgesehene Stichwort nicht auszugeben, sondern alle U-Boote ordnungsgemäß zu übergeben. Mit dieser Maßnahme wollte Dönitz die Fortsetzung der Flüchtlingstransporte und Rückzugsbewegungen der Soldaten aus dem Osten gewährleisten.

Unter diesen Aspekten scheint es unlogisch, dass der Befehl mit seiner Zustimmung gegeben wurde. In den bisher nicht gefundenen Versionen des KTB BdU soll nach einem Vermerk des 1b der 1. SKL (KptzS Werner Pfeiffer, 5.-7. Mai 1945) anscheinend der KptzS Wolfgang Lüth ("U-Boote 4.5. durch Lüth Regenbogen") ausgelöst haben, wobei der 1b selbst anscheinend nicht darüber zuvor informiert worden war, (KTB, Band 68, Teil A, 1. SKL, Seite 462). Doch lässt sich diese Behauptung von ehemaligen Mitgliedern der SKL ohne den bewussten Teil des KTB eben nicht beweisen und auch die passenden Datumsangaben nicht zuordnen. Es wäre allerdings ein erklärbarer Hintergrund für ein bewusstes Ignorieren des Warnrufes seiner Wachsoldaten und damit für den gewählten Freitod von KptzS Lüth.

Zwei Kommandanten von U-Booten in der Flensburger Förde drangen in den Stab bei Dönitz an der Kriegsschule vor und forderten die Bestätigung, dass die vorbereitete Operation "REGENBOGEN" nicht durchgeführt wird und sie ihre Boote übergeben mussten. Doch ihnen wurde der Zutritt zu Admiral Dönitz selbst verwehrt. Da gerade die Besatzungen der U-Boote eng mit der Person von Dönitz verbunden waren, stellt sich die Frage, ob Kommandanten sich tatsächlich den Befehlen ihres ehemaligen BdU widersetzt hätten und haben, oder ob es eventuell noch U-Boote mit entsprechenden Sonderbefehlen gab, die weder eine Kapitulation noch eine Selbstversenkung vorsahen, je nach der an Bord befindlichen geheimen Fracht.

Es wird weiter offene Fragen in der Geschichte geben, solange Dokumente verschwunden bleiben, nicht veröffentlicht werden oder vernichtet sind. Der größte Teil der sich in deutschen Häfen befindlichen oder in Küstennähe operierenden U-Boote hatte allerdings keine Optionen mehr. Die großen Sammelplätze lagen westlich Wesermünde, in der inneren Flensburger Förde, der Kupfermühlenbucht, im Hörup Haff und der Geltinger Bucht. Sie waren anscheinend auch zuvor sorgfältig ausgewählt worden, denn sie lagen in Bereichen mit vollständiger alliierter Kontrolle, aus denen ein Absetzen unmöglich war. Lediglich die noch auf hoher See operierenden Boote hatten, je nach Treibstoffvorrat, andere Optionen als eine Kapitulation oder Selbstversenkung, mit oder ohne den entsprechenden Befehl der obersten Führung.

Am 2. Mai 1945 wurden die Funkbefehle mit den Kommandos zu den letzten Überfahrten der U-Boote in den Häfen zur Übergabe übermittelt. Am 5. Mai wurde jedoch gegen 21:00 Uhr in den Funkräumen der im norddeutschen Küstenbereich liegenden U-Boote das Stichwort "Regenbogen" empfangen. Daraufhin wurden von den an Bord gebliebenen Restkommandos die vorbereiteten Sprengsätze scharf gemacht, die Flutventile geöffnet und die U-Boote gingen auf ihre letzte Fahrt.

Als in Norddeutschland die Teilkapitulation in Kraft trat, lagen insgesamt 199 selbst versenkte U-Boote auf dem Meeresgrund, dabei allein elf Boote des neuen Typs XXI in der Geltinger Bucht (U-2507, U-2517, U-2522, U-2541, U-3015, U-3014, U-3044, U-3510, U-3524, U-3526 und U-3529). Bei Flensburg-Solitude lag U-2551, während U-3006 (1. Mai) und U-3504 (2. Mai) in Wilhelmshaven sowie U-3509 westlich von Wesermünde (3. Mai) versenkt wurden. Westlich der Wesermündung wurden auch die Typ XXI-Boote U-3009, U-3047, U-3050, U-3051, U-3501, U-3527 und U-3538 versenkt. Bei Brunsbüttelkoog sank U-3532, welches wie U-3047, U-3050 und U-3051 nicht mehr in Dienst gestellt worden war.

Aus dem Hauptquartier von General Eisenhower kam eine Meldung, dass der Sender Flensburg von einer alliierten Kommission übernommen wurde, um einer Wiederholung unautorisierter Rundfunksendungen seitens des OKM und des Admirals Dönitz vorzubeugen. Demzufolge hatte die Alliierten die von ihnen nicht genehmigten Funksendungen mitgehört, unklar ist jedoch, ob diese alle vom Flensburger Sender kamen oder von anderen noch aktiven Funkstationen.

Zeitgleich mit der zwangsweisen Einstellung der Sendungen des "Reichssenders Flensburg" kam es am 13. Mai 1945 merkwürdiger Weise zur Bildung eines "Nachrichtenbüro" innerhalb der Regierung Dönitz unter der Leitung von Kapitän zur See von Davidson, dem mehr als 200 Mitarbeiter unterstehen sollten. Aufgabe der Dienststelle war einerseits die Unterrichtung der in Mürwik isolierten Regierung mit politischen, wirtschaftlichen und militärischen Nachrichten sowie andererseits die "Herausgabe und Verbreitung der Reden, Verlautbarungen, Kundgebungen und Meldungen aller Art, die von der geschäftsführenden Reichsregierung oder ihren Dienststellen ausgehen oder gewünscht werden". 200 Mitarbeiter wären aber arbeitslos bzw. allein auf alliierte Medien und Meldungen angewiesen gewesen, hätte nicht auch ein Funksende- und Empfangsraum (wie z.B. auf der PATRIA o.ä.) zur Verfügung gestanden. Deshalb auch hier ein paar Beispiele zu den empfangenen und gesendeten Funksprüchen mit Datums- und Zeitangaben aus Flensburg, die nicht von alliierten Sende-/Empfangsstationen stammen.

Am 8. Mai 1945 erfolgte um 21:00 Uhr ein Funkspruch über alle Wellen (Welle Hubertus, Nordmeer) mit dem Befehl ihn alle zwei Stunden für andere Boote zu wiederholen. Der mit FT 88 q/13 F/34 L/66 D und mit Sonderschlüssel gegebene Befehl zum Rückmarsch nach Norwegen wurde damit von Dönitz aufgehoben. Zwei Tage später wurde am 10. Mai 1945 ein Funkspruch quittiert und registriert, mit dem U-1023 (Schröteler) offen die Versenkungsziffern der letzten 46-tägigen Schnorchelfahrt meldete, gleicher Fortgang war auch am 12. Mai 1945, als U-1228 (Marinefeld) die Geleitaufnahme zur befohlenen Überfahrt befehlsgemäß übermittelte. Der Funkspruch wurde gekennzeichnet mit "Eingang", "offen" und "Afrika". U-532 (Junker) sendete am 13. Mai 1945 um 07:34 Uhr unverschlüsselt ein Grußwort an den Großadmiral Dönitz und die beiden Funksprüche waren auch namentlich an ihn gerichtet, aber im Verteiler nicht mit Oberkommandierender der Wehrmacht oder der Kriegsmarine, sondern als "B.d.U." sowie "Funkraum" gekennzeichnet. Noch am selben Tag (13. Mai 1945!) beantwortete Großadmiral Dönitz um 22:34 Uhr auf der Schaltung Irland unverschlüsselt an U-532 "mit den besten Wünschen und Grüßen".

Am 18. Mai 1945 erfolgte ein offener und im Schlüssel M-Triton verschlüsselter Funkspruch über alle Frequenzen dediziert an gelistete U-Boote mit dem Verteiler "BdU", "KptLt Luean", "KptzS Meund", "KptzS Aßmann", "Funkraum" und "Wachleiter":

2027/18/k33/L85/f44/q21/d4/u29
2046/18/k35/L87/f46/q23/d5/u31
2129/o/18/k34/L86/f45/q22/d5/u …

Der Nummer des U-Bootes folgte in dem Funkspruch der Name des Kommandanten. Der bislang aus Unterlagen bekannte Verbleib der adressierten U-Boote wurde in Klammern daruntergesetzt:

- U-183 - KptLt. Fritz Schneewind (gesunken am 23. April 1945 in der Java See)
- U-242 - OLtzS. Heinz Riedel (vermutlich gesunken am 5. April 1945 im St. Georg-Kanal)
- U-285 - KptLt. Konrad Bornhaupt (gesunken am 15. April 1945 südwestlich Irland)
- U-296 - KptLt. Karl-Heinz Rasch (vermisst seit März 1945 im nördlichen Kanal)
- U-321 - OLtzS. Fritz Behrends (gesunken am 2. April 1945 südwestlich Irland)
- U-325 - OLtzS. Erwin Dohrn (vermisst seit 7. April 1945 südwestlich Englands)
- U-326 - KptLt. Peter Matthes (gesunken am 25. April 1945 in der Biskaya)
- U-396 - KptLt. Hilmar Siemon (vermisst seit Mitte April 1945)
- U-398 - OLtzS. Wilhelm Cranz (vermisst seit 17. April 1945)
- U-518 - OLtzS. Hans-Werner Offermann (gesunken am 22. April 1945 westlich der Azoren)
- U-530 - OLtzS. Otto Wermuth (Kapitulation am 10. Juli 1945 in Rio de la Plata, Treffen mit I-52, wurde im Funkspruch handschriftlich unterstrichen und mit Ausrufezeichen versehen)
- U-546 - KptLt. Paul Just (gesunken am 24. April 1945 westlich der Azoren)
- U-548 - OLtzS. Erich Krempl (vermutlich gesunken am 19. April 1945 im Nordatlantik)
- U-636 - OLtzS. Eberhard Schendel (gesunken am 21. April 1945 westlich Irland)
- U-739 - OLtzS. Fritz Kossnick (Kapitulation am 8. Mai in Wilhelmshaven, Operation Deadlight)
- U-774 - KptLt. Werner Sausmikat (gesunken am 8. April 1945 südwestlich Irland)
- U-853 - OLtzS. Helmut Frömsdorf (gesunken am 6. Mai 1945 im Atlantik, südöstlich London)
- U-857 - KptLt. Rudolf Premauer (vermisst seit April 1945 vor der US-Ostküste)
- U-866 - OLtzS. Peter Rogowsky (gesunken am 18. März 1945 nordöstlich Boston/USA)
- U-879 - KptLt. Erwin Manchen (vermutlich gesunken am 30. April 1945 vor Cape Hatteras/USA)
- U-880 - KptLt. Gerhard Schötzau (gesunken am 16. April 1945 im Nordatlantik)
- U-881 - KptLt. Dr. Karl-Heinz Frischke (gesunken am 6. Mai 1945 im Atlantik bei Neufundland)
- U-905 - OLtzS. Bernard Schwarting (vermutlich gesunken am 30. April 1945 im Minchkanal)
- U-963 - OLtzS. Rolf-Werner Wentz (am 20. Mai 1945 vor Portugal selbstversenkt)
- U-965 - OLtzS. Günter Unverzagt (gesunken am 18. März 1945 nördlich Schottland)
- U-977 – OLtzS. Heinz Schäffer (am 17. August 1945 in Mar del Plata/Argentinien interniert, wurde im Funkspruch handschriftlich unterstrichen und mit Ausrufezeichen versehen)
- U-979 - KptLt. Johannes Meermeier (am 24. Mai 1945 vor Amrum zerstört)
- U-1001 - KptLt. Ernst Ulrich Blaudow (gesunken am 4. April 1945 südwestlich Lands End/Atlantik)
- U-1017 - OLtzS. Werner Riecken (vermutlich gesunken am 29. April 1945 nordwestlich Irland)
- U-1024 - KptLt. Hans Joachim Guttek (am 13. April 1945 beschädigt im Schlepp von Zerstörer gesunken)
- U-1055 - OLtzS. Rudolf Meyer (vermisst seit 23. März 1945 im Englischen Kanal)
- U-1063 - KptLt. Karl-Heinz Steffan (gesunken am 15. April 1945 westlich Lands End)
- U-1106 - OLtzS. Erwin Bartke (gesunken am 29. März 1945 südöstlich Färöer)
- U-1107 - KptLt. Fritz Parduhn (vermutlich gesunken am 30. April 1945 in der Biskaya)
- U-1206 - KptLt. Karl-Adolf Schlitt (gesunken am 14. April 1945 in der Nordsee bei Schottland)
- U-1235 - KptLt. Franz Barsch (gesunken am 15. April 1945 im Nordatlantik)
- U-1274 - OLtzS. Hans-Hermann Fitting (gesunken am 16. April 1945 in der Nordsee)
- U-1277 - KptLt. Peter-Ehrenreich Stever (am 3. Juni 1945 vor Cap de Mundo/Portugal zerstört)

Hier scheint zumindest eine funktionstüchtige, von den Alliierten nicht kontrollierte (oder aber geduldete) Funksende- und Empfangsstation in Flensburg noch aktiv gewesen zu sein. Auch wenn der Reichssender in Flensburg sicherlich eine große Sendeleistung hatte, so war er jedoch als Rundfunksender nie für den Empfang der U-Boote aus Übersee eingerichtet worden. Dies war für eine Quittierung seitens der Dienststellen aus Flensburg aber unbedingt erforderlich. Außerdem lag der Sender außerhalb des von den deutschen Soldaten kontrollierten Sonderbereiches. Selbst nach der erwiesenen Stilllegung und Demontage des Reichssenders in Flensburg folgte noch weiterer Funkverkehr.

Der eine oder andere Verbleib eines U-Bootes wurde durch Nachforschungen und Tauchgänge nachgewiesen, andere durch neuere Forschungen an einem anderen Ort bestätigt. Die Kommandanten haben trotzdem anscheinend oftmals eigenständig gehandelt, denn der Text dieses Funkspruches war ein klarer Aufruf an die Kommandanten, den gegebenen Befehlen des Oberkommandos aus dem kapitulierten Deutschland Folge zu leisten.

Text des Funkspruches vom 18. Mai 1945

"Ihr handelt falsch, wenn Ihr euch nicht entsprechend der unterschriebenen bedingungslosen Kapitulation verhaltet. Das bedeutet einen Bruch der Verpflichtungen des Großadmirals und der Kriegsgesetze. Ernste Folgen für Euch und Deutschland können dadurch entstehen. Sofort auftauchen und Standort offen an GZZ 10 auf 5970 kHz oder an irgendeine alliierte Küstenfunkstation auf 500 kHz melden. Aufgetaucht bleiben und weitere Anweisungen abwarten. - B.d.U. OP - "

Diesem Funkspruch nach zu urteilen haben sich einige Kommandanten nicht an die Anweisungen des OKW/OKM/SKL gehalten oder sie hatten Befehl diese zu ignorieren. Einige Boote könnten bereits versenkt gewesen sein und deshalb nicht aufgetaucht und ihre Meldungen abgesetzt haben. Der Funkspruch und Befehl deutet aber auf die Kenntnis des OKM über nicht Weisungsgemäß handelnde U-Boot-Kommandanten. Diese Kenntnis war nur möglich, wenn sich U-Boote über Funk zurückgemeldet und ihre Absichten bekannt gegeben haben. Die U-Boote mit besonderer Fracht an Bord wurden in der SKL in Flensburg für das OKM weiter gewissenhaft weiter im KTB verfolgt und vermerkt.

Das U-234 wurde seltsamer Weise trotz seiner sehr wichtigen Fracht (Uran) z.B. in diesem Funkspruch gar nicht erwähnt, obwohl es nachweislich am 12. Mai 1945 aufgetaucht war und mit Halifax auch Verbindung aufgenommen hatte. Am 14. Mai kam von der USS SUTTON ein Übergabekommando und in der Folge lief das Boot am 19. Mai in den USA und nicht wie angewiesen in Japan ein. Bei diesen Daten sollte alles stimmig sein, doch gibt es merkwürdigerweise hierzu keinerlei Funkprotokolle auf deutscher oder alliierter Seite, oder sie sind weiter unter Verschluss. Es gibt aber in einem amerikanischen Protokoll Hinweise auf ein Einlaufen von U-234 am 17. Mai, während andere Informationen auf den 16. Mai als Datum deuten. Die Daten müssen also sehr genau betrachten werden. Fest steht aber, dass die USA das deutsche U-234 nicht vertragsgemäß mit ihren Verbündeten in einem zuständigen kanadischen Hafen einlaufen ließen, sondern direkt in einen amerikanischen Hafen befohlen hatten.

Auf 600-m-Welle wurde am 29. Mai 1945 um 13:30 Uhr noch die Auslaufmeldung von U-1064 (Schniedewind) aus Drontheim abgesetzt. Der Führer der U-Boote West leitete dieses FT von U-1064 um 14:12 Uhr auf U-Küste-Welle mit dem Verteiler 1/SKL, 4/SKL, BDU, MBK, FTO und All. Kom. OKM. und der Einstufung "offen und ohne Zensurvermerk" weiter und der Empfang wurde auf dem Spruchvordruck in Flensburg quittiert. Einige der Vorgänge in Flensburg und den letzten Dienststellen der Reichsregierung und der Oberkommandos sind demnach eindeutig protokolliert und ihre Details können von Historikern genauer analysiert werden.

Im Funkspruch vom 18. Mai 1945 stammten 15 der 36 angesprochenen U-Boote aus der 33. U-Flottille, andere von der 11. und von der 5. Flottille, z.B. U-242. In der 33. U-Flottille wurden viele der technischen Erprobungen von neuen Anlagen durchgeführt und in die Planung dieser Flottille soll auch Admiral Canaris involviert gewesen sein, der zum Zeitpunkt der Aufstellung aber bereits verhaftet war. Canaris war im 1. Weltkrieg von Südamerika aus geflüchtet und kannte die dortigen Verhältnisse persönlich. Die Abwehr und andere Geheimdienste des Deutschen Reiches operierten ab den 1930er Jahren verstärkt in Südamerika, vor allem aber nach Kriegsausbruch 1939 wurden viele Ankäufe in Firmen und Kapitalanlagen dort aufgebaut. In Peru wurde schon vor 1939 eine FT-Station eingerichtet, der sicherlich andere folgten. Auch hier zeigen Hinweise also nach Südamerika.

Einer der Funksprüche aus Flensburg lief am 5. Mai 1945 über FdU West nach Japan und schloss nachrichtlich auch die Admiräle Dönitz, von Friedeburg und Warzecha ein. In diesem Funkspruch ging es um das von Indone-sien ausgelaufene U-183 (Kapitänleutnant Fritz Schneewind, Akte cIV BdU vom 25. April 1945, zu diesem Zeitpunkt war U-183 allerdings schon versenkt worden). U-183 war ein Typ IXC U-Boot (1941) für ozeanische Verwendungen, mit einer Verdrängung von 1.540 Tonnen, dessen Aktionsradius bei über Wasserfahrt mit 10 Knoten bei 13.450 sm lag, unter Wasser mit 4 Knoten bei 63 sm. Es standen zwar noch bessere Boote zu Verfü-gung, aber eben nicht in diesem Gebiet, denn lediglich U-183 war frisch überholt und einsatzfähig.

Die Funksprüche des OKM an/von U-183 wurden vermutlich in Australien oder Ceylon von den Alliierten er-fasst und gepeilt. Australien besaß seit dem 15. April 1942 eine Funk- und Dechiffrierabteilung der US-Navy ("Bell"), die im Frühjahr 1942 in Belconnen/Melbourne aus dem mit den U-Booten SEADRAGON und PERMIT von den Philippinen (aus Manila Bay, unterirdischer Tunnel 1930 bis 4./5. Februar 1942, "Cast") und Singapore (England) evakuierten US-Personal gebildet wurde. Leiter der Fleet Radio Unit Melbourne (FRUMEL) war bis Januar 1944 Rudolf J. Fabian.

Die japanischen Nachrichten konnten ab dem Mai 1942 in den USA entziffert werden. Die Station der Fleet Ra-dio Unit Melbourne arbeitete eng mit dem Central Bureau des Generals Douglas MacArthur (837th Signal Ser-vice Detachment, Abraham Sinkov, William Friedman unter General Spenver B. Akin) zusammen, aber auch mit Pearl Harbor (FRUPAC) und dem OP-20-G. Das Central Bureau folgte dem Hauptquartier MacArthurs nach Melbourne, dann Brisbane, Neu Guinea, Leyte und zurück auf die Philippinen nach Luzon.

U-183 lief am 21. April 1945 von Djakarta in Richtung Philippinen aus, möglicher Weise zu einem Treffen mit einem japanischen U-Boot/Schiff, um Treibstoff zu bunkern und dann Chile anzulaufen. Das U-Boot USS BE-SUGO (SS-321) machte fünf Patrouillen zwischen dem 26. September 1944 und 25. Juli 1945 in der Bungo und Makassar Straße, Java See sowie im Südchinesischen Meer. Sie stieß am 23. April 1945 auf das östlich marschierende U-183 in der Javasee und versenkte es (13:25 Uhr, 04°57'S-112°52'O, liegt auf 65 m Tiefe). Während dieser Patrouillen versenkte die BESUGO ferner einen 10,020-Tonnen-Tanker (letzter deutscher Versorger/Tanker), ein LSV, eine Fregatte und ein Minenräumfahrzeug. Dafür erhielt das U-Boot vier "Battle Stars". Eine sehr hohe Auszeichnungen für diese geringe Tonnage.

Einziger Überlebender von U-183 war der Obersteuermann Wisniewski, der von der BESUGO aufgenommen wurde. Nach seinen Angaben bei der 7. US-Flotte sollte das deutsche U-Boot, auf persönlichen Wunsch von Großadmiral Dönitz, von einem japanischen Stützpunkt den Kapitän zur See Freiwald abholen, der U-181 nach Japan gebracht hatte. Die Kursanweisungen erhielt der Obersteuermann nur für das unmittelbare Etmal, so war ihm das letztendliche Ziel der Reise unbekannt. Bei der früheren Spanienreise der Kommandanten Freiwald und Grosse 1935/36 wurden die kompletten Besatzungen der Boote ausgewechselt und steigen erst in Deutschland wieder auf ihr Boot ein. Die Fahrten wurden zwar dokumentiert, aber nachträglich die Unterlagen vernichtet, was auf Unternehmen der Abwehr schließen lässt.

Ein zweiter Funkspruch lief am 6. Mai 1945 und war gezeichnet mit iA/1b, Pfeiffer. Dieser Offizier analysierte anscheinend nach Kriegsende bis 1959 die deutschen Funksprüche und Eintragungen der KTB für die Alliierten. In diesem zweiten Funkspruch wird wieder Generaladmiral Warzecha (OKM) aufgeführt (siehe auch Veröffentlichung im KTB der 1./SKL), der am 6. Mai abends entschied, dass die in japanischen Stützpunkten liegenden deutschen U-Boote an die Japaner zu übergeben seien, die Besatzungen jedoch aussteigen sollten. Insgesamt befanden sich zu diesem Zeitpunkt fünf U-Boote in Japan, drei reguläre U-Boote und zwei Transport-U-Boote. Nur ein U-Boot, U-183, war mit unbekanntem Ziel bereits wieder ausgelaufen.

Die deutsche Abwehr hatte ab dem Frühling 1941 in Finnland unter dem Fregattenkapitän Alexander Cellarius eine Organisation aufgebaut ("Büro Cellarius" bei der HAPAG), die Gestapo eine ähnliche Organisation unter dem Sturmbandführer Alarich Bross. Alexander Cellarius wurde in Russland geboren und war für die Abwehr nicht nur ab 9/44 im Sonderkommando Finnland, sondern auch in Schweden und Estland tätig. Er wurde wie viele andere Spezialisten bereits am 2. November 1946 wieder aus der alliierten Kriegsgefangenschaft entlassen. Cellarius und Bross verließen nach dem Waffenstillstand zwischen Finnland und der Sowjetunion das Land und errichteten in Heringsdorf, auf der Insel Usedom bei Peenemünde, im Hotel Golf Casino die neue Kriegsorganisation Finnland mit dem neuen Namen "Sonderkommando Nord" bzw. den "Jagd Verband".

Von Norwegen wurden 1945 drei Sonderoperationen gestartet, in denen insgesamt acht U-Boote eingebunden waren. Es ist nicht eindeutig welche direkt beteiligt waren, aber zumindest hatten am Ende des Monats Juni U-481, U-748 und U-1193 Tallinn erreicht und innerhalb eines weiteren Monats folgten sieben (U-242, U-250, U-348, U-475, U-479, U-679 + 1 unbekanntes U-Boot) sowie im August drei weitere U-Boote (U-717, U-745 und U-1001) in diese Gewässer. Die finnische Marine stellte den Booten kundige Lotsen für die Unternehmen in ihren Gewässern zur Verfügung, von denen einer der Lt. Tauno Paukku war.

Im Juni 1940 erhielt der dänische Radiospezialist Thoralf Kyrre eine Beschäftigung in der Helvar Radiofirma im finnischen Pitäjänmäki. Dort baute er unter dem Dach eine Funkstation mit einem von Alarich Bross beschafften Empfänger Hallicraft-Super-Skyrider und einer 50-W-Sendestation auf. Elli Poikonen ver- und entschlüsselte die Nachrichten auf der Funkverbindung nach Berlin (Scheibenchiffre). Kyrre sendete auf 8.100 kHz, Berlin antwortete mit Rufzeichen OTW auf 9.420 kHz. Zwei weitere Stationen waren in Helsinki, je eine in Tampere, Turku, Vaasa und Närpiö eingerichtet. Am 17. Januar 1945 hatte ein U-Boot 13 Funkstationen sowie Waffen und anderes Material nach Finnland gebracht, doch am 23. Januar 1945 wurde Kyrre von der finnischen Polizei (Valpo) gefangen genommen. Nach dem Krieg wurde er für die Wartung der Radar- und Computeranlagen der in Keflavik stationierten U2-Aufklärungsflugzeuge von der CIA eingestellt. Erst im Jahre 1996 wurde eine der Agentenstation ("Land", Linio III) in Lempäälä, verpackt in eine Zeitung vom 10. Mai 1945, in einem Koffer entdeckt. Die Station war also erst nach der Kapitulation versteckt worden.

Eine von drei U-Boot-Operationen Ende Mai 1945 führte in Nordnorwegen mit eingeschifften Kommandotrupps unter Führung eines Fregattenkapitäns (S) zu einem bedauerlichen Zwischenfall, bei dem norwegische Zivilisten umkamen. Die zweite U-Boot-Operation wurde mit sechs deutschen Agenten und einer Sondertruppe mit vier Norwegern ausgeführt, die im Bereich der Roten Armee operierten. Diese Operation lief anscheinend auch noch nach Kapitulation weiter, während eine dritte U-Boot-Operation (mit zumindest einem Typ IXC40) ebenfalls gestartet wurde, über deren Besetzung, Ziel oder Dauer aber bis heute nichts bekannt wurde.

Die nach Japan mit zwei Flugingenieuren von Messerschmitt (Klingsberg und Ritcleff Schomerus) ausgelaufenen U-864 Typen IXD2 hatten in Oslo Deuterium in Stahlflaschen erhalten. Ein ULTRA-Entzifferung des Funkspruches nach Japan nennt "behandeltes Wasser", welches vermutlich aus den 20% schweren Wassers stammte, die 1943 der britischen Vernichtung entgangen waren. Ein Hinweis, dass auch die Japaner an einer Atombombe forschten oder zumindest deutsches Wissen übernehmen wollten. U-864 hatte drei Mal versucht auszulaufen und immer wieder Schäden gemeldet, zuletzt am Schnorchel. Auf dem Rückmarsch unter Wasser nach Norwegen lief es jedoch immer die gleichen Kurswechsel und ein englisches U-Boot konnte es getaucht auffassen und versenken, die erste Unterwasserversenkung eines englischen U-Boots im 2. Weltkrieg.

Kapitänleutnant der Reserve und F1 beim MOK-Ost Stab Dr. Carl Richter stieg bei U-242 für eine Sonderopera-tion der Abwehrabteilung von Fregattenkapitän Dr. Pheiffer ein. Pheiffer war Gruppenleiter Geheime Melde-dienste Marine (Abwehr I M, Spionage). Da der Name "Pheiffer" zwar nur einmal, aber "Pfeiffer" mehrmals in der Rangliste der Offiziere der Kriegsmarine auftaucht, ist eine Zuordnung nicht immer eindeutig möglich.

Der FKpt Dr. rer. Pol. Erich Pheiffer war von 1935-1940 Leiter der Abwehrstelle Bremen, dann Brest, Paris, bis er 1943/44 Gruppenleiter IM im OKM/Abt.Ausl/Abw., dann in der deutschen Botschaft in Ankara zuständig für das Meldegebiet Naher Osten. Er wurde im März 1948 aus der Kriegsgefangenschaft entlassen und verstarb 1959. Bemerkenswert ist, dass Personen in dem Arbeitsgebiet Abwehr/Sonderkommandos relativ früh aus der Kriegsgefangenschaft kamen, während die regulären Soldaten teilweise bis in die 1950er Jahre warten mussten.

Erster Teil der Operation von U-242 war die Anlandung von zwei Funkern und einem Sprengstoffexperten an der finnischen Küste, Bottensee. Was mit dem Sprengstoff geschah, wer noch an Land zu dieser Gruppe stieß, die Maßnahmen, Erfolg oder Verbleib der Truppe, ist bis heute aber ebenfalls unbekannt geblieben. Nachdem das finnische Boot nicht an dem Treffpunkt erschien und U-242 auf, der Position mehrere Tage gewartet hatte, wollte der Kommandant abbrechen. Auf Befehl des KptLt Dr. Richter der Abwehr verblieb U-242 aber auf der Position, bis das Fischerboot auftauchte und zwei hohe finnische Offiziere mit ihrer Ladung übernehmen konnte, die dann ins Deutsche Reich gebracht wurden. Der KptLt Dr. Richter wurde bereits im August 1945 aus einem britischen Gefangenenlager in Schleswig-Holstein wieder entlassen, indem sich zufällig auch ein Fregattenkapitän Richter aus Griechenland in Haft befand.

Der Kommandant von U-242 war seit Indienststellung am 14. August 1943 der Oberleutnant d.R. Karl-Wilhelm Pancke, bis im Februar 1945 der Oberleutnant Heinz Riedel das Boot wohl in Kiel übernahm. Nach KTB wurde am 23. Januar 1945 von U-242 ein Agent an der finnischen Küste abgesetzt. Nach dem Einlaufen in Kiel am 30. Januar 1945 fand am 23. Februar eine Verlegungsfahrt nach Horten statt (25. Februar Einlaufen). Am 28. Februar 1945 war das Boot aus Horten ausgelaufen und am 1. März 1945 in Kristiansand angekommen. Auf der 4. Feindfahrt war das U-Boot am 4. März aus Danzig mit Operationsgebiet Nordatlantik, speziell die Gewässer um England und St. George-Kanal, ausgelaufen. Oberleutnant Heinz Riedel übernahm das Boot also erst nach dem Absetzen der Agenten. U-242 wurde am 5. April 1945 unter dem Kommandanten Oberleutnant zur See Heinz Riedel um 07:15 Uhr im St. George-Kanal (auf der Position 52°02.9'N-05°46.8'W, Planquadrat AM 9495) durch eine Mine des britischen Luftminenfeldes versenkt – es gab keine Überlebenden. Das Boot hat auf dieser letzten Reise bei einer imaginären gerade durchs Wasser gezogenen Linie also mindestens 1.300 sm in 32 Tagen bis zum angegebenen Versenkungsort mit Datum zurückgelegt, was einem Etmal von etwa 40 sm entspricht.

Allerdings gibt es keine Beweise für die Versenkung von U-242, es wurde lediglich eine Minenexplosion von dem britischen Schiff HMS WILLOW LAKE gemeldet. Die erste mutmaßliche Versenkung von U-242 musste nach späteren Forschungen korrigiert werden, da diese Explosion lediglich ein bereits versenktes Boot traf. In der BdU Akte CIV. vom 4. März 1945 wird am 20. März 1945 die Passiermeldung von U-242 aus Planquadrat AM 46 (ca. Position 55°N-12°W), also westlich von Irland notiert. Demnach müsste das U-Boot innerhalb der nächsten 15 Tage auf die Position der Versenkung gefahren sein. Da sehr viele U-Boote ohne jeden Nachweis des Ortes verloren gingen, blieb oftmals bis heute der Verbleib ungeklärt. Diese Umstände führen in Verbindung mit den vorhandenen und nachweisbaren Funksprüchen leider zu manchen Unklarheiten und fördern Spekulationen.

So bezieht sich z.B. ein Bericht eines gewissen Joe Fernandez (15. Januar 2001) wohl auf die Aussage eines deutschen U-Bootfahrers und soll deshalb hier wie auch die Funksprüche für Nachforschungen im Original zitiert werden. Der Bericht "Das letzte deutsche U-Boot 1945" wurde aus dem Spanischen übersetzt, wobei Autor und Übersetzer wieder nicht bekannt sind, aber um die Fakten vielleicht doch einmal klären zu können, sollten auch diese Hinweise nicht unterschlagen werden. Es wird hier nicht die Behauptung aufgestellt, dass diese Erzählung den Ablauf einer Geschichte darstellt, doch die Funksprüche aus Flensburg müssen in Bezug auf die verbliebe-nen Einheiten betrachtet werden, während ein Vordruck mit einem empfangenen Funkspruch lediglich die Exis-tenz eines Senders (evtl. eines U-Boots) beweist, leider aber nicht unbedingt auch seine Identität. Der Bericht wurde anscheinend einem privaten U-Boot-Archiv (G.) aus Südamerika (Poststempel von Cordoba) anonym zugeschickt, welches zwischenzeitlich geschlossen wurde (anscheinend Abschrift aus Originaltext):

"Stettin Ende März 1945, die Front rückt täglich in der Heimat näher. Unser Boot liegt gut getarnt, seit gestern erhalten wir Spezialproviant, lange lagerfähig. Dosen, Dosen und auch Flaschen. Unser NS-Führungsoffizier kam heute an Bord, frisch geschult aus Berlin, natürlich mit Parteiabzeichen in der Tasche. Unser Kommandant bedauert, dass wir nur noch sechs Torpedos behalten dürfen - zu unserer Sicherheit nur noch - der Restplatz wird zum Stauraum. Ersatzteile für das Boot und jede Menge Kisten werden eingelagert. Unsere extrem junge Besatzung rätselt, nur unser Kommandant, der Alte, ein erfahrener Fuchs, weiß sicher schon was uns erwarten wird. Zusätzlich werden weitere Handfeuerwaffen, sogar ein Granatwerfer geladen, das sieht nach Landeinsatz aus.

Unser Alter kontrolliert exakt alles, ist überall mit dem LJ dabei unsere Frachtladung genauestens zu überprüfen. Die Holzkisten sind bezeichnet, was die U-Boot Ersatzteile bedeuten, niemand weiß es. Der Alte sicher! Seit 1942 war er im Einsatz, als WO im Atlantik, EK I für die Erfolge seines früheren Bootes das später abgesoffen ist. Ende 44 hat dann der Alte sein eigenes - unser Boot - erhalten. Eigenartig ist, dass die erste Besatzung Groß-teils abkommandiert wurde, nur einige unverheiratete Maate blieben als Stamm an Bord, sonst nur junge Gesichter, ein Mann ist dabei mit Sonderschulung.

Unser Schnorchel wurde in kürzester Zeit neu eingebaut, obwohl der alte noch gut war. Überhaupt glänzt unser VII C-Boot, als wäre es erst gestern In Dienst gestellt worden. Einige neue Geräte, vor allem für unsere Funker kamen hinzu. Das Probeschießen in der Flakschule ist entfallen. Am 30. März (45) war der Alte bei der Flottille die in Swinemünde lag, bedingt durch die Kriegslage - lange können wir uns hier nicht mehr halten - Einlaufen Kiel April 1945, nur ein Tag zur Aufnahme von fünf Kisten, Ersatzteile für E-Maschine und Diesel von der Werft. Dazu ein schwarzer rechteckiger Kasten mit zwei Aufsätzen für den Funker, den Mann mit der Sonderschulung.

Im Geleit geht es nach Norwegen. Mitte April 1945, wenige Stunden vor Auslaufen kommt noch ein Gast an Bord, später erst erfahren wir, dass es unser Doktor ist, der auch schon vorher auf U-Booten gefahren sein soll. Er ist der Älteste an Bord. Wir haben keinen Kampfauftrag, dies erfahren wir, als wir die U-Boot-Todeszone, die Gewässer zwischen England und Island durchbrochen haben. Am Schlimmsten die Ungewissheit, wohin werden wir marschieren.

Auf Befehl des Kommandanten werden ab 01. Mai 45 sämtliche normalen Sende- und Empfangsanlagen stillgelegt und versiegelt. Seit dem Auslaufen haben wir für unser Boot nur ein Kommandanten-FT erhalten, das war am 29. April 45. Wir hatten strikten Befehl keine Passiermeldung abzugeben. Ununterbrochene Schnorchelfahrt, fast sechs Wochen lang. Dann Auftauchen im Sturm, aufgewühlte See. Beschwert gehen unsere Abfälle in die Tiefe, dann geht es wieder in den Bach. Nach weiteren 14 Tagen teilweiser

Schnorchelfahrt stehen wir weit südlich, wir haben den Nordatlantik verlassen. Aber wohin geht unser Einsatz?

Der Kommandant lässt Dauerhöchstfahrt über Wasser nachts fahren. Mit dem ersten Sonnenstrahl geht's in den Keller, schnorcheln. So geht es weiter nach Süden, fast mit dem Lineal gezogen, exakt seit Wochen schon, auf dem 30. Längengrad entlang, stur nach Süden! Wir wissen überhaupt nichts über Operationsbefehl, Kriegslage. Die Moral an Bord ist ausgezeichnet, unser Führungs-Offizier hält jeden Tag seit dem Abschalten der FT-Anlage einen bis zu 1-stündigen Vortrag. Das Essen ist ausgezeichnet, wir haben reichlich ausgezeichneten Proviant dabei.

Am 27. Mai 1945 um 00.30 Uhr Deutsche Zeit blickte der Kommandant in unseren seitlichen Funker-Verschlag. Dort war das neue große, schreibmaschinenartige Gerät, mit den Aufsätzen installiert. Exakt am 27. Mai 1945 um 01.00 Uhr tickert es los und lange, Zahlen/Buchstabenkolonnen werden übermittelt. Es war der erste Tag an dem wir nach 6-wöchiger Schnorchelfahrt nachts aufgetaucht sind. Danach lässt der Kommandant dieses Gerät versiegeln. Wir geben keine Antwort ab, keine Bestätigung. Wir nehmen an, dass das Gerät den Empfang selbst bestätigt. Das war die einzige Nachricht die wir erhalten haben, außer dem Kommandanten-FT vom 29. April 1945.

Kommandant und der Parteioffizier machen die kurze Nachricht klar, die in Streifen geschnitten und dann nach einem Code-Buch neu zusammengesetzt wird. Dann über weiteres Code-Heft kommt erst die Nachricht heraus. Es sind alles kurze Wörter, die über das mitgegebene rote Code-Buch die Nachricht ergeben.

Am 17. Juli 1945 kommen wir unserem Bestimmungsziel näher, wir schätzen die leichte Sommerbekleidung die uns schon in Stettin mitgegeben wurde. Auch für den Doktor haben wir etwas Passendes gefunden. Er war der einzige, der durch seine kurzfristige Kommandierung gerade hierfür nichts dabei hatte. Dafür hatte er eine medizinische Ausrüstung dabei, über die ein Provinzkrankenhaus stolz wäre. Die Nächte sind warm und es wäre die ideale Urlaubsreise, wenn wir nicht den harten Kriegswache-Dienst hätten. Vor ca. 2 Wochen, also Anfang Juli hatten wir nachts gegen 0230 Uhr morgens zwei hellerleuchtete Passagierdampfer gesehen, die auf der Kimm unseren Kurs kreuzten. Der Größere fuhr nach Südwesten, der Kleinere nach Südosten. Während unserer ganzen nächtlichen Dauerhöchstfahrten hatten wir sonst nie Feindberührung gehabt, tiefster Frieden scheinbar.

Dank der täglichen "Fachvorträge" unseres Politoffiziers und auch des Doktors der viel über die Heimat erzählte, wurde unsere Unsicherheit über die Lage in der Heimat nicht zur Angst. Dennoch, da jegliche Nachricht verwehrt war, wurden Gerüchte laut. Am 18. Juli 1945 haben wir dann die ganze Wahrheit erfahren. Wir waren die Auserwählten für die letzte Operation des Reiches, das es schon seit Wochen nicht mehr gab. Jeder von uns erhielt vom Kommandanten ein braunes Kuvert, mit einem namentlich auf jeden einzelnen bezogenen Einsatzbefehl, sowie Verhaltensregeln. Aussteller war nicht der Kommandant. Wir haben exakt erfahren warum wir noch draußen sind und dass uns ein wichtiger Auftrag bevorsteht, den wir über unseren Kommandanten noch erhalten werden. Nun wurde uns auch klar, warum die meisten unserer Crew alleine (Waisen ???) waren. Unser Boot, unser Auftrag, unser Einsatz war unsere Heimat. Für Deutschland, für das Reich, als Auserwählte unseren Einsatz zu führen war eine Ehre.

Am 19. Juli 1945 steuerten wir eine kleine Insel an mit einem kleinen Berg, die von einer nie gesehenen Brandung umspült wurde, marschierten daran vorbei und kamen zu einer weiteren, etwas größeren und höheren Insel, südlicher. Wir marschierten westwärts, daran vorbei und erblicken nach vier Stunden Marschfahrt eine Insel, die sich scharf und gewaltig an der Kimm abzeichnete, mit vielen schroffen, dunklen, spitzen Bergen. Auch hier starke Brandung. Wir tauchten und warteten bis zum Morgen. Nach dem Auftauchen fuhren wir bis ca. 2000 m an die Südspitze der Insel heran, unser ES wurde beantwortet.

Dann wurde getaucht - und wir steuerten, der Kommandant die ganze Zeit an Sehrohr- unter Wasser die Insel an. In einem schluchtartigen Einschnitt konnten wir in ruhigem Wasser auftauchen, hinter uns toste die starke Brandung an die hohen schwarzen Felsen. Die Felsen waren eigenartig, teils braun, grau und schwarz mit großen Löchern, scharfkantige Klippen. Wir steuerten ein schmales hohes Felsentor an und machten hier fest. Das war am 20. Juli 1945 um 09.00 Uhr.

Unser Boot wurde in ein sicheres unsichtbares, natürliches Versteck verholt. Wir hatten genügend Wasser unter dem Kiel. Wir wurden empfangen, sieben Mann in südamerikanischen Uniformen und zwei Zivilisten. Die sieben Mann waren Deutsche und haben seit Anfang Juli 1945 hier gelebt und alles vorbereitet. Die beiden Zivilisten waren Portugiesen, oder Südamerikaner. Alle waren von Südamerika, Brasilien mit einem kleinen Schiff herübergekommen. Ihr Boot lag in einer kleinen Bucht an der Nordostseite. Da die Insel von einer starken Brandung umgeben, mit vielen Riffen, Unterwasserfelsen, ist eine Anlandung problematisch. Erst später stellte sich heraus, daß die beiden Portugiesen Deutsche waren und von der Abwehr. Alle waren schon im Februar 1945 von Norwegen gestartet, zwei Monate vor unserem Ausbruch. Wir blieben auf der Insel bis zum 09. März 1946. Am 01. März 1946 hatten, wir den letzten Operationsbefehl des Reiches erhalten. Der letzte Befehl, und wir gehorchten getreu unserem Eid.

Zwischenzeitlich hatten wir einen Mann, er war der Jüngste vom 26er Jahrgang, durch Unfall verloren, er stürzte beim Jagen in eine tiefe Felsspalte. Wir haben ihn der See übergeben. An der Unfallstelle haben wir, obwohl wir es nicht sollten, einen Gedenkstein aufgestellt, einen hellen großen Block der sich deutlich auf dem Plateau nordöstlich auf der Insel abhebt, von dort sieht man den ungefähr 430 m hohen schmalen spitzzulaufenden Gipfel im Westen, der sich aus dem Inselinnern erhebt. Von diesem schmalen Gipfel führt nordostseitig eine tiefe, schluchtartige Rinne herab zum Plateau, bis in Strandnähe. Am Rande dieser Rinne befindet sich der helle Gedenkstein ohne Markierung. Sollte jemals ein Wissender diesen Bericht lesen und zur Insel gelangen, so wird er anhand des Steines, der hier beschrieben ist, feststellen, dass wir dort waren. Neben dem Stein befand sich damals ein niedriges, dorniges Gebüsch.

Durch widrige Umstände, Brandungssturm, war das Schiff der anderen leckgeschlagen worden. Um alle Spuren zu verwischen wurde es zerlegt und nach und nach verheizt. Das Eichenholz hatte einen hohen Brennwert, die starke Maschine dieses ehemals deutschen Schiffes haben wir zerlegt und im Meer versenkt, zuvor den Restbrennstoff übernommen. Mit unserem Boot brachten wir die neun Mann zu einer abgelegenen kleinen Bucht im südamerikanischen Festland. Das war am 26. März 1946.

Als Einziger ging ich mit von Bord um als Funker Kontakt zu halten, jedoch hat mein Boot niemals mit mir Kontakt aufgenommen. Wir waren im spanisch sprechenden Teil Südamerikas und wussten uns hier sicher. Ein letztes Mal in den frühen Morgenstunden des 26. März 1946 standen meine Kameraden an Deck und grüßten, während unsere Kriegsflagge im Wind wehte. Ein stolzer Anblick, das letzte Boot des Reiches, eine junge Besatzung und unser Alter mit dem Doktor im Turm. Der Alte blieb oben, als alle schon eingestiegen waren und grüßte ein letztes Mal. Seine Operation begann.

Es sollte nochmals versorgt werden mit Brennstoff. Sicher hat alles geklappt. Später nach Jahren hörte ich, daß diese letzte Operation des Reiches erfolgreich verlaufen, das Boot jedoch verschwunden sei. Es ist anzunehmen, daß es durch eine Tauchpanne verunglückte, die lange, wartungslose Zeit, trotz vieler wichtiger Ersatz-Maschinenteile, mag dazu beigetragen haben. Die Beanspruchung der Batterien und der Maschinen waren hoch gewesen. So hatte unser LI beim Durchbruch in den Südatlantik einmal nachts zur Dauerhöchstfahrt die E-Maschine zugelegt um mehr Umdrehungen zu erhalten, mehr Geschwindigkeit. Unsern Diesel ist die hohe Drehzahl damals nicht gut bekommen. Grund war die geschilderte Schiffssichtung.

Wo letztlich die Kameraden geblieben sind, wird nie zu finden sein, verschwunden in den Tiefen des Südatlantiks im Jahre 1946, im Sommer 1946 oder früher. Ihren Auftrag konnten sie noch ausführen. Zur Insel bin ich nie mehr zurückgekehrt, auch die Kameraden die mit mir anfangs auf dem Festland zusammen waren, haben sich zerstreut. Keiner ist je in die Heimat gekommen. Die politische Lage hat sich anders entwickelt als angenommen.

Das Reich ist gestorben. Nur durch den Gegensatz Rußland zu Amerika konnte Deutschland wieder genesen. Hätten sich die Russen, Amerikaner, Engländer und Franzosen vertragen, wäre Deutschland niemals wieder aus seinen Ruinen auferstanden. Deutschland wäre ein Teil der Russen, der Kommunisten geworden, wie es heute im Osten unserer Heimat der Fall ist. Ob jemals wieder Berlin zu West-Deutschland, zu einem vereinten Deutschland, zählen wird? Ein Wunschtraum den ich sicher nicht erleben werde.

Sollte jemals ein Kamerad zu unserer Insel kommen, so gedenke unseren gefallenen U-Boot-Kameraden die 1945 für das Reich hinausmussten, sie wussten nicht was kommt. Außer dem Gedenkstein haben wir am Liegeplatz des Bootes ein Markierungszeichen hinterlassen - die Wasserstände/Tiefenmarkierung, ein Lotsenzeichen. Wer danach sucht wird es an der Felswandseite backbords, 3 m über Wasser finden. Wir haben es von Deck aus angebracht, daneben ca. 1cm tief im Fels Initialen.

Unser U-Boot konnte nur durch glückliche Umstände in seinem Landversteck verholen, die Kameraden, die schon Anfang Februar 1945 gestartet waren, haben gleich nach Ankunft den Sperrblock vor dem Zugang weggesprengt, trotzdem war die Einfahrt riskant. Wie sie mir erzählten, war ihr Durchbruch in den Südatlantik nur einer Kette glücklicher Gegebenheiten zu verdanken. Ihr kleines Überwasserschiff durchbrach, unterstützt durch die Wetterverhältnisse die alliierten Sperren, knapp südlich Küste Islands zwischen 23. - 25. Februar 1945. Der Brennstoff hatte für die 11.500 Km lange Fahrt seitdem Trondheim-Fjord bis zum Festland und zur Insel gereicht, weil zwei zusätzliche Brennstofftanks eingebaut worden waren. Mit dem bitteren Ende der Ardennenoffensive hatten sie von der Abwehr den Einsatzbefehl in Berlin erhalten. Während des Durchbruchs in den Südatlantik erlebten sie Ende April 1945 noch einen schlimmen Sturm.

Anfangs Mai 1945 sind sie zum Festland gekommen und hatten bis zu diesem Zeitpunkt noch mit einer FT-Stelle, die im Süden des Reichs fuhr, Kontakt gehalten und die letzten Befehle erhalten. Anfang Juli sind sie zur Insel gekommen. Sie hatten ein neues Schlüsselgerät dabei, dass sie erst in Norwegen, kurz vor dem Auslaufen am 10. Februar 1945 (das Datum weiß ich so genau, weil der andere Funker es mehrmals erwähnt hatte) erhielten. Das gleiche Schlüsselgerät hatten auch wir dabei, unseres ist nur zweimal angesprungen. Letztmals am 1. März 1946.

Woher dieser letzte Einsatzbefehl kam, bestimmt nicht aus der Heimat, habe ich nie erfahren. Ob das Gerät danach noch angesprungen ist weiß ich nicht, da ich nicht mehr an Bord war. Ich bin sicher, es muss noch Überlebende geben. Vielleicht erzählt noch einer, wenn er meinen Bericht liest, wo unser Boot geblieben und welchen Auftrag es 1946 durchführte und wohin es gefahren ist. Geschrieben in Südamerika im Jahre 1988.

Diese Information wird allgemein freigegeben und unterliegt keinem Urheberrecht. Nachforschungen könnten sich lohnen. Die geografischen Daten und Zeitangaben sind sehr genau, vielleicht können damit die Örtlichkeiten lokalisiert werden. Die Nachricht sollte nicht verändert werden, kann jedoch von Jedermann zu Forschungszwecken veröffentlicht oder weitergegeben werden. Falls jemand eine ähnliche Geschichte gehört hat, möge er sich bitte melden."

Schwer einzuschätzen ob hier Wahrheit oder Fiktion vorliegen. Selbst wenn die Geschichte den Tatsachen entsprechen würde, hätte man keine Informationen darüber, was der eigentliche Auftrag des U-Bootes war. In diesem Sinne also ein identischer Sachverhalt mit einigen der bekannten geheimen Operationen anderer U-Boote zum Kriegsende, wie z.B. auch dem am 20. Juli 1944 aus Danzig ausgelaufenen U-Boots, also dem Tag des Attentats auf Hitler.

Am 25. August wurde durch das Naval Airship K-25 (Blimp) ein deutsches U-Boot (Typ XI-B) versenkt, welches parallel zum Kurs von U-1229 verfolgt worden war, welches am 20. August versenkt wurde. Der Radioman der Naval Intelligence Radio Intercept Station auf Chatham/Cape Cop (Preston Howley) nahm in 14 Meilen Entfernung die Nachrichten im diplomatischen B-Bar-Code auf und macht Meldung. Er wurde aber wie die Besatzung von K-25 von Agenten des ONI aufgesucht, die den Befehl gaben „This never happend!".

Am folgenden Tag reiste die, seit dem 19. Juli in Chatham Bar Inn/Cape Cod verweilende, Kronprinzessin Juliana mit ihrem deutschen Gemahl Prinz Bernhard vorzeitig wieder nach Kanada ab. Die geheimen Dokumente über den eigentlich ganz normalen Besuch der Königsfamilie und der militärischen Vorkommnisse wurden merkwürdiger Weise erst 1993 freigegeben. Die Flugaufzeichnungen von K-25 sind hingegen bis heute verschwunden geblieben.

Es gab kein Agentennetz in den USA, dem das deutsche U-Boot Nachrichten übermitteln konnte. Diplomatische Schlüssel wurden nur zur Kontaktaufnahme mit nationalen Stellen verwendet. Es gab keine deutschen Vertretungen mehr in den USA und die Vermutung, das U-Boot habe nach Washington gesendet, lässt sich nicht beweisen. Die Verbindungen der amerikanischen mit der deutschen Industrie, die Waffentransporte mittels plombierter Eisenbahnwaggons über die neutrale Schweiz, deren Bezahlung mit Gold aus Deutschland sind hingegen eher nachweisbar. Die mindestens acht Zusammenkünfte der Agenten des OSS mit deutschen Industriellen unter Beteiligung des Chefs der OSS-Station in Bern, Allen W. Dulles, würden hier in das Geschehen passen. Die Suche nach einem verschollenen Eisenbahnzug mit einer Goldladung heizt noch heute die Schatzsucher an.

Die Funksprüche des Flensburger Senders, eventuell aus der Marine-Nachrichtenschule Mürwik oder von der PATRIA, die Widersprüche in den Angaben zum Verbleib der letzten deutschen U-Boote, u.v.m. sollten mit diesen Zusammenhängen heute weiter recherchiert werden, damit die Lücken der Geschichtsschreibung geschlossen werden können. Vielleicht ist dies aber bis heute nicht der Wunsch aller beteiligten Staaten, gleichgültig welcher Nation, was es aber dann für die Hobbyhistoriker und die Presse noch interessanter macht und den Spekulationen Tür und Tor öffnet.

Marine-Nachrichtenschule (M.N.S.) Aurich (1938 - 1945)

Der aufgrund des Aufbaus der Wehrmacht und dann durch die hohen Verluste an der Front gestiegene Bedarf an Fernmeldepersonal erforderte die Einrichtung von weiteren Marine-Nachrichtenschulen. Die Unterbringungskapazität der M.N.S. war schon 1937/38 vollständig ausgeschöpft.

Die Marine-Nachrichtenschulen Aurich (M.N.S. Aurich) war noch zu Friedenszeiten eingerichtet worden, alle nachfolgenden Schulungseinrichtungen waren kriegsbedingt improvisiert und unter zeitlichem Druck aufgestellt, weshalb Daten mit unter ungenau oder manchmal auch widersprüchlich sein können. Personalpapiere und Unterlagen wurden entweder durch Kriegseinwirkung oder auch auf Befehl vernichtet, oft konnte deshalb nur versucht werden aus den Erinnerungen von beteiligten Personen lange nach dem Krieg noch Einzelheiten, Zeiten und Namen wieder zu rekonstruieren.

Die Stadt Aurich war bereits militärischer Standort. Von 1935-1938 waren 250-300 Angehörige der "Österreichischen Legion" im Seminargebäude in der Oldersumer Straße einquartiert. Die Bürger und Vertreter der Stadt bemühten sich mehrmals um eine Rückverlegung von deutschen Truppen nach Aurich. Nach mehreren abschlägigen Bescheiden von Heer und Luftwaffe kam für Aurich eine Entscheidung von der Marine zur Einrichtung der ersten zusätzlichen Schule im Nachrichtenwesen. Da die Stadt die Kosten des städtischen Gas-, Wasser- und Kanalanschlusses sowie der erforderlichen Straßen übernahm, fiel die Entscheidung nicht sehr schwer und am 1. Oktober 1938 wurde Aurich mit der Aufnahme des Dienstbetriebes der M.N.S. Aurich wieder Marinestandort.

Die 1. Kompanie wurde ohne eigenen Stab von der M.N.S. Mürwik aufgestellt und zunächst im bisherigen Lehrerseminar in Aurich untergebracht. Die Aufstellung des Stabes erfolgte in Verbindung mit der Neuaufstellung bzw. Erweiterung zur 1.-3. Kompanie am 1. Oktober 1939. Am 15. Juli 1942 wurde die 2. Funkersatzkompanie aufgestellt. Bis zum Jahre 1943 war die Schule auf 10 Kompanien erweitert worden, wobei die 7. Kompanie zunächst in einem alten städtischen Rathaus am Lüchtenburger Weg untergebracht wurde. Die 8.-10. Kompanie und die 2. Funkersatzkompanie lagen in einem Barackenlager innerhalb der

M.N.S., während auf dem Ellerfeld noch ein Barackenlager für die 1. Funkersatzkompanie und ein Durchgangslager für das Funkpersonal von Nord- und Ostsee eingerichtet wurden. Durch die erwähnten Verluste und Neubildungen von Truppenteilen im Nachrichtenwesen wurden nun immer wieder Ersatzkompanien in allen Bereichen der Streitkräfte aufgestellt, sodass teilweise bis zu 4.000 Soldaten allein in Aurich untergebracht waren.

Für die Morse-Hör-Übungen stand eine moderne Anlage der Firma Siemens Apparate und Maschinen (SAM) zur Verfügung. Ein sternförmig verlegtes Styroflexkabel verband alle Räume mit einem zentralen Raum mit Maschinen für die gegebenen Morsesignale. Im diesem Geberraum standen Lochstreifen-Sender (Creed), über die im Frequenzbereich 300-1.200 kHz Morse-Übungsfunk in Gruppen und Klartext mit verschiedenen Morsetempi liefen. Diese Übungsprogramme konnten wahlweise mittels spezieller Empfänger (5 pro Raum) in den Unterrichtsräumen empfangen werden. Ferner standen für die Fertigung von Lochstreifen zwei Lorenz-Lochstreifenstanzer bereit.

Das Geben von Morsezeichen wurde in einem großen Saal im Dachgeschoss von mehreren Gruppen gemeinsam geübt. Es waren hier etwa 120 Junkers-Drehspul-Morseschreiber installiert. Der Platz des Lehrgruppenführers erhielt zusätzlich einen Sender mit Handtastung, über den ein Übungsverkehr innerhalb der Lehrgruppe möglich war und der dem Ausbilder eine Kontrolle der Tastzeichen der Lehrgangsteilnehmer erlaubte.

In einigen Räumen wurden Allwellen-Empfänger E-381S ("Brotkasten", Telefunken) bzw. Goniometer-Peilanlagen eingebaut, während andere Räume sogar vollständige Bordstationen darstellten. So z.B. die "Kreuzer"- oder "Torpedoboot-Stationen" mit "Ehrenmal-Sender" für Lang-, Kurz- und Fernverkehrskurzwellen (800- bzw. 200-Watt) und den dazugehörigen Lo-6-L-39 und Lo-6-K-39 Empfängern. Die 40/70-Watt-Kurz-Langwellenanlage von Telefunken ergänzte die Ausrüstung mit anderen Geräten der Firmen Hagenuk, Johnson, Philips und v. Eltz (Radione). Für Übungen im UKW-Bereich standen Lo-1-UK-35 und Lo-10-UK-39 ("Marine Fritz"), für Übungen im Gelände Tornistergeräte Lo-1-UK-35 und Landungsstationen, wie Ha-5-K-39 mit Batteriebetrieb oder Telefunken 272-Bs mit Tretkurbelgenerator zur Verfügung.

Auch die geheime Schlüsselmaschine ENIGMA wurde unterrichtet, deren Räume außerhalb der Unterrichtszeit mit bewaffneten Posten gesichert waren. Für die Unterrichtung der Wartung und Instandsetzung gab es Siemens-Ohmmeter, Funkprüfer, Vielfachmessgeräte Multavi-II und ein kleines Junkers-Röhrenprüfgerät RPG II/38. Ferner waren Atlas- und Elac-Echolotanlagen für den Unterricht in Funkgerätekunde vorhanden und es gab eine kleine Lehrsammlung in drei Kellerräumen des Westflügels, die 1944 eingerichtet wurde und hauptsächlich aus alten Empfängern bestand, die der Oberfunkmaat Müller betreute.

1944 wurde schließlich auch das Musikkorps der Schule aufgelöst, das Stammpersonal übte in grauen M.A.-Uniformen das Schießen mit der Panzerfaust. In einen erbeuteten amerikanischen PKW wurde eine Jo 20-K-41 Station als mobile Anlage eingebaut. Die Abteilung Funkaufklärung (SKL, MND III) verlegte von Berlin nach Aurich in die Blöcke 1-3. Da die Front auch hier näher rückte, verlegte die SKL weiter nach Plön, später an die M.N.S. Flensburg, Block Hansa. Im Herbst 1944 wurde alles zur Sprengung und Vernichtung vorbereitet. Der Befehl zur Zerstörung der Schuleinrichtung wurde zwar widerrufen, doch Steuersender, Schlüsselmaschinen, Creed-Geber u.a. waren in einer Grube bei der Exerzierhalle bereits gesprengt worden. Die meisten Soldaten verbrachten die Nacht mit kleinem Gepäck in den Scheunen der Bauern, während tagsüber der Dienst in der fast leeren Kaserne verrichtet wurde. Als an anderen Orten die Kasernen bombardiert wurden, kam, der Befehl zur Räumung, worauf die Soldaten noch zum Infanteriekampf eingesetzt wurden und die M.N.S. Aurich in diesen letzten Tagen noch den Funkmaat Lamm verlor.

Mit Einrücken der Kanadier endete die sieben Jahre dauernde Geschichte der Marine-Nachrichtenschule Aurich (Sandhorstkaserne, heutige Blücherkaserne). Hier wurden ausschließlich Gasten-Lehrgänge für das

Funkpersonal durchgeführt, wobei der Schülerdurchlauf im Schnitt im Quartal bei etwa 2.200 Funkgasten lag.

Kommandeure der Marine-Nachrichtenschule Aurich

- KptzS Erich von Dresky	September 1938 - Juli 1942
- FKpt Hans Kretschmann	Juli 1942 - September 1942 (Stv. Kdr.)
- KKpt Karl Ruprecht	Juli 1943 - Oktober 1943 (i.V.)
- FKpt Martin Wilke	Oktober 1943 - November 1943 (i.V.)
- KptzS Eberhard Jaehnke	November 1943 - Kriegsende

FKpt Martin Wilke war nachweislich bis zum 17. November der Kommandeur und der KKpt Karl Ruprecht war von September 1942 bis November 1943 noch als Schuloffizier tätig.

Marine-Nachrichtenschule (M.N.S.) Waren/Müritz (1941 - 1945)

Der Krieg prägte auch die turbulente Vorgeschichte und Einrichtung der Marine-Nachrichtenschule Waren/Müritz (M.N.S. Waren/Müritz). Hier wurden die Ausbildungsgänge der Soldaten des optischen Signaldienstes und des neuen geschaffenen Funkfernschreibdienstes (für "Sägefisch"-, "WTK"- und "EFFK"-Anlagen) durchgeführt, aber anscheinend auch die des streng geheimen Schlüsselfernschreibers SFM-43. Am 6. Januar 1940 erfolgte die Aufstellung einer Kompanie für die Lehrgänge der Signalgasten bei der 3. M.L.A. in Plön. Mit der Verlegung einer neu aufgestellten Signalgastenkompanie der M.N.S. Mürwik nach Plön änderten sich die Bezeichnungen in "1. und 2. Signalausbildungskompanie Plön". Diese 1. und 2. Signalausbildungskompanie wurden am 4. April 1940 von Plön nach Kiel in die Eichhofkaserne verlegt und ab dann als "1. und 2. Signalausbildungskompanie Kiel-Eichhof" bezeichnet. Am 1. November 1940 erfolgte die Verlegung der Ausbildungskompanie nach Flensburg in das Scharnhorst-Lager mit gleichzeitiger Änderung der Bezeichnung in "Signalausbildungsabteilung Flensburg, Westerallee" und als 2. Abteilung der M.N.S. Mürwik. Diese 2. Abteilung wurde am 1. Januar 1941 umbenannt in "1. Signalausbildungsabteilung" (1. S.A.A.) und nach Neustadt/Holstein verlegt. Im Anschluss daran erfolgte eine Verlegung (26. Juni 1941) nach Waren/Müritz mit einer neuen Änderung der Bezeichnung zur "1. Signalausbildungsabteilung Waren/Müritz". Die Qualität der Ausbildung dürfte durch diese Verlegungen wohl nicht gefördert worden sein.

Nach der langen Odyssee wurde die Signalausbildungsabteilung am 27. November 1941 umbenannt zur "Marine-Nachrichten-Schule Waren/Müritz". Am 1. Juli 1942 erfolgte die Aufstellung der 1. und 2. Signalersatzkompanie an der Schule, die nun etwa 1.800 Signalgasten vierteljährlich ausbilden mussten. Außer den Signalgasten, Funkern und Fernschreibern wurde eine kleine Gruppe von Spezialisten der "Freya"- und "Würzburg"-Radargeräte von den Ingenieuren der Firma Siemens ausgebildet. Auch hier wurde der Unterricht aus Gründen der Geheimhaltung von den anderen Lehrgängen abgeschirmt.

Der erste Lehrgang der Funkfernschreiber für das neue Sägefischverfahren wurde vom 6. Januar 1944 bis 1. April 1944 durchgeführt und war ebenfalls als "GEHEIME KOMMANDOSACHE" eingestuft. Selbst der Kommandeur erhielt keine Informationen über die Technik der Geräte, die Unterrichtsräume und Geräte wurden mit Waffe bewacht. Diese Sonderbehandlung der Ausbilder und Lehrgangsteilnehmer war dem Betriebsklima nicht zuträglich, was sich für die Funkfernschreiber in einer Benachteiligung im normalen Dienstbetrieb der Schule auswirkte. Hier wurde noch Marine-Fernschreibpersonal an der Siemens-Fernschreibmaschine 43 (SFM-43) ausgebildet, da eine Station bei Rechlin (bei Waren/Müritz) in Dokumenten erwähnt wird, die eigentlich nur an der M.N.S. Waren/Müritz liegen konnte.

Die Unterlagen aus den Nachrichtenschulen bergen dabei noch andere Informationen. In einem Mitschreibheft dieser Zeit wurde u.a. die Zusammensetzung einer Funkfernschreibstelle der Kriegsmarine beschrieben, die einen Offizier als Leiter mit 5 Unteroffizieren und 27 Mannschaften, umfasste die Funkwache eine Stärke von 6 Mann.

Kommandeure dieser Abteilungen/Schule in Waren/Müritz

- FKpt Friedrich Kastenbauer   Januar 1941 - April 1941 (m.d.W.d.G.b.)
- FKpt Hans Kretschmann   April 1941 - Juli 1942
- -/- ?   Juli 1942 - September 1942
- KptzS Walter Roll   September 1942 - Dezember 1944
- KKpt Otto Kohlhauer   Januar 1945 - Kriegsende

     (m.d.W.d.G.b.) = mit der Wahrnehmung der Geschäfte beauftragt.

Teilnehmer aus dem ersten Funkfernschreib-Lehrgang wurden nach Norwegen kommandiert, um die Fernschreiblinie von Oslo/Oppsal (2000-W-Sender) nach Tromsö/Sandvik bei Tromsdalen und Ramfjordnes (800-W-Sender) aufzubauen und zu betreiben. Doch nur selten konnte der Kontakt mit Oslo über längere Zeit aufrechterhalten werden. Neben den Störungen der Alliierten überlagerte der Einfluss des Polarlichts die Funkübertragungen so stark, dass an manchen Tagen und Nächten überhaupt keine Verbindung aufgebaut werden konnte. Im Nahbereich konnten hingegen mit einem kleinen privaten Radioempfänger die Funkfernschreibsignale auf Kurzwelle mitgehört werden.

Das Arbeitskommando in Oppsal musste das Fundament für die sechs Baracken und den Sendemast ihrer Dienststelle aufbauen. Die Rombusantenne wurde mit Richtung Norden für Tromsö ausgerichtet und befand sich von Oppsal aus links neben dem Bölervejen, der zum Gut des Bauern Böler führte. Hinter dem Gutshof lag in einer steilen Senke und etwa 250 m Entfernung die Unterkunft für die Empfänger. Es war eine kleine Holzbaracke, deren Empfangsantenne auf einer Anhöhe stand und nach Süden ausgerichtet war. Die 4 Rombusantennen mit 400 m Länge und ihre Zuleitungen sowie das Empfangs- und Sendehaus mussten durch das Fernschreibpersonal gesichert werden, welches jedoch zahlenmäßig dafür aber zu gering war, weshalb das Gebiet mit 1.500 Tretminen zusätzlich abgesichert wurde.

Bevor die Verminung durchgeführt werden konnte, mussten zunächst aber noch die Kabel zum Schutz gegen Sabotage sowie Wasserleitungen verlegt werden, wobei die im Wege liegenden Granitfelsen von einem Sprengmeister des Heeres beseitigt wurden. Er ließ dabei jede Menge Dynamit zurück, welches von den Fernschreibern sehr geschätzt wurde. Als Rohmasse angezündet, konnten in den harten Wintern damit die Holzöfen in den Unterkünften auf schnelle Weise in Gang gebracht werden. Es ist erstaunlich, dass diese Funkfernschreiblinie tatsächlich bis Kriegsende den Betrieb aufrechterhalten konnte und nicht durch ihre eigene Besatzung in die Luft gejagt wurde.

Etwa 4 km von der Funkfernschreibstelle entfernt lag in Östermarkstetteren der Ausweichbunker des Admirals Ciliax (Oberbefehlshaber Norwegen). In der Seemannsschule war die MNO Oslo der Kriegsmarine eingerichtet, deren Sender auf dem Ekeberg lag. Die MNO Oslo und die Funkfernschreibverbindung nach Tromsö wurden durch Störsender beeinflusst, die meist eine halbe Stunde nach einem Wellenwechsel wieder aktiv wurden.

In privaten Funkversuchen konnte so manches Problem gelöst werden. Der Funker Heinz Baethke hatte eine Radione als normalen Radioempfänger und versuchte diese gegen die wesentlich empfindlicheren LO6K39 auszutauschen. Der Empfang von Fernschreiben war damit bei Störungen und Nebengeräusche noch wesentlich besser möglich, da diese von der Radione gar nicht aufgenommen wurden, sondern nur die stärkeren Fernschreibsignale selektiert wurden. Manchmal war also eine gewisse Unempfindlichkeit der Empfänger sogar von Vorteil, denn sofort wurden 3 Radione aus dem Marinenachrichtendepot als

302

Ersatz angefordert, die nach ein paar Wochen auch eintrafen. Die LO6K39 wurden ab diesem Zeitpunkt für den Radioempfang genutzt, der damit in der Qualität wesentlich gesteigert werden konnte - zumindest solange keine Vorgesetzten anwesend waren. Meist ergänzten die Lageberichte des OKM am Tirpitzufer (MBBZ) aus Bernau/Eberswalde (MBBE), Danzig (MODZ) und Triest (HITR) hierbei die Rundfunksendungen des Soldatensenders CALAIS.

Die letzten Funkfernschreiben mit der höchsten Dringlichkeitsstufe (FRR) kamen vom SS-Reichsführer Heinrich Himmler an den Reichsleiter Norwegen (Terboven), der Friedensverhandlungen mit alliierten Truppen über den schwedischen Grafen Bernadotte einzuleiten versuchte. Deren Ablehnung erreichte Heinrich Himmler aber nicht mehr lebend.

Großadmiral Dönitz forderte noch die Bestätigung der Ankunft der Walter-U-Boote im Osloer Hafen an. Vermutlich 17 U-Boote des Typs XXIII und ein XXI legten im Hafenbecken hinter Akershus während des Kriegsendes noch an. Nach der Kapitulation kamen die Anweisungen der letzten Reichsregierung in Flensburg dann über die Draht-Fernschreiblinien und unverschlüsselt, nach dem 23. Mai 1945 nur noch vom britischen Quartier aus Flensburg-Mürwik.

Die Bordkommandos waren nach einem Befehl des Admirals der Nordsee vom 10. Juli 1942 angewiesen, dass: "... eventuelle Sonderwünsche bei dieser Ausbildung für besondere Bordverwendung von den Kommandos unmittelbar an die N.S. Waren zu geben sind". Der direkte Einfluss der Erfahrungen aus Flotte auf die Ausbildung wurde durch diese Anweisung gewährleistet.

Marine-Nachrichtenschule (M.N.S.) Rantum/Sylt (1943 - 1945)

Der Bau der militärischen Einrichtungen in Rantum auf Sylt begann durch die Luftwaffe 1936/37, die im Rantumer Becken einen langen Damm für einen künstlichen Flughafen für die Seeflieger baute. Zwei Landebahnen von 3.500 m und 2.700 m für Wasserflugzeuge entstanden, aber das Niveau der künstlichen Anlage musste dabei durch zwei Pumpen gehalten werden. Neben den Start- und Landebahnen waren die Flugzeughalle (Turnhalle), das Wartungsgebäude, die Unterkünfte und auch die Speiseräume schon in Betrieb, als am 18. November 1943 die Marine-Nachrichtenschule Rantum/Sylt (M.N.S. Rantum/Sylt) ihren Dienst aufnahm.

Ab 1. April 1944 waren etwa 1.500 Soldaten in dieser Schule untergebracht und bis zum Kriegsende wurde der Unterricht zur Ausbildung von Funkgasten durchgeführt. Im Schulgebäude befanden sich verschiedene Schiffssende- und Empfangsanlagen, Peilempfänger und andere Ortungsgeräte sowie Maschinengeber für Hörübungen und Schreiber zur Kontrolle der Handmorsezeichen.

Die Insel war eine mögliche Invasionsstelle der Alliierten und gehörte zum System des Atlantikwalls. Dies hatte zur Folge, dass die nächtliche Streifenwache der Lehrgangsteilnehmer einen Törn von ca. 10 km am Strand zurücklegen musste, um sich ins nächste Wachbuch eintragen zu können.

Kommandeur der Marine-Nachrichtenschule Rantum/Sylt

- KptzS Martin Wilke   18. November 1943 bis zum Kriegsende

Marinenachrichtenhelferinnen-Ausbildungsabteilung im KdF Seebad Rügen (1942 - 1945)

Die Bildung immer neuer Verbände in Verbindung mit den erheblichen Erweiterungen der durch den Marinenachrichtendienst mit Personal aufzufüllenden Küstengebiete führte 1942 zu Überlegungen, die männlichen Soldaten des Fernsprech- und Fernschreibdienstes der Marine durch weibliche Hilfskräfte zu ergänzen. Die ersten Erfahrungen hatte die Marine im Jahre 1940 gesammelt, als die weiblichen Hilfskräfte im Flugmeldedienst auf Borkum, Wangerooge und in Cuxhaven-Duhnen eingesetzt wurden.

Bei den vorgesehenen Verwendungen sollte eine eigene Abteilung mit eigenen Marineuniformen geschaffen werden, wie sie analog Heer und Luftwaffe schon bestand. Die zivilen Organisationen, aus denen der Nachwuchs der weiblichen Hilfskräfte abgeschöpft werden konnte, waren allerdings weit gehend für den Nachwuchs des Heeres und der Luftwaffe eingesetzt. Der Aufbau einer neuen Organisation, mit den dafür notwendigen Uniformen, Vorschriften, Werbungskompanien sowie entsprechenden Führerinnen für die Marine, erwies sich auch insofern als nicht praktikabel, als die Neubeschaffung erhebliche Zeit in Anspruch genommen hätte. Ein greifbarer Nutzen für die Marine wäre in unabsehbare Ferne gerückt.

Um hier eine möglichst schnelle Lösung des Problems herbeizuführen, blieb keine andere Möglichkeit, als die bestehende Organisation des Heeres hierfür in Anspruch zu nehmen. Das OKH kam den Wünschen der Marine nach, stellte jedoch als Bedingung, dass die Nachrichtenhelferinnen auch bei ihren Diensten in der Kriegsmarine dem Heer weiterhin unterstellt bleiben müssen. Die Nachrichtenhelferinnen wurden aufgrund freiwilliger Meldungen über die Arbeitsämter notdienstverpflichtet und durch Arbeitsvertrag besoldet.

Im Zuge der organisatorischen Maßnahmen wurde als erste Einrichtung das K.d.F. (Kraft durch Freude) Bad Rügen als Schule für die Nachrichtenhelferinnen verwendet. Im Nordsee-Stationstagesbefehl Nr. 145, vom 6. August 1942, wurde schließlich bekannt gegeben, dass mit dem 1. Juli 1942 die Marinenachrichtenhelferinnen-Ausbildungsabteilung II, im K.d.F.-Seebad Prora auf Rügen, ihren Dienst aufgenommen hatte.

In der mit dem Heer gemeinsam aufgebauten Schule wurden die Marinehelferinnen hier auf den Dienst vorbereitet. In 2-monatigen Kursen wurden 144 Fernsprecherinnen und in 3-monatigen Kursen 96 Fernschreiberinnen ausgebildet. Diese Ausbildung bestand aus theoretischem und praktischem Unterricht in sechs Gruppen (F1-F6). Die Geräte waren ausnahmslos Streifenschreiber, wie sie von der Post für Telegramme benutzt wurden. Neben der Bedienung der Fernschreiber wurde auch die Technik, der Rollenwechsel, Lochstreifenschreiben und -bedienen sowie das Einstellen des Schlüssels unterrichtet. Weitere Ausbildungsfächer waren u.a. Geografie, Geschichte und Sport. Nach der dreimonatigen Ausbildung erfolgte für die noch dem Heer unterstellten Nachrichtenhelferinnen die Kommandierung zur Heeresschule in Gießen, wo die Uniformen ausgegeben und der Einsatzort festgelegt wurden.

Als Dienstbekleidung erhielt jede Lehrgangsteilnehmerin zwei Kittel in blaugrau, mit abknöpfbaren weißen Kragen, die zur Aufhellung getragen werden konnten. Zur Kennzeichnung wurde am Ärmel ein Band aus blauem Tuch mit goldfarben gestickter Aufschrift "Marinehelferin" getragen. Ein Aufstieg von der Marinevorhelferin zur Marineoberstabsführerin (9 Dienstgrade) war zwar vorgesehen, bekannt sind jedoch nur Beförderungen bis zur Marineunterführerin (4. Dienstgrad).

Eine Teilnehmerin der ersten Kurse berichtete, dass die Abteilungen in zwei streng getrennten, ebenerdigen Gebäudekomplexen untergebracht waren. Die Bezeichnungen waren Lager "Bremen" als Unterkunft der Offiziere und Unteroffiziere des Ausbildungsstabes und Unterrichtsgebäude und Lager "Hamburg" als Unterkunft der Lehrgangsteilnehmerinnen und Führerinnen sowie der Küchen-, Speise- und Waschräume. Das K.d.F.-Bad selbst war auf einem 170 ha großen Gelände eingerichtet worden, auf dem im Jahre 1990 noch 150.000 m2 Nutzfläche mit 9.847 Zimmern existierten. So ist es auch nicht verwunderlich, dass die Distanz der beiden Gebäude 2-3 km betrug, die von den Lehrgangsteilnehmerinnen jeden Tag im Marsch zurückgelegt wurden. Das Maskottchen im Lager "Hamburg" war ein Rauhaardackel namens "Sauzahn".

Die Ausbildungsabteilung bestand bis zur Verlegung nach Wyk auf Föhr am 24. April 1944. Die kriegsbedingte Verlegung nach Wyk auf Föhr dauerte mehrere Tage, da die Bahn wegen Tieffliegerangriffen nur noch nachts fuhr und selbst dann nur kurze Strecken zurücklegen konnte. Der Dienstbetrieb konnte wahrscheinlich erst Anfang Mai auf Wyk/Föhr wieder aufgenommen werden. Es wurde dann ab März 1943 noch in Altdamm (190 Fernsprecherinnen, 2 Monate) und Tuchel (100 Fernsprecherinnen, 3 Monate) bis Kriegsende geschult, da der Bedarf immer noch vorhanden war. In Wyk/Föhr wurden ab dieser Zeit noch zusätzlich 200 Funkerinnen des Beobachtungsdienstes in 3 Monatskursen ausgebildet.

Insgesamt wurden für die Zwecke der Kriegsmarine pro Jahr ca. 3.600 Nachrichtenhelferinnen ausgebildet, womit bei einer Gesamtstärke der Nachrichtenlaufbahn der Kriegsmarine von 40.000 im Jahre 1943, der Anteil der Nachrichtenhelferinnen bei etwa 9% liegen würde. Es gab weiterhin eine ganze Anzahl anderer Marinehelferinnen, die im Flugmelde-, Luftschutz-, Flak-, Truppen- und Stabsdienst eingesetzt wurden und deren Unterstützung überall den effektiven Einsatz der Mittel weiterhin gewährleisten konnte.

Kommandeure Marinenachrichtenhelferinnen-Ausbildungsabteilung II

- KKpt Heinrich Bassenge   April 1942 - Januar 1944
- KKpt Karl Ruprecht   Januar 1944 - Ende 1944
- KKpt Erwin Sachse   Ende 1944 - Wyk/Föhr bis Kriegsende

Wie bei den Ausbildungsstätten für die Marinenachrichtenhelferinnen ersichtlich wurde, mussten durch die Folgen des Krieges auch die Forschungs- und Erprobungsarbeiten immer mehr von der Küste in das weiter zurückliegende Hinterland verlagert werden. 1944 war z.B. noch eine Marineausbildungsstelle für das technische Marinewesen in Furtwangen bei Donaueschingen eingerichtet worden, während Einmann-U-Boote am Gardasee erprobt wurden.

Die I. Funkmesslehrabteilung entstand 1943 in Puttgarden/Fehmarn (FKpt Grunwald, August 1943 - August 1944, FKpt Bormann, August 1944 - Mai 1945), die II. Abteilung im April 1944 in St. Peter Ording bei Husum (KKpt Paffrath, April 1944 - Mai 1945).

Nachrichtentechnik im Rundfunk nach 1945 und Aufbau der Streitkräfte

Die Nachrichtentechnik und Informationstechnik kamen nach Kriegsende in Deutschland zunächst im staatlichen Rundfunk zu den weiteren Fortschritten, da es keine Streitkräfte mehr gab. Die zivile Nutzung für die Information der Bevölkerung war der Nährboden für neue Entwicklungen.

Der staatliche und private Rundfunk ist zuständig für die Verbreitung von Ton- und Bildprogrammen auf draht-losem und leitungsgebundenem Weg (Kabelfernsehen, u.ä.). In seinen Formen als Hörfunk und Fernsehen ist er neben Zeitungen und Zeitschriften eines der wichtigsten Medien zur Information und Meinungsbildung der Bevölkerung. Meinungsbildung kann dabei im positiven (informativen) aber auch im negativen (beeinflussenden) Sinne erfolgen, weshalb in Ländern mit nicht-parlamentarischer Staatsordnung der Rundfunk meist völlig unter staatlicher Kontrolle steht. In parlamentarischen Demokratien haben sich gemischte Rundfunksysteme herausgebildet mit staatlichen und/oder öffentlichen und privaten Hörfunk- und Fernsehorganisationen, denen die sich überschneidenden Funktionen der Information, Mitwirkung an der Meinungsbildung sowie Kontrolle und Kritik zugeordnet werden.

Frequenzbereiche für die Rundfunkprogramme

- Langwelle   150-285 kHz
- Mittelwelle   525-1605 kHz
- Kurzwellen   3,95-26,1 MHz
- Ultrakurzwellen   41-68 MHz (Fernsehband I)
    87,5-100 MHz (Fernsehband II)
    100-108 MHz
    174-230 MHz (Fernsehband III)
    470-790 MHz (Fernsehband IV/V)

Ultrakurzwellen von 100-108 MHz stehen erst seit 1987 für Sender mit geringer technischer Reichweite (z.B. UKW-Hörfunk) zur Verfügung. Die Bandbreite einer Aussendung beträgt im Lang-, Mittel- und Kurzwellenbereich 9 kHz. Im UKW- Hörfunk beträgt die Bandbreite 300 kHz (Frequenzmodulation), beim Fernsehen rund 5 MHz.

Die Bedeutung des Rundfunks auch für das Militär ist schon aus der Geschichte zu erkennen, was auch im Kapitel Informationsoperationen nochmals erläutert wird. Heutige militärische Einsätze im Rahmen der UNO oder auch eines einzelnen Staates sind ohne die Vor- und Nachbereitung der Bevölkerung und ihrer Medienwelt nur schwer vermittelbar.

Noch vor der Kapitulation Deutschlands meldete sich das Radio Hamburg unter dem Allied Military Gouvernment in englischer Sprache wieder auf Sendung und auch Berlin war drei Tage später wieder in deutscher Sprache zu hören. Am 1. Juni 1945 kam Frankfurt dazu und am 3. Juni 1945 war in Stuttgart der Sender in Mühlacker wieder in Betrieb. Bis Jahresende 1945 konnten Koblenz, Freiburg, Dresden, Bremen, Schwerin und Weimar wieder das Sendernetz ergänzen.

Am 25. Dezember 1945 konnte auch der Langwellen-Sender in Königs-Wursterhausen mit einer 5-kW-Anlage wieder sein Programm ausstrahlen. Mitte 1946 durfte in Stuttgart erstmals seit 1939 wieder ein Radioklub gegründet werden und im Juli 1947 fand die erste Kurzwellentagung in der Stadt statt. Der unter den Nationalsozialisten streng kontrollierte Amateurfunk lebte nun auch mit neuen technischen Möglichkeiten wieder auf und so mancher Funkamateur konnte sich durch das ausgediente Kriegsmaterial eine erste Funkstation ergattern.

In Ost- und Westdeutschland wurden anfangs die noch vorhandenen Sendeanlagen genutzt, dann neue und stärkere Sendeanlagen mit teilweise über 1-MW-Sendeleistung aufgebaut. Die erneute Inbetriebnahme von 19 großen Sendeanlagen für die Rundfunkprogramme der Bevölkerung in nur weniger als einem Jahr nach Kriegsende, war vor allem dem Einsatz des technischen Personals der Post und der Unterstützung der Besatzungsmächte zu verdanken. In Österreich entgingen nur zwei Propagandasender der Sprengung beim Rückzug der deutschen Truppen. In Dornbirn und Dodl konnten die Anlagen deshalb unmittelbar nach Kriegsende ebenfalls ihren Betrieb als Rundfunksender wieder aufnehmen.

Sieben noch existierende Senderzüge der "Soldaten-Sender" konnten zusätzlich die räumlichen Lücken in den Rundfunkausstrahlungen füllen und waren bis 1950 im Einsatz. Von August bis Dezember 1945 war z.B. der Soldaten-Sender MARTHA beim Großrundfunk-Sender Langenberg wieder im Einsatz. Nach der Rückgabe an die Deutsche Post erfolgten sein Umbau auf Mittelwelle und dann die Verlegung nach Hannover, erst am 1. Juni 1949 wurde der Senderzug aus dem Rundfunkdienst ganz herausgenommen. Nach Wiederaufbau für Langwelle wurde er jedoch am 25. Oktober 1949 bei der Funksendestelle Mainflingen für kommerzielle Dienste wieder in Betrieb genommen. Er verblieb als einziger der als Soldaten-Sender eingesetzten Funkwagen nach 1949 bei der Deutschen Post.

Die vier Programme aus München, Stuttgart, Frankfurt/Main und Bremen können als Ursprung des föderativen Rundfunksystems der Bundesrepublik Deutschland angesehen werden. Nach der Gründung der Landesrundfunkanstalten schlossen sich diese 1950 zur Arbeitsgemeinschaft der Rundfunkanstalten Deutschland (ARD) zusammen. Die Zahl der Rundfunkhörer betrug damals fast 10 Millionen, womit Westdeutschland wieder an dritter Stelle in der Welt stand. Doch erst 1960 wurde mit der Hörerzahl von 15,9 Millionen die Anzahl von 1945 fast wieder erreicht, während sich nun auch das Fernsehen in den Haushalten etablierte.

Der Versuch von Konrad Adenauer, 1960/61 mit der Deutschland-Fernsehen GmbH ein von der Bundesregierung kontrolliertes zweites deutsches Programm neben der ARD aufzubauen, führte zu einem Eklat. Die Länder wehrten sich gegen die kontrollierte privatrechtliche Fernsehgesellschaft, die am 28. Februar 1961 vom Verfassungsgericht auch für verfassungswidrig erklärt wurde. Diese Vorgänge beschleunigten die Entstehung einer neuen Organisation, das Zweite Deutsche Fernsehen (ZDF) wurde durch den Staatsvertrag am 6. Juni 1961 ins Leben gerufen.

Jahr	Radio	S/W-Fernseher	Farbfernseher	PC/Laptop
1964	17.000.000	8.500.000	0	0
1970	19.000.000	16.000.000	80.000	0
1997	98%	> 1%	80.000.000	30.000
2002	99%	< 1%	99%	30.000.000
2003	< 99%	< 1%	< 99%	> 1 Milliarde

Trotz der hohen Zahl der Rundfunkteilnehmer nach Kriegsende waren die beiden deutschen Staaten bei den Funkkonferenzen in der Zuteilung der Frequenzen von 1948 in Kopenhagen benachteiligt worden, was sich erst nach Einführung des Genfer Lang-/Mittelwellenplans (1974/75) im Jahre 1978 änderte. Gleichzeitig sicherten sich die Besatzungsmächte 1948 wichtige Frequenzbänder in Deutschland. Auch heute ist dieses Frequenz Management für zivile Bereiche ebenso wichtig wie für militärische Einsätze.

In Deutschland waren die Rundfunkanstalten durch die Frequenzeinteilung von Kopenhagen nun gezwungen auf höhere Frequenzen auszuweichen, wobei die deutschen Techniker aus der Not eine Tugend machten, da die Frequenzmodulation hier eine wesentlich bessere Übertragungsqualität sicherte und große Möglichkeiten zur weiteren Entwicklung bot.

Am 28. Februar 1949 wurde der erste europäische Rundfunk-Sender in München eröffnet (Rohde & Schwarz). Der Deutschlandfunk bekam von den Alliierten und der Regierung wieder die Aufgabe übertragen, Rundfunksendungen für die Bevölkerung innerhalb Deutschlands sowie die deutschsprachigen Bevölkerungsgruppen im Ausland zu veranstalten. Er begann am 1. Januar 1962 sein Programm zunächst über den Langwellen-Sender in Hamburg, ab 1. Dezember 1962 über den mobilen 20-kW-Sender Martha in Mainflingen.

Der am 10. März 1967 bei Donebach/Odenwald eingeweihte Sender mit 250 kW erhielt eine aus drei, in einem Dreieck angeordneten, Masten und einer aus dem Mittelmast bestehenden Rundstrahlantenne. Da der rumänische Sender in Brasov mit selbst auf 70 kW reduzierter Leistung noch gestört wurde, musste am 1. Juli 1972 eine Richtantenne installiert werden, welche durch ihre gebündelte Leistung nun einen Empfang von Kopenhagen über Brüssel bis Mailand erlaubte. Als Anfang 1989 ein 500-kW-Sender ergänzend zur Aufrüstung in Donebach (500 kW) dazu kam, wurden sogar Budapest und Florenz erreicht. Für die neue Sendeantenne waren 1982 zwei 360-m-Masten errichtet worden.

Auf Mittelwelle (nur die Frequenz 1.538 kHz war verfügbar) begann der Deutschlandfunk ebenfalls in Mainflingen mit einem provisorischen 50-kW-Sender, der im Dezember 1962 durch einen neuen 300-kW-Sender und 1966 durch einen 700-kW-Sender ersetzt wurde.

Für KW-Sendungen wurde am 1. September 1961 die Sendestelle Jülich mit fünf 100-kW-Sendern und einem 20-kW-Sender mit 24 Dipolwänden der Deutschen Bundespost übergeben. Bis zum Jahre 1968 konnten weitere fünf Sender bereitgestellt werden, wofür die Dipolwände der Antennen auf 31 Meter erhöht wurden. Aus dem Rundfunk wurde die Kurzwelle ab den 60er Jahren durch die Satellitentechnik und in Verbindung mit den Relaisstationen zu den lokalen Sendeanstalten teilweise verdrängt. Zusätzlich konnte auch nicht die Qualität der UKW-Programme erreicht werden. 1976 wurden alle verbliebenen KW-Stationen nach Elmshorn bei Hamburg verlegt.

Am 12. Juni 1972 wurde die neue Sendestelle Wertachtal mit fünf 500-kW-Sendern für die Olympiade eingeweiht, die innerhalb von zwei Jahren auf insgesamt neun Sender erweitert wurde, deren technischen Daten beeindruckend sind. Als Antennen standen 52 Dipolwände, 11 Dipolzellen, 5 logarithmisch-periodische Antennen sowie für die Rundstrahlung 6 quadratische Antennen zur Verfügung, die durch Koaxialkabel mit 24,6 cm Außen- und 9,9 cm Innendurchmesser gespeist werden. Im Jahre 1986 mussten für die Ausstrahlung der Programme der Voice of Amerika weitere fünf Sender errichtet werden. Zusammen mit den bestehenden Relaisstationen in Ostafrika (Kingali/Ruanda), Montserrat/Antigua, Portugal (Sines) und auf Malta reichten die KW-Sendungen um den Erdball, wobei auch Stationen in Amerika und Asien Lücken schlossen.

Neben der technischen Entwicklung beeinflusste auch die organisatorische Veränderung der Rundfunklandschaft die weitere Geschichte in Deutschland. Zu den öffentlich-rechtlichen Programmen entstanden mit Abschluss des Staatsvertrages am 01./03. April 1987 auch private Ausstrahlungen (UKW-Rundfunkplan, Genf 1984), wofür der Begriff Duales Rundfunksystem verwendet wurde. Auf UKW wurde das Autofahrer-Rundfunk-Information System (ARI) mit 57-kHz-Hilfsträger am 25. Juni 1974 eingeführt. Als Nachfolgeverfahren kam am 1. August 1988 das Digitale Radio-Daten-System (RDS). RDS ist durch das modulieren der Seitenbänder außerhalb der ARI-Seitenfrequenz auf dem 57-kHz-Hilfsträger mit den bisherigen Systemen kompatibel. Programme können bei RDS optisch mit Namen und Musikrichtung sowie weiteren Zusatzinformationen angezeigt werden. 1989 wurde das Digitale-Satelliten-Radio (DSR) vorgestellt, welches eine Übertragungsqualität vergleichbar der CD-Wiedergabe erreicht. Um dieses System auch von terrestrischen Sendern nutzen zu können, wurde das Digital-Audio-Broadcasting (DAB) entwickelt. Hier sind Park & Ride-, Verkehrs- und Wetterinformation oder eine Zeitung integriert. Das Gleichwellennetz hierfür ist seit 1995 in Betrieb. Das Autoradio hat sich in Verbindung mit Satellitennavigationstechnik, Mobiltelefon und Internet zu einem Bordcomputer entwickelt, welcher eine ganze Fülle von Informationsangeboten im Fahrzeug gewährleistet.

Die erste Satelliten-Erdfunkstelle wurde im Juli 1985 in Fuchsstadt in Betrieb genommen und in Usingen wurde eine der modernsten und größten Erdfunkstellen Europas aufgebaut. Die Entwicklungen bringen immer neue technische Anlagen für die Rundfunkübertragungen. Im Herbst 1998 wurde der erste von drei Satelliten des amerikanischen Anbieters WorldSpace in den Orbit gebracht, die insgesamt 4,6 Milliarden Menschen mit 288 Radioprogrammen (96 pro Strahlungskeule mit 16 kbps in MPEG-3) versorgen können.

Heute hat die digitale Übertragungstechnik neue Möglichkeiten im Radio und Fernsehen eröffnet, bietet automatisierte Übertragung der Fahrzeugkoordinaten bei Unfällen, Notfällen und Diebstahl. Nachrichteninhalte sind in den Medien nicht mehr allein auf die Nachricht beschränkt, sondern bieten zusätzliche Informationen, doch ein Grundsatz bleibt über die Jahrhunderte in der Nachrichtenübermittlung unangetastet. Der Gesandtschaftssekretär des Herzogs Friedrich III. von Gottorf am Zarenhof, Adam Olearius, übersetzte im 17. Jahrhundert aus dem Golestan des Scheichs Saadi:

"Des Boten Pflicht, ist die Botschaft nur zu bringen".

Es ist das Prinzip der Übermittlung einer Nachricht ohne aktive Einflussnahme oder Verfälschung des Inhalts seitens der Empfänger oder durch Dritte, was für die militärischen Informationen der eigenen Truppe absolut zwingend und lebensnotwendig ist. Der zivile Rundfunk wandelte sich jedoch zu einem interaktiven Dienst, bei dem der Empfänger zu einen gewollt mitgestalten und Einfluss nehmen kann andererseits jedoch in seiner Meinung „gebildet" wird.

Die Deutsche Marine benutzt das Prinzip des Rundfunks unter der in der NATO üblichen Bezeichnung Broadcast (B/C) als Fernmeldeübertragung für die Mitteilungen des Marinehauptquartiers (MHQ) in Glücksburg an alle Einheiten. Heer und Luftwaffe verfahren in gleicher Weise bei Mitteilungen die an alle Truppengattungen und Einheiten übermittelt werden sollen, wobei hier der offene und der verschlüsselte Broadcast verwendet werden kann.

Der militärische Broadcast besteht hauptsächlich aus Fernschreiben mit Befehlen, Wetterdaten und anderen Informationen. Meist stehen mehrere Sender und Frequenzen redundant zur Verfügung. Der HF-Broadcast ist dabei immer noch ein sicheres und auch das klassische Fernmeldemittel zur Führung von weltweit eingesetzten Flotteneinheiten der Marine, auch wenn international Verfahren wie Battle Force E-Mail (BFEM) und Collaboration at Sea (C@S) hier den HF-Funk ergänzen und teilweise auch verdrängen. Der Broadcast wird in der Marine über zwei ON-Line-RATT-Diensten ausgestrahlt, die unterteilt werden nach heimischen und außerheimischen Gewässern.

Der Broadcast für die Überwasserstreitkräfte in einheimischen Gewässern wird in der FMZ-11, für Einheiten in außerheimischen Gewässern in der FMZ-21 betrieben. Die Abstrahlung erfolgt über Hürup, Marlow (Raumwelle), Warnemünde (Bodenwelle) sowie über Neuharlingersiel und Schortens. Mit Einführung des Kommunikationsverbundes ist die Steuerung der Sender von jeder FMZ aus möglich. Außer auf Schiffen und Booten sind mobile HF-Stationen beim Luftlandetransportkommando (Luftlande-Transportstützpunkte), bei der Führungsunterstützungsbrigade 900 und bei den taktischen Verbänden der Teilstreitkräfte sowie bei allen Verbänden, die für Einsätze im Ausland vorgesehen sind, eingesetzt.

Doch auch hier gab es nach 2012 weitere Umstrukturierungen und neue Systeme und Technologien. In der Führungsmitteltechnik der maritimen Dienststellen und Einheiten tritt kein Stillstand ein, ebenso wenig auf dem zivilen Sektor.

Nach dem Kriege kam auch die Entwicklung des Fernseh-Rundfunks sehr schnell voran, da auch die Alliierten neben dem Radio das Fernsehen in den Besatzungszonen nutzen wollten. Die kriegsbedingt beschleunigte technologische Entwicklung hatte Frequenzbereiche bis 220 MHz und Modulationsbandbreiten von mehr als 5 MHz für die Bildinformation, Frequenzmodulation für den Ton sowie die vertikale Bündelung für die Sendeantennen erschlossen. Für den Aufbau des Fernsehens nach 1948 wurde die Zeilenzahl auf 625 (CCIR-Norm) erhöht.

1955 wurde dem TV-Rundfunk die Frequenzbereiche 470-790 MHz zugewiesen und die 80 Fernseh-Sender in Westeuropa erreichen in dieser Zeit bereits ca. 150 Millionen Menschen. Am 31. Dezember 1962 erhielt Walter Bruch das DB-Patent 1.252.731 ("Farbfernseher für ein farbtreues NTSC-System", PAL-Laufzeitdecoder). Vier Jahre danach begann im Jahre 1966 die Umrüstung aller Sender für das Farbfernsehen. Am 25. August 1967 eröffnete Willi Brandt auf der 25. Großen Deutschen Funkausstellung in Berlin die Zeit des Farbfernsehens nach dem PAL-System in der Bundesrepublik Deutschland, die damit zum Vorreiter in Europa wurde (USA seit 1954 mit NTSC).

Die technische Entwicklung brachte qualitativ und quantitativ besseren TV-Rundfunk und 1992 gab es die erste Ausstrahlung von High-Definition-TV (HDTV). Am 9. April 1996 startete die russische Militärrakete Proton mit ihrer ersten zivilen Nutzlast, dem Hughes HS-601-Satelliten, besser bekannt als ASTRA-1F. Ab dem 1. Juni 1996 wurden 56 digitalen Fernsehkanäle in HDTV ausgestrahlt, das auch als Advanced-TV (ATV) bezeichnet wird. ATV benötigt die Algorithmen des MPEG-2 (Motion Picture Expert Group) Datenkompressionsverfahrens für die Extrafunktionen der hochauflösenden Bildübertragung.

Weitere Satelliten wurden z.B. mit TDF-1, TV-SAT-2 oder Kopernikus ins All gebracht. In den USA begannen die ersten Ausstrahlungen mit 1.080 Zeilen im Jahre 1998. Der neue terrestrische TV-Standard für das Fernsehen mit dem Digital Video Broadcasting (DVB) ist das ETS-300-744 (kurz DVB-T). Die European Communication Satellites (ECS) dienen hier der Nachrichtenversorgung in der gesamten Europäischen Union. Dadurch wird die Ausstrahlung von Programmen und Nachrichten in den Sprachen der EU für jedes Land gewährleistet. 2004 wurden erste Programme ausgestrahlt und bis zum Jahr 2010 soll die komplette Umstellung auf digitales Fernsehen in Deutschland durchgeführt sein.

Am 1. Januar 1990 hat die Telekom von der Bundespost die Aufgabe übernommen, die Rundfunksender für private Zwecke zu errichten und zu betreiben. Mitte 1993 waren in den alten Bundesländern mehr als 400 dieser Sender in Betrieb. Am 1. Juli 1990 begann die Zusammenarbeit der Telekom mit der Deutschen Post in der DDR und am 3. Oktober 1990 wurden alle deren technischen Einrichtungen übernommen. Erstmals nach 1945 begannen die traditionsreichen Sendeanlagen in Nauen und Königs-Wusterhausen wieder mit der Ausstrahlung der Deutschen Welle eines vereinten Deutschlands.

Am 1. Februar 1992 begannen die Landesrundfunkanstalten mit ihren Programmen in den neuen Bundesländern, während die ersten privaten Programme ab 1. Juli des Jahres ausgestrahlt wurden. Damit ist auch in den neuen Bundesländern das duale Rundfunksystem eingeführt und die deutsche Rundfunkgeschichte, die wesentlichen Anteil an der technischen Entwicklung der Funktechnik besitzt, wieder zusammengeführt.

Während der Zuschauer auch heute noch oftmals in die Röhre schaut, hat sich auch das Medium Bildschirm gewandelt. Gas-Plasma-Bildschirme (1964, Donald L. Bitzer und Gene Slottow) und High-Gain-Emissive-Displays (HGED) ermöglichen die Bildflächen der nächsten Generation für die Darstellung kombinierter Kommunikations- und Informationsanlagen. Der 1998 auf dem Markt erschienene QFTV (Fujutsu) mit Gas-Plasma-Technologie hatte mit einer Bildschirmdiagonale von 105 cm nur noch eine Dicke von 10 cm. Der Preis lag 1999 aber bei über 20.000 DM für ein derartiges System. Im Miniaturbereich fertigte die Firma Kopin of Tauton (USA) LCD-Farbbildschirme für die Armbanduhr (320-x-240 Pixel), die in ersten Prototyp eines neuen Mobilfunktelefons von Motorola 1998 zum Einsatz kamen. Bei den Feldemissionsanzeigen (FED = Field Emission Display) haben insbesondere die neuen Diamant-FED ein sehr großes Entwicklungs- und Marktpotenzial.

Eine Vielfalt möglicher Anwendungen für optische Anzeigen bieten, organische Substanzen. In einzelnen Farben erreichen, sie ein Vielfaches der flächenbezogenen Leuchtkraft herkömmlicher Bildschirme. Man unterscheidet Licht emittierende Dioden (LED) und organische Licht emittierende Polymere (OLEP). Im Bereich der Simulation und anderen Anwendungen reichen die Möglichkeiten herkömmlicher Displays nicht aus. 2D-Projektionstechniken, die auch mit 3D-Visualisierung (z.B. Shutterbrillen) kombiniert werden können sind hierfür nötig.

Bei den Helmet-Mounted Displays (HMD) oder Head-Up Displays (HUD) projiziert man die Virtual Reality auf kleine, meist sichtfeldabdeckende Bildschirme direkt vor den Augen des Nutzers, bei der Domprojektion auf die Innenseite einer größeren Kuppel. Die Projektion von Bildern auf, die Netzhaut des Auges (VRD = Virtual Retina Display) oder holografische Verfahren zur 3D-Darstellung können mit Lasern (z.B. Crossed-Beam Display (CBD)) durchgeführt werden, während neue flexible Displays selbst in Kleidungsstücken integriert werden können.

Das Verfolgen der Augenbewegungen (Eye Movement Tracking) ist eine weitere Möglichkeit Kameras zu steuern und Bilder zu übertragen. Bei Notebooks, Datenbanken und Mobilfunktelefonen wird die Größe meist nur noch durch die Tastatur oder die gewünschten technischen Anwendungen bestimmt. Die Tastaturen und Bildschirme werden teilweise verschwinden, wenn die Spracherkennung für die Bedienung sowie Ein- und Ausgabe bzw. die dafür verwendete Software leistungsfähig genug ist und im Gerät integriert werden kann.

Im kommerziellen Bereich leitet die Zukunft der digitalen Übertragungen bei Fernsehen und Radio auf, höchster Wiedergabequalität, maximalem Komfort und einfacher Bedienerführung den Rundfunkteilnehmer hin zu einem interaktiven Medium. Die Informationstechnologie vereint den Fernseher, das Radio, die Stereoanlage, das Telefon, das Mobiltelefon, das Internet, das Faxgerät, den Kopierer, die Kamera u.v.a. zu einer einzigen Multimedia-Kommunikationsanlage.

Nachrichtenorganisation in der Marine/Bundeswehr

Der 2. Weltkrieg brachte viele neue Entwicklungen und Technologien. Die Serienfertigung der Anlagen in den Bereichen Sonar, Radar, Funknavigation, Funksteuerung wurde aufgenommen und die Grundlagen für die Computer, Flugkörpertechnik (FK) und somit auch die Satellitentechnik gelegt. Die Pionierfirmen der Funktechnik wuchsen zu Marktführern und neue Branchen entstanden, wenn auch die deutschen Firmen hier zunächst durch das Kriegsende im Nachteil waren und die meisten ihrer Patente verloren. Die auf den Krieg ausgelegte deutsche Industrie brachte Modernisierung in alle Bereiche der Wehrmacht, deren technische Überlegenheit zu Beginn des Krieges sichtbar wurde, als die unvorbereiteten Gegner teilweise noch auf die Geräte aus dem 1. Weltkrieges zurückgreifen mussten.

Unverständnis für die neuen Technologien, unterlassene Unterstützung der wichtigen Forschungsgebiete, Zersplitterung der Ressourcen und eine Vernachlässigung der Standardisierung der Anlagen und Bauteile durch gegenläufige Interessen und Sicherung der Macht der einzelnen Führer des Heeres, der Luftwaffe und der Marine gegenüber Hitler machten den Vorteil der technischen Vorteile zunichte. Der massive Einsatz aller Ressourcen und der Leben der einfachen Soldaten konnte bis zum Ende teilweise noch die alliierte Übermacht zeitweise ausgleichen, nach dem Zusammenbruch Deutschlands galt das vorrangige Interesse aller Gewinner des Krieges der deutschen Rüstung und Forschung, eben den Produkten und ihrer praktischen Anwendungen in der Wehrmacht, die im Einsatz überzeugt hatten. Den Forscher und Militärs die diese Einsätze ermöglicht und durchgeführt hatten, wurden der Weg in die amerikanischen und sowjetischen Forschungsanstalten und Militärakademien gewährt, das Leben des einfachen Soldaten war hingegen von geringem Wert.

Der Schub für den Fortschritt auf vielen Gebieten durch die mobilisierten Kräfte der Industrien aller Nationen zeigte sich nach 1945 in vielen neuen Anwendungen für die zivilen Bereiche. Allen voran ermöglichte die neue Computertechnologie die großen Fortschritte in der Flugkörper- und Satellitentechnik, schuf die Basis für die Satellitenkommunikation und Lasertechnik. Die gesamte Funk- und Nachrichtentechnik sowie alle Bereiche unseres Lebens wurden nachhaltig beeinflusst und vereinen sich heute in den Softwareentwicklungen der Computer und in Netzwerken für kommerzielle und militärische Nutzungen.

Die Schlagkraft und Wirksamkeit moderner Armeen hängt mehr denn je von Führungs- und Waffeneinsatzsystemen ab, eine Unterlassung der Modernisierung und Standardisierung der nationalen Streitkräfte gefährdet das Leben jedes einzelnen Soldaten im Einsatz vorsätzlich. Die Bereitstellung der Mittel für die modernen Streitkräfte und ihre Ausrüstung liegt in den Demokratien in den Händen der Politiker, die auch die Verantwortung für die Einsätze tragen.

Bis 1945 war die Militärtechnik den zivilen Produkten um etwa 10 Jahre voraus. Dies hat sich heute umgekehrt, da die Forschungsentwicklung hauptsächlich auf zivilem Sektor bei den Firmen und Softwareindustrien stattfindet. Die Neueinführung von Systemen ist oft mit immensem Kostenaufwand verbunden und es setzte sich bei den Beschaffungen von Wehrmaterial immer mehr die Tendenz zum Kauf von Produkten durch, die auf dem zivilen Markt bereits existieren und sich bewährt haben (COTS, Commercial-Off-The-Shelf). Dadurch können Entwicklungskosten gespart und Versorgungsprobleme aufgrund Standardisierung umgangen werden.

Die Streitkräfte der Bundesrepublik Deutschland sind durch politische, wirtschaftliche und militärische Veränderungen zur Wandlung gezwungen. Diese Veränderungen übertragen sich auch in den technischen Bereich und vor allem in die Informationstechnik. Deshalb müssen die Voraussetzungen der militärischen Strukturen und der Technik beachtet werden. Eine der wichtigsten Neuerungen nach 1945 ist in der Bundeswehr die Schaffung eines zentralen militärischen Dienstes, der am 17. Januar 2002 aufgestellten Streitkräftebasis (SKB, erster Inspekteur war Vizeadmiral Bernd Heise). Nachgeordnet wurde das Streitkräfteunterstützungskommando (SKUKdo) in Köln-Porz-Wahnheide.

Das SKUKdo hat innerhalb der SKB für die Aufgabenbereiche Logistik, ABC-Abwehr/Schutzaufgaben, Feldjägerwesen und die Führungsunterstützung streitkraftgemeinsame Verantwortung übertragen bekommen. Zur Durchführung der Aufgaben in der Führungsunterstützung stehen insgesamt mehr als 470 Dienststellen und Fernmeldeanlagen zur Verfügung. Die stationären Führungsunterstützungskräfte umfassen 45 feste Fernmeldezentren, 384 Fernmeldeanlagen und 226 fernmeldetechnische

Instandhaltungstrupps. Die mobilen Führungsunterstützungskräfte haben im Schwerpunkt die Verantwortung für die satellitengestützte Führungsunterstützung und werden bei Erreichen der Zielstruktur im Jahre 2006 von etwa 3.600 Soldaten betrieben.

Allein das Leistungsspektrum im Jahre 2003 erforderte den Betrieb und Unterhaltung von mehr als 300.000 Fernsprechanschlüssen (> 70% digital), über 4.000 Mobilfunktelefonen, die Fernschreibnetze in nahezu allen bedeutenden Liegenschaften und 50% der Zugänge zum Rechner-Rechner-Verbund in den Liegenschaften. Im Führungsregiment 38 wurde mit dem Fernmeldebataillon 383 im Dezember 2002 in der Erfurter Henne-Kaserne eine der modernsten Truppenelemente von dem Oberst Theodor Winkelmann in Dienst gestellt. Von der Satellitenkommunikation über die digitalen Richtfunksysteme bis hin zu den HF-Datenfunkanlagen und dem neuen Mobilfunksystem TETRAPOL untersteht dem Bataillon die modernste Fernmeldetechnik. Das Fernmeldebataillon 383 wird über eine Gesamtstärke von 480 Soldaten verfügen.

Die Streitkräftebasis und das Streitkräfteunterstützungskommando werden also nach 50 Jahren in der Bundeswehr eine neue Organisation mit zentralen Aufgaben übernommen haben. Die Soldaten der SKB werden jedoch aus Heer, Luftwaffe und Marine rekrutiert, sodass Fach- und Teilstreitkraftkompetenzen vereint werden können.

Die gemeinsam oder in ähnlicher Weise benötigten Funktionen und Bereiche in einem zentralen militärischen Dienst zusammenzufassen, hat teilweise finanzielle und personelle Vorteile. Greifen die zentralen Dienste aber in teilstreitkraftspezifische Bereiche ein, kann ein ebenso Nachteil entstehen. Die über Jahrzehnte in den deutschen Streitkräften auf die jeweiligen Erfordernisse verfeinerten Verfahren und gemachten Erfahrungen dürfen nicht verloren gehen. Auch darf ein Blick zurückgeworfen werden, denn gerade die zentralen Dienste wurden beim Aufbau der Wehrmacht sehr begrenzt gehalten und den Teilstreitkräften eigenständige Ausbildung und Forschung zugestanden.

Was in der totalitären Zeit des Dritten Reiches in zu eigenständigen Streitkräften endete, wurde beim Aufbau der Bundeswehr vermieden und es gab immer Schnittpunkte, wenn auch keinen zentralen militärischen Dienst an sich. Die neuen Aufgaben und die Transformation der Streitkräfte aller Nationen erfordern eine differenzierte Betrachtung. Die Zentralen Dienste des Militärs im Heimatland und zur Unterstützung unterscheiden sich von militärischen Einsatzverbänden. NATO Rapid Reaction Forces oder andere internationale Eingreiftruppen müssen relativ autark und damit unabhängig von zentralisierten Diensten operieren können, schnell einsatzbereit sein und modernste Ausrüstung besitzen, gleichzeitig müssen sie aber im Führungsnetzwerk eng eingebunden sein.

Die Gesamtheit der heutigen IT-Anlagen dient heute der Unterstützung der Führung, der administrativen Aufgaben, bis hin zur Ausbildung, Waffeneinsatzsystemen und der Medizin, umfasst heute im Wesentlichen die folgenden Komponenten:

- Kommunikationssysteme
- Führungsinformationssysteme
- Fachinformationssysteme
- Bürokommunikationssysteme
- Waffensysteme
- Waffeneinsatzsysteme
- Simulations- und Übungsanlagen
- Aus- und Weiterbildung
- Medizin

Einerseits gibt es Schnittmengen aus den Begriffen und Systemen und ferner werden durch diese umfassende Begriffsbestimmung auch Themengebiete in den Fernmeldebereich mit einbezogen, die zuvor gar nicht oder nur bedingt dazugezählt wurden. Die Kommunikationsmittel sind im Verbund der gesamten Führungs- und Informationsmittel zu sehen, was eine Integration der Komponenten Ortung, Fernmeldewesen, Datenverarbeitung, Feuerleitung und Waffen beinhaltet. Ziel ist prinzipiell die Möglichkeit jedes Gerät, an jeder Anlage und über jedes Medium nutzen zu können, wovon die Realität jedoch weit entfernt ist. Auch in Zukunft wird es ein unerreichtes Ideal bleiben, aber knappe Finanzen und internationale Einsätze zwingen immer mehr zur Einhaltung von Standards und der Beachtung der Interoperabilität der Systeme.

Die Anfänge der militärischen Fernmeldenetze von 1956 wandelten sich über das Bundeswehrgrundnetz zum Rechnerverbund der Bundeswehr. Das WAN der Bundeswehr steht auf der Basis und in Verbindung des ISDNBw (Integrated Services Digital Network der Bundeswehr) sowie InFmSysBw (Integriertes Fernmeldesystem der Bundeswehr) in dem auch z.B. der Rechnerverbund der Rechenzentren der Bundeswehr (RzBw) durch das IT-Grundnetz integriert wird. Die Rechenzentren der Bundeswehr werden in naher Zukunft vermutlich auf ein paar wenige (Wilhelmshaven, Bonn, Bad Neuenahr...) reduziert, mit einem Hauptknoten im Rechenzentrum in Straußberg.

Das Grundnetz hatte 2002 über 1.500 Nutzer und der einheitliche Betrieb der Fernmeldetechnik in Verbindung mit FDV erfolgt nun durch das IT-Zentrum BMVg (ITZ). Das WAN ist nicht als Ersatz aller herkömmlichen Nachrichtenverbindungen, sondern als Ergänzung und Erweiterung der bisherigen Fernmeldemittel Fernmeldesystem der Bundeswehr, wie dem AUTOKO des Heeres, dem AutoFüFmN der Luftwaffe oder auch dem Takt-RiFuN des Flottenkommandos mit den Funknetzen des MHQ innerhalb der Fernmeldesysteme der Marine. Fast 20 Jahre später hat das WAN und die digitale Kommunikationstechnik nahezu alle obsoleten Kommunikationssysteme ersetzt.

Grundlage der militärischen Nachrichtenübermittlung war die Vernetzung der Streitkräfte mit Behörden, Institutionen bis hin zum kommerziellen Internet durch das Führungsinformationssystem RUBIN. Hier sollen alle Daten der Teilstreitkräfte ausgetauscht und auch an Partnerstaaten weitergeleitet werden, womit die Interoperabilität der Fernmeldenetze der Bundeswehr sichergestellt werden soll. Der Meldungsaustausch mit Spruchtextformaten erfolgt u.a. mit AMH (Automated Message Handling). Ende der 90er Jahre war das Projekt quasi am Ende, als plötzlich wieder neue Gelder neues Leben in das System brachten.

Das Automatische Korpsstammnetz 90 (AUTOKO 90) bildet mit dem Drahtlosen Wählnetz (DWN) und dem Breitbandigen integrierten Gefechtsstandfernmeldenetz (BIGSTAF) die Grundlage des Heeres-Führungsinformationssystemes für die rechnergestützte Operationsführung in Stäben (HEROS-3).

Das Automatische Führungsfernmeldenetz der Luftwaffe (AutoFüMNLw, EIFEL) ist das Datentransportnetz (DTN) der Luftwaffe und das Taktische Richtfunknetz des Flottenkommandos (TRF) dient der Marine. Eingeschlossen werden sollten außerdem das Militärische Nachrichtenwesen der Bundeswehr, das System JASMIN, VERIS (Verifikation von Rüstungskontrollmaßnahmen, ZVBw) und der Organisationsbereiche der NATO ACE ACCIS im EUROCOM-Standard. So waren zumindest die Planungen.

Erst 1994 war das Führungsinformationssystem des Heeres für die rechnergestützte Operationsführung in Stäben (HEROS 2/1, 1. Los) bei den Krisenreaktionskräften eingeführt worden. Ende 2000 wurde HEROS 2/1 (2. Los) bei den Stäben in Straßburg und Münster eingeführt, die Entwicklung der Einzelvorhaben HEROS 2/1, Gefechtsfeldführungs- und Waffeneinsatzsystem Heer aber gestoppt, um diese zusammengeführt in dem Integrierten Führungs- und Informationssystem Heer zu entwickeln.

Durch die geplante Abgabe von bisher durch die Bundeswehr geleisteten Diensten in den kommerziellen Bereich sind viele Vorhaben im Bereich der IT zum Stillstand gekommen, auch das Projekt Herkules (das IT-Out-Sourcing der Bw) kämpfte mit Problemen. Schließlich übernahm die Bunderwehr Informationstechnik

(BWI) als neue Organisation die IT-Dienstleistungen, während die eingestuften Systeme weiterhin durch die Bundeswehr selbst betreut werden. Dies könnte sich nach 2018 wieder ändern nachdem der Bund die Leistungen der BWI wieder als Organisation übernommen hat.

Die militärischen Netze AFDNBw (Automatisiertes Fernschreib- und Datenübertragungsnetz der Bundeswehr) und ISDNBw können über 64-kbit-Modem in andere Systeme integriert werden. Das ISDNBw ermöglicht den weiteren Informationsaustausch über die unformatierte, dokumentierte elektronische Post (Lotus Notes Mail und X.400), Fernschreiben, Telefax, Telex oder T-ONLINE. Ferner ist über Sicherheitsgateway-Rechner (in Straußberg) der Zugang zu weiteren öffentlichen Netzen und somit also auch zu weiteren LAN und WAN gewährleistet und gleichzeitig das unbefugte Eindringen in die Bw-Systeme verhindert.

Das hierarchische Netzwerk der Bundeswehr mit Client-Server-Architektur besteht aus einem doppelt ausgelegten Hochgeschwindigkeitsnetz ("Backbone") auf FDDI-Basis (Fiber Distributed Data Interface) und daran angeschlossenen Teilnetzen auf Ethernet-Basis. Das Netz kann Spezialfunktionen wie z.B. Lage-Arbeitsplatz mit xIRIS-Programm, Datenbankfunktionen unter ACCESS, Projektplanung unter MS-Projekt, Layout unter COREL DRAW oder Anbindung von FachInfoSys (Rumba) und andere verbinden. Probleme bereiten aber die vielen unterschiedlichen Softwareanwendungen, die Serverstruktur und das dadurch ständig wachsende Datenvolumen in den ebenso unterschiedlichen Netzstrukturen.

In der Bundeswehr vollzog sich die Wandlung zu einer integrierten DV-Landschaft von Fachinformationssystemen zu einem logistischen und administrativen Bereich auf Basis einer Standardanwendungssoftware Produktfamilie (SASPF) mittels SAP (Systeme, Anwendungen, Produkte in der Datenverarbeitung, was auch Voraussetzung für die finanzierbare Erhaltung der IT-Unterstützung schaffen sollte. Doch erst mit leistungsfähigen Fernmeldenetzen kann die IT die heute notwendige Effektivität der Führungs- und Informationssysteme und ihre Vernetzung gewährleisten und die effektive Nutzung der Datenbanken überhaupt erst ermöglichen.

Führungs- und Informationssysteme (FüInfoSys) gab es in Ansätzen schon seit 1914, aber erst mit der IT nach 1945 waren eine richtige Umsetzung der FüInfoSys möglich, welche dann auch den Stellenwert von Panzerung, Bewaffnung und Tonnage bei den Waffenträgern und ihre Kampfkraft schnell relativierten. Ein ungenügendes Lagebild der Führer an Bord und an Land, ungelöste Fragen der Führungsstruktur und eklatante Missgriffe bei der Nutzung der vorhandenen Führungsmittel, machten in der deutschen Geschichte z.B. schon den Kampfwert des Schlachtschiffes Bismarck irrelevant - das für seine Zeit leistungsfähigste Waffeneinsatzsystem wurde als Einzelfahrer an der Achillesferse getroffen.

Im Rahmen der internationalen Konfliktbewältigung können Operationen sowohl auf hoher See als auch in der Nähe von Küsten erfolgen. Autonom operierende U-Boote sind in besonderem Maße auf die Fähigkeit angewiesen, eigenständig ein taktisches Lagebild aus den Datenmengen der an Zahl und Empfindlichkeit zunehmenden Sensoren zu generieren, aber auch alle anderen Einheiten müssen als Teil im gesamten System eingebunden sein. Die Waffen sind durch höhere Reichweiten und unterschiedliche Einsatzoptionen heute komplexer und effektiver. Verteidigungsmaßnahmen gegen Torpedoangriffe wie passive Täuschkörper, aktive Torpedobekämpfung und Ausweichmanöver müssen koordiniert werden. Hochgeschwindigkeitstorpedos und Flugkörper im mehrfachen Überschallbereich lassen zwischen Entdeckung und Bekämpfung für menschliche Entscheidungen heute kaum mehr Spielräume.

Die Führungs- und Waffeneinsatzsysteme (FüWES) sind als integrierte Systeme und als Verbund aller Sensoren und Waffen überlebenswichtige Elemente, um der Vielzahl der Bedrohungskomponenten effektiv und schnell begegnen zu können. Da sie primär dem Waffeneinsatz dienen, unterscheidet man zusätzlich noch Führungsunterstützungssysteme (FüUstgS), welche die Führung und den Kräfteansatz von Verbänden und Einheiten gewährleisten. Da die Informationstechnologie immer mehr Sensoren und Effektoren in den Führungsprozess einbinden kann, entstehen kombinierte und noch komplexere Führungsunterstützungs-

und Waffeneinsatzsysteme (FüUstgWES). In der NATO finden sich derartige Systeme z.B. unter dem Begriff C4ISTAR (Command, Control, Communications, Computers, Intelligence, Surveillance, Target Acquisition and Reconaissance).

Immer wieder müssen die FüWES an die veränderten Situationen angepasst werden. Die Kamikazeangriffe der Japaner brachten beispielsweise das ausgeklügelte amerikanische Luftabwehrsystem mit Sektoreneinteilung für jedes Schiff im Verband, durch den notwendigen massiven Funkverkehr an den Rand der Leistungsfähigkeit, wodurch sich die einzelnen Piloten erfolgreich mit ihrem Flugzeug auf die Schiffe stürzen konnten. Norbert Wiener erforschte deshalb bereits während des 2. Weltkrieges die Automatisierung der Feuerleitung aller Waffen. Der Dipl.-Ing. Brandt vermerkte in seinem Vortrag zur Arbeitsgemeinschaft des "Rotterdam"-Gerätes, dass die Technik des Funkmessdienstes und der Funkmessbeobachtung in Verbindung mit den benachbarten Techniken zu bringen sei, denn nur die Kombination der Techniken werde die entscheidenden Vorteile bringen.

Der Grundgedanke der Führungs- und Waffeneinsatzsysteme (FüWES) war geboren, aber erst mit der Halbleitertechnik war man in der Lage auch die notwendigen Radarbilder aller Schiffe zur Basis eines FüWES über automatisierte Fernmeldeverbindungen (Link-11) zu verbinden, um auch komplexe Abwehrmaßnahmen koordinieren zu können. Der Führungsstab der Marine begann sich 1963 an der NATO-Entwicklung eines FüWES zu beteiligen, welches sich aus dem Naval Tactical Data System (NTDS) der US-Marine ableitete. Die Deutsche Marine hatte damals durch die schnelle Einführung weltweit das erste einsatzfähige FüWES, welches das Lagebilder direkt in das Führungsinformationssystem (FüInfoSys) im MHQ mit dem operativen Anteil (Maritime Operation Center, MOC) einspeisen konnte.

Das FüInfoSys MHQ und die dazugehörige Fernmeldezentrale (FMZ 11) sind seit 1985 in Betrieb, beruhen aber grundsätzlich auf Forderungen von 1967. Die danach eingerichteten FüInfoSys der Marinefliegergeschwader 2 und 3 (MFGG, heute nicht mehr aktiv) und die 1998 aufgebaute FMZ 21 basieren ebenfalls auf dem Prinzip der Großrechner. Mit diesen Systemen konnten jedoch keine Online-Verbindungen zu nationalen Führungskommandos oder auch den Hauptquartieren der NATO oder anderer Nationen hergestellt werden. Der Informationsaustausch war hier auf das Fernschreibprotokoll beschränkt und das Großrechnerprinzip ist heute durch Client-Server-Lösungen überholt.

1996 wurde erstmals das Maritime Command and Control Information System (1984 JOTS, 1992 OSS, 1994 Alpha CCIS, 1995 JMCIS (See) und NACCIS (Land) = 1997 MCCIS) des SACLANT als nationale Schnittstelle im MHQ installiert. Im Jahr 1998 wurde es im Rahmen der Übung STRONG RESOLVE 98 um das amerikanische Joint Maritime Command and Control Information System (JMCIS) erweitert, welches in einer neuen Version als maritimer Anteil des Global Command and Control System (GCCS) der amerikanischen Streitkräfte dient. Gleichfalls wurden für dieses Manöver die nationalen HQ in Glücksburg, Dänemark Norwegen und den Niederlanden an das NATO Initial Data Transfer System (NIDTS) angeschlossen und 1999 der NATO-MCCIS-Anteil angeschlossen, der die NATO-Lage als Recognised Maritime Picture (RMP) getrennt von der eigenen nationalen Lage bereitstellt. Auf Basis der NATO-Systemarchitektur wird mit moderner IT die Harmonisierung der nationalen FüInfoSys und NATO-Schnittstellen vorangetrieben.

Das MCCIS hatte sich zum FüInfoSys der NATO entwickelt und auch das MHQ in Glücksburg stützte sich lange alleinig auf dieses System. Es besteht faktisch aus mehreren kommerziellen Einzelprodukten und wird von der NATO zu einer Office Suite for Maritime Headquarters integriert. Automatische Lagebilderstellung, maritime Fachbereichsfunktionen und vor allem die Möglichkeiten zur Vernetzung innerhalb der NATO sowie in den einzelnen Nationen und die Möglichkeiten im Einsatz an Bord von Flugzeugen und Schiffen stellen große Mengen von Informationen zur Verfügung. Für kleinere Einheiten gibt es eine abgespeckte Variante C2PC (Command and Control Personal Computer), das scherzhaft auch als "MCCIS für Arme" bezeichnet wird. Da die Software auf dem OS HP-UNIX basiert und die gesamte Hardwareplattform veraltet ist und kein Ersatz mehr beschafft werden konnte gab es Lebensverlängerungsmaßnahmen. In der NATO soll unter dem Projekt TRITON der Nachfolger eingeführt werden während die Deutsche Marine ebenfalls nach einem Ersatz sucht.

Die Deutsche Marine mit den Marinefliegergeschwadern auf Basis des FüInfoSys Air Command and Control System (ACCS) in die NATO-weite Luftverteidigung eingebunden. Die Marinefliegergeschwader werden mit den Funktionalitäten von Squadron Operation Center (SQOC) und Wing Operation Center (WOC) ausgestattet, die auch von der Luftwaffe übernommen werden. C@S erweitert die Verbindungsmöglichkeiten in das CENTRIX-System der amerikanischen Streitkräfte.

Die FüInfoSys dienen Unterstützung des militärischen Führungsvorganges in der Lagebeurteilung, Planung, Befehlsgebung und Kontrolle und bieten die Möglichkeit des direkten Verkehrs über mehrere Führungsebenen hinweg. Höhere Kommandobehörden haben damit auch die Möglich-keit weit nach unten detailliert zu führen. Dabei handelt es sich in der Regel um landgestützte autarke Systeme mit speziellen Aufgaben, beispielsweise das MHQ in Glücksburg. Die vernetzten Systeme ermöglichen einen erweiterten Informationszugang und Meinungsaustausch über Internet oder in einem davon abgetrennten Intranet. Ein vernetztes System von FüInfoSys und FüWES fordern technologische Weiterentwicklungen, sind aber die Zukunft des militärischen Führungswesens. Die FüInfoSys werden durch die Integration von Sensoren für die Lagefeststellung sowie Effektoren für die Entscheidung über Führungs- und Waffeneinsatzsysteme erweitert. Die Konzeption von FüWES an Bord von Kriegsschiffen vollzieht sich vom Zentralen Rechnerbereich (ZRB) zu dezentralen Systemen.

Auf den Einheiten der Marine wurden Anlagen zur Informationsgewinnung in zentralen Rechnersystemen verbunden. Es ist das System zur Auswertung taktischer Informationen auf Rechnerschiffen (SATIR) auf Fregatten und Zerstörern sowie entsprechend das Automatisierte Gefechtsinformationssystem (AGIS) auf Schnellbooten der Klasse 143/143A. Die FüWES AGIS S-143/143A wurden mit erweiterter Rechnerkapazität zum offenen System AGIS 2000 zusammengefasst.

SATIR hielt 1969 ursprünglich mit der Übergabe der Zerstörern Z103 als Waffenkontrollsystem NTDS seinen Einzug in die Marine. Deutschland entwickelte es zum Führungs- und Waffeneinsatzsystem SATIR 103, Frankreich parallel dazu zum eigenen SENIT 2. 1984 wurde das System modifiziert zum SATIR 103B und auch für die Fregatten der Klasse F-122 angepasst (1982), während für die Klassen F-123 und -124 ein komplett neues SATIR entwickelt wurde. Diese Systeme verbinden die Sensoren der Schiffe und Waffen, während über Datenfunk weitere Sensoren und Waffenträger und auch IFF integriert werden können. Ein derartig vernetzter Schiffsverband stellt ein geschlossenes Angriffs- und Verteidigungssystem dar, das vielfältigen Bedrohungen gewachsen ist. Die Modernisierung und Anpassung an andere moderne Systeme ist durch die Vorhaben SATIR 2000 und AGIS 2000 gewährleistet. Auf der Fregatte Klasse 124 wurde das Combat Direction System (CDS) und das Command and Control Information System (CCIS) zu einem gemeinsamen Netzwerk zusammengefasst.

Die Fregatten der WÜRTTEMBERG-Klasse (F-125) als auch das Mehrzweckkampfschiff 180 (MKS-180) versuchen über größtmögliche Flexibilität und Modularität in den Waffen- und Führungssystemen den heutigen Anforderungen gerecht zu werden, was sich auch in den Baukosten niederschlägt.

Mit dem Schnellboot FALKE (S-143) kam 1976 ein in der Hard- und Software unterschiedliches System, welches mit Zulauf der Klasse S-143A 1982 modifiziert wurde. Zusätzlich wurde 1981 das Passiv-Aktiv-Link-System (PALIS) integriert, das auch z.B. auf Minensuchern Verwendung findet. Über Link-11 findet ein Datenaustausch mit dem SATIR statt. Ein einzelnes Schiff mit aktiven Sensoren kann im System des Rechnerverbundes und der Link-11-Verbindungen somit ein Ziel bekämpfen, welches weit außerhalb seiner, dafür aber innerhalb der Reichweite der Waffensysteme eines elektronisch passiven Schiffes/Bootes im Verband liegt. Auch die Schnellboote der Marine sind heute Geschichte.

MCCIS wurde zunächst auf den als Führungsschiffen vorgesehenen Fregatten BAYERN und SCHLESWIG-HOLSTEIN eingerüstet, doch weitere Einheiten und eine angepasste Ausrüstung der Fregatten Klasse 122 und 123 sowie der Tender Klasse 404 sollte folgen. Das Einsatzführungskommando in Potsdam ist für die Führung deutscher See- und Luftstreitkräfte ebenfalls mit MCCIS ausgestattet. Doch die Vielzahl der Systeme bedeutet nicht automatisch auch nationale oder gar internationale Interoperabilität.

Das Kommando Marine Führungssysteme (KdoMFüSys) in Wilhelmshaven dient mit seinen etwa 350 Mitarbeitern der Gestaltung und Pflege der komplexen Einsatzführungssysteme der Marine. 1967 begann das KdoMFüSys mit lediglich einem Einsatzführungssystem und drei Systemeinheiten, während nach 35 Jahren rund 45 verschiedene Einsatzführungssysteme auf über 80 Systemeinheiten bearbeitet werden müssen. Softwarepflege und -Änderungen für FüWES der Fregatten F-122/123/124, der U-Boote U-206A, der Schnellboote Kl-143/143A/148 und der Minensuchboote Kl-343 sowie der zukünftigen Korvette Kl-130 und der Studie F-125 werden hier durchgeführt. Hohe Kosten zwangen zur Konzentration der Aufgaben und so wurde auch hier neu strukturiert.

Alte Struktur Kommando Marine Führungssysteme

- Fachgruppe I   Planung und Unterstützung von FüWES
- Fachgruppe II   DV-Organisation und Programmierung
- Fachgruppe III   Rechenzentrum und Referenzanlagen
- Fachgruppe IV   Lehrgruppe

Neue Struktur Kommando Marine Führungssysteme bis 2012
- Stab
- Sachgebiet Qualitätsmanagement
- Sachgebiet Ressourcen Management
- WZ Einsatzunterstützung F124/K130
- Fachgruppe Einsatzführungssysteme
- Fachgruppe Rechenzentrum und Referenzanlagen
- Lehrgruppe

Zu den Führungssystemen zählen außer MCCIS auch das Battle Force E-Mail (BFEM) und das auf LotusNotes basierende System Collaboration at Sea (C@S), da diese Verfahren in der US-Marine verwendet werden. Ist eine Nation nicht bereit auf die neuen Fernmeldeverfahren der USA umzurüsten, sind gemeinsame maritime Operationen mit der Seemacht fernmeldetechnisch sehr problematisch.

Die FüWES/FüInfoSys müssen schnelle und effektive Informationsübermittlung innerhalb der Flotte und der Bundeswehr gewährleisten. Dies geht von den LANs der Liegenschaften, über das Intranet der Bundeswehr (IntraNetBw) als WAN, bis hin zum Verbund der Informationssysteme und zum Einsatz der Effektoren. Hierbei besitzen die Glasfasertechnologie und die Interoperabilität der Funknachrichtenmittel die Schlüsselrollen.

Die heutige Fernmeldeorganisation der Deutschen Marine ist um die neuen Kommunikationstechniken ergänzt worden, muss sich aber stetig der rasanten Entwicklung anpassen, um die Leistungsfähigkeit beizubehalten und mit anderen Streitkräften kompatibel zu werden bzw. zu bleiben.

Die Flottille der Marineführungsdienste (teilweise auch als Marineführungsdienstflottille bezeichnet) stellten die Information und Kommunikation in der Deutschen Marine und deren Anbindung an die anderen Teilstreitkräfte und die NATO sowie andere militärische und zivile Organisationen/Bereiche sicher. Als im März 1956 das "Kommando der Flottenbasis" in Wilhelmshaven aufgestellt wurde, hatte es als Vorläufer des Marineunterstützungskommandos auch die Zuständigkeit für das Fernmeldewesen erhalten.

Marinefernmeldekommando bis Flottille der Marineführungsdienste
- Kommando Marineausbildung
- Marinefernmeldekommando
- Kapitän zur See Stöve   1957 - 1962

Mit dem Aufstellungsbefehl Nr. 33 (Marine, vom 4. Juni 1956) wurde damals die 1. Marinefernmeldeabteilung (Marinefernmeldeabschnitt Ostsee) als Vorgänger des Marinefernmeldeabschnitt 1 ins Leben gerufen. Dessen Geschichte wird im Themengebiet der Aufklärung und Elektronischen Kampfführung nach 1945 mit beschrieben.

Die Aufgaben der Betreuung und Bereitstellung der Nachrichtensysteme der Marine wurden 1957 aus dem Bereich der Marineausbildung herausgelöst und im Marinefernmeldekommando zusammengefasst. In der Entstehung wechselten die Unterstellungen und auch die Bezeichnungen der mit der Sicherstellung der Kommunikation beauftragten Dienststellen.

Zentrales Marinekommando

Kommando des Marineführungsdienstes
- Kapitän zur See Stöve   1962 - 1964
- Kapitän zur See Meyering   1964 -
- Marineamt:

Admiral des Führungsdienstes
- Kapitän zur See Meyering   -/-   - 1971
- Kapitän zur See Eggers   1971 - 1972
- Kapitän zur See Trummel   1972 - 1974

Marineführungsdienstkommando
- Kapitän zur See Künzel   1974 - 1977
- Kapitän zur See Gaude   1977 - 1982
- Kapitän zur See Tetzlaff   1982 - 1986
- Kapitän zur See Janke   1986 - 1987
- Kapitän zur See Kopf   1978 - 1989
- Kapitän zur See Noblé   1989 - 1992
- Kapitän zur See von der Goltz   1992 - 1994

Im Rahmen der Neugliederung der Teilstreitkraft Marine wurde am 1. Oktober 1974 das Marineführungsdienstkommando aufgestellt, das seinen Sitz in Kiel, Feldstraße 213, erhielt und dem alle an Land stationierten Fernmelde- und Ortungseinheiten sowie deren Einrichtungen unterstellt wurden. Bis dahin waren die landgebundenen Fernmeldeeinheiten und die landgebundene FmElo-Aufklärung dem Marineabschnittskommando Ostsee bzw. Marineabschnittskommando Nordsee unterstellt. Dem Befehlshaber der Flotte wurden damit die Marinefernmeldeabschnitte 1 und 2 sowie der Marinefernmeldestab 70 direkt zur Verfügung gestellt.

Am 1. April 1995 wurde das Marineführungsdienstkommando umbenannt in Flottille der Marineführungsdienste (MFüDstFltl). Der Auftrag war die Sicherstellung der Führungsfähigkeit des Befehlshabers der Flotte durch landgebundene Nachrichtenmittel. Zur Verfügung standen der

318

Marinefernmeldeabschnitt 1 in Glücksburg, der Marinefernmeldeabschnitt 2 in Sengwarden, der Marinefernmeldestab 70 in Flensburg und die Marinefernmeldegruppe 30 in Rostock.

Flottille der Marineführungsdienste

- Kapitän zur See von der Goltz   -/-   - 1994
- Kapitän zur See Bess   1995 - 2000
- Kapitän zur See Eichhorst   2000 - 2002

Am 27. März 2002 wurde die Marineführungsdienstflottille aufgelöst und die Fernmeldegruppen dem Flottenkommando direkt unterstellt, lediglich der Marinefernmeldestab 70 ging in den Fernmeldebereich 91 der SKB. Bis zu einer einheitlichen Regelung in der gesamten Bundeswehr werden die MFmGrp 11 und 21 dem MFmAbschn 1 zugeordnet. Mit einem Personalumfang von rund 2.000 Dienstposten (1999) werden 50 Fernmeldestellen im TaktRiFuNFlottenKdo, 13 UHF/VHF Marinefunksende-/-Empfangsstellen, 6 HF Funksendestellen sowie 13 Fernschreibstellen und 10 Fernsprechvermitttlungen betrieben. Dann wurde der Betrieb der Funksende- und Empfangsstellen dem Marineamt unterstellt, was sich später jedoch als Fehler erwies und wieder geändert wurde.

Das Marineführungssystem zum Informationsaustausch der Flotte unterteilt sich in die Stufe 1 (heimatliche Marinestützpunkte), Stufe 2 (heimatliche Gewässer) und Stufe 3 (außerheimische Gewässer). Drei Marinefernmeldezentralen mit zugeordneten Sende- und Empfangsstellen bilden dafür die rechnergestützten Knotenpunkte des landgebundenen Fernmeldeverbindungs- und Betriebsdienstes zur Führung der See- und Seeluftstreitkräfte für Spruch-Aufnahme, -Auswertung, -Berichtigung und -Verteilung. Sie stellen die Schnittstellen zwischen dem Fernmeldedienst Bord und Land dar.

Die stationären Komponenten der Marinefunkstellen (MFuS/ESt) sind über Norddeutschland verteilt und werden teilweise auch von der NATO benutzt. Die neue MFuSSt Marlow hat im Herbst 1998 ihren weltweiten Betrieb aufgenommen und damit die MFuSSt Dollerup abgelöst, während die MFuSSt Hohe Düne lediglich die Kommunikationssicherheit und Redundanz erhöhen soll, damit jedoch die MFuSSt Friedrichsort abgelöst hat. Die Empfangskomponenten in Ladelund, Stohl, Draßer Ort und im MHQ in Glücksburg werden/wurden modernisiert und über ein neues Informations-Verteil-System (IVS) im Informations-Verbund-Marine (IVM) fernbedient. Um den hohen Personalbedarf bei den Signalstellen reduzieren zu können, wurde 1997 ein Fernwirksystem (DICS) zur Abwicklung des Sprechfunkbetriebes auf UHF/VHF in allen Signalstellen installiert. Zuständig für den Betrieb der Marinefunkstellen sind aber nach wie vor die Marinefernmeldeabschnitte.

Der Marinefernmeldeabschnitt 1 ist seit April 1999 zuständig für die Marinefernmeldegruppe 11 die FMZ-11 und das Rechenzentrum im MHQ in Glücksburg. Die Marinefernmeldegruppe 12 betreibt das Taktische Richtfunknetz im Bereich Nord, die Telefon- und Fernschreibvermittlung in den Marinestützpunkten und alle Marinefunksende- und Empfangsstellen innerhalb Schleswig-Holsteins. Vor der Gliederung in Fernmeldeabschnitte wuchs die Fernmeldetruppe jedoch in den Marinefernmeldeabteilungen auf.

Die Aufstellung der 2. Marinefernmeldeabteilung (2. MFmAbt) erfolgte am 1. Juli 1956 in Cuxhaven, die in der Kasernenanlage Grimmershörn untergebracht wurde und der die FM-Kompanie (A) unterstellt wurde. Die Marinefunksendestelle KNURRHAHN war an Bord des gleichnamigen Wohnschiffes. Am 15. Dezember 1956 erfolgte vermutlich zeitgleich mit dem Marinefernmeldeabschnitt Ostsee die Umbenennung der 2. Marinefernmeldeabteilung in Marinefernmeldeabschnitt Nordsee. Aus der Marinefunksendestelle KNURRHAHN wurde am 1. April 1957 die Marinefernmeldegruppe Wilhelmshaven in der Kasernenanlage Sengwarden, die FM-Kompanie (A) zur Marinefernmeldegruppe Cuxhaven. Am 6. August 1959 konnten die neuen Betriebsräume im Fernmeldebunker (Block 17) bezogen werden. Schließlich wurden zum 1. April 1960 auch hier die Dienststellenbezeichnungen wieder geändert, von Marinefernmeldeabschnitt Nordsee zum Marinefernmeldeabschnitt 2, von Marinefernmeldegruppe Wilhelmshaven zur Marinefernmeldegruppe 21 und von Marinefernmeldegruppe Cuxhaven zur Marinefernmeldegruppe 22. Der Stab des Marinefernmeldeabschnittes 2 verblieb seit dem Umzug am 3./4. August 1964 in der Kasernenanlage Sengwarden.

Der Marinefernmeldeabschnitt 2 in Sengwarden ist zuständig für die Marinefernmeldegruppe 21 und die FMZ-21 in Sengwarden. Im September 1998 wurde in der FMZ-21 eine hochmoderne Rechneranlage installiert, welche die Nachrichtenübertragung optimierte und zu 40% Personaleinsparung führte. Ferner wird das Rechenzentrum Nordsee für operative FülnfoSys als Gegenstück zur Anlage im MHQ Glücksburg betrieben. Von Aurich aus betreibt die Marinefernmeldegruppe 22 das taktische Richtfunknetz des Flottenkommandos im Bereich West, inklusive dem Telefon- und Fernschreibverkehr. Die unbemannten Signalstellen (Borkum, Wangerooge, Helgoland) der Marinefernmeldegruppe 21 und die U-Boot-Empfangsstelle Witmund-Harlesiel der Marinefernmeldegruppe 23 unterstehen mit ihren technischen Anlagen der Wartung der Marinefernmeldegruppe 22, wie auch die Sende- und Empfangsstellen Neuharlingersiel und Schortens.

Nach der Vereinigung wurde aus dem Nachrichtenregiment 18 der NVA/VM der Marinefernmeldeabschnitt 3 (MFmAbschn 3) aufgebaut, der aus zwei Fernmeldekompanien bestand. Es waren die Marinefernmeldekompanie 31 (MFmKp 31) mit der Marinefunksendestelle Marlow und Fernmeldezentrale Rostock sowie die Marinefernmeldekompanie 32 (MFmKp 32) mit Marineortungsstelle Arkona und dem mobilen Landfernmelde- und Ortungsdienst. Die Marinefernmeldegruppe (30 MFmGrp 30) wurde am 1. Oktober 1994 in Rostock aufgestellt, wurde dann aber im Marinefernmeldeabschnitt 3 eingegliedert. 111 Soldaten und 43 zivile Mitarbeiter verrichteten im Jahre 2002 hier ihren Dienst.

Die MFmGrp 30 ist zuständig für die Fernmeldezentrale Rostock-Gelsdorf (24-Schichtbetrieb), die Marinefunksende- und Empfangsstelle Marlow, Hohe Düne und Marineempfangsstelle Rostock-Gelsdorf, die Fernsprech- und Fernschreibstellen im Marinestützpunkt Warnemünde und der Warnow-Kaserne in Rostock-Gelsdorf. Ferner gehören das Taktische Richtfunknetz des Flottenkommandos im Regionalbereich Ost sowie die Wartung und Instandsetzung der Fernmeldestellen Ost in die Zuständigkeit. Die MFmGrp 30 unterhält Fernmeldeeinrichtungen der Marine an 12 verschiedene Stellen, die sich von Fehmarn über Rügen bis zur polnischen Grenze ziehen und den gesamten östlichen Küstenbereich abdecken. Am 30. Juni 1999 wurde die Weitverkehrskomponente, das Markenzeichen der MFmGrp 30, außer Dienst gestellt.

Mit Inbetriebnahme der Marinefunksendestelle Marlow am 24. März 2004 hat die Deutsche Marine ihre Fähigkeit zur internationalen Führung der Einheiten in See qualitativ verbessert. Die Anlage der ehemaligen Volksmarine wurde ab 1994 durch Daimler-Benz Aerospace aus- und für den Weitverkehr auf Kurzwelle auf 80 Hektar umgebaut. 12 Antennen, ein Drehstand mit 91,5 m Höhe und 80 m Breite (2 Antennen 6-26 MHz und 20-kW-Sender) sind weltweit nur mit der Anlage des Vatikans vergleichbar. Alle Frequenzen und Einstellungen sind vom MHQ in Glücksburg aus fernsteuerbar.

Die Marinefernmeldeabschnitte stellen die Fernmeldeverbindung der Stufe 1 grundsätzlich über Fernsprechvermittlungen und Fernschreibstellen der Marinestützpunkte her, deren Übergang zu ISDN und ATM-Technik an die heutigen Anforderungen für alle Datenübertragungen angepasst wurde. Die Stufe 2, der Küstenfunk, erfolgt vorrangig durch unbemannte Funksende- und Empfangsanlagen im VHF/UHF-Bereich von Borkum bis Rügen. Von Glücksburg und Sengwarden können UHF-RATT und UHF-Voice automatisiert über das TaktRiFuNFlottenKdo bedient werden.

Der Weitverkehrsfunk stellt die dritte und wichtigste Stufe der Verbindungen durch Kurzwellen- oder den Satellitenfunk sicher, der sich in die Fernmeldeorganisation der Überwasserstreitkräfte, das U-Boot-Führungssystem und die operative Fernmeldeführung der Seefernaufklärer durch die unterschiedlichen Aufgaben und Techniken der Seekriegsmittel unterteilt. Allen Seestreitkräften steht hier das Funkfernschreibverfahren (RATT) im Broadcast zur Verfügung, zusätzlich stehen zur Führung der

Überwasserstreitkräfte und der Seefernaufklärer Broadcast-Dienste über Marinefunksendestellen in Hürup, Dollerup und Friedrichsort für den Ostseebereich sowie Neuharlingersiel und Schortens im Nordseebereich zur Verfügung.

Im Laufe der Jahre wurden die neuen Marinefunksendestellen Neuharlingersiel, Schortens Flensburg, Hürup, Dollerup, Friedrichsort, später Warnemünde und Marlow, entweder auf- oder umgebaut, um die NATO-Anforderungen an die Kommunikationsverbindungen zu erfüllen und eine optimale Führung der See- und Luftstreitkräfte zu gewährleisten.

Am 14. Dezember 1989 wurde z.B. die Marinefunksendestelle Neuharlingersiel mit 50-kW-Langwellen-Sender, vier 20-kW-Kurzwellen-Sendern und zwölf 1-kW-Kurzwellen-Sendern in Dienst gestellt. Über das Taktische Richtfunknetz des Flottenkommandos und Lichtwellenleiter ist die Funkstelle mit dem FMZ Sengwarden (Fernsteuerung) und dem MHQ verbunden. Die vertikal polarisierte, logarithmisch-periodische 250-m-Kurzwellenantenne in Neuharlingersiel ist mit drei 160-m-Masten eine der größten KW-Antennen der Welt. 16 weitere KW-Antennen und eine LW-Antenne ergänzen die Anlage. Die möglichen Frequenzbereiche sind 45-200 kHz und 1,5-30 MHz.

Nach 14-jähriger Planungs- und 4-jähriger Bauzeit war die Marinefunksendestelle Hürup im November 1981 fertiggestellt worden. Rund 30 Personen sorgen 365 Tage im Jahr, 24 Stunden am Tag dafür, dass der Fernmeldeverkehr der Deutschen Marine abgewickelt werden kann. Durch die Umstrukturierung des gesamten Fernmeldewesens der Bundeswehr, konnte auf die Langwellenantenne mit ihren drei 160 Meter hohen Masten verzichtet werden, weshalb diese am 17 November 2004 gesprengt wurden. Der Aufbau von neuen und modernen Kurzwellenantennen auf dem ca. 15 Hektar großen Gelände der Funksendestelle machte diese Sprengung nötig.

Die Marinefunksende- und Empfangsstellen sind entsprechend in den Marinefernmeldeabschnitten in Sengwarden, Glücksburg und Rostock-Gehlsdorf. Die Marinefunksende-/Empfangsstellen für UHF/VHF befinden sich in Borkum, Helgoland, Wangerooge, Sahlenburg, Olpennitz, Stohl, Marienleuchte Rostock-Stadtweide, Darßer Ort, Arkona und Putbus.

Nach Auflösung der Marinefernmeldegruppen 31 in Nieby und 32 in Aurich verfügte die Marine bei den mobilen Fernmeldekomponenten aber nur noch über eine Teileinheit als Bestandteil der Marinefernmeldegruppe 30 in Rostock. Im Zuge der Auflösung der MFmGrp 31 wurden HF-Funktrupps, Erfassungstrupps und Signalstellen an die MFmGrp 30 übergeben.

Ein weiteres Manko entstand durch die Auflösung des Marineunterstützungskommandos (MUKdo) und der neuen Verteilung der Aufgabenbereiche zwischen dem Amtsbereich des Flottenkommandos und des Marineamtes. Dabei wurden Anlagen und Personal der Marinefunksende- und Empfangsanlagen dem Marineamt unterstellt und so der direkten Verfügbarkeit des Flottenkommandos entzogen. Da sich diese in der Praxis nicht bewährte, wurde bei den nächsten Veränderungen diese Unterstellung wieder im Bereich der Führungsunterstützung des Flottenkommandos angegliedert. Insofern reformierten Reformen eine Reform, allerdings bleibt das Marineamt weiterhin für die zukünftigen Marinetechnologien zuständig und das Flottenkommando kann dabei lediglich seine Expertise einbringen, kaum aber auf die Entscheidungen einwirken.

Die Fernmeldestellen bieten eine breite Palette von verschiedenen Kommunikationsmöglichkeiten zwischen Land-, Luft- und Seestreitkräften und insgesamt erfüllen die FMZ-11, -21 und -30 in etwa 70 Schaltverpflichtungen für die Marine, aber auch für das Heer und die Luftwaffe. Diese Verbindungen waren lange Zeit allein durch Fernmeldepersonal schaltbar, bis auch hier die automatisierten Fernmeldezentralen einen Großteil der Arbeit übernehmen konnten.

Bei allen Fernmeldeverbindungen gibt es primäre Verwendungen und Anwendungsmöglichkeiten. Ship-Shore HF steht dabei den Überwassereinheiten für Meldungen an den Befehlshaber Flotte bzw.

Nachrichten an die Marinefunkempfangsstellen in Glücksburg, Sengwarden und Rostock zur Verfügung und bildet immer noch das Rückgrat der Führung.

Ship-Shore UHF/VHF-Sprechfunk wird über die Marinefunksende-/Empfangsstellen (früher Marine-signalstellen) Helgoland, Wangerooge, Marienleuchte und Olpenitz durchgeführt. Die Marinefunksende- und Empfangsstellen in Borkum, Sahlenburg, Rostock-Stadtweide und Arkona werden durch das Personal auf Wangerooge und Rostock-Gehlsdorf ferngetastet. Der offene Sprechfunkverkehr kann aus allen Verbindungen in das Allgemeine Fernsprechwählnetz der Bundeswehr (AllgFspNBw) sowie in das Taktische Richtfunknetz des Flottenkommandos geleitet werden.

UHF-RATT-Verkehr wird aus der FMZ-21 für Borkum, Helgoland und Wangerooge ferngetastet, während Marienleuchte und Olpenitz (wurde nach Stohl/Schwedeneck verlegt) aus der FMZ-11 sowie Arkona und Rostock-Stadtweide aus der FMZ-30 ferngetastet werden. Im Rahmen der Umstrukturierung erfolgen/erfolgten auch hier Auflösungen. Neben UHF-RATT kann zukünftig auch UHF/VHF-Sprechfunk aus allen FMZ fernbedient werden.

Maritime Rear Link (MRL) dient der nationalen Führung von Einheiten in außerheimischen Gewässern, die nicht mit SATCOM ausgerüstet sind. Über drehbare Antennen erfolgt eine gerichtete Ausstrahlung und auch Empfang für MRL-Arbeitsplätze im Funkfernschreib- und Sprechfunkbetrieb. Der offene Sprechfunkverkehr kann in die Bw-Netze eingespeist werden.

Die Verbindungen mit SHF-SATCOM (7,9-8,4/7,25-7,75 GHz) werden über die Anlagen SCOT-1A der Fregatten der Klassen F-122 und F-123 mit NATO-IV-Satelliten aufgebaut. Seit 1985 wird neben den klassischen HF-Verbindungen diese globale Führungsmöglichkeit eingesetzt, die in Zukunft durch EHF auch international erweitert werden wird. Die FMZ-11 und -21 haben direkte Tastleitungen zum Satellite Ground Terminal (SGT) in Euskirchen, über das sie die Einheiten mit je einem Kanal BCST, Ship-Shore und Fernsprechkanal verbinden können.

INMARSAT ist eine weitere Satellitenfunktechnik, die in der Marine genutzt wird, aber neben hohen Gebühren als ziviles Fernmeldemittel auch immer Unsicherheiten mit sich bringt. Bis in die 1970er Jahre bestand der Informationsaustausch deshalb im Wesentlichen aus Fernschreiben und anderen Papierdokumenten (Hardcopy), erst mit den Lenkwaffenzerstörern der LÜTJENS-Klasse ab 1969 das Link-11 für den Austausch von Lagedaten direkt zwischen den Rechnern der FüWES, die auf den Konsolen in den Operationszentralen der Schiffe angezeigt werden konnten.

Im weiteren Verlauf wurden die Schnellboote der Klasse S-143 über das FÜWES AGIS, die Schnellboote Klasse S-148, die Zerstörer Z-101A sowie die Minenjäger MJ-332 mit PALIS, die Fregatten Klasse F-122 und F-123 mittels SATIR angebunden und auch Link-11 in das MCCIS angebunden. SATIR ist seit nunmehr über 50 Jahren im Dienst, wahrlich ein digitaler Saurier, im Gegensatz zu MCCIS kann die Hardware jedoch bis heute regeneriert werden (z.B. durch die abwärtskompatible Q-70-Geräte-Familie). Doch das Betriebssystem, die Entwicklungsumgebung (SEU) und auch die Programmiersprache (CMS-2) sind längst obsolet, nur noch mit Einschränkungen brauchbar, und somit keine Basis für zukunftsfähige Entwicklungen. Das grundsätzliche IT-Designprinzip bezgl. der Nutzung verfügbarer Hw/Sw-Komponenten, das Design und die Entwicklung in Verantwortung des öAG u.ä. könnte auch in Zukunft bestehen bleiben.

TADIL (Tactical Digital Information Link) ist die Bezeichnung des Datennetzes für Schiffe mit den Systemen PALIS/SATIR und AGIS in Verbindung mit dem MHQ in Glücksburg und der Marineortungsstelle Staberhuk neben dem zusätzlichen verbandsinternen Austausch von Lagebildinformationen. Es ist das ungerichtete "Maritime Link", auch als Link-11A bezeichnet, im Gegensatz zum Link-11B der Luftverteidigung, welches mittels Richtfunks arbeitet. Link-11B stellt eine automatisierte Datenverbindung (LINK-11-Netze) via HF- und UHF-Anlagen im Einseitenbandbetrieb dar. Bis auf die Marineflieger und U-Boote können dadurch alle Einheiten über das System zur Lagebilderstellung beitragen und Daten abrufen.

Die Daten des taktischen Rechnersystems werden z.B. kontinuierlich und automatisch von dem Data Terminal Set (DTS) und USQ-36(V) angefordert, in analoge Tonsignale konvertiert (Data Modem Set, AN/USC-8) und über die Funksendeanlage an teilnehmende Einheiten verschlüsselt übermittelt. Ebenso werden ankommende Daten wieder digitalisiert und in die EDV-Anlage eingespeist. Die Phasen-Modulation und Demodulation findet gleichfalls in den DTS statt, wobei vier Phasensprünge (-45, -135, + 45 und +135 Grad = quaternäre Phasendifferenzmodulation) erzeugt werden können, welche vier Informationen beinhalten. Der Abstand der einzelnen Trägertöne beträgt immer ein Vielfaches von 55 Hz. Insgesamt können 15 Töne moduliert werden, die im Bereich von 935-2.915 Hz liegen. Ein zusätzlicher Doppler Pilot Ton (605 Hz) wird benutzt, um Verzerrungen durch den Dopplereffekt (1842, österreichischer Physiker und Mathematiker Christian Doppler) korrigieren zu können.

Eine Net-Control-Station (NCS) koordiniert die Verbindungen von bis zu 62 teilnehmenden Einheiten (Net-Picket Stationen, NPS). Data Control und Address Control Indicator dienen hierbei der Kontrolle des Bedieners, während die Funkanlagen über die Receiver/Transmitter Control (z.B. SRC-31A oder SRC-23A) gesteuert werden. Während eine der NPS nach Aufforderung von der NCS ihre Daten zur NCS sendet, können alle anderen Stationen diese empfangen und an ihr lokales Führungssystem zur Auswertung (Feuerleitwerte) weitergeben. Antwortet eine Station nach dem zweiten Aufruf nicht, wird die nächste aufgerufen. Die NCS kann hierbei auch gleichzeitig ihre eigenen Daten an alle übermitteln. Das Verfahren wird "Roll Call" genannt. Beim Broadcast-Betrieb sendet jede Station nur nach Aktivierung durch den Bediener. Die Anlagen der 1. Generation waren von 1968-1995 auf den Zerstörern der LÜTJENS-Klasse eingesetzt.

Die Zukunft liegt im Common Multimedia Tactical Data Link, welches das LINK-16/JTIDS (optimiertes Lagebildübertragungssystem) mit LINK-22/NILE (UHF- und HF-Bereich einsetzbar) zu einem die Teilstreitkräfte übergreifenden System vereinigen soll. LINK-16 (UHF) dient der US-Marine zur Organisation der Luftverteidigung der Schiffverbände, speziell der Verbände der Flugzeugträger. Frankreich und England haben sich diesem Verfahren angeschlossen, welches aber nur eine Reichweite von 40 sm hat, was den heutigen Anforderungen von einer Luftverteidigung gegen weit reichende Flugkörper nicht mehr genügt.

Deshalb betreibt die US-Marine zum Datenaustausch über 300 sm fliegende Relaisstationen. Die Seelage wird derzeit über LINK-22 abgewickelt, was eine Ergänzung des LINK-16 darstellt. Da die Dateninhalte der Verfahren verschieden sind, muss eine computergesteuerte Anpassung erfolgen. Nach einer solchen Integration würde LINK-16/22 das Hauptverfahren der NATO und das LINK-11 ablösen können. Für ein zuverlässiges und aktuelles Lagebild als Führungsschiffe der STANAVFORMED wurden auf den Fregatten SCHLESIG-HOLSTEIN und BAYERN im Jahre 2003 erstmals das LINK-16 installiert, da es zwischenzeitlich zu einem Element der Interoperabilität in den multinationalen Streitkräften geworden ist. Aufgrund der starken Verbreitung in der NATO sollte Link-11 zunächst nur bis 2015 weiter genutzt werden, da nicht alle NATO-Staaten kostenintensive Investitionen zeitgleich abwickeln können.

MATELO (Maritime Air Telecommunication Organisation) ist die taktisch-operative Führung der Maritime Patrol Aircraft (MPA), die vom MHQ über das FMZ-11 (vorher über FMZ-21) geleitet wird. Die Führung der MPA kann über Schreib- und Sprechfunk erfolgen. Im Rahmen der MARO/MATELO-Organisation stehen Broadcast, MRL, SATCOM, Marineführungssystem-U-Boot-Führung, Ship-Shore HF/UHF, MATELO sowie Schreib- und Sprechfunk den See- und Luftstreitkräften dabei zeitgleich zur Verfügung.

Das U-Boot-Führungssystem der Marine dient den Nachrichtenverbindungen zu U-Booten in See und wird über die Marinefunksendestelle (VLF) in Rhauderfehn betrieben, steht gleichzeitig aber auch den NATO-Partner für ihre U-Boot-Führung zur Verfügung. Über das FMZ in Aarhus tastet z.B. die dänische Marine Funksprüche für ihre U-Boote und mit dem "Minimum Shift Keying" (MSK) Betrieb wird die operative Führung durch die NATO gewährleistet. Diese Verfahren gewährleisten durch Mehrkanalbetrieb eine gleichzeitige Versorgung mehrerer Nationen auf verschiedenen Kanälen. Ship-Shore Verbindungen laufen über die Marinefunkempfangsstellen Stohl-Schwedeneck, Lütjenholm und Wittmund-Harlesiel.

Im Oktober 1994 wurde aus der Marinefernmeldegruppe 21 die eigenständige Marinefernmeldegruppe 23. Diese betreibt auf einem 540 Hektar großen Moorgelände das Marineführungssystem-U-Boot-Führung bei Ramsloh/Saterland (Telefunken), wodurch ein möglichst gutes Eindringen der Längstwellen in das Grund- und Seewasser gewährleistet wurde. Insgesamt bestehen acht einzelne 352-m-Antennen mit einer gesamten Sendeleistung von 800 kW im VLF-Bereich von 14-50 kHz. Diese höchsten begehbaren Bauwerke Europas dienen der Nachrichtenübermittlung zu den U-Booten bis in etwa +2.000 km Entfernung. Die Ship-Shore Verbindung wird über ein Kurzzeitsignal mit den dazugehörigen Marinefunkempfangsstellen Stohl-Schwedeneck, Lütjenholm und Wittmund-Harlesiel sichergestellt. Auf Seerohrtiefe werden von den U-Booten über eine ausfahrbare Antenne Kurzsignale gegeben, die zur Erhöhung der Übertragungssicherheit von drei Antennengruppen im norddeutschen Raum gleichzeitig empfangen und an das MHQ weitergeleitet werden.

Anlagen dieser Art wurden und werden von allen Nationen mit U-Booten benötigt. 1961 wurde in den Vereinigten Staaten von Amerika mit der Errichtung der damals größten und stärksten Längstwellen-Sendeanlage der Welt begonnen. Die amplitudenmodulierte Anlage "Seafarer" (14-30 kHz) hatte im Antennenkreis eine Leistung von 2 MW (Strahlungsleistung 1 MW) und überdeckt mit 26 Sendemasten die gesamten 1.200 Hektar der Halbinsel Cutler in der Machias Bay/Maine. Die Sternpunkt-Masten haben eine Höhe von 290 m, die 6 mittleren Masten 260 m und die 6 äußeren jeweils 240 m. Das Erdkupferband hat eine Länge von etwa 2.000 Meilen. Diese Anlage wurde hauptsächlich für die Fernmeldeverbindungen mit den U-Booten der Polaris-Klasse gebaut und ergänzte die im 2. Weltkrieg errichteten Sendeanlagen in Annapolis, Balboa, Panamakanalzone, Pearl Harbour sowie den 1952 errichteten Sender in Jim Creek/Washington.

Die NATO baute ab 1962 einen Längstwellensender in Cumberland/Solway Förde auf einer 1.750 Hektar großen Halbinsel. Die sechs radial angeordneten Antennen mit Masten von 180-225 m Höhe wurden für Frequenzen um 19 kHz und 500 kW Leistung geplant. Heute setzen die Amerikaner im ELF-Bereich Drähte von mehreren hundert Kilometern Länge als Antennen zur Verbindung mit ihren U-Booten ein. Neueste Technologien ermöglichten die Ausnutzung des Bereiches bis 15 Hz, die starke Sendeleistung der Station in den USA führte allerdings zu Störungen in den europäischen Eisenbahnnetzen mit 16-3/4 Hz, die bis in die Schweiz reichten, woraufhin die Frequenz auf 18 Hz erhöht werden musste.

Der Fortschritt in der Fernmeldetechnik brachte Systeme zur automatisierten Abwicklung des Fernschreibverkehrs in die Marine. Die Computer vereinfachen die Bedienung, beschleunigen den Betriebsablauf und gewährleisten den sicheren Empfang. Das MHT der Fregatten Klasse F-122 begnügte sich dabei noch mit einem 386DX40-Prozessor. Für die Message Handling Software PostMan (Rohde & Schwarz) wurde hingegen ein Pentium mit 133 MHz, 32-MB-RAM, 120-MB-Harddisk, VGA-Monitor und CD-ROM-Drive mit Windows-95 bzw. Windows-NT als Standard vorausgesetzt. Für die Anforderungen der Fregatte Klasse F-124 sind diese Systemleistungen entsprechend dem zivilen Bereich weiter gestiegen und so wachsen Anforderungen und Kosten stetig weiter. Mit Windows 2000 kam die Möglichkeit eines Active Directory und schon stand .Net bzw. Windows 2003 als Nachfolger in der Option, wenig später folgte Microsoft SharePoint welches auch in der NATO als Standard verwendet wird.

Durch die Verwendung von Software ist der Anbindung der Medien prinzipiell keine Grenze gesetzt. Doch werden aus Sicherheitsgründen und der Organisationsstruktur der Bundeswehr/BWI nicht alle Dienste der Softwareprodukte auch immer freigeschaltet und genutzt. Die Anforderungen des militärischen Nachrichtenverkehrs, speziell die von der NATO geforderten Übertragungsgeschwindigkeiten mit den erforderlichen hohen Bandbreiten zur Übertragung von Bildern, Videos u.a., den Informationen aus komplexen Datenbanken überforderten schnell die nicht IP-basierten Funkverbindungen. Alle militärischen

Netzwerke griffen dabei zunächst auf zivile DV-Geräte und Computer zurück, die in einem 5-Jahreszyklus eine Erneuerung erfordern. Beschaffung und Einführung in der Truppe mit teilweise 15-20 Jahren bei Großgeräten bedeutet einen Zulauf bei dem die Technik bereits 4-5 Zyklen fortgeschritten ist.

Mit der Software PostMan kann die Anbindung über Satelliten mit X.400-Netzwerken, dem VHF/UHF-Sprechfunk, dem öffentlichen Fernsprechnetz, dem ISDN, dem GSM-Netzwerk (D1, D2 u.a.) sowie dem Kurzwellenfunk über Modem erfolgen. Über das X.25-Interface können z.B. Internetprovider und somit auch Lotus Notes/E-Mail mit weiteren Optionen angebunden werden.

Die Übertragungsraten außerhalb des LAN sind durch die jeweiligen Sende- und Empfangsmöglichkeiten der Bundeswehr begrenzt. Im Bereich der Kommunikationsnetzwerke existiert eine Reihe von Mailsystemen, deren Verbreitung je nach Betriebssystem unterschiedlich ist. Im UNIX-Umfeld nimmt das auf dem Transmission Control Protocol/Internet Protocol (TCP/IP) basierende Simple Mail Transfer Protocol (SMTP) eine vorrangige Stellung ein. Die Integration des HF/VHF/UHF-Funkmediums in die Draht- und Lichtwellenleiternetze ist mittels TCP/IP ebenfalls möglich. Es wurde zum am weitesten verbreiteten Netzwerkprotokoll der Rechner- und Softwarehersteller.

Das IntraNetBw ist ein auf die militärische Nutzung abgestimmtes und auf zivilen Standards beruhendes internes Netzwerk der Bundeswehr. Die zivilen Nutzer und das US-Militär verwenden für derartige Anwendungen inzwischen meist den Asynchronen Transfer Mode (ATM), bei dem Daten (Sprache, Video etc.) in digitale Zellen verpackt zum Empfänger transportiert werden. Üblicherweise sind hier Datenraten von 2-62 Mbps möglich, wobei die taktischen ATM-Versionen aufgrund der geforderten Standfestigkeit mit etwa 8 KBit/s arbeiten. Das IntraNet der Bundeswehr (IntraNetBw) steht seit dem 30. April 2000 zur Information der Truppe über dienstliche Belange wie z. B. der neuen Struktur der Streitkräfte, der bestehenden Truppeninformationen (z.B. Vordrucke, Zentrale Dienstvorschriften, Informations- und Medienzentrale, etc.) oder als Spiegelung des Internetportals der Bundeswehr (www.bundeswehr.de) zur Verfügung.

X.400 ist ein von der ITU definierter Standard und gehört zur normierten Netzwerkarchitektur für offene Systeme, auf deren Netzwerk- und Transportprotokollen es basiert. Angewandt wird der Mail-Standard in Deutschland vor allem von Hochschulen, Fachhochschulen, in der Forschung sowie in der freien Wirtschaft. Diese nutzt es hauptsächlich für den automatisierten Nachrichtenaustausch in der Logistik und Versand (z.B. der Vorreiter, die SPAR Handels AG). Es bildet die Kommunikationsbasis für den Electronic Data Interchange (EDI) und wurde erstmals 1984 als Standard freigegeben, 1988 folgte eine Revision für die Sicherheitseigenschaften in der Verschlüsselung und Authentifizierung, wodurch es auch für die militärische Anwendung interessant wurde. Eine weitere Revision folgte 1992 und seit 1998 werden neben der reinen Textübertragung Bilder und andere Datenformate in der Bundeswehr mit X.400 übertragen.

Die X.400-Architektur sieht Message Transfer Agents (MTA), User Agents (UA) sowie Access Units (AU) vor. MTA sind Mailer, die im WAN untereinander über X.25 oder ISDN vernetzt sind. Sie nehmen Nachrichten vom UA entgegen und leiten sie an den Ziel-MTA weiter. Der UA ist eine Software, die das Bindeglied zum Benutzer darstellt. Mit dieser kann dieser u.a. Nachrichten empfangen, erstellen, versenden und auch abspeichern. AU sind Instanzen, die einen Übergang zu anderen Diensten wie Fax und Telex ermöglichen, was letztendlich durch Anwendungsprozesse zur Anpassung mit den unterschiedlichen Protokollen realisiert wird.

Anfangs wurde davon ausgegangen, dass ein MTA für viele UA zuständig sein würde, doch hat sich die Infrastruktur von einem zentralisierten Rechnersystem hin zu einer Client/Server-Architektur entwickelt, bei der Nachrichten im lokalen Netz direkt auf den Arbeitsplatz geleitet werden. UA können sich nun auch auf einem Laptop/Notebook befinden und werden so zu einem Remote User Agent (RUA). Wie ein Blatt Papier in den Briefumschlag muss die Nachricht (Content) bei E-Mail in einen elektronischen Rahmen (Envelope) verpackt sein. Text, Grafik, Sprache sowie verschlüsselte Daten können dadurch übertragen werden. Als Serverplattform hat sich heute oft Unix gegen Windows durchgesetzt, während die UA als Client unter Windows laufen, dessen Oberfläche für die Nutzer bekannt und dadurch einfacher zu verwenden sind. Hinzu kommen Gateway-Rechner (Proxy), die den Zugang zu anderen Mail-Systemen wie MS Mail, cc:Mail, Lotus Notes Mail oder Novell MHS ermöglichen und die ebenfalls meist Unix-Derivate verwenden.

Als Ersatz der veralteten Fernschreibtechnik an Land durch das X.400/500 basierte Military Message Handling System (MMHS) hat die Marine für die Ablösung des bisherigen Fernschreibverkehrs eine Pilotfunktion übernommen. Seit 1998 können im X.400 neben der reinen Textübertragung auch Informationsinhalte wie Bilder oder Dateien übermittelt werden. Über den Rechnerverbund können sowohl Nachrichten im derzeitigen Fernschreibformat unter Verwendung des bestehenden Automatisierten Fernschreib- und Datenübertragungsnetz der Bundeswehr (AFDNBw), als auch Nachrichten im X.400-Standard (E-Mail) über das herkömmliche ISDN-Telefonleitungsnetz ausgetauscht werden, womit das alte Fernmeldesystem in die neue Technik überführt wurde.

Das US-Verteidigungsministerium hat auf Basis des X.400 und des Verzeichnisdienstes X.500 mit Isocor das Defence Message System (DMS) entwickelt. Die NSA hat dabei mit der PMCIA-Karte (Fortezza Card) allerdings eventuell eine Hintertür für die Entschlüsselung von Nachrichten. Die Verschlüsselung ist bei X.400 auch mit PEM (Privacy Enhanced Mail) und PGP (Pretty Good Privacy) möglich. Als Standard haben sich im Ausbildungs- und Übungsbereich Distributed Mission Systemen (DMS) in der NATO etabliert, welche die in den USA geprägten Netzwerkprotokolle DIS (Distributed Interactive Simulation) mit Übertragung in Echtzeit und ALSP (Aggregate Level Simulation Protocol) ohne Übertragung in Echtzeit verwenden.

An Bord von Schiffen wurde 1998 mit der Formatierungshilfe Seestreitkräfte (FORMASSK) ein neues System zu Nachrichtenabwicklung eingeführt, welches der Ersatz für das Marine-Fernschreibnetz der Seestreitkräfte ist. Es wurde 1996 als Interimslösung auf allen Schiffen und Booten eingerüstet, nachdem die Message Handling Terminals aus den 1970er Jahren den neuen Anforderungen nicht mehr gewachsen waren. Die NATO-Forderung zur Erhöhung der Übertragungsgeschwindigkeit auf 300 Baud im Fernschreibbetrieb konnte von den herkömmlichen Fernschreibern FS-200 (200 Bd) ebenfalls nicht mehr erfüllt werden.

Für die formatierte Spruchabwicklung mittels FORMASSK wurden an Bord zunächst drei Notebooks mit Risc-Prozessoren installiert. Zwei der Rechner wurden als Protokollkonverter (PK) im Funkraum aufgestellt, deren Software ursprünglich aus dem MHQ-Landverkehr stammte. Die an die Verhältnisse an Bord angepassten Programme verarbeiten die Funksprüche aus der OPZ, welche über das interne LAN zur Verfügung gestellt werden. In der OPZ werden die Nachrichten mit Hilfe des Bodyeditors aus der IRIS/MFS-Software erstellt und formatiert. Im Funkraum werden nur noch die Format-Line 1-4 (Header) ergänzt und dann die Funksprüche über die LAN-Anbindung bzw. Fernmeldesteuerung basierend auf Ampex AIX-Software (Unix, IBM) abgeschickt. Im Jahre 2003 kam eine 2. Version des FORMASSK in die Flotte, das sich bis 2018 und darüber hinaus in der Marine erhielt.

Die Weltkriege oder die politischen Epochen wurden mit ihren Entwicklungen in der Informationstechnik von Autoren meist zusammenhängend bearbeitet. Abhandlungen oder Publikationen, die sich mit den Nachrichtengeräten der Marine der Bundesrepublik Deutschland, der NVA oder der Funktechnik von 1945 bis heute beschäftigen, geben meist nur Informationen zu Teilbereichen, Zeitabschnitten oder auch zu Spezialgebieten von neuen Verfahren.

Eine komplette Aufstellung für die Bundeswehr oder über die Epochen allein für das Heer, die Luftwaffe oder die Marine zum Thema Funk gibt es nicht und sie wäre wohl auch zu umfangreich für ein einziges Buch. So sind auch Lücken in der Erfassung aus über 50 Jahren Funktechnologie seit dem Bestehen der Bundesrepublik entstanden, doch während die Funkgeschichte in der NVA nach dem Ende der politischen

Ära erfasst und ausgewertet wurde, schreitet die Entwicklung im vereinten Deutschland ohne die Erfassung und Auswertung der westdeutschen Entwicklungen zwischen 1945-1990 weiter.

Die Produktion von technischen Geräten wie Funkanlagen u.ä. begann auch erst nach 1949 und mit der Einrichtung der Landes- und Bundesbehörden kamen neue Geräte auf den Markt. Da es keine Streitkräfte in Deutschland gab, erhielten zunächst die Polizei und andere zivile Einrichtungen neue Geräte, die Funkanlagen aus der Zeit von 1930 bis 1945 ergänzten. Die ersten Produktionen wurden dann auch an die zivile Handelsschifffahrt und Fischerei ausgeliefert.

Die erste Serienproduktion einer Funkanlage von Lorenz startete mit der SEF-7-160-G21/60N. Die 70-Watt-Röhrenanlage hat einen Frequenzbereich von 156-174 MHz. Die Sendeanlage GS-50-E und -75 von Hagenuk (160-500, 530-1.700, 1.600-5.100 kHz) war insbesondere für den Funksprechverkehr in der Hochseefischerei und der Küstenschifffahrt bis 1952 bestimmt. Sie wurde auch als feste und bewegliche Funkstation für viele andere Zwecke verwendet, bei denen große Reichweite, geringe Einbaugröße und einfache Bedienung verlangt wurden.

Der Telefonie-Sender Funk-send-25-a (Siemens, 1,5-3,2 MHz, 20 Watt) war ein 10-W-Grenzwellen-Sender für Handelsschiffe und enthält lediglich eine Steuerstufe und einen Modulationsverstärker. Für den Aufbau dieses einfachen Senders, von dem zwischen 1946 bis 1948 über 100 Stück ausgeliefert wurden, waren nur 60 verschiedene Bauteile erforderlich. Das Äußere lässt wie beim Empfänger 44b die Produktion aus Kriegsbeständen erkennen. Der Funk-send-25-a wurde mit der für die Wehrmacht entwickelten Röhre RL12P10 bestückt, während für die Senderöhre die LS50 gewählt wurde. Der Umformer U-10-S lieferte über die Bordspannung die erforderliche Betriebsspannung. Er wurde hauptsächlich auf Handelsschiffen eingesetzt.

Das 80-W-Grenzwellen-Funktelefon SE-535 von Telefunken hat 11 quarzgesteuerte Sendefrequenzen im Bereich 1,6-3,9 MHz und einem Empfangsbereich von 0,2-4,0 MHz. Das Funksprechgerät wurde ab den 60er Jahren auf Schiffen ab 300 BRT verwendet, für die eine Telegrafiefunkanlage nicht vorgeschrieben war und die sie dann nachrüsten wollten. So war es an Bord von zivilen Frachtschiffen auf kleiner und mittlerer Fahrt zu finden oder als freiwillige Zusatzausrüstung größerer Schiffe.

Für Schiffe auf großer Fahrt waren Anlagen wie der 300-W-Mittelwellen-Telegrafie-Sender S-519 im Einsatz. Auch hier waren Festfrequenzen schaltbar mit 410, 425, 448, 454, 468, 480, 500 und 512 kHz, die nur von einem behördlich geprüften Funkoffizier genutzt werden durften. Der 70-W-Mittelwellen-Sender S-227 hatte denselben Frequenzbereich wie der S-519 und war auch als Verkehrs-, Not- bzw. Ersatzsender eingesetzt. Für die freiwillige Funkausrüstung gab es von Telefunken zusätzlich zu diesen Anlagen den häufig verwendeten KW-Telegrafie-Telefonie-Sender S-526 mit Frequenzbändern von 4, 6, 8, 12, 16 und 22 MHz (375 W).

In der Marine der Bundesrepublik musste zunächst zusätzlich noch auf ausländische Produkte und Anlage aus der Kriegsmarine zurückgegriffen werden. Der erste in der Marine genutzte amerikanische KW-Empfänger war der BC-348-R der Belmont Radio Corporation. Sein Frequenzbereich umfasst 200-500 kHz und 1,5-18 MHz mit der Option Einseitenbandempfang. Je nach Ausführung ist ein Betrieb mit eingebautem Netzteil oder Umformer-Betrieb möglich. Als weiteres Gerät wurde auch der Radio-Receiver BC-794-B in der Marine verwendet.

Der Sender TCK-4 (Tast- und Sprechfunk) aus der amerikanischen Marine fand auf fast allen Schiffen und U-Booten sowie Landfernmeldestellen mit seinen 6 Frequenzbändern zwischen 2.000-3.000-4.500-6.000-9.000-12.000-18.100 kHz Verwendung. Die TCK-4-Anlage wurde ab dem 22. Februar 1943 u.a. auf allen FLETCHER-Zerstörern eingebaut, welche später auch als erste Einheiten der Bundesmarine eingesetzt waren. Ebenfalls auf diesen Schiffen und bei beweglichen Funkstationen der US-Marine kam die Sende- und Empfangsanlage TCS zum Einsatz. Der Frequenzbereich für Tast- und Sprechfunk lag in 3 Bereichen von 1.500-3.000-6.000-12.000 kHz.

Mit der Einführung der Zerstörer der LÜTJENS-Klasse kamen neue amerikanische Geräte zur Verwendung, die in der Marine der Bundesrepublik bis in die 90er Jahre genutzt wurden und teilweise erst mit der Außerdienststellung des letzten Schiffes aus den Versorgungslisten verschwanden. Der Funkgerätesatz AN/SRC-23A war z.B. ein Einkanal-Gerät im Bereich von 2-30 MHz für die Datenübertragung. Die automatische Abstimmung (20-70 Sekunden) erfolgte auf 280.000 Kanälen mit 100 Hz Abstand. 850-W-Puls oder 425-W-Dauerträger leistete die Endstufe. Viele Einschübe sind im Sender und Empfänger mit gleichen Bauteilen aufgebaut, wodurch eine Reduzierung der Ersatzteile möglich war.

Der Funkgerätesatz AN/SRC-31A (ab etwa 1950) ist eine Weiterentwicklung des GRC-112 der amerikanischen Firma Collins Radio für taktischen Funksende-/Empfang im Simplex- und Duplexbetrieb. Die Frequenz liegt zwischen 225-400 MHz mit 3.500 Kanälen bei einem Abstand von 50 kHz. LINK-4 im FSK-Mode und LINK-11 im FM-Mode war damit möglich. Das Gerät wurde mit Topfkreisen abgestimmt und war dadurch auch etwas anfällig. Die Geräte wurden mit dem Link-11 durch die Indienststellung der LÜTJENS-Klasse in die Marine eingeführt. Der SRC-31A war ursprünglich für die Flugzeugträger der US-Marine entwickelt worden, um den Datenaustausch mit Flugzeugen auch über größere Distanzen sicher zu stellen. Deshalb war er der einzige Sender der deutschen Marine im UHF-Bereich mit 1-kW-Leistung und noch bis in die 80er Jahre in der Nutzung.

Das Funkgerät AN/ARC-34 war mit einem empfindlichen Wach- und Not-Empfänger für 238-248 MHz mit guter Bandtrennung ausgerüstet. Die Hauptempfangs- und Sendefrequenz lag zwischen 225-400 MHz in 1.775 Kanälen mit je 100 kHz Abstand. Die Bedienung erfolgte über das Bediengerät C-1057/ARC-34 (20 Kanäle in beliebiger Reihenfolge vorwählbar) oder mit einzeln zuschaltbaren Frequenzkanälen.

Der Funkgerätesatz U-1402-G AN/ARC-138 hatte einen Frequenzbereich von 225-399,95 MHz. Von 3.500 Kanälen sind 20 im Abstand von 50 kHz vorab einstellbar. Für die Betriebsarten sind AM (30 W) und FM (100 W) benötigte die Anlage 2 Minuten bis zur Betriebsbereitschaft.

Als Beispiel für die Marineflieger kann die UHF-Funksprechanlage AN/ARC-552 des "Star-Fighter" F-104G angeführt werden, der z.B. vom MFG-1 in Jagel geflogen wurde. Mit 225-400 MHz konnte eine AM-Wechselsprechverbindung von Boden- oder Schiffstationen mit dem Flugzeug aufgenommen werden. Von 2.500 Kanälen im Abstand von 50 kHz konnten 27 vorgewählt, gleichzeitig aber auch der Wachkanal auf 243 MHz abgehört werden.

Die Funkarbeitsplätze wurden im Laufe der Zeit mit Entwicklung der Technik immer umfangreicher, die Aufgaben der Funkoffiziere der Handelsschiffe und bei den Seestreitkräften immer komplexer. Verschiedene deutsche Firmen produzierten ab den 50er Jahren wieder Spitzengeräte der Funktechnik, von denen hier auszugsweise einige markante Entwicklungen gelistet werden sollen.

Die Firma Siemens & Halske (Siemens) ist seit ihrer Gründung durch Werner von Siemens einer der Lieferanten der deutschen Streitkräfte und auch anderer Behörden. In den 50er Jahren baute Siemens den Allwellen-Empfänger 66-A als einen der ersten Empfänger nach dem Krieg. Er konnte mit Gleichstrom oder mit 110 V bzw. 220 V über einem Umformer betrieben werden. Der Frequenzbereich reicht von 120 kHz bis 27 MHz (Wellenband 2500 bis 11,1 m) und ermöglichte einen Einsatz auf allen Schiffsfunkfrequenzen. Von Vorteil ist hierbei die Umschaltung mit einem Handgriff von der jeweiligen Abstimmung auf die Seenotwelle. Der automatische Schwundausgleich lässt sich für Tastfunk auf Regelung per Hand umschalten, da sonst in den Pausen die Empfindlichkeit aufgrund der fehlenden Empfangsenergie höher geregelt werden würde.

Der 745-E-307 von Siemens & Halske war der ab 1959 entwickelte Vorläufer des KW-Empfängers 745-E-309-a/b bzw. des E-566 und 745-E-310. Dieser wurde in Land- und Seefunkstellen zum Empfang des Nachrichtenverkehrs in aller Welt eingesetzt, aber auch in Presseagenturen und Sicherheitsdiensten. Frequenzbereich ist 255-525 kHz (8. Stufe) und 1,5-30 MHz (Stufe 1-7). Für den Linienverkehr auf, festen Frequenzen hat das Gerät einen zusätzlichen Oszillator mit drei Steckquarzen. Die Röhren der deutschen

Typenreihe konnten durch internationale Produkte mit gleichen Kennwerten ersetzt werden. Das 38 kg schwere Gerät war bis Anfang der 70er Jahre im Einsatz.

Der KW-Empfänger Rel-445-E-311 war die verbesserte Version des E-309 mit Einseitenbandempfang von 1,5-30,1 MHz. Der E-311 setzte hierbei den Träger der ESB-Nachricht neu und sehr frequenzkonstant hinzu und verzichtete auf jede Anbindung an die Sendefrequenz, deren Konstanz als ausreichend vorausgesetzt wurde. Dadurch wurde eine geringere Störanfälligkeit im Gegensatz zur Frequenznachsteuerung erreicht. Direkt von den Quarzen geregelte Oszillatoren haben den Nachteil, dass sie im Betrieb nicht abstimmbar sind. Bei der Version E-311-b wird dies durch einen quarzsynchronisierten Rasteroszillator in der ersten Überlagerung umgangen. Hierdurch wurden die Forderungen von hoher Frequenzkonstanz bei gleichzeitiger Abstimmbarkeit erfüllt. Die Frequenzabweichung betrug innerhalb von 24 Stunden weniger als 20 Hz. Bis Anfang der 90er Jahre war dieses Gerät in der Bundeswehr noch im Einsatz.

Der AW-Empfänger E-566 (745-E-310-B) ist Funkamateuren immer noch ein Begriff. Seine Bezeichnung als "Regenbogen-Empfänger" bzw. "Papagei" verdankt er den Farben seiner Skaleneinteilung für die Frequenzwahl. Im Kurzwellenbereich arbeitet das Gerät mit doppelter Frequenzumsetzung. Siemens & Halske produzierte den E-566 für Küsten- und Schiffsfunk, Sicherheitsdienste, Wetterstationen und Pressedienste mit hoher Trennschärfe und Stabilität, da der ständig gewachsene Bedarf an Funkdiensten zu einer immer dichteren Belegung der Frequenzbereiche führte. Die Marine verwendete den Empfänger von Anfang der 60er bis in die 70er Jahre. Die durch Drucktasten schaltbaren Frequenzen reichen von 14-21 kHz und 85-30.300 kHz. Für die Feineinstellung der Empfangsfrequenz oberhalb 1,5 MHz lässt sich der zweite Oszillator im Gleichlauf mit der ersten Zwischenfrequenz um 100 kHz verändern und auf der Hauptskala kann jeder 100-kHz-Schritt mit dem eingebauten Quarzraster verglichen werden.

Die Firma Rohde & Schwarz stellte eine ganze Reihe von Sendern her, die für Funk-, Flugfunk- und teilweise in kommerziellen Rundfunkdiensten genutzt wurden. Weitere Anwendungsgebiete lagen beim Landfunk, Flug- und Seenavigationsdiensten, Sicherheits- und Wetterhilfen und auch heute noch ist die Firma einer der führenden Hersteller.

Eines der ersten Geräte in Nachkriegsproduktion war der Empfänger- und Prüfsender SMF. Er lieferte Hochfrequenzspannung von definierter Wellenlänge und Amplitude zur Untersuchung und Abgleich von Empfängern. Der Frequenzbereich geht von 0,1-10 MHz in fünf Bereichen. Das ab 1946 gebaute Gerät kostete damals 1.730 DM. Röhren sind 1-x-AZ11, 1-x-EF14, 1-x-EBF11, 2-x-EF13 und 1-x-EF14.

Bald folgten erste Sende- und Empfangsgeräte für die Marine. Ein seltenes Stück stellt der Empfänger ESG-BN-15075 dar, dessen Frequenzbereich von 30-300 MHz reicht und 15-fach unterteilt wurde. Die Einstellung erfolgt über 2 Spulenrevolver, die über Motoren angesteuert werden. Das Gerät war eine Meisterleistung der Nachkriegstechnik, stellte in der damaligen Zeit (1953) mit dem Preis von ca. 82.000,-DM aber auch fast den Gegenwert von damals zwei Einfamilienhäusern dar.

Der KW-Empfänger EK-07 kam als Betriebs- und Überwachungs-Empfänger auf den Markt. Der Frequenzbereich war 0,5-30,1 MHz. Entwicklungsbeginn war 1953 und das erste Labormuster wurde 1956 bei der Empfangsstelle Utlandshörn der Küstenfunkstelle Radio-Norddeich vorgeführt. Nach Verbesserungen wurden im Jahre 1957 die ersten serienmäßigen Empfänger (65 kg) ausgeliefert. Das Gerät ist ein gutes Beispiel der damaligen Feinmechanik und besitzt eine hohe Frequenzgenauigkeit. Neu war auch die Anwendung der Synthesizertechnik, welche die hoch genaue Oszillatorfrequenz ohne Erzeugung von Zwischenfrequenzen direkt über den großen Bereich der Empfangsfrequenzen in feinen Stufen abdecken konnte.

Der Kurzwellen-Sender SK-050/626.1 (270 kg) wurde mit den Vorläufermodellen von 1957, z.B. dem SK-050/626.16 (306 kg), in der Bundeswehr bis Ende der 60er Jahre genutzt. Der Kurzwellen-Sender SK-080/462.16 (492 kg) ist der große Bruder des SK-010/622.1 (104 kg), dessen Vorläufer wiederum der SK-010/622.12 von 1956 war. Der Sender SK-080 hat eine Leistung von 800 Watt, während der SK-010 nur 100

Watt Ausgangsleistung hat. Alle Anlagen hatten, eine dekadische Frequenzeinstellung, Modulationsgerät mit Mithöreinrichtung und einen Frequenzbereich von 1,5-24 MHz, wobei die neueren Geräte eine höhere Frequenzkonstanz hatten. Alle waren sowohl mobil als auch stationär einsetzbar und besitzen eine dekadische Steuerstufe, die den Vorteil einer abstimmbaren Steuerstufe mit der einer quarzgesteuerten Stufe vereinte. Die Sender benötigten für einen Frequenzwechsel ca. eine Viertelstunde, während heutige Sender im Millisekunden-Bereich arbeiten.

Der VHF-Überlagerungs-Empfänger ESM-300 (85-300 MHz, Bandbreiten von 40-200 kHz) diente der Funküberwachung von Träger- und Störfrequenzen bis 300 kHz. Ein Telegrafie-Überlagerer, Schmalbandbetrieb und eine Amplitudenbegrenzung im ZF-Teil machten ihn vielseitig einsetzbar. Die Bundeswehr nutzte den ESM-300 von Mitte der 60er bis Mitte der 70er Jahre.

Der Einseitenband-Demodulator NZ-10/2 konnte als Zusatzgerät für Funkempfänger betrieben werden und ermöglichte den Empfang von Einseitenband-Sendungen mit teilweise unterdrücktem Träger oder Zweiseitenband-Sendungen mit verschiedenen Nachrichteninhalten der Bänder. Diese Eigenschaften des von Anfang der 60er bis Ende der 70er Jahre in der Marine der Bundesrepublik eingesetzten Gerätes machte den Vorteil des ESB-Betriebes - die Unabhängigkeit vom selektiven Trägerschwund - voll nutzbar.

Die Sende- und Empfangsanlage XD-002 arbeitete im Sprech- und Schreibfunkbetrieb auf 225-399,975 MHz mit 3.500 Kanälen. 20 Kanäle waren hatten einen Kanalabstand von 50 kHz und waren programmierbar. Der Tranceiver XD-611 war für Sprech- und Schreibfunkbetrieb auf 225-399,975 MHz ausgelegt. Die schaltbaren 7.000 Frequenzen konnten auf, 30 Plätzen gespeichert werden. Die Sendeleistung beträgt 10 W und ein Wach-Empfänger für 243 MHz ist zuschaltbar. Der UHF-Empfänger ED-80/8 ist ein sehr empfindlicher Doppel-Überlagerungs-Empfänger für stationären oder mobilen Einsatz und gehörte zur Sende- und Empfangsanlage XD-002. Er ist mit zweifacher Frequenzumsetzung und Tiefpassfilter, zur Unterdrückung der Spiegelfrequenz und Störeinflüssen des Oszillators oder von äußeren Störungen ausgerüstet. Als Einkanal- oder automatischer Vielkanal-Empfänger war das Gerät von Ende der 60er bis Mitte der 80er Jahre in Betrieb.

Die HF-Sender SK-210 (1,5-30 MHz, 10/100 W) und SK-310 (100/1000 W) von Rohde & Schwarz waren auf den Zerstörern der HAMBURG- und der LÜTJENS-Klasse im Einsatz, doch z.B. auch die Marinefernmeldeschule, Landstationen oder die Fregatten nutzten sie. Insgesamt wurden 595 Geräte ausgeliefert, die nach und nach durch moderne Anlagen abgelöst wurden. Eingebaute Testmöglichkeiten in Verbindung mit automatisierter Antennen- und Frequenzeinstellung vereinfachten die Bedienung. Zehn Frequenzen können über das Bedienfeld des Senders mit entsprechenden Frequenzschrittschaltern eingestellt werden. Die Frequenzumschaltung unter Leistung hat schon manchen Funker in die Kaffeepause und den Techniker in die Verzweiflung getrieben, da die Senderöhre dabei meist mit einem Durchschlag den Dienst quittierte.

Zusammen mit dem Transceiver XK-403, der empfangsseitig 10 kHz bis 30 MHz und sendeseitig 1,5-30 MHz abdeckt, gehörten die SK-Geräte zur Grundausstattung vieler Funkräume. Der XK-403 war für Notstrombetrieb ausgelegt und hatte eine Sendeleistung von 100 Watt. Die Sende- kann nicht von der Empfangsfrequenz abgekoppelt werden (immer identisch), was zur Folge hatte, dass beim Empfangsbetrieb unter 1,5 MHz kein Senden mehr möglich war. Sieben Speicherplätze für Frequenz und Antennenabstimmung sind vorhanden. Eine Antennenabstimmung erfolgt allerdings immer nur mit HF-Leistung. Das XK-405 hingegen ist ein autonomes HF-Kurzwellengerät des Heeres mit 1,5-30 MHz und 400 Watt für Tast- und Sprechfunk. 525 Geräte wurden u.a. in den Spähpanzern Luchs und den Fliegerleit- und Funktrupps installiert.

In den Kreis der in der Marine verwendeten Geräte gehört noch das XT-3030 mit 100-162 MHz (2,5/30 W) und 225-399.975 MHz (2,5/30 bei FM 100 W), bei einem Frequenzraster von 25 kHz. Der Speicher verfügt über 28 Kanäle, wobei als feste Kanäle Kanal-29 (243 MHz) und Kanal-0 (121,5 MHz) als Wach-Empfänger eingestellt wurden. Je nach dem Frequenzband war automatisch der dazugehörige Wach-Empfänger zugeordnet. Schaltbar waren bei VHF 2.481 und bei UHF 7.000 Kanäle. Die Modulation war von AM auf FM umschaltbar. Bei aktivierter Testschaltung wurde ein kurzes HF-Signal (100ms) abgestrahlt, was die Funktion des Gerätes unterbrach.

Die Firmen Telefunken bzw. AEG lieferten unter ihren verschiedenen Namen viele wichtige Entwicklungen und sehr bekannte Anlagen. Die vom deutschen Kaiser initiierte Gesellschaft musste allerdings durch verschiedene Umwandlungen, durch die Vereinigung mit der Allgemeinen Elektrizitätsgesellschaft (AEG) sowie Umstrukturierungen gehen, die nicht viel von dem einstigen Unternehmen und der ab 1979 Aktiengesellschaft AEG-Telefunken übrig ließen, denn am 20 September 1996 wurde AEG aus dem Handelsregister gelöscht und der Name Telefunken wird nur noch von den Unternehmen verwendet, welche Teile der Unternehmenssparten und deren Rechte übernommen hatten.

Von dem Traditionsunternehmen Telefunken kam nach dem Krieg ab 1949/50 das Teleport-I als tragbares UKW-Sprechfunkgerät, dem zwischen 1952 bis 1955 noch als Röhrengeräte das Teleport-II und Teleport-III für Behördendienste folgten. Nach den Forderungen der Deutschen Bundesbahn wurde das Kleinfunkgerät Teleport-IV ab 1954 für den Rangierbetrieb ausgeliefert, aus dem ab 1957/58 das Teleport-V hervorging, beide Geräte blieben aber bis in die 70er Jahre im Betrieb.

Das transistorisierte Teleport-VI (1,5 kg) kam ab 1962/63 in den Frequenzbereichen 67-87,5, 102-108 und 146-174 MHz als Kleinfunkgerät mit schlagfestem Makrolon-Gehäuse (8-10 Stunden Batteriebetrieb und 0,5/1 Watt Leistung) auf den Markt. Zusätzlich konnte ein Ruf-Oszillator mit 1.750 oder 2.135 Hz eingebaut werden. 1-4 Kanäle im Abstand von 20, 25 oder 50 kHz waren möglich. Im Wach- und sonstigen Sicherheitsdiensten und anderen Bereichen war es weitläufig eingesetzt und hat nun seine Nutzungsphase bei der Bundeswehr mit dem Beginn des 21. Jahrtausends endgültig abgeschlossen. Durch weitere Miniaturisierung entstand ab 1972 das Teleport-VII für verschiedene Dienste, vorwiegend aber für die Polizei.

Der Bundesgrenzschutz wurde ab 1953/54 den FuG-7 ausgerüstet, die 100 Wechselsprechkanäle hatten. Der Version FuG-7a von 1959 folgte 1967 die transistorisierte Version FuG-7b mit 120 Gegen- bzw. 240 Wechselsprechkanälen und 10-W-Sendeleistung, von dem über 10.000 Stück gebaut wurden. Alle Geräte liegen im Bereich von 80 MHz und wurden für Sicherheitsbehörden gefertigt. Ein weiteres Handfunk-Sprechgerät ist das Einkanal-Gerät FuG-11 (160 MHz), das ab 1969 gebaut, und an verschiedene Dienste ausgeliefert wurde.

Ein Grenz- und Kurzwellen-Sender ist der S-236/3 mit 100 Watt (Baujahr 1955, 120 kg) und einem Frequenzbereich von 1,1-24 MHz. Die Frequenz kann von der kontinuierlich abstimmbaren Steuerstufe oder einem Quarzoszillator entnommen werden.

Der KW-Empfänger E-104-Kw/10 war als Such- und Überwachungs-Empfänger vielseitig einsetzbar. Zusammen mit dem E-108 war er eine der ersten Nachkriegsentwicklungen in Deutschland. Die konstante Frequenz war in 18 Bereichen von 1,1-30,1 MHz einstellbar, wobei die technische Leistung allerdings durch ein hohes Gewicht von 86 kg erkauft wurde. Nutzungsphase war von Ende der 50er bis Ende der 60er Jahre.

Der Empfänger E-108-Lw wurde 1956 entwickelt und war bis in die 60er Jahre im Einsatz. Hohe Empfindlichkeit, Trennschärfe und Frequenzstabilität von 10-1.800 kHz in sechs Bereichen zeichneten dieses Gerät als Betriebs-Such- und Überwachungs-Empfänger aus.

Der E-127-Kw/5 (44 kg) war technisch für alle Verwendungen geeignet. Der Frequenzbereich war von 1,5-30,1 MHz einstellbar. Ab 1954 wurde er in die Fernmeldedienste eingeführt, in der Marine der Bundesrepublik wurde er bis Ende der 60er Jahre genutzt.

Die UKW-Empfänger E-148-Uk/1 und E-149-Uk/1 waren mit ihrer hohen Eingangsempfindlichkeit und Trennschärfe als Betriebs-, Such- und Überwachungsgeräte bei kommerziellen Einrichtungen im Einsatz.

Die Frequenzen sind 25-84 MHz beim E-148-Uk/1 und 65-175 MHz beim E-149-Uk/1. Erst 1957 entwickelt, waren die Geräte bis Ende der 60er Jahre im Einsatz.

Die Sende- und Empfangsanlage GRC-9 hat eine Leistung von 10 Watt mit Frequenzen in AM von 2-12 MHz. Unter günstigen Bedingungen war die Reichweite von Fahrzeugen bei Telefonie 30 km und Telegrafie 50 km. Eingesetzt wurde es in der Marine bis Ende 60er Jahre. 1953 kam eine Anfrage den USA zwecks Umbaus der Geräte nach deren militärischen Vorschriften. Diese wurde von Telefunken erfüllt und über 8.500 Anlagen ausgeliefert.

Der Kurzwellen-Empfänger E-863-KW/2 ist für Telegrafie und Telefonie einschließlich Einseitenbandbetrieb eingeführt worden. Auch als Such- und Überwachungs-Empfänger war er mit seinem Frequenzbereich von 1,5-30 MHz in vier Bereichen von Mitte der 70er bis Mitte der 80er Jahre in der Marine der Bundesrepublik im Einsatz. Frequenzkonstanz und Einstellgenauigkeit wurden ledig durch die Genauigkeit ein 1-MHz-Frequenznormal bestimmt. Das Gerät musste bei der Anzeige von Übertemperatur abgeschaltet werden, da keine Schutzvorrichtung vorhanden ist.

Der große Frequenzbereich des Allwellen-Empfänger ELK-639 von 9,8-570 kHz und 0,25-30 MHz machte ihn für alle Funkdienste in Fahrzeugen und Schiffen gleichfalls geeignet. Der Empfänger war transistorisiert und hatte deshalb eine geringe Leistungsaufnahme und lange Lebensdauer. Sein Einsatz ging von Ende der 60er Jahre bis Mitte der 70er Jahre. Ein weiteres Gerät war der Empfänger 0012 mit 46,25 MHz. Das TG-440-B von Teletron war ein mit vielen Empfängern genutztes Tastgerät, das Empfänger-Diversity hatte und eine Hubeinstellung von +/- 50 bis +/- 1500 Hz.

Der Empfänger E-1800/3 von AEG-Telefunken repräsentiert die Entwicklung der Empfangsgeräte der 90er Jahre und hat einen Frequenzbereich von 10 kHz bis 30 MHz. Die eingebaute Mikroprozessorsteuerung ermöglicht eine immense Anwendungsvielfalt, erleichtert die Bedienung und macht ihn in allen Funktionen fernsteuerbar. Es kann sowohl ein Kanal- als auch Frequenzsuchlauf durchgeführt werden. Der integrierte Signaldetektor stoppt automatisch den Suchlauf auf einer benutzten Frequenz. Die Aufprüf- und Verweilzeit ist hierbei ebenfalls programmierbar. Es stehen 100 Speicherplätze zur Verfügung und für den Fernschreibempfang ist ein Tastgerät integriert. Seit 1991 ist der Empfänger in der Deutschen Marine im Gebrauch. Die Firma Telefunken produzierte das PRT-37D (37-47 MHz) und PRT-47D (47-57 MHz) als wasserfeste Multibandfunkgeräte. Besonderheit ist die induktive Abstrahlung, welche die gesicherte Übermittlung von Daten und Informationen erlaubt. 400 Kanäle und 0,25 bzw. 1 Watt Leistung stehen zur Verfügung.

Das SE861 ist ein tragbares Funkgerät mit 20 Watt Leistung, welches über Verstärker 100 Watt Sendeleistung abstrahlen kann. 285.000 Frequenzen stehen zwischen 1,5-30 MHz zur Verfügung. Das 1978 eingeführte Gerät wurde in den deutschen und niederländischen Streitkräften eingesetzt.

Das alte Kürzel FuG für Funkgerät findet in einer neuen Gerätereihe von AEG seine Verwendung. Ein weiteres tragbares Funkgerät ist das FuG-8b1, mit 306 Kanälen in Simplex oder 143 (LSB, 74,215-77,475 MHz) und 163 (USB, 84,015-87,255 MHz) Duplex mit 10-Watt. Es kann als vollautomatische Relaisstation eingesetzt und mit zusätzlichem Verstärker kombiniert werden. Das FuG-10a arbeitet auf 167,56-169,38 und 172,16-174 MHz mit 184 Simplex- und 92 Semiduplex-Kanälen bei einer Leistung von einem Watt. Das Multiband FuG-13a hat 306 Kanäle für Simplex- oder 143 (LSB, 74,214-77,5 MHz) und 163 (USB, 84,015-87,255 MHz) für Semi-Duplex-Betrieb. Auch hier stand 1 Watt Leistung zur Verfügung.

Ähnlich wie Telefunken ging es auch der Firma der 1870/80 entstandenen Lorenz AG (1958 Standard Elektrik Lorenz AG, später Alcatel/SEL). Auch sie hat eine lange Tradition im Funkanlagenbau und lieferte nach dem Krieg und der Auflösung der alliierten Verbote ihre neuen Produkte an die Behörden. Wie bei AEG, Telefunken oder auch den deutschen Werften lies der internationale Wettbewerb durch Fusionen und Verkäufe nicht mehr viel von dem renommierten Unternehmen übrig, welches schon 1890 von der Witwe an Robert Held verkauft wurde und das nach der Übernahme von Alcatel heute auch in der Firma Thales integriert wurde.

Schon früh kam gab es von Lorenz einen Kurzwellen-Sender, den FuS-4 (1,5-7,5 MHz) mit Netzgerät FuN-4 für mobilen und stationären Einsatz, wobei beide Geräte mit 50 kg Gewicht auch recht schwer waren. Der 100-W-Grenzwellen-Sender S-509a (1,6-4,25 MHz) wurde ab 1953 bei der Handelsmarine eingesetzt, ein weiteres Gerät dieser Zeit war z.B. der KW-Empfänger 6-P-203-A5.

Der von SEL gelieferte Funkgerätesatz PRC-6 war ein tragbares Funkgerät (2,2 kg) mit kleiner Leistung zur Kommunikation der Landeinheiten über kurze Entfernungen (1,6 km) im Frequenzbereich von 47-55,4 MHz. Das Funkgerät PRC-9 wurde von den Verbänden der Marineflieger Ende der 50er bis Mitte der 60er Jahre für Sprechfunkverbindungen eingesetzt. Primär war es bei Panzer-, Artillerie- und Infanterieeinheiten in Nutzung. Mit dem batteriegespeisten Gerät war auch Peilbetrieb möglich oder der Einsatz als unbemannte Relaisstation. Das PRC-9 hatte 16 Röhren war mit seinen 11,8 kg noch auf dem Rücken zu tragen.

Die ab 1960 in Großserie gebauten Funkgeräte SEM-25/35 konnten auf den Erfahrungen der Bordfunkgeräte aus der Kriegsmarine aufbauen und lösten ab 1964 die entsprechenden US-Geräte ab. Das SEM-25 hatte 880 Kanäle im Frequenzbereich von 26-70 MHz mit 15 Watt und wurde im Kampfpanzer Leopard-1 und -2 eingesetzt (Reichweite etwa 30 km). Rund 35.000 Handfunksprechgeräte SEM-52-S und -SL ersetzten die PRC-6-Geräte im taktischen VHF-Truppenfunk aller Streitkräfte (Stückpreis 6.115,99,- DM). Der Frequenzbereich reicht von 30 87,975 MHz bei einer Leistung von 0,2-2 Watt (regelbar). Der Kanalabstand beträgt 25 kHz, 12,5 oder 20 kHz sind programmierbar. Das nur 630 g schwere Gerät wurde weltweit exportiert.

Ab 1984 erhielt das Feldheer die Funkgerätefamilie A/VHF mit den SEM-70/80/90, doch die Ausrüstung der Truppe im HF-Funk blieb allgemein bis in die 80er Jahre auf dem Stand der 60er Jahre stehen. Erst mit der Einführung der Schreibfunktrupps HF-B1 (1 kW) ab 1984 wurde modernisiert und 1991 der verbesserte HF-B2 eingeführt. 1996 kam der HF-A (100 W) zu den Schreibfunktrupps als erstes Kurzwellengerät mit automatischer Frequenzwahl und Frequenzsprungverfahren. Mit Auslieferung des HF-A (150 W) und des HF-C (1 kW) steht der Fernmeldetruppe des Heeres seit 1999 erstmals wieder ein leistungsfähiges modernes Führungsmittel im HF-Funk zur Verfügung.

Die Funkgerätefamilien SEM-70/80/90 folgten ab 1986 in allen Streitkräften nach und waren z.B. mit dem PRC-2200 (HF/VHF) auch bei den deutschen IFOR-, SFOR- oder KFOR-Kontingenten vertreten. Die Frequenz der neuen Generation von damals Alcatel/SEL (Stuttgart) liegt bei 30-79,975 MHz mit 0,4/4/40 Watt und 2.000 Kanälen (digital) im Abstand von 25 kHz. 16 Frequenzen bilden ein Frequenzbündel (von max. 10), der Unterschied zwischen SEM-70 zu -80 und -90 ist lediglich ein Leistungsverstärker. Die Geräte können einen Pilotton zur Aktivierung anderer Geräte die sich im Standby befinden senden.

Die Funkanlage SEM-93 ist das Erste in der Bundeswehr für verschlüsselte Sprach- und Datenübertragung im VHF-Bereich. Es ermöglicht eine Kommunikation über die Truppengattungen hinweg und war für die Implementierung der Führungs- und Waffeneinsatzsysteme in das Heros-2/1 vorgesehen, wobei das SEM-91 die Version für Luftfahrzeuge ist. Integriert wurde auch ein Schutz gegen elektronische Gegenmaßnahmen. Heer, Luftwaffe und Marine erhielten bisher ca. 3.600 Geräte, die als Exportversion SEM-173/183/193 in verschiedenen Nationen genutzt werden. 0,4/4/40 Watt ermöglichen auf 2.000 Kanälen Übertragungen mit bis zu 9.600 bps.

Die Standard Elektrik Lorenz AG in Stuttgart wartete mit neuen Gerätemodulen für Landfernmeldeverkehr auf, deren Kombinationen den Bedürfnissen der Kunden angepasst werden können. Ein Handfunkgerät ist das SEM-52-S, das 480 Kanäle zwischen 30-80 MHz und eine Leistung von 1 oder 2 Watt hat. Mit Halterung für Fahrzeugeinbau wird daraus das SEM-152-S, für verschlüsselte Übertragungen (auch Datenfunk) kann ein digitaler Zusatz installiert werden. Im Frequenzbereich zwischen 30-80 MHz, mit 2000 Kanälen und bis 20 Watt arbeiteten die SEM-170 und -171, welche als Version SEM-180 (2 Watt) und -190 (40 Watt) in

Fahrzeugen eingebaut werden können. 1983 wurde das SEM-172 eingeführt, welches zusätzlich ein ECCM-Modul beinhaltet und grundsätzlich verschlüsselt sendet (4 Watt, ein Schlüssel wiederholt sich hier alle 2.790 Jahre). Ein Netz mit 10 Stationen kann damit fernbedienbar aufgebaut werden. Durch die Kombination der Module SEM-180 und -190 entsteht das Fahrzeugset SEM-182 und -192. Die Anpassungsfähigkeit einzelner Bauteile und Möglichkeit zur Bildung neuer Systeme durch vorhandene Komponenten ist der Schlüssel zur Kostenersparnis.

Ein weiterer klangvoller Name in der Kommunikation ist in der Marine und im kommerziellen Bereich die Firma Hanseatische Apparatebaugesellschaft Neufeldt & Kuhnke (Hagenuk). Allerdings musste auch die 1899 gegründete Firma als relativ kleines Unternehmen ähnliche Schicksalsschläge hinnehmen wie ihre in- und ausländischen Konkurrenten, so gingen Geschäftsbereiche aus dem Schiffsbau an die HDW-Hagenuk während mit der Hagenuk Marinekommunikation die nachrichtentechnischen Abteilungen heute zur EADS International (European Aeronautic Defence and Space Company) gehört. Europas größter Luft- und Raumfahrtkonzern hat viele historische Wurzeln (z. Messerschmidt-Bölkow-Blohm, MBB), wurde am 20. November 2000 gegründet und arbeitet mit anderen global Playern wie BAE Systems, Finmeccanica (z.B. bei MDBA), Inmarsat, Thales, Northrop Grumman, General Dynamics in internationalen Projekten eng zusammen. EADS hat auch andere deutsche, europäische und internationale Unternehmen (z.B. Racal Instruments) bereits übernommen und sicherte sich im Jahre 2003 erstmals 52% des Weltmarktanteils des Produktionsgebietes.

Hagenuk selbst hat als deutsche Firma ebenfalls weltweit einen guten Ruf erlangt. In den 1950er Jahren kam von Hagenuk ein Grenzwellen-Sender GS-100 mit drei Röhrenstufen, der für Telegrafie und Telefonie im Frequenzbereich 2-5 MHz an Land und auf See eingesetzt wurde, wie auch der Grenzwellen-Sender mit KW-Teil GS-104-K. Zusammen mit dem Empfänger E-80KM waren mit dem GS-104-K fünf Frequenzbereiche und die Seenotwelle schaltbar. Eine Anlage wurde erstmals auf der Motoryacht MS ANTINOU II eingebaut. Ab 1980 diente diese Funkanlage in München noch zur Ausbildung von Anwärtern auf das allgemeine Sprechfunkzeugnis für den Seefunkdienst.

Der Universal-Empfänger UE-11 (35 kg) aus den 50er Jahren wurde speziell für den Schiffsfunkverkehr ausgelegt und mit Peilvorsatz ausgestattet konnte auch eine Richtungsbestimmung vorgenommen werden. Eine Drucktaste ermöglichte die Umschaltung auf Seenotwelle, ohne die vorherige Abstimmung zu ändern. Die Frequenz reicht von 0,1-30 MHz. Der nachfolgende Universal-Empfänger UE-12 (40 kg) der 60er Jahre deckte den gleichen Frequenzbereich ab.

Als Funksprechgerät für den öffentlichen Seefunk war das USE-202 mit 156,025-157,425 und 160,625-162,025 MHz eingesetzt und ist noch jedem ehemaligen Wachgänger auf den Brücken der Marineschiffe bekannt. Die 57 Kanäle hatten einen Abstand von 25 kHz im Simplex- und Duplexbetrieb. Die Sendeleistung war von 25 auf 1 Watt umschaltbar. Die Sendefrequenz liegt bei einer Schiffsanlage 4,6 MHz unter der Empfangsfrequenz, bei der Küstenfunkstation umgekehrt. Ein Schiff/Schiff-Duplexverkehr ist dadurch nicht möglich. Bei eingelegtem Handhörer ist automatisch der Notkanal 16 mit 156,8 MHz in Simplex geschaltet. Bei Zweikanalüberwachung wurden der Kanal-16 und der Arbeitskanal wechselseitig überwacht. Bei Netzausfall erfolgt automatisch die Umschaltung auf den Batteriebetrieb des Brückengerätes.

Als Not-Sender ist der MS-400A mit Festfrequenzen von 410, 425, 454, 468, 480, 500 und 512 kHz eingesetzt worden. Seine 250-W-Sendeleistung ist in Schritten von 1/2, 1/4, 1/8 und 1/16 reduzierbar, die Antennenabstimmung ist manuell oder automatisch durchführbar. Die Abstimmzeit beträgt dabei maximal 7 Sekunden. Eine Überlastung wird nur angezeigt, einen Schutz davor besaß der Sender nicht, aber dafür erfolgte die Umschaltung auf Notstrombetrieb automatisch.

Der RX-1001-M Empfänger hat einen Frequenzbereich von 10 kHz bis 30 MHz mit Kanal- und Frequenzsuchlauf. Mit 99 Speicherplätzen ist er dem E-1800 vergleichbar, benötigt für den Fernschreibempfang jedoch das Zusatzgerät TG-1001. Dieses hat eine Hubeinstellung von 425, 85 und 42,5

Hz und stellt für den RX-1001 den Demodulator für den Fernschreibbetrieb dar. Es besteht die Option von Antennen oder Empfänger-Diversity. Diese Geräte wurden gemeinsam in die Marine der Bundesrepublik eingeführt.

Die taktischen Landfunkgeräte aus deutscher Produktion haben wieder ihren Stellenwert auf dem internationalen Markt zurückgewonnen. Einige Geräte werden teilweise auch in Luftwaffe und Marine zur Verbindungsaufnahme mit Landeinheiten verwendet. Die deutschen Firmen haben nach dem Kriege zwar ihre Namen und ihre Qualitätsansprüche weltweit behaupten können, aber nicht alle haben den Konkurrenzkampf schadlos überstanden.

Neben den bereits genannten namhaften Firmen existieren heute viele neue und auch ausländische Firmen, speziell aus Asien und den USA, deren Geräte teilweise auch in den deutschen Streitkräften genutzt werden. Gerade im Bereich der kommerziellen Kommunikation (z.B. Telefon-, Mobil- oder Satellitenkommunikation) greift auch das Militär auf COTS-Produkte zurück. Nur wer sich auf dem Weltmarkt gut platzieren kann und auch Rüstungsaufträge erhält kann sich heute wie damals im internationalen Wettkampf behaupten.

Die Telemit Electronic GmbH in München konstruierte z.B. in den 1960er Jahren das AN/PRC-77/GY als Nachfolger des AN/PRC-25 und -77. Die zwei Frequenzbänder reichen von 30-52.95 MHz und 53-75,95 MHz bei 50 kHz Kanalabstand und 2 Watt Leistung, von 920 Kanälen sind 2 programmierbar. Das Gerät wurde ab 1971 produziert, dann folgte 1984 der Nachfolger AN/PRC-77A/GY mit neuem CMOS-Platinenaufbau, welches in der Version AN/PRC-77C/GY auch schon ein integriertes Sprachverschlüsselungsmodul erhielt.

Das AN/PRC-184/GY ist ein taktisches VHF-Funkgerät mit Frequenz-Hopping-Verfahren und die digitale Verschlüsselung (264). Es kann mit herkömmlichen VHF-Geräten kommunizieren und wurde seit 1984 produziert. Die Frequenz reicht von 30-88 MHz bei 2,5 Watt Leistung. Von 2.320 Kanälen konnten 8 voreingestellt werden.

Das AN/PRC-88/GY ist ein weiterer Nachfolger des PRC-77 und kompatibel zu den existierenden Funkgeräten wie z.B. AN/GRC-3, AN/VRQ-16, AN/VRQ-20, COM-80/GY, AN/VRQ-64, AN/GRC-160, AN/VRC-12, AN/VRC-43 bis -47 und vielen anderen. Der Frequenzbereich ist 20-80 MHz, es hat 2.400 Kanäle und 3 Watt Leistung. Vorgestellt im Jahre 1979 ging das Gerät 1981 in Produktion. Das Fahrzeugset COM-80/GY basiert auf den PRC-77 Varianten, das COM-88/GY entsprechend auf PRC-88 Versionen.

Das AN/PRC-505/GY (RTX-5051) ist ein Handfunkgerät mit externen Anschlussmöglichkeiten und einem Frequenzbereich von 47-57 MHz. Von 400 Kanälen sind 10 programmierbar, die Leistung ist 0,1 oder 1 Watt.

Jedes Sende- und Empfangsgerät kann einem Seenotruf dienen, daneben gibt es aber die speziell für diesen Zweck entwickelten Funkgeräte. Für Flug- oder Seeunfälle kam, das Seenotgerät TR-PM-2A der Firma Thomson. Es ermöglichte die Peilung auf, 243 MHz von Verunglückten durch Schiffe oder Flugzeuge. Die Reichweite liegt bei Telegrafie zwischen 100-120 km und Telefonie bis 40 km. Bei einem konstanten Betrieb reicht die Spezialbatterie 20-25 Stunden.

Das Seenot-Handfunkgerät MR-506 hat eine Reichweite von ca. 18 sm und wurde bei fliegenden und schwimmenden Einheiten für den automatischen Betrieb mit Funkbaken oder als Sende-/Empfangsgerät auf der militärischen Notfrequenz 243 (241,5-245,5) MHz eingesetzt. Bei Peilung aus dem Flugzeug ist auf 3.000 m Höhe eine Ortung bis in 200 km Entfernung möglich. Das Gerät wurde 1970 in die Bundeswehr eingeführt und geht in seiner Entwicklung bis 1967 zurück. Die 15-V-Batterie liefert bei 0° Celsius bis zu 24 Stunden die erforderliche Spannung. Das handliche Gerät wurde auch für die europäischen Nachbarländer von der Firma Becker Flugfunkwerk GmbH gefertigt. Beim Einsatz in Strahlflugzeugen erfolgt die Aktivierung automatisch bei der Sitz-Mann-Trennung, sodass in der Sinkphase des Fallschirmes bereits eine Peilung ermöglicht wird. Beim Eintauchen in das Wasser wird mechanisch eine CO_2-Patrone angestochen, die den Schwimmkörper der Schwimmweste aufbläst und gleichzeitig die flexible Antenne in ihre Betriebslage bringt. Das MR-506 (Dichtigkeit bis in 4 m Wassertiefe) kann nun angeschlossen werden. Schon die optische Ähnlichkeit mit dem Nachfolger MR-509 verrät die Verwandtschaft. Hier wurden die UHF/VHF-Komponenten erweitert um die Ortungsmöglichkeit durch COSPAS-SARSAT-Satelliten.

Die Notfunkboje SE-662/4 hat auf 500 kHz eine Reichweite von 110 sm, bei 2.182 kHz von 175 sm und bei 8.364 kHz mehrere tausend Kilometer, jeweils abhängig von den Ausbreitungsbedingungen. Mit einer maximalen Sendeleistung von 5 Watt können Alarmzeichen, Notruf und Peilzeichen über ein automatisches Tastgerät gesendet werden. Die Spannungsversorgung erfolgt aus 12-V-Akkumulatoren, die 24 Stunden Betrieb bei 2 Minuten Senden und 10 Minuten Empfang gewährleisten. Auf 2.364 kHz ist bei dem 20 kg schweren Gerät nur Sendebetrieb möglich. Als Antenne können wahlweise ein Stab oder ein Draht angeschlossen werden. Die nachfolgende Rettungsboje SAR-2000 der Firma Becker Flugfunkwerke in Rastatt wurde sowohl für den Betrieb in Rettungsinseln als auch zum Abwurf von Flugzeugen und Schiffen konzipiert. Die Sendefrequenzen lagen bei 121,5, 243 und 2,182 MHz, während ein Empfang auf, 2,182 und 8,364 MHz möglich war. Nach Truppenversuchen 1977/78 entschied man sich jedoch für die Rettungsbootstation RBS-2000 von derselben Firma.

Der Notsignalgeber SBE ist die moderne Variante für den Einsatz auf U-Booten und sendet im Notfall ein definiertes akustisches Signal aus. Sonaranlagen an Bord von Überwasserschiffen können dieses Signal wahrnehmen, sodass entsprechende Rettungsmaßnahmen eingeleitet werden können. Auslösung des Signals erfolgt entweder manuell oder automatisch durch Kontakt mit dem Wasser.

Die Fernmeldeanlagen wurden zu Funk- und Fernmeldearbeitsplätzen an Land und an Bord von Schiffen zusammengefasst. An die Bedürfnisse der Flotte angepasst bildete die Marinefernmeldeschule (MFmS) und seit 2002 die Marineoperationsschule (MOS) die Lehrgangsteilnehmer an Fernmeldearbeitsplätzen mit den an Bord befindlichen Geräten aus. Zusätzlich gibt es die Übungsanlage für Fregatten, die im Wesentlichen die Komponenten der Fregatten Klasse F-122 und Klasse F-123 sowie F-124 darstellt.

Der "Arbeitsplatz Hilfsschiffe" ist ein Beispiel, wie ein Fernmeldearbeitsplatz an Bord von Hilfsschiffen der Marine in den 60er Jahren aussah. Ein Aufbau war mit einem Sendeteil mit Allwellen-Empfänger 66-A, Kurzwellen-Sender KS-301, Grenzwellen-Sender GS-101, MW-Sender MS-301, MW-Not-Sender MS-85N, Haupt- und Notsendeantenne ATW sowie dem Netzteil BG-301/M1. Am Arbeitsplatz befanden sich ferner z.B. eine Fernbedienung FAE-c-24/24, Auto-Alarm-Empfänger ZA1M (500 kHz), Funkempfänger TE-2182 F (2.182 kHz), Transientenschalter TSG-25-30 für den Notsender, Ladegerät Z-302/1, Funkschreibmaschine Olympia, Junkers-Taste, Kopfhörer und Zubehör.

Die Zerstörer der LÜTJENS-Klasse enthielten in ihrer Funkausstattung Geräte wie das AN/URT-23D, AN/SRC-23A, AN/WSC-3, XK-403, USE-202, XU-611A4, SK-210/310, MS-400A, die nach und nach durch moderne Geräte wie z.B. E-1800 und RX-1001/TG-1001 ergänzt oder ersetzt wurden, bis letztendlich auch die Schiffe selbst außer Dienst gestellt wurden. Waren die Funkgeräte alle aus der OPZ, der Brücke oder anderen Plätzen fernbedienbar, so mussten Fernschreiben größtenteils mit Läufern zu ihrem Empfänger an Bord gebracht werden. Doch an den Funk- und Fernmeldearbeitsplätzen wandelte sich das Geschehen mit Einführung der Computertechnik.

Die neueren Einheiten der Deutschen Marine nutzen z.B. "Message Handling Terminal" (MHT) bzw. "Message Handling System" (MHS) oder auch ein "Integriertes Message Unterstützungssystem" (IMUS) zur automatisierten Fernschreibabwicklung, wobei die Systeme prinzipiell immer den gleichen Zweck erfüllen, aber auch neue Führungs- und Informationssysteme. Für die Verteilung von Sprechfunkkanälen, Fernschreiben, Daten- und Bildfunk stehen z.B. die Funkvermittlungen (z.B. MCS-2000 oder MCS-2002) auf den Fregatten Klasse 122 und 123 zur Verfügung, doch jeder Neubau bringt neue Gerätegenerationen.

Der Kern des Systems auf den Fregatten der Klasse F-122 bestand noch aus dem MERLIN GR-856C1 Rechner mit einem AMD-386DX40 Prozessor, 4-MB RAM und 64-kB Cache. Die Computertechnik vereinfachte auch hier die Bedienerführung mit der Antennenauswahl, Senderbedienung und einem Ionosphären-Programm, welches automatisch mit Tages- und Jahreszeit, der vorberechneten Sonnenfleckenzahl und dem Standort des Schiffes die optimale Frequenz berechnet. Die Funkfernmeldeanlage führt z.B. Geräte wie E-1200 oder E-1800, TRX-1510 (löste die SK-Sender 1997 ab), MS-400A (wird durch GMDSS ersetzt), XK-403, XT-3030, USE-202 und die Satellitenkommunikationsanlage SCOT-1A.

Die Fregatten der Klasse F-123 führen dagegen Geräte wie RX-1001/TG-1001, MS-400A (wurde durch GMDSS ersetzt), XK-852, EK-851, XT-452, XD-432, SR-2182, USE-202 und die Satellitenkommunikationsanlage SCOT-1A. Die Funkgeräteserien 400, 610 wurden bei der Firma Rohde & Schwarz 1983 entwickelt, der die 800er Serien folgten. Mehr Möglichkeiten durch Prozessorsteuerung bedeuten dabei aber nicht immer eine kürzere und einfachere Handhabung durch das Funk- oder das Wartungspersonal, doch die Fortschritte und Möglichkeiten für eine sichere Verbindungsaufnahme sind vielfältig und komplex.

Militärische Funkanlagen nutzen die im 2. Weltkrieg entwickelten Frequenzsprung- und Direct-Sequence-Verfahren aus der Funk- und Radartechnik heute in elektronisch gesteuerter Form zur sicheren Verbindungsaufnahme. So wird beim Frequenzsprungverfahren die Trägerfrequenz im Sender und synchron dazu im Empfänger gemäß einer Pseudozufallsfolge innerhalb eines breiten Frequenzbandes gewechselt. Beim Direct-Sequence-Verfahren wird das Nutzsignal durch Bit-weise Addition mit einer Pseudozufallsfolge auf ein breites Frequenzband verteilt.

Die Möglichkeiten von Systemen und Anlagen müssen auf der Grundlage der Ausbildungsgänge der Informationstechnik vermittelt werden und können erst dann vom Personal beherrscht werden, wenn die technischen und die betrieblichen Abläufe verstanden worden sind. Dies ist jedoch nur eine Seite der Medaille, denn die Führung muss die zur Verfügung stehenden Führungs- und Informationssysteme auch entsprechend ihrer Stärken und Schwächen einzusetzen wissen. Die Digitalisierung hat gerade bei den Führungs- und Informationssystemen in der Marine umwälzende Änderungen gebracht, die allerdings durch die Beschaffungszeiten relativiert werden. Wenn von der Planung bis Indienststellung von Einheiten 15 und mehr Jahre vergehen und der Lebenszyklus der IT mit ca. 5 Jahren angesetzt wird, sind 3-4 Zyklen durchlaufen und die Anlagen beim Zulauf der Schiffe und Boote veraltet.

Staatsrundfunk der DDR / Nachrichtenorganisation der Nationalen Volksarmee

Der erste Funkdienst nach dem Krieg war auch im Osten Deutschlands der Rundfunk, welcher Ende 1945 in der russischen Besatzungszone der Deutschen Zentralverwaltung für Volksbildung (DZVfV) unterstellt wurde. Am 13. September 1952 wurden die selbstständigen Landessender aufgelöst und das Staatliche Komitee für Rundfunk im Ministerrat gebildet. Damit begann der zentralisierte und kontrollierte Staatsrundfunkdienst in der DDR.

Bis Mai 1946 konnten zunächst nur sechs MW-Sender in Betrieb genommen werden. Ab dem 6. Juli 1952 kamen die von den VEB Funkwerken Köpenick neu gebauten 250-kW-Sender zum Einsatz. Der MW-Sender in Burg durfte nach der Genfer Konferenz seine Leistung auf 1 MW erhöhen, ferner wurden zwei zusätzliche 20-kW-Sender bei Magdeburg errichtet. Im weiteren Aufbauplan wurden 34 Sender mit 1 kW Leistung vorgesehen.

Im KW-Bereich wurde 1955 ein neuer 50-kW-Sender in Betrieb genommen, nachdem zuvor die Festfrequenzen der Stationen in Nauen und Königs-Wusterhausen genutzt worden waren. Vier Jahre später kam ein Sender mit dreh- und schwenkbarer Richtantenne mit 100 kW. Erst die vier weiteren, ab 1972 errichteten, Sender hatten ebenfalls 100 kW Leistung, sodass insgesamt nun 10 Sender zur Verfügung standen. Der Sender in Königs-Wusterhausen übertrug ab 1971 die "Stimme der DDR". Mit der Vereinigung 1990 wurden der zentralistische und politisch gesteuerte Staatsrundfunk der DDR abgeschafft und die Anlagen in das bestehende föderalistische Sendernetz der vereinigten Bundesrepublik Deutschland übernommen.

Die Fernmeldeanlagen der bewaffneten Einheiten und der daraus entstandenen Streitkräfte durchliefen auch in der DDR entsprechend der Nutzungszeit die Phasen der technischen Entwicklung. Im Nachrichtenwesen fand während des Kalten Krieges in gewisser Weise ein äquivalentes "Wettrüsten" wie bei den Waffensystemen statt. Zwangsläufig musste dies aus Geldmangel zulasten anderer staatlicher Bereiche führen. Es kamen modernste Kommunikationsmittel zum Einsatz, wie z.B. die Laserübertragung von Nachrichten bei der Stasi, aber die Nachrichtentruppen der NVA (ab 1980 zwischen 10.000-15.000 Mann) mussten größtenteils auf veraltete Technik zurückgreifen.

Die Geschichte der Nachrichten- und Flugsicherungstruppen der Nationalen Volksarmee der DDR beginnt im Sommer 1948 mit dem Aufbau erster Funk- und Fernsprechtrupps in den zwei Volkspolizei-Bereitschaften (VPB, je 250-Mann) und der Schaffung von Nachrichtenleitstellen in den fünf Ländern der Sowjetischen Besatzungszone.

In die Ausrüstung floss bei der mobilen Technik das Beutegut der Sowjetarmee aus der deutschen Wehrmacht ein. Dies waren z.B. 5-W-Kurzwellen (KW) Sender, Tornisterempfänger "b", 10-W-UKW-Panzer-Funkgeräte, Feldfunksprecher f "Friedrich", Dezimeter-Richtfunkgeräte DMG-5 "Michael", Feldklappenschränke Fk-10, -24, -16 für 10 bis 60 Teilnehmer, Feldfernsprecher FF-33, Fernschreiber, ST "Siemens" und Feldkabel. Ergänzt wurde dies durch Anlagen der Sowjetarmee, wie beispielsweise UKW-Tornisterfunkgeräte A7B, KW-Panzer-Funkgeräte der Typen 9RS, 12-RMT und 10-RK (in äußerst geringer Stückzahl und nur für die Ausbildung).

Bei den stationären Anlagen wurde ebenfalls alles vorhandene Material der Wehrmacht in Kombination mit russischen Anlagen weiterverwendet. 1952/53 wurden das dem Stab der kasernierten Volkspolizei unterstellte Nachrichtenkommando in Niederlehme, Kreis Königs Wusterhausen, formiert. Mit Unterstützung durch die Deutsche Post der DDR (DP) wurden oberirdische Trägerfrequenz-Doppeldrehkreuzlinien (TF-Achsen) von Objekt B1, Berlin/Schnellstraße (ab Mitte 1952 Sitz des MdI/Stab der kasernierten Volkspolizei) nach Pasewalk, Potsdam und Eggersdorf/Strausberg bis nach Cottbus errichtet.

Das Zusammenwirken mit der Deutschen Post wurde durch eine Koordinierungsabteilung (Ko-Abteilung) des Stabes der kasernierten Volkspolizei (3. Abteilung) im Ministerium für Post- und Fernmeldewesen (MPF), mit modernisierter und modifizierter Technik der letzten Kriegs- und ersten Nachkriegsgeneration gewährleistet. 1954 wurde der "Nachrichtenknotenpunkt" beim inzwischen nach Straußberg verlegten Stab der kasernierten Volkspolizei formiert.

Mit der Neuorganisation ging die Einführung von Nachrichtenmitteln aus der Sowjetunion, insbesondere in der Funktechnik der KW-Panzer-Funkgeräte 10-RT, der Tornisterfunkgeräte RBM, der motorisierte KW-Funkstellen RSB und RAF, der Bodenfunkstellen für Flugfunkverbindungen RAS KW/UKW, der Empfänger des Typs KW-M und der Feldfernsprecher FF-43 einher. Ausrüstungen mit der Technik aus den Anfängen der DDR-Produktion gab es reichlich. Da war z.B. das Funkgerät FK-1, der Empfänger EK-1, das Funksprechgerät "Liliput", das Richtfunkgerät RVG 902e (nur Nachrichtenkommando Niederlehme) und Dezimeter-Telefonen sowie den Fernsprech- und Fernschreibgeräten. Dazu kamen die verschiedenen Trägerfrequenz- und Wechselstrom-Telegrafiegeräte Tfc, Tfd, GT/WT/UT, ÜT, das Fernschreibanschlussgerät FSA, der Feldfernsprecher FF-53, die Feldvermittlungen OB-50/52 für 10, 30, 60 Teilnehmer, Streifen- und Blattschreiber T-51, -51a, -53, der Feldfernschreiber RET mit dem leichten Feldkabel sFK und dem Feldfernkabel FFK-4.

Bis Ende Dezember 1956 waren die Truppennachrichteneinheiten und Nachrichtenbataillone der Divisionen und Verwaltungen der Militärbezirke der Landstreitkräfte (LaSK), die Nachrichteneinheiten der Luft- und Seestreitkräfte (LSK/SSK), das Nachrichtenregiment 2 (NR 2) und die Nachrichtenbetriebsabteilung (NBA) des MfNV/Hauptstabes und die Nachrichten-Offiziersschule aufgestellt und untergebracht. Dazu kamen Einrichtungen der technischen Sicherstellung der

Nachrichtenverbindungen (in Form einer Kombination von Lager, Werkstatt und Erprobungsstelle des MfNV), die gemeinsam mit dem Nachrichtenregiment 2 in Niederlehme (Kreis Königs-Wusterhausen) lagen.

Die Entwicklung von 1957 bis 1961 war zunächst gekennzeichnet durch die Festigung der Nachrichtentruppe in den Strukturen und die mittelfristige Vorbereitung auf ihre Einbeziehung in die Vereinigten Streitkräfte des Warschauer Paktes. Am 24. Mai 1958 wurden die Hauptkräfte der NVA den Streitkräften des Warschauer Paktes unterstellt und anstelle der Berater übernahmen nun Stabsoffiziere des Warschauer Paktes die Anleitung der ostdeutschen Nachrichtentruppe und deren Strukturen wurden schrittweise denen der Sowjetarmee angeglichen.

Aus der UdSSR kamen Funk- und Richtfunktechnik der R-Serie, wie KW-Funkstellen R-102, 118A (SPW) und B (KFZ), R-125, UKW-Funkgerät R-105 bis −116, Fernmeldegerät der P-Serie, darunter mobile Nachrichtenzentralen P-299 für motorisierte Schützen- und Panzerdivisionen (MSD/PD) und "Sarewo" für die Armee im Militärbezirk III, Leipzig, Chiffriermaschinen CM 2, Fernsprech-/Fernschreibtechnik sowie Kabel aus DDR-Produktion. Alles kam in zunächst geringen Stückzahlen und schleppendem Tempo, während die alte Ausrüstung aus dem 2. Weltkrieg gleichzeitig noch in der Truppe verblieb.

Es begann die Planung des landesweiten Fernmeldegrundnetzes (FGN) und der Bezirks-Fernmeldegrundnetze (BFGN), der Aufbau des Richtfunknetzes (RFN) der NVA. Es gab die nationalen Nachrichtenübungen des Typs "Elektronik" zur Überprüfung der Planung und zur Übung der Stäbe und Truppe sowie einschließlich der zivilen Spezialformationen (ZSF) der Deutschen Post.

1968 begannen die konzeptionellen Arbeiten zum Aufbau eines "Integrierten Stabsnetzes", des Fernsprech- und Fernschreib-Stabsnetzes S1. Ausrüstung und Technik lagen in der Zuständigkeit des Chefs Nachrichten im MfNV, der mangels digitaler Technik zunächst gezwungen war, das Netz analog zu planen. Damit wurde auch die Aufstellung von Nachrichten-Instandsetzungstruppen (NIT) vorgesehen. Im Februar 1973 ordnete der Vorsitzende des Ministerrates den Aufbau dieses Sondernetzes 1 (S1) an.

Grundnetzes des Staatlichen Nachrichtenwesens (GNS, geplant)

- S1-Netz für die FM-Grundversorgung der Streitkräfte, Partei und Regierung
- Führungsnetz
- Schmalband-RiFu-Netz
- WeTSche-Netz
- SAS-Netz
- Troposcatter-Netz
- Luftwaffennetz als Teil des Führungsnetzes
- Marinenetz als Teil des Führungsnetzes/Stationäres Funknetz
- Grenzmeldenetz
- System 1000 (Schaltnetz GSTD)

Es wurden zunächst eine provisorische Aufbauleitung, dann 1975 die Zentralstellen für Nachrichtennetze (ZfN) sowie für Schaltung und Betrieb (ZfSB) eingerichtet. Die Erprobung der ersten Netzgruppe des Sondernetzes 1 mit den Haupt- und Knotenvermittlungsstellen (HVSt, KVSt) 4 in Neubrandenburg und 8 in Schwerin sowie den Zwischenvermittlungsstellen (ZVSt) Parsewalk/Anklam und Teterow (Erprobungsnetz) wurden im April 1978 erfolgreich beendet.

Allgemein wurden die Nachrichtentrupps und Zentralen mit SAS- und Chiffriertechnik ab ca. 1964 ausgestattet. Die Errichtung des einheitlichen Grundnetzes des Staatlichen Nachrichtenwesens (GNS) zeigt die Bedeutung, welche die Führung der DDR der Nachrichtentechnik zuerkannte. Die Umsetzung und

Inbetriebnahme verzögerte sich aus materiellen und finanziellen Gründen bis in die Jahre 1987/89 und wurde, bedingt durch die chronische Unterfinanzierung in den Streitkräften nie fertig gestellt.

Im November 1967 wurde das erste bilaterale Regierungsabkommen zwischen der DDR und der UdSSR über "Die Nutzung des Funkfrequenzspektrums durch Dienste der DDR und der Gruppe der Sowjetischen Streitkräfte Deutschland - (GSSD)" abgeschlossen. Die zu Konsolidierung der Nachrichtentruppe und zu ihrer Anpassung an die national sowie international ständig wachsenden Aufgaben im Nachrichtenwesen begonnen Maßnahmen wurden in der DDR fortgesetzt, wobei auch neue geländegängige, gepanzerte und schwimmfähige Kommandeurs-/Stabsfahrzeuge R-145-B "Tschaika" für die taktische Führungsebene eingeführt sowie die vorhandenen Kettenfahrzeuge BTR-50-PU modernisiert wurden. Die Ausrüstung der stationären Funksendestellen konnte mit zivilen Geräten SS-1000/100 (Kurzwellen-Schiffssender mit 1000/100W Leistung), SEG (Sende-/Empfangsgeräte Grenz-/Kurzwelle) und KW-Empfängern EKN/EKN F1 (Funkfernschreib) abgeschlossen werden.

1967 wurde die Ausrüstung stationärer geschützter Führungsstellen wie z.B. die zunächst als Hauptführungsstelle 17/02 Hennickendorf bei Luckenwalde (NHZ-4) oder der Zentrale Gefechtsstand der Luftstreitkräfte/Luftverteidigung (1 km südlich Fürstenwalde, früher als "Fuchsbau" bekannt) sowie der Hauptgefechtsstand (HGS) der Volksmarine Tessin mit Nachrichtentechnik fortgesetzt. Ferner wurde ein Führungszug als bewegliche Führungsstelle konzipiert. Für den Führungszug wurden 12 Stellplätze nachrichtentechnisch vorbereitet, darunter Güstrow, Karow (12 km nordwestlich Malchow), Waren/Müritz, Rüdnitz (5 km nordöstlich Bernau), Stokow, Burg bei Magdeburg, Plaue bei Arnstadt, Annaberg und Zeulenroda. Einige dieser Orte sind mit den Anlagen der ehemaligen FHQ des 2. Weltkrieges identisch.

Im August 1968 waren Nachrichtenkräfte und Material des Nachrichtenregiments 2 in einer Verbindungsgruppe der NVA während "Dunai", dem Einmarsch von Teilen der Vereinten Streitkräfte in die CSSR, im Leitungsstab Legnica/Milovice eingesetzt und unterstützte die Nachrichtenverbindungen der Roten Armee während des Aufstandes.

In den siebziger Jahren fiel der Beschluss über die Schaffung des Automatisierten Komplexen Nachrichtensystems der RGW-Länder, dem sowjetischen "WAKSS" ("Wsaimouwjasannaja Atomatisirowannaja Kopleksnaja Sistema Swjasi", 1975). Gleichzeitig entschied man sich zu einem einheitlichen Normenkatalog für die Gefechtsausbildung der Nachrichtentruppen der Vereinten Streitkräfte (1977), einer verbindlichen Festlegungen über den Funkelektronischen Kampf (FEK) innerhalb der Vereinten Streitkräfte, insbesondere bezgl. des Funkelektronischen Schutz (FES), zu Spezifikationen über die elektromagnetische Verträglichkeit (EMV/EMC), über Regelungen zum Kurier- und Feldpostdienst (KFD, 1978) und einer einheitlichen Frequenztabelle (1979).

Die Ausrüstung mit Technik der zweiten Generation konnte nun abgeschlossen werden, darunter auch die Einführung modernisierter Führungs-/Funk SPW R-145-BM "TSCHAIKA M" (ausgerüstet mit dem Sprachschlüsselgerät T-219 "JACHTA"). Für die Datenübertragung in automatisierten Waffenleit- und übergeordneten Führungssystemen der Luftverteidigung wurden stationäre Troposphären-Richtfunkgeräte R-410S (ATHLET, 2 GHz-Bereich) und für die Volksmarine das Sprachschlüsselgerät T-617 "SIRENE" (Marine-Variante) für UKW-Funkverbindungen eingeführt.

Die Einführung von Technik der 3. Generation begann in Form neuer KW- und UKW-Funkmittel mit Einseitenbandmodulation (R-140 und -137, KN-1E, SEG-100/15D, EKD-300) und in Form modernisierter analoger Richtfunk- und Drahtnachrichtenmittel. Als mobile und stationäre Kanalgeräte gab es z.B. die Richtfunkgeräte FM-24-400 und neue Ausstattungen für Trägerfrequenz-/Wechselstromtelegrafie-Trupps aus DDR-Produktion sowie dazugehörige Chiffriertechnik. Dazu gehörten elektronische ON/OFF-Line Fernschreibschlüsselgeräte T-310 aus DDR-Produktion und solche der russischen "A" - (z.B. "AGAT", T-310) und "F" - (z.B. M-125, FIALKA) Gerätefamilien sowie die Datenschlüsselgeräte T-226 (JEL) mit Adapter (SCHU).

In der ersten Hälfte der siebziger Jahre wurde auch die zweite Generation mechanisierter Verlegungstechnik für Feldfernkabel FFK-250 auf geländegängigen LKW URAL 375D in Nowosibirsk unter den dortigen harten Winterbedingungen erprobt und eingeführt. Die zweite Hälfte der siebziger Jahre war durch die Einführung der Mikroelektronik in die Waffenleit-, Führungs- und Nachrichtensysteme gekennzeichnet.

In der Nationalen Volksarmee wurden in Zusammenarbeit mit zivilen Hochschuleinrichtungen und der Industrie große Anstrengungen unternommen, um die Kompatibilität zu den in der UdSSR und anderen RGW-Ländern produzierten automatisierten Waffenleit- und Führungssystemen (AWLS/AFS) mit den Nachrichtenmitteln der DDR/NVA zu gewährleisten, deren Effekt und Standzeiten zu erhöhen und gleichzeitig die Betriebskosten zu minimieren. Die Verbindung von Universitäten und deren Wissens- und Forschungseinrichtungen mit der Entwicklung von militärischen Systemen wurde konsequent umgesetzt und brachte in der Folge auch die erforderlichen Fortschritte in der Nachrichtentechnik. Lediglich die Einführung auf breiter Basis in der NVA wurde dann wieder durch die finanziellen Hürden gedämpft, doch hier einige Beispiele der betroffenen Nachrichtensysteme:

Luftstreitkräfte/Luftverteidigung

- Fernbedien-/Fernwirkeinrichtungen für abgesetzte, geschützte elektronische Nachrichten/Flugsicherungsmittel an Flugplätzen
- SOWAS ("Sopraschenije"), Koppler für das automatisierte Jagdfliegerleitsystem WODUCH, ausgerüstet mit der UKW-Funkstelle R 834L (LASUR), Anschluss an das automatisierte Führungssystem ALMAS in der 3. Luftverteidigungsdivision (LVD)
- ARKONA, automatischer Koppler für Funkmessstationen u.a. im diensthabenden System (DHS) der Luftraum-aufklärung/-überwachung
- BASAR-TV zur Ankopplung des Automatisierten Führungssystems VEKTOR auf, dem Zentralen Gefechtsstand (ZGS) der Luftverteidigung des Landes sowie an elektronische Datenverarbeitungsanlagen des RGW - Systems ESER
- ADONIS, ein äquivalentes System für ALMAS (bestimmt für die 1. LVD), da bis 1996/2000 aus Finanzierungs- und anderen Gründen kein weiterer Import möglich war.

Volksmarine

- ALIF, ein landseitiges automatisiertes Beobachtungs- und Lage Informationssystem, gestützt auf, die Funkmessstation NUR 23 NOGAT polnischer Produktion, mit digitaler Schnittstelle und auf, den Einsatz von Personal Computern (PC).
- BORIS/BOFIS, ein Bordrechner-/Bordführungs- und Informationssystem vor allem für Raketenschnellboote der Projekte 205 und 151 sowie kleine FK-Schiffe des Projektes 1241-R-Ä TARANTUL (FK-Korvetten).

Entwicklungen in den achtziger Jahren umfassten die Herausgabe der Instruktion "Operativ-technischer Dienst auf Nachrichtenzentralen der Vereinten Streitkräfte (OTS)", das betriebstechnische Steuersystem (SETU) für das Komplexe Automatisierte Nachrichtensystem des RGW "WAKSS", die überlagernden KW-Funkverbindungen der Vereinten Streitkräfte durch Einführung des Signal-Codesystems "MONUMENT" und im Dezember 1987 das strategische Troposphären-Nachrichtennetz der Vereinten Streifkräfte "BARS".

Im Oktober 1984 wurde nach langwierigen Verhandlungen mit Unterstützung durch die Gesellschaft für Sport und Technik (GST) die erste Amateurfunk-Klubstation der NVA im Richtfunkregiment 2 (RfuR - 2) in Ludwigsfelde eröffnet, der bis 1989 zwölf weitere folgten. Der politische Wandel machte sich in den Streitkräften auch in diesem Bereich bemerkbar.

Ende der achtziger Jahre wurde den Nachrichten- und Flugsicherungstruppen auch die Verwaltung, In- und Außerkraftsetzung, Zugführung und Sicherung der Schlüsselunterlagen für die Freund/Feind-Kennungsgeräte (FFK/IFF) der Serien "Kremni" und "Parol" für die Nationale Volksarmee und die Grenztruppen übertragen. Die Ausrüstung mit Technik der 3. Generation wurde abgeschlossen und es begann die Einführung der 4. Generation, mit nach einheitlichen taktisch-technischen Forderungen (ETTF) in RGW-Ländern hergestellter Technik aus Import und DDR-Produktion.

Beispiele von Anlagen nach einheitlich taktisch-technischen Forderungen

- adaptive KW Funkmittel R-161, KSS-1300, EKD-500, komplett auch als "CINRAS" (Computer Integrated Radio System) bezeichnet, gepanzerte, schwimmfähige Führungs-/Funkfahrzeuge R-156-B mit 100-W-KW-ESB-Funkgeräten für Kommandeure der motorisierten Schützenregimenter (MSR) und Panzerregimenter (PR)
- mobile digitale Satelliten-Bodenstationen R-400 O "Kristall",
- mobile und stationäre Troposphären-Stationen R 412 "Torf" und R 417 "Baget", 4 GHz-Bereich
- Richtfunk- und Drahtverbindungen PCM-10/(-30) mit 10 bzw. 30 Kanälen im Frequenzbereich 300(400/800) MHz, zunächst ohne und ab 1989 mit internem Bündelverschlüsselungsblock, und PCM-120-1800/(2000) im Frequenzbereich 1800/(2000) MHz,
- PCM-120 digitale/zeitgeteilte Fernschreibtechnik "SZT"
- Kanal-Bündel-Verschlüsselungsapparaturen T-230 "Interieur" mit Deltamodulation und garantierter Sicherheit bei Fernschreiben und digitalen Sprechfunkkanälen (Weiterentwicklung für universelle Anwendungen)

Nachrichtenverbindungen mussten für eine Vielzahl von Übungen und Einsätzen mit der Roten Armee wie z.B. das Manöver "Waffenbrüderschaft 80", an dem alle Armeen der Vereinten Streitkräfte und die verbündeten Ostseeflotten teilnahmen, sichergestellt werden. Bei diesem Manöver wurden auch erstmals von der NVA im Auftrag des Stabes der Vereinten Streitkräfte komplett mit einer elektronischen Datenverarbeitungsanlage ausgearbeitete Funkunterlagen "MRP" angewandt. Während des Manövers wurden ein computerunterstützter Frequenzdienst mit Sondierung der Atmosphäre (Gerätekomplex Funkdispatcher, GFD 200) sowie gemischte Nachrichtenzentralen mit den Nachrichtentruppen und ihrem Material aus den verschiedenen Armeen aufgebaut. Auf der Nachrichtenzentrale des Manöverstabes wurden Nachrichtennetze eingesetzt und im Betrieb vorgeführt. Angewendet wurden dabei z.B. die Darstellung der aktuellen Nachrichtenlage mit dem Kleinrechner K-1510 (schwarz/weiß) und K-1520 (farbig), die digitalisierte automatische Verkehrsmessung mit Licht-Emitter-Display LET-400 und ein rechnergestützter Arbeitsplatz in der Abfertigung zur Kontrolle des Spruchdurchlaufes auf der Nachrichtenzentrale.

In der zweiten Hälfte der achtziger Jahre verbesserten sich die materiellen Voraussetzungen zur Unterstützung durch Computer in der Nachrichtenführung spürbar. Durch die Zentralstelle für Nachrichtennetze wurde im Zusammenwirken mit der Industrie der "Rechnerkomplex Nachrichten" (RKN) entwickelt. Zunächst waren Bürocomputer BC 5120.16 von Robotron und ab Frühjahr 1987 die Industriecomputer P-8000/8100 von EAW/Berlin-Treptow verfügbar. Mit ihnen konnte die Nachrichtenlage mit einem Zusatz in Echtzeit erfasst, verarbeitet und im System des Hauptdispatcher des Sondernetzes 1 (Diensthabender Nachrichten-DN) sowie beim Chef Nachrichten MfNV sowie auf sechs weiteren

Arbeitsplätzen im Stab dargestellt werden. Am Anfang wurden noch Koaxialkabel, ab Ende 1988 dann aber Lichtwellenleiter verwendet.

Es mischten sich auch in der Modernisierung weiterhin die Produktionen aus der DDR mit den russischen Geräten, wie es in der Bundeswehr mit den amerikanischen und teilweise englischen Produkten geschah. In den Anfängen produzierte die DDR zunächst noch eigene Funkanlagen und Zusatzgeräte, doch etwa Ende der 50er Jahre wurde aus Kostengründen die Übernahme aller Nachrichtentechnik aus der UdSSR beschlossen. Die Sowjetunion scheint damit aber generell in ihren Satellitenstaaten die Standardisierung der Streitkräfte verfolgt zu haben, denn ab Anfang der 70er Jahre belieferte die damalige UdSSR sämtliche Staaten des Warschauer Paktes mit Fernmeldegeräten, deren nationale Industrien im Bereich der Funktechnik dadurch kaum noch eigene Produktionen hervorbringen konnten. Die sowjetische Fernmeldetechnik wurde in massiven Stahlgehäusen untergebracht und im Verhältnis zu vergleichbaren westlichen Anlagen wesentlich schwerer. Nach Berichten erfüllten die russischen Werke ihre Planvorgaben für die funktechnischen Anlagen nach Gewicht, woraufhin die Produktionsstätten natürlich versuchten, ihr Plansoll durch überschwere Gehäuse zu erfüllen. Die Vermischung der unterschiedlichen Anlagen erschwerte jedoch eine systematische Erneuerung, da auf die sowjetischen Anforderungen geachtet werden musste.

Umfang der Nachrichten- und Flugsicherungstruppen in der DDR (ca. 1988)

- 2. Nachrichtenbrigade, Standort NIEDERLEHME, Kreis Königs Wusterhausen
- 9 Regimenter/Einrichtungen in den Standorten STRAUSBERG, Ludwigsfelde und Oschatz, Waldsieversdorf bei Buckow, Fünfeichen in Neubrandenburg, Leipzig, Döbeln, Bad Sülze
- 22 selbstständige Nachrichten- und Nachrichten-/Flugsicherungsbataillone sowie Bataillone Funkelektronischer Kampf
- 20 selbstständige Kompanien, darunter die Nachrichtenkompanien der Wehrbezirkskommandos
- Zentralstelle für Schaltungen und Betrieb des Sondernetzes 1 in Strausberg mit den 15 Schalt- und Betriebszent-ralen (SBZ) der Bezirke und der Hauptrichtfunkzentrale (Hpt.RfuZ)
- Funkelektronische Kontrollzentrale (FEKoZ) in Forst
- Militärische Schule der Nachrichtentruppe (MTS N) in Frankfurt/Oder, Fürstenwalder Poststraße
- Zentralstelle für Nachrichtennetze, Niederlehme/Straussberg und das Institut für Automatisierung der Truppen-führung (IAT) Dresden, die Organisations- und Rechenzentren sowie andere wichtige Untergruppen
- Nachrichten- und Flugsicherungswerkstätten, Lager und die Instandsetzungs- und Versorgungsbasis (IVB) für die Rechen- und Automatisierungstechnik
- militärische Organe im Bereich der Deutschen Post
- Sektion militärisches Transport- und Nachrichtenwesen (wurde allerdings vom Chef Militärtransportwesen im MfNV geführt)

Die ehemaligen Unteroffiziersschulen wurden gegen 1985 umgewandelt in Meister- und Technikerschulen (MTS) mit Ausbildung von Unteroffizieren und Fähnrichen der NVA. Die Meisterausbildung war eine Umsetzung der im Wehrdienstgesetzt vorgeschriebene Ausbildung die gerade bei den SCD Truppen bis 1985 nicht realisiert wurde. 1985 wurde die erste Meisterausbildung für Angehörige des SAS- und Chiffrierdienst (SCD) in der MtS/N zum Meister für Organisation durchgeführt.

Ab 1. Dezember 1988 wurde die Bildung der Bereiche "Stellvertretender des Chefs des Stabes" und "Chef Nachrichten" aus den Einheiten Nachrichten, Automatisierung der Truppenführung und Funkelektronischer Kampf in der NVA befohlen. Die Fernmeldeorganisation der KVP/NVA entsprach dabei dem sowjetischen Aufbau mit vielen Redundanzen durch Parallelbetrieb und Überschneidungen, was Ausfälle einzelner einfacher Komponenten ausgleichen konnte. Anscheinend spielte hier die Furcht vor dem Verlust der Führungsmittel eine Rolle, wie es im 2. Weltkrieg bereits geschehen war.

Chefs der Hauptverwaltung für Seepolizei (1950), des Stabes der Volkspolizei-See (1952), der Verwaltung der Seestreitkräfte (1956), des Kommandos der Seestreitkräfte (1958) bzw. des Kommandos der Volksmarine (1960)

- VAdm   Waldemar Verner   1950 - 1955 (GenInsp.)
- KAdm   Felix Scheffler   1955 - 1956
- VAdm   Waldemar Verner   1957 - 1959
- KAdm   Wilhelm Ehm   1959 - 1961
- KAdm   Heinz Neukirchen   1961 - 1963
- KAdm   Wilhelm Ehm   1963 - 1987 (VAdm, Adm)
- VAdm   Theodor Hoffmann   1987 - 1989
- VAdm   Hendrik Born   1989 – 1990

Durch Verwendung von Einheitskanälen wurde aber gleichzeitig der Nachteil, der einfacheren Aufklärung durch gegnerische Truppen akzeptiert. Sprach- und Fernschreibverschlüsselung wurden deshalb standardmäßig durchgeführt, weshalb der Kryptobereich entsprechend umfangreich aufgebaut und die Materialerhaltung streng von dem Nutzungs- und Übertragungsbereich getrennt wurde.

Da die DDR-Volkswirtschaft nicht in der Lage war die notwendigen neuen Geräte zu produzieren, war die Instandsetzung gezwungen, die Lebensdauer der bereits überalterten Geräte und Anlagen immer weiter zu verlängern. Einer der größten Betriebe hierfür waren die VEB Nachrichtenelektronik Magdeburg (NEM), die auch für die speziellen Entwicklungen aus anderen östlichen Staaten die Hauptinstandsetzung durchführten. Aus ökonomischer Sicht war, dies in der Regel völlig unsinnig, da es teurer war, als eine Neuanschaffung. So fand sich auf vielen Geräten bei der Auflösung der NVA im Oktober 1990 das Produktionsjahr 1960 oder früher.

Aufgrund dieser Problematik hortete die Armee das Material zur Instandsetzung dieser Nachrichtenanlagen tonnenweise in riesigen Lagern, aber gleichzeitig nach völlig falschen Gesichtspunkten. Zum einen wurden teilweise nicht die Verschleißteile gelagert, sondern solche Bauteile, die kaum ausfielen, zum anderen gab es Bestände die 25 Jahre eingelagert wurden, obwohl das Gerät schon lange nicht mehr in der Nutzung war. Das zu den sowjetischen Anlagen und Geräten gehörige Werkzeug und Material war zwar reichlich, aber kaum in der Praxis verwendbar. Schraubendreher u.a. Teile verbogen sich z.B. unter den regulären Belastungen oder Seitenschneider brachen teilweise einfach auseinander. Lediglich Werkzeuge aus DDR-Produktionen hatten eine bessere Qualität. Nach der Wende landeten die jahrelang gehüteten "Schätze" der Nachrichteninstandsetzung der NVA auf den Schrottplätzen.

Die Lagerhaltung war sicherlich völlig übertrieben und nach falschen Kriterien ausgelegt, während das russische Material in der NVA-Nachrichtentechnik größtenteils von schlechter Qualität als die nationalen Produkte war. Wie auch in allen anderen Bereichen galt auch hier die Devise, dass die Quantität die Qualität ersetzen sollte.

Doch selbst die Nachrichtengeräte in geringer Qualität waren oftmals nicht ausreichend vorhanden, weil meist Bauteile aus der nationalen Produktion oder auch Schmuggelware aus dem Westen fehlten. Dies bedeutet aber nicht, dass die NVA und russische Technik generell unterschätzt werden darf, denn in speziellen Bereichen, wie z.B. der Aufklärung oder der Spionage wurden durchaus technologisch hochwertige Produkte gefertigt, die den westlichen Produkten in nichts nachstanden.

Der sehr gemischte und größtenteils überalterte Materialbestand im Bereich der Funkanlagen der NVA war im Querschnitt ein Spiegelbild des technischen Gesamtzustandes der Armee. Viel Enthusiasmus und Improvisation der Soldaten waren deshalb auch für einen ordnungsgemäßen Fernmeldebetrieb notwendig, der bis 1990 aufrechterhalten wurde. Da die Anlagen trotz der Verwendung von Mikroelektronik immer noch verhältnismäßig groß in der Bauform waren, entwickelten die Techniker der NVA ihren eigenen Humor, bei dem der folgende Satz die Runde machte: "Die Mikroelektronik der DDR ist nicht kleinzukriegen.".

Den Grundstock beim Aufbau der DDR-Streitkräfte bildeten aber neben den Anlagen der Wehrmacht die sowjetischen Funkanlagen aus Beständen des 2. Weltkrieges, deren Gewicht und Ausmaße westliche Anlagen bei weitem übertrafen. Bei der Verwendung der sowjetischen Funkstationen kleinerer Leistung gab es z.B. in der Nutzung der NVA-Nachrichteneinheiten von 1956-1958 den Typ RBM-1 als tragbare Tornisterfunkstation die Kurzwellenstation RSB-F3 mit dem Empfänger USP und die Funkstation RAF-KW-5. In den Panzern kamen die sowjetischen Panzer-Funkgeräte des 2. Weltkrieges 9-RS und 19-RT zum Einsatz.

Die Entwicklungen FK-1, FK-3,5 und FK-5 der DDR-Funkindustrie erlangten keine Bedeutung für die Truppe, erst die FK-50 (50 Watt) für Kurzwelle kam in mehreren Variationen bis 1960 zum Einsatz, wie auch die dazugehörigen Empfänger EK-1, EKB auf UKW der EUB und die transportable UKW-Funkstation FU-1. Der Bau des FK-50 für die KVP verstieß gegen die Auflagen der Besatzungsbehörden sowie das Kriegswaffenkontrollgesetz und wurde deshalb z.B. von der Bergbauindustrie der DDR hergestellt. Alle diese Geräte konnten sich im militärischen Alltag jedoch nicht bewähren. Insgesamt konnte mit dem westlichen Standard als auch der sowjetischen Rüstungsindustrie in den Anfängen weiterhin nicht Schritt gehalten werden und somit endete erst einmal der Versuch der ostdeutschen Industrie zu eigenen militärischen Entwicklungen im Funkbereich.

Es blieb als Lösung nur die Übernahme der sowjetischen Technik, was nach der vollkommenen Integrierung der NVA in den Warschauer Pakt auch konsequent fortgesetzt wurde. So waren bis Mitte der 70er Jahre die Funkgeräte R-102M, R-103, R-104 (M), R-116, R-106, R-105D, R-108D, R-109D, R-118BM die Standardausrüstung der Nachrichtentruppe. Doch waren die Geräte den steigenden Anforderungen bald nicht mehr gewachsen und wurden ersetzt, wie z.B. das R-106 und R-116 durch das Funkgerät R-126.

Die Geräteserie R-105M, R-108M, R-109M, welche die mit "D" gekennzeichnete Serie ablöste war, um runde 25 % leichter und durch Verkleinerung der Röhren und Verwendung von Transistoren auch sparsamer im Stromverbrauch. Kommandeursfahrzeuge erhielten von 1960 bis 1990 das R-125, welches mit Relaisstationen die Reichweite erhöhen und mit verschiedenen Funkgeräten zusammenarbeiten konnte.

In den 80er Jahren erfolgte die Einführung des Funkgerätesatzes R-1125 als neue Generation mit R-111 (UKW, FM), R-130 (KW, ESB) und R-107. Letzteres ersetzte die Funkstationen R-105M, R-108M und R-109M, da alle Frequenzbereiche abgedeckt wurden. Bei den Geräten mit mittlerer Leistung kamen mit der Anwendung der Einseitenbandmodulation die Geräte R-137 und R-140 in die Truppe. Für den Einsatz in Fahrzeugen kamen die Geräte R-142 und R-145BM. Zu den neueren drahtlosen Nachrichtenmitteln gehörten Troposphärenfunk und Troposphärenrichtfunkmittel mit leistungsstärkeren Sendern und empfindlicheren Empfänger mit oft komplexen Antennensystemen.

Zwischen 1980-1990 hatten die Funkanlagen aus DDR-Produktionen schließlich eine Verbreitung in den Truppen der NVA erreicht. Der Einseitenband-Sender KN-1E, das SEG-100D, das SEG-15D sowie die Empfangsgeräte der EKD-Serie des VEB Funkwerke Köpenick sind hierfür nur einige Beispiele. Die letzte Entwicklung der VEB Funkwerke Köpenick war der in wenigen Exemplaren gebaute EKD-700. Die kleine Stückzahl verschwand in den Forschungsabteilungen der westdeutschen Funkindustrie und in Sammlerkreisen, nur selten kann der Funkinteressierte heute noch einen zu in Museen betrachten.

Die Masse der NVA-Gerätschaften stammte aber immer noch von aus den 60er Jahren und war, technisch veraltet sowie durch den Gebrauch vollkommen verschlissen. Die Röhrengeräte waren zwangsläufig groß, schwer, schwierig zu bedienen, mit großem Energiebedarf und nur durch ständige industrielle Instandsetzungen weiterhin zu verwenden. In den 34 Jahren des Bestehens der NVA war fast zu keiner Zeit eine einzige Gerätegeneration ohne das Vorgängermodell im Einsatz.

Materiell und finanziell war es weder im Westen und schon gar nicht in der DDR möglich in vollem Umfang die Streitkräfte zu modernisieren. So wurde im Osten notgedrungen eine Vielzahl von Typen gleichzeitig akzeptiert. Für die Teilstreitkräfte der NVA kamen dadurch sehr unterschiedliche Nachrichtengeräte zur Verwendung, die den westlichen Anlagen in der Regel leistungsmäßig unterlegen waren. Qualitativ hochwertig und modern waren lediglich die Anlagen der Stasi oder der Funkaufklärung, die ihren Bestand auch mit westlichen Produkten ergänzten.

Ein Beispiel für ein viel verwendetes russisches Gerät war der Empfänger Wolna-K für "Schiffe der Küsten- und Hochseeschifffahrt zum Schutz des menschlichen Lebens auf See" und zum Empfang von "Dienstanweisungen". Der Frequenzbereich von 12 kHz bis 23 MHz wurde zwischen 60-100 und 600-1.500 kHz unterbrochen (neun Teilbereiche). Von Anfang der 60er Jahre war das Gerät bis 1990 in der VM im Einsatz.

Die RBM-1 war eine transportable KW-Station mit kleiner Leistung und im 2. Weltkrieg bei der Roten Armee schon im Einsatz (1.500-5.000 kHz, 0,3-1,2 Watt). Es war ein Standardgerät der KVP und der NVA-Landeinheiten. Die Funkstationen des Typs 10-RT (3,75-6 MHz mit 3,4-10 Watt) waren die Fortentwicklung der 10-RK-26, die neben den 9-RS und 12-RTM in den Anfangsjahren in den gepanzerten Fahrzeugen (z.B. im T-34) eingesetzt waren. Alle diese Funkgeräte waren bereits in den letzten Kriegsjahren bei der Sowjetarmee im Einsatz.

Das R-113 löste dann die Funkstation 10-RT in den gepanzerten Fahrzeugen ab. Der Frequenzbereich von 20-22,375 MHz war unterteilt in 96 Festfrequenzen mit 16 Watt Leistung. Die Bordsprechanlage R-120 diente der internen Verständigung der Besatzungen der Schützenpanzer und Panzer, während für Sprechfunk- und Tastfunkverbindungen die Funkgeräte R-142 und R-145 zum Einsatz kamen. Die RAF-KW-5 war ebenfalls eine russische Station aus dem 2. Weltkrieg, die nur kurz von 1956-1958 in geringen Stückzahlen in der NVA eingesetzt war. Ihr Frequenzbereich lag bei 1,5-9,5 MHz für Senden und 0,175 kHz bis 12 MHz im Empfang. 200-500 Watt standen für Telegrafie, 80-200 Watt für Telefonie zur Verfügung.

Die Kurzwellenfunkstelle R-102M2 war für die Funknetze der operativen Führungsebene der NVA und ihre Einführung erfolgte in geringen Stückzahlen in den 60er Jahren. Sprechfunk-, Tastfunk- und Fernschreibfunkverbindungen waren mit entsprechenden anderen Funkanlagen möglich, ebenso die Fernbedienung über Draht oder Funk. Der Frequenzbereich ermöglichte die Verbindung zwischen 1,5-12 MHz bei Leistungen von 250/900 Watt, was Reichweiten von 50/150 km in Bewegung und 250/1.000 km im Stand ermöglichte.

Die Funkstellen R-103 und R-118 waren für mittlere Leistung ausgelegt und stellten die Verbindungen für Sprechfunk, Tastfunk und Fernschreibfunk her (Fernbedienung über Draht oder Funk möglich). Die Version R-103M hatte 1,5-12 MHz, die R-118BM 1,0-7,5 MHz und die R-118BM3 entsprechend 1,5-12 MHz (50/100, 100/200 bzw. 100/400 Watt Ausgangsleistung) ermöglichten Reichweiten von 300, 600 bzw. 1.000 km. Zur R-118BM-3A (A = Aufklärung) gehörte auch das Führungs- und Kontrollgerät R-351MM bzw. dessen Nachfolger R-355.

1958/59 wurde das R-104AM in großer Stückzahl eingeführt, welches durch die Typen R-104UM (1960) und R-104M (1964) ergänzt wurde. Die Geräte wurden stationär und mobil eingesetzt, wodurch es eine Vielzahl von Variationen gab, wie z.B. das R-125. Der Frequenzbereich lag zwischen 1,5-4,25 MHz mit 275 Arbeitsfrequenzen und 1-3,5 Watt (tragbar) bzw. 10-20 Watt (fahrbar) Leistung.

Die Funkgeräte R-105D, R-108D und R-109D waren tragbare Tornisterfunkgeräte im UKW-Bereich (21,5-46,1 MHz). Die Geräte unterscheiden sich nur geringfügig im Frequenzbereich und konnten nach Herstellerangabe mit spritzwasserfestem Deckel bis zu 3 Minuten in 0,5 m Wassertiefe mitgeführt werden. Die Sendeleistung lag bei ca. 1,2-1,3 Watt. Diese Funkgeräte sowie das R-114 konnten mit den Leistungsverstärker UM-1, UM-2, UM-3 und UM ihre Sendeleistung auf 7-50 Watt erhöhen.

Die modernisierten Versionen R-105M, R-108M und R-109M waren im stationären und mobilen Sprechfunk einsetzbar und wurden wie ihre Vorgänger als Bordfunkgeräte in die Kfz u.a. eingebaut. Die technische Dokumentation nennt "Empfang oder Senden ohne Suchen der Gegenstelle und ohne Nachstimmen" im Frequenzbereich 21,5-46,1 MHz. Mit 1 Watt Leistung lag die Reichweite mit 1,5-m-Stabantenne bei 6 km und mit 40-m-Drahtantenne bei 15 km. Die Geräte waren bis 1990 im Einsatz und nutzten Miniaturröhren vermischt mit gedruckten Transistorschaltungen.

Die R-105 und R-109 wurden durch das neue R-107 mit automatischer Frequenzkontrolle abgelöst, welches die Frequenzbereiche der Vorgänger zwischen 20-52 MHz vereinte und das bis in 500 m Entfernung auch fernbedient werden konnte. Die äußerlich sehr ähnliche R-107T war technisch hingegen komplett mit Transistoren aufgebaut und besitzt eine digitale Anzeige, lediglich die Leistungsparameter wurden beibehalten.

Das R-106 stammt gleichfalls aus der ersten Gerätegeneration der UdSSR und war bis 1962 im Einsatz. Danach wurde kein weiteres analoges Gerät mehr eingeführt, da zwischenzeitlich die modernisierten (M) Versionen der Geräte R-105, R-108 und R-109 vorhanden waren. Das R-106 hatte eine recht große Störstrahlung, die beim Senden zu einem Mindestabstand von 80 m zwischen zwei Geräten zwang und selbst beim Empfang waren 5 m Abstand notwendig (41,6-48,65 MHz, 0,75 Watt).

Das Sprechfunkgerät R-111 wurde in Führungsfahrzeugen eingebaut und war auch in der Zivilverteidigung bis Ende der 80er Jahre im Einsatz. Vier Frequenzen zwischen 20-52 MHz waren frei einstellbar, 1.281 sind festgelegt. Das R-111 konnte fernbedient werden und konnte auch automatische Funkübertragungen durchführen. Der Frequenzbereich ermöglichte die Zusammenarbeit mit anderen UKW-Funkgeräten wie z.B. der R-105M oder R-107. 75 Watt Leistung ergaben mit einer 3,4-m-Stabantenne etwa 35 km und bei einer 11-m-Mastantenne etwa 50 km Reichweite.

Als Kurzwellenfunkgerät zur Führung der Truppen wurde in gepanzerten Fahrzeugen auch das R-112 zusammen mit dem R-113 oder R-123 eingebaut. Der Frequenzbereich reichte bei R-112 von 2.800 bis 4.990 kHz, wobei 220 Frequenzen im Abstand von 10 kHz quarzstabilisiert sind. Bei 50 Watt Leistung konnte damit etwa eine Reichweite von 100 km erzielt werden.

Noch aus der ersten Gerätegeneration der UdSSR stammt das R-116. Es arbeitete auf 48,65-51,3 MHz mit 0,6 Watt. Neben den UFT-Geräten aus DDR-Produktion wurden viele russische Handfunkgeräte, wie z.B. das Funkgerät R-126, eingesetzt, welches auch die Ablösung für das R-116 war. Leider hieß abgelöst aber auch hier nicht automatisch keine weitere Nutzung, sodass ältere Geräte immer einmal wieder angetroffen werden konnten.

Das R-126 war ein tragbares Sende- und Empfangsgerät für den Sprechfunkverkehr (Simplex) im UKW-Bereich (48,5 bis 51,5 MHz (abstimmbar) und mit einer Sendeleistung von etwa 2 Watt bzw. 0,36 Watt für die Sprachübertragung). Die Reichweite betrug mit einer 1,5-m-Stabantenne etwa 2 km, mit Langdrahtantenne 4-5 km. Aufgrund der Abstrahlung waren beim Einsatz von mehreren Funkgeräten dieses Typs ein Frequenzabstand von 200 kHz und ein räumlicher Abstand von 100 m einzuhalten. Durch ein spritzwasserfestes Aluminiumgehäuse war es für den feldmäßigen Einsatz gut geeignet und das kleinste Funkgerät der NVA hatte auch eine größere Reichweite im Vergleich zum R-116. Im Nahbereich bis 100 m war ein Einsatz auch ohne Störung anderer Geräte möglich. Das dem R-126 äußerlich identische R-352 hat einen Frequenzbereich von 44-50 MHz für Telefonie und wurde hauptsächlich von den Fallschirmjägern eingesetzt.

Die R-122M war eine der Troposphärenfunkstellen (Raumwelle), die aufgrund der neuen technischen Möglichkeiten eingeführt wurde (1966/67 bis in die 70er Jahre). Die mobil und stationär genutzte Anlage diente zum Führen von Funkgesprächen und Übertragungen von Tastfunk- und Funkfernschreibsignalen im Frequenzbereich von 35-50 MHz mit 1.876 Arbeitsfrequenzen und 750 Watt Leistung mit 100 km Reichweite.

Weiterhin gab es ab Anfang der 80er Jahre die Troposphärenfunkstelle R-412, die mit 4.438-4.749 MHz (6.000 Kanälen, 800 Watt) eine Reichweite von etwa 150 km hatte. Neben den mobilen R-412 gab es in ausgebauten Führungsbunkern im Berliner Raum und Dresden drei stationäre Stationen R-412, die von der Nachrichtenbrigade 2 betreut wurden und zum Nachrichtensystem des Warschauer Paktes gehörten. Die Anlage war als Endstelle (Relaisstelle mit oder ohne Auskoppeln des Signals) oder als abgesetzte TF-Einrichtung R-303 vorgesehen.

Dazu kamen in "Geheimer Verschlußsache" 1989 neue Funkstationen für Satellitenverbindungen in Form der R-440. Die Nachrichtenbrigade 2 konnte die sowjetischen Militärsatelliten somit zur Nutzung in der NVA bereitstellen. Bei der Auflösung der NVA mussten diese Anlagen, wie das gesamte sowjetische System geheimer Nachrichtenverbindungen (SAS) und Chiffriertechnik, der russischen Seite wieder zurückgeführt werden.

Das UKW-Funkgerät R-123M war vorwiegend in Panzern und gepanzerten Fahrzeugen eingebaut. Es bildete die Ablösung des R-113 und nach Änderungen entstand daraus das R-123MT. Es besaß vier vorwählbare Festfrequenzen zwischen 20-51,5 MHz und konnte Sprechfunkverbindungen zwischen 13-20 km Reichweite herstellen (20 W). Es wurde als Verbindungsgerät im mobilen Einsatz genutzt und z.B. vom Küstenverteidigungsregiment 18 (Rostock) bis 1990 eingesetzt.

Der Funkgerätesatz R-125 war in großen Stückzahlen im Einsatz und hat viele Modifikationen erlebt. Es diente Telefonie- und Telegrafieverbindungen von 21,5-46,1 MHz. Als Nachfolgegeneration kam das R-1125 mit moderner Technologie, die weniger Strom benötigte, es in der Bedienung einfacher machte und die modernen Übertragungsverfahren (z.B. ESB) zur Verfügung stellte. Auch hier überschnitt sich die Einführung aber mit der langsamen Aussonderung der alten Geräte.

Das Funkgerät R-130 (12-40 Watt) war in KFZ und gepanzerten Fahrzeugen eingesetzt und löste die Generationen R-104M und R-112 ab. Auch hier kam eine Modifikation zum R-130M. Empfang oder Senden war im Frequenzbereich 1,5-10,99 MHz für Sprechfunk und Telegrafie möglich, bei Fernschreibbetrieb gab es jedoch keinen Empfang. Die maximale Reichweite betrug beim Einsatz eines 11-m-Dipols auf, Teleskopmast etwa 350 km. Das Nachrichtenregiment 18 in Bad Sülze hatte das Gerät z.B. bis 1990 in der Nutzung.

Das Funkgerät R-138 darf, je nach Antennenwahl, dem Rundfunk- oder Richtfunkbereich zugeordnet werden (76-93,950 MHz, 360 Kanäle mit 1,5/15 Watt). Es diente zum Auskoppeln von Kanälen aus Richtfunkverbindungen sowie zur Fernbedienung von KW- und UKW-Stationen. Das stationär und mobil eingesetzte Gerät ermöglichte zwei Telefonkanäle im Duplexverkehr und auch in Flugzeugen wurde das Gerät eingesetzt.

Die Funkgerätesätze R-140 (1,5-29,999 MHz) und R-137 (20-59,999 MHz) stellten im Grunde die Nachfolgegeräte des R-118BM3 dar, welches seit den 60er Jahren im Bestand war und das aus Kostengründen bis zur Auflösung der NVA weiter genutzt wurde. Die Geräte dienten dem Sprech- und Tastfunk als auch den Fernschreibverbindungen im Simplex- oder Duplexbetrieb bei einer Leistung von 1 kW. Die Frequenzabstimmung per Hand dauerte zwischen 3-6 Minuten, voreingestellt etwa 30 Sekunden. Unter Einsatzbedingungen konnte damit eine Reichweite von 2.000 km erzielt werden.

Das Funkgerät R-147 und der Funkempfänger R-147P waren im Verhältnis zu anderen vergleichbaren militärischen Funkgeräten sehr klein und speziell für die Fallschirmjäger eingeführt worden. 4 Festfrequenzen und 26 variable Kanäle im Bereich von 44-51,8 MHz hatten bei dem R-147 eine

Sendeleistung von 130 mW. Das R-352 und das UKW-Funkgerät R-392 mit 44-50 MHz waren ebenfalls für den Einsatz mit den Fallschirmjägern und Landstreitkräften konzipiert, das R-392A erhielt kleinere technische Veränderungen.

Als Doppel-Überlagerungs-Empfänger kam der R-154-2M für AM-Sprech- und Tastfunk sowie FM-Tast- und Fernschreibbetrieb. Die Betriebsarten mit Frequenzumtastung konnten im Ein- und Zweikanalbetrieb durchgeführt werden und ermöglichten Raum- oder Antennendiversity. Die Anlage bestand aus vier Baugruppen in Einschüben und wurde stationär oder mobil auf LKW als Betriebs-, Such- und Überwachungs-Empfänger im Frequenzbereich von 1-12 MHz eingesetzt.

Die Funkempfänger R-155P und R-155U waren Überlagerungsempfänger mit zweifacher Frequenzumwandlung, erhöhter Selektivität und automatischer Abstimmung im Frequenzbereich 1,5-29,9 bzw. 59,9 MHz für Telefonie und Telegrafie. Die Anlage wurde in sechs Einschüben unterteilt und war für den mobilen und stationären Einsatz vorgesehen. Das R-173 stammt ebenfalls aus NVA-Beständen und repräsentierte das modernste Panzer-Funkgerät der NVA, das durchaus dem westdeutschen SEM-90 vergleichbar war.

Als Überwachung- oder Aufklärungsempfänger fand der Empfänger R-250M bzw. R-250M2 (1,5-25,5 MHz) Verwendung im stationären Einsatz auf Funkstationen sowie in mobilen Funk- und Funkstörtrupps, wie z.B. dem Funktechnischem Störbataillon 18 (FuFuTSB 18) in Bad Sülze von Anfang der 60er Jahre bis Ende der 80er Jahre. Er ist ein Doppelsuperhetempfänger der für Tast- und Sprechfunk (AM) konzipiert war, mit Zusatzgeräten jedoch auch für Schreibfunk und andere Betriebsarten genutzt werden konnte.

1958-1960 erfolgte die Einführung des Betriebs-, Kontroll- und Überwachungs-Empfängers R-311, der noch bis 1990 im Bestand der Funkstellen R-118BM3 verwendet wurde, obwohl seine Ablösung R-326 bereits eingeführt war. Der KW-Bereich geht von 1-15 MHz für Telefonie und Tastfunk. Im konstruktiv identischen Aufbau kam 1959/60 der UKW-Empfänger R-312 für den Bereich von 15-60 MHz, der für die Funkaufklärung Panoramazusätze erhielt und später vom R-323 abgelöst wurde.

An den R-312 schließt der Empfänger R-313 lückenlos mit 60-300 MHz an, wobei auch zahlreiche Modifikationen durchgeführt wurden. So wurde der Empfänger R-313M2 mit 100-425 MHz in 4 Bereichen für AM und FM ursprünglich bei den Luftstreitkräften der NVA eingesetzt. Er diente z.B. zur Überwachung des Flugfunks auf Feldflugplätzen. In die Marine gelangte das Gerät mit den Hauptinstandsetzungen der Flugfunkstörtrupps R-834P Anfang der 1980er Jahre, wo es als Ersatz für den UKW-Empfänger R-870/871 eingebaut wurde. Dort wurde es zur Aufklärung des westlichen Flugfunks der Marineflieger und anderer taktischer Fliegerkräfte eingesetzt. Die 3 Transportkisten wiegen 155 kg und beinhalten die gesamte Ersatzteilbevorratung.

Der Funkempfänger R-323 war ein tragbarer Überlagerungs-Empfänger mit dreifacher Frequenzumsetzung (Tornister-Empfänger für Tast- und Sprechfunk, 20-100 MHz in 4 Bereichen für AM und FM). Als Röhren wurden 23-x-1SH24B und 5-x-1SH29B eingesetzt sowie 6 Halbleiterdioden D2G. Das Nachfolgemodell R-323M weist dagegen Transistoren und eine Digitalanzeige auf. Verwendung fand er u.a. im Funkdienst 18 in Zingst bis Ende 1990, während die Landabteilungen der Volksmarine ihn nur bis Ende der 80er Jahre benutzten. Der R-326 entspricht in seinem konstruktiven Aufbau dem R-323, ist jedoch ein Doppel-Überlagerungs-Empfänger im Frequenzbereich von 1-20 MHz für Tast- und Sprechfunk mit Amplitudenmodulation. Auch hier ersetzte die Version R-326M mit Transistoren die Röhrenausführung.

Die Funkanlage R-615 gleicht dem Modell R-617 in Aufbau und technischen Daten sowie der Einsatzzeit. Diese Funkanlagen dienten der Sicherstellung von Sprechfunk-, Tastfunk- und Fernschreibverbindungen im Simplexverkehr. Die Fernbedienung erfolgte über das Gerät WPS und beim Vorhandensein eines PPK-Gerätes ist die Umschaltung auf eine beliebige von 15 vorwählbaren Frequenzen zwischen 1,5-12 MHz möglich. Eine Handabstimmung auf eine Gegenstelle ist ebenfalls möglich. Ab den 60er Jahren war die Anlage bis 1990 in Gebrauch. Das kombinierte Bediengerät SPU ist für den Sender R-617, den Empfänger

R-617 und die Funkanlage R-619 einsetzbar. Es ermöglicht die Fernbedienung der Geräte und hat einen Anschluss für eine Bordsprechverbindung.

Die Funkanlage R-618 bot Verbindungen für Sprech- und Tastfunk im Simplexverkehr zwischen 220-389,95 MHz. 3.400 Festfrequenzen sind programmiert. Zusätzlich hat das Fernbediengerät eine Fernsprechverbindung mit dem Bediengerät der Funkanlage. Der Empfang ist ununterbrochen möglich, während das Senden ohne zusätzliche Kühlung auf 20 Minuten unter widrigen Umständen begrenzt sein kann und nach Überhitzung sind dann 30 Minuten Pause zur Kühlung erforderlich. Von Mitte der 60er Jahre wurde das Gerät in der VM bis 1990 genutzt.

Die UKW-Funkanlage R-619 war für Sprech- und Tastfunk im Simplexverkehr ausgelegt. Zur Verbindungsaufnahme ohne vorherige Suche der Gegenstation sind zwanzig Frequenzen vorwählbar. Mit dem Fernbediengerät war eine Fernmodulation und Anwahl einer der voreingestellten Kanäle möglich. Der Frequenzbereich reicht von 100-150 MHz bei insgesamt 601 Kanälen. Wie beim R-618 ist der Empfang ununterbrochen möglich, während das Senden ohne Kühlung auf ebenfalls 20 Minuten begrenzt ist. Von Mitte der 60er Jahre wurde das Gerät in der VM im verschlüsselten UKW-Netz an Bord bis 1990 eingesetzt.

Die Funkanlage R-625 ist für Sprech- und Tastfunk im Simplex- und Duplexverkehr gebaut, Übertragungsfunkverkehr (Retranslation/Relais) war ebenfalls möglich. Der UHF-Bereich reicht von 100-149,975 MHz, der VHF-Bereich von 220-399,975 MHz, bei einem Frequenzabstand von 25 kHz. Die Übertragungsgeschwindigkeit reicht von 50-4.800 Baud. Die VM setzte die Anlage bis in die 80er Jahre ein.

Der Radio-Sender R-644 ("Lyra", griechisch für Leier) war von 1952 bis in die 80er Jahre auf Minensuchern der VM für Telegrafie, Telefonie in Gebrauch. Die Frequenz von 1,5-12 MHz hat drei Teilbereiche.

Die Sende- und Empfangsanlage R-809M2 war eine tragbare Simplex-Funkstation für Fernsprechverkehr (AM, 100-149,975 MHz mit 0,5 Watt) mit 2.000 einstellbaren Festfrequenzen im Kanalabstand von 25 kHz. Das Empfangsgerät R-809M war ein Überlagerungs-Empfänger mit doppelter Frequenzumsetzung und die Geräte gehörten zum Bestand des R-142, welches für die Verbindung mit den Luftstreitkräften gedacht war.

Bis in die 60er Jahre war die Firma Dabendorf für die DDR-Produktion der Röhrengeräte zuständig. Um eine gewisse Unabhängigkeit von den russischen Produkten zurückzuerlangen und die eigenen Bedarfsforderungen besser zu erfüllen, wurde Ende der 70er Jahre wieder eine größere Produktion im eigenen Land angestrebt. Das VEB Funkwerk Köpenick wurde dazu ausgewählt, die Nationale Volksarmee mit modernem Fernmeldegerät auszustatten, welches in Bedienung und Leistung an den westlichen technischen Standard anschließen sollte. Dies gelang der Firma mit den Geräten wie z.B. EKV-12 und -13, SEG-15D, SEG-100D, EKD-100, -300 und -500.

Die ersten Entwicklungen vor den 70er Jahren waren noch nicht sehr erfolgreich. Die FK-1 kam als erste Funkanlage der DDR-Industrie für die bewaffneten Organe und obwohl das Gerät bei der KVP seine Störanfälligkeit zeigte, war man aus Mangel an Funkgerät gezwungen, es 1956 trotzdem in die Truppe einzuführen. Auch die 1958 eingeführte FK-1a erfüllte trotz Modifizierungen die Erwartungen nicht. Doch auch auf diese Funkstationen (1.475-5.025 kHz und 0,3-1 Watt) konnte nicht verzichtet werden und so wurden sie bis 1962/63 eingesetzt. Anfang der 60er Jahre wurde aufgrund der mangelhaften Geräte das FU-0,25 (53-54,9 MHz und 0,25 Watt) entwickelt, welches nach anfangs guten Ergebnissen in der Truppenerprobung unter Gefechtsbedingungen ebenfalls nicht bestand. Die Prototypen hatten Röhren von Telefunken und auch Batterien aus westlicher Produktion.

Der AQST-Empfänger (Allwellen/Quarzfilter/Störaustastung) war einer der ersten Funkempfänger der Volkspolizei. Die Form und der Aufbau des Gerätes verraten ihn als Nachbau des amerikanischen HRO-Empfängers, der auch für die Wehrmacht nachgebaut wurde und aus dessen Nachbaumaterial auch die ersten AQST entstanden, die ab 1957 wiederum zu den ersten Empfängern der NVA gehörten. Die Funkwerkstätten Bernburg (Alfred Ulrich) hatten zunächst noch rund 20 Empfänger aus Restbeständen der

Firma Körting zusammengebaut und dann die eigene Produktion des AQST begonnen. Die vielen verschiedenen Nachbaufirmen in Ost und West sorgten dann für eine weite Verbreitung des Gerätes.

1965 kamen mit dem HRO-500 und -600 die letzten Modelle der amerikanischen National Co., die danach vom Herstellermarkt verschwand. Das im HRO angewandte Prinzip der auswechselbaren Spulenkästen wurde zum ersten Mal im "Telefunkon" (Telefunken) 1928 verwirklicht und fand häufig Anwendung bei Geräten die einen großen Frequenzbereich abdecken mussten. Der jeweilige Empfangsbereich des AQST war im Normalbetrieb von 3 Spulenkästen abhängig, die den Frequenzbereich 3,4-16,5 MHz für Telegrafie und Telefonie abdecken. Für die Sonderbereiche 0,185-3,1 und 18-22 MHz gab es weitere Spulensätze, die im hölzernen Zubehörkasten enthalten waren. Die Spulenkästen wurden wie eine Schublade in die vorne im Gehäuse vorgesehene Fassung eingeschoben, wodurch ein für damalige Zeit recht schneller Frequenzwechsel durchgeführt werden konnte.

Ein weiter Allwellen-Empfänger Typ 1340.5A1 aus dem VEB Funkwerk Dabendorf gestattete den Empfang aller Schiffsfunk-Frequenzen in acht Bereichen von 120 kHz bis 30 MHz. Mit dem 9. Bereich erfolgte eine Umschaltung der Spulentrommel auf, die 500-kHz-Seenotfrequenz. Der als Tischstation ausgeführte Überlagerungs-Empfänger ermöglichte die Aufnahme von Sprach- und Telegrafiesendungen (tonlos und tönend). Die VM nutzte das Gerät von Mitte der 50er bis Anfang der 60er Jahre.

Auch der Kurzwellen-Empfänger EK-1 (1,7-16,7 MHz) wurde universell in den Anfangsjahren der NVA bis etwa 1952 eingesetzt. Technisches Konzept, Konstruktion und Ausführung lassen unschwer das gleiche Entwicklungsteam und Hersteller der Funkstation FK-1 erkennen. Der Tornister-Empfänger aus Panzerholz ruft aber auch Geräte der Wehrmacht in Erinnerung.

Der Funkempfänger EKB (1,5-22 MHz) war ein tragbares Feldnachrichtengerät und wurde von 1960-1968 in der NVA eingesetzt. Er verwendete Halbleiterbauelemente und wurde mit dem UKW-Empfänger EUB oder dem Spezial-Funk-/Fernschreib-Empfänger R-154 eingesetzt. Der EUB arbeitete von 20-65 MHz und war in erster Linie für den F3-Betrieb bestimmt. Er schließt im Frequenzbereich an den EKB nach oben an und ist ihm auch im mechanischen Aufbau sehr ähnlich, weshalb beide Geräte auch identische Nutzungsphasen hatten.

Eine erste Entwicklung aus der funktechnischen Industrie der DDR nach der Lösung vom russischen Monopol war die Funkstation FK-50, welche auch außerhalb der bewaffneten Organe, z.B. in der Zivilverteidigung oder in der Gesellschaft für Sport und Technik, verwendet wurde. Gebaut von Ende der 50er bis Anfang der 60er Jahre, bewährte sich diese Anlage im praktischen Einsatz. Größter Nachteil war ihre Frequenzinstabilität, weshalb sie aus dem Bestand der NVA dann wieder herausgenommen wurde. Der Frequenzbereich war, unterteilt in 6 Bereiche von 175 kHz bis 12 MHz bei Leistungen von 12,5 bzw. 10-50 Watt.

Der Funkempfänger EKV-12 (1,6-30 MHz) bot durch die Einseitenbandtechnik bei der Telegrafie einen qualitativ verbesserten Empfang, wobei mit zwei unabhängigen Seitenbändern auch Sprechfunk empfangen werden konnte. Rein auf Amplitudenmodulation ausgelegt, waren weiterhin mittels Frequenz umgetasteter Tast- und Funkfernschreibfunk sowie Bildfunksendungen möglich. Der EKV-13 verfügte zusätzlich über einen Frequenzbereich von 14-535 kHz, war ansonsten aber baugleich mit dem EKV-12.

Der EKD-100 (25 kg) war für den mobilen als auch stationären Betrieb in der Telefonie und Telegrafie ausgelegt. Die dekadische Frequenzeinteilung geht in 10-Hz-Schritten (Drehschalter) von 14 kHz bis 30 MHz und ermöglicht den Einsatz als Betriebs-, Such- und Überwachungs-Empfänger. Die Frequenzanzeige erfolgte siebenstellig digital. Eine Anlage war z.B. auf dem Schulschiff Wilhelm Pieck bis 1990 eingesetzt und wurde vor der Verschrottung in die Lehrsammlung der Marinefernmeldeschule gerettet.

Ähnliche Einsatzmöglichkeiten und Frequenzen wie der EKD-100 bot auch der EKD-300. Die dekadische Frequenzwahl erfolgte über eine 10er-Tastatur und wurde wie die Abstimmung über LED Ziffern angezeigt. Er stellte einen der modernsten Empfänger der NVA dar, wurde bis 1990 genutzt und wurde aufgrund seiner

Qualität und Leistung zu einem beliebten Gerät der Funkamateure. Für die Empfänger der Typenklasse EKD-300 ermöglichte das Zusatzgerät EZ-100 eine Wahl zwischen vier Antennen über Handschaltung, Empfänger-Diversity-Betrieb, Demodulation von Fernschreib-Sendungen, Weitergabe der Nachricht über Einfachstrom-, Doppelstrom- oder Tontastzeichen sowie die Abstimmung über Leuchtdiodenanzeige. Eine Kombination wie sie auch bei dem Empfänger RX-1001 mit dem Tastgerät TG-1001 in der Bundeswehr durchgeführt wurde.

Der Empfänger EKD-500 (14 kHz bis 30 MHz, 10-Hz-Kanalabstand) war für Empfang von Einseitenband-, Zweiseitenband-, Telegrafie- und Faksimilesendungen. Seine leichte Bedienbarkeit stützte sich auf einen programmierbaren Datenspeicher für 99 Kanäle, einer wahlweise zyklischer Kanalsuche oder einem Suchlauf zwischen programmierbaren Frequenzen. Die Frequenzeinstellung konnte über ein Tastenfeld oder kontinuierlich mit frei wählbarer Schrittweise erfolgen. Der bis 1990 in der VM genutzte Empfänger integrierte das Tastgerät wie sein Äquivalent E-1800 der Bundeswehr. In die Bestände der Bundeswehr flossen die modernen Geräte der Serie EKD noch ein und selbst die militärischen Abhörstellen der Marine Großbritanniens haben nach 1990 einige EKD-500 übernommen.

Das tragbare Sende- und Empfangsgerät SEG-15D (1,6-12 MHz, 15 Watt) war für Einseitenband-, Telefonie- und Telegrafie verwendbar. Die VM hatte das Gerät bis 1990 in der Nutzung, aber auch heute noch wird es bei den Funkamateuren gerne verwendet. Das Sende- und Empfangsgerät SEG-100D (1,6-12 MHz, 100 W) diente für Einseitenband-Sprechfunk-, Telegrafie oder Funkfernschreibverbindungen im Simplex-Betrieb und konnte bis zu 1.000 km überbrücken. Bis 1990 wurde es in stationären Funkstellen oder im mobilen Einsatz genutzt.

Mit dem Fernmodulationsbediengerät FMB-02 war der Aufbau eines Funkplatzes für den Kurzwellenfunk möglich. Es gestattete die Anschlüsse von Endgeräten für Telefonie, Telegrafie und eine Tastung des Senders. Weiterhin wurde ein Anschluss für einen Empfänger mit Sperrsignal der Empfängerserie EKD installiert. In Verbindung mit dem Fernmodulationsanschlussgerät FMA-01 wurde die Fernbedienung der Anlage SEG-100D über Funk möglich.

Das robuste, tragbare Sprechfunkgerät UFT-721 (146-174 MHz) besaß 4 quarzstabilisierte Kanäle. Die Reichweite war je nach Einsatzort und Antennenhöhe mit 3-10 km recht unterschiedlich. Bis in die 80er Jahre wurde es in der NVA genutzt.

Das Funkgerät UFT-435 (45,6-47,075 MHz) ermöglichte Sprechverbindungen auf 60 festen Kanälen im Simplexbetrieb. Der Einsatz im Gelände, auf Schiffen und Booten sowie mit Sonderzubehör im KFZ war möglich und durch einen mitgelieferten Schwimmbehälter war zusätzlich der Einsatz an der Wasseroberfläche oder Transport unter Wasser durchführbar. 14 Stunden Ladezeit mit dem LGT-7 waren aber vor dem Einsatz nötig. Die VM hatte das Gerät bis 1989 in Gebrauch.

Ein kommerzieller Nachrichten-Sender der VEB Funkwerke Köpenick war der KN-1E, der als Kurzwellen-Sender (1,6-30 MHz) mittlerer Leistung für stationäre und mobile Funkstellen bestimmt war. Er gestattete Einseitenbandtelefonie-, Telegrafie- oder Datenübertragung. Die Abstimmung wurde mit einer Automatik durchgeführt, während die weitere Bedienung über voreingestellt oder manuell möglich war. Eine Ortsbedienung direkt am linearen Sendeverstärker, mit abgesetzter Ortsbedienung über eine bis zu 100 m lange Steuerleitung oder per Funksteuerung war möglich und wurde im Einsatz bis 1989 so genutzt.

Der Grenzwellen-Empfänger EKN-F1 (1,5-24 MHz) diente zum Empfang von Telefonie-, Telegrafie- und Fernschreibsendungen. Die mittels der Frequenz umgetastete Einkanalsendung wurde entweder an einen Fernschreiber, weitergegeben oder über Gleichstromimpulse oder Tontastung zur Verfügung gestellt. Die "tropfwasserdichte" Ausführung erlaubte den Einsatz auf größeren Schiffseinheiten und in beweglichen Funkdiensten. Die VM nutzte diesen Empfänger in den 60er Jahren.

Die KW-Sende- und Empfangsanlage SSE-50 war vornehmlich für Schiffe und Boote bestimmt, konnte aber auch mobil oder als Land- und Küstenfunkstation eingesetzt werden. Mit Telefonie, tönender und tonloser

Telegrafie konnten damit über große Distanzen Verbindungen hergestellt werden. Die VEB Funkwerke Dabendorf bauten die Anlagen in den 60er Jahren.

Das RS-103 der polnischen Firma Unitra/Unimor wurde unter der Bezeichnung "Lifeboat Radio" als Seenotrettungsmittel in der Schifffahrt eingesetzt und war dadurch auch in der Nutzung bei der Ausbildung in der Ingenieurhochschule für Seefahrt Warnemünde/Wustrow. Die Stromversorgung erfolgte alternativ zum Batteriebetrieb über einen Handkurbelantrieb, der auch bei anderen Firmen weltweit als Option der Spannungsversorgung verwendet wurde. Es gab an Bord der Schiffe z.B. auch den Schiffsnot-Sender SNS-577 sowie ganz Anzahl anderer Seenotfunkanlagen.

Der Seefunk-Empfänger 6-E-91-N (1,4-3,7 MHz) der VEB RFT Funkwerke Zittau-Obersdorf war, wie der Grenz-Kurzwellen-Sender SS-100 von den VEB Funkwerken Köpenick, eine der älteren Funkanlagen der DDR. Beim SS-100 (1.200-12.000 kHz) für Telefonie und Telegrafie datierte ein Schaltplan des Röhren-Senders die Anlage auf 1958.

Schulen für Nachrichtentechnik der deutschen Marinen nach 1945

Mit der Aufstellung des Marinestützpunktkommandos in Bremerhaven am 8. Mai 1956 wurde der Beginn der Schulen für Nachrichtentechnik in der Bundesmarine eingeleitet, da sich 1889 bereits die Telegrafenschule Lehe hier befand an einem geschichtsträchtigen Ort für Marineschulen der Nachrichtentechnik.

Die Nachrichtenmittel prägten auch die Struktur und den Aufbau der Schullandschaft, welche in die während des Krieges neu entwickelten Funk-, Ortungs- und Navigationsverfahren unterteilt wurde. Der eigentlich für die weitere Aufstellung von Schulen vorgesehene Seefliegerhorst Borkum (Befehl Nr. 40, 21. Juni 1956) konnte noch nicht genutzt werden und so bekam Bremerhaven die Gunst der Stunde "0". Während die Marinefernmeldeschule in Flensburg aufgelöst wurde, konnte die Marineortungsschule mit erweiterten Aufgaben und der damit verbundenen Namensänderung in der neuen Struktur weiter existieren.

- Marinefernmeldeschule in Flensburg - Mürwik   MFmS   (1956 - 2002)
- Marineortungsschule Bremerhaven   MOS   (1956 - 1996)
- Marineoperationsschule Bremerhaven   MOS   (1996 - heute)
- Marinetechnikschule Parow   MTS   (1996 - heute)

Unter dem Kommando von Fregattenkapitän Fritz Günther Boldemann entstanden die verschiedenen Stammeinheiten und am 20. Oktober 1956 konnten in den Gebäuden 9 und 10 die Dienstgeschäfte der Marineortungsschule (MOS) aufgenommen werden. Die Aufgabe der MOS war die Fachausbildung der Offiziere, Unteroffiziere und Mannschaften in den Bereichen Technik und Wartung. Neben dem Schulstab gab es den Ausbildungssektor I mit Navigation, den Sektor II mit Radartechnik und den Sektor III für die Elektronik der Bord- und Landradaranlagen sowie Sonar- und Navigationsgeräte, weshalb das Schulwappen im Anker das Steuerrad der Navigation, darin ein stilisiertes Atommodell für die Elektronik und den Blitz im Zentrum zeigte.

Fregattenkapitän Werner Neuendorff war mit der Aufstellung der Marinefernmeldeschule Flensburg-Mürwik zum 15. Juli 1956 beauftragt und wurde so zu ihrem ersten Kommandeur (Befehl Nr. 39, 21. Juni 1956). Er war 1941 der Nachrichtenreferent des Marinebefehlshabers C (Admiral Franz Classen) von April bis November 1941 und zugleich Kommandeur der 1. Marinenachrichtenabteilung (mot.) gewesen und ab August 1942 bis Kriegsende im Führungsstab des MOK in Norwegen.

Weitere Soldaten kamen aus britischen und amerikanischen Verbänden zurück in die deutsche Marine. Der größte Teil der zum Schulstamm in Bremerhaven gehörenden Soldaten wurden von der LSU-B (Labor Service Unit Bremerhaven) übernommen, die in dieser Organisation Fernmeldeausbildung betrieben hatten und welche die NATO-Fernmeldeverfahren beherrschten.

Der Schulstamm übernahm die ersten Tätigkeiten vom 16. April bis 1. Oktober 1956 beim Marinestützpunktkommando Bremerhaven, bei dem außer dem Schulstamm der Marineortungsschule und der Marinefernmeldeschule, die der Marineartillerieschule (MAS), der Marineunterwasserwaffenschule (MUWS) und der Technischen Marineschule (TMS) aufgestellt wurden. Die Nachrichtenanlagen der Unterwasserwaffenbereiche (U-Boote, U-Jagd-Schiffe) wurden an der MUWS gelehrt. Hierzu gehören UT- und Sonar-Anlagen, während spezifische Anlagen der Marineflieger teilweise nur auf Lehrgängen bei der Luftwaffe vermittelt wurden/werden.

Marinefernmeldeschule (MFmS) in Flensburg-Mürwik (1956 – 2002)

Die Gebäude der Marinefernmeldeschule (MFmS) in Flensburg waren von November 1945 bis April 1946 zuvor noch als Unterkunft der Polizeischule Schleswig-Holstein genutzt worden, nach der Verlegung der Polizeieinheiten nach Eckernförde kamen sowohl Flüchtlinge als auch englische bzw. norwegische Soldaten in die Kasernenanlagen, dann der Bundesgrenzschutz und letztendlich wieder die Marine.

Die neue Schule übernahm die Bezeichnungen der Gebäude "Hansa", "Brandenburg", "Deutschland" und "Preussen" sowie die wesentlichen Elemente aus dem Wappen der Marinenachrichtenschule. Unterscheidung war die Verwendung der Winkflaggen nach dem internationalen Flaggenalphabet, während der einzelne Blitz der Funkentelegrafie und die gekreuzten Blitze der Marinefernschreiber nahezu unverändert übernommen wurde. Als Ausbildungseinrichtung wurde die Schule durch die Lehrgänge der Offiziere, Unteroffiziere und Mannschaften des Fernmeldedienstes zum Mutterhaus des Fernmeldepersonals der Marine. Die vorgesetzte Dienststelle für die MFmS war zunächst das Marine-Fernmeldekommando. In der Anfangszeit waren auf dem Kasernengelände außerdem:

- Ortungsabschnitt Ostsee (Marinefernmeldeabschnitt)
- Ortungsgruppe Ostsee (Marinefernmeldegruppe 71)
- Marinefernmeldegruppe 11
- Marineunterwasserwaffenschule
- Marinefernmeldeversuchstelle
- Schnellbootgeschwader

Der Auftrag der Schule wurde 1962 neu formuliert und die Schule gleichzeitig dem Kommando Marineführungsdienste unterstellt. Zur Verbesserung der Führungsfähigkeit wechselte 1973 diese Unterstellung zum Marineamt. Zunächst als Truppenversuch wurde zum Beginn des Jahres 1987 eine neue Unterstellung für die nächsten 2 Jahre befohlen. Alle Schulen und Lehrgruppen der Marine wurden dem Admiral Marine-Ausbildung unterstellt, was letztendlich beibehalten wurde.

Am 2. Oktober 1956 waren mit allen Unterlagen auch Geräte und Möbel aus Bremerhaven nach Flensburg-Mürwik verlegt worden, wobei der Schlepper PELLWORM einen Teil des Materials transportierte. Dies war notwendig, da von der früheren Marinenachrichtenschule der Kriegsmarine nur noch die Gebäude vorhanden waren. Die Einrichtung und die Gerätschaften waren entweder abtransportiert oder zerstört worden.

Am 1. November 1956 begann der Lehrbetrieb der MFmS in den neu aufgestellten Funk-, Signal- und Fernschreibkompanie. Mit Abschluss der ersten Fachlehrgänge Funk und Signal am 30. September 1956 in Bremerhaven war die Tätigkeit des MFmS Schulstamms dort beendet. Mit dem 1. April 1957 wurde die

Aufstellung der 3. Kompanie an der MFmS befohlen, welche die Ausbildung der Fernschreiber und Elektroniker übernahm. Die Stabskompanie der MFmS wurde im Juni 1957 aufgestellt. Die Fernmeldelaufbahnen gliederten sich nun in die Laufbahnen der Funker, Fernschreiber, des Brückendienstpersonals und Elektroniker.

1961 begann die Fachvorausbildung der Fernmeldegasten beim Marine-Ausbildungsbataillon in Eckernförde (1. MAusbBtl.) in der Kasernenanlage Carlshöhe. Hier erfolgte von der Marinefernmeldeschule abgesetzt die Rekrutenausbildung in den vormaligen Verwendungsreihen Fernmeldebetrieb (21), Fernmeldeaufklärung (22), Signalbetrieb (27), Sprechfunkaufklärung (29) und DV-Betriebsdienst (66), während die MOS ihre Rekrutenausbildung weiterhin innerhalb der Kaserne hatte.

Veränderungen der Wehrdienstzeiten und Lehrgangsformen hatten und haben immer Auswirkungen auf den Ausbildungsbetrieb. Das Signalpersonal wurde im Juni 1967 aus dem seemännischen Dienst in die Fachrichtung Fernmeldedienst 27 übernommen und ausgebildet. 1969 trafen die ersten Offiziere des militärfachlichen Dienstes an der MFmS ein. Mit der Einführung der OffzMilFD-Laufbahn erhöhte sich auch die Zahl der Offiziere der MFmS um mehr als das 3-fache, denn diese stellten nun die meisten Hörsaalleiter der 2., 3. und 4. Inspektion. Im Oktober 1969 wurde eine neue Lehrgruppe C aufgestellt und die Lehrgruppe C (alt) wurde zur Lehrgruppe B umgeformt. Die Verkürzung der Wehrdienstzeit 1972 machte die Neuregelung der Ausbildungsgänge der Soldaten für das Jahr 1973 erforderlich.

In der Marine wurden alle Marineausbildungsbataillone (MAusBtl) 1972 aufgelöst und die Schulen übernahmen wieder die Grundausbildung, weshalb für die MFmS die Lehrgruppe Grundausbildung (GA) am 1. Januar 1973 in Eckernförde in der Kaserne Carlshöhe aufgestellt wurde. Die Kompanien des 1. Marineausbildungsbataillons wurden entweder der Küstendienstschule oder der MFmS unterstellt.

1990 nahm die erste weibliche Person an der militärfachlichen Ausbildung teil und die ersten 18 Soldaten aus der Volksmarine kamen zu den Fachlehrgängen. Die am 1. Juli eingeführte 2-monatige Grundausbildung wurde nach 2 Quartalen am 1. Januar 1991 wieder eine 3-monatige Grundausbildung umgewandelt. Auch mögliche Konsequenzen der Truppenreduzierung und Neustrukturierung der Schulen der Marine in den 90er Jahren warfen ihre Schatten voraus. Die Ausbildungseinrichtungen mussten darauf wieder reagierten und verkürzten die Lehrgänge.

Die Einstellung des Morsefunkverkehrs führte am 1. Juli 1992 zur Änderung der Ausbildungsforderung im Geben und Hören von 16 auf 12 WPM. Die Neuordnung der Elektronikerausbildung 1993 hatte das Ziel durch Vermittlung von breiten Grundkenntnissen der Entwicklung moderner und komplexer Systeme Rechnung zu tragen. Die Verwendungsreihen (VwdgR) 24, 25, 32, 36, 39 und 59 wurden in der neuen VwdgR 46 vereint. Aufgrund der Einsparungsmaßnahmen der Marine wurde die MFmS am 1. Juli 1993 personell und organisatorisch weiter reduziert und eine von 8 Inspektionen aufgelöst. Mit dem 21. September 1995 wurden die Laufbahnen Fernmeldegast/Land und Fernmeldegast/Bord nach dem Pilotversuch zur Regelausbildung.

Die Lehrgruppe B wurde am 31. Oktober 1996 aufgelöst, der Schulbetrieb auf, 5 Inspektionen reduziert. Die Ausbildung des Taktischen Richtfunknetzes des Flottenkommandos hatte 1959 an der MFmS begonnen, wurde 1998 eingestellt und ab dem 1. Oktober 1998 von der Technischen Schule der Luftwaffe 1 in Lech übernommen. Im Mai 2000 wurde mit Auflösung 5. Inspektion die Verlegung der Technikausbildung an die MTS in Parow abgeschlossen und im Sommer 2000 gab es den letzten Kurs im traditionellen Winkerklub, der seit 1965 das Wissen auf freiwilliger Basis weitervermittelt hatte. Die Verlegung der kompletten Grundausbildung des Signalpersonals an die LGA in Eckernförde bzw. MOS brachte im März 2001 die Auflösung der 4. Inspektion im Mutterhaus und im Juni 2001 erfolgte die Auflösung der Lehrgruppe Grundausbildung Eckernförde, welche seit 1973 die GA durchgeführt hatte. Am 30. September 2002 wurde die Marinefernmeldeschule außer Dienst gestellt und damit auch 100 Jahre der Marinefernmeldeausbildung am Standort Flensburg-Mürwik abgeschlossen.

Obwohl die Schule aufgelöst war, liefen die Lehrgänge der Verwendungsreihe 66 noch bis zum Ende des Jahres 2002 und es blieb auch bis zum Schluss noch genügend Zeit für so manche Episode mit Kinken. Bei der Abschlussmusterung zur Auflösung am 26. September 2002 verkündete der Admiral Hoch im strömenden Regen für die Frau des, gleichzeitig in den Ruhestand zu verabschiedenden, Kommandeurs deren gewünschten Lieblingsmarsch. Das Marine-Musikchor hatte aber nicht die nötigen Instrumente dabei, weshalb der Leiter des Musikchors mit „Finger lang" zum Pult des Admirals eilte, um diesen unsäglichen Umstand zu melden und einen alternativen Vorschlag zu bringen. Als der Kommandeur danach in der Offiziersmesse seine Urkunde für die vorzeitige Pensionierung nach dem Personalstärkegesetz erhielt, war diese vom Verteidigungsminister Rudolf Scharping unterzeichnet, der jedoch durch seine Badeaffären u.a. schon längst nicht mehr im Amt war. Der letzte Schulkommandeur hatte aufgrund persönlicher „Sympathien" schon vor der Verkündigung des Rücktrittes des damaligen Verteidigungsministers eigenhändig dessen Bild "schweren Herzens" von der Wand in seinem Dienstzimmer entfernt. Der Satz „der Kommandeur macht das Licht aus" bezeichnete dann in einem Artikel der Flensburger Nachrichten zur Schließung der Schule auch treffend das Ende der Marinefernmeldeausbildung in Flensburg-Mürwik.

<u>Ausbildung der Verwendungsreihen (VwdgR) an der MFmS</u>

- VwdgR 21   Fernmeldebetrieb Fernschreib/Schreibfunk
- VwdgR 22   Fernmeldeaufklärung, Tastfunk
- VwdgR 27   Signalbetriebsdienst
- VwdgR 29   Fernmeldeaufklärung, Sprechfunk
- VwdgR 46   Pflege und Wartung fernmeldetechnischer Geräte
- VwdgR 66   DV-Betriebsdienst

Jährlich wurden im Schnitt mehr als 2.000 Soldaten in über 60 Ausbildungsgängen ausgebildet. Angehörige der Heeres- und Luftwaffeneinheiten sowie Zivilpersonal wurden in Sonderlehrgängen ebenfalls geschult. Die MFmS verfügte 1998 über ca. 130 Stammsoldaten und über 70 zivil angestelltes Personal für die noch ca. 300 Lehrgangsteilnehmer pro Quartal. Der 75.000. Lehrgangsteilnehmer wurde am 1. Oktober 1986 begrüßt, als die jährlichen Schülerzahlen noch weit über 5.000 (zusammen mit der LGA) lagen. Am 25. Juli 1988 durchlief der 80.000. Lehrgangsteilnehmer seine Ausbildung an der MFmS. Im Jahre 1997 überschritt die Zahl der an der MFmS ausgebildeten Lehrgangsteilnehmer schließlich die 100.000 und bis 2002 wurden noch fast 110.000 Soldaten und Zivilisten an der MFmS ausgebildet.

Die Ausbildungsanlagen der Schulen repräsentieren jeweils den Standard der Marineeinheiten der jeweiligen Zeit. Auch hier waren zuerst noch Röhrengeräte vorhanden, bis die Modernisierung die ersten Geräte mit Halbleitern brachte.

Die Anwendung der Simulationstechnik hat insbesondere im Ausbildungs- und Übungsbetrieb moderner Streitkräfte eine immer größere Bedeutung gewonnen. Die zunehmende Technisierung und Automatisierung der Streitkräfte bewirkt, dass der Soldat die Realität entsprechend seiner Tätigkeit immer stärker durch Computer gefiltert bzw. aufbereitet vermittelt bekommt. Für komplexe Waffen- und Führungssysteme wird es daher immer einfacher, die reale Umgebung des Soldaten mit den Möglichkeiten der rechnergestützten Simulation nachzubilden. Aufgrund der enormen Leistungssteigerung der Informationstechnik, Sensorik und Aktorik werden auch die Möglichkeiten zur realistischen Simulation sowie zur computergenerierten Bilddarstellung immer besser.

In der Praxis gibt es eine Reihe von Unterschieden in den Teilstreitkräften. So sind bei Marine und Luftwaffe tägliche Routinearbeiten und auch Operationen wesentlich durch das intensive Üben an den individuellen Waffensystemen charakterisiert, sodass Simulationsläufe unter Einsatz spezieller Software eingespielt werden können. Die Bedienung der Waffen und der Anlagen veränderten sich in die Anwendung der Software, die Beherrschung wird dadurch jedoch nicht einfacher, sondern eher noch komplexer und auch die Kommunikationsanlagen verlangen eine intensive Ausbildung, bevor die Systeme beherrscht werden können.

Bei der Simulation werden verschiedene Stufen hinsichtlich Ausprägung und Aufwand für die Ausbildungsmittel unterschieden. Die einfachste und erste Form war an der Schule die computerunterstützte Ausbildung (CUA) des Individual- und Gruppenunterrichts. Auch die Verfahrenstrainer dienen der Einzelausbildung für komplexe Funktionsabläufe und Tätigkeiten, die am Gerät auch einen großen Kostenaufwand verursachen. Zur Ausbildung von Kampfgemeinschaften vom Zug bis hin zu Stäben werden Taktik-Trainer verwendet. Den größten Aufwand erfordern die Simulatoren für Fahrzeugführung und Waffeneinsatz, wie sie an der MOS eingerichtet wurden.

Bevor das Zeitalter der Computertechnik erreicht wurde, war Handarbeit an den Geräten gefragt. Zu den ersten Ausbildungsanlagen an der MFmS zählte die 40/70-Watt-Station von Telefunken aus Wehrmachtsbeständen, zu der sich amerikanische Geräte gesellten. Die Ausbildungsunterlagen umfassten eine Rohübersetzung der ACP-124, Q und Z-Gruppenbücher, die Vorschriften für den internationalen Seefunkdienst, die Beschreibung des Doppelkürzelverfahrens, eine technische Beschreibung der Telefunkenanlage für die Gerätekunde sowie die amerikanischen Bücher Radioman-I und Radioman-II. Mit diesen begannen die ersten Einweisungslehrgänge (24 Soldaten) für den Fernmeldebereich am 1. Juni 1956 in Bremerhaven an der MOS.

Die entsprechenden Schulungsanlagen und Lehrgänge sind ständig dem Wandel der Zeit unterworfen. Für die Funkausbildung der MFmS standen zunächst eine kleine Morsegeberanlage des BGS, 12 kleine Übungsschreibmaschinen und für die Signalausbildung, übernommene Winkflaggen und alte Morselampen zur Verfügung. Die ersten Fernschreibmaschinen trafen im Januar 1957 ein. Da die Lehrgänge möglichst schnell beginnen sollten, wurden die Fernschreibmaschinen an den Wochenenden vom Schulpersonal selbst installiert, da keine Zeit mehr für die Infrastrukturforderungen und den vorgeschriebenen Verwaltungsweg zur Verfügung stand.

1961 wurde das Fernmeldezentrum im Block "Deutschland" eingerichtet, in das 1978 die neuen Generationen der Sender SK-210/310 und Empfänger E-863 und ELK-639 installiert wurden. Im Ausbildungsbetrieb mussten die Lehrgänge noch unterschiedlich für kriegsgediente Lehrgangsteilnehmer und die folgende Nachkriegsgeneration ausgelegt werden. In den Anfängen wurden ferner im Schulgebäude die Räume 209 und 210 als Ausbildungswerkstätten für die Fachrichtung Funktechnik (FT) eingerichtet. Jeweils 6 neue ARC-34 und XD-002 wurden im Geräteraum 4, zwölf GRC-9 und Allwellen-Empfänger 66-A im Geräteraum 5 übergeben (13. Februar 1967), der Raum 215 mit 12 KW-Empfängern E-127 neu eingerichtet (14. August 1967).

Diese Maßnahmen waren glücklicher Weise genehmigt und durchgeführt worden, da der nächste Verteidigungsetat am 10. August um zwei Milliarden gekürzt worden war. Der Geräteraum 221 wurde nach entsprechender Vorbereitung am 27. April 1967 als Schulfunkstelle in Betrieb genommen. Die praktische Ausbildung an den Geräten der Schule machte einen Umbau des Fernmeldezentrums der Schule erforderlich. Die neue Generation der Sender (SK-010, SK-050) und Empfänger (E-127, E-309) wurde im Juli 1969 eingebaut.

Am 2. Januar 1979 begannen Bauarbeiten im Gebäude "Preussen" und am 1. April 1979 fand die Übergabe des technischen Ausbildungszentrums im Westflügel dieses Gebäudes statt, dass die Weitverkehrs-, Vermittlungs-, Krypto-, FS- und Bordsprechanlagen sowie die dazugehörigen Ausbildungsstätten beherbergte. Im Keller des Schulgebäudes wurden 3 Fernschreib-Ausbildungsräume (3-x-24) und ein Raum mit 12 Fernschreibplätzen und kompletter Vermittlung eingerichtet, um die bislang in den Feldhäusern in Meierwik für die Fernschreiber vorhandenen Ausbildungsmöglichkeiten zu erhalten.

Der erste Bauabschnitt des Schulfernmeldezentrums hatte im November 1980 für die Ausbildung Schiffstyp Z-101 vier Fernschreib-, 6 Funk-, 1 Broadcast- und ein Notfunk-Arbeitsplatz eingerichtet. Für den SM-Bootstyp gab es 6 FM-Plätze. Noch in Planung standen damals 4 FM-Plätze für Tender, 4 für Versorger und 3 für Schnellboote der Klasse 143.

Die Ausbildungsanlage für die Fregatte Klasse 122 wurde am 28. April 1981 übergeben, mit der die komplette Fernmeldeeinrichtung dieser Schiffsklasse zur Verfügung steht und die auch zur Ausbildung holländischer Soldaten genutzt wurde. Das System ermöglichte die automatische Abwicklung und Archivierung von Fernschreiben auf Schiffen.

Die Marine der Bundesrepublik führte von 1982 bis 1989 Untersuchungen zur Realisierbarkeit der Lehrunterstützung durch Rechner an der MFmS durch. Die "Computerunterstützte Ausbildung" (CUA) wurde mit der PLATO-Anlage (Programmed Logic Automatic Teaching Operation) durchgeführt. Die Autorenstation (Lehrer) bestand aus dem Terminal CD-110 und zwei Diskettenlaufwerken, eines für das Lehrprogramm, das andere für die jeweilige Lektion. Schüler- und Autorenstationen besaßen einen berührungsempfindlichen Bildschirm, 2 Autorenstationen arbeiteten mit 17 Schülerstationen zusammen. An der MFmS wurden Programme für SAR (Search and Rescue), Schreibfunkverfahren und Notfunkbojen unterrichtet und geprüft. Die Unterrichtung mittels CUA-Anlagen wurde ab 1992 ein fester Bestandteil der Lehrgänge.

Zusätzlich zur CUA-Anlage kam für die Ausbildung des Personals der Fregatten Klasse F-123 eine Computersimulation, dann die neue Generation der PC-Fernmeldemittel in den Jahren 1997/98. Im Schulgebäude wurde eine GMDSS-Anlage, ein Schulungsraum für das FMZ-21 der Fernmeldegruppe Sengwarden, die X.400-Ausbildungsanlage und Computer für die IT-Ausbildung eingebaut. In Raum 215 und im Fernmeldezentrum wurden Computer mit FORMASSK installiert, 1999 wurden die Rechner für die Ausbildung Frequency Management Bw ausgeliefert.

Es folgten die ersten Geräte für die Ausbildungsanlage Adaptiver HF-Datenfunk. Der HF-Datenfunk MAR Adaptiv wird sowohl bei den Fernmeldezentren der Marine als auch auf den schwimmenden Einheiten eingesetzt. Hauptbestandteil des Kurzwellen-Kommunikationssystems HF-Funk MAR Adaptiv ist dabei der Rechner T41MAR mit dem Prozessor ACT1810/M, der für die Abwicklung der gesicherten Datenübertragung über Funk mit Microsoft Windows NT zuständig ist. Die Software KORM dient zur Erzeugung und Übermittlung von Nachrichten über HF und kann unterschiedliche Formate/Betriebsarten konvertieren und übermitteln. Der Empfänger konvertiert den Spruch automatisch in das korrekte Format zurück und übermittelt den Spruch an das angeschlossene Ausgabegerät. Neben diesen Nachrichten können auch normale Texte, Fax und beliebige Dateien übertragen werden. Wie bei allen Anlagen müssen auch hier ständig Softwareaktualisierungen durchgeführt werden, hauptsächliches Problem bleibt aber die geringe Bandbreite.

Ferner wurden für die Einsätze der Marine im Jahr 2002 vor dem Horn vor Afrika kurzfristig neue Systeme installiert, um die Kommunikation mit den amerikanischen Einheiten zu ermöglichen. Collaboration at Sea (C@S), ein Fernmeldesystem der der US-Navy, brachte die letzten neuen Lehrgänge an die MFmS, die den Bestand der Arbeitsplatzcomputer und Ausbildungsanlagen auf fast 300 Stück anwachsen ließen.

Im Juni 2002 waren alle Lehrgänge bis auf die Verwendungsreihe 66 beendet und mit den Ausbildungsanlagen an die MOS verlegt, deren Personalstamm durch Ausbilder der MFmS entsprechend anwuchs. Es wurde nach Möglichkeit versucht das Ausbildungspersonal mit den entsprechenden Anlagen an die MOS mit zu versetzen, um den Verlust des Know-how möglichst gering zu halten. Da der Ausbildungsbetrieb aber in kürzester Zeit nach dem Umzug an der MOS wiederbeginnen musste und nicht immer ein erfahrener Truppenfachlehrer zur Verfügung stand, hatte der Umzug unvermeidbare Auswirkungen auf die Lehrgänge. Hier ist der Einsatz aller Soldaten hervorzuheben, welcher einen reibungslosen Dienstbetrieb unterwidrigen Umständen erst ermöglichte.

Der Umzug der Lehrsammlung für die verwendungsbezogene Ausbildung gestaltete sich mit Schwierigkeiten., da am 6. September von der MOS kurzfristig entschieden wurde, die Lehrsammlung für die verwendungsbezogene Ausbildung im Gebäude 26 einzurichten, da die bisher vorgesehene ehemalige Ausbildungshalle abgerissen werden sollte. Dem Leiter der Lehrsammlung blieb dadurch eine Planungsphase von nur 96 Stunden für die Umsetzung und Raumaufteilung beim Wiederaufbau. Doch auch diese letzte Hürde wurde genommen, nachdem zuvor noch seitens des Marineamtes versucht worden war, diese einmalige und einheitliche Sammlung auf die Marinetechnikschule in Parow und die Marineoperationsschule aufzuteilen. Am 9. September begannen der Umzug der historischen Geräte und Dokumente. Am 17. September wurden die ersten Anlagen an der MOS aufgestellt und am 27. September war die größte einzelnen Komponente des Umzugs der Marinefernmeldeschule mit ihren über 750 Exponaten (rund 30 Tonnen) verteilt auf 16 LKW-Containern abgeschlossen.

Den interessierten Besuchern konnte so die größte Sammlung von Nachrichtengeräten in der Bundeswehr an der MOS erhalten werden. Aufgrund von Baumaßnahmen und Wasserschäden im Gebäude 26 wurden die Exponate später auf verschiedene Gebäude verteilt, Teile der Sammlung gingen an die Marinetechnikschule (MTS). An der MTS musste das zur Verfügung stehende Gebäude abgerissen werden, die Exponate wurden im Freien abgestellt, verrosteten im Regen und mussten entsorgt werden.

Die Betreuung der verbliebenen Exponate in der Sammlung und Führungen für Lehrgänge und externe Besucher an der MOS konnte durch Personalmangel begründet nie wieder richtig aufgenommen werden. Im Jahre 2018 wurden alle Dokumente durch die Marineschule Mürwik (MSM) übernommen, die Röhrensammlung ging an ein Radiomuseum, während viele Exponate an die Lehrsammlung für Nachrichten-, Fernmelde- und Informationstechnik – Führung an der Schule für Informationstechnik des Heeres in Feldafing gingen. Reste übernahmen das Technische Museum in Berlin, das Internationale Maritime Museum in Hamburg (IMMH) während das Militärhistorische Museum der Bundeswehr in Dresden sich vornehmlich mit alle in Messing und Bronze ausgeführten Geräten bediente. Was nicht im Fachbereich an der MOS in Fluren und Ausbildungsräumen untergebracht werden konnte, musste Ende 2018 ebenfalls entsorgt werden.

Kommandeure der Marinefernmeldeschule Flensburg-Mürwik

- KptzS W. Neuendorff   15. Juli 1956 - 30. September 1962
- KptzS H. von Mantey   1. Oktober 1962 - 30. September 1965
- KptzS M. Stoevesand   1. Oktober 1965 - 31. März 1968
- KptzS R. Rössger   1. April 1968 - 30. September 1973
- KptzS H. Trummel   1. Oktober 1973 - 31. März 1978
- KptzS L. E. Wetters   1. April 1978 - 30. September 1983
- KptzS K. Ehlert   1. Oktober 1983 - 30. September 1989
- KptzS K.-D. Kopf   1. Oktober 1989 - 24. November 1993
- KptzS K.-H. Jacobi   25. November 1993 - 25. März 1997
- KptzS W.-R. Lietzau   26. März 1997 - 28. September 2000
- KptzS H. Erb   29. September 2000 - 30. September 2002

Marineortungsschule (MOS) in Bremerhaven (1956 – 1996)

An der Marineoperationsschule (MOS) fanden sich in den Anfängen verschiedene Ausbildungseinrichtungen wieder. In der damals noch als "Marineschule Wesermünde" bezeichneten Schule fanden die Schiffstechniker der ersten Stunde noch die Dampfübungsanlagen der alten Zerstörer und größerer Schiffe, eine Schmiede und Werkstätten vor, die nur durch moderne Drehbänke und

Einrichtungen für Elektro- und Motorentechnik ergänzt werden mussten, um den Ausbildungsbetrieb im Juni 1956 anlaufen zu lassen.

Der schiffstechnische Schulstamm an der MOS wurde bald als Technische Marineschule nach Kiel verlegt. Geleitet wurde dieses Vorhaben von Fregattenkapitän Heye, der im November von Korvettenkapitän Jochmann abgelöst wurde. Zunächst dem Schulstamm angehörig, wurde am 25. Juli 1956 die Marineortungsversuchsstelle in der MOS aufgestellt, später wurde sie dann aber an der MOS eingegliedert. Die Dienststelle hatte den Auftrag die Ortungseinrichtungen von Marinefahrzeugen und neue Ortungs- und Navigationsgeräte zu erproben. Sie zog in die Marine-Signalstelle an der Nordschleuse, wurde im Herbst 1970 aufgelöst und der Aufgabenbereich dem Kommando für Truppenversuche unterstellt. 1957 wurde die Sonarelektronik an die Unterwasserwaffenschule verlegt.

Nach Kriegsende stellten die Amerikaner fest, dass sie nun für ihre Logistik keinen einzigen Hafen in eigener Zuständigkeit in Deutschland hatten. Deshalb wurde in der britischen Zone Bremerhaven als Dreh- und Angel-punkt des nahezu kompletten Nachschubs der US-Armee in Deutschland eingerichtet. Die noch in der Kaserne befindlichen Amerikaner räumten nach und nach die Gebäude und mit einem feierlichen Akt wurde das Gelände am 3. Mai 1957 komplett der Marine übergeben.

Aus Beständen der LSU-B kam das Schulboot OT-1 (-I, ex. R-406), das 1959 durch OT-1 (II) ersetzt wurde und welches bis 1967 zur Ausbildung des Radar- und Navigationspersonals genutzt wurde. Am 21. Mai 1959 kam zusätzlich eine Fregatte der BLACK-SWAN-Klasse (HMS HART) als Schulfregatte SCHEER dazu.

Der erste Radar-Elektronik-Lehrgang (ET 51) begann an der MOS am 1. Juli 1957 mit 10 Teilnehmern, doch wurde die Laufbahn im Jahr darauf wieder aufgelöst. Da noch keine Lehrmittel in Deutschland erhältlich waren, wurden von der amerikanischen Firma Philco entsprechende Lehrsätze beschafft und am 2. Dezember 1958 startete der erste Philco-Lehrgang. Das damit ausgebildete Wartungspersonal gehörte zur VwdgR Funkelektronik (FE 24).

Die Zweigstelle der Technischen Marineschule an der MOS hatte 1959 mehr Lehrgangsteilnehmer als die damalige Technische Marineschule Kiel (TMS), das "Mutterhaus" der Schiffstechniker. In einer Neuorganisation wurde deshalb zur Unterscheidung die TMS I in Kiel und die TMS II in Bremerhaven eingerichtet. Neben dem Zugang von Schiffsantriebs- und elektrischen Schalt- und Regelanlagen erhielt die TMS II 1965 das ausgemusterte Minenräumboot CAPELLA, welches als stationäres Schulboot bis 1972 in der Geeste lag.

Zum 25-jährigen Bestehen der MOS stellte der Hauptbootsmann Günter Faber 1960 einen Marinechor auf. Die uniformierten Sänger avancierten zur Visitenkarte und die "Blauen Jungs aus Bremerhaven" wurden durch nationale und internationale Auftritte in der ganzen Welt bekannt, während der Chor der MFmS lediglich lokale Bedeutung hatte. In diesem Jahr spitzte sich die Raumnot an der MOS derart zu, dass Unterrichtsräume in die Unterkunft für Familienangehörige der amerikanischen Streitkräfte verlegt wurden (ehemals Dependence-Hotel, später Kaserne Roter Sand).

Am 1. Juli 1963 wurde die MOS in eine Stammkompanie und eine Lehrgruppe mit 6 Inspektionen umstrukturiert. Am 1. Oktober 1964 wurde die Lehrgruppe C aufgestellt und aus der 6. Inspektion ging eine 7. Inspektion hervor. Die bisher von der Technischen Marineschule II im Gebäude 9 genutzten Räume wurden im Dezember 1964 der MOS übergeben und dienten der Unterbringung der Lehrgruppe C und der Hörsäle der 6. und 7. Inspektion. Die Marineortungsversuchsstelle zog in die Marine-Signalstelle und übergab 1964 das Gebäude 19 zur Aufnahme von weiteren Übungsanlagen an die MOS.

Im Juni 1966 fand die erste Facharbeiterprüfung vor der IHK statt und die Grundausbildung der Fachrichtungen FR 32 und 36 wurde übernommen. Die Wartungslehrgänge ASR-M/N und ASR-N und Anlagentechnik ASR-M/N wurden 1967 zum Mechanikerlehrgang ASR-M/N zusammengefasst. Mit dem 1. April 1967 wurde eine 8. Inspektion eröffnet und im selben Monat die U-Boot-Radaranlage "Calypso" in

Betrieb genommen. Das Gebäude 1 wurde von der TMS II als Dienstgebäude für die Lehrgruppe C und Unterkunft der 6. Inspektion an die MOS übergeben (23. November 1967).

Der Sonderlehrgang 508 bildete ab 1. Juli 1968 Wartungspersonal für die Marineflieger aus, da die Kapazitäten der Luftwaffe an der Technischen Luftwaffenschule I ausgelastet waren. Im Januar 1969 wurden die Gebäude 9 und 12 von der Lehrgruppe geräumt, die dafür die Gebäude 2 und 3 bezog. Während immer noch Gerüchte mit einer Verlegung der Schule nach Borkum, Wilhelmshaven oder um einen Neubau kursierten, kam, im Dezember 1969 die endgültige Bestätigung des Standortes Bremerhaven aus Bonn.

1970 erfolgte die Neugliederung der MOS in eine Lehrgruppe B (alt C) mit neu verteilten Aufgaben in den Inspektionen 5 bis 8 für das Elektronikpersonal der Marine. In der Lehrgruppe A wurden die Offiziere, Unteroffi-ziere und Mannschaften, in Taktik, Ortung- und Navigationsdienst ausgebildet. Der Ausbildungsbetrieb verlegte von Gebäude 11 in die Gebäude 25 und 27. Die Ausbildung der Fachlehrgänge 24 und 59 wurde vereint und trennte sich erst bei der Geräteausbildung wieder. Die Ausbildung am Arbeitsplatz für Unteroffiziere Fachrichtung 24 auf, den Minensuchbooten entfiel, da die Personallage keine Abstellung von Lehrpersonal zum 1. Minensuchgeschwader mehr zuließ.

1973 wurde die MOS als Schulungsstätte durch die Universität Hannover anerkannt, wodurch die Lehrgangsteilnehmer auch die Möglichkeit zum Erwerb der Elektronikpässe des Heinz-Piest-Instituts erhielten. Ferner erfolgte die Aufnahme der Ausbildung für die Marineflieger in den Fachrichtungen Luftfahrzeugwaffenelektromechaniker und Luftfahrzeugelektromechaniker (FR 52 und 53) sowie die Ausbildung der Führungsmittelelektronik.

Die Ausbildung der Umschüler der VwdgR 24, 32, 36 und 59 wurde 1974 entsprechend der zivil beruflichen Ausbildung zum Nachrichtengerätemechaniker (NTGM) und zum Informationselektroniker (INFE) umgestellt. Ab 1975 wurden an der staatlich anerkannten Fachschule der Marine für Elektrotechnik, die truppendienstlich der MOS unterstellt war, Offiziersanwärter OffzMilFD ausgebildet, wobei damals noch der staatlich geprüfte Techniker Bestandteil der Ausbildung war. In dem 1976 fertig gestellten Schulgebäude (Gebäude 70) mit seinen 40 Lehrsälen sowie einem großen Auditorium wurden die Unterrichte durchgeführt. Während die OffzMilFD-Ausbildung weiter stattfindet, ist ein Abschluss zum Techniker heute nicht mehr möglich, da die Fachschule der Marine aus verschiedenen Gründen 10 Jahre später geschlossen wurde.

Im Rahmen einer Vereidigung mit feierlichem Gelöbnis wurden am 26. Oktober 1981 die Lehrgruppen A, B und C zusammengelegt und im folgenden Jahr die TMS II als 4. Inspektion wieder zu einer Außenstelle der Technischen Marineschule in Kiel. Nun konnten die Dampfanlagen nach über 50 Jahren nicht mehr weiter gewartet werden und mussten nach Ablaufen der Betriebsgenehmigungen durch den TÜV 1988 endgültig "Feuer aus" machen. Im Jahre 2004 soll das Gebäude des ehemaligen Grundpraktikums Technik mit den Dampfanlagen abgerissen werden.

Die seit 1973 im Waldlager in Drangstedt untergebrachte Grundausbildung wurde aber wieder in die MOS verlegt, wodurch die Schule 1985 zwei neue Sporthallen erhielt, während die alte 1989 renoviert wurde. Ein Erweiterungsbau wurde im Februar 1992 fertig gestellt, indem aus Rationalisierungsgründen auch die Truppenküchen zusammengefasst wurden.

1990 wurde die zivil berufliche Ausbildung der freien Wirtschaft angepasst und das neue Berufsbild des Kommunikationselektronikers in den Bereichen Informatik und Funk eingeführt. Die Integration aller Fernmeldebereiche in Richtung der Informationstechnik über Draht-, Funk- oder Lichtwelle setzte sich durch. Um den länger dienenden Zeitsoldaten größere Chancen beim Einstieg in den Zivilberuf zu ermöglichen, wurde im Jahre 1992 die Ausbildung zum Industriemeister in der Fachrichtung Elektrotechnik in Verbindung mit dem Berufsförderungsdienst der Bw und der IHK eingeführt. Insgesamt war das Geschehen in der Schulen MFmS und MOS in den 90er Jahren geprägt von den Umstrukturierungsmaßnahmen der Marine.

Ausbildungsanlagen MOS

Da für die Ausbildung an der MOS wie an der MFmS anfangs nicht auf deutsche Anlagen zurückgegriffen werden konnte, wurde eine Schulortungsanlage mit amerikanischen Geräten wie z.B. einem Radarsimulator, verschiedenen Lagebild- und Fernmeldeanlagen eingerichtet, in denen auch das Personal der amerikanischen Zerstörer der FLETCHER-Klasse, sowie der aus England erworbenen Fregatten HIPPER, GRAF SPEE, GNEISENAU und RAULE ausgebildet wurden.

Die ersten Radaranlagen amerikanischer, deutscher und holländischer Firmen liefen erst zwischen 1958-1960 zu. So kam beispielsweise 1960 das mobile Radar ASR-N-2 und das Schulradargerät SGR-103. Weitere Geräte kamen 1962 mit der Funkanlage ARC-34 und dem ELOKA-Gerät BLR-1, einem amerikanischen Vorläufer zur FL-1800.

Zu Beginn der 60er Jahre entstand zur Ausbildung des Führungsdienstpersonals der Neubauten der Zerstörer der HAMBURG-Klasse und den Fregatten der KÖLN-Klasse die Operationszentrale an der MOS. Hier konnten erstmals mehrere Gruppen ihr theoretisches Wissen über Taktiken und Verfahren in Übungen umsetzen. Diese Anlage stand im Kellertrakt des Verwaltungsgebäudes der Tecklenborg-Werft ("Grauer Esel") und war bis im Sommer 1970 in Betrieb, bis das Gebäude im Frühjahr 1971 abgerissen werden musste.

Weitere bekannte Anlagen und Geräte in der Ausbildung

- ASR/M-N Radaranlage
- Funksender mit 400 W, 1,5-24 MHz
- Funkgeräte PRL-10
- Funkgeräte GRC-9
- Sichtfunkpeiler (C.Plath)
- DECCA-Navigator Echolot (Elac)
- Funkgeräte ARC-100
- Radargerät DECCA 978
- Radargerät KH-14/2 Kelvin-Hughes
- Radargerät (Kelvin-Hughes)
- Stör-Sender X-Band
- Stör-Sender S-Band
- Stör-Sender L-Band

Weitere Anlagen und Geräte in der Ausbildung im Jahre 1965

- 1 Radargerät (Kelvin-Hughes)
- 2 Navigationsanlagen (Kreisel)
- 1 Tischanalogrechner RAT-700

1 Radaranlage Arbra C-61
1 Radarwarnanlage DR-874
1 elektronisches Demonstrationsrechenwerk

Im Gebäude 19 wurden 14 Funksender, 13 Empfänger und 6 Sprechfunkgeräte, im Übungsraum Funksende-/Empfänger installiert, während der Übungsraum für Sprechfunkgeräte zwei ARC-34 und acht ARC-100 erhielt. Mehr als Hälfte der Geräte stammte immer noch aus amerikanischer Produktion, da die Schiffe und deren Ausrüstung meist ebenfalls englischer oder amerikanischer Herkunft waren. Ferner war die deutsche Produktion von Funkgeräten noch in den Anfängen und konnte teilweise noch nicht ausreichend oder mit der entsprechenden Technologie liefern.

Der ECM-Empfänger SR-1-A wurde 1966 im Gebäude 19 Raum 301 installiert und die lange geforderten Lehr- und Unterrichtsgeräte trafen an der Schule ein. Das Radargerät TRS-N und der Übungsraum für Plot-

Tische wurden 1970 im Gebäude 25 eingerichtet, die Kreiselanlage und Übungsräume für Sichtfunkpeiler sowie Navigationsgeräte in Gebäude 26. Im Jahre 1971 wurde der Lehrbetrieb im 2. Stock des Schulgebäudes "Leher Kaserne" eingerichtet und an der MOS vier Funksprechgeräte XD-002 und drei USE-182 installiert.

Die sich schnell verändernde Welt der IT machte eine ständige Anpassung an die technischen Entwicklungen in der Bundeswehr notwendig. Die Lehrgruppe A erhielt in den 90er Jahren durch den Umbau des Gebäudes 58 mit einem Verfahrenstrainer ein neues Ausbildungszentrum. Dauerten die Umbauarbeiten nur 10 Monate, so hatte die gesamte Beschaffung, vom Antrag bis zur Fertigstellung des Ausbildungszentrums, ganze 13 Jahre gedauert. In sechs originalgetreu nachgebauten Operationszentralen von Schiffen der Marine können in einem großen Auditorium Seegefechten komplett simuliert werden. Der Historiker Prof. Dr. Jürgen Rohwer vom Institut für Zeitgeschichte beriet die Simulation des Schlachtverlaufes im Atlantik im Herbst 1942 für die Eröffnung. Da die Anlage den gestiegenen Anforderungen schon bald nicht mehr genügte, wurde sie am 27. Mai 1993 durch einen modernen Navigationssimulator ersetzt.

Am 9. April 1998 wurde der Taktik- und Verfahrenstrainer der Marine (TVTM) in einem Neubau hinter Gebäude 70 für das Ausbildungszentrum Taktik und Verfahren (AZTV) an der MOS übergeben. Er ersetzte die alten Simulatoren und ermöglicht eine komplexe Über- und Unterwasser- sowie Luft- und Landlagedarstellung. Gleichzeitig sind Fliegerleit- und Navigationsverfahren sowie die ELOKA eingebunden.

Kommandeure der Marineortungsschule/ Marineoperationsschule (MOS) in Bremerhaven

- FKpt Robert Kopp   April 1956 - 15. Dez. 1956
- KptzS Hermann Alberts   16. Dez. 1956 - 31. März 1963
- KptzS Heinrich Hoffmann   1. April 1963 - 30. Sept. 1968
- KptzS Dr. Otto Ites   1. Okt. 1968 - 31. März 1971
- KptzS Jürgen Goetschke   1. April 1971 - 31. März 1973
- KptzS Karl-Theodor Raeder   1. Okt. 1977 - 30. Sept. 1977
- KptzS Heinz-Eugen Eberbach   1. Okt. 1977 - 30. Sept. 1980
- KptzS Klaus-Dieter Sievert   1. Okt. 1980 - 31. März 1984
- KptzS Hans-Dietrich Meiburg   1. April 1984 - 31. März 1986
- KptzS Karlheinz Max Reichert   1. April 1986 - 15. Dez. 1989
- KptzS Hans-Joachim Petersen   16. Dez. 1989 - 30. Sept. 1994
- KptzS Hans-Joachim Oels   1. Okt. 1994 - 30. Sept. 1997
- KptzS Stephan Lang   1. Okt. 1997- 14. März 2002
- KptzS Jörg Owen   14. März 2002 - Oktober 2005
- KptzS Gerd Kiehle   Oktober 2005 - 31. August 2011
- KptzS Reinhard Wollowski   1. September 2011 - 30. Juni 2015
- KptzS Eckhard Bödeker   1. Juli 2015 -

Die Marine hatte bereits im Rahmen der Umstrukturierung "Marine 2005" die traditionsreichen Standorte der Marineschulen in Eckernförde und Flensburg aufgegeben. Einhundert Jahre Fernmeldegeschichte in der Marine zeichnen ihren Weg in Flensburg-Mürwik von den Anfängen der Funken-Telegrafie bis nach 2000. Mit Verlegung der MFmS nach Bremerhaven und Parow wurde die Fernmeldeausbildung der Marine am Standort Flensburg abgeschlossen, nicht aber die Struktur für das Jahr 2005 eingenommen.

Die bisherigen Fachschulen aus dem Bereich Technik und Operation wurden in den zwei erweiterten Einrichtungen der Marineoperationsschule und der Marinetechnikschule zusammengefasst. Bereits vor dem Jahr 2005 standen durch Einsparungszwänge schon wieder neue Schließungen bevor, so z.B. die Marineversorgungsschule im Jahre 2006. Mit der neuen Formulierung der Transformation der Streitkräfte fand man dann auch einen Begriff, welcher die fortwährenden Änderungen beschrieben konnte.

Schullandschaft nach Planung "Marine 2005"

- Marineschule Mürwik   MSM Flensburg-Mürwik
- Marineunteroffiziersschule   MUS Plön
- Marineversorgungsschule   MVS List (geschlossen am 31. Dezember 2006)
- Marineoperationsschule   MOS Bremerhaven
- Marinetechnikschule   MTS Parow

Die "neue" MOS verbindet heute Ausbildungen im Betriebsdienst, Navigation, Operation sowie die taktischen Ausbildungsanlagen, die fachliche Grundausbildung der MFmS aus Eckernförde, Fachbereiche der Marinewaffenschule und der früheren MOS am Standort in Bremerhaven. Die zuerst nur angedachte Abkürzung MOPS - zur Unterscheidung von der vorherigen Einrichtung angedacht - wird heute oftmals als liebevoller Spitznamen der Schule im Marinejargon verwendet. Wird der Umfang der Ausbildungsgänge betrachtet, so ist diese Bezeichnung allerdings nicht ungerechtfertigt, doch auch die Marinetechnikschule in Parow, an der vorrangig die Schiffs- und Informationstechnik unterrichtet wird, hat ein sehr breites Ausbildungsspektrum.

Das neu entworfene Wappen für die umbenannte Marineoperationsschule enthält das Steuerrad der Navigation, den Blitz der Elektronik, die Bombe der Waffen und den Springer eines Schachspiels als Symbol für die Ausbildung an den Taktischen Ausbildungsanlagen für die Seelagedarstellung. Entsprechend wurden auch die Anlagen der einzelnen Schulen und Lehrgruppen neu in der Schule installiert. Die alten Ausbildungsanlagen wurden entweder beibehalten oder modernisiert. Da die Kaserne mitten im Stadtgebiet liegt, war, die Anbindung aller benötigten Sendeantennen auf, den Gebäuden durch die Umweltvorschriften nicht möglich. So wurden Anlagen über Datenleitungen an Marine-Funksende-/Empfangsstellen angeschlossen, während andere Anlagen Anschlüsse an moderne Simulatoren erhielten. Im Gebäude 18 wurde die Unterrichtung der Marinewaffenschule, im Gebäude 20 der Ortungsdienst der MOS und im Gebäude 25 der Fernmeldedienst der Marinefernmeldeschule Flensburg-Mürwik eingerichtet.

Das Ausbildungszentrum Taktik und Verfahren (AZTV) bildet eine neue Lehrgruppe und vereint drei bisher unabhängige Schulungseinrichtungen zu einer erstmals kombinierten taktischen und verfahrenstechnischen Ausbildung an der MOS. Die Lehrgruppe Seetaktik kam nach 37 Jahren aus Wilhelmshaven, die Ausbildungsanlage Unterwasserwaffen (AGUW) kam aus der Marinewaffenschule in Eckernförde und auch der vorhandene Verfahrentrainer der MOS (VT-MOS) wurde integriert.

Der Sonderbereich ARPA (Automatic Radar Plotting Aid, seit 1983 eingesetzt) bietet auch zivil anerkannte Abschlüsse für die Radarbediener. Es finden sich im Gebäude 20 (Ortung) die Agis-Radaranlage WM-27, die Ausbildungsanlage HL-351, Palis-343, Palis-148, das Vega-System, die Radaranlagen 3RM320, KH-1625, RTSG-Typ-HSA, das Triton-G und Castor-148. In gleicher Form wurden die entsprechenden Ausbildungsanlagen der MFmS im Gebäude 25 (Fernmelde) und 18 (Waffen) umgesetzt.

Auch hier machte sich die rasante Entwicklung im Kommunikations- und Rechnerbereich bemerkbar, da stetig die in der Flotte abgeschafften Anlagen auch in der Ausbildung gestrichen und ausgebaut werden mussten, während gleichzeitig schon die nächste Generation vor der Tür steht und eingebaut und ausgebildet werden muss.

Die Marinetechnikschule in Parow übernahm die technischen Anteile der MFmS, der verschiedenen Marinetechnikschulen in Kiel und Brake, der Marinewaffenschule in Eckernförde und Kappeln, die Seemännische Lehrgruppe und auch einen Teil der Marinefliegerlehrgruppe. Die Ausbildung des Schiffs-

/Antriebs-, Fernmelde-/Führungsmittel- sowie des Waffen- und Munitionspersonals wurde mit der Schiffsicherungsausbildung ebenfalls einem traditionellen Standort zusammengefasst.

Marinetechnikschule (MTS) in Parow (seit 1996)

Die Marinetechnikschule (MTS) in Parow ist die technische Schule der Deutschen Marine. Die Schule besteht in ihrer jetzigen Form seit 1996 und ist die größte Ausbildungseinrichtung der Deutschen Marine. Sie untersteht dem Abteilungsleiter Personal, Ausbildung, Organisation im Marinekommando in Rostock.

Der Ortsteil Parow der Gemeinde Kramerhof, wenige Kilometer nördlich von Stralsund, ist bereits seit vielen Jahren Standort verschiedener militärischer Stützpunkte, z.B. von 1936 bis Kriegsende war der Seefliegerhorst Parow und die Flottenschule „Walter Steffens" hier ansäßig. Im Zuge der Strukturreform der Marine nach der Wende in der DDR wurde beschlossen, die Anzahl der Marineschulen zu reduzieren. Die technische Ausbildung über alle Dienstgrade, die vorher an acht verschiedenen Standorten stattfand, sollte dazu in einer neu aufgestellten Marinetechnikschule konzentriert werden. Die bisherigen Standorte waren:

1. Borkum (Seemannschaftslehrgruppe)
2. Bremerhaven (Marineortungsschule Lehrgruppe B)
3. Eckernförde (Marinewaffenschule Lehrgruppe A)
4. Flensburg (Marinefernmeldeschule)
5. Kappeln (Marinewaffenschule Lehrgruppe B)
6. Kiel (Technische Marineschule)
7. Neustadt (Technische Marineschule Lehrgruppe Schiffssicherung)
8. Westerland (Marinefliegerlehrgruppe)

Mit der Entscheidung für den Standort Parow und der Grundsteinlegung am 30. November 1992 begann das größte Investitionsprojekt der Bundeswehr in den Neuen Ländern. In insgesamt drei Bauabschnitten zwischen 1992 und 2003 entstand die größte und modernste Schule der Marine. Dabei wurden nur wenige der alten Gebäude erhalten. Am 30. November 1992 erfolgte die Grundsteinlegung für die Neubauten der Marinetechnikschule (MTS) in Parow und am 28. März 1996 stellte Verteidigungsminister Volker Rühe die Marinetechnikschule offiziell in Dienst.

Nach der Technischen Marineschule II in Bremerhaven (1956-1982) wurde 2002 auch die MTS Lehrgruppe A in Kiel aufgelöst. Am 1. April 1996 begann die Lehrgruppe C aus Borkum ihre Ausbildung und die Bibliothek, eine Fachinformationsstelle, die "Alte Wache" als Messe (30. Oktober) sowie ein Lichtwellenleiternetz wurden eingerichtet. Allein 10 Gebäude wurden im folgenden Jahr (1997) bezogen und bald besaß die Schule mit Ausbildungsanlagen und Arbeitsplatzcomputern ein Netzwerk mit über 600 Computern.

In der Marinetechnikschule werden Angehörigen aller Dienstgradgruppen der Teilstreitkraft Marine technische Kenntnisse und praktische Fähigkeiten vermittelt, um die Soldaten auf ihre Einsatzaufgaben vorzubereiten. Dies umfasst z. B. eine Ausbildung im Bereich Schiffssicherung mit den wesentlichen Aufgaben der Brandbekämpfung und der Leckabwehr an Bord. Auflerdem werden auch zivilberufliche Aus- und Weiterbildungen (ZAW) durchgeführt.

Die bis 2005 zur Marinetechnikschule gehörende Inspektion Marineflieger-Technikausbildung in Westerland wurde geschlossen, die Ausbildung findet nun im Marinefliegergeschwader 3 in Nordholz statt. Bis 2012 unterstand der MTS außerdem das Einsatzausbildungszentrum Schadensabwehr Marine in Neustadt/Holstein.

<u>Lehrgruppe Ausbildung der MTS Parow</u>

- Ausbildungsunterstützung
  - Schulbüro, Lehrgangsplanung
  - Fachinformationsstelle
  - DV-Stelle, Lehrmittel, Sportanlagen, Werkstätten
- Hauptfachbereich Schiffstechnik
  - Antriebstechnik / Übungsanlagen
  - Elektrotechnik / Automation / Systemkunde
  - Allgemeine Schiffstechnik / Schiffsbetriebstechnik
  - Seemannschaft
- Hauptfachbereich Führungsmittel, Waffentechnik und Informationstechnik
  - Marinewaffentechnik (Über- und Unterwasserwaffen, Munitionskunde, Batterieleiterausbildung)
  - Führungsmitteltechnik (Navigations- und Fernmeldeanlagen)
  - Informationstechnik
- Hauptfachbereich Basisausbildung
  - Naturwissenschaften: Fachschule der Marine für Technik und Sonderlehrgänge
  - Berufsausbildung: Zivil anerkannte Aus- und Weiterbildung (ZAW)

Unterstützt wird die Schule durch das Sanitätszentrum Kramerhof, das zum Zentralen Sanitätsdienst der Bundeswehr gehört. Selber unterstützt die Schule die Regionalen Sicherungs- und Unterstützungskräfte des Landeskommandos Mecklenburg-Vorpommern bei der Ausbildung.

<u>Kommandeure der Marinetechnikschule (MTS) Parow</u>

- KptzS Rudolf Kabiersch   28. März 1996 - Januar 1999
- KptzS Hermann Bliss   Februar 1999 - März 2003
- KptzS Heribert Brauckmann   März 2003 - Oktober 2006
- KptzS Hans Griemens   Oktober 2006 - Oktober 2009
- KptzS Bernd-Peter Rahner   Oktober 2009 31. März 2014
- KptzS Möding   1. April 2014 - 20. September 2018
- KptzS Oliver Jülke   20. September 2018 -

Wanderpreise des maritimen Fernmeldedienstes

Aus der Tradition sollten noch die Wanderpreise des maritimen Fernmeldedienstes erwähnt werden, die durch die technische Entwicklung, durch Einsparungen und Rationalisierungen heute nicht mehr ausgetragen werden. Bereits phönizische Galeeren ruderten um die Wette und von den riesigen Barkassen bis zur schnittigen Gig dienten Leistungswettkämpfe dazu, zwischen den Einheiten einer Marine "die besten Seeleute" zu ermitteln. Die Kanoniere der Schiffe Nelsons wetteiferten um die schnellste Herstellung der Feuerbereitschaft, während ab 1850 selbst die Kohleübernahme oft im Wettkampf durchgeführt wurde, was gleichzeitig einen positiven Nebeneffekt für die Schiffsführung hatte. Auch internationale Wettkämpfe nutzte man zur Steigerung der in der Ausbildung erworbenen Kenntnisse und Fähigkeiten.

Was den Seeleuten und den Angehörigen der "Schwarzen Kunst" - dem Maschinenpersonal - Freude machte und Stolz auf ihre fachliche Verwendung gab, sollte auch dem "Funkenpuster", dem "Lumpenschwenker" (Winkergasten) sowie den Virtuosen auf der Fernschreibmaschine recht sein. Denn

Wettkampf spornt an, macht die Mühe leichter, steigert die Leistung und gibt zum Lohn den Stolz des Siegers. Mit diesen Erkenntnissen wurden die Wettkämpfe angesetzt und die Sieger sollten dann auch einen sichtbaren Beweis ihres Erfolges haben.

Der hölzerne Signäler ist als hölzerne Skulptur mit seinen Winkerflaggen das Sinnbild für die traditionsreichen Wettkämpfe des Signaldienstes in der Reichs-, Kriegs- und Bundesmarine. Sein Ursprung kann zeitlich nicht mehr nachgewiesen werden, doch in einem Schreiben vom Kommando der Schlachtflotte an das Reichsmarineamt vom 8. Dezember 1905 wurde die Verteilung von Preisen an die Besten im Winken und Morsen mitgeteilt und erwähnt, dass das "Wett-Winken und -Morsen in der Flotte" jährlich stattfindet. Der finanzielle Anreiz war 90 Reichsmark, die an die Gewinner verteilt wurden. Mit Kriegsende 1945 verschwand diese Skulptur allerdings und der Wettkampf geriet in Vergessenheit.

Nach dem Aufbau der Bundeswehr kam aus dem Kreis der Ehemaligen der Kriegsmarine ein Geschenk und Anregung. 1945 war dieser Flottenwanderpreis des Signaldienstes von Angehörigen der letzten Siegermannschaft der Signalstelle Kiel-Friedrichsort, den Stabsobersignalmeistern a.D. Stöpel und Schneider, verwahrt worden. Nun wurde er symbolisch einen Maat der Verwendungsreihe des Signaldienstes des Marinefernmeldekommandos übergeben. Die Anregung wurde aufgenommen und es gab die Ausrichtung des ersten Fernmeldewettkampfes der Bundesmarine.

Aus Vorschlägen und Entwürfen vieler Soldaten aus der Flotte wurden zusätzlich neue Wanderpreise für den Funkdienst und Fernschreibdienst geschaffen. Im Herbst 1959 wurden alle Wanderpreise vom gesamten Fernmeldepersonal der Marine ausgekämpft. Die Sieger waren die Marinesignalstelle Bremerhaven im Signaldienst, welche die Statue des Hölzernen Signälers erhielt, das 6. Minensuchgeschwader im Funkdienst und die Marinefernmeldegruppe Wilhelmshaven im Fernschreibdienst. In feierlichem Rahmen wurden die Preise am 15. Januar 1960 übergeben. Die Wanderpreise wurden vor Auflösung der Lehrsammlung der MFmS/MOS 2018 vom Fachbereich Fernmeldetechnik übernommen.

Nachdem die traditionsreiche Winkerausbildung am 1. April 1965 eingestellt worden war, wurde der Fernmeldewettkampf der Meister am 7. Dezember 1989 zum letzten Mal ausgetragen, die jährlichen Signal-, Tastfunk- und Fernschreib-Fernmeldewettkämpfe der Marine 1992 wurden eingestellt. Durch die verkürzte Wehrdienstzeit, den Umstrukturierungen und Auslandseinsätzen ist eine Wiederaufnahme wohl nicht mehr möglich, andererseits durch den Einfluss der Computer in der IT auch in dieser Form nicht mehr durchführbar.

Die traditionsreiche Ausbildung zum Winker war zwar am 1. April 1965 eingestellt worden, doch auf freiwilliger Basis entstand an der MFmS der Winker-Club zum Erhalt und der Weitervermittlung der Kenntnisse der maritimen Fernmeldemittel. Die Ausbildung hatte nach Dienstschluss oder in den Pausen der regulären Fachunterrichte zu erfolgen und so fing sich der damalige Oberbootsmann Raebel einen Rüffel des Lehrgruppenkommandeurs ein, als er auf dem Rasen vor dem Stabsgebäude während der Dienstzeit die Winkerübungen mit den Gasten durchführte.

Nun kam aber hochrangiger Besuch an die Schule, der durch die Leistungen der Ausbilder und der Schulführung beeindruckt werden sollte, damit dieser die Marinefernmeldeschule auch gut in Erinnerung behielt. Der Besuch war der Admiral Wellershoff, der als Oberleutnant die Schulbank in den ehrwürdigen Gemäuern gedrückt hatte. Als er 1990 als Generalinspekteur wieder die MFmS besuchte, hatte er wohl keine so guten Erinnerungen an seine Ausbildung, denn in seiner lockeren Art machte er bei vor den Soldaten die Bemerkung: " ... und für die Signäler: Ich bin der S.........d der das Winkern abgeschafft hat!"

In Zeiten der Spannung greift man gerne auf das durch Erfahrung bewährte Verfahren zurück. Anscheinend wurde ihm dieser Satz nun doch übelgenommen und so wurde der Oberbootsmann Raebel vom selben Lehrgruppenkommandeur angewiesen, beim Frühstück des Admirals am nächsten Morgen vor dem Fenster seine Winkertruppe zu Übungen antreten zu lassen. Auf dessen Einwand, dass es eventuell noch zu Dunkel sei, erhielt er die Antwort: "Dann kriegt er eben zwei Eier, damit er sitzen bleibt."

Die vom Signalpersonal geschätzte Nachrichtenübermittlung mittels Winkerflaggen existierte bis zum Ende des 20. Jahrhunderts. In der 4. Inspektion der MFmS wurden die letzten Freiwilligen im Jahr 2000 im Winkerdienst ausgebildet (zunächst auch an der Marineoperationsschule). Gerade im heutigen Informationszeitalter kann die Bedeutung des einzigen, auf größere Distanz abhör- bzw. ablesesicheren Nachrichtenmittels eines Schiffsverbandes, die Winkflagge, nicht unterschätzt werden. Nicht ohne Grund gibt es auch in der US-Marine heute noch Winker und auch teilweise wieder Anwendungen des Tastfunks, wenn auch in modifizierter Form.

Das Morsen spielte nach dem 2. Weltkrieg noch lange eine bedeutende Rolle. Stellvertretend für die Entwicklung der unterschiedlichen Morsetasten soll hier die Geschichte einer Taste erwähnt werden, die ab 1940 in den Junker-Werken gefertigt wurde. Das Exemplar der Lehrsammlung der MFmS/MOS wurde im Zweigwerk in Bad Honnef 1941 hergestellt und 1990 restauriert. Die Junkertaste UT gehörte zu U-269 ("UHL-Boot", benannt nach dem Kommandanten OLtzS Uhl). Bei der Überholung des Bootes am 23. Juni 1944 und Reparatur des Echolotes wurde diese defekte Taste von Bord genommen. U-269 wurde nach dem Auslaufen zwei Tage später durch HMS BICKERTON versenkt (5 Überlebende).

Die Morsetelegrafie wird in Deutschland nur noch von den Funkamateuren angewendet, nur einzelne Funker/Marinefunker werden noch für spezielle Verwendungen das traditionsreiche Handwerk erlernen, z.B. zur Auswertung von Tastfunkübertragungen in der Aufklärung. Der Vorteil einer großen Reichweite bei vergleichsweise sehr geringer Störanfälligkeit ist immer noch ein Vorteil des Morsefunks.

Mit der Einstellung der Tastfunk-Ausbildung am 31. März 1996 ging im Fernmeldebereich eine weitere Ära zu Ende. Das Personal des optischen Signaldienstes verwendet die Morsezeichen nur bei der Übermittlung mit Signalscheinwerfer. Das "Di-Da-Dit" der Morsetelegrafie verstummte nach rund 130 Jahren und auch die Ausbildung der Marine-Fernschreiber veränderte sich über den IT-Soldaten zum Cyber Warrior.

Mit SMS-Nachrichten finden heute zumindest schon wieder zivile Weltmeisterschaften statt. Vielleicht werden einmal Server mit Datenbanken um die Wette "clustern", die Organisationsbriefkasten für LotusNotes-Emails dienen heute schon als „Verschiebebahnhöfe dem Leistungswettkampf der Abteilungen und Referate. Firewalls und Gateways wetteifern um den geringsten Datendurchsatz zum Wohle der IT-Sicherheit, während der Nutzer „Soldatin/Soldat" mit Downloads von einer nicht enden wollenden Anzahl von Portalen im Wettkampf steht.

Doch nicht nur in der Marine, auch bei Heer und Luftwaffe haben ähnliche Umwälzungen stattgefunden und Spuren hinterlassen, die Erhaltung von Traditionen beeinflusst. Die Fernmeldeschule des Heeres wurde 1956 in Sonthofen in der späteren Generaloberst-Beck-Kaserne eingerichtet. Zusammen mit dem Fernmeldelehrbataillon fand 1959 der Umzug von Feldafing nach Pöcking statt und es standen weitere Veränderungen an. Im Heeresmodell 2 von 1959-1968 wurden 38 Fernmeldebataillonen im Fernmeldeverbindungsdienst (FmVbdgDst) aufgestellt und der "Inspizient Fernmeldetruppe" wurde 1965 zugleich General der Führungstruppen. Im Heeresmodell 3 (1969-1979) erfolgte die Überführung der Fernmeldetruppenteile der Territorialen Verteidigung in das neu strukturierte Territorialheer. In der Heeresstruktur 4 (1980-1989) verfügte die Fernmeldetruppe weiterhin über 34 Fernmeldebataillone mit insgesamt 29.000 Soldaten (21 Bataillone Feldheer, 13 Bataillone Territorialheer). Nach der Vereinigung der beiden deutschen Staaten erfolgte von 1990-1995 die Heeresstruktur 5N (N = "Neues Heer für neue Aufgaben"), mit der das Führungsgrundgebiet 6 (1993) eingeführt wurde, unter dem auch die Führungsunterstützung zugeordnet wurde. Gleichzeitig erlebte der in der Marine als Standbein der Führung bereits etablierte HF-Funk beim Heer nun durch das erweiterte Aufgabenspektrum der Auslandseinsätze eine Renaissance.

1995 wurde die Funktion des Generals der Fernmeldetruppen auf den Schulkommandeur der Fernmeldeschule in Feldafing übertragen, die in der neuen Heeresstruktur aber aufgelöst bzw. neu gegliedert werden sollte. Nach Somalia haben die IFOR, SFOR und KFOR-Einsätze das Heer und die Fernmeldetruppen stark gefordert. Ende 1999 wurde mit 330 IT-Soldaten aus Heer-, Luftwaffe- und Marine das Fernmeldebataillon des HQ-KFOR aufgestellt. Ende 2000 befanden sich gleichzeitig fast 850 Fernmeldesoldaten aller Teilstreitkräfte in Bosnien (SFOR) und im Kosovo (KFOR). Nicht eingerechnet sind die Soldaten in weiteren einzelnen Kontingentstellungen für UN-Beobachtermissionen in Mazedonien, Ukraine u.a., deren Einsatz sich ständig wiederholt.

Seit 1990 gab es also große Umwälzungen, die alle Teilstreitkräfte, deren Ausbildungskonzepte in der Nachrichtentechnik und vieles mehr veränderten. So wurde die Aufklärung der Struktur und Organisation der deutschen Streitkräfte durch die Auslandseinsätzen, Reformen, Neustrukturierungen sowie die Transformation deutlich erschwert; leider gingen und gehen dadurch auch immer langjährige persönliche Informationsbeziehungen innerhalb der Teilstreitkräfte als auch mit den Verbündeten verloren.

Ausbildungseinrichtungen für Nachrichtentechnik der NVA

Auch in der DDR war die Ausbildung des Nachrichtenpersonals stetigem Wandel unterworfen. Im Juni 1949 wurde die Volkspolizei-Schule in Pirna/Sonnenstein zur Heranbildung von Offizieren in zwei Funk- und Fernsprechkompanien mit ca. 400 Offiziersschülern geschaffen und im Herbst auf drei Funk-, fünf Fernsprech-/Fernschreib- und zwei Pionierkompanien mit rund 1000 Offiziersschülern erweitert. Ein weiterer Lehrgang für Funker in Pirna in der "Grauen Kaserne" war ihr unterstellt. 1950 wurden parallel dazu die 8. (Funk) und 9. (Draht) Volkspolizei-Bereitschaft in Sachsen-Anhalt bei Dessau/Kochstedt zur Ausbildung von Unterführern aufgestellt. Die 8. Volkspolizei-Bereitschaft nahm später auch die Aufgaben des Funkerlehrgänge aus der Grauen Kaserne wahr. Die Ausbildung erfolgte nach Vorschriften der Volkspolizei, Polizei und Wehrmacht (Reibert). Aufbau und Arbeit dieser Ausbildungsrichtungen wurden durch sachkundige Offiziere der Sowjetarmee unterstützt und begleitet.

Die ersten Absolventen verließen Ende 1950 die Ausbildungseinrichtungen. Sie waren die personelle Voraussetzung für eine umfassende Reorganisation der Hauptverwaltung für Ausbildung, welche 1950/1951 in den 24 neu formierten Volkspolizei-Bereitschaften als Leiter Nachrichten (LdN) eingesetzt wurden und deren Nachrichteneinheiten (verschlüsselt D1/S2-Einheiten) in Kompaniestärke aufgebaut wurden. Hier wurde die Einzel- und Truppenausbildung mit der fortgesetzt.

Gleichzeitig hatten, diese Nachrichteneinheiten die Nachrichtenverbindungen zu betreiben, die in der Regel mit 1 - 2 OB-Fernsprechleitungen, 1 - 2 Fernschreibmaschinen (2 Zweidraht-Einfachstrom (2 DE) und/oder Telex-Lage), eine ortsfeste Funkstelle, eine interne OB/ZB/ZBW-Fernsprechvermittlung und auch die anfangs noch manuelle Schlüsselstelle ausgestattet waren. 1951/52 wurden im Zuge Reorganisation die Funkoffiziersschulen in Pirna in der „Grauen Kaserne" und für den Fernsprech-/Fernschreibausbildung in Halle, Reilstraße, gebildet.

Mit der Schaffung nationaler Streitkräfte der DDR wurden die Lehranstalten für den Seeoffiziers-, den Nachrichtenoffiziers- und den Ingenieur-Offiziersnachwuchs bis 1952 eingerichtet und umstrukturiert. Das Hotel Stubbenkammer diente zunächst der Seepolizei bzw. der Volkspolizei-See als Hauptfunkstelle, dann begannen im Hotel Stubbenkammer die Lehrgänge des Funkpersonals und der Nachrichtenoffiziere. Für die Räumflottille der Seepolizei wurden das Personal aus der ehemaligen Kriegsmarine, Handelsmarine und der Fischerei an der Seepolizeischule Parow in Kurzlehrgängen ausgebildet. Allerdings wurden die Räumboote nicht wie bei den westlichen Alliierten von der UdSSR mit dem Minenräumen beauftragt.

Zur Schulung des Personals wurde die Liegenschaft der früheren Schiffstammabteilung hinter der Schwedenschanze in Stralsund am 1. September 1950 der Seepolizei übergeben und zur Seepolizei-Offizierschule Parow umgebaut. Im Kellerraum des Stabsgebäudes wurde die Nachrichtenzentrale Schwedenschanze eingerichtet, welche über ein neu verlegtes Erdkabel eine Direktverbindung zur

Hauptverwaltung der Seepolizei in Berlin hatte. Am 1. Dezember 1952 wurde der Dienstposten des Leiters Nachrichtendienste Küste mit Sitz in der Schwedenschanze geschaffen, dem die 13 Signalstellen, zwei Funkpeilstellen, die Sendestelle Lohme, Empfangsstelle Stubbenkammer (dann nicht mehr Glowe, Rügen-Radio) und die Durchgangsvermittlungen Wismar und Wolgast unterstellt waren. Der Ort wurde dadurch für viele Jahre zum Nachrichtenknoten der Volksmarine.

In Wolgast entstand 1950 die Zentrale Nachrichtenversorgungsbasis, welche 1954 auf den Dänholm verlegte und dort zur Zentralen Nachrichtenwerkstatt im Block 21 u.a. aufgebaut wurde. Das 1952 in Sassnitz aufgestellte Rettungs- und Bergungskommando verlegte in am 1. Februar 1057 als Bergungs- und Rettungsdienst hierher, doch zum 31. Dezember 1958 wurde die Einheit wieder aufgelöst und in die rückwärtigen Dienste der Flotte eingegliedert.

Am 1. März 1950 hatte Walter Steffens den Auftrag erhalten, eine Seepolizeischule auf einem ehemaligen Seefliegerhorst bei Parow aufzubauen, die am 5. Januar 1951 die Ausbildung der am 1. August 1950 eingetroffenen Rekruten aufnahm. In der 11. Schiffstammabteilung entstand die Seeoffizierslehranstalt der Volkspolizei See. Die 1. Kompanie der Seepolizeischule Parow verlegte am 9. April 1952 zur Schwedenschanze und nahm die in diesem Jahr erstmals in Kaliningrad (Königsberg) ausgebildeten Offiziere auf (die Offiziere wurden am 20. Dezember 1952 ernannt).

In Anlehnung an die russische Terminologie wurden die Offiziersschulen ab dem 1. Januar 1953 umbenannt in Lehranstalten. Während die Seepolizei-Offizierschule in Parow verblieb, wanderten die Nachrichtenoffiziere in ihrer Ausbildung von Stralsund über Stubbenkammer, Saßnitz/Dwasieden, Stralsund/Parow, Kühlungsborn zurück nach Stralsund. In der Nachrichten-Lehranstalt Stubbenkammer vollzog sich der Wandel zur zweijährigen Offiziersausbildung (1. Lehrgang 12. Januar 1953). Kleinere Odysseen erlebten auch die Lehranstalten für die Ingenieurs- und die Politoffiziere.

Die Seepolizeischule Parow wurde am 1. Dezember 1970 in Flottenschule "Walter Steffens" nach dem Seepolizei-Inspektors und ersten Leiter der Einrichtung umbenannt. Von 1950 bis zur Wiedervereinigung wurden an der Seepolizei-Offizierschule/Flottenschule „Walter Steffens" Mannschaften und Unteroffiziere der Volksmarine ausgebildet. Die Hochschulreifeausbildung von Offiziersschülern der Volksmarine erfolgte ebenfalls an der Flottenschule. Diese studierten im Anschluss in der Regel an der Offiziershochschule der Volksmarine Karl Liebknecht in Stralsund mit dem Berufsziel Offizier.

Ausgebildet wurde ab 1970 in verschiedenen Fachrichtungen

- Seemännische und waffentechnische Laufbahnen
- Funk und funktechnische Laufbahnen
- Maschinen-technische Laufbahnen
- Hochschulreife für Offiziersschüler der Marine (möglicherweise für ein späteres Studium an einer Offiziershochschule der DDR)

Ausbildungsschiffe der Seepolizei-Offizierschule/Flottenschule „Walter Steffens"

- Minenabwehrschiff, Typ 43
- Minenabwehrschiff, Schwalbe-Klasse
- Minenabwehrschiff, Habicht-Klasse
- Minenabwehrschiff, Krake-Klasse 1970–1976
- Minenabwehrschiff, Kondor-Klasse
- Minenabwehrschiff, Kondor-II-Klasse
- Torpedoschnellboot, TSB Projekt 206
- Raketenschnellboot, Osa-Klasse

Während der Zeit der Maat- oder Unterführerausbildung trugen die betreffenden Soldaten den Dienstgrad Maatschüler (OR-3). Die Ausbildungszeiten betrugen für Matrosen sechs und für Maate 10 Monate. Ab 1984 wurden die Ausbildungszeiten um zwei Monate verkürzt. Die Flottenschule Walter Steffens und ihr Vorgänger die Seepolizeischule, bildeten zwischen 1950 und 1990 sämtliche Mannschaften und Unteroffiziere der Volksmarine aus.

Alle Mannschaften und Offiziere der VM, die an der Marineschule Stralsund studierten, wurden bis zu deren Auflösung am 1. Dezember 1990 z.B. an den Funkpulten FP-24 ausgebildet, die in Verbindung mit optischen Anlagen und Funknachrichtengeräten eine komplette Übungsanlage bildeten. Daran konnten 24 Lehrgangsteilnehmer gleichzeitig unter stationären oder feldmäßigen Bedingungen ausgebildet werden. Ein Tongenerator lieferte das Signal für Tastfunk, mit der Möglichkeit Störsignale einzublenden. Für die Sprechfunkübungen standen weiterhin die tragbaren Sprechfunkgeräte UFT-435 zur Verfügung, während der Lichtmorsebetrieb zusätzlich mit 5 Feldern (weiß, rot, blau, grün und infrarot) gefahren wurde, welche die Morse-Lampen im Topp an Bord darstellten.

Kommandeure der Seepolizeischule (1950), Unteroffizier- und Mannschaftsschule (1952), Flottenschule (1956), Flottenschule I (1960, 1963 aufgelöst und in Offiziersschule eingegliedert), Flottenschule Parow (1970)

- KptzS Walter Steffens   1950 - 1955
- FKpt Kurt Lehmann   1955 - 1957
- KptzS Kurt Kmetsch   1957 -1959
- KKpt Werner Heim   1960 - 1961
- KKpt Kurt Jungnickel   1961
- KKpt Hans Frohberg   1962 - 1963
- KptzS Heinz Thude   1970 - 1973
- FKpt Egon Nitz   1973 - 1974
- KAdm Rudi Wegner   1974 - 1983
- KAdm Egon Nitz   1983 - 1990

Kommandeure der Seepolizei-Offizierschule (1951), Seeoffiziers-Lehranstalt (1953), Seeoffiziersschule (1956), Offiziersschule (1958), Offiziershochschule Stralsund (1971), wobei von 1963 bis 1970 in diesen Einrichtungen auch die Flottenschule integriert war:

- KptzS Wilhelm Nordin   1951 - 1955
- KptzS Walter Steffens   1955 - 1956
- KptzS Heinrich Jordt   1956 - 1957
- KptzS Wilhelm Nordin   1957
- KptzS Heinrich Ißleib   1958 - 1964
- KptzS Fritz Notroff   1964 - 1970
- KAdm Heinz Irmscher   1970 - 1976
- KptzS Kurt Schulz   1976
- VAdm Wilhelm Nordin   1976 - 1984
- KAdm Klaus Kahnt   1984 – 1990

Im Dezember 1952 nahmen ferner die ersten jungen Nachrichtenoffiziere der Kasernierten Volkspolizei das Studium an der Ausländerfakultät der Rotbanner Militärakademie der Nachrichtentruppen der

Sowjetarmee "S.M. Bodjonny" in Leningrad auf. Viele von ihnen übernahmen dann später die höheren Dienststellungen im Nachrichtenwesen der NVA.

In Dwasieden bestand ab 5. Januar 1953 die geheime U-Boot-Lehranstalt der Volkspolizei-See. In der neuen Planung sollte südwestlich der Lehranstalt, unmittelbar an der Küste der Prorer Wiek (ähnliche Landschaft wie Flensburg/Mürwik) eine Marineschule entstehen, doch am 18. Juni 1953 wurde für die Lehranstalten die Bereitschaftsstufe 1 ausgelöst. Die Ereignisse um den 17. Juni 1953 brachten einen neuen Kurs der Regierung und die Auflösung der im Aufbau befindlichen U-Boot-Waffe mit damals 663 Soldaten.

Am 2. Dezember 1963 nahm nach der Auflösung der eigenständigen Offiziersschule der Nachrichtentruppe an der Offiziersschule der Landstreitkräfte mit der Fachrichtung Nachrichten den Lehrbetrieb auf. 1965 wurde die Zentralisierung im Nachrichtenwesen vollzogen und der Chiffrier- mit dem Nachrichtendienst vereinigt. Am 1. Dezember 1969 wurde in Prora/Rügen die Technische Unteroffiziersschule (TUS) mit einer Fachrichtung Nachrichten eröffnet.

Ab 1970/71 wurde in der Fachrichtung Nachrichten an der Offiziershochschule der Landstreitkräfte die Ausbildung von Hochschulingenieuren sowie an der Technischen Unteroffiziersschule und im Nachrichten-Ausbildungszentrum (NZA) mit den Lehrgängen von Meistern begonnen. Das Nachrichten-Ausbildungszentrum wurde 1970 aus dem Nachrichtenbataillon 12 gebildet, dabei auch mit der Ausbildung des Chiffrierdienstes /SND beauftragt. Am 1. September 1971 wurde die Sektion militärisches Transport- und Nachrichtenwesen (SMTN) an der Hochschule für Verkehrswesen (HfV) in Dresden gegründet. Damit wurde für Nachrichtenoffiziere ohne akademischen Abschluss neben der Ausbildung in der UdSSR ein zweiter Weg zum militärischen Abschluss mit Diplom in der DDR eröffnet.

Funkmesstechnik, das RADAR

Funkmesstechnik und aktive Funkortung bis 1945

Das "Richtungshören", die Bestimmung des Herkunftsortes einer Schallquelle mit Hilfe des menschlichen Gehörs, wurde zum Peilen anfliegender Flugzeuge noch im 1. Weltkrieg angewandt und auch in der Marine gab es die trichterförmigen Geräte, die den Kapitänen bei Nebel die Ortung eines entgegenkommendes Schiff anhand dessen Signalen mit seinem Nebelhorn erleichtern sollten. Die Trichter waren allerdings sehr unempfindlich und der Nebel bewirkt zusätzlich eine Dämpfung von Schallsignalen, welches die Richtungsortung extrem erschwert.

Im 2. Weltkrieg wurden noch "Ring-Richtungshörer" zum Ausrichten der Flakscheinwerfer auf anfliegende Bomberverbände benutzt, oder z.B. als Schallortungsanlagen bei den Panzerverbänden. Unter Berücksichtigung von Temperatur, Luftdruck und Wind konnte der Ort eines Abschusses über genau vermessene Mikrophone mit Lichtschreiber auf Film oder mit mechanischem Schreiber auf Ruß- oder Wachspapier mathematisch/zeichnerisch bestimmt werden. Bis heute blieb das Prinzip der "Ring-Richtungshörer" in der Marine aber ein wesentlicher Bestandteil der Nachrichtentechnik an Bord von Schiffen und speziell den U-Booten. Das Gruppenhorchgerät (GHG) war die konsequente Umsetzung des Prinzips unter Wasser.

Die ersten Radargeräte übertrafen alle Anlagen in der Luft- und Land- und Seeortung in ihrer Leistungsfähigkeit, lediglich unter Wasser blieb das Gehör des Horch-Gasten am GHG noch länger unentbehrlich. Die US Navy begann beispielsweise direkt nach Kriegsende am 17. März 1946 mit umfangreichen Tests mit den deutschen GHG-Geräten des Schweren Kreuzers PRINZ EUGEN und einer 134 Mann starken deutschen Besatzung vor Balboa im Pazifik. U-Boote feuerten insgesamt 34 Torpedos konnte die deutsche Besatzung alle rechtzeitig für Ausweichmanöver entdecken. Daraufhin installierte die US Navy das Gruppenhorchgerät der PRINZ EUGEN auf dem U-Boot LYING FISH (AGSS-229), welches als Unterwasserlabor für die Schallforschung diente.

Radar war in den Anfängen die aktive Funkortung und ist technisch und geschichtlich mit dem Richtfunk eng verwandt, da es sich in beiden Fällen um gerichtete Funkwellen handelt. Heute gibt es hingegen auch sehr effektive Passiv-Radaranlagen. Der deutsche Begriff für Radar war bis 1945 Funkmesstechnik. Nach 1945 war die Radar-Forschung und -Entwicklung wie in allen funktechnischen Bereichen zunächst untersagt und die deutsche Industrie verlor ihre internationale Stellung. Der Begriff Funkmesstechnik beschreibt in Deutschland heute nur noch den Bereich der Maßfeststellung. International setzte sich die amerikanische Bezeichnung RADAR (Radio Detecting and Ranging, der "Ortungs- und Entfernungsmessung mittels Funkwellen") durch, was den Ursprung dann auch beim Namen nennt. Der Begriff wurde von E. F. Furth und S. P. Tucker in der US-Marine geprägt, während in England vor 1943 den Begriff "Radio Locating" und "Radio Direction Finding" (RDF) verwendeten.

Vorteil des Radars gegenüber optischen und akustischen Ortungsverfahren ist die Fähigkeit Nebel, Wolken oder z.B. Rauch durchdringen zu können sowie die große Reichweite. Radartechnik dient neben den militärischen Zwecken heute vor allem der Verkehrssicherung sowie der Vorhersage und Erforschung des Wetters. Der Standort eines Objektes oder Luftschicht wird durch gleichzeitige Peilung und Entfernungsmessung ermittelt, womit in der Navigation auch der eigene Standort mit Hilfe markanter Geländeechos festgestellt werden kann.

Die Entfernung errechnet sich aus der Laufzeit der Reflektion der elektromagnetischen Wellen eines Impulses (Radarstandort zum Objekt). Die für Senden und Empfang genutzten Richtantennen oder Strahler ermöglichen durch die Position der Antenne dabei die Peilung. So kann relativ zur Nordrichtung der Seitenwinkel (Azimut), bei Radaranlagen mit Höhenabtastung auch der Erhöhungswinkel, gegenüber der Horizontalen gemessen werden. Aus der Entfernung und dem Höhenwinkel kann wiederum die Höhe (Elevation) eines aufgefassten Objektes berechnet werden.

Die reflektierten Signale wurden in den ersten Radaranlagen noch in einem Empfänger hörbar gemacht, später dann auf einem Oszilloskop (A-Scope) angezeigt. Im 2. Weltkrieg kam die kartenähnliche Darstellung auf dem PPI (Plan Position Indicator) auf und heute übernimmt der Computer die Darstellung und verbindet die Radardaten gleichzeitig mit Flugleit- oder Waffensystemen. Der deutsche Begriff für das PPI war bis 1945 "Sternschreiber".

Das Funkwellen von Flugzeugen, Schiffen und anderen Objekten reflektiert werden, war in mehreren Ländern schon vor 1935 erkannt worden. Das erste Patent kam 1904 aus Deutschland von Christian Hülsmeyer für ein "Verfahren um entfernte metallische Gegenstände mittels elektromagnetischer Wellen einem Beobachter zu melden". Christian Hülsmeyer wurde am 25. Dezember 1881 in Eydelstedt (heute Samtgemeinde Barnstorf) geboren. Bei der Beschäftigung mit Hertz'schen Spiegelversuchen kam er auf den Gedanken, dass die von Sendern ausgesandten und von Metallflächen zurückgeworfenen elektrischen Wellen zur Ermittlung entfernter metallischer Objekte, z.B. von Schiffen, verwendet werden könnten. Gegen den Willen der Eltern verließ er die Schule und trat eine Lehrstelle bei Siemens-Schukkert an, die er 1902 aufgab, um sich in Düsseldorf unverzüglich der Verwirklichung seiner Idee zu widmen.

Sein Telemobiloskop (Patent Nr. 165.546) demonstrierte Hülsmeyer am 18. Mai 1904 auf der Hohenzollernbrücke in Köln. Ein sich annäherndes Schiff wurde mit einem Klingelton gemeldet. Doch selbst als er die Reichweite von 100 m auf 3.000 m erhöhen konnte, schenkten ihm Fachkreise im In- und Ausland keine Beachtung. Trotz der erfolgreich durchgeführten praktischen Versuche erkannte keine der damals zuständigen deutschen Stellen die ungeheure Tragweite dieser Erfindung und die Bedeutung des Telemobiloskops wurde erst sehr viel später gewürdigt. Von Hülsmeyer seinen Geräten existiert nur noch ein Empfänger im Deutschen Museum, aber Unterlagen blieben glücklicherweise umfangreicher erhalten. Hülsmeyer konstruierte damit weltweit die erste Ortungsanlage mit Funkwellen und kann damit als Erfinder der Funkmesstechnik bzw. des RADAR angesehen werden. Eine zweite Vorführung im Rotterdamer Hafen am 10. Juni 1904, anlässlich des Internationalen Schifffahrtskongresses blieb jedoch ebenfalls ohne

Resonanz. Die holländische Zeitung „De Telegraaf" schilderte am 11. Juni 1904 ausführlich das Ereignis im Rotterdamer Hafen und der damalige Berichterstatter schloss den Artikel mit den Worten:

„Da sowohl über wie unter Wasser befindliche Metalle die auf sie gerichteten elektrischen Wellen (Strahlen) zurückwerfen, wird diese Erfindung vielleicht für Kriegszeiten eine ungeahnte Zukunft haben".

Die Firma Telefunken und die Kaiserliche Marine standen der Erfindung sogar ablehnend gegenüber und Tirpitz notierte handschriftlich auf einen Antrag:

„... meine Männer haben bessere Ideen!"

Die Japaner Yagi und Uda experimentierten mit Dipolgruppen als Richtantennen (daher die Bezeichnung als Yagi-Antenne). Die Forscher Dr. A. Hoyt Taylor und Leo C. Young griffen die Idee der Ortung von Schiffen mittels Funkwellen 18 Jahre später im Versuchslabor der US-Marine wieder auf. 1922 erhielten sie mit 60 MHz die Reflektion vorbeifahrender Schiffe auf dem Potomac im Empfänger. Im Sommer 1926 sendeten die Amerikaner Breit und M. A. Tuve elektromagnetische Impulse zur Höhenbestimmung der reflektierenden Luftschichten aus. Amerikaner und Franzosen führten auch weitere Versuche auf militärischem Gebiet mit unmodulierten Dauerstrichsignalen, die jedoch wegen der damals noch zu geringen Sendeleistung eingestellt wurden.

In der Folgezeit machten in Deutschland hauptsächlich die Firmen Gesellschaft für elektroakustische und mechanische Apparate (GEMA), Telefunken und Lorenz große Fortschritte. Ab 1933 erprobte die Nachrichtenmittel-Versuchsanstalt (NVA) der Kriegsmarine in Kiel, 1939 umbenannt in Nachrichten-Versuchskommando (NVK, mit Außenstellen), die Reichweite von Dauerstrichsignalen. Später gab es in Kiel auch noch eine Dienststelle Nachrichtenmittelerprobungskommando (NEK), die aber wohl identisch mit der zuvor genannten war. Die NVA befand sich zunächst in einer Villa, später auf dem angrenzenden Gelände am Düsterbrooker Weg, neben der früheren Marineakademie in Kiel, und wurde zur Geburtsstätte der deutschen Radargeräte der Marine, der Unterwasser-Telefonie sowie der Unterwasser-Ortung.

Die Firma Pintsch lieferte verschiedene Signalmittel für die Marine und führte zusammen mit der NVA auf 13,5-cm-Wellenlänge und 100 mW Leistung nun weitere Versuche durch. Die ersten Versuche über 1 sm, vom NVA-Gebäude zum Marinearsenal, mit einem Sender nach dem Bremsfeldprinzip von Barkhausen blieben aufgrund der geringen Leistung ohne gute Ergebnisse. Die Ausrichtung auf das 500 m entfernte Linienschiff HESSEN brachte am 20. März 1934 ebenfalls keine messbaren Reflektionen. Erst nach Steigerung der Sendeleistung auf 300 mW wurde erstmals am 15. Mai 1934 die Reflexion der 1.000 Hz Modulation bei Schilksee bis in eine Entfernung von 2.100 m empfangen.

Der Name der GEMA (Gesellschaft für elektroakustische und mechanische Apparate m.b.H.) lässt ihren Schwerpunkt im Sonarbereich vermuten, doch sie wurde auch zu einem der Hauptlieferanten im Radarbereich der Marine. Die ersten Versuche fanden vom 18.-28. Juni 1934 mit 40 Watt auf 48-cm-Welle statt. Der Empfang über eine Tannenbaum-Antenne mit vier vertikalen Dipolreihen vor einem Maschendraht erreichte an derselben Stelle im Vergleich zur Pintsch-Anlage nur die Hälfte der Reichweite (300/2.000 m bzw. 600/4.000 m). In Pelzerhaken/Lübecker Bucht kam deshalb der Prototyp eines Mehrschlitz-Magnetrons von Heinz Röhrig mit einer Braunschen Röhre als Sichtgerät (Leybold/von Ardenne) auf einem 10-m-Holzturm zur Erprobung (12. Oktober - 2. November 1934). Dies war gleichzeitig der erste Einsatz der Maximumpeilung in der Funkmesstechnik.

Mit dem Sender wurde ein Dauersignal ausgestrahlt, wodurch der Empfänger relativ unempfindlich für die Rückstrahlleistung war und zunächst nur über 7 km eine messbare Reflektion nachweisen konnte. Erst nach räumlicher Absetzung des Empfängers zur Abschirmung der Abstrahlleistung vom Rückstrahlsignalpegel konnten die Reichweiten gesteigert werden. Dabei wurde sogar die Reflexion eines Wasserflugzeuges Junkers W-34 empfangen.

Es zeigte sich, dass neben einer Verstärkung der Sendeleistung eine Ausstrahlung von Impulsen benutzt werden musste. Erste Kontakte mit Telefunken und Lorenz wurden geknüpft, welche die Dezimeterwellen hauptsächlich im Kommunikationsbereich einsetzten. Da die repräsentative Yacht Hitlers (Aviso GRILLE) den gleichen Namen wie das Versuchsboot hatte, musste dieses 1935 in WELLE umgetauft werden.

Die Ingenieure Paul Günter Erbslöh und Hans Karl Frhr. von Willisen der Berliner Firma Tonographie GmbH hatten wesentlichen Anteil an der Entwicklung in Deutschland. Willisen war mit dem Kommandanten des Versuchsschiffes, Oberleutnant z.S. Rath befreundet, was sich auf die Zusammenarbeit positiv auswirkte, doch zuerst musste die Marineführung noch als Geldgeber noch von der Einsatzfähigkeit überzeugt werden. Die Teilstreitkräfte sicherten sich das für ihre Forschungsvorhaben benötigte Personal durch gezielte Rekrutierung. Der Ingenieur Willisen durchlief deshalb ab 1. Dezember 1937 seine Ausbildungszeit als Marine-Nachrichtenoffizier an der M.N.S.-Flensburg-Mürwik.

In Berlin wurde ein 52-cm-Magnetron produziert, welches bei einem 2-ms-Impuls 1-kW-Leistung erreichte. Der Einfachsuper-Empfänger der Anlage hatte eine rückgekoppelte Mischstufe und die neu entwickelten Eichelröhren 955, der ZF-Verstärker war vierstufig (7 MHz, 200-kHz-Bandbreite) mit AF-7-Röhren, der Endverstärker hatte AL-2-Röhren für die Ansteuerung der Braunschen Röhre als Messgerät. Die Zeitlinie von 66 ms erlaubte einen Messbereich von 0-20 km. Für die Dauer der Sendertastung wurden am Eingang des Empfängers Glimmlampen gezündet, welche eine Übersteuerung des Empfangskreises weitgehend verhinderten. Am 8. Februar 1935 konnten in Pelzerhaken das 500-t-Versuchsboot mit diesen Geräten auf 12 km und der Kreuzer KÖNIGSBERG auf 8 km geortet werden.

Weiter optimiert wurde in Pelzerhaken eine drehbare Antenne mit vertikalen Dipolen montiert. Diese Antennen waren teilweise mit Maschendraht bespannt und wurden aufgrund ihres Aussehens als Matratzen bezeichnet. Zusätzlich gab es einen anderen Empfängertyp mit zwei ZF-Stufen. Die erste Stufe von 15 MHz über Pentode 4673, die zweite Stufe über 7 MHz mit ACH1, verstärkt über Pentode 4673 und gerichtet mit AB2. Die Endstufe bestand aus einer AL4 und AB2, die Bandbreite lag zwischen 450-500 MHz. Für die Entfernungsmessung wurde ein Wagner'scher Kettenleiter nach Dr. Brandt verwendet, der noch gute Echos vom 15 km entfernten Scharbeutzer Waldgebiet lieferte. Das Prinzip dieser Wagner'schen Kettenleiter wurde in den Messketten GOK101 in den Marine- sowie GOK108 in den Luftwaffengeräten umgesetzt und erlaubte im April 1940 bei Versuchen in 40-50 km Entfernung eine Auflösung von 100 m, in einer Spezialversion für artilleristische Zwecke sogar eine Auflösung von 10 m.

Bei der GEMA entstand aus den Erprobungsmustern das Funkmessgerät (FMG, FuMG) EM-2 sowie das Wasserschallortungsgerät EM-1 und der Torpedo-Sender (52 cm, 1,5-kW-Impuls). Bei dem EM-2 wurde eine Serie von Dipolen horizontal und vertikal kombiniert und als zwei "Spiegel" auf einem Drehgestell montiert. Am 26. September 1935 konnte der Marineleitung und Admiral Raeder ein erfolgreicher Versuch über 7-8,5 km mit der WELLE und BREMSE vorgeführt werden. Die weitere Forschung wurde sofort unter Geheimhaltung gestellt, die Geräte EM-1 und EM-2 zu S- (Schall-) und DeTe-Gerät (Dezimeterwellen-Telegrafie) umbenannt. Das Funkmessgerät wurde in die WELLE eingebaut und erzielte im November eine Reichweite von 6-7 km gegen Seeziele, bei großen Gebäuden auf Fehmarn sogar bis 20 km. Es war somit die erste erfolgreiche Anwendung eines Funkmessgerätes, dem späteren Radar, an Bord eines Schiffes.

Zunächst konnte für den militärischen Einsatz betriebssicher nur die Zeitlinie mit Rückimpuls auf dem Bildschirm zur Anzeige gebracht werden. Die ab 1935 erprobten Röhren zur Echodarstellung ermöglichten dann neben der Entfernungsmessung gleichzeitig die Peilung eines Objektes, wodurch eine sehr anschauliche Darstellung des Luft- und Seelagebildes möglich wurde. Die technische Funktionsreife und Widerstandskraft gegenüber äußeren Einflüssen lies zu diesem Zeitpunkt noch keinen breiten militärischen Einsatz zu.

In der Marine gab es begründete Bedenken gegen die Einführung der Echodarstellung mittels der Röhren, da die Erschütterungen beim Einsatz der schweren Artillerie oft noch zum Ausfall der Funkanlagen führen konnten. Nach den Misserfolgen auf der Zentimeterwelle, die z.T. zur negativen Einschätzung bezüglich der praktischen Anwendung beitrugen, gab es 1936 ein neues Gerät mit zwei RS31-Röhren auf 1,8-m-Welle und 7-kW-Sender. Yagi-Antennen mit sieben Elementen wurden vertikal polarisiert am Turm in Pelzerhaken angebracht. Es gab zwar kaum Reflexionen von Schiffen, aber in 8 km Entfernung wurde zufällig ein Flugzeug aufgefasst. Daraufhin wurde ein Versuch mit mehr nach unten geneigten Antennen mit einer Junkers W-34 gezielt durchgeführt. Neben den Reflexionen von Schiffen konnte auch das Flugzeug in 15, 28 und schließlich bis in 40 km Entfernung geortet werden. Mit einem Mitte März gefertigten Gerät (1 ms-Puls mit der Röhre TS4) konnten Ziele zwischen 15 und 60 km geortet werden. Im Sommer 1936 kam auf 60-cm-Welle mit 700 Watt ein neuer Sender mit der Dezimetertriode TS1, der größere Dampfer bis in 20 km Entfernung ortete. Im Frühjahr 1937 gab es neue Versionen der Geräte DeTe-I und -II, mit denen Schiffe zwischen 10-25 km erfasst wurden und über Rostock eine Junkers W-34 in bis 80 km Entfernung.

Der Oberbefehlshaber der Marine erhielt mit den modifizierten Anlagen am 12. Mai 1937 eine weitere Vorführung in Pelzerhaken. Da das Versuchsschiff WELLE gesunken war, diente der leichte Kreuzer KÖLN als Übungsziel. Als ein Verfechter der Überwasserstrategie erkannte Admiral Raeder die Bedeutung der neuen Technik für die Marine und der Forschungsstand durfte in der Folge nur noch ausgewählten Personen in der Marine mitgeteilt werden. Eine Auskunft an Luftwaffe und Heer war ebenfalls nicht erlaubt, die ihre Vorhaben ebenso abschirmten. Diese interne Geheimhaltung über die Möglichkeiten der neuen Techniken war sicherlich ein negativer Faktor für die Radarentwicklung in Deutschland. Die Ortungsgeräte wurden in der Kriegsmarine später im eigenen Verband oftmals nicht korrekt eingesetzt und die Möglichkeiten gegnerischer Anlagen ohne Sachkunde falsch eingeschätzt.

In den Manövern der Wehrmacht 1937 wurden zwei Flugmessgeräte ("Flum") DeTe-II (2,1-m-Welle) bei Swinemünde (Kückels- und Brandberg) sowie auf dem leichten Kreuzer KÖNIGSBERG und dem Versuchsboot STRAHL installiert. Mit dem ersten Einsatz eines Flugmessgerätes an Bord wurden eine Ju-52 und He-111 in verschiedenen Flughöhen in Entfernungen zwischen 40-60 km geortet, von den Landanlagen bis zur Maximalanzeige von 80 km. Im Frühjahr erhielt die Torpedoversuchsanstalt in Eckernförde-Broby für Testzwecke eine Flum-Anlage, die beim Besuch der Kaserne durch Hitler, Göring, Raeder, Halder u.a. im Juli 1938 besichtigt wurde. Die Drehstände wurden alle noch über Hand betrieben, da ein konstanter elektrischer Antrieb für die Kontakte noch einen zu hohen Abrieb verursachte. Fast hätte Göring die Vorführung mit dem Fernglas verfolgen müssen, da er aufgrund seiner Leibesfülle kaum durch die Tür in den Drehstand des Funkmessgerätes gelangen konnte.

Das DeTe-I erzielte auf 1,8-m-Welle (165 MHz) mit 8-kW-Impulsleistung Reichweiten von bis zu 28 km und wurde für die Luftwaffenerprobung auf 2,4-m-Welle (125 MHz) mit 10-kW-Leistung umgebaut. Dies war der Ursprung der Freya-Geräte, welche in großen Stückzahlen an die deutschen Luftabwehrradarstationen geliefert wurden.

Die Buchstabenbezeichnung "f" aus der Fertigung und Einführung der Nachrichtentruppe wurde für die Typbezeichnung herangezogen ("f" = Freya), während die Flugmessgeräte (Flum mit 2,4 m, 120-150 MHz, Buchstabe "f") und die seetaktischen bzw. "SEETAKT"-Anlagen (80 cm, 335-430 MHz, Buchstabe "g") auch nach ihrer Verwendung bezeichnet wurden. In den Sagen hatte die nordische Göttin der Liebe und Fruchtbarkeit Freyja (Freia) ihre Unschuld für einen Zauberschmuck verkauft, der von einem Wächter der Götter bewacht wurde, dessen Blick über 100 Meilen alles sehen konnte. Im Jahre 1939 lag das Konzept für ein neuen Typ des Freya vor, einem 360º-Rundsuchgerät auf einem Drehstand für die Ortung mit Braunsche Röhre (Dete-II). Das heutige Grundprinzip der Radaranlagen konnte zunächst in der Forschung noch nicht weiterverfolgt werden, da die Forderung der Rüstung nun auf eine Erhöhung der Produktion abzielte.

In der Firma Telefunken wusste Professor Wilhelm Runge um die Forschungen und Bemühungen von Dr. Kühnhold im Radarbereich. Als Runge 1937 mit eigenen Experimenten begann, griff er auf seine Erfahrungen bei DMW zurück, die er mit der Entwicklung von Richtfunkstrecken (RV) sammeln konnte. Ihm gelang es auf Anhieb, ein sehr viel kleineres Ortungsgerät zu konzipieren. Das Würzburg wurde 1939 zunächst unter der Bezeichnung A2 fertig gestellt und konnte sofort durch seine Leistungen überzeugen. Mit einer Röhre LS180 konnte eine Abstrahlleistung von 10 kW erzeugt werden, gesendet und empfangen wurde mit nur einem Dipol im Brennpunkt des Spiegels. In den Ausführungen C und D erhielt das "Würzburg" einen motorgetriebenen rotierenden Dipol, der die vorzüglichen Eigenschaften nochmals verbesserte (Typ FuMG 39 A bis D).

Diese Geräte waren denn auch für die Feinauflösung sehr viel besser geeignet als das "Freya". Durch ihre unterschiedliche Reichweite und Öffnungswinkel ergänzten sich beide Typen sehr gut. Nach einem Vorschlag von Prof. Kohl wurde ein "Würzburg-Riese" mit zeilenförmiger Abtastung für ein Sichtbild ausgestattet und in dieser Konfiguration konnte in der Lübecker Bucht das zu Wasser lassen eines Beibootes auf der Bildröhre beobachtet werden. Der Reflektor und Drehstand wurden unter Aufsicht von Dr.-Ing. Dürr von den Zeppelin-Werken gebaut.

Zunächst zeigte sich das bei der Luftwaffe als A1-Gerät bezeichnete Flum dem A2-Gerät von Lorenz (60-cm-Welle, 1 kW) und vor allem dem A3-Gerät von Telefunken (53-cm-Welle, 2-kW) aufgrund der unterschiedlichen Konzeption für artilleristische Zwecke als unterlegen. Die Marineleitung hatte der GEMA nicht erlaubt eine geeignetere Ausführung für die Tests der Luftwaffe zur Verfügung zu stellen, dadurch konzentrierte sich die Luftwaffe gezwungener Massen auf die beiden anderen Firmen als Lieferanten und die Marine katte alle Produktionskapazitäten der GEMA für eigene Projekte reserviert. Aus dem A2-Gerät wurde das Flakzielgerät "Kurpfalz" (25 km Reichweite, 2-3º Peilgenauigkeit) entwickelt, aus dem A3-Gerät entstand das "Würzburg-A". Herausragende Neuentwicklung war der Parabolspiegel mit 1,5-2º Peilgenauigkeit, den in der Kombination mit dem weitreichenden, aber ungenaueren "Freya" ergab sich ein ideales System für die deutsche Luft- und Seeraumüberwachung.

Luftüberwachungsstationen bestanden aus jeweils zwei "Freya" und einem dazugehörigen "Würzburg", die nahe beieinanderstanden. Küstenwachstationen erhielten umgebaute "Würzburg" und waren üblicherweise in alten französischen Küstenfunkstellen oder anderen verbunkerten Einrichtungen installiert. Luftführungsstationen erhielten standardisierte Kombinationen mit zwei "Würzburg-Riesen", einem "Freya" und dem entsprechenden Y-Führungsverfahren zur Jägerleitung an die anfliegenden Feindverbände. Zusammengefasst wurden die Informationen in einem Boden-Funkmesszentrum.

Im Januar 1939 standen sieben Ausführungen der Version der "SEETAKT"-Anlage DeTe-g für den Einbau in GNEISENAU, SCHARNHORST und ADMIRAL HIPPER zur Verfügung, während sechs DeTe-f an die Luftwaffe geliefert wurden. Die Luftwaffe kündigte in diesem Jahr einen Bedarf von 250 Geräten an, während im September 1940 von der Marine lediglich 104 DeTe-g gefordert wurden. Aus Tarngründen erhielten die Seetakt-Geräte Seriennummern von Dete-100 bis -199, die Flum von Dete-200 bis -299, während die am 7. Dezember 1940 bestellten 12 zerlegbaren Dete-f (LZ) für den Lufttransport nach Norwegen nach Durchführung der Operation Weserübung in den Seriennummern bis 599 gingen. Seriennummern sind aus dieser Zeit also sehr kritisch zu bewerten, da sie nicht automatisch die Stückzahlen repräsentieren

Weiterhin wurde dazu übergegangen, die FMG/FuMG nach Art oder Verwendung der Geräte als seetaktische oder seeartilleristische Anlage, Flugabwehrkanonenleitung, Flugmessgerät, nach Herstellungsjahr, nach den Anfangsbuchstaben des Herstellers, der Arbeitsfrequenz oder spezieller Ausführung in der Bezeichnung zu unterscheiden. Das A1-Gerät wurde z.B. zum FuMG(Flum)38G(fB), das DeTe-II zum FuMG(Seetakt41G(gA). Ab dem Herbst 1943 erhielt die Luftwaffe die neuen Seriennummern (400-499), die Marine die Seriennummern 101-199 für Seetakt-, 201-299 für Seeart-, und 301-399 für Flakleitgeräte zur Tarnung der Produktionszahlen.

Das DeTe-g stellt auf 82-cm-Welle (368 MHz) den Ursprung der "Seetakt"-Geräte dar, aus der Typenserie entstanden dann auch die "SEEART"-Geräte (Seeartillerie) als Feuerleitanlagen an Bord sowie für die Küstenartillerie der Marine. Alle Geräte hatten Maximumpeilung, der Vergleich der Signale zweier Empfangsantennen als Kreuzpeilung fand noch keine Anwendung, obwohl in Berlin zu diesem Zeitpunkt damit Flugzeuge mit bis zu 0,2º Genauigkeit gepeilt werden konnten. Die Forschung kam in schnelleren Schritten voran, als die Technik in der Truppe eingeführt werden konnte, weshalb sich die Alliierten nach dem Krieg speziell für die deutschen Forschungsstätten interessierten.

Aufgrund der Geheimhaltung waren die Anlagen auch den nicht beteiligten Marinestellen aber immer noch unbekannt und so erschien im international erhältlichen Taschenbuch der Kriegsflotte 1939 das Torpedoschulboot G-10 mit dem geheimen Funkmessspiegel des DeTe-I. Das Radar bzw. die Matratze wurden aber erst auf den Pressebildern aus Montevideo auf der ADMIRAL GRAF SPEE von britischer Seite entdeckt, da es in den Häfen immer mit Segeltuch überspannt wurde. Diese Bilder blieben allerdings auf dem Dienstweg der englischen Admiralität für eineinhalb Jahre verschollen – ein Beweis, wie wichtig die Auswertung offener Quellen sein kann.

Das Gerät zeigte seine Leistungsfähigkeit als Wächter im Luftnachrichten-Versuchsregiment Köthen (1937 eingerichtet), welches eine wichtige Rolle für die Weiterentwicklung der militärischen Nachrichtentechnik (Funkmess) und Funkproblemen bei Navigation und den Leitstrahlen spielte. Auf Wangerooge hatte der Leutnant Diehl eine Versuchsanordnung aufgebaut, die am 18. Dezember 1939 einen angreifenden englischen Bomberverband auf 113 km Entfernung erfasste. Über Funk führte er die von ihm alarmierten deutschen Jäger nach Radar an den Verband, der 44 Flugzeuge verlor. Hieraus entwickelte er ein Jägerleitverfahren und seine Vorarbeiten wurden zur Grundlage für die Organisation der Luftabwehrradarstellungen der "Kammhuber"-Linie.

1940 wurden die Antennen geändert und das "Flum"-Gerät erhielt sechs parallel geschaltete Ganzwellendipole auf einer 6,2-x-2,5-m-Reflektorwand, während die Seetakt-Geräte die kombinierte Antenne (VW) mit 10 parallel geschalteten Ganzwellendipolen (vertikal polarisiert) auf einer 3,75-x-1,9-m-Reflektorwand bekamen. Mit einem neuen Drehstand von AEG kam das "Calais-A" FuMG(Seetakt)39G(gB) mit 1.000 Hz Impulsfrequenz, 1-kW-Sender und Antenne (VW) mit 2-x-10 Dipolen. Das "Calais-B" mit erstmals hydraulischer Hubvorrichtung (500 Hz Impulsfrequenz, 2-x-6-m-Spiegel und vertikalen Dipolen) bildete das FuMG(Seetakt)40G(gB), von dem 19 Anlagen bis Ende 1940 ausgeliefert wurden.

Ab 1939/40 deckten sieben "Flum"-Geräte den Luftraum der Westgrenze nahezu lückenlos ab, während die Marineversion der Flum auf Borkum, Helgoland und Sylt die Küste überwachten. Insgesamt waren 1939 über 20 dieser Radaranlagen in die Truppe ausgeliefert worden. Die deutsche Luftabwehr war bei Kriegsbeginn eine sehr effiziente Organisation, die erst an Bedeutung verlor, als die Luftwaffe keine Abfangjäger in ausreichender Zahl mehr hatte und dadurch die alliierten Bomberverbände nahezu ungehindert angreifen konnten. In heutigen Konflikten wird immer zuerst die Luftabwehr angegriffen und in der Folge versucht die gegnerische Luftwaffe am Boden zu vernichten.

Neuere robustere Röhren, wie die VH3 oder TS4 (TS41) hatten eine größere Lebensdauer in den deutschen Radaranlagen und ermöglichten dadurch längere Einsatzzeiten. Der erste Hinweis für die Engländer auf das "Freya"-Gerät erfolgte in einem entzifferten ENIGMA-Spruch vom 5. Juli 1940, bei dem eine Peilung in Anderville/Kap Hague bei Cherbourg übermittelt wurde. Erst ab Herbst 1942 konnten die Engländer Störmaßnahmen gegen dieses Gerät einsetzen. Die Produktion der Firmen lieferte bis 1945 insgesamt ca. 2.000 Anlagen, von denen einige "Freya"-Sender in den 50er Jahren mit 500-kW-Tast-Sendern umgebaut wurden, um diese als Hochleistungsimpuls-Sender für das Gleichwellennetz des Norddeutschen Rundfunks nutzbar zu machen.

Die Funkmessanlagen führten die Winkelmessung durch eine Leitlinienpeilung durch, in dem die Antennensignale in ihrem Kreuzungspunkt mit Peilumschalter vermessen wurden. Dies war sehr aufwendig und bei der Umschaltung zwischen den Antennen wurde schließlich erkannt, dass sich die Antennenspannungen bei gegenpoligem Anschluss und halber Wellenlänge gegenseitig neutralisierten. Die Mittelstellung der Antennenanlage wurde mit einem kapazitiven, kontinuierlich abgetasteten Leiter übertragen, woraus die Anzeige der Richtung des Schirmes und des Echos resultierte. Bei identischer Peilgenauigkeit und größerer Sicherheit in der Funktion konnte gleichzeitig noch der technische Aufwand verringert werden.

Im Herbst 1940 wurde von der GEMA ein 30-m-Gittermast in Jüteborg mit vier "Freya"-Antennen ausgestattet. Der Sender im Werksgelände von Köpenick wurde bei Versuchen im November mit einem Kennungsgerät gekoppelt und über 70 km, später 170 km, empfangen. Dies gab Anstoß zur Entwicklung der "Mammut"- und "Wassermann"-Funkmessgeräte. In ersten Versuchen im Frühjahr 1941 ortete das Dete-Weit (DeTe-W) eine Ju-52 und He-111 in bis zu 280 km Entfernung. Aus dem "W" leitete sich der Name des Gerätes "Wassermann", der wichtigsten Anlage der Luftverteidigungslinie in Deutschland (die "Kammhuber"-Linie) ab, in der auch das "Jagdschloß" (Siemens) später eingesetzt wurde. "Wassermann" war mit unterschiedlichen Antennen von z.B. 20-x-40 m oder 5,30-x-51 m auch das größte deutsche Radarsystem im 2. Weltkrieg.

Für den Lufttransport wurde das zerlegbare "Wassermann-L" (L = Leicht) entwickelt, während das "Wassermann-S" (S = Schwer) auf festen Bunkeranlagen mit einem 360º drehbaren 47-m-Mast (teilweise bis 60 m) installiert wurde. Für die Flakscheinwerfer waren zusätzlich im Frühjahr 1941 gleich 17 passive Funkmessgeräte DeTe-"Schein" als Ersatz der veralteten Ringrichtungshörer ausgeliefert worden, über deren Einsatz viel mehr bekannt wurde, als dass die Empfänger mit den Rückstrahlechos der Dete-f und -g arbeiteten.

Bei der Marine waren 1941/42 nun über 250 der "Seetakt-" und "Freya"-Geräte mobil und stationär im Einsatz und das "Wassermann" von Telefunken stand vor der Einführung. Anfang 1941 wurde für die Marineküstenartillerie ein spezielles Fernsuch- und Seeraum-Funkmessgerät entwickelt. Ab September 1942 wurde bei Douvres, Cap de la Hague, Guernsey, Toqueville und Cap d`Antifer das "Wassermann" auf 2,32-2,48-m-Welle installiert. Über den MNO Guernsey liefen nach der Besetzung der Kanalinseln am 30. Juni 1940 bis zum 8. Mai 1945 alle wichtigen Nachrichten der Gruppe West (Paris) während der letzten Kriegsmonate nach Berlin und Flensburg. Weitere Kanalstationen bildeten ein Meldenetz über Jersey, Alderney und Sark. Das Marinegruppenkommando West erhielt vier der FuMG41(gA) "Mammut-Gustav", weitere wurden jedoch nicht installiert, da die Marine beabsichtigte den "Würzburg-Riesen" (FuSe-65, FuMO-214) von Telefunken einzuführen, der eine identische Reichweite hatte.

Auf der neuen Frequenz, der Welle-c von 182-215 MHz, kam nun das "Mammut-Cäsar" zum Einsatz, welches sich nur durch die feststehende Antenne vom "Mammut-Gustav" unterschied. Neben dem "Würzburg" der Luftwaffe gab es für die Marineflak eine Anlage FuMG-Flak der GEMA (Kleinkoog-Stand), von dem 142 Stück ausgeliefert wurden. Das "Mammut" konnte auf 125 MHz etwa 300 km weit orten. Das "Mammut-Cäsar" (FuMO-52) wurde in kleinen Stückzahlen für die Marine-Küstenartillerie hergestellt und hatte eine elektrische Diagrammschwenkung mit Phasenschiebern von fast +/- 50°. Diese Diagrammschwenkung wurde auch in anderen Anlagen verwendet und ist das Grundprinzip des heutigen Phased-Array-Radar.

Die Planungen für die Errichtung des "Mammut-Cäsar" im September 1942 waren am Kanal z.B. bei Cap Blanc Nez, Cap Alprech, Treport und Fecamp, für das "Mammut-Cecilie" am Cap Gris Nez, Cap de la Hague und Fort de Dunes (Dünkirchen). Ab November 1942 erfolgte eine Lieferung von einem Stück pro Monat. Die 20-m-Gittermasten mit den sechs 30,2-x-11,2-m-Antennenfeldern wurden auf den Bunkern installiert und mit Kompensatoren 50° nach links und rechts geschwenkt.

Hauptsächlich für Flugmeldeeinrichtungen der Marine und Luftwaffe kam das FuMG(Flum)41(fF), das entlang der Küste Norwegens und Frankreichs gute Leistungen erbrachte. Vier 12-m-Masten trugen im

Verbund acht "Freya"-Antennen. Diese als "Mammut-Friedrich" bezeichnete Version konnte im Antennendiagramm ebenfalls 50° nach links und rechts geschwenkt werden, für die Flugobjekte im toten Bereich wurden teilweise zusätzliche Fernmessgeräte betrieben, wodurch in einem Öffnungswinkel von dann 200° bzw. 300° und mehr die Flugzeuge in bis zu 300 km Entfernung geortet werden konnten. Eine Anlage auf der Insel Romö/Dänemark wurde auch zu Schulungszwecken des Wartungs- und Bedienungspersonals eingesetzt, wobei die in England startenden und landenden Maschinen gleichzeitig als Übungsobjekte genutzt wurden.

Im Jahre 1942 hatte die GEMA 184 Geräte auf der Welle-f und 318 auf Welle-g ausgeliefert. Durch die alliierten Störmaßnahmen waren die in der Frequenz festgelegten Anlagen jedoch relativ leicht zu neutralisieren. Unter der Operation Wismar wurden die deutschen Hersteller deshalb im Herbst 1942 von den militärischen Dienststellen angewiesen, möglichst schnell variable Frequenzen der Funkmessgeräte zu verwirklichen. Mit dem Sende-Überlagerer des "Michael"-Richtfunkgerätes konnte die Sendefrequenz-verschiebung für die "Würzburg-Riesen" umgesetzt und die alliierten elektronischen Störungen neutralisiert werden. Es war der Vorläufer des heutigen "Chirp"-Radars).

Der Wettlauf zwischen den Vorteilen der neuen deutschen Gerätetypen und den darauffolgenden variierten Störmaßnahmen ging durch die immer geringeren Ressourcen langsam verloren. Dies zeigte sich in allen Bereichen, wie auch z.B. bei dem Ende 1942 entwickelten Infrarotpeilgerät "Froschauge". Die Fotozellen waren aus Bleisulfid und arbeiteten mit dem Bildwandler "Großbiber" und "Biber". Die Forschung musste jedoch eingestellt werden, da die Ressourcen ganz auf die Funkmesstechnik konzentriert wurden. Bis 1944 konnten zwei Geräte für die Kriegsmarine von anderen Firmen fertig gestellt werden, ferner das Wärmepeilgerät-S-1 (WPG "Zeiß") mit Reichweiten von 12 km gegen S-Boote, 16 km gegen U-Boote und 40 km gegen Schlachtschiffe sowie das Wärmepeilgerät-S-2 von ELAC. Ferner gab es Prototypen zur Hafenüberwachung durch Infrarot-Lichtschranken, von denen zumindest eine bei Algeciras zur Überwachung des nächtlichen Schiffsverkehrs vor Gibraltar verwendet wurde.

Die Antennen der Radaranlagen an Bord der Schiffe konnten für die von der Marine geforderten größeren Reichweiten nicht weiter vergrößert werden, wie dies bei den Landanlagen möglich war und auch die Empfänger waren am Maximum ihrer Empfindlichkeit angelangt. Deshalb waren größere Reichweiten nur durch Erhöhung der eine Sendeleistungen zur erreichen. Ende 1943 gab es z.B. das 400-kW-Tastgerät "Eber", indem ein Speicherkondensator über Thyratron und Impulstransformator zwei Senderöhren TS41 des "Freya" tastete (Welle-f, 25 kV, 3 ms), wodurch eine HF-Leistung von 100 kW erreicht wurde. Mitte des Jahres ermöglichte der Sendereinschub "Gisela" mit der Röhre TS60 für die Seetakt- und Seeart-Geräte auf Welle-g eine Impulsleistung von 125-150 kW. Die Reichweite von bisher 30 km konnten damit auf bis zu 60 km gesteigert werden.

Im Jahre 1943 wurden die neuen Entfernungsmessgeräte "Paris-0" und "Paris-1" entwickelt, aus denen 1944 die Version "Paris-Boulogne" (150- und 400-kW-Sender) entstanden, dessen Sendeimpuls durch stabilisierte Kippschaltungen auch in einem kleinen Bereich variiert werden konnte (Chirp). Ab Mitte des Jahres 1943 gab es die Simultanzusätze DS, die das Kurzschließen der den Empfängern vorgeschalteten Transformatorleitung sowie des Empfängereinganges beim Sendeimpuls gewährleisteten. Damit wurde das Senden und Empfangen über eine einzige Antenne möglich, was entsprechende räumliche und finanzielle Vorteile brachte. Nach Einführung dieser DS-Zusatzgeräte wurden die Anlagen "Wassermann", "Mammut" und "Jagdschloß" ausnahmslos in dieser Form abgeändert und verwendet.

Kurz vor der Invasion in der Normandie 1944 wurden die ersten seetaktischen Überwachungsanlagen "Paris-Boulogne" an der Küste aufgestellt. Mit der großen Antenne des "Calais-B" wurden Schiffziele bis in 40 km und Flugzeuge über 200 km geortet. Im Oktober 1944 wurde dieses Gerät als FuMO-5 offiziell eingeführt. Das neue FuMO-5 "Boulogne" mit dem Drehstand des "Calais" wurde mit einer 5-x-6,5-m-

Antenne ausgestattet. Die Anzeige erfolgte über eine Röhre mit horizontaler Zeitbasis (A-Scope) in Bereichen von 0-10, 1-25 und 5-120 km.

Alle Funkgeräte wurden ab 1944 bei der Marine mit neuen Bezeichnungen versehen, wobei in der Folge genau zwischen der Funkmessortung (FuMO), der Funkmessbeobachtung (FuMB) und der Funkmesserkennung (Fu-ME) unterschieden wurde. Das "Calais-A" wurde zum FuMO-1, das " Calais -B" zum FuMO-2. Für Bodenortungsanlagen und verbunkerte Ausführungen wurde die Bezeichnung FuMO-3 bzw. FuMO-4 verwendet. Bei den Radaranlagen der Luftwaffe wurde hingegen die Bezeichnung FuG verwendete, wobei das "G" für die Firma GEMA stand.

Die Empfänger mussten nun ebenfalls auf die variablen Sendeimpulse der Funkmessanlagen eingestellt werden, was durch einen Impulsschieber im Entfernungsmessgerät erreicht wurde. Der gesamte Bildausschnitt konnte über die Braun'sche Röhre dabei auf den neuen Nullpunkt justiert werden, wie z.B. bei dem neuen Beobachtungsgerät OB-111 ("Paris-2"), dessen zwei Gastrioden EC50 durch die Versorgungslage kaum zu beschaffen waren, weshalb nur 26 Geräte gefertigt werden konnten. Mit dem Radar "Boulogne" kombiniert entstand daraus das "Paris-Boulogne" für die seetaktische Aufklärung und den Flugmeldedienst. Die Marine setzte an der Kanalküste, in Holland und Skandinavien insgesamt noch elf der "Paris-Boulogne" mit dem Funkenstreckentastgerät "Keiler" und dem Groß-Sender "Gertrud" (TS60, 400 kW) ein. Die neun nachträglich gelieferten Anlagen kamen wahrscheinlich nicht mehr zur Aufstellung und Nutzung.

Im Jahre 1943 waren 584 "Freya" gefertigt worden und die Marine erhielt insgesamt 487 Funkmessgeräte, was einer Produktionssteigerung der einzelnen Modellpaletten zwischen 100-150% entsprach. Der Auftragsstand im Januar 1944 listete anschließend 753 FuMG-Seetakt-501 für die U-Boote, 254 FuMG-Seetakt-107 für Überwasserschiffe, 262 FuMG-"Flak" des Typs 150 mit Höhenpeilung sowie 600 "Freya" allein für die Luftwaffe.

Zum Kriegsbegin 1939 waren etwa 10 Radaranlagen auf den deutschen Schiffen installiert; allein für Luftwaffe und Kriegsmarine wurden bis 1945 über 300 Typen und Varianten produziert. Die Luftabwehr benötigte natürlich andere Anlagen als die Marine auf ihren Schiffen oder das Heer an Land und die Funkmesstechnik hatte sich nun endlich durchgesetzt. Gleichzeitig war aber durch die vielfältigen und in den Streitkräften oftmals parallel betriebenen Entwicklungen eine Diversion der Kräfte eingetreten. Es fand keine sinnvolle Bündelung der gemeinsamen Interessen und Ressourcen der Teilstreitkräfte der Wehrmacht statt, wodurch die Effizienz der Funkmessanlagen allgemein leiden musste.

Bei der Luftwaffe kamen die Hochleistungssender bis Kriegsende ebenfalls nicht mehr voll zum Einsatz, bei der Marine nur einige wenige Anlagen an der Kanalküste. Im Labor entstanden auf 80-cm-Welle für einen Groß-Sender ein Tastgerät mit Gasentladungsröhren (kalte Quecksilberkathoden) und Zündstiftsteuerung für zwei TS60-Röhren. Das Tastverhältnis von 1:10.000 lieferte bei einer Impulslänge von 2ms eine 1-MW-Tastleistung. Anfang 1944 wurde die Großanlage "Funkenspule" mit einem 1-ms-Impuls (50 Hz Impulsfrequenz) und der Röhre TS100 für eine Impulsleistung von 2-4 MW konzipiert.

Ein 500-kW-Labor-Sender ortete Anfang 1945 mit dem neu entwickelten Empfänger "Kreuzeck" vor der Westküste Dänemarks die abfliegenden englischen Flugzeuge von den Flugplätzen der Ostküste Englands. Mit der Antennenanlage des "Wassermann-L" entstand in Wendenschloss im Januar 1945 mit einem Labor-Sender ein provisorisches FuMG. Mit dem 4-kW-Tastgerät "Büffel" im Funkenstreckenprinzip und dem Sender "Grete" mit der Röhre TS100 wurde 1,5-MW-Impulsleistung erreicht. In Zusammenarbeit mit der NVA entstanden bei der GEMA das "Dünkirchen-g" (Welle-g, 330-430 MHz) mit 400-kW-Impuls und das "Dünkirchen-c" mit dem Sender "Grete" (Welle-c, 180-250 MHz) mit 1-MW-Impuls. Die Geräte wurden 1944 bzw. Anfang 1945 geliefert und einige könnten in der Normandie noch zum Einsatz gekommen sein, sie alle waren für die TICOM-Teams von großem Interesse und wurden teilweise vermutlich noch während der Invasion abtransportiert.

Das Jahr 1944 brachte aus den im Unterauftrag der GEMA arbeitenden Firmen AEG, Telefunken und Lorenz anteilmäßig 25% der insgesamt 1.206 ausgelieferten Funkmessgeräte. 148 Geräteeinsätze für die Anlagen "Jagdschloß" und "Wassermann" wurden von Siemens gefertigt, ca. 10.000 Kennungsgeräte des Typs "Erstling" kamen noch aus den Werken, gingen aber meist schon auf dem Transport zur Truppe in Bombenangriffen verloren. Die Fertigungswerkstätten mussten verlagert werden oder wurden vernichtet.

Nach den offensichtlichen Erfolgen der GEMA mit den Radaranlagen der Kriegsmarine wurden die anderen Firmen in Deutschland aktiv. Bei der Firma Lorenz begannen nach der ersten Zusammenarbeit mit der GEMA im Jahre 1936 Versuche auf 70-cm-Welle und mit 400 Watt auf dem Werksdach in Tempelhof. Die Entfernung und die Richtung des Berliner Doms in 7,4 km Entfernung war dabei elektronisch messbar. Nachdem eine Impulsleistung von 1 kW erreicht wurde, stieg die Reichweite auf 12-14 km. Das Gerät ließ auch einen Schwarm Zugvögel erkennen, was bei den späteren Radaranlagen an Bord oftmals auch zu falschen Alarmen führte.

In den Vereinigten Staaten von Amerika hatte im Juni 1930 L. A. Hyland zufällig die Veränderung eines Impulses auf 32,8 MHz bemerkt, als ein Flugzeug vor der Peilantenne vorbeiflog. Nach dem Bericht über das Vorkommnis des Naval Research Laboratory wurde in der Folge die Erforschung der Radiosignale und ihre Möglichkeiten in der Ortung angeordnet. In Deutschland wurden in Pelzerhaken und Berlin unter ähnlichen Umständen ähnliche Entdeckungen gemacht. Ab 1935 entwickelte Telefunken Dezimeter-Richtfunkstrecken für die Übertragung der Funkreportagen aus dem Olympiastadion. Ein Gerät des Typs "Olympia" (50-cm-Welle, 5 Watt) benutzte man, um die Rückstrahlung einer Ju-52 über eine Empfangseinrichtung mit Detektor zu messen, welche bis in 5.000 m Höhe eindeutig nachgewiesen werden konnte. Doch die Firma begann mit eigenen Radar-Prototypen allerdings erst, nachdem bei der GEMA die ersten Anlagen in Erprobung waren.

Das Versuchsmuster "Darmstadt" (1938) wurde als A3-Gerät bei der Luftwaffe erprobt und führte zu den Flakzielgeräten "Mainz" und "Mannheim", welche die Anlagen der Firma Lorenz vom Markt verdrängten. Das "Mannheim"-Gerät (FuMO-221, FuSe-64) mit 12-kW-Impuls wurde 1942 eingeführt und hatte erstmals eine automatische Auswertung der Messergebnisse, die zum Kommandogerät übertragen wurden. Auf Basis des "Darmstadt" wurden die Flak-Funkmessgeräte der "Würzburg"-Reihe entwickelt, die eine Produktion von ca. 4.000 Stück erreichten.

Die "Würzburg"-Anlage hatte eine Reichweite von 30 km bei 100 m Auflösung und einem Peilwinkel von 1,5°. Auf 53-cm-Welle ursprünglich als Flugmeldegerät geplant, benötigte das Gerät durch den scharf gebündelten 3-m-Parabolspiegel eine Einweisung auf Ziele über das "Freya"-Gerät. In Zusammenarbeit mit der Luftschiffbau Zeppelin GmbH in Friedrichshafen hatte Telefunken Leitstände u.a. entwickelt und konstruierte nun einen Drehstand mit Kabine für die horizontale und vertikale Schwenkung des verbesserten "Würzburg" mit 7,5-m-Parabolreflektor aus Gitterteilen, dem "Würzburg-Riesen" (1940, 566 MHz, Reichweite 50-70 km). Mit der Leonhard-Steuerung (Telefunken), konnte der Reflektor sehr präzise bewegt werden und arbeitete mit einer Strahlleistung von 80 kW.

Das erste von insgesamt ca. 1.500 Geräten dieses Typs wurde 1941 auf dem Bunker im Berliner Zoo installiert. An dieser exponierten Stelle des Berliner Tiergartens fiel das Gerät einem Angehörigen der US-Botschaft auf, der mit seinem Fotoapparat eine Aufnahme machte, die der erste Hinweis für der Alliierten auf die Anlage war und die zu diesem Zeitpunkt noch wenig über die deutschen Funkmessanlagen und ihre Leistungsfähigkeit wussten. Eine Luftaufnahme von der holländischen Insel Walchern bei Domberg lieferte am 2. Mai 1942 die Bestätigung über die dortige Installation dieses Radars und die Engländer entschlossen sich zur Durchführung der Operation Biting.

In der Nacht vom 27./28. März 1942 landete ein Kommandotrupp bei Fécamp/Le Havre (Bruneval) in Frankreich mit dem Ziel der Erbeutung von Unterlagen und Fotos über das "Würzburg"-Gerät zu erhalten, das auch am Cap d'Antifer stationiert war, um die einfliegenden Bomberverbände zu orten. Etwa 120

Fallschirmspringer wurden dabei abgesetzt und erbeuteten einige Teile sowie den abgesägten Dipol, was später per Schiff abtransportiert wurde. Weiterhin wurde ein Mann des Bedienungspersonals als Gefangener genommen, um technische Detailfragen beantworten zu können. Dieser hatte zwar keine Ahnung vom Innenleben des Gerätes, doch zusätzlich war der Oszillatoreinschub mitgenommen worden, anhand dem erkennbar war, dass keine großen Frequenzvariationen des Radars durchgeführt werden konnten. Diese Erkenntnis erleichterte die späteren Störversuche der Alliierten. Weniger bekannt wurde ein zweites Landemanöver am 3/4. Juni 1942, bei dem 250 Mann bei St. Cecile landeten. Sie sollten einen "Würzburg-Riesen" und ein "Freya"-Gerät in der Operation "Bristle" erbeuten, die allerdings ohne Erfolg abgebrochen werden musste.

Le Havre wurde 1944/45 zur "Seeleitstelle Le Havre" mit Personal des xB-Dienstes in Kooperation mit dem Ortungspersonal. Neben der funktechnischen Störung der deutschen Radaranlagen übermittelten die Engländer seit dem Angriff auf Kassel am 22./23. Oktober 1943 (Operation "CORONA") zusätzlich falsche Befehle in deutscher Sprache an die Abfangjäger der Luftwaffe. Im April/Mai wurden die ersten modifizierten Überlagerer aus dem "Michael"-Richtfunkgerät für die Sprachkanäle der Jägerleitung ausgeliefert und bei dem "Würzburg-Riesen" installiert. Mit diesen aufmodulierten Kanälen wurden im März 1943 Reichweiten bis 160 km erzielt und gleichzeitig war neben dem Radar der Sprachverkehr gegen Störungen abgeschirmt.

Die Marine-Küstenartillerie machte gute Erfahrungen mit den Radaranlagen der Luftwaffe und zog sie deshalb den GEMA-Anlagen vor. Die Artillerieleitstellen wurden damit zur See- und Luftzielbekämpfung ausgerüstet und in der folgenden Zeit übernahm die Marine die Geräte FMG-39-T/A (FuSE-62-A), FMG-39-T/C (FuSE-62-C), FMG-39-T/D (FuSE-62-D), FuSE-65, FuSE-68 und FMG-41-T (FuSE-64) der Luftwaffe als FuMO-Geräte 211-216/221. Die Bezeichnungen "Würzburg" A (FuSE-62A), -C (FuSE-62C), -D (FuSE-62D) und "Würzburg-Riese" (FuSE-65)", "See-Riese", "Ansbach" (FuSE-68) und "Mannheim" (FuSE-64) durften dann eigentlich nicht mehr benutzt werden. Das "Ansbach" kam 1943 als letztes Gerät auf der 53-cm-Welle und war die größte jemals gebaute mobile Radaranlage der deutschen Flugabwehr bis Kriegsende.

Diese Geräte wurden bei der Marine, von wenigen Ausnahmen abgesehen, nur an Land eingesetzt und waren durch Artilleriefunkkreise verbunden. Funkkreis Grün war für Kommandanten mit Abteilungen und Regimentern, Funkkreis Blau waren Verbindungen der Abteilungen und Regimenter zu den Batterien, Funkkreis Gelb der Batterien zu den Peilstellen und der Funkkreis Rot. Der Aufbau und Betrieb erforderte aber die Mobilisation der letzten Reserven des Marinenachrichtenpersonals. Der "See-Riese" hatte eine Reichweite von 140 km und ein "Riese"-Gerät wurde auf der Insel Romö versuchsweise für die Leitung von Ein- bzw. Zwei-Mann-U-Booten eingesetzt, da diese ihre Ziele infolge der geringen Bauhöhe meist nicht hinter den Wellenbergen erkennen konnten. Im Dezember 1944 wurde der größte monatliche Ausstoß von 400 "Würzburg"-Geräten erreicht.

Die deutschen Anlagen waren nach dem Kriege bei den Besatzungsmächten und anderen Ländern im Einsatz. Im schwedischen Heer wurden für einige Jahre noch "Würzburg-Riesen" verwendet und 1957 erhielt z.B. das Observatorium von Nancay/Orleans zwei der Geräte. In den USA wurden mit einem modifizierten Gerät dieses Typs zum ersten Mal elektronische Laufzeitmessungen zum Mond durchgeführt, womit die berechnete Entfernung von 384.420 km bestätigt werden konnte. Auf 23-cm-Welle wurde mit dem Gerät ferner die Wasserstofflinie im Weltall nachgewiesen. Die deutschen Radargeräte legten den Grundstein für die Funk- bzw. Radioastronomie, wobei dabei grundsätzlich sehr starke Sender und sehr sensitive Empfänger benötigt werden.

In dem Buch "Der Seewart" (Bd. 35, 1974, Heft 2, S. 71) wurde allerdings eine zufällige Erfassung des Mondes mit dem "Würzmann"-Gerät auf Rügen (53-cm-Welle, 120-kW-Leistung) 1943 erwähnt, sodass diese Vermessung zuerst in Deutschland stattfand — wenn auch unbeabsichtigt. An zwei 30-m-Masten waren im Auftrag von Telefunken von der Fahrstuhlfabrik Haushahn 32 Antennen der "Michael"-

Richtfunkanlage angebracht worden. Was zunächst als Störung der Geräte aus östlicher Richtung vermutete wurde, konnte nach dem Aufklaren des Himmels als die schwache Reflexion des Mondes identifiziert werden; selbst die Luftkämpfe um Berlin konnten an der Anlage verfolgt werden.

1947 wurde eine amerikanische Dakota C-47 auf ihrem Überwachungsflug über Österreich und der russischen Besatzungszone von einem Luftabwehrflugkörper beschossen. Aufgrund des zielgenauen Anfluges und der frühen Erkennung bei Anflug wurde ein neues Radar der Sowjets vermutet, welche die erbeuteten Flugabwehranlagen der Wehrmacht einsetzen und sie ebenfalls in der Technik weiterentwickelten.

Der deutsche Luftverteidigungsgürtel "Himmelbett" reichte vom Elsass bis nach Norwegen und war bei den alliierten Bomber- und Jagdverbänden durch die verursachten hohen Verluste sehr gefürchtet. Das Verfahren unterteilte den Luftraum zum Plotten der Ziele in 9-x-11-km-Quadrate, zusätzlich wurden in die Jäger Funkmessortungsgeräte zur Eigenortung eingebaut, welche die "Freya", "Würzburg" und andere Radaranlagen am Boden ergänzten. Anfang 1941 entstand bei der GEMA ein DeTe-Klein, aus dem später das Schiffssuchgerät "Rostock" hervorging. Das FuG-202 "Lichtenstein" (1942) war jedoch das bekannteste Flugzeug-Radar für die Leitverfahren der Luftwaffe. Es arbeitete mit 490 MHz (62 cm) und hatte eine Reichweite von 5 km, die ausreichend war, um nach ungefährer Zielansprache eigenständig die Bomberverbände zu finden. Für das Schießen nach Punkten auf der Braunschen Röhre wurde das Zielgerät "Pauke" (Versionen A, S und Li C2B) entwickelt. Die Effektivität der funktechnischen Luftabwehr blieb bis zum Ende des Krieges sehr gut, doch hatte die Luftwaffe keine Abfangjäger mehr, welche sie gegen die georteten Verbände einsetzen konnte.

Die Engländer nannten die Luftabwehrlinie nach dem Kommandeur der 1. Nachtjagd-Division "Kammhuber"-Linie. Der Generalmajor Josef Kammhuber forderte nach dem Erfolg 1943 (jeden Monat 200 viermotorige Bomber mit 7 Mann Besatzung abgeschossen) den Ausbau des Abwehrschirmes. Da er kein Günstling Görings war und die Verhinderung der Flächenbombardements für die Wehrmacht selbst nur geringe Bedeutung gehabt hätte, wurde er durch Generalmajor Josef Schmid abgelöst. General Kammhuber lehnte die bodengestützte Jägerführung innerhalb begrenzter Räume ab, während der General Schmid sofort nach seiner Übernahme 1943 die "freie Jagd" der einzelnen Jäger über Peil- und Leitgeräte einführte. Technisch war das System nun auch voll einsatzbereit, aber die Flugzeug-Besatzungen konnten nicht mehr die benötigte ausreichende Ausbildung und Praxis erhalten.

Die Nachtjäger erreichten Abschussquoten von bis zu 12% aller nächtlich einfliegenden Bomber und ein weiterer hoher Prozentsatz wurde schwer beschädigt. Der bekannteste Nachtjäger war zunächst die Me-110 und später wurden auch schnellere Maschinen (Ju-88) eingesetzt, um die Geschwindigkeitsverluste durch die Antennen der Radaranlagen ausgleichen zu können. Zur Erkennung von eigenen und feindlichen Maschinen wurden Kennungsgeräte notwendig, die sich aber für die Briten als Bumerang erwiesen, weil deren Sendefrequenzen ähnlich dem FuG-227 ("Flensburg") waren und deshalb gut gepeilt und angeflogen werden konnten. Mit fortschreitender Kriegsdauer verlor die Luftwaffe immer mehr Tag- und Nachtjäger und die Bomberverbände erhielten zusätzlich auch noch Begleitjäger.

Die Alliierten störten zuerst nur die Radarstationen, doch schon bald wurden Versuche unternommen auch die Jägerleitverfahren zu beeinflussen, die dadurch gezwungen wurden ebenfalls immer neuere Varianten und Gerätetypen hervorzubringen. Neben der Standardausrüstung zur Jägerleitung gab es das FuG-129, welches als normales Bordfunkgerät die Bodenaussendungen über andere Bordfunkrelaisstationen empfing. Das FuG-136 arbeitete zusammen mit dem FuG-25a und hatte 16 Sektoren zur visuellen Anzeige mit verschiedenen Kommandozeichen, während das FuG-138 ("Barbara") über das FuG-25a Kommandos mittels Morsezeichen versenden konnte.

"Bernhardine" ermöglichte den ungestörten Empfang der Nachtjägerleitung über den Bodensender "Bernhard". Neben dem kontinuierlichen Peilstrahl auf dem "Bernhardine"-Empfänger wurden im Peilstrahl

Signale zu Ort, Kurs, Höhe und Stärke der feindlichen Verbände übermittelt, welche auf einem Fernschreiber im Flugzeug ausgedruckt wurden. Das später daraus entwickelte FuG-139 hatte einen mechanischen Zeiger, ähnlich dem Maschinentelegrafen der Schiffe mit 36 störsicheren Kommandos. Es war dabei das einzige System, welches neben den Navigationsdaten noch Kommandos übertragen konnte. Zusätzlich wurde eine Jägerleitung der besonderen Art mit dem Soldaten-Sender "Anne-Marie" 1943 durchgeführt. Da der Rundfunksender (LW) nur für kurze Befehle unterbrochen wurde, ansonsten aber Musik ausstrahlte, lohnte sich eine Störung hier nicht. Verschiedene Musikstücke, wie Marsch, Tango, Walzer, Gesang, etc. dienten als Hinweis über die Richtung oder Flughöhe im Anflug der Bomberverbände für die Jagdflieger. Diese Anwendung entging den Alliierten, obwohl diese selbst Melodien als Informationsträger über die BBC für die Widerstandskämpfer benutzten.

In der Nacht 3./4. Dezember 1942 wurde ein Wellington-Bomber mit elektronischem Messgerät zur Ausmessung der Radaranlagen über Deutschland geschickt. Wesentliche Erkenntnisse über die deutschen Jägerleitverfahren und die technischen Geräte konnten aber auch nach der Landung einer Ju-88 am 9. Mai 1943 in England erzielt werden. Das Flugzeug mit dem neuen FuG-202 u.a. an Bord landete auf dem Flugplatz Dyce bei Aberdeen.

Nach den erfolgreichen britischen Funkstörversuchen kam das FuG-220 "Lichtenstein-SN2" (90 MHz) und auf noch höheren Frequenzen das FuG-202. In diesen Ausführungen wurde es zum meistverwendeten Zielsuchradar der deutschen Nachtjäger. Bedingt durch die höheren Frequenzen konnten kleinere Antennen verwendet werden und nun griff auch die Marine 1943 gerne darauf zurück, zumal hier auch geringere Störungen zu erwarten waren. Unter der Bezeichnung FuMO-71 wurde das FuG-220 "Lichtenstein-SN2" auf einem Schnellboot eingebaut, wobei die zur Höhenpeilung benötigte Röhre abgeschaltet wurde. Mit 1,5-kW-Impuls auf 476 MHZ wurden gegen Zerstörer ca. 2 km Reichweite erzielt (Dampfer ca. 6 km). Allerdings war die Antenne noch fest eingebaut und hatte nur eine Diagrammschwenkung von +/- 35°. Für Überwachungsaufgaben mussten aus diesem Grund mit dem Schiff Vollkreise gefahren werden, was im operativen Einsatz nicht umsetzbar war und weshalb eine drehbare 1,6-x-1,3-m-Antenne entwickelt wurde.

Da die nun sehr große mechanische Konstruktion der Antenne die gesamte Rückstrahlfläche erhöhte, wurden die S-Boote immer als erste Einheit von den feindlichen Radaranlagen geortet, dadurch elektronisch als größtes Ziel identifiziert und unter Beschuss genommen. Dies verschaffte dem FuMO-72 den Spitznamen "Seezielgranaten-Sammelkasten". Zum Glück für die Besatzungen kamen insgesamt nur drei Geräte an Bord zum Einsatz, die kleinere Ausführung "Lichtenstein-U" für U-Boote kam nicht mehr zur Einführung.

Innovationen deutscher Firmen forcierten nach dem Wegfall des militärischen Forschungsverbotes im höheren Frequenzbereich die Entwicklungen. Die 1908 in Gräfelfing bei München gegründete Drahtlos-Luftelektrische Versuchsgesellschaft (DVG) stellte 1937 ein 10-cm-Dauerstrich-Funkmeßgerät her, welches auf dem Ammersee einen Dampfer auf 1 km orten und durch Auswertung des Dopplereffektes auch dessen Geschwindigkeit messen konnte. 1910 baute Prof. Dieckmann das Zeppelin-Aufbau-Forschungs- und Konstruktionszentrum auf, dem Vorgänger des Flugfunk-Forschungsinstitut Oberpfaffenhofen (FFO), welches er als Tochterunternehmen der DVG an seinen Forschungen an dem Dauerstrich-Funkmessgerät beteiligte.

1940 erfolgte ein Versuch mit einem Dauerstrich-FuMG (5,1 cm, 150 mW, Modulation 300 kHz) als automatisches Zielverfolgungsgerät "Stützer". In einem Institut an der TH München entstand 1935/36 ein Impulsfunkmessgerät, das Fahrzeuge zwischen 10-100 m Entfernung erfassen konnte. Das geheime Patent verschwand im Panzerschrank, doch das Prinzip tauchte, zum Leidwesen für so manchen Autofahrer, bei der Polizei zur Geschwindigkeitsmessung nach dem Kriege wieder auf.

Ein Befehl Hitlers von 1940 verbot in der Folge weitere Forschungen im höheren Frequenzbereich, um alle Ressourcen in der Produktion auf die vorhandenen Anlagen zu konzentrieren und verhinderte damit gleichzeitig eine rechtzeitige Weiterentwicklung des Magnetrons in Deutschland. Wichtige Forschungen derart zu beschränken oder gar einzustellen hätte die deutsche Forschung in einem längeren Kriegsverlauf technisch sehr benachteiligt und war wieder keine nachvollziehbare und keine logische Entscheidung.

Im höheren Frequenzbereich glaubten einige deutsche Techniker auch an eine totale Spiegelung der Wellen in der Atmosphäre und bezweifelten daher generell die Nutzbarkeit. Auch Hitler selbst konnte anscheinend erst nach dem Fund alliierter Geräte vom Gegenteil überzeugt werden. Göring untersagte ebenfalls die weitere Forschung der Luftwaffe auf diesem Gebiet, obwohl er ansonsten gegen seine eigenen sowie die Befehle Hitlers bei nahezu allen Forschungsprojekten und Entwicklungen verstieß.

Trotz Verboten gab es in allen Forschungsbereichen Weiterentwicklungen, so könnte es zumindest Ausnahmen von Hitler oder Göring persönlich bei gewissen Projekten gegeben haben bzw. Befehle zur Einstellung könnten lediglich als Tarnmaßnahme gegeben worden sein. Da geheime Unterlagen zur deutschen Atom-, Funk- Unterwasser-, der Aeronautik, den Raketenantrieben weiterhin in Russland und den USA unter Verschluss sind Fakten schwierig zu erhalten.

Nachdem z.B. das Hochfrequenzlabor bei Telefunken zunächst aufgelöst worden war, wuchsen durch die forcierten Anstrengungen in der Hochfrequenzforschung die Abteilungen der Firma zwischen 1939 bis 1945 um den Faktor 10. Insgesamt liefen in Deutschland zu dieser Zeit über 1.000 verschiedene Entwicklungen in allen Bereichen der Funkmesstechnik. Durch die systembedingte Geheimhaltung arbeiteten jedoch viele Wissenschaftler parallel und nach dem Krieg ging der hohe Wissensstand mit dem Material und Personal größtenteils ins Ausland.

1934 wurde zur Bündelung der Ressourcen in der Forschung der Reichsforschungsrat gegründet, der aber zunächst ohne Bedeutung blieb. Nach der Verschlechterung der Lage 1942 wurden 15.000 Wissenschaftler und Spezialisten von der Wehrmacht wieder abgezogen. Die Funkberatungskommission erhielt ab 1942 bis 1944 ein jährliches Budget von 20 Millionen Reichsmark. Doch alle Maßnahmen während des Krieges konnten die materiellen und personellen Ressourcen der Alliierten nicht ausgleichen, denn auch bei den Alliierten wurden auf dem Funksektor Fortschritte gemacht.

Die wichtigsten seetaktischen Funkmessanlagen der Kriegsmarine

- FuMO-2   Calais
- FuMO-5   Boulogne
- FuMO-21
- FuMO-24, 25
- FuMO-26
- FuMO-30
- FuMO-34
- FuMO-52, 53
- FuMO-61   Hohentwiel-U
- FuMO-63   Hohentwiel-K
- FuMO-11-13   Renner-I-III
- FuMO-14   Berlin-L
- FuMO-41   Segler-I
- FuMO-81 bis 84   Berlin-Versionen

Flugabwehrleitung und Flugmessdienst der Kriegsmarine

- FuMO-201
- FuMO-231   Euklid
- FuG-224   Berlin-A
- FuMO-311-318   Freiburg-I
- FuMO-391   Lessing

Seeartillerie der Kriegsmarine

- FuMO-101   Dünkirchen
- FuMO-111   Barbara-I

Die Planungen für den Aufbau eines britischen Radarnetzes begannen 1934 unter der Leitung von Dr. Wimpris. Bei ersten UKW-Sprechfunkversuchen wurde ein Flugzeug, zwischen Sender und Empfänger fliegend, als Verursacher von Interferenzen identifiziert. Das Tizard-Komitee sollte die Möglichkeiten der Funküberwachung in der Luftverteidigung wissenschaftlich erforschen und hatte sich an Robert Alexander Watson-Watt gewandt. Auf die obigen Ergebnisse bezogen, verfasste dieser am 12. Februar 1935 ein Memorandum über die "Entdeckung und Ortung eines Flugzeuges durch Radio-Methoden".

Am 26. Februar 1935 wurde daraufhin mit dem BBC-Rundfunk-Sender in Daventry (6 MHz, 49-m-Welle) ein erster Versuch unternommen. Von dem Forscher Edward Appelton wurde ein Kathodenstrahl-Oszilloskop ausgeliehen und in einer Meile Entfernung in einem Lieferwagen in Weedon aufgebaut. Das durch das Versuchsflugzeug abgelenkte bzw. veränderte Dauerton-Radiosignal konnte bis in 13 km Entfernung nachweislich geortet werden. Nun wurde eine Versuchsstation auf dem alten Artillerie-Schießplatz in Orfordness/Suffolk mit einem 20-m-Holzmast (am 13. Mai 1935 fertig gestellt), der später auf 35 m erhöht wurde. Damit konnte am 16. Juni 1935 ein Flugzeug auf 27 km geortet werden und während eines weiteren Anfluges des Zielflugzeuges am 24. Juli, wurde eine Jägerformation in 32 km Entfernung zufällig aufgefasst. Die 2. Versuchsstation wurde mit einem 73-m-Holzmast in Bawdsey errichtet, die am 13. März 1936 ein Flugzeug in 450 m Höhe über See in 120 km Entfernung erfasste. Im Mai 1937 wurde diese Anlage zur 1. Station der Radarfrühwarnkette Chain Home (CH, CHL), welche zunächst mit 5 Stationen (12-m-Welle, Reichweite 58 Meilen) die Themsemündung von Dover, Dünkirk/Canterbury, Canewden/Southend, Great Bromley/Clochester und Bawdsey aus überwachte.

Nachdem der General Milch bei einem Besuch in England (Oktober 1937) Bemerkungen bezüglich deutscher Funkortungsgeräte gemacht hatte, wurden die Militärs und Forscher hellhörig. Watson-Watt reiste 1938 nach Deutschland und fuhr bis ins ferne Ostpreußen, um die neuen Sendemasten und Installationen in Augenschein zu nehmen. Churchill hatte die Vorteile des Radars erkannt. Nach der erfolgreichen deutschen Invasion in Norwegen und Frankreich bedrohten deutsche Bomber England zusätzlich von den Flugplätzen in diesen Ländern lagen damit wesentlich näher an ihren Zielen. Die deutschen militärischen Erfolge verursachten den politischen Wechsel der Regierung Chamberlain zum Kriegskabinett Churchills, der die militärischen Forschungen forcierte, darunter auch die des Radars.

Das englische Radarnetz der Chain Home wurde auf zunächst 18, dann 20 Stationen vom Solent bis zum Tay ausgebaut. Die Anlagen (22-30 MHz, 10-13,5 m, 200-kW-Leistung) besaßen 105-m-Stahlmasten und konnten damit Flugzeuge in 1.500 m Höhe bis in 65 km, in 9.000 m Höhe bis in 225 km Entfernung verfolgen. Wenn modernste Technik auf alte Sitten und Gebräuche trifft, kann es schon mal zu grotesken Resultaten führen. Neben den technischen und organisatorischen Problemen, z.B. die optimalen Standorte beim Aufbau der Radaranlagen zu finden, hatten die Fachleute eine weitere schwierige Auflage in England zu lösen, denn "die Masten durften die Moorhuhn-Jagd nicht ungebührlich stören".

Ein größeres technisches Problem waren jedoch Tiefflieger, denn flog ein Flugzeug unter 350 m war es unmöglich zu orten. Dies führte zur "Chain Home Low-Flying" (CHL, 200 MHz, 1,5 m), deren starre Antennen (60-m-Masten) im Jahre 1942 durch 10-cm-Rundsuchradaranlagen ergänzt wurde. Gleichzeitig wurden auf Bunkern entlang der Kanalküste Ersatzanlagen (42,5-50,5 MHz, 6-7 m) mit 35-m-Masten installiert. Nachdem Erreichen der englischen Küste konnte bei angreifenden Flugzeugen auch in niedriger Höhe durch die Richtung des Anfluges und das ungefähre Angriffsziel ermittelt werden, womit für London eine Vorwarnzeit von ca. 20 Minuten bestand. Die Anlagen wurden zwar fertig installiert und erprobt, blieben danach jedoch deaktiviert, um eine Entdeckung und Vermessung der Frequenzen zur Vorbereitung von Störmaßnahmen von deutscher Seite her zu verhindern.

Am 8. August 1940 wurde auf den Funkkanälen der deutschen Luftwaffe ein typischer ENIGMA-Funkspruch aufgefasst. Durch die Vorarbeit in der Entzifferung und die in der Luftwaffe begangenen Fehler konnte in der Summe der Inhalt schnell in Klartext umgesetzt werden (in Originalschreibweise der 4er Gruppen hier wiedergegeben):

"VONR EICH SMAR SCHA LGOE RING ANAL LEEI NHEI TEND ERLU FTFL OTTE NDRE IUND ZWAN ZIGU NDFU ENFO PERA TION ADLE RINK UERZ ESTE RZEI WIRD ENSI EDIE BRIT ISCH EAIR FORC EVOM HIMM ELFE GENH EILH ITLE R".

Das Ziel der deutschen Luftwaffe war demnach in massiven Angriffen nicht die Städte oder militärische Ziele zu vernichten, sondern zuerst die Royal Airforce (Operation "Adler") in der Luft und am Boden auszuschalten, um die Luftüberlegenheit für die deutsche Luftwaffe herzustellen. Aufgrund dieser Information über das Angriffsziel wurden die Einsätze der englischen Jäger gestaffelt, was den deutschen Angriffen ihre Wirkung nahm und der britischen Luftwaffe ihre Substanz sicherte. Die leichtsinnige Übermittlung der Tagesbefehle, Munitionsanforderungen und andere logistische Standardmeldungen der Luftwaffe über Funk mit der ENIGMA erleichterte den Einbruch in das Kryptosystem und kostete letztendlich vielen Besatzungen der Luftwaffe das Leben – obwohl die Befehle auch über den sicheren Fernschreibweg hätten übermittelt werden können.

Die englische Luftwaffe hatte drei Monate vor den deutschen Luftangriffen im Mai 1940 mit der Bombardierung der deutschen Städte begonnen. Göring seine Absicht, die deutsche Luftwaffe massiv gegen die gesamte Royal Airforce ab diesem 13. August 1940 zu werfen und dadurch in der Luft zu vernichten, konnte nicht aufgehen. Die Änderung der Taktik auf Nachtangriffe auf die Industrie und Städte ab dem 7. September gab der britischen Luftabwehr außerdem die in diesem Moment dringend benötigte Atempause zur Regeneration. Mit der Abwehr des letzten großen Luftangriffes während des Tages am 15. September trat die Wende zugunsten der RAF ein.

Am 1. September 1939 wurde die englische Küsten-Radarkette aktiviert. In der Hauptphase der Luftschlacht um England (Juli-Oktober 1940) entdeckten die Radarstationen alle deutschen Bomberverbände und, in Verbindung mit den entzifferten ENIGMA-Sprüchen, konnte die Luftabwehr die 600 verfügbaren britischen Jägern gegenüber den ca. 3.000 angreifenden deutschen Maschinen effizient einsetzen. Das Ziel der Luftschlacht um England, die Zerstörung der RAF und Erlangung der Luftüberlegenheit als Voraussetzung für die Invasion (Operation "SEELÖWE") konnte nicht erreicht werden. Der deutschen Luftwaffe wurden gleichzeitig mit unterlegenen Kräften große Verluste zugefügt, von denen sie sich weder personell noch materiell im Verlauf des Krieges wieder erholen konnte.

Gleichzeitig hatten die Engländer auch den Schlüssel für die Marine (20. August 1940) geändert, welcher der deutschen Aufklärung die Einsicht in den britischen Funkverkehr ermöglicht hatte. Während nun also die englische Flugabwehr optimal vorbereitet werden konnte, erhielten die deutschen Planungsstäbe kaum mehr Informationen über die englischen Abwehrmaßnahmen, die Wirkung der Angriffe oder die vernichteten militärischen Ziele.

Ein weiterer Vorteil der deutschen Luftstreitkräfte gegenüber der RAF ging durch die verspätete Freigabe zum Einsatz neuer Technologien verloren. Die britischen Flugzeuge und die Jägerleitung waren noch nicht mit Radar für Nachtflüge und schlechtes Wetter ausgerüstet, während die deutschen Systeme mit Funkleitstrahlen es den Bombern ermöglicht hätte, ihre Ziele vom Kriegsbeginn an im Schutze der Nacht anzugreifen.

Zwischen dem 12. bis 15. August 1940 erfolgten massive deutsche Angriffe auf Flugplätze, Fabriken und auch auf Radarstellungen. Nach diesem Zeitraum gab es nur noch wenige deutsche Angriffe auf die englischen Radarstellungen. Teilweise wurden die riesigen Antennen der Überwachung des Schiffsverkehrs, anstatt der Flugüberwachung, zugeordnet. Die Engländer konnten durch diese Fehler ihre Möglichkeiten zur frühzeitigen Erkennung der Angriffe aufrechterhalten und die Abfangkurse für die Jäger errechnen. Erst viel später wurde den deutschen Stellen die tatsächliche Verwendung der Chain Home klar, zu diesem Zeitpunkt hatte die Luftwaffe aber über England keine Angriffskapazitäten bei den Bombern mehr zur Verfügung. Die Alliierten versuchten nach diesen Erfahrungen, bei zukünftigen Vorbereitungen zu Invasionen im Gegenzug alle deutschen Radaranlagen auszuschalten.

Die Luftwaffe setzte täglich ihre Mitteilungen über Materialbedarf über Funk mit der ENIGMA ab. Da es kaum möglich ist bei Munition, Treibstoff, Ersatzteilen etc. jedes Mal andere Formulierungen zu verwenden, boten diese Funksprüche einen zusätzlichen Angriffspunkt zur Entzifferung. Die abgefangenen ENIGMA-Funksprüche der Luftwaffe (englische Bezeichnung: "Red", Heer war "Green") lagen der britischen Führung ab dem 22. Mai 1940 den ganzen Krieg hindurch fast vollständig entziffert vor. Hätte Göring und die Luftwaffe Funkdisziplin gehalten, wäre die Königlichen Luftwaffe nach Meinung der Historiker nach zwei weiteren Wochen sehr wahrscheinlich durch die anfängliche materielle deutsche Übermacht zerschlagen gewesen. Die Summe der militärischen Übermacht in Verbindung mit den besserten technischen Möglichkeiten der Funknavigation und des Radars wurden aus Ignoranz und Unkenntnis nicht genutzt, die Schlüsselsicherheit vernachlässigt, was die Luftwaffe in hohen personellen und materiellen Verlusten ausgleichen musste, diese jedoch nie wieder ersetzen konnte.

Auch die Royal Navy erhielt Radaranlagen. 1938 waren die englischen Schiffe RODNEY und SHEFFIELD versuchsweise mit den ersten Luftraumüberwachungsradaranlagen auf 45 MHz (ähnlich der Chain Home), ausgestattet worden, die jedoch nur mäßige Messresultate lieferten. Die britischen Schiffe erhielten erst 1941 wirkungsvollere Feuerleitanlagen Type-282 (Flugabwehr) und Type-283 (Schiffsartillerie). Bis Juli 1941 wurden auch 25 Korvetten mit dem Radar Type-271 zur U-Boot-Jagd ausgerüstet, dessen wirksame Reichweite auf 5 km im Einsatz beschränkt war.

Vor dem Kriegseintritt der USA war die USS ROE das einzige Schiff mit einem FD-Radargerät an Bord, einem Nachfolgemodell des CXAS-1. Die Amerikaner hatten 1937/38 ihre erste Versuchsanlagen (XAF und CXZ, 200 MHz, 100-kW-Leistung) gebaut, der die Produktion von Radaranlagen des Type-CXAS Mk. I bzw. CXAM und des SCR-268 (Signal Corps Radar, 28 MHz, erste Testversion am 30. Juli 1937) zur Ortung und Feuerleitung ein Jahr später folgten. Ein weiteres Gerät war das SCR-547. Das CXAS von Bell Telephone Co. erhielt nach 1940 in der Nachfolgeversion die Bezeichnung Radar Mk. III. 1940 wurden 14 CXAM-1 Radaranlagen bei RCA bestellt und die Serienproduktion von Schiffsradaranlagen konnte 1941 beginnen. Die englische Abkürzung "Mk." steht für "mark", d.h. einer US-amerikanischen und englischen Kennzeichnung der technischen Entwicklungsstufen.

In Deutschland hingegen erhielt das Panzerschiff ADMIRAL GRAF SPEE als erstes Schiff der Flotte im Frühjahr 1938 ein Serienmuster des Funkmessgerätes FuMG-39-G ("Seetakt"-Gerät). Das in FUMO-22 umbenannte FuMG-39-G benutzte die Lafette mit Aufbau des "Freya"-Gerätes mit einer 2-x-6-m-Antenne, wobei die obere Hälfte für den Empfang, die untere Hälfte für die Sendung verwendet wurde. Auf die drehbare E-Messhaube im Vormars war eine weitere Haube fest aufgesetzt worden, an der außen eine identische Antenne befestigt war, während im Innenraum die Geräte untergebracht wurden. Durch diese Anordnung wurde gewährleistet, dass optischer Entfernungsmesser und FuMO stets in die gleiche Richtung zeigten und die Werte direkt verglichen werden konnten. Die Peilgenauigkeit der Geräte lag mit 500 Hz Tastfrequenz nun bei Objekten von Schlachtschiffgröße auf max. 25 km Entfernung bei +/- 5°.

Auch die Hilfskreuzer KORMORAN, KOMET und THOR erhielten Radaranlagen, um frühzeitig vor den alliierten Kriegsschiffen ausweichen sowie die Handelsschiffe aufspüren zu können. Der Radarmaat Koudela führte am 3. April 1942 den Hilfskreuzer THOR in der Nacht von 9,5 auf 4,5 km an den Frachter KIRKPOOL heran, es blieb jedoch die erste und einzige Versenkung eines HSK mit Unterstützung von Radar und oftmals war es wie z.B. auf dem HSK KORMORAN auf Grund der langen Tage in See und dem Mangel an Ersatzteilen defekt. Aufgrund der schlechten Versorgungslage mussten die Hilfskreuzer neben ihrem Hauptauftrag, der Störung der Handelsverbindungen, zusätzlich auch die Versorgung der U-Boote und Überwasserschiffe übernehmen. Der HSK ATLANTIS hatte die ADMIRAL SCHEER am 14. Februar 1941 versorgt, bei einem weiteren Treffen auf hoher See am 16. März 1941 mit U-124 wurde dann ein DT-Quarz und von dem Hilfskreuzer KORMORAN sein komplettes DT-Gerät übergeben, da die Einheiten der Flotte bessere Verwendung und auch Personal zur Wartung hatten.

Die Funkmessanlagen waren aber streng geheime Anlagen und deshalb fehlten die Ersatzteile, Schaltpläne und andere Unterlagen an Bord meist. Ausfälle vieler Anlagen konnten dann von den Funkern nur mit "Bordmitteln" behoben werden, obwohl sie den technischen Aufbau der Geräte oft gar nicht kennen konnten. Die Nachrichten-Versuchsanstalt verbot beispielsweise dem Oberfunkmeister Fröhlich beim Einbau an Bord ausdrücklich den Einblick in die Anlage. Als Leitgerät für die Artillerie wurde die Zuständigkeit für die Bedienung und Wartung des Radars auch dem Artillerieabschnitt an Bord zugeteilt, dem jedoch ebenfalls weder Schaltpläne noch Unterlagen überlassen wurden. Die Begründung war, dass eine Reparatur an Bord ohnehin nicht durchführbar sei. Die daraus resultierende und überlieferte Geschichte gibt einen guten Einblick in das Leben des Instandsetzungspersonals in dieser Zeit.

Unter den Kriegsbedingungen konnte ein Fehler bei der Reparatur auch schnell als Sabotage gedeutet werden, was ein Kriegsgerichtsverfahren zur Folge gehabt hätte. Als das Radar nach Artilleriefeuer am 3. Oktober 1939 auf der ADMIRAL GRAF SPEE ausfiel, lehnte der Artillerieabschnitt deshalb die Reparatur aufgrund der fehlenden Unterlagen und Kenntnisse ab und ebenso der Oberfunkmeister Fröhlich. Nun wurde dem Oberfunkmeister die Reparatur befohlen und der 1. Artillerieoffizier bemerkte dazu nur: "Was soll daran schon kaputt sein, wahrscheinlich ist so'n kleiner Widerstand durchgebrannt. Das sollte für Sie, Oberfunkmeister, kein Problem sein.".

20 Stunden am Tag wurde repariert, kaum geschlafen, ein Schaltplan gezeichnet, die Bauteile ausgebaut und untersucht. Nach dem Zusammenbau konnte mit den Messungen begonnen werden. Ergebnis war, dass die Anzeigeröhre durch die Erschütterungen der letzten Gefechte aus ihrem Sockel gerissen worden war. Die abgerissenen Leitungen wurden mit Litzen verlängert und wieder mit den Sockelstiften verbunden. Im Impulsgerät wurde ferner ein defekter Widerstand gefunden und ausgewechselt. Nach über 80 Stunden Arbeit war das Radargerät wieder einsatzbereit und Vermessungen mit der ALTMARK zeigten die volle Funktion, die bis zur Sprengung am 17. Dezember 1939 erhalten blieb.

Nach der Klarmeldung fragte der 1. Artillerieoffizier den Oberfunkmeister Fröhlich, was den kaputt gewesen wäre und quittierte die Beantwortung mit dem durchgebrannten Widerstand mit den Worten: "So, so, das hab' ich ihnen doch gleich gesagt, und dazu brauchen Sie dreieinhalb Tage?".

Der Oberfunkmeister Fröhlich nahm es seinem Namen gebührend gelassen auf, ansonsten hätte diese Äußerung wohl ebenfalls zu einem Kriegsgerichtsverfahren geführt. Das Verständnis zwischen Technikern, Bedienungspersonal und der Schiffsführung ist bis heute ein wichtiger Punkt für einen reibungslosen Dienst.

Der Oberfunkmeister Fröhlich selbst traf von der ADMIRAL GRAF SPEE mit der DRESDEN aus Montevideo am 8. April 1941 auf der ATLANTIS als Herr "Meyer" mit dem Leutnant Dittmann alias Herr "Müller" ein. Die Crew der ATLANTIS wurde nach der Versenkung durch den Kreuzer DEVONSHIRE am 22. November 1941 bei einem Treffen mit U-126 und Rettung auf das Versorgungsschiff PHYTON am 1. Dezember 1941 von der DORSETSHIRE versenkt. Die Überlebenden der PHYTON wurden in Rettungsbooten von den U-Booten zurück nach Frankreich geschleppt. Die mit Funk übermittelten Treffpunkte der Schiffe waren von der britischen Admiralität entziffert worden, welche nun die Hilfskreuzer und Versorgungsschiffe jagte.

Ab November 1939 wurden die Schlachtschiffe GNEISENAU und SCHARNHORST, die schweren Kreuzer ADMIRAL HIPPER und BLÜCHER sowie die Panzerschiffe ADMIRAL SCHEER und DEUTSCHLAND (LÜTZOW) mit Seetakt-Funkmessgeräten ausgerüstet, deren Reichweiten nun bei ca. 25 km lagen. Die im Bau befindliche BISMARCK erhielt das FuMO-23 im Vormars aufgrund des Gewichtes der FuMO-Messhaube installiert, während die E-Messhaube etwas achtern und geräumiger integriert werden konnte. Die Sicht- und Netzgeräte des FuMO konnten unter der vorderen Haube installiert werden, während Sender und Empfänger an der Außenseite bei den Antennen angebracht werden mussten. Bei den achterlich installierten Anlagen konnten alle Geräte in den Hauben untergebracht werden. Die Schiffe ergänzten sich dann auch im Einsatz mit ihren Funkmessanlagen, wie z.B. die BISMARCK mit der PRINZ EUGEN bei der Operation "Rheinübung".

Der schwere Kreuzer PRINZ EUGEN erhielt bei seiner Indienststellung die gleiche Serienanlagen (je ein FuMO-25, -26 und -27), wurde im September 1942 aber allgemein um- und aufgerüstet und stellt daher ein gutes Beispiel für die eingesetzte Funkausstattung insgesamt dar. Anstelle der kombinierten Drehhaube erhielt das Schiff 1944 seitliche Antennen für die Höhenpeilung von Flugzeugen am Hauptmast, welche aufgrund des Mastes aber nur ab 35°-180°-325° schwenkbar waren. Zu den Geräten von Metox (R-600A, R-203) mit den an der Reling angebrachten Funkmessantennen "Sumatra" gesellten sich ab 1942 zwei FuMB-4 ("Samos"), FuMB-26 ("Tunis"), FuMB-9 ("Cypern-2") und FuMB-10 ("Borkum"), das "Berlin" im Vormars mit zusätzlichen Antennen "Sumatra", "Timor" und "Bali-I". Jeweils ein FuKG-41 und -42g ("Wespe-g" und "Wespe-g-2") ergänzten 1941 und '42 die Ausrüstung. Dazu kamen 18 Empfangs- und 12 Sendegeräte diverser Anlagen in den Funkräumen A, B, C, der Bordwetterwarte, der Gefechtsnachrichtenzentrale, der Verbandsnachrichtenzentrale und die Ausrüstung der Bordflugzeuge.

Am 17. Mai 1942 hat die B-Dienstabteilung des Kreuzers PRINZ EUGEN bei Drontheim mit dieser Ausrüstung drei unterschiedliche feindliche Flugzeugradaranlagen unterscheiden können und dank der Radarunterstützung bei den folgenden Angriffen die erfolgreichste Luftverteidigung eines deutschen Schiffes im 2. Weltkrieg ohne eigene Treffer durchführen können.

Unter der Bezeichnung FuMO-2 lief ein Serienauftrag des FuMO-23 (FMG-40-G) mit 100 Stück, die neuen Serien waren dann FuMO-24 bis -27. Das FuMO-24 war mit Drehsäule auf der Brücke aufgesetzt, während das FuMO-25 auf einem Ausleger vom Mast abgesetzt wurde. Beim FuMO-26 wurde erstmalig die horizontale Polarisation der Antenne angewendet, welche weniger Reflexion vom Seegang aufnahm und daher eine bessere Nahauflösung bis ca. 300 m aufwies. Seltsamerweise wurden aber alle anderen Geräte mit der vertikalen Polarisation der Antennen weitergebaut. FuMO-24 und 25 erhielten 1942 Schleifringe zur Übertragung der Signale zur Antenne, wodurch die Sender in das geschützte Innere der Schiffe verlegt werden konnten.

Für Zerstörer und ursprünglich auch für kleine Kreuzer war eine vereinfachte Version des FuMO-39-G (späteres FuMO-21) mit Reichweiten bis zu 18 km gegen Schlachtschiffe vorgesehen. Mit einer schweren Drehsäule wurde die 2-x-4-m-Antenne mit Sender und Empfänger auf den Kommandostand aufgesetzt. Da die Säule der Zerstörer für die Torpedoboote zu schwer war, erhielten sie eine noch leichtere Version des FuMO-40-G, das FuMO-28, wobei beiderseits des Vormarses je eine Antenne in einer gewissen Winkelstellung angebaut wurde. Das Diagramm der Antennen war durch Verwendung von Kompensator-

Leitungen (zeitliche Verzögerung der Signale) mit einstellbarer Antennenkopplung elektrisch innerhalb eines bestimmten Bereiches schwenkbar.

Ein Großteil der laufenden Produktion und der installierten Anlagen wurde mit einer Feinpeilung ausgestattet, wobei sich die Anzahl der Röhren von 25 auf 28 erhöhte. Bis Mitte 1941 waren bis auf eine Einheit auch alle Zerstörer mit FuMO-21 oder -24 ausgerüstet. Die Reichweite lag trotz der unterschiedlichen Aufbauhöhe auf den Schiffen immer etwas unter der optischen Sicht, es aber bei Nacht oder schlechter Sicht die bessere Ortungsmöglichkeit. Die Peilungsgenauigkeit lag ebenfalls hinter den optischen Werten zurück, aber in der Entfernungsmessung erreichten die Funkmessgeräte die höhere Genauigkeit. Bei starkem Seegang wurde ein Schießen aufgrund der springenden elektrischen Peilung durch das Schwanken der Antenne dagegen sehr erschwert.

Erste Störungen der "Seetakt"-Geräte waren im März 1941 am Kanal bei der englischen Funkaufklärung registriert worden. Nach den Erfahrungen der Flugabwehrradaranlagen wurde auch hier die Verwendung einer einzigen festen Frequenz für die Bordanlagen erkannt und bei neuen Entwicklungen wurde ein abstimmbarer Bereich von 330-430 MHz vorgesehen, was für Sender und die Antennen wiederum große Probleme verursachte.

Im gleichen Atemzug wurde versucht, die Leistungen der Anlagen zu steigern. Zur Erhöhung der Reichweite gab es Entwicklungen von Sendern und Senderzusätzen wie die Typen "Gisela" mit 125 kW und "Gertrud" mit 400 kW. Außerdem wurden zur Reduzierung des Röhrenaufwandes auch einfache Tastgeräte mit Funkenstrecken vorgesehen. Da die Firmen Luftwaffe und Marine gleichzeitig aus- und umrüsten sollten, gerieten sie zwangsweise bald in Lieferschwierigkeiten. Die Marine war bis 1942 allein auf die Lieferungen der Firma GEMA angewiesen, doch ab Mitte 1943 verfügte das OKM die Einführung von Anlagen der Luftwaffe, um den Bedarf zu decken.

Die Luftwaffe setzte damals das Jägerleitschiff TOGO ein, auf dem verschiedene Funkleit-, Funkmessortungs- und Funkmessbeobachtungsgeräte untergebracht waren. Darunter ein "Würzburg-Riese", der zwar eine hohe Peilgenauigkeit hatte, jedoch für schnelle Ziele ungeeignet war. Deshalb wurde er mit einem "Freya"-Gerät gekoppelt. Dieses besaß bei geringerer Peilgenauigkeit einen größeren Erfassungswinkel, der die schnellen Objekte verfolgen konnte. Die gesamte Anlage hatte eine Stabilisierung zur Kompensation der Schiffsbewegungen (Rollen und Stampfen), die aber durch den Platzbedarf auf den gepanzerten Einheiten der Flotte nicht realisiert werden konnte. Weitere Geräte waren z.B. zwei UKW-Adcock-Funkpeiler Fu-Peil-80 ("Heinrich IV"), deren Antennen auf kugelförmigen Hauben aufgesetzt waren. Nach der Bombardierung als Flüchtlingsschiff ging es unter verschiedenen Namen in die Vereinigten Staaten von Amerika, Handelsschifffahrt Norwegen, norwegische Marine und unter dem Namen TOGO dann nach Afrika, wo es noch in den 70er Jahren weitgehend unverändert unterwegs war. In seiner Ausführung als deutsches Jägerleitschiff erinnert es in der Erscheinung stark an die späteren Aufklärungsschiffe der USA und UdSSR während des Kalten Krieges.

Die an Bord der Überwassereinheiten eingebauten Radaranlagen waren für eine Verwendung auf kleinen Einheiten oder gar U-Booten aufgrund des Gewichtes und der Größe völlig ungeeignet. Die bei der GEMA entwickelten De-te-U-Geräte für die U-Boote mussten für den Einbau noch weiter verkleinert werden. Ab September 1941 lief die Serienfertigung und Ausrüstung der U-Boote mit dem FuMG-41G(gU), später (FuMO-29). Infolge der immer noch für die U-Boote recht großen Anlagen mussten sie notgedrungen in der Zentrale untergebracht werden, in der das Schwallwasser aus der Turmluke erwartungsgemäß zu vielen Ausfällen führte. Die 1-x-1-m-Antennen waren an der Turmvorderseite +/- 10° elektrisch schwenkbar, der Messbereich von 30 km hatte eine Auflösung von 100 m. Drei dieser Anlagen wurden in die Ostasien-Boote U-156 bis U-158 installiert, hatten aber neben den vielen Ausfällen durch die geringe Antennenhöhe eine zu kleine Reichweite von 5-7, unter günstigsten Bedingungen maximal 10 km. Bis 1942 wurden dennoch 75 der Anlagen geliefert, da selbst der beste Ausguck im Turm diese Reichweiten nur unter guten

Wetterbedingungen erreichen konnte. Ab 1942 besaßen deshalb alle größeren U-Boote das FuMG-42G(gH), von dem 360 Stück produziert wurden.

Die Streitkräfte an der Front forderten das produzierte Material mit Vorrang ab, weshalb für die Ausbildung des Wartungs- und des Bedienungspersonals die Ausstattung mit Schulungsanlagen deshalb immer schlechter wurde. 1938 stand ein erstes "Freya"-Seriengerät in der Flakschule III in Lyno/Mark für die Ausbildung zur Verfügung und auch in anderen Nachrichtenschulen gab es noch praktische Ausbildung an den vorhandenen Anlagen. Ab 1944 war die Versorgungslage aber schon so desolat, dass selbst die Flak-Einheiten keine eigenen Konstruktionen mehr ausgeliefert bekamen und die Flak-Schule III sich deshalb unter der Leitung von Hoffmann-Heyden aus "Berlin"- und DMW-Geräten eigene 9cm-Flak-Zielgeräte (FuMG-74/76) herstellen musste, damit weiterhin Ausbildung durchgeführt werden konnte. Diese Anlagen kamen zwar nur noch in wenigen Exemplaren zum Einsatz, konnten aber dabei ihre hohe Zielgenauigkeit unter Beweis stellen.

Die Briten hatten durch die geschwächte deutsche Luftwaffe nur noch wenig Gelegenheit, die neuen 10 cm-Zielgeräte ihrer Flak zu erproben, dieses DMW- bzw. CMW-Prinzip wurde aber zum Standard für die Luftabwehrradaranlagen der Nachkriegszeit. Wenig bekannt ist, dass es den deutschen Wissenschaftlern noch 1944 gelang, ein Magnetron für 1,6 cm zu bauen. Ein Zielgerät für Jäger wurde mit dieser Röhre entwickelt (FuG-148, "Eule") und im Februar 1945 noch in einem Nachtjäger erfolgreich erprobt, der damit bis zu 3 km weit die gegnerischen Flugzeuge erkennen und damit sehr präzise bekämpfen konnte. Doch auch hier kam die Qualität für einen effektiven Einsatz in der Quantität in Deutschland zu spät.

Bei Kriegsbeginn (1939) standen lediglich drei "Freya"-Seriengeräte für die Flugortung in der Luftwaffe zur Verfügung. Für die Luftwaffe gab es ab November 1942 ferner das FuMG(Flum)42G(fZ) in Serienfertigung als "Freya-LZ" (FuMG-401, ca. 400 Stück ausgeliefert). Die mobile Ausführung hatte eine Sendeantenne, darüber die Empfangsantenne und dann die Duplexantenne für das Kennungsgerät. Während das Radar mit 35-kW-Impuls-Sender etwa 200 km Ortungsbereich, mit 400 kW sogar 400 km Reichweite hatte, blieb die geringe Antennenhöhe an Bord der Schiffe eines der großen Probleme in der Kriegsmarine wie auch bei den Alliierten. Weitere Schwachpunkte waren die Druckfestigkeit der Antennen, die Größe der Sendeanlagen, die Kabeldurchführungen und die Korrosion durch das Salzwasser.

Die 1-x-1,4-m-Antenne des FuMG-42G(gH), später (FuMO-30) der kleinen Einheiten und U-Boote wurde auf einem ausfahrbaren und 360°-drehbaren Mast installiert, um die Peilung von der Fahrtrichtung unabhängig zu machen und die Reichweite zu erhöhen. Auf der Rückseite wurden zusätzlich zwei Breitbanddipole der Funkmessbeobachtungsantenne FuMB-Ant-5 ("Samoa") für den Wellenanzeiger W-Anz.g-2 (FuMB-9, "Cypern-II") angebracht. Bei der Tauchfahrt der U-Boote konnte die gesamte Anordnung hinter das Schanzkleid eingefahren werden, sodass kein zusätzlicher Wasserwiderstand entstand. Das ab Mitte 1943 verfügbare Tastgerät "Gisela" erhöhte bei den U-Booten die Reichweite auf maximal 20 km, was jedoch den herkömmlichen Ausguck nun bei weitem übertraf.

Anfang 1944 war das FuMO-391 ("Lessing") bei der GEMA auf Basis eines stark reduzierten "Freya"-Geräts (125 MHz mit 100-kW-Sender) entwickelt worden. Mit einem Vertikaldipol mit Rundstrahlcharakteristik betrug die Reichweite gegen Flugzeuge nun maximal 30 km bei 5% Peilgenauigkeit. Als reines Warngerät ermöglichte es eine Vorwarnzeit von ca. 5 Minuten zum Abtauchen, was völlig ausreichend war. Bei Schnorchelfahrt konnte das Gerät in Betrieb genommen werden, um ein Auftauchen ohne Gefahr zu ermöglichen. Die Mustergeräte waren zum Kriegsende verfügbar, wurden jedoch vermutlich nicht mehr eingesetzt und es bestand durch die alliierte Luftüberlegenheit auch stets die Gefahr, seine Anwesenheit durch das aktive Gerät zu verraten. Die Schockwellen der Wasserbomben ließen die Geräte außerdem meist unbrauchbar werden, bis heute spielt das aktive Radar bei den U-Booten eine untergeordnete Rolle, ganz im Gegensatz zum vorrangig passiven Einsatz aller Ortungsgeräte.

Im Jahr 1939 wurde von den Engländern ein Magnetron mit 3,3 GHz (9-cm-Welle) und 50 kW Leistung entwickelt. Im Gegensatz zum ASV-Radar (Airborne Search for Surface Vessel) erlaubte es nun ein Gebiet mit 70 km Umkreis abzusuchen. 1941 erhielten die Amerikaner die technischen Informationen über das Gerät und produzierten ab dem Frühling 1942 ihre ASB-Version. Etwa 26.000 Geräte sollen für britische und amerikanische Flugzeuge insgesamt gebaut worden sein.

Unbekannte alliierte Geräte wurden in Deutschland oftmals nach ihrem Fundort benannt und die deutsche Weiterentwicklung erhielt diese Bezeichnung dann auch als Deckname. So z.B. auch bei dem "Rosendaal-Halbe"-Gerät ("Rosendahl-Halbe" oder teilweise auch als "Monica" bezeichnet), welches zum passiven deutschen Zielsuchgerät FuG-221 (Versionen a-g) umgebaut und mit 4 km Reichweite weiterentwickelt wurde. 1943 wurde über Rotterdam ein Nachtbomber des Typs "Lancaster" abgeschossen, der dieses noch unbekannte 3,3-GHz-Gerät an Bord hatte. Das H2S-Gerät ("Home Sweet Home", Nummer Ex-6) führte zur Gründung der "Rotterdam"-Arbeitsgemeinschaft unter dem Dipl.-Ing. Leo Brandt, die verschiedene Firmen damit beschäftigte. Die englischen Ingenieure, allen voran E. P. Rowe, hatten vor dem verfrühten Einsatz des Gerätes gewarnt, denn noch konnte das Gerät nicht in großen Stückzahlen für die Bomber gefertigt werden und jetzt war die deutsche Seite durch das gefundene Gerät vorgewarnt.

Nachdem im Januar 1943 dieses 9-cm-Gerät sichergestellt war, empfing der Abhördienst der Luftwaffe die Unterhaltung von Besatzungen im Zielanflug von denen zwei abgeschossen wurden. Als zwei Agenten in Frankreich über Funk angewiesen wurde, die Geräte in den abgeschossenen Flugzeugen des Typs "Moskito" zu zerstören, wurde die deutsche Seite darauf aufmerksam und konnte das neue britische Bordradar Mk. VIII noch rechtzeitig bergen.

Die englischen Entwicklungen zu diesen Radaranlagen kamen von dem Laborteam um John Randall und Harry Boot unter der Leitung des Professors Oliphant. Der erste Versuch der neuen Röhrentechnik fand am 21. Februar 1940 statt und war ein großer Fortschritt in der Radartechnik, der von deutscher Seite aus nicht mehr aufgeholt werden konnte. Die Größe der Resonatorhohlräume des Magnetrons war aufgrund der Arbeiten von Heinrich Hertz berechnet worden, dessen Versuch eine ähnliche Wellenlänge hatte. Die Röhre war von einem starken Magneten umgeben, woraus sich die Bezeichnung Magnetron ableitet.

Unter der Bezeichnung AI-Mk.-VII (200 MHz, AI = Airborne Interception) hatte das Radar gegen Ende 1941 seinen ersten Einsatz und die RAF rüstete zunächst ihre Flugzeuge des Typs "Swordfish" und die Nachtjäger mit AI-Mk.-II-Radar auf 176 MHz (1,7 m) aus. Bis Ende des Jahres 1941 erhielten 110 Flugzeuge das Radar, welches aufgrund der starren Antenne nur die Vorausrichtung mit einer Reichweite von 20 Kilometern bei Schiffen und auf wesentlich geringe Distanz auch nach aufgetauchten U-Booten absuchen konnte.

Das Gerät AI-Mk.-VIII (9,1-cm-Welle, Magnetron CV-64, 25-kW-Impuls) hatte eine Reichweite von 10 km und im Einsatz wurden U-Boote bei bewegter See bis in 8 km Entfernung geortet, jedoch konnte das Ziel durch die Antennenstellung nur bis auf 2 km im Nahbereich verfolgt werden, dann verschwand es aus der Suchkeule. Bei Tag war dies kaum von Bedeutung, aber bei Nacht oder schlechter Sicht ging der Kontakt dann oft verloren. Nachdem die Flugzeuge mit Scheinwerfern ausgerüstet waren, konnten die deutschen U-Boote aber auch unter diesen Bedingungen geortet und bekämpft werden. Der erste erfolgreiche Nachtangriff führte am 5. Juli 1942 zum Untergang von U-502 und auch U-65 (KptLt. Hoppe) wurde bei Nacht von einem Flugzeug mit Radar geortet und versenkt.

Die für die höhere Frequenz umgebauten H2S-Geräte wurden als ASV-Mk.-III in die U-Jagd-Flugzeuge eingebaut und hatten ihren ersten Einsatz am 1. März 1943. Der Hauptunterschied lag neben den höheren Frequenzen in der Anbringung und Art der Antenne. Die Warngeräte der U-Boote waren durch die neue Frequenz neutralisiert und ihre Verluste stiegen wieder an. Das am 10. November 1943 vor Kap Ortegal/Biskaya versenkte U-966 fällt z.B. in dieser Zeit einem Angriff mit Radarunterstützung zum Opfer. Im Januar 1944 wurde das ASV-Mk.-VI mit einer von 50 kW auf 200 kW gesteigerten Leistung an die RAF ausgeliefert. J. Brennecke stellte 1994 anhand der neuen Erkenntnisse fest, dass Zweidrittel aller U-Bootsverluste in dieser Zeit durch Luftangriffe verursacht wurden.

Im Frühjahr 1944 wurde ein H2X-Gerät (10 GHz, auch X-Band-H2S) in einem abgeschossenen Flugzeug entdeckt, und nach seinem Fundort Meddo (an der deutsch-niederländischen Grenze) auch als "Meddo"-Gerät bezeichnet. Es war ein Panorama-Radar, das seit Ende 1943 zum Einsatz kam und z.B. in der Luftschlacht um Berlin oder auch bei der Bombardierung Peenemündes am 16./17. August 1943 verwendet wurde. Informationen über diesen wichtigen Produktionsstandort der deutschen Raketentechnik hatten die Engländer u.a. von Dr. Otto John erhalten, dem späteren Präsidenten des Bundesverfassungsschutzes, der als Doppelagent des MfS in die DDR flüchtete.

Als 1942 die ersten US-Bomber auf dem europäischen Kriegsschauplatz auftauchten, hatten sie vereinzelt ein 10-cm-Radar an Bord, das starke Ähnlichkeit mit dem britischen H2S-Gerät hatte und auch mit dem britischen Magnetron ausgerüstet war (DMS-1000). Der technische Aufbau war jedoch immer nach typischer amerikanischer Art. Dieses amerikanische Flugzeugbordradar DMS-1000 (9,7 GHz) wurde später ebenfalls auf deutscher Seite erbeutet.

Nach Entdeckung der alliierten Radartechnologie und der damit verbundenen Erkenntnis, dass auch die vernachlässigten höheren Frequenzbereiche sich für die Radaranwendung eigneten, musste in Deutschland nun wieder bei der Grundlagenforschung begonnen werden. Das bei Rotterdam gefundene Gerät konnte aufgrund seiner Größe nicht für deutsche Flugzeuge einfach übernommen werden, weshalb versucht wurde das Radar in einer eigenen Entwicklung "Berlin" anzupassen. Nachdem der Nachbau des "Rotterdam"-Gerätes auf 9-cm-Welle durch einen Luftangriff beschädigt worden war, wurde die weitere Forschung in einen Bunker verlegt. Die Produktion eines Zielanfluggerätes mit 60 U/min der Antenne begann deshalb erst im März 1943. 1944 kam das "Berlin"-Gerät (FuG-240, 80 U/min) als Laborentwicklungen im 3-cm-Bereich, von dem aber wahrscheinlich nur noch 10 Stück produziert werden konnten, wobei das Antennensystem im Wesentlichen dem amerikanischen AN/APG-1 entsprach. Das Magnetron vom Typ LMS-10, das Dr. Steimel bei Telefunken für das "Berlin" konstruierte, folgte hingegen eindeutig dem britischen Vorbild, war dabei technisch verbessert und mit größerer Frequenzkonstanz sowie doppelter Impulsleistung. Der folgende Typ (LMS-12) war zwischen 8 bis 10cm abstimmbar.

Eine andere Innovation kam aus der Schublade von Dr. Malach, der die dielektrischen Stielstrahler konstruiert hatte. Sie bestanden aus Keramik und Trolitul und konnten einfach und billig gefertigt werden. Sie erreichten in Gruppenanordnung als Antenne eine hohe CMW-Richtwirkung. Obwohl die deutsche Forschung hier neu begann, wurde auch hier wieder ein technologischer Vorsprung erreicht, der lediglich durch die Kriegslage nun keine größeren Einflüsse mehr auf die militärischen Auseinandersetzungen haben konnte.

Das FuG-224 ("Berlin-A", 15 kW, 3,3 GHz) wurde mit 1.500 Hertz getastet, das FuG-244 ("Bremen-O") sendete mit 60 kW Leistung. Die Entfernungsmessbereiche betrugen bis 18 und bis 60 km. Die Kriegsmarine dürfte von den rund 200 gefertigten Geräten etwa 150 für den Einsatz auf kleinen Einheiten erhalten haben. Als FuMO-81 ("Berlin-S") wurden die Geräte an Bord der S-Boote eingebaut und gegen ein Schiff mit 500 BRT wurde je nach Aufstellungsort 20-30 km Reichweite erreicht. Die Messgenauigkeit der Entfernung lag bei +/- 100 m, die Nahauflösung bei ca. 1.000 m. Die Antenne des FuMO-81 bestand aus vier keramischen Stielstrahlern (Dr. Malach), die über einer Scheibe horizontal montiert wurden, welche zusammen mit einem Zweiphasengenerator die Ablenkspannung für die Panoramaanzeige erzeugte. Die gesamte Anordnung war durch eine Plexiglashaube abgedeckt und von unten durch das Blechgehäuse vor Spritzwasser geschützt. Diese Konstruktion wird heute in einer Wortfusion aus Radar und Dome als Radom bezeichnet.

FuMO-82 ("Berlin-K") war aufgrund der größeren Antenne für größere Einheiten vorgesehen und auf den verschiedensten Einheiten, vom S-Boot über Zerstörer bis zur PRINZ EUGEN (FuMO-82, "Berlin-K1" und

"Berlin-K2"), wurden die Anlagen installiert. Eines bewährte sich dabei bei der Räumung eines Hafens in Pommern. Ein S-Boot führte bei Nacht und Nebel etwa 100 kleinere Fahrzeuge mit ca. 20.000 Flüchtlingen unter russischem Beschuss durch eine 100 m breite Minengasse, deren Bojen deutlich auf dem Gerät zu erkennen waren. Neben den Einheiten auf See verwendeten die Flakeinheiten ebenfalls neue Übersichts- und Zielgeräte.

Der Kommandant eines Erprobungs-U-Bootes verglich die Übersicht mit der Version FuMO-83 ("Berlin-U1") mit dem Überblick aus einem Flugzeug, so gut waren die einzelnen Schiffe zu erkennen. Als Antenne dienten ebenfalls vier Stielstrahler, die in einer mit Schaum gefüllten Oppanol-Kugel an einem Drehmast untergebracht waren. Bei der endgültigen Version FuMO-84 ("Berlin-U-2") sollte die hierbei getestete Antenne druckfest mit dem Antriebsaggregat verbunden, mit Schaum ausgefüllt und fest auf einem ausfahrbaren, nicht drehbaren Mast, sitzen.

Analog zu dem Versuchsgerät "Rotterheim" baute Telefunken eine Anlage mit einem Drehstand von AEG ("Calais"-Säule) und einem 3-m-"Würzburg"-Spiegel, der im Brennpunkt mithilfe eines "Rotterdam"-Dipols mit Reflektor erregt wurde. Sender und Empfänger des FuG-224 wurden wasserdicht hinter der Antenne angebracht und mit der Sichtanzeige im Drehstand verbunden. Die FuMO-11 ("Renner-I") und -12 ("Renner-II") des Küstenschutzes arbeiteten mit Maximum-Peilung und 500-Hz-Tastung. Sie erreichten bei den ersten Versuchen gegen kleine Schiffe Reichweiten von 32 km, bei größeren Zielen sogar 72 km. Das FuMO-13 war mit einer großen Rundsuchanzeige ("Drauf") der Firma Lorenz geplant gewesen, ist vermutlich aber nicht mehr verwirklicht worden. Unter der Bezeichnung FuMO-14 gab es Pläne des "Berlin-L" und unter FuMO-111 liefen die Entwicklungen zum "Barbara-1".

Die Idee einer kartografischen Darstellung der Radarbilder auf einem Bildschirm, den heutigen Radarkonsolen, wurde im Januar 1939 erstmals der Luftwaffe und der Flak dargestellt. Das damalige Laborgerät führte zum De-Te-Gerät mit Panoramaanzeige, dem späteren "Jagdschloß" mit 20-m-Rundsuchantenne (6 U/Min, Reichweite von 2-120 km, ab Anfang 1944 mit "Sternschreiber"). Die erste Versuchsanlage in Tremmern war im März 1942 in Betrieb und übertrug die Bilddaten über ein Fernsehkabel an ein Tochtergerät im Bunker. 1944 hatte das Flakgerät "Kulmbach" (FuMG-74, quasi das "Berlin" mit einer größeren Antenne) auf 9-cm-Welle eine Reichweite von 50 km erzielt und war bereits mit einer Panorama-Anzeige ausgerüstet worden (auf 3-cm-Welle Bodenflugmelde und Jägerführung). Neben dem FUMG-74 lief die Serienfertigung der Ausführung FuMG-76 "Marbach" an.

Das Übersichts- und Schießgerät „Egerland" (Telefunken), bestehend aus der Kombination von "Kulmbach" und "Marbach", wurde in der Flakstellung Teltow am Stadtrand von Berlin eingesetzt. Das "Jagdschloß-Z" wurde für Jägerführung und Bodenflugmeldedienst in Brück in der Marck (20-cm-Welle) als Versuchsanlage fast fertig gestellt, während das "Euklid" für die Marine im Versuchsmuster noch gefertigt wurde. Die Flakstellung in Teltow erzielte mit dem "Kulmbach" eine Rundumübersicht von 50 km Radius und konnte dann mit dem "Marbach" die Großbatterie mit einem Grad Genauigkeit auf das ausgewählte Ziel ausrichten. Die rund 20 "Jagdschloß"-Anlagen waren mit einer Reichweite von 150 km ein wichtiger Bestandteil des Flugmeldedienstes und der Luftabwehr.

Die GEMA hatte Mitte 1943 einen "Freya"-Drehstand mit dem "Tremmen-Panorama" zum Sichtgerät "Sternschreiber" mit einer nachleuchtenden Bildröhre weiterentwickelt. Da 1944 die Forschungskapazitäten der Firma völlig ausgelastet waren, erwirkte die Luftwaffe eine Abgabe der Pläne an die Firma Lorenz. In einer "Freya-LZ"-Version mit der Breitbandantenne "Alpspitze" wurden die Signale über Schleifkontakte von der drehenden Antenne (5 U/Min) abgegriffen und in einer abgesetzten Peilhütte ausgewertet. Es konnte dadurch alternativ gerichteter Suchbetrieb durchgeführt werden, aber noch kein Rundumsuchbetrieb.

Die Suchanlage FuMO-15 von Telefunken (wie z.B. bei ADMIRAL SCHEER) verwendete die Bauteile des FuMO-11, die in den 7-m-Reflektor und Drehstand des "Würzburg-Riese" eingebaut wurden. Die Marine-

Küstenartillerie schätzte die Anlage sehr, da die Mastspitzen von Schiffen bis in 70 km Entfernung erfasst werden konnten. Aus dem FuMO-3 abgeleitet entstand mit dem FuMO-101 ein weiteres Spezialgerät für diesen Zweck. Die 3-x-6-m-Antenne sollte sogar Nachfolgetypen mit 10-x-10-m- bzw. 18-x-10-m-Antennenfläche mit einer Seitenpeilgenauigkeit von +/- 80 m bzw. +/- 25° erhalten. Auf den besetzten Kanalinseln war die stärkste Batterie auf Guernsey, deren Marine-Küstenartillerie "Mirius" erhielt 4-x-30,5-cm-Geschütze des Großlinienschiffes Imperator Alexander Tretji, die mit dem "Würzburg-Riesen" gekoppelt wurden. Diese Anlagen waren wohl mit Grund, warum diese Kanalinseln nach der Invasion in der Normandie bis zum Kriegsende nicht angegriffen wurden.

Generell war die Marine-Küstenartillerie materiell vernachläsig worden, da die meisten und besten Geräte an Heer, Luftwaffe oder die fahrenden Einheiten der Flotte gingen. Einige FuMO-2 mit nachgerüstetem Peilzusatz oder FuMO-5 wurden zwar installiert, waren jedoch nicht an die Ortungszentralen der FuM-Kompanien angeschlossen. Die Daten auf den Planquadrat-Koppeltischen mussten notfalls über Funk mit den Daten von den Mercator-Koppeltischen der Ortungszentralen abgeglichen werden, denn direkt gekoppelte Feuerleiteinrichtungen gab es nur wenige. Das vielleicht perfekteste Flugmeldesystem war in der "Alpenfestung" im Vorarlberg installiert worden, konnte seine Leistungsfähigkeit aber nicht unter Beweis stellen, da keine Luftabwehrkräfte mehr vorhanden waren.

Für Flugmeldezwecke verwendete die Marine Anlagen wie in der Luftwaffe gebräuchlich, jedoch mit anderen Bezeichnungen. Die wichtigsten Typen waren "Freya" (FuMO-301 und -302), " Freya -A/N" (FuMO-303), "Freiburg-I" und "Freiburg-II" (FuMG-451, FuMO-311-318 und -321-328), "Wassermann-M" (FuMO-331, FuMG-402), "Freya-Köthen-A bis -C" (FuMO-341-343) und das "Jagdschloß" (FuMO-371, FuMG-405). Von den neuen Versionen "Jagdhaus" und "Jagdwagen" gab es nur noch ein bis drei Musteranlagen, während das "Pantotwiel" noch in einer Serienfertigung anlief. Das "Freya-Köthen" war eine Version des Luftwaffenversorgungsregiments/FAS-IV. Das FuMO-303 wurde zur Entlastung der GEMA hingegen in Lizenz bei AEG gefertigt und mit einem neuen und leichteren Drehstand entstand dadurch das "Freiburg-I" (162-200 MHz). Ein Teil der Anlagen wurde auf die A/N-Peilung umgerüstet und erhielt, wie die bei Telefunken gefertigte Serie, die Bezeichnung "Freiburg-II". Die Mehrzahl der hochfrequenten Typen konnte gegen Ende des Krieges durch die Vernichtung der Produktionsstätten und Rohstoffmangel aber nur noch in Kleinserien gefertigt werden. Im März 1945 waren FuMO-Anlagen dieser Art (29-cm-Welle) an der Nordseeküste, acht an der Ostseeküste und sechs am Mittelmeer im Einsatz, wobei es sich wohl überwiegend um FuMO-11-Anlagen gehandelt hat.

Jede Teilstreitkraft hat ihre Besonderheiten und die Luftwaffe benötigte dringend Radar- und Funkanlagen für die Nachtjäger. Diese kamen mit dem "Lichtenstein-BC" und "-C" (FuG-202, -212), "Lichtenstein-SN2" (FuG-220), "Lichtenstein-SN3" (Fug-228), "Neptun-II-R" (FuG-217R), " Neptun -III-V" (FuG-218V), " Neptun -III-G" (FuG-218G), "Flensburg" (FuG-227), "Berlin-N1" (FuG-240/1), "Bremen-O" (FuG-244), "Kiel-Z-III" (FuG-280), "Falter" und "Naxos-Z" und "-ZX" (FuG-350Z und ZX). 10 Stück des "Berlin-N2" wurden z.B. noch beim Nachtjagdgeschwader-I eingesetzt.

Das "Naxos" wurde als Zielsuchgerät gegen das H2S- und H2X-Radar entwickelt, welches bei Rotterdam gefunden wurde. Ende Januar 1944 waren die Jagdgruppen komplett mit "Naxos" und "Lichtenstein-SN2" ausgestattet. Das "Naxos" war in einer Plexiglashaube (scherzhaft auch als "Käseglocke" bezeichnet) oben auf dem Flugzeugrumpf installiert, weshalb die Jäger von unten anfliegen, orten und dann mit nach oben gerichteten Waffen angreifen mussten. Waren die Jäger etwa 1000 m unterhalb der angreifenden Verbände, war eine Ortung bis in 50 km, bei 2000 m Höhenunterschied bis etwa 100 km möglich. Mehrere Punkte auf der Anzeige ergaben die Richtung des feindlichen Radargerätes, die im Anflug eingehalten wurde, bis das Echo die gesamte Anzeige ausfüllte und das Ziel erreicht war.

Die empfindlichen Geräte "Naxos" und "Korfu" konnten unter günstigen Umständen Bomberformationen, die das Rotterdam-Gerät vor dem Abflug einschalten, schon nach dem Start auf ihrer Standardflughöhe in

200 bis teilweise 400 km Entfernung orten. Das "Naxos" konnte auf der Empfangsseite zwar die Wellenlängen im 8- und 12-cm-Band unterscheiden, aber auf der Anzeige konnten die Signale nicht optisch unterschieden werden.

Gegen die Störgeräte der "Freya"-Anlagen wurden das "Freya-Halbe" in 25 Prototypen entwickelt. Aufgrund der Ablehnung des Generals Kammhuber bezüglich der vom Boden geführten Jagdleitung im engeren Luftraum wurden diese aber nie eingesetzt. Als General Schmid nach seiner Übernahme der Luftverteidigung diese Anlagen einführen wollte, gab es nur noch ausgeschlachtete Geräte, da dringend Ersatzteile benötigt wurden und auch in der Produktion darauf zurückgegriffen wurde.

Das "Flensburg" arbeitete auf den Frequenzen der H2S- und H2X-Radargeräte sowie der nachfolgend geänderten Versionen. Das "Korfu-Z" (FuG-351) wurde als Superhet-Empfänger für frequenzmodulierte Aussendungen auf 9-cm-Welle entwickelt und als Bodensuchgerät des deutschen Y-Jägerleitverfahren und später als Bordzielanfluggerät eingesetzt. Durch die genaue Frequenzabstimmung konnte ein einzelner Bomber oder gar der Typ des Radargerätes identifiziert werden. Durch den Mangel an Magnetron-Röhren konnte die abgeschlossene Entwicklung aber im Juli 1944 nicht mehr in Serie gehen. Die Japaner besaßen zwar den Rohstoff Kobalt und hatten die damit die Möglichkeit die Magnetron-Röhren zu bauen, doch fehlte ihnen die Grundlagenforschung für den Bau kompletter Radaranlagen. Gegen Kriegsende wurden deshalb U-Boote mit Konstruktionszeichnungen und Teilen der Radaranlagen nach Japan in Marsch gesetzt.

Mit dem Versuchsgerät "Kiel" konnten mittels Infrarotstrahlung erstmals die Abgase der Flugzeugmotoren gepeilt werden. Parabolspiegel fokussierten die erfasste Infrarotstrahlung dabei auf eine Fotozelle, die im Erfassungsbereich von 10° in bis 4 km Entfernung die Hitze der Bombermotoren auffassen konnte, teilweise aber durch die atmosphärische Strahlung abgelenkt wurde. Das Gerät "Falter" konnte hingegen die Infraroterkennungslampen der britischen Bomber auffassen. Die Infrarotkennung zwischen Luftfahrzeuge war auch in Deutschland 1940 vorgeschlagen worden, wurde aber bis 1944 nicht eingeführt, während die britischen Bomber es früher einsetzten.

Von der Luftwaffe wurde ab 1942 das FuG-200 ("Hohentwiel", 550 MHz, später 475-505, 505-525 und 545-565 MHz) übernommen und für die Schiffsortung weiterentwickelt. Das "Hohentwiel-II" (525-575 MHz) war im ganzen Frequenzbereich abstimmbar und hatte eine Nahauflösung von 150 m. In den Versionen FuMO-61 bis -65 wurde dieses Radar auch auf U-Booten (FuG-200-U), VP-Booten, T-Booten, Zerstörern, Kreuzern und an Land bei der Kriegsmarine eingesetzt. Das FuMO-61 erreichte mit seiner niedrigsten Aufstellungshöhe und kleinster Antenne der genannten Anlagen gegen Schiffe mit 6.000 BRT etwa 8-10 km Reichweite, gegen niedrig fliegende Flugzeuge ca. 15-20 km. Die anderen Versionen erzielten aufgrund der höheren Aufstellung und größeren Antennen etwa 30-36 km Reichweite gegen Zerstörer bzw. Frachter. Durch die Anwendung der Maximum-Peilung waren die Geräte in gewisser Weise für die Marine aber ein Rückschritt, da die geforderte Präzision für Artillerie- und Torpedoschüsse nicht erreicht wurde. Die Anlagen waren aber nun auch auf T-Booten und den U-Booten durch die kleinere Bauform in den Funkraum unterzubringen, was in jeder Hinsicht günstiger war.

Neben der Marine-Küstenartillerie erzielte die Flugabwehr im norddeutschen Raum trotz der Nachteile durch ihre gute Organisation sehr empfindliche Verluste bei den Bomberangriffen der Alliierten. Sofort nach Kriegsende sprengten die Briten am 16./17. Mai 1945 sämtliche Entwicklungsmuster und Prototypen, sodass für ihren Intelligence Service nur noch rauchende Trümmer übrigblieben. Durch diese Maßnahme und in Verbindung mit dem nachfolgenden Verbot deutscher Produktion und Forschung auf diesem Gebiet gingen viele Forschungsergebnisse und Neuentwicklungen für das Nachkriegsdeutschland, aber auch für die Alliierten verloren. In einer daraufhin angeordneten Operation, mit bezeichnenden Namen "Post Mortem", holten die Engländer ab dem 25. Juni 1945 das Bedienungspersonal wieder aus den dänischen und norddeutschen Kriegsgefangenenlagern, um sich die Verfahren an den noch verbliebenen Anlagen demonstrieren zu lassen. Hierbei flogen englische Bomber Einsätze gegen Helgoland, dass dabei weiter schwer zerstört wurde. Hatten die Dänen anfangs noch darauf spekuliert die deutschen Anlagen im eigenen Lande behalten zu können, mussten sie nun im Sommer und Herbst deren Abtransport und Verteilung durch die Alliierten hinnehmen.

Die Radartechnik war zum Kriegsbeginn in Deutschland und England größtenteils einsatzbereit, für unterschiedliche Zwecke konzipiert aber noch nicht in großer Stückzahl vorhanden. Neue Entwicklungen kamen bis in die letzten Monate des Krieges in Deutschland zur Truppe, trotzdem war die Funkmessortung (Einstufung als "Streng Geheim") nur einem kleinen Kreis bekannt. Dabei wirkte sich die Vernachlässigung der Ausbildung des Bordpersonals im Einsatz der Mittel und der Offiziere in der Anwendung sehr negativ aus. Gerade die deutschen Seestreitkräfte bekamen die Auswirkung der modernen Technik in der Folge dann von der Seite der Alliierten zu spüren. Selbst wenn Radar-Warnempfänger auf deutschen Schiffen und Booten vorhanden waren, war nicht immer sicher ob auch gerade der richtige Frequenzbereich abgesucht wurde, wie nah der eventuelle Gegner stand oder ob es sich vielleicht um die Radarausstrahlung eines eigenen Schiffes oder Flugzeuges handelte. Dadurch wurde jedes Ansprechen eines Warngerätes als Alarm gewertet und ein Alarmtauchen durchgeführt, was wiederum zu einer extremen Belastung der Besatzungen wurde.

Im Atlantik wurde am 17. März 1941 das U-100 (KptLt. Schepke) vom britischen Zerstörer VANOC mit dem neuen Marineradar SCR-286 geortet und durch Rammen versenkt, aber auch auf dem Kriegsschauplatz im Pazifik wurden die Operationen mit Radar unterstützt, wenn am Anfang auch mit wesentlich geringerem Erfolg. Am 7. Dezember 1941 wurden z.B. die anfliegenden Maschinen des japanischen Trägerverbandes in etwa 37 Meilen vor Pearl Harbour von der mobilen Radarstation in Opana aufgefasst. Rund 100 der angreifenden Flugzeuge passierten diesen Aufklärungsposten und die Vorwarnzeit hätte zur Herstellung der Gefechtsbereitschaft der im Hafen liegenden amerikanischen Schiffe damit noch ca. 20 Minuten betragen können. Doch das Radarpersonal wurde angewiesen die Kontakte zu ignorieren, da angenommen wurde, dass es sich um eigene anfliegende Maschinen handelte. Die abfliegenden japanischen Maschinen wurden nach dem Angriff dann von dem Radar an der Nordspitze von Oahu gemeldet, zu diesem Zeitpunkt lagen die meisten Funkstationen der im Hafen liegenden Schiffe aber zu tief für eine Erfassung; die amerikanische Pazifikflotte erlitt schwere Verluste durch die zu späte Vorwarnung.

Solange die Alliierten noch in der Defensive waren, konzentrierten sie sich auf die Radartechnik zur Früherkennung von Angriffen. Als die Initiative zurückkehrte, war die Lektion einer gut organisierten Aufklärung erkannt und nun wurden die gegnerischen Anlagen entsprechend vor eigenen Angriffen erkundet und nun musste auch die Rüstung Technologien für den Angriff entwickeln. Steht diese Technologie zur Verfügung, muss sie auch eingesetzt werden, doch selbst bei den Schlachten um Guadalcanal nutzten die Amerikaner ihre Überlegenheit in der Radartechnik gegenüber den Japanern zunächst nicht. Das SG-Luftraumradar war im Frühjahr 1941 auf dem Zerstörer USS SEMMES getestet worden und konnte auch die Überwasserlage darstellen. Aus Unkenntnis und Misstrauen gegenüber neuen Geräten wurden die ausgerüsteten Schiffe seitens der Operationsführung oft nicht berücksichtigt und standen in der Folge an ungünstigen Positionen in den Formationen der Schiffsverbände für den Einsatz. Vor den Landeoperationen auf den Marianen und Iwo Jima wurden allerdings die Lücken in der Radaraufklärung der Japaner ausgiebig erkundet und ausgenutzt.

Die englische Funkaufklärung war über die entzifferten deutschen ENIGMA-Funksprüche über die Aufgabe des Schlachtschiffes SCHARNHORST, die Geleitzugoperationen anzugreifen, informiert. Ein am Vormittag des 24. Dezember 1943 von zwei deutschen Peilstationen in der deutschen Bucht und MNO Kirkenes abgefangener Funkspruch enthielt den Befehl den alliierten Konvoi für drei Stunden wieder zurücklaufen zu lassen, damit die Sicherungsfahrzeuge ihn erreichen konnten. Alle weiteren, von den Landdienststellen aufgenommenen, Funkmeldungen und Peilungen konnten der deutschen Führung nun keine Unterstützung mehr geben und die Entzifferung der Funksprüche ermöglichten erst im Nachhinein eine Rekonstruktion der Ereignisse.

Nach der Entdeckung durch U-601 (09.01 Uhr, 25. Dezember 1943) kam der Befehl zur einstündigen Bereitschaft für die Operation OSTFRONT, der gegen Mitternacht auf der SCHARNHORST vorlag. Der Funkspruch war im Schlüssel-M für Offiziere abgesetzt und gehört zu den 116 von der britischen Funkaufklärung zunächst nicht entzifferten Meldungen. Als der entzifferte Funkspruch zur einstündigen Bereitschaft nach 31 Stunden und 45 Minuten in Bletchley Park vorlag, war er ohne Bedeutung, denn für die Entzifferung des nach vier Stunden gegebenen Angriffsbefehls OSTFRONT im Schlüssel-M-Allgemein, hatte man nur neun Stunden benötigt, was eine Warnung an den alliierten Konvoi ermöglichte.

Am 26. Dezember wurden in der Zeit von 09:36 bis 20:07 Uhr allein 104 feindliche Funksprüche von der deutschen Funkaufklärung erfasst, von denen nur 40 nicht entziffert werden konnten, alle anderen lagen der deutschen Führung vor. Doch von den vom B-Dienst aufgefassten und entzifferten gegnerischen Funksprüchen wurden lediglich vier an die SCHARNHORST weitergeleitet bzw. erreichten das Schiff auch.

Der Aufklärungsstreifen der deutschen Zerstörer wurde in der Folge durch zwei Kursänderungen des Konvois umgangen, wodurch die Zeit gewonnen wurde, um die schweren britischen Einheiten an den Konvoi heranzuführen. Die weiteren deutschen Funksprüche wurden ebenfalls mitgehört, konnten aber nicht mehr rechtzeitig entschlüsselt werden. Das Ziel des Unternehmens Ostfront war aber aufgrund der besseren Aufklärung der Alliierten und der Nachlässigkeit in der Schlüsselsicherheit der Deutschen vereitelt. Ferner konnte die SCHARNHORST in eine sorgfältig vorbereitete Falle manövriert werden und wurde von den sichernden britischen Kreuzern (BELFAST, NORFOLK, SHEFFIELD) zweimal frühzeitig mit dem 9-cm-Radar auf 23 sm geortet und abgedrängt. Das mit der Kampfgruppe herbeigeeilte Schlachtschiff DUKE OF YORK ortete die SCHARNHORST auf 42 km Entfernung und leitete seine Artillerie nach Verringerung der Entfernung mit dem Feuerleitradar Type-284 (50 cm, Reichweite 10 sm). Die zwei "Seetakt"-Geräte der Scharnhorst waren schlecht positioniert und hatten keine große Reichweite, der erste englische Treffer zerstörte zudem das vordere Gerät. Das nun technisch sowie zahlenmäßig unterlegene deutsche Schlachtschiff hatte keine Chance mehr und wurde versenkt. Über 1.800 Mann der Besatzung mit dem Befehlshaber der Kreuzer (BdK), Konteradmiral Erich Bey, fanden den Tod, lediglich 36 Überlebende konnten in der Polarnacht geborgen werden.

Der Befehlshaber der Kreuzer (BdK) hatte den Einsatz von Funkmess- und Funkmessbeobachtungsgeräten in den Nachrichtenanordnungen zum Operationsbefehl vom 25. Dezember 1943 verboten, nur auf seinen ausdrücklichen Befehl durften die Schiffe die Geräte aktivieren. Offiziell ist der Befehl zur Aktivierung der Funkmess- und Funkmessbeobachtungsanlagen auf den Schiffen aber während der gesamten Operation nicht erfolgt. Also wurden Radar und Warnempfänger höchstens aufgrund eigenständiger Entscheidungen der Kommandanten der Schiffe eingeschaltet. Die ganze Flottille wurde hingegen kurz nach Feindberührung zur Lagemeldung aufgefordert und alle fünf Zerstörer beantworteten den Aufruf. 45 Minuten danach wurde ein Befehl zur Standortmeldung erteilt, obwohl keine Kuränderung befohlen worden war und wiederum antworteten pflichtbewusst alle fünf Zerstörer, was der gegnerische Aufklärung in die Hände spielte, die nun ebenfalls die Positionen der deutschen Einheiten peilen konnte. Zusätzlich machten sich mangelnde Schnelligkeit und Sicherheit der Bordfunker in der Kampfgruppe durch da fehlen praktischer Übungen bemerkbar. Schlüsselfehler und Ausfall von Meldung im weiteren Verlauf geben Anhalt dafür, dass das Personal den Anforderungen der Lage nicht mehr gewachsen war.

Bei der Erfassung eines Zieles mit Radar ist nicht festzustellen, ob das Objekt den eigenen Streitkräften zuzuordnen ist oder ob es sich um ein gegnerisches Ziel handelt. In Deutschland hatten die Firmen GEMA, Lorenz und Telefunken 1938 deshalb unterschiedliche Erkennungsgeräte in Erprobung, die eine Identifikation eigener Flugzeuge und Flugzeuge schneller ermöglichen sollten. Damals scheiterte die Lösung des Kennungsproblems noch an den stark unterschiedlichen Funkmessfrequenzen der Luftwaffe und der unkoordinierten Zusammenarbeit mit der Marine sowie der Geheimhaltung zwischen den Firmen und zwischen den Teilstreitkräften. Trotzdem erreichten einzelne Systeme als Vorläufer der heutigen Freund-Feind-Erkennungsanlagen noch die Truppe und 1941 z.B. wurde von der GEMA ein Kenngerät FUKG-41-g (FuME-1, "Wespe") entwickelt, das bei Empfang der Radarstrahlen der "Seetakt"-Geräte auf derselben Frequenz periodisch verstärkt zurückstrahlte (300 W) und eine Identifizierung ermöglichte. Mit einem Elektromotor konnte mit drei Geschwindigkeiten der Frequenzbereich von 361-389 MHz durchfahren werden (Frequenz-Wobbelung). Eine Schiff-Schiff-Erkennung war damit auf 15 km möglich. Das FuKG-42-g (FuME-2, "Wespe 2") unterschied sich nur durch den Frequenzbereich von 353-429 MHz. Zur Abfrage der "Flum"-Geräte gab es zusätzlich das "Biene-f" und die "Limbach-Wespe" auf 125 MHz. Da eine Entfernungsmessung damit nicht möglich war, wurde von der Firma GEMA als Bodengerät für das Kennungsverfahren das Es-Gerät entwickelt. Versuche in Jüterbog im Spätherbst 1940 ergaben damit eine sehr genaue Peilung bis in 280 km Entfernung.

Jeweils ein "Wespe"-Gerät wurde vermutlich auf den Schiffen SCHARNHORST, GNEISENAU und PRINZ EUGEN für den Kanaldurchbruch installiert. In Gotenhafen lieferte ein "Wespe-g" auf dem Turm des Marine-Observatoriums als Hilfsziel die Feuerleitlösung für die über Funk von Land angegebenen Ziele. Die PRINZ EUGEN hatte für das Landzielschießen seine Feuerleitanlagen kombiniert und erzielte damit sehr gute Erfolge gegen die vorrückenden russischen Panzereinheiten, deren Standorte von Heereseinheiten über Funk gemeldet wurden. Ein Panzerangriff auf den Hauptbahnhof in Danzig konnte hierdurch z.B. über Gegnerkurs- und Fahrtangaben durch die Artillerieangriffe restlos zerschlagen werden.

Bei Telefunken war für das "Würzburg" ein eigenes Abfragegerät mit einer Impulsfolgefrequenz von 3,75 kHz gefertigt worden, dass kurzzeitig die Frequenz um 5 kHz erhöhen konnte, damit die Kennungen der Flugzeuge nicht ständig abgefragt wurden, da deren Rückstrahlleistung (1 Watt) auch der feindlichen Peilung dienen konnte. Als "Zwilling" kamen ab 1941 die Geräte zum Einbau in die neu gebauten Flugzeuge. Sie erzielten aber trotz vieler Änderungen nicht den gewünschten Erfolg, sodass über 20.000 Geräte nutzlos auf Lager standen. Die "Zwilling"-Geräte wurden 1941 bei der GEMA umgerüstet und kamen dann als FuG-25a ("Erstling") 1942 zur Einführung. Um den Bedarf decken zu können, wurden die Firmen Blaupunkt, Roland Brand und TE-KA-DE zu Unterlieferanten, wodurch bis März das Liefersoll von 3.500 Geräten monatlich erreicht wurde, wobei etwa 8.000 Stück in dieser Form insgesamt produziert wurden. Im Jahre 1943 übernahm die Marine das Luftwaffengerät als FuME-3 für die Schiffe, über dessen Einsatz allerdings nichts bekannt ist. Als neue Version gab es 1945 das "Erstling-Rot", bei dem die zurückgesendeten Morsezeichen in sechs Sekunden Intervallen zerhackt wurden. Diese Sendezeichen konnten in der Bodenempfangsstation auf der Anzeige als eindeutiger Punkt dargestellt werden.

Nach Empfang der Ausstrahlung der "Flum" bzw. "Freya" (125 MHz) mit dem Empfänger "Steinziege" antwortete das FuG-25a auf 156 MHz, was mit dem Kennungsempfänger "Gemse" aufgenommen und an das Sichtgerät weitergeleitet wurde (Egon-Verfahren). Das Erkennungsecho lag direkt bei dem Flugzeugecho auf dem Bildschirm. Um die Abfrage mit dem neuen Flakleitgerät auf anderen Frequenzen ("Würzburg") zu ermöglichen, wurde der Abfragesender "Kuh" der GEMA entwickelt. Das FuG-226 "Neuling" von Lorenz war als FuME-4 entwickelt worden, erreichte die Truppe jedoch ebenfalls nicht mehr. Es war ähnlich dem alliierten SCR-695, hatte eine kontinuierliche Anzeige und 12 alternative Abfragekanäle. Bei den englischen Bomberpiloten gab es das Gerücht, wonach ihr aktives Kennungsgerät den Empfang der deutschen Flak- und Radarstellungen stören sollte. Durch die geringe Leistung war dies zwar nicht möglich, aber trotzdem ließen die Piloten das Gerät deshalb oft eingeschaltet und wurden bis zu 300 km Entfernung von deutschen Peilstationen geortet.

Ende 1942 war der Gürtel der deutschen Radarüberwachung entlang der französischen Küste geschlossen. Fast alle 6 km war eine Art von Funkmessstation zur Erfassung von Schiffen auf 40 km oder von Luftfahrzeugen in unterschiedlichen Höhen ab 120-130 km Entfernung aufgestellt. Vom Kap Blanc bis

Boulogne wurde der Abstand verschiedener Anlagen sogar auf 1,5 km verkürzt und der Radargürtel bis zur Nordspitze Dänemarks ausgebaut. Die Gefährdung durch diese Anlagen wurde von den Alliierten nicht unterschätzt und sie wurden massiv gestört oder angegriffen und zerstört. Die wiederum folgenden technischen Gegenmaßnahmen führten zu neuen Entwicklungen, aber zur Abwehr der georteten Feindverbände gab es keine deutschen militärischen Ressourcen mehr.

Entwicklung des Radars nach 1945

Die Rolle des Radars zeigte sich in den militärischen Auseinandersetzungen nach dem 2. Weltkrieg und in der zivilen Luft- und Raumfahrttechnik. Der Deutschen Gesellschaft für Ortung und Navigation (DGON) in Düsseldorf ist es beispielsweise zu verdanken, dass viele deutsche Entwicklungen der elektronischen Ortung und Leitung aus dem 2. Weltkrieg erfasst und erschlossen wurden, womit diese letztendlich auch für die Industrie nutzbar waren. Auf der technischen Messe in Hannover wurde 1953 erstmals wieder eine in Deutschland produzierte Schiffsradaranlage vorgestellt und die internationalen Fortschritte in der Radartechnologie fanden ihre Verwendung in der Wissenschaft und den zivilen und militärischen Bereichen der See- Luft- und Landverkehrswege. Viele deutsche Firmen konnten ihren Anschluss an die Weltspitze in Qualität und Innovation wiederherstellen.

1949 wurden in Kanada erstmals drei Meteore bei Eintritt und Verglühen in der Atmosphäre durch ihre Rückstrahlleistung genau vermessen. Am 8. November 1951 war in den USA der erste Rückstrahlversuch mit der Mondoberfläche mit teilweise deutschen Anlagen durchgeführt worden. Die Sendestation der Collins Radio Corporation in Cedar Rapids (Iowa) arbeitete mit einer feststehenden Hornstrahler-Antenne (23 m lang) auf 418 MHz mit 20 kW. Die Empfangsstation stand 1.240 km entfernt in Sterling (Virginia) mit einer 10-m-Parabolantenne. Die Rückstrahlenergie konnte 30 Minuten lang beim Monddurchlauf beobachtet werden, mit dem Eintritt des Mondes in die Strahlungskeule anwachsend und dann bis zum Austreten aus der Strahlungszone wieder abnehmend. Die zufällige Beobachtung der Reflexionserscheinung des Mondes durch die "Würzmann"-Radaranlage auf Rügen im Jahre 1943 war nun im Versuch der Collins Radio Corporation wissenschaftlich nachgewiesen. Neben den Entdeckungen und Versuchen von Oliver Heaviside 1902, Edward Appelton, Barnett, Breit und Tuve war es einer der Anfänge der Radioastronomie.

Die Gefahren der elektromagnetischen Wellen für den Organismus waren damals allgemein noch recht unbekannt und in den Laboratorien der Firma Raytheon beobachtete Percy Spencer Arbeiter, die sich ihre Hände vor einem aktiven Magnetron erwärmten. Die Idee der Arbeiter mit den Röhren nutzte er dann zur Konstruktion und Patentierung seiner ersten Popcorn-Maschine, welche als Mikrowelle und Nebenprodukt der Radartechnik in den 70er Jahren in den Haushalten ihren Einzug hielt. Percy Spencer kann in diesem Zusammenhang also als Vater die Mikrowelle betrachtet werden.

Die Lenkung und Sicherung des weltweiten Reise- und Handelsverkehrs, in der Luft und auf dem Wasser, wäre ohne moderne Radaranlagen heute nicht mehr denkbar. Neben den militärischen Anwendungsgebieten der Radartechnik gibt es Radaranlagen in Satelliten zur Wetterbeobachtung oder Eisdickenmessung von Gletschern, in Kameras für automatische Fokussiereinrichtungen, die Abstandsmessung bei Fahrzeugen als Antikollisions-Radar oder in der Verkehrsüberwachung sowie in der Geschwindigkeitsmessung der Polizei. Die Leitstrahlführung der Flugzeuge wurde teilweise durch die Radartechnik ersetzt oder ergänzt und sie findet heute nur noch Anwendung bei den Blindlandesystemen von Flughäfen, der Steuerung und Kontrolle von Flugkörper, wobei immer mehr die genaueren Laser benutzt werden.

Während früher Radar ausschließlich auf Mikrowellen basierte und daher die Radartechnik im Kern reine Mikrowellentechnik war, war in der weiteren Entwicklung eine Ausweitung des für Radaranwendungen genutzten Wellenlängenbereiches zu beobachten. Für diese langwelligeren Radare, wie z.B. VHF (Very High Frequency)- oder OTH (Over The Horizon)-Radar, kamen weitestgehend die bereits verfügbaren Sende- und

Empfangsgeräte zum Einsatz. Aus technologischer Sicht finden die wesentlichen Entwicklungen der Radartechnik nach wie vor im Mikrowellenbereich statt. Wie andere Hochtechnologiebereiche ist dabei auch die Mikrowellen- und Radartechnik durch einen allgemeinen Trend zur Integration und Miniaturisierung geprägt. Bei den Bauelementen hat sich die monolithische Bauweise (MMIC, Monolithic Microwave Integrated Circuit) für die Massenfertigung von Mikrowellenschaltungen, meist auf der Galliumarsenidbasis (GaAs), etabliert.

Als Sender haben die Hochfrequenz-Vakuumröhren, trotz beträchtlicher Anstrengungen zur Entwicklung von leistungsstarken Sendern auf Halbleiterbasis, aufgrund ihrer Fähigkeit zur Erzeugung großer Leistungen immer noch Vorteile. Die Röhrentechnik (z.B. Klystrons, Wanderfeldröhren) kann heute Leistungen bis zu mehreren Megawatt mit einer einzigen Röhre erzeugen. Halbleitern können nur durch Parallelschaltung vieler Transistoren derart große Leistungen erreichen. Ihre Vorteile liegen in der größeren spektralen Reinheit des Signals, der höheren Lebenserwartung und der unkritischen Stromversorgung, da die bei Röhren übliche Hochspannung von bis zu 100 kV entfällt.

Gyrotrons erlauben Erzeugung und Verstärkung von Mikrowellenenergie ab 20 GHz in einem Maße, wie dies mit anderen Röhren oder Halbleitern zurzeit nicht möglich ist. Gyrotrons arbeiten selbst bei Frequenzen von über 400 GHz mit Wirkungsgraden von über 30% und Pulsleistungen von 260 kW (bei 5 Sekunden Pulsdauer und Dauerleistungen von über 200 kW) bei einer Frequenz von 140 GHz sind heute möglich. Entwicklungen haben Dauerleistungen von ca. 1,5 kW bei 300 GHz und über 1 MW Pulsspitzenleistung bei 65 GHz bewiesen.

Oftmals werden die Radaranlagen im allgemeinen Gebrauch nur nach Ihrer Verwendung als z.B. Luft- oder See-raumüberwachungs- sowie Navigationsradar bezeichnet. Als Flugsicherungsanlagen sind Mittelbereichs- und Großbereichsanlagen mit Reichweiten von 550 km und mehr in Betrieb. Die andere Möglichkeit der Unterscheidung von Radaranlagen richtet sich nach ihrem technischen Aufbau.

Ein Primär-Radar sendet Impulse aus und empfängt die Rückstrahlung eines Objektes auch wieder. Ein Freund-Feind-Erkennungsradar ist ein Sekundär-Radar, da die ausgesendeten Impulse einen Sender im Objekt aktivieren, der ein Antwortsignal zurücksendet. Sender und Empfänger arbeiten dafür auf unterschiedlichen Frequenzen. Die weiteren Unterscheidungen sind mono-, bi- und multistatische Radaranlagen. Bei einem Monostatischen Radar stehen die Sende- und Empfangsantennen räumlich nahe beieinander und sind in der Regel in einer Antenne zusammengefasst. Beim Bistatischen Radar ist die Empfangsantenne räumlich deutlich abgesetzt, was eine Änderung in der Signalqualität zur Folge hat. Anwendungsbeispiele sind z.B. einzelne weitreichende Frühwarnradarketten. Ein Multistatisches Radar besitzt für eine Sendeantenne mehrere räumlich abgesetzte Empfangsantennen. Es kann auch noch nach ein-, zwei-, und dreidimensionalen Radaranlagen unterschieden werden, die von den drei Messgrößen Azimut (Richtung), Laufzeit (Entfernung) und Höhenwinkel (Elevation) entsprechend eine, zwei oder alle drei erfassen können. Zusätzlich ermöglichen die Modulationsverfahren eine Einteilung in unmoduliertes und moduliertes CW-, Impuls- und Impuls-Doppler-Radar. Spezielle andere Verfahren wie z.B. das Frequency-Hopping (FH) kennzeichnen dann ein Springfrequenz- bzw. das Chirp-Radar.

Mit der Einführung der Phased-Array-Radaranlagen geht der Schritt hin zur Vereinigung möglichst vieler der oben genannten unterschiedlichen Radarprinzipien in einem Multifunktionsradar (MFR), welches alle Vorteile und Möglichkeiten durch moderne Elektronik vereint. Phased-Array-Antennen haben eine elektronische Keulenschwenkung und Multifunktionsfähigkeit in nahezu Echtzeit sowie eine hohe Ausfall- und Störsicherheit, aufgrund der dezentralen Leistungserzeugung. Einzelne fehlerhafte Module haben kaum eine merkliche Beeinträchtigung der Leistungsfähigkeit des Radars zur Folge. Durch die Polarisationsagilität ist es ermöglicht, z.B. jeden Sendepuls mit unterschiedlicher Polarisation abzustrahlen, was im Zusammenhang mit der Frequenzagilität zu einer erheblichen Festigkeit gegen gegnerische

Störmaßnahmen beiträgt. Gleichzeitig kann die Auswertung der Echoenergie von Sendepulsen mit unterschiedlicher Polarisation einen Beitrag zur Zielklassifizierung leisten.

In Balabanovo bei Moskau wurde z. B. 1978-89 ein MFR in Pyramidenform (100-x-100-x-45 m, DONZNP, genannt "Pill Box") erbaut. Als Teil des Anti-Ballistic-Missile-Systems um Moskau wird die Flugabwehr "Gazelle" und "Gorgon" unterstützt, aber die Phased-Array-Antennen mit 16 m Durchmesser können auch Objekte in Zentimeterbereich bis ins All orten. Phased-Array-Radaranlagen in Form der MFR machen einen prinzipiellen und effektiven Abwehrschirm gegen atomare Angriffe erst möglich.

Die Realisierung der Phased-Array-Radaranlagen wurde erst durch die GaAs-MMIC-Technologie (Galliumarsenid, Monolithic Microwave Integrated Circuit) ermöglicht. Hierbei erhält jedes Strahlerelement einer Antenne ein eigenes Transmit/Receive-Modul (TRM). Durch den rechnergesteuerten Einsatz kann das MFR als 3-D-Rundsuchanlage sowie als Feuerleitradar für Rohrwaffen oder Lenkflugkörper verwendet werden. Beispiele für MFR in der Bundeswehr sind das APAR (Active Phased Array Radar) der Marine, das COBRA (Counter Battery Radar) des Heeres und AMSAR (Airborne Multirole Solid State Active Array Radar) für zukünftige Kampfflugzeuge.

Im Rahmen militärischer Einsätze ist es dringend erforderlich, zwischen eigenen und gegnerischen sowie neutralen Objekten zu unterscheiden, um "friendly fire" durch eigene Truppen zu vermeiden. Das betrifft alle Bereiche von Luft-, Boden-, Überwasser- und Unterwasserzielen. Gesteigerte Waffenreichweiten und höhere Angriffsgeschwindigkeiten verkürzen die zur Verfügung stehende Zeit zur Einleitung von Bekämpfungs- und Abwehrmaßnahmen drastisch und machen eine menschliche Reaktion ohne Vorwarnung heute unmöglich. Deshalb gewinnen automatische Verfahren zur Freund-Feind-Identifizierung zunehmend an Bedeutung. Für Kennungszwecke wurden im 2. Weltkrieg die Sekundärradar-Verfahren entwickelt, die im zivilen Bereich als Air Traffic Control (ATC) bezeichnet werden, während im militärischen heute die englische Bezeichnung Identification Friend or Foe (IFF) verwendet wird.

Nach 1945 kam der serienmäßige Einsatz des Kennungs- und Antwortprinzips mit eigens zugewiesenen Frequenzen, wobei die Bundeswehr das NATO-Verfahren, welches auf amerikanischen Anlagen basiert, einführte. Das im Krieg entwickelte Prinzip entsprach aber zugleich den deutschen Verfahren aus dem 2. Weltkrieg und wurde zum Standard bei militärischen und zivilen Schiffen, Flugzeugen sowie Landfahrzeugen. Die militärischen Geräte müssen bei befohlener Funkstille ausgeschaltet werden, da eine durch Radar oder andere Impulse aktivierte Ausstrahlung Einsatz kompromittierend wäre. Diese Deaktivierung aller strahlenden elektronischen Anlagen geschieht heute zentral durch die Operationszentrale oder Brücke bzw. den Fahrstand, da die Vielzahl der Emissionsquellen nicht anders zu kontrollieren wäre.

Die IFF-Systeme ermöglichen eine sofortige Identifizierung mit der Übermittlung der Herkunft und Mission des Zieles und seine zivile oder militärische Kennung. Bei Flugzeugen wird zusätzlich noch die Flughöhe (SIF, Selection Identification Feature) übermittelt und prinzipiell kann natürlich jede Information eingespielt werden. Die militärische Nutzung ist rein zur Kennung der eigenen Kräfte und bei Angriffsmanövern hat sich dann schon so mancher Pilot mit seiner Anflugrichtung und Flughöhe sowie Herkunft gegenüber dem Übungsziel verraten, weil er vergaß sein IFF auszuschalten oder es zu spät deaktivierte. Der Pilot eines Flugzeuges kann in einem Notfall oder einer Entführung damit auch unbemerkt ein Signal senden, das dann an jedem Empfangsgerät am Boden oder auf Schiffen den entsprechenden Alarm auslöst.

Die Kooperativen IFF-Systeme beruhen auf der Mitwirkung des entdeckten Zieles bei dessen Identifizierung, weshalb sie fast ausschließlich der positiven Freund-Identifizierung dienen. Zur kooperativen Identifizierung militärischer Landfahrzeuge wurden Abfrage/Antwort-Systeme mit Laser- oder Millimeterwellen-Abfrage (Battlefield IFF, BIFF) entwickelt, die lediglich in begrenztem Bereich oder mittels ihrer Richtwirkung eine Entzifferung durch dem Gegner vermeiden. Die Einheiten der Bodentruppen müssen dabei aber weiterhin in der Lage sein, auf Abfragen des Mk.-XII-Systems mit Mode-S-Fähigkeit antworten zu können, um so ihre Identifizierung durch eigene Luftfahrzeuge zu ermöglichen und nicht selbst zum Ziel zu werden.

Weiterhin können auch Baken-Signalverfahren zur Identifizierung eigener Einheiten genutzt werden, bei denen kontinuierlich oder aber in einem festgelegten Zeittakt ein Erkennungssignal (z.B. auch im Infrarot-Bereich) ausgestrahlt wird. Im Prinzip wäre für gerade für Minen eine Freund-Feind-Kennung wünschenswert, um die Gefährdung der eigenen Truppe zu vermeiden, doch deren Prinzip verbietet eine Möglichkeit zur Antwort auf eine funktechnische Anfrage und so werden gerade die Plastik-Anti-Personenminen in Kriegsgebieten, und solchen die es mal waren, noch lange Zeit nach ihrer Verlegung eine Bedrohung bleiben.

Die Nicht-kooperativen IFF-Systeme sind beim Identifizierungsprozess nicht auf die Mitwirkung des entdeckten Zieles angewiesen und bieten dadurch technische und taktische Vorteile gegenüber kooperativen Systemen. Bei einem rein passiv arbeitenden System würden der Beobachter bzw. das Zielobjekt unentdeckt bleiben. Die elektromagnetische Rückstrahlung von Impulsen der verschiedensten Art kann zur Ortung ohne eigene Emission genutzt werden und bildet die Basis der nicht kooperativen Verfahren.

Der Kennungs- und Antwortgerätesatz AN/APX war das erste elektronische System zur Erkennung von erfassten Zielen, welches von den amerikanischen Streitkräften in der Bundeswehr übernommen wurde. Eine Gerätekonfiguration wurde z.B. in den Luftfahrzeugen CH-53G und Do28 eingebaut. Ein Exemplar in der ehemaligen Sammlung der Marinefernmeldeschule stammt daher von der Technischen Schule der Luftwaffe in Kaufbeuren. In der zivilen und militärischen Luftfahrt sowie bei der Marine wurde danach das Abfrage-Antwort-Verfahren Mk. XII eingeführt. Es basiert auf einem Sekundärradar mit einer festen Abfragefrequenz (1.030 MHz) die synchron zum Überwachungsradar arbeitet. Der Sekundärradar-Transponder auf dem zu identifizierenden Objekt antwortet mit festgelegter Kennung auf einer anderen Frequenz (1.090 MHz), wobei ca. 4.000 Identifizierungscodes verarbeitet werden können.

Da jedoch auch die IFF-Systeme dem technologischen Wandel unterworfen sind und sich den neuen Erfordernissen anpassen müssen, wurde im Rahmen der NATO ein Identifizierungssystem (NATO Identification System, NIS) für alle Teilstreitkräfte und alle beteiligten Länder entwickelt, später das NATO Friend-Foe-Identification (NFFI). Im Direct Sub-System (DSS) des NIS werden Daten entweder direkt durch Abfrage/Antwort-Systeme oder über unterschiedlichste Sensoren direkt über vom Ziel erlangte Identitätsmerkmale ermittelt. Sofern eine positive Identifizierung hierbei nicht möglich ist, kommt das Indirect Sub-System (ISS) zum Einsatz. Es hat die Aufgabe, alle Informationen mit Identification Data Combining Process (IDCP) zu analysieren, um zu einer möglichst eindeutigen Zielidentifizierung zu gelangen. Der Mode S des NATO Identification System kann dabei über 16 Millionen Codes in der internationalen Flugsicherheit anbieten. Diese Systeme sind die Next Generation IFF (NGIFF).

Die Radar-Forschung wurde nach 1945 zunächst schwerpunktmäßig in den Vereinigten Staaten von Amerika, England und Russland fortgesetzt. Gute Beispiele der Fortentwicklung sind die amerikanischen Frühwarnradarsysteme, die auch das Rückgrat der NATO darstellen.

1957 wurde das Northamerican Radar Air Defence (NORAD) mit dem Hauptquartier im Cheyenne Mountain in Colorado installiert, dann 1958 mit dem Semi-Automatic Ground Environment (SAGE) und dessen Luftabwehranlage 416L gekoppelt, welches die AN/FPS-35-Radargeräte betrieb (bis in die 80er Jahre). Mit der Modernisierung erfolgten die Integration der Satellitenfrühwarnsysteme und die Verbindung mit dem Frühwarnsystem Ballistic Missile Early Warning System (BMEWS). Für die Zielverfolgung der Interkontinentalraketen (Inter Continental Ballistic Missiles, ICBM) wurde 1962 das AN/FPQ-6 eingeführt (5.400-5.900 MHz, 3 MW Spitzenleistung, theoretische Reichweite 59.000 km). Damit wurden auch die Satellitenumlaufbahnen erfasst, doch bei der wichtigen Erkennung der ICBM in der Startphase blieb die Erdkrümmung als Radarhorizont weiterhin ein Hindernis.

Das "MADRE" (Magnetic Drum Receiving Equipment) nutzte ab 1950 die Ionosphäre als Reflektor und konnte die Ziele über die Erdkrümmung hinaus in bis zu 4.000 km Entfernung auffassen, was aber noch nicht weit genug war. Das "MADRE" wurde zum Vorläufer des Radars AN/FPS-17 (3-30 MHz Bereich), welches ab 1955 durch die AN/FPS-50-Anlagen (10-MW-Impuls, UHF-Bereich, Reichweite 5.000 km) der Arctic Warning Line ersetzt wurde, die russische ICBM über Alaska erkennen sollten. Die ersten Stationen wurden in Fairbanks/Alaska, Thule/Grönland und Flyingdale Moor/England mit festen 120-x-50-m-Antennenwänden aufgestellt, die ein Orgelpfeifen ähnliches System von Wellenleitern zur Einspeisung nutzen. Die folgenden Anlagen, wie z.B. das AN/FPS-49 (RCA), erreichten 20-50 MW Pulsleistung und bilden die Grundlage für jede effektive Luft-, Land- und Seeverteidigung. 1974 wurde das NATO Air Defence Ground Environment (NADGE) mit dem Luftabwehrsystem "Linesman" voll in Betrieb genommen, an dem auch wieder deutsche Firmen in der Radartechnik beteiligt waren. NADGE bildet eine Kette von vernetzten Radarinstallationen, welche eine Abdeckung vom Nordkap bis in die Osttürkei gewährleistete, aber ähnlich der Chain Home und alle nachfolgenden Radarketten gab es systembedingte Lücken bei tief fliegenden Objekten. Das Problem die Flugobjekte weit entfernt und in großer als auch sehr geringer Höhe zu erfassen kann nur durch eine Kombination aus Satelliten- sowie Nahbereichs- und Fernaufklärungsradarsystemen gelöst werden.

Die erste fliegende Funkaufklärungsstation der Army Security Agency (ASA) kam im März 1963 in Form der RU-6a (De Haviland Beaver). Die kleine einmotorige Maschine bekam den Spitznamen "TWA" ("Teeny Weeny Airlines"), hatte aber lediglich einen Empfänger vom Typ Collins 51S1 an Bord, weshalb die Bezeichnung als Funkaufklärungsflugzeug etwas hochgeriffen war. Ergänzt wurde sie auch schon bald durch die zweimotorige RU-8D und zur rein passiven Funkraumüberwachungen in den Flugzeugen gesellte sich schnell die aktive Luft- und Boden-Luftüberwachung mit verschiedenen Radaranalgen und optischen Sensoren, wodurch die Flugzeugtypen immer größer gewählt werden mussten. Mit der Boeing 707 als Aufklärungsmaschine RC-135 war eine Größenordnung erreicht, die zwar sehr viele Sensoren an Bord erlaubte, aber zugleich auch eine größere Flughöhe benötigte. Die Signale vom Boden trafen dabei wesentlich schwächer ein, was wieder durch empfindlichere Systeme ausgeglichen werden musste. Durch die Flughöhe war jedoch auch eine größere Sicherheit des Personals und der Maschine über feindlichem Gebiet gegeben.

Mit einer RB-47-Maschine konnten am 13. Februar 1966 erstmals die Leitsignale eines russischen SA-2-Flugkörpers aufgenommen werden, was später vielen amerikanischen Piloten das Leben rettete, da nun entsprechende Störsender und Gegenmaßnahmen entwickelt werden konnten. Am 21. März 1968 startete das, bis heute schnellste, Aufklärungsflugzeug der Welt, die SR-71 ("Blackbird"), mit Major Jerry O'Malley von der Luftwaffenbasis Kadena und ergänzte die U2-Aufklärungsmaschine. Die SR-71 war durch Geschwindigkeit und Höhe vor der SA-2 geschützt, die U-2 flog aber weiterhin ohne Abwehrmöglichkeit ihrer Reichweite.

1972 erkannten die Vietnamesen und Sowjets, dass die SA-2 oft nicht mehr ihre Ziele treffen konnte und die Abschusszahl der amerikanischen Flugzeuge rapide gesunken war. Das 30 Sekunden nach dem Start vom Feuerleitradar abgestrahlte Leitsignal wurde nun verändert und erst mit einer selbst gebauten Apparatur aus ausrangierten Teilen (von John Arnold) konnte das Signal der sowjetischen Flugabwehrraketen nochmals empfangen und wieder analysiert werden.

Viele Staaten besitzen heute entweder eigene Radar-Überwachungsflugzeuge, wie z.B. das Airborne Early Warning and Control System (AWACS, E3-Sentry) oder nutzen zumindest die Überwachungssysteme innerhalb der NATO. Ohne diese Aufklärungsflugzeuge wäre z.B. auch die Luftraumkontrolle in den Golfkriegen, über dem Balkan oder Afghanistan nicht möglich gewesen wäre. Je nach Flughöhe können eine Reichweite von bis zu 700 km erreicht und 400 Ziele identifiziert werden. Die erste von achtzehn AWACS-

Maschinen wurde im Januar 1981 in Oberpfaffenhofen an die NATO übergeben und in Geilenkirchen stationiert. Seit 1992 gibt es einen zweiten Frühwarnverband der NATO im englischen Waddington.

Für die Gefechtsfeldüberwachung aus der Luft wurde das amerikanische Joint Surveillance Target Attack Radar System (JSTARS) in die Boeing 707-320 (E-8) integriert. Es ermöglicht die Überwachung bis in eine Tiefe von 250 km mit großer Unabhängigkeit von Wetter und anderen Einflüssen. Es wurde erstmals 1991 im Golfkrieg eingesetzt, obwohl es damals noch im Erprobungsstatus war. Rad- und Kettenfahrzeuge, Radarstationen sowie Hubschrauber und Flugzeuge können durch das AN/APY-3 Phased-Array-Multimode-Überwachungsradar in Verbindung mit anderen Sensoren unterschieden werden. Über das Joint Tactical Information-Distribution System (JTIDS) oder dem Tactical Data Information Link-J (TADIL-J, siehe LINK) sowie über 12 UHF-, drei VHF und zwei HF-Funk/Datenverbindungen als auch über UHF-Satcom können Zieldaten übermittelt werden.

Eines der neuesten ortsfesten Systeme wurde von den USA und Norwegen in Vardoe aufgebaut. Das "Globus" steht im Verbund mit 16 anderen Anlagen, die ebenfalls den Weltraum erfassen und andere Anlagen ergänzen. Nur wenige Kilometer von der Kola-Halbinsel entfernt, werden die Bewegungen in Russland ebenso erfasst wie der Weltraum mit seinen über 9.500 Objekten, wobei 93% dabei der Restmüll vorhergehender Missionen ist.

Das Lagebild im Küstenbereich Deutschlands und den angrenzenden Seegebieten der Nord- und Ostsee sollte durch den Einsatz der Küstenradarorganisation (KRO) im Verbund mit dänischen Radarstationen sichergestellt werden, wobei auch Tageslicht-Rasterscan-Farbsichtgeräte zur Erfassung und Verfolgung von Schiffen und Luftfahrzeugen genutzt werden. Der landgebundene Ortungsdienst unterteilte sich in die KRO Nordsee mit dem Radar auf Helgoland und der Radarkette an der Jade, wobei die Revierzentrale (RVZ) Wilhelmshaven sämtliche Seelageinformationen, synthetische Lagebilder und Datensätze auch für die NATO zur Verfügung stellte. Den zweiten Teil bildete die KRO Ostsee mit der Marineortungsstelle A (MOrtSt A) in Staberhuk/Fehmarn, die zusammen mit der dänischen KRO das Seegebiet westlich Bornholms überwacht, wozu auch eine elektrooptische Anlage in Marienleuchte gehört. Die Marineortungsstelle A (MOrtSt A) in Staberhuk/Fehmarn war dabei die einzige Anlage, welche für die ursprünglich geplante Küstenradarorganisation zusätzlich gebaut wurde, der operative Teil der KRO-Nordsee wurde Mitte der 90er Jahre stillgelegt und am 16. Juni 2003 wurde auch die Schließung der restlichen Stationen der KRO-Ostsee beschlossen.

Die einzelnen Stationen sind über das Taktische Richtfunknetz des Flottenkommandos, mit LINK-11 oder andere Fernmeldemittel zur Übertragung der Daten an den KRO-Arbeitsplatz im MHQ angeschlossen, was eine Anbindung an das dortige Führungs- und Informationszentrum gewährleistet. Dazu gesellen sich Radarketten des Heeres und der Luftwaffe sowie zivile Überwachungsanlagen mit ihren verschiedenen Aufgaben im deutschen Luftraum.

Die Radarsensoren unterscheiden sich nach ihrer Verwendung in der Marine an Land, auf Schiffen und Booten oder bei den Marinefliegern. Bei den Zerstörern der Klasse Z-103B war das Navigationsradar AN/SPS-67, Luft- und Seeraumüberwachungsradar AN/SPS-52 und AN/SPS-40 sowie Feuerleitradar SPG-51, SPQ-9 und SPG-60 installiert. Die Fregatten der Klasse F-122 nutzen das Navigationsradar 3RM20, Luftzielradar DA-08, Seeziel- und Feuerleitanlage WM-25 sowie die Feuerleitanlage STIR. Die Klasse 123 bzw. 124 hat ein Raytheon-Navigationsradar, Luftraumüberwachungsradar SMART-L (Signaal Multipurpose Acquisition Radar for Targeting Long Range, 3D), Feuerleitanlagen STIR-180, während die Fregatten der Klasse F-124 als erste Schiffe das Multiple Active Phased Array Radar (APAR) erhalten. APAR vermag mehrere Ziele bis in den Supersonic-Bereich gleichzeitig zu erfassen und zu verfolgen. Es übermittelt die Zieldaten aus mittlerer und kurzer Entfernung über hoch und tief fliegende Objekte automatisch an die Waffensysteme. Damit vereint es die Funktionen von Luftraumüberwachung und Feuerleitung. Jede der Schirmflächen enthält hierfür über 3.000 elektronische Elemente.

Die Schnellboote der Klasse 143 und 143A erhielten RM-20 Navigationsradar und Zielverfolgungs- und Feuerleitradar WM-27, während die Klasse 148 neben dem Navigationsradar das Luft-/Seeraumüberwachungsradar TRITON-G und das Feuerleitradar CASTOR-II bekam. Die Minensuchboote der Klasse 343 arbeiten mit einem SPS-4 Navigationsradar und WM-20 Feuerleitradar. Die Klasse 332 nutzt mit den Minenjagdbooten der Klasse 331 das Navigationsradar SPS-64. Navigationsradaranlagen der Firma Raytheon finden sich z.B. auf den Tendern der Klasse 404, den Binnenminensuchbooten der Klasse 394, den Mehrzweckbooten Klasse 745 und 748, den Seeschleppern der Klasse 722, den Bergungsschleppern Klasse 720, den Schleppern und Eisbrechern Klasse 721, den Ölauffangschiffen der Klasse 738 und dem Segelschulschiff Gorch Fock sowie anderen Einheiten. Die Versorgungsschiffe der Klasse 701A/701C/701E haben eine DECCA RMS-1230 Navigationsanlage bekommen, die auch auf den Transportern der Klasse 760, den Betriebsstofftankern der Klasse 703 und 704, als auch auf den Flottendienstbooten gefahren wird. Letztere haben zusätzlich das 2-D-Seeraumüberwachungsradar TRS-C (Marineversion des TRM-L) von Daimler-Benz Aerospace, die auch das 3-D-Radar TRS-3D produzieren. Die U-Boote der Klasse 206 und 206A wurden mit dem Kelvin-Hughes KH-1625 ausgestattet.

Radar und optische Zielerfassung werden in Zukunft weiter kombiniert werden. Was aber früher über Fernglas und Messoptik mit dem Auge ermittelt wurde, geschieht heute mit der Lasertechnologie. Mit Ausnahme der Tender werden beispielsweise die Überwasserschiffe der Deutschen Marine mit einer Wärmebildanlage (WBA Stab) ausgerüstet, da die Restlichtverstärkung hier an ihre Grenzen stößt.

<u>Infrarot- bzw. Wärmebildbereiche</u>
- A von 780 nm - 1,4 mm
- B von 1,4 mm - 3 mm
- C von 3 mm - 1 mm

Der Bereich 3-14 mm wird als thermisches Infrarot oder Wärmebildbereich bezeichnet. Das Wärmebildgerät "Ophelios" (Optischer Passiver Hoch-Empfindlicher Leichter Infrarot-Optischer Sensor) der zweiten Generation mit umschaltbaren Sehfeldern eines 96-x-4-IRCCD-Detektors arbeitet mit einem 6-Hz-Nd-YAG-Laserentfernungsmesser (LEM) zusammen, das über ein Feuerleitmodul die Anbindung der Waffen ermöglicht. Für den Einsatz der manuell gesteuerten 20-mm-Kanone beinhaltet die Ausstattung eine TV-Kamera (Helmdisplay) und einen 1-Hz-LEM. Neben Amerika und Frankreich gibt es auch aus Deutschland bei diesen Systemen sehr gute Produkte.

Mit der Multisensorplattform MSP 500 (3-5 und 8-12 mm) wird der Anschluss von Wärmebildgeräten über Feuerleitmodule an die FÜWES in der Deutschen Marine erreicht. Für den Einsatz "Enduring Freedom" erhielten sämtliche beteiligte Einheiten das optronische Feuerleitgerät, mit dem auch die kleinen und schnellen Boote oder Treibminen bei Nacht oder ungünstigen Witterungsverhältnissen aufgefasst und bekämpft werden können. Das System "Mirador" soll mit den Korvetten der Klasse K-130 zulaufen und besitzt eine Infrarotkamera, einen Laserentfernungsmesser, eine Farbkamera zur Überwachung und eine Schwarz/Weiß-Kamera zur Zielverfolgung.

Beim Laserradar, dem Ladar (z. B. CO2-Laser), wird das bekannte Radarprinzip auch im Wellenlängenbereich des sichtbaren Lichtes bis hin zum thermischen IR angewendet. Laterale Abtastung des Ziels bei gleichzeitiger Entfernungsmessung ergibt so ein dreidimensionales Abbild des Ziels.

"Stealth" (englisch für "List, im Verborgenen") wird im militärischen Sprachgebrauch für Materialien und Bauformen bei Flugzeugen, Schiffen und Fahrzeugen in Bezug auf die elektromagnetische Rückstrahleigenschaft verwendet. Die Radarstrahlen werden dabei nach dem Auftreffen durch Material und Form in einem Winkel reflektiert oder absorbiert, wobei möglichst wenig Energie den Empfänger des Radars erreichen soll. Die vielen verschiedenen Radarfrequenzen führen dabei zu neuartigen

Aufklärungssystemen, welche über die Auswertung des einfachen Rückstrahlverhaltens hinausgehen und andere charakteristische Merkmale ausnutzen. Anti-Stealth-Radar mit sehr tiefen Frequenzen oder Systeme wie das "Silent Sentry" können zwar auch Stealth-Technologie neutralisieren, der technologische Aufwand ist dabei aber sehr hoch und die Auflösung der Ziele gering und damit für viele Aufklärungszwecke nicht geeignet.

Die Stealth-Technologie resultierte in der Radartechnik in der Implementierung von intelligenten Funktionen der Erzeugung und Auswertung der Signale für Gegenmaßnahmen. Das Ultra-Wideband-Impulsradar (UWB-Radar) ermöglicht durch eine feine Analyse des Radarechos eine Zielidentifizierung. Betriebsarten für kurze Pulszeiten mit hoher Bandbreite sind speziell für Ziele geeignet, welche die Strahlung mit absorbierenden Materialien abschwächen, da diese Tarnwirkung abhängig von der Frequenz ist. Über die einfache Intensität der Rückstrahlung hinaus wird die Feinstruktur des Radarechos oder auch die Polarisation zur Auswertung mit herangezogen. Der wichtigste Frequenzbereich von 0,5-18 GHz (60-1,7 cm) wird in der Radartechnik immer mehr in noch tiefere und höhere Frequenzen erweitert. Die Reichweiten der Kurzwellen im Radarbereich gehen unter Ausnutzung der Reflexion an der Ionosphäre von 900 - 3000 km. Das seit langem angewandte Prinzip der Funkwellenreflexion konnte durch große Fortschritte bei den digitalen Signalprozessoren in operationelle Systeme wie im Over-the-Horizon-Backscatter-Radar (OTH-B-Radare) und Ausnutzung der Radar-Ducts in der Atmosphäre umgesetzt werden.

Die schnelle elektronischen Abtastung ermöglichte die Konstruktion von Multifunktionsradaren, die neben der Verfolgung mehrerer Ziele auch noch andere Aufgaben wie großräumiges Überwachen übernehmen können. Die sonst notwendigen verschiedenen einzelnen Antennen, etwa auf Schiffen oder bei Luftverteidigungsstellungen, können größtenteils wegfallen, was auch eine Gewichtsersparnis ist.

Radare mit synthetischer Apertur (SAR) ermöglichen bei beweglichen Sensorträgern auch mit kleineren Antennen ein hochauflösendes synthetisches Bild. In der höchstmöglichen Auflösung (Spotlight-Betrieb) ist für wenige km² große Gebiete eine sehr genaue Auflösung erreichbar und bis zu einem gewissen Grad können damit im Boden verborgene Ziele erkannt werden.

Die neuen Entwicklungen in der Radartechnik werden vorrangig im Verbund effektiv einsetzbar sein. Wegen der zunehmenden Bedrohung der aktiven Sensoren wie dem Radar durch auf Wärme oder Frequenz reagierende Flugkörper kommt den passiven Verfahren wie der Radiometrie eine steigende Bedeutung zu. Die Radiometrie nutzt zwei Effekte zur Erkennung Objekten. Jeder Körper strahlt abhängig von seiner Temperatur im Millimeterwellenbereich elektromagnetische Wellen ab und reflektiert andererseits die Weltraumstrahlung. Grundsätzliche konstruktive Vorteile der Millimeterwellensensoren im Vergleich zum herkömmlichen Radar sind die von der Frequenz abhängigen kleineren Abmessungen von Antennen und anderen Bauelementen.

Das "Silent Sentry"-Radar von Lockheed Martin nutzt Signale von Radio- und anderen Broadcast-Sendungen, die von beweglichen Zielen abgelenkt werden und errechnet daraus von bis zu 200 Zielen in 150-220 km Entfernung die Kurs-, Höhen- und Geschwindigkeitswerte, ohne selbst aktiv zu senden (PCL, Passiv Coherent Location). Auch Frankreich arbeitet an dem Programm DARC (Détection à l'aide de rayonnements civils, Erfassung mit Hilfe ziviler Strahlung). Zum einen können durch die unterschiedlichen nutzbaren Frequenzen auch "Stealth"-Flugzeuge geortet werden, zum anderen kann, da die Anlage nicht aktiv abstrahlt, weder das Ziel durch ELOKA-Empfänger gewarnt, noch die Radarstation selbst mit Radarsuchflugkörpern bekämpft werden.

Radartechnik in der NVA

Am 10. Juni 1934 war die erste russische Funkmessanlage "Rapid" auf 4,7-m-Welle mit einem 60°-Strahlungswinkel erprobt worden, die erste einsatzreife Station kam 1938 mit der RUS-1 ("Reven") im Prinzip der Dauerstrahlung. Von 1940-1945 wurden davon 45 Stück an die Truppe übergeben. 1938 wurde auch die erste Impulsstation erprobt, die als RUS-2 ("Pegmatit"), in mobiler Version als "Redoute", 1939 in die Truppe eingeführt wurde. Entfernungen wurden hier mit 120 km und maximale Flughöhe mit 7 km angegeben. Doch erst nach dem 2. Weltkrieg konnte die Wirtschaft in der Sowjetunion und der DDR qualitativ und technologisch ausgereifte Produkte liefern, nicht zuletzt durch die erbeutete Technik der Wehrmacht.

Die Überwachungsanlagen stützen sich aufgrund der hohen Kosten größtenteils auf Produkte der Sowjetunion, die ab 1950 den systematischen Aufbau der neuen Waffengattung der Funktechnischen Truppen betrieb. Die Station R-3 wurde ab 1945, die R-8 ab 1949, die R-10 ab 1950 und die Station R-12 ab 1955 an die Truppe ausgeliefert. Nach Gründung des Warschauer Paktes erhielten die Vertragsstaaten Rundsuchanlagen der Typen R-10 und R-25 sowie Höhenfinder aus sowjetischer Produktion. Die Feuerleittechnik, die Freund-Feind-Kennung sowie andere damit verbundenen Fernmesstechniken entwickelten sich im Ostblock entsprechend.

Nach dem Beispiel der Chain Home bzw. des "Himmelbett"-Verfahrens wurde ein Schutzgürtel von den Bergkämmen des Thüringer Waldes bis zu den Ufern des Stillen Ozeans, von den Wüsten Karakum und Gobi bis zu den Eisfeldern des nördlichen Polarmeeres als Diensthabendes System der Luftverteidigung (DHS) aufgebaut, in dem alle Staaten des WP fest integriert waren. Auch die mit unzähligen Antennen bestückten Aufklärungs- und Kriegsschiffe aus sowjetischer Produktion lassen die Bedeutung dieser Technik in den sozialistischen Ländern erkennen.

Die in der DDR verwendeten Radaranlagen sind literarisch noch nicht alle von den NVA-Fachleuten erfasst worden und Informationen sind heute nur schwer zu erhalten. Die Ausstattung der Truppen war in der Anzahl höher als in vergleichbaren NATO-Einheiten, die Zuverlässigkeit jedoch geringer, wie auch bei den sowjetischen Sonaranlagen. Hier sind die Informationen auch deshalb schwieriger zu erhalten, weil die Geräte oft noch im aktiven militärischen Gebrauch sind. Die Ausrüstung der schwimmenden Einheiten und der Landsignalstellen mit Radaranlagen und dem Einbau erster Sonaranlagen (Tamir 10) führte zur Einrichtung des Funktechnischen Dienstes der Volkspolizei-See am 28. Oktober 1955. Arkona erhielt 1955 eine Unterwasserhorchanlage, eine Entmagnetisierungsanlage wurde in Lauterbach errichtet (bei der Bundesmarine entsprechend in Rendsburg). Es begannen die Spezialausbildungen der Fachkräfte für die Anlagen.

Die Funkwerke Köpenick waren zusammen mit dem VEB RFT Zentrallaboratorium für Signal- und Sonderanlagen aus den Berliner Werkstätten der GEMA nach 1945 entstanden. Hier wurden im Fertigungsprogramm elektronische Messgeräte, Großsendeanlagen, Schiffsfunk- und Navigationsgeräte, Kreiselkompassanlagen, Wasserschallanlagen und Schiffsführungsgeräte nun für die andere deutsche Seestreitkraft, die Volksmarine, fortgesetzt.

Die Organisation der Luft- und Küstenüberwachung war in den Warschauer Pakt integriert. Die sich in der Reichweite überlappenden Radarketten sollten ein unbemerktes Annähern und Einfliegen in den sowjetischen Raum verhindern. An der Küste der DDR gab es so eine Küstenradarkette von Kalkhorst bei Lübeck, über Boltenhagen, Poel, Kühlungsborn, Warnemünde, Wustrow, Darßer Ort, Prohn, Dornbusch, Kap Arkona, Stubbenkammer, Sellin bis Greifswalder Oie an der polnischen Grenze. Gleichzeitig konnten dadurch auch Fluchtversuche der DDR-Bürger überwacht werden.

Ausbildung des Radarpersonals

Die neue Technologie des Radars benötigte technisch und operativ geschultes Personal, das aufgrund der Geheimhaltung anfangs nur von den Herstellerfirmen ausgebildet werden konnte. Die Luftwaffe richtete als erste Teilstreitkraft einen eigenen militärischen Ausbildungsgang für die Geräte in Kompanien ein, die auch für die Erprobung vorgesehen waren, während die Firma GEMA für die Marine Lehrgänge in Berlin (Wendenschloss Straße) und in Kiel durchführte. Für die Justierung optischer Basisgeräte gab es in der Marinewerft den BG-Turm, der neben dem Berliner Versuchsgelände für die Ausbildung mit Radargeräten ausgestattet wurde.

Die Lehrgruppe E-Messlehrgänge verlegte am 26. März 1936 von Kiel nach Saßnitz in die Schlossgebäude, wobei die Ausbildungshalle und eine drehbare Plattform für das 10-m-E-Meßgerät waren noch in Bau befindlich waren. Zu dieser Lehrgruppe kam ab November 1938 die Lehrgruppe Schießausbildung, wodurch später der Status einer Schiffsartillerieschule und u.a. auch das Artillerieschulschiff BREMSE zugeteilt wurden. Die E-Messplattform wurde zu einer Anlage für Schlachtschiffe mit zusätzlichen unterirdischen Schießständen erweitert. Eine Ausbildung für das Personal der Radaranlagen zur Erarbeitung der Seelageinformation war hingegen noch nicht angedacht und der Mangel an diesem ausgebildetem Personal war auch ein Grund, dass es zu Anfang zu keiner breiten und organisierten Anwendung der neuen Technik kommen konnte, obwohl bei Kriegsbeginn in den GEMA-Werkstätten über 50 Geräte überprüft und bereit zum Einsatz waren.

Erst Ende 1941 wurde eine Fachlaufbahn den für seetaktischen Funkmessdienst innerhalb des Marinenachrichtendienstes geschaffen. Mit der Bildung der Abteilung Ortungsdienst wurde im Herbst die Abteilung Funkmessdienst (5/SKL) aufgelöst, während die Abteilung Marinenachrichtendienst erst im September 1944 noch gebildet wurde. Der erste reguläre Schulbetrieb begann im Dezember 1941 in De Haan bei Ostende. Für die Marine waren zu diesem Zeitpunkt allerdings bereits 208 Seetakt-Anlagen in verschiedenen Ausführungen ausgeliefert.

Heute sind die Anforderungen an das Bedienungspersonal der Radarüberwachung im zivilen und militärischen Bereich sehr komplex und erfordern einen eigenen Berufszweig, den Luftraumlotsen bzw. Air Traffic Controller. Auch die Deutsche Marine und Nationale Volksarmee trugen diesen Umständen Rechnung und richteten eigenständige Ausbildungsgänge für Radartechniker und Bedienpersonal ein.

Aber nicht jede Verwendungsreihe hat ihren eigenen Rocksong. Eine der ältesten Rockbands der Welt, Golden Earring, erhielt durch ihren Song Radar Love ihre fünf Minuten Ruhm in der Musikgeschichte. Er wurde zum Wecklied des NASA Space Shuttle ATLANTIS 2007 und aktivierte 1997 den NASA Mars Pathfinder ... "Wir haben ein Ding das nennt sich Radar Love ... Wir haben 'ne Welle in der Luft ... Radar Love".

Radioastronomie

Die Anfänge der Radioastronomie gehen u.a. auch zurück auf K. G. Jansky, der 1930/31 bei Untersuchungen zu atmosphärischen Störungen mit empfindlichen KW-Empfängern extraterrestrische Störstrahlung registrierte. Im 2. Weltkrieg konnten diese Erscheinung auch im UKW-Bereich beobachtet und die zufällig aufgefangenen Signale der Radaranlagen als Rückstrahlung des Mondes analysiert werden. Die Parabolantennen der Radioastronomie sind identisch mit denen der Radaranlagen, aufgrund der geringen Signalstärke aus dem All, müssen dabei die Reflexionsfläche und die Empfangsantenne aber um ein Vielfaches größer sein.

Die Verfahren der Radioastronomie entsprechen weitgehend den Radarverfahren. Die Radioastronomie nutzt die Eigenschaften der unterschiedlichen Durchlässigkeit der Schichten in der Atmosphäre für die elektromagnetischen Wellen. Wellenlängen zwischen 1 cm bis 20 m und die Eigenstrahlung (Radiostrahlung) verschiedener Objekte im Weltall dienen den astronomischen Beobachtungen. Wegen der geringen Intensität (selbst bei den stärksten kosmischen Radioquellen nur 10-22 Watt/m² Hz) sind Empfangsantennen mit über 100 Metern Durchmesser und besonderen Anordnungen notwendig. Die zur Beobachtung benutzten Antennen der Radioteleskope müssen auch deshalb möglichst groß sein, um ein ausreichendes Auflösungsvermögen für die verhältnismäßig langen Wellen zu haben, oder es müssen Radioteleskope über Tausendende von Kilometern entfernt zusammengeschaltet werden (Interferometer und Richtungsbestimmung bis auf etwa 0,0001 Bogensekunden).

Der am 1. Juni 1990 gestartete ROSAT ist z.B. ein Röntgensatellit für die astronomische Aufklärung des Weltalls für Forschungszwecke, während in Arecibo/Puerto Rico das Radio Teleskop eine reine

Erdempfangsstation ist, die 168 Millionen Frequenzen scannen kann und damit täglich 50 GB an Daten sammelt.

Die auf der Erde empfangenen Radiostrahlungen kommen vor allem von örtlichen Quellen in der Milchstraße (z.B. Pulsar, Supernova), von der Sonne und von galaktischen Nebeln, darunter besonders von Radiogalaxien und Quasaren. Problematisch ist in der Radioastronomie die große Anzahl der Signalquellen, die sehr kleine Signalstärke aus dem All, die großen Störsignale aus den Sendeanlagen auf der Erde. All diese Faktoren können nur durch die Computeranalyse kontrolliert werden, um überhaupt ein astronomisches Signal eindeutig als solches identifizieren und zuordnen zu können. Die Entstehung der Radiostrahlungen der stärkeren Quellen unter extremen Bedingungen, bei denen vier Ursachen eine größere Bedeutung haben, konnte schon geklärt werden.

Radiostrahlungen aus dem Weltraum
- thermische Radiostrahlungen bedingt durch die Temperatur der Quelle
- Synchrotron-Strahlung, entstanden durch Beschleunigung von Elektronen in Magnetfeldern
- Plasmaschwingungen, d. h. Schwingungen in aus elektrisch geladenen Teilchen bestehenden
- Radiostrahlungen bedingt durch Gase
- Linienstrahlung, vergleichbar den Spektrallinien im optischen Bereich, z.B. die 21 cm-Strahlung
- Radiostrahlungen durch interstellaren Wasserstoff oder die Linien interstellarer (auch einiger organischer) Moleküle

Fotonik, der LASER

Fotonik umfasst Technologien, bei denen Signale auf optischem Wege erzeugt, bearbeitet, übertragen, empfangen oder gespeichert werden. Das Zusammenspiel und die Wechselwirkung optischer Strahlung mit elektronischen Vorgängen ist die Aufgabe der Optoelektronik, die als ein Teilgebiet der Fotonik ist. Der gesamte Bereich der optoelektronischen Sensoren für den Nachweis von elektromagnetischer Strahlung im sichtbaren oder infraroten Wellenlängenbereich zählt zur Fotonik, meist finden sich aber auch Anwendungen in den Informations- und Kommunikationstechnologien.

Laser (light amplification by stimulated emission of radiation „Licht-Verstärkung durch stimulierte Emission von Strahlung") ist ein Begriff aus der Physik und bezeichnet sowohl den physikalischen Effekt als auch das Gerät, mit dem Laserstrahlen erzeugt werden. Geprägt wurde der Begriff Ende der 1950er Jahre durch Gordon Gould in Anlehnung an den Maser (Microwave Amplification by Stimulated Emission of Radiation). Gould nutzte den Begriff Maser erstmals 1957 in seinen Notizen, weshalb frühe Veröffentlichungen den Laser noch als „optical maser" (optischer Maser) bezeichneten.

Laserstrahlen sind elektromagnetische Wellen. Vom Licht einer zur Beleuchtung verwendeten Lichtquelle, beispielsweise einer Glühlampe, unterscheiden sie sich vor allem durch die sonst unerreichte Kombination von hoher Intensität, oft sehr engem Frequenzbereich (monochromatisches Licht), scharfer Bündelung des Strahls und großer Kohärenzlänge. Auch sind, bei sehr weitem Frequenzbereich, extrem kurze und intensive Strahlpulse mit exakter Wiederholfrequenz möglich.

Laser haben heute zahlreiche Anwendungsmöglichkeiten in Technik und Forschung sowie im täglichen Leben, vom einfachen Lichtzeiger (z. B. Laser-Pointer bei Präsentationen) über Entfernungsmessgeräte, Schneid- und Schweißwerkzeuge, die Wiedergabe von optischen Speichermedien wie CDs, DVDs und Blu-ray Discs, Nachrichtenübertragung bis hin zum Laserskalpell und anderen Laserlicht verwendenden Geräten im medizinischen Alltag.

Laser gibt es für Strahlungen in verschiedenen Bereichen des elektromagnetischen Spektrums: von Mikrowellen (Maser) über Infrarot, sichtbares Licht, Ultraviolett bis hin zu Röntgenstrahlung. Die besonderen Eigenschaften der Laserstrahlen entstehen durch ihre Erzeugung in Form einer stimulierten Emission. Der Laser arbeitet wie ein optischer Verstärker, typischerweise in resonanter Rückkopplung. Die dazu erforderliche Energie wird von einem Lasermedium (bspw. Kristall, Gas oder Flüssigkeit) bereitgestellt, in dem aufgrund äußerer Energiezufuhr eine Besetzungsinversion herrscht. Die resonante Rückkopplung entsteht in der Regel dadurch, dass das Lasermedium sich in einem elektromagnetischen Resonator für die Strahlung bestimmter Richtung und Wellenlänge befindet.

Neben den diskreten Energieniveaus von atomaren Übergängen gibt es auch Laserbauarten mit kontinuierlichen Energieübergängen wie den Freie-Elektronen-Laser. Da atomare Energieniveaus kleiner 13,6 eV beschränkt sind, dies entspricht einer Grenze bei der Wellenlänge von 90 nm, benötigen die im Bereich der Röntgenstrahlung mit Wellenlängen kleiner 10 nm arbeitenden Röntgenlaser Bauarten mit kontinuierlichen Energieübergängen.

Wellenlängen der LASER

- Gaslaser   10.600 nm
- Festkörperlaser   1.060 - 2.940 nm
- Halbleiterlaser   193 - 633 nm
- Farbstofflaser   455 - 570 nm

Albert Einstein beschrieb bereits 1917 die stimulierte Emission als eine Umkehrung der Absorption. 1928 gelang Rudolf Ladenburg der experimentelle Nachweis. Danach wurde lange gerätselt, ob der Effekt zur Verstärkung des Lichtfeldes benutzt werden könnte, da zum Erreichen der Verstärkung eine Besetzungsinversion eintreten musste. Diese ist aber in einem stabilen Zweiniveausystem unmöglich. Zunächst wurde ein Dreiniveausystem in Betracht gezogen, und die Rechnungen ergaben eine Stabilität für Strahlung im Mikrowellenbereich, 1954 realisiert im Maser von Charles H. Townes, der Mikrowellenstrahlung aussendet. Danach wurde unter anderem auch von Townes und Arthur L. Schawlow, an der Übertragung des Maserprinzips auf kürzere Wellenlängen gearbeitet. Der erste Laser – ein Rubinlaser – wurde von Theodore Maiman am 16. Mai 1960 fertiggestellt. Der erste Gaslaser, der Helium-Neon-Laser, wurde ebenfalls 1960 entwickelt (Ali Javan, William R. Bennett, Donald R. Herriott).

Die weitere Entwicklung führte dann zunächst zu verschiedenen Gaslasern (Sauerstoff-, Stickstoff-, CO_2-Laser, He-Ne-Laser) und danach zu Farbstofflasern (das laseraktive Medium ist flüssig) durch Fritz P. Schäfer und Peter Sorokin (1966). Eine Weiterentwicklung von Kristalltechnologien ermöglichte eine sehr starke Erweiterung des spektralen Nutzbereiches. Durchstimmbare Laser zum Anfahren einer bestimmten Wellenlänge und breitbandige Laser wie z. B. der Titan-Saphir-Laser läuteten in den 1980er Jahren die Ära der Ultrakurzpulslaser mit Pulsdauern von Piko- und Femtosekunden ein.

Die ersten Halbleiterlaser wurden in den 1960er Jahren entwickelt (Robert N. Hall 1962, Nick Holonyak 1962 im sichtbaren Spektralbereich, Nikolai Basow), praktikabel aber erst mit der Entwicklung von Halbleiterlasern auf Basis von Heterostrukturen (Nobelpreis für Herbert Kroemer, Schores Alfjorow). In den späten 1980er Jahren ermöglichte die Halbleitertechnologie immer langlebigere, hocheffektive Halbleiter-Laserdioden, die mit kleiner Leistung in CD- und DVD-Laufwerken oder in Glasfaser-Datennetzen eingesetzt werden und inzwischen nach und nach als Pumpquellen mit Leistungen bis in den kW-Bereich die wenig effektive Lampenanregung von Festkörperlasern ersetzen.

In den 1990er Jahren wurden neue Pumpgeometrien für hohe Laserleistungen verwirklicht, wie der Scheiben- und der Faserlaser. Letztere fanden zur Jahrtausendwende aufgrund der Verfügbarkeit von neuen Fertigungstechniken und Leistungen bis 20 kW zunehmend Anwendungen bei der Materialbearbeitung, bei der sie die bisher gebräuchlichen Typen (CO_2-Laser, lampengepumpte Nd:YAG-Laser) teilweise ersetzen können.

Zu Beginn des 21. Jahrhunderts wurden erstmals nichtlineare Effekte ausgenutzt, um Attosekundenpulse im Röntgenbereich zu erzeugen. Damit ließen sich zeitliche Abläufe im Inneren eines Atoms verfolgen. Zuletzt erreichten blaue und ultraviolette Laserdioden die Marktreife.

Die beschriebenen Grundlagen für einen Atomlaser von Albert Einstein und Satyendra Nath Bose aus dem Jahre 1924 wurden von der Universität München im Jahre 2000 in einem praktischen Versuchsaufbau nachgewiesen und zwischenzeitlich ist der Laser zu einem bedeutenden Instrument der Industrie, Medizin, Kommunikation, Wissenschaft und Unterhaltungselektronik geworden. Die Technologie hat sich in vielen Bereichen unseres Lebens durchgesetzt und die Forschung förderte auch die Entwicklungen der neuen Laserkommunikations-, Ortungs- und Waffentechnik.

Fotonische Informationsübertragung hat entscheidende Fortschritte durch die Entwicklung der Laser- und Photodioden (z.B. AlGaAs, InGaAsP, GaN) gemacht. Die Lasertechniken, bei denen aufgrund von Quanteneffekten auch jedes spontan emittierte Photon zum Laserprozess beiträgt, könnten eine besondere Rolle bei der Entwicklung optischer Computer spielen. Da allerdings digitale IT-Systeme auf rein optischer Basis noch nicht verwirklicht sind, kommt dem Gebiet der Optoelektronik als Schnittstelle zwischen optischer Übertragung und elektronischer Verarbeitung der Daten langfristig eine steigende Bedeutung zu.

Mit den neuen Wellenbereichen der Laser muss auch die Sensorik Schritt halten, deren optische Sensoren von der ultravioletten Strahlung (UV, 10 - 400 nm) über das sichtbare Licht (400 - 800 nm) bis hin zur Infrarot-Strahlung (IR: 800 nm - 1 mm) reichen. Der Bereich des extremen UV ist nicht für erdgebundene Aufklärung nutzbar, da für Strahlung mit Wellenlängen unter 180 nm die Atmosphäre undurchsichtig ist. In allen optischen Sensoren (Kameras und Wärmebildgeräte) lösen zunehmend Bildfeldmosaiken (CCD-Sensoren, Focal Plane Arrays) die herkömmlichen Detektorkonfigurationen ab.

Neben elektrooptischen Kameras und IR-Sensoren erfolgt eine Nutzung des optischen Spektrums im ultravioletten Bereich. Die in den heißen Abgasen von Flugkörpern entstehenden UV-Strahlungen machen passiv arbeitende Sensorsysteme zur Flugkörperabwehr möglich. Im Solar-Blind-Frequenzbereich (ca. 230 - 290nm), wird die von der Sonne ausgehende UV-Strahlung im höheren Schichten der Atmosphäre absorbiert, wobei keinerlei störende Hintergrundstrahlung auftritt, sodass z. B. Flugabwehr-Flugkörper mit einfachen Hot-Spot-Detektoren entdeckt werden können.

Neue technische Entwicklungen im UV- und im Röntgenbereich ermöglichen die Produktion neuer Sensoren und Effektoren wie z.B. dem Freien-Elektronen-Laser (FEL), bei dem der Strahl nicht in einem aktiven Medium, sondern durch die Wechselwirkung eines Elektronenstrahls, beispielsweise mit einem periodischen Magnetfeld, entsteht.

Bei den Anwendungen kann zwischen Nieder-Energie- sowie den Mittel- und Hoch-Energie-Lasern unterscheiden werden. Laser mit geringer Energie werden im Allgemeinen bei der Signalübertragung eingesetzt, bei welcher der Lichtstrahl lediglich die Information überträgt. Laser mit größerer Leistung übertragen hingegen ihre Energie auf ein Ziel, das durch die Absorption der Strahlung, also durch die umgesetzte thermische Wirkung vernichtet werden kann.

Niederenergielaser wurden in der Kommunikation sowie in der Mess- und Sensortechnik fest etabliert. Erwähnenswert sind auch Helium-Neon-Gas-Laser, die z.B. in Barcode-Lesern oder in der Messtechnik allgemei-n weit verbreitet sind sowie Farbstoff-Laser in der Analysetechnik und Spektroskopie oder Titan-Saphir-Festkörper-Laser in der Forschung. Niederenergielaser sind auch z.B. in Laser-Zielbeleuchter, Laser-Beamrider oder in bilderzeugenden Laseranlagen in Suchköpfen.

Laser Detection and Ranging bzw. Light Detection and Ranging (LADAR = LIDAR) unterscheiden sich lediglich in der Anwendung aber nicht in der Technik, können in den verschiedensten Funktionen eingesetzt werden, z.B. in Warnsystemen (Kohlendioxid-, Festkörper-, Halbleiter-Laser) oder als Entfernungsmesser, während

Laser-Kreisel in der Navigation verwendet werden. Im Flachwasserbereich bietet die Lasertechnik eine aussichtsreiche Alternative zur Aufklärung mittels Sonars und anderen Sensoren darstellen.

Blaugrün-Laser durchdringen Seewasser und können in Unterwasser-Laserradaren zum Aufspüren von Seeminen oder zur U-Boot-Ortung eingesetzt werden. Der nutzbare Bereich gegen U-Boote erstreckt sich bis zu etwa 200 m Wassertiefe, wobei die Forschung für tiefere Bereiche voranschreitet. Laserradar zur Ortung von Ankertauminen, Treibminen und Grundminen im unmittelbaren Küsten- und Strandbereich, das von tief fliegenden Hubschraubern bzw. von unbemannten Luftfahrzeugen aus für Tiefen bis ca. 15 m eingesetzt werden kann ist technisch umsetzbar. Mit satellitengestützten Lasern sollen in den USA einem Seegebiet von 10 km2 größere Eindringtiefen (bis zu 750 m) erreicht worden sein.

Mittel- und Hochenergielaser sind vor allem zum Schneiden und Bohren, Schweißen, Löten und anderen Oberflächenbehandlungen in der industriellen Materialbearbeitung verbreitet. Es werden CO2- und Festkörper- sowie zunehmendem Excimer-Laser verwendet, welche die spezifischen Eigenschaften bestimmter Edelgasverbindungen Excimer) nutzen. Die Entwicklung von Laserwaffen zur frequenzunabhängigen Schädigung von Sensoren oder für die Zerstörung leichter Strukturen hat vor allem in den USA Fortschritte gemacht. Festkörper-Laser zeichnen sich durch relativ hohe Energie- bzw. Leistungsdichten aus und sind kompakter als Gas-Laser.

Hochenergielaser (HEL) mit Leistungen von einigen hundert Kilowatt bis 1-MW-Leistung wurden in den Vereinigten Staaten von Amerika, Russland und wahrscheinlich auch in China bereits erprobt. Für Hochenergie-Laserwaffen im MW-Bereich kommen in der Entwicklung nur Gase, insbesondere Kohlendioxid, Sauerstoff/Iod, Fluorwasserstoff oder Deuteriumfluorid in Betracht. Bei Flugabwehrsystemen sollen die "Phalanx" und "Goalkeeper"-Systeme langfristig durch HEL zu ersetzen. Einsatzfähige Mittelenergielaser (MEL) werden in den USA, Russland, China, Indien, Israel und vermutlich einigen GUS-Staaten verwendet.

Ein LIDAR hat hingegen einen extrem scharf gebündelten Strahl und erzeugt eine entsprechend hohe dreidimensionale Auflösung in der Darstellung. In den 60er Jahren kam von der Hughes Aircraft Co.. Mit Lidar konnte z.B. der Abstand zur Mondoberfläche auf 15 cm genau gemessen werden, im Einsatz in der Atmosphäre ist die Reichweite in der Praxis jedoch einige zehn Kilometer. Ein erstes kohärentes Lidar als praktische Anwendung eines Masers, dem "Colidar".

Mit dem DAIL-Verfahren (Differential-Absorbtion Lidar) können Stoffe durch eine selektiv elektromagnetische Strahlung auf einer bestimmten Wellenlänge analysiert werden. Der Maser (Microwave Amplification by Stimulated Emission of Radiation) wird als rauscharmer Verstärker für die Radioastronomie, den Funkempfang über Satelliten und von Raumfahrzeugen oder in der Radartechnik verwendet. Die Erzeugung und Verstärkung der Mikrowellen geschieht durch Ausnutzung der Eigenschaften innermolekularer oder innerkristalliner Energieübergänge.

Weiterhin gibt es Laser als Zieleinrichtungen, Entfernungsmesser, Zielmarkierer, Feuerleitlaser und Laser als Aufklärungsmittel oder U-Boot-Ortungsgerät, gegen die entsprechende Blend- und Störlaser im Einsatz sind. Da Laser bislang nur Exportkontrollen nicht aber dem Kriegswaffenkontrollgesetz unterliegen, bietet sich ein großer Markt, der die weitere Forschung unterstützen wird.

In der Waffentechnik wird aufgrund der Energieaufnahme eher der landgebundene Nahbereich für den Lasereinsatz interessant bleiben und hat in den letzten Jahren auch große Fortschritte gemacht. Als Energiewaffen bzw. Directed-Energy Weapons (DEW) werden heute im Allgemeinen eine neue Generation von Waffensystemen Strahlenwaffen wie Laserwaffen oder Plasmakanonen werden bezeichnet, die mit gebündelter Energie militärische Ziele außer Funktion setzen, schädigen oder vernichten können. Bei der Fernaufklärung von Kampfstoffen, der Ortung von U-Booten, der Aufklärung und dem Nachrichtensektor steht ebenfalls ein breites Spektrum für Anwendungen zur Verfügung.

Unterwasserschallnachrichtentechnik

Unterwasserkommunikation

Wasserschall ist aufgrund der schlechten Ausbreitung elektromagnetischer Wellen insbesondere im Salzwasser eine akzeptable Alternative zur Kommunikation. Die Absorptionskoeffizient von Schall beträgt bei unter 20 kHz weniger als 5 dB/km und nimmt mit sinkender Frequenz stark ab. Die technische Unterwasserkommunikation mittels Unterwasserschall basiert auf der Umsetzung von elektrischer in akustische Energie und umgekehrt. Unterwasserschall ist ein sehr spezieller Bereich außerhalb der Draht-, Funk- oder Laserkommunikation sowie teilweise in der Navigation und der Fernortung von Objekten. Während die Meerestiere das Medium Wasser seit Urzeiten nutzten, musste es sich der Mensch mit technischen Hilfsmitteln erschließen.

Erste Anwendungen der Unterwasserkommunikation gehen zurück bis zu den Eingeborenen auf Ceylon, die sich mit Unterwasserschallsignalen verständigten und auch Leonardo da Vinci hielt seine Ideen mit dem Unterwasserschall in Zeichnungen fest. Die Entwicklungen der Unterwasserkommunikation führten auch direkt zu der Entwicklung von Unterwasserortungs- und Navigationsanlagen.

1826 begann mit dem Anschlagen einer Glocke durch die Forscher Colladon und Sturm im Genfer See in Europa die Unterwasserschallortung. Zunächst wurde eine Reichweite von 14 km erzielt und eine Geschwindigkeit von 1.435 m/s errechnet (korrekt sind 1.465 m/s). Die Wandstärke der Glocken wurde in Versuchen verändert und im Jahre 1838 mit 1.215 Hz dann die größten Reichweiten erzielt (38 km). Es gab in verschiedenen Staaten Versuche mit Unterwassersignalen zur Verständigung oder Ortung, doch der Signalverlust zwischen den Membranen der Kopfhörer und dem menschlichen Ohr war zu groß für eine Realisierung von praktischen Anwendungen.

Erst durch die gummiisolierten Unterwassermikrofone von E. Gray und A. Mundy wurden 1902 aber brauchbare Unterwasserempfangsanlagen geschaffen, die in den ersten deutschen U-Booten und mit dem Prinzip der Glockensender die ersten eigentlichen Unterwasserkommunikations- und Navigationsanlagen bildeten. 1912 existierten an gefährlichen Punkten Unterwasser-Glockensysteme für die Navigation an den Küsten der Vereinigten Staaten von Amerika, Kanada, den Britischen Inseln, Frankreich, Portugal, Italien, Brasilien, Chile und China.

Genutzt wurden ab diesem Zeitpunkt die Schall-Ortung (Richtungshören) und die Schall-Telegrafie sowie Telefonie, die mit ihren technischen Entwicklungen den Grundstein für eine aktive Unterwasserschallortung legten. Die Horchgeräte waren auf den U-Booten des 1. Weltkrieges im Einsatz schon gut zu verwenden, doch Anlagen mit elektrischer Verstärkung und damit auch größerer Reichweite entstanden erst kurz vor dem 2. Weltkrieg.

1902 hatten Gray und Mindy das erste Unterwassermikrofon entwickelt, welches mit dem US-Patent 162.600 unter der Submarine Signal Company registriert wurde. Die 1902 in Bremen gegründete Norddeutsche Maschinen- und Armaturenfabrik GmbH erhielt 1905 von der Firma eine Lizenz für den Bau und verkaufte die Geräte in Deutschland, Holland, Belgien, Russland, später auch in den skandinavischen Ländern und Österreich-Ungarn. Aus der Norddeutschen Maschinen- und Armaturenfabrik entstanden 1911 die Atlas-Werke, welche 1983 in der Krupp Atlas Elektronik GmbH (KAE) aufgingen, die dann 1991 zur Atlas Elektronik GmbH und 1994 zur STN Atlas Elektronik umbenannt wurde, bis im Jahre 1997 der Bereich schließlich bei Rheinmetall integriert wurde.

1908 kontaktierte die Kaiserliche Marine die Firma Neufeldt & Kuhnke bezüglich eines Unterwassertelegrafen und der Physiker Dr. Heinrich Hecht versuchte in Zusammenarbeit mit Alard du Bios-Reymond im Jahre 1908 in diesem Zusammenhang auch ein Unterwassertelefon zu konstruieren. Von dem lauten Ton einer Sirene wurde Hecht allerdings zu einer Wassersirene mit zwei Trommeln inspiriert. Die innere Trommel (ca. 10 cm, 60 Schlitze) drehte sich mit ca. 1.000 U/Min., während eine Kreiselpumpe

Wasser unter dem Druck von 6 Atü hineindrückte, was einen 1.000 Hz-Ton mit 100 Watt Leistung erzeugte. Diese Anlage wurde im März 1910 vom Torpedoversuchskommando (TVK) auf dem Kreuzer SMS FRIEDRICH KARL eingebaut, das beim Kieler Feuerschiff vor Anker gelegt wurde. Der kleine Kreuzer MÜNCHEN konnte im Test die Signale der Wassersirene bis in den Fehmarn Belt (ca. 100 km) deutlich empfangen.

Das Patent für die gummiisolierten Unterwassermikrofone hielt die Submarine Signal Co. in Boston (Patent-Nr. 162600, 13. Juni 1902 und 14. Mai 1904), doch die Norddeutsche Maschinen- und Armaturenfabrik konnte nach einem Vertrag von 1905 in Deutschland, Holland, Belgien und Russland sowie 1909 auch in Österreich-Ungarn und Skandinavien auch diese Mikrofone produzieren und verkaufen. 1909 wurde auch der Schnelldampfer KAISER WILHELM DER GROSSE und KAISER WILHELM II. damit ausgestattet und das Feuerschiff WESER erhielt eine Unterwasserglocke, die von den Schiffen selbst bei hoher Fahrt noch in 4,5 bis 7,5 sm Entfernung gehört werden konnte. Vor dem ersten Weltkrieg wurden ca. 120 Feuerschiffe und etwa 5.000 Handelsschiffe für die Navigation bei schlechter Sicht damit ausgestattet.

Kriegsschiffe erhielten auch Anlagen, welche die Signale der Morsetaste über Pressluft an die Glocken abgeben konnten. In den U-Booten UB-3 und UB-4 der k.u.k. Marine 1908 wurden die ersten dieser Anlagen installiert, die eine Reichweite von 3 sm hatten und in Deutschland selbst erhielten die U-Boote KOBBEN, U-5, U-6 und U-16 diese Glockensender. Ein Problem war dabei aber die Unterscheidung von kurzen und langen Morsesignalen und ferner verlangte die amerikanische Firma Submarine Signal Co. auch sehr hohe Summen für die Nutzung ihrer Patente und Anlagen.

Für die geplante Ausstattung der Schiffe der Kaiserlichen Marine wurde von der Firma Neufeldt & Kuhnke 1911 die Tochterfirma Signalgesellschaft mbH gegründet, während sie selbst in Hanseatische Apparatebaugesellschaft Neufeldt & Kuhnke (Hagenuk) umbenannt wurde. Beide Firmen hatten ihren Sitz in Kiel am Habsburger Ring (heute Westring), während 1915 zusätzlich eine Außenstelle mit Unterwasserversuchsanlage am Plöner See geschaffen wurde. Die neue Anlage wurde erstmals auf U-17 eingebaut, doch die guten Ergebnisse konnten nicht wieder erreicht werden (nur 1-10 sm) und auch U-37 und U-38 konnten lediglich bis in 3-6 sm Entfernung das Gerät verwenden. Von 34 Anlagen wurden deshalb nur wenige überhaupt in den deutschen U-Booten installiert und auch der österreichische Dr.-Aigner-Klinger-Sender mit 280 Hz konnte in der UD-U-Bootklasse nur 10 sm erzielen.

Der Erfolg des von den Atlas-Werke/Submarine Signal Co. gebauten Membransenders, auf 500 Hz nach dem Prinzip von Prof. Fessenden, ließ Dr. Hecht seinen Fehler aus dem Jahr 1914 erkennen, denn er baute nun einen Unterwassertelefonie-Sender mit elektromagnetischer Schwingungserzeugung (1.050 Hz). Ab 1916 wurden dann zwei UT-Sender geliefert, von dem der Typ A einen Membrandurchmesser von 45 cm (240 kg) und eine Leistung von 300-400 Watt hatte. Er wurde meist unter den Bugtorpedorohren eingebaut, während der Typ B (30 cm Durchmesser, 110 kg, 100-150 Watt) in die seitlichen Tauchtanks integriert wurde. In 30 m Tauchtiefe waren Reichweiten von 3-6 sm möglich und vom Typ A wurden 154 Stück, vom Typ B sogar 200 Stück sowie zusätzlich noch einige Sonderanfertigungen ausgeliefert. Bis Kriegsende wurden insgesamt 301 UT-Signalanlagen geliefert, aber die Ähnlichkeiten mit dem amerikanischen Patent führten zu Patentklagen, welche durch einen Vertrag unter Vermittlung der Reichsmarine beigelegt werden mussten. Die Geräte zur Unterwassertelefonie wurden im englischen Bereich als "Hydrophone" bezeichnet, was auch für die Horch- bzw. Gruppenhorchgeräte verwendet wurde.

Nach dem Untergang der TITANIC wurde 1915 ein Warngerät für Eisberge von dem Ingenieur Richardson vorgeschlagen. Das Patent von Fessenden (Nr. 312430, 12.12.1914) war zwar zunächst auch nur für die Ortung von Eisbergen vorgesehen, aber auch nachdem die Atlas-Werke die Nutzungsrechte erworben hatten, folgten keine weiteren Entwicklungen zu einem brauchbaren Gerät und bis zum Ende des 1. Weltkrieges erhielt kein deutsches U-Boot eine derartige Anlage.

Auf den brionischen Inseln hatten die Österreicher im 1. Weltkrieg eine Versuchsstation für Unterwasserschall- und Geräuschanlagen errichtet. Mit eigens für die Mikrofone konstruierten

Schwimmkörper wurde die Umgebung der Häfen bei der Großradiostation Pola und Quarnero auf feindliche U-Boote abgehört und es konnten dabei gute Ergebnisse erzielt werden. Verschiedene Entwicklungen in der Akustik ermöglichten neben der Kommunikation auch die Ortung von Über- und Unterwasserfahrzeugen durch die getauchten U-Boote, aber auch im umgekehrten Fall deren Lokalisierung durch feindliche Unter- und Überwasserstreitkräfte.

Prinzipiell gilt, dass je weiter ein Schiff entfernt ist, es auch schwieriger wird dessen Schraubengeräusche von den Störgeräuschen der Umgebung zu unterscheiden. Die in Pola und Quarnero installierten Mikrofone lieferten 1913 die Geräusche der Schiffsschrauben, der Maschinen oder andere Vibrationen aus den Schiffsrümpfen in bis 8,5 km Entfernung, was schon eine beachtliche Steigerung war. Deshalb begann die Entwicklung speziell dafür ausgelegter Horchgeräte, in denen ab Sommer 1914 auch Köhlekörner-Mikrofone verwendet wurden, die aber in den militärischen Erprobungen noch nicht dem Wasserbombendruck standhalten konnten. Fessenden hatte auch einen Unterwasserschall-Oszillator konstruiert, der ungedämpfte Morsesignale senden und empfangen konnte, womit die Unterwasser-Telegrafie (UT) ihren Ursprung gefunden und gleichzeitig der Grundstein für die Technik der Gruppenhorchgeräte (GHG) gelegt war, welche den U-Booten die Ortung von gegnerischen Schiffen ermöglichte, ohne auf Periskoptiefe auftauchen zu müssen.

Für die Unterwassersignalgebung und die Unterwasserortung mussten nun die Antriebe geräuscharm gelagert und die Unter- und Überwasserschiffe mit Unterwasserhorchanlagen auf ihre Geräuscherzeugung überprüft werden. Moderne Geräuschempfänger (GE) wurden deshalb in die Schleusen des Kaiser-Wilhelm-Kanals eingebaut und alle neuen deutschen U-Boote sollten, bevor sie an die Front ausgeliefert wurden bzw. nach ihrer Instandsetzung in der Werft, wenn sie auf ihre Signatur geprüft werden, diese ebenfalls erhalten. Das Kriegsende und die Auslieferfristen der U-Boote machten jedoch eine Umsetzung dieser Forderung im 1. wie im 2. Weltkrieg unmöglich.

Mit dem verbesserten Empfang der Geräusche unter Wasser und der Verringerung der Eigensignatur war der Grundstein für eine aktive Ortung von Unter- und Überwasserobjekten gelegt. Die akustische Ortung wurde neben der optischen Auffassung für die deutsche U-Bootwaffe im 1. und 2. Weltkrieg das hauptsächliche Mittel zur Aufklärung der feindlichen Kräfte, aber auch das der alliierten U-Jagd-Einheiten. Neben der Ortung von Schiffen über die Schraubengeräusche wurde das Echolot weiter verbessert und in vertikaler Anordnung diente zur aktiven Tiefenmessung, aber in horizontaler Ebene angeordnet entwickelte sich daraus ein effektives Unterwasserschallortungsmittel; das SONAR (Sound Navigation and Ranging).

In der Unterwasserkommunikation wurde in der Kriegsmarine noch das System "Gertrude" bei deutschen U-Booten eingeführt. Das Sprachsignal wurde über Amplitudenmodulation in einen höheren Frequenzbereich verschoben, um einen besseren Störabstand zu erreichen. Es handelte sich um Einseitenbandmodulation (oberes Seitenband) mit 9 kHz Trägerfrequenz. Es wurde das in der Telefonie gebräuchliche Frequenzband 300 Hz bis 3 kHz übertragen. Insbesondere im Flachwasser war der Empfang wegen der Mehrwegeausbreitung jedoch äußerst schlecht. Es stand nur der eine Frequenz-Kanal zur Verfügung, was auch die Reichweite stark begrenzte und von der Wassertiefe und -temperatur abhängig machte. Gertrude funktionierte z.B. nicht durch die Thermokline. Das Atom-U-Boot USS THRESHER (SSN-593) verließ 1963 den Hafen mit dem U-Boot-Rettungsschiff SKYLARK, das Menschen aus U-Boot-Wracks bis in 850 Fuß (250 Meter) Tiefe retten konnte. Die SKYLARK verfügte über ein „Unterwassertelefon" namens Gertrude, doch da die THRESHER auf 2500m sank waren Rettungsversuche ohnehin ausgeschlossen.

Unterwassertelefonie ist heute meist zwischen Tauchern mittels Ultraschalles gebräuchlich, auch wenn inzwischen Unterwasserkommunikation im Frequenzbereich von 10 Hz bis 1 MHz mit Reichweiten bis 1000 km eingesetzt werden kann. Die geringe verfügbaren Bandbreite, die große Latenzzeit, die

Mehrwegeausbreitung, die Dämpfung, die Dispersion und der Dopplereffekt stören jedoch immer noch die Übertragung und lassen oft nur geringe Reichweiten und Datenraten zu.

Außer zur Sprachverständigung sind Datenübertragungen das Hauptanwendungsgebiet der Unterwasserkommunikation. Neben vorwiegend militärischen Anwendungen gibt es heute beispielsweise das Tsunami-Frühwarnsystem GITEWS, welches aus einem Drucksensornetz auf dem Meeresboden besteht.

Nach dem 1. Weltkrieg traf die Krise auch die Signalgesellschaft, welche in der Kaiserlichen Marine ihren Hauptauftraggeber verlor und am 31. Dezember 1926 liquidiert wurde. Das Laboratorium wurde an die Reichsmarine verkauft, alles andere ging an die Atlas-Werke, die ihre Partnerschaft mit der amerikanischen Submarine Signal Co. wieder aufleben lassen konnte und so gestärkt im nationalen und internationalen Wettbewerb auftreten konnte. Doch Gerhard Schmidt und Dr. Hecht beschlossen mit einigen Mitarbeitern das wirtschaftlich interessante Gebiet nicht einfach aufzugeben und den Atlas-Werken allein zu überlassen. Sie gründeten am 1. September 1926 die Electroacustic GmbH (Elac) in Kiel.

Ab den 30er Jahren bis zum Kriegsende gab es auf dem Unterwasserschallgebiet nur die Atlas-Werke und Firma Electroacustic (Elac) als kompetente deutsche Lieferanten für die Marine und so kamen die ersten Schallwandler der UT-Anlagen für die Reichsmarine in den 30er Jahren von der Firma Elac und den Atlas-Werken in Bremen. Nach dem 2. Weltkrieg übernahm die Firma Radarleit und die Deutsche Systemtechnik (DST) Teile der renommierten Firma Elac. Nach schweren finanziellen Verlusten wurden 1978 die Produktionsstätten der Electroacustic in die Elac-Nautik und Elac-Phono GmbH aufgeteilt, wobei 1987 die Elac-Nautik von Honeywell aufgekauft wurde und zur Honeywell-Elac wurde.

Für die U-Boote der Kriegsmarine wurden ab 1935 die Schwingerflächen der GHG entsprechend vergrößert und ebenfalls oberhalb der vorderen Tiefenruder installiert. Waren die GHG mit Mikrofonen im Durchschnitt ab 3 cm Durchmesser oder mit wenigen Zentimeter breiten und zwischen 15 bis 25 cm langen Membranen ausgestattet, so erhielt das UT-Gerät Empfangsmembranen mit 19 cm Durchmesser, während der Sender eine Empfangsmembran von 22,4 cm Durchmesser erhielt. 4 parallele elektromagnetische Resonanzsender auf 4.120 Hz konnten durch vertikale Anordnung übereinander nun eine gebündelte Signalausstrahlung erzeugen. Die elektrodynamischen Mikrofone mit Permanentmagnet konnten ebenfalls einzeln oder gebündelt an den dreistufigen Verstärker geführt und mittels Kopfhörer vom Horcher abgehört werden. Atlas und Elac fertigten die UT-Anlagen für die Kriegsmarine und für U-27, U-28 U-37 und U-38 gab es noch ein zusätzliches Ultra-Sonor-UT (UST) mit 20.000 Hz. Der Wettkampf um die Unterwasser-Informationstechnologie hatte noch vor Beginn des 2. Weltkrieges begonnen.

Unterwasserkommunikationseinrichtungen waren auch beim Aufbau der U-Bootflottille der Bundesmarine und bei ihren Überwasserschiffen berücksichtigt worden. Die erste UT-Anlage von Elac war auf dem Versuchs-U-Boot WILHELM BAUER noch mit amerikanischen Bauteilen installiert worden, doch schon bald kamen neu entwickelte keramische Schwingerpaare und die Einseitenband-Übertragung mit unterdrücktem Träger (8.087,5 Hz, 400 Watt) wie z.B. bei der Anlage 1-TB. In den 70er Jahre wurde diese Anlage weiterentwickelt zur DSQC-11 mit einem geringeren Gewicht, kleineren Abmessungen und modernen Komponenten für die U-Boote der Klasse 209 und 206A, für welche sie die Bezeichnung UT-12 erhielt.

Die Kommunikationsanlage UT-12 war der Ausgangspunkt der Entwicklung der Honeywell-Elac für die Standardanlage UT-2000 mit universellem Display. Der Frequenzbereich reicht hier von 1 bis 60 kHz bei Telefonie (300-3.000 Hz) und Telegrafie (712 Hz) bei einer maximalen Leistung von 0,03 bis 300 Watt bei 9 kHz. Nach den Erprobungen auf U-12 wurde sie zur UT-Anlage aller deutschen U-Boote, aber auch bei den Export-U-Booten wurde sie verwendet, dann allerdings unter anderer Bezeichnung (z.B. DSQC-12 bei den U-Booten der ULA-Klasse). Das Unterwasser-Kommunikationssystem UT-2000 hat eine integrierte Anzeige für Überwasserschiffe und U-Boote. Mögliche Operationsarten sind Sektor- und/oder omni-direktionaler

Betrieb in den Betriebsarten Telefonie, Telegrafie, Pinger, Transponder, Entfernungsmessung, Geräuschüberwachung oder Kavitationsmesser, der Notfallbetrieb und auch die Kommunikation mit Tauchern.

Obwohl die Unterwasserschall- und die Funktechnik große Fortschritte machten, mussten U-Boote bis Anfang des 21. Jahrhunderts alle sechs Stunden auftauchen und Antennenkabel abspulen, um die über Landfunkstationen oder per Satellit abgegebenen Funksprüche zu empfangen oder eigene Informationen übermitteln zu können. Die Forschung war und ist gerade bei dem Übergang der Medien Luft und Wasser weiterhin auf der Suche nach innovativen Übertragungstechniken, denn auch die Laser- und Funkübertragungen via Satelliten haben hier ihre Grenzen.

ELF-Systeme haben eine relativ große Reichweite, aber dabei eine geringe Datenübertragungsrate und Eindringtiefe in das Wasser, während ihre großen stationären Sendestationen an Land gleichzeitig militärisch verwundbare Punkte darstellen. Ähnlich ist es bei den VLF-Systemen, bei denen das notwendige Towed-Array-Sonar (TAS), welches in anderer Form auch als Funkrelais eingesetzt werden kann, zusätzlich beim Manövrieren der U-Boote hinderlich sein kann. Beide Verfahren ermöglichen in heutigen Führungssystemen jedoch gute Verbindungen zu U-Booten und Überwasserschiffen. Für HF- und UHF- und andere Satellitensysteme müssen die U-Boote zumindest selbst auf Periskop-Tiefe gehen, wenn kein Relais über Kabel oder eine Boje zur Übertragung eingesetzt werden kann. Die HF-Systeme ermöglichen eine gesicherte verschlüsselte und weitreichende Kommunikation mit hohen Datenraten und auch Sprachkommunikation, sind aber wie die EHF-Systeme leicht zu stören und die ausgebrachten Bojen können die Manöver der U-Boote beeinträchtigen. UHF-Systeme haben hingegen eine geringe Reichweite und ermöglichen wie alle genannten Systeme die Peilung der U-Boote durch den Gegner. Hier sind im Einsatz immer die Vor- und Nachteile abzuwägen, wobei die Passivität der U-Boote auch in der Übermittlung von Informationen immer noch an erster Stelle stehen muss.

Auch die Unterwassertelefonie kann die Gegenwart eines U-Boots preisgeben, doch haben diese Systeme eine vergleichsweise geringe Reichweite von maximal 10 bis 15 km, auch wenn mit Systemen wie dem G732M Mk. III Steigerungen erzielt wurden und moderne elektronische Verfahren auch mit Übertragungsreichweiten von 100 km arbeiten. Unterstützt werden kann dies wieder zusätzlich durch an Bord oder vom Flugzeug abwerfbare Bojen, welche die Kommunikation mit Schiffen und Flugzeugen als Relaisstation für eine begrenzte Zeit sicherstellen können. Weitere Schallsignalsysteme (z.B. MSS&ESUS) sind nur auf sehr kurze Distanzen wirksam und erfordern die genauere Kenntnis vom Standort des gesuchten Unterwasserkontaktes.

Ein Befehlshaber einer maritimen Operation hat im Vergleich zur Erstellung der Überwasser- und Luftlagebilder immer noch relativ wenige, wirksame Kommunikationsmittel, um die in seinem Verband fahrenden U-Boote über 24 Stunden jederzeit einzusetzen. Wann immer der Einsatz von U-Boot-Waffen für kombinierte Aktionen erforderlich wird (z.B. bei Raketenangriffen gegen Landziele), muss der Kontakt und die Zielabsprache vorab erfolgen. Änderungen können in kürzester Zeit kaum oder zumindest nicht ohne unerwünschte Zeitverzögerungen oder auch der Preisgabe des Standortes des getauchten U-Bootes erfolgen.

Die US-Marine entwickelte deshalb ein Verfahren, um mittels Schallwellen von einem getauchten und fahrenden U-Boot E-Mail-Nachrichten zu senden, ohne ein Auftauchen oder ein Ausfahren der Antenne. Das U-Boot USS Dolphin (AGSS-555) testete im Juni 2000 vor der Küste von Kalifornien diese neue Technologie, die von dem US-Unternehmen Benthos entwickelt wurde. Bei einer Fahrtiefe von 130 Metern wurden Daten an eine 5.000 Meter entfernte Boje geschickt, welche diese Nachrichten dann zur US-Marine-Basis in San Diego und anderen Empfangsstationen weitersendete. Akustik-Modem können Unterwasser Daten mit Wörtern und Bildern verschicken (2.400 Bit/s). Die Technologie wird hauptsächlich auf dem militärischen Sektor zum Einsatz kommen, u.a. zur genaueren Ortung von feindlichen U-Booten, da die Kommunikation zwischen Überseeschiffen und U-Booten auf anderem Wege effektiver erfolgen kann.

Die Firma RRK Technologies Limited aus Glasgow entwickelte das System DEEP SIREN. Mit Signalen unterhalb von 2 kHz konnten Reichweiten von 70 bis 200 km erreicht werden, ohne dabei die Position des getauchten U-Boots zu kompromittieren. Vom Überwasserschiff und dem U-Boot wird dabei jeweils ein 606 Meter langes Kabel ausgebracht, welches die Sende- und Empfangseinrichtung auf 150 Meter Tiefe zieht und den Sendestandort relativ entfernt erscheinen lässt. Hiermit ist eine digitale Kommunikation zwischen Überwasserschiffen und U-Booten mit Geschwindigkeiten von bis zu 32 Knoten möglich.

Aktive und passive Unterwasserschallortung bis 1945

Die Echolotanlagen begründen die aktiven Ortungsanlagen der Unterwasserortung und Navigation, also dem Äquivalent zum Radar in der Atmosphäre. Radar- und Sonarempfänger können dabei immer sowohl aktiv als lediglich passiv verwendet werden. Durch die Verwendung mehrerer Sender und Empfänger kann nach dem Prinzip der elektroakustischen Peilung eine dreidimensionale Ortung unter Wasser erfolgen. Was im 2. Weltkrieg in der Forschung erreicht wurde, war auch danach für militärische und zivile Zwecke interessant und wurde ab diesem Zeitpunkt international als Sonar (Sound Navigation and Ranging) bezeichnet.

Anstatt der Sprachsignale werden akustische Impulse ausgesendet. Durch Piezokristalle werden unter Wasser Schall- oder Ultraschallwellen erzeugt, die vom Grund oder einem Objekt reflektiert werden. Die empfangenen Signale werden dann, ähnlich dem Radar, in ihrer Laufzeit vermessen und können auf einem Display sichtbar gemacht werden. Sonargeräte werden in Schiffen und U-Booten bei der Seekriegführung, aber auch für den zivilen Kollisionsschutz oder der Fischerei eingesetzt, wobei auch die Daten in andere Systeme einfließen können. Die passive und aktive Unterwasserschallortung sowie die Tiefenbestimmung wurde im militärischen und zivilen Bereich von der U-Boot- und Schiffsortung bis zum Lokalisieren der ergiebigsten Fanggründe für die Fischereiflotten zum festen Bestandteil. Der Kommunikationsbereich bzw. das Unterwassertelefon (UT) kann im Sonar integriert werden, ist im Vergleich zu anderen Fernmeldemitteln hier aber von relativ geringer Bedeutung.

Sonaranlagen sind also Bestandteil von beweglichen (Schiffe, U-Boote, Torpedos) und unbeweglichen Objekten (Minen, Bojen) sowie permanent auf dem Meeresboden installierter Systeme. Die Entwicklung ging von großen Sensoren mit analoger Signalverarbeitung hin zu kleineren und leichteren Sensoren größerer Bandbreite mit digitaler, schneller Signalverarbeitung, die in Netzwerken verbunden sind. Die Ausdehnung solcher Antennenfelder wird dabei von der Wellenlänge des zu analysierenden Geräusches und von der angestrebten Auflösung bestimmt. Durch die Entwicklung der Kommunikation und Navigation unter Wasser war gleichzeitig ein neuer aktiver und passiver Sensor für die Seekriegsführung entstanden.

Im Informationszeitalter ist die akustische Ortung von Objekten mit Luft- und Bodenschall- sowie durch Magnetfeldsensoren im Unterwasserbereich oder an Land in der Aufklärung perfektioniert. Die akustische Ortung wurde zur Erhöhung der Informationssicherheit und Verminderung von falschen Alarmierungen durch die magnetischen Sensoren ergänzt. Die Anwendung von Magnetfeldsensoren (MAD) erfolgt hauptsächlich im Marinebereich, wo das Verhältnis von Nutzsignal zu möglichen Störsignalen normalerweise günstiger ist als an Land. MAD-Sensoren in Flugzeugen können getauchte U-Boote über eine Entfernung von ein bis zwei Kilometern entdecken.

Dank der günstigen Ausbreitungsbedingungen des Schalls bieten akustische Unterwassersensoren im Vergleich zu anderen Sensorprinzipien aber immer noch die größeren Reichweiten. Aktive und passive Sonarsysteme bilden deshalb die Hauptsensoren zur Unterwasserortung von U-Booten, Überwasserschiffen, Torpedos und Minen. Maßnahmen zur Verringerung der akustischen Signatur haben hier eine besondere Relevanz und sind vom System und den Antriebsanlagen abhängig.

Ausgang der Sonaranlagen war also das Echolotprinzip. Ein erstes mechanisches Echolot war das Heynsche Lot, bei dem ein Schlauch auf dem Meeresgrund entlang gezogen wurde. Der erforderliche Druck, der notwendig war um Pressluft durch den Schlauch zu drücken, entsprach dann der Wassertiefe, die auf dem Manometer abgelesen werden konnte. Bis 1913 wurde aber fast ausschließlich das Handlot auf kleinen Fahrzeugen verwendet. Alle diese Verfahren konnten aber nur in die Tiefe verwendet werden und waren zu Ortung von Objekten völlig ungeeignet. Erst nachdem eine sehr genaue elektronische Zeitmessung möglich war, wurden die Echolote als verlässliches Navigationsmittel und letztendlich auch als passives und aktives Ortungsmittel nutzbar.

Versuche dazu begannen noch während des 1. Weltkrieges. Langevin führte 1917 einen Unterwasserschallapparat (nach der Methode von Pierre Curie) zur Echolotung vor, bei dem er einen 15-kHz-Quarzkristall elektrisch zum Schwingen brachte. Sein piezoelektrischer Ultraschallsender wurde 1917/18 zur Ortung von U-Booten und in der Unterwassertelegrafie verwendet. Anfang 1919 konnte Langevin mit seinem Sender und einem Chronometer Tiefenmessungen bis 2.000 Meter durchführen. Nach Alexander Behm werden diese Geräte teilweise auch noch als Behm-Lot bezeichnet, dieser hatte selbst aber kaum funktionsfähige Geräte fertig gestellt.

1924 hatte die Submarine Signal Co. ein Echolot mit einer konstant rotierenden Scheibe und einer Glimmlampe entwickelt, das bei jedem Nulldurchgang der Scheibe einen Schallimpuls sendete. Das Echo zündete die rötliche Glimmlampe, welche auf der Skala die Wassertiefe indizierte. Auf dieser Basis bauten auch die Atlas-Werke 1925 ihre ersten Echolote. Mit einem solchen Echolot und dem Signallot der Electroacustic GmbH (Prinzip Fessenden) machte das Forschungsschiff METEOR der Reichsmarine zwischen 1925 und 1927 umfangreiche Tiefenmessungen im Atlantik und setzte damit den Vorschlag von Jean Francois Arago, die Tiefe der Ozeane mit den Schallwellen zu erforschen (1925), bereits in die Tat um. Die Serienfertigung des Rotlichtecholots begann ab 1927 und auch die Electroacustic GmbH baute ab den 30er Jahren Echolote mit derartigen optischen Anzeigen.

Durch das "Allied Submarine Detection Investigation Commitee" (ASDIC) wurde die Forschung 1915 im 1. Weltkrieg auf alliierter Seite forciert, um Mittel gegen die deutsche U-Boot-Bedrohung zu finden. Nun wurde verstärkt zwischen den aktiven und passiven Schallortungssystemen sowie der Unterwassertelefonie und Telegrafie unterschieden, deren weitere Entwicklungen die Schlagsender nach Fessenden bevorzugten. Das erste Echolot mit einer periodischen Lotfolge eines Schlagsenders und Zeitbestimmung durch Abhören der Echos mit von Hand eingestellten Zeitausblendungen ("Fathometer") wurde 1923 fertig gestellt.

Der Ursprung der Unterwasserschallforschung in Deutschland liegt bei der Nachrichtenmittel-versuchsanstalt der Reichsmarine (NVA, 1923) in Kiel. Die Forschungsabteilung war 1918 noch in der Villa des Schuhmachermeisters Hamer, im Düsterbroker Weg untergebracht, bis in die Gebäude der heutigen Wasserschutzpolizei an die Förde verlegt und eine weitere Außenstelle in Pelzerhaken bei Neustadt/Holstein aufgebaut wurde, an der die Anlagen der Atlas-Werke, der Signalgesellschaft und von Elac getestet wurden. Die ersten Lotgeräte auf Wasserschallbasis, die nach Erprobungen in der Reichsmarine eingeführt wurden, waren das Freilot der Signalgesellschaft und das Behm-Lot. Beim Freilot wurde ein tropfenförmiger Sprengkörper mit einer bestimmten Sinkgeschwindigkeit (2 m/s) ausgestoßen, der die Tiefe des Meeresbodens ermittelte, beim Behm-Lot stiegen die Knallkörper an die Wasseroberfläche und ergaben die Tauchtiefe.

Die weitere Entwicklung führte zum Elektrolot, das auch im 2. Weltkrieg noch bei den U-Booten verwendet wurde. Die Inspektion des Torpedo- und Minenwesen in Kiel war für die Anlagen während der Testphase und nach der Einführung seitens der Marine verantwortlich, wobei die anfänglichen Mittel beschränkt waren und z.B. lediglich ein Echolot von Atlas und ein 30-kHz-Laborgerät der französischen Firma S.C.A.M. mit Wasserschallwandlern nach Langevin-Florisson enthielten.

Die Fertigung und Fabrikation deutscher Sonaranlagen oblag auch der am 16. Januar 1934 gegründeten Gesellschaft für elektroakustische und mechanische Apparate mbH (GEMA, in der Potsdamerstraße 122 in Berlin), die gleichzeitig für die Radaranlagen zuständig war und deshalb bis zur offiziellen Auflösung am 31. Mai 1945 auf über 6.000 Mitarbeiter anwuchs. Die Unterwasserortungsanlagen wurden nur für die U-Boote und auch für die Minensucher und U-Boot-Jäger zu einem wichtigen Hilfsmittel im 2. Weltkrieg.

Ein mit Schallimpulsen arbeitendes Echolot war 1929 horizontal drehbar angeordnet worden und durch ein 1931 als "Summen-Differenz-Verfahren" angemeldetes Patent von Dr. Kühnhold wurde eine genauere Peilung von Schiffen im 20-kHz-Bereich mit Reichweiten von 180-4.600 m möglich. Damit war ein direkter Vorgänger des heutigen Sonars war entwickelt. Die Ingenieure Erbslöh und Willisen hatten nun über Dr. Kühnhold gute Kontakte zur Nachrichtenmittelversuchsanstalt der Reichsmarine, die Interesse an einem Schallimpulsgenerator auf 10-20 kHz mit größerer Leistung hatte. 1933 bauten die Ingenieure einen Schallimpulsgenerator mit zwei Röhren RV24 als Treiber und einer Gegentakt-Endstufe mit zwei Röhren RS15 (10-20 kHz). Die Leistung konnte bald auf 5 KW erhöht werden und die Fähigkeiten der Ortungsanlagen bewies in dieser Zeit die Entdeckung des Wracks der LUSITANIA im Jahre 1935 (vermutlich mit einer englischen Anlage).

Ab 1930 begann die Entwicklung der Magnetstriktionssender im Bereich von 20-22 kHz für kleinere Wassertiefen und genauere Ergebnisse. Aufgrund der höheren Absorption wurden für größere Tiefen weiterhin die Tonsender verwendet. Ein Echolot von Atlas wurde 1935 in die U-Boote ab U-5 eingebaut, während U-13 bis U-24 das Magnetstriktions-Echolot (1936) der Firma Elac verwendeten. Das "WAMO" nutzte Schallwellen im nicht hörbaren Bereich zur Tiefenortung. Im Abstand von 1/6 Sekunden (125-m-Meßbereich) und 5/6 Sekunden (625-m-Meßbereich) wurde automatisch ein Schallimpuls ausgesendet und auf der Skala des Anzeigegerätes durch einen Lichtzeiger die jeweilige Tiefe in Metern zur Anzeige gebracht. Der Kurzzeitmesser bestand aus zwei ringförmigen Magneten, von denen der eine fest war und der andere von einem Motor gedreht wurde, dazwischen lag eine drehbare Ankerscheibe mit Zeiger. Bei Aussendung des Schallimpulses wurde die Erregung des Magneten unterbrochen und die Ankerscheibe dann von dem rotierenden Magneten mitgedreht. Beim Empfang des Echos wurde die Erregung des Drehmagneten aus, und die des Festmagneten wieder eingeschaltet, womit die Ankerscheibe unverzüglich gestoppt wurde und die Wassertiefe anzeigte.

U-25 erhielt eine kombinierte Tonsender-Anlage (drei Sender und Empfänger) der Firma Atlas und ein Magnetstriktions-Echolot, während U-26 diese Ausstattung von der Firma Elac erhielt, womit ein guter Vergleich der Qualität und Leistungsfähigkeit der Geräte der Firmen durchgeführt werden konnte. So erhielten in der Folge auch die U-Boote U-27 bis U-31 ihre Ausstattung von Atlas mit lediglich dem Magnetstriktions-Echolot und U-32 bis U-36 das Gerät von Elac.

Am Ende des 1. Weltkrieges konnten die erzeugten Schallwellen nur auf wenige hundert Meter geortet werden. Die sehr empfindlichen Mikrofone der Submarine Signal Co. wurden im Jahre 1917 über ein Kabel 60 m vom gestoppten Schiff entfernt durch ein Floß ins Wasser hinabgelassen, um das Wellengeräusch am Schiffsrumpf zu neutralisieren. Dieses "Drift-Set" kann als Vater der heutigen geschleppten Sonarempfänger betrachtet werden (Towed-Array-Sonar). Ein wichtiger Schritt war nun die Entwicklung der piezoelektrischen und magnetischen Wandler, wodurch auch der Ultraschall in der Unterwasserortung nutzbar gemacht wurde. Erste brauchbare, aktive Unterwasserortungsgeräte gab es aber erst ab den deutschen U-Boottypen XXI.

Die ersten Horchempfänger auf den U-Booten UC-5 und UC-44 konnten nur bei sehr langsamer Fahrt und sehr geringer Geräuschentwicklung im Boot selbst verwendet werden. Bei Erprobungen mit UB-68 konnte am 20. Oktober 1917 in der Lübecker Bucht ein guter Empfang erzielt werden, solange die E-Maschine nicht über 130 U/Min lief und das vordere Tiefenruder von Hand gelegt wurde. Die zur Verfügung stehenden Verstärker lieferten aber nur ein brauchbares Ergebnis, wenn alle Störgeräusche auf einem Minimum waren. Die Verringerung der Eigengeräuscherzeugung blieb immer ein wichtiger Punkt in diesem Bereich und am 7. August 1918 verwies die U-Boot-Inspektion in einem Schreiben die Werften für zukünftige Bauten auch explizit darauf hin.

Zwischen 1918-1925 wurde ein Zeitmessungsprinzip von E. M. von Hornbostel und M. Wertheimer zur Neutralisierung der Geräusche im Inneren der Boote genutzt, während gleichzeitig die Empfangssignale verstärkt werden konnten. Geräte hierfür kamen in Deutschland zunächst von den Atlas-Werken. Ihr binaurales Hörgerät nutzte die vierfach größere Schallgeschwindigkeit unter Wasser, indem die Signale auf zwei Mikrofone auf drehbarer Basis und vierfachen Ohrabstand geleitet wurden. Durch Drehung der Empfangsbasis konnte der Horcher eine Richtungspeilung mit gleicher Genauigkeit wie beim Luftschall vornehmen. Bei festausgerichteter Basis konnte die Anlage durch Röhren die Signale des Luftschalls verzögern und dadurch zwischen Mikrofon und Ohr eine Kompensierung durchführen.

Die Anlage wurde bis zum Ende des 1. Weltkrieges bei den Atlas-Werken gebaut, die eine eigene Abteilung Unterwasserschall-Apparate, nach Vorschlag von Prof. Wien, durch den Physiker Dr. Willy Kunze besetzten. Neben Dr. Kunze haben sich viele Konstrukteure und Ingenieure wie z.B. Dr. Maass, Dr. Menges, Dr. Becker, Prof. Kopfmüller, Dr. Fahrentholz, Dr. Tamm bei den Ortungsanlagen und U-Boot-Konstruktionen verdient gemacht. Auch hier setzen die technischen Leistungen Maßstäbe bis in die Nachkriegszeit hinein und bildeten die materielle Basis für die militärischen Leistungen der U-Boot-Besatzungen.

Um die Informationen der Ortungsanlagen möglichst schnell und einfach ablesbar für die Bediener zur Verfügung zu stellen, gab es in der optischen Darstellung der Richtung eines Zieles unter Wasser zunächst zwei Verfahren. Im ersten Verfahren wurden die Mikrofone in einer Reihe auf einer drehbaren Basis angeordnet, womit eine eng gebündelte Empfangskeule in horizontaler Richtung erzielt wurde. In Richtung des Zieles ergab sich dann die maximale Empfangslautstärke. Schwieriger blieb die Umsetzung der Kompensationsmethode, bei der fest eingebaute Mikrofone die Richtungsbestimmung mithilfe der unterschiedlichen Wellenlängen einer in einem bestimmten Winkel eintreffenden Schallwelle umsetzten. Das binaurale Horchgerät von E. M. von Hornbostel und M. Wertheimer wurde hier in elektrischen Laufzeitketten und Phasenschiebern aus Spulen und Kompensatoren im Signalempfang umgesetzt. Die Wechselströme wurden bei der idealen Peilrichtung gleichphasig und hatten dadurch ihre maximale Lautstärke.

Mit den Veröffentlichungen des Franzosen Brillié 1922, dessen Summen-Differenz-Prinzip in Deutschland durch Dr. Kühnhold in die Praxis umgesetzt wurde, wurden weitere theoretische Grundlagen in praktischen Entwicklungen verwirklicht. Nun wurden elektrische Verzögerungsleitungen (Pierce/Harvard, Wagner Siebketten 1929) durch den von Dr. F. A. Fischer und J. Uhing entwickelten Streifenkompensator (Patent 529458 vom 21. November 1929) ergänzt. Mit dem "Zylindrischen Kompensationsapparat" von Carpentier wurde 1936 das damals technologische Maximum in der Signalkompensation erreicht. Ferner arbeiteten Männer wie Lamb, Mason, Rayleigh, Stenzel und Bouwkamp an den Grundlagen der Signalübertragung im Unterwasserschallbereich.

Erste Versuche mit der elektrischen Kompensationsmethode fanden 1925 mit dem Zielschiff HANNOVER statt, an dessen Bordwand sechs elektrodynamische Empfänger anlaufende Torpedos empfangen und gepeilt wurden. Die binaurale Methode des Richtungshörens wurde aufgegeben und unter Verwendung des Streifenkompensators und der von Dr. Hecht und Stenzel entwickelten Kreisbasis erreichten die deutschen Gruppenhorchgeräte (GHG) technologisch die Spitze des Weltmarktes.

In den Jahren 1928/1930 wurden GHG der Elac auf den italienischen U-Booten PIETRO MICA, TORRICELLI und DELFINO eingebaut und erprobt. Sie konnten den ersten rein akustischen Unterwasserangriff auf einen Zerstörer fahren. Weitere Anlagen wurden nach Spanien, Holland, Schweden und Japan verkauft.

Elektrodynamische Empfänger wie auf den alten Linienschiffen und den Küstenhorchanlagen (KHA) mit Permanentmagneten lieferten nicht mehr die gewünschten Resultate, weshalb bei Atlas ebenfalls piezoelektrische Kristallempfänger entwickelt wurden. 1933/34 waren aus den wasser- und hitzeempfindlichen Seignette-Salzkristallen endlich brauchbare Empfänger konstruiert worden, welche mangels eigener U-Boote noch in den für Finnland gebauten U-Boot Typ CV-707 erprobt wurden, die bereits für die Versuche der NVA mit dem Horizontalecholot mit piezoelektrischem Kristallschwinger (Langevin-Anlage) herangezogen worden waren. Die Ergebnisse in der Ostsee waren aber ungenügend und erst spätere Versuche mit anderen Schiffen in der Nordsee waren erfolgreich, weshalb die deutsche Marine weiterhin stets die Magnetstriktions-Echolote verwendete.

Die ersten passiven Peilempfänger nutzen die Magnetstriktion, bei der magnetisierbare Körper im magnetischen Feld die Kraftfeldlinien verändern. Durch ein periodisches Wechselfeld kann ein Körper in diesem Prinzip Schall- und Ultraschallwellen ausstrahlen und auch empfangen. Die 1934 bei der Marine eingeführte Magnetstriktion-Drehbasis der Firma Atlas hatte einen T-förmigen Empfangsteil, in dem Spulen mit Nickelblech umwickelt waren (20 kHz). U-5, U-6, U-11 und U-12 erhielten diese Magnetstriktion-Drehbasisgeräte (MDB), doch durch den begrenzten Frequenzbereich ging man auch hier ab 1936 zu Geräten mit Kristallempfängern über.

Wie bei den Funkgeräten waren auch bei den Empfangsgeräten der U-Boote eine sehr große Anzahl von Quarzen für die Anordnungen am Bootskörper und unterschiedliche Frequenzen nötig, wofür Werke in Bremen und Elmshorn (Atlas) errichtet wurden. Die Kristalle mussten gezüchtet werden, das heißt in einer Nährlösung wachsen, und in Elmshorn war die Kapazität bei etwa 360 rohen Kristallblöcken im Monat, die für die Fertigung bereitgestellt werden konnten.

Das Gruppenhorchgerät wurde beim Aufbau der deutschen U-Boot-Waffe mit Kristallempfängern von Elac und Atlas ab 1935 in alle Boote fest eingebaut. Mit einem Handrad wurde die Verzögerung beim Eintreffen der Wellen in einem Winkel kompensiert und die Richtung des Zieles identifiziert und die verstärkten Signale auf den Kopfhörer des Horchers geleitet. Die Kompensation bestand aus einer drehbaren Kreisplatte, die auf der Oberseite konzentrische Kollektorringe und auf der Unterseite damit verbundene Schleifkontakte hatte. Die Schleifkontakte auf der Unterseite waren geometrisch so angeordnet, dass ihre Lage der Projektion der Empfänger auf der horizontalen Ebene entsprach. Die Überlegenheit dieser GHG gegenüber den alliierten Hochgeräten blieb bis zum Kriegsende erhalten, obwohl diese ebenfalls Kristallempfänger mit Kompensatoren erprobten.

Selbst nach der Erbeutung von U-570 (nach dem Krieg H.M.S. GRAPH) und dessen GHG wurden keine Anstrengungen unternommen, eigene Anlagen dadurch zu verbessern. Dabei arbeiteten die Boote des Typs VII und IX, mit dem auch nach internationalem Standard, maximal technisch Umsetzbaren und auch die neuen U-Boote des Typs XXI erhielten diese Anlage bis Kriegsende. Während in Deutschland die HF/DF-Anlagen der Amerikaner und Briten unterschätzt wurden, so wurde von den Alliierten das Gruppenhorchgerät nicht beachtet. Das gekaperte U-570 wurde erst ein Jahr nach seiner Erbeutung am 27. August 1941 auf die Leistungsfähigkeit seines Gruppenhorchgerätes untersucht, das eine maximale Peilung der Schrauben- und Maschinengeräusche der Überwasserschiffe mit 1-2° auf 50 km Entfernung bei Schleichfahrt ermöglichte. Diese Geräte waren Teil der überlebenswichtigen Sensoren der U-Boote, aber aus dem detaillierten Bericht wurden auf alliierter Seite keine Konsequenzen gezogen. Lediglich das Diagramm der Netzabweiser-Antenne des U-Boots wurde vermessen und die Ergebnisse resultierten in Anweisungen für die HF/DF-Operateuren.

Die US Navy begann am 17. März umfangreiche Tests mit dem Gruppenhorchgerät des Schweren Kreuzers PRINZ EUGEN und einer 134 Mann starken deutschen Besatzung vor Balboa im Pazifik. U-Boote feuerten insgesamt 34 Torpedos konnte die deutsche Besatzung alle rechtzeitig für Ausweichmanöver entdecken. Daraufhin installierte die US Navy das Gruppenhorchgerät der PRINZ EUGEN auf dem U-Boot LYING FISH (AGSS-229), welches als Unterwasserschalllabor diente.

Doch auch auf deutscher Seite wurden schwerwiegende Fehler begangen. Aus falsch verstandener Geheimhaltung und resultierender Informationslücke wurden die zuständigen Fachleute für Strömungstechnik und Akustik erst im Februar 1944 über die höhere Unterwasserfahrt (> 17 kn bei den "Walter"-U-Booten) und der resultierenden Forderung "Horchen auch bei Höchstfahrt" unterrichtet. Die späte Korrekturforderung der Bootsform verzögerte einen Bau nun bis zum Februar 1945, als eine bessere Horchqualität, durch ein schlankeres Strömungsprofil des Turmes und die Entfernung eines Flutschlitzes, erreicht werden konnte.

Das Kristalldrehbasisgerät (KDB) wurde nach Vorschlag von Dr. Stenzel aus der Torpedoversuchsanstalt im Jahre 1936 für U-Boote und Flachwasserschiffe eingeführt und nach ersten Erprobungen am 4. April 1936 von Mai bis Oktober auf Minensuchern und Räumbooten sowie U-5 und U-6 eingebaut (insgesamt 10 Geräte), später wohl noch bei U-25, U-27, U-28, U-37 und U-38 sowie auf dem Versuchsboot U-45. Alle großen U-Boote wurden infolge von Atlas ausgestattet, bis ab 1940 auch die Elac derartige Anlagen liefern konnte. Durch Filter konnten Frequenzen unterhalb von 1.500, 3.000, 6.000 und 10.000 Hz unterdrückt und eine Peilgenauigkeit von bis 3 Grad erreicht werden. Kristalldrehbasisgeräte mit Einstreifen-Drehbasis wurde erst ab 1939 produziert, ab 1941 gab es Deck-KDB, mit denen auch die auf Grund liegenden U-Boote noch Kontakte orten konnten, das meistverwendete und wichtigste Gerät blieb aber immer noch das vornehmlich in Vorausrichtung arbeitende GHG.

Neben den passiven wurden die aktiven akustischen Ortungsanlagen ab 1935 in Deutschland weiterentwickelt, von denen ein Vorläufer in Anlehnung an das Periskop als "Periphon" (Atlas-Werke) bezeichnet wurde und welches in vier Ausführungen (zwei passive Anlagen für U-Boote, zwei aktiv-passive Anlagen für Überwasserschiffe) vorgesehen war. Doch lediglich ein Gerät wurde während einer Probefahrt von Wilhelmshaven nach Helgoland von U-26 erprobt, die Anlagen wurden dann nur nach Holland, Dänemark, Schweden und Finnland verkauft, aber nicht an die deutsche Kriegsmarine. Von Elac kam noch vor dem Krieg die Anlage "Ultrameter", die neben der UdSSR auch Jugoslawien angeboten wurde.

1936 wurden die elektronischen Signale der Sonaranlagen auf einer Braunschen Röhre mit den Lissajous-Figuren zur Anzeige gebracht, die je nach Peilung ihre Form veränderten. Bei genauer Peilung entstand ein gerader Strich, der je nach Ablage nach recht oder links geneigt wurde. Dadurch entstand in der Marine die Bezeichnung "Kippspiegelkino", welches das Prinzip der elektronischen Sichtfunkpeiler im Sonarbereich darstellte. Die Anzeige wurde zusätzlich mit der Entfernungsmessung in einer stereoskopischen Anzeige integriert. Damit war in Deutschland die erste optische Unterwasserschallanzeige für Entfernungsmessung und Peilung auf einem einzigen Bildschirm entstanden und wurde mit einem weiterentwickelten Sichtgerät erstmals auf U-26 und dem Fördedampfer LABOE eingebaut. Zehn Prototypen mit einer regelbaren Ausgangsleistung von 25 Watt bis 2,5 kW wurden projektiert, wobei die größten Probleme damals noch im Empfang und der entsprechenden Verstärkung der Signale lagen.

Vor 1939 kamen von den Atlas-Werken die Horchperioden-Echolotanlagen wie z.B. die "Sonore" UT-Anlage für die U-Boote U-37 bis U-44. Die weiteren Entwicklungen bekamen nun durch den Krieg neben der firmeninternen Bezeichnung für die Verwendung an Bord meist Tarnbezeichnungen.

Die S-Anlage war abgeleitet von der Tarnbezeichnung als "Sondergerät" oder auch der "Sonderfernsteueranlagen". Sie wurde in Anlehnung an das piezoelektrische Horizontallot mit Drehbasis und einem magnetostriktivem, d.h. durch die Deformation magnetischer und ferromagnetischer Stoffe reagierenden, Zweistreifenschwinger (15 kHz) konstruiert, der auch für den Empfang genutzt werden konnte. Erstmals konnten die Entfernung und die Richtung eines Zieles durch die Ausrichtung des Schwingers bestimmt werden. Das Echosignal wurde durch die Drehung des Kippspiegels auf der Skala als Leuchtstrich reflektiert, während der Summen-Differenz-Verstärker die Abweichung des reflektierten Zieles von der Schwingerbasis durch die Schrägstellung des Leuchtstriches anzeigte. Die Anodenspannung der Senderöhre erreichte 5,3 kV, die Schirmgitter 900 V, womit während der Sendephase 3 bis 5 kW Leistung abgestrahlt werden konnten. Mit der hohen Luftfeuchtigkeit und Spritzwassergefahr in einem U-Boot waren dies schon sehr hohe Spannungen, was auch die Gefahr der Ausfälle der Anlagen an Bord erhöhte. Die Fertigung dieser Anlagen ging an die GEMA, die 1934 mit Unterstützung der Marine aus der Firma Tonographie hervorgegangen war, womit man sich einen streitkrafteigenen Lieferanten sichern wollte. Da hier aber auch Funkmessgeräte produziert werden mussten, kamen Generatoren und Empfangsanlage von AEG, Ausfahrgerät mit Schwingerbasis von Atlas und Elac, während sich die GEMA auf die Fertigung der anderen Teile konzentrieren konnte. Also eine erfolgreiche deutsche Firmenkooperation, die von den S-Anlagen handbediente und automatische Peilbasen sowie kombinierte Vorschläge hervorbrachte. Die Erprobungen im Jahre 1937 wurden von der NVA mit den Fördeschiff LABOE durchgeführt und danach die ersten U-Boote damit ausgestattet. 1940/41 folgte die Entwicklung einer Kombination einer S-Anlage mit Kristalldrehbasisgerät von der GEMA mit einem Wirkungsbereich von 1.000 m, welche 1942 auf U-Boot-Jägern, jedoch nicht mehr auf den U-Booten selbst, eingebaut wurde.

Doch auch auf anderen Gerätebasen war die Entwicklung nicht stehen geblieben und so erhielt das Unterwasserschallortungsgerät EM-1 zur Anzeige der Ausgangsspannungen des Summen-Differenz-Verstärkers zwei Galvanometer mit Spiegeln als Lichtstrichwerfer, die fest unter einer beweglichen Skala montiert waren. Im Nulldurchgang löste der Skalenschlitten beim linearen Vorlauf den Messimpuls aus, der Strich des Galvanometers am Summenkanal markierte auf der Skala die Entfernung.

In heutigen Sonaranlagen kann ein einziger aktiver Impuls (der "PING") eine Zielauflösung liefern, doch damals musste eine ganze Reihe von Impulsen gesendet werden, da die Einzelimpulspeilung technisch noch nicht einwandfrei umgesetzt war. Die technischen Pläne zur magnetischen Auffassung von U-Booten wurden im 1. Weltkrieg ebenfalls als noch nicht realisierbar verworfen, doch im 2. Weltkrieg wurden Minen erstmals magnetisch geortet bzw. Magnetminen eingesetzt, während die magnetische Ortung in der U-Jagd erst nach 1945 eingesetzt wurde. Nach Einführung von antimagnetischen U-Booten war das Verfahren für deren Ortung aber nicht mehr effektiv, aber weiter wichtiger Bestandteil in der Minenbekämpfung bzw. der Minenabwehr.

Die Wasserschallanlagen wurden im OKM seit 1937 in der Abteilung Technisches Nachrichtenwesen des Allgemeinen Marineamtes bearbeitet und im November 1939 als Amtsgruppe Technisches Nachrichtenwesen dem Marinewaffenhauptamt angegliedert. Die Torpedo- und Mineninspektion (bis 1934) bzw. die Torpedoinspektion bis 1937 war für die Anlagen zuständig, deren Erprobungen in der NVA, später NVK und NEK durchgeführt wurden, wofür das U-Boot U-11, ab März 1934 das U-Boot UA sowie als Ersatz U-38 zur Verfügung gestellt wurden. Die am 1. Oktober 1937 gebildete Inspektion Marinenachrichtenwesen wurde am 29. April 1941 mangels Personal aufgelöst und die Verantwortung auch im Bereich der Wasserschallanlagen dem Höheren Kommandeur der Marinenachrichtenschulen (HKN) in Flensburg-Mürwik übertragen, während der Chef des Marinenachrichtendienst (MND) in der Seekriegsleitung die militärischen Aufgaben übernahm.

Durch die erhöhte Anzahl und Komplexität der unterschiedlichen Nachrichten- und Ortungsanlagen wurden 1943 die Nachrichtenmittelressorts aus den Marinearsenalen ausgegliedert und in die Marinenachrichtenarsenale Hamburg, Gotenhafen, Oslo, Rathenow und Thale überführt, wobei aus dem Marinenachrichtenarsenal Hamburg am 15. Oktober 1944 die Nachrichtentechnische Inspektion (NI) der Kriegsmarine entstand, in deren Zuständigkeit dann auch die Wartung und Instandhaltung fiel. Für den Ausbau, die Überwachung und Überholung der Anlagen der U-Boote für die Fronteinsätze war im Unterwasserschallbereich neben der NVA im Jahre 1935 eine eigene Abteilung geschaffen worden, der auch die Errichtung und Wartung von Schul-, Signal- und Horchanlagen an Land übertragen wurde. Nach den vermehrten Bombenangriffen auf Kiel wurde diese Abteilung nach Rendsburg verlegt. An dem Standort befindet sich heute auch die Anlage zur Analyse der magnetischen Felder von Schiffen der Deutschen Marine.

Nach den bitteren Erfahrungen in der Hochfrequenzforschung zog man für die Unterwasserschallortung die Konsequenzen und gründete insgesamt neun Kriegsmarine-Arbeitsgemeinschaften (KMAG, ähnlich den heutigen ARGE, Arbeitsgemeinschaften für bundesdeutsche Rüstungsprojekte), denen von Admiral Dönitz im Dezember 1943 aber ein militärischer "Wissenschaftlicher Führungsstab der Kriegsmarine" vorangestellt wurde, um die Arbeiten zu koordinieren, auszuwerten und damit dem OKM beratend zur Seite zu stehen.

Da die Technik ab 1939 noch relativ neu und anfällig war, konnte die Produktion von serienreifen Anlagen nur langsam gesteigert werden, aber erreichten dann doch noch größere Stückzahlen. Von den S-Anlagen wurden noch 19 im Jahre 1939 ausgeliefert und bis Ende 1939 konnten insgesamt 37 fertig gestellt werden, von denen 13 auf Schiffen und U-Booten noch vor Kriegsbeginn in Erprobung gewesen waren. Mitte 1940 waren 38 S-Anlagen auf deutschen U-Booten installiert und 91 weitere an die Kriegsmarinewerften ausgeliefert. Von der modifizierten Version Typ-200 konnten bis 1943 fast 1.700 Stück an die Flotte geliefert werden. Da keine Unterscheidung zwischen Schlachtschiff- und U-Boot-Verwendung gemacht worden war, gab es bei den gut konzipierten, aber leider recht großen und schweren Geräten folglich Probleme beim Einbau in die U-Boote U-77 bis U-82, U-88 bis U-102 und U-112 bis U-118. Der Typ-200 hatte den HS15-Generator, das HM15-Lenkpult und war in der heutigen Einschub- und Baugruppen- bzw. Modultechnik und mit eigener Anschluss- und Steckertechnik aufgebaut, die an Bord größerer Einheiten wartungstechnisch sehr optimal waren, aber an Bord der U-Boote durch den Raumbedarf problematisch wurden. Beim Herausnehmen eines Einschubes wurde die Anlage automatisch zum Schutz abgeschaltet. Gleichzeitig war durch den einfachen Wechsel defekter Bauteile eine Instandsetzung und Wartung auch von weniger qualifiziertem Personal möglich. In der Folgezeit wurde deshalb verstärkt darauf geachtet die Baugröße der Anlagen zu verringern, die auch dadurch im Vergleich zu alliierten Systemen einen großen technischen Vorsprung hatten.

Doch auch die passiven Komponenten wurden berücksichtig. Bei Kriegsbeginn besaßen die größeren U-Boote ein GHG mit 11 elektrodynamischen Empfängern auf jeder Seite, die in die äußere Hülle in Form eines Kreisbogens integriert waren, der bei Anlagen der Firma Elac einen Durchmesser von 2,5 m und bei Atlas 3,2 m hatte. Die Anzahl der Empfänger wurde stetig erhöht und ab 1940 war der Standard 2-x-24 der neuen Kristallempfänger, die nun in zwei Bögen übereinander oder versetzt angeordnet werden mussten, da der Rumpf der U-Boote nicht mehr genügend Länge bot. Der Membrandurchmesser der Kristallempfänger konnte hingegen bis auf 6 cm verringert werden und ihre Befestigung war vergossen an die Außenhaut angepasst, um die Strömungsgeräusche zu minimieren.

Die Erprobungen der englischen Spezialisten vom 27. bis 29. Mai 1942 an dem erbeuteten U-570 ergaben eine optimale Peilempfindlichkeit bei 6.000 Hz. Ein Handelsschiff hatte bei 12-13 Knoten Fahrt die größte Geräuschemission bei 100 Hz (6.000 Hz lediglich 10%), ein Kriegsschiff bei etwa 15 Knoten bei 200 Hz (30% bei 4.000 bis 8.000 Hz), wodurch die Frequenzlage des GHG hier nicht optimal gewählt war. Ähnlich dem "Funkwetter" war die Ausbreitung des Schalls im Wasser ferner vom "Schallwetter" abhängig und selbst der erfahrene Kommandant KptLt Günter Prien glaubte am 9. April 1940 sein Boot in einem Wasserbombenangriff, als ca. 100 sm entfernt deutsche Flugzeuge Bomben auf einen britischen Verband abwarfen. Positiv war dabei, dass unter günstigen "Schallwetter"-Bedingungen mit dem GHG tatsächlich Einzelschiffe bis in 20 km und Geleitzüge sogar bis in 100 km Entfernung geortet und gepeilt werden konnten.

Da die Reichweiten zusätzlich stark von den Eigengeräuschen der Boote abhängig waren, erzielte man die besten Ergebnisse bei Schleichfahrt (im E-Betrieb) und bis minimal 20 m Tiefe, da bei Überwasserfahrt kaum mehr Peilungen durch die Wellengeräusche möglich waren. Auch bei Fahrt mit Dieselantrieb war eine Ortung, geschweige denn die genaue Peilung, nahezu unmöglich. Im aufgetauchten Zustand musste die See sehr ruhig und die Fahrtstufe gering sein, sonst verhinderten die Seegangs- und Eigengeräusche brauchbare Ergebnisse. So wurden ab Juli 1943 Erprobungen mit einem am Kiel angebrachten Horchgerät mit einer besonderen Gondel vor dem Ballastkiel (U-194) durchgeführt. Diese verliefen so erfolgreich, dass die GHG in einer als "Balkon" bezeichneten Anordnung für den zukünftigen Einbau bei den Booten vorgesehen wurde. Bei Überwasserfahrt verdoppelte sich dadurch die mögliche Erfassungsreichweite, bei Unterwasserfahrt wurde immer noch ein Gewinn von 25% erzielt. Die nächsten Erprobungen liefen am 31. August und 1. September 1943 mit dem Neubau U-719 nördlich von Bornholm in 60-70 m Wassertiefe. Bei den vorderen und hinteren Empfängerreihen hatte sich der Anstellwinkel von 60 Grad bewährt und insgesamt konnte nun eine Verbesserung von 70% zur herkömmlichen Installation der GHG erreicht werden. Wäre die Steigerung zum Höhepunkt der U-Boot-Offensive bereits in allen Einheiten vorhanden gewesen, hätte dies sicherlich eine noch größere Versenkungsquote bewirken können.

Am 4. September 1943 fiel die Entscheidung des OKM, alle größeren U-Boote mit dem GHG-Balkon auszurüsten, was schon ab November 1943 bei den U-Booten der Typen IX C und IX D umgesetzt wurde. Die ersten Boote waren U-66 (Ende 1943 in Lorient) und U-505 (1944). Aufgrund der längeren Dockzeiten für den Einbau konnten die Front-U-Boote aber nur bei einer Werftüberholung in den Stützpunkten umgerüstet werden. Im April folgte in der Ausrüstung deshalb erstmals U-539, U-180 und U-195 in Bordeaux, dann U-877 bis U-881 und U-889, im Sommer 1944 U-779 sowie im September/Oktober 1944 U-682 und U-1172. Vermutlich erhielt eine Anzahl weiterer U-Boote die neue GHG-Anordnung, doch bereits am 4. Juni 1944 war U-505 mit der neuartigen Anlage an Bord in alliierte Hände gefallen und konnte ausgewertet werden.

Für die unter Wasser wesentlich schnelleren Walter-U-Boote (Typ XVII) musste aufgrund der schmaleren Bootsform ein kleinerer Balkon mit 2-x-20 Empfängern in 10 cm Abstand konstruiert werden, der aber ebenfalls nur bei Schleichfahrt optimale Ergebnisse liefern konnte. Auch bei der Schiffsform des Typs XXI musste der Balkon strömungsgünstiger gestaltet werden, da sonst der Widerstand um 17% gestiegen wäre. Die neue Balkonform mit Lamellen wurde am 21./22. Februar 1944 auf U-38 erprobt, konnte aber erst ab dem fünften Baumuster des Typs berücksichtigt werden und wurde schließlich auch für die Walter-U-Boote Typ XVII übernommen. Ende Dezember wurde mit U-2506 vor Pillau neben der neuen S-Anlage auch das GHG bei einem Versuch mit dem 10 Knoten laufenden Zielschiff DONAU untersucht. Bei einer Fahrt von 11 kn (200 U/Min) konnte in 80 m Tiefe und bei Seegang Stärke 4 eine Ortung bis in 8.000 m vorgenommen werden. Allgemein wurde nun erkannt, dass die Form des Bootes nicht strömungsgünstig gestaltet war, während erste Erprobungen mit dem Typ XXIII mit einem kleineren, strömungsgünstigeren Balkon bereits gute Peilergebnisse ergaben.

Die vom BdU 1944 geforderte Horchmöglichkeit bei den hohen Geschwindigkeiten des Typs XXI waren in der Konstruktion nicht berücksichtig worden und man hatte die Balkonform im Prinzip vom Typ IX-C übernommen und lediglich für die Schleichfahrt optimiert. Es blieb bis zu Fertigstellung der Boote deshalb nur noch die Option einer kleinen Peilbasis am Bug unter einer strömungsgünstigen Haube ("Zwiebel"-Anlage, 21. Februar 1944) oder eine stromlinienförmige Verkleidung für den integrierten GHG-Balkon (24. Februar 1944). Da die Horchqualitäten der schnell fahrenden neuen U-Boote überhaupt nicht bedacht worden waren, erhöhte sich der Erfolgsdruck bei den verantwortlichen Konstrukteuren zum Kriegsende erheblich.

Eine dritte Option mit einer elliptischen Anordnung der Mikrofone und drehbarer Basis in einem GHG-Balkon war mechanisch nur schwer zu verwirklichen und zunächst wurde deshalb die "Zwiebel"-Anlage weiterverfolgt und auf dem Walter-Versuchsboot U-794 und den Neubau U-889 eingebaut. U-794 erreichte mit Bandpassfilter (1-4 kHz) in Vorausrichtung noch gute Horchergebnisse in bis 2.000 m Entfernung. Die Anlage konnte aber schon durch leichten Seegang beschädigt werden, weshalb ein neu gestalteter Wulstbalkon im Typ XXVI integriert wurde, der bei höheren Fahrtstufen auch noch die seitlichen Bereiche erfassen konnte. Abschließende Erprobungen Ende Februar 1945 ergaben im tiefen Wasser bei 15,5 kn in Vorausrichtung maximale Horchreichweiten bis 3.000 und 4.000 m. Für die Walter-U-Boote des Typs XVII B wurde ein Bugwulst mit 4-x-48 Mikrofonen neugestaltet und vom 14. bis 16. Juni 1944 in einer Nebenstelle des NVK in Kressbronn am Bodensee erprobt. Auf U-719 wurde am 30. März 1943 noch der neue Einheitskompensator SH-29 für den U-Boot Typ XXI erprobt und Mitte Dezember 1943 vom OKM freigegeben. Er ermöglichte nun eine schmalere Bauform des Gehäuses und zusätzlich die Aufnahme der erhöhten Anzahl von 4-x-48 Empfängern. Die Forderung nach Horchmöglichkeiten der schnellen U-Boote war erfüllt, aber durch das folgende Kriegsende wurde keine Anlage mehr auf andere U-Boote des Typs XXI integriert. Die Ergebnisse und Entwicklungen hielten jedoch ihren Einzug in die weitere Entwicklung alliierter U-Boote nach 1945.

Immer noch konnten aber nur die Ziele in der Ausrichtung des Kompensators geortet werden. Deshalb wurden für die Geräusche aus dem Nahbereich an Backbord und Steuerbordseite der GHG noch zusätzlich je ein Mikrofon installiert und über Verstärker auf den Kopfhörer des Horchers geschaltet. Diese Anlage wurde als Nautisches Horchgerät (NHG) bezeichnet. Traf ein markantes Signal ein, konnte wahlweise ein Lautsprecher deaktiviert werden, um die Seite zu bestimmen und mit der S-Anlage erfolgte die aktive und genauere Richtungs- und Entfernungsmessung. Bis zur mittleren Fahrtstufe konnten die U-Boote damit noch abgeschossene Torpedos in 1.000 bis 2.000 m Entfernung erfassen.

Das entsprechende Horchgerät für die Klein-U-Boote "SEEHUND" und "MOLCH" war das nautische Horchgerät "Kleeblatt" (NHG/K), mit je vier Kristallempfängern in Vorausrichtung und je einem an den Seiten, womit ab 2-3 km Entfernung das U-Boot optimal auf das Ziel ausgerichtet werden konnte. In allen Anlagen gab es deshalb im Verlauf des Krieges eine Erhöhung der Anzahl an Mikrofonen der GHG.

Ziel und anlaufende Torpedos konnten nun zwar erkannt, aber nicht optisch dargestellt werden, weshalb ab 1943 von der Firma Atlas ein Torpedowarngerät (TAG) entwickelt wurde, dass nun neben der akustischen auch eine optische Warnanzeige hatte. Damit waren auf beiden Seiten der Boote je zwei Gruppen mit zunächst vier bis fünf Kristallempfängern integriert worden, die über vier Verzögerungsketten auch vier überlappende Hauptempfangsrichtungen ergaben, deren Umlaufzeit etwa acht Sekunden betrug. Bei einem akustischen Warnsignal eines Kontaktes wurde gleichzeitig die Glimmlampe gezündet und somit die Richtung der Geräuschquelle identifiziert. Ende April 1944 wurden auf U-1231 drei verschiede Torpedo-Warnanlagen eingebaut und vor Pillau vom 20. bis 22. Mai erprobt. Für den U-Boot Typ XXI wurde im August 1943 daraufhin eine große Bestellung der TAG-Anlagen aufgegeben, deren Auslieferung sich aber verzögerte und die deshalb ab Ende 1944 für den Typ XXVI vorgesehen wurde, während der Typ XXI noch die NHG bekam.

Für die Abwehr von U-Bootjäger war eine Unterwasserabwehr-Rakete entwickelt worden, die bei 180 cm Länge und einem Gesamtgewicht von 72 kg als pfeilstabilisierte Feststoffrakete 15 kg eines hochexplosiven Sprengstoffes enthielt. Im Wasser betrug die Reichweite 220 m bei 66 m/s, die im Toplitzsee in umfangreichen Versuchen getestet wurden. Das Gerät kam nicht mehr in eine Serienproduktion. Für den Einsatz der Waffe war noch das Such-Peil-Gerät (SP) 1943/44 für den U-Boot Typ XXI bei Elac noch entwickelt worden und da diese Anlage ebenfalls aus der S-Anlage abgeleitet worden war, kam es relativ schnell zu den ersten Tests Mitte des Jahres 1944. Bei der für den Raketenstart vorgesehen maximalen Tiefe von 70 m durfte das Ziel nicht weiter als 350 m entfernt stehen, damit die Rakete nach dem Austreten an der Wasseroberfläche es noch erreichen konnte. Die Erprobungen auf U-38 und U-1008 waren mit dem Peilgerät SP anscheinend erfolgreich verlaufen, denn im Oktober 1944 erfolgte von einem deutschen U-Boot vor Bornholm der weltweit erste Unterwasserstart einer Rakete auf ein Übungsziel über Wasser. Die Filmaufnahmen von dem Versuchsschiff WULLENWEVER belegen die Treffer im Balkenkreuz der Zielanordnung, die als Geräuschquelle das Gerät "Sieglinde" (Geräuscherzeuger) montiert hatte.

Die SP-Anlage sollte noch eine optische Darstellung für die Ziele im Nahbereich erhalten, was 1944 bei der Firma Atlas als Anlage "Most" noch in Entwicklung war. Wie in der SP-Anlage wurden die Anordnungen der

Schwinger und Empfänger für diesen Zweck nochmals verändert im Heckbereich angeordnet und das Gerät wurde noch vor Kriegsende auf U-38 erfolgreich erprobt.

Ebenfalls für den U-Boot Typ XXI wurde das Gerät "Hildebrand" von der NVK entwickelt, welches eine Übersicht für sämtliche Horchpeilungen über das gesamte Operationsgebiet ermöglichen sollte. Ein Prototyp der Anlage wurde noch mit dem komplizierten Anzeigeverfahren, anstatt einer Kathodenstrahlröhre, Ende 1944 auf dem Versuchsschiff LABOE getestet. Bei der endgültigen Version der Anlage wurde die Hälfte der Reichweite der herkömmlichen GHG erwartet, weshalb gleichzeitig auch andere Peilverfahren weiterverfolgt wurden.

Rechnerisch konnte z.B. bei einem in Ruhe und, bei mittels Kompensation der Fahrtrichtungs-, Geschwindigkeits- sowie dem Zeitfaktor, auch bei einem in Fahrt befindlichen U-Boot ein Gegner an der Wasseroberfläche nach seinem Kurs und Fahrt geortet und gepeilt werden. Bei eigener Schiffbewegung ist lediglich ein größerer Zeitraum für die Beobachtungen nötig. Die theoretischen Berechnungen führten zu einem Passiv-Ortungsgerät "Felchen", welches von Atlas mit der NVK-Stelle Kressbronn am Bodensee erprobt wurde. Der Prototyp war noch 1-2 Jahre von der Serienfertigung entfernt, erzielte aber mit einem U-Boot im Bodensee bereit bis 5 km Entfernung gute Resultate. Die Anlage hatte eine Basis von 17 m Länge mit drei Magnetstriktionsschwingern auf 15 kHz.

Explosionen von Wasserbomben sind nicht zu überhören und im Prinzip erübrigt sich zunächst eine genaue Ortung. Aber unter dem Aspekt der genaueren Lokalisation einer Serie von Unterwasserdetonationen und der dadurch folgenden Möglichkeit den Kursen der U-Boot-Jäger ausweichen zu können, war eine solche Ortungs- und Anzeigeoption für die immer schwierigere Lage der U-Boote im Atlantik jedoch überlebenswichtig. Das Gerät "Zollstock" sollte über die Amplituden der Druckwellen (bei Wasserbomben gleicher Detonationsstärke) die Entfernung zum U-Boot anzeigen. Zwischen 100 und 1.000 m wurde ein Thyratron durch das einzige Mikrofon der Anlage gezündet unter 100 m alle beide Thyratrons, doch die Richtung der Detonation konnte immer noch nicht ermittelt werden. Dieses Gerät konnte vor Kriegsende mit nunmehr sechs Mikrofonen fast noch abgeschlossen werden. Der Versuch mit der Anlage auf U-38 vor Pelzerhaken war erfolgreich verlaufen, neben den Entfernungen der Detonationen konnten diese mit 1,5 Grad Genauigkeit in der Richtung lokalisiert werden.

Die Unterwasserortungsanlagen sollten nicht nur bei den U-Booten, sondern auch bei den Überwassereinheiten ihre Vorteile in der Seekriegsführung zeigen, für Schiffe und Boote wurden die neuen Ortungsanlagen gegen Kriegsende für die Verteidigung fast noch wichtiger. In einer Anweisung der Kriegsmarine vom 10. Oktober 1940 wurde der Einbau der neu entwickelten Bugwulst-Wasserschallortungsanlage mit feststehenden Schwingergruppen für die BISMARCK, TIRPITZ, GNEISENAU, SCHARNHORST, SEYDLITZ und ADMIRAL HIPPER befohlen.

Anfang des Jahres 1940 hatten die Versuche begonnen, Signale der Sonaranlagen für die Anwendung des Dopplereffektes hörbar zu machen, um zwischen ruhenden und beweglichen Zielen unterscheiden zu können. Für die Tochteranzeigen auf Überwasserschiffen wurde ebenfalls die Anzeige des "Magnetkino" mit elektromagnetischem Aufzugs- und Ablaufregelwerk verwendet. Ab Juli 1941 wurden monatlich 30 der Anlagen SGK ("Magnetkino") geliefert und ab Dezember auch die dazugehörigen Tochtergeräte in monatlichen Stückzahlen von etwa 40. Von den 1942 gefertigten 333 Anlagen waren 99 mit einem Generator von AEG ausgerüstet und bis Ende 1942 waren insgesamt fast 1.500 der S-Anlagen ausgeliefert. Die Ausrüstung der U-Boote war jedoch 1941 zunächst ganz eingestellt worden, was ein Fehler der deutschen Marineleitung war, da die Anlagen nicht nur dem Angriffspotenzial, sondern auch einer Verteidigung der U-Boote hätten dienen können.

Die technischen Entwicklungen der deutschen Firmen waren aber glücklicherweise trotzdem weiter vorangeschritten und brachten nun Ortungsanlagen für die U-Boote, deren Bauform besser für deren Zwecke angepasst war. Im Juni 1943 war die Erprobungsgruppe "Sultan" gebildet worden, die im November von Elac eine modifizierte SZ-Anlage für den Einbau in U-393 erhielt. Die insgesamt 10 umgerüsteten Anlagen des gleichen Typs erhielten nun für die Erprobungen im Dezember 1943 vor Bornholm die Bezeichnung S-Mi ("Mime"). Anfang 1944 kamen Versuche mit dem Zielschiff SEEBURG, das durch verschiedene Umbauaktionen immer wieder Gotenhafen anlaufen musste. Weitere Versuche erfolgten mit U-393 im Sommer 1944 zwei Wochen lang vor der Sperrwaffenschule in Apenrade (Dänemark).

Von der kleineren SU-Anlage "Mime" mit 5-kW-Impuls waren bis Mitte 1943 für die U-Boote acht Prototypen entstanden, wodurch aber die Forschung an den kompakteren S-Anlagen des Typs "Nibelung" und "Notung" (mit Anzeige über eine Braunsche Röhre) vernachlässigt werden musste. Bis Ende des Jahres erreichten 422 dieser S-Anlagen die Marine, die "Mime" ging hingegen nicht mehr in Serienfertigung. Über 1.500 Stück der SH-Anlage (mobile S-Anlage mit Handbetrieb = H) mit Serienbezeichnungen SH-100 bis SH-4000 wurden von 1940 bis 1942 hergestellt, aber nur wenige davon wurden an Bord auch installiert. Bei den U-Booten wurden sie, wenn vorhanden, selten oder aus Sicherheitsgründen überhaupt nicht eingesetzt, um den eigenen Standort nicht zu verraten. Insofern hatte die Einstellung der Produktion von aktiven Sonaranlagen seitens der Marineführung also im Einsatz keine Auswirkung.

Eine kleinere Anlage mit 50/500W Leistung anstatt der 3 kW erzielte hingegen als Minenmeide-Sonar im Oktober 1939 in Versuchen mit U-11 so beeindruckende Resultate, dass es sofort als SN-Anlage (N = Nah) in Auftrag gegeben wurde. U-570 besaß bei seiner Erbeutung eine der neuen SN-Anlagen. Auch in den deutschen U-Booten konnte die Anlage in trichterförmiger Haube am Vordersteven nicht die gewünschten Resultate erzielen und wurde deshalb nur in wenigen Exemplaren weiter eingebaut. Die Versuche von U-11 waren im kalten Wasser bei gleichmäßiger Temperatur ohne Schichtenbildung erfolgt und dadurch zu günstig für eine objektive Beurteilung ausgefallen. Am 24. April 1942 wurde bestimmt, die SN-Anlage nicht weiter in die U-Boote einzubauen.

Die in den Kriegsjahren bis 1943 stetig verbesserten und modifizierten, mobilen S-Anlagen sollten nach gründlicher Überarbeitung in einer kompletten Neukonstruktion für die Boote überführt werden. Da dies aber nicht vor 1945 abzuschließen war, wurde aus der modernsten Version des SH-Geräts und des Projektes der SR-Anlage als Zwischenlösung die SZ-Anlage konstruiert, deren Basis nicht mehr ausfahrbar, sondern fest unter einer Abdeckhaube in den Bootsrumpf integriert wurde. Aufgrund neuer Bootstypen mit größerer Tauchtiefe und notwendigen erhöhten Ortungsreichweiten musste auch diese Anlage nochmals modifiziert und verbessert werden (SU-Anlage).

Da die neuen U-Bootstypen wie XXI überwiegend für Fahrt und Angriffe unter Wasser konzipiert waren, bekam die Unterwasserortung gegen über dem Periskop eine hervorgehobene Bedeutung. Deshalb sollte hier eine neue Anlage SUR eingebaut werden (die SU-Anlage "Nibelung"), bei der aber schon abzusehen war, dass die ersten 40 neuen Einheiten des Typs XXI noch ohne das Gerät auskommen mussten. Der Nahbereich der SU-Anlage "Nibelung" war mit 1.000 m vorrangig zur Minenortung gedacht, während der Bereich bis 8.000 m der Lageaufklärung dienen sollte. Bei optimalen Ausbreitungsbedingungen und Schleichfahrt (3 kn) sollte damit bei einem sehr geringen Seegang gegen ein 12.000 Tonnen großes Schiff eine Ortung über 12 km möglich sein, bei einem Seegang von 4 noch über 4.000, bei Seegang 6 noch über 1.500 m. Etwa 80 der SU-Anlagen wurden bis Kriegsende noch ausgeliefert. Die ersten "Nibelung" konnten Ende 1944 in die U-Boote Typ XXI eingebaut werden.

Von der Marine wurde aber ferner eine Rundsichtanlage nach Prinzip "Sternschreiber" bei den Radaranlagen für die Unterwasserortungsanlagen gefordert und nach den Versuchen im Jahre 1941 konstruierte die GEMA z.B. das "SR-Kino". Das Sichtgerät "Nibelung-1A" und "Nibelung-1B" hätte im Spätsommer 1944 noch in den U-Booten installiert werden können, wenn die Marine sich nicht geweigert hätte, die Anlagen aufgrund der Verwendung von Röhren aus der Luftwaffenproduktion einzuführen. In der Versorgung der Marinedepots waren nur die Standardröhren vorgesehen und die speziellen Behörden-, Luftwaffen- oder Heeresentwicklungen in der Röhrentechnik hätten in Nachschubproblemen resultieren können, weshalb die Kriegsmarine strikt auf die Verwendung der herkömmlichen Baumuster achtete. Der Umbau auf die Standard-Stahlröhren bewirkte nun allerdings einen Zeitverlust von über vier Monaten, wodurch bis Kriegsende nur noch wenige "Nibelung" zur Erprobung und in den Einsatz kamen. Die Anlage "Notung" unterschied sich zur "Nibelung" nur durch den Befehlsübermittlungseinsatz (BÜ) zur Weitergabe der Ortungsergebnisse. Im Jahr 1944 hatte alleine die GEMA nochmals 302 S-Anlagen in verschiedenen Versionen an die Marine ausgeliefert.

U-2506 erprobte im Dezember 1944 vor Pillau die SUR-Version und mit der SU-Anlage konnten am 29. Dezember Messungen gegen die 10 kn laufende DONAU bis in 8.000 m Entfernung vorgenommen werden. Nach den Erfahrungen wurden Änderungen auf U-3504 durchgeführt, welche aber bei weiteren Versuchen vor Hella am 9. und 10. Januar 1945 und mit U-3003 in der Geltinger Bucht keine zufrieden stellenden Verbesserungen erbrachten. Mit U-2506, U-2511 und U-3504 wurde vor Bornholm eine Übung mit 13 Schiffen angesetzt, bei der die U-Boote zum ersten Mal für den Angriff kein einziges Mal mehr auf Seerohrtiefe kamen. Sie erzielten die besten Ortungsergebnisse in einer Tiefe von 40 m mit einer Ortungsreichweite von 20 bis 40 km und waren nun in der Lage unter Wasser ihre Ziele zu finden und zu verfolgen (mit "Nibelung", Zielauflösung 4.000 bis 8.000 m) sowie auch die Daten für einen Angriff zu ermitteln ("Nibelung", aktiver Impuls, Zielauflösung 3.000 bis 4.000 m). Das Absetzen von den Eskorten gelang ebenfalls, da die Technik in dieser Zeit zwar den Empfang der Einzelimpulse der U-Boote auf den Überwassereinheiten ermöglichte, nicht aber eine Peilung der Ziele unter Wasser. Voraussetzungen für einen derartigen Unterwasserangriff waren aber gute akustische Verhältnisse sowie eine sehr genaue Kopplung und gute Bedienung der Geräte. Der Geleitzug sollte idealer Weise weiterhin von vorn kommen, da ein Überholen nur schwer möglich war. Das Sehrohr diente nur noch dazu, sich vor dem Angriff einen Überblick über die Lage des Konvois zu machen und die ermittelten Daten abzugleichen.

Beim Kriegseintritt der Vereinigten Staaten von Amerika im Jahre 1941 hatten alle 170 Zerstörer bereits Sonaranlagen an Bord, die bei einer Höchstgeschwindigkeit von 15 Knoten noch Ortungsergebnisse liefern konnten. Bis zu diesem Zeitpunkt war den deutschen U-Booten in 95% der Fälle noch ein Entkommen nach der Entdeckung in einem Angriff gelungen. Bei der Landung in der Normandie wurden Echolote und Sonar dann auf alliierter Seite auch zur Navigation und Erkennung von Unterwassersperren eingesetzt. Der Seekrieg im Atlantik hatte seinen Höhepunkt überschritten und die verbleibenden technisch innovativen U-Boote kamen aufgrund der Luft- und Überwasserüberlegenheit zu keinen ausschlaggebenden Operationen mehr. Die technologische Überlegenheit der deutschen Unterwasseranlagen und U-Boote hatte ihre Bedeutung verloren.

Die ersten deutschen U-Boote, welche die Ortungstechnik der Alliierten durch Zielortung und Gegenangriff aus größerer Wassertiefe wieder hätten neutralisieren können, kamen zu spät zum Einsatz. U-2511 und U-3008 waren die einzigen U-Boote, die mit der neuen Version der SU-Anlage "Nibelung" noch Feindkontakt hatten. Da aber bereits das Angriffsverbot vom OKW ausgesprochen worden war, kam es zu keinem aktiven Kampfeinsatz mehr. In Verbindung mit dem drahtgelenkten Torpedo "Lerche", wären diese U-Boote zu einer neuen Gefahr der Konvois im Atlantik geworden. Die deutschen Verfahren und Techniken legten damit den Grundstein für Unter- und Überwasserwaffensysteme, deren Effizienz bis zur Versenkung des Kreuzers BELGRADO und der SHEFFIELD vor den Falkland-Inseln nachweisbar ist.

Neben den Angriffssonaranlagen gab es weitere Entwicklungen zur Navigation und zum Eigenschutz der U-Boote und Schiffe. Als Prototyp entstand z. B. die UT-Boje "Undine", welche getauchten U-Booten die Einfahrt in enge Gewässer ermöglichen sollte. Ihr Relaissender war mit einem abgewandelten Gerät "Erstling" in einem Minenbehälter untergebracht. Nach Aktivierung durch verschlüsselte Schallimpulse (Impulszahl- und Dauer, ca. 5-ms-Impuls) wurden an die S-Anlagen verschlüsselte Antwortzeichen zurückgesendet. Mit zwei auswechselbaren Steckkarten konnte über den angepassten "Erstling" den

Rhythmus und die Frequenz der gesendeten Zeichen zu einer Melodie umformen (Melodienschlüssel), die an Bord über den Hörzusatz der S-Anlagen vom Horcher empfangen wurde.

Die SU-Anlage wurde ebenfalls als Minenmeide-Sonar schon in den Anfängen erprobt, aber die Ortung der Minen setzte Anlagen mit anderen Spezifikationen als die herkömmlichen, weitreichenden Unterwasserortungsgeräte voraus. Elac entwickelte ein spezielles Gerät zur Ortung von Grundminen in einem Sektor von 30 Grad zur Schiffsvorausrichtung mit einer maximalen Reichweite von 400 m, bei dem die Anzeige der Objekte mittels Glimmlampen erfolgte. Auch hier ging die Entwicklung der Geräte zu höheren Frequenzen, kürzeren Impulsen (80 kHz mit 20-ms-Impuls, bis Kriegsende 175 kHz mit 1-ms-Impuls), was auch ein besseres Auflösungsvermögen ermöglichte. Es kam aber weder zur Einführung dieser am Bug montierten Anlagen, noch zur Fertigung der ST-Anlage für die Ortung von Unterwasserobjekten durch die U-Jagdfahrzeuge. Von ihr gab es lediglich fünf Versuchsmuster, die eine Reichweite von 1.000 m in Test nachweisen konnte und welche auf einer Skala in fünf Bereichen die Ziele anzeigte.

Die 1941 von der Elac gefertigten Prototypen der ST-Anlage arbeiteten in der Impulsfolge des SN-Gerätes, mit schräg nach unten gerichteter Vierstreifenbasis. Die optische Anzeige konnte bewegt und mittels eines Strichgitters markiert werden, wobei ein internes Rechenwerk die Entfernung und Tiefe errechnete. Durch mehrmalige Peilung konnte das Schiff dann genau über dem Objekt für einen Angriff positioniert werden.

Da weder die Anlage SUR noch die ST gefertigt wurden und die Minenbedrohungen für die deutschen U-Boote stetig anwuchsen, wurde Anfang 1945 aus beiden Projekten eine kombinierte Minenmeide- und Schiffsortungsanlage "Minur" konstruiert, die eine Drehbasis der Anlage "Nibelung" auf dem Vorschiff und feste Schwinger erhalten sowie in einem Balkon die Basis der Anlage SUR und den unteren Schwinger der Anlage ST aufnehmen sollte, doch vermutlich wurde aber auch diese Anlage auf keinem der U-Boote mehr installiert.

Als eine der letzten Entwicklungen gelangte am 19. Januar 1945 der 6-kW-Schall-Sender "Laurin" als Prototyp noch die NVA in Kiel, dessen 20-ms-Impuls eine Folge von 3 Sekunden hatte. Für die Klein-U-Boote wurde noch das einfach aufgebaute Ortungsgerät "Hake" (30 oder 80 kHz) geplant, welches per Handrad oder automatisch auf das Ziel geschwenkt werden sollte. Bei einer Besprechung am 14. März 1945 wurde entschieden das Gerät sofort in das Notfertigungsprogramm aufzunehmen, doch es wurde keines mehr hergestellt.

Die in der Radar- und Aufklärung eingesetzte Ortung mittels Panorama-Anzeige war aufgrund der Ausbreitungsbedingungen des Schalls derzeit in gleicher Form für die Sonaranlagen nicht umsetzbar und bei den U-Booten die dafür notwendige konstante Aussendung der Schallimpulse außerdem auch unerwünscht. Lediglich ein Prototyp "Sarotti" wurde zur Anzeige der Ziele in der Empfangskeule vom NVK fertig gestellt. Auf einer Kathodenstrahlröhre wurden alle reflektierten 15-kHz-Impulse einer S-Anlage als leuchtende Ziele in Peilrichtung, Entfernung und seitlichem Abstand angezeigt.

Die Probleme konnten aber bis Kriegsende nicht mehr zufrieden stellend gelöst werden, weshalb zusätzlich das Gerät "Aladin" entwickelt wurde. In dieser Anlage wurde eine Impulswelle in alle Richtungen abgestrahlt und die Echos in einer Anzeige mit Polarkoordinaten sichtbar gemacht. In ersten Versuchen wurde eine Zweistreifenbasis mit zwei Mikrofonen verwendet, die eine halbe Wellenlänge voneinander entfernt waren. Es war dabei noch keine 360-Grad-Ortung und keine Unterscheidung der Nutz- und Störsignale möglich, aber die Erprobungen wurden positiv bewertet. Die zweite und verbesserte Versuchsanordnung wurde jedoch durch Bomben zerstört und konnte ihre Leistungsfähigkeit nicht mehr unter Beweis stellen.

Schon bei den deutschen S-Anlagen war in Versuchen festgestellt worden, dass unterschiedliche Wasserschichten die Ortung Unterwasser verhindern konnten, da die Übergangsschichten die Ortungsimpulse reflektierten. Hier entstand die Idee, das Ortungsgerät unterhalb der Temperaturschichten hinter dem Schiff oder U-Boot herzuziehen. Das Prinzip des heutigen "Towed-Array" wurde in der

Kriegsmarine bereits in Form des Gerätes "Lindwurm" geplant und konzipiert, kam aber ebenfalls bis zum Kriegsende nicht mehr aus der Planungsphase.

Während in Deutschland die HF/DF-Anlagen der Amerikaner und Briten unterschätzt wurden, so wurde von den Alliierten die Eigenschaften des Gruppenhorchgerätes (GHG) kaum beachtet. Das gekaperte U-570 (nach dem Krieg H.M.S. GRAPH) wurde erst ein Jahr nach seiner Erbeutung am 27. August 1941 auf die Leistungsfähigkeit des Gruppenhorchgerätes untersucht, welches dem Boot eine maximale Peilung der Schrauben- und Maschinengeräusche der Überwasserschiffe mit 1-2° auf 50 km Entfernung ermöglichte. Die GHG waren Teil der überlebenswichtigen Sensoren, aber aus dem detaillierten Bericht der Untersuchung wurden auf alliierter Seite keine Konsequenzen gezogen. Lediglich das Diagramm der Netzabweiser-Antenne des U-Boots wurde vermessen und die Ergebnisse resultierten in Anweisungen für die Bediener des HF/DF-Gerätes.

In Deutschland wurden aus Geheimhaltungsgründen die zuständigen Fachleute für Strömungstechnik und Akustik erst im Februar 1944 über die höhere Unterwasserfahrt (> 17 kn bei den "Walter"-U-Booten) und der resultierenden Forderung des OKM bezüglich "Horchen auch bei Höchstfahrt" unterrichtet. Hellmuth Walter hatte in Kiel den neuen Antrieb entwickelt und auch den Schnorchel für die Diesel-U-Boote konstruiert. Die neue Technik war jedoch noch nicht einsatzreif und auch die dafür notwendigen akustischen und waffentechnischen Veränderungen mussten noch erfolgen. Die späte Korrektur an der Bootsform dauerte bis zum Februar 1945, wobei die bessere Horch- und Auffassungsbedingungen durch ein schlankeres Strömungsprofil des Turmes sowie die Entfernung eines Flutschlitzes erreicht werden konnten.

Bei den U-Booten der Typen VII-C und IX-C wurde der Schritt zu kombinierten Sonar- und Echolotanlagen (Atlas/Elac) unternommen, die wahlweise von der Zentrale geschaltet werden konnten. Hier wurden ebenfalls die optischen Anzeigemethoden weiterentwickelt, die den Einsatz wesentlich vereinfachten. Um die bisherigen Ungenauigkeiten und Probleme zu beseitigen, war bei der Firma Elac die "Echowaage" entwickelt worden, bei der die Wassertiefe als stehende Zahl erschien und Störungen ausgeblendet wurden. Bei den Erprobungen vor Bornholm zeigte das Gerät selbst bei Sturm noch Wassertiefen von 120 m genau an, als andere Geräte durch die Wasserwirbel nur noch strahlenförmige Blitze lieferten. Die weiter verbesserte Version der "Echowaage" sollte 1945 als Einheitsgerät für die Kriegsmarine noch in Serie gehen.

Die Ortungsmöglichkeiten der eigenen Streitkräfte zu verbessern ist der eine Schritt, sie selbst vor feindlicher Ortung zu schützen der andere. Schon vor dem 2. Weltkrieg wurde das englische ASDIC (14-22 kHz) als eine Gefahr für die Unterwasser sehr langsamen U-Boote erkannt, weshalb in Zusammenarbeit mit dem Heinrich-Hertz-Institut der TU Berlin in der Schwingungsforschung die Materialien und Stoffe untersucht wurden, die den Frequenzbereich von 8 bis 30 kHz möglichst absorbieren konnten. Das Resultat der Forschungen für die Kriegsmarine war die pyramidenförmige Anordnung von Gummiprismen, die heute noch in allen Studios und Schalllaboren in Schaumstoffausführung verwendet wird.

Für die U-Boote wurde auch der Schutzmantel "Fakir" entworfen, der aber auf der Außenhaut durch eine zusätzliche Hülle umgeben werden musste, was sich im Einsatz als ungeeignet erwies und der deshalb nur in Versuchsanordnungen der NVK (z.B. bei U-11) und z.B. im geschlossenen Raum der SU-Basis auf den U-Booten verwendet werden konnte. Bei dem Schutzmantel "Fakir" wurde für den Bootskörper eine doppelte Gummischicht mit Luftbläschen 1939 hergestellt, deren Anzahl auf die abzuschirmende Frequenz abgestimmt sein musste. Die Herstellung der noch komplizierteren Gummischicht "Alberich" wurde deshalb den Firmen IG Farben Höchst, in Zusammenarbeit mit den Gummifirmen Continental (Hannover), Phoenix (Hamburg) und Semperit (Wien) übertragen.

Für die ersten Tests mit den Schutzschichten wurde im Mai/Juni 1941 das U-Boot U-67 mit 2-x-1 Meter großen Gummiplatten in Wilhelmshaven beklebt, die sich aber schon auf der Fahrt nach Kiel teilweise wieder lösten. Nach einer erneuten Werftliegezeit in Kiel ging das Boot mit dem Versuchsboot LABOE nach

Apenrade und Berichte des Dr. Kaiser belegen eine völlige Absorption der Impulse der deutschen S-Anlage. Weitere Versuche fanden mit dem Versuchsboot STRAHL im August 1941 im norwegischen Lo Fjord statt, doch immer wieder lösten sich die Platten und man musste erneut reparieren. Neben der Haltbarkeit der Beschichtung war die Wirksamkeit der Absorption bei den weiteren Versuchen als problematisch bewertet worden. Nur unter bestimmten Temperaturen und Salzgehaltwerten des Wassers konnten befriedigende Werte erzielt werden, weshalb nur UD-4 (O-26) im August 1941 noch mit der Gummihaut ausgestattet wurde. Erst im Herbst 1942 stand ein verbesserter Kleber zur Verfügung, der auch bei der überwiegenden Überwasserfahrt der U-Boote die Gummiplatten gegen den Wellenschlag am Bootsrumpf halten konnte.

Bei den Erprobungen im März 1943 mit U-470 vor Arendahl hielt die Beschichtung wesentlich besser und im norwegischen Björne Fjord wurde bei einer Tiefe von 100 m eine Minderung der Reflexion der Ortungsimpulse von ca. 17 % gegenüber einem herkömmlichen U-Boot ermittelt. Da U-470 am 16. Oktober 1943 durch Wasserbomben von U-Jagd-Flugzeugen vernichtet worden war, erhielt U-480 als nächstes Boot die Beschichtung und U-485, U-486, U-1105 bis U-1107 sowie U-1304 und U-1306 waren nach den erfolgreichen Ergebnissen dafür vorgesehen. Nach verschiedenen Einsätzen konnte U-480 im stark überwachten englischen Kanal zwei Dampfer und zwei Begleitfahrzeuge versenken und obwohl die ASDIC-Impulse im U-Boot selbst deutlich zu hören waren, wurde das U-Boot nicht geortet und bekämpft. Der Kommandant, OLtzS. Förster, schrieb diesen Umstand zum größten Teil der Schutzschicht zu.

Von den neuen Typ XXIII konnten nur noch U-4704 und U-4708 mit den Buna-Folien des "Alberich"-Verfahrens fertig gestellt werden, wobei nun eine innere Grundfolie und äußere Deckschicht getrennt von 2 mm Stärke aufgebracht wurden. Während U-4704 beim Kriegende im Hörup Haff selbst versenkt wurde, liegt U-4708 seit seiner Versenkung durch eine Fliegerbombe noch heute im Bunker "Kilian" in Kiel. Die Marinewerft in Kiel war für die weitere Beklebung der U-Boote vorgesehen. Das Kriegsende erlebten nur zwei VII-C-U-Boote mit "Alberich"-Schicht, das U-485 und U-1105, wobei die Versenkungen der anderen ausgerüsteten U-Boote von U-480, U-486, U-1106 sowie U-1107 in keinem Zusammenhang mit einer Ortung durch ASDIC standen. U-1304 und U-1306 waren hingegen noch im Ausbildungsbetrieb und diese versenkten sich selbst in der Flensburger Förde.

Neben den Schutzschichten und dem Schnorchel wurden zur Täuschung der U-Boot-Jäger zusätzlich noch verschiedene andere Abwehrmittel gefertigt. Mit kleinen Drahtkäfigen und Kalziumhydrit wurden im Juli 1941 mit U-93 Versuche in der Biskaya durchgeführt. Als das U-Boot am 11. September 1941 nachts auftauchen musste, konnte es die bisherige Ortung der U-Boot-Jäger durch den Abwurf der restlichen Versuchsbehälter täuschen und in der Dunkelheit entkommen. Ab 1942 erhielten deshalb alle U-Boote im Heck eine Ausstoßmöglichkeit für den Täuschkörper "Bold", der allerdings in den größeren Tiefen nicht mehr wirksam war. Bis zum Kriegsende wurde die Entwicklung deshalb noch bis zur 5. Version für Tiefen bis 200 m vorangetrieben.

Durch die Schleuse des Täuschkörper "Bold" konnte auch der beim ersten Unterwasserstart einer Rakete im Oktober 1944 vor Bornholm als Zielkörper verwendete Geräuscherzeuger "Sieglinde" ausgestoßen werden. Er imitierte für den Horcher des U-Boot-Jägers für etwa eine halbe Stunde ein älteres U-Boot mit 4-6 kn Fahrt und wirkte in bis 2 km Entfernung. Für den Einsatz des Täuschkörpers wurde ein Schwimmkörper benötigt, von dem die ersten vier erst am 28. Oktober 1944 von der Firma AEG-Electrochemie in Pressnitz geliefert werden konnten und denen nur 15 weitere Stück am 2. November folgten. Der Gesamtauftrag von 7.200 Schwimmkörper (monatlich 1.200) war illusorisch und eine Serienfertigung wurde nicht mehr erreicht. Lediglich von U-2511 ist bekannt, dass es beim Auslaufen zur Feindfahrt den Geräuscherzeuger "Sieglinde" an Bord hatte.

Eine ähnliche Funktion wie "Sieglinde" sollte auch der etwas größere und 10 dB lautere Täuschkörper "Brunhilde" haben, doch die Entwicklung konnte nicht mehr abgeschlossen werden. "Siegmund" war die Planung einer Geräuschboje mit 75 cm Höhe und 30-40 cm Durchmesser, die durch regelmäßige

Detonationen (alle 10 Minuten) die Horchgeräte bzw. die Empfindlichkeit der Ohren der gegnerischen Horcher beeinflussen sollte, was dann allerdings auch im U-Boot selbst der Fall gewesen wäre. Die Lieferung konnte aber erst zum 15. Januar 1945 erfolgen, während die Zeichnungen zum Einbau in den Typ XXVI erst am 27. Januar fertig gestellt wurden und weshalb sehr wahrscheinlich nie ein Gerät eingebaut worden ist. Alle hier aufgezählten Geräte kamen aber in dieser oder einer ähnlichen Form später in allen Marinen der Welt zum Einsatz.

Gleichzeitig wurde versucht, die U-Boote zumindest während der Schleichfahrt auch möglichst leise zu halten. Das Unterseebootsabnahmekommando (UAK) unterhielt für die Tests und Versuche die Unterseebootsabnahmegruppe (UAG) in Kiel unter KKpt. Günter Sperling mit Außenstellen in Vogelsang, Kahlberg sowie Hasle und Nexö auf Bornholm. Die geräuschgedämpften internen Anlagen durften maximal 70 Fon abstrahlen und bis zum Ende des Krieges waren fast alle Bemühungen auf die Schleichfahrt ausgerichtet. Die letzten Protokolle erlaubten 1944/45 mit allen Haupt- und Hilfsaggregaten in 500 m Entfernung keine größere Geräuschemission als 26 dB für die Abnahme der U-Boote.

Die Begegnung von U-2513 mit einer britischen U-Jagdgruppe zeigte die Wirksamkeit der umgesetzten Erfahrungen. Durch Verhöre von Gefangenen und andere Quellen waren die Alliierten bereits 1944 über die neuen U-Boot-Typen informiert, schlossen aber aus höheren Geschwindigkeiten über und unter Wasser auch auf einen automatisch wesentlich höheren Geräuschpegel. Nach ausgiebigen Tests mit U-2513 in den USA wurde festgestellt, dass die Horchgeräte das Boot bei Schleichfahrt von 5-6 kn selbst in 200 m Entfernung noch nicht orten konnten, während ein Frachter in 13 km Entfernung eindeutig identifiziert wurde. Die hohe Schleichfahrt hätte es den deutschen U-Booten gleichzeitig ermöglicht, sich aus dem Bereich der Verfolger schneller abzusetzen, um sich dann mit noch höherer Fahrstufe in Sicherheit abzusetzen.

Wie bei der Funkmessortung, dem Radar, war auch bei den Unterwasserschallanlagen die Technik im 2. Weltkrieg noch relatives Neuland und somit oftmals erst eine wenig organisierte und strukturierte Ausbildung vorhanden. In allen Streitkräften hatte die Ausbildung in der Truppe zwangsläufig Priorität und vorausgehende Lehrgänge gab es erst relativ spät nach Einführung der jeweiligen neuen Anlagen. Am 14. Januar 1945 wurde für die Unterwasserflottille die 18. U-Bootflottille als Ausbildungseinheit in Hella (Kommandeur FKpt. Franzius) aufgestellt. Die Aufstellung war für den Beginn einer effektiven Ausbildung zu spät gekommen und die Flottille wurde am 7. März 1945 bereits wieder außer Dienst gestellt. Die bisherige theoretische Unterweisung erfolgte weiterhin auf dem Schiff WALTER RAU bei der 24. U-Bootflottille in Gotenhafen, die praktische Bordausbildung an den Geräten auf U-750, U-1161, U-1162, DU-4 sowie UA, wobei die Lehrgänge für Kommandanten und Oberfunkmeister jeweils 14 Tage dauerten.

Aktive und passive Unterwasserschallortung nach 1945

Unterwasserhorchanlagen waren von der Kriegsmarine aber auch nicht nur an Bord von Schiffen und Booten sondern z.B. auch vor wichtigen Hafenanlagen eingerichtet worden, so z.B. bei der Insel Gröttnes, ca. 40 km nördlich von Tromsö in Norwegen. Die amerikanische, britische und auch die sowjetische Marine hatten teilweise akustische Ketten mit Unterwassermikrofonen in flachen Gewässern, speziell vor den Häfen installiert um speziell gegnerische U-Boote aufzuklären.

Daran angelehnt begannen die USA in den 50er Jahren mit dem Aufbau ihres Sound Surveillance Under Sea (SOSUS), welches mit einem Netz von empfindlichen Mikrofonen die Weltmeere durchzieht. Unter dem Decknamen "Cäsar" wurden erste Mikrofone vor Sandy Hook im Süden Manhattans verlegt, gefolgt von einem Tiefwassersystem (400 m) in den Bahamas 1952, denen sechs Ketten im Atlantik und im Jahr 1958 eine erste Kette im Pazifik folgten.

Hier liegen die Anfänge der modernen Unterwasserortungsketten in den Weltmeeren. Um eine Ortung zu erschweren bzw. zumindest den Schiffstyp durch die individuelle Geräuschkulisse nicht zu verraten, wird die Eigenakustik heute auch durch künstliche Störgeräusche verzerrt oder verdeckt. Mit Computern und neuronalen Netzen werden diese Eigengeräusche wieder isoliert und die Gegenmaßnahmen ausgeglichen. Die SOSUS wurde über die Ozeane immer mehr erweitert und die Daten mit den Towed-Array-Sonaren von Unter- und Überwasserschiffen sowie U-Jagd-Flugzeugen nach der Integration im Integrated Undersea Surveillance System (IUSS) abgeglichen. Die gesammelten Daten werden durch Regional Evaluation Center ausgewertet und dann im Ocean Surveillance Information System (OSIS) im Atlantik, Pazifik, den europäischen Gewässern, den Fleet Command Centers sowie dem Naval Ocean Surveillance Center (NOSIC) in Suitland/Washington zur Verfügung gestellt. Hier können die Daten auch von den nationalen Kommandostellen der Verbündeten abgerufen werden.

Verbessert und erweitert wurde das SOSUS durch ein Fixed Distribution System (FDS), welches auf Lichtwellenleitern basierend die leisen sowjetischen U-Boote in tiefen sowie in flachen Gewässern aufspüren soll. Dabei werden auch nichtakustische Sensoren eingesetzt. Für Diesel-U-Boote wurde das Advanced Deployable System (ADS) integriert, welches auch zur Erfassung von Minenlegeoperationen und Überwasserkontakten genutzt wird. Die Kontrolle von Hafeneinfahrten und Passagen durch Sensorik und Lichtwellenleiter leitet über zu einem sehr effektiven und verbundenen System der Verteidigung. Ein breitbandiges wie auch schmalbandiges akustisches Entdeckungs- und Ortungssystem für Wasserstraßen mit großem Verkehrsaufkommen ist das Sea Sentinel Undersea Surveillance System, welches z.B. im Puget Sound installiert wurde, der die Einfahrt zu einem der Heimathäfen der amerikanischen U-Boote im Pazifik darstellt.

Die Sowjetunion setzte seit 1960 auf die Luft-, Wasser- und Satellitengestützte Überwachung im System Soviet Ocean Surveillance System (SOSS), welches gleichzeitig auch der Überwachung und Führung eigener Einheiten dient. Waren die russischen Anlagen technologisch oft nicht so ausgereift wie die Westlichen, so wurde auch hier durch Masse, also einer größeren Anzahl von Sensoren versucht einen Ausgleich zu schaffen. Durch die große über Land verbundene Fläche der Staaten des Warschauer Paktes hatten Unterwasserortungsanlagen dort auch nie die Bedeutung wie in der NATO, deren Staaten wichtige Seewege die Verbindungen der USA mit ganz Europas waren.

Nach dem 2. Weltkrieg musste auch auf dem Gebiet der Wasserschallanlagen erst wieder mit kleinen Schritten begonnen werden. Der Beginn der Echolotfertigung begann wieder unter Dr. Fahrentholz, der die Aufzeichnungsverfahren auf Papier (Deutschland), Elektrolytpapier (England) aus dem Krieg weiter verfolgte und mit dem amerikanischen Kohle-Aluminium-Papier das erste Magnetstriktionsecholot (15 und 50 kHz) in der Nachkriegszeit bei der Behm-Echolotfabrik herstellen konnte. In der Hochseefischerei wurden zum Auffinden der Fischschwärme weiterhin die "Fischlupe" und der "Fischfinder" gebaut, wovon Letzterer auch in großen Stückzahlen in die USA exportiert wurde. Nachdem Dr. Kietz 1941 eine Schaltung zur Verhinderung der Depolarisierung der Schwinger beim Kondensatorstoßbetrieb entwickelt hatte, war es nun möglich als Sender und Empfänger einen einzigen Schwinger zu verwenden und 1955 konnte der Dopplereffekt auch bei der Echolotauswertung nutzbar gemacht werden.

Damit waren in Deutschland auch die Grundlagen für den Bau eigener militärischer Unterwasserortungssysteme wieder gelegt und gleichzeitig wurden die internationalen wirtschaftlichen Kontakte wiederaufgebaut. Nachdem z.B. die Submarine Signal Co. in der Raytheon Manufacturing Co. aufgegangen war, konnte die Firma Atlas mit dem alten Geschäftspartner den Kontakt wieder aufnehmen und die amerikanischen Radaranlagen in ihr Lieferprogramm übernehmen.

Für die ersten U-Boote im Export wurden Sonarwarngeräte von Sarfare (DUUG/AUUG sowie VELOX-M2) bzw. ab 1975 die kombinierte Sonaranlage CSU 3-2 von Krupp-Atlas-Elektronik eingebaut. Das KUBA (Küsten-U-Boot-Panorama-Anlage) sollte mit den ca. 40 geplanten deutschen Klein-U-Booten (4 bis 6 Mann Besatzung) die Überwachung des gesamten Ostseeraumes ermöglichen. Mit schwer zu peilenden Einzelimpulsen sollten die Ein- und Ausgänge der Ostsee abgesucht und eine schnelle und vollständige Seelagebild erstellt werden. Als Angriffssonar war die Anlage "Periphon" vorgesehen. Als GHG sollte eine

Bugbasis mit 144, eine Seitenbasis mit 24 und eine Heckbasis mit 12 Mikrofonen installiert werden. Diese umfangreiche Ausstattung ließ den Konstruktionsentwurf von 58 auf 80 Tonnen anwachsen, doch gebaut wurden die Boote letztendlich nie.

Nachdem die neuen Versuchs-U-Boote HANS TECHEL und FRIEDRICH SCHÜRER im Jahre 1966 wieder außer Dienst gestellt worden waren, wurden die Ortungsanlagen nun auf dem 1957 in der Flensburger Förde gehobenen U-2540 (WAL, dann WILHELM BAUER) sowie auf HAI und HECHT weiter erprobt, welches dann auch das Weitsonar-U-Boote (WSU), das Angriffssonar M1H und den dieselelektrischen Antrieb der Klasse 201 zu Testzwecken erhielt. Auch die Klasse 201 wurde durch die geplanten Geräte zwangsweise weiter vergrößert zur Klasse 205 und in der zweiten Serie zur Klasse 206. Die in den 1970er Jahren in Dienst gestellten U-Boote der Klasse 206 und 209 entsprachen in der elektronischen Ausrüstung somit dem Stand der 60er Jahre. Die verschiedensten Anlagen für Aktiv-, Passiv-, Entfernungsmessungs- und Sonarwarnbetrieb harmonisierten jedoch nicht miteinander und die Daten mussten durch das Bedienungspersonal zusammengeführt werden. Damit wurde aber der Mensch zum Schwachpunkt der Informationsübertragung, was einen hohen Ausbildungsstand gerade für Stresssituationen bedeutete.

Vor der 1964 eingebauten WSU erhielt das U-Boot WILHELM BAUER im Herbst 1962 noch die französische Anlage DUUX-2A (Alcatel) mit drei Empfangsbasen. Später wurden darauf z.B. auch noch die Änderungen an der KUBA-Anlage, das passive Torpedowarngerät TAG-N mit der dazugehörigen Kreisbasis (1972) und das UT-12 von Elac erprobt, bis es im November 1980 aus dem Betrieb genommen wurde. Das U-Boot der ehemaligen Kriegsmarine stellte 35 Jahre nach Kriegsende seinen Dienst auch für die Forschung ein. Die DUUX-2A hatte eine Basislänge von 20 m und arbeitete passiv zwischen 5 und 18 kHz +/- 45 Grad im Vorausbereich und wurde nach den Erprobungen auf den U-Booten der Klasse 209 eingebaut. Die Anlage wurde zur DUUX-5 weiterentwickelt, bei der die Ortungsgenauigkeit weiter verbessert werden konnte. Parallel dazu kam von Krupp Atlas Elektronik (KAE) aber auch die PRS-Anlage für die Export-U-Boote der Klasse 209 (Peru, Indonesien, Chile und die Türkei), die bereits vier Ziele automatisch verfolgen und vermessen konnte. Außerdem war eine automatische Übergabe der Werte an die zentrale Steuereinheit (CSU) und die Feuerleitanlage möglich.

Zwischenzeitlich war die Echolotanlage AN-681 "Neptun" zum Standard auf den deutschen U-Booten der Klasse 209 und vielen anderen Schiffen geworden, bis Ende der 70er Jahre das VE-59 (DSQN-11 von Elac) eingeführt wurde, bei der neben dem keramischen 50 kHz- auch ein 1-MHz-Wandler benutzt werden konnte. Die höhere Frequenz ergab im flachen Wasser genauere Ergebnisse, hatte aber auch eine geringere Reichweite, womit zugleich die Gefahr einer Entdeckung bei der Nutzung geringer war. Die Weiterentwicklung der Anlage ermöglichte eine direkte Messung der Schallgeschwindigkeit und wurde auf den U-Booten der Klasse 206A eingebaut.

Die 1958 als Ergänzung der WSU gedachte und relative kleine Anlage M1H (Typ AN-407 von KAE, H in M1H stand für die Howaldt-U-Boote) wurde die einzige aktive Sonaranlage der U-Boote der Klassen 201 und 205 sowie der Export-U-Boote bis 1975. Mit ihr konnte durch geteilte Suchstrahlen ein Seelagebild über 360 Grad erstellt werden oder z.B. auch nach Vorgaben des GHG nur ein bestimmter Sektor mit einem einzelnen Impuls abgesucht werden.

Die Weitsonaranlage WSU (6 Tonnen, 8 kW, 35-ms-Impuls) wurde anstatt der M1H hingegen auf allen U-Booten der Klasse 206 verwendet. Hier konnte erstmals auf einem Display der gesamte überwachte Seeraum zur Anzeige werden, während bei der M1H die Sektoren immer noch einzeln abgetastet werden mussten, was für die Bediener wieder unübersichtlicher war. Der kurze Impuls und die hohe Sendeleistung erforderten einen Stromfluss von bis zu 1.000 Ampere innerhalb von 0,5 Sekunden, weshalb eine Pufferbatterie mit Wärmetauscher für das Sonar installiert werden musste.

Da die U-Boote heute wesentlich länger getaucht bleiben können und deutlich geräuscharmer im Vergleich zu ihren Vorgängern sind, stellt die passive Unterwasserortung eines der wichtigsten Operationsgebiete dar. Hier haben die passiven Sonaranlagen im Bereich von 1 bis 10 kHz eine wichtige Funktion, wie schon in den ersten U-Booten der Klassen 201 bzw. 205. Die 288 Empfänger wurden in drei Gruppen zu 96 Sensoren in der Bugbasis sowie einer Heckbasis mit 19 Sensoren zusammengefasst. Nach Veränderungen an der Druckkörperdurchführung wurde dieses GHG AN-526 (Atlas) in der Marine eingeführt. Bei der automatischen Rundumsuche wurde eine Geräuschquelle als Keulendiagramm auf dem Bildschirm dargestellt und dann über ein Summen-Differenz-Verfahren eine Feinpeilung durchgeführt. Die Klasse 206 bekam hingegen die 288 Empfänger in einer Kreisbasis am Bug mit vier Gruppen á 24 Sensoren angeordnet, wodurch im Gegensatz zur Hufeisenbasis die Vermessung der Sensoren nun im Herstellerwerk erfolgen konnte und nicht mehr vom Bootsrumpf abhängig war.

Sonarwarnanlagen kamen für deutsche U-Boote anfangs nur von der Firma Safare (5 bis 40 kHz) und wurden serienmäßig bei den U-Booten der Klasse 205 verwendet. Der Goniometer DUUE für den errechneten Peilwinkel wurde hier mit dem Frequenzoszillator AUUD gekoppelt, was in ähnlicher Form dann auch bei der Klasse 206 übernommen wurde. Die verbesserten Geräte bekamen die Bezeichnung VELOX und wurden auch auf den Export-U-Booten der Türkei, Venezuela und Ecuador verwendet, bis die Funktionen in den 80er Jahren durch eine von KAE entwickelte Sonaranlage mit abgedeckt werden konnten.

Das Compact Sonar U-Boote (CSU) von KAE integrierte erstmals eine Vielzahl von Aufgaben, für die bisher verschiedene Geräte notwendig waren. Nach der Erkenntnis, dass die aktive Sonarortung durch die U-Boote selbst immer mehr an Bedeutung verlor, vereinigte man bei der CSU-3 zum ersten Mal die aktiven und passiven Sonarfunktionen auch auf einer Konsole, bei der von der passiven Überwachung des gesamten Horizontes schnell zum aktiven Ortungsmodus für einen Gegenangriff gewechselt werden konnte und die gleichzeitig ein Unterwassertelefon enthielt. Die ab 1974 gelieferte Anlage wurde der Standard der U-Boote der Klasse 209 und wurde in verschiedenen Versionen dann auch für den Export gebaut.

Modernisierung kam glücklicherweise nicht nur für die deutschen Export-U-Boote, sondern auch die Schiffe der Bundesmarine. Die Hufeisenbasis im Passivempfang wurde dabei beibehalten, während die Aktivbasis in einer Zylinderform mit elektronisch schwenkbarer Ortungskeule untergebracht wurde. Diese Sonaranlage PSU 83-90 von Krupp-Atlas-Elektronik erhielt zur Erhöhung der Ortungsreichweite auch erstmals ein Flank-Array-Sonar (FAS). Zwei Boote aus Kolumbien erhielten die PSU 83-55 ohne aktiven Teil, während in zwei venezolanische U-Boote 1990 ein integriertes Sonar- und Feuerleitsystem ISUS 83-23 eingebaut und die Unterwasserortungskomponenten einem Führungs- und Waffeneinsatzsystem zusammengefasst wurden.

Das Prinzip der CSU-Anlagen wurde weiter verbessert und nach Forderung von BMVg und BWB entstand bei den Firmen KAE und Electroacustic eine Anlage mit passiver Rundumüberwachung, aktiver Zieldatenermittlung mittels elektronisch gesteuertem Suchstrahl und Sonarwarnbetrieb mit Intercept-Option. Nach schweren finanziellen Verlusten wurde jedoch am 7. Februar 1978 die Firma Electroacustic in die Elac-Nautik und Elac-Phono GmbH aufgeteilt. Am 28. Mai 1987 übernahm dann Honeywell die Elac-Nautik. Die weitere Forschung und Entwicklung des Sonar-80 lag nun allein bei der Firma KAE, die zunächst die Überwasserversion ASO-85-1 (DSQS-21 BZ) für die Fregatten Klasse 122 verfolgte, da für die U-Boote eine spätere Version DSQS-21 B mit kleinerer Kreisbasis für die aktive, einer größeren Basis für die passive Ortung und zusätzliche Empfänger zu berücksichtigen waren.

Die Anlage DSQS-21 (firmenintern CSU-83-Anlage) wurde als integriertes System eines Bugsonars mit passiven Ortungskomponenten konzipiert und verfügt für den Ortungsbereich unter 100 Hz über ein 30-m-Flank-Array und eine Option für ein Towed-Array, mit dem die Ortungsreichweite auf nahezu 100 km gesteigert werden konnte. Dieses Sonar wurde erstmals bei den Export-U-Booten für Brasilien eingebaut. Da die Anlagen der deutschen U-Boote Klasse 206 veraltet waren, mussten 90% der Geräte an Bord in den 80er Jahren ersetzt werden, wobei auch die Anlage DSQS-21 in den Umbau eingeplant wurde. Durch den

Umbau wurde nun ein einheitlicher Sonar- und Feuerleitbereich als integriertes System mit Farbkonsolen möglich.

Sonar- und Feuerleitsystem der Klasse 206 wurde zusammengefügt aus GHG AN-5039, der Weitsonaranlage AN-410, Batterie- und Kühleinrichtung für WSU, der Sonarortungswarnanlage DUUG-1A/AUUD-1C, der passiven Entfernungsmessanlage DUUX-2C, Torpedofeuerleitanlage HSA M-8/8, der Echolotanlage AN-681 (DSQN-11), Schallgeschwindigkeitsmessanlage QUUX-1C und der UT-Anlage 1-TB. Bei der Klasse 206A wurden deren und zusätzliche Aufgaben durch die integrierte Sonaranlage DSQS-21 D (als DSQS-21 N z.B. auch bei ULA-Klasse der norwegischen Marine verwendet), die Torpedofeuerleitanlage LEWA, die Echolotanlage DBSH-11 und die UT-Anlage DSQC-11 übernommen. Ein wesentlicher Schritt zum kombinierten Führungs- und Waffeneinsatzsystem war vollzogen.

Auf der Grundlage der Klasse 206A und den weiteren Erfahrungen mit der norwegischen ULA-Klasse wurde die Integration weiter in einem modularen Konzept CSU/LWU fortentwickelt, das sich den unterschiedlichen Größen von Schiffen und U-Booten anpassen konnte und zu dem die Anlage ISUS-83 (Integrated Submarine Combat System) gehört. Das Prinzip dieser deutschen Sonaranlagen ist heute weltweit anerkannt und wird in verschiedenen Marinen der Welt auf Über- und Unterwasserstreitkräften verwendet.

Die U-Boote der Deutschen Marine erhielten zwischen 1987-1992 ferner das moderne Sonar-, Lagebearbeitungs- und Waffeneinsatzsystem (SLW-83), welches die komplexen Erfordernisse in der Unterwasserseekriegsführung vereinte. Auch die neuen U-Boote der Klasse 212 bringen die Marine wieder einen technischen Schritt voran und werden mit der Sonaranlage DBQS-40 ausgerüstet. Die DBQS-40 integriert erstmalig sowohl das Gebiet vom Towed Array über das Flank Array-Sonar (192 Hydrofone) als auch das interne Bordsonar für die Zielanalyse und Parameter im tief- und mittel- und hochfrequenten Bereich in einer Wasserschallanlage. Das Passive Ranging-Sonar (PRS) deckt 360 Grad im mittleren und Nahbereich ab. Die Sehrohranlage SERO 14/15 enthält Laser- und Wärmebild- sowie TV-Sensoren, ESM- und GPS-Antenne.

Die Fregatten Klasse F-123 erhielten mit dem Sonar-90 ein Low Frequency Towed Active Sonar System (LFTASS, ab 2005), welches speziell auch Ziele in flachen Gewässern erfassen (Nachhall-Markierung der Zielechos) und das in tieferen Gewässern entsprechen abgesenkt werden kann. Die Maßnahmen in den Schiffsbauplänen der letzten Jahre führten zu einer derartigen Verringerung der Schallsignaturen, dass die Sonartechnik zur Aufrechterhaltung der Ortungsleistung neue Wege gehen muss, so z.B. im tieferen Frequenzbereich.

Die STN Atlas Elektronik die verschiedensten Sonaranlagen für maritime Aufgaben. Das ASA-92 (Activated Towed Array Sonar, ACTAS) ist ein aktives, akustisches Schleppsonar zur U-Boot-Ortung in unterschiedlichen Wassertiefen über große Entfernungen mittels tiefer Frequenzen mit Flach- und Tiefwasserfähigkeit sowie einer Unterscheidung von Zielen in Echtzeit für Überwasserschiffe. Das ASO-90 kann hingegen auch als Bugsonar eingebaut werden und die Serie der ASO-92 und -93 ist für Patrouillenboote, Schnellboote und Korvetten, ASO-94 für Korvetten und Fregatten, ASO-95 und -96 für Fregatten und Zerstörer konstruiert. DSQS-11 ist ein hochfrequentes Minensuchsonar, ein aktives Element des MW-80-4/80-5 Minensuchsystems. PSU-83 ist ein mittelfrequentes Suchsonar (aktiv/passiv) für kleine U-Boote. TAS-83 ist eines der niederfrequenten passiven Towed-Array-Sonare für U-Boote während TAS-90 die Version für Überwasserschiffe darstellt (TAS-94-4, -94-8, -96-5).

Die Probleme der aktiven Ortung bei hohen Geschwindigkeiten können heute bei Sonaranlagen durch Computer größtenteils neutralisiert werden und die passiven Sonaranlagen zur Peilung, Entfernungsbestimmung und Identifikation von U-Booten, Schiffen und Torpedos entwickeln sich durch die modernen Rechner zu leistungsfähigen Analysesystemen. Auf der Fregatte SACHSEN wurde im Skagerrak am 18. September 2002 der Test der ersten neu entwickelten Anlagengeneration ASO-95 durchgeführt.

Dabei wurde über die spezifizierten Werte hinaus bewiesen, dass diese neue Anlagenentwicklung einen bedeutenden Meilenstein in der Produktentwicklung der Sonaranlagen für Überwasserschiffe gelegt hat, die auch bei hohen Fahrtstufen sehr gute Ergebnisse liefern kann.

Tiefe Frequenzen haben unter Wasser eine sehr hohe Reichweite, weshalb die Entwicklung zu Sonaranlagen mit ca. 50 – 1.000 Hz hinzielt, welche die Lösung von neuen Problemen dieses Schallbereiches erfordert. Im Niedrigfrequenzbereich unterhalb von 1 kHz werden schallschluckende Beschichtungen unwirksam, nur Signale oberhalb ca. 3 kHz können zu einem großen Prozentsatz durch verschiedene Maßnahmen absorbiert werden. In diesem Frequenzbereich werden Antennenfelder am Schiffsrumpf (Flank Array), Schleppantennen mit einer oder mehreren Sensorketten (Towed Array) oder mehrdimensionalen Antennenfeldern eingesetzt. Faseroptische Empfänger, die auf Druckschwankungen mit der Änderung der optischen Weglänge reagieren und somit die Ausbreitung von kohärentem Laserlicht beeinflussen, müssen für die neuen Sonaranlagen entwickelt werden.

Die aktiven Sonaranlagen für Ortung und Zielsuche, für die Bekämpfung von U-Booten, Torpedos, Minen und Kampfschwimmern, können ebenfalls zur Navigation, Kartografie und Unterwasserkommunikation verwendet werden. Je nach Zielgröße, geforderter Auflösung und Ortungsreichweite werden unterschiedliche Frequenzen verwendet. Neue mathematische Verfahren der Datenanalyse sind die Grundlagen für die verbesserte Ausnutzung der Sensorleistung. Auf der Grundlage von Modellen zur Schallausbreitung erfolgt eine adaptive Signalverarbeitung, welche die vom Ort, Wetter und der Jahreszeit abhängigen geophysikalischen Bedingungen (Salzgehalt, Temperatur und Dichte) berücksichtigt und sich auf aktuelle dreidimensionale Karten des Ozeans stützt. Die digitale Vermessung der Erde aus dem Weltraum bietet auch im Sonarbereich die Grundlage für weitere Entwicklungen.

Aktivsonare erhalten durch den fokussierten Frequenzbereich ein besseres Signal-/Untergrundverhältnis gegenüber Passivsonaranlagen, was z.B. von großer Bedeutung beim Geleitschutz von Flugzeugträgern ist. Die Preisgabe des eigenen Standortes lässt sich dabei mit bi- bzw. multistatischen Verfahren umgehen. Hier wird der Sender, dies kann z.B. eine vom U-Jagd-Flugzeug ausgesetzte Sonarboje sein, räumlich abgesetzt von den Empfängern betrieben, deren Entdeckung vermieden werden soll. So haben die sonst verdeckt operierenden U-Boote in einem großen Schiffsverband eine ganz andere Aufgabe und benötigen hierfür leistungsstarke Anlagen, um einen effektiven Schutzschild auch Unterwasser gewährleisten zu können.

Die Anforderungen an Minenjagdsonare sind ebenfalls nur mit anderen spezialisierten Geräten zu erfüllen. Konventionelle hochauflösende Minenjagdsonare mit hoher Frequenz von ca. 30 - 750 kHz können bei der Suche offen liegender oder frei im Wasser treibender Minen ein großes Gebiet abdecken, im weichen Sediment eingesunkene oder bewachsene Minen können durch niederfrequente Sonare mit synthetischer Apertur (SAS, Synthetic Aperture Sonar) geortet werden.

Der nächste Schritt in Richtung einer leistungsfähigen Minenjagd wird in der Deutschen Marine mit dem Projekt Minenjagd 2000 (MJ-2000) vollzogen, welches das gesamte Spektrum moderner Seeminen auch unter erschwerten Einsatz- und Umweltbedingungen bekämpfen kann. Schwerpunkte sind dabei die Minenaufklärung und die Bekämpfung eingesunkener Minen durch unbemannte Drohnen bei möglichst geringer Gefährdung von Personal und Material. Das Projekt MJ-2000 umfasst die Projektanteile Minenjagdausrüstung 2000 und Führungsplattform MJ-334, wobei Letztere durch Umbau von fünf MJ-Booten der Klasse 333 realisiert wurde. Die Führungsplattform führt im Einsatzgebiet vollautomatisch bis zu zwei unbemannte Überwasserdrohnen vom Typ "Seepferd" auf programmierten Kursen, wobei die Führungsplattform außerhalb des minengefährdeten Gebietes verbleibt. Jede Überwasserdrohne schleppt einen Sensorträger, in dem alle für die Minendetektion erforderlichen Sensoren integriert sind. Die gewonnenen Daten werden über das Schleppkabel zur Überwasserdrohne und von dort zur weiteren Verarbeitung per Datenfunk an die Führungsplattform übertragen.

Das "Seepferd" wird in SWATH-Technologie (Small Waterplane Area Twin Hull) gebaut. Diese Technologie wurde erfolgreich bei Lotsenversetzbooten eingesetzt und wurde auch für das Forschungsschiff Klasse 751 vorgesehen. Die SWATH-Technologie zeichnet sich durch eine hohe Stabilität bei Seegang aus und gewährleistet damit auch bei schlechtem Wetter den sicheren Einsatz der Überwasserdrohnen sowie der geschleppten Sonare. Die Bekämpfung der gefundenen Minen kann entweder direkt sofort oder zu einem späteren Zeitpunkt durch Einwegdrohnen erfolgen. Durch die elektronische Dokumentation der Positionen der Minen in der elektronischen Seekarte sind die Voraussetzungen für eine zeitlich getrennte Minenbekämpfung gegeben.

Die Bekämpfung von frei liegenden oder eingesunkenen Minen erfolgt mit der Einwegdrohne "Seewolf". Zur Bekämpfung von Ankertauminen wird die etwas kleinere Einwegdrohne "Seefuchs" eingesetzt. Beide unterscheiden sich nicht nur durch ihre Größe, sondern auch durch die Art der Ladung (Blast- bzw. Hohlladung). MJ-2000 soll ab 2006 in die Deutsche Marine zur Minenklassifikation mit einem Multiaspekt-Seitensichtsonar eingeführt werden.

Die neue U-Boot-Klasse U-212A verbindet die Sonaranlage DBQS-40 im Bugsonar mit einem Flank- und Towed-Array-Sonar. Die Network Centric Warfare führt auch hier zu einem engen Verbund aller Daten-, Informations- und Kommunikationsanlagen an Bord. So werden alle verfügbaren Antennen (Kreisbasis-, Conformal-, Aktiv-, Flank-Array, Towed-Array, Intercept-, Minenmelde-, Navigations-Sonar sowie Schallgeschwindigkeits-messanlage und Eigengeräuschüberwachungsanlage) zusammengeschaltet und zu einem dreidimensionalen Lagebild verarbeitet. Die Sonaranlage DBQS-40 besteht somit aus einer im U-Boot vorne untergebrachten Zylinderbasis für die Ortung mit Hydrofonen und das seitliche Flank-Array-Sonar dient der Abdeckung des Übergangsbereiches. Das Towed-Array wird hauptsächlich für den tieffrequenten Ortungsbereich und den "toten akustischen Winkel" hinter der eigenen Schiffsschraube verwendet. Das Intercept-Sonar auf dem Turm und drei Basen an jeder Seite dienen zur Erfassung hochfrequenter Aktivimpulse und Ermittlung der Ziele. Das aktives Minenmeidesonar dient der Umgehung von Ankertauminen, während weitere separate Sensoren die Eigenstörpegel messen.

Die Fernmeldeantennen auf U-Booten sind speziell auf den kleinen Raum und an die Form des Bootes bzw. den Turm angepasst und müssen außerdem druckfest die HF-Energie verarbeiten können. Eine weitere Entwicklung ist das System "CALLISTO", welches die Kombinationen aus ausfahrbaren Antennen, Fernmeldebojen für die Unterwasserkommunikation einbindet.

Einen innovativen Lösungsweg beim Einsatz von U-Booten in den neuen Bedrohungsszenarien beschritt hierbei die Firma Gabler Maschinenbau. Mit dem modularen Mehrzweckmast TRIPLE M wurde ein System entwickelt, mit dem ein U-Boot flexibel für eine Vielzahl von Auf-gaben missionsspezifisch ausgerüstet werden kann. Mit einer rückstoßfreien, kleinkalibrigen Maschinenkanone bestückt, können in Sehrohrtiefe Ziele bis zu 2.000 m Entfernung bekämpft werden. Alternativ ist der druckfeste Behälter auch für die TRIPLE M UAV Unterbringung von Aufklärungsdrohnen verwendbar. Eine weitere Nutzungsmöglichkeit besteht in der Einrüstung von Antennen für die fernmelde-elektronische Aufklärung.

In dieser Form ist die Kommunikationsboje CALLISTO ebenfalls ein Ausfahrgerät mit einen hydrodynamisch stabilen Schwimmkörper, der über ein Windensystem an die Oberfläche gebracht und mitgeschleppt wird. Mit CALLISTO kann die Kommunikation sowohl empfangs- wie auch sendeseitig aus dem tief getaucht fahrenden U-Boot sichergestellt werden. Die Frequenzbän-der für UHF, VHF, HF, SATCOM und GPS sind abgedeckt. Alle Fernmelde- und Sensorsignale werden über Lichtwellenleiter im Zugkabel in das Boot übertragen. Erste Erprobungen wurden bereits auf einem U-Boot Klasse 206A in der Praxis durchgeführt. Prototyp-Antennen bewährten sich im Rahmen einer Langzeiterprobung im erweiterten Einsatzgebiet der Deutschen Marine.

Zum ersten Mal war es möglich, im tief getauchten Zustand dauerhaft zu kommunizieren, ohne deshalb die Missionserfüllung in irgendeiner Weise einschränken zu müssen. Allerdings sind neue Techniken oftmals ein Sorgenkind, so auch in 2014/15 bei der U-Bootklasse U-212A als bei der Kommunikationsboje Callisto so gut wie alles schiefging und der Bericht vermerkte: "Callisto schwimmt zwar, aber es funkt nicht.". Wie bei den Problemen mit dem Antrieb mussten auch viele neue Nachrichtensysteme zuerst ihre Kinderkrankheiten überwinden bevor sie einsatzfähig waren.

Die Technologie der U-Bootklasse U-212A kann repräsentativ für die modernen Marinekomponenten stehen. Als erstes U-Boot der Welt verfügt die Klasse 212A über eine Wasserstoff-Brennstoffzelle, welche die Tauchzeit gegenüber herkömmlichen Diesel-U-Booten wesentlich verlängert. Die neue U-Boot-Klasse verdankt der Zusammenarbeit mit der italienischen Marine nicht nur eine Änderung ihrer Bezeichnung, sondern auch des ursprünglichen Entwurfs. Aus diesem Grund übernahmen die Deutschen die italienischen Vorstellungen über eine größere Tauchtiefe. Während die Klasse U-206A nur in bestimmten und günstigen Bedingungen auch gegnerische U-Boote orten können, sind die neuen Boote dafür optimiert. Die wesentlichen Änderungen von U-212A zu U-212 sind also die Erhöhung der Tauchtiefe, die Torpedoabwehrfähigkeiten, ein leiserer Propeller, eine hydrodynamisch günstigere Turmform und die Möglichkeit, das Schleppsonar über eine Winde aus- und einzubringen.

Die einzelnen Zellen bilden in U-212A mit der Elektronik ein Modul, wobei neun dieser Module die BZ-Anlage bilden. Die chemischen Reaktionsstoffe der Wasserstoff-Brennstoffzelle lagern dabei außerhalb des Druckkörpers. Der flüssige Sauerstoff befindet sich in zwei Tanks unter dem hinteren Oberdeck. Der Wasserstoff lagert in Metallhydrid gebunden in mehreren schlanken Zylindern ringförmig auf der Unterseite. Kommen diese beiden Stoffe zusammen, reagieren sie miteinander und bilden die Verbindung als Wasser, wobei elektrische Energie frei wird, die das U-212A als Antriebsstrom nutzt. Die neue Klasse U-212A verfügt aber auch über einen traditionellen und zugleich hochmodernen dieselelektrischen Antrieb mit Batterie. Dieser Antrieb ist vor allem für Manöver mit Höchstgeschwindigkeit in Situationen unter Bedrohung erforderlich. Die Brennstoffzellen-Komponente deckt den Energiebedarf für den Langzeitbetrieb bei geringerer Geschwindigkeit im Operationsgebiet ab. Der gesamte Antrieb ist gekapselt in der Bootsstruktur gelagert. Klappen schließen alle Außenhautöffnungen, um dem Prinzip der hydrodynamischen Oberfläche optimal zu entsprechen. So hat der Bootskörper eine für die Wasserströmung günstige Form und verursacht keine Turbulenzen. Das trifft auch auf die am Turm angebrachten Tiefenruder und auf das x-förmige Heckruder zu, welche vor dem Propeller liegen. Der Druckkörper besteht aus nichtmagnetisierbarem Stahl, womit das Boot auch einer Gefährdung durch Magnetminen entgehen kann. Außerdem verhindert dieser besondere Stahl den Aufbau eines erkennbaren Magnetfeldes, das zum Beispiel von Aufklärungsflugzeugen registriert werden könnte. Die Hülle des Bootskörpers wurde mit Kunststoff überzogen.

Der permanent synchronisierte Elektromotor treibt den neu entwickelten Propeller mit sechs Flügeln an, der speziell entwickelt wurde, um die Verwirbelungen des Wassers und die Geräusche für eine Ortung durch gegnerische Einheiten gering zu halten. Der in aufwendigen Simulationen berechnete Propeller sollte den Blicken Unbefugter verborgen bleiben, da über vergleichende Abmessungen mit Hilfe von Bildern die Geheimnisse jahrelanger Forschung entschlüsselt werden können. Nach dem Stapellauf erschienen aber schon die ersten Aufnahmen mit U-212A auf dem Schwimmponton, was die weitere Geheimhaltung erübrigte.

Die digitale Bildverarbeitung brachte auch das Periskop wieder als Komponente in die Sensoren der U-Boote. Neben den Sonaranlagen sind das Angriffs- und das Beobachtungsperiskop zwei weitere Sensoren, die zusätzlich mit einem optischen Entfernungsmesser und einem Wärmebildgerät ausgestattet sind. Ferner sind an den Periskopen auch die EloUM-Antenne und die GPS-Antenne montiert.

Nach Einführung über Lichtwellenleiter gelenkten Flugkörpers "Triton" wird das U-Boot 212A in getauchtem Zustand auch U-Jagd-Hubschrauber bekämpfen können. Ein Führungs- und Waffeneinsatzsystem (Norwegen) verbindet die einzelnen Subsysteme und integriert auch die Daten der Navigationsanlage. Die

Konsolen befinden sich in der OPZ, aus der bis zu acht Ziele gleichzeitig bekämpft werden können. Auch das Steuern der Antriebs- und Betriebstechnik geschieht automatisiert durch einen integrierten Lenk- und Leitstand.

Im 2. Weltkrieg war neben dem Gruppenhorchgerät das U-Boot-Periskop ein primärer Sensor der U-Boote. Doch das momentane Lagebild konnte sich schnell ändern und das Periskop konnte meist nur kurze Zeit ausgefahren werden, da die Gefahr der Entdeckung durch die Sicherungskräfte bestand. In gewissen Situationen, wie z.B. bei der nachträglichen Auswertung der im Verband fahrenden Schiffe, war eine Momentaufnahme von Vorteil. Die US-Navy befand die deutsche Primaxflex-Kamera als beste Lösung, um das Bild im Spiegel des Periskops der U-Boote zu fotografieren. Da die deutschen Produkte im Krieg jedoch nicht angekauft werden konnten, wurde um die Übergabe der privaten Primaxflex-Kameras der Bevölkerung für die US-Navy gebeten. Die amerikanische Marine erhielt in Spenden tatsächlich 10 der damals sehr teuren Geräte. Bis heute ist die digitale Bildbearbeitung über das Periskop aktuell in den verschiedenen Marinen und wird mit Videoaufnahmen auch in der Aufklärung eingesetzt.

Heute sind amerikanische U-Boote in getauchtem Zustand in der Lage, über 30 Seemeilen mittels Schallwellen durch die Hintergrundgeräusche des Meeres getarnt chiffriert zu kommunizieren. Die Kommunikation der Über- und Unterwassereinheiten verbindet die Funkwellen, die optische Lasertechnik und die Akustik mit den Sensoren und Effektoren zur Lagebilderstellung bis zum Waffeneinsatz. Doch auch Russland und andere Staaten entwickeln ihr Potenzial auf diesen Sektoren weiter.

Der Torpedo "Shkval" wird beispielsweise von einem Raketenmotor angetrieben und erreicht unter Wasser Geschwindigkeiten von über 200 Knoten. Der Wasserwiderstand wird dabei wahrscheinlich durch den Ausstoß von Gasbläschen, die den "Unterwasser-FK" einhüllen, nahezu eliminiert, der ungelenkt direkt auf ein Ziel abgefeuert wird. Bei der hohen Geschwindigkeit besteht keine Ausweichmöglichkeit mehr. "Shkval" kann vermutlich von U-Booten der Klassen AKULA und SIERRA gegen U-Boote und Überwassereinheiten und sogar Flugzeuge eingesetzt werden und im Notfall auch angreifende Torpedos abwehren sowie einen taktischen Nukleargefechtskopf tragen. "Shkval" hat kein westliches Äquivalent, herkömmliche Torpedos erreichen normalerweise Geschwindigkeiten von etwa 60 Knoten, der neueste Torpedo "Spearfish" (Gasturbinenantrieb) der britischen Royal Navy hat bei einem Versuch 81 Kn erreicht. Russland strebt die Weiterentwicklung zu einem Unterwasserprojektil mit einer Geschwindigkeit von bis zu 300 Kn an, welches zudem lenkbar sein soll.

Die Verteidigung über und unter Wasser muss deshalb zu einem komplexen System verbunden werden. Die Torpedoabwehr Überwasserschiffe (TAÜ) basiert auf Ablenkung und Zerstörung (Softkill) sowie dem direkten Abwehrangriff (Hardkill). Die interne Sonaranlage suggeriert in Verbindung mit dem geschleppten COTASS (Compact Towed Active Sonar System) ein Ziel. Bei dem Torpedoabwehrsystem U-Boote (TAU) werden über Lichtwellenleiter gesteuerte Flugkörper ("TRITON", Abwandlung des Heeres Flugkörpers "POLYPHEM") und Torpedos gegen die Angreifer eingesetzt.

Das CIRCE (Containerised Integrated Reaction Countermeasures Effectors) besteht aus vier Containern mit insgesamt 40 Effektoren, die mit integrierter Stör- und Täuschfunktionen die anlaufenden Torpedos vom eigenen Ziel ablenken und zum Softkill führen. Auch hier ist eine deutsch-italienische Kooperation wie bei der Klasse U-212A erfolgreich und seit zwei Jahrzehnten werden Unterwasserdrohnen in der Minenabwehr eingesetzt.

Die Network Centric Warfare, die steigenden Kosten und die Computerentwicklungen werden auch die Bereiche der Unterwasserkommunikation und die aktive sowie passive Unterwasserschallortung immer mehr in verbundenen Systemen integrieren. Menschliche Entscheidungsträger mit hoher technischer und operativer Kompetenz werden aber stets das letzte und wichtigste Glied in diesen Ketten bilden.

Der Begriff „U-Boot" ist für unbemannte Unterwasserfahrzeuge nicht üblich, da dieser für bemannte Unterwasserfahrzeuge steht. Unmanned Underwater Vehicle (UUV) ist der Überbegriff für alle unbemannten Unterwasser- bzw. Tauchfahrzeuge, d.h. vom ferngesteuerten Tauchfahrzeug (Remotely Operated Vehicle) bis zum autonomen Tauchfahrzeug (Autonomous Underwater Vehicle). Es handelt sich dabei also um Roboter, die im oder unter Wasser arbeiten. Die Bedeutung der UUVs nimmt stetig zu, auch im zivilen Bereich und besonders im Bereich der autonomen Tauchfahrzeuge wird intensiv geforscht, was neue Herausforderungen und Entwicklungen in der Unterwasserkommunikation als auch der aktiven und passiven Unterwasserortung hervorbrachte und weiter hervorbringen wird.

Einsatzgebiete des Unterwasserschalls

- Ortung und Navigation
- Inspektion von Unterwasserbauwerken (Talsperren, Schleusen, Pipelines etc.)
- Inspektion von Schiffshüllen (Rost, Schäden, Schmuggelware etc.)
- Vermessung und Untersuchung des Meeresbodens
- Unterstützung von Tauchern bei schlechten Sichtverhältnissen und langwierigen Einsätzen
- Verwendung an gesundheitsschädlichen Orten
- Minensuche und -beseitigung
- Taucherabwehr in Häfen ...

Ein Manko im Bereich der Unterwasserkommunikation und der aktiven und passiven Unterwasserortung bleiben die weitläufig fehlenden internationalen Standards, welche den Austausch von Informationen über das einzelne Schiff, Boot, U-Boot oder auch eines unbemannten Unterwasserfahrzeuges ermöglichen würden.

Richtfunk und Weitverkehrstechnik

Richtfunk bis 1945

Als Richtfunk (englisch Microwave transmission oder directional (directive) radio)) wird eine drahtlose Nachrichtenübertragung (auch Daten- oder Informationsübertragung) mittels Radiowellen (auch Funk- oder Hertzsche Wellen) bezeichnet, die von einem Ausgangspunkt auf einen definierten Zielpunkt.

Als Richtfunk (Microwave transmission oder directional (directive) radio) wird eine drahtlose Nachrichtenübertragung (auch Daten- oder Informationsübertragung) mittels Radiowellen (oder auch Funk- oder Hertzsche Wellen) bezeichnet, die von einem Ausgangspunkt auf einen definierten Zielpunkt (point-to-point) gerichtet ist. Von dieser Besonderheit sind im deutschsprachigen Anwendungsbereich dieser Funkanwendung die Bezeichnungen Richtfunk, Richtfunkstelle, Richtfunksystem oder Richtfunkfrequenz abgeleitet.

Die Röhrenentwicklung brachte durch größere Sendeleistung größere Reichweiten, die durch eine gerichtete Ausstrahlung noch erhöht werden konnte. Die elektromagnetische Ausstrahlung wird hier durch eine Richtantenne, ähnlich wie bei dem Radar, scharf gebündelt und gerichtet ausgestrahlt. Der Richtfunk schützt dadurch gleichzeitig vor dem Abhören durch den Gegner an jedem beliebigen Ort, wie es beim Rundfunk bzw. Broadcast möglich ist, denn nur innerhalb der Strahlungskeule können die weitreichenden Funkwellen noch empfangen werden.

Die drahtlose Übertragungslinie der Richtfunk-Verbindung (RV) wird im Nachrichten- und Fernsprechverkehr heute vielfach anstelle von Kabeln genutzt, speziell auch dann, wenn die Verlegung von Lichtwellenleiterkabel in einem Computernetzwerk zu teuer und die Distanz für ein Wireless-LAN zu groß ist. Satellitenfunk arbeitet aufgrund des Antennengewinnes grundsätzlich mit Richtfunk.

Voraussetzung ist die quasioptische Verbindung (Sichtverbindung) der Sende- und Empfangsstellen. Es werden meist Frequenzen verwendet, deren Ausbreitungen nicht der Erdkrümmung folgen, sondern wie

Lichtwellen lediglich durch den Horizont in ihrer Reichweite begrenzt werden. Wenn Hindernisse oder inhomogene Schichten der Troposphäre, wie z.B. über Wasserflächen, den ansonsten geradlinig verlaufenden Richtstrahl zeitweilig ablenken, werden verhältnismäßig niedere Frequenzen bis etwa 300 MHz genutzt. Frequenzen im Gigahertzbereich bieten die für Netzwerke und Satellitenverbindungen benötigten sicheren Datenverbindungen mit großer Bandbreite. Im flachen Gelände liegt die theoretische Reichweite mit mobilen Antennenmasten zwischen 30-50 km. Sie kann durch eine Erhöhung der Sendeleistung zwar vergrößert werden, gleichzeitig werden jedoch dadurch auch die Streuung und somit die Gefahr des Abhörens der Verbindung wieder größer.

Der Versuch von Heinrich Hertz im Jahre 1886 kann als Richtfunkstrecke angesehen werden, da Dezimeterwellen mit einem Zylinder-Parabolspiegel ausgestrahlt wurden. Im März 1924 stellte Marconi sein "Radio Searchlight" mit einem Antennenreflektor für eine gerichtete Ausstrahlung vor.

Über den Ärmelkanal wurde unter Verwendung eines Parabolspiegels mit 3 m Durchmesser von den Firmen STC/London und LMT/Paris (beide ITT) eine Verbindung getestet. Diese erste Richtfunkverbindung zur Übertragung eines analogen Fernsprechkanals zwischen Calais in Frankreich und St. Margaret's Bay bei Dover in England wurde 1931 auch offiziell in Betrieb genommen. Sie arbeitete bei einer Radiofrequenz von 1,7 GHz mit Rotationsparabolantennen von 3 m Durchmesser, die Sendeleistung lag bei 1 W und die Funkfeldlänge betrug 40 km. Die erste Mehrkanal-Richtfunkverbindung, die neun analoge Fernsprechkanäle bei einer Radiofrequenz von 65 MHz übertragen konnte, wurde 1936 zwischen Schottland und Belfast in Nordirland aufgebaut.

Die Richtfunkentwicklungen verliefen in Deutschland und anderen Ländern, durch die technischen Parallelen mit dem Radar zunächst auch gemeinsam, da beide Anwendungen Richtantennen benötigen. In den 30er Jahren fanden die ersten Versuche mit Tast- und Sprechfunk über Amplitudenmodulation statt. Die Reichspost ließ 1932 die erste KW-Richtfunkantenne aufbauen, die aus 24 Dipolen in Form einer Wand bestand. Diese Vorhang- oder Tannenbaum-Antenne hatte einen Leistungsgewinn von 48 dB gegenüber dem einfachen Dipol. Die Entwicklung der Sende- und Empfangstechnik der Richtfunkübertragung für Telegrafie und Telefonie in Deutschland für Reichspost und Reichswehr hatte damit begonnen.

Ebenfalls 1932 baute die C. Lorenz A.G. eine Verbindung vom Ullsteinturm in Berlin Tempelhof nach Fürstenwalde (60 km) auf, die Sendeverstärker mit der Gegentakttriode ("Kuheuter-Röhre", 0,1 W, 500-537,5 MHz) und zwei zylindrischen Parabolreflektoren als Richtfunkantennen hatten. 10 Geräte wurden als Artilleriebeobachtungsanlagen geliefert und eine Anlage wurde als Erprobungsstrecke zwischen dem Reichswehrministerium und dem Kriegsarchiv aufgebaut. Verschiedene Stellen führten weitere Versuche mit der Bremsfeldröhre ("Hammer-Röhre", RS296, 600 MHz, 1 W) durch, es zeigten sich aber noch große Instabilitäten der Frequenzen bei Verwendung der Magnetron-Röhren. Der Trend ging allgemein zur Verwendung von Miniaturtrioden, "Knopf-" bzw. "Eichel"-Röhren. Ab 1935 gab es die ersten Prototypen, die sowohl für Sprech- als auch Funkfernschreibverfahren vorgesehen waren.

Bei Manövern des Heeres 1936 wurde das Baumuster Dezimeterwellengerät DMG-1 erfolgreich erprobt, von dem vermutlich 28 Exemplare gebaut worden sind. Für die Olympiade 1936 wurde das Baumuster DMG-2G modifiziert und die motorisierte Version "Olympia" (Spez. 2399 von Telefunken) arbeitete mit 200 mW auf 555-625 MHz. Eine andere Variante (500-535,7 MHz) bildete ein Richtfunknetz mit Relaisstationen von Berlin, über die Zugspitze und München, bis nach Bad Kreuznach. Diese Anlagen waren vermutlich die Version DMG-2. In England wurde in diesem Jahr die erste postalische Mehrkanal-Linie der Welt von Schottland nach Nordirland über 65 km mit 9 Kanälen auf 65 MHz aufgebaut.

Die Richtfunkverbindungen der Wehrmacht im Dezimeterwellenbereich (450-600 MHz, später bis 1.400 MHz) waren die sehr betriebssicher und verwendeten gebündelte Dipolzeilen. Schon ab 1935 standen der Truppe die ersten RV-Anlagen zur Verfügung, diese waren aber noch instabil und mussten ständig nachgebessert werden. Die Luftnachrichtentruppe begann RV-Anlagen ab 1937 konsequent einzusetzen, während das Heer noch Draht- oder Rundfunkverbindungen vorzog. Etwa 15 verschiedene RV-Geräte wurden im militärischen und zivilen Bereich in dieser Zeit verwendet (AM/FM, 50 mW bis 10 W), darunter auch leichte, mobile Anlagen mit Option zum Batteriebetrieb. Mit verschiedenen Trägerfrequenz-Zusatzgeräten waren bis zu 15 Telefonkanäle nutzbar und mit einem Wechselstrom-Telegrafie-Zusatz (WTZ) konnten bis zu drei unabhängige Fernschreibleitungen auf einen Kanal geschaltet werden.

Das Heer erreichte bei Richtfunkverbindungen nie die Leistungsfähigkeit und den technischen Stand der Luftnachrichtentruppe. Masten mit bis zu 30 m Höhe trugen die Antennen, die zu Dipol-Gruppen kombiniert werden konnten und dadurch eine sehr hohe Strahlbündelung erzielen konnten. Aufbau und Betrieb der technologisch ausgereiften RV-Anlagen erforderten einen hohen technischen Sachverstand, den eine gute Ausbildung gewährleistete. Nur dadurch konnten die Richtfunkverbindungen der Wehrmacht während des Krieges mehr als 50.000 km überbrücken.

Der Luftwaffe wurde das DMG-1 während einer Übung im Teutoburger Wald (Juni/Juli 1937) erstmals vorgeführt. Durch den Erfolg mit dieser Anlage folgte für diese Teilstreitkraft das RV-Gerät "Michael-I" (DMG-4, 1938) mit 0,3 W auf 500-560 MHz bei 50 km Reichweite, während von Lorenz konkurrierend dazu das Gerät "Kurt" gefertigt wurde (zwei Muster). Eine DMG-4-Strecke wurde z.B. von Rechlin/Müritzsee, Rheinsberg über Marwitz nach Berlin aufgestellt. Diese Anlage gewährleistete die Übertragung eines Fernsprech- und eines Telegrafiekanals (Wechsel-Telegrafie-Zweiton) oder wahlweise eine reine Telegrafieverbindung mit vier Kanälen. Die damals neuartige Technik der Frequenzmodulation (FM) wurde in Deutschland am erfolgreichsten beherrscht und hier auch verwendet. Die Geräte waren in der heute üblichen Bauweise mit Geräteteilen in Einschüben konstruiert.

Mit den "Michael"-Geräten wurde ein Richtfunk-Nachrichtennetz aufgebaut und betrieben, welches von Berlin aus sternförmig bis zur Kanalküste, nach Norwegen, zum Schwarzen Meer, über Rom nach Süditalien, und von Griechenland bis nach Afrika reichte. Das erste Versuchsnetz war im Dezember 1940 von Wiesbaden nach Paris fertig gestellt und innerhalb des besetzten Frankreichs bis nach Belgien und Holland ausgebaut worden. Das erste Netzwerk in Russland verband Krakau mit Lemberg in Galizien/Polen über neun Stationen und wurde bis Kiew erweitert. Diese Richtfunkverbindungen wurden immer mehr erweitert und etwa 50.000 km Richtfunkstrecken insgesamt installiert. Von 3.540 bestellten Versionen des Typs I und II sollen 2.370 bis April 1945 ausgeliefert worden sein. Nach Einführung des "Rudolf"-Systems wurden viele der "Michael"-Geräte in motorisierter Ausführung (650 mit Teleskopkurbelmast, Fa. Magirus) als Relaisstationen eingesetzt.

Das Nachfolgemodell "Michael-II" (1942) mit 502-554,2 MHz und 0,7-1 Watt Leistung hatte 16 wählbare Frequenzen. Später folgten noch "Michael-Lang" Geräte (1934/44, 447,8-500 bzw. 442,5-497,5 MHz). Die Weiterentwicklungen der "Michael"-Geräte erlaubten den Telefonieverkehr im Zwei- oder Vierdrahtbetrieb mit Reichweiten von 50-100 km, einer Tastgeschwindigkeit von 120 Baud und einer Bandbreite von 300-5.000 Hz. Es bestand Mithör-, Abfrage- und Anrufmöglichkeit. Der Sender-Überlagerer der "Michael"-Geräte fand auch im "Würzburg"-Radar Verwendung.

Das Richtfunkgerät "Rudolf" (DMG-3, 1941) war für die Übertragung (FM) von 9 Fernsprech- und maximal 27 Telegrafiekanälen zwischen 600-652 MHz mit 3,5 W ausgelegt. 20 Frequenzen waren wählbar. 1943 kam die verbesserte Version mit 8 W für Reichweiten bis 150 km und eine Variante, die anstelle der Magnetronröhren zwei Trioden in Gegentaktschaltung (push-pull) besaß. Insgesamt wurden 350 Geräte ausgeliefert und ein RV-Gerät "Frankfurt" auf 1.400 MHz wurde in der Entwicklung aufgrund Instabilitäten des Magnetrons und der Kriegsentwicklung eingestellt.

Es gab 1938 eine Anfrage bei der Reichspost von der griechischen Regierung zur Herstellung von Verbindungen zu den griechischen Inseln. Da die Seekabel in der Herstellung noch sehr teuer waren, fiel der Entschluss UKW-Richtfunkanlagen zu verwenden. Der Antennengewinn und die Bündelung war im UKW-Bereich kleiner, aber mit erhöhter Sendeleistung und größerer Empfängerempfindlichkeit konnte trotzdem die notwendige Reichweite erzielt werden. Hinzu kommt, dass der Feuchtigkeitsgradient über dem Meer zusätzliche Reichweitenvorteile bringt. So wurde eine 40-W-Anlage mit 50-75 MHz eingesetzt, die von Attika (auf 500 m Höhe) eine Verbindung nach Malaxa (250 km) schuf. Nach Kriegsbeginn wurden ähnliche Geräte u.a. für die Strecke Rügen-Samland verwendet. Für die Verbindung zu den deutschen Truppen in Afrika sollten 120 bzw. 154 km über See zu weiteren Inseln überbrückt werden. Hier griff die Reichspost auf kommerzielle Geräte zurück, die schon 1939 bei Siemens & Halske gebaut worden waren, und änderte diese für den Betrieb als Mehrkanal-RV-Geräte MG-15 ("Krabbe") um. Mit 2 Watt (später 10-12 Watt) und 370-430 MHz wurden 15 Kanäle, 13 Fernsprech-, 1 Fern-schreib- und 1 Dienstkanal verwirklicht. Eine Strecke war z.B. von Monte Sardo, Korfu, Leukos, Patras und Athen, Poros, Velamida, Malaxa, auf der später auch das FTF-10-Gerät verwendet wurde.

Das Flugfunk-Forschungsinstitut Oberpfaffenhofen (FFO) stellte 1939 eine Richtfunk-Verbindung zwischen der Zugspitze und dem Arber (Bayrischer Wald) über 260 km mit 5-cm-Wellen (6.000 MHz, 10 W) her. Die Firma Telefunken hatte vom Brocken (Harz) über Belzig nach Groß-Ziethen im gleichen Frequenzbereich eine Verbindung stehen. Prof. Abraham Esau erprobte zu diesem Zeitpunkt eine 10-GHz-Version, was erstaunen muss, wenn der Aussage geglaubt werden soll, dass in Deutschland allgemein nicht an eine Nutzung der hohen Frequenzen geglaubt wurde.

Der Einsatz des Richtfunks war auf Landeinheiten der Kriegsmarine, der Luftwaffe bzw. das Heer beschränkt. Trotzdem gab es Richtfunkversuche mit Schiffen. Die Kuppeln (Fu-Peil-80) des Jägerleitschiffes TOGO konnten unabhängig von den Peilstäben gedreht werden, da sich an ihnen auch die Richtantennen des Richtfunkgerätes DMG-4 ("Michael") befanden. Es war weltweit wahrscheinlich der erste Richtfunkeinsatz an Bord und auch eine der wenigen Verwendung eines Adcock-Systems auf Schiffen. Der Funkverkehr von See aus war zu dieser Zeit ebenso wenig erfolgreich wie von Land aus. 1943 wurden die Richtstrahler auf tonlosen Betrieb für die Übermittlung der Nachrichten zu Schiffen in Übersee genutzt, doch trotz höherer Sendeenergie kamen nur 40% der Sendungen an und die Versuche wurden ganz eingestellt. Lediglich eine Reserveschaltung über Königs-Wursterhausen wurde mit Schlüsselmitteln vorbereitet. Das Prinzip dieser damaligen Richtfunkversuche ist auch Grundlage der Kommunikation von und zu Schiffen via Satelliten.

Trotz des Verbots langfristiger Entwicklungen nach Befehl Adolf Hitlers von 1940 und nach dem Streichen aller RV-Entwicklungsvorhaben wurden weitere Prototypen mit bis zu 100 Sprachkanälen weiter erprobt. Anfang Mai konnte z.B. im Kessel von Demjansk mit einem eingeflogenen RV-Trupp die Verbindung zu den eingeschlossenen Truppen wiederhergestellt werden. Mit Sprachverzerrern (Invertern) wurde die Abhörsicherheit hergestellt. Bei der Landung der Alliierten bei Anzio-Nettuno/Italien kam es zu einem größeren RV-Einsatz zwischen dem Befehlshaber der Luftflotte in Frascati/Rom, dem Oberbefehlshaber Südwest und weiteren Heeres- und Luftwaffenverbänden.

1941 entstanden durch die Kriegsschauplätze in Afrika ein erhöhter Bedarf in Heer, Luftwaffe und Marine für Nachrichtenverbindungen vom Stiefelabsatz Italiens über das griechische Festland bis nach Kreta. Für die Verbindung des deutschen OKW (Obersalzberg bzw. Ostpreußen) mit dem italienischen Oberkommando (Rom) und dem in Afrika operierenden Feldmarschall Rommel wurde im Frühjahr 1941 eine UKW-Verbindung von Athen über Kreta nach Derna geschaffen. Zweimal wurden Strecken von 350 km überbrückt, doch durch den schnellen Vormarsch auf El Alamein waren die Panzer nach der Installation bereits zu weit vorgerückt. Die Firma Lorenz erklärte die Überbrückung von 600 km von Kreta direkt nach El Dhabi ohne Relaisstationen hingegen für unmöglich. Der nachrichtentechnisch gut ausgebildete Leutnant Heymann wusste jedoch, dass in der Mittagszeit durch die hohen Temperaturen über dem Meer Inversionsschichten gebildet werden. Durch die Reflexionen an diesen Schichten konnten während des größten Teils des Tages nun aber doch verschlüsselte Nachrichten über den Horizont mit dem Geheimschreiber auf 45 MHz übertragen werden.

Nach ähnlichen Spezifikationen wie "Rudolf" wurde das FUG-03 "Stuttgart" (1942, 10 Kanäle, 170 Stück) für das Heer produziert. Das "Stuttgart" war mit seinem Hochfrequenz- und drei weiteren Trägerfrequenz-Einschüben in Kraftwagen eingebaut, die einen Anhänger mit 30-m-Mast mitführten. Mit dem "Stuttgart"-Sender und der Umstellung des Gerätes "Kurt" auf 1.250-1.400 MHz entwickelte sich später die Planung für ein Gerät "Werner", welches aber nie gebaut wurde. Basierend auf dieser Planung und mit identischem Aufbau entstand auf 500-555,6 MHz lediglich eine einzige Teststrecke mit dem 10-Kanal-Gerät "Peter", während das "Stuttgart-II" noch in zwei Mustergeräten produziert wurde. Diese Anlagen waren größtenteils für den Betrieb automatisiert.

Weiterhin gab es von Lorenz das DMG-2T ("Elster", 1.000 Stück, 1937, verschiedene Abnehmer), welches als Gerät zur Streckenerprobung auf 176-526 MHz gebaut wurde. Neben dem Wechselsprechen und dem Tastfunk war es auch zum Ferntasten großer Sender geeignet und diente der Infanterie für ihre Nachrichtenverbindungen. Als Labormuster entstand daraus das FUG-02 für die Pioniere auf 476-526 MHz. Das Gerät 195 oder "Florian" (476-526 MHz, 100 Stück, 1938, verschiedene Abnehmer) war auf Fliegerhorsten mit dem 1. Kanal für Telefonie, Telegrafie und Fernschreiben sowie einem 2. Kanal für Telegrafie und Fernschreiben eingesetzt. Hieraus wurde 1939 das "Köln" (FUG-04, 40 Stück für Kraftwagen des Heeres) entwickelt. Von unbekannter Herkunft ist das Gerät "Kyffhäuser" (460-545 MHz, 5-8 W). Insgesamt wurden nachweislich über 6.000 RV-Geräte bis Kriegsende ausgeliefert.

Erst im Jahr 1941 fanden in den Bell Laboratories in den USA die ersten Versuche mit Mehrkanalrichtfunklinien statt. Der Fortschritt in der Technik der erbeuteten deutschen Geräte wurde von den Amerikanern erkannt und nach Erprobungen 1946 konnten auch Anlagen auf 4 GHz in den USA gefertigt werden. Da die Geräte "Michael" und "Rudolf" in ihrer Konzeption auch auf Jahre hinaus noch bestimmend für die Entwicklung von Richtfunkgeräten waren, wurden sie in den 50er Jahren weiterhin in einem ausgedehnten Netz bei der Deutschen Bundespost eingesetzt, nachdem sie von den Amerikanern am 1. August 1947 zurückgegeben worden waren. Diese hatten das deutsche Richtfunknetz mit Material aus den Lagern von Bremen, über den großen Feldberg/Taunus, Nürnberg und Frankfurt am Main, nach München stetig erweitert. Am 11. September 1945 waren zusätzlich RV-Geräte der Luftnachrichtentruppen für Oberpostdirektion in Karlsruhe aus den alliierten Sammellagern hinzugefügt worden.

Das Dezimeter-Richtfunkgerät DMG-5K ("Michael") aus Lehrsammlung der Marinefernmeldeschule (heute MOS) diente später z.B. als Notschaltung bei Ausfällen der modernen Geräte der Bundespost und konnte 1980 vor der Verschrottung gerettet werden. Laut einer handschriftlichen Notiz war es bis 1965 auf der Funkstelle Torfhaus/Harz im Einsatz. Die Trägerfrequenzgeräte TFb-1 dienten dem Übergang von Fernleitung auf Richtfunkmodulator. Das DMG-5K wurde neben den amerikanischen RV-Geräten AN/TRC-1-3 eingesetzt, die qualitativ jedoch wesentlich schlechter waren. Deshalb wurden die deutschen Geräte ab 1949 auch für die Anbindung der Bundeshauptstadt Bonn an die postalischen Einrichtungen in Frankfurt über den Ölberg im Siebengebirge wiederverwendet. Die Version DMG-5K konnte aufgrund der vereinfachten Bedienungsweise auch von technisch weniger versiertem Personal gehandhabt werden. Die Anschlussstellen der Fernkabel- und Freileitungsnetze waren bereits automatisiert und Ausfälle und Störungen wurden durch akustische/optische Signale der benachbarten bemannten Station gemeldet. Zudem war der Empfängerteil der Richtfunkgeräte mit einer Nachlaufschaltung (automatische Abstimmkorrektur) ausgestattet, um Frequenzabweichungen des Senders auszugleichen.

Im Jahre 1935 wurden auch die ersten reinen FS-Linien für die RV-Übertragungen erprobt, aber erst die immer größeren Entfernungen zwischen dem OKW in Berlin sowie dem FHQ in Rastenburg zur Front im Verlauf des Jahres 1940 forcierten die Entwicklungen durch die militärischen Forderungen. Eines der Probleme waren zunächst die genormten Signalfolgen der FS-Übertragungen. Das Tasten einer Trägerfrequenz, wie in der Telegrafie, ist für Fernschreibbetrieb nicht anwendbar, da der Ruheschritt (Space) und der Zeichenschritt (Mark) eindeutig dargestellt werden müssen.

In den Anfängen war dies nur mit zwei verschiedenen Tönen in Amplitudenmodulation möglich. Geeignet für die NF-Modulation/Demodulation war das Wechselstrom-Telegrafie-Zweitongerät (WTZ), das ursprünglich für die Mehrfachausnutzung von Leitungen entwickelt worden war und von dem es vier verschiedene Ausführungen gab. Das WTZ erzeugte drei NF-Frequenzpaare mit einem Abstand (Shift) von je 360 Hz (540/900, 1260/1620, 1980/2340 Hz) und hatte im Empfangsteil für jede dieser Frequenzen schmalbandige Filter. Zusätzlich wurde noch eine NF-Diversity benutzt, die alle drei NF-Frequenzpaare einsetzt. Alle tieferen Töne entsprechen dabei dem Ruheschritt (Space), die höheren dem Zeichenschritt (Mark). Jeder Empfänger erhielt ein eigenes WTZ, so dass es insgesamt neun verschiedene NF-Ausgänge gab, aus denen eine automatisierte Selektionsschaltung den besten Kanal auswählte. Diese Parallelschaltung erforderte einen sorgfältigen Abgleich, um eine gewisse Linearzeichnung der Signalströme zu erreichen. Die Einführung einer einstellbaren Schwellspannung verbesserte bei großen Störpegeln die Empfangssicherheit.

Es gab in den Anfängen verschiedene Funkfernschreibanlagen, hauptsächlich von den Firmen Siemens & Halske und Telefunken. Telefunken lieferte dabei die Geräte "Sägefisch" I, II, IV und V für Reichweiten bis 2.000 km. Für die erste Anlage von 1940 ("Sägefisch-I") wurde eine sichere Überbrückung von 2000 km vorgegeben. Es wurden KW-Frequenzen zwischen 4,2 und 7,5 MHz verwendet und als Sender diente zunächst der 1 kW-Sender "b", der dann durch die "Ehrenmal"-Sender Lo800K36 (800 Watt) ersetzt wurde. Für noch größere Entfernung wurde der 5-kW-Sender Lo5000K41 verwendet. Diese erste Funkfernschreibanlage (I) arbeitete mit Dreifach-Diversity-Empfang und benutzte drei Rhombus-Antennen (10 bis 30 m hoch) in je 400 m Abstand, die so dimensioniert waren, dass der 30-70-m-Wellenbereich, bzw. 4,2-7,5 MHz, abgedeckt wurde. Der Sender wurde mit einer dreifachen WTZ-Einrichtung moduliert, sodass für jeden Zeichenschritt drei Tonfrequenzen ausgesendet werden konnten, die direkt am Antennenfußpunkt den Empfängern (Horchempfänger "c") zugeführt wurden. Dies minimierte die Störungen und vermied zu große Kabeldämpfung. Die Schaltungen zur Erzeugung der Regelspannung wurden über Leitungen zusammengeführt und stellten sicher, dass die Empfindlichkeit der drei Empfänger gleich groß war. Insgesamt wurden von den ersten zwei Ausführungen 10 Anlagen ausgeliefert.

Dieser Geräteaufbau war vom Signalverlauf her Standard für alle Funkfernschreiblinien von Lorenz und Siemens. Wichtig war die Synchronisation der Funkfernschreibmaschinen, denn ein jedes Zeichen (fünf Zeichenschritte) musste die Walzen des Dekoders weiterschalten. Selbst bei einem "verlorenen Zeichen" durfte die Funktion nicht beeinträchtigt sein, denn mit verschlüsselten Fernschreibmaschinen ergab sich etwa in jedem vierten oder fünften Fernschreiben ein Übertragungsfehler. Ein fehlender Buchstabe (30% durch Trägerschwund und Fading) unterbrach jedoch die Schlüsselsynchronisation, was durch Verbesserung mit den Schlüsselzusätzen von Lorenz nur teilweise ausgeglichen werden konnte. Ein weiterer Nachteil waren Einstellschwierigkeiten und damit verbundenen Zeitverluste beim Frequenzwechsel.

Bei der Überbrückung großer Entfernungen ist ein Tag/Nacht-Frequenzwechsel unerlässlich, doch war er bei "Sägefisch-I" nur recht umständlich durchführbar. Deshalb wurden diese Anlagen bald mit Verbesserungen zu "Sägefisch-II" umgebaut. Die Kabeldämpfung auf etwa je 400 m wurde akzeptiert und dafür drei Empfänger vom Typ KWEa in einem Einschub zusammengefügt. Der KWEa war in der Frequenz konstanter, hatte eine bessere (variable) Nahselektion und einen Eichquarz. Mit diesem Konzept konnten nun endlich schnelle Frequenzwechsel durchgeführt werden.

Die bei Telefunken in Produktion gegangene "Sägefisch-IV"-Anlage wurde auch "MEFA-IV" genannt und arbeitete mit dem neuen und quarzstabilisierten ESB-Empfänger "Kabeljau" zusammen. Die "Sägefisch-IV"-Anlage benutzte auch für die optionalen drei Empfänger KWEa eine gemeinsame Regelspannung und durch die sorgfältig eingestellte HF-Ablösung konnte die dritte Diversity-Antenne und ihr Empfänger entfallen. Die sechsfache NF-Diversity-Schaltung blieb aber bestehen.

Zur Verminderung der Störanfälligkeit der KW-RV-Verbindungen wurde in geringen Stückzahlen auch noch der ESB-Empfänger "Krake" gebaut, während der "Lüchow" mit dem Zusatz "Käthe" von Siemens hergestellt wurde. Von der MEFA-IV wurden 36 Stück ausgeliefert, während das "Sägefisch-V"-System auf 200 Stück Serienproduktion kam, die aber nicht mehr ausgeliefert werden konnten. Die Weiterentwicklung (V) reduzierte den technischen Aufwand des Systems IV, indem das Ablöseprinzip durch ein Auswahlprinzip bei der Frequenz ersetzt wurde, was geringere Anforderungen an die Regeleigenschaft der Empfänger stellte. Beim "Sägefisch-IV"-System lief beim Geben der unverschlüsselte Spruch als Lochstreifen durch den Lochstreifenleser und wurde im Schlüsselgerät automatisch verschlüsselt. Im Fernschreibanschlussgerät wurden die Einfachstrom- in Doppelstromzeichen umgewandelt und gelangten in das WTZ. Frequenzwechsel konnten bei der "Sägefisch-IV" (36 Linien im Einsatz) innerhalb von 20 Sekunden (!) durchgeführt werden. Die verfeinerte Ablöseschaltung der Anlage IV wurde bei der "Sägefisch-V"-Anlage lediglich durch Relais ersetzt, welche auch einwandfrei funktionierten. Die Gesamtzahl im Einsatz befindlicher "Sägefisch"-Fernschreiblinien liegt bei schätzungsweise 80.

Für Funklinien des Heeres mit RV-Strecken unter 500 km Länge kamen von Siemens & Halske die Geräte für Wechselstrom-Telegrafie auf Kurzwelle "WTK-I" und "WTK-II" und das "Sägefisch-III"-System, welches aber nicht eingeführt wurde. Die Anlage "WTK-I" wurde von Siemens für kürzere Entfernungen des Heeres gebaut und für MW/GW ausgelegt. Auch hier konnte der Aufwand auf zwei Empfänger MWEc reduziert werden. Die Anlage "WTK-II" war für den LW-Bereich und Entfernungen von etwa 500 km konzipiert. Für die mobile Station wurden einfache Antennen und zum ersten Mal ein FSK-Betrieb vorgesehen (Shift 240 Hz), wobei die Frequenzumtastung hier auch als "Verstimmungstastung" bezeichnet wurde. Durch eine im Oszillator parallel geschaltete Spule wurde erreicht, dass die Versetzung im genutzten Frequenzbereich konstant blieb. Der FSK-Betrieb gilt heute als die elegantere technische Lösung, hat aber bislang den AFSK-Betrieb nicht verdrängen können, der mit jedem beliebigen Sender durchgeführt werden kann. Die Anlage I bestand 2-x-HF- sowie 6-x-NF-Diversity und mit dem verbesserten Schlüsselgerät von Lorenz konnten auch diese Anlagen nun eine gewisse Betriebsicherheit aufweisen. Die Stückzahlen lagen etwa zwischen 15-20 und die "WTK-II" wurde noch auf einer Versuchstrecke über 250 km mit einem 5-kW-Sender einige Wochen mit guten Resultaten betrieben.

Im Jahre 1944 arbeiteten Siemens und Lorenz zusammen an "Einheits-Funkfernschreibanlagen für Kurzwelle" (EFFK) und deren "EFFK-I" im Wesentlichen die Vereinigung der Sägefisch- mit den WTK-Anlagen darstellte. Telefunken entwickelte dann alleine das Nachfolgemodell "EFFK-II". Damals kam erstmals Diversity-Empfang zum Einsatz, die Unterdrückung eines der Seitenbänder (ESB-Technik) und eine automatische Verstärkernachregelung (AGC) wurde eingesetzt sowie die Frequenzumtastung des Oszillators (FSK) erprobt. Dazu wurde endlich ein Spezialempfänger vom Typ "Kabeljau" entwickelt, bei dem beide Seitenbänder getrennt demoduliert werden konnten. Mit ihm wurde es möglich, vom Raum-Diversity-Empfang abzugehen und stattdessen eine Frequenz-Diversity zu benutzen, bei der eine einzige Richtantenne wahlweise für das Senden und Empfangen genutzt werden konnte.

30% aller Fehler der Funkfernschreiben wurden durch Trägerschwund oder Fading verursacht und die Probleme der Übertragungssicherheit konnten erst mit der Einführung der Einseitenbandtechnik gelöst werden. Bei Raumwellen-Übertragungen zweier Wellenzüge mit 300 Hz Differenz ist die Ausbreitung bereits sehr unterschiedlich. Es gibt selektives Fading, der gesamte Schwund tritt aber niemals bei beiden Seitenbändern gleichzeitig auf. Die beiden NF-Ausgänge des "Kabeljau" wurden als getrennte Empfangseingänge behandelt und über einen automatischen Auswahlschalter geführt. Anschließend erfolgten in einer dreifachen WTZ die Auswertung der Tonfrequenz des günstigsten Seitenbandes sowie die Diversity-Zusammenschaltung auf Gleichstrombasis. Die Einsparungen gegenüber der "Sägefisch-IV"-Anlage waren beträchtlich, ohne dass die Betriebsicherheit darunter zu leiden hatte, doch konnten nur noch wenige Muster gefertigt werden.

Fehlende Zeichen machen es unmöglich eine codierte Nachricht wieder zu entschlüsseln. Der Funkfernschreib-Empfang war im Vergleich zum Tastfunk durch seine Zeichengebung sehr viel anfälliger für Störungen aller Art, obwohl Störaustastverfahren auch damals schon recht wirksam waren, aber noch nicht die Qualität heutiger Digitalschaltungen hatten. Es gelang den Entwicklern nicht, alle Störungen zufrieden stellend zu beseitigen oder zu verringern. Wenn nur bei jedem vierten oder fünften Fernschreiben ein Fehler auftrat, galt es als ein zufrieden stellender Betrieb. Schon das Mitschreiben der Zeichen mit einem Lochstreifen ermöglichte oftmals die Rekonstruktion fehlender Zeichen. Ein gewisser individueller Betrieb zur Lösung der Probleme war bei Fernschreiben wichtiger, als z.B. beim Umgang mit dem Morsecode und der ENIGMA, die ebenfalls keinen Fehler duldete.

Im Betrieb mussten die Röhrengleichstromverstärker durch das Personal ständig nachjustiert werden, die ständige Pflege unter den Bedingungen des Feldeinsatzes war unerlässlich und so mancher Techniker erprobte eigene technische Verbesserungen. Ein Unteroffizier der 3. Nachrichten-Ersatzabteilung installierte z.B. eine zusätzliche Morsetaste, mit der er die bei der Übertragung fehlenden Startbits ersetzen konnte und wodurch er der Gegenstelle die Rückfrage für eine erneute Übermittlung ersparte. Georg Glünder nannte dies seine "Schlüssel-Raus-Schmeiß-Taste". Die sorgfältigste Pflege aller Geräte war äußerst wichtig, aber unter schwierigen Bedingungen im Feld nicht immer einfach.

Eine Karte des britischen GCHQ (Stand Frühjahr 1944) zeigt etwa 30 Linien des OKW-Netzes (damals noch Anlagen mit dem Lorenz-Schlüsselzusatz (SZ)). Hinzu kamen noch einige Funkfernschreib-Linien der Abwehr und des diplomatischen Dienstes. Eine realistische Schätzung wäre vermutlich maximal ca. 80 deutsche Sägefisch-Linien, viele der Funkfernschreiblinien und die eingesetzten Geräte wurden ähnlich wie bei der ENIGMA entweder bewusst von deutscher Seite oder teilweise unbewusst aus alliierten Quellen falsch beschrieben.

Der Funktrupp des Unteroffiziers Glünder wurde am 1. November 1943 zu der auf der Krim eingeschlossenen 17. Armee eingeflogen, um zwei Richtfunkverbindungen zur Heeresgruppe A in der Ukraine und zum OKH in Ostpreußen aufzubauen. Der Trupp hatte zwei SZ-40/42, drei Fernschreiber, zwei Streifenlocher, fünf Empfänger und zwei Sender. Auch hier bewährten sich die "Schlüssel-Raus-Schmeiß-Taste" und die technischen Kenntnisse, die der Unteroffizier in der Funkstelle "Anna" bei Angerburg erlernt hatte. Da die Heeresgruppe A mehrfach Schwierigkeiten hatte das Oberkommando (OKH) zu erreichen, kamen viele Nachrichten über die Funkstelle auf der Krim. Dabei wurde oft ein und derselbe Klartext mit zwei unterschiedlichen Schlüsseln übermittelt, was der Schlüsselsicherheit sehr abträglich war.

Nach guter Abstimmung der Sende- und Empfangsanlagen arbeitete eine von dem Unteroffizier Glünder installierte Relaisschaltung jedoch einwandfrei und die Funksprüche liefen automatisiert weiter zum OKH, ohne das eine erneute Aussendung oder Verschlüsselung notwendig wurde. Zur Kontrolle liefen die Fernschreiber aber trotzdem mit und die Nachrichten konnten vom Personal in der Fernschreibstelle mitgelesen werden. Da dem General der eingeschlossenen 17. Armee kaum Nachrichten über seine Lage und Vorhaben zur Befreiung zugestellt wurden, duldete er dies stillschweigend, da er so zumindest indirekt die Entwicklungen verfolgen konnte. Bei der Evakuierung wurde der Nachrichtentrupp angegriffen und mit dem Unteroffizier Glünder überlebten nur drei ihrer Kameraden, die im April 1944 Sewastopol und anschließend am 12. Mai Konstanza/Rumänien erreichten.

Für die meisten der damaligen Funker unbekannt, wurden die durch die Modulation der Signale entstandenen Geräusche ("sägende Signale") bei der Übertragung in den englischen Abhörstationen meist für Störsender gehalten, doch schon bald begann die gezielte Aufzeichnung dieser Funksendungen. Die erste Nachrichtenverbindung dieser Art wurde von der englischen Aufklärung zwischen Berlin und Athen im Jahre 1940 entdeckt. Da sich die Anlagen in der Übertragung lediglich durch die Schlüsselverfahren unterschieden, wurden alle erfassten Strecken zunächst "Fish-Lines" benannt, und als Geräte erbeutet und analysiert waren, entsprechend nach "Tuny-Lines" (Geräte von Lorenz) oder "Sturgeon-Lines" (Geräte von Siemens) unterschieden.

Bombardements und die Aktivitäten der Partisanen setzten immer mehr FS-Leitungen außer Betrieb. Allein im Bereich der Heeresgruppe Mitte gab es 1943 über 2.000 Anschläge auf Telegrafenleitungen und Angriffe auf die Entstörtrupps. Die RV-Anlagen waren dann oft das letzte Verbindungsglied, wie z.B. von Griechenland nach Afrika oder zur eingeschlossenen Kurlandarmee. Vor der Übermittlung der Nachricht wurde der Betriebskanal durch Dauersignale belegt, die andere Sender zum Frequenzwechsel zwangen. Ein Lochstreifen mit den Buchstaben "RY" wurde eingelegt und einige Zeit ausgesendet, was der Gegenstelle zusätzlich das Abstimmen ermöglichte. Das Verfahren wurde auch nach dem Krieg weiterverwendet. Die verschlüsselten Übertragungen der Lorenz-Linie von Paris nach Berlin ("Jelly-Fish") konnten zwischen März und Juni 1944 innerhalb von sieben Tagen entziffert werden (Hinsley), dann wurden die Schlüsselzusätze verändert und erst im Oktober 1944 gelang ein neuer Einbruch in den Schlüssel.

Die eigentlich für Radaranlagen der Kriegsmarine zuständige GEMA lieferte auch RV-Anlagen wie z.B. die FG-75 und FG-80 an die Marine. Daneben gab es im maritimen Bereich auch noch auf Richtfunktechnik basierende Hafensperren. Wurde der Richtstrahl der in der Hafeneinfahrt aufgestellten Geräte unterbrochen, ertönte ein Alarm. Die Sperre "Wally-II" (P2/10 DM-42?) der Firma Pintsch arbeitete auf 2.300 MHz (13,1 cm) und fußte auf den Entwicklungen von 1935-38. Das Seriengerät trug die Bezeichnung "Wally-III" (P3/10 DM-43).

Zusammenfassend kann festgestellt werden, dass die Richtfunkverbindungen bis 1945 maßgeblich die Nachrichtenübermittlung an Land unterstützten und entsprechende Auswirkungen auf die Streitkräfte hatten. Im Schwerpunkt wurde die Richtfunktechnik jedoch bei der Wehrmacht eingesetzt, weniger bei den alliierten Streitkräften. Erst nach Kriegsende sollte sich der Richtfunk zu einem Rückgrat der Nachrichtenmittel der NATO als auch des Warschauer Paktes entwickeln und auch in zivilen Anwendungen sich weiterentwickeln.

Richtfunk und Weitverkehrstechnik nach 1945

Der Begriff „Weitverkehrstechnik" beschreibt nach 1945 im allgemeinen Anlagen, Geräte und Verfahren um Nachrichten über weite Entfernungen zu übertragen, wozu Überseefunkstationen, Satellitenverbindungen, transatlantische Nachrichtenkabel, Richtfunkverbindungen etc. gehören. Bei den Kabel- und Richtfunkverbindungen werden hierfür spezielle Geräte und Verfahren notwendig.

Da über die großen Entfernungen möglichst mehrere Telefon- oder Fernschreibverbindungen über einen Funkkanal oder eine Kabelstrecke abgewickelt werden sollen, werden die Gespräche und Übertragungen zeitlich hintereinander und in der Frequenz nebeneinander gepackt und dann in diesen Paketen bzw. Gruppen übermittelt.

Grundlage ist hierfür die Trägerfrequenz-Technik (TF), deren Anfänge in verschiedenen technischen Bereichen und der Zeit zwischen 1917-1935 liegen, denn erst 1935 war die Technik so weit entwickelt, dass kommerzielle Nutzungen erfolgen konnten. Die TF-Technik ist die Gesamtheit aller Verfahren und Geräte, mit deren Hilfe eine Vielzahl von Nachrichten gleichzeitig und unabhängig voneinander über einen einzelnen Übertragungsweg mit bestimmter Frequenzbandbreite übermittelt werden können. Waren es bei den olympischen Spielen von 1936 noch 200 Sprachkanäle über Koaxialkabel, so konnten mit der V-10800 im Jahr 1971 bereits 10.800 Übertragungskanäle verwendet werden sowie optional sechs Farbfernsehkanäle.

Durch die deutsche Frequenzverwaltung wurde verfügt, dass Richtfunkstellen in der Regel feste Funkstellen sind und dem festen Funkdienst zugeordnet sind. Die Richtwirkung dieser Funkanwendung ergibt sich durch den Einsatz energiebündelnder Antennen, die die elektromagnetische Energieübertragung weitgehend auf die gewünschte Richtung beschränken; im Gegensatz zur Rundstrahlung der Sendeenergie beim Rundfunkdienst. Durch Konzentration der Sendeleistung in dieser Richtung genügen für den Richtfunk vergleichsweise niedrigere Sendeleistungen als bei Rundstrahlung. Durch diese Richtwirkung ergibt sich weiterhin eine vielfache Wiederbenutzbarkeit derselben Funkfrequenzen oder Funk-Frequenzkanäle für mehrere Richtfunkrichtungen, -Linien oder -Trassen.

Für diese Funkanwendung (Nachrichtenübertragung mittels Richtfunks) sind deshalb heutzutage gemäß Frequenzplan explizit die Frequenzbereiche mit der Bezeichnung „Fester Funkdienst" zugelassen. Betreiber dieser Funkanwendung können von der zuständigen Frequenzverwaltung eine Nutzungsgenehmigung mit entsprechender Frequenzzuteilung erhalten. Richtfunkstellen enthalten Einrichtungen zur Erzeugung dieser Radiofrequenzen und zur Modulation mit den Signalen der zu übertragenden Daten, Nachrichten oder Informationen.

Je nach Frequenzbereich wird der Richtfunk in den Digitalen Punkt-zu-Punkt- oder Digitalen Punkt-zu-Mehrpunkt-Richtfunk unterteilt und wird weiterhin hauptsächlich für Weitverkehrsverbindungen in der Telekommunikation verwendet. Außerdem dient der digitale Richtfunk als Infrastruktur zu und von Höhenplattformen oder als alternative Funkanbindung von Teilnehmeranschlüssen gegenüber drahtgebundenen Teilnehmeranschlussleitungen.

Militärische Richtfunk-Anwendungen und BOS-Richtfunk zählen in der Regel zum festen Funkdienst, obwohl gerade im militärischen Bereich neben festen Richtfunkstellen auch taktisch bewegbare oder mobile Richtfunkstellen verwendet werden. Daher erhalten die betreffenden Nutzer Frequenzzuteilungen aus Frequenzbereichen, die die Frequenzbereichszuweisung fester Funkdienst und/oder dem mobiler Landfunkdienst enthalten.

Nach dem Ende des Zweiten Weltkrieges trugen Richtfunksysteme maßgeblich zum Aufbau der nationalen und internationalen Telekommunikationsnetze bei. Richtfunksysteme wurden dabei fast ausschließlich im Fernnetz eingesetzt. Funkfeldlängen zwischen 30 km und 60 km waren die Regel. Wichtige Verbindungen in den Telekommunikationsnetzen wurden parallel sowohl über koaxiale Kabelleitungen als auch über Richtfunksysteme geführt. Die erste Übertragung eines Fernsehprogramms über das inzwischen aufgebaute internationale Richtfunknetz erfolgte 1953 anlässlich der Krönung Elisabeths II.

Bis etwa 1980 waren analoge Richtfunksysteme mit einer Übertragungskapazität bis zu 2700 Fernsprechkanälen und Radiofrequenzen zwischen 1,9 GHz und 11 GHz im Einsatz. Die Übertragung von Fernsehen erfolgte nahezu ausschließlich über Richtfunk. Die Sendeleistung betrug 0,5 Watt für Systeme mit 120 Fernsprechkanälen und 20 W für Systeme mit 2700 Fernsprechkanälen. Als Modulationsverfahren setzte sich für Vielkanalsysteme Frequenzmodulation durch.

Ab etwa 1970 wurden Schritt für Schritt digitale Übertragungsverfahren in die Netze eingeführt. Mit optischen Übertragungssystemen war es nunmehr möglich, sehr hohe Bitraten über große Entfernungen ohne Zwischenregeneratoren zu übertragen. Dies hatte zur Folge, dass alle Ballungszentren mit optischen Übertragungssystemen vernetzt wurden. Der Einsatzbereich von Richtfunksystemen verlagerte sich infolgedessen in die regionale und örtliche Netzebene des Telekommunikationsnetzes.

Nach der Wiedervereinigung der beiden deutschen Staaten im Jahre 1990 musste in kurzer Zeit das Telekommunikationsnetz in den neuen östlichen Bundesländern ausgebaut und mit dem Netz der westlichen Bundesländer verbunden werden. Diese Aufgabe konnte durch den massiven Einsatz von Digitalrichtfunksystemen erfolgreich gelöst werden. 1991 startete der Aufbau der digitalen Mobilkommunikationsnetze. Aus Kostengründen werden große Teile des Festnetzes der Mobilkommunikationssysteme mit Richtfunksystemen realisiert. Insbesondere die Netzausläufer sind für den Einsatz von Richtfunksystemen prädestiniert.

Mit Inkrafttreten des Telekommunikationsgesetzes wurde 1996 in Deutschland das bisherige Telekommunikationsmonopol des Bundes beendet. Nunmehr konnten auch private Unternehmen eigene Telekommunikationsnetze aufbauen und betreiben. Viele Verbindungen in diesen neu entstanden Netzen werden auch über Richtfunk geführt. Ende Oktober 2013 waren in Deutschland mehr als 125.000

Richtfunkstrecken mit jährlichen Zuwachsraten von 10 % in Betrieb. Deutschland besitzt dadurch vermutlich bis heute das weltweit dichteste Richtfunknetz.

Für Richtfunk stehen in Deutschland Frequenzbereiche zwischen 3,8 GHz und 86 GHz mit einer Bandbreite von 41 GHz zu Verfügung. Die Zuweisung von Frequenzen für Richtfunkverbindungen erfolgt in Deutschland durch die Bundesnetzagentur (BNetzA). Am meisten trägt nach wie vor der Mobilfunk zum weiteren Ausbau der Richtfunknetze bei. Richtfunkstandorte werden meist auch als Standorte für Mobilfunk-Basisstationen genutzt. Richtfunksysteme sind als Alternative und Ergänzung zu leitergebundenen Übertragungssystemen nach wie vor ein unverzichtbares Übertragungsmedium in den nationalen und internationalen Telekommunikationsnetzen.

Die heutigen Systembaugruppen Modulator und Demodulator sind mit den Baugruppen zur Stromversorgung und den Schnittstellen in einer Inneneinheit (englisch Indoor Unit, IDU) zusammengefasst. Sender und Empfänger bilden das Funkgerät. Es ist in vielen Fällen als Außeneinheit (englisch Outdoor Unit, ODU) ausgeführt und in der Nähe der Antenne montiert. Die äußere Einheit ist über ein Koaxialkabel und Stromversorgung mit der äußeren Einheit verbunden.

Modulator und Demodulator sind in Form komplexer, programmierbarer, integrierter Schaltungen zur Digitalsignalverarbeitung realisiert. Hierdurch können Modulationsverfahren und Bandbreite entsprechend den unterschiedlichen Anforderungen konfiguriert werden. Bitrate und Modulationsverfahren bestimmen die benötigte Bandbreite im elektromagnetischen Spektrum. In einem Radiofrequenzkanal mit einer Bandbreite von 28 MHz kann mit dem Modulationsverfahren 256QAM eine Nettobitrate von 193 Mbit/s übertragen werden. Ist eine höhere Bitrate erforderlich, kann die Stufenzahl des Modulationsverfahrens erhöht werden. Bei der Nutzung beider Polarisationsrichtungen (horizontal und vertikal) im selben Radiofrequenzkanal verdoppelt sich die Bitrate. Zudem können mehrere Systeme auf der Strecke in unterschiedlichen Radiofrequenzkanälen parallel betrieben werden. In einer Bandbreite von 56 MHz und 1024QAM kann damit eine Nettobitrate von 1 Gbit/s übertragen werden.

Um den Auswirkungen der Mehrwegeausbreitung zu begegnen, enthält der Demodulator einen adaptiven Zeitbereichsentzerrer (engl.: Adaptive Time Domain Equalizer, ATDE). Bei der Nutzung beider Polarisationsrichtungen im gleichen Radiofrequenzkanal beeinflussen sich die beiden unterschiedlich polarisierten Träger. Die Demodulatoren der Empfänger für vertikale und horizontale Polarisation sind deshalb über einen Kreuzpolarisation-Kompensator (englisch Cross Polarisation Interference Compensator, XPIC) miteinander verkoppelt, der diese Beeinflussungen ausgleicht. Der Sendepegel von Richtfunksystemen wird durch eine automatische Pegelregelung (englisch Adaptive Transmitter Power Control, ATPC) in schwundfreier Zeit auf einen Wert, der etwa 10 dB über der Systemschwelle liegt, abgesenkt. Hierdurch wird die Störbeeinflussung von benachbarten Richtfunkstrecken minimiert. Bei Schwundereignissen im Funkfeld wird der Sendepegel entsprechend der Fadingtiefe erhöht, bis der operative Sendepegel erreicht ist.

Bis zum Beginn der 1990er Jahre wurde in Deutschland fast ausschließlich Richtfunk für die Übertragung von Informationen aus TF-Netzen über große Entfernungen (ca. 100–120 km) eingesetzt. Die damalige Deutsche Bundespost als Monopolist im Fernmeldebereich baute dazu in den 1950er und 1960er Jahren ein engmaschiges Netz von Fernmeldetürmen und Verstärkerämtern, über die Verbindungen zwischen einzelnen Vermittlungseinrichtungen hergestellt wurden. Bemerkenswert dabei waren Richtfunkverbindungen nach West-Berlin, die aufgrund der großen Entfernung zwischen dem Bundesgebiet und Berlin am Rande der technischen Machbarkeit errichtet und betrieben werden mussten. Neben dem Telefonnetz wurden zu dieser Zeit von der Post auch Richtfunkstrecken zur Verbreitung der öffentlich-rechtlichen Rundfunkprogramme gebaut. Dies umfasste sowohl Verbindungen aus den Studios zu den über das Land verteilten Sendeanlagen, als auch zwischen den Funkhäusern, zum Beispiel zum Programmaustausch.

Mit der Verfügbarkeit von kostengünstigen Glasfaserverbindungen mit sehr hohen Kapazitäten in den 1990er Jahren sank die Bedeutung des Richtfunks für diese Anwendungen allerdings schnell, obwohl dieser bei der Datenübertragung in Echtzeit Vorteile bietet. Beim Datenaustausch über Nachrichtensatelliten oder Lichtwellenleiter muss man mit Zeitverzögerungen rechnen. So wird z. B. zwischen den Börsen von London und Frankfurt am Main weiterhin Richtfunk genutzt um Echtzeitkurse zu gewährleisten.

Neue Einsatzgebiete fand die Richtfunktechnik dagegen in den etwa gleichzeitig aufkommenden Mobilfunknetzen. Hier wird Richtfunk sehr häufig zur Anbindung der einzelnen Mobilfunkbasisstationen an ihre übergeordneten Einheiten eingesetzt. Vorteilhaft für diese Nutzung sind gegenüber einer gemieteten Festleitung vor allem die niedrigeren Betriebskosten, der schnellere Aufbau sowie der direkte Zugriff auf die Hardware für den Mobilfunkbetreiber. Richtfunkstrecken sind zwar anfälliger für Störungen z. B. durch Starkregen, aber schneller wieder verfügbar als Mietleitungen von Fremdanbietern, sodass sich in der Summe eine höhere Gesamtverfügbarkeit der Funknetze ergibt.

Da in den meisten heutigen Unternehmen die Übermittlung von Daten mit hohen Bandbreiten nötig, jedoch nicht überall eine dafür erforderliche Glasfaser-Standleitung verfügbar ist, erfolgt in solchen Fällen häufig der Aufbau einer Richtfunkstrecke. Diese wird entweder als Peer-to-Peer-Verbindung oder Richtfunk-Internetanbindung eingerichtet, um Backups an großen Standorten sowie eine Standort-Kopplung verschiedener Niederlassungen zu ermöglichen. Damit solche Richtfunkstrecken möglichst effizient und störungsfrei genutzt werden können, müssen verschiedene Voraussetzungen geschaffen sein. So sollten die beiden miteinander kommunizierenden Richtfunkantennen nicht weiter als 20 km voneinander entfernt und so zueinander positioniert sein, dass eine Sichtverbindung besteht.

Der Schweizer Pay-TV-Anbieter Teleclub war z.B. regelmäßig ein Opfer der Piraterie. Seit 2001 erfolgt die Zuführung des Signals von Teleclub zu den Kabelfernsehnetzen der Schweiz nur noch über das Richtfunknetz der Swisscom. Zuvor erfolgte die unsichere Zuführung via Satelliten (zuerst via Astra, dann via DFS-Kopernikus).

Während des Kalten Krieges waren amerikanische Geheimdienste wie die NSA, in der Lage, die Richtfunkstrecken des Warschauer Paktes mit Satelliten zu überwachen. Ein Teil des Strahls einer Richtfunkverbindung geht seitlich an der Empfangsantenne vorbei und strahlt in Richtung Horizont, in den Weltraum. Womit man mit einem Satelliten, der sich auf dieser geosynchronen Bahn befindet, die Verbindung abfangen kann. Wie andere Richtfunkstrecken wurden die Verbindungen von und nach West-Berlin sowie innerhalb Westdeutschland entlang der Innerdeutschen Grenze durch Horchposten vom Ministerium für Staatssicherheit und der NVA der DDR abgehört. Deshalb wird bei militärisch genutzte Richtfunkstrecken eine verschlüsselte Übertragung bevorzugt. Auch heute werden Richtfunkstrecken durch Geheimdienste überwacht und ausspioniert, da Richtfunk/ Weitverkehrstechnik in der zivilen Nachrichtentechnik und den Streitkräften weiterhin weiträumig eingesetzt wird.

Das 1-Kanal-Trägerfrequenzgerät E-1 diente z.B. zur Mehrfachausnutzung von Zweidraht-Leitungen und ist besonders geeignet für den feldmäßigen Einsatz in Fernmeldenetzen. Mit dem Gerät können ein Niederfrequenz- und ein Trägerfrequenzband im Zweidraht-Getrenntlagebetrieb übertragen werden. Zum Aufbau von zwei Fernsprechverbindungen sind zwei derartige Geräte notwendig, ein Anschluss an eine Zweidrahtvermittlung oder von einem WT-Gerät mit Feldfernschreiber ist gleichfalls möglich. Die Reichweite lag mit Feldkabel bei 8 km, mit Postkabel bei 30 km und mit Freileitungen bei 120 km. Das 3,5 kg schwere Gerät wurde 1963 konstruiert und die Bundeswehr verwendete es bis in die Mitte der 70er Jahre.

Mit dem 12-Kanal-TF-Gerät VZ-12-T lassen sich zwischen zwei Endstellen zwölf TF-Sprechkreise auf Feldfernkabel (FFKb), Freileitungen oder symmetrischen Kabelleitungen bilden. Es liefert das Basisband für eine 12-Kanal-Richtfunkverbindung. Bis zu vier der zwölf TF-Kanäle können anstatt Sprache mit je 12 Wechselstromtelegrafiekanälen belegt und je drei Sprechkanäle können auch zu zwei Radarbild-

Übertragungskanälen verbunden werden. Durch Zusammenschalten zweier 12-Kanal-TF-Geräte ergibt sich eine 24-Kanal-Endstelle für FFKb- und Richtfunkverbindungen. Der 12-Kanal-NF-Endsatz ermöglichte die Übernahme der 12 NF-Vierdrahtleitungen über Telefonkabel. Er besteht aus dem NF-Endsatzkoffer und Stromversorgungskoffer und wurde zur Endschaltung von niederfrequenten 4-Drahtleitungen mit Signaladern in Verbindung mit dem 12-Kanal-TF-Gerät verwendet. Alle Geräte wurden von Anfang der 60er bis Mitte der 80er Jahre eingesetzt.

Das 4-Kanal-TF-Gerät-4 EVZ-4 diente zur Herstellung von vier Sprechverbindungen auf der Trägerfrequenz nach dem Vierdraht-Gleichlageverfahren im Frequenzbereich von 4-20 kHz (V4) oder von 4- bzw. 2-x-2-Sprechverbindungen nach dem Zweidraht-Getrenntlage-Verfahren im Frequenzbereich von 4-40 (Z4) bzw. 4-20 kHz (E4). Das Gerät kann also in drei verschiedenen Betriebsarten geschaltet werden.

Dem Einkanalbetrieb (E), dem Vierdraht-Gleichlagebetrieb (V) und Zweidraht-Getrenntlagebetrieb (Z). Es besteht die Möglichkeit, über das System je Sprachkanal bis zu 24 WT-Kanäle bei 120 Hz Kanalabstand und 12 WT-Kanäle bei 240 Hz Kanalabstand zu übertragen. Ferner kann innerhalb eines Sprechkanals ein eingelagerter WT-Kanal genutzt werden. Das Gerät wurde bei den TF/WT-Trupps (Schalttrupps) eingesetzt. Bei den 2-x-2-Sprechverbindungen (E4) liegen Sende- und Empfangsrichtung eines Kanals in der Frequenz sehr nahe nebeneinander. Hierdurch lässt sich die Reichweite bei Verwendung des ersten Kanals wesentlich erhöhen. In besonderen Fällen, z.B. von schlechten Leitungen oder Leitungsüberlängen, ist so noch ein Betrieb möglich.

Unabhängig vom TF-Betrieb kann über jede Fernleitung eine NF-Dienstleitung geschaltet werden. Das System ist für eine eigene Rufübertragung eingerichtet, d.h., die Ruffrequenz 3.825 Hz wird mit dem zugehörigen Sprachband gemeinsam umgesetzt. Auf der niederfrequenten Seite des Gerätes ist bei Vierdraht-Betrieb Gleichstromruf auf getrennten Signaladern und bei Zweidraht-Betrieb Wechselstromruf mit 25 Hz möglich. Die Reichweiten betragen bei Verwendung von einem Verstärkerfeld über Feldkabel 8 km, über Feldfernkabel (nicht pupinisiert) 17 km, über Feldfernkabel (pupinisiert) 50 km, über Postkabel 30 km und über Freileitungen zwischen 120-200 km.

Zwei Feldfunkgabeln Ga-467/2 (12/24V) der Firma Telefunken dienten z.B. in Verbindung mit dem Trägerfrequenzsystem EVZ-4 zur Sprachübertragung. Das Zusatzgerät EVZ-4/V8 schaltete das nach dem Zweidraht-Getrenntlage-Verfahren arbeitende 4-Kanal-TF-Gerät (EVZ-4) auf Vierdrahteinrichtungen oder verband diese nach dem Zweidraht-Getrenntlage-Verfahren zu einer V8-Verbindung. Für den feldmäßigen Einsatz wurden kleinere Geräte konstruiert und in handlicher Ausführung kam z.B. das 1-Kanal-Gerät TF-429.

Das 1-Kanal-Wechselstrom-Telegraphiegerät FM-WT-1-M wurde für gleichzeitige Übertragungen von Telegrafie und Telefonie über einen Fernsprechkanal konstruiert. Für die Telegrafie wird ein Teil des Sprachfrequenzbandes (1.550-2.000 Hz) benutzt, in dem die Telegrafiezeichen mit Tonfrequenzen nach dem Zweibandverfahren (getrennte Bänder für die beiden Verkehrseinrichtungen) frequenzmoduliert übermittelt werden.

Das Gerät kann daher sowohl für Gegenverkehr (Duplex) wie auch in Verbindung mit Fernschreib-Vermittlungen für Wechselverkehr (Halbduplex) eingesetzt werden. Da nicht das obere Ende des Sprachbandes zum Übertragen einer Nachricht mittels Telegrafie verwendet wird, ist es möglich, die Übertragungswege mit beliebigen Grenzfrequenzen über 2.100 Hz zu benutzen. Aufgrund der Vorteile der Frequenzmodulation ist das Gerät gegen Pegelschwankungen sowie Störspannungen unempfindlich und daher für den Betrieb mit Kabeln, Freileitungen und Funkbrücken gut geeignet. Der Einsatz in der Bundeswehr geht von mobilen Trupps, Standverbindungen (Pony-Leitung) bis hin zu NATO-Strecken nach Dänemark. Ein Gerät aus der Sammlung der ehemaligen Marinefernmeldeschule wurde z.B. auch in der Fernmeldegruppe 12 eingesetzt.

Richtfunktechnik wurde in Deutschland bis Ende der 40er Jahre aus den militärischen Beständen der Wehrmacht bei der Post und anderen Behörden eingesetzt, da der hohe technologische Stand die Verwendung weiter zuließ und die finanziellen Mittel für Neuanschaffungen nicht vorhanden waren.

Erst ab 1952 standen modernere Geräte mit einer Kapazität von 24 und mehr Sprachkanälen sowie Geräte für Fernsehübertragungen zur Verfügung. Im selben Jahr wurden auch zum ersten Mal mehrere Länder über Richtfunk zusammengeschaltet. Ab 1955 begann der Einsatz von Anlagen für 120, 240 und dann 600 Fernsprechkanälen und bis 1960 waren 960 Kanäle die Maximalkapazität auf Richtfunkstrecken. Zu Beginn der 70er Jahre wurde 40 Prozent des Fernsprechverkehrs über Richtfunkstrecken abgewickelt, die 1977 eine Kapazität bis 2.700 Kanälen erreichten. Die Fernschreibübertragungen wurden nun international mit RTTY (Radio and Teletype) bezeichnet.

Obwohl die deutschen Erfahrungen die Entwicklungen in den Vereinigten Staaten von Amerika und England begünstigten, gelang den deutschen Unternehmen schnell der Sprung zurück in die Spitzenpositionen des Marktes. Davon konnte auch die Bundeswehr profitieren, bei der nun die Richtfunktechnik in den Netzen der Teilstreitkräfte aufgebaut wurde. Der Datenaustausch mit diesen Anlagen ist aber ein Rückgrat der Nachrichtenverbindungen aller Streitkräfte weltweit.

Im Zuge der Digitalisierung kam 1977 die Einführung des analogen automatischen Selbstwählsystems AUTOKO-I. Dabei erfolgte auch die Modernisierung der Richtfunkgeräte FM-12/800 mit Pulscodemodulation und Dipolgruppen-Antenne. 1985/86 kamen die digitalen Richtfunkgeräte FM-1000 und FM-15.000 sowie die entsprechenden Multiplexgeräte für das AUTOKO-II. 1998 wurde das vollautomatisierte AUTOKO-90 ausgeliefert, welches ab April 2001 das ältere System auf dem Balkan ersetzte und seit Mitte des Jahres 2001 wird das AUTOKO-II und AUTOKO-90 im Verbund mit dem Gefechtsstandfernmeldenetz BIGSTAF eingesetzt. Die Systemkomponenten bestehen aus 91 Knotenvermittlungstrupps, 51 Richtfunkanschlusstrupps, 91 Gerätewagen und 161 Richtfunkabzweigtrupps. Über "Radio Access Points" können bis zu 36 Teilnehmer über Funk angeschlossen werden. An das AUTOKO-90 kann der Anschluss des Drahtlosen Wählnetzes (DWN) problemlos erfolgen, lediglich bei der Einbindung von BIGSTAF werden Anschaltgeräte/Netzverbindungen (BTAG/NVbdg) benötigt werden.

Das Taktische Richtfunknetz des Flottenkommandos (TRF) entspricht im Aufbau und Funktionalität dem AutoFüFmN der Luftwaffe und beide arbeiten nach CCITT-Standard. Das Äquivalent im Heer nutzt aber den EUROCOM-Standard, weshalb die Netze über digitale Vermittlungen zusammengeschaltet werden müssen. Das TRF reicht von Borkum über Helgoland, Glücksburg, Staberhuk und Peenemünde und verbindet die wichtigsten Dienststellen der Marine an der Küste. Das TRF diente im Verbund mit UHF/VHF-Funksende- und Empfangsanlagen, den ausgelagerten HF-Empfangsstellen des MHQ, dem Datenübertragungssystem X.400 und weiteren Datenfernübertragungsmitteln als Verbindungsglied im Kommunikationsverbund und als Führungsmittel des Befehlshabers der Flotte und seinen Aufklärungs- und Einsatzkräften. Außerdem dient es der Sicherstellung der "SEARCH AND RESCUE" (SAR) Verbindungen, der Radarbildübertragung des Wasser- und Schifffahrtsamtes Cuxhaven zum Marinehauptquartier (MHQ) und als taktisches militärisches Telefonnetz.

Das digitale Netz ist generell unbemannt und arbeitet in sämtlichen Vermittlungen der wichtigsten Knoten vollautomatisch. Umschaltungen, die Anpassung des Netzes an das Verkehrsaufkommen, die Schaltung von Reserveverbindungen und Einleiten von Maßnahmen bei technischen Störungen werden durch die Technik selbst vorgenommen. Der Einheitskanal des Netzes arbeitet mit 64 KB/s und wird in einen Kanal von 0,4-3,1 kHz umgesetzt, wobei die Kanäle sind zu MB/s-Strecken zusammengefasst werden. Auf jedem Kanal kann jede beliebige Information digital übertragen werden, wodurch die Anbindung an das ISDNBw gewährleistet wird. Die Richtfunkstrecken im 5-GHz-Bereich sind durch Schlüsselgeräte gegen Abhören gesichert. Die Digitalisierung des taktischen Richtfunknetzes im Ostbereich wurde erst nach dem Jahre 2000 abgeschlossen.

Für die Führung der Bundeswehr wurde in den Fernmeldeverbindungsbataillonen 960 und 970 das analoge Richtfunkgerät FM-120/5000 eingeführt. 1971 wurde mit Zusatzgerät bei Übungen Troposcatter-Verbindungen von Sengwarden nach Kleinwolstrup erfolgreich erprobt. Zu den bisher in der Bundeswehr allgemein verwendeten Anlagen gehört u.a. das Richtfunkgerät FM-120-2000 des Heeres (1.900-2.100 und 2.100-2.300 MHz) mit max. 120 Telefonkanälen. In jedem der zwei Frequenzbereiche ergeben sich 32 Übertragungskanäle bzw. 16 Kanalpaare mit einem Kanalabstand von 6 MHz. Die von Standard Elektrik Lorenz entwickelte Anlage erschien 1958 auf dem Markt und wurde nur kurzzeitig in der Bundeswehr verwendet.

Das Richtfunksystem FM-12/800 kann 4, 12 oder 24 Sprechkreise und eine Dienstverbindung im Frequenzbereich 610-960 MHz bereitstellen. Das übertragbare Basisband reicht von 0,3-116 kHz. In diesem Bereich liegen auch die CCITT-Zwölfer-Grundgruppen mit 60-180 kHz und die, bei vielen TF-Systemen vorkommenden, nach unten versetzten Zwölfer-Gruppen von 6-54 kHz. Die Endstellen enthielten einen Funkgerätesatz einschließlich der Dienstverbindung, Antenne und Mast sowie eine TF-Einrichtung zur Umsetzung von bis zu 24 Sprachbändern in das TF-Band. Das Richtfunksystem wurde 1963 in die Bundeswehr eingeführt und z.B. auch bei den Hawk-Luftabwehrstellungen bis in die 90er Jahre genutzt. Um Überreichweiten zu erreichen oder um von ungünstigen Standorten aus Verbindungen aufbauen zu können, wird eine größere Sendeleistung benötigt. Hierfür wurde von Siemens in geringen Stückzahlen ein Leistungsverstärker mit 100 Watt für die FM-12/800 geliefert. Die Funkstreckendämpfung wurde umgangen und die Rauschwerte um ca. 10 dB in den Sprechkanälen verbessert. Die Marine (Landeinheiten) setzte das Gerät Mitte der 70er bis Mitte der 80er Jahre auch als Verbindung zur Forschungsplattform NORDSEE ein.

Die letzte analoge Richtfunkstelle dieses Systems in der Marine wurde seit 1974 eingesetzt und in Nieby/Schleswig-Holstein 1995 durch die Digitaltechnik abgelöst. Rund 5.000 Geräte wurden ausgeliefert und außerdem eine große Zahl weltweit vertrieben. Am 5. Oktober 1998 wurde den albanischen Streitkräften für die Führung ein Richtfunksystem FM-12/800 geliefert. Das deutsche Personal brachte zum Aufbau zusätzlich VZ-12-T, 4-Kanal-Wechselstromtelegraphiegeräte, Fernsprechvermittlung-10, Feldfernsprecher OB/ZB, Fernschreibsätze T-56 und Blattfernschreiber T-100.

Das Richtfunkgerät FM-1/4/8000 ist ein leichtes mobiles RV-Gerät von Telefunken und besteht aus mehreren Teilen. Es soll Feldkabel- oder Feldfernkabelverbindungen ersetzen und war im Heer z.B. beim Artillerieschießen in Verwendung. Das Hauptgerät enthält den Sender und Empfänger, die über getrennte Hornstrahler-Antennen arbeiten. 25 Kanäle können zwischen 7,725-8,025 GHz übertragen werden. Ab 1964 kam es für rein militärische Zwecke auf den Markt, gewisse Mängel konnten aber nicht beseitigt werden und die Produktion des Gerätes wurde später eingestellt.

Marine und Luftwaffe nutzen das moderne fernsteuerbare CTM-250 im mobilen und stationären Einsatz. Der Frequenzbereich ist auf 4.400-5.000 MHz in 125-kHz-Schritten abstimmbar. Die Leistung liegt bei 1,5 Watt mit einer maximalen Übertragungsrate von 34.368 kbps. Die ca. 2.500 Anlagen werden u.a. in Fliegerabwehrverbänden eingesetzt.

Das CTM-300 erreicht 10 Watt Leistung für 225-400 MHz, 610-960 MHz und 1.350-1.850 MHz mit bis zu 2.048 KB/s. Es ist das Nachfolgemuster für CTM-200 sowie FM-1000 und wird in der Bundeswehr nur im Heer verwendet, wobei auch nach Großbritannien und Südostasien Geräte geliefert wurden. Rein für die Luftwaffe kam das CTM-350 für die Vorgänger CTM-250 bzw. CTY-250, wobei sich das CTM-350 durch die höhere Leistung von 2 Watt vom CTM-300 unterscheidet. Das FM-1000 (1.400-1.800 MHz, 4 Watt) hat in etwa 1.000 das FM-12/800 beim Heer abgelöst. Dazu kommen 500 Anlagen FM-15000 mit 15.105-15.299 MHz und 100 mW Leistung.

Fernmeldetürme des Taktischen Richtfunknetzes erhielten in der Marine teilweise Patennamen, die dann auch von der Bevölkerung übernommen wurden. Diese richteten sich nach Personen, die sich im Aufbau/Betrieb des taktischen Richtfunknetzes verdient gemacht haben. RV-Stellen im Fernmeldeverbund der Bundeswehr waren bis zur Auflösung:

Wilhelmshaven/I. Einfahrt	Peenemünde	Puttgarten
Wilhelmshaven/IV. Einfahrt	Putbus	Saßnitz
Sengwarden/Fedderwarden	Basdorf	Warnemünde
Garding	Meierwik	Hürup
Tarp	Helgoland	Eckernförde
Staberhuk	Olpenitz	Eckernförde Nord
Jägersberg	Fedderwarden	Stohl
Holtenau	Nordholz	Kropp
Sahlenburg	Wik	Brekendorf
Lütjenholm	Ladelund	Arkebek
Hürup	Altenwalde	Saterland/Ramsloh
Wangerooge	Aurich	Fuhrenkamp
Neuharlinger Siel	Borkum	Schortens
Wittmund	Weener	Marienleuchte
Bujendorf	Elmenhorst	Kirchdorf/Pohl
Retschow	Marlow	Parow
Rostock-Stadtweide	Darßer Ort	Bergen
KI Kussewitz		

RV-Stellen mit Namensgebung
- Sande   "Langer Edgar"
- Todendorf   "Adlerhorst"
- Nieby   "Blauer Klaus"

Weitverkehrs- und Richtfunktechnik in der Nationalen Volksarmee und im MfS

Die ersten Stationen in der DDR kamen in Form der R-401 und R-403 (UKW-Bereich) sowie der Dezimetergeräte wie R-404 und R-405XN-1 aus sowjetischer Produktion. Ab ca. 1953 wurde ein Sonderrichtfunknetz aufgebaut, welches bis 1990 in Betrieb war. Es verband alle Kreis- und Bezirksstädte mit dem SED-Zentralkomitee in Berlin. In den 70er und 80er Jahren standen der schnelle Ausbau und die Mehrfachausnutzung durch Mehrkanal-Trägerfrequenz- und Wechselstromtelegrafiegeräten im Mittelpunkt.

In den Richtfunkeinrichtungen selbst war keine Chiffriertechnik installiert, die SAS und Chiffriergeräte wurden extra aufgeschaltet, eine Ausnahme bildete das MfS mit dem Bündelchiffriergerät T-311, welches nur in der PCM-30 eingesetzt werden konnte.

Obwohl die russischen Geräte hier die Ausnahme waren, wurde neben der FM-24-400 mit mittlerer Kanalzahl, die RT-415/417 mit kleiner Kanalzahl verwendet. Als eines der letzten Geräte wurde 1988 das Wechselstromtelegrafiesystem R-327 aus der Sowjetunion eingeführt. Das Richtfunkgerät PCM-10-300, -400, bzw. -800 (VEB Robotron-Elektronik Radeberg) wurde erst 1988 eingeführt und zusätzlich ein Bündelverschlüsselungsblock entwickelt. Das stationäre PCM-120 kam durch die Vereinigung 1990 nicht mehr zum Einsatz.

Als Einkanal-Richtfunkstelle hatte die R-151 einen Frequenzbereich mit 525-645 MHz und max. 30 Watt Leistung. Sie diente vor allem als Endstelle im Duplexverkehr zur Organisation kleinerer Funknetze. Mit den russischen TF-Geräten R-303-Ob und R-302 konnten sechs bzw. zwölf Gespräche übertragen werden, doch die Station erreichte keine weite Verbreitung in der NVA.

Die Richtfunkstelle R-401M wurde 1958/59 eingeführt und stellte einen Nachbau der amerikanischen TRC-1/3 dar. Je zwei Sprech- und Fernschreibkanäle können übertragen werden, an jeden Fernsprechkanal kann ein Zwei- oder Vierdraht-Nachrichtengerät angeschlossen werden. Die Richtfunkanlage mit 2,5 Watt (25 Watt mit Verstärker) kann mit 134 Kanälen (60-69,975 MHz) aber auch als Relaisstation fungieren. Die Richtfunkstelle R-403M von 1961 ist identisch zur R-401M, die in einem, anstatt zuvor in zwei Einschüben untergebracht wurde.

Anfang der 60er Jahre erfolgte die Einführung des Richtfunkgerätesatzes R-404, der trotz mehrerer Modifikationen seinen grundlegenden Aufbau beibehielt.

Eine Weiterentwicklung war die R-414, die im Verhältnis zur R-404 eine geringere Bedeutung erlangte. Diese Station verwendete die Multiplexeinrichtung der R-404M3 und ein neu entwickeltes HF-Teil. Die R-404 war bei ihrer Einführung ein modernes Gerät, welches mit einer 25-jährigen Nutzungsphase ohne nennenswerte technische Weiterentwicklungen bei der Auflösung der NVA schließlich veraltet war. Die Bedienung und Wartung der Station setzte teilweise technisches Wissen auf dem Niveau von Ingenieuren voraus. Trotzdem erfüllte das Nachrichtensystem seine Aufgaben in der NVA/Warschauer Pakt sehr zuverlässig. Die Leistungsaufnahme des aus drei Lkws bestehenden Systems lag bei 4-5 kW bei einer effektiven Ausgangsleistung von lediglich 3,4 Watt. Im Frequenzbereich von 1.550-2.000 MHz konnten gleichzeitig 24 NF-Kanäle übertragen werden. Die Anlage wurde als End-, Doppelend-, Knoten- und Relaisstelle eingesetzt, wobei aber im Netz nur mit Anlagen des Typs R-404 zusammengearbeitet werden konnte. Zur Ausschleifung einzelner Kanäle war der Gerätesatz zusätzlich mit einer R-401SM ausgestattet.

Der wichtigste Standardtyp mit kleiner Kanalzahl war die R-405, eine Weiterentwicklung der R-401. Die Geräte wurden 1965 eingeführt und durchliefen mehrere Modifikationen (M, XN-1, PT1/PTS). Der Frequenzbereich von 60-69,975 MHz wurde um den Bereich 390-420 MHz ergänzt. Der erste Bereich hatte eine Leistung von 2,5 Watt (25 Watt mit Verstärker), der zweite Bereich hatte 1,5 Watt (10 Watt mit Verstärker). Dadurch konnten vier Fernsprech- und zwei Fernschreibkanäle übertragen werden, bei einer Doppelendstelle entsprechend acht und vier. Die R-405 ermöglichte die Übertragung von je zwei Fernsprech- und je zwei Fernschreibkanälen im Duplexbetrieb oder das Übertragen eines Nachrichtensignals über einen fremden Träger bis 20 kHz über ein Vierdraht-Nachrichtengerät im VHF- oder UHF-Bereich. An jeden Fernsprechkanal konnte ein Zweidraht- oder Vierdraht-Nachrichtengerät angeschlossen werden. Die Fernschreibkanäle konnten ortsseitig mit Einfachstrom oder mit Doppelstrom betrieben werden. Auch als Relaisstelle und über eine Fernbedienung war die Anlage einsetzbar. Der Relais- und Verzerrungsmesser RVM-405 gehört zum Richtfunkgerätesatz R-405 (R-405M) und wird innerhalb dieses Gerätesatzes zum Einmessen der Fernschreibkanäle eingesetzt.

Das FM-Einkanal-Richtfunkgerät R-407 (52-60 MHz, 1 Watt, 35 km) war für Duplexverbindungen auf verschiedenen Kanälen bzw. Simplexbetrieb auf einer Frequenz geeignet. Es kann als Relais- oder Endstellengerät für ein WT-Gerät verwendet werden. Die Bezeichnung Richtfunkgerät kommt aus dem fast ausschließlichen Einsatz im Verbund mit diesen Anlagen, denn das Gerät selbst besitzt eine Rundstrahlantenne. Das Funkgerät R-407 wurde nur mit mobilen Chiffriertrupps, z.B. im Funktrupp R-142, bis 1990 eingesetzt. Die im unteren Frontplattenteil befindlichen Anschlüsse dienten zum Aufschalten der SAS-Vermittlung KTF-15/20. Als Schlüsselgerät wurde hauptsächlich die T-217 verwendet.

Auch der Richtfunkgerätesatz R-409MA diente mit verschiedenen Antennen oft als regulärer Funkgerätesatz der operativ-taktischen Führungsebene der Landstreitkräfte, Flugabwehrtruppen, Luftstreitkräfte/Luftverteidigung sowie für andere spezielle Aufgaben. Es gab Gerätesätze als stationäre, fahrbare, luftbewegliche Führungsstellen und fliegende Übertragungsstellen. Die Anlage gab es mit den drei Bereichen A (60-120 MHz), B (120-240 MHz) und W (240-480 MHz). Bereich A hatte 601 Kanäle, die anderen jeweils 300 (ungerade Nummern). Der erste Bereich erreichte mit logarithmisch-periodischer Antenne und 3 Relaisstellen eine Reichweite von 150 km, der Bereich B mit Z-Antenne und Reflektor über 6-8 Relaisstellen 250 km, wie auch der Bereich W mit gleichphasiger 4-Elemente-Z-Antenne.

Der Richtfunkgerätesatz RT-415/417 (280-328,5 MHz) war vorgesehen zum Aufbau eines ortsunabhängigen Nachrichtennetzes mit 98 Kanälen bei einem Kanalabstand von 0,5 MHz. Die Senderausgangsleistung lag bei 0,5 Watt bzw. 8 Watt mit Leistungsverstärker und ermöglichte dadurch eine Reichweite von etwa 50 km. Das VEB Rafena-Werk Radeberg bei Dresden entwickelte das Gerät, welches in den Jahren 1972/73 in der NVA eingeführt wurde. Die mobile Ausführung RT-415 wurde im Bereich der territorialen Verteidigung als einfache oder doppelte Endstelle sowie als Relaisstelle eingesetzt. Eine Weiterführung auf Zwei- und Vierdrahtbetrieb war ebenso möglich. Verschiedene Einrichtungen ermöglichen einen abgesetzten Betrieb und die Überwachung der Dienstkanäle bzw. auftretender Störungen. RT-417 war die stationäre Variante, die ebenfalls das Multiplexgerät RVG-950.2/15 und das Funkgerät RVG-950.1001/1 (VEB Kombinat Robotron) nutzte. Anfang der 80er Jahre liefen die Anlagen in der NVA aus.

Der Richtfunkgerätesatz FM-24-400 wurde von dem VEB Rafena-Werk Radeberg entwickelt und produziert. Er wurde stationär und mobil in zivilen und militärischen Bereichen eingesetzt. In letzteren hauptsächlich stationär und im Rahmen der territorialen Verteidigung zur Verbindung verschiedener Dienststellen. Im End- und Relaisstellenbetrieb waren 12 bzw. 24 Telefoniekanäle im Frequenzbereich von 320-470 MHz übertragbar. Die 600 Kanäle hatten eine Sendeleistung von 0,5-5 Watt.

Auch in der TF-Technik ergänzten sich ostdeutsche und sowjetische Systeme, die größtenteils noch 1990 im Einsatz waren. Im feldmäßigen Einsatz waren die Trägerfrequenzgeräte TFd-1 und TFd-4 die wichtigsten Vertreter, während im stationären Bereich die Technik der Deutschen Post genutzt wurde, wie z.B. das Trägerfrequenzsystem VZ-12/24, zudem die Trägerfrequenzgeräte TTF-1 und TTF-4 in den 60er Jahren dazu kamen.

Die Trägerfrequenzeinrichtung TFd gehörte zu den Geräten TFd-1 und TFd-2, die sich nur in der Frequenz unterscheiden. Sie ermöglichten zusätzliche Ferngespräche auf einer Leitung im Zwei- und Vierdrahtbetrieb für den stationären und mobilen Einsatz. Die Einrichtung aus dem VEB Fernmeldewerk Leipzig wurde ab 1956 in der NVA eingesetzt.

Ein einfach aufgebautes Gerät war das tragbare Transistor-Trägerfrequenzgerät TTF-1. Es diente zur Mehrfachausnutzung von Fernsprechleitungen mit einem Kanal. Neben dem Gespräch auf dem Dienstkanal kann ein TF-Gespräch übertragen werden. Es arbeitet im Zweidraht-Frequenz-Getrenntlageverfahren mit einer Trägerfrequenz von 6 kHz. Die überbrückbare Entfernung beträgt bei TF-Kabel 80 km, bei Freileitungen bis zu 550 km. Die DDR-Produktion wurde 1960 in die NVA eingeführt.

Das TF-Fernsprechgerät TTF-4 mit seinem Netz- und Anpassungsgerät NAG diente der Mehrfachausnutzung von Vierdraht-Leitungen von 4-36 kHz. Es war tragbar und ausgelegt für die Übertragung von 4, beim Einsatz von 2 Geräten im V-8-Betrieb, für 8 Fernsprechkanälen mit zwei Grundkanälen. Anstelle eines Fernsprechkanals können 24 Wechselstromtelegrafiekanäle betrieben werden. Der Betrieb erfolgte mit eingebautem Entzerrer über das Feldfernkabel FFK-36 oder mit NAG über beliebige Kabel. Das NAG schaltete bei Netzausfall automatisch auf Batterie um. Die Geräte aus dem VEB Fernmeldewerk Leipzig wurden 1961 eingeführt und bis 1990 als Bestandteil des Trägerfrequenz/Wechselstromtelegrafie-Gerätesatzes 8/6 in der NVA verwendet.

Das Trägerfrequenzsystem V60/120 diente der Übertragung von 60 oder 120 Fernsprechkanälen im Vierdrahtbetrieb, wobei aus zwei V60 eine V120 gebildet werden konnte. Die Anlage aus dem VEB Fernmeldewerk Leipzig wurde ab 1976 eingesetzt und hat ohne Verstärker eine Reichweite von 18 km.

Die Mobile Trägerfrequenzeinrichtung MTF-12/24 diente zur Bildung von NF-Kanälen, Vorgruppen und Primärgruppen. Das Leitungsband konnte über Feldfernkabel (FFK-250, FFK-60, 6-54 KHz), symmetrische TF-Kabel oder die Richtfunkeinrichtung FM-24/400 geführt werden. Dazugehörig waren Kanalumsetzereinrichtung MTF-12/24-KU, Gruppenumsetzereinrichtung MTF-12/24-GU und Kabelanschlusseinrichtung MTF-12/24-KA.

24 Fernsprechkanäle konnten mit der Kanalumsetzeinrichtung MTF-12/24-KU über Vorgruppen (12-24 kHz) in zwei Primärgruppen (B, 60 bis 108 kHz) umgesetzt werden. Anstelle von drei Fernsprechkanälen konnte eine Vorgruppe aufgenommen und in das Primärgruppenband eingegliedert werden. Die Gruppenumsetzereinrichtung MTF-12/24-GU diente zur Aufnahme von zwei Primärgruppen und deren Umsetzung in die Leitungslage und zusätzlich konnte das Gerät noch als Zwischenverstärker eingesetzt werden. Die Kabelanschlusseinrichtung MTF-12/24-KA diente dem Anschluss von TF-Übertragungsgeräten an Feldfernkabel und symmetrische TF-Kabel für zwei TF-Vierern und die Einbindung von Dienstkanälen in die TF-Übertragungswege. Ab 1980 wurde das Gerät in der NVA eingesetzt.

Das TF-System R-301 im Bestand der TF-Sätze R-258-24K, R-258-24P und R-258W war für Kabel-, Richt- und Troposphärenfunk gedacht. 24 Fernsprechkanäle im Einkanalbetrieb wurden übertragen. Hierzu gehören Endstellengerät R-301/O, TF-Zwischenverstärker R-301P, das TF-Abzweiggerät R-301W und der unbemannte Zwischenverstärker R-301NUP. Das Dienstverbindungsgerät SS-NUP und das Messgerät PKI sicherten den Betrieb der unbemannten Zwischenverstärker.

Das TF-System R-302 war Bestandteil der TF-Sätze R-257-12K, R-257-24K und R-257-24W für Kabel-, Richt- und Troposphärenfunk. An den Endpunkten des Netzes ermöglichte es die Übertragung von 12 Fernsprechkanälen im Einkanalbetrieb. Zum System gehörten TF-Endstellengerät R-302/0, TF-Zwischenverstärker R-302P und TF-Abzweiggerät R-302W, ein unbemannter Zwischenverstärker war der D6/12N. Entlang des Feldkabels wurde das Verbindungsgerät D6/12KP zur Dienstverbindung genutzt und mit Kabel R-296 (P250) im Vierdrahtbetrieb konnte eine Reichweite etwa 1.000 km erzielt werden.

Das TF-System R-303 diente der Sicherstellung von drei oder sechs Fernsprechkanälen über Kabel R-296 bis zu einer Entfernung von 1.000 km. Über Kabel R-270 waren 300 km möglich, gleichzeitig konnten auch Richt- und Troposphärenfunk durchgeführt werden. Die TF-Endstelle R-303/OA umfasste drei, die R-303/OB sechs Kanäle, ferner wurden der TF-Zwischenverstärker R-303P und der unbemannte Zwischenverstärker R-3003NUP genutzt. Der Gerätesatz R-303 war Bestandteil des R-255A und R-255B, während R-303/OA und OB zum R-409 gehörten. Die sowjetischen TF-Systeme R-301, R-302 und R-303 wurden 1980 in die NVA eingeführt. Die transistorisierten Trägerfrequenzgeräte R-309-1 und R-309-2 waren hingegen transportable Einkanalgeräte, für Zwei- und Vierdrahtbetrieb. Die technisch identischen Geräte unterscheiden sich nur durch die Trägerfrequenz von 6 bzw. 13 kHz und wurden 1964 eingeführt.

Das Wechselstromtelegrafiesystem VWT-72 diente der Mehrfachausnutzung von Fernsprechkanälen und Übertragungen von Telegrafie- und Fernwirkimpulsen sowie von Daten bis 200 Baud. Als Übertragungswege können Niederfrequenzkabel, Freileitungen, Trägerfrequenz-, PCM- und Richtfunkkanäle im Zwei- bzw. Vierdrahtbetrieb genutzt werden. Das Kombinat VEB RFT Fernmeldewerk Leipzig baute das eingesetzte Gerät, welches von 1976 an eingesetzt wurde.

Seit 1964 gab es die Einkanalgeräte R-314M und R-317M, die sich nur durch den Bereich der nutzbaren Frequenzmodulation unterschieden und die zusammen mit den Trägerfrequenzgeräten R-309 und R-310 genutzt wurden, wodurch zusätzlich zum Fernsprechkanal ein Fernschreibkanal zur Verfügung stand. Als System kam im selben Jahr die R-318M für Kabel-, Freileitung- und drahtlose Übertragungen. Durch Zusammenschaltung waren 4, 6, 10, 12 oder 16 FS-Kanäle im Vierdrahtbetrieb möglich. Zum Gerätesystem gehört das 6-Kanal-WT-Gerät R-318M6, das 4-Kanal-WT-Gerät R-318M4, der FS-Umsetzer R-318MPU und das Fernschreib- und Fernsprech-Dienstverbindungsgerät R-318M-UTTP.

Zusätzlich kam in geringer Stückzahl 1988 das WT-Gerätesystem R-327 dazu, welches aus einem 12-Kanal-WT-Gerät R-327/12, einem 3-Kanal-WT-Gerät R-327/3, einem 2-Kanal-WT-Gerät R-327/2, einem FS-Umsetzer R-327PU6 und dem Verbindungsgerät R-327UTP bestand. Hiermit war die Mehrfachausnutzung der Niederfrequenz- und Trägerkanäle zur Übertragung von FS-Zeichen, Fernwirkimpulsen und Daten über Kabel-, Leitungen und drahtlose Wege möglich. Das WT-Gerät R-327/2 kann mit dem R-314/317 und das WT-Gerät R-327/12 mit dem R-318M zusammenarbeiten.

Mit Amplitudenmodulation arbeitet das Wechselstromtelegrafiegerät WTT-6, das 1964 aus DDR-Produktion in die NVA eingeführt wurde. Es konnte drei (Zweidrahtbetrieb) oder sechs (Vierdrahtbetrieb) Kanäle übertragen. Dazu kam 1976 das Mobile Wechselstromtelegrafiegerät MWT-6 mit Frequenzmodulation, dass gleichfalls auf sechs Kanälen FS-Signale, Daten und Fernwirksignale übertragen konnte. Zur zusätzlichen Übertragung von zwei FS-Kanälen über einen Vierdraht-Fernsprechkanal bzw. von einem FS-Kanal über einen Zweidraht-Fernsprechkanal kam zur gleichen Zeit das Mobile Wechselstromtelegrafiegerät MWT-1/2. Im Gegensatz zum MWT-6 arbeitete es mit Amplitudenmodulation. Eine eingebaute Schaltung ermöglichte den Zweidrahtbetrieb über UKW-Funkstrecken mit automatischer Sende- und Empfangsumschaltung.

Der bewegliche Nachrichtenknoten R-299M stellte ab 1964 die erste Variante einer beweglichen Nachrichtenzentrale in der NVA dar. Anschluss, Schalten und Verbinden von Funk-, Richtfunk-, Fernsprech- und Fernschreibkanäle konnten mit dem Gerätesatz auf LKW-Basis mit den Standardgeräten der einzelnen Übertragungsarten durchgeführt werden. Dieses Prinzip findet sich auch bei den anderen mobilen Gerätesätzen, wie dem Fernschreibgerätesatz 3 (1959), dem Fernschreibtrupp 5 (1965), dem Trägerfrequenz/Wechselstromtelegrafie-Gerätesatz 8/6 (1964), dem Spezial-Fernsprechgerätesatz R-240T (1971/72), dem Spezial-Fernschreibgerätesatz R-241T (1970/71), dem Fernschreibgerätesatz R-237 (1964), dem Fernsprech-Fernschreibschaltgerätesatz R-246 (1964) und R-247 (1974).

Für die Nachrichtenzentrale der Armee wurde 1964 die Kommando-Dispatcherstelle R-249 aus der Sowjetunion eingeführt, die 100 Nachrichtendienstverbindungen (60 Fernsprech-, 30 Fernschreib- und 10 Bildtelegrafiekanäle) oder 98 Fernsprechkanäle sowie 40 Funk-, Richtfunk- oder Kabelverbindungen überwachen konnte. Entsprechende Mitschnittgeräte waren ebenfalls vorhanden. Auch der 1980 in die NVA eingeführte Trägerfrequenz/Wechselstromtelegrafiegerätesatz R-257-12K wurde zur Grundausstattung bereitgestellt.

Satellitenkommunikation

Grundlagen der Satellitentechnik

Der Satellit (lateinisch: "Leibwächter"] ist ein künstlicher Flugkörper mit einer Umlaufbahn um einen Himmelskörper. Dabei wird die Anziehungskraft eines Planeten durch die Zentrifugalkraft ausgeglichen und der Satellit auf seiner Bahn gehalten.

Eine der wichtigsten Entwicklungen in der Nachrichtentechnik war die Steuerung und Überwachung weit entfernter Nachrichtengeräte über Funk. Den meisten Erfindern und Pionieren in der Funktechnik kam wahrscheinlich irgendwann einmal der Gedanke, die Signale für eine Kontrolle von Geräten und Waffen über große Distanz zu nutzen. In Verbindung mit der Raketentechnik wurde bereits im 2. Weltkrieg intensiv an der Steuerung der Flugkörper gearbeitet, um die Bomben präzise ins Ziel zu bringen. Die Entwicklungen der Flugkörper, Fernsteuerungen und der Richtfunktechnik führten zur Satellitenkommunikation.

Satellitenkommunikation ist die über einen Satelliten hergestellte bidirektionale Telekommunikation zwischen zwei Bodenstationen. Sie verläuft ähnlich dem Mobilfunk von einem Sender zum Empfangsgerät und zurück, wobei die Durchmesser der Sende-/Empfangsantennen derzeit zwischen etwa 75 cm und 8 Meter liegen.

Zwar laufen auch Dienste wie der Satellitenrundfunk (Fernsehen und Hörfunk) oder militärische und spionagetechnische Kommunikation über Satelliten. Doch wird unter Satellitenkommunikation vornehmlich die Individualkommunikation über Nachrichtensatelliten verstanden. Für Steuerungsaufgaben kommuniziert jeder Satellit immer mit einer Kontrollstation am Boden. Bei mobiler Satellitenkommunikation wird über ein Satellitentelefon eine Verbindung zu einem meist geostationären Nachrichtensatelliten aufgebaut.

Der Vorteil der Satellitenkommunikation gegenüber terrestrischen Netzen ist, unter einer einzigen Satelliten-Ausleuchtzone gleichzeitig die Verbindung von zum Beispiel den Kanarischen Inseln bis zur chinesischen Grenze nutzen zu können und damit geographisch weit verteilte Netzknoten und Nutzer von Sprache, Daten und Video erreichen zu können. Andererseits sind die Kosten wesentlich höher als bei terrestrischen Mobilfunksystemen oder dem Festnetz. Auch müssen die Antennen zum Satelliten ausgerichtet werden, was überall dort möglich ist, wo auch eine theoretische Sichtverbindung zum Satelliten besteht.

Ein entsprechendes mobiles Satellitentelefon ist heute in einem Gehäuse in der Größe zwischen einem etwas größeren normalen Mobiltelefon oder eines Laptops untergebracht. Es ermöglicht nicht nur Telefonieren, sondern alle anderen Arten der Datenübertragung wie Fax, E-Mail oder Internet.

Stationäre Satellitenanlagen sind heute nahezu mobil und werden VSAT (Very Small Aperture Terminals) genannt. Der Vorteil der stationären beispielsweise 75 cm VSATs liegt bei der sehr hohen Übertragungsbandbreite von mehreren Mbit/s, was sehr schnellen Internet-Zugriff von nahezu jedem Punkt der Erde ermöglicht und das zu moderaten Preisen.

Neben der rein militärischen Nutzung von Nachrichten- und Aufklärungssatelliten gibt es gibt derzeit hauptsächlich kommerzielle Betreiber von Satellitenkommunikationssystemen (engl. Satellite Communication Networks). Es gibt aber auch mehrere Amateurfunksatelliten, die die Möglichkeiten für Amateurfunkdienste zur Kommunikation bietet. Dabei ist sowohl Datenübermittlung, als auch Sprachübertragung möglich. Während verschiedenster Weltraummissionen, zum Beispiel ISS waren Astronauten mit einer Amateurfunklizenz auch an Bord des bemannten Raumschiffes zu erreichen.

Schon ab Ende der 1970er Jahre wurden Satelliten zur Kommunikation über weite Strecken eingesetzt. Die Sende- und Empfangsanlagen dieser Systeme waren jedoch stationär. Die International Maritime Satellite Organisation (Inmarsat) stellte ab 1982 ein System für mobile Endgeräte bereit, das vorwiegend in der Seeschifffahrt eingesetzt wurde. Ab 1989 gab es erste Geräte für den mobilen Landeinsatz.

In den späten 1980er Jahren nutzte Kanada als erstes Land die Möglichkeit, über Satellitentelefone große, wenig besiedelte Flächen mit Telekommunikation zu versorgen, ohne eine aufwändige, erdgebundene Infrastruktur bereitstellen zu müssen. Gleichzeitig wurde in den USA ein vergleichbares System gestartet. Die dabei verwendeten Satelliten befanden sich auf geostationären Positionen (GEO). Ab 1985 entwickelte Motorola das Kommunikationssystem Iridium, dessen Satelliten die Erde von Pol zu Pol umlaufen.

Durch die Verlagerung der geostationären Position der Satelliten auf niedere Umlaufbahnen konnte die Entfernung zwischen Satelliten und Endgerät deutlich verringert und damit die notwendige Sendeleistung im Endgerät reduziert werden. Erst diese Gerätegeneration konnte sich in Gewicht und Größe mit den mittlerweile etablierten Mobiltelefonen messen.

Streng genommen entstanden die ersten Flugkörper, als Vorläufer der Raketen und damit letztendlich auch der Satelliten, bereit zwischen 1000 und 1200 in China. Aber erst die Entwicklungen des 19. Jahrhunderts mit dem Flugzeug in Verbindung mit dem Funk machten die Steuerung und die Verbindung zu Flugobjekten möglich. Die theoretische Flüssigkeitsrakete des Russen Eduardowitsch Ziolkowskij (1903), gefolgt von einem Entwurf des Deutschen Hermann Oberth (1917), führte 1926 in einer realisierten Konstruktion des Amerikaners Robert Hutchins ihren ersten noch ungesteuerten Flug durch.

Eine Drahtfernsteuerung von Booten auf der Themse gab es 1887 von E. Wilson und C. J. Evans und auch Nikola Tesla führte 1898 Versuchen durch. In Deutschland experimentierten um 1904 W. von Siemens und C. Hülsmeyer mit ferngesteuerten Minenzündungen und F. Schneider mit Entfernungsmessungen und Torpedosteuerungen über Funk. Harry Shoemaker konstruierte 1905 einen funkgesteuerten Torpedo, bei dem die Antenne auf einem Floß montiert war. Auch Edouard Branly steuerte vor Antibes in Südfrankreich ein unbemanntes Kanonenboot von Land aus in verschiedenen Geschwindigkeiten und verschoss einen Torpedo. John Hays Hammond konstruierte 1912 eine Torpedovorrichtung an der Küste, die bis zu einer Geschwindigkeit von 33 Knoten gelenkt werden konnte. Am 25. März 1914 steuerte er die Yacht NATALIA über 60 Meilen Entfernung und am 21. Juni 1921 konnten von der USS OHIO über 8.000 m 100 Signale zur Steuerung der USS IOWA erfolgreich übermittelt werden.

Dr. Peter Cooper Hewitt und Elmer A. Sperry stellten die Weichen für den ersten erfolgreichen Flug einer ungesteuerten Flugbombe am 6. März 1918. Sperry hatte sich mit seinem Gyro-Kompass einen Namen gemacht und hatte seine Firma die Probleme im Zusammenhang mit dem Start des Flugkörpers unkonventionell gelöst. Ein 2,5 Tonnen Zementblock wurde aus 10 m Höhe fallen gelassen, wodurch ein Flugzeug, glücklicherweise ohne Piloten aber mit laufenden Motoren, auf seinen Flug katapultiert wurde. Bei einem späteren Versuch fiel die automatische Motorabschaltung aus und das Flugzeug wurde zuletzt in 1.300 m Höhe und 15 km Entfernung gesehen. Deshalb wurde in weiteren Prototypen ab 1921 ein Autopilotsystem von Carl L. Norden eingebaut. Die Weiterentwicklung dieser Techniken in den USA wurde bald darauf vernachlässigt und eingestellt. Erst 1935/36 wurden die Versuche wieder aufgegriffen, zu diesem Zeitpunkt hatten man aber in Europa ebenfalls entscheidende Fortschritte gemacht.

Die deutsche und die k.u.k. Kriegsmarine waren auf den Einsatz ihrer U-Boote angewiesen, da die Seegebiete im Überwasserbereich von den gegnerischen Streitkräften beherrscht wurden. In der Funkentelegrafie gab es bereits Experimente mit lenkbaren Torpedos für U-Boote, bei denen die Probleme der Feuchtigkeit und des geringen Raumes im Torpedo zur Aufnahme der Technik zu lösen waren. Nachdem kleine Empfänger verwirklicht waren, entwickelte man eine Antenne, welche auf dem Wasser schwamm. Die kleinen Masten waren an 4-m-Stahlrohren befestigt, die zu 4 Gliedern zusammengefasst wurden und durch einen breiten Kopf vor dem Kentern bewahrt wurden. Die Antenne bewährte sich nach damaligem Bericht bei allen Bewegungen des Torpedos im Wasser vorzüglich.

Gleich nach dem ersten Weltkrieg kam in Deutschland "Goddard's Werk" als Buch über Flugkörperantriebe heraus, dessen Strahlantriebe von den alliierten Wissenschaftlern aber meist als technisch nicht umsetzbar eingestuft wurden. 1936 kam das erste Fernsteuersystem von Siemens & Halske, dessen Weiterentwicklung eingestellt wurde, da noch keine Flugbombe für die Testreihen zur Verfügung stand. Die erfolgreichen Experimente der Berliner Raketengesellschaft unter Hermann Oberth wurde von der deutschen Luftwaffe übernommen. Die Kriegsmarine hatte das Kommando Fernlenkverband mit den Schiffen ZÄHRINGEN, HESSEN, KOMET, BLITZ sowie T-185 aufgestellt, die für Schießübungen genutzt und Personal und Zeit eingespart wurden.

Die Alliierten hatten ihre Forschungen im Vorfeld des 2. Weltkrieges auf diesem Gebiet lange vernachlässigt, doch die weiteren Entwicklungen brachten die ersten funkgesteuerten Drohnen (N2C-2, 1937) der US-Marine hervor. Die Angriffsdrohne TDN-1 wurde 1941 in einer Stückzahl von zunächst 100 vorgesehen. Die Drohne "Sniffer" machte im April 1943 ihren ersten erfolgreichen unbemannten Bombenabwurf bei Geschwindigkeiten zwischen 130-180 Knoten. Doch bis zum Kriegsende blieben die Angriffs- und Aufklärungsdrohnen im Entwicklungsstadium. Durch den Propellerantrieb und der damit verbundenen niederen Angriffsgeschwindigkeit waren Drohnen auch relativ gute Ziele für die Luftabwehr. Nach dem Krieg half die deutsche Technik weiter und die ersten Fotos aus einer unbemannten Flugphase lieferte in White Sands 1946 eine umgebaute V2. Die Entwicklungen und Forschungen der deutschen

Forscher und Techniker dieser Zeit schufen die Voraussetzungen für den Einsatz von ferngesteuerten Waffen im 2. Weltkrieg. Bis 1945 wurden 138 verschiedene fernlenkbare Geschosse konstruiert.

1939 begann bei der Firma Stassfurter Rundfunkgesellschaft die Entwicklung einer Funksteuerung für eine Gleitbombe in Peenemünde. Die Gleitbombe selbst funktionierte nicht zufrieden stellend, aber des Fernlenksende-/Empfängers E-2 führte zum E-30. Die Stassfurt-Kehl-Steuerung wurde die erste in größeren Stückzahlen gefertigte Steuerung für die deutsche Luftwaffe. Eine bessere Entwicklung der Flugbombe kam von Dr. Max Kramer von der Deutschen Versuchsanstalt für Luftfahrt, welche zur "Fritz-X" führte, während bei den Henschel Flugwerken die HS-293 entstand. Ende 1940 waren die Prototypen fertig und in den Testphasen.

Bei der alliierten Landung in Italien bei Salerno (11. Juli 1943) waren alle aufgeklärten deutschen Radarstationen vorher unschädlich gemacht worden. Da Italien keinen Widerstand mehr leistete, war für Deutschland eine Front im Süden entstanden und am 8. September 1943 sollten die übergebenen italienischen Schiffe in alliierte Häfen überführt werden. Hierbei wurde der ehemalige Koalitionspartner von einer neuen Entwicklung überrascht, die eine Wende in der Kriegsführung darstellte und die bis heute die Waffen- und die Weltraumtechnik bestimmt. Zum ersten Mal in der Geschichte waren Waffen im Gefecht nach dem Abfeuern auf ihrem Weg ins Ziel steuerbar.

Das Schlachtschiff ROME (35.000 BRT) wurde durch zwei funkgesteuerte, frei fallende Sprengbomben SD-1400 ("Fritz-X" bzw. "Fritz-X1") versenkt und die ITALIA (ex LITTORIO) schwer beschädigt. Die zur Bekämpfung gepanzerter Seeziele konstruierten Bomben wurden über ein Viertonfunkleitsystem gesteuert und hatten eine hohe Treffsicherheit. Zwei Frequenzpaare steuerten die Drehung, zwei die Höhe des Flugkörpers, aber eine Drahtlenkung war gleichfalls möglich. Die Minengleitbombe HS-293 (Henschel, 27 oder 60 MHz, 800 km/h) war über einen Steuerstab (heute Joystick) mit dem FuG-203 lenkbar. Ihre Erprobung fand im Dezember 1940 statt und nach Anfangserfolgen im Mittelmeer und in der Biskaya.

Nach erfolgreichen Störmaßnahmen der Alliierten kam die Entwicklung der HS-293B mit Drahtsteuerung bis in 18 km Entfernung. Die HS-293B und HS-293D (Steuerung in Verbindung mit Fernsehkamera) sowie die BV-143 (Blohm und Voß) konnten jedoch nicht mehr zum Einsatz kommen. Die Fernsehkamera K11 in der HS-293D hatte ein Antimon-Cäsium-Superikonoskop mit 200 Zeilen und 50 Bilder pro Sekunde (37 Röhren, 32 kg), die K 12 hatte 420 Zeilen (9 Röhren, 10 kg) und alle Kameras erhielten ihre Energie von den an der Bombe angebrachten Windgeneratoren. In diesem Sinne haben also auch die elektrischen Windgeneratoren für die alternative Energieerzeugung ihren Ursprung im militärischen Bereich.

Die ersten Flugabwehrraketen wurden 1941 von Professor Wagner und Dr. Sturm entwickelt. Das Luftwaffenministerium lehnte die weitere Forschung und Produktion mit der Begründung ab, dass für den Endsieg lediglich Offensivwaffen benötigt würden. Erst im Jahre 1943 wurden die Entwicklungen in den Projekten "Schmetterling", "Enzian", "Rheintochter" und "Wasserfall" wieder aufgenommen, aber nun konnte durch Produktionsengpässe keine Serienfertigung mehr folgen. "Schmetterling" war eine 3,5 m lange Flugabwehrrakete mit 20 km Reichweite und einem Wirkungskreis von etwa 20 m, während "Enzian" eine einfachere, aber zugleich auch größere Rakete war. "Rheintochter" war die Planung zu einer Rakete im Überschallbereich mit 15 km Reichweite, für die es in der damaligen Zeit überhaupt keine Abwehrmöglichkeit gegeben hätte. "Wasserfall" war eine A-4 Variante (8,1 m Länge, 7 Tonnen 18-20 km) die mehrere Bomber in einem Verband bekämpfen sollte, ihr Wirkradius war aber auf 40 m beschränkt. Die X-4 war drahtgesteuert und wurde von einem Jagdflugzeug gegen Bomberverbände abgeschossen. Eine einfache Luft-Luft-Rakete war die R4M, die nach dem Abschuss unter den Flügeln ihre Stabilisatoren ausklappte (ab März 1945 bis Mai noch 72 Abschüsse). Im April kamen alle diese Entwicklungen zum Erliegen, wurden aber danach bei den alliierten Projekten nach 1945 mithilfe der deutschen Ingenieure wieder aufgenommen.

Die ab 1942 entwickelte Fi-103 (Tarnbezeichnung Flakzielgerät FZG-76, Fieseler Werke) wurde besser bekannt unter ihrer Bezeichnung als V1 (V = Vergeltungswaffe), die Flugkörper (Flüssigtreibstoff) wurden folgend als "Aggregate" bezeichnet (z.B. A4, A9/A10) und die Firmenentwicklungen erhielten ein entsprechendes Kurzzeichen mit einer Nummer. Für die V1 war noch keine Fernsteuerung vorgesehen, doch wurden in 10% zumindest Sender eingebaut, um die Einschlagorte besser bestimmen zu können. Danach wurden dann die eingebauten Kompasssteuerungen der Raketen nachjustiert (644 km/h, Reichweite 240 km). 8.205 Flugobjekte wurden zwischen dem 13. Juni 1944 und 3. September 1944 auf London abgefeuert, teilweise wurden die Objekte mit der Cain Home Low geortet, dann die Jägerleitung informiert und unter idealen Bedingungen konnten die Jagdflugzeugtypen, deren Geschwindigkeit groß genug war, die Flugbomben unter Lebensgefahr mit den Flügelspitzen vom Kurs abbringen. Auch Ernest Hemingway flog hier Einsätze mit den britischen Piloten.

Das Aggregat-4 (A4, V2, 975 kg Sprengstoff) wurde zu einer neuen Bedrohung, da sie weder mit der CHL zu orten war, noch gab es ein Jagdflugzeug mit entsprechender Geschwindigkeit, dass sie hätte bekämpfen können und auch keine Vorwarnzeit mehr (Reichweite 340 km). Bis zum 27. März 1945 wurden 3.280 der V2-Raketen im militärischen Einsatz gegen England verschossen und kosteten ca. 5.000 Menschen das Leben.

Das Radar stand hier im Wettlauf mit der Flugkörpertechnik. Grundsätzlich waren diese Flugkörper noch durch einen Kreisel stabilisiert und konnten erst gegen Ende des Krieges mit einem Peilstrahl gelenkt werden. Der UKW-Sender stand hinter der Startplattform und hatte vier Nebenkeulen sowie eine zentrale Hauptkeule mit 50 Hz Schwankung um die Symmetrieachse. Der 50-Hz-Detektor der Rakete empfing die Abweichung für rechts und links von 5.000 und 7.000 Hz und steuerte nach, bis die Spannungen wieder abgeglichen und die Rakete somit auf Kurs war. Der Fehler des Leitstrahls betrug nach 12 km damals lediglich 20 m.

Die Forschungsstelle dieser funkgesteuerten und ungelenkten Flugkörperentwicklungen war in Peenemünde. Hier starteten am 20. Juni 1939 auch das erste Düsenflugzeug (He-176) und später die Me-163. Die Entwicklungen der V1 und V2 mit ihren Nachfolgemodellen in den USA (z.B. der "Redstone") und den sowjetischen Kopien R1 und R2 bilden die Grundlage der späteren Interkontinentalflugkörper sowie des US-Mondlandeprogramms unter Wernher von Braun und 115 anderen deutschen Wissenschaftlern, die nach Kriegsende in den USA gebracht wurden und dort weiter arbeiteten. So waren es auch die weiterentwickelten V2, welche zwischen 1946 und 1947 die ersten Fotos aus über 160 km Höhe von der Erde lieferten.

Während die Amerikaner das meiste Material und Personal in den von ihnen besetzten Gebieten schnell abzogen und in die USA flogen, drängten die sowjetischen Truppen unter Druck von Stalin speziell auf die Forschungseinrichtungen vor, um noch vorhandenes Material zu sichern. Die Lage und Aufgaben der deutschen Forschungseinrichtungen waren von dem SS-Hauptsturmführer Willy Lehmann (RSHA Amt IV, Agent A-201, Breitenbach) an bis zu seiner Enttarnung und Hinrichtung im Dezember 1942 an den NKWD geliefert worden. Nach seinen Informationen stießen sowjetische Truppen Anfang August 1944 genau auf das geräumte Raketentestgelände bei Debice in Polen vor.

Am 5. Mai 1945 trafen die ersten russischen Experten in der ehemaligen Heeresversuchsanstalt in Peenemünde ein und auch die Heeresversuchsanstalt auf Usedom war dem NKWD bekannt. 150 Triebwerke der V2, Funk-steuerungen und 25 Prüfstände wurden aus Peenemünde in die Sowjetunion gebracht und am 5. Juli 1945 konnte die unterirdische Anlage "Mittelwerk" von den USStreitkräften übernommen werden, die bis dahin 400 Tonnen Material aus dem Werk abtransportiert hatten. Wenige Tage danach montierten deutsche Ingenieure und Techniker unter sowjetischer Aufsicht wieder erste Raketenteile zusammen und 717 Eisenbahnwaggons mit 5.647 Tonnen wurden nach Russland verfrachtet. Bis Anfang 1947 kamen aus der sowjetischen Besatzungszone weitere 2.270 Eisenbahnwaggons mit über

14.258 Tonnen an Raketenbaugruppen, Fabrikationsmaschinen und technischem Gerät, nachdem im Oktober zuvor rund 308 deutsche Wissenschaftler die Vorarbeiten geleistet hatten und nun das Material in der Sowjetunion erwarteten.

Lenkflugkörper (LFK) haben in den letzten Jahrzehnten drastische Leistungssteigerungen erfahren und stärker als andere Waffensysteme von den Fortschritten der Mikroelektronik profitiert bzw. sind durch sie erst zu einer konkurrenzfähigen Alternative z.B. für die Rohrwaffen geworden. Die Techniken der konstanten Flugbahnkontrolle über Funk/Laser oder der vorherigen Programmierung und der Referenzkontrolle über GPS profitieren von der Echtzeitdatenverarbeitung mit leistungsfähigen bordgestützten Rechnern und trägt auch zu den Fortschritten in der Raumfahrt bei. Am 15. Dezember 1999 hatte die Firma Applied Digital Solutions Inc. das erste Patent für einen im menschlichen Körper implantierten Sender, der durch Muskelkraft betrieben werden kann. Würde dieses System um die GPS-Komponente erweitert, wäre eine weltweite Überwachung von Individuen durch Implantate eine Möglichkeit in naher Zukunft durch die Satelliten. Auch eine Freund-Feind-Erkennung auf dem Gefechtsfeld hätte eine ganz andere Dimension.

Die Flugkörpertechnik hat in Verbindung mit der Richtfunktechnik die Nutzung von künstlichen Erdtrabanten erschlossen und sie ermöglicht heute eine hohe Datenübertragung mittels Satelliten an jeden Ort der Erde. Moderne Streitkräfte sind heute über eigene oder in Bündnissen bereitgestellte künstliche Sterne in militärische und zivile Fernmeldenetze eingebunden. Zivile Satelliten für Rundfunk, Computernetzwerke oder zur Wettererkundung kreisen um die Erde und Forschungssatelliten sind auf ihrem Weg zu anderen Planeten. Die Verfügbarkeit von Informationen zu jeder Zeit an jedem Ort ermöglicht eine der wichtigsten Anwendungen der Satellitentechnik – den Notruf.

In Notfällen ist die schnelle und präzise Positionsangabe, speziell in der Seefahrt, von großer Bedeutung für eine schnelle Rettung. Die astronomische Navigation nach den Sternen und der Sonne, mit dem geplotteten Kurs und Fahrt eines Schiffes, waren im Altertum die Grundlagen für eine Positionsbestimmung. Zur Berechnung der geografischen Breite gab es ab etwa dem Jahre 1750 den Sextanten, allerdings konnte die dafür benötigte sehr genaue Uhr damals noch nicht hergestellt werden. Dadurch enthielt die ermittelte Position oft große Ungenauigkeiten, wodurch die Rettung der Schiffbrüchigen, wenn überhaupt, dann oft zu spät erfolgte. Außerdem ermöglichte erst die Funktechnik eine Notfallmeldung aus offener See und selbst nach ihrer Einführung verschwanden Schiffe immer noch ohne Notruf spurlos.

Eine sehr schnelle Rettung ist unter extremen klimatischen Bedingungen überlebenswichtig, wobei ein menschlicher Körper an Land generell länger überlebensfähig ist. In der winterlichen Nordsee hat ein Mensch hingegen nur wenige Minuten, bevor eine Ohnmacht aufgrund Unterkühlung eintritt. Die Reichsmarine hatte eine Seenotrettungsboje auf 4,863 MHz entwickelt, die von den Schiff- und Flugzeugpeilgeräten geortet werden konnte, doch die großen Distanzen der offenen Meere konnten noch nicht überbrückt werden, da die Leistungen der kleinen Geräte zu gering waren.

Nach den technischen Fortschritten in der Funk- und Flugkörpertechnik kam beispielsweise schon der englische Radaringenieur A. C. Clarke auf die Idee, Fernflugkörper als Relaisstationen für Funkverbindungen in die Erdumlaufbahn zu schießen. Die Verwirklichung war nach den Erfolgen der Flugkörpertechnik mit Wernher von Braun in Deutschland und den USA nur noch eine Frage der Zeit. Doch am 4. Oktober 1957 wurde die westliche Welt durch einen russischen Flugkörper im All geschockt, als das "SPUTNIK" die ersten Funksignale weltweit ausstrahlte. Erst 1958 folgte der erste Nachrichtensatellit "SCORE" der Amerikaner, der Wettlauf im All und um die erste Mondlandung (20. Juli 1969, USA) hatte begonnen.

Die Amerikaner entdeckten am 1. Februar 1958 mit dem Erdsatelliten "EXPLORER-I" den Van-Allen-Gürtel, erprobten 1960 mit Echo-I verschiedene Funkverbindungen, und eine ganze Serie von Satelliten ("Thor Able Star", "GRAB" (Galactic Radiation and Background), "Poppy", "Rhyolite") wurden zur Erforschung der kosmischen Strahlung, der Strahlungsgürtel, der Mikrometeoriten, etc. ins Orbit geschossen und nebnbei konnten auch die Radar- und Funksignale aus der Sowjetunion damit aufgezeichnet werden. Der Ost-West-Konflikt hat auf seine Weise zur Eroberung des Weltalls beigetragen, während es heute aus finanziellen Gründen nur durch vereinte Anstrengungen möglich sind. Zwischen 1991 und 1994 ging die Zahl der amerikanischen Aufklärungssatelliten um die Hälfte zurück und mit dem Projekt "MAGNUM" (1994) wurde erstmals eine Generation von Aufklärungssatelliten von den USA gemeinsam mit Großbritannien finanziert und genutzt.

Das Netz der Erdstationen zur Bahnbeobachtung der Satelliten musste von den USA auf andere Länder der Welt, z.B. Deutschland, Großbritannien, Neuseeland und Australien, ausgedehnt werden, wodurch in Alice Springs (Pine Gap) ein kleines Team der NSA stationiert wurde. 1963 verbanden 280.000 Fernsprech- und Datenübertragungslinien 27 Stationen außerhalb der USA. Das Netz für die Bahnverfolgung aller Satelliten ("Minitrack") hatte 13 Stationen, das DSIF-Netz für Fernmess- und Kontrollkommandos des unbemannten Raumfluges hatte drei Bodenstationen, das Netz für den bemannten Raumflug mit "Mercury" verband 13 Radarstationen.

1973 wurde in den USA der Aufbau eines Maritime Satellite Service beschlossen, der am 19. Februar und 10. Juni 1976 mit den Satelliten MARISAT-1 und -2 seinen Dienst begann. Die Satellitenfrequenzen waren 1,537-1,541 GHz, die Schiffsfrequenzen 4,195-4,199 GHz, wobei für die US-Marine außerdem Transponder für 248-260 MHz an Bord waren, die von den 6 Sprach- und 44 Fernschreibkanälen 5 bzw. 22 angemietet hatte. Die Küstenstationen der Schiffe und Satelliten waren in Southbury/Connecticut und bei Santa Paula/Kalifornien, mit dem Kontrollzentrum in Washington.

Der europäische Beitrag kam von der ESA mit MAROTS, der maritimen Version des Orbital Test Satellit (OTS), welcher etwas höhere Frequenzen zur Übertragung der rund 10.000 Fernsprechkanäle verwendete. Die Satellitenverbindung mit 1,540-15,425 GHz, die Schiffsverbindung mit 1,6415-1,6445 GHz, Satelliten-Küsten-Verbindung mit 11,69-11,7 GHz und Küsten-Satelliten-Verbindung mit 14,49-14,5 GHz. Bodenstation war Villafranca del Castillo bei Madrid und das ESA-Kontrollzentrum in Darmstadt. Diese Systeme legten die technischen Grundlagen für die INMARSAT-Systeme.

Am 6. April 1963 startete die NASA den ersten kommerziellen geostationären Satelliten "EARLY BIRD" für kommerzielle Nachrichtenverbindungen, der 1964 nach dem Betreiber International Telecommunications Satellite Consortium in Washington D.C. als INTELSAT bezeichnet wurde. Sein Gegenstück war das INTERSPUTNIK-System der Ostblockstaaten 1974. INTELSAT-I hatte 240 Sprachkanäle und konnte auch Fernschreiben und Fernsehprogramme übermitteln. Für den Empfang waren allerdings 32-m-Parabolspiegel notwendig. Am 25. September 1975 wurde der erste Nachrichtensatellit der neuen Serie INTELSAT-IV-A mit zwei Fernseh- und 6.250 Fernsprechkanälen zur Erweiterung des bestehenden Netzes gestartet. Die Verwaltung der Systeme INTELSAT erfolgt über Erdstationen in der Nähe von Einrichtungen der NSA. Eine der ersten Anlagen für die Überwachung entstand in dem aufgegebenen Projekt der riesigen Satellitenempfangsanlage für die Rückstrahlung des Mondes in Sugar Grove, in Yakima/Washington und in Bude/Cornwall.

Das eigentliche "Rote Telefon" zwischen den Präsidenten der USA und der UdSSR gab es zur Zeit der Namensgebung im eigentlichen Sinne nicht, denn die Verbindung bestand aus Fernschreibern. Die Bezeichnung als "Heisser Draht" wäre also treffender gewesen. Neben den zwei direkten Fernschreibverbindungen von Washington über London, Kopenhagen, Stockholm, Helsinki nach Moskau, mit einer Reserveschaltung von Washington über Tanger nach Moskau, mittels der Schlüsselgeräte TC-52 von Hagelin ab 1963, bestand später auch jeweils eine Satellitenverbindung über INTELSAT-IV (Fort Detrick/Maryland) und eine Molnija-2-Bodenstation (Moskau).

In Folge der Kubakrise und der drohenden Gefahr eines nuklearen Schlagaustausches durch falsche Indikationen wurde die direkte Nachrichtenverbindung am 30. August 1963 um 18:30 Uhr in Betrieb genommen und am 5. Juni 1967 traf die erste verschlüsselte Botschaft aus Moskau ein, in der

Ministerpräsident Alexei Kossygin eine Übereinstimmung beider Supermächte bei der Beilegung der Konflikte zwischen Israel und der Vereinigten Arabischen Republik suchte.

Die Ausstattungen mit der Generation INTELSAT-V folgte 1979/80 mit 12.000 Fernsprech- und einem Farbfernsehkanal. Seit 1996 überträgt das INTELSAT-VIII-System 90.000 digitale Kanäle. In Deutschland bezogen 1997 schon ca. 9,7 Millionen Haushalte ihr Programm über Satellitenanlagen, 6,5 Millionen davon über eigene Antennen und 3,2 Millionen über Gemeinschaftsantennen.

Neben der zivilen Nachrichtentechnik sind die Satelliten für die Aufklärung und ELOKA unentbehrlich geworden und die Waffensysteme folgten der Technik in den Weltraum. Der erste Typ Aufklärungssatellit wurde am 1. April 1960 als amerikanischer Wettersatellit „TIROS" (Television and Infrared Observation System) in den Orbit gebracht und bildete den Anfang von 12 Satelliten der ELOKA-Aufklärung, deren Nachfolger die "NIMBUS"-Satelliten 1962 waren. Seit dieser Zeit besteht eine fast lückenlose optische und elektronische Überwachung aus dem Weltraum seitens der Staaten, die sich diese Anlagen finanziell leisten können.

Die ersten amerikanischen Spionagesatelliten "CORONA" (KH-1, "KEYHOLE") zwischen 1959 bis Juni 1960 waren Misserfolge, doch mit "Big Bird" (KH-11, 1971) konnten ab dem 19. Dezember 1976 z.B. Farbbilder unseres Planeten bis hin zum KFZ-Kennzeichen gemacht werden und 1980 lokalisierten die Kameras die amerikanischen Geiseln in der US-Botschaft im Iran. Das KH-11-Satellitenprogramm KENNAN, mit einer Basisstation in Belvoir/Washington D.C., wurde später in CRYSTAL umbenannt und mit Satelitten des Typs "Lacrosse" (Codename "Indigo") in den 1990er Jahren ergänzt.

Das Satellite and Missile Observation System ("SAMOS") wurde am 31. Januar 1961 ins All gebracht und war wie "CORONA" abgeleitet von einem Waffensystemprojekt (117L). "CORONA" wurde mit der letzten Serie von KH-4B (nur 19 Tage im Orbit) im Mai 1979 eingestellt, ebenso "SAMOS" nach dem 31. Start (26 erfolgreich) am 27. November 1963. Die Fortentwicklung war das "FERRET" im Jahre 1962, doch alle Satelliten hatten eine noch unzureichende Auflösung. Zwischen 1960 und 1963 wurde die Auflösung der Kameras in KH-1 bis KH-6 von 14 m auf ca. 2 m verbessert. Die Bilder des modernen Typs KH-12 werden von der NSA meist nicht zur Verfügung gestellt und ihre Leistungsdaten sind eingestuft. Die optische Grenze liegt bei einer optischen Auflösung von etwa 20 cm, wobei Kameras mit Nachtauflösung oder Radarsatelliten ergänzend auch bei Dunkelheit verlässliche Daten für die Ermittler liefern.

Im Januar 1956 wurde in der Sowjetunion Programm zum Bau von Aufklärungssatelliten beschlossen. Die erste Überraschung erfolgte am 3. August 1957 mit dem Flug einer Interkontinentalrakete R-7, die in Sibirien einschlug. Der erste Flug eines "ZENIT"-Satelliten ("COSMOS-7") hatte im Juli 1962 bereits elektronische und fotografische Aufklärungskapazitäten. Satellitensysteme der Aufklärung wie das Electronic Ocean Reconnaissance (EORSAT) und Radar Ocean Reconnaissance (RORSAT) überwachen heute die Meere.

Nach dem Disaster mit dem Shuttle Challenger 1986 wurden die Flüge bis September 1988 eingestellt und der erste Satellit mit Flugkörper wieder am 5. September 1986 gestartet. Die USA kehrten aber selbst nach der Katastrophe der Columbia 2002 wieder zum Spaceshuttle als Träger der Satelliten für ihre Umlaufpositionen zurück, während die Sowjetunion bei Trägerraketen blieb und heute ebenfalls kommerzielle Flüge im internationalen Verbund anbietet. Dadurch sparten die USA zunächst Kosten, aber die russischen Nachrichtendienste waren flexibler, denn während der internationalen Krisen waren die Sowjets immer schneller fähig, mehrere Satelliten auf die notwendigen Positionen zu befördern. Projekte wie die International Space Station (ISS) sind nur noch durch gemeinsame Finanzierungen mehrerer Staaten möglich und auch militärische Satelliten können oft nur noch über eine gemeinsame Planung realisiert werden, lediglich die USA können sich durch ihre wirtschaftliche Kraft noch rein nationale Systeme leisten. Hierdurch entsteht eine militärisch sehr unvorteilhafte Situation für alle Verbündeten der US-Streitkräfte, die oft völlig von den zur Verfügung gestellten Informationen abhängig sind.

Das National Reconaissance Office (NRO) ist zuständig für den Einsatz und die Führung der amerikanischen Aufklärungssatelliten. Am 25. August 1960 als Office of Missile and Satellite Systems (OMSS) eingerichtet, wurde seine Existenz erst 1992 offiziell bestätigt. Die Organisation ist direkt dem Verteidigungsministerium unterstellt, zunächst von der CIA geleitet, wurde sie schließlich durch die National Imagery and Mapping Agency (NIMA) abgelöst. Das 1950 gegründete National Photographic Interpretation Center (NPIC, CIA) wurde am 1. Januar 1963 aus einem alten Viertel der Hauptstadt in den Hafen in Washington verlegt. Für US-Agenten gab es ab dem Jahre 1969 Handfunkgeräte zur Kontaktaufnahme mit dem Satelliten LES-6 (Start 26. September 1968) dem im Auftrag der CIA drei Satelliten "Pyramider" folgten. Am 20. Oktober 1993 wurde das National Maritime Intelligence Center (NMIC) für die Nutzung der US-Navy, des Marine Corps und der Coast Guard in Suitland/Maryland eingeweiht.

Die US-Frühwarnsatelliten konnten ab 1982 gestartete Raketen innerhalb von dreieinhalb Sekunden orten, die Flugbahn mit dem Ziel berechnen und nach weiterer dreieinhalb Sekunden eine entsprechende Abwehrrakete aktivieren. Bei einem Manöver startete die UdSSR eine Kopie dieser amerikanischen Satelliten, dem ein Killersatellit folgte. Gleichzeitig wurden eine Interkontinentalrakete, eine SS-20 sowie eine U-Boot-Mittelstreckenrakete abgefeuert. Der Killersatellit störte den Frühwarnsatelliten, wodurch die Flugkörper unentdeckt ihre Übungsziele erreichen konnten. Zeitbedarf vom Start des ersten Satelliten bis zum Einschlag der Flugkörper waren dreieinhalb Stunden.

Die Antwort der Vereinigten Staaten war die Strategic Defence Initiative (SDI, 1983) für im Weltraum stationierte Defensivwaffen, die sehr wohl auch offensiv hätten genutzt werden können. Das Konzept wurde 1991 modifiziert und erhielt den Namen Global Protection Against Limited Strikes (GPALS). Die internationalen Proteste gegen den einseitigen Schutzschild sind zwischenzeitlich abgeklungen und die Pläne werden weiter verfolgt, obwohl der Vertrag über die friedliche Nutzung des Weltraumes von der USA, der UdSSR, Großbritannien und zahlreichen anderen Staaten am 27. Januar 1967 unterzeichnet wurde.

1985 wurden bei wissenschaftlichen Beobachtungen aus dem Spaceshuttle auch Positionen von getauchten U-Booten identifiziert. Der Chief of Naval Operations, Admiral James Watkins, und ein Pressesprecher ließen verlauten, dass dies aufgrund der intern erzeugten Wellen der U-Bootsantriebe erfolgt war. Die Satelliten sind eine unersetzliche Komponente im zivilen und militärischen Bereich geworden und ihre Sensoren werden erweitert und verfeinert. Das europäische Landsar-TM kann aus 700 km Höhe festgestellten, ob eine landwirtschaftliche Fläche brach liegt oder Keimlinge aus dem Boden sprießen und der Bauer seine Subventionen erhalten kann. Eine russische Satellitenaufnahme diente als Beweismittel gegen den Ex-Football-Star O. J. Simpson, werden Steine von Autobahnbrücken auf Autos geworfen, können die Täter teilweise durch ihre geparkten Fahrzeuge überführt werden. Die heutigen Ziele der Flugkörper können mit Laserstrahlen aus dem All, von Land oder See aus beleuchtet werden. Positionsdaten gehen direkt oder über Satelliten an die Waffensysteme von Schiffen, Flugzeugen oder Bodentruppen. Bei Gebäuden können die Daten vor dem Einsatz einprogrammiert, die Objekte punktgenau mit Marschflugkörper angegriffen werden.

Die Informationstechnik im All schreitet wie auf der Erde extrem schnell voran, während für die Planung und den Bau der komplexen Satelliten immer noch eine relativ lange Zeitspanne benötigt wird. Teilweise sind die Systeme veraltet, bevor sie ihre technische Lebensdauer erreicht haben. Die nächste Generation der NSA hatte mehrfache Verzögerungen, weil die an Bord befindliche Technik schon im Bau wieder an neue Kommunikationstechniken angepasst werden musste (Integrated Signals Intelligence Architecture-2, IOSA-2). Aus unserer heutigen Informationswelt sind die kleinen Leibwächter am Himmel nicht mehr wegzudenken.

Schnelle und präzise Notsysteme und die Satellitennavigation bestimmen heute den See-, Land- und Luftverkehr. Für die Positionsbestimmung wurden hauptsächlich die drei Systeme NNSS-Transit (1964), INMARSAT (1978) und NavStar-GPS (1984) entwickelt. Das erste und letzte System war dabei zunächst in rein militärischer und erst später in ziviler Nutzung. Neuere Verfahren wie das amerikanische Global Positioning System (GPS) und das russische Global Navigation Satellite System (GLONASS) arbeiten nach dem Einweg-Entfernungsmessverfahren, bei dem die Satelliten zeitgesteuerte Signale und Daten über ihre eigene Position aussenden. Der Empfänger errechnet aus den Laufzeiten bzw. Laufzeitunterschieden der Signale von mindestens drei Satelliten seine eigene Position und über die Auswertung der Dopplerverschiebung auch seine Geschwindigkeit.

NNSS-Transit ist im Prinzip eine Variante der Hyperbelnavigation unter Ausnutzung des Dopplereffektes. Der erste Satellit für das Programm der US-Marine wurde am 13. April 1960 gestartet. Auf 150 und 400 MHz wurden die Daten im Zweiminutentakt übermittelt, wobei eine Ortsbestimmung aufgrund der Umlaufzeit und Satellitenverteilung nur alle zwei Stunden erfolgen konnte. Kenntnis und Eingabe der Eigenbewegung auf der Erde waren hier noch die Voraussetzung für eine genaue Positionsangabe, wobei der Fehler zwischen 300-1.800 m liegen konnte. Das System konnte eine präzise eigene Navigation und Standortbestimmung noch nicht ersetzen.

INMARSAT (International Maritime Satellite) hat den Firmensitz mit Operation Control Center (OCC) in London (INMARSAT Ventures Limited). Das INMARSAT-System stützt sich auf geostationäre Satelliten ab (1,5-1,6 GHz). INMARSAT bietet Schiffen, die mit einer Schiffserdfunkstation (Ship Earth Station, SES) ausgerüstet sind, mindestens die Möglichkeiten der Alarmierung und der Zweiwegekommunikation mittels Telex und Telefon über seine Satelliten. Eine weitere Option der Alarmierung ist durch die Einbindung eines Emergency Position Indicating Radio Beacon (EPIRB, INMARSAT-E) gewährleistet. Darüber hinaus bietet die Organisation für Gebiete, die nicht durch das terrestrisch abgestützte NAVTEX-System abgedeckt sind, den Empfang der Maritime Safety Information (MSI) über das INMARSAT SafetyNET an. Hiermit können über 4 Satelliten (5. Ersatz) seit 1978 auch Nachrichten, Daten, Wetterberichte oder Navigationswarnungen übertragen werden, lediglich über den Polkappen ist nur eingeschränkter Empfang möglich.

Bereits 1984 hatten sich 40 Staaten, die gemeinsam über 80% der Tonnage in der Welt verfügten, in dem System INMARSAT zusammengeschlossen. Die Satelliten der zweiten Generation können über 400 Telefonverbindungen bzw. 1.000 Datenübertragungen über die Net Control Station (NCS) in London gleichzeitig realisieren. Neben dem analogen INMARSAT-A und dem digitalisierten INMARSAT-B gibt es das INMARSAT-C mit Zugang zu Teletext und Telexnetzen und INMARSAT-M (Telefonie, Fax, CCIT-Standard Gr.-III, 2.400 Baud). Das INMARSAT-System besteht dabei aus den Komponenten der Satellitenstationen, den Landkontroll- und Leitstationen sowie entweder Mobile Earth Station (MES), Ship Earth Station (SES), Land Mobile Earth Station (LMES) oder auch Aircraft Earth Station (AES).

Das russische GLONASS (Global Navigation Satellite System) weist eine ähnliche Architektur wie das GPS auf. Es basiert ebenfalls auf 24 Satelliten, die allerdings in drei statt in sechs Ebenen angeordnet sind (Genauigkeit ca. 50 - 70 m). Die Bahnen der Satelliten führen auch über höhere Breitengrade, während US-NavStar-GPS im äquatorialen Bereich eine bessere Überdeckung gewährleistet. Durch Ausfall von Satelliten im Orbit und fehlenden Ersatz ist die volle Leistungsfähigkeit von GLONASS nicht mehr gewährleistet. Ende 1999 standen nur noch 10 arbeitsfähige Satelliten zur Verfügung und durch die allgemeine Nutzung des amerikanischen Systems sowie einer kommenden europäischen Variante dürfte das 1996 fertig gestellte GLONASS keine Wiedergeburt erleben.

NavStar-GPS (Navigational System with Timing and Ranging) ist die Weiterentwicklung des NNSS-Transit, welches mit Einführung des GPS als universalem System regionale Satellitennavigationssysteme (z.B. GeoStar, LocStar, Skyfix) überflüssig machte und entstammt ursprünglich einem Forschungsprogramm zu einem Navigationssystem für die US-Luftwaffe. Das GPS erweitert die terrestrischen Navigationsmittel wie Kompass, Kreisel, künstliche Funkfeuer, Radargeräte, die Vermessung von Geländepunkten, den Kartenvergleich, Höhenvermessungen, Echolotdaten, Weg-Zeit-Berechnungen und Trägheitsnavigationshilfen. Völlig ersetzen wird es die terrestrischen Navigationsmittel aber nie, da bei Stromausfällen und anderen Notsituationen ein Kompass immer funktioniert, nicht aber das GPS.

Das NavStar-GPS sendet in zwei nutzerspezifischen Kodierungen, wobei eine durch Verschlüsselung für autorisierte Nutzer (US-Militär und Verbündete) reserviert ist. Die Genauigkeit für autorisierte Nutzer ist in der dreidimensionalen Position unter 16 m möglich, im zivilen Code können die Abweichungen dagegen bis zu ca. 100 m horizontal und 160 m vertikal betragen. Vorgesehen für Spannungs- und Krisenzeiten sind noch weitergehende absichtliche Verschlechterungen, die nur von autorisierten Nutzern kompensiert werden können. Das für autorisierte Nutzer durch Verschlüsselung reservierte Signal weist auch eine höhere Resistenz gegen Störungen auf. Es ermöglicht eine zwei- und dreidimensionale Positionsbestimmung und überträgt außer den Navigationsdaten und dem reproduzierbaren Pseudo-Zufalls-Code auch die aktuelle korrigierte Weltzeit der sehr präzisen Satellitenuhren. Die zentrale Masterstation in Vandenberg, Kalifornien arbeitet mit den Monitorstationen (Alaska, Guam, Hawai, Vandenberg) zusammen. Das Weltraumsegment besteht aus 21 Satelliten (3 als Reserve) auf 6 Polbahnen (20.183 km Höhe, oberhalb Van-Allen-Gürtel) mit 12 Stunden Umlaufzeit. Wenn sich der Satellit über dem Äquator befindet, hat das ausgeleuchtete Gebiet einen Durchmesser von etwa 9.000 sm und die Position des Satelliten selbst kann mithilfe der Ephemeriden zu diesem Zeitpunkt auf 1-2 m genau bestimmt werden. Von den normalerweise sechs bis sieben über dem Horizont stehenden Satelliten sind im Allgemeinen 4 gleichzeitig für die Ortsbestimmung geeignet, da sie eine Höhe von > 10-15° und hinreichend unterschiedliche Azimutwerte besitzen. Die Trägerfrequenzen von 1.575,42 und 1.227,6 MHz ergeben sich aus der Frequenz der Atomuhr mit 10,23 MHz (Multiplikator 154 und 120), wobei durch Frequenzteilung die 1,023 MHz erzeugt werden. Durch den Unterschied der zwei Taktfrequenzen und der Sequenzlänge entsteht die unterschiedliche Genauigkeit der zwei Pseudo-Zufalls-Codes (Pseudo-Random-Noise, PRN).

Im Standard Positioning System (SPS) wird der zivile C/A-Code verwendet, dessen doppelte Bezeichnung als Coarse Acquisition Code oder Clear Access Code sowohl die größere Ungenauigkeit als auch den freien Zugang widerspiegeln. Im Precise Positioning System (PPS) wird der ebenfalls doppeldeutige militärische Precise-Code bzw. Protected-Code (da verschlüsselt) verwendet. Die Signale werden nach 6/100 bis 7/100 Sekunden empfangen, in dieser Zeit legt der Satellit selbst etwa 250 m zurück. In Küstennähe reicht die Genauigkeit der Positionsangaben des C/A-Code mit einem Radius von 100 m (Wahrscheinlichkeit von 95%) aus. Die neue Satellitengeneration wird ab dem Jahre 2004 einen Standard von 10 m Radien bei 95% Wahrscheinlichkeit haben.

Verbesserungen in der Navigationsgenauigkeit lassen sich lokal am Empfänger mit der Technik des Differential GPS (DGPS) auch im Standard Positioning System erreichen. Das Verfahren basiert auf stationären Empfängern mit genau ermittelter Position und den dadurch möglichen Korrektursignalen zum fehlerbehafteten GPS-Signal, da auf diese Weise die für Referenzstation und mobilen Empfänger gleichen Fehler beseitigt werden können (z.B. Übertragungsfehler durch Einflüsse der Ionosphäre). Gleichzeitig kann dadurch auch der für den unautorisierten Zugang absichtlich erzeugte Fehler korrigiert werden. Als weltweite Unterstützungssysteme sollen auch satellitengestützte Referenzstationen in einem Global Navigation Satellite System (GNSS) aufgebaut werden, welche die Korrektursignale für bestimmte geografische Regionen ausstrahlen sollen.

Mit Differential-GPS (DGPS) kann bis in eine Distanz von 2000 km von der Referenzstation eine Positionsgenauigkeit von unter fünf Metern erreicht werden. Mit einem Netz von Referenzstationen wird diese Genauigkeit weiträumig verfügbar und liegt damit unter dem rechnerischen 30-m-Radius des P-Codes. Durch technische Maßnahmen erreicht der P-Codes einen Radius von 15-20 m der mit DGPS auf 1-3 m verringert werden kann. Für diese Genauigkeit des DGPS werden jedoch Referenzstationen an Land benötigt, die 10 km bei UKW- und bis zu 200 sm bei MW-Übertragung entfernt sein dürfen. Zusätzlich können die Empfänger parallel oder multiplex mehrere Satelliten auswerten und so größere Genauigkeiten erreichen. Bei der Landvermessung ist durch Langzeitmessung (Vergleich der Signallaufzeiten) theoretisch eine Auflösung von 2 mm möglich. Über einen Zwei-Jahres-Rhythmus konnte so z.B. die jährliche Wanderung des südamerikanischen Kontinentes mit 5 cm festgestellt werden.

Vertrauen ist gut, Kontrolle ist besser, das weiß jeder Navigator. So sind alle diese Genauigkeitsangaben gerade bei der Navigation über Satelliten mit Vorsicht zu genießen. Die restlichen 5% Wahrscheinlichkeit des C/A-Code lassen beispielsweise eine Abweichung im Radius von 300 m zu und in jedem 1.000 Fall kann der Fehler einen größeren Radius als 300 m erlauben. Probleme können speziell beim Navigieren mit Autopilotsystemen auftreten, wenn bei einem Satellitenwechsel oder deren Verfügbarkeit ein Cross-Track-Error auftritt. Dabei sind schon Abweichungen von bis zu einer nautischen Meile aufgetreten, die leicht eine Sandbank in den sorgfältig geplotteten Kurs bringen können, die zuvor mit entsprechendem Sicherheitsabstand für das Plott- und Steuerungssystem eingeplant wurde. Dazu summiert sich die unterschiedliche Kartengenauigkeit weltweit verschiedener Systeme. Das GPS basiert auf dem World Geodetic System 1984 (WGS-84), welches von der National Imagery and Mapping Agency (NIMA) entwickelt wurde und das zum offiziellen Standard der NATO, IMO und ICAO wurde.

Bei der Integrierung der weltweit etwa 170 unterschiedlichen Kartensysteme integriert werden müssen allerdings für einzelne Gebiete größere Ungenauigkeiten in Kauf genommen werden. Im Allgemeinen liegt ein solcher Fehler zwischen 20-200 m, im Indischen Ozean aber bis zu 700 m und er darf deshalb nicht unberücksichtigt bleiben (z.B. bei der Eingabe von Referenzpunkten des benutzten Kartensystems). Mit dem Electronic Chart and Display and Information System (ECDIS), der genauen elektronischen Seekarte, welche hydrografische Informationen aus Datenbanken, aktuelle Navigationsdaten, Position und Kurs des eigenen Fahrzeuges und anderer Schiffe sowie das Radarbild integriert und systematisch anzeigt, kann auch das GPS optimaler genutzt werden.

Das GPS-Signal künstlich verschlechtert werden: "wenn die nationale Sicherheit der Vereinigten Staaten von Amerika es erfordert" (Formulierung des US-Verteidigungsministeriums). NavStar-GPS ist ein System des amerikanischen Verteidigungsministeriums, dessen militärischer P-Code mit einer "Anti-Spoofing"-Verschlüsselung (Kryptomodul, Y-Code) zusätzlich abgeschirmt werden kann. Zum Schutz des Systems vor Missbrauch werden verschlüsselte, programmierbare Fehler eingestreut (SA, Selective Availability). In Spannungs- oder Krisenzeiten ist die programmierbare Abweichung von mehreren Kilometern möglich, ohne dass dies am Empfänger für den zivilen Nutzer ersichtlich wäre. Die GPS-Satelliten senden auf einer dritten Frequenz auch andere Daten wie z.B. über nukleare Strahlungsquellen bzw. Explosionen, die nur dem US-Verteidigungsministerium zur Verfügung stehen.

Es gibt auch eine Kooperation der russischen Satellitenbetreiber Space System for Search of Distress Vessels (COSPAS) und dem kanadisch/amerikanischen Search and Rescue Satellite Aided Tracking (SARSAT). Das SARSAT-System wurde durch die drei Staaten USA, Kanada und Frankreich ins Leben gerufen. In den USA leitete das Projekt zunächst die NASA und nachdem es funktionsfähig war, wurde es der National Oceanic and Atmospheric Administration (NOAA) angegliedert. Ein ähnliches System, das COSPAS, wurde gleichzeitig durch die damalige Sowjetunion entwickelt. Die vier Nationen verbanden 1979 die Systeme zum COSPAS-SARSAT und die nationalen Raumfahrtbehörden haben durch ein Abkommen das Bestehen bis zum Jahre 2015 abgesichert. Der Start des ersten gemeinsamen Satelliten "KOSMOS" erfolgte am 30. Juni 1982 und 1984 nahm das den Ost-West-Block überbrückende System seinen Dienst auf. Von den vier Gründerstaaten ist die Zahl der beteiligten Nationen auf 25 (Jahr 2000) angewachsen, die insgesamt 44 so genannte Local User Terminals (LUT) und 22 Mission Control Center (MCC) betreiben. Die Satelliten in 850-1.000 km Höhe haben ca. 100 Minuten Umlaufzeit und decken jeweils einen 5.000 km breiten Streifen ab. Die erste Rettung durch das COMPAS-SARSAT-System erfolgte am 9. September 1982, als eine Cessna in den Rocky Mountains abgestürzt war.

Die sicherheitstechnische Leistungsfähigkeit eines Satelliten-Seenotfunksystems ist nach den Vorgaben der IMO an der Übertragungszeit eines Seenotalarms von der Aussendung bis zur Ausgabe in einem Rescue Coordination Center (RCC) zu messen. Diese Übertragungszeit setzt sich im COSPAS/SARSAT-System aus zum Teil physikalisch-technischen, zum Teil aber auch administrativen Bedingungen zusammen:

- Vorwärmzeit bis zum Betrieb des Bakensenders
- Beginn der ersten Sendungen
- Erste Kontaktaufnahme zum Satelliten
- Zeit bis zum Empfang einer Signalfrequenz durch den Satelliten
- Zeit bis zur Kontaktaufnahme zum Satelliten bei einem empfangsbereiten LUT
- Zeit bis zum Empfang einer Signalfrequenz durch das LUT
- Zeit bis zum Eintreffen der Nachricht und Ausdruck in einem RCC

Auf der Nordhalbkugel ist eine wachsende Anzahl von Küsten-Erdfunkstellen zu verzeichnen, wogegen auf der Südhalbkugel nur sechs LUT in Betrieb sind. Bei einem Satellitsystem in niedrigen, polarumlaufenden Bahnen hängt die Übertragungszeit besonders stark von den in Position 3, 4 und 5 genannten Zeiten ab. Theoretisch könnten durch eine größere Anzahl von Satelliten und zusätzliche LUT diese Übertragungszeiten verkürzt werden. Durch den gleichzeitigen Einsatz des GEOSAT-Systems, das 1996/1997 mit den drei geostationären Satelliten schon während der Testphase Alarmierungszeiten von weniger als zehn Minuten erzielte und über das auch die Havarieposition übertragen wird, ist COSPAS/SARSAT als weltweites Alarmierungssystem deutlich aufgewertet worden. Diese technischen Vorbesserungen werden allerdings nur von den neuen EPIRB genutzt, die älteren Modelle sind technisch meist nicht nachrüstbar.

Jeder Satellit kann gleichzeitig bis zu 90 Baken (406 MHz) orten, d.h. bis zu 2.000 Notsignale pro Umlaufbahn. Diese werden gespeichert und abgestrahlt, wenn sich der Satellit im Empfangsbereich einer Bodenstation befindet. Signale auf den Frequenzen 121,5 und 243,0 MHz hingegen können nur im Sichtbereich einer Bodenstation empfangen werden, da das aufgefangene Signal vom Satelliten nicht gespeichert, sondern sofort zur Erde reflektiert wird.

Der Vorteil des 406-MHz-Systems ist die erreichte weltweite Abdeckung durch eine bestimmte Anzahl polumlaufender Satelliten in einer erdnahen Umlaufbahn (Low Earth Orbit Satellite/LEOSAR) und geostationär positionierter Satelliten (Geostationary Earth Orbit Satellite/GEOSAR), die als Relay und Repeater auf der Frequenz 406 MHz arbeiten. Für die LEOSAR sind global siebenunddreißig LUT eingerichtet und für die GEOSAR sieben LUT.

Arten von Notfunkbaken im COSPAS-SARSAT-System
- Emergency Locator Transmitter (ELT) für Flugzeuge
- Emergency Position Indicating Radio Beacon (EPIRB) für Schiffe
- Personal Locator Beacon (PLB) landgestützt

Die gesendeten Notsignale der Baken werden durch die Satelliten erkannt, durch Prozessoren aufbereitet und zu erdgebundenen Empfangsstationen (LUT) verstärkt weitergeleitet. Die LUT trennen die Informationen, welche für die Ortsbestimmung der Funkboje nötig sind und reichen diese Daten an die Mission Control Center (MCC), in denen sie ausgewertet und danach entweder an eigene nationale Rescue Coordination Center (RCC), an MCC in anderen Ländern oder direkt an verantwortliche SAR-Organisationen weitergeleitet werden.

Das MCC in Moskau ist verantwortlich für die Koordination aller COSPAS Aktivitäten und dient als Schnittstelle zum SARSAT-System. Das MCC in Maryland/USA ist verantwortlich für die Koordination der Aktivitäten der SARSAT-Satelliten und dient als Schnittstelle zum russischen MCC in Moskau. Das COSPAS-SARSAT-System hatte zu Beginn noch Probleme mit Fehlalarmen (98,8 Prozent) und war durch die Satellitenpositionen auch nicht jederzeit verfügbar. Trotzdem zeigen die Rettungseinsätze des COSPAS-SARSAT eindrucksvoll seine Leistungsfähigkeit. Von September 1982 bis Dezember 1999 sind in 3.361 Rettungseinsätzen über das COSPAS-SARSAT weltweit 11.227 Personen gerettet worden, davon im Jahr 1999 beispielsweise:

Notfall	Personenzahl	SAR-Einsätze
• Luftverkehr	85	60
• Schiffsverkehr	1.008	216
• Landverkehr	134	64

Eine Alternative zu den militärisch kontrollierten Systemen wie dem NavStar-GPS wird z.B. das European Geographical Navigational Overlay System (EGNOS) sein, welches die ESA mit dem Projekt GALILEO verwirklicht. Die 30 Satelliten (650 kg) sollen 2008 einsatzbereit sein und eine Positionierung mit 10 cm Genauigkeit ermöglichen. Jeder Satellit hat zwei unabhängige Atomuhren, jeweils eine Rubidium-Uhr (6 GHz) und einen Wasserstoff-Maser (1,4 GHz). Über eine Laser- und eine Funkverbindung werden die Zeitdaten zur Erde geschickt und dort mit einer Caesium-Uhr abgeglichen.

Doch bei aller Automatisierung und dem Fortschritt in der technischen Entwicklung spielt der Faktor "Mensch" auf allen Gebieten weiter eine wichtige Rolle. Wir müssen uns die Fähigkeiten bewahren, beim Ausfall der technischen Hilfsmittel mit Sextanten, Kartendreieck und Zirkel in der Navigation, wie auch mit den herkömmlichen Methoden (z.B. Tastfunk oder Winkflaggen) auf allen anderen Gebieten, umgehen zu können.

Das internationale Übereinkommen zum Schutz des menschlichen Lebens auf See wurde 1974 von der International Maritime Organisation (IMO) mit Sitz in London erarbeitet. Die Safety of Life at Sea (SOLAS) regeln die allgemeinen Sicherheitsbestimmungen für ausrüstungspflichtige Schiffe, die von allen seefahrenden Nationen anerkannt wurden. Deshalb begann die IMO ein neues, weltweit operierendes System aufzubauen, welches 1999 in vollem Umfang zum Einsatz kam.

1988 wurde die SOLAS neu gefasst und die Bestimmungen, die das neue Seenot- und Sicherheitsfunksystem Global Maritime Distress and Safety System (GMDSS) betreffen, in den Vertrag aufgenommen. GMDSS bietet nun jederzeit Notruf und Ortungsmöglichkeiten über das modifizierte COMPAS-SARSAT-406 (Frequenz von 406 MHz). Die Teilnehmer haben die 9-stelligen Rufnummern des mobilen Seefunkdienstes, die Maritime Mobile Service Identity (MMSI), wovon drei Ziffern die Länderkennung sind. Neun Arten von Notfällen sind vorprogrammiert und können durch den Nutzer durch Tastendruck abgerufen und gesendet werden. Ferner werden Notrufe (Distress Call), sicherheitsrelevante (Safety Related) und Routine-Rufe (Routine Call) unterschieden. Im GMDSS werden die sicherheitsrelevanten Informationen, wie z.B. nautische Warnungen, Wetterberichte, Wetterwarnungen und dringende sicherheitsbezogene Meldungen, als Maritime Safety Information (MSI) mit Hilfe von zwei voneinander unabhängigen Systemen (Navtex/EGC) ausgestrahlt.

Der MSI-Service strahlt seine Meldungen auf einem international koordinierten Fernmeldenetz aus. Die Nach-richten werden dabei von verschiedenen Anbietern zu Verfügung gestellt, wie z.B. vom Nationalen Hydrographischen Instituten, von Nationalen Meteorologischen Instituten, den Rescue Coordination Centers (RCCs) oder auch der International Ice Patrol. Doch nur von der IMO anerkannte Anbieter wie die International Hydrographic Organisation (IHO) oder die World Meteorolgical Organisation (WMO), dürfen über das SAFETYNET Informationen den Nutzern bereitstellen, womit ein Missbrauch durch unseriöse kommerzielle Firmen ausgeschlossen ist.

Zur Verfügung stehen der Kanal-70 (UKW), INMARSAT-, COSPAS/SARSAT-, SATCOM- sowie Grenz- und Kurzwellenverbindungen. Für das Raumsegment INMARSAT im deutschen Bereich ist die Küsten- und Erdfunkstelle in Raisting/Oberbayern zuständig (seit 8. November 1963 als erste Station in Deutschland in Betrieb). Die Datenübertragung beträgt in den GW- und KW-Bereichen 100 Baud bzw. 1.200 Baud auf UKW-Frequenz.

Das automatische Alarmierungssystem bzw. Digital Selective Calling (DSC) des GMDSS stützt sich neben den terrestrischen Frequenzen auf das Satellitenfunksystem des Seefunkdienstes INMARSAT. Das DSC-System ermöglicht die automatische Übermittlung der MMSI in Verbindung mit der aktuellen Schiffsposition, Zeitpunkt und gegebenenfalls die Art des Notfalls auf dem gewählten Notkanal, Kanal-70 (1,6 GHz) bzw. 406-406,1 MHz. Ohne eine Empfangsbestätigung des gesendeten DSC-Signals erfolgt automatisch eine erneute Aussendung nach 3,5-4,5 Minuten. Eine Küstenfunkstelle gibt ihre Bestätigung des Notrufes nach einer Mindestwartezeit von einer Minute und einer maximalen Wartezeit von 2,75 Minuten. Die Länge eines Notrufes variiert nach Art und Übertragung zwischen 6,2-7,2 Sekunden auf GW- und KW-Frequenzen sowie 0,45-0,63 Sekunden auf UKW.

Der Emergency Position Indicating Radio Beacon (EPIRB, Seenot-Funkbake) arbeitet mit seinem Emergency Locator Transmitter (ELT) auf 121,5 MHz für die Rettungsflieger, während für den Landbereich der Personal Locator Beacon (PLB) verwendet wird. Bei der Funkbake ist eine unverzügliche Informationsübermittlung zur Erdfunkstelle aber nur möglich, wenn diese sich im Bereich des Satelliten befindet. Da die INMARSAT-Satelliten im Gegensatz zum COSPAS-SARSAT stationär sind, können sie die INMARSAT-E-Funkbaken auf 1,6 GHz nicht peilen, weshalb diese ihre Positionen über das amerikanische GPS bestimmen. Alle Daten können an Land und in See auf elektronischen Karten verfolgt und aufgezeichnet werden. Ferner gibt es noch einen Search and Rescue Radar Transponder (SART), der bei Empfang einer Radarausstrahlung automatisch ein Notsignal sendet. Bei 15-m-Antennenhöhe kann eine Reichweite von ca. 10 sm, in einer Flughöhe von 2,5 km und 10 kW Spitzenleistung ca. 30 sm erwartet werden.

Nahezu alle Einheiten der Deutschen Marine, die normalerweise nicht unter diese zwischenstaatliche Regelung fallen, wurden trotzdem für den öffentlichen Seefunkdienst und das LogInfo-System mit dem INMARSAT-C ausgerüstet (Entscheidung des Inspekteurs der Marine, Februar 1992). Mit der Einführung am 1. Januar 1999 als internationales Seenotrufsystem wurde damit auch in der deutschen Flotte ein Kapitel der Seefunkgeschichte abgeschlossen.

GPS ist heute in nahezu allen Smartphones enthalten und diese bieten damit weltweite Navigations- und Kommunikationsmöglichkeiten. In der militärischen Kommunikation stellt das bei Satellitenverbindungen notwendige "Handshake"-Verfahren jedoch ein Problem dar, denn zum Abgleich der Sende- und Empfangsanlagen bezogen auf den Standort der Satelliten müssen die Schiffs-, Flugzeug- oder die mobilen Landanlagen aktiv senden, wodurch die eigene Position durch eine gegnerische Peilung ermittelt werden kann. Gerade wenn ein Verband unter "Silence" ("Funkstille") operieren muss, ist eine Nachjustierung der Antennen also nicht möglich, denn auch kurze Funkausstrahlungen können im Einsatz ein Zielindikator für die Passivsuchköpfe der Flugkörper sein.

Bei landgestützten stationären Systemen muss die Antenne hingegen nur einmal nach Kompass und Höhenwinkel ausgerichtet werden und auf eine Ausstrahlung eines Synchronisationssignals kann dann bis zum eigentlichen notwendigen Kommunikationsaufbau zur Übermittlung einer Nachricht verzichtet werden. Ein weiteres Problem in der militärischen und zivilen Satellitenkommunikation ist das begrenzte Frequenzspektrum (Kosten) und die dadurch bedingten niedrigen Datenübertragungsraten sowie die begrenzten Abdeckungsgebiete der Satelliten.

Als die Deutsche Marine z.B. nach der Flutkatastrophe in Asien 2004/2005 die Lazarett- und Unterstützungs-schiffe entsendete, begab man sich in Seeräume, die bisher kein Operationsgebiet der Flotte waren und deshalb am Rande der funktechnischen Versorgung durch HF und der aufgebauten Satellitenabdeckungen lagen. Neue Verbindungen mussten nun erst angemietet bzw. angefordert werden. Übungen und Einsätze der Bundeswehr waren bis in die 90er Jahre mit den zur Verfügung stehenden strategischen und taktischen Fernmeldenetzen erfüllbar. Aufgrund des erweiterten Aufgabenspektrums der Bundeswehr kam der Weitbereichskommunikation über Satelliten aber immer größere Bedeutung zu, da alternativ hauptsächlich nur die HF-Kommunikation ähnliche Abdeckung und Übertragungsraten bietet. Seit 1985 wird neben den klassischen HF-Verbindungen die globale Führungs-möglichkeit über SHF-SATCOM-Verbindungen z.B. über die Anlagen Scot-1A der Fregatten Klasse F-122 und F-123 mit NATO-IV-Satelliten aufgebaut werden.

Viele der europäischen Streitkräfte sind aber wie die der Bundesrepublik Deutschland bis dato auf die Kanalvergabe über die NATO-Satelliten angewiesen (hier speziell britische und amerikanische Frequenzen), da nationale militärische Kommunikations- oder Aufklärungssatelliten zu teuer sind. Mit den internationalen Einsätzen der 90er Jahre wurden deshalb sehr teure kommerzielle INMARSAT- und INTELSAT-Kapazitäten genutzt und es stehen ferner z.B. auch EUTELSAT und DFS-Kopernikus u.a. zur Verfügung. Für SFOR und KFOR besitzt die SATCOM-Kompanie des Heeres z.B. eine Bodenstation in Gerolstein und 7 mobile Stationen (4-6 GHz), dann wurden zusätzlich Stationen angemietet (11-13 GHz).

Mit dem Konzept SATCOMBw-1995 bzw. -2000 greift die Bundeswehr weiter auch auf die Kapazität der militärischen Satelliten von alliierten/befreundeten Nationen zurück, da eine alleinige Abhängigkeit von kommerziellen Anbietern ein zu großes Risiko darstellen würde. Grundsätzlich kommen für die Bundeswehr bei den militärischen Satelliten dabei als Alternative die Systeme SYRACUSE-II (Frankreich), DSCS (USA), SKYNET (GB) und NATO-IIID und -IV (NATO) in Frage.

Das SATCOMBw-2000 wurde als System von Frankreich, Großbritannien und Deutschland geplant, aber mit dem Ausstieg Großbritanniens 1998 aus dem Trimilsatcom Projekt wurden die Satelliten zur weltweiten Übertragung abhörsicherer Telefongespräche, Videokonferenzen und Internetzugang für die militärische Partner nur schwer finanzierbar. Die Schaffung eines national unabhängigen Systems stand lange Zeit nicht in Aussicht und wurde erst durch die internationalen Einsätze in den Kosten gerechtfertigt.

SATCOMBw besteht in der derzeit aktiven Ausbaustufe SATCOMBw Stufe 2 aus den beiden Kommunikationssatelliten COMSATBw-1 und COMSATBw-2. Vor Erreichen des Wirkbetriebs waren die Satelliten unter den Namen SATCOMBw-2a und SATCOMBw-2b bekannt. Die Satelliten werden von Bodenstationen der Bundeswehr und des Deutschen Zentrums für Luft- und Raumfahrt e.V. (DLR) mit dem Weltraumlagezentrum (WRLageZ) in Uedem betrieben, das seinen Betrieb am 01.07.2009 aufnahm. Satelliten und das System inklusive der Bodeneinrichtungen sind seit Ende 2011, unter einer zivil-militärischen Führung, im vollständigen Betrieb. Die Stufe 3 des SATCOMBw sieht eine schrittweise Ablösung der veralteten Systeme TanDEM-X, SATCOMBw und SAR-Lupe durch modere und leistungsfähigere Satelliten vor. Ferner gibt es ein verlegbares Lagezentrum (VABENE++) aus einem Fahrzeug mit Empfangsantenne und Zelt für den mobilen Einsatz mit Flugzeugen.

In der Organisation der NATO regelt die Station "Oakhanger" in Großbritannien die Nutzung der NATO-Satelliten IV-A und IV-B über 19 der Static Satellite Ground Terminal (SGT) im europäischen Bereich. Von dort aus werden auch die Kanäle für Euskirchen für die Bundeswehr bereitgestellt. Die derzeitigen NATO-Satelliten erreichen 2004 die Grenze ihrer Lebensdauer und werden in der Planung SATCOM-Post-2000 ersetzt. Das MHQ wurde über Gesamtgruppenschaltverteiler (GSV) angeschlossen und Verbindungen können über herkömmliche WT-Geräte oder im neuen ISDNBw auch über Glasfaser oder auch Satelliten zusammengefasst werden.

Der Marine werden gebührenpflichtig über den NATO-Satellitenverbund 4 Kanäle zur Verfügung gestellt. Zwei sind Empfangskanäle für verschlüsselten Schreibfunk im B/C-Verfahren der NATO, ein Sende- und Empfangs-kanal ist für verschlüsselte oder offene Schreibfunkverbindungen der Schiffe mit dem MHQ, während der letzte Kanal als verschlüsselter oder offener Sprechfunkkanal genutzt wird. Der Zugriff auf die Ressourcen der Transponder geschieht durch Demand Assigned Multiple Access (DAMA) vom Nutzer initiiert oder für bestimmte Zeiträume vom zentralen Netzmanagement über Pre-Assigned Multiple Access (PAMA).

Für verbundene Einsätze der U-Boote werden UHF-SATCOM-Verbindungen eingebunden, wie sie auch bereits von anderen Marinen genutzt werden. Die geringeren Abmessungen werden durch geringere Datenmengen und der leichten Störbarkeit erkauft. Bei der verbundenen U-Jagd, wie z.B. für die U-Boote Klasse 212A vorgesehen, stellten die Anlagen jedoch ein sehr geeignetes FM-Mittel dar und um im Seebündnis der NATO eine Führungskomponente zu erhalten, baute die Deutsche Marine zusätzlich UHF-SATCOM-Anlagen an Bord ihrer Einheiten ein. Die Fregatten der Klasse 124 erhalten wie die U-Boote der Klasse 212A das AN/USC-42V2 ("Titan", Firma Linkabit). Die Forderungen der NATO-Fernmelde-Ausrüstungsvorschriften können aber nur mit NATO- oder US-Satellitenkanälen erfüllt werden, solange nationale Elemente fehlen.

Eine weitere Möglichkeit ist EHF-SATCOM (20,2-21,2/43,5-45,5 GHz), der eine hohe Bandbreite und damit Datenkapazität bietet. Der Nachteil liegt hier im Gewicht, Raum- und Energiebedarf dieser Anlagen, weshalb eine Ablösung der bisherigen SATCOM-Verbindungen nicht zu erwarten ist, sondern lediglich eine Ergänzung. Die US-Marine benutzt allerdings EHF-Verbindungen in den strategischen Hauptquartieren zur Anbindung ihrer Führungsschiffe (z. B. MOUNT WHITNEY) oder auch der strategischen U-Boote.

Die militärische Weitbereichskommunikation und Kommandoführung verlagert sich weiter auf Satelliten, da nicht in allen denkbaren Einsatzgebieten von der Verfügbarkeit einer Fernmeldestruktur ausgegangen werden kann. Benötigt werden Systeme, die per Satellit die Verbindungen zwischen weltweit stationierten Einsatzkräften und zentralen Informationsstellen im Heimatland herstellen. Dafür werden zusätzlich zu den im Geostationary Earth Orbit (GEO, ca. 36 000 km) installierten Systemen auch zusätzlich Satelliten in niedrigeren Umlaufbahnen eingesetzt. Der Vorteil von Systemen im Low Earth Orbit (LEO) besteht in den wesentlich geringeren Signallaufstrecken und geringerer Dämpfung. Dadurch wird eine verzögerungsfreie mobile Sprachkommunikation auch mit kleineren mobilen Handfunkgeräten ermöglicht. Mit Satelliten im LEO ließen sich auch die Polarregionen abdecken, für eine globale Abdeckung ist aber eine relative große Anzahl von Satelliten nötig. Die militärische Satellitenkommunikation stützt sich deshalb derzeit auch weiterhin auf kommerzielle Systeme ab.

Für Aufklärungssatelliten werden naturgemäß niedrige Umlaufbahnen bevorzugt, die günstige Empfangssignalpegel gewährleisten. Die Abdeckung eines bestimmten Punktes der Erde wird aber durch die niedrige Umlaufbahn auf ca. zweimal pro Tag und au ca. 10 Minuten begrenzt, weshalb unbemannte Aufklärungsflugkörper (UAV) hier sehr viel genauere und aktuellere Daten liefern können. Satelliten im LEO ergänzen also die UAV in der Auffassung von Details und der Zielerfassung mit relativ schmalen Aufklärungsstreifen entlang der Flugrichtung. Die Breite reicht je nach Aufgabenspektrum bei Radar und anderen flächendeckenden Systemen bis etwa 400 km, bei Sensoren für Detailaufnahmen etwa 10 km und bei ca. 100 m für maximale Bodenauflösung bei optischen Satelliten.

Ein vorgegebenes Gebiet kann nur in Abständen von Stunden bis einigen Tagen abgedeckt werden, da sich die Erde unter der stationären Satellitenbahn durch die unterschiedliche Erddrehung verschiebt. Aufklärungssatelliten in geostationären Bahnen dienen der großflächigen Überwachung und der Frühwarnung vor taktischen und strategischen ICBM. Sie haben wegen ihrer großen Höhe der Umlaufbahn aber ein schlechteres Bodenauflösungsvermögen als die Satelliten in erdnahen Flugbahnen und können deshalb kleinere militärische Objekte nicht erkennen oder identifizieren. Mit IR-Sensoren können vom GEO aus jedoch weiträumig Ereignisse mit hohem Kontrast wie der Abgasstrahl von Flugkörperstarts oder größere Explosionen entdeckt werden.

Europa arbeitet auch auf dem Gebiet der Aufklärung aus Kostengründen vereint im europäischen Satellitenzentrum (EU SatCen in Torrejón/Spanien seit Mai 1995). Die Aufklärungssatelliten HORUS und HELIOS-2 (griechisch für Sonne) und das Projekt OSIRIS (ägyptischer Gott, der als Falke verehrt wurde) sollten in Zusammenarbeit mit Frankreich und anderen Partnern Ergebnisse liefern. Die deutsche Beteiligung an HELIOS-2 mit Infrarotkamera wurde wegen fehlender Haushaltmittel aufgegeben und auch die Planung für das unter deutscher Führung konzipierte HORUS-Satellitensystem wurde aus diesem Grund 1997 fallen gelassen.

Die Abteilung satellitengestützte Aufklärung im Kommando Strategische Aufklärung kooperiert mit dem französischen Militär. Bis etwa 2005 wurde die deutsche Komponente, das Synthetic Aperture Radar (SAR) im HELIOS integriert, der Weiterentwicklungen folgten. Europäische Landüberwachungssatelliten sind z.B. ERS-1 (1991) und ERS-2, die in vergangenen Jahren auch die Entdeckung und Vermessung von Ölteppichen nach Tankerunglücken durchführten. ERS-2 liefert außerdem alle drei Tage eine globale Ozon-Weltkarte. Aber auch die Agrarflächen werden aus dem All vermessen und der jeweilige Bewuchs festgestellt. So wird versucht, den Subventionsmissbrauch durch zu groß angegeben Flächen oder falsche Bepflanzung zu verhindern.

Die Fernmeldeübertragung von Satellitenmessdaten zur Erde ebnete den Weg zur störungsfreien digitalen Fernsehbild-, Fernsprech- und Rundfunkübertragung über Nachrichtensatelliten. Etwa 41 Minuten sind die Funksignale der Marssonde PATHFINDER zur Erde unterwegs. Die Sowjetunion bietet Bilder von 50 cm Auflösung u.a. (von Satelliten wie RESURS oder OKEAN) frei zugänglich auf dem Markt an, die nationalen Nachrichtendienste, Wirtschaftsunternehmen oder auch Privatpersonen, je nach Budget, kaufen können. Die Marktwirtschaft der Informationstechnik.

Die Bundeswehr wollte in Zuständigkeit des IT-Amtes bis Ende 2007/08 speziell für die Auslandseinsätze nun ebenfalls eigene Satelliten im All stationiert haben, die dann wohl ebenfalls von der Bodenstation in Kastellaun im Hunsrück gesteuert werden, von wo aus auch die kommerziellen Verbindungen für die Bundeswehr geschaltet werden. Inwieweit die Bundeswehr auf rein militärische Satelliten in Zukunft zurückgreifen kann wird jedoch bei knappem Wehretat immer kritisch sein.

Die Europäische Union hat für den Zeitraum 2014–2020 Mittel in Höhe von insgesamt 7 Milliarden EUR für die Programme Galileo und EGNOS bereitgestellt. Dieser Finanzrahmen deckt die Programmverwaltung, die Errichtung und den Betrieb von Galileo, den Betrieb von EGNOS und die mit diesen Tätigkeiten verbundenen Risiken ab. Bis Ende 2016 waren die Programme Galileo und EGNOS auf dem besten Weg, die durch die GNSS-Verordnung für den Zeitraum 2014–2020 gesteckten Budgetgrenzen einzuhalten. Die Phasen I-III sind abgeschlossen, die vierte Phase umfasst den Betrieb und die Wartung des Systems. Die Dienste Offener Dienst, Öffentlich-staatlicher Dienst (PRS) und Such- und Rettungsdienst sind mit einer Konstellation von 18 Satelliten am 15. Dezember 2016 in Betrieb gegangen. Im Januar 2011 wurde für Galileo und EGNOS zusammen mit jährlichen Betriebskosten von 800 Mio. Euro gerechnet.

Nach jahrelangen Verhandlungen unterzeichneten am 26. Juni 2004 während des USA-EU-Gipfels in Newmarket-on-Fergus (Irland) der damalige US-Außenminister Colin Powell und der damalige Vorsitzende der EU-Außenminister Brian Cowen einen Vertrag über die Gleichberechtigung der Satellitennavigationssysteme GPS, GLONASS und Galileo. Darin wird vereinbart, dass Galileo zu GPS III kompatibel sein wird. Dies hat den Vorteil, dass durch die Kombination der GPS- und Galileo-Signale eine deutlich verbesserte Abdeckung, mit einer Verfügbarkeit von jederzeit 15 Satelliten, erreicht werden sollte. Nach Abschluss des Aufbaus von Galileo werden durch die Kombinationsmöglichkeit beider Systeme insgesamt etwa 60 Navigationssatelliten zur Verfügung stehen. Bereits heute gibt es GPS-Empfänger (mit

U-blox5- oder AsteRx-Chipsatz), die nach einer Aktualisierung der Firmware auch für Galileo genutzt werden können.

Russland startete die kommerzielle Nutzung des GLONASS-Satellitensystems im Jahr 2010. Volle globale Abdeckung erlangte das System im Oktober 2011. Entsprechend konstruierte Empfangsgeräte können Daten sowohl von den GPS- und GLONASS-Satelliten als auch künftig von den Galileo-Satelliten empfangen und durch Kombination aller drei Signale eine hohe Genauigkeit erzielen.

Seit 2007 bringt China weitere Satelliten für das Navigationssystem Beidou ins All, das jedoch wegen der Nutzung der gleichen Frequenzen in direkter Konkurrenz zu Galileo steht. Strittig sind die Frequenzen, die ausschließlich staatlichen Sicherheits- und Rettungsdiensten zur Verfügung stehen. Zwar wurde in einem Test gezeigt, dass diese sich nicht stören, aber es besteht die Möglichkeit, das andere System absichtlich damit zu stören.

Satellitenkommunikationanbeiter

- Orbcomm, bestehend aus über 30 Satelliten in niedrigen Erdumlaufbahnen und 13 weltweit verteilten Bodenstationen und das preiswerteste Satellitenkommunikationssystem für kleine Datenmengen.
- Iridiumnetz mit 66 Satelliten und das weltweit am weitesten verbreitete mobile bzw. dem Mobiltelefon ähnliche, Satellitenkommunikationsnetz.
- Thuraya deckt mit drei Satelliten 140 Länder und darin 2/3 der Erdbevölkerung ab. Ein Empfang ist in Europa, Nord-, Ost- und Zentralafrika, Asien, im Nahen Osten, in Ozeanien und Australien möglich.
- Globalstar arbeitet mit 40 Satelliten in einer Höhe von 1230 km, dabei bleiben jedoch Teile Afrikas, Asiens, Ozeaniens und die Weltmeere unversorgt.
- Inmarsat betreibt elf aktive Satelliten auf einer geostationären Umlaufbahn und bietet verschiedene Dienste weltweit an (mit Ausnahme der Polarregionen).
- Satlynx, ein weltweit agierender Satellitenkommunikationsnetze-Betreiber für Breitband-Internet, Intranet und Verbindungen mit Standleitungscharakteristik und ein Unternehmen der SES Global Services mit den Tochterunternehmen ASTRA (Europa), SES AMERICOM (Nordamerika) und New Skies Satellites (Afrika, Südamerika, Naher Osten und Teile von Asien). Direkt oder über strategische Partnerschaften mit den Satellitenbetreibern AsiaSat, SES SIRIUS, QuetzSat, Ciel und Star One werden aus einer Hand über 95 % der Weltbevölkerung durch Satellitenausstrahlungen erreicht und können ohne terrestrische Verbindungen kommunizieren.
- atrexx, einer der führenden Anbieter von Zweiwege-Internetsatelliten mit mehreren hundert VSAT-Systemen in Europa, Afrika, Asien, Lateinamerika und dem Mittleren Osten. Neben dem klassischen Internetzugang plant, realisiert und liefert atrexx auch komplexe Satellitenanbindungen für Voice over IP (VoIP) und Wireless Access (WiMAX) oder Virtual Private Networks (VPN). Weitere Schwerpunkte sind Firmennetzwerke über Satelliten im In- und Ausland.
- MEDIA-BROADCAST GmbH, weltweite Dienstbereitstellung durch geostationäre Satelliten. Um Zugänge zu einer Vielzahl von Satelliten zu liefern, wodurch eine fast globale Abdeckung für iLink Satellitenverbindungen erbracht werden kann, dient der Teleport Usingen (bei Frankfurt) als Gateway.
- ND SatCom, ein führender globaler Anbieter von satellitenbasierten Breitband-VSAT-Systemen, Netzwerklösungen für Fernseh- und Rundfunkübertragung, Regierungs- und Militärkommunikation und von Bodenstationen.

Ferner gibt es GPS-Jammer (Störsender) die ähnlich wie beim GPS auch zum Stören der Galileo-Signale eingesetzt werden können. Diese überlagern auf gleicher Frequenz die Signale der Satelliten. Idealerweise werden dabei die gleichen Codefolgen, die für das Codemultiplexverfahren verwendet werden, mit einem ungültigen Nutzdatenstrom übermittelt. Damit kann der Empfänger die eigentlichen Navigationsdaten vom Satelliten nicht mehr empfangen. Durch die Störung des Codemultiplexverfahrens durch nachgebildete Codefolgen kann mit wesentlich geringerer Sendeleistung seitens des Störsenders in den betreffenden Frequenzbereichen ein Ausfall der Übertragung erreicht werden als mit zu der Codefolge unkorreliertem Rauschen oder anderen nicht korrelierten Störsignalen.

Auch können Varianten von Störsendern gesendete GPS-Positionen der Satelliten verfälschen. Die Störsender werden auch als GPS-Spoofer bezeichnet. Positiondaten von Satelliten zu verändern ist allerdings wesentlich aufwendiger als das einfache Stören mittels GPS-Jammer, denn dies erfordert unter anderem eine genaue Zeitbasis am Störsender. Galileo wird, zumindest in den kommerziellen Bereichen und im PRS eine Authentifizierung zur Erkennung veränderter gesendeter Positiondaten der Satelliten anbieten.

Die sehr teuren Aufklärungssatelliten mit Radar-, Infrarot-, optischen oder einer Vielzahl von anderen Sensoren werden meist in gemeinsamen Projekten der Europäischen Union oder in Kooperationen von mehreren Nationen betrieben und weiterentwickelt, lediglich wenige Nationen können sich auch in Zukunft nationale Satellitensysteme dieser Art leisten. Die Satellitenkommunikation wird maßgeblich durch kommerzielle Anbieter vorangetrieben.

Kryptologie, die Verschlüsselung und Entschlüsselung von Informationen

Anfänge der Kryptologie

Die Kryptologie (aus dem griechischen κρυπτός kryptós „versteckt, verborgen, geheim" und -logie) ist eine Wissenschaft, die sich mit der Verschlüsselung und Entschlüsselung von Informationen und somit mit der Informationssicherheit beschäftigt. Das Adjektiv kryptisch wird in der Standardsprache hingegen im Sinne von „unklar oder nicht eindeutig in der Ausdrucksweise und daher schwer zu verstehen" verwendet.

Bis ins späte 20. Jahrhundert waren Verschlüsselungsverfahren der einzige Untersuchungsgegenstand. Mit der Etablierung des elektronischen Datenverkehrs kamen weitere Bereiche hinzu. Dazu zählen digitale Signaturen, Identifikationsprotokolle, kryptografische Hashfunktionen, Geheimnisteilung, elektronische Wahlverfahren und elektronisches Geld. Heute ist die Kryptologie in die Fachgebiete Symmetrische Kryptographie, Public-Key-Kryptographie, Hardwarekryptographie und die Theoretische Kryptologie unterteilt.

Die Kryptologie lässt sich auch in die beiden Gebiete Kryptographie (auch: Kryptografie), die Verschlüsselung von Informationen, und Kryptoanalyse (modernere Schreibweise auch: Kryptanalyse), die Informationsgewinnung aus verschlüsselten Informationen, unterteilen. Diese Einteilung entwickelte der russisch-amerikanische Kryptologe William Friedman Ende des Ersten Weltkrieges. Von ihm stammen sowohl die Begriffsdefinitionen wie auch die Abgrenzung untereinander. Dem folgend beschäftigt sich die Kryptographie mit der Entwicklung und Anwendung der einzelnen Verfahren und die Kryptoanalyse mit deren Stärken und Schwächen.

Anders formuliert, befasst sich die Kryptographie mit der Sicherheit der eigenen geheimen Kommunikation insbesondere gegen unbefugte Entzifferung oder Veränderung, während die Kryptoanalyse, quasi als Gegenspielerin der Kryptographie, das Brechen der Sicherheit der Kommunikation zum Ziel hat. Kryptographie und Kryptoanalyse werden daher auch als defensive und offensive Kryptologie bezeichnet. Der damit verbundenen Beschränkung des Begriffs Kryptographie wird allerdings nicht immer Rechnung getragen. Vielmehr werden die Begriffe Kryptologie und Kryptographie zuweilen gleichberechtigt verwendet.

Ein wichtiger Grundsatz der modernen Kryptographie ist Kerckhoffs' Prinzip. Demnach darf die Sicherheit eines Kryptosystems nicht von der Geheimhaltung des Algorithmus abhängen. Die Sicherheit gründet sich auf die Geheimhaltung frei wählbarer Eingangsgrößen des Algorithmus. Dies sind bei Verschlüsselungsverfahren beispielsweise die geheimen Schlüssel.

Die Kryptologie als Wissenschaft existiert erst seit den 1970er Jahren, als Ralph Merkle, Whitfield Diffie und Martin Hellman die ersten Forschungsarbeiten zur Public-Key-Kryptographie veröffentlichten und damit die Kryptologie als Wissenschaft begründeten. Zuvor wurden Ergebnisse zur Kryptographie und Kryptoanalyse von Regierungen und Militärorganisationen unter Verschluss gehalten.

Seit 1982 existiert mit der International Association for Cryptologic Research (IACR) ein wissenschaftlicher Fachverband für Kryptologie. Die IACR organisiert kryptologische Konferenzen, gibt die renommierte Fachzeitschrift Journal of Cryptology heraus und betreibt u. a. ein elektronisches Archiv für wissenschaftliche Arbeiten aus dem Bereich der Kryptologie.

Die Kryptologie umfasst demnach alle Arten von verschlüsselten Nachrichten, von dem Tarnen einer Botschaft über die ursprüngliche Substitution (Ersetzung) und Transposition (Versetzung bzw. Verwürfelung) sowie moderne elektronische Verfahren, ihre Geräte und die Analyse. Eine Substitution wie im ist relativ leicht zu lösen und das einfache Verwürfeln des Alphabetes ist durch Statistiken angreifbar. Der einfache Zahlenschlüssel kann durch Vergleich der Häufigkeit von Buchstaben und deren Kombinationen in einer Sprache gelöst werden. Die Kryptologie hat die Aufgabe die eigenen Absichten und Erkenntnisse vor Unbefugten zu schützen.

Die Kryptoanalyse, als die Wissenschaft der Entzifferung, kann einen Ausgleich zugunsten einer kräftemäßig schwächeren Partei bedeuten. Verschlüsselte Nachrichtenverbindungen sind die zivilen und militärischen "Nervenstränge" und ihre Entzifferung kann selbst für eine übermächtige Militär- und Wirtschaftsmacht schwerwiegende Folgen haben. Der Wettstreit zwischen der Kryptografie und der Kryptoanalyse begleitet die Menschheit von ihrer Entstehung bis in die Zukunft der Informationstechnik, gerade die heutigen Sozialen Netzwerke und Nachrichten-Applikationen haben die Verschlüsselung wieder mehr ins Bewusstsein der Bevölkerung gebracht.

"Als nun Abraham hörte, dass seines Bruders Sohn gefangen war, wappnete er seine Knechte, dreihundertundachtzehn, in seinem Hause geboren, und jagte ihnen nach bis Dan."

Bibel, Genesis 14:14

In der jüdischen "Kabbala", einer der ältesten Kryptoschriften, wird die Geheimschrift "Gematria" verwendet und hier steht hinter der Zahl "318" der Name Eliezer, einer der Diener Abrahams. Eine verwendete Verschlüsselung ist der Buchstaben-Substitutions-Code "Atbash". Der Erfolg Abrahams gegen die Könige von Sodom und Gomorra wird demzufolge nicht über dreihundert, sondern einem einzigen getreuen Knecht, der Nr. 318, zugeschrieben. Eine verschlüsselte Überlieferung, von denen viele in der Bibel oder dem Koran zu finden sind, wie auch andere Religionen sich geheimer Texte bedienen.

In der Thora sollen die Einzelheiten der gesamten Geschichte bis in die Zukunft in einem Textabschnitt mit 300.000 Buchstaben enthalten sein. Erst die Rechenleistungen der Computer ermöglichten hier eine genauere Forschung, die in den 90er Jahren verblüffende Resultate hervorbrachte, die zu heftigen wissenschaftlichen und theologischen Diskussionen führten. Allerdings ist vieles hier wie auch bei Nostradamus eine Frage der individuellen Auslegung, da oftmals die Sprache nicht mehr existiert und die ursprünglichen Schreiber keine Erläuterungen, den Schlüssel, hinterlegten.

Das Verschlüsseln von Informationen ist in fast allen Kulturen, von den ersten Schriften der Bibel, den ägyptischen Hieroglyphen (1900 v. Chr.) oder anhand der griechischen, lateinischen oder arabischen Alphabete verwendet worden. Geheime Schreiben und Schriften werden z.B. von Homer in der Ilias bis hin zu dem indischen Kamasutra erwähnt. Das Kamasutra zählt die Geheimschrift als eine der 64 Künste (Yogas) auf, welches die Frau beherrschen sollte, wobei letztere zu den bis heute nicht entzifferte Geheimnisse der Menschheit zählt.

In den Schriften von Plutarch wurde über ein System der Lazedämonier/Spartaner sowie der römischen Feldherren berichtet, bei dem ein Leinentuch über eine Holzwalze (Scytala) gewickelt und dann von oben nach unten die Nachricht geschrieben wurde. Der abgewickelte Streifen hatte danach unregelmäßig verteilte Flecken, die nur der Empfänger mit der gleichen Walze nach Erhalt des Tuches wieder lesbar machen konnte.

Herodot (~490-425 v. Chr.) berichtet beim Sieg von Salamis über die entzifferten Absichten des Xerxes und bei den Vorbereitungen zum ionischen Aufstand Histiäus beschreibt er die Übermittlung einer Botschaft für Aristagoras in Milet durch das Rasieren des Schädels eines Sklaven. In dessen Kopfhaut wurde danach die Nachricht tätowiert und gewartet, bis die Haare nachgewachsen waren. Eine recht langwierige Nachrichtenübertragung, bei der zudem das Löschen der Nachricht sicherlich Kopfzerbrechen verursachte. Diesem Beispiel folgend rasierte ein französischer Soldat in Indochina seinen Hund und tätowierte eine wichtige Nachricht in die Haut des Tieres. Als der Nachrichtenoffizier Philippe L. Thyraud de Vosjoli (LAMIA) die Informationen erhielt, war ihre Bedeutung zwar offensichtlich und wichtig, allerdings nur für das Jahr 1943, es war bereits 1944.

Gaius Julius Cäsar (100-44 v. Chr.) wird eine Methode zugeschrieben, die mit leichten Veränderungen noch in späteren Jahrhunderten verwendet wurde. Er verschob die Buchstaben des Alphabets einfach um eine Stelle. Nachfolger begannen die Buchstaben um mehrere Stellen zu verschieben (Sueton). Die nach ihm benannte Verschlüsselung "Cäsar" ergibt 261 Möglichkeiten oder Kombinationen, sie wurde allerdings schon vor der Amtszeit ihres Namensgebers benutzt, weshalb Julius Cäsar diese Lorbeeren zu Unrecht erhielt.

Nach dem Untergang des Römischen Reiches stagnierte auch die weitere Entwicklung der westlichen Kryptologie, denn lediglich die katholische Kirche, die Astronomen und die Alchemisten betrieben und entwickelten zwischen 500-1400 n. Chr. die Wissenschaft teilweise weiter. In der Zeit des Papstes Sylvester II. (99-1003 n. Chr.) wurden z.B. die tironischen Noten (Figuren, Zeichen, Symbole) als Geheimschrift verwendet, die auch Karl der Große nutzte. Die Mönche und Alchemisten mussten ihre Erkenntnisse oft zwangsläufig verschlüsseln, um nicht als Ketzer verhaftet zu werden. Durch die Verwendung bei den Alchemisten erhielt die Kryptologie in dieser Zeit ihre Bezeichnung "Schwarze Kunst" oder "Schwarze Magie", vermutlich auch durch den Volksmund, der die Farbe der oftmals schwarzen Gewänder in diesen Wortschöpfungen mit den unbekannten Schriftzeichen verknüpfte.

Nur wer der Kunst des Schreibens und Lesens in frühen Zeiten mächtig war, konnte Information erlangen und weitergeben. Die Schrift selbst war für das Volk schon ein Geheimnis, denn nur den herrschenden Klassen und der Kirche war diese Bildung vorbehalten. Mit der Verbreitung des Schrifttums im Volk wurden die Herrscher und die Kirchen dazu veranlasst, neue Methoden zur Geheimhaltung ihrer nur für wenige Augen bestimmten Informationen zu verwenden. Doch nicht nur die eigenen Informationen sollten geschützt sein, man wollte auch wissen, was im Volke gegen die absolutistischen Herrscher geplant wurde. So schickte z.B. Christoph Colón einen Brief an seine Brüder mit der Aufforderung zum Widerstand gegen einen neuen von Spanien eingesetzten Gouverneur. Nachdem diese Nachricht abgefangen und entziffert worden war, wurde Colón in Ketten nach Spanien zurückgeschickt. Später konnte er sich rehabilitieren und gelangte als Christoph Columbus zu Weltruhm.

Von der Geheimhaltung übermittelter Nachrichten und Befehle hängen oftmals Menschenleben ab. Deshalb wurden und werden in der Geschichte, trotz der Kenntnis der gegnerischen Absichten durch Aufklärung und Entzifferung, oftmals keine Gegenmaßnahmen eingeleitet und die momentanen Erfolge des Gegners akzeptiert. Der Gegner soll dadurch über die Kenntnis seiner verschlüsselten Nachrichten im Unklaren gelassen werden und keinen Verdacht schöpfen, damit längerfristige und wichtigere Erfolge der eigenen Aktionen durch die Erkenntnisse aus Kryptoanalyse gesichert werden können.

Im umgekehrten Fall zeigt die Geschichte viele Fälle, in denen trotz des Wissens um die Entzifferung der Nachrichtenverbindungen, unverständlicherweise weiterhin wichtige Informationen darüber ausgetauscht wurden. Meist endeten die größeren militärischen Aktionen daraufhin natürlich in einem Fiasko, bei dem unnötigerweise viele Soldaten ihr Leben lassen mussten.

Das französische Wort "Chiffre" (Zahl/Ziffer) beschreibt gleichzeitig eine geheime Nachricht, bei der lediglich Buchstaben durch Zahlen oder umgekehrt sowie auch durch andere Zeichen/Symbole ersetzt werden (Substitution). Beim Chiffrieren bleiben die Signale für andere immer eindeutig wahrnehmbar, so ist z.B. die abgehörte Frequenz und der Zeitpunkt der Sendung einer Nachricht offensichtlich, lediglich ihr Inhalt bleibt unbekannt. Die Verwendung von mathematischen Kombinationen nach bestimmten Schemata nennt man dann den Schlüssel (englisch Code). Nur mit dem richtigen Schlüssel wird die Nachricht erkennbar und eine Entzifferung bzw. Dechiffrierung möglich. Der älteste noch existierende Schlüssel ist ein Holzbrett mit einem Alphabet des Priesters Elias aus dem 6. Jahrhundert nach Christus, welches sich heute Im Museum ot Art in New York befindet. Eine Geheime Wortliste (Geheimwortliste) ersetzt lediglich herkömmliche Begriffe oder kurze Anweisungen durch kurze Buchstaben- und Zahlengruppen, die aber zusätzlich nochmals verschlüsselt werden können.

Im deutschen Sprachgebrauch steht das "Entschlüsseln" (englisch "decipher") für ein "in Klartext umschreiben". Das deutsche "Entziffern" (englisch "decrypt") steht für das "Lösen eines Geheimtextes ohne Kenntnis des verwendeten Schlüssels". Bei der Entschlüsselung wird also ein vereinbarter oder ein erbeuteter und damit bekannter Schlüssel verwendet, während bei der Entzifferung durch Vergleiche und mathematische Berechnungen versucht wird, die Nachricht zu enträtseln, wobei als Nebenprodukt der verwendete Schlüssel gewonnen wird. Dieser Schlüssel legt z.B. die Buchstabenfolge im Tauschalphabet bzw. die Transposition, die Einstellung einer Schlüsselmaschine oder die verwendeten mathematischen Verfahren fest.

Durch fehlerhafte Übersetzungen sind die klaren Unterscheidungen zwischen einer Entschlüsselung und einer Entzifferung im deutschen Sprachgebrauch verwischt worden, da im englischen Sprachgebrauch das "decipher" dem "decrypt" entspricht und die Begriffe Schlüssel/Code z.B. auch für die deutschen Ersetzungstafeln oder Rufzeichenkürzel in den zwei Weltkriegen verwendet wurden. Besser wäre im angelsächsischen Sprachgebrauch eine Verwendung von "encode" und "decode" für ver- und entschlüsseln sowie von "codebreaking" für das Lösen bzw. Einbrechen in einen Code.

Die Steganografie ist die Wissenschaft der Tarnung von Informationen, die zusätzlich noch verschlüsselt sein können. Signale und Nachrichten sind für Fremde hier nicht wahrnehmbar oder offensichtlich, z.B. durch Verwendung von Geheimtinte oder der Kleinstschrift auf einer Postkarte, die mit einer Briefmarke überklebt wurde, den versteckten Textpassagen in einem im Computer gespeicherten Bild oder bei der Unterwasserkommunikation mittels versteckten Signalen im Meeresrauschen. Verstecke Daten können auf Disketten, CD, Kassetten und anderen Datenträgern in herkömmlichen Text-, Audio- oder Videodateien untergebracht werden.

Während der Inflation in Deutschland war zwischen 1920 und 1930 die Kleinstschrift auf einer Postkarte eine sehr beliebte Methode, zumal die Briefmarken durch die riesigen Zahlenkolonnen sowieso fast die gesamte Postkarte bedeckten. Auch eine Briefmarke kann durch ihre Position eine Nachricht darstellen, was als verschlüsselte als auch getarnte Kommunikation angesehen werden kann. Jeder erkennt sofort die

Briefmarke, die auf dem Kopf steht, doch ob und was dies bedeuten könnte, weiß nur derjenige der die Position anhand des vereinbarten Schlüssels umsetzen kann. 1889 kam ein Taschenbuch für Verliebte in Deutschland heraus, welches durch das Aufkleben der Briefmarken in acht Grundstellungen und in sieben Positionen 56 verschiedene Möglichkeiten für Nachrichten ermöglichte. Durch verschiedene Code-Karten wurde dies erweitert, bis eine Entschlüsselung der Nachricht ohne Wissen über die benutzte Code-Karte nahezu unmöglich wurde. Die Briefmarkensprache wird auch heute noch benutzt und allein aus Deutschland kamen über 70 der weltweit 204 verwendeten Code-Karten.

Deutschland war eine der führenden Nationen in der Erforschung der Geheimtinte, bis durch ein generelles Lösungsmittel (Gemisch aus Jod, Kaliumjodid, Glyzerin und Wasser) die herkömmlichen Verfahren im 1. Weltkrieg wirkungslos wurden. Die Briefzensur und Telefonkontrolle wurde und wird von allen Staaten genutzt, um Agenten auf die Spur zu kommen. Deutschland und Frankreich hatten zwischen 1920 bis 1945 Verfahren entwickelt, welche die Informationen auf Film zu winzigen Punkten (Microdots) verkleinerten, die dann auf Briefen etc. versteckt werden konnten. In einem unverfänglichen privaten Schreibmaschinenbrief wurden mittels einer besonders konstruierten Stanze die Satzzeichen am Ende – der Punkt – ausgestanzt. Durch ein kleines Instrument wurde ein winziges schwarzes Negativ eingesetzt, das eine abgelichtete Schreibmaschinenseite enthielt. Auch Julius und Ethel Rosenberg sollen Informationen über die amerikanische Atombombe teilweise in dieser Art an den KGB übermittelt haben.

In den USA und England wurden während des 2. Weltkrieges alle internationalen Blumenbestellungen und Auslieferungen verboten, um die Übermittlung von geheimen Nachrichten zu erschweren. Maria de Victoria plante Sprengstoff für Sabotageakte in Statuen der Jungfrau Maria und anderer Heiliger in die USA zu schmuggeln und wurde enttarnt. Außerdem wurde auch Lothar Witzke (alias Pablo Waberski) in Verbindung mit einem Bombenanschlag überführt und in Fort Sam Houston/San Antonio als einziger Spion in den USA zum Tode verurteilt, jedoch 1923 freigelassen. Joe K. alias Kurt Frederick Ludwig und R. Castillo alias Heinz August Luning waren weitere enttarnte Brief-Informanten der deutschen Geheimdienste im 2. Weltkrieg.

Tarnnamen werden für Agenten und militärische Operationen vergeben. Die Vorbereitungen zu großen militärischen Operationen können kaum verborgen bleiben, da zu viele Personen informiert werden müssen. Lediglich die Kenntnis über die beabsichtigten Ziele, das Vorgehen und den Zeitpunkt können einem kleineren Personenkreis vorbehalten werden. Die eigentliche Operation erhält einen Tarnnamen, der immer so gewählt werden sollte, dass für Außenstehende kein Zusammenhang mit dem eigentlichen Ziel erkennbar ist. Manchmal erübrigt sich ein Tarnname, wie bei dem Plan zur Invasion Englands (Seelöwe) oder für die Befreiung von Kuwait am 17. Januar 1991 (Desert Storm), da in beiden Begriffen der Ort und die Absicht erkennbar waren. Bei Misserfolgen kann sich dann hinter der Namensgebung unfreiwillig auch eine gewisse Ironie verbergen. Unter der Tarnbezeichnung Barbarossa begann Hitlers Invasion der "roten" Sowjetunion (22. Juni 1941), welche zugleich das Ende seines angekündigten tausendjährigen Reiches besiegelte.

Friedrich Barbarossa I. wurde nach seinem Bartwuchs als Rotbart bezeichnet und in Italien, wo er sich meist aufhielt, entsprechend als Barbarossa. Der Sage nach schläft Kaiser Barbarossa an einem Tisch in einem Berg. Eigentlich bezog sich diese Sage zwar auf den Stauferkaiser Friedrich II., aber nachdem Friedrich Barbarossa I. auf der Rückreise aus der Türkei an einem Fieber starb, war sein Leichnam nicht zurückgebracht worden und viele in der Bevölkerung, die sich durch ihn Hoffnung auf eine Besserung ihrer Lage machten, wollten nicht an seinen Tod glauben. In zwei Versionen erwacht Barbarossa I., alle hundert bzw. tausend Jahre.

Nach 100 Jahren fragt jeweils den Zwerg Alberich, ob noch Raben um den Berg fliegen. Erst wenn dies nicht mehr der Fall ist, darf er zurückkehren und Frieden und Einheit bringen. Wenn der Bart ganz um den Tisch herumgewachsen ist, würde sich ein Adler in die Lüfte heben und die Raben vertreiben, woraufhin

Barbarossa wieder zur Kaiserpfalz Tilleda aufsteigen und Ordnung schaffen wird, was den Beginn eines neuen tausendjährigen Deutschen Reiches ankündigt.

Hier gibt es nun viele Möglichkeiten für Interpretationen, aber offensichtlich hat Hitler den Namen nicht ohne Hintergedanken verwendet und wusste, dass Sieg oder Niederlage in diesem Feldzug auch unmittelbar mit seiner Person verbunden waren. Die heutigen internationalen Militäraktionen tragen hingegen meist rein englische Begriffe und sind auch absichtlich frei gehalten von geschichtlichen Hintergründen.

Die Kryptologie ihre Analyse und die Geräte benötigten Handwerkszeuge und Anweisungen für die tägliche Arbeit. Zwischen 700-850 gab es die ersten arabischen Bücher mit Chiffren und 1412 wurde ein 14-bändiges Werk in dem Buch "Subh Ala sha" beendet. Die ersten theoretischen Arbeiten über die Kryptologie in Europa erschienen 1467 von dem italienischen Künstler Leon Battista Alberti, der die Häufigkeit einzelner Buchstaben und Silben in lateinischen und italienischen Texten untersuchte. Dem Architekten aus Florenz und einem Vater der westlichen Kryptologie verdanken wir den Diskus-Schieber ("Alberti"-Scheibe) und das in seinem 25-seitigen Manuskript beschriebene Prinzip findet selbst noch in den Handchiffriergeräten des 20. Jahrhunderts. Die Venezianer hatten eine Vorliebe für Geheimzeichen und Zeichenkombinationen und waren zusammen mit Rom im 17. Jahrhundert eine führende Macht in der Kryptologie. Die einfachen monoalphabetischen Substitutionschiffren finden sich z.B. 1480 auch bei Cicco Simonetta in seiner Beschreibung der Geheimschriften der Freimaurer und am 4. Juli 1474 hatte er seine 13 Regeln der Kryptologie verfasst.

Mit Antoine Rossignol (französisch für "Nachtigall"), Cambacérès und Tallyrand begann im 16. Jahrhundert in Europa die Zeit der "Schwarzen Kabinette" (Cabinet Noir), was eigentlich eine Bezeichnung für die Arbeitsräume der Kryptologen war. Vielleicht stammt von hier der Satz "Nachtigall, ich hör dich trappsen", der ja soviel bedeutet, wie "Ich habe erkannt, was du vor hast". Als eine der erfolgreichsten Abteilungen galt die Geheime Kabinettskanzlei in Wien. Die Post der ausländischen Botschaften wurde innerhalb von zwei Stunden abgeschrieben, neu versiegelt und wieder in den Postweg eingeschleust.

John Wallis hatte sich durch die Entzifferung der verschlüsselten Korrespondenz König Karls I. und als Mathematiker Anerkennung verschafft, als er 1689 die von englischen Spitzeln abgefangenen Briefe des Königs Ludwigs XIV. von Frankreich an seinen Botschafter in Polen entzifferte. Ludwig XIV. forderte den polnischen König darin zum Schulterschluss in einem Krieg gegen Russland auf und schlug gleichzeitig seine Heirat mit der Prinzessin von Polen und Hannover vor. Nach Wallis dominierte u.a. die Familie Willes die englischen "Black Cambers", welche sehr gut organisierte, effektive Kryptoabteilungen im 18. Jahrhundert waren. Im Post Office Act von 1711 wurde der Regierung das Recht zur Öffnung von Briefen fest zugeschrieben. Selbst in der Thronfolge und Krieg nahm die englische Kryptologie in der Folge Einfluss. Nachdem Sir Francis Walsingham die Pläne zum Umsturz von Maria Stuart 1587 aufgedeckt hatte, wurde diese geköpft. Seine Aufklärung der spanischen Armada durch Spione erlaubte die rechtzeitigen Vorbereitungen, welche England den Sieg über die Übermacht ermöglichten.

In Amerika enttarnten die Agenten und Analytiker von George Washington den Director General of Hospitals, Dr. Benjamin Church, als englischen Spion. Seine Informationen über Stärke und Vorräte der Amerikaner veranlasste die britischen Truppen zum Marsch nach Boston, um die dortigen Vorräte einzunehmen. So kam es zum historischen Zusammentreffen bei Lexington (19. April 1774), was letztendlich in der Amerikanischen Revolution endete. Der spätere 5. Präsident der Vereinigten Staaten, Elbridge Gerre, sowie Elisha Porter und der Reverend Samuel West waren die amerikanischen Kryptologen, denen die Entzifferung der abgefangenen Geheimschrift von Benjamin Church gelang und James Lovell avancierte zum Vater der amerikanischen Kryptologie.

Das Öffnen der privaten Post durch den Staat wurde Mitte des 19. Jahrhunderts, bedingt durch die liberalen Veränderungen in Europa, immer weniger toleriert. Mit der Pensionierung von Willes und William Willes

Lovell (nicht identisch mit dem amerikanischen Lovell) in England stellte auch die "Black Camber" im Oktober 1844 ihren Dienst ein, das französische "Cabinett Noir" folgte 1849. Allein Österreichs Geheime Kabinetts-Kanzlei hatte sich ihre Informationsquelle im Post-Monopol des Hauses Thurn und Taxis erhalten und konnte sie durch Metternich gar noch perfektionieren. Die Unruhen des Jahres 1848 überstand das leistungsfähige System noch, nicht aber einen Bismarck, der das Postrecht später den preußischen Behörden übertrug.

Der Buchdruck brachte den ersten Schritt in ein Informationszeitalter und ermöglichte neben der Niederschrift auch eine weite Verbreitung über das Wissen der Kryptologie und ihre Analyse. Es wurde dadurch immer schwieriger Geheimnisse zu bewahren. Nach den italienischen Abhandlungen in der Kryptologie ging die Entwicklung über etwa drei Jahrhunderte mit verschiedenen Schriften voran.

Im 15. Jahrhundert entwickelte sich Nürnberg zum Zentrum für Nachrichten- und Spionagedienste im Gebiet des Heiligen Römischen Reiches Deutscher Nation. Bis zur Mitte des 19. Jahrhunderts kamen aus deutschsprachigen Ländern aber nur begrenzt Neuerungen. Als erstes gedrucktes Werk der Kryptographie weltweit wurde das fünfbändige Werk "Polygraphia" des Würzburger Benediktiner-Prior Johannes Trithemius (Johannes von Heidenberg) im Jahre 1519 herausgegeben, sein bereits 1499 geschriebenes Werk "Steganographio" wurde hingegen erst 1606 veröffentlicht.

Der Abt von Sponheim hatte einen berühmten Lehrer in Theophrastus Bombastus von Hohenheim, der sich den italienischen Beinamen Paracelsus gab und der in den Manuskripten von Kiesewetter auch als Reorganisator beschrieben wird. Trithemius selbst wurde zum Lehrer Agrippas. Das Gedankengut und die Symbolik der Templer, der Kampf um die Macht der Kirche und Könige, die Ideale gegen königliche und päpstliche Machtbefugnisse waren ihnen wohl auch nahe, denn die Geheimnisse der Kryptografie sollten nicht den Reihen und Adeligen vorenthalten bleiben. Dies lässt sich weiter über die Rosenkreuzer bis hin zu den Carbonari/Freimaurern verfolgten, die sich in geheimen Bündnissen organisierten, deren Einflüsse damals selbst bei der Gründung des italienischen Königreiches 1859 und den Gedanken der deutschen Einigung eine Rolle spielten. Johannes Trithemius wurde durch seine Werke zum Schutzpatron der Kryptologen und hat sein Grabmal in der Neumünster-Kirche in Würzburg.

In Italien verfasste Giovanni Soro 1539 ein bedeutendes Werk über das Chiffrierwesen und ein weiteres folgte 1588 von Agostino Arenadi in 10 Bänden. Sicherlich ist die nach ihm benannte kardanische Aufhängung bei Uhren, dem Kompass oder im Fahrzeugbau der Öffentlichkeit mehr bekannt, doch Girolamo Cardano befasste sich ebenfalls mit der Kryptologie und schuf 1550 das erste, noch unvollständige automatische Schlüsselsystem und formulierte als erster ein Prinzip der Wahrscheinlichkeitstheorie. Giovanni Batista Argenti, sein Neffe Matteo Argenti und Belaso (auch Bellaso) sind weitere wichtige Namen in dieser Zeit. 1563 erschien von dem unbestrittenen Nestor der Dechiffrierkunst, Giovanni Battista Della Porta, das Buch "La cifra del Sig. Giovan Batista Belaso". Das Buch von Porta diente ca. 300 Jahre in der Kryptologie als Standardwerk, da die Kryptologie weiter keine großen Veränderungen mehr hervorbrachte.

Die Enzyklopädie über Kryptografie ("Traicté des Chiffres", 1586) von Blaise de Vigenère umfasste 600 Seiten, seine Vigenère-Tafel war allerdings schon Trithemius bekannt. Von Johannes Balthasar Friderici erschien 1685 das Buch "Cryptographia", und aus Spanien kam das Werk "Tratado de Criptografia" von Joaquin Garcia Carmona. Zur Entzifferung der bislang geheimnisvollen ägyptischen Hieroglyphen kam allerdings der Zufall zu Hilfe, denn beim Bau eines Forts für Napoleon fand der ägyptische Arbeiter Rashid (Dhautpoul) 1799 den "Stein von Rosette". Die Tontafel enthielt einen Text in griechischer und demoethischer Schrift sowie in Hieroglyphen und erst dadurch wurde die Entzifferung der Hieroglyphen durch Champollion ermöglicht.

Mit Einführung der Semaphor-Linien machten sich Hooke, die Gebrüder Chappe und andere Konstrukteure ihre Gedanken zu den entsprechend darstellbaren Zeichen, die in Codebüchern festgehalten wurden. Die

Zeichen der optischen Linien waren dem nicht versierten Beobachter folglich genauso unergründlich und stellten chiffrierte Meldungen dar. Der Staat behielt sich die Geheimhaltung der Zeichen sowie ihre Nutzung vor.

Admiral Francis Beaufort gab nicht nur der Einheit der Windstärke seinen Namen, sondern popularisierte 1857 ein Chiffriersystem nach Vingenère, dass Giovanni Sestri in Rom 1710 veröffentlich hatte. Von dem Amerikaner Pliny Earle Case kam eine auf dem System des Griechen Polybios basierende Chiffre 1859. Charles Babbage entwickelte ebenfalls für seine Zeit sehr fortschrittliche Chiffriermethoden, die er verständlicherweise meist nie veröffentlichte, doch sein Drang alles immer weiter zu verbessern, ließ ihn auch selten etwas vollenden. Bis zur Mitte des 19. Jahrhunderts gab es keine großen Entwicklungen in der Entzifferung. Doch mit einem Schlag wurde die Illusion der Sicherheit der bisherigen Systeme zerstört und deren Dechiffrierung durch eine deutsche Kryptoanalyse möglich.

Der preußische Major W. Friedrich Kasiski veröffentlichte in Berlin 1863 seine Abhandlung zur Lösung polyalphabetischer Chiffren unter dem Titel "Die Geheimschriften und die Dechiffrierkunst". Die polyalphabetischen Chiffren benutzen mehrere Alphabete im Wechsel für eine Nachricht, sodass sich die Buchstabenhäufigkeit einer Sprache nicht auf den verschlüsselten Text überträgt. Die Kryptologie war revolutioniert und ab diesem Zeitpunkt hinterließen mehr und mehr deutsche Forscher ihre Handschrift in der weiteren Entwicklung und speziell die Mathematiker und Techniker widmeten sich nun der Entwicklung von Maschinen für die Kryptologie.

Ein neues System stammte von Thomas Jefferson, dem Verfasser der Unabhängigkeitserklärung der Vereinigten Staaten und deren 3. Präsident. Er konstruierte eine Scheibenchiffre, die bereits eine sehr große Zahl von Kombinationen ermöglichte. Die Trommel aus 36 Rollen mit Buchstabenfolgen kann als Urvater der Rotor- bzw. Walzenschlüsselmaschinen wie der ENIGMA betrachtet werden. Ein ähnliches Gerät wurde von dem Colonel Decius Wadsworth, Chef der amerikanischen Kriegsmaterialverwaltung, konstruiert. Beide Scheiben hatten eine hohe Zahl von verschiedenen Einstellungen und wäre sie zu diesem Zeitpunkt eingeführt worden, hätte es den Amerikanern einen großen Vorsprung in der Kryptologie gesichert.

Auf gleichem Prinzip basierend schuf Charles Wheatstone eine Chiffrieruhr, die 1867 auf der Pariser Weltausstellung großes Interesse fand. Der große Zeiger lief auf dem äußeren Ring mit 26 Buchstaben und einer freien Stelle. Der kleine Zeiger lief über 26 Positionen mit verwürfelter Buchstabenfolge. Ein von ihm geschaffener Schlüssel für die Telegrafie (1854) wurde fälschlicher Weise nach seinem Freund Lord Lyon Playfair als "Playfair-Block" (16-x-16-Matrix) benannt. Wheatstone wollte dem Auswärtigen Amt beweisen, dass selbst Grundschüler den Gebrauch seines vereinfachten Systems zur Verschlüsselung in 15 Minuten erlernen können, doch eine Einführung wurde mit dem Satz: "That is very possible, but you could never teach it to Attachés" abgelehnt.

Die neuen technischen Erfindungen des 19. Jahrhunderts eröffneten dem Chiffrierwesen bisher ungeahnte Möglichkeiten, doch in der Geburtsstunde der Drahttelegrafie wurden zugleich die meisten nationalen Kryptoabteilungen geschlossen. Die Kryptologie musste erst mit den neuen Techniken Fuß fassen und ihre neue Ära reicht von der Entstehung des Telegrafen und des Fernschreibers bis ungefähr zum Ende des 1. Weltkrieges.

Francis O. J. Smith, Geschäftspartner und Anwalt von Samuel Morse, brachte 1845 das erste kommerzielle Code-Buch "The Secret Corresponding Vocabulary" heraus. Doch mit dem Erscheinen des Telegrafen auf den Schlachtfeldern des amerikanischen Bürgerkrieges entstand auch im Militär die Notwendigkeit einer sicheren Verschlüsselung. Hier brachen die elektrischen Telegrafen das 450-jährige Monopol der Nomenklausur und brachten neue Verschlüsselungssysteme. Der erste militärische Einsatz im Amerikanischen Bürgerkrieg brachte die Verbreitung eines von Anson Stager (Western Union Telegraph Co.) konstruierten Schlüssels. Der chiffrierte Teil der Telegramme der Nordstaaten wurde für die

Südstaaten unleserlich, während deren Übermittlungen hauptsächlich von den Kryptologen Tinker, Chandler und Bates für Lincoln entziffert wurden. Teilweise konnten die Südsaaten die eigenen Telegramme aber selbst nicht entziffern, da die Codes nicht bei den Empfängern vorlagen, nicht ausgeliefert wurden bzw. das ausgebildete Personal fehlte.

Die nach dem Attentat auf Lincoln bei John Wilkes Booth gefundene Vingenère-Tafel deutete auf ein Komplott der Südstaaten hin, da dort derartige Scheiben verwendet worden waren. Eine auf ähnlichem Prinzip beruhende Chiffriertafel wurde sogar noch 50 Jahre später in der US-Armee verwendet. In der weiteren Geschichte konnte durch die Aufdeckung des versuchten Stimmenkaufs der Demokraten die Präsidentenwahl im Jahre 1880 für die Republikaner entschieden werden. Die von den beteiligten Männern entwickelte Hassard-Grosvenor-Holden-Theorie gilt heute noch als Lösung für alle Transpositionschiffren (Versetzungsverfahren).

In Europa folgten neue Abhandlungen über die Kryptologie. 1883 erschien in Frankreich das Werk "La Cryptographie Militaire" von Jean-Guillaume-Hubert-Victor-FranVois-Alexandre-August Kerckhoff von Nieuwenhof, der auch eine Schieberchiffre erfand und konstruierte. Diese galt für Jahrzehnte als die beste ihrer Art und wurde nach der französischen Militärakademie "Saint Cyr" bezeichnet. Kerckhof war gleichzeitig ein Vorreiter für die Einheitssprache Volapük, einer Vorgängerin des Esperanto. Neben Kerckhof gaben Gaëtan Henri Léon Viarizio di Lesegno (de Viaris), Paul Louis Eugène Valério und Félix Marie Delastelle sowie Ètienne Bazier der Kryptologie neue Impulse. De Viaris verwendete als erster kryptologische Gleichungen (teilweise auch Babbage) und entwickelte eine der ersten druckenden Chiffriermaschinen. Von einem eventuellen Vorläufermodel von Émile Vinay und Joseph Gaussin (1870) sind keine Unterlagen mehr erhalten. Selbst Edgar Alan Poe hatte Einfluss auf die Verwendung von Chiffren im britischen Secret Service und verwendete in seiner Geschichte "The Gold-Bug" eine Chiffre als zentrales Handlungsthema.

Aufbauend auf Thomas Jeffersons Scheibenchiffre konstruierte der sehr erfolgreiche Spezialist Bazier ein Gerät mit 20 Scheiben und jeweils 25 Buchstaben. Die vereinfachte Form wurde dann 1922/23 bei der US-Armee als M-94 (Jefferson-Bazeries-Zylinder) in der US-Armee eingeführt und dann auch in der Schweizer Armee bis in den 2. Weltkrieg genutzt. So kam eine bahnbrechende Erfindung erst zum Einsatz, als sie durch moderne Verfahren Jahrzehnte später fast überholt war.

Hervorragende Mathematiker begannen mehr und mehr die Schlüsselrollen zu übernehmen, die Chiffrierkunst wurde zu einer Wissenschaft, die einfache Scheibenchiffren lediglich als Herausforderung ansahen. Die Anwendung der Algebra auf die Kryptologie wurde in Deutschland 1772 auch von F. J. Buck verfolgt, wie auch der Amerikaner Jack Levine diesen Weg 1926 erfolgreich beschritt, seine Erkenntnisse aber nicht der Öffentlichkeit zugänglich machte. 1897 versuchte der Graf Luigi Gioppi di Türkheim durch die Mathematik das Prinzip des "Wheatstonschen" Playfair zu verbessern und scheiterte wie viele andere. Allerdings beruhen auf diesen Arbeiten die Veröffentlichung "Cryptography in an Algebraic Alphabet" des Amerikaners Lester S. Hill als Einblick in die Mathematik der Kryptologie. Zusammen mit Louis Weisner entwickelte er 1929 eine polygrafische Schlüsselmaschine (US-Patent Nr. 1.845.947), die zwar nie praktisch genutzt wurde, jedoch großen Einfluss auf die weitere Entwicklung der amerikanischen Kryptologie hatte.

Man blieb weiter auf der Suche nach neuen mechanischen Schlüsselverfahren, die bisher mangels verwirklichter Geräte noch keine praktischen Anwendungen gefunden hatten. Im Vorfeld des 1. Weltkrieges besaßen nur drei der Großmächte einen Dechiffrierdienst, wobei Frankreich und Österreich-Ungarn wohl zu den führenden Nationen gezählt werden können. Während die anderen europäischen Staaten die Entzifferung vernachlässigten, hatten sie nach dem Krieg alle entsprechenden Einrichtungen. Eine wichtige Rolle spielte dabei das neue Medium der Funkwellen und die Kryptologie beschritt dadurch neue Wege für die Zukunft.

Kryptologie und Analyse im Funkverkehr

Die Entzifferungsabteilungen, die sich in zwei Weltkriegen gegenüberstanden, mussten versuchen, die wichtigen Informationen für die militärischen Einsätze der Streitkräfte aus den gegnerischen Nachrichten zu entziffern. Hauptsächlich waren es Experten in Russland, USA, Polen, England, Skandinavien und Deutschland, doch in allen Ländern beschäftigte man mit dem neuen Medium Funk und den Verfahren zur Verschlüsselung, wobei allerdings lange die herkömmlichen Chiffren und Schlüsselverfahren aus der Flaggenführung und der Drahttelegrafie die Oberhand verwendet wurden.

In Frankreich führte eine militärische Kommission unter Hauptmann Francois Cartier Studien zur Kryptoanalyse durch, was 1912 zur Gründung der Kryptoabteilung im Kriegsministerium in Paris führte. Frankreich spielte aber weder im Ersten noch im Zweiten Weltkrieg auf diesem Sektor eine bedeutende Rolle.

Das k.u.k. Kriegsministerium betrieb im Department XIII die Kryptoanalyse, hauptsächlich aber nur mit den im eigenen Land abgefangenen diplomatischen Depeschen. Mit Einführung der Funktelegrafie wurden ab 1904 in zunehmendem Maße fremde chiffrierte Depeschen von außerhalb Österreich-Ungarns aufgenommen, die zuerst im 1900 gegründeten und 1902 nach Pola verlegten Marineevidenzbureau analysiert und anschließend an das Kriegsministerium geleitet wurden. Das Marineevidenzbureau hatte, wie das k.u.k. Heer, gleichzeitig auch eigene Spionage- und Sabotageabteilungen in verschiedenen Ländern. Am 25. April 1904 beobachtete die Landstation in Fort Musil auch den Radioverkehr zwischen der Yacht HOHENZOLLERN des deutschen Kaisers und Venedig. Als am 14. Mai 1904 der Marineattaché aus Rom meldete, dass die Inbetriebnahme der Stationen mit Marconianlagen an der italienischen Küste bevorstünde, erließ die Kanzlei der Marinesektion erste Anweisungen zur Verschlüsselung des Funkverkehrs.

In Russland begann die "Russkaya Kriptologiya" ihren Aufstieg in der Zeit des Zars Peter der Große. Die recht simplen Systeme bauten auf Geheimschriften aus dem 12. und 13. Jahrhundert aus Deutschland und Frankreich auf und wurden durch seine Tochter Elizabeth auch mit Hilfe von Kryptologen aus Deutschland und Frankreich verbessert. Die Ergebnisse aus den Abteilungen und Postämtern gingen zuerst an die Geheimpolizei "Ochrana". Später wurden die Experten der Geheimpolizei direkt der Kryptoabteilung des Außenministeriums unterstellt. 1910 fanden zwei geheime französische Codebücher ihren Weg nach Russland, zwei weitere verkaufte ein Tatar an die Deutschen.

Um den Verrat aus den eigenen Reihen zu vermeiden, wurde die Verteilung neuer Chiffren vor Kriegsbeginn am 4. August 1914 bis zur letzten Minute verzögert. Die Chiffre war sicherheitshalber zuerst auch in nur zwei Exemplaren gefertigt worden, da die Vorherige bereits verraten worden war. Da die Mobilmachung die Verteilung der Chiffren aber weiter verzögert hatte, erhielten nicht alle Oberbefehlshaber die neue Chiffre und konnten nur die bereits kompromittierte Verschlüsselung zur Nachrichtenübermittlung verwenden.

Nachdem der Vorratung an Feldkabel aufgebraucht war und der Funkverkehr als einzige Verbindung der Hauptquartiere und Truppenteilen übrigblieb, lagen die, größtenteils in Klartext gefunkten, russischen Planungen den deutschen Stellen offen vor. Ähnlich waren die Verhältnisse im Frühjahr 1915, als die russischen Linien über lange Distanzen durchbrochen werden konnten. Am 20. Dezember 1915 wurden 13 russische Chiffren eingeführt, die jedoch z.T. schon benutzt und daher in Deutschland bekannt waren. Dies war häufig die russische Praxis, da das Personal kaum geschult und an Schlüsselwechsel nicht gewöhnt war. Es dauerte bis zum 16. Juni 1916, bis der erste grundsätzlich neue Schlüssel sowie auch die ersten Peilstationen zum Einsatz kamen, für deren Personal bei Nicolaieff auch eine Abhörschule eingerichtet wurde.

Als im März 1917 der Zar abgesetzt wurde und eine letzte große Offensive im Juli scheiterte, ebnete dies auch den Weg zur Oktoberrevolution am 25. Oktober 1917. Die neuen bolschewistischen Machthaber ließen Russland aus dem Krieg ausscheiden, wie Deutschland es geplant hatte – jedoch zu spät, um daraus noch Gewinn schlagen zu können. Nach der Machtübernahme der Bolschewisten wurde ein großflächiges nationales und internationales Spionagenetz mit verschiedenen Chiffriersystemen aufgebaut. Unterrichtet wurde die Kryptologie an der militärischen Ingenieursakademie Kuibishev, der Höheren Schule der Roten Armee (generell bekannt als Aufklärungsakademie) und an der Elektrischen Minenschule der Roten Marine in Kronstadt. Des weiteren gab es noch Forschungsinstitut in Sokoluiti bei Moskau. Vermutlich gab es auch Lehrgänge an der Kommunikationsschule der Roten Armee.

Die deutschen Kommunisten führten eine unregelmäßige Transposition mit Heinrich Heines "Die Loreley" in geheimen Mitteilungen ein. Eine derartig chiffrierte Botschaft wurde in Lettland abgefangen, konnte nicht entziffert werden und landete dann bei Herbert O. Yardley in den USA. Der Text beinhaltete die Bitte um Geld aus Deutschland mit einer Erklärung notwendiger Präsenz der mit Lenin zusammen inhaftierten Nikolai Bukharin und Karl Radek in Russland. Ferner wurde ein Agent namens "James" in den USA erwähnt. Damit hatten die Amerikaner das erste Beweisstück für die internationalen Aktivitäten des Kommunismus in ihrem Land in der Hand.

Die Sowjetunion baute die Vertretungen der Amtorg Trading Corporation ab 1924 als Spionagering des KGB auf, von deren ca. 3.000 im Jahre 1930 abgefangenen Telegrammen auch zwei Jahre später noch nicht eines entziffert werden konnte. 1934 wurde auch in Dänemark eine 7-teilige Chiffrierscheibe bei einer Razzia im kommunistischen Umfeld gefunden und in den USA fanden sich bei einer Razzia im Winter 1945 in den Büros eines kommunistischen Magazins ca. 1.800 US-Dokumente, darunter ein geheimer Bericht über die Entzifferung der japanischen Schlüssel. 1936 erhielt die russische Aufklärung dann Zugang zur Korrespondenz des japanischen Militärattachés in Berlin und somit Informationen über den Komm-Intern-Pakt. Der Diebstahl der geheimen Unterlagen durch russische Agenten nahm in allen Ländern zu und erreichte 1939 mit einer Schadensersatzklage gegen die Cunard-Line einen grotesken Höhepunkt. Vladimir und Maria Azarov hatten sich nach England abgesetzt und ihren Besitz mit dem Frachter BALTABOR verschiffen lassen. Dieser lief im Hafen von Riga auf Grund und die Fracht ging verloren. Im Gepäck der Azarovs befanden sich gestohlene Codebücher der Sowjetunion, welche sie in England verkaufen wollten und für die sie nun Schadensersatz einklagten.

Vor dem 1. Weltkrieg war eine deutsche Kryptologie und Kryptoanalyse als Abteilung im Kriegsministerium nicht vorhanden, erst 1916 entstand der Entzifferungsdienst (E-Dienst) in der Diplomatie unter Dr.-Ing. Hermann Stützel mit den Mitarbeitern Jaffe und Mahler, die als erste Kryptologen die Sicherheit der deutschen militärischen Schlüssel überprüften. Erich Langlotz schätzte den Dreibuchstaben-Feldcode KRU (KRUSA) als lösbar ein und die Gefahr in den anderen Systemen war ebenso offenbart. Den Meldungen wurde seitens der offiziellen Stellen aber zunächst keine Beachtung geschenkt. Neben der Drahttelegrafie erforderte der neue Sektor der Funktelegrafie auch beim Militär entsprechende modernere Schlüsselverfahren und personelle Ressourcen.

Am 9. Mai 1906 wurde in Österreich mit Erlass OK/MS 1070 der neue Wortchiffrenkodex der k.u.k. Funkstellen in Druck gegeben, da diese einfacher zu rekonstruieren waren als die bisherigen Zifferngruppen. Ein erstes Funk-Chiffre-Verfahren der Kaiserlichen Marine war 1909 zwischen dem Flottenflaggschiff und der Armeestation in Metz vereinbart worden. Die Chiffren der Kaiserlichen Marine (ab 1906) und der k.u.k. Kriegsmarine verwendeten jeweils fünfstellige Gruppen und waren sich ähnlich. Es ist aber offensichtlich, dass die Österreicher den deutschen Schlüsseln nicht kannten, da ein Funkspruch des Kreuzers GNEISENAU zwar abgehört und nach Wien gemeldet wurde, der Inhalt jedoch weiter unbekannt blieb. Im Juni 1913 schlossen die Partner des Bündnisses von 1900 ein Übereinkommen, welches die Erstellung eines neuen Signalbuches (Triple-Kodex) für die Flotten Italiens, Deutschlands und Österreich-Ungarns vorsah.

Serge Kauschine, Emil Jellinek-Mercedes und Fred Hoffmann hatten Versuche mit zu Schlüsselmaschinen umfunktionierten Schreibmaschinen durchgeführt und die Reichsmarine begann Truppenversuche zur mechanischen Verschlüsselung mit der "Eintaster-Schreibmaschine" Mignon von AEG (1903). Der Konstrukteur war Friedrich von Hefner-Alteneck, der die Auswahl der Buchstaben über einen Zeiger auf dem Schriftenfeld durchführte, der Abdruck erfolgte dann über einen auswechselbaren, walzenförmigen Schreibkopf. Diese Schreibmaschine sollte nun in ein Chiffriergerät abgeändert werden und zunächst wurde dieses Vorhaben auch recht positiv betrachtet. Die Kosten für die Umbauten der Schreib- zu Chiffriermaschinen wurde auf 500 Reichsmark je Maschine beziffert, wobei die Maschine selbst lediglich 105 Reichsmark kostete. Sechs der Typenzylindermaschinen wurden nach einer Reihe von Änderungen von der Unions-Schreibmaschinen-Gesellschaft (USG) in Berlin ab 19. April 1912 als Chiffriergerät erprobt und bei verschiedenen Einheiten der Marine eingesetzt. Nach den praktischen Erprobungen wurden am 10. Juni 1913 die Versuche aufgrund ungelöster Probleme eingestellt.

Als die Armeen des zaristischen Russlands im August 1914 auf Ostpreußen vorrückten, tauschten sie ihre Meldungen im Klartext über Funk aus. Am 17. August 14 überschritten sie die Grenze, aber die Armeegruppen waren bei ihrem Vormarsch mit lediglich 570 km an Drahtleitungsmaterial ausgerüstet worden, die durch den Standortwechsel nach wenigen Tagen nahezu verbraucht waren. Kurz darauf wurde die einzige, zahlenmäßig stark unterlegene, deutsche Armee im Osten, in der Schlacht bei Gumbinnen mit geringen Verlusten in die Flucht geschlagen. Eine Sicherung des russischen Sieges hätte nun mit Leichtigkeit folgen konnen.

Doch die Funker der 8. Armee in der Festungsfunkstelle Königsberg und Thorn hatten eigenständig den offenen russischen Funkverkehr der Armee "Narew" und "Nejmen" (von General Pavel Rennenkampf und Aleksandr Samsonov) abgehört, die den deutschen Kräften weit überlegen waren. Nach dieser Entdeckung wurden den Großfunkstationen in Königsberg, Thorn, Graudenz und Posen von der Armeeführung nun offiziell die Befehle erteilt, dies fortzusetzen. Am 24. August 1914 empfing die deutsche Funkstelle in Königsberg die Meldung über Zeitpunkt und Richtung für den Vorstoß auf die deutsche Armeegruppe. Es war der detaillierte russische Schlachtplan mit dem Zeitplan der Bewegungen für mehrere Tage.

Die Schlacht um Tannenberg begann dadurch mit einem entscheidenden Vorteil der deutschen Truppen. Mit der ersten russischen Angriffswelle waren die deutschen Truppen zurückgedrängt worden, doch nun lagen die Pläne der gegnerischen Armeen offen und die Initiative ging wieder auf Paul von Hindenburg und Erich Ludendorff über. Zwischen dem 24. bis 30. August 1914 konnten so alle Kräfte zusammengefasst werden. Die schon als geschlagen betrachtete deutsche Armee wich den russischen Angriffsspitzen aus und attackierte in einem Umfassungsmanöver die nicht zur schnellen Bewegung geeigneten russischen Truppenteile. Der russische Angriff ging ins Leere und am 30. August 1914 folgte bei Tannenberg die Einkesselung der gesamten 2. russischen Armee.

Die offenen Funksprüche von Samsonov mit der Bitte um Unterstützung von Rennenkampf, der weit entfernt stand, gaben weitere Schwachpunkte preis. Nur 2.000 russische Soldaten konnten entkommen, fast 90.000 gingen in Gefangenschaft und 30.000 Tote blieben zurück. Darunter auch ihr Befehlshaber Samsonow, der sich nachts auf der Flucht durch den Wald im Angesicht der Niederlage erschossen hatte. Während Samsonows südliche Armee vernichtet wurde, stand der nördlichen 1. Armee nur eine sehr schwache deutsche Kavallerie-Division gegenüber. Auf das Risiko konnte von deutscher Seite nur eingegangen und die eigenen Kräfte lediglich auf den südlichen Gegner konzentriert werden, da man aus dem Funkverkehr wusste, dass die 1. Armee nur sehr langsam auf Königsberg vorrücken würde. Nachdem die 2. Armee vernichten geschlagen war, konnte die verbleibende 1. Armee sich einem ähnlichen Schicksal nur noch durch einen Rückzug nach Osten entziehen.

Deutsche und österreichisch-ungarische Kryptoabteilungen arbeiten im Peil- und Aufklärungsbetrieb im 1. Weltkrieg zusammen. Nach Forderung des Flottenkommandos (22. August 1915) wurde eine

Dechiffrierstelle in Castelnuovo eingerichtet, eine weitere in Pola mit zusätzlich einer deutschen Aufklärungsstelle und 1916 Felddechiffrierstationen in Tirana, Skutari und Djakovo sowie Abhörstationen in Sarajewo, Peterswardein, Mostar und Castelnuovo/Cattaro (Marinestation). In Baden gab es später spezielle Sektionen für Rumänien, Russland und Italien (Ostfront) unter Pokorny, Savu, Marchessetti. Entscheidend für die Zusammenarbeit zwischen dem Evidenzbüro, dem k.u.k. Generalstab und der k.u.k. Kriegsmarine war die Einrichtung der kryptologischen Abteilung im Evidenzbüro mit dem Hauptmann der Reserve Andreas Figl ab 1911 in der Kundschaftergruppe unter Maximilian Ronge, der seit 1907 dem Evidenzbüro angehörte. Max Ronge berichtet ab 1908 über eine Fülle von mitgehörten fremden Depeschen der Funkstation Antivari sowie den abgehörten Kabelverbindungen. Im türkisch-italienischen Krieg kam die erste Bewährungsprobe mit den abgehörten Depeschen durch die Landfunkstellen Pola und Sebenico sowie den Kreuzer KAISERIN UND KÖNIGIN MARIA THERESIA. Anfang 1912 ergaben sich erste Details über den italienischen Telegrafenkodex, dessen Zahlen meist ausgeschrieben übermittelt wurden (OK/MS 270 ex 1912):

Zahlen	Bedeutung
• 1-14	Formen für Zeiten, Personen und des Zeitwortes
• 19-90	-/-
• 91-100	Signale mit Bezug auf geheime Korrespondenz
• 101-25474	Vokabularium
• 25482-25526	Alphabet
• 25527-27115	Sillabarium
• 27161-31765	Geographische Namen
• 31961-32885	Namen der Kriegsschiffe
• 32901-33422	Namen der Semaphorstationen
• 33430-33789	Kompaßangaben
• 33790-34267	Gradmasse in Grad, Minuten, Sekunden
• 34268-34409	Zeitmasse
• 34410-34440	Tage des Monates

Die türkische Regierung verbot im Frühjahr 1912 den Gebrauch von Funkanlagen durch die vor Konstantinopel liegenden fremden Kriegsschiffe, während die k.u.k. Kriegsmarine der Landfunkstation in Pola im Mai den Befehl zum Abhören der Aktionen gegen Rhodos erhielt. Durch die Kryptoanalyse konnten ca. 150 Wörter des italienischen Diplomatencodes zwischen Rom und Konstantinopel entziffert werden und mit einem Trick wurden diese Erkenntnisse auf rund 2.000 Wörter erweitert. Das österreich-ungarische Konsulat in Konstantinopel ließ einen Bericht mit militärischen Informationen einer italienischen Zeitung in der Stadt zukommen. Der Bericht wurde wörtlich vom italienischen Militärattaché im Diplomatencode übermittelt. Die k.u.k. Abhörstationen konnten diesen Funkspruch abhören und die Grundlage zum Schlüsseleinbruch war geschaffen.

Der Major Andreas Figl wurde am 22. Mai 1915 Leiter der kryptologischen Abteilung des Frontkommandos Südwest in Marburg (Deckname: "Radioohr bei Starkopal"). Es folgten ab August die Dechiffrierstellen in Adelsberg, Villach und Bozen.

Eine erste Bewährungsprobe für die Funkaufklärung der Armeen der Mittelmächte kam mit der Offensive im Oktober 1915 gegen Serbien, dessen Armee sich im Winter 1915/1916 in den Raum Albanien zurückzog. Eine Depesche an den italienischen Gesandten in Cetinje/Montenegro vom 30. Oktober lieferte Erkenntnisse über die Entwicklungen hinter der Front, für die eine Landung in Montenegro oder bei Ragusa zur Unterstützung als nicht durchführbar gemeldet wurde. Am 18. Dezember 1915 wurde Nachricht über die bevorstehende Abholung von König Peter durch italienische Zerstörer durch die Aufklärung abgefangen und entziffert. Die folgende Aktion der k.u.k. Kriegsmarine zum Abfangen der Schiffe blieb allerdings ebenso erfolglos, wie eine weitere gegen einen Konvoi am 29. Dezember 1915, bei dem die Torpedofahrzeuge LIKA und TRIGLAV auch noch durch Minen verloren gingen.

Italienische Chiffren im 1. Weltkrieg

- Cifrario Rosso, eingesetzt in verschiedenen Varianten bis Kriegsende, vor dem Krieg vom Evidenzbüro beschafft, verwendet in Armee, vor allem im Generalstab
- Cifrario tascabile, eingesetzt ab Oktober 1915, verwendet von der Armee in der vordersten Linie, Schlüsselwörter waren Feldruf und Losung die täglich wechselten, vor dem Krieg vom Evidenzbüro beschafft
- Cifrario speciale, ab Oktober 1915 von Armee und den Carabinieri
- Mengarini, verwendet in der Armee an der Albanienfront
- Vocabulario telegraphico, Diplomatenschlüssel, verwendet von Mai 1915 bis November 1918 in verschiedenen Varianten bei der italienischen Kriegsmarine

Anfangs gab es durch die Masse der chiffrierten italienischen Meldungen keine weiteren wichtigen Erkenntnisse, pro Monat wurden lediglich zwischen 13 bis 20 Depeschen, dann aber zu spät für Gegenmaßnahmen, entziffert. Am 12. September 1915 gelang die Lösung von 63 Telegrammen, im Schnitt waren es dann 50-70 Telegramme täglich. Durch diese Informationen wurde es dem k.u.k. Heer möglich, am 24. Oktober 1917 in der 12. von insgesamt 15 Offensiven bei Isonzo durch einen eigenen Angriff zuvor zu kommen, der erst nach 150 km an der Piave von den Alliierten gestoppt werden konnte. Alle vorangegangenen elf Angriffe der Italiener hatten nur zu geringen Geländegewinnen und hohen Verlusten geführt, doch eine weitere italienische Offensive hätte vermutlich den Durchbruch geschafft, da die österreichisch-ungarischen Kräfte größtenteils verbraucht waren.

Die Kryptoanalyse der aufgefassten Funksprüche ermöglichte den Angriff durch österreich-ungarische Truppen, ein Angriff zur besseren Verteidigung. In wieweit die österreich-ungarischen Kryptologen in die bis 1917 recht einfachen Schlüssel der britischen Handelsmarine und der Royal Navy eingedrungen sind lässt sich hingegen nicht mehr rekonstruieren.

Auf italienischer Seite gab es zunächst wenig aus Informationen aus der Entzifferung von Funksprüchen der gegnerischen Kräfte. Das "Ufficio Informationi" beschäftige sich zunächst nur mit eigenen Chiffren und erst mit Kriegsbeginn 1914 wurde der fremde Funkverkehr aufgezeichnet und der Abteilung zur Entzifferung zugesandt. Allerdings erfolgte keine weitere Bearbeitung, da es in Friedenszeiten nicht gelungen war, fremde Chiffrenbücher zu erwerben. Als Dechiffrierabteilung wurde 1916 das "Riparto Crittgraphico" aufgestellt und die Abhör- und Entzifferungsabteilungen (Abteilung 5) waren unter Leitung von Luigi Sacco in Trent mit Tullio Cristofolini und in Gorizia mit Mario Franzotti, während unter dem Colonel Gino Mancini die Schlüssel für das italienische Militär erstellt wurden.

Der Aufbau der italienischen Abhör- und Dechiffrierdienste stieß auf viele Hürden und ging nur langsam voran. Erste größere Erfolge der italienischen Entzifferung bei den Chiffren der k.u.k. Armee gab es erst 1917 nach der Einnahme von Görz. Luigi Sacco erhielt während der Aufbauphase mehrmals seine Versetzung zur Pioniertruppe, die immer wieder abgelehnt wurde. Nach der Niederlage an der Isonzofront im Oktober/November 1917 stellte eine italienische Kommission fest, dass der noch im Aufbau befindliche Funkaufklärungsdienst hier keine Unterstützung geliefert hatte.

Sacco hatte sich schon während des türkisch-italienischen Krieges 1911/1912 mit der Kryptografie beschäftigt. Die abgefangenen Funksprüche wurden mangels Bearbeitungsmöglichkeiten zunächst an die

Franzosen weitergeleitet. Als diese aber kaum Informationen an die Italiener zurück übermittelten, begann Sacco selbst mit der Entzifferung. Aufgrund seiner Verdienste wurde er danach zum Leiter des gesamten "Riparto Crittgraphico" ernannt.

Das nach der Schlacht bei Tannenberg ausgegebene russische Chiffrenbuch wurde in der österreichisch-ungarischen Kryptoabteilung unter Karl Boldeskul von Hermann Pokorny am 19. September 1914 komplett entziffert. Am 25. September lag die Absicht des Generals Novikov, die Vistula nicht zu überqueren, dem österreich-ungarischen Generalstab vor. Pokorny übernahm in der Folgezeit die Kriegs-Chiffregruppe und Marchesetti übernahm seinen Posten, bis er wiederum 1918 von Lippmann abgelöst wurde. Obwohl der "Cifrario Servizio" alle sechs Wochen gewechselt wurde und in sieben Variationen verwendet wurde, konnten alle entziffert hier entziffert werden. Am 30. März 1916 wurde der Gebrauch des "Cifrario Rosso" wegen des Verdachts der Entzifferung verboten und mit dem neuen Schlüsselwort "Capitombolano" ("Purzelbaumschläger") freigegeben, welches am 1. April aber in Österreich-Ungarn entziffert war. Im Juni 1916 lag der Chiffrenschlüssel der Schwarzmeerflotte, am 24. September 1916 der Allgemeine Marine-Chiffrenschlüssel, im Januar 1917 dessen neue Version in den österreichisch-ungarischen Kryptoabteilungen vor, die bis zum 3. November 1918 ohne Unterbrechung arbeitete und auch Erfolge erzielte. Militärisch konnte der Übermacht der Alliierten am Ende aber nichts mehr entgegengesetzt werden.

Österreich-Ungarn selbst war sehr vorsichtig bei vermuteten Schlüsselverlusten oder Einbrüchen in die Chiffren, was einen häufigen Wechsel bedingte. Der Militär-Chiffrenschlüssel "B" aus Friedenszeiten ersetzte mit PK/MS 1974 am 15. August 1913 den Chiffrenschlüssel "C" vom 2. Mai 1913. Gleichzeitig wurde für Funktelegrafie ein Wortchiffrenkodex ausgegeben. Diese waren auch zu Beginn des 1. Weltkrieges gültig und wurden in der k.u.k. Kriegsmarine verwendet, die alle fünf Divisionen und die Kreuzerflotte damit ausgerüstet hatte. Doch bereit am 16. Dezember warnte das k.u.k. Kriegsministerium vor der Entzifferung und dem Gebrauch des Militär-Chiffrenschlüssel "B", worauf am 24. Dezember eine Transponiermethode eingeführt wurde.

Der Kriegs-Chiffrenschlüssel "A" des Heeres trat am 28. Juli 1914 in Kraft, der auch von der Marine teilweise verwendet wurde und der am 16. September eine neue Transponiermethode erhielt. Doch schon am 1. Oktober 1914 wurde diese durch die Methode "Schleier" ersetzt, welche wiederum am 18. Oktober 1914 durch den "Schieber" abgelöst wurde. Auch die folgenden Heeres-Chiffren bis "Lambda", Heeres-Zahlenschlüssel "B" bis "M" und Schlüssel "XV" wurden in der k.u.k. Kriegsmarine verwendet. Am 10. Januar 1917 erschienen Ausgaben der Kriegschiffre "G", die schon am 9. März 1917 ersetzt werden musste, da italienische Agenten bei einem Einbruch in das Generalkonsulat in Zürich die Unterlagen erbeutet hatten.

Die Ausgangssituation der k.u.k. Kriegsmarine war, im Vergleich zur Kaiserlichen Marine, allerdings eine gänzlich andere, denn die Tiefwasserhäfen waren durch vorgezogene Inselketten geschützt, die Flotte war wesentlich kleiner und es gab keine U-Boote die Minen legen konnten. Durch die optischen Telegrafen und die Telefonverbindungen wurde der Funkverkehr nicht in derselben intensiven Nutzung wie in der Kaiserlichen Marine, was der Aufklärung der Alliierten weniger Informationen lieferte.

Die deutsche Abteilung unter Prof. Ludwig Deubner arbeitete schon früh mit Pokorny zusammen. Eine der ersten Entzifferungen von Prof. Deubner lieferte am 21. August 1914 den russischen Plan, Schlesien mit sieben neu formierten Armeen einzunehmen. Ludendorff ließ daraufhin Mackensen durch die nun bekannte russische Flanke marschieren, die russischen Kräfte waren geteilt und konnten zwischen dem 11. bis 19. November aufgerieben werden. Als den Russen schließlich ein deutsches Codebuch in die Hände fiel, vermutete man ein ähnliches Missgeschick auf eigener Seite und stellte die Chiffren völlig um. Der dadurch ausgelöste Mangel an Informationen traf die zahlenmäßig unterlegenen deutschen Kräfte zum Höhepunkt der Schlacht um Lodz. Die Russen schlossen nun die preußischen Abteilungen ein. Doch am 22. November war die neue russische Chiffre gelöst und mit dem Wissen über den Schwachpunkt in der

Umklammerung bei Brzeziny konnte der General Lietzmann ("Der Löwe von Brzeziny") den Ring durchbrechen und die Belagerung von Lodz wurde in der Folge am 6. Dezember abgebrochen. Acht Tage danach wurde eine neue russische Chiffre eingeführt, die aber innerhalb einer Woche wiederum gelöst werden konnte. Alle Erfolge in der Kryptologie waren aufgrund des militärischen Ungleichgewichtes am Ende ohne Bedeutung.

Es gab 1939 sieben bis acht Organisationen mit eigenen Abteilungen für die Entzifferung. Das Pers-Z im Auswärtigen Amt (ca. 200 Mitarbeiter) unter Außenminister Joachim von Ribbentrop, das O.K.W./Chi (ca. 500), die Abteilung Fremde Heere beim Deutschen Heer (ca. 600), eine Kryptoabteilung des Luftwaffenamtes (ca. 1.000) und das Forschungsamt des Reichsluftfahrtministeriums (ca. 250) unter Hermann Göring, die Kryptoabteilung der Kriegsmarine (ca. 700) sowie das Reichssicherheitshauptamt unter Heinrich Himmler (RSHA, Anzahl unbekannt). Die Keimzelle des deutschen Chiffrier- und Dechiffrierdienstes nach dem 1. Weltkrieg war das Referat-I-Z, das im September 1919 auf Vorschlag von Kurt Selchow aus der Politischen Nachrichtenstelle und dem Chiffrierbüro geschaffen wurde. Es beinhaltete das Chiffrierbüro und das Chiffrierwesen unter dem Leiter Adolf Paschke mit den Mathematikern und Sprachexperten wie Dr. Werner Kunze, Rudolf Schauffler, Erich Langlotz, Ernst Hoffmann und Hermann Scherschmidt. Das Referat-I-Z wurde 1936 als Pers-Z dem Außenministerium unter Joachim von Ribbentrop unterstellt.

Bei Kriegsausbruch vergrößerte sich der Personalbedarf entsprechend und so stießen u.a. Asta Friedrichs, Hans Rohrbach, Dr. Gottfried Köthe und Ottfried Deubner dazu. Deubner war jüdischer Abstammung und arbeitete später mit einer Sondergenehmigung der Nazis. 1940 zog die Abteilung der Mathematiker vom Auswärtigen Amt in der Wilhelmstrasse in Berlin in das Haus W-8 in der Jägerstrasse. Der Sprachenteil zog in ein Museum, dann nach Dahlem in die Straße im Dol sowie in eine Schule. Dort verblieb man bis 1944 der Sprachenteil nach Hirschberg in Schlesien und die Mathematiker nach Hermsdorf verlegen mussten, von wo aus sie allerdings im Februar 1945 weiter nach Zschepplin/Eilenburg evakuieren mussten, während ein Teil der Sprachengruppe nach Burgscheidungen ging. Unter diesen Umständen ist es umso erstaunlicher, dass es überhaupt noch Erfolge gab, zumal keine Gruppe wissen durfte, was die anderen Abteilungen bearbeiteten. Die ersten Erfolge dieser Kryptologen sollten dann auch noch durch Leichtfertigkeit zunichte gemacht werden.

Bei Geleitzugunternehmen der Kreuzer BREMSE und BRUMMER führten die Informationen aus den englischen Funksprüchen am 17. Oktober zum erfolgreichen Abfangen der Hilfskonvois und auch der Durchbruch der Hilfskreuzer MÖVE und WOLF bei der Shetland-Sperre wurde durch die entzifferten Positionsmeldungen und Peilungen der englischen Sperrkreuzer ermöglicht. Die Bekanntgabe dieses Umstandes durch den Kommandanten der MÖVE bei einer öffentlichen Versammlung in Breslau und die nachfolgende Veröffentlichung in einer Hamburger Zeitung brachte den Engländer allerdings die Kenntnis über die Entzifferung.

Die Gewässer um England wurden nun in vier Zonen (Ostküste, Westküste, Kanal, schottische Gewässer) mit verschiedenen Schlüsselbereichen geteilt und deren Gültigkeitsdauer wesentlich herabgesetzt. Damit war für die deutsche Entzifferung erst einmal wieder Zeitverlust eingetreten. Bei den französischen, italienischen, amerikanischen und dänischen Verfahren wurde aber meist nach kürzester Zeit wieder ein vollständiger Durchbruch erzielt, weil die neuen Schlüssel immer auf den Vorhergehenden aufbauten.

Der Spaltencäsar von Vigenère kann zu einem unlösbaren Schlüssel verbessert werden, in dem anstatt des ursprünglich kurzen Schlüsselwortes von Vigenère, eine zufällige Folge von Buchstaben gewählt wird, die ebenso lang ist, wie der gesamte zu verschlüsselnde Text. Dieses Verfahren lässt sich mit den 26 Buchstaben des Alphabetes ebenso durchführen, wie mit den Bits der elektronischen Datenverarbeitung und geht auf G. S. Vernam 1917 zurück.

Kunze, Schauffler und Langlotz verwirklichten das theoretische Vernam-System in einem Handverfahren mit einem einmalig verwendeten Papierblock, dem One-Time-Pad (Wurm-Chiffre/Strom-Chiffre). Der Schaden durch die Einbrüche in die deutschen Verfahren war den deutschen Kryptologen noch in guter Erinnerung. Das ab 1920 verwendete Blockverfahren des Auswärtigen Amtes, dem eine weitere Version 1923 von Langholtz folgte, gewährte zum ersten Mal in der Geschichte theoretisch und praktisch die absolute Sicherheit. Es gilt auch heute noch als das sicherste Verfahren, ist aber im täglichen Gebrauch für eine weit verbreitete Nutzung nicht praktikabel. Der Additive Schlüssel war zufällig und sich nicht wiederholend, eine unlösbare Gleichung mit zwei Unbekannten, aber mit immensem Aufwand, denn die Schlüsselblöcke hatten 50 Seiten. Nach dem Schlüsselbuch Nr. 4 wurde ein Text in einen 5-Zahlen-Code umgewandelt.

Auch die Tschechoslowakei und Russland sowie später auch Revolutionäre wie Che Guevara verwendeten die aus dem deutschen Verschlüsselungsprinzip abgeleiteten Verfahren in kleinen Gruppen, da es für den Einsatz in den Streitkräften durch den Aufwand ungeeignet war. Während des 2. Weltkrieges griffen die Amerikaner auf dieses Prinzip bei der Konstruktion ihrer Schlüsselmaschine SIGTOT zurück.

Es gelang den deutschen Kryptologen mit dem gesammelten Material aus der Funkaufklärung in kurzer Zeit in die Schlüssel der beobachteten Nationen einzudringen, wodurch direkt nach Kriegsausbruch und der Änderung der Schlüssel relativ schnell wieder Erfolge verzeichnet werden konnten. Da die ausländischen Verfahren meist schon sehr komplex waren, wurde zur Zeitersparnis einfach wie im 1. Weltkrieg meist die Systeme und ihre Strukturen beibehalten und lediglich der Schlüssel verändert. Wurden hingegen neue Systeme in den Nationen eingeführt, ähnelten sie meist ihren Vorgängern. Eine Ausnahme machte die deutsche Wehrmacht mit der Ausführung der militärischen ENIGMA. Auch andere Länder hatten in ihrem Militär bereits Überlegung zum Einsatz der zivil erhältlichen deutschen Schlüsselmaschine oder zum Nachbau eines ähnlichen elektromechanischen Schlüsselsystems diskutiert, aber noch nichts davon umgesetzt.

In den deutschen Chiffrierdiensten wurden bald Tabellier- und Hollerithmaschinen eingesetzt, um die Flut an ausländischen Nachrichten während des Krieges bearbeiten zu können. Viele Geräte wurden auch aus gewöhnlichen Bauteilen zusammengebaut (z.B. von Hans-Georg Krug), die dann bemerkenswerte technische Erfolge verzeichnen konnten und z.B. auch die M-138 der Amerikaner zu entschlüsseln halfen. Bei Kriegsende waren zuletzt über 300 Personen im Pers-Z beschäftigt und die Nachrichten von 34 Nationen entziffert – unabhängig davon, ob es verbündete oder gegnerische Staaten waren. Doch Ribbentrop ließ nicht alle aus der Aufklärung gewonnenen Nachrichten zu Hitler durchdringen, vor allem nicht Negative, und selbst wenn diese Hitler erreichten, dann glaubte er meist nicht daran.

Die meisten Dokumente des Pers-Z wurden entweder vernichtet oder gingen verloren. Allerdings wurden die 90 auf Schloss Burgscheidungen von der Abwehr versteckten Stahlkisten der am 7. Mai 1945 nach London ausgeflogen Abwehrgruppe entweder nie gefunden oder kamen auch nach Öffnung der britischen, amerikanischen und teilweise russischen Archive bisher nicht zum Vorschein. Was damals dem Personal der deutschen Nachrichtendienste den Einstieg in ein neues Arbeitsfeld garantierte, scheint auch heute noch brisant zu sein.

Die Zusammenarbeit der verschiedenen deutschen Kryptoabteilungen wurde unter dem Druck der Leiter unterbunden. Neben durch die Vorgesetzten bedingte der Rivalität in der Entzifferung, gab es weitere Konkurrenten um die Informationen aus den verschlüsselten Nachrichten durch die Gestapo und dem Sicherheitsdienst unter Reinhard Heydrich. Die Gestapo und der SD arbeiteten mehr mit V-Männern, während die anderen Dienste technische Komponenten zur Informationsgewinnung nutzen, doch auch hier gab es Ausnahmen. Bis auf die Gestapo und den SD arbeiteten alle Organisationen im Chiffrierwesen immer eigenständig und entwickelten unabhängig voneinander eigene Chiffrierverfahren, um sich gegen fremde und eigene Dienste abzuschirmen. Nach den Erfolgen im ersten Kriegsjahr ist diese Zersplitterung dieser

Kräfte wohl einer der Gründe für die spätere Ineffektivität der deutschen Aufklärung zum Ende des Krieges. Obwohl in Anfängen es Versuche zum Informationsaustausch gab, ließen die Vorgesetzten auf lange Sicht keinen Erfahrungsaustausch der Abteilungen zu, was den Ideenreichtum und die Kreativität eingrenzte.

Der anfangs im Aufbau der Reichswehr gute Erfahrungsaustausch zwischen O.K.W./Chi und dem B-Dienst, der auch nach dem Aufbau der Luftwaffe und ihres Forschungsamtes sowie dem Pers-Z des Auswärtigen Amtes zunächst fortgesetzt wurde. Trotz der großen Erfolge dieser kombinierten Anstrengungen musste auf Anweisung des Auswärtigen Amtes diese fruchtbare Zusammenarbeit eingestellt werden und in der nachfolgenden Zeit, begannen die obersten Stellen, die Führung der Teilstreitkräfte sowie die Nachrichtendienste sich völlig voneinander abzugrenzen. Austausch von Informationen erfolgte in den Kryptoabteilungen nun mehr mit verbündeten Ländern, so wurde z.B. mit Finnland 1938 eine enge Zusammenarbeit beim B- und E-Dienst aufgenommen, um die russischen Chiffren anzugreifen.

Nach dem Pers-Z baute das O.K.W./Chi eine sehr effektive Kryptoabteilung auf und in insgesamt drei Gebäuden der Heeresversuchsstelle in Hillersleben/Staats waren die Einrichtungen der ursprünglichen 7. Inspektion (In. 7/Chi) des Reichswehrministeriums und die Dienststelle des späteren Heereswaffenamtes HWA/Wa. Prüf 7/IV untergebracht, welche für das O.K.W./Chi die Forschungsaufträge durchführten. Das Heereswaffenamt (HWA) bündelte die Nachrichten- und Kryptotechnik in der Gruppe Nachrichtenwesen Wa Prüf 7, die dann eng mit den Institutionen von Professor Oskar Vierling und Dr. Sennheiser kooperierte.

In der 7. Inspektion des Reichswehrministeriums wurden mit Wachsmatrix-Diktafonen, Stahldraht-Maschinen von Lorenz und ab 1934 mit Magnetofonen von AEG die sowjetischen Telefonverbindungen (Inversionsverfahren, z.B. Paris-Moskau) abgehört und entziffert, aber auch der chiffrierte sowjetische Morsefunk oder der Funkverkehr während des spanischen Bürgerkrieges.

Ab 1937 kam die Aufzeichnung des sowjetischen Bildfunkverkehrs dazu, der ab 1941 chiffriert abgewickelt wurde. 3 Wochen nach seiner Einführung lagen die entzifferten Nachrichten des Bildüberblendschlüssels in der Dienststelle vor. Ab 1938 wurde die Entzifferung des Morsefunks im OKW bei den Nachrichtenverbindungen der Wehrmacht im Bereich Chiffriertechnik fortgeführt, beim Heereswaffenamt HWA/Wa. Prüf 7/IV verblieb die Aufzeichnung und Entzifferung der Sonderfunkverfahren, insbesondere der Funkfernschreibnetze feindlicher, aber auch befreundeter Nationen. Für diese Entzifferungsarbeiten der unterschiedlichen Fernschreibcodes mit fünf bis acht Impulsen/Zeichen standen ab Mitte 1944 elf H-Sonder-Telegrafiegeräte mit sechzig angeschlossenen Fernschreibern zur Verfügung, die 10 bis 15 Millionen Zeichen pro Tag für die Auswertung aufzeichneten.

Wirkungsstätten von Oskar Vierling waren die Forschungsstelle für Hochfrequenztechnik und Elektroakustik in Wennebostel (1939) und die nachrichtentechnischen Laboratorien auf der Burg Feuerstein bei Ebermannstadt (1942), welche sich in der fast geografischen Mitte Deutschlands besonders für Funkversuche eignete. Bei der Burg Feuerstein wurde in einer genau vermessenen Entfernung die Vermessungsstelle "Lindersberg" erbaut, bei der nur Holzmaterialien und fast keine Metalle wie Schrauben oder Nägel verwendet wurden, um Reflexionen bei den HF-Versuchen zu Ausbreitungsbedingungen und Antennendiagrammen zu vermeiden.

Die Versuche in den Laboratorien wurden im niederfrequenten Bereich unterstützt durch die Torpedo-Kommission zur aktiven und/oder passiven akustischen Lenkung von Torpedos sowie akustischen Annäherungszündern für Minen ("Geier", "Lerche" und "Zaunkönig"). Besondere Bedeutung erlangten die Forschungslaboratorien auf der Burg Feuerstein für die analoge modulierte Sprachübertragung und dual codierte Fernschreibzeichen im Funkverkehr. Hier arbeitete Professor Vierling eng mit Spezialisten des OKW/Chi zusammen, von denen sich bei Kriegsende auch Dr. Erich Hüttenhein, Dr. Liebknecht und Feldhaus auf Feuerstein aufhielten. Auch der General Fellgiebel war noch kurz vor dem Attentat auf Hitler im Jahre 1944 auf der Burg Feuerstein. Unter den westlichen Alliierten wurden die Arbeiten nach dem Kriegsende bereits 1945 fortgesetzt, auf Schloss Kranzberg im Taunus auch für die Organisation Gehlen und den BND sowie der Zentralstelle für Chiffrierwesen in Bad Godesberg.

Viele Experten in den wissenschaftlichen Bereichen waren zwischen 1933 bis 1945 entweder geflohen oder in die KZ gebracht worden, was der Entzifferung viele Experten entzog. Das O.K.W/Chi führte deshalb eine Arbeitsweise der "100-Tagearbeit" durch, bei den Hunderten von Funksprüchen während der Besetzung Norwegens die Einschätzung der gegnerischen Lage erleichterten und Ziele aufklärten, welche angegriffen werden sollten. Die Untersuchung erfolgte unter Einbeziehung aller verfügbaren Kräfte während des Krieges und nahm einhundert Tage in Anspruch. Hieraus entwickelten sich Spezialarbeiten zu einer laufenden Überwachung der eigenen Schlüsselsicherheit.

Es gab aber auch deutsche Entwicklungen zu Rechenmaschinen für die Entzifferung. Bei einem Verhör von deutschen Spezialisten am 21. Mai 1945 in Rosenheim durch LTC Howard Campaigne ergaben sich Hinweise auf eine dieser deutschen Entzifferungsmaschinen. Vielleicht kam der Tipp auch von Gehlen selbst, der über die Salzburger CIC-Office sich, seinen Stab und die bei der Elends Alm (südlich des Spitzingsee) vergrabenen Akten mit Ergebnissen über die russische Aufklärung einbrachte. Bei Rosenheim wurden 15 Mann des Stabes der Kryptologen der Abteilung Fremde Heere Ost (Gruppe II) vorgefunden, die in Zivil nach der Kapitulation den Unterschlupf als landwirtschaftliche Arbeiter geplant hatten.

Hier gab es wohl Hinweise auf die Verstecke der geheimen Entzifferungsmaschinen. Als man ein Versteck unter dem Straßenpflaster ausgrub, sollen zwölf Behälter zu je 270 kg und 53 Kisten mit einem Gewicht von 20 kg gefunden worden sein. Die gesamte Ausrüstung von siebeneinhalb Tonnen wurde anscheinend wieder aufgebaut und in kürzester Zeit von den deutschen Technikern mit dem Neun-Wege-Decodierungsgerät ("Grünfisch"?) in Betrieb genommen, welches wahrscheinlich eine russische Funkfernschreibmaschine, die "Russian-Fish", entziffern konnte. Diese Maschine war eine Weiterentwicklung ähnlich der deutschen Geheimschreiber, welche durch ein Frequenzsprungverfahren perfektioniert wurde und deshalb wohl auch der amerikanischen Entzifferung große Probleme bereitete.

Offizielle Veröffentlichungen von Aktenmaterial gab es bis heute nicht, aber LTC Howard Campaigne wurde später Leiter der Forschungsabteilung der NSA. Das System "Grünfisch" und seine US-Nachbauten waren wohl bis in die späten 60er Jahre in Betrieb, da sie als automatische Decodiergeräte die russischen Funksprüche der höchsten Geheimhaltung decodieren konnten. Die Russen hatten ab Ende 1943 ein System entwickelt, bei dem sie eine Nachricht für Funksprüche (auch Regierungs- und Botschaftsnachrichten) in neun Ebenen aufteilten und zugleich mit einem Schlüssel chiffrierten. Das deutsche Gerät fügte diese neun Ebenen zur ursprünglichen Nachricht wieder zusammen.

Noch am Abend des 17. Mai 1945 arbeitete das ausgegrabene System "Grünfisch" wieder und decodierte die russischen Nachrichten in russischer Klarschrift. Das System bestand aus verschiedenen Empfängern, einem Schreiber, einem Schlüsseldecoder und dem Ausdrucksystem. Dazu kam ein Geheimschreiber der letzten Serie T-Typ-43 oder 44/45 und ein Aufsatz mit Intervall-Geschwindigkeitsfeinregler, mit dem die decodierten russischen Nachrichten an Abwehr/Ausland Ost weitergeleitet wurden. Nach einem Tag in Betrieb auf dem Gehöft bei Rosenheim wurde die Anlage nach England gebracht (Bletchley Park), um dann kurze Zeit später in die USA geflogen zu werden, wo sie vermutlich bis 1947 eingesetzt wurde, bis die Nachbauten und Weiterentwicklungen der NSA das System ersetzten. Es war neben der ENIGMA die vielleicht wichtigste deutsche Schlüsselmaschine und ermöglichte der NSA die stalinistischen Nachrichten über mehrere Jahre abzuhören.

Die von Oscar Oeser im Marinefunkwagen sichergestellten Fernschreiber waren modernster Bauart und im dritten Reich wurden zur Sicherheit nie singuläre Entwicklungen oder Prototypen gebaut, sondern immer mindestens zwei Prototypen entwickelt, gebaut und in Betrieb genommen. Die Marine/SKL arbeitete in ähnlicher Weise und setzte oft zwei Versorger ein, falls einer verloren ging. Als das Panzerschiff GRAF SPEE z.B. 1939 in den Südatlantik, lag als Ersatzversorger mit 9.000 Tonnen Diesel die Charlotte Schliemann in den Kanaren, der Versorger ALTMARK begleitete Panzerschiff GRAF SPEE und in Chile lag ein weiterer deutscher Versorger, falls die GRAF SPEE vom Kap Hoorn nach Japan gelaufen wäre. Auch bei den Tests der Luftwaffe wurde ähnlich verfahren, denn es gab meist mehr als einen Prototypen und deshalb vielleicht auch ein "Grünfisch-I" sowie ein "Grünfisch-II", die eventuell als ein der SFM-43 verwandtes System existierten. Das System "Grünfisch" soll die technischen Grundlagen und Fabrikationsteile der SFM-43 übernommen haben und wurde von einer Wissenschaftler Arbeitsgruppe von Lorenz-AEG-Siemens entwickelt. Die Redundanz von Systemen und Entwicklungen fand in der Wehrmacht entweder große Beachtung oder entstand aus parallelen Projekten.

Da hier noch weniger Informationen bekannt wurden, als von der SFM-43, sind alle Angaben jedoch kaum zu verifizieren. Da Josef Langer (MFCA) sie aber über lange Zeit gesammelt hat, sollen sie hier auch genannt werden, nachdem er im Jahre 2004 tödlich verunglückte. Seine Quelle referierte oft auf bis heute fehlende Teile des Kriegstagebuches der Kriegsmarine und einen Heinrich Stadie, wobei der im Band I genannte Fregattenkapitän jedoch 1905 geboren war und am 12. März 1972 verstarb und die genannten deutschen Dokumente bis heute nicht wieder aufgetaucht sind. Auch hier ist also weitere wissenschaftliche Geschichtsforschung nötig, da zwar einge Angaben sicherlich nicht korrekt waren, andere aber durchaus logisch nachvollziehbar und zumindest auch teilweise heute dokumentiert sind.

Wie effektiv die deutsche Entzifferung teilweise arbeitete, konnten die Alliierten nach dem Kriege aus den gefundenen Akten erkennen. Der deutsche Einblick in den englischen Funkverkehr der Marine vor dem 2. Weltkrieg war umfassend und die Mehrzahl der erfassten Funksprüche konnte auch entziffert werden. Diese sicherten die ersten militärischen Erfolge bzw. machten die Landung deutscher Truppen vor der geplanten englischen Invasion in Norwegen möglich.

Das englische Flottenverfahren bestand aus einem vierstelligen Zahlencode, der mittels eines Zahlenwurms überschlüsselt wurde. Die jeweilige Einsatzstelle des Zahlenwurms wurde durch eine fünfstellige Zahlengruppe angegeben, die am Anfang des Funkspruches stand. Da der vierstellige Zahlencode nur Platz für 10.000 Bedeutungen enthält, mussten für die praktischen Anforderungen die Gruppen mehrfach belegt werden. Diese unterschiedliche Bedeutung wurde in Kenngruppen unterteilt, die aus der jeweiligen Spalte wieder entnommen werden konnten. Diese konservative Einstellung war dann für die deutschen Kryptologen von entscheidender Bedeutung, da sich das Verfahren wie ein roter Faden durch sämtliche neuen englischen Marineschlüssel zog.

Der Gouvernement Telegraph Code (GTC) der Admiralität mit den britischen Kolonien wurde seit 1923 genutzt und konnte als fünfstelliger Buchstabencode entziffert werden, wie auch ein Spezialverfahren eines vierstelligen Zahlencodes. Die Lösungen beider Schlüssel wurden durch englische Presseberichte über das Einlaufen der Schiffe meist bestätigt, aber die Schlüssel wurden mit Kriegsbeginn nicht mehr verwendet. Als vollständig neues Verfahren kam der Merchant Navy Code (MNC) bzw. der British Allied Merchant Code (BAMS), ein vierstelliger Buchstabencode mit 2.400 Tauschtafeln zur Überschlüsselung. Die jeweilige Anfangstauschtafel wurde vom Absender beliebig gewählt und durch eine Kenngruppe über eine Nummer in einem Kenngruppenkatalog angezeigt. Durch die Registrierung der Kenngruppen wurden im Abstand die Wiederholungen gesucht und die Funksprüche mit diesen Wiederholungen wurden in der Art untereinandergeschrieben. Die Wiederholungen in der gleichen Spalte waren der erste Ansatz zur Lösung der jeweiligen Tauschtafel, deren Lösung durch die Reduzierung der Originaltauschtafeln auf 16 Buchstaben des Alphabets durch die Engländer weiter vereinfacht wurde. Zusätzlich wurde noch ein Schlüsselbuch erbeutet. Da im MNC auch der Funkverkehr von Kriegsfahrzeugen im Küstenvorfeld, Minenfeldmeldungen, Räummeldungen und die Segelanweisungen für die Handelsschiffe gegeben wurden, konnten hieraus viele wichtige Hinweise für die Seekriegsleitung gewonnen werden.

1942 trat noch ein zusätzlicher zweistelliger Buchstabencode mit 676 Gruppen an der englischen Ostküste in Kraft, der täglich wechselte. Auf deutscher Seite wurden 31 Codes mittels eines selbst konstruierten

Schiebers analysiert und es konnten täglich alle ersten Buchstaben auf den ersten gelösten Schlüssel reduziert werden. Wie vermutet, wurden durch das schnelle Verfahren zeitkritische Meldungen übermittelt (z.B. das Sichten deutscher Flugzeuge und das Abwerfen von Minen) und auf die entsendeten Räumfahrzeuge konnten daraufhin deutsche Schnellboote angesetzt werden. Auch dieser Schlüssel wurde später komplett erbeutet, während ein französisch-englischer Schlüssel nur bis Dünkirchen in Erscheinung trat und auch kaum genutzt wurde. Im Funkverkehr zwischen Admiralität und Marinestützpunkten im Empire wurde noch ein fünfstelliges Buchstabenverfahren aufgefangen, bei dem ein Nachfolger des bei Kriegsbeginn eingestellten G.T.C.-Schlüssels angenommen wurde. Da die Anstrengungen aber auf die wichtigen militärischen Schlüssel konzentriert waren, konnte man hier nicht genügend Zeit für eine Lösung aufbringen.

Zusammenfassend war der Erkenntnisstand der deutschen Kryptologen von Mitte März 1940 bis etwa 1943 über die englischen Marineverfahren fast unverändert in einer guten Ausgangsposition. Erst im Jahre 1944 traten Schwierigkeiten auf, die durch die neuen Methoden und Schlüsselmaschinen bedingt wurden, die bis Kriegsende anhielten. Hinzu kam ein Verlust wichtiger Unterlagen bei dem Bombenangriff auf das OKM in Berlin im November 1943. Die neuen Methoden und Hollerith-Maschinen konnten dies nicht mehr ausgleichen.

Die vier französischen Funkverfahren der Marine konnten bis Kriegsbeginn in Deutschland entziffert werden. Es waren der Code de Service Tactique (CST), der Tous Batiments Militairs (TBM), der Batiments de Guerre (BDG) und der Rayon Diplomatique (RD). Auch nach dem Wechsel der französischen Schlüssel im Jahre 1939 wurden die neuen Schlüssel schnell entziffert, die jahrelange Routine der Experten in der Entzifferung zahlte sich nun aus. Trotz einer relativ kurzen Dauer der militärischen Operationen von nur ca. 10 Monaten war jederzeit bei genügendem Material durch die Aufklärung eine Entzifferung möglich, obwohl die französischen Verfahren nun teils recht komplex waren. Besonders die Überschlüsselung der laufenden Funkspruchnummern und das Wechseln der Stellung der Kenngruppen in jedem Funkspruch erschwerten die Arbeit der Kryptologen. Einer der größten Fehler war die Kenngruppen und Überschlüsselungen aus dem Code selbst abzuleiten, was einen Einbruch in die französische Schlüsselsicherheit ermöglichte. Viele bekannte französische Eigenarten und Routinen ließen den Inhalt eines Funkspruches erahnen, bevor er völlig entschlüsselt war.

Mit dem Kriegseintritt der USA am 8. Dezember 1941 mussten sich die deutschen Dienststellen notgedrungen auch mit der Beobachtung und Entzifferung der vorher vernachlässigten Funksprüche intensiver beschäftigen. Bekannt war, dass die US-Marine hauptsächlich einen überschlüsselten Buchstabencode verwendete, der auch von den Marine Attachés benutzt wurde und welcher keine Schwierigkeiten bei der Entzifferung gemacht hätte, denn das Verfahren war eine lediglich eine Klartextüberschlüsselung mittels einer Doppelbuchstabentafel des Handelsschiffverkehrs im Stillen Ozean. Obwohl die Tafel zwei- bis dreimal im Monat wechselte, war sie meist nach 2-3 Tagen gelöst. Als zweiter Schlüssel wurde ein fünfstelliger Buchstabencode aus dem Pazifik und Atlantik gelöst, bei dem eine Klartextüberschlüsselung oder eine Schlüsselmaschine vermutet wurde. Die Wiederholungen nach dem 25. (oder einem vielfachen) Buchstaben führten über einen Funkspruch mit identischem Schlüssel der zweimal gesendet wurde (18. April 1942 und 14. August 1942) auf die Spur einer Schlüsselmaschine. Nun wurden Simulationsmaschinen aus Sperrholz erprobt und bald konnten trotz des täglich wechselnden Schlüssels die Funksprüche entziffert werden. Wichtigster Ansatz war der 25. Buchstabe, der nach unten und seitlich verschoben wurde. Die Lösung des Strip Chiper Device war von den deutschen Kryptologen gefunden und auch die Fülltexte konnten vor der Entzifferung nicht mehr schützen.

Obwohl die allein die 25 Streifen Kombinationen in Höhe von Quintillionen ermöglichte, wurden nach geraumer Zeit (2-3 Monate) die bereits verwendeten Streifen von den Amerikanern nochmals genutzt und die Schlüsselsicherheit dadurch kompromittiert. Ohne diesen Fehler wäre eine Lösung auf deutscher Seite völlig unmöglich gewesen. Da eine Strip Cipher auch von den anderen amerikanischen Streitkräften und der Diplomatie benutzt wurde, sie aber nicht von den für diese jeweils zuständigen deutschen Entzifferungsstellen gelöst werden konnte, unterstützen lediglich die Ergebnisse des E-Dienstes der Kriegsmarine (Peilung von Funkausstrahlungen) hier Operationen an Land und in der Luft.

In fünfstelliges Buchstabenverfahren ohne Wiederholungen wurde einer unbekannten Schlüsselmaschine zugeschrieben und konnte nicht entziffert werden. Bekannt war lediglich, dass schwedische Maschinen von Hagelin in den USA verwendet wurden. Es gelang mehrere Maschinen in Dänemark sicherzustellen und nach langem Studium simulierte Texte mit 5.000 und mehr Buchstaben zu lösen. Nach Monaten konnten bereits bei 2.000 Buchstaben Ergebnisse erzielt werden. Bei längerer Kriegsdauer wäre es vermutlich zu einem Einbruch in das System von deutscher Seite gekommen, denn zwei Funksprüche, welche die gleichen Kenngruppen aufwiesen und somit mit der identischen Schlüsseleinstellung verschlüsselt worden waren, konnten schon im Klartext entziffert werden. Da die 25 Tauschalphabete auch alphabetisch geordnet waren, wurde mit einem vermuteten Wort und Textteil ("arri" und "etan" ergaben "arrived" oder "arrival" sowie "estimated time of arrival nine") über Berechnungen beide Funksprüche gelöst. Es war vermutlich der erste und einzige Fall der Entzifferung einer Schlüsselmaschine durch die deutschen Kryptologen der Marine, denn der zweite Fall des russischen Systems wurde von Chi gelöst.

Zusammenfassend wurde auch bei den amerikanischen Verfahren der Einbruch zu Beginn gewährleistet und auch die Strip Chiper Device und Hagelinmaschinen waren vor der Entzifferung nicht sicher. Ein weiteres amerikanisches System war eine Kopie eines bekannten englischen Verfahrens und hielt deshalb einer Entschlüsselung nicht stand. Der vierstellige Zahlencode mit fünfstelliger Zahlenkenngruppe lieferte die Informationen über Geleitzugoperationen im Atlantik. Doch dieselben Schwierigkeiten wie bei den englischen Verfahren traten zeitgleich Ende 1943 bzw. Anfang 1944 auch bei den amerikanischen Schlüsselverfahren auf und der Informationsfluss über die alliierten Operationen erlosch.

Zum Kriegsbeginn lieferte die Funkaufklärung wichtige taktische Daten auch im Hinblick auf Russland, die den Vormarsch begünstigten und nach dem Winter 42/43 und Stalingrad zumindest die Erfolge gegen die russischen Vorstöße sichern konnten. Bei der Schlacht an der Dnieper und der Zerschlagung der 60. Russischen Armee waren sie der Schlüssel zum Erfolg, was gegen die sowjetische Übermacht aber nicht mehr als ein Zeitgewinn war. Außerdem bekamen die Sowjets ab 1942 die ENIGMA-Nachrichten aus alliierten Quellen und erhielten dadurch auch Einblick in die deutschen Schwachstellen der Front.

Im Schwarzen Meer und in der Ostsee wurden vor 1939 zwei Schlüssel der russischen Marine beobachte. Das hauptsächliche Verfahren war ein fünfstelliger Zahlencode, der fast vollständig gelöst werden und im Krieg wichtige Informationen liefern konnte. Ein wichtiger Angriffspunkt waren die zwei russischen Schlachtschiffe MARAT und OKTOBEREVOLUTION, deren Funknamen im Schlüssel schnell entziffert werden konnten. Ein zweites russisches Verfahren im Ostseebereich war ein vierstelliger Buchstabencode, der mittels Tauschtafel überschlüsselt wurde. Trotz des häufigen Wechsels der Tafeln konnte der Schlüssel gelöst und wichtige Informationen über Kleinfahrzeuge, besonders die russischen U-Boote in der Kronstädter Bucht und im Finnischen Meerbusen, gewonnen werden, die ihn hauptsächlich bei Übungen verwendeten. Durch den Vergleich dieses Schlüssels und der mit ihm versendeten Meldungen konnte auch die Entzifferung des fünfstelligen Zahlencodes und umgekehrt verifiziert werden.

Im 2. Weltkrieg ruhte die Kryptologie der russischen strategischen Nachrichten auf dem auch in Deutschland verwendeten Prinzip eines 5-Bit-Schlüssels bzw. fünfstelligen Zahlencodes, während für taktische Informationen ein 4-, 3- und 2-Bit-Code verwendet wurde. Zwar wurden die Gruppen auch gewechselt, doch wie im 1. Weltkrieg wurden bereits genutzte Chiffren an anderen Frontabschnitten wiederverwendet. Aus Amerika kamen mit dem Lend-Lease-Programm die Schlüsselmaschinen M-209, die wohl auch als Vorlage für weitere russische Entwicklungen diente.

Die Erfolge des deutschen B-Dienstes bei den Flotten der anderen Nationen konnten bei den russischen Chiffren nicht erzielt werden. Mit Kriegsbeginn änderten sich die Schlüssel und die Blockade der russischen Schiffe in ihren Häfen führte zu einem reduzierten Funkverkehr und erschwerte die Aufklärung und Entzifferung. Im Schwarzen Meer waren die russischen Schiffe zwar aktiv, doch bewahrten sie bei den Vorstößen zur rumänischen Küste Funkstille und auch die großen Entfernungen resultierten in Empfangsproblemen, was erst mit der Einrichtung der B- und E-Dienststelle in Braila/Rumänien verbessert werden konnte. Der im Schwarzmeer verwendete vierstellige Buchstabencode wurde mit Doppelbuchstabentauschtafel überschlüsselt und es konnten einige Erfolge in der Entzifferung erzielt werden, doch die wenigen Funksprüche und die differenzierte Kriegslage im Schwarzmeer ergaben nicht die Möglichkeit zu ähnlichen militärischen Operationen wie in der Ostsee. Bei den Verfahren der Roten Armee und der sowjetischen Luftwaffe gab es hingegen regen Funkverkehr und dort wurden von den Diensten des OKW (Chi), der Luftwaffe (Forschungsamt), Fremde Heere u.a. auch die entsprechenden Erfolge erzielt.

Die polnischen Verfahren gehörten zu den kryptologisch anspruchsvollsten Chiffren, an denen der deutsche B- und E-Dienst der Kriegsmarine zu arbeiten hatte. Das vierstellige Verfahren war das einzige Klartextverfahren mit doppelter Überschlüsselung (Ersatz- und Versatz der Zahlen/Buchstaben) das während des Krieges festgestellt und gelöst wurde. Die polnische Marine benutzte vor Kriegsausbruch ebenfalls einen fünfstelligen Zahlencode und ein vierstelliges Buchstabenverfahren, bei dem es lange Zeit keine Lösungsmöglichkeit gab.

An einem Tag wurden jedoch plötzlich zwei Funksprüche mit 64 und 66 Buchstaben aufgefangen, die einige kurze und in ihrer Position verschobene parallele Stellen aufwiesen. Unter der Annahme eines Würfelsystems zeigten sich im nun an den Funksprüchen durchgeführten Lösungsansatz längere parallele Stellen, wobei einige der Stellen am Anfang durch einzelne Ziffern unterbrochen waren. Es konnten damit alle an diesem Tag von der Aufklärung aufgenommenen Funksprüche (4-5) entziffert werden. Die Polen verwendeten hier eine Überschlüsselung eines "Cäsar" mit einer Doppelzahlentauschtafel. Sie hatten aber, wie andere Länder auch, in ihrem Militär die sprachliche Eigenart, dass fast alle Funksprüche mit "melduje:" ("Melde:") begannen und mit dem Namen des Kommandanten und des Schiffes endeten. Aufgrund der in den Sprüchen enthaltenen Routinen der Über- und Unterschrift konnten weitere Tagesschlüssel für den Würfel entziffert werden und die täglich wechselnden Tauschtafel gaben ebenfalls ihr Geheimnis preis. Bei dem fünfstelligen polnischen Schlüssel wurde ferner festgestellt, dass alle ungeraden Gruppen sämtliche Zahlen von 0 bis 9 enthielten, die geraden aber nur 0 und 1 (0.0.0.0.1.-1.9.9.9.9.). Die Würfelzahl des vierstelligen Verfahrens war also mit der Zahlenreihe identisch. Konnte man aufgrund der geringen Zahl aufgefangener Funksprüche die Würfelzahl nicht ermitteln, so wurde sie als Überschlüsselungszahl für den fünfstelligen Code gelöst und umgekehrt. Mit der vollständigen Lösung dieses Schlüssels erhielt da OKM Einblick in sämtliche Tätigkeiten der polnischen Marine. Durch die Geschwindigkeit des Landkrieges gab es aber keine größeren maritimen Erfolge durch die Entzifferung der polnischen Marineverfahren. Es konnte allerdings auch nicht verhindert werden, das sich der Rest der polnischen Flotte der Vernichtung durch Flucht nach England entzog.

In Finnland arbeitete Arne Beurling im Winterkrieg 1939/40 an dem russischen 5-Bit-Code, den er mithilfe der schwedischen Kryptoabteilung löste, und dessen Informationen dem Marschall Mannerheim eine Abwehr der russischen Invasion bei Salla und Suomussalmi ermöglichte. Doch als kleines Land hatte Finnland trotz des Vorteils mit der Kenntnis der gegnerischen Vorgehensweise keine Chance gegen die militärische Übermacht und musste einen Friedensvertrag im März 1940 akzeptieren. Dies brachte es bei dem Angriff Hitlers auf Russland dann die Seite Deutschlands. Nachdem der Einbruch in den 5-Bit-Code bekannt wurde, verbesserte die UdSSR das System und den deutschen und finnischen Kryptologen gelang während des Krieges kein Einbruch mehr.

In den Vereinigten Staaten von Amerika begann sich kriegsbedingt die Kryptologie erst ab 1915 in der Armee zu etablieren, als die Truppen vor ihrer ersten internationalen Bewährungsprobe nach dem Krieg mit Spanien standen. Für den 1913 bei den amerikanischen Truppen verwendete Larrabee hatte Kasinski schon Jahre zuvor einen Lösungsansatz beschrieben. Mit dem "Gray"-Code wurde der am längsten benutzte, und zugleich bekannteste, amerikanischen Schlüssel eingeführt, ferner gab es in dieser Zeit z.B. noch den A1-, B1-, C1-, D1- so wie den "Brown"-Code. Parker Hitt brachte die Alphabete der Scheibenchiffre auf Papierstreifen und entwickelte daraus die M-138A der US-Army (CSP-642 der US-Navy), welche im State Departments, der amerikanischen Armee und Marine bis in den 2. Weltkrieg verwendet wurde. Jede Maschine hatte 100 Schlüsselstreifen, von denen je 30 pro Nachricht genutzt wurden. Die ersten militärischen Chiffrierabteilungen wurden unter Parker Hitt, Howard R. Barnes und Frank Moorman bei den amerikanischen Expeditionstruppen ab 1917 in Europa aufgestellt. Die ersten Schlüsselbücher (Trench Code, Front-Line Code) wurden bis Kriegsende durch über 13 weitere Ausgaben ergänzt bzw. abgelöst. Zwei große amerikanische Kryptologen spielen eine wichtige Rolle in der weiteren Entwicklung.

Herbert Osborne Yardley veröffentlichte 1931 sein Buch "The American Black Camber", in dem er seine dortige Arbeit in der Zeit von 1917-1929 beschrieb. Die amerikanische Kryptoabteilung selbst war zu diesem Zeitpunkt bereits aufgelöst, unter der Bezeichnung Code Compilation Company und später Cipher Bureau (in der 22 East 38th Street in New York) arbeiteten rund 50 Männer und Frauen noch weiter in der Kryptologie, bis das Cipher Bureau im Juni 1929 aufgelöst wurde.

Die zweite wichtige Person war Gilbert S. Vernam. Er hatte die erste ON-Line-Verschlüsselungsmaschine der Welt ("Automated Cryptography", Zeichnung vom 17. Dezember 1917) bei AT&T entwickelt und führte sein System am 18. Februar 1918 zusammen mit Parker Hitt und Lyman F. Morehouse der Marine vor. On-Line bedeutet, dass die Verschlüsselung bereits bei der Eingabe des Textes erfolgt und die Zeichen sofort gesendet werden können. Nach Verbesserungen durch Morehouse und Major Joseph O. Mauborgue (später Chef des Signal Corps) entstand das erste System, welches in Theorie und Praxis von den Kryptologen ohne technische Hilfsmittel nicht mehr lösbar war.

Vernam basierte seine Verschlüsselung auf dem Baud-Code mit Start- und Stop-Impulsen. Das System war praktisch aber nur für den Verkehr zwischen Hauptquartieren und in der Diplomatie zu verwenden. Der Grund liegt in der großen Zahl der benötigten Schlüsselstreifen, deren Start/Stop-Schritte zum eingegebenen Text über eine logische Negation addiert wurden, wodurch die eigentliche Verschlüsselung erfolgte. Diese Schlüsselstreifen waren also genauso lang wie die Nachricht selbst und zu jeder Nachricht gehörte ein bestimmter Streifen.

In der mechanisierten Form des One-Time-Pad hätten also im Kriegsfalle ebenfalls Unmengen von Schlüsselstreifen an die Einheiten verteilt werden müssen. Das nächste Problem war die Kontrolle darüber, welche Station nun gerade welchen Schlüsselstreifen benutzt. Auch das in der Bundeswehr verwendete Schlüsselgerät LoMi-544 basierte auf diesem Prinzip und konnte deshalb nur in geringer Zahl verwendet werden. Das mechanische One-Time-Pad-Verfahren nach Vernam war aufgrund seiner Schnelligkeit sowie Sicherheit in der Verschlüsselung ein Vorbild für viele heutige Verfahren. Die so genannten Stromchiffren (Null und Eins) funktionieren wie ein Schlüsselstreifen, aber mit dem Unterschied, dass als Schlüssel keine echte Zufallsfolge, sondern eine Pseudozufallsfolge verwendet wird. Auf ähnlichen Block-Chiffren beruhen heute auch die Lucifer-Chiffren als Grundlage des DES.

Der 1. Weltkrieg endete bevor Vernams Patent Nr. 1.310.719 am 22. Juli 1919 erteilt wurde. In der folgenden Zeit verzichteten die USA auf eine Einführung des Systems und griffen erst kurz vor Ausbruch des 2. Weltkrieges mit dem Walzen-Schlüsselgerät SIGTOT, als Nachfolger der M-138, wieder auf das Prinzip zurück. Zu diesem Zeitpunkt war hatte Vernam lediglich einen konstruktiven Erfolg erzielt, durch die Ablehnung einer Einführung war es aber ein kommerzieller Fehlschlag.

Ein Versuch die mathematischen Operationen der Verschlüsselung in elektromechanischen Walzen-Maschinen zu verwirklichen, kam parallel zu Vernam von 1917 auch von dem Amerikaner Edward Hughes Hebern. An einer elektrischen Schreibmaschine änderte er die Verdrahtung der Buchstaben über eingefügte Walzen mit 26 Kontakten und ließ diese Konstruktion unter dem US-Patent Nr. 1.683.072 eintragen. Das progressive System nach Trithemius war mechanisch verwirklicht. Je nach Walzenzahl waren 676, 17.576, 456.976 und mit fünf Walzen 11.881.376 verschiedene Tauschalphabete mit seiner "Electric Code Machine" möglich.

Nachdem die US-Marine von seiner Maschine überzeugt war, begann er 1918 die Produktion in Kalifornien. Zwar verwendete die US-Marine die Maschinen der Hebern Electric Code Co., aber nur für die Verbindungen auf höchster Ebene. Dadurch konnte Hebern zwischen 1924 und 1926 lediglich elf Maschinen verkaufen und die für große Produktionszahlen aufgebaute Firma ereilte 1926 der finanzielle Ruin. Noch gab er nicht auf und übernahm in Folge die International Code Machine Company, bei der 1928 mehrere Geräte von der US-Marine bestellt wurden. Bis 1936 waren die meisten der in Gebrauch befindlichen Maschine technisch aufgebraucht und wurden weder instand gesetzt noch durch neue Bestellungen ersetzt. Einige blieben bis 1942 in der Nutzung, zwei wurden dabei von den Japanern erbeutet. Hebern konnte nie den kommerziellen Erfolg durch die weitere Verwendung seiner Patente erzielen, da er durch die wirtschaftlichen Schwierigkeiten seiner Firma gezwungen war, die Rechte für 30.000$ zu veräußern. Weitere Patentstreitigkeiten wurden zugunsten der IBM entschieden. Hebern musste das kommerzielle Schicksal von Vernam teilen.

Ein weiterer amerikanischer Kryptologe war William Frederick Friedman. Er kam 1920 zum Army Signal Corps, wurde ab 1922 als Kryptologe eingesetzt und leitete dann ab 1929 den Signal Intelligence Service (SIS). Er veröffentlichte verschiedene Bücher, u.a. eine Lösungsmöglichkeit für die Wheatstone'sche Schlüsselmaschine (Zeigertelegraf). Er entwickelte weiterhin den Kappa-Test zur Lösung der komplexesten modernen Chiffren, während sein Assistent Dr. Solomon Kullback 1935 den dazugehörigen Chi- und Phi-Test schuf. Ferner verbesserte Friedmann die Schlüsselmaschinen M-94, M-134-C, M-228 und M-325. Er wurde zu einem Pionier der statistischen Methoden, sein größter Erfolg war aber die Entschlüsselung der japanischen Schlüsselmaschine PURPLE. Der Stress kostete ihn dabei seine Gesundheit. Doch auch die Sowjets hatten die PURPLE entziffert, wobei Sergei Tolstoy großen Anteil hatte. Nicht zuletzt entzifferten auch die deutschen Kryptologen die Übermittlungen des japanischen Botschafters Oshima von Berlin nach Tokyo unter Leitung von Erich Hüttenhain.

Weitere Personen aus der amerikanischen Kryptologie waren Frank B. Rowlett und Abraham Sinkov. Nach etwa 20 Monaten an intensiver Vorarbeit gelang es dem Mathematiker Rowlett und seinem Team im Presidio in San Francisco den japanischen Diplomatencode am 21. September 1940 zu entziffern. Bei den weiteren Arbeiten waren dann die ersten US-Dechiffriermaschinen behilflich, welche wie die japanischen Schlüsselmaschinen, mit Hebdrehwählern arbeiteten.

Die SIGABA mit 5 Walzen (auch ECM für Electrical Enciphering Machine) begann 1935 als gemeinsames Projekt M-134-A (SIGMYC) der US-Armee, in der Weiterentwicklung kam die M-134-C (SIGABA), die in der US-Navy als CSP-888 bzw -889 (ECM Mk. III) verwendet wurde. 1938 kamen die ersten Maschinen mit zehn auswechselbaren Walzen in die Truppen. Während die Luftwaffe und das Marinekorps die Maschine übernahmen, erhielten auch die Special Liasion Units eine Anzahl der Schlüsselmaschinen und sie blieb bis in die 60er im Einsatz.

Welche Bedeutung die Maschine für die Alliierten hatte, kann an einem Vorfall verdeutlicht werden. Am 3. Februar 1945 suchte die gesamte 6. Armee des Generals Jacob L. Devers nach einer abhanden SIGABA. Zwei Fahrer hatten befreundete Französinnen bei Colmar besucht und ließen den LKW mit den drei Safes der Maschinen unbeaufsichtigt. Schließlich wurde sogar der General Fay B. Prickett zur Leitung der Suche von General Eisenhower abgestellt. Ein Bauer hatte sich den LKW der 28. Infanterie-Division ausgeliehen sich der Safes entledigt, von denen zwei am Ufer der Giessen gefunden wurden. Der Fluss wurde aufgestaut, das Flussbett umgegraben und am 20. März 1945 fand man dann auch den dritten Safe und die Suche konnte beendet werden.

Entwicklung der Schlüsselmaschine ENIGMA

Die Faszination den diese Schlüsselmaschine heute noch auf die Menschen ausüben kann, liegt in ihrer Geschichte und dem zivilen und militärischen Einsatz in vielen Staaten begründet, speziell aber in der Nutzung in allen Waffengattungen der Wehrmacht. Die Möglichkeiten der alliierten Entzifferung der mit der ENIGMA (griechisch "Rätsel") verschlüsselten Nachrichten gehört wohl zu den, am besten gehüteten, Geheimnissen der Alliierten, vor allem in Bezug der Einsatz der U-Boote in der Kriegsmarine.

Über den Einsatz der deutschen Schlüsselmaschine ENIGMA und ihre Entzifferung wurden nach dem Krieg mehrere Filme gedreht, aus der damaligen Sammlung der Marinefernmeldeschule (MFmS) wurde jeweils eine ENIGMA-M-4 für die Verfilmung von "Das Boot" von Lothar Buchheim an die Bavaria-Filmstudios und an die Redaktion Zeitgeschichte des ZDF für eine Dokumentation über den Admiral Canaris ausgeliehen bzw. die Dreharbeiten fachlich unterstützt, während für die Serie „The Battle in the Atlantic" der BBC z.B. Schlüsselunterlagen und Codes auf wasserlöslichem Papier zur Verfügung gestellt wurden.

An dem Prinzip einer elektromechanischen Verschlüsselung mittels eines Walzensystems forschten sowohl Vernam und Hebern als auch der Holländer Hugo Alexander Koch und der deutsche Arthur Scherbius. Koch erhielt am 7. Oktober 1919 das Patent Nr. 10.700 für seine "Geheimschriftmachine", aber auch er hatte keinen Erfolg in der Vermarktung und seiner Firma. Koch hatte von Hebern unabhängig die Entwicklung in seinem Ingenieurbüro Securitas vorangetrieben, aber allem Anschein nach nie ein funktionstüchtiges Gerät gebaut, an dem man auch in der Praxis die Funktion hätte überprüfen können. Beide Erfinder arbeiteten mit dem Rotor- bzw. Walzenprinzip und mit einem Zählwerk.

Am 23. Februar 1918 hatte Arthur Scherbius (Schiffbauerdamm 30, Berlin N.W. 6, Wilmersdorf) beim Reichspatentamt sein Patent Sch-52638-IX/42n für eine Schlüsselmaschine angemeldet. Zusätzlich kaufte die Patentrechte von Koch auf und integrierte seine Ideen in die Entwicklung der Maschinen bei seiner Chiffriermaschinen AG in Berlin (gegründet am 24. August 1923). Die vorhergehenden Maschinen schalteten die Walzen fast immer in regelmäßigen Schritten weiter, was in der Kryptologie keine Sicherheit bot. Scherbius hatte das Problem einer ungleichmäßigen Fortschaltung der Chiffrierwalzen gelöst. Dem Reichsmarineamt, Abt. D II., wurde ein Preis von 4.000 bis 5.000 Reichsmark bei einer Lieferzeit von 8 Wochen für die ENIGMA genannt.

Doch auch für Arthur Scherbius gingen die Geschäfte nicht gut, da weder die Reichsmarine noch das Auswärtige Amt Interesse am Ankauf zeigten und der Absatz im zivilen Bereich den Bestand der Chiffriermaschinen AG nicht sichern konnte, die am 5. Juli 1934 schließen musste. Dr. Rudolf Heimsoeth und Else Rinke übernahmen daraufhin die Fertigung und mit der Machtergreifung der Nationalsozialisten, begann ihr Geschäft zu florieren. Bis Kriegsende wurden von Gesellschaft Heimsoeth & Rinke mehr als 100.000 zivile Modelle verkauft und in der Wehrmacht wurden 1939 etwa 20.000, bis 1945 bis maximal 40.000 der militärischen Versionen eingesetzt.

Für die militärischen Verwendungen in der Wehrmacht erhielt die ENIGMA-G zusätzliche Tauschmöglichkeiten durch Stecker an der Frontseite, welches die ENIGMA-I bzw. ENIGMA "Eins" (Einführung 1. Juni 1930) des Heeres darstellte. Experten des O.K.W./Chi schätzten die Verschlüsselung als nicht sicher genug für die militärischen Zwecke ein und hatten Änderungen gefordert, was ein Hinweis darauf ist, dass die deutschen Experten die ENIGMA in einem wesentlich anderen Licht sahen, als beispielsweise die obersten militärischen Führungsebenen der Wehrmacht.

Obwohl sich Kriegsmarine, Heer und Luftwaffe in den Entwicklungen der ENIGMA durch Weisungen des Oberst Feldgiebel 1934 annäherten, konnte keine einheitliche Maschine für die gesamte Wehrmacht gefunden werden. Speziell die Marine erhöhte die Anzahl der Walzen aus dem ursprünglichen Walzensatz von zunächst 3 auf 5 bzw. 7 und später dann 8 (1934, 1938, 1939). Doch auch Heer und Luftwaffe, welche die Wehrmacht-ENIGMA (die ENIGMA "Eins") verwendeten, variierten ihre Maschinen unabhängig voneinander. Das Heer führte erst am 15. Dezember 1939 die Walzen IV und V ein. Der Rotor IV schaltete die linke Walze bei Buchstabe K, Rotor V bei Buchstabe V, während Walzen VI, VII und VII der Kriegsmarine mit zwei Kerben bei den Buchstaben M und Z weitergeschaltet wurden.

Bei den Kriegsschiffen, im Bodenverkehr der Luftwaffe und bei den mittleren Stäben des Heeres wurde unnötiger Weise eine sehr große Zahl von Nachrichten mit der ENIGMA verschlüsselt, deren über Funk in Morsecode übermittelten Buchstaben im Heer und Luftwaffe in Fünfergruppen, in Marine hingegen in Vierergruppen, zusammengesetzt wurden. Unterhalb der Ebene der Divisionen waren hingegen noch Handcodes üblich, von denen der Doppelwürfel- und der Rasterschlüssel die bekanntesten waren. Es gab zwar auch Handschlüssel mit Zahlengruppen, aber die meisten deutschen Hand- und Maschinencodes benutzten nur die 26 Buchstaben des Alphabets, Zahlen wurden dann ausgeschrieben. Der Raster-Handschlüssel wurde erst 1944 eingeführt und mit den Handcodes von allen Heeres-Dienststellen unter der Regimentsebene täglich benutzt. Einfache Signaltafeln für die Flugzeuge und kleinere Schiffe dienten der schnellen Kommunikation im Gefecht (z.B. die Auka-Tafeln für Aufklärer und Kampfflieger). Dem Doppelwürfelverfahren wurde von polnischen Experten eine Sicherheit bescheinigt. Bei der Beschreibung ihrer Tätigkeit in England berichten die Polen, dass ihnen die Dechiffrierung von etwa 25% der erfassten Handschlüssel der deutschen Polizeieinheiten gelang. Wie in der Zeitschrift Cryptologia beschrieben, gelang es in England nur recht selten, den 1944 eingeführten Rasterhandschlüssel zu lösen, doch der einfach wirkende manuelle Schlüssel war gegen Kriegsende sicherer, als die sehr komplexen Varianten der Schlüsselmaschine ENIGMA.

Heer und Luftwaffe benutzten zumindest einheitliche Schlüsselvorschriften. Ein Punkt wurde als X geschrieben und es galt auch als Worttrennung. Das Komma wurde zum Y und das Fragezeichen übermittelt als "XFRAGEX". Die Umlaute wurden zu "AE", "UE", "OE", ein "ß" zu "SZ" und für "CH" und "CK" wurde ein "Q" gesetzt. Im Marineschlüssel "M" gab es aber Abweichungen, denn das "J ... J" wurde zum Hervorhebungszeichen und eine Frage mit "UD" gestellt. "XX" war Doppelpunkt, "KK ... KK" stand für die Klammerzeichen und der Binde/Bruchstrich war "YY". Die Marine benutzte für Leitstellen-Rufzeichen auch die Umlaut-Morsezeichen und Teile des griechischen Alphabets. Die Kriegsmarine verwendete teilweise andere Q-Gruppen und funkte grundsätzlich in vierstelligen Buchstabengruppen, während die Luftwaffe, Heer und andere Dienste die Buchstaben in Fünfergruppen zusammenschrieben. Die Kriegsmarine benutzte Schlüssel- und Kenngruppenbücher um die Schlüsselgrundeinstellung der ENIGMA und wichtige Spruchteile ein zweites Mal zu verschlüsseln, welche dann auch häufig gewechselt wurden. Diese Umstände erschwerten die Kommunikation zwischen den Streitkräften zusätzlich und verleiteten auch zu Fehlern, die nur durch Wiederholung der Funksprüche neutralisiert werden konnten.

Die zweite Verschlüsselung bot bei der ENIGMA aber keine höhere Sicherheit, selbst wenn sie korrekt durchgeführt wurde, sondern sie diente vielmehr der Geheimhaltung bestimmter Nachrichten vor der eigenen Besatzung und der Truppe bzw. dem Funkpersonal. Im ersten entschlüsselten Text darf dabei kein Klarwort, d.h. nicht verschlüsselter Text, auftauchten und der zweite Schlüssel hatte höherwertig als der der ENIGMA sein müssen, wenn es auch für die gegnerische Entzifferung eine Erschwernis sein sollte. Das Funkpersonal war den Entzifferungsdiensten oft ungewollt hilfreich, indem am Beginn des Funkspruches Klartexte eingebaut wurden (z.B. „nurxfuerxoffizierx").

Der Funkspruch wurde im Klartext in Vierer-/Fünfergruppen auf der rechten Seite des Schlüsselzettels eingetragen. Am Anfang wurden die Buchgruppen eingetragen, die aus der Schlüssel- und der Verfahrenskenngruppe bestanden und die frei aus Tafeln gewählt werden konnten. Diese wurden mit einer Zweiertauschtafel (z.B. Quelle: AA=TN, AB=KH ... usw.) verschlüsselt und als Funkkenngruppen in die erste und zweite Zeile und die vorletzte und letzte Zeile des Funktextes eingetragen. Da keine Zahlen auf der

Tastatur der ENIGMA sind, mussten diese bei der Übermittlung in Buchstabenfolgen nach einem festgelegten Schlüssel verschlüsselt werden. Die Folge XQWEX entsprach dann z.B. 123, wobei X wieder die Kennung am Beginn und Ende einer Zahl war. Die Übermittlung der Zeichen erfolgte über Funk im Morsecode. Der Spruchschlüssel begann mit dem Tagesschlüssel (z.B. "M"-Allgemein) und den vier bzw. fünf Buchstaben der unverschlüsselten Verfahrenskenngruppe. Der Spruchschlüssel wurde auf dem Schlüsselzettel vermerkt, zur Verschlüsselung des Klartextes wurde der Spruchschlüssel eingestellt und mit der Verschlüsselung begonnen. Für besondere Nachrichten gab es noch Vorverschlüsselungen nach Verfahren wie z.B. Offizier, Stab und Schlachtschiff, U-Booten u.v.m..

Die ersten Modelle der ENIGMA waren den Schreibmaschinen noch sehr ähnlich, hatten ein Tastenfeld mit 26 Buchstaben, das über 26 Leitungen entsprechende Buchstaben zum Aufleuchten brachte. Die Leitungen wurden über ein horizontal gelagertes Kontaktwalzensystem mit 4 bzw. 5 Walzen (Umkehrwalze) geschleift. Jeder der 26 Buchstaben der Tastatur wurde einzeln gedrückt, durchlief einen der 26 Kontakte jeder Walze, über die Umkehrwalze und nun die umgekehrte Walzenfolge auf anderem Wege zurück. Bei den militärischen Versionen liefen die Signalleitungen später zusätzlich über das Steckerbrett mit 26 Doppelbuchsen, die ebenfalls mit Buchstaben bezeichnet waren. Das Steckerbrett war nur aktiv, wenn eine entsprechende Leitung eingesteckt wurde, ansonsten wurde das Signal nur durchgeschleift. Der Doppelstecker trennte den Kontakt und die zwei Leitungen leiteten das Signal auf den nächsten gesteckten Anschluss. Die zu setzenden Steckverbindungen waren dem Tagesschlüssel zu entnehmen.

Das Schlüsselverfahren gliederte sich in die innere und die äußere Einstellung der Walzen, der Steckverbindungen und die Vorbereitung und Verschlüsselung des Funkspruches. Für eine Entschlüsselung des Funkspruches mussten diese Einstellungen in ihrer Ausgangposition wiederhergestellt werden. Aus den ersten und letzten beiden Gruppen des Funkspruches, die identisch waren, wurde mithilfe der Tauschtafel die Verfahrenskenngruppe und die Schlüsselkenngruppe gewonnen. Die Verfahrenskenngruppe wurde mit dem an der Maschine einzustellenden Tagesschlüssel entschlüsselt und ergab den Spruchschlüssel. Nach Einstellung des Spruchschlüssels konnte der Funkspruch entschlüsselt und auf dem Schlüsselzettel auf der rechten Seite eingetragen werden. Die innere Einstellung konnte nur nach Öffnen des Deckels mit einem Sicherheitsschlüssel vorgenommen werden, was die Aufgabe des Funkoffiziers oder einer beauftragten Person war. Zunächst waren die Walzen gemäß des Tagesschlüssels auszuwählen und die Ringe entsprechend einzustellen. Dann wurden die Walzen in der festgelegten Reihenfolge auf den Walzenbolzen aufgesteckt und der Walzensatz eingelegt. Anschließend wurde der Deckel verschlossen und die äußere Einstellung mit dem setzen Verbindungen der Stecker und der Einstellung der Walzen gemäß des Tagesschlüssels abgeschlossen (z.B. der Standard "A"-"N"-"X" bei den Walzen und (1/18) (2/19) (7/25) usw. für die Steckverbindungen.

Würden die Walzen und das Steckerbrett das Signal direkt schalten, gäbe es eine einfache Vertauschung allein durch die Umkehrwalze, also einen einfachen "Cäsar". Da die Walzen aber nach jeder Betätigung ihre Stellung zueinander verändern und außerdem nicht linear durchgeschaltet wurden, wurde jedes Mal ein anderer "Cäsar" benutzt. Dadurch wird die Häufigkeit von bestimmten Buchstaben in einer Sprache aufgehoben. Eine polyalphabetische Verschlüsselung war mechanisch umgesetzt, welche in der damaligen Zeit keine mathematische oder technische Möglichkeit zur Entzifferung bot. Die Umkehrwalze wurde fest installiert und auf einer Seite mit Kontakten für den Ein- und Ausgang des Signals bestückt. Die anderen drei bzw. vier Walzen konnten mit verschiedenen Ausführungen ausgetauscht werden und hatten einen einstellbaren Klemmring mit ein oder zwei Nuten, der die Stellung der Kontakte gegenüber dem äußeren Buchstabenring veränderbar machte und was zusätzliche Schlüsseloptionen ermöglichte. In die Nuten konnte ein Rasthebel einfallen, der die Fortschaltung um einen Schritt nach jeder Betätigung veranlasste. Die erste, rechte Walze drehte sich bei jeder Betätigung, die folgende Walze wurde aber erst beim Einrasten des Hebels in die entsprechende Kerbe weitergeschaltet. Bei einer Kerbe konnte sich eine Walze also maximal 26-mal zur bis Fortschaltung der folgenden Walze drehen, bei zwei Kerben in dieser Walze nur maximal 13-mal. Ob dieses Maximum erreicht wurde, hing wieder von der jeweils eingestellten Schlüsseleinstellung ab.

Ermöglicht der Spalten-"Cäsar" max. 26 verschiedene Tauschalphabete (bei 26 Buchstaben), werden mit drei Walzen und einer Umkehrwalze in der zivilen Ausführung 16.900 Tauschalphabete erreicht, wonach sich die Maschine wieder in der Ausgangslage der Einstellungen befand und sich erst wiederholte, also ein rekurriertes Verfahren.

Bei drei drehbaren Walzen der ENIGMA gab es drei Buchstaben (oder Zahlen) in Folge als Schlüsseleinstellung. Während die Marine die Schlüsselwalzen mit Buchstaben kennzeichnete, verwendeten Heer und Luftwaffe die Zahlen von 1 bis 26 sowie die zwei Umkehrwalzen "B" und "C". Eine Walze ergab 26 verschiedene Starteinstellungen, zwei Walzen hintereinander 26-x-26 = 676, drei Walzen entsprechend 17.576 und vier Walzen 456.976 unterschiedliche Startpositionen. Durch Tausch der zehn verschiedenen Walzen (täglich, später im 8-Stunden-Rhythmus), Verstellung der Ringe an den ersten drei Walzen (ab ENIGMA-M-Ausführung) und durch die maximal dreizehn möglichen Verbindungen der Stecker erhöhte sich die Periode auf eine für damalige Zeiten nicht mehr lösbaren Anzahl von Möglichkeiten und für die 3-Walzen-ENIGMA wurde ein theoretischer Wert von 1024 bis 1025 Tauschalphabeten erreicht. Doch viele Verdrahtungsmöglichkeiten waren ungeeignet (z.B.: ABCDEFG... zu ABCMEFG...), wodurch sich die möglichen Kombinationen zwangsläufig verringerten. Trotzdem würde ohne Kenntnis des verwendeten Schlüssels ein Vergleich der Kombinationen selbst mit der heutigen Computer wegen der notwendigen manuellen Eingabe aller abgehörten Funksprüche eines Tages bzw. innerhalb der 8-Stunden-Rhythmen, mehrere Stunden in Anspruch nehmen.

Erfahrene Funker der Kriegsmarine kannten für die ihnen nicht zugänglichen Nachrichten (z.B. im Schlüssel "Offizier") aber auch kleine Tricks für "bordeigene Entzifferungsmaßnahmen". Durch die Fortschaltung der Walzen der ENIGMA zur Ver- und Entschlüsselung nach jeder Betätigung und der umkehrbare Funktion, konnte ein Funker die Nachrichten im Schlüssel "Offizier", die nur von einem Offizier mit dem ihm bekannten Schlüssel gelöst werden konnten, eventuell später selbst entschlüsseln. Meist gab der Offizier nach der Entschlüsselung des Funkspruches die ENIGMA zurück ohne die letzte Walzenstellungen wieder zu verändern. Nun konnte der Funker die Nachricht entziffern, indem er die Buchstaben des verschlüsselten Textes abzählte und die Walzen entsprechend dieser Zahl zurückdrehte. Unter der Beachtung der Weiterschaltung durch die Nuten, die beim Zurückdrehen nicht aktiv werden, konnte die entsprechende Grundeinstellung wiederhergestellt und der verschlüsselte Text vom Bordfunker entziffert werden.

Nutzung der ENIGMA in der Kriegsmarine bis 1945 (Marineschlüssel und U-Boot-Funkverkehr)

Das Modell-A der ENIGMA wurde 1923 erstmals in Bern und 1924 auf dem Weltpostkongress in Stockholm ausgestellt und hatte noch die Größe und das Gewicht einer damaligen Registriermaschine. Das Modell-B folgte 1925 und war nun von der Größe einer herkömmlichen Schreibmaschine. Durch die Gangfortschaltung der Walzen war bei den ersten Maschinen zunächst nur eine Periode von 53.295 Tauschalphabeten möglich, doch dies änderte sich 1926 bei Modell-C und -D. Die Modellpalette reichte im zivilen Bereich noch bis zum Modell-K.

Bei den ersten beiden Modellen erfolgte ein Abdruck der 5er-Gruppen des Klar- bzw. Schlüsseltextes automatisch. Bei den Versionen C und D wurde die Schreibvorrichtung durch ein Lampenfeld ersetzt, das eine manuelle Umsetzung erforderte, dafür aber weniger Störungen verursachte. Alle diese Modelle wurden ausschließlich kommerziell vertrieben und außer in Deutschland nach Japan, Italien, Spanien, England, den USA und andere Staaten exportiert. So legte die deutsche Schlüsselmaschine gleichzeitig z.B. die Grundlage der Kryptogeräte und der Entzifferung in den amerikanischen, britischen und japanischen Streitkräften. Die ENIGMA war in diesem Sinne kein Rätsel, denn man konnte durch Vergleiche der verschlüsselten militärischen mit den zivilen Nachrichten Rückschlüsse ziehen. Aus den gewonnenen

Erkenntnissen entstand eine britische Variante in der Schlüsselmaschine TYPEX (TYPE-X), die in der Schlacht im Atlantik auf der Seite der Alliierten eine ähnliche bedeutende Rolle, wie die der ENIGMA-Maschinen bei der Wehrmacht übernahm.

Der Entwicklungsbeginn dieser, der ENIGMA sehr ähnlichen Maschinen, reicht ins Jahr 1926 zurück, als Wing Commander O.G.W.G. Lywood aus der Royal Airforce Signal Division dem Cypher Commitee einen Vorschlag zu einer verbesserten Version der kommerziellen deutschen ENIGMA-Maschine machte. Die direkte Kopie der deutschen Schlüsselmaschine wurde aber vermieden und in einem Team um Flight Lieutenant J. C. Coulson, Sergant A. P. Lemmon und E. W. Smith wurde in Kidbrooke/Oxfordshire im August 1934 die Konstruktion der TYPEX begonnen, deren Prototyp im April 1935 der Royal Airforce vorgestellt werden konnte und die dann etwa 30 TYPEX Mk. I bis Anfang 1937 erhielt. Im Februar 1937 begann die Arbeit an der Version Mk. II, die dem Cypher Commitee im Juni 1938 vorgestellt wurde und das unverzüglich 350 Maschinen für Test und Verwendung in der Admiralität bestellte.

Im Oktober 1939 wurden vom Kriegsministerium 207 und von der Royal Navy 350 Maschinen gefordert, doch die ersten Maschinen konnten erst 1940 an die Marine ausgeliefert werden und bis März 1941 wurde nur eine Zahl von 168 Schlüsselmaschinen, aus einer Gesamtproduktion von etwa 850, erreicht. Pro Woche konnten nun ungefähr 18 TYPEX gefertigt werden und aus den zwei hauptsächlich verwendeten Modellen Mk. II und Mk. VI kamen bis Juni 1940 etwa 500, bis Ende 1942 etwa 2.400, bis Dezember rund 4.000 und bis Mai 1944 schließlich 5.500 Geräte zu den britischen Streitkräften. Werden alle Versionen berücksichtigt, so wurden ca. 12.000 TYPEX bis Kriegsende gebaut.

Es wurden zwar genügende Stückzahlen der TYPEX für die Ausstattung der Royal Navy geliefert, es wäre aber in den Jahren 1942/43 für Großbritannien unmöglich gewesen, auch die US-Marine und die kanadische Marine damit im Atlantik entsprechend auszustatten. Andererseits hätte man auch gerne die amerikanische Electric Cypher Machine (ECM) Mk. II eingeführt. Diese war die modernste Schlüsselmaschine aufseiten der Alliierten, aber es war ausschließlich US-Personal erlaubt die SIGABA überhaupt zu Gesicht zu bekommen. Selbst als das OP-20-G empfahl, die ECM dem britischen Militär zugänglich zu machen, wurde vom Kommandeur der US-Flotte, Admiral Ernest King, in Rücksprache mit General George Marshall, der Vorschlag abgelehnt. Bis Oktober 1943 waren selbst die USA lediglich in der Lage ca. 4.550 ECM Mk. II und SIGABA herzustellen, was für eine zusätzliche Ausrüstung der britischen Schiffe nicht ausgereicht hätte. Hauptgrund der Ablehnung war aber trotzdem die Geheimhaltung der US-Streitkräfte gegenüber den Verbündeten.

Die TYPEX verwendete insgesamt fünf Walzen, von denen sich insgesamt drei während einer Buchstabenverschlüsselung bewegten. Sieben Walzen gehörten zum Maschinensatz und waren zum Austausch vorgesehen, doch wurden schnell zehn Walzen zum Standard, was etwa 30.000 Kombinationen in einer Anordnung erlaubte, mit der späteren Möglichkeit die Walzen auch umzukehren sogar 970.000. Im Gegensatz zur herkömmlichen ENIGMA-Maschine ohne Zusatz druckte die TYPEX alle eingeben Zeichen gleichzeitig auf einen Papierstreifen. In den gesamten britischen Streitkräften gab es außerdem zwischen 180 und 250 verschiedene Typen der TYPEX-Walzen, die Maschine war im Vergleich zur ENIGMA generell sicherer und wurde mit größerer Beachtung der Vorschriften und Vermeidung von Fehlern in der Bedienung genutzt.

Mehrere TYPEX gingen in Dünkirchen und Nordafrika verloren und es gibt Hinweise, dass auch im Mai 1944 zwei davon von deutschen Torpedobooten bei der Insel Quessant vor Brest von der HMCS ATHABASKAN erbeutet worden sind. Doch unternahmen die deutschen Kryptologen nie wirklich ernsthafte Anstrengungen, in dieses Schlüsselverfahren einzudringen. In Deutschland wurde nie der Versuch unternommen die aufgefangenen Chiffren der TYPEX zu entschlüsseln, obwohl sie als der ENIGMA ähnlich identifiziert wurde. Ausgehend von der ENIGMA und den personellen und technischen Möglichkeiten erkannte man, dass dies zu diesem Zeitpunkt nicht Erfolg versprechend war, da die technischen und personellen Ressourcen nicht vorhanden waren. Nach den alliierten Experten wäre die Verschlüsselung der Maschine bei einer Einführung vor Kriegsbeginn vermutlich durch die deutsche Entzifferung gelöst worden, denn obwohl die Fehler der ENIGMA vermieden wurden, war auch die TYPEX nicht ohne eigene Probleme geblieben, die über kurz oder lang zu einer Entzifferung geführt hätten. Durch die vernachlässigte Prüfung auf ihre Kryptosicherheit und die unter Druck erfolgte Einführung während des Krieges wurden Fehler erst 1944 festgestellt. Zu diesem Zeitpunkt konnte die deutsche Entzifferung jedoch nur noch geringen Einfluss auf das Kriegsgeschehen nehmen, selbst wenn eine Entzifferung der TYPEX gelungen wäre, waren keine militärischen Kräfte mehr vorhanden die man mit den gewonnenen Informationen zum Vorteil hätte einsetzen können.

Insgesamt setzte die Marine Großbritanniens nicht weniger als 25 Hand- und zwei Maschinenverfahren in der Verschlüsselung ein. Am 23. Januar 1943 erfolgte eine generelle Warnung an die englischen Marineoffiziere, dass deutsche Stellen möglicher Weise die Naval Cypher mitlesen konnten. Die zu einem großen Teil, in der Oxford University Press gedruckten Dokumente der Schlüssel, wurden, auch tatsächlich vom B-Dienst gelöst, bis die häufigen Wechsel und zusätzliche Sicherungen auch hier langsam zu einem relativ sicheren Nachrichtenverkehr führten. Den im Januar 1944 neu eingeführten Schlüssel konnte der B-Dienst nicht mehr lösen, obwohl 250 Leute mit dem Problem beschäftigt wurden und zusätzlich von der HMCS ATHABASKAN im April 1944 eine Ausführung des Schlüssels geborgen werden konnte. Die Royal Navy blieb bei der Handverschlüsselung durch ihre Codebücher und führte erst 1943 die die Combined Cypher Machine (CCM) der US- und kanadischen Marine ein, die auf der Technik der SIGABA basierte.

Die Amerikaner bauten 1933 ihren ersten Geheimschreiber nach den Ideen von Hebern, Friedmann und Rowlett. Die "Electronic Cypher/Coding Machine" (ECM) wurde als Version der SIGABA bzw. M-134C bekannt und auch auf dem Transatlantikkabel zwischen Washington und London verwendet. Ab 1941/42 waren die Airforce sowie die US-Marine entweder mit der ECM oder der auf die TYPEX adaptierten Variante CCM ausgerüstet worden.

Nachdem auch die ECM Mk. II nicht den englischen Streitkräften zur Verfügung gestellt wurde, verständigte man sich darauf zumindest die ECM und die TYPEX kompatibel zu machen um den Informationsaustausch zu erlauben. Daraus entstand die Combined Cypher Machine (CCM), deren Bauteile alle in den USA hergestellt werden mussten, da die britischen Fachkräfte schon völlig mit der Herstellung der TYPEX ausgelastet waren. Die Produktion begann im Dezember 1942, aber es dauerte noch bis zum 1. November 1943, bevor etwa 250 Schiffe der englischen und kanadischen Marine sie erstmals im Atlantik verwenden konnten. Bis Ende 1943 wurden etwa 2.200 TYPEX-Adapter und 114.000 CCM-Walzen an die britischen und englischen Stellen geliefert, während 1.525 ECM-Adapter an die US-Marine im Atlantik ging. Zusätzlich wurden etwa 500 konvertierte ECM (CCM Mk. II) dann doch an die Engländer und Kanadier sowie 100 an die US-Marine ausgeliefert. Die CCM wurde ab dem 20. April 1944 in der Royal Navy verwendet, doch schon hier ist an der Anzahl und dem Zeitpunkt ersichtlich, dass ihr Einsatz nicht mit dem der ENIGMA vergleichbar war.

Im April 1944 war die CCM in allen britischen und amerikanischen Streitkräften für die sichere Kommunikation verfügbar und die deutschen Stellen begannen ab diesem Zeitpunkt, das aufgefangene Funkmaterial mittels Hollerith-Maschinen auszuwerten. Die Alliierten hatten dabei das Glück auf ihrer Seite, den OP-20-G stellte 1944 fest, dass die Maschine nicht sicher war und unter bestimmten Bedingungen und Tageseinstellungen eine Entzifferung auf deutscher Seite möglich war. Wäre den deutschen Entzifferungsdiensten zu diesem Zeitpunkt ein noch Einbruch gelungen, hätte es für die Invasion und den Kriegsverlauf an der Westfront allerdings tatsächlich noch schwerwiegende Folgen haben können.

1952 führte die NATO das Nachfolgemodell der CCM, die Schlüsselmaschine "AJAX", ein. Auch die polnische ENIGMA-Version "Lacida" benutzte die Umkehrfunktion nicht und eine weitere Variante der ENIGMA wurde in der Nachkriegszeit mit sieben Walzen und einer festen Umkehrscheibe von der italienischen Firma

Ottico Meccanica Italiana (OMI) gebaut und vertrieben. In Japan entstand aus den importierten ENIGMA-Maschinen z.B. auch die elektromechanische Schlüsselmaschine PURPLE, aus den Schweizer Variationen bzw. den 5- und 10-Walzen-ENIGMA-Prototypen wurde die NeMa von 1947 abgeleitet und auch die amerikanische SIGABA und ihre Nachfolger (z.B. H-54 sowie KL-7) basierten auf dem Walzenprinzip.

Die ENIGMA-C wurde von der Reichsmarine im Februar 1926 eingeführt und nach dem Modell erhielt der Schlüssel die Bezeichnung Funkschlüssel-C, womit sie als weltweit erste Streitkraft ihr Schlüsselverfahren elektromechanisch erzeugte. Kurz darauf begann aber auch das schwedische Heer mit der Nutzung der ENIGMA. Das deutsche Heer folgte mit der Einführung erst am 15. Juli 1928, die Luftwaffe sogar erst 1935. Das langsame und mit Fehlern des Personals behaftete Handschlüsselverfahren war in der Wehrmacht durch die schnelle und sichere maschinelle Verschlüsselung ersetzt. Mit der Umstellung auf die ENIGMA-M (M-1) kam 1934 der Funkschlüssel-M und zu den austauschbaren Walzen Nr. I-V wurden die seit 1930 beim Heer eingeführten 26 Steckerbuchsen vor dem Tastenfeld eingeführt. Mit den 13 Doppelsteckern konnte die Anzahl der Ausgangsstellungen des Spruchschlüssels erheblich vergrößert werden. Die zusätzlichen Walzen Nr. VI und VII wurden 1938 eingeführt, kurz vor Kriegsausbruch die Walze Nr. VIII.

Neben der ENIGMA gab es weitere Möglichkeiten die Nachrichten weiter mit Handschlüsseln zu verschlüsseln, doch Flexibilität war in der Kryptologie keine Stärke der Streitkräfte – weder damals noch heute. Während einem der Höhepunkte in der Schlacht im Atlantik, dem Jahr 1943, gab es eine große Zahl von alternativen Möglichkeiten zum Maschinenverfahren der ENIGMA. Es gab immer noch Hand- und Kenngruppenverfahren mit Schlüsselmitteln der V-Schiffe in Übersee, der Handelsschiffe, Fischereifahrzeuge oder Dienststellen außerhalb der Kriegsmarine.

Die Schlüssel-M unterschieden sich in M-Allgemein, M-Offizier und M-Stab (spezielle Festlegung war nach Unternehmungen möglich), was festlegte, wer die Funksprüche ver- bzw. entschlüsseln bzw. das Schlüsselmaterial handhaben durfte. Die Vielzahl der eingesetzten Schlüssel-M wurden mit den erweiterten Möglichkeiten der ENIGMA M-4 erhöht. Der Einbruch in den U-Boot Sonderschlüssel „Thetis" ermöglichte es den Alliierten die U-Boote von den ersten Übungsfahrten bis zur Übergabe zum Einsatz zu verfolgen. Für OKW, Abteilung Ausland/Abwehr wurden laufend Schlüsseltafeln für mehrere Verkehrskreise hergestellt (Chiffriermaschine "Dora"?) und für jeden Verkehrskreis wurden Umkehrwalze und Chiffrierwalzen anders geschaltet.

Funkspruchschlüsselbereiche der ENIGMA

- "Hydra" in heimischen Gewässern, Allgemein, Offizier, Stab
- "Aegir" in außerheimischen Gewässern, Allgemein, Offizier, Stab
- "Triton" für Front-U-Boote, Allgemein, Offizier
- "Potsdam" in der Ostsee, Allgemein, Offizier
- "Neptun" bei Unternehmungen der Kernflotte, Allgemein, Offizier, Schlachtschiff
- "Süd" im Mittelmeer und Schwarzmeer, Allgemein, Offizier, Stab
- "Bertok" für den Funkverkehr zwischen Berlin-Tokio von OKM, Allgemein, Offizier
- „Schiffsonderschlüssel 100 HSK und Trossschiffe in außerheimischen Gewässern, Allgemein", für Offizier
- Schiffsonderschlüssel (Nr.), individueller Schlüssel M für jedes in außerheimischen Gewässern operierende Kriegsschiff, Allgemein, Offizier mit individueller Nummer
- U-Boot Sonderschlüssel bei taktischen Übungen der U-Boote, ab 1. März 1943 neu als „M Thetis", ab Feb. 1945 der individuelle Schlüssel jedes U-Bootes, Allgemein
- TS Schlüssel bei Torpedo-Schießübungen, ab 1. April 1943 neu als „M Sleipnir", Allgemein

Verwendung von Schlüsselbüchern

- Funkspruch, "Berta-Berta", als Klartext nach Spruchschlüsseltafeln FdS, durch festgelegten Spruchschlüssel (wird durch Zahl bis 20 bezeichnet) entfielen Anfangs- und Kenngruppen, Mitnahme des Kurzsignalbuches und der Tauschtafeln war deshalb nicht erforderlich.
- Flottenfunksignale, "Alpha-Alpha", Signalbuch der Kriegsmarine, die Spruchschlüssel (Signalschlüssel, mit Zahl bezeichnet) wurden dem Funksignalschlüssel entnommen, der 15 Tafeln enthielt.
- Kurzfunksignale "ßß", Kurzsignalheft 1941, für jeden Bereich waren für 2 Tage eine Anzahl Spruchschlüssel (durch Kenngruppe bezeichnet) vorgesehen.
- Ortungsfunksignale "Epsilon-Epsilon", Ortungssignalheft Nord-West, Spruchschlüssel wurde nach Zahl bezeichnet
- Wetterfunkkurzsignale "WW", Wetterkurzschlüssel, Spruchschlüssel wurde nach Buchstaben bezeichnet

Sprechfunk-Schlüssel

- Spruchschlüssel wurden dem Funksignalschlüssel für den Funksignaldienst entnommen und die verschlüsselten Buchstaben des Textes in Sprache übermittelt. Durch Verdopplung des dritten Signalschlüsselbuchstabens erhielt man einen vierstelligen Spruchschlüssel für den einzustellenden Schlüssel-M, nur Bereich „Triton"

Manuelle Handverschlüsselung

- Reservehandverfahren (RHV) für "Schlüssel-M" mit Tauschtafeln in allen Schlüsselbereichen, außer Mittel- und Schwarzem Meer, Klartext wurde im Kastenwürfel verwürfelt und vierstellig niedergeschrieben, danach Spaltenweise mit Doppelbuchstabentauschtafeln nochmals verschlüsselt. Vierstellige Buchstabengruppen, Kennung durch Kenngruppen. Verfahren Offizier unterschied sich nur durch eine besondere Zahlenreihentafel und Tauschtafelweiser vom Allgemeinverfahren.
- Schlüssel Henno, ein RHV für "Schlüssel-M" (Allgemein) mit Tauschtafeln im Bereich Mittel- und Schwarzem Meer, Allgemein, Klartext wurde im Kastenwürfel verwürfelt und vierstellig niedergeschrieben, danach Spaltenweise mit Doppelbuchstabentauschtafeln nochmals verschlüsselt. Vierstellige Buchstabengruppen, Kennung durch Kenngruppen.
- Werftschlüssel mit Tauschtafel für Werft- und Lotsenfahrzeuge, Klartext wurde fünfstellig niedergeschrieben und Spaltenweise mit Doppelbuchstabentauschtafeln verschlüsselt. Kennzeichen "GR" hinter der Uhrzeitgruppe
- Funksignalheft Hafenschutzboote mit Schlüsselgruppentafeln mit 1.500 Zahlen und Buchstabengruppen für die Bereiche Frankreich, Nordsee, Norwegen, Ostsee, jede Tafel hatte 4-5 Tage Gültigkeit. Dreistellige Buchstabengruppen, Kennzeichen "HF" hinter der Uhrzeitgruppe. Die HS Funksignalhefte wurden neu bearbeitet und zu Funkverkehrsheften umbenannt.
- Funkverkehrsheft, Gruppenkommando Süd (FVH Süd), Schlüsselgruppentafeln mit 100 Zahlen und Buchstabengruppen, jede Tafel hatte 4-5 Tage Gültigkeit. Dreistellige Buchstabengruppen mit Kennzeichen "Delta-Delta" vor Uhrzeitgruppe, für kurze Befehle und Meldungen an Schiffe und Boote mit militärischem Personal. Nach Einführung des "Delta-Delta" als Kurzsignalzeichen entfiel es.
- Funktelefonie-Schlüssel, Schlüsselgruppentafeln zum HS-Funksignalheft, dreistellige Buchstabengruppen für den Nachrichtenverkehr der Hafenschutzboote und M.S.S. im Mittel- und

Schwarzmeer ohne Drahtnachrichtenverbindung. Ab 1. Mai 1943 wurden eigene Schlüsseltafeln im Funktelefonie-Schlüssel "Schwarzmeer" verwendet.

- Funksignalheft, Küstenverteidigung Bereich Gruppe West, Schlüsselgruppentafeln zum HS-Funksignalheft, dreistellige Buchstabengruppen mit Kennzeichen "K" für Sonderverkehrskreise (Grün/Blau). Ab 1. April 1943 eigene Schlüsseltafeln.
- U-Bootabwehr-Signalheft (UASH), Kurzzeichen ohne Verschlüsselung im U-Jagd-Dienst
- Verkehrsbuch für Sonderbezeichnung in Nord-/Ostsee, VSB Nord und VSB Ost, ohne Verschlüsselung
- Signaltafel "Schwalbe" und "Schnepfe", S-Boot-Einsatz im englischen Kanal und Küste sowie Schwarzmeer, ohne Verschlüsselung, jede Ausgabe bestand aus 10 Tafeln, deren Anwendung befohlen wurde. Ab 1943 galt "Sturmvogel" für alle Operationsgebiete.

Kenngruppenverfahren

a. Kenngruppenbuch bei Funksprüchen nach "Schlüssel-M" und RHV zur Bezeichnung des angewendeten Schlüsselmittels, des Schlüsselbereiches und des Verfahrens. Bei "Schlüssel-M" außerdem zur Bildung des Spruch-schlüssels, bei RHV zur Ermittlung der Zahlenreihe und Tauschtafelfolge. Anwendung überall außer im Mittel- und Schwarzen Meer. Kenngruppen werden mit Doppelbuchstabentauschtafeln verschlüsselt, die Tauschtafel durch Plan bestimmt.

b. Kenngruppenverfahren Süd bei Funksprüchen nach "Schlüssel-M" und "Henno" Bezeichnung des angewandten Schlüsselmittels. Bei M-Sprüchen außerdem der verschlüsselte Spruchschlüssel, bei Henno werden durch Kenn-gruppen die anzuwendende Zahlenreihe und die Doppelbuchstaben-Tauschtafel bestimmt. Mittel- und Schwarzes Meer.

Schlüsselmittel der V-Schiffe Übersee

- "Tibet", "Schlüssel-M", in drei Formen mit fünfstelligen Buchstabengruppen, Spruchschlüssel frei gewählt und verschlüsselt in den Funkspruch eingesetzt, Kennung des Schlüssels durch Kenngruppen.
- "Himalaja", Reserveschlüssel für "Tibet" ab 1941, Klartext wurde in einem Kastenwürfel verwürfelt und fünfstellig niedergeschrieben, dann spaltenweise mit den Doppelbuchstabentauschtafeln verschlüsselt. Unterscheidung zu "Himalaja" waren die letzten beiden Buchstaben der fünfstelligen Kenngruppen.
- Kennung des Schlüssels durch dreistellige Kenngruppen. Unterlagen wurden über Russland nach Japan zugestellt, weiterentwickelt zu Sonderschlüssel "Himati" (V-Schiffe und Blockadebrecher ab Juli 1942, "Himalaja" war ab dann Reserve) sowie Sonderschlüssel "China" (Kurzsignalheft ab Juli 1943), 1943 wurden die Schlüssel "Tibet" und "Himalaja" zweimal mit Hilfe des Sonderschlüssels verändert, da durch die Verluste von Blockadebrechern die Entzifferung des Schlüssels befürchtete wurde.
- "Tibet-Sonderschlüssel" individueller Schlüssel "Tibet" für jedes Schiff, besondere Einstellungen für jeden Sonderschlüssel und Kennung durch Kenngruppen.

Schlüsselmittel der Handelsschiffe

- "Schlüssel-H", zwischen Kriegsmarine und RVM einerseits und Handelsschiffen andererseits nach F.V.B. Gruppen wurden nach FVB verwürfelt und dann Spaltenweise mit Doppelbuchstabentauschtafeln verschlüsselt. Kennung durch Kenngruppen, die auch die anzuwendende Tauschtafel und Zahlenreihe bestimmte. Wurde überarbeitet.

Schlüsselmittel der Fischereifahrzeuge

- "Schlüssel-F", zwischen Kriegsmarine und RVM einerseits und Fischereifahrzeugen andererseits, Klartext mit einfacher Tafel vertauscht und dann verwürfelt.

Schlüssel für Dienststellen außerhalb der Kriegsmarine

- "Heimat", für Schiffe in den Heimathäfen, entfiel mit Überarbeitung von "Himalaja"
- "Ganges", für Blockadebrecher mit Mangelware im Kriege in Südamerika, Japan, dazu Schlüssel-S als Abart des H 40, entfiel mit der Erweiterung von "Himati" 1942
- "Aralsee", HSK und UCKERMARK für Prisen, entfiel mit der Erweiterung von "Himati" 1942
- "Doggerbank", nur Hilfskriegsschiff DOGGERBANK
- "Baldrian", Nachrichtenbefehl für Aufklärungsmeldungen von Sicherungs-U-Booten an Überwasserschiffe
- "Friedrich", Nachrichtenanordnung für Funksprechverkehr mit Sicherungsflugzeugen auf UKW-Kanal (später "Erika")
- "Luftmeldetafel Adler", Aufklärungsmeldungen von Flugzeugen an Schiffe die nicht mit Auka-Tafel ausgerüstet waren

Hinzu kamen die verschiedenen Weiterentwicklungen der ENIGMA, die sich ebenfalls in den Vorschriften widerspiegelten, denn bei der Marine wurden z.B. für die Seriennummern der ENIGMA-M, in der Schlüsselbezeichnung sowie bei den operativen und technischen Unterlagen der Buchstabe "M" verwendet. Es folgten die Modifizierungen der M-1 durch Geräte mit der Bezeichnung M-2 und M-3, die sich nur gering unterschieden. Die bisher genannten speziellen Verfahren lassen allerdings viele andere Schlüsselbereiche der Wehrmacht, wie z.B. Artilleriefunktafeln, Flakfunktafeln u.a. unberücksichtigt. Allein diese Vielfalt der Schlüssel erforderte einen dementsprechend großen Bearbeitungsaufwand in der Wehrmacht/Marine als auch auf gegnerischer Seite in der Entzifferung, der sich im Verlauf des Krieges weiter erhöhte.

Es gab aber neben der Drahttelegrafie bzw. den Fernschreibverbindungen der Wehrmacht auch über Funk eine ganze Anzahl von Alternativen zur Übermittlung mit der ENIGMA, deren zusätzliche Walzen IV und V bei der Marine gleich von Anfang an verwendet wurden. Als Heer und Luftwaffe diese Walzen IV und V am 15. Dezember 1938 einführten, kamen bei der Marine die zusätzlichen Walzen VI und VII, kurz vor dem Krieg noch die Walze VIII sowie 1942 die konstruktive Erweiterung des Funkschlüssel-M auf eine Vier-Walzen-Ausführung mit dem Funkschlüssel-M-4. Um die Dechiffrierung zu erschweren, wurde hierzu in einer vierten, linken Position eine austauschbare Zusatzwalze angeordnet und außerdem erhielt die Maschine eine zusätzliche vierte Umkehrwalze.

Die vier Umkehrwalzen wurden mit den griechischen Buchstaben "Alpha", "Beta", "Gamma" und "Delta" gekennzeichnet, weshalb sie im Marinejargon auch als "Griechenwalzen" bezeichnet wurden. Die schmale Umkehrwalze "Alpha" kam mit der Einführung der 4-Walzen-Maschinen, die dickere "A" wurde gegen "B" ausgetauscht. "B" kam am 1. Februar 1942 für die U-Boote in die Nutzung, im Juli 1943 kamen "C" und "D". Die Umkehrwalze "D" hatte in Bletchley Park als "Dora" auch den Spitznamen "UNCLE DORA" oder "UNCLE DICK", da sie in der Entzifferung große Probleme bereitete. Bis März 1944 wurden neun unterschiedliche Verdrahtungen dieser Umkehrwalze identifiziert.

Die Einführung der M-4 im Februar 1942 (mit zunächst lediglich der Griechenwalze "Beta") und die nur schrittweise Einführung des Kurzsignal- und Wetterkurzsignalheftes machte die Arbeit der alliierten Kryptologen wesentlich einfacher, als wie wenn sofortige Umsetzungen aller Möglichkeiten der neuen

Schlüsselmaschinen und Walzenvariationen sowie Schlüsselheftvariationen durchgeführt worden wäre. Durch die verzögerten Änderungen konnten sich die Kryptologen immer wie an einem Faden an bisher bekannten Walzen, Steckverbindungen und Schlüsselheften entlang arbeiten. Die U-Boote versenkten die Schiffe zur Versorgung Englands bei optimalen Verhältnissen doppelt so schnell, wie Neubauten diese ersetzen konnten. Die Entzifferung der ENIGMA ließ alle Versuche, die Konvois im Atlantik massiv mit U-Booten anzugreifen, schon im Ansatz scheitern. Gegen Ende des Krieges waren verbesserte Ausführungen unter der Bezeichnung M-5 und M-10 in Erprobung, sie kamen jedoch nicht mehr zum Einsatz.

In der Grundstellung "A" der Umkehrwalzen war der Schlüssel-M-4 gleich der 3-Walzen-ENIGMA. Es konnten also auch die mit der 3-Walzen-ENIGMA verschlüsselten Funksprüche mit dem Schlüssel M-4 entschlüsselt werden. Unverständlicherweise verwendeten Heer und Luftwaffe bei den ENIGMA-Walzen Zahlen, während die Marine bei der Einführung 1926 wie in der zivilen Version Buchstabenwalzen hatte. Bei Verständigungen zwischen Marine und Heer/Luftwaffe mussten demzufolge immer auch die Indizes bei der Einstellung beachtet werden. Das Heer führte außerdem am 15. September 1944 das "CY-Verfahren" ein, bei dem nach dem 70. und 130. Buchstaben in einer Nachricht von 150 Buchstaben die linke Walze mindesten fünf Stellungen manuell weiter geschaltet werden musste. Diese neue Position wurde in einem Buchstaben ausgedrückt. Am Ende der Nachricht wurden die Buchstaben "CY" und der Buchstabe der Position des Wechsels angefügt. Auch dieses Verfahren war nicht an die Luftwaffe oder Kriegsmarine angepasst.

1939 besaß die Luftnachrichtentruppe der Wehrmacht das mit Abstand perfekteste und umfangreichste militärische Fernmeldenetz der Welt, in dem die ENIGMA-Maschinen die wichtigste funktechnische Verschlüsselungskomponente bildete. Leider ging die Luftwaffe im Vergleich zu allen anderen auch am leichtfertigsten bei der Verschlüsselung vor, indem sie durch häufige Standardmeldungen wesentliches Material zur Entzifferung der ENIGMA-Nachrichten in England lieferte.

Für Heer, Luftwaffe und Marine gab es die Zusatzgeräte "Schreibmax" und ein Lesegerät. Der "Schreibmax" ersetzte den zweiten Soldaten für die Niederschrift des Textes, indem anstelle der Lampen ein Streifenschreiber über dem Lampenkontaktbrett montiert wurde. Das Lesegerät wurde links oder rechts neben der ENIGMA aufgestellt und sollte dem Funker die Einsicht auf den Klartext verwehren. Der "Schreibmax" konnte zwar alle Zeichen auf einem Streifen ausdrucken, war aber nicht in großen Stückzahlen in der Truppe und galt angeblich als unzuverlässig. Außerdem gab es noch die "ENIGMA-Uhr" (E. U.), welche mittels ihrer 40 Schalterstellungen einen schnellen Wechsel der extern geschleiften Steckerschnüre über das Steckerbrett ermöglichte, was zugleich die Anzahl von Schlüsselkombinationen erhöhte.

In der Marine war die ENIGMA in Verbindung mit den Längst- und Kurzwellen-Sendern das wichtigste Kommunikationsmittel von und zu den U-Booten als auch zu sämtlichen Überwasserstreitkräften. Da die Hauptlast des Seekrieges aber bei den U-Booten lag, ist hier die negative Seite des Funkverkehrs am deutlichsten hervorgetreten. Neben der Organisation des U-Boot-Funkverkehrs gab es auch entsprechende Schaltungen für Kriegsschiffe, Hilfskreuzer, Blockadebrecher, Handelsschiffe, die im Bedarfsfalle für einzelne Unternehmen noch speziell geschaltet wurden und welche dann ihre eigenen Schlüssel verwendeten. Außer den deutschen Funkstellen für diese Organisation wurden die Sender in besetzten Gebieten oder aber die Bereitstellung von Kapazitäten der Achsenmächte, wie z.B. die Funkstellen Tokio-Radio, Choshi-Radio und ab 1942 Shonan- und Djakarta-Radio für die Nachrichtenübermittlung zu den Schiffen in Übersee genutzt.

Für die Übermittlungen der geheimen Funksprüche gab es die Funkstelle "Koralle" des Befehlshabers der U-Boote (BdU) in Lobetal, zwischen Bernau und Eberswalde, nordöstlich von Berlin. Zunächst wurde das 54 Hektar große Areal nur als Funkempfangsstelle ausgebaut, da der erste alternative Standort nördlich des Liepnitzsees bereits von Reichspropagandaminister Goebels beansprucht wurde. Auch gegenüber der zweiten Alternative in Ferch nahe Potsdam fand man hier durch den Grundwasserspiegel bessere Eigenschaften für die Antennen vor. Nach Kriegsbeginn änderte sich das relativ ruhige Leben in der Funkempfangsstelle im November 1943 schlagartig, als die in Berlin am Tirpitzufer gelegene Kommandozentrale des OKM durch Bomben zerstört wurde und der Stab in die "Koralle" verlegte. Die Anlage ermöglichte dann mit später errichteten Sendeanlagen und in Verbindung mit entfernten ferngetasteten Sendern und Empfangsstellen wie Beelitz und Lüchow dem BdU von hier die weitere Führung und den Kontakt zu allen in See stehenden U-Booten.

Die Personalstärke der Kommandozentrale lag vor der Nutzung durch den Stab des OKM bei ca. 300 bis 350 und wurde dann auf ca. 1.000 Soldaten aufgestockt, wovon etwa 800 Marine-Nachrichtenhelferinnen waren. Von hier wurden auch weit entfernt liegende Sendeanlagen, wie z.B. "Goliath" genutzt, welcher den U-Booten einen Empfang im gesamten Atlantik bei Tauchtiefen bis zu 20-25 m ermöglichte. Eine Fernmelde- und zwei Tastleitungen bestanden zur Überseefunkstelle Nauen sowie zum 1938 errichteten Übersee-Kurzwellenzentrum in Oebisfelde und zwei Fernmeldeleitungen zur Funkstelle Herzsprung bei Angermünde. Die Sendeanlagen entlang der Atlantikküste und auf dem Festland waren in einem Sendezyklus optimiert, der einem U-Boot nach einem längeren Tauchgang oder bei schlechten Empfangsbedingungen erlaubte, innerhalb von 8 Stunden alle auf seiner zuständigen U-Boot-Schaltung abgesetzten FT der letzten 24 Stunden zu komplettieren. Über Richtfunkverbindungen und über Kurzwelle waren zusätzliche Funkleitstationen angeschlossen, die wiederum über Längstwelle die U-Boote versorgten:

U-Boot-Schaltungen

- "Küste"
- "Atlantik", ("Irland", "Amerika-I/II", "Afrika-I/-II")
- "Norwegen"
- "Mittelmeer"
- "Schwarzmeer"

Die Funksprüche der in See stehenden U-Boote in den Monaten Oktober und November auf diesen Schaltungen belegen beeindruckend das Verkehrsaufkommen. Von 1.181 Funksprüchen im Oktober und 1.254 im November 1942 auf der Küsten- und Atlantik-Schaltung entfielen:

U-Boot-Schaltung	Oktober	November
• "Küste"	148	257
• "Irland"	569	332
• "Amerika-Ia"	268	413
• "Amerika-Ib"	48	64
• "Amerika-IIc"	15	35
• "Amerika-IId"	60	43
• "Afrika-I"	30	19
• "Afrika-II"	42	91

Der Wechsel der Frequenzen auf die unterschiedlichen Schaltungen erfolgte über Leitwelle (Leitschaltung) von der Befehlsstelle des BdU. Nach Einführung des Funkverfahrens außerhalb der Schwebungslücke wurde dieses auf Vorschlag von Radio Norddeich verbessert. Die abweichenden Frequenzen wurden dabei so weit von den Grundfrequenzen weggelegt, dass die Bordsender beim Umschalten nicht mehr hörbar störten.

Die Verfahren innerhalb und außerhalb der Schwebungslücke jetzt während der Sendezeiten von Norddeich abgewickelt werden, wodurch die Hälfte der Funker in der Heimat eingespart oder anderweitig eingesetzt werden konnte. Die abweichenden Frequenzen wurden nicht mehr nach Datum festgelegt, sondern in verschlüsselter Form in der "CQ"-Streifensendung zu Anfang jeder Sendezeit der Leitwelle befohlen. Ein 5-7-maliger Wechsel während des Tages war die Regel, ein stündlicher zugelassen.

Abhängig von Tages- und Jahreszeiten wurde auf allen Schaltungen der Frequenzwechsel durchgeführt. Die U-Boot-Schaltung "Küste" diente im Bereich Südnorwegen bis Frankreich dem BdU, dem 2. AdU und den Stützpunkten im Küstenvorfeld für ein- und auslaufende U-Boote geschaltet. Durch das sich ständig erweiternde Operationsgebiet der U-Boote und Schiffe wurde es außerdem notwendig die Schaltungen zu unterteilen. Durch ein Wiederholungssystem der Nachrichten auf Kurzwelle und Längstwelle im Abstand von wenigen Stunden über eine Dauer von 1-2 Tagen (bis zu 36 Mal) auf den einzelnen Schaltungen wurde gewährleistet, dass alle U-Boote unabhängig von ihrem Standort und den Empfangsbedingungen alle wichtigen Nachrichten erhielten, dies vor allem auch unter Wasser. Gleichzeitig entging dadurch der Funkaufklärung in England jedoch auch kein Detail der Nachrichten.

U-Boot-Schaltung "Atlantik" enthielt die U-Boot-Schaltung "Irland" mit Kurz- und Längstwelle für Verbindungen von der Südspitze Grönlands bis Kap St. Vincent. Auf Kurzwelle wurden 3 bis 4 Frequenzen innerhalb 24 Stunden gewechselt. Gegenstelle war die MFS Nord in Sengwarden. Die U-Boot-Schaltung "Amerika" hatte den größten Frequenzbereich. "Amerika-I" bestand aus Kurzwelle a und b mit einer Längstwelle für Einheiten zwischen Irland-Schaltung und 75° West bis 30° Süd. "Amerika-II" bestand aus Kurzwelle c und d mit einer Längstwelle für 75° West bis einschließlich Golf von Mexiko. Die U-Boot-Schaltung "Afrika" war für Südatlantik und Indischen Ozean bestimmt. "Afrika-I" mit zwei parallel getasteten Kurzwellenfrequenzen und „Afrika-II" mit zwei parallel getasteten Kurzwellen und einer Längstwelle, die 3 bis 4 Mal täglich einen Frequenzwechsel durchführten.

Die U-Boot-Schaltung "Norwegen" unterteilte sich in die Schaltungen für die Gruppen NORD und NORDMEER. Die spätere Schaltung "Nord" hatte die Funkschaltung "Anton", welche zur Kenntlichmachung der U-Boot-Funksprüche eine Leitnummernserie erhielt. Parallel dazu gab es eine Längstwellenausstrahlung über Nauen. Die Gruppe Nord war bis Ende 1941 mit dem Flottenkommando zusammengelegt und unterstand dem Generaladmiral Schniewind, mit der Gegenfunkstelle Lüderitz in Kirkenes. Aufgrund der oft auftretenden Funkstörungen wurde die Stelle des Admirals Nordmeer geschaffen. Die Aufgaben der Gegenstelle Kirkenes wurde nach Verlegung des Admirals Nordmeer wurde dann von Narvik übernommen und die Funkschaltung "Anton" dadurch entlastet. Die Schaltung "Nordmeer" versorgte hauptsächlich die aus den norwegischen Polarhäfen auslaufenden U-Boote. Dafür standen drei feste, parallel getastete Kurzwellen und eine Längstewelle zur Verfügung, Letztere wurde über eine Leitung Narvik-Wilhelmshaven getastet.

Bei der Atlantikunternehmung des Kreuzers ADMIRAL HIPPER im Dezember 1940 stand die Funkschaltung "Anton" noch nicht zur Verfügung und im hohen Nachrichtenaufkommen über Norddeich ging dann auch eine wichtige B-Dienstmeldung verloren. Die Unternehmen der Schlachtschiffe SCHARNHORST, GNEISENAU und BISMARCK im Jahre 1941 wurden hingegen in erster Linie über das Funkverfahren mit Kurzsignalen über Funkschaltung "Anton" durchgeführt.

Die Funkschaltung "Bruno" war in erster Linie für Hilfskreuzer und Blockadebrecher von und nach Übersee eingerichtet, wurde aber von U-Booten meist immer dann benutzt, wenn die anderen zur Verfügung stehenden Schaltungen keine Verbindung ermöglichten oder die Nachrichten vom Feind unbeobachtet auf den weniger verwendeten Ausweichfrequenzen abgesetzt werden sollten. Dies wurde alternativ zum damals noch nicht eingeführten Funkverfahren außerhalb der Schwebungslücke durchgeführt. Die parallellaufenden Frequenzen wurden von Norddeich geleitet, dass im November 1942 nur 33 Eingänge hatte, während auf den "Amerika"-Schaltungen 1.234 Eingänge registriert wurden. Die Funkschaltungen "Diana" und "Hubertus" waren für Geleitzugoperationen.

Die U-Boot-Schaltung "Mittelmeer" hatte zwei parallel getastete Kurzwellen und eine Längstwelle. Zur Taktung der Längstwelle durch MNO Bernau stand eine KW-Verbindung, die Leitung der Schaltung oblag der MFS Rom mit Gegenfunkstelle MFS Athen. Die U-Boot-Schaltung "Schwarzmeer" entstand aus der Funkverbindung der dort operierenden S-Boote, die weiter auf Kurzwelle mitversorgt wurden, während für die U-Boote auch Längswelle verwendet wurde. Auch hier erfolgte eine Unterscheidung durch Leitnummern. Leitung der Schaltung oblag dem MNO Simferopol mit Gegenstelle MNO Konstanza. Hier wurde der MNO Bernau empfangsseitig zur weiteren Übermittlung der Funksprüche auf Längstwelle (Nauen) zugeschaltet. Die Funkschaltung "Gustav" verband den MNO Bernau mit dem MNO Rom und Athen für Rückfragen bezüglich der U-Boot-Schaltung "Schwarzmeer" und mangels Drahtverbindung das deutsche Marinekommando Italien mit dem kommandierenden Admiral in der Ägäis.

In den besetzten Gebieten wurden zusätzlich beschlagnahmte Sendestellen für den U-Bootfunk, als auch über Kurzwelle für die Verbindung zu den Überwasserstreitkräften, genutzt. Alle hatten KW-Sender mit Richtstrahlantennen und die erste Station zwei, die letzten zwei Stationen jeweils einen Längstwellensender. Neben den französischen und niederländischen Anlagen wurden auch dänische und norwegische Sender genutzt. Nach der Besetzung Frankreichs befanden sich die Hauptsender für den U-Bootfunkverkehr aber in Sainte Assise bei Paris (300 kW) mit den Längstwellensender Croix-d'-Hins bei Bordeaux (360 kW) und Kootwijk in den Niederlanden (120 kW). Der Sender Nauen und die beiden französischen Sender waren Maschinenfrequenzsender, der holländische Sender ein Röhrensender. Für die Ausbildung der U-Bootbesatzungen in der Ostsee wurde der Sender Baranow bei Warschau benutzt, der noch in 50 bis 60 m Wassertiefe empfangen werden konnte.

Oebisfelde ist liegt östlich von Wolfsburg, in etwa 185 km Luftlinie von der "Koralle" und etwa 40 km südwestlich vom Längstwellensender "Goliath" entfernt. Bei dieser Anlage handelte es sich um zwei Telefunken-Kurzwellensender vom Typ der "Olympia"-Sender Zeesen für 150/50 kW im Telegrafie- (A1) oder Telefonie-Betrieb (A3). Diese zwei der insgesamt zwölf Sender der großen Sendefunkstelle der Deutschen Reichspost (DRP) waren eigentlich für den kommerziellen Sprechfunkverkehr mit überseeischen Ländern und für den Überseerundfunkdienst auf Kurzwelle vorgesehen, wurden jedoch ab 1941 für das OKM im A1- Betrieb eingesetzt. Ab 1943 kamen noch zwei 20 kW- Sender polnischen Fabrikats hinzu.

Die Funkversuchsanlage bei Oebisfelde wurde, dank dem Einfluss der beiden wichtigsten Bedarfsträger, hier dem Oberkommando der Kriegsmarine (OKM) und dem Reichsministerium für Volksaufklärung und Propaganda (RMVP), vom Oberkommando der Wehrmacht (OKW) in die höchste Dringlichkeitsstufe eingereiht und bombensicher aufgebaut. Das Senderhaus wurde als dreistöckiger Hochbunker mit parabelförmigem Querschnitt errichtet und war durch ein Ziegeldach und Verkleidung der Seitenwände mit Bruchstein-Mauerwerk als Feldscheune getarnt. Im Obergeschoss des Bunkers standen 6 kW-Sender für einen Wellenbereich von je etwa 14-70 m mit den Betriebsarten A1, A2 und A3. Zwei dieser Sender arbeiteten für das OKM, einer für das Auswärtige Amt, einer für das Deutsche Nachrichtenbüro (DNB), der Fünfte diente dem kommerziellen Sprechfunkverkehr mit Japan. Ein 100/50 kW- Sender stand dem RMVP für Rundfunkpropaganda nach Übersee zur Verfügung.

Die andere Sendefunkstelle lag zwischen Bölkendorf und Herzsprung in der Nähe von Angermünde in der Mark Brandenburg, 38 km nordöstlich von der "Koralle". Dort befanden sich zunächst sechs mobile 10- und 20-kW-Kurzwellensender im provisorischen Einsatz, die in überdimensionierten Lastkraftwagen bzw. Sattelschleppern mit Anhängern eingebaut waren. Die wesentlich größeren Abmessungen als die der bekannten dreiachsigen Funkwagen der Wehrmacht waren durch die großen Sendeleistungen notwendig geworden und die Sender- und Hilfsfahrzeuge wurden im Karree aufgefahren und von einer aufwendigen Antennenanlage umgeben. Die Kriegsmarine hatte außerdem die von der DRP bedienten

Funkempfangsstellen Beelitz und Lychow (Lüchow) sowie die Sendefunkstelle Königs-Wusterhausen in ihre Aufgaben eingebunden.

1944 wurde der provisorische Zustand in Angermünde durch den Bau einer großen ober- und unterirdischen Bunkeranlage (Großbunker Bölkendorf) aufgehoben. Die Firma Telefunken hatte in diesem Jahr einen neuen 200-kW-Kurzwellensender vom Typ "Marius" entwickelt, an dem neben der DRP nun auch die Kriegsmarine besonderes Interesse hatte. Dieser Sender enthielt in der Gegentakt-Endstufe zwei neue Kurzwellen-Senderöhren RS-564 mit Thorium-Kathode, von denen jede 100 kW abgeben konnte. Für die induktive Abstimmung des Anodenkreises der Endstufe wurden zum ersten Mal nach außen vollständig geschirmte Kastenvariometer auf koaxialer Basis mit einem verschiebbaren Kurzschluss am Ende benutzt. Damit waren hier Abstimmanordnungen vorweggenommen, wie sie erst nach dem Krieg bei UKW-Sendern später üblich wurden.

Landstationen des BdU-Funknetzes 1942/43

- 16 Funksende- und Empfangsstellen auf 9 KW
- 3 Funksendestellen auf 6 LW
- 13 Funkempfangsstellen mit 68 Empfängern auf 8 KW und 6 LW
- 8 Funkempfangsstellen auf 2 bis 3 KW, bei Bedarf sendeseitig 2 KW

Entsprechend der überlappenden Nutzung wurden die Anlagen allerdings teilweise doppelt gezählt.

LW-Sender/Standort	Frequenz (kHz)	Leistung (kW)
"Paris-I" (Saint-Assise/Melun)	15,22	500
"Paris-II" (Saint-Assise/Melun)	21,05	350
Bordeaux	16,22	350
Kootwijk/Apeldoorn	16,84	150
Basse-Lande/Nantes	16,66	100
"Goliath"/Calbe a. d. Milde	14,99-60	800-1.000
(ab 8. September 1944)	20,40	800-1.000

Als Reserve standen neben den Stationen mit kleiner Leistung in Villescresnes, Paris/Pontoise und Sévérac/Saint-Nazaire außerdem zur Verfügung:

Sender/Standort	Frequenz (kHz)	Leistung (kW)
Börnerowa-I	17,70	200
Börnerowa-II	16,42	200
Nauen-I	16,55	300
Nauen-II	23,08	350
Lyon	19,80	150

Der erste 200-kW-Sender Typ "Marius" ging noch 1944 in der Dienststelle in Herzsprung in den Versuchsbetrieb, ein regulärer Dienstbetrieb wurde aber nicht mehr aufgenommen und der Sender 1945 demontiert. Für Ende 1944 hatte die Reichspost auch in Elmshorn den Bau von vier dieser 200-kW-Sender "Marius" für im Wellenbereich 70 bis 12,5 m mit 100 kW Trägerleistung mit B-Modulation geplant, zu deren Auslieferung es nicht mehr gekommen ist. Zu der modernen Sendefunkstelle bei Bölkendorf gehörte noch eine entsprechend neuartige Antennenanlage, deren freitragender Rohrmast aus einem elektrisch geerdeten Schacht aus- und eingefahren und auf die jeweilige Sendefrequenz abgestimmt werden konnte. Die Antennenanlage und andere Teile der Sendestelle wurde 1949 von den Sowjets gesprengt und teilweise abgetragen, sodass auch hier viele Details erst nach 1990 in mühsamer Arbeit von Funkamateuren durch Informationen von Zeitzeugen in Erfahrung gebracht werden konnten.

In Schweden gab es eine große Sendeanlage in Grimeton, deren Empfangsstelle in 50 km Entfernung in Kungsbacka eingerichtet wurde. Mit dem u.a. von Goldschmidt entwickelten "Tonrad" gelang erstmals die Wiedergabe von modulierten ungedämpften Schwingen, die in der Praxis aber mit zu großen Störungen noch keine Anwendung fand. Ernst Frederik Werner Alexanderson hatte bei Lund in Stockholm und Professor Slaby in Berlin seine Kenntnisse erlangt, war in die USA ausgewandert, hatte er dann bei General Electric gearbeitet und zwischen 1905 und 1973 erhielt er 344 Patente. Die Radiostation in Grimeton (16,7 kHz, später 17,2 kHz) war am 1. Dezember 1924 betriebsbereit und der offizielle Betrieb wurde am 2. Juli durch König Gustav V. eröffnet. Über zwanzig Stationen baute Alexanderson mit General Electric auch in den USA, darunter eine in New Brunswick, welche die 14. Punkte Präsident Wilsons übermittelte. Mit der Anlage war weitreichender Sprechfunkverkehr schon möglich, aber sie wurde durch einen deutschen Längstwellensender in der Geschichte der Funktechnik weit übertroffen.

Der damals leistungsstärkste Sender der Welt wurde in Calbe an der Milde (heute Kalbe), zwischen Gardelegen und Stendal, errichtet. Die wesentliche Aufgabe des Senders "Goliath" war die Verbindung mit den operierenden Kriegsschiffen herzustellen, wobei der Übermittlung von Befehlen und Nachrichten an die U-Boote besondere Bedeutung zukam und die Sendestelle Nauen entlastet wurde. Der Funkverkehr auf der Frequenz 20,5 kHz wurde unter dem Rufzeichen ÄDA abgewickelt. Er war zudem der einzige Sender, der über den gesamten Frequenzbereich von 15-60 kHz (20.000-5.000 m) abstimmbar war, und hatte mit dem Antennenprinzip von E.F.W. Alexanderson (mehrfach abgestimmte Antenne) auch den weltweit besten Wirkungsgrad von entsprechend 47-90% (je nach Wellenlänge). Die max. Strahlungsleistung der Antenne lag bei 60 kHz bei 900 kW, sie hatte aber im Vergleich zur Anlage von Alexanderson in Grimeton eine höhere Bandbreite und einen vierfach höheren Wirkungsgrad. Beim Ausfall anderer Längstwellensender konnte zusätzlich ab 30 kHz Faksimile (Hellschreiber) und ab 45 kHz Sprechfunk, wenn auch mit minderer Qualität, übertragen werden. 60 km nördlich von Magdeburg nahm in Frühjahr 1943 der 1-MW-Sender als "Goliath" seinen Betrieb auf. "Goliath" war auch die Bezeichnung eines über Draht gesteuerten Sprengpanzers.

Die Leitung während der Bauzeit von 1941-43 lag bei Dr.-Ing. Fritz Gutzmann von der C. Lorenz AG und Leiter der Sendestelle war der Funkamtmann der Marine Karl Wrackmeyer. Steuer- und Hauptsender (Lorenz) waren vier- bzw. dreistufig mit Selbsterregung oder Quarzsteuerung (12 Quarze). Der Steuersender mit der Frequenzgenauigkeit von 1-x-10-6 hatte in der eine Einstellung eine Genauigkeit von 5-x-10-5 bei 600 W. Der dreistufige lineare Sendeverstärker war in der 1. (5-10 kW) und 2. Stufe (60-90 kW) als Gegentakt-Verstärker der Klasse B ausgeführt. Die 3. Stufe war für Morsetelegrafie in Anoden-C-, für Hellschreiber und Telefonie hingegen in Anoden-B-Modulation schaltbar. Hier kamen drei Röhren von Telefunken des Typs RS301 (300 kW) zum Einsatz. Die Treiberröhren waren RL12T15, RL12P35 und RS384, die Röhren der Leistungsstufe 2-x-RS217, 6-x-RS250 und 6-x-RS301. Die Höhe der RS301 betrug 1,90 und ihr Gewicht lag bei 90 kg. Die dazugehörigen Anoden-Kondensatoren kamen von der italienischen Firma Ducatti. Eine Abstimmung des Senders war mit zwei Mann innerhalb von fünf Minuten möglich. Drei Röhren RS301 wirkten in den Pausen der Morsezeichen als Lastwiderstände, da sonst durch die Rückwirkung der aufgenommenen Sendeleistung ins öffentliche Energienetz die Glühbirnen der umliegenden Ortschaften im Rhythmus der Morsezeichen geflackert hätten.

Die künstliche Antenne konnte zur Dämpfung der eigentlichen Sendeantenne verwendet werden. Dies ermöglichte im Zusammenhang mit der geringen eigenen Dämpfung höhere Tastgeschwindigkeiten. Die künstliche Antenne konnte über ein Handrad innerhalb von 2-3 Minuten auf jede gewünschte

Sendefrequenz eingestellt werden und nahm zu Testzwecken die gesamte 1-MW-Sendeenergie auf. Durch Messung der Durchflussmenge des Kühlwassers und der Temperatur wurde dann die Sendeleistung ermittelt. Das Luftleitergebilde der Sendeantenne hatte fünfzehn 175-m-Stahlgittermasten, die drei Sechsecke bildeten und in denen sich jeweils ein 204-m-Rohrmast befand. Die statische Gesamtkapazität der Anlage lag zwischen 113.000-115.000 pF, die Gesamtlänge der montierten Antennenseile ca. 50 km.

Die festen Spulen des Erdnetzes waren als Tauchvariometer ausgeführt und hatten eine Höhe von 5 und Durchmesser von 3,5 m. Die Abstimmspulen der Antennenanlage hatten ähnliche Ausmaße und ein Gewicht von fünf Tonnen mit 3,2 m Durchmesser, wobei trotzdem eine Genauigkeit von 0,1 mm in der Feinabstimmung mit der hydraulischen Justierung (Servos) erreicht wurde. Der Leitungsquerschnitt der Hochfrequenzlitze der Abstimmspulen betrug 7-x-50 mm2, die Tauchvariometer hatten eine Hochfrequenzlitze mit 5-x-50 mm2. Die gesamte Scheinleistung der Antennenabstimmspulen lag bei 500.000 kVA und hatte eine Gesamtstromstärke von 2.500 A bei Betriebspannungen von bis zu 200 kVeff und einer abgegebene Strahlungsleistung von 800 kW. Der Strom verteilte sich mit 700 A auf jeden Mittelmast und 400 A für den zentralen Speisepunkt. Unter 19 kHz musste allerdings die Sendeleistung linear reduziert werden, sodass bei 15 kHz nur 300 kW zur Verfügung standen. Das Erdnetz selbst war in 204 radialen Eisenleitern verlegt, die feuerverzinkt wurden. Das ursprünglich dafür geplante Kupferband konnte kriegsbedingt nicht mehr beschafft werden. Nach Unterlagen der C. Lorenz AG sollen ~350 km Leitungsband verlegt worden sein, andere Angaben listen sogar 465 km an Kabelleitungen, was dann aber wohl die Antennenleitungen einschließt. Der gemessene Erdwiderstand lag bei 30-65 Milliohm, wobei der niedrigste Wert bei 25 kHz erreicht wurde.

Ein Dieselgenerator mit Notaggregat konnte beim Ausfall des städtischen Dreiphasennetzes die notwendige Energie liefern. Die Gleichspannung wurde über Oxidkathoden-Quecksilber-Gleichrichterröhren S-15/150-1 (AEG) in dreiphasiger Brückenschaltung erzeugt. Glättungsdrosseln von 0,02 H und 18 Kondensatoren von je 30 μF senkten die Restwelligkeit. Die Kühlanlage hatte mit zwei Kühltürmen eine Durchflussmenge im Primärkreislauf von 100 m3/h Destillat, im Sekundärkreislauf 150 m3/h mit normalem Wasser. Die Destillationsanlage konnte 60 Liter pro Stunde zur Nachfüllung der Verluste liefern. Die verschiedenen Betriebsarten und hohe Sendeleistung erforderten das Beschreiten von technischem Neuland, denn eine vergleichbare Antennenleistung hatte nur die Sendeanlage auf der Insel Java in einer Schlucht des Vulkans Gunung Malabar mit einem Poulsen-Lichtbogen-Sender. Der Wirkungsgrad und die technischen Innovationen der deutschen Anlage wurden aber erst nach dem 2. Weltkrieg im Ausland erreicht und fortgeführt.

Da den Alliierten mit der Entzifferung der ENIGMA mit den Funksprüchen der U-Boote wichtige Informationen zufielen, ist es nicht verwunderlich, dass Längstwellensender wie die Anlage des "Goliath" selten oder nie bombardiert wurden. Durch die Anlage war die Führung der U-Boote im Nordmeer in 13-18 m, vor New York in 8-26 m und im Indischen Ozean noch in 8-15 m Tauchtiefe über Peilrahmenempfang möglich. Die maximal gemessene Reichweite lag bei 9.800 km.

Der Steuersender des "Goliath" wurde beim Vorrücken der Amerikaner von den deutschen Truppen zerstört, die am 11. April 1945 das Gelände besetzten, es aber bereits Ende Juni den sowjetischen Truppen übergeben mussten. Mit den Fachkräften der Firmen C. Lorenz und Hein Lehmann & Co wurde der Sender repariert und ein Testbetrieb durchgeführt. Danach wurden die Anlagen sofort abtransportiert und amerikanischen Quellen zufolge in der Nähe von Nishni Nowgorod/Moskau wiederaufgebaut, während andere Hinweise auf die Gegend um Charkow hindeuten. Die volle Sendeleistung der "Goliath"-Anlage wurde dort allerdings nicht mehr erreicht. Das Personal der Sendestelle "Goliath" wurde nach Verlassen dem mobilen Längstwellensender "Felix" zugeteilt.

Die Reste der Anlage "Goliath" wurden von den Sowjets nochmals gesprengt und das gesamte Erdungsnetz später für die landwirtschaftliche Nutzung entfernt. Nur das Fundament des Antennenmastes Nr. 8 ist erhalten geblieben und wird vom Heimatverein Friedrich Danniel e.V. als Denkmal der Funktechnik erhalten.

Über die relativ unbekannte Längstwellen-Funkstelle "Felix" konnte nur Herr Egon Jensen einige Informationen finden. Von der im Jahre 1939 im Krempler Moor bei Dithmarschen errichteten Anlage sind nur noch Betonfundamente und kaum Unterlagen im Naturschutzgebiet erhalten geblieben. Die vier 108-m-Masten standen in einem Quadrat mit 240 m Seitenlänge. Das in der Mitte stehende Betriebsgebäude hatte einen 40-kW-Sender (621) von Lorenz. Nach Angaben der Schleswag wurde die Anlage am 31. Oktober 1940 mit 200 kW ans Netz geschaltet. Nach der Besetzung durch britische Truppen wurde die Anlage 1945 gesprengt, zuvor aber die Masten nach Lunden abtransportiert. Die Mannschafts- und Wachbaracke diente noch einige Jahre der Aufnahme von Flüchtlingen. Die Bundeswehr errichtete auf dem Gelände in den sechziger Jahren eine Adcock-Peilanlage, die 1994 stillgelegt und abgebaut wurde. Lediglich ein Bunker mit den Betriebsräumen ist noch vorhanden.

Die Bedingungen an Bord der kleinen Einheiten waren sehr viel schwieriger und komplexer als an Land oder auf Schiffen, im Prinzip lag der einzige Vorteil der U-Boote in ihrer Tarnung unter Wasser, doch in anderer Hinsicht waren sie in Bezug auf Funktechnik, Waffen, Reichweite u.a. stets im Nachteil. Wolfgang Hirschfeld war Funkstellenleiter auf verschiedenen U-Boots-Typen und hat seine Erfahrungen im Atlantik beschrieben.

Im günstigen Fall hatten alle U-Boote vier Funker an Bord, doch der Funkstellenleiter musste jedoch auch noch eine andere wichtige Funktion wahrnehmen und war für die medizinische Betreuung der Besatzung zuständig, wofür er eine Ausbildung zum Sanitäter erhielt. Die U-Boot-Funker mussten unter erschwerten Bedingungen arbeiten, die Antennen waren von geringer Höhe, stets mit Feuchtigkeitsproblemen behaftet und es waren große Entfernungen zu überbrücken. Je nach Operationsgebiet war es im Boot zu heiß, zu kalt aber auf jeden Fall immer zu feucht. Da nicht überall ein UKW-Gerät ("Marine-Fritz" oder "Köln") vorhanden war, verständigten sich die U-Boote im Nahbereich mit Megafon und Blinksignalen.

Die LW-Funknavigation war zunächst nur im aufgetauchten Zustand möglich und wurde abgeglichen mit der Astronavigation durch den Sextanten, während bei der Unterwasserfahrt die Koppelnavigation eine sehr wichtige Rolle spielte, bis die Peilung von Längstwellen auch in geringer Wassertiefe möglich wurde. Das geschah z.B. mit den LW-Navigationsbaken "Sonne" und "Elektra". Bei den neuen U-Booten mit Schnorchel gab es an den Luftrohren kleine Antennenstäbe, sozusagen Vorläufer der heutigen Aktiv-Empfangsantennen. Schwierig wurde das Verhältnis der Funker zum Kommandanten immer dann, wenn mit der Elektronik etwas nicht klappte.

Neben dem Funkverkehr war die Bedienung des passiven Gruppenhorchgerätes (GHG) ihre Aufgabe. Weil sein GHG scheinbar nicht mehr einwandfrei arbeitete und die Mannschaft dadurch sehr nervös wurde, wechselte Oberfunkmeister Hirschfeld einmal alle 96 Röhren (RV12P2000) des GHS aus, um danach festzustellen, dass die Funktion des Gerätes sich nicht verbessert hatte, sondern tatsächlich keine Kontakte an der Oberfläche vorhanden waren. Hirschfeld machte dabei aber auch auf eine Variante des U-Boot-Funkverkehrs aufmerksam, die auch manchem Historiker unbekannt sein dürfte.

Im Funkkontakt zwischen den U-Kommandanten und dem BdU (Admiral Dönitz) in der Empfangsstelle in Lorient wurde jeder gesendete Buchstabe wurde am Empfangsort sofort in die ENIGMA getippt und sofort entschlüsselt dem Kommandanten bzw. den BdU mitgeteilt. So ergab sich ein direkter Frage-Antwort-Verkehr, der aber aufgrund der technischen und operativen Anforderungen, eine hohe Funkdisziplin und hervorragende Funker auf beiden Seiten erforderte. Sicher ein Fall, der nicht sehr häufig angewandt wurde und denn Hirschfeld als "Funkschlüsselgespräch über Taste" beschreibt, im Prinzip ein Vorläufer des heutigen Chats in den Smartphones und PCs. Als die Führung endlich eine Entzifferung der Meldungen in Betracht zog, folgten noch Anweisungen die Texte nicht zu immer gleich zu gestalten und bestimmte Kürzel zu vermeiden, doch wurde dies in der Truppe kaum beachtet.

Die Entzifferung der ENIGMA kann mit Kenntnissen über ihren Einsatz und den technischen Grundlagen auch heute noch zu einem besseren Verständnis der Nachrichtentechnik im Militär und in der Politik führen. Viele Unterlagen sind unter dem Oberbegriff DEFE-3 auf Mikrofilmen im Public Record Office (PRO) in England verfügbar und es können auch Kopien angefertigt werden. Trotz der verfügbaren umfangreichen Informationen bleibt das Bild der Operation "ULTRA" (alliierter Codename der Entzifferung der ENIGMA), wie auch das der Schlüsselfernschreibmaschinen wie z.B. der SFM-T43, bis heute in einigen Punkten ungeklärt.

Entzifferung der Schlüsselmaschine ENIGMA

Zweifel an der Sicherheit der ENIGMA-Maschinen waren innerhalb der Soldaten und Führung der Wehrmacht auch nach dem Krieg noch gering, da es keinerlei Hinweise und Informationen über die Erfolge der Alliierten gab und nur wenige überhaupt die erforderlichen Kenntnisse in der Kryptologie besaßen. Unterlagen über Kryptologie unterliegen immer strenger Geheimhaltung und es dauerte bis in die 70er Jahre, bis sich die britischen Archive zum ersten Mal für die Forscher öffneten, während die USA bis heute weiterhin kaum Material wichtiges Material zugänglich machten.

Analytische Untersuchungen der deutschen Kryptologen zeigten aber schon bei den ersten zivilen Modellen der 20er Jahre, dass die Maschine nur bedingt sicher war. Das Steckerbrett und zusätzliche Walzen zum Austausch brachten sicherlich eine Verbesserung und ein eigens für die Schlüsselsicherheit geschaffenes Referat (O.K.W./Chi) sollte mit weiteren Veränderungen an den militärischen Versionen sicherstellen, dass selbst bei der Erbeutung der Maschinen eine Entzifferung ausgeschlossen war.

In speziellen Kursen in der Marinenachrichtenschule in Mürwik wurden die Nachrichtenoffiziere durch Experten der Entzifferung auf die Gefahren der unsachgemäßen Handhabung von Schlüsselmitteln eingewiesen. Fehler in der Handhabung, Verluste und Berichtigungen mussten der B-Dienststelle in Berlin mitgeteilt werden, um die mögliche Entzifferung auszuschließen. Die Flottenmanöver wurden mit "blauen" und "roten" Entzifferungskommandos durchgeführt, die versuchten, die jeweiligen Funksprüche der anderen Partei zu lösen. Allerdings erreichte das Funkverkehrsaufkommen in diesen Manövern nie jenes während der operativen Einsätze der Luftwaffe oder der U-Boote ab 1939, wodurch die in Manövern festgestellte Sicherheit wieder ad absurdum geführt wird. Lediglich bei den Handcodes wurde immer wieder darauf hingewiesen, dass die Sicherheit nur für einige Tage gegeben war. Doch selbst hier war sich nicht jeder wenigen Offiziere, der handcodierten Funksprüche selbst aufsetzten konnte, der Gefahren letztendlich bewusst. Welcher Leiter einer Funkstelle oder Funkmeister wollte schon einem Offizier eine andere Formulierung seines Textes oder ein anderes Schlüsselmittel vorschlagen.

Der 1944 eingeführte Wehrmachtshandschlüssel, dem die Funker nicht sehr trauten, erwies sich jedoch als recht sicher, was in den neunziger Jahren auch von den Amerikanern bestätigt wurde. Die polnischen Kryptanalytiker in England gaben an, dass sie nur etwa 25% der abgehörten Funksprüche im Doppelwürfelverfahren entziffern konnten und diese Handcodes hatten auch als Reservehandverfahren (RHV) für den Ausfall der ENIGMA eine wichtige Funktion.

Für den Fall der Bloßstellung, bei Verlusten oder falls Schlüsselunterlagen zu spät eintrafen, gab es die notfalls noch die Wehrmachtshandschlüssel. Die Schlüsselworte durften nicht schriftlich fixiert, sondern nur auswendig gelernt werden. Der unautorisierte Gebrauch brachte dem Funker einen strengen schriftlichen Verweis in seiner Personalakte ein. Deswegen wurden auch abgelaufene Schlüssel der ENIGMA teilweise trotzdem weiterverwendet, bis der neue Schlüssel schließlich eingetroffen war. Der Handschlüssel bestand aus meist zwei Schlüsselwörtern, aus denen die Zahlenreihen gebildet wurden. Die Buchstaben jedes Schlüsselwortes wurden nach ihrer alphabetischen Reihenfolge nummeriert (gleiche Buchstaben von links nach rechts, Umlaute ausgeschrieben). Diese Wehrmachtshandschlüsselverfahren (Doppelwürfel) durften nur zwischen 60 und 180 Wörter enthalten. War der Spruch kürzer, musste mit Wörtern aufgefüllt werden (Füllwörter), die nicht im Zusammenhang mit dem Text standen. Bei Texten von über 180 Wörtern musste er verschieden lange Textstücke mit Füllwörtern getrennt werden, die unterschiedlich verschlüsselt wurden.

Erst im Herbst 1974 wurde offiziell erstmals bekannt gegeben, dass es den polnischen Kryptologen und später auch der britischen Entzifferung gelungen war, viele Funksprüche der deutschen Wehrmacht zu entziffern. Die erste offizielle Freigabe von originalen Dokumenten erfolgte vom britischen Public Record Office (PRO) in London im Jahre 1977. Es sammelten sich bis März 1979 erstaunliche 572 Bände der Unterlagen mit nahezu 420.000 entzifferten deutsche Funksprüchen und Fernschreiben zur historischen Auswertung an. Es entbrannte ein Streit über den "kriegsentscheidenden" Einfluss dieser Umstände, der fast zu einer zweiten Dolchstoßlegende zu werden drohte, vor allem als auch noch bekannt wurde, dass ein Deutscher (Agent "Asche") für die Franzosen Unterlagen über die Maschine geliefert hatte. Wissenschaftler und Historiker waren sich letztendlich aber doch darüber einig, dass der Umstand der Kenntnis einzelner Operationen des Gegners sehr wohl das Kriegsgeschehen beeinflusste, jedoch nicht allein entscheiden konnte. Zum Glück, denn ohne die Entzifferung der ENIGMA hätte es vielleicht keine Invasion in der Normandie gegeben und die Rote Armee wäre unter Umständen nur durch eine amerikanische Atombombe vor dem Übersetzen nach Großbritannien gehindert worden.

Gordon Welchman bezeichnete die Geschichte der ENIGMA als eine "Komödie der Fehler", die leider in Wiederholungen in der Geschichte der Kryptologie immer wieder aufgeführt wird, beispielsweise bei verschiedenen Chiffriergeräten der US-Streitkräfte im Vietnam- und Koreakrieg, aber auch bei anderen Nationen. Die Geschichte der Kryptologie zeigt das Wechselspiel zwischen dem Kryptologen, der das Haus verschließt, und dem Kryptanalytiker, der geduldig die Hintertür sucht. Die Bezeichnung als Komödie ist, im Hinblick auf die infolge der entzifferten Nachrichten gefallen Soldaten, allerdings nicht angemessen. Das bemerkenswerte Urteil von Admiral Brian B. Schofield, der für die Sicherheit von alliierten Konvois zuständig war, drückt es vielleicht besser aus:

"Die große Zahl von Überwachungsflugzeugen drängte die U-Boote immer häufiger unter Wasser und das genügte, den Aktionsradius der "Grauen Wölfe" stark einzuengen, denn ein U-Boot war über Wasser viel schneller, als unter Wasser." - "Aufgrund dessen, was wir heute (1979) über die Arbeit der Chiffrierdienste auf beiden Seiten wissen, möchte ich sagen, dass der xB-Dienst (Marinefunkaufklärung) für die U-Boot-Führung von größerem Wert war, als die "Special Intelligence", für diejenigen von uns, die für die Sicherheit unser Schiffe verantwortlich waren. Damit möchte ich die Leistung unserer Kryptologen keineswegs schmälern, doch konnten wir deren Erkenntnisse erst voll nutzen, als unsere Streitkräfte stark genug waren, von der Defensive in die Offensive überzugehen. Das war erst ab Mitte 1943 (!) der Fall."

Auch im Jahre 1943 konnte nicht der gesamte Atlantik mit Suchflugzeugen abgedeckt werden und so fanden die U-Boote immer noch genügend Ruheräume, um aufzutauchen und ihre Batterien aufzuladen, nur waren sie dann weit von den Konvoirouten entfernt. Zwei Dutzend Langstreckenbomber auf Island reichten 1944 zur Bekämpfung der U-Boote im nördlichen Atlantik aus. Dazu kamen noch zahlreiche andere Bomber, die von England, Nordafrika und USA starteten und natürlich auch noch die Maschinen von den Behelfsträgern, die den restlichen Seeraum im Nahbereich abdeckten.

Auf deutscher Seite stand die vernachlässigte funktechnische Entwicklung von Warnempfängern für die alliierten Radaranlagen auf 9-cm-Welle bzw. die Vernachlässigung der eigenen bereits vorhandenen Systeme in der Kriegsführung und rechtzeitige weitere Entwicklung sowie eine mangelnde Unterstützung durch die Luftwaffe in der Aufklärung und Luftkampf gegen feindliche Schiffe. Die Vorteile der Schnellboote im Einsatz gegen Konvois wurden unterschätzt und als sie schließlich vermehrt eingesetzt wurde, hatte das Radar den S-Booten das bisher vorhandene und benötigte Überraschungsmoment genommen. So gab es neben der Entzifferung der ENIGMA weitere wichtige Auslöser für die deutsche Niederlage, die 1939 mit dem Einmarsch in Polen begann.

Verschiedene Gründe des Scheiterns der deutschen U-Boote-Strategie im Atlantik

- Entzifferung der deutschen Funkschlüssel/ENIGMA
- Automatische Funkpeilsysteme (HF/DF)
- 9-cm-Radaranlagen in den alliierten U-Boot-Suchflugzeugen
- Verstärkung der Escort Groups durch Support Groups
- Luftraumüberwachung auf See
- Unterwasserwaffen und UW-Ortungsmittel gegen U-Boote
- Neuzahlen der Handelsschiffe (Liberty-Ships)

Dieses Polen war im Jahre 1918 wieder auf der Landkarte erschienen und nach der politischen Entwicklung nach Locarno war es von Osten und Westen bedroht. Die besten polnischen Mathematiker und Kryptologen arbeiteten nun an der Entzifferung der deutschen Chiffren und legten damit die Grundlagen, ohne welche die alliierten Erfolge später nie möglich gewesen wären. Die Überwachung und Dechiffrierung des deutschen Funkverkehrs funktionierten im Grunde genommen schon sehr gut, doch seit 1928 tauchten immer öfter Funksprüche auf, bei denen selbst die Zentrale der Kryptologen in Warschau keine Lösungen mehr fand. Es wurden lediglich Ähnlichkeiten im Aufbau der Schlüsseltexte der Reichsmarine mit den Texten der handelsüblichen ENIGMA-Version festgestellt. Die nachfolgenden Umstände verkürzten die Arbeit in der Entzifferung der ENIGMA durch die polnischen Kryptologen nach Meinung von Experten um 2-3 Jahre.

Am 1. November 1931 traf Hans-Thilo Schmidt den Pariser Geschäftsmann Rodolphe Lemoine (geb. Rudolf Stallmann, "REX"), der seit 1918 für das Deuxieme Bureau arbeitete, und übergab diesem am 8. November die "Gebrauchsanweisung für die Chiffriermaschine ENIGMA" und die "Schlüsselanleitung zur Chiffriermaschine ENIGMA", aus der Chiffrierabteilung des Reichswehrministeriums. Zu den Unterlagen der internen Verkabelung der militärischen Maschine hatte er aber keinen Zugang. Unter dem Decknamen "Asche" ("HE") lieferte er ab 1932 aber weitere Dokumente über die Maschine, Informationen über den Plan "GELB" (Invasion Frankreichs) und den Aufbau der Wehrmacht (1931). Sein Bruder war der Befehlshaber des 39. Panzerkorps im Frankreichfeldzug, General Rudolf Schmidt, über dessen Beziehungen als vormaliger Stellvertreter der Nachrichteneinheiten der Chiffrierdienste der Wehrmacht Hans-Thilo Schmidt einen Posten in der Chiffrierabteilung des Reichswehrministeriums erhalten hatte, den er auch behielt, als sein Bruder am 29. Oktober 1929 versetzt worden war. 1934 wurde Schmidt in das Forschungsamt im Reichsluftfahrtministerium versetzt, in dem auch die Einbrüche in die Chiffren anderer Nationen bearbeitet wurden. Nach 19 Treffen mit französischen Geheimdienstmitarbeitern und über sieben Jahren der Spionagetätigkeit wurde er erst durch die Enttarnung des Agenten Lemoine entdeckt und im Juli 1943 hingerichtet.

Der französische Service du Chiffre gab die "Gebrauchsanweisung für die Chiffriermaschine ENIGMA" und die "Schlüsselanleitung zur Chiffriermaschine ENIGMA" am 20. November an das Deuxieme Bureau als unbrauchbares Material zurück. Der Kontaktmann zum britischen Nachrichtendienst, Wilfred Dunderdale, nahm die Unterlagen daraufhin zwar am 23. November nach London, kam aber am 26. November ebenfalls wieder damit nach Paris zurück. Offensichtlich misstrauten die Engländer den verbündeten Franzosen ebenso wie den Deutschen. Enttäuscht von den französischen Kryptologen stellte Gustave Bertrand aus dem Deuxieme Bureau Material die Unterlagen nun den polnischen Kryptologen zur Verfügung (Treffen 7.-11. Dezember 1931. Bei zwei Treffen in Verviers am 29./30. Dezember 1931 und am 8. Mai 1932 hatte

Schmidt mehrere Monatslisten mit den täglichen Einstellungen übergeben, welche nun an die Polen weitergegeben wurden.

In einem versehentlich über die reguläre Post verschickten Diplomatengepäck an die deutsche Botschaft in Warschau fand die polnische Abwehr außerdem die erste militärische ENIGMA-Version, die ENIGMA-EINS (ENIGMA-I). Der polnische Nachrichtendienst wertete die Maschine aus, verpackte sie wieder sorgfältig und sandte alles zurück. Die deutsche Dienststelle war froh, das Gepäck wohlbehalten zurück zu erhalten und keinen Kryptoverstoß melden zu müssen, wodurch die deutsche Abwehr auch keinen Verdacht schöpfen konnte, da nichts davon offiziell bekannt wurde. Der Vorgang hatte aber schwerwiegende Folgen, denn die Gleichungen des Mathematikers Marian Rejewski hatten noch nicht zur Lösung führen können, da das Steckerbrett der militärischen ENIGMA-I nicht bekannt und deshalb nicht berücksichtigt worden war. Nun gab es nach zwei Wochen (15. bis 31. Dezember 1932) eine neue Berechnung unter Berücksichtigung der Steckervarianten, welche es erstmals ermöglichte, die aufgefangenen deutschen Funksprüche zu bearbeiten und auch Nachbauten der militärischen ENIGMA-I zu entwickeln (Radiofirma AVA, Warschau).

Die Informationsgewinnung durch Sorglosigkeit der Nutzer scheint oft sehr erfolgreich zu sein. Im Oktober 1914 wurde dem k.u.k. Gesandten in Bukarest, Ottokar Graf Czernin, eine Tasche aus dem Wagen entwendet, indem sich auch ein Chiffrenschlüssel befand. Die Tasche wurde wieder zurückgegeben und keine weiteren Maßnahmen hinsichtlich eines Schlüsselwechsels ergriffen. Kopien des k.u.k. Chiffrenschlüssels tauchten dann im Mai 1917 bei der Besetzung von Bukarest im Hause des rumänischen Ministerpräsidenten Ionel Bratianu wieder auf. Es gab also in der Geschichte genügend Warnungen vor einem sorglosen Umgang mit Kryptogerät und Unterlagen, die oft nicht beachtet werden/wurden und deren Konsequenzen die Truppe später tragen musste.

Bei der Entzifferung der ENIGMA multiplizierte sich die Sorglosigkeit und Ignoranz der deutschen Entscheidungsträger mit den Schwächen des Gerätes und Fehlern des Funkpersonals. Es wurde in der Anfangszeit von der gleichen Grundstellung der Walzen (Standard "A"-"N"-"X") ausgegangen und die Walzen wurden auch nicht getauscht. In Folge der Kürze der Funksprüche von maximal 180 Zeichen und der damit verbundenen häufigen Nutzung der rechten Walze, ergaben sich durch in der Praxis eingeschränkten verwendbaren internen Verdrahtungsmöglichkeiten einer Walze die ersten Anhaltspunkte für die Entzifferung. Ein häufiger Wechsel der 1. Walze oder unterschiedliche Grundeinstellungen, hätten nach der Einführung der ENIGMA die ersten Entzifferungsversuche der polnischen Kryptologen ohne Erfolgsaussichten gelassen und bei späteren zusätzlichen Verschlüsselungsoptionen der ENIGMA die Sicherheit auch erhöht. Hier wurde aber dem Gegner die Möglichkeit gegeben, sich über das Verfahren und einen wichtigen Teil der Maschine ein grundlegendes Wissen zu verschaffen, mit welchem er im Nachhinein die Änderungen zurückverfolgen und ebenfalls berücksichtigen konnte.

Die polnischen Kryptologen hatten anhand der erhaltenen Informationen und auf Basis der zivil erworbenen ENIGMA-Version die militärische ENIGMA-I mit dem Prinzip des Steckerbrettes, welches die militärische von der zivilen ENIGMA-Version unterschied, rekonstruiert sowie die Verdrahtung der drei Walzen fast vollständig nachvollzogen. Eine weitere Hilfe war die Verschlüsselung der drei Buchstaben bzw. Zahlen der Spruchschlüsseleinstellung am Beginn des Funkspruches, die in deutscher Gründlichkeit in allen Streitkräften auch zusätzlich immer wiederholt werden mussten und übermittelt wurden. Bei einer 3-Walzen-ENIGMA entsprach deshalb z.B. der 1. immer dem 4., der 2. dem 5. und der 3. dem 6. Klartextbuchstaben am Anfang eines Textes, bei der M-4 später zusätzlich der 4. dem 8. Buchstaben.

Doch die Maschine allein, ohne Kenntnis der verwendeten Schlüssel, erforderte von den Kryptologen bei der ENIGMA immer noch einen immensen Arbeits- und Rechenaufwand für eine mögliche Lösung eines Funkspruches. Zur Jahreswende 1932/33 war es den Mathematikern trotzdem gelungen, den Funkschlüssel-C zu lösen und bis Mitte 1934 über ein Dutzend der ENIGMA-Maschinen nachzubauen. Die bisherigen, erfolgreichen Methoden der Entzifferung ergaben bei einigen Meldungen aber überraschender Weise keine Ergebnisse mehr und die polnischen Kryptologen standen vor einem neuen Rätsel; die ersten ENIGMA-M waren in Deutschland eingeführt worden.

Die von der zivilen Version der ENIGMA erzeugten Permutationen waren als mathematische Ausdrücke in der entsprechenden Permutationsgruppe darstellbar, in denen die Walzen zunächst als Unbekannte standen. Bei der militärischen ENIGMA kamen durch zusätzlich Walzen sowie das Steckerbrett weitere Unbekannte hinzu. Auch mit dem heutigen Stand der Algebra und der Computertechnik ist die Aufgabe der Entzifferung der ENIGMA-Maschinen alles andere als einfach zu lösen. Für eine Lösung bei bekanntem Grundprinzip der 3-Walzen-ENIGMA waren 30 Informationen als Grundlage für eine erfolgreiche Entzifferung erforderlich:

- Auswahl und Reihenfolge der Walzen und die Umkehrwalze
- Einstellungen der Walzen (Spruchschlüssel mit 3 Buchstaben/Zahlen)
- Steckverbindungen mit 10 Doppelsteckern für 20 Verbindungen
- Einstellung der Ringe der 3 Walze

Unter gewissen Umständen konnte eine 3-Walzen-ENIGMA später auch den Text einer ENIGMA M-4 wieder entschlüsseln und umgekehrt. In der Grundstellung "A" der Griechen-Walze "Alpha" der ENIGMA M-4 lag bei der Verwendung der gleichen Umkehrwalze und gleicher Steckerkombination ein mit der ENIGMA-M identischer Schlüsselvorgang vor. Nur in diesem einen Fall konnte eine ENIGMA-M bzw. 3-Walzen-ENIGMA einen mit der ENIGMA M-4 verschlüsselten Spruch auch wieder entschlüsseln und nur die Verschlüsselung war mit der 3-Walzen-ENIGMA identisch. In allen anderen Fällen waren die möglichen Lösungen nochmals um ein Vielfaches erhöht worden und mit damaligen, manuellen Rechenmethoden ohne weitere Kenntnisse unmöglich zu entziffern.

Die möglichen Lösungen wurden nun durch systematische Ausnutzung von Fehlern, nachrichtendienstlichen Erkenntnissen und mathematischen Berechnungen reduziert. Als Spruchschlüssel sollte vom Sender eine zufällig gewählte Buchstabengruppe gewählt werden, meist wurde in der Anfangszeit der einfach die Standardeinstellung "A"-"N"-"X", in allen Funksprüchen und auch die Übungen der Nachrichtenschulen aller Teilstreitkräfte gewählt. Für jeden Tag gab es einen allgemeinen Tagesschlüssel, der alle Einstellungen der ENIGMA enthalten musste. Der polnische Mathematiker Rejewski musste die 676 möglichen Stellungen der zweiten und dritten Walze an den Nachbauten manuell und einzeln durchschalten, um die möglichen Lösungen testen zu können. Da dies eine sehr zeitaufwendige Arbeit war und ihm kaum Hilfspersonal zur Verfügung stand, konstruierte er sich eine Maschine, die er "Zyklometer" nannte. Sie bestand aus der Schaltung von zwei Sätzen der ursprünglichen ENIGMA-Walzen hintereinander, welche die sechs möglichen Stellungen der drei Walzen schneller ermittelten.

Mit der Neufassung der MDv Nr. 32/1 (August 1940) wurden die Schlüsselbuchstaben mit einer Liste von wechselnden Kennbuchstaben (Handschlüssel) ein zweites Mal verschlüsselt. Dieser Umstand und die drei weiteren Walzen der M-3 machten einen Einbruch in die Marine-Schlüsselbereiche sehr viel schwieriger als in die der Luftwaffe oder des Heeres. Aber in der neuen MDv stand weiterhin als Funkspruch-Schlüsselbeispiel das "A"-"N"-"X", welches als Einstellung häufig weiter benutzt wurde und welches selbst bei der Einführung der M4-Maschinen wiederauftauchte. Die bisherigen Erfahrungen wurden auf deutscher Seite nicht konsequent umgesetzt und verbessert. Selbst auf die Textgestaltung nahm weder das O.K.W./Chi noch die andere Abteilungen Einfluss. Es gibt keine Hinweise dafür, dass neue Merkblätter herausgegeben wurden, die z.B. die Verwendung des "A"-"N"-"X" verboten oder die darauf aufmerksam machten, dass die Absetzung von gleichen Texten mit unterschiedlichen Schlüsseln eine gefährliche Praxis sei. Selbst der Hinweis zur Verwendung aller 13 Steckverbindungen unterblieb und es wurden nur allgemeine Hinweise zur Schlüsselsicherheit an die Truppe weitergegeben.

Allerdings sollen und dürfen auch keine Erkenntnisse über Schwachstellen und Ergebnisse der Entzifferung der eigenen Kryptomittel seitens der Forschungsabteilungen oder des Gegners in die Truppe gelangen, da die Gefahr besteht, ihn in dieser Weise erst darauf aufmerksam zu machen bzw. weitere eigene nachrichtendienstliche Erfolge zu vereiteln und die Truppe zu verunsichern. Hier ist die Kryptologie in gewisser Weise ein Teufelskreis.

Im Jahre 1937 zog das "Biuro Szyfrow 4" (BS-4, Nr. 4 war die deutsche Sektion, Tarnnamen "Wicher" = "Sturm") in ein Waldgebiet etwa 20 km südöstlich von Warschau bei Pyry um. Das BS4 baute mit seinen geringen finanziellen Mitteln eine neue, von Rejewski konzipierte, Dekodiermaschine, welche den Namen "Kryptologia-Bomba" erhielt (im November 1938 einsatzbereit, Kosten ca. 100.000 Zloty). Sie simulierte zum Testen von Schlüsseleinstellungen mit 18 elektrisch angetrieben ENIGMA-Walzen sechs hintereinander geschaltete ENIGMA-Maschinen. Lediglich eine Skizze dieser "Kryptologia-Bomba" von Rejewski bliebt erhalten, die aber nicht erkennen lässt, wie das Ergebnis signalisiert wurde (vermutlich mit Relais und Lämpchen). Rejewskis gab an, dass diese "Bomba" etwa zwei Stunden benötigte, um alle 16.900 Walzenstellungen abzuarbeiten.

Am 15. September 1938 wurde das Chiffriersystem der ENIGMA-Geräte in den Streitkräften grundlegend geändert und am 1. Januar 1939 erhöhte der deutsche Chi-Dienst die Zahl der Verbindungen der Stecker. Diese Maßnahmen machten die bisher angewandte Entzifferung und die Konstruktion der "Bomba" aufgrund der zusätzlichen Kombinationsmöglichkeiten wieder zunichte. Henryk Zygalski entwickelte ein System mit perforierten 26 Blättern (~1.000 Löcher pro Blatt), welche übereinander gelegt durch die Lochungen jeweils eine Rotorposition darstellten. Dies war aber im Gegensatz zur teuren Maschine von Rejewski ein wiederum personell sehr aufwendiges Verfahren und die Kosten für die polnischen Kryptoabteilungen stiegen auf das 15-fache ihres Budgets. Es wurden mindestens 60 "Bomba" bzw. 60 Ausführungen mit 26 Papierbögen für einen Entzifferungsansatz mit Aussicht auf Erfolg benötigt.

Gegen Ende 1938 hatte Bertrand in Frankreich alle verfügbaren Informationen an die Polen geliefert, doch weder aus Warschau noch aus London gab es Erfolgs- oder Rückmeldungen. Am 8. und 9. Januar 1939 trafen sich die polnischen, britischen und französischen Kryptologen, aber erst nach weiteren Verhandlungen teilten die Polen ihre Erkenntnisse und übergaben bei dem Treffen am 25. Juli 1939 auch zwei ihrer rekonstruierten militärischen ENIGMA-Maschinen. Bertrand hatte dem polnischen Kryptologiezentrum BS-4 die nötigen Informationen geben, nun konnten die Früchte der bisherigen Arbeiten geerntet werden.

Bei diesem Treffen waren neben Alastair Denniston und Dillwyn Knox ein gewisser Professor "Sandwich" anwesend, dessen Identität bis heute nicht geklärt ist. Ein polnischer Teilnehmer behauptete, dass es der Chef des MI (Menzies) war. Der ehemalige Nachrichtenoffizier Ian Fleming arbeitete in Bletchley Park und war durch seine Arbeit wohl inspiriert, denn in seinen Drehbücher tauchen seine ehemaligen Vorgesetzten, Admiral John Godfrey (Naval Intelligence) und Maxwell Knight (MI5) in vielen Formen ebenso auf, wie Menzies, für den er das Synonym "M" einsetzte. Der Konstrukteur Charles Fraser-Smith diente als Inspiration des Entwicklers für das Handwerkzeug der Spione und findet sich als "Q" in den Drehbüchern für die James Bond Filme.

Nach Hitlers Befreiung des Rheinlandes, der Angliederung Österreichs und dem Einmarsch in die Tschechei gab es im Vergleich plötzlich größere internationale Proteste, speziell aus England. Vielleicht spielte die Übergabe des Kryptomaterials und der Nachbauten der ENIGMA eine Rolle bei den Überlegungen zur Garantieerklärung Englands im Falle eines deutschen Angriffes gegen Polen. Weder in England noch Frankreich lagen bis zu diesem Zeitpunkt eigene Anhaltspunkte für eine Einzifferung der deutschen

Schlüssel vor. Erst jetzt waren die Kryptologen aus England, Frankreich und Polen waren gemeinsam wieder in der Lage, das "Rätsel" zu lösen und die deutschen Funksprüche zu entziffern.

Nach dem Überfall auf Polen verlegten 15 Mitarbeiter des "Biuro Szyfrow" von Pyry/Warschau in das Château de Vignobles, nordöstlich von Paris in Gretz-Armainvillers und wurden ab jetzt als Abteilung "EKIPA-Z" bezeichnet und später in einer "Gruppe 300" zusammengefasst. In der französischen Abhör- und Dechiffrierstation (Cinquième Bureau) "Bruno" und danach in der Festung Les Fouzes, nahe Uzès/Nimes ("Cadix"), arbeiteten etwa 70 Personen, die zusätzliche Informationen aus den Abhörstationen in Marseille, Montpellier und Pau erhielten.

Aber noch war das deutsche Schlüsselwesen relativ sicher und nur wenige Meldungen konnten entziffert werden, da die alliierten Kryptoabteilungen erst im Aufbau waren und nur wenig erbeutetes Material zur Verfügung stand. Vor dem Angriff auf Frankreich wurden die Chiffriereinstellungen aller ENIGMA-Maschinen nochmals geändert. Die Kryptologen aus Polen mussten nach dem Einmarsch mit den Geräten und Unterlagen nach Algier ausgeflogen werden, nach der deutschen Landung in Afrika weiter nach Spanien und einige Experten kamen schließlich 1943 in England an und waren dort wieder in der Entzifferung tätig. Einige wurden gefasst und kamen im KZ oder im Verhör um, doch das Geheimnis der Entzifferungen der ENIGMA blieb gewahrt.

Die polnische Bezeichnung der Simulationsmaschine als "Bomba" bedeutet übersetzt "Torte" und dürfte auf das Aussehen der ersten Rechenmaschine zur Entzifferung zurückzuführen sein, die im Wesentlichen von Marian Rejewski entwickelt worden war. Die Engländer übernahmen die Bezeichnung und nannten nun ihre ENIGMA-Simulationmaschinen entsprechend als "Bomb", wobei die Entwicklungen auch Tarnnamen trugen, wie die erste z.B. "AGNES".

Diese Maschinen (2-x-2,7-x-1 m) konnten 500.000 Kombinationen in mehreren Stunden bearbeiten. Die erste britische Bombe wurde ab dem 18. März 1940 von der British Tabulating Machinery Co. in Letchworth entwickelt und im August 1940 nach Bletchley Park ausgeliefert. Bis Juni 1941 wurden sechs, im November sechzehn, im August 1942 dreißig und bis zum Ende des Jahres schließlich 49 Kryptografiebomben zur Entzifferung der 3-Walzen-ENIGMA nach Bletchley Park geliefert, von denen allerdings nur 12 zunächst genutzt wurden. Insgesamt waren über 100 Kryptografie-Bomben im Einsatz und von der Palluth AVA Fabrik wurden 17 komplette Nachbauten der militärischen ENIGMA-Maschinen mit Sicherheit gefertigt, wobei die tatsächliche Zahl 4-5 Mal höher geschätzt wird.

Eine einzige Bombardierung des englischen Zentrums der Entzifferung der ENIGMA, Bletchley Park, hätte wesentlich schwerwiegendere Folgen für England gehabt, als alle Angriffe auf London zusammen erreicht haben. Doch nur ein einziges, verirrtes Flugzeug warf am 20. November 1940 sechs Bomben in der Nähe, die jedoch kaum Schaden anrichteten. Nach der Niederwerfung Frankreichs fanden sich auch in den sichergestellten Akten des französischen Marineministeriums noch keine Hinweise über einen Einbruch der französischen oder britischen Stellen in die deutschen Funksprüche und Bletchley Park blieb der deutschen Aufklärung nur als ein Landsitz auf der Karte in England bekannt.

Allerdings begann die Wehrmacht, im Chiffrierbereich nun doch Veränderungen einzuführen. Ab Mai 1940 wurden das grundsätzliche Schlüsselverfahren des Heeres und das der Luftwaffe abgeändert und die drei Buchstaben nur noch einmal getastet. Die Buchstaben wurden zwar auch weiterhin angegeben, die Gruppen aber mit Füllbuchstaben ergänzt. Die Marine blieb beim alten System, verschlüsselte aber die Angaben des Grundschlüssels mit Buchstaben einer häufig wechselnden Tauschtabelle ein zweites Mal.

Nach Erhöhung der Tauschmöglichkeiten der Walzen und der Einführung der ENIGMA M-4 bei der Marine am 1. Februar 1942 wurde es aber für die Kryptografie-Bomben nahezu unmöglich ohne die gültigen Schlüsselbücher ein rechtzeitiges Ergebnis für militärische Gegenmaßnahmen zu liefern. Um die Grundeinstellungen der Entzifferungsmaschinen zu ermitteln, wurde nun auch die "Oriental Goddess" (auch "Bronze Goddess") eingesetzt. B. Williams baute bei Western Electric eine reine Relais-Maschine, die

144 Vertauscher hatte und schnelle Menüwechsel durchführen konnte. Diese "Madame-X" wurde im Oktober 1943 fertig und soll ebenfalls in der Entzifferung der ENIGMA-Maschinen genutzt worden sein.

Zur gleichen Zeit baute Joe Desch bei NCR in Dayton (Ohio) für das OP-G-20 der US-Navy eine Maschine, deren Entwicklung eine Million Dollar gekostet haben soll. Sie hatte 16 Vier-Rotoren-Vertauscher und eine Steuerung mit 1.500 gasgefüllten Thyratron-Schaltröhren. Sie soll 20-mal schneller als die britischen Maschinen gewesen sein, wurde aber auch erst Mitte 1943 fertig. Sie konnte die Bearbeitung der Nachrichten der ENIGMA-M4-Maschinen, für die eine verbesserte "Agnes" viele Tage benötigte, auf etwa 18 Stunden reduzieren. Das war auch ein weiterer Durchbruch für Bletchley Park, denn eine der ersten NCR-Maschinen wurde Mitte 1943 auf einem Schlachtschiff nach England transportiert.

Britische Listen über die deutschen Funknetze mit Vermerken über die ersten Erfolge in der Entschlüsselung lassen erkennen, dass etwa die Hälfte aller angegebenen Erfolge erst ab 1943 stattfanden. Die Abarbeitung der M4-Sprüche der im West-Atlantik operierenden U-Boote wurde 1943 nach Washington verlagert, wo nun etwa 30 Maschinen zur Verfügung standen. Im Juni 1943 wurde die erste und schnellere Kryptografie-Bombe für die M-4 ausgeliefert, die den Spitznamen "Cobra" nach ihren dicken Kabelsträngen erhielt. Diese NCR-Maschinen hatten aber noch für längere Zeit mit vielen mechanischen Problemen zu kämpfen. Mindestens 100 solcher Maschinen sollen gebaut worden sein und arbeiteten auch noch in der Nachkriegszeit, bis Modelle wie "Rattler" und "Duena" sie ablösten.

Alle diese Rechenmaschinen konnten im Gegensatz zum "COLOSSUS" auch kein komplettes Programm abarbeiten. Außerdem wurden ferner die "Universal-Turing-Machine", Tabelliermaschinen von IBM, Hollerith-Lochkarten sowie Robinson-Maschinen (Heath-Robinson-Verfahren) bei der Entzifferung der ENIGMA und des Siemens-Geheimschreibers genutzt. Großbritannien hatte seinen Rückstand mithilfe der polnischen Kryptologen aufgeholt, hielt jedoch die Informationen aus den ENIGMA-Funksprüchen für ausschließlich britische Verwendung zunächst unter Verschluss. Es gab bei der Geheimhaltung anfangs viel Misstrauen und Sicherheitsbedenken zwischen den Verbündeten.

Von 1940 bis 1945 lag die Entzifferung der deutschen Geheimcodes, der ENIGMA-Maschinen und des Geheimschreibers T-typ-52 sowie der italienischen und japanischen Unterlagen in England allein bei der Government and Cypher School (Government Communications Headquarter, GCHQ) in Bletchley Park. Leiter von 1921 bis 1944 war Alastair G. Denniston. Allerdings ging Denniston im Januar 1942 zurück nach London, um dort die Zusammenarbeit mit den Amerikanern zu koordinieren, während Edward W. Travis in Bletchley Park als Stellvertreter vor Ort blieb. Im August 1939 hatte der Umzug Londoner Hauptquartier in Broadway 54 in das viktorianische Anwesen stattgefunden. Teilweise arbeiteten über 10.000 Männer und Frauen hier in der Entzifferung, werden die Außenposten mit einrechnet, waren es vor der Invasion in der Normandie teilweise 12.000. Die Ergebnisse aus täglich den etwa 3.-4.000 täglichen Nachrichten wurden von Bletchley Park (B.P. wurde auch als "Station X" bezeichnet) in Windy Ridge, Whadoon Hall, an die betroffenen Verbände weitergeleitet. Allerdings wurde auch auf ein sehr altes Fernmeldemittel zurückgegriffen. Die Meldungen der Peilstationen des Abhörbereiches Y-Dienst u.a. Bereiche trafen teilweise in einem Taubenschlag von Bletchley Park ein, während zusätzlich 70 Meldefahrer in PKWs und Fahrrädern die Übersendungen ergänzten.

Seit Juni 1941 hatten die Alliierten sieben Monate vor dem Beginn z.B. auch Details über die geplante "Entlösung" der Judenfrage entziffert. Es gab aber keine politischen oder militärischen Reaktionen, die das Verbringen in die Lager behindert oder erschwert hätten, die Ziele blieben hier im Gegensatz zur Bombardierung der deutschen Städte rein militärischer Natur. Die Fakten der Entzifferungen über die Verfolgung der Juden wurden erst 1996 aus den Archiven freigegeben.

Im Mai 1944 zirkulierten im Schnitt 282 entzifferte ENIGMA-Funksprüche täglich. Nach der Zerstörung der Drahtverbindungen durch französisches Artilleriefeuer wurden die deutschen Funksprüche bezüglich des Gegenangriffes bei Garig Liano 1944 entziffert und zwei Kompanien komplett vernichtet. Hinsley gibt an, dass die Zahl der 1944 abgehörten Sprüche zwischen zehn- und zwanzigtausend pro Woche betrug, die dann per Kurier oder über Fernschreiber nach Bletchley Park übermittelt wurden. Etwa 60 bis 120 Mitschriften trafen demnach in diesem Jahr pro Stunde in BP ein und mussten verarbeitet werden. Doch nicht alle waren wichtige Informationen, besonders zahlreich waren z.B. auch die Mehrfach-Mitschriften bei den Marine-Funksprüchen. Operationsbefehle für den nächsten Tag am frühen Abend abzusetzen, war aber nicht nur in den deutschen Streitkräften üblich. Die etwa 50 wichtigsten deutschen Funknetze erforderten auch die Entzifferung von 50 verschiedenen Schlüsseln pro Tag. Ab 1942, als die meisten Funkstellen die Einstellung der ENIGMA zwei bis dreimal täglich wechselten, waren das bis zu 150 Codes. Welchman macht als einziger Autor Angaben über die Erfolge der Hut 6 und errechnet mit der "Agnes"-Maschine (seit März 1940 in der Baracke 10) im Schnitt täglich achtzehn verschiedene gelöste ENIGMA-Schlüssel.

Die Zahl der in England eingesetzten US-Maschinen zur Entzifferung wurde dabei nicht genannt, aber ab Herbst 1943 wurden auch viele Dechiffrierungen von U-Boot-Sprüchen in den USA durchgeführt. Schon mit Beginn der gemeinsamen militärischen Operationen 1942 wurden die amerikanischen Pläne ins Zentrum des Interesses der britischen Militärs gerückt und es wurde zwingend notwendig die Informationen aus den ENIGMA-Funksprüchen weiterzuleiten. Im Austausch dafür forderten die Engländer allerdings die Integration einer OSS-Einheit (X-2 Abteilung) in die Operation Ultra.

Die Bezeichnung "ULTRA" resultierte aus den unterschiedlichsten Codenamen für die in der Folge absteigenden ehemaligen Namen für Sicherheitsstufen wie z.B. SIDAR, SWELL, ZYMOTIC. Diese wurden in England bald auf ULTRA, PEARL und THUMB geändert. Die Informationen aus den ENIGMA-Sprüchen wurden unter der Operation Ultra an die Verbündeten weitergegeben, wobei die Daten allerdings weiterhin selektiert und zensiert an die Nationen ausgeliefert wurden.

Politische Interventionen führten auch zur britisch-amerikanischen Operation "Magic". Unter dieser Bezeichnung lief die Entzifferung des japanischen Funkverkehrs mit der PURPLE-Schlüsselmaschine (japanische ENIGMA-Maschine). Friedman nannte seine Mitarbeiter "Die Magier", woraus wahrscheinlich diese Bezeichnung abgeleitet wurde. Dechiffriererfolge allein können die militärische Lage aber nicht verändern. Peter Colvocoressi arbeitete in Bletchley Park als Leiter der Auswertung von Hut 3 (Luftwaffe) und erklärte schon bei der Tagung zur Funkaufklärung in Stuttgart 1976:

"Ich denke, es wird für viele Historiker, die jetzt die Dokumente vorgelegt bekommen, überraschend sein, zu sehen, wie trivial ihr Inhalt meist ist, wie frustrierend es ist, sich durch die Papierschnitzel hindurchzuarbeiten und daraus ein Bild zu gewinnen. Wie unbefriedigend es ist, nicht in der Lage zu sein, aus diesen Akten mit einem Zug die Dinge ins richtige Lot zu bringen. So kann ich nur dazu raten mit Urteilen vorläufig vorsichtig zu sein."

"ULTRA hatte mehrere großartige Erfolge aufzuweisen, doch sollte man sich nicht der Ansicht hingeben, als wäre dies alles gewesen, worauf es im Kriege ankam. ULTRA arbeitete zwar mit Erfolg, aber es verriet uns nicht alles. Es gab immer Dinge, die uns ULTRA nicht verriet; Dinge die für uns wichtig waren... Und es gab sehr viel Fälle, wo es uns nur die halbe Geschichte und manchmal noch weniger verriet. Wir waren dann darauf angewiesen, von einem bestimmten Punkt ab zu raten."

Nigel West vermerkt dazu: "Konträr zum Anspruch vieler Autoren, wurde die ENIGMA nicht komplett von den britischen Analytikern beherrscht. Es ist einfach nicht korrekt, dass die "Bombs" es ermöglichten die ENIGMA-Keys automatisch zu isolieren.".

Wichtig war, dass in Deutschland auch kein Verdacht entstand, dass die chiffrierten Meldungen entziffert werden konnten und dies tatsächlich auch geschah. Lediglich zwei Personen mit Kenntnissen über die

Operation Ultra wurden während des Krieges gefangen genommen. Der britische Luftwaffenoberst Ronald Ivelaw-Chapman wurde im Mai 1944 über dem besetzten Teil Frankreichs abgeschossen und von der Gestapo verhaftet, gab jedoch keine Informationen preis. Der Brigadegeneral Arthur W. Vanaman wurde am 27. Juni 1944 über Deutschland abgeschossen, wurde aber nie auf geheime Informationen in Bezug auf die Entzifferung oder die alliierten Kenntnisse der deutschen Nachrichten hin verhört. Am 23. April 1945 wurde er von Walter Schellenberg im Rahmen von Versuchen zu Friedensverhandlungen freigelassen.

Der gebräuchlichste Schlüssel der Luftwaffe wurde im April/Mai 1940 gelöst, der erste Funkschlüssel-M der Marine konnte allerdings erst im März/April 1941 entziffert werden. Die Besetzung Dänemarks und Norwegens ab 7. April 1940 lief unter der Operation Weserübung in der Planung und Vorbereitung ohne Wissen der britischen Admiralität ab, die erst nach Sichtung der Schiffe von dem Unternehmen erfuhr – das war 12 Stunden vor der geplanten englischen Invasion in Norwegen. 25.000 Mann alliierter Truppen mussten daraufhin am 8. Juni aus Norwegen wieder evakuiert werden. Die Flugzeugbesatzungen der in Norwegen bereits stationierten Flugzeuge (Hurrikane und Gladiator) konnten sich auf den Flugzeugträger GLORIOUS retten, verloren aber fast alle bei dessen Versenkung durch die Schlachtkreuzer SCHARNHORST und GNEISENAU ihr Leben. Verglichen zu den deutschen Verlusten bei der Landung in Norwegen, blieb dies aber ohne größere Spätfolgen, da die Zerstörer und großen Einheiten der Kriegsmarine im Gegensatz zum englischen fliegenden Personal und dem versenkten Träger nicht wieder ersetzt werden konnten.

Allerdings gab es auch im deutschen Generalstab zunächst gar keine Pläne für Angriffe auf die skandinavischen Länder, die dann in kurzer Zeit erstellt werden mussten und dadurch auch mit Fehlern behaftet waren. Die militärische Erkundung war von 1935 bis 1939 in Skandinavien nicht relevant. Erst mit Kriegsbeginn wurde die Abwehrstelle Flensburg damit beauftragt, Informationen über diesen Bereich zu sammeln. Da auch der ENIGMA-Schlüssel der Abwehr im Dezember 1940 in England gelöst wurde, wäre ein Hinweis auf deutsche Invasionspläne auch hier möglich gewesen.

Zum Jahresende 1944 wurden zwar individuelle Schlüssel für die U-Boote übernommen und im Februar 1945 hatte jedes U-Boot einen "Sonderschlüssel" an Bord, aber das zuvor nur kurz erprobte Verfahren benötigte für die Einführung aller entsprechenden Unterlagen doch seine Zeit. Die große Anzahl der von den Booten nun verwendeten Schlüssel konnte von Bletchley Park nicht mehr abgearbeitet werden und führte zu einem zweiten großen Blackout nach 42/43, der aber keine Wirkung auf den Kriegsschauplätzen mehr hatte.

Während Wissenschaftler im Verlauf des Krieges fieberhaft am Schreibtisch versuchten, in die jeweiligen Schlüssel und Schlüsselverfahren einzudringen, kamen weitere wichtige Erkenntnisse nun allerdings auch von den Kriegsschauplätzen selbst. Von U-33 wurden in der Clyde-Mündung am 12. Februar 1940 drei Walzen der ENIGMA geborgen, von U-49 am 13./14. April 1940 ein Schlüsselbereich für die norwegische Küstenregion. Der Kommandant von U-49 hatte die ENIGMA bereits vernichten lassen, die Walzen dabei aber an Besatzungsmitglieder zu Versenkung übergeben, welche in der Hektik bis zu ihrer Gefangennahme diese in ihren Taschen vergessen hatten.

Die HMS GRIFFIN stellte außerdem in zwei Segeltuchtaschen Chiffriervordrucke bei der Versenkung des KFK-26 sicher. Das nächste U-Boot, das den Engländern in die Hände fiel, hatte am ersten Tag des Krieges die ATHENIA versenkt und dieses U-110 (KptLt. Julius Lemp) lieferte den Engländern nun Kryptomaterial von See. Am 8./9. Mai 1941 erbeutet die Korvette AUBRETIA, nach einem gemeinsamen Angriff mit BULLDOG und BROADWAY, vor Grönland den Funkschlüssel-M und sämtliche Walzen, den Offizierschlüssel "Oyster", aktuelle Codesatz- und Kenngruppenbücher, U-Boot-Kurzsignalheft, Schlüsselunterlagen, Funkkladde und Kriegstagebuch.

Nach Kaperung des Vorpostenbootes KREBS (3./4. März 1941, Enigma-Schlüssel Monat Februar) nach einem englischen Überfall auf Svolvaer und dem Wetterbeobachtungsschiff MÜNCHEN (7. Mai 1941) wurden ebenfalls Unterlagen gefunden. Mit dem gesamten nun sichergestellten Kartenmaterial war die komplette geheime Quadrateinteilung des Oberkommandos der Kriegsmarine für die Nordsee, das Baltikum, den Nordatlantik und dem größten Teil des Mittelmeers in der Hand der Alliierten.

Der eigentliche Vorschlag zur Beschaffung von Informationen über das Entern der Wetterschiffe stammte damals von einem Studenten in Bletchley Park, Harry Hinsley. Der Leiter des Operational Intelligence Centre, Captain Haines, stimmte zu und unter Admiral Lancelot Holland wurde die Operation durchgeführt. Nach Erbeutung der wichtigen Unterlagen ging er an Bord der HMS HOOD und bei ihrer Versenkung durch die BISMARK unter. Die Vorschläge Hinsley wurden trotzdem weiterverfolgt und in der Folge auch das Schiff LAUENBURG geentert. Die ENIGMA der LAUENBURG war im Meer versenkt worden und viele Unterlagen im Ofen verbrannt. Doch als der Leutnant Alan Bacon aus Bletchley Park eintraf, ließ er alles Papier in dreizehn Postsäcken einsammeln. Bei der Auswertung des Materials wurden dann die Schlüsseleinstellungen des Monats Juli, Anweisungen für das Steckerbrett und ein Blatt über interne Schlüsselstellungen gefunden. Die Erbeutung der Schlüsselunterlagen des Wetterschiffes MÜNCHEN und U-110 (KptLt. Julius Lemp, versenkte die ATHENIA) führte zur Entzifferung des ENIGMA-Schlüssels "Heimische Gewässer", was eine wesentliche Rolle bei der Versenkung sämtlicher Versorgungsschiffe für das Unternehmen des Schlachtschiffes BISMARCK bis Juni 1941 spielte.

Erbeutete Unterlagen/ENIGMA M allein in einem Monat des Jahres 1941

- Versorgungstanker   GEDANIA   4. Juni 1941
- Versorgungstanker   FRIEDRICH BREME   12. Juni 1941
- U-Boot-Versorgungsschiff   LOTHRINGEN   15. Juni 1941
- Wetterbeobachtungsschiff   LAUENBURG   25. Juni 1941

Doch nicht jede Nachricht, die von deutscher Seite mit der ENIGMA verschlüsselt und über Funk übertragen wurde, war auch von operativer oder taktischer Bedeutung. Die Bearbeitungszeiten in Bletchley Park dauerten außerdem sehr viel länger, als z.B. bei vergleichbaren Meldungen der Luftwaffe. Zunächst wurden für die chiffrierten Meldungen der Kriegsmarine mit der ENIGMA im Schnitt etwa sieben Tage benötigt, was natürlich den operativen Nutzen einschränkte, bis die erbeuteten Unterlagen und Maschinen den Einbruch in den Funkschlüssel "Hydra" der U-Boote ermöglichten und die britische Admiralität ein umfassenderes Bild der deutschen Aufstellung und Verteilung der U-Boote erhalten konnten. Die Funksprüche von Juni 1941 bis Januar 1942 mit dem Schlüssel "Hydra" (englische Bezeichnung "Dolphin") konnten dadurch mit einer durchschnittlichen Verzögerung von zwei Tagen entziffert wurden.

Neben den U-Booten und Kriegsschiffen stellten aber auch die deutschen Hilfskreuzer eine ständige Bedrohung für die Schifffahrt der Alliierten dar, weshalb die Entzifferung hier ebenfalls eine größere Sicherheit für die alliierte Schifffahrt bringen konnte. Mithilfe der vorgegebenen Positionsangabe in einer verschlüsselten BdU-Weisung an U-126 für den Treffpunkt mit dem Hilfskreuzer ATLANTIS, konnte z.B. der schwere Kreuzer DEVONSHIRE am 22. November 1941 das Schiff stellen, welches sich daraufhin die Selbstversenkung durchführte. Dieser Hilfskreuzer hatte zuvor mit 622 Tagen das längste Unternehmen im 2. Weltkrieg durchgeführt.

Der neue Schlüssel "Triton" (von den Engländern als "Shark" bezeichnet) mit der vierten Schlüsselwalze "Alpha" wurde am 1. Februar 1942 mit der ENIGMA M-4 eingeführt und im August 1942 folgte der Funkschlüssel "Medusa". Wiederum konnten die Engländer für eine gewisse Zeit die Meldungen nicht entziffern. Am 30. Oktober 1942 wurde U-559 (KptLt. Heidtmann) 60 Seemeilen nordöstlich von Port Said um 22:40 Uhr zum Auftauchen gezwungen, nachdem von den Zerstörern HERO, PETARD, PAKENHAM, DULVERTON und HORWORTH über 150 Wasserbomben auf das U-Boot geworfen worden waren. Nach Öffnen der Flutventile verließ die Besatzung das Schiff, doch den Engländern gelang es trotzdem noch die ENIGMA M-4 und Funksprüche des Schlüssels "Triton" zu bergen, wobei aber mit U-559 auch

Besatzungsmitglieder der PETARD untergingen. Die PETARD war im 2. Weltkrieg das einzige alliierte Schiff, welches aus drei Marinen jeweils ein U-Boot versenken konnte.

Nach U-559 folgte das italienische U-Boot UARSCIEK am 14. Dezember 1942 und am 12. Dezember 1944 das japanische I-27 (108 m). Das Material aus U-559 blieb aber der mit Abstand größte Erfolg aus den Unternehmen. Die Unterlagen, für die Lt. Antony Fasson, AB Colin Grazier sowie der NAAFI-Assistent Tom Brown auf U-559 ihr Leben ließen, erreichten am 24. November Bletchley Park. Sie erhielten die zivilen Auszeichnungen des George Cross sowie der George Medal posthum. Die Geheimhaltung verbot eine entsprechende militärische Auszeichnung, um nicht die Aufmerksamkeit der deutschen Aufklärung zu erwecken.

Das wichtige Material wurde in England mit Aufregung erwartet, denn auf die erbeutete 2. Ausgabe des Wetterschlüssels hatte man in Bletchley Park lange warten müssen. Die Entzifferung konnte zwar im Dezember 1942 erstmals unter günstigen Umständen einen M4-Funkspruch lösen, es dauerte aber noch erheblich länger, bis eine effektive Entzifferung der M4-Funksprüche allgemein einsetzen konnte. Der im Dezember 1942 gelöste Funkspruch war zwar von einer ENIGMA-M4 abgesetzt, diese war aber wie eine ENIGMA-M3 eingestellt, d.h., die vierte Walze war überhaupt nicht verwendet worden, weshalb ihre Entzifferung lediglich den herkömmlichen Aufwand erforderte. Weitere Dekodierungen gelangen auch weiter nur sporadisch, mit großen Verspätungen und waren meist ohne Bedeutung für die Operationen der U-Boote bzw. deren Abwehr. Trotzdem gehen Schätzungen davon aus, dass bereits das wenige Material zwischen 500.000 bis 750.000 Tonnen des alliierten Schiffsraumes vor der Versenkung bewahrt hat.

Das zweite U-Boot-Führungsnetz (englisch "Oyster"), das allgemeine Marine-Führungsnetz "Neptun" (englisch "Barracuda") und dem Netz "Außerheimisch" ("Aegir", englisch "Pike"), in denen jedes Schiff einen eigenen Schlüssel hatte, waren aber weiterhin relativ sicher vor den Spezialisten in England.

Hinsley berichtet, dass zwischen November 1944 und Kriegsende viele Befehle der U-Boot-Leitstationen nicht mehr gelesen werden konnten, da im Bereich des Schlüssels "Triton" lauter einzelne Schlüsselbereiche eingerichtet worden waren. Das war zwar für die Leitstationen erheblich aufwendiger, aber doch wirksam und ein Schutz der Nachrichten des OKM. Sprüche mit identischem Inhalt wurden aber mit unterschiedlichen Codes an die Boote gesendet, woraus wieder Anhaltspunkte für Bletchley Park entstanden. Im selben Zeitraum führten die Engländer auch ein neues Radargerät auf 3 GHz ein. Auf dieser Frequenz gab es noch keine deutschen Warnempfänger (FuMB) und beide Umstände zusammen führten zu einem Ansteigen der deutschen U-Boot Verluste.

Die Kriegsmarine führte am 1. März 1943 zur Erhöhung der Sicherheit die Walze "Beta" ein und änderte am 9. März 1943 zusätzlich den Funkschlüssel. Die Walze "Gamma" folgte noch im selben Jahr, während "Delta" erst ab 1944 zum Einsatz kam. Jede Maßnahme für sich konnte eine Entzifferung mit bisherigem Material und Ansatz für eine gewisse Zeit verhindern, bis neues erbeutetes Material in Bletchley eintraf. Die notwendigen Maßnahmen auf deutscher Seite zur Sicherung der Nachrichten waren einer flüssigen Kommunikation durch die Probleme der Schlüsselwechsel meist hinderlich, da sie aber in der schwierigen militärischen Lage trotzdem forciert durchgeführt wurden, ist ein Hinweis darauf, dass die deutschen Stellen die Gefahr erkannt hatten und handelten – aber zu spät.

Je weniger die U-Boote funkten und getaucht blieben, desto sicherer waren sie. Da sie aber kaum lange getaucht bleiben konnten und unter Wasser kaum die Konvois fanden, geschweige denn einholen, konnten, blieb den U-Booten nur die Offensive, die vielen Soldaten ihr Leben kostete. Viele Meldungen wurden gegen Kriegsende nur noch als Kurzsignale abgesetzt und in den letzten Kriegsmonaten teilweise auch noch mit den neuen Kurzsignalen des "Kurier"-Verfahrens. Das militärische Ungleichgewicht war durch die Kriegsmarine und ihre verbliebenen Kräfte aber nicht mehr zu beeinflussen.

Die PITTSBURY (Kommandant Daniel V. Gallery) nahm am 31. Mai 1944 in der Taskgroup 22.3 einen Sonarkontakt auf, der bis zum 4. Juni 1944 verfolgt und schließlich durch Wasserbomben zum Auftauchen gezwungen wurde. Obwohl U-505 (OLtzS. Lange) die Flutventile öffnete, konnte ein Enterkommando das Sinken des Bootes verhindern und weitere Unterlagen, darunter zum "Kurier"-Verfahren und Schlüsselbücher, sicherstellen. Das U-Boot wurde abgeschleppt und ist heute im Museum of Science and Industry in Chicago zu besichtigen. Auch nach der Versenkung von U-250 (KptLt. W. K. Schmidt, durch Wasserbomben) am 30. Juli 1944 wurde eine ENIGMA M-4 nach der Bergung des Wracks gefunden. Diese Erfolge machen die zuvor neu eingeführten Änderungen des OKM wirkungslos. Weitere Unterlagen/Material kamen vermutlich von U-570, U-559 und U-852 (3. Mai 1944), spätestens am 30. Juli 1944 erbeuteten die Sowjets neben dem geheimen Torpedo T5 ("Zaunkönig") von U-250 ebenfalls eine ENIGMA M-4. Potenziell bedeutete jedes verlorene U-Boot oder Schiff die Möglichkeit des Verlustes von Schlüsselmitteln, beispielsweise war auch eine erste Heeres-ENIGMA spätestens bei der Offensive 50 km vor Moskau im Dezember 1941 in russische Hände gefallen.

Die Abwicklung der Funksprüche der drei Wehrmachtsteile wurde in Bletchley Park recht unterschiedlich gehandhabt. Bei Sprüchen von Heer und Luftwaffe findet sich im "Header" (Spruchkopf) eine Kennzeichnung zur Einschätzung der Wichtigkeit der Information, die mit bis zu fünf "T" markiert werden. Im Marinebereich wurde dies nicht angewendet und strikt zwischen Kriegsmarine (ZPTG) und U-Boot-Meldungen (ZPTGU) unterschieden. Die U-Boot-Sprüche wurden ab 1941 durchnummeriert (fast 30.000). Wichtig bei allen entschlüsselten Meldungen ist die Zeitdifferenz zwischen der Aufnahme des Funkspruchs und der Weitergabe an höhere Kommandostellen zur Umsetzung in Maßnahmen. Nur dies gibt Aufschluss darüber, ob eine Meldung für die operative Führung der britischen Streitkräfte noch verwertbar war.

Ein typischer operativer M4-Funkspruch an eine U-Bootgruppe, den Bletchley Park an den Nachrichtendienst der Admiralität sandte, kann als Beispiel dienen. ZTPGU/17621 bedeutet, dass es sich um eine Meldung über deutsche U-Boote handelt und 17.621 ist die fortlaufende Nummer. Die Zeit TOO 1203 ist die deutsche Funkspruchzeit in MEZ oder MESZ. Die Briten benutzten für ihre Zeitangaben (TOI 1126) die GMT-Zeit (Greenwich Mean Time), daher also die Verschiebung um eine Stunde. Aus der untersten Datum- und Zeitangabe geht hervor, dass die Zeit zwischen Spruchaufnahme und Entzifferung 18 Stunden betrug. "Marbach" und "Breuel" sind dabei die Namen der angerufenen Kommandanten der U-Boote.

Als Beispiel ein von Erskine erläutertes FT

ADM(3) TO ID8G
ZIP/ZTPGU/17621 From NS 7770 KC/S
TOO 1203
TOI 1126/8/10/43
MARBACH IS TO OCCUPY THE SEA AREA BOUNDET BY THE LATITUDE AND LONGITUDE OF SQUARE GRUEN RH 7125 AND SQUARE GRUEN 1878.
W/T SERVICE REMAINS THE COASTEL SERVICE.
BRAUEL IS TO OCCUPY THE SEA AREA BOUNDED BY THE FOLLOWING
POINTS: SQUARE 6897, 8579, 1919, ALL GRUEN FL AND SQUARE
GRUEN VH 3261. W/T SERVICE IN THIS AREA IS IRELAND.
CC FIRST GRP-MARBACH
0610/9/10/43+CEL+DJL

Die Lösung der ENIGMA-Funksprüche hat die Schlacht im Atlantik sicherlich nicht allein entschieden, sondern vielmehr verhindert, dass diese durch die deutschen U-Boote weiter offensiv geführt werden konnte. Die alliierten Konvoi-Routen wurden unter Umgehung der Standorte der deutschen U-Boot-Rudel geplant oder aber die U-Boote entsprechend abgedrängt und auf Distanz gehalten, wenn dies nicht möglich war. Priorität war die Aufrechterhaltung der Versorgung der britischen Inseln und erst in zweiter Linie die Bekämpfung des militärischen Zieles, der deutschen U-Boote. Die Kriegsmarine versuchte hingegen, eine möglichst hohe Versenkungsziffer in der zivilen Handelsschifftonnage pro Seetage der einzelnen U-Boote zu erreichen und dabei eine Konfrontation mit den alliierten Seestreitkräften nach Möglichkeit zu vermeiden. Die Erfolge der Kriegsmarine waren ebenfalls von der Funkaufklärung der Marine (xB-Dienst) abhängig. Diese lieferte durch Überwachung der gegnerischen Meldungen das Auslaufdatum, die Position und Zusammensetzung der alliierten Konvois sowie nach erfolgreichen Angriffen die Schiffsverluste und Beschädigungen.

Die U-Boote waren wie alle anderen militärischen Bereiche in der Materialschlacht immer mehr unterlegen. Torpedoversager wie z.B. bei dem Schlachtschiff ROYAL OAK, dem Flugzeugträger ARK ROYAL oder auf das Schlachtschiff NELSON (am 30. Oktober 1940 mit Winston Churchill an Bord) verhinderten ebenso Erfolge, wie später das Radar, die Funkaufklärung und Entzifferung. Die neuen Techniken im Funkbereich oder z.B. der Zielsuchtorpedo "Zaunkönig" konnten ebenfalls nur kurzfristig die Lage begünstigen, während die technischen Torpedoversager einen psychologischen Effekt auf die Truppe hatten. Die neuesten U-Boot-Entwicklungen, welche durch die technischen Möglichkeiten die alliierten Maßnahmen größtenteils wieder neutralisieren hätten können, kamen durch Fehleinschätzung, verspätete Planung und Umsetzung sowie dem Mangel an Ressourcen nicht mehr zum Einsatz.

Die Geschichte der deutschen ENIGMA und anderer Schlüsselmaschinen hat daneben wesentlich zur Entwicklung der ersten Rechenmaschinen in Großbritannien und den Vereinigten Staaten von Amerika beigetragen, da die enormen mathematischen Berechnungen zur Entzifferung nur dadurch zu bewältigen waren. Die Entzifferung ist nicht allein einem den Mängeln in der Technik zuzuschreiben, sondern einer Summe von Faktoren, die erbeutetes Material, Fehlern in der Bedienung bzw. der Ausnutzung der Möglichkeiten, ein zu spätes Reagieren auf die Entzifferung der Schlüssel einschließen und letztendlich beim Faktor "Mensch" endeten. In einer britischen Handschrift (ADM 137/4684) gibt der Autor bei der Behandlung der "Austrian Naval Cyphers" nach dem 1. Weltkrieg eine vernichtende Schlussfolgerung, die im 2. Weltkrieg nicht viel anders gezogen werden kann:

"Zur Lösung der Unterseebootsschlüssel muss in Erinnerung gerufen werden, dass die Sendungen hauptsächlich von deutschen U-Booten mit ihrer üblichen Freigiebigkeit gemacht wurden. Es sah so aus, als ob die Deutschen grundsätzlich unfähig waren, Botschaften zu verschlüsseln, ohne dem Entzifferer den Leitfaden zu geben, für den er betet".

Siemens-Geheimschreiber T-typ-52 / SFM-T52

Die „Geheim-Schreiber" übermittelten in allen Wehrmachtsteilen und in anderen Bereichen wie z.B. der Abwehr, die streng-geheimen Nachrichten der höheren Führungsebenen. Die Kommandostrukturen und Nachrichtenorganisationen wurden dabei strikt getrennt, weshalb es zu Beginn des Krieges keine sonderliche Rolle spielte, dass die beim Heer eingesetzten Lorenz-Schlüsselzusätze nicht mit den Siemens-Geräten in Luftwaffe und Marine interoperabel waren. Nach den blitzartigen Anfangserfolgen wurden eine teilstreitkraftgemeinsame Führung und die Zusammenarbeit in den Operationen allerdings immer wichtiger, was eine einheitliche Nachrichtenorganisation und Schnittstellen der Nachrichtenverbindungen erforderten.

Verlustreiche Operationen wie z.B. die Weserübung ließen schnell erkennen, dass die Streitkräfte unbedingt kooperieren mussten, wobei sich die Eigenständigkeit der Wehrmachtsteile als große Problematik herausstellte, die bis Kriegsende nicht gelöst werden konnte.

Wie bei vielen anderen hochmodernen Anlagen oder den Waffensystemen waren die Fernschreiber ebenfalls sehr komplexe mechanische Maschinen und konnten nur in begrenzten Stückzahlen an die immer weiter entfernten und ausgedehnten Frontlinien geliefert werden, deren Nachrichtenverbindungen sie sicherstellen sollten. Die Geschichte der deutschen Fernschreiblinien ist nicht so publik wie beispielsweise die der ENIGMA oder der U-Boote.

Mit großen technologischen und mathematischen Anstrengungen in der Kryptoanalyse wurden neue Schlüsselmaschinen bis in die letzten Monate 1945 weiterentwickelt. Die Geheim-Schreiber T-typ-52 und SFM-43 erreichten die höchste Sicherheit in der Verschlüsselung, die ohne elektrische Rechenmaschinen in der Entzifferung der Alliierten nicht zum Erfolg hätten führen können. Beide Umstände gemeinsam begründen den Beginn der elektronischen Rechenmaschinen, dem heutigen Computer.

In den Jahren 1929-1932 entstand im Werner-Werk 1 von Siemens & Halske in Berlin ein heute sehr seltenes Gerät, die legendäre Schlüssel-Fernschreibmaschine der Produktreihe T-typ-52, auch bekannt als Siemens Geheimschreiber T-52. Diese Maschine schrieb gleichfalls deutsche Fernschreibgeschichte, deren Hauptinitiatoren bezüglich der Planung und Konstruktion August Jipp und Erhard Roßberg waren. Am 18. Juni 1930 wurde ein deutsches Patent (DRP Nr. 615.016) und am 6. Juni 1933 ein amerikanisches Patent (US-P. Nr. 1.912.983) erteilt, denen die der konstruktiven Verbesserungen folgten.

Der Prototyp bestand aus dem Klartext-Fernschreiber T-typ-25 und dem Schlüsselwalzengerät für unregelmäßiges Polaritätstauschen der fünf Schritte eines Zeichens. Die Weiterentwicklung zum Siemens-Geheimschreiber T-typ-52a nutzte dann bereits das Nachfolgemodell der Fernschreibmaschine T-typ-25, die T-typ-36, auf größerer Basisplatte mit Chiffrier- und Dechiffriereinrichtung. Im Unterschied zur ENIGMA arbeiteten die Geheimschreiber grundsätzlich zunächst im Fernschreibcode über Drahtverbindungen, erst später konnten sie auch auf Funkverbindungen eingesetzt werden.

Alle Geheimschreiber benutzten nur Großbuchstaben, Zahlen mussten also durch Buchstaben ausgedrückt werden und die zweite Zeichenebene (ZI) entfiel. Nach der Grundeinstellung der Walzen hatte sich der Operateur nur noch mit dem Klartext zu befassen. Der Vorteil eines solchen Systems war eine sehr schnelle Kommunikation mit geringem Personalaufwand in der Nachrichtenstelle, der alle Zusatzarbeiten mit Hand- oder Maschinenschlüssel entfallen ließ. Ausgedruckt wurde der Klartext damals auf einem gummierten Papierstreifen, der auf ein Formular aufgeklebt wurde. Der Komfort des Blattschreibers wurde zwar schon in der Vorkriegszeit eingeführt, fand aber erst spät Eingang in die militärische Praxis.

Nach Auslösung der Tastatur mit dem Wählhebel oder vom Lochstreifen durchlief das Fernschreibzeichen eine Tauschschaltung, dann eine Verwürfelungsschaltung und den Sendeverteiler. 32 Alphabete beim Tauschen und 30 beim Würfeln ergaben zunächst nur 960 verschiedene Alphabete (T52a/b). Tauschen und Verwürfeln geschahen durch die Wechselkontakte, die von 4 Nockenscheiben bei jeder der 10 Chiffrier-/Dechiffrierwalzen A-K direkt gesteuert wurden. Die Anzahl der Walzen war die einzige in England bekannte Information bei der Einführung der Geheimschreiber im deutschen Militär. Der Hauptmann Eberhard Hettler war mit der Entwicklung der ENIGMA vertraut und hielt das alleinige Tauschen der Schrittpolarität für leicht lösbar in der Entzifferung.

Hettler forderte er zur Austauschbarkeit der 10 Walzen ein zusätzliches "Verwürfeln" der Zeichen. Während eine ENIGMA mit maximal vier Walzen nur 456.976 unterschiedliche Startpositionen hatte, waren bei dem Geheimschreiber dadurch 893.622.318.929.520.960 Startpositionen möglich, was für eine Entzifferung bereits ein großes Problem darstellte.

Der Programmierung von Tausch- und Würfelposition (Grundschlüssel) dienten 10 Klinkenstecker. Jede Walze besaß eine andere Anzahl von Kerben zur Mitnahme bzw. Fortschaltung, ebenso jede Nockenscheibe eine andere zufällige Anordnung, die über Kontakte eine pseudozufällige Binärzahlenfrequenz erzeugt. Die Umlaufschrittzahlen der Walzen wurden durch die zehn Zähne gestaffelt in 47, 53, 59, 61, 64, 65, 67, 69, 71, 73. Jede dieser Zahlen besteht dabei aus Faktoren, die in keiner der anderen Zahlen enthalten sind. Die

Fortschaltung geschah auf gleicher Achse, simultan bei jedem Schritt. Die Periode der Fortschaltung resultiert daraus in 8,9-x-1017 Zeichen.

Die Startstellung der Walzen musste vor der Übermittlung festgelegt werden. Die Fernschreibsendestation wählte die Ausgangsstellungen von fünf aufeinander folgenden Walzen, die durch die Übermittlung dreier Buchstaben (QEP-Angabe) der Sendestation mitgeteilt wurden. Die Stellung der restlichen fünf Walzen war durch einen Tagesschlüssel (QEK-Angabe) festgelegt, der außerdem die ersten der fünf Walzen der Sendestelle bestimmte, sodass die Empfangsstelle wusste, bei welcher Walze angefangen wurde.

Die Senderstelle übermittelte "Hier MBZ" und fragte mit "QRV", ob der Spruch fortgesetzt werden konnte. Die Empfangsstelle sendete ein "KK". Nun übermittelte die Sendestelle "QEP", gefolgt von fünf zweistelligen Zahlen (z.B. 25 12 57 52 18). Die Bediener stellten die Walzen entsprechend der täglichen QEK- und QEP-Angabe ein. Wenn die Sendestelle fertig war, wurde "UMUM" (UM = Umschalten von Klar- auf Chiffriertextfunktion) gesendet, während die Empfangsstelle "VEVE" (VE = Verstanden meldete). Jetzt konnte die Übermittlung des reinen Schlüsseltextes erfolgen.

Einem Mathematiker der Chiffrierabteilung der Wehrmacht ("Gefreiter Schulz") gelang es anscheinend zumindest theoretisch, den ersten Geheim-Schreiber T-52a/b mit Erfolg zu analysieren. Wenn auch die Möglichkeit einer Entzifferung damit noch nicht nachgewiesen war, so waren wie bei der ENIGMA auch die Schwächen der Version T-52a/b bei den deutschen Kryptoanalytikern bekannt, die erst in den folgenden Weiterentwicklungen behoben wurden.

Die Reichsmarine hatte als erstes Interesse an der Schlüsselmaschine zur Verbindung der im Hafen liegenden Schiffe mit dem Flottenkommando in Berlin. Dies erforderte den Einbau einer Funkentstörung, was das Modell T-typ-52b entstehen ließ, welches bis 1942 gebaut wurde. Die Stückzahlen dieser Geräte blieben bei etwa 1.000 Exemplaren.

1933 wurde die Entwicklung der Geheim-Schreiber zur streng geheimen Staatssache erklärt. Nach der Unterzeichnung des deutsch-russischen Vertrages in Moskau wurde einer sowjetischen Militärdelegation auf höchste Weisung hin der T-typ-52a/b vorgeführt und die technische Dokumentation erklärt. Dies war nicht unbedingt eine fahrlässige Handlung, denn man kannte die, durch die Chiffrierabteilung der Wehrmacht aufgedeckten, Schwächen des deutschen Systems und ging eventuell sogar davon aus, dass die russischen Kryptologen ein Gerät nachbauen würden und man dann die darauf basierenden Nachrichten entschlüsseln könnte. Die Annahme bewies sich als korrekt, allerdings waren es nach dem 2. Weltkrieg die USA, welche anhand der erbeuteten Geheim-Schreiber den sowjetischen Nachrichtenverkehr aufklären konnten.

Schon aufgrund der Kenntnisse der sowjetischen Militärdelegation musste an einer Weiterentwicklung der T-typ-52a/b ab 1933 gearbeitet werden. Nach dem theoretischen Einbruch der Chiffrierabteilung der Wehrmacht in den Code entstand zur Steigerung der Schlüsselsicherheit im Jahre 1941 der Geheim-Schreiber T-typ-52c. Hier musste der Bediener vor jedem Fernschreiben die Programmierung für "Tauschen + Würfeln" mit Hilfe von 5 Hebelscheibern (3-x-5-Nockenscheiben) als "Spruchschlüssel" einstellen. An der Stelle des Klinkenfeldes trat für den "Grundschlüssel" ein verschließbarer Relaiskasten mit eigenem 10-Walzenschalter zur Programmierung. Dafür entfiel die direkte Steuerung durch die 10 großen Schlüsselwalzen, deren 4 Nockenwalzen auf lediglich eine Nockenwalze reduziert werden konnten. Die Gesamtperiode der Tauschalphabete war identisch mit der Maschine T-typ-52a/b.

Für die Ausführungen des T-typ-52a/b des Geheimschreibers ging 1942 der Einsatz dem Ende zu. Nach amtlicher Quelle müsste die Führung in Berlin schon vor dem 17. Juni 1942 über Helsinki, durch den finnischen Militärattaché in Stockholm, von den entzifferten Fernschreiben durch schwedische Kryptologen Kenntnis gehabt haben. Er berichtete über das Mitschreiben der schwedischen Aufklärung auf den von Deutschland angemieteten Fernschreibkanälen, die von Dänemark nach Norwegen und Finnland auch auf schwedischem Territorium verliefen. Diese Weisung des schwedischen Generalstabes lieferte entgegen der

Neutralität des Landes den schwedischen Kryptologen und somit auch England über zwei Jahre lang Informationen über die deutschen Absichten. Die „Neutralität" war etwas einseitig, denn auch die Angriffe auf das Schlachtschiff TIRPITZ wurde bis zu seiner Versenkung teilweise über den „neutralen" schwedischen Luftraum geflogen.

Schweden baute in den Jahren 1935/36 eine Kryptoabteilung auf, deren Sektionen I bis III die Kryptosicherheit der Armee, Marine und Luftwaffe bearbeiten sollten, während die Sektion IV für die Kryptoanalyse zuständig war. Die Sektion IV war von 1936 bis 1940 in Ostermalmsgatan 87 (Stabsgebäude), später in einem Haus in der Lützengatanstrasse (Militärakademie) und dann in Karlaplan 4 untergebracht.

Die deutsche Regierung mietete immer mehr Fernschreiblinien an, von Oslo über Kopenhagen nach Berlin, dann von Oslo nach Trondheim, von Oslo nach Narvik und über Oslo nach Stockholm und von dort wieder nach Helsingfors. Ein Abhören und kryptologischer Angriff zur Entzifferung war demnach sehr wahrscheinlich.

Bis zu 32 Maschinen liefen parallel auf den abgehörten Fernschreibleitungen mit und der Stab der schwedischen Kryptoabteilungen wuchs auf 500 Personen an. Der Fernschreibverkehr nahm kontinuierlich zu und hat an einem Tag im Oktober 1943 mit 678 Übermittlungen den Höhepunkt erreicht. Diese Verbindungen wurden der Wehrmacht zum Verhängnis, da zwischen zwanzig bis sogar vierzig Nachrichten mit derselben Schlüsseleinstellung verschickt wurden. Bei Übermittlungsfehlern wurde teilweise nicht komplett neu gesendet, sondern nur bis zum Fehlerpunkt über die Buchstaben zurückgezählt, der Sendestelle die Anzahl der Buchstaben mitgeteilt und dort wurden die Walzen nach der Anzahl wieder zurückgedreht und der fehlende bzw. verfälschte Textteil neu übermittelt.

In Uppsala arbeitete seit dem 15. Mai 1940 in der schwedischen Kryptoabteilung, dem "Zimmer 100", das Team von Prof. Arne Karl August Beurlings an der Analyse der T-52a/b. Der Einbruch wurde durch Fehler der Nutzer, wie z.B. einer Erklärung über die Anwendung des Schlüsselverfahrens aus Rom für den italienischen Botschafter in Oslo über die reguläre Fernsprechleitung, zusätzlich erleichtert. Man hatte gehofft, dass der sizilianische Dialekt zum Schutz ausreichen würde. Doch auch der deutsche Konsul F. W. Achilles machte seinem Namen durch Missachtung der Dienstvorschriften zum Gebrauch der Maschine alle Ehre.

Während die Illusion der Sicherheit der Geheimschreiber in Deutschland herrschte, glaubten die schwedischen Stellen das Geheimnis ihrer Kenntnis gesichert zu haben. Doch der russische Agent Nyblad fotografierte die Mitteilungen über das entzifferte Fernschreiben, die er als Kurier für das schwedische Militär übermittelt hatte. Dadurch erhielt die Sowjetunion Kenntnis über das schwedische Wissen um die Nachrichten der Wehrmacht. Doch im Jahre 1942 wurden die Strecken der deutschen Fernschreiblinien über Dänemark und Finnland geändert sowie neue Schlüsselwörter eingeführt. Der Wechsel der Verbindungen über Land und auf Funkverkehr brachte die Kryptoanalyse der Schweden bis auf die Linie des Attachés (Stockholm/Berlin) zum Erliegen.

Die Schlüsselwörter bestimmten wie die heutigen Passwörter durch ihre Länge die Sicherheit. Je nach Länge des Wortes wurde die Nachricht in den Standardtext eingesetzt. Meist waren die gewählten Wörter eine Standardauswahl wie "Sonnenschein", "Mondschein" oder "Donaudampfschiffahrtskapitän". Trotz dieser Kenntnisse konnten in Schweden im Jahre 1943 trotzdem kaum mehr Informationen aus den Fernschreiblinien der Geheim-Schreiber gewonnen werden.

In England wurden entzifferte Fernschreiben unter dem Tarnnamen "Fish" bearbeitet. Es gelangten u.a. die ersten Informationen über die Operation Rheinübung, welches zur Versenkung des Schlachtschiffes Bismarck führte, über die Schweden an die Admiralität. Die Anwesenheit der TIRPITZ hatte zum Zersprengen des Konvois PQ-17 geführt, wodurch nur 10 der 36 Frachter den Bestimmungshafen Archangelsk erreichten. Über das erfolgreiche deutsche Unternehmen Rösselsprung gegen diesen Versorgungskonvoi erfuhren englische Stellen zuerst durch die deutschen Fernschreiben nach Berlin, doch anderseits kamen genau aus diesen Quellen auch die guten Nachrichten nach England, die zur Vernichtung des letzten deutschen Schlachtschiffes führten.

Die Fernschreiber waren zunächst für den Drahtbetrieb entwickelt worden und bei der Übertragung der Fernschreibzeichen über Funk traten immer wieder verschiedene Probleme auf. Da die T-Typ-52 durch Trägerschwund oft aus der Synchronisation fiel, waren von Lorenz 1938 die Schlüsselzusätze SZ-40 und SZ-42 (Heer) entwickelt worden, von denen mindestens fünf unterschiedliche Varianten existierten, die zusätzlich auch noch verschiedenen Umrüstungen erfuhren. Auffälligstes Merkmal waren die 12 festen Walzen, mit deren Verschaltung eine Periode von 1019 erreicht wurde. Schon die 12 Walzen lassen erkennen, dass die Lorenz-Zusätze weder im Draht- noch im HF-Betrieb kompatibel zu den Siemens Geheimschreibern waren.

Die Walzen hatten eine Primärzahlteilung von (Walze 1-5) 43, 47, 51, 53, 59, (Walze 6-10) 37, 61, 41, 31, 29 und (Walze 11-12) 26 und 23. Die Walzen 1-5 wurden bei jedem Schritt weitergeschaltet, die Walzen 6-10 abhängig von der 11. Walze, die wiederum in Abhängigkeit zur 12. Walze steht. Die 1943 eingeführte Klartextfunktion der T-typ-52 wurde durch den Wert des 5. Impulses eines jeden Klarzeichens gesteuert, welches als 13. Walze arbeitete und somit alle zwölf Walzen beeinflusste. Der Wert des drittletzten, bereits gesendeten Klartextzeichens lag bei der empfangenden Stelle nun unverschlüsselt vor, wodurch nach diesem die Fortschaltung der Walzen in der Sende- und dann in der Empfangsstellestelle in Übereinstimmung gebracht werden konnte.

Nach Erkenntnissen über die Entzifferung des Schlüssels durfte die T-typ-52c ab dem 1. Dezember 1942 deshalb bei Drahtverbindungen ins Ausland und auf Richtfunk- und Funkstrecken nur noch mit diesen Schlüsselzusätzen betrieben werden. Überwiegend war der Einsatz aber bei den "Sägefisch"-IV- und WTK-I-Anlagen des Heeres. Der SZ-42 hatte 12 Schlüsselräder in 5 Gruppen und eine Steuergruppe mit 2 Rädern. Die Weiterschaltung erfolgte über kurze Stifte (501), während die weitere Verschlüsselung durch aufeinander folgende "Exclusive-OR"-Operationen erzielt wurde.

Der Code der Schlüsselzusätze SZ-40 und SZ-42 konnte von dem britischen COLOSSUS, mit dem 200 bis 300 Personen an der Entzifferung arbeiteten, ab dem 6. Januar 1944 auf der Verbindung des OKW mit Paris entschlüsselt werden. Erleichtert wurde dies insbesondere durch einen Funkspruch des OKW mit rund 5.000 Buchstaben, der vom Empfänger nicht verstanden wurde. Der Schlüsselzusatz wurde einfach zurückgesetzt und die Nachricht ein zweites Mal verschlüsselt gesendet. Das manuelle "Reset" war schon ein Fehler, doch gleichzeitig kürzte der Funker nun Wörter ab, um seine Tastfinger zu schonen ("Nummer" wurde z.B. "Nr." u.s.w.). Nun lag ein inhaltlich identischer Text mit unterschiedlicher Länge und gleichem Schlüssel vor.

Insgesamt begünstigten ca. 40 schwerpunktmäßige Einbrüche der Engländer bei den Geheimschreibern T-typ-52-a/b mit SZ-42 in Heeresverbindungen die Vorbereitungen und Durchführung der alliierten Invasion in Frankreich. Als die Amerikaner im Vormarsch waren, musste der Feldmarschall Günther von Kluge trotz seines Protestes Panzer von der Front abziehen und nach direkter Weisung von Hitler offensiv einsetzen. Es gibt deutliche Anzeichen dafür, dass der COLOSSUS diese Weisungen an Kluge entzifferte, der darauffolgend bei Falaise einen schweren militärischen Fehlschlag erlitt. Die Alliierten waren vorbereitet, nutzten die Gunst der Stunde, der Durchbruch des Landungsunternehmens in der Normandie war gesichert.

Vermutlich im Zusammenhang mit der Abhöraffäre in Schweden wurden die Modelle T-typ-52a/b 1942/43 weiterentwickelt zum T-typ-52d, der nun von Beginn an auch für Funkübertragungen konzipiert wurde. Versuche den regulären T-typ-52 auch für drahtlose Verbindungen ohne Zusätze zu nutzen, gelangen aber erst ab Mitte 1944 und auf sehr geringe Entfernung. Zu einer offiziellen Einführung eines solchen Systems kam es nicht mehr.

Bei der T-typ-52d ersetzte man die regelmäßige Fortschaltung der 2-x-5-Nockenwalzen (festgelegte Schlüsselperiode) durch eine arithmetische Schlüsselperiode und erzielte dadurch einen anderen

Bewegungsablauf der Steuerkontakte in einer 26-stelligen Periode. Außerdem wurden noch elektromechanische Zusätze am Schlüsselwalzensystem angebracht. Hier diente pro Walze ein Magnet zur Unterbrechung der Fortschaltklinke für das Zahnrad, beeinflusst von der Nockenwalze und dem versetzt angebrachten Kontaktsatz. Dies führte zur Abweichung im Bewegungsablauf gegenüber den Schlüsselkontaktsätzen auf gleicher Nockenscheibe, speziell im seriellen Ablauf der Nockenräder.

Die zweite Verbesserung war die Klartextfunktion (KTF). Sie steigerte die Unregelmäßigkeiten durch eine Zufallsfolge, indem die Polarität (Freigabe von zwei Nockenscheiben bei positiver Polarität) des 5. Impulses des dritten Klartextschritts (lag bei der Gegenstelle vor und konnte somit nachvollzogen werden) die Steuerung der Walzen beeinflusste, im Prinzip eine Art Ersatzwalze, die durch den Text selbst gesteuert wurde. Für beide Modifizierungen wurde auch eine neue Relais-Logik eingebaut. Durch die Verteilung der eingesetzten Nockenwalzen und deren Starteinstellungen sowie der taktmäßigen Verknüpfung der 2-x-5-Nockenwalzen-Binärausgaben über die Relaisketten entstand ein Pseudozufallsbinärzahlencode von außerordentlich langer Periode. Dieser wurde nach dem Ersetzungsverfahren mit Additiven Chiffren (System nach Gilbert S. Vernam) dem im gleichen Takt eingegebenen Klartext-Fernschreibcode hinzuaddiert.

Im Prinzip wurde also jeder Buchstabe durch eine Zahl ersetzt, mit einem anderen Code der Text (Zahlenreihe) ein weiteres Mal umgewandelt, danach die zwei Zahlenreihen untereinandergeschrieben und zu einer neuen Zahlreihe aufaddiert. Dadurch waren die sprachspezifische Häufigkeit der Buchstaben und ihrer Kombinationen verloren gegangen. Für Computer unserer Zeit ist dies eine einfache Aufgabe, doch wurde es damals durch feinmechanische Schaltungen verwirklicht. Die Verbesserungen stellten außerdem erhöhte Anforderungen an die Qualität der empfangenen Telegrafiezeichen, damit der Text wieder einwandfrei entziffert werden konnte.

Als die unregelmäßige Fortschaltung als Lösung gefunden war, brachte man die Zusätze und Änderungen auch an der T-typ-52c an, die damit zum T-typ-52e wurde, der ab 20. Juli 1942 als SFM-T-52c bezeichnet wurde. Hierbei entfiel die Spruchschlüsseleinrichtung mit den zusätzlichen Würfelschaltern. Insgesamt wurde die Zahl der Tauschalphabete der ersten Schaltung (T-typ-52a/b = 1.024) auf nunmehr 240 reduziert, aber trotzdem eine längere Periode (ohne KTF: 29-stellige Zahl bzw. 1028) als bei der ENIGMA (24-stellige Zahl bzw. 1023) erzielt. Eine weitere Meisterleistung in der Kryptologie war in Deutschland entwickelt worden.

Zu den großen Bedarfsträgern der modernen T-typ-52d/e zählten Luftwaffe und die Landdienststellen der Kriegsmarine. Der Umbau wurde sollte von Trupps an verschiedenen Plätzen durchgeführt werden, dann in Werkstätten, wie z.B. der Radiofabrik Minsk und einer Werkstatt in Zwickau (Cvikow, letzter Leiter Johann Tobiassen) im Lausitzer Gebirge. Herr Johann Straat sollte für die Unbrauchbarmachung der dortigen Schlüsselzusätze sorgen, ließ sie einige jedoch nur zerlegen und hat sie dann wohl einlagern lassen. Die Werkstätten unterstanden der Marine-Drahtnachrichtenkompanie (MDK) in Wilhelmshaven, die hierfür fünf Teams zum Umbau mit jeweils fünf Mann unterhielt. In Zwickau sollen zwischen 120-150 der T-typ-52 umgebaut worden sein, wovon etwa 40 beim Einbruch der Front gesprengt wurden.

Zuständig für die Abteilung Drahtnachrichten (NWa V, Kapitän zur See Wiesend) war die Abteilung Technisches Nachrichtenwesen, die bei der Umgliederung des OKM im November 1939 im Allgemeinen Marineamt als Amtsgruppe den Marinewaffenämtern angegliedert wurde. Amtsgruppenchef Technisches Nachrichtenwesen waren von November 1939 bis Juni 1941 der Konteradmiral Erhard Maertens, von Juli 1941 bis Mai 1943 Konteradmiral Harald Kienast und von Juni 1943 bis Mai 1945 Kapitän zur See Hans Schüler. Hier gab es dann die Abteilung Drahtnachrichten (NWa V) unter Kapitän zur See Wiesend.

Bei den G-Schreibern gab es noch einen speziellen Geheimschlüssel den "Wehrmacht-Fernschreib-Offiziersschlüssel" (WOS), bei dem die Walzenstellungen nur von Offizieren getätigt werden durften und die dann auch die Maschinen selbst betreiben sollten. Wie dies in der Praxis aussah, war wieder eine andere

Sache. War beim der ENIGMA die Funkspruchlänge auf max. 250 Zeichen beschränkt, so galt dies nicht beim Fernschreiben (auch über Funk) und rasch wurden mehr als 5.000 Zeichen in einer Nachricht übermittelt, was in etwa zwei heutige DIN-A4-Seiten mit einer damaligen Schreibmaschine entsprach. Es gibt allerdings keine Hinweise, dass die Versionen 52d/e der Geheimschreiber während des Krieges von alliierten Stellen entziffert werden konnten. Konstruktionszeichnungen für eine weiterentwickelte T-typ-52f lagen bei Kriegsende schon vor.

Die Schlüsselmaschinen wurden für die Übermittlung allerhöchster Staatsgeheimnisse eingesetzt, z.B. in der Aufrechterhaltung des Nachrichtenverkehrs vom deutschen Außenministerium zu den Botschaften in neutralen Ländern, der Übermittlung von Führerbefehlen, strategischen Weisungen an Befehlshaber im Ausland oder zu abgesetzten Kommandobehörden. Die ungefähre Verteilung der Maschinen war für diplomatische Dienste 30, für die Luftwaffe 170, für die Marine 200, für das Heer 80 und für etwa fünf weitere Bedarfsträger etwa 120 Geheimschreiber. Schätzungen von Zeitzeugen sprechen von 600-1.000 T-typ-52-Maschinen, von denen etwa 380 im Jahr 1945 den Krieg überstanden hatten.

Eine Erbeutung der Maschinen setzte die Umgehung der Zerstörungseinrichtungen für den Fall des drohenden Verlustes voraus. Dazu zählten das Anbringen von Termit-Brandsätzen (Schmelze bei 1.600 Grad Celsius), Handgranaten und Haftladungen und die Versenkung im tiefen Wasser. Ein Mitglied der Marine-Fernschreibstelle in Venedig bezeugte die Versenkung von vier T-52 nahe der Rialto-Brücke im Canale Grande. Schatzsucher bargen 1989 im Thumsee/Berchtesgaden in 40 m Tiefe drei Kisten von 1945 mit zwei T-typ-52d und einem Blattschreiber T-typ-37h. Letzterer war in Wachspapier gehüllt und erstaunlich gut konserviert.

Die Qualität der Geheimschreiber wird auch belegt durch die Restauration von über 235 der T-52 (hauptsächlich 52d/e von Willy Reichert) im Zeitraum 1949-1953 bei der Firma W. Reichert auf französische Rechnung. Das Außenministerium in Paris sowie die französischen Streitkräfte nutzen die Geräte weiter und die Geheimschreiber erhielten nach 1945 Bedarfsträger in fünf weiteren Ländern. Auch die britische Rheinarmee verwendete einige Maschinen weiter, u.a. im verschlüsselten Nachrichtenverkehr mit dem britischen Sektor in Berlin-Gatow. Offensichtlich vertrauten die Engländer diesen Schlüsselmaschinen mehr als eigenen Produktionen.

Wie viele andere Fernschreibmaschinen stammte auch ein T-typ-52e der damaligen Lehrsammlung der MFmS/MOS aus einem Sammellager der durch die Alliierten erbeuteten Maschinen. Er gehörte zu den fast 300 Schlüsselfernschreibmaschinen und insgesamt über 2.000 Fernschreibmaschinen, die von 1945-1956 im Marine-Nachrichtengeräte-Arsenal in Elmshorn eingelagert waren. Weitere T-52 stehen in privaten Sammlungen, in Behörden oder Nachrichtenschulen, wie z.B. Bicètre/Paris und Akershus/Oslo. Zugänglicher sind die Geräte in den Sammlungen der Crypto AG in Zug oder in Museen wie dem Science Museum in London, dem Teknik Museum in Oslo oder dem Deutschen Museum und dem Siemens-Museum in München.

Die erste britische Berichterstattung über die Thematik der Geheimschreiber sorgte 1974 durch Fehler im Bild und Textmaterial für gewisse Konfusionen. Der Autor Winterbotham zitierte in seinen Berichten auch Texte aus entzifferten Fernschreiben des Oberkommandos der Wehrmacht. Allerdings verwendete das OKW bis Mitte 1944 nachweislich nur Lorenz-Schlüsselzusätze (SZ40/42). Erst um 1980 wurden die britischen Angaben zu den deutschen Fernschreibsystemen des 2. Weltkrieges korrigiert. Dabei stellte sich heraus, dass England anscheinend lange Zeit die Existenz der zwei so unterschiedlichen Systeme gar nicht erkannt hatte und von lediglich von unterschiedlichen Schlüsseln ausgegangen waren, weil ihre HF-Aufbereitung (mit WTZ-Geräten) identisch war und die Funksprüche sich nur durch ihre Vernam-Verfahren unterschieden. Deshalb wurden zunächst alle Funkfernschreibsignale allgemein als "Fish" bezeichnet und erst später zwischen den "Tunny"- (Thunfisch, Linien mit den Lorenz-Schlüsselzusätzen SZ40/42) und den "Sturgeon"-Linien (Linien mit T-typ-52) unterschieden, die dann entsprechend weitere Fischnamen als

Bezeichnung erhielten. Die Luftwaffe und Marine betrieben ihre Linien aufgrund mangelder Ausrüstung mit dem modernen Gerät SFM T-typ-43 größtenteils weiterhin mit Siemens-Geräten (SFM T-typ-52).

Der Zugriff auf den Nachrichteninhalt der Lorenz-Funkfernschreib-Linie "Jelly-Fish" (Berlin-Paris) zwischen März und Juni 1944 wird von Hinsley beschrieben, der die Bedeutung der Kenntnisse über diese Meldungen hervorhebt. Er nennt Bearbeitungszeiten von sieben Tagen, was hier aber kaum mit operativen Nachteilen verbunden war. Ab Juni 1944 gab es einen Blackout, weil die Schlüsselzusätze verändert worden waren. Ab Oktober 1944 bis Kriegsende konnten die SZ40/42 wieder entziffert werden. Auch hier können einige Details angezweifelt werden, denn die OKW-Zentrale in Zossen hatte ab Juni 1944 einige Hauptlinien bei Berlin anscheinend auf den Blattschreiber SFM T-typ-43 umgestellt.

Bilder und Dokumenten bestätigen die Existenz dieser Maschine, doch welche der etwa 30 OKW-Linien 1944/45 tatsächlich auf den Blattschreiber SFM T-typ-43 umgestellt wurden und als "Tunny"-Linien arbeiteten, lässt sich nicht mehr genau nachvollziehen. Der britische Autor Davies hat in der Nachkriegszeit gründlich die historischen Tatsachen über die Geheimschreiber von Siemens und die Schlüsselmaschinen von Lorenz sowie den Lorenz-Schlüsselzusätzen recherchiert. Noch 1999 bestätigte er, dass die Schlüsselmaschinen des T-typ-52 über Funk nur sporadisch, aber niemals regelmäßig, entziffert werden konnten. Ein SFM-43 bzw. T-typ-43-System blieb aber auch Mr. Davies offensichtlich völlig unbekannt, denn er erwähnt es mit keinem Wort.

Siemens-Geheimschreiber T-typ-43 / SFM-T43

Im Jahre 2001 kam Bewegung in die Geschichte einer bisher verschollen geglaubten Schlüsselmaschine des 2. Weltkrieges, einem Gerät, welches wohl richtungsweisend für die Kryptologie der Nachkriegsjahre war. Ohne einige Firmenunterlagen, Bilder und die Beschreibung von Fachleuten wären wohl sämtliche Beweise über die Existenz der Maschine verloren, denn in keinem Museum ist bislang ein Exemplar aufgetaucht, britische und amerikanische Quellen ignorieren ihren Einsatz oder verweisen ihn in das Reich der Fantasie. Informationen stammen deshalb meist von wenigen Dokumenten, Fotografien und späten Berichten von Augenzeugen. Nicht alle in diesem Artikel aufgeführten Informationen sind eindeutig zu beweisen und müssen oft noch erforscht werden, jedoch sollen sie hier nicht unterschlagen werden. Schon deshalb nicht, weil viele der hier enthaltenen Informationen von dem verstorbenen Josef Langer des MFCA aus Österreich stammen.

Bei Siemens hatte im Jahre 1942 ein Ingenieur den Vorschlag für eine neue, moderne Schlüsselmaschine gemacht, der wesentlich sicherer vor kryptoanalytischen Angriffen war. Diese Schlüsselfernschreib-maschine wurde verwirklicht im T-typ-43 (SFM-43) und erstmals Mitte 1944 beim Funkversuchskommando auf der Insel Fehmarn getestet. Sie wurde dann im Laufe des Jahres 1944 z.B. zwischen der Funkfernschreibstelle Golßen bei Berlin und einigen Heeresgruppen sowie dem Führerhauptquartier in Ostpreußen als Ersatz für die Kombination der T-typ-52 mit SZ-42 eingesetzt. Einige der letzten Funksprüche aus Berlin liefen über dieses System, wie z.B. die Ernennung Admirals Dönitz zum Nachfolger Adolf Hitlers als Oberbefehlshaber der Wehrmacht und Staatsoberhaupt.

Die Maschine SFM-43 oder auch T-typ-43 war ein kompaktes Verschlüsselungssystem mit sehr hohem Komfort für den Nutzer. Die letzte Neuentwicklung aus der Kryptologie des Deutschen Reiches entstand auf Basis des Blattschreibers T-typ-37f und T-typ-37n und deren Verbindung mit den Schlüsselzusätzen SZ-40/42 für die Richtfunkstrecken und Funkübertragungen. Da die SFM-T43 von dem Blattschreiber T-37 abstammt und deshalb auch seinen Typenkorb hatte, konnte die Maschine im Gegensatz zur T-52 wie eine normale mechanische Schreibmaschine den Text ausdrucken. Vermutlich wurde Klartext mit der Tastatur eingegeben und der verschlüsselte Text gesendet und möglicherweise parallel auf das Blatt geschrieben. Beim Empfang wurde natürlich der Klartext geschrieben und es gab wohl auch keinen Streifenstanzer, der einen Klartext-Lochstreifen stanzen konnte. Der Schlüssel-Lochstreifen-Zusatz diente nur zum Lesen und Vernichten des Schlüsselstreifens.

Die Nachkriegs- und Nachfolgemaschine der SFM-T43, der Fernschreiber 37iCA hatte einen Lochstreifenleser und Stanzer. Hier konnte mit einem extern angeschlossenen Lochstreifensender Tsend61CA Klartext abgetastet werden, den der 37iCA verschlüsselte, sendete und falls gewünscht auch mitschrieb und mitstanzte. Der eigene Lochstreifenleser des 37iCA diente beim Ver- und Entschlüsseln immer zum Lesen des Schlüsselstreifens. Auch vom empfangenen Text konnte ein Lochstreifen gestanzt werden. Im Lokalbetrieb konnten so auch Lochstreifen dupliziert werden oder verschlüsselte Lochstreifen erzeugt werden. Immer, wenn ein zweiter Lochstreifenleser gebraucht wurde, um Klartext und Schlüsselstreifens oder Schiffrat und Schlüsselstreifens gleichzeitig zu lesen, musste ein Lochstreifensender Tsend61CA zugeschaltet werden.

Das Chiffriersystem war sehr kompliziert. Von einem mit Zufallsgenerator vorgefertigtem Lochstreifen wurde jedem Klartextzeichen ein Zeichen zugemischt (Exklusiv-Order). Bei der Abtastung wurde der Streifen mit einer Stanze automatisch verstümmelt, sodass der Lochstreifen kein zweites Mal verwendet werden konnte und auch später die Nachricht an der Sendestelle nicht wieder entziffert oder gar nochmals mit gleichem Schlüssel versendet werden konnte. Der erzeugte Code war also ein einmaliger Schlüssel, das One-Time-Pad war erstmals in Deutschland in einer elektromechanischen Schlüsselmaschine umgesetzt.

Das Verfahren wurde erst Jahre später, z.B. auch beim Lorenz-Mischer 544, verwendet. Die SFM-43 war durch die in moderne Technik umgesetzte Verschlüsselung des One-Time-Pad vor der Entzifferung der Alliierten sicher, aber die Funksignale selbst wurden sehr wohl abgehört und in Bletchley Park vermutlich unter der Bezeichnung "THRASHER" ("Fuchshai") geführt.

Bei der Empfangsstelle musste ein Lochstreifen vorliegen, der identisch zu dem der Sendestelle war, ansonsten war und ist eine Entschlüsselung selbst heute noch unmöglich, außer der Spruchtext hätte mehr als 1.000 Zeichen, was in wichtigen militärischen Nachrichten eher die Ausnahme sein sollte. Fernschreiben enthielten also normalerweise weit weniger Text. Die verschlüsselten Fernschreibdaten konnten im Gegensatz zur T-typ-52 ohne weitere Zusätze über Funkanlagen ausgestrahlt, empfangen und wieder entschlüsselt werden. Die Anlagen wurden zum Teil in Marinefunkwagen installiert, um ihre Mobilität zu gewährleisten, weshalb in den letzten Kriegstagen gerade mit diesen Schlüsselmaschinen noch ein reger Fernmeldeverkehr einsetzte, der von den Alliierten wohl bemerkt, aber nicht entziffert werden konnte.

Es gab neben der Verwendung des bis dato sichersten Kryptoverfahrens und modernster Elektronik bei der SFM-43 noch eine weitere Besonderheit: das Personal für alle Funk- und Fernschreiblinien wurde nur unter großer Geheimhaltung ausgebildet und rekrutierte sich ausschließlich aus der Nachrichtenorganisation der der Kriegsmarine.

Ab Januar/Februar 1945 wurde auf Befehl von Dönitz das nur in geringen Stückzahlen vorhandene System SFM-43 (ca. 24-30 Stück) an die verschiedenen Oberkommandos und Stäbe abgegeben, was das rein aus der Kriegsmarine stammende und entsendete Personal erklären könnte. Der Reichsleiter Bormann forderte aus dem Führungsbunker bei der Reichskanzlei in Berlin noch am 23. April 1945 zwei weitere Unteroffiziere und sieben Marinefunker an, die sich in der Wilhelmstrasse 53 melden sollten. Ob die Marinefunker noch in Marsch gesetzt wurden oder überhaupt noch Berlin erreichten ist unbekannt.

Unter dem Admiral Voss hatte diese Station der SFM-43 den Decknamen "BLAUMEISE" bzw. nach Verlegung "BACHSTELZE", während die mobile Station bei Großadmiral Dönitz, die auch mit dem OKM bzw. dann OKW verlegte, als "KROKODIL" bezeichnet wurde. Anfang 1945 zog das OKM mit Dönitz aus der "KORALLE" in Bernau in den gut getarnten Sonderzug "AUERHAHN", musste diesen aufgrund von Kriegseinwirkungen wieder verlassen und ging dann im Sonderzug "ATLANTIK" Anfang April 1945 nach Sengwarden. "KROKODIL" wurde danach kurzzeitig das Stabsquartier im Barackenlager "FORELLE" der Kriegsmarine in Plön, bevor nach Flensburg verlegt wurde. "BISMARCK" war das Ausweichquartier in der Panzergrenadier-Kaserne für einen Teil des OKM von 1943 bis Februar 1945, das Ausweichquartier "ROON" bei Berlin wurde von dem OKM nicht mehr bezogen.

Siegfried Unseld, Verleger des Suhrkamp Verlages, war damals Obergefreiter der Kriegsmarine. Er war einer der ausgesuchten Funker, die noch im Januar 1945 bei Rathenow im Bezirk Potsdam an der SFM-43 ausgebildet worden war und der bei Kriegsende mit dem Funkwagen (Citroën, 5 Tonnen) der M.N.K. 100 (mot.) bei Glücksburg noch die letzten Funkübertragungen empfangen hatte. Auch er sprich von etwa 30 existierenden Maschinen und von einem geplanten Einsatz der Funkfernschreiber ab Sommer 1945 auf den U-Booten.

Nach der Machtübernahme der Nationalsozialisten 1933 wurde Bormann Stabsleiter von Rudolf Hess, im Oktober 1933 erhielt er den Titel eines Reichsleiters der NSDAP und im November 1933 wurde er Mitglied des Reichstags. Er baute den "Stab des Stellvertreters des Führers" sowohl für die NS-Partei, als auch für den deutschen Staat selbst, zu einem zentralen Führungsorgan aus, übernahm die Verwaltung der persönlichen Finanzangelegenheiten als Stellvertreter Adolf Hitlers und war zuständig für die Erweiterung der "Alpenfestung" im Obersalzberg, die auch nachrichtentechnisch auf den modernsten Stand gebracht wurde.

Der SS-Kommandant vom Obersalzberg, Dr. Frank, schreibt in seinen Veröffentlichungen, dass er nach dem vernichtenden Luftangriff vom 25. April 1945 und dem daraufhin erfolgten Zusammenbruch aller festinstallierten Nachrichtenverbindungen überrascht feststellte, dass noch funktionierende Funkverbindungen bestanden und die Geräte durch Marinefunker bedient wurden, die zu Bormann im Führerbunker in Berlin und anderen Stellen weiterhin den Kontakt hielten. Die auf dem Obersalzberg stationierten Funkwagen mit den Marinefunkern sendeten vom 2. auf den 3. Mai 1945 über einen Zeitraum von rund neun Stunden. Möglicherweise waren in Spanien oder Portugal (Antenne Dipol, Strahlungsrichtung West-Ost) die Empfänger der Nachrichten, was während der Nacht bei gutem Funkwetter auf 3 MHz damals funktechnisch möglich war.

Die Marinefunker und Fernschreiber wurden nach ihrer Festnahme durch das CIC-Office der 101. Airborne Division nach Salzburg und in der Folge mit ihren Familien, den SFM-43 sowie technischen Unterlagen 1945/46 in die USA verbracht. Es handelt sich dabei um sechs Maschinen aus den Marinefunkwagen vom Obersalzberg (Admiral von Puttkamer) und aus Berchtesgaden (3 Maschinen) sowie aus dem Eisenbahnzug des Generalfeldmarschalls Kesselring bei Bischofswiesen (war zur mobilen Führungszentrale umgebaut, ebenfalls 3 Maschinen). Wie die Sowjetunion waren also für mobile Stabshauptquartiere analog deutsche Kommandozüge in Eisenbahnwaggon mit allen Nachrichtenverbindungen für die militärischen Gefechtsstände eingerichtet worden.

PAPERCLIP war der Tarnname einer Operation unter einem Abkommen der Alliierten, sich die deutschen Unterlagen, Patente sowie die Anlagen aus den Labor- und Forschungseinrichtungen während und nach dem Krieg zu beschaffen. Für die verschiedensten technischen und wissenschaftlichen Gebiete wurden unter der Bezeichnung ALSOS (Allied Special Objectives Sub-Comitee) spezielle Gruppen für die deutschen Rüstungsbereiche, CIOS (Combined Intelligence Objectives Subcomitee) für die Universitäten, Hochschulen sowie staatlichen und privaten Forschungsinstitutionen, zusammengestellt. Die TICOM-Gruppen (Target Identification Comitee bzw. Technical Intelligence Committee) waren zusammengestellt aus Fachleuten für die deutschen Fernmeldesysteme und auch für die von den Deutschen erbeutete und ausgewertete alliierte Technik, wobei die Amerikaner und Briten sich allerdings speziell für die sowjetischen Nachrichtengeräte interessierten. Die geheimen angloamerikanischen Operationen mussten deshalb auch vor Stalin verborgen bleiben, der aber vermutlich durch seine Spione in Cambridge trotzdem Kenntnis von den Vorgängen und wohl schon deshalb ein begründetes Misstrauen hatte.

Die aus Kryptologen zusammengestellten TICOM-Gruppen waren zuständig für die Einrichtungen der deutschen Funkfernschreibnetze auf höchster Führungsebene und damit für die Fernschreibschlüssel-maschinen T-typ-52 in ihren verschiedenen Versionen, den Lorenz-Schlüsselzusatz SZ-40 und SZ-42 und die SFM-43. Schon im März 1945 machten sich diese kryptologischen TICOM-Gruppen in Europa und

Deutschland auf den Weg zu den geheimen Forschungsstätten, aus denen sie Tonnen von Material bergen konnten. Die deutschen Nachrichtenspezialisten und Kryptologen wurden an einen geheimen Ort namens "Dustbin" (evtl. Signal Security Division in Fort Monmouth/New York) gebracht, dabei neben den Funk- und Fernschreibkonstrukteuren und dem Bedienungspersonal auch Kryptologen wie Erich Hüttenhain.

Da die SFM-43 bei den letzten Operationen der Kriegsmarine mit den U-Booten sowie den Handlungen der Reichsregierung unter Dönitz eine Rolle spielten, könnten über den Inhalt des versendeten Fernschreibens eventuell neue geschichtliche Details aufgedeckt werden. Das Kriegstagebuch wurde vom Ib der SKL (bis August 1941, dann vom IB kr bis Februar 1945, dann wieder bis Mai 1945 von Ib) geschrieben. Von den zwei Ausfertigungen bliebt der Durchschlag bei der SKL und das Original wurde in die kriegsgeschichtliche Abteilung gegeben.

Der Teil A des Kriegstagebuches (KTB) enthielt die täglichen Vorkommnisse und wurde vom Chef des Stabes, dem Chef der Operationsabteilung und dem Oberbefehlshaber der Kriegsmarine abgezeichnet. Im Teil B des KTB waren z.B. die Wochenberichte der Bearbeiter aus den verschiedenen Kriegsschauplätzen mit den Darstellungen zu einzelnen Operationen. Der Teil C des KTB enthielt die in Teil A und B zitierten Meldungen, Befehle, Berichte und auch die Vorträge des OBM beim Führer im Original, gegliedert nach ihren unterschiedlichen Herkunftsorten und Sachverhalten. Der Teil D des KTB enthielt sämtliche eingegangenen und gesendeten Fernschreiben und Funksprüche. Der Teil E des KTB nahm Bezug auf Personallisten, Wettersprüche etc. und wurde wie Teil D nur in einfacher Ausfertigung geführt.

Teile der KTB der Marine und des BdU wurden von den Amerikanern und Briten sichergestellt bzw. ihnen übergeben und befinden sich in deren Archiven sowie im Bundesarchiv. Allerdings sind für den Zeitraum Januar/Februar bis Mai 1945 bis heute nur Fragmente wiederaufgetaucht, die eine zuverlässige Analyse erschweren. Der Verbleib ist nicht geklärt, einige Teile, die eventuell auch Informationen über die letzten Nachrichtenverbindungen liefern könnten, könnten noch in alliierten Archiven o.ä. liegen.

Die Ausbildung für die Funkwagen mit der SFM-43 und dem Personal der Kriegsmarine fand ab Oktober 1944 auch im Raum Eberswalde statt. Die gesamte Besatzung umfasste für jeden Funkwagenzug einen Offizier (MN), einen Oberfunkmeister, vier Oberfunkmaate und Funkgefreite, je Funkwagen zwei Fahrer und einen zusätzlichen zweiter LKW mit einem Dieselstromaggregat und Fahrer.

Die Aufstellungsorte der Schlüsselmaschinen sind aufgrund der fehlenden Informationen nicht verbindlich und lediglich aus zweiter Hand rekonstruiert. Da bis heute keine offiziellen Dokumente dazu freigegeben wurden, ist die Geschichte hier demnach aber auch noch nicht aufgearbeitet und benötigt weitere historische Forschungsarbeit.

Diese verfügbaren Informationen basieren auch teilweise auf den Aussagen des Oberzahlmeisters Franzbach (Deckname "PAGIA") gegenüber den alliierten TICOM-Gruppen, deren Protokolle weiterhin in Ft. Meade verwahrt werden. Die deutsche Abwehr war ab Sommer 1944 unter dem Schutze des spanischen Militärs und verfügte über einen kleinen Stützpunkt mit Funkstelle in Portbou am Fuße der Pyrenäen. Schriftliche Nachrichten wurden schon ab 1943 fast wöchentlich, nach der Invasion 1944 jedoch nur noch über Portbou mittels Boten ausgetauscht. Vom März 1945 existieren detaillierte Berichte der Abwehr über die Lage, Schiffsbewegungen, Geleite usw. die per Funk, eventuell auch über eine Funkstelle in Vigo, an den BdU übermittelt wurden. Eine SFM-43 könnte in Spanien im Raum Lugo, bei der Funkstation der Abwehr gewesen sein.

Außer den hier gelisteten Maschinen könnten noch zusätzliche sechs SFM-43 auf den Luftwaffenstützpunkten in Norwegen genutzt worden sein, davon vier Maschinen in Skedsmo (nähe Oslo, drei T-typ-52 über Linien nach Trondheim, Bardufoss und Flensburg) und zwei Stück in Bardufoss. Die Anzahl der Maschinen in Trondheim bzw. Flensburg ist unbekannt. Die sechs Maschinen aus Norwegen und anderes Material wurden im September/Oktober 1945 vom British Air Disarment Wing Nr. 8801 nach England transportiert.

- OKH in Berlin - Funkfernschreibstelle der Reichskanzlei, bei Admiral Voss, Rufname "BLAUMEISE", mindestens drei Geräte, vermutlich mit einer Verbindung zum OKH in Paris, welches auch eine Funkverbindung zum Reichsluftfahrtministerium in der Leipzigerstrasse in Berlin über die SFM-43 unterhielt. Nach dem 20. Juli 1944 wurde die Funkfernschreibstelle des OKH in die Bunkeranlage bei Zossen verlegt, im Herbst nach Freilassing/Oberbayern und zuletzt zur Alpenfestung bzw. Berchtesgaden ausgelagert.
- Obersalzberg – Alpenfestung, bei Admiral von Puttkamer, Rufname "AMEISE", drei Geräte in Marinefunkwagen. Die Task Force IV fand 1999 in einem kleinen Tal bei Berchtesgaden auf dem Rondell des Klingeckkopf (Vorgipfel des Kehlsteins) versteckte Fallschirmreste aus dem Krieg. Nur wenige Stunden vor Einmarsch der der amerikanischen 101. Airborne Division, überwältigte ein britischer Kommandotrupp unter Wing-Commander Oeser diese Funkwagen. Ferner ein mobiles Gerät bei Feldmarschall Göring, Rufname "ROBINSON").
- Bischofswiesen/Berchtesgaden, beim der Führungsstab Süd mit drei Maschinen, die dann in die USA ausgeflogen wurden.
- Flensburg - Führungsstab Nord, bei Admiral Dönitz und Feldmarschall Keitel, sechs Geräte, Rufname "Krokodil", zunächst in Plön dann nach Verlegung in Flensburg, unter Korvettenkapitän MNO Hokke, der zuvor als MNO Chef des Nachrichtendienstes der SKL sowie zusätzlich zeitweise Kommandant im Marinelager der "KORALLE" war.
- Zell am See, bei Admiral Marschall, ein Gerät.
- Rechlin am Müritzsee, in der Marinenachrichtenschule Waren/Müritz, zur Funkfernschreibausbildung des Personals aus der Kriegsmarine.
- Prag/Rujzin, bei General Schörner, vermutlich sechs bis acht Geräte, davon eines östlich von Prag auf dem Flughafen in Königgrätz, bei der Luftnachrichtenschule 2, Funkfernschreibausbildung der Luftwaffe.
- Linz, Flugfeld in Hörsching, westlich von Linz, ein Funkwagen beim Stab der Abwehr/Kaltenbrunner, sogenannte "kleine Reichskanzlei", die von englischen Streitkräften gefangen genommen wurden.
- Tegernsee – Altaussee, beim Stab Himmlers bzw. der FHO mit Gehlen, ein Gerät.
- Kriegsorganisation III der Abwehr in Spanien, vermutlich nur ein Gerät.

Die Geheimschreiber T-typ-43, die Wing-Commander Oeser an die US-Army abgeben musste, sind eventuell identisch mit jeweils zwei Maschinen aus drei Funkwagen, die zwischen Sollach und Unterdarching standen, was der Sammelraum der 4. Luftflotte war, deren Einheiten von der Ostfront zurückkamen. Insgesamt gab es ca. 12 Funkwagen mit 200- und 800-Watt-KW-Sendern und Empfängern (z.B. dem "Köln"), die 10-m-Gittermasten sowie Anhänger mit Stromgeneratoren mitführten. Zwei der Funkwagen hatten Geheimschreiber T-typ-52, deren Dokumentation gedruckt vorhanden war, während es für die SFM-43 nur Kopien gab, da das Gerät keine offizielle Einführung mehr hatte und es keine dienstlichen Vorschriften dazu gab. Die wiederholte Nennung von Funkwagen ohne Unterscheidung ihrer Ausrüstung kann leicht zu Verwechslungen führen.

Auch der Funkwagen des Oberleutnant Rudolf Zöckler und seine Nachrichtentruppe ergaben sich am 4. Mai 1945 der US-Armee mitsamt dem Funkzug der SFM-43 und dieser Ausrüstung. Eine Anzahl des Nachrichtenpersonals stammte aus der 3. Nachrichten-Ersatzkompanie, die an der Funkstelle "Anna", danach auf der Krim, in Sewastopol und schließlich bei Konstanza/Rumänien eingesetzt waren. Die SFM-43 dieses Trupps sollen ebenfalls nicht vernichtet worden sein und könnten deshalb von den sowjetischen Truppen erbeutet worden sein. Einer der Funkwagen soll vom OKW in Zossen nach dem 20. April 1945 von Zossen über Fürstenwalde, Mulde entlang nach Böhmen, südlich von Passau, über Ried und Salzburg nach Reichenhall und später Strub verlegt worden sein, bevor er ab 27. April 1945 am Obersalzberg zu Einsatz kam.

Aus einer Mappe eines Funkers aus dem mobilen Funktrupp im Klingelkopfgebiet konnte ein SS-Wachmann am Morgen des 2. Mai 1945 von einem Blatt den Funkspruch von „SARGO" und „LUNA" ablesen, in dem eine Verlegung von "GK" nach "GS" sowie eine Meldung über die Stilllegung von "KROKODIL", der mobilen Funkwagen bei Admiral Dönitz, die Anfang Mai 1945 von Plön nach Flensburg verlegten, was durch Dokumente belegt ist.

Der Funkspruch an die Agenten ging vermutlich auch nicht über die Verbindungen der SFM-43, sondern über die noch vorhandenen Frequenzen der Abwehr. Es ist unwahrscheinlich, dass die Agenten in Südamerika eine hochmoderne und streng geheime Chiffriermaschine durch die Abwehr (z.B. KptLt. Garbers) oder über andere Wege erhielten, denn in Südamerika hatten die Agenten weder entsprechende Empfangsstellen noch war ausgebildetes Funkfernschreibpersonal vor Ort, von den technischen Unzulänglichkeiten ganz abgesehen. Bei sehr umfangreichen Inhalten könnte die weitere Übermittlung mittels der ENIGMA erfolgt sein. Sehr wahrscheinlicher ist eine Übermittlung bzw. Transport durch Personen, wie z.B. mithilfe des letzten ausgelaufenen KFK 203 mit einem Marineeinsatzkommando im Februar 1945 oder auch KFK 204.

Dies wäre die einzige verschlüsselte Funkfernschreibverbindung von Deutschland in ein nicht besetztes Land, und auch die einzige transatlantische Verbindung, die der Überwachung der Alliierten entgangen wäre. Die Übermittlungen der SFM-43 wurden von der alliierten Aufklärung zwar nicht entziffert, aber gepeilt und aufgezeichnet, was durch die Rufnamen in den alliierten Dokumenten belegt ist.

Sehr viel wahrscheinlicher ist eine Verbindung zu einer SFM-43 nach Spanien im Raum Lugo, da hier die bereits seit längerer Zeit aktive Relaisfunkverbindung der Abwehr in Hamburg nach Südamerika und zu anderen weltweit operierenden Abwehrstellen lag, die aufgrund der Entfernung nur über Tastfunk abgewickelt werden konnten. Die Nachrichtenverbindung nach Spanien könnte hingegen mittels Funkfernschreibverbindungen und einer SFM-43 hergestellt worden sein, zumal in Vogo und Lugo einige wichtige technische Einrichtungen installiert waren.

In deutschen Reichs- und Prüfungsakten von Peenemünde gab es einen Plan (vom 27. Dezember 1944) mit einem Hinweis auf ausgegliederte Versuche in einer Anlage S-VII (SiVII) und auch auf ein präzises Navigationssystem für die V2 und Mehrstufenrakete V8 (interkontinentale Rakete gegen Amerika, Prototyp für Ende 1945). Es gibt ferner Hinweise auf Versuche mit Kurzwellen über gebündelte Antennen, die in einem Abstrahlkegel mit großer Leistung (Eqivalent Isotropic Radiated Power) ein Flugzeug zum Absturz bringen könnten, was bis heute ein militärisches Forschungs- und ggf. Anwendungsgebiet ist.

Das geplante Navigationssystem der V2- und V8-Raketen benötigte allerdings Boden-Relais-Stationen, die z.T. wohl auch tatsächlich bereits eingerichtet oder vorbereitet wurden. Die bisher ermittelten Standorte waren in Spanien, nördlich Lugo, mit drei Masten, die teilweise für die "Konsol"-Station bis zur Kapitulation genutzt wurden. Dann noch in der Sahara/Algerien, einer Felseninsel im Eismeer, einer Insel in der Karibik, nördlich Französisch-Guyana, im Bereich der spanischen Sahara oder der kanarischen Inseln. Außer der Funkstation in Spanien nördlich Lugo gibt es bisher keine weiteren Belege für die Existenz.

Bei der Operation WOLLIN setzte Heinrich Garbers drei Agenten aus Argentinien am 27. September 1944 in der Nähe von Vigo ab. Bei Villa Garcia de Arosa, ca. 70 km nördlich von Vigo, befand sich auf der anderen Seite der Bucht damals eine deutsche Wetterstation, in Vigo war aber auch eine Station des "Konsol"-Verfahrens für die Flugnavigation.

Der Gestapochef aus Kiel, Schröder, war bis 1941 und ab 1942 in Lissabon/Portugal eingesetzt und kehrte 1946 als freier Mann nach Deutschland zurück. Schröder machte rund protokollierte 30 Aussagen, wonach er nach Portugal zurückkehrte. Das 16. Aussageprotokoll von 1946 in Wiesbaden gegenüber der CIC gab Informationen zur Waffenschau in Rechlin im Sommer 1944 mit den neuesten Neuentwicklungen, die auch Adolf Hitler besucht hatte. Im Jahr 2000 ergaben Recherchen mit dieser Aussage einen zufälligen Querverweis auf die Lage einer "S-VII" (teilweise auch als SiVII bezeichnet). Dort wurde anscheinend wurde mit sehr hohen Strömen in einem Bunker über vier Stockwerken im Berg experimentiert. Die im Bunkersystem der S-VII-Anlage installierte Funkstation sollten noch existieren und in relativ gutem Zustand sein, da dort geringere Feuchtigkeit und eine gleichmäßigere Temperatur von +4 Grad herrschen.

Das dies realistisch sein kann, beweist ein Fund eines Lochstreifens einer SFM-43 in einem Bunker am Obersalzberg durch Amerikaner von 1999. Der Inhalt des Lochstreifens aus der Anlage S-VII wurde 17x wiederholt und bei der 18. Wiederholung gab es bei fünf Zahlen Abweichungen, bei 3 Zahlen jeweils um einen Wert nach oben, bei den zwei anderen Zahlen nach unten. Bisher sind die eventuellen Koordinatenangaben des Lochstreifens anscheinend auch in den alliierten Archiven nicht entziffert worden. Da die Schlüssellochstreifen wohl nicht mehr vorhanden sind und für den Ansatz einer Entzifferung mindestens ca. 1.000-m-Lochstreifen benötigt werden, ist der zukünftige Erfolg fraglich.

Den Einstieg über den Revisionsschacht II wurde durch drei Referenzen, aus einer Karte von 1939 (1:2.000), einem Lageplan der Revisionsschächte von 1941 sowie aus einer amerikanischen Karte von November 1945 im Abgleich der Daten von GPS und Maßband ermittelt werden. Die Anlage der Forschungsstation S-VII enthielt als Sender einen K-13-100mT-200FK-39, Empfänger E-52b/"Köln" mit Presskohlenzusatz für Grenzwellen (No.5321-k-3321-i), verbunden mit Empfänger E-381 (S-NO.4422-A312K-Atlantik). Leistung der Anlage 200 Watt mit dem Sender auf 3,5 MHz eingestellt. Die Anlage hatte eine Schlüsselmaschine SFM-43 (LR-44-9 mit sieben Walzen) mit eigener Stromversorgung.

Die Sowjetunion verwendete ebenfalls Funkfernschreibschlüsselverfahren, die vermutlich auch aus der damals vorgestellten Maschine T-typ-52a/b abgeleitet waren und die deshalb zunächst unzureichende Schlüsselsicherheit hatten. Dieses Manko war zwar den Deutschen zu diesem Zeitpunkt bekannt, aber nicht den sowjetischen Stellen, was den deutschen Kryptologen einen Vorsprung verschaffte, der im Kalten Krieg umgehend von Interesse war.

Die Sowjetunion hatte das System mit einem Frequenzsprungverfahren bei der Übertragung nun zusätzlich verbessert, was ein Abhören und Entziffern erheblich erschwerte. Die TICOM-Einheiten erbeuteten auch eines dieser russischen Systeme, welches unter dem Decknamen "FISH" mitgeführt wurde. Es war vielleicht Vorbild für die Schlüsselmaschine M-105 (AGAT), die der SFM-43 nachempfunden sein soll. In den 80er Jahren sollen nach unbestätigten Quellen zwei der erbeuteten SFM-43 wieder aus den USA zu einem Test nach West-Deutschland gebracht worden sein (vermutlich bei der 10. Panzerdivision/Sigmaringen). Da die amtlichen Stellen bis heute selbst zur Existenz der Maschine schweigen, besteht hier wohl eine Verbindung zu Entwicklungen in der Kryptologie nach 1945.

Es soll ab 1944 noch Geheimschreiber im Hell-Prinzip für Online-Verschlüsselungsverfahren gegeben haben, die mit sieben Lochscheiben arbeiteten und ein Mischverfahren benutzten (Vernam). Das Vernam-Modulo-2-Prinzip erzeugte 235 Alphabete bei einer Periodizität von 1014. Wie bei der SFM-43 gibt es kaum noch Beweise für die Existenz dieses Systems.

Da die SFM-43, ebenso wie viele andere technische Entwicklungen, nachweislich existierte, eine ist im Cryptology Museum der NSA ausgestellt, ist es nachvollziehbar, warum historische Dokumente zu den weiteren Geschehnissen bis heute noch in britischen, amerikanischen und russischen Archiven verwahrt sind und die Einstufungen stets verlängert werden. Wenn die Archive alle Informationen für Recherchen zur Verfügung gestellt haben, können die Geschichten aufgearbeitet werden und Gerüchte haben keinen Nährboden mehr.

Schlüsselmaschinen von Hagelin und andere Entwicklungen

Arvin Gerhard Damm hatte als erste Kryptogeräte z.B. den Mecano-Cryptographer A-1 und A-2, den Cryptotyper, den Electro-Cryptographer B-1 und das Taschenschlüsselgerät A-22 entwickelt. Sein schwedisches Patent Nr. 52.279, dass ähnlich wie bei Hebern, Koch und Scherbius eine Walzenschaltung beinhaltete, hatte er nur drei Tage nach Hugo Koch eingereicht.

Die grundlegende Idee des Taschenschlüsselgerätes A-22 war eine Kette mit aktiven und inaktiven Gliedern, die den Schlüssel darstellten. Wurde das Gerät nach Gebrauch wieder geöffnet, zerfielen diese Kettenglieder und der Schlüssel konnte nicht mehr rekonstruiert werden. Die nächste Version hatte zusätzlich eine Trommel mit auswechselbaren Alphabetstreifen, welche durch die Kette unregelmäßig angetrieben wurden. Auf dem Kettenschlüsselprinzip beruhte auch der Mecano-Cryptographer, der zwei Geheimschrift- und eine Klarschriftstreifenrolle besaß. In der Folge entstand der Elektrocrypto B-18 mit Lochstreifenstanzer bzw. mit der ersten elektrischen Maschine von Woodstock-Electric, Tastatur und Chiffrierteil.

Das schwedische Militär hatte im Jahre 1925 eine deutsche zivile Version der ENIGMA zu Versuchszwecken eingesetzt und wollte nun die Maschine für die Streitkräfte beschaffen. Hagelin bat um sechs Monate Zeit, um eine der ENIGMA ähnliche Variante als Prototyp zu liefern. Aus der B-18 wurde nun der Prototyp B-21, für den 1926 eine große Bestellung des schwedischen Militärs erfolgte.

1928 verstarb Damm und die Leitung der Firma wurde von Boris Caesar Wilhelm Hagelin bei der 1916 gegründeten A.B. Cryptograph in Stockholm von Dr. Nobel übernommen. Als der finanziell beteiligte Emanuel Nobel 1932 ebenfalls starb, stiegen dessen Erben aus dem Unternehmen aus und die A.B. Cryptograph wurde liquidiert. Daraufhin gründete Hagelin 1932 die A.B. Cryptoteknik. Hier entwickelte er aus einem Münzwechselautomaten, also aus der "korrekt" eine "irregulär" rechnende Maschine, die er als C-Maschine bezeichnete und der er das Konstruktionsjahr 1934 für die Bezeichnung anhängte. Diese Produktkennzeichnung wurde von der C-34 bis zur C-46a beibehalten.

Zunächst entstand im Jahre 1934 durch die Ankopplung einer elektrischen Schreibmaschine (Erhöhung der Ver- und Entschlüsselungsgeschwindigkeit) aus der B-21 die B-211. Die Anordnung war in ein Gerät integriert, doch für eine Verwendung im französischen Generalstab immer noch zu groß und so wurde aus der B-221 die kleinere C-36, bei der die Ausgabe über einen Papierstreifen erfolgen konnte. In der französischen Armee wurde dieses Gerät noch in den Unabhängigkeitskriegen in Algerien verwendet.

Im April 1940 schmuggelte Hagelin seine Konstruktionspläne der C-36 in die USA (später sogar 50 Maschinen aus Stockholm) und passte dort das Gerät an die amerikanischen Wünsche an. Kurz vor dem Kriegseintritt der USA, wurde im Sommer 1942 der Converter M-209 an die amerikanische Armee geliefert (über 140.000 bis Kriegsende). Im Vergleich zur ENIGMA war das Gerät komplizierter, erreichte aber lediglich eine Periode von 101.405.850 Tauschalphabeten und wurde bis in den Koreakrieg eingesetzt. Der Vertrag über 8,6 Millionen Dollar (2. Oktober 1942) sollte die 80% Gewinnversteuerung in Schweden umgehen, weshalb die amerikanischen Strohmänner Paulding und Helden die Hagelin Cryptograph Company in den USA gründeten. Die L. C. Smith & Corona Co. stellte dann den Zwischenhändler für den Verkauf an das War Department.

Auch nach Italien sind Maschinen der Version C-36 noch geliefert worden, eine wurde nach Japan geschmuggelt und Deutschland fertigte bis zum Kriegsende rund 700 eigene Maschinen in Form der C-36. Die italienische Marine nutzte die C-38m für Nachrichten über geheime Routen und Zeitenpläne der Versorgungskonvois nach Nordafrika. Das diese Konvois größtenteils alle entdeckt und völlig aufgerieben wurden, kann deshalb nicht sonderlich erstaunen. Aber auch die deutsche Abwehr und der B-Dienst entzifferten die gegnerischen Nachrichten über die M-209 aus Afrika und lieferten Truppenstärke, Vormarsch- und Angriffspläne, welche die deutschen Panzerverbände in Afrika ausnutzen konnten.

Wie bei der ENIGMA lieferte der gleichförmige Antrieb der M-209 in der Entzifferung den Angriffspunkt durch die Unterperioden. Wird der Text in Zeilen von 17 Buchstaben geschrieben, so stehen in den Spalten nur die Elemente, die in der gleichen Stellung des 17er Rades verschlüsselt worden sind. Ist der Text mehr als eintausend Zeichen lang, so können an den Spalten auch Nocken und Lücken unterschieden werden. Wenn eine Nocke wirksam wird, wandert die Alphabet-Scheibe insgesamt im Durchschnitt etwas weiter als bei der Lücke voran. In dieser Weise können die Bestückung der Räder und der Reiter analysiert werden.

Bei den Alliierten blieben die Einstellungen der Maschinen während eines ganzen Tages in einem Schlüsselbereich unverändert. Nach jeder Sendung wurde nur die Ausgangsstellung der sechs Räder geändert. Diese Ausgangsstellung teilte der Sender dem Empfänger in Form von sechs verschlüsselten Buchstaben vor Beginn der eigentlichen Nachricht mit. Dabei wurden häufig Mädchennamen oder die Namen der Ehefrauen u.ä. verwendet, die dann auch mehrmals am Tag auftauchten. Fünf Meldungen mit gleicher Kenngruppe genügten der deutschen Entzifferung für die Lösung des Schlüsselwortes, danach war nur noch der oben genannte Klar-/Geheimschrift Kompromiss zu lösen. Insofern hätten hier auch bereits Zweifel auf deutscher Seite bei den Kryptologen an der ENIGMA entstanden sein können, da der Verschlüsselungsprozess ähnlich ablief.

Durch entzifferte Meldungen der Fernmeldeaufklärung aus der M-209 von Oberst Karl-Albert Mügge konnte Feldmarschall Kesselring aufgestaute britische Kräfte im ungünstigsten Moment angreifen und ihnen schwere Verluste beifügen. Auch bei der Verteidigung der strategisch wichtigen Fabrik Carrocetto in Italien konnten die Amerikaner dadurch abgewehrt werden. Nachdem diese aber ihrerseits den italienischen Marineschlüssel gelöst hatten, erfuhren sie von den entzifferten Meldungen der M-209 auf deutscher Seite und änderten daraufhin ihre Verfahren. 10-30% der Meldungen konnten bis dahin in Deutschland entziffert werden, der Code SLIDEX und CODEX (Bomber, Aircraft Movement und Map Coordinate Codes) und auch alle mit der M-94 verschlüsselten Nachrichten.

Als Ausführung mit Tastatur und elektrischem Antrieb für den US-Markt lief 1942 die Produktion des Büro-Chiffriergerätes BC-543 in Stockholm an. Die Sechs-Walzen-Schlüsselmaschine BC-543 wurde auch in den Siemens/Wanderer-Werken in Chemnitz nachgebaut.

Das Schlüsselgerät SG-41 der Wanderer-Werke war ein modifizierter Nachbau des erbeuteten alliierten Schlüsselgerätes Hagelin C-41 (die Zahl 41 stand für das Konstruktionsjahr). Bei der Kopie wurden die Schwächen des Beutegerätes vermieden, die den deutschen Einbruch in das System ermöglicht hatten. Auch hier ist es den Alliierten anscheinenden nicht mehr gelungen einen Einbruch in das modifizierte deutsche Kryptoverfahren zu erzielen. Das deutsche Schlüsselgerät 41, wurde auf Grund einer daran angebrachten Kurbel auch als "Hitlermühle" bezeichnet und arbeitete mit zwei Papierstreifen. Der eine davon druckte die eingegebene Buchstabenfolge aus, der andere das Ergebnis des Ver- bzw. Entschlüsselungsvorgangs. Von der Funktionsweise her ähnelte das Gerät jedoch nicht der ENIGMA, sondern den C-Maschinen der Firma Hagelin mit Stangenrad. Mitte 1944 bestellte das Oberkommando der Wehrmacht insgesamt 11.000 Exemplare des Schlüsselgeräts 41. 2.000 weitere Maschinen waren vom Wetterdienst bestellt (eine Version, die anstatt Buchstaben nur die Zahlen von 0 bis 9 verschlüsselte. Trotz dieser Großbestellungen wurden jedoch nur etwa 500 Exemplare des Schlüsselgeräts 41 ausgeliefert, da die schlechte Versorgungslage in den letzten Kriegsjahren eine höhere Produktionsrate verhinderte, die Letzten wurden Ende 1944 hergestellt, die geplante Kleinausführung des Geräts sowie eine Variante mit Motor kamen dadurch nicht über das Versuchsstadium hinaus.

Eine andere deutsche Verschlüsselungsmaschine aus den letzten Kriegsjahren war das Schlüsselgerät 39 (SG-39) der Firma Telefonbau und Normalzeit (T&N). Es handelte es sich um eine Rotor-Verschlüsselungsmaschine der zweiten Generation, bei der also die Fortschaltung der Rotoren auf unregelmäßige Weise erfolgte. Ein weiterer Geheimschreiber entstand 1944 von Hell, von dem sechs Exemplare im folgenden Jahr auf dem Mittelmeer in Schiffen und U-Booten zum Einsatz kamen.

Die Sowjetunion kopierte ebenfalls eine Hagelin-Version, die dann mit kyrillischen Buchstaben arbeitete und nur bei den Verbindungen der höchsten Stäbe eingesetzt wurde. Auch die italienische Büromaschinenfirma Olivetti baute ab 1941 einen Geheimschreiber, mit einer relativ einfachen Vernam-Modulo-2-Substitution der fünf Baudot-Schritte, realisiert durch 7 Nockenscheiben, die jedoch nur eine schwache Irregularität der Fortschaltung aufwies. Diese Geräte wurden vermutlich nur für den diplomatischen Dienst der Italiener (über Drahtleitungen) eingesetzt. Da die deutsche Konkurrenz auch auf dem Gebiet Kryptotechnik nach dem 2. Weltkrieg beseitigt war, setzten sich Hagelins Schlüsselmaschinen aus der Schweizer Crypto AG weltweit gegen andere Konkurrenten durch.

In den 50er Jahren verwendete Ägypten, welches den Suezkanal verstaatlicht und unter völliger Kontrolle hatte, für wichtige Nachrichtenverbindungen eine 7-Walzen-Maschine von Hagelin. Im Jahre 1956 plante England mit Frankreich und Israel zusammen den Suezkanal, die strategisch wichtigste Lebensader zwischen Israel und Ägypten, wieder zu besetzen. Das GCHQ (Government Communications Headquarter) konnte der Regierung aber keine Entzifferungsergebnisse über die abgehörten Verbindungen liefern, da der Schwerpunkt in dieser Zeit noch allein bei der Sowjetunion gelegen hatte und kaum Erkenntnisse über die Ägypter vorhanden waren.

Peter Wright hatte in der Spionageabwehr MI 5 sein ENGULF-Konzept entwickelt, welches nun an der ägyptischen Nachrichtenverbindung mit Hagelin-Maschinen getestet wurde. Das Verfahren von ENGULF zielte darauf ab, die Akustik der Schlüsselmaschine abzuhören, wobei das GCHQ besonders an der morgendlichen Einstellung des Tagesschlüssels interessiert war. Gelang es dabei, die Verschiebung von 3 bis 4 der 7 Walzen zu ermitteln, konnte der gesamte Tagesschlüssel gelöst werden. Bei der britischen Telefongesellschaft wurde deshalb eine Störung der Telefone in der ägyptischen Botschaft in London verursacht. Dann ging Wright mit einem Mitarbeiter als Störungsdienst verkleidet in die Botschaft. Eine Miniwanze sollte in dem Telefon installiert werden, welches der Schlüsselmaschine räumlich am nächsten stand. Während der Arbeit intervenierte ein Ägypter, der zwar kein Englisch sprach, aber mit Handzeichen darum bat, das Kabel zu verlängern und das Telefon, anstatt außerhalb des Raumes, direkt an seinen Arbeitsplatz im Chiffrierraum neben der Schlüsselmaschine zu installieren.

Jeden Morgen konnten nun über Telefon die Geräusche die Walzeneinstellung abgehört und dann die ausgewerteten Buchstaben der verschlüsselten Telegramme mit einer baugleichen Hagelin direkt mitgelesen werden. Diese Wanze wurde während der ganzen Suezkrise nicht entdeckt und aus den abgehörten Telegrammen ließ sich entnehmen, dass die Sowjetunion vorhatte, Ägypten massiv im Kampf gegen die Invasoren zu unterstützen. Diese Nachricht bewog im Zusammenhang mit dem amerikanischen Druck England schließlich zum Nachgeben. Nach späteren Ermittlungen wurden die Umstände der Spionage in der ägyptischen Botschaft von dem Spion Hollis (Agent des KGB) an die Sowjetunion mitgeteilt, welche damit rechnete, dass die Briten mitlesen und entsprechend auf ihre "geheimen" Meldungen zur Bereitschaft zum Kampf reagieren würden.

Die britische Regierung plante 1959 den Beitritt zur Europäischen Gemeinschaft und in diesem Zusammenhang sollten der französische Standpunkt erkundet werden, um besser politisch agieren zu können. Telefonleitung in der Nähe des Chiffrierraumes der französischen Botschaft wurden abgehört, das Signal verstärkt und über einen vom MI 5 angemieteten Raum im nahen Hyde Park Hotel weitergeleitet. Dort konnten die elektromagnetischen Felder gemessen werden, die beim Betrieb des Fernschreibers und der Schlüsselmaschine in das nahe Telefonkabel eingekoppelt wurden. Der gesamte Telexverkehr der französischen Botschaft wurde in dieser Weise entschlüsselt.

Kryptologie in der Nationalen Volksarmee (NVA)

In der DDR blieben sämtliche sicherheitsempfindliche Bereiche des Staates und der Streitkräfte unter völliger Kontrolle bzw. des KGB und so auch die sowjetische und ostdeutsche Kryptologie. Selbst wenn später eine mehr eigenständige Linie in der DDR verfolgt wurde, so ist doch aufgrund der Eigenart des

Warschauer Paktes sowie der idealen Möglichkeiten der Infiltration anzunehmen, dass zu jeder Zeit wichtige Informationen der ostdeutschen Kryptologie, die allein dem Ministerium für Staatssicherheit unterstellt war, nach Moskau abflossen.

Die Thematik der Kryptologie in der Stasi und den Streitkräften, der SAS- und Chiffrierdienst (SCD), brachte bezüglich der Informationen von technischer oder operativer Seite Probleme in der Aufklärung nach der Vereinigung 1990 mit sich. Erst nachdem Kameraden der NVA/VM sich mit Nachforschungen der Sachlage angenommen hatten, konnte hier etwas mehr Licht ins Dunkel gebracht werden. Viel Ungeklärtes lässt sicherlich Raum für weitere Nachforschungen, da die Geschichte der Kryptologie in der DDR bis heute viele Lücken aufweist. Nur vom Ministerium für Staatssicherheit ausgewählte Techniker durften an diesen Anlagen arbeiten, wodurch es auch zu einer Zweiklassengesellschaft beim Wartungspersonal kam.

Gerade in der Anfangszeit wurden die manuellen Chiffrierverfahren verwendet, hier z.B. "KOBRA" und "TAPIR" sowie CODE 50010 der Grenztruppen (GT) der DDR mittels Wurmtabellen über Draht- und Funklinien, die dann auch bis 1990 Verwendung fanden. Vermutlich ältere Verfahren waren "WUMA" und "KUNAL". Ferner wurde mittels verschlüsselter Codewörter entsprechende Befehle oder Maßnahmen eingeleitet, wie z.B. ab 1980 mit dem Codesignal "MONUMENT" die Auslösung einer höheren Stufe der Gefechtsbereitschaft für die vereinigten Streitkräfte z.B. über die Kurzwellenverbindungen. Der Schutz vor kompromittierender Abstrahlung (KOMA) unterlag ebenfalls dem MfS bzw. dem Zentralen Chiffrierorgan (ZCO) der DDR.

Alle russischen Kryptogeräte mussten vor der Vereinigung in der Operation PEREMENNA am 8. September 1990 an die Westgruppe der Streitkräfte der Russischen Föderation zurückgegeben werden, die DDR-Entwicklungen wurden hingegen von der NVA/Stasi eingezogen und größtenteils vernichtet. Es gibt aber noch einige "verloren gegangene" Zeitzeugen dieser Maßnahmen, die heute noch existieren, doch das Schweigen vieler Mitarbeiter der Stasi durch die Seilschaften oft nicht gebrochen werden.

Die erste Ziffer (7) spezifizierte die russischen Nachrichtengeräte für Verwendung in der Kryptologie, Schnelltelegrafie und Ähnlichem. Ab Ende der 70er Jahre wurde in der UdSSR der Typenschlüssel modernisiert und dabei den Schlüsselgeräten der Buchstaben T vorangestellt. Im Handbuch für Funkgasten der NVA oder anderen Funkbüchern der DDR wurden Kryptogeräte allerdings überhaupt nicht erwähnt.

MfS-Chef Zaisser befahl die Bildung der Hauptabteilung XI (HA XI) für die IM-Arbeit im Zentralen Chiffrierorgan (ZCO) der DDR, die ab 1951 in Hoppegarten bei Berlin arbeitete. Die Aufgabenstellung für die 513 Mitarbeiter war die operativ/technische Sicherung des Chiffrierwesens der DDR, Entwicklung und Produktion neuer Chiffriertechniken und kryptologischer Verfahren, Enttarnung des Chiffrierverkehrs ausländischer Vertretungen und Einrichtungen sowie die Weiterentwicklungen für den Auslandschiffrier-dienst der DDR. Der Sitz war in der Normannenstraße (Leitung), Treskoallee und in Johannisthal.

Doch erst im Jahre 1953 begann die Verwaltung Aufklärung des MfS (Verwaltung 19) mit operativem Chiffrierverkehr. 1954 wurde das Referat "Chiffriermittel" gebildet und 1955 der erste zweisprachige Schlüssel "ASTER" (deutsch/polnisch) eingeführt. 1956 schließlich begann eine Grundlagenausbildung in der Kryptologie mit den Fächern Mathematik, Deutsch und Englisch. Der Chiffrierdienst in der 8. Abteilung verwendete bis dahin ausschließlich manuelle Verschleierungs- und Verschlüsselungsmittel. Es wurde dabei eine Aufarbeitung der "Geschichte der Kryptologie" im Jahre 1957 in der DDR begonnen, jedoch nie abgeschlossen.

Auch in der DDR gab es verschiedene Unterteilungen in der Schlüsselsicherheit. Das "Chiffrierverfahren mit absoluter Sicherheit" war die Beschreibung der Stasi für ein Gerät oder Verfahren, beim dem man mit herkömmlicher Computertechnik (der 80er Jahre) einige 100 Jahre für die Entzifferung benötigt. In ein "Chiffrierverfahren mit quasi absoluter Sicherheit" war entsprechend einfacher einzudringen, das "Chiffrierverfahren mit garantierter Sicherheit" war eine weitere Abstufung.

1958 Jahren wurde das Chiffriergerät CM-2 (CM = Chiffriermittel, T-301 alte militärische Version), ein One-Time-Punch-Tape (OTT) Schlüssellochstreifen, und das MCS der Feldtruppen mit dem Additionsverfahren Modulo 26 ("Chiffrierverfahren mit absoluter Sicherheit") genutzt, zu welchem sich erst ca. 1973 das 5-Kanal-Chiffriergerät T-304 gesellte, ab den 80er Jahren wurde das T-310 auf Funkstrecken eingesetzt. Bis in die 1960er Jahren wurden auch Handverfahren (Tabellenchiffren) verwendet. So gab es z.B. die Sprechtafeln Nachrichten "ANNA" (Diensthabender der Nachrichtenzentralen (DNZ) und den Diensthabenden Nachrichtenbetrieb (DNB)) und "BORIS" (Techniker der Richtfunk, Troposphärenfunk, Drahtnachrichten, Schalt- und Fernsprech-/Fernschreibstellen).

1965 erfolgte die Vereinigung des Chiffrierwesens mit dem Nachrichtendienst der DDR. In diesem Jahr wurde die WTsch (Verschlüsselungstechnik mit garantierter Sicherheit für Telefonkanäle) eingeführt. Die WTsch-Geräte wurden die für die Regierungsverbindungen genutzt und später als SAS-Fernschreibtechnik und Fernsprechtechnik bezeichnet, z.B. T-204, T-205 und T-206 für die Fernschreibtechnik und für die Fernsprechtechnik die T-217 die später, ab 1980, durch neuere Wtsch Technik, mit besserem Schutz der Informationen, ersetzt wurden.

Der Buchstabe „T" stand immer für ein automatisches Schlüsselgerät, bei dem der Bediener nicht direkt in den Schlüsselvorgang eingewiesen und auch nicht negativ Eingreifen konnte (z.B. SAS- oder Chiffriergeräte T-217, T-216, T-219, T-617, T-817, T-204, T-205, T-206, T-207, T-226, T-230, T-352, T-353, T-311, T-310/50, T-310/51, T-316, T-312, T-315, T-317, T-325, T-330).

Stationär kamen 1966 die ersten Kanalverschlüsselungsgeräte mit zeitlich begrenzter Sicherheit T-207 "LIANA" für Fernsprecher und T-206 ("WOLNA" und "WESNA") sowie 3M1 und MT für Fernschreibverfahren sowie Chiffriermaschinen mit garantierter Sicherheit "AMETHYST" auf Verbindungen im System der Vereinten Streitkräfte zum Einsatz. Es wurde der Spezialnachrichtendienst (SND), verantwortlich für die Übertragung vertraulicher und geheimer Informationen, gebildet und zum Bestandteil der Nachrichtentruppe. Ab 1968 wurde das Vorchiffrierverfahren der M-105 AGAT N in allen oberen Ebenen der NVA und im Ministerrat der DDR eingesetzt.

Ein grober Abriss der Einführung verschiedener Geräte und Verfahren, beginnt mit der M-104, AMETYST-2 einem Chiffriergerät mit OTT und dem T-204, WOLNA, SAS-Fernschreibtechnik (mit Schlüsselscheiben) im Jahre 1966. 1970 folgte das T-205, WECHA SAS-Fernschreibtechnik (mit Schlüsselscheiben), 1977 das T-206, MT WESNA, SAS-Fernschreibtechnik mit elektronischer Bildung der Schlüsselfolgen mit Magnetkernelementen. In der 1980er Jahren folgte das T-206, 3M1 WESNA-3, SAS-Fernschreibtechnik mit elektronischer Bildung der Schlüsselfolgen über Integrierte Schaltkreise und das T-207, SAS-Fernschreibtechnik mit elektronischer Bildung der Schlüsselfolgen, bis 1986 das T-230, INTERIEUR, WTsch-Bündelchiffriergerät für Fernschreib und Fernsprechverbindungen mit vorgeschalteter T-217, eingeführt wurde.

"BOA" war ein rechnergestütztes Datenchiffrierverfahren mit "quasi absoluter Sicherheit" im Substitutionsverfahren. DUDEK (mit T-307) beschreibt das Chiffrierverfahren das 1970 die polnischen Kryptologen in ihren Geräten T-352, T-353 und DUDEK-3 das die XOR-Verknüpfung des Klartextes mit dem OTT zum GTX zw. des GTX mit dem OTT zum Klartext verwendet. Die T-304, 307 und die T-312 hatten das Verfahren DUDEK implementiert. Die polnischen Geräte waren die T-352 und die T-353. Die T-352 ist als mobiles Gerät konzipiert gewesen, während die T-353 als stationäres Gerät verwendet wurde, wobei Fernschreibmaschinen als Ein- und Ausgabemedium notwendig waren. Die T-307 wurde vorwiegend im MfS im Ministerium für Auswärtige Angelegenheiten (MfAA) und in einigen Botschaften eingesetzt, während die T-353 große Verbreitung in der DDR fand und ab 1982 durch die T-310/50 ersetzt wurde.

Die T-206 war für das MfS und "Bruderorgane" eingeführt. Ein maschinelles, kombiniertes dynamisches Verfahren war mit dem Schlüsselgerät T-217 ("ELBRUS"), die kompatible T-219 „JACHTA", bei der Marine die T-617, sowie die T-817 zum Einsatz. Das T-216 (WECHA) wurde für mehrfache Invertierung und

Verwürfelung von Ferngesprächen über Draht und Funk verwendet, wie auch die T-219 ("JACHTA"), als Weiterentwicklung der T-817. Das Kanalchiffriergerät T-226 DM ("SILUR") war ein automatisiertes Datenchiffrierverfahren mit einer Übertragungsrate von 2400 Bit/s (1978). Ende der 1980er Jahre das Kanalbündelverschlüsselungsgerät T-230 ("INTERIEUR") mit Deltamodulation und garantierter Sicherheit.

Das Chiffriergerät T-301 stammt von ca. 1971, das T-304 war ein Vorchiffriergerät mit "absoluter Sicherheit". Angelehnt an das manuelle Schlüsselverfahren "JUPITER" wurde es Chiffrierverfahren in der T-307/3 verwendet, welches schließlich im Datenchiffrierverfahren T-310 (1977) von der T-310/50 abgelöst wurde. Das T-309 von 1983 war lediglich ein Schnittstellenwandler. Für die Fernschreibschlüsselmaschine T-307 gab es die Chiffrierverfahren T-307/1 ("PHYTON"), T-307/2 ("DIAMANT"), T-307/3 ("DUDEK", später T-312) während das T-307/4 ("GARANT") bzw. T-307/5 ("GARANT" und "DIAMANT") wiederum Chiffriergerätesätze in diesem Zusammenhang waren. Das Bündelungschiffriergerät für Datenbetrieb T-311 "SELEN" sollte ab 1990 mit den PCM-30-Anlagen eingesetzt werden.

Datenchiffrierverfahren in der Nationalen Volksarmee/MfS

- BOA
- KRAKE für ESER
- LAMBDA
- HORIZONT
- SAM
- DELTA
- T-226 SILUR
- T-230
- T-310/51
- T-325 POLLUX
- T-314 MAJA
- T-317
- T-330 KENDO

Die F-2500-1 "QUARZ" (KRISTALL-D) war der Vorläufer der SKS V-I, bei der die Funkaufklärungsergebnissen über Draht und Funkstrecken verschlüsselt übertragen wurden. Die SKS V-I war ein System der automatisierten Funkpeilung, deren Peilergebnisse über die Chiffrierschnittstelle CE verschlüsselt und bei den SKS V-I Empfangsstellen über die Chiffrierschnittstelle DE wieder entschlüsselt wurden. Dazu gehörten Prüfgerät PG-2 und Karteneinschubprüfgerät KES-7500, die Geräte T-027 bis T-037 wurde nur im ZCO zur Prüfung der Sicherheit der SKS und T-310 Langzeitschlüssel verwendet (PROGRESS).

Das Fernschreibchiffriergerät "ARGON" T-310/50 war für "garantierte Sicherheit" im allgemeinen Funkverkehr und hatte seinen Vorgänger im Entwicklungsgerät T-310. Das "ARGON" war von 1983-1990 im stationären und mobilen Einsatz für HF-Schreibfunk der NVA, aber auch z.B. im Ministerrat der DDR. Es ist in der Technik vergleichbar dem Elcrotel-1 der Bundeswehr und es ermöglichte das Direkt-, Teildirekt- und Vorchiffrieren von Fernschreiben gemäß ITA Nr.2. Die Bearbeitung von Texten mit Codierung in 5er-Lochstreifen war ebenfalls möglich. Es konnte in Selbstwähl- oder Handvermittlungsnetzen, Standleitungen und auf Draht- oder Funkverbindungen arbeiten, wobei Fernschreiben bis "geheime Verschlusssache" (GVS) zulässig waren. Auch in der obersten Ebene, der "Verwaltung 2.000" (Staatssicherheitsdienst) wurde das Gerät genutzt. Kurz vor der Vereinigung 1990 wurden die ca. 4000 Geräte wieder eingezogen und teilweise vernichtet. Die z.B. nach Polen verkauften Geräte blieben aber noch weiter in der Nutzung.

Die das Chiffrierverfahren der T-310/50 ARGON und T-310/51 wurde auf allen Nachrichtenkanälen verwendet und die T-310/50 beispielsweise auch den sowjetischen Spezialisten zur Einsicht übergeben, welche gute und das Chiffrierverfahren verbessernde Hinweise, wie z.B. die Bildung der Kenngruppen durch einen Pseudozufallsgenerator, gegeben hatten. in der MfS-Ausführung sollte dieser durch die Durchzugsgeschwindigkeit der Schlüssellochkarte gebildet werden. Die russischen Spezialisten empfahlen hingegen einen Rauschgenerator in das Gerät einzubinden. Desweiteren war beabsichtigt auf die Schlüssellochkarte eine Prüfsumme zu stanzen, um diese nach dem Einlesen zu vergleichen, wobei die Schlüssellänge auf 230 Bit eingeschränkt war. Die russischen Spezialisten gaben den Hinweis das man den Schlüssel in 3 Abschnitt, alle mit ungerader Parität zerlegen konnte, womit die Schlüssellochkarte 240 Bit aufnehmen könnte.

In der NVA wurde von 1968 z.B. auch das Chiffrierverfahren M-125 MN "FIALKA" mit der sowjetischen Schlüsselmaschine "VEILCHEN", das russische Gegenstück zur KL-7 bzw. H-54, welche die Fehler der Schlüsselmaschinen ENIGMA, NEMA oder auch der KL-7 berücksichtigten. Es folgten die Schlüsselmaschinen T-312 (1985), T-226 mit Schnittstellenwandler T-313. 1987/89 wurde das Datenchiffriergerät T-314 mit dem neu entwickelten Chiffrierverfahren "SAMBO" entwickelt, deren Einführung welches für 1990/91 vorgesehen war.

Mitte der 60er Jahre erfolgte die Einführung von "Spezial-Nachrichten-Dienstverbindungstechnik". Die Geräte dienten der abhörsicheren Übertragung der fernmündlichen und fernschriftlichen Nachrichten. Im Fernsprechbereich machten der russische Apparat R-170E und die Fernsprechvermittlung MP-10/15 im Jahre 1965 den Anfang und 1975 war die Ausrüstung mit Spezialnachrichtengerät abgeschlossen. Mit zwei digitalen Verschlüsselungsgeräten T-206 "WESNA" kam nun z.B. auch der Spezial-Fernschreibgerätesatz R-238T in der Truppe.

Zusammen mit der VHF-Station R-619 war der Retranslator R-756 (mit Zusatz R-20/R-30) auf den Retranslationspunkten Stubbenkammer, Darßer Ort, Rostock RF-Turm und Boltenhagen bis 1990 eingesetzt. Das Gerät diente zur Schaltung zweier R-619 Stationen und stimmt abwechselnd die jeweilige Sende- und Empfangsumschaltung der beiden Geräte aufeinander ab. Die Signale werden NF-mäßig beim Transit auf erneute Aussendung vorbereitet, wobei für offene und verschlüsselte Sendungen getrennte Stromwege vorgesehen sind. Äußerlich gleicht es dem Gerät R-754M ("SIRENA"), das für UKW-Sprechfunk der Volksmarine verwendet wurde.

Die Fernsprechvermittlung KTF 15/20 war eine kleine Vermittlung russischer Bauart. Mit den 13 Schnurpaaren konnten bis zu 15 chiffrierte Fernsprechkanäle geschaltet werden. Sie wurde vorrangig auf mobilen SAS-Trupps aber auch im stationären Bereich eingesetzt. Bis 1990 wurde sie u.a. in der 4. Flottille in Warnemünde verwendet. Im SAS-Einsatz war auch der russische Kryptofernsprecher R-171 oder z.B. NVA-Produkte.

Zuletzt kam in der Spezial-Nachrichten-Dienstverbindungstechnik das mobile Chiffriergerät T-316 ("GO"), welches u.a. genutzt wurde, um über öffentliche Telefone Personendaten vom Datenspeicher des MfS über einen Sachbearbeiter abzufragen und war in großen Stückzahlen für 1991 geplant. Die Schlüsselsicherheit von GO wurde in erster Linie durch einen nur sieben Tage gültigen Zeitschlüssel gewährleistet.

Als Kanalchiffriergerät wurde "DUDEK" mit der T-353 eingeführt, das T-307 war ein Vorchiffriergerät mit externem Schlüssel im Verfahren "DUDEK" (1980). Das Datenchiffriergerät T-325 "POLLUX" wurde von der neuen Chiffriersoftware T-330 „KENDO" gefolgt, während das T-315 im Chiffrierverfahren "MIRA" als Auslandschiffriergerät für die DDR-Agenten verwendet wurde.

Die Vorchiffriergeräte M-105 (AGAT) und M-125 3MN (1968) waren als GVS eingestuft und wurden ausschließlich von "Geheimnisträgern des Chiffrierwesens" (GTCW) bedient. Die T-317 sollte im Fernschreibverkehr noch 1990 als Weiterentwicklung der T-310 eingeführt werden. Die T-310/51 "PUMA" mit 8-Kanal-Additionsreihe in Datennetzen mit erweitertem T-037 war noch in der Entwicklung. Das

"MAMBA" sollte als Datenchiffrierverfahren mit "hoher Sicherheit" bei Rechnern eingesetzt werden, über ein T-310/50 "KAIMAN" mit 5-Kanal-Additionsreihe für Fernschreiben mit T-037 ist bislang nicht mehr bekannt geworden.

Schnelltelegrafie und die Burst-Technologie gehörten nicht zum SAS- und Chiffrierdienst, waren bei den Funkeinrichtungen standardmäßig vorhanden konnten aber mit entsprechenden Schlüsselgeräten verwendet werden, wie z.B. das Endstellengerät R-758 mit Lochbandschreiber, der mit Zifferncode/Morsealphabet (4 Elemente) arbeitet und einem Geber, der den geschriebenen Text in elektrische Rechteckimpulse umsetzt und damit den Sender steuerte, während das Endstellengerät R-759 für automatischen Empfang und die Aufzeichnung von Sendungen der Funkanlage R-758 bestimmt war. R-758 und R-759 wurden von 1981 bis 1991 in der NVA/Volksmarine für Schnelltelegrafiebetrieb zwischen Schiffen und den Küstenstationen eingesetzt. Die modernisierte Ausführung R-069 wurde nicht mehr an die NVA übergeben.

Die Übergabe der Wtsch Technik T-226, T-230 war der ehemaligen UdSSR vor der Wiedervereinigung sehr wichtig da diese noch nicht kompromittiert war. Die als sicher geltenden Geräte der SAS- und Chiffriertechnik wie M-105 AGAT oder T-206 WESNA und T-207 wurden wahrscheinlich alle in die UdSSR zurückgeführt, während die M-125 FIALKA und die T-217 ELBRUS meist den direkten Weg von den Kasernen der Gruppe der sowjetischen Streitkräfte (GSSD) in die Stahlschmelze fanden. Die DDR Technik wie z.B. die ARGON T-310/50 wurden hingegen bis auf einige wenige Exemplare durch die Volkspolizei eingesammelt und vernichtet.

Erst ab dem Jahr 2000 konnte man in die Unterlagen der Abteilung HA XI, N u.a. des MfS bezgl. der SAS- und Chiffriertechnik der DDR einsehen. Gleichzeitig gab es die Geräte die z.B. in Polen, der ehemaligen CSSR und Ungarn noch bis 1999 liefen und dann an Sammler verkauft wurden. Das waren z.B. die M-125 MN,- 3MN,- 3MP FIALKA oder die M-130 KORALLE (WETTERKORALLE). Das MfS hatte zusätzlich zu den Namen der Geräte Abkürzungen verwendet, wie z.B. das Gerät „D" war DUDEK T-353, das Gerät „E" war ELBRUS T-217, wobei „K" für das WTsch-Gerät KORALLE oder das Chiffriergerät KORALLE M-130 stehen konnte, was zusätzlich für Verwirrung bei der Vernichtung sorgte.

Bis heute ist leider keine ausführliche Arbeit über die Kryptologie in der DDR veröffentlicht worden. Die Technik dürfte sicherlich in den nächsten Jahren mehr und mehr freigegeben und bearbeitet werden. Welche Erfolge aber in der Absicherung der geheimen Nachrichten gemacht wurden, ist vermutlich noch für längere Zeit ein Gebiet für intensive Nachforschungen und Recherchen. Dies beweisen schon die Mikrofilme mit den Namen der Stasi-Agenten im Ausland, die erst viele Jahre nach der Vereinigung von den amerikanischen Behörden wieder an Deutschland zurückgegeben wurden. Diese hatten die Listen in den Gebäuden der Stasi während der Auflösung der DDR "sichergestellt".

Kryptologie nach 1945

Waren im 1. Weltkrieg in den Vereinigten Staaten von Amerika noch 400 Personen in der Kryptologie tätig, was einem Verhältnis von 1:10.000 zur Stärke des gesamten Militärs entspricht, so waren es im 2. Weltkrieg ca. 16.000 Mann bzw. 1:800. Heute beschäftigt allein die NSA der USA ca. 20.000 Mitarbeiter. 1931 schrieb Herbert O. Yardley in seinem Buch "The American Black Camber", dass bald alle Staaten und Unternehmen nicht lösbare Schlüssel benutzen werden; quasi das Ende der Kryptoanalyse. Die schwarze Kunst der Kryptologie wurde zunächst mechanisiert, dann übernahm die Mathematik und die Elektronik die Aufgaben in der Ver- und Entschlüsselung als auch in der Kryptoanalyse und ein Ende des Wettkampfes in der Verschlüsselung ist nicht eingetreten.

Die Sorge um die Geheimhaltung von Botschaften, Nachrichten, Befehlen und Absichten einerseits und die Findigkeit des Menschen bei der Entzifferung der verschlüsselten Botschaften andererseits, fordert eine ständige Verfeinerung der Schlüsselgeräte und damit des Chiffrierwesens. Die Kryptologie ist, wie die Thematiken der ELOKA oder der Nachrichtendienste, ein Gebiet in dem die Publikationen immer erst erscheinen können, wenn ein entsprechender Zeitabschnitt militärisch und politisch abgeschlossen wurde. Ein kryptologisches Standardwerk der heutigen Zeit wurde 1967 von D. Kahn unter dem Titel "The Codebreakers" veröffentlicht, welches die Entwicklung der Kryptologie und deren Analyse über die Jahrhunderte auf. In der amerikanischen Fachzeitschrift "Cryptologia" erscheinen regelmäßige Abhandlungen zur Technik und Forschung und auch die PC-Zeitschriften widmen der Verschlüsselung und Entzifferung eigene Themenbereiche. Claude E. Shannon veröffentlichte 1949 seine "Communication Theory of Secret Systems", welches heute zu den Standardwerken der Kryptologie zählt. Mit der Atomphysik kamen neue Möglichkeiten in der kryptologischen Technik. Zur Erzeugung der Zufallsschlüssel wurden teilweise die Unregelmäßigkeiten aus dem Zerfall von radioaktiven Elementen genutzt, die über einen Geigerzähler ausgewertet wurden, oder auch thermische Einflüsse, die ebenfalls nicht vorhersehbar sind.

Die kryptologischen Erfolge nach dem 2. Weltkrieg wurden meist auf diplomatischem Wege ausgefochten, doch auch in den militärischen Auseinandersetzungen spielte die Entzifferung ihre Rolle weiterhin. Die Weltmacht USA ist sich über den Wert der verschlüsselten Informationen wohl bewusst und investiert Milliarden von Dollar in ihre Kryptologie und deren Analyse.

Die alten Handchiffrierverfahren wurden weiter zunächst mit Reihenschiebern durchgeführt, wie es als System ursprünglich von Dr. Erich Hüttenhain eingeführt worden war. Aufgrund der entstehenden Zeitverzögerung der Meldungen durch die umständlichen und langwierigen Handschlüssel wurden diese Systeme bald wieder aufgegeben. Die NATO nutzte z.B. den Schieber ACP-212, aber für die heute in der NATO geforderte schnelle Verschlüsselung großer Datenmengen können nur noch Computer genutzt werden. Auch das Doppelwürfelsystem von 1914 hat in der Bundeswehr und dem Bundesgrenzschutz längst ausgedient, deren erste elektrischen Schlüsselmaschinen 1956 aus amerikanischer Produktion kamen. In der Bundeswehr gab es 1967 insgesamt 41 Vorschriften zum Nachrichtenverkehr in der NATO (ACP, AXP, ATP).

Die Amerikaner führten 1964 für die Diplomatie die Teletype-450, die Fernschreibmaschinen HW-28 und -50, die Schlüsselgeräte KW-7 sowie zehn der Geräte KW-1 ein. Insgesamt liefen die Serien unter den Bezeichnungen wie KG-, KL- und KY- zu, wie z. B. die Sprachschlüsselgeräte der 60er Jahre als KY-3, KY-8, KY-9 und KY-13 bezeichnet wurden. Gegen Ende 1965 wurden speziell die KY-8, die KY-28 für Flugzeuge und die KY-38 für mobile Einheiten sowie Hubschrauber im Vietnamkrieg eingeführt. Da es immer schwieriger wurde die Schlüsselmaschinen zu unterscheiden, wurde speziell für die KW- und KY-Typen mythologische Namen eingeführt (z. B. "Creon", "Jason", "Nestor" oder "Pontis". Mit dem Codenamen "Orestes" wurde die KW-7 die meistverwendete Chiffriermaschine des US-Militärs. Bis heute sind die Bezeichnungen erhalten geblieben, so verwendete z.B. Oliver North in der Iran-Kontra-Affäre auf seinen Reisen ein Notebook der NSA, das KY-40.

In Vietnam fiel den kommunistischen Truppen in Saigon ein ganzes Warenhaus voller amerikanischer Kryptogeräte in die Hände. Die KY-8 und "Nestor" waren mit vielen anderen Anlagen und Geräten den südvietnamesischen Streitkräften zur Verfügung gestellt worden, welche ebenfalls nicht zurückgegeben wurden, als der Rückzug aus dem besetzten Land begann. Es wurde noch versucht alle Maschinen in das nationale kryptografische Depot Südvietnams (Don Vi 600) auf dem Luftwaffenstützpunkt Tan Son Nhut zu transportieren, doch der Zusammenbruch überrollte alle Maßnahmen. In den letzten drei Wochen des Bestehens der Republik Vietnam hatte man alleine 700 Chiffriermaschinen vom Typ "Adonis" und "Nestor" eingelagert, die nun nicht mehr zu retten waren und auch nicht mehr vernichtet werden konnten. Es war wohl der größte Verlust an Kryptomaterial in der Geschichte der USA, der zu einer kompletten Änderung aller in Vietnam eingesetzten Schlüsselmaschinen und Kryptomittel hätte führen müssen.

Der "Heiße Draht" wurde nach dem Memorandum vom 20. Juni 1963 am 30. August 1963 mit dem Gerät Teleprinter Cryptographic Regenerative Repeater Mixer II (ETCRRM-II) in Betrieb genommen. Seit dieser

Zeit verbindet modernste Technik den Kreml direkt mit dem Pentagon, was allerdings zu keinem Zeitpunkt ein rotes Telefon implementierte.

Die Schweizer Streitkräfte hatten in der Vorkriegszeit etwa 300 ENIGMA-Maschinen in Deutschland für kommerzielle Verwendungen gekauft und 1941 hatte die deutsche Funkaufklärung erste Chiffren im Schweizer Funkverkehr abgefangen, die auf eine Modifikation des deutschen Gerätes hindeuten. Die lediglich anders verdrahtete ENIGMA-Variante der Schweizer Armee wurde von Deutschen, Amerikanern und Briten während des Krieges jedoch entschlüsselt, was auch ein Hinweis für die Wehrmacht im Hinblick auf die eigene Kryptosicherheit hätte sein können. Die Amerikaner wiederum hatten deshalb auch Kenntnisse über die Waffentransporte über die Schweiz nach Deutschland bzw. von den deutschen Goldtransporten in die Schweiz zur Bezahlung.

Von 1941-1943 entwickelten die Schweizer Kryptologen die NEMA (NEue MAschine, auch Tasten-Drücker-Maschine T-D), die von der Zellweger AG ab Herbst 1944 ausgeliefert wurde. Im Frühjahr 1945 kam eine Bestellung von 640 Stück, die 1947 als NEMA Modell-45 eingeführt wurde und ab 1947 ausschließlich für die Nachrichtendienste gefertigt wurde. Ein Display für den Nachrichtenoffizier ermöglichte bei der NEMA in Verbindung mit einer Skalenabdeckung eine Geheimhaltung der Texte vor dem Bedienungspersonal. Der innere Schlüssel wurde durch fünf elektrische Kontaktwalzen und fünf mechanische Fortschaltwalzen bestimmt, der äußere Schlüssel durch zehn Buchstabenwalzen. Ein Anschluss für eine elektrische Schreibmaschine, einen Fernschreiber, einen Hellschreiber oder auch Creed-Locher war vorhanden. Der tragbare Kasten ist aus Panzerholz gefertigt und auch die Batteriespannung von 4 Volt entsprach den Trockenbatterien der deutschen ENIGMA-Maschinen.

Der Ursprung der Kryptogeräte der Bundeswehr liegt in den Geräten der westlichen Alliierten des 2. Weltkrieges, da in Deutschland die Produktion in den ersten Jahren nach '45 nicht erlaubt war. Bei allen Entwicklungen lässt sich aber die Fortsetzung der ursprünglichen Walzentechnik der ENIGMA, des Siemens-Geheimschreibers oder der Geräte von Hagelin verfolgen, bis die elektronische Verschlüsselung diese Funktion übernahm. Nach dem 2. Weltkrieg forcierte der Kalte Krieg und die Bildung neuer Staaten aus Kolonien die weitere Entwicklung der Kryptologie.

1948 siedelte Hagelin in die Schweiz über und gründet dort die Crypto AG in Zug (15. Mai 1952), während er die A.B. Cryptoteknik in Stockholm 1958 liquidierte. Von Hagelin folgten die Handapparate C-446 und C-448, welche als Spruchtarngeräte STG-61 (CD-55 und CD-57) in der Bundeswehr genutzt wurden, aber schon frühzeitig aufgrund Sicherheitsmängel wieder aus dem Verkehr genommen wurden. Durch die zwangsweise Ausschaltung deutscher Kryptotechnologie in der Nachkriegszeit und der durch wirtschaftliche Schwierigkeiten gehinderten britischen Forschung und Entwicklung wurde seine Firma der Marktführer in der Welt. Die eigentliche Neuentwicklung aus der Schweiz war das Online-Chiffriergerät "Telecrypto". Nach bewährtem Prinzip der ENIGMA- und C-Maschinen wurde über eine unregelmäßige Fortschaltung der Schlüsselräder aus der C-48 die CX-52, die mit einem Tastaturuntersatz mit einem Antrieb ausgerüstet werden konnte. C-48 war die Firmenbezeichnung für die M-209, die als C-52 eine Periode von 2.756.205.443 erreichte. Als Fernschreibschlüsselmaschinen kamen die TX-52 und TMX-53. Die Weiterentwicklung führte zum PEB-61 in Verbindung mit der BC-621.

Hier gehen die Wurzeln in den Gerätestamm der Bundeswehr/NATO über. Zu den noch mechanischen Schlüsselgeräten gehört das vorzugsweise für den mobilen Einsatz ausgelegte Spruchschlüsselgerät-H, dass über einen Kurbelantrieb ent- oder verschlüsselt. Das mechanische Spruchschlüsselgerät H-54 kann, mit dem Tastaturzusatz B-62, elektrisch angetrieben werden. Die Fortentwicklung aus der M-209 war schon äußerlich erkennbar. Die Geräte wurde nach Gründung der Bundeswehr für den verschlüsselten Nachrichtenverkehr beschafft und von Anfang bis Mitte der 60er Jahre eingesetzt. Das H-54 war die für deutsche Verhältnisse angepasste Hagelin-C-52, die nach einer Änderung zur CX-52 wurde und in Nutzung mit der Tastatur B-621 zum System BCX-621 in der Firma entwuchs.

Eine wesentliche Verbesserung der Telechiffriermaschinen bei der Firma Crypto durch Hagelin brachte das Online-Gerät ZUG-T-55. Es verschlüsselte die Schrittpulse anstatt der Buchstaben nach dem modifizierten Vernam-Prinzip. Es erlaubte jedoch lediglich eine mechanische Schlüsselerzeugung mit elektrischer Auswertung als Fernschreibzusatzgerät. Es darf insofern als Universalgerät betrachtet werden, da es aufgrund der praktischen Erfahrungen von 7 Jahren in Tests den Kundenwünschen derart angepasst wurde, dass es die verschiedensten Aufgaben meistern konnte. Baugruppen sind die mechanische Schlüsselerzeugungsgruppe, der Konverter, dahinter zwei Abtaster (für Geheim- oder Klartext bzw. für Schlüssel- oder Tarnstreifen). Das Gerät wird zwischen Fernschreiber und Linie geschleift, sodass ein direkter Fernschreibverkehr gewährleistet ist. Das Auswärtige Amt verwendete diese Entwicklung der Firma Hagelin von Anfang der 50er bis in die 70er Jahre.

Ab den 1950er Jahren kamen auch verstärkt wieder Kryptogeräte aus deutscher Produktion. Die Bezeichnung M-190 steht für ein von 1958-1965 von Siemens entwickeltes Ver- und Entschlüsselungsgerät. Nach Erteilung der SECAN-Zulassung im Mai 1963 kam es bei deutschen Sonderbehörden sowie im Bereich diverser NATO-Staaten zum Einsatz. Nachdem insgesamt ca. 1.000 Stück produziert und in Betrieb waren, wurde die Fertigung 1975 eingestellt.

Die amerikanische KSEC/KW-7 wurde in beweglichen und ortsfesten Fernmeldezentralen für den Schlüsselbetrieb aller VS-Stufen der Bundesrepublik Deutschland zugelassen und ab Januar 1969 auch in der Marine eingesetzt, bis sie 1991 durch das Elcrotel-5 ersetzt wurde. Entwickelt für den Start-Stopp-Betrieb, bot die KW-7 keine zwar "Traffic-Flow-Security", aber selbst unter schlechten Übertragungsbedingungen blieb das Gerät längere Zeit noch in Synchronisation. Die KW-7 erhielt den Codenamen "ORESTES" und arbeitete mit dem Fernschreiber Teletype Model 28 oder einem Lochstreifenleser zusammen. Da die Permutationsstecker sehr empfindlich waren und zu Kabelbrüchen neigen, hatten Bediener und Techniker sich aus einem kleinen "Brotkasten" ein Testgerät gebaut, in dem die Schlüsselkombinationen vor dem Einsetzen in das Gerät überprüft werden konnten. Dies war allerdings noch keine Garantie, dass nach dem Einsetzen immer noch alle Kontakte in Ordnung waren.

Daten über die Schlüsselmaschinen KW-7, KWR-37, KG-14, KY-8, KL-47 und andere Militärgeheimnisse wurden von dem Amerikanern John Anthony Walker und Jerry Whitworth über 20 Jahre lang an die Sowjets verraten. Erst nach Anzeige durch seine Ehefrau entdeckte das FBI 1985 das Doppelleben von Walker, der u.a. Funkoffizier im Hauptquartier der U-Boote im Atlantik war, während Whitworth beim Aufbau der Satellitenverbindungen für die US-Marine arbeitete. Ihre Informationen ermöglichten u.a. das Aufbringen und die Enterung des Aufklärungsschiffes USS PUEBLO. Das Schiff operierte an der Zwölfmeilenzone vor Nordkorea, als ein nordkoreanischer U-Boot-Jäger der SO-1-Klasse am 23. Januar 1968 die Nationalität erfragte. Kurze Zeit später griffen drei nordkoreanische P-4-Torpedoboote das Schiff an. Das andere Aufklärungsschiff, die OXFORD lief gerade für eine Woche Urlaub nach Bangkok ein und sollte frühestens am 1. Februar zurücklaufen, einen Tag nach dem Beginn der größten amerikanischen Offensive des gesamten Krieges.

Auf der PUEBLO meldete der Kommandant Bucher zur Mittagszeit, dass eine vollständige Vernichtung aufgrund des Flachwassers und in Ermangelung von entsprechenden Vernichtungsgeräten an Bord nicht gelingen werde. Tatsächlich sollten 90% des geheimen Materials an Bord erhalten bleiben. Zwei Minuten bevor die PUEBLO geentert wurde, funkte das Schiff "Destruction of Publications have been ineffective. Suspect several will be compromised". Zum ersten Mal nach dem der Kapitän James Barron auf der CHESAPEAKE im Jahre 1807 kapituliert hatte, wurde nun wieder ein amerikanisches Schiff geentert und kampflos übergeben, wobei geheime Unterlagen und die Maschinen KW-7, KWR-37 und KG-40 sowie eine ELOKA-Anlage WLR-1 erbeutet werden konnten. Eines der wichtigsten Dokumente war dabei die Karte mit allen russischen, chinesischen und koreanischen Radarstationen und Sendern mit ihren Fingerprints, aus denen die kommunistischen Verbündeten den Aufklärungsstand der USA einschätzen konnten.

Oleg Kalugin war stellvertretender Chef der KGB-Abteilung in der sowjetischen Botschaft in Washington und er bestätigte später, dass die zerstörten KW-7 der PUEBLO, kein Problem für die Entzifferung darstellten, da die Maschinen leicht durch andere erbeutete Maschinen ersetzt werden konnten. Das erbeutete Schlüsselmaterial und die Frequenzkarten ermöglichten hingegen erstmals einen tiefen Einblick in die aufgefangenen Funksprüche und ergaben Hinweise auf notwendige Änderungen zur Abwehr der amerikanischen Angriffe in Nordkorea. Die Arbeit des John Walker für den KGB trug nun reiche Früchte, da er die sofortigen Änderungen an der KW-7 und deren Chiffriertabellen ohne Verzug an den russischen Geheimdienst weitergeben konnte, während der von Walker angeworbene Jerry Withworth die Änderungen der KW-37 und des KG-14 recherchierte. Die PUEBLO liegt heute als Touristenattraktion am Fluss Taedong in Pjöngjang, die geplanten, riskanten Planungen zu ihrer Befreiung wurden damals fallen gelassen.

Die amerikanischen Stellen glaubten (wie zuvor die deutschen Militärs im 2. Weltkrieg), dass durch den schnellen Wechsel der Schlüssel die Sicherheit auch bei einer Entzifferung ihrer Schlüsselmaschinen gewährleistet sei. Insgesamt sollen über 30-32 US-Schlüsselmaschinen in Kampfhandlungen den Nordvietnamesen in die Hände gefallen sein. Ho Chi Minh ("Der das Licht bringt") schuf nur wenige Tage nach der Unabhängigkeitserklärung Forschungseinrichtungen für Codes und Chiffren und bezeichnete deren Arbeiter als "Verschlüsselungskämpfer". Die NSA verzichtete anscheinend bewusst auf den Angriff dieser neuen Systeme und entzifferte nur die Chiffren der unteren Befehlsebenen. Die Analyse des gesamten Funkverkehrs erbrachte dann im Nachhinein das Gesamtbild und die nötigen Informationen. Allerdings wurde noch 1969 wichtige Horchposten der Vietnamesen in der Provinz Binh Duong mit 2.000 handgeschriebenen Funksendungen entdeckt. Die Analyse ergab, dass auch der Vietkong im Grunde alle Sprechfunk- und Morseverbindungen abhörte und das Personal auf einem hohen Niveau arbeitete. Schätzungen gehen von ca. 5.000 Funkaufklärer gegen die USA im Vietnamkrieg aus.

Obwohl die japanischen Besatzungstruppen im August 1945 kapituliert hatten, blieben sie und Einheiten der französischen Nachrichtendienste noch sechs weitere Monate in China stationiert. Als im November in Haiphong Unruhen ausbrachen, bombardierten die Franzosen die Stadt und töteten über 6.000 Vietnamesen, worauf diese am 19. Dezember zurückschlugen. Nun begann der Indochina Krieg, in dem die Franzosen im November 1953 mit Fallschirmtruppen die Festung Dien Bien Phu in Nordwestvietnam, 15 km von der laotischen Grenze, besetzten. Eisenhower stimmte einer Luftbrücke zur Unterstützung zu, die am 13. März 1954 begann. Nachrichten von und zu der belagerten Bastion Dien Bien Phu wurden z.B. auch mit KW-7 übermittelt und von den Kommunisten entziffert. Der Verlust des Forts nach 56 Tagen Belagerung am 7. Mai 1954 führte zur Aufgabe Indochinas durch Frankreich.

Unter dem Codenamen "ADONIS" kam Ende der 1940er Jahre ein Prototyp und weitere technische Fortentwicklung im ENIGMA-Prinzip mit der TSEC/KL-7, die in mindestens 15 Staaten verwendet wurde. Da von den sieben Walzen zwei immer in neutraler Stellung waren, entspricht die Maschine prinzipiell nur einer 5-Walzen-Maschine. In den 50er und 60er Jahren wurden bei verschiedenen US-Firmen, darunter auch bei der Singer Company, die Teile gefertigt und dann im Army Depot in Philadelphia oder in Bluegrass, Kentucky zusammengesetzt. Ab diesem Moment waren die Maschinen Eigentum der NSA. John Walker versorgte die Sowjetunion mit einer kompletten Maschine und Schlüsselmaterial, Joseph Georg Helmich von Januar 1963 bis Juli 1964 die Bedienungsanleitungen, Walzen, Wartungs- und Ausbildungsunterlagen sowie durch Vermessung zusätzliche Walzenschaltungen der KL-7 und KW-26. Nachdem Anfang der 80er Jahre die Spionagefälle entdeckt wurden, mussten alle KL-7 inklusive der Bedienungsanleitungen, Wartungsbeschreibungen und Ersatzteile in das COMSEC-Lager nach Fort Mead/Maryland gebracht werden. Die Ablösung der KL-7 erfolgte in den USA durch die On-Line-Schlüsselmaschine KW-26.

Das Schlüsselgerät KL-7 wurde ähnlich einer Schreibmaschine über die Tastatur bedient, der Walzenschaltteil KLA-7/TSEC auf der Grundplatte mit der Walzentrommel KLK-7/TSEC montiert. Auf die

Welle der Trommel konnten acht Walzen aufgesetzt werden, die durch Schließhebel gesichert wurden. Insgesamt gab es 12 verschiedene Walzen, bis in den 70er Jahren eine 13. Walze als Monatsschlüssel eingeführt wurde, deren innere Verdrahtung mit Monatswechsel nach Vorschrift verändert wurde. Die vorgefertigten Spruchschlüssel (Message-Indicator, Message-Rotor-Aligment) waren als 5B-Gruppen auf einer Papierrolle vorhanden. Das elektronische Zusatzgerät EZ/KL-7 erstellte über ein zweites KL-7-Schlüsselgerät und den Streifenlocher T/loch-17b automatisch einen Lochstreifen, wodurch System- bzw. Message-Indicator sowie den Klartext enthalten waren und die manuelle Entschlüsselung zur Kontrolle des gesendeten Fernschreibens entfallen konnten.

Das elektromechanische TSEC/HL-1C war das Abtastgerät für Fernschreiblochstreifen. Einsatz dieser letzten elektromechanischen Walzen-Chiffriermaschine der Bundesmarine war von 1957-1983. Die damals als vermeintlich sicherste Walzenschlüsselmaschine der Welt eingestufte KL-7 wurde aber noch bis 1985 noch in der NATO genutzt und dann durch auch durch die Aroflex-Fernschreibmaschine abgelöst. Die letzten KL-7 aus Deutschland wurden an die Türkei und Griechenland verkauft, danach alle anderen Maschinen in Größenordnungen von Lastwagenladungen vernichtet.

Die TSEC/KW-37 war ein synchron arbeitendes Gerät für Verschlüsselungen aller Klassifizierungen mit 60-100 WPM. 1966 in die Marine der Bundesrepublik eingeführt, wurde es 1991 durch die TSEC/KW-46 ersetzt. Die Bedienung des Gerätes war recht kompliziert und zeitaufwendig. Zu dem über Funk gegebenen Zeitsignal oder bestimmten Zeitmarken musste der Empfänger manuell gestartet werden, um mit dem Sendegerät in Synchronisation zu gehen. Fand diese nicht statt, musste zur nächsten Zeitmarke neu gestartet werden, oder man wartete, bis die Uhr des Empfängers auf die entsprechende Zeit zurücklief. Innerhalb 13 Sekunden verlor die Uhr am Empfänger eine Stunde, wodurch z.B. bei einem um 11:30 Uhr gegebenen Startsignal diese Uhr nach ca. 2 Minuten wieder auf einem neuen Synchronisationspunkt angelangt war.

Bei dem neuen Schlüsselgerät KW-46 gab es zunächst keine Anbindung zum Rechenzentrum des MHQ in Glücksburg. Computer liefen damals in der Beschaffung als Büromaterial und konnten deshalb nicht zur Anbindung beschafft werden. Der Computer wurde als "Protokollkonverter" bezeichnet und das Kind hatte den richtigen Namen für die Beschaffung, da die entsprechenden Schnittstellen und Formate von der KW-37 auf die KW-46 übertragen werden konnten.

Dr.-Ing. Rudolf Hell entwickelte in seiner Firma in Kiel den bis in die 60er Jahre in der Marine der Bundesrepublik im Einsatz befindlichen Schlüsselstreifengeber HL-502. Die Maschine arbeitete wie das Fernschreibschlüsselgerät-I (SEL) nach Vermischung von Fernschreibsignalen und Schlüsselzeichen (Modul 2) des Vernam-Prinzips.

Nach einem abgewandelten Blockverfahren des Auswärtigen Amtes aus dem 2. Weltkrieg entstand das Handschlüsselverfahren-Z in der Bundeswehr, bei dem der radioaktive Zerfall als Grundlage diente, was bei der HL-502 quasi als Zufallsvorgang mechanisiert wurde. Die Maschine stanzte zum Zeitpunkt des Fernschreibempfangs den entsprechenden Schlüssellochstreifen aus und machte das entsprechende Fernmeldepersonal unabhängig von Zulieferung, Aufbewahrung und der Suche der Schlüsselkombination des entsprechenden Lochstreifens.

Der Lorenz-Mischer LoMi-544 in den Versionen A und B vermischt den Klartext vom Fernschreiber mit dem Schlüssel des Schlüsselgerätes und ermöglicht so eine chiffrierte Aussendung nach dem Vernam-Prinzip. Gleichfalls ist beim Empfang von verschlüsselten Nachrichten die Auftrennung zurück in Klartextsignalen für den Fernschreiber mit entsprechenden Signalen für die Reproduktion des Tarnstreifens möglich. Für Draht- oder Funkbetrieb ausgelegt, wurde die Version A von 1956-1959 und die Version B von 1960-1967 von Standard Elektrik Lorenz gefertigt. Einsatzbereiche waren z.B. die NATO-Standardverbindung vom deutschen MHQ in Glücksburg nach Karup und Aarhus in Dänemark, als Fernschreibstandverbindungen der FM/ELOKA-Aufklärung im Online-Verfahren. Das Synchrongerät SYZ-634-B war ein Zusatzgerät für den

LoMi-544 auf störungsempfindlichen Verbindungen im Draht- und Funkschreibbetrieb. Es lieferte bei kurzzeitigen Unterbrechungen die notwendigen Start-Stopp-Impulse an das angeschlossene Fernschreibgerät weiter und ermöglichte dadurch eine Synchronisation, bis die Verbindung wieder in Ordnung war und der restliche Teil der Nachricht empfangen werden konnte. Voraussetzung hierbei war die Übermittlung in Verbindung mit einem Lochstreifen-Sender.

Das englische Online-Schlüsselgerät ALVIS/BID-610 war das unmittelbare Nachfolgegerät des LoMi-544 in der Bundeswehr und wurde ebenfalls auf den NATO-Standardverbindungen (TARE-NET) über Draht eingesetzt. Das TARE (Telegraph Automatic Relay Equipment) wurde 1971 entwickelt und 1976 als rechnergesteuertes Vermittlungssystem formatierter Texte (ACP-127) in der NATO eingeführt. Das derzeitige TARE-Netz besteht aus 12 TARE-Vermittlungen mit 21 Inter-TARE-Fernschreibleitungen, dessen Ersatz durch moderne Military Message Handling Systeme aufgrund finanzieller Probleme zunächst auf Eis gelegt wurde.

Eine der Marine-Verbindungen des ALVIS/BID-610 über TARE war z.B. über die Marinefernmeldegruppe 11/21 nach Karup und Viborg. Die Bedienung und Schlüsseleinstellung waren sehr schwierig und zeitaufwendig. Die Schlüsseleinstellung mit Kabelsteckverbindungen auf mehreren Platinen erforderte in der Regel die Einbindung von 2 Soldaten. Aufgrund der dicht aneinander liegenden Steckverbindungen kam es dabei leicht zum Abziehen der hergestellten Verbindung oder zur fehlerhaften Einstellung. Ferner führten die zusätzlichen "Fill"-Buchstaben für jede Synchronisationsschaltung oft zu Unstimmigkeiten und Verzögerungen beim Schlüsselwechsel. War die Schlüsseleinstellung korrekt, traten oft technische Probleme am Leitungsanpassgerät ALVIS/BID-710 auf.

Sende- und Empfangsrelais waren sehr störanfällig und mussten ständig gewartet und mit Oszillografen überprüft werden, notfalls wurden sie mit Feilen oder Sandpapier gereinigt. Auch Erschütterungen konnten leicht zu Fehlern führen. Wurde in der Nähe der Schlüsselmaschine auf dem Holzparkett der Fernschreibräume bei der Marinefernmeldegruppe 11 (MFmGrp 11) fest aufgetreten, verhießen die aufleuchtenden Alarmlampen teilweise bis zu 2 Stunden Arbeit bei einer Fehlersuche und die neue Aktivierung des Geräts. Insgesamt war das BID-610 also sehr störanfällig und erforderte auch sehr gut ausgebildetes Personal in Wartung und Betrieb. Das Nachfolgegerät wurde das ALVIS/BID-950.

Mit der Verschlüsselung, der menschliche Sprache für eine Übertragung wurde, schon kurz nach der Erfindung des Telefons experimentiert. Das erste Patent dazu wurde am 20. Dezember 1881 an James Harris Rogers erteilt. Das Problem bei den ersten Sprachschlüsselgeräten war aber nicht die Technik, sondern eher das menschliche Ohr. Selbst wenn das Frequenzband um 15% reduziert wird, sind noch rund 50% der Konversation verständlich. Zunächst war es deshalb einfacher die Sprache selbst als Schlüssel zu benutzen. Im 1. Weltkrieg hatte Captain E. W. Horner die Idee die Sprache der amerikanischen Ureinwohner dafür zu nutzen und so übermittelten z.B. acht Choctaws die Telefonnachrichten ihrer Infanteriedivision. In Deutschland u.a. Ländern wurde ebenfalls und zugleich wenig erfolgreich auf die unterschiedlichen Dialekte zurückgegriffen.

Vor dem 2. Weltkrieg wurden in den Vereinigten Staaten von Amerika Sprecher der Comanchen und weiterer Indianerstämme aus Michigan und Wisconsin für die Nachrichtenübermittlung eingesetzt. Letztendlich fiel für die Verschlüsselung der Sprechfunkübertragungen der US-Marines im Pazifik dann die Entscheidung für die Navajo-Indianer. Der Stamm umfasste nur damals nur ca. 50.000 Personen und zu der sehr schweren Sprache gibt es keine Schrift. Ferner beherrschten nur 28 nicht zum Stamm gehörige Personen die Sprache, und keiner war deutscher oder japanischer Herkunft. Jedes Wort in der Navajo-Sprache kann durch unterschiedliche Betonung außerdem unterschiedliche Bedeutungen haben. Hervorgegangen war ihr Einsatz aus einem Vorschlag vom Februar 1942 von Philip Johnston aus Los Angelos. Er war in einem Reservat der Navajo aufgewachsen und versuchte nun den Lieutenant Colonel James E. Jones im Camp Elliott/San Diego von der Indianersprache als Schlüsselmittel zu überzeugen. Nach einem Test forderte der General Clayton Vogel die Genehmigung aus Washington. Zunächst wurden 30 Indianer aus den Schulen der Orte Wingate und Shiprock in New Mexiko rekrutiert und nach der Grundausbildung im Camp Pendleton bei Oceanside in Kalifornien im Fernmeldedienst ausgebildet. Im August forderte General Alexander Vandegrift weitere 83 Navajo für seine Einheit, deren Zahl bis zum Kriegsende insgesamt auf 421 anwuchs, die in allen sechs Divisionen der US-Marines und in Fallschirmeinheiten dienten. Major Howard Conner führte z.B. den Erfolg bei Iwo Jima schwerpunktmäßig auf die über 800 fehlerlosen Nachrichtenübermittlungen der Navajos zurück.

Doch die Technik verdrängte auch hier den Menschen schon bald wieder und zwischen 1920 und 1930 gab es einen steilen Anstieg der Zahl von entwickelten Sprachverschlüsselungsgeräten. Von der Firma Bell Telephon kam der A-3, der die Frequenz der Sprache invertierte und gleichzeitig um einen bestimmten Betrag auf dem Frequenzband verschob. Franklin Delone Roosevelt zog es z.B. vor mit diesem Apparat mit seinen Partnern direkt zu sprechen, anstatt Fernschreiben auf Papier zu verfassen. In Deutschland existierte jedoch eine Maschine des Typs A-3 und im Jahre 1941 gelang Kurt Vetterlein der Einbruch in das amerikanische System. Am 29. Juli 1943 wurde die Gespräche zwischen Roosevelt und Churchill über das Transatlantikkabel an der dänischen Küste bezüglich der Kontaktaufnahme mit dem italienischen König Emmanuel für einen Waffenstillstand aufgenommen. In Verbindung mit einem Schallspektrografen war es möglich, den Gesprächsinhalt zu rekonstruieren. Das Resultat war eine Verlängerung des Krieges für die Alliierten in Italien mit vielen Verlusten auf beiden Seiten.

Nach erfolgreichen Versuchen zur Kryptoanalyse wurden 1943 aus den AT&T-Laboratorien zwischen Januar und Mai 1944 jeweils drei Spektrografen an die Armee und Marine sowie zwei an Großbritannien geliefert. Weitere Geräte wurden vermutlich bei Point Reyes/Kalifornien benutzt, um die neuen japanischen Sprachschlüsselgeräte zu entziffern. Das englische Slide-RT- und das dem deutschen KRU-Verfahren ähnliche sowjetische PT-35-Verfahren wurden entziffert und auch für das technisch fortschrittlichste 2-D-System der Engländer wurden nur 2-3 Stunden zur Lösung benötigt. Erst nach dem 2. Weltkrieg wurden die Techniken perfektioniert und effektiver, wodurch die sichere Sprachverschlüsselung auch im Militär wieder Vertrauen gewann.

Der amerikanische Telefonmonopolist AT&T kann sich auch als das erste Opfer eines Hackerangriffes sehen. Von 1965 bis 1975 wurde ein 2,6-KHz-Ton als Signal zur Aktivierung des Dienstes verwendet. Eine kleine Pfeife aus den Packungen eines Herstellers von Frühstücksflocken (Cornflakes) erzeugte genau denselben Ton, wodurch es möglich war, kostenlose Telefonate zu führen. John Draper entdeckte den damals als "Phone Phreaking" bezeichneten Telefon-Hack Einbruch. Ein Phracker kombiniert heute das Telefon-Phreaking mit dem Computerhacking, während das Phreaking die illegale Nutzung der Telefonleitungen darstellt. Am 15. Januar 1990 brach das AT&T-Telefonnetz für Ferngespräche vermutlich durch die Attacken aus dem Internet völlig zusammen und 70 Millionen Anrufe verliefen im Sand.

Ende der 1970er Jahre wurde dann in den USA die Wissenschaft "Ciphony" geschaffen, einem Kunstwort aus Chiffre und Telephony. Genau in diesem Zeitraum gelang es der NSA mit der Hilfe von Ann Caracristi in die verschlüsselte Sprachkommunikation der Sowjets einzudringen, was nicht zuletzt auch durch deren eigenen Leichtsinn begünstigt wurde, denn das sowjetische Sprachschlüsselsystem "Rainfall" übertrug einfach im Klartext, wenn die Synchronisation nicht gelang.

Die Sprach- und Videoverschlüsselung ist heute beim Militär, den Mobiltelefonen bis hin zu mobilen Hausanlagen ein Standard. Videokonferenzen werden bei den Konzernen, der Politik und den obersten Kommandobehörden als Kommunikationsbasis genutzt. Die heutige Digitaltechnik brachte eine gewisse Sicherheit in die Sprachverschlüsselung, machte es aber gleichzeitig auch für die Hacker wieder einfacher. Mit den Bausätzen zum Abhören der digitalen Telefone und der Anwendung von PCs mit speziell für die Entzifferung geschriebenen Programmen sind alle Nachrichtenverbindungen mit Vorsicht zu genießen. In den privaten Haushalten arbeiten die Hacker an der Entzifferung der Pay-TV-Kanäle. Die

Videoverschlüsselung wird bei der Übertragung von Bildaufklärungsmaterial oder Videokonferenzen der Führungsstäbe in militärischen Stellen und auf politischer Ebene verwendet.

Bei den Sprachverschlüsselungsgeräten der Bundeswehr wurde im Auftrage des BWB in den 60er und 70er Jahren der Sprachverschleierer 1204 entwickelt und gefertigt. Er repräsentiert den kryptologischen Zwischenschritt auf dem Wege zur modernen Sprachverschlüsselung. Das Sprachschlüsselgerät KSc-1/E arbeitet nach dem Prinzip der Frequenz- und Zeitverwürfelung und wurde von 1972-1976 entwickelt und 1977 durch die Bundeswehr erprobt. Durch zwischenzeitliche Änderung der konzeptionellen Vorstellungen wurde weder dieses Gerät, noch die entsprechenden Entwicklungen zweier Mitbewerber eingeführt. So hatten deutsche Firmen durch die Nachkriegsjahre einen entsprechenden Forschungseinbruch erlitten und konnten sich nur langsam in der Welt der Kryptologie wieder etablieren.

Die US-Streitkräfte verwendeten nach dem A-3 andere Sprachverschlüsselungsgeräte und führten dafür bald die Bezeichnung Secure Telefone Unit (STU) ein. Mitte der 1980er Jahre begannen Neuentwicklungen und die Ablösung der alten Systeme STU-I und STU-II. Im Auftrag der NSA kam das STU-III. Ein Teilnehmer führt bei diesem Gerät seine Chipkarte ein, welche die Sicherheitseinstufung an das Gerät des Nutzers überträgt, welches wiederum die Einstufung des Gesprächspartners übermittelt. Nach 15 Sekunden ist eine verschlüsselte Übertragung von Daten-, Fax, Bild-, Sprach- und Videodaten möglich, wobei beide Partner die Einstufung des anderen Partners chiffriert verifiziert haben. Die hohe Bandbreite bedeutet zusätzliche Sicherheit, denn für ein im 120-MHz-Band ausgestrahltes 1,2-KHz-Signal müsste ein Jammer bei gleicher Distanz zum Empfänger etwa 100mal stärker abstrahlen wie der eigentliche Sender. Das System wird zukünftig durch das Secure Terminal Equipment (STE) für digitale Übertragungen ersetzt.

Der von außen noch recht konventionell aussehende AROFLEX Krypto-Fernschreiber besteht aus dem Fernschreiber T-1000-Z1Z, Kryptoschale und Speichereinheit von Siemens, die beide über Schnittstellenkabel verbunden sind. Das Gerät ist für Off-Line-Betrieb vorgesehen und kann auch mit Lochstreifen arbeiten. Die Einführung in die Marine erfolgte 1984/85. Die Nachfolger des letzten klassischen Schlüsselfernschreibers der Bundeswehr brachten in der nächsten Generation weiteren Schutz in der Kommunikation. Die hauptsächlichen Kryptogeräte der Bundeswehr sind heute aber die KW-46, das PACE, RACE und KG-40 sowie die deutschen Elcrotel-, Elcrobit-, Elcrodat-, Elcromux- und Elcrovox-Familien (von Siemens & ANT).

Die Elcrovox waren hierbei die ersten Sprachschlüsselgeräte, die auf elektronischer Verschlüsselung basierten, wobei das Evox-3/1 bei der Marine nicht mehr verwendet wird. Die Elcrotel sind ebenfalls digital und werden durch die Elcrodat und Elcrobit ergänzt. Das Elcrodat 4-2 wurde als neues Schlüsselgerät der Bundeswehr ab 2002 eingeführt und im Jahre 2003 erhielt die Firma Rohde & Schwarz vom IT-Amt den Auftrag zur Entwicklung eines neuen Sprachschlüsselgerätes ELCRODAT 5-4. Die Bundeswehr verwendet täglich über 7.000 verschiedene Schlüssel und Systeme, wobei schon diese Vielzahl ein Problem für eine Entzifferung ist, doch gleichzeitig muss diese Menge von Schlüsselmaterial auch verwaltet werden.

Dazu kommt die Sicherheit der hohen elektronischen Schlüsselperioden, denn die prinzipielle Verschlüsselungstiefe der zivil- und militärisch genutzten Geräte ergibt einen Schlüsselvorrat von theoretisch 3,4-x-1038. Von einem modernen Großrechner aus der Forschung könnten etwa 12,8-x-109 gültige Schlüssel pro Sekunde erzeugt, verglichen und mit Ja/Nein-Aussage belegt werden. Dadurch würde es theoretisch etwa 1,4-x-1019 Jahre dauern, um einmal alle Schlüssel durchzuprobieren, was die Brute-Force-Attack Methode darstellt. Bei den Verschlüsselungsprogrammen der Banken wären im Vergleich theoretisch 13 Milliarden Jahre nötig. Da die Dechiffrierung nach gewissen Zufallsprozessen abläuft, haben Berechnungen dieser Art aber kaum eine Aussage für die Praxis. Bestimmte Grundvoraussetzungen sind bekannt und beschleunigen die Entzifferung (Bent-Force-Attack). Mit Abkürzungen wird versucht, Millionen anderer Schlüssel auszuschließen und die Anzahl der möglichen Kombinationen zu verringern. Ziel aller

Anstrengungen im Chiffrierwesen ist dagegen ein System bei dem jede Nachricht ihren eigenen Schlüssel besitzt (wie One-Time-Pad), womit eine Entzifferung quasi unmöglich gemacht würde.

Auch wenn dies heute noch nicht umgesetzt ist, sind die Kryptogeräte doch sehr leistungsfähig. Das Telegrafie-Schlüsselgerät ELCROTEL-5 ermöglicht eine Verschlüsselung bis 1.200 Bd in Simplex-, Duplex- und Halb-Duplexbetrieb. Die 3.575 Schlüsselgeräte ELCROTEL-5 haben das ELCROTEL-4 bei Heer und Marine abgelöst. Das Datenschlüsselgerät ELCROBIT-3-2 arbeitet in Analog- und Digitalnetzen synchron oder asynchron, wobei Übertragungsraten bis 64 kBits/s möglich sind. Das Gerät ist das Nachfolgemuster des ELCROBIT-3-1. Beim Heer (FmSysH/HEROS) und Luftwaffe (AutoFüFmNLw) werden 1.150 ELCROBIT-3-2 genutzt. Das Schlüsselgerät ELCROVOX-1-4-D kann Sprache und Daten bis 2.400 Bits/s auf analogen Fernmeldenetzen in Halb- oder Vollduplex verschlüsseln. Es ist das Nachfolgemuster der ELCROVOX-1-3 und 1-6. Außer 900 Geräten bei der Luftwaffe wird es auch in der NATO eingesetzt.

Die Bündelschlüsselgeräte ELCROMUX-1-1, -1-2 bzw. -1-3 arbeiten bis 2.048 kbps und ersetzten das ELCRODAT-1. Heer und Luftwaffe sind mit 2.650 Geräten beliefert worden, ferner werden die Geräte z.B. auch in Belgien und Niederlande genutzt. Das ELCRODAT-4-1 dient zur Sprach- und Datenverschlüsselung auf HF-, VHF- und UHF-Verbindungen bis 2,4 kbps. 185 Schlüsselgeräte dieses Typs werden in den Kommunikationsnetzen der Marine eingesetzt. Mit dem ELCRODAT-5-2 wird Sprach- und Datenverschlüsselung auf HF-, VHF- und UHF-Verbindungen bis 16 kbps durchgeführt. Die 655 ELCRODAT-5-2 der Marine haben das ELCROVOX-3-1 auf VHF/UHF-Verbindungen abgelöst.

Bevor aber derartig komplizierte Technik in der Bundesrepublik wieder gefertigt werden konnte, mussten die Weichen gestellt werden. Dies geschah in Oberursel im Camp King 1947, wo unter Dr. Erich Hüttenhain eine Entzifferungsabteilung eingerichtet wurde, welche im weiteren Verlauf zur "Studiengesellschaft für wissenschaftliche Arbeiten" der Organisation Gehlen wurde (nach Informationen von LTC ret. Alexis Dettmann). Die erste offizielle Entzifferungsabteilung der Nachkriegszeit wurde hingegen erst 1950 mit Genehmigung der Allied High Commission im Außenministerium als Referat 114 gegründet. Diese Abteilung wurde von Adolf Paschke (früher PerZ) und den Mitarbeitern Dr. Horst Hautal und Heinz Karsten. Der "Wissenschaftliche Beirat" bestand dabei wieder aus Kurt Selchow, Rudolf Schauffler, Heinz Kunze und Erich Hüttenhain.

1955 wurde mit dem Aufbau der Bundeswehr die Fernmeldestelle der Streitkräfte unter General Bötzel, dem letzten Chef der Nachrichtenaufklärung im 2. WK, errichtet. Mit einer Entscheidung des Bundeskanzleramtes wurden 1956 die Aufgaben neu verteilt und das Referat 114 aufgelöst. Die alleinige Verantwortung für die Bearbeitung der mittleren und höheren Chiffrierschlüssel wurde zusammengefasst in der Zentralstelle für Chiffrierwesen (ZfCH) im "Brown House" in Bonn-Mehlem (Bad Godesberg) unter Dr. Erich Hüttenhain.

1989 wurde entstand daraus das Bundesamt für Sicherheit in der Informationstechnik (BSI) geschaffen, welches für den gesamten zivilen und militärischen Bereich zuständig ist. Hier werden Geräte auch auf ihre Abstrahlsicherheit hin untersucht, wobei hier nach Abstrahlung durch elektromagnetische Funkwellen, leitungsgebunden über metallische Leiter, Kopplungen auf parallele Datenleitungen, metallische Leiter oder akustische Kopplungen unterschieden werden. Da neue Kryptoverfahren oft unmittelbar aus dem zivilen Bereich stammen, liefen hier die Fäden der Einrichtungen der Bundeswehr, dem Amt für Fernmelde- und Informationssysteme (AFmISBw) in Rheinbach, dem Amt für Nachrichtenwesen (ANBw) in Bad Neuenahr/Gelsdorf sowie der Schule für Nachrichtenwesen in Bad Ems zusammen. Das am 1. Oktober 1982 gegründete Amt für Fernmelde- und Informationssysteme der Bundeswehr war für administrativen als auch taktisch-operativen Verkehr zuständig und vereinte alle teilstreitkraftgemeinsamen Angelegenheiten des Fernmeldeverbindungsnetzes und der Fernmeldesicherheit in einer Dienststelle, weshalb diese Aufgaben heute in der SKB zentralisiert wurden. Dem AFmISBw übergeordnet waren das BMVg, das BSI, das Bundesministerium des Inneren und letztendlich die NATO.

International ist die Kryptoanalyse nicht, wie von Yardley vorhergesagt, durch absolut sichere Systeme verschwunden, sondern in den Computerbereich abgewandert. Allgemein anerkannt ist, dass nur der Schlüsselcode wirklich sicher ist, der nur einmal verwendet wird, dabei genauso lang ist, wie der zu verschlüsselnde Klartext, und die Zeichenfolge im Schlüssel aus einem natürlichen Zufallsprozess stammt. Der Vorsprung der National Security Agency der USA auf diesem Gebiet dürfte dabei einige Jahre betragen.

Das generelle Problem von Kryptoverfahren ist das Schlüsselmanagement. Bei den symmetrischen Verfahren sind sichere Verteilung und Aufbewahrung des geheimen Schlüssels (Secret-Key-Verfahren) wesentliche Voraussetzung für die Sicherheit der Kommunikation. Bei den symmetrischen Verfahren ist eine Reihe von Prozeduren im Einsatz, die auf unterschiedlichen Verschlüsselungsprinzipien wie Strom- oder Blockchiffren basieren, wobei ein und derselbe Schlüssel zur Ver- und Entschlüsselung verwendet wird, was eine vorherige Absprache zwischen Sender und Empfänger erfordert.

Dieses Problem entfällt bei den asymmetrischen Verfahren mit unterschiedlichen Schlüsseln für die Ver- und Entschlüsselung. Hier kann der Schlüssel für die Verschlüsselung sogar veröffentlicht werden (Public-Key-Verschlüsselung), ohne die Sicherheit der Kommunikation zu gefährden, solange der Schlüssel für die Entschlüsselung beim autorisierten Empfänger geheim gehaltenen wird. Jeder besitzt eine einzigartige Kombination zweier unterschiedlicher, aber zueinander gehöriger Schlüssel. Der öffentliche Public-Key-Schlüssel lässt sich nur zum Verschlüsseln benutzen, während zur Entschlüsselung ein privater, nur einem Berechtigten zugehöriger Schlüssel benötigt wird. Bei der asymmetrischen Verschlüsselung überwiegt das RSA-Verfahren, welches als sehr sicher gilt, aber zum Verschlüsseln einer Nachricht auch erheblich mehr Zeit benötigt als z.B. symmetrische Verfahren.

Grundsätzlich ist bei allen derzeit praktisch einsetzbaren Verschlüsselungssystemen die Einbruchsicherheit nur in Bezug auf den Zeitaufwand der Programmabläufe zu verstehen, d.h., wie viel Rechenzeit für eine unautorisierte Entschlüsselung (Kryptanalyse) notwendig ist. Der Wettbewerb zwischen den Verschlüsselungsverfahren und der höheren Rechenleistung der Analyseseite wird jedoch für Letztere immer schwieriger, da der Analyseaufwand exponentiell mit wachsender Schlüssellänge zum Verschlüsselungsaufwand steigt. Dieses scheinbare Ende der Kryptanalyse gilt aber nur für den Einsatz klassischer Computersysteme. Neben der neuen Quanten-Kryptografie sind auch Entwicklungen bei den Zero-Knowledge-Protokollen von Bedeutung.

1973 machte sich das National Bureau of Standards (NBS) daran standardisierte Verschlüsselungsverfahren zu erfassen. Der Data Encryption Standard (DES) von IBM machte nach harten Tests das Rennen. Mit 56 Bit ergeben sich hier über 70 Billiarden verschiedene Schlüssel. Wie die ENIGMA benutzt er eine Folge von Permutationen, die für sich genommen recht einfach, in Kombination aber höchst kompliziert sind. Was bei der ENIGMA durch mechanische Walzen bewirkt wurde, wird hier durch elektronische Module durchgeführt. Der 56-Bit-Schlüssel ist mit Fehlerkorrektur 64 Bit lang und benötigt rechnerisch damit 256 Versuche bzw. rund eine Million verschiedener Schlüsselversuche pro Sekunde in ca. 1.000 Jahren, bis eine Lösung gelingt. Das umbenannte NIST (National Institute for Standardisation) startete 1997 einen Wettbewerb für das AES (Advanced Encryption Standard) als Nachfolger des DES. Im Oktober 2000 war der Sieger der Algorithmus von Joan Daemen und Vincent Rijmen (Rijndael) aus Europa.

Das Spektrum der EDV-Schlüssel reicht vom inzwischen betagten Data Encryption Standard (DES, 56-Bit, 256 = 7,2-x-1016 verschiedene Schlüssel) mit seiner Fortentwicklung zum Triple-EDS (112-Bit), (1977, 128-Bit) über neuere Versionen, wie dem International Data Encryption Algorithm (IDEA, 1990, 128-Bit, 2128 = 3,4-x-1038 unterschiedliche Schlüssel), dem Blowfish (1994, 448-Bit), dem Diffie-Hellman-Verfahren und Elgamal-Alogorithmus, bis hin zu RC2, RC4 (bis 56-Bit) und RC5 (2048-Bit) sowie MD2, MD4, MD5, SHA und SHA-1 oder RPK-Encryptonite. Für Videoanwendungen u. ä. ist der von Phil Rogaway und Don Coppersmith 1993 entworfene Software-optimized Encryption Algorithm (SEAL) mit 160-Bit-Schlüssel ideal. Im Herbst 1997 erschien die Version 3.0, die von IBM patentiert ist.

Meta-Computing bezeichnet die Vernetzung von leistungsfähigen Supercomputern, doch auch die Verknüpfung handelsüblicher Computer kann bereits große Rechenleistungen bewältigen. Die trügerische Sicherheit im Internet wiesen 1.500 Hacker im Team nach, die einen 40-Bit-Schlüssel nach dreieinhalb Tagen am 15. August 1995 lösten, während ein 48-Bit-Schlüssel mehr als 5.000 vernetzten Computern damals immerhin 13 Tage standhalten konnte. Zuletzt ist es mit 100.000 vernetzten Computern gelungen einen Schlüssel zu lösen.

Das bekannteste und am weitesten verbreitete Secret-Key-Verfahren DES wurde am 18. Februar 1997 in der 56-Bit-Version angegriffen und mit etwa tausend vernetzten Rechnern am 18. Juni 1997 in einer Brute-Force-Attack (gesamtes Schlüsselspektrum wird abgesucht) entziffert. Die Electronic Frontier Foundation in San Franzisco benötigte mit dem selbst entwickelten Supercomputer "Deep Crack" (250.000$) für einen 56-Bit-Schlüssel (DES) 1998 nur noch 65 Stunden. Die Schlüssellänge (bis 4.096-Bit u.m.) bietet allein also ebenfalls keine absolute Sicherheit. SHA und SHA-1 sind von vornherein kritisch zu betrachten, da sie von der NSA ausgegeben wurden. Korrekt verschlüsselte Texte mit mathematischen Verfahren ohne Hilfestellung zu lösen, ist bisher aber nicht gelungen.

Benötigten die zivil vernetzten Rechner etwa einen Monat für die Entzifferung des DES, kann dies bei einer Investition von ca. 1 Million Dollar in Hard- und Software auf etwa 35 Minuten reduziert werden. Für Nachrichtendienste oder die Mafia ist dies keine finanzielle Hürde. Das erste Pulic-Key-Verfahren kam von Ronald Rivest, Adi Shamir und Leonard Adleman (RSA-Verfahren). Der von Xuejia Lay und James Massey Anfang der 90er Jahre entwickelte IDEA-Algorithmus mit 64- und 128-Bit gilt als der heute sicherste Schlüssel. Für die Entzifferung werden rechnerisch 1013 Jahre benötigt.

Der Ablauf der Verschlüsselung in PGP zeigt die heutige Verfahrensweise der Programme auf. Zuerst wird der Text mit dem ZIP-Algorithmus (Packer) komprimiert. Danach wird der komprimierte Text mit symmetrischem IDEA-Algorithmus verschlüsselt, wobei ein Session-Key eingefügt wird, der wiederum mit dem öffentlichen Schlüssel des E-Mail-Empfängers über eine HASH-Funktion kodiert wird. Damit ist nicht nur eine eindeutige Überprüfung der Authentizität des Absenders möglich, sondern gleichzeitig auch die Kontrolle über eine Veränderung des Textes durch Dritte gegeben.

Für die US-Behörden ist der Export sicherer Verschlüsselungsprogramme ein Verstoß gegen das Waffengesetz; für die NSA und andere Nachrichtendienste und Aufklärungseinrichtungen eine Katastrophe. Der 128-Bit-Code von Phil Zimmermann gilt als einer der sichersten, doch wird Schlüssel hierfür auch im Besitz der NSA vermutet, die Zimmermann wegen Verstoßes gegen das Waffenexportgesetz vor Gericht brachte, nachdem er seine Software 1991 für jedermann über das Internet zur Verfügung stellte; heute darf PGP frei zum Download zur Verfügung gestellt werden. Die Kehrseite der einfachen und wirksamen Kryptologie durch Computer zeigt sich in deren Anwendung durch terroristische Gruppen wie die Hisbollah, HAMAS, Abu Nidal und El-Kaida.

E-Mail-Programme arbeiten standardmäßig mit 128-Bit-Folgen, wobei 88 mit der Nachricht übertragen werden und damit nur 40-Bit zu entschlüsseln sind. Dies ist heute ohne größeren Aufwand möglich. Auch von allen Exportversionen, außer der nach Frankreich gelieferten, von LotusNotes (64-Bit) befinden sich die oberen 24-Bit im Besitz der NSA, die sich damit ihre Möglichkeit zum Einblick in die LotusNotes-E-Mails sichern könnte. Auch die Firma Microsoft lässt Hintertüren für eine Entschlüsselung vermuten, wenn in ihren Betriebssystemen Windows-95, -98 -NT und -2000 entsprechende Zweitschlüssel mit Namen "NSAKEY" auftauchen, für die es keine Erklärungen gibt.

Ab 256 Bit Schlüssellänge ist bei den klassischen symmetrischen Verfahren ein systematischer Angriff aufgrund der erforderlichen Rechenoperationen mit herkömmlicher Rechentechnologie nicht mehr erfolgversprechend. Die Sicherheit der Schlüsselvielfalt oder Länge ist nicht gleichbedeutend mit der Sicherheit des Chiffrierverfahrens, eine mathematisch-kryptologische Sicherheit gibt es nur bei einen Algorithmus - dem i-Wurmverfahren des One-Time-Pad.

Die Sicherheit der asymmetrischen Verfahren liegt im Rückgriff auf das Primzahlproblem. Es gibt kaum eine Möglichkeit, von einer großen, etwa 300 Stellen umfassenden Zahl festzustellen, ob sie durch andere Zahlen teilbar ist und welches ihre Teiler sind. Allerdings fand Peter Shor 1994 effiziente Algorithmen zur Lösung des Primzahlproblems und der Exponentialchiffren durch bisher nur prototypisch existieren, kann bis zur praktischen Umsetzung diese Verschlüsselung noch als recht sicher betrachtet werden.

Weiter Namen der heutigen Pioniere in der Kryptologie sind z.B. Ralph C. Merkle, Whitfield Diffie, Martin Hellman oder in der Entzifferung Hans Dobbertin, Antoon Bosselaers, Bart Preneel, Joan Daemen und Vincent Rijmen, um nur einige zu nennen. Das Problem des ungesicherten Schlüsselaustauschs zum Aufbau der symmetrischen Kryptografie wurde durch das Public-Key-Verfahren von Diffie und Hellman gelöst.

Allerdings belegen Dokumente aus dem britischen Nachrichtendienst, dass deren Wissenschaftler das Public-Key-Verfahren und den RSA-Schlüssel schon vor ihren eigentlichen Erfindern kannten und diesen nur aus Gründen der Geheimhaltung nicht veröffentlichen durften. Die effektivsten Werkzeuge der Computersicherheit sind die Verschlüsselung und digitale Signaturen, und am effektivsten ist hier das Public-Key-Verfahren, doch diese Technologie ist z.B. zugleich die größte Bedrohung für die Hauptaufgabe der NSA, die Nachrichtenaufklärung.

Die Quantenkryptologie beruht auf Lichtquanten (Fotonen), deren Beobachtung den physikalischen Zustand beeinflussen würde (Heisenbergsche Unschärferelation). Während also der Quantencomputer uns der Lösung aller bisherigen Verfahren näher bringt, birgt er selbst die nächste Stufe der Sicherheit in der Kryptologie. Jede Messung oder Beobachtung der Übertragung ist ein Eingriff mit nachweisbaren Einwirkungen. 1970 legte Stephen J. Wiesner mit seiner Arbeit „Conjugate Coding", dem erste quaten-kryptologische Modelle zwischen 1982 und 1984 folgten.

Seit einigen Jahrzenten gewinnt ein zweites Gebiet der Kryptografie an Bedeutung. Ein Empfänger, der sicher sein möchte, dass die empfangene Nachricht tatsächlich vom angegebenen Absender stammt und nicht verändert wurde, muss die Authentizität und Integrität der Nachricht überprüfen können.

Wie bei der Verschlüsselung gibt es hier symmetrische und Public-Key-Verfahren. Die symmetrischen Verfahren schützen zwei Teilnehmer einer Kommunikation gegen Außenstehende. Der Sender fügt der Nachricht einen Prüfwert (MAC, Message Authentication Code) hinzu, der dem Empfänger die Authentizität ermöglicht. Grundsätzlich müssen sich beide Teilnehmer allerdings vertrauen, da es keinen Schutz vor der Täuschung durch den Partner gibt. Bei den Public-Key-Verfahren fügt der Sender einen Prüfwert hinzu, der durch seinen geheimen Schlüssel errechnet wird. Zur Verifikation der digitalen Signatur wird der geheime Schlüssel hingegen nicht benötigt, jeder kann diese Signatur verifizieren.

Bitcoin wurde entworfen, um den Vertrauensmissbrauch von Banken einzudämmen. Damit die Kunden einer Bank nicht mehr dem Wohlwollen von Bankern ausgesetzt sind, entwickelte Satoshi Nakamoto ein kryptografisch verschlüsseltes Peer-to-Peer-Transaktionssystem. Das System nutzt den SHA256-Algorithmus als Verschlüsselungsverfahren, um sensible Transaktionsdaten zu schützen. Innerhalb des Peer-to-Peer-Netzwerkes können Menschen selbst darüber entscheiden, an wen sie Bitcoins versenden, ob sie selbst Bitcoins erzeugen wollen und wo sie Bitcoins aufbewahren wollen.

Die Blockchain-Technologie verwendet ein hochmodernes, kryptografisches Verschlüsselungsverfahren bereitstellt. Die Kryptographie verändern im Grunde Informationen derart, dass sie auf den ersten Blick nicht mehr sinnvoll verstanden werden können. Informationen werden dann verschlüsselt, wenn sie nicht von jedem gelesen werden sollen.

Die Kryptowährung Bitcoin nutzt beispielsweise den SHA256-Algorithmus, um Überweisungen in Bitcoin in Hash-Blöcken zusammenfassen zu können. In Verwendung des Algorithmus geht es nicht nur darum Transaktionen zusammenzufassen, sondern auch darum, sie für unerwünschte Dritte zu verschleiern. Auf den Punkt gebracht bedeutet das, dass Kryptowährungen, wie Bitcoin, nicht bestehen könnten, wenn sie kryptografische Verschlüsselungsverfahren nicht verwenden würden bzw. diese z.B. durch

Quantencomputer entziffert werden könnten. Innerhalb der modernen, computergestützten Kryptographie, besonders innerhalb der Blockchain-Technologie, wird mit Algorithmen gearbeitet, um Informationen zu chiffrieren.

Beispielsweise überweist Schuldner Benny von seinem Bitcoin-Wallet einen Bitcoin an das Bitcoin-Wallet von dem Kreditgeber Shara. Das Erkennen nun die dezentralen Bitcoin-Nodes und überprüfen die Transaktion. Kommen mehrere Nodes zu dem Ergebnis, dass die Transaktion korrekterweise stattgefunden hat, wird sie in einen Hash-Block und damit auch in die Blockchain integriert; sie wird also zu einem unveränderbaren Bestandteil der gesamten Blockchain.

Die Nodes verwenden zur Überprüfung der Richtigkeit der Transaktion den SHA256-Algorithmus. Der Algorithmus kann als Werkzeug verstanden werden, um einen Schlüssel zur Verschlüsselung der Transaktion zu erstellen, aber auch, um die verschlüsselten Transaktionsdaten wieder zu entschlüsseln. Auf den Cäsar-Code bezogen bedeutet dies, dass der SHA256-Algorithmus für jede neue Transaktion einen neuen Cäsar-Code erstellt. Es wäre beispielsweise denkbar, dass Cäsar seine Nachrichten mit "Y = X +(8*7) mod31" verschlüsselt. Wird eine Nachricht über den SHA256-Algorithmus verschlüsselt, wird daraus eine Hexadezimalzahl.

Wird auch nur ein Zeichen der Originalnachricht verändert, verändert sich die Chiffre vollständig. Das gilt auch für Transaktionsdaten. Das ist wichtig, weil die Nodes anhand der Hexadezimalzahl erkennen können, ob eine Transaktion manipuliert wurde oder auch z.B. mehrfach ausgeführt wurde. In beiden Fällen werden sie den Manipulator aus dem Netzwerk ausschließen. Werden lediglich ein Wert, ein einzelner Buchstabe oder eine Zahl, verändert, unterscheiden sich die beiden Chiffren (das Ergebnis der Transaktion) maßgeblich. Der SHA256-Algorithmus muss mehrere Informationen zu einer Hexadezimalzahl zusammenfassen können. Dazu zählt unter anderem:

- Der Sender
- Der Empfänger
- Die Transaktionssumme
- Die Transaktionszeit
- Der Hash-Block, in welchen sie integriert werden soll ...

Der Algorithmus gewährleistet nach den vier Grundsätzen der Kryptographie, Vertraulichkeit, Integrität, Authentizität und Verbindlichkeit, dass die oben genannten Informationen nur von berechtigten Bitcoin-Nodes innerhalb des Netzwerkes gelesen werden können. Die Informationen müssen absolut integer verschlüsselt werden. Würde nach der Verschlüsselung durch den SHA256-Algorithmus Benny nicht mehr einen Bitcoin an Shara versenden, sondern Benny fünf Bitcoins an Felix, würde das gesamte System nicht funktionieren. Eine Transaktion würde dann vollkommen zufällig ausgeführt werden. Für Kreditgeber Shara muss außerdem nachvollziehbar sein, dass Benny einen Bitcoin auf ihre Wallet überwies, d.h., der beglichene Betrag und Schuldner müssen eindeutig identifizierbar sein. Das ist vor allem auch für Nodes innerhalb des Netzwerkes wichtig, die die Transaktion überprüfen, damit sie die richtigen Transaktionsadressen zuordnen können. Die Transaktion muss verbindlich sein, weil Benny die Transaktion eines Bitcoins an Shara nicht rückgängig machen kann.

Allgemein kann gesagt werden, dass kryptografische Hashfunktionen innerhalb der Bitcoin-Blockchain verwendet werden, um sensible Informationen, wie unter anderem dem Sender, dem Empfänger, dem Transaktionsbetrag, der Transaktionszeit, nicht von unberechtigten Dritten eingesehen und nach eigenem Belieben verändert werden können. Würde Bitcoin keine kryptografische Hashfunktion nutzen, wäre es unmöglich neue Bitcoin zu erzeugen, die Kommunikation zwischen einzelnen Nodes zu gewährleisten, Transaktionen durchzuführen und die Bitcoin-Blockchain zu erstellen. Es könnte jeder jederzeit Transaktionsinformationen abfangen und manipulieren. Der SHA256-Algorithmus, als kryptografisches

Verschlüsselungsinstrument, sorgt für den Schutz von Transaktionsdaten und gewährleistet dadurch auch die Stabilität des Bitcoin-Netzwerkes.

Die dezentrale und transparente Architektur der Blockchain-Technologie löst aber nicht das Problem, dass es Menschen gibt, die das Vertrauen missbrauchen, um einen eigenen Vorteil daraus zu schlagen. Genau an dieser Stelle wird die Bedeutung kryptografischer Verfahren besonders deutlich: Sie sorgen dafür, dass Informationen nicht in die falschen Hände geraten und dementsprechend nur mit Eingeweihten geteilt werden. Im Falle von Bitcoin impliziert das nur diejenigen Nodes, die das Bitcoin-Protokoll korrekt verwenden. Nodes die das Bitcoin-Protokoll nicht korrekt verwenden, werden automatisch aus dem Netzwerk ausgeschlossen. Der seine Informationen schützt, nimmt anderen die Möglichkeit, Macht über ihn zu bekommen. Kryptografische Methoden sorgen für diese Informationssicherheit und geben die Freiheit eigene, sensible Informationen nur mit identifizierten, vertrauten Personen zu teilen. Genau das erfüllt der SHA256-Algorithmus für Menschen, die selbst entscheiden wollen, wie ihr Geld verwendet werden soll. Zumindest bis zur Umsetzung der Quantenmechanik in praktischen Anwendungen.

Königsdisziplin für die Anwendung der Quantenmechanik ist der Quantencomputer. Die Fortschritte im Bereich der Quantencomputer drohen heute herkömmliche Kryptographie nutzlos zu machen, was das Ende von verschlüsselten elektronischen Nachrichten, ihrer Übertragung, aber auch der Krypto-Währungen basierend auf der Blockhain-Technologie wäre.

Quantenmechanik macht sich einen Effekt zunutze, der als „Schrödingers Katze" weltberühmt geworden ist. Eine Katze befindet sich mit etwas radioaktivem Material in einer geschlossenen Kiste. Zerfällt das radioaktive Material, wird ein Mechanismus ausgelöst, der die Katze tötet. Wobei vollkommen zufällig ist, wann das passiert, da dies bei Radioaktivität schwer definierbar ist. Vergleicht man die Katze nun mit einem winzigen Teilchen, wäre sie in diesem Moment folglich weder tot noch lebendig. Die Katze befindet sich in einer so genannten Superposition, ist gleichzeitig tot und lebendig und weder das eine noch das andere. Erst in dem Moment, wo eine Messung durchgeführt wird, die Kiste also geöffnet wird und man nachsieht, nimmt die Katze einen eindeutigen Zustand an; sie ist definitiv tot oder lebendig (0/1).

Die makabre Beschreibung des Effekts soll in Quantencomputer nutzbar gemacht werden. Die zwei Zustände der digitalen 0 und 1 erhielten in Abhängigkeit ihres Energieniveau weitere Zustände, befinden sich folglich in einer Superposition zwischen von 0 und 1 bis zu dem Augenblick in dem eine Messung stattfindet. Mit mehreren solcher Quantenbits (Qbits) lassen sich größere Zahlen abbilden. So nimmt ein System aus fünf Qbits in Superposition alle Werte von 0 bis 31 gleichzeitig an. Mit diesen Quantenbits kann gerechnet werden wie mit einem klassischen Computer. Die logischen Operatoren können etwa dadurch nachgebildet werden, dass das Energieniveau der Ionen verändert wird, indem sie mit Lasern beschossen werden. Anschließend wird nachgemessen, welchen Zustand die Qbits haben.

Damit ist es möglich, bestimmte Rechenoperationen, für die ein herkömmlicher Computer sehr lange braucht, innerhalb kürzester Zeit durchzuführen. Das Zerlegen von Zahlen in einzelnen Faktoren, z.B. um Verschlüsselungen zu entziffern, erfordert bei herkömmlichen Computern je nach Verschlüsselungs-algorithmus und Stärke des Schlüssel Jahre, Jahrhunderte oder auch Jahrmillionen. Ein Quantencomputer kann diese Berechnungen innerhalb kürzester Zeit erledigen.

Informatiker in der Kryptologie erkennen diese Problematik und arbeiten an Verschlüsselungsalgorithmen, die nicht auf dem Zerlegen von Zahlen in ihre einzelnen Faktoren basieren. Zum Beispiel könnte jemand als Schlüssel seine Koordinaten in einem sehr komplexen, multidimensionalen Koordinatensystem verwenden. Entschlüsselt werden kann die Botschaft nur, wenn ein Empfänger dasselbe Koordinatensystem hat und mit den Werten etwas anfangen kann. Die Rechenleistung von Quantencomputern würde bei diesem Problem nicht weiterhelfen. Das ist nur einer von mehreren Ansätzen, Verschlüsselung auch in Zukunft gegen Quantencomputer zu wappnen. Einige dieser Verfahren existieren bereits und werden vor allem deshalb noch nicht eingesetzt, weil sie weniger effizient sind als die herkömmlichen

Verschlüsselungsverfahren. Andererseits könnte man die Quantencomputer wiederum für eine Quantenverschlüsselung nutzen.

Die heutige Computersicherheit, Cybersicherheit oder IT-Sicherheit, dient dem Schutz von Computersystemen vor Diebstahl oder Beschädigung ihrer Hardware, Software oder elektronischen Daten sowie vor einer Störung oder Fehlleitung der von ihnen bereitgestellten Dienste. Die militärischen und kriminellen Gefahren aus dem Internet, die Bedrohungen der Computertechnologie und der verschlüsselten Netzwerke schufen einen neues ziviles und militärische Angriffsgebiet, den Cyberspace bzw. die Cyber Warfare.

Der Begriff „Cyberspace" bezeichnet aus dem Englischen CYBER, als Kurzform für „Kybernetik", und SPACE, hier für „Raum, Weltall", demzufolge einen kybernetischen Raum (Kyberraum). Dies ist im engeren Sinne eine konkrete virtuelle Welt oder Realität („Scheinwelt"), im erweiterten Sinne die Gesamtheit mittels Computer erzeugter räumlich anmutender oder ausgestalteter Bedienungs-, Arbeits-, Kommunikations- und Erlebnisumgebungen. In der verallgemeinernden Bedeutung als Datenraum umfasst Cyberspace das gesamte Internet. Die Sozialwissenschaften verstehen Cyberspace weitergehend als „computermedial erzeugten Sinnhorizont" und als Teil der Cybergesellschaft (Cyberanthropologie).

Cyber Warfare, der Cyberkrieg, ist zum einen die kriegerische Auseinandersetzung im und um den virtuellen Raum, dem Cyberspace, mit Mitteln vorwiegend aus dem Bereich der Informationstechnik, schließt zum anderen aber die zivilen Bereiche und die Wirtschaft nicht aus. Cyberkrieg bezeichnet die hochtechnisierten Formen eines Krieges im Informationszeitalter, die auf einer weitgehenden Computerisierung und Vernetzung fast aller militärischen Bereiche und Belange basieren. In Friedenszeiten oder einer Krise sind Cyber Attacken auf die Informationstechnik die Vorstufe und finden heute tagtäglich in allen Bereichen statt. Der Begriff soll erstmals im Jahr 1993 von den Wissenschaftlern John Arquilla und David Ronfeldt in ihrer Studie „Cyberwar is coming!" für die RAND Corporation verwendet worden sein.

Die Begriffe „Information War" bzw. „Information Operations" lassen sich bis in die Zeit des Ersten Weltkrieges zurückführen. In seiner heutigen Bedeutung findet der Begriff „Information Warfare" seit 1976 Verwendung, siehe hierzu auch „Darwin's Religion, The Art of Communication Survival in the Information Jungle".

Im einfachsten Fall zielen Angriffe auf rechnergestützte Verbindungen, um die Kommunikation auf diesem Wege zu vereiteln. Komplexere Angriffe können auf die Kontrolle spezifischer Computersysteme abzielen. Umgekehrt gehörten zum Cyberbereich die Bereitstellung und Aufrechterhaltung der eigenen Kommunikations- und Kommandostrukturen sowie die Abwehr bzw. Vereitelung gegnerischer Angriffe auf diese.

Ein Beispiel für einen erfolgreichen Cyberangriff findet sich 2007 in Estland, wo nach konzertierten Denial-of-Service-Angriffen Regierungs- und Verwaltungsstellen, ebenso wie die größte Bank Estlands nicht mehr erreichbar waren. Zudem wirkte sich der Angriff auf Krankenhäuser, Energieversorgungssysteme und Notrufnummern aus.

„Im Gegensatz zu der euroatlantischen Sichtweise, die den Cyberkrieg eng als zerstörerische Attacken auf Computersysteme und kritische Infrastrukturen definiert, geht Russland das Thema ganzheitlicher an: Neben Informationssystemen sind der Mensch und seine Meinung das wichtigste Ziel seiner Informationskriege."

Miriam Dunn-Cavelty, 2016

Ein solcher Cyberkrieg zielt nicht nur auf Kombattanten, sondern auch destabilisierend mit einem Informationskrieg auf die Zivilbevölkerung, welche durch Fake News und Hetztiraden auf Blogs zu Hass und

Misstrauen gegen die eigene Regierung aufgehetzt werden soll. Christian Mölling, stellvertretender Direktor des Forschungsinstituts der Deutschen Gesellschaft für Auswärtige Politik (DGAP) erklärt, man wisse mittlerweile relativ gut, wie dieses russische Desinformations-Netzwerk funktioniere: Die Propaganda Russlands ziele immer auf bestimmte Bevölkerungsgruppen ab, um die gesellschaftliche Kohäsion aufzulösen. Andererseits verstehen sich auch demokratisch gewählte Präsidenten auf die Anwendung der Cyber Warfare und Fake News.

Joshua Davies nannte den aus Russland stammenden Angriff auf Estland im Jahr 2007 den „Web War One", und diese Attacke diente Robertz/Kahr als Fallbeispiel für Cyber-Terrorismus. Kriegs-Konventionen wie sie bei herkömmlichen Konflikten gelten, existieren für die Cyber Warfare noch nicht. Doch für eine Reihe von Autoren gilt der Kosovokrieg 1999 als der erste „Cyberkrieg" zwischen Staaten, bei dem beide Seiten entsprechende Kampfmittel auf dem Schlachtfeld einsetzten. Auch die umfassende Steuerung und Kontrolle des Kriegsgeschehens mittels weltraumgestützter Systeme trat hier auf NATO-Seite bestimmend hervor.

Die Allianz etwa störte und manipulierte serbische Flugabwehrsysteme u. a. durch Einsatz hochfrequenter Mikrowellenstrahlung, griff das jugoslawische Telefonnetz an und brach auf elektronischem Weg in russische, griechische und zyprische Banken ein, um Konten des serbischen Präsidenten Slobodan Milošević zu sabotieren und leerzuräumen. Serbische Kräfte störten ihrerseits u. a. NATO-Server und hörten ungeschützte NATO-Kommunikation ab.

Nach der Bombardierung der chinesischen Botschaft in Belgrad durch NATO-Bomber mischten sich auch chinesische Hacker ein und griffen Websites an, versandten virenverseuchte E-Mails und schalteten Propaganda. Attackiert wurden u. a. die Internetpräsenzen des US-Energieministeriums und des National Park Service. Die Website des Weißen Hauses musste sogar für drei Tage geschlossen werden.

Ein weiteres Beispiel eines Cyber-Angriffs ereignete sich im April und Mai 2007 in Estland, als sich im Zuge der Verlegung eines sowjetischen Soldatendenkmals in der Hauptstadt Tallinn die politischen Spannungen mit Russland verschärften. Es kam daraufhin seit dem 27. April 2007 zu zahlreichen Hackerangriffen, die mehrere Wochen anhielten und sich gegen staatliche Organe, darunter das estnische Parlament, der Staatspräsident sowie diverse Ministerien, Banken und Medien richteten.

Im Jahr 2008 wurde ein russischstämmiger estnischer Staatsbürger angeklagt und verurteilt. Im März 2009 bekannte sich Konstantin Goloskokow, ein Funktionär der regierungsnahen russischen Jugendorganisation Naschi, als Drahtzieher der Angriffe. In den letzten Jahren stockte das Militär seine Kapazitäten weiter auf. Im Jahr 2016 waren allein in den Vereinigten Staaten und Russland jeweils mehr als 4000 Militärangehörige ausschließlich mit Cyberwar-Aktivitäten betraut.

Auch Viren und Schadsoftware gehören ins Programm des Cyberwars. Schon nach dem Auftreten des ersten Computerwurms Morris-Wurm wurde das erste Computer Emergency Response Team (CERT), ein Computersicherheits-Ereignis- und Reaktionsteam, am Software Engineering Institute an der Carnegie Mellon University im November 1988 gegründet, das durch öffentliche Mittel des US-Verteidigungsministeriums finanziert wurde.

Ein Computer Emergency Response Team (CERT) wird auch als Computer Security Incident Response Team (CSIRT) bezeichnet, ist eine Gruppe von EDV-Sicherheitsfachleuten, die bei der Lösung von konkreten IT-Sicherheitsvorfällen (z. B. Bekanntwerden neuer Sicherheitslücken in bestimmten Anwendungen oder Betriebssystemen, neuartige Virenverbreitung, bei Spam versendenden PCs oder gezielten Angriffen) als Koordinator mitwirkt bzw. sich ganz allgemein mit Computersicherheit befasst (manchmal auch branchenspezifisch), Warnungen vor Sicherheitslücken herausgibt und Lösungsansätze anbietet (engl.: „advisories", dt.: „Ratschläge"). Außerdem helfen manche CERTs (z. B. Bürger-CERT), Sicherheitsrisiken für bestimmte Adressatengruppen (z.B. Bürger) zu beseitigen. Der Informationsfluss erfolgt meistens über

Mailinglisten. Dort werden sicherheitskritische Themen erörtert, diskutiert und aktuelle Warnungen ausgegeben. Mittlerweile existieren mehrere CERTs und CSIRTs in verschiedenen Ländern.

In Deutschland hatte sich neben dem CERT der Universität Stuttgart und dem CERT des Deutschen Forschungsnetzes auch das Mcert etabliert. Dies richtete sich vor allem an klein- und mittelständische Unternehmen. Der Bundesverband Informationswirtschaft, Telekommunikation und neue Medien (BITKOM) hatte Mcert in Zusammenarbeit mit dem Bundesministerium des Innern und dem Bundesministerium für Wirtschaft und Arbeit gegründet, stellte den Betrieb aber im Juni 2007 ein.

Aufgaben rund um die Computersicherheit in den Institutionen der Bundesrepublik Deutschland übernimmt seit dem 1. September 2001 das eigens hierfür gegründete CERT-Bund des Bundesamts für Sicherheit in der Informationstechnik (BSI). Das BSI bietet darüber hinaus mit dem „Bürger-CERT" auch einen entsprechenden Dienst für Privatpersonen an. Der Bereich der öffentlichen Verwaltung in Deutschland organisiert sich innerhalb des Verwaltungs-CERT-Verbundes (VCV) auf Bundes- und Länderebene, und es entstanden die ersten CERTs im kommunalen Bereich.

Auch die deutsche Kreditwirtschaft hat den Bedarf an CERTs erkannt. So wurde schon im Jahr 2001 das S-CERT, das CERT der Sparkassen-Finanzgruppe, gegründet. Gerade mit dem Aufkommen und der Bekämpfung von Phishing kam den CERTs der Kreditwirtschaft eine hohe Bedeutung zu. In Deutschland fördert der nationale CERT-Verbund den Aufbau von zivilen CERTs. Der CERT-Verbund wurde 2002 durch CERT-Bund, DFN-CERT, IBM BCRS, Siemens-CERT, S-CERT und Deutsche Telekom CERT gegründet. Es wurden folgende übergreifende Ziele festgelegt: „Sicherstellung des Schutzes nationaler Netze der Informationstechnik" und „Gemeinsame und schnelle Reaktion bei auftretenden Sicherheitsvorkommnissen".

Das nationale CERT in Österreich, das Government Computer Emergency Response Team (govCERT) für die öffentliche Verwaltung und die kritische Informations-Infrastruktur wird seit April 2008 durch das Bundeskanzleramt in Kooperation mit CERT.at betrieben. Außerdem verfügt das Österreichische Bundesheer seit 2013 über ein eigenes milCERT-Element.

In der Schweiz betreibt die SWITCH ein CERT für das Schweizer Hochschulnetzwerk sowie ein Banken-CERT mit spezifischer Adressatengruppe. 2016 feiert das CERT von SWITCH sein 20-jähriges Bestehen. Das österreichische Bildungs- und Wissenschaftsnetz ACOnet hat als Äquivalent das ACOnet CERT für seinen eigenen Bereich.

In Europa fördert die TF-CSIRT (Task Force – Computer Security Incident Response Teams des Dachverbands der europäischen Forschungs- und Bildungsnetze TERENA) die Gründung und Zusammenarbeit von CERTs. Um ein Vertrauensverhältnis zwischen CERTs herzustellen, wurde von der TF-CSIRT der sogenannte Trusted Introducer ins Leben gerufen, der europäische CERTs verzeichnet und nach formeller Prüfung akkreditiert. Von September 2009 bis August 2011 wurde diese Aufgabe von S-CURE BV (Holland) übernommen, seitdem von der PRESECURE Consulting GmbH. Die European Network and Information Security Agency (ENISA) der EU fördert diese Aktivitäten, unter anderem durch Unterstützung der ebenfalls aus TF-CSIRT hervorgegangenen Training of Network Security Incident Teams Staff (TRANSITS)-Kurse.

Das Forum of Incident Response and Security Teams (FIRST) ist der weltweit agierende Dachverband von CERTs und IT-Sicherheitsfachleuten. Er hat seinen Sitz in den USA. Am 31. Oktober 2010 nahm das United States Cyber Command seinen Dienst auf. Dieser neugeschaffene Teil des US-Militärs, der auch mit der National Security Agency (NSA) assoziiert ist, setzt sich mit Strategien und Möglichkeiten des Cyberkriegs auseinander.

Das Bundesministerium der Verteidigung (BMVg) reagierte mit der Aufstellung des Kommando Cyber- und Informationsraum (KdoCIR) in Bonn am 5. April 2017 als Führungskommando des im Aufbau befindlichen Cyber- und Informationsraumes (CIR) der Bundeswehr.

<u>Cyber- und Informationsraumes (CIR) der Bundeswehr</u>

- Inspekteur CIR
- Stellvertretender Inspekteur CIR
- Chef des Stabes
  - Abteilung Führung
  - Abteilung Einsatz
  - Abteilung Planung

Zur Erfüllung seiner Aufgaben sind dem Kommando Cyber- und Informationsraum seit 1. Juli 2017 die folgenden Verbände und Dienststellen unterstellt:

- Kommando Informationstechnik der Bundeswehr (KdoITBw) in Bonn
  - Betriebszentrum IT-System der Bundeswehr (BtrbZ IT-SysBw) in Rheinbach
  - Dienstältester Deutscher Offizier / Deutscher Anteil 1st NATO Signal Battalion (DDO/DtA 1st NSB) in Wesel
  - FüUstgBtl 281 Informationstechnikbataillon 281 (ITBtl 281) in Gerolstein
  - FüUstgBtl 282 Informationstechnikbataillon 282 (ITBtl 282) in Kastellaun
  - FüUstgBtl 292 Informationstechnikbataillon 292 (ITBtl 292) in Dillingen an der Donau
  - FüUstgBtl 293 Informationstechnikbataillon 293 (ITBtl 293) in Murnau am Staffelsee
  - FüUstgBtl 381 Informationstechnikbataillon 381 (ITBtl 381) in Storkow (Mark)
  - FüUstgBtl 383 Informationstechnikbataillon 383 (ITBtl 383) in Erfurt
  - FüUstgSBw Schule Informationstechnik der Bundeswehr (ITSBw) in Pöcking
  - Cyber-Sicherheit der Bundeswehr (ZCSBw) in Euskirchen
  - Zentrum für Softwarekompetenz (ZSwKBw) in Euskirchen (ab 1. April 2019)
- Kommando Strategische Aufklärung (KdoStratAufkl) in Gelsdorf in der Tomburg-Kaserne in Rheinbach bei Bonn. Der Aufbau der ersten Cybereinheit mit den Abteilungen Informations- und Computernetzwerkoperationen war 2006 von Verteidigungsminister Franz Josef Jung angeordnet worden. Die zunächst 76 Mitarbeiter rekrutieren sich in erster Linie aus Absolventen der Fachbereiche für Informatik an den Bundeswehruniversitäten.
  - Auswertezentrale Elektronische Kampfführung (AuswZentrELOKA) in der Heinrich-Hertz-Kaserne in Daun
  - Bataillon Elektronische Kampfführung 911 (ELOKABtl 911) in Stadum
  - Wappen Bataillon Elektronische Kampfführung 912 Bataillon Elektronische Kampfführung 912 (ELOKABtl 912) in Nienburg/Weser
  - Bataillon Elektronische Kampfführung 931 (ELOKABtl 931) in Daun
  - Bataillon Elektronische Kampfführung 932 (ELOKABtl 932) in Frankenberg (Eder)
  - Schule für Strategische Aufklärung der Bundeswehr (SchStratAufklBw) in Flensburg-Mürwik
  - Zentrale Abbildende Aufklärung (ZentrAbbAufkl) in der Philipp-Freiherr-von-Boeselager-Kaserne in Gelsdorf
  - Zentrale Untersuchungsstelle der Bundeswehr für Technische Aufklärung (ZU-StelleBwTAufkl) in Hof
  - Zentrum Operative Kommunikation der Bundeswehr (ZOpKomBw) in Mayen
  - Zentrum Cyber-Operationen (ZCO) in Rheinbach
- Zentrum für Geoinformationswesen der Bundeswehr (ZGeoBw) in Euskirchen

Neben den Aufgaben für die moderne Kryptologie zum Schutze der heutigen Computertechnologie und Netzwerke warten bis heute die Entzifferung von Schriftzeichen alter Kulturen weiter auf ihre Entzifferung, daneben ist einer der wichtigsten Schlüssel der Menschheit, der "Code der Vererbung", die DNS (Desoxyribonukleinsäure) und RNS (Ribonukleinsäure) ist eine biologisch verschlüsselte Nachricht. 23 Chromosomenpaare enthalten die natürlichen Erbinformationen, wobei vier "Buchstaben" das Adenin, Cytosin, Guanin und Thymin, ein Chromosom bilden. Für die Entschlüsselung haben die Biochemiker das Schema "Code-Sonne" entwickelt. In unserem Innersten sind wir heute ein gelöstes Rätzel oder ein „offenes Geheimnis". Viele Menschen in der Genealogie, der Ahnenforschung, machen heute ihre DNS in einer Datenbank verfügbar.

Weiterhin stellt sich die Aufgabe der Entschlüsselung von eventuell gesendeten Nachrichten aus dem All, wobei im Prinzip zunächst drei Herausforderungen bestehen:

1. Was ist die Sprache in der die Nachricht gesendet wird
2. Was ist die Richtung aus der die Nachricht gesendet wird
3. und was ist die Frequenz auf der die Nachricht gesendet wird.

Die Sprache zu entziffern ist die Aufgabe der Kryptoanalyse, das Auffinden der Signale hingegen die der Radioastronomie. Die Parabolantennen müssen auf günstige Sternkombinationen, die voraussichtlich Leben entstehen lassen könnten, ausgerichtet sein. Bei der Frage der Frequenz gab es Unterstützung aus dem All. Die Rotationsfrequenz der Wasserstoffatome ist 1.420.405.752 Hz. Da diese Atome im Weltall öfters kollidieren, wird durch die freigesetzte Energie quasi ein Weltraumgrundrauschen von 1,42 GHz erzeugt. Auf diesen Frequenzbereich konzentriert die Wissenschaft die Suche nach extraterrestrischen Signalen.

Ob die Bibel, die Thora, der Schlüssel des Lebens (DNA) in uns, Signale aus dem All oder die Computer das letzte Wort in neuen Schlüsselverfahren haben werden, wissen wir heute noch nicht. Die Geschichte der Kryptologie wird z.B. in den Museen der CIA in Langley, dem National Cryptologie Museum der NSA/Fort George G. Meade, dem British Intelligence Corps Museum in den Templar Barracks in Ashford/Kent, dem KGB Museum im Lubjanka-Gebäude, im Heinz-Nixdorf-Museumsforum in Paderborn oder auch beim BSI und vielen anderen anschaulich dargestellt.

Aufklärung und Elektronische Kampfführung

Aufklärung und Elektronische Kampfführung bis 1918

Militärische als auch zivile Pläne, Operationen oder geheime Dokumente sollen im eigenen Bereich einem möglichst kleinen Kreis von Personen zugänglich sein, während Informationen über den Gegner oder Konkurrenten so umfangreich wie nur möglich sein sollten. "Wissen ist Macht" (Francis Bacon, 1561-1626) bedeutet bei militärischen Operationen den Schutz und die Überlebensfähigkeit der eigenen Streitkräfte zu sichern bzw. die Minimierung des Risikos und der Gefährdung von Menschenleben im Konfliktfall.

Viele einzelne Nachrichten ergeben wie ein Mosaik ein Gesamtbild, wonach eigene zur Verfügung stehende Kräfte und Ressourcen zur Verfügung auf eine Bedrohung reagieren oder in unterlegener Zahl und mit geringen Mitteln im Vorteil agieren können. Der Dienst der Aufklärung als auch der Nachrichtendienste liegt also darin, durch die gewonnenen Informationen eigene militärische Operationen zu begünstigen bzw. gegnerische Aktionen zu verhindern und so die eigenen Truppen weniger zu gefährden oder schon in Friedenszeiten militärische Gefahr abzuwenden, Vorteile zu sichern. Allerdings wird in vielen Staaten gleichzeitig durch Industriespionage auch massiv die nationale Wirtschaft unterstützt.

Die Aufklärung wurde bei den griechischen oder ägyptischen Feuerzeichen angewendet, hat ihre Ursprünge also in den ersten Nachrichtenübertragungen, wie auch die Bibel von den "Spähern" der Völker erzählt. Eine der ersten Schlachten, bei denen die Entscheidung maßgeblich von der Fernmeldeaufklärung abhing, fand schon 207 v. Chr. im Punischen Krieg statt. Hannibal hatte Stationen mit seinen Meldern entlang der Küsten von Spanien bis nach Karthago installiert. Durch einen in dieser Kette abgefangenen Brief Hannibals an seinen Bruder Hasdrubal erfuhren die Römer über seinen Plan, die Streitkräfte am Metaurus zu konzentrieren, um die Karthager zu besiegen. Doch auch der Leichtsinnigkeit spielt immer wieder eine entscheidende Rolle, denn der Invasionsplan auf Maryland (Nr. 191) durch den General Robert Edward Lee, wurde z.B. als Einband für 3 Zigarren auf einem verlassenen Lagerplatz Armee der Südstaaten von dem Corporal Barton W. Mitchell aufgefunden. Die Südstaaten wurden durch die nun gut vorbereiteten Truppen der Union bei Antietam zurückgeschlagen und erlitten eine der entscheidenden Niederlagen des Krieges.

Mit der Drahttelegrafie, der Telefonie und dem Funkwesen entwickelten und entwickeln sich parallel die entsprechenden Abhör- Aufklärungs- und Störgeräte für die Aufklärung. Die Unterbrechung des transatlantischen Überseekabels von Kuba nach Europa erfolgte kurz nach seiner Verlegung und mit den ersten Rundfunknachrichten aus Eberswalde begannen die Störsendungen des Pariser Eiffelturmes. Die Aufklärung, Erfassung und Analyse der gegnerischen Funkausstrahlungen waren gleichzeitig der Beginn der funktechnischen Gegenmaßnahmen. Mit der Funkaufklärung werden der offene und verschlüsselte Funkverkehr sowie andere Funkausstrahlungen (z.B. von Radar-, Satelliten-, Richtfunk- oder Feuerleitanlagen der potenziellen Gegner) passiv überwacht, was erst die Grundlage für aktive, elektronische Gegenmaßnahmen schafft.

Die militärischen Stellen erkannten schnell, dass nicht nur der eigene Funkverkehr empfangen werden konnte, sondern auch der chiffrierte und offene Nachrichtenverkehr der gegnerischen Einheiten. Ein großes Problem war allerdings, dass durch die breitbandigen Sender die Peilstationen bei der Lokalisierung kleiner Signale durch eigene und gegnerische Sendeaktivitäten gestört wurden. Dies galt für das Seegebiet der Nordsee und vor allen Dingen für die Funkaufklärung im Mittelmeer- und Adriaraum. Waren die Schiffe weit entfernt auf hoher See, so konnten oftmals weder die gegnerischen Peilstellen noch eigene Empfangsstellen die FT-Sprüche empfangen.

Dies sind auch Gründe, warum im 1. Weltkrieg die USA keine Rolle in der Funkpeilung spielte und auch erst 1924 eine Funkaufklärungsstelle bei der US-Marine entstand. Die Peilstationen auf dem amerikanischen Kontinent wurden erst spät errichtet und waren geografisch für die technischen Möglichkeiten zu weit von den Kriegsschauplätzen entfernt. Auf englischer Seite wirkte sich die geografische Lage günstiger aus, den die Abhörstationen waren nur rund 300 sm von der Basis der deutschen Hochseeflotte entfernt, während die deutschen Horchstellen wiederum über 500 sm, also fast die doppelte Distanz, vom Hauptstützpunkt der englischen Flotte in Scapa Flow entfernt waren. Hinzu kam, dass die Peilstellen entlang der englischen Küste günstige Schnittpunkte für die Ortung ergaben, während die Funkpeilstationen an der relativ kurzen deutschen Küstenlinie der Nordsee nur eine unzureichend kleine Peilbasis ermöglichten.

Funker der Kaiserlichen Marine empfingen außerdem Funksprüche der englischen Gegenstellen, welche mit einem falschen oder ungültigen Schlüssel versendet worden waren. Durch Rekonstruktion der bekannten Schlüsselsysteme konnte trotzdem schnell die Nachricht entziffert werden, weshalb vom Oberkommando ein Verbot für die Truppe ausgesprochen wurde, sich mit der Lösung unklarer Funksprüche der Gegenstellen zu beschäftigen.

Doch auch im deutschen Kaiserreich waren im Heer und in der Marine die Möglichkeiten der Peilung und Aufklärung gegnerischer Kräfte schließlich erkannt. Die erste deutsche Abhörstelle war schon 1907 auf Helgoland errichtet worden. Der Fischereischutzkreuzer ZIETEN wurde zusätzlich mit Geräten zum Empfang fremden Funkverkehrs ausgerüstet und lief unter dem Vorwand, deutsche Fischereischiffe zu schützen, in den Atlantik aus. Eine Aufklärungsorganisation bestand in diesem Sinn noch nicht, denn die technischen Einrichtungen wurden vom regulären FT-Personal bedient, das dafür abgestellt wurde. Allerdings wurde die Mehrzahl der Funksprüche der Nationen noch nicht verschlüsselt übermittelt, wodurch eine Organisation für eine Entzifferung nicht zwingend notwendig war.

Die Entstehung eines deutschen Peil- und Entzifferungsdienstes (B- und E-Dienst) erfolgte erst eineinhalb Jahre nach Beginn des ersten Weltkrieges und war dann auch mehr einem Zufall bzw. der Eigeninitiative der eigenen Funker zu verdanken. Durch die Erstarrung der Westfront hatten die Heeresfunker in Brügge mangels anderer Aufgaben die Zeit um die Funksprüche der Gegner mit aufzunehmen (z.B. den englischen Funkverkehr im Humber-Bereich mit den Vorpostenbooten), der teilweise immer noch unverschlüsselt erfolgte. Das Oberkommando der Armee forderte daraufhin einen Seeoffizier für die Auswertung der Sprüche an und am 1. Februar 1916 nahm ein kleiner Stab von Mitarbeiter in Brügge ihren Dienst auf.

Die Luftaufklärung durch Fesselballons begann hingegen in Deutschland vor dem 1. Weltkrieg, nachdem sie sich im amerikanischen Bürgerkrieg schon bewährt hatte. Der erste motorisierte Aufklärungsflug wurde während des türkisch-italienischen Krieges von Hauptmann Piazza mit einer Blériot-XI am 23. Oktober 1911 in Nordafrika durchgeführt und neun Tage später erfolgte der erste Bombenangriff aus der Luft. Zwischen dem 24. und 25. Februar 1912 konnte Hauptmann Piazza die ersten Bilder der Luftaufklärung über feindliche Kräfte in der Geschichte machen und zum Ende des 1. Weltkrieges lieferten die deutschen Piloten bereits ~4.000 Fotos pro Tag von den feindlichen Linien. Das erste viermotorige Flugzeug der Welt, die russische Ilya Mourometz, lieferte durch das größere Platzangebot bei ihren Flugmissionen dann schon 7.000 Bilder, wodurch ein einziges Aufklärungsflugzeug eine ganze Frontlinie erfassen konnte.

Neben der Erfassung erkannte man auch schnell die Auswirkungen von starken Sendern auf den Funkverkehr. Versuche mit dem System von Schäfer zwischen dem Kreuzer KAISER KARL VI. und dem Hafenwachschiff TEGETTHOFF zeigten, dass der Funkverkehr durch gezielte Störungen nahezu unterbunden werden konnte. In der k.u.k. Kriegsmarine sowie in der deutschen und amerikanischen Flotte wurde die nun gezielte Anwendung dieser Erkenntnisse zum Beginn der elektronischen Gegenmaßnahmen.

In Österreich war am 24. Juli 1903 im Bericht der k.u.k. Eskadre Res.Nr. 596 erstmals die Möglichkeit der Informationsgewinnung durch das Mithören des gegnerischen Funkverkehrs schriftlich niedergelegt worden und im Erlass OK/MS 1137 vom 15. Mai 1904 wurden die Einheiten in der Folge darauf hingewiesen, dass die eigenen Funksprüche in Zukunft zu chiffrieren seien. Im Juni lagen dafür die notwendigen schriftlichen Anweisungen für die Truppen in den "Directiven über die Verwendung der Funken-telegraphiestationen im Eskadre-Verbande" vor.

Am 10. und 18. Januar sowie am 7. Februar 1907 führten die Kreuzer SANKT GEORG, KAISER KARL VI. und das Schlachtschiff ERZHERZOG KARL in der Adria umfangreiche Funkstörversuche durch, um die eigenen Anlagen zu erproben und das Personal zu schulen. Die Störfestigkeit gegen atmosphärische und feindliche Einflüsse wurde dabei als zu noch zu gering eingeschätzt. Erkannt wurde aber, dass gegen elektronische Gegenmaßnahmen gleichfalls elektronische Lösungen gesucht werden mussten.

Eine ehrenvolle Geste mit handfesten Interessen kam am 15. Dezember 1910 durch den Erlass OK/MS 3209, wonach die Weiterleitung von Dienstdepeschen auch fremder Kriegsschiffe durch die k.u.k. Landstationen kostenlos zu erfolgen habe. Nebeneffekt der höflichen österreichischen Anordnung, die dann auch rege angenommen wurde, war die Schulung des eigenen Funkpersonals in fremden Funkverfahren und eine Kanalisierung wichtiger Aufklärungsquellen. Der Kreuzer FRANZ JOSEF I. machte auf seiner Ostasienreise genaue Aufzeichnungen über die deutschen, britischen und japanischen Kriegsschiffe und deren Depeschen konnten als Kopien im Mai und Juli 1911 dem Marine-Evidenzbureau übergeben werden.

Auch Österreich-Ungarn erkannte frühzeitig die Möglichkeiten der Funkpeilung durch Küstenfunkstellen und ersuchte deshalb um Informationen für die Beschaffung eines Peilsystems Bellini-Tosi von Siemens & Halske am 4. Januar 1914, doch am 4. Dezember des Jahres wurde die Einführung durch das k.u.k. Telegraphenbureau abgelehnt. Begründung war eine zu geringe Wellenlänge (100-200 m) und zu große Antennenanlagen, welche sich nur für Landstationen eignen würden. Andererseits erfolgte schon seit 1912 ein Austausch der Ergebnisse aus der Funkaufklärung zwischen der k.u.k. Kriegs- und der kaiserlichen Marine.

Durch die Fehleinschätzung und Ablehnung des deutschen Systems von Siemens hatte die k.u.k. Kriegsmarine jedoch nun wertvolle Zeit verloren, denn erst am 12. August 1916 wurden mit OK/MS 4674 schließlich doch insgesamt fünf Bellini-Tosi-Richtungsfinder bestellt und dann im September an der Südspitze Istriens provisorisch eine Peilstation mit 32 Antennenmasten errichtet, während eine eigentlich als Testversion angekaufte Station am 9. Oktober 1916 in Albanien den Betrieb aufnahm.

Der deutsche Admiralstab und der k.u.k. Generalstab tauschten ab 1912 nicht nur ihre Informationen aus der Funkaufklärung aus, sondern die k.u.k. Kriegsmarine sowie das österreichische Heer und die deutschen Kommandos nutzten durch die geringe Anzahl eigener spezieller Abhörstationen die zum regulären Verbindungsaufbau eingerichteten Funkstationen mit. Da der abgehörte Nachrichtenverkehr aber parallel mit dem regulären Funkverkehr anstieg, wurde schnell eine nationale Organisation mit eigenen Stationen und Personal notwendig.

Ab Mai 1915 wurde in Deutschland mit dem systematischen Aufbau der Funkaufklärung begonnen. Das Heer verfügte ab Mitte 1916 über einen Horch- und Chiffrierdienst (Chi-Dienst), deren Frontzentrale im belgischen Kurort Spa lag. Die Zentrale der deutschen Marine-Funkaufklärung (zuvor in Lille) befand sich ab 1. Februar 1916 in Neumünster (Kapitänleutnant Martin Braune), mit der Stelle West in Brügge, Stelle Nord in Tondern und Stelle Ost in Libau und die Funkaufklärung der Marine hatte schließlich insgesamt 24 Peil- und Abhörstationen zur Verfügung. Der französische Funkverkehr konnte anfangs nicht abgehört werden, da dort bereits tonlose Telegrafiesender in Betrieb waren. Erst nachdem von Siemens und Telefunken entsprechende Empfänger an die Abhörstationen geliefert wurden, konnte dieser gegnerische Funkverkehr überhaupt erst empfangen und dann entziffert werden.

Die Verlegung, der SMS GOEBEN in den Bosporus war, eine der ersten Operationen der kaiserlichen Marine im 1. Weltkrieg, bei der zugleich das aktive Stören als funktechnische Gegenmaßnahme in der elektronischen Kampfführung erfolgreich durchgeführt werden konnte. Beim Rückmarsch mit dem Kreuzer BRESLAU konnten die englischen Schlachtkreuzer INDEFATIGABLE und INDOMIDABLE bei der Verfolgung durch Störmaßnahmen abgehängt und auch zwei Tage später der Kreuzer GLOUCESTER beim Durchbruch von Messina zu den Dardanellen irregeführt werden.

Zwischen dem Schlachtkreuzer SMS GOEBEN in Konstantinopel und dem k.u.k. Schlachtschiff VIRIBUS UNITIS wurden am 12./14./16./18./20. Mai 1914 auf Fahrt von Alexandria nach Malta Versuche mit dem System Tönefunken unternommen. Da beide Schiffe nur schlechten Empfang hatten, wurde von weiteren Versuchen auch im System Poulsen abgesehen, allerdings konnte die GOEBEN während des Krieges ständigen Kontakt mit Radio-Pola halten. Den französischen und britischen Funkstörversuchen der Stationen in den Dardanellen konnte seit dem 25. Februar 1915 durch regelmäßigen Wellenwechsel entgangen werden. Weitere Verbindungen Österreich-Ungarns bestanden zwischen den Funkstationen in Wien und Osmanie.

Als die VIRIBUS UNITIS am 1. November 1918 nach der Übergabe an Jugoslawien durch italienische Torpedoreiter im Hafen von Pola versenkt wurde, blieben nur ein paar Andenken übrig. Der Telegrafist Emil Mauder montierte die Telefunken-Röhre D.R.P. Type EVN 171 Nr. 84768/5 im letzten Augenblick aus dem Sockel und brachte sie an Land. So wurde dieses elektrische Bauteil zu einem der letzten Zeitzeugen der Donaumonarchie und der Technik des Schiffes.

Auch bei der Seemacht Großbritannien begannen der verschlüsselte Funkverkehr und der Aufbau einer Funkaufklärung erst relativ spät ab 1914. Die Hauptpeilstationen wurden in Lowestoft, York, Murcar und Lerwik eingerichtet. Der Verlauf der ersten Kriegswochen überzeugte die Admiralität von der Effektivität der deutschen Funkaufklärung. Ab 19. August 1914 wurde der Funkhorchdienst in Nordfrankreich mit mobilen Stationen aufgebaut. Im August 1916 verboten die geheimen Anweisungen der britischen Marine jeden Gebrauch der FT-Anlagen der Schiffe in Küstennähe aufgrund der deutschen Peilstellen. Die Leistungen der Schiffsfunkanlagen waren begrenzt, nur wenige Landstationen konnten Verbindungen über die Ozeane herstellen, weshalb die europäischen Kriegsschauplätze im 1. Weltkrieg größtenteils funktechnisch außerhalb der Empfangsstellen des amerikanischen Kontinentes lagen.

Eine der wichtigsten Empfangsstellen der deutschen Marineaufklärung wurde am Hahnknüll, 4 km außerhalb von Neumünster, im Jahre 1912 erbaut. Am 7. Februar 1913 wurde der Sende- und Empfangsbetrieb mit Geräten der Firmen Lorenz (Lichtbogen-Sender) und Telefunken aufgenommen. Die erste Besatzung hatte eine Gesamtstärke von 18 Mann und wickelte zunächst hauptsächlich in Relaisfunktion zwischen Ost- und Nordsee den Verkehr ab. Am 30. August 1915 erhielt die Station die Bezeichnung Marine-Nachrichtenstelle Neumünster. Ab dem 1. Februar 1916 wurde der britische Funkverkehr im Rahmen des B-Dienstes ausgewertet, wodurch die Funkstelle bei der Skagerrak Schlacht eine wichtige Rolle spielte. Der Ersatz des 58-m-Mastes durch eine 120-m-Ausführung wurde durch das Kriegsende verhindert, doch ab dem 3. Dezember 1919 war die Marine-Funkempfangsstelle Neumünster bereits wieder aktiv mit Aufklärungsaufgaben betraut.

Erste zentrale Peilstationen der k.u.k. Kriegsmarine

- Trebinje, englische und französische Mittelmeerdepeschen, Verbindung Verona-Venedig
- Mostar 1, italienische Stationen in Afrika
- Peterswardein, Afrika, italienische Marinedepeschen

Peildienst bzw. Radiohorchdienst (RH-Dienst)

- Austronord, russische Südwestfront
- Austrosüd, russisch-rumänische Front
- Peilstation 1, in Valfontane bei Salvore
- Peilstation 2, südlich Promontore
- Peilstation 3 u. 4, im zweiten Nachrichtenbezirk
- Peilstation 5 u. 6, im dritten Nachrichtenbezirk, Fort Imperial und Mali Krucit, dann Lissa, Station 6 in Sujerc musste aufgrund ungünstiger Lage verlegt werden, von da ab reine Abhörstation, Peilstation 5 wurde aufgrund Personalmangels Anfang Juli 1918 geschlossen.

Die deutschen Funkpeil- und Aufklärungsstellen tauschten ihre Ergebnisse auch mit den österreich-ungarischen Stellen aus. Im Jahre 1904 begann die österreich-ungarische Funkaufklärung, deren Zentrale bis 1913 im Marine-Evidenzbüro verblieb. Die zentrale Abhörstation war in Marburg/Drau, die mit Stationen der Hauptquartiere in Bozen, Adelsburg unter Oberleutnant Freiherr von Chiari (Alfred Baron von Chiari) bzw. Hauptmann Albert de Carlo und Hugo Schäuble und in Villach erweitert wurde.

Nachdem eine zu weit vorgeschobene Abhörstation verloren ging, wurde im März 1916 für die Abteilungen der Deckname "Penkala", nach dem Reklamebild einer großen Bleistiftminenfabrik, ein Kopf mit großem Ohr, gewählt.

Im September wurden die Frequenzen der großen Funkpeilstellen genau eingeteilt, um den italienischen Funkverkehr lückenlos zu erfassen. Die Funkpeilstationen der k.u.k. Marine übermittelten ihre Ergebnisse mit Hughes-Fernschreiber ins Evidenzbüro nach Wien. Da die k.u.k. Kriegsmarine die Möglichkeiten der Funkpeilung sehr spät erkannte, kam es auch erst im April 1917 zur Planung eines verbundenen Peilnetzes mit den 1916 bestellten Peilstationen.

Im Gegenzug begannen im Dezember 1915 die italienischen Peilstationen in Taranto, Gallipoli, Saseno, Venedig und Arcona in Dienst und bald hatten die Alliierten die lückenlose Bewachung der Meerenge bei Otranto mit den zusätzlichen Radio- und Peilstationen in Santa Maria di Leuca, Tricase, Otranto, Brindisi,

Porto Palermo, Santi Quaranta und Fano abgeschlossen. Funksprüche der Stellen der k.u.k. Kriegsmarine und von aus- und einlaufenden Schiffen wurden hier gesammelt und ausgewertet.

Peilstationen
1. in der Nähe Salvore
2. Promontore (bereits installiert)
3. im Bereich Sebenico
4. im Bereich Sebenico
5. nördlich des Golfes von Cattaro
6. Snjerc (bereits installiert)

Die siebte k.u.k. Peilstation wurde am 31. Januar 1918 in Betrieb genommen und war Castelnuovo unterstellt, Feldabhörstation 28 war in Tirana, 29 in Skutari (von Figl persönlich eingerichtet) und 30 in Djakovo. Der RH-Dienst wurde im Juni 1917 an der italienischen und albanischen Front auf Anregung von Major Figl zur Austrowest zusammengefasst. Das aufgefasste Material wurde an die Dechiffrierstellen (Penkala) in Trient, Bozen, Villach, Adelsberg, Skutari und wenn benötigt auch nach Pola und Castelnuovo/Cattaro weitergeleitet. Die in Albanien aufgefangenen und dechiffrierten englischen und französischen Mittelmeerdepeschen wurden an das deutsche Hauptquartier und Admiralstab weitergegeben. Im April 1918 wurde der RH-Dienst Austrosüd für die albanisch-mazedonische Front noch umstrukturiert und in enge Kooperation mit den Kriegsmarinestellen gebracht.

Während die serbischen Chiffren keine Probleme bereiteten, waren die drei französischen Chiffren in dieser Zeit besser konstruiert, wenn auch zwei von den deutschen und eine durch die österreich-ungarischen Stellen entziffert werden konnten, so blieb die Masse ungelöst. Andererseits wurden von Andreas Figl schwache Chiffren vorbereitet, deren Inhalt die italienischen Stellen auf jeden Fall lösen mussten. Mit diesen fingierten "geheimen" Funksprüchen wurden die italienischen Kräfte dann weit entfernt von den tatsächlichen Aufmarschgebieten gebunden.

Normalerweise operierten die den deutschen und österreich-ungarischen Peilstellen beistehenden Funkstellen mit der Flotte im Scheinfunk, in den wichtigen Meldungen mit voller Leistung zur Verschleierung an Landdienststellen adressiert wurden. Diese meldeten ein Nichtverstehen der Mitteilung, damit diese verdachtsfrei wiederholt werden konnte. So war sichergestellt, dass die in See stehende Flotte die an sie gerichteten Funksprüche empfing, ohne ein aktives Funksignal zur Quittierung des Empfangs senden zu müssen, welches die alliierten Peilstationen hätten auffassen können.

Unverständlicher Weise wurde beim deutschen Heer einen Monat nach der Schlacht bei Tannenberg, bei der Offensive in Frankreich ("Schliefenplan"), von deutscher Seite der russische Fehler des offenen Funkverkehrs wiederholt. Durch die fehlende Funkdisziplin wurde den Alliierten das geplante Vorgehen bekannt, die Offensive kam zwangsläufig zum Stillstand und die deutschen Kräfte konnten zurückgedrängt werden. So war dies ebenso wenig ein "Wunder an der Marne", bei der sich auch noch ein Kurier mit einer wichtigen Information im Gelände verirrte und die Armee zu spät benachrichtigte, wie auch der nach vier Monaten abgeschlossene deutsch und österreich-ungarische Feldzug in Rumänien ein "Gottesurteil" war. Der öffentliche Eindruck wurde natürlich trotzdem propagandistisch zusätzlich verstärkt, da die wahren Ursachen nicht bekannt waren und auch verborgen bleiben sollten. Andererseits verkehrten auch die Engländer bei den deutschen Kanalvorstößen sowie nach dem Angriff auf Zeebrügge unverständlicherweise wieder im offenen Verkehr.

Zu Beginn des 1. Weltkrieges konnten hingegen zunächst weder die französische, russische noch die britische Funkaufklärung die deutschen Funksprüche empfangen, da Telefunken fast 10 Jahre zuvor die Technik der Poulsen-Sender auf den großen Schiffen eingebaut und versiegelt hatte und erst mit

Kriegsbeginn die Geräte freigegeben und verwendet wurden. Die kaiserlichen Offiziere waren sich der neuen Technik so sicher, dass sie die Sprüche nur anhand des Flottensignalbuches verschlüsseln ließen. Dies war ein folgenschwerer Fehler, denn die technischen Probleme waren au alliierter Seite schnell gelöst und die britische Kriegsführung konnte im 1. wie später auch im 2. Weltkrieg von deutschem Geheimmaterial profitieren.

Am 11. August 1914 wurde der Kommandant des deutschen Dampfers HOBART im Hafen von Melbourne von dem australischen Captain Richardson zur Herausgabe von Geheimdokumenten gezwungen, darunter das geheime Handelsverkehrsbuch (HVB). Dies ermöglichte der britischen Entzifferungsstelle, der "Room 40", den Funkverkehr der deutschen Marine mit den Handelsschiffen ab Oktober zu entziffern.

Ein ungewöhnlicher Fang folgte am 30. November 1914. Im Netz von britischen Fischern fand man eine Holzkiste mit dem geheimen Verkehrsbuch (VB) vom Führerboot S-119 (KKpt Thiele) das mit seiner Halbflottille am 17. Oktober vor der Themsemündung Minen legte und dabei von britischen Zerstörern versenkt worden war. Der bleibeschwerte Sack war ordnungsgemäß versenkt worden, aber die Kiste hatte sich in den Grundnetzen der Fischer verfangen. Das Schlüsselbuch ermöglichte die Entzifferung des Funkverkehrs der deutschen Kreuzer, die den englischen Schiffsverkehr bedrohten. Ein paar Monate später erkannten die Engländer, dass auch die deutschen diplomatischen Verbindungen teilweise diesen Schlüssel benutzten.

Im März 1915 wurde ein Diplomatencode bei der Verhaftung des deutschen Vizekonsuls Wasmuß in Persien erbeutet, welcher im April 1915 in der Room 40 vorlag. Ferner wurden militärische Dokumente auf deutschen U-Booten (z.B. U-31) gefunden, welches im Januar 1915 mit seiner toten Besatzung vor Yarmouth angetrieben wurde. Das Schicksal wiederholte sich, denn U-31 war am 18. September 1914 in Dienst gestellt worden und hatte am 28. Dezember 1936 einen Nachfolger, dem Ähnliches wiederfahren sollte.

In der Deutschen Marine trägt das weltweit erste U-Boot mit Brennstoffzellen ebenfalls diese Nummer, dessen Wurzeln in den Ideen der Walter-U-Boote der 1940er Jahren liegen, die erst heute in praktischer Anwendung verwirklicht werden können. Doch bereits 1944 erreichte das U-Boot U-793 (Typ Wa 201) mit 2500-PS-Walter-Turbine unter Wasser eine Geschwindigkeit 20,3 Knoten, die in dem neuen Versuchsboot V.80 unter dem Professor Ulrich Gabler Anfang 1945 noch auf 26 Knoten gesteigert werden konnten, ein Weltrekord. U-Booten mit diesen Geschwindigkeiten hätte kein Konvoi ausweichen können.

Die deutschen U-Boote benutzten die ENIGMA-Schlüssel "Gamma-Epsilon" und "Gamma-U.". Der britische Taucher E. C. Miller hat bei seinen Tauchgängen an 25 versenkten deutschen U-Booten ab 1914 geheime Unterlagen aus den Stahlbehältern der Offiziersquartiere vom Meeresgrund geborgen und auch aus dem Wrack des Luftschiffes L-32, welches im September 1916 bei Billericay/London abgeschossen wurde, soll ein angesengtes Schlüsselbuch erbeutet worden sein.

Die brisanteste Beute machte allerdings die zaristische Marine. Der kleine Kreuzer MAGDEBURG war im Jahre erstmals 1913 zu Versuchen der Funkreichweiten mit Neumünster herangezogen worden, doch Funkgeschichte schrieb das Schiff erst nach seinem Auflaufen auf die Untiefen bei Odensholm in der nebligen Nacht vom 25./26. August 1914. Zunächst endete damit nur die offensive Mission des Großadmirals Heinrich Prinz von Preußen, dem Oberbefehlshaber der Ostseestreitkräfte. Tragischer für die Zukunft Deutschlands wirkte sich eine Anweisung des Kommandanten Richardt Habenicht aus, der befahl alle Geheimdokumente in den Heizräumen zu verbrennen; doch nicht die noch in Gebrauch befindlichen Schlüsselbücher.

Da die MAGDEBURG nicht mehr freikam und zur gleichen Zeit russische Schiffe auftauchen, war es zu spät die restlichen, in Gebrauch befindlichen Dokumente zu vernichten, bevor das Schiff gesprengt wurde. Der Funkmaat warf das Signalbuch der Brücke (mit bleibeschwertem Deckel) zwar ordnungsgemäß über Bord, doch die MAGDEBURG befand sich im Flachwasser auf einer Sandbank. Das Signalbuch des Funkraumes nahm der Funkobermaat Neuhaus mit, als er über Bord sprang. Der Funkmaat Kiehnert verlor den Signalbuchschlüssel unter Wasser, das Kriegstagebuch wurde mit der Kriegskasse an Deck vergessen. Der Steuermann Jeske ertrank mit den Seekarten der deutschen Minensperren ebenso wie der Signalmaat Steinthal mit weiterem Kartenmaterial. Als das Schiff in Eile gesprengt wurde, waren noch nicht alle von Bord und fünf Mann der Besatzung starben durch die Explosionen.

Unter strengster Geheimhaltung bargen die Russen zwei geheime Signalbücher vom Meeresgrund, darunter den Signalbuchschlüssel aus einer versteckt eingebauten Schublade in der Kommandantenkammer und das Kriegstagebuch und Kriegskasse. Die Quadratkarten mit den eingezeichneten Minensperren in der Ostsee wurden in den Armen des ertrunkenen Steuermanns entdeckt. Ferner wurden das persönliche Tagebuch des I. Offiziers mit Eintragungen zur Lage in der Ostsee und das Notizbuch des Artillerieoffiziers bei einem ertrunkenen Offizier sowie zehn geheime Lotsenbücher der Ostsee aus dem Kartenhaus geborgen.

Mit Hilfe dieses Material wurde erstmals in der Geschichte durch Funkaufklärung am 2. Juli 1915 ein russischer Verband zum Gefecht auf die dadurch identifizierten deutschen Einheiten bei Östergarn geführt. Schlechte Funkdisziplin während der Einsätze erleichterte russischen wie englischen Aufklärern zusätzlich die Aufgabe. Das Signalbuch der Kaiserlichen Marine wurde der "Room 40" am 13. Oktober 1914 zur Verfügung gestellt. Auf dieser Grundlage gelang den britischen Kryptologen die Entzifferung des geheimen Telegramms des Staatssekretärs des Auswärtigen Amtes, Arthur Zimmermann, nach Washington. Kaum eine andere Entzifferung beeinflusste wohl mehr den Verlauf der Geschichte.

Die k.u.k. Kriegsmarine ging im Vergleich zur Kaiserlichen Marine vorsichtiger mit dem Verdacht einer Komprimierung ihrer Schlüsselmittel um. Im August 1915 wurde durch italienische Meldungen der Untergang von U-12 bekannt und die Funkchiffren wurden in der Folge sofort geändert. Das U-Boot wurde im Januar 1916 mit seinen Unterlagen von Italien aus dem Minenfeld vor Venedig geborgen. Ein zweiter Wechsel erfolgte nach dem vermeintlichen Verlust von Schlüsselmaterial bei der Versenkung des Torpedofahrzeuges LIKA am 29. Dezember 1915 vor Durazzo in flachen Gewässern, obwohl die Besatzung die Vernichtung gemeldet hatte. Tatsächlich geht aus britischen Akten vom 17. Januar 1916 die Bergung einer Rufzeichenliste der Radiostationen hervor, eine Schlüsselliste wurde nicht erwähnt. Die Rufzeichenliste enthielt dabei die genauen Angaben über Namen und Anzahl der U-Boote und Hilfsschiffe.

Nachdem Untergang des deutschen U-Bootes UC-12 nach einer Explosion beim Minenlegen am 16. März 1916 wurde der fünfte Wortchiffrenindex (Manquint) in der k.u.k. Kriegsmarine eingeführt. Tatsächlich wurde durch die Bergung des Wortchiffrenindex "Kod für Unterseeboote" auch das Mitlesen der Sprüche der k.u.k. U-Boote bis zum neuerlichen Wechsel für die Alliierten ermöglicht. In der "Riparto Crittgraphico" erzielte Luigi Sacco einige Erfolge in der Entzifferung, während sich die "Room 40" erst 1917 mit dem von Italien übergebenen k.u.k. Flottenkodex beschäftigte (Dr E. C. Quiggin).

Die Alliierten verfolgten die Schlüsselwechsel der k.u.k. Kriegsmarine über die Peilketten im Mittelmeer. Die ID 25 der "Room 40" unternahm beim österreichischen Kodeins ab 4. September 1916 keinen Versuch, der ab 1. Mai 1917 eingeführte „Kodzwei" wurde im Ministerie de la Marine in Frankreich im Herbst 1917 teilweise gelöst, zu diesem Zeitpunkt war aber der seit 14. Oktober 1917 gültige „Koddrei" im Einsatz, der von den Franzosen und Briten aber entziffert werden konnte. Der „Kodvier" kam am 1. Juli 1918, doch durch die nun täglich durchgeführten Schlüsselwechsel konnten keine großen Fortschritte mehr erzielt werden.

Trotz der Kenntnisse aus den deutschen Funksprüchen mittels der Codebücher der MAGDEBURG wurden die Engländer von einer ersten Aktion der Reichsmarine überrascht. Sie erwarteten die Kriegsschiffe S.M.S. GÖBEN und BRESLAU in einem Angriff auf Gibraltar, während diese hingegen in den Dardanellen Russland die Verbindung zu den übrigen Alliierten abschnitten. Eine Gegenmaßnahme der Engländer hätte hier den gesamten Verlauf des Krieges beeinflussen können und nach Sperrungen auf den Dardanellen am 28.

September 1914 rüstete auch die Türkei zum Krieg. Die Maßnahmen wurden von dem britischen Gesandten Edward Mallet in Konstantinopel mit der auf seinem Haus installierten FT-Station an die im Ägäischen Meer verweilenden englischen Kriegsschiffe übermittelt. Daraufhin wurde die Station gewaltsam entfernt.

Die Hinweise der britischen Funkaufklärung schränkten als Erstes die Tätigkeit der U-Boote extrem ein. Sie wurden auf ihrer Sendefrequenz von 750 kHz gepeilt und durch Zerstörer angegriffen. Die Handelsschiffe wurden entweder vor in See stehenden U-Booten mit Position gewarnt oder mit entsprechendem Geleitschutz versehen. Außer der merkwürdigen Ausnahme der LUSITANIA, die in ihr Schicksal lief und die Stimmung der US-Bevölkerung zum zweiten Mal nach der USS MAINE durch einen Zwischenfall auf See für einen Krieg schwenkte. Zuvor war der US-Tanker GULFLIGHT torpediert worden (6. Mai 1915), wobei drei Besatzungsmitglieder ihr Leben verloren. Der Verlauf der Versenkung und ihre Umstände können ohne Akteneinsicht nie geklärt werden.

Auf die Anfrage des Kapitäns der LUSITANIA, ob für sein Schiff Gefahr bestünde, gab es merkwürdigerweise keine Antwort der Admiralität. Bis zur Versenkung der LUSITANIA am 7. Mai 1915 vor Old Head of Kinsale erfolgte offiziell keine einzige offizielle Reaktion von der US-Regierung, die sämtliche Schiffe, auf denen sich US-Bürger befanden als neutral angesehen wurden.

Englische und deutsche Handelsschiffe verwendeten zur Tarnung die Flaggen anderer Nationen. Die Nationalflaggen aber wurden seit ihrer Entstehung durch Missbrauch in der Piraterie ihrer eigentlichen Signalbedeutung beraubt. Die LUSITANIA fuhr abgedunkelt und war selbst ohne Geleitschutz, hatte aber auch keine Nationalflagge gesetzt und entgegen den internationalen Vereinbarungen Munition geladen, neben 4.500 Kisten Remington-Gewehrmunition Kaliber .303 sollen insgesamt 3.000 Tonnen militärische Fracht an Bord gewesen sein.

Während das Schwesterschiff, die MAURETANIA, noch zum Truppentransporter umgebaut wurde, führte man die LUSITANIA in den offiziellen englischen Marinelisten bereits als Hilfskreuzer und damit der Royal Navy zugehörig. Derartige Schiffe wurden wie die deutschen Schiffe mit Geschützen ausgestattet, transportierten Munition oder andere militärische Güter und operierten auch im Geleitschutz von Kriegsschiffen. Selbst US-Außenminister Bryan verwies Präsident Wilson auf die widerrechtlich mitgeführte Munition und bat ihn die amerikanischen Passagiere von der Überfahrt abzuhalten. Ein provozierter Vorfall erschien immer wahrscheinlicher.

Das schnelle Sinken der LUSITANIA nach einem einzelnen Torpedotreffer von U-20 (KptLt Walther Schwieger) sowie die folgende zweite und noch stärkere interne Detonation, konnten nicht durch die Gewehrmunition verursacht worden sein, da nach Tauchgängen deren Lagerort unbeschädigt ist, was viele Gerüchte um den Untergang befeuerte. Eine Vermutung ist, dass sich der feine Kohlestaub in den Bunkern entzündete und explodierte.

Unter den 1.195 Toten befanden sich 124 Amerikaner, wodurch die Versenkung ein Propagandageschenk für die Briten wurde, mit dem die neutrale Stimmung in den Vereinigten Staaten von Amerika und der Weltpresse gegen Deutschland geschürt werden konnte. Es folgten die entsprechenden scharfen Proteste der USA, die dazu führten, dass der deutsche U-Boot-Krieg im September 1915 in den Gewässern um England wieder durch die deutsche Führung eingeschränkt wurde.

Zu diesem Zeitpunkt ermöglichten die abgefangenen und entzifferten deutschen Funksprüche zusätzlich eine Reduzierung oder Beschädigung der deutschen Flotte über Wasser durch gezielte Angriffe der Royal Navy. Die Informationen unterstützten die Suche und Versenkung des Kreuzers BLÜCHER, die schweren Beschädigungen der SEYDLITZ und DERFFLINGER bei der Doggerbank (24. Januar 1915), die Versenkung der SCHARNHORST, GNEISENAU und NÜRNBERG bei den Falkland-Inseln (8. Dezember 1914) sowie der S.M.S. Dresden (9. März 1915) in der Cumberland-Bucht der Insel Mas a Tierra.

Der damals hörbare Unterschied der Klangfarbe der Sendeanlagen nach Hersteller ermöglichte den Funkern einen Hinweis auf die Nationalität eines Schiffes, Klassifizierung als Handels- oder Kriegsschiff und, durch die nach Sendeleistung beschränkte Reichweite der unterschiedlichen Anlagen, unter gewissen atmosphärischen Umständen auch eine Einschätzung der maximalen Entfernung zum gegnerischen Objekt. Die Schiffe DRESDEN, LEIPZIG, KARLSRUHE und WOLF bauten deshalb zur Funktäuschung die Funkanlagen der feindlichen Handelsschiffe vor der Versenkung aus und betrieben diese anstatt der bordeigenen Funkanlagen.

Vor dem Angriff auf die Falklandinseln meldete z.B. der Oberfunkmaat A. Wolf, dass nach der Lautstärke und Tonart der hörbaren FT-Signale englische Großkampfschiffe in Port Stanley liegen müssen. Der wichtigen Information wurde jedoch seitens der Vorgesetzten keine Beachtung verschenkt. Die Versenkung der Schiffe GNEISENAU, SCHARNHORST, LEIPZIG und NÜRNBERG durch die Royal Navy erfolgte am 8. Dezember 1914, während die DRESDEN später in neutralen Gewässern von der bei Coronel entkommenen GLASGOW versenkt wurde (14. März 1915). Hätte man die Warnung des Oberfunkmaaten nicht ignoriert, wären die Verluste wesentlich geringer gewesen.

Auch bei der Skagerrak Schlacht (31. Mai - 1. Juni 1916) waren die Engländer über das Auslaufen deutscher Verbände von der Funkaufklärung informiert worden und schickten ihre Seestreitkräfte in den Ostausläufer der Nordsee zwischen Südnorwegen und Dänemark. 45 Minuten nach Absetzen der deutschen Funksprüche lagen diese über die "Room 40" entschlüsselt bei der Admiralität. Sie wurden aber nur gefiltert, unbrauchbar oder zu spät zu Admiral Jellico weitergeleitet und der deutsche B-Dienst verfolgte nun auch ebenfalls den Kurs der englischen Einheiten bei der Skagerrak Schlacht und konnte dem deutschen Geschwader die Kurse der englischen Verbände mitteilen. Die englische und deutsche Seite glaubte jeweils nur einem kleineren Teil der gegnerischen Streitkraft gegenüber zu stehen, sonst wären sich die Kampfgruppen in zunächst defensiver Weise wahrscheinlich aus dem Wege gegangen.

Außerdem hatte das Flaggschiff des deutschen Befehlshabers, die FRIEDRICH DER GROSSE, bei der Ausfahrt aus Wilhelmshaven das Rufzeichen "DK" mit der Funkstation der Hafenmole getauscht. Als die englische Aufklärung nach dem Standort des Rufzeichens von der Admiralität nachgefragt wurde, wurde korrekter Weise die Jade angegeben. Nach dem Standort der Funkstation der Hafenmole wurde verständlicherweise nicht gefragt, der Rufzeichenwechsel deshalb nicht erkannt und erwähnt, weshalb die Hauptmacht der deutschen Flotte weiter im Hafen vermutet wurde.

Während der Schlacht konnte das Erkennungssignal der englischen Flotte (PL) durch das Torpedoboot B-109 aufgefangen und an die deutschen Einheiten übermittelt werden. In der Skagerrak Schlacht trafen 99 deutsche auf 151 englische Schiffe, es sanken der Schlachtkreuzer LÜTZOW (die SEYDLITZ wurde schwer beschädigt), das Linienschiff POMMERN, 4 kleine Kreuzer bzw. Flottillenführerschiffe und 5 Zerstörer bzw. Torpedoboote. Die englischen Verluste waren dabei 3 Schlachtkreuzer, 3 Panzerkreuzer, 1 kleiner Kreuzer und 7 Zerstörer bzw. Torpedoboote. Insgesamt verlor die deutsche Hochseeflotte 21 Schiffe (Verlust 61.180 t), die englische Grand Fleet hingegen 37 Großkampfschiffe (Verlust 115.025 t). 2.551 deutsche und 6.097 englische Marinesoldaten blieben auf See, die deutsche Hochseeflotte rettete nach dem Gefecht 177 Engländer, von den britischen Schiffen wurde kein deutscher Seemann aus dem Wasser geholt. An der zahlenmäßigen Übermacht Englands und der ungünstigen strategischen Lage wurde durch den deutschen Erfolg jedoch nichts verändert.

Die Briten hatten am Abend der Kriegserklärung (4. August 1914) an Deutschland zwei der Kabel zu den Azoren zerstört, die anderen zwei Verbindungen wurden am nächsten Tag von dem Kabelleger TELCONIA zertrennt. Der Kreuzer NÜRNBERG zerstörte am 7. September die englische Kabelstation und das Kabel auf Fanning/Polynesien vor der Schlacht bei Coronel, während die britisch-amerikanische Transatlantik-verbindung erst am 4. Juni 1918 bei Sandy Hook/New Jersey lahmgelegt werden konnte. Ein Landungskorps der EMDEN vernichtete am 9. November 1914 die Funkstation in Port Refuge auf den Cocos-Inseln. Deutschland war mit Kriegsbeginn also gezwungen, für die diplomatischen Nachrichten entweder den

Funkverkehr zu nutzen oder aber chiffrierte Texte über die Telegrafenwege der gegnerischen Staaten zu schicken, während England noch alternative Übermittlungswege hatte.

Um die Übermittlung chiffrierter Texte über die Telegrafenwege der gegnerischen Staaten zu vermeiden, sollte ursprünglich das U-Boot DEUTSCHLAND (Handels-U-Boot, Nutzlast ca. 750 BRT) unter dem Kommando des Kapitäns Paul König ein diplomatisches Schreiben des Staatssekretärs Zimmermann befördern. Das erste Unterseefrachtschiff der Welt hatte auf seiner ersten Fahrt nach 19 Tagen am 10. Juli 1916 Baltimore erreicht und war danach am 1. November 1916 in New London/Connecticut eingelaufen. Das Boot erhielt im noch neutralen Amerika deshalb einen triumphalen Empfang. Da sich das Auslaufen des U-Bootes für das Schreiben Zimmermanns jedoch verzögerte, wurde der draht- und funktelegrafische Weg gewählt.

Das Funktelegramm war über den 200-kW-Sender in Nauen nach Sayville auf Long Island (16. Januar 1917) übermittelt worden. Die Amerikaner wurden gebeten die chiffrierte Botschaft an den deutschen Botschafter in den Vereinigten Staaten von Amerika, Graf Johann Heinrich Andreas von Bernstorff, auszuhändigen. Obwohl die USA die Verbindung zu Kriegszwecken untersagt hatten, wurde der Text von Bernstorff weiter über das amerikanische Telegrafennetz (Western Union, 19. Januar 1917) an den Botschafter in Mexiko übermittelt.

Die Engländer hatten entdeckt, dass die Schweden deutsche Telegramme weiterleiteten und hatten heftig gegen diesen Neutralitätsbruch protestiert, während sie selbst jedoch ebenso vorgingen. Trotzdem wurde von Deutschland der Funkweg über Stockholm nach Buenos Aires/Argentinien (mit Code 0017 bzw. 0086) gewählt und von dort weiter per Kabel nach Mexiko (mit Code 13040). Dieser zweite Weg konnte von Berlin nur mit dem Wissen des pro-deutschen schwedischen Außenministers genutzt.

Mit deutscher Gründlichkeit wurde noch ein drittes Telegramm gesendet. Das Auswärtige Amt bat den amerikanischen Botschafter Gerard in Berlin, dieses dritte Telegramm an den deutschen Botschafter von Bernstorff in Washington zu übermitteln. Da es üblich war derartige diplomatische Hilfeleistungen im Ausland im Klartext vorzulegen, wurde ein Telegramm präsentiert, das sich im Klartext auf die Friedensaktionen des amerikanischen Präsidenten Wilson bezog. Diesem Text wurde nun der Chiffriertext des Telegramms (mit Code 0075) für den Botschafter in Mexiko angefügt bzw. durch diesen ersetzt. Diese Verbindung verlief über Kabel von Berlin nach Kopenhagen/Dänemark und von dort per Transatlantikkabel über London nach Washington.

Der von Nauen gesendete Funkspruch konnte von den englischen Stationen nur bruchstückhaft empfangen werden. Trotzdem wurde die Brisanz des Textes erkannt und der Geheimdienst wurde beauftragt, die Durchschrift des Textes im Telegrafenbüro in Mexiko City zu kaufen. Zuvor traf das über London, danach auch das über Stockholm übermittelte Telegramm zur Entzifferung ein. Ein und derselbe Text lag nun in unterschiedlichen Schlüsseln in der "Room 40" vor, die mit den Unterlagen der MAGDEBURG und weiterer Dokumenten das berühmte "Zimmermann-Telegramm" entschlüsseln konnte.

Eine der wichtigsten Entzifferungen mit immensen Folgen für Deutschland gelang Dr. Quiggin in der "Room 40" am 20. Februar 1918. Die Nachricht des österreich-ungarischen Außenministers, Grafen Czernin, an seinen Botschafter in Madrid, dem Grafen Fürstenberg, enthielt die Bitte des Kaisers Karl an König Alfonso XIII, den Vorschlag zu einer Weltfriedenskonferenz an Präsident Wilson weiterzuleiten. Da die italienische Armee die beim Kriegseintritt gegen die Allianz von England geforderten Gebiete während des gesamten Krieges militärisch nicht erobern konnte, musste die italienische Regierung auf deren Übergabe nach einer Niederlage Deutschlands und Österreichs bestehen, was in den Versailler Verträgen umgesetzt wurde, obwohl die Bevölkerung damals zu über 90% deutschstämmig war.

Unverständlicherweise wurden einzelne deutsche diplomatische Schlüssel bis zum Kriegsende nicht gewechselt. Ebenso unerklärlich ist die dreifache Versendung des deutschen Telegramms über Verbindungswege, von denen eine Überwachung/Entzifferung zumindest angenommen werden konnte.

Gleichzeitig wurde die Gefährdung der eventuell noch sicheren Chiffriercodes durch den identischen Text in unsicheren Schlüsseln riskiert.

Nigel de Grey war 1915 zur "Room 40" gestoßen, sprach Französisch, Deutsch und Italienisch. Die Entzifferung des deutschen Schlüssels 13040, einer Abwandlung des diplomatischen Codes 13042 des Auswärtigen Amtes, in Zusammenarbeit mit Reverend William Montgomery, war einer der Hauptverdienste von Grey. Die Version 13040 wurde außerdem 1915 von dem in Belgien lebenden und in deutschen Diensten stehenden Österreicher Czek an die Engländer geliefert. Grey besuchte mit weiteren Mitarbeitern im Frühjahr 1917 auch Taranto und Rom zur Unterstützung der Italiener, wobei auch Personal für weitere Peilstationen zugeteilt wurde.

Die Telegramme des Staatssekretärs Zimmermann kündigten den uneingeschränkten U-Boot-Krieg gegen die Vereinigten Staaten an und enthielten ein Bündnisangebot an die mexikanische Regierung. Die Engländer behielten diese brisante Information zunächst zurück, um sie zum richtigen Zeitpunkt nutzen zu können. Am 22/24. Februar 1917 wurden die Amerikaner, unter Verschleierung der Informationsquellen, über das Telegramm in Kenntnis gesetzt. Die Veröffentlichung dieses Textes durch Präsident Woodrow Wilson löste in den USA einen Sturm der Entrüstung aus und begünstigte so die politische Entscheidung zur Kriegserklärung an Deutschland, welche durch Entsendung von 2 Millionen US-Soldaten an die Westfront letztendlich die Niederlage der deutschen Truppen erwirkte.

Die amerikanische Bitte zur Überlassung des deutschen Geheimcodes wurde von den Engländern allerdings abgelehnt. Sie verbesserten ihre eigenen Chiffren und vergrößerten die Abteilung I.D. 25 (Sektion 25 der Intelligence Division). Den Namen "Room 40", nach dem Zimmer 40 in den Gebäuden der englischen Admiralität in Whitehall (Old Building), behielt die Abteilung bei. Die wichtigen Informationen wurden weiterhin per Rohrpost weitergeleitet. Insgesamt lag die Zahl der von der "Room 40" entschlüsselten Nachrichten aus Deutschland den USA und auch neutralen Staaten bei ca. 15.000. Die Kryptoanalyse war von der Arbeit einzelner Charaktere zur Größe eines militärischen Stabes angewachsen.

Die verbündeten Franzosen und Italiener, die zwar viele Funksprüche abhörten, deren Erfolge aber in der Entzifferung bescheiden waren, erhielten weder die Schlüsselunterlagen der MAGDEBURG noch andere Informationen aus den Entzifferungen aus England. Erst nachdem entdeckt wurde, dass die Engländer die Versenkung von französischen Schiffen in Kauf nahmen, um die Kenntnis über deutsche Schlüssel und deren Quellen zu verschleiern, brachten diplomatische Interventionen der Franzosen einen Austausch der geheimen Unterlagen.

Ein vermeintlicher deutscher Misserfolg wurde in Frankreich während des 1. Weltkriegs publik gemacht. Mehrere Nachrichten wurden an die deutschen Militärattachés in der Funkempfangsstelle im Eiffelturm bezüglich eines Agenten H-21 abhört und entziffert, worauf die niederländische Tänzerin Margaretha Geertruida Zelle als Spionin H-21 enttarnt wurde. Die nachrichtendienstliche Tätigkeit der Künstlerin "Mata Hari" (malaysisch für "Auge der Dämmerung" oder auch "Auge des Tigers") konnte jedoch nie richtig geklärt werden, trotzdem wurde sie am 15. Oktober 1917 in Vincennes hingerichtet. Vermutlich wurde sie propagandistisch benutzt, um von den französischen Fehlern und Verlusten an der Front abzulenken.

Frankreich war, was die deutschen Heeres-Schlüsselverfahren betraf, bei Kriegsbeginn recht erfolgreich und übermittelte die Lösungen auch nach London. Deutschland hatte die wichtigen Entwicklungen im Geheimschriftwesen versäumt und sämtliche Schlüssel- und Chiffrierverfahren wurden während des 1. Weltkrieges von den Franzosen, Engländern und Amerikanern gelöst, wenn auch dort das Wissen oft nicht effizient genutzt wurde. In Frankreich war aber zumindest eine Abdeckung der Grenze zu Deutschland mittels Peilstationen gewährleistet. Neben der Empfangsstation auf dem Eiffelturm und der Métrostation (Trocadéro) entstand im 1. Weltkrieg eine Linie von sechs Peilstationen entlang der Westgrenze, mit der die Franzosen die wohl weltweit erste Analyse der Kräfte eines Gegners rein über dessen Funkverkehr anfertigten.

Das deutsche Militär lieferte durch seine nationalen Eigenarten, wie auch andere Nationen, wichtige Ansatzpunkte in den regelmäßig von der Führung befohlenen Meldungen, wie beispielsweise dem Standard-Satz "Ruhige Nacht, nichts zu melden" oder wiederholte Überprüfung der Schlüsselfunktionen mit "Der frühe Vogel kriegt den Wurm". Dies ermöglichte die Entschlüsselung neuer Chiffren oft innerhalb weniger Tage.

Als Beispiel kann das Misslingen von zwei deutschen Operationen durch die vorherige Entzifferung der Standardmeldungen aufgeführt werden. Einmal gegen die 5. französische Armee bei Guise, zum anderen gegen einen englischen Verband bei Mons. Auch im 2. Weltkrieg führten diese Fehler oft zu militärischen Misserfolgen.

Auf amerikanischer Seite gab es beim A.E.F. (American Expeditionary Force) das US Signal Corps mit der Zuständigkeit im Bereich der eigenen Chiffren und die Intelligence Division (G.2.A.6.) mit der Verantwortung für die gegnerische Aufklärung. Acht Peilstationen machten während des Krieges 176.913 Peilungen und fünf Abhörstationen nahmen 72.688 Mitteilungen auf.

Das neu eingeführte Chiffrierbuch der deutschen Armee wurde durch die Amerikaner deshalb entziffert, weil der Text in einem bereits entzifferten Code nochmals übermittelt wurde. "ÜBCHI" war für Übungen ("ÜB") der Chiffre ("CHI") im Doppelwürfelsystem. Durch Vergleiche der beiden Texte konnte der neue Schlüssel entziffert werden. J. Rives Childs entzifferte mit dem Code "ALACHI" (ALArm-CHIffre) eine Nachricht von General Erich Ludendorff mit seinem Vorschlag zum Rückzug aus Rumänien zu Feldmarschall August von Mackensen. Nachdem der Rückzug vollzogen war, erklärte Rumänien Deutschland sofort den Krieg. Der erste Wechsel im deutschen Chiffriersystem wurde erst vollzogen, als die belgische Stadt Thielt beim Frontbesuch des deutschen Kaisers genau in dem Moment bombardiert wurde, als der Kaiser durch die Häuserreihen marschierte. Die Franzosen veröffentlichten diese peinliche Situation und gaben dabei die deutschen Chiffren, als Quelle ihrer Informationen preis.

Von Mackensen sandte eine weitere Nachricht im manuellen Schlüsselverfahren ADFGX (ADGFX beziehungsweise ADGFVX; eigentlich "Geheimschrift der Funker 1918", kurz „GedeFu 18"), das am 1. März 1918 für die Frühjahrsoffensive von Feldmarschall Erich von Ludendorff eingeführt worden war. Der Fritz Nebel verwendete. Beide Verfahren wurden vom deutschen Nachrichtenoffizier, Oberleutnant Fritz Nebel (1891–1977), erfunden, der hierbei nur die am leichtesten und unverwechselbaren 5 Morsezeichen verwendete, woher die alliierte Bezeichnung ADFGX-System (später ADGFVX) stammt. ADFGVX war der Nachfolger von ADFGX und wurde ab dem 1. Juni 1918 sowohl an der West- als auch an der Ostfront benutzt.

Wie so oft in der Kryptologie kündigte ein Schlüsselwechsel eine neue Offensive an. Die deutsche Führung war im Glauben, aus den Fehlern gelernt zu haben und nun den vermeintlich "sichersten" Schlüssel zu verwenden. Auch hier sollte das Vertrauen in die absolut sichere Nachrichtenübermittlung von den Soldaten im Feld teuer bezahlt werden.

Die Offensive begann am 21. März 1918 an der Somme und trieb die Alliierten bis kurz vor Paris. Eine nächste entscheidende Offensive war am 7. Juni 1918 geplant. Hauptmann Georges J. Painvin erhielt m 1. April 18 Funksprüche und bereits am 1./2. Juni gelang ihm damit der Einbruch in den neuen Code. Die nicht entzifferte Verschiebung um zwei Tage gab zusätzliche Zeit zur Vorbereitung der Gegenmaßnahmen und der Angriff verschlang die letzten deutschen Reserven. Ein entzifferter Funkspruch des deutschen Hauptquartiers lies gab den Alliierten dabei Einsicht in die verzweifelte Lage der deutschen Truppen:

"Munitionierung beschleunigen. Soweit nicht eingesehen auch bei Tag"

Nachdem der erste deutsche Angriff abgeschlagen war, erzwang die nun mit dieser Gewissheit vorbereitete französische Offensive, welche einen Rückzug unter großen Verlusten erzwang, da weder Material noch weitere Soldaten zur Verfügung standen. Gleichzeitig war die Initiative auf dem Gefechtsfeld verloren und konnte bis zum Ende des Krieges vom Deutschen Reich nicht mehr zurückgewonnen werden.

Man kann nur hoffen, dass Ehrungen für Verdienste nicht immer so lange dauern, wie im Fall von Alexis Tendil. Im Alter von 105 Jahren erhielt er am 12. Juli 2001 vom Staatssekretär des französischen Verteidigungsministeriums und dem Kommandeur der französischen Fernmeldeschule die "Silbermedaille des Elektronischen Krieges". Er hatte als Funker des 8. Pionierregiments einem Funkspruch von Reichskanzler Max von Baden an den Vatikan mit der Bitte um Vermittlung für einen Waffenstillstand aufgenommen. Damit waren die Lage des deutschen Heeres und seiner Ressourcen klar und Frankreichs Position in den Verhandlungen gestärkt.

Die Warnung "Der Feind hört mit" aus dem deutschen Hauptquartier war am 26. Januar 1918 bei Verdun bezüglich der Fernsprechverbindungen ausgesprochen worden. Aus demselben Grund wie die britischen Angriffe an der Somme 1916 gegen die Österreicher scheiterten, waren jedoch schon viele deutsche Offensiven in Frankreich zuvor unter großen Verlusten abgewehrt worden, bis man sich zur Warnung der Truppe entschloss. Sie hat heute noch dieselbe Gültigkeit, wie der Ausspruch eines Feldherrn "Funken ist Landesverrat" im Hinblick auf Funkdisziplin.

Der deutsche Marinefunkdienst lieferte bis tief in das vierte Kriegsjahr hinein dem englischen Gegner fast alle anlaufenden Operationen der kaiserlichen Hochseeflotte und die Standortverteilung der einzelnen Kampfeinheiten. Im Mai 1916 hatten der Leutnant Paul Louis Bassières und der Übersetzer Paul-Brutus Déjardin im französischen Kriegsministerium den Schlüssel der deutschen Unterseeboote und den Marinecode (Viergruppen) entschlüsselt, die zweite Verschlüsselung ("Überschlüsselung") wurden durch Hauptmann George J. Painvin gelöst.

Im Jahr 1918 kamen für die alliierten, die deutschen als auch k.u.k. Kriegsmarine Probleme durch Funkstörungen voll zum Tragen. Am 1. Juni 1918 wechselten um 13:00 Uhr alle Fahrzeuge in der Sperre vor Otranto von 300- auf 600-m-Welle. Trotzdem waren Funkverbindungen durch die gegenseitigen Störungen der britischen, italienischen und französischen FT-Stationen auch unter normalen Bedingungen nur schwer aufrechtzuerhalten, während für die Peilstationen ein Empfang der schwächeren gegnerischen Signale fast unmöglich geworden war.

Im Juni 1918 wurden an Bord der englischen U-Boote noch die Empfänger "De Broglie" eingeführt, während die amerikanischen U-Boot-Jäger mit Telefonie ausgerüstet waren, deren Leistungen nach einem Bericht des Commander Submarine Chaser, Captain R. H. Leigh aber enttäuschen waren. Auswirkungen auf das Kriegsgeschehen hatte aber keiner der beide Umstände mehr.

Aufklärung und Elektronische Kampfführung 1918-1945

Nach dem 1. Weltkrieg ruhte die Funkaufklärung in Deutschland für etwa fünf Monate und beim Wiederaufbau gab es erhebliche Schwierigkeiten zu überwinden und den verlorenen Anschluss zu den anderen Nationen wieder aufzuholen. Einer der Organisatoren des B- und E-Dienstes und auch Leiter der Marine-Hauptfunkstelle Neumünster, Kapitänleutnant Braune, wurde nach Berlin kommandiert, um die Geschichte der Dienste und Erfahrungen niederzuschreiben und die Erfahrungen auszuwerten.

Im April 1919 hatte Kapitänleutnant Braune die Arbeit beendet und die Zentralstelle für Funkaufklärung beim Admiralsstab der Reichsmarine sowie die Entzifferung nahmen am 28. April 1919 ihre Arbeit mit jeweils einem hauptamtlichen sowie sechs nebenamtlichen Mitarbeitern wieder auf. Die Meldungen der Marinefunkaufklärung wurden mit einem "X" gekennzeichnet (xBeobachtungsdienst, xB-Dienst). Nach 4-5 Wochen gab es schon erste Erfolge bei dem englischen 5-stelligen Zahlencode für die Meldungen von Schiffsbewegungen der Royal Navy. Am 1. Oktober 1919 wurden die hauptamtlichen Mitarbeiter in das Beamtenverhältnis übernommen, doch da die anderen im Nebenamt weiterhin keine ausreichenden

Zusagen oder materielle Unterstützung gewährt werden konnte, schrumpfte die Abteilung wieder auf einige wenige Mitarbeiter zusammen.

Ein glücklicher Umstand war, dass neue Chiffrierverfahren meist auf den vorangegangenen Verfahren aufbauten. Wenn auch nicht alle Funksprüche abgefangen und entschlüsselt werden konnten, so gelang es trotzdem in recht kurzer Zeit, die Erfolge auszuweiten. Frankreich hatte dabei die kompliziertesten Schlüssel eingeführt, die zusätzlich meist alle drei Monate gewechselt wurden. Die Aufklärung und Entzifferung benötigten hier drei Monate bis zum ersten Einbruch, danach im Schnitt zwei Wochen. Im Austausch kamen für die Beobachtungen auf dem Balkan von der italienischen Funkaufklärung die Beobachtungen und Analysen über den französischen Funkverkehr und seine Schlüsselverfahren zur Unterstützung der deutschen Kryptologen.

Die wichtigen Funksprüche der italienischen Marine wurden mit kombiniertem Buchcode SM-19-S mit doppelter Überschlüsselung verschlüsselt, der von England nicht gelöst werden konnte. Die komplizierten Handcodes für den taktischen Verkehr boten hingegen weit weniger Schwierigkeiten.

Der B-Dienst (Beobachtungsdienst) war im Heer ein Sondergebiet innerhalb der Funkaufklärung mit zunächst sechs festen Horchstellen, die in den 20er Jahren in Breslau (Wroclaw), Frankfurt/Oder, Königsberg (Kaliningrad), München, Münster und Stuttgart errichtet wurden. Die ersten mobilen Horchkompanien wurden hingegen erst 1928 in der Reichswehr aufgestellt. Im Vorfeld des 2. Weltkrieges boten Auseinandersetzungen anderer Staaten dann aber noch reichlich Übungsmöglichkeiten für die deutsche Funkaufklärung. Schon im Krieg gegen Polen wiederholten die Russen 1920/21 ihren Fehler des offenen Funkverkehrs von Tannenberg und erhielten dadurch schwere Verluste. Bei dem polnischen Ultimatum zur Gebietsabtretung an die Tschechei und Litauen konnte man die russischen und die militärischen Manöver der anderen Staaten funktechnisch gut verfolgt und ausgewertet werden, was auch den deutschen Kenntnisstand über die Rüstung der europäischen Nachbarn erweiterte. Die aufgezeichneten Nachrichten aus Polen konnten z.B. innerhalb von einer Stunde entschlüsselt werden.

Der Abhördienst der Luftwaffe übernahm die Überwachung aller Luftfahrzeuganordnungen und Aktivitäten für die Luftwaffenführung, doch erst kurz vor dem Einmarsch in Polen wurde eine mobile Aufklärungskompanie in Schlechau aufgestellt, der eine zweite Kompanie beim Beginn des Einmarsches folgte. Die Auswertungen erfolgten zentral in dem Ort Deutschkrone. Die Kompanien wurden am 20. September 1939 nach Bromberg verlegt und im März 1940 zurückgezogen, personell verstärkt und in Bataillone für den Westfeldzug umgerüstet.

Nach Bildung des Oberkommandos der Wehrmacht erfolgten eine Erweiterung und Umstrukturierung der Funkaufklärung und Chi-Abteilungen (Chiffrier-Abteilungen). Im Jahre 1933 gab es in der Reichswehr insgesamt sieben Divisionen, deren Divisionsnachrichtenabteilungen in Königsberg, Stettin, Potsdam, Dresden, Stuttgart/Cannstatt, Hannover, München lagen. Bis 1939 wurden diese auf 71 Nachrichtenabteilungen erweitert und der Personalstamm wuchs etwa um den Faktor 18 an. In der nun spezialisierten Funkaufklärung kamen zu den Nachrichtenaufklärungskompanien (N.N.A.K) später 17 Nachrichtennahaufklärungskompanien (N.A.NA.K.) dazu, für welche die Nahaufklärungszüge 1942 aufgelöst und 15 Horchkompanien in Nachrichtenfernaufklärungskompanien (F.E.NA.K.).

Bis 1945 wurden die Nachrichtenabteilungen weiter ausgebaut, bis der Divisions- und Brigadestab 8 Regimentsstäbe, 17 Bataillonsstäben, 11 feste Nachrichtenaufklärungsstellen, 32 Nachrichtenfern-aufklärungs- sowie Nachrichtennahaufklärungskompanien mit ca. 12.000 Mann umfasste. Der B-Dienst hatte in Berlin etwa 1.000 und an der Front rund 4.000 Mann. An der Ostfront stützten sich 70% der Nachrichtenaufklärung auf entzifferte Funksprüche der Sowjetarmee, 80% der die Kriegsmarine, speziell die U-Boot-Kriegsführung, betreffenden Nachrichten konnten aus entzifferten Nachrichten des britischen Naval Cypher No. 3 gewonnen werden.

Die B-Leitstelle der Marine wurde am 1. Oktober 1929 von Berlin zur Torpedo- und Mineninspektion nach Kiel verlegt, doch aufgrund mangelhaften Informationsaustausches am 1. Dezember 1933 wieder zurückverlegt. Die Erfolge konnten direkt der Führung übermittelt werden. Am 30. Juni 1936 wurden 20 Funksprüche eines völlig neuen französischen Verfahrens aufgefangen, die jedoch danach nicht wiederauftauchten. Deshalb waren Lösungsansätze mangels Vergleichsmöglichkeiten zunächst ohne Erfolg und vermutet, dass sehr wichtige Nachrichten mit diesem Schlüssel übermittelt werden. Das Internationale Signalbuch wurde von den Franzosen mit einem 10-stelligen Würfel verschlüsselt und tatsächlich tauchten sofort nach Kriegsbeginn 1939 die ersten Funksprüche mit diesem Schlüssel wieder auf und es gelang nun, den zweimal täglich wechselnden Schlüssel auch zu entziffern.

Der damalige Oberst Fellgiebel baute die modernste Nachrichtenorganisation in der Wehrmacht auf, die auch unter den schwierigsten Bedingungen ihrer Aufgabe, die Verbindung zu und zwischen den Truppenteilen aufrecht zu erhalten, gewachsen sein sollte. Er stieg zum Chef aller Wehrmachtsverbindungen auf, wurde jedoch aufgrund seiner Verwicklung mit dem Attentat auf Hitler am 20. Juli 1944 später hingerichtet. Das von ihm strukturierte Nachrichtenwesen bildete die Basis der schnellen Vormärsche der deutschen Truppen und war in allen Streitkräften sehr effektiv. Erst als Auflösungserscheinungen in allen Teilen der Wehrmacht eintraten, begann auch die Funktion der Nachrichtenübermittlung darunter zu leiden. Doch selbst als Deutschland schon fast völlig besetzt war und kaum mehr geschlossene Verbände existierten, waren die meisten der mobilen Nachrichtentrupps noch einsatzfähig.

Die Zahlen der aufgebauten Nachrichtenorganisationen in der Wehrmacht geben ein Bild von den Ausmaßen des Personalaufbaus seit Reichsgründung und den folgenden Personalverlusten zum Ende des Krieges. Die 2.300 Soldaten der Nachrichtentruppe der Reichswehr wurden allein in der Heeresnachrichtentruppe ab Kriegsbeginn 1939 aufgestockt.

Heeresnachrichtentruppe ab Kriegsbeginn 1939
- Führungsnachrichtenregiment
- 10 Heeresgruppen u. Armee-Nachrichtenregimenter
- 24 Korpsnachrichtenabteilungen
- 107 Divisions-Nachrichtenabteilungen und -Kompanien

Die Nachrichtentruppen wurden während des Krieges kontinuierlich weiter aufgebaut, mit modernster Technik ausgerüstet und gut ausgebildetem Personal besetzt. Die Nachrichtenorganisationen lieferten damit einen wichtigen Beitrag zum zunächst sehr positiven Verlauf des Krieges, hatten später jedoch auch große Verluste zu beklagen.

Heeresnachrichtentruppe am 31. März 1945
- 9 Führungsnachrichtenregimenter
- 25 Heeresgruppen u. Armee-Nachrichtenregimenter
- 77 Korpsnachrichtenabteilungen und -Kompanien
- 288 Divisions-Nachrichtenabteilungen und -Kompanien

Die Funkkompanien waren ausgestattet mit 100-W-Sendern, die im Lang- und Mittelwellenbereich zwischen 200-1.200 kHz arbeiteten und mit 5-W-Sendern, die im Grenz-/Kurzwellenbereich zwischen 950-3.150 kHz betrieben wurden. Der Funkverkehr im Bereich der mittleren Führungsebene spielte sich in der Hauptsache mithilfe der Bodenwelle ab.

Die Abteilungen mussten aber große Verluste ausgleichen. 1943 waren bei Stalingrad ein Armee-Nachrichtenregiment, fünf Korpsnachrichtenabteilungen und zwanzig Divisions-Nachrichtenabteilungen sowie in Nordafrika zwei Armee-Nachrichtenregimenter, eine Korpsnachrichtenabteilung, sieben Divisions-Nachrichtenabteilungen und Divisions-Nachrichtenkompanien nicht mehr ersetzbar gewesen. Es folgten 1944 die Vernichtung und Auflösung von mehr als 40 Divisionen und den dazugehörigen Nachrichtenverbänden. Anhand dieser Zahlen kann man die Verluste an Menschen und Material aber nur erahnen. Bis zum Kriegsende 1945 entstanden analog zu den Nachrichtenabteilungen 16 Nachrichten-Aufklärungsabteilungen mit etwa vierzig Nachrichten-Aufklärungskompanien, von denen allein bei der Schlacht Stalingrad 16 verloren gingen. Durch den dadurch eintretenden Mangel an Informationen aus dem Funkverkehr der Gegner entstand neben dem militärischen Ungleichgewicht und Materialmangel ein weiterer negativer Faktor. Eine vorausschauende Planung war nicht mehr möglich und wurde hauptsächlich durch ein Reagieren auf Angriffe ersetzt. Eigene Angriffe waren meist nicht mehr auf Informationen über den Gegner gestützt, kamen aus einer zahlenmäßigen Unterlegenheit und waren deshalb meist zum Scheitern verurteilt.

Während des Vormarsches über Frankreich, Belgien und Holland setzte die französische Funkstelle in Dünkirchen unter dem Rufzeichen FUD mehrmals täglich die Lageberichte der einzelnen Frontabschnitte im Marinecode ab. Hier konnte der xB-Dienst der Marine die Kriegsführung an Land wesentlich unterstützen und zur Lagebeurteilung der Westfront beitragen. Durch die Entzifferung britischer Funksprüche wurden vom B-Dienst die Vorbereitungen zu einer englischen Invasion in Norwegen im Frühjahr 1940 entdeckt und die Planungen der eigenen Operation angepasst werden. Obwohl diese mit großen Verlusten verbunden war, wurde der notwendige Zugang zu Skandinavien und seinen Erzlagern und das Operationsgebiet vor der Küste gesichert und der Zugang zur Ostsee über Skagen gesichert.

Alle Küsten- und Landfunkstellen waren im Februar 1931 in Marinenachrichtenstellen (MNS) umbenannt worden und das Personal trug ab 1. Oktober 1931 die Bezeichnung mit dem jeweiligen Stationsnamen von Borkum, Cuxhaven, Flensburg, Kiel, List, Mitte, Neumünster, Pillau, Stolpmünde, Stralsund, Süd, Swinemünde, Wilhelmshaven und Nordholz. Der Dienst in Stolpmünde, Travemünde und Swinemünde wurde im Küstennachrichtendienst 1936 teilweise von den Seefliegerhorsten wahrgenommen, die Marinenachrichtenstelle Norderney bestand nur zeitweise.

Die Aufgaben der Marinenachrichtenstelle Borkum waren wie bei vielen anderen Signal-, Funk- und Fernschreibstellen der Marine auf den deutschen Inseln vor dem Krieg zu 90-95% ziviler Art. Seenotfunk und der internationale Funkverkehr waren in den 30er Jahren zunächst vorrangig betrachtet worden. Allein die Aufgaben der xB-Dienststelle in Süddünen (Woldedünen) mit der Richtanlage (R.A.) waren rein militärischer Natur.

Ausstattung der Marinenachrichtenstelle Borkum war ein üblicher 1,5-kW-TLF-Sender mit einem zusätzlichen 0,8-kW-Röhrensender (ARS-78), der hauptsächlich für die militärischen Funksprüche verwendet wurde. Zusätzlich wurde aus "Bordmittel" auf einem Tisch ein KW-Sender als Gegenstelle zu dem an Bord des Schulkreuzers HAMBURG installierten KW-Sender (0,8-kW-Versuchssender, vermutlich aus Königswursterhausen) gebaut. Der Schulkreuzer führte die erste Weltreise eines deutschen Kriegsschiffes nach dem 1. Weltkrieg durch und hatte durch diese Station fast immer Kontakt mit der Funkstelle Borkum, gegen Ende der Reise auch mit einer neuen Anlage in der Funkstation in Kiel.

1934 wurde die B-Dienst-Hauptstelle und Abteilung Fremde Marinen entsprechend in der SKL zur III. Abteilung (SKL III) zusammengezogen. Als 1935 das Oberkommando der Kriegsmarine gebildet wurde, wurde eine eigene Abteilung Marinenachrichtendienst geschaffen, die 1939 sechzehn Beobachtungsstellen an Land sowie Einrichtungen auf den größeren Schiffen hatte. Die Aufgaben des Fernmeldedienstes waren bis 1941 auf verschiedene Stellen verteilt und ohne eine übergreifende Organisation nur durch einen einzelnen zuständigen Leiter. Die Abteilung Marinenachrichtendienst wurde am 1. Juni 1941 zum Amt und die Funkaufklärung zur eigenen Abteilung. Der xB-Dienst der Marine hatte durch seine Aufgaben weniger Berührung mit den anderen Aufklärungsdiensten im Reich, doch seine Erfolge hatten übergreifende Auswirkungen an allen Fronten.

<u>B-Dienst-Abteilungen im OKM in Berlin</u>
- Funkbetrieb und Funknamenauswertung
- Auswertung der B- und E-Dienst-Ergebnisse
- Entzifferung England, Hauptverfahren
- Entzifferung England, Nebenverfahren, Frankreich, Polen, Russland, USA

Kurz vor Kriegsbeginn hatte der Admiral Günther Guse noch die Bildung eines Nachrichtenamtes im OKM angeregt, es dauerte aber bis zum 16. Juni 1941, bis diese in der Dienststelle im Chef des Marinenachrichtendienstes (MND) verwirklicht wurde. Die Abteilung Marinenachrichtendienst (Kapt.z.S. Arps, Oktober 1934 - Dezember 1939) bestand ursprünglich aus den Gruppen bzw. Referaten Fremde Marinen, Nachrichtenübermittlungsdienst und der Funkaufklärung.

Doch schon im Januar 1940 wurde der Nachrichtenübermittlungsdienst aus dem Marinenachrichtendienst herausgelöst und in die neue Abteilung Marinenachrichtendienst der 2./SKL überführt, während die anderen Referate eine neue Abteilung Marinenachrichtenauswertung (3./SKL, Kapt.z.S. Stummel, Januar 1940 - Juni 1941) bildeten. Unter dem FKpt. Meckel wurde im Juni 1944 noch die Abteilung Ortungsdienst (5./SKL) gebildet, die bis Kriegsende bestand. Die Ämter und Abteilungen wurden also der technischen Entwicklung entsprechen angepasst.

<u>Leiter der Abteilung Nachrichtenauswertung</u>
- Kapt.z.S.Wever   Januar 1940 - Juni 1940
- Kapt.z.S.Krüger   Juni 1940 - Juli 1942
- Kapt.z.S.v. Baumbach   Juli 1942 - Mai 1944
- KAdm Schulz   Juni 1944 - Mai 1945

Mit Auflösung der Marinenachrichteninspektion und Bildung der Amtsgruppe Marinenachrichtendienst (MND) im Juni 1940 wurde die vormalige Abteilung zur Zentralabteilung und im Verlauf des Krieges kam auch die Funkaufklärung in die 2./SKL, welche nach Eingliederung der Abteilung der U-Bootsführung in der Bezeichnung zur 4./SKL wechselte. Das Referat Funkaufklärung wurde im November zur Abteilung vergrößert (SKL Chef MND III, Kapt.z.S. Bonatz, November 1941 - Januar 1944, Kapt.z.S. Kupfer, Januar 1944 - Mai 1945) und im Herbst 1943 zusätzlich die Abteilung Funkmessdienst geschaffen (SKL Chef MND IV, FKpt. Bormann, Oktober 1943 - Juni 1944) sowie im September 1944 die Abteilung Marinedrahtnachrichtendienst (Kapt.z.S. Thiel).

Dem Chef Marinenachrichtendienst oblag die gesamte Leitung des Nachrichtendienstes der Kriegsmarine, ihm unterstand der Höhere Kommandeur der Marinenachrichtenschulen (HKN) in Flensburg-Mürwik, dessen Dienststelle (geschaffen am 29. April 1941) nach Auflösung der bisherigen Marinenachrichteninspektion am 20. Juni 1941, alle Nachrichtenschulen unter sich vereinte. Der MND übernahm dadurch die Aufgaben eines Inspekteurs des Marinenachrichtendienstes, war Chef der 2/SKL und vereinte die bisher auf verschiedenen Stellen verteilten Aufgaben im Fernmeldedienst unter einem Dach. Die Unterstellung war fachlich dem OKM, Chef des Stabes der Seekriegsleitung und truppendienstlich wieder beim Stationskommando der Ostsee.

Die im Januar 1944 noch aufgestellte Marinepeilabteilung Pommern wurde in Ahlbeck aufgestellt, nach Lüchow verlagert, im selben Jahr noch umbenannt in Marinepeilhauptstelle II und kurz vor Kriegsende ebenfalls nach Flensburg zur SKL-III verlegt. Kommandeur war KKpt Dr. Blunck.

Die Marinepeilabteilung Deutsche Bucht wurde am 25. August 1942 in Sengwarden aufgestellt, war zum Ende des Krieges aber auf Rantum/Sylt verlegt worden. Die Kommandeure waren von August 1942 bis Oktober 1944 der KKpt (MN) Peter Vogel und von November 1944 bis Mai 1945 der FKpt Wilhelm Budde, der später den Ortungsabschnitt Ostsee, die spätere Marinefunkaufklärung der Bundesmarine, aufbauen sollte.

Die Marinepeilabteilung Flandern (MPHS Brügge) wurde am 19. Januar 1942 aufgestellt und im Mai 1944 von Brügge nach Brüssel verlegt, wo sie im Oktober aufgelöst wurde. Die Kommandeure waren vom Januar 1942 bis Mai 1942 der vormalige Chef der Marinepeilstelle Brügge, KKpt Jäckel, dann ab Mai 1942 bis Oktober 1944 der FKpt Lothar von Heimburg.

Die Marinepeilabteilung Brest wurde aus der Marinepeilhauptstelle Brest am 1. Februar 1944 gebildet und wurde ab diesem Zeitpunkt bis zur Auflösung im September 1944 von FKpt Schmeling geführt.

Die 1. Marine-Funkmessabteilung in De Haan bei Ostende war am 11. November 1941 unter KKpt Werner Hahndorf aufgebaut worden und bestand bis April 1944. Am 1. Mai 1944 ging aus ihr die Funkmessschule Gent hervor.

Die 2. Marine-Funkmessabteilung in Wimille wurde im Juni 1942 von FKpt Theodor Busse aufgestellt, der im April 1944 durch KKpt Dr. Schmidt-Ott abgelöst wurde, der die Abteilung bis zur Auflösung im September 1944 leitete.

Die 3. Marine-Funkmessabteilung in Brest wurde im September 1942 von FKpt Dietmar Rose aufgestellt, der im Juni 1943 durch den KKpt Dressler abgelöst wurde, der die Abteilung bis zur Auflösung im September 1944 leitete.

Die im September 1944 eingerichtete 4. Marine-Funkmessabteilung in Utrecht wurde ebenfalls nicht zurückverlegt und verblieb unter den Kommandeuren FKpt Theodor Busse von September 1944 bis November 1944 sowie KKpt Dressler ab November 1944 bis zur Befreiung der Niederlande.

Darüber hinaus gab es viele weitere kleinere Marinepeileinheiten und Funkmessstellen bei Truppenteilen und Stäben vom Nordkap bis Afrika und von Spanien bis Russland, die hier nicht angesprochen wurden und deren Lebenslauf und Daten oft nur schwer heute noch zu rekonstruieren sind.

Die 1. Funkmesslehrabteilung bestand ab Juni/August 1943 in Puttgarden/Fehmarn und wurde von FKpt Grunwald geführt, der im August 1944 durch FKpt Bormann abgelöst wurde, der die Abteilung bis Mai 1945 leitete. Die 2. Funkmesslehrabteilung lag ab April 1944 in St. Peter bei Husum und war aus der 5. Funkmessabteilung in Le Touquet entstanden. Ihr Kommandeur war KKpt Paffrath bis Mai 1945. Marineflak- und Küstenartillerieschulen hatten zudem eigenständige Funkmesslehrabteilungen, hauptsächlich für die spezifische Ausbildung ihres Personals der Radaranlagen.

Neben der Funkaufklärungsstelle in Neumünster wurden bis 1939 für den B-Dienst die Marine-Peilhauptstellen (MPHS) in Wilhelmshaven, Kiel (später Ahlbeck), Swinemünde, Pillau, Soest mit Außenstellen in Borkum, Nordholz, List, Falshöft, Arkona, Kahlberg und Villingen/Schwarzwald sowie Beobachtungseinrichtungen in Norddeich und Rügen eingerichtet. Die Außenstelle in Villingen wurde 1925 zur besseren Überwachung des Funkverkehrs im Mittelmeer zur Tarnung in einer Kaserne des Heeres als MPHS Süd eingerichtet.

Das Material der drei unterteilten Empfangsbereiche ging zur Auswertung direkt nach Berlin. Aufgrund ungenügender Empfangsverhältnisse wurde die Peilstelle in Villingen im Herbst 1927 jedoch nach Landsberg/Lech verlegt. Nach zweijähriger Bauzeit und Peilversuchen wurde eine Verlegung nach Langenargen am Bodensee beschlossen, die unter Kapitänleutnant Manhard von Manstein die zum 31. Juli 1938 durchgeführt wurde. Die Unterkünfte waren 1936/38 im Bereich Schwediwald erstellt worden, die

1943 um einen Zug Marinenachrichtenhelferinnen erweitert, die in den "Fränkel"-Baracken untergebracht waren. Der letzte Kompaniechef war der Marinenachrichtenoffizier (MNO) OLtzS Hunold aus der Division Brandenburg, die Ende 1942 eine Küstenjäger-Abteilung hier aufstellte.

Ausstattung der Funkaufklärungsstelle Neumünster (nach einer Liste des Oberkommandos der Kriegsmarine - SKL III in Flensburg-Mürwik im Mai 1945)

- 6 x Empfänger SFR-93 (franz.)   12 - 3.000 m
- 12 x Empfänger Lo-6-K-39   12 - 200 m
- 6 x Empfänger Lo-6-L-39   200 - 4.000 m
- 10 x Empfänger RC-101   12 - 200 m
- 19 x Empfänger "Schwabenland"   12 - 200 m
- 9 x Empfänger E-52   12 - 200 m
- 7 x Empfänger Schaleco Fu H.E.t.   14 - 4.600 m
- 5 x Empfänger Fu H E c   12 - 84 m
- 1 x Empfänger HMZL/34   18 - 200 m
- 1 x Empfänger Hallicr. SX/28   12 - 600 m
- 2 x Empfänger AW-E-381-S   15 - 20.000 m
- 3 x Empfänger Tornister Eb.   40 - 4.000 m
- 3 x Empfänger E-400-Rö.   1.800 - 20.000 m
- 7 x Magnetophon FT-4
- 4 x Doppelrecordertische Neumann
- 2 x Doppelrecordertische Reichardt
- 4 x Einfachrecorder Reichardt
- 1 x Siemens-Hellschreiber Empf.-14
- 1 x Hell-Feldfernschreiber
- 9 x Stahltonmaschinen in Kofferform (Tonband)
- 10 x Stahltonspulen
- 3 x D-2-K (2-Kanal-Recorderempfang)
- 1 x 10-m-Kurbelmast

Dem MNO Wilhelmshaven wurden die Stellen in Borkum, List, Nordholz untergeordnet und er war vor Kriegsbeginn hauptsächlich für die Überwachung des englischen Funkverkehrs zuständig. Der 1936 eingerichteten MPHS Mitte in Soest/Westfalen war die B-Dienststelle in Langenargen und die nach dem Anschluss Österreichs am Neusiedler See aufgebaute Marine-Peilstelle unterstellt. Soest und Langenargen konzentrierten sich auf den französischen und italienischen Funkverkehr, während die MNO Neusiedl am See die russischen Übermittlungen überwachte. Die Dienststellen in Wilhelmshaven, Kiel, Swinemünde Pillau, Neumünster, Soest, Langenargen und Neusiedl erhielten eigene Auswertungsabteilungen für ihre Arbeit.

Diese Dienststellen gliederten sich in Erfassung und Auswertung, die Ergebnisse wurden mit Fernschreiber zum OKM/SKL III. übermittelt. Alle anderen Peilstellen schickten nur das gesammelte Material zur Auswertung nach Berlin in die B-Dienst-Stelle im OKM, da vor Ort nicht das benötigte Fachwissen zur Verfügung stand. Hier war es von großer Bedeutung, dass alle Umstände und Hinweise der Erfassungsstelle mit übermittelt wurden, welche für die Auswertung von Bedeutung waren.

Das Problem der Peil- und Aufklärungsstellen lag zumeist beim benötigten Material und qualifizierten Personal. Die Dienststelle in Wilhelmshaven am Totenweg hatte beispielsweise ca. 20 Funker, welche die verschiedenen Frequenzbereiche die mit jeweils einem Nachrichtenoffizier im Vierer-Wachsystem (6 Stunden) überwachten. Die personelle Stärke der operativen Besetzungen vor Kriegsbeginn lag bei ca. 40 Mann bei der B-Leitstelle, etwa 30 bei B-Hauptstellen und 20 bei einer unterstellten B-Dienst-Nebenstelle. Die B-Hauptstelle in Berlin erreichte bei Kriegsende zwischen 300 bis 350 Mann, wobei versucht wurde die Anzahl der anderen Stellen in etwa zu verdoppeln, um vom normalen täglichen Dienst auf eine 24-stündige Bereitschaft im Krieg zu kommen.

B-Dienst-Hauptstellen des Oberkommandos der Marine (OKM)
- Neumünster in Schleswig-Holstein
- Soest in Westfalen
- Langenargen am Bodensee

B-Dienst-Nebenstellen
- Kiel-Holtenau
- Wilhelmshaven
- Borkum
- List auf Sylt
- Warnemünde
- Swinemünde
- Pillau
- Arkona
- Stolpmünde

Daneben gab es eine noch eine ganze Reihe von Außenstellen, die mit dem Hauptnetz in Verbindung standen, wie z.B. die gleich nach dem Vormarsch an der Westfront eingerichteten Stellen in Vlissingen und Ostende an der Nordseeküste. Die B-Dienst-Außenstellen in den besetzten Gebieten wurden im Verlauf des Krieges fest in die Organisation integriert als Marine-Peilhauptstellen (MPHS) und leisteten einen essentiellen Beitrag zur Aufklärung der Lage an den Fronten, dabei nicht allein in Bezug auf die Marine, sondern auch für die Operationsvorbereitung und Durchführung der Heeres- und Luftwaffenoffensiven.

Marine-Peilhauptstellen (MPHS) in den besetzten Gebieten
- MPHS Brügge, Belgien
- MPHS Brest, Bordeaux, Montpellier, Frankreich
- MPHS Taormina (später am Karersee), Italien
- MPHS Athen, Griechenland
- MPHS Eupatoria auf der Krim in Russland (zuvor in Bulgarien), später in Riga
- MPHS Kirkenes (später Finsnes, Stavanger), Norwegen
- MPHS Hjörring, Dänemark
- MPHS Braila, Rumänien (später zeitweise Odessa)

Die Marinedienststelle in Neumünster wurde zu einem der Drehpunkte und ihre Geschichte und Ausstattung sollen hier als Beispiel dienen. Die Marine-Funkempfangsstelle Neumünster beobachtete seit 1919 wieder den englischen, französischen, polnischen und italienischen Marine-Funkverkehr. Nach Schaffung der Reichsmarine führten die Funkstellenleiter die Bezeichnung MNO, die Station wurde zur Tarnung lediglich als Küstenfunkstelle (K.F.S.) bezeichnet. In den Zeitraum 1919/20 fallen die Neubauten und Erweiterungen. Eine drehbare Langwellenantenne wurde im Innern eines "Rahmenhauses" aufgebaut, die Störsender ausblenden konnte. Ein Funkmast und drei Wohnhäuser (A-C, später noch D) wurden errichtet.

1926 besaß die Station anscheinend immer noch nur einen Sender und Empfänger, während sie 1927 bereits mit Geräten wie dem E-207, Audion-Zusatz-Empfänger, E-2S3a und einem weiteren unbekannten Empfänger von Telefunken aufgelistet wird. Durch Vergrößerung des Personalumfanges wurden weitere Neubauten erforderlich und am 1. Januar 1931 erfolgte die Änderung der Bezeichnung in Marinenachrichtenstelle Neumünster (M.N.S.), deren Mützenband ab 1. Oktober getragen wurde. Zeitweise wurde auch direkt mit der Marine-Peilstelle Falshöft (Aufstellung am 1. April 1933) zusammengearbeitet und im Jahre 1934 kam u.a. ein EL-133-139-LW-Empfänger von Lorenz in den Bestand. Die alten Holztürme aus der Anfangszeit der Funkstelle wurden am 22./23. April 1936 abgebrochen. Ihre Aufgabe übernahmen vier an anderer Stelle neu aufgestellte 40-m-Stahlrohrmasten. Ferner wurde ein Kreuzrahmenpeiler (NVA-GL/35) mit induktivem Goniometer (8-m-Holzgittermast mit 4 Auslegern, darauf 2 Einwindungsschleifen) und ein Langwellen-H-Adcock-Peiler (NVA-LWH/36, vier vertikale Dipole) im südwestlichen Teil des Funkstellengeländes errichtet. Die Ergebnisse wurden über eine FS-Standleitung direkt nach Berlin zur B-Dienst-Leitstelle übermittelt. 300 m östlich der Funkstelle wurde 1937/38 im freien Feld ein Kurzwellen-U-Adcock-Peiler (NVK-KWU/37) aufgebaut. Die vier 10-m-Masten auf 8 m Basis arbeiteten mit einem Empfänger E-390-Gr. von Telefunken zusammen. 200 m südlich davon entstand 1938 ein Langwellen-H-Adcock-Peiler mit vertikalen Dipolen, einem Peiltisch (NVK-39/491) mit einem Empfänger E-491N (T-8-PL-39, "Martin"). Es kam im selben Jahr zum Bau eines neuen Betriebsgebäudes in Z-Form, in dem zunächst zwei, ab 1942 vier, dann fünf Empfänger aufgebaut wurden. Im Peilraum mit zwei Peiltischen waren zwei E-383 von Telefunken und ab 1944 sechs B-Dienst-Empfänger aufgestellt. Zur Dokumentation wichtiger Funksprüche kam 1939/40 ein Tonschreiber "a" der Firma IG-Farben dazu.

Aufgrund der Spezialisierung wurde mit dem 1. April 1940 in der Kriegsmarine die eigene B-Dienst-Laufbahn (IV B) eingeführt, dessen Personal das Laufbahnabzeichen der Funklaufbahn (IV Fk) trug. Ab 1940 bildete die Funkstelle das gesamte Personal für den Funkbeobachtungsdienst aus, bis im Frühjahr 1943 die 3. Kompanie der Marine-Peilabteilung Deutsche Bucht diese Aufgabe übernahm. Ein Teil der eingeschifften B-Dienst-Gruppe aus Neumünster fiel jedoch an Bord des Schlachtschiffes BISMARCK. Der von den B-Dienst-Gruppen durchgeführte Scheinfunk konnte allerdings zuvor noch manchen Erfolg verzeichnen. Bei der Versenkung des britischen Flugzeugträgers GLORIOUS wurde das sichere Absetzen der beschädigten deutschen Einheiten ermöglicht, während die Engländer noch 20 Stunden später Funksprüche mit dem vermeintlichen Funkpersonal des Trägers austauschten, welche die deutschen Funker absetzten.

Nach Beendigung des Frankreichfeldzuges wurde zur direkten Übertragung von Peilergebnissen eine Peil-Kommando-Anlage von Kirkenes/Norwegen mit weiteren Peilstellen über Dänemark, an der Nordseeküste entlang, durch die Niederlande, Belgien, über die besetzte französische Kanal- und Atlantikküste bis hinunter nach Port Vendres/Perpignan am Mittelmeer mit Fernmeldeleitungen zusammengeschaltet. Dadurch entstand eine Peilbasis von über 3.300 km, welche dadurch sehr genaue Ergebnisse liefern konnte.

Nach dem Kriegseintritt der USA betrieb man Neumünster hauptsächlich die Aufklärung des amerikanischen Marinefunkverkehrs vom Eismeer bis zum Mittelmeer, des gesamten Atlantiks, der amerikanischen Ostküste mit Karibik und in besonderen Kriegslagen auch den Pazifikfunkverkehr einschließlich des Blindfunks in Lualualei, Honolulu, dessen Ergebnisse teilweise an die deutsche Botschaft in Tokio übermittelt wurden.

Im Laufe des Krieges wurden die Anlagen ständig den erweiterten Erfordernissen angepasst. So kamen 4 Rhombus-Antennen mit 150 m Seitenlänge und drei Langdrahtantennen (bis 1.200 m Länge) mit Holzmasten zwischen 12 und 15 m Höhe dazu. An Geräten waren nun zusätzlich E-381, E-517, E-52 von Telefunken, H2L/7 und CR-101 von Philips sowie EO-3750, EO-3237 (Lo-6-L39) und EO-8268

"Schwabenland" von Lorenz vertreten. Ergänzt wurden diese dann zusätzlich noch durch französische und britische Beutegeräte aus dem Afrikafeldzug.

Am 1. Januar 1942 erhielt die Funkstelle ihre letzte Bezeichnung als Marine-Peilhauptstelle Neumünster. Nach den schweren Luftangriffen auf Hamburg verlegte auch die Deutsche Seewarte nach Neumünster und am 20. September 1943 trafen die ersten Marinenachrichtenhelferinnen ein. Zu Beginn des Jahres 1945 wurde für den besseren Empfang die Marine-Peilnebenstelle Bokel seitens der MPHS Neumünster eingerichtet, die in der Nähe der Großbasispeilanlage "Wullenwever" (Summendifferenz-Peilung) lag.

Am 23. März 1945 wurde ein großer Teil der Marinenachrichtenhelferinnen nach Rantum abkommandiert, während Anfang April die MPHS Neumünster selbst zur MPHS Hjörring/Dänemark verlegen musste. Am 16. April traf die Marine-Peilabteilung II (vorher Pommern) aus dem Raum Lüchow während ihrer Absetzbewegung ein und verlegte wenige Tage darauf in die Marinenachrichtenschule Mürwik. Nun standen alle Gebäude der MPHS Neumünster leer und die Briten konnten am 3. Mai 1945 kampflos einziehen. Sie demontierten die Anlagen und entfernten die Einfriedungen. Die Geschichte der MPHS Neumünster war zu Ende.

Von Kirkenes im Norden bis in den Süden Frankreichs sowie in die Alpen waren Marinefunker in die Peilstellen versetzt und ihre Erlebnisse sind ein Teil des Ganzen. Der Funkobermaat Fritz Nelkenbecher hatte auf dem Halbflottillenboot ALBATROS der 4. Torpedobootshalbflottille 1929 die Vorteile der Funkerlaufbahn erfahren können. Neben dem Kommandanten der ALBATROS, Freiherr von Puttkamer, fuhr auch der Chef der Halbflottille, der Korvettenkapitän Dönitz, auf dem Boot. Als das Boot einen Grundgänger schoss und drei Tage Wache am Verlustort des Übungstorpedos halten musste, detachiert Dönitz das Boot GREIF, damit der Funkobermaat Nelkenbecher nicht seine Hochzeit verpasste. Anhand seiner Laufbahn lässt sich die Geschichte einer der südlichsten MPHS aufzeigen. Der spätere Kapitänleutnant Nelkenbecher war zuvor in der MPHS Hjörring eingesetzt und nach anschließendem Einsatz als Chef der B-Dienstgruppe auf der TIRPITZ wurde er ab 2. Februar 1943 Chef der MPHS Taormina/Sizilien. Im Haus "Pensione Villa San Pedro" war der Betrieb und die Unterkunft für die 40, später 100 Mann Personal.

Während sich die Alliierten auf die Invasion Siziliens vorbereiteten, wurde auf deutscher Seite für die ins Mittelmeer verlegten Überwasserstreitkräfte der Schlüssel "Süd" (ab Oktober 1943 "Hermes") eingeführt und im Juni 1943 für die U-Boote der Schlüssel "Medusa". Sie konnten von England fast sofort entziffert werden, was jedoch weniger von Bedeutung war als die Entzifferung der deutschen Heeres- und Luftwaffenschlüssel, da hier auch der hauptsächliche Widerstand zu erwarten war, da die Kriegsmarine keine große Bedeutung im Kriegsgeschehen mehr hatte.

Nach der Landung der Alliierten musste am 12. Juli 1943 die MPHS Taormina/Sizilien nach Genazano bei Rom verlegt werden. Die MPHS konnte jedoch nur vom 16. Juli bis 9. September 1943 dort verweilen und war durch den Kriegsverlauf zum Rückzug auf den Karer Pass bzw. am Karer See gezwungen. Das Personal und die Geräte trafen am 13. September 1943 im Luftkurort Levico ein und wurden in der "Albergo Latemar" untergebracht. Die MPHS Karersee nahm am 14. Oktober den Dienstbetrieb auf, während lediglich Nebenstellen in Taormina, Genazano, San Remo, und ein Peiler in Carrara bestehen blieben. Zusätzlich wurden eine Bord-B-Dienstgruppe (Adria) ab November 1944, eine für die 7. Sicherungsdivision in Nervi ab 30. Oktober 1944 sowie eine Gruppe für die 1. Schnellbootsdivision in Pola ab 1. November 1944 überstellt.

Der Dienstbetrieb der 600 m vom Pass auf 1.740 m Höhe gelegenen MPHS wurde bis zum 8. Mai 1945 aufrechterhalten. 60 Personen waren zu diesem Zeitpunkt auf dem Karerpass (Costalunga), 15 Mann waren bei der B-Dienstgruppe bei Livorno, ferner unterstanden die Orte Wolkenstein (Selva di V. Gardena) und St. Ulrich (Ortisei) der Standortkommandantur Karersee. Insgesamt waren bei Kriegsende 7 Offiziere, 19 Portepeeunteroffiziere, 57 Unteroffiziere, 106 Mannschaften sowie 12 Marinehelferinnen im Einsatz, sodass mit Nervi und Pola insgesamt ein Personalstand von 216 Personen erreicht wurde. Die 33 Mann der

B-Dienstgruppe der 1. Sicherungsdivision fielen alle noch bei einem Partisanenüberfall (Soldatenfriedhof Costermano), während weitere Mitglieder an Bord der Einheiten auf See verloren gingen.

Das Deutsche Marinekommando Italien wurde am 1. Januar 1945 in Marineoberkommando Süd umbenannt. Das Stabsquartier wurde im Oktober/November 1943 nach Levico bei Trient, im Februar 1944 zur Montecatini-Terme und im Juli 1944 wieder nach Levico verlegt. Am 27. April 1945 befand es sich letztendlich dann ebenfalls am Karersee bei der MPHS. So waren der Karersee und der Pass das letzte Rückzugsgebiet der Kriegsmarine in Italien vor dem Kriegsende.

Bei den Vergleichen der Leistungen des B-Dienstes mit den alliierten Stellen müssen bestimmte Umstände beachtet werden. Die alliierten Schlüsselverfahren waren größtenteils Handverfahren. Nach der Entzifferung eines Funkspruches lag so neben dem Inhalt nur ein kleiner Baustein zur Rekonstruktion des gesamten Codes vor. Bei einer Chiffriermaschine wie z.B. der ENIGMA, erhält man hingegen die Lösung für alle Funksprüche eines betreffenden Schlüsselbereiches.

In den Vorkriegsjahren wurde in Frankreich bekannt, dass ein französischer Offizier den Marinecode verraten hatte, worauf dieser geändert wurde. Doch war den deutschen Kryptologen auch ein Einbruch in einen Schlüssel der französischen Wehrbereiche gelungen, der bis zum Ende des Frankreichfeldzuges 1940 mitgelesen werden konnte (auch die britischen Entzifferungsstellen waren zunächst bis 1935 in der Lage alle französischen Schlüssel zu lösen). Insgesamt konnten bei Kriegsausbruch vier französische Marine-Verfahren zum Teil vollständig mitgelesen werden. Den Franzosen blieb dieser Umstand verborgen und die Schlüssel deshalb unverändert, was sicherlich mit Grund für das rasche Vordringen der deutschen Kräfte war, welche die nun erkennbaren Schwächen des Gegners ausnutzten konnten. In zwei Tagen wurden die Schlachtfelder des 1. Weltkrieges durchschritten, die damals 4 Jahre lang umkämpft worden waren.

1939/40 konnte die Marine-Funkaufklärung noch den englischen Flottenschlüssel mitlesen und die Invasion Norwegens konnte noch unterstützt werden, doch nach den britischen Änderungen versiegte diese Informationsquelle größtenteils. Der B-Dienst hatte vor der geplanten deutschen Invasion von dem englischen Expeditionskorps in Narvik erfahren, das von England aus versorgt werden musste. Durch bewusste Informationen über eine Aussendung eines Verbandes in das Gebiet um Narvik wurden die Briten dazu verleitet ihre Home Fleet zum Schutz nach Norden zu schicken, wodurch diese den deutschen Truppen bei der Landung weniger gefährlich war.

Bei der Eroberung Kretas konnte u.a. die Funkstelle MNO Sofia der Kriegsmarine einen handverschlüsselten Funkspruch der Engländer entziffern, der dem Flottenverband die Anweisung gab, das Expeditionskorps einzuschiffen. Dies wurde dem 10. Fliegerkorps gemeldet, das sofort in dem für die Engländer ungünstigsten Moment angreifen ließ. In der ersten See-Luft-Schlacht der Geschichte wurden 2 Kreuzer und 4 Zerstörer versenkt sowie bei der folgenden Evakuierung Kretas 2 Schlachtschiffe, 3 weitere Kreuzer sowie ein Flugzeugträger z.T. schwer beschädigt. In Sofia gab es neben dem MNO noch eine Stelle des deutschen B-Dienstes mit 200 bis 250 Mitarbeitern in der Kriegsorganisation und ab 1941 wurde das Marinegruppenkommando Süd in Sofia eingerichtet. Die Stadt wurde deshalb damals ironisch als "der größte deutsche Kriegshafen des Südostens" bezeichnet, obwohl sie hunderte von Kilometern vom Meer entfernt liegt.

Im Jahre 1942 wechselten die Engländer drei ihrer wichtigsten Schlüssel. Die englische Naval Cypher und einer der Administrative Codes beruhten auf einem vier- bzw. fünfstelligen Codebuch mit 9999 Codegruppen, die mit Long Subtractor Tables (je 5000 Zahlengruppen) überschlüsselt wurden. Hier hatte der xB-Dienst gute Erfolge, erlitt aber den ersten Rückschlag, als die britische Admiralität am 20. August 1940 den Naval Cypher No. 2 und dann 4 ("Köln" mit sechs und "München" mit bis zu 16 Schlüsselkreisen und ebenfalls vierstelligen Zahlencodes) einführte. Diese wurde zusätzlich zwei- bis viermal pro Monat gewechselt. Nach fünf Tagen hatte war meist der Kopf und Anfang der Nachrichten entziffert, aber nicht ihr gesamter Inhalt. Bis zum 1. Januar 1941 hatte man 19% der Schlüsselhefte von ("Köln" und 26% von

"München" entziffert. Nach dem Einbruch in den Naval Cypher No. 3 ("Frankfurt"), dem anglo-amerikanischen Konvoicode, der auch für die Lageberichte des amerikanischen Oberbefehlshabers an der Atlantikküste verwendet wurde, erhielt man ein gutes Bild über die Ergebnisse der deutschen Angriffe.

Anfang 1943 waren diese Informationen des B-Dienst durch rechtzeitige Vorlage beim BdU eine Voraussetzung für die Erfolge der Wolfsrudel, deren U-Boote entsprechend vor den Konvois positioniert werden mussten. Da jedoch die Engländer ihrerseits größtenteils die deutschen Operationsbefehle über die ENIGMA mitlesen konnten, fanden ständige Ausweich- und Angriffsmanöver statt, bei denen die Zeit der kritische Faktor war. Nach Einführung des Naval Cypher No. 5 am 10 Juni 1943 ging der Informationsfluss aus xB-Dienst dann weiter zurück.

Die Operation Cerberus konnte durch die deutsche Funkaufklärung und Funkstörung erfolgreich durchgeführt werden. Bei dem Kanaldurchbruch der drei Schiffe GNEISENAU, SCHARNHORST und PRINZ EUGEN vom 11.-13. Dezember 1942 glaubten die Engländer an Fehlfunktionen ihrer Geräte und erkannten zu spät, dass die deutschen Einheiten vor ihrer Nase nach Deutschland zurückliefen. Cerberus/Kerberos war in der griechischen Sage der Wächter vor dem Eingang der Unterwelt, der nach Hesiod zwar die Neuankömmlinge einlasse, sie aber verschlinge, wenn sie versuchten, wieder hinauszugelangen. Möchte man nicht an der Bildung der Namensgeber der Operation zweifeln, muss man annehmen, dass ihnen die Doppeldeutigkeit in Bezug auf den Rückmarsch der Schiffe wohl im Hintergedanken bekannt war.

Die Horchstelle in Lauf, 20 km östlich von Nürnberg, hatte mit der Horchstelle in Treuenbrietzen nach dem Einmarsch in Polen die Aufgabe, den diplomatischen Funkverkehr auf Kurzwelle zu erfassen und zur Dechiffrierung nach Berlin zu leiten. Hier wurden die chiffrierten Nachrichten des amerikanischen Militärattachés in Kairo abgehört, was z.T. die Erfolge Rommels in Afrika begründete, mit denen er die 8. Armee der Briten bis 300 Meilen vor Alexandria zurückdrängte. Der Colonel Bonner Frank Fellers informierte Washington täglich (Oktober 1940 - Juli 1942) über die Pläne der 8. Armee und selbst Hitler wünschte:

"... daß der USA-Gesandte in Kairo uns durch seine schlecht chiffrierten Kabel weiter so gut unterrichten möge".

Das tat dieser aber nicht. Die Amerikaner änderten im Juli 1942 ihre Verschlüsselung und nutzen die Schlüsselmaschine M-138. Dies war mit Grund, warum Montgomerys Angriff auf el-Alamein so überraschend für Rommel kam. Die Nachrichtenabteilung 56 war mit dem Übersetzen der 3. Kompanie unter dem Oberleutnant Seebohm am 24. April 1941 nach Tripolis komplettiert worden. Schon 1941/42 in Le Havre hatte diese Abteilung gute Dienste geleistet und nun betrieb die 3. Kompanie die Funkaufklärung für Rommels 7. Panzerdivision, während die 56. Abteilung sofort nach Syrte verlegt worden war. Doch nach dem englischen Schlüsselwechsel traf der Durchbruch bei Montgomerys Angriff auf el-Alamein direkt auf die deutsche Horchkompanie, die 100 Mann und viele der geheimen Unterlagen verlor. Die darin entdeckten alliierten Fehler im Funkverkehr wurden auf allen Kriegsschauplätzen sofort abgestellt. Neben dem erfahrenen Oberleutnant Seebohm als Leiter verlor die deutsche Armee in Afrika viele ihrer gut ausgebildete Soldaten aus dieser Nachrichtenabteilung, welche nicht ersetzt werden konnten. Rommel war seiner Funkaufklärung beraubt und konnte keine Schwachstellen mehr für Überraschungsangriffe ausnutzen. Der britische Rundfunksender in Kairo funkte daraufhin auch in deutscher Sprache:

"Wir bedanken uns für das ausgezeichnete und umfangreiche Material".

Neben fingierten Funksprüchen fuhren die Panzer zwei Nächte lang Spur neben Spur in den Sand und die britische Luft- und Funkaufklärung meldeten große Verbände. Im Sommer 1941 fuhren fünf bis sechs

Panzer des Afrikakorps in einem großen Kreis und wirbelten eine Staubwolke auf in der sie angriffen. Wieder glaubten die Engländer im Zusammenhang mit dem Funkverkehr an eine wesentlich stärkere Einheit und zogen sich zurück. Bis el-Alamein waren die deutschen Panzer auf dem Vormarsch, danach nur noch auf dem Rückzug.

Die Informationen aus der Entzifferung der ENIGMA-Funksprüche waren mit Ursache für das Scheitern des deutschen Angriffes auf Alam-el-Halfa im September 1942. Rommel hatte im Juni nur noch 13 einsatzfähige Panzer und die Engländer waren vorbereitet. Auch Rommels militärisches Geschick in der optischen und der funktechnischen Täuschung konnte das Blatt nicht mehr wenden. Das Afrika-Korps konnte zwar die militärischen Schwachstellen der Briten zunächst operativ nutzen, doch gleichzeitig waren es die Schwachstellen des deutsch-italienischen Funkverkehrs im Mittelmeer, die es den Briten ermöglichte, den Nachschub für Rommel zu dezimieren und dadurch die Voraussetzungen zu schaffen, um das Afrikakorps zu besiegen.

Auf anderen Kriegsschauplätzen konnte die Funkaufklärung/ELOKA ebenfalls von Nutzen sein, während sie 1944/45 kaum mehr Auswirkungen gegen die russischen Armeen mit ihrer materiellen und personellen Masse hatte, welche die geschwächten, schlecht versorgten und auch psychologisch ausgebrannten deutschen Verbände einfach niederwalzte. Fast alle russischen Funksprüche konnten zuletzt von den Deutschen entziffert werden, ohne dass noch ein Vorteil daraus gezogen werden konnte. Anfangs wurde den nachrichtendienstlichen Berichten noch misstraut, dann konnte der Nachrichtendienst seine Effektivität beweisen und zeitweise die Überlegenheit der russischen Armeen noch ausgleichen, bis die Arbeit bald mangels militärischer Kräfte ohne praktischen Nutzen lieben musste. Lediglich der General Gehlen konnte sich mit dem Material eine Ausgangsbasis für die Nachkriegszeit schaffen.

Nach Informationen aus der Aufklärung wurde ein Gebiet besetzt, in dem der russische General Below landen sollten. Zur über Funk angegebenen Ankunftszeit und Ort kam der General und wurde festgenommen. Bei der Einnahme von Kiew und Odessa an der Ostfront kam es durch die Ferndetonation von Bomben zu schweren deutschen Verlusten. Die Nachrichtenabteilungen in der Folge stellten tonmodulierte Trägerwellen fest, die nun gestört werden konnten. Nach russischem Beispiel hatten die deutschen Truppen dann vor dem Rückzug Arbeitsräume und Quartiere mit Sprengladungen versehen, die später gezündet wurden. Durch die Anschläge der Roten Armee in Kiew kam es zum größten Massaker an der Ostfront, bei dem bei Babyi Yar mehr als 33.000 Juden ermordet wurden. Dies brach den Kooperationswillen der ukrainischen Bevölkerung und war eventuell auch deshalb von der sowjetischen Seite bewusst provoziert worden.

Doch um die Informationen über eine Situation ausnutzen zu können, muss immer das notwendige Personal und Material vorhanden sein. 1943 banden die U-Boote 2.600 alliierte Kriegsschiffe, was zwar 50% des alliierten Kräftepotenzials entsprach, aber aufgrund der Wirtschaftskraft der Vereinigten Staaten von Amerika wieder aufgeboten werden konnte. Die von der Aufklärung gelieferten Informationen konnten deshalb aufgrund des Mangels an Personal und Material an keiner der vielen Fronten mehr ausgenutzt werden.

Zur Abwendung der Luftangriffe blieb nur noch die elektronische Kampfführung (heute ELOKA). Die erfolgreiche Störmethode mit Abwurf von Folienstreifen aus Aluminium, die als Reflektor-Dipole wirkten, sollte streng geheim bleiben obwohl schon frühzeitig damit experimentiert wurde. Mit der Radartäuschung hatte Telefunken 1941 mit Stanniolpapieren an der dänischen Küste, in der Nähe des Flughafens in Düppel (Düppeler Schanzen, Dybbol/Sonderburg), experimentiert. Auf die Wellenlänge der zu störenden Radaranlagen in der Länge zugeschnittene Metallstreifen verursachen eine Vielzahl von Reflexionen (Echos), welche die Ortungen von Flugzeugen oder Schiffen erschweren oder unmöglich machen können. Wahrscheinlich stammt die deutsche Bezeichnung "Düppel" von dem dänischen Flughafen, es gab aber auch eins Gut namens Düppel bei Berlin (1942) von dem der Name abstammen könnte, da hier ebenfalls verschiedene Versuche mit Reflektoren und Täuschkörper durchgeführt wurden. Aufgrund seines technischen Unverständnisses unterband Göring aber die Weiterführung der Experimente und befahl die Vernichtung der Unterlagen, da er befürchtete, dass die Gegenseite die eigene Radaraufklärung durch Störungen dann ebenfalls verhindern könnte.

Die Alliierten hatten ähnliche Befürchtungen, doch ab 1943 benutzen die Engländer trotzdem genau diese Täuschungsmöglichkeit (Chaff) in Verbindung mit Störsendern zum Schutz ihrer Bomberverbände. Am 24. Juli 1943 fand der erste Einsatz bei der Operation Gomorrha (die Bombardierung Hamburgs) statt. Die Verluste der britischen Bomber reduzierten sich um 50% und nur 12 Bomber kehrten nicht zurück. Die Flugzeuge hatten jede Minute ein Bündel mit 2.000 Stanniolstreifen abgeworfen. Da die "Würzburg"-Geräte im 500-MHz-Bereich arbeiteten, wurden die Folienstreifen auf diesen Bereich abgestimmt (27 cm lang und 1,5 cm breit). Die danach entwickelten, störungsunempfindlichen Radaranlagen mit Doppler-Verfahren kamen erst zum Ende des Krieges und in zu kleinen Stückzahlen an die Front. Für die Verwendung auf deutscher Seite gab es keine Gelegenheit mehr, da die Bomberflotten der Luftwaffe mangels Substanz selbst keine Großangriffe mehr fliegen konnten. Der Einsatz dieses Mittel im Beginn der Schlacht um England hätte wohl so mancher deutschen Flugzeugbesatzung das Leben gerettet.

Als Täuschkörper gegen das englische Radar gab es unter den Tarnnamen "Aphrodite" und "Thetis" auch Metallstreifen an Ballons bzw. an Holzstangen als Gegenmaßnahmen bei den U-Booten. Ab Sommer 1941 kam zusätzlich der Warnempfänger "Metox" zum Einsatz. Des Weiteren versuchte man, die U-Boot-Schnorchel durch Beschichtungen ("Schornsteinfeger") Stealth-Eigenschaften zu verleihen. Dies wurde zunächst nur durch eine mehrschichtige Gummidecke mit eingelagertem Kohlegranulat verwirklicht. Durch die Schnorchel konnten bei Unterwasserfahrt die Batterien mit den Dieselgeneratoren geladen werden. Ab 1942 waren diese provisorisch und 1943 serienmäßig eingebaut. U-1199 führte mit dem Schnorchel im September 1944 dann den längsten Unterwassereinsatz des 2. Weltkrieges mit 50 Tagen durch.

Es wurde aber weiterhin versucht, die englischen Luftangriffe abzuwehren. 15 verschiedene Verfahren wurden ausprobiert, um die englischen Störungen zu unterbinden. Die Ausnutzung des Dopplereffekts war am schnellsten zu realisieren, denn die Flugzeuge bewegen sich wesentlich schneller als die Felder mit den Störfolien. Auch andere Kompensationsverfahren wie z.B. "Freyalaus" und "Würzlaus" standen schon einige Monate später zur Verfügung. Der Name "Laus" entstand, weil aus den durch die Folienreflexionen verursachten Zacken auf den Bildschirmen kleine Interferenzfelder wurden. Das "K-Laus"-System erlaubte es sogar, ein Düppelverhältnis von bis zu 1:20 zu neutralisieren.

Trotz der Störungen durch Störsender und Folien gab es die größten Nachtjagderfolge zwischen Herbst 1943 und dem Sommer 1944. Den größten Einzelerfolg erzielte ein Nachtjäger dann in der Nacht zum 21. Februar 1945, als er 10 Bomber abschoss, 8 davon in nur 26 Minuten. Das dort verwendete Gerät wurde nicht genannt, doch scheinen die Lichtenstein-SN2-Varianten (FuG-220 mit 73/82/91 MHz) einen großen Erfolgsanteil an allen Nachtjagdabschüssen gehabt zu haben. Obwohl sie gegenüber den höher frequenten Geräten eine geringere Nahauflösung hatten, war ihr großer Öffnungswinkel von 120 Grad ein großer Vorteil (der Öffnungswinkel der alten Lichtenstein-B/C-Geräte betrug lediglich 28 Grad).

1942/43 kamen die englischen Störgeräte "Mandrel" (gegen "Freya"), "Jostle" und "Airborne Cigar" (gegen "Lichtenstein"), während "Moonshine" größere Bomberverbände vortäuschte und "Perfectos" über die Freund-Feind-Erkennung der deutschen Jäger die Ortung ihrer Position ermöglichte. Auf deutscher Seite wurde das "Lichtenstein" für variable Frequenzen im Bereich 60-120 MHz umgebaut und mit "Neptun" erschien auf 170 MHz ein rückwärtiges Warngerät der Bomber bzw. Zielsuchgerät der Jagdflugzeuge. Die Geräte kamen in den Versionen FuG-216 bis -219 als Bordfunk-Messempfänger auch auf die deutschen Schiffe.

Der Düppeleinsatz der britischen Bomber war nun unwirksam und zusammen mit den "Naxos"-Geräten ein Grund für die schweren englischen Verluste im Winter 1943/44. Doch am 13. Juli 1944 landete eine Ju-88 nach Navigationsfehler auf dem englischen Flugplatz Woodbridge/Essex. Das Flugzeug hatte das aufgrund der Störungen in der Frequenz veränderte "Lichtenstein-SN2", das FuG-227 ("Flensburg", gegen britisches Heckradargerät "Monika") und das FuG-350 ("Naxos") an Bord. Beide Empfänger eigneten sich auch zur Peilung von H2S-Geräten. Mit den neuen Erkenntnissen über diese weiterentwickelten Geräte wurden die englischen Geräte und Gegenmaßnahmen angepasst und die Gegen-Gegenmaßnahmen wieder unwirksam.

Alle Pläne für die alliierte Operation Overlord in der Normandie wurden von einer Gruppe koordiniert, die den Decknamen "The London Controlling Section" trug. Mit dem Eintreffen von amerikanischen Heereseinheiten in England setzte als Erstes eine Funktäuschung ein, die den Namen "Bodyguard" trug. Enttarnte deutsche Agenten in England funkten zwar schon ab 1942 falsche Informationen an die Abwehr, doch ab Frühjahr 1944 waren sie von unschätzbarem Wert.

Die Wetterlage Anfang Juni 1944 war sehr ungünstig und der Startbefehl für die Invasion musste verschoben werden. Die britische Wettervorhersage erkannte aber die Änderung der Wetterlage früher als die deutschen Stellen. Eisenhower nutzte dies als zusätzlichen Überraschungseffekt und startete in der Nacht zum 6. Juni 1944 parallel zur Operation Overlord mit der Operation Neptune für die Landung in der Normandie auch den größten Einsatz von Störmitteln im 2. Weltkrieg, um das Übersetzen der insgesamt 6.697 Schiffe und Boote auf einer Breite von 70 km mit 86 Divisionen zu schützen.

Auf 250.000 km2 wurden ca. 30.000 VHF- und 10.000 HF-Sender, 3.000 Radargeräte, 400 Navigationssender, 100 Radarstörsender und 9.000 IFF-Geräte allein bei den Alliierten aktiv. Für die Frequenzverteilung während der militärischen Aktion wurde das Radio Frequency Commitee gegründet, in dem die Stäbe der alliierten Luftstreitkräfte, die amerikanische und britische 1. Army Group, die 8. US-Bomberflotte, das britische Bomber Command, die 9. US Tactical Air Force, die 2. britische Tactical Airforce, die alliierten Flottenstreitkräfte und das Oberkommando der Invasionsstreitkräfte vertreten waren.

Im Dezember 1943 war das Frequenzmanagement soweit vorangeschritten, dass zehntausende von Quarzen für die Funkgeräte zum Schleifen in Auftrag gegeben werden konnten. Als der Oberkommandierende der alliierten Luftstreitkräfte im Februar 1944 mitteilte, dass die Frequenzen für die 9. US Tactical Air Force nicht ausreichen, musste der Kanalabstand von 5 auf 4 kHz verringert werden und gleichzeitig wurden den Landungsgruppen 30 Frequenzen entzogen. Insgesamt wurden deshalb 1.500 Frequenzen neu vergeben, für die zum Teil auch die Quarze erst wieder neu geschliffen werden mussten. Gleichzeitig wurde die Sendeleistung auf 500 und 25 Watt begrenzt, nur in Ausnahmefällen waren höhere Sendeleistungen zugelassen, um Störungen zu vermeiden. Aus dieser Sicht ist es nachvollziehbar, dass teilweise bei den Einsätzen der Luftlandetruppen um die niederländischen Brücken falsche Quarze die Kommunikation verhinderten. Wäre dies häufiger der Fall gewesen, hätten Folgen z.B. schon für die Landung in Frankreich sehr viel schwerwiegender sein können.

Für die Landung der Alliierten wurden nahezu alle Radaranlagen aufgeklärt, wobei später festgestellt wurde, dass ca. 15-20% der Typen nicht mit der tatsächlichen Aufstellung übereinstimmten. Die 50 deutschen Küstenradarstationen in der Normandie wurden den unterschiedlichen Typen nach im Firth of Forth sogar nachgebaut. Die amerikanischen und britischen Truppen übten dort ihren Störeinsatz in der Operation Fortitude für den D-Day (Decision-Day). Gleichzeitig wurden Schiffe mit Radarreflektoren an Fesselballons ausgerüstet, um im Verbund mit Düppeleinsatz auf die vorgetäuschten Landegebiete zuzufahren. Allein 18 Schiffe fuhren mit Ballons auf das Cap d'Antifer zu und wurden von Flugzeugen umkreist, welche Düppelfolien abwarfen. Diese Art der Täuschung wurde auch vor Boulogne durchgeführt und zusätzlich flog ein Bomberverband Scheinangriffe. Ohne diese Einsätze wären die Verluste wohl wesentlich höher ausgefallen, wenn die Landeoperation nicht gar in einer Katastrophe geendet hätte. Der kombinierte Einsatz zu Lande, zu Wasser und in der Luft zeigte schon auf, welche führende Rolle die elektronische Kampfführung hatte und in Zukunft haben würde.

Zur Koordinierung der VHF/HF-Frequenzen wurde außerhalb der Erfassungsreichweite der deutschen Funkaufklärung im Norden Englands und in Schottland Versuche mit den verschiedenen Gerätetypen durchgeführt, um die Überlagerungen, die maximal verwendbaren Sendeleistungen, optimale Antennen bei großer Sendedichte und die geeignetsten Frequenzen herauszufinden.

Zur Koordinierung während der Operation wurde die Mutual Interference Advisory Party aufgestellt, die drei Überwachungsgruppen hatte. Die erste war beim Oberkommando der Landstreitkräfte, die beiden anderen jeweils in dem britischen bzw. amerikanischen Landungsabschnitt mit den speziellen Überwachungsempfängern. Parallel dazu wurde der Radio Countermeasure Advisory Staff geschaffen, der die Befehlshaber der drei alliierten Armeen über die möglichen Folgen eigener elektronischer Gegenmaßnahmen auf die eigenen Funkverbindungen beraten sollte. Diese Organisationen waren die Vorgänger für das spätere Frequenzmanagement der NATO sowie die spezielle Verwendung der ELOKA-Stabsoffiziere in der NATO.

Durch die entzifferten Sprüche der deutschen Abwehr erhielten die Alliierten Kenntnis über die Lagebeurteilung des Oberkommandos und Hitlers Anweisungen. Mit gezielt gestreuten falschen Informationen von Agenten konnte die deutsche Führung getäuscht werden. Die Zahl der alliierten Divisionen war im OKW um den Faktor 15-20 überschätzt worden, obwohl die deutsche Funkaufklärung 95% der auf den britischen Inseln zusammengelegten Verbände für die Invasion vorab erfasst hatte und korrekte Angaben nach Berlin schickte. Auch die deutsche Abwehr hatte die verdeckte Ankündigung der Invasion erkannt und den Abhörstationen mitgeteilt. Hitler glaubte selbst als die Invasion begann noch an eine weitere Landungsoperation weiter nördlich und hielt Kräfte zurück.

Hochfliegende deutsche Aufklärer kamen noch über England zum Einsatz, konnten aber die angebliche Landeflotte vor Dover nicht finden. Schon die Experten der Marine hatten immer wieder darauf hingewiesen, dass eine Landung an der engsten Stelle des Kanals aus den verschiedensten örtlichen Gegebenheiten schwierig sein würde. Die alliierten Flottenkräfte wurden im April/Mai an der Südküste zwischen Portsmouth und Plymouth von deutschen Bombern mit begrenztem Erfolg angegriffen, aber ihr eigentlicher Zweck wurde nicht erkannt. Die Aufklärung der Luftwaffe und wichtige Abwehrgruppen in Frankreich blieben trotzdem misstrauisch, da es so manche Ungereimtheit gab. Die Infrastruktur war im Bereich Pas des Calais zerstört worden, wichtige Radaranlagen an der dortigen Küste wurden hingegen kaum angegriffen und die starke Flakabwehr konnte nicht die einzige Begründung dafür sein. Es waren also einige Zufälle zu viel im Spiel.

In keinem britischen Bericht wurde vermerkt, dass den Deutschen schon am zweiten Tag der Invasion in der Viremündung die Pläne eines US-Beachmasters in die Hände fielen, der für einen bestimmten Landestreifen verantwortlich war. Alle Stoßrichtungen und Tagesziele waren für vier Tage nach Beginn der Invasion auch Hitler bekannt. Es ist nicht erkennbar, ob er die Pläne für eine Fälschung hielt, denn größere Auswirkungen gab es nicht und sie bewirkten keine Umstimmung Hitlers. Im Kampfgebiet führte dieses Wissens nur dazu, sich etwas flexibler verteidigen zu können. Die Truppe hatte nur noch nachts eine gewisse Bewegungsfreiheit und Nachschub kam kaum noch durch.

Auf der alliierten Seite führte die konsequente und schnelle Führung durch optimale Nutzung der Nachrichtentechnik zum Erfolg. Zwei Minuten nach der Aufhebung der Funkstille bestand Verbindung zu der Führung der Landungsflotte und an Bord der Schiffe, Funkrelais gewährleisteten die Verbindung zu den Truppenteilen in den Landungsbooten. Die erste Mehrkanal-VHF-Verbindung über den Ärmelkanal wurde zwei Stunden nach der Landung der vordersten Truppen in Betrieb genommen und am Nachmittag des nächsten Tages in das französische Telefonnetz eingespeist. Schwerwiegende gegenseitige Störungen wurden innerhalb von zwei Stunden beseitigt, im Verlauf des Juni 1944 kamen 85 Störfälle in die Fernmeldeabteilung des alliierten Oberkommandos, die bis auf drei, deren Ursache nicht festgestellt werden konnte, gelöst werden konnten. Gezielte deutsche Störungen wurden keine gemeldet. Der "Blitzkrieg" wurde nun gegen die deutsche Wehrmacht eingesetzt.

Funkdisziplin und Funkstille erschweren die Aufgabe der Aufklärung, da nicht genügend Material zur Auswertung anfallen kann, doch gerade dann sind auch Kleinigkeiten wichtig. Der offene Funkspruch zur Ausgabe der Rumration an die Besatzung bei entsprechenden Frontverbänden der Engländer war z.B. immer ein Indiz für eine bevorstehende Offensive in dem jeweiligen Abschnitt. Die ENIGMA-Schlüsselbereiche "Aegir", der "Sonderschlüssel 100" und "Tibet", die für Kampfschiffe in Übersee, Hilfskreuzer, Versorgungsschiffe und Blockadebrecher benutzt wurden, konnten von den Alliierten während des Krieges nie entziffert werden, da nicht genügend Sprüche damit verschlüsselt waren und keine Unterlagen erbeutet wurden. Die Entschlüsselung der ENIGMA-Funksprüche ist auch durch die große Anzahl der U-Boot-Funksprüche begünstigt worden. Die Signale der Funksprüche mussten zuerst vollständig vorliegen, bevor eine sinnvolle Entschlüsselung möglich war. Der britische Funkoffizier Nigel West beschreibt die Problematik des Funks mit den Worten: "No signal intercept, no cripts at all!".

In der Nacht die Signale aus ganz Europa besser zu empfangen, die Tagesdämpfung reduzierte alle Signalfeldstärken. Alle Signale sind dem "Funkwetter", also den unterschiedlichen Ausbreitungs-bedingungen unterworfen. Im Nahfeld der Bodenwellen wirkt sich das nur wenig aus, stärker dagegen im Fernfeld. Das Sonnenfleckenminimum in den Kriegsjahren war für den Fernempfang negativ. Waren aber die Signale der U-Boote in Frankreich für deutsche Stellen gut aufzufassen, dann waren sie es in England eben auch, obwohl die toten Zonen durchaus unterschiedlich sein konnten.

Dass in England auch Signale der Ostfront gelesen werden konnten, hing mit den Eigenschaften der Raumwellen zusammen. Eine gute Ergänzung für die deutschen Stellen war der Empfang im Mittelmeerraum. Den toten Zonen versuchte man zu umgehen, indem von räumlich weit entfernt liegenden Horchstellen die Stationen überlappend beobachtet wurden. Problemlos war dagegen der Empfang der starken Signale der Marine-Leitstationen auf Langwelle, der aber bei starken atmosphärischen Störungen ebenfalls zusammenbrechen konnte. Beim Fading von KW-Signalen nützten den deutschen Stellen auch Diversity- und Richtempfang nur wenig. Auf beiden Seiten der Front wurde deshalb versucht, die Funksprüche aus mehreren Mitschriften zu komplettieren.

Mehr als 40 Horchstationen auf der britischen Insel sind auf einer Karte aus dem Krieg eingezeichnet. Die Zahl des Horchpersonals nennt uns Mr. West nicht, aber in einer einzelnen Horchstelle waren bis zu 1.200 Personen tätig und mehr als drei Viertel der Horchfunker sollen WREN gewesen sein. Andere Funkempfangsstellen hatten jedoch weit weniger Personal, was auch die Regel war.

Die Grenzen des Wirkens der Operation ULTRA und der Aufklärung können anhand der operativen Misserfolge der Alliierten in Kreta, Arnheim und bei der Offensive in den Ardennen (16. Dezember 1944) verdeutlicht werden. Hier wurde von deutscher Seite der Funkverkehr eingestellt und die Verteidiger sowie die Angreifer blieben im Unklaren über die Absichten. Allein bei Arnheim lag eine Warnung über entzifferte ENIGMA Meldungen bei Montgomery vor, der es jedoch nicht einmal für nötig hielt, das entsprechende Fernschreiben aus England zu öffnen. Auch hier bezahlte der einzelne Soldat für die Unachtsamkeit eines Vorgesetzten.

In den alliierten Truppenteilen waren die SCU (Special Communication Units) und SLU (Special Laision Units) für den Empfang der wichtigen Informationen aus Bletchley Park zuständig. Die Kommandeure konnten mithilfe dieser Nachrichten ihren Angriff oder Verteidigung planen. Doch in Casablanca nutzten Churchill, Eisenhower und Truman deren Dienste auch untereinander zur Kommunikation, um vor dem Einblick fremder, alliierter aber auch eigener Nachrichtendienste geschützt zu sein, damit die geheimen, politischen Entscheidungen nicht ein vorzeitiges Zerbrechen der Allianz verursachen konnten. Nutznießer blieb dabei Stalin, der seine Agenten bereits inmitten seiner Partner platziert hatte.

Die erste japanische Nachrichtenorganisation war 1878 bei der Aufstellung eines Generalstabes mit einem eigenem Armee-Nachrichtendienst entstanden (über 10.000 Mann Truppenstärke). 1881 wurde die KEMPEI TAI als Militärpolizei gegründet, der die BLACK OCEAN SOCIETY (Genyosha) im selben Jahr als Nachrichtendienst in Asien, China, Korea, der Mandschurei und Russland folgte. Das dritte Department der Nachrichtendienste hatte in Japan dann 29 Offiziere und einer Abteilung in der kombinierten Flotte für Pearl Harbour am Ende des Krieges 97 Offiziere mit zusätzlichen 42 in Frontverwendungen. Die Tokumu Bu Special Service Organisation war hingegen ein mehr ein aristokratischer Geheimbund, als eine effektive Nachrichtenorganisation und auch diese japanischen Kryptologen erzielten keine nennenswerten Erfolge während des 2. Weltkrieges.

Informationen über die deutschen Kräfte auf den Landkriegsschauplätzen erhielten die Alliierten größtenteils auch aus den Funksprüchen des japanischen Botschafters in Berlin, Baron Hiroshi Oshima, der regelmäßig mit der PURPLE nach Tokio Bericht erstattete. Er hatte sehr gute Verbindungen zu Hitler und seinem Stab und es entstand die gleiche Sicherheitslücke wie bei den Amerikanern mit Colonel Fellers. Erst am 14. April 1945 verließ er Berlin und wurde später in Bad Gastein gefangen genommen. Seine abgefangenen Nachrichten hatten eine doch beachtliche Zahl erreicht:

Anzahl der von Alliierten entzifferten Nachrichten des japanischen Botschafters in Berlin
- 1941   ~75
- 1942   ~100
- 1943   ~400
- 1944   ~600
- 1945   ~300

Die Wehrmacht nutzte zu einem Großteil die sicheren Drahtnachrichtenwege und war so schwerer aufzuklären, als die auf den Funkverkehr angewiesene Luftwaffe/Marine oder der diplomatische Dienst. Ironischer Weise ging diese Informationsquelle durch einen Diebstahl der Amerikaner in der japanischen Botschaft in Portugal verloren, der nicht mit den Kryptologen koordiniert war. Erst jetzt vermuteten die Japaner einen Einbruch in ihren Schlüssel, welchen die Alliierten schon lange entziffert hatten. Allerdings erhielt der General Dwight David Eisenhower notwendige Informationen zur Invasionsvorbereitung nun zusätzlich noch von einer neu eingerichteten Funküberwachungsstation in Asmara.

Die japanische Kryptoanalyse wurde im 2. Weltkrieg von der Abteilung "Ango-Kenyu-Han" durchgeführt. 1920 entstand die "Tokumu Han" ("Spezialabteilung") der kaiserlichen Marine unter dem Admiral Gonichiro Kakimoto, später mit Tomekichi Nomura, deren erste große Abhörstation in Owada errichtet wurde. 1943 war diese Abteilung derart vergrößert worden, dass als japanisches Novum sogar 30 Frauen aus Personalmangel als Funkerinnen ausgebildet werden durften. Allein in der Abhörstation bei Tokio mussten 181 Empfänger besetzt werden. Die 1. Gruppe mit der Administration wurde von Capt. Amano geleitet, die 2. Gruppe mit der Kryptoanalyse und Forschung war unter Capt. Endo und die 3. Owada-Gruppe der Funker zum Capt. Morikawa. Die 2. Gruppe hatte ca. 50 Offiziere für die Funksprüche aus den USA und England unter T. Satake, 20 Offiziere unter Nakatami für die Funkverbindungen Chinas und weitere für Russland sowie Frankreich, Italien und Deutschland u.a. Ländern unter Masayoshi Funoto.

Die Erfolge der japanischen Abteilungen waren im Vergleich zu den Organisationen der Vereinigten Staaten von Amerika, England und Deutschland jedoch verhältnismäßig gering. Man beschränkte sich auf die untersten Schlüsselebenen, löste den Gray-Code, scheiterte jedoch z.B. am Brown-Code oder der Streifenchiffre CSP-642. Nur bei den Marshall-Inseln konnte durch Entzifferungen rechtzeitig vor einer amerikanischen Landung gewarnt werden. Die Hälfte der Nachrichten der British Allied Merchant Ships

(BAMS, Navy Code) konnten erst entziffert werden, nachdem Deutschland die von der ATLANTIS erbeuteten Unterlagen als Kopien übersandt hatte.

Eigene Schlüsselsicherheit wurde durch einen Ableger der deutschen ENIGMA ermöglicht. Die japanische 97-Shiki O-bun In-ji-ki ("Alphabetische Schreibmaschine 37", wobei "97" die letzten zwei Ziffern des japanischen Kalenderjahres von 2597 entsprechend 1937 waren) arbeitete allerdings mit Relais anstelle der Walzen. Die Amerikaner gaben dem System den Decknamen PURPLE. Das Prinzip war basierend auf 5 Zahlen für ein Wort als erster Code, die mit einem zweiten Code zum Ergebnis addiert wurden. Im Gegensatz zur ENIGMA hatte die PURPLE eine Anzahl von 6-stufigen Schaltern mit 25 Stellungen zusätzlich zum Steckerbrett. Der Entwurf zur weiterentwickelten Maschine stammte von Captain Risaburo Ito, einem Offizier der japanischen Marine. Erstmals eingesetzt wurde das Schlüsselgerät im Februar 1939, ab 1941 auch vom Außenministerium, der Marineaufklärung und in 13 Botschaften.

Durch die manuell entschlüsselten Funksprüche wurde nach den mathematischen Vorgängen ab August 1940 ebenfalls amerikanische Nachbauten der PURPLE gefertigt. Insgesamt sollen dann acht Nachbauten entstanden sein, von denen jeweils zwei im Kriegsministerium, im Marineministerium (Aufklärungsabteilung) genutzt wurden, während eine auf die Philippinen (CAST) geliefert werden sollte und weitere drei nach Bletchley Park. Der erste Einsatz erfolgte auf dem britischen Schlachtschiff KING GEORGE V im Frühjahr 1941. In den sechs Monaten vor Pearl Harbour wurden ca. 7.000 diplomatischen Nachrichten abgehört und entziffert, ca. 300 jede Woche. Die Nachbauten wurden über 50 Jahre geheim gehalten und von der japanischen Schlüsselmaschine selbst soll nur ein einziges Exemplar erhalten sein, da alle bei der japanischen Kapitulation zerstört wurden. In Berlin sollten Teile der Maschine gefunden worden sein, die der Stab der japanischen Botschaft vergraben hatte.

Das amerikanische Kürzel JN stand für Japanes Navy Ciphers. Der Blue-Code löste 1930 den Red-Code (benannt nach den Farben der Bucheinbände) ab, wurde aber am 1. November 1938 durch die JN-Serien ersetzt. JN-25 wurde am 1. Juni 1039 eingeführt und war ein zweiteiliger Fünf-Buchstabencode, dessen 33.333 Gruppen in einem Buch mit Algorithmen gemischt wurden. JN-25b kam am 1. Dezember 1940 zu Einsatz, der von Corregidor unter Rudolph J. Fabian schon in Teilen für die amerikanische Entzifferung gelöst wurde.

Es gelang zwar den japanischen diplomatischen Verkehr abzuhören und zu entziffern, aber der militärische JN-25 (Hato-Code) des japanische Kriegs- und Marineministerium blieb weiter ungelöst. Das deutsche Per-Z war ebenfalls in der Lage einige der japanischen Schlüssel zu lösen. Obwohl viele Nachrichten zwischen November und Dezember 1940 in diesem Code von den Amerikanern aufgezeichnet wurden, wurde ihre Entzifferung verschoben, da die Konzentration auf dem diplomatischen Schlüssel lag. Die meisten dieser JN-25 Funksprüche wurden dann erst nach September 1945 gelöst, wobei erstmals die Tabelliermaschinen von IBM eingesetzt wurden.

Im September 1942 wurde ein umfangreiches Programm zum Bau von Entzifferungsbomben für die PURPLE initialisiert, welches indirekt zum "Holden Naval Sigint Agreement" am 2. Oktober 1942 und dem BRUSA (17. Mai 1943) zwischen der USA und England führte. Die Hauptpersonen ihrer Entschlüsselung waren Joseph John Rochefort, Thomas H. Dyer und Wesley A. Wright (Hawaii), das OP-20-G sowie die britische Abteilung unter Rudolf J. Fabian auf Corregidor/Singapur. Die Abteilung war an einem Ort eingerichtet, der neben Nachrichten auch noch andere Schätze barg. In der Caballa-Bucht, südlich der Inselfestung Corregidor, war bei der Evakuierung der US-Armee der philippinische Staatsschatz (8 Mill. Silber-Pesos) versenkt worden, den die Japaner zum Teil bergen konnten.

Rochefort leitete die später zur Fleet Radio Unit Pacific Fleet (FRUPAC) umbenannte Abteilung ("Hypo") au Hawaii, während die Kryptoanalyseabteilung für den Südwest-Pazifik unter Douglas MacArthur als Central Bureau (C.B.) bezeichnet wurde, deren Leiter Abraham Sinkov war. Die erste Einrichtung war dabei das Intelligence Center Pacific Ocean Area (ICPOA) 1942 für Chester A. Nimitz mit 17 Offizieren und 29 Mann.

Am 7. September 1943 wurde neu strukturiert zum Joint Intelligence Center Pacific Ocean Area (JICPOA), welches im Januar 1945 insgesamt 1.300 Mann aus allen Teilstreitkräften hatte, bis Kriegsende dann rund 1.800 allein im Hauptquartier in Hawaii mit hunderten von Mitarbeitern auf unzähligen Inseln und Kriegsschiffen.

Während die Abhör- und Auswertungsabteilungen personell anwuchsen, wurde die Kryptosektion der US-Marine in dieser Zeit von Leutnant Ellis M. Zacharias aufgebaut, der vermutlich auch Informationen von höchster Stelle aus dem italienischen Marinenachrichtendienst über die Versorgungskonvois für das Afrika-Korps erhielt. Der diplomatische Schlüssel der PURPLE diente auch zur Verbindung mit der japanischen Botschaft in Pearl Harbour und Washington.

Nach dem Krieg entstanden aus den vorhandenen Einrichtungen und Organisationen die Fleet Intelligence Center – FIC, das erste z.B. in Port Lyautey, Marokko. Das FIC in London wurde 1960 zum Fleet Intelligence Center Europe (FICEUR). 1955 begann das FIC in Norfolk und wurde 1961 zum Atlantic Intelligence Center (LANTINTCEN, FICLANT 1968). Das pazifische FIC (FICPAC) wurde 1955 in Pearl Harbour eingerichtet, ein vorgeschobenes FICPAC gab es ab 1964 am Cubi Point auf den Philippinen. 1991 wurden FICPAC und FICLANT aufgelöst und die Funktionen von den Joint Intelligence Centers bei den vereinten Hauptquartieren übernommen.

Der Director of Naval Intelligence (DNI) war bis zum Angriff auf Pearl Harbour der Admiral Theodore S. Wilkinson. Das DNI war aber nicht befugt die entzifferten Nachrichten von MAGIC und anderen Quellen mit seinen ausgebildeten Sprachspezialisten zu interpretieren, es durfte lediglich übersetzt werden und dann wurden die Nachrichteninhalte komplett an die weiteren Dienststellen weitergegeben. Die Analyse war die Aufgabe des War Plan Officers, Admiral K. Turner, der zwar das Rohmaterial nun zentral zur Verfügung hatte, aber nicht mehr die Kapazitäten, um die feinen Sprachnuancen der japanischen Sprache zu deuten.

Das damalige amerikanische Handelsembargo musste zwangsläufig über einen längeren Zeitraum zu einer militärischen Auseinandersetzung mit dem importabhängigen Inselreich Japan führen. Zwar war Japans geografische Lage im Vergleich zu Deutschland etwas besser, aber das Rohöl und Erz kam zu einem großen Prozentsatz ebenfalls aus dem Ausland und dabei größtenteils von den USA. Vermutlich warnte der peruanische Botschafter in Japan den US-Botschafter Grew vor einem möglichen Angriff auf Pearl Harbour, doch dessen nach Washington übermittelten Informationen wurde genauso wenig Beachtung geschenkt, wie der Denkschrift des Oberst Farthing, der als Chef des 5. Bombergeschwaders in Hawaii den Angriff auf Pearl Harbour als Szenario bereits beschrieben hatte. Wahrlich keine Luftnummer. Die politische Führung der USA muss sich über den weiteren Fahrplan und die Konsequenzen des Handelsembargos wohl bewusst gewesen sein, denn am 8. Oktober 1940 äußerte Präsident Roosevelt gegenüber Admiral Richardson:

"...früher oder später werden die Japaner einen Fehler machen und in den Krieg eintreten. Ohne einen beispiello-sen Zwischenfall würde es unmöglich sein, vom Kongress eine Kriegserklärung zu erhalten".

Auch der Kriegsminister Stimson warnte den Marineminister Knox, dass Pearl Harbour in einem solchen Fall das wahrscheinlichste Angriffsziel sei. Das letzte Angebot der Japaner am 25. November 1941 warnte vor einem Chaos der Beziehungen und enthielt Ansätze zur Lösung der Probleme. US-Außenminister Hull beantwortete das Angebot der Japaner lediglich mit der Äußerung, dass er keinerlei Angebote zu machen habe. Am nächsten Tag kam das Kriegskabinett mit Kriegsminister Stimson, Marineminister Knox, Generalstabschef Marshall und dem Admiralstabschef Stark unter Roosevelt zusammen. Außenpolitisch hatte Roosevelt das von Rohstoffen und Erdöl abhängige Japan derart isoliert, dass dieses ohne Krieg in wenigen Monaten wirtschaftlich zugrunde gerichtet worden wäre – gleichzeitig wurden sämtliche politischen Versuche Japans zu einer friedlichen Lösung ignoriert, ohne den Kongress oder die Öffentlichkeit davon in Kenntnis zu setzen.

Kriegsminister Stimson fasste in der Folge zusammen:

"... die Frage war, wie wir Japan dahin bringen können, den ersten Schuss abzufeuern, ohne dass wir uns selbst zu großer Gefahr aussetzen."

Es wurden in der Folge nun auch häufigere Schlüsselwechsel bei den Japanern beobachtet, deren Scheinfunkverkehr die US-Aufklärung zusätzlich täuschen sollte und was in der Aufklärung auch meist als Indiz für einen militärischen Konflikt gewertet werden kann. Eine der abgefangenen Nachrichten aus dem japanischen Konsulat in Hawaii teilte das Gebiet um Pearl Harbour dabei in fünf Bereiche ein. Im Juni erhielt der deutsche Agent Dusko Popov die Anweisung nach Hawaii zu gehen, um Informationen über die Anlagen der US-Navy zu beschaffen. Da er als Doppelagent des britischen Geheimdienstes agierte, wussten auch die Engländer von diesem Auftrag. Die Amerikaner ignorierten aber anscheinend auch diesen Hinweis auf die Ausspähung der Objekte in Pearl Harbour als Vorbereitung zu einem Angriff.

Die Amerikaner hatten die ersten 13 Teile der Anweisung von Tokio an den japanischen Botschafter über PURPLE entziffert. Ursprünglich sollte der 14. Teil, der den Abbruch der diplomatischen Beziehungen und somit de facto eine Kriegserklärung beinhaltete, um 12:30 Uhr (Washingtoner Zeit) übergeben werden. Um eine verfrühte Übergabe zu verhindern, durch welche das Überraschungsmoment verloren gegangen wäre, verschob Vizeadmiral Seichi Ito die offizielle Überreichung des 14. Teiles jedoch auf 13:00 Uhr.

Am 2. Dezember wurde mit dem Funkspruch "Nitika-Yama-Nobore" ("Besteige den Berg Niitak", der Berg Morrison auf Formosa) der Angriffsbefehl übermittelt. An Bord der japanischen Schiffe waren zur Aufrechterhaltung der Funkstille selbst die Morsetasten an den Geräten entweder entfernt oder plombiert worden. Die Eigenheiten der einzelnen japanischen Funker bei der Tastung der Morsesignale waren der amerikanischen Abhörstationen bekannt. Als der japanische Trägerverband zum Angriff auf Pearl Harbour auslief, wurden die derzeit tätigen Bordfunker an Land versetzt und benutzten im Scheinfunkverkehr die Rufzeichen der Angriffsflotte weiter. Bei vorherigen Invasionen (Indochina) waren die Flugzeugträger zum Schutz vor Gegenangriffen vor der japanischen Küste verblieben und lediglich Funkkontakt gehalten. Alle Schiffe wurden deshalb von der amerikanischen Aufklärung als im Hafen liegend gemeldet, während der japanische Verband konsequent Funkstille hielt, nur mittels Winkerflaggen und Signalscheinwerfer kommunizierte. Erst direkt vor dem Angriff formierten sich die Schiffe vor Hawaii – die Täuschung war insofern perfekt.

Am 3. Dezember hatten die Amerikaner den Funkspruch (vom 1. Dezember) zur Vorbereitung der Vernichtung der Schlüsselmaschinen und Unterlagen in der japanischen Botschaft entziffert, was zumindest als Vorzeichen zum Abbruch der diplomatischen Beziehungen gesehen werden musste. Die abgefangenen/entschlüsselten 13 Teile erreichten vor ihrer offiziellen Übergabe am 6. Dezember um 9:15 Uhr Präsident Roosevelt in Washington. Er hatte sein Ziel erreicht und kommentierte:

"This means war."

Doch zu welchem Preis! Der von der amerikanischen Aufklärung ebenfalls abgefangene und auch entzifferte 14. Teil erreichte um 9:45 Uhr Washington. Er beinhaltete den Abbruch der diplomatischen Beziehungen, was eine Kriegserklärung implizierte. Die offizielle Übergabe durch die japanische Delegation verzögerte sich jedoch durch die vermehrten bürokratischen Umstände. Trotz der strikten Weisung ihn um 13:00 Uhr zu übergeben, bat der japanische Botschafter um eine Aufschiebung auf 13:45, was sich letztendlich auf 14:20 Uhr verschob. Dies war jedoch entsprechend 08:50 Uhr in Pearl Harbour, also bereits eine Stunde nach Beginn des militärischen Angriffes.

Mit Kenntnis der 13 Teile fiel der Entschluss zur generellen Mobilmachung, die bereits angelaufen war. Starke atmosphärische Störungen verhinderten aber ein Funkfernschreiben mit entsprechenden Informationen nach Hawaii, eine telefonische Benachrichtigung des Generals George Marschall wurde aufgrund der Abhörgefahr verworfen. Der Befehl wurde deshalb über das zivile Seekabel, aber seltsamer Weise nur mit geringer Dringlichkeit, gesendet. Die Alarmierung traf erst um 07:33 Uhr lokaler Zeit ein. Für die Pazifikflotte unter Admiral Kimmel wurden vom Oberbefehlshaber der US-Flotte (Admiral Stark) keine Maßnahmen befohlen, da der Präsident nicht vor der offiziellen Übergabe einer Kriegserklärung agieren wollte, um den diplomatischen Vorteil der Japaner zu vermeiden und auch die Kenntnis über den Einbruch in ihre Schlüsselmittel zu verschleiern. Bis zum 26. November blieb Pearl Harbour somit trotz Warnungen auf der niedersten Alarmstufe, über 2.000 Soldaten und Zivilisten mussten diese Fehler mit ihrem Leben bezahlen.

22 Minuten nach Eintreffen der fernschriftlichen Alarmierung im Postamt auf Hawaii, begann am 7. Dezember 1941 um 07:55 Uhr der Angriff und um 09:45 Uhr verschwanden die japanischen Flugzeuge wieder. Die Auslieferung der Nachricht über einen eventuellen Angriff und damit die Information für eine Mobilmachung wurde ironischer Weise durch den Boten Tado Fuchikami während des Gefechtes durchgeführt, um 14:20 Uhr war sie dechiffriert und landete gegen 15:00 Uhr bei Admiral Kimmel im Papierkorb. Eine Nachricht vom 27. November 1941 war allerdings schon eindeutig gewesen:

"This patch is to be considered a war warning." ... "...an aggressive move by Japan is to be expected within the next few days."

Im Hafen befanden sich größtenteils die ältesten Typen der US-Flotte und der größte Teil dieser Pazifikflotte lag nun auf dem Hafengrund oder war zumindest schwer beschädigt worden. Der eventuell für die militärische Niederlage entscheidende 3. Angriff, bei dem die japanischen Flugzeuge zumindest einen der nun herannahenden amerikanischen Flugzeugträger hätten vernichten können, wurde nicht mehr angeordnet, da der Befehlshaber die japanischen Schiffe nun in Sicherheit bringen wollte. Diese Flugzeugträger waren jedoch später jene Schiffe, welche die Schlachten der Amerikaner im Pazifik entscheidend beeinflussten. Zwar wurden 75% der Flugzeuge auf den Flugplätzen zerstört, aber keines der Trockendocks oder der Öltanks getroffen und die Flugzeugträger mit ihren Bordflugzeugen erst überhaupt nicht angegriffen. Durch diese militärischen Mittel und Einrichtungen konnte in der Folge der Krieg im Pazifik nahezu verzugslos weitergeführt werden.

Admiral Kimmel und General Walter C. Short wurden als Befehlshaber der Truppen auf Pearl Harbour in den Ruhestand versetzt, ihrem Antrag auf ein Kriegsgerichtsverfahren zur Klärung ihrer Unschuld wurde abgelehnt. Wird die Verkettung unglücklicher Umstände zugestanden, verbleiben zumindest korrekte nachrichtendienstliche Informationen, die keine notwendigen Maßnahmen auslösten, da sie aus dem Zusammenhang gerissen und falsch beurteilt wurden oder in keiner Maßnahme resultierten. General Walter C. Short am 27. November 1941 erhielt beispielsweise die Nachricht:

"Hostile action possible at any moment. If hostile action cannot, repeat cannot, be avoided, the United States desires that Japan commit the first overt act."

Da auch die Engländer den JN-25-Schlüssel entziffern konnten, vermutet James Rusbridger, dass auch Churchill über den Überfall informiert war, es aber entweder vermied die US-Regierung zu warnen, um deren Kriegseintritt zu garantieren oder seine Warnung nicht beachtet wurde. Der australisch-britische Kryptologe Captain Eric Nave arbeitete in der Funkaufklärung der Japaner in der Royal Navy seit 1925 und erstellte das umfangreichste Rufzeichenbuch der japanischen Marine. Ab 1927 war er in der Government

614

Code & Cypher School eingesetzt und ab 1939 in der Station in Hongkong. Er kommt in seinem Buch "Betrayal at Pearl Harbour" zum selben Ergebnis. Auch nach Angaben von Satinover soll die SIS die US-Regierung auf den Tag und die Uhrzeit genau gewarnt haben. Die historische Geschichtsschreibung basiert eben nur auf dem von den staatlichen Stellen freigegebenen und veröffentlichten Informationen und sollten politisch derart explosive Dokumente dieser Art tatsächlich existieren, so werden diese meist niemals aus den Geheimarchiven ans Licht der Öffentlichkeit gelangen.

Die Vorfälle in der Geschichte der Vereinigten Staaten von Amerika mit der LUSITANIA und MAINE wurden durch den Angriff auf die Schiffe in Pearl Harbour ergänzt. Die scheinbar durch Hinterlist erzielten Erfolge wurden von Presse und Regierung immer propagandistisch aufgebauscht und mobilisierten die Bevölkerung. Im Januar 1964 begann die amerikanische Operation DE SOTO mit den Patrouillen von US-Zerstörern im Golf vor Nordvietnam. Gleichzeitig genehmigte das National Security Council die geheime Operation 34A, die Angriffe von Südvietnam aus unter Führung der CIA durch Schnellboote. Mehrmals wurden Stützpunkte auf nordvietnamesischen Inselgruppen angegriffen (30. und 31. Juli 1964) und auf der Rückfahrt dann die patrouillierenden amerikanischen Zerstörer in etwa 8 km Entfernung passiert.

In der Folge wurden Funksprüche abgefangen, die von einem feindlichen Schiff auf der Position der MADDOX sprachen und dem Befehl dieses Schiff mit Torpedos anzugreifen. Die Boote erschienen auch am 2. August und feuerten ihre Torpedos, doch die MADDOX konnte durch die Vorwarnung und ihre Geschwindigkeit ablaufen. Das Schiff erhielt den Befehl, die Operationen mit der USS TURNER JOY gemeinsam fortzusetzen. Am 3. August wurden weitere Anschläge der südvietnamesischen Boote aus My Khe mit der CIA-Unterstützung bis zum Kap Vinh Son und Cua Ron durchgeführt, bei denen eine Radarstation und die Sicherungsposten angegriffen wurden. Dies war der erste Angriff auf das nordvietnamesische Festland.

Am 4. August meldeten die US-Zerstörer MEDDOX und TURNER JOY Nachtangriffe auf ihre Einheiten. In den folgenden Stunden kamen über 20 Meldungen über abgefeuerte automatische Waffen, Torpedoangriffe u.a. feindselige Akte, jedoch ohne das Schaden entstanden wäre. Seit dieser Zeit gibt es Gerüchte um diese Angriffe gegen die US-Schiffe, die letztendlich den amerikanischen Kongress zur Genehmigung der Intervention in Vietnam umstimmte. Als McNamara im November 1995 den General Vo Nguyen Giap, Kommandeur der nordvietnamesischen Streitkräfte im Krieg traf, musste er eingestehen, dass es den zweiten Angriff auf die amerikanischen Zerstörer nie gegeben hat. Doch Präsident Johnson erhielt damals, was benötigt wurde – den militärischen Vorfall, welcher das Stimmverhalten der Kongressabgeordneten beeinflusste.

Nur war auch der Krieg im Pazifik wieder durch einen maritimen Schlag von außen eröffnet worden und im April 1942 war der japanische Schlüssel JN-25-B (Japanese Navy 25, 2. Version) von der Kryptosektion der US-Marine teilweise gelöst. Zum 1. April hatten die Japaner einen Schlüsselwechsel geplant, der sich durch die weitläufige Verteilung der Flotte im Pazifik auf den 1. Mai und dann sogar auf den 1. Juni verschob. Hierdurch war es den amerikanischen Kryptologen möglich, die Informationen über den Plan Port Moresby als Stützpunkt zum Angriff auf Australien einzunehmen, zu entziffern. Admiral Frank Jack Fletcher verlor in der nächsten Schlacht zwar einen Flugzeugträger, aber die Invasion konnte damit verhindert werden.

Die Verhältnisse in See blieben mit 11 japanischen Schlachtschiffen, 5 Flugzeugträgern, 16 Kreuzern und 49 Zerstörern, für die USA mit 3 Flugzeugträgern, 8 Kreuzern und 14 Zerstörern weiterhin recht ungünstig. Die Vorbereitung der nächsten japanischen Offensive brachte häufigen Funkverkehr mit sich und ca. 90% der Nachrichten des Codes JN-25-B konnten mitgelesen werden. Am 5. Mai 1942 kam ein Funkspruch bezüglich der Angriffspläne des Oberbefehlshabers der japanischen Flotte, Admiral Isoroko Yamamoto. Leider wurde hierbei das Ziel nur mit dem Code "AF" bezeichnet, aber die japanischen Quadratkarten (z.B. mit dem Schlüssel CHI-HE) waren größtenteils entziffert.

Der Kryptologe W. J. Holmes schlug nun vor, dass der Kommandeur des wahrscheinlichsten Zieles, die Midway-Inseln, einen offenen Funkspruch mit fingierten Problemen über die Destillationsanlage für die Trinkwasserversorgung absetzen sollte. Die Japaner hörten den Spruch natürlich mit und meldeten sofort, dass das Operationsziel Versorgungsprobleme mit Trinkwasser habe. Das Ziel war eindeutig identifiziert und wenig später war auch der Zeitpunkt des Angriffs entschlüsselt.

Chester W. Nimitz schrieb den Sieg bei diesem Invasionsversuch hauptsächlich der Aufklärung zu. Er konnte dadurch einen Überraschungsangriff auf die Flanke der japanischen Flotte vorbereiten. Am 4./5. Juni wurden die japanischen Träger AKAGI, KAGA, SORYU und HIRYU versenkt, während die USA nur die YORKTOWN verloren. Die Verhältnisse änderten sich.

Als die Japaner Anfang August 1942 den Schlüssel JN-25-C einführten, waren die amerikanischen Kryptologen nicht mehr in der Lage Hinweise auf die bevorstehende Schlacht vor Savo Island zu geben, die wieder zum Vorteil der Japaner ausfiel. Doch der neue japanische Schlüssel JN-25-C wurde zu spät eingeführt, denn die durch die amerikanische Entzifferung unterstützte Schlacht um Midway und ihre Verluste, hatte die offensiven Kräfte der Japaner geschwächt. Maßgeblich durch ihre Marine hatten sie innerhalb von sechs Monaten ein Zehntel der Weltkugel erobert und nun war Midway die erste maritime Niederlage seit 1592, mit jedoch nachhaltigen Folgen für die Offensivkraft ihre Streitkräfte.

Am 29. Januar 1943 tauchte das japanische U-Boot I-1 versehentlich neben der australischen Korvette KIWI auf, wurde dreimal gerammt und strandete schließlich auf Guadalcanal. Die Früchte der KIWI waren 200.000 japanische Schlüsselbücher, welche für den Codewechsel der japanischen Flotte verteilt werden sollten. In der Folge konnte die Nachricht über den Frontbesuch des äußerst beliebten und fähigen Kommandeurs der japanischen Flotte, Admiral Isoroku Yamamoto, von drei Abhörstationen der US-Marine abgehört und folgend von LTC Alva B. Lasswell im FRUPAC in Pearl Harbour entziffert werden. Mit den exakten Daten wurde die Maschine des Admirals Yamamoto am 18. April 1943 bei Bongainville Island von den Amerikanern abgeschossen. Der Tod demoralisierte wie vorgesehen die Japaner.

Mit dem Träger TAIHO ging am 15. Juni 1944 auch das Material zum nächsten Schlüsselwechsel A-Go unter. Der amerikanische Nachrichtendienst versagte zwar bei der Analyse der japanischen Kräfte auf Okinawa, aber er konnte die Eroberung der Mariannen-Inseln in kürzester Zeit ermöglichen. In den Krypto-Abteilungen begann sich das Material ebenso zu stapeln, wie bei den zu informierenden vorgesetzten Stellen. So kam es zu einer folgenschweren Missachtung der entschlüsselten Nachricht des U-Bootes I-58, dass am 30. Juli 1945 die Versenkung eines Schlachtschiffes der IDAHO-Klasse gemeldet hatte. Nach fast einer Woche wurde man erst auf diese Nachricht aufmerksam. Der schwere Kreuzer INDIANAPOLIS (IDAHO-Klasse) hatte am 26. Juli das Uranium U-235 für die erste Atombombe nach Tinian gebracht, war aber nicht im Bestimmungshafen eingetroffen und beantwortet keinen Funkspruch mehr. Der größte Einzelverlust der Marine der Vereinigten Staaten von Amerika (fast 900 Mann) wäre bei sorgfältiger Nachforschung vielleicht vermeidbar gewesen.

Doch das Kaiserreich war am Ende seiner Kräfte. Der japanische Außenminister Shigenori Togo hatte am 13. Juli 1945 ein Telegramm an den Botschafter Naotake Sato in Moskau gesandt, welches den starken Wunsch des Kaisers zur Beendigung des Krieges beinhaltete. Allein eine bedingungslose Kapitulation (ohne Garantie der Erhaltung des Thrones) wurde als inakzeptabel genannt und würde zur Fortsetzung der Kämpfe führen. Dieses Telegramm wurde wie auch die folgenden Nachrichten im Schlüssel JN-25-C gesendet, von den amerikanischen Kryptologen entziffert und lagen damit zur Konferenz der Amerikaner, Engländer und Russen in Potsdam vor. Auch Staatssekretär Grew empfahl Präsident Truman am 18. Juni 1945 noch ein Zugeständnis für den Erhalt der Monarchie. Der Text der Friedensbedingungen forderte am 26. Juli 1945 trotzdem dieser Erkenntnisse die bedingungslose Kapitulation des japanischen Militärs ohne eine Garantie für die Erhaltung der Monarchie. Diese Forderung wurde von den Japanern, wie im Funkspruch angegeben, folglich auch abgelehnt.

Genau am 26. Juli 1945 traf das Uran auf der Insel Tinian ein, Truman hatte seine Entscheidung am Vortag, dem 25. Juli 1945, bereits gefällt. Die japanischen Vermittlungsversuche über Russland wurden ignoriert, die ersten Atombomben der Geschichte konnten in einem Krieg abgeworfen.

Hiroshima und Nagasaki führten zu hunderttausenden von Opfern unter der Zivilbevölkerung, relevante militärische Einrichtungen waren an den Bombenabwurfstellen aber nicht vorhanden. Gleichzeitig marschierten russische Truppen in die besetzten japanischen Gebiete ein, um für die Sowjetunion eine Scheibe vom Kuchen abzuschneiden. Obwohl Japans Schicksal militärisch bereits besiegelt und kein weiterer Widerstand zu erwarten war, befohlen General Spaatz und General Arnold nun noch einen weiteren Angriff mit tausend Bombern gegen Tokio. Die Bomberbesatzungen der Far East Army Air Force führten noch während der Verkündigung der Kapitulation über die japanischen Rundfunksender diesen letzten Angriff des 2. Weltkrieges durch, der bei den Generälen mit den Worten begründet wurde:

"We want a grand finale"

Aufklärung und Elektronische Kampfführung nach 1945

Als elektronische Kampfführung (ELOKA, Electronic Warfare, kurz EW) werden heute in den NATO-Streitkräften militärische Maßnahmen bezeichnet, die das elektromagnetische Spektrum ausnutzen, um z. B. elektromagnetische Ausstrahlungen zu suchen, diese aufzufassen und zu identifizieren, oder elektromagnetische Ausstrahlungen zu verwenden, um einem Gegner dessen Nutzung des elektromagnetischen Spektrums zu verwehren (Störung) oder ihn zu täuschen und damit zugleich die Nutzung durch eigene Kräfte zu gewährleisten. Die Bezeichnung ELOKA setzte sich dann auch in der Europäischen Union größtenteils durch.

Die ELOKA umfasst heute alle elektronischen Gegenmaßnahmen und aktiven elektronischen Schutzmaßnahmen durch die Gegenseite durch ihre Ausstrahlung erkannt werden können, weshalb mit der Cyber Warfare und den dazugehörenden neuen Organisationen die ELOKA auch dort integriert wurde. Elektronische Unterstützungsmaßnahmen können/sollten dabei zur Anwendung kommen, ohne dass ein Gegner diese bemerkt. Die strategische Ergänzung, signalerfassende Aufklärung (Signal Intelligence; SIGINT) besteht aus ELINT (Electronic Intelligence) sowie COMINT (Communications Intelligence) und wird von den meisten technologisch gut ausgerüsteten Nationen betrieben, um Informationen über elektronisches Gerät und elektronische Verfahren sowie Absichten eines potentiellen Gegners zu erhalten, indem entweder nur rein passiv aufgeklärt wird oder ein Verhalten simuliert wird, das zu aktiven Maßnahmen und damit einem Entblößen gegnerischer Methodik und Gerätes provoziert, aufstachelt.

Schon im 1. und im 2. Weltkrieg analysierten die englischen Aufklärungsstellen die Charakteristik der deutschen Tastfunker und der technischen Anlagen (Projekt "TINA"), denn ähnlich den unverwechselbaren Fingerabdrücken, dem Sprachmuster oder den einzigartigen Zeitabständen beim Geben der Morsezeichen, so unterscheiden sich auch Geräte und Anlagen bei selbst baugleichen Modellen in der Frequenzausstrahlung. Dieser "elektronische Fingerabdruck" wird deshalb in den Anlagen für die elektronischen Gegenmaßnahmen als elektromagnetische Signatur aufgezeichnet und mittels dieser "Fingerprints" kann jede technische Anlage bei einer erneuten Erfassung sofort identifiziert und einem Waffenträger für die vorprogrammierte Bekämpfung zugeordnet werden. Dadurch ist es möglich schon auf große Distanz die gegnerischen Kräfte zu identifizieren und zu reagieren, noch bevor es zu einem direkten aufeinander Treffen der militärischen Kräfte kommt. Erst nach 1945 wurden die Begriffe der elektronischen Aufklärung sowie der elektronischen Kampfführung (ELOKA), bzw. der englische Begriff der Electronic Warfare (EW), angelehnt an die NATO auch innerhalb Bundeswehr verwendet.

Elektronische Kampfführung kann z.B. mittels einer HERF-Kanone (High Energy Radio Frequency) geschehen, die Radios oder Computer zerstören kann, doch auch der einfache Funkverkehr oder ein Radar sowie die Cyber Warfare fallen darunter. Doch speziell die Radargeräte zur Luftraumaufklärung sind ein Mittel der elektronischen Schutzmaßnahmen, um zum Beispiel ein Schiff der Marine vor Überraschungsangriffen aus der Luft zu schützen. Andererseits verwendet ein potentieller Gegner entsprechende Geräte der Fernmelde- und elektronischen Aufklärung, um den Frequenzbereich des verwendeten Radargerätes aus großer Entfernung zu messen, um es dann bei Bedarf entsprechend stören zu können. Auf die ermittelte Frequenz des gegnerischen Radars wird ein leistungsfähiger Störgenerator (Radar Jammer) eingestellt, der als ein Gerät der elektronischen Gegenmaßnahme einzustufen ist. Jammer sollen durch Übersteuerung der Radarempfängers (Rausch- oder Impulsstörungen) die Reichweite des Radargerätes wesentlich verringern oder durch Einspielung von falschen Informationen (Falschzielen) die eigenen Zielzeichen maskieren. Auch im zivilen Bereich finden Radar Jammer häufige Anwendung, vorrangig illegal in der Störung von Radaranlagen zu Verkehrüberwachung und Geschwindigkeitskontrolle. Das gestörte Radargerät verwendet wiederum spezielle Baugruppen, um die Wirkung der Störstrahlung zu verringern oder die Störung wirkungslos zu machen. Diese Störschutzapparaturen sind Geräte der elektronischen Schutzmaßnahmen, erhöhen jedoch auch den Produktionsaufwand ungemein, zumal schwer vorhersehbar ist, in welcher Weise ein Störangriff erfolgen wird. Die ELOKA damit fester Bestandteil der militärischen Führung und des Waffeneinsatzes geworden, hat auch Einzug in die zivile Anwendung gefunden; wenn auch nicht unbedingt unter dem Begriff ELOKA.

Maßnahmen der Elektronischen Kampfführung (ELOKA)

- Fernmelde- und elektronische Aufklärung (FmEloAufKl; Signal Intelligence (SIGINT)). Die Fernmeldeaufklärung (Communication Intelligence (COMINT)) erfasst maßgeblich die drahtlosen Fernmeldeverbindungen und wertet diese aus.
- Elektronische Aufklärung (Electronic Intelligence (ELINT)) richtet sich gegen Ortungs- und Leitsysteme und wertet diese aus. Dabei werden in erster Linie Informationen über Radargeräte bearbeitet.
- Elektronische Unterstützungsmaßnahmen (EloUM; Electronic Support Measures (ESM)) bestehen in der passiven Nutzung des elektromagnetischen Spektrums, um Informationen über andere Kräfte im Einsatzgebiet für unmittelbare taktische Aktionen zu erhalten. Diese Informationen können z. B. als Grundlage für den Einsatz von Artilleriefeuer oder Luftangriffen, aber auch für elektronische Gegen- bzw. Schutzmaßnahmen dienen. Außerdem ergänzen sie die Fernmelde- und elektronische Aufklärung.
- Elektronische Gegenmaßnahmen (EloGM; Electronic Counter Measures (ECM)). Diese beinhalten die aktive Nutzung des elektromagnetischen Spektrums, um damit dessen Nutzung durch einen Gegner zu verhindern, z. B. durch Störmaßnahmen (Jamming), oder ihn zu täuschen.
- Elektronische Schutzmaßnahmen (EloSM; Electronic Protective Measures (EPM)) sind alle die Wirkung feindlicher elektronischer Gegenmaßnahmen vermindernde Aktivitäten.

Die ELOKA ermittelt die benötigten Daten eigenständig und übernimmt zusätzliche Informationen aus der Aufklärung, denn erst die Kombination beider Aufgabengebiete macht wirkungsvolle Gegenmaßnahmen auf Sensoren oder einen Waffeneinsatz erst möglich, wobei heute noch weitaus mehr Faktoren eine Rolle spielen. Das Wechselspiel zwischen der elektronischen Aufklärung, der Verschlüsselung und dieser elektronischen Gegenmaßnahmen, ermöglicht durch die Kenntnis über die Mittel und Absichten des Gegners wichtige Entscheidungshilfen, weshalb die enge Zusammenarbeit der Aufklärer, Kryptologen und der Nachrichtendienste mit den verantwortlichen Entscheidungsträgern hier eine Schlüsselrolle spielt, die in der Bundeswehr heute in der Streitkräftebasis zentralisiert wurde.

Heer, Luftwaffe, Marine und Spezialkräfte haben jedoch teilweise völlig unterschiedliche Bedürfnisse, Vorgehensweisen, Operationsgebiete und Einsatzgrundlagen, weshalb diese sich auch im Gebiet der elektronischen Aufklärung und der elektronischen Gegenmaßnahmen widerspiegeln müssen. Die technische Aufklärung und Maßnahmen gegen die gegnerischen elektronischen Mittel umfassen deshalb auch alle Fachbereiche der Nachrichtentechnik wie z.B. Funk, Radar, Infrarot, Optronik, EDV, Flugkörper, etc., was zur Bildung von eigenen Systemkomponenten in den Teilstreitkräften führte.

Eine einheitliche Führung ist finanziell und aus den Ressourcen zwingend notwendig, was die Bundeswehr im Einsatzführungskommando auch umgesetzt hat, doch dürfen bei aller Zentralisierung die unterschiedlichen Medien und Bedürfnisse der Teilstreitkräfte und ihre Besonderheit nicht außer Acht gelassen werden. Ein Standard der Führungs- und Waffeneinsatz- sowie Informationssysteme sind dabei der Schlüssel zum Erfolg.

Aktive elektronische Schutzmaßnahmen beinhalten technische Lösungen hinsichtlich der Übertragung selbst (z. B. Funkgeräte mit Frequenzsprungverfahren) oder hinsichtlich der übertragenen Daten (Kryptografie). Beispiele für passive elektronische Schutzmaßnahmen sind besondere Ausbildung des Betriebspersonals oder Einhaltung strikter Funkdisziplin. Die militärischen und zivilen Fernmelde-, Führungs-, Waffen- und Waffeneinsatzsysteme sind das Operationsgebiet der elektronischen Aufklärung und der elektronischen Kampfführung (ELOKA), welche alle Maßnahmen zur Nutzung des elektromagnetischen Spektrums der eigenen Kräfte und der Beeinträchtigung oder gar Unterbindung der Nutzung durch den Gegner einschließt. Die Elektronische Kampfführung umfasst die Teilgebiete Elektronische Gegenmaßnahmen (EloGM), Elektronische Schutzmaßnahmen (EloSM) und Elektronische Unterstützungsmaßnahmen (EloUM) und steht in enger Wechselwirkung zur Fernmelde-/Elektronischen Aufklärung (FmEloAufkl).

Es muss sichergestellt werden, dass die eigenen Fernmelde-, Ortungs- und Navigationssysteme mittels Elektronischer Schutzmaßnahmen funktionsfähig bleiben, während durch Anwendung eigener Elektronischer Gegenmaßnahmen die entsprechenden Systeme des Gegners beeinträchtigt oder ausgeschaltet werden. Die Elektronischen Gegenmaßnahmen beinhalten alle Verfahren, die sich der Nutzung des elektromagnetischen Spektrums durch den Gegner entgegenstellen. Sie schließen neben dem Stören der gegnerischen Fernmelde-, Ortungs- und Navigationssysteme auch das Täuschen dieser Systeme und den Einsatz elektromagnetischer Strahlung zur Ausschaltung/Beeinflussung gegnerischer Systeme ein. Die Computer identifizieren und unterschieden menschliche und technische Eigenarten. Das ELOKA-Personal ist dadurch in der Lage auf Distanz ein Kriegsschiff von einem Fischtrawler zu unterscheiden und kann durch das gespeicherte Material auch die Schiffsklasse und viele weitere technische Details bis hin zum Schiffsnamen bestimmen. Die Kenntnis über den Schiffstyp und Herkunft zieht die korrekte Bedrohungsanalyse über Möglichkeiten und Kampfstärke eines Gegners nach sich. So kann eine Konfrontation realistisch eingeschätzt, eigene Schwachstellen im Voraus beachtet und die des Gegenübers ausgenutzt werden. Überlebenswichtig werden passive und aktive ELOKA-Maßnahmen bei der Erfassung, Erkennung und nachfolgender Bekämpfung von anfliegenden Flugkörpern. Da die Reaktionszeit hier bei nur wenigen Sekunden oder Minuten liegt, ist eine vorherige Festlegung und Automatisierung der elektronischen Gegenausstrahlung, der Elektronischen Schutzmaßnahmen (EloGM) unerlässlich. Es wird dann versucht, den Flugkörper auf seiner Suchfrequenz zu stören und abzulenken.

Elektronische Unterstützungsmaßnahmen umfassen das Erfassen und die Auswertung gegnerischer Ausstrahlungen für taktisch-operative Zwecke. Die Fernmelde-/Elektronische Aufklärung arbeitet in ähnlicher Weise, dient aber im Wesentlichen dazu, die Grundlagendaten für die eigene EloUM und EloGM sowie strategische Informationen aus den Nachrichtenübermittlungen zu gewinnen. Die elektronischen

Schutzmaßnahmen dienen allein der Aufrechterhaltung der Funktion eigener Sensoren, Navigationssysteme und Fernmeldeverbindungen bei Einwirken gegnerischer EloGM.

Die land-, luft- und seegestützte Aufklärung benötigt elektromagnetische Sensoren in aktiven und passiven Systemen, deren Spektrum vom ultravioletten Licht bis zu Radiowellen reicht. Ergänzt werden diese durch Effekte wie Schall oder Magnetfelder, auf die in der Unterwasseraufklärung schon länger zurückgegriffen wird. Da sich Beschränkungen aus den Einsatzbedingungen ergeben, sind nicht alle Frequenzbereiche des elektromagnetischen Spektrums gleichermaßen nutzbar. So ist für eine Aufklärung über größere Distanzen immer die physikalische bzw. meteorologische Umgebung eine wichtige Randbedingung.

Eine weitere Randbedingung wird in der Heeresdienstvorschrift HDV 17/2 eigens im Merkblatt 10b/4 (30) als Weisung formuliert, welche eigentlich übergreifend für alle Teilstreitkräfte gelten sollte:

"Einer Bürokratie in Erfassung und Auswertung ist entgegenzuwirken. Sie gehört nicht auf das Gefechtsfeld. Unterlagen zur systematischen Erfassung sind nur in einem unbedingt erforderlichen Umfange zu führen."

Veraltete Geräte und Anlagen der ELOKA/Aufklärung seit 1945 wurden nach der Aussonderung aus den militärischen Bereichen aus Sicherheitsgründen oftmals vernichtet. Teilweise sind auch die Unterlagen im Krypto- und VS-Bereich ordnungsgemäß vernichtet worden. So können nur noch wenige Zeitzeugen über ein halbes Jahrhundert Aufschluss über die technischen Entwicklungen in der ELOKA/Aufklärung geben, ohne welche die Leistung des Personals nicht beurteilt werden kann und die Leistungsfähigkeit der modernen Anlagen nicht vergleichbar ist.

Ähnlich wie bei den ersten Schiffseinheiten kamen auch bei der Aufklärung verschiedene Geräte in der Aufbauphase aus dem Ausland. Der erste UHF-Funkempfänger Eddystone S-770U des Marine Ortungsabschnittes Ostsee wurde z.B. von KptzS Budde direkt von der englischen Armee übernommen. Sein Frequenzbereich lag bei 150-500 MHz. Die COMINT-Erfassung der westdeutschen Marine nahm mit diesem Empfänger ihren Anfang, bis das Gerät 1991 beim Marinefernmeldesektor 73 ausgesondert wurde. Der Empfänger RA-17 wurde 1960 hingegen direkt aus England beschafft. Er wurde von der Firma Racal in Brackwell/Berkshire für die Aufklärung mit einer hohen Empfindlichkeit, Trennschärfe und Stabilität von 500 kHz bis 30 MHz 1957 hergestellt und beim Fernmeldesektor 71 bis in die 70er Jahre genutzt. Die "nordamerikanische Version" ist identisch mit dieser Standardausführung, beinhaltet aber kleine Anpassungen für die amerikanische Praxis, wie z.B. andere Röhren.

Analysesysteme wie von Hewlett-Packard wurden hauptsächlich zum Erkennen von CW-Signalen beim Marinefernmeldesektor 73 eingesetzt. Eines der ersten Systeme bestand aus dem Sweep Oszillator 8690B, dem RF Unit Holder 8707A und dem Signal Multiplexer 8705A. Von Mitte der 70er Jahre wurden diese Geräte genutzt, bis sie 1986 als veraltet ausgesondert wurden. Der Control Indicator C-7652/SRL-12A ist ein "J-Band"-Empfänger und wurde als ELINT-Empfangssystem in den Jahren 1978-1987 auf den Aufklärungsschiffen Oker und Alster im Bereich von 10-18 GHz genutzt, während das ISE-Gehäuse mit RIM-Oszillator ein anwendungsbezogener Eigenbau des Fernmeldesektors 72 mit X-Y-Display war. Der bis 1981 genutzte Apparat der militärischen Bastler zeigt das sich die Fachleute der Aufklärung bei Spezialgeräten oft auch selbst behelfen müssen, wenn entsprechendes Material nicht beschafft werden kann.

Auch herkömmliche Foto- und Magnetaufzeichnungsverfahren waren lange Zeit die Standardaufzeichnungsverfahren der Aufklärung. Die Robot-KD-2 Stehbildkamera mit Rollfilm war im ELINT-Einsatz des Marinefernmeldesektors 73 bis ins Jahr 1973 und der Missile-Data-Reduction-Spektrograf wurde z.B. zur Aufzeichnung von aufgefassten Funkleitverfahren eingesetzt.

Das HiFi-600 SH-2 ist ein Aufzeichnungsgerät der Firma SABA, das von Mitte der 70er bis Ende der 80er Jahre beim Marinefernmeldebataillon 73 in Pelzerhaken im Einsatz war. Damit konnten die jeweiligen Fernsprechübertragungen aufgenommen werden. Nach dem Einsatz wurden die Tonbänder abgehört und ausgewertet. Zur Aufnahme der Sendungen auf ausgewählten Frequenzen bestimmt, konnte der jeweilige Operator in der Regel drei davon überwachen. Über eine Standleitung wurden die Ergebnisse dann zum Fernmeldestab 70 in Flensburg übermittelt.

Die Bandmaschine (Tonband) PR-2200 ist aus der ersten Generation von 7-Kanal-Magnetbandgeräten. Sie eignet sich für ELINT-Videoaufzeichnungen und wurde von 1969-1982 eingesetzt, während der Visicorder 1108 von Honeywell bis 1982 im Einsatz bei der ELINT war. Er wurde als Amplitudenschreiber zur Bestimmung und Messung der Abtastraten und Verfahren von Feuerleit- und Radaranlagen eingesetzt. Die Signalmatrix STB-200 diente bis 1976 zur Aufschaltung der ELINT-Erfassungsanlagen auf die Analyseplätze. Die zweite Funktion war als Fernbediengerät für Audio- und Videoaufzeichnungen. Zur Aufzeichnung von Fernsehbildern wurden neben dem herkömmlichen Film auch wiederbeschreibbare Magnetplatten verwendet. Das Plattenaufzeichnungsgerät IDR-100 aus der ELINT-Aufklärung besitzt eine Magnetplatte (40-cm-Durchmesser) für Videoaufzeichnungen von 20 Sekunden Dauer. Es fand Verwendung in der Analyse des Fernmeldestabes 70 und Marinefernmeldesektor 71 von 1968 bis 1978.

Die WLR-1 aus den USA war die erste ELOKA-Anlage der Schiffe der westdeutschen Marine. Die dort verwendete Röhre Watkins-Johnson 271 (TWT, Traveling Wave Tube) aus dem HF-Verstärker hatte einen Frequenzbereich von 4-8 GHz. Auch der Fernmeldesektor 73 setzte dieses Bauteil (1977, 33.000 DM) bis 1987 ein. Die nachfolgende Anlage kam mit der kombinierten EloUM/GM-Anlage FL-1800-S-II (DASA) für Zerstörer, Fregatten und Schnellboote. Über den zentralen Rechnerbereich ist sie an die Führungs- und Waffeneinsatzsysteme angeschlossen und unterstützt so z.B. auch Gegenmaßnahmen beim FK-Einsatz von RAM. Erfassen, Analysieren und Klassifizieren der elektromagnetischen Signale aus allen Richtungen sowie das Melden, Führen und Aufzeichnen der erfassten Emitter sowie deren automatisches elektronisches Bekämpfen mit allen bekannten Störmöglichkeiten und deren Kombinationen ermöglichen eine wirkungsvolle Aufklärung und Abwehr.

Die zukünftige Lösung zur Bewältigung der anfallenden Datenmengen der Datenauswertung und Zusammenführung der Informationen (Datenfusion) wird in einem rechnergestützten Aufklärungs- und Führungsverbund durchgeführt. Eine völlige Automatisierung bei der Datenauswertung ist durch die notwendige Zusammenfassung der Sensordaten zum Lagebild der Führung nicht möglich und der Computer kann auch die letztendliche Einschätzung durch den Menschen nie ersetzen. Der Trend geht allgemein zu Systemlösungen für Fernmeldeaufklärung, als Beispiel stehen hier das HF-Analysesystem GX-202, die neue Generation einer EloUM mit HF-Datenfunkanalyse, das RAMON-System als flexible Fernmeldeaufklärung oder SCANLOC-Systeme für Burstaussendungen, die alle empfindliche Sensorik über Computer verbinden, analysieren und Waffensystemen zur Verfügung stellen.

Die Neuordnung der Fernmelde-/Elektronischen Aufklärung (bis 2005/2006) innerhalb des Kommandos Strategische Aufklärung sollte Personal einsparen und den Datenaustausch zwischen den Teilstreitkräften und NATO-Partnern verbessern. Gleichzeitig muss jede Teilstreitkraft nun allerdings ihre spezifischen Eigenarten und Erfordernisse in der Aufklärung in die zentrale Ausbildung einzubringen oder aber in eigener Regie in der Truppe nach der zentralen Ausbildung zu schulen. Allerdings ist jede Veränderung mit Reibungsverlusten verbunden, welche die Vergangenheit bald in Vergessenheit geraten lassen werden. Zusätzlich erwuchsen aufgrund der Cyber-Thematik weitere Anforderungen an Personal und Material die in 2017 in der Schaffung eigener Cyberabteilungen mündete, in welcher die Fernmelde-/Elektronischen Aufklärung und ELOKA integriert wurde.

In den Anfängen der Bundeswehr wurden für 3 Korps, 12 Divisionen und die Territoriale Verteidigung zwischen 1955-1958 die 11 Fernmeldebataillone aufgestellt, denen bis 1968 weitere 27 folgten. Nach 1990 verblieben umstrukturiert 22 Führungsunterstützungs- bzw. Stabs- und Fernmeldeverbände, 1 Fernmeldeaufklärungsregiment und drei ELOKA-Fernmelderegimenter. Reduziert bleiben dann für Heer und Luftwaffe etwa 9.000 Soldaten für die Nachrichtenaufklärung/ELOKA, für die Deutsche Marine ein kleiner, aber feiner, Marinefernmeldestab 70, der 2002 in das Kommando Strategische Aufklärung (KdoStratAufkl) der Streitkräfte Basis als Fernmeldebereich 91 überführt wurde.

Doch zuvor waren schon gute Leistungen erzielt worden, denn fast 9 Jahre waren seit der Einstellung der Beobachtung der sowjetischen Marine vergangen, bis sich im Vorfeld der in der Entstehung befindlichen Bundeswehr wieder Aktivitäten der deutschen Marine-Aufklärung zeigten, die auch gleich Erfolge mit sich brachten. Vor der Gründung der Bundeswehr hatte der Korvettenkapitän Budde 1950/51 wieder Kontakte zu ehemaligen Mitarbeitern des B-Dienstes der Reichs- und Kriegsmarine aufgenommen. Ende 1953 fanden in Bremerhaven konkrete Verhandlungen des Admirals Ruge und Wagner mit den amerikanischen Vertretern als treibende Kraft statt, doch noch konnten offizielle Vereinbarungen weder auf politischer geschweige denn auf militärischer Ebene getroffen werden.

Der Aufbau der Marineaufklärung erfolgte inoffiziell mit Duldung der Amerikaner, die zunächst fünf alte Heeres-Empfänger und Funkspruchformulare bereitstellten. Die Funkaufklärung der sowjetischen Streitkräfte wurde von sieben B-Dienst-Mitarbeitern am 1. Januar 1954 aufgenommen und aus den Privatwohnungen der deutschen Mitarbeiter auf Sylt und in Bad Bramstedt für die nächsten drei Jahre in Tag- und Nachtwachen durchgeführt. Seit diesem Zeitraum betreibt die Marine bis heute aus ortsfesten und mobilen Anlagen 365 Jahre im Jahr die Fernmelde- und Elektronische Aufklärung.

Die Gruppe der deutschen Mitarbeiter wurde im Juni 1956 als U.S. Naval Service Detachment No. 3 in der 1. Etage des Offiziersheimes der ehemaligen Marinenachrichtenschule in Flensburg offiziell untergebracht. Als der Block Hansa später als zusätzliches Dienst- und Unterkunftsgebäude hinzukam, konnte der Oberstabsfunkmeister Markert in seinen früheren Dienstraum 82 (der ehemaligen 4. SKL III, Marineaufklärung), als Oberbootsmann der Marine der Bundesrepublik Deutschland zurückkehren, von dem aus er in britische Gefangenschaft gegangen war.

Zum 1. Juli 1956 wurde das U.S. Naval Service Detachment No. 3 als Funkaufklärungskompanie der 1. Marinefernmeldeabteilung unterstellt. Als die 1. Marinefernmeldeabteilung zum Marinefernmeldeabschnitt Ostsee umbenannt wurde, wurde die Funkaufklärungskompanie zur Marinefernmeldegruppe Ost. Da aber am 1. August 1956 die Marinefunksendestelle Kiel aufgestellt wurde, waren die Bezeichnungen verwirrend und die Marinefernmeldegruppe Ost wurde im Nachtrag vom 12. März 1957 wurde zum 1. April 1957 als Marinefunkaufklärungsgruppe in den Marinefernmeldeabschnitt Ostsee reintegriert und später zur Marinefernmeldegruppe Flensburg umbenannt. Diese Marinefernmeldegruppen in Flensburg und Kiel wurden vermutlich zur besseren Unterscheidung und Führung zu den Abteilungen des Flottenkommandos bald darauf zusammengefasst und die 1. Marinefernmeldeabteilung in Marinefernmeldeabschnitt Ostsee mit Stab in Flensburg umbenannt. Die truppendienstliche Unterstellung lag nun beim Marinefernmeldeabschnitt Ostsee, während fachlich die Abteilung VII des BMVg zuständig war. Dies dürfte auch wesentlich zur Erschwerung der Aufklärung durch östliche Staaten beigetragen haben, da es selbst heute schwer nachzuvollziehen ist.

Der Aufstellungsbefehl Nr. 69 (Marine, 11. September 1957) band am 1. Oktober 1957 den Marineortungsabschnitt Ostsee in die Organisation der Marine ein, womit die Marine ihre eigene Aufklärung wieder integriert hatte. Kommandeur war von 1957-1960 der mit der Aufstellung beauftragte Fregattenkapitän Budde, seit August 1956 Kommandeur des Marinefernmeldeabschnitt Ostsee. Die Marineortungsgruppen Mürwik und Flensburg wurden zum 1. Dezember 1957 aufgestellt und zum 1. April 1960 änderte sich die Bezeichnung wie erwähnt in Marinefernmeldeabschnitt 1, nun mit den Teileinheiten Marinefernmeldegruppe 11 (zuvor Ost) und Marinefernmeldegruppe 12 (Marinefunksendestelle Kiel). Das Personal wurde damals in England, Frankreich und bei zivilen Firmen ausgebildet.

Die Marinefernmeldegruppe 11 (MFmGrp 11) zog provisorisch am 6. März 1961 mit 4 Fernmeldewachen in den Block 5 in Glücksburg-Meierwik für die nächsten 14 Jahre. Nach neuer Organisation war ab 1. Juli 1963 die MFmGrp 11 für den Ostsee- und die MFmGrp 21 für den Nordseefernmeldebetrieb zuständig, wobei die Gruppe 11 die Marinefunkstelle Kiel-Friedrichsort betrieb (truppendienstliche Unterstellung am 1. Juli 1976). Modernisierungen brachten neue Systeme und seit 1. Juli 1999 betrieb die Gruppe 11 das Rechenzentrum Ostsee und das Fernmeldezentrum des MHQ, bis eine neue Reorganisation griff.

Die Marinefernmeldegruppe 12 (MFmGrp 12) entstand aus der Übernahme von Geräten und Räumlichkeiten des Bundesgrenzschutzes als Marinefunksendestelle Kiel am 1. Juli 1956. Am 1. Oktober erfolgte die Namensgebung als Marinefernmeldegruppe 12. Der Tastfunkverkehr wurde ab 1. Januar 1957 erweitert mit der Fernschreibvermittlung der Stellen Neustadt, Marienleuchte, Jägersberg, Hamburg und Eckernförde, während der Tastfunkbetrieb dort 1960 eingestellt wurde. Nach mehreren Umgliederungen betrieb die MFmGrp 12 heute das Taktische Richtfunknetz des Flottenkommandos im Bereich Nord, den Telefon- und Fernschreibbetrieb in den Marinestützpunkten in Schleswig-Holstein sowie sämtliche Marinefunksende- und Empfangsstellen.

Neben der Funkaufklärung (COMINT, Mürwik) kam nun die Komponente Radaraufklärung (ELINT, Flensburg) hinzu. Auf dem Truppenübungsplatz hinter dem Kiefernweg wurde der erste KW-Peiler auf einem Wagen montiert, dessen Kabel über die Bäume in die MFmS führten. Ab 1958 erfolgten die ersten mobilen Einsätze auf Booten des 1. S-Geschwaders. Die Not- bzw. Reservefunkräume der Schiffe der Marine der Bundesrepublik wurden in der Folge wie bei den Schiffen des 2. Weltkrieges nicht nur für Notsituationen, sondern auch für die Aufnahme von Soldaten der Marineaufklärung vorgesehen.

Am 13. Oktober 1964 wurde mit der Trave das erste Aufklärungsschiff in Dienst gestellt, welches bis 1971 seinen Dienst verrichtete. Es war 1942 in Kanada als Geleitfahrzeug Flint vom Stapel gelaufen und danach in der deutschen Marine als Kadettenschulschiff eingesetzt. Als einzige aktive Einheit der Marine neben der GORCH FOCK konnten hier Segel als Antrieb verwendet werden.

Die OSTE kam als zweites Aufklärungsboot am 8. August 1967 dazu und war durch eine Besonderheit für Operationen der Aufklärung besonders geeignet; der ehemalige Schlepper des Schlachtschiffes TIRPITZ konnte rückwärts ebenso schnell fahren wie vorwärts. Zu Zeiten des Bundeskanzlers Helmut Schmidt legte sich der Regierungsoberinspektor Hartmann hier an Bord einen Kaiser-Wilhelm-Bart, einen knapp geschnittenen Seemannsjanker und ein Taschen-Einglas zu. Beim Passieren eines Bootes der Volksmarine trat er dann in dieser "Uniform" an Oberdeck. Trotz einer nachfolgenden disziplinaren Verbannung unter Deck für zukünftige Annäherungen von Schiffen hatte er seinen Spitznamen "Old Shatterhand" weg. 1971 kamen dann noch zwei umgebaute Fischtrawler, die OKER und ALSTER, zur kleinen Flotte der Aufklärer.

Die Schiffe mussten 1988/89 aufgrund der technischen Entwicklungen durch Neubauten der Klasse 423 ersetzt werden, welche die Namen OKER, ALSTER und OSTE übernahmen. Da die Schiffe oft sehr nahe an den Verbänden des Warschauer Paktes standen, gerieten sie teilweise durch unerwartete Kurswechsel zwischen die überwachenden Einheiten, doch meist konnten durch die guten Sprachkenntnisse der Aufklärer die über Funk ausgetauschten Wendemanöver der sowjetischen Verbände beachtet werden. Peinlich wurde es für die observierten Schiffe allerdings, wenn der "westliche Schatten" diesen Manöverbefehl zur Kursänderung schneller ausführte als die angewiesenen verbündeten Einheiten.

Die neuen Flottendienstboote OSTE, OKER und ALSTER und die fünf Messflugzeuge (SIGINT-Version/Bréguet Atlantic) des Marinefliegergeschwaders 3 in Nordholz bildeten die mobile Marineaufklärung. Die Flugzeuge werden gemeinsam mit der Luftwaffe genutzt, welche nach der Auflösung der Marinefliegergeschwader einige Aufgaben übernehmen muss. Eine luftgestützte Fm/ELOKA/Aufklärungs- und EW-Komponente wie in den USA oder Großbritanniens existiert aus Kostengründen in der Bundeswehr bis heute nicht, obwohl das EASysLuft (Erfassungs- und Auswertesystem, Luft mit geplanten 15 Flugzeugen) Anfang der 80er Jahre von der amerikanischen Seite politisch mit unterstützt und auch gefordert wurde. Unter Einbeziehung des Heeres und des zentralmilitärischen Bereiches wurde daraufhin die Einführung eines LAPAS (Luftgestütztes, abstandsfähiges Primäraufklärungssystem) initiiert, welches nach Auflösung des Warschauer Paktes 1993 vom BMVg aber ersatzlos gestrichen wurde.

Doch weder an Land noch in der Luft noch auf See blieben die Strukturen lange bestehen. 1958 wechselte die Marineortungsgruppe Flensburg vorläufig nach Sylt und danach zur Marine-Radarbeobachtungsstelle in Pelzerhaken, die am 21. Januar 1959 aufgestellt worden war. Die später in Marinesektor 73 umbenannte Dienststelle verzeichnete den 17. März 1959 als Beginn der ersten Auffassungen im Turm der DLRG, in dessen Erdgeschoss die Sanitäranlagen beherbergten, darüber die Etagen eines Mädchenwohnheimes und im Stockwerk darüber wachte die Marine. Nach Räumung durch die Amerikaner wurde im Sommer 1959 auch die Peil- und Signalstelle Falshöft in Betrieb genommen, die durch Standleitung mit Flensburg-Mürwik verbunden wurde.

Da der Ausbildungsbetrieb der Marinefernmeldeschule in Flensburg-Mürwik jedoch mit den Aufgaben der Aufklärung anwuchs, verlegte das Analyse- und Auswertezentrum in das Gebäude der Marine-Ingenieurschule, das nach dem Kriege als "AGFA-Gebäude" bekannt wurde. Die Sprechfunkaufklärung verlegte am 31. Oktober 1959 nach List/Sylt, in den Block 7 (später Block 12) der Marineversorgungsschule (MVS). Da die MVS ihr Dienstsiegel nicht für den Verschluss des mit der Post nach Mürwik gesandten Materials bereitstellte, musste wieder improvisiert werden. Der Oberbootsmann Markert ging mit seinem Siegelring zum Postamt in List und ließ sich seine Initialen "W.M." als Dienstsiegel anerkennen. Eine der einfachen und verblüffenden Lösungen der Anfangszeit. Kurz darauf wurde eine Fernschreibstandverbindung aufgebaut und die Postversendung konnte umgangen werden.

Im Frühjahr 1960 begann die Aufstellung der späteren Marinefernmeldestellen 711 in Pelzerhaken und 722 in Staberhuk als Dienststellen zur Erfassung von Ausstrahlungen in den Bereichen COMINT und ELINT. Bereits jetzt machte sich die enge Zusammenarbeit mit den englischen und amerikanischen Stellen bemerkbar, den nicht nur die Geräte kamen noch immer meist aus dem Ausland, sondern auch die Ausbildung des Personals fand z.B. in den USA auf Rhode Island oder an anderen Orten im Ausland statt. Diese enge Bindung an die westlichen Aufklärungsdienste war auch politisch gewünscht, während eine strenge Abschottung gegenüber dem Warschauer Pakt versucht wurde. Erst nach der Vereinigung Deutschlands gab es nach 1990 eine Öffnung hin zu den zukünftigen NATO-Partnern, aber auch hin zu Russland und anderen ehemaligen Ostblockländern, die nicht der NATO beigetreten sind.

Die dem Marinefernmeldeabschnitt 5 zur Auswertung unterstellten Einheiten waren 1960 beispielsweise:

Ortungsbereich (Radar)	Aufklärungsbereich
• Marinefernmeldestelle 521 (Dänisch-Nienhof)	Marinefernmeldegruppe 71 (Flensburg-Mürwik, Außenstelle List/Sylt)
• Marinefernmeldestelle 523 (Hubertusberg)	Marinefernmeldestelle 711 (Pelzerhaken)
• Marinefernmeldestelle 532 (Marienleuchte)	Marinefernmeldestelle 713 (Falshöft)
• Marinefernmeldestelle 723 (Pelzerhaken)	Marinefernmeldestelle 714 (in Langenargen/Bodensee)

Doch zwischenzeitlich gingen die Dienststellen wieder vom hohen Norden bis in den tiefen Süden. Der ehemalige Standort der Seekriegsleitung der Kriegsmarine in Langenargen wurde, aufgrund der geografischen Lage von einem Peiltrupp der Luftwaffe besetzt, dessen 6 Mann am 23. Juni 1959 durch fünf Soldaten der Marine ergänzt wurden. Die Soldaten von Major Schickdanz ("Sir Henry") und dem Korvettenkapitän Kunze wurden bei den französischen Einheiten im Haus Colmar untergebracht. 1963 entstand der unterirdische Bunker, der die, zum 1. März 1967 offiziell aufgestellte, Peilzentrale-Süd mit ihren zwei Peiltrupps der Luftwaffe und jeweils einem Trupp aus Heer, Marine und einem Trupp des AFmISBw aufnahm (34 Mann). 1984 wurde der Standort in Eriskirch-Langenargen in Peilzentrale 4 umbenannt, die dem Fernmelderegiment 72 in Feuchtwangen unterstellt war, doch dieser Standort des Heeres wurde in den 90er Jahren geschlossen und auch Langenargen aufgegeben.

Der Aufstellungsbefehl Nr. 104 (Marine) brachte wieder Veränderungen in den Unterstellungen. Ab dem 1. September 1960 wurden alle mit der Fernmeldeaufklärung befassten Dienststellen dem Marinefernmeldeabschnitt 7 eingegliedert und die unterstellten Dienststellen dementsprechend umbenannt. Der Antrag, das ehemalige Maschinenübungsgebäude der Kriegsmarine in der Twedter Mark 11 zum ständigen Sitz des Marinefernmeldeabschnitts 7 zu machen, war genehmigt worden und die MFmGrp 71 hatte am 15. Januar 1961 in die Anlage Twedter Feld verlegt (aufgegeben 1959. Es folgte die Verlegung der Erfassung aus dem späteren Offiziersheim der MFmS am 1. April 1961 ins Twedter Feld und auch das Personal aus List wurde zurückbeordert. Am 1. November 1961 wurde die ELINT-Analyse hier aufgebaut und in Betrieb genommen.

Die Marinefernmeldegruppe 71 hatte am 15. Januar 1961 zunächst mit Stab und Unterkunft in die neue Anlage im Twedter Feld verlegt, wo zugleich der Aufbau der elektronischen Erfassung (ELINT) begann (1. November). Die Marinefernmeldestelle 713 verlegte 1963 von Falshöft ins Schlichtinger Moor bei Lunden. Mit der Änderung der Marinefernmeldegruppe 71 zur Kompanie wurden die MFmSt 711 und MFmSt 712, einschließlich ihrer Dienststellen in List und Wittmund, aufgelöst und das Personal in den neuen Marinefernmeldezügen 731 und 732 aufgenommen. Die Marinefernmeldekompanie 71 wurde am 1. Oktober 1978 zum Marinefernmeldesektor 71 umbenannt. Die Empfangsanlagen im Twedter Feld wurde im Zeitraum 15. September 1982 bis 31. Oktober 1983 technisch vollständig modernisiert. Im Mai 1985 zog die neue ERDIS-Anlage in das Empfangsgebäude ein und 1990 wurde der Funkraum um- und eine neue Klimaanlage eingebaut.

In Todendorf war in den 1950er Jahren eine US-Aufklärungstruppe mit 150 Mann stationiert, welche die Marineaktivitäten der DDR zu überwachen hatte. Regelmäßig fuhr man dann auch zu Vermessungen auf die Insel Fehmarn, bis diese Aufgabe von deutschen Marinestellen auf Fehmarn (Marienleuchte) übernommen und die Anlage nach 20 Jahren stillgelegt wurde ("The Merry Man of Todendorf", NCVA Cryptology, Jeff Tracy). In Deutschland wurden in den 60er Jahren insgesamt neun Einsatzstellen nahe der Grenze zur DDR und Polen aufgebaut, die teilweise nach der Vereinigung 1990 außer Dienst gestellt wurden. Im Frühjahr 1964 war Baubeginn des Turmes "M" in Pelzerhaken und am 1. April 1968 verlegte die Marinefernmeldestelle 722 von Staberhuk nach Marienleuchte. Hier wurden im Juli 1968 die Magnetschleifen im Fehmarnbelt verlegt, welche die Basis für die spätere Marineunterwasserortungsstelle bildeten.

Die Marinefernmeldestelle 722 in Staberhuk/Fehmarn war am 1. Januar, unter der Marinefernmeldegruppe 72 in Glücksburg-Meierwik, im Juni des Jahres 1962 aufgestellt worden. Von hieraus erfolgte die Abstellung des Personals für die mobile Erfassung und deren Analyse an Bord. Die mobilen Erfassungseinheiten gliederten sich 1963 in:

Marinefernmeldeabschnitt 7	1. Schnellbootgeschwader
Messboot TRAVE	RAUBMÖVE
	SILBERMÖVE
	STURMMÖVE
	WILDSCHWAN
	Tanker HINRICHS

Dem Marinefernmeldeabschnitt 7 waren die Marinefernmeldegruppe 71, später auch die Marinefernmeldegruppe 72, unterstellt, mit den Dienststellen in:

- Marinefernmeldegruppe 71
  (DLRG-Turm Pelzerhaken)
- Marinefernmeldestelle 711
  (DLRG-Turm Pelzerhaken)
- Marinefernmeldestelle 713
  (List/Sylt Peiler Mitte
  und Peiltrupp Wittmund)
- Marinefernmeldestelle 713
  (Peiler Falshöft)
- Marinefernmeldestelle 714
  (Langenargen, Peiler Süd)

- Marinefernmeldestelle 721
  (Falshöft, nicht aufgestellt)
- Marinefernmeldestelle 722
  (Staberhuk/Fehmarn)
- Marinefernmeldestelle 723
  (DLRG-Turm Pelzerhaken)
- Marinefernmeldestelle 724
  (List/Sylt, nicht aufgestellt)
- Marinefernmeldestelle 725
  (Borkum, nicht aufgestellt)

Am 28. April 1970 erließ der Führungsstab der Marine eine Ergänzung zum Aufstellungsbefehl Nr. 104, in der die Änderung der Bezeichnung des Marinefernmeldeabschnittes 7 zum Marinefernmeldestab 70 befohlen wurde. Am 29. April 1970 wurde in Neustadt/Holstein die Marinefernmeldekompanie 73 aufgestellt und damit auch die Marinefernmeldegruppe 71 und 72 in der Folge umbenannt in Marinefernmeldekompanie 71 und 72, während der Peiltrupp Wittmund zum 30. Juni des Jahres aufgelöst wurde. Die Marinefernmeldestellen 711 und 712 wurden dabei von der Kompanie 71 übernommen.

Die Marineküstenstation Marienleuchte auf Fehmarn liegt hingegen auf dem Gelände einer Signalstelle der Kaiserlichen Marine, an einem geografischen Punkt, an dem der Fehmarn-Belt nur noch 20 km breit ist. Nach der optischen Überwachung und Weiterleitung der Meldungen über die kaiserlichen Signäler war im 2. Weltkrieg nur eine Flakstellung ansässig. Die Bundeswehr zog 1968 mit dem Marinefernmeldezug 736 des Marinefernmeldeabschnittes 7 von Staberhuk in die neue Küstenstation, die als provisorische Marinesignalstelle seit 1957 bestand. Hier wurde die amerikanische Aufklärungsanlage WLR-1 installiert, die auch auf den gekauften US-Zerstörern verwendet wurde. In den sechziger Jahren wurde die Marineunterwasserortungsstelle mit dem Überwachungssystem "Holzauge" in Marienleuchte errichtet, die erst im April 1986 in der Unterstellung vom Marinefernmeldeabschnitt 1 zum MFmStab 70 wechselte. 1991 wurde das "Große Seeohr" installiert und am 13. Januar 1993 konnte die neue DWQX-12-Anlage in die militärische Nutzung integriert werden. Das "Holzauge" wurde durch die amerikanische "Miß Beta"-Anlage ersetzt.

Die Marine arbeitete lange Zeit hauptsächlich mit dem Luftwaffenführungsdienstkommando in Köln-Wahn und dem unterstellten Fernmeldebereich 70 mit den Fernmelderegimentern 71 (Osnabrück) und 72 (Feuchtwangen) zusammen. Diese Fernmelderegimenter 71 und 72 wurden 1997 aufgelöst, während die von den britischen Streitkräften in Gatow/Berlin übernommene moderne Anlage dem Fernmeldebereich 70 als Fernmeldesektor D eingegliedert wurde. Der Stab und Fernmeldesektor 62 war weiterhin in Trier stationiert, ebenso die technische Unterstützung und Systemanpassung des Fernmeldesektors 61 in Kleinaitingen. Die Dienststellen und ihre Aufgaben haben nach der Vereinigung 1990 jedoch Änderungen erfahren, die ELOKA/Aufklärung ist im Wandel zu einer, zumindest organisatorisch, teilstreitkraft-gemeinsamen Komponente. Meist ging die Entwicklung in größeren Streitkräften und auch im 2. Weltkrieg genau in die umgekehrte Richtung und nicht alle dieser Erfahrungen waren negativer Art. Es ist schwierig die spezifischen Anforderungen des Heeres, der Luftwaffe und der Marine auf einen kleinsten gemeinsamen Nenner zu bringen.

Als ein gutes Beispiel der teilstreitkraft-übergreifenden Zusammenarbeit kann sicherlich der Betrieb der Fernmeldetürme gelten, die über lange Jahre gute Ergebnisse in der Aufklärung der Nationalen Volksarmee liefern konnten. Der Marinefernmeldestab 70 (MFmStab 70) konnte seine Leistungen und Erkenntnisse in der Aufklärung der ehemals hinter dem "Eisernen Vorhang" stehenden NVA und anderer Ostblock-Staaten zumindest zu einem Teil hier darlegen.

So konnte z.B. deren Nachrichteninhalt einer militärischen Richtfunkstrecke der DDR durch einen in der Ausbreitungskeule gebauten Funkempfangsturm abgehört werden. Die FM-Türme wurden von Heer, Luftwaffe und Marine in der Aufklärung betrieben, doch ihnen standen die entsprechenden NVA-FM-Türme gegenüber, die ihrerseits nicht nur Informationen sendeten, sondern auch empfangen konnten. So wurden z.B. die von der Stasi abgehörten Dienstgespräche aus dem MFmStab 70 auf dem Übermittlungsweg der NVA-Richtfunkstrecken teilweise wieder von den eigenen Kollegen bei der Überwachung der NVA-Verbindungen mitgeschnitten.

Die Geschichte der Fernmeldetürme hatte sicherlich so manches dienstliche „Schmackerl" zu bieten, bis die politischen Veränderungen auch hier den Umbruch brachten und wie bei der Küstenradarorganisation zur Aufgabe der ehemals „innerdeutschen Nachrichtenorganisation" mit den Türmen der Funkaufklärung führte.

Teilstreitkraft-gemeinsam genutzte Fernmeldetürme (FM-Turm)

- FmTurm-A   Grossenbrode - Heer/Luftwaffe (H/Lw)
- FmTurm-B   Thurauer Berg/Dannenberg - H/Lw, nach Auflösung des Warschauer Paktes aufgelöst
- FmTurm-C   Schneeberg/Fichtelgebirge - H/Lw, nach Auflösung des Warschauer Paktes aufgelöst
- FmTurm-F   Hoher Bogen/Kötzing - H/Lw
- FmTurm-M   Pelzerhaken (hauptsächlich in Marinenutzung)
- FmTurm   Großen Kornberg
- FmTurm   Hoher Meissner
- FmTurm   Barwedel

Bis 1990 ergänzt durch die FM/ELOKA-Standortanlagen

- Flensburg
- Marienleuchte
- Rotenburg
- Osnabrück
- Hambühren, nach Auflösung des Warschauer Paktes aufgelöst
- Stöberhai/Osterode - H/Lw, nach Auflösung des Warschauer Paktes aufgelöst
- Frankenberg
- Ahrweiler
- Daun
- Hof
- Trier
- Feuchtwangen
- Donauwörth
- Gatow/Berlin (britische Anlage "Hangar 4", 1997 zur Luftwaffe)

Mit Einführung der Datenverarbeitung begann eine neue Zeit für die Auswertung und Analyse, deren EDV-Gebäude am 26. November 1970 Richtfest hatte. Im Jahr darauf erhielt die Fernmeldeaufklärung ihre fliegende Komponente in der Bréguet Atlantique 1150 (SIGINT) und nach sechsjähriger Bauzeit konnte der FM-Turm-M am 1. Februar 1972 übernommen werden. Der alte DLRG-Turm in Pelzerhaken hatte ausgedient, blieb jedoch bis zu seiner Beseitigung durch Pioniere am 11. März 1977 stehen. Im Jahre 1972 wurde ferner eine ortsfeste, aktive Sonaranlage (ähnlich der ELAC-1BV) im Fehmarnbelt installiert, für die 3 sm vor der Küste ein 320 Tonnen schweres Betonfundament mit ungefähr 140 km Seekabel versenkt wurde.

Die ELINT-Auswertung erhielt am 15. Februar 1973 Anschluss an das DV-System des Stabes und die rechnergestützte Analyse wurde zum Standardverfahren. Die schnelle Entwicklung der Computer erforderte schon zwei Jahre später die Ersetzung des ersten ELINT-Rechners mit einer Ausführung der nächsten Generation (26. März 1975). Mit dem 1. Oktober 1974 wurde der MFmStab 70 schließlich dem Marineführungsdienstkommando truppendienstlich unterstellt.

Durch die Aktivitäten der DDR wurden die Maßnahmen der Überwachung verstärkt, die Marineunterwasserortungsstelle (MUWOst) erhielt am 26. März 1977 Personal für einen 24-stündigen Betrieb, nach der Fertigstellung des Stabs- und Unterkunftsgebäudes im MFmStab 70 konnte die Marinefernmeldekompanie 72 am 1. März 1978 von Meierwik dort einziehen. Im Zuge einer weiteren Umgliederung wurden die drei Fernmeldekompanien am 1. Oktober 1978 in Marinefernmeldesektoren umbenannt, von denen allein der Sektor 71 in Bramstedtlund bis zum Schluss der rein maritimen Aufklärung verblieb. Seit 1995 wird von hier der weltweite HF-Fernmeldeverkehr im 24-Stunden-Schichtdienst erfasst, gepeilt, analysiert und weitergemeldet. Enge Zusammenarbeit in den Ergebnissen gab es dabei mit der Fernmeldebrigade 94 des Heeres in Daun, dem Fernmeldebereich der Luftwaffe in Trier, dem Amt für Nachrichtenwesen der Bundeswehr in Ahrweiler sowie Dienststellen der NATO.

Mit Verlegung der Kompanie 72 nach Mürwik wurde der MFmStab 70 zu einem Stab, der ausschließlich die Führung umfasste. Das Auswertepersonal des Stabes, das vorher von Dezernatsleitern geführt wurde, wurde der Kompanie unterstellt. Dem Kompaniechef waren nun 350 Mann sowie 12 Stabsoffizieren unterstellt. Die ungewöhnliche und in der Bundeswehr einmalige Konstellation löste sich mit Auflösung des Sektors 72 am 30. September 1982 und der Eingliederung des Personals in den Stab. Der Ausbau der Erfassungs- und Analysefähigkeiten schloss auch die Marineunterwasserortungsstelle (MUWOSt) Marienleuchte/Fehmarn ein und führte im August 1986 zur Gründung des Hydroakustischen Analysezentrum Marine (HAM). Im selben Jahr wurde die ELINT-Anlage in Pelzerhaken erneuert und nahm zum 14. Dezember 1987 ihren Dienst wieder auf. Im Mai 1989 begann die Umrüstung der alten Installationen der Unterwasserortungsstelle Marienleuchte in Zusammenarbeit mit dem Personal des HAM.

Nach den Dolmetschereinsätzen 1989 waren die russischen Sprachkenntnisse der Sprechfunkaufklärer bei den Verhandlungen mit den militärischen Vertretern der "Westgruppe der russischen Truppen" gefragt, ebenso 1989 beim ersten deutschen Flottenbesuch in Leningrad nach 1912. Mit ausdrücklicher Genehmigung der sowjetischen Behörden fand innerhalb der russischen Hoheitsgewässer eine Gedenkfeier für die in Russland gefallenen deutschen Soldaten statt, eine bis dahin eine undenkbare Veranstaltung. Diese politischen Veränderungen durch "Glasnost" und "Perestroika" bedeuteten am 8. November 1989 aber das Ende des Fernmeldesektors 73. Nachdem der Vereinigungsprozess in beiden deutschen Staaten unumkehrbar war, wurde am 8. August 1990 schließlich auch die Aufklärung der Volksmarine eingestellt. Auch die letzte offizielle Erfassung im Fernmeldesektor 73 in Pelzerhaken wurde am 28. September 1991 dokumentiert und der Sektor in der Folge zum 30. September 1992 endgültig aufgelöst.

In den 90er Jahren musste der Marinefernmeldestab 70 von insgesamt ehemals 1.200 auf 900 Mitarbeiter reduzieren. Das Flottendienstgeschwader wurde am 31. Dezember 1992 aufgelöst und die Flottendienstboote am 1. Januar 1993 dem MFmStab 70 direkt unterstellt. Ende 1995 verlegten die

Flottendienstboote aufgrund der bevorstehenden Auflösung des Marinestützpunktes Flensburg nach Kiel, während die Auswertezentrale mit ihren mehr als 400 Mitarbeitern im Mutterhaus verblieb.

Im Funkraum der "Kastagnette" wurden 1991 sechs neue Arbeitsplätze für die Erfassung (ETF-9000 von TST) errichtet, die am 23. Juni 1992 betriebsbereit waren. Ab 1988 war die Peilzentrale I (ZELLE) der Marine im Verbund mit fünf weiteren Peilstellen der Luftwaffe und des Heeres digital vernetzt. Am 30. November 1994 war die Auflösung der Peilzentrale I in Husum erfolgt, die am 1. Juni 1987 aus der Peilzentrale Nord hervorgegangen war und am 1. Dezember vom Twedter Feld nach Bramstedtlund als Teileinheit 370-374 in die "Kastagnette" einzog (Marinefernmeldesektor 71). Nachdem zum 15. März 1995 der Erfassungsbetrieb mit der neuen Kastagnetten-Anlage (DASA, ab 15. Dezember 1995 voll in Betrieb) aufgenommen werden konnte, wurden die Anlagen im Twedter Feld am 31. Juli 1995 außer Dienst gestellt. Die Peilzentrale Bramstedtlund nahm am 19. Dezember 1995 den Betrieb auf, Unterkunft und Ausbildung gingen nach Stadum (Gebäude 49-52). Die Marine hatte für das Aufgabengebiet vom Nordkap bis zum Schwarzen Meer somit eine neue Peil- und Empfangsanlage (Übergabe 28. März 1996) erhalten.

Mit den Umstrukturierungen im Rahmen der Organisationsstruktur Marine 2005 ging der Marinefernmeldeabschnitt 1 nahezu in seine anfängliche Struktur zurück und war mit dem Stab und der Fernmeldegruppe 11 und 12 wieder unter einem Dach am Standort Glückburg-Meierwik. Dann kam jedoch das Ende dieser Organisation in der Eingliederung in die Streitkräftebasis. Gemäß Zielstruktur des Organisationsbereiches 4 war die Flottille der Marineführungsdienste (MFüDstFltl) aufzulösen. Der Marinefernmeldestab 70 (MFmStab 70) war mit dem Marinefernmeldesektor 71 (MFmSkt 71) in das neu in der SKB aufgestellte Kommando Strategische Aufklärung (KdoStratAufKl) einzugliedern. Ausnahmen waren die Hydroakustische Analysezentrum Marine (HAM) und die Außenstelle Fehmarn des MFmStab 70 mit der Marineunterwasserortungsstelle (MUwOSt) und der Küstenradarorganisation (KRO). Sie wurden wie die Flottendienstboote und die Außenstelle Kiel des MFmStab 70 (Unterstützungsgruppe für die FD-Boote) der U-Bootflottille unterstellt. Die Marinefernmeldegruppen sind entsprechend ihrer operativen bzw. technisch-betrieblichen Aufgabenstellung dem Marinefernmeldeabschnitt 1 bzw. 2 zuzuordnen, die wiederum dem Flottenkommando bzw. dem Marineamt unterstellt wurden.

Kommandeure der Aufklärungseinrichtungen bis zur Auflösung des MFmStab 70

- KptzS Budde   1. Juni 1965 - 31. März 1965
- KptzS Winter   1. April 1965 - 31. März 1970
- KptzS Künzel   1. April 1970 - 30. September 1974
- KptzS Laukamm   1. Oktober 1974 - 30. September 1983
- KptzS Schmidt   1. Oktober 1983 - 14. August 1986
- KptzS Kleemann   15. August 1986 - 31. September 1988
- KptzS Gühmann   1. Oktober 1988 - 31. März 1993
- KptzS Plesmann   1. April 1993 - 25. März 1998
- KptzS Moehle von Hoffmannswaldau   26. März 1998 - 2002

Allerdings ist es hier wieder zu erheblichen Reibungsverlusten in der Organisation gekommen. Die MFmGrp 21 wechselte unter Eingliederung des erforderlichen fernmeldetechnischen Betriebspersonals die Unterstellung und ging zum MFmAbschn 1. Vor Auflösung des Stabes MFüDstFltl wurde dieser Abschnitt dem Stab Flottenkommando unterstellt und anschließend im Rahmen einer internen Optimierung umgegliedert. Die MFmGrp 12 (nach Ausgliederung des für die FmGrp 11 erforderlichen fernmeldebetriebstechnischen Personal) und MFmGrp 30 (nach interner Umgliederung) wurden dem MFmAbschn 2 zugeordnet, der vor Auflösung des Stabes MFüDstFltl dem Marineamt/Abt. Marinelogistik unterstellt wurde. Da Zuständigkeiten und Unterstellungen zwischen dem Flottenkommando und

Marineamt nicht immer eindeutig geregelt wurden, wurde der bisherige reibungslose Betrieb erheblich beeinträchtigt.

In Abhängigkeit der Aufnahmefähigkeit des WBK I wurden die ortsfesten Fernsprecheinrichtungen dorthin überführt. Bis zu diesem Zeitpunkt verblieben sie in der bisherigen Unterstellung, wurden aber gesondert identifiziert für die spätere Weitergabe. In Abhängigkeit des Ergebnisses des Pilotprojektes 9.4.1 sollte auch das Taktische Richtfunknetz der Marine (TaktRifuN) an das WBK I überführt werden. Alle Fernschreibstellen im bisherigen Zuständigkeitsbereich MFüDstFltl wurden über die MFmGrp 11 und 21 dem MFmAbschn 1 zugeordnet; zumindest bis zu einer einheitlichen Regelung des Fernschreibdienstes der Bundeswehr. Die Flottendienstboote wurden zusammen mit dem MFmStab70 ASt Kiel (Unterstützungsgruppe für die FD-Boote) ab 1. August 2001 der U-Bootflottille unterstellt. Die Stationierung der ASt Kiel unterlag wegen der notwendigen direkten Anbindung an die Flottendienstboote keiner Änderung. Das HAM und der ASt Fehmarn des MFmStab70 (KRO und MUwOSt) wurden ab 1. November 2001 der UFltl unterstellt und bezüglich des HAM war die Stationierung mit Einführung der neuen Geräte (HAM III) in Eckernförde erforderlich. Die verbleibenden, an die SKB abzugebenden Anteile des MFmStab 70 (einschließlich ELAM-Bordanlagen/ELAM-Container MFmStab 70 Außenstelle Fehmarn) und des MFmSkt 71 wurden mit Aufnahmefähigkeit des KdoStratAufKl im ersten Halbjahr 2002 dorthin überführt. Der Stab MFüDstFltl hatte die Maßnahmen zur internen Umstrukturierung bis zum 30. Juni 2002 umzusetzen und wurde zu diesem Zeitpunkt aufgelöst.

Die Eloka/Aufklärung der Bundeswehr wurde zentral in der am 17. Januar 2002 aufgestellten Streitkräftebasis (SKB) mit unterstelltem Streitkräfteunterstützungskommando (SKUKdo) in Köln-Porz-Wahnheide zusammengefasst. In der SKB ist das Zentrum für Nachrichtenwesen der Bundeswehr (ZNBw) in Gelsdorf (vormals Amt für Nachrichtenwesen der Bundeswehr jedoch ohne Abteilung VI, Technische Aufklärung) und truppendienstlich das Kommando Strategische Aufklärung in Rheinbach (mit Abteilung VI, Technische Aufklärung), welches fachlich dem Führungsstab der Streitkräfte unterstellt ist, wieder.

Das Zentrum für Nachrichtenwesen der Bundeswehr in Gelsdorf wurde die zentrale Dienststelle für das Bearbeiten der allgemeinen Lage in den Einsatzgebieten der Bundeswehr sowie für die Lage anderer Staaten für die politische Führung und für die militärische Sicherheitslage der Bundeswehr im In- und Ausland. Im Kommando Strategische Aufklärung in Rheinbach wurden damit alle bisher in den Teilstreitkräften vorhandenen Kräfte und Mittel der ortsfesten und mobilen Fernmelde-/Elektronischen Aufklärung, des Elektronischen Kampfes des Heeres sowie der Satellitengestützten Abbildenden Aufklärung (SGA) truppendienstlich und fachlich zusammengeführt. Der Stab des Kommandos Strategische Aufklärung nimmt neben den klassischen Führungsaufgaben auch Fachaufgaben in den drei Fachabteilungen G3/Einsatz, Weiterentwicklung und Grundlagen sowie den Bereich der Entzifferung und Systemsteuerung wahr. In diesen Fachbereichen finden sich alle Elemente der Abteilung VI, Technische Aufklärung, des bisherigen ANBw sowie die fachlich relevanten Elemente der Weiterentwicklung wieder, die bisher in den Teilstreitkräften zersplittert waren.

Drei Fernmeldebereiche (91, 92, 93) standen mit jeweils einem ortsfesten Fernmeldeaufklärungsabschnitt und einem mobilen ELOKA Bataillon zur Verfügung sowie Dienststellen zur technisch-wissenschaftlichen Unterstützung (ZUStelleBwTAufkl in Hof) und die Schule Strategische Aufklärung der Bundeswehr in Flensburg in der ehemaligen Marinefernmeldeschule für die Ausbildung des Personals. Der prinzipiell in allen Ländern ähnliche Aufbau und Ablauf in der Aufklärung wird hier vermittelt. Grundsätzlich werden in der Aufklärung die empfangenen Signale zunächst aufgezeichnet und von Spezialisten ausgewertet. Während verschlüsselte Nachrichten in die Dechiffrierabteilungen weitergeleitet werden, werden die Daten über die Fernmelde-, Führungsmittel- und Waffeneinsatzsysteme untersucht und mit den ausgewerteten Informationen wieder in die Truppe geliefert. Anhand dieser gewonnenen Datenbestände kann bei einer späteren, wiederholten Auffassung einer Funkausstrahlung sofort festgestellt werden, um welche Anlage/Gerät es sich handelt und welche Gegenmaßnahme evtl. nötig bzw. möglich ist.

Die Luftwaffe hatte im Rahmen der Luftwaffenstruktur 5 ("NEUE HORIZONTE") wie die Marine und auch das Heer viel verändert. Aus Heer und Luftwaffe wurden die Dienststellen meist mit dem Personal in die neue Struktur überführt. Der Betrieb des Automatischen Führungs- und Fernmeldenetzes Luftwaffe (AutoFüFmNLw) wurde z.B. in zwei AutoFüBtl an die Streitkräfte Basis abgegeben (1. April 2003). Die Automatische Führungs- und Fernmeldenetz Bataillone 381 und 384 wurden dem Führungsunterstützungsregiment 38 (vormals FüUstBrig 4/Berlin) unterstellt.

1. AutoFüBtl (mobil/Visselhövede, 1. Juli 2002) unterstellt

- Fernmeldesektor 115   Visselhövede
- Fernmeldesektor 116 (V) Visselhövede
- Fernmeldesektor 125   Karlsruhe
- Fernmeldesektor 126 (V) Karlsruhe

2. AutoFüBtl (ortsfest/Karlsruhe) mit allen zugeordneten ortsfesten Komponenten des AutoFüFmNLw

- Fernmeldesektor 111   Aurich
- Fernmeldesektor 112   Münster
- Fernmeldesektor 121   Berlin-Gatow oder Trollenhagen
- Fernmeldesektor 122   Birkenfeld
- Fernmeldesektor 124   Kleinaitingen

Der Fernmeldebereich 70 (Lw) in Trier wurde ab 1. Juli 2002 im Fernmeldebereich 92 Trier SKB, der FmSkt D Berlin-Gatow Lw ab 1. Juli 2003 im FmAufklAbschnitt 921 Berlin-Gatow SKB neu strukturiert. Der FmSkt 61 Lechfeld, FmSkt A Grossenbrode und FmSkt F Kötzing brachten ihr Personal in die Struktur der SKB ein, in denen sich auch meist das Personal aus den entsprechenden Dienststellen der Marine und des Heeres wiederfand:

- Kommando Strategische Aufklärung in Rheinbach
- Ausbildungszentrum Kommando Strategische Aufklärung in Flensburg
- Fernmeldebereich 91 Flensburg
- Fernmeldebereich 92 Trier
- Fernmeldebereich 93 Daun
- Elektronische Kampfführung Bataillon 912 Nienburg
- Elektronische Kampfführung Bataillon 922 Donauwörth
- Elektronische Kampfführung Bataillon 932 Frankenberg
- Fernmelde-/Aufklärung Abschnitt 911 Bramstedtlund
- Fernmelde-/Aufklärung Abschnitt 921 Berlin-Gatow
- Fernmelde-/Aufklärung Abschnitt 931 Daun

Steigerungen der Leistungsfähigkeit, Vielseitigkeit und Anpassungsfähigkeit aller Sensortypen werden in allen Streitkräften durch ein koordiniertes Zusammenwirken von gleichartigen Sensoren im Optikbereich (z. B. CCD, Active-Pixel-Sensor-Array und Focal-Plane-Array), im Radarbereich (z. B. Phased-Array-Radar) und im Schallbereich (z. B. akustische Antennenfelder), angestrebt. Eine zunehmende Nutzung erfolgt im Verbund der sich ergänzenden Sensoren, durch den Sensortyp (z.B. Wärmebildgerät und Mikrowellenradar) oder auch auf den Standort.

Welche Tragweite die Ergebnisse der Aufklärung und ELOKA haben, zeigt die Geschichte nach dem 2. Weltkrieg. Im Kalten Krieg wurden Spionage und elektronische Aufklärung zum Hauptbetätigungsfeld und die elektronische Kampfführung in anderen Konflikten weiterentwickelt. Elektronische Stör-, Tarn- und Täuschmittel werden heute sehr effektiv im Verbund mit konventionellen Waffen eingesetzt und die EDV brachte neue Möglichkeiten. Teilweise werden z.B. Computer und deren Ersatzteile für aufzuklärende Objekte von gegnerischen Nachrichtendiensten so modifiziert, dass diese nach Einbau die genutzten Daten auf einer bestimmten Frequenz abstrahlten, die dann entsprechend empfangen und ausgewertet werden können.

Der Kalte Krieg auf seinem elektronischen Schlachtfeld zeigte die gravierenden politischen Differenzen auf. 1947 sprengte ein amerikanisches Sonderkommando einen chinesischen Störsender nordwestlich von Tsingtau, der immer wieder die Fernmeldeübertragungen der Pazifikflotte gestört hatte. Nach der Kapitulation wurden bald die ersten Abhörzentralen auf deutschem Boden eingerichtet und auch nach 1949 von den Amerikanern betrieben, wie z.B. auf dem Teufelsberg in Berlin, auf dem hohen Wurmberg im Oberharz, auf dem hohen Großen Arber, in Gablingen und in Bad Aibling, denen entsprechende Stationen des Ostblocks gegenüberstanden/stehen.

Auf dem Feldberg richteten die Amerikaner nach dem Krieg eine der wichtigsten Abhöreinrichtung für den sowjetischen und ostdeutschen Funkverkehr ein. Jedes Jahr konnten ab den 1980er Jahren immer für zwei Wochen sogar Funkverbindungen aus dem tiefsten Raum Osteuropas aus Russland empfangen werden. Man spekulierte zuerst auf Naturphänomene, doch dann wurde ein zu diesem Zeitpunkt jährlich durchgeführtes amerikanisches Kulturfestival als Ursache festgestellt, auf dem ein Riesenrad wie eine riesige Antenne die Signale reflektierte. Schnell hatte wurde ein Vertrag ausgehandelt und das Riesenrad blieb regelmäßig länger aufgestellt, als es für das Festival nötig gewesen wäre.

Die etwa 33 km breiten Luftstraßen nach Westberlin wurden von C-130E und C-97G-Maschinen der 7405 Support Squadron regelmäßig durchflogen und die Aufklärungsmaschinen flogen 1967 allein in der ersten Jahreshälfte 213 Einsätze und fingen 5.131 Funksprüche auf. Die Besatzung der vielen Abhöreinrichtungen wie z.B. auf dem Feldberg oder Eckstein sind heute jedoch durch automatische Einrichtungen ersetzt oder wurden wie die Aufklärungsflüge eingestellt. Viele der nun mehr oder weniger gemeinsam genutzten Anlagen der US-, der britischen und französischen Streitkräfte ergänzen heute die deutschen Ressourcen. Der Border Operation Point der USA wurde vom ANBw betrieben, Gablingen ist die Fernmeldestelle Süd der Bundeswehr, Bad Aibling ist, neben der zweitgrößten ECHELON-Anlage der NSA in Europa nach Menwith Hill, seit 1988 auch die Satellitenerfassungsstelle des BND.

Das Ausmaß der elektronischen Aufrüstung wird bei dem Aufwand der Sowjetunion zur Störung der "Stimme Amerikas" ab 1948 deutlich. Rund 1.500 Sender an 300 Orten, mit weiteren 750 Sendern an 90 Orten in den anderen Warschauer Pakt Staaten, wurden errichtet. Der Rundfunk selbst stellte sich oft in den Weg des Kommunismus, wie z.B. bei der Intervention der UdSSR in der Tschechoslowakei 1968, als versteckte Rundfunksender die Bevölkerung informierten und zum Widerstand aufforderten. Der Einmarsch wurde allerdings mit unverschlüsseltem Funkverkehr des Militärs durchgeführt, vielleicht in der Absicht, die Operation als nicht gegen die NATO gerichtet, sondern ausschließlich der Erhaltung der eigenen Interessensphäre dienend darzustellen. Im Jahre 1980 waren ca. 3.000 sowjetische Störsender aktiv, die mit 5.000 Mann Fernmeldepersonal einen 24-Stundenbetrieb ermöglichten.

Das Personal der Aufklärung ist immer am Puls des zeitgeschichtlichen Geschehens und erhält dementsprechend Einblicke in Vorkommnisse. Mitte der siebziger Jahre gab es z.B. einen Vorfall, der erste heute der Öffentlichkeit dargelegt werden kann. Eine Fregatte der sowjetischen Marine versuchte schwedische Hoheitsgewässer zu erreichen und der Fluchtversuch wurde sogar vom Politoffizier des Schiffes angeführt, der die Schiffsführung festgesetzt hatte. Innerhalb kürzester Zeit wurde die Fregatte jedoch von anderen sowjetischen Einheiten gestellt und unter Androhung der Feuereröffnung zur Umkehr gezwungen. Viele andere Vorfälle dieser Art konnten durch den MFmStab 70 über den Funkverkehr verfolgt und dokumentiert werden. 1996 erschien in Russland ein Buch, dass den Vorfall behandelte und demzufolge der Politoffizier den Fluchtversuch aufgrund der unerträglichen sozialen Verhältnisse an Bord initiiert hatte. Die Rehabilitation gibt ihm heute spätes Recht. Das weitere Schicksal des Politoffiziers konnte sich damals jeder der Beobachter vorstellen, was eine große Betroffenheit im Stab auslöste und auch das Schicksal so mancher Republikflüchtlinge der DDR wurde aufgezeichnet und mit schmerzhafter Hilflosigkeit verfolgt.

Eine interne CIA-Studie kam zu dem Schluss, dass die Fernmeldeaufklärung auch im Koreakrieg eine entscheidende Bedeutung hatte, allerdings oft zum Nachteil der Amerikaner, die Vietnam und Korea als Niederlage erfahren mussten. Nachdem im Koreakrieg (25. Juni 1950 - 27. Juli 1953) der elektronische Kampf seine Leistungsfähigkeit gesteigert hatte, wurde er auch im Vietnamkrieg (1960-1973) äußert intensiv auf beiden Seiten geführt. Kurz nach Beginn der Auseinandersetzungen landete die 400. Sondereinheit der ASA (Deckname: 3rd Radio Research Unit, NSA USM-626) am 13. Mai 1961 auf dem Luftwaffenstützpunkt Tan Son Nhut bei Saigon. Im Dezember zählte die Truppe 236 Mann und hatte 18 Horchposten aufgebaut. Die NSA hatte 1964 bereits 1.747 Mann in Vietnam, die Marine entsandte zusätzlich ein Funkbataillon nach Pleiku, die Luftwaffe baute ihren Horchposten bei Da Nang auf. Das Netz wurde ausgebaut auf Nha Trang, Can Tho, Bien Hoa, und Ban Me Thuot und alle Stationen anschließend über ein extra verlegtes Tiefseekabel ("Wetwash") von Vietnam über die Philippinen nach den USA zur NSA in Fort Meade verbunden. In der Geschichte wahrscheinlich das einzige Überseekabel, welches rein aufgrund eines Krieges verlegt wurde, doch trotzdem wurden die USA auf dem Schlachtfeld geschlagen.

Insgesamt 40.000 amerikanische Sensoren erfassten im Dschungel Ausstrahlungen von Kfz-Zündungen, seismische Erschütterungen bis hin zu chemischen Sensoren zur Registrierung der menschlichen Ausdünstung. Die Vietnam und Korea eingesetzten Geräuschmelder nahmen teilweise sogar die Gespräche der Feldtelefone mit Erdleiter auf. Allerdings musste ein Abhörspezialist hierzu bis auf 35 m an den Sensor herankommen, was wiederum recht gefährlich war. Gegen Ende des Krieges waren 22 LLVI-Teams (low level voice intercept) im Einsatz, vor allem entlang des Ho-Chi-Minh-Pfades ("Der das Licht bringt"). In der Aufklärung gewinnen heute die damals im Versuchsstadium befindlichen Chemo- und Bio- sowie die neu entwickelten Faseroptiksensoren immer mehr an Bedeutung. Messungen, bei denen Licht in Intensität, Wellenlänge, Phase oder Polarisation beeinflusst und zur Messung der verschiedensten, z.B. mechanischen, elektrischen, chemisch/biologischen oder kernphysikalischen Größen herangezogen werden, können mit Lichtwellenleitern eine immer größere Datenmenge in ein Echtzeit-Lagebild einfließen lassen.

Die Sprachimitationen aus dem 2. Weltkrieg wurden nun auch vom Vietkong benutzt, um amerikanische Informationen abzufragen oder der amerikanischen Artillerie die Koordinaten der eigenen Stellungen als Zieldaten zu übermitteln, sodass die eigene Truppe unter Beschuss genommen wurde. Auch der Angriffsabbruch auf Einheiten des Vietnamesen wurde zum Teil erfolgreich von vietnamesischen Funkstellen an amerikanische Einheiten befohlen oder Spähtrupps in Hinterhalte geleitet. Durch Störung der Radar- und Feuerleitanlagen konnte die Effektivität der vietnamesischen Luftabwehr im Gegenzug auf 1,5-2% gedrückt werden, bis die vietnamesische bzw. russische Kryptoanalyse diese Erfolge wieder neutralisierte (maßgeblich durch die KW-7). Anfang des Jahres 1970 wurde eine nordvietnamesische Funkaufklärungsstation mit mehr als tausend aufgezeichneten Funksprüchen erbeutet, eingestufte Nachrichten waren dabei fehlerhafter Weise im Klartext gesendet worden, andere lagen hingegen entziffert vor.

Nach den Erfahrungen und Erfolgen der ELOKA/Aufklärung aus zwei arabisch-israelischen Kriegen 1948/49 und 1956 ordnete Mosche Dayan der elektronischen Kampfführung gar die Rolle einer Teilstreitkraft zu. Im Sechstage-Krieg wurden 1967 das Westjordanland, der Gazastreifen, die SinaiHalbinsel, die syrischen Golanhöhen und der arabische Teil Jerusalems von den Israelis angegriffen und erobert. Die ägyptischen

Radarstationen um Kairo und der Sinai-Halbinsel konnten innerhalb der ersten fünf Stunden ausgeschaltet werden. Der Funkdienst konnte sich im "Fog of Battle" in die FM-Übermittlungen aktiv einschalten und die ägyptischen Panzerverbände gegeneinander aufmarschieren lassen.

Mosche Dayan wollte nun bis Kairo und Damaskus vorstoßen, wurde von US-Präsident Johnson aber angewiesen davon abzusehen, während er gleichzeitig den Kreml vor einer Invasion in Israel warnte, denn die NSA hatte Informationen über die Bereitschaft von sowjetischen Luftlandetruppen zum Einsatz in Bulgarien. Die Sowjetunion ließ die Unterstützung für die arabischen Nationen ruhen, doch vermutlich flogen die Russen die gelieferten Flugzeuge auch im Einsatz selbst.

Rund 20-30 km vor Israels Küste kreuzte seit dem 8. Juni 1967 eine zusätzliche und wichtige Informationsquelle, die USS LIBERTY (GTR-5), ein Aufklärungsschiff der USA. Durch unglückliche Umstände und Fehlverhalten ähnlich der Situation in Pearl Harbour, wurde der Befehl, sich auf 185 km vor der Küste zurückzuziehen, nicht an das Schiff weitergeleitet. Zur gleichen Zeit massakrierten israelische Soldaten gefesselte ägyptische Gefangene in Al Arish. Der israelische Militärhistoriker Aryeh Yitzhaki schätzt, dass über 1.000 gefangene ägyptische Soldaten auf dem Sinai erschossen wurden, allein ca. 400 davon in Al Arish. Nur 31,5 km davon entfernt kreuzte nun die USS LIBERTY mit ihren elektronischen Abhöreinrichtungen.

Die Identität des Schiffes muss in Israel mindestens 6 Stunden vor den militärischen Aktionen bekannt gewesen sein. Der Commander Pinchas Pinchasy entdeckte das Schiff bei seinem Aufklärungsflug und meldete vor Al Arish das Aufklärungsschiff der US-Marine mit Namen LIBERTY mit der Bezeichnung GTR-5 an das Hauptquartier der Marine in Haifa. Etwa 13-mal wurde das Schiff in der Folge überflogen, fotografiert und die amerikanische Flagge war immer gut sichtbar. Trotzdem griffen israelische Flugzeuge das Schiff mehrmals mit Bordkanonen (821 Einschläge) und Napalm an. Der Angriff wurde erst abgebrochen, als israelische Schnellboote auch noch Torpedos schossen. Die daraufhin zu Wasser gelassenen Rettungsboote wurden jedoch ebenfalls beschossen.

Die LIBERTY hatte über den Funkverkehr in der Vergangenheit den Plan Mosche Dayans zum weiteren Vormarsch aufdecken können (Winslow Peck). 25 Besatzungsmitglieder verloren ihr Leben in den israelischen Angriffen und in der Folge konnten die Vorbereitungen Israels zum Angriff auf Syrien von den Amerikanern nicht mehr aufgedeckt werden. Nahezu 35 Jahre lang blieb es aber ein Geheimnis der NSA, dass auch eine EC-121 in Aufklärungsmission in der Nähe war. Marvin Nowicki war als Übersetzer der hebräischen Sprache an Bord und erinnerte sich gut an die Aufzeichnungen des Funkverkehrs, bei denen mehrmals die amerikanische Flagge erwähnt wurde. Israel behauptete später immer, dass der Angriff ein Versehen war und das Schiff keine Flagge führte, während auch alle Überlebenden der LIBERTY das genaue Gegenteil bezeugten.

Es verloren bis zum Ende des Kalten Krieges etwa 150 amerikanische Piloten bei Aufklärungsflügen gegen den Warschauer Pakt ihr Leben, doch die Israelis schossen während der Auseinandersetzungen mit den arabischen Staaten auch mehrere britische Aufklärungsflugzeuge ab. Es ist aber nicht bekannt, dass jemals ein sowjetischer Aufklärer von westlicher Flugabwehr beschossen oder abgeschossen wurde.

Die Auxilary General Technical Research (AGTR) und Auxilary General Environmental Research Schiffe waren in den sechziger Jahren gebaut worden (AGER-1 die BANNER, AGER-2 die PUEBLO, AGER-3 die PALM BEACH, OXFORD als AGTR-1, GEORGETOWN als AGTR-2, JAMESTOWN als AGTR-3, BELMONT als AGTR-4 und Liberty als AGTR-5). Die OXFORD wurde in kubanischen Gewässern stationiert und da die Kubaner ihre mündlichen Übermittlungen nie verschlüsselten, waren oft auch die Fernschreiber und Kryptogeräte im Hintergrund über die Mehrkanalempfänger hörbar und damit auch auswertbar. Außerdem wurde nach Geräuschmerkmalen gesucht, welche bei älteren Schlüsselmaschinen Hinweise auf die Einstellung der Schlüsselwalzen geben konnten.

Teilweise wurden die Schiffe mit 5-m-Parabolantennen ausgestattet, die direkt auf die Mondoberfläche gerichtet waren, womit terrestrische Abhörstationen kaum die Chance hatten, die Signale abzufangen. Die Nachrichten wurden dann von Stationen in den USA wieder von der Rückstrahlung des Mondes aufgenommen. Das erste Schiff, welches eine derartige Funkmeldung erhielt, war am 15. Dezember 1960 die OXFORD, vom US-Naval Research Laboratory Field Station in Stump Neck, Maryland. Die späteren Bodenstationen waren in Celtenham/Maryland, Wahiwa/Hawaii, Sobe/Okinawa und in Oakhanger/Großbritannien. Der Nachteil des Systems war, dass es nicht jederzeit zur Verfügung stand, sondern die Mondphasen die Übertragungsmöglichkeiten bestimmten. Es waren Modernisierungen der Schiffe geplant, aber nach der Versenkung der LibertY wurde das gesamte Programm gestrichen.

Die UdSSR stützte sich weniger auf Satelliten und hatte Aufklärungsschiffe von 3.700 Tonnen der BAL'ZAM-Klasse, in der 80er Jahren waren allein 60 Schiffe dieser Klasse in den russischen Streitkräften. Ergänzt wurde dies durch die Luftaufklärung des Warschauer Paktes.

Entsprechend wurden in der 1950er Jahren für die US-Navy VQ-Squadrons aufgebaut, mit VQ-1 im Nahen Osten und VQ-2 in Europa und Mittelmeer. VQ wurde am 1. Januar 1960 in Fleet Air Reconnaissance Squadron umbenannt, mit VQ-1 auf Whidbey Island/Washington und VQ-2 in Neapel/Italien, ausgerüstet mit EP-3E und P-3 Orion. 1991 wurden zwei zusätzliche Staffeln mit ES-3A Viking für die Flugzeugträger geschaffen, die als VQ-5 in Agana/Guam am 15. April 1991 und VQ-6 im Cecil Field/Florida am 8. August 1991 stationiert wurden. VQ-5 wurde dann nach North Island/San Diego verlegt, aber der Horchposten Imperial Beach wurde nach 1997 von der US-Navy geschlossen.

Im Jom-Kippur-Krieg griffen 1973 die ägyptischen-syrischen Kräfte mit entsprechenden Störmaßnahmen an, die den Israelis 1967 ihren Sieg gegen die Übermacht gesichert hatten. Diese Maßnahmen in Verbindung mit modernster sowjetischer Waffentechnik brachten zunächst große Anfangserfolge, die erst zunichte gemacht werden konnten, als die Amerikaner entsprechendes Gerät für Gegen-Gegenmaßnahmen an die Israelis lieferten.

Auch an anderen Kriegsschauplätzen wurde die Aufklärung wieder massiv beschäftigt, nachdem sie zuvor vernachlässig worden war. Ein argentinischer Flottenverband landete am 2. April 1982 den 480 km entfernten Falkland-Inseln (Malwinen). Großbritannien musste daraufhin seine Schiffe und Soldaten zur Rückeroberung über 12.000 km entsenden, die sich dann hauptsächlich mit aktiven Störsendern und Düppeleinsatz gegen die Exocet-Flugkörper der Argentinier zu schützen versuchten.

Während die USA an England Informationen aus dem SAMOS (Satellite and Missile Observation System) lieferten, stellten die Sowjets Daten des COSMOS-Systems den Argentiniern zur Verfügung. Wahrscheinlich mithilfe eines Satelliten des Typs COSMOS-1355 wurden zwei Super-Étendard-Flugzeuge unter dem Radarhorizont an einen britischen Schiffsverband herangeführt und gingen 30 km vor dem Ziel auf Höhe um die Feuerleitdaten zu erhalten. Nach dem Abschuss der Flugkörper reichten die verbleibenden etwa 40 Sekunden nicht mehr für Gegenmaßnahmen aus, der Zerstörer Sheffield wurde versenkt, andere Schiffe wurden während des Konfliktes schwer beschädigt. Nur entsprechende Luftraumüberwachung mit Frühwarnflugzeugen hätte genügend Reaktionszeit verschafft, wenn die Super-Étendard überhaupt den Verband hätten erreichen können.

Syrien führte über die 1982 von Israel besetzten Teile des Libanon Terroranschläge aus, welches im Gegenzug den Südlibanon besetzte. Die Israelis klärten die syrischen Flugabwehranlagen mit neu entwickelten Drohnen auf, die auch über die US-Schiffe im Beiruter Hafen flogen, als der US-Verteidigungsminister Caspar Weinberger an Bord kam. Die amerikanischen Radaranlagen entdeckten die Drohnen nicht. Im Libanonkrieg verloren die Syrer in einer einzigen Luftschlacht etwa 90 Kampfflugzeuge, ferner ca. 400-600 Panzer, 5 Hubschrauber, 19 Flugkörperbatterien u.a.m. im Vergleich zu lediglich 36 Flugzeugen und 60 Panzern auf israelischer Seite. Während die Israelis durch amerikanische Frühwarn- und Aufklärungsflugzeuge das gesamte Schlachtfeld ständig kontrollieren konnten, erlebten die Syrer durch entsprechende ELOKA-Maßnahmen einen totalen elektronischen Blackout der Führungs- und Aufklärungsmittel. Außerdem wurden erstmals Waffen eingesetzt, die über den syrischen Verbänden abgeschossen, selbstständig ihr Ziel suchten und gegen die es derzeit keine Gegenmaßnahmen gab.

Nachdem die Verhandlungswege gescheitert waren, begannen nach Ablauf des letzten UN-Ultimatums an den Irak in der Nacht zum 17. Januar 1991 massive Luftangriffe gegen die aufgeklärten Radar- und Funkeinrichtungen sowie die Infrastruktur unter der Operation „Desert Storm". Die dadurch gewonnene Luftüberlegenheit machte die Niederschlagung der Invasion Kuwaits (2. August 1990) und den Einmarsch von internationalen Truppen unter geringen Verlusten in den Irak erst möglich. Nach dem Iran-Irak-Krieg wurde der Konflikt zum 2. Golfkrieg mit massiver Beteiligung der USA. Die Überwachung nach UN-Beschlüssen war/ist durch den Einsatz von ELOKA/Aufklärung erst ermöglicht worden.

Nachdem sich die Bürgerkriege in Jugoslawien zu ethnischen Säuberungsaktionen entwickelten, wurden die serbischen Offensiven 1995 allein durch NATO-Luftangriffe auf die terrestrischen Kommunikationsmittel bzw. deren Störung durch ELOKA gestoppt. Wieder war den internationalen ultimativen Forderungen kein Gehör geschenkt worden und erst jetzt waren die Kriegsparteien zum Waffenstillstand und an den Verhandlungtisch gezwungen. Zum Vorteil der NATO alles ohne größere Verwicklung von ihren Soldaten in Kampfhandlungen in einem Landkrieg, der wesentlich höhere Verluste gefordert hätte.

Die Beispiele zeigen, dass die gewonnenen Kenntnisse der Funkaufklärung und der Einsatz von ELOKA einen immens wichtigen Faktor in der Vorbereitung und Durchführung von militärischen Operationen darstellen. So können umsichtig Stellungskriege vermieden werden, die in beiden Weltkriegen vielen Soldaten das Leben kosteten sowie personelle und materielle Überlegenheit eines potenziellen Gegners teilweise ausgeglichen werden.

Die speziell in der Bundeswehr nach 1990 reduzierten, und von vielen Stellen als überflüssig angesehenen, Potenziale der Nachrichtenaufklärung wurden in den militärischen Auseinandersetzungen in der Golfregion und auf dem Balkan wieder dringend benötigt. Für die SFOR wurden 3 Erfassungsfahrzeuge mit je zwei Arbeitsplätzen (1-1.000 MHz), 3 gepanzerte Peiltrupps (1-500 MHz), 2 Arbeitsplätze für Übersetzer mit Einsatz- und Meldezentrale in Container sowie für EloGM 2 gepanzerte Trupps (20-80 MHZ) in der internationalen Truppe gestellt. Die Aufklärungsstationen auf dem Berg Udric (15 Mann) und im Gelände des Flughafens Ortijes/Mostar mit insgesamt 29 Mann wurde ergänzt durch die Flottendienstboote der Marine in der Adria. Die Auffassungen wurden über AUTOKO, RiFu- und SATCOM-Verbindungen übermittelt nach Kastellaun bzw. Daun und MHQ/FmStab-70 zur Auswertung/Analyse.

Gerade diese Auseinandersetzungen brachten neue Erkenntnisse auf vielen Gebieten der Aufklärung. Bei den Luftangriffen kamen bei einem Flug zum Einsatzgebiet zwei US-Soldaten bei einem Unglück ums Leben, von 795.000 alliierten Soldaten fielen in den Golfkriegen 240 Mann, während es im Sechstage-Krieg über zehnmal, bei den deutschen "Blitzkriegen" gegen Polen und Frankreich 1939/40 über zwanzigmal so hohe Verluste gab. Der waffentechnischen Überlegenheit kann dies allein nicht zugeschrieben werden. Neben den Vorteilen aus ELOKA/Aufklärung liegen die Ursachen auch im verbundenen Einsatz der Waffensysteme über die Nachrichtensysteme der Streitkräfte. Dieses Zahlenverhältnis kann aber sehr schnell wieder aus dem günstigen Verhältnis gleiten, wenn die Gegner entsprechende eigene Aufklärungsergebnisse erzielen und Gegenmaßnahmen ergreifen können. Deshalb muss den eigenen Kräften hier wie überall immer das modernste und beste Material zur Verfügung stehen, um maximale Ergebnisse mit minimalen Verlusten zu erreichen. Verluste werden jedoch in Demokratien immer weniger von der Bevölkerung akzeptiert und mitgetragen.

Umfassende Aufklärung ist unverzichtbare Voraussetzung für jede militärische Operation und auch Grundlage der ELOKA. Ziel ist ein möglichst integriertes Aufklärungssystem unter Nutzung aller verfügbaren Quellen für schnelle Informationsübermittlung und Lagebilddaten aller drei Dimensionen der

Seestreitkräfte (Überwasser, Luft und Unterwasser) sowie der Einbindung in die Komponenten der Land- und Luftstreitkräfte.

Wurden in der Kriegsmarine die B-Dienstgruppen für die jeweiligen Operationen eingeschifft, so ist der heutige entscheidende Schritt die Taktische Erfassungs- und Analysekomponete (TEAK, als Substitution für den Begriff "Aufklärungszelle") für die Schiffe der Marine. Neben der Verarbeitung der Informationen dient diese Zelle u.a. der Fähigkeit elektronischer Unterstützungsmaßnahmen (EloUM) in den Kommunikationsfrequenzen und koor-diniert das Erfassen, Korrelieren, Auswerten von Signalen, Daten oder Informationen, verknüpft die Acoustic Warfare, EW und Command and Control Warfare (C2W) mit dem Aufgabenbereich der Nachrichtengewinnung und Aufklärung. Neben den Flottendienstbooten wäre eine Basis für die TEAK in der Deutschen Marine die Korvette Klasse 130, während alle anderen Einheiten nur eine reine Nachrichtenzelle benötigen.

Das Aufklärungssystem "Drohne" bzw. Unmanned Aerial Vehicle (UAV) besteht neben dem Fluggerät im Wesentlichen aus der Bodenkontrollstation mit Bedienpersonal und Sensordatenauswertung. Der Flug kann vollständig über programmierte Wegpunkte erfolgen, welche auch noch während des Einsatzes verändert werden können. Die Weiterentwicklung der Drohnen profitiert wesentlich von allen Fortschritten auf dem Gebiet der Informations- und Kommunikationstechnologien und sie haben sich nach längerer Entwicklung als wertvolle Aufklärungsmittel durchgesetzt. So kann z.B. ein einzelnes System pro Tag ein Gebiet von über 100.000 km2 überwachen. Die Unmanned Air Vehicle Navy (UAV-N) sind für den erfolgreichen Einsatz von Seestreitkräften, das Erstellen und das Aufdatieren eines aktuellen und zuverlässigen Lagebildes über und unter Wasser, auf der Hohen See als auch im mitunter geografisch stark zergliederten Küstenvorfeld unersetzlich geworden. Für die Erstellung des Luftlagebildes werden die weitreichenden aktiven und passiven Sensoren der Überwassereinheiten oder von Aufklärungsflugzeugen (AWACS, MPA etc.) genutzt.

Für das Unterwasserlagebild ist aufgrund der nur begrenzten Reichweite der im Bug montierten Sonaranlagen der Überwassereinheiten ferner der Einsatz von bordgestützten Hubschraubern und der unterstützende Einsatz von U-Booten und U-Jagdflugzeugen von herausragender Bedeutung. Bei Einsätzen in der Luft sowie Über- und Unterwasser kann aber oftmals für die Erstellung eines Lagebildes auf die aktiven und passiven Sensoren der Überwassereinheiten mit ihrem begrenzten Erfassungshorizont zurückgegriffen werden, da nicht genügend Aufklärungsdrohnen zur Verfügung stehen. Damit ist jedoch weder ein kontinuierliches und lückenloses Lagebild, noch im Konfliktfall ein Einsatz weitreichender Seezielflugkörper auf ihre maximale Bekämpfungsentfernung möglich. Dieses Defizit vermögen UAV mit ihren spezifischen Fähigkeiten wesentlich kostengünstiger zu kompensieren.

Obwohl die Aufklärungsdrohnen seit dem 1. Weltkrieg im Einsatz waren, wurden sie erstmals im Vietnamkrieg häufiger eingesetzt, als die Technik ausgereift war und in den Golfkriegen oder z.B. auf dem Balkan wurden sie bereits regelmäßig eingesetzt. Einen der größten unmittelbaren Erfolge erzielte ein UAV, das am 27. Februar 1961 zwei irakische Patrouillenboote entdeckte und für einen geplanten Luftangriff weiter observierte. Die irakischen Botte glaubten sich angegriffen und ergaben sich dem ihnen unbekannten und unbemannten Flugobjekt. Die Variationen der UAV reichen heute von sehr kleinen, von der Hand aus gestarteten Kleinstflugzeugen (Pointer) bis zu sehr großen Aufklärungsdrohen (Predator, DarkStar, GLOBAL HAWK), die ultimativ auch nahezu alle Rollen eines Kampfflugzeuges übernehmen können. GLOBAL HAWK kann aus 20.000 Metern Höhe Fahrzeuge auf der Erde mit einer Genauigkeit von weniger als einem Meter orten. Die Einsatzzeit von nahezu vierzig Stunden ermöglicht weltweite Einsätze vom Boden der USA aus. Im praktischen Test konnte ein aus 100 km Entfernung abgefeuerter Gefechtskopf (vermutlich mit Bildern des kommerziellen Satelliten ICONOS) auf das geortete Objekt gelenkt werden. Der Versuch zeigte den Vorsprung gegenüber anderen Nationen und die Fähigkeit der USA zur Integration verschiedenster Komponenten zu einem wirkungsvollen Waffeneinsatz- und Führungssystem.

In der deutschen Marine ist die Marinedrohne von den Fregatten und den Korvetten einsetzbar. Mit den Radarkomponenten sollen zukünftige Plattformen befähigt werden, weitreichende Flugkörper auf ihr maximale Reichweite einsetzen zu können (Over the Horizon Targeting, OTHT). Weiterhin soll die Drohne mittels LINK einen entscheidenden Beitrag zur Aufklärung und Lagebilderstellung außerhalb des Radarhorizontes der Schiffseinheiten bis hin zur Klassifizierung und Identifizierung mit einem elektrooptischen Sensor (IR und TV-System) leisten, womit die Abdeckung der Lagebilderstellung lückenlos ist.

Ein modulares Prinzip der Nutzlast lässt dabei auch die zukünftige Integration anderer Sensoren oder Effektoren zu, wie z. B. im Bereich ELOKA und die Nutzung auf kleineren Einheiten mithilfe eines automatischen Start- und Landesystems sowie eine einfache flexible Handhabung an Bord. Zusätzlich ist das Drohnensystem auch im Rahmen von Crossdeck Operationen einsetzbar, d.h. Betrieb des Systems mit vorhandenem Bordpersonal unabhängig von der Plattform. Das Konzept des Starrflüglers ist deshalb für die deutsche Marine uninteressant, da Start und Landevorgänge größere Start-/Landeflächen benötigen (w.z.B. die eines LDP der US-Navy) bzw. bei der Landung eine Wasserung oder das Einfangen mit einem Netz. Hier gehen schon aufgrund der möglichen Plattformen die Wege der nationalen Seestreitkräfte unterschiedliche Wege.

Eine Bewertung unterschiedlicher Konzepte führte zur Auswahl einer Hubschrauberdrohne, die automatisch an Bord starten und landen kann. Diese Fähigkeit wurde von der Firma Dornier mit einem Seezielaufklärungsmittel- und Ortungssystem (SEAMOS) mittels einer sich bewegenden Plattform Ende 1991 nachgewiesen. Auf dem internationalen Markt werden derzeit wenig Alternativen zum vorgesehenen SEAMOS-Konzept (Hubschrauber-Prinzip) angeboten. Die wenigen über See eingesetzten Drohnen basieren weitgehend auf dem Prinzip des Starrflüglers und/oder sind so klein, dass sie nur einen Teil der vorgesehenen Nutzlast unterbringen können. Für die deutsche Marine wurde das Vorhaben "Marinedrohne" in der Definitionsphase 1998 und die Entwicklung ab 2000 angemeldet worden. Mit der Produktion könnte Anfang 2005 begonnen werden.

Unmanned Tactical Aircraft (UTA) sind kostengünstige Alternativen zum Einsatz von Soldaten in Extremsituationen. UTA können über dem ausgewählten Gebiet operieren und durch ihre Nähe zu den gegnerischen Objekten Aufklärungsergebnisse ermitteln, die direkt per Datenübertragung oder gespeichert nach Rückkehr der Drohne zur Verfügung stehen ohne das Personal einer Gefährdung ausgesetzt wird. Unbemannte Flugkörper werden in der Aufklärung zur Ortung und in der ELOKA für aktive Störsender eingesetzt, aber auch zum Waffeneinsatz können Unmanned Combat Aerial Vehicle (UCAV) eingesetzt werden, wie z.B. die X-47A, welche mit Stealth-Technologie ferngelenkt militärische Waffeneinsätze fliegen kann, die durch das Unmanned Underwater Vehicle (UUV) vorbereitet und überwacht werden.

Minidrohnen bzw. Micro Aerial Vehicle (MAV) sind Kleinflugzeuge mit einem Durchmesser von wenigen Zentimetern, die ihre Bilder o.ä. per Funk übertragen. Das Mainzer Institut für Mikroelektronik baute mit 50 mm Durchmesser den kleinsten Hubschrauber der Welt, der hier eingesetzt werden könnte und ein Prototyp eines 75 mm langen elektrisch angetriebenen Deltaflüglers mit Kamera, kann aus der Hand gestartet werden. Realisiert sind schon Aufklärungsfluggeräte in der Größe bis 5 Zentimetern, während die Schmetterlingsflügler, die aus einer chemischen Substanz die Energie für die Flugmanöver und Kameras beziehen, welche eine weitere Generation der Minidrohnen darstellen. Die MAV sind ein weiteres wertvolles Aufklärungssystem für den unmittelbaren Gefechtsfeldeinsatz als auch vieler anderen Aufgaben.

Als Trägerplattform für die Marinedrohne wurde ab 2005 die Korvette Klasse 130 vorgesehen. Die Drohne CL-289 hat indes ihre Feuertaufe in Bosnien längst erhalten und sich bewährt. Die Flughöhe von 200-2.700 m bei 400 km Reichweite ermöglicht optische und IR-Aufnahmen und quasioptische Bilddaten, die sofort während oder auch nach dem Flug ausgewertet werden können. Im Jahre 2002 kam das Luftaufklärungssystem LUNA X-2000, welches nach dem Start von einem Seilfederkatapult zwischen 150 und 3000 Meter mit 40 bis 110 km/h (Standard 70 km/h) rund 90 Minuten lang bis maximal 40 Kilometer Tiefe ein Gebiet mit Tageslicht-Videosensor, Infrarot, digitaler Standbildkamera oder Frontkamera übermitteln kann. Bodenkontrollstationen können dabei die Flugsteuerung während des Fluges im Wechsel übernehmen.

Das Kleinfluggerät Zielortung (KZO) "BREVEL" ist ein weiterer Aufklärungsflugkörper mit ähnlichen Möglichkeiten, der ergänzt wird durch die EloGM-Drohne "Mücke", welche den Frequenzbereich von 20-500 MHZ autonom und programmgesteuert durch breitbandiges, flächendeckendes Stören beeinflussen kann. Der automatische Flug kann aber auch über HF-Datalink beeinflusst werden. Aktive Bekämpfung ist dagegen mit der Kampfdrohne Heer (KDH) "Taifun" möglich. Ihr Suchkopf erfasst und verfolgt Ziele im Millimeterwellenbereich, liefert zugleich aber die Radardaten für die internen digitalen Karten als Unterstützung zur Basisnavigation GPS. Die auf dem vorprogrammierten Suchpfad aufgefassten Ziele werden nach zuvor ausgewählten Prioritäten eingestuft, dann eines ausgewählt und in "top attack" angegriffen und vernichtet.

Die Fernmeldetruppen der ELOKA sind in der Bundeswehr als Instrument der Elektronischen Kampfführung heute im Kommando Cyber- und Informationsraum zusammengefasst. Dort führt das Kommando Strategische Aufklärung unter anderem eine Auswertezentrale ELOKA und die vier ELOKA -Bataillone. Im Heer gibt es keine autonom einsetzbaren ELOKA-Kräfte mehr. Die der Marine unterstehenden Aufklärungsschiffe (Flottendienstboote) werden ebenfalls operativ vom Kommando Strategische Aufklärung eingesetzt. Außerdem verfügen die Kampfschiffe der Marine über autonome ELOKA-Systeme (FL1800 II, KORA, UL5000k, MRBR, RIGEL). Die Kampfflugzeuge der Deutschen Luftwaffe verfügen ebenfalls über Selbstschutzsysteme, die im elektromagnetischen Spektrum arbeiten. Heute gehört ferner auch der Bereich der Optronik zu den Aufgaben der Fernmeldetruppe ELOKA, was auch die Aufklärung von Laser-Signalen beinhaltet.

Gerade im Bereich der Aufklärung sind unbemannte Drohnen heute sehr leistungsfähig, können entweder tagelang in der Luft bleiben, extrem kleine Details aufklären oder in ihrer Miniaturisierung bis zur Insektengröße auch Anwendung bei Einsätzen mit Geiselnahmen haben. Hochleistungsdrohnen erreichen Geschwindigkeiten von 0,85 Mach (Zielflugdrohnen über 2 Mach) und haben eine Reichweite von ca. 1.000 km mit maximalen Flughöhen von bis zu 11.000 m. Neben Radar-, Infrarot- und TV-Sensoren können ihre funktechnischen Anlagen auch als Relaisstadion genutzt werden. Hiermit wird weitreichende Aufklärung ohne Preisgabe des eigenen Standortes und Gefährdung eigener Truppenteile auch vom Schiff aus möglich und die UAV werden in Zukunft weitere wichtige Aufgaben übernehmen können.

Funkelektronischer Kampf in der Nationalen Volksarmee (NVA) und MfS bis 1990

In den ehemaligen Streitkräften des Warschauer Pakts wurde anstelle des westlichen Begriffes der Elektronischen Kampfführung (ELOKA) die Bezeichnung Funkelektronischer Kampf (FEK) verwendet, angelehnt an die russische Bezeichnung Радиоэлектронная Борьба (РЭБ) „Radioelektronnaja Borba (REB)". Aufgrund der sensiblen und wichtigen Informationsgewinnung war der Funkelektronische Kampf ein Hauptaufgabengebiet der Nationalen Volksarmee (NVA) und speziell des Ministeriums für Staatssicherheit (MfS) in der DDR.

Systeme, Anlagen und Geräte aus der ELOKA/Aufklärung sind wie die der Kryptologie mit der nationalen Geheimhaltung verbunden. Seilschaften aus den Mitarbeitern der Stasi bestehen bis heute und nur wenige Informationen dringen von hier an die Öffentlichkeit. Mit dem bisher gesicherten Material und den Auskünften der Techniker und Operateure lässt sich nur langsam ein Bild der ostdeutschen Aufklärung formen, die auch nur unvollständig schriftlich erfasst ist und zusätzlich verschwanden viele Akten, die eine Bestandaufnahme hätten ermöglichen können. Doch einige Beispiele können trotzdem Zeugen der Leistungsfähigkeit der ostdeutschen Stellen sein.

Das Ministerium für Staatssicherheit (MfS) unterhielt eine eigene Funkaufklärung auf dem Brocken im Harz sowie in Biesenthal bei Berlin und behielt durch ihre Mitarbeiter in allen Teilen der Streitkräfte der NVA gerade beim Funkelektronischen Kampf (FEK) wie in der Aufklärung unter strengster Kontrolle. Die Abhörstelle auf dem Brocken war wie alle anderen mit modernster westlicher Technologie ausgestattet und hatte zusätzlich eine entsprechende russische Station in der Nachbarschaft.

Gliederung des Funkelektronischen Kampfes (FEK) der DDR und der UdSSR
- Funkelektronische Aufklärung
- Funkelektronische Gegenwirkung
- Funkelektronische Täuschung
- Funkelektronische Tarnung

Wie in Westdeutschland entstand auch die Funkaufklärung mit der Organisierung der KVP zeitlich vor der Aufstellung der eigentlichen Streitkräfte. Zur Funkaufklärung wurden die modernsten Geräte eingesetzt, dabei meist westliche Technik, aber auch Spezialentwicklungen aus den Ländern des Warschauer Paktes. In den 50er Jahren verwendete die Aufklärung hauptsächlich sowjetische Funkpeilgeräte KWM, Nachbauten eines US-Gerätes aus dem 2. Weltkrieg.

Zwischen dem 8. November 1949 und 31. Dezember 1950 wurden in Barendorf, Boltenhagen, Tarnewitz, Insel Poel, Buk-Spitze, Warnemünde, Wustrow, Darßer Ort, Barhöft, Arkona, Stubbenkammer, Greifswalder Oie und Ahlbeck Signalstellen eingerichtet, von denen Tarnewitz und Ahlbeck zusätzlich auch eine eigene Funkpeilstelle erhielten. Gleichzeitig baute die Seepolizei eine Küstensendestation in Lohme und eine Küstenempfangsstation in Glowe auf, die hier mitverwendet werden konnten. Zur besseren Überwachung des Küstenvorfeldes bekamen die Küstensignalstellen weitere technische Beobachtungsmittel. Die Planung vom 24. Februar 1953 sah See- und Luftraumbeobachtungsstationen in Bulk-Spitze, Darßer Ort, Arkona, Greifswalder Oie vor, ferner eine Seeraumbeobachtungsstation auf der Insel Poel, eine Beobachtungsstation für den Luftraum in Boltenhagen und Unterwasserhorchanlagen in Poel, Darßer Ort, Arkona, wobei jede Anlage zwei bis drei Gruppen für eigenständige Kreuzpeilungen und jede Signalstelle zusätzlich Peilgeräte für Wärmestrahlung erhielt.

Nach Gründung der NVA wurde aus der KVP-Funkabteilung 1961 das Funkaufklärungsbataillon 21 (FuAB 21) in Frankfurt/Oder, dass mit Funkpeilstationen R-301 und Überwachungsempfängern R-250 stationär und mobil ausgerüstet war. Einher ging eine ständige Erweiterung der militärischen Funkaufklärung, deren Zentrale 1963 nach Dessau umzog und 1971 in das Funkaufklärungsregiment 2 ("Hans Jahn") umstrukturiert wurde, welches ab dieser Zeit das Zentrum der militärischen Aufklärung der NVA war. Anfang der 60er Jahre wurden hier die EKN-Funkempfänger der VEB Funkwerke Köpenick übernommen. Dessau organisierte dabei den Einsatz von ca. 900 Abhörspezialisten, die neben ihrer Zentrale in Rüggow, Zella-Mehlis und den Funkpeilstellen 1 (Gützkow), 2 (Rohrberg) und 3 (Zodel) eingesetzt waren. Die Luftaufklärungszentrale lag indessen bei Dresden-Klotzsche (Junkers Flugzeugwerke). Von hier aus wurden ab 1985 mit sowjetischen Antonov AN-26T regelmäßig Aufklärungsflüge durchgeführt (Operation "DISKANT").

Durch die Flüge unter der Operation „DISKANT" wurden keine neuen oder speziellen des MfS Aufgaben erfüllt, sie stellten hauptsächlich eine Erweiterung der technischen Möglichkeiten bei der Erfüllung der Aufgaben zur Aufklärung des westlichen militärischen Gegners dar. Eigentlich war eigens für „DISKANT" eine speziell konfigurierte Maschine „373" mit weiteren kugelförmigen Fenstern wie am Platz des Navigators zur optischen Aufklärung bestellt, deren Lieferung sich bis November 1987 verzögerte. In den Fenstern konnten spezielle Antennen angebracht werden, zusätzliche Antennen waren werksmäßig an der Zelle angebracht und zu den Arbeitsplätzen verkabelt. Die Antennen erlaubten eine Bearbeitung des

Frequenzspektrums von unter 30 Mhz bis oberhalb 12 GHz. Abgeglichen wurden die Aufklärungsresultate anhand eines zeitlich exakten Lagefilms der Messergebnisse mit den Streckenzeiten des Fluges.

Bis November wurden zumeist die Versionen „SBD/376", „SBC/364", „SBE/371" und „374" verwendet. In den Laderaum der jeweils genutzten Maschine wurden fünf eigens konstruierte Arbeitsplätze bestehend aus Tisch und Sitzbank, am Transportband hintereinander eingebaut. Die vorderen vier Arbeitsplätze nutzten die Kräfte der NVA, den hintersten, unmittelbar an der Ladeluke gelegenen „Katzentisch", die MfS-Mitarbeiter, da diese nur einmal monatlich, für 2 - 4 Tage an den Aufklärungsflügen teilnahmen und die Ausrüstung mit Technik somit unkompliziert und schnell vonstatten gehen konnte. Jeder Arbeitsplatz verfügte über eine eigene Stromversorgung über Generator, die Stromversorgung aus dem Cockpit wurde erst zugeschaltet, wenn der Start beendet und die Maschine in der festgelegten Flughöhe war.

Unter der Operation "DISKANT" wurden die in der Operation HAMSTER abgesetzten automatischen Radiosonden in der DDR entdeckt, von denen eine in einem Wald südlich von Frankfurt an der Oder, in der Nähe des NVA-Munitionsdepots Krügersdorf, vergraben war. Sie übermittelte einmal wöchentlich, jeweils am Sonntag, in einem 300 ms langen Datenburst auf der Frequenz 306,450 MHz ihre gesammelten Daten an einen Aufklärungssatelliten. Die Daten waren mikroseismische Bodenerschütterungen von Lkw-Verkehr von und zu einem NVA-Munitionsdepot. Die Entdeckung des Sendesignals erfolgte bereits am 6. November 1988, doch erst im Februar 1989 wurde das Gerät gefunden und auf einer Pressekonferenz des MfS, am 24. November 1989, der Öffentlichkeit vorgestellt. Eine zuvor entdeckte Radiosonde war im Mai 1985 in der Nähe des Munitionsdepots Biesenthal gefunden worden, ein nachfolgendes Gerät im Januar 1990 in der Nähe von Irfersgrün bereits nach nur fünf Aussendungen auf dem Gebiet der DDR entdeckt.

Zur militärischen Aufklärung der NVA gehörten ferner drei Abhörschiffe in der Ostsee, der Funkdienst 18 in Zingst, der Funkdienst 18 in Boehlendorf/Bad Sülze, eine FEK-Abteilung in Goldberg-Jellen, eine SIGINT in Gloewen, eine FEK in Eilenburg und eine SIGINT in Rudolstadt zur Unterstützung der NVA-Aufklärung tätig. Die Funkaufklärung der NVA war eines der wichtigsten Gebiete zur Nachrichtengewinnung über die NATO in Europa und wurde 1989 noch kurzfristig in Zentraler Funkdienst (ZFD) umbenannt.

1956 war im Ministerium für Nationale Verteidigung die "Verwaltung für allgemeine Fragen", später "Verwaltung 19" bzw. "Verwaltung für Koordinierung", dann "12. Verwaltung" aufgestellt worden, die schließlich in der Bezeichnung als "Verwaltung Aufklärung" ihr Arbeitsgebiet beim Namen nannte. Nach Umwandlung in die Abteilung "Bereich Aufklärung" wurde sie noch im Februar 1990 letztendlich zum "Informationszentrum" des Ministers für Nationale Verteidigung unter dem Admiral Theodor Hoffmann. Nach den vielen Namensänderungen zur Tarnung wurde die Aufklärungsarbeit, gegen die Bundesrepublik Deutschland und die NATO, auch erst im Jahr der Vereinigung eingestellt. Bei der späteren Sichtung des Materials wurde festgestellt, dass die Informationen über die Streitkräfte der BRD und anderer NATO-Staaten kaum Lücken aufwiesen und ein sehr gutes Lagebild ergaben. Allein im Jahre 1989/90 wurden u.a. 1,5 Millionen Einzeldaten über Gliederung, Struktur, Ausrüstung und Stationierung der Streitkräfte der NATO mit über 2.000 Angaben zu den Führungsstäben sowie 9.500 Angaben über durchgeführte und geplante NATO-Manöver dieses Zeitraumes in der DDR verarbeitet.

Den Beginn machte der Agenten-Rundfunk 1959 in Bernau bei Berlin, bis 1961 der zweiseitige Funkverkehr aufgebaut wurde. Der NVA-Aufklärungsdienst konnte dann den Nachrichtenaustausch mit 140-300 ihrer V-Personen im Simplex/Duplex-Funkverkehr abwickeln. Auch hier wurde die modernste Funktechnik des Ostens und Westens eingesetzt. Die Zentrale der militärischen Aufklärung lag dabei in der Ostberliner Spreestraße mit Sendezentrum in Crussow-Senftenhütte und in Zusammenarbeit mit dem Funkaufklärungsregiment 2 in Dessau.

Ab den 80er Jahren konnte die DDR das Frequenzspektrum der Funkübertragungen in Westdeutschland technisch nahezu lückenlos erfassen. Allein bei den AWACS-Frühwarnflugzeugen wurden 194 Satellitenkanäle ständig überwacht, 14 parallel aufgezeichnet. Funkmessanlagen waren z.B. Nichrom-RR,

Chrom-K, Nickel-K, Funkmessanlage MR-10 oder die Funkmess-Waffenleitanlage "System 104". Bemerkenswerte ELOKA/Aufklärungssysteme waren unter dem Namen "Ramona" und "Tamara" im Aufbau, kamen aber nicht mehr zum Einsatz.

Stasi-Aufklärungsposten von der Kieler Bucht/Lübeck bis in die Tschechei

- Schiff Jasmund
- Station Kormoran
- Station Falke Sperber
- Station Lupine
- Station Urian
- Station Horizont
- Station Kondor
- Station Blitz
- Station Radar
- Station Rubin (in der Tschechei)
- Station Topas (in der Tschechei)
- Stationen Spree, Spree 3+4, Havel 1+2 und Stern (um Berlin)

Spionagefunkgeräte, d.h. die Funkgeräte der verdeckten Mitarbeiter, V-Männer bzw. Agenten, waren hauptsächlich R-350M, R-353, R-354 und R-394 KM sowie Führungs- und Kontrollgeräte R-351 und R-355. Das auf AM und FM arbeitende R-375 mit dem Frequenzbereich von 20-500 MHz war an Aufzeichnungsgeräte angeschlossen und wurde bis 1990 genutzt. Für die Funkaufklärung wurde z.B. die Funkmessbeobachtungsanlage 60 "Hornisse" für die Vermessung von Impulsfolge, Codierung u.v.m. entwickelt. Doch eine längere Erprobung überstand die Anlage nicht, was mit ein Grund war, dass bald darauf die modernsten westlichen Geräte für die Funkaufklärung trotz der Lieferverbote unter dem "Eisernen Vorhang" beschafft wurden und auch z.B. das Aufklärungssystem R-375 aus der UdSSR am Anfang der 60er Jahre, was die Funkaufklärung als auch die Arbeit der Agenten wesentlich effektiver gestaltete.

Der letzte Stasi-Funkspruch an die "Außendienstmitarbeiter" wurde über 3.258 kHz am 23. Mai 1990 um 23:30 Uhr abgesetzt. Es war ein Männerchor mit dem Lied:

"Alle meine Ent'chen schwimmen auf dem See, Köpfchen in das Wasser, Schwänzchen in die Höh' ... "

Es war der Befehl an die Agenten zur Vernichtung ihres gesammelten Materials und zum Untertauchen in ein ungewisses Schicksal. Bis heute werden sichergestellten und die in Schreddern vernichteten und durch die Behörde des Bundesbeauftragten für die Stasi-Unterlagen (BStU) weiter archiviert und ausgewertet, um die Geschichte der Stasi aufzuarbeiten und entsprechend untergetauchte Mitarbeiter zu enttarnen.

Auch Funkgeräte aus anderen Staaten des Warschauer Paktes wurden in der NVA/MfS oder im Agentenfunk eingesetzt. Aus der ungarischen Volksrepublik kam das Funkempfangsgestell R-1250-M-1 (Mechanikai Laboratorium = Mechanisches Labor, ML) zur Einführung in sämtlichen Staaten des Warschauer Paktes. Der Aufbau erinnert sicher nicht von ungefähr in vielen Details an die Geräte der Firma Rohde & Schwarz. Zumindest wurden viele westliche Bauelemente verwendet. Das nach modernsten Prinzipien aufgebaute Gerät war außer in der HF-Stufe mit Transistoren bestückt und entsprach in jeder Hinsicht den Anforderungen einer wirkungsvollen Funkaufklärung. Als mobiler Funkaufklärungsgerätesatz diente die 1M für Telefonie- und Telegrafiesendungen. Drei Arbeitsplätze standen zur Erfassung der

Kurzwellenbereiche zur Verfügung, wobei Geräte wie EKD-315, EZ-111, REV 251-M und F-1204 zum Einsatz kamen.

Die funktechnische Aufklärungsanlage "BISAN" war im landgestützten Beobachtungssystem der Volksmarine und auf Schiffen eingesetzt. Der Breitbandempfänger liefert Richtung und Frequenz einer Strahlungsquelle, der Ausstrahlungen von sechs Antennen verglichen wird. Die Daten können dann auf Magnetband gespeichert werden. Horizontal (360 Grad), vertikal (60 Grad) und zirkular polarisierte elektromagnetische Wellen konnten ununterbrochen und nahezu ohne Verzögerung vermessen werden. Der Empfang der Frequenzkanäle wurde optisch durch Lampen, den Elektrodenstrahl der Anzeige sowie akustisch angezeigt. In sofortiger Bereitschaft wurde der Empfang in 2-3 Sekunden, in normaler Bereitschaft in 30 Minuten, ermöglicht.

Das Funksende- und Empfangsgerät R-350M arbeitet von 1,8-12 MHz und hat eine Sendeleistung von 6 Watt. Hauptbetriebsart ist die automatische Telegrafie, um durch kurze Sendezeiten eine Peilung zu erschweren. Handtelegrafie- sowie Telefonbetrieb war jedoch ebenfalls möglich. Die Empfangsaufzeichnung erfolgte auf einem 35-mm-Film ohne Emulsion für die Aufklärung.

Hatte das R-350 noch den Anschein eines Bastlergerätes, so bestach das R-353 durch seine Professionalität. Die Frontplatte mit der Beschriftung "Unit" lässt auf Einsätze im englischen Sprachraum schließen, in denen diese als Tarnung dienen konnte. Nur für den internen Gebrauch gab es Ausführungen in kyrillischer Schrift. Die in allen Staaten des Warschauer Paktes eingesetzten Geräte wurden per Fallschirm abgeworfen oder mit Diplomatengepäck verteilt. Der Frequenzbereich geht von 3-16 MHz bei einer Sendeleistung von 50 Watt. Telefonie war nur im Empfang möglich und die Reichweite lag bei 1.500 km.

Das Gerät R-354 war der Nachfolger und wurde in den 70er Jahren entwickelt und gebaut. Alle Geräte waren hier kyrillisch beschriftet und obwohl Halbleiter in der Industrie schon vorhanden waren, wurde der Sender und Empfänger weiterhin mit Röhren ausgestattet und nur in der Stromversorgung und automatischem Morsegeber verwendet. Bei gleicher Reichweite liegt die Frequenz beim Senden im Bereich von 2,5-15 MHz und im Empfang bei 2-15,5 MHz. Auch hier war bei Telefonie nur Empfang möglich, beim Telegrafieren lag die Sendeleistung bei 10 Watt.

1988/89 kam in der modernen Gerätegeneration z.B. das R-394 bei der Luftsturmeinheit "Lenin" zur Erprobung und wurde danach vermutlich in anderen östlichen Staaten ebenfalls eingeführt. Der 10-Watt-Sender ermöglichte auf 1,5-13,5 MHz eine Verbindung über 1.200 km, während der Empfänger einen Bereich von 2-13,5 MHz aufweist.

Der Funkempfänger R-399A mit seinem Frequenzbereich von 1,0-32 MHz ist für eine selbstständige Suche und Empfang von Telegrafie und Telefonie (Amplitudenmodulation) mit Einseitenbandsendungen ohne zusätzliche Demodulationseinrichtung geeignet. Er diente weiterhin auch zum Empfang von phasenmodulierten Telegrafiesendungen und anderen Übertragungsarten bei externer Demodulation. Das Gerät wurde erst 1987/88 in die NVA eingeführt und zählte zu den neuesten sowjetischen Entwicklungen, speziell für die Einheiten des FEK. Er wurde bis Ende 1990 verwendet und wäre sicherlich das Standardgerät für Kurzwelle geworden.

Der Kurzwellenempfänger REV-251 kam in den Modellvarianten M, TD und TDM aus Ungarn (Mechanikai Laboratorium, ML). Er war ein Universal-Empfänger modernster Bauweise und speziell für die Anforderungen automatisierter Systeme der Funkaufklärung und Überwachung mit der Option zur Fernsteuerung entwickelt. Er kam erst Ende der 80er Jahre in die Bestände der NVA und sollte den R-1250 ablösen. Die verschiedensten Sendearten können im Frequenzbereich von 200 kHz bis 30 MHz empfangen werden. Die Anzeigen gewährleisteten eine genaue optische Abstimmung für den Empfang von Sendern mit unbekannten Parametern.

Der Gerätesatz R-450 war im Kofferaufbau des sowjetischen Kfz SIL-157KEG untergebracht und zählte zum Bestand von Funkempfangszentralen des Warschauer Paktes. Er war auch als eigenständige Funkanlage im

Einsatz und ermöglichte den Empfang von A1, A3, F1 und F6 des Funkfernschreibbetriebes auf sechs WT-Kanälen im Vierdrahtdoppelstrombetrieb, gleichzeitigen Empfang von acht Telegrafiesendungen oder jeweils zwei Funkgesprächen auf A3 und A3J über die Geräte R-154-2M und R-155P an drei Arbeitsplätzen. Die seltenen UKW-Empfänger VREV-T und VREV-P waren speziell für die Funkaufklärung ab 1989 eingeführt worden. Die ungarische Firma ML fertigte die Empfänger mit Mikroprozessor von 20-99,999 MHz mit verschiedenen Scan-Funktionen. Der Überlagerungsempfänger mit dreifacher Frequenzumsetzung eignete sich zum Einsatz in automatisierten Funküberwachungsbereichen mit Anschluss zu diversen Aufzeichnungsgeräten. VREV-T und -P-Anlagen kamen auch in den Aufklärungsflugzeugen des Typs AN-26 ("CURL") zur Anwendung. Ferner gab es Sprechfunkempfang mit dem R-326, Mehrkanal-Richtfunk- und Kabelverbindungen zur Fernbedienung einer Gruppe von Funkgerätesätzen mit R-118, R-140 oder R-137.

Mithilfe der TF-Geräte R-309/2 (Richtfunk) bzw. R-309/1 (Kabel) war die gleichzeitige Ausnutzung mehrerer Fernbedienungen für eine ganze Gruppe von Empfangsgeräten möglich. Der Fernbediengerätesatz R-150M2 ermöglichte ein Zusammenwirken dieser Geräte mit der Funkanlage R-450M2, kam aber auch in Funksendezentralen zur Verwendung. Über vieradriges Feldkabel konnten zwei NF- und vier TF-Fernsprechkanäle mit der Möglichkeit zur Schaffung von sechs Fernschreibkanälen mit dem WT-Gerät R-318M6 geschaltet werden (2-x-R-318M6 = 12 FS-Kanäle). Mit der Vermittlungseinrichtung BKS 3 konnten für fünf Teilnehmer mit dem Feldfernsprecher TA-57 Fernsprechkanäle (Simplex oder Duplex) zur Verfügung gestellt werden. Sieben Empfangsantennen konnten an fünf Empfänger über eine Antennenvermittlung geschaltet werden. Bordsprechbetrieb war mit dem Fahrerhaus möglich, wobei dort wie im Wagenaufbau jeweils ein UKW-Funkgerät R-105M verfügbar war.

Die Aufarbeitung der Abhör- und Peilstationen birgt noch umfangreiches Material, denn bekannt waren zumindest etwa 20 Stationen der Hauptabteilung III entlang der bundesdeutschen Grenze, auf der Ostsee sowie in den Vertretungen in Bonn und Düsseldorf, die neben dem allgemeinen Funkverkehr auch den Richt- und Mobilfunk erfassten. Die NVA/Volksmarine hatte wie die Stasi alle modernen und zur Überwachung der NATO-Streitkräfte notwendigen Geräte, von Produkten aus den NATO-Mitgliedsstaaten selbst als wie auch aus anderen Ländern des Ostblocks, wie z.B. das russische Bildschreibgerät "Ladoga", dass bis 1980 im Einsatz war.

Die rein zur Funkpeilung hergestellten und beschafften Geräte waren geringer in der Zahl, da prinzipiell jeder Empfänger mit entsprechendem Panoramavorsatz als Funkpeilgerät eingesetzt werden kann, wurde diese Praxis vermutlich auch aus Kostengründen in der NVA häufiger angewandt. Hoch spezialisierte Geräte kamen fast ausschließlich in der Funkaufklärung der NVA und der Stasi zum Einsatz, während die kleineren Abteilungen in den Teilstreitkräften für den FEK meist standardisiert ausgerüstet wurden.

Das Kommando Truppenversuche Marine (KdoTrVsuM) versuchte mit den Dienststellen der Luftwaffe und des Heeres die Mess- und Aufklärungsanlagen der NVA nach der Vereinigung 1990 zur Auswertung sicherzustellen. Dabei wurden Geräte wie z.B. das quarzgesteuerte "Selektive Mikrovoltmeter und Funkstörmessgerät" SMV-11 bei der Auflösung des Aufklärungsbataillons der NVA in Bad Sülze im Dezember 1990 übernommen, welches auch zwei Peilrahmen für den Frequenzbereich 9 kHz bis 30 MHz hatte. Ferner gab es den Funkpeilgerätesatz R-359, der mit dem Zweikanal-KW-Funkpeil-Empfänger "Pelikan" ausgerüstet und speziell für den mobilen Einsatz auf KFZ und Schiffen bestimmt war, doch auch in festen Funkpeilstellen wurde er für die Peilung von Telefonie- und Telegrafie-Sender zwischen 1,5-25 MHz (8 Teilbereiche) eingesetzt.

Es gab aber eine ganze Palette von unterschiedlichen Anlagen durch die westliche Aufklärung zu bewerten. Der Funkpeilgerätesatz R-363 war ebenfalls mobil und stationär eingesetzt. Der Frequenzbereich von 20-100 MHz wurde von einem H-Adcock-Antennensystem empfangen und über einen Spulenrevolver abgestimmt. Der "Orlenok" ("Adler") wurde als Zweikanal-UKW-Funkpeiler auch auf Schiffen eingesetzt und gewährleistete die Peilung von AM- und FM-Sendern (im militärischen Sprachgebrauch der NVA wurde der Bereich ab 20 MHz als UKW bezeichnet).

Von den automatisierten Peilanlagen des Typs MZ- und HS-93150 mit einem Frequenzbereich von 10 kHz - 30 MHz sollen hingegen nur 16 Stück gefertigt worden sein. Die Anlage MZ-93150 ist die mobile Komponente für Fahrzeuge mit der Kreuzrahmenantenne 93150-H. Mobil und stationär wurde die HS-93150 mit der Kreuzrahmenantenne 93156-H genutzt. Die Bodenwelle konnte im Radius von 5-30 km leistungsabhängig gemessen werden. Über ein Adcock-System mit Rahmenantennen konnten die anderen Frequenzen von Sendern in 20-300 km Entfernung aufgefasst werden, während für genauere Peilungen und größere Entfernungen ein Adcock-System verwendet wurde. Diese Anlagen konnten über Datenfernleitungen verbunden werden und lieferten nach entsprechender Programmierung auch schnelle und exakte Peilergebnisse, die auf den Bildschirmen angezeigt und ausgewertet werden konnten. In der technischen Beschreibung wird eine Komplettierung der Anlage mit Zeitzeichenempfänger nur für sinnvoll erachtet, wenn entweder der Zeitzeichensender Nauen (DDR, 4525 kHz) oder aber der Sender Mainflingen (BRD, 77,5 kHz) empfangen werden kann. Man nutze also auch gerne die Zeitzeichen des Klassenfeindes.

Der Empfänger der HS-93150 und MZ-93150 hatte zwei identische Peilkanäle mit getrenntem 3. Kanal für akustischen Empfang und für die Magnetbandaufzeichnung der Funksendungen sowie der Seitenpeilung, wobei die Peilwerte und Frequenz digital aufgezeichnet wurden. Die 1-Hz-Frequenzschritte konnten mit 10 Hz und 100 Hz Schritten kontinuierlich eingestellt werden und nach Eingabe der Werte war das Gerät innerhalb von 300 ms mit einer Frequenzkonstanz von $1\text{-}x\text{-}10\text{-}7$ empfangsbereit. Der Eingangspegel reichte bis 1 mV, Signale über 10 mV wurden dann automatisch bekämpft. Vier Zeitprogramme mit jeweils 32 Frequenzen sowie ein Festfrequenz- und ein Bereichsprogramm waren programmierbar (EPROM). Diese automatisierten Peilanlagen des MZ- und HS-93150 sind nur ein Beispiel für die Qualität des in der Funküberwachung eingesetzten Materials der NVA, welche allerdings nur auf Kosten der Ausstattung der regulären Verbände erreicht wurde.

Die kürzere Abhandlung des Funkelektronischen Kampfes in der NVA/MfS ist lediglich der strengen Geheimhaltung und der, bis heute teilweise noch nicht bekannten, Tatsachen geschuldet und füllt heute bereits eigene Fachbücher und Veröffentlichungen. Die Arbeit der Behörde des Bundesbeauftragten für die Stasi-Unterlagen (BStU) darf mit Spannung weiterverfolgt werden.

Funkpeilung und passive Funkortung in der Navigation

Bevor die passive Funkortung praktisch angewendet werden konnte gab es lediglich die Navigation nach Sternenbilder, nach Zeit- und Sonnenstandberechnung, optischen Anhaltspunkten an Land, Seezeichen oder mit Unterstützung des Magnetkompasses über Kurz, Fahrt und Zeit. Bis heute ist die Navigation nach den Gestirnen mit einer möglichst exakten Zeit eine sehr verlässliche Option neben allen technischen Möglichkeiten. Kein Hochseesegler würde diese Hilfe unterschätzen, denn auch wenn die Satellitensysteme immer perfekter werden, bleibt bei einem Stromausfall an Bord keine Alternative. Mit diesen navigatorischen Hilfsmitteln kamen die Wikinger schon 400 Jahre vor Kolumbus bis nach Grönland und an die nördliche Ostküste der heutigen USA.

Der Magnetkompass hat auch heute noch seine Bedeutung im Militär bis hin zum zivilen Sportler behalten und es erstaunlich, dass er erst im vierzehnten Jahrhundert den Eingang in die europäische Schifffahrt fand, da die Chinesen die Magnetnadel schon lange vorher kannten. Der Winkelmesser "Sextant", der ein genaueres Anvisieren der Sterne ermöglichte und als Grundlage der modernen Astronavigation unentbehrlich geworden ist, wurde hingegen erst um 1750 eingeführt. Neben der Herstellung der Seide mittels der Seidenraupen hätte man also weitaus mehr Informationen aus dem asiatischen Raum für die Wissenschaft abschöpfen können.

1630 wurde von den Astronomen erstmals ein Nullmeridian eingeführt, der durch die kanarische Insel El Hierro (Ferrö) ging. Erst im 20. Jahrhundert wurde der neue Nullmeridian von London-Greenwich international allgemein gebräuchlich. Zwar wurde schon 1884 der Globus in 24 Zeitzonen eingeteilt, aber erst ab 1920 begann die allgemeine Akzeptanz. Ausgehend vom Nullmeridian von Greenwich (Greenwich Mean Time = GMT bzw. UTC = Universal Time Coordinated) verschieben sich die Zeitzonen alle 15 Längengrade um eine Stunde. Die Zeitzonen richten sich jedoch nicht nur an den Längengraden, sondern auch an politischen Ländergrenzen aus. Bezugspunkt der deutschen Zeit (MEZ = Mitteleuropäische Zeit) ist der 15. Längengrad, der auch durch Görlitz läuft. Der weltweite Funk benutzt heute als Zeitangabe UTC. Diese Informationen sind deshalb von großer Bedeutung, da jede Peilung eines Objektes immer in Verbindung mit einer Zeitangabe steht, wobei heute Millisekunden entscheiden können.

Der Kreiselkompass von Hermann Anschütz-Kaempfe war neben dem Sextanten, Leuchtfeuern und aktiver sowie passiver Funkpeilung die einzige rudimentäre Navigationshilfe in flachen Küstengewässern. Sein erster für Schiffe verwendbarer Zwei-Kreiselkompass hat sich bis heute in der Trägheitsnavigation bewährt, obwohl er nicht die Genauigkeit der funktechnischen Navigation erreichen kann. Für seine auf der Pariser Weltausstellung 1937 vorgestellte Entwicklung konnte er nur mithilfe eines Wissenschaftlers aus dem Patentamt seine Rechte vor Gericht erstreiten. Dieser Wissenschaftler war Albert Einstein, der damit vermutlich seinen letzten Einsatz für die deutsche Forschung hatte. Wie viele andere wurde diese Ressource aus der deutschen Wissenschaft durch den Nationalsozialismus dann vertrieben. Es lässt sich nur spekulieren, welche Position Deutschland ohne einen Krieg politisch und wirtschaftlich hätte einnehmen können – und ohne den Vertrag von Versailles und die angelegten Fesseln.

Die Trägheitsnavigation (Inertial Navigation) basiert auf der autonomen Messung von Geschwindigkeiten und Beschleunigungen durch Kreisel und Beschleunigungsmesser (Trägheits- oder Inertialsensoren). Mechanische Kreisel sind zwar technisch ausgereift, aber aufgrund der notwendigen bewegten Teile und der hierfür anzuwendenden Präzisionsmechanik aufwendig in der Herstellung und empfindlich gegen Umweltbelastungen. Für militärische Anwendungen werden elektrostatisch oder in Gas gelagerte mechanische Kreisel eingesetzt. Keine bewegten Teile besitzen deshalb die auf dem Sagnac-Effekt basierenden, optischen Kreisel. Der hinsichtlich Genauigkeit beste optische Kreisel ist der Ring-Laser-Kreisel, bei dem die für den Sagnac-Effekt erforderlichen Lichtstrahlen durch Spiegel in einem präzise gefertigten Glasblock realisiert werden. Ringlaserkreisel sind optische Faserkreisel, bei denen die Lageinformation ebenfalls durch Interferenz zweier gegenläufiger Lichtstrahlen errechnet wird. Der geschlossene Lichtstrahl wird hierbei durch zu Spulen aufgewickelte Lichtwellenleiter von bis zu 1000 m Länge verwirklicht.

Koppelnavigationsverfahren, bei denen die Fahrzeugposition ausgehend vom bekannten Ausgangsort auf der Basis von stetig gemessenen Daten der Geschwindigkeit oder Beschleunigung ohne weitere externe Information berechnet wird, sind lediglich bordinterne Navigationsverfahren. Die bordexternen Verfahren basieren auf der Messung von terrestrischen oder astronomischen Umgebungsdaten oder dem Empfang der Signale externer Navigationshilfen über Funk oder sonstige Informationskanäle.

Für die Bestimmung des eigenen Standortes nutzte man von den Anfängen der Seefahrt bis heute die Höhenvermessung zweier Gestirne, die astronomische Navigation. Hinzu kam die terrestrische Navigation mit der Beobachtung fester Punkte an Land. Bei Flugzeugen wurde z.B. das Fliegen nach Druckflächen in den Höhenlagen, die Barometernavigation, angewandt. Die Funkpeilung bzw. passive Funkortung dient zunächst einmal der Navigation in See- und Luftfahrt (z.B. Ortung mit Sichtfunkpeiler), in der Aufklärung entwickelte sie sich hingegen zu einem eigenen Spezialgebiet. Alle auto-no-men Verfahren an Bord treten seit Einführung der Satellitennavigation (GPS-System) jedoch immer mehr in den Hintergrund, ermöglichen aber in Hybrid-Systemen aus Elementen interner und externer Navigationssysteme ein Maximum an Genauigkeit, Zuverlässig-keit und Störresistenz. Die autonomen Navigationsanlagen an Bord werden durch das weltweit verfügbare GPS-Satellitennavigationssystem als gemeinsame externe Referenz für Land-, Luft- und Seefahrzeuge ergänzt.

Die Entwicklung der Peilgeräte zweigte nach einer Zeit von den Geräten der Nachrichtenübertragung ab und führte zu speziellen Empfängern, die erst in der heutigen digitalen Informationstechnik in Entwicklungen wie dem Smartphone wieder zusammengeführt werden konnte.

Die speziell entwickelten Funkpeiler wurden damals durch die gerichteten Leitfeuer in den Anfängen der Flugnavigation und der Einrichtung von Funkfeuern in der See- und Luftfahrt notwendig und unverzichtbar. Eine Möglichkeit der Unterscheidung älterer passiver Funkortungsverfahren ist in:

- Funkfeuer (optische Anzeige von Ortung und Peilung)
- Hyperbel-Ortung (Berechnung des Standortes im Empfänger)

Eine Peilung des eigenen Standortes konnte entweder durch einen Empfänger mit zwei oder mehr Funkfeuern oder Funkbaken geschehen oder aber durch das Aussenden eines eigenen Funksignals und der Fremdpeilung (angeforderte Fremdpeilung, QTF) über zwei oder mehr feste Peilstationen mit Übermittlung der errechneten Position, wie bereits bei den Zeppelinen im 1. WK. Die bei der Peilung des eigenen Standortes verwendeten Funkfeuer leiten ihren Namen von den zur Navigation der Schifffahrt in den vorigen Jahrhunderten entzündeten Feuern an markanten Punkten an der Küste her. Es sind heute ortsfeste Sender, die auf einer festen Frequenz konstant ein bestimmtes Signal ausstrahlen (Kennung). Die Funkfeuer können von Schiffen oder Flugzeugen mit Hilfe von Sichtfunkpeilern angepeilt werden. Aus den festgestellten Peilwinkeln und den bekannten geografischen Lagen der ungerichtet strahlenden Sender lässt sich der eigene Standort bestimmen.

Die Italiener Bellini und Tosi, als auch der Professor Artom, hatten 1907 eine Empfangsantenne mit zwei sich kreuzenden Dipolen entwickelt. Der Angestellte der Firma Lorenz, O. Scheller hatte hingegen zwei Sendeantennen mit abwechselnder Ausstrahlung verwendet, mit denen sich ein Objekt gepeilt werden konnte ("Kursweiser"-Leitstrahlverfahren), womit Kiebitz 1917 Versuche in Flugzeugen machte. 1907 kam gleichzeitig von Telefunken als Drehfunkfeuer der "Radio-Kompass" bzw. "Sternpeiler". Von den 32 im Kreis angeordneten und abwechselnd gespeisten Richtantennen bei Telefunken strahlte die nach Norden gerichtete Antenne gleichzeitig dabei ein Kennsignal aus. Nun musste der Operator die Sekunden zwischen Kennsignal und dem Augenblick zählen, in dem ein erfasstes Signal seinen Maximalwert erreichte. Damit stand die Richtung zu einem gepeilten Objekt fest. Das Gerät wurde am Müggelsee erprobt und bewährte sich bis 1918. Der Müggelsee bei Berlin sollte auch im 3. Reich eine wichtige Rolle in der Forschung spielen. Telefunken hatte bereits 1912 die Schutzrechte von Bellini-Tosi für deren Goniometer-Peiler erworben. Die funktechnischen Goniometer sind prinzipiell elektrische Winkelmesser zum Berechnen des Kreuzungspunktes für die Bestimmung des eigenen Standortes durch zwei Funkfeuer oder anderer geografisch bekannter Sender. Er kann ebenso zur Peilung eines unbekannten Senders genutzt werden.

Anfangs wurden zwei Antennenstäbe und die Richtung eines Senders nach der Peilung des stärksten Signals (Maximumpeilung) verwendet. Das Minimum hingegen ist etwas schwerer zu lokalisieren und das Ergebnis dann zunächst auch doppeldeutig (Minimumpeilung). In beiden Fällen musste die Empfangsantenne mit einem Handrad gedreht werden, doch durch die Einführung der zweiten Rahmenantenne von A. Leib und E. Hornoff im Jahre 1922 wurde die praktische Anwendung wesentlich verbessert. Die zwei Rahmenantennen (90º versetzt) leiteten die Signale zu zwei in der gleichen Weise angeordneten Spulen, in deren Inneren wiederum eine drehbare Spule zum Suchen der Richtung montiert war. Von dieser Spule wurde das Signal abgegriffen und zur Anzeige gebracht und die gesamte Anordnung als Goniometer bezeichnet. International kamen weitere Verbesserungen von Oliver Lodge, Andre Blondel, De Forest, Pickard und Stone. Dank intensiver Weiterentwicklung konnten die zunächst an Land eingesetzten Kreuzrahmen mit großer Windungszahl und kleinerer Fläche bald in kleinerem Format auch an Bord verwendet werden.

Bei Beginn des 1. Weltkrieges gab es drei verwendbare Verfahren der Funkpeilung, deren erster militärischer Einsatz bei Angriffen deutscher Luftschiffe über englische Städte von den Zeppelinbasen in

Tondern und Cleve erfolgte. Die Peilstellen dafür wurden in Sylt, Borkum, Nordholz und Brügge ab 1915 eingerichtet. Durch Ausbreitungserscheinungen blieben die Abweichungen noch zu groß, weshalb viele Zeppeline über der Nordsee verloren gingen und sie sich weiter auf die astronomische Navigation stützen mussten. Eine Verbesserung gab es erst ab 1918, als Cleve und Tondern halbstündlich einen umlaufenden Peilstrahl lieferten, dessen Minimum die Luftschiffe mit ihrem Empfänger in Verbindung mit einer Spezialuhr peilten. Erst konnten sie ihre Position ohne selbst zu funken bestimmten. Für die Funkstation im Luftschiff waren ein Maat und ein Gast vorgesehen, doch musste oft der korpulentere von beiden für die Gewichtseinsparung am Boden bleiben. Die als Funkrichtanlagen (FRA) bezeichneten Funkpeilanlagen in der Aufklärung und Unterstützung eigener Schiffe durch Fremdpeilung lagen bis 1918 entsprechend in den Bereichen:

- Östliche Ostsee, Reval, Tochkona, Memel
- Westliche Ostsee, Stolpmünde, Warnemünde
- Nordsee, List-I, List-II, Nordholz, Borkum-I, Borkum-II
- Flandern, Houttave, Antwerpen, Westkapelle

Doch schon bei Tagesangriffen der Luftwaffe gab es Probleme in der Navigation. Eine deutsche Kampfgruppe verirrte sich z.B. 1939 um mehr als 100 km und lud ihre tödliche Fracht über der Stadt Freiburg/Breisgau ab, anstatt über den vorgegebenen Militärzielen in Frankreich. Aber auch britischen Bomber geschahen ähnliche Pannen, denn anstatt über Borkum zu operieren, tauchten sie über Helgoland auf und erreichten nur mit dem letzten Tropfen Benzin wieder ihren Flugplatz. Bei einem anderen Einsatz verwechselten sie einen neutralen dänischen Fischereihafen mit einem deutschen Kriegshafen. Bei Kleinverbänden und Einzelfliegern beider Seiten waren die Navigationsprobleme noch sehr viel größer, was die Versenkung eines deutschen Zerstörers durch die eigene deutsche Luftwaffe belegt. Beide Seiten hatten deshalb auch schnell erkannt, dass die Tagesangriffe mit großen Bomberverbänden zu höheren Verlusten führten, obwohl die Flakabwehrstellungen beider Seiten anfangs nur mit optischen Messgeräten arbeiteten, aber damit recht gute Erfolge erzielen konnten. Ein Jagdschutz vor feindlichen Abfangjägern scheiterte zunächst an der mangelhaften Reichweite der Jäger. Deshalb wurden bald Nachtangriffe bevorzugt, obwohl die Konsequenzen der schlechteren Zielerkennung ohne die elektronischen Unterstützungssysteme ebenso offensichtlich waren.

Mit seinen optischen Zieleinrichtungen konnte ein Bomber nur Flächenziele angreifen und je größer die Höhe, desto geringer war die Treffsicherheit. Es war also klar ersichtlich, dass jeder Bombenangriff auch zivile Ziele treffen würde. Zu mindestens in den ersten acht Monaten des Krieges vermieden es jedoch beide Seiten bewusst, zivile Ziele anzugreifen. Der englische Historiker F.J.P. Veale fasste die Eskalation des nächtlichen Bombenkrieges gegen die deutschen Städte wie folgt zusammen:

"Als Mr. Churchill an die Macht kam, gehörte es zu seinen ersten Entscheidungen, den Bombenkrieg auf das Nichtkampfgebiet auszudehnen." - "Diese Luftkriegführung setzte den Schlusspunkt hinter die Epoche der zivilisierten Kriegsführung".

Veale führte weiter an, dass Winston Churchill die deutschen Angriffe als Terror gegen die englische Zivilbevölkerung bezeichnete, er umgekehrt aber keinen Skrupel zeigte die deutschen Städte dem Erdboden gleichzumachen. Im Krieg stirbt zuerst die Ethik und Gerechtigkeit, auch die US-Luftwaffe führte Flächenbombardements gegen die japanischen Städte durch die im Abwurf der Atombomben gipfelte.

Der erste britische Nachtangriff in Deutschland mit einem größeren Bomberverband galt am 15/16.Mai 1940 bereits rein zivilen Zielen in Mönchen-Gladbach. Von den 96 eingesetzten Bombern erreichten jedoch nur 24 den Zielraum. Wie die Briten später angaben, war die benutzte astronomische Navigationsmethode sehr mangelhaft. Zukünftig flogen deshalb besonders geschulte Pfadfinder den Verbänden voraus, parallel forderte die Royal Airforce eine schnelle Entwicklung eines neuen Universal-Navigationssystems. Dabei erinnerte man sich in England an das deutsche Lorenz-Verfahren.

Doch auch die Schifffahrt zog ihren Nutzen von den technischen Fortschritten, denn die DEBEG hatte den "Richtungssucher" 129-N (222-522 kHz und 1,5-3,33 MHz) mit dem Empfänger AE-16 ab 1937 auf Loggern und Kleinschiffen eingeführt. Das Luftschiff LZ-127 Graf Zeppelin wurde im Jahre 1928 mit der Peilanlage Spez. 146-N (mit Spez.144-N, 75-1.000 kHz) ausgerüstet, während die Hindenburg 1936 die Spezialanlage mit einem Peil- und Zielflug-Empfänger E-397-N (165-1.000 kHz) und zwei Zielflug-Empfänger C-111/35 (157-415 kHz) erhielt. 1937 benutzte z.B. das Luftschiff Hindenburg eine Peil- und Zielfluganlage "C" P63uN mit 200-1.200 kHz. Mit Unterstützung von drei fahrbaren Sendern konnte der Landemast bei Nacht und Nebel angesteuert werden, bis der Sichtkontakt für das Andocken hergestellt war.

Als zweites Standbein der Funknavigation gab es in Deutschland verteilt zwar auch noch MW-Sender auf 200-500 kHz die eine Kennung abstrahlten, doch für Anflugverfahren außerhalb Deutschlands konnten sie nur schlecht verwendet werden und für Bombenabwürfe waren sie gänzlich ungeeignet. Für die Funknavigation der Marine und der Luftwaffe kamen deshalb spezielle Verfahren und ab 1939 waren das "Knickebein"-System (Lorenz, 30-33 MHz) und das X-Gerät (70-74 MHz) einsatzbereit.

Die Luftwaffe schlug einen Weg ein, der auf die bewährte Technik der von Lorenz entwickelten "QGA"-Anfluganlagen aufbaute, musste dabei aber die Leitstrahlen für größere Entfernungen mehr fokussieren. Dr. Plendl hatte die Entwicklung des "X-Verfahren" schon um 1934 hierfür begonnen und deshalb standen ab 1939 das "X-Gerät" und auch das "Y-Gerät" bzw. das "Y/E-Zweistrahl-Kampfverfahren" zur Verfügung, bei dem zwei dicht beieinander liegende Funkstrahlen mittels dem FuG-28a (mit 42 bis 48 MHz) die Flugzeuge an das Ziel führten. Die Standort- und Zielmessung erfolgte dabei rein elektronisch und durch Laufzeitmessungen der Bordsender. Das "Y-Gerät" wurde von den Amerikanern als "Benito" bezeichnet. Für kürzere Entfernungen wurden hingegen die "Zyklop"-Anlagen benutzt, die nur einen Leitstrahl sendeten und auch hier erfolgte die Zielbestimmung durch eine E-Messung. Dieses Verfahren wurde aber hauptsächlich für die Versorgung von abgeschnittenen Kampfeinheiten im Osten benutzt.

Um eine hohe Strahlbündelung zu erreichen, benutzte Dr. Plendl zunächst Frequenzen zwischen 66 und 77 MHz und erreichte damit einen Leitstrahl von 0,1 Grad Öffnungswinkel. Diese als "Wotan-I" bezeichneten Richtsender waren ausreichend klein und sogar mobil, ihre hohen Frequenzen reduzierten jedoch die Reichweite auf zunächst etwa 360 km. Wotan war das Oberhaupt der germanischen Götter mit nur einem Auge und nach diesem Prinzip war auch das "Y-Gerät" (42,1-47,9 MHz) konstruiert, welches dann im "Y-Verfahren" zum erfolgreichsten und meistverwendeten Verfahren der deutschen Luftwaffe wurde. Es benötigte nur noch einen einzigen Leitstrahl, der von den Engländern in Poix bei Amiens auch bald eingepeilt wurde. Von hier strahlte die Bodenstelle ein ton-frequentes Signal ab, das im Flugzeug empfangen und sofort wieder über einen Sender (Transponder) auf einer zweiten Frequenz zurückgesendet wurde. Durch Vergleich der Phasenlage des empfangenen Signals mit dem gesendeten Signal konnte die Bodenstelle nun die Entfernung mit einer Genauigkeit von ca. 90 m auf 400 km Distanz messen. Da die Bodenstelle über Peiler verfügte, welche die Richtung zum Flugzeug bestimmten (Seiten- und Höhenwinkel), war es ihr mithilfe der Entfernungsmessung möglich, den genauen Standort des eigenen Flugzeuges zu ermitteln. Eine Verwechslung mit anderen Flugzeugen war nicht möglich, da nur der entsprechende Transponder des jeweiligen Jägers antwortete (Prinzip der Feund-Feind-Kennung). Der betreffende Tag- oder Nachtjäger konnte dann durch Sprechfunk zu dem feindlichen Bomberverband geleitet werden. Viele Bordfunker waren vom Y/E-Verfahren begeistert, weil es sie entlastete und zunächst auch weniger häufig gestört wurde.

Für das "X-Verfahren" mussten ebenfalls eigene Senderstationen errichtet und die Empfangsgeräte zusätzlich mit einer speziellen Uhr gekoppelt werden. In einem rechnerischen Radius von ca. 100 m konnten damit Bombenabwürfe bis in etwa 320 km Entfernung ermöglicht werden. Hierfür wurden im Gebiet Calais-

Boulogne die sechs Sendestellen "Isar", "Elbe", "Rhein" und auf der Halbinsel La Hague bei Cherbourg die Stationen "Oder", "Weser" und "Spree" errichtet. Grob- und mittlerer Feinstrahl wurden von Cherbourg ausgestrahlt, während mit drei weiteren Strahlen von Calais aus, unterschiedliche Kreuzungspunkte für den Bombenschützen erzeugt wurden. Der erste Punkt war das Ankündigungssignal, beim zweiten Kreuzungspunkt wurde die manuell eingestellte Uhr initialisiert, beim dritten Punkt wurde die Uhr gestoppt und der Bombenschütze konnte die Geschwindigkeit über Grund ablesen. Gleichzeitig lief nun auf der Uhr eine voreingestellte, durch unterschiedliche Bombenflugzeiten bedingte, Abwurfzeit ab.

Der Leitstrahl A wurde auf das Ziel gerichtet und diente zur Markierung des Anmarschweges. Zwei weitere Leitstrahlen (B/C) arbeiteten auf anderen Frequenzen und schnitten den Strahl A an zwei bestimmten Punkten. Der Strahl B startete die X-Uhr, die bei Erreichung des Querstrahls C die Bomben auslöste. Soweit es ging, wurde sogar das Wetter des Zielgebiets mit in Betracht gezogen (Luftfeuchte, Winddrift). Die Leitstrahlen wurden mit 2.000 Hz Punkt-Strich-Moduliert (Empfänger FuG-22). Die erreichte Zielgenauigkeit war dabei tatsächlich sehr gut, es erforderte aber sorgfältig ausgebildete Bordfunker, für deren Ausbildung das Luftnachrichten-Versuchsregiment in Köthen zuständig war. Für normale Bomberbesatzungen war das "X-Verfahren" zu kompliziert und man entwickelte ein einfacheres Verfahren mit Frequenzen zwischen 30 und 33,3 MHz, welches mit herkömmlichen aber empfindlicheren Landeanflugempfängern (FuBl1) benutzt werden konnte und das mit 1.150 Hz moduliert wurde. Hier erfolgte der Bombenabwurf dann aber nicht mehr automatisch. Das X-Verfahren wurde z.B. vom Kampfgeschwader 100 (K.G. 100) beim Angriff auf Polen eingesetzt, danach wurden "Knickebein"- und X-Stationen entlang der deutsch-französischen Front für den Westfeldzug in Aufstellung gebracht und eingesetzt.

Das deutsche "Knickebein"-Signal bestand aus Punkten und Strichen, die sich in der idealen Anflugzone zu einem Dauerton auf dem Leitstrahl vereinten. Die Signale konnten mit einem normalen Blindlandeempfänger EBL-2 geortet werden, der lediglich in der Empfindlichkeit verbessert wurde. Durch die englischen Störmaßnahmen konnten aber nur die im Blindlandeverfahren bereits sehr erfahrenen deutschen Piloten das richtige Signal noch identifizieren, da sie dort die ähnlichen Signale zuvor schon gehört hatten. Die Antennenanlage des FuSAn-721-Senders erhielt abgeknickte Dipole und hatte einen Schienenkreis von 90 m im Durchmesser und eine Bauhöhe von 30,8 m, wobei kleinere Anlagen einen Schienenkreis von 31 m hatten. Die Reichweite dieser Sender betrug etwa 500 km. Der Spitzname "Knickebein" entstand aufgrund der geknickten Antennenform und fand sich dann auch in englischen ULTRA-Meldungen, da die Bezeichnungen der Senderichtungen von der Luftwaffe mittels ENIGMA-Funksprüchen anstatt per Drahttelegrafie oder Fernschreiber weitergegeben wurden. Elf "Knickebein"-Sender waren im Westen installiert und sendeten auch teilweise gleichzeitig um den Gegner zu irritieren.

Nachdem die Engländer erkannt hatten, auf welcher Technik die deutschen Angriffe basierten, verhinderten die darauf angepassten Störmaßnahmen größtenteils den Einsatz der passiven Peilempfänger an Bord, wodurch die deutsche Luftwaffe wiederum gezwungen wurde auf das ineffektive Flächenbombardement zurückzugreifen. Als die "Knickebein"-Geräte im Herbst 1940 eingesetzt wurden, wussten die Engländer technische Einzelheiten und konnten Störmaßnahmen gegen die gepeilten Sendestationen in Bredstedt/Husum und Kleve ergreifen. Bestrahlungsgeräte aus den englischen Krankenhäusern, die auf die Frequenz der "Knickebein"-Sender arbeiteten, wurden eiligst zu den ersten Störsendern Typ "Headache" mit lediglich 150 W umgebaut und zusätzlich 28 Störgeräte des Typs "Aspirin" konstruiert.

Einige der englischen Fachleute hielten es bis zum Kriegsbeginn für unmöglich, dass Peilstrahlen im höheren Frequenzbereich von Deutschland bis über das Inselreich reichen würden; insofern gab es bei den Alliierten doch auch ähnliche Fehleinschätzungen und Expertisen der Wissenschaftler wie in Deutschland. Doch die entzifferten ENIGMA-Funksprüche lieferten den Engländern nicht nur den Beweis ihres Irrtums, sondern gleichzeitig auch die detaillierten Informationen über die deutschen Funknavigationsverfahren für den punktgenauen Bombenabwurf auf Fabriken, Kraftwerke, Flugplätze, Städte und deren Zeitpunkt. Das Luftschiff GRAF ZEPPELIN hatte mit seinem Peilsystemen kurz vor dem Krieg die Küste Englands abgeflogen, um neu entwickelte UKW-Empfänger zu testen. Man erhielt dadurch zwar Informationen über entsprechenden Sendestationen auf britischer Seite, schätzte jedoch die Signale der englischen Radaranlagen völlig falsch ein, was ein verhängnisvoller Fehler war. Genau diese Radarketten wurden der deutschen Luftwaffe in Verbindung mit den Störsendern der deutschen Anflugverfahren zum Verhängnis. Ähnlich wie der deutschen wurde anscheinend aber auch der alliierten Generalität der Stand der Forschung teilweise noch vorenthalten und die entsprechenden Entscheidungsträger verstanden die Tragweite der technischen Möglichkeiten nicht. Teilweise wussten aber auch selbst Spezialisten nichts von den neuesten Entwicklungen der nationalen Abteilungen und gaben in Berichten demzufolge auch irreführende Stellungnahmen.

Durch Unkenntnis über die technischen Details und deren Möglichkeiten wurde die gegnerische wie die eigene Seite deshalb auf beiden Seiten oftmals unter- oder überschätzt. Als Ende 1943 die ELINT-B-24 Bomber im südwestlichen Pazifik eingesetzt wurden, warfen die Piloten so z.B. ihre "Black Boxes" aus dem Flugzeug, weil ihnen die Bedeutung nicht bekannt war und sie eine Ortung durch feindliche Abfangjäger über deren Abstrahlung befürchteten.

Die Engländer bauten gegen das "X-Verfahren" einige ihrer Radargeräte zu den Störsendern "Bromide" um. Bei der Operation Mondscheinsonate, dem Angriff auf Coventry (14./15. November 1940), waren diese nach Angaben des englischen Professors R.V. Jones aber auf eine falsche Frequenz eingestellt. Zu diesem Zeitpunkt war außer der deutschen Luftwaffe keine Armee der Welt in der Lage derartige Massenbombardements bei Nacht oder schlechter Sicht durchzuführen. Deshalb mussten schnellstmöglich Abwehrmaßnahmen gefunden werden. Göring oder/und die Befehlshaber in der deutschen Luftwaffe hatten die Bedeutung für Bombenangriffe in der Nacht oder bei schlechter Sicht nicht rechtzeitig erkannt und so blieb auch dieser Vorsprung in der Technik ungenutzt. Zu diesem Zeitpunkt waren die englischen Kampfflugzeuge und Flugabwehrgeschütze nachts aufgrund der fehlenden Radarunterstützung nicht einsatzfähig. Nachdem die Briten die Leitstrahlsysteme analysiert hatten, versuchten sie die Zielanflüge mit Störsendern zu stören. Die Deutschen variierten ihr darauf die Systeme. Das Ende der Leitstrahlen über England wurde jedoch nicht durch die Störungen bestimmt, sondern durch die Verlegung der Bomberverbände an die Ostfront. Als die deutschen Anlagen schließlich einsetzt wurden, hatten die englischen Jäger nicht nur die ersten Radaranlagen erhalten, sondern die englischen Funkstationen konnten außerdem auch die drei auf breiter Basis zur Verfügung stehenden deutschen Funknavigationsverfahren stören.

Im "Y-Verfahren" konnte nur ein einzelnes Flugzeug geführt werden, welches wiederum nur eine Formation leiten konnte. Beim Ende 1944 eingeführten Egon-Verfahren waren es dagegen bereits vier bis fünf Flugzeuge und damit auch vier bis fünf Formationen. Zu diesem Zeitpunkt hatte die deutsche Luftwaffe jedoch die Luftüberlegenheit verloren und war über Russland derart geschwächt worden, dass nun die benötigten Formationen nicht mehr zusammengestellt werden konnten und es ohne Bedeutung blieb. Das Egon-Verfahren wurde zuerst vom Kampfgeschwader 66 (K.G. 66) im Februar 1944 bei einem Angriff auf London und später noch bei der Führung der Strahlflugzeuge eingesetzt. Hierbei wurde eine "Freya"-Bodenstation über ein FuG-25a ("Gemse") im Flugzeug bis ca. 100 km angesprochen. Im Gegensatz zu den Decknamen der anderen Navigationsgeräte wie "Sonne" oder "Erika" war Egon eine Kombination der Anfangsbuchstaben aus der Bezeichnung "Erstlings-Gemse-Offensiv-Navigation".

"Erika" war ein Funkfeuer mit Baken, ähnlich dem britischen GEE-Verfahren, welches in der deutschen Version zuerst in der Entwicklung ausgesetzt worden war. Zwei Stationen hatten jeweils sechs Antennen im Abstand von 46,5 - 18,27 - 27,2 - 27,24 und 124,45 Meter, die von einem entfernt eingerichteten Bunker angesteuert wurden. Jeder Mast hatte eine doppelte, senkrecht stehende, konzentrisch Antenne aus

Rohren mit Reflektor. Der Sender hatte drei Skalen für grob, mittel und fein Einstellung, der automatische Bordempfänger entsprechende Empfangsskalen. Als Navigationshilfe zur Überprüfung der "Erika"-Strahlungskeule gab es ein Drehfunkfeuer "Dora" (1,5 kW) im Westen und Süden Europas.

Das Bordfunkgerät FuG-16 war das UKW-Standard-Funkgerät der deutschen Luftwaffe und wurde ab etwa Mitte 1941 in mehrmotorige Flugzeuge eingebaut. Als taktisches Nachrichten- und Ortungsgerät hatte es eine Reichweite von maximal 200-300 km zu Boden- und Bordstationen und wurde deshalb in fast allen größeren Flugzeugen und Bombern auch als Basisgerät für die Peilverfahren genutzt. Diese Geräte erreichten deshalb außerordentlich große Stückzahlen von etwa 1.800 der FuG-17 (auf Telegrafie tönend umschaltbar) sowie ~150.000 der FuG-16 (mit Amplitudenmodulation für Sprechfunk). Die ab Sommer 1943 als letzte Entwicklungsstufe ausgelieferte Geräteversion FuG-16ZY erreichte eine Stückzahl von rund 120.000 Exemplaren und konnte für Sprech- und Telegrafiefunk sowie Zielanflug eingesetzt werden. Die Anlagen waren in einem Block zusammengefasst, konnten für Wartungszwecke leicht getrennt werden, und zeichneten sich durch eine sehr hohe Frequenzkonstanz aus.

Der Superhet-Empfänger des FUG-16 (RV12P2000) gliederte sich in HF-Vorstufe, Oszillator, Mischstufe, drei ZF-Stufen (3,1 MHz), Demodulator, NF-Stufe sowie die Verstärkungsregelung. Das Bordsendegerät war mit zwei RL12P35 bestückt, die erste Röhre arbeitete als Oszillator und Frequenz-Verdoppler, die zweite Röhre als nachgeschalteter HF-Verstärker mit Gitterspannungsmodulation. Die 10 Watt Ausgangsleistung konnten auf 0,1 Watt, für Bord/Bord-Verkehr, reduziert werden.

Nach dem Entwicklungsbeginn 1939 folgten 1941 die Einsatzreife und der Zulauf bis 1943 in den Versionen Z bis ZY. FuG-16Z (-17Z) war eine Ausführung mit Zusatzgeräten für den Instrumentenzielanflug auf einen Sender (Blindanflug). Die Variante FuG-16Z und ZS hatte einen Frequenzbereich von 40,3-44,7 MHz konnte infolgedessen auch mit dem ähnlich konstruierten FuG-17 (42,15-47,75 MHz) oder z.B. mit dem Befehlspanzer-III mit Fu-7-Einrichtung Verbindungen aufnehmen. Die Entwicklung des FUG-17 hatte hingegen 1936/37 begonnen und 1939 wurde es bereits in den ersten Nahaufklärern eingesetzt. FuG-16ZE war eine Erprobungsserie von 1942 für die Entfernungsmessung durch eine entsprechend ausgerüstete Bodenstation, doch die Geräte wurden durch die Nachfolgeversion FuG-16ZY ("Y-Verfahren") abgelöst. Das "Y-Verfahren" führte im Gegensatz zum Leitstrahlverfahren der Bomber die Jäger lediglich über Sprechfunk an die georteten feindlichen Verbände und wurde ab Herbst 1942 in der Jägerführung eingesetzt. Eine zusätzliche Entfernungsmessung von der Bodenstelle zum Flugzeug wurde mithilfe der Phasenverschiebung verwirklicht.

Ab 1941 wurde der gesamte Sprechfunkverkehr der deutschen Luftwaffe auf UKW umgestellt und es lag nahe, auch für Jagdflugzeuge ein "QGA"-Leitstrahl-System bereitzustellen. Damit auch junge Bordfunker besser zurechtkamen, wurde ein zusätzliches Markierungsfunkfeuer im 20-km-Abstand eingeführt. Mit mobilen Trupps konnten solche "QGA"-Anlagen auch für Feld- und Ersatzflughäfen benutzt werden. Später wurden sie noch durch die "Hermes"-UKW-Drehfeldbaken ergänzt, mit deren Hilfe sich die Jagdflieger im Umkreis von 250 km auch ohne Sicht an ihre Landeplätze annähern konnten. Anstatt von Tonbandtechnik benutzte man bei "Hermes" Filmschleifen, die gut hörbare, zweistellige Gradzahlen mit einer Auflösung von 10 Grad und ihre Kennung erzeugten. Selbst für alle blindflugfähigen Maschinen nutzte die Luftwaffe mehr und mehr diese UKW-Drehfeldbaken, weil sie kaum gestört wurden. Auf manchen Einsatzplätzen wurden ab 1943 auch "Würzburg"-Radargeräte eingesetzt, die mit Entfernungs- und Richtungsmessungen die Maschinen dirigieren konnten (heutiges "GCA"-System).

Das Heer nutzte ein "Leitstrahlverfahren" zur Führung der Infanterie bei Durchbrüchen in der Dunkelheit oder bei natürlichem bzw. künstlichem Nebel. Das eigentlich nur mit Leitebenen arbeitende Verfahren hatte eine maximale Reichweite von 10 km. Etwa 250 Sendeanlagen, die auf die Brust geschnallt und von Batterien auf dem Rücken versorgt wurden, und ca. 1.000 UKW-E.c. wurden an die Truppe für dieses "Leitstrahlverfahren" ausgeliefert. Für die deutschen Panzerverbände gab es drei Anlagen mit 120-W-

Sender 1944, über deren Einsatz aber nicht viel bekannt ist. Diese Funknavigationsanlagen und die ca. 1.000 ausgelieferten Infrarotsicht- und Zielgeräte hätten einen Einsatz der Panzerverbände bei Nacht ermöglicht, während die Alliierten noch nicht über einsetzbare Seriengeräte dieser Art verfügten.

Ähnlich wie die technische Überlegenheit der Leitverfahren in der Luft wurde dies aber auch an Land erst spät eingesetzt. In der letzten großen deutschen Offensive des Krieges im August 1944 in den Ardennen wäre hiermit vielleicht trotz der Entzifferungen der deutschen Funksprüche ein Erfolg oder zumindest eine Vermeidung der schweren Verluste von Luftwaffe und Heer, möglich gewesen. Da auch die normalen Uniformen gut sichtbar waren, hatte man die Truppe zusätzlich auch neue Uniformen entwickelt, die heute allgemein als CAMOUFLAGE bekannt sind. Diese Vorteile wären also durchaus nutzbar gewesen, wenn die Führung auf die neuen Mittel vorbereitet, sie entsprechend erkannt und auch umgesetzt hätte. Neue Technik und Mittel in Truppe garantieren aber nicht ihren korrekten Einsatz, wenn nicht auch gleichzeitig ihre Nutzung geschult und weitervermittelt wird. Obwohl all diese Punkte bei der Planung der Offensive zur Sprache kamen, bemerkte der vorsitzende Generalstabsoffizier bezeichnender Weise:

"Meine Herren, ich weiß gar nicht, was Sie mit ihrem modernen Kram immer wollen. Die Front ist doch so zufrieden mit dem, was wir bisher gemacht haben!"

Daraufhin wurden die installierten IR-Anlagen aus den Panzern wieder ausgebaut und in einem Schacht in Oberösterreich deponiert, damit den Alliierten eine Entdeckung der neuen deutschen Möglichkeiten verwehrt bliebt. Nach dem Krieg bildeten viele dieser deutschen Prototypen die Basis für die erfolgreichen Weiterentwicklungen der alliierten Forschungen auf diesem Gebiet. Der einfache deutsche Soldat wurde im Verlauf des Krieges immer häufiger mit unterlegenen Mitteln gegen eine materielle und personelle Übermacht in die Schlachten geschickt und dabei wurden ihm teilweise auch noch Vorteile vorenthalten.

Ursprünglich waren die englischen Flugnavigationssysteme zunächst zur genauen Bombardierung der deutschen Schlachtschiffe in den französischen Häfen gedacht. A. H. Reeves und Dr. F. E. Jones hatten hier eine Entwicklung einsatzbereit und den Sender "Katze" in Trimmingham/Norfolk und den Sender "Maus" in Walmer/Kent installiert. Präzisionsangriffe blieben aber auch für die englischen Piloten bis 1943 ein Problem, bis das "Oboe"-Führungsverfahren einsatzklar war. Dieses konnte aber immer nur ein Flugzeug in großer Höhe (10.000 m) bis maximal in das Ruhrgebiet leiten. Über Standleitungen verbunden strahlten zwei abgewandelte Radarsender in England synchronisierte Pulse, ähnlich dem deutschen Verfahren mit Morsepunkten und Strichen, auf 220 MHz gerichtet ab und ein UKW-Abfrage-Sender sprach einen Transponder in der geführten Maschine an, der die Abfrage-Impulse auf einer zweiten Frequenz zum Radar zurückstrahlte. Das Flugzeug flog auf einem Bogen- bzw. auf einem Kreiskurs auf das Ziel zu und bei dessen Erreichen wurde das Signal zum Dauerton. Die Reichweite von 400-460 km war ausreichend für die wichtigsten Ziele im Ruhrgebiet, auch wenn eine direkte Anflugroute besser gewesen wäre. Das System konnte nur durch Unterstützung des späteren Luftwaffenmarschalls Bennet gegen interne Widerstände eingeführt werden, der dabei unbewaffnete, hölzerne Flugzeuge des Typs "Mosquito" als Pfadfinder für die Bomber einsetzte. Etwas ungenauer aber ähnlich funktionierte auch das amerikanische "Diskus"-Verfahren. Die "Path-Finder-Force" wurde am 5. Juli 1942 aufgestellt, da aber Churchill die Mitnahme des 9-cm-Radars über Feindgebiet aus Geheimhaltungsgründen verboten hatte, musste es auf 3-cm-Wellen umgebaut werden. Die Anlage war mit ihren 230 kg für die leichten Holzflugzeuge auch zu schwer, doch waren die "Mosquitos" dann trotzdem die ersten Flugzeuge, die Radarfotografie zur Aufklärung einsetzten. Die optimale Zielgenauigkeit soll ähnlich den deutschen Verfahren bei ~100 m gelegen haben, was aber sicherlich schon durch die großen Flughöhen nicht erreicht werden konnte. Einigen Funkern der Luftwaffe gelang es, die UKW-Abfragefrequenz zu stören.

Der erste Test mit dem britischen Leitverfahren war die Bombardierung des Gefechtsstandes des Nachtjagdabschnittes 7, der in einem Kloster bei der belgischen Stadt Florennes lag. Bei einer mittleren Ablage von 137 m und zwei Volltreffer bewährte es sich und die weiteren Einsätze waren über Düsseldorf, Dortmund, Köln, Duisburg und Wuppertal mit 70% Trefferwahrscheinlichkeit zu davor lediglich 23%. Bei Angriffen von 600 Maschinen mit dem "Oboe"-System war die Verlustquote bei lediglich einem Flugzeug.

Der Erfolg hätte allerdings von deutscher Seite aus auch verhindert werden können. Erste Hinweise von Technikern über die Verwendung eines britischen Leitverfahrens wurde im September 1942 unter Verweis auf andere Meinung von Spezialisten Unglaubwürdigkeit bescheinigt. Die Meldung über den Einsatz von Zentimeterwellen des in Deutschland nach der kurvenförmigen Anflugbahn der Bomber "Bumerang" genannten Verfahrens blieb bis Kriegsende dann auch entsprechend in der Schublade der Funkmessbeobachtungsabteilung 5.

Erst nachdem Funkamateure wie Feldwebel Kaufmann und Major Dahl gegen alle Vorschriften im September 1943 ein "Naxos"-Gerät direkt mit einem "Würzburg"-Radar kombinierten und damit feindliche Flugzeuge bis in 250 km mit bis zu 1º Genauigkeit peilten, begann der zögerliche Aufbau des Flugwarndienstes in diesem Bereich mit dem nun als "Naxburg" bezeichneten Geräte. Von der Nutzbarkeit der Frequenzen und des Zweikanalverfahrens konnten die Führung und die Entscheidungsträger erst überzeugt werden, nachdem in einem am 7. Januar 1944 abgestürzten Flugzeug des Typs "Mosquito" auch die entsprechenden Geräte gefunden wurden. Nachdem ab Januar 1944 die ersten wirksamen deutschen Störungen erfolgten, wechselten die Engländer die Frequenzen. Die zentral gelegene Störstation auf dem Feldberg wurde bei ersten Tests im Oktober 1944 sofort in der Folge durch englische Bomber ausgeschaltet.

Von November 1943 bis zum Ende des Krieges konnten durch die genaue Vorbestimmung der Flugbahnen noch viele Städte und auch militärische Ziele rechtzeitig vorgewarnt und so Menschenleben gerettet werden. Im weiteren Verlauf des Krieges konnte die deutsche Luftwaffe immer weniger Ressourcen zur Abwehr feindlicher Bomberverbände mobilisieren, während diese in der Anzahl und der Größe stetig anwuchsen. Da der zielgenaue Bombenabwurf der Alliierten mit Zeitzeichen vorbereitet wurde, konnten durch die Aufklärung meist konkrete Hin-weise im Zielgebiet gegeben werden, was vielen Menschen in den deutschen Städten eine wesentlich längere Vorwarnzeit und Vorbereitung ermöglicht hätte. Die militärische Geheimhaltung führte aber teilweise dazu, dass die meldenden Dienststellen den Vorwarnstellen meist nicht bekannt waren und ihnen deshalb auch oftmals nicht geglaubt wurden.

 Dies resultierte in einem teilweise makabren Informationsaustausch. Bei einem "Bumerang"-Bombenangriff auf den "Bunker" bei Arnheim, dem Kommandostand der Jagdflieger, erreichte der Warndienst nur noch den Divisionskommandeur, wodurch sich folgender Meldungsaustausch entwickelte:

- Stelle "Komet": "Bumerang"-Alarm für den "Bunker"
- Kommandeur: "Wer spricht dort?"
- Stelle "Komet": "Hier "Komet", in 6 Minuten Bombenabwurf! Haben Sie Alarm gegeben?"
- Kommandeur: "Ja, zum Donnerwetter, ich bin der Kommandeur, aber wer sind Sie?"
- Stelle "Komet": "Hier "Komet", Herr General, jetzt noch 4 Minuten" ... Stille.
- Stelle "Komet": "Achtung! Noch zwei Minuten..."
- Stelle "Komet": "Bombe fällt!"

Die Vorwarndienste funktionierten meist bis Kriegsende perfekt, aber es gab keine militärischen Kräfte zur Abwehr mehr, nur noch das passive Abwarten in den Bunkern, bis die Angriffe vorüber waren. Die Organisationen des Flugmelde- und des Vorwarndienstes sowie der Radarstationen bildeten aber die Basis der Erfahrungen für den Aufbau der zivilen Strukturen nach 1945.

Nach 1945 bestanden viele Funkfeuer weiter und sind durch neue Verfahren ergänzt bis heute eine Möglichkeit der Funknavigation zu See, in der Luft und zu Lande. Die Verfahren wurden stetig verbessert und nach der deutschen produktiven Zwangspause waren die ersten Abnehmer für deutsche Produkte die Küstenmotorschiffe und Fischereiflotten, welche die Empfangsgeräte für die Küstenfunkfeuer benötigten. Dann kamen ab 1956 die neuen Entwicklungen auch auf deutschen Schiffen der Marine und anderen Behörden wieder zum Einsatz.

Diese ersten Peilanlagen der Bundeswehr und anderen Behörden waren Eisengoniometer mit Röhrenempfänger. Zusätzlich gab es ausländische Geräte, wie z.B. den aus England stammenden Funkpeiler und Sender BR-1082 und Rki-90 der Ultra Electric LTD. in London. Von Telefunken kamen die Geräte Telegon-I und -II, bei denen auch die Empfänger E-104 und E-108 genutzt wurden. Mit dem Telegon-III lebte auch die optische Kardiodenpeilung wieder auf, während das Telegon-IV mit Transistortechnik in den 60er Jahren folgte. Das erste Bausteinsystem auf Basis der Mikroprozessoren war das Telegon-VIII mit dem Empfänger E-1500, was die Ablösung für das Telegon-VI mit dem Empfänger E-1200 darstellte.

Dr. Maximilian Wächtler machte in der Nachrichtenmittelversuchsanstalt in Kiel 1922 mit der Peiltechnik in Kontakt, in der er 1941 ein Patent für einen optischen Funkbeschicker erhielt. Die Fabrik nautischer Instrumente von David Filby hatte seit 1837 einen weltweiten Ruf für Instrumente der Schifffahrt und als Wächtler 1950 zur Firma C. Plath (FnI zugehörig) stieß, zog auch das Zeitalter der Elektronik im Plath-Haus am Stubbenhuk 25 ein.

Aus der Abteilung Funknavigation kam am 22. Februar 1950 der Goniometer-Peilvorsatz GPV-50 auf den Markt. Als Antenne benutzte man auf Handelsschiffen zum ersten Mal einen verspannten Kreuzrahmen. Der Peilvorsatz war für ein Funksprechgerät der Firma Hagenuk konstruiert. 1952 wurden die Geräte kombiniert zum ersten Goniometer-Peil-Empfänger GPE-52 und als konventioneller Drehrahmenpeiler folgte der P-400. Der GPE-52 wurde durch das Peilgerät "Angulus" mit eingebautem Goniometer und separater Instrumentenanzeige "Sensus" in den 70er Jahren abgelöst, und nachdem das der Empfänger von der Fremdfirma nicht mehr geliefert wurde, entstand hierfür ein werkseigener Empfänger "Cosensus".

Dr. Wächtler und Dr. Eduard von Winterfeld setzten ihre durch das Kriegsende unterbrochene Forschung über ein optisches Anzeigeprinzip fort und entwickelten das auditive Minimumfunkpeilprinzip hin zum visuellen Maximumprinzip des Sichtfunkpeilers. Mit dem Maximumpeiler konnte auf dem Empfangskanal gleichzeitig gepeilt und gehört werden, sodass auch ungeübtes Personal auf Anhieb genaue Ergebnisse erreichte. Weltweit war zum ersten Mal eine optische Anzeige zur Peilung eines Senders für die zivile Schifffahrt verwirklicht und gleichzeitig auch eine größere Reichweite erzielt worden. Der Prototyp des ersten Sichtfunkpeilers fand später deshalb auch seinen Platz im Deutschen Museum in München.

Für die Produktionserweiterung wurden die Firma C. Plath, Fabrik für nautische Instrumente, und die Atlaswerke am 1. Januar 1954 zur C. Plath GmbH, Nautisch-Elektronische Technik, zusammengelegt. Die Atlaswerke in Bremen hatten sich auf Unterwasserortungs- und Schallgeräte beschränkt, dann aber Radargeräte in ihr Fertigungsprogramm übernommen und so bildete der Zusammenschluss dieser Firmensparten eine ideale Ergänzung und 1955 kam aus diesem Produktionsbereich z.B. der tragbare Rettungsbootpeiler TRP-54. Die ersten Geräte waren jedoch Einzel- und Kleinserien der pultförmigen SFP-51/2 und SFP-3. Die Sichtfunkpeilanlage SFP-3-G (1,6-3,2 MHz) diente auf Schiffen der Marine im Rahmen der normalen Navigation, als auch zur Peilung eines Schiffes im Seenotfall. Eingesetzt wurde die Anlage von ca. 1957 bis Mitte der 60er Jahre. Die in der Lehrsammlung der MFmS/MOS ausgestellte Anlage stammte z.B. von dem Schulschiff BROMMY.

Neben dem staatlichen Funkkontrollmessdienst wurden auch die Peilstellen der Bundespost bei Norddeich-Radio, Elbe-Weser-Radio und St. Peter-Ording Ende der 50er Jahre ausgestattet und dabei in der Folgezeit das Grundprinzip der Peiler durch verschiedene Einschübe für die verschiedensten Wellenbereiche adaptiert und dann als SFP-500 im Jahre 1958 auf den Markt gebracht. Diese Ausführung hatte einen

Frequenzbereich von 10 kHz bis 30 MHz und konnte durch geringfügige Änderungen auch im Bereich der Flugsicherung eingesetzt werden. Diese Varianten wurden auch zur Gewitterpeilung bei der Wetterprognose und für den Unfallschutz bei Arbeiten an hohen Gebäuden, Masten und Freileitungen verwendet, bald jedoch durch den SFP-2000 abgelöst. In der Marine war ein Arbeitsplatz an Bord mit dem Sichtfunkpeilgerät SFP-500 z.B. ausgestattet mit dem Empfänger E-500-NG (240-535 kHz und 1,5-3,2 MHz) und Netzteil N-501/1. Dazu gehörte der Kompensationskasten Ko-502/1, der Antennenschalter P-570 und der Kreuzpeilrahmen FRA-110.

Anfang der 60er Jahre kam für kleinere Schiffe der kostengünstigere SFP-700 mit den Frequenzbereichen 240-535 kHz und 1,5-3,2 MHz sowie der SFP-705-LNG (70-3.800 kHz) auf den Markt, während in Zusammenarbeit mit der Firma Hagenuk z.B. die Goniometer-Funkpeilanlage GPE-52 (235-535 kHz) für die Schifffahrt hergestellt wurde. Von der Ausführung SFP-705 wurden allein insgesamt über 1.500 Geräte ausgeliefert. Die C. Plath GmbH wurde 1962 vom LITTON-Konzern übernommen und in die C. Plath KG umgewandelt, die Atlaswerke hingegen im Kruppkonzern als Fried. Krupp Atlas-Elektronik eingegliedert.

Mit Beginn der 70er Jahre entsprachen die SFP-500-Geräte speziell auf dem Gebiet der Funkaufklärung durch die einsetzende Digitalisierung und dem Wunsch nach Fernbedienung über einfache Telefonleitungen nicht mehr den Wünschen der Nutzer. Es folgte eine Ablösung durch die fernbedienbaren Dreikanal-Sichtfunkpeiler SFP-5000 (0,3-30 MHz, 1975) und SFP-5200 (1986) die über einen Synthesizer abstimmbar waren. Die letzten mechanischen Bauteile wurden nun durch elektronische Baugruppen und Steuerung ersetzt und über Telefonleitungen konnten unbemannte Peilstellen in einer Zentrale zusammengefasst bedient werden. Der Innovationsschub dieser Anlagen sollte auch den Peilanlagen an Bord zugutekommen, weshalb die neuen Techniken in den SFP-7000 integriert wurden, der damit den SFP-705 ablöste. Mit dem SFP-218 auf 20-480 MHz wurde über Adcock-Antennen der VHF-Bereich abgedeckt, da in diesem Frequenzbereich dieses Antennenprinzip an Bord einfacher realisierbar ist, während es in den unteren Frequenzbereichen meist aufgrund der benötigten Grundfläche scheiterte. In den Schiffsneubauten der 80er bis 90er Jahren wurde dann der Sichtfunkpeiler SFP-7200 eingebaut.

Das Adcock-Prinzip geht zurück auf den Engländer F. Adcock, der 1917 anstatt der Kreuzrahmen vier senkrechte Antennenstäbe als Antennensystem für Funkpeiler zu verwenden begann und dafür 1919 Patent erhielt. In Deutschland arbeitete die Firma Lorenz an diesem Peilprinzip, die technische Realisierung für die ersten brauchbaren Systeme dauerte aber noch Jahre. Zwar gab es Versuche der Engländer im 2. Weltkrieg das Prinzip mit sechs und noch mehr Antennen auch an Bord einzusetzen, doch blieb es durch den benötigten großen Basisabstand zunächst bei der reinen Landverwendung dieser Peilsysteme. 1925/26 führte Watson-Watt dann Versuche zur Peilung von Gewittern durch, deren Signale entweder über zwei gekreuzte Rahmenantennen (nach Bellini-Tosi) oder alternativ von Monopolantennenanordnungen eines Adcock-Systemes die Differenzspannungen direkt an die Ablenkung einer Kathodenstrahlröhre geführt wurden. Die Spannungen waren bei einer 4-Mast-Antennenanlage auch ohne Verstärker groß genug, um eine elektrische Ablenkung zu erzeugen und es war die Geburtsstunde des Watson-Watt-Peiler.

Beim Watson-Watt-Peiler gehen die Spannungen zweier gleichartiger, um 90° versetzter Antennen gehen zu Verstärkerkanälen, deren Ausgang an die X und Y-Ablenkplatten einer Kathodenstrahlröhre (Braunsche Röhre) gelegt werden. Dadurch konnten zunächst 2-3 Sender innerhalb der gleichen Frequenzbereiche unabhängig voneinander korrekt angezeigt werden, selbst wenn nur kurze Signale gesendet wurden. Mit der Weiterentwicklung waren später noch weitaus mehr Sender gleichzeitig zu identifizieren. Ein dritter Empfangskanal diente zur Behebung der 180°-Mehrdeutigkeit durch Abschaltung der Tastung eines Teils der Peilfigur. Dieser Kanal wird dabei von einer Antenne mit Rundcharakteristik gespeist. Das Prinzip wurde auch in den HF/DF-Peiler angewandt und wird in der Genauigkeit und Empfindlichkeit nur von Peilanlagen mit wesentlich größerer Basis übertroffen.

Im Jahre 1955 wurde für Israel und unter Federführung des damaligen Fernmeldetechnischen Zentralamtes (FTZ) bei der Firma C. Plath GmbH mit der Entwicklung und Fertigung eines Kurzwellen-Sichtfunkpeilers nach Watson-Watt-Prinzip speziell für die Fernmeldeaufklärung begonnen. Im Jahre 1956 war die Serienreife erreicht und zwei Geräte unter der Typenbezeichnung SFP-430-K (1,5-20 MHz) einschließlich einer U-Adcock-Antennenanlage (8-fach) sowie einer mobilen Containeranlage mit H-Adcock-Antennenanlage (4-fach) ausgeliefert. Ein weiteres Gerät gleicher Bauart wurde noch im selben Jahr an der vorhandenen ortsfesten KW-Goniometer-Peilanlage (Typ "Plön" mit 6-facher U-Adcock-Anlage) vom Fernmeldeabschnitt 7 im Twedter Feld erfolgreich erprobt. Insgesamt wurden 14 Exemplare vom SFP-430-K hergestellt, die an den verschiedenen ortsfesten Peilstellen die dortigen Goniometer-Peil-Empfänger der Firma Telefunken ersetzten. Ab 1964 wurden diese Geräte in der Marine durch die moderneren und wesentlich kleineren Anlagen SFP-500 mit Einschubtechnik abgelöst.

1957 folgte die Serienreife der KW-Sichtfunkpeilanlage PST-396 von Telefunken (Fernpeileinrichtung im Frequenzbereich 1,35-25,2 MHz) als erster Sichtfunkpeiler für die Funkaufklärung und Funküberwachung gleichzeitig mit dem SFP-500 als Ersatz/Ergänzung zum Telegon-IIIS. Sie diente der genauen Ermittlung von Sendern, die nur kurzzeitig Signale ausstrahlen. Es ließen sich auch schnelle gesteuerte Flugkörper beobachten, deren Winkelgeschwindigkeit in Bezug auf den Beobachtungsort, mithilfe der fotografischen Registrierung von Peilanzeige und Zeit errechnet werden konnte. Durch Aufstellung von zwei oder mehreren Peilanlagen im Abstand von 100 km konnten Peilbasen zur genauen Ortsbestimmung eingerichtet werden, wobei die Peilgenauigkeit unter 1° lag. Die Empfangsantennen waren ein Adcock-Antennensystem mit sechs Masten und als Empfänger- und Stabilisationsröhren dienen 90 handelsübliche Ausführungen, was Kosten einsparte. Die Anlage hielt über 15 Jahre den Standard in der Funkpeiltechnik und war von Anfang der 60er bis Anfang der 70er Jahre in der Bundeswehr in der Nutzung.

Die heutigen Funkpeilanlagen im Mittel- und Kurzwellenbereich machen Gebrauch von der digitalen Signalverarbeitung der EDV. Als Beispiel eines modernen Funkpeilers für Adcock-Antennensysteme steht der Breitbandpeiler DFP-5300 der C. Plath GmbH für die Peilung von Frequenz-Hopping-Sendern (Chirp), Spread-Spectrum-Signalen und anderen exotischen Varianten die über eine Spektrum- und Wasserfallanzeige zur Darstellung gebracht werden. Das Gerät kann 800 parallele Empfangskanäle mit 125 Hz Kanalbandbreite gleichzeitig darstellen und hält die Informationen der letzten 20 Sekunden (80 s) automatisch im Speicher bereit. Mit reduzierten Daten können 50-300 kHz und 30 MHz bis 1,6 GHz (mit Zusatz) aufgenommen werden, während der Bereich von 300 kHz bis 30 MHz keinen Einschränkungen unterliegt. Die Zeitauflösung reicht von 1-80 ms, die Frequenzauflösung von 7,8-1.000 Hz, wobei bei 1,6 GHz noch Signale mit einer Verweildauer von 30 ms mit 100% Wahrscheinlichkeit aufgefasst werden. Da alle 16 ms ein neues Bild erzeugt wird und dabei 6.400 Rechenwerte geliefert werden, entsteht eine Gesamtkapazität von 100.000 Peilergebnissen pro Sekunde.

Das Militär suchte nach hier nach neuen technischen Betriebsverfahren, deren Stör- und Abhörmöglichkeiten im Konfliktfall geringer sind. Im UKW-Sprechfunkbereich ist das "Spread-Spectrum-System" (SSS) eine neue Innovation. Das Prinzip von SSS ist die Verteilung des Signals auf eine größere Frequenzbandbreite sowie die Auswertung der Energie in Impulsform. Bei DSSS, dem "Direct-Sequence-Spreadspectrum-System" benötigt ein Code mit der Länge 7, bei gleicher Datenmenge, die siebenfache Bandbreite im Spektrum. In gleicher Weise sinkt die spektrale Leistungsdichte bei der Mittenfrequenz. Bei sehr langen Codes kann die Energie des Signals durchaus in der Größenordnung des Grundrauschens im Funkkanal liegen und das Signal ist ohne Kenntnis des synchronisierten DS-Codes nur schwer lokalisierbar. Die Mehrfachbelegung der UKW-Kanäle ist möglich und zwischen 20 und 87 MHz stehen 4.640 Kanäle (bei 12,5 kHz-Bandbreite) zur Verfügung. Eine der wichtigsten und erfolgreichsten DSSS-Anwendungen ist z.B. in der GPS-Satellitennavigation.

Auch das FHSS (Frequency-Hopping-Spreadspectrum) wird durch eine programmierte Codesequenz bestimmt. Dieses System ist sehr störfest, denn bei einer Rate von 1.200 dürfen bis zu 50% der verwendeten Frequenzen gestört sein, ohne das wesentliche Funktionen verloren gehen. FHSS ist also auch im stärker belegten GW- und KW-Bereich anwendbar und auch im Konfliktfall bei vermehrten Störungen durch moderne DSP-Technik (Digital-Signal-Processing) zum Ausblenden von Störungen noch einsetzbar. Diese Verfahren fordern immer auch die entsprechenden Leistungen von den Aufklärungssystemen.

Hyperbelnavigation und erste aktive Funknavigationssysteme

Die Hyperbelnavigation ergänzte bereits im 2. Weltkrieg die Verfahren mittels Kreuzpeilung zur passiven Standortbestimmung und tritt in zwei Hauptformen auf, als Flankenmessung periodisch ausgesandter Frequenzimpulse und als Phasenmessung kontinuierlicher Frequenzen. Beide Verfahren resultieren in Entfernungsdifferenzen und ihre Antennenelemente müssen 100 und mehr Kilometer auseinander gerückt und im Gleichtakt betrieben werden, damit aus der unterschiedlichen Laufzeit über die Entfernungsdifferenzen vom Empfänger eine verwendbare Phasenverschiebung entsteht, aus der sich nach bekannten Standorten der Sender der Standort des Empfängers errechnen lässt.

Für ihre England- und Atlantikflüge stand der deutschen Luftwaffe noch während des Krieges ein einfacheres Hyperbel-Verfahren zur Verfügung, welches 1939 von Dr. E. Kramar (C. Lorenz AG) entwickelt wurde. Beim Leitstrahlfächer-Funkfeuer "Elektra" (auch "Elektra-Sonne", "Konsol"-Verfahren) waren normale LW-Empfänger für die Anwendung ausreichend. Ein 1,5 kW-LW-Sender erregte drei Antennen, die entsprechenden Abstand der drei Wellenlängen aufgestellt und mit unterschiedlicher Phasenlage getaktet wurden. Dadurch entstand ein fächerförmiges Strahlungsdiagramm mit je 6 Punkt- und Strichzonen und die Leitstrahlen konnten als Dauerton empfangen werden. Selbst bei einem Abflug querab war noch eine grobe Positionsbestimmung möglich, wenn dabei die durchflogenen Punkte/Strichzonen vom Bordfunker abzählt wurden. Die ersten "Elektra"-Anlagen wurden Ende 1940 in Frankreich aufgebaut, die ab 1942 zum verbesserten Fächer-Drehfunkfeuer "Sonne" ("Elektra-Sonne") abgewandelt wurden, bei dem sich die einzelnen Zonen noch genauer erkennen ließen. Zwölf solcher "Elektra"-Anlagen standen schließlich an der Küste zwischen Norwegen und Spanien zur Verfügung und ermöglichten Reichweiten zwischen 1.500 und 3.000 km mit Genauigkeiten um 2 Grad.

Der Entwickler Kramar konnte sein Patent nach dem Krieg durch die Beschlagnahme der Unterlagen nicht mehr schützen. Seine Entwicklungen wurden von amerikanischen und britischen Forschern ab 1945 kontinuierlich fortgesetzt. Nach dem Abzug der deutschen Truppen wurde z.B. die norwegische Regierung von Großbritannien für den weiteren Betrieb und die Nutzung der von der deutschen Wehrmacht eingerichteten Funkfeuer dieses Typs bezahlt und die Verfahren dann auch von der zivilen Seefahrt in der Nord- und Ostsee noch weitergenutzt. Das System hatte sich so gut bewährt, dass es als britisches "Consol"-System lange weiterverwendet und erst in späteren Jahrzehnten durch neue Navigationsanlagen ersetzt wurde. Die Sendestationen waren z.B. in Deutschland in Oberlauter/Coburg und mit Stationen in Stavanger, Vigo, Buschnils, Plonais wurde ein Netz über Europa gezogen.

In den Jahren 1941-1943 wurde auch das "DLV-Erika"-Hyperbelsystem weiterentwickelt, aber mit einer geringeren Priorität versehen. Es entstand dabei das UKW-Fächer-Phasendrehfunkfeuer "Erika" (C. Lorenz AG, Dr. Goldmann/von Ottenthal), welches allerdings den meisten Bordfunker unbekannt blieb, obwohl es sehr gute Eigenschaften hatte. Die Angaben von Trenkle über "Erika" stammen wohl aus dem Abschlussbericht vom Herbst 1944. Es arbeitete mit rotierenden Feldern bei 32 MHz und soll die Genauigkeit des britischen "GEE"-Verfahrens weit übertroffen haben. Der Hauptvorteil war die Störfestigkeit. Bis zu sechs Störsender waren erforderlich, um "Erika" effektiv zu beeinflussen bzw. den Empfang (FuG-121, mit zwei EBL-3-Empfänger) zu verhindern. Die Hyperbel-Auswertung soll relativ einfach gewesen sein und erfolgte mit einer synchronisierten Phasenuhr. Auch ein GW-Hyperbelsystem "Lindenberg" wurde ab 1943 erprobt, erreichte aber nicht mehr die Einsatzreife.

Das englische "GEE"-Verfahren war ein Hyperbel-Navigationverfahren mit 3 Sendern in 160 km Entfernung. Drei Sender (45-55 MHz) erzeugten die Hyperbelfelder bzw. "Grids" (Gitter) wovon der Name "GEE" abgeleitet wurde. Die "Pfadfinder"-Flugzeuge mussten relativ hoch über Deutschland fliegen, um die Signale noch gut hören zu können und nur besonders ausgebildete Navigatoren beherrschten zunächst die Technik und konnten ihre Leuchtbomben zur Markierung ("Tannenbäume") korrekt setzen. Die "GEE"-Empfänger erhielten extra eine irreführende Bezeichnung (TR-1325), um die Deutschen zu täuschen. 1941 fiel ein Gerät in deutsche Hände und man stellte fest, dass es sich prinzipiell um ein System handelte, wie es Telefunken bereits vor dem Krieg entwickelt hatte, dessen Weiterentwicklung aber durch das Technische Amt aufgrund des Führerbefehls verboten worden war. Das RLM beschloss diese erbeuteten "GEE"-Empfänger nun fast unverändert nachbauen zu lassen und sie als FuG-122 ("Truhe"-Gerät) mit eigenen UKW-Sendern zu benutzen. Die Reichweite des ab März 1942 eingesetzten "GEE"-Systems betrug etwa 740 km und die Genauigkeit soll bei +/- 3,5 km bei 560 km Abstand gelegen haben.

Die Genauigkeit der Hyperbelnavigation im 2. Weltkrieg wurde in der Literatur zwar überschätzt, denn eine Abweichung von 35 km zum angegebenen Standort war eher die Norm. Das von Robert Dippy vorgeschlagene und entwickelte "GEE"-Verfahren führte die englischen Bomberflotten jedoch in ausreichender Genauigkeit über die deutschen Städte und diente auch der Navigation von Minenlege- und Räumfahrzeugen. Es wurde auf 5 Ketten erweitert und deckte später das Gebiet von Norwegen bis zur Biskaya ab, ergänzte dann also die weiterverwendeten deutschen Anlagen. Für das "GEE"-Verfahren wurden in Deutschland die Störsender "Heinrich" (3,5-15 m) aufgebaut.

Das GEE war der Vorläufer des LORAN-Verfahren A, C und D (Long Range Navigation) für Flugzeuge und Schiffe mit drei Frequenzkanälen auf 1.950, 1.900 und 1.850 kHz. Loran arbeitete über eine Senderkette im Abstand von 200-600 sm (Loran C, 900 Meilen). Die Reichweite lag bei 700 sm, mit Überreichweiten sogar 1.300 sm, wobei eine Genauigkeit +/- 150 m erreicht werden kann (im ungünstigsten Fall +/- 5 sm). Bei Loran C wurden Reichweiten von 2.300 sm mit genauen Schiffsstandorten erzielt.

1939 erhielt Dr. Meint Harms das Reichspatent 546.000 für das "Verfahren einer selbsttätigen Ortsbestimmung beweglicher Empfänger", welches er aus Geldmangel nicht länger schützen konnte. Kurioser Weise wurde das von den Engländern übernommene Patent der DECCA-Navigator Company LTD. in London zum ersten Mal bei der Landung in der Normandie in einem DECCA-System eingesetzt. 1946 wurde eine Kette im Südosten Englands in Betrieb genommen, die 1951 durch Senderketten in Dänemark, Südwest- und Nord-England erweitert wurden und damit war die Weiterentwicklung des DECCA-Systems für den Einsatz im zivilen Schiffs- und Luftverkehr und der Flugsicherung abgeschlossen.

Die deutsche DECCA-Kette mit 4 Stationen wurde 1951 von Telefunken gebaut. Der Leitsender in Madfeld bei Brilon im Sauerland, je ein Nebensender in Stadtkyll (Eifel), in Zeven bei Bremen und in Coburg (Bayern). Zusammen mit den bestehenden Ketten und weiteren in Frankreich, Schweden, Spanien und Italien wurde Mittel- und Westeuropa mit einem fast lückenlosen Navigationsnetz überzogen. Ferner wurden international u.a. die Gebiete West- und Mitteleuropa, die kanadische Ostküste, der persische Golf, Spanien, Bombay und Kalkutta abgedeckt.

Sender	Frequenz (kHz)	Multiplikator	Vergleichsfrequenz
Hauptsender	85,0	4	340
Nebensender Rot	113,33	3	340
Hauptsender	85,0	3	255
Nebensender Grün	127,50	2	255
Hauptsender	85,0	5	425
Nebensender Blau	70,83	6	425

Generell kann die Größenordnung der Ungenauigkeit unter günstigen Bedingungen zwischen 100-400 m liegen, unter widrigen Umständen allerdings auch sechsmal so hoch, bei einer maximalen Reichweite von 250/300 sm. Als sehr genaues Navigationssystem für mittlere Entfernungen benötigte DECCA die Hyperbel-Standlinien aus einem Leitsender und drei Nebensendern, die in einer Entfernung von 120 bis 220 km stehen. Die Nebensender werden nach den Farben Rot, Blau und Grün bezeichnet und der Empfangsbereich auf dem DECCA-Empfänger dementsprechend farblich unterlegt abgebildet. Die Signalfrequenz war 14,167 kHz, die Frequenzen der Nebensender errechnete sich aus der Sendefrequenz des Hauptsenders.

Zur Erhöhung der Genauigkeit DECCA-Systems über größere Distanzen entstand das Doppeldistanz-Verfahren, welches bei Anwendung der Langwellen in Verbindung mit Grobortung als LAMBDA (Low Ambiguity DECCA) bezeichnet wurde. Je nach Störpegel lag die Reichweite hier zwischen 250-800 km und das DECCA erzielte auf zwei Landstationen und einer seegestützten Hauptstation basierend innerhalb von 50.000 km2 eine Genauigkeit von etwa 10 m. Das HI-FIX-System (High Frequency, High Accuracy Fixing) kombinierte diese Neuerungen für den Nahbereich bis 55 km über 1,7-2 MHz, womit bei stärkerer Sendeleistung über 160 km Entfernung eine Positionsgenauigkeit von 1-2 m erreicht wurde.

Nach den positiven Erfahrungen mit den Langwellen lag es nahe, ein System im Bereich von 10-13 kHz einzurichten. Dem "OMEGA"-System genügten dabei acht Stationen, um 98% der Erdoberfläche abzudecken. Der Betrieb begann etwa 1960 und wurde im Herbst 1997 abgeschaltet und durch GPS ersetzt. Das "OMEGA"-System wurde aber hauptsächlich für U-Boote entwickelt und blieb für Handelsschiffe ohne Bedeutung. Aufgrund der niedrigen Frequenzen wurde eine Eindringtiefe in Seewasser bis 20 m erreicht. Um die benötigte Frequenzgenauigkeit zu erreichen, wurden vier unabhängige Cäsium-Atom-Frequenznormale benötigt. Für ihre eigenen Bedürfnisse errichtete die Sowjetunion ein ähnliches System auf Langwellen mit lediglich drei Sendern, das "ALPHA" genannt wurde und noch zur Jahrtausendwende in Betrieb war.

Die Organisation ICAO (International Civil Aviation Organisation) ist eine Untergruppierung der Vereinten Nationen (UN) und heute zuständig für die Luftsicherheit während die IATA weiterhin die Regeln des Passagier- und Frachtverkehrs bearbeitet. Technische Neuerungen kosten meist viel Geld und sie setzen sich deshalb nur recht zögerlich durch. Es ist also nicht verwunderlich, dass 1953 weltweit noch 20 verschiedene Funkverfahren für die Lang-, Mittelstrecken- und Nahbereichsnavigation sowie Verfahren im Landeanflugs zugelassen waren. Gerade im bereit der Landeverfahren im Passagierflugverkehr, aber auch im Militär, waren die Hyperbelverfahren lange dominierend eingesetzt, bis sie durch das GPS in den Hintergrund rückten.

Beispiele von kombinierte Navigations- und Anflughilfen der 60er Jahre

- Approach Control Radar (ACR)
- Ground Control Approach (GCA)
- Blind Approach System (BABS)
- Instrument Landing System (ILS)
- Landing Aid (LAN)
- Localiser im Bakenfunkverfahren (LOC)
- Visual Omni Range als Leitstrahlbakenverfahren (VOR)

Nicht jedes Land war bereit, sich den nun dominierenden anglo-amerikanischen Verfahren anzupassen und mit nichtmetrischen Maßeinheiten zu operieren. Amerikaner und Briten betrieben ihren AM-Flugzeug-Sprechfunk recht frühzeitig im VHF-Bereich, was dann auch zum Standard der Zivilluftfahrt mit 760 Kommunikationskanäle zwischen 118 und 136 MHz nach dem Krieg wurde.

Es dauerte aber seine Zeit, bis die Hyperbelverfahren (LORAN) auch in der zivilen Luftfahrt Eingang fanden. Selbst 1953 verwendeten Piloten über dem Nordatlantik noch Astronavigation und es gab bis zu 10 Flugsicherungsschiffe, die ähnlich den Feuerschiffen ständig auf See blieben. Die Reichweite der Maschinen mit Kolbentriebwerken war noch begrenzt, wuchs aber schnell mit dem Turbo-Prop- und Düsenantrieb und die kostspieligen Sicherungsschiffe wurden dann bald überflüssig. Manche Flugsicherungsverfahren Europas hielten sich sehr lange und sind in verbesserter oder abgewandelter Form auch heute noch in Betrieb. Dazu zählen z.B. die ungerichteten LW/MW-Festbaken der Luftstraßen, heute NDB (Non Directional Beacons) genannt, die automatisch anpeilt und am Radiokompass (ADF) abgelesen werden können.

Alle Verfahren erfuhren Weiterentwicklungen und wurden auf teilweise von UKW auf höhere Frequenzen verlegt, sodass es zwischen 108 und 118 MHz dann 200 Kanäle für die Navigation ergab. Die Drehfunkfeuer nennen sich heute VHF-Omnidirektional-Radiorange (VOR), deren Entwicklung aus der Drehfunkfeueranlage "Bernhard" der Jägerleitung der deutschen Luftwaffe in Trebbin abgeleitet ist und die Anflugsysteme ILS (Instrument-Landing-System) wurden zwischen 328 und 335 MHz angesiedelt. So konnte auch die zivile Luftfahrt bei der Konstruktion der Flugzeuge als auch bei den Techniken der Flugsicherung und im Flugfunk von den im Krieg forcierten Maßnahmen aller Länder im Nachhinein profitieren.

Die Fluglotsen kontrollieren heute in Verbindung mit modernen Datenverarbeitungssystemen den Luftverkehr und greifen nur in Notfällen aktiv in die Leitsysteme ein. Alle Anwendungen der Navigation auf See, in der Luft, an Land sowie die Anflughilfen oder Vermessungstechniken haben sich heute um den Bereich des Satellitenfunks bzw. der Satellitennavigation erweitert.

Hinter allen Flugkontrollsystemen, die heute in kombinierten und automatisierten Systemen integriert sind, verbergen sich die ursprünglichen Verfahren. Eines der frühen kombinierten Verfahren war z.B. TELERAN (Television Radar Navigation), welches mit Radar auf dem Navigationsdisplay als Informationsverbund integriert wurde. Zusätzlich wurden spezielle militärische Verfahren weiterentwickelt und z.B. das TACAN (Tactical Air Communication and Navigation) 1951 von der US-Marine vorgeführt, 1954 mit einem Zusatzgerät für die Nachrichtenübermittlung (Data-Link) vervollständigt und im März 1957 auch für die öffentliche Nutzung frei gegeben. Die Übermittlung aller Informationen zur Ortung erfolgt zwischen 962-1.213 MHz und das Verfahren wurde auch auf Schiffen und Flugzeugen der Bundeswehr installiert. Den kritischen Landeanflug aller Linienmaschinen soll hingegen zukünftig das "Enhanced Ground Proximity Warning System" sicherer machen. Es ist eine GPS-Anwendung in Verbindung mit einer Computer-Simulation der Oberflächenstruktur der Flughafenumgebung, was eine Instrumentenlandungen auf virtueller Basis gestatten soll.

Im Jahre 2001 wurden in Europa die Luftstraßen neu geordnet und entzerrt. Möglich geworden ist dies durch den Übergang von der VOR-Navigation zur GPS-Navigation, die nun auch der Zivilluftfahrt mit größerer Genauigkeit und Auflösung zur Verfügung steht. Durch die exaktere Höhenbestimmung können nun auch Höhenstaffelungen geringer ausgelegt werden.

Aber auch Funkfernschreiben und Fax erreichten bereits im Jahre 2000 rund 5.400 zivile Passagierflugzeuge über VHF/SAT/KW und auch das Internet hat den Einzug in die Linienflüge erhalten. Das ACARS ("Aircraft Communications Addressing and Reporting System") arbeitet mit einem ASCII-Paket-Datenstrom, dessen Informationen auf einem Bildschirm angezeigt werden und es entlastet damit die Cockpitbesatzungen und Fluglotsen von zusätzlichen Angaben über Sprechfunk. Der Pilot kann auf einer Bildschirmkarte dabei selbst erkennen, welche Flugzeuge sich im näheren Luftraum befinden. Durch den Datenstrom in Paketen können auf einem Kanal mehrere Flugzeuge gleichzeitig angesprochen werden und durch Selektivruf werden nur die Meldungen an eine Maschine übermittelt, die auch für sie wichtig sind und damit der Bildschirm nicht mit unnötigen Meldungen überladen.

Die Satellitennavigation im Flugverkehr und in Schifffahrt birgt eine höhere Sicherheit, aber Mobilfunktelefone, Laptops, oder auch Smartphones könnten diese wichtigen Navigationsgeräte ggf. stören. Ein Betriebsverbot an Bord von Flugzeugen hat diese Gefahr inzwischen weitgehend gebannt, auch wenn sich die meisten Flugreisenden nicht daranhalten, doch neue Techniken bieten hier auch eine höhere Sicherheit. Doch sollten auch hier die Astronavigation und die grundsätzlichen Verfahren für Notfälle nicht unbeachtet bleiben und nicht in Vergessenheit geraten.

Funkpeilung, die passive Funkortung in der Aufklärung

Die ersten Ortungsgeräte der Geschichte der Menschheit waren vermutlich trichterförmige Öffnungen zur Richtungsbestimmung von Schallwellen, die durch Nebengeräusche wie Regen, Wind, Eisenbahnen oder andere Geräusche jedoch sehr beeinflusst werden konnten. Im Selbstversuch mit einer an das Ohr gehaltenen Meeresmuschel lässt deutlich ein Meeresrauschen erkennen, auch wenn die See meilenweit entfernt ist.

Ein weiterer Nachteil war, dass z.B. ein schnelles Objekt wie ein Flugzeug beim Eintreffen der Schallwellen aus großer Höhe bereits wieder mehrere Kilometer vom augenblicklich gepeilten Standort entfernt war. Die ersten Anwendungen der passiven akustischen Ortung fanden ihre Fortsetzung hauptsächlich im Unterwasserbereich und erst mit der Entwicklung der Funkgeräte zur Bestimmung des eigenen Standorts in der Navigation und für die Fremdortung von Objekten konnte eine notwendige Peilgenauigkeit Unter- und Überwasser erreicht werden. Bis heute spielt die akustische Ortung hauptsächlich im Unterwasserbereich eine Rolle.

Die aktive Ausstrahlung eines Gegners kann hingegen passiv zu dessen Peilung und seiner Bekämpfung genutzt werden. Die deutschen Bomberverbände verwendeten z.B. die Standorte und Frequenzen der bekannten englischen Rundfunkstationen als Richtfunkfeuer für den Anflug. Dies war sehr wirkungsvoll, da über Rundfunk die erkannten Angriffe dann auch als Dauersendung an die Bevölkerung gemeldet wurden. Als Gegenmaßnahme mussten deshalb weit entfernt Täusch-Funkfeuer auf den Radiofrequenzen errichtet werden, um die anfliegenden Verbände zu zerstreuen oder zumindest von den Städten abzulenken, während die Rundfunkstationen auf eine neue Frequenz geschaltet wurden. Auch die Japaner benutzten beim Angriff auf Pearl Harbour den Rundfunksender in Honolulu als Leitstrahl für den Angriff.

Im Gegenzug wurde zum Schutz des Funkverkehrs der Invasionsflotte vor der Normandie die deutschen Radarstellungen und die Funkaufklärungsstationen dem Erdboden gleichgemacht. Der gleich zweifach durchgeführte Bombenangriff auf die MPHS Brügge am 28. Mai 1944 mag hier als ein Beispiel stehen. Die Invasionstruppen selbst waren nicht unbedingt an Funkfeuer oder Funknavigation angewiesen, sondern viel eher auf die Einhaltung der Funkstille.

Die deutsche Wehrmacht interessierte sich aus seinen Aufgaben heraus mehr für die Peilung gegnerischer Sender in Bezug auf Inhalt der Nachrichten bzw. der analysierten Truppenkonzentrationen. Der eigene Standort der Heeresabteilungen wurde in Operationen hingegen immer noch mit Karte und Kompass bestimmt. Die Zusammenarbeit der Nahfeldpeiltrupps mit der Entzifferung war und ist bis heute ein Schlüsselfaktor. Nach der Entzifferung des Befehls zum Treffen aller Einheitsführer der 104. US-Division um 10:00 Uhr, konnte ein Nahfeldpeilzug ein Landschloss als Treffpunkt durch Kreuzpeilungen identifizieren, welches Punkt 10:00 Uhr mit schwerem deutschem Artilleriefeuer belegt wurde. Bei der 4. Armee konnte wurde im Raum Augustowo Suwalki nach den regelmäßig georteten Versammlungen des Widerstandnetzes zur selben Zeit mit einem Nahfeldpeilzug ein Hauptquartier der Partisanen ausgehoben werden.

Für die Polizei und Abwehr waren die tragbaren Anlagen zur Peilung von Agentensendern besonders interessant, die so manchem Geheimdienstagenten oder Partisanen zum Verhängnis wurden. Die Firma Kapsch in Österreich stellte z.B. den in einen kleinen Handkoffer passenden Fu-H.P.B.-ku3 Funkpeiler her, der ein Vorgängermodell in der österreichischen Polizei ablöste. Die Rahmenantenne mit Batterie und Empfänger waren im Koffer untergebracht und über ein im Ärmel verlaufendes Kabel war der Anschluss eines Ohrhörers oder eine Anzeige in Form einer Armbanduhr möglich. Im Frequenzbereich 2,9-15 MHz war eine Ortung im ungünstigen Umfeld in den Städten noch auf 1-3 km möglich. Ein ähnliches Gerät war der Gürtelpeiler, der unter der Kleidung getragen werden konnte und in gleicher Form abgehört oder abgelesen werden konnte.

In der deutschen Marine wurde zwischen den Begriffen Funkmessbeobachtung (FuMB) und Funkmessortung (FuMO bzw. englisch RADAR) unterschieden. Die alliierten Radarentwicklungen drängten die deutschen U-Boote in die Defensive und Gegenmaßnahmen wurden in den Funkmessbeobachtungsgeräten gesucht. Mit dem in Frankreich bei den Firmen Metox und Grandin produzierten R-600A (Metox-Empfänger, FuMB-1, 113-484 MHz, 2,5-53 cm) lief die erste Großserie in den besetzten Gebieten mit rund 1.100 Empfängern für die deutsche Funkmessbeobachtung an.

Die Geräte wurden vermutlich nach Plänen der NVA/Kiel für die U-Boote als Gegenmaßnahme zum ASV-Radar der alliierten Flugzeuge modifiziert. Ab Herbst 1942 waren alle U-Boote mit der Empfangsantenne ausgerüstet und die RAF musste die erste größere Anzahl von verlorenen Kontakten melden. Die Antenne war das "Biskayakreuz", eine auf einem Holzstock verspannte Antennendrahtkonstruktion. Vor jedem Tauchen musste es eingeklappt und verstaut werden, da noch keine druckfesten Antennen verfügbar waren. Teilweise wurden diese Antennen wie beim Heer mit einem Helm auf dem Kopf befestigt, sodass der Beobachter gleich in die richtige Richtung schaute. Die U-Boot-Besatzungen erinnerten sich wohl schon aufgrund dieser Konstruktionen auf dem Kopf noch an den Einsatz. Durch die neu entwickelten Radaranlagen der Alliierten im Zentimeterbereich wurde das Gerät allerdings schnell nutzlos.

Nach Aussage eines gefangenen englischen Piloten besaß das Gerät jedoch eine so starke Eigenstrahlung, dass es anscheinend noch in 2.000 m Höhe und bis auf 45 km zu orten war. Alle Messungen nach dem Krieg zeigen jedoch, dass diese Strahlung nur im Milliwattbereich lag und eine Ortung hat es denn auch nie gegeben und das hätten auch die deutschen Experten erkennen müssen. Ferner wäre eine weitere Antenne an den englischen Flugzeugen erforderlich gewesen und man hätte das ASV-Radar auf derselben Frequenz zum Empfang der Metox-Abstrahlung abschalten oder zumindest kompensieren müssen. Hiervon ist nichts bekannt und so kann die Aussage des Engländers aus technischer Sicht als gelungene Falschinformation der deutschen Seite angesehen werden.

Der erste große Schiffverlust der Kriegsmarine wurde allein durch imaginären Funkverkehr der Royal Navy herbeigeführt. Nachdem die ADMIRAL GRAF SPEE den englischen Einheiten in neutrale Gewässer entkommen war, deuteten irreführende Funksprüche auf eine wesentlich größere Streitmacht vor der Küste hin. Das Ziel, mehr Zeit zu gewinnen und weitere englische Schlachtschiffe an die ADMIRAL GRAF SPEE heranzuführen, war erreicht. Da ein Entkommen nun für das deutsche Schiff nicht mehr wahrscheinlich erschien und ein weiterer Einsatz nur sinnlos die Besatzung geopfert hätte, wurde das Schiff in der Rio de la Plata Mündung selbstversenkt.

Die wahrscheinlich verhängnisvollste Peilung eines deutschen Schiffes geschah hingegen im Atlantik. Nachdem der britische Nachrichtendienst nach Informationen aus Schweden (Geheimschreiber T-typ-52a/b und Sichtung in Norwegen) am 20. Mai 1941 das Passieren des Kattegat gemeldet hatte, orteten die britischen Kreuzer SUFFOLK und NORFOLK am 23. Mai 1941 das Schlachtschiff BISMARCK und die PRINZ EUGEN ("Rheinübung") mit dem Radar Type-284.

Nach der Versenkung des Schlachtschiffes HOOD ging der Kontakt mit den deutschen Schiffen und dem Schlachtschiff BISMARCK zunächst jedoch verloren. Nach der Zerstörung des stärksten britischen Schlachtschiffes war es für England jedoch eine für die Öffentlichkeit notwendige psychologische Mission und für die Admiralität eine Frage des Prestiges das deutsche Flottenflaggschiff zu zerstören. Alle verfügbaren Flugzeugträger, Schlachtschiffe u.a. Einheiten suchten nun die BISMARCK.

Der für die Funkmessortung im Stab des Flottenchefs an Bord der BISMARCK zuständige Offizier (MN) war Dr. Krautwig. Als Fachmann kannte er die meteorologisch bedingten Überreichweiten, hatte andererseits aber keine Rückfragemöglichkeit mit einer anderen Peilstelle, der Abwehr und auch keinen Vergleich mit Beobachtungen oder Messungen anderer Schiffe und musste nach Empfang eines britischen Radarsignals mit dem Metox-600 die BISMARCK als vermutlich geortet annehmen. Dieser Sachverhalt wurde wohl auch dem Stab des Flottenchefs und dem Kommandanten gemeldet und ferner lagen auch die Radarausstrahlungen der Suchflugzeuge nicht im Bereich der an Bord befindlichen Metox-Empfänger (113-484 MHz), sodass hier keine Entwarnung erfolgen konnte. Am 25. Mai wurde die nun anscheinend nicht mehr erforderliche Funkstille beendet. Flottenchef Admiral Lütjens ließ einen Bericht über die während der Gefechte entstandenen Schäden senden – mit für die BISMARCK und ihre Besatzung vernichtenden Folgen. Die falsche Einschätzung der Lage wurde beim B-Dienst durch eigene Beobachtungen/Peilungen wohl erst zu spät erkannt. Nach den Peilergebnissen aus den Funksprüchen der englischen Schiffe war deren Ortung der BISMARCK nach Radar durch die zu große Entfernung nicht mehr möglich und die Position des deutschen Schlachtschiffes zu diesem Zeitpunkt nicht bekannt. Als die Situation erkannt wurde, war es zu spät, denn nur die Marineleitung in Berlin hätte über die Marinefunksendestellen durch ein schnell gesendetes QRT ("Stellen Sie die Übermittlung ein") die Funksprüche der Bismarck eventuell noch durch Befehl unterbinden können. Es folgte eine erneute Peilung des deutschen Schlachtschiffes durch den langen Funkspruch, wodurch auch die Suchflugzeuge mit ihren Radargeräten (1,50-m-Welle) wieder mehrfach den Kontakt herstellen konnten. Am 27. Mai 1941 wurde das Schiff schließlich gestellt und nachdem die angreifenden Schiffe nahezu ihre gesamte Munition verschossen hatten, war die BISMARCK immer noch schwimmfähig und sank nicht. Nun wurden an Bord die Sprengladungen gezündet und Flutventile geöffnet, um ein Entern der Engländer zu verhindern. Nur 110 von 2.403 Mann entkamen dem sinkenden Schiff, da die Engländer zunächst Angriffe der deutschen U-Boote befürchteten und den deutschen Soldaten im Wasser keine Hilfe leisteten.

Die deutschen Warnempfänger liefen im Allgemeinen der alliierten Entwicklung bzw. den höheren Frequenzen hinterher. Im KTB der SCHARNHORST findet sich sogar der Befehl des Befehlshabers der Kampfgruppe (vom 7. September 1943), in dem alle FuMB-Empfänger bis auf die von Rhode & Schwarz gelieferten auszuschalten. Der Funkstille der Sendeanlagen folgte eine Funkempfangsstille, bei der das Misstrauen gegen den Metox-Empfänger vielleicht den Ausschlag gab.

Die Firma Rohde & Schwarz war einer der neueren funktechnischen Betriebe, die sich auf dieses Gebiet spezialisierten. Rohde & Schwarz wurde am 11. November 1933 von Dr. Lothar Rohde und Dr. Hermann Schwarz als Physikalisch-technisches Entwicklungslabor Dr. Rohde & Dr. Schwarz (PTE) in der Thierschstraße 36 in München, gegründet. Beide hatten bei Prof. Esau bei der Drahtlos-Luftelektrische Versuchsgesellschaft (DVG) promoviert und spezialisierten sich von Beginn an auf die Hochfrequenztechnik und deren Messgeräte.

Das erste Gerät der Firma war ein Präzisions-Interferenz-Wellenmesser für 600-3.600-m-Welle (80 kHz bis 50 MHz). Der Standort bei München erwies sich als gut gewählt, denn die DVG in Gräfelfing benötigte ebenfalls spezielle Messgeräte für die Entwicklung der Bord- und Boden-Peilanlagen. Mit der automatischen Triangulationsanlage C-70 (1932) der DVG wurde der Standort eines Flugzeuges mithilfe von zwei kreuzenden Lichtstrahlen direkt auf einer Karte sichtbar gemacht. Sozusagen ein Vorgängermodell für die Luftraumüberwachungsanlagen der heutigen Fluglotsen. Die Amerikaner wussten um Entwicklungsstand der deutschen Firmen und im Juli 1945 ging die Produktion von Rohde & Schwarz mit einem Auftrag der US-Luftwaffe weiter, die ihren gesamten Quarzbestand von der Tochterfirma Quarzkeramik GmbH von den im Krieg verwendeten Frequenzen für neue Kanäle schleifen ließ. Die dann bestehende OHG wurde 1966 zur Rohde & Schwarz GmbH & Co. KG umgewandelt.

Ab ca. 1942-1945 kam der Empfänger ESD-BN-150-31 von Rohde & Schwarz unter der Bezeichnung "Samos" in der Kriegsmarine auf die Schiffe und Boote (FuMB-4). Er war ausgelegt für Amplituden- und Frequenzmodulation von 90-470 MHz in der Überlagerungstechnik. Eine weitere Ausführung "Fanö" war für den Bereich 400-800 MHz, mit Oberwellenmischung als Spezialausführung von 800 MHz - 1,6 GHz. Um dem besonderen Verwendungszweck als Mess- und Warnempfänger gerecht zu werden, bestanden die Umschaltmöglichkeit der hochfrequenten Verstärkung und eine Umschaltung für die Instrumente. Dies ermöglichte ein schnelles Auffinden von unbekannten Wellenlängen mit einer sicheren Feststellung und Reproduzierbarkeit der Frequenz bei gleichzeitiger Peilung der Richtung des entsprechenden Senders.

Von Hagenuk kam ab August 1943 das FuMB-8 (Wellenanzeiger W.Anz.g-1) bzw. "Cypern" als FuMB-9 (W.Anz.g-2) für 166-250 MHz. Die bisherigen Warngeräte wurden durch das alliierte ASV auf 3 GHz schnell wieder unbrauchbar. Im April 1944 erhielten die Boote und Flugzeuge als Gegenmaßnahme auf das Gerät "Rotterdam", das Warngerät FuMB-7 "Naxos" (FuG-350Z, 2.500-3.700 MHz, 12-9 cm) von Telefunken (insgesamt 500 Stück). Das Gerät konnte aufgrund der Rundstrahlantenne jedoch nur vor einem Flugzeug mit ASV in der Nähe warnen, nicht jedoch die Richtung angeben. Die Dipolantenne hatte außerdem keinen Antennengewinn und der Empfänger war relativ unempfindlich.

Obwohl Forschungen und neue Techniken umgesetzt wurden, konnte die Entwicklung der deutschen Warnempfänger für die U-Boote den Radarentwicklungen auf alliierter Seite allgemein nicht mehr folgen und keinen wirksamen Schutz gewähren. Für das neu entwickelte FuMB-36 "Tunis" (3-15 cm) musste an Bord der U-Boote die gesamte Sehrohranlage und der Schnorchel umgebaut werden. In einigen Fällen wurde hierfür auch die Radarschutzbeschichtung "Sumpf" angebracht. Das "Korfu" und "Kornax" von der Firma Blaupunkt waren Bodenpeiler, mit denen Reichweiten von 400 km erzielt wurde. Im Luftgaukommando III in Berlin wurde in der Zentrale (in der Nähe des Oskar-Helene-Heimes) durch den Einsatz der "Kornax" und "Korfu" das genaueste Luftlagebild während des Krieges erzielt. Von der 1923 gegründeten Firma Blaupunkt kam u.a. auch der Störsender B-400-UK-43 zur Kriegsmarine. Blaupunkt baute 1932 das erste Autoradio in Europa, 1952 das erste UKW-Autoradio sowie 1969 das erste Stereo-Autoradio weltweit.

Auf deutscher Seite wurden aus Kostengründen auch herkömmliche Funkempfänger mit Zusätzen ausgestattet und als Peilempfänger eingesetzt. Der T-8-L-39 wurde z.B. weiterentwickelt zum T-8-PL-39 ("Martin"), der in Verbindung mit Kreuzrahmen und Goniometer innerhalb der Frequenzbereiche von 72,5-860 kHz die Peilung, Seitenbestimmung oder Richt- bzw. Rundempfang eines Senders ermöglichte. Unter der Bezeichnung E-491-N1/39 wurde der Empfänger mit 25-qm-Kreuzrahmen z.B. auch in den Peilanlagen NVK-GB/39 und NVK-GL/39 eingesetzt.

Während in England nach den erfassten Funkausstrahlungen versucht wurde entsprechende Störsender zu konstruieren, setzte in Deutschland diese Entwicklung erst nach den ersten großen Bombenangriffen auf die deutschen Städte ein. Bei der deutschen Reichspost befanden sich für die elektronischen Gegenmaßnahmen ebenfalls Störsender mit hoher Leistung in Entwicklung, die mit Klystron-Röhren arbeiteten, während bei Siemens Störsender mit Magnetron-Röhren und geringerer Leistung gefertigt wurden. Unter dem Arbeitstitel "Triberg" wurden Tripelspiegel gefertigt, welche die auf dem alliierten Radar normalerweise gut sichtbaren Seen um Berlin (z.B. Müggelsee) mit Tripelspiegeln im Radarecho verfälschten und dadurch deren Navigation erschwerten.

Während Radar und Funkleitsysteme die Bomberverbände über dem europäischen Festland und auf See dirigierten, wurde auf alliierter Seite die Funkpeilung weiter zu einem der wichtigsten Standbeine im Kampf gegen die U-Boote. Es kamen HF/DF-Kurzwellenpeiler (High Frequency Direction Finder, im Slang "Huff-Duff") der Typen FH-3, HF-4 und später FH-5 zum Einsatz, deren Personal an der St. Bede's School, Holly Mount/Eastbourne ausgebildet wurde. Für die Ortung mit diesen Geräten mussten die Sendeantennen an Bord teilweise gegen Erde geschaltet werden. Hatte der FH-3 mit dem von Marconi entwickelten Navy-B-21 (1-20 MHz) noch akustische Minimumpeilung, so arbeitete der FH-4 (1-24 MHz) mit einem Empfänger der Firma Plessey und mit Steckspulen. Da die deutschen U-Boot-Funker angewiesen waren immer mit voller Leistung zu senden (BdU Befehl Nr. 200), wurde bei den alliierten teilweise auch über die

Feldstärkemessung ein Abschätzen der Entfernung durchgeführt. Bedingung war hierbei ein Anteil der Raumwelle von < 10% am Empfangssignal. Das ermittelte Aufenthaltsgebiet war für einen gezielten Einsatz der Escort-Groups jedoch meist immer noch zu groß, sodass kein praktischer Nutzen daraus gezogen werden konnte.

Auch hier hätten die deutschen die Ortung extrem erschweren können. Für jede genutzte Frequenz der HF/DF-Kurzwellenpeiler wurde zur Kompensation des jeweiligen Schiffes und seiner Aufbauten eine eigene Korrekturtabelle benötigt. Alle 5° bzw. 71-mal pro Frequenz musste eine Messung vorgenommen werden, für die ein Vermessungsschiff das Schiff umrundete. Beim FH-4 (Landversion AH-6) gab es hierfür 39 Justierpunkte, d.h., theoretisch mussten maximal 2.769 Einstellungen vorgenommen werden. Die 750 verfügbaren Frequenzkanäle für den U-Boot-Funk in der Schwebungslücke hätten also den Abgleich von 2.076.750 Punkten erfordert und das Messboot hätte das Schiff 750 umrunden müssen. Praktisch mussten zwar nicht alle Einstellungen jedes Mal verändert werden, doch für 750 Kanäle wäre das Verfahren nicht mehr realisierbar gewesen.

Im Nordatlantik verwendeten die U-Boote jedoch z.B. nur 35 Frequenzen (später 44), wofür also max. 71-x-39-x-35 = 96.915 Abstimmelemente der HF/DF-Kurzwellenpeiler justiert werden mussten, was für eine Vermessung jedoch immer noch ca. 4-5 Tage in Anspruch nahm, aber durchaus realisierbar war. Jedes ausgerüstete Schiff überwachte im Einsatz zwei Frequenzen, eine Escort-Group also etwa 12 Frequenzen insgesamt, wobei jeder Frequenz eine Nummer zugeteilt war. Wurde ein Funkspruch empfangen, konnte über Sprechfunk die Nummer der Frequenz für die anderen Bediener durchgegeben werden, die nun umschalten konnten.

Obwohl auf deutscher Seite ab 1941 bekannt war, dass KW-Peiler an Bord der britischen Schiffe installiert worden waren, wurde dabei den gut sichtbaren Kreuzrahmen in der Mastspitze der Schiffe keine weitere Beachtung geschenkt. Erst am 15. Juni 1944 informierte der BdU die Boote offiziell über KW-Sichtpeilgeräte auf alliierten Schiffen. Der Grund für die Fehleinschätzung kann in der mangelnden Ausbildung der Truppe in Bezug auf gegnerische Mittel als auch der falschen Ansicht einer hauptsächlichen Bedrohung durch das Radar liegen.

Bei einem längeren ENIGMA M-4-Funkspruch mit 50-60 Vierergruppen und einer gebräuchlichen Morsegeschwindigkeit von 60-70 Zeichen pro Minute betrug durchschnittliche Zeit für eine Übermittlung eines U-Bootes etwa 4 Minuten. Unter günstigen Umständen konnte der Standort in dieser Zeit bis auf 400 m genau gepeilt werden. Ein schnelleres Geben war aufgrund der Verständlichkeit der Morsezeichen unter den entsprechenden Empfangsbedingungen nicht möglich bzw. äußerst selten.

Das vom Flottenfunkdienst, unter Mitwirkung von Fregattenkapitän Stummel (später HKN) und dem Oberfunkmeister Herman Froböse an der M.N.S. in Flensburg entwickelte und vorgeschlagene Kriegsfunkverfahren, wurde mit äußerster Skepsis im Herbst 1936 vom Flottenkommando erprobt, da durch die in der Frequenz genaueren Geräte für die erteilten Befehle keine Empfangsbestätigungen vorgesehen waren, an deren Sicherheit sich die Führung gewöhnt hatte. Doch ohne diese erzwungenen Empfangsbestätigungen von den U-Booten hätten die englischen Peilstationen kein automatisch regelmäßiges aktualisiertes Lagebild erstellen können. Der Kriegsfunkspruch enthielt außer der Uhrzeitgruppe, der Gruppenzahl und der verschlüsselten Funkgruppe keine weiteren Angaben, reduzierte damit den Nachrichteninhalt und die Möglichkeit einer gegnerischen Peilung wurde dadurch weiter reduziert, aber die Führung in Berlin erhielt weniger Informationen von den Einheiten in See.

Um die alliierte Funkpeilung der in See stehenden Einheiten zu erschweren, versuchte man deshalb alternativ die Sendezeit der Nachrichten weiter zu verkürzen, wobei speziell im Bereich der U-Boote geforscht wurde. Die Anfang 1940 eingeführten "ßß" bzw. Kurzsignale mit 11-15 Buchstaben verkürzten zwar die Zeit einer Übermittlung, sie konnten aber andererseits nicht für alle Meldungen angewendet werden. Nach dem Einleitungssignal "ßß" folgten die unverschlüsselte Kenngruppe, ein oder zwei verschlüsselte Vierergruppen (M-4) und die verschlüsselte Unterschrift. Ab 15. Juli 1943 wurde die Kenngruppe am Ende nochmals wiederholt und auch für Wettermeldungen gab es "WW" bzw. Wetterkurzfunksprüche. Diese Folge konnte in etwa 10-12 Sekunden von einem Tastfunker gegeben werden und war vor allem für ältere Peilgeräte mit verschiedenen Spuleneinsätzen kaum mehr zu peilen und auch mit den FH-4-Geräten war es nur teilweise erfolgreich. Da die maximal zwei Vierergruppen nicht verwechselbar sein sollten (sie standen für verschiedene Texte), mussten längere und nicht im Kurzsignalheft enthaltene Meldungen jedoch weiter in der herkömmlichen Gebeweise übermittelt werden. Für die Nachrichtenverbindung zwischen Hilfskreuzer und Heimat sendeten drei KW-Sender in verschiedenen Standorten in Intervallen fortlaufend im Blind- und Täuschverfahren Funksprüche mit Namen und Verbindungszeichen. Die Frequenzen lagen tagsüber im 20-m-Band, bei Dämmerung im 50-m-Band und in der Nacht im 80-m-Band. Wurde der Sender mit dem internationalen Abstimmsignal "V" (. . . -) abgestimmt, vergingen selbst bei geübtem Funkpersonal ca. 3 Sekunden, sodass für das verschlüsselte Kurzsignalzeichen noch etwa 12 Sekunden blieben. Der Hilfskreuzer Atlantis wurde im März 1940 im Indischen Ozean über 1.500 sm innerhalb von 15 Sekunden mit einer Abweichung von weniger als 30 sm durch Funkspruch auf Kurzwelle (120-W-DEBEG-Sender) gepeilt. Dieses Beobachtungsergebnis der alliierten Funkpeilung gelangte über eine B-Dienst-Meldung zur Kenntnis der deutschen Führung. Doch weitere Ereignisse hätten die deutsche Marineleitung hellhörig werden lassen müssen.

Am 30. Juni 1942 meldete U-158 routinemäßig, wie es der Befehl der Seekriegsleitung vorsah. Es teilte wie so viele andere U-Boote im Standardsatz mit, dass es derzeit nichts zu melden gab. Doch diesmal peilten HF/DF-Stationen auf Bermudas, Hartland Point, Kingston und Georgetown das U-Boot ein und übermittelten den Standort an eine Luftpatrouille, die das Boot mit der Besatzung beim Sonnenbaden überraschte und versenkte. U-66 sandte am 19. April 1944 eine Nachricht von unter 15 Sekunden, die von nicht weniger als 26 HF/DF-Stationen erfasst wurde. Die neuen Geräte scannten den Horizont und schwenkten halbautomatisch auf die Peilung ein. U-66 wurde etwa 3 1/2 Stunden später versenkt. Am 5. Mai 1944 peilte der britische Funker Alfred T. Collet mit einem FH-3 ein U-Boot ein und meldete es in einer Entfernung von 12-15 sm dem Hilfsträger Vindex. Am nächsten Morgen wurde U-765 versenkt. Der Kommandant OLtzS Wendt kam mit den Überlebenden in Gefangenschaft. Wenige Tage darauf wurde nach Peilung auch U-736 beschädigt. Immer öfter fanden Versenkungserfolge unmittelbar der Abgabe eines Funkspruches durch die U-Boote statt.

Um der Ortungsgefahr zu entgehen, wurde mit der Entwicklung eines Kurzzeichengebers (KZG) begonnen. Bei der NVA in Kiel war hier ab 1943 Professor Küpfmüller für die weiteren Maßnahmen verantwortlich und, soweit es sich heute rekonstruieren lässt, war eine der hauptsächlich beteiligten Firmen Telefunken. Der neue KZG 44/2 lieferte Impulse von 1 ms Dauer mit Pausen von 3 ms. Der Inhalt der Nachricht bestimmte die Folge der Pulse, die über eine Trommel mit 85 Fingern als eigentlichen Geber erzeugt wurden. So entstand eine Tastfrequenz von 250 Hz, die über einen Magnetsensor an jeden beliebigen Sender übertragen werden konnte. Der KZG 44/1 hatte anstelle des Magneten eine Fotozelle als Sensor, wurde aber nicht weiterentwickelt. Die Abgabe der Synchronisationszeichen (25 Impulse) aktivierte in der Empfängerstation das optische Aufnahmesystem. Es folgten 20 ms Pause für die Herstellung der Empfangsbereitschaft und dann folgte die Impulsfolge der Nachricht. Die gesamte Übertragungszeit betrug etwa 337 ms. Das dem Empfänger CR-101 nachgeschaltete KGR-1 (eventuell für "Kurzzeichengerätregistrierer"?) nahm die Nachricht auf lichtempfindlichem Zeiss-Ikon-Papier auf. Die gesamte Empfangsanlage war für den praktischen Einsatz auf U-Booten jedoch zu groß, so dass nur die Sendekomponente an Bord noch vor Kriegsende zum Einsatz kam. Doch diese verkürzte Signalsendezeit des KZG machte eine Ortung der U-Boote mit damaligen Mitteln unmöglich. 5 Empfangsanlagen waren bis Kriegsende einsatzbereit, bis zu 60 in der Planung. Etwa 30 KZG's wurden hergestellt und mindestens 19 an Bord erprobt.

Die erste Testphase begann am 4. August 1944, doch folgten kriegsbedingt Unterbrechungen und nach Problemen mussten neue Versuche mit den entsprechenden Änderungen gemacht werden. Die Engländer kannten zumindest den Namen des Kurierverfahrens durch das erbeutete U-505, die technischen Unterlagen und Geräte konnten hingegen erst nach Kriegsende untersucht werden. In einer Testphase vom 24. November bis 10. Dezember 1944 hatten sie die Signale erstmals fotoelektrisch aufgezeichnet, eine Ortung der U-Boote während der Aussendung war jedoch nicht mehr möglich.

Das Funkverfahren der U-Boote in der Schwebungslücke hatte in 10-kHz-Abstand die offiziellen Kanäle von 4-19 MHz. In den 10-kHz-Bereichen wurden die Frequenzen für die U-Boote gelegt, wodurch 1.500 mögliche Frequenzen entstanden, von denen nach alliierten Angaben etwa 44 tatsächlich genutzt worden sind. Die Kriegsmarine begann dann, von den normalerweise genutzten Frequenzen abzuweichen.

Bei dem Funkverfahren außerhalb der Schwebungslücke wurde eine verschlüsselte Frequenzabweichung (+/-150 kHz) für die Übermittlung genutzt. Die Einführung erfolgte am 8. Oktober 1941, eine Durchführung war aber erst ab 1. Januar 1942, nach Verteilung der überarbeiteten Frequenzpläne, möglich. Das Mithören der Funksprüche durch andere U-Boote und Schiffe in See und ihr damit verbundener Einsatz als Funkrelais für das gerufene Boot entfiel in diesem Verfahren ebenfalls. Es stand den Booten allerdings frei, nach eigener Einschätzung die grundsätzliche Frequenz zu nutzen oder mit Abweichung zu senden. Da die Umstellung auf den U-Booten durch Personalmangel weitere Probleme mit sich brachte und auch mehr Funkwiederholungen notwendig wurden, wurde das Funkverfahren außerhalb der Schwebungslücke für die U-Boote offiziell nicht eingeführt, obwohl es sich bei anderen Einheiten bereits bewährt hatte und der Chef des MND mehrmals bei der Marineleitung vorstellig wurde.

Nach den Erprobungen erfolgten durch die Auflösungserscheinungen der Wehrmacht und der Führung keine allgemeine Ausstattung der U-Boote mehr. Da zu diesem Zeitpunkt jedoch auch kaum mehr U-Boote für einen aktiven Einsatz zur Verfügung standen, hätte auch der Einsatz der neuen Technik keine Wende im Kriegsgeschehen mehr herbeiführen können. Letztlich gab es noch ein 3-F-Kurierverfahren, welches vermutlich nach den drei Frequenzen von 3, 4 und 5 kHz benannt wurden, welche die jeweiligen Morsezeichen in Kombinationen darstellten.

Der KZG konnte maximal 7 Buchstaben übermitteln und war somit nur für Wetter- und Standardmeldungen geeignet, bei denen eine Ortung damit ausgeschlossen werden konnte. Für längere Nachrichten wäre allerdings weiterhin eine Übermittlung mittels Morsetaste erforderlich gewesen. Die Marine der Vereinigten Staaten von Amerika hatte in den 50er Jahren noch große Schwierigkeiten mit den dort weiterentwickelten deutschen Kurzsignal-Verfahren, da die Peilstationen diese immer noch nicht gleichzeitig orten, identifizieren und aufzeichnen konnten. Demnach wäre das deutsche Verfahren für die längeren Meldungen der U-Boote noch lange nicht nutzbar gewesen, doch wurden viel Forschungen auch durch die Führung selbst behindert.

Mit den neuen Verfahren hatte man trotzdem noch eine sehr sichere Kommunikationsmöglichkeit für die U-Boote gefunden, für die es auf alliierter Seite keine Möglichkeiten zur Ortung gab. Von den 15 Signalübertragungen der KZG zwischen dem 22. Dezember 1944 bis 2. Februar 1945, deren Zeitpunkte durch ULTRA den Alliierten bekannt waren, wurde keine einzige Übertragung registriert. Zu diesem Zeitpunkt benutzte ein U-Boot den Kurzzeichengeber anscheinend auch auf Feindfahrt, eine Entzifferung des Inhaltes seitens der Alliierten war schon durch die geringe Anzahl der Funksprüche unmöglich. Für die eingesetzten Geräte gibt es aber keine genauen zeitlichen Daten und auch die ausgerüsteten U-Boote sind vermutlich nicht alle genau erfasst.

Im Herbst 1940 meinte Hitler, dass der Krieg so gut wie gewonnen sei und befal die Einstellung aller langfristigen Forschungsarbeiten, wenn nicht innerhalb von sechs Monaten die Serienreife erreicht wurde, um die breite Ausstattung der Truppen auf kurze Zeit sicherzustellen. Die Beispiele der betroffenen Vorhaben reichen von der Nachrichtentechnik über die ersten Kampfdrohnen, den ferngelenkten Raketen, bis hin zu den weltweit ersten Düsenjagdflugzeugen (He-280, Me-163, Me-262) und Düsenbombern (Arado-234) und anderen waffentechnischen Entwicklungen.

Obwohl die deutsche Führung viele falsche Entscheidungen in der Forschung und ihrer Anwendung machte, blieb Deutschland auf vielen Gebieten führend. Die Forschungsergebnisse und Erkenntnisse spiegelten sich dann auch in Nachkriegsprodukten ausländischer Firmen wieder, welche diese konsequent weiterführten. Der durch den Stopp der Forschung entstandene, durch die wirtschaftliche sowie militärische Lage zusätzlich geprägte, Rückstand im hohen Frequenzbereich gegenüber den Alliierten konnte z.B. während des Krieges von Deutschland zwar verkürzt, aber nicht wieder aufgeholt werden.

Verbleib der vermutlich mit KZG ("Kurier") ausgerüsteten U-Boote

- U-234 unter KptLt. Johann-Heinrich Fehler, gebaut als Transport-U-Boot, am 17./19. Mai 1945 in Portsmouth/USA eingelaufen, KZG auch auf Feindfahrt benutzt
- U-285 unter KptLt. Konrad Bornhaupt, gesunken am 15. April 1945 südwestlich Irland
- U-325 unter OLtzS. Erwin Dohrn, vermisst seit 7. April 1945 südwestlich Englands
- U-416 unter OLtzS. Eberhard Rieger, gesunken am 12. Dezember 1944 nordwestlich Pillau/Unfall
- U-482 unter KptLt. Hartmut Graf von Matuschka Freiherr von Toppolczan und Spaetgen, vermisst seit Dezember 1944 im Englischen Kanal
- U-680 unter OLtzS. Max Ulber, Kapitulation am 8. Mai in Wilhelmshaven versenkt
- U-864 unter KKpt. Ralf-Reimar Wolfram, gesunken am 9. Februar 1945 westlich von Bergen, einzige bekannte Versenkung eines U-Bootes in Tauchfahrt durch anderes getauchtes U-Boot (HMS VENTURER) in der Geschichte, im Jahre 2003 wurde das Wrack gefunden
- U-866 unter OLtzS. Peter Rogowsky, gesunken am 18. März 1945 nordöstlich Boston/USA
- U-873 unter KptLt. Friedrich Steinhoff, KZG auch auf Feindfahrt benutzt, Kapitulation am 16. Mai 1945 in Portsmouth/New Hampshire
- U-878 unter KptLt. Johannes Rodig, gesunken am 10. April 1945 westlich St. Nazaire
- U-880 unter KptLt. Gerhard Schötzau, gesunken am 16. April 1945 im Nordatlantik
- U-925 unter OLtzS. Helmuth Knoke, vermisst seit 24. August 1944 im Atlantik
- U-977 unter OLtzS. Heinz Schäffer, am 17. August 1945 in Mar del Plata/Argentinien interniert
- U-978 unter KptLt. Günther Pulst, am 29. Mai 1945 verlegte von Trondheim zur Versenkung in Nordsee
- U-979 unter KptLt. Johannes Meermeier, am 24. Mai 1945 vor Amrum zerstört
- U-1055 unter OLtzS. Rudolf Meyer, vermisst seit 23. März 1945 im Englischen Kanal)
- U-1221 unter OLtzS Paul Ackermann, gesunken am 3. April 1945 in Kiel an der Boje
- U-1223 unter OLtzS Albert Kneip, am 5. Mai 1945 westlich Wesermünde zerstört
- U-1232 unter KptLt. Götz Roth, KZG auch auf Feindfahrt benutzt, im April 1945 außer Dienst gestellt
- sowie eventuell ein weiteres, nicht benanntes U-Boot

Notgedrungen kamen nun auch Geräte der Alliierten und deren Nachbauten in der Wehrmacht zum Einsatz. Die MPHS Brügge war z.B. mit Adcock-Peiler und amerikanischen HRO-Empfängern ausgerüstet. Die Firma National Co. in New Malden war einer der führenden Hersteller und ihre ursprünglich für die Luftfahrt entwickelten, über Quarzschwingkreise stabilisierten 3-Röhren-Empfänger gehörten mit dem Vorgänger AGS seit 1935 zu den besten alliierten Produkten. Siemens lieferte die Nachbauten des HRO als R-IV und von Körting gab es den technisch identischen KST. Die hochwertigen Ersatzteile für diese Geräte mussten allerdings von der Abwehr aus dem Ausland beschafft werden.

Die Reichspost hatte in den 20er Jahren ihre eigene Funküberwachung eingerichtet, die dann auch von den Nachrichtendiensten genutzt wurde. Nachdem die Alliierten 1945 die Kontrolle über die Frequenzen in Deutschland hatten, begann mit dem internationalen Austausch von Messungen zu Wellenverträglichkeit eine neue Frequenzverteilung. In der Funküberwachung und bei Messungen zu Wellenverträglichkeit werden nach Möglichkeit immer die modernsten Geräte eingesetzt. Ein Problem bei der Funkaufklärung und der Funküberwachung ist die Notwendigkeit einer möglichst weit verteilten Basis von Funkpeilern und Abhöreinrichtungen. Während der der 1950er und 60er Jahre bauten die UdSSR und die NATO (speziell die USA, Großbritannien und Kanada) ihre Stationen für die Funkaufklärung im Polarkreis auf großen Treibeisschollen auf, deren Personal teilweise bis zu einem Jahr dort ohne Ablösung eingesetzt wurde.

Die Station ALERT wurde damit die nördlichste ständig bewohnte Siedlung der Welt. In der Anfangszeit waren 100 und in den 1990er Jahren sogar 180 Personen stationiert. Die "Inseln im Eis" wurden mit dem Hochfrequenzanalysesystem "Bullseye" ausgestattet, an dem auch z.B. die kanadischen Stationen in Gander auf Neufundland oder Masset in British Columbia angeschlossen wurden. Die Sowjets errichteten bereits am 27. April 1959 bei der Insel Wrangel in der Nähe von Alaska eine Aufklärungsstation auf einer 7,5 km langen Eisscholle, um einen möglichst weit vorgeschobenen Posten zu erhalten.

Die Eisschollen driften teilweise jedoch nach Süden ab und begannen abzuschmelzen. So musste die russische Station nach 1.055 Tagen am 19. März 1962 aufgegeben werden. Auf diese Gelegenheiten wartete jedoch Gegenseite, denn nun sprangen amerikanische Trupps über der auseinanderbrechenden Eisscholle ab, um die zurückgelassene russische Technik zu untersuchen, die meist nicht mehr komplett geborgen werden konnte. Da aber keine Landemöglichkeit mehr vorhanden war und die Insel zu weit für einen Helikopter entfernt war, mussten die amerikanischen Trupps mit dem "Fulton Skyhook" (nach Robert Edison Fulton jun.) aufgenommen werden. Die Trupps ließen einen Ballon steigen, der dann von einem Flugzeug mit gespreiztem Stab vor dem Bug aufgenommen wurde und der dann die Personen in die Luft bzw. an Bord zog. In den James Bond Filmen wurde diese Methode aus einem Schlauchboot demonstriert und man weiß nun, dass der Film hier keine Fiktion enthält.

Da aber auch die amerikanischen Stationen in der Arktis nicht die tief im Inneren der Sowjetunion liegenden Frühwarnradaranlagen empfangen konnten, wurde das System "Melody" am Ufer des Kaspischen Meeres installiert. Während der Testflüge der russischen Flugkörper waren auch die Frühwarnradaranlagen aktiv, deren Strahlungen nun von den Testflugkörpern reflektiert und auf die Erde zurückgeworfen wurden. Jetzt konnten Impulszeiten, Frequenzen, Leistung und andere Parameter analysiert werden.

Bei dem Boden-Luft-System unter dem Decknamen "Tall-King" war aber kein Erfolg möglich, denn hier war die Erfahrung des deutschen "Würzburg" ausschlaggebend. In der Nähe von Moorestown in New Jersey wurde eine 18-m-Parabolantenne installiert, ebenso in der Wheelus Air Base in Libyen, auf dem Teufelsberg im Grunewald. Die vom Mond reflektierten starken Signale der russischen "Tall-King"-Anlagen konnten nun aufgezeichnet werden.

"Lessons learned", das Lernen aus der Geschichte, scheint sehr schwer zu sein, da nachfolgende Generationen offenbar immer ihre eigene Erfahrungen machen müssen. Am 11. Februar 1965 übermittelte der amerikanische Flugzeugträger HANCOCK Vorbereitungen für Angriffe gegen Ziele in Nordvietnam im Klartext. Der Angriff blieb ohne Erfolg und war durch die massive gezielte Luftabwehr mit großen Verlusten verbunden. Teilweise benutzten die kleineren amerikanischen Einheiten deshalb auch selbst gefertigte Codes, deren Sicherheit nicht immer gegeben war. Selbst die eigene Funkaufklärung hatte diese Codes meist innerhalb von 8 bis 10 Stunden ohne großen Aufwand gelöst. Ein gefangener vietnamesischer Soldat gab an, dass seine Einheit in 10 Jahren nicht einmal überrascht wurde und das hauptsächliche Problem lediglich die geringe Anzahl der Übersetzer für die amerikanischen Funksprüche war.

Allein im Jahr 1967 hörten Mitarbeiter der sowjetischen und kommunistischen vietnamesischen Nachrichtendienste hier 6.606.539 Gespräche amerikanischer Einheiten über Funk und mehr als 500.000

über Draht ab. Bei einer Aktion wurde z.B. der Flugplan des Generals Creighton W. Abrams im Klartext übermittelt. Schnell wurde seine Dienststelle gewarnt und die Flugroute geändert. Ein trotzdem auf der alten Route verkehrender Begleithubschrauber wurde danach unter ungewöhnlich schweres Feuer der Vietnamesen genommen.

Die in der Anfangsphase des Vietnamkrieges von Guam aus operierenden B-52-Staffeln erzielten ebenfalls kaum Erfolge. Vor Apra, dem Hafen von Guam, kreuzte der Trawler ISMERITEL und zeichnete auf UKW die im Klartext für die Einsätze notwendigen Vorbereitungen auf, da die B-52 außer für den Einsatz von Nuklearwaffen ("Triton"-Code) keine Schlüsseltechnik an Bord hatte. Die sowjetischen Warnungen dürften die Vietnamesen rund zwei Stunden vor dem Start der Maschinen in Guam erreicht haben. Entweder war das Zielgebiet zuvor geräumt worden oder aber man stieß auf sehr starke und organisierte feindliche Flugabwehr und hatte dadurch große Verluste. Die US-Marineinfanterie stürmte ebenfalls leere Strandabschnitte und leere Dörfer wurden unter Artilleriefeuer genommen.

Die USA verloren einen folglich den Krieg zuerst an der Front der ihrer Funkaufklärung, an der Deutschland und Japan im 2. Weltkrieg ebenfalls gescheitert waren. Die amerikanischen Befehlshaber glaubten nicht nur, dass die gegnerische Funkaufklärung nicht erfolgreich sein könne, sondern sie ignorierten auch die Warnungen der eigenen Funkaufklärung und Entzifferung. Aufgrund auch dieser Misserfolge wurden in der NATO die "Lessons Learned" eingeführt, in denen diese Erfahrungen stetig in den Einsätzen ausgewertet werden.

Dem amerikanischen Oberkommando in Saigon half alle durch die Aufklärung beschafften Nachrichten zu dieser Zeit nichts, da man 500 km vom Geschehen entfernt immer noch nicht an eine Großoffensive der Vietkong glauben wollte, die mit 30.000 Soldaten und 400 gepanzerten Fahrzeugen bereits angelaufen war. Wie Deutschland 1944 am D-Day war es nun die USA, die dieses Mal in der Geschichte mit identischen Mitteln erfolgreich durch den Gegner, getäuscht wurde. Mitten im April musste der amerikanische Militärsender in Saigon wenig später "Weiße Weihnacht" ausstrahlen, als Signal für die letzten Amerikaner sich möglichst schnell an die Fluchtpunkte zu begeben.

Erst im Jahre 1972 begannen die NSA ihre vorgeschobenen Abhörstationen wieder weiter von den vorgeschobenen Posten zurückzuverlegen und durch moderne Computersysteme zu ersetzen. Ein erstes der Systeme war in Vietnam z.B. "Explorer", während in Europa das "Guardrail" eingesetzt wurde, welches bis 2006 durch ein neues System mit 45 Flugzeugen unter dem Codenamen "Common Sensor" ersetzt werden sollte. Der Präsenz der ausländischen Anlagen in den Anfängen Bundeswehr zieht sich jedoch bis in die 80er Jahre, als das Verbundsystem ASAS (All Source Analysis System) mit den Aufklärungsflugzeugen der US-Armee verwendet wurde, da keine eigenen Entwicklungen vorhanden waren. Es verband die Anlagen:

- Guardrail AN/USD-9   FM-Aufklärung VHF/UHF
- QuickLook AN/ALQ-133   0,5-18 GHz
- Quickfix AN/ALQ-151   Peilung/ELOGM 2-76 MHz
- Teampack AN/MSQ-103A   bodengebunden 0,5-40 GHz
- Trailblazer AN/TSQ-118   bodengebunden 0,5-150 MHz, 20-80 MHz Peilung
- Tajcam AN/MLQ-34   VHF Funkstörer
- Tacens AN/TSQ-112   VHF Funkstörer
- Rembass   akustisch/seismisch/magnetisch und IR-Sensoren
- SLAR AN/SPS-94   Side Looking Radar

Die Technik der modernen Funkanlagen der Funkaufklärung und Funküberwachung oder beim Suchen von Störsendern muss deshalb immer an die Begebenheiten angepasst sein. So kam z.B. von Mitte der 60er bis Mitte der 70er Jahre der Bodenwellenpeiler P-100 (Telefunken) zum Einsatz in den deutschen Streitkräften. Er war ein tragbarer und leicht aufzubauender Nahfeldpeiler für 1,5-30 MHz in fünf Bereichen. Der SFP-

2000 von C. Plath kam ca. ab 1968 zur Truppe, in den Anfängen vermischt mit englischen/amerikanischen Anlagen wie ESGX-3, später MLQ-24 mit den Funkgerätesätzen VRL-10 (Heer). Die Peilstellen des Heeres, der Luftwaffe und der Marine erhielten Anfang der 70er Jahre von dieser Firma Plath den VHF-Peiler 1-80 MHz (2. Gerät mit 80-160 MHz).

Ende der 1960er Jahre begann das ARPA (Advanced Research Projects Agency) mit dem Bau des Ionosphären-Observatoriums in Arecibo, welches auch durch die NSA genutzt wird, denn die sowjetischen Funksprüche strahlten vom Mond zurück und waren hier gut zu empfangen. Nun begannen gar Überlegungen mit einer nuklearen Explosion einen riesigen Trichter für noch größere Antennen zu schaffen, was glücklicherweise nie verwirklich wurde. Die mechanische Antenne in Sugar Grove/South Fork Valley in Pendleton County sollte mit 30.000 Tonnen Stahl eine Empfangsantenne von 200 m Durchmesser entstehen lassen, die 66 Stockwerke in die Höhe geragt hätte und auf einer 450 m langen Kreisbahn auf den jeweiligen Empfangsbereich justiert worden wäre. Sie wurde jedoch nie vollendet, da Satelliten diese Aufgaben übernahmen.

Heute sind die Arbeitsplätze digital und automatisiert und sie können auch gleich eine Analyse durchführen. Die Leistungsfähigkeit der heutigen militärisch genutzten Anlagen lässt sich auch anhand der zivilen Einrichtungen ablesen. In der Bundesrepublik Deutschland schreibt die Vollzugsordnung für den Funkdienst (VO Funk) die Einrichtung von Zentralbüros der Funküberwachung und ihrer Funküberwachungsstellen vor. Die Ergebnisse werden dem Internationalen Frequenzregistrierungsausschuss (IFRB) bereitgestellt. Aufgabe ist nicht den Inhalt der Nachrichten des Mediums Funk zu analysieren, sondern allein die Kontrolle der Ausbreitungsparameter zur Kontrolle der Frequenzen. Der Funkkontrollmessdienst (FUKMD) unterhielt hierfür 6 Funkkontrollmessstellen (FUKMST) in Berlin, Darmstadt, Itzehoe, Konstanz, Krefeld, München. Die festen und mobilen Stationen sind über Datenleitungen und Datenfunk automatisiert und die Geräte fernsteuerbar und im Osten Deutschlands erweitert worden.

Der Frequenzbereich der stationären Anlagen reichte im Jahre 2000 von 10.000 kHz bis 1,9 GHz, wobei die Frequenzschritte je nach Gerät 1-10 Hz betragen. Für noch höhere Frequenzen stehen Empfänger bis 18 GHz zur Verfügung, die durch externe Mischer bis auf 54 GHz erweiterbar sind. Die Einrichtungen zur Messung der Feldstärke erlauben im Frequenzbereich 10 kHz bis 1 GHz und bei einer Frequenzauflösung von 100 Hz, die getrennte Messung der elektrischen und magnetischen Felder mit einer Genauigkeit von 2-3 dB. Schon aufgrund der mobilen Funknetze musste das Leistungsspektrum erweitert werden. Die Anlagen werden durch mobile Messeinrichtungen vom PKW bis zum LKW und durch ca. 60 fernbedienbaren Funkbeobachtungs- und Messstationen für den Frequenzbereich 10 kHz bis 2 GHz ergänzt. Für die Weltraumfunkdienste kam 1980 z.B. die Funküberwachungsstelle in Leeheim bei Darmstadt mit drei Antennenanlagen im Frequenzbereich von 136 MHz bis 11,8 GHz dazu.

Für den Peilbetrieb wurde 1987 ein neues Kurzwellen-Peilsystem ausgeschrieben, das ab 1990 zum Einsatz kam. Die Geräte des Typs SFP-5200 mit rechnergestützter Auswertung, Analyse und Fernbedienmöglichkeit waren derzeit eines der modernsten Peilsysteme der Welt. Das neue Automatische Peilnetzwerk (APN) integrierte die vorhandenen stationären und mobilen Anlagen mit ein und gleichzeitig wurden die FUKMST um den Dreikanal-Sichtfunkpeiler SFP-5200 mit einem unabhängigem 4. akustischen Kanal erweitert. Das Ortungssystem "Eve" erhält dabei Peildaten aller beteiligten Peilstellen bei einer Auswertung. Die Peilbilder von jeder Peilstelle (70 pro Sekunde) werden mit den Werten anderer Peilstellen im Schnittpunkt ausgewertet (maximal 6 Schnittpunkte bei 4 Peilstellen), die entsprechend Koordinaten berechnet und als Punkt auf einem Monitor mit gleichzeitig dargestellter Lagekarte angezeigt ("Punktwolke").

Die Einsatzgebiete der Frequenzfeldanalyse mit all ihren Parametern ist aber sehr vielfältig und reichen von der Funktechnik/Radioastronomie über Echolot und Sonar hin zur Seismologie für die Suche nach Bodenschätzen. Die Technik der Analysierung von Quellen der elektromagnetischen Wellen führte in der Funkaufklärung zu weiteren Spezialisierungen. Waren die Funk- und Aufklärungsempfänger in den

Anfängen der Funktechnik noch meist identisch gewesen, so benötigte man bald für exakte Peilungen z.B. zusätzlich auch gleich die entsprechende Auswertung und Analyse.

Der Interferometerpeiler wertet z.B. Phasendifferenzen zwischen einzelnen Elementen einer Antennengruppe aus, während beim Doppler-Peiler der Dopplereffekt, die Frequenzverschiebung bei schneller Entfernungsveränderung, ausgenutzt wird. Daneben gibt es weitere spezielle Verfahren, doch generell wurden zunächst einmal nach Klein- und Großbasispeilern unterschieden. Die verschiedenen Verfahren der Funkpeilung arbeiten meist nach der Grundlage des Empfanges einer einzelnen Frequenz. In Interferenzfeldern, also beim Einfall von zwei oder mehr Wellen und deren Produkten, gelangen diese Verfahren aber schnell an ihre Grenzen. Schon frühzeitig wurden daher Peilanlagen entwickelt, mit denen unter Anwendung kreisförmiger Antennengruppen der Empfang unterschiedlichster Frequenzen realisiert und analysiert werden konnte. Weitere Möglichkeiten sind heute die hochauflösenden Methoden der Spektralanalyse, wie z.B. das "Capon"-Verfahren, der "Music"-Alogorithmus (Multiple Signal Classification), der Minimum-Norm-Algorithmus oder das "Esprit"-Verfahren (Estimation of Signal Pa-rameters via Rotational Invariance Techniques).

Viele Methoden der Spektralanalyse werden sowohl bei der zeitlichen Analyse von einzelnen Signalen als auch bei der Verarbeitung von Gruppen Sensoren verwendet. Eines der Probleme ist die Auflösung eng benachbarter Strahlungsquellen. In der Radioastronomie vergrößert man die Apertur durch Verteilung der Empfangsantennen auf mehreren Kontinenten, bei Schiffen in See werden z.B. die Peilergebnisse mit anderen Einheiten und/oder einer festen Landstation verglichen. Die Verfahren und Anlagen werden immer komplexer und auf ihre Aufgaben speziell zugeschnitten, doch genauso muss auch das Personal für die Bedienung sehr gut ausgebildet sein.

Nachrichtendienste

Von der „Schwarzen Kammer" zum Nachrichtendienst

Ein Nachrichtendienst oder Geheimdienst ist eine Organisation, meistens in Form einer Behörde, die zur Gewinnung von Erkenntnissen über die außen-, innen- und sicherheitspolitische Lage Informationen mit nachrichtendienstlichen Mitteln sammelt und auswertet, wobei die Nachrichtentechnik nur eines von vielen Mitteln der Informationsgewinnung ist.

Die Nachrichtendienste sind in den verschiedenen Ländern, sowohl bei ihrer Organisation als auch in ihren Befugnissen recht unterschiedlich ausgestaltet. So können inlands- und auslandsnachrichtendienstliche Tätigkeiten, zivile und militärische Informationsgewinnung getrennt verfasst sein oder durch einen Nachrichtendienst wahrgenommen werden. Mitunter werden auch wirtschaftsbezogene Informationen gesammelt.

Von erheblicher Bedeutung ist, ob der Nachrichtendienst für seine Informationsgewinnung und -auswertung auf freiwillige, gegebenenfalls täuschungsbedingte Angaben von Auskunftspersonen und auf die technische Überwachung des Post- und Fernmeldeverkehrs beschränkt ist, oder ob er zur Erforschung eines Sachverhalts gegenüber Personen verdeckte Operationen und Zwangsmaßnahmen im Sinne einer Geheimpolizei anwenden darf. Eine ähnliche Tragweite hat, ob ein Nachrichtendienst einer polizeilichen Dienststelle angegliedert werden kann. Manche Nachrichtendienste verfügen über paramilitärische Abteilungen zur Durchführung von Kommandounternehmungen, wie z. B. der zivile US-amerikanische Auslandsnachrichtendienst Central Intelligence Agency (CIA).

Aufgabenstellungen von Nachrichtendiensten

- Gewinnung von Erkenntnissen über das Ausland, die von außen-, sicherheits- und wehrpolitischer Bedeutung sind,
- Gewinnung von (wehr)wirtschaftlichen Erkenntnissen
- Abwehr von sicherheitsgefährdenden oder geheimdienstlichen Tätigkeiten einer fremden Macht
- Sammlung und Auswertung von Informationen über Bestrebungen, die gegen den Bestand oder die Sicherheit des Staates gerichtet sind oder eine ungesetzliche Beeinträchtigung der Amtsführung von Staatsorganen zum Ziel haben
- Mitwirkung bei der Sicherheitsüberprüfung von Personen (von Geheimnisträger oder Personen, die an sicherheitsempfindlichen Stellen von lebens- oder wehrwichtigen Einrichtungen eingesetzt sind) oder technischen Sicherheitsmaßnahmen (z. B. Sicherung des Fernmelde- oder Kurierverkehrs)

Der Aufgabenbereich zerfällt in den Bereich der Sammlung von Informationen und deren Auswertung. Zweck ist die Gewinnung von Erkenntnissen. Zur Erfüllung ihrer Aufgaben unterhalten die meisten (Auslands-)Nachrichtendienste Residenturen im Ausland. Angehörige einer Legalresidentur werden häufig an Botschaften akkreditiert, um einen diplomatischen Status zu erlangen. Häufig ergibt sich dabei eine Zusammenarbeit mit dem Militärattaché oder dem Presseattaché der Botschaft.

Zur Erfüllung der Aufgaben werden nachrichtendienstliche Mittel angewandt und personenbezogene Daten erhoben, verarbeitet und genutzt, sachbezogene Auskünfte und Nachrichten eingeholt und Unterlagen ausgewertet. Informationen können durch Abschöpfung öffentlich zugänglicher Quellen (z. B. Presse- und Rundfunkberichterstattung) oder nicht-offener Quellen gewonnen werden. Nachrichtendienstliche Mittel sind bei den verschiedenen Nachrichtendiensten ähnlich. Sie unterscheiden sich in der Schwerpunktsetzung, so z. B. in dem Vorzug von menschlichen Quellen, die im Rahmen der operativen Aufklärung "geführt" und "abgeschöpft", im Gegensatz zur technischen Aufklärung, bei der nicht-offene sachliche Quellen durch technische Verfahren gewonnen werden.

Eine weitere mögliche Differenzierung liegt in der Wahl der Qualität von Agenten. So kann man einen Schwerpunkt auf die Quantität legen, was zu einer Verminderung der Qualität führt. Der Rahmen der Finanzen ist bei der CIA zum Beispiel weiter als beim BND, was sich unmittelbar auf die Ergebnisse der Arbeit auswirkt.

Die Auswertung teilt sich auf in Nachrichtenbewertung, Nachrichtenzerlegung, Nachrichtenauslegung, Darstellung der Erkenntnisse und schließlich Nachrichtenverteilung. Die Nachrichtenbewertung stuft Nachrichtenquelle und Nachrichteninhalt nach Zuverlässigkeit und Wahrheitsgehalt ein.

Das Schema der Beurteilung sollte dabei möglichst standardisiert sein. Sind trotzdem Rückschlüsse auf die Quelle möglich, kann das Schema aus Sicherheitsgründen ständig wechseln. Nachrichtenzerlegung beschäftigt sich mit der Sichtung, Sortierung und Analyse der Nachrichten. Die entstandenen Teilnachrichten werden bestimmten Aufklärungszielen zugeordnet. Nachrichtenauslegung befasst sich mit dem Vergleich der Nachrichten und stellt den ersten Schritt der Nachrichtendeutung (Interpretation) dar. Mit der Nachrichtenauslegung können dann vorhandenen Erkenntnisse bestätigt oder nicht bestätigt werden. Die Darstellung der Erkenntnisse dient der Lageführung.

Nachrichtendienste unterliegen in Rechtsstaaten einer Fach- und Rechtsaufsicht durch die vorgesetzten Dienststellen, weil Nachrichtendienste, wie alle staatliche Gewalt, an Recht und Gesetz gebunden sind. Infolge ihrer verdeckten Arbeitsweise und des häufig regen Interesses von Regierungsstellen an der Informationsgewinnung wird eine Aufsicht durch Exekutivbehörden selbst oftmals nicht als hinreichend erachtet, so dass die Kontrolle häufig durch parlamentarische Gremien ergänzt wird. Diese sollen neben verfassungswidrigen Eingriffen in die Rechte der Bürger auch verhindern, dass allein die gerade im Amt befindliche Regierung sich die Möglichkeiten der Dienste zunutze machen kann.

Kritiker führen an, dass durch die Natur eines Nachrichtendienstes eine parlamentarische und gerichtliche Kontrolle nur sehr eingeschränkt möglich sei bzw. leicht umgangen werden könne. Dies gilt insbesondere in Diktaturen, in denen Geheimdienste ein wichtiger Machtfaktor sind und dort auch zur nicht legalen bzw. einer übergesetzlichen Aufrechterhaltung der bestehenden grundlegenden Herrschafts-, Besitz- und Privilegien dient. Zur Aufgabe von Nachrichtendiensten in Diktaturen gehört das Aufspüren, die gezielte, sich zumindest am Rande der Legalität bewegende Beeinflussung im Sinne der Regierung / dem Regime genehmen Verhaltens und die Einschüchterung politischer bzw. System-Gegner bis hin zur Ermordung unliebsamer Kontrahenten und die gezielte Manipulation der öffentlichen Meinung. So wurden insbesondere in Südamerika Anschläge von Geheimdiensten verübt, die anschließend dem politischen Gegner zugeschoben wurden, um diesen zu diskreditieren; in Spanien wurden diverse vom Inlandsgeheimdienst verübte Bombenanschläge fälschlicherweise der baskischen Terror- und Befreiungsorganisation ETA zugeordnet. Doch auch demokratische Regierungen bedienen sich in einzelnen Fällen dem Instrument „Nachrichtendienst".

Techniken der Nachrichtengewinnung, der Suche nach den vertraulichen Informationen, kann nur durch die Auswertung aller möglichen Quellen präzise Ergebnisse liefern. Der britische Historiker A. J. P. Taylor schätzte, dass 90% der Informationen der Nachrichtendienste aus öffentlichen Quellen stammen, ein CIA-Bericht schätzte die Informationsgewinnung ausländischer Nachrichtendienste in den USA aus frei zugänglichen Quellen gar auf 95%. Dies mindert nicht den Wert der Nachrichtenbeschaffung der Organisationen, ihre Qualität ergibt sich vielmehr aus der korrekten Analyse, der Quantität und der logischen Verbindung mit vertraulichen Informationen.

Nachrichtendienste als organisatorische Mittel zur Nachrichtengewinnung mithilfe der Nachrichtentechnik und der Agenten (Human Ressource) stehen mit der Kryptologie und Aufklärung als auch der Elektronischen

Kampfführung (ELOKA) in Berührung und haben entsprechende Schnittmengen, weshalb einige der nachrichtentechnischen Details bereits in den vorherigen Abschnitten angerissen wurden.

Die Wirtschafts- und Militärspionage spielte vom alten China über die Griechen und Römer eine wichtige Rolle in der Machtpolitik und der Geschichte der Menschheit, deren Operationen zu Friedens-, Krisen- und in Kriegszeiten ablaufen. Ursprünge der heutigen Nachrichtendienste liegen ferner in den "Schwarzen Kabinetten", den geheimen Räumen in wichtigen Postämtern, welche auf staatliche Anordnung ab dem 15. Jahrhundert eingerichtet wurden.

Die Aufgaben einer nachrichtendienstlichen Aufklärung nach innen und außen, die Abwehr von Spionage und Sabotage sowie exterritoriale Gegenmaßnahmen im Interesse eines Staates, setzten Informationsgewinnung durch verdeckt arbeitende Meldedienste voraus. Die rechtlichen Grundlagen für das Mithören und Aufzeichnen von Ton-, Bild- und Datenmaterial, waren/sind für diese Dienste im Inland wesentlich weiter gefasst, als zum Beispiel für Polizeieinsätze. Aufklärung, ELOKA, Kryptologie/Analyse liefern im Verbund mit den Nachrichtendiensten die Informationen über das Potenzial eines möglichen Gegners. In der heutigen Informationswelt wurde die Industrie- oder Wirtschaftsspionage, durch die finanziellen Vorteile den Staaten dadurch erwuchsen, bei vielen Nachrichtendiensten zum zweiten Standbein ihrer Existenz.

Die meisten der bekannten Einbrüche in wichtige Chiffriersysteme des 20. Jahrhundert wurden oft maßgeblich durch nachrichtendienstliche Informationen und Operationen unterstützt. Das Zusammenspiel dieser zwei Komponenten ist für Erfolge von größter Bedeutung. Auch die zaristischen Entzifferer waren deshalb so erfolgreich, weil der Diebstahl und Ankauf von Dokumenten gut organisiert war. Mit den immer komplexeren und aufwendigeren Softwareverschlüsselungen ist die Informationsgewinnung im 21. Jahrhundert mit nachrichtendienstlichen Mitteln für viele Staaten von existenzieller Bedeutung, da die Kosten für den personellen und materiellen Aufwand in der Entzifferung immer höher werden und nur so im wirtschaftlichen und militärischen Wettlauf Möglichkeiten zum Anschluss an die stärkeren Länder bestehen.

Informationsgewinnung durch Analyse der Nachrichtendienste

- Außenpolitik
- Innenpolitik (des aufzuklärenden Staates, in totalitären Staaten auch intern)
- Stimmungslage (Psychopolitik)
- Militärisches Potenzial
- Wirtschaftspotenzial mit Schwerpunkt Rüstungstechnik
- Technische und Naturwissenschaften

Unter Spionageabwehr werden die Sammlung und Auswertung von Tatsachen und Informationen über die Bedrohung der Sicherheit durch ausländische Nachrichtendienste oder extremistischer und krimineller Organisationen definiert. Unter Proliferation versteht man die Weiterverbreitung von atomaren, biologischen und chemischen Massenvernichtungswaffen sowie der dafür erforderlichen Systeme. In diesem Bereich wird die Spionage in vielen Staaten durch eine Wirtschaftsspionage der beteiligten Unternehmen ergänzt. Dies gefährdet nicht nur nationale wirtschaftliche Strukturen und volkswirtschaftliche Interessen, sondern beeinflusst die internationalen Beziehungen der Staaten und ihre Bemühungen, Konflikte einzudämmen und zu verhindern durch den erfolgenden Vertrauensverlust.

Wirtschaftsspionage ist die durch Firmen oder den Staat gelenkte oder unterstützte Ausforschung der Wirtschaft eines Staates durch Informanten aus den Firmen oder Nachrichtendienste. Da einige Nachrichtendienste teilweise allerdings auch Firmen direkt für ihre Zwecke einsetzen, zum Beispiel durch Beteiligung an handelsrechtlichen Gemeinschaftsunternehmen (in Joint Ventures), sind die Grenzen der staatlichen Nachrichtengewinnung im Wirtschaftsbereich und der Spionage von nationalen Firmen zu Vorteilnahme fließend.

Wissenschaft und Technologie sind bevorzugte Aufklärungsbereiche der Wirtschaftsspionage. Hierbei gelten der Rüstungs- und Materialtechnik, der Computertechnologie, Gen- und Biotechnik sowie Medizin, der Luftfahrt- und Verkehrstechnik sowie der Energie- und Umwelttechnik das besondere Interesse. Nicht umsonst unterhält z.B. Pakistan mit dem Inter-Services Intelligence Directorate (ISI) einen der besten Nachrichtendienste der Welt und hat nach den ersten indischen Atomtests von 1998 eine eigene Testreihe zur Abschreckung demonstrieren können. Diese Leistungen begründen sich immer auch auf die Ausforschung der Wissensträger (Atomstaaten).

Der Geheimschutz ist der Schutz von Informationen, die im staatlichen Interesse der Geheimhaltung unterliegen. Ziel des Geheimschutzes ist eine Abschirmung der staatlichen und militärischen Informationen und Materialien vor unbefugtem Gebrauch oder unzulässiger Einsichtnahme durch Dritte zum Schutz der nationalen Sicherheit. Da die Kryptologie und der Geheimschutz den Erfolg der ausländischen Nachrichtendienste zu verhindern versuchen, gibt es immer enge Verbindungen zwischen beiden Gebieten. Die Techniken der Kryptologie müssen den Techniken der Nachrichtendienste dabei möglichst immer einen Schritt voraus sein bzw. umgekehrt; je nach dem, von welcher Seite man es betrachtet.

Einfacher ist es aber immer, sich die Information direkt an der Quelle durch einen Mittelsmann zu beschaffen. Die Informationen der Kontakte werden gerne genutzt, aber für die Person, die vertrauliche Informationen weitergab, gilt meist der Ausspruch von Julius Cäsar:

"Ich liebe den Verrat, hasse aber den Verräter"

Im Römischen Reich wurden jeder Legion zu 1.000 Mann zehn "Speculatoren" zugeordnet, was in der Geschichte wohl einen der ersten regulären Einsätze eines militärischen Nachrichtendienstes innerhalb einer Armee darstellte. Colonel USAIC W. G. Hanne bezeichnete die Profession der Informanten hingegen mit den Worten:

"It has been said, that Intelligence is the world's second oldest profession ... but with far fewer morals than the first".

Die Abschirmung der geheimhaltungsbedürftigen Informationen und Materialien wird durch Maßnahmen des personellen und materiellen Geheimschutzes verwirklicht. Im materiellen Bereich sind es bauliche Maßnahmen und die Verschlüsselung. Trotz der technischen Entwicklung ist der Mensch als Wissens- und Ideenträger für den Nachrichtendienst unverzichtbar. Kein Computer kann den Agenten ersetzen, der Vertrauliches berichtet oder der Spezialisten angeworben hat.

Die Kunst Informationen zu erhalten, ist verbunden mit der Kunst, gleichzeitig falsche Informationen zu verbreiten. Im politischen Bereich und zur Meinungsbildung in einem totalitären Staat ist dies ein oft verwendet Mittel, wie z.B. auch die Hakenkreuz-Schmierereien des tschechischen Geheimdienstes in Deutschland im Jahre 1959 zeigten. Über ein halbes Jahrhundert später lieferte die Bundesrepublik U-Boote subventioniert an Israel und ist über den Aufruf zur Verantwortung immer noch angreifbar, während der Stalinismus, die Vernichtung von Indianerstämmen in Nord- und Südamerika, wie so vieles andere mehr, kaum mehr eine Rolle in den Verursacherländern spielt, teilweise sogar als Tradition gepflegt wird.

Die vorsätzliche Brandmarkung Westdeutschlands durch die Tschechoslowakei konnte erst Jahre später aufgedeckt werden, als es für Presse und Öffentlichkeit uninteressant war. Die Geschichte bietet auch schlecht recherchierte Fakten über erste Erfolge, z.B. hatte Gustav Weißkopf mit seinem Fluggerät Nr. 21

in Fairfield/New Jersey am 14. August 1901 den weltweiten Erstflug, erst 1903 hoben die Gebrüder Wright ab. Trotzdem gilt ihr Flug als das Novum des Motorfluges.

Die Spezialität der Denunzierung wurde im Kalten Krieg von östlichen Nachrichtendiensten massiv zur Beeinflussung der gegnerischen Dienste und Regierungen durch die öffentliche Meinung eingesetzt. 1923 schlug I. S. Unshilkht als stellvertretender Chef der GPU die Einrichtung eines speziellen Büros für die Bearbeitung und Verbreitung von Desinformationen vor. In den 1960er Jahren wurde der Bereich dann fester Bestandteil des KGB in der Abteilung D mit 40-50 Mitarbeiter. Die Abteilung D wurde 1970 aufgewertet zum Direktorat A und heute fließt der Bereich bei den Informations Operationen (InfoOps) mit ein.

In der Öffentlichkeit ist eine Unterscheidung von Nachrichten nach wahrheitsgemäßem Inhalt oder Desinformation nach der Bekanntgabe durch die Presse in den meisten Fällen nicht mehr gegeben. Im Juli 1987 zeigte sich der Kreml zum ersten Mal öffentlich von einer aktiven Desinformationskampagne der russischen Nachrichtendienste peinlich berührt und Gorbatschow sah sich zu einer Pressekonferenz in Moskau genötigt. Forscher in aller Welt, die Presse und das Umdenken in der Sowjetunion selbst, führten auch zur Aufdeckung der Desinformation des KGB, dass AIDS wäre in dem amerikanischen P-4-Labor in Fort Detrick aus zwei natürlichen Viren VISNA und HTLV-1 künstlich hergestellt worden. Die Information war eben so wenig glaubhaft, wie die über eine von den USA entwickelte Bombe, die nur arabische, nicht aber jüdische Soldaten töten konnte. Die USA konterten sarkastisch in der Presse, dass diese Waffe außergewöhnlich intelligent sein müsste, um zwischen Religionen unterscheiden zu können. Die eigenen Desinformationen können so auch zum schweren Nachteil eines Staates werden, wie. z.B. auch die Legende des geplanten atomaren Erstschlages der USA/NATO, die in der Operation RJAN (Raketno-Jadernoje Napadenije - Flugkörper-Kernwaffen-Angriff) riesige Ressourcen der sowjetischen und der verbündeten östlichen Nachrichtendienste verschlang.

Eine besondere Rolle im Aufklärungskonzept der russischen, aber auch anderer fremder Nachrichtendienste, kommt den nachrichtendienstlichen Stützpunkten, den "Legalen Residenturen" in offiziellen diplomatischen Vertretungen zu. Im Heimatland ausgebildete Offiziere des Nachrichtendienstes wurden als Angehörige der diplomatischen und konsularischen Vertretungen getarnt. Sie haben damit eine hervorragende Ausgangssituation, um Kontakte zu politischen und wirtschaftlichen Kreisen des Gastlandes zu knüpfen und verfügen über eine breit gefächerte Palette an Zugangsmöglichkeiten für die Informationsbeschaffung.

Nachrichtendienste versuchen, vor der Anwerbung für eine Spionagetätigkeit, die Schwachstellen der Zielperson zu erforschen. Diese kompromittierenden Sachverhalte ("Kompromate") wie z.B. Schulden, Trunksucht, Homosexualität oder außereheliche Beziehungen, sind oft der Ansatzpunkt für die Erpressungen zum Verrat. Geheimnisverrat geschieht aber oft auch unbewusst durch Leichtsinn oder Fahrlässigkeit. Die Helfer fremder Nachrichtendienste reichen daher von Schwatzhaftigkeit, Geltungssucht, dem unbedachten Umgang mit Kommunikationstechniken oder der Vernachlässigung von Sorgfaltspflichten beim Umgang mit vertraulichen Unterlagen.

Die Nachrichtendienste nutzen alle Nachrichten- und Informationstechnologien, wobei die Satellitenaufklärung bietet weltweite neue Möglichkeiten erschloss und über internationale Netzwerkknoten ermöglicht Spionagesoftware gezielt und bestimmten Kriterien automatisch die Kommunikation von allen Ländern zu analysieren. Einige Programme können im Internet frei heruntergeladen werden, andere werden als dedizierte Softwareprogramme angeboten. Telefax, Handys, Mailbox, Internet, Funkrufdienste, effektive Verschlüsselungsprogramme und unauffällige Smartwatches können nicht nur privat und legal Verwendung finden. Die Miniaturisierung gestattet heute einem Agenten eine relativ problemlose und sichere Kommunikation mit seiner Führungsstelle. Diese Verfahren haben auch die Terrororganisationen kopiert.

Observationen, Befragungen und der Einsatz von Verbindungspersonen (V-Leute) gehören damit nicht nur zu den ältesten, sondern auch zu den erfolgreichsten nachrichtendienstlichen Mitteln in der Informationsgewinnung seit Menschengedenken. Neben den Experten und Verantwortlichen in Führungspositionen befinden sich auch die Sekretärinnen der Chefs und die Akten- und Systemverwalter im Visier fremder Nachrichtendienste. Sie haben zwar meist keine Fachkenntnisse, aber sie haben die Schreiben der Chefs im Computer oder den Zugriff auf die Unterlagen in der Registratur.

Für die Informationsgewinnung ist nicht immer ein Nachrichtendienst von Nöten. Neben dem Verrat von Dokumenten der ENIGMA-Maschinen durch den Agenten "Asche" an Frankreich erhielten z.B. auch andere Stellen Mitteilungen über die deutsche Rüstung aus rein persönlichen Motiven. Am 5. November 1939 wurde beispielsweise ein Päckchen mit Informationen über die geheimsten deutschen Entwicklungen in der britischen Botschaft im neutralen Oslo, von einem "Wissenschaftler, der Ihnen wohlgesonnen ist" an den Marineattaché abgegeben. Man hielt es zunächst für eine Maßnahme der deutschen Propaganda, und erst später gab es durch den Einsatz der V-Waffen u.a. die Bestätigungen für den "Oslo-Report". Der deutsche Experte in der Frequenztechnik, Professor Hans-Ferdinand Mayer, spielte im Dezember 1939 der diplomatischen britischen Vertretung in Oslo diese Informationen zu, in denen er Ergebnisse der neuesten militärischen Hochfrequenzforschung mitteilte. Er soll aber dabei die Frequenz der 1939 schon in Betrieb befindlichen Radaranlagen "Freya" falsch angegeben haben, die Frequenz der "Würzburg"-Anlagen war hingegen richtig. Er machte auch erste Angaben über die UKW-Leitstrahlen zur Navigation von deutschen Bomberverbänden und über die Versuche mit der Langstreckenrakete A4.

"All warfare is based on deception. Hence, when able to attack, we must seem unable; when using our forces, we must seem inactive; when we are near, we must make the enemy believe we are far away; when far away, we must make him believe we are near. Hold out baits to entice the enemy. Feign disorder, and crush him. If he is secure at all points, be prepared for him. If he is in superior strength, evade him. If your opponent is of choleric temper, seek to irritate him. Pretend to be weak, that he may grow arrogant. If he is taking his ease, give him no rest. If his forces are united, separate them. Attack him where he is unprepared, appear where you are not expected. "

> Sun Tzu, The Art of War, die 13 Gebote der Spionage aus "Die Kunst des Krieges" (Ping-fa), ca. 2.500 v. Chr.

Der älteste Bericht eines Geheimdienstmitarbeiters datiert ca. 2000 v. Chr. von einem Mann namens Bannum, der die unbekannten Feuerzeichen der Benjaminiten sichtete, diese dem Pharao meldet und versucht sie zu entschlüsseln. Eine Tontafel aus dem Jahre 1800 v. Chr. dokumentiert in Syrien den Einsatz von Spionen. In der ältesten Referenz der Bibel ließ Moses erst das Land Kanaan durch die zwölf Anführer der Stämme Israels erkunden, bevor das Volk dort einziehen konnte. In Joshua 1:2 wird mit Rahab die früheste weibliche Professionelle der beiden Professionen (Prostitution und Nachrichtendienst) genannt. Nicht zu vergessen ist auch Delilah, welche im Jahre 1000 v. Chr. den unbezwingbaren Samson verführte und seine Haare abschnitt, welche ihm die unbezwingbare Kraft gewährt hatten.

Babylon fiel durch den Spion Zophors an die Perser und auch Hannibal schickte seine Spione nach Norditalien, um die Gallier für die Unterstützung Karthagos zu gewinnen. Die Nachforschungen des Agenten Daniel Defoe (aka Daniel Foe) sind allerdings weniger bekannt als sein Buch über "Robinson Crusoe". Chevalier de Seingalt, besser bekannt als Giacomo Girolamo Casanova, war neben oder vielleicht gerade wegen, seinen Frauengeschichten auch nachrichtendienstlich unterwegs. Frauen wurden/werden aber oftmals auch aktiv eingesetzt, um Personen auszuhorchen oder die Männer mit kompromittierenden Fotos erpressbar zu machen. Die Agententätigkeit scheint mit der Fantasie, dem Abenteuer und dem Thema

Weiblichkeit von der damaligen Zeit bis heute untrennbar verbunden zu sein. Die Bibel selbst nennt in einem Bericht 1220 v. Chr. das Mädchen Rahab als Dirne und Spionin und der Schmuggel der Seidenraupen zur Produktion der chinesischen Seide durch die Gattin von Khotan 500 v. Chr. ist einer der frühesten Fälle der Industriespionage.

Die Weitergabe des illegal beschafften Materials erfolgt offen oder verdeckt mit moderner Technik oder mit seit Jahren "bewährten" Mitteln. So ist der Schmuggel von Kopien mit anschließender Übergabe an die Kontaktperson, wie auch der Postversand von Fotos auf Stecknadelgröße ("Mikrate") unter Briefmarken keineswegs aus der Mode. Auch Geheimschrift, die nur durch chemische oder thermische Behandlung sichtbar gemacht werden kann und "Tote Briefkästen" gehören immer noch zum nachrichtendienstlichen Instrumentarium, während die CIA mikroskopische Nachrichten mit Lasern erzeugt.

Die Informationen der militärischen und zivilen Übermittlungen sind von größter Bedeutung im Krieg wie im Frieden. Die Kenntnis über die Mittel und Absichten des Gegners entscheidet im Krieg zu einem Großteil über die militärischen Erfolge, im Frieden über die wirtschaftliche und politische Entwicklung sowie die Stabilität des Status quo durch Transparenz.

Den Geheim- bzw. Nachrichtendiensten der Staaten eröffneten sich in der Geschichte mit den Entwicklungen der Draht- und Funknachrichtentechnik neue und weite Gebiete zur Aufklärung. Mit Beginn der Funkentelegrafie waren die Nachrichtenorganisationen im 20. Jahrhundert deshalb gezwungen neue Fachgruppen zu schaffen und somit auch den Personalstand zu erhöhen. Im 1. Weltkrieg wurden die ersten Peil- und Horchkompanien aufgestellt und nach dem Krieg die Techniken in aller Welt auch im innerstaatlichen Bereich eingesetzt. Mit Beginn des 2. Weltkrieges entstanden die Funkaufklärung- und Funkabwehrabteilungen.

Die Nachrichtendienste blieben in allen Ländern seit ihrer ersten Einrichtung eine der wichtigsten "Informationstechniken" oder "Nachrichtenmittel". Der Vatikan unterhält seit dem Mittelalter einen der effektivsten Nachrichtendienste, welcher die Macht und Interessen der katholischen Kirche von der damaligen Zeit bis heute sichert. Viele Länder hatten bis zur Mitte des 19. Jahrhunderts aber keine Nachrichtendienste im eigentlichen Sinne.

Nachrichtendienste haben wenig Interesse daran haben ihre Erfolge publik zu machen; zumindest solange nicht eine lange Zeitspanne vergangen ist oder der Sachverhalt für weitere Operationen keine Gefährdung mehr beinhaltet. Genauso wenig Interesse besteht auch an der Veröffentlichung von Misserfolgen. Die Geschichte der Nachrichtentechnik ist allerdings häufig in Verbindung mit den Nachrichtendiensten zu finden, von denen einige Organisationen/Nationen folgend beispielhaft in Bezug zu der Thematik näher betrachtet werden sollen.

Italien

In Italien haben Geheimdienste durch die Päpste, Könige und Grafen eine lange Tradition. Nach dem 1. Weltkrieg wurde die Servizio Informatione Segreto (SIS) eingerichtet, die von dem General Vittrio Gamba (er beherrschte 25 Sprachen) geleitete wurde, der damit seine ersten Erfolge auf dem Balkan erzielte. Durch fingierte Funksprüche an das jugoslawische Militär wurde dessen Abzug initiiert und damit ein gleichzeitiger italienischer Vormarsch ermöglicht.

Die OVRA (Opera Vigilanza Repressione Antifascita) war in den 30er Jahren die Bezeichnung des italienischen Nachrichtendienstes, der sich zum italienischen Gegenstück der deutschen Gestapo im Dienste Mussolinis entwickelte. Der italienische Nachrichtendienst der Armee, die Servizio Informatione Militare (SIM) bzw. die Centro Militare Offizia Informazione entstand unter dem General Cesare Amè. Doch neben den drei militärischen Nachrichtendiensten bestanden noch weitere im Innenministerium (Pubblica Sicurezza) sowie der königliche Nachrichtendienst bzw. die Carabinieri.

Neben den deutschen Nachrichtendiensten gelang auch der SIM im Verlauf des 2. Weltkrieges der Einbruch in das einfache britische Marine-Schlüsselverfahren. Es wurden zwar auch andere Schlüssel gelöst worden, doch war es ein Diebstahl, der zu einem der größten Erfolge der Achsenmächte führte. Wahrscheinlich hat der italienische Angestellte Loris Gherardi den diplomatischen "Black Code" aus der US-Botschaft in Rom organisiert. Eine Kopie davon ging auch an Admiral Canaris und ermöglichte die Entzifferung der Funksprüche des Colonel Fellers in Kairo. Auch Informationen aus dem italienischen Marinenachrichtendienst und anderen faschistischen Geheimdiensten wurden nach Deutschland geliefert. Als die US-Armee im Sommer 1943 italienischen Boden betrat, warnte die Spionageabwehr die Soldaten dann auch:

"You are no longer in Kansas City, San Francisco, or Ada', Oklahoma, but in a European country where espionage has been second nature to the population for centuries".

Im Herbst 1943 erkannte in Bales die Abteilung X-2 (Spionageabwehr) des Office of Strategic Services (OSS) in London, die bis zum Ende des Krieges rund 300.000 Personen erfasst hatte, dass die Abteilung in Rom im Bericht vom September Anzeichen für fehlende Informationen aus den Ereignissen erkennen ließ. Obwohl weniger deutsche Agenten in die Gebiete unter alliierter Kontrolle waren, wurden sie nun im Vergleich zu der Zeit davor als gefährlicher eingestuft. Das MI6 bemerkte weiterhin eine sinkende Moral bei ihren amerikanischen Kollegen, bis es gar zu einem Hilferuf des italienischen X-2, Major Graham Erdwurm, kam. Er bemängelte zugleich die immer schlechter werdende Kooperation der britischen Stellen.

Die X-2 Feldabteilungen der OSS in Italien wurden als SCI-Z bezeichnet, abgeleitet von "Special Counter-Intelligence" (SCI), wobei eine Unterabteilung in Florenz lag. Im Gegensatz zu den bewaffneten Einheiten, die erst nach 5 Monaten das nächste Ziel, die Stadt Bologna, erreichen würden, weitete die Spionageabwehr ihre Aktivitäten weit hinter die feindlichen Linien aus, während gleichzeitig die gegnerischen Agenten innerhalb der eroberten Gebiete aufdeckt werden mussten. Nun wurde von Abteilung X-2 in Bales ein Leutnant mit Decknamen "ARTIFICE" nach Italien geschickt, um den Sachverhalt aufzuklären. Die Mission von James Jesus Angleton sollte eigentlich nur 6 Wochen dauern, war aber erst nach 3 Jahren beendet und sie machte ihn zum Leiter aller OSS-Spionageabwehr in Italien. Mit 28 wurde er Leiter der Strategic Services Unit (SSU), der Nachfolgeorganisation der OSS in Italien.

Gegen Ende 1946 hatte Angleton mit seiner Abteilung über 50 Informanten entlarvt und war in sieben feindliche Geheimdienste, einschließlich der von Tito aufgebauten Otsek Zascita Naroda (OZNA), der französischen Service de Documentation Exterieure et de Contreespionage (SDECE), dem italienischen Marinenachrichtendienst und der Servizio Informazione Segreta (SIS) eingedrungen. Angleton hatte dabei auch die z.B. ULTRA-Informationen zur Verfügung, daneben spielen aber seine V-Männer wie "SALTY", alias Capitano di Fregata Carlo Resio, als Verbindung zum italienischen Marinenachrichtendienst die Schlüsselrollen.

Nachdem Angleton einen deutschen Agenten innerhalb der maritimen Sabotageteams der X-2 entdeckte, beschloss das OSS Security Office in Caserta, dass die OSS Marine Unit nicht mehr sicher und damit enttarnt war und lösten sie auf. Aus der B-Sektion (der Chiffrierabteilung der italienischen Marine) konnte er 1946 einen Teil der jugoslawischen Chiffriertabellen erhalten, die vermutlich auch Hinweise auf sowjetische Agenten beinhalteten und hatte damit 10 bis 14 Informanten im SIS.

Der italienische Marinenachrichtendienst war nach der Invasion bereit mit der OSS zusammenzuarbeiten und im November 1944 bot der Leiter der Aufklärung von Calosi, Capitano di Fregata Carlo Resio, der OSS vier Funker an und machte dabei den Vorschlag, die italienische Taucher- und Einzelkämpferschule in Taranto "Gamma", die bald geschlossen werden sollte, als Sabotageeinheit in die OSS als Marine Unit zu übernehmen. Die Zersplitterung des italienischen Offizierskorps in der Marine über die Zukunft eines königlichen oder republikanischen Italiens war ähnlich dem deutschen kaiserlichen Offizierskorps von 1918-1920.

Resio enttarnte er auch eine Quelle namens "Durban", welche britische und französische Chiffren zwischen 1939 und 1940 nach Italien geliefert hatte (Max Pradier) und im Sommer 1945 konnten durch Resio viele Versuche zur Wiederherstellung der Nachrichtendienste in Italien und deren Verbindungen mit der Sowjetunion oder Albanien observiert werden. Prinz Valoerio Borghese war der Kommandeur der italienischen Marine-Sabotageeinheit Decima Flotilla (MAS), welche nicht mit dem Rest der italienischen Flotte im September 1943 kapituliert hatte. Er bot sich in der Folgezeit aber ebenfalls der OSS an und blieb X-2-Informant über die italienische militärische und politische Elite, bis im Herbst 1945 die neue italienische Regierung seine Übergabe für eine Verurteilung wegen Verrats forderte.

In der heutigen Republik Italien sind Nachrichtendienste und militärischer Auslandsnachrichtendienst wie die Pubblica Sicurezza als Sicherheitsdienst der Polizei sowie die UTSCHITEL (italienische Spionageabwehr) und die Abteilungen der Carabinieri wieder im demokratischen Staat fest integriert, haben aber nicht mehr den Umfang und damit auch nicht mehr die Leistungsfähigkeit der vorherigen Organisationen, oder es ist nicht viel an Erfolgen an die Öffentlichkeit gedrungen.

Der Nachrichten- und Verfassungsschutzdienst ist der Servizio per le Informazioni e la Sicurezza Democratica (SISDE) war bis 2007 eine zivile italienische Organisation die vorwiegend im Inland operierte. Sie unterstand dem Innenminister und über das Comitato Esecutivo per i Servizi di Informazione e di Sicurezza (CESIS) dem Ministerpräsidenten. Der SISDE entsprach in etwa dem deutschen Bundesamt für Verfassungsschutz (BfV). Der SISDE hatte die Aufgabe, „mit nachrichten- und sicherheitsdienstlichen Mitteln den demokratischen Staat und seine von der Verfassung geschaffenen Institutionen gegen jedwede Form der Subversion und gegen jede Bestrebung zu verteidigen, diesen zu beschädigen oder zu beseitigen".

Zusätzlich zur Aufklärung des politischen Extremismus von links (u. a. Anarchismus) und rechts (Neofaschismus), des Separatismus und anderer verfassungsfeindlicher Bestrebungen übertrug der italienische Gesetzgeber dem SISDE in den 90er Jahren wichtige Kompetenzen im Bereich der Bekämpfung der Organisierten Kriminalität (OK) (Mafia). Entsprechend dem Trennungsprinzip von Polizei und Nachrichtendienst war der SISDE nunmehr auch für die Aufklärung der OK zuständig, während ihre polizeiliche Bekämpfung besonders auch Sache der Direzione Investigativa Antimafia (DIA) ist.

Der SISDE operierte vorwiegend im Inland, war aber kein reiner Inlandsnachrichtendienst. Die beiden Dienste SISDE und SISMI arbeiteten nicht nach dem Territorialprinzip, sondern nach dem Funktionsprinzip. Das bedeutete, dass der SISDE beispielsweise bei der Aufklärung der (italienischen) OK auch im Ausland tätig wurde, während der SISMI z. B. bei der ihm zugeordneten Spionageabwehr vor allem auch im Inland operierte. Der SISDE entstand durch ein Gesetz zur Reform der italienischen Nachrichtendienste im Jahr 1977. Bis zu diesem Zeitpunkt waren die militärischen Dienste

- Servizio Informazioni Difesa (SID; 1965–1977) und
- Servizio Informazioni Forze Armate (SIFAR; 1949–1965)

schwerpunktmäßig im Inland tätig. Sie unterstanden dem Verteidigungsministerium und beschäftigten sich hauptsächlich mit der Eindämmung des politischen Einflusses der starken Kommunistischen Partei Italiens (PCI) und des Terrors der Roten Brigaden. Daneben bestanden im Innenministerium geheimdienstliche Organisationen, die z. T. unter Missachtung des heute offiziell auch in Italien geltenden Grundsatzes der Trennung von Polizei und Nachrichtendiensten operierten. Dazu gehörten die Geheimdienste:

- Servizio di Sicurezza (Sds)
- Servizio Informazioni Generali e Sicurezza Interna (Sigsi)

wie auch die (Unter-)Abteilung für vertrauliche Angelegenheiten (Divisione Affari Riservati) des Innenministeriums. Auch diese Stellen beschäftigten sich in erster Linie mit der Bekämpfung des Linksterrorismus.

Die Reform der Nachrichtendienste im Jahr 1977 sollte den unkontrollierten geheimdienstlichen Aktivitäten des Innenministeriums ein Ende bereiten. Insbesondere sollte auch dem militärischen Nachrichtendienst jedwede Zuständigkeit im Bereich der Bekämpfung des Extremismus abgenommen werden. Der SISDE entstand also mit der angeblichen Absicht, die Aufklärung extremistischer und staatsgefährdender Aktivitäten in einem ordentlichen zivilen Nachrichtendienst zu organisieren und militärgeheimdienstliche und geheimpolizeiliche Machenschaften definitiv unterbinden. Bei seiner Gründung wurden deshalb de facto auch Organisationseinheiten des Innenministeriums in den SISDE überführt, dabei aber eine Trennung zwischen nachrichtendienstlichen und polizeilichen Teilen durchgeführt.

Die polizeilichen Bereiche (Staatsschutz und Terrorabwehr) wurden der Polizei (Polizia di Stato) unter dem Namen Ufficio Centrale per le Investigazioni Generali e le Operazioni Speciali (UCIGOS; die Zentralstelle für allgemeine Untersuchungen und Sonderoperationen, die Außenstellen tragen die in Italien bekanntere Abkürzung DIGOS) eingegliedert. Sowohl der SISDE als auch der SISMI bestanden in den ersten Jahren ihrer Tätigkeit vorwiegend aus dem Personal ihrer Vorgängerorganisationen, weswegen der Geist der Reform von 1977 nur langsam und schrittweise Fuß fassen konnte.

Im August 2007 wurde der SISDE vom neuen Inlandsnachrichtendienst Agenzia Informazioni e Sicurezza Interna (AISI) ersetzt. Die AISI („Amt für Informationen und innere Sicherheit") ist seit 2007 der Inlandsnachrichtendienst Italiens. Durch ein Gesetz über die Reform der italienischen Nachrichtendienste vom 3. August 2007 übernahm die neue Agentur fast alle Aufgaben des Vorgängers SISDE.

Die AISI untersteht wie der Auslandsdienst Agenzia Informazioni e Sicurezza Esterna (AISE) dem italienischen Ministerpräsidenten bzw. einem von ihm beauftragten Minister ohne Portefeuille oder Staatssekretär. Zur Koordinierung der Nachrichtendienste besteht beim Amt des Ministerpräsidenten die Dienststelle Dipartimento delle Informazioni per la Sicurezza (DIS). Unter dem Vorsitz des Ministerpräsidenten legt der Kabinettsausschuss Comitato Interministeriale per la Sicurezza della Repubblica (CISR) unter anderem die allgemeinen Auftragsprofile für die Dienste fest.

Im Gegensatz zu seinem Vorgängerdienst SISDE und des militärischen Dienstes SISMI, die nicht nach dem Territorial-, sondern nach dem Funktionsprinzip organisiert waren, ist die AISI ausschließlich für das Inland zuständig. Vom militärischen SISMI hat sie im Inland die Spionageabwehr übernommen. Will sie beispielsweise bei der Aufklärung der organisierten Kriminalität wiederum im Ausland tätig werden, kann sie das nur in Zusammenarbeit mit dem Auslandsdienst AISE und unter der Kontrolle des DIS tun.

Die AISI untersteht dem Ministerpräsidenten, berichtet jedoch auch dem Innenministerium. Diesem untersteht zur Bekämpfung der Organisierten Kriminalität auch die Direzione Investigativa Antimafia (DIA), welche jedoch kein Nachrichtendienst, sondern eine Polizeiorganisation ist. Gleiches gilt für den polizeilichen Staatsschutz DIGOS. Während das Innenministerium direkt mit relevanten Informationen versorgt wird, müssen alle anderen Behörden ihre Anfragen zunächst an das DIS richten.

Der SISMI erhielt noch im Jahr 2001 eine neue, moderne Organisationsstruktur. Dem Generaldirektor des Dienstes, der von einem Adjutanten und einem Leitungsstab unterstützt wurde, unterstanden drei Referate für Personalwesen, Finanzen und Außenbeziehungen unmittelbar. Direkt unterstellt waren ihm auch die Ausbildungsabteilung und die Spionageabwehrabteilung. Einem der beiden stellvertretenden Dienstchefs unterstanden das Lagezentrum und die Auswertungsabteilung, darüber hinaus koordinierte er auch die Tätigkeit der vier beschaffenden Abteilungen. Alle Abteilungen des Dienstes waren in Referate gegliedert, eine Unterabteilungsebene gab es nicht. Im Bereich der Beschaffung hatte man eine nach Themen ausgerichtete Abteilung (z. B. Terrorismus, Proliferation, Organisierte Kriminalität), eine territorial nach Kontinenten oder Regionen strukturierte Abteilung, eine Militärabteilung und eine technische Aufklärungsabteilung. Für die Bereiche Infrastruktur und Logistik war der zweite stellvertretende Dienstchef verantwortlich.

Das Personal (etwa 2.500 hauptamtliche Mitarbeiter) kam fast ausschließlich aus den Reihen der Streitkräfte, aber auch von der Polizia di Stato, den Carabinieri und der Guardia di Finanza sowie aus anderen zivilen Verwaltungen. Das Personal wurde dort je nach Bedarf ausgewählt und trat, Einverständnis vorausgesetzt, in den Dienst ein. Dabei verloren die neuen Mitarbeiter, sofern sie von Polizeibehörden kamen, jegliche Polizeibefugnisse. Nur bei speziellem Bedarf wurde externes Personal direkt eingestellt.

Die Agenzia Informazioni e Sicurezza Esterna (AISE, als „Amt für Informationen und äußere Sicherheit") ist seit 2007 der Auslandsnachrichtendienst Italiens. Durch ein Gesetz über die Reform der italienischen Nachrichtendienste vom 3. August 2007 übernahm die neue Agentur fast alle Aufgaben des aufgelösten militärischen Dienstes SISMI. Der Servizio per le Informazioni e la Sicurezza Militare (SISMI umgangssprachlich auch „Servizio Segreto Militare" bzw. der „Militärische Nachrichten- und Sicherheitsdienst") war bis zum Jahr 2007 ein Militärnachrichtendienst Italiens, der vorwiegend im Ausland operierte, und der ebenfalls durch den zivilen Auslandsnachrichtendienst Agenzia Informazioni e Sicurezza Esterna ersetzt wurde. Der SISMI unterstand dem Verteidigungsminister und über das Comitato Esecutivo per i Servizi di Informazione e di Sicurezza (CESIS) dem Amt des Ministerpräsidenten. Er entsprach in seinen Aufgabenfeldern in etwa dem deutschen Bundesnachrichtendienst.

Die Zentrale der AISE befindet sich im nordwestlich der Innenstadt von Rom gelegenen Forte Braschi, die Leitung hat einen zweiten Dienstsitz beim DIS an der Piazza Dante im Stadtteil Esquilino. Andere bekannte Einrichtungen der AISE sind die Abhöranlage bei Cerveteri in Rom und das Ausbildungszentrum CAG bei Capo Marrargiu, Torre Poglina auf Sardinien. Kleinere bekannte Einrichtungen befinden sich in San Donà di Piave bei Venedig, bei Lecce in Apulien sowie in Oristano auf Sardinien. Diese und andere in Italien gelegene Objekte des AISE werden von einem Militärverband namens Raggruppamento Unità Difesa (RUD) geschützt, dessen Bezeichnung auch als Deckname für diese AISE-Einrichtungen verwendet wird.

England

Im 14. und 15. Jahrhundert ging es der Krone primär um Informationen über die schottischen Bestrebungen und Verschwörungen um den englischen Thron. Der Ursprung des englischen Secret Service unter Sir Francis Walsingham geht auf die notwendige Beschaffung von Informationen über die französische Flotte zur Zeit Napoleons zurück, für die bereits eine Heimat- und eine Auslandsabteilung eingerichtet wurden.

Im März 1909 wurde das britische Verteidigungsministerium vom Premierminister Asquith über die Gefahren der deutschen Spionage in englischen Häfen unterrichtet. Daraufhin errichteten Captain Vernon Kell (South Staffordshire Regiment) und Captain George Mansfield Cumming (Royal Navy) ein Secret Service Bureau. Aus dem Military Intelligence Department (MID) wurde am 23. August 1909 der Intelligence Service (IS), was letztendlich am 1. Oktober 1909 zum Security Intelligence Service (SIS) vereint wurde. Zwischen März 1909 und dem Ausbruch des 1. Weltkrieges wurden allein 30 Agenten enttarnt und festgenommen. Das SIS wurde schließlich im August 1914 dem Kriegsministerium unter MO5 (Military Operations) eingegliedert, Kell übernahm dann das Aufgabengebiet der Spionageabwehr und Cumming die ausländische Nachrichtengewinnung.

1914/16 arbeitete z.B. im Büro der Military Intelligence in Kairo ein Thomas Edward Lawrence (Chapman) besser bekannt als "Lawrence of Arabia". Die Unterlagen für diesen Zeitraum wurden erst im November 1997 vom Public Record Office freigegeben. Daraus geht hervor, dass die Festnahmen der deutschen Agenten in dieser Zeit dem deutschen Kaiserreich sämtliche Informationsgewinnung aus dem Inselreich nahmen, während gleichzeitig die kaiserlichen Weisungen zur Seekriegsführung nach wenigen Wochen auf dem Tisch der englischen Admiralität lagen.

Im Januar 1916 wurde das Secret Service Bureau mit der Schaffung einer neu geformten Military Intelligence (MI) als MI5 (Military Intelligence Department 5) eingegliedert, welches bis zum Ende des

Krieges auf 850 Personen anwuchs. Der Security Service (MI5, nach der historischen Bezeichnung als „Military Intelligence, Section 5") ist heute der britische Inlandsgeheimdienst und neben Secret Intelligence Service (SIS) und Government Communications Headquarters (GCHQ) eine von drei wesentlichen, zivilen nachrichtendienstlichen Behörden des Landes. Der MI5 untersteht dem Innenministerium. Das Motto des MI5 ist Regnum defende (lat. „Verteidige das Königreich").

Nach dem 1. Weltkrieg wurde MI 5 das Budget gekürzt, von 100 000 Pfund auf nur noch 35 000 Pfund pro Jahr, und die Belegschaft sank von 800 auf nur noch 150 im Jahr 1920. Auch in den folgenden Jahren gingen die finanziellen und personellen Einsparungen stetig weiter, 1929 arbeiteten nur noch dreizehn Offiziere für MI5, was die Leistungsfähigkeit erheblich einschränkte und sogar dazu führte, dass der Auslandsgeheimdienst MI6 – entgegen der festgelegten Aufgabenteilung – zeitweise mit eigenen Agenten und Nachforschungen auch im Inland tätig wurde.

Während dieser Jahre zeigte MI5 nur wenig Interesse für Deutschland. Die Weimarer Republik mit ihrer reduzierten Armee, dem entmilitarisierten Rheinland, politischer Instabilität und einer extremen Inflation sah man nicht als Bedrohung für die Sicherheit des eigenen Landes.

Stattdessen konzentrierte man sich mit den verbliebenen geringen Ressourcen auf die Abwendung der „roten Gefahr", die von der Sowjetunion und der „Kommunistischen Internationale" ausging. Dabei fürchtete MI5 weniger das Eindringen von ausländischen Spionen als vielmehr die Subversion bei den eigenen Truppen und die Sabotage militärischer Einrichtungen. Neben der CPGB (Communist Party of Great Britain) wurden sogar Pazifisten, Wehrdienstverweigerer und Arbeiterorganisationen überwacht – Bevölkerungsgruppen, denen von MI5 staatsfeindliche Absichten unterstellt wurden. Es wurden auch Exilanten aus Deutschland und Österreich überwacht, die aus politischen Gründen ihr Heimatland verlassen hatten. Auch diese Kompetenzausweitung geschah praktisch ohne Überwachung, denn MI5 war gegenüber dem Parlament nicht rechenschaftspflichtig und konnte unabhängig von Kabinett und Premierminister arbeiten. Erst seit 1994 unterliegen die Aktivitäten des Dienstes der Überprüfung durch einen Ausschuss des Parlaments. Unbemerkt blieb allerdings, dass der sowjetische Geheimdienst NKWD während dieser Zeit Spione und Sympathisanten im britischen Establishment rekrutierte. Bekannt sind vor allem Kim Philby, Donald Maclean, Guy Burgess und Anthony Blunt, die erst nach dem Krieg enttarnt wurden und gemeinsam in Cambridge studierten.

Der MI5 beging weitere Fehler während des Zweiten Weltkriegs. Er war zum Beginn des Kriegs unvorbereitet, sowohl organisatorisch als auch in der Verwendung seiner Ressourcen – in keinem Verhältnis zu der dem MI5 zugewiesenen Aufgabe: einer groß angelegten Internierung von feindlichen Ausländern, um feindliche Agenten zu enttarnen. Die Operation wurde schlecht gehandhabt und führte 1940 fast zum Ende der Behörde.

Eine der ersten Handlungen von Winston Churchill nach seiner Amtsübernahme Anfang 1940 war die Absetzung des langjährigen Leiters der Behörde, Vernon Kell. David Petrie übernahm den Posten, nachdem sich der zunächst ernannte A.W.A. Harker als ineffektiv herausstellte. Mit dem Ende des Angriffes auf Großbritannien (Luftschlacht um England) wurde auch die Arbeit des MI5 erleichtert, was schließlich den größten Erfolg des Zweiten Weltkriegs ermöglichte, das so genannte „double-cross"-System.

Nach diesem System sollten enttarnte feindliche Agenten nicht sofort verhaftet und vor Gericht geschickt werden, sondern stattdessen „umgedreht" werden, sofern möglich (dadurch wurden sie zu Doppelagenten). Feindlichen Agenten wurde demnach die Chance gegeben, einem Gerichtsverfahren (und der möglichen Todesstrafe) zu entgehen und falsche (aber glaubwürdige) Informationen an den eigenen Geheimdienst, beispielsweise die deutsche Abwehr, zu senden. So konnte man feindliche Geheimdienste in die Irre führen. Diese Vorgehensweise entwickelte sich zu einem sehr erfolgreichen System der Täuschung im Zweiten Weltkrieg.

Eine Analyse nach Ende des Krieges anhand deutscher Geheimdokumente ergab, dass von etwa 115 ausgesandten Agenten alle Agenten (bis auf einen, der Suizid beging) identifiziert und gefangen werden konnten, von denen mehrere als Doppelagenten umgedreht wurden. Das System hatte einen entscheidenden Anteil in der Täuschung der deutschen Militärs bezüglich Zeit und Ort der Landung alliierter Truppen am D-Day in der Normandie.

Die persönliche Verantwortung des Premierministers für den MI5 wurde 1952 dem Innenminister übergeben, der diese Position bis heute innehält. 1989 wurde eine Direktive des Innenministers, die den Auftrag des Security Services festschrieb, in ein Gesetz eingebracht. Erst gegen Ende der 1980er wurde die Existenz des Dienstes offiziell zugegeben. Seit 1997 wirbt der MI5 auch offen in Zeitungsanzeigen und hat seit 2000 auch eine Website. Die Zentrale des MI5 in Nordirland befindet sich in den Palace Barracks in Holywood, County Down.

Die Nachkriegszeit war eine schwierige Periode für den MI5, dem es sichtlich nicht gelang, die noch vom NKWD eingeschleusten sowjetischen Agenten zu enttarnen. Daneben sah sich der Dienst durch den sowjetischen Nachrichtendienst KGB, der in Großbritannien hochaktiv war, sowie durch den ansteigenden Terrorismus in Nordirland herausgefordert.

Das Ende des Kalten Krieges und mehr noch der Kampf gegen den Terrorismus machten eine zunehmende Neuausrichtung hin zu einer internationalen Kooperation gegenüber dem internationalen Terrorismus notwendig. Der MI5 war sehr erfolgreich im Kampf gegen den irischen Terrorismus. Seine Operationen führten in diesem Zusammenhang zwischen 1992 und 1999 zu 21 Verurteilungen, wobei einige MI5-Aktionen teilweise auch in Großbritannien umstritten sind.

1996 wurde der Security Service Act erweitert, um die Unterstützung der Polizei und anderer Dienststellen durch den Security Service MI5 sicherzustellen. Die Unterstützung der Strafverfolgungsbehörden hat zu einiger Diskussion geführt, da einige Politiker einerseits eine neue „Geheimpolizei"-Funktion des Security Services und andererseits ein Eindringen in den streng gehüteten Gebietsbereich anderer Strafverfolgungsbehörden befürchteten. Im Jahre 2000 waren hier rund 1.900 Personen angestellt, die hauptsächlich im Hauptquartier in Thames House, Millbank/London tätig sind (vormals 140 Gower Street in Bloomsbury). Das MI5 unterhielt ein eigenes Telefonzentrum im 17. Stockwerk des Euston Towers in London, eine Basis des "Communications Manager", der freie Telefoneinwahlnummern hatte, über die sich die Agenten in aller Welt sofort über Telefonzellen mit der Zentrale in Verbindung setzen konnten.

Der MI5 ist heute an vorderster Front im Kampf gegen den islamistischen Terrorismus in Großbritannien. Einige Hausdurchsuchungen gegen verdächtige Islamisten und die Verhaftung von Schlüsselverdächtigen werden dem Security Service zugeschrieben. Es wurde außerdem berichtet (und nicht abgestritten), dass Mitarbeiter des MI5 an der Befragung von verdächtigten britischen Staatsbürgern in Guantánamo Bay beteiligt waren.

Am 2. Juni 2006 machte der MI5 Schlagzeilen, als er mit 250 Beamten ein Haus in London stürmen ließ, in dem eine chemische Schmutzige Bombe vermutet wurde. In dem Haus wurde jedoch keine Bombe gefunden und die Aktion in den Medien als „Fehlschlag" und „Debakel" kommentiert. Zuletzt machte der MI5 am 9. August 2006 von sich reden, als er es schaffte, einen geplanten Terroranschlag auf mehrere Fluggesellschaften zwischen England und den Vereinigten Staaten zu vereiteln. Ebenfalls war der MI5 an den Ermittlungen, sowie der Auffindung und Festnahme der Täter, die Bomben- und Brandanschläge auf unterschiedliche Einrichtungen Großbritanniens in der Zeit vom 27. bis 30. Juni 2007 geplant und in Teilen ausgeführt hatten, beteiligt.

Im Mai 2012 wurde bekannt, dass der vereitelte Qaida-Anschlag auf einen US-Jet von einem Doppelagenten des MI5 verhindert wurde. Im Rahmen dieser Aktion wurde Fahd al-Kuso durch einen Einsatz von Drohnen getötet. Offiziell ist es dem MI5 allerdings verboten, an Aktionen teilzunehmen, die auf die gezielte Tötung von Verdächtigen ausgerichtet sind.

Die Auslandsabteilung wurde ab 1918 zunächst als MI1c dem Außenministerium unterstellt und erst 1922 als Secret Intelligence Service (SIS) eigenständig als britischer Auslandsgeheimdienst, dem Secret Intelligence Service (SIS), besser bekannt unter dem Namen MI6 („Military Intelligence, Section 6"). Der MI6 wurde 1909 zusammen mit dem MI5 und 17 weiteren militärischen Nachrichtendiensten als Teil des Secret Service Bureau gegründet. In der ursprünglichen Aufgabenteilung war der MI6 für die Marine zuständig, spezialisierte sich aber zunehmend auf Auslandsspionage und wurde daher in der Folgezeit zum Auslandsgeheimdienst SIS.

Die Leiter des Nachrichtendienstes unterzeichneten Akten immer noch mit dem Initial des ersten Leiters Sir George Mansfield Cumming als "C", angelehnt verwendete Generalmajor Vernon Kell ab 1916 das "K". Diese Eigenart begründete im MI6 mit der Zeichnung von Sir Stewart Graham Menzies mit dem berühmten "M", was in den Filmproduktionen des James Bond übernommen wurde. Über 60 Jahre hat dieser Hintergrund Material für viele Spielfilme geliefert, wobei Wahrheit bzw. die Geschichte und die von den Produzenten und Regisseuren eingebrachten fiktiven Elemente geschickt vermischt wurden. Der häufige Wechsel der Bezeichnungen und Unterstellungen der Nachrichtendienste verwirrten sicherlich nicht allein die gegnerische Aufklärung.

Beispiele der Abteilungen in der englischen Military Intelligence

- MI1c   Direktion der Military Intelligence
- MI1(b) Kryptoanalyse, 1919 in die Government Code & Chipher School integriert
- MI1(c) Auslandsabteilung
- MI3   Europäische Abteilung
- MI3(b) Unterabteilung für das Deutsche Reich, ab 1940 MI14
- MI5   Security Service (ursprünglich Inlandsabteilung)
- MI6   Security Intelligence Service
- MI8   Funküberwachung
- MI9   Flucht- und Ausweichdienst
- MI11   Militärische Feldpolizei der Intelligence
- MI14   Deutsche Abteilung
- MI19   Verhörabteilung für alle Streitkräfte
- MI(L)   Verbindungsabteilung zu anderen alliierten Nachrichtendiensten

Die erste bedeutende Prüfung der Organisation kam mit dem Ersten Weltkrieg, in dem der SIS zum Teil Erfolge erzielen konnte. Dem SIS war es zwar nicht möglich, in Deutschland mit Agenten einzudringen, aber er hatte einige ansehnliche Erfolge in der militärischen und wirtschaftlichen Aufklärung. Diese Erfolge sind vor allem das Werk von Agentennetzwerken in neutralen Ländern, besetzten Gebieten und Russland.

Nach dem Ersten Weltkrieg wurden die Mittel des SIS stark reduziert, und den Empfängern der Informationen des SIS, wie etwa der Admiralität, wurde eine gewisse Kontrolle über die Operationen des SIS eingeräumt – diese Beziehung besteht bis heute. Während der 1920er arbeitete der SIS hauptsächlich mit dem diplomatischen Dienst zusammen. Die meisten Botschaften stellten einen Offizier zur Passkontrolle ein, der in Wirklichkeit der Leiter des SIS in diesem Land war. Das gab den Operationen durch die diplomatische Immunität der Botschaftsmitarbeiter einen gewissen Schutz, doch dieses System wurde offensichtlich zu lange praktiziert und war in den 1930ern schließlich ein offenes Geheimnis. In den Jahren nach dem Krieg und bis in die 1920er hinein war der SIS hauptsächlich mit dem Kommunismus (und hierbei besonders mit Russland) beschäftigt. Dabei unterstützte der SIS auch Versuche, das kommunistische Regime in Russland zu stürzen.

In den 1930ern zog dann das nationalsozialistische Deutschland die Aufmerksamkeit des SIS auf sich. Wie im Ersten Weltkrieg waren die Erfolge des SIS in Deutschland beschränkt, auch wenn er einige verlässliche Quellen innerhalb der deutschen Regierung und des Militärs gewinnen konnte.

Während des Zweiten Weltkriegs wurde die Arbeit des SIS im geheimdienstlichen Sinne überschattet von einigen Initiativen anderer Nachrichtendienste, wie z.B. die kryptographischen Fortschritte der Government Code and Cypher School (GC & CS), der Behörde, die zuständig war für das Abfangen und Entschlüsseln ausländischer Kommunikation, das Double Cross System des MI5, das deutsche Nachrichtendienste mit falschen Informationen fütterte, die Arbeit der Photographic Reconnaissance Unit und außerdem die für die beteiligten Agenten gefährlichen Aktionen der „Special Operations Executive" (SOE), die hinter feindlichen Linien Spionage und Sabotage betreiben sollte.

Eine schwere Niederlage erlitt der SIS im November 1939 beim Venlo-Zwischenfall. Deutsche Agenten des SD hatten sich als hochrangige Armee-Offiziere ausgegeben, die ein Attentat auf Hitler ausüben wollten. Bei einem Treffen in der niederländischen Grenzstadt Venlo mit den vermeintlichen Verschwörern wurden zwei Agenten des SIS durch die SS unter Grenzverletzung aus den Niederlanden ins Deutsche Reich entführt.

Im August 1939 zog die Government and Cypher School aus dem Hauptquartier in Broadway 54, London, nach Bletchley Park, das Hauptquartier zog 1966 in die U-Bahn-Station in Lambeth North, dann 1993 nach Vauxhall Cross. Trotz der Schwierigkeiten zu Anfang des Krieges erholte sich der SIS und führte einige erfolgreiche Operationen sowohl auf dem europäischen Festland als auch im mittleren und Fernen Osten durch. Der SIS wirkte ab 1941 über die British Security Coordination umfangreich bei der Etablierung des amerikanischen Office of the Coordinator of Information mit.

1939 hatte der Security Service lediglich 30 Offiziere und sechs weitere Mitarbeiter in der Aufklärungsabteilung, deren Arbeit durch die Vernichtung vieler Unterlagen durch die deutschen Bombenangriffe 1940 erschwert wurde. Kurz vor Beginn des Krieges wurden die Diensträume in das Wormwood Scrubs Gefängnis verlegt, aber Ende 1940 der größte Teil des Personals nach Blenheim Palace evakuiert.

1941 wurde Sir David Petrie der Director General des Security Service. Er hatte den Auftrag den Service zu erweitern und zu verbessern und der zwischen 1939 und 1945 wurden auch fast alle der 200 auf England angesetzten Agenten enttarnt und teilweise als Doppelagenten genutzt, was z.B. auch zum Erfolg der Landungsoperationen in der Normandie beitrug. Lediglich ein Agent scheint England erreicht und der Gefangennahme entgangen zu sein. Doch Jan Wilhelm Ter Braak blieb ohne Erfolg und nachdem seine Finanzmittel erschöpft waren, erschoss er sich in einer Scheune.

1952 übertrug Premierminister Winston Churchill seine Befugnisse über den Security Service auf den Home Secretary, Sir David Maxwell Fyfe, der Direktiven erarbeitete, die aber erst durch den Security Service Act 1989 auch gesetzlich festgeschrieben wurden. Im Anschluss an den alliierten Sieg in Europa wurden die Aufklärungspotenziale nun gegen die Sowjetunion und ihre Satellitenstaaten ausgerichtet.

Die Operationen des SIS gegen die Sowjetunion zu Beginn des Kalten Krieges wurden einige Zeit durch die Tätigkeit des sowjetischen Agenten Harold (Kim) Philby (Leiter des MI6 von 1944 bis 1963) kompromittiert, der damals Verbindungsoffizier des SIS in der britischen Botschaft in Washington, D.C. war. Philby hat beispielsweise ein Programm gemeinsamer britischer und amerikanischer paramilitärischer Operationen in Albanien verraten. Im Baltikum setzte der SIS von 1949 bis ca. 1955 eine Tarnorganisation ein, den British Baltic Fishery Protection Service, der zum Teil aus ehemaligen Angehörigen der Kriegsmarine bestand und mit ehemaligen deutschen Schnellbooten operierte.

Die Effektivität der Infiltrierung durch die Sowjetunion wurde durch die russischen Nachrichtendienste und ihre vor dem 2. Weltkrieg angeworbenen Agenten Philby, Burgess und MacLean bewiesen. Auch die kommunistische Partei hatte in England 1940 ihren Höhepunkt mit rund 55.000 Mitglieder erreicht. Bis zum

März 1948 waren deshalb alle erkannten Faschisten und Kommunisten vom Premierminister Clement Attlee von der Arbeit in sicherheitsempfindlichen Bereichen ausgeschlossen worden.

In den 1960er Jahren erfolgte die sowjetische Spionage durch einen Offizier des Secret Intelligence Service (George Blake) sowie weiterer Agenten im Portland-Spionage-Ring oder z.B. durch John Vassall, einem Angestellten der Admiralität oder z.B. auch über Michael Bettaney (1983). In der „Profumo"-Affäre 1963 wurden erstmals die Erfolge der englischen Nachrichtendienste veröffentlicht und 1971 der Höhepunkt der Ausweisungen von sowjetischen Agenten (105 Personen) erreicht, was die kommunistischen Nachrichtendienste entsprechend schwächte.

Im Jahre 1954 grub der MI6 in Zusammenarbeit mit der CIA einen 450-m-Tunnel (Codename GOLD) in den sowjetischen Sektor von Berlin, um 432 militärische Telefonverbindungen anzuzapfen. Die Aufklärungs- und der Nachrichtendienste waren damit für 11 Monate mit Material versorgt. Obwohl dem KGB durch seine Agenten (z.B. George Blake) diese Infiltration bekannt war, wurden zunächst zum Schutz der eigenen Agenten keine aktiven Maßnahmen ergriffen und es konnten wichtige Informationen über die verbesserte atomare Schlagkraft der sowjetischen Luftstreitkräfte in Ostdeutschland, der Ausrüstung und Stationierung in der UdSSR, der DDR und Polen, die kommunistischen Streitkräfte in der Ostsee sowie das sowjetische Atomprogramm abgehört werden, bevor der Tunnel offiziell "kompromittiert" wurde. Unter dem Codenamen SILVER wurde ein ähnlicher Tunnel in Wien von den britisch-amerikanischen Diensten unter das sowjetische Hauptquartier gegraben.

Der SIS litt unter den Peinlichkeiten, als herauskam, dass der Offizier, der sowohl an Tunnel-Operationen in Wien als auch an der Operation Gold in Berlin beteiligt war, ein sowjetischer Agent war. George Blake wurde während seiner Gefangenschaft im Koreakrieg von Chinesen „umgedreht". Als er aus Korea zurückkehrte, empfingen ihn seine Genossen wie einen Helden. 1953 versetzte man ihn zur Station des MI6 in Wien, wo die dortigen Tunnel bereits seit vier Jahren aktiv waren. Nachdem er diese unbemerkt an die sowjetische Seite verraten hatte, wurde er einem britischen Team zugeteilt, das an der Operation Gold in Berlin beteiligt war, dementsprechend schnell ist die Sprengung des Tunnels veranlasst worden. Man identifizierte Blake daraufhin als sowjetischen Agenten; er wurde wegen Spionage vor Gericht gestellt und kam ins Gefängnis, er brach 1964 aus und flüchtete in die Sowjetunion.

Durch verbesserte Sicherheitsüberprüfungen und einige gute Quellen in der UdSSR erholte sich der SIS Anfang der 1960er von diesen Rückschlägen. Eine dieser Quellen war Oleg Wladimirowitsch Penkowski, ein Offizier der GRU (sowjetischer Militärnachrichtendienst). Penkowski lieferte über zwei Jahre hinweg tausende Fotografien von geheimen Dokumenten. Darunter waren auch Handbücher der Roten Armee für Raketen, die amerikanischen Analytikern 1962 die Erkennung der auf Kuba stationierten sowjetischen Raketen ermöglichte.

Die Aktionen des SIS nahmen zum Ende des Kalten Krieges zu. Ein Höhepunkt war die Rekrutierung von Oleg Antonowitsch Gordijewski in den 1970ern, der dem SIS für ein Jahrzehnt Informationen lieferte und 1985 erfolgreich aus Moskau fliehen konnte. Ab den 1970er Jahren erweiterte sich der Schwerpunkt der MI6-Aufgaben in den Bereich der Terrorismusabwehr.

Dem SIS gelang es allem Anschein nach auch, sowjetische Offizielle bei Reisen in dritten Ländern, beispielsweise in Afrika oder Asien, zu rekrutieren. Ein so gewonnener Agent war Wladimir Anatoljewitsch Kusitschkin, der Sohn eines Mitgliedes des Politbüros und ein hochrangiger KGB-Mitarbeiter: Er informierte den SIS über die Mobilisierung der ALFA-Einheit des KGB während des Augustputsch in Moskau im Jahre 1991, als diese Einheit kurz darauf den sowjetischen Generalsekretär Gorbatschow stürzen wollte. Die Aktivitäten des SIS im Kalten Krieg beinhalteten auch eine Reihe weiterer verdeckter politischer Einflussnahmen, darunter der Staatsstreich gegen Patrice Lumumba im Kongo 1961 sowie die Herbeiführung eines internen Konflikts zwischen libanesischen paramilitärischen Gruppen in der zweiten

Hälfte der 1980er, der sie davon abhielt, weiterhin westliche Geiseln zu nehmen. Das wahre Ausmaß der Aktivitäten des SIS in der zweiten Hälfte des Kalten Krieges bleibt aber bisher weitgehend unbekannt.

Der SIS hatte bis 1994 kein offizielles Domizil, erst seit 1995 befindet sich das Hauptquartier des MI6 am Vauxhall Cross, im London Borough of Lambeth an der Themse. Seit dem 13. Oktober 2005 besitzt der SIS eine eigene Website.

Der ehemalige Leiter der Behörde (2004-2009) John Scarlett wurde ausnahmsweise durch die Gerichtsverhandlung über den Selbstmord von David Kelly in den britischen Medien sehr präsent, war dabei der Führungsoffizier des russischen Doppelagenten Oleg Gordiewsky, dessen Flucht er 1985 auch organisierte. Ende Dezember 2007 berichtet der russische Inlandsgeheimdienst FSB, dass der MI6 den ehemaligen russischen Geheimdienstler Wjatscheslaw Charkow angeworben und mit der Beschaffung von Geheimdaten beauftragt hat. Charkow habe sich allerdings im Juni 2007 freiwillig dem FSB gestellt und vier weitere MI6-Agenten enttarnt.

Die geheimen Kommandotruppen spielen bei den Operationen der Geheimdienste immer eine wichtige Rolle. Aus Teilen der SIS wurde z.B. am 16. Juli 1940 die Special Operations Executive (SOE) für geheime Kommandounternehmen in Verbindung mit der Résistance und für Sabotageakte geformt, deren Mitglieder nach dem Krieg teilweise auch wieder zurück in die SIS übernommen wurden. Das Personal erreichte bis 1946 ein Maximum von ca. 13.000 Mann. Die englischen Nachrichtendienste arbeiteten dabei mit den amerikanischen und französischen Organisationen zusammen, unterstützten die Kontakte zu den Widerstandbewegungen in Frankreich, wie z.B. zum Hauptmann Roman Czerniawski ("Armand") und Madame Mathilde Carée ("La Chatte"). Der SIS hat heute sein Hauptquartier in 85 Albert Embankment, Vauxhall Cross/London. Es unterhält eine Reihe von Telefonanschlüssen in im Süden von London als Verbindung zu einem Trainingszentrum der Mitarbeiter. Der Stab umfasste damals im März 1994 rund 2.300 Mitarbeiter.

England hatte vermutlich schon sechs Wochen vor dem Einmarsch in Polen Informationen über den deutschen Aufmarsch erhalten. Italienische Schlüsselunterlagen erhielten die Engländer u.a. von Amy Elizabeth Thorpe ("Cynthia") nach dem körperlichen Einsatz mit und über den Militärattaché Admiral Alberto Lais und auch der Presseattaché Charles Brousse (Vichy-Frankreich) wurde mit dieser Methode erfolgreich aufgeklärt. Das MI5 setzte ferner z.B. den Oberzahlmeister Clifton James aufgrund seiner verblüffenden Ähnlichkeit mit dem Feldmarschall Montgomerys als Double auf seinen verschiedenen Auslandsreisen ein, um damit die Gefahr einer Invasion der Alliierten in Südfrankreich vorzutäuschen.

Nach dem 1. Weltkrieg wurde aus der von William Reginald Hall gegründeten "Room 40" am 1. November 1919 die Government Code & Cypher School (GC&CS) bis zur Umwandlung "Room 40" in das Government Communications Headquarter im Jahre 1940 (aus den Veteranen der "Room 40" und der Kryptosektion des Kriegsministeriums M1(b)). Eine spezielle Marineabteilung entstand in England im Jahre 1924, eine Armeeabteilung 1930 und eine Luftwaffenabteilung 1936. 1990 wurde ein Joint Ocean Surveillance Center (JOSIC) in Northwood/London unter der Marineluftwaffe (18th Group Royal Airforce) und dem Kommandeur der Flotte in Northwood eingerichtet. Der Direktor of Naval Intelligence (J. A. G. Troup) schuf im Juni 1937 das Operational Intelligence Centre (OIC) unter Norman Denning, um die Bewegungen und Absichten der deutschen Streitkräfte zu erfassen.

In dem 1994 geschaffenen Intelligence and Security Committee (ISC) sind die Dienste des Security Service, des Secret Intelligence Service (MI6) und des Government Communications Headquarters (GCHQ) zusammengefasst worden. Die Abteilungen der GCHQ waren dabei die Composite Signals Organisation, das Directorate of Communication Security, das Directorate of Organisation and Establishment, das Directorate of Signals Intelligence Operations and Requirements, das Directorate of Signals Intelligence und der Joint Technical Language Service. 2001 erhielten auch diese Einrichtungen des GCHQ in Benhall/Cheltenham ein neues Hauptquartier in kreisrunder Form, weshalb der Spitzname "Doughnut" entstand. Allerdings wurden dann 900 der 6.000 Stellen in Cheltenham ab 1995 abgebaut.

Eine sehr spektakuläre Lage hat die Abhörstation auf der Vulkaninsel Ascensión, in der Mitte des Atlantischen Ozeans, auf welcher das GCHQ zur Überwachung des Funkverkehrs der sowjetischen Schiffe und U-Boote einrichtete. Im 2. Weltkrieg wurde u.a. auch in Chicksands Piory eine Station eingerichtet, welche 1948 von der US-Luftwaffe übernommen wurde. Bei Edzell, südlich Aberdeen, wurde ein weiterer Horchposten eingerichtet, welcher bis zur Schließung in den 1990er Jahren die Stationen in Bremerhaven und in Marokko ersetzte. In den meisten Anlagen wurde eng zwischen den britischen und amerikanischen Einheiten kooperiert. In der Stadt Bremerhaven wurde 1950 eine amerikanische Aufklärungseinrichtung eingerichtet, in der die US Naval Security Group bis zum 31. Dezember 1972 ihren Dienst verrichtete, bis das meiste Personal nach Edzell und Augsburg verlegte.

Für das Satellitensystem "White Cloud" wurde im Verbund des ozeanischen Überwachungssystemes "Classic Wizard" Bodenstationen in Diego Garcia, Adak/Alaska, Blossom Point/Maryland, Guam, Edzell und Winter Harbour/Maine eingerichtet, wobei Letztere auch als Ausbildungsstätte der Aufklärer diente bis das Satellitenprogramm ganz eingestellt wurde. Die Einrichtungen in Adak standen sogar im Internet komplett zum Verkauf an und auch Chicksands wurde 1995 als Horchposten geschlossen und beherbergt heute das Defence Intelligence and Security Center für die Ausbildung der militärischen Nachrichtendienste und der Sicherheitsbehörden. Mit einem Budget von über 500.000.000 £ und einem Stab von 15.000 Mitarbeitern stellt das GCHQ den größten Teil innerhalb des britischen Nachrichtendienstes.

England, Kanada, Australien und Neuseeland unterzeichneten kurz nach dem 2. Weltkrieg ein Abkommen zur elektronischen Überwachung des Fernmeldeverkehrs "SIGINT", welches im amerikanischen ECHELON einfloss. Spezialteams Special des GCHQ in Cheltenham wurden dafür im Silicon Valley bei San Francisco ausgebildet.

Das Intelligence and Security Committee (ISC) besteht hauptsächlich aus parlamentarischen Vertretern, doch bestehen die Verbindungen in der nachrichtendienstlichen Ebene zwischen der Central Intelligence Machinery, dem Joint Intelligence Committee (JIC), dem Minister of Defense (MOD), dem Defence Intelligence Staff (DIS), der Königlichen Luftwaffe mit dem Joint Air Reconnaissance Intelligence Centre (JARIC) und dem Strike Command sowie dem Foreign and Commonwealth Secretary mit dem MI6, Secret Intelligence Service (SIS) und Government Communications Headquarter (GCHQ), dem Home Secretary mit MI5 und dem Security Service, National Criminal Intelligence Service (NCIS) und der Metropolitan Police (Scotland Yard) sowie dem BBC Monitoring Service oder dem "D" Notice Committee. Verhaftungen und Vertretung vor Gericht übernimmt für die Nachrichtendienste dabei die Special Branch, eine Sonderabteilung von Scotland Yard. Die Leitung ist im Joint Intelligence Committee dabei im Verteidigungsministerium direkt dem Premierminister unterstellt.

Das Political Intelligence Department (PID) sammelt politische Informationen aus dem Ausland, das Government Communications Headquarter (GCHQ) wertet die Informationen aus der elektronischen Aufklärung (ELINT) aus und wurde 2009 um das Office of Cyber Security (CSO) und ein Cyber Security Operations Centre (CSOC) erweitert, welches Fähigkeiten und Kompetenzen zu eigenen Cyberattacken besitzt. Die britische Funkentzifferung (Special Intelligence) liefert dem Operational Intelligence Centre (OIC, vormals Room 40) die notwendigen Lagedaten aus aufgeklärten Funkmeldungen. Eine Ausbildungsstätte der britischen Nachrichtendienste ist heute z.B. in Fort Monckton bei Gosport.

Major John André und Aphra Behn sind mindestens zwei britische Agenten, denen in der Geschichte die Ehre zugeteilt wurde in Westminster Abbey beerdigt zu werden. Nicht zuletzt liefern die Filmproduktionen aus Hollywood genügend Desinformationen zu den englischen Nachrichtendiensten, die nur durch die Struktur der französischen Dienste übertroffen werden kann.

Frankreich

Die Aufgaben der Nachrichtendienste Frankreichs ist die Sicherstellung der nationalen Sicherheit. Sie sind dem Innenminister, dem Verteidigungsminister und dem Premierminister unterstellt. Die Aufgaben waren zunächst durch die Rolle als ehemalige Kolonial- sowie als Atommacht bestimmt. Nach 1989 ist allerdings eine zunehmende Verschmelzung von inneren und äußeren Aufgaben zu beobachten.

Frankreich baut seit dem 15. Jahrhundert auf die Informationsgewinnung durch organisierte Nachrichtendienste, als sich aus den Agenten Ludwig des XI. über die Polizei von Napoleon Bonapartes, der Inneren Sicherheit (Surete) und des Deuxieme Bureau (DB), und der Nachrichtendienst des Generalstabes als eigenständige Organisationen bzw. Abteilung etablierten.

Dabei brachte Frankreich wahre Meister der Täuschung hervor, wie z.B. Karl Schulmeister, der als "Kaiser der Spione" bezeichnet wurde und auch Napoleon's Fälschungen des Testamentes des Zaren Peter des Großen wirken als Desinformationen bis heute in der Geschichtsschreibung nach. Doch scheinen die Fähigkeiten im Laufe der folgenden Jahre gelitten zu haben, denn im März 1918 erklärte der Leiter des Deuxieme Bureau bezüglich der militärischen Lage: "Ich bin der bestinformierte Mann in Frankreich, aber derzeit weiß ich nicht mehr, wo die Deutschen sind ... ."

Der Service des Renseignements (SR, „Informationsdienst") wurde als Teil des Deuxieme Bureau nach der Dreyfus-Affäre bereits 1899 aufgelöst, aber als Service des Renseignements Aériens zur Auswertung der Aufklärung im 1. Weltkrieg wieder eingeführt. Nach dem Krieg wurde die Gegenspionage eingegliedert und 1936 wurde die SR im Prinzip wieder eigenständig. Doch kurz nach der Invasion in der Normandie führte de Gaulle das Central Bureau of Information and Action (BCRA) und die SR zu einer technischen Division in der General Direction Générale des Services Spéciaux (DGSS) zusammen.

Die Nachrichtendienste konnten im 2. Weltkrieg an der deutsch-französischen Front aufgrund des Grabenkrieges keine entscheidenden Informationen für die Militärs lieferten. Aus der französischen Bezeichnung des "Zweiten Büros" leiten sich hingegen die amerikanischen Bezeichnung G-2 ab, aus der auch die Kennzeichnungen der deutschen A- bzw. S-2-Abteilungen sowie die NATO-Terminologie abgeleitet wurde.

Nach dem deutschen Einmarsch entstand im Jahre 1940 in Frankreich der Menées Antinationales (MA) der Vichy-Regierung. Die MA richtete ihre Aktivitäten unter dem Admiral Francois Darlan jedoch entgegen der Vereinbarung gegen Deutschland und kooperierte mit dem Widerstand sowie dem am 1. Juli 1940 geschaffenen gaullistischen 2e Bureau Londres in London, welches Agenten zur Herstellung der Funkverbindungen ins besetzte Frankreich brachte. Da dies dem Abkommen der MA mit dem Deutschen Reich zuwiderhandelte, gründete Admiral Darlan einen neuen Informationsdienst (Centre d'Information Gouvernemental, CIG), der aber im 2. Weltkrieg ebenfalls keine nennenswerte Rolle spielte. Das 2e Bureau Londres hingegen wurde im Sommer 1942 zum Bureau Central de Renseignements et d'Action (zuerst BCRAM, dann Central Bureau of Information and Action, BCRA) und General de Gaulle gründete im Exil dazu zusätzlich ein Comité National de la Résistance (CNR).

Der französische Widerstand hatte hier zwar einen organisatorischen Rückhalt gefunden, er formierte sich zunächst aber in kleinen Gruppen wie der Combat, der Libération oder der Francs-Tireurs-Partisans, aus denen wiederum letztendlich die geheime Armée Secrète entstand. Die größte Organisation, die Libération, wurde von einem Offizier der französischen Kriegsmarine, E. d'Astier de la Vigerie, geleitet. Die Armée Secrète wurde mit teilweise militärischen Verbänden am 1. Februar 1944 zur Forces Françaises de l'Intérieur (FFI), unter der kommunistischen Führung der Résistance und in Konkurrenz von General de Gaulle. Dieser entriss aber den Kommunisten mit der Befreiung von Paris die Existenzgrundlage einer geheimen Armee und formierte die regulären Truppen im befreiten Frankreich unter seinem Kommando. Aufgrund des oft gespannten Verhältnisses zu den Amerikanern hatte er die zuvor für die Verwaltung der befreiten

Normandie vorgesehenen 500 französischen Offiziere bis auf 20 Mann wieder abberufen. Noch bevor der Krieg beendet war, zeigten sich auch hier die Spannungen zwischen den Alliierten.

Da die Arbeit der französischen Nachrichtendienste durch den Zweiten Weltkrieg unterbrochen wurde, verlor auch das Deuxième Bureau während dieser Zeit an Bedeutung. Unter der Schirmherrschaft von Charles de Gaulle wird 1940 das Bureau Central de Renseignements et d'Action (BCRA) ins Leben gerufen, das die Aktionen der Résistance koordinierte. Das Central Bureau of Information and Action (BCRA) wurde mit dem Service des Renseignements vereint und zog im November 1943 als General Direction Générale des Services Spéciaux (DGSS) nach Algier.

Aus der für die innere Sicherheit verantwortlichen Surveillance du Territoire (ST), geht 1944 die Direction de la Surveillance du Territoire (DST) hervor, die am 1. Juli 2008 mit der Direction centrale des renseignements généraux (DCRG) zur Direction centrale du renseignement intérieur (DCRI) zusammengeführt wurde. Am 6. November 1944 waren die Netze der französischen Résistance in der DGSS zum größten Teil integriert worden, welcher dann als Direction Générale des Études et Recherches (DGER) bezeichnet wurde. Diese teilweise kommunistisch infiltrierten Netzwerke waren allerdings nicht im Interesse der neuen französischen Regierung, die deshalb 1946 eine neue Nachrichtenorganisation, den Service de Documentation Extérieure et de Contre-Espionnage (SDECE) durch den Zusammenschluss des Deuxième Bureau mit dem Bureau Central de Renseignements et d'Action (BCRA).

Nach der Zerschlagung des Opiummonopols, im damals noch französischen Indochina im Jahre 1950, erhielt die SDECE die Kontrolle über den Drogenhandel, der die Hmong-Opiumfelder in Laos mit den Organisationen Saigon verknüpfte. Dies unterstütze die verdeckten französischen Operationen in Vietnamkrieg.

In Indochina waren die französischen Nachrichtendienste in die Folter und Ermordung von Kommunisten verwickelt und der Verlust von Dien Bien Phu wirft bis heute Fragen bezüglich der Verantwortung der SDECE auf, ebenso wie die Bombenattentate in Algerien und die Entführung und Ermordung des marokkanischen Nationalisten Mehdi Ben Barka.

Ende der 1950er-Jahre bildete der SDECE eine Afrika-Sektion mit über 150 Mitarbeitern unter Colonel Maurice Robert. Einen großen politischen Skandal löste 1965 die Beteiligung französischer Polizeibeamter an der Entführung und Ermordung des marokkanischen Oppositionspolitikers Mehdi Ben Barka ("Ben Barka"-Affäre) aus, infolge dessen General de Gaulle die SDECE 1962 dem Verteidigungsministerium unterstellte; doch der Dienst war weiterhin in illegale Aktionen wie Drogenschmuggel, Diebstähle und Mord verwickelt. Zwischen 1956 und 1961 entführten vom SDECE geführte Kommandos international sechs Schiffe mit Ladungen für die Rebellen in Algerien und versenkten sie. Ein Schiff wurde durch eine französische Mine sogar im Hamburger Hafen versenkt.

Charles de Gaulle befahl verdeckte Operationen in Quebec und Jacques Foccart entsandte SDECE Agenten in die nationalistischen und separatistischen Organisationen. 1968 versuchte die SDECE die Kontrolle von Großbritannien und den USA über das nigerianische Öl zu bekommen und unterstützte die Rebellen der Biafra-Region, deren Niederschlagung rund 500.000 Menschen das Leben kostete. Unter dem Ministerium des Inneren arbeitet die Direction de la Surveillance du Territoire (DST, seit 1944), die oft in Konkurrenz zur DGSE steht. Bei der Festnahme des palästinensischen Terroristenchefs des Schwarzen Septembers im Jahre 1976 war dies sehr verhängnisvoll, da Abu Daoud wieder auf freien Fuß gesetzt werden musste, da das Gericht feststellte, dass er Frankreich nur mit einem Freibrief der DGSE betreten hatte. 1958 wurde im Hamburger Hafen der Frachter Atlas versenkt (nach Informationen über Waffentransporte für FLN), dem am 10. Juli 1985 in Auckland das Schiff Rainbow Warrior folgte.

1981 wurde aus dem Sécurité Militaire die Direction de la Protection Sécurité de la Défence (DPSD), das wie das Deuxième Bureau seit 1992 dem Sécureté Militaires (SM) untersteht. Im Juni 1981 wurde unter dem Präsidenten Francois Mitterand die vormalige Direktorin des Pariser Flughafens, Stone Marion, Leiter der SDECE. Nachdem François Mitterrand 1981 Staatsoberhaupt wird, folgt eine erneute Umstrukturierung und am 2./4. April 1982 die Umbenennung in Direction Générale de la Sécurité Extérieure (DGSE).

Als Unterabteilung des französischen Verteidigungsministeriums blieb die DGSE verantwortlich für den militärischen Nachrichtendienst, als auch für strategische Informationen und Spionageabwehr, doch unter Stone Marion entfielen deren Zuständigkeiten auf französischem Territorium. Die Soldaten sind offiziell dem 44. Infanterieregiment in Orléans unterstellt und das Hauptquartier war in der Kaserne des Tourelles, 128 Boulevard Mortier, 75020 Paris, im 20. Arrondissement. Die DGSE zog zwar in die Festung Noisy-Le-Sec (Projekt "Fort 2000", Neubau mit ca. 2 Milliarden Francs von 1996-2001), aber die Kaserne Mortier als Stützpunkt sollte gehalten werden.

Da die zivile Leitung unter Stone Marion keine Zustimmung in der DGSE fand (der prozentuale Anteil der Zivilisten in der DGSE war von 45% in 1989 auf 60% in 1993 gestiegen), führten auch die ausbleibenden Erfolge 1982 zur Ernennung von Admiral Lacoste zum neuen Leiter, der am 7. Juni 1996 wiederum von Jacques Dewatre abgelöst wurde. In diesem Jahr betrug die Personalstärke des Stabes ~2.500 (davon 1,700 Zivilisten) mit einem jährlichen Budget von 1,35 Milliarden Franc.

Der größte Skandal des DGSE im Zusammenhang mit Frankreichs Rolle als Atommacht war die Versenkung des Schiffes RAINBOW WARRIOR im Hafen von Auckland, Australien, am 10. Juli 1985 durch DGSE-Agenten, bei dem der niederländische Fotograf Fernando Pereira ums Leben kam. Schon Jahre zuvor war die französische Nuklearpolitik auf anwachsenden Protest der Umweltschützer gestoßen. Diesem Protest schlossen sich die südpazifischen Staaten an, die sich neuen Risiken ausgesetzt sahen. 1983 erreichten zudem die Autonomiebestrebungen der französischen Überseegebiete, vor allem in Neukaledonien, einen neuen Höhepunkt. Ein Jahr später wurde David Longe, ein erklärter Gegner der Nuklearpolitik zum Premierminister von Neuseeland gewählt. In diese, für die Nukleartests Frankreichs auf dem Mururoa-Atoll äußerst schwierige Zeit, fiel die Planung und Ausführung der „Operation Satanique", die Versenkung der RAINBOW WARRIOR der Organisation Greenpeace. Agenten des DGSE brachten als Taucher eine mit Zeitzünder versehene Haftmine unter der Wasserlinie des Stahlrumpf-Schiffes zur Explosion, wodurch der niederländisch-portugiesische Photograph Fernando Pereira getötet wurde. Die Agenten setzten sich umgehend ab und wurden auf hoher See von dem aus Australien kommenden U-Boot Rubis (S 601) aufgenommen, was Frankreich nachträglich zugab. Zwei Agenten, Dominique Prieur und Alain Mafart, wurden in Neuseeland verhaftet und wegen Totschlags verurteilt. Als politische Konsequenzen aus dieser Affäre wurden der Generaldirektor des DGSE, Admiral Pierre Lacoste, sowie der Verteidigungsminister, Charles Hernu, entlassen.

1993 gelangte die CIA in Besitz einer langen Liste von Zielobjekten der DGSE in den Vereinigten Staaten, die u.a. die Firma Boeing und andere militärische Lieferanten enthielt. Zugleich war die DGSE aber speziell an dem neuen Navigationssystem des neuen Jumbojets aus der Produktion von Boeing interessiert wie auch an der Technik des deutschen ICE der Deutschen Bundesbahn.

Im Zuge des NSA-Skandals 2013 recherchierte Le Monde, dass der DGSE ein umfassendes Programm zur Überwachung der elektronischen Kommunikation betreibt. Technisch umgesetzt wird dieses vom CELAR (centre d'électronique de l'armement). Wie das Blatt berichtete, speichert der Auslandsnachrichtendienst systematisch Verbindungsdaten zu Telefongesprächen, SMS und E-Mails, die über französische Leitungen gehen. Auch Informationen zu Twitter- und Facebook-Nachrichten würden jahrelang illegal aufbewahrt und bei Bedarf ausgewertet. Zugriff auf die Daten habe neben dem Inlandsgeheimdienst unter anderem der Zoll. Die Inhalte von Nachrichten oder Gespräche würden jedoch nicht aufgezeichnet. Zu dem „Le Monde"-Bericht gab die damalige Regierung zunächst keine Stellungnahme ab.

Obwohl der DGSE vor allem auf Menschen als Quelle setzt, besitzt es zur technischen Kommunikationsüberwachung das Ensemble Mobile Écoute et Recherche Automatique Des Emissions (Emeraude). Gesteuert wird es von Alluets-Feucherolles im Département Yvelines im Westen von Paris.

Trotz allem gibt es eine Liste von Abhörstationen des DGSE in Frankreich und dem Rest der Welt. Diese rund 30 Anlagen decken praktisch den ganzen Globus ab – mit Ausnahme von Nordsibirien und Teilen des Pazifiks. Die technische Komponente der DGSE gliederte sich hauptsächlich aus der ehemaligen Groupement des Contrôles Radioélectriques (GCR), deren Aufgabe die Elektronische Aufklärung ist und die Stationen in aller Welt unterhält. Mit einer großen Empfangsstelle westlich von Paris hört die DGSE damit u.a. den internationalen Telefon- und Faxverkehr ab. Mit dem Entschluss des damaligen Verteidigungsministers Alain Richard, der die Station in Bouar/Zentralafrikanische Republik schloss, verlor die SIGINT der DGSE jedoch eine ihrer wichtigsten Kommunikations- und Entzifferungsstellen, behielt aber eine weitere Abteilung in Djibouti in Betrieb, die in der Folge ausgebaut wurde.

1996 hatte die DGSE einen Personalstand von 2.500 Personen, darunter 1.700 Zivilisten, mit einem offiziellen Budget von FF 1.350.000.000. 2007 betrug das Budget 450 Millionen Euro, und 36 Millionen Euro für spezielle Ausgaben. 2009 beschäftigte die DGSE 4.492 Vollzeitkräfte. Das Budget betrug 543,8 Millionen Euro, und 48.9 Millionen Euro für spezielle Ausgaben. 2011 beschäftigte die DGSE 4.747 Vollzeitkräfte. Im Jahr 2013 erhöhte sich die Budgetierung wiederum um 1,244 Mrd Euro. Das Hauptquartier der Direction Générale de la Sécurité Extérieure befindet sich in der Kaserne Mortier im 20. Arrondissement in Paris. Durch die Tatsache, dass Frankreich eine Kolonialmacht war, bestehen für das Land ferner noch immer gute Möglichkeiten, auch außerhalb seines Territoriums aktiv Informationsgewinnung zu betreiben und Organisationen aufzubauen.

<u>Nachrichtendienstliche DGSE-Stationen</u>

- Alluets-Feucherolles (Yvelines), im Westen von Paris
- Mutzig, (Bas-Rhin), Elsass
- Mont Valérien
- Plateau d'Albion, (Vaucluse)
- Domme (nahe Sarlat, Périgord)
- St. Laurent de la Salanque, fertiggestellt 1997, gelegen in einem Sumpf nahe Perpignan. Priorität liegt in der Aufklärung der afrikanischen Seite des Mittelmeeres – vor allem von Algerien.
- Cap d'Agde, (Hérault)
- Solenzara, (Südkorsika)
- Filley (Nizza), in einer Kaserne; gerichtet vor allem auf die Grenze Italiens
- St. Barthélemy, (Kleine Antillen)
- Bouar
- Dschibuti, (Tschad)
- Mayotte, (Indischer Ozean), fertiggestellt 1998
- La Réunion
- Kourou (Französisch-Guayana), eröffnet 1990 fern der Öffentlichkeit
- Tontouta (Neukaledonien), Seeflughafen

Je nach Operation und deren Umfeld werden in Frankreich die Einheiten gebildet. Die Komponente der Armee war das 11. Fallschirmjägerbataillon Shock (BPC, gegründet am 1. September 1946), beheimatet in Fort Montlouis. Nach der „Operation Satanique" wurde die 11th BPC von Präsident Mitterand am 1. November 1985 umgebildet zum 11. Fallschirmjägerregiment Shock (11e RPC). Die Kampfschwimmerabteilung wurde am 16. April 1956 gegründet und am 26. Oktober 1960 nach Aspretto (Korsika) verlegt. Sie waren auch am Anschlag gegen die Rainbow Warrior beteiligt. Danach wurde nach Quélern in Brittany verlegt. Die Basen zur Ausbildung sind in Cercottes (Loiret), Roscanvel und Perpignan

(Pyrenees Orientals, ehemals Margival, Aisne). Am 30. Juni 1995 wurde das 11. Shock (11e RPC) aufgelöst und die Aufgaben auf drei Bereiche, die CPES in Cercottes, die CIPS in Perpignan und die CPEOM in Roscanvel verteilt.

Für die Koordination der verschiedenen französischen Nachrichtendienste ist heute das Secrétariat Général de la Défense Nationale (SGDN) zuständig. Es ist Mitglied des Conseils de Securité Intérieure und arbeitet gemeinsam mit dem Secrétariat Général du Gouvernement (SGG) und dem Secrétariat Général pour les questions de coopération économique européenne (SGCI).

Eine der wichtigsten Herausforderungen für die innere Sicherheit Frankreichs nach dem Zweiten Weltkrieg war die rechte Terrororganisation OAS, die im Winter 1960/61 gegründet wurde. Dies OAS verübte Anschläge gegen Algerier und den französischen Staat und 1962 wurde der Versuch unternommen, Staatspräsident de Gaulle zu ermorden. Nach der Ergreifung, Verurteilung und Exekution einiger Mitglieder, unter anderem von Jean-Marie Bastien-Thiry am 11. März 1963 war die OAS de facto am Ende. Die Unruhen des Mai 1968 kamen für den RG jedoch überraschend, da linke Gruppen an Universitäten kaum beachtet wurden. Im Zuge dessen lag nach diesen Ereignissen der Fokus auf der (extremen) Linken. Unter anderem wurde die Brigade Opérationnelle Centrale (BOC) geschaffen, mit dem Ziel, linke Bewegungen in Frankreich zu aufzulösen. Die Anwendung von illegalen Methoden zur Nachrichtenbeschaffung wurde dadurch gerechtfertigt, dass es sich um Terroristen oder um Spione für andere Nachrichtendienste handle.

In den letzten Jahren dürfte allerdings auch die Rechte mehr in den Mittelpunkt des Interesses der französischen Nachrichtendienste gerückt sein. Grund dafür sind ihre zunehmenden Aktivitäten, wie zum Beispiel die Schändung jüdischer Friedhöfe oder Überfälle auf Asylantenheime. Frankreich ist ein Staat mit einer hohen Immigration – vor allem aus Nordafrika. Beispielsweise lebten bereits am Ende des Algerienkrieges 1962 über 400.000 Algerier in Frankreich. Vor allem nach den Anschlägen des 11. September 2001 geraten diese Immigranten immer mehr ins Fadenkreuz der Nachrichtendienste. Anschläge, wie etwa in Madrid, werden befürchtet. Erst Anfang Juni 2004 wurden bei Razzien im Großraum Paris 13 Verdächtige „unter dem Verdacht der Mitgliedschaft in der Islamischen Gruppe marokkanischer Kämpfer (GICM) inhaftiert".

Die französischen Dienste beschränken sich nicht nur auf die Nachbarstaaten Frankreichs in der Aufklärung, sondern nutzen erweitert die Territorien der ehemaligen Kolonien. Auf diesem Feld kommen dann sowohl die Wirtschaftsspionage als auch die Möglichkeit einer globaleren Vernetzung ins Spiel.

Interventionen der französischen Dienste, vor allem des SDECE, auf dem afrikanischen Kontinent zu dieser Zeit waren unter anderem die Destabilisierungsversuche (z. B. Bestechungen, Falschgeld in Umlauf bringen, Aufstände initiieren), nachdem Guinea erklärt hatte, eine enge Kooperation mit Frankreich abzulehnen; in der DR Kongo die Unterstützung der Sezession der rohstofffreichen Region Katanga unter Moïse Tshombé; die Unterstützung des Biafra-Aufstandes in Nigeria 1967. Eine bedeutende Intervention der Dienste war auch jene in Ruanda 1994 (Opération Turquoise) und anschließend in der DR Kongo 1996/97, wobei über die näheren Umstände bis dato keine Auskunft gegeben wird.

Noch weniger weiß man über Aktionen der Direction Générale de la Sécurité Extérieure (DGSE; Generaldirektion für äußere Sicherheit) dem französischen Auslandsnachrichtendienst, der am 2. April 1982 als Nachfolgeorganisation des SDECE gegründet wurde, weitgehend ohne organisatorische und personelle Veränderungen. Die Aufgaben des DGSE bestehen aus Spionage und Gegenspionage außerhalb des Staatsgebietes. Unterstellt ist die DGSE dem französischen Verteidigungsministerium. Für den Dienst arbeiten etwa 3.300 zivile Mitarbeiter und 1.500 Militärs, die formal dem 44. Infanterieregiment zugeordnet sind.

Erschwert werden die Recherchen über die Aktivitäten französischer Dienste noch durch die Tatsache, dass sich diese nicht selten, auch personell, mit privat agierenden Firmen und Söldnern decken, obwohl das französische Parlament per Gesetz die Ausübung und Organisation von Söldnertätigkeit am 3. April 2003 verbot.

Für Schlagzeilen sorgt seit 2001 der Skandal rund um den französischen Erdölkonzern „Elf Aquitaine", dessen Mitgliedern Korruption auf höchster Ebene vorgeworfen wird. Der Staatskonzern wurde 1963 von de Gaulle gegründet und der erste Direktor wurde Pierre Guillaumat, ein Mann aus den Nachrichtendiensten. Loïk Le Floch-Prigent, Ex-Chef des Unternehmens, meinte: „[...] es gehört zur guten Tradition des Hauses, dass Agenten im Unternehmen tätig waren und sind", und dass „überall in der Hierarchie". Obwohl „Elf" mittlerweile privatisiert ist, scheint es noch immer einen der wichtigsten Informationsquellen und Akteure Frankreichs in Afrika darzustellen. 1996 machte das Unternehmen einen Umsatz von 35,5 Mrd. Euro, wobei nicht ersichtlich ist was dabei dem Bereich der Wirtschaftsspionage zuzuschreiben ist, über den sich verständlicherweise keine genauen Zahlen finden lassen. Allerdings meinte Claude Silberzahn, ehemaliger Direktor des DGSE:

„Selbstverständlich betreibt die DGSE Wirtschaftsspionage im Ausland, um damit staatlichen französischen Konzernen Vorteile zu verschaffen."

Die französischen Nachrichtendienste unterliegen weitgehend nur der exekutiven Eigenkontrolle, eine besondere parlamentarische Kontrolle, abgesehen von der bereits beschriebenen Commission Nationale de Controle des Interceptions de Securité (CNCIS), die für die Überprüfung im Bereich der Telefonkontrolle tätig ist, findet nicht statt. Das Parlament kann allerdings in Einzelfällen Untersuchungs- sowie Kontrollausschüsse einsetzen, dessen Mitglieder durch die Mehrheit des Parlaments gewählt werden. Die einzigen offiziellen Veröffentlichungen über die Nachrichtendienste sind die Berichte der Kommission, einen Bericht wie etwa den Verfassungsschutzbericht in der Bundesrepublik gibt es nicht. Zwar existiert seit einigen Jahren der sogenannte „rapport public" des DGSE, dieser ist allerdings nicht öffentlich zugänglich, da er vorwiegend für die anderen Dienste vorgesehen ist.

Drei Gremien der exekutiven Kontrolle der französischen Nachrichtendienste

- Groupement Interministeriel de Communications (GIC): zuständig für den Bereich der Telefon- und Fernmeldekontrolle
- Comité Interministeriel de Renseignement (CIR): Aufgabenbereich nicht exakt festgelegt, aber vor allem die Koordinierung der Dienste. Es ist einem Verteidigungsausschuss unter Vorsitz des Staatspräsidenten unterstellt.
- Comité Special de Contre-Espionage (CSC): koordiniert die Aktivitäten in Zusammenhang mit der Gegenspionage

Durch ihre Zuordnung zur Police nationale gibt es bezüglich des DST und des RG seit 1993 noch den Haut Conseil de déontologie de la Police nationale. Daneben besteht die Einrichtung des Médiateurs, der allerdings eine schwache Position innehat, was vor allem darin begründet liegt, dass er bei seiner Kontrolltätigkeit auf die Zusammenarbeit mit dem zuständigen Minister angewiesen ist, der diese jederzeit untersagen kann.

Im September 2003 gab es durch die Entscheidung des „Conseil d´État" einen Präzedenzfall im Bereich des Datenschutzes, den Michel Raoust, Vorsitzender des „Französischen Komitees von Scientologen gegen Diskriminierung", verlangte seit 1992 Einsicht in seine Akten des RG und erhielt Recht. Erstmals wurden von einem französischen Gericht der Nachrichtendienst und das Innenministerium aufgefordert, die angebliche „Gefährdung der öffentlichen Sicherheit" zu belegen.

Die Direction générale de la sécurité intérieure (DGSI, Generaldirektion für innere Sicherheit) ist der Inlandsgeheimdienst der französischen Regierung. Er ist dem Innenministerium unterstellt und entstand am 30. April 2014 aus der Direction centrale du renseignement intérieur. Die DCRI entstand am 1. Juli 2008 durch den Zusammenschluss der Direction de la surveillance du territoire und der Direction centrale des renseignements généraux. Die Zentrale der DGSI befindet sich in der am nordwestlichen Rand von Paris gelegenen Stadt Levallois-Perret. Aufgaben sind:

- Gegenspionage
- Terrorismus-Abwehr
- Bekämpfung von Cyberkriminalität
- Überwachung möglicherweise gefährlicher Gruppen, Organisationen und sozialer Phänomene

Die Direction du Renseignement Militaire (DRM) ist der militärische Nachrichtendienst Frankreichs, der am 16. Juni 1992 gegründet wurde. Der DRM mit dem Hauptquartier in Paris untersteht direkt dem Verteidigungsministerium. Die Gründung des DRM war eine Reaktion auf das Ende des Kalten Krieges und wurde durch nachrichtendienstliche Fehler im Rahmen des Zweiten Golfkriegs maßgeblich gefördert. Aufgaben des DRM sind Aufklärung und Abwehr unter Zuhilfenahme von elektronischer Aufklärung (u. a. Satellitenaufklärung). Er besitzt unter seinen Angestellten keine eigenen Aktionstruppen; die Aufgaben beschränken sich vor allem auf Auswertung und Analyse. Deshalb ist die Organisation auf die Informationsbeschaffung durch andere Nachrichtendienste wie beispielsweise die der Brigade de renseignement et de guerre electronique (BRGE) angewiesen.

Das Commandement du renseignement, ein Aufklärungskommando und bis 2016 als Brigade de renseignement (BR) oder BRENS (Aufklärungsbrigade) geführt, ist die zentrale Aufklärungseinheit der französischen Landstreitkräfte. Aufgestellt wurde sie 1993 noch unter der Bezeichnung „Brigade de renseignement et de guerre electronique" (BRGE), dann 1998 in „Brigade de renseignement" umbenannt und bis zum Jahre 2010 in Metz stationiert, bis sie nach Hagenau im Elsass verlegte. Die Gesamtstärke beläuft sich auf 4200 Personen. Bei der Reorganisation der Landstreitkräfte 2016 wurde die Einheit in „Commandement du renseignement" mit Stabsquartier in Straßburg umbenannt.

Das 13e régiment de dragons parachutistes gehörte bis zum Jahre 2002 zur Brigade, um dann zur Brigade des forces spéciales terre (B.F.S.T) zu wechseln. Jede der Einheiten ist als Teil des Gesamtaufklärungskonzepts der Brigade. Das 44. Fernmelderegiment und das 54. Fernmelderegiment sind Einheiten der Elektronischen Kampfführung, das 61. Artillerieregiment ist für den Einsatz von Drohnen zur Gefechtsfeldaufklärung zuständig, das 2. Husarenregiment ist die gepanzerte Aufklärungseinheit (R.B.R.R), die Luftaufklärungsgruppe (Groupement Aérien de Reconnaissance, G.A.R) ist mit Helikoptern zur Luftaufklärung ausgerüstet, und die (Groupement de Recueil de l'Information, G.R.I) sammelt Informationen z. B. in der Bevölkerung des Krisengebietes oder durch die Vernehmung von Kriegsgefangenen (HUMINT).

Durch die Kombination der vorhandenen Einsatzmittel werden alle möglichen Informationen über die einzelnen Ziele geliefert. Die Informationen werden von den Fachgebieten gesammelt und dann an die übergeordnete Ebene weitergeleitet, wo die Auswertung stattfindet. Dies geschieht, um Fehlinterpretationen auf der taktischen Ebene auszuschließen. Die Brigade führt dafür jährlich die Übung „BATRENS" durch, die zum Zwecke der Verbesserung der Zusammenarbeit zwischen den einzelnen Einheiten abgehalten wird.

Der Brigadestab, die „28e groupement géographique" und die „Groupement de Recueil de l'Information" bezogen im Jahr 2010 ihr Quartier im Camp d'Oberhoffen in Hagenau, wo bereits das 54. Fernmelderegiment und das 2. Husarenregiment stationiert waren. In der 11e brigade parachutiste (11. Fallschirmbrigade) wird die Aufklärung durch die 3e escadron des 1er régiment de hussards parachutistes (1. Husaren- Fallschirmregiment) durchgeführt.

Nachrichtendienste des französischen Innenministeriums

- Police nationale (bis 1966 die Sûreté Nationale), das organisatorische Dach für Sicherheits- und Informationsbehörden
- Direction centrale des Renseignements généraux (DCRG, Zentraler Nachrichtendienst) mit dem Ziel die Regierung zu informieren"
- Direction de la Surveillance du Territoire (DST), polizeilicher Inlandsnachrichtendienst, mit Vertretungen in den französischen Überseegebieten und Sicherungs-, Ermittlungs- und (Spionage-) Abwehraufgaben, sowie Extremismus- und Terrorismusbekämpfung sowie Bekämpfung der Organisierten Kriminalität und Verhinderung der Verbreitung von Massenvernichtungswaffen (Proliferation)
- Direction centrale du renseignement intérieur (DCRI) mit Aufgaben der Gegenspionage, Terrorismusabwehr, Bekämpfung von Cyberkriminalität und die Überwachung möglicherweise gefährlicher Gruppen, Organisationen und sozialer Phänomene

Nachrichtendienste des französischen Verteidigungsministeriums

- Direction de la Protection et de la Securité de la Defense (DPSD – vor 1992: Securité Militaire): militärischer Abschirmdienst; zuständig für die Zuverlässigkeit des Militärs, Spionageabwehr sowie politische Überwachung von Militärpersonen
- Direction Générale de la Sécurité Extérieure (DGSE): militärischer Auslandsnachrichtendienst; unterteilt in fünf Abteilungen:
  1. Strategie, analysiert Informationen, wertet sie aus, bedient Anfragen aller berechtigten Stellen; v. a. Kontakt mit Außenministerium;
  2. Nachrichtenbeschaffung, setzt v. a. menschliche Quellen ein; zunehmend erhält neben dem militärischen und politischen auch der zivile Sektor Bedeutung, v. a. im Bereich der Wirtschafts- und Industriespionage;
  3. (Spezial-)Operationen, plant geheime Aktionen und führt diese mit eigenen militärischen Spezialkräften durch; „Aktionsdivision";
  4. Verwaltung, verantwortlich für die Infrastruktur: u. a. Personalpolitik, Buchhaltung;
  5. Technischer Dienst, zuständig für elektronische Aufklärung; Abhörstationen
- Brigade de renseignement (BR BRENS), bis 1998 Brigade de renseignement et de guerre electronique (BRGE), als militärischer Aufklärungsdienst verantwortlich für elektronische Kriegführung (u. a. Radar, Satellitenaufklärung, Bildauswertung, nationaler und internationaler Telefonverkehr, Störsender, Fernmeldeaufklärung, Sicherheit der militärischen Kommunikation und der -systeme)
- Direction du Renseignement Militaire (DRM), als militärischer (strategisch-operativer) Nachrichtendienst und den Hauptaufgaben in der Fernmeldeaufklärung, Kryptographie, Satellitenaufklärung
- Service historique de la Défense (SDH, dem Historischen Dienst des französischen Verteidigungsministeriums).

Daneben gibt es Dienste des französischen Premierministers mit dem Secrétariat Général de la Défense Nationale (SGDN) in der Synthese der Nachrichtenbeschaffung und -auswertung, deren Schutz, sowie interministerielle Koordination, zuständig für den Austausch mit dem Präsidenten als auch mit dem Premierminister mit rund 300 Mitarbeitern und dem Service de Documentation Extérieur et de Contre-

Espionage (SDECE), der ab 1965 dem Verteidigungsminister unterstellt wurde. Aufgaben waren Spionage im Ausland und Analyse von Informationen sowie Gegenspionage außerhalb der Landesgrenzen.

Ein wichtiger Bereich aller französischen Nachrichtendienste ist und bleibt die Aufklärung der ausländischen Industrien für die wirtschaftlichen Interessen Frankreichs. Großer Schaden entstand vor allem durch die Unterwanderung der Geheimdienste mit kommunistischen Spionen, deren Arbeit durch die politischen Kräfte in Frankreich quasi unterstützt wurde. Es ist einer der Gründe, warum auch heute noch teilweise ein Misstrauen unter den Geheimdiensten der befreundeten Nationen besteht.

Russland/Sowjetunion

Lange Zeit blieben Informationen über die Geschichte der russischen und sowjetischen Nachrichtendienste hinter den Mauern der russischen Archive verwahrt. Lediglich Informationen über einzelne Ereignisse wurden im Westen gelegentlich in Zeitungen veröffentlicht. Unterlagen aus einem Archiv des KGB kamen erstmals in größerem Umfang von dem KGB-Oberst Wassili Mitrochin, der während des Umzuges des Archives im Juni 1972 von der Jubjanka nach Jasenewo bei Moskau Kopien anfertigen konnte. Später kamen teilweise Berichte von offiziellen russischen Stellen nach Glasnost und Perestroika, doch bis heute ist vieles über die Geschichte eines der mächtigsten Nachrichtendienste der Welt unbekannt.

Unter Ivan dem IV. (Ivan dem Schrecklichen) wurde 1565 in seinen Ländereien (Oprichnina) eine erste Polizeieinheit (Oprichniki) geschaffen, welche aber bereits 1572 wieder aufgelöst wurde. Sie bestand aus 6.000 Kavalleristen mit schwarzen Uniformen und auf schwarzen Pferden, die als Symbol den Schädel eines Hundes und einen Besen hatten. Außerhalb des persönlichen Hoheitsgebietes des Zaren, in der Zemschina, dienten reguläre russische Polizeieinheiten der Staatshoheit.

Die Okhrannoye Otdyelyenye oder auch Ochrana ("Schutz") geht in der Geschichte dann zurück bis ins 17. Jahrhundert und Zar Peter dem Großen, obwohl diese Bezeichnungen offiziell erst ab 1881 verwendet wurden. Einer der ausländischen Helfer bei der Reorganisation der Ochrana war der deutsche Wilhelm Stieber. Zar Peter I. schuf das Preobrazhensky Büro unter dem Befehl des Prinzen Theodore Romodanovsky, um ein Mittel zur Unterdrückung seiner politischen Gegner in der Hand zu haben. Das Büro wurde 1729 wieder aufgelöst und leitete seinen Namen vom Standort außerhalb Moskaus in der Stadt Preobrazhensky ab.

P. Zavarine war Chef der Geheimpolizei vor dem 1. Weltkrieg und für ihn arbeiteten Informanten wie Zybine oder die später als Spione enttarnten Österreicher Karl Zievert und der Oberst Alfred Viktor Redl, der durch seine Homosexualität erpressbar war. Redl lieferte als Geheimdienstchef und Vertrauter des Kaisers über zwölf Jahre lang Material aus Österreich-Ungarn an Russland, darunter Aufmarschpläne für den Balkan. Nach seiner Enttarnung im Jahre 1913 wurde demonstrativ ein Revolver auf das Hotelzimmer gelegt und gewartet, bis er sich erschossen hatte.

Dadurch wurde jedoch eine Chance vergeben, die Vorbereitung des Attentates auf den österreichischen Thronfolger aufzudecken. Die österreichischen Aufmarschpläne in Serbien, die von der Sowjetunion wiederum an den serbischen Geheimdienst geleitet wurden, erhielten zwar vor 1914 noch Veränderungen, trotzdem war die generelle Strategie nun bekannt und ermöglichte es den Serben die überlegenen österreichischen Truppen zurückzuschlagen.

Zwei der bekanntesten Agenten aus geheimen russischen Organisationen wurden unter ihren Decknamen weltberühmt. Der russische Aristokrat Wladimir Uljanow behielt nach der Oktoberrevolution den Decknamen "LENIN" und der Georgier Josef Dschugaschwili Dzhugashvili verwendete den Decknamen "STALIN". Durch den Terror seiner Nachrichtendienste sicherte sich dieser Stalin später die absolute Macht im Staat und Gesellschaft; dabei nicht ganz ohne deutsche Hilfe.

In der Sowjetunion blieb die Geheimpolizei Cheka (Chrezvychainaya Komissiya po Borbe s Kontrrevolutisiei i Sabotazhem) unter verschiedenen Namen prinzipiell immer bestehen. Ab dem 20. Dezember 1917 wurde sie als Tscheka (Tschreswytschainaja Komissija po Borbe s Kontrrewoljuzijei i Sabotaschem", Außerordentliche Kommission zum Kampf gegen Konterrevolution und Sabotage) bezeichnet und ergänzte dann den von Lenin einen Monat nach der Parteigründung geschaffenen, politischen Spionagedienst. Leiter der Tscheka war Felix Dserschinski. In Anlehnung an den Ursprung des Nachrichtendienstes wurden KGB-Offiziere später auch oft als Tschekisten bezeichnet.

Als militärischer Teil des Generalstabes wurde zusätzlich am 6. Februar 1920 die Gossudarstwennoje Politischeskoje Uprawlenije (GPU, Staatliche Politische Verwaltung), als Untergliederung des ebenfalls im Februar 1920 neu geschaffenen Narodnyj Komissariat Wnutrennych Del (NKWD, Volkskommissariat des Inneren) gegründet. Auch diese Dienste wurden anfangs beide von Felix Dserschinski geleitet. Erste Säuberungsaktionen nach den Aufklärungsberichten der Dienste begannen in der Festung in Petrograd/Leningrad bzw. Sankt Petersburg. Als Pistolen, Gewehre und schließlich Maschinengewehre nicht mehr effizient genug waren, wurden Gruppen von je zwei Personen aneinandergebunden und vor dem Leuchtturm Tolbukhin im Golf von Finnland versenkt. Im ersten Monat waren in der Cheka 23 Mitglieder, zwei Jahre später 37.000, Mitte 1921 bereits rund 31.000 Zivilisten, 137.000 Mann Sicherheitstruppen und 94.000 Mann Grenztruppen.

Stalin hatte jeden Winkel des großen russischen Reiches unter seine Kontrolle gebracht und ließ auch ohne zu zögern Hunderte von Nachrichtenoffizieren nach der falschen Einschätzung der Lage in Polen im November 1920 hinrichten. Eine zweite Säuberung erfolgte 1937 und eine weitere im Sommer 1938, die mit zehntausenden von Toten auch den gesamten Generalsstab des militärischen Auslandsnachrichtendienstes GRU betraf. Drei der fünf Marschälle der Sowjetunion, 14 von 16 Oberkommandierenden der Armee, alle 8 Admiräle der Roten Flotte, 60 der 67 Korpskommandeure, 136 der 199 Divisionskommandeure, 221 der 397 Brigadekommandeure wurden mit tausenden ihrer Offiziere und Mannschaften hingerichtet. Erst als Stalin erkannte, dass bei einer Fortsetzung das gesamte sowjetische System zusammenbrechen musste, wurden die Säuberungen eingestellt.

Glawnoje Raswedywatelnoje Uprawlenije (GRU, militärischer Auslandsnachrichtendienst)

- etwa 12.000 Mitarbeiter
- zuständig für militärische Spionage im Ausland, untersteht dem russischen Verteidigungsministerium, nach eigenen Angaben „geheimster" Dienst Russlands, sammelt und analysiert Informationen im Bereich Militärpolitik, -strategie, -geografie, Rüstungstechnik und militärisch nutzbarer Produkte.

Da Stalin jedem misstraute und die Nachrichten selbst analysieren wollte, besaß die INO nicht einmal eine Analyseabteilung. KGB-Historiker zählten über hundert Warnungen vor den deutschen Angriffsvorbereitungen, die Stalin zwischen dem 1. Januar und 21. Juni 1941 vorgelegt wurden und die er allesamt als Täuschung deklarierte. Am 21. Juni ordnete er an, dass alle weiteren Verantwortlichen, die derartige Falschaussagen weiterleiten, "im Lagerstaub zermalmt werden". Diese erdrückende Ausgangsbasis für objektive Aufklärungsergebnisse wurde ergänzt durch das nicht ausgewertete Rohmaterial, welches der Führung zuerst direkt vorgelegt werden musste, die selbst die Analyse durchführte. Gleichzeitig hatte Stalin seinerseits bis zum 4. April 1941 bereits 171 Divisionen in ihre Mobilmachungsbereiche verlegt bzw. deren Mobilmachung angeordnet.

Im Vorfeld des 2. Weltkrieges wurde die Sowjetunion mit Sabotageaktionen gegen Schiffe aktiv. Der spätere Stasi-Chef Ernst Wollweber wurde zusammen mit Wilhelm Zaisser in den 20er Jahren an der Spionageakademie der Roten Armee hierfür ausgebildet. So versank das italienische Schiff FELCE 1934 im

Golf von Tarent, der japanische Frachter KAZI-MARU 1935 bei Rotterdam, sowie das deutsche Schiff KLAUS BÖGE, der rumänische Frachter BESSARABIA und der polnische Dampfer BATORY. Weitere Schiffe mit wichtiger Fracht für Deutschland verschwanden, unabhängig ihrer Nationalität, kurz nach Verlassen der skandinavischen Häfen spurlos auf hoher See. Die umfangreichsten sowjetischen Sabotageaktionen fanden dann in der Nacht vom 19. auf den 20. Juni 1944 statt, als Brücken und strategische Punkte zwischen dem Dnjepr und Minsk angegriffen und zerstört wurden. Der nachfolgende Großangriff am dritten Jahrestag der deutschen Invasion am 22. Juni 1944 zerschlug die Heeresgruppe Mitte und beendete die Anwesenheit deutscher Truppen auf sowjetischem Boden.

Die wirkungsvollsten Erfolge gegen Deutschland wurden im 2. Weltkrieg aber durch sowjetische Agenten erzielt. Drei bekannte und erfolgreiche Organisationen des sowjetischen Geheimdienstes im 2. Weltkrieg waren LUCY in der Schweiz, die ROTE KAPELLE in Deutschland und der Spionagering HIRSE unter Richard Sorge in Japan. Alle verwendeten dabei eines der sichersten Chiffriersysteme. Lediglich ein Umstand verhinderte noch größere Erfolge, die fehlende Analyse der Informationen und deren Auswertung durch Stalin persönlich.

Als im Jahr 1934 Sergei Kirow bei der Wahl zum Zentralkomitee Stalin um hunderte von Stimmen übertroffen hatte, wurde auch dieser am Ende des Jahres ermordet. Stalins innen- und außenpolitische Erfolge, wie z.B. die durch den Pakt mit Hitler annektierten und in Verträgen mit dem Westen abgesicherten territorialen Zugewinne von Ostpolen, den baltischen Staaten und Moldawien, die Zugeständnisse der Amerikaner, Briten und Franzosen auf den Konferenzen in Teheran und Jalta, sind teilweise auf Erkenntnisse aus den vom sowjetischen Geheimdienst installierten Wanzen, wie z.B. im Woronzow- und Liwadja-Palast oder auch auf nachrichtendienstliche Informationen durch das überwiegend weibliche Servicepersonal des NKGB zurückzuführen. Als im Oktober 1952 die erste britische Atombombe auf den Montebello-Inseln gezündet wurde, wusste Stalin weit mehr über das Programm TUBE ALLOYS als das gesamte britische Kabinett zusammengenommen.

Nach dem deutsch-sowjetischen Nicht-Angriffs-Pakt im August 1939 erteilte Hitler offiziell den Befehl, die Funkaufklärung gegen die Sowjetunion einzustellen, doch der Befehl wurde nie in der Truppe befolgt, da er maßgeblich durch interne Weisungen unterwandert wurde. In einem totalitären System ist dies ohne eine interne gegenläufige Weisung nicht möglich und in ähnlicher Weise könnte also auch der Befehl zur Einstellung gewisser Forschungsgebiete lediglich eine Tarnung gewesen sein. Die deutsche Funkaufklärung profitierte unmittelbar von der intensiven Beschäftigung der finnischen Kryptologen mit dem russischen Funkverkehr. Ein Hinweis kam z.B. aus einem im Schreibtisch eines sowjetischen Militärattachés zurückgelassenem Buch, womit über die Wiederholungen im Schlüsseltext das Buch „Geschichte der kommunistischen Partei" als Grundlage der Chiffrierung identifiziert werden konnte, welches im Handel offiziell erhältlich war.

Die Schwächen im sowjetischen System wurden vor dem Angriff auf die Sowjetunion wiederum durch Fehler der Führung in Deutschland neutralisiert, denn z.B. wurde die Überwachung des Spionageringes von Dr. Richard Sorge durch private Differenzen zwischen Schellenberg und Heydrich vernachlässigt. Sorge arbeitete offiziell als Korrespondent der Frankfurter Zeitung in Tokyo, konnte aber zum deutschen Botschafter in Japan (Eugen Ott) eine gute Beziehung aufbauen und auch den als Attaché eingesetzten Vertreter des Reichssicherheitshauptamtes (Meisinger) als Fürsprecher gewinnen. Seine nächsten angeworbenen Informationsquellen waren Hotsumi Ozaki und Yotoku Miyagi vom kaiserlichen japanischen Hof.

Auch Churchill hatte 1941 nicht weniger als 84 Meldungen an Stalin über einen bevorstehenden deutschen Angriff übermittelt. Der korrekte Zeitpunkt des deutschen Angriffes auf die Sowjetunion kam nun auch von Sorge; trotzdem erfolgte keinerlei Reaktion seitens Stalins. Stalin misstraute aber auch Churchill und wusste, dass die Sowjetunion nach einem Fall Englands alleine gegen Deutschland stehen würde. Am 25.

Juni 1940 erklärte er gegenüber Churchill, dass die Politik der Sowjetunion auf die Vermeidung eines Krieges mit Deutschland ausgerichtet ist, aber Deutschland die Sowjetunion im Frühjahr 1941 angreifen könnte, sollte England geschlagen sein.

Am 13. Juli 1940 übergab Molotow auf Stalins Anordnung eine Aufzeichnung der geheimen Gespräche Stalins mit dem britischen Botschafter Cripps an den deutschen Botschafter Graf von Schulenburg. Diese entsprachen allerdings nicht mehr den Originaldokumenten. Sie sollten beweisen, dass die mit England geführten Verhandlungen nicht vertraulich und alle Inhalte dem Deutschen Reich zugänglich waren. In Wirklichkeit versuchten die deutsche und die russische Seite nur noch, die Aufmärsche der eigenen Truppen zu tarnen und auf politischer Ebene Sicherheit zu vorzutäuschen. Während in Russland 191 Divisionen nach Westen verlegten, wurde im OKW in Berlin mit der Ausarbeitung der Operation BARBAROSSA begonnen (21. Juli 1940).

Sämtliche Vorgesetzten von Richard Sorge waren zwischenzeitlich in Russland liquidiert worden, sein ehemaliger Stellvertreter auf dem Heimaturlaub beseitigt und seine Frau Maximowa verhaftet. Nun wurde er aufgefordert zur Erholung in die Sowjetunion zu kommen, doch misstraute Stalin einem Genossen, der Stalin ebenso misstrauisch gegenüberstand. Sorge meldete zwar zuerst, dass die Sowjetunion erst angegriffen werde, wenn Deutschland den Krieg im Westen beendet hat, doch wenig später sendet er das genaue Angriffsdatum der deutschen Truppen auf die Sowjetunion.

Die nächste Nachricht des Funkers Max Klausen vom 15. Oktober 1941 informierte Stalin über die japanische Kwantung-Armee, die in Richtung Singapur und Burma marschierte und somit keinen Entlastungsangriff für die deutschen Truppen auf die UdSSR durchführen konnte. Dieses Mal reagierte Stalin. Er zog die russischen Eliteverbände von der japanischen Grenze ab und stellte sie vor dem Winter 42/43 gegen die deutsche Offensive auf, welche sie zum Stehen brachten.

Sorge und Ozaki wurden erst spät enttarnt und am 7. November 1944 gehängt. Der Funker Klausen hingegen arbeitete weiter von einer Segelyacht aus, die ständig ihren Standort wechselte. Seine Funksprüche unterstützten die Rote Armee vor Moskau. Der posthum 1964 als Held der Sowjetunion ausgezeichnete Richard Sorge wurde zusätzlich mit der einzigen Briefmarke geehrt, die jemals für einen Agenten herausgebracht wurde.

Nach dem Überfall auf die Sowjetunion begannen die Aktivitäten der bisher inaktiven sowjetischen Gruppe Rote Kapelle. Am 26. Juni 1941 wurde von der Funküberwachung in Cranz/Ostpreußen der erste Funkspruch der Station mit Rufzeichen "PTX" an "HLK" abgefangen. Nachdem sich die Peilgruppen an die Funkstation in Berlin herangearbeitet hatten, wurden sie jedoch von den sowjetischen Agenten entdeckt, die daraufhin den gesamten Funkverkehr über Brüssel abwickelten. Erst am 13. Dezember 1941 konnte diese Station in Brüssel (Makarow/Danilow) durch eine Peilkompanie der ehemaligen Berliner Polizei in der Rue des Attrebates 101 wieder gepeilt werden. Die eingeleitete Festnahme setzte den Funker Vyacheslav Molotow (ein Verwandter des russischen Außenministers Molotow) fest, aber Solokow konnte entkommen.

Der zur Verschlüsselung der Nachrichten verwendete 5-Bit-Code konnte aber weiter nicht gelöst werden. Sämtliche Funksprüche lagen nur verschlüsselt vor und die Vernehmungen blieben zunächst ohne Erfolg. 6 Wochen später fand man auf einem Papierfetzen das Wort "Proctor". Das Funkgerät und die Unterlagen der Roten Kapelle waren noch nicht abtransportiert worden, wodurch andere Agenten die Unterlagen entfernen konnten. Ein schwerer Fehler der deutschen Stellen, doch die Haushälterin konnte sich an eine Ausgabe des Buches "Le miracle du Professeur Wolmar" von Guy de Teramonds bei der Gruppe erinnern, die jedoch im Handel nicht mehr erhältlich war.

In Paris konnte auf dem Momatre schließlich eine alte Ausgabe des Buches mit den Schlüsselworten gefunden werden und nun konnten die vorliegenden Texte entschlüsselt werden. Mit den Novellen waren 120 Nachrichten verschlüsselt nach Moskau übermittelt worden, darunter bereits im November 1941 die

Informationen über die Frühjahrsoffensive 1942 im Kaukasus, ferner Daten über die Stärke der deutschen Luftwaffe und weitere wichtige Angaben aus Wehrmachtsstäben sowie den Chiffrier- und Nachrichtenabteilungen.

Am 30. Juni 1942 konnte nach Peilungen auch die 2. Funkstation unter Johann Wenzel gefunden werden. Die hier sichergestellten Unterlagen ermöglichten die Entschlüsselung der Adressen von Oberleutnant Schulze-Boysen und des Agenten Harnack. Die Gestapo führte nun auch diese Station zur Täuschung weiter.

Ein dritter wichtiger sowjetischer Agentenring bestand mit der Station "Lucy" (Luzern/Schweiz) unter Sandor Alexander Rado, dessen drei Funkstationen auch als "Rote Troika" bezeichnet wurden. Der Spion Rudolf Rössler erhielt seine Informationen aus den Gesprächen mit seinen Freunden, darunter dem Chef der OKW-Chiffrierabteilung, General Fritz Thiele. Auch diese Station übermittelte den korrekten Angriffstermin gegen die Sowjetunion, was bei Stalin aber genauso wenig Beachtung fand, wie die Mitteilungen von Sorge.

Die Zentrale des Obersten Nachrichtendienstes der Roten Armee in Moskau (Znaminsky 19) verlegte ihre Agentenfunkstation aufgrund des Vormarsches der deutschen Truppen fast 1.000 km weiter entfernt nach Kuibyshev (19. Oktober 1941). Im Zeitraum der Verlegung brach der Kontakt zu den Agenten ab, der wichtige Informationsfluss versiegte und infolge von fehlenden und falschen Informationen resultierten auch die Verluste von ca. 100.000 Mann bei Charkow und daraus wiederum der Durchbruch der deutschen Kräfte nach Stalingrad. Unter deutschem Druck ging die Schweizer Bundespolizei im 8. Oktober 1943 gegen die gepeilten sowjetischen Funkstationen vor und nahm die Agenten Edmond und Olga Hamel in Genf gefangen.

Die Spionageringe wurden meist erst relativ spät aufgedeckt und hatten dann meist bereits große negative Auswirkungen erzielt. Die Agenten der russischen Nachrichtendienste wurden meist in der Lenin-Bibliothek/Moskau ausgebildet, deren Niveau teilweise über dem der englischen, amerikanischen und gaullistischen Stellen lag. Mit dem NKWD-Befehl Nr. 00648 vom 3. Oktober 1940 war die erste Schule des sowjetischen Auslandsnachrichtendienstes, die SCHON (Schkola Osobogo Nasnatschenija ("Schule für besondere Zwecke", INO), 25 km östlich der Moskauer Ringstraße in einem Wald bei Balaschicha gegründet. Die SCHON wurde am 5. Juni 1943 zur RASCH, als Schule des Nachrichtendienstes innerhalb der Ersten Hauptverwaltung (Ausland), wobei die Ausbildungszeit um zwei Jahre verlängert wurde. Bis Kriegsende durchliefen rund zweihundert Offiziere des Nachrichtendienstes für den Auslandseinsatz hier ihre Ausbildung. Während des Kalten Krieges wurde sie dann zur "Schule Nr. 101" und später zum Rotbanner- bzw. Andropow-Institut umbenannt, bevor sie im Oktober 1994 zur Akademie des Auslandsnachrichtendienstes der Russischen Förderation wurde.

Neben dem Andropow-Institut bildeten während des Kalten Krieges die Mossovet-Schule in Moskau, die Dzerzhinsky-Schule (Alma-Ata) und die Voroshilov-Schule in Bolitsino Agenten für den KGB aus und viele arabische Terroristen waren auf Lehrgängen in einer Trainingseinrichtung nahe Puschkin/Moskau. In der 1950er Jahren entstand 60 km vor Moskau in Zelenograd (vormals Kryukovo) ein sehr gut ausgestattetes Zentrum für die Technologieforschung bei den Computern und für Nachrichtengeräte, dem russischen Silicon Valley.

Die sowjetische Spionageabwehr wurde zur Abschirmung der eigenen Truppen als SMERSCH (Smert Schpionam, "Tod den Spionen") von Beria 1941 als Abteilung des NKWD geschaffen. Die militärische Spionageabwehr war jedoch vom 14. April 1943 bis 16. März 1946 aus dem NKWD ausgegliedert und Stalin direkt unterstellt worden. Die SMERSCH-Einheiten unter Oberst Ivan I. Klimenko erreichten im Mai 1945 Berlin und stürmten als erste Einheiten den Führerbunker. Aus dieser Truppe fand Ivan Churakov die verbrannten Überreste von Adolf und Eva Hitler sowie Josef und Magda Göbels.

Nach dem 2. Weltkrieg hatte die hochwertige Chiffrier- und Schlüsseltechnologie der Sowjetunion in Verbindung mit der intensiven Spionage und Spionageabwehr einen großen Anteil an den sowjetischen

Erfolgen. Die erfolgreiche Kombination sicherte die Existenz der sowjetischen Diktatoren, ihre politischen Erfolge, die ersten Flüge im Weltall und ermöglichte das Wettrüsten. Spione und Informanten wie Heinz Felfe, Alger Hiss, Taylor Kent, Klaus Fuchs, Gabriele Gast, Klaus Kuron, Hans-Joachim Tiete, Rainer Rupp, Günter Guillaume, Bruno Pontecorvo u.a. beweisen die Effizienz der sowjetischen Nachrichtendienste und deren gute Abschirmung gegen Entdeckung. Auf der anderen Seite halfen sie die Ereignisse um die Überläufer Mitchell und Martin, Victor Noris Hamilton oder den U2-Piloten Gary Powers in Pressekonferenzen politisch auszuschlachten.

Der Staff Sergeant Jack E. Dunlop war zwischen 1960 und 1963 ein weiterer erfolgreicher Agent der sowjetischen GRU in der NSA. Die Doppelagenten Morris und Jack Childs wurden sogar 1987 durch den Präsidenten Ronald Reagan mit der Friedensmedaille ausgezeichnet, nachdem sie zuvor im Jahre 1975 den Rotbannerorden für die Verdienste durch den KGB erhalten hatten. Es sind die einzigen Spione, die sowohl von der Sowjetunion als auch von den Vereinigten Staaten von Amerika dekoriert wurden.

Sowjetische Agenten waren jedoch in befreundeten und oppositionellen Ländern aktiv und in aller Welt bildeten die Botschaften und Auslandsvertretungen die Anlaufpunkte. Die Geheimhaltung hatte eine solch hohe Bedeutung, dass die kanadische Feuerwehr während eines Brandes in der sowjetischen Botschaft in Ottawa am Neujahrsabend 1956 keine Erlaubnis erhielt, diese zu betreten, bis alles völlig verbrannt war. Zur Zeit des Kalten Krieges unterhielt die Sowjetunion insgesamt vier Agentenringe in den Vereinigten Staaten von Amerika und versuchte 1947 sogar mit einem U-Boot aus dem US-Hauptquartier der Pazifikflotte einen geheimen amerikanischen Code zu stehlen.

Der Name des russischen Auslandgeheimdienstes hatte sich seit der Revolution zwar mehrmals geändert, nicht aber die Arbeitsweise. Alle Organisationen sammelten Informationen im In- und Ausland und auf jede erdenkliche Art. Da sich die Kompetenzen und Interessen einzelner Abteilungen bzw. Organisationen aber überschnitten, waren interne Machtkämpfe programmiert.

Die Abteilung Auslandsnachrichtendienst der Tscheka wurde ab 20. Dezember 1920 unter der Bezeichnung Inostrannyi Otdel (INO, Mikhail Trilisser) geführt, von 1941 bis 1947 dann als Inostrannoje Uprawlenije (INU) bzw. Erste Verwaltung, deren Aufgaben von 1947 bis 1951 größtenteils von der Auslandsaufklärung Komitet Informazii (KI) übernommen wurden. Von 1952 bis 1991 übernahm die Auslandsaufklärung die Erste Hauptverwaltung (März 1953 bis März 1954, Zweite Hauptverwaltung). Am 3. März 1954 wurde im Ministerrat das der KGB (Komitet Gossurdarstvennoi Bezopasnosti, Komitee für Staatssicherheit) gegründet. Nach der Stalin-Ära wurde das MVD (Ministerstvo Vnutrennykh Del) als Ministerium für interne Affären aus dem KGB wieder herausgelöst.

Während des Krieges gab es Massaker an alliierten Soldaten nicht nur von deutscher, sondern auch von russischer Seite. Der NKWD ließ in einem der größten Verbrechen rund 15.000 polnische Gefangene (darunter 8.700 Offiziere der polnischen Armee!) ermorden und beschuldigte anschließend die deutsche Wehrmacht und SS dieser Tat. Doch Morde waren auch im Kalten Krieg nicht unüblich.

Der Mord an einem französischen Präfekten im 17. Mai 1957 war z.B. ein Auftrag der GRU und der sowjetische Agent Bogdan Staschinskyj gestand den Mord an zwei russischen Emigranten in Deutschland. Selbst Präsidenten waren vor dem KGB nicht sicher, was die Ermordung des afghanischen Präsidenten Hafizullah Amin im Dezember 1979 zeigte. KGB-Sondereinheiten in afghanischen Uniformen stürmten den Palast der afghanischen Regierung, wobei über 100 sowjetische Soldaten, darunter auch der Kommandeur der Angriffstruppen und Leiter der Schule für Spezialoperationen der 8. Abteilung in Balaschicha, Oberst Grigori Bojarinow, fielen.

Der tödliche und kaum nachzuweisende Stich mit einer Schirmspitze zur Verabreichung einer Dosis des Giftes Rizin traf vermutlich so manchen unzuverlässigen Mitarbeiter des KGB oder GRU im Ausland, bei denen auch die Verschleppungen meist im Mord endeten. Viele der geheimen sowjetischen Lager mit Funkgeräten und Waffen der Einheiten des DRG (Diversjonnyje Raswedywatelnyje Gruppy, Sabatage- und

Aufklärungstruppen des KGB) aus dem Kalten Krieg liegen teilweise noch heute in Ländern in Europa, Israel, der Türkei, Japan, da sie nicht geräumt wurden. Viele sind mit Molnija-Sprengsätzen gegen unbefugte Öffnung gesichert worden und können dadurch eine Gefahr darstellen.

Die ergiebigsten Informationsquellen für die Sowjetunion waren die in Moskau befindlichen ausländischen Botschaften. Im Jahre 1944 wurden beispielsweise aus dem amerikanischen Botschaftsgebäude über 120 versteckte Mikrofone der "verbündeten" russischen Nachrichtendienste entfernt. 1952 ordnete der neue US-Botschafter George F. Kennan eine gründliche Durchsuchung an, bei der in einem handgeschnitzten Wappen der Vereinigten Staaten eine Wanze gefunden wurde. Das Wappen war ein Gastgeschenk der sowjetischen Regierung, welches ohne weitere Überprüfung im Arbeitszimmer des Botschafters aufgehängt wurde. Die raffinierte Technik des Senders konnte erst von Peter Wright im MI5 in England enttarnt werden. In der Holzskulptur des Adlers wurde ein passiver Sender mit einem Mikrofon und einem kleinen Stahlrohr verbunden, welche als Schwingkreis wirkten und aktiv sendeten, wenn die Botschaft durch einen, vom russischen Nachrichtendienst in einem umliegenden Gebäude installierten, UHF-Sender bestrahlt wurde. Das Mikrofon nahm die Gespräche auf und der Schwingkreis sendete mit der empfangenen UHF-Energie die Besprechungen im Raum wieder ab. Ein Prinzip, das in implantierten Mikrochips verwendet wird, z.B. bei den Hunden, die innerhalb der EU seit 2005 einen Ausweis erhalten.

Im Jahre 1964 wurden nach Informationen des Überläufers Juri Nosenko erneut über 40 Wanzen in der amerikanischen Botschaft entdeckt, die in Bambusröhren in das Mauerwerk hinter der Heizung eingebaut waren. Die Heizung schützte dabei die Mikrofone vor einer Entdeckung durch Metalldetektoren. 1974 wurde in gemeinsamen Operationen mit osteuropäischen Verbündeten durch sowjetische Nachrichtendienste aus ausländischen Botschaften (sieben in Prag, fünf in Sofia, zwei in Budapest und zwei in Moskau) Chiffriermaterial beschafft.

Der 1979 begonnene Bau des neuen achtstöckigen amerikanischen Botschaftsgebäudes wurde nie bezogen, da das Gebäude quasi ein "achtstöckiges Mikrofon" durch die während des Baus installierten Abhöreinrichtungen war. Die Stahlbewehrung war als Antenne ausgeführt und eine Betonwand diente als Energiequelle. Das System wurde von der CIA als BATWING bezeichnet. Der Überläufer Viktor Schejmow hatte bereit 1980 vor derartigen Maßnahmen gewarnt, doch wurde zunächst bezweifelt, dass diese Technik überhaupt zu verwirklich wäre. 1984 wurden dann in Schreibmaschinen die seit Jahren in der Nutzung der Botschaft waren ebenfalls Wanzen entdeckt.

Einige der spektakulärsten Erfolge des KGB ermöglichten die Anwerbungen des Österreichers Arnold Deutsch in England und weiterer Kontakte bei den Verbündeten. Die "Glorreichen Fünf" des "Cambridge"-Spionagerings wurden in den dreißiger Jahren rekrutiert. Es waren Harold (Kim) Philby, Guy de Moncey Burgess, John Cairncross, Donald Duart Maclean, Anthony Blunt, die wiederum z.B. Alan Nunn und Leo Long u.a. rekrutierten. Die meisten spionierten damals jedoch aus Überzeugung und aus der Ideologie heraus, die wenigsten für Geld.

Neben der russischen Atomforschung (Codename ENORMOS), der Entwicklung von Düsentriebwerken (Codename WOSDUCH = "Luft") und des Radars (Codename RADUGA = "Regenbogen") konnten durch ihre Informationen vor allem diplomatische und politische Erfolge erzielt werden. Nach ihrer Anwerbung im Jahre 1934/35 hatten Philby, Burgess und Maclean nach Einschätzung der KGB-Zentrale rund 20.000 Seiten als wertvoll eingestufter Geheimdokumente und Berichte geliefert, was allein durch die Flucht von Burgess und Maclean gestoppt wurde.

John Cairncross gab wichtige Informationen über deutsche Truppenbewegungen während der Schlacht um Kursk und ermöglichte der sowjetischen Luftwaffe dadurch präventive Schläge, wobei über 500 deutsche Flugzeuge am Boden zerstört werden konnten. Allerdings dürfte hier auch Geoffrey Prime aus der Government Code and Cypher School eine wesentliche Rolle gespielt haben. Ferner erwähnt John

Cairncross einen Analytiker im Wehrmachtsführungsstab, der Informationen nach Russland weitergab, der bis heute nicht eindeutig identifiziert wurde.

Mit über 40 Dienstjahren war Melita Norwood die am längsten im Westen tätige Agentin. Die ergiebigste und beste Quelle der Sowjetunion innerhalb der britischen und amerikanischen Geheimdienste und ihrer Spionageabwehr war jedoch Harold A. R. Kim Philby. Alle Anstrengungen zur Abwehr der kommunistischen Spionage waren durch ihn von Anfang an zum Scheitern verurteilt. Eine in der Geschichte der Spionage nur selten erreichte Meisterleistung, wobei er von der britischen und sowjetischen Regierung mit Orden ausgezeichnet wurde.

Zunächst gab es jedoch Anfang 1940 mit dem Abzug des letzten Mitarbeiters aus London einen Tiefstand der Präsenz von sowjetischen Agenten in England, wonach zumindest kein einziger NKWD-Offizier mehr in England war. Im Februar 1940 gab die Zentrale den Befehl die Verbindung auch zu Philby und Burgess abzubrechen, dies zu einem Zeitpunkt, an dem Informationen von größter Wichtigkeit gewesen wären. Trotzdem blieb London 1941 durch die neu angeworbenen Agenten mit 7.867 vertraulichen Dokumenten aus Politik und Diplomatie, 715 aus dem militärischen Bereich, 127 über Wirtschaftsfragen und 51 über die britischen Geheimdienste, die produktivste Quelle des NKWD. Ein weiterer Eskalationspunkt kam 1951 mit der Ausweisung von 105 KGB- und GRU-Offizieren (britische Operation BIG FOOT).

Zwischen 1960 und 1970 stieg die Zahl der KGB-/GRU-Agenten in London wieder von rund 60 auf über 120, womit sich in London mehr Agenten wie in irgendeiner anderen westlichen Hauptstadt aufhielten. Der neue Aufbau der sowjetischen Netzwerke begann mit reaktivierten Kontakten wie "ACE", der bis 1980 rund 90.000 Seiten geheimer Dokumente über die CONCORD, die Super VC-10, die Lockheed L-1011, die Boeing 747, sowie über Triebwerke und Flugsimulatoren lieferte.

Während des deutschen Angriffes auf die Sowjetunion konnten die sowjetischen Nachrichtendienste zunächst keine Vorteile verschaffen. Die Verbesserungen in der Arbeit der russischen Nachrichtendienste kann nach Stalingrad auch auf die massiven Lieferungen mit amerikanischen und britischen Funkausrüstungen sowie weiteres militärisches Material zurückgeführt werden. Ende 1942 konnte die Stawka dadurch ihre Funk-Sonderbataillone mit jeweils 18-20 Empfänger und vier Peilempfängern ausstatten. Die Notwendigkeit moderner Funkausrüstung für die Nachrichtentruppen und Nachrichtendienste war nun auch von Stalin erkannt worden. Während des sowjetischen Terrorsystems unter Stalin waren jedoch alle sieben Leiter der GRU zwischen 1920 bis 1940 liquidiert (von Stigga bis Proskrov). Die Position eines Chefs der russischen Nachrichtendienste war demnach kein erstrebenswerter Dienstposten, außerdem wurden mit dem Leiter meist auch seine Berater, die einzelnen Abteilungsleiter und Vorgesetzte in den Verwaltungen beseitigt.

Im Jahr 1941 verfügte der NKWD in den USA hingegen lediglich über 221 Agenten, von denen 49 als Ingenieure in den Akten gekennzeichnet wurden. Die Konzentration lag schon damals im technischen Bereich. Die Zahl der Mikrofilme, die z.B. aus der illegalen Residentur von Achmeros an die Zentrale in Moskau geleitet wurden, verdeutlicht die Bedeutung für die Sowjetunion:

- 59 Mikrofilme   1941
- 211 Mikrofilme   1942
- 600 Mikrofilme   1943
- 1.896 Mikrofilme   1944

Nach dem 1. Juli 1946 schickte die Pariser Residentur in einem Jahr insgesamt 1.289 Dokumente aus den französischen Ministerien und Geheimdiensten und auch in Italien waren in der Nachkriegsregierung bis zum Frühjahr 1947 kommunistische Minister mit guten Verbindungen nach Moskau tätig. Bis in die achtziger Jahre war die Infiltration durch den KGB in den Staatsdiensten von Frankreich und Italien so erfolgreich, dass die Länder quasi ungewollt eine offene Diplomatie betrieben. Nach Angaben des NKWD sollen in dieser Zeit weltweit insgesamt 1.240 Agenten und Informanten für ihn tätig gewesen sein, die

41.718 Berichte lieferten. Allein aus der westlichen Atomforschung waren bis 1944 bereits 1.167 Dokumente beschafft worden, wovon 88 aus den USA und 79 aus Großbritannien als bedeutend eingestuft wurden.

1963 beschaffte die New Yorker Residentur 114 wissenschaftlich-technische Geheimdokumente mit insgesamt 7.967 Seiten und 30.131 nicht geheime Dokumente mit insgesamt 181.454 Seiten sowie 71 Prototypen hochmoderner Entwicklungen, während aus der Washingtoner Residentur 37 Geheimdokumente (3.944 Seiten) und 1.408 nicht geheime Dokumente (34.506 Seiten) an die Zentrale in Moskau geschickt wurden.

Einer der wichtigsten Agenten ("ALWAR") saß in dieser Zeit in der IBM, wo Mitte der sechziger Jahre über die Hälfte der auf der Welt benutzten Computer hergestellt wurden. Besonders unangenehm musste dem KGB die Tatsache gewesen sein, dass nicht er selbst die bedeutendste Infiltration des Hauptgegners im Kalten Krieg erreicht hatte, sondern der tschechoslowakische StB (Staatssicherheitsdienst) mit dem Agenten Karl Koecher in der CIA.

Die Bilanz der Washingtoner Residentur übertraf allerdings mit den zwei Selbstanbietern Robert Lipka und John Anthony Walker die in New York. Der Spionagering der Familie Walker blieb achtzehn Jahre ein Quell der Daten. Robert Lipka arbeitet von 1965 bis 1967 bei der NSA in Fort Meade und fotografierte geheime Dokumente für lächerliche 27.000$. Daniel King kopierte SIGINT-Daten der amerikanischen U-Boote mit Einsätzen an den unterseeischen Nachrichtenverbindungen auf CD und gab diese an die russische Botschaft in Washington.

Die aus eigenem Antrieb dem KGB zuarbeitenden Personen brachten der Sowjetunion einige der größten Erfolge nach dem 2. Weltkrieg, wie z.B. auch der Sergeant der US-Army Robert Lee Johnson ("GEORGE"), der nebenbei noch als Zuhälter tätig war. Ab 1953 war er für den KGB aktiv und seine erfolgreichste Zeit war dann 1961/62, als er über 1.600 Seiten seinem Führungsoffizier übergeben konnte. Darunter befanden sich Chiffren und Tabellen mit den Tagesschlüsseln der Chiffriermaschinen Adonis, KW-9 und HW-18, die Operationspläne des Oberkommandos der US-Streitkräfte in Europa, Unterlagen über die Produktion der US-Atomwaffen sowie die amerikanische Aufklärung und Gegenspionage.

1953 wurde Lawrenti Berija nach Genrich Jagoda (1938) und Nikolai Jeschow (1940) der dritte sowjetische Sicherheitschef, der unter dem Verdacht bzw. dem Vorwand der Spionage gegen das eigene Land erschossen wurde. Iwan Serow zog es 1963 deshalb wohl vor, sich die Kugel selbst in den Kopf zu jagen.

Die Anschuldigung der Spionage war zu jeder Zeit eine gute Ausgangsbasis für die Gegner aus den eigenen Reihen und der Partei, um die jeweiligen unliebsamen und auch einflussreichen Leiter aus dem Weg zu räumen. Gleichzeitig bot es den westlichen Geheimdiensten gute Ansatzmöglichkeiten, um die Leiter der sowjetischen Nachrichtendienste früher oder später anwerben zu können, was in vielen Fällen auch erfolgreich umgesetzt werden konnte.

Der KGB hatte viele Mittel und die Macht, um eine ideale Ausgangsposition für persönliche Bestrebungen der Sicherheitschefs zu gewährleisten. Andropow wurde der dienstälteste KGB-Chef, der seine fünfzehnjährige Amtszeit 1982 mit der Nachfolge Breschnews als Generalsekretär krönte, in der er auch die Kontrolle über den KGB sorgfältig in der Hand behielt. Außer Andropow schafften auch andere Leiter von Nachrichtendiensten den Sprung ins Präsidentenamt, darunter Putin, George H. W. Bush und Chaim Herzog, Letzterer kam gar aus dem militärischen Nachrichtendienst.

Mitte der siebziger Jahre hatte die Direktion T im KGB rund 90 Anwerber für Agenten, etwa 900 aktive Agenten und 350 "vertrauenswürdige" Kontakte; das vermutlich größte Netzwerk in der Geschichte der wissenschaftlich-technischen Spionage. Die Außenstelle des KGB im Hauptquartier der sowjetischen Streitkräfte in Berlin-Karlshorst hatte in der Gruppe X der Direktion T 59 Agenten (1975).

Eine vermutlich für das Jahr 1975 erstellte Statistik dieser Gruppe X enthält Angaben über das Personal in europäischen Städten und gibt einen guten Einblick in die Aktivitäten der sowjetischen Machthaber auf dem Kontinent.

Beispiel Residentur Gruppe X	Offiziere	Agenten
• Belgrad	3	?
• Bern	3	?
• Bonn	15	9
• Köln	?	?
• Brüssel	7	4
• Genf	3	2
• Den Haag	3	1
• Helsinki	6	2
• Kopenhagen	6	7
• Lissabon	2	?
• London	9	9
• Oslo	3	0
• Paris	22	22
• Rom	9	10
• Stockholm	7	1
• Wien	19	29

Anhand der Veränderung der Personalstärke der einzelnen Residenturen in den Ländern können Rückschlüsse auf die Aktivität gewonnen werden.

KGB-Agenten der Agenturen der Fünften Verwaltung der Ersten Hauptverwaltung

Land/Jahr	1966	1971	1974	
• Frankreich	66	48	55	(+ 17 Kontakte)
• Italien	18	21	24	(+ 4 Kontakte)
• Belgien	24	19	19	(+ 7 Kontakte)
• Griechenland	18	6	18	(+ 3 Kontakte)
• Niederlande	2	2	?	
• Schweiz	2	8	8	(+ 2 Kontakte)
• Zypern	2	5	?	
• Luxemburg	1	0	?	
• Jugoslawien	0	0	?	

Die Zahl der Agenten der Residentur in Rom stieg 1975 von ursprünglich 9 auf 23 Agenten und 6 vertrauliche Kontakte sowie weiteren 4 Agenten in der sowjetischen Gemeinde, ein Jahr später gab es hier 21 ausländische Agenten, 7 vertrauliche Kontakte und 9 sowjetische Agenten. Nach den Misserfolgen in England wurden zunächst die französischen Nachrichtendienste mit rund fünfzig Agenten zur wichtigsten Informationsquelle in Europa. Die Pariser Residentur hatte doppelt so viele Offiziere (über 20) und Agenten der Gruppe X (von 1974 bis 1979 insgesamt 36) wie jede andere in der Europäischen Union.

Der Überläufer Wladimir Wetrow ("FAREWELL") enttarnte neben KGB-Operationen auch die Wanzen in den Fernschreibern der französischen Botschaft in Moskau, die sieben Jahre lang Informationen nach Moskau lieferten. Daraufhin wurden am 5. April 1983 im größten Exodus nach der britischen Operation BIG FOOT 47 sowjetische Offiziere der Gruppe X aus Frankreich ausgewiesen.

1975/76 beschaffte der kalifornische Drogendealer Andrew Daulton Lee durch seinen Kontaktmann Christopher Boyce für die KGB-Residentur in Mexiko City das Handbuch für den Überwachungssatelliten "Rhyolite" ("Aquacade") sowie anderer Satellitensysteme und Details über die amerikanischen Spionagesatelliten, welche die z.B. die sowjetischen Erprobungen der neuen Flugkörper verfolgten. Beide wurden 1977 verhaftet und ihre Tätigkeiten für Figuren in dem Film "Der Falke und der Schneemann" 1979 verwendet, dessen Titelsong „This is not America" mit David Bowie ein Welthit wurde.

Die Zahl der Mitarbeiter insgesamt wurde stetig erhöht, der Ausbau der sowjetischen Nachrichtendienste stetig vorangetrieben wurde. Ende der 80er Jahre stellten allein die GRU-Abteilungen in der Sowjetarmee 180 Aufklärungsbataillonen (mit je 340 Mann), mit ca. 700 Aufklärungskompanien (55 Mann) sowie weitere Einheiten in den Landstreitkräften und Distrikten (über 100.000 Mann). Eigene Nachrichtengruppen bestanden in den Hauptquartieren der Flotte, der Armee, der Luftwaffe und der strategischen Flugkörperwaffe. Das Hauptquartier lag an der Khoroshevskiy-Autobahn, nahe dem alten Khodinka-Flugplatz.

Welche Konsequenzen aus der Entzifferung vertraulicher Informationen entstehen können, zeigt ein Beispiel aus den USA. Am 16. April 1984 betrat Aldrich H. Ames, leitender Mitarbeiter der für die Sowjetunion zuständigen Abteilung der CIA, die sowjetische Botschaft in Washington. Im März 1985 wurden von Ames die Namen von 20 westlichen Agenten in der Sowjetunion übermittelt, von denen bis auf Oleg Gordiewski alle erschossen wurden. Damit ging wohl die erfolgreichste Infiltration in der UdSSR seit der Oktoberrevolution zu Ende.

Andererseits stammten im Jahre 1980 über die Hälfte der wissenschaftlich-technischen Informationen für die militärische Rüstung in der Sowjetunion aus amerikanischen Quellen, 10,5% aus der Bundesrepublik Deutschland, 8% aus Frankreich, 7,5% aus Großbritannien und 3% aus Japan. Über die Hälfte der geheimen Informationen der Direktion T der ersten Hauptverwaltung kamen von verbündeten Nachrichtendiensten, wie z.B. aus der DDR, Polen, Ungarn oder der Tschechoslowakei.

Die sowjetischen Streitkräfte bauten ihre Spezialkräfte in der Funkaufklärung weiter aus, bis sie in den achtziger Jahren über 40 Regimenter, 170 Bataillone und mehr als 700 Kompanien für die Funkaufklärung enthielten. Mehr als 60 Überwasserschiffe und über 20 verschiedene Flugzeugtypen wurden für die Aufklärung genutzt und nach dem Start von KOSMOS wurden von der GRU mindestens 130 weitere Aufklärungssatelliten in die Umlaufbahn geschossen.

Eine gemeinsame Fernmeldeaufklärungsgruppe der OGPU und Vierter Abteilung war ab den dreißiger Jahren im Gebäude des Volkskommissariats für auswärtige Angelegenheiten an der Kusnezki-Brücke. Die damals mit zu den größten und besten Fernmeldeaufklärungsgruppen der Welt zählende Abteilung war unter dem Chef, Gleb Boki, in der Lage, zumindest einen Teil des diplomatischen Nachrichtenverkehrs von Großbritannien, Österreich, Deutschland und Italien zu entschlüsseln.

Für das Abfangen und Entschlüsseln der militärischen Nachrichten war die GRU zuständig, für die diplomatischen und zivilen Kommunikationskanäle der KGB. Ein zu Beginn des Kalten Krieges unternommener Versuch die Fernmeldeaufklärung beider Organisationen zusammenzulegen schlug fehl.

Die Achte Verwaltung des KGB war bis Ende der sechziger Jahre zuständig für Kommunikation, Fernmeldeaufklärung und Entzifferung von Codes. 1960 wurden rund 209.000 diplomatische Telegramme von Repräsentanten von 51 Staaten entschlüsselt. 1967 war konnten 152 Chiffriersysteme in 72 verschiedenen Staaten entziffert werden.

Posten der Fernmeldeaufklärung wurden ab 1966 in den USA selbst eingerichtet. Die erste Station unter dem Codenamen POTSCHIN (Anfang/Initiative) im obersten Stockwerk der sowjetischen Botschaft in der 16th Street in Washington, 1967 PROBA ("Probe") in New York. Letztendlich waren fünf POTSCHIN- und vier PROBA-Posten in den Stadtgebieten in Betrieb. Sie lieferten z.B. die Informationen über die Sicherheitsüberprüfungen von 90 Kandidaten für Posten der Regierung Nixon sowie diplomatische Informationen aus den Botschaften und UN-Missionen.

Am 15. Mai 1970 genehmigte Andropow die Einrichtung von 15 Horchposten in den sowjetischen Residenturen Washington, New York, Montreal, Mexiko, Tokio, Peking, Teheran, Athen, Rom, Paris, Bonn, Salzburg, London, Reykjavik und Belgrad. Diese Posten schnitten 1971 insgesamt 62.000 chiffrierte diplomatische und militärische Telegramme aus 60 Ländern und 25.000 Meldungen im Klartext mit. Einer der größten Erfolge waren die regelmäßigen Mitschnitte des Funkverkehrs zwischen dem Luftwaffenstützpunkt Andrews und den Flügen des Präsidenten und der hohen Regierungsmitglieder aus den Maschinen der Airforce mit den Dienststellen in Washington. Weiterhin gab es Informationen über die Trident-, MX- und Pershing-2-Flugkörper, Lenkflugwaffen, die Flugzeuge A-10, EF-111A, Jagdflugzeuge und Bomber F-15, F-16, F-18, B-52 und B-1, das Frühwarnsystem AWACS, die Flugkörper- und die U-Boot-Abwehrsysteme.

Am 25. April 1975 wurde mit Erlass Nr. 342-115 die Einrichtung des Horchpostens TERMIT-P in Lourdes auf Kuba genehmigt, dem ähnliche Posten in Südjemen und Cam Ranh/Südvietnam folgten. Die 72,5 Quadratkilometer große Anlage in Lourdes wuchs bis 1985 auf ca. 2.100 Mitarbeiter an und blieb trotz einer Reduzierung des Personals auf 1.000 Mann im Jahre 1993 die größte Einrichtung. Insgesamt betrieben der KGB und GRU weltweit über 500 Horchposten, hatten rund 350.000 Funker, Sachbearbeiter, Kryptoanalytiker und andere Spezialisten.

Informationen über die gegenwärtige und zukünftige Aufstellung der amerikanischen Atomwaffen in Europa, chemische Waffen, die Überlebensfähigkeit der US-Navy in einer atomaren Auseinandersetzung sowie die politischen Positionen bei den SALT-2-Verhandlungen mit der UdSSR wurden jedoch nicht durch komplizierte Anlagen oder Agenten sondern über eine einfache und billige T-Antenne in der Windschutzscheibe eines sowjetischen Diplomatenwagens aus den amerikanischen Tagungsräumen abgegriffen. Der Wagen wurde immer zwischen 300 bis 500 m vom Sitzungssaal der Society for Operational Research geparkt, in dem unter einem Tisch eine Stange von 25 cm Länge mit einer Abhöreinrichtung befestigt war. Viktor Losenko konnte in einer Sitzung eines privaten Unternehmens im Saal diese Wanze anbringen, wofür er mit dem Orden "Roter Stern" geehrt wurde.

Aus der Ersten Hauptverwaltung des KGB, der Abteilung PGU (Perwoje Glawnoje Uprawlenije) bzw. dem Aufklärungsdirektorat GRU (Glawnoje Raswedywatjelnoje Uprawlenije, Nachrichtendienstliche Hauptverwaltung des Generalstabs der sowjetischen Streitkräfte) wurde Ende 1991 zunächst der Zentrale Dienst für Aufklärung, des CSR (Centralnaja Sluschba Raswedki), aus dem der SWR bzw. SVR (Sluschba Wneschnei Raswedki, dem Auslandsnachrichtendienst der Russischen Förderation, hervorging. Der Auslandsnachrichtendienst SWR war mit seinen elf geografischen Abteilungen eines der ersten Elemente des ehemaligen KGB, welches eine eigene Identität 1991 einnahm.

Der Nachrichtdienst GRU wurde folglich nur umgegliedert und ist mit seinen ca. 12.000 Mitarbeiter weiter für die Kryptologie zuständig. Er lieferte z.B. auch die Bauunterlagen für die Tupolew TU-144 aus den französischen Werkstätten der Concorde. Allein aus den Abteilungen der GRU konnten in den 90er Jahren ca. 150 Agenten in Deutschland, 35 in England und 80 in Frankreich enttarnt werden. Diese Zahlen zeigen, dass die Bundesrepublik als Quelle für Informationen immer noch eine Spitzenstellung einnimmt.

Ein Wendepunkt der KGB-Operationen war dann die Unterstützung und der Einsatz von terroristischen Gruppen anstatt von Sabotage und Attentaten während der Ära Andropow, die sich z.B. in RAF-Anschlägen auf NATO-Einheiten oder die Diskothek La Belle in West-Berlin bis zu Vereinigung in Deutschland manifestierten. Bis heute sind diese gerufenen Geister verblieben, auch wenn der internationale Terrorismus heute andere Ausbildungslager anstelle der sowjetischen oder amerikanischen Camps nutzt.

Weder die wissenschaftlich-technische Spionage noch die brutalsten Abschreckungsmethoden für einen Verrat konnten den Zerfall des gescheiterten sowjetischen Systems verhindern, doch mehr denn je ist Russland auf Informationen, speziell aus den teuren westlichen Forschungslaboren, angewiesen. Die Neugestaltung der Staatssicherheit der Russischen Föderation und der übrigen Mitgliedsstaaten der GUS wurde abgeschlossen. Organisatorisch unterscheiden sie sich von den früheren Diensten dadurch, dass die Bereiche Spionageabwehr und Auslandsaufklärung wie in der früheren Sowjetunion jeweils in einem Dienst zusammengefasst wurden. Die Kontrolle über die russischen Dienste liegt im Wesentlichen beim Parlament, dem Präsidenten der Russischen Föderation selbst und bei Gremien wie dem Nationalen Sicherheitsrat.

Die Kontrolle über die sowjetischen Spezialkräfte spielte in der Geschichte eine bedeutende Rolle. Die Spetsnaz-Einheit Vympel ("Banner") war nur eine Antiterror-Einheit, die 1981 ursprünglich für eigene Spionage- und Sabotage-Operationen aufgestellt wurde. Das Aufgabenfeld änderte sich jedoch und der Stab umfasste ab 1987 dann 500 Mann. 1991 wurde die Einheit der GUO mit der Spetsgruppa "A" unterstellt, dann 1993 dem MVD und auch der Name änderte sich zu Vega und wieder zurück zu Vympel. Spetsnaz Einheiten aus dem KGB erhielten am 21. August 1991 den Auftrag das russische Parlamentsgebäude zu stürmen und alle Schlüsselfiguren, darunter Boris Yelsin, festzusetzen. Die Einheiten bestanden aus der Antiterroreinheit Al'fa (Alpha, 7. KGB-Direktorat) und standen unter dem Kommando von Generalmajor Viktor Karpukhin, vormals ausgezeichnet als Held der Sowjetunion. Beteiligt war auch eine Einheit unter dem Oberst Boris B. aus dem ersten KGB-Direktorat, welches für ausländische Operationen zuständig war.

Aufgrund der Befehlsverweigerung innerhalb dieser Einheiten schlug der Plan jedoch fehlt und beschleunigte letztendlich nur noch den Zusammenbruch der Sowjetunion. Noch am 21. August 1991 wurde Vladimir Kryuchkov, einer der Verschwörer innerhalb des KGB, verhaftet und am nächsten Tag durch den Reformer Vadim Bakatin ersetzt, doch schon am 24. Oktober 1991 unterzeichnete Mikhail Gorbachev die Auflösung des KGB. Das Komitee der Nationalen Sicherheit löste sich 1991 zwar auch auf, doch wurden die Aktivitäten und Aufgaben durch verschieden Organisationen weiterhin wahrgenommen (wie z.B. im Ministerium der Sicherheit (MB), 19. Dezember 1991 bis Juli 1993 (Viktor Brannikov/Nikolay Golushko)).

Das Gegenstück der NSA formierte sich in Russland danach aus dem SVR in der FAPSI (Föderale Agentur für das Fernmeldewesen und Information) im Februar 1994 mit ca. 100.000 Mitarbeitern. Dabei wurden auch die Aufgaben der Administration der Informationsressourcen (AIR) mit der IT-Sicherheit und elektronischen Aufklärung übernommen. Der Sicherheitsdienst der Russischen Förderation, FSB (Federalnaja Sluschba Besopasnosti), übernahm im Inland sowie in der Armee weitere Sicherheits- und Abwehraufgaben. Das "Goldforschungsinstitut" bei Vorobiovy Gory diente/dient den Nachrichtendiensten als Osobyi Radio Divizion (Spezialradioabteilung) für den Kontakt mit Agenten in aller Welt.

Das wissenschaftlich-technische Zentrum der FAPSI ist zuständig für die IT-Sicherheit bei Software und Hardware (mit dem kommerziellen Kryptosystem „Verba") sowie für die Verwaltung von Dokumenten und Archiven und die Russische Akademie der Kryptografie. Die Spezialisten des FAPSI werden an der Militärischen Kommunikationsschule in Orel und dem Institut für Kryptografie der FSB-Akademie unterrichtet. Die FAPSI beschäftigt aber auch Absolventen der MGU (Moscow State University), MIFI (Moscow Institute of Physical Engineering) und Fiztekh (Institute of Physical Technology). Unterabteilungen sind NTT (Science and Technology Center), das TsITiS (Central Institute for Information and Communications), das TsNKT (Aufgaben unklar), das MO PNIEI (Design and Experimental Scientific Research Institute of the Ministry of Defense) und NPO Avtomatika. Neben einer Finanz- und Wirtschaftsabteilung gibt es dann noch den Sicherheitsdienst für die FAPSI und ihre Einrichtungen. Außerdem übernahm die FAPSI mit der Administration of Information Resources (AIR) im Präsidialoffice den Entschlüsselungs- und Elektronischen Aufklärungsbereich des 8. Direktorats.

Federalnoje Agentstwo Prawitelstwennoi Swjasi i Informazii (FAPSI, Föderale Agentur für Regierungsfernmeldewesen und Information)

- Spionage und Abwehr im fernmeldetechnischen und elektronischen Bereich, sichert Fernmeldeverkehr von Armee und Regierung, Abhörsicherheit und Verschlüsselungstechniken, klärt aber auch auf, empfängt fremde Nachrichten und dechiffriert, angeblich gute technische Ausstattung, ähnlich leistungsfähig wie entsprechende Dienste der USA.
- 2003 aufgelöst und wie auch FPS vom FSB übernommen.

Sluschba wneschnei raswedki (SWR, Dienst der Außenaufklärung)

- zuständig für zivile Auslandsspionage, sammelt und analysiert nachrichtendienstlich bedeutende Informationen in Wirtschaft, Wissenschaft, Technologie und Politik (Wirtschaftsspionage), auch mit Hilfe von angeworbenen Agenten im Ausland und Spionage fremder Nachrichtendienste.

Federalnaja Sluschba Besopasnosti (FSB, Föderaler Inlandsabwehr und Sicherheitsdienst)

- Verfassungsschutz, untersteht dem Innenministerium. Spionageabwehr (militärisch und zivil), Bekämpfung von Terrorismus und Organisierter Kriminalität. Nutzt alle möglichen Arten von Informationsbeschaffung, Observation auch fremder Staatsangehöriger, Überwachung des Internets, in bestimmten Fällen auch Auslandsspionage und bekannt im Zusammenhang mit der Plutonium-Affäre.
- Vorratsdatenspeicherung in System "Sorm"

Federalnaja Pogranitschnaja Sluschba (FPS, Föderaler Dienst für Grenzschutz)

- zuständig für Sicherung und Bewachung der russischen Außengrenzen und Grenzregionen, inklusive Auslandsspionage, 2002 vom FSB übernommen

Federalnaja Sluschba Ochrany (FSO, Schutzdienst)

- zuständig für Sicherheit von Regierung und Präsident, Personen- und Objektschutz, nach Weisung des Präsidenten auch nachrichtendienstliche Aktivitäten zur Abwehr oder Spionage.

SORM (Система технических средств для обеспечения функций Оперативно-Розыскных Мероприятий (СОРМ) ist ein Überwachungsprogramm des russischen Inlandsgeheimdienstes FSB, das Telefon- und Internet-Daten in Russland abfängt und speichert. Technisch ist SORM mit dem amerikanischen PRISM vergleichbar. Bei beiden werden Datenpakete direkt beim Zugangsanbieter mit einer Black Box abgefangen, um sie aus der Ferne analysieren zu können.

Der vormalige Leiter des SWR (Primakow) stieg 1999 zum Ministerpräsidenten Russlands auf, der Leiter FSB (Stepashinskin) wurde Innenminister. Es gab hier zwar Karriereleitern, sie bargen aber Gefahren. Im März 1994 wurde Valeriy Monastyretskiy, der unter der Firma Roskomtekh die KGB-Besitztümer verkaufte, Chef über die Finanzen der FAPSI. Doch auch er wurde am 12. April 1996 wegen Bereicherungen aus dem Vermögen der FAPSI verhaftet. Das FSB vermutete ferner, dass Monastyretskiy auch für den BND arbeitete. Kurz darauf tauchte mehr belastendes Material über die leitenden Mitarbeiter des FAPSI auf, was den Nachrichtendienst weiter gegenüber dem FSB diskreditierte. Doch der Zugriff auf verdeckte Information, Spionage und Abhöroperationen hielt die FAPSI weiter am Puls der Macht und 1996 gab auch die GUO die Kontrolle über die Kommunikationseinrichtungen des Staates an die FAPSI zurück.

Die mächtige Organisation der FAPSI wurde für viele zu einer Bedrohung ihrer Interessen und Bestrebungen. 1992 zogen Barsukov (Chef der Spionageaufklärung, FSB) und Korzhakov (FSO) das Präsidiale

Kommunikationssystem mit in die FAPSI innerhalb der GUO, was dieser die komplette Kontrolle über sämtliche Kommunikationseinrichtungen des Staates Russland und des Präsidenten selbst verschaffte (mit alleiniger Entscheidungsgewalt, wer Zugang zu den verschlüsselten ATS-I (Automatic Telephone Exchange, "Hot Line") und ATS-II erhält). In den späten 1960er Jahren wurden tausende von wichtigen Positionen mittels den ATS-II verbunden. In der Stalin Ära sollte das Abhören dieser Einrichtungen durch Sicherheitsdienste verboten werden. Dies wurde nicht umgesetzt und so kann durch die Kontrolle dieser Einrichtung ein großer Einfluss entstehen. Als alle formalen Anstrengungen um die Kontrolle über den FAPSI fehlschlugen, wurden vom Präsidialen Sicherheitsdienst den Leitern im FAPSI kompromittierende und kriminelle Beweise untergeschoben. Sechs führende Köpfe mussten gehen, flüchteten oder wurden verhaftet und dadurch das FAPSI sehr geschwächt. Im Sommer 1995 veranlasste Barsukov die Auflösung der FAPSI. Barsukov Sohn ist mit der Tochter von Korzhakov verheiratet.

Unter Barsukov wurde die Glavnoye Upravlenie Okhrani, (GUO) mit etwa 8.000 bis 9.000 Mann aus dem 9. Direktorat und noch etwa 1.000 Mann aus dem Sicherheitsdienst des Präsidenten (vergleichbar dem amerikanischen Secret Service) in die mächtige Federal'naya Sluzhba Okhrani (FSO) umgeformt. Das zweite, dritte, fünfte und siebte Direktorat wurden zunächst dem Ministerium für Sicherheit unterstellt, das selbst jedoch 1993 aufgelöst und vom Federal Security Service (FSB) ersetzt wurde, dem dann 75.000 Mann unterstanden. Als ein weiterer Nachfolger aus dem KGB dient der vom Präsidenten Boris Yeltsin am 19. Juni 1996 eingerichtete FSO dem Schutz der Nachrichteneinrichtungen zur Kontrolle der militärischen Einrichtungen. 20.000 Mann mit dem Hauptquartier im Block 14 im Kreml sind zuständig für das unterirdische Zugsystem und Flugzeuge zur Verbindung der staatlichen Einrichtungen und der Politiker. Von den Spezialwaggons der Züge der Regierung werden die strategischen Waffen bei Reisen der Regierungsmitglieder kontrolliert.

Mit der Schaffung des FSO ersetzte Yuri Krapivin den Generalmajor Alexander Korzhakov am 20 Juni 1996 als Chef des Präsidialen Sicherheitsdienstes und auch Mikhail Barsukov (Leiter des FSB) und Oleg Soskovets wurden abgelöst, wobei die Organisationen ihre mächtigen rechtlichen Befugnisse behielten, um im Kampf um Informationen weiterhin effektiv genutzt werden zu können. Durch ein Gesetz vom 6. Juni 1996 wurden der PSB und FSO getrennte Organisationen und die Befugnisse des PSB eingeschränkt. 15-20 PSB-Offiziere wurden mit Korzhakov entlassen, rund 100 kündigten und mit rund 850 Mann (andere Angaben sprechen von 1.500) werden nur noch die Schutzaufgaben für den Präsidenten wahrgenommen.

Der Präsidiale Sicherheitsdienst PSB (Prezidentskaya Sluzhba Bezopasnosti) war vormals unter dem 9. Direktorat und wurde 1993 ein eigenständiger Sicherheitsdienst zur Abschirmung der höchsten russischen Regierungsvertreter und der Wachen des Kremls. Mit unbeschränkten Rechten durch die DUMA ausgestattet entwickelte sich der PSB zu einem reinen "persönlichen" Nachrichtendienst des Leiters Korzhakov, der seit 1987 ein Leibwächter von Boris Yeltsin war. Die Aktivitäten des PSB gingen von der Einflussnahme in Regierungsentscheidungen über die Kontrolle von Finanzmittel, Schmuggel bis hin zum Bankraub. Nach dem Versuchen Yeltsins Wiederwahl zu verhindern und die politischen Positionen zu übernehmen, resultierten diese Machenschaften letztendlich doch in der Entlassung des ersten Stellvertretenden Premierministers und einer neuen Umstrukturierung. Der ehemalige KGB-Agent Vladimir Putin wurde sicherlich nicht ohne Kontrolle und Unterstützung der russischen Nachrichtendienste Präsident von Russland.

Vereinigte Staaten von Amerika

Der älteste Nachrichtendienst der USA ist das Office of Naval Intelligence (ONI), das 1882 als nachrichtendienstliche Abteilung der US Navy gegründet wurde. Als Military Intelligence Division (MID) wurde 1885 die Nachrichtendienstabteilung der United States Army gegründet. Der amerikanische Secret Service wurde im Gegensatz zum gleich lautenden britischen Nachrichtendienst im Jahre 1865 zunächst lediglich zur Bekämpfung von Fälscherbanden von Allan Pinkerton gegründet. Erst die Aufdeckung eines Komplotts gegen den Präsidenten Abraham Lincoln und dessen Ermordung sowie des Präsidenten McKinley im Jahre 1901 führten dazu, dass die Aufgaben zum Schutz des US-Präsidenten und anderer wichtiger Personen dem Secret Service zugeteilt wurden. 1994 hatte die Organisation ca. 4.500 Mitarbeiter, die zwar eng mit anderen Diensten zusammenarbeiten, aber selbst keine nachrichtendienstlichen Aufgaben hatten.

Doch schon George Washington hatte eigene Agenten und Spione für die Informationsbeschaffung eingesetzt und Benjamin Tallmadge garantierte als Chef für ihn so manchen Erfolg, weshalb Washington wohl auch vermerkte: "The necessity of procuring good intelligence is apparent and need not be further urged."

So wurde noch vor dem Secret Service am 29. November 1775 durch den US-Kongress die erste Einrichtung eines Auslandsnachrichtendienstes (Committee of Secret Correspondence) geschaffen. Ab 1882 gab es eine Nachrichtenabteilung der US-Marine und ab 1885 eine übergeordnete Abteilung für die gesamten US-Streitkräfte in der Military Intelligence Devision (MID).

Erste nützliche Informationen der Military Intelligence Devision kamen während des spanisch-amerikanischen Krieges. Charles Bonaparte formte dann am 26. Juli 1908 unter Theodore Roosevelt eine Abteilung für innere Angelegenheiten, deren 34 Mann am 16. März 1909 das Bureau of Investigation (BOI) begründeten. Im ersten Weltkrieg gab es neben dem MID unter Major Van Deman im Heer die Army Intelligence, in der Marine die Naval Intelligence (später Office of Naval Intelligence (ONI), gegründet am 23. März 1882), deren vorgesetzte Dienststelle das Bureau of Intelligence and Research des State Department war.

1941 rief Präsident Franklin D. Roosevelt das zunächst zivile „Office of the Coordinator of Information" (COI) ins Leben, das am 13. Juli 1942 in das Office of Strategic Services (OSS) umgewandelt wurde. Er war ein operativ arbeitender Geheimdienst, der einer militärischen Gesamtorganisation, dem Joint Chiefs of Staff, unterstand. Sein Aufgabengebiet umfasste Beschaffung von Informationen, Desinformation des Gegners, psychologische Kriegsführung, Partisanen-Unterstützung, Sabotage sowie Spionageabwehr. Alle Abteilungen bestanden jedoch bereits im COI.

Das OSS arbeitete weitestgehend am europäischen Kriegsschauplatz, da General Douglas MacArthur, der Oberkommandierende im Pazifik, nur mit den Geheimdiensten der Waffengattungen, insbesondere dem Military Intelligence Division des Heeres, zusammenarbeitete. Erster Leiter des OSS war Generalmajor „Wild Bill" Donovan (1883–1959), ein Freund des Präsidenten, während später auch einige Chefs der US-Nachrichtendienste zum US-Präsidenten gewählt wurden. Das OSS wurde jedoch nach dem Zweiten Weltkrieg am 20. September 1945 wieder aufgelöst, viele der Mitarbeiter wurden aber in die 1947 gegründete CIA übernommen bzw. arbeiteten für das American Committee for a United Europe.

Im Signal Intelligence Service (SIS) wurde die Erstellung und Verteilung eigener Schlüssel sowie die Kryptoanalyse der Armee unter einem Dach vereint. Im Dezember 1941 hatte die SIS bereits 331 militärische und zivile Mitarbeiter und deshalb musste 1942 der Umzug in die Arlington Hall in Virginia durchgeführt werden, in der auch eine Abhörstation des Signal Service Battalion bei Vint Hills Farm einzog. Die Bezeichnungen wechselten nun von Signal Intelligence Service Division (1942), zu Signal Security Division, Signal Security Branch, wiederum zur Signal Security Division, dann zum Signal Security Service, bis am 14. September 1945 die Army Security Agency (ASA) gegründet wurde. Dies war die G-2-Abteilung (A-2 bei Army Air Force), während die Funkaufklärung als G2A6 bezeichnet wurde und bei Kriegsende waren alleine in Arlington Hall 7.848 Personen beschäftigt.

Beim Kriegseintritt der USA am 7. Dezember 1942 hatten SIS und das 2. Signal Service Battalion zusammen 344 militärische und 109 zivile Stellen besetzt, bei Kriegsende im August 1945 waren es 792 Offiziere, 2.704 Männer und 1.214 Frauen. Es war zum größten Bataillon der unter einem Brigadegeneral angewachsen. Diese Zahlen beinhalten noch nicht die 5.661 Zivilangestellten in den Kommunikationsbereichen der US-

Armee und die rund 17.000 Mann in der Funkaufklärung der einzelnen Oberkommandos in den verschiedenen Kriegsgebieten.

Abhörstationen des Signal Intelligence Service (SIS) bzw. Army Security Agency (ASA)

- Corozal, Quarry Heights, Panama Kanal Zone
- Fort Hancock, N.J. (Fort Monmouth, N.J.)
- Fort Hunt, Virginia
- Fort McKinley, Philippinen
- Fort Sam Houston, Texas
- Fort Scott, Presidio, San Franzisko
- Fort Shafter, Oahu, Hawaii, und während des Krieges zusätzlich eingerichtet:
  - Amchitka, Aleuten
  - Asmara, Eritrea
  - Bellmore, Long Island, N.Y.
  - Fairbanks, Alaska
  - Guam
  - Indian Creek Station, Maimi Beach, Fla.
  - Neu Dehli, Indien
  - Petaluma, Kal.
  - Tarzana, Kal.
  - Warrenton, Virginia

Zwischen 1945 bis 1990 wurden die Abhörstationen ausgebaut und z.B. die Funkstation in Key West 1961 zur Abhörstation erweitert und während der Kubakrise wurde sie zur Zentrale für die Nachrichten an das Weiße Haus, bis der Bereich den Einsparungen der 1990er Jahre zum Opfer fiel und die Anlage geschlossen wurde. 1981 zog das Naval Security Group Detachment aus Key West in die Naval Airbase Truman in die ehemalige Naval Sonar School, bis auch dieser Stützpunkt 1996 geschlossen wurde. Ab 1965 war z.B. Kamiseya mit mehr als 1.000 Personen einer der weltweit größten Horchposten der US-Navy, bis er in den 1990er Jahren geschlossen wurde. Auch Japan wurde, wie die Türkei, zu einem wichtigen Stützpunkt für amerikanische Einrichtungen, die den Ostblock überwachten, wie z.B. die Luftwaffenbasis Misawa, rund 600 km nördlich von Tokyo oder auch in Okinawa oder Sobe.

Der damalige Chef der ASA, Brigadegeneral W. Preston Cordermann erkannte, wie schwer die Fortführung von Abhöraktionen innerhalb der USA nach dem Krieg sein würde. So gab es bald Vereinbarungen (Operation SHAMROCK) mit der Western Union Telegraph Co., ITT Communications und RCA Communications für den Zugang zu den Überseekabeln, den Fernmeldekabeln der ausländischen Konsulate und Botschaften, als auch zu den Gesprächen der eigenen US-Bürger und US-Firmen.

Die meisten militärischen Aufgaben waren 1949 an die Armed Forces Security Agency (AFSA) abgegeben worden. Zwischen 1930 bis 1942 wurde das Provisorium des 1. Weltkrieges in der Washington Mall beibehalten, doch am 24. August 1942 war der Umzug in die ehemalige Mädchenschule in Arlington Hall vollendet. Peilstationen waren in Texas, Kalifornien, Panama Kanal, Hawaii und den Philippinen. Das Personal für die Peilstationen wurde durch das am 1. Januar aktivierte 2ND Signal Service Battalion gestellt (ca. 100 Mann).

Die Operation SHAMROCK wurde während der Verfolgung vermeintlicher Kommunisten unter der AFSA, NSA, CIA und FBI weitergeführt und die Ergebnisse in den 1950er Jahren mit Lochkarten ausgewertet. Die ab den 1960er Jahren von Telefongesellschaften verwendeten Magnetbänder wurden täglich zur NSA geflogen und für die Auswertung der Datenflut mussten zusätzliche Büros in Manhattan angemietet werden.

Heute ist die Security Affairs Support Association (SASA) zuständig für die Verbindungen der amerikanischen Nachrichtendienste zur Industrie. Nach einer Untersuchung des Kongresses wurde die Operation SHAMROCK im Jahre 1975 offiziell eingestellt.

Am 30. April 1943 landete der Second Lieutenant Clay Littleton auf der Suche nach einem idealen Horchposten in der Mitte von Eritrea. Das Land ist durchschnittlich 2.300 m hoch, liegt gleich nördlich des Äquators und bildet damit für Funkwellen in etwa eine Empfangsbündelung, wie z.B. ein Schalltrichter für die Schallwellen. In der Nähe von Asmara wurde danach eine verbunkerte amerikanische Aufklärungsstation errichtet.

Im Frühjahr 1973 erkundeten NSA-Spezialisten mit 14 Abhörexperten sowie Analytikern die Möglichkeiten zur Funkaufklärung auf dem Atoll Diego Garcia. Am 1. April 1974 begann der Dienstbetrieb auf der Insel und am 20. April 1976 wurde das ozeanische Überwachungssystem mit der Codebezeichnung "Classic Wizard" im weltweiten Verbund in Betrieb genommen.

Am 1. Januar 1977 wurde die Army Intelligence und die ASA unter dem Army Intelligence and Security Command (INSCOM) vereint. INSCOM hat Zweigstellen in der ganzen Welt, die militärischen Dienstellen z.B. in Fort Amador/Panama, München, Seoul, Fort Zama/Japan, die größeren Stationen in den USA sind in San Antonio/Texas, Homestead Air Force Base/Florida sowie in anderen Kasernen. Fort Holabird war das Schulungszentrum der Militärischen Aufklärung, welches nach dem 2. Weltkrieg auch zum Training für Agenten der Gegenspionage genutzt wurde, als die US-Army Intelligence School 1955 hier eröffnet wurde. Die Elektronische Aufklärung der Army entstand 1971 in Fort Huachuca/Arizona, die 1973 aber bereits wieder geschlossen wurde. Hier befindet sich ein Military Intelligence Museum.

Gleichzeitig mit der Army Security Agency verlegte die Naval Security Station (die Kryptoanalyse) in die Nebraska Avenue und Arlington Avenue in Washington. Entstanden war diese Marineabteilung aus der Kryptosektion der US-Marine von Leutnant Ellis M. Zacharias im 2. Weltkrieg. Unter dem Leutnant Zacharias wurde im Oktober 1927 eine Einheit auf dem Kreuzer MARBLEHEAD eingeschifft, um die japanischen Manöver funktechnisch zu beobachten.

In der Naval Security liegen die Ursprünge der Communication Intelligence Organisation, aus der letztendlich der OP-20-G in Washington D.C. (militärischer Geheimdienst) entwuchs. Unter der Tarnbezeichnung als Research Desk (Captain Laurence F. Safford) begann 1924 die COMINT Organisation als OP-20-G im Office of Naval Communications mit der Entzifferung der japanischen Chiffren (OP stand für Chief of Naval Operations, 20 für die maritimen Kommunikationsmittel und G für die siebte Einheit). 1925 wurde in Peking die erste Abhörstation eingerichtet, der weitere Stationen in Shanghai, Heeia/Hawaii, Guam, den Philippinen, Bar Harbour, Maine und Washington D.C. folgten. Ab 1920 wurden zusätzlich verschiedene Einbrüche in japanische Konsulate und Botschaften durchgeführt, welche durch die dort abfotografierten Schlüsselbücher die Entzifferung erleichterten. Am 7. Dezember 1941 war die OP-20-G von 5 auf 730, bis Kriegsende auf 8.454 Mitarbeiter angewachsen.

Das amerikanische Kriegsministerium verfügte nach der Neuordnung letztendlich über drei Nachrichtendienste im Joint Intelligence Commitee (JIC) des Generalstabes. Zum einen gab es die Military Intelligence (MI) zur militärischen Feindaufklärung und seit 1942 das Counter Intelligence Corps (CIC) zur Bekämpfung der Spionage und Verbrechen in der Armee. Am 13. Juni 1942 ging aus dem Büro des Nachrichtenkoordinators die dritte Organisation im JIC, das zivile Office of Strategic Services (OSS) unter William J. Donovan, hervor, welches das Office of Coordination of Information des Joint Chief of Staff ersetzte. Unter der OSS wurde in London, in der 72 Grosvenor Street, ein Stab in die britische Special Operations Executive (SOE) integriert und nach 1945 ein OSS-Hauptquartier in Biebrich nahe Wiesbaden eingerichtet, um die Informationen aus den Unterabteilungen in Berlin und anderen deutschen Städten zu sammeln und auszuwerten. Dies waren die ersten westlichen Nachrichtenabteilungen auf deutschem Boden, welche dann auch beim Aufbau der Organisation unter Gehlen eine Rolle spielten.

OSS-Abteilungen

- Secret Intelligence (SI)
- Secret Operations (SO)
- Research and Analysis (R&A)
- Moral Operations (MO)
- Counterintelligence (X-2)

Die OSS errichtete die ersten Ausbildungseinrichtungen in Großbritannien, mit einem "Camp X" in Kanada am Lake Ontario für kanadische, britische und amerikanische Agenten. Das CIA baute eine Schule in Camp Peary auf, nutzt aber auch verschiedene andere US-Einrichtungen. Das ehemalige Defence Intelligence College in der Bolling Air Force Base/Washington D.C. wurde 1993 umbenannt in Joint Military Intelligence College und dient als hauptsächliche Ausbildungseinrichtung des US-Militärnachrichtendienstes. Die NSA betreibt eine geheime Elite-Schule für Spezialeinheiten und vermutlich einen Alterssitz für Agenten in Las Cruses in New Mexico.

Da sich bei den verschiedenen Organisationen wie in der Sowjetunion zwangsläufig die Kompetenzen überschneiden mussten, drängte das Kriegsministerium auf die Unterstellung der militärischen Teile und Präsident Truman löste daraufhin das Office of Strategic Services (OSS) auf. Die Analyseabteilung R&A wurde dem State Department unterstellt und die Spionage (SI) und Gegenspionage (X-2) als Strategic Service Unit (SSU) unter Brigadegeneral John Magruder am 1. Oktober 1945 in das Kriegsministerium integriert, während die restlichen Abteilungen aufgelöst wurden.

Die SSU hatte aber weiterhin ihre Vertretungen in London, Paris, Rom, Wien, Kairo, Chungking, Kalkutta, Neu Delhi und Rangoon sowie kleinere Posten im besetzten Deutschland, den Niederlanden, auf dem Balkan, China, Indien und Südostasien mit über 5.000 Mitarbeitern, die in allen möglichen Tarnungen aktiv waren. Doch zum 1. März 1946 wurde das Personal auf 1.734 reduziert (ca. 400 in Übersee). Im Juli 1946 wurde dann durch die am 22. Januar 1946 gegründete Central Intelligence Group (CIG) das Office of Special Operations (OSO) eingerichtet, welches unter dem Colonel H. Galloway den neuen Auslandsnachrichtendienst innerhalb der CIG organisierte. Am 20. Oktober 1946 wurden Personal und die Einrichtungen der SSU von der Central Intelligence Group übernommen, die eine Vorläuferorganisation der CIA war.

In der Funkorganisation der USA besaß die Radio Intelligence Devision (R.I.D.) während des 2. Weltkrieges 12 Haupt-, 60 Neben- und 90 Mobilstationen für die Funkaufklärung. Sie verfolgte die Funkaktivitäten drei NS-Organisationen von Niels Christian Christiansen (Josef Jacob Johannes Starziczny) mit über 200 Agenten und Sympathisanten und führte zu deren Enttarnung. Die Gestapo hatte auch William Sebold zur Mitarbeit erpresst, der sich aber selbst den Amerikanern offenbarte. 33 Agenten wurden allein im Juni 1941 festgenommen und Sebold führte eine der zwei Funkstationen auf Long Island im Scheinfunk der amerikanischen Abwehr mit der Hamburger Abwehrstelle.

Im Herbst 1943 wurden, zur Koordination der ULTRA-Informationen, mehrere hundert Offiziere der Behörde zur Bildung des Special Forces Headquarter (SFHQ) nach London geschickt, um die angloamerikanische und französische Nachrichtenbeschaffung zu koordinieren. Das CIC entlarvte z.B. einen ganzen Agentenring in Eritrea, indem das als Hauptquartier dienende Hotel eines Luftwaffenstützpunktes mit Wanzen bestückt wurde und das CIC sendete mit dem Agenten Alpha Primo falsche Informationen zur deutschen Abwehr, was den Durchstoß der 5. US-Armee bis nach Rom unterstützte und es konnte z.B. die Karten über sämtliche Minenfelder der Vinchy-Regierung in Nordafrika beschaffen.

Während die Zentrale des KGB jedoch jede wichtige Behörde der Regierung Roosevelt infiltriert hatte, besaß der OSS, die MI und CIC, wie auch der britische SIS und alle anderen westlichen Organisationen, keinen einzigen Agenten in Moskau. Diese Informationen hatten nur die deutschen Nachrichtendienste, dessen Personal und Unterlagen deshalb auch bei Kriegsende für die westlichen Nachrichtendienste besonders interessant waren.

Die NSA konnte später zwar den Richtfunkverkehr der Politbüromitglieder und den Telefonverkehr ihrer SIL-Limousinen (z.B. Leonid Brezhnev) abhören, aber als diese Informationen in einem Artikel von Jack Anderson in der Washington Post veröffentlicht wurden, ging diese Quelle natürlich verloren. Pannen dieser Art führen immer wieder zu Rückschlägen in der Aufklärung, z.B. auch, als die Flensburger Nachrichten in einem Artikel mitteilten, dass die UCK-Struktur durch abgehörte Mobilfunkgespräche der Flottendienstboote der Deutschen Marine in der Adria analysiert wurde.

Der Army Signal Intelligence Service startete bereits 1943 das Programm "VENONA", um die sowjetischen Diplomatenchiffren zu knacken. Hintergrund waren die vom Signal Intelligence Service seit 1939 aufgefangenen, aber nicht entzifferten Funksprüche, welche letztendlich auch die Atomspionage des KGB (Julius Rosenberg-Ring) aufdecken sollten.

Miss Gene Grabeel sammelte zunächst die Informationen der aufgefangenen Nachrichten, die jeweils in einem neuen Schlüssel gesendet wurden und somit sehr schwer zu lösen waren. Im Oktober 1943 erkannte der Leutnant Richard Hallock einen ersten Schwachpunkt des Systems. Cecil Phillips gelang daraufhin zwar ein großer Durchbruch, doch es sollte noch fast zwei Jahre dauern, bis die diplomatischen Nachrichten als KGB-Informationen enttarnt werden konnten. Erst im Sommer 1946 konnte Meredith Gardener mehrere KGB-/GRU-Nachrichten entziffern und stieß dabei auf eine Liste mit den führenden Wissenschaftlern des "Manhattan"-Atomprojektes. Im April/Mai 1947 schließlich wurde erkennbar, dass ein Kontakt aus dem Stab des Kriegsministeriums geheime Informationen weitergab.

1942 waren rund 1.300 sowjetische Agenten in New York, von denen nur insgesamt 23 der gesendeten Nachrichten entziffert werden konnten. 1943 konnten von über 1.300 Nachrichten bereits über 200 entziffert werden. Insgesamt wurde zusätzlich zu den KGB- und GRU-Offizieren eine Liste mit 200 Decknamen aus VENONA zusammengestellt und versucht sie tatsächlichen Personen zuzuordnen. Im Oktober 1948 kam der FBI-Agent Robert Lamphere und weitere britische Spezialisten zu VENONA. Ein Teil der etwa 2.200 abgehörten Nachrichten, die zwischen Moskau, Washington und New York von 1944 bis 1945 übermittelt wurden, konnten zwischen 1947 bis 1952 entziffert werden. Eine Nachricht meldete z.B. einen Kurier ROBERT unterwegs nach Moskau mit 56 Filmrollen (!) von eingestuftem Material, was einen Einblick in die Effizienz der sowjetischen Spionage gibt.

Doch die vor 1942 gesendeten Nachrichten waren kaum entzifferbar bzw. es lagen kaum abgefangene Nachrichten vor. 1953 kamen neue Erkenntnisse durch die Kopie eines teilweise verbrannten Schlüsselbuches, welches der militärische US-Nachrichtendienst 1945 aus einer Burg in Sachsen, einen Tag vor dem Einrücken der Sowjets, geborgen hatte (LTC Paul Neff). Es stammte ursprünglich aus dem russischen Konsulat in Petsamo, aus dem es die Finnen zuvor am 22. Juni 1941 geborgen hatten und dann der deutschen Abwehr zur Verfügung stellten.

Zwischen 1942-1944 hatten die sowjetischen Druckereien Engpässe bei der Herstellung der Vorlagen zum One-Time-Pad. Einmal benutzt wären diese Nachrichten nicht zu entschlüsseln gewesen, doch waren Duplikate der Schlüssel gedruckt worden, um den Bedarf abzudecken und genau dieser Umstand wurde den Sowjets nun nach dem Krieg zum Verhängnis und ermöglichte der amerikanischen Kryptoanalyse den Durchbruch.

Kim Philby war vom britischen Dienst SIS zwischen 1949-1951 nach Washington D.C. kommandiert und besuchte gelegentlich auch die "Arlington Hall" (Hauptquartiers der US Army Signal Security Agency, vormals SIS), um die Erfolge im Projekt VENONA zu diskutieren. Er erhielt dabei auch regelmäßig Kopien der offiziellen Übersetzungen. Hierdurch erfuhren die Sowjets den Stand der Ermittlungen gegen ihre Spionageaktivitäten und die Schwächen ihrer Schlüsselsysteme. 1948 erfolgte deshalb eine Änderung der sowjetischen Kryptosysteme, was in einem Blackout in der Entzifferung der amerikanischen Dienste resultierte.

Stalin hatte die COMINTERN 1943 aufgelöst. Die KGB-Nachricht (142) vom 12. September 1943 an alle Stationen mit den Anweisungen zum weiteren Vorgehen bewies zudem die eindeutige Quelle der Steuerung der COMINTERN. Es war die einzige VENONA-Nachricht, die an alle Stationen gesendet wurde und damals auch die einzige und zunächst wichtigste Meldung, die völlig entziffert werden konnte.

Die weiteren Ergebnisse aus VENONA entlarvten nach dem Krieg nun Julius und Ethel Rosenberg, Harry Gold, Emil Julius Klaus Fuchs, David und Ruth Greenglass sowie weitere Personen, als KGB- bzw. GRU-Agenten. Die Identität des wichtigen Kontaktes PERS konnte dagegen bis heute nicht geklärt werden. Die KGB-Agentin Elizabeth Bentley (UMNITSA, GOOD GIRL, und MYRNA) lief 1945 zum FBI über und gab eine Liste mit über 100 Seiten über Informanten und Spionageobjekten weiter. Sie blieb eine kontroverse Figur, wenn auch ihre Informationen durch VENONA-Übersetzungen bestätigt wurden. Wie der Doppelagent Boris Morros schrieb auch Elizabeth Bentley ein Buch über ihre Spionageaktivitäten.

Auslands- und Militärnachrichtendienste waren also einem großen Wandel unterworfen, doch auch der Inlandsdienst veränderte sich. Als Bundesbehörde wurde die Bezeichnung des Bureau of Investigation (BOI) 1935 in Federal Bureau of Investigation (FBI) geändert, die bis heute erhalten blieb. 1940 hatte das FBI lediglich 898 Agenten, was einem Verhältnis von etwa 18 Agenten pro Bundesstaat entsprach, doch 1945 waren es bereits 4.886 Angestellte. Das FBI führt innerhalb der USA die Festnahmen von Personen auch für die Nachrichtendienste durch. Bis zum 10. Dezember 1941 wurden deshalb insgesamt 2.342 Japaner, Deutsche und Italiener interniert.

Die Behörden der Vereinigten Staaten von Amerika waren ebenfalls nicht zimperlich, wenn es um die aktive Beschaffung von Informationen ging. Unter Willis George wurden Spezialisten ausgebildet, die bis Kriegsende in über 150 Büros einbrachen, bei denen sich Verdachtsmomente ergeben hatten. Dabei gab es durchaus Erfolge, wie im Juni 1945, als FBI bei einer Durchsuchung des Magazins "Amerasia" große Mengen eingestufter Dokumente des State Departments sicherstellte. Die Nachrichtenbeschaffung über rechtswidrige Wohnungsdurchsuchungen durch Personal staatlicher Nachrichtendienste wurde dann dem späteren Präsidenten Nixon in der "Watergate"-Affäre zum Verhängnis.

Zu den Erfolgen gegen ausländische Gruppen gehört auch die Zerschlagung eines Agentenringes unter Stephen K. Ziggly in Chicago, was gleichzeitig zu einem Spion des 1. Weltkrieges führte. Der Oberst Bata leitete ein Büro in New York und bei seiner Festnahme zwei Wochen vor der geplanten Invasion der Alliierten in Sizilien wurden u.a. die aktuellen Planungsunterlagen zu der Operation gefunden. Wären diese Dokumente nach Deutschland gelangt, wären die alliierten Täuschungsmanöver wohl vermutlich fehlgeschlagen.

Eine alliierte Täuschung lief dabei unter der Operation MINCEMEAT an. Die Leiche eines fiktiven Major Martin wurde mit fingierten Plänen über eine alliierte Invasion auf dem Balkan am 30. April 1943 vor Spanien mit dem U-Boot SERAPH vor der Küste abgesetzt, um durch ihren Fund die Deutschen zu täuschen. Ferner wurden fingierte Funksprüche und Maßnahmen zur Vortäuschung von Landungen in Sardinien und Griechenland durchgeführt. Die erste Mission des U-Bootes SERAPH sollte zuvor der Transport des französischen Generals Henri Honore Giraud von Vinchi-Frankreich in die afrikanischen Kolonien sein, um die amerikanischen Operationen dort zu unterstützen. Aufgrund der gegen England gerichteten Stimmung nach dem Angriff auf die französische Flotte verweigerte dieser jedoch die Reise auf dem britischen U-Boot, welches aber nun doch noch einen wichtigen Beitrag leisten konnte.

Ende 1998 wurde das Nationale Zentrum zum Schutz der amerikanischen Infrastruktur (NIPC) im Hauptquartier des FBI in Washington geschaffen. Die drei Abteilungen umfassen die Ermittlungen und

Operationen mithilfe der EDV, die Analyse und Warnung sowie die Ausbildung, Verwaltung und Kontaktpflege. Dazu gehört ein Einsatzteam für Computeranalyse (CART). Mit neuen Abteilungen und Ausrüstungen begann auch das FBI die ersten Schritte in das 21. Jahrhundert, welche allerdings durch die Attentate und Folgen des 9. September 2001 in Frage gestellt werden müssen. Die "Akademie" des FBI liegt in Quantico, doch während einige Dienststellen, wie z.B. das PRESIDIO in San Franzisco, nach den Plänen der Vorgänger von Präsident Bush geschlossen wurden, begann nach 2001 auch ein Umbau und Aufwuchs des FBI.

Die amerikanischen Behörden haben ihre Strategien und Methoden überarbeitet und nutzen dabei weiter jede erdenkliche Möglichkeit zur Nachrichtengewinnung im In- und Ausland. Alle Staaten der USA geben die DNA der überführten Kriminellen in die National Offenders Database, die im Mai 2000 ungefähr 280.000 Datensätze enthielt und weitere 750.000 zu Einarbeitung anstanden. Während die NSA versuchte den "Clipper Chip" als integriertes Modul mit dem "Skipjack"-Code durchzusetzen und letztendlich scheiterte, entwickelte das FBI die Software "Carnivore" ("Fleischfresser"). Das Vorgängermodell namens "Omnivore" ("Allesfresser") konnte zwar stündlich 6 Gigabyte an Daten durchsuchen, war aber nicht so genau definierbar in den Filterfunktionen wie "Carnivore", welche quasi das die Essenz aus riesigen Datenmengen schneller und besser filtern kann. Das System "PROMIS" suchte hingegen in einer Art Rasterfahndung in den internationalen Datennetzen nach Begriffen. Mit der Software "Carnivore" kann das FBI nun E-Mails überwachen und die von einem Verdächtigen empfangenen oder gesendeten Nachrichten gezielt herausfiltern. Ein PC mit der Software wird vom FBI bei dem Server des Providers eines Verdächtigen installiert. Um die E-Mails von und an den Verdächtigen herauszufischen, muss das System dabei allerdings alle beim Provider ein- und ausgehenden E-Mails überprüfen. Wird eine E-Mail von oder an den Verdächtigen gefunden, dann wird der Text der E-Mail kopiert und gespeichert.

Bis zum Jahr 2000 hatte das FBI erst 20 PC mit den ersten Programmen zur Verfügung und bei verschlüsselter Kommunikation kann auch nur in Zusammenarbeit mit der NSA ein Ergebnis erzielt werden, da nur der offene Datenverkehr einfach zu analysieren ist. Die Installation des Computers mit der Software "Carnivore" wird jedoch nie ohne die Mithilfe der Service-Provider (Protokolle, Systemaufbau, Passwörter, etc.) durchgeführt werden können. Das FBI ist hier auf die Mitarbeiter der Anbieter angewiesen, doch können E-Mails und Netzwerke auch mit anderen Softwaretools von jedem Ort der Welt überwacht werden. Das größte Problem ist dabei die Flut von täglich über 26 Milliarden elektronischen Nachrichten allein mittels E-Mail täglich bereits im Jahre 2003.

Der National Security Act führte 1947 zum National Security Council (NSC) für die Koordinierung der Verteidigungs- und Außenpolitik. Als zivile Behörde für den Auslandsnachrichtendienst entstand aus der Central Intelligence Group am 18. September 1947 das Central Bureau of Investigation (CIA) in Langley unter Generalmajor William J. Donovan (bis 1950).

Eine gut abgesicherte CIA-Operation war die Geldwäsche von über 10 Millionen US-Dollar aus erbeuteten Mitteln der Achsenmächte (von James Jesus Angleton), um den Wahlkampf der Christdemokraten vor den Wahlen von 1948 zu unterstützen. Doch in den 1960er Jahren gab es dann viele Pannen.

Vier der regelmäßig erstellten National Intelligence Estimates (das letzte Dossier vom 19. September 1962) stimmten darüber überein, dass die UdSSR keine Atomwaffen in Kuba stationieren würden. Am 19. Oktober 1962 sah sich Präsident Kennedy zu einer Mobilmachung aufgrund dieser Raketen auf Kuba gezwungen. Im Nachtrag schätzte die CIA, dass sich etwa 8.000 sowjetische Soldaten während der Krise auf der Insel befanden, tatsächlich waren es 41.900 für die 161 Atomsprengköpfe, davon 90 taktische Atomflugkörper, was allerdings erst 30 Jahre später bekannt wurde. Der Vereinigte Generalstab der USA unter dem General Lemnitzer war bereit die Welt an den Rand eines Dritten Weltkrieges zu bringen, ohne das zuvor eine Aggression seitens Kuba vorausgegangen wäre. Präsident Kennedy genehmigte aber nur die amerikanische Invasion durch Exilkubaner in der Schweinebucht, doch das Unternehmen wurde erkannt und militärisch sowie politisch ein Fiasko. Eine weitere Unterstützung der Einheiten durch reguläre amerikanische Truppen wurde durch Kennedy untersagt, die Kommandogruppe vernichtet oder gefangen genommen. Auch wenn letztendlich die Strategie des Präsidenten, die Isolierung Kubas und die daraus resultierende Abrüstung, aufging, so hatte er sich doch Gegner im eigenen Militär, in der amerikanischen Politik und Feinde bei den konservativen und rechtradikalen Vereinigungen geschaffen, was ihm wohl letztendlich das Leben kostete.

NSA und CIA lieferten während des Embargos gegen Kuba durch verdeckte Kanäle in Kanada sogar Fernmeldetechnik und Ersatzteile wie z.B. Röhren, um den Fernmeldeverkehr auf der Insel aufrecht zu erhalten. Dieser zunächst irrsinnig anmutende Schritt war dringend erforderlich, da viele Geräte in Kuba ausfielen und somit der Funkverkehr nahezu zum Erliegen kam. Ohne Funkverkehr können aber auch keine Nachrichten abgehört werden und so musste nachgeholfen werden, um die zwangsweise erfolgte Funkstille der Kubaner aufzuheben, damit weiterhin Informationen über die sowjetisch-kubanischen Aktionen auf der Insel fließen konnten. Eine wichtige Quelle für Informationen war das von der Radio Corporation of America (RCA) auf Kuba installierte Fernmelde-system, welches alle Städte des Landes verband und über welches die amerikanischen Aufklärungsschiffe vor der Küste direkten Zugang zu den Gesprächen hatten.

Die CIA entführte nach der Vereinigung Deutschlands 1991 auch den deutschen Staatsbürger Jens Karney, der als Airforce-Angehöriger in der 80er Jahren für die Stasi spionierte und in der DDR eine neue Existenz erhalten hatte. Als Spezialist der elektronischen US-Aufklärung war er dort willkommen, seine Homosexualität machte ihn für die Anwerbung der Stasi erpressbar.

Aus den Reihen des mächtigen Geheimdienstes entwuchsen auch Präsidenten der Vereinigten Staaten, so war auch der spätere Präsident George H. W. Bush zunächst CIA-Direktor. Sein Sohn George Bush konnte als Gouverneur von Texas die Präsidentschaftswahlen für sich entscheiden, wenn auch auf recht umstrittene Weise, und konnte entgegen seinem Vater diesen Erfolg auch wiederholen. Allerdings ist George H. W. Bush auch der einzige ehemalige Präsident, der das Recht, eingestufte Informationen der Nachrichtendienste auch nach dem Ende der Amtszeit zu lesen, wahrnahm.

Der Direktor John Deutch trat von seinem Posten 1996 zurück, aber sein Problem begann, als Techniker auf seinem privaten Computer 31 als geheim eingestufte Dateien fanden, die er eventuell auch über das Internet verschickt hatte. Die Politik nahm und nimmt auch Einfluss in die Bewertungen der eigenen Nachrichtendienste. So hatte z.B. Oberst Gains B. Hawkins für die Army Intelligence die Zahl der in der Mobilmachung rekrutierten Vietnamesen auf 500.000 Mann eingeschätzt. Politisch war diese Zahl nicht akzeptabel und sie wurde auf rund 300.000 Soldaten reduziert. Dem Personal der Nachrichtendienste und den Ergebnissen ihrer Analysen ist also immer mit einem gewissen Vorbehalt zu begegnen.

Am 20. Mai 1949 war die übergeordnete Armed Forces Security Agency (AFSA) im US-Verteidigungsministerium geschaffen worden, um den Austausch der geheimen Informationen zwischen den Teilstreitkräften besser zu koordinieren. Während des Koreakrieges 1950 standen allerdings alle vier Organisationen in Konkurrenz zueinander, da die Kompetenzstreitigkeiten andauerten und die Anforderungen anstiegen, ließ die Effektivität gerade in einer kritischen Zeit nach. Die Armed Forces Security Agency bezog im August 1967 ca. 24 km vom ersten Hauptquartier in Homestead ein neues Gebäude in der Card Sound Road (Site "Alpha"), in dem sich auch Luftwaffen- und Marineeinheiten einmieteten.

Der Mangel an Informationsaustausch zwischen den nationalen Geheimdiensten und die andauernden Kompetenzstreitigkeiten führten zur Auflösung der Armed Forces Security Agency und zur Bildung der National Security Agency (NSA). In einem geheimen Erlass wurde die NSA von Harry S. Truman am 4. November 1952 gegründet, die militärischen Security Agencies jedoch einige Zeit später wieder herausgelöst, um mit der Combat Intelligence (CI) und den Electronic Warfare (EW) Komponenten des Signal Corps sowie Anteilen der Artillerietruppen eine neue Military Intelligence (MI) zu bilden, da sich das US-Militär nicht auf eine rein zivile Einrichtung stützen wollte. Die NSA dient mit CIA/FBI sowie den

Kryptoabteilungen der Streitkräfte zur Datengewinnung aus ausländischen Quellen, hat aber zugleich die Aufgabe die amerikanischen Informationen abzuschirmen.

Erst 1957 wurde die Existenz der NSA mit damals über 10.000 Mitarbeitern (1960) offiziell bestätigt. Der Hauptsitz in Fort George G. Meade/Maryland (seit 1953) ist für weltweit über 2.000 Abhörstationen zuständig. Heute werden in der NSA rund 17.000 Mitarbeiter beschäftigt, doch nach über 10 Jahren der Einsparungen war der Etat um rund ein Drittel geschrumpft und wurde erst nach den Anschlägen des am 11. September 2001 wieder erhöht. Doch schon in frühen Jahren gab es für die NSA recht peinliche Pressekonferenzen, wie z.B. die Enthüllungen der NSA-Mitarbeiter William Hamilton Martin und Bernon Ferguson Mitchell über die Abhöraktionen in befreundeten Staaten. Nachdem sie sich in die Sowjetunion am 24. Juli 1960 abgesetzt hatten, gaben sie viele Details über Abhöraktionen der potenziellen amerikanischen Gegner, aber auch über die befreundeten Nationen preis. Viele Nationen änderten daraufhin ihre Schlüssel und Chiffren, was in einem großen Nachteil in der Aufklärung durch die Russen und die Amerikaner resultierte.

Aus der weltweiten Informationsflut die wichtigen Sachverhalte herauszufiltern und eigene Netze zu schützen ist eines der größten Probleme. Allein das amerikanische Defence Communication System verarbeitet stündlich rund 10.000 Nachrichten in über 85 Netzebenen mit 25.000 Kanälen mit mehr als 200 Relais- und 1.500 Verteilerstationen; ein reiches Informationsangebot für Hacker und ausländische Nachrichtendienste.

Der Central Security Service (CSS) wurde 1972 eingerichtet und ist innerhalb der NSA zuständig für die Kryptoanalyse und Kryptotechnik der NSA selbst, für das Militär und die Diplomatie (INFOSEC). Innerhalb der CSS gibt es die Eliteeinheit Special Collection Service (SCS), der die Fortführung des Target Intelligence Comitee (TICOM) aus dem 2. Weltkrieg darstellt und der selbst für NSA Verhältnisse sehr modern ausgestattet ist. Das Hauptquartier des SCS befindet sich an der Springfield Road in Beltsville, südlich der NSA-Zentrale.

Das National Security Operations Center (NSOC, seit 1996) wurde 1972 als National Sigint Operations Center gegründet. Es ist auch zuständig für die IT-Sicherheit der NSA und Teil des OPS1, zu dem auch das Defence Special Missile and Astronautics Center (DEFSMAC) gehört, welches von Robert McNamara am 27. April 1964 gegründet wurde, um nach der Kuba-Krise zukünftige Konfliktsituationen mit ballistischen Flugkörpern besser einschätzen zu können. DEFSMAC ist heute noch die Alarmzentrale für den Fall eines derartigen Angriffes auf die Vereinigten Staaten und unterhält ein speziell ausgerüstetes Schiff zur Aufklärung, die OBSERVATION ISLAND. Der 1969 gelieferte Rechner für die Telemetriedaten (TELLMAN) wurde in den 1980er Jahren durch (RISSMAN) ersetzt, während heute standardisierte Hardware mit einem speziellen Telemetrieprogramm OUTCURVE verwendet wird.

Ein schwarzer Tag für die NSA war auch der 24. Januar 2000, denn als das Y2K-Problem gerade überstanden war, stürzte in der NSA-Zentrale trotzdem das zentrale Computersystem ab, wodurch die NSA drei Tage lang ihres Nervenzentrums beraubt war. Das damalige System mit Namen UNIVERSE benötigte 130 Mann zur Wartung und 6.500 qm Büroraum. Das neue System NORMALIZER begnügte sich mit 3.500 qm, war stabiler und sparte hunderttausende von Dollars jährlich ein.

Der Datentransfer innerhalb der Behörde läuft über ein Intranet namens INTELINK, welches die NSA mit der CIA, dem National Reconnaissance Office und den anderen Angehörigen der Nachrichtendienste der USA verbindet. Hintergrund der Erschaffung des NSA-Intranets war vor allem die Zeitverzögerung der Informationen am Einsatzort der Streitkräfte für nachrichtendienstliche Kenntnisse, von denen das Leben der Soldaten abhängen kann. Als Air Force Captain Scott O'Grady z.B. im Juni 1995 über Bosnien abgeschossen wurde, waren die Luftabwehrbatterien zwar zuvor aufgeklärt worden, doch wurden trotzdem der Einsatzplan und die Flugroute nicht geändert oder Gegenmaßnahmen ergriffen, da diese Information nicht rechtzeitig den Einsatzleitern zur Verfügung gestellt wurde.

Das INTELINK wurde ausgebaut und bietet über 90 Homepages aus nachrichtendienstlichen Bereichen und ermöglicht auch einen WebChat aller Nutzer. Wichtige Informationen können mittels Suchmaschinen aus den Datenbanken ermittelt werden. Das INTELINK Service Management Center steht 24 Stunden mit einem Helpdesk für Probleme und Störungen zur Verfügung. Die sensitiven Informationen haben natürlich unterschiedliche Sicherheitsstufen, was in vier verschiedene Netzwerkhierarchien verwirklicht wurde. In der ersten Stufe steht das Netzwerk "TOPSECRET-SCI" (Sensitive Compartmented Information), die zweite Stufe ist "INTELINK-S" für die Einstufung "Secret". "TOPSECRET-SCI" wird zu einem "INTELINK-C" (Commonwealth) erweitert, um die Staaten des UKUSA einbinden zu können. "INTELINK-P" (Intelink-PolicyNet) hat die stärksten Einschränkungen und der Personenkreis mit Zugang ist auf die Direktoren der Nachrichtendienste, den nationalen Sicherheitsberater, den Präsidenten der USA, den Vizepräsidenten und einige wenige andere limitiert.

In einem "INTELINK-U" (Unclassified) werden schließlich noch allgemein verfügbare Informationen aus Presse und Internet etc. zusammengefasst und es ist daher auch vielen zugänglich. Hinzu kommt die National Sigint File, die elektronische Publikation der Informationsschrift SIGINT Summary SIGSUM). Die SIGSUM wurde durch den NSA SIGINT DIGEST ersetzt, der 1997 in der National Sigint File alles aus der allgemeinen Nachrichtenwelt der NSA-Berichte dem Leser zur Verfügung stellte. Die Meinungen und Kommentare können mit dem internen E-Mail-Programm der NSA (ENLIGHTEN) ausgetauscht werden.

Die NSA hat auch eine zusätzlich abgeschirmte "Crypto-City" innerhalb des Fort Meade, das OPS-2B. In der Eingangshalle finden sich wie auch bei der CIA und dem FBI die Namen der Kryptologen in schwarzem Granit, die im Einsatz ihr Leben verloren; die 1996 eingeweihte National Crytologic Memorial Wall. "Crypto-City" produziert jährlich über 11.000 Tonnen an vertraulichen Dokumenten, welche in einer eigenen Müllverbrennungsanlage zu Pizzakartons verarbeitet werden. Da die Verbrennungsanlage nicht effizient funktionierte, mussten allerdings zusätzlich chemische Mittel eingesetzt werden, welche das Papier zusätzlich zersetzen und eine sichere Verarbeitung zu Pappe ermöglichen.

Die Ausbildung der Mitarbeiter der "Crypto-City" sowie der Mitarbeiter anderer Behörden findet an der National Cryptologic School (NCS) der NSA statt und ihr Ursprung liegt in den 1950er Jahren im zweiten Stock eines Hauses (Temp "R") am Jefferson Drive im Südwesten Washingtons. Am 1. November 1965 eröffnete die NCS mit rund 100 Hörsälen und 900 Kursen von der Fernmeldetechnischen Aufklärung bis zum Military Signal Analysis Programm oder dem National Senior Cryptologic Course für leitende Beamte der Aufklärung offiziell. Der erste Leiter der Schule war Frank B. Rowlett, aus dem ehemaligen Signal Intelligence Service von 1930, der sein Hintergrundwissen um die PURPLE, der ENIGMA und SIGABA hier vermitteln konnte.

1984 entstand das Science and Technologie Center (IDA-C3I) an der Universität von Maryland in Bowie, welches von der Abteilung für Kommunikationsforschung (Communication and Research Department, CRD) im Institut für Verteidigungsanalyse (Institute for Defence Analyses, IDA) unterhalten wird. Es ist auf Kryptomathematik, Kryptoinformatik, Sprachforschung und die Technologie der Signalverarbeitung spezialisiert. Für die im Jahre 1994 rund 200 Mitarbeiter wurden 34 Millionen Dollar zur Verfügung gestellt. Das Labor für Physik (LPS) am Greenmead Drive im College Park der Universität von Maryland gehört ebenfalls der NSA und es bestehen Informationsbeziehungen zwischen vielen anderen Universitäten oder z.B. auch dem MIT.

Absicherung der Datenmengen vor Systemabstürzen und eine folgende Analyse und Entzifferung sind nur dann erfolgreich zu verwirklichen, wenn aus dem Ozean der Bits, die richtigen Zusammenhänge für das betreffende Suchgebiet vorab herausgefiltert werden konnten. Als Sprachfilter für Chats im Internet diente z.B. die Software Semantic Forest, die wie aus dem Geäst eines Baumes aus dem Gesprächsablauf die wichtigen Zusammenhänge automatisch filtert. Sprache und Sprecher können z.B. vom Berger-Liaw Neural Network Speaker Independent Recognition System der University of Southern California identifiziert und als Datei abgelegt werden. Die NSA ist hier quasi ein Testlabor für die modernste Software, die ständig weiterentwickelt wird.

Die riesigen Datenmengen der digitalen Kommunikationssysteme, im militärischen und zivilen Bereich, überfordert aber selbst den leistungsstärksten Rechner, wenn es darum geht alles möglichst komplett zu erfassen. Allein im Internet liefen 2002 bereits 26 Milliarden E-Mails täglich über die Server. Die NSA schuf deshalb mehrere Regional Sigint Operations Center (RSOC). Das RSOC in Medina/Lackland konzentriert sich z.B. auch die Karibik sowie auf Mittel- und Südamerika, ein zweites RSOC in Kunia/Hawaii auf Asien, ein drittes RSOC in Fort Gordon/Georgia auf Europa und den Nahen Osten. Hier wurden auch viele der Aufgaben der ehemaligen Horchposten auf ausländischem Territorium innerhalb der USA zusammengefasst und die Daten über LWL der "Crypto-City" in Fort Meade und anderen Bereichen zur Verfügung gestellt.

NSA-Aufklärungsstationen (1999)   zusätzliche Dienststellen sind in

NSA-Aufklärungsstationen (1999)	zusätzliche Dienststellen sind in
• Barbers Point, Hawaii	Bad Aibling, Deutschland
• Brunswick, Maine	Bahrain
• Digby, Großbritannien	Denver, Colorado
• London, Großbritannien	Fort Meade, Maryland
• Monterey, Kalifornien	Fort Gordon, Georgia
• Pensacola, Florida	Groton, Conneticut
• Südkorea	Guantanamo, Kuba
• Yakima, Washington	Kunia, Hawaii
• Medina, Texas	
• Menwith Hill, Großbritannien	
• Misawa, Japan	
• Neapel, Italien	
• Norfolk, Virginia	
• Northwest, Virginia	
• Pearl Harbour, Hawaii	
• Pensacola, Florida	
• Rota, Spanien	
• Sabana Seca, Puerto Rico	
• San Diego, Kalifornien	
• Sugar Grove, West Virginia	
• Whidbey Island, Washington	
• Yokosuka, Japan	

Ferner gibt es eine Abteilung für Kommunikation in Washington D.C. mit ihren Support Groups in Edzell, Großbritannien, die NAVCOMTELSTA in Guam, NAVCOMELSTA in Diego Garcia, NAVCOMELSTA der Area Master Station Pacific Wahiawa, Hawaii. Zwar wurden die Dienststellen teilweise immer wieder umstrukturiert, aber die Orte blieben aufgrund der dort vorhandenen Anlagen und Installationen meist identisch.

In dem Bestreben die eigenständigen Nachrichtendienste der Streitkräfte besser zu koordinieren und den Datenaustausch zu gewährleisten wurde am 1. Oktober 1961 die Defence Intelligence Agency (DIA) gegründet. Zunächst arbeiteten lediglich 25 Personen in der DIA, 1975 waren es dann aber bereits 4.600. Im Februar 1991 wurde ein Computernetzwerk für die DIA eingerichtet, welches zunächst 1.000 Mitarbeiter im Hauptsitz im Pentagon und weitere 19 militärische Stellen in den USA verband. Das DIA bleibt aber weiterhin auf die Informationen aus den anderen Nachrichtendiensten angewiesen und hat keine eigenen Nachrichtenquellen.

Innerhalb des Defence Department führt der Defence Investigate Service die Überprüfungen für die Sicherheitsbescheide des Personals durch. In den Jahren 1980 bis 1984 erhielten von 138.252 überprüften Personen lediglich 118 keine Sicherheit – diese hohe Quote von 99,91 % war ein Grund, weshalb diese Abteilung umstrukturiert wurde. Auch der Defence Investigate Service ist für seine Arbeit auf Cooperation und Informationen aus den nationalen Nachrichtendiensten angewiesen und betreibt selbst keine Aufklärung.

Da weder das DIA noch andere Organisationsstrukturen die Zusammenarbeit der doch recht eigenständigen Nachrichtendienste gewährleisten konnte und dies für die innere und äußere Sicherheit nur von Nachteil sein konnte, wurden dreizehn US-Nachrichtendienste und damit eng verbundene Bereiche im United States Intelligence Board (USIB) in einer Intelligence Community unter Leitung des CIA-Direktors zusammengefasst, weshalb das USIB keine übergeordnete Weisungsbefugnis für die amerikanischen Nachrichtendienste hat.

<u>United States Intelligence Board (USIB)</u>
- Central Intelligence Agency, CIA, Zentrale Nachrichtenbehörde
- National Security Agency, NSA, Chiffrier- und Dechiffrierdienst
- Federal Bureau of Investigation, FBI, Bundeskriminalamt
- Defence Intelligence Agency, DIA, Militärischer Nachrichtendienst
- Army Intelligence, G-2, Nachrichtendienst der Armee
- Office of Naval Intelligence, ONI, Nachrichtendienst der Marine
- Airforce Intelligence,Nachrichtendienst der Luftwaffe
- Marinecorps Intelligence, Nachrichtendienst der Marines
- National Reconnaissance Office, National Imagery and Mapping Agency
- Bureau of Intelligence and Research, INR, Diplomatischer Nachrichtendienst
- State Department
- Department of Treasury, Wirtschafts- und Finanzinformationen
- Department of Energy, beinhaltet Nachrichtendienst für Atomtechnik

Die letztendlichen Nutzer aller Dienste sind das National Security Council (NSC, vom 26. Juli 1947) sowie das Foreign Intelligence Board (FIB). Das FIB entstand 1976 aus dem United States Intelligence Board (USIB), welches wiederum 1973 als Nachfolger des Board of National Estimates (BNE) die National Intelligence Estimates der CIA erstellte. Das NSC berät letztendlich direkt den Präsidenten der Vereinigten Staaten von Amerika.

Die Gewichtigkeit der Organisationen spiegelt sich in deren Kompetenzen wieder. Der Kongress gab 1964 dem Direktor der NSA sogar das Recht jeden Mitarbeiter fristlos und unanfechtbar zu entlassen, wenn es im Interesse Amerikas liegt. Obwohl dies eindeutig gegen die Bill of Rights verstößt, wurde das Gesetz mit 340 zu 40 Stimmen angenommen. Die NSA legt im National Computer Security Council die Kriterien für Betriebs- und Datensicherheit der Systeme fest, die im Orange Book eingesehen werden können. Durch die enge Zusammenarbeit der NATO mit der NSA wird der Austausch der Nachrichtendienste im westlichen Bündnis ermöglicht. Die NATO arbeitet eng mit der European Communication Security Agency (ECSA/Paris) zusammen, der Communication Security and Evaluation Agency Europe (EUSEC/London), der Communication Security and Evaluation Agency NATO (SECAN/Washington), der Signal Distribution and

Accounting Agency Europe (EUDAC/London) und der Signal Distribution and Accounting Agency NATO (DACAN/Washington) sowie entsprechenden Organisationen der einzelnen Partnerstaaten.

Unter dem Projekt P415 entstand bei der National Security Agency das größte länderübergreifende Aufklärungssystem, welches Großbritannien, Australien, Deutschland, Japan und überraschender Weise sogar zwei Stationen in China (in Xinjiang und Beijing, letztere während der Amtszeit von George H. W. Bush) einschloss, das ECHELON. Unüblich für ein System des Kalten Krieges wurde hier die Überwachung aller militärischen als auch zivilen Einrichtungen anderer Staaten implementiert. Nach dem Ende des Kalten Krieges haben neben wirtschaftlichen und militärischen Interessen, der Terrorismus, das organisierte Verbrechen in Verbindung mit Drogenhandel und Atomschmuggel genügend neue Zielgruppen für diese Kapazitäten eröffnet.

Das 1943 durch das "Holden Naval Sigint Agreement" eingeleitete Abkommen zwischen Großbritannien und den USA (BRUSA) fand einen Nachfolger im geheimen Abkommen UKUSA (UK-USA, 5. März 1948). Dieses regelte die Zuständigkeiten von fünf Nationen und den Datenaustausch zwischen GCHQ in Cheltenham (Koordinationszentrum für Europa, Asien, Afrika, Russland westlich des Urals) und den anderen Stationen (International Regulations on SIGINT-IRSIG).

Die Stationen der NSA decken für UKUSA heute den restlichen asiatischen Teil und Amerika ab, während in Australien das Koordinationszentrum für den Südpazifik und Südostasien liegt. Neben den USA (NSA), Großbritannien (GCHQ), Australien (Defense Signals Directorate, DSD) und Neuseeland (Government Communications Security Bureau (GCSB), gehört Kanada (Communications Security Establishment, CSE) zu den Vertragspartnern im UKUSA. Die Aufklärungsstationen aller Staaten ergänzen sich zu einem weltumspannenden Netz, dominierend ist aber auch hier der Einfluss der NSA.

In Kanada wurde 1946 die Communication Branch des National Research Councils (CBNRC) mit 179 Mitarbeitern geschaffen, die dann 1962 rund 600 Beschäftigte hatte. Hauptsitz ist in dem Tilley Building in der Heron Road 719 in Ottawa. Vorgänger der Behörde war die Examination Unit des 2. Weltkrieges, die 1975 vom CBNRC in Communications Security Establishment (CSE) umbenannt wurde und 1996 schließlich allein 900 Mitarbeiter hatte, die zusätzlich auf den Horchposten noch durch ca. 1.100 militärische Aufklärer im Funkverkehr verstärkt wurden. Von der NSA erhielt man die Analysesoftware FOLKLORE und 2001 entstand das neue Canadian Sigint Operations Center (CANSOC), welches mit dem Supplementary Radiosystem im Hauptquartier in Tunneys Pastures in Ottawa verbunden ist und an welches auch die Abhörstationen angeschlossen sind.

Das Defence Signals Directorate (DSD) ergänzt von australischer Seite in den Victoria Barracks an der St. Kilda Road in Melbourne mit rund 1.000 Mitarbeitern das System. Lange Zeit wurde in einem Nebenhaus mit der Joint Telecommunications Unit gemeinsam mit britischen Spezialisten die Kommunikationsverbindungen in China und der Sowjetunion abgehört. Hinzu kam 1977 das neuseeländische Government Communications Security Bureau (GCSB), welches vom Defence House in der Stout Street in Wellington geleitet wird, während das GCSB selbst heute in den obersten Stockwerken des Freyberg Building sitzt. Mit der Einrichtung des Horchpostens in Waiouro (Combined Signals Organisation) wurden die USA im Vietnamkrieg unterstützt, während die wichtigste Satelliten-Aufklärungsstation heute in Tangimoana Beach liegt.

Ein ehemaliger Mitarbeiter der CSE, Mike Frost, verließ 1990 den Dienst und enthüllte die ersten Insider-Informationen der Anlagen im Jahre 1994. Duncan Campbell beschrieb, wie die Station in Menwith Hill die britischen Funknetze mit ihren speziellen Antennen abhören kann. Gegner des ECHELON-Systems in Menwith Hill erhielten 1990 Informationen über ein Computersystem mit dem Namen "Platform". Über ein weltweites NSA-Netzwerk dieses Namens, schrieb James Bamford: "which will tie together 52 separate computer systems used throughout the world. Focal point, or "host environment"' for the massive network will be the NSA Headquarters at Fort Meade. Among those included in Platform will be the British SIGINT organization, GCHQ."

1991 gab ein ehemaliger Mitarbeiter des GCHQ Informationen über ein unscheinbarer rotes Backsteingebäude in der Palmer Street 8 an die Granada Television World. Von dort aus überwachte das GCHQ alle Faximile-Sendungen von und nach London mittels Computer. Die Schlüsselwörter der globalen Abhöreinrichtungen existieren jedoch seit den frühen 1970er Jahren und sind in Wörterbüchern ("Dictionaries") des "ECHELON" zusammengefasst, deren Datenbestand ständig gepflegt wird. Den Verfahren des Abhörens werden bestimmte Bezeichnungen zugeordnet. So wird eine Fernsprechoperation z.B. als "Mantis" gekennzeichnet, eine Faximile/Telefax hingegen als "Mayfly".

Korrespondiert ein Wort/Signal einer abgefangenen Nachricht mit einer Suchliste ("Dictionary"), wird diese Nachricht automatisch auch an die zuständige nationale Nachrichtenorganisation geleitet. Dadurch fungieren alle überseeischen Stationen in gleichem Masse als Netzwerk der eigenen nationalen Aufklärungssysteme. Computer des ECHELON verfolgen, speichern, analysieren automatisch die Signale, ob z.B. Sprache, Fax oder E-Mail, mit den Daten des Senders und Empfängers (Telefonnummer, E-Mail-Adresse, etc.), der Uhrzeit, Art der Übertragung, an welchem Ort aufgezeichnet und ordnen diesem Bericht einen vierstelligen Zahlencode zu. Anhand dieses Codes können der zuständige Nachrichtendienst und Sachbearbeiter die Daten abrufen. Die nationalen Nachrichtendienste können jedoch nur die für sie bestimmten Zahlencodes abrufen und haben keinen Zugriff auf die Rohdaten des gesamten ECHELON. Lediglich der Nachrichtendienst der das ECHELON aufgebaut hat, hat auch auf alle Quelle Zugriff, wodurch die NSA ein wahres Datenmeer zu verwalten hat. Die Auswertungen erfolgen in Washington, Ottawa, Cheltenham, Canberra, und Wellington.

Menwith Hill, nahe Harrogate in Yorkshire ist mit rund 22-Satellitenterminals und 10 Hektar Fläche die größte Anlage zur Überwachung des Satelliten- und terrestrischen Kommunikation der Vereinigten Staaten in Übersee. Der Stab umfasst 1.200 Mitarbeiter, mehr als zwei Drittel davon Amerikaner. In Menwith Hill wurden die Systeme des ECHELON von einem Duzend VAX-Computern gesteuert, die EDV und Netzwerke im Verbund der Stützpunkte wurde in den 60er Jahren auf die automatische Erfassung mittels Computer umgestellt. Nach Berechnungen von 1992 war die NSA damit in der Lage stündlich etwa 2 Millionen Nachrichten abzufangen. Davon wurden 13.000 Nachrichten nach Stichworten und Zahlen gesichtet, unter denen sich etwa 2.000 tatsächliche Suchkriterien befanden die manuell ausgewertet wurden. Menwith Hill erhielt 1991 die Ehrung "NSA-Station of the Year", als sie die besten Aufklärungsergebnisse im Golfkrieg erbrachte.

Die 1989 in Betrieb genommene Satellitenabhörstation in Waihopai (Südinsel Neuseelands, FLINTLOCK Dictionary) hat z.B. zusätzlich zur nationalen Suchliste verschiedene Suchlisten für die NSA, GCHQ, DSD, und CSE. Allerdings werden nicht in allen Ländern alle Nachrichtenwege automatisch überwacht. Wer wie, wo und wann welche Operation durchführen kann wird durch das ECHELON beeinflusst. Stehen Abhörschaltungen keine Interessen NSA bzw. der USA im Wege, so werden diese unterstützt. Andererseits beschränken schon die personellen Ressourcen der anderen Nationen die Anzahl der auswertbaren Daten.

Einige der Projekte liefen unter den Namen "SILKWORTH" (terrestrische Funküberwachung), "MOONPENNY" (Satelliten-Funküberwachung), "SIRE", "RUNWAY" (Kontrollsystem des Satelliten "VORTEX" über Russland?), vormals "CHALET") und "STEEPLEBUSH" (Kontrolle über die neuesten Aufklärungssatelliten "MAGNUM" der USA). Neben vielen als Wettersatelliten deklarierten Systemen wird auch der photographische Aufklärungssatellit BIG BIRD ("HEXAGON", Projekt 467, erstmals am 15. Juni 1971 mit KH-9 Kameras) genutzt. Neuere Satellitenabhörstationen sind in Geraldton/nördliches Australien und Blenheim/Neuseeland für die Überwachung der Länder der dritten Welt, wie Indien, Pakistan und Indonesien errichtet worden. Eine ähnliche Satellitenabhörstationen nahe dem britischen

Morwenstow/Bude bei Cornwall (Operationsgebiet Atlantik, Europa und Indischer Ozean), wurde in den 80er Jahren ausgebaut.

Im Silicon Valley bei San Francisco wurde neben US-Personal und dem GCHQ auch der Stab des "Technical Department" aus der People's Liberation Army General Staff für die chinesische Version des GCHQ ausgebildet. Dieses Department betreibt die zwei geheimen amerikanisch-chinesischen Abhörstationen in Xinjiang Uighur (autonome Region nahe der russisch-sibirischen Grenze), deren Hauptaufgabe die Überwachung des Warschauer Paktes war.

In Sugar Grove, 250 km südwestlich von Washington in den Bergen West Virginias, wird die Kommunikation der Satelliten für Nord- und Südamerika überwacht. 200 km südwestlich von Seattle wird im Yakima Firing Center (COWBOY Dictionary) der Osten und Pazifik überwacht, in enger Zusammenarbeit mit Neuseeland und Australien. Satellitenabhöreinrichtungen für die Kommunikation außerhalb der INTELSAT sind in Shoal Bay bei Darwin/Australien (Indonesien), Leitrim/südlich Ottawa/Kanada (Lateinamerika), Misawa in Japan, Pine Gap bei Alice Springs (betreibt NSA und die CIA) und Bad Aibling in Deutschland. Auf der Station der Misawa Air Base im Norden der Insel Honshu befinden sich außer den etwa 90 Meter hohen und 400 Meter breiten Käfigantennen über 14 weitere Radome und das Misawa Cryptologic Operations Center. Hinzu kommt eine Gruppe von Einrichtungen im ECHELON zur direkten Überwachung der terrestrischen Kommunikationssysteme. Unter dem Druck der Amerikaner ab 1981 wurden über die Abhörstationen in Neuseeland auch speziell die diplomatischen Einrichtungen Japans überwacht, dem sich alle Stationen des ECHELON dann anschlossen.

Die letzte Reform der amerikanischen Nachrichtendienste im Jahre 2004 zielte im Wesentlichen auf eine bessere Zusammenarbeit und Koordinierung der Arbeit der insgesamt fünfzehn verschiedenen Geheimdienstbehörden, nachdem die Untersuchungskommission zu den Terroranschlägen vom 11. September gravierende Mängel vor allem beim Informationsaustausch zwischen den Behörden festgestellt hatte. Wichtigste Neuerung ist die dabei die Einsetzung eines nationalen Geheimdienstdirektors, der künftig die Oberaufsicht über alle Spionagebehörden sowie deren Budgets haben soll, die alle nach den Anschlägen deutlich erhöht wurden. Außerdem wurde ein nationales Anti-Terror-Zentrum zur Planung strategischer Operationen im In- und Ausland geschaffen werden.

Die ehemaligen Nachrichtendienste der USA sind ehemalige Dienste das Counter Intelligence Corps (CIC), das Coordinator of Information (COI, 1941–1942), das Office of Naval Intelligence (ONI), das Office of Strategic Services (OSS) (1942–1945), das Office of the Coordinator of Information (OCI) vormals OSS, die Central Intelligence Group (CIG), die Military Information Division oder Military Intelligence Division (MID), und die National Imagery and Mapping Agency (NIMA), heute National Geospatial-Intelligence Agency (NGA).

Die aktiven Nachrichtendienste der USA gliedern sich in Central Intelligence Agency (CIA) als dem Auslandsgeheimdienst, dem Federal Bureau of Investigation (FBI) für die Spionageabwehr und Verbrechendbekämpfung im Inland, die National Security Agency (NSA) für die weltweite technische Aufklärung, dem National Reconnaissance Office (NRO) für die Satellitenaufklärung, der National Geospatial-Intelligence Agency (NGA) für die geographische Aufklärung, das Office of Intelligence (OOI) als Dienst des Energieministeriums, dem Bureau of Intelligence and Research (INR) als Dienst des Außenministeriums, dem Office of Intelligence and Analysis (OIA) als Dienst des Finanzministeriums, dem Directorate of Information Analysis and Infrastructure Protection (IAIP) als Dienst des Ministeriums für Innere Sicherheit (DHS), und der Defense Intelligence Agency (DIA) als dem Geheimdienst des Pentagons.

Präsident Ronald Reagan verfügte am 4. Dezember 1981 durch einen Erlass, die Executive Order 12333, die Bildung der United States Intelligence Community (IC), was zum einen die Kontrolle und eine bessere Zusammenarbeit gewährleisten sollte. Der Zusammenschluss von 17 Nachrichtendiensten der Vereinigten Staaten, geleitet vom Director of National Intelligence und mit Washington, D.C., bildet eine der größten nachrichtendienstlichen Organisationen der Welt, die lediglich mit den russischen und chinesischen Organisationen vergleichbar ist. In den letzten Jahren sind die Praktiken in der inländischen und ausländischen Informationsgewinnung durch Presseveröffentlichungen in die Kritik geraten, was im Vorgehen allerdings keine Veränderungen brachte.

<u>United States Intelligence Community (IC)</u>

- das Office of the Director of National Intelligence, die eigenständige Behörde des Leiters der 16 US-Nachrichtendienste (bzw. der nachrichtendienstlichen Abteilungen von Ministerien und Behörden (z. B. FBI)) des Director of National Intelligence. Dieses Amt wurde früher in Personalunion vom Leiter der CIA ausgeübt, wurde aber 2004 gesetzlich, 2005 praktisch verselbständigt, um die Koordination und Zusammenarbeit der in den USA sehr zersplitterten Geheimdienstorganisationen zu verbessern.
- die eigenständige Central Intelligence Agency (CIA), der zivile Auslandsnachrichtendienst der USA
- dem US-Verteidigungsministerium untergeordnete Organisationen
  - o Defense Intelligence Agency (DIA), als Dachorganisation der Nachrichtendienste der Teilstreitkräfte
    - − Air Force mit der Air Force Intelligence, Surveillance and Reconnaissance Agency (ISR)
    - − Army mit dem United States Army Intelligence Corps (G2)
    - − Marine Corps mit der Marine Corps Intelligence Activity (MCIA)
    - − Navy mit dem Office of Naval Intelligence (ONI)
  - o National Geospatial-Intelligence Agency (NGA), die mittels geospezifischer Fernaufklärung Karten- und Bildmaterial liefert.
  - o National Reconnaissance Office (NRO), welches die Spionagesatellitenprogramme betreibt,
  - o National Security Agency (NSA) für die weltweite Überwachung und Entschlüsselung von elektronischer Kommunikation
- Energieministerium der Vereinigten Staaten: Office of Intelligence and Counterintelligence
- Außenministerium, Bureau of Intelligence and Research (INR)
- Finanzministerium, Office of Intelligence and Analysis (OIA)
- Ministerium für Innere Sicherheit (Department of Homeland Security (DHS)) und die ihr (außer im Verteidigungsfall) unterstellte
  - o Coast Guard mit der United States Coast Guard Intelligence (CGI)
  - o Office of Intelligence and Analysis (I&A)
- Behörden des US-Justizministeriums
  - o Federal Bureau of Investigation (FBI), zu dessen traditionellen Hauptaufgaben die Spionageabwehr gehört. Später kam die Terrorabwehr dazu. Dazu unterhält es die Hauptabteilungen „National Security Division" (Abteilung Nationale Sicherheit) und „Counterterrorism Division" (Abteilung Terrorabwehr).
  - o Drug Enforcement Administration (DEA)

Israelischer Nachrichtendienst Mossad

Israel ist nicht erst seit der Staatsgründung von befeindeten Nationen umgeben und durch Terrorismus bedroht, weshalb im israelischen Volk die Spione und Agenten schon von frühesten Zeiten an aktiv waren. Nach der Entstehung des Staates Israel aus dem britischen Kolonialgebiet war es für Israel weiterhin überlebenswichtig Kenntnis über die Absichten und Operationen seiner Nachbarländer zu haben, wobei die USA traditionell große Unterstützung bieten.

Die Gruppen der HAGANAH ("Verteidigung") waren seit 1920 als jüdische Nachrichtenorganisation, welche ab 1940 für den Fall einer deutschen Invasion in Palästina die spezielle Kommandotruppen "Palmach" für die britische SOE stellte. Daraus entwickelte sich innerhalb der Haganah ab 1943 die SHAI (Sherut Yediot, die hebräischen Anfangsbuchstaben SY). Die Organisation Aliyah Bet wurde ab 1937 zur Flüchtlingshilfe eingesetzt.

Der Staat Israel entwickelte sehr effektive Nachrichtendienste, von denen der Mossad den größten Bekanntheitsgrad hat, jedoch arbeiten alle eng mit den USA zusammen. Es gibt aber auch die Spionageabwehr Shin Bet (Buchstaben SB stehen für Sherut ha-Bitachon ha-Klali), den Aman als der Military Intelligence (Agaf ha-Modi'in), der Lekem als das Bureau of Scientific Relations (Leshkat Kesher Madao) sowie das Center for Political Research (Außenministerium). Kontakte mit deutschen Nachrichtendiensten gibt es nach der Gründung des Staates Israel meist auf den Aktivitäten des Mossad in Deutschland und seinen Interessensgebieten basierend. Dem Verteidigungsministerium untersteht noch der militärische Abwehrdienst Modiin. Der kleine Kern der Nachrichtendienste bewirkt eine gute Abschirmung gegen Infiltration von anderen Staaten und Organisationen.

Das ehemalige Central Institute for Coordination (Ha Mossad Leteum) bzw. Central Institute for Intelligence and Security wurde am 1. April 1951 unter Premierminister David Ben Gurion zum Institute for Intelligence and Special Tasks (Mosad Merkazi leModi'in uLeTafkidim Mejuchadim), dem „Zentralen Nachrichten- und Sicherheitsdienst", kurz Mossad. Der Mossad (המוסד למודיעין ולתפקידים מיוחדים, hier „Institut für Aufklärung und besondere Aufgaben", oder kurz ha-Mosad, „das Institut") ist der israelische Auslandsgeheimdienst und in seiner Funktion vergleichbar mit der US-amerikanischen Central Intelligence Agency (CIA), da er aufgrund seiner Struktur eigentlich ein ziviler Nachrichtendienst ist. Der Mossad gilt als einer der bestinformierten Geheimdienste der Welt.

Isser Harel baute nach der israelischen Staatsgründung als Chef des SHAI mit den Kontakten zur zionistischen Jewish Agency den allgemeinen Sicherheitsdienst Shin-Beth auf und gruppierte den MOSSAD. Der SHAI wurde aber am 14. Mai 1948 nach der Staatsgründung aufgelöst. 1956 wurde zum Schutz des israelischen Nuklearprogramms der Nachrichtendienst LAKAM geschaffen. Er observierte den Bau des Reaktors in der Negev Wüste und wurde 1986 aufgelöst. Neben dem Mossad gibt es in Israel aber weiterhin den Inlandsgeheimdienst Schin Bet, den Militärgeheimdienst Aman, während der Mossad le Alija Bet die heimliche Immigration nach Palästina organisierte.

Das Hauptquartier des Mossad befindet sich in Tel Aviv-Jaffa. Einige Romane, Filme und Presseberichte verweisen auf das Hadar-Dafna-Gebäude (hebräisch בנין הדר דפנה) auf dem King Saul Boulevard in Tel Aviv als Sitz der Zentrale. Darstellungen der Tel Aviver Zentrale in Romanen umfassen unter anderem Frederick Forsyths Die Faust Gottes, Tim Powers' Three Days to Never oder Patrick Robinsons Nimitz Class. Diese Angaben werden von den Aussagen einzelner ehemaliger Mossad-Agenten wie Victor Ostrovsky oder Gad Schimron gestützt, was der Desinformation zuträglich ist. Größere Außenstellen, wie z.B. Paris liegen in den israelischen Botschaften. Die Informanten sind oft viele freiwillige Mitarbeiter (Saya-nim) im Interesse Israels die bei Bedarf kontaktiert werden und den zuständigen Offizieren (Katas) zuarbeiten. Einer der Hauptgegner des MOSSAD ist der Geheimdienst Al Rasd der PLO.

Die Personalstärke des Mossad wird auf rund 3000 Mitarbeiter geschätzt. Lediglich ein Bruchteil der Mitarbeiter sind aktive Agentenführer, so genannte Katsas. Die im Vergleich zu anderen Geheimdiensten geringe Anzahl an operativen Mitarbeitern erklärt sich dadurch, dass der Mossad weltweit auf ein engmaschiges Netz an freiwilligen Helfern (Saja-nim) zurückgreifen kann, meist Personen israelischer Staatszugehörigkeit oder jüdische Sympathisanten anderer Staatsangehörigkeiten, die im Zielland einer Operation ansässig sind und diskret logistische Unterstützung leisten, zum Beispiel durch Bereitstellung von Transportmitteln, sicheren Wohnungen oder durch Beschaffung von Information.

Der Schwerpunkt des Mossad ist die Aufklärung der arabischen Staaten und ihrer Organisationen, doch er unterstützt auch jüdische Flüchtlingsbewegungen z.B. aus Syrien, Iran und Äthiopien. Die innere Gliederung des Mossad wird geheim gehalten, vermutlich gibt es sechs bis acht Abteilungen:

1. Die Abteilung für spezielle Operationen Kidon, auch Metsada, (Special Operation Division) führt Anschläge, Sabotage, paramilitärische Operationen und psychologische Kriegsführung höchster Geheimhaltungsstufe durch.

2. Die LAP (Lochama Psichologit)-Abteilung ist für psychologische Kriegsführung, Propaganda und Ablenkungs- und Täuschungsoperationen zuständig.

3. Die Sammlungsabteilung ist die größte Abteilung, leitet sämtliche Spionageaktionen, verfügt über Niederlassungen auf der ganzen Welt, teils geheim, teils als Bestandteil der diplomatischen Vertretungen Israels. Vermutlich ist die Abteilung nach regionaler Zuständigkeit weiter aufgegliedert.

4. Die Forschungsabteilung, das Research Department, erstellt aus den Informationen die Berichte und Analysen und unterteilt sich in 15 geographische Sektionen für die USA, Kanada und Westeuropa, Lateinamerika, ehemalige Sowjetunion, China, Afrika, Maghreb (Marokko, Algerien, Tunesien), Libyen, Irak, Jordanien, Syrien, Saudi Arabien, die Vereinigten Arabischen Emirate und Iran.

5. Zusätzlich gibt es einen Bereich, der sich auf Gefahren aus Nuklearwaffen konzentriert, was vormals der Nachrichtendienst LAKAM wahrnahm.

6. Die Abteilung für politische Aktionen und Zusammenarbeit koordiniert die Arbeit mit den Geheimdiensten befreundeter Nationen und unterhält Kontakte zu Nationen, mit denen Israel keine offiziellen diplomatischen Beziehungen hat. In größeren Auslandsvertretungen Israels sind meist auch Mitarbeiter dieser Abteilung stationiert.

7. Eine weitere Abteilung könnte das Center for Political Research sein ... tbd.

Die LAKAM (Bureau of Scientific Relations) bzw. Leshkat Kesher Madao sammelte bis dahin technische Informationen aus dem Ausland. Nach dem Skandal in den USA um die Verhaftung von Jonathan „Jay" Pollard, einem Offizier der US-Marineaufklärung, welcher Material an die israelische Botschaft lieferte, 1986 in den USA zu lebenslanger Haft verurteilt wurde, leugnete Israel dessen offizielle Anwerbung lange Zeit. Pollard verriet US-amerikanischen Abhör- und Satellitensysteme jedoch auch zahlreiche CIA-Agenten und die Angriffspläne US-amerikanischer U-Boote gegen die Sowjetunion. In der Folge sollen einige US-Agenten in der Sowjetunion aufgedeckt und ermordet worden sein. Erst 1998 gab Israel unter Benjamin Netanyahu bekannt, dass Pollard für den aufgelösten Nachrichtendienst LAKAM tätig gewesen sein soll.

Der Transport von 2,3 Tonnen geheimen Dokumenten (22 Kisten) aus der Sulzer AG/Schweiz über die deutsche Maschinenfabrik Rotzinger nach Israel brachte auch Deutschland unerwünschte Schlagzeilen. Die Firmenbesitzer entdeckten den Inhalt der letzten zwei Kisten (Baupläne des französischen Kampfflugzeuges Mirage) und vereitelten die Spionage von Alfred Frauenknecht. Aufgrund der offensichtlich eklatanten Fehler war das Ganze aber eventuell auch ein gewolltes Täuschungsmanöver, welches die direkte Lieferung der französischen Firma SNECMA tarnen sollte, deren Unterlagen zu dieser Zeit bereits in den Safes in Tel Aviv lagen.

Nach dem Mord an Israels Premierminister Jitzhak Rabin und verschiedenen Fehlschlägen musste der in der Öffentlichkeit bis dahin nur als „S" bekannte Schabtai Schawit als Generaldirektor des Mossad zurücktreten. Am 24. März 1996 wurde Generalmajor Dani Jatom zum neuen Generaldirektor ernannt. Ab diesem Zeitpunkt wurden die Namen der Mossad-Chefs erstmals öffentlich bekannt gegeben. Als Folge des missglückten Attentats auf Chalid Masch'al und einer missglückten Operation in der Schweiz trat Jatom jedoch zurück.

Den Posten übernahm im März 1998 Ephraim Halevy, der zuvor Mossad-Agent und dann Vertreter Israels bei der Europäischen Union gewesen war. Im Oktober 2002 entließ der damalige Premierminister Ariel Scharon Halevy, mit dem er wiederholt über die richtige Strategie gegen den palästinensischen Terror in Streit geraten war. Nachfolger wurde General Meir Dagan. Er diente gemeinsam mit Scharon in der israelischen Armee. Dagan leitete eine Kommandoeinheit, die im Gazastreifen militante Palästinenser aufspürte und liquidierte. Unter ihm widmete sich der Mossad wieder mehr verdeckten Operationen und Spezialoperationen und konzentrierte sich auf die Bekämpfung des von Israel als Bedrohung betrachteten atomaren Programms des Iran.

Insgesamt konzentriert sich der Mossad hauptsächlich auf arabische Länder und Organisationen. Sein nachrichtendienstliches Interesse erstreckt sich aber auch zum Beispiel auf NATO-Länder, er organisiert darüber hinaus bis heute weiterhin die Schleusung jüdischer Flüchtlinge aus aller Welt nach Israel.

Israels berühmtester Agent, Eli Cohen, wurde vom Mossad innerhalb der syrischen Regierung 1960 angeworben. Nach zwei Jahren wurde er enttarnt und auf dem Marktplatz in Damaskus aufgehängt. Wolfgang Lotz lieferte aus Kairo/Ägypten Informationen über die Flugkörpersysteme und die am Programm beteiligten deutschen Wissenschaftler, auf die zur Einschüchterung zwischen 1962-1963 Attentatsversuche durchgeführt wurden. Außerdem wurde ein Frachter mit 200 Tonnen Uranium gekapert, welches dann für das eigene Atomprogramm verwendet wurde.

Der syrische Pilot Eilath Cohen brachte 1966 eine MIG-21 nach Israel und für Israel gebaute Schnellboote mit Flugkörpern, deren Auslieferung Charles de Gaulle im Dezember 1968 unter das Embargo gestellt hatte, wurde aus Frankreich vom MOSSAD "abgeholt". Im Jahr darauf wurde eine komplette sowjetische R-12 Radaranlage auf ägyptischem Gebiet abgebaut und nach Israel transportiert.

Neben der Entführung des Nazi-Verbrechers Adolph Eichmann 1960 aus Argentinien, wurde z.B. 1986 der flüchtige israelische Nukleartechniker Mordechai Vanunu nach Israel zurückgebracht, der Informationen aus dem Atomwaffenprogramm an eine Londoner Zeitung weitergegeben hatte. 1976 wurden mit Unterstützung der Nachrichtendienste von einem Kommando mit 2.000 Soldaten 94 Geiseln in Entebbe/Uganda (Operation THUNDERBOLT) befreit, nur drei starben.

In den 1970er Jahren führte der Mossad mehrere Attentate auf Personen der arabischen Terrororganisation Schwarzer September durch. Ein schwerer Schlag gegen die PLO war die Ermordung von Abu Jihad im April 1988 in Tunis, dem Stellvertreter Arafat's und Organisator der militärischen und terroristischen Operationen der PLO. Der kanadische Wissenschaftler Gerald Bull, Entwickler der berühmten Super Gun des Iraks, wurde in seinem Apartment in Brüssel 1990 ermordet.

Der ägyptische Nachrichtendienst enttarnte 1996 sieben israelische Agentenringe 1996, während zwischen 1980 und 2000 offiziell lediglich 20 verdeckt arbeitende Personen ermittelt werden konnten werden konnten. Zu den Misserfolgen gehört auch die Ermordung des algerischen Oberst Ahmad Boushiki am 7. Januar 1974 in Norwegen, der mit dem PLO-Sicherheitschef Ali Ahmad Salameh verwechselt wurde, welcher vermutlich für das Massaker bei den Olympischen Spiele in München 1972 geplant hatte. Erst im Februar 1996 stimmte die israelische Regierung der Entschädigung der Familie von Ahmad Boushiki zu.

Nach der Ermordung des Premierministers Yitzak Rabin am 15. November 1995 durch Yigal Amir, wurden die Fähigkeiten des Mossad zur Abwehr von Bedrohungen und Schutz der eigenen Persönlichkeiten in Israel allerdings in Frage gestellt. Nach diesem Vorfall und dem irrtümlichen Attentat auf einen schwedischen Staatsbürger musste der Direktor des Mossad (damals nur bekannt als 'S') seinen Posten verlassen. Bis dahin waren die Namen der Leiter geheim gehalten worden, doch am 24. März 1996 wurde der Wechsel von Shabtai Shavit auf Generalmajor Danny Yatom erstmals öffentlich bekannt gegeben.

Am 24. September 1997 führte der Mossad einen Attentatsversuch auf Khalid Meshaal, einen hohen Führer der Hamas, mit einer Giftspritze in Jordanien aus, welches im Anschluss an das politische Fiasko eine Anzahl von Zugeständnissen Israels erhalten konnte, darunter die Freilassung des Gründers der Hamas, Scheich Ahmad Yasin.

Die Affäre um deutsche Raketenexperten in Ägypten führte vor der Aufnahme von diplomatischen Beziehungen von Westdeutschland und Israel zu erheblichen Belastungen, insbesondere auch deswegen, weil der Mossad damals vor Anschlägen in Westdeutschland nicht zurückschreckte. Dessen ungeachtet gibt es eine lange Tradition der israelisch-deutschen Rüstungskooperation, die vom Mossad mit betreut wurde.

Die Lawon-Affäre sowie Operation Plumbat zeigen Beispiele für Konflikte mit anderen europäischen Staaten, insbesondere Frankreich auf, bei denen der Mossad eine Rolle spielte. Die wesentliche militärische Unterstützung Israels kam vor 1969 aus Frankreich, der Tschechoslowakei sowie Deutschland. Aufgrund des politischen Umschwungs in Frankreich nach dem Sechstage-Krieg 1969 wie der Unabhängigkeit Algeriens 1962 verkündete Charles de Gaulle 1969 einen Rüstungsboykott gegenüber Israel. In der Operation Cherbourg entführten Mossad-Agenten in Frankreich mit deutscher Technik gebaute Schnellboote aus Frankreich nach Israel.

Danach wurde die Zusammenarbeit der Israelis mit den USA und deren Central Intelligence Agency intensiviert. Dennoch kam es mehrfach zu Irritationen in den Beziehungen zu US-Geheimdiensten, zum Beispiel 1967 zur NSA durch den Angriff auf deren Schiff USS Liberty im Sechstage-Krieg mit mehreren Toten. Dieser wurde zwar offiziell von der US-Regierung heruntergespielt, sorgte in US-Geheimdienstkreisen aber für nachhaltige Verstimmung und Misstrauen.

Es existiert jedoch auch eine Militärische Aufklärung Israels (Agaf ha-Modi'in oder Aman), welche z.B. auch die Berichte für den Premierminister und das Kabinett zur aktuellen Kriegsbedrohung, Zielbewertungen, Abhörergebnissen erstellt, aber auch eigenständig grenzübergreifende verdeckte Operationen ausführt. Die 7.000 Mann bilden eine eigenständige vierte Teilstreitkraft in Israel mit Kontakten zu ausländischen Nachrichtendiensten. Die Sayeret Maktal (Deep Reconnaissance Unit) ist die hauptsächliche Antiterror- und Aufklärungsabteilung.

Daneben gibt es kleine Marine- und Luftaufklärungseinheiten in der Aman sowie ELOKA-Aufklärungskomponenten auf den Golan Höhen (bei Har Avital für Syrien) oder z.B. auf dem Berg Hermon (für Libanon und Syrien). Die Aman wurde für die fehlende Vorwarnung an die höheren Entscheidungsebenen bei den ägyptisch-syrischen Angriffen im Oktober 1973 verantwortlich gemacht. Dies ermöglichte große Geländegewinne der arabischen Nationen, bevor die Situation durch die israelischen Streitkräfte wieder stabilisiert werden konnte. Im Gegenzug wurde während der Vorbereitungen zur Invasion des Libanons 1982 die Schwächen der gegnerischen Kräfte korrekt lokalisiert.

Es gab Misserfolge, da der Generalmajor Saguy diese Erkenntnisse nicht gegenüber Begin und Sharon im Kabinett deutlich machte. Nachdem die Kahan-Kommission die Vernachlässigung seiner Pflichten bei den Massakern in den Flüchtlingslagern der Palästinenser bei Sabra und Shatila nachwies, musste auch er sein Amt als Geheimdienstchef abgeben.

Nach Recherchen des israelischen Experten Ronen Bergman hat der Mossad mindestens 3.000 Menschen getötet. Bei den Opfern habe es sich nicht nur um Zielpersonen gehandelt. Auch viele Unschuldige, die zur falschen Zeit am falschen Ort waren, wurden ermordet. Während der zweiten Intifada gab es Tage, an denen vier bis fünf gezielte Tötungen angeordnet wurden.

Nachrichtendienste in Deutschland bis 1945

König Friedrich der Große meinte einmal, er bräuchte im Feld einen Koch aber hundert Spione. Er selbst galt dabei als Meister in der Geheimhaltung. Am Anfang des 19. Jahrhunderts entstanden in den deutschen Generalstäben feste Arbeitsgruppen, welche die Informationen über gegnerische Armeen sammelten und beurteilten. Im preußischen Generalstab gab es um 1810 die 1. Abteilung für den Osten und Südosten, die

2. Abteilung für die mittel- und süddeutschen Staaten und später zusätzlich die 3. Abteilung für West- und Südwesteuropa.

Dem Schutz nach Außen folgte die Abwehr im Innern. Der Polizeirat Dr. Wilhelm Heinrich Stieber erhielt nach einem Anschlag auf den Ministerpräsidenten Otto von Bismarck den Auftrag zum Aufbau einer geheimen Staatspolizei zum Schutze des Ministerpräsidenten und des Königs. Das am 1. August 1866 gegründete Central-Nachrichten-Bureau konnte mit seinen Informationen auch zu den Erfolgen des Frankreichfeldzuges 1870/71 beitragen. Zu diesem Zeitpunkt verfügte das Büro über 31 Polizeibeamte und 157 Soldaten. Nach zwei Anschlägen im Mai/Juni 1878 auf den deutschen Kaiser Wilhelm I. entstand zusätzlich eine politische ausgerichtete Feldpolizei (später Geheime Feldpolizei) die vereint mit dem Central-Nachrichten-Bureau als Abteilung V bis zum Ende des 1. Weltkrieges bestand.

Stieber baute auch eine Abteilung auf, welche die Presseberichte nach Informationen auswertete, wobei neben den inländischen Veröffentlichungen vor allen Dingen die ausländischen Nachrichten als Quelle entdeckt wurden. Diese Analyse der offenen Quellen wurde von den Nachrichtendiensten weltweit aufgegriffen. Sehr wenig wurde bekannt über seine Nachrichtenstelle für den Orient, in der auch die Operationen der zwei bekannten deutschen Agenten geführt wurden (Otto von Hentig und Wilhelm Wassmuss).

Dem deutschen Militär waren die zivilen, polizeilichen Nachrichtenabteilungen ein Dorn im Auge, da ihnen der Einblick und Einfluss in die Organisationen und Informationen nicht direkt möglich war. Der Generalstabschef Helmut von Moltke gründete deshalb am 11. Februar 1867 das Nachrichten-Büro des Großen Generalstabes, welches 1889 über Agenten in Paris, Brüssel, Luxemburg, Belfort, Nancy verfügte und in auch Russland rund 75 V-Männer eingeschleust hatte. Der Dienst wurde zur eigenständigen Sektion-IIIb, während das Central-Nachrichten-Bureau noch vor 1890 (nach Stiebers Tod) aufgelöst wurde. Damit wurde der deutsche Nachrichtendienst bis 1945 zur hauptsächlichen Domäne des Generalstabes, der sich allerdings vorrangig auf die militärischen Belange konzentrierte und die politischen Aspekte und Gefährdungen weniger verfolgte.

Der diplomatische Dienst, die politische Führung und letztendlich der gesamte Staat war damit eines Instrumentes beraubt, welches vielleicht geholfen hätte, die Gegenspieler des deutschen Kaiserreiches auf diplomatischer Ebene besser zu verstehen und durch Kenntnis über die wahren Hintergründe der Konfrontation eine entsprechende Kommunikation in der Politik zu eröffnen, die vielleicht zwei Kriege verhindert hätte.

Für die speziellen Aufgabe und Anforderungen des Nachrichtendienstes wurde im Jahre 1906 die Laufbahn des Nachrichten-Offiziers (NO) geschaffen. Der noch junge Oberleutnant Nicolai übernahm als einer der ersten dieser neuen Nachrichten-Offiziere am 1. Juni 1906 zur Führung der V-Männer gegen Russland die FT-Station in Königsberg. Seine Erfolge waren überzeugend und ab 1907 wurde fast jedem Armeekorps ein eigener Nachrichten-Offizier zugeteilt. Die Mittel in 1911 waren mit 300.000 Mark im Vergleich zu Russland noch gering, welches ca. 30 Millionen Mark für seinen Nachrichtendienst ausgab. Im Frühjahr 1913 übernahm Nicolai unter Einflussnahme von Ludendorff die Führung des militärischen Nachrichtendienstes. Der direkt von Nicolai geführte "Agent 17" (August Schluga Freiherr von Rastenfeld) war einer der wichtigsten Agenten, den er hatte durch seine Informationen den Erfolg der Feldzüge 1870/71 garantiert.

Im Jahre 1914 waren die 1. und 3. Abteilung zur Nachrichten-Abteilung zusammengelegt worden, die Nachrichtenbeschaffung und Analyse blieben jedoch weiter getrennt. Das Resultat war großes Misstrauen aller Führungsebenen in die Informationen des Nachrichtendienstes, da dessen Abteilungen untereinander nicht wussten woher die Information stammte bzw. welche Resultate sich daraus ergeben konnten. Dieser Informationsmangel durch mangelnde Kooperation war ein Umstand, der das deutsche Heer bei der Schlacht an der Marne beinahe in eine Katastrophe brachte, während die Franzosen über die deutschen Angriffspläne durch ihren Nachrichtendienst recht gut informiert worden waren. Es war in Deutschland z.B.

auch nicht erkannt worden, dass die englische Flotte aufgrund der Gefährdung durch U-Boote wochenlang in Scapa Flow lag, was der deutschen Flotte eine Offensive ermöglicht hätte.

Viele Misserfolge und mangelnde Informationsgewinnung erzwangen eine Änderung des Nachrichtendienstes. Ab 1915 waren Agenten in den neutralen Ländern Dänemark, Niederlande und der Schweiz sowie in Schweden, Spanien und den USA eingesetzt. Nicolai schuf den Dienstposten eines Nachrichtenoffiziers in Berlin (NOB) für den direkten Kontakt mit der militärischen und der Staatsführung und Nebenstellen in Stockholm, Flensburg, Budapest, Piräus und Galizien. Kryptologen wurden für die Entwicklung eigener und Entzifferung fremder Schlüssel eingestellt und ein Büro für falsche Ausweise sowie Laboratorien für die speziellen Entwicklungen der Agentenwerkzeuge eingerichtet. Das neu geschaffene Machtzentrum des Nachrichtendienstes brachte aber auch Kompetenzkämpfe und Neid mit sich. Als 1917 im Heer der Nachrichtentruppe (später Fernmeldetruppe) aufgestellt wurde, wurde die Nachrichtendienst als Abteilung Fremde Heere (FH) integriert und die Nachrichtenoffiziere zu Ic-Offizieren (3. Generalstabsoffizier, Feindlage). Die Bezeichnung als Nachrichtentruppe implizierte dabei nicht den Aufgabenbereich der Nachrichtengewinnung, dies war rein die Aufgabe der Abteilung FH.

Organisationsstruktur Fremde Heere (FH)
- Sektion-I, Geheimer Kriegsnachrichtendienst
- Sektion-II, In- und Auslandsspionage
- Sektion-III, Spionageabwehr

Zwei Abteilungen waren zuständig für den Nachrichtendienst auf den östlichen und westlichen Kriegsschauplätzen, eine für Deutschland. Letzte wurde mit schlechterer Kriegslage jedoch immer mehr für propagandistische Zwecke für eine positive Kriegsstimmung in der Bevölkerung eingesetzt und arbeitete damit jedem Wunsch nach Frieden entgegen. Die schlechte Stimmung der Bevölkerung, die innenpolitischen Strömungen hin zum Sturz der Monarchie und viele andere Indizien wurden nicht erfasst und der Führung sowie dem Kaiser nicht zur Kenntnis gebracht. Die Geschichte nahm ihren Lauf.

Im November 1918 wurden die Geheimakten der Dienststellen verbrannt, die Sektion-IIIb und die FH aufgelöst sowie Oberst Nicolai abberufen. Seine Agenten konnten keine Informationen über die USA beschaffen und erst nach dem Kriegseintritt im April 1917 begannen dort viel zu spät verdeckte Operationen. Weiterhin hatte er keine wirtschaftlichen Hintergrundinformationen über die Gegner beschaffen können und versäumt das Oberkommando auf eine neue Waffe der Kriegsführung hinzuweisen; den Panzer.

Obwohl im neuen Staat die Linksextremen offiziell alle Geheimpolizei u.ä. Abteilungen abschaffen wollten, schufen gerade die gemäßigten Sozialdemokraten ihre eigenen politischen Organisationen zur Abwehr von Umsturzversuchen wie z.B. die "Politische Nachrichtenstelle". In Russland konnten die Früchte der Revolution bereits jetzt nur durch die Stütze der Geheimdienste geerntet werden, da auch hier das Volk keinen Wohlstand aufbauen konnte und die wirtschaftliche Lage sich nicht verbesserte.

Die Weimarer Republik selbst versäumte es einen leistungsfähigen politischen Auslandsnachrichtendienst zu schaffen, während das Militär erneut die Initiative ergreifen konnte. 1921 richtete der Reichswehrminister Gustav Noske innerhalb der militärischen Abwehr eine neue Chiffrier- und Horchstelle ein, die dem Korvettenkapitän Hans Schimpf unterstellt wurde. Er holte dann Erfahrungsträger des 1. Weltkrieges, wie z.B. Hauptmann Gottfried Schapper, Major Georg Schröder und Hauptmann Walther Seifert in seine Abteilung.

Am 30. März 1928 wurde aus den Teilen des Heeres- und Marine-Nachrichtendienstes offiziell die Abteilung der Abwehr geschaffen, die wiederum ein Jahr später zu einer der wichtigsten Instanzen des Reichswehrministeriums wurde. Die Abwehr hatte militärische und politische Aufgaben mit dem vorläufigen Schwerpunkt in der Abwendung der Gefahren politisch links und rechtsextremer Gruppierungen. Die personelle Stärke änderte sich zwischen 1919-1929 deshalb nicht sehr, der Nachfolgeorganisation der Sektion-IIIb waren im Vertrag von Versailles auch nur sechs Offiziere (!) zugestanden worden.

Doch es war nur eine Frage der Zeit, bis die Organisation für ihre Aufgaben zwangsläufig vergrößert werden musste. Für die Funkverbindung zu Agenten im Ausland wurden neben bestehenden Sende-/Empfangsstellen in Hamburg und Ulm weitere 19 Sender aufgebaut. Eine reine Funkabwehr für die Aufklärung gegnerischer Agentenfunker gab es bis zum Beginn des 2. Weltkrieges jedoch noch nicht. Lediglich eine Funküberwachung zur Peilung von nicht lizenzierten Sendern war bei der Reichspost vorhanden. Ab 1921 lagen die Zuständigkeiten für die Funküberwachung in der Heeresstatistischen Abteilung des Truppenamtes (Abt.-T-3), einer Tarnbezeichnung für die Abwehrgruppe T-3-Abw.

Truppenamtes (Abt.-T-3) - Abwehrgruppe T-3-Abw

- Dezernat I, Erkundung
- Dezernat II, Chiffrier- und Funkhorchwesen
- Dezernat III, Spionageabwehr und Gegenspionage

Bis 1933 existierten acht Abwehrstellen im Deutschen Reich, sieben bei den Wehrkreiskommandos unter den Divisionskommandeuren der Reichswehr und eine bei der 2. Kavalleriedivision in Breslau. Der zuständige Sachbearbeiter war auch hier wieder der Ic (3. Generalstabsoffizier, Feindlage), welcher die Informationen bezüglich der gegnerischen Vorhaben und Maßnahmen bearbeitete. Die Machtübernahme der Nationalsozialisten 1933 brachte noch im selben Jahr die modernste Geräteausstattungen in den Aufbau der Nachrichtendienste. Die Nachrichtenbeschaffung wurde in der Folge bald neu geordnet und auf verschiedene Organisationen verteilt, wobei auch jede Teilstreitkraft eigene Nachrichtendienste aufbaute und Deutschland als eines der ersten Länder dabei auch eine Luftaufklärung bei der Luftwaffe einrichtete.

In der neu organisierten Luftaufklärung wurden durch Höhenflüge (in 13.000 m) die Tschechoslowakei, Polen, England und Russland fotografisch erkundet, da oftmals kein verlässliches Kartenmaterial und kaum Informationen über die Lage und Art der dortigen militärischen Einrichtungen vorhanden waren. Die deutschen Möglichkeiten in der Lufterkundung feindlicher Objekte waren in dieser Zeit allen anderen Nationen überlegen.

Die Masse an Nachrichtendiensten im Deutschen Reich ersetzte nicht die Qualität und brachte oft auch nicht die notwendige Quantität an Informationen, da sich die Dienste oftmals durch Kompetenzstreitigkeit gegenseitig in ihren Aufgaben und Operationen behinderten. Allen deutschen Nachrichtendiensten entgingen z.B. die wichtigen Konvois von England nach Kanada bei Kriegsbeginn. Allein auf dem Kreuzer EMERALD wurden am 24. Juni 1940 Kisten mit Gold und Wertpapieren im Wert von 130 Millionen Pfund in Sicherheit gebracht und im United Kingdom Security Deposit lagerten nach weiteren erfolgreichen Transporten rund 1,25 Milliarden Pfund. Das Staatsvermögen Englands war vor einer drohenden Invasion über See in Sicherheit gebracht worden. Wären diese Schiffe erkannt und z.T. versenkt worden, wäre Großbritannien schon zum Kriegsbeginn an im Staatsbankrott gewesen.

Noch vor Kriegsbeginn übernahm im Juni 1932 der Kapitän zur See Conrad Patzig die Führung der Abwehr und entwickelte sie zum effektiven militärischen Aufklärungsdienst. Das Hauptquartier der Abwehr lag im OKW am Tirpitzufer 72-76 in Berlin. Nach dessen Zerstörung zog das OKM mit dem B-Dienst (Marinefunkaufklärung) im November 1943 in den Bunker nach Eberswalde ("Koralle"). Das Personal von rund 150 Offizieren, Beamten und Angestellten (Januar 1933) wurde bis Juni 1937 auf 956 Mitarbeiter erhöht. Acht Abwehrstellen (1933) waren im Jahre 1939 auf 21 Stellen erweitert und die Zahl der Mitarbeiter auf ca. 2.000 erhöht worden, bis 1944 auf ungefähr 13.000.

Deutsche Nachrichtendienste in der Auswertung und Analyse des In- und Auslands 1939-1945

- Abwehr
- Abteilung Fremde Heere im OKH (Abt. West und Ost)
- Abteilung Fremde Luftwaffen im OKL
- Abteilung Fremde Kriegsmarinen im OKM (3. SKL)
- Funkaufklärung in Heer, Luftwaffe und Marine
- Luftaufklärung
- Ic-Dienst der drei Teilstreitkräfte (Feindlage)
- Abteilung Chiffrierwesen der Amtsgruppe Wehrmachtsnachrichtenverbindungen im OKW
- Reichssicherheitshauptamt (RSHA)
- Sicherheitsdienst (SD) mit dem Nachrichtendienst des Außenpolitischen Amtes der NSDAP
- Forschungsamt des Reichsluftfahrtministeriums
- Pers-Z des Auswärtigen Amtes
- Geheime Staatspolizei (Gestapo)

Oberst Nicolai hatte Admiral Canaris vormals als Nachrichtenoffizier ausgebildet und wurde dieser wurde nun am 1. Januar 1935 Leiter der Abwehr. Trotz seiner Erfolge geriet er bald in das Netz der konkurrierenden Nachrichtendienste, denn er unterstütze den Widerstand gegen Hitler. Nach seiner Festnahme wurde er am 9. April 1945 im KZ Flossenbürg von SS-Wachen erwürgt und, da er noch Lebenszeichen von sich gab, anschließend zusätzlich erhängt. Mit dem Admiral Canaris hatte die Abwehr als eigenständige Organisation aufgehört zu existieren, wie im totalitären Russland war die Leiter der deutschen Nachrichtendienste im NS-Regime großen internen Bedrohungen ausgesetzt.

Leiter der deutschen Abwehr

- Oberst Friedrich Gempp
- Major Günther Schwantes
- Oberstleutnant Ferdinand von Bredow
- Flottillenadmiral Conrad Patzig
- Konteradmiral Wilhelm Canaris

Canaris hatte den Dienst nach seiner Amtsübernahme zu einem effektiven Instrument geformt. Ab 1936 begann der Aufbau des Netzes der "Geheimen Meldedienste" bzw. der "Geheimen Funkmeldedienste" mit der OKW-Außenstelle in Berlin-Stahnsdorf sowie den Funkmeldeköpfe der Abwehrstellen in den Wehrkreisen. Bei den Generalkommandos der Wehrmacht waren 1935/36 die jeweiligen Abwehrstellen in Königsberg, Stettin, Berlin, Dresden, Stuttgart, Münster, München, Breslau, Kassel, Hamburg, Hannover, Wiesbaden und Nürnberg eingerichtet. Das Referat Abwehr Ii (Abteilungen I-III) war zuständig für den Aufbau und Betrieb der Agentenfunknetze und die Konstruktion und Fertigung der Agentenfunkgeräte (20, 40 und 60 Watt).

Die Abwehrstelle im Generalkommando des X. Armeekorps war vom 15. Mai 1935 bis zum 25. Januar 1937 in Hamburg im Schwanenwik 26 und später in der Rentzelstraße 68/72 (ehemals "Zentralhotel"). Am 25. Januar 1937 wurde der Neubau in der Sophienstraße 14 bezogen. Der Aufbau der Hamburger Abwehrstelle und ihren Nebenstellen in Bremen (Leiter Fregattenkapitän Erich Pfeiffer und Korvettenkapitän z.V. Carl), Flensburg und Kiel (ab Mitte 1944) und etwa 250 militärischen und zivilen Mitarbeiter, kann exemplarisch für die anderen Abwehrstellen stehen. Hier wurden auch die transatlantischen Agenten-Verbindungen, z.B. nach USA, Argentinien, Brasilien bearbeitet.

Von 1939 bis 1942 waren die Agenten der Abwehr und SD in Brasilien die wichtigste Quelle über Konvoirouten und die alliierten Streitkräfte, danach blieb nur noch Argentinien, weshalb es wohl auch später zum Fluchtort wurde. Die Abwehr musste zwischen der schnellen und unsicheren Methode der Verbindung und Nachrichtenübermittlung durch Agentenfunkgeräte (AFU) oder postalisch entscheiden. Da die Informationen aber zeitkritisch waren, musste gefunkt werden, was den Netzen aber durch die Peilung der lokalen Behörden auch zum Verhängnis wurde. Um die Arbeit in den Ländern zu erleichtern, kannten sich die Agenten entgegen dem Grundsatz der nachrichtendienstlichen Tätigkeit auch untereinander, weshalb die deutschen Spionageringe 1942/43 komplett ausgehoben werden konnten.

Rund 33 Agentenfunker sollen in Südamerika eingesetzt worden sein, deren Überwachung zu Beginn des Krieges lediglich von sieben Abhörstationen in den USA möglich war. Bis Ende 1944 decodierten die Amerikaner die deutschen Funksprüche an und von "Sargo" (Johannes Siegfried Becker), dann gab es nicht entzifferbare Übertragungen, vermutlich mit der SFM-43. "SARGO" war mit "LUNA" (Gustav Utzinger) eine der wichtigsten Quellen aus Südamerika. Nachdem im Januar 1941 die Zahl um fünf Abhörstationen mit etwa sechzig nachgeordneten Horchposten erweitert worden war, zog sich das Netz der alliierten Überwachung enger. Der Funker Werner Lorenz ("LAURA") setzte am 6. Mai seinen letzten Funkspruch ab und Mitte Juni 1942 konnte er als letzter Funker der Abwehr in Argentinien festgenommen. Nach dem Kriegseintritt Brasilien wurden dort mobile Peilwagen eingesetzt und am 1. Juni 1942 konnte dort Werner Waltemath als letzter Agent der Abwehr in Brasilien verhaftet werden. Ob damit die gesamte Struktur der deutschen Abwehr oder des SD zerschlagen wurde ist aber nicht eindeutig erkennbar, da eine ganze Anzahl von sehr bekannten Nazis (z.B. Eichmann, Mengele etc.) nicht nur die Flucht dorthin schafften, sondern teilweise auch für immer unter einer neuen Identität verschwinden konnten, was eine Organisation voraussetzte.

Im Juni/Juli 1943 erfolgte mit dem Motorsegler PASSIM-I (eventuell KFK 203 oder 204) im Zuge der Operation MERCATOR-II der Transport zweier Agenten der Abwehr (Wilhelm Heinrich Köpff, William Marcus Baarn) nach Südamerika. Der Absetzpunkt vor Saon Joan da Barra war jedoch schlecht gewählt, da die ausländischen Agenten sofort auffielen und im Dorf Gargau verhaftet wurden. Jedoch waren andere Fahrten erfolgreicher, es gibt bis heute keinen genauen Zahlen über die Anzahl der Agenten, des gelieferten Materials und der großen Finanzmittel der Abwehr im Ausland.

1944 wurden bei der Operation "WOLLIN" beispielsweise zwei Agenten ("COBIJA", Walter Burckhardt und "VALIENTE", Alfonso Chantrain) mit einer Kiste aus der Reichskanzlei beim Leuchtfeuer Punta Mogotes/Mar del Plata/Argentinien abgesetzt und die Ladung von dreißig wasserdichten Kisten abgeladen, von denen ein Teil vergraben wurde. Der Agent "LUNA" (Gustav Utzinger) hatte zuvor eine Funkstation an Land eingerichtet, wodurch eine Kontaktaufnahme und Abstimmung der Anlandung durchgeführt werden konnte. Auf der Rückfahrt wurden weitere drei Agenten dann in Spanien bei Vigo abgesetzt. Mehrere Transporte brachten dabei insgesamt 10 Tonnen Fracht, 12 Funkgräte (80 Watt).

Kapitän Garbers erhielt für die sicheren Transporte das Ritterkreuz, aber der Inhalt der vermeintlichen Kiste aus der Reichskanzlei ist bis heute unbekannt. Während Garbers am 30. Januar 1945 die Absage des letzten Einsatzes erhielt, traf die Gruppe der Agenten für sein Schiff in Rendsburg ein. Wo das im Februar 1945 mit dem KFK 203 ausgelaufene Marineeinsatzkommando verblieb, ist bis heute nicht ebenfalls nicht geklärt und auch der KFK 204 wurde am 12. Januar 1944 zum letzten Mal gesehen, wodurch Spekulationen Tür und Tor geöffnet sind.

Für alle Operationen waren die Funksende- und Empfangsstellen der Abwehr die wichtigste Verbindung für Information aus und nach Deutschland. Der wichtigste norddeutsche Sender wurde in Wohldorf, Kupferredder 45, die abgesetzte Empfangsstation 1940 in der Diestelstraße in Hamburg-Ohlstedt eingerichtet, welche auch die Sendestation fernsteuerte. Waren es 1939 noch 14 Empfangsplätze, so stieg die Zahl im Krieg auf etwa zwei Dutzend. Die Funkstelle bot mit 10 Sendeantennen und 9 Empfangsantennen genügend Kapazitäten, um auch anderen Abwehrstellen Funkverbindungen in Hamburg zu gewähren ohne den Hamburger Betrieb zu stören. Ferner wurden Relaisstationen in den besetzten Gebieten und in Spanien für die Verbindung mit Süd- und Nordamerika aufgebaut. Die größte Funkstelle der Abwehr lag in Arcachon bei Bordeaux mit zwei bis drei Sendern und vier bis fünf Empfängern. In Bordeaux hatte die Abteilung Ausland IV des OKW ab Mai 1944 auch eine eigene Stelle des Marinesonderdienstes (MSD). Der MSD war noch in Friedenszeiten als eine im Krieg zur Brechung einer Seeblockade organisierte Rederei geschaffen worden und unterstand von Juni 1938 bis 15. Mai 1944 dem Amtsgruppenchef Ausl. IV, Admiral Bürkner. Am 15. Mai 1944 wurde der MSD vollständig vom OKM als Generalreferat Skl/Adm Qu A III E unter KptzS Dietel übernommen. Die Organisation in Europa wurde von der MSD-Dienststelle in Bordeaux (KptzS Pflugk-Harttung, Oktober 1942 - August 1944) geleitet, die anderen Dienststellen im Ausland unterstanden meist den Marine-Attachés als Referat A (MSD-Bereiche Mittelmeer, Afrika, Nahost), Referat B (MSD-Bereich Amerika, Asien, Australien) und Referat C (MSD-Bereich Nord- und Osteuropa).

Der MSD hatte die Aufgabe die Seestreitkräfte mit Versorgungsgütern (Treibstoff, Munition, Personal, Informationen) zu versorgen, wofür ihm rund 52 Schiffe zur Verfügung standen. Allerdings konnte am 26. Dezember 1943 die OSORNO als letztes Schiff des MSD außerhalb Deutschlands in der Girondemündung festmachen, nachdem mit Zerstörergeleit unter ständigen Luftangriffen der Durchbruch gelungen war. Ab diesem Zeitpunkt war die Versorgung mit wichtigen Rohstoffen u.a. hauptsächlich nur noch durch die drei japanischen U-Boote I-8, I-29 und I-30 sowie drei deutschen U-Boote U-178, U-188 und U-843 gewährleistet. Außer dem Tankdampfer GEDANIA und des Motorschiffes ODENWALD haben sich alle anderen MSD-Schiffe bei den Angriffen der alliierten Schiffe selbst versenkt.

Es gab etwa 20 Ausbildungsorte für Agenten, die dann auch teilweise mit den MSD-Schiffen transportiert wurden. Eine Agentenausbildung des Amtes Ausland/Abwehr gab es z.B. bei der Abwehr in Hamburg und eine in der Abwehrstelle Kiel des Marine-Stationskommando Ostsee auf dem Gut Schierenholz. Etwa 200 Agenten wurden in Hamburg/Kiel für die Abwehr ausgebildet. In der Funkausbildung wurden die Art und Weise des Gebens des jeweiligen Agenten den beauftragten Funkern für die Kontaktaufnahmen in den Abwehrstellen geschult. War dies nicht geschehen, so standen auch Tonbandaufnahmen bei einer Kontaktaufnahme für die Funker in Deutschland zur Verfügung, um eine zusätzliche Kontrolle und die Möglichkeit zum Vergleich zu haben. Auch wurde hier ein besonderes Zeichen oder das Fehlen eines solchen im Text als Erkennung vereinbart, sollte der Agent unter dem Druck eines ausländischen Nachrichtendienstes in der Gefangennahme zur Verbindungsaufnahme gezwungen werden.

Am 10. April wurde aufgrund des Vormarsches die Hamburger Abwehrstelle in das Hotel/Restaurant Randel, Poppenbütteler Landstrasse 1, verlegt. Nachdem der Sender von den Briten am 2. Mai 1945 eingenommen wurde, stand noch eine mobile Funkstation zur Verfügung. Die befohlene Sprengung des Hauptsenders wurde nicht mehr durchgeführt und der Senderzug setzte sich weiter in den Norden in Richtung der Abwehrstelle in Flensburg zur Reichsregierung ab.

1937 beschaffte die Abwehrgruppe unter dem Leiter des Referats I Luft in Hamburg, Nikolaus Ritter (Dr. Rantzau), durch den Agentenring von Federck J. Duquesne (32 Agenten) z.B. das geheime amerikanische Bombenzielgerät mittels Hermann W. Lang. Das Gerät der Firma Norden war von Carl L. Norden und Theodore H. Barth ab 1928 entwickelt worden und wurde nun von der deutschen Industrie übernommen und für die deutsche Luftwaffe gebaut. Die Konstruktionspausen durften jedoch nicht geknickt werden und wurden zusammengerollt in einem Regenschirm durch einen Steward an Bord des Dampfers RELIANCE nach Deutschland geschmuggelt. Das Zielgerät war unter höchster Geheimhaltungsstufe und wurde nicht einmal für den ersten Angriff auf Japan im April 1942 eingesetzt. Im Doolittle-Raid (Bezeichnung nach dem

Staffelchef Doolittle) am 18.4.1942 auf Tokio war ein Start von Bombern von Flugzeugträgern die einzige Möglichkeit, eine Landung danach aber unmöglich. Es blieb daher eine kombinierte Operation mit Start möglichst nahe Japan, dem Bombenwurf ohne Jagdschutz über Japan und danach dem Absprung oder einer Notlandung. Da klar war, dass alle Bomber danach verloren gingen, wurde auf das Bombenzielgerät verzichtet. Es wurde bis 1947 unter Geheimhaltung weiterentwickelt, verlor aber durch die eigenen Entwicklungen der deutschen Luftwaffe wieder an Bedeutung.

Im Polenfeldzug gelang der Abwehr mit etwas Glück, was keinem Geheimdienst vor ihr vergönnt war. Der polnische Nachrichtendienst hatte fundierte Informationen über die Sowjetarmee, was zur Basisquelle für die Planungen für den Angriff auf Russland wurde, da sein komplettes Archiv erbeutet werden konnte. Als die deutschen Soldaten am 1. Oktober 1939 die Räume des polnischen Nachrichtendienstes am Pilsudski-Platz durchkämmten, fanden sie zunächst fast nur leere Panzerschränke. Doch wenig später untersuchte der Major Schmalschläger das alte Fort Legionow und in seinen Kasematten aus der Zarenzeit lagen sämtliche Berichte der polnischen Militärattachés aus Tokio, Rom, Paris und Berlin – das gesamte Material aus dem Hauptquartier des polnischen Nachrichtendienstes. In den Akten fanden sie auch Listen mit den Namen der in Deutschland eingesetzten polnischen Agenten, von denen 279 festgenommen wurden.

Mit Schaffung des OKW war am 18. Oktober 1939 die Amtsgruppe Auslandsnachrichten und Abwehr (A Ausl.-Abw.) geschaffen worden, die 1941 zum Amt Ausland-Abwehr wurde. 1939 kamen zum Amt Ausland/Abwehr in Berlin zusätzliche 15 Abwehrstellen in den Wehrkreisen, die identisch waren mit dem betreffenden Armeekorps, zusätzlich drei Abwehrstellen in den jeweiligen Armeekorps, die nicht identisch mit einem Wehrkreis waren, sowie zwei Stellen bei den Marinestationskommandos der Nord- und Ostsee. Diese Amtsgruppe Auslandsnachrichten und Abwehr hatte nun die Abteilungen I-VII, die Abwehr Abteilung Z, die Abwehr Abteilung I (Geheimer Meldedienst, Sonderkommando), die Abwehr Abteilung II (Minderheiten, Sabotage) und die Abwehr Abteilung III (Abwehr von Spionage/Sabotage). Ab Mai 1941 wurde aufgrund der vermehrten Entdeckung feindlicher Agenten-Funkstellen mit dem Führerbefehl "Geheime Reichssache 330" die Organisation der Funkabwehr bei WNV Fu III angeordnet und die Abwehr musste dafür das Referat III K abgeben. Der Chiffrierdienst Chi ging zum OKW-Wehrmachtsführungsstab in die Amtsgruppe WNV.

Diese Struktur war auch maßgebend für die Erfolge unter Admiral Canaris, der bis zum Schluss versuchte seinen Gegenspielern im RSHA und der SD den Einfluss auf die Abwehr zu verwehren. Nach seiner Gefangennahme aufgrund der Verwicklung in das Attentat vom 20. Juli war das Schicksal der Abwehr jedoch besiegelt und nachdem sich das Amt noch in Abwehrstellen und Abwehrnebenstellen gegliedert hatte, wurden aus deren Zuständigkeitsbereichen die entsprechenden Meldegebiete gebildet, deren Abwehrstellen nun dem RSHA nachgeordnet waren. Damit hatte sich das RSHA auch den Zugriff auf sämtliche Abhör- und Nachrichtenstellen der Abwehr gesichert.

Bereits in Friedenszeiten wurden zur Nachrichtengewinnung auch Abwehrstellen im Ausland geschaffen, die entweder als Vertretung deutscher Unternehmen getarnt oder in den deutschen Botschaften/Vertretungen untergebracht waren. Diese Abwehrstellen im Ausland wurden unter der Kriegsorganisation (KO) von der Abwehr im Inland geleitet. Die internationalen Beteiligungen der deutschen Nachrichtendienste und des NS-Parteiapparates konnten teilweise bis heute nicht ganz aufgeklärt werden und es wurden viele für die Mitarbeit bei den Alliierten geworben und zum Schweigen verpflichtet. Lediglich der Aufbau der Organisationen und deren spektakuläre Maßnahmen wurden später für die geschichtliche Aufarbeitung freigegeben.

Die in der Kriegsorganisation aufgebauten Funkverbindungen und Dienststellen im Ausland reichten von Dienststellen in besetzten Gebieten wie Norwegen, der neutralen Schweiz und Schweden, über Finnland, Estland und weitere Agentenfunkstellen, die bis nach Kabul, Kairo, Täbris sowie Südamerika.

Dienststellen der deutschen Abwehr

- Kiel
- Wilhelmshaven
- Hamburg mit Abwehrnebenstelle Bremen
- Stettin
- Danzig
- Dänemark
- Norwegen mit Abwehrnebenstellen Bergen und Trontheim
- Riga
- Reval
- Athen
- Krim
- Meldegebiet Naher Osten
- Abwehrleitstelle Paris mit den Unterabteilungen:

    Abwehrstelle Angers mit unterstellter:

      - Abwehrnebenstelle Brest

      - Abwehrnebenstelle Nantes

      - Abwehrnebenstelle Royan

    Abwehrstelle Nordfrankreich mit unterstellter:

      - Abwehrnebenstelle Le Havre

Im Oktober 1939 wurde zur Ausbildung eigener Trupps eine Lehr- und Baukompanie zbV 800 unter Hauptmann Dr. von Hippel in Brandenburg a.d. Havel aufgestellt. Anfang 1940 wurde diese unter Major Kewisch zum Lehr und Bau-Bataillon zbV 800, im Oktober 1940 zum Lehrregiment Brandenburg und am 1. November 1942 zur Division Brandenburg. Die im Polenfeldzug noch improvisiert aufgestellten Abwehrtrupps waren speziell für Einsätze hinter den russischen Linien in den Frontaufklärungskommandos (FAK) der Abwehr ab 1941 neu strukturiert und voll einsatzbereit. Die Nachrichtenabteilung der Divisionstruppen wurde vom Hauptmann Eltester geführt und die Funker für ihren Einsatz bei der Abwehr ausgebildet, dabei auch auf dem Gut Quenz bei Berlin. Doch auch diese Einheiten wurden durch die hohen Verluste aufgerieben und am 13. September 1944 wurde die Division Brandenburg nach ihren großen Verlusten an der Ostfront in eine Panzergrenadier-Division umgewandelt und dem neu aufgestellten Panzerkorps "Großdeutschland" angegliedert. Die Division Brandenburg hatte aufgehört zu existieren, aber durch ihre Einsätze für die Abwehr und Informationsbeschaffung für die deutschen Truppen zuvor wichtige Erfolge erzielen können.

Schon bei der Besetzung der Niederlande wurden Trupps in den Häfen zur Durchsuchung der Anlagen und Schiffe eingesetzt und Korvettenkapitän Kilwen fand an Bord eines Schiffes in Rotterdam das Gaussing-Gerät der niederländischen Marine, welches die deutschen Magnetminen ausschalten sollte. Es wurde zerlegt und in Deutschland analysiert. In einer britischen Fliegerdienststelle wurde der Schlüssel für die Kommunikation der englischen mit den französischen Truppen in Boulogne gefunden. Selbst in den versenkten Marineschiffen an der Küste war merkwürdiger Weise kaum Material vernichtet worden. Durch die Sonderkommandos der Division Brandenburg konnten auch die Unterlagen des jugoslawischen Geheimdienstchefs bei Einmarsch in Belgrad und die Geheimarchive des griechischen Marineministeriums ähnlich wie in Polen sichergestellt werden. Kurz bevor die Festung Smolensk von deutschen Bombern angegriffen wurde, konnten Sonderkommandos in russischen Uniformen mit einer gefälschten Vollmacht Stalins wichtige Geheimdokumente erbeuten.

Neben der "Küstenjäger-Abteilung Brandenburg" entstand 1943 unabhängig davon die "Meeresjäger-Abteilung Brandenburg". Bis dahin bestanden lediglich kleine Gruppierungen von Spezialisten. Ursprung der Meeresjäger war die "Gamma"-Truppe, welche zusammen mit den Kampfschwimmern der italienischen Decima Mas Flottiglia des Fürsten Borghese trainierte. Das Hauptquartier der italienischen Abteilung lag bei San Leopoldo, der Stützpunkt ca. 10 km südlich von Livorno bei Quercianella. Die deutschen Kampfschwimmer zogen dann Ende 1934 zu den großzügigen Sportstätten nach Valdagno um. Die Führung war dort im Hotel PASUBIO an der Piazza Cavour, die Mannschaften in beschlagnahmten Schulgebäuden untergebracht. Außerdem befanden sich hier bereits die deutsche Kommandantur in der Casa del Fascio auf der Piazza Dante und die Luftnachrichtenabteilung (mot) z.b.V. 11.

Während seitens der Kriegsmarine ausgezeichnete Athleten zur "Meeresjäger-Abteilung Brandenburg" abgestellt wurden, kam seitens der Abwehr weniger qualifiziertes Personal, von der Waffen-SS sogar hauptsächlich die Bewährungsfälle in die Spezialausbildung, was sich auch in den erreichten Ausbildungszielen niederschlug. Die Soldaten der SS blieben weiterhin direkt dem Sturmbannführer Otto Skorenzky unterstellt, der sein Hauptquartier im Jagdschloss Friedenthal bei Sachsenhausen nahe Oranienburg eingerichtet hatte ("Sonderverband z.b.V. Friedenthal"/"SS-Jäger-Bataillon 502"), was für zusätzliche Schwierigkeiten sorgte. Die Einführung der Kampfschwimmer oder „Meereskämpfer" als Kleinkampfverbände der Kriegsmarine ist letztendlich auf die Initiative der Abwehr zurückzuführen.

Die "Meeresjäger-Abteilung Brandenburg" wurde am 21. Juni 1944 zum "KdK-Lehrkommando 700", während die "Küstenjäger-Abteilung Brandenburg" in den K-Verband der Kriegsmarine übernommen wurde, deren ehemalige 4. Kompanie einer Küstenjägereinheit mit Sprengbooten (Typ "Linse") bereits seit dem Sommer 1943 in Sesto Calende am Lago Maggiore in Italien stationiert war.

Für die Soldaten aus der Vorausbildung in Valdagno wurde auf der Insel San Giorgio in der Bucht von Venedig ein Meeresausbildungslager eingerichtet, welches 1944 dann die entsprechende Bezeichnung als "Lehrgangslager 701" erhielt, während in der SS-Junkerschule in Bad Tölz parallel das "Lehrgangslager 702" zum 1. Juli 1944 eingerichtet wurde. Als "Lehrgangslager 703" wurde List auf Sylt bestimmt, welches zum 1. November 1944 in Dienst gestellt wurde, dass dann aber nur noch als Auffanglager für die am 30. November 1944 aufgegebenen Standorte in Valdagno "Lehrgangslager 704" und Venedig diente. Limena bei Padova war lediglich ein Durchgangslager für fertig ausgebildete und vom Einsatz zurückgekehrte Kampfschwimmer. Nach dem Verwürfniss zwischen SS und Kriegsmarine wurde das "Lehrgangslager 702" in Bad Tölz ausschließlich von der SS genutzt und eine zusätzliche Kampfschwimmerschule für SS und RSHA/Abwehr im Dianabad in Wien eröffnet. Die Marinesoldaten wurden in der Folge alle nach Valdagno und San Giorgio in Italien abkommandiert und ein letzter dokumentierter Einsatz erfolgte nachweislich noch am 11. Mai 1945.

Insgesamt waren rund 400 Lehrgangsteilnehmer im Lehrkommando 700, von denen jedoch nur 90 Mann auf San Georgio/Alga eine abschließende Ausbildung erhielten und maximal 60 in den Einsatz geschickt wurden. Für die Spezialeinheiten wurden revolutionäre Tauchgeräte, Instrumente und Anzüge entwickelt, die aufgrund der späten Aufstellung und der dadurch verbundenen Materialengpässe jedoch nicht in großer Zahl eingeführt werden konnten oder sogar nur Prototypen blieben. Sie wurden nach dem Krieg von den Alliierten weiterentwickelt und sind der Ursprung der heutigen Tauchausrüstungen. Geräte für die Unterwasserkommunikation der Kampfschwimmer gab es zu dieser Zeit allerdings noch keine.

Im Sommer 1940 entstand bei der Leitung der Abwehr das Referat "Funkabwehr". Das Dezernat III wurde ab 1. Juni 1944 dem RSHA IV und Dezernat I und II dem RSHA Mil. unterstellt wurden. Die 3./N.9. Horchkompanie wurde damit zur ersten Funküberwachungskompanie Nr. 616. Ab Mitte 1944 wurde durch die organisatorische Zusammenfassung des gesamten Funkpersonals der Abwehr das Führungsnachrichtenregiment 506 aufgestellt. Zu diesem Zeitpunkt das Dezernat II nach der Division Brandenburg die zweitstärkste Einheit neben der eigentlichen Abwehr (Amt Mil.).

Personalstärke des Dezernat II der Abwehr

- 80 Offiziere
- 730 Unteroffiziere
- 1.850 Funker

Diese Personalstärke war für die Anzahl an Dienst- bzw. Funkstellen notwendig, die im In- und Ausland eingerichtet wurden.

Funkabteilungen der Abwehr 1942 im Heer

2 Funküberwachungskompanien Nr. 612 und Nr. 616

1 feste Überwachungsstelle in Köge/Dänemark

1 Funküberwachungszug Nr. 614 (musste zur Partisanenbekämpfung im Osten abgestellt werden)

Funkabteilungen der Abwehr 1942 in der Luftwaffe

1 Fieseler-Storch-Staffel (neun bzw. zwölf Maschinen mit Peilsätzen)

1 Funküberwachungskompanie z.b.V. I

1 Funküberwachungskompanie z.b.V. II, bis Ende 1942

Standorte der Funkmessstellen der Ordnungspolizei (ca. 6 – 7) und Nahfeldtrupps

- Messleitstelle mit Auswertung in Berlin-Spandau
- Funkmesstelle Tilsit
- Funkmesstelle Köln
- Funkmesstelle Konstanz
- Funkmesstelle Wien
- Funkmesstelle Paris

Im Zeitraum 15. Juni bis 8. Juli 1941 war die Zahl der unbekannten Agenten-Funkstellen von 20 auf 78 gestiegen. Gerade die Aufklärung der gegnerischen Agentenfunkstellen war ein wichtiges Aufgabengebiet der deutschen Nachrichtendienste und ab 1942/43 unterhielt die deutsche Abwehr sogar in Peking und Kanton Abhörstellen mit 30-40 Funker, Kryptologen und anderen Spezialisten. Die Kooperation mit China hatte bereits zu Zeiten der Reichsregierung begonnen und war eine wichtige Quelle für Devisen und auch wenn dadurch später das Verhältnis zu Japan etwas in Mitleidenschaft gezogen wurde, blieben die Verbindungen bestehen.

Haupteinsatzgebiet blieb aber die Aufklärung und das Kampfgeschehen auf dem Kontinent. In Europa waren in wenigen Wochen etwa 80-90 alliierte Funkstationen lokalisiert und der Schlüssel für die Küstennachrichten der Marine der Vereinigten Staaten von Amerika gelöst worden, der bis Kriegsende nicht geändert wurde. Täglich konnten insgesamt bis zu 2.000 Funksprüche abgefangen werden, die auch der japanischen Botschaft in Berlin zur Verfügung gestellt wurden.

Landeinheiten der Kriegsmarine waren neben den B-Dienstgruppen an Bord nicht vorhanden, doch wurden Funkspezialisten und Funker auch zur Funkabwehr abgestellt. Enge Verbindungen bestanden während des Krieges zwischen der Abwehr unter Admiral Canaris und der Marine über KptzS. Warzecha, wobei für Operationen der Abwehr von der Marine entweder zivile Schiffe, KFK und kleinere Einheiten sowie U-Boote je nach Auftrag zur Verfügung gestellt wurden.

Für den B-Dienst hatte der Hilfskreuzer ATLANTIS mit der Prise der CITY OF BAGDAD (am 2. Juli 1940) den Schlüssel für die Handelsschifffahrt "Broadcasting for Allied Ships" (der BAMS, British Allied Merchant Ships, Navy Code) mit anderen Unterlagen zusammen erbeutet, am 12. August 1940 wurde geheime britische Post von der BENARTY sichergestellt und am 11. November 1940 die aufgrund der Prise der CITY OF BAGDAD überarbeitete Ausgabe des Navy Code BAMS von der AUTOMEDON. Ferner wurde in einem Paket auf der AUTOMEDON das für den CIC im Fernen Osten, Sir Robert Brooke-Popham bestimmt war, Berichte über die militärischen Schwachstellen der Befestigungen in Singapur, über alliierte Minengebiete, Informationen aus dem britischen Nachrichtendienst sowie die kompletten Verteidigungspläne im Fernen Osten entdeckt, die den Japanern übergeben wurden.

Der Hilfskreuzer KORMORAN lieferte am 29. Januar 1941 eine weitere neue Ausgabe des BAMS aus der Prise der AFRICA STAR. Weitere wichtige britische Schlüssel kamen von der Bergung auf dem britischen Zerstörer SIKH, der im September 1942 in flachem Wasser vor Tobruk gesunken war. Die gesammelten Erkenntnisse aus den Unterlagen waren mit Grund für den Erfolg der deutschen Wolfsrudel-Taktik im März 1943 an den Konvois HX-228, HX-229 und SC-122, bei denen 141.000 BRT versenkt werden konnten und nur ein U-Boot verloren ging.

Die deutschen Handschlüssel wurden im Gegenzug von Bletchley Park nur dann beachtet, wenn sie dem Agentenverkehr dienten. Da der Funkverkehr der Kriegsmarine nahezu ausschließlich auf der ENIGMA basierte, erwartete man von Handcodes nur relativ unwichtige Informationen diesbezüglich und ihre Dechiffrierung wurde vor allem in den Frontbereichen der Landeinheiten betrieben. Obwohl die relativ einfache Entzifferung der Handschlüssel bekannt war, wurden sie generell von allen Kriegsteilnehmern oftmals auch für sehr wichtige Informationen eingesetzt und deshalb nicht vorsichtig genug verwendet. Dies lag oftmals am Kriegsgeschehen und an dem Druck, unter dem die Stabsquartiere sowie die Fronteinheiten standen, oftmals aber auch aus Leichtsinn, da andere Schlüsselmittel zur Verfügung standen.

Der xB-Dienst (Beobachtungsdienst, die Marinefunkaufklärung) konnte die Naval Cyphers bis zum Sommer 1943 meist schnell entschlüsseln und die Informationen aus den alliierten Konvois über Kurs und Fahrt u.a. dem OKM zur Verfügung stellen sowie die Warnungen der Admiralität an die Konvois vor den deutschen U-Booten.

Der Hauptsitz der Abwehr in Frankreich befand sich unter der Führung von Oberstleutnant Oskar Reile im Hotel "Lutetia" in Paris. Nach der französischen Kapitulation erreichten Agenten der deutschen Abwehr am 9. Juni 1940 unter Flüchtlingsgruppen gemischt die Hauptstadt und konnten in der allgemeinen Auflösung die Akten des Bureau Deuxieme und der Surete Nationale sicherstellen. Nachdem am 14. Juni 1940 die regulären deutschen Truppen einmarschiert waren, konnten die Unterlagen in Eisenbahnwaggons nach Deutschland transportiert werden.

Die Stärke des in der Funkabwehr tätigen Personals lag zu dieser Zeit bei ca. 4.000 insgesamt, der Einsatz und die Aufteilung waren jedoch nicht klar strukturiert. Die Schaffung eines eigenständigen und dadurch effektiveren militärischen Verbandes der Funkabwehr am 15. Januar 1945 kam zu spät, um noch Auswirkungen auf das Kriegsgeschehen zu haben. Obwohl große Erfolge erzielt und in Funkspielen die Alliierten oftmals getäuscht wurden, waren die zwei Führungen bei der Funkabwehr von Nachteil und verhinderten oft eine maximale Effektivität.

Im Jahr 1943 waren bei der Funküberwachung und Funkaufklärung insgesamt 3 Millionen Funksprüchen aufgenommen worden, für deren Bearbeitung und Entzifferung nur sechs Hollerith-Maschinen zur Verfügung standen, was völlig ungenügend war. Die Zahl der feindlichen Funknetze war trotz der Erfolge ständig gestiegen und konnte aufgrund des Personalmangel nicht mehr effektiv bearbeitet werden. Neben dem höheren Aufkommen an Funksprüchen und neuen Stationen, mussten die letzten Reserven an Personal an die an den Fronten stark dezimierten Funktrupps der Wehrmacht abgegeben werden.

Die Zahl der vom Sicherheitsdienst festgenommenen Funker in dem gesamten Zeitraum wird auf ca. 200 geschätzt. Zum Jahreswechsel 43/44 beobachtete die Funkabwehr rund 500 lokalisierte Feindfunker, die nun aber aufgrund der Kriegsentwicklung im folgenden Jahr nicht mehr alle bearbeitet werden konnten.

Über Funkortung von der Abwehr enttarnte Agenten

- 1941 ~ 30
- 1942 ~ 90
- 1943 ~ 169
- 1944 ~ 130

Im Gegenzug konnten durch die Alliierten viele der deutschen Agentenfunknetze enttarnt werden, weil die zur Verschlüsselung verwendete Literatur zwischenzeitlich bekannt geworden war oder die Agenten sich freiwillig stellten. Das Verhältnis der gefangenen deutschen Agenten zu denen enttarnten der britischen SOE betrug deshalb schon 1941 etwa 7:1 und verlagerte sich bis 1944 auf 13:1.

Zwei Schulungseinrichtungen des RSHA dienten auch der Abwehr zur Ausbildung der Agenten. Sie lagen bei Den Haag und Belgrad, mit einigen kleineren in den jeweiligen Operationsgebieten Berlin, Hamburg, Königsberg, Stettin, Stuttgart und Wien. Nach der Invasion der Sowjetunion wurden auf deren Gebiet für insgesamt 10.000 zukünftige Agenten und Saboteure neun Schulen aufgebaut, die von SD, RSHA und Abwehr genutzt wurden. Die Qualität und Quantität der Ausbildung und der Agenten sank jedoch durch die angespannte militärische und personelle Lage weiter.

Die Nationalsozialisten schätzten die Möglichkeiten der Machtentfaltung und Kontrolle mittels mächtiger und konkurrierender Nachrichtendienste ebenso korrekt ein, wie die der neuen Kommunikationsmittel. Im Sommer 1931 hatte Himmler ein leistungsfähiges Nachrichten- und Verbindungssystem für die SS gefordert und Reinhard Heydrich hatte den SA-Nachrichtendienst und dessen Mittel organisiert. Die Ermordung des SA-Leiters Ernst Röhm wurde von Heydrich umgesetzt, er leitete die Vorbereitung und Ausführung der Reichskristallnacht 1938, beschaffte die benötigten Beweise zur Absetzung der Generäle Werner von Blomberg, Werner Freiherr von Fritsch und er organisierte den Überfall auf den Sender Gleiwitz 1939, als Auslöser für den Angriff auf Polen. Die Konkurrenz unter den deutschen Nachrichtendiensten und parteilichen Organisationen im Kampf um die Gunst des Führers und Informationen führte letztendlich zu einer Zersplitterung der Kräfte von Personal und Material, ließ oft die optimale Nutzung der neuen Kommunikationsmittel nicht zu, verhinderte aber gleichzeitig die Entwicklung einer geheimen Opposition innerhalb des Volkes und der politischen und militärischen Führung. Dadurch war die Macht und Kontrolle Hitlers gegenüber dem Volk und allen wichtigen Führungspositionen uneingeschränkt.

In den Polizeikräften wurde ab 1920 wieder eine Nachrichtengruppe gebildet, die zu einem der Gegenspieler der Abwehr im eigenen Lande wurde. Preußens Innenminister Hermann Göring hatte die Abteilung-Ia 1920 aus dem Berliner Polizeipräsidium herausgelöst und zu einer geheimen Landesbehörde mit dem Leiter Rudolf Diesel ausgebaut und am 1. Oktober 1936 wurde diesem Ansatz folgend die Staatspolizei als einheitliche Geheime Staatspolizei (GESTAPO) organisiert. Inspekteur der Sicherheitspolizei wurde am 1. Februar 1938 Bruno Streckenbach, gleichzeitig Leiter des Sicherheitsdienstes (SD) und Führer des SD-Abschnittes Nord-West. Streckenbach blieb auch Leiter der Gestapo-Leitstelle Hamburg bis September 1939. Die Einflussnahme der NSDAP-Organisationen wurde kontinuierlich über innerstaatliche Organisationen ausgebaut.

Leiter der Gestapo ab April 1934 sowie ab 1936 der Sicherheitspolizei bzw. Sicherheitsdienst (SD), dem am 13. November auch der Nachrichtendienst des Außenpolitischen Amtes der NSDAP unterstellt worden war, war Reinhard Heydrich. Mit Erlass vom 9. Juni 1934 von Rudolf Hess wurde der SD der alleinige Nachrichtendienst in der NSDAP, während der Nachrichtendienst der Arbeitsfront unter Robert Ley aufgelöst wurde. Das Verhältnis der Abwehr zur Gestapo und zum SD war bis 1944 wechselhaft und auch der Interessenkonflikt zwischen Heydrich und Admiral Canaris absehbar, denn als Oberleutnant zur See und Funkoffizier war Heydrich 1930 wegen seinen Affären mit Frauen aus der Marine unehrenhaft entlassen worden. Die Kenntnisse über die Funktechnik aus seiner Ausbildung brachte er danach in den Aufbau der Nachrichtenverbindungen der Gestapo und des SD ein. Mit Hans Schimpf im Forschungsamt des Reichsluftfahrtministeriums und später Ernst Freiherr von Weizsäcker als Staatssekretär im Auswärtigen Amt waren drei wichtige Stellen in Bezug auf die Nachrichtentechnik mit aktiven oder ehemaligen Seeoffizieren besetzt.

Die Exekutive in Deutschland selbst lag weiter bei den Sicherheitsdiensten und der Polizei, die Wehrmacht und die Abwehr erhielten nie die Kompetenz für Maßnahmen, die zur Verhinderung von Spionage und Sabotage notwendig waren. Heinrich Himmler war seit 1929 der Reichsführer der SS und wurde am 17. Juni 1936 zum Chef der deutschen Polizei. Am 27. September 1939 entstand aus der Verschmelzung der NS-Partei und den Polizeiorganisationen das Reichssicherheitshauptamt (RSHA), welches ihm unterstellt wurde. Die Gestapo wurde dem RSHA als Amt IV eingegliedert, die Kripo als Amt V, der Sicherheitsdienst als Amt III und die Auslandsaufklärung 1940 zum Auslands-SD im Amt VI des RSHA (Walter Schellenberg).

Die NS-Partei hatte durch den Reichsführer der SS mit Heinrich Himmler und dem Sicherheitsdienst der SS mit Reinhard Heidrich bis auf die Abwehr sämtliche Nachrichtengewinnung im Staat unter ihre Kontrolle gebracht, nur die Aufklärungsdienste in den Streitkräften waren noch eigenständig.

Bis zum Kriegsbeginn war die Abwehr in der Exekutive auf die Unterstützung der Gestapo angewiesen, nach 1939 wurden Abwehr, Staatspolizei und SD jedoch gleichzeitig sehr aktiv und arbeiteten teilweise mit denselben V-Männer in den gleichen Unternehmen und dies oftmals ohne davon Kenntnis zu haben. Auf dem Gebiet der Spionageabwehr harmonisierten zumindest die Gestapo und die Abwehr. In einem Abkommen vom 17. Januar 1935 hatte Canaris die führende Rolle der Abwehr in Spionage, Gegenspionage und Spionageabwehr einstweilen festgeschrieben. Eine erneute Abgrenzung im "Vertrag der 10 Gebote" sicherte der Abwehr die alleinige Aufgabe des militärischen Nachrichtendienstes, während der politische Nachrichtendienst die Domäne der SD sein sollte. Spätestens bei der Auslandsspionage prallten der SD, gestützt nun durch das RSHA, und die Abwehr aber wieder aneinander.

Für Abhöroperationen für Erpressungen und Informationsgewinnung wurde eigens der "Salon Kitty" in Berlin mit gut situierten Damen aus der oberen Gesellschaft eingerichtet (wird u.a. in den Memoiren von Schellenberg erwähnt). Hinter doppelten Wänden konnten die Abhörspezialisten und Kameraleute unbemerkt ihren Schichtwechsel durchführen, während die Aktivitäten in den Zimmern auf Film- und Tonbändern aufgenommen wurden. Lediglich wenn die Führung selbst sich vergnügen wollte, wurde das Personal in den Zwischenwänden abgezogen, denn einer der Stammkunden war Reinhard Heydrich selbst. Das Prinzip der doppelten Wände und einseitig durchsichtigen Spiegeln in Hotelzimmern nutzten das MfS/Stasi und die sowjetischen Nachrichtendienste nach 1945 ebenfalls, weshalb so mancher Reisende in der DDR vermutlich ungewollt zur Unterhaltung in den Nachrichtendiensten beitrug.

Ab 1943 wurden vom RSHA zur Kontrolle SS-Offiziere zur Abwehr delegiert. Es gab wohl Hinweise auf den Kreis von Canaris, von Witzleben, Halder, Thomas, Beck, Oster, von Dohnani, von Weizsäcker, Hans Bernd Gisevius u.a., doch noch waren die Widerstandskräfte in ihren Positionen sicher. Der Widerstand war schwer zu organisieren, da die Nachrichtendienste nahezu jedes Büro unterwandert hatten und oftmals waren die Handlungen von Einzelnen beteiligten eher dazu angetan, das Misstrauen Hitlers zu wecken, als den Kriegsverlauf zu beeinflussen oder Hitler selbst gefährlich zu werden.

General Hans Oster lieferte beispielweise Informationen über die Angriffe auf Dänemark, Norwegen, Niederlande und Frankreich an die Alliierten, was aber vermutlich lediglich einer größeren Zahl von deutschen Soldaten an der Westfront das Leben kostete, doch aufgrund der militärischen Verhältnisse am Ausgang der Feldzüge in Frankreich und Norwegen nichts verändern konnte. Die Abwehr hatte z.B. auch den V-Mann Paul Thümmel (Alias "Dr. Holm", "René", "Franta", "Paul Steinberg", tschechischer "Agent A-54") als Verbindungsmann zu den Alliierten und Wilhelm Höttl war Leiter des Nachrichtendienstes im Vatikan und auf dem Balkan mit guten Kontakten. Erste Hinweise auf die Widerstandskämpfer kamen aus dem Vatikan, weshalb der Deckname "Schwarze Kapelle" (benannt nach der römischen sixtinischen Kapelle) verwendet wurde. Die hier vom Sicherheitsdienst unter Heydrich gesammelten Beweise wurden dem Kreis später zum Verhängnis.

Nach dem missglückten Attentat auf Hitler wurde das Amt Ausland/Abwehr im RSHA dem Amt VI/Mil. integriert und mit Erlass des Führers (12. Februar 1944, „Es ist ein einheitlicher deutscher geheimer Meldedienst zu schaffen") mit Wirkung zum 1. Juni 1944, war auch die Arbeit der Abwehr endgültig beendet und das Personal unter absoluter Kontrolle der Partei. Die gesamte Spionageabwehr, mit Ausnahme der reinen Spionageabwehr und des III-F-Dienstes (Gegenspionage) innerhalb der Truppe, im Operationsgebiet und den besetzten Ländern, trat zum Amt IV des RSHA. Die Umstrukturierung kam jedoch zu spät, um die Effektivität der deutschen Nachrichtengewinnung nach außen wiederherzustellen. Während im Land die totale Kontrolle herrschte, war es außerhalb des Reiches und in der Luft der totale Krieg – in keinem alliierten Kommando oder staatlichen Institution konnte ein Agent an einer entscheidenden Position eingeschleust werden.

Alle am Krieg beteiligten Nationen führten die Zensur und Postkontrolle durch, was im Deutschen Reich allerdings noch nicht in der Hand des RSHA lag. Deutsche Feldpostbriefe in das Ausland unterlagen der Zensur durch die Auslandsbriefprüfstellen (ABP). Die Zensur der Auslandspost und die Zensur der Feldpost unterstanden nicht dem Heerespostmeister, sondern waren Aufgabe des OKW selbst, bzw. Übertragen an das Amtes Ausland/Abwehr. Insgesamt gab es in den sechs Wehrkreisen während des Krieges als militärische Dienststellen zugeordnete ABP und Auslandstelegrammprüfstellen (ATP). In Berlin war die Zentrale Auslandsbriefprüfstelle mit den weiteren Dienststellen in Königsberg, Köln, München, Frankfurt a.M. und Hamburg. Die ABP und ATP kontrollieren also die Nachrichtenübermittlung aus und nach Deutschland und den besetzten Gebieten, wobei in München zunächst keine Telegrammprüfstelle eingerichtet war.

Hamburg war neben der Funkstation mit Verbindung nach Brasilien und Argentinien, durch die internationalen Handelsverbindungen der Firmen, eine Postversandstelle von zentraler Bedeutung. Die Auslandstelegrammprüfstelle im Haupttelegrafenamt hatte z.B. vier Offiziere und 20 zivile Prüfer (Leiter KKpt. Bücker bis 1945), die Auslandsbriefprüfstelle im Sprinkenhof, Burchardstraße 8, sechs Offiziere und 60 zivile Prüfer. Trotzdem war diese Personalstärke gering, da nicht nur Feldpost zensiert werden musste, sondern auch noch möglichst jegliche Post in das Ausland (z.B. Schweiz, Frankreich, Dänemark) zu kontrollieren war. Weitere Prüfstellen dieser Art gab es in besetzten Ländern wie z.B. Dänemark (im Postamt in Kopenhagen).

Im Vergleich dazu hatte die Zensurstelle in Frankfurt im November 1941 eine Personalstärke von 97 Offizieren, 120 Beamten und ca. 2.580 Angestellten die täglich etwa 120.000-150.000 Briefe kontrollierten, Drucksachen und Päckchen (z.B. nach Belgien, Holland) wurden extra sortiert und durchsucht. Eine besondere Abteilung mit drei Offizieren überprüfte die Post der spanischen Legion (Blaue Division) und in der ABP in Köln arbeiteten etwa 90 Offiziere und 2.400 Beamte und Angestellte, die täglich rund 110.000 Postsendungen kontrollierten.

Die ABP hatten eine Prüfungs- und Auswertungssektion. Prüfer hatten meist schon eine Anzahl vorbestimmter Adressen, für die er zuständig war, da eine 100% Kontrolle aufgrund des Postverkehrs kaum möglich war und deshalb vorselektiert werden musste. Briefe wurden durch Wasserdampf, das Aufrollen der Briefklappe mit einem Bleistift, durch seitliches Einschneiden mit einer Schneidemaschine oder, wenn es sich nicht verhindern ließ, auch normal am Umschlagrand aufgeschnitten. Das Öffnen und Mitlesen der Post war wohl teilweise offensichtlich, um die Bevölkerung und potenzielle Regimegegner zu verunsichern und unter Kontrolle zu halten. Lediglich bei laufenden Ermittlungen wurde vorsichtiger vorgegangen und die Post sorgfältig wieder verschlossen.

War der Brief gelesen worden, ging er teilweise zur weiteren Überprüfung an die chemisch-technische Abteilung (CTA), was die Auslieferung noch einmal um Wochen verzögern konnte. Die chemisch-technischen Abteilungen untersuchten in Laboren die Briefe z.B. nach Geheimtinte oder Mikropunkten und durchleuchteten Päckchen mit Röntgenapparaten. Nützliche Gegenstände wurden dabei der Post entnommen und der Abwehr zur weiteren Verwendung und Tarnung für deutsche Agenten im Ausland übergeben. Unter 551.000 im September 1944 kontrollierten Sendungen wurden z.B. acht geheime Nachrichtenübermittlungen entdeckt, wesentlich weniger als die ca. 900 in den ersten beiden Kriegsjahren (durchschnittlich 37 pro Monat). Die ausländischen Agenten waren vorsichtiger geworden und zugleich auch der Postverkehr ins Ausland kriegsbedingt rapide gesunken.

Eine der wichtigsten Leistungen hatte die Abwehrstelle Hamburg neben der Beschaffung des Bombenzielgerätes von der Firma Norden vermutlich nur noch mit der Aufdeckung der englischen Pläne zu einem Expeditionskorps für eine alliierte Besetzung in Norwegen, welche 44% der deutschen Eisenerzeinfuhr unterbunden hätte. Der Entschluss wurde am 19. Dezember 1939 gefasst, als Nebenprodukt einer Hilfe Finnlands gegen die russische Invasion. Als im OKW am 5. Februar ein Sonderstab in die Operation WESERÜBUNG eingewiesen wurde, fiel gleichzeitig der endgültige Entschluss zur britischen Invasion Norwegens. In der zweiten Januarhälfte des Jahres 1940 lief in der Abwehrstelle Hamburg dann eine Meldung über französische Fallschirmjäger aus dem Raum Metz ein, die mit nordeuropäischen Operationsziel nach England verlegt wurden.

Diese Nachricht erreichte Deutschland innerhalb von vier Tagen und ließ keine Alternative zur Durchführung der Besetzung Dänemarks und Norwegens mehr offen. Die am 12. März 1940 bereits in Bergen abgesetzten 40 französischen Fallschirmjäger wurden vom sowjetisch-finnischen Friedensschluss überrascht und mussten wenige Tage danach mit zusätzlich eingetroffenen englischen Soldaten das Land wieder verlassen. Die Begründung für eine Besetzung Finnlands war nicht mehr gegeben, doch am 8. April wurden unter Verletzung der Neutralität in norwegischen Gewässern von britischen Streitkräften Minensperren in Vorbereitung der britischen Invasion gelegt. Ironischer Weise wurden 1946 dann die deutsche Führung u.a. für die Verletzung der norwegischen Neutralität am 9. April 1940 verurteilt.

Man konnte bis 1939/1940 auch ausreichend V-Männer auf internationalen Schiffen anwerben, was jedoch durch die Blockade immer schwieriger wurde, da kaum mehr ausländische oder auch deutsche Schiffe die Häfen anliefen. Bei der WESERÜBUNG waren deutsche Schiffe mit V-Männer und Agentenfunkgeräten ausgestattet worden, wie z.B. der Dampfer WIDAR (VIDAR). So kamen wichtige Erkenntnisse aus Norwegen, das nachrichtendienstlich lange vernachlässig worden war, nun von deutschen Handelsschiffen. Die WIDAR sendete in 40 Funksprüchen die ersten Ergebnisse über die Landung in Oslo zur Abwehrstelle nach Hamburg, welche telefonisch das Führerhauptquartier informierte, noch bevor die militärischen Verbindungen aufgebaut waren. Im Laufe des Vormittags verkürzte sich die Laufzeit der Informationen des Dampfers WIDAR und anderer Schiffsfunkstellen ins Führerhauptquartier auf sieben Minuten.

Nach den Erfolgen im Westen, entsandte die Abwehr innerhalb von 12 Monaten (zwischen Oktober 1942 und September 1943) rund 150 Agenten in Gruppen von 3-10 Mann hinter die sowjetischen Linien, von denen lediglich zwei zurückkehren konnten. Die Infiltration forderte hohe Verluste, doch ähnlich wie in terroristischen Netzwerken können auch im regulären Krieg nicht alle Informationen aus der Funkaufklärung gewonnen werden und oftmals kommen gerade die wichtigsten und zeitkritischen Hinweise aus der menschlichen Aufklärung HUMINT (Human Intelligence). In Norwegen war dadurch beispielsweise eine wesentliche Gefahr nicht erkannt worden und kostete vielen Soldaten der Kriegsmarine das Leben. Die Landverteidigungsstellen in den Felsen des Oslofjords eröffneten das Feuer auf die BLÜCHER und versenkten das Schiff, wodurch sich die Einnahme der Stadt verzögerte und dem norwegischen König die Flucht ins Landesinnere ermöglichte. Dieser flüchtete nach England und baute von dort den Widerstand gegen das Deutsche Reich auf.

Neben der Abwehr, SD, Gestapo und RSHA gab es dann noch die regulären militärischen Aufklärungsverbände. Im Herbst 1919 war aus den verbliebenen Verbänden mit der "Heeresstatistische Abteilung" ein "Nachrichten- und Erkundungsdienst" eingerichtet worden. 1931 wurde aus der Heeresstatistischen Abteilung wieder die Abteilung Fremde Heere (FH), während in der Reichsluftwaffe die Fremden Luftwaffen (FL)und in der Marine die Fremden Marinen (FM) als Abteilungen der Aufklärung Arbeitsgebiete übernahmen. Unter dem Oberst Kinzel als Chef wurde die Abteilung Fremde Heere bereits 1938 mit 23 Offizieren, 11 Unteroffizieren und 49 Soldaten in Fremde Heere Ost (FHO) und Fremde Heere West (FHW) geteilt. Die Leitung der Abteilung Fremde Heere wurde am 1. April 1942 von Reinhard Gehlen übernommen, bis kurz vor Kriegsende die Abteilung aufgelöst und er aus seinem Amt entlassen wurde.

Die deutschen Erkenntnisse aus der Aufklärung über die Sowjetunion waren ein wichtiges Faustpfand. Mitarbeiter der Abteilung Fremde Heere versteckten vor Kriegsende das Archiv und Unterlagen der Abwehr/Fremde Heere zunächst in einem Weinkeller in Naumburg. Weitere zuvor ausgekundschaftete Verstecke lagen in der Nähe von Fritz am Sand/Reit im Winkel, auf der Wildmoos Alm am Wilden Kaiser, sowie auf der Elends Alm am Spitzingsee. Gehlen war über den Kriegsverlauf und die unterschiedlichen Absichten der Gegner durch die eigene Aufklärung wohl bestens informiert. Nachdem durch den Agenten "Cicero" die Information eintraf, dass die Amerikaner bereit waren, Thüringen gegen die westliche Hälfte Berlins mit den Sowjets einzutauschen, wurden dort versteckte Unterlagen nach Berchtesgaden/Reichenhall gebracht und wieder vergraben. Allein 50 Stahlkisten mit Dokumenten der FHO über die sowjetischen Streitkräfte wurden im Lager Maybach-I in Zossen versteckt und später am Wendelstein und im Allgäu vergraben. Am 22. Mai 1945 nahmen Mitarbeiter des amerikanischen CIC einige Mitarbeiter der FH in Oberbayern auf der Elends Alm/Spitzingsee gefangen. Unter den Mitarbeitern befand sich auch Reinhard Gehlen, der einen versteckten Koffer mit Mikrofilmen als Probe des vorhandenen Materials anbieten konnte. Während die Sowjets das SS-Material des RSHA (Havelinstitut) über die russische Aufklärung in den Grünflächen und beim österreichischen Schloss Plankenwarth nach Angaben der gefangenen SS-Offiziere ausgruben, blieben Unterlagen der Abwehr zunächst noch unauffindbar.

"Havelinstitut" war die Tarnbezeichnung der Nachrichtenübermittlungsstelle des RSHA am Wannsee in Berlin. Ab 1942 wurde unter der technischen Leitung von Peter Siepen ein Kurzwellennetz zur Verbindung mit den in den besetzten Gebieten liegenden RSHA-Dienststellen und Funkmeldeköpfen, den geheimen Funkstationen im Ausland und zu Agentenfunkstationen des Amtes VI aufgebaut. Es befand sich am mit Empfangs- sowie Funkbetriebs- und Chiffrierräumen am Ende der Straße "Am großen Wannsee" Nr. 72. Hier wurden fast ausschließlich KST-Empfänger der Firma Körting verwendet. Am großen Wannsee Nr. 46 standen die über Ferntastung gesteuerten Lemkuhl-Kurzwellensender, die später mit Sender von Lorenz mit mehreren Hundert Watt ergänzt wurden.

Neben der Auswertung von Beutegeräten gefangener Agenten wurden am Havelinstitut eigene Entwicklungen für Agenten gefertigt, von denen ein sehr kleines kompaktes Gerät (K-Gerät, 25-x-25-x-10 cm) mit RV12P2000 und Spritzguss-Chassis ausgestattet wurde, während die größeren Vorgängermodelle noch die LS50- und KDD-Röhren verwendeten. Die Fertigung in Paris-Trocadero musste ab 1944 in das KZ Rosen ausgelagert werden, doch von den genannten ist kein einziges der Geräte wiederaufgetaucht. Das dreiteilige Sendegerät 6L6-G, welches vermutlich bei der Firma Körting gefertigt wurde und dass neben dem Netz- und Batteriebetrieb auch einen Handkurbelgenerator hatte, wurde hingegen in England zur Unterrichtung der Gegenspionage verwendet und existiert noch heute in einigen Exemplaren.

Fremde Heere West verlegte im Jahre 1939 zunächst mit zur Frontaufklärung im Osten zur Verstärkung der Fremde Heere Ost (am 10. November 1938 aufgestellt) in Zossen. Die FHW konnte dabei 122 der 123 französischen und britischen Divisionen vor dem Einmarsch nach Frankreich lokalisieren, konnte bei der

Landung der amerikanisch-britischen Verbände in Afrika genauso von den Alliierten getäuscht werden, wie bei den Landungen in Anzio und Nettuno in Italien. Der größte Misserfolg war schließlich bei der alliierten Landung in der Normandie, als 19 deutsche Divisionen noch Wochen nach dem Beginn der Operation in Calais für eine weitere fiktive Landung gebunden blieben, was allerdings letztendlich den direkten Befehlen Hitlers zuzuschreiben war.

Aus der FHO legte Oberst Eberhard Kinzel am 1. Januar 1941 die Studie zur Kriegsvorbereitung der Sowjetunion vor, in der die massiven Ressourcen völlig unterschätzt wurden. Lediglich die Frontaufklärungsstellen Walli-I in Sulijewek/Polen, Walli-II in Suwalki und Walli-III in Breslau (Aufstellung im Januar 1941) mit den Führungsgruppen unter Major Schmalschläger und Hauptmann Krickendt konnten anhand des erbeuteten Materials in ausländischen Archiven der Studie widersprechende Daten liefern, doch da waren die Weichen bereits gestellt. Die FHO verlegte nach Juni 1941 an den Mauersee/Polen (Mamry). Sie verblieb nach Intervention von Feldmarschall Keitel bei der Abteilung Fremde Heere Ost, ansonsten wäre die gesamte Organisationsstruktur der Fremden Heere nach dem Attentat aufgelöst worden. Außer der verbliebenen und dem Heer unterstehenden FHO, hatte Himmler nach dem Tod von Schimpf, Heydrich und Canaris den Nachrichtendienst im Deutschen Reich schließlich völlig unter seiner Kontrolle. Doch zu diesem Zeitpunkt konnte das RSHA keine für politische oder militärische Maßnahmen bedeutende Informationen mehr liefern, sondern lediglich den Terror im Innern aufrechterhalten.

Heydrich profilierte sich auch als Protegé des schwedischen Geschäftsmannes Erik Eriksson, der damit vor dem Zugriff der Gestapo und Abwehr geschützt war. Eriksson sollte in Schweden eine vor alliiertem Zugriff geschützte Ölraffinerie aufbauen sowie deutsche Finanzmittel im Ausland deponieren. Zu seinem Schutz wurde er auf eine Suchliste der USA gesetzt, während nach den von ihm ermittelten Standorten der Ölproduktion in Deutschland die alliierten Bombereinsätze geflogen wurden. Auch hier entstand durch persönlichen Einfluss eines wichtigen Funktionsinhabers der Nachrichtendienste schwerer Schaden für das Deutsche Reich.

Unter Hauptmann Ludwig Voit war 1914 eine Abhörstation für das Armee-Hauptquartier eingerichtet worden, welche die Basis für das von Ribbentrop geschaffene PersZ bildete, das ebenfalls mit der Abwehr, dem SD, der FHO und FHW sowie der Gestapo in Konkurrenz trag, da zwischen den leitenden Personen keine Abstimmung stattfand sondern Rivalität herrschte. Diese Schwächung der Dienststellen war von Hitler durchaus gewollt, da sie seine Position und Kontrolle gegenüber den Nachrichtendiensten durch deren gegenseitige Bespitzelung stärkte.

Bei seinem Aufstieg zum General der Luftwaffe musste Hermann Göring die direkte Führung der Gestapo als seine persönliche Informationsquelle und Druckmittel notgedrungen abgeben. Doch bereits am 10. April 1933 hatte er ein Forschungsamt (FA) im Reichskommissariat für die Luftfahrt in der Behrenstraße in Berlin mit acht Offizieren (u.a. mit Hans Schimpf und Gottfried Schapper) eingerichtet. Das Amt wurde dann offiziell als Forschungsamt des Reichsluftwaffenministerium in einem neuen Gebäudeblock in der Behrenstraße mit nun zwanzig Mitarbeitern untergebracht.

Die Überwachung wurde durch das Postministerium geschaltet und allein in Berlin konnten 500 Telefonanschlüsse abgehört werden. Die Regionale A hatte Stellen in Köln, Nürnberg, Hamburg, und 1935 in München. Die B-Stellen waren im Eigentum der Reichspost. Eutin beendete im Juli 1945 die Funküberwachung, Prien am Chiemsee wurde weiter betrieben. Bis Kriegsende hatte das FA über 6000 Mitarbeiter.

Trotz des ähnlichen Namens als Forschungsamt im Reichskommissariat war es völlig unabhängig vom Luftwaffenforschungsamt und der Kryptoabteilung der Luftwaffe als Nachrichtendienst mit eigener Chiffrier- und Dechiffrierabteilung tätig und allein Göring unterstellt. Durch die hier erhaltenen Informationen über seine Gegenspieler sicherte er sich seine Machtposition in der Hierarchie der NS-

Diktatur. Selbst Himmler und Heydrich benötigten für die Genehmigung von Aufträgen an das Forschungsamt das von Göring abgezeichnete "G" auf den Anträgen als Genehmigung.

Der Nachrichtendienst in Form des Forschungsamtes lieferte nach Görings Weisung aber auch Beiträge und Informationen an die deutsche Rüstung und der Wirtschaft, speziell aber auch der Luftwaffe. Auch die Entscheidung zur Besetzung Norwegens vom 2. April 1940 basierte auf einer vom FA dechiffrierten Nachricht eines finnischen Diplomaten, die von Paris nach Helsinki gefunkt wurde. Abhörprotokolle wurde beim FA auf braunem Papier geschrieben und deshalb als „Braune Blätter" oder auch „Braune Vögel" bezeichnet.

Forschungsamt des Reichsluftwaffenministeriums

- Abteilung I   Verwaltung
- Abteilung II   Personal
- Abteilung III   Erfassung
- Abteilung IV   Entzifferung
- Abteilung V   Auswertung
- Abteilung VI   Technik

Überwachungsstellen des Forschungsamtes

- A-Stellen   Telefon
- B-Stellen   Funkdienste
- C-Stellen   Rundfunksender
- D-Stellen   Fernschreib- und Telegrammdienst
- F-Stellen   Postverkehr

Ausgehend von der Zentrale in Berlin-Charlottenburg erfolgte 1941 eine Reorganisation des Forschungsamtes. Die Abteilungen I-VI wurden zu Hauptabteilungen mit den Unterabteilungen 1 bis 15. Außerdem wurden Leitstellen in Berlin, Hamburg, München, Köln, Breslau und Wien eingerichtet, die eine effektive Arbeit in den besetzten Gebieten gewährleisten sollten.

Reorganisation des Forschungsamtes

- Hauptabteilung I, Abt. 1 + 2, Organisation und Sicherheit, Verwaltung
- Hauptabteilung II, Abt. 3, Personal
- Hauptabteilung III, Abt. 4 + 5, Erfassung, Analyse
- Hauptabteilung IV, Abt. 6 – 9, Entzifferung der Bereiche Wissenschaft, Forschung, speziell romanische Sprachen, Schweiz, England, USA, Ferner Osten, Osten
- Hauptabteilung V, Abt. 10 – 13, Archiv, Wirtschaft, Innen- und Außenpolitik
- Hauptabteilung VI, Abt. 14 + 15, Technische Ausrüstung (Entwicklung und Beschaffung)

Von der Reichspost wurde die Funkstelle Beelitz und noch 1933 die Empfangsstellen in Templin und Glienicke übernommen. Regionale Überwachungsstellen für den Fernsprechverkehr gab es zunächst in Hamburg, Köln, Nürnberg und 1935 in München. Die Überseekabel aus Paris nach Tallinn und Helsinki wurden abgehört, sowie die Leitungen zwischen Wien, Prag, Paris, Moskau und London, welche durch das Reichsgebiet liefen. Hier zeigte sich die unterschiedliche Handhabung der Sicherheit im Umgang mit vertraulichen Informationen bei Berichten der ausländischen Diplomaten.

Während der Sudetenkrise konnten die Vermittlungsgespräche zwischen Prag und Paris mitgeschnitten werden, da die Telefonleitung direkt durch Berlin führte. Die auf Schallplatten gepressten wichtigen Gespräche wurden dann Hitler vorgelegt und so fand sich z.B. folgendes Gespräch zwischen dem britischen Kolonialminister Mandel, der sich in Paris aufhielt und gegen eine Verständigungspolitik mit Deutschland war, und dem tschechischen Staatspräsidenten Benesch:

„Sie stehen an der Spitze eines freien und unabhängigen Volkes. Weder Paris noch London haben das Recht, Ihnen die Haltung zu diktieren. Wenn ihr Gebiet verletzt wird, sollten Sie keine Sekunde zögern, den Befehl an Ihre Armee zu geben, die Heimat zu verteidigen. Wenn Sie es tun, retten Sie Europa vor dem Hitlerismus, denn ich kann sagen, wenn Sie in Notwehr den ersten Schuss abgeben, wird der Widerhall in der Welt gewaltig sein. Die Kanonen Frankreichs, Großbritanniens und Sowjetrusslands werden wie von selbst zu schießen beginnen! Die ganze Welt wird Ihnen folgen, und Deutschland wird innerhalb von sechs Monaten ohne Mussolini und innerhalb von drei Monaten mit Mussolini geschlagen!".

Abgesehen von dem Kompliment an die italienischen Streitkräfte und der von der Geschichte widerlegten Zeitskala des Krieges stand die Tschechoslowakei als Kunststaat des Versailler Vertragwerkes letztendlich politisch isoliert. Es war nicht im Interesse der Weltmächte einen Krieg mit Deutschland aufgrund der Minderheitenprobleme der Tschechoslowakei provozieren. Die politischen Initiativen der Befürworter einer Verständigung in Europa wurden damit jedoch geschwächt, und Hitler konnte die Zerstrittenheit nutzen. Eine Woche später legte Hitler seine Karten sogar offen auf den Tisch, in dem er dem französischen Ministerpräsidenten Daladier bei der Münchner Konferenz sagte, dass er alle wichtigen Gespräche auf Schallplatte habe.

Das Forschungsamt hatte also gegenüber den anderen Nachrichtendiensten seine Effizienz bewiesen. Im Osten wurde eine zusätzliche Überwachungsstelle für den Fernsprechverkehr in Litzmannstadt (Lodz) eingerichtet, dann kamen weitere in Breslau, Königsberg, Kattowitz, Warschau und Danzig bis März 1940 dazu. Ab 1941 folgten Reval (Tallinn), Kauen (Kovno), Dorpat und Riga. In Frankreich waren Fernsprechüberwachungsstellen in Paris, Nancy, Lille, Bayonne und Bordeaux, sowie nach der restlichen Besetzung Frankreichs noch eine Stelle in Lyon. Außerdem wurden nach Innen die wichtigsten Rüstungsbetriebe und Forschungsstätten mit ihren Mitarbeitern, wie z.B. die Raketenversuchsanstalt in Peenemünde und das unterirdische Flugkörperwerk in Nordhausen/Harz, überwacht.

Die ursprüngliche Funküberwachung in Berlin Schönefeld wurde ergänzt durch Stellen in Glienicke und Templin und wuchs nach 1933 auf 17 Stellen an, zu denen auch Lübben, Eutin, Köln, Lissa bei Breslau, Leba, Oberostendorf, Thalhofen, Aufkirch und Konstanz gehörten. 1943 kamen z.B. Amsterdam, Reval, Riga, Dorpat, Gols am Neusiedler See und Plovdiv dazu. Dies war der Zeitpunkt an dem die Bearbeitung der Informationen aufgrund der Anzahl der einzelnen Stellen in Berlin Charlottenburg zentralisiert wurde.

1935 zog das Forschungsamt nach Berlin-Charlottenburg in die Schillerstraße Nr. 116-124 um. Der Gebäudekomplex war umgebaut und mit einem modernen Rohrpostsystem sowie mit Fernsprech- und Fernschreibeinrichtungen ausgestattet worden, welche im Schichtbetrieb eine 24-stündige Überwachung gewährleisteten. Fernsprechabhörstellen hatten Magnetofone (Tonbänder) der Lorenz AG aus Berlin Tempelhof, damit die längeren Gespräche oder unerwartete Fremdsprachen, für die kein Dolmetscher zur Verfügung stand, aufgezeichnet werden konnten. Rohdaten oder Ergebnisse aus den Auswertungen wurden mit Siemens-Geheimschreiber (T-typ-52) an die Zentrale oder zu jeweiligen Übersetzungs- oder Chiffrierstelle geschickt. Das Endprodukt aus der Analyse wurde 3-fach auf braune Blätter, im Jargon auch neben "Braune Vögel" auch "Braune Freunde" genannt, abgetippt. Alle Blätter waren registriert, wurden per Kurier ausgeliefert und mussten vom Empfangsberechtigten unterschrieben werden. Nach Gebrauch mussten die Blätter auch per Kurier ins Archiv des Forschungsamtes zurückgeliefert werden.

Das Forschungsamt hatte damit selbst einen für das Nationalregime sehr hohen Sicherheitsabstand, doch war Reichsaußenminister Joachim von Rippentrop eine Schwachstelle im System. Nachdem er internes Wissen aus dechiffrierten italienischen Meldungen im Gespräch direkt gegen den italienischen Botschafter verwendete, änderten die italienischen Stellen sofort ihre Schlüssel und das Forschungsamt benötigte zwei Jahre, um diesen Schlüssel wieder zu entziffern.

Ein anderer Schwachpunkt war die Technik und das dafür benötigte Personal. Bei allen technischen Einrichtungen die von der Reichspost betrieben und vom Forschungsamt übernommen wurden sowie bei den selbst eingerichtet Stellen, war man weiterhin auf die Unterstützung der Techniker der Reichspost angewiesen. Die Reichspost stellte deshalb für größere Forschungsstellen kleine Gruppen von Technikern ständig zur Verfügung.

Die Erfassungsstellen des Forschungsamtes für unterschiedliche Medien lagen vor Kriegsausbruch u.a. in Berlin-Charlottenburg, Hamburg, Bremen, Köln, Düsseldorf, Breslau, München, Nürnberg, Frankfurt, Stuttgart und Dresden und sollte sich im Laufe des Krieges auf ungefähr 70 erhöhen. Die Leitungen nach Paris, Amsterdam, Mailand, London und Moskau wurden dabei unter direkte 24-stündige Überwachung gestellt. Die Fernsprechüberwachungsstellen lagen gewöhnlich zusammen mit Fernschreib- und/oder Funkempfangsstellen in den größeren Städten, die durch Anschluss der Fernsprechüberwachungsstellen und den Vermittlungsämtern in den besetzten Gebieten ergänzt wurden (z.B. in Kopenhagen, Oslo, Drontheim, Paris). Diese Stellen erhielten dann ebenfalls Bandmaschinen für die Aufnahme der längeren Gespräche und der Fremdsprachen. Für die mobile Erfassung wurde ein Fernsprechtornister entwickelt, der auch vom RSHA verwendet wurde. 1945 waren etwa 15-20 mobile Forschungsstellen verfügbar, die dann wohl hauptsächlich die ausgebombten Dienststellen des Forschungsamtes ersetzten.

Im Vorfeld der Sudetenkrise wurde beispielsweise der Fernsprechverkehr direkt an der tschechischen Grenze am Bahnhof Lundenburg (Breclav) abgehört, um die Maßnahmen der tschechischen Polizei und des Militärs zu überwachen. Eine wichtige Funkstation kam mit der Funkstelle in Noordwijkerhoud in Besitz des Forschungsamtes. Diese lag genau zwischen den Funkstationen, welche Gespräche zwischen London und Washington vermittelten. Auch hier wurden verschlüsselte Konversationen zwischen Churchill und Roosevelt aufgezeichnet, die sich sicher glaubten. Nach Kriegsausbruch erloschen jedoch die Informationen aus den Fernsprechkreisen der Botschaften und den ausländischen Vertretungen Englands, Frankreichs und Polens. Trotzdem konnten aus zweiter Hand über die abgehörten Gespräche von Drittstaaten noch weiterhin An- und Absichten der Alliierten zur Auswertung geliefert werden.

Neben der Telefonüberwachung wurden die Funk- und Rundfunküberwachung sowie der Fernschreibverkehr der Kern der Informationsbeschaffung aus dem Ausland für das Forschungsamt. Allein im Telegrafenamt in Berlin liefen jedoch am Tag ca. 34.000 Telegramme im Inlandsverkehr und ca. 9.000 im Auslandsverkehr, die unmöglich alle überwacht werden konnten. Aber mit Hinweisen konnten die interessanten Nachrichten gefiltert werden.

In der Hauptabteilung III, Erfassung, wurden bis 1942 rund drei Millionen Personen in einem Karteikartensystem geführt, das als Vorläufer des heutigen Einheitsaktenplanes (EAP) gesehen werden kann. Allein nach den Ziffern war z.B. sofort Nationalität, Beruf, Tätigkeit der Zielperson ersichtlich. 1942 wurde die Kartei abfotografiert und die Kopien in der Nähe von Lübben im Spreewald gebracht. Wo sie letztendlich nach Kriegsende verblieben ist nicht geklärt.

Die Hauptabteilung IV, Entzifferung, hatte auf dem Höhepunkt 240 Sachbearbeiter die rund 3.000 Texte im Monat bearbeiteten. Auch hier lagen z.B. die Übermittlungen des Colonel Bonner Fellers vor. Zusätzlich wurden im Forschungsamt kleine Trupps gebildet, die mit der Front vorgingen, um in den eroberten Städten Material und die technischen Einrichtungen sicherzustellen.

Die Hauptabteilung VI, Technik, kümmerte sich auch um die Sicherheit der deutschen Schlüsselmaschinen und Codes. Allerdings sträubte sich z.B. das Auswärtige Amt und manch andere Stelle dagegen, dies auch offiziell durchführen zu lassen. Die Konkurrenz der Nachrichtendienste verhinderte hier eventuell einen besseren Schutz.

Generell war es verboten die militärische Führung und die Generalität abzuhören, außer natürlich auf den persönlichen Befehl Hitlers. Wenn überwachte Kontakte oder Anschluss ein Gespräch mit der militärischen Führung führten, wurde dies ebenfalls mitgezeichnet, im Forschungsamt protokolliert und archiviert. Neben den feindlichen und befreundeten Staaten wurden deshalb vom Forschungsamt auch die Chiffren von deutschen Dienststellen entziffert. Als der Staatssekretär von Weizsäcker bei einem Besuch des Forschungsamtes in der technischen Abteilung die Leichtigkeit der Entzifferung des Funkverkehrs zwischen von Rippentrop und der Botschaft Japans demonstriert bekam, war er schockiert. Zum einen wohl, dass das die deutschen Chiffren generell abgehört und entziffert wurden, zum anderen aber über den geringen Aufwand der dafür nötig war.

Gottfried Schapper nahm danach Kontakt mit General Erich Feldgiebel, Chef der Wehrmachtsnachrichtenverbindungen, und seinem Stabschef Fritz Thiele auf. Der Vorschlag von OKW und Forschungsamt und das Auswärtige Amt zur gemeinsamen Überprüfung der Schlüsselsicherheit wurde jedoch seitens von Rippentrop abgelehnt. Trotzdem wurden also keine Änderungen bei den erkannten deutschen Fehlern vorgenommen.

Einen Beitrag konnte das Forschungsamt auch zum Anschluss Österreichs geben. Zwei französische Telegramme (Nr. 83.709 und 83.722) ermutigten Göring zur Aussage, dass ein französisches Eingreifen an der britischen Zurückhaltung scheiterte. Die Information ging direkt zu Hitler nach Wien, der ja auch die Gesprächsaufzeichnungen während der Sudetenkrise entsprechend verwenden konnte.

Neben Hans-Thilo Schmidt sind aus dem Forschungsamt kaum Nachweise für Spionage oder Infiltration zu finden. Mit dem entschlüsselten Telegramm des belgischen Botschafters de Kerkove von Rom nach Brüssel, wurde im Januar 1940 nachgewiesen, dass in Italien eine Sicherheitslücke in der Regierung bestand. Vermutlich wurde der geplante Einmarsch in Belgien von Graf Galeazzo Ciano verraten. Doch auch der belgische Militärattaché Oberst Goethals erhielt diese Informationen in Berlin vom niederländischen Militärattaché Major Gjisbertus Sas über General Hans Oster und schickte ebenfalls Warnungen.

Der finnische Gesandte Harri Holma telefonierte aus Paris am 12. März 1940 mit Helsinki. Er informierte seine Regierung, dass die britischen und französischen Alliierten zusagen würden, eigene Invasionstruppen in Narvik in Norwegen zu landen, wenn Finnland sofort um Hilfe gegen den Angriff der Sowjetunion bitten würde. Bis dahin müsste sich Finnland allerdings weiter alleine behaupten. Diese Information dürfte die Forcierung der deutschen WESERÜBUNG zur Besetzung Norwegens beeinflusst haben. Der Reichsminister für Volksaufklärung und Propaganda Joseph Goebbels, erhielt erst relativ spät die Ergebnisse aus der Analyse des Forschungsamtes, vermerkte dann allerdings:

„Die Engländer arbeiten übrigens ... außerordentlich unvorsichtig. Hoffentlich ist das nicht auch in unserem Geheimverkehr der Fall; denn wenn die Engländer von uns genau das wissen, was wir von ihnen wissen, dann könnte das sehr schlimme Folgen haben."

Das Forschungsamt war zu bürokratisch und bequem geworden, die großen Ministerien blieben an den Wochenenden geschlossen, nur die Überwachungsstellen blieben in den kleinen Ämtern in Dienst. Eine wichtige Nachrichtenquelle begann zu versiegen.

Während des Zweiten Weltkrieges leitete die Gruppe „Luft" der Abwehr-Abteilung 1, der Abwehrstelle (AST) des Wehrkreises VII in München der spätere CSU-Vorsitzende Josef Müller. Einer seiner Mitarbeiter war Wilhelm Schmidhuber, der im Mai 1940 dem Papst-Vertrauten Robert Leiber jenen Zettel reichte, auf dem das Datum des Beginns der deutschen Westoffensive (10. Mai 1940) stand. Der belgische Gesandte bei Pius XII. Adriano Nieuwenhuys telegrafierte das an seine Regierung, weshalb Göring wusste, dass ein deutscher Verräter am 29. April 1940 aus Berlin kam. Am 8. März 1940 warnte Leopold II. Maurice Gamelin, dass die Wehrmacht den Hauptschlag durch die Ardennen führen und so die alliierten Truppen einschließen würde.

Unter den Einwirkungen des Luftkrieges wurde 1942 die Flakkaserne in Breslau-Hartlieb und ein Barackenlager der Luftwaffe in Klettendorf als Ausweichquartiere des Forschungsamtes eingerichtet. Nach der Zerstörung der Zentrale des Forschungsamtes in Charlottenburg am 22. November 1943, bei dem auch ein großer Teil der Entwicklungen der Abteilung 14 verloren gingen, mussten diese Quartiere bezogen werden, da der Neubau des neuen Hauptquartiers in Lübben noch nicht fertig war und auch nie wurde. Spätestens ab diesem Zeitpunkt war der Informationsfluss an und im Forschungsamt stark beschränkt und die Ergebnisse reduziert.

Im Zuge der Dezentralisierung wurde das Forschungsamt 1944 in die Gruppen West (Leitstelle Köln mit Dortmund, Düsseldorf, Frankfurt, Hannover, Halle, Paris, Bordeaux, Nancy, Dijon, Bayonne, Lille, Lyon, Amsterdam), Nord (Leitstelle Hamburg mit Eutin, Stettin, Bremen, Kopenhagen, Oslo, Drontheim), Ost (Leitstelle Breslau mit Danzig, Königsberg, Riga, Reval, Lodz, Kattowitz, Warschau, Leba), Süd (Leitstelle Wien mit Prag, Budapest, Sofia, Belgrad, Plovdiv, Gols), und Südwest (Leitstelle München mit Schweinfurt, Nürnberg, Stuttgart, Karlsruhe, Blonhofen/Kaufbeuren, Konstanz und Thalhofen an der Wertach/Marktoberdorf) eingeteilt. Die Neuordnung hatte wohl ebenfalls keine positiven Auswirkungen mehr auf die Arbeit oder die Ergebnisse.

Mit den Ereignissen um den 20. Juli 1944 begann das RSHA schließlich auch einen gewissen Grad an Einfluss über das Forschungsamt zu gewinnen, dessen Ergebnisse teilweise auch an die Gestapo geleitet wurden. Die Auslandsabteilung, das Funkabhörwesen, die Entzifferungsabteilung sollten schließlich in die Ämter VI und Mil. in das RSHA eingegliedert werden. Hier zeichnete sich ein ähnliches Dilemma ab, wie es sich auch bei den amerikanischen Nachrichtendiensten vor und nach dem 11. September 2001 aufgrund der Desorganisation für die Staatsführung ergab.

Die Forschungsstellen und Verbleib der Mitarbeiter sind ab 1945 nicht mehr nachvollziehbar. Der Stab des Forschungsamtes aus Berlin soll zuerst auf dem Fliegerhorst Jüterborg verlegt werden, dann soll Ende Februar der Dienst im Fliegerhorst Kaufbeuren wieder aufgenommen worden sein. Das RSHA übernahm die verbliebenen Forschungsstellen, doch am 8. April erfolgte z.B. der Befehl zur Vernichtung der Akten der Forschungsstelle Bremen, deren Personal nach Eutin umzog. Auch die anderen Stellen vernichteten gemäß den Anweisungen ihr Material und begannen sich abzusetzen.

Feldmarschall Göring gliederte nochmals das Forschungsamt in die Gruppe Nord und Süd, doch wurde er selbst am 23. April auf Befehl Hitlers verhaftet. Am 24. April 1945 stellte das Forschungsamt Süd in Kaufbeuren den Betrieb ein und ein Trupp von ca. 150 Mann verlegte in die Flakkaserne in Stephanskirchen bei Rosenheim. Das Forschungsamt Süd wurde am 30. April aufgelöst, jedoch beauftragte der Amtsleiter Schapper zuvor noch Ferdinand Niedermeyer mit einer letzten geheimen Mission. Niedermeyer sollte mit ca. 50 Mann einer mobilen Fernsprechüberwachungsstelle und drei mobilen Funkstellen sowie einer mobilen Fernschreib- und Telegrammstelle nach Berchtesgaden in die Flakkaserne gehen, wo er weitere Befehle erhalten sollte. Anscheinend sind aber nicht alle Gerätschaften und Personal dort angekommen. Das Material wurde wohl von den Amerikanern dann beschlagnahmt. Das Personal des Forschungsamtes blieb bis heute weiter verschwunden.

Das Forschungsamt Nord in Eutin/Schleswig-Holstein nahm unterdessen seinen Betrieb mit Funk- und Fernschreibüberwachung auf, teilweise mit Personal und Material, das aus Bremen stammte und teilweise aus Leba in Pommern, sowie aus anderen Dienststellen. Regierungsoberinspektor Patzig baute die Überwachung noch weiter aus, speziell bezogen auf die Übermittlungen der polnischen Diplomaten in England und der Untergrundbewegung in Polen. Bei Kriegsende bestand das Forschungsamt als Einrichtung fast nur noch auf dem Papier, denn nur einige Außenstellen waren noch arbeitsfähig. Nachdem Dönitz sein

Hauptquartier in Flensburg bezogen hatten, wurden z.B. die Ergebnisse aus der Forschungsabteilung 11 in Eutin über Herrn Stock an das OKM weitergegeben. Die Überwachung des russischen Funkbetriebes wurde in Eutin bis Juli 1945 mit dem Personal des Forschungsamtes ebenfalls unter der Regie der Engländer weitergeführt.

Leiter des Forschungsamtes

- KKpt. Hans Schmipf   10. April 1933 - 10. April 1935
- Prinz Christoph von Hessen   10. April 1935 - 1. September 1939
- Dr. Gottfried Schapper   1. September 1939 - Mai 1945

Prinz Christoph von Hessen war ein persönlicher Freund Görings und eigentlich leidenschaftlicher Jagdflieger. Er soll bei Kriegsbeginn auch wegen persönlichen Differenzen aus dem Forschungsamt ausgeschieden sein und wurde 1943 über den Abruzzen abgeschossen. Bis dahin war er. Prinz Christoph von Hessen war verheiratet mit Sophie von Battenberg (britische Adelsfamilie Mountbatton), die gleichzeitig Prinzessin von Griechenland und Dänemark war. Alle der drei Schwestern von Battenberg waren verheiratet mit SS-Obergruppenführern oder Gauleitern, lediglich ihr Bruder Philip passte als Herzog von Edinburgh und Gemahl der Königin Elisabeth II. nicht in die NS-Propaganda. Auch die dem deutschen Adel entstammende niederländischen Königsfamilie (Wilhelm von Oranien) hatte gute Kontakte mit dem deutschen Adel und bis 1939 auch mit der deutschen Führung. Kaiser Wilhelm wählte schon aufgrund der familiären Bande hier 1918 sein Exil. Die Verbindungen des europäischen Adels und ihre positiven oder negativen Einflüsse und Rollen im 1. sowie im 2. Weltkrieg sind aber ebenfalls bis heute nicht immer völlig aufgeklärt und können sicherlich weitere Bücher füllen.

Jegliche Aufklärungsaktivitäten in Großbritannien waren ab 1935 durch eine Weisung Hitlers für Abwehr, SD, RSHA und auch für das Forschungsamt ausdrücklich untersagt, da er die diplomatischen Bemühungen für seine Politik der Annäherung nicht gefährden wollte. Da bei Kriegsbeginn kein brauchbares Agentennetz in England zur Verfügung stand, blieben nur wenige Alternativen. Eine davon war das "FUNKSPIEL", wobei das Forschungsamt im Gegensatz zur Abwehr, SD und Gestapo jedoch keine eigenen Unternehmungen zur Täuschung des Gegners unternahm, sondern sich auf die Abhöreinrichtungen beschränkte.

Die Irreführung durch falsche Informationen über Funksprüche von gefangenen Agentenfunkern oder Doppelagenten (das "FUNKSPIEL") wurde von der Abteilung IIIF der deutschen Abwehr unter Major Hermann J. Giskes sehr gut beherrscht, allerdings auch von den Alliierten. Die Agenten der SOE waren in der Regel sehr gut ausgebildet, die Ausbilder selbst Experten des Nachrichtendienstes und meist auch gut geschulte Funker. Jeder Agent hatte einen Sicherheitscheck, nach einer bestimmten Anzahl von Buchstaben in der Nachricht, wurde bewusst ein Buchstabe verändert. Dabei durfte nie ein S (Morse-S, drei kurze Impulse) in ein I (Morse-I, zwei kurze Impulse) oder H (Morse-H, vier kurze Impulse) verändert werden, da ein Übermittlungsfehler oder eine Funkstörung dies verursachen könnte. Die drei kurzen Morsezeichen eines S mussten in einem Wort z.B. in ein T (Morse-T, ein langer Impuls) abgewandelt werde. Für den englischen Funker in der Empfangsstelle war dies dann ein eindeutiges Erkennungszeichen für eine Gefangennahme und erzwungenem Funkspruch seitens der deutschen Abwehr.

Nach mehreren erfolglosen Versuchen lief am 6. März 1942 die Operation Nordpol an, die auch unter der Bezeichnung Englandspiel der Abteilung IVE des Sturmbannführers Joseph Schreieder bekannt wurde. Eine verdeckte Kontaktstelle der alliierten Agenten war im britischen Passport Control-Office (PPCO) in Den Haag. Da das PPCO der Botschaft angegliedert war, genossen alle seine Mitarbeiter Immunität. 1939 konnte der Assistent des Leiters, John Hooper, von Hermann J. Giskes angeworben werden. Er enttarnte einen der wichtigsten deutschen Agenten des SIS, Dr. Ing. h.c. Otto Krüger, der daraufhin verhaftet wurde und sich das Leben nahm. Trotzdem blieb Den Haag ein wichtiger Kontaktpunkt der britischen Nachrichtendienste und eine klassische Operation der Gegenspionage konnte umgesetzt werden.

Der am 6. März 1942 festgenommene Funker Hubertus M.G. Lauwers wurde zunächst überredet seine letzten drei vorbereiteten, aber noch nicht gesendeten Nachrichten nach London zu übermitteln. Der Text war von Lauwers zuvor chiffriert worden und so gab er diese Funksprüche ohne Bedenken nach London durch, da es seine Informationen waren und er keine Bedrohung darin erkennen konnte. Giskes hingegen ging es vielmehr um den verwendeten Schlüssel. Er fragte Lauwers, ob dieser bereit wäre weiter mitzuarbeiten, wenn Giskes einen der drei Funksprüche entziffern könnte. Lauwers hielt dies für unmöglich, doch nach 20 Minuten meinte Giskes zu ihm: „Ach so, der Kreuzer PRINZ EUGEN liegt in Schiedam!".

Diese Information war kurz vor der Festnahme Lauwers zugespielt worden und dieser glaubte nun seinen Schlüssel als kompromittiert und sämtliche Funksprüche an England als entziffert. Da er bis zu diesem Punkt den Ablauf aus der Ausbildung erwartet hatte und in Übereinstimmung mit den Befehlen im Falle einer Festnahme gehandelt hatte, war Lauwers noch nicht sehr beunruhigt. Außerdem wähnte er seine Kameraden noch in Freiheit. Als nun alle an ihm vorbeigeführt wurde fragte Major Giskes ganz nebenbei: „Und welchen Fehler machen Sie?"

Da die Abwehr anscheinend sogar über die Art und Weise der Sicherheits-Checks informiert war, wurde Lauwers unsicher. Seine Agentennummer war 1672, woraus die SOE seinen Security-Check ableitete, indem jeder 16. Buchstabe seiner Nachrichten verändert sein musste. Anhand der drei nun abgegeben offensichtlich entzifferten Nachrichten musste die Abwehr also auch seinen Sicherheitscheck ableiten können. Lauwers noch nicht auf, denn zufälliger Weise war sein Check zweimal auf das Wort "STOP" gefallen, welches in er in "STEP" und "STIP" verändert hatte. Nun gab Lauwers an, dass diese Veränderung des Wortes "STOP" in "STEP" und "STIP" sein Sicherheitscheck war. Dieser Fehler musste in London auf jeden Fall ebenfalls auffallen und damit seine Meldungen als Fälschungen eines gefangenen Funkers entlarven. Lauwers hatte es zusätzlich geschafft einen Brief mit versteckter Botschaft nach England zu schicken. Da Lauwers glaubte die Abwehr kenne seine Schlüssel, gab er diese Information nun preis.

Als ein Funkspruch aus England einen weiteren Agenten ankündigte, wurde Lauwers bei einer Mitarbeit in Aussicht gestellt, dass alle Agenten die in die Hände der Abwehr fielen, am Leben bleiben würden. Drei weitere Agentenpaare wurden ohne Vorankündigung und Wissen der Abwehr abgesetzt. Da einer beim Absprung jedoch tödlich verunglückte, konnten mit dem gefundenen Material die anderen zwei Gruppen festgenommen werden und ihre Funkstationen mit Funkern aus der Abwehr ebenfalls weiter betrieben werden.

Es gab bei Funkübertragungen ganz natürliche Übermittlungsfehler denen meist keine Beachtung geschenkt wurde, was dann oft auch die Sicherheitskontrolle neutralisierten konnte. Durch fingierte Fehler beim Morsen gelang es Lauwers mehrfach die Buchstabengruppen "CAU" und "GHT" für („caught", gefangen) als Funkabkürzungen zu verwenden. Doch alle Tricks und Fehler halfen nichts, denn in London blieb man in der festen Überzeugung mit Lauwers und den anderen Agenten erfolgreich ein Netz auf dem Festland etabliert zu haben. Die sehr erfahrenen Ausbilder der Agenten hätten wohl die Fehler sofort entlarvt, doch waren sie eben nicht die SOE-Offiziere, welche die Operationen im Einsatz leiteten.

Ein zweites Funkspiel der Abwehr begann am 5. Mai 1942 mit dem Agenten Henrik Jordaan und schließlich wurden 14 Funkspiel-Stationen betrieben, mit deren Hilfe nach und nach das gesamte holländische Untergrundnetz ausgehoben werden konnte. Der Kryptologe Ernst Georg May entzifferte dabei viele Chiffriersysteme der Widerstandskämpfer und sorgte durch die korrekte Verschlüsselung der fingierten Nachrichten für die notwendige Authentizität. Um den Glauben der SOE an ihre Agenten zu stärken wurde sogar einmal eine Barkasse in die Luft gesprengt und andere fingierte Sabotageakte durchgeführt sowie über als Widerstandskämpfer getarnte Agenten der Abwehr abgeschossenen alliierten Bomberpiloten nach England zur Flucht verholfen.

Als allerdings zwei gefangenen Agenten die Flucht nach England gelang, waren diese Funkspiele zu Ende. Normalerweise konnte bei anderen Funkspielen die Täuschung maximal 3 Monate aufrechterhalten werden, doch diesmal wurden über 20 Monate lang erfolgreich Informationen abgefangen und Desinformationen verteilt. Es war der größte Fehlschlag der alliierten Spionage, allein verursacht durch die fingierten Funksprüche und so entschloss sich die Abwehr am 1. April 1944 zu einem letzten Funkspruch nach London, in dem man sich für die bisherige "Zusammenarbeit" offen bedankte.

Von 190 Versorgungsabwürfen wurden 95 von der Abwehr in Empfang genommen, wodurch insgesamt 15 Tonnen Explosivstoffe, 3.000 Gewehre, 5.000 Revolver, 2.000 Handgranaten, 75 Funkstationen, 500.000 Schuss Munition und eine halbe Million holländische Gulden in deutsche Hände gefallen waren. Trotz der Zusage an Lauwers, für seine Mitarbeit die anderen Agenten vor dem Tod zu bewahren, wurden von den 54 gefangenen Agenten 47 in Mauthausen von der SS erschossen.

Aus den anfänglichen französischen Sympathien für Deutschland und Antipathien gegen England wurde für die Gegenspionage hingegen kein Gewinn gemacht. Großbritannien wollte verhindern, dass die französischen Schiffe bei Mers-el-Kébir eventuell deutsche Häfen anlaufen und so musste der Befehlshaber der französischen Marine hilflos mit ansehen, wie die in englischen Häfen liegenden französischen Schiffe nach dem Zusammenbruch der Grande Nation von englischen Matrosen gekapert wurden. Die restlichen Schiffe lagen bei Mers-el-Kébir und wurden am 3. Juli 1940 von britischen Einheiten versenkt, wobei über 1.300 französische Marinesoldaten den Tod fanden. Ferner setzten die Engländer französische Truppen in Syrien im Kampf gegen dort stationierte andere französische Einheiten ein.

Die angeordneten Erschießungen der Zivilbevölkerung und die Sippenhaft machten jedoch eine Zusammenarbeit der Abwehr mit französischen Kontakten zunichte. Bis zu diesem Zeitpunkt hatte die Abwehr genügend Anhaltspunkte für den Willen einer französischen Kooperation mit Deutschland in der Hand. Der Funker "Samuel" verriet z.B. nach seiner Ankunft den Plan Londons, französische Untergrundagenten für eine Funkbrücke einzuschleusen, worauf der französische Korvettenkapitän d'Estienne d'Orves zusammen mit Barlier und Doornik gefangen genommen wurde. Das dabei sichergestellte Funkgerät war zwar mit 30 kg noch recht schwer und im Vergleich zu den deutschen Geräten nicht auf dem Stand der Technik, doch nach und nach kamen modernere Geräte und die Mitgliederzahlen der französischen Résistancegruppen in Frankreich begannen zu steigen. Schon im September 1941 wurde der SOE-Agent Gérard Morel mit einem moderneren Funkgerät festgenommen.

Zehn SOE-Agenten wurden im Oktober 1941 von der französischen Polizei inhaftiert, weitere acht der Gruppe "Korsika" am 10. Oktober mit dem bereits aktiven Funker Georges Begué. Es folgte die Festnahme des Funkers André Bloch am 9. November 1941, wodurch die SOE in Frankreich zunächst keinen einzigen Funkmeldekopf mehr besaß. Die meisten Funksprüche kamen deshalb ab Mitte 1942 aus dem unbesetzten Frankreich. Insgesamt wurden in Deutschland, Frankreich, Belgien und Holland rund 800 Einzelpersonen im Zusammenhang mit dem Widerstand festgenommen und die Agententätigkeit in dieser Zeit quasi völlig unterbunden.

1941 gelang eine Kontaktaufnahme mit der Résistance über den eingeschleusten Agenten Folmer alias "Richir". Nach Aufnahme seiner Funkverbindung mit England konnten am 9. Oktober 1941 zwei Funkgeräte und Haftminen von der Abwehr in Empfang genommen werden. Im Fall "Porto" waren sogar insgesamt 962 Personen entlarvt und festgenommen worden. Am 17. November 1941 wurde der Chef "Armand" der "Réseau Interallié" sowie 65 Mitglieder festgenommen. Mit dem Versprechen seine 65 Mitglieder vor der Erschießung zu bewahren, erklärte "Armand" sich zur Zusammenarbeit mit der Abwehr bereit. Nach seiner fingierten Flucht am 14. Juli 1942 und Kontaktaufnahme mit London im Januar 1943 kamen zwar korrekte, jedoch kaum bedeutsame militärische Informationen in deutsche Hände. Den 65 Agenten der Organisation rettete trotzdem es das Leben, das deutsche Versprechen wurde gehalten.

In Zusammenarbeit mit französischen Kommandos konnten im Sommer 1942 acht Agentenfunker und mehrere starke Gruppen in Südfrankreich ausgenommen werden. Von der Menées Antinationales wurden am 27. November 1942 die Agenten Hallard, Dionne, Martineau, Besson und Zoubaloff festgenommen. Doch die Arbeit der Abwehr war auf die Kooperation der Zivilbevölkerung angewiesen und wurde durch die rigorosen Maßnahmen des deutschen Militärs gegen die französischen Bürger zunehmend schwieriger.

Die Agenten "Max" und "Moritz" erhielten über die Résistance von der SOE Funkgeräte und Geheimcodes, wodurch im Funkspiel mehrmals Waffen und Material in Empfang genommen werden konnten, bis die Engländer misstrauisch wurden und die Verbindung zu ihren Agenten abbrachen. Über Hugo Bleicher und den Verbindungsmann Bardet gab es Informationen über den SOE-Chef in Frankreich und der Spionageaktivität im Raum Dieppe (Überfall alliierter Truppen am 19. August 1942). Neben Bleicher waren Robert König, Leo Jacobs, "Pater Filicius" einige der wichtigsten Mitarbeiter der Abwehr.

Der Sicherheitsdienst dehnte ohne Einwilligung der Abwehr und der Vichy-Regierung ihr Arbeitsgebiet auf Südfrankreich aus und fügte dem französischen Geheimdienst und der Armée Secrète zunächst schwere Verluste zu. Die konkurrierenden unterschiedlichen Bewegungen der Résistance arbeiteten den gaullistischen Organisationen BCRA und CNR entgegen und teilweise sogar auch gegen den Secret Service und die SOE, was die deutsche Spionageabwehr teilweise erleichterte.

Unter dem deutschen Druck durch den SD hatten sich die einzelnen Gruppen der Résistance unter Jean Moulin dann doch zu einer geschlossenen Organisation verbunden. Er baute neue Funkverbindungen nach London auf, wurde aber am 21. Juni 1943 vom SD festgenommen. Es folgten die Zerschlagung der SOE-Netze "Prosper" und "Robin", wobei insgesamt nun monatlich bis zu 1.000 Personen festgenommen und inhaftiert wurden. Hieraus entwuchs das Potenzial des erbitterten französischen Widerstandes gegen die deutschen Besatzungsmächte und gegen die Mitarbeit für die Abwehr.

Die Erfolgsquoten des Sicherheitsdienstes und der Abwehr sind auch nicht allein der Funk- und Agentenaufklärung oder dem Verrat zuzuschreiben. Es gab wie erwähnt Widerstandsgruppen mit sehr unterschiedlichen Zielsetzungen und ferner war die Koordination der vielen Gruppen von England aus ebenfalls unmöglich. Die wenigen ausgebildeten Agenten aus London konnten sich auf dem europäischen Festland in den Führungspositionen nicht durchsetzen und deshalb keine einheitliche Führung aufbauen. Die Festnahmen konzentrierten sich deshalb bald auf die ausgebildeten Agenten sowie die führenden Köpfe der Organisationen, da eine noch höhere Quote von Gefangenen auch nachrichtendienstlich nicht zu bearbeiten gewesen wäre.

Die Festnahme von Jean Moulins war für die Aktivitäten Londons und des Widerstandes in Frankreich deshalb ein schwerer Schlag. Für SOE und BCRA wurden insgesamt 8.561 Fallschirmunternehmen durchgeführt und 868 Agenten in Frankreich abgesetzt. Die Abwehr hatte dabei zwischen 1941-1944 mindestens 25.000 Personen festgenommen, über den SD liegen keine Angaben vor, jedoch dürften die Zahlen ebenso hoch oder darüber liegen. Allein die Personenzahl der Abwehr machte aber eine gezielte nachrichtendienstliche Informationsgewinnung unmöglich.

Der Informationsfluss zwischen Abwehr und SD war wegen des Misstrauens untereinander ebenfalls auf ein Minimum beschränkt, was die Effektivität zusätzlich minderte. Himmlers Sicherheitsdienst hatte in Frankreich, unter Führung des Standartenführers Dr. Helmut Knochen, durch Befehl Hitlers den Aufgabenbereich der Wehrmacht und Abwehr übernommen und auch die Exekutive in ihrer Gewalt. In Deutschland und in den besetzten Gebieten war somit die Vorherrschaft des SD von Himmler durchgesetzt worden.

Hinzu kam die ausgefeilte Taktik des Widerstandes, den die Résistance operierte z.B. nur in kleinen unabhängigen Gruppen, was ihre Aufklärung über Funk sehr erschwerte. Die Peilzüge des Hauptmanns Hubertus Freyer griffen deshalb sofort bei der Ortung eines Senders zu. Die erhaltenen Informationen aus diesen Funksprüchen konnten teilweise aus Personalmangel aber gar nicht bzw. erst sehr spät ausgewertet werden. Die ermittelten Standorte der Sender halfen jedoch bei den Entscheidungen in welchem Gebiet V-Leute des SD oder der Abwehr aktiv werden sollten.

Die gut ausgebildeten Mitarbeiter der aufgelösten Abwehr wurden weiter im SD beschäftigt. Sie waren es, die beispielsweise auch die von allen Abhörstellen erwarteten getarnten Ankündigungen zur Invasion am 1. Juni 1944 aufnahmen. Zum 15. des Monats kündigte die 1. Hälfte von Paul Verlaines Chanson d'Automne über Radio den Widerstandskämpfern die bevorstehende Operation an. 48 Stunden später folgte am 5. Juni 1944 um 21:15 Uhr die 2. Hälfte der Melodie. Oberleutnant Hellmut Meyer hatte als Abwehrchef des Hauptquartiers der 15. Armee seine Abhörstellen über die bekannten alliierten Signale in Kenntnis gesetzt. Der dortige Funkunteroffizier Walter Reichling nahm eine der Nachrichten auf und das OKW wurde mit der FS-Nachricht Nr. 2117/26 (vermutlich über T-typ-52) darüber informiert, wie auch alle anderen Kommandos an der französischen Atlantikküste. Lediglich die 7. Armee wurde nicht informiert und ohne Warnung von der Hauptlast des Angriffes getroffen.

Was bewusst akzeptiert oder ein weiterer schwerwiegender Fehler der Führung war, lässt sich heute kaum mehr klären. Fest steht aber, dass die Führung des RSHA Hitler nicht über seine Illusionen aufklärte und ihn im Glauben an die vermeintlich falschen Meldungen der deutschen Aufklärungsstellen bzgl. der Invasionsstellen ließ, worauf die Panzer keinen Marschbefehl erhielten, die seit kurzem seinem direkten Befehl unterstellt waren (Feldmarschall Rommel im Urlaub). Als der Angriffsbefehl schließlich gegeben wurde, hatten die Alliierten in Frankreich Fuß gefasst und Rommel wurde bei einem Fliegerangriff am 17. Juli 1944 schwer verwundet.

Auch das am 15. August 1944 vorgesehene nächste Landungsgebiet zwischen Toulon und Cannes am Mittelmeer wurde dem OKW von der Abwehr noch rechtzeitig für organisierte Gegenmaßnahmen schon am 13. Juli 1944 gemeldet. Es konnte aber keine entscheidenden Gegenmaßnahmen mehr geben, da die deutschen Kräfte gebunden bzw. erschöpft waren. In den ersten drei Monaten nach der Invasion konnten nun 157 alliierte V-Leute über den besetzten Gebieten fast ausnahmslos erfolgreich abgesetzt werden.

Im Osten war im Jahre 1933 die planmäßige Aufklärung der Sowjetunion eingeleitet worden, wobei eine Konkurrenz mit dem von Oberst Studencki im Jahre 1934 aufgebauten und gut funktionierenden Nachrichtendienst Polens bestand. Die freie Stadt Danzig und der Korridor nach Ostpreußen waren die größten Brennpunkte zwischen Polen und dem deutschen Reich und somit auch der Brennpunkt dieser zwei Nachrichtendienste. Die Abwehr konnte in mehreren Fällen Pläne über die Mobilmachung und Aufmarsch aus dem polnischen Generalstab beschaffen, in denen von Marschall Pildudski auch der Präventivangriff gegen Deutschland im Spannungsfall vorgesehen war, solange das deutsche Militär nicht seine volle Stärke erreicht hatte.

Die von Deutschland 1938 vorgeschlagene Lösung einer Auto- und Eisenbahntrasse durch den Korridor und im Gegenzug dafür die Garantie der polnischen Grenzen wurde von Polen abgelehnt. Eine Garantie für die polnischen Grenzen war von Deutschland in Locarno nicht gegeben worden. Bereits am 23. März 1939 wurde die Teilmobilmachung in Polen befohlen und am 31. März 1939 erhielt Polen für die deutsch-polnische, aber nicht für die polnisch-russische Grenze eine Garantieerklärung aus England. Lord Halifax gab dem Unterhändler Seeds am 23. August 1939 die Anweisung, den Russen zu versichern, er teile ihre Ansicht über die Unerlässlichkeit russischer Militäroperationen in Polen und sei bereit, sie bei solchen Operationen in vollem Umfang zu unterstützen (siehe British Foreign Policy, III, Bd 7, Nr. 164, 165, 198).

Mit dem Hitler-Stalin-Nichtangriffspakt (23./24. August 1939) war damit ohne Wissen der Polen ein sowjetischer Angriff seitens der englischen Regierung quasi legitimiert worden. Am 31. August 1939 wurde die Weichselbrücke bei Dirschau gesprengt sowie die Danziger Anlagen von polnischen Kräften besetzt. Das Linienschiff Schleswig-Holstein nahm am 1. September 1939 die polnische Garnison auf der Westerplatte vor Danzig unter Feuer; der 2. Weltkrieg hatte begonnen.

Aus den östlichen deutschen Gebieten fing die Abwehr ab dem Sommer 1941 zahlreiche Funksprüche nach Moskau ab. In dieser Zeit waren die Verbrechen der deutschen Sonderkommandos in der Bevölkerung noch relativ unbekannt. Um für die Unabhängigkeit ihrer Länder gegen die Sowjetunion zu kämpfen, boten sich z.B. Esten, Litauer oder Ukrainer der deutschen Abwehr an, die aufgrund der Orts- und Sprachkenntnisse auch in die Wehrmacht eingegliedert wurden. Diese Personen konnten teilweise sehr effektiv verwendet werden und brachten auch große Unterstützung für die Abwehr.

Nach dem Angriff auf die Sowjetunion erfolgten die ersten Festnahmen gegen die russischen Organisationen. Hauptmann Harry Piepe war für die Festnahme von Michail Makarow und Anton Danilow verantwortlich. Die Nachrichtenfunker dieser Gruppen wurden in der Aufklärung als "Musikanten" bezeichnet. Die Organisation des Leutnants der Luftwaffe Harro Schulze-Boysen ("CORO" bzw. "STARSCHINA", "der Senior") aus dem Forschungsamt erhielt deshalb die Bezeichnung "Rote Kapelle" ("Krasney Kapel"), daneben gab es noch eine "Ardennen Kapelle" und eine "Maritime Kapelle". Die Organisation umfasste insgesamt 117 Agenten, 48 davon in Deutschland, 35 in Frankreich, 17 in Belgien und 17 in der Schweiz. Die Bedeutung dieser Spionageringe auf das Kriegsgeschehen wurde von sowjetischen Historikern sehr bedeutend eingeschätzt.

Protegé von Schulze-Boysen war kein geringerer als Hermann Göring selbst, der ihm auch den Aufstieg ins Reichsluftfahrtministerium ermöglichte. Ein Peilzug der Ordnungspolizei entdeckte am 10. Juni 1942 die Funkstation in der Maisons-Laffite bei Paris, einen weiteren Stützpunkt am 30. Juli 1942. Leopold Trepper (alias "Jean Gilbert", "Leibar Domb") konnte noch kurz vor Weihnachten 1942 festgenommen werden. Trepper und Anatoli Gurewich waren die russischen GRU-Verbindungsoffiziere zu den Agenten und deshalb ihre Gefangennahme für die Abwehr von großer Bedeutung.

Nach der Festnahme von Trepper hatten nachrichtendienstliche Informationen erstmals größeren Einfluss und Gewicht bei den weiteren militärischen Operationen. Während des gesamten Vormarsches der Deutschen Wehrmacht auf Stalingrad und den Kaukasus blieb hingegen die Stawka, das Oberkommando der Roten Armee, ständig im Unklaren über den Ort des nächsten Vorrückens der gegnerischen Truppen. Der NKWD hatte z.B. keine Anzeichen für einen Schwenk der Deutschen nach Süden entdeckt, der im September 1941 zur Einnahme von Kiew führte. Auch von der Heftigkeit des erwarteten Angriffes auf Moskau selbst wurde er überrascht, während man bei der Einnahme von Charkow 1942 einen weiteren Vorstoß auf Moskau erwartet hatte.

Als die Rote Armee schließlich die deutsche 9. Armee in Stalingrad eingekesselt hatte, war die Führung in der Annahme etwa 90.000 deutsche Soldaten gegenüber zu stehen. Die verbliebenen 195.000 Soldaten kämpften auf Hitlers unsinnigen Befehl hingegen bis zum Schluss weiter. Nur 25.000 konnten ausgeflogen werden, 60.000 starben in den Kämpfen und noch 110.000 gingen in Gefangenschaft. Von über hunderttausend deutschen Soldaten aus Stalingrad kamen nur rund 5.000 lebend aus der sowjetischen Gefangenschaft nach Deutschland zurück.

Trepper, Sokolow u.a. stellten sich für die Funkspiele der Abwehr mit Russland zur Verfügung und konnten dadurch einem Todesurteil entgehen. Nach Kriegsende und Befreiung schlugen sich Trepper und Sokolow nach Russland durch, doch Trepper wurde für die Kooperation mit den Deutschen bis zum Tode Stalins im Lubjanka Gefängnis inhaftiert. Zwischen 1943-1945 waren mindestens 1.000 Feindagenten hinter den deutschen Linien festgenommen worden. Die Zahl wuchs weiter ständig an und bald war die deutsche Abwehr mit ihren Mitteln und Personal für Gegenmaßnahmen überfordert.

Die Frontaufklärungskommandos der Abwehr sicherten das geheime Material aus den Kommandozentralen des NKWD ("Nar. Kom. Wnutrennych del", Volkskommissariat des Inneren). Im Gegensatz zu den herkömmlichen mobilen und stationären Aufklärungseinrichtungen werden derartige Aufklärungseinheiten normalerweise nur in Übungen im Frieden oder aber in den Vorbereitungen zu einem eigenen Angriff direkt an eine Grenze verlegt, um die spezialisierten Kräfte nicht unnötig zu gefährden.

Merkwürdigerweise trafen die ersten Angriffe der deutschen Truppen jedoch genau auf diese Kommandos des NKWD und mit den über 30 erbeuteten Funkgeräten und Geheimcodes konnten dadurch sofort Funkspiele mit den Leitstellen des NKWD aufgebaut werden, in denen die russische Abwehr über die deutschen Vorstöße desinformiert werden konnte.

Eine unvorbereitete Sowjetunion wurde von Hitler überfallen, jedoch unvorbereitet für die eigene Verteidigung aufgrund eigener Vorbereitungen zum Angriff. Noch vor dem geheimen Beschluss zur Planung des Unternehmens BARBAROSSA wurde in der Sowjetunion die bis zu diesem Zeitpunkt größte Streitmacht ihrer Geschichte aufgebaut, obwohl ein Nichtangriffspakt mit Deutschland geschlossen worden war. Die für offensive Angriffe ausgerüsteten russischen Divisionen lagen nun direkt an der Grenze zu Deutschland und fast die gesamte Rote Armee befand sich im westlichen Landesteil, obwohl sich die Sowjetunion offiziell auch von Japan bedroht fühlte. Der NKWD schnitt kurioser Weise eine Woche nach den deutschen Trupps ebenfalls Lücken in die Grenzzäune, um einen schnellen Vorstoß der sowjetischen Truppen zu gewährleisten.

Nach dem Einmarsch in Frankreich konnte ein gleichzeitig an zwei Fronten geführter Krieg, der das Schicksal Deutschlands aus dem 1. Weltkrieg in sich trug, jedoch nicht im Interesse Hitlers sein. Hitler war bis zu diesem Zeitpunkt auf einer Welle des außen- und innenpolitischen Erfolges geschwommen, doch aus seinen Äußerungen ging hervor, dass er sich durchaus bewusst war, dass er unter allen Umständen diesen Zweifrontenkrieg vermeiden und auch die USA aus einem Krieg halten musste. Als Melder hatte er die Zermürbung der deutschen Truppen im 1. Weltkrieg durch eine solche Situation selbst miterlebt.

Die Zeichen der Zeit konnten hingegen von allen gelesen werden. Am 21. Juni 1938 sagte Trotzki voraus: „Im Herbst 1939 wird Polen Gegenstand einer Okkupation, im Herbst 1941 beabsichtigt Deutschland, zur Offensive auf die Sowjetunion überzugehen." Auf der Plenarsitzung des ZK am 19. Januar 1925 hatte schon Stalin zu einem weiteren Krieg in Europa und der Welt bemerkt: „Wir werden eingreifen, aber wir greifen als letzte ein, wir greifen ein, um das entscheidende Gewicht in die Waagschale zu werfen, das Gewicht, das den Ausschlag geben dürfte."

Als "Mutter der Weltrevolution" und zur Errichtung des Sozialismus in der ganzen Welt stand ein Krieg hingegen auch bei Stalin auf dem Programm. Es war also nur die Frage wer in der derzeitigen politischen und militärischen Lage zuerst seine Kräfte mobilisieren und zuschlagen konnte. Einen großen Schritt zur Errichtung des Sozialismus in der ganzen Welt hatte Stalin nach dem 2. Weltkrieg erreicht, denn nie hatte der Sozialismus und die Sowjetunion einen größeren Einflussbereich, wie in der Zeit des Kalten Krieges nach 1945. Dies meinte wohl auch Churchill, als er unmittelbar nach Kriegsende sarkastisch sagte: „... ich glaube, wir haben das falsche Schwein geschlachtet."

Bei Kriegsbeginn am 1. September 1939 hatte Sowjetrussland bereits allein mehr Panzer des Typs BT ("Bystrochodny Tank", Schnellpanzer) zur Verfügung, als die gesamte Welt einschließlich Deutschland zusammengenommen an Panzer aufbieten konnte. Der BT war nach den Konstruktionsplänen des Amerikaners J. W. Christie mit Rädern entwickelt worden, die im Gelände Ketten tragen konnten. Auf einer festen Straße konnten die Ketten abgeworfen und mit den Rädern eine Vorarschgeschwindigkeit von 100 km/h erreicht werde. Eine ideale Waffe für einen Blitzkrieg auf den feste Straßen Deutschlands, Belgiens oder Frankreichs, für die unbefestigten Straßen in Russland selbst und in schwerem Gelände aber völlig untauglich. Produktion des BT sowie die Pläne zur Fertigung des Panzers A-20 (A stand vermutlich für "Awtostradny", also für Autobahn), mussten nach dem Einmarsch der Wehrmacht 1941 eingestellt werden, da es nur in Deutschland zu dieser Zeit Autobahnen gab, von denen die Rote Armee jedoch noch weit entfernt war.

Stalin selbst erläuterte am 5. März 1939 in der Prawda, dass die Geschichte uns lehrt, dass wenn ein Staat gegen einen anderen Staat Krieg führen will, und dieser Staat nicht sein direkter Nachbar ist, er versuchen wird nach Grenzen zu suchen, über die hinweg er den anderen Staat angreifen kann. Außenpolitisch versuchte auch Stalin Hitler in Sicherheit zu wiegen, der nach dem Kriegsausbruch mit England ebenfalls abwarten wollte bis im Westen ein Sieg oder ein Frieden geschlossen war, bevor er sich dem Problem Russlands militärisch zuwenden konnte. Zwei bissige Kettenhunde warteten nur darauf losgelassen zu werden und die europäischen Mächte waren die Knochen dazwischen.

In der damaligen Zeit benötigten Abgeordnete 10-12 Tage um aus allen Teilen der Sowjetunion zu Sitzungen in den Kreml zu gelangen. Um bei der Sitzung des Politbüros am 19. August 1939 beschlussfähig zu sein, mussten die Abgeordneten also entsprechend dieser Frist vorher informiert werden. Der strenggeheime Inhalt mit der Ausrufung der allgemeinen Wehrpflicht sowie andere Details wurden jedoch der westlichen Presse über die französische Agentur Havas zugespielt, welche ihn veröffentliche. Zum ersten Mal überhaupt äußerte sich Stalin zu einer Pressemitteilung und dementierte sie sofort. Sein Ziel war es, Europa in einen Krieg zu verwickeln, bei dem sich die Gegner hinreichend gegenseitig schwächen, um dann die Truppen der Roten Armee in die Waagschale zu werfen. Diese Doktrin hatte Stalin bereits 1924 an den russischen Universitäten in den Reden zur Grundlage des Leninismus gelehrt.

Mit dem Molotow-Rippentrop-Pakt beseitigte Stalin den neutralen Schutzschild in der Form Polens zur Sowjetunion. Entgegen den Vereinbarungen marschierte die Rote Armee jedoch erst später ein und schonte ihre Kräfte. England erklärte dem vermeintlich allein schuldigen Deutschland den Krieg, nicht jedoch der Sowjetunion, da die Politiker in London Polen keine Garantie für die Grenze nach Osten gegeben hatten. Mehr konnte sich Stalin nicht wünschen.

Hitler hatte geschickt die allgemeine Situation im Deutschen Reich genutzt, um skrupellos an die Macht zu kommen. Er wusste diese zu sichern und selbst außen- und innenpolitisch konnte er einige Erfolge erzielen. Dem taktisch gerissenen Genossen Stalin waren aber weder er noch Roosevelt oder Truman gewachsen, noch hatten sie zu dieser Zeit entsprechende Informationen aus den nationalen Nachrichtendiensten zur Verfügung. Allein Winston Churchill ahnte wohl die politische Zukunft nach dem Krieg, musste sich mit Roosevelt aber für das kommunistische Regime und gegen Deutschland entscheiden. All dies erklärt auch die schnelle politische Ost-West-Konfrontation direkt nach Kriegsende.

Nach den Besetzungen in Finnland, Estland, Litauen sowie Lettland hatte das NKWD seine Einheiten im Februar 1941 nach der Zerschlagung Polens an die nun gemeinsame Grenze nach Deutschland verlegt. Neben der Roten Armee standen damit bald zusätzliche 100.000 Mann der operativen Einheiten des NKWD bis teilweise wenige Meter an der Grenze und zum Zeitpunkt der Invasion trafen die deutschen Truppen auf ganze Divisionen und Regimenter. Diese Truppen waren spezialisiert schnell und effektiv in einem Vormarsch Brücken, Straßen und wichtige Verkehrsknotenpunkte einzunehmen und zu sichern sowie die gefangenen gegnerischen Soldaten ins Hinterland zu bringen. Gleichzeitig waren die GULAG-Einheiten für den Aufbau und die Bewachung dieser Gefangenenlager an der Grenze. Die Panzer des Typs BT waren mit ihrem berühmten Nachfolger T-34 an der russischen Westfront zusammengezogen. Ideal für den schnellen Angriff, waren diese Massen von Einheiten direkt hinter der Grenze für eine Verteidigung aber denkbar ungeeignet. Da die deutsche Angriffswelle nicht zurückgeschlagen werden konnte, trafen diese Truppen beim Absetzen in den tieferen Raum auf die vorbereitete 2. russische Angriffswelle und ähnlich dem Schnellballeffekt war bald die gesamte Rote Armee ohne Konzept nur noch in Rückzugsgefechte bis in den Winter und vor Moskau verwickelt.

Bereits vor der Unterzeichnung des Molotow-Rippentrop-Paktes waren 1939 die OSNAS-Bataillone ("Ossobowo Nastschenija", zur besonderen Verwendung) hinter die Grenze verlegt worden. Diese Einheiten waren bekannt für ihre Grausamkeit, jedoch nicht gegen die Zivilbevölkerung oder den Feind, sondern ihre Aufgabe war es, durch Erschießungen die Fahnenflucht der eigenen Soldaten zu unterbinden und durch den Terror die Rote Armee nach vorne zu treiben – die Motivationstruppe Stalins.

Die sowjetischen Verteidigungsstellungen wurden weder auf geografisch günstige Stellen in Polen vorverlegt, noch wurden existierende im Hinterland verstärkt. Sicherungsstreifen mit Sperranlagen,

Grenzzäunen, Hindernissen und vor allen Dingen Minenfelder bilden bis in die heutige Zeit eine wirksame Barriere gegen Überraschungsangriffe, doch weder auf deutscher noch auf sowjetischer Seite gab es auf dem gesamten besetzten polnischen Territorium derartige Verteidigungsgürtel und Minenfelder. Diese Anlagen behindern den eigenen Angriff und Vormarsch, weshalb durch die Sowjetunion auf dem besetzten polnischen Gebiet bis zu den vormaligen Befestigungen an der russisch-polnischen Grenze selbst die existierenden polnischen Verteidigungsgürtel und Minenfelder sowie die Sprengvorrichtungen an Brücken entfernt wurden. Gleisanlagen wurden nicht zu Sprengung vorbereitet, sondern für den Transport der sowjetischen Truppen ausgebaut, neue Schienen sowie Treibstoff und Verpflegung mit nahezu den gesamten Pioniertruppen der Roten Armee an die Endbahnhöfe vor der deutschen Grenze gebracht, um nach dem Einmarsch die zerstörten westlichen Verbindungen für den Nachschub wieder aufbauen zu können. All diese Maßnahmen konnten jedoch nur dem von Nutzen sein, der zuerst aktiv wurde und mussten umgekehrt für eine Verteidigung verheerende Folgen haben.

Während Hitler seine Kräfte auf zwei Fronten zu verteilen begann, wurde Stalin mit Material, Lebensmitteln und nachrichtendienstlichen Informationen seitens der Alliierten unterstützt. Die ab 1927 errichtet Stalin-Linie war eine der Maginot-Linie ähnliche Verteidigungseinrichtung. Während die französische jedoch umgangen werden konnte, ging die Stalin-Linie von der Ostsee bis an das Schwarze Meer und musste von Europa nach Asien bzw. auch umgekehrt von Truppen durchschritten werden. Es gab 13 befestigte Räume (Ukrepljonny Rajon), die bis 1938 verstärkt, nach dem Molotow-Rippentrop-Pakt jedoch geschliffen wurden. Die vorgezogene Molotow-Linie an der deutschen Grenze ähnelte in Aufbau und Form mit geringer Deckung hingegen den Angriffsstellungen der deutschen Seite, ideal um einen Angriff zu unterstützen, aber ungeeignet für die eigene Verteidigung. 191 sowjetische Divisionen wurden in die westlichen Aufmarschgebiete transportiert, während die dort befindlichen direkt in die Wälder und Aufstellungsräume an der Grenzlinie vorverlegt wurden. Als Fehlverhalten kann es nicht interpretiert werden, da in vorangegangenen Kriegen zur Befreiung der arbeitenden Bevölkerung die richtigen Entscheidungen seitens der sowjetischen Generalität getroffen wurden. Entlang der türkischen und mandschurischen Grenze lagen z.B. die Stabsabteilungen und ihre Truppen im Schnitt 10 km hinter der Grenze, nur im westlichen Teil der Sowjetunion direkt entlang der Grenzlinie.

Spätestens durch den Beschluss des Politbüros am 21. Juni 1941 wurden Reservetruppen für das Hauptquartier geschaffen. Ungewöhnlich waren nicht die Reservetruppen selbst, sondern die Bezeichnung des höchsten Führungsorgans der sowjetischen Streitkräfte in einem Krieg, das Hauptquartier, in einem politischen Beschluss im Frieden. Das sowjetische Hauptquartier wurde also ebenfalls vor Beginn der deutschen Invasion geschaffen. Ähnlich der "Wolfsschanze", dem Gefechtsstand Hitlers, lag in etwa gleicher Entfernung von der deutsch-sowjetischen Grenze im Raum Wilna der sowjetische Gefechtsstand. Am Vorabend der deutschen Invasion befanden sich viele sowjetische Generäle und wichtiges Führungspersonal der Partei bereits dort oder waren auf dem Weg dorthin. Nach dem Beginn der deutschen Invasion wurde das Führungspersonal der Partei aber unverzüglich wieder nach Moskau zurückgerufen.

Die gestaffelten sowjetischen Angriffsformationen erforderten getrennte Nachrichtensysteme. Während die forderste Erste Strategische Staffel in feindliches Territorium vorstoßen sollte, musste die Zweite Strategische Staffel im hinteren Raum zur Sicherung geordnet nachrücken können. Die nun parallel eingerichteten Nachrichtennetze wurden für die Führungssysteme des Generals D. G. Pawlow an der Westfront und Generalleutnant W. N. Kurdjumow im Sondermilitärbezirk West eingeführt. Im Baltikum unterstand das Nachrichtenwesen der Westfront dem Generalmajor P. M. Kurotschkin, während sein ehemaliger Stellvertreter, Oberst N. P. Akimow für das Nachrichtenwesen des Militärbezirkes zuständig war. Dadurch wäre bei einem Vormarsch die unabhängige Führung der Front von der Sicherung des rückwertigen Raumes gewährleistet worden, es musste aber unweigerlich zum Chaos führen, wenn alle

Truppen bei einen Angriff der Wehrmacht auf einem Raum zusammengedrängt die Verteidigung gewährleisten sollten und diese zwei Nachrichtensystem die Befehle von zwei Führungsstäben auf einem Gefechtsfeld parallel koordinieren mussten.

Die in allen Armeen der Welt nur für offensive Zwecke aufgestellten Luftlandetruppen wurden in der Sowjetunion seit 1930 aufgebaut, in Deutschland erst ab 1936. Bis ins Jahr 1940 wurden fünf Luftlandekorps mit, im Vergleich zur Infanterie, relativ leichter Bewaffnung aufgestellt, welche nur bei Vorstößen und Gegenoffensiven mit ihren teuer ausgebildeten Spezialisten verwendet werden konnten, die in einer Verteidigung aber nur von geringem Wert waren. Ende des 20. Jahrhunderts gab es weltweit 13 Luftlandedivisionen und allein 8 waren Divisionen der Roten Armee. Als der 2. Weltkrieg ausbrach, kamen auf jeden ausgebildeten Fallschirmjäger in der gesamten restlichen Welt, einschließlich des Deutschen Reiches, 200 sowjetische Fallschirmjäger. Der Preis war jedoch eine hungernde sowjetische Bevölkerung und eine rein auf militärische Produktion ausgerichtete Wirtschaft in einem Land das noch auf Agrarwirtschaft ausgelegt war, während man in Deutschland schon einen großen industriellen Anteil hatte.

Diese Luftlandetruppen übten in groß angelegten Manövern in Verbindung mit den sowjetischen Armeen und ihren amphibischen Einheiten an den westlichen Grenzen. Schwerpunkte waren dabei die Gebiete um Bessarabien und Rumänien, deren Erdölfelder bereits die Lebensader der Industrie und Wirtschaft in Europa waren. Die wichtigste Rohstoffquelle der deutschen Wirtschaft und der Wehrmacht waren hier die Ölfelder in Rumänien, die nach der sowjetischen Befreiung Bessarabiens nur noch rund 100 km von Stalins Truppen entfernt waren. Die Rote Armee hätte nun den Fluss des Rohöls unterbinden können. Doch Deutschland benötigte für die Stahlproduktion das norwegische Erz und für Wirtschaft und Militär das Erdöl, eines ohne das andere war wertlos.

1938 war zum ersten Mal nach dem Bürgerkrieg im europäischen Teil Russlands wieder eine nun sowjetische Armee aufgestellt worden und schon im Sommer 1940 standen fünf Armeen an der Grenze zu Japan und zehn Armeen an der Westgrenze, trotz des Molotow-Rippentrop-Paktes. Zusätzlich war eine weitere Armee im Grenzland von Japan in der Aufstellung, aber in Richtung Westen, also Deutschland, waren zehn weitere geplant. Diese Pläne waren unmittelbar vor der deutschen Invasion in der Umsetzung und zum ersten Mal wurde in der russischen Geschichte dabei sogar eine 28. Armee aufgestellt. Die grundsätzlichen Entschlüsse zu diesem massiven militärischen Aufbau müssen also noch zu Friedenszeiten getroffen worden sein bzw. zu einem Zeitpunkt, da die deutsche Wehrmacht noch hauptsächlich in Frankreich, Belgien, Holland, Dänemark, Norwegen und Afrika gebunden war und die deutsche Ostgrenze keine Gefahr für die Sowjetunion darstellte.

Hatte Stalin noch 1938 keine einzige militärische Formation besessen, die als Armee hätte bezeichnet werden können, so waren bis 1940 in stetiger Folge 28. Armeen aufgebaut worden, doch den Blutzoll bezahlte auch hier das Volk. Die schwierige wirtschaftliche Lage ließ die Ausrüstung der Truppen allerdings dem Personalaufbau nicht angemessen folgen, denn nicht alle Armeen konnten auf das geplante Niveau gebracht werden. Diese Arbeit wurde nun durch das Unternehmen BARBAROSSA unterbrochen, da Hitler wohl erkannte, dass er nicht den Augenblick abwarten durfte, bis diese Armeen ihre volle Kampfkraft erreicht hatten. Trotzdem hatte er den Krieg nun gerade hier verloren, bevor er ihn begann. Wäre er nicht in der Sowjetunion einmarschiert, wäre sogar den Alliierten nichts anderes übrig geblieben, als auf einen Angriff seitens der Sowjetunion gegen Deutschland zu drängen, zu einem späteren Zeitpunkt, aber auf einem höheren Rüststand der Roten Armee.

Die Armeen im Westen benötigten für die sowjetischen Soldaten monatlich 60.000 Rinder, was z.B. bei einem späteren sowjetischen Angriffsbeginn im Jahre 1942 bedeutet hätte, das rund 3.000.000 Rinder in der Versorgung hätten einfließen müssen.

Es ist allerdings logistisch und wirtschaftlich nahezu unmöglich 3 Millionen Rinder für eine Armee in Bereitschaft zu liefern, wenn in einem Land selbst für die Bevölkerung noch nicht einmal genügen Reis vorhanden ist. Die Soldaten durften entweder nicht lange in Bereitschaft sein und mussten schnell zurück auf ihre Felder, oder Stalin wäre gezwungen gewesen die Ernährung der Bevölkerung in der UdSSR aus den Kornspeichern und den Rinderbeständen aus dem Westen – also Deutschland – sicherzustellen. Der propagandistische Spruch der Friedensbewegungen "Schwerter zu Pflugscharen", war vielleicht auch Stalin seine Absicht, aber wie bei Hitler eben erst nach dem erfolgreichen Gebrauch der Schwerter.

Es gab nun Hinweise auf die sowjetische Operation "GEWITTER", die auf den 6. Juli 1941 als Angriffstermin für die Rote Armee schließen ließen. Hier hätte die Sowjetunion in ähnlicher Weise einen jahreszeitlich sehr spät begonnenen Angriff durchgeführt, bei einem erfolgreichen Verlauf ähnlich der deutschen Truppen 1940 hätten sie allerdings aus dem harten Wintergebieten kommend in wesentlich milderen europäischen Gebieten sich erholen können.

In der Mitte des Jahres 1941 hätte die Zweite Strategische Staffel vermutlich auch ihren Aufmarsch nahezu vollendet gehabt und wäre unverzüglich den Fronttruppen zur Sicherung und Unterstützung nachgefolgt. Da der deutsche Angriff aber genau in die offensiv ausgelegte Aufstellung der sowjetischen Truppen fiel, konnten deutsche Einheiten nun das vorbereitete Material der Roten Armee an den Grenzen verwenden. Die Pioniertruppen wurden außerdem von deutschen Truppen in verlustreiche Kämpfe verwickelt und standen nun nicht mehr für die Errichtung von gestaffelten Verteidigungsgürteln im Hinterland zur Verfügung. Die deutschen Einheiten rollten über die unbeschädigten Brücken und wurden durch keine Minengürtel behindert.

Dies erklärt z.T. viele der großen deutschen Erfolge, denn eine in Angriffvorbereitungen überraschte und flüchtende Armee ist leichter zu schlagen, als eine zur Verteidigung vorbereitete. Erst nachdem sich die Truppen vor Moskau wieder formiert, der Winter seinen Dienst an den deutschen Soldaten getan, die sowjetischen Armeen durch alliiertes Material und das russische Volk durch alliierte Lebensmittellieferungen am Leben erhalten worden war, konnte Stalin sich wieder dem Angriff zuwenden. Hitler begann 1939 einen Krieg, den England und Frankreich als Kolonialmächte verloren und den die USA wirtschaftlich, Stalin jedoch politisch 1945 gewann. Er hatte den sowjetischen Einflussbereich bis ins Herz Europas ausgedehnt, wenn auch zu einem weit höheren Blutzoll als er sich vermutlich erhofft hatte.

Der einzige der nicht vorbereitet in den deutsch-sowjetischen Krieg ging, war der deutsche Soldat, der in Sommeruniform, mit ungeeignetem Material und geringen Reserven in den russischen Winter vor Moskau marschierte. So konnte auch der russische Geheimdienst aus voller Überzeugung behaupten, das die an der deutschen Ostgrenze gesammelten Truppen in keiner Weise für einen Krieg gegen die Sowjetunion vorbereitet seien, weshalb ein Angriff wohl unwahrscheinlich erschien. Doch auch die in Zeltlagern an die Grenze vorverlegten sowjetischen Armeen waren nicht auf ihren Winter, den sie ja sehr gut kannten, vorbereitet. Eine nur dann völlig überflüssige Maßnahme, wenn die Soldaten den nächsten Winter in einem milderen Klima wie z.B. in Westeuropa verbringen konnten, nicht aber wenn sie eine Verteidigung Russlands z.B. vor den Toren Moskaus gewährleisten hätten sollen.

Auch Generalfeldmarschall Keitel und Generaloberst Jodl, Chefplaner der Operation BARBAROSSA, gaben vor dem Internationalen Gerichtshof in Nürnberg zu Protokoll, dass die Vorbereitungen der deutschen Wehrmacht bis zum Frühjahr 1941 ausschließlich defensiver Natur waren. Erst durch die massive Stationierung der sowjetischen Truppen wurde ein Präventivschlag notwendig, womit in der Initiative und Überraschung zumindest der Anfangserfolg gewährleistet war. Bei einem massiven russischen Angriff aus dieser Position drohte hingegen eine militärische und wirtschaftliche Katastrophe des Deutschen Reiches innerhalb der ersten Wochen. Generalfeldmarschall Keitel und Generaloberst Jodl wurden als Kriegsverbrecher hingerichtet.

Stalin hingegen konnte für seine Verbrechen nie zur Rechenschaft gezogen werden, obwohl Millionen von sowjetischen Soldaten hinter den Grenzzäunen, vom Gefreiten über ZK-Mitglieder und Volkskommissare bis hin zum Flottillenadmiral der Sowjetunion, N. G. Kusnezow, als Zeugen für die sowjetischen

Vorbereitungen stehen. Der Armeegeneral S. P. Iwanow stellte in einer wissenschaftlichen Untersuchung im Militärverlag in Moskau 1974 fest, dass es der faschistischen Führung buchstäblich in den letzten zwei Wochen vor dem sowjetischen Einmarsch gelungen war, den Truppen Stalins zuvorzukommen. Dies würde bedeuten, dass auch Stalin sich entschlossen hatte, einen Angriff vorzeitig und vor Aufstellung aller seiner Truppen zu beginnen. Im Jahre 1984 veröffentlichte die Militärhistorische Zeitschrift (Voenno-istoričeskij žurnal) des Verteidigungsministeriums der UdSSR, in einem Artikel die Information, dass die riesigen Vorräte an Munition, Verpflegung und Material in unmittelbarer Grenznähe zu Deutschland 1940 den Vorbereitungen von sowjetischen Angriffsoperationen dienen sollten.

Bei Diktatoren wie Hitler, Stalin oder anderen ist ein Superlativ des Mordens aus Respekt vor den Opfern nicht angebracht, denn aus ihren Entschlüssen und Vorgehen entstand das Grab der Millionen unschuldigen Zivilisten und Soldaten im 2. Weltkrieg sowie danach. Erinnert man sich an die Sage des Kaiser Barbarossa, hat in diesem Sinne der Falke Stalin die Raben bewusst vertrieben, um Barbarossa aus dem Berg zu locken. Aber nicht um sein Reich wieder zu errichten, sondern um Hitler nach den verlustreichen Kriegen mit seinen Nachbarn gleichfalls vernichten zu können und dann über alle beteiligten und geschwächten Gegner und Verbündete hinweg das sowjetische Reich zu erweitern. Es war anscheinend nicht die Frage, ob Barbarossa überhaupt aus dem Berg kommt, sondern lediglich wann. Der Falke vertrieb noch die Raben, als Barbarossa ihm frühzeitig ins Gefieder fuhr, was letztendlich die Pläne beider Seiten durcheinanderbrachte. Winston Churchill äußerte, dass er nie so besorgt um Europa war, wie nach dem Ende des 2. Weltkrieges. Durch die Europäische Union wurden den Europäern und ihren Nachbarn über 70 friedliche Jahre geschenkt, dies muss anerkannt werden, gerade bei einem heute erstarkenden nationalistischen Protektionismus.

Der NKWD und die sowjetischen Truppen hatten sich nach 1941 nicht nur wieder geordnet, sondern auch ihre Führungssysteme und die Funküberwachung mit westlicher Technik ergänzt und neu organisiert. Die wichtigen Ergebnisse der Aufklärung kamen nun auch in der kämpfenden Truppe an. Bei der Operation Zitadelle im Raum Kursk halfen den deutschen Einheiten weder Täuschungsmanöver noch Funkspiele bei den Vorstößen mit ihren Panzertruppen. Der Spionagering "Rote Troika" in der Schweiz hatte über seine drei Funkstationen Informationen aus dem OKW über die Pläne der deutschen Verbände nach Russland gefunkt und die sowjetischen Einheiten waren gut vorbereitet.

Der Kriegseintritt der Vereinigten Staaten von Amerika überforderte schließlich die personellen Möglichkeiten der Abwehr, des SD sowie des RSHA völlig. Selbst wenn diese Nachrichtendienste alle zusammengearbeitet hätten, wäre allein die Flächenausdehnung der Kriegsgebiete für wirkungsvolle Abwehrmaßnahmen und Informationsgewinnung unter Kriegsbedingungen zu groß gewesen. Ab dem Jahr 1943 waren im Osten zusätzliche 3 Millionen Quadratkilometer besetzte Gebiete zu überwachen. Die Voraussetzungen wären zwar nachrichtentechnisch prinzipiell zu verwirklichen gewesen, aber es fehlte der Truppe an Funkgeräten und Personal um dies auch umzusetzen. Die Wintermonate verschärften zusätzlich jedes Jahr die Gesamtsituation aller Wehrmachtsteile.

Durch die Abwehr war das OKW im Oktober 1942 von den geplanten Landungsunternehmen der Alliierten in Afrika informiert worden, doch wieder einmal wurde den Angaben kaum Glauben geschenkt. Oberstleutnant Franz Seubert hatte diese Informationen von Mohammed V., dem Sultan von Marokko, über den Großmufti von Jerusalem, Hadi Amine Al Husseini, erhalten. Die bekanntesten arabischen Kontaktmänner der Abwehr dieser Zeit waren Anwar el Sadat und Gamal Abd el-Nasser, da sie später auch bedeutende nationale Politiker wurden. Mit Untergrundorganisationen in den arabischen Ländern plante man bei der Annäherung der deutschen Panzertruppen unter Feldmarschall Rommel die pro-britische Regierung in Kairo zu stürzen und durch einen Militärputsch die Macht in deutsch-freundliche Hände zu bringen. Der Bürgerkrieg im Rücken der Kolonialtruppen hätte vermutlich den Durchbruch für die deutschen Truppen gesichert.

Im Osten ließ sich Hitler hingegen nicht davon überzeugen, dass nach der Verschiebung des Beginns des Unternehmens Zitadelle im Raum Kursk der russische Nachrichtendienst nun die Signale erkannt haben müsste und sich die Rote Armee auf den deutschen Angriff vorbereitete. Die korrekten Informationen der wenigen deutschen Agenten wurden wieder missachtet und viele Soldaten sinnlos geopfert. Fremde Heere Ost informierte die Führung ferner über die beabsichtigten und durchgeführten sowjetischen Offensiven im Raum Stalingrad, die zur Einschließung und dem Verlust der gesamten 9. Armee unter General Paulus führten.

Vergleichsweise wichtige Ergebnisse des RSHA wurden hingegen nicht viele erbracht. Als Agent "Cicero" fotografierte der Butler Elyesa Bazna Unterlagen aus dem Safe des britischen Botschafters Sir Hugh Knatchbull-Hugessen in Ankara. Als aber die Informationen über die Gespräche zwischen Stalin, Roosevelt und Churchill im Dezember 1943 nach Berlin flossen, wurde der Wahrheitsgehalt wieder angezweifelt, wobei der politische Wert hier größer als der militärische war.

Die deutschen Nachrichtendienste benötigten für die Übermittlung dieser Informationen aus dem Ausland kleine handliche Geräte für die Agenten. In der Abwehr begann der Aufbau der Abwehrfunknetze ab 1936 mit derartigen Geräten. In den Jahren 1937/38 entstanden die ersten kompletten Agentenkoffergeräte für Kurzwelle, wie sie auch in anderen Staaten verwendet wurden (z.B. in England, John Brown). Der Agentenfunk der Abwehr wurde dabei ursprünglich aus Stahnsdorf und später Belzig gesteuert, weshalb nach Belzig auch eine Richtfunkverbindung aufgebaut wurde. Die Agentenfunker wurden auch kurz als "AFu""-Leute bezeichnet. Gegen Ende des Krieges wurden die Funksende- und Empfangsstellen zentralisiert und im Nachrichtenregiment 506 zusammengefasst, das dann 80 Offiziere, 730 Unteroffiziere und 1.850 Funker hatte.

Anfangs waren auch die Fertigung und Lagerung der Geräte in Stahnsdorf. In der Mitte des Krieges wurde der Funkbetrieb nach Belzig verlegt, während 1943 die gesamte Fertigung nach Schloss Nischwitz/Sachsen kam. Ein Funkmeldekopf sowie eine Funkerschule der Abwehr waren in Striegau. Schon 1943 wurde der Abwehr die Weisung erteilt, alle Unterlagen des Geheimen Funkmeldedienstes (Verkehrszeiten, Frequenzen, Rufzeichen, Schlüsselverfahren, Geräteausrüstung) in Abschriften auch dem RSHA zur Verfügung zu stellen. Alle Standorte und Dienststellen kamen ab dem 1. Juni 1944 unter die Aufsicht eines SS-Obersturmbannführers.

Schulen für die Ausbildung der Agenten waren meist bei den jeweiligen Abwehrstellen der Wehrbereichskommandos mit eingerichtet, meist nicht direkt in der Dienststelle, sonder sehr abgelegen an weniger auffälligen Ort. In Berlin z.B. wurde das Gut Queensee und bei der Abwehrstelle Kiel das Gut Schierenholz genutzt. Die Ausbildung konnte aber auch in Hotels oder in Wohnungen von wohlhabenden und weltgereisten Bürgern, Parteifunktionäre o.ä. durchgeführt werden, um den Agenten die entsprechenden Umgangsformen in ihrem Auftragsland beizubringen.

Schlüssel zum Erfolg der Abwehroperationen war aber auch die verfügbare Technik. Herr Rudolf Staritz führt in einer Liste 17 verschiedene Agenten-Funkgeräte auf, deren Sendeleistung sich zwischen 3 und 80 Watt bewegten, wobei bei den Achsenmächten und bei den Alliierten nur im KW-Bereich der Agentenfunk durchgeführt wurde. Die kleineren deutschen Sender waren durchweg einstufig und quarzgesteuert. Als Empfangsteile wurden auf deutscher Seite immer Zweikreis-Empfänger benutzt, die Vorstufe unterdrückte dabei die Nahfeldstrahlung der angezogenen Rückkopplung. Alle Geräte wurden von einer Abteilung der Abwehr selbst entwickelt, die sich an den Möglichkeiten der Amateurfunktechnik orientierte und auch ähnliche Bauteile verwendete und erbeutete alliierte Geräte analysierte. Die Geräte wurden sowohl in elegante Lederkoffer, aber auch in unauffälligen Blechdosen oder in Segeltuchtaschen eingebaut.

Für die Ausstattung der Agenten bediente man sich also der besten deutschen, alliierten und gegnerischen Funktechnik. Da die Agentenkoffer der als Handelsvertreter oder ähnlichem reisenden Agenten zu Friedenszeiten "weltmännisch" auszusehen hatten, wurde auf Spitzenprodukte der Lederindustrie (z.B. die

Firma Richter, Berlin) zurückgegriffen. Dies erleichterte die Mitnahme als Diplomatengepäck in neutrale Länder, führte jedoch durch das elegante Aussehen unter den Bedingungen des Kriegseinsatzes oder an der Front später oft zur schnellen Enttarnung und Festnahme der Agenten. Zur Verschlüsselung erhielten die Agenten im Ausland eine kommerzielle Ausführung der ENIGMA, die für eine einfachere Handhabung mit der Möglichkeit zur mechanischen Rückstellung auf die Anfangsposition der Schlüsseleinstellung ausgerüstet war. Die für Agenten einfachere Bedienung bedeutete jedoch für die Schlüsselsicherheit und damit auch oftmals den Agenten den Tod.

Die Frequenzbereiche der deutschen Agentengeräte lagen wohl meist zwischen 2 und 8 MHz, weshalb es auf beiden Seiten die Hoffnung war, dass die funkenden Agenten unter den zahlreichen Militärfunkstellen nicht auffallen würden. Verräterisch war jedoch selbst bei Sendern mit kleiner Leistung immer das Nahfeld. Erstaunlich ist es, dass beide Seiten beim Agentenfunk kaum maschinelle Geber benutzten, obwohl derartige Geräte vorhanden waren. Dabei wurden die vorbereiteten Morsezeichen mit einer handlichen Stanze in einen Streifen eingestanzt und über einen mechanischen Abtaster mit Tempo 400 ausgesendet und die aktive Funkausstrahlung im Schnitt auf etwa eine Minute reduziert. Da kein Funker diese schnelle Zeichenfolge mehr mithören und von Hand mitschreiben konnte, standen für den Empfang ab 1935 AEG-Tonbandgeräte bei den Horchstellen zur Verfügung. Zum Lesen der Zeichen wurde die Geschwindigkeit der Maschine auf ein Viertel reduziert und ein Tongenerator getastet. Die KW-Verbindungen der deutschen Abwehr reichten dabei in neutrale Länder von Europa bis Übersee wie auch in die Kriegsgebiete. Die deutschen Handcodes der Agenten waren von recht einfacher Struktur (Zahlenschlüssel) und einmal aufgefangen wurden sie leicht gelöst, was allerdings auch für die alliierte Seite galt.

Die Agenten konnten meist nur mit Behelfsantennen arbeiten und ihre Signale waren nicht sonderlich stark, aber doch stark genug, um von der Funküberwachung geortet zu werden, zumal die Agenten nur in den seltensten Fällen auch gute Funker waren. Die meisten Agenten sendeten nachts, da bessere Bedingungen für die Funkübertragungen vorlagen und auch die Gefahr des zufälligen Mithörens durch einen Radioempfänger geringer war. Es ist außerordentlich schwierig, einen KW-Sender in einem großen Stadtgebiet genau anzupeilen, da z. B. reflektierende Freileitungen, Antennen oder Dachrinnen, die Bestimmung der Standorte solcher Sender stark beeinflussen. Die Nahfeldpeilung eignete sich weitaus besser und alle Abwehrdienste hatten deshalb ihre Spezialisten in der Nahfeldpeilung.

Pat Hawker verglich die Agentenfunkgeräte ebenfalls mehr mit Amateurfunkgeräten als mit militärischen Anlagen die von der britischen Industrie gebaut wurden. Der RSS (Radio-Security Service) hatte sein Hauptquartier in Whaddon Hall und kooperierte mit dem nahe gelegenen Bletchley Park. Von Whaddon Hall wurde der Funkverkehr mit den Agenten in den besetzten Ländern durchgeführt und natürlich auch mit dem neutralen Ausland. Hawker hebt dabei die Rolle der belgischen und holländischen Funkamateure hervor, die den Agentenfunk mit hohem Tempo halten konnten, aber auch oftmals durch Nahfeldpeilungen geortet und festgenommen wurden. Hawker betont die hohe Effizienz der deutschen Funkabwehr (WNV/Fu-III) und berichtet, dass von 51 in Holland abgesetzten Agentenfunkern 47 ausgehoben wurden. Die wenigen dänischen Agentenfunker sendeten hingegen auf UKW mit 350 MHz nach Schweden und verwendeten dabei auch noch Hochgeschwindigkeitstelegrafie, waren also sehr schwer zu orten. Die Geräte dafür wurden von der bekannten dänischen Firma Bang&Olufsen gebaut.

Ab 1943 setzten die Briten eine neue Technik ein, indem sie hochfliegende Flugzeuge mit Empfangs- und Aufzeichnungsgeräten für den Agentenfunk ausrüsteten, mit denen die Agenten ihre Meldungen über FM-Sprechfunk mit kleiner Leistung im 50 MHz-Bereich absetzen ("Ascencion"-Geräte) konnten. Die Agenten mussten hier keine Tastfunk-Kenntnisse mehr haben und lasen nur noch ihre verschlüsselten Zahlenreihen vor. Diese Methode war für die Agenten sehr viel besser als der KW-Funk, denn hoch und einzeln fliegende Flugzeuge wurden über Deutschland kaum noch bekämpft und lösten auch keinen Fliegeralarm aus.

Hawker macht jedoch keine Angaben, wie oft Agenten diese Übermittlungsart einsetzten und es dürfte die Ausnahme bis zum Ende des Krieges gewesen sein.

Eine Kurzwellen Sende- und Empfangsanlage eines Agenten der deutschen Abwehr hinter den russischen Linien gibt ein weiteres Beispiel aus der Entwicklung und Geschichte. Der Besitzer des Funkkoffers musste während der Übermittlung oder des Empfangs von Nachrichten kräftig in die Pedale treten, um über einen Fahrraddynamo die Stromversorgung zu gewährleisten. Beim Vormarsch der russischen Truppen nahm der Soldat den Koffer mit Dynamo durch die russischen Linien hindurch zurück und deponierte ihn in seinen Keller in Kappeln/Schleswig-Holstein. Der Frequenzbereich mit Antennenanpassung ging von ca. 3.800 bis 8.500kHz, die Empfindlichkeit liegt bei 4mV, die Sendeleistung bei 10 Watt.

Dieses Kofferprinzip wurde von allen Nationen im Krieg für die Funkgeräte angewandt und durch die Miniaturisierung der Röhren wurden die Geräte immer kleiner und kompakter. Das OSS hatte z.B. ein 20-x-7-x-3cm kleines Funkgerät für ihre Agenten entwickelt. "Eleanore" war die Bodeneinheit und "Joan" (nach Major Joan Marshall des Women Army Corps) die Einheit in den Flugzeugen. Das 2kg schwere Funkgerät wurde von den RCA-Ingenieuren LTC Steve Simpson und DeWitt R. Goddard entwickelt.

Das Agentenfunkgerät SE-109/3 (ab 1943/44) hatte nur noch die Größe einer Keksdose und hatte einen Zweikreis-Empfänger (3 Röhren DF11) mit quarzgesteuertem Sender (DLL22 Röhre). Für Spezialeinsätze gab es zusätzlich Einzelanfertigungen in Bügeleisen, Buchhüllen u.v.a.m., während in den Schnürsenkeln z.B. eine Gigli-Säge (aus der Gehirnchirurgie) zum Zersägen von Gitterstäben oder in Zigarettenspitzen 8-fach Fernrohre eingebaut wurden. Da die Rohstoff- und Personallage im Verlauf des Krieges in Deutschland immer schwieriger wurde, waren die ausländischen Anfertigungen hinsichtlich der Schaltung, dem mechanischen Aufbau und gefertigter Stückzahl den deutschen Produktionen schließlich überlegen.

Lieferanten für die benötigten Funkteile dieser Koffer waren z.B. die Firmen Hirschmann & Allei, Hopt, Görler, Ulrich, Neuberger, Engel, während die Blechteile von Lindemann & Söhne kamen. Anoden- und Heizbatterien kamen von der Firma Pertrix ("Piggy"-Batterien). Diese Kohle-Zink-Primärbatterien mussten aufgrund der kriegsbedingten Lieferschwierigkeiten später durch gegen Kälte unempfindlichere Batterien ersetzt werden, welche aber eine kürzere Lebensdauer hatten. Ursprünglich waren diese Batterien für den Einsatz in Wetter-Radiosonden bestimmt.

Neben den leitenden Personen aus den deutschen Nachrichtendiensten waren auch die Forschungs- und Entwicklungsprojekte des Deutschen Reiches nach dem Krieg Ziel der alliierten Forschungen. Diese fortgeführten Projekte der USA, Sowjetunion und Großbritanniens waren ebenfalls auf die Unterstützung der Nachrichtendienste bzw. deren Abschirmung und Gegenspionage angewiesen. Heute ist nur noch schwer nach zu vollziehen, welche Informationen aus dem Ausland für die deutsche Rüstung nach 1939 noch ins Land gelangten oder welche geheimen Informationen über die Rüstungsprojekte ins Ausland gelangten bzw. was davon nach dem Krieg bei den Siegern weiterentwickelt wurden. Oft auch deshalb, weil bis heute die Siegermächte und Deutschland kein Interesse daran haben, die deutschen Quellen zu modernen Technologien und Massenvernichtungswaffen offen zu legen. Viele Wissenschaftler arbeiteten später in den USA oder in der Sowjetunion an ähnlichen Projekten weiter, die sie bereits in Deutschland erforscht hatten.

Der harte Widerstand der Sowjetunion und der Deutschen Armeen bei den Kämpfen im Osten lag allerdings wohl auch mit am Interesse der dort ansässigen Industrie und den deutschen Forschungseinrichtungen für Giftgase und hoch entwickelte Technologien und nicht allein in der Abwehr des Bolschewismus. Hier lag die größte chemische Industrieanlage Deutschlands, deren Produktion von Hitler höchste Priorität eingeräumt worden war. Die Produktion von Nervengas war wie die Atomforschung eines der bestgehüteten Geheimnisse des Dritten Reiches, welche in ihrem ganzen Umfang den Westalliierten wohl erst April/Mai 1945 mit der Besetzung der Anlagen bekannt wurden.

Am 29. März 1945 stießen die Amerikaner auf das erste deutsche Giftgasdepot in Frankenberg bei Marburg. Fast zeitgleich trafen die Briten im Depot Lübbecke, zwischen Osnabrück und Minden, ein. In Verhören erfuhr man, dass es sich bei der Munition um einen neuen deutschen chemischen Kampfstoff Namens GRÜNRING-III handeln soll. Da die deutschen Wehrmachtsangehörigen in den Lagern bezüglich des Gases keine Angaben machen konnten, wurde im englischen Giftgaszentrum Porton Down eine der erbeuteten Granaten analysiert. Am 20. April 1945 konnte Dr. Gerhard Schrader, der 1936 das Tabun und 1938 das Sarin entdeckte, bei der Einnahme des I.G. Farben Werkes in Ludwigshafen gefangen genommen werden. Seine Angaben führten in das Werk zur Tabun-Fertigung in Dyhernfurth nach Schlesien. Kurz nach Ausbruch des Zweiten Weltkrieges musste die I.G. Farben auf Befehl und Kosten der Wehrmacht dieses Werk bauen (1940-1942, Betrieb 1942 bis 1945 unter Dr. Otto Ambros).

Das Nervengas wurde während des Krieges mit Zügen an unbekannte Orte gebrach und bereits Mitte 1943 waren 2.500 Tonnen Giftgas in Deutschland hergestellt und abgefüllt. Zu diesem Zeitpunkt wurde Dr. Otto Ambros zu Hitler zitiert, da Hitler militärisch schon in die Enge getrieben, den Einsatz des Nervengiftes wohl in Erwägung zog. Ambros entgegnete, dass die Wirkung des Kampfstoffes Tabun bekannt sei und die Feindmächte über diese Waffe sicherlich auch verfügten. Ein historischer aber vielleicht gewollter Irrtum, denn Hitler ließ von der Idee ab, forderte jedoch weiterhin die Großproduktion des sechsmal giftigeren Sarins.

In Dyhernfurth stieg die Produktion bis Januar 1945 auf 12.000 Tonnen Tabun, dem besagten GRÜNRING-III. Bei der Kapitulation am 8. Mai 1945 verfügte die Wehrmacht über 120.000 Bomben und rund 900.000 Granaten, welche die Tarnbezeichnung GRÜNRING-III trugen. Von dem sechsmal giftigeren Sarin besaßen die Nazis allerdings lediglich 500 Kilo, die auf dem deutschen Giftgas-Erprobungsplatz des Ersten Weltkrieges in Munster produziert worden waren.

Die deutschen Vorräte an hochgiftigen Nervengasen wurden in den letzten Kriegswochen zu einem völlig unkalkulierbaren Risiko auf beiden Seiten. Mit Nervengasmunition beladene Züge fuhren mit den Bomben durch Deutschland, während alliierte Jagdflieger die Infrastruktur und auch die Züge angriffen. Am 8. April 1945 verfehlten sie z.B. knapp einen Zug mit Bomben auf dem Bahnhof Lossa der 180 Tonnen des Nervengases Tabun geladen hatte. Das Gas sollte vor dem Zugriff der Alliierten gesichert oder zerstört werden und am 28. April 1945 verweigerte z.B. der Major Günter Zöller den Befehl 70.000 deutsche Nervengasgranaten, die in einem Depot in Urlau im Allgäu lagerten, bei Annäherung der Alliierten in die Luft zu sprengen. Es lässt sich kaum vorstellen welche Folgen die Ausführung derartiger Befehle für die Bevölkerung 1945 gehabt hätten, wenn nicht beherzte Soldaten dagegen eingeschritten wären deren Geschichte bis heute meist unerwähnt blieb.

Die sowjetischen Truppen ließen die Anlagen in Dyhernfurth abbauen und zusammen mit dem Personal nach Russland bringen, welches ab 1946 mit der eigenen Produktion der Gaskampfstoffe begann; wie auch Großbritannien und die USA. Die tödliche Wirkung in geringsten Mengen bewiesen die Kampfstoffe in mehreren Unfällen und in terroristischen Attacken sowie Kriegseinsätzen. Ein 52-jähriger Arbeiter der im Edgewood US-Arsenal in Maryland durch einen Riss in der Sprachmembran seiner Maske kurzzeitig Sarin ausgesetzt war, verstarb trotz sofortiger und anhaltender medizinischen Hilfe nach 18 Monaten.

Die deutsche Rüstungsindustrie wurde durch die Luftangriffe ab 1943 gezwungen ihre Produktion auf unterirdische Fabriken zu verlagern. Ursprünglich war in Ebensee (östlich von Salzburg) ein unterirdisches Hauptquartier für die Luftwaffe geplant und auch der Plan das Flugkörperforschungszentrum (Codename "ZEMENT") aus Peenemünde hierher auszulagern wurde Ende 1944 endgültig fallen gelassen. Im weiteren Kriegsverlauf wurden mehr und mehr Anlagen in den Untergrund verlegt, was die Aufklärung der Alliierten vor Probleme stellte. US-Truppen versuchten, nachdem sie deutschen Boden erreicht hatten, in Eilvorstößen an Orte zu gelangen, an denen die deutschen Forschungszentren vermutet wurden.

Die Kenntnisse über die Hochtechnologie-Projekte des Dritten Reiches gewinnen mehr und mehr an Kontur, obwohl viele Dokumente 1945 verschwunden sind und heute noch entweder in den USA, England oder in Russland lagern. Zunneck berichtet z.B. über Mikrofilmrollen, die heute im Albert F. Simpson Historical Research Center der Maxwell Air Force Base (Alabama) aufbewahrt werden. Die US-Armee und die alliierten Geheimdienste warfen primär ein Auge auf die Mitglieder des Reichsforschungsrates bzw. dessen Planungsamt, das erst 1944 eingerichtet wurde.

Leiter des Planungsamtes war der Werner Osenberg, seit 1938 Professor an TH Hannover. Den Amerikanern fiel mit Osenberg im Planungsamt auch eine Liste mit 15.000 Namen deutscher Experten verschiedener Technologien mit ihren Tätigkeitsfeldern und Adressen in die Hände. Diese deutschen Wissenschaftler waren nach offizieller Geschichtsschreibung in keine weiteren Entwicklungen der Atombombe tätig, anscheinend auch nicht nach einem wesentlich einfacheren Verfahren (Fritz G. Houtermans/Lachner-Prinzip), welches theoretisch durchaus auch in Deutschland zum Erfolg hätte führen können. Die Abwehr erteilte ihrem Agenten Dusko Popov ("IVAN") durch Albrecht Gustav Engels ("ALFREDO") im Herbst 1941 den Auftrag, festzustellen, wie die drei US-Firmen in Brasilien Uranium verarbeiteten. Der von den Briten jedoch als Doppelagent ("TRICYCLE") angeworbene Popov verriet den Agentenring.

Zu den Zeitzeugen zählen die deutschen Wissenschaftler, die an diesen Projekten mitgearbeitet haben, wie Prof. Werner Heisenberg, Carl Friedrich von Weizsäcker, Manfred von Ardenne und Wernher von Braun. Die Geheimhaltung verhinderte aber den Informationsaustausch und Wissensstand über die jeweils anderen Projekte, was die widersprüchlichen Aussagen erklären könnte. Außer diesen Wissenschaftlern um Heisenberg, die in Horb am Neckar arbeiteten, gab es wie erwähnt weitere Gruppen, die getrennt voneinander auf Spezialgebieten der Atomforschung tätig waren, wie die von Baron Manfred von Ardenne in Lichterfelde mit der Atomumwandlungsanlage und dem Zyklotron mit dem 60-Tonnen-Magneten sowie die von Dr. Kurt Diebner mit Prof. Walter Gerlach in Stadtilm. Die von Reichspostminister Dr. Ohnesorge in Berlin-Lichterfelde und Klein Machnow betriebene "Reichspost-Forschungsanstalt" war die zentrale Stelle für die einzelnen Ergebnisse und deren praktischer Umsetzung unter strengster Geheimhaltung, was erklärt, warum die Projekte und ihre Sachstände sowohl den Wissenschaftsgruppen wie auch der militärischen und politischen Führung um Hitler verborgen blieb.

Im März 1967 schätzte Carl Friedrich von Weizsäcker, dass unter friedensmäßigen Bedingungen (ohne weitere Materialengpässe) nach Mai 1945 nur noch 8 Monate zur Herstellung einer Bombe in Deutschland nötig gewesen wären. Das wäre lediglich ein halbes Jahr nach dem Abwurf der amerikanischen Bomben auf Hiroshima und Nagasaki und obwohl offiziell sämtliche deutsche Forschungen zu einer derartigen Bombe eingestellt worden waren. Auch der Chef des Planungsamtes im Reichsforschungsamt, Osenberg, gab in Verhören gegenüber den Alliierten eine Zeitspanne von ca. sechs Monaten an, bis militärisch große Veränderungen durch die Forschungsergebnisse möglich gewesen wären.

Hierzu gibt es die Aussage Osenbergs im "Evaluation Report 20" vom 17. Mai 1945 (Combined Intelligence Committee (CIC) Nr. 75/13): "daß der Krieg, hätte er sechs Monate länger gedauert, die Deutschen in die Lage versetzt hätte, einen Großteil ihrer neuen Entwicklungen gegen die Alliierten einzusetzen und aufgrund dieser technischen Überlegenheit den Kriegsverlauf umzukehren"!

Innerhalb eines halben Jahres kann aber keine atomare Wissenschaft von Null aufgebaut werden und den Bau und Einsatz einer Atombombe ermöglichen. Nur ein sehr enger Kreis hatte Zugang zu den Informationen dieses deutschen Forschungsgebietes. Dr. jur. Henry Picker hatte z.B. die persönliche Genehmigung Hitlers Gespräche im Führerhauptquartier aufzuzeichnen und hat diese 1976 (Stuttgart) in einem Buch veröffentlicht. Weitere Informationen finden sich in den Protokollen der Nürnberger Prozesse und in Angaben des Atomphysikers Fritz G. Houtermans zu seiner Forschungsarbeit: "Zur Frage der Auslösung von Kern-Kettenreaktionen" vom August 1941.

Hitler hatte anscheinend klare Vorstellungen über den Wert des wissenschaftlich-technischen Fortschritts auf diesem Gebiet und förderte es auch entsprechend. In einem Protokoll von Picker (v. 27. Juli 1942) wurde folgende Aussage Hitler festgehalten: "... Entscheidend für das Gewinnen eines jeden Krieges ist aber, dass man stets die technisch besten Waffen besitzt ... Für uns kommt es heute darauf an, den Vorsprung auf dem Gebiet der Kriegstechnik, der unsere bisherigen Erfolge ermöglicht hat, zu erhalten. So können wir auch weiterhin – den Krieg führen und siegreich beenden. "

Die deutschen Wissenschaftler und Ingenieure waren bis Kriegsende trotz der Bombardierungen und dem Rohstoffmangel weiterhin weltweit mit führend in der Entwicklung und Erprobung nahezu aller kriegswichtigen Technologien, von der Kryptologie über Raketen bis hin zu Walter-Antrieben der U-Boote und den Düsenjägern. Es wäre auch in dieser Folge nicht logisch, wenn die deutsche militärische Atomforschung nicht streng-geheim weiterverfolgt worden wäre. Erst nach dem Jahre 2000 begann man in Fernsehdokumentationen Fakten über die deutsche Atomforschung im 2. Weltkrieg besser aufzuarbeiten.

Picker hielt am 9. Juni 1942 hierzu in der Reichskanzlei fest, dass Hitler die Reichspost-Forschungsanstalt in Berlin-Lichterfelde und Klein Machnow während seiner Aufenthalte in Berlin besuchte. Dabei wurde nicht einmal dem Adjutanten Engel erlaubt die Anlagen zu betreten. Hitler kannte also die Entwicklungen in der Atomforschung und förderte sie auch mit allen notwendigen Mitteln unter dem Team von Dr. Ohnesorge ebenso, ohne dabei die anderen Gruppen von Heisenberg und Dr. Diebener oder auch Minister und Generäle davon zu unterrichten. Wenn man die militärische und politische Tragweite bedenkt, die praktisch verwendbare Forschungsergebnisse, also eine einsetzbare Bombe, bedenkt, ist diese für das Dritte Reich typische Geheimhaltung nur noch verständlicher. Die Witwe von Ohnesorge zitierte die Worte ihres Mannes im Jahre 1945 mit: „Der letzte Schlag kommt aus der Tschechoslowakei!" – in deren Gebiet wurde an einem Prototyp einer Interkontinentalrakete gearbeitet, welche die Amerikaner später auch abtransportierten.

Am 4. Juni 1942 traf sich Albert Speer mit Physikern in der Kaiser-Wilhelm-Gesellschaft in Berlin-Dahlem u.a. mit Generalfeldmarschall Milch, Generaloberst Fromm, Admiral Carl Witzell (Chef Marinewaffenamt) und General Leeb, wobei auch Weizsäcker und Otto Hahn anwesend waren. Es muss also mindestens drei unabhängige Forschungsgruppen gegeben haben, doch wird bis heute nur Haigerloch (Werner Heisenberg) als Atomforschungseinrichtung erwähnt. Hierzu kommt aber eine zweite Gruppe unter Kurt Diebner und eine dritte der SS unter Seuffert in Stadtilm im Objekt BURG im Jonastal. Das spätere Reaktorkonzept der Amerikaner und auch das von Niels Bohr gleichen dem von Heisenberg, was schon daran erkennbar ist, da sie die ähnlichen Fehler/Probleme enthalten.

Bei dem Truppenübungsplatz Ohrdruf-Jonastal (Thüringen), im Raum Arnstadt entstanden mehrere Bauvorhaben und Objekte, vom kompletten Führerhauptquartier mit der modernsten Nachrichtenzentrale (Amt 10, 1938 fertig gestellt), einem unterirdischen Bahnhof mit drei Gleisen, Unterkunfts-, Verteidigungs- und Forschungsbereichen, verteilt auf 31 verschiedene Stollensysteme. Im Keller des Arnstädter Schlosses waren Anfang der 1940er Jahre drei Nachrichtenämter (Amt 8) für das FHQ betriebsbereit (Deckname BERNSTADT). Auch der Rundfunkkommentator Hans Fritzsche hatte in Luisenthal noch Quartier bezogen und im jetzigen Gasthaus "Zur Brauerei" den letzten großdeutschen Sender eingerichtet.

Aus einem Befehl des Chefs der Führungsgruppe im Generalstab des Heeres, General der Infanterie Hans Krebs, vom 29. März 1945 ist ersichtlich, dass das Oberkommando des Heeres in der Gegend um das Jonastal mit Einheiten des Generals der Infanterie, dem Chef des Heeresnachrichtenwesens, dem General der Nachrichtenaufklärung, dem General der Eisenbahntruppen, dem General der Pioniere und des Festungsbaus, dem Kommandeurs des Kartierungs- und Vermessungswesens, dem Nationalsozialistischen Führungsoffiziers beim Generalstab des Heeres, dem Fliegerverbindungsgeschwader 2, dem Festungsnachrichtenregimentes Ls 601, der Organisationsabteilung des OKH, dem Generalquartiermeister, dem Generalinspekteur der Panzertruppen u.v.m. weit gehend Quartier bezogen hatte. Die Konzentration dieser Führungsstäbe oder Teile ihrer Einheiten bedeute einen großen logistischen Aufwand unter Kriegsbedingungen, der nicht ohne die Absicht der tatsächlichen Verlegung des gesamten OKW durchgeführt worden wäre. Warum die Geschichte letztendlich anders verlief lässt sich ohne Auskünfte der nun verstorbenen Entscheidungsträger heute nur vermuten.

Anfang März 1945 bezog auch Generalfeldmarschall Albert Kesselring, nach der Ablösung von Rundstedts der Oberbefehlshaber West, zunächst in Crawinkel und bald darauf im Schloss Reinhardsbrunn Quartier. Sein Stabszug zur Führung, neben dem Bahnhof Crawinkel abgestellt, wurde von amerikanischen Bombern am 6. Februar 1945 angegriffen. Obwohl teilweise fertiggestellter und teilweise im Bau befindlicher Verteidigungsanlagen und der Truppenkonzentrationen wurden die Anlagen trotz Kenntnis der Alliierten nie bombardiert und die Eingänge und Teilbereiche konnten vor Einnahme durch die US-Streitkräfte von der SS gesprengt werden. Dann sprengte die US-Armee nach der Einnahme des Gebietes nochmals verschiedene Anlagen bevor die Sowjetarmee eintraf. Diese begann eigene Nachforschungen und führte weitere Sprengungen durch, was alles einen großen Aufwand für ein nicht fertig gestelltes Hauptquartier darstellt, aber verständlich wäre, wenn hier Anlagen zur Kernforschung gewesen sind.

Im Prinzip könnten die Geschehnisse auf dem Truppenübungsplatz Ohrdruf durchaus als Thüringens "Manhattan-Projekt" bezeichnet werden, allerdings mit dem Unterschied, dass die im amerikanischen Manhattan-Projekt verfolgte Diffusionsmethode die langwierigste und teuerste Methode ist, um eine Atombombe herzustellen, während das wesentlich einfacheren Verfahren nach Fritz G. Houtermans und dem Lachner-Prinzip auch umsetzbar war.

Die Bombe auf Nagasaki war nach einem einfacheren Konzept aufgebaut. Eine Bombe, die es eigentlich nach eigenen US-amerikanischen Informationen von Mitte 1945 aus der Projektgruppe an den Präsidenten der USA zu diesem Zeitpunkt gar nicht geben konnte, da nicht genügend angereichertes Uran in den USA bis Jahresende produziert werden konnte. Nun wurde wenige Monate später, nach der ersten Atombombe am 8. August 1945, genau diese Version einer Atombombe am 9. August 1945 eingesetzt und zusätzlich gab Material für eine dritte Bombe als Reserve.

Eine derartige Waffe muss entsprechend durch Flugzeuge – oder aber Raketen – ins Ziel transportiert werden, wozu die deutschen Forschungen zu einer Interkontinental-Trägerrakete im Gebiet um das Reichenstein-gebirge passen. Die A9 war eine verbesserte A4 (V2) und Bestandteil der "Amerika-Rakete" (A9/A10), deren Grundstufe A10 (neu entwickeltes Triebwerk) nach dem Ausbrennen in 180 km Höhe am Fallschirm zurückgeführt werden sollte, während die 2. Stufe (A9) mit eigenem Antrieb im ballistischen Flug eine Reichweite von 5.000 km hatte. Die geplante A9 sollte mit einer besonderen Funksteuerung dann sogar von U-Booten auf Positionen im Atlantik gelenkt werden. Gleichzeitig wurde auch an Interkontinentalraketen geforscht wurde, die aus den U-Booten selbst gestartet werden konnten, wie es heutiger Standard ist. Hierzu passt auch die Forschung an einem Navigationssystem, das mit Referenzpunkten arbeitete, die Raketen im Radar erfassen und dann ins Ziel lenken sollte.

Diese Technologien erreichten nach Kriegsende bei den Alliierten diese Entwicklungsstufen erst Jahre später, die Grundlagen sind die deutschen Forschungen. Bei Kriegsende waren diese Flugkörper lediglich im Stadium von Prototypen vorhanden und nach dem Krieg wurde die in Deutschland stationierten US-Besatzungsbehörden speziell angewiesen, nach Ersatzteilen für diese Raketen zu suchen. Wozu werden Ersatzteile für ein Gerät benötigt, das nach alliierten Angaben nie existiert hat und das dabei erstaunliche Ähnlichkeit mit amerikanischen Versuchsraketen der Nachkriegszeit hat, die im National Air und Space Museum ausgestellt sind.

Welche psychologische Wirkung eine deutsche Atombombe auf die Bevölkerung der Alliierten ausgelöst hätte, lässt sich kaum vorstellen. Die Antwort seitens der USA hätte aber wohl auch nicht lange auf sich warten lassen. Vielleicht hat Hitler, neben seinen persönlichen Erfahrungen aus dem 1. Weltkrieg, auch deshalb mit dem Einsatz der Giftgase gezögert, welches bislang nur über Artilleriemunition effektiv verwendbar war, nicht aber für den Einsatz einer Rakete mit relativ geringer Nutzlast. Bei einer geringen Nutzlast benötigt eine einzeln einsetzbare Waffe eine sehr große Schlagkraft, um Wirkung zu erzielen. Kaum vorstellbar, dass genau diese eine effiziente Waffe seitens der skrupellosen diktatorischen Führung in Deutschland vernachlässig oder sogar völlig außer Acht gelassen wurde, wenn gleichzeitig die Forschung der Gaskampfstoffe vorangetrieben wurde.

Zum "Sonderbeauftragten für Baufragen der A4-Fertigung" wurde am 1. September 1943 der Chef der für Baufragen zuständigen Amtsgruppe C im Wirtschaftsverwaltungshauptamt der SS (WVHA), SS-Brigadeführer Dr. Ing. Hans Kammler, ernannt. Die Verantwortung für das Gesamtobjekt, das die Bezeichnung "Mittelwerk GmbH" erhielt, oblag Albert Speers Ministerium für Rüstung und Kriegsproduktion. Zusätzlich flossen Finanzmittel des Heereswaffenamtes ein. Der Reichsführer SS übertrug die Durchführung der Baumaßnahmen dem Chef des SS Wirtschaftsverwaltungshauptamtes, SS-Obergruppenführer und General der Waffen-SS Pohl und bestellte als verantwortlichen Leiter wiederum den SS-Gruppenführer und Generalleutnant der Waffen-SS, Dr. Ing. Kammler, der neben der Leitung der Bauarbeiten auch für die Beschaffung von Arbeitskräften, vorwiegend aus Konzentrationslagern, zuständig war ("Baubüro Dr. Ing. Kammler" in Berlin-Grunewald, Taunusstraße 8).

Bei der Leitung dieser und vieler anderer Geheimprojekte schließt sich auch der Kreis mit der Verwendung der geheimen Schlüsselmaschinen SFM-43, gerade wenn man die bekannten Standorte der Schlüsselmaschine mit denen der geheimen Forschungsprojekte vergleicht. Lediglich die geringe Anzahl der verfügbaren Maschinen schloss eine breite Verwendung in der Wehrmacht zu diesem Zeitpunkt aus.

Der Leiter des Manhattan-Projektes, Brigadegeneral Leslie Groves, teilte Robert Oppenheimer im Februar 1945 mit, dass ihm noch sechs Monate zur Produktion des Urans und zur Fertigstellung der A-Bombe blieben. Also plante man einen Einsatz am Ende des Jahres 1945. Am 28. Dezember 1944 gab der Chef-Metallurge E. Jette jedoch an, dass anhand der Auswertung der Produktionszahlen der letzten drei Monate aus der Anreicherung des Urans davon ausgegangen werden musste, dass bis zum 7. Februar etwa 10 kg 1945 und bis zum 1. Mai 1945 lediglich rund 15 kg waffenfähiges Uran (5 kg/Monat) hergestellt werden konnten.

Mitte Mai 1945 errechnete Oppenheimer, dass damit im November 1945 genügend Material für eine einzige Bombe zur Verfügung stehen wurde, doch bereits im August existierten drei amerikanische Atombomben. Die Bombe auf Hiroshima im August 1945 bestand aus 50 kg waffenfähigem Uran-235, also bereits 35 kg mehr als durch Oppenheimer berechnet, und entsprechend einer Produktionsmenge aus sieben Monaten. Selbst wenn der erste Test in den USA mit einer kleineren Menge durchgeführt wurde, die zwei Bomben auf Japan etwa die gleiche Menge an Uran verwendeten, so waren in den USA rechnerisch im August 1945 über 100kg waffenfähiges Uran-235 vorhanden. Nach den Berechnungen Oppenheimers im Mai konnten aber bis zu diesem Zeitpunkt max. 40kg waffenfähiges Uran-235 in amerikanischer Produktion hergestellt werden. Dabei gibt es Hinweise und Dokumente sowie Berichte welche auf mehr als die drei existierenden US-Atombomben im Jahre 1945 schließen lassen.

Als eines der wenigen U-Boote hatte U-234 einen Kurzzeichengeber (KZG) an Bord und neben 250 Tonnen Dokumenten und Kriegsgerät befanden sich auch Pakete mit der Aufschrift U-235 an Bord. Der Rohstoff Uranoxid war in den USA ausreichend vorhanden, konnte zudem aufgrund nur geringer Strahlengefahr auch in normalen Behältern transportiert werden. Die als Uranoxid deklarierte Fracht für Japan (Gewicht 560 kg inklusive der Behälter) hingegen war in sehr teurer Goldfolie verpackt, welches im Vergleich zu Blei eine 600-fach stärkere Abschirmung gegen eine Strahlung bietet, und musste am 24. Juli 1945 von der deutschen Besatzung selbst entladen werden. Eine zusätzliche, sehr schwere und große Verpackung, würde für ein U-Boot absolut keinen Sinn machen, außer es würde waffenfähiges und angereichertes Uran-235 transportiert. Eine derartige Menge könnte ohne größere Forschungs-einrichtungen, Reaktoren und einem Team von Nuklearphysikern in Deutschland jedoch nicht produziert worden sein. In einem militärisch und wirtschaftlich zusammengebrochenen und generell rohstoffarmen Land ist Goldfolie für den Transport von ungefährlichem und anderweitig verfügbarem Uranoxid an Bord eines U-Bootes eine nicht nachzuvollziehende Handlungsweise.

Das deutsche U-Boot U-234 unter Kapitänleutnant Fehler lief am 15. April 1945 in Christiansand in Norwegen mit geheimer Fracht (Kurs Japan) aus. Doch am 13. Mai 1945 nahm der Kommandant Funkkontakt mit Halifax auf, änderte daraufhin befehlsgemäß nach Weisung der US-Behörden seinen Kurs und lief am 19. Mai 1945 in Portsmouth, New Hampshire/USA ein. Aus der Besatzung erhielten Fehler und Niersching später die US-Staatsbürgerschaft, während Gerhard Falk spurlos verschwand. An Bord von U-234 waren Spezialisten der Luftfahrt und Raketenentwicklung, wie beispielsweise:

- General der Flieger Ulrich Kessler (vorgesehen als Luftwaffenattaché in Tokio)
- Oberst der Flakartillerie F. Sandrat (Experte für den Aufbau der japanischen Luftabwehr)
- Oberleutnant Menzel (Experte der Nachrichtentruppe/Radar)
- Fähnrich Kling (Ingenieur der Nachrichtentruppe/Radar)
- Korvettenkapitän Dr. Toni Schlicke (Experte für Radar)
- Oberleutnant zur See Heinrich Hellendorn (Marineflak)
- Fregattenkapitän Gerhard Falk (OKM, Experte im Kriegsschiffbau)
- Geschwader-Richter Niersching
- Oberstleutnant Hideo Tomonaga (japanischer U-Boot-Experte)
- Oberstleutnant Genzo Shoji (japanischer Fachmann für Flugzeugmotoren)
- Flugzeugkonstrukteur Bringewald (Experte der Me-262)
- Ingenieur Ruf (Experte der Me-262)

Die Entladung des anscheinend ungefährlichen Uranoxids von U-234 durch die deutsche Besatzung wurde hingegen von Robert Oppenheimer persönlich überwacht. Die Recherchen der ALSOS- und CIC-Teams in Deutschland zeigten aber bereits am Ende des Jahres 1945, dass im Deutschen Reich in Experimenten rund zwei Tonnen Deuterium (Schweres Wasser) sowie auch angereichertes U-235 produziert worden waren. Am eigentlichen Zielort des U-Boots hatte der japanische Premierminister bereits im Frühjahr 1943 die Weisungen zum Bau einer Atombombe gegeben. Doch auch der deutsche Verbündete scheiterte bis zum Ende des Krieges an der komplizierten Herstellung des waffenfähigen U-235 und wäre auf die Lieferung und Spezialisten durch das deutsche U-Boot U-234 angewiesen gewesen.

Am 10. Januar 1952 sank der Frachter FLYING ENTERPRISE auf dem Weg in die USA mit deutschem Zirkonium an Bord, welches für das erste Atom-U-Boot der Welt, die NAUTILUS bestimmt war. Anscheinend gab es bis zu diesem Zeitpunkt nur in Deutschland eine Produktionsstätte für dieses Element. Doch woher die Erfahrung in der Herstellung des weltweit einzigartigen Materials innerhalb von sieben Jahren nach Kriegsende stammte, wenn doch die deutsche Forschung bereits im Krieg eingestellt worden war, ist auch hier nicht nachvollziehbar.

Nach dem Krieg arbeiteten deutsche und österreichische Physiker an Atomprogrammen in den USA, der Sowjetunion und z.B. Argentinien. Kaum einer von ihnen dürfte Erfahrungen in der Nuklearphysik gehabt haben, wenn nicht durch deutsche Forschungseinrichtungen zwischen 1930-1945. Der SS-General Dr.-Ing. Hans Kammler verschwand spurlos während der Einnahme der Laboreinrichtungen der SS in Pilsen durch die US-Kommandos, bevor das Gebiet den sowjetischen Truppen überlassen werden musste.

Die 30 000 KZ-Häftlinge im Jonastal unterstanden der SS unter Leitung des Obergruppenführers Kammler, der für die Planung und Ausführung der "Sonderwaffen", alle Bauwerke wie Versorgung sowohl der Wissenschaftler unter Dr. Ohnesorge wie der Häftlinge und die absolute Geheimhaltung verantwortlich war, wovon weder Speer, noch Ardenne oder irgendein Minister, General oder Staatsbürger eine Ahnung hatte.

Der SS-Obersturmführer und General der Waffen-SS Hans Kammler war anscheinend am 9. Mai geflüchtet, nachdem er schon an vorherigen Tagen geäußert hatte, „es habe für ihn keinen Zweck mehr", ließ er in einem Waldgebiet südlich von Prag halten. Er forderte seine Begleiter auf, sich nach Deutschland durchzuschlagen, und begab sich in den Wald, wo er kurze Zeit danach von seinem Ordonnanzoffizier, SS-Untersturmführer Zeuner, und seinem Fahrer Preuk tot aufgefunden wurde. Er hatte sich offensichtlich mit Hilfe von Zyankali das Leben genommen. Die Leiche wurde von den Anwesenden notdürftig an Ort und Stelle begraben. Im Buch „Vier Prinzen zu Schaumburg-Lippe, Kammler und von Behr" wird ein Brief der Zeugin Ingeborg Alix Prinzessin zu Schaumburg-Lippe (1901–1996), die damals Führerin der SS-Helferinnen war, an Jutta Kammler erwähnt, in dem die letzten Tage und die Flucht Kammlers aus Prag beschrieben werden, sowie seine Absicht Suizid zu unternehmen, um einer Gefangennahme zu entgehen. Sie bestätigte in dem Brief auch den Suizid. Im Jahre 2014 bezweifelte z.B. der Historiker Rainer Karlsch, dass Kammler 1945 durch Suizid verstorben sei. Er habe sich 1945 vielmehr in den Schutz von US-Geheimdiensten begeben.

Nach der bedingungslosen Kapitulation der Wehrmacht fanden die Amerikaner und Sowjets Unterlagen zu den Verfahren für die einfachere Zündung von Atomwaffen und das Verfahren zur effektiveren, das heißt Zeit sparenden und einfacheren Gewinnung von kernwaffenfähigem Plutonium, welche weder die USA noch die UdSSR Anfang 1945 besaßen. Die US-Wissenschaftler hatten versucht den Zündvorgang dadurch zu erleichtern, dass sie Kernsprengstoff in der Mitte einer Röhre von beiden Enden aus durch Zündung von konventionellem Sprengstoff zur Reaktion zu bringen, was wegen zu geringer Druck- und Hitzeentwicklung jedoch nicht gelang. Die deutschen Wissenschaftler formten hingegen aus dem Kernsprengstoff eine Kugel, die sie mit einer Hülle konventionellen Sprengstoffs umgaben, die gleichzeitig gezündet wurde und die Kettenreaktion auslöste. Wurde im Kern Plutonium, darum Uran und dann konventioneller Sprengstoff geformt und zur Zündung gebracht, vervielfältigte sich die Vernichtungswirkung um ein Vielfaches.

Die alles entscheidende Entdeckung gelang damals aber dem bereits genannten Atomphysiker Fritz G. Houtermans, der anstelle einer Isotopentrennungsapparatur eine Isotopenumwandlungsapparatur vorschlug, die mit gewöhnlichen chemischen Methoden Plutonium produziert. Houtermans schreibt in seiner Arbeit wörtlich:

..."Da nun viel größere Mengen, nämlich das 139-fache an Uran 235, zur Verfügung stehen, so ist die Verwertbarmachung desselben als ‚Brennstoff' für eine Kettenreaktion ein für unsere Themenstellung viel wichtigerer Vorgang, als die Isotopentrennung, die bloß das Uran 235 zu verwerten gestattet. Für die Anregung zu dieser Arbeit und deren Ermöglichung danke ich Baron Manfred von Ardenne. Berlin-Lichterfelde-Ost, August 1941."

Die Verfahren von Houterman für die Produktion von kernwaffenfähigem Uran235 auf chemischem Wege könnten erklären, warum das Manhattan-Projekt nach der Kapitulation der Wehrmacht in den USA relativ kurzfristig und in der UdSSR ein vergleichbares Vorhaben innerhalb weniger Jahre realisiert werden konnte. Das deutsche Verfahren zur Zündung wurde in allen Atomwaffen umgesetzt.

Ende April 1945 war Prag und die Skoda-Werke in Pilsen noch unter Kontrolle der SS-Divisionen unter Generalfeldmarschall Ferdinand Schörner, den sowjetischen Truppen gelang die Besetzung der Stadt erst zwei Tage nach der Kapitulation. Das Hochtechnologie-Forschungszentrum südöstlich Prag wurde zwar von Spitzen der US-Armee im Mai 45 erreicht, doch zogen diese lediglich unter Mitnahme einer neuartigen Boden-Boden-Rakete aufgrund der alliierten Vereinbarung mit den Russen wieder ab. Als Stunden später CIC und wissenschaftlich/technische US-Offiziere davon hörten war es zu spät, um noch weitere Dinge abzutransportieren, denn die Russen waren vorgerückt.

Der zuständige Chef des Sicherheitsdienstes für diese Projekte, Gestapochef Heinrich Müller, verschwand wie Kammler ohne eine Spur zu hinterlassen, allerdings wurde sein Verbleiben in den USA in einer ZDF-Recherche aus Jahr 2001 vermutet. Auf dem Gebiet des Reichsprotektorats Böhmen und Mähren wurde an Flugscheiben bzw. Flugkreiseln gearbeitet. Auch diese Projekte lagen gegen Kriegsende unter der Federführung der SS, namentlich unter dem SS-General Kammler und finden sich in Experimenten nach 1945 der USA wieder.

Die Amerikaner haben die deutschen Forschungen auf diesem Gebiet sicherlich gründlich recherchiert, aber welche Personen mitwirkten bleibt bis heute unklar. Deutsche Techniker arbeiteten an vielen futuristisch anmutenden Flugobjekten weiter und in diesem Zusammenhang ist auch das Lippisch-Projekt DM-1, der Nurflügler Horten Ho-IX (Go-229-V3) oder der Düsengleiter "Natter" zu nennen. Mit der "Natter" wurde am 1. März 1945 auf dem Heuberg/Schwäbische Alb der erste bemannte Raketenflug durchgeführt, der allerdings aufgrund der technischen Probleme für den Piloten tödlich endete. Die amerikanischen Kampfjets und Bomber in Stealth-Technologie haben große Ähnlichkeiten mit den deutschen Plänen, wie z.B. dem Tarnkappenbomber B2 und Horten Ho-IX, bis 1945.

Dass die deutsche Forschung auf dem Gebiet der Flugscheiben bzw. -kreisel weit vorangeschritten sein könnte, unterstreicht ein Interview mit Oberingenieur Georg Klein, dem ehemaligen Sonderberater des Rüstungsministers Albert Speer. In der Welt am Sonntag vom 26. April 1953 antwortete Klein auf die Frage nach dem Phänomen der "fliegenden Untertassen": "Für den Fachmann handelt es sich hier keineswegs um eine ganz neue Entwicklung. Konstruktionen dieser Art wurden während des letzten Krieges zumindest auch in Deutschland bereits als Versuchsmuster entwickelt. Ich selbst war am 14. Februar 1945 in Prag Augenzeuge eines ersten Starts einer bemannten Flugscheibe."

Diese Scheibe erreichte im Steigflug eine Höhe von 12.400 m innerhalb von drei Minuten und entwickelte eine Spitzengeschwindigkeit von 2.200 km/h. Ende 1944 waren drei verschiedene Konstruktionen fertig gestellt, ein Typ (von V-Waffen-Konstrukteur Miehte) bestand aus einer dem Diskus ähnlichen, nicht rotierenden Scheibe von 42 Metern Durchmessern. Im Gegensatz dazu drehte sich bei den Konstruktionen von Habermohl und Schrieber ein breitflächiger Ring um eine feststehende, kugelförmige Pilotenkabine. Dieser Ring war durch verstellbare Flügelblätter mehrfach unterteilt und ermöglichte damit den senkrechten Start und Landung. Miehte selber, der sich mit einer Me-163 aus Breslau flüchten konnte, soll ebenfalls in den USA beschäftigt geworden sein. Von Habermohl und seinen Mitarbeitern fehlte, wie bei Kammler, seit der Besetzung Prags bis heute jede Spur. Die verschwundenen Leiter der Forschungsprojekte konnten in der Nachkriegszeit ohne Hilfe der staatlichen Stellen in den USA, der UdSSR sowie des israelischen Geheimdienstes MOSSAD sicherlich nicht unentdeckt bleiben, da ansonsten nahezu alle als Nazi-Verbrecher gesuchten Personen früher oder später aufgespürt werden konnten.

Nachrichtendienste der Deutschen Demokratischen Republik

Der russische Geheimdienst (GRU, MGB) bildeten Ende 1945 Sonderabteilungen in der sowjetischen Besatzungszone als deutsche Polizeikräfte aus. Die dem Kommissariat 5 (K-5) unterstellten Kräfte hatten jedoch nur geringe Befugnisse und dienten lediglich der Unterstützung der sowjetischen Sicherheitsorgane in der Besatzungszone. Der Hauptsitz des K-5 lag in der Normannenstraße 22 in Berlin-Lichtenberg und wurde zum Sitz des Staatssicherheitsdienstes (SSD bzw. Stasi) und letztendlich des Ministeriums für Staatssicherheit (MfS, 8. Februar 1950) der DDR. Hier fanden die ehemaligen Mitarbeiter der Abwehr und der SS einen neuen Arbeitgeber. Der am 16. August 1951 gegründete Außenpolitische Nachrichtendienst (APN) unter Markus Wolf wurde 1953 ebenfalls in das MfS eingegliedert, dass dadurch zum alleinigen und allumfassenden Kontrollapparat der Partei wurde. Die Auslandsaufklärung war die Hauptverwaltung XV, 1956 in HVA umbenannt.

Das Ministerium für Staatssicherheit baute auf dem Aktenmaterial des NS-Regimes auf und setzte auch dessen totalitäre Art der Überwachung fort. Die Struktur wurde beim Aufbau dem KGB angepasst, der weiterhin eine führende Rolle hatte, denn bis 1952 waren fast ausschließlich sowjetische Generale und Offiziere auf den Schlüsselpositionen eingesetzt. Auch die Agentenschule der DDR befand sich bezeichnender Weise in Belzig, einem ehemaligen Standort der Abwehr. Das MfS besaß ferner eine eigene Hochschule und Zentralen Medizinischen Dienst für die Mitarbeiter, was die Abschottung nach außen gewährleistete.

Die drei Minister des MfS, Wilhelm Zaisser (1950-1953), Ernst Wollweber (1953-1957) und Erich Mielke (1957-1989) hatten alle eine geheimdienstliche Ausbildung. Die ersten zwei fielen schnell in politische Ungnade und wurden aus der Partei bzw. dem Zentralkomitee entlassen. Wollweber operierte in der Gruppe "Ernst Tolsty", von deren Erfolgsmeldungen nach Russland allerdings viele nachträglich vom NKWD als erfunden entlarvt wurden. Wollweber hatte seine in Russland erlernte Spezialität nun bei der Stasi wiedereingesetzt, so versank z.B. die EMPRESS OF CANADA nach einer Explosion 1953 im Hafen.

Erich Mielke integrierte die von 1957-1962 existierende Terrorgruppe der NVA zur besseren Kontrolle in das MfS ein. Hier wurde ein enger Kontakt zu den Mitgliedern der in Westdeutschland operierenden "Roten Armee Fraktion" gehalten und teilweise ihre Ausbildung durchgeführt bzw. den Terroristen auch Unterschlupf gewährt. Mielke wurde einer der dienstältesten Geheimdienstchefs der Welt.

Das MfS war in der Anwendung der Methoden nicht sehr rücksichtsvoll und hatte z.B. von 1979 bis zum 9. November 1989 versteckte Röntgengeräte an den Grenzübergängen im Einsatz, die ohne Rücksicht auf schwangere Frauen oder Kinder die Fahrzeuge nach versteckten Personen durchleuchteten. In der Operation ROMEO wurden durch männliche Agenten in Westdeutschland gezielt Sekretärinnen der Politiker oder in bestimmten Positionen angeworben, wie z.B. Gisela Herzog, Leonore Heinz, Margret Höke, Heidrun Hofer und Elke Falk. Gabrielle Gast war die stellvertretende Leiterin der Ostblockabteilung des BND, damals die an der ranghöchsten Position einer Frau im westdeutschen Nachrichtendienst. Ein weiterer Weg die sexuellen Vorlieben der aufzuklärenden Personen kennen zu lernen, war die Platzierung von Wanzen in den Beichtstühlen der römisch-katholischen Kirchen oder von der Rückseite durchsichtige Spiegel in den Hotels der DDR.

Neben der Gewährleistung der staatlichen Sicherheit durch die In- und Auslandsspionage gehörte die Durchsetzung der Politik der SED in Staat und Gesellschaft zur Aufgabenstellung des MfS. Unter Willy Brandt (Herbert Frahm) bekleidete Günter Guillaume (HANSEN) als SPD-Geschäftsführer und persönlicher Referent und HVA-Offizier ein offizielles Amt in der Bundesrepublik. Auf der Seite der CDU wurde der Abgeordnete Julius Steiner von der HVA angeworben, um die SPD zu stützen und ihren Agenten mit an der Macht zu halten.

Der Misstrauensantrag gegen Willi Brandt scheiterte dann an zwei Abgeordneten der CDU, die gegen die eigene Partei gestimmt hatten. Trotz des in der Presse erschienenen Kontoauszuges über die Bestehungszahlungen, konnte sich Julius mit der Rechtfertigung ein Doppelagent des Bundesamtes für Verfassungsschutz zu sein und diese Zahlung vom SPD-Geschäftsführer (und ebenfalls HVA-Agenten) Karl Wienand erhalten zu haben aus der Affäre ziehen. Erst die Entdeckung und Verhaftung Günter Guillaumes und der darauffolgende politische Skandal führten dann zu Willi Brandts Rücktritt am 6. Mai 1974. Doch erst nach der Vereinigung Deutschlands wurde am 29. September 1990 auch die Regierungsdirektorin Gabriele Gast durch einen ehemaligen Offizier der HVA der DDR als IM des MfS enttarnt.

Die Pläne des Pentagons im Fall einer eventuellen erneuten Blockade Berlins für eine nochmalige Luftbrücke nach Berlin ("Kleines Konzert") fanden sich 1990 ebenfalls in den Stasi-Archiven. Die Erkenntnisse aus der Ost- und West-Aufklärung wurden auch für die Erpressung der eigenen Bürger eingesetzt, um diese gefügig zu machen oder als Informanten zu gewinnen. Hierfür wurden alle personenbezogenen Daten, vom Geburtsdatum, über abgehörte Telefonate, geöffnete Briefe in den

Westen, bis hin zur Gesundheitsdaten, akribisch in Dateien geführt. Der Einfluss ging von der einzelnen Person über die Partei bis hin zur Mobilmachung und Einsatz der Streitkräfte.

Die Hauptabteilung III (HA III) war mit dem operativ-technischen Sektor, der Abteilung Nachrichten, Abteilung XI, Abteilung Bewaffnung/Chemischer Dienst und Abteilung 26 dem Generalleutnant Wolfgang Schwanitz unterstellt und bis zum 31. Juli 1990 aktiv. Von über 91.000 Mitarbeitern der Stasi (1989) waren aus den über 20 Hauptabteilungen allein 2.361 in der HA III zuständig für den funkelektronischen Kampf (FEK, ELOKA), mit den Schwerpunkten Funkaufklärung und Informationsgewinnung, Funkabwehr, wissenschaftlich-technische Entwicklung, materiell-technische Sicherstellung, Service der technischen Anlagen und Geräte sowie rückwärtige Sicherstellung.

Ferner gab es die Abteilungen der Technik/Rückwärtige Dienste mit der materiell-technischen Sicherstellung (Instandsetzung), der Analyse und den wissenschaftlich-technischen Arbeiten, der Entwicklung und Produktion. Dann kam der Operativ-Technische Sektor (OTS) mit auftragsbezogener Forschung und Entwicklung sowie Musterbau und Kleinserienfertigung von Spionagegerät, Entwicklung von Mitteln zur chemischen und fototechnischen Nachrichtenübermittlung, Erstellung von Expertisen, Untersuchung und Analyse gegnerischer Techniken, Beschaffung und Ausstellung "operativer Dokumente". Die Mitarbeiterzahl betrug hier 1.131 Personen. Die Abteilung Nachrichten war mit 1.559 Mitarbeitern für Planung, Organisation und Sicherstellung des Nachrichtenwesens des MfS, der SED und der geheimen Regierungsverbindungen einschließlich des diplomatischen Funkdienstes zuständig.

In der Abteilung XI (Kryptologie) war die Aufgabenstellung für 513 Mitarbeiter die operativ/technische Sicherung des Chiffrierwesens der DDR und der eingesetzten Kader, Entwicklung und Produktion neuer Chiffriertechniken und kryptologischer Verfahren, Enttarnung des Chiffrierverkehrs ausländischer Vertretungen und Einrichtungen sowie die Weiterentwicklung des Auslands-Chiffrierdienstes der DDR. Die Abteilung Bewaffnung/Chemischer Dienst für die Ausrüstung des gesamten MfS hatte 176 Mitarbeiter.

Zentrale Auswertung (Zentralspeicher der HA III, Bereich A)
- Abteilung 1, Auswertung operativer Informationen
- Abteilung 6, Aufklärung gegnerischer Nachrichtenverbindungen, halbstationäre Einsatzkomplexe
- Abteilung 12, Auswertung funktechnischer Informationen
- Abteilung 13, Elektronische Datenverarbeitung
- Abteilung 15, Zusammenarbeit mit anderen Sicherheitsorganen (VO, MfNV, MdI, MPF, KGT, KVM)
- Abteilung T/4, Informations- und Systemanalyse

Bereich Informationsgewinnung
- Abteilung 2, Satellitenfunkaufklärung
- Abteilung 7, Richtfunkaufklärung
- Abteilung 8, Gegnerische Nachrichtenverbindungen (KW-Bereich, Hochfrequenzaufklärer)
- Abteilung 9, Auslandsstützpunkte
- Abteilung 16, Draht- und Kabelaufklärung

Bereich Funkabwehr
- Abteilung F/1, Funkabwehr im VHF/UHF-Bereich
- Abteilung F/2, Hochfrequenzabwehr Gosen (Fernpeilung)
- Abteilung F/3, Hochfrequenzabwehr Hohen-Luckow (KW/UKW, Fernpeilung)
- Abteilung F/4, Objektkommandantur Gosen
- Abteilung 14, Funkfahndung (Funkpeilung und -ortung im mobilen Einsatz)

Bereich Sicherheit

- Abteilung 3, Sicherheit der Objekte und Stützpunkte
- Abteilung 4, Schule der HA III "Bruno Beater"
- Abteilung 5, Wach- und Sicherungseinheit (Bereich Bewaffnung und chemischer Dienst)
- Abteilung 10, Amateurfunk
- Abteilung 11, IM-Arbeit im und nach dem Operationsgebiet

Operativ Technischen Mittel (OT) des Ministeriums für Staatssicherheit

- WELLE 1, verschlüsselter Sprechfunk auf Kurzwelle von der Zentrale zu Agenten
- WELLE 2, verschlüsselter Morsefunk mit Schnellsendetastung von der Zentrale zu Agenten
- HORIZONT, einseitiger, codierter/verschlüsselter Morsefunk mit Schnellsendetastung zwischen der Zentrale und Agenten auf UKW über Relaisstationen an der Staatsgrenze der DDR
- STERN, einseitiger, verschlüsselter Morse- oder Sprechfunk der Agenten zur Zentrale auf UKW über Relaisstationen an der Staatsgrenze der DDR. Bestätigungen der Zentrale liefen dann wieder über WELLE 1 oder 2, welches auch die Verbindungen zu legalen Residenturen waren.
- PANORAMA 1, codierte Nachrichten der Agenten zur Zentrale (12 verschiedene Codes möglich), Europasignalfunkrufdienst, Direktempfang im Funkobjekt der HVA des MfS
- PANORAMA 2, codierte Nachrichten der Agenten zur Zentrale (12 verschiedene Codes möglich), Europasignalfunkrufdienst, Direktempfang im Funkobjekt der HVA des MfS
- ETBK, codierte/verschlüsselt Schnellsendeübermittlung über UKW bis ca. 150m zwischen Agenten und den legalen Residenturen
- PUMA-S, codierte Übermittlung (8 verschiedene Codes möglich) in einem kleinen Netz von max. 5 Sende-/Empfangseinrichtungen auf kurzer Reichweite über UKW (ca. 700m) zwischen Agenten bzw. mit den legalen Residenturen
- KONTAKT, kurze, codierte Ferngespräche von der Zentrale zu den Agenten (Warnsystem)
- HD, verschlüsselte Ferngespräche von öffentlichen Telefonen im Operationsgebiet von den Agenten zur Zentrale
- PALME, Infrarot-Richtübertragung von Ferngesprächen im grenznahen Bereich (Sichtverbindung) mit evtl. weiterer Verbindung zur Zentrale oder zum Telefon eines Agenten im Operationsgebiet

Die von der Sowjetunion gelieferten Agentenfunkgeräte lagen im technischen Stand immer unter dem Weltstandard, weshalb sich die HVA des MfS in den letzten Jahren ihrer Existenz zur Konstruktion und Bau hochmoderner und fast ausschließlich automatisch arbeitender Agentenfunkgeräte entschloss. Dies war aber nur mit Hilfe der Abteilung für Kommerzielle Koordinierung des MfS möglich, welche hierfür die modernen Halbleiterbauteile aus dem Westen beschaffen musste.

Die HVA-Sondertechnik baute den UKW-Agentensender VVS-B-307, der mit einem Notebook oder Kassettenrekorder kombiniert werden konnte (max. 6.000 Zeichen). Mit einer programmierbaren Schaltuhr konnte das Gerät auch selbsttätig senden und die Funksprüche wurden entweder von "Store- and Dump-Relaissatelliten", von Flugzeugen oder auch im direkten Verkehr (z.B. mit Stationen auf dem Brocken/Harz oder im Thüringer Wald) abgesetzt. Mit 3.840 Zeichen pro Sekunde wurde gesendet und dabei innerhalb von ca. 1,5 Sekunden insgesamt 400 Mal ein Frequenzwechsel durchgeführt (Hopping mit 416 bis 486 MHz), was in der Folge auch verändert werden konnte.

Die Abteilung 26 sorgte für die Kontrolle der Bezirksdirektion der Deutschen Post und der ihr unterstellten Fernmeldeämter des Fernmeldewesens in Berlin. Hierdurch war der Zugriff auf die postalischen

Nachrichtenwege der DDR nach Innen und nach Außen durch die MfS gesichert. Mit Stand 1989 zählte diese Abteilung 436 Mitarbeiter, die Gesamtzahl der in der Nachrichtenüberwachung tätigen Personen lag zu diesem Zeitpunkt bei 6.176. Eine absolute Kontrolle der Draht- und Funkverbindungen war auch für den reibungslosen Nachrichtenaustausch mit den Agenten im In- und Ausland notwendig.

Zusätzlich gab es noch einen Militärischen Nachrichtendienst der NVA, der von der Stasi ebenfalls entweder kontrolliert oder infiltriert war, der aber nicht oder nur selten die Frequenzen und Verbindungen der Agenten verwendete.

Interessanter Weise gestand selbst der ehemalige Chef der HVA, Markus Wolf, ein, dass man bei dem VEB Elektrokombinat Robotron derart von der Beschaffung der technischen Informationen von der IBM abhing, dass Robotron quasi ein illegaler Zweigbetrieb dieses westlichen Unternehmens war. Da Robotron die Computer für das "System für operative und institutionelle Daten" (SOUND), dem zentralen Datensystem des KGB lieferte, scheinen die Techniker die Westtechnik allerdings besser kopiert zu haben, als ihre sowjetischen Kollegen. Der KGB hatte für seine Archivierungen auch einen Computer der Firma Siemens durch das Handelsembargo aus Westdeutschland in die UdSSR geschmuggelt, bei dem ein Programmfehler o.ä. vermutete wurde. Das Gerät fünf Jahre unbenutzt in einem Keller stehen und es wurde eine Kopie des Rechners von Robotron wurde verwendet.

Die Überwachung der Personen und die gesammelten Daten wurden innerhalb der Warschauer-Pakt-Staaten ab 1973 systematisch für die EDV vorbereitet. Mit der dem MfS direkt unterstellten Zentralen Auswertungs- und Informationsgruppe (ZAIG) zur Erfassung, Auswertung und Analysierung der zur Verfügung stehenden Informationen, hatte die Stasi und die Führung der DDR Zugriff auf das SOUD (Sistema objedinnjonnogo utschjota dannych o protiwnike), das erste multinationale Informationsnetz der östlichen Nachrichtendienste.

Im SOUD waren für die Sowjetunion die Vertragspartner die Tschechoslowakei, DDR, Ungarn, Polen, Bulgarien, Kuba, die Mongolei und 1984 Vietnam eingebunden. Sie bildeten eine vereinigte Erfassung von Daten über westliche und andere gegnerische Staaten. Im Jahre 1981 wurde der Betrieb aufgenommen, aber nur die PGU des KGB hatte Zugriff auf den kompletten Datenumfang. Anfangs gab es Fernschreibauskunft, dann wurden spezielle Programme auf EDV-Anlagen (EDVA) der 3. Generation geplant und später die Nutzung des Anwenderpaketes AIDOS-WS.

In der ersten Konzeption ging man noch von 300.000 Erfassungen in 10 Kategorien mit jeweils 1.000 Zeichen aus. 1981 ging die zentrale Personendatenbank (ZPDB) der DDR in das SOUD über, wobei die Abteilung XII des MfS bereits 1979 über 5 Millionen Einträge mit den Grunddaten verschiedener Personen hatte und weitere Datenbanken der einzelnen Abteilungen des MfS, der Sicherheitsdienste und sonstigen Organisationen, z.B. mit Speicherungen der Antrags- und Genehmigungsverfahren zur Einreise aus dem westlichen Ausland (AGV), eine Reisedatenbank, eine Datenbank für Informationen über "ungesetzliche Grenzübertritte" (DUG), eine Datenbank des Informationssystems Wissenschaft und Forschung (IWF/D) der Juristischen Hochschule des MfS und ein Datenbankprojekt für den Sektor wissenschaftlich-technische Aufklärung (SWT) in der Hauptverwaltung Aufklärung, bestanden. Ende der 80er Jahre war die ZPDB deshalb mit ca. 20 unabhängigen Datenbanksystemen verbunden. Deshalb wurde SOUD im Jahre 1984 auf 15 Personenkategorien erweitert, in denen von 1979-1989 allein das MfS 74.884 Erfassungen vornehmen ließ.

Der letzte Eintrag in das SOUD erfolgte mit der Nummer 5.361 noch am 21. Dezember 1989, nachdem die Volkskammer der DDR am 18. November 1989 das MfS in ein Amt für Nationale Sicherheit (AfNS) umbenannt hatte. Der General Schwanitz aus der Abteilung Nachrichten übernahm die Leitung des AfNS, welches mit dem 14. Dezember 1989 eigentlich aufgelöst war. Die weitere Umwandlung in ein Amt für Verfassungsschutz, wohl mit dem Hintergrund dies in die Bundesrepublik mit als Institution einzubringen, wurde am 12. Januar 1990 von der Regierung Modrow jedoch nicht mehr umgesetzt. Das MfS existiert nicht mehr, die gesammelten Informationen stehen aber weiter in Moskau zur Verfügung und wurden nie gelöscht. Elf Staaten der GUS beschlossen sich 1995 zu einem gemeinsamen Datenverbund zusammenzuschließen, in neuer Form existiert das SOUD in Russland wohl auch weiterhin.

Datenbestand des SOUD Ende 1987 mit 188.343 Personen

- PK 1   Mitarbeiter und Agenten gegnerischer Nachrichtendienste   102.223
- PK 2   Mitarbeiter von Zentren ideologischer Diversion   12.332
- PK 3   Mitarbeiter von Terrororganisationen o. ä.   13.140
- PK 4   Mitarbeiter subversiver Organisationen   9.337
- PK 5   Beauftragte von Nachrichtendiensten   6.941
- PK 6   "Anschleusungen"   2.082
- PK 7   Falsch-Informanten   134
- PK 8   Provokateure   803
- PK 10 Staatsverbrecher   1.093
- PK 11 Feindliche Diplomaten   ?
- PK 12 Feindliche Korrespondenten   2.471
- PK 13 Mitarbeiter feindlicher Wirtschaftvertretungen/Kulturzentren   153
- PK 14 Schmuggler   334
- PK 15 Wirtschaftschädlinge   196

In der PK 1 befanden sich u.a. 4.441 mutmaßliche bundesdeutsche Mitarbeiter (2.213 BND, 1.507 BfV, 721 MAD), 4.424 amerikanische, 737 britische, 537 französische, 286 niederländische und 24 italienische Angehörige von Nachrichtendiensten. Hinzu kamen 28 von Finnland, 20 aus Iran, 45 aus dem Irak und über 7.000 weitere ohne eine eindeutige staatliche Zuordnung. In der PK 3 fanden sich die rechts- und linksextremistischen Gruppen in der Bundesrepublik, als auch als terroristisch eingestufte internationale Vereinigungen wieder, die mit Waffen und Ausbildung aus der DDR unterstützt wurden.

1989/90 wurden Großteile des Aktenmaterials der MfS vernichtet, der Rest verschwand zunächst spurlos. Unter der Operation Rosewood hatten CIA-Agenten 1990 auch drei Filmrollen über die Informanten der Stasi im Ausland sichergestellt und in die USA geschleust. Die ersten Verhaftungen von Stasi-Agenten in den USA brachte die Information über dieses entwendete Aktenmaterial in die Öffentlichkeit, doch erst 1993 erhielten deutsche Fahnder Akteneinsicht in rund 1.900 Karteikarten, die auch 1.553 Hinweise auf DDR-Spione im Bundesgebiet enthielten. Die im Ausland tätigen HVA-Agenten wurden von der USA allerdings nicht offengelegt und das Material nicht vollständig zurückgegeben, vermutlich weil diese "Arbeitslosen" der ehemaligen Staatssicherheit nun ein hervorragendes Anwerbungsgebiet für die NSA und CIA darstellen. In der DDR selbst gab es pro Kopf der Bevölkerung siebenmal soviel Informanten wie im Dritten Reich und auch im Ausland war das MfS sehr aktiv.

Nachrichtendienste der Bundesrepublik Deutschland

Aufgrund der zentralen Lage in Europa, seiner Wirtschaft und Forschung sowie der infolge der Vereinigung zentralen politischen Position, ist die Bundesrepublik Deutschland ein bevorzugtes Ausspähungsziel der Nachrichtendienste fremder Staaten. Die Spionageaktivitäten von Nachrichtendiensten aus Staaten des Nahen, Mittleren (Iran, Irak, Libyen, Syrien) und Fernen Ostens (Demokratische Volksrepublik China, Volksrepublik Nordkorea) zeigen ebenfalls steigende Tendenzen, die speziell darauf zielen die Exportkontrollen bestimmter Güter und Embargos zu unterlaufen.

Im Gegensatz zu den Organisationen des 3. Reiches haben die drei Nachrichtendienste der Bundesrepublik Deutschland aber eine klare Aufgabentrennung und keinerlei Exekutivgewalt. Eine Kooperation ist durch das föderalistische Prinzip und die Gesetzgebung vorgeschrieben, Interessenkonflikte können durch die Berührungspunkte der Aufgaben jedoch entstehen, weshalb in den 70er Jahren ein gemeinsames Nachrichtendienstliches Informationssystem (NADIS), später dann JASMIN, geschaffen worden. Der im Bundesverfassungsschutzgesetz geregelte Auftrag verpflichtet Bund und Länder zur Zusammenarbeit und zum Austausch ihrer Erkenntnisse und Informationen.

Neben dem Militärischen Abschirmdienst (MAD) des Verteidigungsbereiches sind vor allem die Behörden für Verfassungsschutz gesetzlich beauftragt, nachrichtendienstliche Angriffe gegen die Bundesrepublik Deutschland aufzuklären und abzuwehren. Der Bundesnachrichtendienst (BND) ist zuständig für die Auslandsaufklärung und gleichzeitig für die Abwehr der gegen ihn selbst gerichteten Spionage verantwortlich. Dem Bundesamt für Verfassungsschutz (BfV) in Köln ist die zentrale Auswertung in der Spionageabwehr zugewiesen. Das ehemalige Amt für Fernmelde- und Informationssysteme (AFmISBw) in Rheinbach und die Schule für Nachrichtenwesen (SNBw) in Bad Ems waren für Ausbildung und Organisation verantwortlich. Das Amt für Nachrichtenwesen (ANBw, entstand am 1. Oktober 1979 aus dem Amt für Fernmeldewesen) in Bad Neuenahr der Knotenpunkt der militärischen Abschirmung und Nachrichtengewinnung. Die Aufgaben wurden teilweise vom Bundesamt für Sicherheit in der Informationstechnik (BSI), dem IT-Amt sowie der Streitkräfte Basis (SKB) bzw. dem Zentrum für Nachrichtenwesen der Bundeswehr (ZNBw) übernommen.

Das 1950 entstandene Bundesamt für Verfassungsschutz (BfV) in Köln hat die Aufgabe die freiheitlich demokratische Grundordnung durch Aufklärung und der Verbote von totalitären Ideologien mit extremem Allgemeingültigkeitsanspruch zu schützen. Das BfV untersteht dem Innenministerium und befasst sich mit der Abwehr von Spionage, Sabotage und Zersetzung im zivilen Bereich. Die 350 Mitarbeiter der Jahre 1957/58 stiegen bis in die 90er Jahre auf ca. 2.500 an. Neben der Affäre um den Präsidenten Otto John, der 1955/56 als Mitarbeiter des MfS enttarnt wurde, war mit dem Oberamtsrat Klaus Kuron ein weiterer IM in dieser Behörde eingeschleust.

Der Militärische Abschirmdienst (MAD) entstand aus der Unterabteilung-II (Nachrichtenwesen der Bundeswehr) im BMVg von 1955-1957. Das 1984 hieraus hervorgegangene Amt für Sicherheit der Bundeswehr (ASBw) und MAD in Köln beschäftigen sich mit rein militärischen Belangen der Spionage, Sabotage und Wehrkraftzersetzung in Bezug auf die Streitkräfte und untersteht deshalb direkt dem Bundesministerium der Verteidigung. Die 25 Außenstellen der sieben MAD-Gruppen sind auf 14 geschrumpft und in der MAD-Zentrale in Köln arbeiten ca. 1.300 Mitarbeitern. Nach der Vereinigung 1990 entdeckte man, dass z.B. der 2. Mann im MAD, der Oberst Joachim Krause, seit 1973 für die Stasi gearbeitet hatte. Durch die Reduzierung der Bundeswehr werden auch hier weitere Stellen wegfallen.

Im besetzten Deutschland erfolgten die ersten nachrichtendienstlichen Aktivitäten im Bereich der Auslandsaufklärung 1945/46 durch Betreiben der Amerikaner unter dem Generalmajor a. D. Reinhard Gehlen, dessen Kenntnisse über die Sowjetunion mit dem Beginn der sowjetischen Provokationen und des Kalten Krieges in den USA sehr gefragt waren. Nach dem Einmarsch der Sowjetunion im Nordiran (Februar 1946), erfolgte eine strenggeheime Zusammenarbeit ehemaliger Abwehroffiziere mit dem amerikanischen G-2.

Im August wurden Gehlen, die Majore Albert Schöller und Horst Hiemenz, der Oberst Heinz Herre und Berater Stephans in die USA geflogen und dort interniert. Oberstleutnant Hermann Baun begann Ende März 1946 mit der Funkaufklärung der Sowjetunion unter dem US-General Sibert. Ende 1946 wurde die Auswertung mit früheren Mitarbeitern der Abwehr wie z.B. Reile und Giske unter Führung der USA aufgebaut und in die bereits existierende deutsch-amerikanische Funkaufklärung eingegliedert. Die ersten Mitarbeiter wurden im Jagdhaus von Georg Opel, zwischen Falkenstein und Kronberg, sowie beim Schloss

Krausberg/Taunus untergebracht. Von dem Schloss aus wurden die ersten Funknetze zu Agenten in der Ostzone aufgebaut und auch Hermann Giske konnte seine im Funkdienst bei der Abwehr erworbenen Kenntnisse wieder einbringen. Der U-Boot-Funker Karl-Heinz Schmidt aus Luckenwalde unterhielt ab Mitte 1952 die Funkstation "Sirene" und ihm folgten weitere Funker, die alle mit dem amerikanischen Gerät 12-WG ausgestattet wurden.

Engländer und Franzosen hatten wie die Amerikaner selbst kaum Informationen über die Sowjetunion zur Verfügung und auch sie waren auf die deutschen Spezialisten angewiesen. Bei Ostende/Belgien hatten die Engländer 50 Generalstabsoffiziere, zum Großteil aus der FHO, interniert. Die 3,1 Millionen Kriegsgefangenen bildeten nach ihrer Heimkehr ab 1947 eine reichhaltige Informationsquelle über die Produktionsstätten in der UdSSR in denen sie eingesetzt waren. So wurde Stein für Stein zum Mosaik über die militärisch aufrüstende Sowjetunion zusammengetragen.

Die Erfahrungen der deutschen Abwehr und Marinesoldaten wurden unter britischer/amerikanischer Regie neben dem passiven Funkdienst auch schnell wieder für aktive Operationen verwendet. Die britische Frontier Control unter dem deutschen Korvettenkapitän Hans-Helmut Klose setzte z.B. mit den Schnellbooten S-208 und S-130 zwischen 1949 bis 1955 bei 16 Landungen 52 Agenten im Osten ab und nahm 18 zurückkehrende Informanten wieder auf.

Die Amerikaner benötigten für die von ihnen aufgebaute "Organisation-Gehlen" ("Org") eine größere Dienststelle, die in der Rudolf-Hess-Siedlung in Pullach/München gefunden wurde, indem bis April 1945 das Hauptquartier des Feldmarschall Kesselring lag. Die dortige Postzensur der US-Armee zog aus und die deutschen und amerikanischen Mitarbeiter zogen ein. Anfang 1948 waren hier ca. 200 Mitarbeiter mit 50 US-Verbindungsoffizieren tätig. Nach den schriftlich niedergelegten Verhandlungen (13. Mai und 23. Mai) übernahm die CIA die Betreuung der "Organisation-Gehlen" zum 1. Juli 1949. Ab dieser Zeit residierte Gehlen direkt in der Umgebung des Kanzlers Konrad Adenauer, wobei er im Bundeskanzleramt offiziell als "Dr. Schneider" verkehrte.

Die guten Verbindungen der deutschen Mitarbeiter im neuen Nachrichtendienst zum Vatikan wurden weiterhin gepflegt und Gehlen erhielt sogar Privataudienzen beim Papst in Rom. In den 50er Jahren gab es gute Verbindungen zum israelischen Nachrichtendienst (Oberst Israel Beer, Doppelagent des KGB), während das politische Verhältnis der Regierungen wieder aufgenommen. MOSSAD-Agenten erhielten die Identitäten von deutschen Geschäftsleuten mit Nazi-Vergangenheit die ihre Spionagearbeit in den arabischen Staaten fortsetzen. So entstand auch ein gutes Verhältnis zwischen Ben Gurion sowie Perez zu Franz Josef Strauß. Der internationale Terrorismus vertiefte die Kontakte und die Zusammenarbeit dann auf allen Ebenen.

In der Operation Sunrise wurden 1946 etwa 5.000 Antikommunisten in Osteuropa und Russland in einem Lager in der Nähe von Oberammergau unter dem Kommando des Generals Sikes, dem vormaligen General Burckhardt, ausgebildet. Die Operation Rusty hatte dann das Ziel Informationen über ehemalige NS-Organisationen zu erhalten, welche in den Ostblockstaaten zu Nachfolgeeinrichtungen dieser Länder umgebildet worden waren. Diese Operationen bedingten enge Zusammenarbeit mit anderen westlichen Nachrichtendiensten. In der Aufbauphase der KVP in der DDR informierten die deutschen Verbindungs-personen die Amerikaner über die geplanten schweren Waffen und die geplante Gesamtstärke von 48.750 Mann in 39 Regimentern. Allein 3 Regimenter waren hierbei als Nachrichtentruppe gelistet. Der 1948 aufgebaute Kontakt mit der polnischen Untergrundorganisation WIN führte in den 50er Jahren zur Enttarnung vieler Agenten und lies die westlichen Geldmittel direkt Russland zukommen. Der Doppelagent brachte auch viele Desinformationen in die westlichen Nachrichtendienste.

Die Sowjetunion versuchte im Frühjahr 1953 einen Offizier der Volkspolizei-See in den Seegrenzschutz der Bundesrepublik einzuschleusen, der aber die deutschen Behörden über die Anwerbung informierte. Daraufhin wurde zusammen mit dem Bundesinnenministerium ein Gegenspiel inszeniert, da der

Nachrichtendienst "Org" immer noch den Amerikanern unterstand und damit nicht ohne deren Einwilligung kooperieren konnte. In dieser Zeit konnte das erste Spionagenetz der DDR durch deutsche Behörden aufgedeckt werden. Der infiltrierte Staatsapparat der DDR lieferte mit der Niederschlagung des Volksaufstandes am 17. Juni 1953 die Basis für die Anwerbung vieler weiterer Kontaktpersonen für den westdeutschen Nachrichtendienst. Im Jahre 1955 zählte die "Org" dann 1.245 Beamte, Angestellte und Arbeiter, die in den am 1. April 1956 gegründeten Bundesnachrichtendienst (BND) übernommen wurden. Gegenüber anderen Nachrichtendiensten aus der Zeit des Nationalsozialismus hatte Gehlens Abteilung Fremde Heere Ost (FHO) den Ruf der systematischen und exakt dokumentierenden Detailarbeit und unterschied sich, laut Aussage des Ex-SS-Brigadeführer und Generalmajor der Waffen-SS Walter Schellenberg, von anderen deutschen Nachrichtendiensten.

Der Bundesnachrichtendienst (BND) mit Hauptsitz seit 2018 in Berlin und zuvor Pullach im Isartal ist neben dem Bundesamt für Verfassungsschutz (BfV) und dem Bundesamt für den Militärischen Abschirmdienst (MAD) einer der drei deutschen Nachrichtendienste des Bundes und als einziger deutscher Nachrichtendienst zuständig für die Auslandsaufklärung. Er unterliegt, wie alle deutschen Dienste, der Überprüfung durch das Parlamentarische Kontrollgremium. Seit 1990 ist seine Tätigkeit durch das BND-Gesetz geregelt.

Nachrichtendienste der Bundesrepublik Deutschland

- Bundesnachrichtendienst (BND)
- Bundesamt für Verfassungsschutz (BfV)
- Bundesamt für den Militärischen Abschirmdienst (MAD)

Der BND ist eine dem Bundeskanzleramt unterstellte Dienststelle und beschäftigt derzeit circa 6.500 Mitarbeiter. Die nachrichtendienstlich historische Außenstelle im Stadtbezirk Dahlem (ehemals Abwehr) bildete die erste Verbindungsstelle zur Bundesregierung. Innerhalb des Bundeskanzleramtes ist für den BND (sowie für die Koordinierung aller drei Nachrichtendienste des Bundes) die Abteilung 6 zuständig, dessen Leiter zugleich das Amt des sogenannten Geheimdienstkoordinators bekleidet.

Der BND ist seit 1. April 1956 der Auslandsnachrichtendienst der Bundesrepublik Deutschland und hat den Auftrag der Gewinnung von Erkenntnissen über das Ausland, die von außen- und sicherheitspolitischer Bedeutung für die Bundesrepublik Deutschland sind. Hierzu sammelt er die erforderlichen Informationen und wertet diese aus. Erhebt er hierzu im Geltungsbereich des BND-Gesetzes Informationen einschließlich personenbezogener Daten, so richtet sich deren Erhebung, Verarbeitung und Nutzung nach den datenschutzrechtlichen Vorgaben des BND-Gesetz (§ 1 Abs. 2 BND-Gesetz). Zur Erfüllung seiner Aufgaben darf er sich auch der Befugnisse nach § 8 Abs. 2 und § 9 des Bundesverfassungsschutzgesetzes bedienen. Dazu gehören nachrichtendienstliche Mittel, wie zum Beispiel V-Personen, Observationen, Legendenerstellung und Tarnkennzeichen. Im Unterschied zu den Auslandsgeheimdiensten einiger anderer Staaten hat der BND nach § 2 des BND-Gesetzes grundsätzlich keine polizeilichen Exekutivbefugnisse, ist also z. B. nicht zur Durchführung von Festnahmen berechtigt, und, im Gegensatz zu vielen anderen ausländischen Nachrichtendiensten, ist dem BND die Wirtschafts- und Industriespionage im Ausland gesetzlich untersagt.

Sitz des BND war seit dem 6. Dezember (Nikolaustag) 1947 die ehemalige „Rudolf-Heß-Siedlung" in Pullach bei München. Dieses Datum verschaffte dem BND-Hauptquartier den Spitznamen „Camp Nikolaus". Laut einem Bericht der CIA wurde der Name Bundesnachrichtendienst erstmals im August und September 1952 bei Gesprächen im Kanzleramt verwendet. An den geheimen Gründungsgesprächen, die im Büro des damaligen Ministerialrates Karl Gumbel stattfanden, nahmen neben Hans Globke und Reinhard Gehlen auch die ehemaligen Mitarbeiter Gehlens, Hans von Lossow, Horst Wendland und Werner Repenning, teil.

In vielen Städten wurden Außenstellen des BND aufgebaut, so lieferte die Tarnfirma "Schwäbische Industrie" in der Werastrasse 68 in Stuttgart z.B. die benötigten Funkgeräte, Geheimtinte, Container für Filme und anderes Handwerkszeug für den Nachrichtendienst, während andere Tarnfirmen als Verbindungsstationen dienen. Der Kalte Krieg und die weitere politische Entwicklung förderten bis heute die Miniaturisierung der Funkgeräte, die bei den Nachrichtendiensten von größter Wichtigkeit ist. In der Funkaufklärung wurde in den 50er und 60er Jahren z.B. zum Sendebetrieb mittels Schnelltelegrafie ("Telepfiff"-Verfahren) übergegangen. Heute bieten die Handyhersteller und Ausstellungen wie die CeBIT ein derart reichhaltiges Angebot von Innovationen, die keine eigene Forschungsabteilung mehr liefern könnte.

Der BND wandelte sich vom ehemals antisowjetisch orientierten deutsch-amerikanischen Aufklärungsdienst zum zentralen Nachrichtendienst der Bundesrepublik Deutschland und arbeitet heute mit über 450 Nachrichtendiensten anderer Nationen zusammen. Die Nachrichtendienste, militärische Aufklärung, aber auch organisierte Verbrecherbanden profitieren ebenfalls von der Miniaturisierung und Leistungssteigerung der Nachrichtenmittel. Mit der "Revolution" in der Elektronik und Datenverarbeitung wandelte sich auch der BND Ende der 50er Jahre und in Pullach wurde der erste behördliche Computer als Datenbank aufgestellt und oftmals traten an die Stelle der V-Männer die Wissenschaftler und Techniker eines Spezialgebietes. Zur Aufklärung des Potenzials und seiner Bewegungen wurden nun immer mehr die technischen Nachrichtenmittel eingesetzt. Die Fernmelde- und elektronische Aufklärung verdrängte die V-Männer in den Bereich der Erkundung von Willensakten, Plänen und Meinungsbildern der gegnerischen Führung. Mit den Attentaten in den USA und Europa trat das Gebiet HUMINT wieder in das Rampenlicht der Nachrichtendienste, weil die wichtigsten Informationen zu den terroristischen Netzwerken nur bedingt durch technische Mittel gewonnen werden können.

Das neue Lage- und Informationszentrum (LIZ) des BND hat seinen Sitz in Berlin für die direkte Verbindung zur Regierung. Es bestehen jedoch abgesetzte Abhör- und Kontrollstationen wie z.B. in Höfen an der Grenze zu Belgien oder kombiniert genutzte Einrichtungen wie die Anlage "Kastagnette" in Husum/Schleswig-Holstein, welche zwischen 1988 und 1993 ausgebaut wurde. Der BND hat nach 1990 auch Vereinbarungen mit der russischen FSK bezüglich der Kooperation zur Bekämpfung des Atomschmuggels und anderer Interessengebiete getroffen. Die Sowjetunion bevorzugte viele Satelliten auf niederen Erdumlaufbahnen, welche die übermittelten Informationen sammeln und auf Abruf wieder aussenden konnten, während die USA Satelliten in hohen Umlaufbahnen bevorzugt, die auch Geräte mit geringerer Leistung erfassen und Online vermitteln konnten. Ein Beispiel aus diesem Bereich ist das LST-5 der Special Forces. Es besitzt hierfür eine faltbare Richtantenne und arbeitet zwischen 225-400 MHz bei einem Gewicht von 3,4 kg. Die unterschiedlichen Methoden werden wohl erst durch die Terrorbekämpfung verbunden, wobei ihre Effektivität jedoch begrenzt ist.

Die Sprach- und Texterkennung der auf dem kommerziellen Markt verfügbaren Software ist bereits sehr Leistungsfähig und ermöglichen die rechnergestützte Überwachung des Telefon-, Fax-, Telex- oder E-Mail-Verkehrs. Bei Stichworten kann automatisch die Aufzeichnung aktiviert werden, die Auswertung des Materials ist dann aber letztendlich durch den benötigten Personalumfang beschränkt. ISDN und DSL bieten mit Konferenz-, Freisprech- und Fernaktivierungsmöglichkeiten hervorragenden Zugang für ungebetene Mithörer in diesen Diensten. Auch jeder Anrufbeantworter hat heute eine Fernabfrage die mit zwei bis drei Zahlen aktiviert werden kann. Die meisten Nutzer ändern nicht die Grundeinstellungen, bei Anrufbeantworter z.B. oftmals die „15" bzw. der Zugangscode bei Handys meist „0000" ist). Die einzig abhörsichere Telefonanlage ist also die mit gezogenem Stecker. Doch selbst ein ausgeschaltetes Handy ist nicht vor Abhörangriffen sicher.

Beim Surfen im Internet begleiten uns persönliche Daten wie die E-Mail-Adresse, Telefonnummer, unsere Systemdaten und aus den angewählten Adressaten und den besuchten Internetseiten lassen sich

Nutzerprofile erstellen. Die als Kommunikationsmittel eingebundenen Computer können sich für den Empfang von Nachrichten automatisch aktivieren. Jeder Online-Betrieb ermöglicht also die Abfrage von Informationen aus dem Computer. Die Cookies, Applets, Active-X, Plug-in u.a. kopieren automatisch die Daten zu den vorprogrammierten Empfängern. Die Firma Microsoft hat in den 90er Jahren eine dem Marconi-Monopol von 1900 zu vergleichende Marktstellung aufgebaut. Es ist für sie von größtem Interesse die Lizenznummer der Software eines Internet-Teilnehmers übermittelt zu bekommen, um Raubkopien strafrechtlich verfolgen zu können. Im Internet werden das Öffnen und Entschlüsseln der privaten Korrespondenz der mittelalterlichen "Schwarzen Kabinette" also elektronisch durch die Konzerne und Nachrichtendienste in gleicher Weise fortgesetzt.

Der Chef Gehlens, Adolf Heusinger, stieg aus dem Dienst bei dem BND heraus zum Generalinspekteur der Bundeswehr auf, Josef Moll wurde Heeres-Inspekteur, Ex-BND-Chef Gerhard Wessel zum Brigadegeneral im Militärausschuss der NATO, FDP-Chef Kinkel zum Außenminister. Der BND lieferte nun auch internationale Erfolge, wie z.B. die korrekte Voraussage des Angriffes zum Sechstagekrieg oder der Krise in der CSSR 1968. Die aufgenommenen Verbindungen lieferten also die benötigten Informationen. Bekannter werden in diesem Arbeitsfeld jedoch immer die Negativschlagzeilen. Der Stasi-Agent Hans Joachim Geyer hatte durch die Enttarnung von fast 60 Agenten durch Akteneinsicht in der "Org" das westdeutsche Aufklärungssystem zu dieser Zeit fast zum Erliegen gebracht. Viele Agenten in der DDR wurden zu lebenslanger Haft oder zum Tode verurteilt, das west-deutsche Nachrichtennetz wurde enttarnt und unbrauchbar.

Eine große Negativschlagzeile kam bereits am 6. November 1961 mit der Entlarvung des SS-Obersturmführers Heinz Felfe als russischer Spion im Dienst der westlichen Geheimdienste. Zusammen mit George Blake aus dem SIS wurde Heinz Felfe der Verdienst an zwei großen Erfolgen des KGB der fünfziger Jahre angerechnet; die Ausschaltung des westlichen Agentennetzes in der DDR 1953 bis 1955, (wobei Blake in seinen Memoiren von fast 400 westlichen Agenten im Ostblock insgesamt spricht) und der Bau des Tunnels von West- nach Ostberlin unter die Telefonzentrale des Hauptquartiers der sowjetischen Streitkräfte in Berlin-Karlshorst und hier lag auch die Außenstelle des KGB in Ostdeutschland. Insgesamt wurden allein 94 Agenten des BND enttarnt sowie Codes und Schlüssel, Verbindungen, Tote Briefkästen und Kurierwege auf etwa 300 Mikrofilmen festgehalten. Inspiration gab es durch einen ähnlichen Tunnel in Wien während der Besatzungszeit nach 1945.

Im Vergleich zu den Machtbefugnissen der NSA oder anderer Nachrichtendienste ist der BND durch den Datenschutz in seinen Überwachungsmöglichkeiten eng eingebunden. Außerdem gilt der Quellenschutz in Deutschland nicht, wodurch jede V-Person nach einer Gerichtsverhandlung als Beweisbringer für die verdeckten Ermittlungen "verbrannt", also nicht mehr einsetzbar ist. Erhält ein deutscher Staatsbürger als Informant Zahlungen vom BND, so muss er diese versteuern. Als ein deutscher Ingenieur die Zahlung nicht als Sonderzuwendung verbucht hatte, erhielt er einen Bußgeldbescheid. Diese Informationsquelle über die irakischen Giftgasproduktionsstätten versiegte daraufhin natürlich.

Erste maritime Aktivitäten gab es unter britischer Leitung mit der bereits erwähnten Frontier Control, die nach Peilung ihres Standortes die eigenen Agenten aus dem Osten wieder zurückbrachte. Aus dänischen Kriegsbeständen wurde von der "Organisation-Gehlen" 1955 das Schnellboot S-116 zurückgekauft, aber letztendlich nicht eingesetzt. Nach Übergabe an den Seegrenzschutz wurde es an das Deutsche Museum in München weitergegeben, bei dem es in der Länge durchgeschnitten und als Anschauungsmodell in der Schiffsbauabteilung aufgestellt wurde.

Eine eigene Nachrichtenorganisation der Marine, wie z.B. in den USA, gibt es in Deutschland in dieser Form nicht. Die Berührungspunkte zwischen Marineaufklärung, Seestreitkräften und Nachrichtendienst bestehen wie die Geschichte lehrt und sie müssen heute durch den Nachfolger des AFmISBw in der SKB abgedeckt werden. Der MFmStab 70 betrieb die rein operative Aufklärung für die Flotte und übermittelte ihre Ergebnisse zur Entzifferung an die zuständigen Ämter. Nur im seltenen Falle eines rein marinespezifischen Verfahrens wurde eigenes Personal für eine kryptologische Arbeit eingesetzt. Heute nimmt der Fernmeldebereich 91 diese Aufgaben wahr.

In der Geschichte der BRD fand eine Zusammenarbeit des BND mit der Marine z.B. bei der Flucht des DDR-Kraftfahrers Manfred Semmich am 14. April 1968 im Fehmarnbelt statt. Vermutlich übergab die CIA dem Mann in Cuba Bilder der deutschen Torpedofangboote NAJADE und TRITON mit Seekarten und Flaggenzeichen, damit er den Ort und die für seine Flucht bereitgestellten Schiffe erkennen konnte. Bei der Annäherung der deutschen Schiffe sprang Semmich über Bord und konnte von der NAJADE aufgenommen werden, wobei es zu einer Kollision mit der VÖLKERFREUNDSCHAFT kam. Die wahre Identität von Semmich war lange unbekannt, erst nach dem Fall der Mauer konnte der Vorfall offiziell bekannt gemacht werden (z.B. im Flensburger Tageblatt, 4. Februar 1998).

Das Zusammenspiel der Nachrichtendienste und des Militärs war im Kalten Krieg nicht ungewöhnliches. Auch das Überfliegen der Grenzen zwischen der BRD und der DDR war ein bewusstes Provozieren und Ausspionieren der Fähigkeiten der anderen Seite, die dadurch zum Aktivieren ihrer Feuerleitradaranlagen gezwungen wurde, deren Frequenzen und Standorte durch Peilungen genau analysiert und aufgezeichnet wurden. Die Landung des deutschen Matthias Rust auf dem Roten Platz in Moskau gehörte zwar nicht zu einer geplanten Aktion, lieferte allerdings für die Militärs den Beweis, wie die russische Flugabwehr umgangen werden konnte.

Nach dem Kalten Krieg scheint in der schwierigen finanziellen Lage vieler Staaten durch die Wirtschafts- und Industriespionage in gewissem Sinne einen "Wirtschaftskrieg" initiiert zu haben. Die ausländischen Nachrichtendienste unterhalten trotz der angespannten Finanzlage ihren Personalbestand oder erhöhen ihn teilweise sogar, während in Deutschland weiter reduziert wurde. Vernachlässigte Wachsamkeit aufgrund finanzieller Engpässe kann jedoch noch größeren wirtschaftlichen Schaden als Folge haben.

Südkoreas Entscheidung zum Kauf des französischen TGV anstelle des deutschen ICE geht auf die Einflussnahme des französischen Nachrichtendienstes DGSE zurück. Dieser hatte das französische Konsortium genau über das deutsche Preisangebot unterrichtet, wodurch die Franzosen in jeder Verhandlungsrunde ein knappes Unterbieten ermöglicht wurde. Auch bei Verhandlungen für die Strecken in den USA konnte sich die auch qualitativ bessere deutsche Technik merkwürdigerweise nicht gegen den TGV durchsetzen. Per Gerichtsurteil wurde z.B. der Export der Windenergieanlagen (geschätzter Umsatz ca. 100 Mill. Mark) der deutschen Firma Enercon in den USA verboten, da dort eine amerikanische Firma die Patentrechte beanspruchte. Das ARD-Magazin Plus-Minus konnte in ihren Recherchen später nachweisen, dass die NSA die Fernsprech- und Datenleitungen von Enercon angezapft hatte und dann die Informationen für die deutschen Anlagen kopierte und der amerikanischen Firma zukommen ließ.

Nach dem Zusammenbruch des Warschauer Paktes wurde durch die organisierte Kriminalität und der von ihr betriebene Nuklearschmuggel und Drogenhandel der Aufklärungsbereich vieler Nachrichtendienste entsprechend ausgeweitet. Für die Verbindungsleute sind besonders die veröffentlichten Dossiers aus ihrer Ermittlungsarbeit im Bereich des Drogen-, Waffen- und Nuklearschmuggels der organisierten Kriminalität persönlich sehr gefährlich. Nachrichtenorganisationen unterstehen in einigen Ländern keiner oder nur beschränkter staatlicher Kontrolle, ausländische Nachrichtendienste erfordern für ihre Operationen oftmals einen großen Handlungsspielraum. Ferner gibt kaum politische Vereinbarungen zwischen den Regierungen für einen Agentenaustausch. Enttarnte Informanten der Nachrichtendienste werden von den organisierten Kriminellen oder auch Terrorgruppen meist beseitigt, d.h. ermordet. In diesen Bereichen arbeitet auch der Bundesnachrichtendienst oftmals auf dünnem Eis.

Der BND wurde auf die neuen Gefahren und Anforderungen angepasst. Seit Anfang 2009 wurden die vormals acht auf zwölf Abteilungen erweitert und auch um eine neue Abteilung mit 130 Mitarbeitern zur Abwehr von Cyberspionage ergänzt.

Abteilungen des Bundesnachrichtendienstes (BND)

1. Abteilung Gesamtlage mit dem Führungs- und Informationszentrum (FIZ) und Unterstützende Fachdienste (GU)
2. Abbildende Aufklärung (AbbAufkl), Satellitenbildbeschaffung und Auswertung
3. Operative Unterstützung und Liaison (OL), Residenturen im Ausland
4. Technische Aufklärung (TA), Strategische Signalerfassung (SIGINT) mit der Bundesstelle für Fernmeldestatistik und Cyberabteilung
5. Regionale Auswertung und Beschaffung (LA und LB), (vormals GUS-Staaten und Westen)
6. Internationaler Terrorismus und Organisierte Kriminalität (TE), überregionale Bedrohungen
7. Proliferation mit Waffenhandel, ABC-Waffen, Wehrtechnik (TW)
8. Eigensicherung (SI) für die Sicherheit und Spionageabwehr des BND
9. Informationstechnik (IT), Technik und Services
10. Operative Technik (OT), Bereitstellung von technischen Mitteln in den operativen Aufgaben
11. Zentralabteilung (ZY), Personal- und Verwaltungsaufgaben
12. Innerer Dienst (ID), Ausbildung, BND-Schulung Personal
13. Verlegung und Neubau Berlin (entfiel nach 2011)

Durch die Abteilung Gesamtlage/FIZ und Unterstützende Fachdienste (GU) fließen alle Informationen des Dienstes. Sie ist für die Koordinierung und Steuerung der Produktionsprozesse des BND zuständig und stellt auch eine Schnittstelle zum Nachrichtenwesen der Bundeswehr dar. Der BND hat zum 31. Dezember 2007 einen Teil der Aufgaben des aufgelösten Zentrums für Nachrichtenwesen der Bundeswehr übernommen.

Zur Abteilung gehört das Führungs- und Informationszentrum (FIZ). Hier wird rund um die Uhr, in drei Schichten „24/7", die weltweite Lage beobachtet, in verschiedenen Berichtsformen redaktionell zusammengestellt und Bundesregierung sowie den obersten Bundesbehörden zur Verfügung gestellt. Die Abteilung GU liefert ferner den produzierenden Abteilungen LA, LB, TE und TW vor allem Grundlageninformationen, wie die folgenden Dienstleistungen:

- weltweite topografische und geografische Daten
- Auswertung von Satelliten- und Luftaufnahmen
- offene Informationsgewinnung (OSINT) aus Internet, Print sowie sonstigen Datenquellen und -banken.

Operative Unterstützung und Liaison (OL) steuert und koordiniert die Außenbeziehungen des BND, wobei den sogenannten Residenturen, den Auslandsdienststellen des BND, eine Schlüsselstellung zukommt. Ferner kooperiert sie mit inländischen Bundes- und Landesbehörden und hält zum Schutz der Bundeswehr im Ausland engen Kontakt mit selbiger.

Die Abteilung Technische Aufklärung (TA) gewinnt Informationen mit technischen Mitteln. Sie ist für die Fernmeldeaufklärung (SIGINT) zuständig. Dabei werden Erkenntnisse über das Ausland durch Filterung der internationalen Kommunikationsströme gewonnen. Die Aufklärung wird juristisch durch die G-10-Kommission kontrolliert.

Der BND befürchtet hinter andere Nachrichtendienste zurückzufallen und möchte in Zukunft soziale Netzwerke und Glasfaserkabel im Ausland in Echtzeit aus vielseitigen Gründen ausforschen und Datenströme mutmaßlich nach „Schadsoftware" durchsuchen. Doch Berichte wie über die Operation Eikonal, die Zusammenarbeit von BND und NSA zur Erfassung von Telefon- und Internetdaten in Frankfurt am Main in einem Netzknoten der Deutschen Telekom und der Weiterleitung der Daten nach Bad Aibling in die Mangfall-Kaserne zur sogenannten Fernmeldeverkehrsstelle des Bundesnachrichtendiensts, in der

NSA und BND zusammenarbeiten (Special US Liaison Activity Germany), trugen nicht zum positiven Bild des BND in der Bevölkerung bei.

Die Abteilungen Regionale Auswertung und Beschaffung (LA und LB) werten gewonnene Informationen aus allen Regionen der Erde aus und bereiten diese für die Bundesregierung und weitere Adressaten in Form von Berichten und Analysen auf. Der Interessenfokus liegt dabei auf Konflikten in Krisenregionen und der Beobachtung noch stabiler Regionen, um sich abzeichnende Krisen möglichst früh erkennen zu können. Ferner setzen LA und LB die Aufklärungsaufträge der Bundesregierung in sogenannte Beschaffungsaufträge an ihr weltweit eingesetztes, operatives Personal um HUMINT. Die Regionale Auswertung erstellt dazu Lagebilder aus Einzelinformationen und berichtet mündlich oder schriftlich der Bundesregierung bzw. Entscheidungsträgern verschiedener Behörden.

Abteilung Internationaler Terrorismus und Organisierte Kriminalität (TE) ist zuständig für die Aufklärung grenzüberschreitender Gefahren des internationalen Terrorismus und der international organisierten Kriminalität. Sie beschafft Informationen über sogenannte asymmetrische Bedrohungen, wertet diese aus und stellt sie der Bundesregierung zur Verfügung. Die Abteilung kooperiert international mit vielen Partnerdiensten, Sicherheitsbehörden und wissenschaftlichen Einrichtungen.

Die Abteilung Proliferation, Waffelhandel, ABC-Waffen, Wehrtechnik (TW) ist für die Beschaffung und Auswertung von allen Informationen zum Thema Proliferation, also der Weitergabe atomarer, biologischer, chemischer Waffen und entsprechender Trägertechnologie, sowie für die Beobachtung rüstungstechnischer Entwicklungen zuständig.

Die Zentralabteilung (ZY) nimmt alle Personal- und Verwaltungsaufgaben wahr, die Abteilung Innerer Dienst (ID) versteht sich als moderner Dienstleister für verwaltungsnahe Serviceaufgaben im Bundesnachrichtendienst. Außerdem sind in der Abteilung ID die für den Bundesnachrichtendienst gesetzlich geforderten Bereiche Arbeitsmedizin und Arbeitssicherheit beheimatet. Daneben erfolgt in der Abteilung ID die Unterstützung von Mitarbeiterinnen und Mitarbeitern, die für den Bundesnachrichtendienst ihren Dienst in Ländern mit krisenhaften Entwicklungen verrichten, z. B. durch psychologische Beratung. Der Bundesnachrichtendienst vermittelt in einer eigenen Schule nachrichtendienstliches Wissen und spezielle Fertigkeiten. In einer eigenen Fachhochschulausbildung werden im Rahmen von Laufbahnlehrgängen neben wissenschaftlichen Inhalten auch nachrichtendienstliche Fähigkeiten vermittelt.

An den Standorten Pullach und der ehemaligen Kaserne des Garde-Schützen-Bataillons in Berlin-Lichterfelde, unweit des Botanischen Gartens, bzw. heute in der Zentrale des BND in Berlin Mitte, Chausseestraße, an anderen (geheimen) Dienststellen in Deutschland sowie in Auslandsdienststellen, den Residenturen, arbeiten ca. 6500 Mitarbeiter des BND. Im Ausland arbeiten ca. 1550 Mitarbeiter, 750 Beschäftigte des BND sind Bundeswehrsoldaten (Feldwebel und Offiziere), die vorübergehend oder dauerhaft im BND eingesetzt werden. Zur Tarnung werden sie offiziell zum sogenannten Amt für Militärkunde (AMK) versetzt.

Von der Hauptstelle für Befragungswesen (HBW)/Zentralstelle für Befragungswesen wurden in circa 13 der zentralen Aufnahmelager der Bundesrepublik Flüchtlinge und Asylbewerber über Gegebenheiten in ihren Heimatländern befragt, gelegentlich auch als Quellen angeworben.

Digitaler Konflikt, Cyber Warfare, der Wandel zum IT-Experten

Die in „BLITZ & ANKER" aufgezeigte Entwicklung führte vom „Funkenpuster" zum heutigen „Cyber Warrior", einem im täglichen Dienst und im Einsatz maßgeblich durch die Nachrichtentechnik bestimmten IT-Experten. Privates Leben, die zivilen Berufe, unser gesamtes soziales Umfeld haben sich schnell und radikal verändert; das Militär musste den Veränderungen mit "IT-Soldaten" folgen. Die technischen Entwicklungen erfordern stetige Anpassungen und Veränderungen in der Führungskultur, der Ausbildung des Personals, der Logistik bis hin zur Beschaffung, was mit der Transformation verfolgt wird.

Admiral Horatio Nelson konnte 1805 vor der Schlacht von Trafalgar noch einen schnellen Segler für eine Anfrage zur Entscheidung der britischen Krone im Rahmen seiner Operationsführung entsenden und eine mehrwöchige Wartezeit für die Antwort in Kauf nehmen. Heute kann innerhalb dieser Zeitspanne mit Hilfe technologischer Überlegenheit, der Information Superiority, ein Land militärisch besiegt werden.

Grundlage der heutigen und zukünftigen militärischen Einsätze ist die Doktrin der VERNETZTEN OPERATIONSFÜHRUNG (NETOPFÜ), die aus dem amerikanischen NETWORK CENTRIC WARFARE abgeleitet wurde. Die elektronische Vernetzung des einzelnen Soldaten, über Befehlshaber vor Ort bis in die politische Führung ist technisch möglich, erfordert zugleich eine adaptierte Führungsstruktur und Disziplin. Die aktive Einflussnahme von einzelnen Führungskomponenten, über die Hauptquartiere bis hin zum Bundestag auf die Entscheidungen des einzelnen Befehlshabers vor Ort bis zum „Infanteristen der Zukunft", dem einzelnen Soldaten, haben sich in der Geschichte meist bewährt. In dieser Form umgesetzt wäre die Vernetzte Operationsführung auch nicht im Sinne der deutschen Auftragstaktik.

Im klassischen militärischen Kommunikationskonzept waren Aufklärungs-, Führungs- und Wirksysteme nur partiell untereinander verbunden. Jede Entität war mit nur einigen wenigen Entitäten verbunden. Daten wurden in inkompatiblen Systemen (sogenannten „Insellösungen") verwaltet, die nur von einem kleinen Teil der relevanten Entitäten eingesehen werden konnten. NCW möchte diese Grenzen überwinden und eine Komplettvernetzung realisieren. In der freien Wirtschaft sind ähnliche Konzepte im Business zu finden. Unter dem Begriff Collaborative Business werden Abteilungs- und Unternehmensgrenzen mit Hilfe offener Systeme überwunden und ein ungehinderter Informationsaustausch ermöglicht. Hier zeigt sich, dass sich das Militär bei der Idee des Network Centric Warfare ganz direkt an den Erfahrungen der Wirtschaft orientiert.

Network-Centric Warfare (NCW) ist das entsprechende militärische Konzept, welches durch die Vernetzung von Aufklärungs-, Führungs- und Wirksystemen Informationsüberlegenheit herstellen und somit dem Militär eine teilstreitkräfteübergreifende Überlegenheit in der gesamten Reichweite militärischer Operationen garantieren soll (full spectrum dominance).

Das Rückgrat für diese US-amerikanische Doktrin des Verteidigungsministeriums der Vereinigten Staaten bildet das Global Information Grid, in ähnlicher Weise werden heute einzelne Fähigkeiten in dezentralisierten Netzwerken zu einem Federated Mission Network (FMN) verbunden. Die Bundeswehr verfolgt das Konzept Vernetzte Operationsführung (NetOpFü) durch den Aufbau des German Mission Network (GMN), Schweden verfolgt dies unter der Network Based Defense (NBD), während Großbritannien den Begriff Network Enabled Capabilities (NEC) verwendet.

Rudimentäre Ansätze für eine vollständig vernetzte Kriegführung lieferten die Ideen des sowjetischen Generals Nikolai Ogarkow zu Beginn der 1980er Jahre. Als erste Armee nach dem Kalten Krieg griffen die Streitkräfte der Vereinigten Staaten diese Entwicklung auf. Ein vollwertiges Konzept entstand durch die Veröffentlichung der US-Strategiedokumente Joint Vision 2010 und Joint Vision 2020. Im Militärwesen hat NCW inzwischen einen ähnlichen Stellenwert erlangt wie das E-Business in der Wirtschaft, aus der die Grundsätze z.B. von Admiral a. D. Cebrowski abgeleitet wurden. Informationen als Schlüssel für die Gewinnung von Wettbewerbsvorteilen dienen strategischen Vorteilen im Militär. Ziel ist die höhere

Effektivität beim Einsatz von Informationstechnologie und einer gleichzeitigen „kundenorientierten" Fortentwicklung von Organisationen und Prozessen zur größeren Wirkung auf Kundschaft oder Kontrahenten.

Network Centric Warfare soll durch eine Vernetzung aller relevanten Bestandteile („Entitäten") wie der Aufklärungs-, Führungs- und Wirksysteme (auch Effektoren genannt) eine Steigerung der militärischen Kampfstärke bewirken. Durch Vernetzung sollen zusätzlich einzelne Reichweitenbegrenzungen überwunden sowie Reaktionsgeschwindigkeit und Genauigkeit erhöht werden, was z.B. bei der Balistic Missile Defence (BMD) hochkritisch ist.

Digitale Datenübertragung ermöglicht eine Verteilung von Informationen fast ohne Zeit- und Qualitätsverlust und hoher Verarbeitungsgeschwindigkeit beim Empfänger. Die damit verbundene Forderung nach großen Bandbreiten, was für eine Vielzahl militärischer Operationen nur per Satelliten umsetzbar ist, entstehen allerdings auch hohe finanzielle Forderungen aus der Truppe.

NCW erschöpft sich jedoch nicht in einer reinen Bündelung und allseitigen Verfügbarkeit von Information, die wie ein Füllhorn auf den Operateur treffen können. Die drohende Informationsüberlastung für den einzelnen Empfänger ist ein weiterer kritischer Punkt in vernetzten Operationen. Wissensmanagement in Systemen und „Künstliche Intelligenz" (KI) sollen die Informationsflut in Wissen umwandeln und dieses verteilen.

Die Umsetzung der NCW im militärischen Bereich erfordert, dass jeder Entität alle für sie relevanten Informationen über die Grenzen der Teilstreitkräfte (jointness) und auch über die Grenzen von nationalen Streitkräften (combinedness) hinweg zugänglich gemacht werden. Das Metcalfesche Gesetz über das Kosten-Nutzen-Verhältnis von Kommunikationssystemen fordert eine möglichst hohe Anzahl von Teilnehmern in einem Verbund, was einen positiven Rückkopplungseffekt der kostenintensiven Umsetzung der vernetzten Operationsführung bewirkt.

Die Reichweite der Sensoren des Soldaten (Sichtfeld, Hörreichweite usw.) bestimmt den Radius des persönlichen Informationshorizonts. In den Entscheidungsrahmen fällt nur das unmittelbare Umfeld. Der Soldat kann also zum Beispiel nur die Waffe bedienen, die er in der Hand hat, und nur die übergeordneten oder untergeordneten Stellen kontaktieren, die in der unmittelbaren Gesprächsreichweite sind. Die Waffe hat eine eingeschränkte Reichweite, die den Radius des Soldaten einschränkt.

Mit Hilfe von Nachrichtentechnologien lässt sich die Kommunikationsreichweite des Soldaten erhöhen, auf seine Sensor- oder Waffenreichweite hat dies allerdings kaum Einfluss. Ein Ziel, das sich außerhalb seiner Sensorreichweite befindet, könnte er auch bei einer höheren Waffenreichweite nicht zielsicher angreifen, da er es über Sprechfunk nicht anvisieren kann. Mit Hilfe einer Datenverbindung zwischen allen Entitäten kann ein Soldat auf die Sensoren eines anderen Soldaten zugreifen. Zum Beispiel durch eine Helmkamera, die ihr aktuelles Umgebungsbild auf einem kleinen Monitor im Sichtfeld jedes Soldaten einblendet. Alle Soldaten können sich daher potenziell das Blickfeld eines anderen Soldaten einblenden.

NETOPFÜ erweitert die begrenzten biologischen Sensoren wie z.B. Augen, Nase, Ohren, eines Soldaten zur Aufnahme von Informationen über die Umgebung. Der Entscheidungsträger erhält mehr Daten für den Einsatz seines Wirksystems; dem Waffeneinsatz. Er nimmt die Informationen seiner Sensoren auf und kombiniert sie mit den Befehlen oder Anweisungen übergeordneter Stellen, auf deren Basis seine optimierten Entscheidungen fallen können. Er kann seine eigenen Sensoren zu einer erweiterten Informationsaufnahme zu veranlassen, Untergebenen weitere Anweisungen geben und letztendlich den Waffeneinsatz auszulösen, um ein identifiziertes Ziel zu bekämpfen. Die Einsatzfähigkeit der Entitäten in der Wirkung wird dann im Wesentlichen nur noch durch ihre Reichweiten bestimmt.

Bei einer engen Vernetzung der Entitäten in nahezu Echtzeit würden diese im Idealfall zu einer kollektiv agierenden Entität verschmelzen. Dank des Informationsaustausches untereinander könnte eine

Synchronisation erreicht werden, die Handlungen aufeinander abstimmt und eine schnellere Adaption auf veränderte Umgebungsbedingungen ermöglichen könnte.

Jeder Waffenplattform werden in einer Vernetzung alle für sie relevanten Daten aufbereitet zur Verfügung gestellt. In den letzten Tagen des Zweiten Golfkrieges 1991 konnte die Zeit zwischen Aufklärung und Zerstörung eines Ziels, der sogenannte sensor-to-shooter-cycle, zwei volle Tage dauern. Im Dritten Golfkrieg wurde eine deutliche Verringerung dieser Zeit bis auf einige Minuten erreicht. Während des Irakkrieges von 2003 wurde das Konzept des Network Centric Warfare dann erstmals im großen Maßstab angewendet. Nicht vollständig umgesetzt bot der neue Ansatz den Nutzern trotzdem bereits einige gravierende Vorteile:

- Die militärische Führung (CENTCOM) war mit fast allen Einheiten der US-Streitkräfte über direkte Datenleitungen verbunden (E-Mail, Videokonferenz, Chat).
- Radardaten wurden in Echtzeit an Schiffe, Flugzeuge, Panzer und weitere Kampfeinheiten übermittelt und größtenteils mit so genannten Freund-Feind-Kennungen versehen, um den Kommandeuren eine genaue Übersicht zu ermöglichen.
- Missionsdaten, Karten, Satellitenfotos, Einsatzvideos von vorherigen Missionen sowie aktuelle Angaben über Lagerbestände, Waffenausrüstung und Zustand von Geräten und Fahrzeugen konnten über eine Art Intranet abgefragt werden.

Führungsfähigkeit verbunden mit Informationsüberlegenheit (Information Superiority) ist heute eine Grundvoraussetzung für eine erfolgreiche Aufgabenerfüllung der Streitkräfte bei geringstem Risiko für die eigenen Soldaten. Durch die technologische Weiterentwicklung und die dadurch bedingten Veränderungen im Einsatzgebiet hat dieser Zusammenhang seit der Antike, in den letzten Jahrzehnten speziell durch die Informationstechnologie, stetig an Bedeutung gewonnen.

Systeme müssen im Rahmen der Führungsfähigkeit deshalb heute in vielerlei Hinsicht sehr flexibel ausgelegt sein, eine große Quantität und Qualität an Daten verschiedenster Art zur Verfügung stellen können, zugleich aber die Information auf den Bedarf des Endnutzers filtern, also auf das Wesentliche reduzieren, um einen Informationsüberfluss zu vermeiden und die wichtigen Daten für den Menschen als Endabnehmer sofort erkennbar zu machen.

Unter einem FÜHRUNGSSYSTEM (FÜSYS) versteht man das Zusammenspiel der einzelnen Komponenten FÜHRUNGSORGANISATION, FÜHRUNGSVERFAHREN und FÜHRUNGSMITTELN. Ein FÜHRUNGS-INFORMATIONSSYSTEM (FÜINFOSYS) hingegen ist ein komplexes System von Grundsätzen, Verfahren, Organisationsstrukturen, Personal, Geräten, Einrichtungen und Fernmeldemitteln, welches der Führung auf allen Ebenen rechtzeitig ausreichende Informationen über Planung, Leitung und Überwachung ihrer Maßnahmen liefern muss. Das INFORMATIONSMANAGEMENT zielt darauf ab, den Informationsbedarf zur Führungsaufgabe zu analysieren. Die INFORMATIONSVERSORGUNG ist der Betrieb der notwendigen Führungsmittel und damit die Erfüllung des Informationsbedarfes mittels INFORMATIONSVERARBEITUNG mit Informationssystemen und die INFORMATIONSÜBERMITTLUNG mit Kommunikationssystemen. Die FÜHRUNGSUNTERSTÜTZUNG stellt die Funktionalitäten aller FÜHRUNGS- UND WAFFENEINSATZSYSTEME (FÜWES) sicher.

Die FÜHRUNGS- UND WAFFENEINSATZSYSTEME (FÜWES) verknüpfen die Sensoren und Effektoren der Systeme und erzeugen Funktionsketten zur Erkennung, Identifizierung sowie dem notwendigen schnellen und gezielten Bekämpfen eines Zieles. DATA-LINK-Systeme sollen dabei die Übertragung der in FüWES enthaltenen Sensorinformationen als Zieldaten für weitere Plattformen mit teilweise unterschiedlichen Systemen zur koordinierten Bekämpfung sicherstellen. FüWES und DATA-LINK-Systeme sind für alle streitkräftegemeinsame Operationen und zur Vernetzung der Sensoren und Waffen zu einem Wirkverbund an Land, in See und in der Luft, notwendig und müssen mit den verwendeten FÜHRUNGSMITTELN harmonisieren. In der Vor- und Nachbereitung sowie der Durchführung der internationalen Einsätze werden dafür interoperable Netzwerke benötigt, die im Verbund mit multinationalen IP-basierenden Netzwerkstrukturen mit unterschiedlichen Sicherheitsstufen Informationen austauschen können.

FÜHRUNGS- UND INFORMATIONSSYSTEME gab es in ersten Ansätzen schon ab 1914, aber erst mit den Entwicklungen der Informationstechnologie (IT) nach 1945 war die technische Umsetzung von FÜINFOSYS im heutigen Sinne möglich. Damit wurde der Stellenwert von Panzerung, Bewaffnung und Größe der Waffenträger und ihre Bedeutung bezüglich der Kampfkraft in der Folge nachhaltig verändert.

Ein unvollständiges Lagebild der Führer an Bord und an Land, ungelöste Fragen der Führungsorganisation sowie eklatante Missgriffe bei der Nutzung der vorhandenen Führungsmittel, machten in der deutschen Geschichte beispielsweise den Kampfwert des Schlachtschiffes BISMARCK irrelevant; das für seine Zeit leistungsfähigste maritime Waffensystem wurde als Einzelfahrer an der Achillesferse getroffen. Ein nuklearer Flugzeugträger ohne den Schutz von zusätzlichen Einheiten über und unter Wasser sowie in der Luft, wäre auf offener See ebenfalls nichts mehr als eine große Zielscheibe.

Erst der Verbund der verschiedenen Seekriegsmittel mit ihren unterschiedlichen Möglichkeiten kann die Vorteile aller vorhandenen Systeme effektiv zum Einsatz bringen und die einzelnen Schwachstellen ausgleichen. Internationale und streitkräftegemeinsame Operationen erfordern deshalb INTEROPERABILITÄT der nationalen FÜSYS, FÜINFOSYS und FÜWES untereinander sowie auf internationaler Ebene. INTEROPERABILITÄT von Systemen zur automatisierten Datenverarbeitung ist eine Voraussetzung für multinationale Einsätze der NATO. Die Veränderungen der Nachrichten- und Informationstechnologien erforderten eine Transformation der nationalen und internationalen Führungsorganisationen zur kooperativen Zusammenarbeit.

Kern ist dabei die INTEROPERABILITÄT basierend auf STANDARISIERUNG. Im Allgemeinen ist Standard ein Synonym für eine technische Normung mit Bedeutung bei den Industrie- und Rüstungsstandards sowie den herstellerspezifischen (proprietären) Standards. Letzter Punkt zielt allerdings mehr in Richtung des Urheber- und Lizenzrechtes, während es bei der nationalen und internationalen Standarisierung um die beschlossene, allgemein gültige Regelung - die Normierung - geht. Die Bedeutung der Standarisierung ist in der Geschichte oftmals früh erkannt, aber meist nie konsequent umgesetzt worden.

Am 5. September 1909 erließ z.B. der Admiral von Tirpitz eine Anweisung zur einheitlichen Ausstattung der deutschen Flotte und im weiteren Verlauf wurden auf dem deutschen U-Boot UB-7 dann 1915 neue Funkstationen der Firma LORENZ vorgeführt. Die österreich-ungarische k.u.k. Kriegsmarine entschloss sich aus Gründen der Standardisierung aber bei den bereits im Einsatz befindlichen deutschen Systemen von SIEMENS & HALSKE zu bleiben, die bis dahin sehr gute Verbindungen in der eigenen Flotte sowie mit den deutschen Schiffen gewährleistet hatten.

Im 1. Weltkrieg gab es daraufhin große Probleme durch die unterschiedlichen Systeme der Hersteller. Ein Umstand der sich jedoch leider bis in unsere Zeit hinzieht. Beispielsweise konnte das russische Kalaschnikow-Gewehr auch die NATO-Standardmunition 7,62mm verwenden, während umgekehrt in die unterschiedlichen nationalen Gewehrarten der NATO-Nationen die russische Munition aufgrund der längeren Patronenhülse nicht verwendet werden kann. Bis heute sind der streitkräftegemeinsame und nationale Informationsaustausch sowie der Austausch mit Verbündeten in der EU oder NATO eine Herausforderung.

NATIONALE STANDARDISIERUNG ist innerhalb der EU im zivilen Sektor nur bedingt sinnvoll, eine Adaptierung internationaler Regelungen ist erfolgversprechender. Während in der Bundesrepublik Deutschland vorrangig DIN-Regelungen erarbeitet wurden, haben heute Organisationen wie das EUROPEAN COMMITTEE FOR STANDARDIZATION (Centre European des Norms, CEN), als eine von drei europäischen Standardisierungsbehörden, oder auch CENELEC, gemeinsame Regelungen vereinbart, für die Kommunikation insbesondere das EUROPEAN TELEKOMMUNICATIONS INSTITUTE (ETSI).

NATO-STANDARDISIERUNG ist definiert als der Prozess der Entwicklungskonzepte, Doktrinen, Prozeduren und Designs, wofür die NATO STANDARDISATION AGENCY (NSA, vormals ADSIA) eingerichtet wurde. Aufgabe der NSA ist die Einleitung, Koordination, Unterstützung und die Administration der Aktivitäten im Bereich der Standardisierung unter dem NATO COMMITTEE FOR STANDARDISATION (NCS) und der NATO STANDARDIZATION ORGANISATION (NSO). Ziele sind Pflege und Erweiterung der existierenden NATO-Standards zur Verbesserung der operationellen Effektivität und technischen INTEROPERABILITÄT der NATO-Streitkräfte.

Die NATO C3 ORGANISATION (NC3O) wurde 1996 gegründet und soll in Zusammenarbeit die NATO-weite kosteneffektiven interoperablen, sicheren und gemeinsamen C3-Fähigkeiten garantieren. Das wichtigste Produkt aus den Prozessen der NSA sind also die von den beteiligten Nationen unterzeichneten Vereinbarungen und Verträge zur Interoperabilität, welche als STANDARDISATION AGREEMENT (STANAG) bezeichnet werden.

Das NATO CONSULTATION, COMMAND AND CONTROL BOARD (NC3B) bildet mit Vertretern aller NATO-Staaten die Spitze für die NATO C3 ORGANISATION (NC3O), in der die Vorgaben für den NATO INTEROPERABILITY MANAGEMENT PLAN, das NATO ROLLING INTEROPERABILITY PROGRAMM und das NATO C3 INTEROPERABILITY ENVIRONMENT erarbeitet werden. Organisatorisch darunter befinden sich das INTEROPERABILITY SUB-COMMITTEE (ISC), INFORMATION SYSTEMS SUB-COMITTEE (ISSC) und darin letztendlich die MESSAGE TEXT FORMAT WORKING GROUP (MTFWG), welche z.B. für die ALLIED DATA PUBLICATION 3 (ADatP-3) u.a. nach der STANAG 5500 zuständig sind. Die ADatP-3 und die verwandten Vorschriften legen die komplexen Regeln für den ZEICHENORIENTIERTEN FORMATIERTEN INFORMATIONSAUSTAUSCH (ZOIA) fest. Die nach diesen Regeln erstellten SPRUCHTEXTFORMATE (MESSAGE TEXT FORMAT, MTF) werden in der ADatP-3-Datenbank der NATO abgespeichert und den einzelnen Nationen zur Verfügung gestellt. Strukturierte Nachrichten sind für elektronische System nur schwierig auszuwerten und für den Nutzer zu analysieren, nur die formatierten Meldungen erlauben einen automatisierten Informationsaustausch.

Aufgrund des Arbeitsumfanges und der Bedeutung der Interoperabilität und der damit verbundenen Umsetzung von NCW/NetOpFü wurden in den USA für die Streitkräfte extra entsprechende Einrichtungen (CENTER FOR TACTICAL SYSTEMS INTEROPERABILITY) geschaffen, die für STANAGs und Vorschriften wie die ADatP-3 zuständig sind. Der Prozess zur Erstellung eines STANAG ist also sehr umfangreich und zeitintensiv, hat aber den großen Vorteil, dass diese Standards innerhalb der NATO bindend sind, da alle beteiligten Nationen zuvor ihre nationalen Interessen auf ministerieller Ebene vertreten können und ihre Zustimmung geben müssen, bevor das Dokument in Kraft tritt.

In der logischen Folge sollten diese STANAGs als nationale bzw. streitkräftegemeinsame Grundlage genutzt werden. Nur die nationalen Systeme, Verfahren und ihre Entwicklungen, die sich top-down zuerst an den NATO-Standards orientieren, können INTERNATIONALE INTEROPERABILITÄT auf dem kleinsten gemeinsamen Nenner garantieren. Erst auf nationaler Ebene dürfen STANAGs durch Kryptoverfahren, Schlüsselgeräte, Boundery Protection Devises, Gateways und Firewalls bzw. die Netzwerke selbst für die hoheitlichen Sicherheitsinteressen eines Staates weiter abgegrenzt werden.

Systeme die den STANAGs entsprechen, können nach nationalen Forderungen und Bedürfnissen bei der Planung und beim Bau neuer Systeme und Einheiten erweitert oder verändert werden. Ihre Einhaltung vermeidet die Kosten für Nachrüstungen im Bereich der IT-Systeme bei internationalen Einsätzen. Nur dadurch kann eine internationale Zusammenarbeit in der NATO oder auch der EU erfolgen.

Das multimediale Führungszeitalter mit Video Telefon Conference (VTC), dem Chat oder auch E-Mail ist für das menschliche Auge und die Sprache mit ihrem Satzbau optimiert, was für eine militärische Führung mit erforderlicher schneller Reaktion im Waffeneinsatz aber nur bedingt geeignet ist. Sprache kann in vielen verschiedenen Nuancen identische bzw. ähnliche Bedeutungen formulieren. Geringste Veränderung im

Satzbau, der Betonung oder der Wortwahl auf der Seite des Senders, ein in einer anderen Kultur aufgewachsener Empfänger, bei dem u.U. auch noch die Gefühlslage einen Einfluss auf die Deutung der empfangenen Nachricht haben kann, lassen allerdings eher das Missverständnis zum Standard werden. In zwischenmenschlichen Beziehungen wie einer Partnerschaft, aber auch im Dienst/Beruf erleben wir dabei ständig die Konfliktfälle der daraus resultierenden unterschiedlichen Interpretationen. In ähnlicher Weise wird auch ein Bild von jedem Betrachter anders gedeutet.

Aus dieser Erkenntnis heraus haben sich die SPRUCHTEXTFORMATE nach ADatP-3 bzw. im Fernschreibwesen entwickelt. Ein formatierter Spruchtext bzw. ein Message-Text-Format (MTF) enthält in seiner Bezeichnung den ersten Hinweis auf seine Verwendung und Zuordnung, hat an genau definierten und damit bekannten Positionen die wichtigen Informationen. An vordefinierten Positionen des MTF müssen wichtige und notwendige Informationen zwingend eingegeben werden, andere sind optionale Komponenten und auch freier Text kann ergänzend verwendet werden. Die korrekte Bearbeitung eines MTF kann durch verschiedene Softwareprodukte vor dem Versenden und auch nach dem Empfang überprüft werden. Die automatische Verarbeitung dieser Spruchtextformate in den FüInfoSys und FüWES birgt ferner eine enorme Einsparung an Personal und Kosten, weshalb die NATO in der Zukunft verstärkt auf die Verwendung von MTF nach ADatP-3 hinarbeitet.

Die bislang üblichen nationalen Verfahren zur Beschaffung der notwendigen militärischen Ausrüstung oder der Personalwerbung von Führungsdienst- bzw. IT-Personal ist durch die technologischen Entwicklungen herausgefordert; oftmals überfordert. Die FÜHRUNGSFÄHIGKEIT muss auf allen Gebieten an die NETOPFÜ des 21. Jahrhundert angepasst werden.

Standards lösen aber nicht alle IT-Probleme, teilweise werden durch die technologischen und organisatorischen Alleingänge der USA sowie das Primat der Politik bei den wehrtechnischen Entscheidungen die STANAGs umgangen. Als Global-Player führen beispielsweise die Vereinigten Staaten von Amerika immer wieder national neuartige Systeme und Verfahren nach ihren Erfordernissen ein, die dann durch die breite Verwendung in den amerikanischen Streitkräften quasi zu einem Standard werden.

Die Vereinigten Staaten erkennen, dass die Einbindung der anderen Nationen und der NATO in ihre Systeme letztendlich notwendig ist, weshalb meist parallel versucht wird, die Neuerungen über die nationalen Vertreter auch in den NATO-Gremien als Änderung oder auch in die entsprechenden STANAGs einzubringen. In internationalen Einsätzen müssen die anderen Nationen diese neuen Systeme folglich entweder ebenfalls einführen oder zumindest temporär ihren Einheiten zur Verfügung stellen, wenn einer gemeinsamen Operation überhaupt ein Erfolg beschieden sein soll. Nationale Insellösungen anderer Staaten, die aus wirtschaftlichen Überlegungen zum Schutz der eigenen Industrie gewählt wurden, haben hingegen nur sehr geringe Chancen als NATO-System umgesetzt zu werden. Das internationale und teilstreitkraftgemeinsame Zusammenwirken in vernetzten Operationen erzwingt Interoperabilität der Führungsmittel und Waffensysteme.

Die Überwassereinheiten der Deutschen Marine sind deshalb z.B. seit den 1970er Jahren meist mit dem LINK-11 ausgerüstet worden, das System genügt heute nicht mehr der notwendigen schnellen Übertragung umfangreicher Daten, weshalb das LINK-16 weitreichend bei Heer, Luftwaffe und Marine als Kernelement zukünftiger teilstreitkraft- und bündnisgemeinsamer Operationen eingeführt wurde. Das Deutsche Heer erhielt erstmals mit dem System FAUST eine Komponente zur Lagedarstellung, wie sie in der Marine vergleichbar seit über 20 Jahren für das maritime Lagebild verwendet wird.

Als Lagebildübertragungssystem für den Weitbereich wird in der NATO ergänzend das im UHF- und HF-Bereich einsetzbare LINK-22 verwendet, dessen Standards wie bei LINK-16 durch die Nationen in der NATO gemeinsam festgelegt werden. Da die Datenformate aber nicht mit LINK-11 identisch sind, wird es auch erst langfristig ersetzt werden können, da ist für einen gemeinsamen Betrieb aller Systeme eine Umsetzung erforderlich. Das MULTI-LINK-UNTERSYSTEM (MULUS) soll das notwendige Verbindungselement der unterschiedlichen LINK-Systeme darstellen, dient aber auch als Schnittstelle zwischen LINK-Systemen an Land und den FüWES/FülnfoSys an Land und an Bord.

Mit den technischen Möglichkeiten der Systeme und IP-basierten Netzwerke für die vernetzte Operationsführung haben sich die Anforderungen an den Datenaustausch von reinen Textbasierten Informationen hin zur multimedialen Übertragung transformiert. Die Forderung nach weltweiter Vernetzung von Systemen und Anwendungen erfordert Bandbreiten die nur durch Glasfaser bzw. mobil über LTE/G5-Funknetze sowie SATCOM abgedeckt werden können.

Wenn nationale zivile und militärische Raumsegmente fehlen bedeutet dies eine kostenintensive Anmietung von kommerziellen Anbietern oder militärische Kapazitäten anderer Nationen. Nationen werden in Krisensituationen und Engpässen immer ihren eigenen Verbänden die Priorität auf die nationalen Satellitenfrequenzen zuteilen. National eigenständige Satellitenverbindungen sind heute für militärische Aufgaben trotz hoher Kosten zwingend notwendig. UHF-SATCOM spielt weiter eine wichtige Rolle im taktischen Sprech- und Datenfunk, während EHF-SATCOM für den Broadcast und SHF-SATCOM vorrangig militärische Verwendung findet.

NetOpFü bietet nicht nur Fläche für elektronische Angriffe ausländischer Nachrichtendienste auf ein militärisches Netzwerkwerk oder die Führungsmittel, unzufriedene Insider, versierte Hacker bis hin zu Terrororganisationen und deren elektronische Fähigkeiten stellen große Bedrohungen dar. Der idealistische Hacker kann sich nur schwer Abgrenzen von Straftätern, welche Datendiebstahl und Datenmanipulation betreiben. Das Militär und Nachrichtendienste sind andererseits beschränkt, wenn sich Auftrag und Aufgabengebiet allein auf militärische Ziele begrenzen müssen.

1989 kam die deutsche Polizei einem sowjetischen Schmuggel durch eine Differenz von 75 Cent in der Abrechnung der Berkley Laboratorien auf die Spur, welche zu Hackern zurückverfolgt wurde, die für Drogen und Geld die Systeme für den KGB knackten. Der erste komplett dokumentierte Online-Bankraub gelang Vladimir L. Levin bei der Citibank in den USA. Von den illegal transferierten 10 Millionen konnte bis auf einen Restbetrag von 400.000 Dollar alles wieder zurück überwiesen werden. Ferner wurden im Jahre 1999 auf einer der Websites der US-Regierung z.B. von einem Hacker die Nummern von 485.000 gestohlenen Kreditkarten versteckt deponiert, die er später verkaufen wollte.

Gut bezahlte und qualifizierte Angreifer dringen mittels "BOCKSPRUNG"-Angriffen (unrechtmäßig erworbene Benutzer-ID- und Passwortinformationen, mit denen die Sicherheit eines Netzwerkes durchdrungen werden soll) gegen Firmen und militärische Einrichtungen vor. Denail-of-Service-Attacken (DoS) können die Funktion eines Systems beeinträchtigen oder ganz auszuschalten. Gegen diese und andere Bedrohungen agieren die COMPUTER EMERGENCY RESPONSE TEAMS (CERT) der staatlichen und der privaten Einrichtungen. Der Terminus CERT stammt ursprünglich vom Institut für Informatik der Carnegie-Mellon-Universität, aus der Initiative für die Steigerung der Überlebensfähigkeit von Computersystemen.

Militärische Kommunikationssysteme müssen ferner die einsatzbedingten Forderungen erfüllen, wie z.B. hohe Mobilität und Funktionstüchtigkeit unter extremen Umweltbedingungen, Aspekte der Übertragungssicherheit (TRANSMISSION SECURITY, TRANSEC) und der Inhaltsverschlüsselung (COMMUNICATION SECURITY, COMSEC) sowie den Schutz vor elektromagnetischen Impulsen (EMP).

Die Entwicklungen der Nachrichten- und Informationstechnologien leiten hin zur Doktrin der NetOpFü bzw. dem amerikanischen Network Centric Warfare, welche mittels Automatisierung in Auswertung und Analyse den Operateuren bereits vorverarbeitete Daten liefern kann. Für die notwendige Integrität, die Verfügbarkeit und die Verbindlichkeit der Daten werden in der IT-Sicherheit hochqualifizierte IT-Experten/Soldaten benötigt. Volle Leistungsfähigkeit von Systemen, Programmen und Anwendungen kann nur mit optimierter Abstimmung auf die operativen Aufgaben und Erfordernisse erreicht werden.

Die NATO COMMUNICATION INFORMATION SYSTEMS (NCIS) zeigen die Entwicklung in die Zukunft auf. Neben dem klassischen COMMAND AND CONTROL gibt es in der Führungsfähigkeit zusätzlich die politischen Anforderungen an die NATO Fernmelde- und Informationssysteme, die zur Entscheidungsfindung die Informationen jederzeit der militärischen Führung und der Politik zur Verfügung stellen sollen. Bereits in den 1970er Jahren wurden deshalb NATO INTEGRATED COMMUNICATIONS SYSTEMS (NICS) entwickelt.

Ältere Systeme wurden mit der Einführung neuerer Systeme bereits ausgesondert und die verbleibenden Anlagen meist umgerüstet und digitalisiert, weshalb NICS nur noch z.T. noch in ihrer alten Struktur aus dem Kalten Krieg bestehen. Das ALLIED COMMAND EUROPE firmierte zum ALLIED COMMAND OPERATIONS (ACO) und die NATO ist gezwungen die älteren Systeme durch leistungsfähige moderne Komponenten zur Unterstützung der Operationen zu ersetzen, da es zunehmend schwieriger wird die Interoperabilität zwischen mit älteren Gerätegenerationen herzustellen. In dieser Hinsicht wurde auch die NATO von der "NEW TECHNOLOGY" überrollt. Daneben wird das Leasing von kommerziellen Leitungen und Systemen auch in Zukunft neben den modernen NCIS als kostengünstigere Alternative und Erweiterung weiterverfolgt.

Lichtwellenleiter sowie drahtgebundene und Mobil- und Richtfunkverbindungen im UKW-Bereich haben sich an Land durchgesetzt, während die bisherigen Funkfrequenzen (HF) hauptsächlich zur Führung von maritimen Verbänden und Luftstreitkräften genutzt werden. Spätestens seit Beginn von IFOR/SFOR und mit der Aufstellung von Kräften in KFOR, ISAF, NRF usw. wurden speziell im Deutschen Heer die Probleme der Führung von Land- und Luftstreitkräften ohne oder mit veralteten Funkanbindungen in multinationalen Verbände sowie über HF- Funk dem Einsatzführungskommando aufgezeigt. HF-Funk stellt oft die erste und manchmal immer noch einzige Verbindung dar, wenn Kräfte von Nicht-NATO-Nationen oder Non-Governmental-Organisations (NGO) im Einsatzgebiet stationiert werden bzw. arbeiten, weshalb zukünftig HF-Funk auch in den Deployable CIS Modulen eine Rolle spielen wird.

In der NATO und der Bundeswehr gehen die Tendenzen hier zu den neuen Technologien, deren kostenintensive Verwirklichung letztendlich durch die Finanzlage bestimmt wird. SATCOM ist in vielen Gebieten weiterhin abhängig von den NATO-Satelliten, welche vorrangig die Bereiche Westeuropa und die ostamerikanische Küste über die STATIC SATELLITE GROUND TERMINALS (SGT) abdecken. Bei multinationalen Einsätzen der NATO gewinnen die TRANSPORTABLE SATELLITE GROUND TERMINALS (TSGT) immer größere Bedeutung, weshalb 40 derartige Einheiten bereits 2005 geplant wurden, die stetig erweitert werden.

Die Kapazität dieser Satelliten wird durch verfügbare INMARSAT-Anlagen ergänzt, welche aber kein Teil der NICS sind und prinzipiell nur eine alternative Kapazität darstellt. Eigene militärische SATCOM-Systeme mit stationären und mobilen Erdstationen sind weiter unabdingbar, um Abhängigkeiten von kommerziellen Anbietern zu vermeiden. Ab 2004 wurden neue NATO-Satelliten eingeplant die nun größtenteils im Orbit sind und anfangs 40 DEPLOYABLE COMMUNICATION AND INFORMATION MODULES (DCM) eingeplant. Zusätzlich gibt es noch ca. 280 UHF-Tactical SATCOM für die mobile Kommunikation an Land. Das UHF Tactical SATCOM-Netz wird dabei z.B. von CIMIC-Teams (CIVILIAN MILITARY COOPERATION) ebenso genutzt, wie z.B. von Special Forces.

Mit Beginn IFOR wurde in Ermangelung eines existierenden COMMAND, CONTROL AND INFORMATION SYSTEM (CCIS) im Bereich des Allied Command Europe für die Optimierung des Satellitensystems der NATO das kommerzielle digitale Multiplex- und Vermittlungssystem MAXIMA eingeführt. MAXIMA, IDNX, PROMINA oder IVSN sind einige Beispiele für digitale NATO-Verbindungen, welche Datensysteme wie NIDTS, CRONOS, SATCOM, VTC verbanden. MAXIMA wurde wie viele andere neue Systeme dabei aus Commercial-of-the-Shelf-Produkten (COTS) zusammengestellt.

Der Telefonverkehr der NATO wurde größtenteils durch das INITIAL VOICE SWITCHED NETWORK (IVSN) sichergestellt. Ein Ersatz des IVSN-Systems und dazugehöriger PABX durch digitale Vermittlungen und dem NATO Initial Data Transfer Service (NIDTS) zusammen mit digitalen Übertragungssystemen ist zur Interoperabilität zwischen den unterschiedlichen CIS erforderlich geworden. Das auf ISDN basierende Netzwerk IDNX ersetzt das IVSN und ermöglicht mittels dem NARROW-BAND-SECURE-VOICE-SYSTEM (NBSV) verschlüsselte Sprachkommunikation in der NATO. Im amerikanischen Vorgängersystem NBSV I wurde das SECURE TELEPHONE UNIT II (STU-II), das niederländische SPENDEX-40 und das deutsche ELCRO-VOX-1 verwendet, die durch interoperable Geräte ersetzt werden sollten. Das INTEGRATED DIGITAL NETWORK EXCHANGE (IDNX) wurde aufgrund operationeller Forderungen von IFOR/SFOR als Multiplexer- (PROMINA) und Vermittlungssystems (COTS) innerhalb kürzester Zeit beschafft und in Betrieb genommen.

Das Netzwerk des NATO INITIAL DATA TRANSFER SERVICE (NIDTS) wurde Grundlage des NATO-WAN (1. der neuen Generation) und durch die Vielzahl der angeschlossenen Informationssysteme hat sich die Nutzung schnell ausgebreitet. Über NIDTS wurden CRONOS (CRISIS RESPONSE OPERATIONS IN NATO OPEN SYSTEMS) und auch LOCE (LINKED OPERATIONS INTELLIGENCE CENTRE EUROPE) zum NATO Secret WAN (NS-WAN) verknüpft.

Das ACE RAPID REACTION CORPS (ARRC) 1996 nutzte auf dem Balkan bei seiner NATO-Mission als Tactical-Secure-Voice-System das PTARMIGAN. In der SFOR hat die VIDEO-TELE-CONFERENCE (VTC) schnell ihre Stellung innerhalb der NCIS gefestigt. Das VTC-Lagezimmer im HQ Sarajewo wurde z.B. von früh am Morgen bis in die Nacht mit Konferenzen belegt, doch auch in den deutschen Führungsstäben steht dieses Medium in häufiger Nutzung. VTC war auf dem Balkan die einzige Möglichkeit für den COMSFOR eine gesicherte Konferenz mit seinen Kommandeuren in deren HQ zu führen. Die Kosten der Anmietung der Satellitenkapazitäten der UN bis zur Ablösung durch NATO-Systeme lagen monatlich bei über 200.000$. VTC können kurzfristig eingerichtet werden, ohne dass die Kommandeure ihre Truppe verlassen müssen, wodurch neben einer erhöhten Sicherheit auch eine große Zeit- und Kosteneinsparung durch den Wegfall der vielen Reisen erzielt wird, die in Einsatzgebieten ein zusätzliches Risiko darstellen.

Das ursprüngliche Konzept für das Netzwerk TELEGRAPH AUTOMATIC RELAY EQUIPMENT (TARE) wurde durch das SHAPE Technical Centre, dem Vorläufer der NC3A, im Jahre 1971 entwickelt, und ab 1976 zur Übertragung formatierter Texte eingeführt. In der Neustrukturierung der NATO wurden zwei der bisher zwölf existierenden Vermittlungen geschlossen, bis das System ganz ersetzt wurde. TARE ist durch Gateways mit den nationalen Systemen verbunden und ermöglicht eine Durchwahlmöglichkeit von der NATO in nationale Netze und umgekehrt. Das TARE-Netzwerk bietet aber nur eine geringe Übertragungskapazität für formatierte Texte und ist durch die großen Vermittlungsstellen mit großem personellem und materiellem Aufwand verbunden.

Das ACE INFORMATION FLOW SYSTEM (AIFS) wurde als Interface zwischen TARE und den NATO Secret Email Systems eingerichtet, wobei TARE als Übertragungsmöglichkeit für PC-Nutzer verwendet wurde. Die Implementierung dieser Software war der erste Schritt, die Unzulänglichkeiten von TARE zu überwinden und Datennetze mit höherer Übertragungsgeschwindigkeit einzubinden. Bis zu seiner Ablösung stellte TARE deshalb einen unverzichtbaren Bestandteil der NICS dar. Eine geplante Modernisierung für TARE wurde aufgrund der Planungen für das neue MILITARY MESSAGE HANDLING SYSTEM (MMHS) und finanzieller Probleme gestrichen. Das AUTOMATED MESSAGE PROCESSING SYSTEM (AMPS) ist eine Anwendung die es den CRONOS-Arbeitsplätzen ermöglicht nach ACP formatierte TARE-Informationen zu senden und zu empfangen.

Das CRISIS RESPONSE OPERATIONS IN NATO OPEN SYSTEMS (CRONOS, ehemals ECHO, EVOLUTIONARY CAPABILITY FOR HEADQUARTERS OPERATION, 1993) kam im Jahre 1998, wobei ACROSS (Logistik), ADAMS (Truppenbewegungen), CRESP (Krisenmanagement) und PAIS (Intel) als Untersysteme zu sehen sind. CRONOS versorgt die Nutzer mit verschlüsselter Email, professionellen Softwareanwendungen und dem

WEB des SHAPE. Die Nutzer waren zunächst nur der SHAPE-Stab und die SFOR-Truppen, dann Nicht-NATO-Staaten (NNTCN) mit der Anbindung eines eigenständigen LAN und später auch andere NATO-Stäbe bis schließlich auch nationale Kommandozentralen und Stützpunkte angebunden wurden.

Im Bereich des STRATEGIC COMMAND EUROPE (SCE) wurde das AUTOMATED COMMAND, CONTROL AND INFORMATIONSSYSTEM (ACCIS) geplant. Im Project ACE ACCIS sollen Führungs- und Informationssysteme für die NATO, Funktionalitäten zur Führung von Land- Luft- und Seestreitkräften und der Informationsaustausch von verschiedenen Systemen untereinander in einem BI-STRATEGIC COMMAND CCIS (BI-CS CCIS) ermöglicht werden. Das STRATEGIC COMMAND ATLANTIC (SCA) in Norfolk, USA, nutzte zur Führung der maritimen Kräfte das MCCIS, doch ab 2004 wurde das BATTLEFIELD INFORMATION COLLECTION AND EXPLOITATION SYSTEM (BI-SC CCIS, BICES) für die militärische Kommandos der NATO eingeplant, welches sowohl die C2-Funktionalitäten zur Führung von Land-, See- und Luftstreitkräften erfüllte, als auch den Informationsaustausch mit den verschiedenen Funktionsbereichen und nationalen Kommandos.

Das obsolete MARITIME COMMAND, CONTROL AND INFORMATION SYSTEM (MCCIS) findet sich seit den 1990er Jahren an Bord von Schiffen sowie in den MOCs an Land, welche damals über NIDTS zu einem WAN verbunden wurden und das bis 2025 durch das Projekt TRITON in der NATO ersetzt werden soll. Zur Verwaltung von Daten der Aufklärung, Lagebeurteilung und Darstellung, sowie zum Datenaustausch mit dem BATTLEFIELD INFORMATION COLLECTION AND EXPLOITATION SYSTEM wurde das PROTOTYPE ACE INTEL SYSTEM (PAIS) auch mit nationalen BICES (oder z.B. auch dem LINKED OPERATIONS INTELLIGENCE CENTER EUROPE (LOCE) verbunden werden. Problematisch ist die Zusammenführung der bestehenden Infrastruktur und Organisation des veralteten MCCIS in der Entwicklung und Implementierung eines neuen BI-SC CCIS.

Das PROTOTYPE ACE INTEL SYSTEM (PAIS) ist ein System zur Verwaltung von Daten der Aufklärung, Lagebeurteilung und -Darstellung sowie zum Datenaustausch mit dem BICES und zukünftig auch mit ähnlichen nationalen Systemen, wie z.B. dem LOCE. Hier liegt die Datenbank des jeweiligen Hauptquartiers, welche die Herstellung von geografisch verknüpften Lagebildern und formatierten Meldungen, die Unterstützung bei der Erstellung von Einsatzbefehlen für Land-, See- und Lufteinsatz-kräfte sowie Geräteübersichten ermöglicht.

CRISES RESPONSE SUPPORT PROTOTYPE (CRESP, verdeutschtes Kürzel: GRELL) diente der Echtzeit-Überwachung des aktuellen Lagebildes und zur situationsbedingten Bearbeitung von Meldungen aus dem Einsatzgebiet. Datenanalyse verschiedener Informationsquellen, Dateneingabe und ihre Verarbeitung, Meldewesen, Lagedarstellung und die interne Übermittlung und andere Systeme werden hier bearbeitet. CRESP stellt die benötigte Interface-Funktion zu PAIS zur Verfügung. Die parallel entwickelten PAIS und CRESP sind seit 1997 im Joint OPERATIONAL INTELLIGENCE INFORMATION SYSTEM (JOIIS) zusammengefasst worden, so dass alle Informationen der eigenen und aufgeklärten Kräfte auf einem Bildschirm dargestellt werden können. JOIIS war somit ebenfalls ein Vorläufer des JOINT MARITIME COMMUNICATION SYSTEM (JMCIS) hin zum MCCIS.

Das ALLIED DEPLOYMENT AND MOVEMENT SYSTEM (ADAMS) dient der NATO zur Anbindung der mobilen multinationalen Einsatzgruppen mit Analyse, Planung, Bereitstellung und Logistik. Das Netzwerk enthält Simulation und Kontrolle mit zentraler Datenbank mit den logistischen Informationen über die Truppen und Gerät.

Damit sind nur ein paar der wichtige, aber längst nicht alle historisch relevanten NATO-Systeme erwähnt. Die unübersichtliche Zahl von unterschiedlichen nationalen und NATO-CIS stellt auch eines der größten Probleme der Informationsverarbeitung und des Managements dar, da unterschiedliche Hardware, unterschiedliche Software sowie unterschiedliche Formate aufeinander angepasst werden müssen. Deshalb werden weiterhin die kommerziellen und unverschlüsselten E-Mail-Anbieter und das Internet auf breiter Basis genutzt. Das Internet und kommerzielle Telefonleitungen stellen auch die wichtigen Verbindungen zu Non-Governmental Organisations und Non-NATO-Members in internationalen Einsätzen dar.

Interoperable CIS mit stationären und mobilen Komponenten sind die Voraussetzungen zur weltweiten Führung der Streitkräfte in nationalen und multinational Operationen. Die Bundeswehr nutzte im Jahr 2000 noch über 80 verschiedene Typen analoger Funkgeräte in den verschiedensten Funkkreisen, von denen keines für streitkräftegemeinsame oder gar multinationale Operationen interoperabel nutzbar war. Dies gilt auch für den ZENTRALEN SANITÄTSDIENST DER BUNDESWEHR (ZSanDstBw) der in humanitären Einsätzen eine wichtige Rolle spielt. Die mobilen analogen Systeme des BAT (beweglicher Arzttrupp) und des KRKW (Krankenkraftwagen) waren nur für nationalen Funkverkehr ausgelegt und hatten z.B. keine Möglichkeit für eine Anbindung an Satelliten für Einsätze in abgelegenen Gebieten. Heute treibt die Bundeswehr die IP-basierte Standardisierung im Projekt der Harmonisierung der Führungs- und Informationssysteme (HAFIS) voran und hat sich im IT-Bereich neu aufgestellt.

Die verfügbaren Funksysteme (VHF/UHF) erlaubten meist keine Vernetzbarkeit der Einsatzkräfte und die überwiegend veralteten Systeme erlauben speziell bei den Landeinheiten hinsichtlich Reichweite, Bandbreite nur eingeschränkt die Führung der eigenen Verbände. Neuere Verfahren der letzten Jahre sind z.B. BATTLE-FORCE-EMAIL (BFEM), COLLABORATION-AT-SEE (C@S, Vorläufer von CENTRIXS), CENTRIXS und Datenfunk, wobei die Entwicklung aufgrund der amerikanischen Systeme und den technischen Gegebenheiten hin zu einem IP-basierenden Informationsaustausch in einem multinationalen Netzwerk mit verschiedenen Sicherheitsstufen geht. Zukünftig werden nur moderne und leistungsfähige Systeme die Anbindung über standardisierte Schnittstellen an nationale FüInfoSys sowie an die EU- und die NATO-CIS gewährleisten können.

Das digitale, mobile, flächendeckende WAN des Heeres wurde im AUTOKO-90 umgesetzt, wobei der Begriff des WAN sehr hoch gegriffen war, da es eben nicht interoperabel und Anpassungsfähig ist und deshalb viel eher ein LAN darstellt. Mit AUTOKO-90 wurden der verschlüsselte Informationsaustausch zwischen den Gefechtsständen der Großverbände und die Übergänge in andere Netze sichergestellt. Neben der zunehmend problematischer werdenden Verfügbarkeit von Frequenzen für das derzeit genutzte Richtfunksystem und dessen mangelnder Logistik spricht vor allem die beschränkte Übertragungskapazität gegen eine Nutzung des Gesamtsystems AUTOKO-90 als Subsystem im Einsatz und die Anbindung der Gefechtsstände erfolgt durch kommerzielle Satellitenverbindungen. Die im Heer genutzten SATCOMBw-Verbindungen waren zunächst als Redundanz zum AUTOKO-90 bzw. zu HF-Funkverbindungen vorgesehen, die Übertragungskapazitäten des AUTOKO-90 reichten jedoch nicht für zukünftige Anforderungen.

Das BREITBANDIGE INTEGRIERTE GEFECHTSSTANDFERNMELDENETZ (BIGSTAF) mit vormals bis max. 10 Mbit/s ist in Zusammenhang mit AUTOKO-90 weiter als das taktische Fernmeldesystem des Heeres eingesetzt, welches auch hier den Flaschenhals für eine Anbindung in zukünftigen Erfordernissen darstellt. Die derzeit genutzten vielfältigen Funksysteme sind mit Ausnahme der HF hinsichtlich ihrer Reichweite, Datenübertragungsfähigkeit, Bandbreite, Frequenznutzung, verwendeter Technik zum großen Teil veraltet und nur bedingt interoperabel. Dieser Bereich wurde im generell im Heer vernachlässigt und auf den Gefechtsständen wurden neben Funk weiterhin veraltete analoge Fernsprechvermittlungen zum Anschluss der internen Teilnehmer über Draht eingesetzt.

Das MOBILE FÜHRUNGSSYSTEM LW (MOBFÜSYSLW) verfügt über zwei mobile Gefechtsstände im DATEN-TRANSPORTNETZ LW (DTNLW), es wurde aber ohne die Fähigkeiten zu einem autarken Einsatz entwickelt, weshalb auch hier eine zukünftige Anbindung an leistungsfähige CIS in autarken oder multinationalen Operationen nicht möglich ist.

Das TAKTISCHE RICHTFUNKNETZ FLOTTENKOMMANDO (TAKTRIFUNETZ FLOTTENKDO) blieb in Verbindung mit dem Digitalen Übertragungssystem der Bundeswehr (DigÜSysBw) und dem AFDNBw lange in der

Nutzung, ist heute ebenfalls Geschichte. Innerhalb der Marine wurde das System X.400 in allen Marineliegenschaften als Ersatz für die Fernschreibversorgung umgesetzt und kann auch zukünftige Anbindung an moderne CIS gewährleisten. Die Funksysteme (UHF/HF/VLF) werden für die multinationalen und weltweiten Einsätze der Marine weiter integraler Bestandteil der Kommunikationseinrichtungen bleiben.

In einem in der NATO durchgeführten Versuch (COMMON ARRANGEMENT 04, CA 04) vom 12. bis zum 16. Januar 2004 haben Schaltversuche zwischen einer Flakabwehrstaffel PATRIOT, der Fregatte BRANDENBURG, einer AWACS und einer Referenz im KdoMFüSys erstmals die prinzipiellen Möglichkeiten einer VERNETZTEN OPERATIONSFÜHRUNG (NETOPFÜ) bestätigt, damals zugleich für Ernüchterung gesorgt. LINK-11 und auch LINK-16 ist auf nun auf den Führungsschiffen vorhanden und damit der Datenaustausch mit Landstationen mit eingeschränkten Übertragungsraten über HF und die Zusammenarbeit mit NATO E3A mittels UHF möglich. Lagebildinformationen aus den TAKTISCHEN DATENLINK (TDL) Netzwerken können über MCCIS und C@S auch an andere CIS übertragen werden.

Das Automatisierte Führungsfernmeldenetz der Streitkräftebasis besteht im Kern aus von der Luftwaffe übernommenen mobilen Anteilen des AUTOFÜFMNLW (2 und 34 MBit/s), ist also im Prinzip kein eigenständig entwickeltes System der SKB. Doch die Logistik bereitete ab dem Jahre 2004 Probleme und die SKB nutzt nun zusätzlich Komponenten des AUTOKO-90, wobei für beide Komponenten gilt, dass sie nicht für den Einsatz in einem streitkräftegemeinsamen und multinational mit der NATO operierenden CIS geeignet waren.

Das digitale Bündelfunksystem (TETRAPOL) ist eine moderne und auch mobile Systemkomponente zur Anbindung mobiler Teilnehmer der Bundeswehr. Zunächst nur begrenzt verfügbar, konnte es kein Aufbau des Systems für die Streitkräfte insgesamt als Grundlage eines gemeinsamen CIS erwartet werden. Technische Lösungsmöglichkeiten sind im Bereich der CIS deshalb nur in geringem Umfang verfügbar und neue Technologien befinden sich derzeit in der Entwicklung (z.B. SOFTWARE COMMUNICATIONS ARCHITECTURE (SCA) und SOFTWARE DEFINED RADIOS (SDR)).

Das Vorhaben ADAS (Analoge Datenerfassung Analyse Simulation) wurde z.B. in der Deutschen Marine für die Datenaufzeichnung, ihre Auswertung und Simulation innerhalb eines Systems konzipiert. Fehler in der Bedienung und im System können in der Simulation und während des operativen Einsatzes schneller erkannt werden. Doch werden derartige Insellösungen nicht die Notwendigkeit einer weltweiten Standardisierung ersetzen können. In der Bundeswehr standen lange Zeit für die notwendigen Joint/Combined-Fähigkeiten weder im nationalen, europäischen, multinationalen noch im NATO-Rahmen entsprechende CIS zur Verfügung und sind weiter im Aufbau befindlich. Grundsätzlich gilt es hier auch die administrativen von den operativen Netzwerken zu unterscheiden und auch deren Einstufung.

In den deutschen Streitkräften wurde unter dem Projekt HERKULES die Vergabe der stationären Fernmeldesysteme FmSysBw, AUTOFü und TaktRiFu, der handelsüblichen IT, der Liegenschaftsknoten, Fachinformationssysteme und Rechenzentren an eine IT-Gesellschaft umgesetzt. Die GESELLSCHAFT FÜR ENTWICKLUNG, BESCHAFFUNG UND BETRIEB (G.E.B.B.) musste dabei die Kontrolle der Bundeswehr über seine IT-Sicherheit und das Material gewährleisten, während gleichzeitig viele Aufgaben der Wartung und Administration in zivile Hand gegeben werden sollten. Jeder Vorteil, der durch ein Outsourcing gewonnen wird, birgt jedoch meist auch einen Nachteil, der oft erst später erkannt wird. Das Projekt HERKULES zur Standardisierung und Modernisierung der nicht-militärischen Informations- und Kommunikations-technologie (IKT) und Einführung von der Standard-Anwendungs-Software-Produkt-Familien (SASPF) begann 2006, stand mehrfach vor dem Scheitern und wurde erst am 27. Dezember 2016 abgeschlossen. Die Bundeswehr und die Bundeswehr Informationstechnologie GmbH (BWI GmbH), hervorgegangen aus der Verschmelzung der BWI Informationstechnik und der BWI System GmbH, unterzeichneten am 26. Dezember 2016 einen Vertrag über die IT-Dienstleistungen für die Bundeswehr.

Die militärische Kommunikation in Konflikten umfasst innerhalb der NetOpFü die klassische Lagebeurteilung, die Führung und direktem Waffeneinsatz, was in allen Streitkräften durch teilweise sehr komplexe GEFECHTSFELDFÜHRUNGSSYSTEME (GeFüSys) sowie entsprechende FÜHRUNGS- UND WAFFENEINSATZSYSTEME (FüWES) gewährleistet werden muss. Alle operativen Systeme sind meist mit höherer Einstufung und sind bislang in der Führungsunterstützung der Bundeswehr verblieben.

Ähnlich wie bei der Umwandlung der Fahrbereitschaften der Bundeswehr in den Dienstleistungsbetrieb Fuhrpark Service (BwFuhrpark) ist nicht alles ohne Reibungsverluste umsetzbar, manche Forderungen eventuell seitens der Industrie auch nicht voll umfänglich erfüllbar. Die Zukunft wird zeigen welche Maßnahmen sinnvoll waren, zu Einsparungen führten und welche Umwandlungen ohne einen Nutzen waren und vielleicht noch zusätzliche Finanzen erforderten.

Die NATO stützt sich bei taktischen Fernmeldesystemen auf den taktischen Funk (COMBAT NET RADIO, CNR), Funkwählnetze (SINGLE CHANNEL RADIO ACCESS, SCRA) sowie Paketfunknetze (PACKET RADIO NET, PRN). Das Mehrzweckgerät MULTI-BAND-/MULTI-ROLE-RADIO (MRR) soll in der Bundeswehr zukünftig die benötigten Frequenz- und Anwendungsbereiche insgesamt abdecken.

War der Presseoffizier oder Kriegsberichterstatter bis im 2. Weltkrieg mit Papier und Bleistift bewaffnet, so änderte sich auch dieses Bild mit den neuen Techniken und Medien. Die Berichte des Senders CNN von den Kampfeinsätzen der amerikanischen Streitkräfte sind dafür ein Beispiel und auch in der Bundeswehr ging der Schritt hin zum Informationsmedium im Nutzen der Streitkräfte durch die Bereitstellung der von militärischer Seite für die Öffentlichkeit bereitzustellenden Informationen und Fakten.

Nach Kriegsende wurden beim Neuaufbau der deutschen Streitkräfte in beiden Staaten auch die „Soldaten-Sender" neu aufgebaut. Am 1. Oktober 1960 meldete sich in der DDR ein neuer Sender auf der Mittelwelle 935 im Äther. Mit fünf Paukenschlägen und dem Satz „Hier ist der Deutsche Soldatensender" stellte er sich vor. Drei Monate zuvor, am 15. Juni, hatte der Nationale Verteidigungsrat der DDR beschlossen, einen Soldatensender zu gründen; bis zum 30. September sei die personelle, technische und organisatorische Sendebereitschaft herzustellen. Damit sollte der psychologischen Kampfführung der Bundeswehr entgegengewirkt werden.

Stumm blieb am 1. Oktober 1960 zunächst der, auf Weisung des Verteidigungsministers Franz-Joseph Strauß 1959 aufgestellte, Sender der Bundeswehr. Im Rundfunkbataillon der Bundeswehr arbeiteten etwa 400 Militärs aller drei Waffengattungen sowie eine große Zahl von Ingenieuren und Tontechnikern. Etwa die Hälfte der Redakteure waren berufserfahrene Rundfunkleute, weitere 30 Prozent kamen aus dem Zeitungsgewerbe. Bescheiden nahmen sich dagegen die Bedingungen des ostdeutschen Senders „935" aus, denn im Laufe der zwölf Jahre seiner Existenz gehörten ihm 74 Militärs und Zivilangestellte mit antifaschistischem Hintergrund an. Gemeinsamkeit in beiden Sendestationen war die Verwendung von Pseudonymen für die Redakteure und Sprecher.

In der Hochzeit des Kalten Krieges ging der Nationale Verteidigungsrat der DDR davon aus, dass die militärpolitische Situation in Deutschland „große Gefahren für den Weltfrieden" in sich berge. Aus nationaler Verantwortung für die Zukunft des deutschen Volkes und den Frieden in Europa sei es notwendig, die Einwirkung auf die Bundeswehr „durch die Errichtung eines Soldatensenders entschieden zu verstärken". Der Sender habe ein „ansprechendes, vielseitiges und populäres" Programm mit Nachrichten aus Politik, Gesellschaft und Sport, Informationen aus dem Armeealltag sowie kulturellen Angeboten, Unterhaltung und reichlich Musik zu gestalten. Explizit erwartet wurde ein hohes Maß an schöpferischer Eigenständigkeit. Unüblich in jeder Armee war hier anscheinend Narrenfreiheit sanktioniert, die durch die Kontrolle des MfS aber unterbunden war.

Als Standort für den Soldatensender der NVA wurde das Gelände des Armeesportklubs (ASK) in Berlin-Grünau, in der Regattastraße 267, ausgewählt. Den Ausschlag dürfte weniger die idyllische Lage an der

Olympia-Regattastrecke von Dahme und Langem See gegeben haben, als vielmehr die dort bereits vorhandenen technischen Voraussetzungen.

Erster Kommandeur war Erhard Reichardt, ein Mann des antifaschistischen Widerstandes, der in der NS-Zeit im Zuchthaus Zwickau und Waldheim saß, bevor er 1943 in eine Wehrmachtstrafeinheit der „999er" gepresst wurde. Gegen Ende des Krieges in jugoslawische Kriegsgefangenschaft geraten, kämpfte er in einer Partisaneneinheit gegen Wlassow-Truppen. Nach dem Krieg arbeitete er an Zeitungen für Kriegsgefangene mit und war Intendant des Landessenders Dresden, wurde jedoch bereits 1950 abberufen und wegen seiner „jugoslawischen Episode" politisch gemaßregelt. Ab Mitte der 1950er Jahre stellvertretender Chefredakteur der Satirezeitschrift "Eulenspiegel", kehrte er 1958 zum Rundfunk zurück.

Auf antifaschistischen Hintergrund und Rundfunkerfahrungen, als Mitarbeiterin am Sender des "Nationalkomitees Freies Deutschland" in Moskau und nach dem Krieg beim MDR in ihrer sächsischen Heimat, konnte auch die erste Chefredakteurin des Deutschen Soldatensenders, Lea Große, verweisen. Sie stammte aus einer jüdischen Familie, wurde 1936 vom Volksgerichtshof zu Zuchthaus verurteilt und 1938 nach Polen abgeschoben. Nach dem deutschen Überfall am 1. September 1939 floh sie in die Sowjetunion; nach dem Krieg heiratete sie ihren langjährigen Lebensgefährten, den KPD-Reichstagsabgeordneten Fritz Große.

Zu den führenden Köpfen des deutschen Soldatensenders gehörten des Weiteren Richard Fischer sowie, etwas später, Hans Goßen, deren Lebensgeschichten unterschiedlicher nicht sein konnten. Letzterer war Mitglied der SA und der NSDAP, trat jedoch politisch nicht hervor, erst 1943, als er sich als Wehrmachtsgefreiter in russischer Kriegsgefangenschaft dem Nationalkomitee Freies Deutschland anschloss. Fischer wiederum hatte als Kind seinen Vater im Ersten Weltkrieg verloren, ein prägendes Erlebnis. Anfang März 1934 wurde der Kommunist und Antifaschist erstmals von der Gestapo verhaftet, tagelang schwer misshandelt und schließlich in einem Prozess gegen 60 Berliner Kommunisten, Sozialdemokraten und Gewerkschafter zu zweieinhalb Jahren Gefängnis verurteilt. Nach der Entlassung wieder im Widerstand, folgte die erneute Inhaftierung 1937. Aus dem KZ Sachsenhausen wurde auch er zu Kriegsende in eine Strafkompanie zwangsrekrutiert. Als Vizechef der Politischen Hauptverwaltung der NVA nahm er an der Abnahme der Sendebereitschaft des Deutschen Soldatensenders am 29. September 1960 teil. Ihm vor allem war es zu danken, dass "935" von Soldaten der NVA wie auch der Bundeswehr angenommen wurde; die Zahl der Hörerbriefe überschritt die Hunderttausend.

Weitere prominente Mitarbeiter waren Oberst Job von Witzleben, ein Neffe des Generalfeldmarschalls Erwin von Witzleben, einem der Männer des 20. Juli 1944, sowie Oberst a. D. Wilhelm Adam, ein Teilnehmer der Schlacht um Stalingrad, der seine Texte auch selbst in das Mikrofon sprach. Der erste Hausmeister und Heizer beim Sender war Erich Dürr, der zur weit verzweigten Widerstandsgruppe "Rote Kapelle" gehört hatte. Seine Frau Elfriede bekochte die ersten Redakteure und Mitarbeiter. Aus der anfänglichen Redaktionsanschrift Postfach 116, Französische Straße, in Berlin wurde alsbald die deutschlandweit populäre Adresse "W. Schütze Berlin W 8", benannt nach dem umtriebigen Funktechniker Wilfried Schütze, der von Anfang an dabei war und nicht nur fachliche Kompetenz, sondern auch Witz einbrachte. Versuche aus dem Verteidigungsministerium, der postalischen Adresse das Kürzel DDR anzufügen, wurden von der Redaktion mit überzeugenden Argumenten abgewiegelt.

Am 15. Januar 1962 befasste sich "935" beispielsweise mit der Weisung des Bundesverteidigungsministers Strauß, wonach Sportlern in der Bundeswehr eine Wettkampfbeteiligung in der DDR und anderen Ländern des Ostblocks untersagt wurde; aktueller Anlass für das ministerielle Verbot war der Bundeswehrgefreite Wolfgang Happle aus dem Gebirgsjäger-Bataillon 221, der bei der Weltmeisterschaft in der polnischen Skihochburg Zakopane antreten wollte. Der ostdeutsche Sender verwies auf die Unfairness, einem Sportler die Teilnahme an einem Ereignis zu verweigern, für das er jahrelang hart trainiert hatte.

Zitiert oder per Interview im Originalton ausgestrahlt wurden Äußerungen von Militärs beider Seiten. Der Deutsche Soldatensender machte u. a. auf antisemitische Äußerungen des zum "Staatsbürger in Uniform" mutierten Adolf Graf von Kielmansegg aufmerksam, der Spitzenpositionen in der Bundeswehr und der NATO einnahm.

Der Sender war vor allem an Meinungen von einfachen Soldaten der Bundeswehr interessiert. Im Gegensatz zu dessen Rundfunkbataillon "990", das Angehörige der NVA und der DDR-Grenztruppen ausfragte, zahlte "935" nicht für Befragungen und Auskünfte. »990« gelang es u. a., den Kraftfahrer von "935" zu interviewen, den ersten und letzten Deserteur der Rundfunkmannschaft in der Regattastraße.

Zum fünfjährigen Bestehen des Deutschen Soldatensenders würdigte DDR-Verteidigungsminister Heinz Hoffmann am 2. Oktober 1965 dessen erfolgreiche Arbeit mit der Verdienstmedaille der NVA in Gold. Dass "935" ein unverwechselbares Profil hatte und von den Angehörigen beider deutscher Armeen gern gehört wurde, gestand selbst der Generalinspekteur der Bundeswehr Ulrich de Maiziere ein; in den "Informationen für den Kommandeur" warnte er, die Sendungen des Deutschen Soldatensenders »nicht zu unterschätzen«. Auch die Informationen für die Truppe behandelten in einer Folge von Beiträgen die Wirkungen von "935" ausführlich und gaben Hinweise, wie ihnen zu begegnen sei.

In der zweiten Hälfte der 1960er Jahre mussten sowohl die Chefredakteurin Lea Grosse wie auch Reichardt den Dienst quittieren. Ihnen und der Mannschaft wurde angeblich fehlende bzw. unzulängliche militärische Ordnung und Disziplin vorgeworfen. In Wirklichkeit störte die unorthodoxe Kreativität der Redaktion. Unter der neuen Führung wurde das Programm schmalspurig und engstirnig. Der Sender wurde durch die neue Situation in den deutsch-deutschen Beziehungen (Grundlagenvertrag) obsolet. Die Auflösung von "935" bestätigte Erich Honecker als nunmehriger Vorsitzender des Nationalen Verteidigungsrates am 17. Juli 1972. In der "Geheimen Kommandosache 62/72" heißt es lakonisch:

"Der Deutsche Soldatensender stellt nach mehr als zehnjähriger Tätigkeit mit Wirkung vom 01. 07. 1972 seine Tätigkeit ein."

In der Bundeswehr arbeiteten im Fernmelderegiment 930 in Gerolstein 2004 mit 200 Soldaten in der 5. Kompanie im wöchentlichen Wechsel in der verbunkerten Bodenstation. 10 Satellitenkanäle (im Jahr 2001) übermitteln Daten aus dem Kosovo (5), Bosnien-Herzegovina (3), Italien (1) und Mazedonen (1). Daneben lief und läuft das Rahmenprogramm des "RADIO ANDERNACH" lokal vor Ort und sechs Stunden mit Informationen aus dem OpInfoBtl 950 in Mayen. Der Sender ist zur Kultstation der Soldaten in den internationalen Einsätzen geworden und heute nicht mehr aus dem Dienst im In- und Ausland wegzudenken.

Dazu kommen die mobilen Trupps. Einsatzkameratrupps (EKT) bestehend aus fünf Soldaten mit zwei Redakteuren im Offiziersrang, einem Kameramann, einem Cutter und einem SATCOM-Techniker haben drei Kameras, einen mobilen Schnittplatz im Aktenkoffer und einer transportable Satellitenanlage zur Verfügung. Für die insgesamt sechs geplanten Trupps waren drei dieser Ausrüstungen in Planung, womit eine Berichterstattung in Echtzeit von jedem Einsatzort der deutschen Streitkräfte aus damals möglich gewesen wäre. Durch Einsparungen und die Anzahl der heutigen Einsatzorte müssen die Teams nun aber ihre Einsatzorte wechselnd abdecken.

Ende 2002 wurde in der General-Delius-Kaserne in Mayen das ZENTRUM FÜR OPERATIVE INFORMATION (OPINFO) in Dienst gestellt. Erster Kommandeur des Zentrums war der Oberst Jochen Annuß, der vielleicht einigen Soldaten aus dem Einsatz in Bosnien und dem dortigen Lagerleben noch in bleibender Erinnerung geblieben ist. 2004 übernahm Oberst Dietger Lather das OpInfo, in dem auch seit 1974 das RADIO ANDERNACH in einem eigenen Dezernat auf Sendung ist. Die Personalstärke von 700 Soldaten wurde auf rund 1.200 für internationale Einsätze erhöht und auch mit dem Zentrum für Operative Information ist die Bundeswehr lediglich dem Vorbild der NATO in der eigenen Truppe gefolgt.

Der „Soldatensender" der Bundeswehr, das RADIO ANDERNACH, ist heute fester Bestandteil der öffentlichen Informationsarbeit, der Soldaten selbst, aber auch der psychologischen Wirkkomponente im medialen Zeitalter. Die Bundeswehr ist heute über das Presse- und Informationszentrum in allen sozialen Medien vertreten, über die auch die Nachwuchswerbung betrieben werden. Auch dieser Bereich ist eine Angriffs- und Wirkfläche heutiger und zukünftiger digitaler Konflikte.

Simulations- und Übungsanlagen sind heute ebenfalls der digitalen Vernetzung gefolgt. Das modernste Gefechtsübungszentrum Europas steht auf dem Truppenübungsplatz Letzlinger Heide/Altmark, der schon seit Jahrhunderten als deutscher Übungsplatz genutzt wird. Auf dem GEFECHTSÜBUNGSZENTRUM DES DEUTSCHEN HEERES (GEFÜBZH) können auf einer Fläche von 500 qkm bis zu 2.500 Soldaten mit Fahrzeugen trainieren, wobei sie in Echtzeit vollständig elektronisch überwacht und erfasst werden. Die Daten werden von einer Auswertestelle protokolliert, von Schiedsrichtern bewertet und sind über Funk mit TETRA (TERESTIAL TRUNKED RADIO, Rohde&Schwarz) überall in der Übung zur Begutachtung verfügbar. Die Waffen senden Laserstrahlen, welche die Sensoren auf Fahrzeugen und Soldaten aktivieren, wonach der jeweilige vom Laser getroffene Gegner im System deaktiviert wird und aus der Übung ausscheidet.

In diesen Konflikten werden mehr und mehr die Nachrichtendienste in der Aufklärung und Spezialeinheiten gefordert, wie die deutsche KSK, die amerikanischen Delta Force, Army Ranger, Green Berrets, Navy Seals, Night Stalkers, Force Recon, die britische SAS, oder Äquivalente aus anderen Ländern, welche mit den modernsten Informations- und Waffentechnologien dem Terror entgegenwirken. Die bereits vernachlässigte HUMINT, der klassische Agent, hat in der technologischen Welt plötzlich wieder Renaissance erlebt.

Im Jahre 2002 gab es nachweislich 28 Staaten mit ballistischen Raketen, 13 Staaten mit biologischen und 16 mit chemischen Waffen. Konventionelle Kriegsführung tritt in den letzten Jahren aufgrund des internationalen Terrorismus immer mehr in den Hintergrund. Terror kann aus verschiedenen Ländern, von verschiedenen geografischen Standorten und ohne Vorwarnung jeden Staat und jede Person treffen und bedroht deshalb die Sicherheit aller Nationen und aller Völker. Der Einsatz von massiven Kampfverbänden gegen verdeckt operierende Einzelpersonen oder Gruppen von zivilen Personen hat wenig Aussicht auf Erfolg. Wirtschaftliche Sanktionen gegen die Ursprungsländer treffen meist nur die zivile Bevölkerung, die globalen Herausforderungen erfordern globale Lösungsansätze.

Wirtschaftlicher Handel ist im gewissen Sinne immer ein Wettstreit, wie es die Wortbildungen "Handelskrieg" oder "Wirtschaftskampf" verdeutlichen. Ein Übergang einer digitalen Auseinandersetzung zu einer militärischen Konfrontation ist dabei fließend. Die Wirtschafts- und Militärmächte USA, Russland und China, aber auch Staaten wie Nordkorea betreiben massive Informationsbeschaffung, quasi einen digitalen Imperialismus.

Wie nahe der Handel dem realen Krieg steht, hat die Geschichte bewiesen und der Schauplatz ist deshalb lediglich mit durch die Nachrichtentechnik digital erweitert worden, wobei sich Qualität und Quantität nahezu exponentiell entwickelt haben. Die Informationsdominanz führte z.B. neben der wirtschaftlichen Macht der USA zu einer militärischen und politischen Abhängigkeit der europäischen und auch anderer Staaten. Eine eigenständige Informationskompetenz in der EU wurde bisher weder militärisch noch nachrichtendienstlich umgesetzt, erst durch die politischen Entwicklungen in den USA ab 2016 forciert. Nur eine gemeinsame politische und militärische Entscheidungsfähigkeit der EU-Mitgliedstaaten wird eine Wirkung haben, Anerkennung finden und der Europäischen Union die Position als Stakeholder langfristig sichern können.

Grundsätzlich hat der Umgang mit Informationen und Wissen im militärischen Bereich immer eine wesentliche Rolle bei der Planung und Durchführung militärischer Operationen gespielt. Die intensive

Nutzung der Informationstechnologie und die sich daraus ergebenden Risiken und Verletzbarkeiten übertragen sich lediglich auf den militärischen Bereich. In zukünftigen Konflikten ist die Fähigkeit, Information und Wissen oder Desinformation zur Machtausübung optimal einzusetzen, zu einem Schlüsselfaktor geworden. Desinformation als psychologische Maßnahme wurden nicht erst in den US-Wahlen 2016 umfangreich eingesetzt und auch zukünftig alle Staaten betreffen.

INFORMATIONSTECHNOLOGISCHE OPERATIONEN sind Maßnahmen und Aktionen, welche die eigenen Informationen und Informationssysteme schützen und verteidigen sowie auf gegnerische Informationen und Informationssysteme wirken. Informationsoperationen (InfoOps) schließen nicht-technologische Anteile, wie z.B. Propaganda, Presse und Fernsehen oder auch die Desinformation ein. INFORMATION WARFARE bzw. die INFORMATIONSTECHNOLOGISCHE KRIEGSFÜHRUNG existieren nicht als ein separater und neuer Bereich, sondern sind nur die logische Weiterentwicklung der bisherigen Möglichkeiten und Anwendungsbereiche der digitalen Nachrichten, deren Schutz, Integrität und Verfügbarkeit.

Informationstechnologische Operationen innerhalb der Informationstechnologischen Kriegsführung umfassen alle Handlungen, die eine Organisation, ein Staat oder auch eine einzelne Gruppe vornimmt, um durch Beeinträchtigung von Informationen, IT-Prozessen und Informationssystemen des Gegners eine Überlegenheit hinsichtlich der Information in Qualität und Quantität für sich herzustellen und gleichzeitig die eigenen Informationen, IT-Prozesse und Informationssysteme zu schützen. Die bisherigen Formen der Kriegsführung in diesem Bereich wie C2W, EW, IBW (INTELLIGENCE BASED WARFARE) fließen in Verbindung mit der PSYCHOLOGISCHEN KRIEGSFÜHRUNG gegen Kommandeure, Truppenteile, Einzelpersonen sowie die ganze Bevölkerung eines Staates ein. Psychologische Kriegsführung erweitert die militärischen Operationen und nimmt Einfluss auf den nationalen Willen und die Kultur, der technische Aspekt öffnet sich zum digitalen Konflikt bis hin zum CYBER WAR.

Ansatzpunkte zum virtuellen Krieg oder Terror ergeben sich in den weltweit vernetzten Informationssystemen, bei der Installation von manipulierter Software in militärischen und zivil genutzten Rechnern sowie bei der Verwendung von Computerchips mit bewusst eingefügten Fehlern (CHIPPING). Die wirtschaftlichen Grundstrukturen eines Staates, das weltweit vernetzte Finanzsystem sind potentielle Angriffspunkte. Ein Chaos könnte erzeugt und die militärische Einsatzbereitschaft eines angegriffenen Staates erheblich reduziert werden, weshalb die defensive Rolle im virtuellen Krieg an erster Stelle stehen muss.

Im Bürgerkrieg musste 1864 fast die Hälfte der Truppen der Union dazu genutzt werden, die Telegraphen- und Eisenbahnverbindungen zu schützen, die glücklicherweise meist parallel verliefen. Das Militär wurde durch verschiedene Kommunikationsmittel seit Anfang des 20. Jahrhundert immer weiter vernetzt. Diese Nachrichtenverbindungen zu unterbrechen oder selbst zu nutzen, ist seit jeher Teil einer Kriegsführung, die hier beschriebene Quantität und Qualität der Informationen, die zur Führung der Truppen übermittelt werden und damit auch der Effekt eines exakten und wirkungsvoll geführten Angriffes gegen diese Nachrichtenverbindungen ist heute nur sehr viel größer.

Schon konventionelle Anschläge auf zivile Einrichtungen oder auch Naturkatastrophen können die militärische Führung beeinflussen, da oftmals zivile Nachrichtenmittel mit genutzt werden oder als Backup dienen. Bei dem Bombenanschlag auf das World Trade Center 1993 wurde z.B. die Kommunikation der Joint Task Force in Somalia stark beeinträchtigt, da für 36 Stunden die Satellitenverbindungen zum Erliegen kamen. Der Drahtzieher des Anschlags wurde mit seinem Laptop auf den Philippinen festgenommen. Nach Entzifferung der verschlüsselten Festplatte konnten weitere Anschläge aufgedeckt und verhindert werden, da sein Passwort auf einem externen Speichermedium gefunden wurde. In militärischen Kampfhandlungen hätte der Ausfall dieser Satellitenverbindungen schwerwiegende Folgen haben können.

Im militärischen Umfeld ist beispielsweise die Kenntnis über den Zeitpunkt eines geplanten Panzerangriffes ist für die Verteidigung von Vorteil, zusätzliche Informationen über Art und Weise sowie welcher

Waffeneinsatz geplant ist, ermöglicht eine Abwehr selbst mehrfach überlegener Kräfte. Wer vor und während des Angriffes noch die genaue Position und Reichweite jeder einzelnen Waffe und die Truppen verfolgen kann, dann mit intelligenten Waffen aus der Distanz gezielt attackiert und das Maximum an Effektivität erreicht, wiederholt das biblische Aufeinandertreffen von David gegen Goliath.

Die digitalen Operationen können nach defensiven und offensiven Operationen unterschieden werden, wobei natürlich auch hier der Grundsatz "Angriff ist die beste Verteidigung" weiter seine Gültigkeit behält. Vorfälle über Eindringversuche und Datendiebstahl wachsen mit der Nutzung des Internets, defensive Operationen gehören zur essenziellen und tagtäglichen Aufgabe jedes IT-Sicherheitsbeauftragten und auch der Administratoren in der Netzwerksicherheit.

Diese informationstechnologischen Maßnahmen ermöglichen oder unterstützen auch die psychologischen Operationen, in denen im Voraus ausgewählte Informationen an ausländisches bzw. zielgerichtetes Publikum weitergegeben werden, um ihre Gefühle, Motive, Objektivität der Bevölkerung und letztlich das Verhalten der ausländischen Regierungen, der ökonomischen Grundlagen eines Staates, seiner Organisationen, Gruppen oder Einzelpersonen zu beeinflussen.

Psychologische Operationen veranlassen, schwächen oder verstärken Haltungen und Verhaltensweisen des Auslandes in einer Weise, die den Zielen des Auslösers entgegenkommt. Psychologische Kriegsführung nutzt Informationen zur Beeinflussung der nationalen Stimmung, der Führung der Streitkräfte, der Truppen der Streitkräfte oder auch von kulturellen Konflikten, als gegen einen Computer oder eine Software. Die psychologische Kriegsführung ist auf die informations-technologischen Operationen in der Umsetzung angewiesen, um die Zielpersonen überhaupt zu erreichen. Psychologische Operationen die rein propagandistischen Zwecken dienen wirken im Nachhinein negativ für den Verursacher. Eine objektive auf Fakten beruhende psychologische Operation bringt hingegen einen lang wirkenden positiven Aspekt, wie z.B. in der Meinungsbildung in totalitären Staaten und Systemen.

Die Psychologische Kriegsführung muss immer die bestehende Medienarchitektur berücksichtigen und nutzen können. Der Somalische Führer Mohammed Aideed verlor fast 200, rund ein Drittel seiner Kämpfer, während die USA neunzehn tote US-Rangers zu beklagen hatten. Aideed hatte korrekt eingeschätzt, dass die Reflexionen der Satelliten-Terminals und anderer Sendeeinrichtungen innerhalb der Stadt eine Peilung und Störung oder Unterbrechung der Übermittlung der Bilder an die CNN verhindern würden. Die CNN-Berichte über die durch die Straßen geschleiften amerikanischen Leichen wurden weltweit ausgestrahlt. Die im militärischen Konflikt zunächst erfolgreichen US-Streitkräfte mussten unter dem inneren politischen Druck aus dem eigenen Land daraufhin Somalia verlassen. Aideed hatte den Informationskrieg und damit den militärischen Konflikt gegen die übermächtige USA gewonnen.

Soziale Medien bieten ideale Voraussetzungen zur Meinungsbildung einer Informationsgesellschaft auf einen möglichen bewaffneten Konflikt. Bei der irakischen Besetzung Kuwaits produzierte die Werbeagentur Hill & Knowlton Berichte, die in der Darstellung eines 312-fachen Kindermordes in den Krankenhäusern Kuwaits durch irakische Soldaten seinen Höhepunkt fand. Die Reportage wurde gestützt durch die Aussage einer Augenzeugin Namens "NAYIRAH". Hill & Knowlton verdienten zwischen 10-12 Millionen Dollar an den Reportagen. Die Augenzeugin des Kindermordes im kuwaitischen Hospital war die Tochter des kuwaitischen Botschafters und hatte die Ereignisse selbst nie gesehen. Die Kunst der Propaganda eines Josef Goebbels (Deutschland), Paul Nizer (USA), Lord Vansittard (Großbritannien) und Ilja Ehrenburg (Sowjetunion) wurde perfektioniert und fand ihren Einzug in die Informationsoperationen.

Ziel von InfoOps ist in der Zukunft jeden einzelnen Soldaten direkt ansprechen zu können, möglichst mit Bild- und Toninformationen, bei denen er sich selbst im Fadenkreuz einer gegnerischen Waffe sehen kann. Die Wahrnehmung der ultimativen Konsequenz aus dem weiteren Handeln, wird nur die Aufgabe als mögliche Option offenlassen und die Vermeidung von Entdeckung und damit der informationstechnischen Beeinflussbarkeit noch vor die Vermeidung der gegnerischen Waffenwirkung setzen. In den Golfkriegen konnten durch Informationsoperationen z.B. auch viele Iraker veranlasst werden ihre Fahrzeuge kampflos zu verlassen, indem ihnen Bilder von zerstörten Waffen, Fahrzeuge mit ihren toten Kameraden gezeigt wurden.

Aufklärung und Informationstechnologische Operationen sollten eigene Überraschungen ermöglichen, vor gegnerischen Überfällen schützen. Im 2. Weltkrieg wurden deshalb die deutschen Truppen davon überzeugt, dass die alliierte Landung in Calais und nicht in der Normandie stattfinden würde, was selbst Tage nach der Invasion wirkte. Die USA verbreiteten gezielte Desinformation über den Angriff Japans über Stützpunkte in Alaska. Die irakische Führung glaubte an einen kurzen Luftkrieg und sofortigen Einmarsch der gegnerischen Truppen. Doch über 40 Tage und Nächte hindurch wurde das Land bombardiert und der Widerstand gebrochen, Kuwait nicht wie vom Irak angenommen von See eingenommen. In allen Fällen wurden gegnerische Kräfte an den Orten gebunden, an denen sie weit vom tatsächlichen Geschehen entfernt den eigenen Operationen nicht mehr Schaden konnten.

Virtuelle Attacken variieren wie militärische Operationen. Sie können direkt vor Ort initialisiert werden oder, solange Schnittstellen vorhanden, sind von überall auf der Welt. Das Ziel kann ein totaler Datenverlust, ein Systemabsturz, Datenmanipulation oder Datendiebstahl sein. Den USA gelang der Eingriff in die irakischen Flugabwehrsysteme durch das Einbringen von vorprogrammierten Mikrochips in den aus Frankreich gelieferten Druckern für die Computersysteme ("Schläfer-Programme"), da Peripheriegeräte kaum auf Viren geprüft werden. Beim Öffnen von Programmfenstern verursachte der Chip jedes Mal Datenverluste. Die US-Luftwaffe konnte zusätzlich durch Abwürfe von Kohlefasern über elektrischen Kraftwerken und Umspannstationen im Irak zeitweise die gesamte elektrische Versorgung großer Gebiete und damit deren militärischen Einrichtungen und ihre Verteidigung lahmlegen.

Die innere und äußere Sicherheit von Staaten beruhen auf technologisch hoch entwickelten, effektiven Exekutivkräften, Militär, Polizei, Grenzschutz oder auch der Küstenwache als staatliche Organisationen eingebunden in Bündnisse und Kooperationen, was kontrollierte informationstechnologische Operationen zu Friedens- und Krisenzeiten erst ermöglicht. Die Fähigkeit zum rechtzeitigen Erkennen, zur flexiblen Reaktion und angemessenen Abwehr von informationstechnologischen Operationen erfordert neue Strategien in der IT-Sicherheit und den Organisationsformen für die Informationstechnik.

1993 fanden sich in der Definition COMMAND AND CONTROL WARFARE (C2W) die ELECTRONIC WARFARE wie auch SEAD (SUPPRESSION OF ENEMY AIR DEFENCE) und der Intelligence Support wieder. Aus der ADSIA wurde in mit der NATO STANDARDIZATION AGENCY (NSA) eine Behörde für die übergreifende Harmonisierung geschaffen. Am 1. Juli 1996 wurden in der NATO die CONSULTATION, COMMAND & CONTROL (C3) geformt, was den Zusammenschluss der NACISA (NATO COMMUNICATIONS AND INFORMATION SYSTEM AGENCY) und des SHAPE TACTICAL CENTERS (STC) in Den Haag nach sich zog.

In den 1970er Jahren entwickelte die NATO eine umfassende Fernmeldestruktur und unter dem amerikanischen Begriff der COMMAND, CONTROL, COMMUNICATION INTELLIGENCE (C3I) wurden diese zu den NATO INTEGRATED COMMUNICATIONS SYSTEMS (NICS) zusammengeführt. Die Führung und Kontrolle der Fernmeldemittel mit der Aufklärung über Satelliten, Bodenradarstationen, luftgestützten Erkundungssystemen, Unterwasser-Aufklärungssystemen, verschiedener anderer Nachrichtensysteme sowie etwa 40 Kommandostellen der oberen Kommandobehörden wurden verbunden. Die Organisation und das Material des Kalten Krieges mit seinen vielen Redundanzen wurden durch Modernisierungen auf einem möglichst hohen Leistungsniveau gehalten. Die Entwicklung der EDV und der Fernmeldemittel mit Computertechnologie wurde die Technologiebasis für das COMMAND, CONTROL, COMMUNICATIONS, COMPUTERS AND INTELLIGENCE (C4I) geschaffen und zum erweiterten COMMAND, CONTROL, COMMUNICATIONS, COMPUTERS, INTELLIGENCE, SURVEILLANCE AND RECONAISSANCE (C4ISR) entwickelt.

C4ISR zählt heute neben operativer Planung, strategischer Mobilität und Logistik zu den Kernbegriffen militärischer Führung. Diese Entwicklung auf dem Gebiet der Technologien für die Führung brachte das

JOINT MARITIME COMMAND AND INFORMATION SYSTEM (JMCIS) hervor. JMCIS ermöglichte den in See stehenden Einheiten erstmals die Lagebilder der an Land stationierten Einheiten zu empfangen und die Interoperabilität der Schiffe herzustellen. Ein Knotenpunkt in den USA ist das Mount Weather Emergency Operations Center in den Blue Ridge Mountains, in den sich auch der Präsident der Vereinigten Staaten in Krisenfällen zurückziehen kann ("High Point").

Im COMMAND, CONTROL, COMMUNICATIONS, COMPUTERS, INTELLIGENCE, SURVEILLANCE, TARGET ACQUISITION AND RECONAISSANCE (C4ISTAR) sind die USA auf Unterstützung durch europäische Komponenten der bemannten Aufklärungsflugzeuge JSTAR oder ASTOR angewiesen und zusammen mit den unbemannten Systemen wie GLOBAL HAWK und anderen UAVs sowie mit Aufklärungssensoren ausgestatteten Hubschraubern oder U-Booten können wichtige Ergänzungen zur Aufklärungskapazität der NATO-Streitkräfte beitragen werden.

Im Jahre 2000 besaß z.B. die US-Regierung in ihrem DEFENCE INFORMATION SYSTEM NETWORK (DISN) über 2,1 Millionen Computern und über 10.000 LAN's (1999), 100 Fernmeldenetzwerke, 200 vernetzte Kommandozentralen und 16 große Rechenzentren und über 800 Websites, deren Zahlen stetig steigt. 1996 schätzte die DEFENCE INFORMATION SYSTEMS AGENCY (DISA), dass im Jahre 1995 insgesamt etwa 250.000 Angriffe gegen Netzwerke des Verteidigungsministeriums durchgeführt wurden. Diese Lage hat sich durch online frei verfügbare Bausätze für Schadsoftware verschärft. Als die DISA 38.000 selbst eingeleitete Angriffe zum Test auf das US-Verteidigungsnetzwerk analysierte, wurden 65% davon als erfolgreich bewertet. Erschreckend war, dass nur 988 der erfolgreichen Angriffe (rund 4%) von den betroffenen Organisationen bemerkt wurden und davon wiederum nur 267 (etwa 27%) gemeldet wurden.

Die US-Regierung registrierte 1995 bei ihren Websites und Netzwerken neben den eigenen Tests ~250.000 nicht autorisierte Eindringversuche. Die Zahl der erfolgten Hackerangriffe auf die Computer des Pentagons stieg innerhalb von 12 Monaten (1998/99) von 5.844 auf 22.144, weshalb das CRITICAL INFRASTRUCTURE ASSURANCE OFFICE (CIAO, untersteht dem Nationalen Sicherheitsrat und ist für die IT-Ausstattung zuständig) sehr teure Absicherungsmaßnahmen treffen musste. Gefahren drohen auch von Innen, denn auf die Systemsoftware des US-Flugzeugträgers ENTERPRISE aufgespielte private Bildschirmschoner hatten z.B. in den 90er Jahren das komplette Waffensystem lahmgelegt.

Die Bedrohung durch einzelne Personen bis hin zu staatlichen Einrichtungen ist neben dem internationalen Terrorismus eines der größten Probleme denen sich die USA und ihre Verbündeten im 21. Jahrhundert gegenübersehen. Die elektronische Bedrohung außer- und innerhalb von Netzwerken und der Kommunikationssysteme ist ein zweischneidiges Schwert, dessen Führung die US-Regierung auch in zukünftigen Konflikten beherrschen will. Im Januar 2000 berichtete die französische Presseagentur Agence France Presse (AFP), dass Taiwan sich auf einen Cyber-Krieg (via Internet) mit China vorbereite und dafür 1.000 Computerviren entwickelt habe. Die chinesische Armee unterhält eine Akademie in Wuhan, welche seit 1998 informationstechnologische Kriegsführung gegen Gegner simuliert und die damals bereits 31 Kurse für das Militär anbot.

Allein für die INFORMATION WARFARE (INFORMATIONSTECHNOLOGISCHE KRIEGSFÜHRUNG) wurden in den USA völlig neue militärische Zentren und Einheiten geschaffen. Es gibt z.B. die 609th Information Warfare Squadron (IWS, Shaw Airforce Base, Sumter/South Carolina) mit dem Information Warfare Center (AFIWC, Kelly Airforce Base, San Antonio/Texas) der U.S. Airforce, das Information Warfare Center der U.S. Army, das NATIONAL INFORMATION WARFARE CENTER und die bereits erwähnte DEFENCE INFORMATION SYSTEMS AGENCY. Das Information Warfare Center der U.S. Army in San Antonio ist heute das nationale JOINT ELECTRONIC WARFARE CENTER (C2 Warfare Center) zusammen mit dem in der Nähe liegenden USAF INFORMATION WARFARE COMMAND, wobei sich die Strukturen durch die Anpassung an die Gefahren in stetigem Wandel befinden.

Die Kelly Airforce Base beheimatet auch den am 27. Juni 1972 geschaffenen Air Force Intelligence Service (1. Oktober 1993 AFI Agency), deren Ursprung bis zum Army Air Service zurück geht. Hier wurden schon im November 1918 mehrere Staffeln für die Aufklärung und 23 Ballon-Kompanien aufgestellt. Das Rome Air Development Center in der Luftwaffenbasis Griffiss bei New York ist eine der wichtigsten Forschungseinrichtung der US-Air Force. Die Netzwerke des Rome Air Development Center waren auch die Spielwiese des 16-jährigen Hackers Richard Pryce (Datastream Cowboy, 486-SX mit 25 MHz und 170 MB-FP) sowie seines 21-jährigen Freundes Matthew Bevan (Kuji). Aus Serbien wurde ein Ping-of-Death gegen den Webserver der NATO in Brüssel gestartet. Im Gegenzug wurde eine halbe Million E-Mail-Attacken an www.gov.yu, die Website der Jugoslawischen Regierung gestartet.

Ein militärischer Plan sah vor, die ausländischen Banken in Russland, Griechenland und Zypern anzugreifen, um Milosevic den Zugang zu seinen Finanzen zu versperren. Doch der Plan wurde verworfen, da er zu viele Risiken beinhaltete, denn niemand konnte garantieren, dass nicht das gesamte Weltwirtschaftssystem dabei beeinflusst wird. Die Untersuchung einer Distributed DOS-Attacke gestaltete sich durch den immensen Datenbestand als sehr schwierig. Eine DDOS-Attacke gegen den Internetdienst YAHOO am 7. Februar 2000 zog beispielsweise die Untersuchung von über 630 Gigabytes an Daten mit Beweisen und entsprechendem Zeitaufwand für die Auswertung nach sich.

Als die amerikanische Internetseite www.antiwar.com mit ihrer kontroversen Berichterstattung auch Fehlschläge in der Kriegsführung feststellte, kam es zu einer DOS-Attacke, die zu einer Adresse von Nedim Dzaferovic in Bosnien zurückverfolgt werden konnte. Diese war kurzfristig eingerichtet wurden und die Spur konnte über eine ".mil"-Adresse, eine Domäne der militärischen Einrichtungen in den USA, verfolgt werden. So waren es wohl nicht serbische Hacker, welche diese objektive Kriegsberichterstattung im eigenen Land zum Erliegen brachten. Die oberste Rechtsabteilung des Verteidigungsministeriums der USA erließ nach diesen Vorkommnissen neue Richtlinien für die kommandierenden Offiziere, in denen der Einsatz von Computerangriffen unter dieselben Prinzipien gestellt wurde, wie der Waffeneinsatz von Bomben oder Marschflugkörpern. Danach dürfen Ziele nur angegriffen werden, die eindeutig identifiziert wurden und die ausschließlich militärische Bedeutung haben, damit sollen kollaterale Schäden minimiert und willkürliche Attacken vermieden werden.

Die Umsetzung der Interoperabilität bei militärischen und IT-Operationen soll TSK- und national übergreifend im COMMAND, CONTROL, COMMUNICATION, COMPUTERS, INTELLIGENCE, SURVEILLANCE AND RECONNAISISSANCE (C4ISR) geschehen. Ein zentraler Einsatzverband mit Information-, Sensor- und Engagment-Grid wurde zunächst bei der US-Marine und dem US-Marine Corps verwirklicht und bildet die Weiterentwicklung elektronischer Systeme im maritimen Geschehen des 21. Jahrhunderts. Der Begriff Information Warfare sowie die Command-and-Control-Bereiche wurden nach den Erfahrungen der Militärs mit Aufgaben bei Aufbau demokratischer Systeme auf dem Balkan neu integriert. Da hier Spannungsphasen und Wiederaufbauphase außerhalb des bewaffneten Konfliktes mit einbezogen werden müssen, werden Operationen mit verschiedenen Konzepten zur jeweiligen Situation im C4ISR zusammengefasst.

Eine der größten Bedrohungen für die komplexe Informationstechnologie und deren Netzwerke stellt neben dem informationstechnologischen Krieg der nukleare elektromagnetische Impuls (NEMP) von Kernwaffendetonationen dar, der außerhalb der Atmosphäre (Exo-NEMP), innerhalb der Atmosphäre (Endo-NEMP) sowie von einem System erzeugten (generierten) SGEMP erzeugt kann.

Der Exo-NEMP bedroht alle Systeme, die in Sichtlinie zum Punkt der Detonation liegen, und durch die große Höhe umfasst das Bedrohungsgebiet auf der Erdoberfläche deshalb einige Millionen km2. In diesem Gebiet sind alle von Elektronik abhängigen Systeme, Sende- und Empfangsanlagen durch Funktionsstörung bedroht. Der Wirkungsbereich des Exo-NEMP kann aber auch auf ein kleineres und geografisch begrenztes Gebiet gerichtet werden. Der Endo-NEMP wird von einer bodennahen Kernwaffendetonation im Radius von wenigen Kilometern um den Detonationsort erzeugt und entwickelt eine Wirkung über wenige

Quadratkilometer, doch der Einsatz dieser Waffen würde jede informationstechnologische Kriegsführung quasi zum Erliegen bringen, weshalb sie dafür völlig ungeeignet sind. Für begrenzte EMP-Wirkungen wurden deshalb spezielle kleinere Bomben mit anderer Technik entwickelt, die sich in Einsätzen auch bewährt haben.

Die regional begrenzten Konflikte sind nach zwei Weltkriegen und dem Kalten Krieg stets eine präsente Gefahr geblieben, aber der Einsatz von Atomwaffen, wie es heute bei Terrorismus gegen Nationen und Staatengemeinschaften der Fall sein könnte, ist mit den biologischen und chemischen Kampfstoffen in eine Grauzone entwichen. Das Wissen um die Funktion und Herstellung dieser Waffen ist nicht mehr allein in den Händen einiger weniger technologisch fortschrittlichen Staaten, sondern bis in die 3. Welt verbreitet. Bei allen drei Komponenten (A-, B- und C-Waffen) ist die Hemmschwelle aufgrund der Vergeltung innerhalb der Nationen sehr hoch angesiedelt, die Anwendung bei fanatischen Terroristen, wie auch in der virtuellen Kriegsführung mit Computeranomalien aber kaum einzuschätzen, da sich auch kein angreifbares Ziel für einen abschreckenden Gegenschlag bietet. Speziell auch unter diesem Hintergrund entwickelten die USA das Konzept der NCW.

Das NCW ist in den USA die Verflechtung einer Vielzahl von militärischen und nichtmilitärischen Sensoren, Effektoren, Führungs- und Fernmeldemitteln auf unterschiedlichsten Plattformen in Netzwerken, welche die effektive Überwachung und Aufklärung eines Gegners sicherstellen, genaueste Kenntnis der Standorte befreundeter Kräfte sowie die Fähigkeit, Aktionen direkt zu steuern und koordinieren zu können, sicherstellen soll. Das Konzept entstand bereits aus den Erfahrungen der Golfkriege und früherer Konflikte, ist insofern auch nicht völlig neu, aber die erfolgreichen Konzepte und Strategien der Kriegsführung in anderen Regionen und Gebiete waren meist nie unmittelbar übertragbar. Alle Überlegungen und Erfahrungen müssen mit den militärischen Mitteln verbunden und auf den jeweiligen Ort angepasst werden, um den Erfolg durch effektive Maßnahmen zu sichern.

Nach dem 11. September 2001 initiierten die Vereinigten Staaten von Amerika ein Prototypsystem der TOTAL INFORMATION AWARENESS (TIA). Das von der DARPA entwickelte Netzwerk arbeitet mit speziell programmierten Suchkriterien, um in den nachrichtendienstlichen und offenen Informationsquellen nach terroristischen Aktivitäten zu suchen, um diese zu einem Lagebild zusammenzuführen. Allein der erste Prototyp kostete über 200 Millionen Dollar, doch unter der Regierung von George Bush spielte die Finanzierung derartiger Projekte eher eine untergeordnete Rolle. Der „american way of live" hat in dem „land of freedom" heute sicherlich mehr Freiheiten im Hinblick auf die Arbeit der Nachrichtendienste und weniger auf die Freiheit der zu schützenden Bürger und ihres Datenschutzes.

In der Network Centric Warfare findet man auch die Definition der ASYMMETRISCHEN KRIEGSFÜHRUNG. Personengruppen in einem oder übergreifend in mehreren Staaten organisiert, bedrohen mit elektronischen, atomaren, biologischen oder chemischen Waffen sowie herkömmlichen Mittel des täglichen Lebens (Autobomben, Tankfahrzeuge, Flugzeuge) unvermittelt und ohne erkennbare Vorbereitung aus dem Hinterhalt die soziale, wirtschaftliche oder militärische Infrastruktur und speziell die Zivilbevölkerung. Diese Terrororganisationen sind in gewissem Sinne die Weiterentwicklung der Partisanen des Krieges, welche allerdings nur kämpften, bis ihr Land von einer Besatzungsmacht befreit und der Krieg beendet war. Der Terror trifft hingegen unvermittelt, überall in Friedens- wie in Krisenzeiten aus politischen, religiösen oder wirtschaftlichen Gründen das Militär, die Politik oder die Bevölkerung. Panzer und Flugzeugträger sind hier eher machtlos.

Die militärischen und zivilen Operationen und Aufgaben benötigen die Bündelung immenser Datenmengen, große Bandbreiten und ein sehr selektive und effektive Filtermechanismen, um einen Information-Overflow bei den Nutzern zu verhindern. Gleichzeitig sind Schutz, Integrität und Verfügbarkeit zu gewährleisten. Der Endverbraucher soll für die operative Arbeit in Analyse und Bewertung die benötigten Informationen dediziert geliefert bekommen.

Der Tastfunker konnte mit der Erfassung einer Übertragung, ein Winkergasten mit der korrekten Übermittlung eines Flaggensignals im Verband, in der Vergangenheit entscheidende Signale erkennen oder senden. Der durch die Entwicklungen in der Nachrichten- und Informationstechnologie transformierte „Funkenpuster 3.0", der heutige IT-Experte und Soldat ist als „Cyber Warriors" eine Schlüsselfigur in der Krisen- und Konfliktbewältigung bis hin zu den militärischen Operationen.

Trotz aller Technologien kann eine Nation die Konflikte in der Welt nicht bewältigen. Die UN, NATO oder die EU können beispielsweise nur auf die militärischen Fähigkeiten ihrer einzelnen Mitglieder zurückgreifen, da sie keine oder nur beschränkte eigene Kräfte besitzen.

Die operativen Anforderungen haben sich durch NCW bzw. die vernetzte Operationsführung zu einem komplexen Zusammenspiel der Command, Control and Communications, Computers, Combat Systems, Intelligence, Surveillance and Reconnaissance (C5ISR) und den Command, Control, Communications, Computers, Intelligence, Surveillance, Target Acquisition and Reconaissance (C4ISTAR) entwickelt.

Die digitale Vernunftehe zwischen Nachrichten- und der Informationstechnologie wurde nach rund 100 Jahren wilder Partnerschaft vollzogen. Während die Nachrichtentechnik in ihrer Entwicklungszeit im meist staatlich gefördert und kontrolliert wurde, forcierten privatwirtschaftliche Unternehmen die Informationstechnologie, wobei in beiden Fällen immer wieder Monopole geschaffen wurden. Lebte die Nachrichtentechnik noch in einer analogen Welt, kannte der Partner Informationstechnik diese nicht einmal mehr. Trotz des Altersunterschieds brauchen beide heute ihre Kinder, Mikroelektronik und Software, die Informationstechnologien vernetzen mittels der Nachrichtentechnik die Computer, die Nachrichtentechnologien überwachen und steuern mittels der Informationstechnik die Vernetzung.

Der nächste Schritt aus der Informationstechnologie ist die „Künstliche Intelligenz" (KI), welche sich durch die komplexe Definition von Intelligenz nur schwer eindeutig definieren lässt, und die im automatisierten Lernen und Verarbeiten sicherlich großes Potential entfalten. Die Schlacht entscheidenden Flaggensignale von Horatio Nelson sind heute in Billiarden von Bytes versteckt und warten nur darauf entdeckt zu werden. Hierfür ist die Künstliche Intelligenz prädestiniert, wenn es hingegen um Kreativität und Gedanken geht, werden uns auch Anwendungen der KI so schnell nicht den Rang ablaufen.

„Computer sind unbrauchbar. Sie können nur Fragen beantworten."

Pablo Picasso

Parergon

In der Deutschen Marine wurde am 19. März 1982 die LEHRSAMMLUNG FÜR DIE VERWENDUNGSBEZOGENE AUSBILDUNG der Marinefernmeldeschule (MFmS) durch den Kommandeur Kapitän zur See Wetters offiziell eröffnet. Der Kapitänleutnant Danneil hatte dort mit lediglich einer einzelnen Fernsprechvermittlung begonnen, durch die Nachfolger Kapitänleutnant Timm, Kapitänleutnant Dallek und dem zivilen Mitarbeiter Herr Grahle wurde die Sammlung stetig weiter ausgebaut. In Bremerhaven hatten der Kapitänleutnant Krummel und Herr Wolf ihre teils privaten Sammlungen an der Marineortungsschule lange Jahre ausgestellt und gepflegt. Mit der Auflösung der MFmS wurde der Umzug von über 700 Exponaten mit umfangreicher Dokumentation von Kapitänleutnant Beckh an die Marineoperationsschule (MOS) durchgeführt.

Ohne die Unterstützung der aktiven und ehemaligen Soldatinnen und Soldaten und Heeres, den Damen und Herren der Luftwaffe sowie den Frauen und Männern der Marine, von Reservisten, der MF-Runde e.V. (Vereinigung noch funkender Marinefunker bzw. Marinefunker-Runde), der Kameradschaft der Marinefernschreiber e.V., der GFGF e.V. (Gesellschaft der Freunde des Funkwesens), des Freundeskreises ehemaliger Angehöriger der Marinenachrichtenschule Aurich, der Dienststellen der Bundeswehr und der Industrie, und vieler anderer Personen wäre der Aufbau dieser und anderer Lehrsammlungen nicht möglich gewesen; wäre „BLITZ & ANKER" nicht zu Papier gebracht worden.

Das Prinzip durch Anschauung zu Unterrichten und Informationen zu vermitteln hat sich stets bewährt. Schon die Reichsmarine eröffnete z.B. im August 1928 ein Museum der Marine in Berlin, welches der Admiral Lorey bis zum Ende des 2. Weltkrieges führte. In Österreich wurde z.B. am 19. April 1999 an der Fernmeldetruppenschule in Wien die Fernmeldelehrsammlung FMTS/HGM eröffnet, der Sammlungen an jeder Waffenschule folgen sollten. In ähnlicher Weise nutzen viele Staaten dieses Prinzip und in Deutschland entstanden nach 1956 eine große Anzahl von Sammlungen und Ausstellungen für verschiedene Sach- und Fachgebiete an behördlichen Institutionen. Aufgrund von Einsparungen und Mangel an Personal wurden ab 2017/18 viele militärgeschichtlichen Sammlungen in der Bundeswehr geschlossen, der Bestand teilweise an andere museale Einrichtungen ausgesteuert, manches Stück ging aber auch in die Verwertung.

Das MILITÄRGESCHICHTLICHE FORSCHUNGSAMT (MGFA) in Potsdam ist mit dem MILITÄRHISTORISCHEN MUSEUM (MHM) in Dresden den Sammlungen der Bundeswehr übergeordnet. Alle diese Sammlungen werden nach dem Prinzip der Wirklichkeitsnähe präsentiert, der Gegenstand selbst soll die historische Wirklichkeit wiedererstehen lassen, sie dem Betrachter vorführen, ihm die Erfahrungen vermitteln; die Lehren der Geschichte werden so für die Wissensvermittlung erschlossen.

Die Nachrichten- und Informationstechnologie dienen dem Austausch von Informationen in der Kommunikation, der strukturierten Verständigung und Mitteilung zwischen Individuen durch Zeichen aller Art oder durch formalistische Systeme. Kommunikation hält die gesellschaftlichen Gebilde zusammen und ist für ihre Existenz lebenswichtig. Die Hilfsmittel für diesen Prozess aufzuzeigen und um zur gegenseitigen Information beizutragen, dazu dienen Museen und Sammlungen aus den Bereichen des Nachrichtenwesens, welches sich heute zur IT gewandelt hat.

Das harmonische Zusammenwirken zwischen dem operativen Nutzer und dem qualifizierten technischen Personal ermöglichen erst einen optimalen Einsatz der komplexen Informationstechnologie, in denen der Mensch die Schlüsselrolle hat. „Darwin's Religion, The art of communication survival in the information jungle" gibt dabei einen kleinen Einblick in die Komplexität der menschlichen Kommunikation.

Viele Erkenntnisse aus den geschichtlich-technischen Zusammenhängen der Informationstechnik wurden früh erkannt. In einer britischen Abhandlung über die Aufklärung im 2. Weltkrieg formulierte Vize-Admiral

Sir Norman Denning ("Die Funkaufklärung und ihre Rolle im 2. Weltkrieg") in seinen Worten über die Mitarbeiter der Room 40:

„Nur selten werden Erkenntnisse auf dem Silbertablett serviert. Informationen werden erst dann zu Erkenntnissen, wenn sie im Schmelztiegel des Geistes, der Erfahrung und des gesunden Menschenverstandes geläutert worden sind."

Zusammenhänge und technologische Fortschritte, die Menschen und ihre Konflikte, sind verbunden mit vielen hier erwähnten Schauplätzen und Ereignissen, haben keinen Anspruch auf Vollständigkeit, da manche Geschehnisse und Entwicklungen nicht erwähnt wurden. Ziel war es vielmehr, dem Leser die Leistungen der Menschen und Auswirkungen ihrer Erfindungen näherzubringen, dabei die menschlichen Fehler, die Probleme und auch die Gefahren in den zivilen und militärischen Anwendungen sowie in Verbindung mit der Politik aufzuzeigen.

Bemerkenswerter Weise liefern historische Personen aufgrund ihrer Erfahrung, der grundsätzlichen und geschichtlichen Tatsachen auf alle Nationen zutreffende Weisheiten, die keiner neuen Worte bedürfen:

"In den vorangegangenen Jahrhunderten waren die Soldatentugenden des Deutschen in der ganzen Welt anerkannt. In den achtzehn Jahren nach dem 2. Weltkriege hörte man nur selten davon. Vielfach wurden dagegen die guten Eigenschaften und Taten früherer deutscher Geschlechter mit den Untaten nationalsozialistischer Verbrecher in einen Topf geworfen und in den Schmutz gezogen. Wie soll auf diese Weise in der deutschen Jugend eine kraftvolle Einsatzbereitschaft für Deutschland und Europa entstehen. Insoweit Zeitschriften und andere öffentliche Organe der Freien Europäischen Länder sich an solcher dem deutschen Ansehen abträglichen Propaganda beteiligen, arbeiten sie nicht an der Stärkung des europäischen Gedankens und Verteidigungswillens, vielmehr schaufeln sie eifrig an Europas Grab." - "Die beiden Weltkriege haben uns gelehrt, was bei solchen Auseinandersetzungen auf unserem Kontinent herauskommt. Möge daher die europäische Jugend niemals aufhören, in edlem friedlichen Wettstreit nach dem hohen Ziel zu streben, das da heißt: Vereinigtes Europa als eine Hochburg des Friedens und Heimat aller Europäer."

Auszug aus „Der Deutsche Geheimdienst im II. Weltkrieg", Ostfront

Geschichte und Erkenntnisse von Generationen dürfen nicht vernachlässigt werden, zugleich darf aus Ereignissen und Leistungen auch kein elitäres Bewusstsein entstehen. Ohne Geschichte haben wir keine Identität, welche uns Teil einer Gruppe und der Bevölkerung werden lassen. Die persönliche Identität ist Ursprung einer Nation und Teil der Identifizierung mit der europäischen Bevölkerung, ergo der Europäischen Union. Nur eine objektive Geschichtsschreibung der Völker kann eine positive Wirkung in der Zukunft haben Eine getäuschte und desillusionierte Bevölkerung verliert das Vertrauen in Lehre, Politik und Staat. Eine objektive Betrachtung der Geschichte der Nationen und der daraus geschlossenen Erkenntnisse ist die Zukunft der europäischen Völker, eines gemeinsamen Europas mit dem Vertrauen in die Kulturen als Gegenpol zu Nationalismus.

Die einzelne Person, der Soldat, als kleinstes Glied in der Kette hat auch heute kaum Einflussmöglichkeiten, wenn die Politik und die militärische Führung ihre Entscheidungen getroffen haben. Die Wirkung von staatlicher Propaganda in Verbindung mit der Androhung von schweren Strafen oder dem Verlust des Lebens auf eine Bevölkerung sowie den staatlichen Institutionen wie dem Militär und ihren Widerstand durch ein Regime ist in demokratisch regierten Ländern nur noch schwer zu vermitteln, da die persönlichen Erfahrungen und Eindrücke fehlen und die theoretische Lehren meist nicht das innere Bewusstsein erreichen.

Der massive Missbrauch der Informationstechnologie und der Medien zur Wahlmanipulation in demokratischen Ländern seit 2016 sollte ein Weckruf sein. Die Erlebnisse der Zeitzeugen aus dem Dritten Reich, der DDR oder auch aus anderen Länder verblassen durch die Zeit der Generationen, mit dem Verlust ihrer Erkenntnisse und der Fokussierung auf die Probleme der heutigen Existenz in den sozialen Medien wird das Bewusstsein betäubt.

Versetzt man sich in die Situationen der Vergangenheit und versucht die Entscheidungen der einzelnen Personen, ihre persönliche Verantwortung für Handlungen im Krieg, mit allen Konsequenzen vor seinem Spiegelbild für sich zu verinnerlichen, wird die Last der Vergangenheit erkennbar und verständlicher.

Nach den Worten von Prof. Peter Tamm sen. muss Geschichte lebendig sein und für nachfolgende Generationen erhalten und erfahrbar gemacht werden. Mit der Stiftung seiner weltgrößten privaten Sammlung für das Internationale Maritime Museum in Hamburg in der Peter-Tamm-Senior-Stiftung setzte er dies beispielhaft um. Die Mahnung des römischen Dichters Ovid „Principiis obsta" als „Wehret den Anfängen") gilt in vieler Hinsicht bis heute. Der deutsche Widerstandskämpfer und Generalstabschef des deutschen Heeres, Generaloberst Ludwig Beck, folgerte am 16. Juli 1938:

"Es ist ein Mangel an Größe und an Erkenntnis der Aufgabe, wenn ein Soldat in höchster Stellung in solchen Zeiten seine Pflichten und Aufgaben nur in den begrenzten Rahmen seiner militärischen Aufgaben sieht, ohne sich der höchsten Verantwortung vor dem gesamten Volk bewusst zu werden. Außergewöhnliche Zeiten verlangen außergewöhnliche Handlungen."

Das Grundgesetz der Bundesrepublik Deutschland, das Soldatengesetz, das Beschwerderecht der Bundeswehr und das Amt des Wehrbeauftragten des Deutschen Bundestages bieten Soldaten eine solide Rechtsgrundlage für moralische und die rechtlich korrekte Entscheidung und Befolgung von Befehlen, die Generationen zuvor nicht hatten. Die Wahrung dieser Entscheidungsfähigkeit und der Freiheit werden der heutigen Bevölkerung, den Bürgern in Uniform, vor allen Dingen aber allen Soldaten und Opfer von zwei Weltkriegen geschuldet, die kaum Einflussnahme und Schutz erfahren mussten. Die Welt in der wir leben ist einem steten Wandel unterworfen, der Mensch muss in dieser medialen Gesellschaft aktiv auf negative Veränderungen reagieren, Einfluss nehmen und eigene Verantwortung übernehmen.

„So wird man auch in diesem Falle guttun, sich weniger von Konferenzen, Plänen, Verträgen zu erhoffen, als von umfassenden Antrieben."

Der Satz von Ernst Jünger trifft auch hier einmal mehr den Kern.

www.ingramcontent.com/pod-product-compliance
Lightning Source LLC
Chambersburg PA
CBHW060919060326
40690CB00041B/2709